《审判词典》丛书

刑事审判词典

Criminal Trial Dictionary

上册

主　编·胡云腾

执行主编·周加海　执行副主编·袁登明

人民法院出版社

图书在版编目（CIP）数据

刑事审判词典 / 胡云腾主编 ； 周加海执行主编. 北京 ： 人民法院出版社，2025. 2. -- （《审判词典》丛书）. -- ISBN 978-7-5109-4441-3

Ⅰ. D925.218.4

中国国家版本馆CIP数据核字第2024LD3518号

刑事审判词典

主　　编　胡云腾

执行主编　周加海

执行副主编　袁登明

策划编辑　林志农

责任编辑　黄丽娟　王雯雯

执行编辑　王　焰　张　然　郭利霞　杨　阳　王　娜　王菲菲　黄雨薇　周　然　马牧歌

出版发行　人民法院出版社

地　　址　北京市东城区东交民巷 27 号（100745）

电　　话　（010）67550641（责任编辑）　67550558（发行部查询）　65223677（读者服务部）

客服 QQ　2092078039

网　　址　http://www.courtbook.com.cn

E - mail　courtpress@sohu.com

印　　刷　三河市国英印务有限公司

经　　销　新华书店

开　　本　787 毫米×1092 毫米　1/16

字　　数　1785 千字

印　　张　83

版　　次　2025 年 2 月第 1 版　2025 年 2 月第 1 次印刷

书　　号　ISBN 978 - 7 - 5109 - 4441 - 3

定　　价　298.00 元（上下册）

编委会与作者名单

主　编

胡云腾　最高人民法院审判委员会原副部级专职委员、二级大法官、中国案例法学研究会会长、法学博士

执行主编

周加海　最高人民法院研究室主任、一级高级法官、法学博士

执行副主编

袁登明　人民法院出版社副总编辑、教授、法学博士

编委会成员（按姓氏笔画排序）

于同志　最高人民法院刑事审判第二庭审判长、二级高级法官、法学博士
周加海　最高人民法院研究室主任、一级高级法官、法学博士
周维明　中国应用法学研究所副研究员、法学博士
胡云腾　最高人民法院审判委员会原副部级专职委员、二级大法官、中国案例法学研究会会长、法学博士
袁登明　人民法院出版社副总编辑、教授、法学博士
喻海松　最高人民法院研究室副主任、二级高级法官、法学博士

作者名单（按姓氏笔画排序）

王　超　北京师范大学刑事法律科学研究院教授、法学博士
王　婧　广东省高级人民法院刑事审判第二庭法官、三级高级法官、法学硕士
司冰岩　国家法官学院刑事审判教研部讲师、法学博士
田　青　黑龙江海天庆城律师事务所律师、法学硕士
阴建峰　北京师范大学刑事法律科学研究院教授、法学博士
苏明月　北京师范大学刑事法律科学研究院副教授、法学博士
李本灿　山东大学法学院教授、法学博士
吴尚聪　中国应用法学研究所助理研究员、《中国应用法学》编辑部编辑、法学博士
张　磊　北京师范大学刑事法律科学研究院教授、法学博士
张文波　天津市第一中级人民法院刑事审判第二庭副庭长、法学博士
周振杰　北京理工大学法学院教授、法学博士
赵秉志　北京师范大学刑事法律科学研究院原教授、法学博士
姜金良　南京信息工程大学纪检监察研究院副院长、讲师、法学博士
袁　彬　北京师范大学刑事法律科学研究院教授、法学博士
郭理蓉　北京师范大学刑事法律科学研究院教授、法学博士
郭　晶　上海社科院法学所副研究员、法学博士

前　言

词典编纂诚为国家的文化盛事，词典可谓集大成的学术成果。蔡元培先生曾有言：“一社会学术之消长，观其各种词典之有无、多寡而知之。各国专门学术，无不各有其词典，或繁或简，不一而足”。人类进入信息时代，词典提供学科知识的功能虽然显著下降，然其系统集成知识和持论通说公允的作用依然不可替代，词典编纂与学术发展、文化传承之间一直是互为因果、相得益彰的关系。法学乃实践之学，法律实践始终是“以审判为中心”的，法律实践永远是法学理论与学术创新的源头活水。故适时编撰审判实务方面的词典，是繁荣法学理论、汇聚审判知识与实践智慧的必然要求。1994 年，最高人民法院曾经组织编纂过《中国审判实务大词典》，填补了新中国审判词典的空白，出版后颇受欢迎。然近 30 年来，我国社会的深刻变革以及由此引发的司法制度的快速发展，使得该词典已经不能反映当今社会日新月异的发展变化，更无法呈现进入新时代以来，在以习近平同志为核心的党中央坚强领导下，我国全面依法治国和全面深化司法改革取得的最新成果。在实现中国式现代化、建设公正高效权威社会主义司法制度的今天，法学法律界应有一套反映新时代法治改革发展特别是法院改革发展的词典。因此，在中宣部的支持下，我们组织编写了本套词典，旨在向大家奉上一套学术性、实用性、资料性、专业性、权威性兼备的法律工具书，以习近平新时代中国特色社会主义思想为指导，深入贯彻落实习近平法治思想，以体系化的法学、法律知识为支撑，以中国特色社会主义法治实践为立场，努力展现中国特色社会主义审判制度的基本面貌。

《审判词典》丛书首次出版按部门法体系分卷，共设三卷，分别是刑事卷、民商事卷、知识产权卷，总计有 1 万多个词条、600 余万字，是信息含量最新的审判类词典。本套词典的基本定位是，客观、真实地反映新中国成立以来，历经改革开放尤其是进入新时代以来人民司法事业取得的历史性成就、实现的历史性变革，以及在此期间积累的理论创新成果，助力读者增强法治观念、提升法治思维能力、遵守党纪国法。回顾 75 年来的发展历程，可以看到，我国的审判制度在走向现代化的进程中，虽然经历了蹉跎和挫折，但在彻底废除旧法统和打碎旧国家机器的基础上，逐步构建了一个全新的审判制度体系，书写了波澜壮阔的精彩华章。各级人民法院在坚持党对司法工作的绝对领导、坚持中国特色社会主义法治道路，建设公正高效权威的社会主义司法制度、推动中国特色社会主义司法制度改革发展的伟大实践中，创造了许多独具中国特色的理念、概念、制度、机制和经验，现已成为中国特色社会主义法治建设的宝贵财富。编撰《审判词典》丛书，体现了对中国自主法律知识体系、理论体系和话语体系的倍加珍视、认真总结和努力传承。总体而言，本套词典主要从以下四个方面展现中国特色社会主义审判制度和审判理论所取得的最新发展和最新成就。

（一）日益健全的司法审判组织体系

新中国的司法制度是在打碎旧法统的废墟上建立起来的，是前所未有的白手起家、从无到有。据有关史料显示，1949 年 10 月新中国成立时，全国多数地方还没有设立审判机关，有的地方甚至没有解放，最高人民法院于 1949 年 10 月在北京成立时，办公设备只有两辆旧汽车、20 辆自行车、3 台打字机、1 部电话、10 件公用皮大衣和若干家具、文具及办公用品；所能适用的政策、法律、法规和制度规范，主要是我们党在陕甘宁边区时期及解放战争时期创立的；法院领导干部和业务骨干多数是从革命队伍中选调的。国家的司法事业就是在这样贫穷、简陋的条件下艰难起步。相继成立的地方法院通常只有办公室、刑事审判庭和民事审判庭三个内设机构。1954 年《宪法》和《人民法院组织法》颁布后，确立了人民法院的组织体系和各项审判制度，人民法院组织机构建设才进入正规化阶段。“文化大革命”时期对审判机构建设造成了严重干扰，甚至一度取消了各级人民法院。党的十一届三中全会以后，在拨乱反正、加强民主法治建设的基本方针下，国家审判机构开始恢复。随着 1979 年《刑事诉讼法》《人民法院组织法》和 1982 年《宪法》的颁布实施，人民法院恢复建立四级法院的组织体系，有的基层法院为了便利群众诉讼，还在城乡设立了人民法庭。此外，在若干大中城市依法设立了铁路运输法院、海事法院等专门法院等。党的十八大以来，在习近平新时代中国特色社会主义思想指导下，在党中央的坚强领导下，人民法院深入贯彻落实习近平法治思想，大力推进司法体制机制改革，不断完善法院的组织体系建设。如设立了首批两家跨行政区划法院——上海市第三中级人民法院和北京市第四中级人民法院；为实现审判机关重心下移，就地解决纠纷，进一步落实司法为民宗旨，最高人民法院先后设立了六个巡回法庭；为贯彻习近平总书记“绿水青山就是金山银山”的生态文明理念，维护良好的生态环境，各级人民法院设立了专门的环境资源审判庭；为落实党的十八大提出的“创新驱动发展”战略，强化对知识产权的司法保护，在北京、上海、广州等一线城市设立了知识产权法院，并陆续在苏州等 20 多个大中城市设立了独立的知识产权法庭；为主动适应互联网时代社会对公正高效司法的新需求，在杭州、北京、广州等地设立了互联网法院；为完善金融审判体系，维护国家金融安全，营造良好金融法治环境，先后设立了上海、北京和成渝金融法院，等等。纵览 75 年发展历程，人民法院的组织体系日益健全，为实现审判体系和审判能力现代化奠定了较为完善的组织基础。

（二）司法审判职能不断拓展

习近平总书记深刻指出：全面依法治国最广泛最深厚的基础是人民，必须坚持为了人民、依靠人民。中国共产党是全心全意为人民服务的政党，我们的司法机关也必须是全心全意为人民服务的，人民需要什么样的司法服务，人民法院的司法服务就主动适应并延伸到哪里，故司法审判职能始终处于不断变化且日渐拓展之中。新中国成立初期，人民法院配合土地改革和镇压反革命运动、“三反”“五反”运动和废除旧的婚姻制度等工作，积极发挥审判职能，审判了一大批大案、要案及大量的刑事、民事案件，有力巩固了人民民主专政政权。在社会主义改造时期，人民法院年均调解和审结的民事案件已达到100余万件，为有效化解社会主义改造过程中产生的社会矛盾，发挥了重要作用。党的十一届三中全会后，全党全国的工作重心转移到社会主义现代化建设上来，人民法院作为国家审判机关，充分发挥惩治犯罪、保护公民合法权益、调节经济关系等职能作用，为保障社会和谐稳定、促进经济快速发展、促进科学技术和知识产权创新作出了巨大贡献。在中国特色社会主义进入新时代，社会主要矛盾出现了新的重大变化的时代背景下，人民法院立足司法审制职能，切实履行了保卫国家政治安全、维护社会大局稳定、促进社会公平正义、保障人民安居乐业的职责任务。75年来，人民法院紧扣时代脉络和经济社会发展变化，审判领域和审判任务持续拓展，从最初的刑事、民事案件审判，拓展到商事、行政、国家赔偿、知识产权、环境资源、涉外海事海商审判和破产案件审判等，从只设立民事、刑事、行政三个审判庭到设立立案庭、多个民事审判庭、巡回审判庭、知识产权审判庭、国际商事审判庭等。不仅机构设置不断转型升级，人民法院在服务经济高质量发展、科技强国战略、优化营商环境等方面，都坚持积极作为，为中国特色社会主义建设的各个方面保驾护航，充分发挥公正司法对改革发展稳定的引领、促进、服务和保障作用。

（三）司法体制机制改革不断深化

中国特色社会主义司法制度是前所未有的创造。我国的司法改革肇始于新中国成立时期，75年来，贯穿于法治国家建设全过程，司法改革只有进行时，没有完成时。特别是改革开放以后，司法改革进入快车道。20世纪80年代，我国开始了以强化庭审功能、扩大审判公开、加强律师辩护、建设职业化法官队伍等为重点内容的审判方式改革和司法职业化改革。从2004年开始，司法改革走向整体统筹、有序推进的阶段，从司法规律和特点出发，完善司法机关的机构设置、职权划分和管理制度，健全权责明确、相互配合、相互制约、高效运行的司法体制。从2008年开始，司法改革进入重点深化、系统推进的新阶段。改革以加强权力监督制约为重点，抓住影响司法公正、制约司法能力的关键环节，解决体制性、机制性、保障性障碍，从优化司法职权配置、落实宽严相济刑事政策、加强司法队伍建设、加强司法经费保障等四个方面提出具体改革任务。党的十八大以来，以习近平同志为核心的党中央在战略层面对全面深化改革、加快建设法治中国作出系统规划，对司法改革的价值追求、实施原则、推进重点等进行全方位谋划和部署，干成了想了很多年、讲了很多年都没有干成的司法改革举措。其中司法责任制、司法人员分类管理、司法人员职业保障制度、省以下法院检察院“人财物”省级统管四项基础改革有力地搭建了中国司法制度的“四梁八柱”。在四项基础改革基本落地后，我国从 2017 年起启动了司法体制综合配套改革，司法改革进入建设公正高效权威的社会主义司法制度的新阶段。

（四）司法审判实践守正创新

我国是人民当家作主的国家，是实行中国共产党领导的国家，中国共产党是中国唯一的执政党，中国共产党是代表全国人民共同利益的政党，是全心全意为人民服务的政党，是领导全国人民创建新中国和建设新中国司法制度的唯一政党。这一根本国情决定了人民法院必须坚持中国共产党的全面领导、绝对领导，维护中国共产党的执政地位；必须坚持以人民为中心，全心全意为人民服务；必须坚持以习近平新时代中国特色社会主义思想为指导，深入贯彻落实习近平法治思想，并始终作为行动指南和根本遵循；必须坚持中国特色社会主义法治发展道路，坚决同西方国家的“宪政”“三权鼎立”和“司法独立”做坚决斗争；必须弘扬中华优秀传统法律文化，传承人民司法红色基因；必须坚定不移地立足中国现实国情，适时总结中国司法实践智慧；必须大力弘扬社会主义核心价值观，不断提高全社会的法治意识和道德水平；必须坚持服务经济社会发展，服务人民群众日益增长司法需求，积极参与社会治理，强化保障意识、服务意识，更加有力地服务党和国家工作大局，更加积极主动地服务更高水平的平安中国、法治中国建设。基于此，《审判词典》丛书将着力展示中国特色社会主义审判体系的全貌，展现日益完善、文明民主的中国司法制度与司法文化；着力展示各级人民法院和广大法院干警通过审判执行活动维护人民权益、化解矛盾纠纷、保障和促进社会公平正义的能力与水平；着力展示践行习近平总书记提出的“努力让人民群众在每一个司法案件中感受到公平正义”的工作业绩；着力展示中国司法建设改革所取得的最新进展和成就，向全社会乃至全世界讲好中国法治故事、传播好中国法治声音，在统筹推进国内法治和涉外法治的伟大斗争中作出贡献。

《审判词典》丛书在编纂体例上，内文按照“词条”与“释义”的形式构成，并按照工具书的编排要求，增加音序索引。另外，从出版形式上，为方便读者使用，本套词典不仅采用传统的纸媒出版形式，而且采用光盘、电子书以及手机应用软件等综合开发模式。为与本套词典前述的定位和理念相呼应，在编纂方法中我们力求使其体现出以下基本特点：一是政治性和方向性。《审判词典》丛书对词条收录及其释义严格把关，突出反映中国特色社会主义审判制度的本质和特点，集中展示新中国成立以来，特别是党的十八大以来我国审判权力运行体系改革取得的伟大成就，确保本书正确的政治方向。二是权威性和科学性。《审判词典》丛书由最高人民法院有关领导、资深法官和著名专家负责撰写，词条释义由资深法官与权威专家进行审定，努力做到词条定义科学、表述标准、内容准确。对于不属于通说的、有歧义的和有争议的词条和释义，概不收录和介述，确保词典内容的科学性和学术质量。三是实效性和指导性。《审判词典》丛书收录的词条及其释义紧密结合中国特色社会主义审判制度实际和司法审判工作实践，突出实用价值和指导功能，既能为不同层级、不同岗位的领导干部准确理解中国特色社会主义审判制度的全貌提供一个基本的知识宝库，也能为各级司法机关及其工作人员提供丰富的信息和学术参考，同时对于从事法律服务、法学教育研究工作人员也具有指导、参考作用。四是知识性和资料性。作为综合性审判业务工具书，《审判词典》丛书收录的词条涵盖人民法院的审判执行工作、法官队伍建设、信息化建设、司法管理等各项业务，力争达到覆盖面广、容量大、收词全，具有较强的延展性和可读性，既可以用作查询资料的工具，也可以成为积累知识的读物，以最大限度满足读者的学法用法、执法办案、学术研究的相关需求。

十年磨一剑，八方聚群英。《审判词典》丛书是编著者从筹划到付梓历时十余年才得以面世的集体成果。为编好此系列丛书，人民法院出版社组成调研组，分赴全国东部、中部和西部法院进行调研和征求意见，广泛听取各地法院在综合性审判业务词典类工具书方面的需求。此后，在充分调研和精心策划的基础上，成立编委会，确定各编主编，组织开展编纂工作。本套词典获批中宣部国家出版基金资助项目，为编纂工作的顺利推进和后续出版奠定了坚实基础。编辑出版过程中，我们得到了相关地方法院、有关单位和社会各界的大力支持。在此谨致以衷心的感谢！并感谢十年如一日，前后相继，笔耕不辍的各位作者。在学风追求短、频、快，科研唯论文与课题是举的当下，愿意“板凳甘坐十年冷”，耐得住寂寞，一个一个词条兢兢业业地去完成，这种工匠精神和学术恒心殊为可贵。推动学法用法，词典编纂并非微不足道；弘扬法治精神，学术研究亦能发光发热。希望我们编纂的这份“法治礼包”，能够助力发挥“关键少数”头雁效应，擦亮“雁阵”法治底色，进一步推动领导干部尊法学法守法用法走深走实。

在《审判词典》丛书陆续出版之际，我们还要向人民法院出版社的编辑特表谢忱，他们为本书的出版付出了大量劳动，倾注了很多心血。当然，尽管全体编撰者尽了最大努力，但由于水平有限，书中难免有不妥、乖误之处，尚请广大读者和同仁不吝指正。

《审判词典》丛书编撰委员会
2025 年 2 月

凡　例

一、本丛书首次出版按部门法体系分卷，共设三卷，分别是刑事卷、民商事卷、知识产权卷；收录约 1 万个词条、600 余万字。

二、每卷卷首都列有本卷的词条分类目录，以便读者了解该卷所收录词条的全貌及其体系，并可供按类目检索。

三、刑事卷共收录词条 2922 个，约 200 万字，收录范围涵盖刑法、刑事诉讼法、刑事案例等领域的刑事法律名词术语，并专门汇编配套刑事法律法规，以帮助广大读者更方便地学习使用。

四、词典正文中的词条用【】予以标识，例如【人民法院】。

五、正文中引用的法律文件名称为简称，法律文件的全称详见附录中的法律文件全称与简称对照表，已失效的法律文件采用脚注形式标注。

六、正文内容涉及本卷中出现的其他词条时，采用在正文内（）标注参见“……”词条的方式，例如“自诉是与公诉相对应的一种起诉方式。自诉人提出自诉必须符合法定的条件（参见‘提起自诉的条件’词条）”。

七、词典除正文外，另附有音序索引、法律文件全称简称对照表等。

八、刑事卷所收录的词条及引用的文件、资料限于 2024 年 12 月之前。

凡 例

目录
CONTENTS

上　册

刑　法

刑事诉讼法

下　册

目录

目录

刑　法

【刑法】　是指规定犯罪、刑事责任和刑罚的法律，即规定哪些行为是犯罪和应负刑事责任，并对罪犯处以何种刑罚的法律。刑法与其他法律最大的区别在于其规定的内容是犯罪、刑事责任和刑罚。刑法有广义和狭义之分。广义刑法是指一切规定犯罪、刑事责任和刑罚的法律规范的总和，包括刑法典、单行刑事法律（又称单行刑法）以及非刑事法律中的刑事责任条款（又称附属刑法、附属刑法规范）。狭义刑法仅指刑法典。

【刑法典】　又称狭义刑法，是指把规定犯罪与刑罚的一般原则和各种具体犯罪与刑罚的法律规范加以条理化和系统化的法典。刑法典一般包括总则和分则两大部分。总则规定的是犯罪与刑罚的一般原则、原理；分则规定的是各种具体犯罪及其法定刑。新中国第一部刑法是1979年7月1日第五届全国人民代表大会第二次会议通过的《刑法》。该法自1980年1月1日起施行。1997年3月14日，第八届全国人民代表大会第五次会议通过对旧刑法的修订，于同年10月1日起施行。此后，全国人民代表大会常务委员会又对《刑法》进行了多次修正。

【单行刑法】　是指为补充、修改刑法典而由最高立法机关颁布的刑法规范。单行刑法的内容基本上是刑法规范，但也不排除在某些单行刑法中包含非刑法的内容。例如，1991年《严禁卖淫嫖娼决定》，既包括对组织、强迫、引诱、容留、介绍他人卖淫等违法行为的刑罚处罚的内容，又包括对卖淫、嫖娼等违法行为的行政处罚的内容。我国目前只有一部严格意义上的单行刑法，即1998年12月29日第九届全国人民代表大会常务委员会第六次会议通过的《惩治骗购外汇、逃汇和非法买卖外汇犯罪决定》。该单行刑法在明确买卖伪造、变造的海关凭证、单据或者国家机关的其他公文、证件、印章等行为性质的同时，增设了骗购外汇罪，并对逃汇罪进行了修改。

【附属刑法】　是指非刑事法律中有关犯罪及其处罚的规定。这些法律中，刑法规范不是主体部分，具有附属性。在1997年全面修订我国《刑法》之前，我国存在大量附属刑法规范，但在1997年全面修订《刑法》之后，之前的所有附属刑法规范均被纳入到1997年《刑法》，此后亦未在其他法律中规定附属刑法规范。因此，我国目前不存在体现犯罪、刑事责任和刑罚内容的附属刑法规范。

【刑法修正案】　是指对《刑法》中不再适应社会发展要求的有关条文或者立法漏洞，通过全国人民代表大会及其常务委员会予以修改、补充的立法形式。刑法修正案也属于《刑法》。作为《刑法》的一部分，刑法修正案既能保持《刑法》的完整性和统一性，又能快速应对犯罪态势和犯罪类型的变化。1997年《刑法》颁行至今，我国共通过了12部刑法修正案，分别是：1999年12月25日第九届全国人民代表大会常务委员会第十三次会议通过的《刑法修正案》、2001年8月31日第九届全国人民代表大会常务委员会第二十三次会议通过的《刑法修正案（二）》、2001年12月29日第九届全国人民代表大会常务委员会第二十五次会议通过的《刑法修正案（三）》、2002年12月28日第九届全国人民代表大会常务委员会第三十一次会议通过的《刑法修正案（四）》、2005 年 2 月 28 日第十届全国人民代表大会常务委员会第十四次会议通过的《刑法修正案（五）》、2006 年 6 月 29 日第十届全国人民代表大会常务委员会第二十二次会议通过的《刑法修正案（六）》、2009 年 2 月 28 日第十一届全国人民代表大会常务委员会第七次会议通过的《刑法修正案（七）》、2011 年 2 月 25 日第十一届全国人民代表大会常务委员会第十九次会议通过的《刑法修正案（八）》、2015 年 8 月 29 日第十二届全国人民代表大会常务委员会第十六次会议通过的《刑法修正案（九）》、2017 年 11 月 4 日第十二届全国人民代表大会常务委员会第三十次会议通过的《刑法修正案（十）》、2020 年 12 月 26 日第十三届全国人民代表大会常务委员会第二十四次会议通过的《刑法修正案（十一）》和 2023 年 12 月 29 日第十四届全国人大常委会第七次会议通过的《刑法修正案（十二）》。其中，前七个《刑法修正案》和第十个《刑法修正案》及第十二个《刑法修正案》主要是对《刑法》分则具体犯罪增设、删除、修改的规定，第八个、第九个和第十一个《刑法修正案》既有对《刑法》分则具体犯罪规定的修改，又有对《刑法》总则关于刑事责任年龄、坦白、立功、数罪并罚、缓刑、减刑、假释等犯罪与刑罚基本制度的修改。

【《中华人民共和国刑法修正案》】 是指 1999 年 12 月 25 日第九届全国人民代表大会常务委员会第十三次会议通过的《刑法修正案》。《刑法修正案》的修法目的是惩治破坏社会主义市场经济秩序的犯罪，保障社会主义现代化建设的顺利进行。《刑法修正案》共 9 条，在增设隐匿、故意销毁会计凭证、会计账簿、财务会计报告罪的同时，对国有公司、企业、事业单位人员失职罪，国有公司、企业、事业单位人员滥用职权罪，擅自设立金融机构罪，内幕交易、泄露内幕信息罪，操纵证券、期货交易价格罪，非法经营罪等与证券、期货、保险业务相关的犯罪进行了修改，强化了对相关经济犯罪的惩治。

【《中华人民共和国刑法修正案（二）》】

是指 2001 年 8 月 31 日第九届全国人民代表大会常务委员会第二十三次会议通过的《刑法修正案（二）》。《刑法修正案（二）》只有 1 个条文，是将非法占用耕地罪修改为非法占用农用地罪，即将《刑法》第三百四十二条修改为："违反土地管理法规，非法占用耕地、林地等农用地，改变被占用土地用途，数量较大，造成耕地、林地等农用地大量毁坏的，处五年以下有期徒刑或者拘役，并处或者单处罚金。"

【《中华人民共和国刑法修正案（三）》】

是指 2001 年 12 月 29 日第九届全国人民代表大会常务委员会第二十五次会议通过的《刑法修正案（三）》。其修法目的是惩治恐怖活动犯罪，保障国家和人民生命、财产安全，维护社会秩序。《刑法修正案（三）》共 9 条，其内容主要是新增了多个恐怖活动犯罪，加大了对恐怖活动犯罪的惩治力度，包括明确将投放危险物质入刑，将《刑法》第一百一十四条、第一百一十五条规定的投毒罪、过失投毒罪修改为投放危险物质罪、过失投放危险物质罪；将第一百二十五条第二款规定的非法买卖、运输核材料罪修改为非法制造、买卖、运输、储存危险物质罪；将《刑法》第一百二十七条盗窃、抢夺、抢劫枪支、弹药、爆炸物罪的犯罪对象增加了危险物质；提高了第一百二十条第一款规定的组织、领导、参加恐怖组织罪中组织者、领导者和其他参加者的法定刑，增设了资助恐怖活动罪；将第一百九十一条洗钱罪的对象范围扩大至“毒品犯罪、黑社会性质的组织犯罪、恐怖活动犯罪、走私犯罪的违法所得及其产生的收益”；增设了投放虚假危险物质罪和编造、故意传播虚假恐怖信息罪。

【《中华人民共和国刑法修正案（四）》】

是指2002年12月28日第九届全国人民代表大会常务委员会第三十一次会议通过的《刑法修正案（四）》。其修法目的是惩治破坏社会主义市场经济秩序、妨害社会管理秩序和国家机关工作人员的渎职犯罪行为，保障社会主义现代化建设的顺利进行，保障公民的人身安全。《刑法修正案（四）》共9条，其内容主要包括：（1）将生产、销售不符合标准的医疗器械、医用卫生材料的犯罪由结果犯改为危险犯，并调整了刑罚；（2）修改了《刑法》关于以走私犯罪论处的两类犯罪的规定，在运输、收购、贩卖国家禁止、限制进出口货物物品的地点方面增加了界河、界湖，单设走私废物罪，明确了走私废物的对象包括固体废物、液态废物和气态废物；（3）增加了关于雇用童工从事危重劳动罪的规定；（4）增加了关于危害国家重点保护植物罪和非法运输盗伐、滥伐的林木罪的规定，修改了关于非法收购盗伐、滥伐的林木罪的构成要件；（5）单独规定了人民法院执行人员渎职的犯罪。

【《中华人民共和国刑法修正案（五）》】

是指2005年2月28日第十届全国人民代表大会常务委员会第十四次会议通过的《刑法修正案（五）》。其修法目的是完善对信用卡犯罪和破坏武器装备、军事设施、军事通信罪的刑法立法。《刑法修正案（五）》共4条，其内容主要包括增设妨害信用卡管理罪，窃取、收买、非法提供信用卡信息罪；修改了《刑法》第一百九十六条关于信用卡诈骗罪的规定，将第一百九十六条第一款第一项修改为“使用伪造的信用卡，或者使用以虚假身份证明骗领的信用卡的”，增加了“使用以虚假的身份证明骗领的信用卡”的内容，扩大了信用卡诈骗手段的范围；针对破坏武器装备、军事设施、军事通信行为，增设了过失损坏武器装备、军事设施、军事通信罪。

【《中华人民共和国刑法修正案（六）》】

是指2006年6月29日第十届全国人民代表大会常务委员会第二十二次会议通过的《刑法修正案（六）》。《刑法修正案（六）》共21条，其主要内容包括：（1）扩大了《刑法》第一百三十四条重大责任事故罪的主体范围，加大了处罚力度，该罪的犯罪主体从原来的企业、事业单位职工扩大到从事生产、作业的一切人员，同时对“强令他人违章冒险作业，因而发生重大伤亡事故或者造成其他严重后果”的直接责任人员，最高刑从原来的七年有期徒刑提高到十五年；（2）扩大了《刑法》第一百三十五条重大劳动安全事故罪的主体范围，修改了犯罪构成的行为要件，将犯罪主体从原来的企业、事业单位扩大到所有从事生产、经营的自然人、法人及非法人实体，将“不符合国家规定”的对象范围从“安全生产设施”扩大到“安全生产条件”；（3）将举办大型群众性活动违反安全管理规定，因而发生重大安全事故的行为、发生重大安全事故不报、谎报行为和公司、企业对依法应当披露的重要信息不按规定披露的行为规定为犯罪；（4）增加了“虚假破产罪”；（5）扩大了商业贿赂犯罪的主体范围，将商业贿赂犯罪的主体从“公司、企业的工作人员”扩大到包括“其他单位的工作人员”；(6) 增设背信损害上市公司利益罪，将上市公司的董事、监事、高级管理人员、控股股东和实际控制人与关联公司进行不正当关联交易，掏空上市公司的行为规定为犯罪；(7) 将以欺骗手段取得银行或者其他金融机构贷款、票据承兑、信用证、保函等行为增加规定为犯罪；(8) 修改了《刑法》第一百八十二条操纵证券、期货交易价格罪的处罚标准，同时将违法发放贷款罪的犯罪构成从“造成较大损失”修改为“数额巨大或者造成重大损失的”；将金融机构违背受托义务擅自运用客户委托、信托财产和违反国家规定擅自运用公众资金的行为增加规定为犯罪；(9) 扩大了洗钱罪上游犯罪的范围；(10) 将以暴力、胁迫手段组织残疾人、不满十四周岁的未成年人乞讨的行为增加规定为犯罪。

【《中华人民共和国刑法修正案（七）》】

是指2009年2月28日第十一届全国人民代表大会常务委员会第七次会议通过的《刑法修正案（七）》。《刑法修正案（七）》共计15个条文，除第十五条为公布施行时间之条文外，其余14个有修法实质性内容的条文涉及《刑法》分则第三章、第四章、第六章、第七章、第八章等共计五章的20种罪刑规范，内容关涉走私、危害金融、妨害税收、扰乱市场秩序、侵犯公民人身权利、贿赂等犯罪类型，其中有的是对原罪种构成要件的修改，有的是适当调整原罪种的法定刑，还有的则是针对近年来新出现的或者突出的严重危害社会的犯罪即增补新罪种等。其主要内容包括：将走私珍稀植物、珍稀植物制品罪修改为走私国家禁止进出口的货物、物品罪，扩大走私的对象范围；增设利用未公开信息交易罪，将金融机构的从业人员以及有关监管部门或者行业协会人员利用因职务便利获取的内幕信息以外的其他未公开的信息进行相关证券、期货交易的行为入罪；将偷税罪修改为逃税罪，完善其入罪标准和处罚；增设组织、领导传销活动罪；增设出售、非法提供公民个人信息罪和非法获取公民个人信息罪；增设组织未成年人进行违反治安管理活动罪；增设利用影响力受贿罪；对非法经营罪、绑架罪等犯罪的罪状和定罪量刑标准进行了修改。

【《中华人民共和国刑法修正案（八）》】

是指2011年2月25日第十一届全国人民代表大会常务委员会第十九次会议通过的《刑法修正案（八）》。《刑法修正案（八）》共50条，其内容主要体现在宽严两个方面。在从严方面，《刑法修正案（八）》主要从十个方面体现宽严相济刑事政策的严的要求：(1) 规范并限制死缓犯的减刑，规定死缓犯有重大立功表现的，二年期满后减为二十五年有期徒刑，同时限制因累犯和因故意杀人、强奸、抢劫、绑架、放火、爆炸、投放危险物质或者有组织的暴力性犯罪被判处死缓的犯罪分子的减刑；(2) 普遍延长了无期徒刑的实际执行刑期，将无期徒刑犯的实际执行最低刑期由十年提高到十三年；(3) 有条件地提高了有期徒刑数罪并罚的刑期，将有期徒刑数罪并罚的最高刑期由原来的二十年，调整为有期徒刑数罪并罚的总和刑期在三十五年以上的，最高可到二十五年；(4) 严格了管制的执行，规定人民法院可根据犯罪情况，禁止管制犯从事特定活动，进入特定区域、场所，接触特定的人；(5) 扩大了特殊累犯的范围，将恐怖活动犯罪、黑社会性质组织的犯罪纳入了特殊累犯的范围；（6）删除了自首并有重大立功表现应当减轻或者免除处罚的规定；（7）扩大了不得适用缓刑的范围，增加规定对犯罪集团的首要分子不得适用缓刑；（8）增加了9种新罪；（9）扩大了10种罪的构成要件范围或者降低了其入罪门槛；（10）提高了8种犯罪的法定刑。在从宽方面，《刑法修正案（八）》也从五个方面加强了宽严相济刑事政策的宽的要求：（1）取消13种犯罪的死刑；（2）对已满75周岁的人犯罪从宽，包括对已满75周岁的人犯罪从轻或者减轻处罚、对已满75周岁的人原则上不适用死刑以及对已满75周岁的人适用缓刑从宽；（3）对未成年人犯罪进一步从宽，包括对未成年人犯罪适用缓刑从宽、未成年人犯罪不成立累犯、被判处五年有期徒刑以下刑罚的未成年人免除前科报告义务；（4）对怀孕的妇女适用缓刑从宽；（5）增设了坦白从宽制度。

【《中华人民共和国刑法修正案（九）》】

是指2015年8月29日第十二届全国人民代表大会常务委员会第十六次会议通过的《刑法修正案（九）》。《刑法修正案（九）》是《刑法修正案（八）》之后我国针对社会形势变化进行的又一次重大刑法修正，全文共52条，分总则、分则和附则三部分。内容主要体现在以下七个方面：（1）进一步减少适用死刑的罪名。《刑法修正案（九）》在《刑法修正案（八）》取消13种犯罪的死刑之后，又取消了9种犯罪的死刑，包括走私武器、弹药罪、走私核材料罪和走私假币罪，伪造货币罪，集资诈骗罪，组织卖淫罪和强迫卖淫罪，阻碍执行军事职务罪和战时造谣惑众罪。同时，将绑架罪、贪污罪、受贿罪的死刑由绝对确定的死刑改为相对确定的死刑，提高对死缓罪犯执行死刑的门槛，将死缓犯执行死刑的门槛由原来规定的“故意犯罪”提高至“故意犯罪，情节恶劣的”。（2）加大对恐怖主义、极端主义犯罪的惩治力度，包括对组织、领导、参加恐怖组织罪增加规定财产刑，以提高刑法惩治的针对性；增设了6种新的恐怖主义、极端主义犯罪，具体包括招募、运送恐怖活动人员犯罪，准备实施恐怖活动的犯罪，宣扬恐怖主义、极端主义和煽动实施恐怖活动的犯罪，利用极端主义煽动、胁迫群众破坏法律实施犯罪，强制他人穿戴宣扬恐怖主义、极端主义服饰、标志犯罪，以及非法持有宣扬恐怖主义、极端主义的物品犯罪；修改了资助恐怖活动罪、拒不提供间谍犯罪证据罪、偷越国（边）境罪三个与恐怖主义相关犯罪的罪状和法定刑。（3）完善惩处信息网络犯罪的法律规定，包括增加规定侮辱、诽谤犯罪的证据提供，增设拒不履行信息网络安全管理义务罪，增设非法利用信息网络罪和帮助信息网络犯罪活动罪，修改扰乱无线电通讯管理秩序罪，增设编造、故意传播虚假信息罪，增加侵犯计算机信息系统犯罪的单位主体。（4）加强对公民人身权利保护的刑法立法，包括修改强制猥亵、侮辱妇女罪，将强制猥亵的对象由“妇女”修改为“他人”，以便包括男性，同时将“其他恶劣情节”并列规定为“聚众”的加重处罚情形；修改收买被拐卖的妇女、儿童罪，规定对收买被拐卖的妇女、儿童，按照被收买妇女的意愿，不阻碍其返回原居住地的，对被收买儿童没有虐待行为，不阻碍对其进行解救的，将“可以不追究刑事责任”的规定，修改为对收买被拐卖儿童者“可以从轻处罚”，对收买被拐卖妇女者“可以从轻或者减轻处罚”；修改出售、非法提供公民个人信息罪，将出售、非法提供公民个人信息罪的主体修改为一般主体；修改虐待罪告诉才处理的规定，增设虐待被监护、看护人罪；取消嫖宿幼女罪。（5）进一步完善反腐败的制度规定和惩处力度，包括修改贪污受贿犯罪的定罪量刑标准，加大对行贿犯罪的处罚力度，增设对有影响力的人行贿罪，完善了腐败犯罪的预防性措施。（6）加大惩治失信、背信犯罪行为，包括修改伪造、变造居民身份证的犯罪规定，增加使用伪造、变造的或者盗用他人的身份证件犯罪，增加考试作弊犯罪，增加虚假诉讼犯罪。（7）加强社会秩序的刑法保护，包括完善危险驾驶罪的规定，新增了两种危险驾驶行为，即“从事校车业务或者旅客运输，严重超过额定乘员载客，或者严重超过规定时速行驶的”和“违反危险化学品安全管理规定运输危险化学品，危及公共安全的”；将多次抢夺的行为规定为犯罪；明确袭警行为以妨害公务罪从重处罚；增加生产、销售窃听、窃照等专用器材犯罪；增设扰乱国家机关工作秩序罪和组织、资助非法聚集罪；修改完善组织、利用会道门、邪教组织利用迷信破坏法律实施罪；修改盗窃、侮辱尸体罪；增设泄露不应公开的案件信息犯罪；修改扰乱法庭秩序罪；修改拒不执行判决、裁定罪；增加生产制毒物品犯罪。

【《中华人民共和国刑法修正案（十）》】 是指2017年11月4日第十二届全国人民代表大会常务委员会第三十次会议通过的《刑法修正案（十）》。该刑法修正案是1997年全面修订《刑法》之后的第十个刑法修正案，是为了配合《国歌法》的制定而颁行的。2017年9月1日第十二届全国人民代表大会常务委员会第二十九次会议表决通过了《国歌法》。该法第十五条规定：“在公共场合，故意篡改国歌歌词、曲谱，以歪曲、贬损方式奏唱国歌，或者以其他方式侮辱国歌的，由公安机关处以警告或者十五日以下拘留；构成犯罪的，依法追究刑事责任。”但之前我国《刑法》没有关于侮辱国歌可以构成犯罪的规定，《刑法修正案（十）》的颁行主要是为了解决这一问题。《刑法修正案（十）》规定：“为了惩治侮辱国歌的犯罪行为，切实维护国歌奏唱、使用的严肃性和国家尊严，在刑法第二百九十九条中增加一款作为第二款，将该条修改为：‘在公共场合，故意以焚烧、毁损、涂划、玷污、践踏等方式侮辱中华人民共和国国旗、国徽的，处三年以下有期徒刑、拘役、管制或者剥夺政治权利。’‘在公共场合，故意篡改中华人民共和国国歌歌词、曲谱，以歪曲、贬损方式奏唱国歌，或者以其他方式侮辱国歌，情节严重的，依照前款的规定处罚。’”

【《中华人民共和国刑法修正案（十一）》】 是指2020年12月26日第十三届全国人民代表大会常务委员会第二十四次会议通过的《刑法修正案（十一）》。该刑法修正案是1997年全面修订《刑法》之后的第十一个刑法修正案，共计48条，其中，新增刑法条文13条，修改刑法条文34条。这次修改主要围绕保护人民群众人身安全、生产安全、金融安全、知识产权、生态环境、与疫情防控相关的公共卫生安全等领域的刑法治理，自2021年3月1日起施行。

【《中华人民共和国刑法修正案（十二）》】 是指2023年12月29日第十四届全国人民代表大会常务委员会第七次会议通过的《刑法修正案（十二）》。该刑法修正案是1997年全面修订《刑法》之后的第十二个刑法修正案，共计8条。这次修改主要围绕惩治行贿犯罪和民营企业内部腐败犯罪。关于行贿犯罪的修改，主要体现在三方面：一是坚持受贿行贿一起查，有针对性地对一些严重行贿情形“从重处罚”，加大刑事追责力度。二是提高单位行贿犯罪的刑罚力度。三是对其他贿赂犯罪的刑罚作出相应调整。关于民营企业内部腐败犯罪的修改，主要体现在两方面：一是通过惩治民营企业内部人员侵害企业财产犯罪，实现保护民营企业产权和企业家合法权益。二是完善民营企业内部人员腐败相关规定，做到平等保护，明确法律适用。

【刑法的性质】 是指刑法的基本属性。一般认为，我国《刑法》具有两方面的性质：（1）刑法的阶级性质；（2）刑法的法律性质。前者是指《刑法》作为我国社会主义刑法的本质属性，后者是指《刑法》作为我国社会主义法律体系之一的部门法的基本属性。

【刑法的阶级性质】 是指刑法在阶级方面的基本属性。在阶级性质方面，刑法是统治阶级根据自己的意志和利益制定的，是统治阶级对被统治阶级实行专政的工具。刑法的阶级本质是由国家的阶级本质决定的。一切剥削阶级国家的刑法，包括奴隶制国家刑法、封建制国家刑法和资本主义国家刑法，尽管因国家类型不同和朝代更替使得刑法的内容和形式有所差异，但它们都是以生产资料私有制为基础，反映剥削阶级意志并为剥削阶级利益服务的。这就是剥削阶级国家刑法的共同阶级本质。当然，剥削阶级国家刑法为了统治阶级的整体利益，处罚统治阶级内部的某些罪犯，也规定了一些所谓保护民众利益的条款，但这并不能掩盖剥削阶级国家刑法的阶级性。与剥削阶级国家刑法不同，我国刑法是社会主义类型的刑法，它是建立在我国社会主义经济基础之上的上层建筑的重要组成部分，反映工人阶级和广大人民群众的意志，保卫社会主义政治制度和经济制度，保护广大人民当前及长远的利益。

【刑法的法律性质】 是指刑法在法律上的基本属性。在法律性质方面，刑法与其他部门法如民法、行政法、经济法等比较起来，有两个显著的特点：（1）刑法所保护的社会关系的范围更为广泛。刑法的调整对象不限于某一类社会关系，而是调整各个领域的社会关系。任何一种社会关系，只要受到犯罪行为的侵犯，刑法就规定对这种行为予以一定的刑罚处罚，从而使这种社会关系进入刑法的调整范围。从这个意义上，刑法可以说是其他部门法的保护法，没有刑法作后盾和保证，其他部门法往往很难得到彻底的贯彻实施。就惩治违法行为而言，其他部门法可以说是“第一道防线”，刑法则充任“第二道防线”的角色。（2）刑法的强制性最为严厉。任何法律都具有强制性，任何侵犯法律所保护的社会关系的行为人，都必须承担相应的法律后果，受到国家强制力的干预。但是，所有这些强制，都不及刑法对犯罪分子进行刑事制裁即适用刑罚严厉。刑罚不仅可以剥夺犯罪分子的财产，限制或剥夺犯罪分子的人身自由，剥夺犯罪分子的政治权利，而且在最严重的情况下还可以剥夺犯罪分子的生命。

【刑法的根据】 是指制定刑法的根据。我国《刑法》第一条规定：“为了惩罚犯罪，保护人民，根据宪法，结合我国同犯罪作斗争的具体经验及实际情况，制定本法。”据此，在我国，《刑法》的根据包括法律根据和实践根据：（1）《刑法》的法律根据。《宪法》作为国家的根本大法是我国《刑法》制定的法律根据。我国《刑法》以我国《宪法》为其立法根据，就必须在自己的领域内具体贯彻我国《宪法》的规定，包括：《刑法》必须依据我国《宪法》的精神和原则而制定、修改和补充；《刑法》的规定及其解释不能与《宪法》相抵触，否则便没有法律效力；《刑法》的规定必须是宪法精神的具体化、法律化，即通过具体的刑法规范及其适用保障《宪法》的实施；刑事立法必须根据《宪法》所规定的立法权限和立法程序进行，否则就是违宪行为。（2）刑法的实践根据。我国同犯罪作斗争的具体经验及实际情况，是我国《刑法》制定的实践根据。从内容来看，我国多年来同犯罪作斗争行之有效的、成熟的经验以及我国独创的制度，《刑法》都作了规定，例如管制、死缓、减刑、自首等。事实说明，现实生活决定法律的废、改、立，法律只有立足于客观实际，才有生命力，刑法也不例外。当然，刑事立法应当从实际出发不能从主观臆想出发，并不意味着刑法只能够反映已有的实际生活而不反映社会发展趋势。恰恰相反，刑法不仅应当立足于现实，而且应当预见未来，立法应当具有一定的超前性。

【刑法的创制】 是指刑法的制定过程。我国刑法的创制，经历了一个长期而曲折的过程。早在新中国成立之初，一方面，根据革命和建设的需要，先后制定了一系列单行刑法，例如1950年的《严禁鸦片烟毒通令》《禁止珍贵文物图书出口暂行办法》，1951年的《禁止国家货币出入国境办法》《妨害国家货币治罪暂行条例》《保守国家机密暂行条例》，1952年的《惩治贪污条例》等等。这些单行刑法在同贪污、贩运毒品、伪造国家货币等犯罪作斗争中，起到了重要的作用。另一方面，在颁布实施单行刑法的同时，我国开始了《刑法》的起草工作。

《刑法》最初的起草准备工作，是由中央人民政府原法治委员会主持进行的。自1950年至1954年9月，法治委员会写出两个稿本：一是“刑法大纲草案”（共157条）；二是“刑法指导原则草案（初稿）”（共76条）。这两个稿本，均由于当时条件不成熟而未予公布。1954年10月，《刑法》的起草工作改由全国人民代表大会常务委员会办公厅法律室负责。至1957年6月28日，法律室已经写出第22稿“刑法（草案）”。这个稿本经过中共中央原法律委员会、中央书记处审查修改，又经过全国人民代表大会法律委员会审议，发给参加第一届全国人民代表大会第四次会议的全体代表征求意见。这次会议曾作出决议：授权全国人民代表大会常务委员会根据人大代表和其他方面所提的意见将第22稿进行修改后，作为草案公布试行。但是由于种种原因，“刑法（草案）”没有对外公布试行，并在此后的三四年时间，刑法起草工作完全停止。

一直到1961年10月，才又开始对“刑法（草案）”进行一些座谈研究。从1962年5月开始，全国人民代表大会常务委员会法律室在有关部门的协同下，对“刑法（草案）”第22稿进行了全面的修改。经过多次的重大修改和征求意见，1963年10月9日写出第33稿。这个稿本经中共中央政治局常委和毛泽东主席审查，曾考虑公布。后来由于各方面的原因，刑法起草工作再次搁置。

1976年粉碎“四人帮”之后，随着

党和国家对法治工作的重视，从1978年10月开始，国家组成“刑法（草案）”的修订班子，对第33稿进行修订，并先后写出两个稿本。其间，中共中央召开了具有历史意义的十一届三中全会，明确指出：“为了保障人民民主，必须加强社会主义法治，使民主制度化、法律化，使这种制度和法律具有稳定性、连续性和极大的权威，做到有法可依、有法必依、执法必严、违法必究。”十一届三中全会的精神，有力地推动了《刑法》的起草工作，并起了重要的指导作用。1979年2月，全国人民代表大会常务委员会法制委员会宣告成立，从当年3月开始，起草班子以“刑法（草案）”第33稿为基础，根据新经验、新情况和新问题，征求了最高人民法院、最高人民检察院、公安部和中央其他有关部门的意见，对“刑法（草案）”作了较大的修改，先后起草3个文本。第二个稿本于5月29日获得中央政治局原则通过，之后又在法制委员会全体会议和第五届人大二次会议上进行审议，最后于1979年7月1日获得一致通过，7月6日正式公布，1980年1月1日起施行。至此，我国第一部系统的《刑法》正式诞生。这是我国刑法规范基本具备的标志，我国刑事法治从此步入了一个新的阶段。

【刑法的任务】 《刑法》第二条规定：“中华人民共和国刑法的任务，是用刑罚同一切犯罪行为作斗争，以保卫国家安全，保卫人民民主专政的政权和社会主义制度，保护国有财产和劳动群众集体所有的财产，保护公民私人所有的财产，保护公民的人身权利、民主权利和其他权利，维护社会秩序、经济秩序，保障社会主义建设事业的顺利进行。”我国《刑法》的任务体现了惩罚犯罪与保护人民的统一。具体而言，《刑法》的任务主要表现在以下四个方面：（1）保卫国家安全，保卫人民民主专政政权和社会主义制度。严厉惩罚直接危害我国人民民主专政政权和社会主义制度的，危害国家安全的犯罪行为，是我国《刑法》的首要任务。（2）保护社会主义的经济基础。我国社会主义的经济基础包括社会主义的公共财产所有权和社会主义的经济秩序两个方面的内容，它们都直接关系到我国政权和制度的巩固以及社会生活的正常运行和繁荣，因而保护社会主义的经济基础是我国《刑法》的重要任务。（3）保护公民的人身权利、民主权利、财产权利和其他权利。保护人民的合法权益是我们社会主义国家的根本任务，也是我国《刑法》任务的重要内容之一。（4）维护社会秩序、经济秩序。《刑法》是维护社会秩序和经济秩序的重要法律武器。

【刑法体系】 是指刑法的组成和结构。我国《刑法》从总体上分为总则、分则和附则三个部分。其中总则、分则各为一编，其编之下，再根据法律规范的性质和内容有次序地划分为章、节、条、款、项等层次。《刑法》第一编总则分设五章，即刑法的任务、基本原则和适用范围，犯罪，刑罚，刑罚的具体运用，其他规定。第二编分则分设十章，即危害国家安全罪，危害公共安全罪，破坏社会主义市场经济秩序罪，侵犯公民人身权利、民主权利罪，侵犯财产罪，妨害社会管理秩序罪，危害国防利益罪，贪污贿赂罪，渎职罪，军人违反职责罪。《刑法》总则除第一章和第五章外，其余章下均设若干节；《刑法》分则大多数章下不设节，但由于第三章破坏社会主义市场经济秩序罪和第六章妨害社会管理秩序罪两章涉及具体犯罪众多、内容庞杂，因而这两章下又分设了若干节。《刑法》除总则编和分则编外，第三部分为附则。《刑法》附则部分仅一个条文，即第四百五十二条。该条的内容：(1) 规定修订后的《刑法》开始施行的日期；(2) 规定修订后的《刑法》与以往单行刑法的关系，宣布在修订《刑法》生效后某些单行刑法的废止以及某些单行刑法中有关刑事责任的内容之失效。

【刑法条文结构】 是指刑法条文的组成。刑法规范除附则外，按其内容属性，或者属于总则性规范，或者属于分则性规范。组成刑法的各规范，都以条文的形式出现。配置在各编、章、节中的刑法条文，全部用统一的顺序号码进行编号。刑法条文采用统一编号，既可以达到系统化的目的，又可以保证查阅方便，引用准确。条文之下分款、项。有的条文只有一款，如《刑法》第一条、第二条、第三条等。如果条文包含数款，则第二款、第三款、第四款等均以另起一行来表示。例如《刑法》第六条包含三款；第七条包括二款；第二百四十一条包含六款。在款的后面，如果用（一）（二）（三）等序数号码的，则为项。例如，《刑法》第二百四十条第一款包含八项，引用时应写成第×条第×款第×项；第三百一十五条只有一款，包含四项，引用时应写成第×条第×项。刑法条文采用条、款、项这样的结构是非常严谨的，任何人都不能随便颠倒改动，引用条文时必须绝对准确。有的条文在同一款里包含两个或两个以上意思。例如《刑法》第五十六条第一款规定："对于危害国家安全的犯罪分子应当附加剥夺政治权利；对于故意杀人、强奸、放火、爆炸、投毒、抢劫等严重破坏社会秩序的犯罪分子，可以附加剥夺政治权利。"该款包含两个意思，用分号隔开。《刑法》第五十三条规定："罚金在判决指定的期限内一次或者分期缴纳。期满不缴纳的，强制缴纳。对于不能全部缴纳罚金的，人民法院在任何时候发现被执行人有可以执行的财产，应当随时追缴。由于遭遇不能抗拒的灾祸等原因缴纳确实有困难的，经人民法院裁定，可以延期缴纳、酌情减少或者免除。"该条包含三个意思，用句号隔开。一个条文的同一款中包含两个或两个以上意思的，在学理上称之为前段、后段，或者前段、中段、后段，或者第一段、第二段。

【但书】 是指在刑法条款当中，用"但是"这个连接词来表示转折关系的，从"但是"开始的文字部分。我国《刑法》条文中的"但书"，所表示的情况大致有以下几种：(1)"但书"是前段的补充。例如，《刑法》第十三条在规定了什么是犯罪之后，接着"但书"指出："情节显著轻微危害不大的，不认为是犯罪。"这是从何种情况下不认为是犯罪的角度，来补充说明什么是犯罪。这个"但书"对于划清罪与非罪的界限，具有重要的意义。(2)"但书"是前段的例外。例如，《刑法》第二百四十六条在规定侮辱罪、诽谤罪"告诉的才处理"的同时，又"但书"指出："但是严重危害社会秩序和国家利益的除外。"(3)"但书"是对前段的限制。例如，《刑法》第二十条第二款规定："正当防卫明显超过必要限度造成重大损害的，应当负刑事责任，但是应当减轻或者免除处罚。"在这里，"但书"对防卫过当人负刑事责任作了限制性的规定。

【刑法解释】 是指对刑法规范含义的阐

明。刑法规范之所以需要解释，主要是因为刑法条文具有一定的抽象性，而现实生活却是千姿百态的，为了使抽象的法条适用于具体的案件，就需要对刑法规范进行解释。同时，刑法条文具有一定的稳定性，而现实生活则具有多变性，为了使司法活动能够跟上客观情况的变化，可以在条文内容允许的情况下，对某些条文赋予新的含义。刑法解释的类型很多。从解释的效力上，可将刑法解释分为刑法立法解释、刑法司法解释和刑法学理解释；从解释的方法上，可将刑法解释分为刑法文理解释和刑法论理解释。

【刑法立法解释】 是指由立法机关对刑法的含义所作的解释。立法解释是指全国人民代表大会及其常务委员会对刑法规范本身需要明确界限，或者为解决最高人民法院和最高人民检察院所作出的有关刑事司法解释的原则性分歧而进行的解释。刑法的立法解释对于弥补刑法规范中的漏洞，使刑法规范适应复杂多变的犯罪活动，维护刑法规范的稳定性，具有重要作用。刑法的立法解释包括以下三种情况：（1）在《刑法》中用条文对有关刑法术语所作的解释。例如，《刑法》第九十三条规定："本法所称国家工作人员，指国家机关中从事公务的人员。国有公司、企业、事业单位、人民团体中从事公务的人员和国家机关、国有公司、企业、事业单位委派到非国有公司、企业、事业单位、社会团体从事公务的人员，以及其他依照法律从事公务的人员，以国家工作人员论。"《刑法》总则第五章"其他规定"还分别对《刑法》中的"公共财产""公民私人所有的财产""司法工作人员""重伤""违反国家规定""首要分子""告诉才处理""以上、以下、以内"等术语作了解释。《刑法》分则中也有立法解释的内容。例如，《刑法》第三百五十七条规定："本法所称的毒品，是指鸦片、海洛因、甲基苯丙胺（冰毒）、吗啡、大麻、可卡因以及国家规定管制的其他能够使人形成瘾癖的麻醉药品和精神药品。"《刑法》第三百六十七条对淫秽物品的含义作了解释。（2）由国家立法机关在法律的起草说明或者修订说明中所作的解释。例如对于我国《刑法》第 29 条第 2 款的"被教唆的人没有犯被教唆的罪"即教唆未遂情形，是所谓"被教唆人没有犯被教唆的罪"包括两种情况：一是教唆犯的教唆，对被教唆人没有起到促成犯意、实施犯罪的作用，被教唆人既没有实施教唆犯教唆的犯罪，也没有实施其他犯罪，其教唆行为没有造成直接的犯罪结果；二是被教唆人没有犯所教唆的罪，而犯了其他罪。不论哪一种情况，都是教唆未遂，应当承担相应的刑事责任。（3）《刑法》在施行中如发生歧义，由全国人民代表大会常务委员会进行解释。依照我国《宪法》第六十七条第四项的规定，解释法律是属于全国人民代表大会常务委员会行使的职权之一。1981 年 6 月 10 日第五届全国人民代表大会常务委员会第十九次会议通过的《加强法律解释工作决议》第一条规定："凡关于法律、法令条文本身需要进一步明确界限或作补充规定的，由全国人民代表大会常务委员会进行解释或用法令加以规定。"自 1997 年《刑法》颁行以来，已通过《关于〈中华人民共和国刑法〉第三百八十四条第一款的解释》《关于〈中华人民共和国刑法〉第二百九十四条第一款的解释》《关于〈中华人民共和国刑法〉第三百一十三条的解释》《关于〈中华人民共和国刑法〉第九章渎职罪主体适用问题的解释》《关于〈中华人民共和国刑法〉有关信用卡规定的解释》《关于〈中华人民共和国刑法〉有关出口退税、抵扣税款的其他发票规定的解释》《关于〈中华人民共和国刑法〉有关文物的规定适用于具有科学价值的古脊椎动物化石、古人类化石的解释》《关于〈中华人民共和国刑法〉第九十三条第二款的解释》《关于〈中华人民共和国刑法〉第二百二十八条、第三百四十二条、第四百一十条的解释》《关于〈中华人民共和国刑法〉第三十条的解释》《关于〈中华人民共和国刑法〉第一百五十八条、第一百五十九条的解释》《关于〈中华人民共和国刑法〉第二百六十六条的解释》《关于〈中华人民共和国刑法〉第三百四十一条、第三百一十二条的解释》13 个刑事立法解释文件。

【刑法司法解释】 是指由司法机关对刑法含义所作的解释。有权进行司法解释的是最高人民法院和最高人民检察院。《人民法院组织法》第三十七条规定：最高人民法院对属于审判工作中具体应用法律的问题进行解释。1981 年 6 月 10 日第五届全国人民代表大会常务委员会第十九次会议通过的《加强法律解释工作决议》规定："凡属于法院审判工作中具体应用法律、法令的问题，由最高人民法院进行解释。凡属于检察院检察工作中具体应用法律、法令的问题，由最高人民检察院进行解释。最高人民法院和最高人民检察院的解释如果有原则性的分歧，报请全国人民代表大会常务委员会解释或决定。"最高人民法院和最高人民检察院据此制定发布了《最高人民法院关于司法解释工作的规定》《最高人民检察院司法解释工作规定》，对于司法解释工作作出了具体规定。

【指导性案例】 是指由最高人民法院根据《人民法院组织法》及相关规定，通过审判实践总结并发布的典型案件，用于统一裁判标准、规范法律适用、增强司法公信力。指导性案例主要针对社会影响大、法律适用具有普遍意义的案件，通过提供清晰的裁判思路和裁判规则，为各级法院处理类似案件提供参考。指导性案例的特点在于其典型性、权威性和指导性。其核心内容包括裁判要点、基本案情、裁判结果和裁判理由。根据《最高人民法院关于案例指导工作的规定》，各级人民法院在审判类似案件时，应参照指导性案例的裁判规则，但指导性案例本身不具有法律的强制约束力。指导性案例的发布旨在防止"同案不同判"现象，实现法律适用的统一和公平正义，同时为法律适用中的新问题提供解决路径。法官在使用指导性案例时，应结合案件实际情况，将其作为法律解释和裁判理由的重要参考依据，确保案件处理既合法又公正。

【人民法院案例库】 人民法院案例库是最高人民法院于 2024 年 2 月 27 日建成并向社会正式推送的用于发布、查询、研究司法案例的公共平台。建设人民法院案例库，是进一步完善中国特色案例制度的重要举措，是最高人民法院推出的新的"公共法律服务产品"。人民法院案例库收录最高人民法院发布的指导性案例和经最高人民法院审核入库的参考案例，供各级人民法院和社会公众查询、使用、学习、研究。人民法院案例库动态更新，目前已经超过 4000 件，覆盖刑事、民事、行政、国家赔偿、执行五大案件类型，涉及十八个审判业务条线。人民法院案例库的建设，能够起到统一法律适用、推动法律研究、促进司法公开透明、丰富法律教育等作用。《最高人民法院关于案例指导工作的规定》（法发〔2010〕51 号）第七条规定："最高人民法院发布的指导性案例，各级人民法院审判类似案例时应当参照。"《人民法院案例库建设运行工作规程》（法〔2024〕92 号）第十九条规定："各级人民法院审理案件时，应当检索人民法院案例库，严格依照法律和司法解释、规范性文件，并参考入库类似案例作出裁判。"据此，与其他案例明显不同，人民法院案例库收录的指导性案例和参考案例，各级人民法院审理案件时应当参照或参考。尽管入库案例不能作为裁判依据，但可以将类似案例的裁判理由、裁判要旨作为本案裁判考量、理由参引。

【学理解释】 是指由国家宣传机构、社会组织、教学科研单位或者专家学者从学理上对刑法含义所作的解释。例如，刑法教科书、专著、论文、案例分析中对刑法规范的含义所作的解释。学理解释在法律上没有约束力，属无权解释，但是正确的学理解释，有助于理解刑法规范的含义，对于司法实践和立法工作都具有参考价值，对于提高广大干部群众的法律意识和法学水平，对于促进刑法科学的发展，具有重要的作用。值得指出的是，法官、检察官个人对《刑法》条文的理解虽然对其处理的案件具有直接的影响，但因不符合司法解释主体的要求，属于学理解释。

【文理解释】 是指对刑法条文的字义，包括字词、概念、术语，从文理上所作的解释。例如《刑法》第五十六条第一款后段规定："对于故意杀人、强奸、放火、爆炸、投毒、抢劫等严重破坏社会秩序的犯罪分子，可以附加剥夺政治权利。"这里的"爆炸"是仅指故意爆炸，还是也包括过失爆炸？就需要从文理上作出解释说明。《刑法》总则对"公共财产""公民私人所有的财产"所作的解释，从按解释的方法分类的角度看，都属于文理解释。

【论理解释】 是指按照立法精神，联系有关情况，对刑法条文从逻辑上所作的解释。例如，关于《刑法》第 116 条破坏交通工具罪中汽车的范围，在实践中曾有拖拉机是否属于该条款中"汽车"的争论。按照《现代汉语词典》的解释，汽车是指用内燃机做动力，主要在公路上或马路上行驶的交通工具，通常有四个或者四个以上的橡胶轮胎，用来运载人或货物。以此衡量，大型拖拉机应当归入到汽车的范畴。再如，《刑法》第 49 条中的"审判的时候怀孕的妇女，不适用死刑"，结合刑事诉讼法的相关规定，这里的"审判的时候"是指从羁押到执行的整个诉讼过程，而非仅仅指法院审理阶段。根据对刑法条文所作的解释是否超过字面意思，论理解释又分为扩张解释、当然解释和限制解释；根据对刑法条文所作解释的方法不同，论理解释又可分为体系解释、目的解释、沿革解释和比较解释等。

【扩张解释】 是指根据立法原意，对刑法条文作超过字面意思的解释。例如，《刑法》第四十九条规定："审判的时候怀孕的妇女，不适用死刑。"从词义上来看，审判是指侦查、起诉相对应的刑事诉讼程序，因而审判的时候不包括侦查、起诉的时候，但根据有关司法解释的规定，这里的"审判的时候"是指从羁押到执行的整个诉讼过程，而不是仅指法院审理阶段。即使在法院作出死刑立即执行的终审判决以后，在执行死刑时发现被执行的妇女怀孕的，也应停止死刑的执行，并依法予以改判。

【当然解释】 是指刑法规定虽未明示某一事项，但依规范目的、事物属性和形式逻辑，将该事项当然包含在该规范适用范围之内的解释。例如，《刑法》第一百一十六条规定："破坏火车、汽车、电车、船只、航空器，……处三年以上十年以下有期徒刑。"对于破坏小轿车的情况，该条并未给予明确的描述。从汽车与小轿车这两个概念的逻辑关系上讲，二者是属种关系，汽车当然包含小轿车，故对破坏小轿车的行为应适用该规定处理。这就是一种当然解释。

【限制解释】 是指根据立法原意，对刑法条文作狭于字面意思的解释。例如，《刑法》第二十九条规定："教唆不满十八周岁的人犯罪的，应当从重处罚。"从字义上看，不满18周岁的人包括不满14周岁的人，但不满14周岁的人的危害行为不构成犯罪，因而教唆者不属于共同犯罪中的教唆犯，构成间接正犯。因此，这里的"不满十八周岁的人"应限制解释为"已满十四周岁不满十八周岁的人"。

【体系解释】 是指根据刑法条文关系，联系相关条文，对刑法条文进行阐明的解释方法。体系解释可以避免望文生义、断章取义，孤立地理解刑法条文，以维护刑法条文内部以及与刑法以外法律的协调，保证解释结论的妥当性和刑法正义的实现。例如，《刑法》第三百八十二条关于贪污罪的主体规定为"国家工作人员"，同时《刑法》第九十三条规定了国家工作人员的含义。因此，对作为贪污罪主体的国家工作人员必须结合《刑法》第九十三条和第三百八十二条的规定进行综合判定。

【刑法基本原则】 是指贯穿全部刑法规范、体现我国刑事法制的基本性质与基本精神、具有指导和制约全部刑事立法和刑事司法意义的准则。其主要特征有三个：（1）刑法基本原则必须是贯穿全部刑法规范的原则。只有那些对刑法的制定、修改、补充具有全局性意义，并且在刑法的全部规范体系中具有根本性意义的原则，才能成为刑法的基本原则。（2）刑法基本原则必须体现我国刑事法制的基本性质和基本精神。一项原则如果不能体现我国刑事法制的基本性质和基本精神，即使其对刑事立法和刑事司法具有全局性、根本性的指导意义，也谈不上是刑法的基本原则。（3）刑法基本原则具有指导和制约全部刑事立法和刑事司法的意义。从其功能上看，刑法的基本原则应当是刑事立法活动必须遵循的准则，应当对刑法的制定、修改和完善具有直接的指导意义。同时，它也应当成为适用刑法时必须严格遵守的准则，应当对刑事司法活动的全过程具有直接的指导意义。1997年《刑法》在其第三条至第五条明确规定了三项刑法基本原则，即罪刑法定原则，适用刑法人人平等原则，罪责刑相适应原则。

【罪刑法定原则】 是指行为之定罪处刑（行为之处罚），以行为时法律有明文规定者为限。即"法无明文规定不为罪""法无明文规定不处罚"。

罪刑法定的思想渊源，最早可以追溯到1215年英国国王约翰签署的《英国大宪章》的规定，即"凡是自由民除经贵族依法判决或遵照国内法律之规定外，不得加以扣留、监禁、没收其财产、褫夺其法律保护权，或加以放逐、伤害、搜索或逮捕。”这一规定奠定了“适当的法定程序”的基本思想，一般认为是罪刑法定的最早思想渊源。到了 17、18 世纪，资产阶级启蒙思想家针对封建刑法中罪刑擅断、践踏人权的黑暗现实，更加明确地提出了罪刑法定的主张，使罪刑法定的思想更为系统，内容更加丰富。资产阶级革命胜利后，罪刑法定这一思想由学说转变为法律，在资产阶级宪法和刑法中得到确认。1789 年法国《人权宣言》规定：“法律只应规定确实需要和显然不可少的刑罚，而且除非根据在犯罪前已制定和公布的且系依法施行的法律以外，不得处罚任何人。”在《人权宣言》这一内容的指导下，1810 年《法国刑法典》首次以刑事立法的形式明确规定了罪刑法定原则。由于这一原则符合现代社会民主与法治的发展趋势，至今已成为不同社会制度的世界各国刑法中最普遍最重要的一项原则。

罪刑法定原则从产生之日起发展演变到今天，已经经历了几百年的历史。在这几个世纪中，世界各国的政治、经济、文化与社会状况都发生了深刻的变化。这些变化必然要反映在立法上，使法律在不断修改和完善中适应社会生活的需要。罪刑法定原则从绝对的罪刑法定到相对的罪刑法定的转变，正是在这一时代背景下进行的。两种类型的罪刑法定原则在内容上的差别，反映了刑事立法由较为严格到灵活多变的发展趋势。从当今世界各国的刑事立法和司法现状来看，早期的绝对罪刑法定原则已受到严峻的挑战，代之而起的相对罪刑法定原则成为各国刑法改革的发展方向。

我国《刑法》第三条规定：“法律明文规定为犯罪行为的，依照法律定罪处刑；法律没有明文规定为犯罪行为的，不得定罪处刑。”一般认为，我国罪刑法定原则的内涵包括两方面的内容：一是积极的罪刑法定原则，即法律明文规定为犯罪行为的，依照法律定罪处刑。这里所称的法律不仅包括《刑法》，也包括单行刑法和附属刑法规范。在具体处理的过程中，法律还包括程序法。据此，对于刑法明文规定为犯罪行为，但因政策等方面原因，最终根据我国《刑事诉讼法》等法律的规定，没有被立案或者起诉的，不违反罪刑法定原则；二是消极的罪刑法定原则，即法律没有明文规定为犯罪行为的，不得定罪处刑。这里所称的法律则主要是指刑法（包括《刑法》、单行刑法和附属刑法规范）。对于消极的罪刑法定原则的内涵，可以从刑法解释、成文法主义、刑法溯及力、法定刑设置、刑法的明确性等方面进行细化，并因为对这些方面的不同理解，形成了绝对的罪刑法定原则与相对的罪刑法定原则的区分。

【类推】 即类推适用，是指对于法律没有明文规定的行为，适用有类似规定的其他条文予以处罚。由于类推适用在实体上违反罪刑法定原则，在程序上违反正当程序的要求，实际上是对事先在法律上没有预告要处罚的行为进行处罚，动摇了罪刑法定原则的晓谕功能，使司法权不当地侵入立法的领地，属于司法恣意地对公民的行动自由进行压制，所以不被允许。对于处罚上的漏洞，不能通过类推适用填补，只能借助于合理的刑法解释和立法方式，因此禁止类推适用与允许扩张解释并不冲突。扩张解释，是指适度扩大刑法条文用语的通常含义（核心意义），赋予条文用语比通常含义更广的意思，但又将其限定在条文用语可能的意义范围内的解释方法。之所以允许扩张解释，是因为扩张解释以后，解释结论仍然在法律语言可能包括的意思范围内，一般公民在认识到该用语时，能够客观地进行预测。如果解释突破日常用语的含义，解释结论在一般民众看来极其意外和难以接受，公民难以由此预测自己行为的，则该解释是类推适用。区分类推适用和扩张解释，要综合刑法条文的规范目的，在某一犯罪与其他犯罪之间进行构成要件的比较，确保刑法解释协调；要处理好理论和实务、形式与实质、历史与现实的关系。我国《刑法》明确规定了罪刑法定原则，严格禁止适用类推解释。

【适用刑法人人平等原则】 是指对任何人犯罪，在适用法律上一律平等，不允许任何人有超越法律的特权。法律面前人人平等是我国《宪法》所确立的社会主义法治的一般原则。我国的基本法律，如《刑事诉讼法》《民事诉讼法》等均规定公民在适用法律上一律平等。《刑法》作为惩治犯罪、保护人民的基本法律，更应当贯彻这一原则。我国《刑法》第四条明确规定了适用刑法人人平等原则。它是我国《宪法》所确认的法律面前人人平等这一社会主义法制的一般原则在刑法中的贯彻。这一原则主要是指司法上的平等。因为刑法立法上的平等与合理问题，属于立法创制中要解决的问题。而法律一旦制定出来，要求的就是依法办事，即在适用法律定罪量刑上的平等与公正。明确规定适用刑法人人平等原则对促进司法公正、增强司法效果，加快实现依法治国、建设社会主义法治国家的目标，具有十分重大的意义。

【罪责刑相适应原则】 又称罪刑相适应、罪刑相当、罪刑相称、罪刑均衡。罪责刑相适应原则的基本含义是，犯多大的罪就应承担多大的刑事责任，法院亦应判处其相应轻重的刑罚，做到重罪重罚，轻罪轻罚，罚当其罪，罪刑相称；罪轻罪重，应当考虑行为人的犯罪行为本身和其他各种影响刑事责任大小的因素。

罪责刑相适应的观念，最早可以追溯到原始社会的同态复仇和奴隶社会的等量报复。“以血还血、以眼还眼、以牙还牙”，是罪责刑相适应思想最原始最粗俗的表现形式。罪责刑相适应成为刑法的基本原则，则与17~18世纪的资产阶级启蒙思想家和法学家倡导有关。意大利著名刑法学家、刑事古典学派创始人之一切萨雷·贝卡里亚在其《论犯罪与刑罚》一书中指出：“犯罪对公共利益的危害越大，促使人们犯罪的力量越强，制止人们犯罪的手段就应该越强有力。这就需要刑罚与犯罪相对称。”传统的罪责刑相适应原则，以报应主义刑罚观为基础，机械地强调刑罚与已然之罪、犯罪客观行为或曰犯罪客观危害相适应。从19世纪末期以来，随着刑事人类学派和刑事社会学派的崛起，传统的罪责刑相适应原则受到了很大的挑战。最为突出的表现是行为人中心论和人身危险性论的出现，保安处分和不定期刑制度的推行，使传统的罪责刑相适应原则在刑事立法上受到削弱。从当今世界各国的刑事立法来看，罪责刑相适应原则作为刑法基本原则其地位已不容动摇，但与传统的罪责刑相适应原则相比，其内容已得到修正：罪责刑相适应，既注重刑罚与犯罪行为相适应，又注重刑罚与犯罪人个人情况（主观恶性与人身危险性）相适应。

我国《刑法》第五条规定：“刑罚的

轻重，应当与犯罪分子所犯罪行和承担的刑事责任相适应。”根据这一规定，首先，刑事立法对各种犯罪的处罚原则规定，对刑罚裁量、刑罚执行制度以及对各种犯罪法定刑的设置，不仅要考虑犯罪的社会客观危害性，而且要考虑行为人的主观恶性和人身危险性。其次，在刑事司法中，法官对犯罪分子裁量刑罚，不仅要看犯罪行为及其所造成的危害结果，而且也要看整个犯罪事实包括罪行和犯罪分子各方面因素综合体现的社会危害性程度，讲求刑罚个别化。

【刑法的效力范围】 又称刑法的适用范围，是指刑法在什么时间、什么地域以及对什么人具有效力。它不仅涉及国家主权，而且涉及国际关系和新旧法律关系，是任何国家刑法都必须明确规定的内容。刑法效力范围可分为刑法的空间效力和刑法的时间效力。

我国《刑法》第六条至第十二条是关于刑法效力范围的规定。

【刑法的空间效力】 是指刑法对地和对人的效力。它解决的是国家刑事管辖权的范围问题。刑事管辖权是国家主权的组成部分。刑法对地的效力和对人的效力不是截然分开的，二者既相互联系，又存在差异，构成刑法空间效力两个不同方面的内容。凡独立自主的国家，无不在刑法中对刑法的空间效力，即刑事管辖权的范围问题作出规定。基于各国社会政治情况和历史传统习惯的差异，在解决刑事管辖权范围问题上主张的原则不尽相同，主要有属地管辖原则、属人管辖原则、保护管辖原则、普遍管辖原则和折中管辖原则。

我国《刑法》第六条至第十一条针对刑法的空间效力规定了折中管辖原则。

【属地管辖】 又称属地原则，是指以地域为标准，凡是在本国领域内犯罪，无论是本国人还是外国人，都适用本国刑法；反之，在本国领域外犯罪，都不适用本国刑法。该原则确立的依据是国家主权和国家刑罚权，它有利于维护国家主权、尊严和秩序，有利于刑罚效果的实现。这是刑事管辖权方面最古老的原则，也是各国行使管辖权的最基本原则。

我国《刑法》第六条第一款规定：“凡在中华人民共和国领域内犯罪的，除法律有特别规定的以外，都适用本法。”属地管辖原则是解决我国《刑法》空间效力的基础性原则。

【属人管辖】 又称国籍原则，是指以人的国籍为标准，以本国公民有遵守其本国法律的义务为出发点，凡本国人犯罪的，无论其犯罪发生在国内或国外，均适用本国刑法。它有助于克服属地原则的某些缺陷。但是，由于该原则的适用，一个人如在外国犯罪，就要受到双重刑事管辖权的管辖，即一方面要受到所在国基于属地原则而产生的刑事管辖权，另一方面又要受到其本国基于属人原则而产生的刑事管辖权的管辖。对于双重刑事管辖权问题的处理，各国刑法有两种不同的规定：一种规定其刑法全部适用于其在国外的本国公民的犯罪行为；另一种规定其刑法只部分地适用于其在国外的本国公民的犯罪行为。

我国《刑法》第七条第一款规定：“中华人民共和国公民在中华人民共和国领域外犯本法规定之罪的，适用本法，但是按本法规定的最高刑为三年以下有期徒刑的，可以不予追究。”第七条第二款规定：“中华人民共和国国家工作人员和军人在中华人民共和国领域外犯本法规定之罪的，适用本法。”这是我国《刑法》关于属人管辖的规定，是对属地管辖原则的补充。根据这一规定，我国公民在我国领域外犯罪的，原则上都适用我国《刑法》；只是按我国《刑法》规定，其所犯之罪的法定最高刑为三年以下有期徒刑的，可以不予追究。至于“可以不予追究”，并非绝对不追究，而是保留追究的可能性。此外，对于特殊主体，即国家工作人员和军人在域外犯罪的，不论其所犯之罪是否法定最高刑为三年以下有期徒刑，我国《刑法》都一律追究其刑事责任。同时，根据我国《刑法》第十条的规定，我国公民在我国领域外犯罪，依照该法应当负刑事责任，虽然经过外国审判，仍然可以依照该法予以追究，但是在外国已经受过刑罚处罚的，可以免除或者减轻处罚。这条规定既表明我国拥有司法主权，又从实际情况及国际合作角度出发避免使被告人受过重的双重处罚，因而体现了原则性与灵活性的统一，较为合情合理。

【保护管辖】 又称自卫原则，是指从保护本国利益出发，凡侵害本国国家或者公民利益的犯罪，不论犯罪人是本国人还是外国人，也不论犯罪地在本国领域内还是在本国领域外，都适用本国刑法。保护管辖原则能最大限度地保护本国和本国公民的利益。考虑不同国家和地区的刑法立法差异较大，对保护管辖原则一般都要进行一定的限定。如许多国家和地区都对保护管辖原则适用双重犯罪的规定，即只有本国刑法和行为地的刑法都认定某种行为属于犯罪才能适用保护管辖原则，否则容易带来刑法适用的混乱。我国《刑法》第八条规定：“外国人在中华人民共和国领域外对中华人民共和国国家或者公民犯罪，而按本法规定的最低刑为三年以上有期徒刑的，可以适用本法，但是按照犯罪地的法律不受处罚的除外。”这是我国《刑法》关于保护管辖的规定，是对属地管辖原则和属人管辖原则的补充。适用这条规定，需要明确我国《刑法》对外国人在我国领域外对我国国家或者公民犯罪的刑事管辖权存在两条限制：(1) 这种犯罪按我国《刑法》规定的最低刑必须为三年以上有期徒刑；(2) 按照犯罪地的法律应受刑罚处罚。作出这种规定，对于保护我国国家利益，保护我国驻外工作人员、访问考察人员、留学生、侨民的利益，是完全必要的。

【普遍管辖】 又称世界原则，是指从保护国际社会共同利益出发，凡侵害由国际公约、条约所保护的国际社会共同利益，无论犯罪人是本国人还是外国人，也无论犯罪地是在本国领域内还是在本国领域外，都适用本国刑法。其法律基础并非本国刑法，而是国际公约、条约，其针对对象限于劫持航空器、侵害外交人员、灭绝种族等国际犯罪，同时，各国的阶级利益与政治立场和观点都可能导致国际犯罪界定范围的差异。

我国《刑法》第九条规定：“对于中华人民共和国缔结或者参加的国际条约所规定的罪行，中华人民共和国在所承担条约义务的范围内行使刑事管辖权的，适用本法。”这条规定对国际犯罪确立了普遍管辖权原则，是对属地管辖原则、属人管辖原则和保护管辖原则的补充。适用普遍管辖权，应当注意把握我国缔结或加入的国际条约的相关内容，准确了解我国承担的义务。只要我国缔结或加入了某一规定有国际犯罪及其惩处的公约，我国便承担了对该国际犯罪进行刑事管辖的义务。当然，普遍管辖权的行使在实践中会受到一定限制。只有当犯有国际罪行的罪犯处于我国境内，我国刑法才可能对其适用。

【中华人民共和国领域】 是指中华人民共和国国境以内的全部空间区域，具体包括：（1）领陆，即国境线以内的陆地及其地下层。（2）领水，即内水、领海及其地下层。内水包括内河、内湖、内海以及同外国之间界水的一部分（通常以河流中心线为界，如果是可通航的河道，则以主航道中心线为界）。领海，根据我国政府于1958年9月4日发表的声明，我国领海宽度为12海里。2016年8月1日发布的《审理发生在我国管辖海域相关案件规定（一）》第一条规定："本规定所称我国管辖海域，是指中华人民共和国内水、领海、毗连区、专属经济区、大陆架，以及中华人民共和国管辖的其他海域。"第三条规定："中国公民或者外国人在我国管辖海域实施非法猎捕、杀害珍贵濒危野生动物或者非法捕捞水产品等犯罪的，依照我国刑法追究刑事责任。"据此，毗连区、专属经济区、大陆架等都属于我国领水的范围。（3）领空，即领陆、领水的上空。实践中，人们通常将国家领土上空的范围分为空气空间和外层空间，空气空间受国家主权管辖，外层空间不受国家主权管辖。因而，领空应指领陆和领水上部的空气空间。

根据国际条约和惯例，以下两种情形，适用我国《刑法》：（1）我国的船舶、飞机或其他航空器。我国《刑法》第六条第二款规定："凡在中华人民共和国船舶或者航空器内犯罪的，也适用本法。"这里所说的船舶或者航空器，既可以是民用的，也可以是军用的；既可以是处于停泊状态，也可以是正处于航行途中；既可以是航行或停泊于我国领域内，也可以是行驶或停泊于我国领域外。总之，凡在我国船舶或者航空器内犯罪的，不论该船舶或者航空器航行或停泊在任何地点，均可以适用我国刑法。（2）我国驻外使领馆。根据我国承认的1961年4月18日《维也纳外交关系公约》的规定，各国驻外大使馆、领事馆及其外交人员不受驻在国的司法管辖而受本国的司法管辖。因此，凡发生在我国驻外大使馆、领事馆内的犯罪，均适用我国刑法。

此外，《刑法》第六条第三款规定："犯罪的行为或者结果有一项发生在中华人民共和国领域内的，就认为是在中华人民共和国领域内犯罪。"这一规定进一步明确了隔地犯（犯罪行为地与犯罪结果彼此脱离）属地管辖的具体标准。这里包括三种情况：（1）在我国境内实施犯罪行为，但犯罪结果发生在国外，如在境内开枪、射伤境外人员；（2）在国外实施犯罪行为，但结果发生在我国境内，如从境外向我国境内投掷炸药，投掷炸药行为发生在境外，而炸药爆炸，炸死、炸伤被害者的犯罪结果则发生在境内；（3）犯罪行为与犯罪结果均发生在我国境内。上述情况都属于在我国领域内犯罪，应适用我国刑法。

【属地管辖的例外】 是指发生在我国领域内的犯罪一旦存在法定的特殊情况，则排除我国刑法的适用。《刑法》第六条在确立属地管辖的同时还提出了法律特别规定的例外情况。此处的我国刑法，应当指广义上的刑法，包括《刑法》、单行刑法及附属刑法规范。司法实践中主要存在如下两种情形：（1）享有外交特权和豁免权的外国人的刑事责任，通过外交途径解决。根据国际公约，在国家间互惠的基础上，为保证正常执行职务，驻在本国的外交机构及其工作人员享有外交特权和豁免权。外交特权和豁免权的法律基础是1961年《维也纳外交关系公约》和1986年《外交特权和豁免条例》。在此需要注意以下两个问题：一是外交代表和与外交代表共同生活的非中国公民的配偶及未成年子女享有的豁免权，可以由派遣国政府明确表示放弃。如果这样，则可以适用我国刑法。二是享有外交特权和豁免权的有关人员应当承担尊重我国法律法规的义务，并不能任意违法犯罪。一旦违法犯罪，便应通过外交途径予以解决，如要求派遣国召回、宣布其为不受欢迎的人、限期离境等。（2）在香港特别行政区、澳门特别行政区内发生的绝大部分犯罪。我国香港特别行政区和澳门特别行政区的基本法规定，香港特别行政区、澳门特别行政区依法享有行政管理权、立法权、司法权和终审权。因此，我国全国性刑法的效力原则上无法及于香港特别行政区以及澳门特别行政区，这是对我国全国性刑法属地管辖权的事实限制。根据“一国两制”的构想和相应的法律规定，香港特别行政区、澳门特别行政区具有刑事立法权和刑事司法权，两个特别行政区均有自己的刑法。据此，对于发生在这两个特别行政区内的犯罪，原则上均适用当地的刑法。但是，全国性的刑法仍然存在对发生于该两个特别行政区范围内的部分犯罪进行适用的可能性。例如，《中华人民共和国香港特别行政区维护国家安全法》作为单行刑法、作为针对发生在香港特别行政区危害国家安全犯罪的特别刑法，其空间效力当然及于香港特别行政区。对于内地机构派驻两个特别行政区的人员利用职务实施的犯罪，仍然适用全国性的刑法，由内地司法机关予以管辖。值得指出的是，民族自治地方所制定的变通或者补充性规定和国家立法机关制定的特别刑法规定均属于广义刑法的范畴，均适用我国刑法关于属地管辖原则的规定，不应作为关于属地管辖原则的例外情况。

【刑法的时间效力】 是指刑法的有效时间范围。它所要解决的是刑法自何时起至何时止具有法律效力。其内容主要包括三个方面：生效时间、失效时间与溯及既往的效力（刑法的溯及力）。根据罪刑法定原则的要求，定罪量刑应以行为时有法律的明文规定为限，因此，对于行为时不受处罚的行为，不能适用事后刑法定罪量刑；在刑法变更时，对行为时受处罚的行为，不能适用比行为时更重的刑法；对行为时虽被禁止但法律没有规定法定刑的行为，事后不能判处刑罚。

【刑法的生效时间】 是指刑法从何时开始施行。关于刑法的生效时间，一般存在两种规定方式：（1）从公布之日起生效。这种方式通常为单行刑法施行所采用；（2）公布之后经过一段时间再施行。这样规定是考虑到人们对新法的学习与掌握需要一段时间的宣传、教育。例如，于1979年7月1日通过的《刑法》，7月6日公布，自1980年1月1日起生效；1997年3月14日修订通过的《刑法》，第四百五十二条第一款专门规定自1997年10月1日起施行。

【刑法的失效时间】 是指刑法从何时开始失效。关于刑法失效时间，通常存在两种规定方式：（1）由国家立法机关明确宣布某些法律失效。例如，《刑法》第四百五十二条第二款专门规定，列于附件一的15部单行刑法，自1997年10月1

日起予以废止。（2）自然失效，即新法施行后代替了同类内容的旧法，或由于原来的特殊立法条件已然消失，旧法自行废止。例如，1998 年 12 月 29 日《惩治骗购外汇、逃汇和非法买卖外汇犯罪决定》对 1997 年《刑法》中相关内容的取代。

【刑法的溯及力】 是指刑法生效后，对其生效以前未经审判或者判决尚未确定的行为是否适用的问题。如果适用，则有溯及力；如果不适用，则没有溯及力。刑法的溯及力主要涉及行为时刑法与裁判时刑法之间的效力问题，即行为人的行为发生在旧法有效期间，但对行为人的行为进行裁判时旧法已经被新法取代。它所要解决的是裁判时的新法对行为时的旧法是否具有适用效力问题。根据新法的效力不同，刑法的溯及力原则可分为从旧原则、从新原则、从新兼从轻原则和从旧兼从轻原则。

按照《刑法》第十二条的规定，我国刑法在溯及力问题上采取的是从旧兼从轻原则。但对于刑事司法解释的溯及力问题，我国既有从新原则的规定，也有从旧兼从轻原则的规定。2001 年 12 月 16 日发布的《刑事司法解释时间效力问题规定》第二条规定："对于司法解释实施前发生的行为，行为时没有相关司法解释，司法解释施行后尚未处理或者正在处理的案件，依照司法解释的规定办理。"这实际上规定的是从新原则。而其第三条规定："对于新的司法解释实施前发生的行为，行为时已有相关司法解释，依照行为时的司法解释办理，但适用新的司法解释对犯罪嫌疑人、被告人有利的，适用新的司法解释。"这实际上规定的是从旧兼从轻原则。

【从旧原则】 是指刑法生效后，对其生效以前未经审判或者判决尚未确定的行为，按照行为时的旧法处理，新法对其生效前的行为一律没有溯及力。其特点是对过去发生的行为完全适用旧法。从旧原则的优点是：（1）禁止适用事后法，符合现代刑法基本原则。客观地看，从旧原则要求裁判时充分考虑犯罪当时的法律状况，禁止适用事后法，对行为人比较公平。（2）符合行为人的预期。对行为人而言，犯罪行为的选择是一个相对理性选择的结果。行为人对犯罪不利后果的判断是以行为时的法律为基础。对行为人依照行为时的法律进行裁判符合行为人行为的状况，更为合理。相反的，如对行为人适用裁判时的新法，则容易助长行为人的侥幸心理。从旧原则的不足是如果某一行为按旧法构成犯罪而新法不认为是犯罪或者处罚更轻时，再依旧法进行处罚就不能实现刑法目的。

【从新原则】 是指刑法生效后，对其生效以前未经审判或者判决尚未确定的行为，新法一律具有溯及力。其特点是对过去发生的行为，新法完全取代旧法。从新原则的优点是强调新法，适应当前的社会情况，有利于预防犯罪。其不足是对行为时法律未规定为犯罪或者处罚更轻的行为，依新法按照犯罪进行处罚，违背罪刑法定原则，因而有失妥当。

【从新兼从轻原则】 是指刑法生效后，对其生效以前未经审判或者判决尚未确定的行为，新法原则上具有溯及力，但旧法（行为时法）不认为是犯罪或者处刑较轻的，应按旧法处理。从新兼从轻原则的特点是原则上新法具有溯及力，但旧法处罚更轻时，适用旧法。该原则的优点是：在从新原则的基础上吸收从轻原则，有助于弥补从新原则的不足。该原则的不足是在新法和旧法完全相同时，对行为人适用新法，则仍存在有违罪刑法定原则之嫌。

【从旧兼从轻原则】 是指新法原则上不具有溯及力，但新法不认为是犯罪或者处刑较轻的，应按新法处理。从旧兼从轻原则的特点是原则上新法不具有溯及力，除非新法处罚更轻。该原则的优点是有助于弥补从旧原则的不足。我国刑法关于溯及力问题即采用从旧兼从轻原则。《刑法》第十二条第一款规定："中华人民共和国成立以后本法施行以前的行为，如果当时的法律不认为是犯罪的，适用当时的法律；如果当时的法律认为是犯罪的，依照本法总则第四章第八节的规定应当追诉的，按照当时的法律追究刑事责任，但是如果本法不认为是犯罪或者处刑较轻的，适用本法。"第十二条第二款规定："本法施行以前，依照当时的法律已经作出的生效判决，继续有效。"根据这一规定，对于1949年10月1日中华人民共和国成立至1997年9月30日这段时间内发生的行为，应按如下不同情况分别处理：（1）当时的法律不认为是犯罪，而1997年《刑法》认为是犯罪的，适用当时的法律。对于这种情况，不能因为现行刑法已经规定为犯罪而追究行为人的刑事责任。（2）当时的法律认为是犯罪，但1997年《刑法》不认为是犯罪的，如果未经审判或者判决尚未确定，就应当适用1997年《刑法》。（3）当时的法律和1997年《刑法》都认为是犯罪，并按照1997年《刑法》总则第四章第八节的规定应当追诉的，原则上按当时的法律追究刑事责任。但是，如果1997年《刑法》比当时的法律处刑较轻的，则适用1997年《刑法》，即1997年《刑法》具有溯及力。关于如何认定"处刑较轻"的问题，1997年12月31日《刑法第十二条司法解释》规定："刑法第十二条规定的'处刑较轻'，是指刑法对某种犯罪规定的刑罚即法定刑比修订前刑法轻。法定刑较轻是指法定最高刑较轻；如果法定最高刑相同，则指法定最低刑较轻。""如果刑法规定的某一犯罪只有一个法定刑幅度，法定最高刑或者最低刑是指该法定刑幅度的最高刑或者最低刑；如果刑法规定的某一犯罪有两个以上的法定刑幅度，法定最高刑或者最低刑是指具体犯罪行为应当适用的法定刑幅度的最高刑或者最低刑。"（4）如果依照当时的法律已经对行为做出了生效判决，该判决继续有效。即使按1997年《刑法》的规定，其行为不构成犯罪或处刑较当时的法律为轻，亦应如此。这主要是考虑到维护人民法院生效判决的严肃性和稳定性。

【犯罪】 在我国，是指严重危害我国社会，触犯刑法并且应受刑罚处罚的行为。《刑法》第十三条规定："一切危害国家主权、领土完整和安全，分裂国家、颠覆人民民主专政的政权和推翻社会主义制度，破坏社会秩序和经济秩序，侵犯国有财产或者劳动群众集体所有的财产，侵犯公民私人所有的财产，侵犯公民的人身权利、民主权利和其他权利，以及其他危害社会的行为，依照法律应当受刑罚处罚的，都是犯罪，但是情节显著轻微危害不大的，不认为是犯罪。"根据我国《刑法》这一规定，可以看出，犯罪具有以下三个基本特征：（1）犯罪是严重危害社会的行为，即具有相当严重的社会危害性。行为具有严重的社会危害性，是犯罪最本质最基本的特征。（2）犯罪是触犯刑律的行为，即具有刑事违法性。(3)犯罪是应受刑罚处罚的行为，即具有应受刑罚惩罚性。犯罪的三个基本特征是紧密结合的。一定的社会危害性是犯罪最基本的属性，是刑事违法性和应受惩罚性的基础。社会危害性如果没有达到违反刑法规定，应受刑罚处罚的程度，也就不构成犯罪。因此，这三个基本特征都是必要的，是任何犯罪都必然具备的。这三个基本特征把犯罪与不犯罪、犯罪与其他违法行为区别开来。

【重罪与轻罪】 是指根据犯罪危害程度的大小对犯罪所作的一种分类。重罪与轻罪的分类具有两方面的重要意义：(1)在程序上可以为刑事诉讼程序的分流提供重要的实体标准，如对重罪一般适用普通程序，但对轻罪则可以适用简易程序；(2)在实体上可以为刑法制度设计提供重要的区分标准，如重罪与轻罪的区分可以作为缓刑、减刑、假释等制度的适用标准、限度等分别设置的依据。关于重罪与轻罪的区分标准，存在两种不同的做法：(1)以法定刑作为重罪与轻罪的区别标准。例如，以法定刑为标准，将犯罪分为重罪、轻罪与违警罪，始于1791年《法国刑法典》。我国刑法理论上有不少观点主张以三年有期徒刑作为重罪与轻罪的区分标准，即法定最低刑为三年有期徒刑以上刑罚的犯罪为重罪，其他犯罪则为轻罪。(2)以宣告刑作为重罪与轻罪的区别标准。例如，我国最高司法机关每年的统计均以五年有期徒刑的宣告刑作为区分重罪与轻罪的标准，被判处五年有期徒刑以上刑罚的罪犯属于重刑犯，被判处五年有期徒刑以下刑罚的罪犯属于轻刑犯。

【自然犯】 是指明显违反伦理道德的传统型犯罪。自然犯的主要特征包括：(1)伦理道德性。这是自然犯的本质特征，也是自然犯与法定犯区分的关键所在。只有明显违反伦理道德的犯罪行为才能称之为自然犯。(2)稳定性。虽然在人类社会发展的不同时期，社会的伦理道德也会发生变化，但从总体上看，这种变化通常是比较小的。例如，从古至今，杀人、伤害、强奸等侵犯人体生命、健康、自由的行为都被认为是违反社会基本伦理道德的犯罪行为。因此，自然犯在社会危害性上的体现是变易性较小。自然犯观念最初萌芽于罗马法时代就出现的自体恶观念。自体恶是本质的恶，指实质上违反社会伦理道德的违法行为，这种行为因侵害了公共秩序、善良风俗而为一般社会正义所不容。刑事实证学派的代表人物意大利法学家加罗法洛对自然犯进行了深刻阐释，指出自然犯是对怜悯和正直这两种基本利他情感的伤害，是社会应予关注的真正的犯罪。这有助于我们更好地认识犯罪的本质，同时根据犯罪本质的不同制定不同的对策。例如，一般认为，对于自然犯不宜将单位作为其犯罪的主体，对自然犯应当以传统的刑罚方式进行处罚更为有效。

【法定犯】 又称为行政犯，是指没有明显违反伦理道德而是因维护行政管理秩序的需要而被法律规定为犯罪的现代型犯罪。法定犯的主要特征包括：(1)非伦理道德性。法定犯的本意是某种犯罪之所以成为犯罪，是因为行政管理的需要。它与伦理道德的联系很弱，不具有明显的伦理道德性。(2)行政管理法规的前置性。对于法定犯而言，是否违反行政管理秩序是判断这类犯罪的基本标准。而行政管理秩序是由行政管理法规确立的。因此，对于法定犯而言，违反行政管理法规就成为判断法定犯的前置条件。法定犯观念最初萌芽于罗马法时代就出现的禁止恶的观念。禁止恶是本质上并不违反伦理道德，而是违反了“因应时宜而为大众奉行”的法规，即因维护行政管理秩序的需要而为法律所禁止的行为。刑事实证学派的代表人物意大利法学家加罗法洛认为，法定犯之所以构成犯罪，主要在于违反了法律，行为人不表现为任何道德低下。（3）易变性。法定犯是基于行政管理的需要而设定的犯罪。而行政管理的需要在不同的时期是会发生变化的。随着行政管理需要的变化，法定犯也必然发生变化。例如，随着关税制度在一些国家和地区被取消，走私罪在这些国家和地区便不复存在。而现代意义上的金融犯罪，则都是因为现代社会金融管理秩序构建的需要而出现的。法定犯的这些特征不同于自然犯，这也意味着对法定犯的处罚可以有别于自然犯。例如，对于法定犯可以更多地适用资格刑、财产刑等刑罚方法。

【激情犯】 激情犯，是指个体因受到强烈刺激导致情绪暴发而引发的犯罪行为，即个体受激情支配所实施的犯罪行为。激情犯的类型通常包括：（1）激情主导性。激情犯是因为强烈情绪作用而激发的犯罪。激情是这类犯罪的重要动因，并且在整个犯罪实施过程中都没有平复下来，作用于犯罪的整个过程。（2）外界刺激性。激情犯的激情激发是外界原因所致，且主要是被害人自身的过错行为所致。其中比较常见的外界刺激是被害人的辱骂等。如果行为人的激情不是外界刺激所致，而是因为行为人自身情绪的高激惹性，那么行为人就有责任控制、平复自己的情绪。如果行为人因未能控制、平复自己的情绪而实施了犯罪，则不应降低行为人的刑事责任。根据犯罪人和被害人双方是否有积怨，激情犯罪又可分为两类：突发性激情犯罪（即犯罪人与被害人之间毫无积怨，甚至素不相识，仅因偶发事件的强烈刺激致使犯罪人暴怒而引发犯罪行为）和积蓄性激情犯罪（即犯罪人与被害人在生活中虽不断发生矛盾，产生怨恨，却未有犯罪念头，而在犯罪人突然受到本人认为忍无可忍的刺激时，新仇旧恨便一同涌上心头，怒不可遏而实施犯罪行为）。愤怒是激情犯的主导情绪。愤怒会干扰大脑的正常思维，导致思想不集中，甚至失去理智。强烈而持久的暴怒很可能导致间歇性精神混乱。愤怒不仅包括即刻的状态怒，还包括在各种情境中体验愤怒倾向的特质怒。当愤怒失去控制并影响到个人生活的时候，这种失常状态下所表现出来的就是各种形式的暴力行为。因此，激情犯更常实施暴力性犯罪行为。激情犯不是我国刑法上的法定从宽情节，但在量刑中通常属于酌定从宽情节。

【社会危害性】 是指行为对刑法所保护的社会关系造成这样或那样损害的特性。如果某种行为根本不可能给社会带来危害，法律就无必要把它规定为犯罪，也不会对它进行惩罚。某种行为虽然具有社会危害性，但是情节显著轻微危害不大的，也不认为是犯罪。例如，小偷小摸，数额很小，不能当作盗窃罪。由此可见，没有社会危害性，就没有犯罪；社会危害性没有达到相当严重的程度，也不构成犯罪。决定犯罪的社会危害性程度的因素主要包括：（1）行为侵犯的客体，即行为侵犯了什么样的社会关系。例如，在我国，危害国家安全罪侵犯的是以人民民主专政政权和社会主义制度为核心的国家安全，因此危害国家安全罪比其他犯罪的社会危害性要大，是最危险的犯罪。放火罪、爆炸罪等犯罪侵犯的是公共安全，即广大人民生命财产的安全，社会危害性也很大。杀人罪危害人的生命，伤害罪危害人的健康，二者的社会危害性就有所不同。（2）行为的手段、后果以及时间、地点。对某些犯罪来说，犯罪的手段是否凶狠，是否残酷，是否使用暴力，在很大程度上决定着社会危害性。犯罪造成的后果状况、犯罪所处时间、地点，也同样具有体现和决定社会危害性大小的作用。（3）行为人的情况及其主观因素。如成年人还是未成年人，故意还是过失，有预谋或没预谋；动机、目的的卑劣程度；偶尔犯罪还是累犯、惯犯。这些情况，在社会心理上的影响是不同的，所以它们对社会危害性也是起制约作用的。

【刑事违法性】 是指一种行为违反刑法的规定，在刑法上受到否定评价的属性。违法行为有各种各样的情况：有的是违反民事、经济法律法规的民事、经济违法行为；有的是违反行政法规的行政违法行为。犯罪是一种违法行为，但不是一般的违法行为，而是违反刑法即触犯刑律的行为，是刑事违法行为。违法并不都是犯罪，只有违反刑法的才构成犯罪。例如抢夺、诈骗少量财物，但没有达到应受刑法处罚的程度，属于违反治安管理处罚法，应受治安管理处罚的行为；只有抢夺、诈骗公私财物数额较大，构成犯罪的，才构成刑法中的抢夺罪、诈骗罪。

【应受刑罚惩罚性】 是指某种行为具有应当受到刑罚惩罚的属性。任何违法行为，都要承担相应的法律后果。对于违反刑法的犯罪行为来说，则要承担刑罚处罚的法律后果。犯罪是适用刑罚的前提，刑罚是犯罪的法律后果。因此，应受刑罚处罚也是犯罪的一个基本特征。应受刑罚惩罚性这个特征将犯罪与刑罚这两种社会现象联系起来，也就是从一个现象与另一个现象的联系中来阐明这个现象的特性。这个特性表明，如果一个行为不应当受刑罚处罚，也就意味着它不是犯罪。不应受惩罚和不需要惩罚并非一回事。不应受惩罚，指行为人的行为根本不构成犯罪，当然就不存在应受惩罚的问题；而不需要惩罚，指行为人的行为已经构成了犯罪，本应惩罚，但考虑到具体情况，例如犯罪情节轻微，或者有自首、立功、悔改等表现，从而免予刑事处罚。免予刑事处罚说明，行为还是犯罪，只是不给予刑罚处罚罢了，它与无罪不应当受惩罚具有不同的性质，不能混淆。

《刑法》第一百条第一款规定：“依法受过刑事处罚的人，在入伍、就业的时候，应当如实向有关单位报告自己曾受过刑事处罚，不得隐瞒。”由于该条并没有规定隐瞒行为的刑法后果，因此一般认为，该条规定的隐瞒行为具有社会危害性和刑事违法性，但不具有应受刑罚惩罚性，不是一种犯罪行为。

【情节犯】 是指在符合《刑法》分则犯罪构成要件的前提下，还要达到“情节严重”“情节恶劣”“数额较大”等若干情节要求才构成犯罪的犯罪类型。有学者将这类情节性要求称为定量或罪量要素。对于这类犯罪，符合了《刑法》分则所规定的行为、结果、因果关系、罪责等定性要素并不当然成立犯罪，还需要满足定量要素的规定，即“情节严重”“情节恶劣”“数额较大”等情节，方可构成犯罪。这类犯罪在我国《刑法》中相当普遍，如《刑法》第二百五十三条之一侵犯公民个人信息罪（情节严重）、第二百四十三条诬告陷害罪（情节严重）、第一百三十三条之一危险驾驶罪（情节恶劣）、第二百三十六条强奸罪（情节恶劣）、第一百七十七条之一妨害信用卡管理罪（数量较大）、第三百四十五条盗伐林木罪（数量较大）等。再如，侵犯公民个人信息罪不仅要求行为人需要实施了向他人出售或者提供公民个人信息的行为，还需要满足情节严重的要求，才能成立该犯罪。

【犯罪构成】 是指刑法规定的，决定某一具体行为的社会危害性及其程度，而为该行为构成犯罪所必须具备的一切主观要件和客观要件的有机统一的整体。我国《刑法》中的犯罪构成具有如下三个特征：（1）犯罪构成是一系列客观要件和主观要件的有机统一的整体。任何一种犯罪，都有许多要件（成立犯罪的条件）。在这些要件中，既包含犯罪主体方面的要件和反映行为人主观方面特征的主观要件，又包含犯罪客体要件和反映行为人客观方面的客观要件。主观要件和客观要件的有机统一，就形成犯罪构成。之所以说犯罪构成是主观要件与客观要件的有机统一，是因为犯罪构成并不是成立犯罪所需的各个要件的简单相加，而是由各个要件按照犯罪构成的要求相互联系、相互作用、协调一致而成。犯罪构成之所以必须是主客观要件的有机统一，其内在根据在于，犯罪作为一种行为，本身就是主客观的统一，不考虑客观要件的主观归罪或不考虑主观要件的客观归罪，都是不符合唯物主义辩证法的。（2）犯罪构成是行为的社会危害性的法律标志。任何一个犯罪，都可以用很多事实特征来表明，但并非每一个事实特征都可以成为犯罪构成的要件，而只有对行为的社会危害性及其程度具有决定意义而为该行为成立犯罪所必需的那些事实特征，才是犯罪构成的要件。犯罪构成要件，只是指从同类案件形形色色的事实中经过抽象、概括出来的带有共性的、对犯罪性质和危害性具有决定意义的事实。考察某一行为是否具有社会危害性并构成犯罪，必须且只要看它是否具有符合该罪犯罪构成的事实（犯罪构成要件）。因此，必须将属于构成要件的事实与案件的其他事实相区别。（3）犯罪构成由刑法加以规定。行为成立犯罪所必需的犯罪构成要件，必须由我国《刑法》加以规定。这可称为犯罪构成的法定性。从立法的角度来看，刑法规定某一犯罪构成，其根据在于行为的社会危害性；从司法的角度看，司法实践要认定某一行为是否构成犯罪，必须依照法律规定的犯罪构成加以判断，当某一行为符合某个犯罪构成时，该行为就具有刑事违法性。因此，通过犯罪构成的法定性，犯罪的社会危害性与刑事违法性达到了一致。犯罪构成的法定性，直接体现了犯罪构成是罪刑法定原则之要求这一事实。

【犯罪构成要件】 是指成立（或构成）犯罪所必须具备的条件。犯罪构成要件具有如下特点：（1）犯罪构成要件是《刑法》分则关于具体犯罪构成条件的抽象和概括。我国《刑法》分则规定了各种各样的具体犯罪，每个犯罪都有专门的构成条件，如故意杀人罪和故意伤害罪的构成条件在行为人的意图和行为的具体表现上都存在明显区别。但经过进一步的抽象和概括，这些具体犯罪的构成条件又会呈现出一定的共性。犯罪构成要件就是对各种具体犯罪构成条件的共性概括。(2) 犯罪构成要件是《刑法》分则与总则规定的综合。《刑法》分则是对具体犯罪构成要件的规定，但有一些共性的条件，如刑事责任年龄，则是规定在《刑法》总则之中。因此，对犯罪构成要件的判断，需要结合《刑法》总则和分则共同进行。从认识论的角度看，可以将犯罪构成的要件区分为犯罪构成的共同要件和犯罪构成的具体要件。

【犯罪构成的共同要件】 又称犯罪的共同构成要件，是指一切犯罪的成立都必须具备的要件。关于犯罪构成的共同要件，我国刑法学界的通说认为具有以下四个方面的内容，即任何犯罪的成立，都必须具备以下四个共同要素：(1) 犯罪客体，指我国《刑法》所保护而为犯罪行为所侵犯的社会关系；(2) 犯罪客观方面，指《刑法》所规定的，说明行为对某种客体造成侵害的客观事实特征，包括人所实施的危害社会的行为、一定的危害社会的结果等；(3) 犯罪主体，指实施危害社会的行为并且依法应承担刑事责任的人；(4) 犯罪主观方面，指犯罪主体对其实施的危害行为及其结果所抱的心理态度。

【犯罪构成的具体要件】 又称犯罪的具体构成要件或具体犯罪构成要件，是指具体犯罪的成立必须具备的要件。每一个犯罪都有其具体犯罪构成要件。犯罪的具体构成要件是具体犯罪的社会危害性的法律标志，是认定行为是否具有刑事违法性的具体根据。此罪与彼罪的界限，只有通过犯罪的具体构成要件才能解决。

【法益】 是指法（律）所保护的利益或价值。我国《刑法》第二条关于刑法的任务和第十三条关于犯罪的定义，明确将法益保护作为刑法的任务与目的，并对刑法所要保护的法益进行了界定。《刑法》第二条规定：“中华人民共和国刑法的任务，是用刑罚同一切犯罪行为作斗争，以保卫国家安全，保卫人民民主专政的政权和社会主义制度，保护国有财产和劳动群众集体所有的财产，保护公民私人所有的财产，保护公民的人身权利、民主权利和其他权利，维护社会秩序、经济秩序，保障社会主义建设事业的顺利进行。”《刑法》第十三条规定：“一切危害国家主权、领土完整和安全，分裂国家、颠覆人民民主专政的政权和推翻社会主义制度，破坏社会秩序和经济秩序，侵犯国有财产或者劳动群众集体所有的财产，侵犯公民私人所有的财产，侵犯公民的人身权利、民主权利和其他权利，以及其他危害社会的行为，依照法律应当受刑罚处罚的，都是犯罪。”《刑法》分则所规定的每一个罪名都有着具体的所要保护的法益。所以，可以认为，刑法的目的是保护法益，犯罪的本质、刑事违法性的实质是侵害或者威胁法益。在理论上，法益与犯罪客体既有着高度相似性，又有着一定的差异。对于法益的保护贯穿于刑事立法与刑事司法活动。但是，对于法益的保护并非没有限度。只有对于法益的侵害达到了严重程度，可能构成犯罪时，该法益才会被刑法所保护。法益概念具有指导刑事立法与刑事司法活动的功能。法益保护原则要求刑事立法必须以保护法益为目的。具体犯罪的法益有助于对该犯罪的犯罪构成要件的理解。根据法益类型，理论上常将《刑法》分则的犯罪分为侵害国家法益的犯罪、侵害社会法益的犯罪和侵害个人法益的犯罪三大类。

【犯罪客体】 是指我国刑法所保护而为犯罪行为所危害的社会关系。犯罪客体是行为构成犯罪的必备要件之一。某种行为，如果没有或者不可能危害任何一种刑法所保护的社会关系，则不可能构成犯罪。犯罪客体有助于认识犯罪的本质特征，提高人们与犯罪作斗争的积极性，有助于确定犯罪的性质，分清此罪与彼罪的界限，还有助于客观地评估犯罪的社会危害程度，正确地量刑。作为犯罪客体的社会关系是人们在生产和共同生活中所形成的人与人之间的相互关系。社会关系包括物质关系和思想关系。某一社会形态下的社会关系决定了该社会的政治、经济、思想、道德、文化的基本形态和人们之间的基本关系。犯罪行为由于危害某一社会形态下人们的生命安全、财产安全、社会秩序，动摇和危害社会的基本形态和人们之间的基本关系，从而使该社会的社会关系受到危害。刑法作为惩处犯罪的最有力武器，通过处罚犯罪体现了对社会关系的保护。社会关系涉及社会生活的各个领域，包括不同的层次。而被犯罪所侵害的、受我国刑法所保护的只是其中最重要的一部分。概括起来看，这部分社会关系包括国家主权、领土完整、人民民主专政制度，社会公共安全，社会主义经济基础，公民的人身权利、民主权利和其他权利，社会主义的社会秩序，公私财产的合法权利，国家国防利益等。而其他一些次要的社会关系，例如同志关系、上下级关系、干群关系以及一般的民事、经济、行政关系等，均由其他法律、道德和社会规范所调整。刑法理论按照犯罪行为所侵害的社会关系的范围，对犯罪客体作不同层次的概括，从而把犯罪客体划分为三类或者三个层次：犯罪的一般客体、犯罪的同类客体和犯罪的直接客体。

【犯罪的一般客体】 是指我国刑法所保护的社会主义社会制度下社会关系的整体。《刑法》在第二条、第十三条中对于刑法所保护的各类社会关系的规定，是犯罪一般客体的主要内容。研究犯罪的一般客体，就是把刑法保护的所有社会关系作为一个整体来研究，揭示一切犯罪的共同属性，进而认识犯罪的阶级实质，认识犯罪的社会危害性，了解我国同犯罪作斗争的社会政治意义。犯罪的一般客体是刑法所保护客体的最高层次，反映了一切犯罪客体的共性，因此是研究一般犯罪特征的依据，也是研究其他层次犯罪客体的基础。

【犯罪的同类客体】 是指某一类犯罪行为所共同危害的我国刑法所保护的社会关系的某一部分或某一方面。犯罪同类客体的划分，是根据犯罪行为所危害的刑法所保护的社会关系的不同方面进行的科学分类。作为同类客体的社会关系，往往具有相同或相近的性质。例如生命权、健康权、妇女的人身权利以及人格权、名誉权等，都与人身有不可分割的直接联系，属于人身权利的范畴，当这些权利受到杀人、伤害、强奸、侮辱、诽谤等犯罪危害时，人身权利就成了这些犯罪所危害的同类客体。我国《刑法》分则根据这一同类客体的原理，将犯罪分为十大类。只有依据同类客体，才能对犯罪作科学的分类，建立严格的、科学的《刑法》分则体系，把多种多样的犯罪，从性质和危害程度上互相区别开来，便于我们对犯罪进行了解、研究，掌握各类犯罪的基本特点。《刑法》分则第三章破坏社会主义市场经济秩序罪和第六章妨害社会管理秩序罪这两章犯罪，在下面分别设有八节、九节犯罪。第三章各节犯罪的同类客体均是社会主义市场经济秩序；第六章各节犯罪的同类客体均是社会管理秩序。但是，这两章犯罪的每一节犯罪，在同类客体之外还有一个“次层次”的同类客体。如《刑法》分则第三章第四节破坏金融秩序罪，其“次层次”的同类客体即为金融秩序。

【犯罪的直接客体】 是指某一犯罪行为所直接危害的我国刑法所保护的社会关系，即我国刑法所保护的某种具体的社会关系。例如故意杀人罪所直接危害的是他人的生命权利，故意伤害罪所直接危害的是他人的健康权利，这些受到故意杀人罪、故意伤害罪直接危害的社会关系就是这两种犯罪所危害的直接客体。犯罪的直接客体揭示了具体犯罪所危害社会关系的性质以及该犯罪的社会危害性的程度。研究犯罪的直接客体，对于区分各种具体犯罪的界限，在量刑中决定刑罚的轻重，都具有重要的意义。犯罪现象是复杂的。多数犯罪行为只直接侵犯到一种具体社会关系。但是，也有些犯罪行为直接侵犯两种以上的具体社会关系。这就使我们有必要根据犯罪行为所直接侵犯的具体社会关系的情况，将犯罪直接客体划分为单一客体与复杂客体两种情况。

【单一客体】 又称简单客体，是指一种犯罪行为只直接侵犯到一种具体社会关系。例如，故意杀人罪侵犯的是他人的生命权利，故意伤害罪侵犯的是他人的健康权利，盗窃罪侵犯的是公私财产所有权。我国《刑法》分则第四章侵犯公民人身权利、民主权利罪，第五章侵犯财产罪等规定的具体犯罪大多侵犯的是单一客体，但也有不少章节特别是《刑法》分则第三章破坏社会主义市场经济秩序罪，侵害的客体则不限于某一种具体的社会关系。

【复杂客体】 是指犯罪行为所直接侵犯的客体包括两种以上的具体社会关系。例如抢劫罪，不仅直接侵犯公私财产权，也直接侵犯他人的人身权利；绑架罪，同时直接侵犯他人的人身权利和财产权利。又如《刑法》第二百五十三条规定的私自开拆、隐匿、毁弃邮件、电报罪，不仅直接侵犯了他人的通讯自由，而且妨害了邮政部门的正常活动。在复杂客体中，各个客体有主有次，不能等量齐观。立法者正是根据主要客体，把某一犯罪列入有关类的犯罪中，如把抢劫罪列入侵犯财产罪中，把绑架罪列入侵犯公民人身权利、民主权利罪中。

【主要客体】 是指该种犯罪行为同时侵犯的多种社会关系中，为刑法着重予以保护的社会关系。刑法之所以予以着重保护，因为在立法者看来这种社会关系更具有重要性。例如抢劫罪，其直接客体是两个，即他人的人身权利和公私财产所有权，立法者着重保护的，是他人的财产权利，因而将本罪规定在侵犯财产罪一章。他人的财产权利就是本罪的主要客体。由于事情的性质是由矛盾的主要方面决定的，因此，了解犯罪的主要客体，便于揭示犯罪的性质。

【次要客体】 是指该种犯罪行为同时侵犯的多种社会关系中，不是刑法着重保护的社会关系。例如抢劫罪，其两个直接客体中，刑法在着重保护他人的财产权利的同时，也保护他人的人身权利。他人的人身权利就是本罪的次要客体。次要客体是与主要客体相对而言的，并非它不重要。它不仅影响对犯罪性质的认定，而且它所受到的危害的大小，直接影响刑罚的轻重。

【犯罪对象】 是指犯罪行为所直接作用的具体人或者具体物。大多数具体的犯罪行为，都直接作用于一定的标的，使之发生损毁灭失或归属、位置、状态、行为方式等的改变，使刑法所保护的社会关系受到危害，进而阻碍、影响社会的正常运行，对社会造成危害。犯罪对象与犯罪客体存在密切的联系。作为犯罪对象的具体物是具体社会关系的物质表现；作为犯罪对象的具体人是具体社会关系的主体或参加者。犯罪分子的行为作用于犯罪对象，就是通过犯罪对象即具体物或者具体人来侵害一定的社会关系的。但犯罪对象也与犯罪客体存在明显的区别：（1）犯罪客体决定犯罪性质，犯罪对象则未必。分析某一案件，单从犯罪对象去看，是分不清犯罪性质的，只有通过犯罪对象所体现的社会关系即犯罪客体，才能确定某种行为构成什么罪。比如，同样是盗窃电线，某甲盗窃的是库房里备用的电线，某乙盗窃的是输电线路上正在使用中的电线，那么前者构成盗窃罪，后者则构成破坏电力设备罪，两者的区别就在于犯罪对象所体现的社会关系不同：前者侵犯公共财产所有权，后者危害公共安全。（2）犯罪客体是任何犯罪构成的必要要件，犯罪对象则不是任何犯罪都不可缺少的，它仅仅是某些犯罪的必要要件。比如《刑法》第一百五十二条的走私淫秽物品罪，其犯罪对象只能是具体描绘性行为或者露骨宣扬色情的淫秽性的书刊、影片、录像带、录音带、图片及其他淫秽物品，否则就不可能构成此罪。而像偷越国（边）境罪，脱逃罪，妨害国境卫生检疫罪，非法集会、游行、示威罪等，就很难说有什么犯罪对象了。但这些犯罪无疑都侵害了一定的社会关系，具有犯罪客体。（3）任何犯罪都会使犯罪客体受到危害，而犯罪对象则不一定受到损害。例如，盗窃犯将他人的电视机盗走，侵犯了主人的财产权利，但作为犯罪对象的电视机本身则未必受到损害。而一般情况下，盗窃犯总是把窃来的东西好好保护，以供自用或卖得高价。（4）犯罪客体是犯罪分类的基础，犯罪对象则不是。由于犯罪客体是每一犯罪的必要要件，它的性质和范围是确定的，所以它可以成为犯罪分类的基础。我国《刑法》分则规定的10类犯罪，正是主要以犯罪同类客体为标准进行划分的。如果按犯罪对象则无法进行分类。犯罪对象不是每一犯罪的必要要件，它在不同的犯罪中可以是相同的，例如走私淫秽物品罪和传播淫秽物品罪，犯罪对象都是淫秽物品；在同一犯罪中它也可以是不同的，例如盗窃罪，犯罪对象可以是各种各样的公私财物，如货币、衣物、珠宝等等。正因为犯罪对象在某些犯罪中具有不确定性，加之少数犯罪甚至没有犯罪对象，所以它不能成为犯罪分类的基础。

【犯罪客观方面】 是指犯罪活动的客观外在表现。人的犯罪活动可以分为主观和客观两个方面：（1）主观方面有意识、有意志的思维活动，亦可称为形成犯意的活动。例如，一个人基于某种动机，产生实施某种犯罪的意图，设想通过具体的活动来实行和完成犯罪，并且作出了实施该种犯罪的决定，这就是其犯意形成即主观方面的犯罪心理活动。（2）将主观犯罪心理活动客观化，即将形成的犯意付诸实施，这就要表现为某种特定的犯罪行为。前者属于犯罪的主观方面，后者属于犯罪的客观方面。这两个方面存在着有机的联系，是任何犯罪构成都不可缺少的基本内容。说明犯罪客观方面的事实特征是多种多样的，这些事实特征可以归纳为危害行为、危害结果，危害行为与危害结果之间的因果关系，以及犯罪的时间、地点和方法等。它们都是刑法所规定或者所包含的、说明侵犯某种客体的行为的诸种客观事实特征。犯罪的客观方面，是一切犯罪构成必备的基本要件，是行为人构成犯罪并进而承担刑事责任的客观基础，它在犯罪构成诸方面要件中占据核心的地位。缺乏犯罪的客观方面，就没有犯罪构成，不能认定为犯罪。

我国《刑法》所规定的犯罪构成客观方面的要件，是具体的而不是抽象的。客观方面的要件具体表现为行为，危害结果，犯罪特定的时间、地点、方法（手段）等等。这些具体的客观要件，以是否为各种犯罪必备的要件为标准，可以分为必备要件和选择要件两大类，必备要件是一切犯罪构成在客观方面都必须具备的要件，这是指危害行为，缺少这种要件就没有犯罪构成。选择要件不是每一犯罪在客观方面都必备的要件，而只是某些犯罪所必备的要件。例如犯罪的特定时间、地点、特定的方法（手段）等等。此外，物质性的、有形的、特定的犯罪结果，以及这种结果与危害行为之间的因果关系，虽然是大多数犯罪的完成形态所必备的要件，但其既不是一切犯罪构成都必备的要件，也不是犯罪的各种未完成形态（预备、未遂、中止）必备的要件，所以也应当是选择要件。

【危害行为】 是指表现人的意志或意识并且对社会有害的行为。刑法中的危害社会行为包括两方面的含义：

（1）客观上是人的危害社会的行为。这表明我国刑法坚决摒弃“思想犯罪”，而只是同人的特定行为作斗争。因为单纯的思想活动如果不同人的行为联系起来，就不可能对社会产生实际的影响，不可能在实际上是危害社会的，只有人的行为才可能对社会产生实际作用。同时，我国刑法所惩罚的行为，不是任何性质的行为，而只是危害社会的行为。人的行为对社会的影响形形色色，各不相同，但从其性质上区分，不外乎有害于社会的行为和无害于社会的行为两大类。无害于社会的行为，尤其是其中有益于社会的行为，正是法律要予以保护的行为，当然不是我国刑法所惩罚的对象。只有有害于社会的行为，才可能成为我国刑法所惩罚的对象，才可能被作为我国刑法中犯罪构成的客观要件。

（2）主观上是表现人的意志或意识的行为。行为是表现人的意识和意志的外部动作。我国刑法中危害社会的行为，也必须是受人的意志和意识支配的。只有这样的人体外部动作即危害行为，才可能由刑法来调整并达到刑法调整所预期的目的。因此，人的无意志和无意识的身体活动，即使客观上造成损害，也不是刑法意义上的危害行为，不能认定这样的人构成犯罪并追究其刑事责任。这类无意志和无意识的行动主要有：①人在睡梦中或精神错乱状态下的举动。这些情况下的举动，并不是人意志或意识的表现，因而即使在客观上损害了社会，也不能认定为刑法中的危害行为，不能构成犯罪。②人在不可抗力作用下的举动。这种情况下的行动并不表现人的意志，甚至往往是直接违背其意志的。因而这种行动即使对社会造成损害，也不能视为刑法中的危害行为。例如消防队员在执行救火任务中，因唯一通道上的桥梁被洪水冲断，而未能及时赶到对岸起火的工厂灭火，因而造成严重损失。这里，消防队员未履行救火义务的举动就是由不可抗力造成的，这是违背其意愿的，因而不能认定为刑法中的危害行为，不能让消防队员负刑事责任。对于不可抗力作用下的举动及其不认为是犯罪，《刑法》第十六条作了明文规定。③人在身体受强制情况下的行为。这种情况下的行为是违背行为者主观意愿的，客观上他对身体强制也是无法排除的，因而此时的行为不能视为刑法意义上的危害行为，对行为造成的损害结果也不能让行为者负刑事责任。例如，盗窃犯甲潜入某研究所实验室盗窃时，被工作人员乙发觉而将之堵在屋内，二人展开搏斗，乙因身单力薄，被盗窃犯甲猛力推倒在仪器台上。乙的身体碰坏了十分贵重的仪器，这里就不能让乙对损坏贵重仪器负刑事责任，因为乙碰坏仪器的动作并不表现其意志和意识，是其身体受强制情况下的行动，不是刑法中的危害行为。但是，人在受到精神强制、威胁时实施某种损害社会行为的情况下，除了符合紧急避险条件的属于合法行为的以外，其他不符合紧急避险条件而达到触犯刑律程度的，都应当认定为犯罪并追究其刑事责任，因为这时行为人的行为是受到其意志和意识支配的。《刑法》第二十八条之所以规定对被胁迫实施犯罪的人也应追究刑事责任，道理也正在于此。

【作为】　是指行为人用积极的行为所实施的刑法所禁止的危害社会行为，即刑法禁止做而去做的情况。作为不同于亲手实施的行为。作为除了包括行为人本人亲手实施的积极活动外，还应该包括行为人借助自然力（如风势、水势）、借助动物（如狗、蛇等）、借助不具备犯罪主体条件的他人（如儿童、精神病人）或借助他人的过失行为来实施犯罪行为，这些情况仍应视为是利用者本人实施了作为的犯罪行为。对作为的判断核心是行为人是否实施了违反法律的禁止性规范的行为。

【作为犯】　是指行为人以作为方式实施的犯罪。作为犯具有两个基本特点：(1) 行为人是以积极的身体动作实施犯罪。行为人如果不以积极的身体动作实施犯罪，则不能成立作为犯。(2) 行为人积极的身体动作违反了法律的禁止性规范。在作为犯的场合，法律禁止行为人实施某种身体动作，但行为人违反法律的禁止性规定实施了某种身体动作。因此，作为犯表现为“不当为而为”。作为犯在刑法中较多见，并且有许多犯罪只能表现为作为犯的形式。例如，抢劫罪、抢夺罪、诈骗罪、贪污罪、强奸罪、诬告陷害罪、脱逃罪等。

【不作为】　是指行为人有义务实施并且能够实施某种积极的行为而未实施的行为，即应该做也能够做而未做的情况。不作为客观方面需要具备3个条件：(1) 行为人负有实施某种积极行为的义务，这是构成犯罪的不作为的前提。(2) 行为人有履行特定义务的实际可能而未履行。如果行为人虽有某种特定义务，但由于某种原因而不具备履行该项义务的实际可能性，则不构成犯罪的不作为。这一条件表明了我国刑法中不作为犯罪构成上的合理性。例如，仓库保管员被罪犯捆起来，以致公共财产被抢走，就不能认为该保管员构成不作为犯罪。再如家庭成员之间确无扶养能力而未履行扶养义务的，也不能认定为遗弃罪。(3) 行为人未履行特定义务的不作为行为具有严重的社会危害性，而不是一般的危害性。在具体犯罪构成的既遂状态包含犯罪结果的情况下，这种不作为行为还引起了或可能引起特定的犯罪危害结果，这是不作为行为达到犯罪程度的一个重要的客观标志。

【不作为犯】 是指行为人以不作为方式实施的犯罪。不作为犯的核心是违反法律的命令性规范，即“当为而不为”。在我国刑法中，由不作为的行为形式实现的犯罪有两种类型：一种是只能由不作为实现、实际上也由不作为实现的犯罪，这种情形叫纯正不作为犯，如我国《刑法》规定的遗弃罪即属此类；另一种是既可以由作为构成，也可以由不作为构成，行为人实际上以不作为形式实现的犯罪，这种情形叫不纯正不作为犯，如以不作为形式实现的故意杀人罪即属此类。

【作为义务】 是指行为人有实施某种行为的特定义务。在刑法上，作为的特定义务一般有三个来源：（1）法律明文规定的特定义务。如依据《婚姻法》规定，父母子女之间以及夫妻之间都有互相扶养的义务，如果其中有人拒绝扶养，就是不作为。（2）职务上或业务上要求履行的义务。如值班医生有救护病人的义务，值班消防队员有灭火的义务，出纳员有按规定保管好现金的义务等。（3）由行为人先行的行为而使法律所保护的某种利益处于危险状态所产生的义务。例如，成年人带孩子去深山打猎，他就有保护孩子生命和健康的义务；再如，汽车司机交通肇事撞伤人，他就有立即送被害者去医院抢救的义务。若不履行这种义务，就是不作为。

【先行行为】 是指行为人实施的可能导致法益处于危险状态并有义务排除危险的行为。先行行为的特征包括：（1）该行为可能导致某种法益处于危险状态。这是先行行为的本质特征。对于不具有导致某种法益处于危险状态的行为，不能成为刑法上的先行行为。（2）该行为的方式必须是作为。以不作为方式实施的行为不能成为先行行为。（3）该行为不能是犯罪行为。一方面，犯罪行为不是导致某种法益处于危险状态，而是实际地侵害了某种法益，刑法可以独立地对其进行评价；另一方面，在将犯罪行为作为先行行为的情况下，刑法再处罚行为人的不作为行为，可能导致刑法对作为先行行为之犯罪行为的双重评价。例如，行为人在交通肇事致人重伤的情况下，没有对被害人进行救助（包括没有打电话报警），导致被害人死亡。被害人死亡的结果与行为人的交通肇事行为存在直接的因果关系，行为人可能因此构成交通肇事罪；同时，被害人死亡的结果与行为人肇事后的不救助之间也存在因果关系，似又成立不作为的故意杀人罪。如果对行为人同时定交通肇事罪和故意杀人罪，则意味着对行为人的交通肇事行为进行了两次刑法评价：既在交通肇事罪中进行了评价，也在故意杀人罪中进行了评价。这违反了刑法禁止重复评价的原则。而且，从因果关系上看，交通肇事行为与被害人死亡结果之间的关系是直接因果关系，行为人的不救助行为与被害人死亡结果之间只是间接因果关系。据此，对行为人只能定交通肇事罪，作为结果加重犯论处，而不能定故意杀人罪。

【危害结果】 刑法意义上的危害结果，有广义与狭义之分。广义的危害结果，是指由行为人的危害行为所引起的一切对社会的损害，它包括危害行为的直接结果和间接结果，属于犯罪构成要件的结果和不属于犯罪构成要件的结果。例如，甲诈骗了个体经营户乙的大量钱财，乙因此自杀身亡。这里甲的诈骗行为所引起的危害结果即广义的危害结果，就包括了财物损失这个直接结果和被害人自杀这个间接结果，这两种危害结果都与行为危害程度有关，因而在处理案件时都应加以考虑。狭义的危害结果，是指作为犯罪构成要件的结果，通常也就是对直接客体所造成的损害。狭义的危害结果是定罪的主要根据之一。例如在上例中，行为人诈骗了钱财，造成了被害人自杀，认定其为诈骗罪的既遂，只能以所发生的狭义危害结果即财物损失为根据，而被害人的自杀后果只是在量刑时考虑的情节。因此，研究刑法上的危害结果首先要把作为犯罪构成要件的狭义的危害结果，同广义的危害结果区别开来。

从司法实践中定罪的实际需要出发，在狭义的危害结果中，应当进一步把有形的、可以具体测量确定的危害结果（物质性危害结果），与无形的、不能具体测量确定的危害结果（非物质性危害结果）加以区别。我国刑法上的任何犯罪行为，都能够给一定的直接客体造成某种损害。从这个意义上说，犯罪结果与犯罪客体密不可分。通过这种结果，可以从客观方面反映犯罪行为与犯罪客体的联系，并且揭示不同犯罪行为所侵害的合法权益的特定性。但是，由犯罪客体的性质所决定，上述犯罪结果又可以分为有形的、可以具体测量确定的结果，以及无形的、不能具体测量确定的结果两类。后一类犯罪结果都是非物质性的，往往是犯罪行为一经实施，这种犯罪结果就同时发生了（虽然人们一般不能直观感知它）。因此，对这种犯罪案件，只要查明行为人已经实施了犯罪行为，就可以认定为犯罪既遂，而不存在未遂问题，也无须去查明行为与结果间的因果关系，刑法理论上称之为“举动犯”。例如，侮辱罪、诽谤罪、传授犯罪方法罪等。但是，给直接客体造成的有形的、可以具体测量确定的犯罪结果，则在具体案件中可能发生，也可能由于某种原因而没有发生，而且往往并非犯罪行为一着手实施就立即发生。对这种犯罪来说，要认定是犯罪既遂还是未遂，就要在查明行为人实施了《刑法》分则规定的某种犯罪行为的同时，再查明是否发生了作为构成要件的犯罪结果。没有产生这种结果的，一般应以未遂论处。这类有形的、可以具体测量确定的犯罪结果，是所有过失犯罪的客观方面必备的要件，是区分过失犯罪与非犯罪的客观标志；这类结果也是相当数量的故意犯罪构成既遂所必备的要件，是区分这些犯罪的既遂与未遂、中止形态的重要客观标志。因此，虽然从总体上看，有形的、可以具体测量确定的物质性危害结果并非是一切犯罪都必备的要件，但是这种危害结果的有无和大小，对认定有关的犯罪和量刑具有重要的意义，在办案中必须注意查明。

【刑法上的因果关系】 是指行为人实施的危害行为与危害结果之间的因果关系。这种因果关系，是在危害结果发生时使行为人负刑事责任的必要条件。刑法上的因果关系具有以下特性：（1）因果关系的客观性，即因果关系作为客观现象间引起与被引起的关系，它是客观存在的，并不以人们主观是否认识为前提。因此，在刑事案件中查明因果关系，就要求司法人员从实际出发，客观地加以判断和认定。（2）刑法因果关系的特定性，即刑法上的因果关系只能是人的危害行为与危害结果之间的因果联系。其中，作为因果关系中的结果，指法律所要求的已经造成的有形的、可被具体测量确定的危害结果。只有这样的结果才能被查明和确定，才能作为具体把握的由危害行为引起的现象，才能据此确定因果关系是否存在。而刑法因果关系中的原因，指危害社会的行为。因此，如果查明某人的行为是正当、合法的行为而不具有危害社会的性质，那么即使其行为与危害结果之间有着某种联系，也不能认为具有刑法意义上的因果关系。(3) 因果关系的时间序列性，即从发生时间上看，原因必定在先，结果只能在后，二者的时间顺序不能颠倒。因此，在刑事案件中，只能从危害结果发生以前的危害行为中去找原因。如果查明某人的行为是在危害结果发生之后实施的，则该行为与这一危害结果之间没有因果关系。(4) 因果关系的条件性，即任何刑事案件的因果关系都是具体的、有条件的，一种行为能引起什么样的结果，没有一个固定不变的模式。查明因果关系时，一定要从危害行为实施时的时间、地点、条件等具体情况出发来考虑。

【一果多因】 是指某一危害结果是由多个原因造成的。它最明显地表现在以下两种情况：(1) 责任事故这类过失犯罪。事故的发生往往涉及许多人的过失，而且往往还是主客观原因交织在一起，情况非常复杂。确定这类案件的因果关系，就必须分清主要原因和次要原因、主观原因和客观原因等情况，这样才能正确解决刑事责任问题。(2) 共同犯罪。共同犯罪中各个共犯危害行为的总和作为造成犯罪结果的总原因而与之有因果关系，但是根据我国刑法的规定，在分析案件时应该分清主次原因即分清每个共犯在共同犯罪中所起作用的大小，并进而确定各个共犯刑事责任的大小。

【一因多果】 是指一个危害行为可以同时引起多种结果的情况。例如，甲诽谤了乙，不但损害了乙的名誉、人格，还导致乙自杀；丙失火烧毁了大片房屋，还烧死、烧伤多人。在一行为引起的多种结果中，要分析主要结果与次要结果、直接结果与间接结果，这对于定罪量刑是有意义的。

【偶然因果关系】 是指某种行为本身不包含产生某种危害结果的必然性（内在根据），但是在其发展过程中，偶然又有其他原因加入其中，即偶然地同另一原因的展开过程相交错，由后来介入的这一原因合乎规律地引起了这种危害结果。偶然因果关系通常对量刑具有一定的意义。例如，某甲夜里藏在胡同里预谋拦路强奸下夜班回家路过的女工。妇女某乙下夜班经过此处时，甲突然跳出，持刀逼住乙，迫使乙脱下衣服，乙一边脱衣服一边寻机逃跑，甲见乙已脱衣服，以为乙已就范，就把刀子放在一边也开始脱衣服。乙乘机一把将正在脱裤子的甲推倒在地，转身就跑。甲爬起来持刀紧追不舍。追过一条小街，到一个十字路口时，一辆卡车正常行驶路过，乙因只顾逃跑，躲避不及，卡车司机发现乙时即刹车，但因距离过近，刹不住车，将乙当场轧死。强奸犯甲见状逃离，后被抓获归案。在这个案件中，甲的行为同乙的死亡结果之间就存在偶然的因果关系，不能说甲只应负强奸犯罪的刑事责任，而对乙的死亡不应负任何责任。当然，这并不是说要甲负杀人罪的刑事责任，而是说在处理他的强奸犯罪行为时，对其行为导致乙死亡的结果这一情况，在量刑上应予以适当考虑。

偶然因果关系有时对定罪与否也有一定的影响。例如，私营企业主某甲，以限制人身自由的方法强迫某乙在其作坊劳动（持续时间非常短）。乙乘甲监管不备，逃出作坊，甲发现后立即持棍棒追赶，并一直吆喝。乙慌不择路，跌到路边沟里，碰到沟底一块大石头上，造成头部重伤。若甲仅有先行的强迫劳动行为，应该说尚未达到构成犯罪的程度，对甲应给予治安管理处罚；但是，现在发生了乙重伤的结果，而且甲的强迫劳动行为与此结果之间具有偶然的因果关系，据此，可以认定甲的强迫劳动行为已达到犯罪的程度，依照《刑法》第二百四十四条的规定，对甲应以强迫劳动罪定罪。

【必然因果关系】 是指危害行为与危害结果之间内在的、必然的、合乎规律的引起和被引起的联系。例如，在通常情况下，一种行为的实施直接造成危害结果，这种危害结果的发生是必然的。比如甲以刀砍乙的头部，乙的死亡则具有必然性。因为以刀砍任何人的头部，在通常情况下，都会直接地造成人的死亡结果发生。这种因果关系是显而易见的。实践中，客观上虽然已经存在发生某危害结果的危险，但这种危险变成现实，即导致该危害结果的发生，是行为人的行为决定的，该行为与危害结果之间也有刑法意义上的必然因果关系。比如一个得了不治之症、已经面临死亡威胁的人，被人用注射毒剂的方法杀害。在这种情况下，虽然受害者不被害也会死亡，但他的死亡毕竟是由于被注射了毒针，而不是因为疾病。因此，注射毒针的犯罪行为与受害人的死亡之间的关系是必然因果关系。

【不作为犯的因果关系】 是指不作为与危害结果之间的因果联系。不作为行为与危害结果的因果关系是客观存在的，不是法律强加的。不作为的原因力，就在于它应该阻止而没有阻止事物向危险方向发展，以至于引起了危害结果的发生。不作为犯罪因果关系的特殊性在于，它要以行为人负有特定的义务为前提，除此以外，它的因果关系应与作为犯罪一样。例如，由于铁路扳道工不按时扳道岔而引起列车出轨或相撞，由于锅炉工不按时加水而致使锅炉爆炸，由于保育员疏忽大意而致使孩子从楼上掉下去摔死等，这些负有特定作为义务人的不作为行为，都在客观上引起了危害结果的发生。

【犯罪的时间、地点、方法】 是指特定犯罪构成所必需的时间、地点和方法。任何犯罪都是在一定时间、地点并采取一定的方法（手段）实施的。在法律把特定的时间、地点和方法明文规定为某些犯罪构成必备的要件时，这些因素就对某些行为是否构成该种犯罪具有决定性作用，即具有犯罪构成必备要件的意义。例如，《刑法》第三百四十条和第三百四十一条的非法捕捞水产品罪和非法狩猎罪，就把“禁渔期”“禁猎期”“禁渔区”“禁猎区”“禁用的工具、方法”等规定为构成这些犯罪必备的条件，因而实施的行为是否具备这些因素，就成为在这些案件里区分罪与非罪的重要条件。再如，按照《刑法》第二百五十七条的规定，只有用暴力方法干涉他人婚姻自由，才构成暴力干涉婚姻自由罪。在这里，是否使用暴力方法干涉，就成为区分罪与非罪的标志。

对大多数犯罪来说，犯罪的时间、地点、方法等因素不是犯罪构成的要件，但是，这些因素往往影响到犯罪行为本身社会危害程度的大小，因而考察它们对正确量刑也有重要意义。以故意杀人罪为例，虽然时间、地点、方法等因素并不影响其成立即定罪问题，但是，战时、社会治安状况不好时期与正常时期相比，公共场合、要害部门内、单位内与偏僻地区相比，肢解、碎尸、活埋、活活打死、采用技术手段杀人等方法与一刀杀死、一枪打死的方法相比，前者的社会危害性显然大于后者，因而对适用刑罚的轻重也应有一定的影响。此外，在《刑法》条文中，对有的犯罪则是直接而明确地把特定的方法、地点作为加重刑罚的条件。如《刑法》第二百三十七条规定，聚众或者在公共场所当众强制猥亵他人或者侮辱妇女的，应依加重法定刑处罚。

【犯罪主体】 是指实施危害社会的行为、依法应当负刑事责任的自然人和单位。犯罪主体可分为自然人主体与单位主体两个基本类型。其中，自然人主体是我国刑法中最基本的、具有普遍意义的犯罪主体。单位主体在我国刑法中则不具有普遍意义。《刑法》第三十条规定："公司、企业、事业单位、机关、团体实施的危害社会的行为，法律规定为单位犯罪的，应当负刑事责任。"这一条规定的是单位犯罪的范围，即单位成为犯罪主体，以《刑法》分则规定的为限。

【自然人犯罪主体】 是指具备刑事责任能力，实施危害社会的行为并且依法应负刑事责任的自然人。我国刑法中的自然人犯罪主体的共同要件有两个：（1）犯罪主体必须具有自然人人格；（2）犯罪主体必须具备刑事责任能力。

【刑事责任能力】 是指行为人构成犯罪和承担刑事责任所必需的，行为人具备的刑法意义上辨认和控制自己行为的能力。简言之，刑事责任能力就是行为人辨认和控制自己行为的能力。刑事责任能力的本质，是行为人行为时具备相对的自由意志能力，即行为人实施刑法所禁止的严重危害社会的行为，具备有条件的亦即相对自由的认识和抉择行为的能力。因此，刑事责任能力是行为人行为时犯罪能力与承担刑事责任能力的统一，是其辨认行为能力与控制行为能力的统一。一般说来，当人达到一定的年龄之后，智力发育正常，就自然具备了这种能力。当然，这种能力可能因年龄原因或精神状况、生理功能缺陷的原因而不具备、丧失或者减弱。具备刑事责任能力者可以成为犯罪主体并被追究刑事责任；不具备刑事责任能力者即使实施了客观上损害社会的行为，也不能成为犯罪主体，不能被追究刑事责任；刑事责任能力减弱者，其刑事责任也相应地适当减轻。刑事责任能力作为犯罪主体的核心和关键要件，对于犯罪主体的成立与否以及行为人的定罪量刑，具有至关重要的作用和意义。

【刑事辨认能力】 即刑事责任能力中的辨认能力，是指行为人具备对自己的行为在刑法上的意义、性质、后果的分辨认识能力。换言之，行为人有能力认识自己的行为是否为刑法所禁止、所谴责、所制裁。辨认能力是刑事责任能力的基础。只有对自己行为在刑法上的意义有认识能力，才可凭借这种认识能力而自觉有效地选择和决定自己是否实施触犯刑法的行为的控制能力。控制能力的具备是以辨认能力的存在为前提条件的，不具备辨认能力的未达刑事责任年龄的幼年人和患严重精神病的人，自然也就没有刑法意义上的控制能力。因而只要确认某人没有辨认能力，他便不具备控制能力，不存在刑事责任能力。

【刑事控制能力】 即刑事责任能力中的控制能力，是指行为人具备决定自己是否以行为触犯刑法的能力。控制能力是刑事责任能力的关键。这表现为，在具有辨认能力的基础上，还需要有控制能力才能具备刑事责任能力，只要人具备了控制能力就一定具备辨认能力。还表现在，人虽然有辨认能力，但也可能不具有控制能力而并无刑事责任能力。例如，因受身体强制的铁路扳道员，受不可抗力阻止的消防救火人员，即使他们因此而没有履行自己的职务行为，从而造成了严重的危害，也不能追究他们的刑事责任，其直接原因当然是他们不存在犯罪的主观心理态度，但进一步从刑事责任能力的角度看，他们之所以不具备犯罪的主观条件，是因为他们虽有辨认能力但却丧失了当时控制自己行为的能力，因而也就根本没有刑事责任能力。可见，仅有辨认能力而没有控制能力，就没有了选择和决定自己行为的能力，就不成其为刑事责任能力。

【完全刑事责任能力】 又称刑事责任能力或责任能力，是指行为人实施犯罪并对自己所犯罪行承担完全刑事责任的能力。凡不属刑法规定的无责任能力人及限定责任能力人的，皆属完全刑事责任能力人。在我国凡年满18周岁、精神和生理功能健全而智力与知识发展正常的人，都是完全刑事责任能力人。完全刑事责任能力人实施了犯罪行为的，应当依法负全部的刑事责任，不能因其责任能力因素而不负刑事责任或者减轻刑事责任。

【完全无刑事责任能力】 又称完全无责任能力或无责任能力，是指行为人没有刑法意义上的辨认或者控制自己行为的能力。完全无刑事责任能力人一般是两类人：（1）未达责任年龄的幼年人；（2）因精神疾病而没有刑法所要求的辨认或控制自己行为能力的人。按照《刑法》第十七条、第十八条的规定，完全无责任能力人，为不满12周岁的人和行为时因精神疾病而不能辨认或者不能控制自己行为的人。

【相对无刑事责任能力】 又称相对有刑事责任能力，是指行为人仅限于对刑法所明确限定的某些严重犯罪具有刑事责任能力，而对未明确限定的其他犯罪行为无刑事责任能力的情况。从设立这一责任能力层次的立法来看，这种相对无责任能力人都是已超过完全无责任能力的年龄但又未达到成年的一定年龄段的未成年人。例如《刑法》第十七条第二款规定的已满14周岁不满16周岁的人，以及第三款规定的已满12周岁不满14周岁的人。

【减轻刑事责任能力】 又称限定刑事责任能力、限制刑事责任能力、部分刑事责任能力，是完全刑事责任能力和完全无刑事责任能力的中间状态。它是指因年龄、精神状况、生理功能缺陷等原因，而使行为人实施刑法所禁止的危害行为时，虽然具有责任能力，但其辨认或者控制自己行为的能力较完全责任能力有一定程度的减弱、降低的情况。现代各国刑法中，较为普遍地规定有减轻刑事责任能力的人，其外延主要为达到一定年龄的未成年人、聋哑人、盲人、因精神病而致辨认或控制行为能力有所减弱的精神障碍人。各国刑法一般都认为，限制责任能力人实施刑法所禁止的危害行为的，构成犯罪，应负刑事责任，但是其刑事责任因其责任能力的减弱而有所减轻，应当或者可以从宽处罚或免予处罚。我国刑法明文规定的限制责任能力人有五种情况：(1)已满12周岁不满18周岁的未成年人因其年龄因素的影响而不具备完全的刑事责任能力；(2)又聋又哑的人；(3)盲人；(4)尚未完全丧失辨认或者控制自己行为能力的精神病人；(5)已满75周岁的老年人同样因其年龄因素的影响而不具备完全的刑事责任能力。

【刑事责任年龄】 又称责任年龄，是指法律所规定的行为人对自己实施的刑法所禁止的危害社会的行为负刑事责任必须达到的年龄。犯罪是具备辨认和控制自己行为的能力者在其主观意志和意识支配下实施的危害社会的行为，而辨认和控制自己行为的能力取决于行为人智力和社会知识的发展程度，因而它必然受到行为人年龄的制约。年龄幼小的儿童还不能正确认识周围事物和自己行为的性质和意义，也不具有适应刑罚的能力，若对他们实施的损害社会的行为作为犯罪进行追究，是不符合我国刑法的性质和刑罚目的的。只有达到一定年龄，能够辨认和控制自己的行为，并能够适应刑罚的惩罚和教育的人，才能够要求他们对自己的危害行为依法负刑事责任。刑事立法根据人的年龄因素与责任能力的这种关系，确立了刑事责任年龄制度。可以说，达到刑事责任年龄，是自然人具备责任能力而可以作为犯罪主体的前提条件。刑事责任年龄制度，就是从年龄上划定一个负刑事责任的范围。我国刑法中关于责任年龄的规定，主要解决不同年龄人刑事责任的有无问题，同时也包含了对未成年的犯罪人从宽处罚的内容。司法实践中处理案件时，必须严格遵守这些规定。

【完全不负刑事责任年龄】 是指行为人对自己实施的刑法所禁止的危害社会的行为完全不用负刑事责任的年龄阶段。按照《刑法》第十七条的规定，不满12周岁，是完全不负刑事责任年龄阶段。一般来说，不满12周岁的人尚处于幼年时期，还不具备辨认和控制自己行为的能力，即不具备责任能力。因此法律规定，对不满12周岁的人所实施的危害社会的行为，概不追究刑事责任，但必要时可依法责令其父母或者其他监护人加以管教，或者依法进行专门矫治教育。

【相对负刑事责任年龄】 是指行为人对自己实施的刑法所禁止的某些严重危害社会的行为负刑事责任的年龄阶段。按照《刑法》第十七条的规定，已满12周岁不满16周岁，是相对负刑事责任年龄阶段，也称相对无刑事责任阶段。达到这个年龄阶段的人，已经具备了一定的辨别大是大非和控制自己重大行为的能力，即对某些严重危害社会的行为具备一定的辨认和控制能力。其中，已满12周岁不满14周岁的，对故意杀人罪及致人死亡或者以特别残忍手段致人重伤造成严重残疾的故意伤害罪，情节恶劣经最高人民检察院核准追诉的，应当负刑事责任；已满14周岁不满16周岁的，要对八种严重危害社会的犯罪即“故意杀人、故意伤害致人重伤或者死亡、强奸、抢劫、贩卖毒品、放火、爆炸、投放危险物质罪”负刑事责任。

2002年《已满十四周岁不满十六周岁的人承担刑事责任范围问题的答复意见》规定，这八种犯罪，指具体犯罪行为而不是具体罪名。对于《刑法》第十七条中规定的“犯故意杀人、故意伤害致人重伤或者死亡”，是指只要故意实施了杀人、伤害行为并且造成了致人重伤、死亡后果的，都应负刑事责任。而不是指只有犯故意杀人罪、故意伤害罪的，才负刑事责任，绑架撕票的，不负刑事责任。对司法实践中出现的已满 14 周岁不满 16 周岁的人绑架人质后杀害被绑架人，拐卖妇女、儿童而故意造成被拐卖妇女、儿童重伤或死亡的行为，依据刑法是应当追究其刑事责任的。

【完全负刑事责任年龄】 是指行为人对自己实施的刑法所禁止的所有危害社会的行为负刑事责任的年龄阶段。按照《刑法》第十七条第一款的明文规定，已满 16 周岁的人进入完全负刑事责任年龄阶段。由于已满 16 周岁的未成年人的体力和智力已有相当的发展，具有了一定的社会知识，是非观念和法治观念的增长已经达到一定的程度，一般已能够根据国家法律和社会道德规范的要求来约束自己，因而他们已经具备了基本的刑法意义上辨认和控制自己行为的能力。因此，我国刑法认定已满 16 周岁的人可以构成刑法中所有的犯罪，要求他们对自己实施的刑法所禁止的一切危害行为负刑事责任。

【完全无刑事责任的精神病人】 是指对自己实施的刑法所禁止的危害社会的行为完全不用负刑事责任的精神病人。《刑法》第十八条第一款规定："精神病人在不能辨认或者不能控制自己行为的时候造成危害结果，经法定程序鉴定确认的，不负刑事责任，但是应当责令他的家属或者监护人严加看管和医疗；在必要的时候，由政府强制医疗。"根据这一规定，认定精神障碍者为无责任能力，必须同时具备两个标准：

（1）医学标准。又称"生物学标准"，即实施危害行为者是精神病人，是指从医学上看，行为人是基于精神病理的作用而实施特定危害社会行为的精神病人。它应当包含以下几层含义：首先，行为人须是精神病人。精神病是由于人体内外原因引起的严重的精神障碍性疾病。对《刑法》第十八条所称的"精神病"应注意从两个方面加以正确理解：一方面，对"精神病"应作广义的理解，即它包含多种多样的慢性和急性的严重精神障碍，立法上认为不便于也无必要一一列明各种精神病，而以"精神病"一词加以概括。另一方面，"精神病"又不同于非精神病性精神障碍，如神经官能症、人格障碍、性变态等。精神病患者的精神功能障碍会导致其辨认或控制行为的能力完全丧失，而非精神病性精神障碍人一般都不会因精神障碍而丧失辨认或控制行为的能力。因此，只有精神病人，才有可能成为《刑法》第十八条规定的无责任能力人；至于非精神病性精神障碍人，则不属于《刑法》第十八条所称之"精神病人"，其中有些是限制（减轻、部分）责任能力人，另一些则是完全责任能力人。最后，精神病人必须实施了特定的危害社会的行为即实施了刑法所禁止的危害行为，如果这些危害行为是精神健全者实施的，就会构成犯罪并应负刑事责任。再次，精神病人实施刑法所禁止的危害行为须是基于精神病理的作用。这意味着，行为人的精神病于行为时须处于发病期，而不是缓解或间歇期。只有精神病人于行为时发病，才谈得上因精神病理的作用而致危害行为的实施。这意味着，行为人的精神病理与特定危害行为的实施具有直接的因果联系。

（2）心理学标准。又称"法学标准"，指从心理学、法学的角度看，患有精神病的行为人的危害行为，不但是由其精神病理机制直接引起的，而且由于精神病理的作用，使其行为时丧失了辨认或者控制自己触犯刑法之行为的能力。丧失辨认行为的能力，是指行为人由于精神病理的作用，在行为时不能正确地了解自己行为危害社会的性质及其危害后果。例如，精神分裂症患者实施杀人时，由于其精神病理的作用，不知道自己实施的是杀人行为及该行为会造成剥夺对方生命的结果，或者坚信自己是在反击一个要杀害自己的凶手。丧失控制行为的能力，是指行为人由于精神病理的作用，不能根据自己的意志自由地选择实施或不实施危害行为，也往往表现为不能根据自己的意志选择和控制危害行为实施的时间、地点、方式与程度。

《刑法》第十八条关于精神障碍人无责任能力的认定标准，采取的是医学标准与心理学（法学）标准相结合的方式，在心理学标准内容上，采纳的是丧失辨认能力或者控制能力的择一说。实施刑法所禁止的危害行为的精神障碍人，只有同时符合上述医学标准和心理学（法学）标准的，才应确认为无责任能力人，并按《刑法》第十八条第一款的规定对其危害行为不负刑事责任。

【完全负刑事责任的精神障碍人】 是指应当对自己实施的刑法所禁止的危害社会行为承担全部刑事责任的精神障碍人。依据《刑法》第十八条的规定和有关的精神病鉴定司法实践经验，责任能力完备而应完全负刑事责任的精神障碍人包括以下两类：（1）精神正常时期的“间歇性精神病人”；（2）大多数非精神病性精神障碍人。

【间歇性精神病人】 是指患有具有间歇发作特点的精神病的人。《刑法》第十八条第二款明文规定：“间歇性的精神病人在精神正常的时候犯罪，应当负刑事责任。”“间歇性精神病”，是指具有间歇发作特点的精神病，包括精神分裂症、躁狂症、抑郁症、癫痫性精神病、周期性精神病、分裂情感性精神病、癔症性精神病等。所谓“间歇性精神病人的精神正常时期”，包括上述某些精神病（如癫痫性精神病）的非发病期。“间歇性精神病人”在精神正常的时候实施刑法所禁止的危害行为的，其辨认和控制自己行为的能力即责任能力完全具备，不符合无责任能力和限制能力所要求的心理学（法学）标准，因而法律要求行为人对其危害行为依法负完全的刑事责任。

【非精神病性精神障碍人】 是指患有非精神病性精神障碍的人。按照我国司法精神病学，非精神病性精神障碍的主要种类有：（1）各种类型的神经官能症，包括癔症、神经衰弱、焦虑症、疑病症、强迫症、恐怖症、神经症性抑郁、躯体形式障碍等，但癔症性精神错乱除外；（2）各种人格障碍式变态人格（包括器质性人格障碍）；（3）性变态，包括同性恋、露阴癖、窥淫癖、恋物癖、恋童癖、性虐待癖等；（4）情绪反应（未达到精神病程度的反应性精神障碍）；（5）未达到精神病程度的成瘾药物中毒与戒断反应；（6）轻躁狂与轻性抑郁症；（7）生理性醉酒与单纯慢性酒精中毒；（8）脑震荡后遗症、癫痫性心境恶劣以及其他未达到精神病程度的精神疾患；（9）轻微精神发育不全等等。非精神病性精神障碍人，大多数并不因精神障碍使其辨认或者控制自己行为的能力丧失或减弱，而是具有完备的责任能力。因而不能对其行为不负刑事责任，也不能对其行为负减轻的刑事责任，而应在原则上令行为人对其危害行为依法负完全的刑事责任。但在少数情况下，经过法定的鉴定程序，非精神病性精神障碍人也可成为限制责任能力人甚至无责任能力人，从而影响到减轻刑罚或者不负刑事责任。

【限制刑事责任的精神障碍人】 又称减轻（部分）刑事责任的精神障碍人，是介乎无刑事责任的精神病人与完全刑事责任的精神障碍人中间状态的精神障碍人，他需要对自己实施的刑法所禁止的危害行为承担部分刑事责任。《刑法》第十八条第三款规定："尚未完全丧失辨认或者控制自己行为能力的精神病人犯罪的，应当负刑事责任，但是可以从轻或者减轻处罚。"这里的"精神病人"，从立法意图来说，应作广义的理解，一般包括以下两类：一是处于早期（发作前趋期）或部分缓解期的精神病（如精神分裂症等）患者，这种患者精神病理机制的作用使其辨认或控制行为的能力有所减弱；二是某些非精神病性精神障碍人，包括轻至中度的精神发育迟滞（不全）者，脑部器质性病变（如脑炎、脑外伤）或精神病（如精神分裂症、癫痫症）后遗症所引起的人格变态者，神经官能症中少数严重的强迫症和癔症患者等。

【生理功能丧失】 是指行为人的生理功能（主要是听能和语能）丧失。它会对行为人的刑事责任能力产生影响，并在刑事责任上有所体现。《刑法》第十九条规定："又聋又哑的人或者盲人犯罪，可以从轻、减轻或者免除处罚。"这就是我国刑法中对生理功能缺陷者即聋哑人、盲人刑事责任的特殊规定。这一规定意味着，聋哑人、盲人实施刑法禁止的危害行为的，构成犯罪，应当负刑事责任，应受刑罚处罚，但可以从轻、减轻或者免除处罚。其适用对象有两类：（1）既聋又哑的人，即同时完全丧失听力和语言功能者，其中主要是先天聋哑和幼年聋哑者；（2）盲人，即双目均丧失视力者，主要也是指先天和幼年丧失视力者。对于聋哑人、盲人犯罪，原则上即大多数情况下要予以从宽处罚；只是对于极少数知识和智力水平不低于正常人、犯罪时具备完全责任能力的犯罪聋哑人、盲人（多为成年后的聋哑人和盲人），才可以考虑不予以从宽处罚；对于不但责任能力完备，而且犯罪性质恶劣、情节和后果非常严重的聋哑人、盲人犯罪分子，应坚决不从宽处罚。对应予从宽处罚的聋哑人、盲人犯罪案件，主要应当根据行为人犯罪时责任能力的减弱程度，并同时考察犯罪的性质和危害程度，来具体决定是从轻处罚还是免除处罚，以及从轻、减轻处罚的幅度。

【生理醉酒】 又称普通醉酒、单纯性醉酒，简称醉酒，是指通常最多见的一种急性酒精中毒。它多发生于一次大量饮酒后，是指精神过度兴奋甚至无法完全辨认和控制自己行为的情况。生理醉酒的发生及其表现，与血液中酒精浓度及个体对酒精的耐受力关系密切。在生理醉酒状态下，人的生理、心理和精神变化大致可分为兴奋期、共济运动失调期和昏睡期三个时期。现代医学和司法精神病学认为，生理醉酒不是精神病。实践表明，生理醉酒的上述前两个时期，醉酒者对作为或不作为方式的危害行为均有能力实施，而且一般容易实施作为方式的危害行为，较为常见的如冲动性侵犯他人人身的杀、伤行为和非法的性行为等；在第三个时期，作为方式与不作为方式的危害行为仍都可以实施，但因为醉酒者往往昏睡，因而较少有能力实施作为方式的危害行为。

我国刑法把生理醉酒人与精神病人明确加以区分。《刑法》第十八条第四款规定："醉酒的人犯罪，应当负刑事责任。"这一规定对于防止和减少酒后犯罪，维护社会秩序，具有重要的意义。生理醉酒人实施危害行为应当负刑事责任的主要根据在于：（1）医学证明，生理醉酒人的辨认和控制行为能力只是有所减弱，但并未完全丧失，不属于无刑事责任能力人；（2）生理醉酒人在醉酒前对自己醉酒后可能实施危害行为应当预见到，甚至已有所预见，在醉酒状态下实施危害行为时具备故意或过失的犯罪主观要件；（3）醉酒完全是人为的，是可以戒除的。因此，对生理醉酒人犯罪应当追究其刑事责任。

对犯罪的醉酒人进行处罚时，应当注意到行为人在醉酒前有无犯罪预谋，行为人对醉酒有无故意、过失的心理态度，醉酒犯罪与行为人一贯品行的关系，以及醉酒犯罪是否发生在职务或职业活动中等不同情况，予以轻重不同的处罚，以使刑罚与犯罪的醉酒人的责任能力程度及其犯罪的危害程度相适应。

【病理醉酒】 又称特发性酒中毒，是指所饮不足以使一般人发生醉酒的酒量而出现明显的行为和心理改变，在饮酒时或其后不久突然出现激越、冲动、暴怒、以及攻击或破坏行为，可造成自伤或伤人后果。发作时有意识障碍，亦可出现错觉、幻觉和片断妄想。发作持续时间不长，至多数小时，常以深睡结束发作。醒后对发作过程不能回忆。病理性醉酒极为少见，可能与饮酒者的个体素质或原有脑损害如外伤后遗症、癫痫、脑动脉硬化等引起大脑不能耐受酒精有关。诊断病理性醉酒需符合酒精中毒的诊断标准，但患者的饮酒量应比普通醉酒少得多。病理性醉酒属于精神疾病的一种，在病理性醉酒的情况下犯罪一般不负刑事责任，但是，如果行为人知道自己属于病理性醉酒仍然饮酒的，醉酒后犯罪应当负刑事责任。

【犯罪主体的特殊身份】 是指刑法所规定的影响行为人刑事责任的行为人人身方面特定的资格、地位或状态。例如，公务员、军人、男女、亲属、在押罪犯等，往往被规定为某些犯罪主体的特殊身份。从形成方式上加以区分，犯罪主体的特殊身份可以有自然身份与法定身份之别；根据犯罪主体的特殊身份对行为人刑事责任影响性质和方式进行划分，犯罪主体的特殊身份可以分为定罪身份和量刑身份。犯罪主体的特殊身份对正确定罪量刑具有重要的意义。一方面，影响行为的定罪是犯罪主体特殊身份的首要功能：主体特殊身份具备与否，是区分罪与非罪的标准之一；主体特殊身份具备与否，也是某些犯罪案件中区分和认定此罪与彼罪的一个重要标准；主体特殊身份影响无特殊身份者的定罪，这主要是无特定身份者与有特定身份者共同实施要求特殊主体之罪的情况。例如，一般公民可以与国家工作人员一起构成要求特殊主体的贪污罪的实行犯。另一方面，犯罪主体的特殊身份对量刑也有一定的影响，我国刑法对行为类似的特殊主体的犯罪较一般主体的犯罪规定的刑罚重一些。我国《刑法》总则设有一些因犯罪主体的身份而影响刑罚轻重的规定。因主体身份影响刑罚从严的，例如，按照《刑法》第六十五条关于普通累犯以及第六十六条关于危害国家安全犯罪、恐怖活动犯罪、黑社会性质的组织犯罪累犯的规定，犯罪分子如果过去因犯罪被处以刑罚并符合一定条件的，即具有法定的累犯身份的，对其新的犯罪就要从重处罚，而且按照《刑法》第七十四条，对构成累犯者不得适用缓刑。我国《刑法》分则规定对某些犯罪若行为人具有特殊身份的就要从重处罚。例如，《刑法》第二百四十三条第二款规定，国家机关工作人员犯诬告陷害罪的，从重处罚。

【自然身份】 是指人因自然因素所赋予而形成的身份。例如，基于性别形成的事实可有男女之分，有的犯罪如强奸罪仅男子可以单独成为犯罪的主体；再如，基于血缘、婚姻的事实可形成亲属身份，有些犯罪（如虐待罪）的主体就只能由具有此种身份者构成。

【法定身份】 是指人基于法律所赋予而形成的身份。如军人、国家工作人员、国家机关工作人员、司法工作人员、在押罪犯等等。法定身份要成为犯罪主体的特殊身份，一般需要由刑法予以明确规定。通过对犯罪主体特殊身份的了解，有助于我们深刻地把握刑法设立此项规定的原意，进而正确地适用法律。例如，国家工作人员是一种法定身份，具有国家工作人员身份者总是由法律赋予一定的职责即权利和义务，我国《刑法》把国家工作人员规定为受贿罪主体的特殊身份条件，是为了惩罚与其职责相联系而违反其职责的收受他人财物的行为。

【定罪身份】 又称犯罪构成要件的身份，是指决定刑事责任存在的身份。具体又分为两种情形：（1）犯罪主体身份。此种身份是某些具体犯罪构成中犯罪主体要件必须具备的要素，缺此身份，犯罪主体要件就不具备，不构成该种犯罪，不存在行为人对该罪应负刑事责任的问题；有此身份，犯罪构成中的主体要件就可具备，此时如果犯罪构成的主客观要件都存在，就可认定行为人的行为构成该罪并应负刑事责任。如挪用公款罪的犯罪主体为国家工作人员。（2）犯罪对象身份。有些犯罪以犯罪对象具有一定身份为构成要件，如果缺此身份，犯罪对象要件就不具备，就不构成该种犯罪，不存在行为人对该罪应负刑事责任的问题。如行贿罪的行为对象为国家工作人员，私放在押人员罪的犯罪对象为在押的犯罪嫌疑人、被告人和罪犯。

【量刑身份】 又称影响刑罚轻重的身份、影响刑事责任程度的身份，是指按照刑法的规定，此种身份的存在与否虽然不影响刑事责任的存否，但影响刑事责任的大小，其在量刑上，表现为是从重、从轻、减轻甚至免除处罚的根据。例如，《刑法》第三百零七条之一在规定了虚假诉讼罪的同时，其第四款又规定：“司法工作人员利用职权，与他人共同实施前三款行为的，从重处罚。”在这一犯罪中，司法工作人员的身份就是量刑身份，对该罪的量刑具有一定的影响。

【纯正身份犯】 又称真正身份犯，是指以特殊身份作为主体要件，无此特殊身份该犯罪则根本不可能成立的犯罪。例如，《刑法》第一百零九条规定叛逃罪的主体必须是国家机关工作人员和掌握国家秘密的国家工作人员，因此，如果行为人不是国家机关工作人员和掌握国家秘密的国家工作人员，其行为就不可能成立叛逃罪。

【不纯正身份犯】 又称不真正身份犯，是指特殊身份不影响定罪但影响量刑的犯罪。在这种情况下，如果行为人不具有特殊身份，犯罪也成立；如果行为人具有这种身份，则刑罚的科处就比不具有这种身份的人要重或轻一些。例如，《刑法》第二百四十三条诬告陷害罪的主体，不要求以特殊身份为要件，即任何年满16周岁、具备刑事责任能力的自然人，均可构成本罪；但是，如果主体具备国家机关工作人员身份，依照《刑法》第二百四十三条第二款的规定，则应从重处罚，换言之，国家机关工作人员身份虽然不是诬告陷害罪的主体要件，但这种特殊身份却是诬告陷害罪从重处罚的根据。

【刑事处遇】 是指行为人在实施了一定的行为后所可能受到的刑事对待。刑事处遇范畴是伴随着刑事实证学派的产生而出现，并借助于刑罚个别化和行刑的改革运动而发展的。刑事处遇在内容上包括两类：（1）刑罚处罚，即对行为人施以刑罚处罚，但在处罚程度上区分从重处罚、从轻处罚、减轻处罚和免除处罚；（2）非刑罚处罚，即对行为人施以刑罚以外的处罚方法，包括根据《刑法》第三十七条对行为人实施的行政处罚措施、民事赔偿等。

【未成年犯罪人的特殊刑事处遇】 是指刑法对未成年犯罪人的定罪量刑所作的特殊规定。考虑到未成年人由其生理和心理特点所决定，既有容易被影响、被引诱走上犯罪道路的一面，又有可塑性大、容易接受教育和改造的一面，我国《刑法》在刑事责任年龄制度之外，还对未成年人犯罪规定了以下特殊处遇原则和措施：（1）从宽处理的原则。我国《刑法》第十七条第四款规定，不满18周岁的人犯罪，应当从轻或者减轻处罚。这是我国《刑法》对未成年人犯罪从宽处罚原则的规定。其中，“应当”应被理解为“必须”“一律”，而不允许有例外，即凡是未成年人犯罪都必须予以从宽处罚。从宽处罚是相对成年人犯罪而言的，在犯罪性质和其他犯罪情节相同或基本相同的情况下，对未成年人犯罪要比照对成年人犯罪的处罚予以从轻或减轻处罚。（2）不适用死刑的原则。根据《刑法》第四十九条规定，犯罪的时候不满18周岁的人不适用死刑。这里所说的“不适用死刑”是指不允许判处死刑，包括不允许判处死刑立即执行，也不允许判处死刑并宣告缓期二年执行，“不满18周岁”是指犯罪的时候不满18周岁，而非审判的时候不满18周岁。（3）不成立累犯的原则。根据《刑法》第六十五条第一款规定，被判处有期徒刑以上刑罚的犯罪分子，刑罚执行完毕或者赦免以后，在5年以内再犯应当判处有期徒刑以上刑罚之罪的，是累犯，应当从重处罚，但是过失犯罪和不满18周岁的人犯罪的除外。因此，只要行为人犯前罪时的年龄不满18周岁，就不成立累犯，也就不得依累犯的规定对其从严处理。（4）从宽适用缓刑的原则。缓刑是一种非监禁化的处遇措施。被适用缓刑的犯罪分子，不需要关押，可以放在社会上进行改造，因此缓刑也被视为一种宽缓的刑罚制度。根据《刑法》第七十二条规定，对于被判处拘役、三年以下有期徒刑的犯罪分子，如果犯罪情节较轻、有悔罪表现、没有再犯罪的危险并且宣告缓刑对所居住社区没有重大不良影响的，可以宣告缓刑；对其中不满18周岁的人，应当宣告缓刑，不允许有例外。不过，值得指出的是，这里的“不满18周岁”是指宣告缓刑的时候不满18周岁，而非犯罪的时候不满18周岁。（5）免除前科报告义务。根据《刑法》第一百条规定，依法受过刑事处罚的人，在入伍、就业的时候，应当如实向有关单位报告自己曾受过刑事处罚，不得隐瞒。但犯罪的时候不满18周岁被判处五年有期徒刑以下刑罚的人，免除该报告义务。这在一定范围内免除了未成年犯罪人的前科报告义务，体现了对未成年人犯罪的宽宥。

【老年犯罪人的特殊刑事处遇】 是指刑法对老年犯罪人的特殊规定。基于人道主义的考虑，同时考虑到老年人独特的身心特点，《刑法》对老年人犯罪规定了特殊对待的三个原则：（1）从宽处理的原则。根据我国《刑法》第十七条之一规定：“已满七十五周岁的人故意犯罪的，可以从轻或者减轻处罚；过失犯罪的，应当从轻或者减轻处罚。”据此，对犯罪时年满75周岁的人实施的故意犯罪，法院可以酌情予以从轻或者减轻处罚，但如果实施的是过失犯罪，则法院必须予以从轻或者减轻处罚。这体现了我国刑法对老年人的特殊保护和人道对待。（2）原则上不适用死刑。根据《刑法》第四十九条第二款规定，审判的时候已满75周岁的人，不适用死刑，但以特别残忍手段致人死亡的除外。这里规定的“审判的时候已满75周岁”，是指按照我国《刑事诉讼法》的规定，在人民法院审判的时候，被告人年满75周岁。“以特别残忍手段致人死亡”，指犯罪致人死亡的手段令人发指，如以肢解、残酷折磨、毁人容貌等特别残忍的手段致人死亡。《刑法》的这一规定表明，我国刑法对已满75周岁的老年犯罪人采取的是原则上不适用死刑，但对以特别残忍手段致人死亡的，也可以考虑适用死刑。（3）从宽适用缓刑的原则。根据《刑法》第七十二条规定，对于被判处拘役、三年以下有期徒刑的犯罪分子，如果犯罪情节较轻、有悔罪表现、没有再犯罪的危险并且宣告缓刑对所居住社区没有重大不良影响的，可以宣告缓刑，对其中已满75周岁的人，应当宣告缓刑。这与对不满18周岁的人适用缓刑的规定相类似，是对老年犯罪人的一种宽宥，体现了刑罚人道主义的精神。

【犯罪孕妇的特殊刑事处遇】 是指刑法对犯罪孕妇的特殊规定。与一般妇女相比，怀孕的妇女在生理上和心理上都具有一定的特殊性，有特别保护的必要。基于此，《刑法》对犯罪孕妇作了两方面的特别规定：（1）不适用死刑的原则。《刑法》第四十九条规定，审判的时候怀孕的妇女，不适用死刑。其中，“审判的时候怀孕的妇女”，指在人民法院审判的时候被告人是怀孕的妇女，也包括审判前在被羁押时已经怀孕的妇女。对于怀孕的妇女，在她被羁押或者受审期间，无论其怀孕是否违反国家计划生育政策、是否做了人工流产，都应视同审判时怀孕的妇女，不能适用死刑。怀孕的妇女在被羁押期间自然流产后，又因同一事实被起诉、审判的，也应当视为审判时怀孕的妇女，不能适用死刑。对审判的时候怀孕的妇女不适用死刑（包括不适用死刑立即执行和死刑缓期二年执行），体现了我国刑法对怀孕妇女的特别保护。（2）从宽适用缓刑的原则。《刑法》第七十二条规定，对于被判处拘役、三年以下有期徒刑的犯罪分子，如果犯罪情节较轻、有悔罪表现、没有再犯罪的危险并且宣告缓刑对所居住社区没有重大不良影响的，可以宣告缓刑，对其中怀孕的妇女，应当宣告缓刑。据此，对符合缓刑条件的怀孕妇女，不是“可以”而是“应当”宣告缓刑，体现了对怀孕妇女的特别刑事保护。

【单位犯罪】 是指由公司、企业、事业单位、机关、团体实施的依法应当承担刑事责任的危害社会的行为。《刑法》第三十条规定："公司、企业、事业单位、机关、团体实施的危害社会的行为，法律规定为单位犯罪的，应当负刑事责任。"根据这一规定，单位犯罪具有两个基本特征：（1）单位犯罪的主体包括公司、企业、事业单位、机关、团体。所谓"公司、企业、事业单位"，是指所有的公司、企业、事业单位，既包括国有的公司、企业、事业单位，还包括依法设立的合资经营、合作经营企业和具有法人资格的独资、私营等公司、企业、事业单位。"机关"是指国家各级权力机关、行政机关、审判机关、检察机关。"团体"主要是指人民团体和社会团体。（2）只有法律明文规定单位可以成为犯罪主体的犯罪，才存在单位犯罪及单位承担刑事责任的问题，而并非一切犯罪都可以由单位构成。规定单位犯罪的"法律"，指的是刑法分则性条文，包括《刑法》分则及其颁行后国家最高立法机关又根据实际需要制定的单行刑法及有关附属刑法规范。从《刑法》分则的规定来看，单位犯罪广泛存在于危害公共安全罪，破坏社会主义市场经济秩序罪，侵犯公民人身权利、民主权利罪，妨害社会管理秩序罪，危害国防利益罪和贪污贿赂罪等罪中，具体罪种有130个左右。这些单位犯罪多数是故意犯罪，但也有少数属于过失犯罪。不过，个人为进行违法犯罪活动而设立的公司、企业、事业单位实施犯罪的，或者公司、企业、事业单位设立后，以实施犯罪为主要活动的，不以单位犯罪论处。盗用单位名义实施犯罪，违法所得由实施犯罪的个人私分的，依照刑法有关自然人犯罪的规定定罪处罚。

【双罚制】 是指单位犯罪的，既处罚单位又处罚单位犯罪的直接责任人员（直接负责的主管人员和其他直接责任人员）。双罚制的优点是既处罚单位又处罚单位内部的直接责任人员能够更好地预防犯罪，并实现刑罚的公平正义。双罚制的不足是单位和单位内部的直接责任人员密切相关，同时对两者进行处罚，可能导致刑罚的过度适用。

【单罚制】 是指对单位犯罪的，只对单位予以刑罚处罚而对直接责任人员不予处罚，或只对直接责任人员予以刑罚处罚而不处罚单位。单罚制有两种形式：（1）只处罚单位，不处罚单位内部的直接责任人员；（2）只处罚单位内部的直接责任人员，不处罚单位。由于单位是由人和物两方面组成，对单位犯罪只处罚单位不处罚单位内部的直接责任人员，只能实现对单位财产的剥夺而不能实现对单位内部人员的惩戒，因此客观上将导致单位内部的直接责任人员逃避刑法的追究。相反，由于单位内部的直接责任人员是单位的组成部分，因此对单位内部直接责任人员的处罚既体现了对单位内部直接责任人员个人的处罚，也能体现对单位的处罚。故而，只处罚单位内部直接责任人员的单罚制较之于只处罚单位的单罚制更具合理性。

【我国单位犯罪的处罚原则】 是指我国刑法对单位犯罪规定的具体处罚原则。《刑法》第三十一条规定："单位犯罪的，对单位判处罚金，并对其直接负责的主管人员和其他直接责任人员判处刑罚。本法分则和其他法律另有规定的，依照规定。"这是我国刑法关于对单位犯罪处罚原则的规定。根据这一规定，对单位犯罪，一般采取双罚制的原则。即单位犯罪的，对单位判处罚金，同时对单位直接负责的主管人员和其他直接责任人员判处刑罚。但是，当《刑法》分则和其他法律（特别刑法）另有规定不采取双罚制而采取单罚制的，则属例外情况。这是因为，单位犯罪的情况具有复杂性，其社会危害程度差别很大，一律采取双罚制的原则，并不能全面准确地体现罪责刑相适应原则和对单位犯罪起到充分的警戒作用。在《刑法》分则中，有少数几种单位犯罪，采取的即是单罚制，如《刑法》第三百九十六条规定的私分国有资产罪、私分罚没财物罪，就只规定了处罚直接负责的主管人员和其他直接责任人员而没有规定处罚单位。《刑法》第一百六十一条规定的违规披露、不披露重要信息罪和《刑法》第一百六十二条规定的妨害清算罪、第一百六十二条之二规定的虚假破产罪，也是不处罚作为犯罪主体的公司、企业，而只处罚其直接责任人员。

【犯罪主观方面】 是指犯罪主体对自己行为的危害社会结果所持的心理态度。它包括罪过（即犯罪的故意或者犯罪的过失）以及犯罪目的和犯罪动机等因素。其中，行为人的罪过即其犯罪的故意或者过失，是一切犯罪构成都必须具备的主观要件；犯罪的目的只是某些犯罪构成所必备的主观要件，所以也称之为选择性主观要件；犯罪动机不是犯罪构成必备的主观要件，它一般不影响定罪，但可以影响量刑。

【犯罪故意】 是指行为人明知自己的行为会发生危害社会的结果，并且希望或者放任这种结果发生的主观心理态度。犯罪的故意是罪过形式之一，是故意犯罪的主观心理态度。犯罪的故意包含两项内容或称两种因素：（1）行为人明知自己的行为会发生危害社会的结果，这种“明知”的心理属于心理学上所讲的认识方面的因素，亦称意识方面的因素；（2）行为人希望或者放任这种危害结果的发生，这种“希望”或“放任”的心理属于心理学上意志方面的因素。实施危害行为的行为人在主观方面必须同时具备这两个方面的因素，才能认定他具有犯罪的故意而构成故意犯罪。

认识因素和意志因素是犯罪故意中的两项有机联系的因素，认定构成犯罪的故意缺一不可。其中，认识因素是意志因素存在的前提，也是犯罪故意成立的基础；意志因素则是认识因素基础上的发展，是犯罪故意中具有决定性作用的因素，它对于把犯罪故意客观化即把犯罪思想变为犯罪行为，具有重要的主导作用。

【认识主义】 又称预见主义，是指区别故意与过失的学说之一，其认为只要行为人对构成要件事实有认识或认识到可能发生危害结果时，就成立故意。认识主义主张故意的成立以行为人认识构成犯罪的客观事实为要件，只要认识到自己的行为会发生危害社会的结果，行为人仍实施此行为，即符合犯罪故意的特征。这种学说的缺陷在于，其无视行为人心理活动中的意志因素；而心理学认为，在意志活动的过程中，意志是心理活动的核心，是主观态度的标志。单纯的认识主义无法区分故意与过于自信的过失，容易将过于自信的过失认定为故意，其对故意的认定失之过宽。

【希望主义】 又称意志主义，是指区别故意与过失的学说之一，其认为只有当行为人意欲实现构成要件的内容时或希望发生危害结果时，才成立故意。希望主义是从意志因素的角度区分故意与过失，希望本身包含了对危害结果的认识，因而兼顾了认识因素和意志因素，具有其合理性。但在故意的认定上，希望主义完全以希望作为故意的认定标准，将刑法中立足放任心态的间接故意排除出犯罪故意的范围，不当地缩小了犯罪故意的范围，因而也存在一定的不足。

【容认主义】 是指区别故意与过失的学说之一，其认为在认识到危害行为和危害结果的基础上，凡危害结果的发生不违背行为人主观意志的，都属于故意。容认主义的优点是：首先，容认主义兼顾了认识主义和希望主义的优点。容认主义是在对认识主义和希望主义学说进行批判的基础上形成的，它认为认识主义失之过宽，希望主义失之过窄。容认主义认为，故意的成立，并不以意欲、目的、希望为必要，只要行为人容认或放任危害结果的发生，就成立故意。在行为人认识到危害行为与危害结果时，还放任危害结果的发生，就表明行为人不只是消极地不保护社会关系，而是对社会关系持一种积极的否认态度，故与希望结果发生没有本质区别。容认说将主观恶性明显小于间接故意的过于自信的过失排除在故意之外，又将间接故意归入故意之中，因而做到了宽窄适度。我国刑法即采取了容认主义的学说。

【盖然性主义】 是指区别故意与过失的学说之一，其认为对于故意只能依据行为人对构成要件事实的认识来确定，即行为人认识到危害结果的发生具有盖然性（可能性很大），还实施该行为，就足以表明行为人是容认或放任危害结果发生的；行为人认识到危害结果发生的可能性时，就表明行为人没有容认或放任危害结果的发生。显然，盖然性说是想通过认识因素解决意志因素问题。但盖然性说也存在明显缺陷。这是因为，认识因素的有无可以左右意志因素的有无，这表现在没有前者就没有后者。但是，认识因素的内容并不能决定意志因素的内容，行为人认识到结果发生的可能性大小，并不能直接说明他是希望或放任结果发生、还是希望结果不发生。况且，也难以判断行为人所认识的是结果发生的盖然性还是可能性。

【犯罪故意的认识因素】 是指行为人明知自己的行为会发生危害社会的结果。这是构成一切故意犯罪在主观认识方面必须具备的特征。如果一个人的行为虽然在客观上会发生甚至已经发生了危害社会的结果，但他本人在行为时并不知道自己的行为会发生这种结果，那就不构成犯罪的故意。《刑法》第十四条在故意犯罪的概念里简略地表述为“明知自己的行为会发生危害社会的结果。”根据犯罪主观要件与犯罪的客观、客体要件的联系，明知的内容应当包括法律所规定的构成某种故意犯罪所不可缺少的危害事实，亦即作为犯罪构成要件的客观事实。具体说来包括3项内容：（1）对行为本身的认识，即对刑法规定的危害社会行为的内容及其性质的认识。一个人只有认识到自己所要实施或正在实施的行为危害社会的性质和内容，认识到行为与结果的客观联系，才能谈得上进一步认识行为之结果的问题。因此，要“明知自己的行为会发生危害社会的结果”，必须首先对行为本身的性质、内容与作用有所认识。(2) 对行为结果的认识，即对行为产生或将要产生的危害社会结果的内容与性质的认识，如故意杀人罪的行为人认识到自己的行为会发生致使他人死亡的结果，盗窃罪的行为人认识到自己的行为会发生公私财物被其非法占有的结果。由于具体犯罪中犯罪结果就是对直接客体的损害，因而这种对犯罪结果的明确认识，也包含了对犯罪直接客体的认识。(3) 对危害行为和危害结果相联系的其他犯罪构成要件事实的认识。对法定的犯罪对象要有认识，例如，盗窃枪支罪，要求行为人明知自己盗窃的对象是枪支；伪造货币罪，要求行为人明知自己是要伪造国内外流通货币。对法定的犯罪手段要有认识，例如，抢劫罪，要求行为人明知自己非法占有财物的行为是以暴力、暴力威胁或其他侵犯人身的方式为特定手段；妨害公务罪，要求行为人明知自己采用了暴力、威胁手段来实施妨害公务的行为。对法定的犯罪时间、地点要有认识，例如，非法捕捞罪、非法狩猎罪，要求行为人明知自己是在特定的时期采用特定的方法来实施捕捞或狩猎行为的。

【明知】 是指知道或者推定知道。明知表明犯罪故意的认识程度。明知在形式上有两种表现形式：(1) 知道，即行为人知道自己的行为可能造成危害社会的后果。这是经事实和证据证明了的“明知”，是一种实然状态。(2) 推定知道，即相关事实和证据表明行为人知道自己的行为可能造成危害社会的后果。这是一种应然状态的明知，也是推定的明知。《关于办理洗钱刑事案件司法解释》第三条规定：“认定‘知道或者应当知道’，应当根据行为人所接触、接收的信息，经手他人犯罪所得及其收益的情况，犯罪所得及其收益的种类、数额，犯罪所得及其收益的转移、转换方式，交易行为、资金账户等异常情况，结合行为人职业经历、与上游犯罪人员之间的关系以及其供述和辩解，同案人指证和证人证言等情况综合审查判断。有证据证明行为人确实不知道的除外。”这是对明知进行推定的规定。

【违法性认识】 违法性认识，是指行为人对自己的行为是否具有刑事违法性的认识。关于违法性认识是否是犯罪成立的必要条件，刑法理论上存在较大争议，并形成了违法性认识不要说（即认为违法性认识不是犯罪成立的必要条件）、违法性认识必要说（即认为违法性认识是犯罪成立的必要条件）和违法性认识择要说（即认为应区分自然犯和法定犯，对于法定犯应坚持违法性认识必要说，对于自然犯则应采取违法性认识不要说）。我国刑事司法实践中的通行做法采取的是违法性认识不要说，即无论行为人对其行为的刑事违法性是否存在认识，均不影响犯罪的成立。该做法的法律根据是《刑法》关于犯罪故意认识因素的规定。根据我国《刑法》第十四条的规定，犯罪故意的认识因素表现为，行为人为“明知自己的行为会发生危害社会的结果”，这只要求行为人明知其行为及行为结果的危害性，而没有再要求行为人明知行为及结果的刑事违法性。而既然违法性认识不是犯罪故意成立的必要条件，那么它就不能影响犯罪的成立，不是犯罪成立的必要条件。

【犯罪故意的意志因素】 是指行为人对自己的行为将导致的危害结果的发生所

持的希望或者放任的心理态度。犯罪故意的意志因素有希望和放任结果发生两种表现形式。希望危害结果的发生，是指行为人对危害结果抱着积极追求的心理态度，该危害结果的发生，正是行为人通过一系列犯罪活动所要达到的犯罪目的。例如，盗窃犯希望积极追求非法占有他人财物这种危害结果的发生。放任危害结果的发生，是指行为人虽然不是希望、不是积极追求危害结果的发生，但也不反对和不设法阻止这种结果的发生，而是对结果的是否发生采取听之任之的心理态度。

【犯罪的直接故意】 是指行为人明知自己的行为必然或者可能发生危害社会的结果，并且希望这种结果发生的心理态度。按照认识因素的不同内容，可以把犯罪直接故意区分为两种表现形式：(1) 行为人明知自己的行为必然发生危害社会的结果，并且希望这种结果发生的心理态度。例如，甲想杀死乙，用枪顶在乙的脑袋上射击，他明知这种行为必然致乙死亡而仍决意为之，追求乙死亡结果的发生，甲的心理态度即为此种直接故意。(2) 行为人明知自己的行为可能发生危害社会的结果，并且希望这种结果发生的心理态度。例如，丙想枪杀丁，但只能于晚上趁丁返家途中隔小河射击，由于光线不好，距离较远，丙的射击技术又不甚好，因而他对能否射杀丁没有把握，但他不愿放过这个机会，希望能打死丁，并在这种心理的支配下实施了射杀行为。丙的心理态度即属第二种直接故意。可见，直接故意的意志因素，是以希望危害结果的发生为其必要特征的。

【犯罪的间接故意】 是指行为人明知自己的行为可能发生危害社会的结果，并且放任这种结果发生的心理态度。间接故意有其认识特征和意志特征。在认识特征上，间接故意表现为行为人认识到自己的行为可能发生危害社会结果的心理态度。即行为人根据对自身犯罪能力、犯罪对象情况、犯罪工具情况、犯罪的时间、地点、环境等情况的了解，认识到行为导致危害结果的发生只是具有或然性、可能性，而不是具有必然性。在意志特征上，间接故意表现为行为人放任行为危害结果发生的心理态度。所谓放任，当然不是希望，不是积极地追求，而是行为人在明知自己的行为可能发生特定危害的情况下，为了达到自己的既定目的，仍然决意实施这种行为，对阻碍危害结果发生的障碍不去排除，也不设法阻止危害结果的发生，而是听之任之，自觉听任危害结果的发生。在司法实践中，犯罪的间接故意大致有三种情况：(1) 行为人追求某一个犯罪目的而放任另一个危害结果的发生。例如，甲欲毒杀妻子乙，就在妻子盛饭时往妻子碗内投下了剧毒药。甲同时还预见到妻子有可能把饭给孩子吃而祸及孩子，但他因为杀妻心切，就抱着听任孩子也被毒死的心理态度。事实上妻子乙在吃饭时确实喂了孩子几口，结果母子均中毒死亡。此案中，甲明知投毒后其妻必然吃饭而中毒身亡并积极追求这种结果的发生，对其妻构成杀人罪的直接故意；但甲对其孩子死亡发生的心理态度就不同，他预见到的是孩子中毒死亡的可能性而不是必然性，他对孩子死亡结果的发生并不是希望，而是为了达到杀妻的结果而有意识地放任，这完全符合间接故意的特征，应构成间接故意杀人罪。(2) 行为人追求一个非犯罪的目的而放任某种危害结果的发生。例如，某甲在林中打猎时，发现一个酣睡的猎物，同时又发现在猎物附近有一个孩子在玩耍，根据自己的枪法和离猎物的距离，甲明知若开枪不一定能打中猎物，也可能打中小孩。但甲打猎心切，不愿放过这一机会，又看到周围无其他人，遂放任可能打死小孩这种危害结果的发生，仍然向猎物开枪，结果子弹打偏，打死了附近的小孩。此例中，甲明知自己的开枪打猎行为可能打中小孩使其毙命，但为追求打到猎物的目的，仍然开枪打猎，听任打死小孩这种危害结果的发生。具备了间接故意的认识因素和其特定的意志因素，因而构成犯罪的间接故意。(3) 突发性的犯罪，不计后果，放任严重结果的发生。例如，一青年临时起意，不计后果，捅人一刀即扬长而去并致人死亡的案件就属于这种情况。这种案件里，行为人对用刀扎人必致人伤害是明知的和追求的，属于直接故意的范畴；对于其行为致人死亡的结果而言，他虽然预见到可能性，但一般情况下持的却不是希望其发生的态度，而是放任其发生的态度，这样，对于其行为造成他人死亡的结果而言，其认识特征是明知可能性，其意志因素是放任结果的发生，这完全符合犯罪间接故意的构成。

【犯罪过失】 是指行为人应当预见自己的行为可能发生危害社会的结果，因为疏忽大意而没有预见，或者已经预见而轻信能够避免的心理态度。在过失犯罪的情况下，行为人负刑事责任的客观基础是其行为对社会造成的严重危害结果。其主观根据就在于：行为人本来能够正确地认识一定的行为与危害社会结果之间的客观联系，并进而正确选择自己的行为，避免危害社会结果的发生，却在自己意志的支配下，对社会利益和大众的安危采取了严重不负责任的态度，从而以自己的行为造成了严重危害社会的结果。《刑法》第十五条根据内容的不同，将犯罪过失分为疏忽大意的过失和过于自信的过失。

【疏忽大意的过失】 是指行为人应当预见到自己的行为可能发生危害社会的结果，因为疏忽大意而没有预见，以致发生这种结果的心理态度。疏忽大意的过失有两个构成要素：（1）应当预见；（2）因为疏忽大意而没有预见。首先，行为人应当预见到自己的行为可能发生危害社会的结果。应当预见，是指行为人在行为时负有预见到行为可能发生危害结果的义务。这也是疏忽大意的过失与意外事件的区别所在。其次，行为人由于疏忽大意而没有预见到自己的行为可能发生危害社会的结果。没有预见到，是指行为人在行为当时没有想到自己的行为可能发生危害社会的结果。这种主观上对可能发生危害结果的无认识状态，是疏忽大意过失心理的基本特征和重要内容。法律之所以规定惩罚这种过失犯罪，从客观方面看，是因为行为给社会造成了实际危害后果；从主观方面看，就是要惩罚和警戒这种对社会利益严重不负责任的疏忽大意的心理态度，以促使行为人和其他人戒除疏忽大意的心理，防止疏忽大意过失犯罪的发生。

【预见义务】 是指行为人根据法律的规定，或者职务、业务的要求，或者公共生活准则的要求，有预见自己行为会发生危害社会结果的义务。预见义务的来源主要有三个方面：（1）法律法规的规定；（2）职务或者业务上的要求；

(3) 日常生活准则的要求。违反任何一项预见义务，都可构成疏忽大意过失的认识条件。预见的义务与预见的实际可能是有机地联系在一起的，法律不会要求公民去做他实际上无法做到的事情，而只是对有实际预见可能的人才赋予其预见的义务，行为人由于不可能预见而造成危害结果的，即使结果非常严重，也不能认定他对结果有过失而令其负刑事责任。

【预见能力】 是指行为人预见自己行为会发生危害社会结果的能力。判断能否预见，应当以主观标准为根据、以客观标准作参考。一般理智正常的人能够预见到的危害结果，在正常条件下应当能够预见到。但是，判定行为人能否预见的具有决定性意义的标准，只能是行为人的实际认识能力和行为时的具体条件。就是说，要根据行为人本身的年龄状况、智力发育、文化知识水平、业务技术水平和工作、生活经验等因素决定其实际认识能力，以及他行为当时的客观环境和条件，来具体分析他在当时的具体情况下，对行为发生这种危害结果能否预见。按照这个标准，一般人在普遍条件下能够预见的，行为人可以因为自身认识能力较低或者行为时的特殊条件而不能预见；反之，一般人在普遍条件下不能预见的，行为人也可以是因为自身认识能力较高（如有专业知识和这方面的经验等），或者行为时的特殊条件而能够预见。因此，既不应无视行为人的实际认识能力，而拿一般人的认识能力来衡量他能否预见，也不宜脱离行为当时的具体条件，而按普遍情况来判断行为人能否预见，而只能按照行为人的实际认识能力和行为当时的具体客观条件来分析和判定行为人能否预见。

【过于自信的过失】 是指行为人预见到自己的行为可能发生危害社会的结果，但轻信能够避免，以致发生这种结果的心理态度。过于自信的过失有两个特征：(1) 在认识因素上，行为人已经预见到自己的行为可能发生危害社会的结果。如果行为人行为时根本没有预见到自己的行为会导致危害结果的发生，则不属于过于自信的过失，而有可能属于疏忽大意的过失或意外事件；如果行为人预见到自己的行为必然发生而不是可能发生危害社会的结果，则属于犯罪直接故意的心理态度，而不是过于自信的过失。(2) 在意志因素上，行为人之所以实施行为，是轻信能够避免危害结果的发生。所谓轻信，就是说行为人过高地估计了可以避免危害结果发生的其自身的和客观的有利因素，而过低地估计了自己行为导致危害结果发生的可能程度。正是这种轻信心理，支配着行为人实施了错误的行为而发生了危害结果；也正是这种轻信心理，使过于自信的过失得以成立并使之区别于其他罪过形式。

【意外事件】 是指行为虽然在客观上造成了损害结果，但不是出于行为人的故意或者过失，而是由于不能预见的原因所引起的情形。不能预见，是指行为人对其行为发生损害结果不但未预见到，而且根据其实际认识能力和当时的具体条件，行为时也根本不可能预见。对于意外事件之所以不认为是犯罪，这是由我国刑法所坚持的主客观相统一的定罪原则所规定的。在这种情况下，虽然行为人在客观上造成了损害结果，但主观上既不存在犯罪的故意，也不存在犯罪的过失，因而缺乏构成犯罪和负刑事责任的主观根据，不能认定为犯罪和追究刑事责任。如果这时对行为人定罪和追究刑事责任，就是“客观归罪”，有悖于主客观相统一的刑事责任原则的要求。

【不可抗力】 是指行为虽然在客观上造成了损害结果，但不是出于行为人的故意或者过失，而是由于不可抗拒的原因所引起的情形。成立不可抗力事件必须同时符合两个条件：（1）行为人在客观上造成了损害结果，即对刑法保护的社会关系造成一定的损害，具体表现如致人伤亡或者造成财产损毁等。（2）造成损害结果不是因为行为人的故意或者过失，而是由于行为人不能抗拒的原因。不能抗拒的原因，是指行为人不能控制或者超出其控制能力的原因。如果损害结果是由于行为人的故意或者过失导致，就不属于不可抗力事件，而应按相应的故意犯罪或者过失犯罪处理。

【犯罪目的】 是指行为人希望通过实施犯罪行为达到某种危害社会结果的心理态度，也就是犯罪结果在犯罪人主观上的表现。例如，某人在实施盗窃行为时，就有非法占有公私财物的目的；实施故意杀人行为时，就有非法剥夺他人生命的目的；实施诬告陷害行为时，就有使受诬陷者受到错误的刑事追究的目的。直接故意犯罪的主观方面包含着犯罪目的的内容。犯罪直接故意的认识因素，表现为行为人决意实施犯罪行为并且希望通过犯罪行为达到某种犯罪结果的心理态度。其中，对发生犯罪结果的希望、追求的心理态度，就是犯罪目的的内容。由于直接故意犯罪主观方面都包含犯罪目的的内容，因而法律对犯罪目的一般不作明文规定，分析这些犯罪的构成要件便可明确其要求的犯罪目的。但是，对某些犯罪，刑法条文中又特别载明了犯罪目的。如《刑法》第一百五十二条规定的走私淫秽物品罪，法律特别载明应“以牟利或者传播为目的”；《刑法》第二百一十七条的侵犯著作权罪，法律特别规定须“以营利为目的”；《刑法》第三百六十三条的制作、复制、出版、贩卖、传播淫秽物品牟利罪，法律特别规定须“以牟利为目的”。这种规定的意义在于，说明这些犯罪不仅是故意犯罪，而且还要求有特定目的。

【犯罪动机】 是指刺激犯罪人实施犯罪行为以达到犯罪目的的内心冲动或者内心起因。行为人某种犯罪目的的确定，绝不是无缘无故的，而是始终以一定的犯罪动机作指引的。例如，对直接故意杀人罪来讲，非法剥夺他人生命是其犯罪目的，而促使行为人确定这种犯罪目的的内心起因即犯罪动机，可以是贪财、奸情、仇恨、报复或者极端的嫉妒心理等。因此，如果不弄清犯罪的动机，就不能真正了解犯罪人为何去追求某种犯罪目的。犯罪目的与犯罪动机既密切联系，又互相区别。二者的密切联系表现在：（1）二者都是犯罪人实施犯罪行为过程中存在的主观心理活动，它们的形成和作用都反映行为人的主观恶性程度及行为的社会危害性程度；（2）犯罪目的以犯罪动机为前提和基础，犯罪目的源于犯罪动机，犯罪动机促使犯罪目的的形成；（3）二者有时表现为直接的联系，即它们所反映的需要是一致的，如出于贪利动机实施以非法占有为目的的侵犯财产犯罪即是如此。

犯罪目的与犯罪动机又是相互区别、不容混淆的。这主要表现为：（1）从内容、性质和作用上看，犯罪动机是表明行为人为什么要犯罪的内心起因，比较抽象，是更为内在地发动犯罪的力量，起的是推动犯罪实施的作用；犯罪目的则是实施犯罪行为所追求的客观犯罪结果在主观上的反映，起的是为犯罪定向、确定目标和侵害程度的引导、指挥作用，它比较具体，已经指向外在的具体犯罪对象和客体。(2）一种犯罪的犯罪目的相同，而且，除复杂客体犯罪以外，一般是一罪一个犯罪目的；同种犯罪的动机则往往因人和具体情况而异，一罪可有不同的犯罪动机。例如，盗窃罪的目的都是希望非法占有公私财物结果的发生；但从犯罪动机上看，有的犯罪人是出于追求腐化的生活，有的是迫于一时的生活困难，有的是为了偿还赌债，有的甚至是出于报复的心理。(3）一种犯罪动机可以导致几个或者不同的犯罪目的，例如出于报复的动机，可以导致行为人去追求伤害他人健康、剥夺他人生命或者毁坏他人财产等不同的犯罪目的；一种犯罪目的也可以同时为多种犯罪动机所推动，例如，故意杀人而追求剥夺他人生命的目的，可以是基于仇恨与图财两种犯罪动机的混合作用。(4）犯罪动机与犯罪目的在一些情况下所反映的需要并不一致，例如实施煽动分裂国家罪，行为人的动机可以出于物质的、经济的需要，而犯罪目的则反映了行为人精神的、政治的需要。（5）一般地说，二者在定罪量刑中的作用有所不同，犯罪目的的作用偏重于影响定罪，犯罪动机的作用偏重于影响量刑。

【认识错误】 是指行为人对自己行为的刑法性质、后果和有关的事实情况不正确的认识。这种错误关系到对行为人刑事责任的追究问题，因而需要认真研究。根据认识错误的内容不同，刑法学上的认识错误可以分为两类：（1）行为人在法律上认识的错误；（2）行为人在事实上认识的错误。刑法理论上对认识错误的基本处理原则是，对法律的认识错误一般不阻却故意，对事实的认识错误则可以阻却故意。

【期待可能性】 是指在行为当时的具体情况下，能期待行为人做出合法行为的可能性，也可以理解为期待行为人不实施一定的犯罪行为的可能性。根据该理论，如果不能期待行为人实施合法行为，那么就不能对其进行责难，行为人也就不存在主观上的过错，进而无需承担刑事责任。期待可能性理论立足于规范责任论，其理论渊源可以追溯至古典自然法学派的思想。就应当根据什么标准判断是否存在期待可能性存在三种观点：(1）行为人标准说认为应该以行为人本身的情况作为判断期待可能性的标准；(2）平均人标准说主张根据社会通常人能否做出与行为人同样的行为作为判断期待可能性的标准；（3）国家标准说则主张从国家法秩序的立场出发，能否期待行为人做出合法行为作为判断期待可能性的标准。目前平均人标准说获得的支持相对较多。例如，《刑法》第三百零七条第二款规定“帮助当事人毁灭、伪造证据，情节严重的”，成立帮助毁灭、伪造证据罪。该罪之所以将当事人排除在外，就是因为对当事人实施毁灭、伪造证据的行为缺乏期待可能性。期待可能性理论不仅存在有无的问题（是否存在责任)，还存在程度的问题（是否减轻责任)。

【法定符合说】 是指行为人认识的事实与实际发生的事实只要是在法律规定的犯罪构成下就成立犯罪既遂的学说。例如，故意杀人罪的法定犯罪构成是行为人故意剥夺他人生命的行为。按照法定符合说，只要行为人实施了故意剥夺他人生命的行为，即便行为的对象发生了错误，如本意要杀甲却杀害了乙，也成立故意杀人罪的既遂。法定符合说的特征包括：（1）行为人认识的事实与实际发生的具体事实出现了错误，如行为人本意要伤害甲却不小心伤害了乙；（2）行为人的认识错误没有超出法律规定的犯罪构成要件范围，如行为人错将乙认成了甲进行伤害，但这种认识错误没有超出故意伤害罪的犯罪构成要件范围；（3）行为人的认识错误不影响犯罪成立既遂，如行为人错将乙认成了甲并将甲杀死，行为人成立故意杀人罪的既遂。法定符合说旨在保护法益，强调事实与法律的统一。

【具体符合说】 是指行为人认识的事实与实际发生的事实不一致时不成立犯罪既遂的学说。例如，行为人意图杀害甲但因认错了人而误将乙杀害，行为人对甲成立故意杀人罪的未遂，对乙成立过失致人死亡罪，因行为人只实施了一个行为，按照想象竞合犯的处断原则，对行为人按照从一重罪处断，应认定故意杀人罪的未遂。具体符合说的特征包括：（1）行为人发生了认识错误，如误将甲认成了乙，或者误将人认成了动物。（2）按照实际发生的具体情况对行为人的行为进行法律评价。这意味着，行为人认识的事实与实际发生的具体事实是否在同一法律规定的犯罪构成要件范围内，在所不论。一般而言，按照实际发生的具体事实进行评价，行为人通常成立一个故意犯罪和一个过失犯罪（个别情况下也可能是一个直接故意犯罪和一个间接故意犯罪或者其他情况）。（3）通常情况下，对行为人的行为一般按照直接故意犯罪的未遂进行处理，个别情况下直接故意犯罪因结果未出现而不构成，则按照过失犯罪进行处理。例如，行为人意图伤害甲却错误地造成了乙重伤，行为人的故意伤害行为因未造成甲的任何伤害结果而不构成犯罪，但其错误地造成乙重伤的行为可能构成过失致人重伤罪，对行为人将按照过失致人重伤罪进行处理。具体符合说容易导致放纵犯罪人的结果。

【法律认识错误】 是指行为人对自己的行为在法律上是否构成犯罪、构成何种犯罪或者应当受到什么样的刑事处罚的不正确的理解。这类认识错误，通常表现为三种情况：假想的犯罪、假想的不犯罪和对定罪量刑的认识错误。一般认为，法律认识错误不影响对行为人刑事责任的认定。

【假想的犯罪】 是指行为人的行为依照法律并不构成犯罪，行为人误认为构成了犯罪。例如，行为人把自己的通奸、小偷小摸等不道德行为或一般违法行为误认为是犯罪，而向公安机关“自首”，或者行为人把意外事件、正当防卫、紧急避险行为误认为是犯罪而向司法机关“自首”。这种情况下，判断和认定行为性质的依据是法律，而不是行为人对法律的错误认识，并不因为行为人的错误认识而使行为本来的非犯罪性质发生变化，因而不能构成犯罪。

【假想的不犯罪】 是指行为在法律上规定为犯罪而行为人却误认为不构成犯罪。例如，行为人以引诱手段与年仅 13 周岁的幼女发生性关系，误认为只要不实施暴力、胁迫手段就不构成犯罪，却不知道法律规定凡与未满 14 周岁的幼女发生性关系的，不论手段如何，均构成犯罪。处理所谓“假想的不犯罪”的情况，原则上不能因为行为人对自己行为的法律性质的误解而不追究其应负的刑事责任，以防止犯罪分子借口不知法律而实施犯罪并逃避罪责。但是，在某些特殊情况下，如果行为人确实不了解国家法律的某种禁令，也不知道行为具有社会危害性的，就不能让其承担故意犯罪的刑事责任。

【对定罪量刑的认识错误】 是指行为人对自己的行为构成犯罪没有认识错误，但对自己的行为所构成的犯罪和所可能判处的刑罚发生了认识错误。例如行为人的行为本来构成甲罪，应处三年以上十年以下有期徒刑，但是行为人误认为自己的行为构成乙罪，应处十年以上有期徒刑、无期徒刑或者死刑。由于这种认识错误所涉及的情况不影响犯罪构成和行为的社会危害性，因而不影响行为人的罪过，也不影响其刑事责任。

【事实认识错误】 是指行为人对自己行为的事实情况的不正确理解。这类错误是否影响行为人的刑事责任，要区分情况：如果属于对犯罪构成要件的事实情况的错误认识，就要影响行为人的刑事责任；如果属于对犯罪构成要件以外的事实情况的错误认识，则不影响行为人的刑事责任。事实认识错误的类型很多。根据对事实认识的内容不同，可将事实认识错误分为客体错误、对象错误、行为实际性质错误、工具错误和因果关系错误等。

【客体错误】 是指行为人意图侵犯一种客体，而实际上侵犯了另一种客体。例如，两个着便衣的警察抓获了正在盗窃的甲，出示证件后将甲带往附近派出所。行至途中，被甲的朋友乙、丙、丁三人遇见。三人以为两名警察是与甲打架的公民，上前将两名警察打倒在地，造成两名警察轻伤，甲乙丙丁四人逃走。在此案件中，乙丙丁三人意图侵犯的是他人的健康权利，却由于其认识错误，而实际上侵犯了国家工作人员正在执行的正常公务活动。对这种客体错误的案件，应当按照行为人意图侵犯的客体定罪。

【对象错误】 是指行为人对其行为的对象发生了认识错误。它包括三种情形：(1) 具体的犯罪对象不存在，行为人误以为存在而实施犯罪行为，因而致使犯罪未得逞的，应定为犯罪未遂。如行为人误以野兽、牲畜、物品、尸体为人而开枪射杀的，应令其负故意杀人罪未遂的刑事责任。(2) 行为人误以人为兽而实施杀伤行为，误把非不法侵害人认为是不法侵害人而进行防卫，这类情况下显然不是故意犯罪，根据实际情况或是过失犯罪，或是意外事件。(3) 具体目标的错误。如把甲当作乙而加以杀害或伤害。这种对具体目标的错误认识，对行为人的刑事责任不发生任何影响，行为人仍应负故意杀人罪或故意伤害罪的刑事责任，因为甲乙的生命、健康在法律上的价值一样，同样受到法律保护。

【行为实际性质错误】 是指行为人对自己行为的实际性质发生了错误的理解。例如，假想防卫，行为人把不存在的侵害行为误认为正在进行的不法侵害行为实行防卫而致人伤亡，由于行为人不存在犯罪的故意，因而不应以故意犯罪论处，而应根据具体情况，判定为过失犯罪或者意外事件。

【工具错误】 是指行为人对其使用的工具发生了认识错误。如行为人误把白糖、碱面等当作砒霜等毒药去毒杀人，误用空枪、坏枪、臭弹去射杀人，从而未发生致人死亡的结果。在这类情况下，行为人具备犯罪的主客观要件，只是由于对犯罪工具实际效能的误解而致使犯罪行为未发生犯罪既遂时的犯罪结果，应以犯罪未遂追究行为人的刑事责任。

【因果关系错误】 是指行为人对自己所实施的行为和所造成的结果之间的因果关系的实际发展有错误认识。因果关系的认识错误主要包括以下四种情况：(1) 行为人误认为自己的行为已经达到了预期的犯罪结果，事实上并没有发生这种结果。例如，甲欲杀乙，便持棒将乙击昏，以为已致乙死亡而离去，后乙遇救未死。这种情况不影响甲构成故意杀人罪，但属于犯罪未遂。(2) 行为人所追求的结果事实上是由于其他原因造成的，行为人却误认为是自己的行为造成的。例如，甲蓄意杀人，某晚趁乙外出途中，潜在路边树林中开枪击中乙，乙当时倒地昏迷过去，甲看到乙不再动弹，以为已将乙杀死而潜逃。过了一段时间，乙苏醒过来，慢慢往家里方向爬，爬到公路一拐弯处，一辆卡车高速驶来，司机因疏忽大意，发现爬行的乙时已来不及刹车躲避，汽车从乙身上轧过，致乙死亡。这里司机当然构成了交通肇事罪；甲虽然相信自己的枪杀行为已致乙死亡，却不能认定他构成故意杀人罪的既遂，因为乙死亡结果的发生并不是其枪击行为直接造成的，因而应当让甲负故意杀人未遂的刑事责任。(3) 行为人的行为没有按照他预想的方向发展及其预想的目的停止，而是发生了行为人所预见所追求的目标以外的结果。例如，甲想伤害乙，持刀向乙大腿扎了一刀，随即逃走，不料扎中乙的动脉血管，又因当时无人到场抢救，乙因流血过多而死亡。这种情况下，虽然甲的行为发生了致乙死亡的结果，但甲并无杀害乙的故意，因而不能认定甲构成故意杀人罪，而只能让甲负故意伤害致人死亡的刑事责任。(4) 行为人实施了甲、乙两个行为，伤害结果是由乙行为造成的，行为人却误认为是由甲行为造成的。例如，行为人意图扼杀被害人，将被害人扼昏后，误以为被害人已死亡。为逃避罪责，遂将被害人抛“尸”河中，或者用绳子套住被害人颈部吊起，制造被害人上吊自杀的假象。殊不知，后实施的抛“尸”河中的行为或吊起被害人的行为，却淹死或勒死了被害人。这种情况下，犯罪人主观上存在着杀害被害人的故意，客观上也实施了杀害行为，被害人死亡结果的发生也确实是由他的行为直接造成的，因而其错误认识不应影响行为人的刑事责任，行为人仍应负故意杀人既遂的刑事责任。

【正当行为】 又称排除犯罪性行为，是指客观上造成一定损害结果，形式上符合某些犯罪的客观要件，但实质上既不具备社会危害性，也不具有刑事违法性，而且大多对社会有益的行为。例如正当防卫、紧急避险等。

正当行为一般具有以下两个方面的基本特征：(1) 正当行为形式上给不法侵害人、第三人利益或者社会造成了客观损害，因而似乎符合某些犯罪的客观要件。这是刑事立法规定正当行为和刑法理论研究正当行为的原因之一。但有必要强调的是，正当行为对某些犯罪客观要件的符合只是形式上的，其在实质上并不符合。(2) 正当行为实质上既不具备社会危害性，也不具有刑事违法性，不是犯罪行为。一方面，在多数情况下，行为人是为了保护国家、公共利益、本人或者他人的权益才实施在客观上造成一定损害结果的正当行为，其主观上具有正当性。另一方面，从整体上看，正当行为在客观上通常也是对社会有益的，不仅有利于维护社会的正当利益，而且有利于维护稳定的社会秩序。

关于正当的行为，《刑法》只规定了正当防卫和紧急避险两种。除此之外，还有一些行为也形似犯罪而实属无罪，如依照法律的行为、执行命令的行为、正当业务行为和经权利人同意的行为。

【正当防卫】 是指为了使国家、公共利益、本人或者他人的人身、财产和其他权利免受正在进行的不法侵害，而对不法侵害者所实施的不明显超过必要限度的损害行为。我国的正当防卫具有如下特征：(1) 正当防卫具有目的的正当性。正当防卫的目的是使国家、公共利益、本人或者他人的人身、财产和其他权利免受正在进行的不法侵害。通常认为，行为人的这种目的正当性决定了其主观上不具有犯罪的故意或过失，缺乏犯罪构成的主观要件。(2) 正当防卫具有行为的防卫性。正当防卫行为是针对不法侵害而存在的，其客观上是为了制止不法侵害。因此行为的防卫性是正当防卫的基本客观特征，并因此使得正当防卫具有公民保护合法权益同违法犯罪行为作斗争的法律武器性质。(3) 正当防卫具有积极的法律意义。正当防卫是与不法侵害行为作斗争的正义的、合法的行为。它对不法侵害人造成损害，是为制止不法侵害行为所必要的，它不仅不具有社会危害性（因而也不构成犯罪），而且对社会有益。刑法设立正当防卫制度，使公民懂得正当防卫乃法律赋予自己的一项重要权利，有利于鼓励公民积极地同不法侵害行为作斗争，使国家利益、公共利益、公民本人或他人的人身和其他权利免受不法侵害，从而维护稳定的社会秩序。判断正当防卫成立与否，可从正当防卫的起因条件、时间条件、对象条件、主观条件和限度条件五个方面进行把握。

【正当防卫的起因条件】 是指防卫时存在不法侵害。如果没有不法侵害的存在，正当防卫也就无从谈起。正当防卫的起因条件包括以下几个方面的内容：(1) 存在的侵害必须是不法的。所谓不法，即非法、违法。据此，对于那些不违背法律规定的行为不允许实行正当防卫。例如，对于依法执行公务或者执行命令的行为，对于公民追捕、扭送正在实施犯罪或正在被通缉的在逃人犯的行为，对于正当防卫、紧急避险等正当行为，都不能进行所谓的正当防卫。(2) 不法侵害并非仅限于犯罪行为。不法侵害既包括犯罪行为，也包括其他违法的侵害行为。对实施不法侵害行为的人并非一定要其不法侵害行为达到犯罪程度，才能对其实行正当防卫。只要是不法侵害行为，就可依法对不法侵害的行为人实行正当防卫。否则，如果要求防卫人只能对实施犯罪行为的人才能实行正当防卫，就等于不允许防卫人在面对不法侵害时及时实行正当防卫。因为不法的侵害，在刚刚着手进行时，是犯罪行为的不法侵害还是违法行为的不法侵害，往往是难以判断的，若到可以判明不法侵害行为的违法或者犯罪性质时才能进行正当防卫，则防卫也就不及时了。(3) 不法侵害必须是现实存在的。(4) 不法侵害通常应是人的不法侵害。

对于动物的自然袭击，不存在正当防卫。但是，对于人利用动物袭击的行为，可以通过打击动物来实行正当防卫。比如，有人驱使狂犬撕咬人，则受到袭击的人可以打击动物，这种行为便属于正当防卫。

【假想防卫】 是指不法侵害行为在客观上并不存在，行为人却误以为存在，从而错误地实行了所谓的正当防卫，造成他人无辜被损害的情形。假想防卫由于缺乏正当防卫的起因条件，不可能成立正当防卫，因而也就不可能存在防卫过当的问题。它是由于行为人把“无不法侵害”当成“有不法侵害”，对事实认识产生错误而发生的。在实践中，应当根据其具体情况，依照对事实认识错误的处理原则来解决：如果行为人在实行假想防卫时应当预见到对方可能不是不法侵害而因为疏忽大意没有预见到，从而实行了假想防卫的，那么，他在主观上有过失，应对其假想防卫所造成的损害负过失犯罪的责任；如果行为人在当时情况下无法预见到对方不是不法侵害，那么，其主观上无罪过，其假想防卫造成的损害属于意外事件，不负刑事责任。在假想防卫的情况下，行为人不可能构成故意犯罪，这是因为，假想防卫人在实行假想防卫时，其主观上以为自己是对不法侵害行为实行正当防卫，具有保护合法权益的目的，而不可能有故意危害社会的意图。

【正当防卫的时间条件】 是指不法侵害行为正在进行，即不法侵害正处于已经开始并且尚未结束的进行状态。对此要注意从以下两个方面予以重点把握：(1) 不法侵害已经开始。在通常情况下，不法侵害的开始就是侵害行为已经着手实施。但是，某些危险性较大的犯罪行为虽然还未着手，而依照当时的全部情况，对合法权益的现实威胁已迫在眉睫，也应当允许实行正当防卫。这是因为，不法侵害行为的性质各异，表现形式多样，侵害程度也不相同，因此确定不法侵害的开始就不可能采用一个统一的标准，要根据不法侵害行为的具体情况具体分析而定。例如杀人犯携带凶器接近被害人，或者举刀正要下手行凶之时，应该认为不法侵害已经开始，可以对其实行正当防卫；再如持枪抢劫犯已进入住宅，在其尚未实行暴力和劫取财物时，被害者已面临人身和财产受到侵害的迫在眉睫的威胁，因而就认为不法侵害已经开始，可以对其实行正当防卫。(2) 不法侵害尚未结束。一般认为，不法侵害尚未结束，是指不法侵害行为尚在继续中，防卫人可以用防卫手段予以制止或者排除。但在财产性犯罪中，如果行为人没有离开犯罪现场或者刚刚离开现场，侵害行为所造成的损害还来得及挽回的情况，也应认为不法侵害尚未结束。例如，盗窃犯盗窃他人财物得手后，刚离开现场即被失主发现，失主采取对盗窃犯造成一定损害的方式夺回财物的行为，也可以成立正当防卫。

【防卫不适时】 是指行为人明知不法侵害尚未开始或者已经结束，进行所谓防卫而对侵害者造成一定危害的情形。防卫不适时与正当防卫有着本质的区别，应分不同情况依法论处。根据防卫不适时发生的时间，可分为两种形式：(1) 事先防卫。即在不法侵害尚处于预备阶段或犯意表示阶段，对于合法权益的威胁并未达到现实状态时，就对其采取某种损害权益的行为。(2) 事后防卫。即在不法侵害已经结束的情况下，对侵害人的某种权益进行打击的行为。所谓不法侵害已经结束，主要是指下列三种情况：①不法侵害行为确已自动中止，也即不法侵害人已经自动放弃了犯罪；②不法侵害人已经被制服，或者已经丧失了侵害能力；③侵害行为已经实施完毕、危害结果已经发生，不法侵害人也没有实行进一步侵害的明显意图。对于不适时的防卫，无论是事先防卫，还是事后防卫，如果构成犯罪的，都应追究刑事责任。

【正当防卫的对象条件】 是指正当防卫只能对不法侵害者本人实行，而不能对没有实施侵害的第三者实行。对于无刑事责任能力人、精神病人、不满 14 周岁的未成年人的侵害行为是可以实行正当防卫的。因为无责任能力人的侵害行为，客观上也是危害社会的行为，因此不能完全将其排除在正当防卫的对象之外；同时，对于无责任能力人的侵害行为实行正当防卫，应加以一定的限制。在遇到无责任能力人的侵害时，如果明知侵害者是无责任能力人，并有条件用逃跑等其他方法避免侵害时，则不能实行正当防卫；只有在不能用其他方法避免侵害，或者不知道侵害者是无责任能力人时，才可以实行正当防卫。正当防卫必须对不法侵害人实施，并不限于常见的对不法侵害人的生命、健康权利的损害。在必要的情况下，防卫人也可以用损害不法侵害人的自由权利、财产权利等方法，来达到正当防卫的目的。

【正当防卫的主观条件】 是指防卫人必须出于保护合法权益免受不法侵害的防卫意图。一般认为，防卫意图主要包括了两方面的内容：（1）正当防卫的认识因素，即防卫人对正在进行的不法侵害的认识，包括对侵害的不法性的明确认识、对不法侵害的现实进行性的明确认识、对不法侵害人的明确认识和对不法侵害的紧迫性及因此而采取防卫行为的可行性的明确认识。此外，防卫人还应对自身防卫行为的强度、所需的手段等有概括性的认识。（2）正当防卫的意志因素，包括根据对于不法侵害的正确认识，确定正当防卫的目的，以及根据正当防卫的目的，自觉积极地支配、调节其正当防卫行为。

【防卫挑拨】 是指行为人为了侵害对方，故意以挑衅、引诱等方法促使对方向自己或第三人进行不法侵害，后借口正当防卫加害对方的行为。在防卫挑拨的情况下，由于对方所谓的不法侵害，是由挑拨者故意诱发的，挑拨者主观上不仅不具备正当的防卫意图，反而是出于侵害意图，因此其所谓的防卫实质上是有预谋的不法侵害行为。对防卫挑拨要予以依法惩处，构成犯罪的要追究其刑事责任。需要注意的是，如果行为人在主观上仅仅是挑逗对方，但并没有借口正当防卫而对其进行侵害的意图，则不能以对方的不法侵害行为是行为人所挑起为由，剥夺行为人实行正当防卫的权利。当对方向行为人进行不法侵害时，行为人对其反击符合正当防卫条件的，应当认定为正当防卫。

【相互的非法侵害行为】 是指双方都为了侵害对方的非法意图而进行的相互侵害行为，如互相斗殴行为。由于在此类案件中，双方都有侵害对方的非法意图，也都有侵害对方的行为，因而任何一方都不存在正当防卫的问题，双方都应当就自己的非法侵害行为承担法律责任。但是，如果非法侵害的一方被打败或已经放弃侵害，而非法侵害的另一方仍紧追不舍，继续对对方实行侵害，则已经放弃侵害的一方就具备了对对方不法侵害行为进行正当防卫的前提条件，可以成立正当防卫。

【正当防卫的限度条件】 是指防卫行为不能明显超过必要限度造成重大损害。防卫行为的必要限度，应从两个方面考察：(1) 要看防卫行为是否为制止不法侵害所必需；(2) 要看防卫行为与不法侵害行为是否基本相适应。在司法实践中，衡量防卫行为是否超过必要限度，主要根据防卫的手段、强度同侵害行为的手段、强度之间，防卫人对侵害人所造成的后果同侵害行为可能造成的危害后果之间是否相当。而所谓必要限度，应理解为防卫人的防卫行为足以制止不法侵害人的不法侵害行为而没有对其造成不应有的危害。足以制止不法侵害与没有造成不应有的危害作为正当防卫必要限度条件是相辅相成、缺一不可的。以家庭暴力犯罪案件为例，根据《最高人民法院、最高人民检察院、公安部、司法部关于依法办理家庭暴力犯罪案件的意见》规定，为了使本人或者他人的人身权利免受不法侵害，对正在进行的家庭暴力采取制止行为，只要符合《刑法》规定的条件，就应当依法认定为正当防卫，不负刑事责任。防卫行为造成施暴人重伤、死亡，且明显超过必要限度，属于防卫过当，应当负刑事责任，但是应当减轻或者免除处罚。认定防卫行为是否明显超过必要限度，应当以足以制止并使防卫人免受家庭暴力不法侵害的需要为标准，根据施暴人正在实施家庭暴力的严重程度、手段的残忍程度、防卫人所处的环境、面临的危险程度、采取的制止暴力的手段、造成施暴人重大损害的程度，以及既往家庭暴力的严重程度等进行综合判断。

【特别防卫权】 又称无限防卫权，是指对正在进行的行凶、杀人、抢劫、强奸、绑架以及其他严重危及人身安全的暴力犯罪，采取防卫行为，造成不法侵害人伤亡的，不属于防卫过当，不负刑事责任。其设立的目的主要是出于对社会治安状况及暴力性犯罪的特点的考虑。因为在严重的暴力犯罪中，当防卫人面临正在进行的暴力性侵害，很难辨认侵害人的目的和侵害的程度，也很难掌握防卫行为的强度，如果规定得过严，就会束缚防卫人的手脚，使之处于被动挨打的地位，有悖于确立防卫制度的立法宗旨。行使特别防卫权必须具备三个条件：(1) 客观上存在着严重危及人身安全的暴力犯罪，包括行凶、杀人、抢劫、强奸、绑架以及其他严重危及人身安全的暴力犯罪；(2) 严重的暴力犯罪正在进行；(3) 防卫行为只能针对不法侵害人本人实施。在符合上述三个条件的前提下，防卫人因防卫行为致使不法侵害人伤亡的，即使“明显超过了必要的限度造成重大损害的”，仍为正当防卫而不属于防卫过当，应受法律的保护而不负刑事责任。

【防卫过当】 是指在实行正当防卫过程中，违反正当防卫的限度条件，明显超过必要限度给不法侵害人造成重大损害，因而依法应当承担刑事责任的行为。防卫过当的成立必须具备两个基本条件：(1) 防卫行为在客观上明显超过了必要限度造成了重大损害。这一特征体现了防卫过当与正当防卫的联系和客观上的区别。两者之间的联系表现在防卫过当首先应具备正当防卫的最基本的前提条件、时间条件、对象条件和主观条件。这四个条件缺少其中任何一个，都不可能成立防卫过当，而是其他违法犯罪行为。防卫过当与正当防卫之间在客观上的区别表现在防卫过当是明显超过必要限度造成重大损害的防卫行为，而正当防卫是在法定限度之内的防卫行为。(2) 防卫人在主观上有罪过。确定防卫过当的罪过形式应当注意到防卫过当的成立要求具备防卫目的的正当性。防卫目的的正当性决定了防卫过当的罪过形式不可能是直接故意，因为直接故意犯罪是有目的的犯罪，犯罪的目的不可能与防卫的正当目的相并而存。疏忽大意的过失、过于自信的过失以及间接故意，都是没有犯罪目的的罪过形式，与防卫过当成立需要具备的目的的正当性不矛盾，因而都可以成为防卫过当的罪过形式。对于防卫过当，《刑法》规定“应当减轻或者免除处罚”。根据司法实践中的经验，在确定何种情况下免除处罚时，应当综合考虑防卫的目的、不法侵害的性质和强度、防卫的手段、防卫行为造成的后果严重程度等因素。

【紧急避险】 是指为了使国家、公共利益、本人或者他人的人身、财产和其他权利免受正在发生的危险，不得已而采取的损害另一个较小的合法权益的行为。我国《刑法》规定紧急避险是为了鼓励公民在必要的情况下实行紧急避险的权利，即通过损害较小的合法权益的手段，来保全较大的合法权益，尽一切可能减少自然灾害、不法侵害等危害带给国家、社会和公民的损害。一般而言，紧急避险具有以下两个方面的显著特征：(1) 目的的正当性。实施紧急避险的目的是保全较大的合法权益，行为人造成较小合法利益的损害是出于不得已，并没有犯罪的罪过，因而不具有犯罪构成要件。因此，紧急避险行为应当排除犯罪性，不负刑事责任。(2) 行为的有益性。紧急避险是在发生危险的紧急情况下，两个合法权益相冲突，而又只能保全其中之一，为了保全较大的权益，不得已牺牲较小的权益。法律之所以鼓励和支持紧急避险，是因为它虽然造成了较小的权益的损害，但从整体上说，它是有益于社会的行为。例如，汽车司机突遇刹车失灵，为避免撞伤路上行人，而调转方向冲向一家店铺，将店铺门窗损坏。如果单从店主的利益考察，这是一种故意毁坏的行为，不能说没有危害性。但是，如果从保全路上众多行人生命安全的角度看，则没有危害性。对于紧急避险，应从紧急避险的起因条件、时间条件、对象条件、限制条件、主观条件和限度条件上进行把握。

【紧急避险的起因条件】 是指有威胁合法利益的危险发生。威胁合法利益的危险，是指足以给合法利益造成损害的某种事实状态。危险的来源主要有：(1) 自然灾害，如地震、风暴、水灾、火灾等。(2) 人的生理、病理原因等，如饥饿、疾病等。(3) 人的危害行为（包括有责任能力的人和无责任能力的人的行为），如抢劫、杀人、强奸、放火等。人的合法行为不能成为紧急避险的危险来源，如公安人员追捕脱逃犯，脱逃犯就不能以紧急避险为借口侵入他人住宅。(4) 动物的侵害，如野兽袭击、恶犬追扑等。无论何种危险，都必须是实际存在的。

【假想避险】 是指客观上并不存在危险，但行为人误认为有危险存在，实行所谓避险的情形。对于假想避险，应按照解决事实认识错误的原则处理。如果行为人在实行假想避险时应当预见到危险不存在，因为疏忽大意没有预见到，从而实行了假想避险的，那么，他在主观上有过失，应对其假想避险所造成的损害负过失犯罪的责任；如果行为人在当时情况下无法预见到危险不存在，则其主观上无罪过，其假想避险造成的损害属于意外事件，不负刑事责任。在假想避险的情况下，行为人不可能构成故意犯罪

【紧急避险的时间条件】 是指作为紧急避险前提的危险正在发生。危险正在发生，是指将立即造成损害，或正在造成损害的危险已经出现而尚未结束。紧急避险只能在危险已经出现而又尚未结束这一时间条件下进行，否则就不是紧急避险。危险的结束，是指危险已经过去，给合法权益造成的损害也无法避免和挽回，或者因为避险人的救济措施或其他主客观原因而使得危险已经消失而不复存在。如果危险已经结束，则紧急避险就不存在其时间条件，此时损害已经造成，实行所谓紧急避险已不能达到保护合法权益免受损失的目的了。

【避险不适时】 是指避险人在危险尚未出现或者危险已经结束的情况下实施的避险行为。避险不适时不是紧急避险，行为人因此而对合法权益造成损害的，应当根据案件具体情况，追究行为人相应的刑事责任或民事责任。避险不适时包括两种情形：（1）事先避险，即在危险尚未出现的情况下，避险人针对第三人实施所谓的避险行为；（2）事后避险，即在危险已经结束的情况下，避险人针对第三人实施所谓的避险行为。

【紧急避险的对象条件】 是指紧急避险的对象只能是第三者的合法权益，即通过损害第三者的合法权益保全国家利益、公共利益、本人或他人的合法权益。第三者，是指与危险的发生毫无关系的人。第三者可以是自然人，也可以是法人，甚至也可以包括国家。当国家的某项重大利益遭受损害危险时，用损害国家某项相对较小的利益的方法加以挽救，如洪水可能淹进某个工业城市，为了避免城市被淹，主动分洪放水淹没农田，即属紧急避险。但是，并非任何第三者的合法权益，都可以作为紧急避险的对象。作为紧急避险对象的第三者的合法权益，必须比所保全的合法权益次要，而且它的牺牲确实可以换来较大权益的保全。只有这样，才符合紧急避险的立法初衷。

【紧急避险的限制条件】 是指紧急避险必须迫不得已并且不是职务上、业务上负有特定责任的人为避免本人的危险。所谓迫不得已，指在危险发生的非常之际，已不能用其他方法避免。换言之，危险正在发生的当时，除损害另一合法权益外，别无他法来保全此一合法权益，这是紧急避险称之为紧急的原因所在。如果当时尚有采取其他方法可避免危险的机会，如有条件逃避、报警或者直接对抗危险、进行正当防卫时，行为人却不采取，而给无辜的第三者造成了不必要损害，则其行为非但不能成立紧急避险，构成犯罪的还要追究刑事责任。考察行为人是否出于迫不得已时，要综合主客观要素，实事求是地加以分析。要充分考虑危险发生时的客观情况，如环境、时间、危险的紧急程度、险源等情况；也要充分考虑到行为人自身的生理和心理状况，如年龄、智力、体格、经验、认知能力、应变能力、性格等因素。

特定责任人避免本人的危险，是指《刑法》第二十一条第三款的规定，即

"关于避免本人危险的规定，不适用于职务上、业务上负有特定责任的人"。在职务上、业务上负有特定责任的人，是指所担任的职务或从事的业务负有同一定危险作斗争的责任的人员。如军人就必须服从命令参加战斗，面对死亡的危险；民航客机发生故障，机组人员必须与乘客共存亡；医生、护士在治疗疾病时，必须面对病菌传染的危险等等。这些负有与特定危险作斗争的人员不能以避免与其职务有关的危险为由，实行所谓紧急避险。如果他们置自己的责任于不顾，逃避危险以致造成严重危害后果的，应当负刑事责任。

【紧急避险的主观条件】 是指紧急避险的主观目的是避免国家利益、公共利益、本人或者他人的合法权益遭受损害。它包括两方面的含义：（1）避险行为所保护的权益必须是合法的，如果为了保护某种非法利益，不允许实行紧急避险；（2）避险人必须出于避险的意图，即在遇到危险的紧急情况下，基于对危险事实情况的认识，为了避免合法权益遭受正在发生的危险，才实行紧急避险。根据紧急避险的主观条件，如果是为了保护某种非法利益，是不能成立紧急避险的。另外，如果在客观上实际使合法权益免受了某种危险可能带来的损害，但行为人并不是出于避险的意图，而是出于侵害的意图的，也不是紧急避险。

【紧急避险的限度条件】 是指避险行为不能超过必要限度造成不应有的损害。根据紧急避险的性质和目的，紧急避险所损害的利益，必须小于所保护的利益，而不能等于或大于所保护的利益。这是衡量紧急避险是否超过必要限度的界限。如何权衡合法权益大小，是一个极为复杂的问题。一般认为，人身权利大于财产权利；人身权利中生命权为最高权利；财产权利的大小可以用财产的价值大小来衡量。但是，实践中有的案件是十分复杂的，对于合法权益大小的比较，需要进行全面的分析和判断。

【避险过当】 是指避险超过必要限度造成不应有的损害的行为。避险过当的成立必须具备以下条件：（1）必须具备紧急避险的起因条件、时间条件、对象条件、限制条件、主观条件。缺少这五个条件中的任何一个条件，不属于避险过当，而是构成一般违法或者犯罪。（2）必须超过了必要限度造成了不应有的损害。也就是造成的损害大于或等于所避免的损害。（3）行为人主观上对于过当的损害有罪过。如果没有罪过，那就是意外事件。例如，行为人并不知道自己损害的利益大于或等于所避免的损害，而且根据客观实际情况也不可能知道，那就是意外事件。避险过当的罪过一般是疏忽大意的过失，但在某些情况下，也可以表现为过于自信的过失甚至间接故意。根据《刑法》第二十一条第二款规定，对于避险过当行为，量刑时应当减轻或者免除处罚。这是因为避险过当具有避险性与过当性的双重属性。在量刑中，确定对行为人是减轻处罚还是免除处罚，应综合考虑避险目的、所保护权益的性质、过当程度、罪过形式等诸多因素。另外，避险过当本身不是一个独立的罪名，对避险过当的定罪，应该分析其行为性质及侵害的客体，触犯了哪种罪名即按《刑法》分则的哪一条款定罪，而后根据避险过当的具体情节，依分则所定的法定刑从宽处罚。

【依照法律的行为】 是指依照有效的法

律、法规所实施的行使权利或者履行义务的行为。依照法律的行为由于它以有效的法律、法规为依据，因而不但不具有社会危害性，相反是形成社会法律秩序所必需的。依照法律的行为具有以下特征：（1）行为是依照有效的法律、法规所实施的。这里的法律、法规既包括国家最高权力机关制定的宪法、基本法律，国务院根据宪法和法律制定的行政法规，国务院各部委、中国人民银行、审计署和具有行政管理职能的直属机构根据法律和国务院的行政法规、决定、命令制定的规章，也包括地方权力机关制定的地方性法规、自治条例和单行条例，地方人民政府（仅限于省、自治区、直辖市和较大的市的人民政府）根据法律、行政法规和本省、自治区、直辖市的地方性法规制定的规章。（2）行为的内容是行使法律、法规所赋予的权利或者履行义务。（3）行为的实施必须在法定的限度之内，即行为不仅要在内容上符合法定权利或者义务的要求，而且还要在程序、手段、结果上符合法律、法规的规定。

【执行命令的行为】 是指按照上级国家工作人员的命令而实施的行为。执行命令的行为具有以下特征：（1）执行的命令必须是行为人所属上级国家工作人员的命令。只有当执行的命令是行为人直属的上级国家工作人员的命令时，才可以成立执行命令的行为。如果行为人迫于职位比自己高的，但并非自己所属的上级国家工作人员的权势而执行其命令，给国家、社会利益或者公民个人合法权益造成损害的，不能认为其是正当行为。（2）上级国家工作人员的命令必须是依职权发布的。上级国家工作人员超越自己的职权发布命令、指示，下级国家工作人员就没有义务执行，如下级国家工作人员明知上级国家工作人员命令超越职权而仍执行，给国家、社会利益或者公民个人合法权益造成损害的，依法应当追究法律责任；构成犯罪的，应当承担刑事责任。（3）执行的命令必须是上级国家工作人员依法发布的。上级国家工作人员发布的命令违反法律规定的程序和形式，下级国家工作人员仍予以执行不具有正当性。对于明知命令的形式违法而仍予以执行给国家、社会利益或者公民个人合法权益造成损害的，依法应当追究法律责任。（4）执行命令时行为人必须不知道上级的命令具有违法犯罪的内容。下级国家工作人员明知上级国家工作人员的命令具有违法犯罪的内容，而仍予以执行的，不属于执行命令的正当行为。

【正当业务行为】 是指行为人根据其所从事的某种正当业务的要求或需要而实施的行为。正当业务行为具有如下特征：（1）行为人从事的业务是正当的。业务的正当性主要体现在两个方面：一是从事业务者具有从事某种特定业务的能力，这是实质条件；二是所从事的业务经过有关主管部门的批准，这是形式条件。如果行为人从事非正当的业务，如非法行医，即使行为人实质上具有医疗技术，也不能成立正当业务行为。（2）行为人实施的行为是在业务范围内。行为人超出自己所从事业务的范围进行活动，造成危害结果的，不能认为是正当业务行为，而应当承担法律责任。（3）行为人实施的行为符合规定。行为人违规从事业务，造成危害结果的，可能要承担刑事责任。例如，外科医生在没有认真诊断的情况下，擅自将他人受伤的胳膊截除的，并不是正当业务行为，而是故意或过失伤害行为。(4) 行为人实施的行为必须具有业务内正当的目的。行为人并非出于实现业务的目的，其行为不能认为是正当行为。例如，医生出于非法目的，利用自己的职务便利给吸食毒品的病人多开能够使人形成瘾癖的精神药品，就不是正当业务行为，而是非法提供精神药品的犯罪行为。

【经被害人同意的行为】 又称被害人承诺的行为，是指得到有权处分某种权益的人的同意而实施的损害其权益的行为。经权利人同意的行为具有以下特征：(1) 被害人对同意损害的权益必须具有处分的权利。一般来说，可以由个人处分的权益，包括公民个人的人身自由权、名誉权、隐私权、财产权、劳动权等权利。但通常情况下，生命权不属于个人可以处分的权益。(2) 权利人的同意必须是真实的。如果行为人采取欺诈、蒙骗、要挟、强迫等手段致使被害人违背真实意思而作出对自己权益的处分，不能成立正当行为。例如，行为人以揭露他人隐私为要挟，要求他人具结无偿援助其资金的字据，从而将他人钱款占有的，明显是违背被害人真实意图的，不是经权利人同意的行为。(3) 权利人必须是在行为前或行为时表示同意。行为之后表示同意，则不发生同意的效力。另外，权利人即使行为前表示同意，但在行为时撤回同意，原来的同意即失去效力。此时实施损害权利人的利益的行为，就不排除行为的社会危害性。(4) 经被害人同意的损害行为必须符合社会公德和国家法律的规定。经被害人同意的损害行为本身，不得与社会公德和国家法律的规定相违背，否则不能成为正当行为。

【自救行为】 是指行为人在其权利被侵害时而无法得到司法机关及时救济的情况下，依靠自身力量保全自己合法权益的行为。例如，行为人在自己的汽车被窃后数日，在大街上突遇该车，如不及时将该车拦截夺回，便很可能丧失挽回损失的机会，此时行为人夺回汽车的行为，就是自救行为。实施自救行为保护权益，应符合《民法典》第 1177 条规定。即合法权益受到侵害，情况紧迫且不能及时获得国家机关保护，不立即采取措施将使其合法权益受到难以弥补的损害的，受害人可以在保护自己合法权益的必要范围内采取扣留侵权人的财物的合理措施；但是，应当立即请求有关国家机关处理。故自救行为是以自己私力救济合法权益的行为，其成立必须符合以下四个条件：(1) 行为人主观上必须是保护自己的合法权益。(2) 行为人必须是在合法权益遭受侵害之后才实施救助行为。(3) 行为人当时无法得到司法机关的及时救济。(4) 救助行为的方法和强度必须适当。

【故意犯罪停止形态】 是指故意犯罪在其发生、发展和完成犯罪的过程及阶段中，因主客观原因而停止下来的各种犯罪状态。故意犯罪的停止形态，按其停止下来时是否已经完成为标准，可以区分为两种基本类型：(1) 犯罪的完成形态即犯罪的既遂形态，它是指故意犯罪在其发展过程中未在中途停止下来而得以进行到终点，行为人完成了犯罪的情形；(2) 犯罪的未完成形态，在犯罪的未完成形态这一类型中又可以根据犯罪停止下来的原因或其距犯罪完成的距离等情况的不同，进一步区分为犯罪的预备形态、未遂形态和中止形态。

【犯罪停止形态的存在范围】 是指犯罪停止形态能存在于何种类型的犯罪之中。一般认为，过失犯罪和间接故意犯罪不存在犯罪的停止形态，直接故意犯罪并非都存在犯罪的停止形态：（1）过失犯罪不存在犯罪的这些停止形态。过失犯罪由于行为人主观上具备的不是故意危害社会而是过失的心理，客观上我国《刑法》又限定只有发生危害结果且《刑法》分则条文有明文规定的才构成犯罪，因而过失犯罪不可能存在犯罪的预备、未遂和中止形态，这些未完成犯罪的形态不具备法定的危害结果。由于犯罪完成形态与犯罪未完成形态是相对而言的，过失犯罪既然无犯罪未完成形态的存在，因而也就无犯罪完成形态即犯罪既遂存在的余地和意义。因此，过失犯罪只有是否成立即是否构成犯罪的问题，而不存在犯罪的预备、未遂、中止和既遂形态。（2）间接故意犯罪也不存在犯罪的停止形态。间接故意犯罪由其主客观特征所决定，不可能存在未完成犯罪的预备、未遂和中止这些犯罪停止形态。间接故意犯罪主观要件的特点表现为对自己的行为可能造成的一定危害结果的发生与否持放任的心理态度；这样，行为人所放任的危害结果未发生时，这种结局也就是行为人放任心理所包含的。放任心理由其所包含的客观结局的多样性和不固定性所决定，不涉及对完成特定犯罪的追求，更不涉及这种追求的实现与否。而犯罪的预备、未遂和中止形态的行为人，原本都存在着实施和完成特定犯罪的犯罪意志与追求心理。之所以在未完成犯罪时停止下来，对犯罪的预备形态和未遂形态而言是因为受到了行为人意志以外原因的阻止，对犯罪的中止形态而言是因为行为人自动放弃了原先的完成特定犯罪的意图。可见，间接故意犯罪主观上的放任心理是不符合犯罪未完成形态的主观特征。（3）直接故意犯罪并非都存在犯罪的这些停止形态。直接故意犯罪的主客观特征，决定了其可能存在犯罪的预备、未遂、中止和既遂形态。直接故意犯罪可以存在犯罪的完成和未完成形态，这是就其总体和大多数直接故意犯罪而言的，并不意味着一切直接故意犯罪的罪种与具体案件都可以存在这些犯罪的停止形态。从罪种方面分析，有几类直接故意犯罪不存在某种或某几种犯罪的未完成形态：①依法着手实行即告完成犯罪的举动犯（如我国刑法中的煽动分裂国家罪、煽动颠覆国家政权罪、传授犯罪方法罪等），不可能存在犯罪未遂；②我国刑法中把“情节严重”“情节恶劣”规定为构成犯罪限制性要件的情节犯，不可能存在犯罪未遂；③结果加重犯和情节加重犯，由其构成特征所决定，不存在犯罪既遂与未遂之分，而只有构成一种状态，即只有是否成立加重构成犯之分。从具体案件方面考察，突发性的直接故意犯罪案件由于一般不存在犯罪的预备阶段而直接着手实施犯罪实行行为，因而往往也不可能存在犯罪的预备形态以及犯罪预备阶段的中止形态，而只有犯罪未遂、犯罪实行阶段的犯罪中止以及犯罪既遂形态存在的可能。

【故意犯罪的阶段】 又称故意犯罪的发展阶段，是指故意犯罪发展过程中因主客观具体内容有所不同而划分的阶段。故意犯罪过程包含若干具体的故意犯罪阶段，这些具有不同特征的阶段处于故意犯罪发展的总过程中，呈现出前后相互连接、此伏彼起的递进和发展变化关系。运动、发展和变化是故意犯罪过程和阶段所共有的属性和特征。故意犯罪的过程和阶段，以行为人开始实施犯罪的预备行为为起点，以行为人完成犯罪为终点。故意犯罪过程中的犯罪发展阶段有二：（1）犯罪的预备阶段，其时空范围以行为人开始实施犯罪预备行为之时为起点，以行为人完成犯罪预备行为而尚未着手犯罪实行行为之时为终点。（2）犯罪的实行阶段，其时空范围以行为人着手犯罪实行行为之时为起点，以行为人完成犯罪即达到犯罪既遂为终点。如果把故意犯罪的发展过程比作一条线，则这条线上就应有犯罪预备和犯罪实行两个“线段”，有开始犯罪预备、着手犯罪实行行为和犯罪完成（即达到既遂）三个“点”。故意犯罪的阶段不同于故意犯罪的形态。故意犯罪的形态是故意犯罪已经停止下来的各种不同的结局和形态，属于相对静止范畴的概念；故意犯罪的过程与阶段是故意犯罪发生、发展和完成的进程中划分的阶段，属于相继运动发展的概念。由于这种区别，故意犯罪的预备、未遂、中止、既遂形态，作为已经停止下来的不同的犯罪形态，就不可能具有前后相互衔接、此伏彼起的递进和发展变化属性，因而不能将这些形态称为故意犯罪的阶段。同时，就一个人实施某种犯罪的案件而言，他也只能构成犯罪停止形态中的某一种犯罪形态，而不可能同时构成两种以上的犯罪停止形态；而一个人实施某种具体犯罪案件时，完全可能同时具有两个犯罪阶段及完整的犯罪过程。故意犯罪的形态与故意犯罪的过程和阶段的主要联系在于：故意犯罪的形态是在故意犯罪的过程和阶段中产生的，各种犯罪形态的产生及其界定，依赖犯罪过程和阶段的存在及其不同的发展程度。

【犯罪既遂】 是指故意犯罪的完成形态。既遂的构成要件说认为，犯罪既遂是指着手实行的犯罪行为具备了具体犯罪构成全部要件的情况。既遂与未遂区别的标志，就是犯罪实行行为是否具备了犯罪构成的全部要件，具备的是既遂，未能完全具备的是未遂。至于犯罪构成要件是否全部具备的具体标志，在各类犯罪里则可以有不同的表现。

既遂的构成要件说认为，确认犯罪是否既遂，应以行为人所实施的行为是否具备了《刑法》分则所规定的某一犯罪的全部构成要件为标准。而以犯罪目的达到或者以犯罪结果发生作为犯罪既遂的标准的学说，由于它们不能贯彻到我国刑法的有既遂未遂之分的一切犯罪中，而难以把既遂与未遂正确区分开来，因而不够全面和确切：其一，有些犯罪，行为人实施犯罪后虽然没有达到犯罪目的，但在法律上已完全具备了具体犯罪构成的要件，应为犯罪既遂而不是未遂。例如，诬告陷害罪以行为人实施了诬告陷害行为为完成犯罪和构成既遂，而不是以行为人达到了诬陷他人而使他人负刑事责任的目的作为既遂的标志。其二，虽然有不少犯罪是以法律规定的犯罪结果的发生与否区分犯罪既遂与否的，但犯罪结果是否发生还是不能作为一切犯罪既遂与否的区分标志，如脱逃罪以被依法关押的罪犯、被告人、犯罪嫌疑人逃离羁押为既遂的标志。这种犯罪的既遂要求的并不是物质性有形犯罪结果的发生，而是犯罪行为的法定完成即达到一定程度，因而无法适用既遂的结果说来确定既遂和区分既遂与未遂；既遂的结果说也不能适用于《刑法》第一百一十四条、第一百一十六条、第一百一十七条、第一百一十八条等危险犯既遂的确定及既遂与未遂的区分，因为危险犯既遂的确定和既遂与未遂的区分是以危险状态是否具备为标准，而不是以犯罪结果发生与否为标准。而既遂的构成要件说以犯罪具备具体犯罪构成的全部要件作为既遂的标准，以着手实行的犯罪是否具备犯罪构成的全部要件作为既遂与未遂区分的标志，不但有明确统一的法律规定可供司法实践遵循贯彻，而且能够适用于一切存在既遂形态的犯罪并把其既遂与未遂区分开来。因为既遂在不同类型犯罪里的具体标志，无论是犯罪结果的发生，犯罪行为达到一定程度的完成，还是法律规定的危险状态的具备，尽管形形色色，各不相同，但是都可以概括为犯罪构成要件的全部具备，都分别是犯罪构成要件具备的具体表现形式。

【结果犯】 是指不仅要实施具体犯罪构成客观要件的行为，而且必须发生法定的犯罪结果，才构成既遂的犯罪，即以法定的犯罪结果发生与否作为犯罪既遂与未遂区别标志的犯罪。所谓法定的犯罪结果，是专指犯罪行为通过对犯罪对象的作用而给犯罪客体造成的物质性的、可以具体测量确定的、有形的损害结果。这类犯罪在我国《刑法》中很多，而且多是常见罪、多发罪，例如故意杀人罪、故意伤害罪、抢劫罪、抢夺罪、贪污罪、盗窃罪、诈骗罪等等。如故意杀人罪的犯罪结果就是他人的死亡，发生了死亡结果的为既遂，因行为人意志以外原因未发生死亡结果的为未遂。

【行为犯】 是指以法定的犯罪行为的完成作为既遂标志的犯罪。这类犯罪的既遂并不要求造成物质性的和有形的犯罪结果，而是以行为完成为标志，但是这些行为又不是一着手即告完成的，按照法律的要求，这种行为要有一个实行过程，要达到一定程度，才能视为行为的完成。因此，在着手实行犯罪的情况下，如果达到了法律要求的程度就是完成了犯罪行为，就应视为犯罪的完成即既遂的构成；如果因犯罪人意志以外的原因未能达到法律要求的程度，未能完成犯罪行为，就应认定为未完成犯罪而构成犯罪未遂。这类犯罪在我国《刑法》中也有相当的数量，例如强奸罪、脱逃罪、偷越国（边）境罪、投敌叛变罪等。如脱逃罪以行为人达到逃脱了监禁羁押的状态和程度，作为犯罪行为完成和犯罪既遂成立的标志，未能达到这一程度的是犯罪行为未完成，应成立犯罪未遂。

【危险犯】 是指以行为人实施的危害行为造成法律规定的发生某种危害结果的危险状态作为既遂标志的犯罪。如《刑法》第一百一十四条、第一百一十六条、第一百一十七条、第一百一十八条所规定的犯罪等。这类犯罪在刑法理论上称为危险犯。从主观方面看既可以是直接故意也可以是间接故意。对由直接故意构成的这类犯罪来说，其既遂也不是造成物质性的有形的犯罪结果，而是以法定的客观危险状态的具备为标志。

【举动犯】 又称即时犯，是指按照法律规定，行为人一着手犯罪实行行为即告犯罪完成和完全符合构成要件，从而构成既遂的犯罪。从犯罪构成性质上分析，举动犯大致包括两种构成情况：（1）原本为预备性质的犯罪构成。如《刑法》中的参加恐怖活动组织罪，参加黑社会性质组织罪等。这些犯罪中的实行行为从法理上讲原本是预备性质的行为，是为实行犯罪创造便利条件的预备行为，但由于这些预备性质的行为所涉及的犯罪性质严重，一旦进一步着手实行危害就很大，为有力地打击和防范这些犯罪，法律把这些预备性质的行为提升为这些犯罪构成中的实行行为，并且规定这些犯罪为举动犯，着手实行即构成既遂。(2) 教唆煽动性质的犯罪构成。如我国《刑法》中的煽动民族仇恨、民族歧视罪，传授犯罪方法罪等。这些犯罪的实行行为都是教唆性、煽动性的行为，针对多人实施，旨在激起多人产生和实行犯罪意图。因而这些犯罪的危害很大、危害范围也较广，而且即使实施完毕也不一定产生或不一定立即产生可以具体确定的有形的实际危害结果，考虑到这些犯罪严重的危害性及其犯罪行为的特殊性质，法律也把它们规定为举动犯，即只要行为人着手实行犯罪，就具备了犯罪构成的全部要件而构成既遂。由于举动犯是着手实行犯罪就构成既遂，因而其不存在犯罪未遂问题，也就没有既遂与未遂之分。但是，举动犯存在犯罪既遂形态与犯罪预备形态以及预备阶段的中止形态之别。

【犯罪预备】 是指行为人为实施犯罪而开始创造条件的行为，由于行为人意志以外的原因而未能着手犯罪实行行为的犯罪停止形态。犯罪预备是故意犯罪过程中未完成犯罪的一种停止状态。犯罪预备的成立必须具备主客观两方面的特征：(1) 行为人已经开始实施犯罪的预备行为，但尚未着手犯罪的实行行为。所谓犯罪的预备行为，从性质上讲，就是为犯罪的实行和完成创造便利条件的行为。如为实施故意杀人罪而进行配制含毒食物，制造匕首或者调查被害人的行踪等的行为。所谓犯罪的实行行为，指《刑法》分则中具体犯罪构成客观方面的行为。这一特征意味着，犯罪活动在具体犯罪实行行为着手以前停止下来。如故意杀人罪中尚未着手实施杀害他人的行为，盗窃罪中尚未着手实施非法秘密取得他人财物的行为。这一特征是与犯罪预备形态与犯罪未遂形态区别的显著标志。(2) 行为人未能着手实施犯罪是由于行为人意志以外的原因所致。行为人进行犯罪预备活动的意图和目的，是为了顺利地着手实施和完成犯罪。犯罪预备行为的发动、进行与完成，都是受此种目的支配的。犯罪在实行行为尚未着手时停止下来，从主观上看是违背行为人的意志的，即是由于行为人意志以外的原因所致。这一特征说明，行为人在着手犯罪实行行为前停止犯罪，是被迫的而不是自愿的，从而进一步揭示出预备犯的主观恶性。这一特征是与犯罪中止形态区别的关键所在，后者的停止犯罪而未着手实行犯罪是出于行为人的自愿。《刑法》第二十二条第二款规定："对于预备犯，可以比照既遂犯从轻、减轻处罚或者免除处罚。"

【犯罪工具】 是指犯罪分子进行犯罪活动所用的一切器械物品。其中包括：(1) 用以杀害被害人或者排除被害人反抗的器械物品，如枪弹、刀棒、毒药、麻醉剂、捆绑他人用的绳索等；(2) 用以破坏、分离犯罪对象物品或者破坏、排除犯罪障碍物的器械物品，如钳剪、刀斧、锯锉、爆炸物等；(3) 专用为达到或逃离犯罪现场或进行犯罪活动的交通工具，如汽车、摩托车等；(4) 用以排除障碍、接近犯罪对象的物品，如翻墙用的梯子、攀越房屋或爬窗用的绳索等；(5) 用以掩护犯罪实施或者湮灭罪证的物品，如犯罪分子作案时戴的面罩、作案后灭迹用的化学药品等。犯罪工具本身可以反映出犯罪预备行为不同的危害程度。例如，同是准备杀人用的犯罪工具，准备枪支、手榴弹就比准备小刀的危险性大；再如准备专为犯罪使用的复杂的犯罪工具，其危害性也大于把日常用品准备为犯罪工具的行为。

【制造犯罪条件】 是指为犯罪的事实制造各种便利的行为。一般认为，准备犯罪工具是制造犯罪条件的一种形式。除此之外，司法实践和刑法理论把下列行为也视为制造犯罪条件的行为：（1）为实施犯罪事先调查犯罪的场所、时机和被害人的行踪；（2）准备实施犯罪的手段，如为实施以技术手段杀人而事先进行练习，为实施扒窃而事先练习扒窃技术；（3）排除实施犯罪的障碍；（4）追踪被害人、守候被害人的到来或者进行其他接近被害人、接近犯罪对象物品的行为；（5）前往犯罪场所守候或者诱骗被害人赶赴犯罪预定地点；（6）勾引、集结共同犯罪人，进行犯罪预谋；（7）拟定实施犯罪和犯罪后逃避侦查追踪的计划等。

【犯意表示】 是指以口头、文字或其他方式对犯罪意图的单纯表露。犯意表示尚未开始实施任何危害社会的行为，因而属于犯罪思想的范畴。我国刑法认为只有犯意而尚未实施犯罪行为的，不具有社会危害性，因而不能认定为犯罪和处以刑罚。对犯意表示的认定，关键要合理界分犯意表示与犯罪准备中的犯罪共谋。前者只是单纯地表达犯罪的意图，不存在与他人邀约进行犯罪的意图和内容；后者则不仅表达了自己的犯罪意图，而且表达了与他人共同进行犯罪的意图，与他人犯罪合意的形成是犯罪的准备。

【犯罪未遂】 是指行为人已经着手实行具体犯罪构成的实行行为，由于其意志以外的原因而未能完成犯罪的一种犯罪停止形态。根据《刑法》第二十三条第一款犯罪未遂的概念，我国刑法中的犯罪未遂具有如下三个特征：（1）行为人已经着手实行犯罪，即行为人已经开始实施《刑法》分则关于某种犯罪规定的构成要件行为。行为人已经着手实行犯罪是犯罪未遂形态必须具备的特征之一，也是犯罪未遂形态与犯罪预备形态相区别的主要标志。（2）犯罪未完成而停止下来。按照我国刑法的规定和刑法理论，行为人在着手实行犯罪以后，犯罪“未得逞”，即犯罪未达既遂形态而停止了下来，这是犯罪未遂形态的又一重要特征，是犯罪未遂形态区别于犯罪既遂形态的主要标志。犯罪没有完成这一未遂形态的特征，在存在既遂与未遂之分的三类直接故意犯罪里有着不同的具体含义和表现形式：①以法定的犯罪结果没有发生作为犯罪未完成的标志，如盗窃罪未发生窃得财物的犯罪结果；②以法定的犯罪行为未能完成作为犯罪未完成的标志，如实施脱逃罪的行为人在逃出监房后未能逃出监狱的警戒线；③以法定的危险状态尚未具备作为犯罪未完成的标志，如行为人在油库放火，因火柴受潮而未能擦着时被捕获。犯罪完成与否即具体犯罪构成要件的完备与否，其显著标志是看《刑法》分则具体犯罪构成所规定、要求的犯罪客观要件的完备与否。（3）犯罪停止在未完成形态是犯罪分子意志以外的原因所致。犯罪活动在着手实行以后之所以停止在未完成形态，乃是由于犯罪分子意志以外的原因所致，这是犯罪未遂形态的又一重要特征，是犯罪未遂形态与着手实行犯罪后的犯罪中止区别的关键，后者是由于行为人意志以外的原因而未完成犯罪。

【意志以外的原因】 是指行为人主观意

愿以外的阻碍犯罪进行的原因。在司法实践中具有不同程度的阻碍犯罪意志和犯罪活动完成作用而有可能被认定为犯罪分子“意志以外的原因”的种种因素，大致可以分为三类：（1）犯罪人本人以外的原因，包括被害人、第三者、自然力、物质障碍、环境时机等方面对完成犯罪具有不利影响的因素；（2）行为人自身方面对完成犯罪有不利影响的因素，如其能力、力量、身体状况、常识技巧等的缺乏或不佳情况；（3）行为人主观上对犯罪对象情况、犯罪工具性能以及犯罪结果是否已发生或必然发生等的错误认识。这些因素必须达到足以阻止犯罪意志和犯罪活动完成的程度。如果行为人明知自己遇到的是显然不足以阻止犯罪完成的不利因素，如强奸犯罪中遇到被害人怀孕或月经来潮，抢劫、强奸等暴力犯罪中发现被害人是熟人，或者在暴力犯罪中被害人有轻微的挣扎、反抗，犯罪人在此情况下放弃犯罪完成的，就不能将这种不利因素认定为作为犯罪未遂特征的犯罪分子“意志以外的原因”。《刑法》第二十三条第二款规定：“对于未遂犯，可以比照既遂犯从轻或者减轻处罚。”

【犯罪着手】 是指行为人已经开始实施《刑法》分则规范里具体犯罪构成要件中的犯罪行为。如故意杀人罪中的杀害行为，抢劫罪中侵犯人身的行为和劫取财物的行为等。着手实行犯罪体现了具体犯罪构成要件的统一，它具备主观和客观两个基本特征：（1）主观上，行为人实行具体犯罪的意志已经直接支配客观实行行为并通过后者开始充分表现出来，而不同于在此之前预备实行犯罪的意志；（2）客观上，行为人已开始直接实行具体犯罪构成客观方面的行为，这种行为已不再属于为犯罪的实行创造便利条件的预备犯罪的性质，而是实行犯罪的性质，这种行为已使刑法所保护的具体权益初步受到危害或面临实际存在的威胁。在有犯罪对象的场合，这种行为已直接指向犯罪对象，如果不出现行为人意志以外原因的阻碍或者行为人的自动中止犯罪，这种行为就会继续进行下去，直到完成犯罪即达到既遂。在犯罪既遂包含犯罪结果的犯罪中，还会发生犯罪结果。

【实行终了未遂】 是指行为人已经着手实行犯罪并且实行行为已经实施完毕，因行为人意志以外的原因，而未能完成犯罪的一种犯罪停止形态。对于犯罪实行行为是否实行终了，在法定犯罪构成所要求、限定的客观行为范围内，行为是否实行终了，应以犯罪分子是否自认为实现犯罪意图所必要的全部行为都实行完毕为标准。按照这一标准，在法定犯罪构成所包含的实行行为的范围内，如果从主客观的统一上看犯罪行为未实行完毕，如犯罪分子在实行犯罪的过程中就因意志以外原因的阻止而未能实行下去，例如盗窃犯正在室内盗窃时被当场抓获，这当然是未实行终了的未遂。

【未实行终了未遂】 是指行为人已经着手实行犯罪但尚未实施完毕，因行为人意志以外的原因，而未能完成犯罪的一种犯罪停止形态。未实行终了的未遂有两种表现：（1）犯罪分子误认为其实现犯罪意图所必要的行为都已实行终了，因而停止了犯罪行为，但是却由于其意志以外的原因而未能使犯罪达到既遂状态。如在故意杀人罪中致人重伤，犯罪人误认为被害人已死亡或必然死亡，因而放弃继续加害而离去，后被害人遇救幸存的情况，就是这种表现形式的典型。

（2）犯罪分子对完成犯罪所必要的犯罪行为已实行终了这一点并未发生错误认识，但是行为实行终了距犯罪既遂还有一段距离，在实行终了以后，由于犯罪人意志以外的原因致使犯罪未能达到既遂状态。如在投毒杀人中犯罪人已将毒投下，被害人因发现而未食毒物，或者被害人食毒物后遇救未死，即属这种情况。

【能犯未遂】 是指犯罪行为有实际可能达到既遂，但由于行为人意志以外的原因未能达到既遂而停止下来的情况。如犯罪分子用刀杀人且已将被害人砍伤，后被人当场夺走刀子并将其抓获，即为能犯未遂。如果犯罪人不被当场制止，完全有可能杀死被害人。判断犯罪行为是否能达到既遂，是根据犯罪行为的实际状况进行的事后一般性判断。

【不能犯未遂】 是指因犯罪人对有关犯罪事实认识错误而使犯罪行为不可能达到既遂的情况。不能犯未遂这种未遂类型里主要又可进一步区分为工具不能犯未遂与对象不能犯未遂两种。所谓工具不能犯的未遂，指犯罪人由于认识错误而使用了按其客观性质不能实现行为人犯罪意图、不能构成既遂的犯罪工具，以致犯罪未遂。例如，误把白糖等无毒物当作砒霜等毒药去毒杀人；误用空枪、坏枪、臭弹去射杀人等。所谓对象不能犯的未遂，指由于行为人的错误认识，使得犯罪行为所指向的犯罪对象在行为时不在犯罪行为的有效作用范围内，或者具有某种属性，而使得犯罪不能既遂，只能未遂。例如，误认尸体为活人而开枪射杀、砍杀；误认空包内有钱财而扒窃；误认为被害人在卧室而隔窗枪击；误认男子为女子而着手实行强奸行为，等等。

【犯罪中止】 是指在犯罪过程中，行为人自动放弃犯罪或者自动有效地防止犯罪结果发生，而未完成犯罪的一种犯罪停止形态。根据《刑法》第二十四条第一款的规定和犯罪中止成立的实际情况，犯罪中止形态有两种类型，即自动放弃犯罪的犯罪中止和自动有效地防止犯罪结果发生的犯罪中止，这两种类型的犯罪中止的特征略有不同。《刑法》第二十四条第二款规定："对于中止犯，没有造成损害的，应当免除处罚；造成损害的，应当减轻处罚。"

【准中止犯】 又称犯罪准中止，是指行为人自动中止犯罪行为，并作出了足以防止结果发生的真挚努力，但结果未发生并非由于行为人的努力，或者行为人的行为从性质上根本不可能达到既遂，但行为人并不知情，而作出了足以防止其主观认定的犯罪结果发生的真挚努力时，刑法对其予以与中止犯等同的评价。准中止犯的基本特征包括：（1）准中止犯不具备刑法中规定的中止犯的成立条件。各个国家和地区的刑法大都规定中止犯的成立要求犯罪结果的不发生与行为人之防止结果行为之间，须具有因果关系。与中止犯相比，准中止犯欠缺的正是这种因果关系。准中止犯不具备各个国家和地区刑法关于中止犯的成立条件。准中止犯不是中止犯。（2）准中止犯适用中止犯的处罚原则。准中止犯虽然不具备中止犯的成立条件，不是中止犯。但是，在规定了准中止犯的国家和地区，准中止犯都是依照中止犯的处罚原则进行。也就是说，准中止犯与中止犯同处罚。（3）准中止犯之所以依照中止犯处罚，是因为行为人为犯罪结果的不发生作出了真挚的努力。这表现在：行为人在主观上是自愿放弃犯罪行为的实施和防止犯罪结果的发生；在客观上，行为人作出了真挚的努力，其行为足以有效地防止结果的发生。也就是，行为人的行为与犯罪结果不发生之间虽然没有因果关系，但是行为人须为防止犯罪结果的发生作出了足够的努力，并且其行为足以防止犯罪结果的发生，只是由于其他因素的作用，使得其防止犯罪结果不发生的行为与犯罪结果不发生之间的因果关系不存在或者发生中断。(4) 准中止犯一般包括两种情形：①由被害人或第三人阻断因果关系而形成的准中止犯；②由犯罪行为的性质阻断因果关系而形成的准中止犯。

【防止结果发生型犯罪中止】 又称自动放弃犯罪的犯罪中止，是指行为人已经着手实行犯罪行为，不会造成犯罪既遂所要求的犯罪结果而在这种情况下所成立的犯罪中止。自动放弃犯罪的犯罪中止，必须同时具备三个特征：（1）时空性。按照法律的规定，必须是在犯罪过程中放弃犯罪，即必须是在犯罪处于运动过程中而尚未形成任何停止状态的情况下放弃犯罪。这是犯罪中止成立的客观前提特征。这意味着，如果犯罪已经达到既遂形态，犯罪人不可能再中止犯罪；如果犯罪虽未达到既遂形态，但在发展过程中已由于犯罪分子意志以外的原因而停止在犯罪预备形态或者犯罪未遂形态，犯罪人也不可能再中止犯罪。因此，从犯罪实行行为发生开始，到形成犯罪既遂形态以前这段时间内，如果犯罪已经既遂，行为人又自动恢复原状或者主动赔偿损失，例如盗窃犯把盗得的财物又送回原处，贪污犯主动退赔以前贪污的公款，由于其犯罪已经完成，不存在中止犯罪的时空条件，因而不属于犯罪中止而是犯罪既遂，但对此可作为从宽情节在处罚时酌情考虑。（2）自动性，即行为人必须是自动放弃犯罪。这是犯罪中止形态的本质特征，是犯罪中止形态与犯罪的未遂形态和预备形态的根本区别所在。犯罪中止的自动性，是指行为人出于自己的意志而放弃了自认为当时本可继续实施和完成的犯罪。即行为人在主观上自动放弃了犯罪意图，在客观上自动停止了犯罪的继续实施和完成。（3）彻底性，指行为人彻底放弃了原来的犯罪。这一特征意味着，行为人在主观上彻底打消了原来的犯罪意图，在客观上彻底放弃了自认为本可继续进行的犯罪行为，而且从主客观的统一上行为人也不打算以后再继续实施此项犯罪。彻底性表明了行为人自动停止犯罪的真诚性及其决心，它表明犯罪分子自动停止犯罪是坚决的、完全的，而不是暂时的中断。暂时中断犯罪，即行为人停止犯罪是因为准备不充分或者认为时机不成熟，环境条件不利，而意图等条件适宜时再继续该项犯罪，这种情况不具备中止犯罪彻底性的要求，因而不能认为是犯罪中止。行为人必须彻底放弃正在进行的某个具体的犯罪，而不是指行为人在以后任何时候都不再犯同种犯罪，更不能理解为行为人在以后任何时候都不再犯任何罪。

【防止结果发生型犯罪中止】 又称自动有效地防止犯罪结果发生的犯罪中止，是指在某些犯罪的某些特殊情况下，行为人已经着手实行犯罪行为，可能造成但尚未造成犯罪既遂所要求的犯罪结果，而在这种情况下所成立的犯罪中止。这种类型的犯罪中止，也需要具备自动放弃犯罪的犯罪中止所必须具备的时空性、自动性、彻底性三个特征，还要求再具备“有效性”的特征，即行为人还必须有效地防止了他已实施的犯罪之法定犯罪结果的发生，使犯罪未达既遂状态而停止下来。行为人要成立犯罪中止，仅以不作为的方式消极地停止犯罪的继续实施是不够的，除此之外，他还必须采取积极的作为形式来预防和阻止既遂的犯罪结果的发生，而且这种防止行为必须奏效，实际上阻止住即避免了既遂犯罪结果的发生，这样才能成立犯罪中止。

【自动放弃重复侵害行为】 是指行为人实施了足以造成既遂危害结果的第一次侵害行为，由于其意志以外的原因而未发生既遂的危害结果，在有当时继续重复实施侵害行为实际可能时，行为人自动放弃了实施重复侵害行为，因而使既遂的危害结果没有发生的情况。自动放弃重复侵害行为是犯罪中止而不是犯罪未遂，主要理由是：（1）行为人对可能重复侵害行为的放弃，是发生在犯罪实行未了的过程中，而不是在犯罪行为已被迫停止的未遂形态；（2）行为人对可能重复的侵害行为的放弃是自动的而不是被迫的；（3）由于行为人对可能重复的侵害行为自动而彻底地放弃，所以使犯罪结果没有发生，犯罪未达既遂形态。自动放弃重复侵害行为一方面具备了犯罪中止的全部条件，另一方面不符合犯罪未遂的条件，因而它不是实行终了的犯罪未遂，而是未实行终了情况下的犯罪中止。

【预备中止】 是指发生在犯罪预备阶段的中止。其起始于犯罪预备活动的实施，终止于犯罪实行行为着手前。预备中止是在犯罪的预备活动过程中，行为人在自认为可以继续犯罪活动的条件下，自动地将犯罪活动停止下来，不再继续犯罪预备行为或者没有着手犯罪实行行为的情况。如行为人预备爆炸杀人，但在制造爆炸物的过程中，惧怕发生严重的后果而自动停止了爆炸物的制作，未着手爆炸杀人的行为。

【实行未终了中止】 是指发生在犯罪实行行为尚未终了时的中止。其时空范围始于犯罪实行行为的着手，止于犯罪实行行为终了前。实行未终了中止是行为人在实施犯罪实行行为的过程中，自动放弃了犯罪的继续实施和完成（多表现为自动停止了犯罪行为的实施，少数情况下还要进一步有效地防止了犯罪结果的发生），因而使犯罪停止在未达既遂的状态。如强奸犯在着手对被害人实施暴力行为的过程中，基于被害妇女的劝说而放弃了对其进一步要实施的奸淫行为，即属于强奸妇女罪实行未终了的犯罪中止。

【实行终了中止】 是指发生在犯罪实行行为实施终了后的犯罪中止。其始于实行行为终了之时，止于既遂的犯罪结果发生之前，是行为人在实行行为终了以后，出于本意而以积极的行为阻止了既遂之犯罪结果的发生。如投毒杀人者投下毒药后，又采取积极的措施未使被害人吃下毒物，或者在被害人中毒后将其积极抢救而未使其死亡，就是故意杀人罪实行终了的犯罪中止。

【共同犯罪】 是指二人以上共同故意犯罪。二人以上共同过失犯罪，不以共同犯罪论处；应当负刑事责任的，按照他们所犯的罪分别处罚。构成共同犯罪，必须具备如下条件：（1）主体要件。共同犯罪的主体必须是二人以上，包括两个以上的自然人构成的共同犯罪、两个以上的单位构成的共同犯罪和有责任能力的自然人与单位构成的共同犯罪。(2) 客观要件。共同犯罪的客观要件，是指各犯罪人必须具有共同的犯罪行为。所谓共同犯罪行为，是指各犯罪人为追求同一危害社会结果，完成同一犯罪而实施的相互联系、彼此配合的犯罪行为，形成一个统一的犯罪整体。在发生危害结果时，其行为均与结果之间存在因果关系。按照共同犯罪的分工，共同犯罪行为表现为四种方式，即实行行为、组织行为、教唆行为和帮助行为。据此，共同犯罪的共同行为，具有两种基本结构形式：一是行为人共同实施实行行为。在这种场合，共同犯罪人没有分工，均直接实施犯罪的实行行为。二是行为人分别实施不同的行为。即存在分工的共同犯罪行为。具体表现为有人实施实行行为，有人实施组织行为、教唆行为或者帮助行为。在这种场合，各共同犯罪人的行为形成有机的整体。(3) 主观要件。共同犯罪的主观要件，指各共同犯罪人必须有共同的犯罪故意。所谓共同的犯罪故意，指各共同犯罪人通过意思联络，认识到他们的共同犯罪行为会发生危害社会的结果，并决意参加共同犯罪，希望或放任这种结果发生的心理状态。

【共谋共同犯罪】 是指二人以上为实施特定的犯罪而进行谋议，包括策划实施犯罪、商讨如何实施犯罪，或者两者兼而有之。关于共谋能否成立共同犯罪，国内外刑法理论上存在较大争议。根据我国《刑法》的规定，共谋行为本身就是共同犯罪行为。所以，仅参与共谋而未参与犯罪的实行行为，应当认为构成共同犯罪。

【同时犯】 是指两人以上主观上没有意思联络，在同时或接近于同时的先后关系上，对同一犯罪客体实施侵犯行为的情况。成立同时犯应当同时具备如下几个条件：(1) 从主观方面看，各行为人之间“相互独立没有意思联络”。这包括：在故意犯的场合，各行为人之间不具有共同的犯罪故意；在过失犯的场合，各行为人之间不具有共同的注意义务的共同违反。(2) 从客观方面看，各行为人独自实施行为，而且必须是同时各行为人之间独自实施行为，既不存在分工，又不具有相互的助益性、依赖性。同时犯的成立要求各行为人的行为必须是在同一时空状态下实施，即在时间上是同时进行，而且还包含同地进行的意思。理论上一般认为，同时犯时间上的同时性，并不要求数行为人的行为在起始点上完全一致，即使是“在接近于同时的前后关系中”也应视为是同时进行。一般地，只要在社会通常人看来，各行为人之间的行为在时间上具有一定的联系，从而足以使他们将该数个人的行为在观念上联系起来考察，就可以认为具有同时性。

【片面共犯】 是指共同行为人的一方有与他人共同实施犯罪的意思，并协力于他人的犯罪行为，但他人却不知其给予协力，因而缺乏共同犯罪故意的情况。片面共犯是大陆法系刑法学中的用语，在美国，片面共犯也被称为潜在的同谋犯。片面共犯在实践中多表现为暗中给实行犯以帮助，如甲明知乙入室盗窃，暗中在门外望风，支走他人，结果甲盗窃得逞。因为共同犯罪故意应是双向的、全面的，而不是单向的、片面的，我国刑法理论上一般认为，片面共犯不成立共同犯罪，需要追究刑事责任的，以单独犯罪进行处理。

【任意共同犯罪】 简称任意共犯，是指《刑法》分则规定的可以由一个人单独实施的犯罪，当二人以上共同实施时，所构成的共同犯罪。其特点是：刑法对犯罪主体的人数没有限制。如果二人共同实施，则成立共同犯罪。因此，对这种共同犯罪案件定罪量刑，不仅要引用《刑法》分则的有关具体条款，而且要引用《刑法》总则有关共同犯罪的规定。

【必要共同犯罪】 简称必要共犯，是指《刑法》分则规定的只能以二人以上的共同行为作为犯罪构成要件的犯罪。其特点是：犯罪主体必须是二人以上，而且具有共同的犯罪行为，一个人不可能单独构成犯罪。在我国《刑法》中，必要共同犯罪有三种形式：（1）对行性共同犯罪，即基于双方互为行为对象的行为而成立的犯罪。例如，重婚、行贿与受贿等。对行性共同犯罪，也称对合犯，不仅包括具有对合关系的双方所犯罪名相同的情形，也包括具有对合关系的双方所犯罪名不同的情形，还包括一方构成犯罪而另一方不构成犯罪的情形。（2）聚合性共同犯罪，如《刑法》第二百九十条规定的聚众扰乱社会秩序罪、聚众冲击国家机关罪等。（3）集团性共同犯罪，如《刑法》第二百九十四条规定的组织、领导、参加黑社会性质组织罪等。由于《刑法》对于必要共同犯罪作了直接规定，因此，对犯罪人定罪量刑，应直接依照《刑法》分则的有关条款处理，不再适用《刑法》总则关于共同犯罪的规定。

【事前通谋的共同犯罪】 简称事前共犯，是指共同犯罪人的共同犯罪故意，在着手实行犯罪前形成。这种形式的共同犯罪在司法实践甚为常见。需要指出的是，《刑法》分则规定的某些犯罪，便以事前是否具有通谋作为该罪的共同犯罪与他罪的单独犯罪的区分标准。例如，依据《刑法》第三百一十条之规定，明知是犯罪的人而为其提供隐藏处所、财物，帮助其逃匿或者作假证明包庇，事前有通谋的，构成共同犯罪；否则构成窝藏、包庇罪。

【事前无通谋的共同犯罪】 又称事中共犯，是指共同犯罪人的犯罪故意，在着手实行犯罪之时或实行犯罪的过程中形成。如甲对乙实施抢劫，乙奋起抗争，恰甲之友丙经过，甲请丙帮忙，共同抢得乙身上钱物若干。此案中甲、丙的共同犯罪即为事前无通谋的共同犯罪。

【简单共同犯罪】 又称共同正犯、共同实行犯，是指二人以上共同直接实行《刑法》分则规定的某一具体犯罪的构成要件的行为。其主要特点是所有人都参与了犯罪行为的实施。在简单共同犯罪中只有实行犯，而没有教唆犯、组织犯和帮助犯。例如，甲、乙各向丙刺一刀将丙杀死即属如此。

【复杂共同犯罪】 又称复杂共犯，是指各共同犯罪人之间存在着犯罪分工的共同犯罪。在复杂共同犯罪中存在着组织犯、教唆犯、实行犯和帮助犯的区分，即不是所有的犯罪人都参加犯罪行为的实施。复杂共同犯罪的分工具体表现为：组织犯对整个犯罪活动予以组织策划、指挥和领导；教唆犯使他人产生犯罪意图，并不实施犯罪实行行为；实行犯直接实施具体犯罪构成要件的行为；帮助犯对犯罪的实施、完成和保持犯罪后的不法状态，提供物质和精神上的帮助。

【犯罪集团】 根据《刑法》第二十六条第二款的规定，犯罪集团，是指三人以上为共同实施犯罪而组成的较为固定的犯罪组织。据此，犯罪集团成立，必须具有如下条件：（1）犯罪主体必须是三人以上；（2）犯罪组织成立的目的便在于实施犯罪；（3）犯罪人所共同建立的组织具有相当的稳定性；（4）犯罪分子之间相互纠合体现出一定的组织性。

【有组织犯罪】 是指以一定的组织形式呈现的犯罪。2021 年颁布的《反有组织犯罪法》规定，有组织犯罪是指《刑法》第二百九十四条规定的组织、领导、参加黑社会性质组织犯罪，以及黑社会性质组织、恶势力组织实施的犯罪。境外的黑社会组织到中华人民共和国境内发展组织成员、实施犯罪，以及在境外对中华人民共和国国家或者公民犯罪的，适用本法。根据该规定，我国有组织犯罪涵盖了三种发展形态和两种行为类型：其一，在发展阶段方面，有组织犯罪涵盖了恶势力组织犯罪、黑社会性质组织犯罪和黑社会组织犯罪三种不同的发展形态。其二，在行为类型方面，有组织犯罪包括了“组织罪”和“行为罪”两种类型。其中，“组织罪”包括组织、领导、参加黑社会性质组织罪、入境发展黑社会组织罪和包庇、纵容黑社会性质组织罪；“行为罪”包括黑社会性质组织所实施的犯罪、恶势力组织所实施的犯罪和黑社会组织在我国境内实施的犯罪或者在境外对我国国家或者公民实施的犯罪。为有效预防和治理有组织犯罪，必须追究行为人各项行政违法责任，《反有组织犯罪法》规定了多项行政违法责任，包括对参与有组织犯罪尚不构成犯罪的处罚（第六十九条第一款）、对金融机构等单位不履行止付、冻结义务的处罚（第七十一条）、对不履行网络信息安全管理、技术协助义务的处罚（第七十二条）、对违反保密义务的处罚（第七十四条）。

【恶势力犯罪】 是指经常纠集在一起，以暴力、威胁或者其他手段，在一定区域或者行业内多次实施违法犯罪活动，为非作恶，欺压百姓，扰乱经济、社会生活秩序，造成较为恶劣的社会影响，但尚未形成黑社会性质组织的违法犯罪组织。与黑社会性质组织犯罪具有明确的立法规定不同，恶势力犯罪仅规定在具有司法指导性文件中，2018 年《最高人民法院、最高人民检察院、公安部、司法部关于办理黑恶势力犯罪案件若干问题的指导意见》对恶势力作了较为全面的规定。根据该“规定”，恶势力一般为三人以上，纠集者相对固定，违法犯罪活动主要为强迫交易、故意伤害、非法拘禁、敲诈勒索、故意毁坏财物、聚众斗殴、寻衅滋事等，同时还可能伴随实施开设赌场、组织卖淫、强迫卖淫、贩卖毒品、运输毒品、制造毒品、抢劫、抢夺、聚众扰乱社会秩序、聚众扰乱公共场所秩序、交通秩序以及聚众“打砸抢”等。恶势力犯罪集团是符合犯罪集团法定条件的恶势力犯罪组织，其特征表现为：有三名以上的组织成员，有明显的首要分子，重要成员较为固定，组织成员经常纠集在一起，共同故意实施三次以上恶势力惯常实施的犯罪活动或者其他犯罪活动。恶势力犯罪与黑社会性质组织犯罪有着密切关系。如同“孪生兄弟”，各类扫黑除恶专项斗争都将“黑”和“恶”捆绑在一起共同惩治。虽然恶势力的发展并不必然最终转化为黑社会性质组织，但黑社会性质组织的形成一般都经历了由恶势力孕育发展的历程。通常情况下，黑恶势力的发展轨迹为普通共同犯罪→恶势力团伙→恶势力犯罪集团→黑社会性质组织，恶势力是向黑社会性质组织发展的雏形、初级阶段。

【聚众犯罪】 是指由首要分子组织、策划、指挥众人所实施的犯罪。聚众犯罪有以下特点：（1）参与人员的复杂性。聚众犯罪有首要分子，有众人参与。（2）行为的公然性。聚众犯罪由于人多势众，常常使犯罪处于可见可闻的状况，首要分子正是利用这一点实现自身的犯罪意图。（3）行为的多样性。由于参与人复杂，使得聚众犯罪行为呈现出多样性的特点。聚众犯罪并不等同于共同犯罪。根据《刑法》规定，聚众犯罪可以分为两类：一类是属于共同犯罪的聚众犯罪。如《刑法》第三百一十七条第二款规定的聚众持械劫狱罪，其首要分子、积极参与者和其他参加者成立共同犯罪。《刑法》第二百九十二条聚众斗殴罪规定，首要分子和积极参加者成立共同犯罪。另一类聚众犯罪是否属于共同犯罪要视案件的具体情况。如《刑法》第二百九十一条规定的聚众扰乱公共场所秩序、交通秩序罪。该罪只处罚首要分子，不处罚其他参与人。如果此时首要分子只有一人，则该聚众犯罪就不成立共同犯罪。但当首要分子为两人以上时，在他们之间自然就成立共同犯罪。

【共同犯罪中止】 是指在共同犯罪的场合中成立犯罪中止的情形。共同犯罪中止的情形可分为简单共同犯罪的中止和复杂共同犯罪的中止。简单共同犯罪中的中止，只有在两种情况下才能存在：（1）所有实行犯共同自动放弃犯罪或者自动有效地防止了犯罪结果的发生，则全体实行犯成立犯罪中止；（2）部分实行犯在共同实行犯罪过程中自动放弃犯罪，并且阻止了其他犯罪人继续实施犯罪或者有效地防止了犯罪结果的发生，对这一部分自动放弃犯罪的实行犯才成立犯罪中止，否则不能成立犯罪中止。在复杂共同犯罪中，其犯罪中止的成立也可分为两种情况：（1）实行犯的中止。在复杂共同犯罪中，由于实行犯是具体着手实施犯罪行为的人，因此，实行犯只要中止自己的行为就构成犯罪中止。如果存在多个实行犯，则依照简单共同犯罪的处理原则进行处理。（2）教唆犯、从犯的中止。在教唆犯教唆、从犯帮助他人犯罪后，他人已预备犯罪或者已着手实行犯罪时，教唆犯、帮助犯自动放弃犯罪，阻止了他人继续犯罪或有效地防止了犯罪结果的发生，教唆犯、帮助犯才成立犯罪中止。除此之外，都不成立犯罪中止。

【脱离共犯关系】 是指在共同犯罪中与其他共同犯罪人发生行为脱离的情形。脱离共犯关系，最先是由日本学者大冢仁提出的。日本刑法理论上的脱离共犯关系理论主要包括以下几点：（1）脱离共犯关系概念立足于因果共犯论。认为共同犯罪是行为人共同对犯罪发生具有因果性的犯罪。尽管各个共同犯罪人对于犯罪的原因力各不相同，但是都对犯罪的发生具有物理的或者心理的因果性。（2）共犯关系的脱离，指的是行为人脱离了他原先与其他共同犯罪人构建的共同犯罪关系，断绝了与犯罪的物理的、心理的联系。如果行为人脱离了这种共犯关系并且断绝了与犯罪的物理的、心理的联系，则行为人对于断绝之后的其他犯罪行为就不应当承担责任。（3）脱离共犯关系的情况下要成立犯罪中止，这种共犯关系的脱离必须是由行为人任意作出的，具有任意性。在法律没有规定成立中止的场合，如有的国家没有规定预备中止，则直接依照脱离共犯关系而否定其可罚性。我国刑事司法实践中没有采纳脱离共犯关系理论。对于脱离共犯关系的处理主要包括以下两个方面：（1）行为人的脱离行为不影响其犯罪形态的成立。在共同犯罪过程中，只要其他共同犯罪人将犯罪进行到最后，达到了犯罪既遂，行为人即便存在脱离行为，也成立犯罪既遂。反之，其他共同犯罪人未能将犯罪进行到最后，行为人则成立犯罪未遂或者犯罪预备。（2）行为人的脱离行为是定罪量刑的酌定从宽情节。对于实施了脱离行为的行为人，可以结合其在共同犯罪的次要或者辅助作用，认定其为从犯，进而有可能免予定罪量刑。

【主犯】 是指组织、领导犯罪集团进行犯罪活动或者在共同犯罪中起主要作用的犯罪分子。根据我国《刑法》的有关规定，主犯分为三种：（1）在犯罪集团中起组织、策划、指挥作用的犯罪分子，也就是组织犯，是首要分子的一种。组织犯的犯罪活动包括建立、领导犯罪集团，制定犯罪活动计划等。（2）在聚众犯罪中起组织、策划、指挥作用的犯罪分子，这也是首要分子的一种。聚众犯罪中的首要分子，是聚众犯罪的聚首，是犯罪的组织者、策划者和指挥者。（3）其他在犯罪集团或一般共同犯罪中起主要作用的犯罪分子，既可以是实行犯，也可以是教唆犯。根据《刑法》第二十六条第三款和第四款的规定，对组织、领导犯罪集团的首要分子，按照集团所犯的全部罪行处罚；对其他主犯，应当按照其所参与的或者组织、指挥的全部犯罪处罚。

【共犯】 是指两人以上共同故意实施的犯罪或者参与共同犯罪的人。共犯一词可以在两重意义上使用。第一重意义上的共犯是“共同犯罪”的简称，其含义与“共同犯罪”的含义相同。第二重意义上的共犯是指在共同犯罪中实行犯之外参与共同犯罪的人，即没有实行犯罪但都对实行犯的行为具有促进、帮助作用的人，一般是指帮助犯和教唆犯。

【正犯】 是指直接实施具体犯罪构成要件行为的人。正犯一词源自德日刑法，与共犯相对应。关于正犯的认定标准，德日刑法理论上有不同的学说。行为支配论的正犯概念认为，正犯是对危害后果发生起支配作用的人；限制的正犯概念认为，正犯是亲自实施犯罪构成要件行为的人。前者的正犯概念类似于主犯，后者的正犯概念等同于实行犯。目前刑法理论上更多的是在限制正犯概念的基础上使用正犯的概念，将正犯的概念等同于实行犯的概念。根据正犯成立的不同情形，可以将正犯分为单独正犯、间接正犯和共同正犯。单独正犯是行为人单独实施犯罪构成要件行为的人；间接正犯是行为人不亲自实施而是利用他人的行为实施犯罪构成要件行为的人；共同正犯是行为人与他人一起共同实施犯罪构成要件行为的人。

【间接正犯】 又称间接实行犯，是指不亲自实行危害行为而利用他人之手达成犯罪目的。行为人通过强制或者欺骗手段支配直接实施者，从而支配构成要件实现的，就是间接正犯。成立间接正犯，不要求行为人出现在犯罪现场，也不要求行为人参与共同实施行为。间接正犯的核心是把他人作为犯罪的工具。间接正犯主要包括两种情形：（1）利用无责任能力人犯罪。例如，甲教唆15岁的乙盗窃，因为乙未到刑事责任年龄，甲属于间接正犯。（2）利用他人过失或不知情的行为犯罪。例如，甲医生欲杀害病人丙，将毒针交给不知情的护士乙。乙给丙注射后，致丙死亡。甲医生为间接实行犯，可将乙视为不知情的工具。

【实行犯】 是指实施具体犯罪构成要件行为的人。实行犯的概念与正犯的概念相似。我国刑法理论和实践很少使用正犯的表述，相同的场合更多地使用实行犯概念。实行犯的特征是：（1）行为人实施了具体犯罪的构成要件行为。这是区分实行犯与教唆犯、帮助犯的主要标准，也是实行行为与教唆行为、帮助行为的主要区别所在。（2）行为人实施具体犯罪构成要件行为，可以是本人亲自实施，也可以是利用他人的行为实施。（3）在共同犯罪中，实行犯是核心，教唆犯、帮助犯的行为都必须通过实行犯的行为才能实现其对犯罪客体的侵害。

【从犯】 是指在共同犯罪中起次要或者辅助作用的犯罪分子。从犯分为两种：（1）在共同犯罪中起次要作用的从犯，即次要的实行犯。所谓次要的实行犯是相对于主要的实行犯而言的，是指虽然直接实行犯罪，但在整个犯罪活动中其作用居于次要地位的实行犯。（2）在共同犯罪中起辅助作用的从犯，即帮助犯，它是指未直接实行犯罪，而在犯罪前后或犯罪过程中给组织犯、实行犯、教唆犯以各种帮助的犯罪人。根据《刑法》第二十七条第二款的规定，对于从犯，应当从轻、减轻或者免除处罚。

【胁从犯】 是指被胁迫参加共同犯罪的犯罪分子。被胁迫参加犯罪，即在他人暴力威胁等精神强制下，被迫参加犯罪。在这种情况下，行为人没有完全丧失意志自由，因此仍应对其犯罪行为承担刑事责任。按照《刑法》第二十八条的规定，对于胁从犯，应当按照其犯罪情节减轻或者免除处罚。

【组织犯】 是指在共同犯罪中组织、策划、指挥他人犯罪的犯罪分子。这是根据犯罪分工对犯罪分子所作的划分。组织犯的特点包括：（1）组织犯不参与实施具体的犯罪行为，但对他人犯罪进行组织、策划、指挥；（2）组织犯的组织、策划、指挥行为决定了其在共同犯罪所起的作用必然是主要作用。组织犯是主犯的一种。我国《刑法》没有明确规定组织犯的概念，但《刑法》第二十六条规定了一类主犯，即“组织、领导犯罪集团进行犯罪活动的”，包含了组织犯的类型。

【教唆犯】 是指故意唆使他人犯罪的犯罪分子。即以劝说、利诱、授意、怂恿、收买、威胁以及其他方法，将自己的犯罪意图灌输给本来没有犯意或者虽有犯意但不坚定的人，使其决意实施自己所劝说、授意的犯罪，以达到犯罪的目的的人。从教唆犯的概念可以看出，教唆犯的特点是：本人不亲自实行犯罪，而故意唆使他人产生犯罪意图并实行犯罪。成立教唆犯必须具备下列条件：（1）客观上具有教唆他人犯罪的行为，即用各种方法，唆使他人去实行某一具体犯罪。教唆的对象是本无犯罪意图的人，或者虽有犯罪意图，但犯罪意志尚不坚决的人。教唆行为只能以作为方式构成；（2）主观上具有教唆他人犯罪的故意，故意的内容包括：认识到他人尚无犯罪决意，预见到自己的教唆行为将引起被教唆者产生犯罪决意，而希望或放任教唆行为所产生的结果。因此，教唆犯的主观方面，可以是直接故意，也可以是间接故意。按照《刑法》第二十九条的规定，对于教唆犯，应当按照他在共同犯罪中所起的作用处罚。这是对教唆犯处罚的一般原则。教唆不满18周岁的人犯罪的，应当从重处罚。这一规定是为了更好地维护青少年的合法权益。如果被教唆的人没有犯被教唆的罪，对于教唆犯，可以从轻或者减轻处罚。这种情况，在刑法理论上称为教唆未遂。教唆不满14周岁的人或精神病患者犯罪的，对教唆者应当按单独犯论处。这种情况在刑法理论上称为间接正犯即间接实行犯。

【罪数】 又称一罪与数罪，是指犯罪的个数。我国是以犯罪构成标准说（主客观统一说）作为区分一罪与数罪的基本理论。根据犯罪构成标准说的主张，确定或区分罪数之单复的标准，应是犯罪构成的个数，即行为人的犯罪事实具备一个犯罪构成的为一罪，行为人的犯罪事实具备数个犯罪构成的为数罪。同时，行为人的犯罪事实具备犯罪构成的数量，应以行为人的犯罪事实的最终形态（而不是某一犯罪行为尚在进行之中的过程形态）为基础，并结合犯罪构成的类型，经具体分析而确定。因为，犯罪构成依不同标准可作多种分类，其中，以单独犯的既遂状态为标准，可将犯罪构成分为基本的犯罪构成和修正的犯罪构成；以犯罪的危害性程度为标准，可将犯罪构成分为普通的犯罪构成、加重的犯罪构成和减轻的犯罪构成；以分则性刑法规范所规定的犯罪之结构为标准，可将犯罪构成分为单一的犯罪构成、选择的犯罪构成和复杂的犯罪构成等。换言之，行为人的犯罪事实的最终形态，无论与前述何种类型的犯罪构成相符，均应视为具备犯罪构成；至于具备犯罪构成的数量，则应以行为人的犯罪事实具备犯罪构成的个数为准。

【继续犯】 又称持续犯，是指犯罪行为自着手实行之时直至其构成既遂、且通常在既遂之后至犯罪行为终了的一定时间内，该犯罪行为及其所引起的不法状态同时处于持续过程中的犯罪形态。其中，行为人所实施的犯罪行为自着手实行之时直至其构成既遂的一定时间，是该行为构成犯罪所必需的时间条件，可称之为基本构成时间；而犯罪构成既遂之后直至犯罪行为终了的一定时间，则是作为量刑情节予以考虑的时间因素，可称之为从重处罚或加重构成时间。《刑法》第二百三十八条规定的非法拘禁罪，就是颇为典型的具有继续犯特征的犯罪。在《刑法》所规定的犯罪当中，除非法拘禁罪外，窝藏罪、遗弃罪等也是典型的继续犯。继续犯的构成特征包括：（1）继续犯必须是基于一个犯罪故意实施一个危害行为的犯罪；（2）继续犯是持续地侵犯同一或相同直接客体的犯罪；（3）继续犯是犯罪行为及其所引起的不法状态同时处于持续过程中的犯罪；（4）继续犯必须以持续一定时间或一定时间的持续性为成立条件，这是继续犯显著的特征之一，也是它区别于其他犯罪形态的重要标志之一。由于《刑法》分则对属于继续犯的犯罪及其法定刑设置专条予以规定，即对属于继续犯形态的犯罪设置了独立的罪刑单位，故对于继续犯应按刑法规定以一罪论处，不实行数罪并罚。

【想象竞合犯】 又称想象数罪，是指行为人基于数个不同的具体罪过，实施一个危害行为，而触犯两个以上异种罪名的犯罪形态。想象竞合犯具有以下基本构成特征或必备条件：（1）行为人必须基于数个不同的具体罪过而实施犯罪行为，这是想象竞合犯的主观特征。所谓数个不同的具体罪过（以两个罪过为标准）包括以下三种情形：①数个内容不同的犯罪故意；②数个内容有别的犯罪过失；③一个犯罪故意和一个犯罪过失。（2）行为人只实施一个危害社会的行为，这是想象竞合犯的客观特征之一。如果行为人实施数个危害社会行为，便不可能构成想象竞合犯，只可能构成其他犯罪形态。也就是说，数个不同的具体罪过，必须体现于一个危害社会行为之中，并借助于一个危害社会行为方能达到主观见之于客观即危害社会的结果。（3）行为人所实施的一个危害社会的行为，必须侵犯数个不同的直接客体，这是想象竞合犯的另一客观特征，也是此种犯罪形态触犯数个不同罪名的原因所在。需要强调的是，一般而言，想象竞合犯的这一构成特征突出地表现为，行为人所实施的一个危害社会行为，同时直接作用于体现不同直接客体的数个犯罪对象。（4）行为人实施的一个危害社会行为，必须同时触犯数个罪名，这是想象竞合犯的法律特征。数个罪名，是指《刑法》分则规定的不同种的罪名。一个危害社会行为触犯数个同种罪名，不能构成想象竞合犯。目前，在我国刑法学界和司法实务中主流的观点一般认为，对于想象竞合犯应采用从一重处断的原则予以论处。即对想象竞合犯无须实行数罪并罚，而应按照其犯罪行为所触犯的数罪中最重的犯罪论处。

【结果加重犯】 又称加重结果犯，是指实施基本犯罪构成要件的行为，由于发生了刑法规定的基本犯罪构成要件以外的重结果，刑法对其规定加重法定刑的犯罪形态。结果加重犯的基本构成特征包括：（1）行为人所实施的基本犯罪构成要件的行为必须客观地引发了基本犯罪构成要件以外的重结果，也即符合基本犯罪构成要件的行为与加重结果之间具有因果联系。至于基本犯是否必须为结果犯，在理论上存在争论。有的学者认为，只有基本犯是结果犯，才能成立结果加重犯；有的学者认为，在基本犯不是结果犯的场合，也可以成立结果加重犯。（2）基本犯罪构成要件以外的重结果或者加重结果，必须通过刑法明文规定的方式，成为依附于基本犯罪构成要件而存在的特定犯罪的有机组成部分。加重结果的这种法定性和非独立性的特征，是认定结果加重犯并将它与其他罪数形态相区别的重要标准。（3）行为人对于所实施的基本犯罪构成要件的行为及其所引起的加重结果均有犯意。我们认为，结果加重犯的罪过形式可以划分为三种类型：①基本犯为故意，对加重结果也是故意；②基本犯是故意，对加重结果是出于过失；③基本犯是过失，对加重结果也是出于过失。由于结果加重犯是以刑法的明文规定为前提并通过刑法的明确规定加重其法定刑的犯罪形态，所以，对于结果加重犯，应当按照《刑法》分则条款所规定的加重法定刑处罚。

【结合犯】 是指根据刑法的明文规定，将具有独立构成要件，性质各异的数个犯罪（即原罪与被结合之罪）结合成为另一个包含与原罪相对应的且彼此相对独立的数个构成要件的犯罪（即新罪或结合之罪），而行为人以数个性质不同且能单独成罪的危害行为触犯这一新罪名的犯罪形态。我国《刑法》中没有典型的结合犯。结合犯的构成特征包括：(1) 被结合之罪，必须是刑法明文规定的具有独立构成要件且性质各异的数罪。此为原罪或被结合之罪的特征，也是结合犯构成的基本前提。(2) 由数个原罪结合而成的新罪，必须含有与原罪相对应的且彼此相对独立的数个犯罪的构成要件，在此基础上，数个原罪的构成要件又依刑法之规定，被融合为一个统一的独立于数个原罪的构成要素。此为新罪或结合之罪的特征，也是结合犯的内部结构特征和基本形态。(3) 数个原罪必须是基于一定程度的客观联系，并依据刑事法律的明文规定而被结合为一个新罪。此为由被结合之罪转为结合之罪所必须具备的条件，也是结合犯形成的必由途径和基本形式。(4) 必须以数个性质各异且足以单独构成犯罪的危害行为，触犯由原罪结合而成的新罪。此为结合犯动态的实际构成特征，也是结合犯成立不可缺少的重要条件之一。结合犯的处断原则较易理解，即对触犯结合犯条款的数个性质有别、可独立成罪的犯罪行为，应按照刑法对结合犯所规定的相对较重的法定刑以一罪（即结合之罪）判处刑罚，不应实行数罪并罚或采用其他处断原则。

【集合犯】 是指行为人基于实施多次同种犯罪行为的意图而实际实施的数个同种犯罪行为，被刑法规定为一罪的犯罪形态。集合犯的构成特征包括：(1) 行为人以实施多次或者不定次数的同种犯罪行为为目的。即行为人不是意图实施一次犯罪行为即行结束，而是意图实施多次或者不定次数的同种犯罪行为。这是集合犯的主观特征。(2) 行为人通常实施了数个同种犯罪行为。这是集合犯的客观特征。其中，依具体的犯罪构成的规定，有的集合犯的成立，必须要求行为人已经实际实施数个同种犯罪行为，例如《刑法》第三百零三条规定的“以赌博为业的”构成赌博罪；有的集合犯的成立，并不要求行为人已经实际实施数个同种犯罪行为，例如《刑法》第三百三十六条规定的非法行医罪，即使行为人仅实际实施一次非法行医行为，属于情节严重的，也构成非法行医罪，但行为人如果多次实施非法行医行为，也仅构成非法行医罪一罪。(3) 刑法具体的分则规范将行为人可能实际实施的数个同种犯罪行为规定为一罪，也即集合犯的犯罪构成预先设定实际涵括数个同种犯罪行为。这是集合犯的法律特征。集合犯属于法定的一罪，所以，对于集合犯，应当依据《刑法》分则的具体规定，以一罪论处，不实行数罪并罚。

【常习犯】 是指行为人出于某种不良的习惯，有意地反复多次实施某种危害行为，刑法将这种情形规定为一个犯罪的犯罪形态。常习犯是集合犯的一种。例如，根据《刑法》第二百六十四条的规定，盗窃公私财物，多次盗窃的，成立盗窃罪。对于某些恶习较深、难以纠正的人来说，盗窃已成习惯，这种多次盗窃的情形就成立盗窃罪。类似情形还有诈骗罪等惯犯情况。

【常业犯】 是指行为人以某种危害行为作为常业，以此危害行为来获得利益作为生活的经济来源，刑法将行为人多次反复实施该危害行为的情形规定为一个犯罪的犯罪形态。常业犯是集合犯的一种。在《刑法》中，比较典型的常业犯是赌博罪。《刑法》第三百零三条规定，“以赌博为业”的成立赌博罪。行为人为谋取生活经济利益而从事赌博活动的，不管行为人是否真的获取非法经济利益，也认定为赌博罪。当然，行为人仅实施一次赌博的，还无法认定行为人以赌博为业。对常习犯，不能极端地认为一次危害行为就构成。

【营业犯】 是指行为人出于营利的目的，反复多次实施某种危害行为，根据《刑法》的规定仍成立一罪的犯罪形态。营业犯是集合犯的一种。例如，《刑法》第三百六十三条第一款规定了制作、复制、出版、贩卖、传播淫秽物品罪，行为人以牟利为目的，多次制作、复制、出版、贩卖、传播淫秽物品的，仍成立制作、复制、出版、贩卖、传播淫秽物品罪一罪。行为人多次实施该危害行为的情形，以及多次实施该危害行为所造成的总体的危害结果或者不法状态，往往会影响到对行为人裁量刑罚。营业犯常见于行为人为谋取非法经济利益而从事某种犯罪行为的情形。

【转化犯】 是指在非法行为（含违法行为与犯罪行为）的实施过程中或者非法状态的持续过程中，由于出现了法律规定的行为、方法或者后果等转化条件，而使违法行为转化为犯罪或者是轻罪行为转化为重罪，并以转化后的犯罪或重罪进行定罪处罚的犯罪形态。《刑法》第二百三十八条第二款规定，非法拘禁他人“使用暴力致人伤残、死亡的，依照本法第二百三十四条、第二百三十二条的规定定罪处罚。”据此，在非法拘禁过程中，故意使用暴力致人伤残的，非法拘禁罪转化为故意伤害罪，对行为人以故意伤害罪定罪处罚；故意使用暴力致人死亡，非法拘禁罪转化为故意杀人罪，对行为人以故意杀人罪定罪处罚。

【连续犯】 是指行为人基于数个同一的犯罪故意，连续多次实施数个性质相同的犯罪行为，触犯同一罪名的犯罪形态。连续犯的基本构成特征包括：（1）连续犯必须基于连续意图支配下的数个同一犯罪故意。这是构成连续犯的主观要件。（2）连续犯必须实施数个足以单独构成犯罪的危害行为。这是连续犯成立的客观要件之一。也就是说，行为人实施的数个危害行为必须能够构成数个相对独立的犯罪，这是成立连续犯的前提条件。（3）连续犯所构成的数个犯罪之间必须具有连续性。这是成立连续犯的主观要件与客观要件相互统一而形成的综合性构成标准。（4）连续犯所实施的数个犯罪行为必须触犯同一罪名。这是连续犯的法律特征。同一罪名，是指犯罪性质完全相同的罪名即同质之罪。而决定犯罪性质的唯一根据，是法律规定的犯罪构成。所以，判断行为人连续实施的数个犯罪行为是否触犯同一罪名，只能以其是否符合相同的特定犯罪构成要件为标准。对连续犯一般按照一罪从重处罚。

【牵连犯】 是指行为人实施某种犯罪（即本罪），而方法行为或结果行为又触犯其他罪名（即他罪）的犯罪形态。牵连犯的构成特征包括：（1）牵连犯必须基于一个最终犯罪目的。这是构成牵连犯的主观要件，而且是认定数个犯罪行为之间具有牵连关系的主要标准。（2）牵连犯必须具有两个以上的、相对独立的危害社会的行为。这是牵连犯的客观外部特征。也就是说，行为人只有实施了数个相对独立并完全具备犯罪构成要件的危害社会的行为，才可能构成牵连犯。(3)牵连犯所包含的数个危害社会的行为之间必须具有牵连关系。牵连关系，是指行为人实施的数个危害社会的行为之间具有手段与目的或原因与结果的内在联系，亦即行为人数个危害社会的行为分别表现为目的行为（或原因行为）、方法行为或结果行为，并相互依存形成一个有机整体。(4)牵连犯的数个行为必须触犯不同的罪名。这是牵连犯的法律特征，也是确定牵连犯的标志。对于牵连犯，凡《刑法》分则条款对特定犯罪的牵连犯明确规定了相应处断原则的，无论其所规定的是何种处断原则，均应严格依照《刑法》分则条款的规定，对特定犯罪的牵连犯适用相应的原则予以处断；除此之外，对于其他牵连犯即《刑法》分则条款未明确规定处断原则的牵连犯，应当适用从一重处断原则定罪处刑，不实行数罪并罚。

【吸收犯】 是指行为人实施数个犯罪行为，因其所符合的犯罪构成之间具有特定的依附与被依附关系，从而导致其中一个不具有独立性的犯罪，被另一个具有独立性的犯罪所吸收，对行为人仅以吸收之罪论处，而对被吸收之罪置之不论的犯罪形态。吸收犯的构成特征包括：(1)行为人必须实施数个均符合犯罪构成要件的危害行为。这是构成吸收犯的前提性条件。该前提性条件，具体表现为犯罪行为的复数性、危害行为的构成符合性、犯罪行为基本性质的一致性三个具体特征。(2)行为人实施的数个犯罪行为，必须基于其内在的独立性与非独立性的对立统一特性，而彼此形成一种吸收关系。这是吸收犯作为一种罪数形态存在的基本原因，也是吸收犯区别于其他罪数形态的重要构成特征之一。(3)行为人实施的数个犯罪行为必须侵犯同一或相同的直接客体，并且指向同一的具体犯罪对象。这是吸收犯的基本构成特征之一。换言之，侵犯客体的同一性和作用对象的同一性，是构成吸收犯所必须具备的条件；此外，数个犯罪行为侵犯客体和作用对象的同一性，也是判断数个犯罪行为是否具有吸收关系的客观标准之一。(4)行为人必须基于一个犯意、为了实现一个具体的犯罪目的而实施数个犯罪行为。这是数个犯罪行为构成吸收犯必须具备的主观特征。吸收犯的形式主要可概括为以下几种：(1)既遂犯吸收预备犯或未遂犯；(2)未遂犯吸收预备犯；(3)实行阶段的中止犯吸收预备犯。但受重罪吸收轻罪的原则所制约，当实际发生的实行阶段的中止犯轻于预备犯，造成吸收不能的状态时，应将预备犯吸收实行阶段的中止犯，作为实行阶段的中止犯吸收预备犯的一种例外；(4)符合主犯条件的实行犯构成之罪，吸收教唆犯、帮助犯、次要实行犯构成之罪；(5)主犯构成之罪吸收从犯、胁从犯构成之罪；(6)符合加重犯罪构成之罪吸收符合普通犯罪构成之罪，或者符合普通犯罪构成之罪吸收符合减轻犯罪构成之罪。对于吸收犯，应当仅按吸收之罪处断，不实行数罪并罚。

【事后不可罚】 是指在状态犯的场合，利用该犯罪行为的结果的行为，如果孤立地看，符合其他犯罪的构成要件，具有可罚性，但由于被综合评价在该状态犯中，故没有必要另认定为其他犯罪。例如，抢劫、盗窃、诈骗、抢夺、敲诈勒索后的毁坏财物行为，由于被害人的财产法益已被本罪行为所剥夺，毁坏财物的行为不可能加重对被害人的法益侵害，所以是事后不可罚行为。但如果事后行为侵犯了新的法益，或者虽然侵犯的是与本罪侵犯的法益相同的法益，但事后行为扩大或者加深了这种侵犯，就不应属于事后不可罚行为，而可能产生数罪问题。例如，伪造货币后又出售、运输、使用的；购买假币后又使用假币的；购买假币后又出售的。

【数罪】 是指按照罪数的判断标准，属于数个犯罪的情形。依据不同的标准，可对数罪进行多种分类，其中有助于适用数罪并罚的分类，主要有以下几种：(1) 以行为人的犯罪事实是否符合数个犯罪构成为标准，可分为实质数罪和想象数罪。(2) 以行为人的犯罪事实符合的数个犯罪构成的性质是否一致为标准，异种数罪和同种数罪。(3) 以对行为人的犯罪事实已构成的实质数罪是否实行数罪并罚为标准，可分为并罚的数罪和非并罚的数罪。

【同种数罪】 是指行为人出于数个相同的犯罪意图，实施数个相同的行为，符合数个性质相同的犯罪构成，触犯数个相同罪名的数罪。如甲基于报复的动机，一日将其仇人杀死，另一日，甲在与人争吵中又一刀将人刺死。在这里，甲出于数个杀人故意，也实施了数个杀人行为，但触犯的都是我国《刑法》规定的故意杀人罪，属于同种数罪。对同种数罪的处罚，应当根据不同情况区别对待，即一般情况下应当按一罪处罚，但如果按一罪处罚难以做到罪刑相适应，则应当数罪并罚。

【异种数罪】 是指行为人以数个不同的犯罪意图，实施了数个性质不同的行为，符合数个性质不同的犯罪基本构成，从而触犯数个不同罪名的数罪。如甲在抢劫的过程中又对被害人实施了强奸，甲同时构成抢劫罪和强奸罪，属于异种数罪。异种数罪又可以分为绝对的异种数罪和相对的异种数罪。前者指的是一种典型的、纯粹的异种数罪；后者是指实质上是异种数罪但法律规定或者理论上认为应当按一罪处罚的异种数罪。一般来说，相对的异种数罪，属于一罪的类型。

【并罚的数罪】 是指行为人出于数个罪过，实施数个行为，构成数个独立犯罪，依照法律应实行数罪并罚的数罪类型。并罚数罪，在我国刑法中既有异种数罪也有同种数罪。异种数罪一般情况下都并罚，属于并罚的数罪。同种数罪在特定情况下也可能成为并罚的数罪。如法律作了特别的规定或者根据罪刑相适应原则和刑罚适用的社会效果，应当并罚的同种数罪就属于并罚的数罪。

【非并罚的数罪】 是指在行为人实施的数个犯罪中，因为特定的情况而无需并罚，只按照一罪进行处罚的数罪类型。在非并罚数罪情况下，行为人虽然实施了数个行为，符合数个犯罪构成，触犯的也是数个罪名，但是由于特定的事由或者法律的特别规定而不并罚。在通常情况下，前面所述的相对的异种数罪和几乎所有的同种数罪都属于非并罚的数罪。

【判决宣告前的数罪】 是指行为人在判决宣告以前实施了数个犯罪并且在判决宣告以前被发现的数罪。根据我国《刑法》的规定，判决宣告前的数罪，只有部分属于异种数罪的才被并罚，其他判决宣告前的数罪都不并罚。

【刑罚执行期间的数罪】 是指行为人犯罪的判决已经宣告并且交付执行，在刑罚执行期间发生或者发现的数罪。刑罚执行期间的数罪，根据我国《刑法》的相关规定，也可以分为两种情况：（1）在刑罚执行期间发现罪犯的漏罪而构成的数罪。这种刑罚执行期间的数罪都发生在判决宣告以前，只是在判决宣告以前只有部分犯罪被发现，而在刑罚执行期间又发现了一部分，新发现的罪与已经宣判的犯罪构成了数罪。（2）在刑罚执行期间行为人又犯新罪而构成的数罪。这种情况是指行为人在判决宣告以后刑罚执行期间又犯新罪，新犯的罪与已经宣告的犯罪构成了数罪。根据我国《刑法》的规定，刑罚执行期间的数罪，无论是否属于同种数罪，都需要实行数罪并罚。

【刑事责任】 是指刑事法律规定的，因实施犯罪行为而产生的，由司法机关强制犯罪者承担的刑事制裁或者单纯的否定性法律评价。刑事责任所体现的是国家和犯罪人之间的刑事法律关系。刑事责任具有不同于其他法律责任的如下特征：（1）强制性。是指刑事责任是犯罪人向国家所负的责任，体现了犯罪人与国家之间的关系，国家由其司法机关代表它强制犯罪人承担刑事责任。（2）严厉性。是指与民事责任、行政责任等其他法律责任的内容相比，作为刑事责任内容的否定性评价最为强烈，制裁后果最为严厉。（3）专属性。是指刑事责任只能由实施犯罪的个人或单位承担，具有人身专属性，不可转嫁，不能替代。罪责自负、反对株连是我国刑法的基本原则之一，刑事责任的事实根据是犯罪行为，所以刑事责任只有犯罪人，即实施犯罪行为者才能承担，不能及于第三人。（4）确定性。是指行为人实施了犯罪行为，就必然要承担刑事责任，或者说，行为人实施了犯罪行为就必然追究其刑事责任。行为人一旦选择了一定的行为，就必须对该行为及其结果承担责任。同样，行为人选择了犯罪行为，就必须承担作为犯罪行为的法律责任的刑事责任。此外，刑事责任是犯罪事实的综合反映，也是刑法规范的现实化，刑事责任为确定刑罚提供根据和标准。刑事责任一经确定，犯罪人和被害人均不能自行变更，也不能进行私了。

【刑事责任根据】 是指国家基于何种前提、基础或决定因素追究犯罪人的刑事责任。刑事责任的根据包括哲学根据和法学根据：（1）刑事责任的哲学根据。关于刑事责任的哲学根据，比较具有代表性的是道义责任论、社会责任论与规范责任论。辩证唯物主义认为，人们生存的社会物质生活条件包括社会条件与自然条件，决定人们的意识，人们的意识总是社会物质生活的反映，因此，人的意志自由只能是客观条件决定下的相对自由。所以，刑事责任的哲学根据就在于，行为人具有相对的意志自由，或者自由选择能力，在能够选择非犯罪行为之际而选择了犯罪行为，因此必须承担刑事责任。（2）刑事责任的法学根据。刑事责任的法学根据，是行为符合刑法规定的犯罪构成。只要某一行为符合犯罪构成，行为人就具备了承担刑事责任的基础，国家司法机关就可以对行为人追究刑事责任。如果行为缺少犯罪构成某一方面的条件，即使给社会造成严重危害，也不能追究行为人的刑事责任。

【道义责任论】 是指认为刑事责任的根据在于行为人的道义非难可能性的理论，

道义责任论从非决定论的立场出发，认为人是具有意志自由的道德存在，趋利避害是人类所共有的本性。人既然有选择行为的意志自由，而且犯罪是其自由选择的结果，从道义的立场出发，就不能不使行为人负担刑事责任。因为道义责任论基于具体违法行为的客观表现来解释责任，所以又被称为行为责任论；其又以具体行为的反道义意思阐释责任本质，因而也称意思责任论。就构成责任的心理状态，道义责任论认为包括三方面：（1）必须是具有辨别是非的能力（即刑事责任能力）；（2）行为时有意思自由；（3）犯罪时有故意或过失。而精神病人、年幼者、不是出于故意或过失的行为则不能成立犯罪。简而言之，道义责任论强调的是因为行为人自我选择了犯罪行为，所以应该承担刑事责任。道义责任论在强调追究刑事责任必须具备故意或者过失的心理要素方面有着积极的意义，有助于排除结果责任与客观责任。但是其回避了对于意志自由的肯定或否定的问题，强调只要具有故意或过失的心理事实责任即可成立，而能否自由选择行为不在责任评价之列。同时，在心理事实这一点上，道义责任论难以合理地解释无认识过失的责任问题，因为在这一场合行为人并未在认识事实的基础上作出选择。

【社会责任论】 是指认为刑事责任的根据在于保护社会的理论。社会责任论从决定论的立场出发，认为人是个性的存在、自我的存在，没有意志自由，人的行为是其个性特征的必然表现。先天的遗传基因或者后天的社会环境所造就的不良个性，决定了犯罪个性的拥有者实施犯罪行为的必然性。同时，社会责任论认为，因为人的个性各不相同，不仅犯罪人与普通人不同，而且犯罪人与犯罪人之间也有着差异，犯罪是行为人的个性行为，所以犯罪不应求诸行为人之行为，而应求诸行为人之人格、人身危险性等主观因素。因为社会责任论主张以行为人的主观情况为基础，来评价其刑事责任的本质，所以也被称为行为人责任论；主张从行为人必然的反社会性格而阐释责任本质，所以又被称为性格责任论。一言以蔽之，社会责任论认为行为人因为其对外部的潜在或外在的有害影响而承担刑事责任。社会责任论虽然能够解决一些道义责任论的问题，如无过失责任，但是纯粹从社会的角度看问题，强调社会防卫，很容易使刑罚被滥用，不当扩大刑事责任的范围。

【规范责任论】 是指认为刑事责任的根据在于行为人本可实施合法行为，却违背法律规范的要求实施违法行为的理论。规范责任论以意志自由为前提，认为责任不单纯是行为人对危害结果有认识或已认识其可能性的心理状态本身，而是心理状态与规范（以社会生活准则实行价值判断）相结合的关系。责任的本质是从规范的立场对故意或过失的心理状态施加责难的可能性。规范责任论认为，责任的要素不但包括刑事责任能力、故意或过失，还包括具体情况下存在期待行为人遵守规范实施合法行为的可能性。也即，如果没有故意或过失，也不存在期待可能性，当然不存在责任；即使行为人存在故意或过失，如果在特殊情况下而不能期待行为实施合法行为，也不存在责任，因为法律对不可能做到的事情不能加以指责，因而可以否定责任。规范责任论以期待可能性作为责任的基础，所以又被称为期待可能性说。

【刑事责任的开始】 是指刑事责任的起点。它包含两层意思：（1）行为人承担刑事责任的起点；（2）国家追究刑事责任的起点。行为人应该承担刑事责任的起始时间，是实施犯罪行为之时，犯罪行为实施之后，不论是否被发现，行为人的刑事责任随之产生，并客观存在。司法机关追究刑事责任，不过是将这种客观存在的刑事责任现实化。从《刑法》的规定来看，刑事责任的开始总是同实施犯罪联系在一起的。例如，《刑法》第十七条第一款规定，已满 16 周岁的人犯罪，应当负刑事责任。应当负刑事责任，当然是以刑事责任的客观存在为前提，表明只要实施了犯罪，刑事责任就已经客观产生。再如，《刑法》第八十九条关于追诉期限从犯罪之日起算的规定，也从立法上证明了刑事责任应当从行为人实施犯罪行为之时开始。在不同犯罪中，应该开始承担刑事责任的时间是不同的。如在故意犯罪中，行为人的刑事责任开始于实施犯罪的预备行为时，如果预备行为不受处罚，自行为人着手实施犯罪时，刑事责任才产生；在过失犯罪中，行为人的刑事责任开始于犯罪结果发生时。行为人实际承担刑事责任的起始时间，是从国家审判机关作出有罪判决并发生法律效力之时开始。国家司法机关实际追究刑事责任是从案件进入刑事诉讼程序之时开始。进入刑事诉讼程序，是指侦查机关开始对行为人进行立案侦查或者审判机关开始受理自诉案件。所以，实际追究刑事责任的开始也就是追诉活动的开始。

【刑事责任的终结】 是指对已产生的刑事责任予以处理，使刑事责任结束或者消灭。根据我国《刑法》的规定，刑事责任的解决，根据不同情况有以下四种方式：（1）定罪判刑的方式。刑事责任在刑罚（包括主刑和附加刑）执行完毕或者赦免或者免予执行之时而终结。这是最常见、最主要的刑事责任终结的情形。定罪判刑是解决刑事责任的基本方式。一般情况下，刑罚执行完毕之日就是刑事责任终结之时。如果犯罪人被判处拘役或者三年以下有期徒刑并宣告缓刑的，在缓刑考验期满，原判刑罚不再执行时，即为刑事责任的终结。在犯罪人执行一段刑罚之后被赦免时，刑事责任也因此而终结。（2）定罪免刑的方式。刑事责任在国家检察机关不起诉决定或者国家审判机关免予刑事处罚的有罪判决发生法律效力之时而终结。定罪免刑的方式又可以分为两种情况：①定罪免刑，同时给予非刑罚处理；②定罪免刑，而且不适用非刑罚处理方法。（3）消灭处理方式。刑事责任在因为具备法律规定的特殊条件消灭时终结。例如告诉才处理的犯罪而未被告诉的；告诉才处理的犯罪告诉后又撤回告诉的；犯罪已过追诉时效的；犯罪人死亡或者被特赦的。这些情形使客观上存在的刑事责任得以终结，也是一种补充解决刑事责任的方式。（4）转移处理方式。是指行为人的刑事责任不由我国司法机关解决，而是通过外交途径解决，《刑法》第十一条“享有外交特权和豁免权的外国人的刑事责任，通过外交途径解决”的规定，是转移处理方式的法律依据。

【亲告罪】 是指《刑法》第九十八条规定的被害人告诉才处理的犯罪，包括侮辱罪、诽谤罪、暴力干涉婚姻自由罪、虐待罪和侵占罪。如果被害人因受强制、威吓无法告诉的，人民检察院和被害人的近亲属也可以告诉。亲告罪必须有法律明文规定。除了这 5 个罪名外，对于

《刑法》没有明文规定为告诉才处理的犯罪的，均属于非亲告罪，即不问被害人是否告诉、是否同意起诉，人民检察院均可提起公诉的犯罪。《刑法》之所以规定亲告罪，并仅仅规定了这5个亲告罪，主要是综合考虑了以下三个因素：(1) 这类犯罪只是侵害了被害人的个人法益，而且往往比较轻微；(2) 这类犯罪通常发生在亲属、邻居、同事之间，被害人与行为人之间一般存在较为密切的关系，如果强制由公权力出面起诉，有可能会使原本较为亲密的关系产生更大裂痕；(3) 这类犯罪涉及被害人的名誉，任意提起诉讼有可能会损害被害人的名誉，对被害人造成进一步的伤害。亲告罪通常涉及刑事诉讼问题。在我国《刑事诉讼法》中，亲告罪属于自诉案件之一，只有被害人向公安、司法机关告发或者起诉，公安、司法机关才能进入刑事诉讼程序。对于同一案件中既有公诉案又有亲告案的处理，因公安机关对于亲告案件没有侦查权，故不可以对两案一并进行侦查，而只能对公诉案件进行侦查；在诉讼程序上，应由检察机关对公诉案件提起公诉，由亲告人对亲告案件提起自诉；对于法院而言，因为两案系同一行为人实施，故而应当并案审判。

【刑罚】 是指刑法中明文规定的由国家审判机关依法对犯罪人所适用的限制或剥夺其某种权益的最严厉的法律制裁方法。刑罚具有以下主要特征：(1) 刑罚是以限制或剥夺犯罪人权益为内容的最严厉的法律制裁方法。刑罚的这种严厉性，是其区别于其他法律制裁方法的主要特征。(2) 刑罚的适用对象只能是犯罪人。犯罪是刑罚的前提，刑罚是犯罪的当然法律后果。所以，刑罚只能适用于构成犯罪的人，任何未触犯刑律的自然人或单位，决不能成为刑罚适用的对象。(3) 刑罚适用的主体只能是国家审判机关。刑罚只能由国家审判机关的刑事审判部门适用，其他任何国家机关、单位、团体、个人等，都无权适用刑罚。(4) 刑罚的种类及适用标准必须以刑法明文规定为依据。按照罪刑法定原则的要求，《刑法》总则必须对刑罚的种类、量刑的原则和情节等作出明确规定，《刑法》分则应对各种具体犯罪的法定刑（包括量刑幅度）予以明文规定。不以刑法的明文规定为根据适用刑罚，是违法行为。(5) 刑罚适用必须依照刑事诉讼程序。为保证刑罚适用的准确性，刑事诉讼法规定了严格的诉讼程序。凡是未经法定程序或者违反法定程序而适用的刑罚，都是违法的。(6) 刑罚适用以国家强制力作保障。刑罚适用与其他法律制裁方法适用都以国家强制力作保障，但是刑罚适用的强制性更严格。这种严格的强制性集中体现于：除告诉才处理的和其他自诉刑事案件以外，国家审判机关依法适用刑罚具有绝对的效力，不允许被害人与被告人自行和解，也不能在人民法院的主持下进行调解，更不能以犯罪人是否接受刑罚处罚为条件。

【刑罚目的】 是指国家制定刑罚、适用刑罚和执行刑罚所预期达到的效果。刑罚的目的体现着统治阶级制定刑罚、适用刑罚和执行刑罚的指导思想，决定着刑罚体系和刑罚种类的确立，也是刑罚制度赖以建立的出发点和归宿。法院对犯罪分子适用刑罚，意味着犯罪分子的权利和自由受到了一定程度的剥夺或限制，并表明国家对犯罪分子的谴责和否定评价。惩罚是刑罚的自然属性，否则就不成其为刑罚。但是，惩罚本身并不是适用刑罚的目的。我国刑罚的目的，是通过惩罚与教育相结合的方法，改造罪犯，教育罪犯，预防犯罪。

【特殊预防】 是指通过刑罚适用预防犯罪分子重新犯罪。预防犯罪分子再次犯罪，主要是通过刑罚的适用与执行，把绝大多数犯罪分子改造成为守法的公民。《刑法》规定的各种刑种，除了死刑是剥夺犯罪分子的生命以外，其他大多数刑罚的执行都采取强制劳动改造的方法。通过强制犯罪人从事生产劳动，促使他们去除好逸恶劳的恶习，并逐步养成劳动的习惯。同时，在劳动改造的过程中，刑罚执行机关还对他们进行政治、文化、技术教育。通过教育使他们不仅学到一定的文化知识和生产技能，重返社会以后有了自谋生计的能力，而且思想也有所悔悟。通过教育改造，多数犯罪分子能够认识到犯罪是可耻的，犯罪给国家和人民造成了危害，受到刑罚处罚是罪有应得，因而内心受到自我谴责，决心弃旧图新，不再以身试法，从而预防了他们再次犯罪。少数犯罪分子对自己的罪行虽然认识不足甚至没有认识，但感受到刑罚的威力，体验到服刑的痛苦，由于害怕受刑之苦而不敢再次犯罪。对于这种人，从其思想改造的程度上看是不够的，但刑罚特殊预防的目的已达到。对于极少数罪行极其严重，不堪改造的犯罪分子，依法判处死刑并立即执行，是一种特别形式的特殊预防，即通过剥夺生命，使其不可能再犯罪。但这不是特殊预防的主要内容，教育改造犯罪分子成为守法公民，才是我国刑罚特殊预防的主要内容。

【一般预防】 是指通过对犯罪分子适用刑罚，警戒潜在的犯罪人，防止他们走上犯罪道路。国家通过公布刑法、适用刑罚，不仅直接地惩罚了犯罪分子，预防其重新犯罪，而且对潜在的犯罪人也起到了警戒和抑制作用。这就是用刑罚的威力震慑有可能犯罪的人，促使他们及早醒悟，消除犯罪意念，不重蹈犯罪分子的覆辙，从而预防犯罪的发生。依照通常的理解，一般预防的对象，不是犯罪人，而是没有犯罪的社会成员，包括具有犯罪倾向的人、刑事被害人和其他社会成员。一般预防的主要方式为：（1）通过制定、适用和执行刑罚，威慑具有犯罪倾向的人，抑制其犯罪意念，使其不敢以身试法。（2）通过制定、适用和执行刑罚，安抚刑事被害人及其亲友，以预防报复性犯罪行为的发生。（3）通过制定、适用和执行刑罚，提升、强化公民的法治观念，并鼓励公民积极参与预防犯罪的活动。此外，一般预防的对象，在广义上，还应当包括已经实施犯罪、但尚未实际受到刑事追诉的犯罪人。对于此类犯罪人，刑罚特殊预防的基本措施即刑罚适用和执行无法实现。故其只能归于一般预防的对象。对于已经实施犯罪、但尚未实际受到刑事追诉的犯罪人，刑罚的一般预防体现为：通过制定、适用和执行刑罚，遏制其再次实施犯罪的意念，预防其继续实施犯罪。

【刑罚功能】 是指国家创制、适用和执行刑罚所产生的社会效应。所谓社会效应，意味着刑罚不仅对犯罪人产生直接的影响，而且也会对其他社会成员产生直接或间接的影响。但是，由于犯罪人和其他社会成员与犯罪的关系不同，因而刑罚对其产生影响的方式和强度是不完全相同的。根据作用对象的不同，可以将刑罚的功能分为对犯罪人的功能、对被害人的功能、对一般社会成员的功能。根据功能的性质不同，可以将刑罚的功能区分为惩罚功能、改造功能、感化功能、教育功能、威慑功能、安抚功能、鼓励功能和保障功能。（1）刑罚的惩罚功能，是指刑罚对犯罪人权益的剥夺或限制，必然对其造成生理上和精神上的痛苦。这种痛苦效应的产生，是通过适用和执行刑罚的过程表现出来的。如判处死刑，意味着生命的终结；判处自由刑意味着人身自由的剥夺或限制；判处财产刑意味着金钱和物资的损失；判处资格刑则意味着一定权利和资格的停止。（2）刑罚的改造功能，是指刑罚具有改变犯罪人的价值观念和行为方式，使其成为对社会有用的新人的作用。改造罪犯是一个复杂而艰巨的过程，需要付出艰苦的劳动。在我国，以生产劳动作为改造罪犯的基本手段，在劳动改造工作中要坚持“改造第一，生产第二”的方针。但在劳动改造罪犯中，强迫劳动只是手段，而不是目的，强迫罪犯劳动的目的是要把罪犯改造成为新人。如果出于虐待、压榨的动机一味地强调劳动，必然丧失强迫劳动的宗旨。（3）刑罚的感化功能，是指通过适用和执行刑罚，对犯罪人的思想所产生的触动和教育作用。我国刑罚的感化功能，是通过制定、适用和执行刑罚的过程表现出来的。首先，在刑罚的制定和适用上，我国《刑法》规定了一系列宽大措施，如自首、缓刑、减刑、假释、从轻、减轻处罚等刑罚制度和量刑情节，通过依法对犯罪人从宽处理，必然会对他们产生强烈的感召力和心理影响。其次，在执行刑罚过程中，法律规定了对犯罪人所实行的一系列人道主义待遇，其中包括伙食、住宿、衣服、医疗、卫生、教育等各项狱政管理制度，都体现了对犯罪人的人格尊重和全面关心。通过宽大制度和人道主义待遇，会使犯罪人切身感受到国家和社会对他们的宽容、关心和帮助，从而促使其自我反省、良心发现、悔罪自新。（4）刑罚的教育功能，包括两个方面的内容：①对犯罪人的教育功能；②对其他社会成员的教育功能。刑罚对犯罪人的教育功能，是通过两个途径来实现的：①自我教育，这种教育是随着因遭受刑罚所带来的痛苦而产生的；②外部教育，即罪犯改造机关对犯罪分子所进行的教育。这种教育的特点是从外部对犯罪人施加影响。教育的内容包括政治思想教育、文化知识教育、劳动生产教育、职业技术教育等。教育的阶段可分为入监教育、监中教育、出监教育、追踪教育等。教育的方式可分为集中教育、个别教育、有形教育、无形教育等。在对犯罪人进行教育的过程中，要坚持“惩罚与教育相结合”的原则，即对犯罪人不能放弃惩罚的手段，但惩罚不是目的，要立足于教育，着眼于教育。要讲究改造艺术，重在以理服人，以情动人，以行感人，以实教人。刑罚对其他社会成员的教育功能，也是通过制定、适用和执行刑罚的过程来实现的。国家通过制定刑法，明文规定了什么行为是犯罪，以及犯罪所承担的刑事责任，这就使人们明确了合法行为与违法犯罪行为的界限，从而自觉地遵守法律。国家对具体的犯罪人适用和执行刑罚，使广大公民从生动的案例中，进一步认识到犯罪的危害、刑罚的严肃，从而依法行事，不致坠入法网。如果说前一种教育是抽象的话，那么，后一种教育则是生动而具体的。（5）刑罚的威慑功能，亦称威吓、震慑功能，可以区分为对犯罪人的威慑功能和对其他社会成员的威慑功能。刑罚对犯罪人的威慑功能，指刑罚对犯罪分子所产生的威吓遏制作用。通常分为行刑前的威慑、行刑时的威慑和行刑后的威慑。刑罚对其他社会成员的威慑功能，指刑罚具有使社会上的危险分子产生畏惧而不敢犯罪的震慑作用。通常分为立法威慑和司法威慑。立法威慑是指国家以立法形式将罪刑关系确定下来，通过刑法规定犯罪是应受刑罚惩罚的行为，并具体列举各种犯罪所应当受到的刑罚处罚，使社会上的危险分子望而生畏，不敢犯罪。司法威慑是指通过司法机关对犯罪人适用和执行刑罚，使意欲犯罪者因目睹他人受刑之苦，而从中得到警戒。立法威慑和司法威慑是互相联系、不可分割的。没有立法威慑，就没有后来的司法威慑；而没有司法威慑，也就难以使立法威慑产生应有的效应。（6）刑罚的安抚功能，是指通过对犯罪人适用和执行刑罚，对被害人和其他社会成员所产生的安慰、抚慰和补偿作用。国家通过对犯罪人适用和执行刑罚，可以满足被害人的正义要求，使他们的经济损失得以补偿，心理秩序得以恢复，精神创伤得以抚慰。同时，也可以向其他社会成员昭示刑罚的威力和法律的公正，稳定群众情绪，平息公众义愤。（7）刑罚的鼓励功能，是指通过对犯罪分子适用和执行刑罚，对广大公民所产生的鼓舞和激励作用。这种作用表现为，司法机关依法对犯罪人适用和执行刑罚的活动，惩罚了罪犯，伸张了正义，鼓舞了广大公民的斗志，增强了他们同犯罪活动作斗争的信心。刑罚鼓励功能的发挥，必须建立在司法机关有法必依、执法必严的基础上。如果对犯罪分子心慈手软、姑息迁就，重罪轻判、轻罪不判，不仅不能对广大公民产生鼓励作用，反而会使一些人产生“犯罪有利可图”和“有罪不罚”的错误认识与侥幸心理，其后果必然是坏人神气、好人受气，犯罪分子扬眉吐气、人民群众唉声叹气。这样势必压抑广大公民同犯罪作斗争的积极性，削弱广大公民同犯罪作斗争的斗志和勇气。（8）刑罚的保障功能，是指刑罚所具有的保护国家、社会、公民的利益和安全的作用。这种功能是刑罚功能体系中最重要的一个方面，也是国家创制、适用和执行刑罚所追求的深层次目的。刑罚的保障功能是任何类型的国家都不能回避、不能否认的。我国刑罚的保障功能表现在：①保卫人民民主专政的国家政权；②保卫以社会主义公有制为主、多种经济成分并存的经济基础；③保护公民的合法权益；④维护正常的社会秩序；⑤保障改革开放事业的顺利进行。

【刑罚体系】 是指由刑法所规定的并按照一定次序排列的各种刑罚方法的总和。刑罚体系，是刑法规定的各种刑罚方法构成的统一体，这些刑罚方法按一定顺序排列，具有严谨的内部结构，形成一个有机的整体，从而能够有效地发挥刑罚的功能，实现刑罚的目的。刑罚方法的分类，基本上有两种方法：（1）以刑罚所剥夺或者限制犯罪分子的权利和利益的性质为标准，将刑罚方法分为生命刑、自由刑、财产刑、资格刑四类。生命刑，是剥夺犯罪分子生命的刑罚方法。自由刑，是剥夺或限制犯罪分子人身自由的刑罚方法。财产刑，是剥夺犯罪分子财产的刑罚方法。资格刑，是剥夺犯罪分子行使某些权利的资格的刑罚方法。（2）以某种刑罚方法只能单独适用还是可以附加适用为标准，将刑罚分为主刑与附加刑两类。根据《刑法》第三十二条、第三十三条、第三十四条的规定，刑罚分为主刑和附加刑两大类。主刑有管制、拘役、有期徒刑、无期徒刑、死刑五种；附加刑有罚金、剥夺政治权利、没收财产三种。此外，《刑法》第三十五条还规定，对于犯罪的外国人可以独立适用或者附加适用驱逐出境。据此，驱逐出境，也是一种附加刑。

【主刑】 是指对犯罪分子适用的主要的刑罚方法。它的特点是只能独立适用，不能附加适用；对于一个犯罪，只能适用一个主刑，而不能适用两个以上主刑。我国《刑法》中的主刑包括管制、拘役、有期徒刑、无期徒刑和死刑五种。

【自由刑】 是指以剥夺或限制犯罪分子人身自由为主要内容的刑罚方法，如无期徒刑、有期徒刑、拘役等。自由刑包括两种：（1）限制自由刑，即以限制犯罪分子人身自由为主要内容的刑罚方法；（2）剥夺自由刑，即以剥夺犯罪分子人身自由为主要内容的刑罚方法。根据限制或者剥夺自由的期限不同，自由刑又可分为有期自由刑和终身自由刑。在我国，有期自由刑包括管制、拘役和有期徒刑，终身自由刑则是无期徒刑。自由刑的期限跨度大，且因其期限的不同而具有不同的惩罚性，因而是当今各国刑法中运用最广的刑罚。

【财产刑】 是指以剥夺犯罪分子财产（包括金钱和财物）为主要内容的刑罚方法。财产刑的主要功能是通过对犯罪分子财产的剥夺进而剥夺犯罪分子再犯罪的经济能力。在我国财产刑主要有两种，即罚金和没收财产。与刑法上的没收制度不同，财产刑剥夺的财产是犯罪分子个人的合法财产，不包括犯罪分子家庭其他成员的财产。对违法所得、犯罪所得等与犯罪相关财物的没收，属于刑法上的没收，不是财产刑。

【资格刑】 是指剥夺犯罪分子行使某些权利的资格的刑罚方法。从世界各国刑法的规定来看，资格刑的主要类型有：（1）剥夺一定的权利。其中有属于政治方面的，如选举权与被选举权；有属于经济方面的，如获得薪水、年金及津贴；有属于民事方面的，如亲权；有属于人格方面的，如荣誉等。（2）禁止担任一定的职务。例如，《蒙古国刑法典》第二十二条规定："如果法院根据犯罪人在职务上或从事某种活动时所犯罪行的性质，认为不能再让其保留担任一定职务或从事某种活动的权利，法院可以对犯罪人适用这种刑罚。"（3）禁止从事一定的职业。这一资格刑主要适用于经济方面的犯罪。（4）禁止驾驶。驾驶也是一定职业，禁止驾驶往往作为一种特殊的资格刑。（5）剥夺荣誉称号。这是许多国家刑法中规定的资格刑种类。我国《刑法》中的资格刑主要是剥夺政治权利，职业禁止也带有资格剥夺的内容。

【管制】 是指对犯罪人不予关押，但限制其一定自由，依法实行社区矫正的刑罚方法。管制是我国特有的一种轻刑，它具有以下特点和内容：（1）管制适用的对象。刑法对于管制的对象未作明确限制。只要《刑法》分则条文的法定刑中规定有管制的，人民法院根据案件的具体情况，认为属于犯罪尚不够判处有期徒刑或者其他主刑，以不予关押为宜的犯罪分子，都可以判处管制，限制其一定的人身自由。（2）不予关押，也即不剥夺犯罪人的人身自由。这体现了管制刑的开放性特征，有助于避免短期自由刑固有的弊端。（3）具有一定期限。根据《刑法》第三十八条第一款、第四十一条、第六十九条之规定，管制的期限为三个月以上二年以下，数罪并罚时不得超过三年。管制的刑期，从判决执行之日起计算；判决执行以前先行羁押的，羁押一日折抵刑期二日。依据《刑法》第四十条之规定，管制期满，执行机关应即向本人和其所在单位或者居住地的群众宣布解除管制。（4）可以适用禁止令。《刑法》第三十八条第二款之规定："判处管制，可以根据犯罪情况，同时禁止犯罪分子在执行期间从事特定活动，进入特定区域、场所，接触特定的人。"（5）依法实行社区矫正。《刑法》第三十八条第三款规定："对判处管制的犯罪分子，依法实行社区矫正。"（6）管制的执行。《刑法》第三十九条第一款规定："被判处管制的犯罪分子，在执行期间，应当遵守下列规定：（一）遵守法律、行政法规，服从监督；（二）未经执行机关批准，不得行使言论、出版、集会、结社、游行、示威自由的权利；（三）按照执行机关规定报告自己的活动情况；（四）遵守执行机关关于会客的规定；（五）离开所居住的市、县或者迁居，应当报经执行机关批准。"第二款规定："对于被判处管制的犯罪分子，在劳动中应当同工同酬。"

【拘役】 是指短期剥夺犯罪人自由，就近实行劳动改造的刑罚方法。拘役是一种短期自由刑，是主刑中介于管制与有期徒刑之间的一种轻刑。拘役具有如下特点和内容：（1）拘役适用的对象。拘役主要适用于罪行较轻，但又必须短期剥夺其人身自由进行劳动改造的犯罪人。（2）拘役是剥夺自由的刑罚方法。这是拘役与管制区别之关键。拘役对犯罪人人身自由予以短期剥夺，实行关押，并对有劳动能力的，实行强制劳动改造，故其属于短期自由刑，具有一定程度的惩罚性。（3）拘役刑期较短、幅度窄。根据《刑法》第四十二条、第六十九条之规定，拘役的期限为一个月以上六个月以下，数罪并罚时不得超过一年。依据《刑法》第四十四条之规定，拘役的刑期，从判决执行之日起计算；判决执行以前先行羁押的，羁押一日折抵刑期一日。（4）拘役的执行。《刑法》第四十三条第一款规定："被判处拘役的犯罪分子，由公安机关就近执行。"这表明公安机关是拘役刑的执行机关，具体而言是指县级公安部门。"就近执行"，是指公安机关对于人民法院判处拘役的犯罪分子，应当在就近的看守所内执行，并实行分管分押，以防"交叉感染"。《刑法》第四十三条第二款规定："在执行期间，被判处拘役的犯罪分子每月可以回家一天至两天；参加劳动的，可以酌量发给报酬。"被判处拘役的犯罪分子，如离家路途较远的，可以累积使用假期。"酌量发给报酬"，既不是不发给报酬，又不是同工同酬，而是根据犯罪人参加生产劳动的表现、技术水平和生产收入情况等，发给适当的报酬。

【有期徒刑】 是指剥夺犯罪人一定期限的人身自由，并强制进行劳动改造的刑罚方法。有期徒刑具有如下特点和内容：（1）适用对象广泛。有期徒刑属于有期自由刑，刑罚幅度变化大，它是我国适用最广泛的刑罚方法，从较轻犯罪到较重犯罪，都可以由有期徒刑给予较合适的惩罚。（2）剥夺罪犯自由。这是有期徒刑的根本特征。被判处有期徒刑的罪犯将被羁押于特定刑事设施之中，包括监狱、未成年犯管教所、看守所等。（3）具有一定期限。根据《刑法》第四十五条、第五十条及第六十九条的规定，有期徒刑的期限为六个月以上十五年以下；死缓减为有期徒刑时为二十五年；

数罪并罚时，有期徒刑总和刑期不满三十五年的，最高不能超过二十年，总和刑期在三十五年以上的，最高不能超过二十五年；刑期从判决执行之日起开始计算；判决执行以前先行羁押的，羁押一日折抵刑期一日。由于有期徒刑的刑期幅度很大，所以，《刑法》分则在法定刑中对有期徒刑的刑度作了进一步的规定。（4）进行劳动改造。《刑法》第四十六条规定，被判处有期徒刑的人，凡有劳动能力的，都应当参加劳动，接受教育和改造。此处劳动改造是强制性的，除丧失劳动能力的以外，都必须参加劳动。从这一意义上讲，我国《刑法》中的有期徒刑不同于一些西方国家刑法中单纯剥夺犯罪人人身自由的监禁刑。

【无期徒刑】　是指剥夺犯罪人终身自由，实行强迫劳动改造的刑罚方法。无期徒刑具有如下特点和内容：（1）剥夺犯罪人终身自由。无期徒刑没有刑期限制，需要剥夺犯罪分子终身人身自由，因而它是自由刑中最为严厉的刑罚方法。作为一种严厉性仅次于死刑的刑罚，无期徒刑只适用于严重的犯罪。我国《刑法》对无期徒刑的规定一般有三种形式：（1）把无期徒刑与有期徒刑以及其他刑种作为选择性刑种规定在一个条文中，把无期徒刑规定为法定最高刑；（2）把无期徒刑与死刑规定在一个条文里，作为选择性刑种；（3）把死刑作为最高刑，将无期徒刑和处十年以上有期徒刑规定在一个条文中，作为量刑的选择性刑种。当然，需要指出的是，尽管从法律规定与理论上说，无期徒刑是剥夺终身自由，但由于法律同时规定了减刑、假释、赦免等制度，故而事实上被判处无期徒刑的犯罪人也往往很少有终身服刑的。（2）实行劳动改造。根据《刑法》第四十六条之规定，被判处无期徒刑的犯罪分子，在监狱或其他执行场所执行；凡具有劳动能力的，都应当参加劳动，接受教育和改造。《刑法》规定对判处无期徒刑的犯罪人可以减刑、假释，也在于促使犯罪人积极改造。因此，我国《刑法》中的无期徒刑不同于一些西方国家刑法中的终身监禁。（3）不可能孤立地适用。根据《刑法》第五十七条之规定，被判处无期徒刑的犯罪分子，应当剥夺政治权利终身。这就意味着无期徒刑不可能被孤立地适用。这也从另一个方面体现了无期徒刑的严厉性。

【死刑】　又称生命刑，是指剥夺犯罪分子生命的刑罚方法。其特点在于它是对犯罪分子的肉体予以剥夺而不是对犯罪分子的自由予以剥夺，它是最严厉的刑罚方法，因此也称为极刑。我国对于死刑的适用，历来采取少杀、慎杀政策，通过《刑法》总则规定与分则规定相结合的方式来控制死刑数量，限制死刑适用。其中，《刑法》总则关于适用死刑的限制性规定主要表现在：（1）规定了严格的死刑适用条件。①《刑法》第四十八条规定，“死刑只适用于罪行极其严重的犯罪分子”，这是对死刑适用对象的限制。“只适用于”从表述上就体现了限制死刑的精神。“罪行极其严重”，指罪行对国家和人民利益的危害特别严重，情节特别恶劣，同时行为人具有极其严重的人身危险性。②根据《刑法》第四十九条第一款规定，“犯罪的时候不满十八周岁的人和审判的时候怀孕的妇女，不适用死刑。”也就是说，对于犯罪的时候不满 18 周岁和审判的时候怀孕的妇女，即使其属于罪行极其严重的犯罪分子，也不能适用死刑。“犯罪的时候”，是指犯罪人实施犯罪行为的时候。“审判的时候怀孕的妇女”，是指审判时以及审判前在羁押受审时已经怀孕的妇女。“不适用死刑”，是指不能判处死刑（包括死缓），而不能理解为可以判处死刑，但暂时不执行，待犯罪分子年满18周岁或怀孕妇女分娩或流产后再执行死刑。此外，根据《刑法》第四十九条第二款规定，审判的时候已满75周岁的人，不适用死刑，但以特别残忍手段致人死亡的除外。除非是属于以肢解、残酷折磨等手段致被害人死亡的情况，对审判时年满75周岁的犯罪分子不适用死刑，这为死刑的适用对象作出了进一步的限制。（2）规定了严格的死刑核准程序。《刑法》第四十八条规定：“死刑除依法由最高人民法院判决的以外，都应当报请最高人民法院核准。死刑缓期执行的，可以由高级人民法院判决或者核准。”根据我国《刑法》及《刑事诉讼法》中关于死刑核准程序的规定，死刑除依法由最高人民法院判决的以外，都应当报请最高人民法院核准。中级人民法院判处死刑的第一审案件，被告人不上诉的，应当由高级人民法院复核后报请最高人民法院核准；高级人民法院判处死刑的第一审案件被告人不上诉的，以及判处死刑的第二审案件，都应当报请最高人民法院核准。死刑缓期执行的，可以由高级人民法院判决或者核准。违反上述法定程序适用死刑的，应认为是非法适用死刑。死刑核准程序是在一般的一审、二审程序之外，对死刑案件予以审核批准的特别监督程序。这一程序的建立，有利于保证死刑判决的质量，客观上也限制了死刑适用的数量。

【死刑缓期二年执行】 是指对犯罪分子判处死刑，但不立即执行，而是给予二年的考验期，在二年内没有故意犯罪且情节恶劣的，减为无期徒刑或者有期徒刑的死刑执行制度。《刑法》第四十八条规定，对于应当判处死刑的犯罪分子，如果不是必须立即执行的，可以判处死刑同时宣告缓期二年执行。《刑法》第五十条第一款规定：“判处死刑缓期执行的，在死刑缓期执行期间，如果没有故意犯罪，二年期满以后，减为无期徒刑；如果确有重大立功表现，二年期满以后，减为二十五年有期徒刑；如果故意犯罪，情节恶劣的，报请最高人民法院核准后执行死刑；对于故意犯罪未执行死刑的，死刑缓期执行的期间重新计算，并报最高人民法院备案。”这就是我国《刑法》中的死刑缓期执行制度。死缓制度对于应当判处死刑的犯罪人，又在是否实际执行的环节上留了一线生机，只要不是必须立即执行的，均可适用死刑缓期执行的规定。根据上述规定，适用死刑缓期执行必须具备两个条件：（1）罪该处死，即必须是罪行极其严重；（2）不是必须立即执行。这是适用死缓的基本条件。“不是必须立即执行”，《刑法》未作明确规定，但根据司法实践，通常是指犯罪后自首、立功或有其他法定从轻情节的；在共同犯罪中罪行不是最严重的；因被害人的过错导致被告人激愤犯罪或者有其他表明容易改造的情节的；有令人怜悯的情节的；有其他应当留有余地的情况。由于死缓不是独立刑种，只是死刑的一种执行方法，故判处死缓会出现不同结局。根据《刑法》第五十条第一款之规定，对于死缓犯，有三种处理结局：（1）在死刑缓期执行期间，没有故意犯罪的，二年期满以后，减为无期徒刑；（2）在死刑缓期执行期间，有重大立功表现的，二年期满以后，减为二十五年有期徒刑；（3）在死刑缓期执行期间，故意犯罪情节恶劣的，由最高人民法院核准，执行死刑。

【死刑缓期执行限制减刑】 简称“死缓限制减刑”，是指对被判处死刑缓期执行的累犯以及因故意杀人、强奸、抢劫、绑架、放火、爆炸、投放危险物质或者有组织的暴力性犯罪被判处死刑缓期执行的犯罪分子，人民法院根据犯罪情节等情况可以同时决定对其限制减刑。在《刑法修正案（八）》颁布前，我国的死缓实际执行最长年限为24年，由于实际执行期限过短，这就导致了两个问题：一是判处死缓的犯罪分子都具有很严重的罪行，实际执行刑期过短，不能有效地威慑罪犯，也难以抚慰被害人的家属，法律效果和社会效果均未能有效保证。二是与死刑立即执行之间的差距过大，妨碍了死缓在司法实践中的适用，因此，《刑法修正案（八）》增设第五十条第二款死刑缓期执行限制减刑制度，以期能够平衡死刑缓期执行与死刑立即执行间的关系。根据《刑法》第七十八条第二款第三项的规定，人民法院依照本法第五十条第二款规定限制减刑的死刑缓期执行的犯罪分子，缓期执行期满后依法减为无期徒刑的，不能少于二十五年（不含死缓两年考验期），缓期执行期满后依法减为二十五年有期徒刑的，不能少于二十年（不含死缓两年考验期）。这就规定了实际执行的最低刑期，但对具体犯罪分子的实际执行刑期，允许在法律规定范围内依其接受教育改造的情况确定之。《死刑缓期执行限制减刑案件审理程序规定》对涉及的程序性问题作了规定。最高人民法院先后出台的第4号指导性案例“王志才故意杀人案”、第12号指导性案例“李飞故意杀人案”，也为正确适用死刑缓期执行限制减刑提供了司法指导。

【终身监禁】 是指剥夺犯罪分子终身自由且没有出狱可能的刑罚方法。在内涵上，终身监禁与不可减刑、假释的无期徒刑的内涵基本相同。我国《刑法》上的终身监禁，是指《刑法修正案（九）》针对贪污罪、受贿罪增设的终身监禁制度。其第四十四条第四款规定：“犯第一款罪，有第三项规定情形被判处死刑缓期执行的，人民法院根据犯罪情节等情况可以同时决定在其死刑缓期执行二年期满依法减为无期徒刑后，终身监禁，不得减刑、假释。”我国《刑法》上终身监禁的特点包括：（1）适用对象的有限性，即仅适用贪污罪、受贿罪两种罪名。对于贪污罪、受贿罪之外的其他犯罪，不得适用终身监禁。（2）适用程序的依附性，即以对贪污、受贿犯罪分子适用死刑缓期执行为前提。在我国，即便是对于严重的贪污、受贿犯罪分子，也不能直接对其适用终身监禁，而只能在其符合死刑缓期二年执行条件的情况下，对其适用死刑缓期二年执行，同时决定在其死刑缓期执行二年期满依法减为无期徒刑后，终身监禁。（3）适用主体的特定性，即只能由人民法院决定对严重的贪污、贿赂犯罪分子决定适用终身监禁。（4）适用条件的多样性。根据《刑法修正案（九）》的规定，人民法院对严重的贪污、受贿犯罪分子适用终身监禁的条件是“根据犯罪情节等情况”。这意味着，对于被判处死刑缓期二年执行的严重贪污、受贿犯罪分子适用终身监禁的条件，可以是包括“犯罪情节”在内的各种情况。（5）适用后果的特定性，即不得减刑、假释。这里所称的后果不包括暂予监外执行和赦免。换言之，被适用终身监禁的贪污、受贿犯罪分子，如果符合暂予监外执行和赦免条件的，仍然可以适用暂予监外执行和赦免。因此，终身监禁所指代的剥夺犯罪分子终身自由是相对意义上的，对于符合暂予监外执行和赦免条件的犯罪人，仍有出狱的可能。

【附加刑】 又称从刑，是指补充主刑适用的刑罚方法。它的特点是既能独立适用，又能附加适用。当附加适用时，可以同时适用两个以上的附加刑。我国《刑法》规定的附加刑包括罚金、剥夺政治权利、没收财产。另外，驱逐出境也是附加刑体系中的内容，是特殊的附加刑。

【罚金】 是指人民法院判处犯罪人向国家缴纳一定数额金钱的刑罚方法。罚金属于财产刑的一种，它在处罚性质、适用对象、适用程序、适用主体、适用依据等方面与行政罚款、赔偿损失等处罚措施有着严格的区别。罚金的适用对象主要是破坏社会主义市场秩序罪、侵犯财产罪、妨害社会管理秩序罪和贪污贿赂罪。《刑法》第五十二条规定，判处罚金，应当根据犯罪情节决定罚金数额。犯罪情节，是指犯罪人在实施犯罪过程中所存在和呈现出来的，决定其主观恶性大小和社会危害程度的主客观因素，包括犯罪的动机、目的、手段、时间、地点、违法所得数额、销售金额等。《刑法》分则对于罚金数额的规定，则分为三种情况：（1）无限额罚金制，即没有规定罚金的具体数额，完全由法官依据犯罪情节予以判处。根据《适用财产刑规定》，刑法没有明确规定罚金数额标准的，罚金的最低数额不能少于1000元。对未成年人犯罪应当从轻或者减轻判处罚金，但罚金的最低数额不能少于五百元。（2）普通罚金制，也称限额罚金制，即规定了相对确定的罚金数额，法官只能在数额幅度之内依据犯罪情节决定应当判处的数额。（3）倍比罚金制，即以违法所得或犯罪涉及的数额为基数，然后以其一定的倍数或比例来确定罚金数额。根据《刑法》第五十三条的规定，在我国，罚金有以下几种执行方式：（1）一次缴纳，即要求犯罪人在判决指定的期限内一次性缴纳完所判罚金的数额；（2）分期缴纳，即要求犯罪人在判决确定的期限以内分期缴纳所判罚金的方式；（3）强制缴纳，是指在判决确定的期限届满以后，犯罪人未缴纳或未全部缴纳的，由人民法院强制其缴纳的方法；（4）随时追缴，是指对于不能全部缴纳罚金的犯罪人，人民法院在任何时候发现其有可以执行的财产的，应随时予以追缴的方法；（5）延期缴纳，即由于遭遇不能抗拒的灾祸等原因缴纳确实有困难的，经人民法院裁定，可以延期缴纳；（6）减免缴纳，即由于遭遇不能抗拒的灾祸等原因缴纳确实有困难的，经人民法院裁定，可以酌情减少或者免除。

【选处罚金】 是指某种犯罪或者犯罪的特定情节的法定刑是由罚金刑和其他刑种并列构成，法官应选择其中一种，但不能同时适用的制度。其特点是法官对罚金的适用具有选择权，并且通常是可以选择将罚金作为主刑替代措施来适用。例如，《刑法》第二百七十五条规定："故意毁坏公私财物，数额较大或者有其他严重情节的，处三年以下有期徒刑、拘役或者罚金；数额巨大或者有其他特别严重情节的，处三年以上七年以下有期徒刑。"该条中的罚金是和"三年以下有期徒刑、拘役”并列规定在一起，法官可以选择适用。

【单科罚金】 是指某种犯罪或者犯罪的特定情节的法定刑，刑法只规定有罚金刑，而没有规定其他刑种的情况。其特点是法官对罚金的适用具有必然性，没有选择适用其他刑罚的权利。我国《刑法》分则凡是规定处罚犯罪单位的，都是规定对单位判处罚金。根据《适用财产刑规定》，犯罪情节较轻，适用单处罚金不致再危害社会并具有下列情形之一的，可以依法单处罚金：（1）偶犯或者初犯；（2）自首或者有立功表现的；（3）犯罪时不满十八周岁的；（4）犯罪预备、中止或者未遂的；（5）被胁迫参加犯罪的；（6）全部退赃并有悔罪表现的；（7）其他可以依法单处罚金的情形。

【并科罚金】 是指某种犯罪或犯罪的特定情节的法定刑是由罚金刑与其他刑种并列构成的，法官可以将它们合并适用的制度。并科罚金制又有得并科罚金制与必并科罚金制之分。前者是法官可以根据犯罪情节选择对犯罪人并科适用罚金，也可以根据犯罪情节不对犯罪人适用罚金；后者是法官必须对犯罪人并处罚金。《刑法》第二百九十四条规定，组织、领导黑社会性质的组织的，处七年以上有期徒刑，并处没收财产；积极参加的，处三年以上七年以下有期徒刑，可以并处罚金或者没收财产；其他参加的，处三年以下有期徒刑、拘役、管制或者剥夺政治权利，可以并处罚金。该条中规定的罚金属于得并科罚金，即法官可以根据犯罪情节对犯罪人选择并处罚金。

【复合罚金】 是指法定刑中罚金的单科、并科、选科并存，由法官最终决定如何适用的制度。例如，《刑法》第二百七十四条规定：“敲诈勒索公私财物，数额较大或者多次敲诈勒索的，处三年以下有期徒刑、拘役或者管制，并处或者单处罚金；数额巨大或者有其他严重情节的，处三年以上十年以下有期徒刑，并处罚金；数额特别巨大或者有其他特别严重情节的，处十年以上有期徒刑，并处罚金。”

【剥夺政治权利】 是指依法剥夺犯罪人一定期限内参加管理国家和政治活动的权利的刑罚方法。剥夺政治权利的内容包括：（1）剥夺政治权利的适用。根据《刑法》第五十六条、第五十七条之规定，剥夺政治权利一般附加适用于以下三类犯罪分子：①危害国家安全的犯罪分子，应当附加剥夺政治权利。应当，就是必须一律附加，而不是可以附加，也可以不附加。②严重破坏社会秩序的犯罪分子，可以附加剥夺政治权利。“严重破坏社会秩序的犯罪分子”，是指实施故意杀人、强奸、放火、爆炸、投放危险物质、抢劫等犯罪的犯罪分子。“可以”，是指根据犯罪的情节、危害结果等情况综合予以考虑，可以附加，也可以不附加。③对于被判处死刑、无期徒刑的犯罪分子，应当剥夺政治权利终身。（2）剥夺政治权利的内容。根据《刑法》第五十四条之规定，剥夺政治权利是剥夺如下权利：①选举权和被选举权；②言论、出版、集会、结社、游行、示威自由的权利；③担任国家机关职务的权利；④担任国有公司、企业、事业单位和人民团体领导职务的权利。（3）剥夺政治权利的期限。根据我国《刑法》的规定，剥夺政治权利的期限有以下四种情况：①对于判处死刑、无期徒刑的犯罪分子，应当附加剥夺政治权利终身；②对于死刑缓期执行减为有期徒刑的，或者无期徒刑减为有期徒刑的，应当把附加剥夺政治权利的期限改为三年以上十年以下；③独立适用剥夺政治权利或者判处有期徒刑、拘役而附加剥夺政治权利的，其期限为一年以上五年以下；④判处管制附加剥夺政治权利的，其期限与管制的期限相等，同时执行。(4) 剥夺政治权利的刑期起算与执行。剥夺政治权利的刑期起算与执行分为以下几种情况：①独立适用的，按执行判决的一般原则，从判决执行之日起计算、执行；②被判管制附加剥夺政治权利的，刑期与管制的刑期同时起算，同时执行；③被判有期徒刑、拘役附加剥夺政治权利的，以及死缓、无期徒刑减为有期徒刑附加剥夺政治权利的，其刑期从徒刑、拘役执行完毕之日起，或从假释之日起开始计算；剥夺政治权利的效力当然适用于主刑执行期间；④判处死刑、无期徒刑而剥夺政治权利终身的，从主刑执行之日起开始执行。

【没收财产】 是指将犯罪分子个人所有的财产的一部或全部强制无偿地收归国有的一种刑罚方法。没收财产只能适用于《刑法》分则明文规定可以判处没收财产的那些犯罪。从《刑法》分则的规定来看，主要适用于危害国家安全罪、破坏社会主义市场经济秩序罪、侵犯财产罪以及贪污贿赂罪。《刑法》第五十九条规定，没收财产是没收犯罪分子个人所有财产的一部分或者全部。没收全部财产的，应当对犯罪分子个人及其扶养的家属保留必需的生活费用。在判处没收财产的时候，不得没收属于犯罪分子家属所有或者应有的财产。据此规定，对犯罪分子个人所有的财产，可以没收一部分，也可以没收全部。至于具体没收多少，要由人民法院根据犯罪分子罪行的轻重和案件的具体情况来决定。但不能没收属于罪犯家属所有或者应有的财产。“属于犯罪分子家属所有的财产”，是指所有权明确属于犯罪分子家属本人的那一部分财产，或者犯罪分子家属用本人劳动所得购买的归本人使用的生活用品等。“属于犯罪分子家属应有的财产”，是指家庭共同所有财产中，应当归家属所有的那部分财产。根据《适用财产刑规定》，依法对犯罪分子所犯数罪分别判处罚金的，应当实行并罚，将所判处的罚金数额相加，执行总和数额。一人犯数罪依法同时并处罚金和没收财产的，应当合并执行；但并处没收全部财产的，只执行没收财产刑。

【驱逐出境】 是指强迫犯罪的外国人离开中国国（边）境的一种刑罚方法。《刑法》第三十四条规定的附加刑的种类中，并没有包括驱逐出境。但是，《刑法》第三十五条规定：“对于犯罪的外国人，可以独立适用或者附加适用驱逐出境。”由此可知，驱逐出境既可以独立适用也可以附加适用，故符合附加刑的基本特征，是一种仅适用于犯罪的外国人的特殊附加刑。依据《刑法》第三十五条之规定，只是可以对犯罪的外国人适用驱逐出境。“可以”是与“应当”相对而言的，它是指对犯罪的外国人不是一律都要适用驱逐出境，而要由人民法院根据案件的具体情况综合考虑是否适用。

【禁止令】 是指人民法院根据犯罪分子的犯罪原因、犯罪性质、犯罪手段、犯罪后的悔罪表现、个人一贯表现等情况，充分考虑与犯罪分子所犯罪行的关联程度，对被判处管制、宣告缓刑的犯罪分子适用的禁止其在管制执行期间、缓刑考验期内从事特定活动、进入特定区域、场所或者接触特定的人的措施。禁止令具有四个特点：（1）禁止令的适用对象仅限于被判处管制、宣告缓刑的犯罪分子，对其他犯罪分子不能适用禁止令。（2）禁止令的适用依据是犯罪分子的犯罪原因、犯罪性质、犯罪手段、犯罪后的悔罪表现、个人一贯表现等情况。（3）禁止令的内容是禁止“从事特定活动，进入特定区域、场所，接触特定的人”。禁止从事的活动包括：①个人为进行违法犯罪活动而设立公司、企业、事业单位或者在设立公司、企业、事业单位后以实施犯罪为主要活动的，禁止设立公司、企业、事业单位；②实施证券犯罪、贷款犯罪、票据犯罪、信用卡犯罪等金融犯罪的，禁止从事证券交易、申领贷款、使用票据或者申领、使用信用卡等金融活动；③利用从事特定生产经营活动实施犯罪的，禁止从事相关生产经营活动；④附带民事赔偿义务未履行完毕，违法所得未追缴、退赔到位，或者罚金尚未足额缴纳的，禁止从事高消费活动；⑤其他确有必要禁止从事的活动。禁止进入的区域包括：①禁止进入夜总会、酒吧、迪厅、网吧等娱乐场所；②未经执行机关批准，禁止进入举办大型群众性活动的场所；③禁止进入中小学校区、幼儿园园区及周边地区，确因本人就学、居住等原因，经执行机关批准的除外；④其他确有必要禁止进入的区域、场所。禁止接触的人员包括：①未经对方同意，禁止接触被害人及其法定代理人、近亲属；②未经对方同意，禁止接触证人及其法定代理人、近亲属；③未经对方同意，禁止接触控告人、批评人、举报人及其法定代理人、近亲属；④禁止接触同案犯；⑤禁止接触其他可能遭受其侵害、滋扰的人或者可能诱发其再次危害社会的人。（4）禁止令的期限一般与管制的执行期、缓刑考验期相同。根据2011年4月28日公布的《对判处管制、宣告缓刑的犯罪分子适用禁止令规定（试行）》第六条的规定，禁止令的期限，既可以与管制执行、缓刑考验的期限相同，也可以短于管制执行、缓刑考验的期限，但判处管制的，禁止令的期限不得少于三个月，宣告缓刑的，禁止令的期限不得少于二个月。判处管制的犯罪分子在判决执行以前先行羁押以致管制执行的期限少于三个月的，禁止令的期限不受前款规定的最短期限的限制。

【保安处分】 是指对实施危害社会行为或具有社会危险性的人所采取的用以代替刑罚或补充刑罚的强制措施，其目的是预防犯罪、保卫社会。当今主要的西方国家的刑法中都规定了保安处分；英美法系各国虽然无保安处分的概念，但在立法上也都规定了多种改善及保安措施。保安处分适用于特殊犯罪人，如无责任能力和限制责任能力的精神病犯、酗酒犯、吸毒犯、未成年犯，或者具有特殊危险性的常习犯、职业犯、累犯，或者具有轻微危险性的缓刑犯、假释犯等。保安处分的方法很多。有剥夺自由的处分，如保安监置、监护处分、矫正处分、强制治疗等；有不剥夺自由的处分，如保护管束、剥夺驾驶许可执照、吊销营业执照、限制居住或禁止在一定地区居住、禁止或限制出入酒店等；还有财产上的处分，如没收、善行保证等。

我国《刑法》对保安处分制度未作规定，但有的措施与保安处分有类似之处，如："因不满十六周岁不予刑事处罚的，责令其父母或者其他监护人加以管教；在必要的时候，依法进行专门矫治教育"；对实施危害行为的无责任能力的精神病人，"应当责令他的家属或者监护人严加看管和医疗；在必要的时候，由政府强制医疗"；"犯罪分子违法所得的一切财物，应当予以追缴或者责令退赔；对被害人的合法财产，应当及时返还；违禁品和供犯罪所用的本人财物，应当予以没收"。

【刑事损害赔偿】 属于一种非刑罚处理方法，是指就被害人的经济损失对受到刑罚处罚的犯罪分子判处给予被害人一定的经济赔偿。刑事损害赔偿属于刑事附带民事的强制处分。刑事损害赔偿的适用条件包括：（1）被害人遭受了实际的经济损失，这种经济损失是现实的损失；（2）被害人的经济损失必须是由被告人的犯罪行为造成的，即被害人的经济损失与被告人的犯罪行为之间存在着因果联系；（3）适用的对象必须是依法被判处刑罚的犯罪分子。犯罪分子被免予刑事处罚或对其不需要判处刑罚的，不适用刑事损害赔偿，而应适用《刑法》第三十七条的赔偿损失。

【刑事损害赔偿优先履行】 是指要求犯罪分子先履行民事赔偿责任，在被判处的对被害人的经济损失全部予以赔偿之后，再以其剩余的财产缴纳罚金，或者作为没收财产的执行对象。《刑法》第三十六条第二款规定："承担民事赔偿责任的犯罪分子，同时被判处罚金，其财产不足以全部支付的，或者被判处没收财产的，应当先承担对被害人的民事赔偿责任。"可见，刑事损害赔偿优先履行的条件是：（1）犯罪分子对被害人有赔偿经济损失的义务，即符合上述刑事损害赔偿的适用条件；（2）犯罪分子被判处的刑罚中有罚金刑或者没收财产刑，无论是单独判处还是附加判处；（3）犯罪分子的财产不足以全部支付所判处的罚金与损害赔偿，或者同时被判处没收财产与损害赔偿。

【非刑罚处置措施】 是指人民法院根据案件情况，对免予刑事处罚的犯罪分子的非刑罚处理方法。其适用应具备三个条件：（1）行为人必须构成案件；（2）犯罪分子被免予刑事处罚；（3）根据案件的情况又需要给予恰当的处理，并不是对所有由于犯罪情节轻微而免予刑事处罚的犯罪分子都应适用非刑罚处理方法。《刑法》第三十七条规定："对于犯罪情节轻微不需要判处刑罚的，可以免予刑事处罚，但是可以根据案件的不同情况，予以训诫或者责令具结悔过、赔礼道歉、赔偿损失，或者由主管部门予以行政处罚或者行政处分。"本条所规定的非刑罚处理方法指的是教育或行政制裁措施，它包括以下六种：（1）训诫。它是指人民法院对犯罪分子当庭批评或者谴责，责令其改正的一种非刑罚处理方法。（2）责令具结悔过。它是指人民法院责令犯罪分子用书面方式保证悔改的一种非刑罚处理方法。（3）责令赔礼道歉。它是指人民法院责令犯罪分子向被害人承认错误、表示歉意的一种非刑罚处理方法。（4）责令赔偿损失。它是人民法院根据犯罪行为对被害人造成的经济损失情况，责令犯罪分子给予被害人一定经济赔偿的一种非刑罚处理方法。（5）由主管部门予以行政处罚。这是指人民法院建议主管部门对犯罪分子予以行政处罚，如罚款、行政拘留等。(6) 由主管部门予以行政处分。这是指人民法院建议主管部门对犯罪分子予以行政处分，如记过、开除等。

【从业禁止】 是指对因利用职业便利实施犯罪，或者实施违背职业要求的特定义务的犯罪被判处刑罚的犯罪分子，人民法院可以根据犯罪情况和预防再犯罪的需要，禁止其自刑罚执行完毕之日或者假释之日起从事相关职业的预防性措施。其特征主要体现在：(1) 适用的对象是因利用职业便利实施犯罪，或者实施违背职业要求的特定义务的犯罪被判处刑罚的犯罪分子；(2) 适用的主体是人民法院，而非刑罚执行机关；(3) 适用的内容是禁止犯罪分子从事相关职业；(4) 适用的期限是自刑罚执行完毕之日或者假释之日起三年至五年。被禁止从事相关职业的人违反人民法院依照禁止从业规定作出的决定的，由公安机关依法给予处罚；情节严重的，依照《刑法》第三百一十三条的规定定罪处罚。其他法律、行政法规对其从事相关职业另有禁止或者限制性规定的，从其规定。

【量刑】 又称刑罚裁量，是指人民法院依据刑事法律，在认定行为人构成犯罪的基础上，确定对犯罪人是否判处刑罚、判处何种刑罚以及判处多重的刑罚、并决定所判刑罚是否立即执行的刑事司法活动。刑罚裁量具有以下特征：(1) 量刑的主体是人民法院。根据我国有关法律的规定，量刑的唯一主体是人民法院。(2) 量刑的内容是对犯罪人确定刑罚。量刑所要解决的是对犯罪人适用刑罚的问题。(3) 量刑的性质是一种刑事司法活动。

【量刑原则】 是指指导量刑的基本准则。《刑法》第六十一条规定："对于犯罪分子决定刑罚的时候，应当根据犯罪的事实、犯罪的性质、情节和对于社会的危害程度，依照本法的有关规定判处。"据此，我国《刑法》中的量刑原则，可以概括为：(1) 以犯罪事实为根据的量刑原则。犯罪事实是引起刑事责任的基础，也是进而对犯罪人裁量刑罚的根据。无犯罪事实，也就无刑事责任，更无所谓对犯罪人裁量刑罚的可能。所以，量刑必须以犯罪事实为根据。遵守以犯罪事实为根据的原则，必须做到以下几点：①查清犯罪事实。查清犯罪事实，是认定行为人的行为构成犯罪的基础。在认定行为人的行为构成犯罪的基础上，进一步查清犯罪事实，是准确认定犯罪性质、考察犯罪情节，评断犯罪对社会危害程度的前提。②确定犯罪性质。《刑法》分则根据犯罪行为所侵犯的同类客体，将犯罪分为十类，在每一类犯罪中又规定了许多具体的罪名，并相应地规定了轻重有别的法定刑。因此，准确认定犯罪性质，严格区别不同犯罪之间的界限，对于正确量刑具有重要意义。③考察犯罪情节。同一性质的犯罪，由于犯罪情节的差别，其社会危害性程度也必然有所区别，因而应受到的刑罚处罚也有轻重之分。此外，犯罪情节的差别，也能在一定程度上反映犯罪人不同的主观恶性和人身危险性。我国《刑法》分则正是基于这一点，对各种犯罪都规定了相对确定的法定刑，给予审判人员在一定限度之内裁量刑罚的选择余地。④判断犯罪的社会危害程度。犯罪的社会危害程度，是指犯罪行为对社会造成或者可能造成的损害程度。犯罪事实、犯罪性质、犯罪情节，都从不同角度、不同层次在一定程度上反映了犯罪的社会危害程度。因而，只有在全面分析、评判犯罪事实、犯罪性质、犯罪情节的基础上，对犯罪的社会危害程度作出综合而准确的判断，才能做到量刑适当。此外，必须指出的是，国家的政治、经济形势特别是社会治安形势，对犯罪的社会危害性程度也有一定的影响。对此，在综合判断犯罪的社会危害程度时应予以注意。（2）以刑事法律为准绳的量刑原则。量刑仅以犯罪事实为根据是不够的。要做到量刑适当，还必须以刑法的规定为准绳。贯彻这一量刑原则，必须做到以下几点：①必须依照刑法关于各种刑罚方法的适用条件和各种刑罚裁量制度的规定。例如，我国《刑法》规定了自首制度、缓刑制度、累犯制度、数罪并罚制度等各种具体的刑罚裁量制度，并对死刑等刑罚方法的适用条件作了严格的规定。②必须依照刑法关于各种量刑情节的适用原则和有关规定。我国刑法所规定的量刑情节包括从重、加重、从轻、减轻和免除处罚的情节。审判机关必须据此决定对犯罪人是否判处刑罚和刑罚轻重，才能保证刑罚裁量的合法性。③必须依照《刑法》分则和其他分则性刑法规范规定的法定刑和量刑幅度，针对具体犯罪选择判处适当的刑罚。这是依法裁量决定刑罚的重要内容之一，也是将法定的罪刑关系变为实在的、具体的罪刑关系必然的要求。

【量刑情节】 又称刑罚裁量情节，是指人民法院对犯罪分子裁量刑罚时应当考虑的、据以决定量刑轻重或者免除刑罚处罚的各种情况。根据不同的标准，可以对刑罚裁量情节作不同层次的分类。其中，以刑法是否就刑罚裁量情节及其功能作出明确规定为标准，刑罚裁量情节可分为法定情节和酌定情节。以规定法定情节的刑法规范的性质和法定情节的适用范围为标准，法定情节又可分为总则性情节和分则性情节。刑罚裁量情节的特征主要表现为：（1）它与定罪即认定行为人的行为是否构成犯罪并无关系；（2）它能够表明犯罪人的人身危险性及其所犯罪行的社会危害性程度；（3）它对刑罚裁量的结果即处刑轻重或者是否免除刑罚处罚，具有直接的影响。

【禁止重复评价】 是指在定罪量刑时，禁止对同一犯罪构成事实予以二次或二次以上的法律评价。在某种因素（如行为、结果等）已被评价为一个犯罪的事实根据时，不能再将该因素作为另一个犯罪的事实根据。禁止重复评价实质上就是禁止量刑上对被告人的不利评价，禁止不合理加重被告人的刑罚负担，否则在实质上就是不当的、不均衡的刑罚，从而实质违反罪刑法定原则。尽管我国《刑法》没有明文规定该原则，但禁止重复评价属于刑法的不成文原则，是法正义性的题中之义，也是罪刑均衡原则的具体要求，体现了犯罪与刑罚之间的均衡性。例如，交通肇事案件中，已作为入罪要件的逃逸行为，不能再作为对被告人加重处罚的量刑情节而予以重复评价。

【法定量刑情节】 是指刑法明文规定的在量刑时应当予以考虑的情节。法定情节分为总则性情节和分则性情节。总则性情节，是依照总则性刑法规范的规定对各种犯罪共同适用的情节；分则性情节，是依照分则性刑法规范的规定对特定犯罪适用的情节。法定情节有从重、从轻、减轻和免除处罚的情节。具体又有应当从重处罚的情节，如教唆不满18周岁的人犯罪的教唆犯（《刑法》第二十九条），累犯（《刑法》第六十五条），策动、胁迫、勾引、收买国家机关工作人员、武装部队人员、人民警察、民兵进行武装叛乱或者武装暴乱的（《刑法》第一百零四条）；可以从轻处罚的情节，如犯罪嫌疑人虽不具有自首情节，但如实供述自己罪行的（《刑法》第六十七条）；可以从轻或者减轻处罚的情节，如已满75周岁的人故意犯罪的（《刑法》第十七条之一），尚未完全丧失辨认或者控制自己行为能力的精神病人犯罪的（《刑法》第十八条），未遂犯（《刑法》第二十三条），教唆未遂的教唆犯（《刑法》第二十九条），犯罪以后自首的（《刑法》第六十七条），犯罪分子有立功表现的（《刑法》第六十八条）；可以减轻处罚的情节，如犯罪嫌疑人虽不具有自首情节，但如实供述自己罪行，因其如实供述自己罪行，避免特别严重后果发生的（《刑法》第六十七条）；应当从轻或者减轻处罚的情节，如已满75周岁的人过失犯罪的（《刑法》第十七条之一），已满12周岁不满18周岁的人犯罪的（《刑法》第十七条）；应当减轻处罚的情节，如造成损害的中止犯（《刑法》第二十四条）；可以从轻、减轻或者免除处罚的情节，如又聋又哑的人或者盲人犯罪的（《刑法》第十九条），预备犯（《刑法》第二十二条）；应当从轻、减轻或者免除处罚的情节，如从犯（《刑法》第二十七条）；可以减轻或者免除处罚的情节，如在外国犯罪，已在外国受过刑罚处罚的（《刑法》第十条），犯罪以后有重大立功表现的（《刑法》第六十八条）；应当减轻或者免除处罚的情节，如防卫过当（《刑法》第二十条），避险过当（《刑法》第二十一条），胁从犯（《刑法》第二十八条）；可以免除处罚的情节，如犯罪以后自首，犯罪又较轻的（《刑法》第六十七条），非法种植毒品原植物，在收获前自动铲除的（《刑法》第三百五十一条）；可以免予刑事处罚的情节，如犯罪情节轻微不需要判处刑罚的（《刑法》第三十七条）；应当免除处罚的情节，如没有造成损害的中止犯（《刑法》第二十四条）。

【酌定量刑情节】 是指人民法院从审判经验中总结出来的，在刑罚裁量过程中灵活掌握、酌情适用的情节。酌定情节虽然不是刑法明文规定的，但却是根据刑事立法精神和有关刑事政策，从刑事审判实践经验中总结出来的，因而对于刑罚裁量也具有重要意义。刑事审判实践中，常见的酌定情节主要有以下几种：(1) 犯罪的动机。犯罪动机不同，表明犯罪分子的主观恶性程度不同，量刑时应当考虑并予以区别对待。例如，同是抢夺犯罪，有的是追求腐化生活，有的是基于家庭生活困难，前者的主观恶性相对大于后者。(2) 犯罪的手段。犯罪手段不同，主要反映行为的社会危害程度即客观危害性不同。因此，在刑法未将手段作为犯罪构成要件予以规定的条件下，犯罪手段虽然不影响定罪，但对量刑却具有一定的价值。例如，使用一般强制方法实施的强奸犯罪，与采用惨无人道、极端野蛮的手段完成的强奸犯罪相比，前者的情节明显轻于后者。(3) 犯罪的时间、地点。犯罪的时间、地点，在刑法未将其规定为犯罪构成要件的条件下，对量刑的结果也具有一定作用。在这种情况下，不同的犯罪时间、地点，主要通过其所表明的行为危害性程度，对量刑产生影响。(4) 犯罪侵害的对象。在法律并未将某种特定对象规定为犯罪构成要件的条件下，侵犯对象具体情况的差别，反映行为的社会危害程度各异，从而会影响到量刑的轻重。

(5) 犯罪造成的损害结果。损害结果严重与否，表明行为的客观危害有所区别，并对量刑轻重有一定制约作用。(6) 犯罪分子的一贯表现。犯罪分子的平时表现情况，是反映其改造难易程度和再犯可能性大小的参考因素，因而对于刑罚裁量的结果具有不可忽视的影响。(7) 犯罪后的态度。犯罪分子在犯罪后的态度如何，是反映人身危险程度、再犯可能性大小的另一重要因素。例如，真诚悔过、坦白罪行、积极退赃、主动赔偿损失、积极采取措施消除或减轻危害结果等表现，较之于拒不认罪、毁灭罪证、意图逃避罪责等表现，应当受到相对较轻的处罚。

【从轻处罚】 是指在法定刑幅度内选择判处比没有该情节的类似犯罪相对较轻的刑种或刑期。《刑法》第六十二条规定："犯罪分子具有本法规定的从重处罚、从轻处罚情节的，应当在法定刑的限度以内判处刑罚。"其中，"法定刑幅度"是指与特定具体犯罪相适应的法定刑限度之内具体的量刑幅度。从轻处罚，不允许在法定最低刑之下判处刑罚。

【从重处罚】 是指在法定刑幅度内选择判处比没有该情节的类似犯罪相对较重的刑种或刑期。《刑法》第六十二条规定："犯罪分子具有本法规定的从重处罚、从轻处罚情节的，应当在法定刑的限度以内判处刑罚。"从重处罚，不允许在法定最高刑之上判处刑罚。

【减轻处罚】 是指根据刑法的规定，对具备一定条件的犯罪分子在法定量刑幅度以下判处刑罚的制度。《刑法》第六十三条第一款规定："犯罪分子具有本法规定的减轻处罚情节的，应当在法定刑以下判处刑罚；本法规定有数个量刑幅度的，应当在法定量刑幅度的下一个量刑幅度内判处刑罚。"据此，我国《刑法》中减轻处罚情节的基本适用规则为：减轻处罚，必须判处低于法定最低刑的刑罚；刑法规定有数个量刑幅度的，必须在法定量刑幅度的下一个量刑幅度内判处刑罚。把握减轻处罚情节的基本适用规则，必须注意以下四方面问题：(1) 法定最低刑，并非笼统地指特定犯罪的法定刑的最低刑，而是指与行为人所实施的特定具体犯罪相适应的具体量刑幅度的最低刑；(2) 特定的具体犯罪规定有数个量刑幅度的，减轻处罚应当在法定量刑幅度的下一个量刑幅度内判处刑罚，不得低于下一个量刑幅度判处刑罚；(3) 减轻处罚既包括刑种的减轻，也包括刑期的减轻；(4) 减轻处罚不能判处法定最低刑，只能在法定最低刑之下判处刑罚，否则将同从轻处罚相混淆；减轻处罚也不能减轻到免除处罚的程度，否则将同免除处罚相混淆。

【特殊减轻处罚】 是指犯罪分子虽然不具有《刑法》规定的减轻处罚情节，但是根据案件的特殊情况，经最高人民法院核准，也可以在法定刑以下判处刑罚。根据《刑法》第六十三条第二款规定，除遵守减轻处罚情节的基本适用规则以外，对犯罪分子适用酌定减轻处罚，还必须符合下列条件：(1) 犯罪分子不具有法定减轻处罚情节。如果犯罪分子具有法定减轻处罚情节，则不能适用《刑法》第六十三条第二款的规定。(2) 案件具有特殊情况。(3) 经最高人民法院核准。即各级法院适用《刑法》第六十三条第二款规定所作的酌定减轻处罚的判决，只有逐级上报最高人民法院核准后，才能发生法律效力。

【免除处罚】 是指对犯罪分子作有罪宣告，但免除其刑罚处罚。根据《刑法》第三十七条的规定，适用免除处罚的情节，除应当明确各种总则性和分则性免除处罚情节的具体内容外，必须把握三个基本条件：（1）行为人的行为已经构成犯罪；（2）行为人所构成的犯罪情节轻微；（3）因犯罪情节轻微而不需要判处刑罚。

【量刑规范化改革】 指“规范裁量权，将量刑纳入法庭审理程序”，简称“量刑规范化改革”，是中央确定的重要司法改革项目，也是《人民法院第三个五年改革纲要（2009—2013）》的重要内容，是近年来刑事审判改革的焦点热点问题。量刑规范化改革的主要任务是在现行刑罚制度比较粗放、法定刑幅度较大、裁量空间比较大的情况下，让法官的量刑越来越公正和精细，确保量刑公平公正。量刑规范化改革的基本思路是：从实体方面和程序方面着手，双管齐下。在实体方面，改进传统的量刑方法，明确量刑的方法和步骤；将量化引入量刑机制，确立“定性分析和定量分析相结合”的量刑方法，统一法律适用标准，规范法官裁量权。在程序方面，引入量刑建议；改变以往定罪程序和量刑程序混为一体的做法，将量刑纳入法庭审理程序，建立和完善相对独立的量刑程序。通过制定量刑指导意见和量刑程序意见，达到统一量刑标准，规范量刑程序，保障量刑公正的目的。2010 年 9 月 16 日，最高人民法院决定从 10 月 1 日起在全国法院全面试行刑事案件量刑规范化改革，目的在于进一步规范量刑活动，规范法官裁量权，同时将量刑纳入法庭审理程序，引入量刑建议，增强量刑公开性与透明度。作为改革的指导性文件，《量刑指导意见（试行）》[①] 以及《规范量刑程序问题意见（试行）》于 2010 年 10 月 1 日起全面试行。《量刑指导意见（试行）》[②] 明确了未成年犯、未遂犯、自首、立功等 14 种常见量刑情节对基准刑的调节幅度，选择了常见、多发的交通肇事、故意伤害、抢劫、盗窃、毒品等 15 种犯罪进行规范。在十余年量刑规范化改革的基础上，2020 年 11 月 5 日，发布了《最高人民法院、最高人民检察院、公安部、国家安全部、司法部关于规范量刑程序若干问题的意见》，2021 年 6 月 16 日，出台了《最高人民法院、最高人民检察院关于常见犯罪的量刑指导意见（试行）》，将在更高水平上推进量刑规范化工作。如上述两高的《量刑指导意见（试行）》在并未改变原有规定中关于量刑指导原则、量刑基本方法的情况下，将规范的罪名从 15 种增加到 23 种；在原有 14 种常见量刑情节的基础上，增加了老年人犯罪、又聋又哑的人或盲人犯罪、认罪认罚、被告人羁押期间表现好 4 种情节，并明确了以上 18 种常见量刑情节的调节幅度。与此同时，该“意见”将罚金、缓刑的适用纳入规范范围。

【累犯】 是指因被判处一定刑罚的犯罪分子，刑罚执行完毕或者赦免以后，在法定期限内又犯一定之罪的情况。我国《刑法》规定的累犯，分为一般累犯和特别累犯两种。累犯的基本特征是：（1）行为人前后实施了两个以上的犯罪；（2）后罪是在前罪所判刑罚执行完毕或者赦免以后实施；（3）前后两个犯罪的时间间隔必须在法定期限内。累犯较之

---

① 已被《最高人民法院关于废止部分司法解释和司法解释性质文件（第十一批）的决定》废止。

② 已被《最高人民法院关于废止部分司法解释和司法解释性质文件（第十一批）的决定》废止。

于初犯或者其他犯罪分子，其所实施的犯罪行为具有更为严重的社会危害性，并表明犯罪人具有更深的主观恶性和更大的人身危险性。故依据罪责刑相适应的基本原则和刑罚个别化原则，应当对累犯从严惩处，即将累犯作为法定的从重处罚情节。

【一般累犯】 是指被判处有期徒刑以上刑罚的犯罪分子，刑罚执行完毕或者赦免以后，在五年内再犯应当判处有期徒刑以上刑罚之罪的情况，但是过失犯罪和不满 18 周岁的人犯罪的除外。一般累犯的构成条件为：(1) 前罪与后罪都是故意犯罪。此为构成累犯的主观条件。(2) 犯罪分子在犯前罪和后罪时都是年满 18 周岁的人。此为构成累犯的主体条件。(3) 前罪被判处有期徒刑以上刑罚，后罪应当被判处有期徒刑以上刑罚。此为构成累犯的刑度条件。也就是说，构成累犯的前罪被判处的刑罚和后罪应当判处的刑罚均须为有期徒刑以上的刑罚。被假释的犯罪分子，如果在假释考验期内又犯新罪，不构成累犯，而应在撤销假释之后，适用数罪并罚。如果在假释考验期满五年以内又犯新罪，则构成累犯。被判处有期徒刑宣告缓刑的犯罪分子，如果在缓刑考验期满后又犯罪，不构成累犯。因为缓刑是附条件的不执行刑罚，考验期满后，原判的刑罚就不再执行，而不是刑罚已经执行完毕，不符合累犯构成条件。被判有期徒刑宣告缓刑的犯罪分子，如果在缓刑考验期内又犯新罪，同样不构成累犯，而应当在撤销缓刑之后，适用数罪并罚。行为人受外国刑罚处罚并执行刑罚之罪，依照我国《刑法》规定也应当负刑事责任，我们可以承认其已受过刑罚执行，如其被判处并执行的刑罚为有期徒刑以上，即可作为构成累犯的条件。(4) 后罪发生在前罪的刑罚执行完毕或者赦免以后五年之内。这是构成累犯的时间条件。被假释的犯罪分子，如果在假释考验期内又犯新罪，不构成累犯，而应在撤销假释之后，适用数罪并罚。如果在假释考验期满五年以内又犯新罪，则构成累犯。被判处有期徒刑宣告缓刑的犯罪分子，如果在缓刑考验期满后又犯罪，不构成累犯。因为缓刑是附条件的不执行刑罚，考验期满后，原判的刑罚就不再执行，而不是刑罚已经执行完毕，不符合累犯构成条件。被判有期徒刑宣告缓刑的犯罪分子，如果在缓刑考验期内又犯新罪，同样不构成累犯，而应当在撤销缓刑之后，适用数罪并罚。行为人受外国刑罚处罚并执行刑罚之罪，依照我国刑法规定也应当负刑事责任，我们可以承认其已受过刑罚执行，如其被判处并执行的刑罚为有期徒刑以上，即可作为构成累犯的条件。(5) 前后两罪之一至少一罪不是危害国家安全犯罪，恐怖活动犯罪、黑社会性质的组织犯罪，此为构成累犯的罪质条件。这也是一般累犯与特别累犯的区别所在，即如果前后两罪均为危害国家安全犯罪、恐怖活动犯罪、黑社会性质的组织犯罪，则不能以一般累犯论处，而构成特别累犯。

【特别累犯】 是指危害国家安全犯罪、恐怖活动犯罪、黑社会性质的组织犯罪的犯罪分子，在刑罚执行完毕或者赦免以后，在任何时候再犯上述任一类罪的情况。我国《刑法》所规定的特别累犯，体现了较之于一般累犯更加从严惩处的精神。这突出地表现在其有别于一般累犯的构成条件之中：(1) 前罪与后罪必须是危害国家安全犯罪、恐怖活动犯罪、黑社会性质的组织犯罪三类犯罪之一。(2) 前罪被判处的刑罚和后罪应判处的刑罚的种类及其轻重不受限制。即使前后两罪或者其中之一被判处或者应当判处管制、拘役或者单处某种附加刑，也不影响特别累犯的成立。（3）前罪的刑罚执行完毕或者赦免以后多长时间内再犯后罪不受限制。即危害国家安全犯罪、恐怖活动犯罪、黑社会性质的组织犯罪的犯罪分子，在前罪的刑罚执行完毕或者赦免以后任何时候再犯上述任一类罪，都构成特别累犯。

【毒品再犯】 是指行为人在实施了一定的毒品犯罪并判过刑之后，又实施了一定的毒品犯罪。《刑法》第三百五十六条规定："因走私、贩卖、运输、制造、非法持有毒品罪被判过刑，又犯本节规定之罪的，从重处罚。"其特点是：（1）犯罪人曾因走私、贩卖、运输、制造、非法持有毒品罪被判过刑；（2）犯罪人在此之后又犯《刑法》分则第六章第七节规定的毒品犯罪；（3）前后两个毒品犯罪之间没有时间间隔的限制。毒品再犯是法定从重处罚情节，即使本次毒品犯罪情节较轻，也要体现从严惩处的精神。尤其对于曾因实施严重暴力犯罪被判刑、刑满释放后短期内又实施毒品犯罪的再犯，以及在缓刑、假释、暂予监外执行期间又实施毒品犯罪的再犯，应当严格体现从重处罚。对于因同一毒品犯罪前科同时构成累犯和毒品再犯的被告人，在裁判文书中应当同时引用《刑法》关于累犯和毒品再犯的条款，但在量刑时不得重复予以从重处罚。

【自首】 是指犯罪分子犯罪以后自动投案，如实供述自己罪行的行为，或者被采取强制措施的犯罪嫌疑人、被告人和正在服刑的罪犯，如实供述司法机关还未掌握的本人其他罪行的行为。《刑法》规定的自首制度，是以宽严相济的刑事政策为根据的一种刑罚裁量制度，表明我国《刑法》在报应的基础上追求刑罚的功利效果，即在惩罚犯罪的基础上，通过自首从宽原则的实施，获得有利于国家、社会的预防犯罪结果。根据《刑法》第六十七条的规定，自首分为一般自首和特别自首两种。《刑法》第六十七条第一款规定，对于自首的犯罪分子，可以从轻或者减轻处罚。其中，犯罪较轻的，可以免除处罚。

【一般自首】 是指犯罪分子犯罪以后自动投案，如实供述自己罪行的行为。根据《刑法》第六十七条第一款的规定，成立一般自首必须具备两个条件：（1）自动投案。犯罪嫌疑人自动投案后又逃跑的，不能认定为自首。（2）如实供述自己的罪行。如实供述自己的罪行，是自首成立的基本条件。投案人所供述的必须是犯罪事实。投案人因法律认识错误而交代违法行为或违反道德规范行为的事实，不构成自首。同时，投案人所供述的必须是自己的犯罪事实。投案人所供述的犯罪，既可以是投案人单独实施的，也可以是与他人共同实施的；既可以是一罪，也可以是数罪。犯有数罪的犯罪嫌疑人仅如实供述所犯数罪中部分犯罪的，只对如实供述部分犯罪的行为，认定为自首。共同犯罪案件中的犯罪嫌疑人，除如实供述自己的罪行外，还应当供述所知的同案犯，主犯则应当供述所知其他同案犯的共同犯罪事实，才能认定为自首。如实供述自己的罪行是犯罪嫌疑人自动投案后，如实交代自己的主要犯罪事实。如果犯罪嫌疑人在供述犯罪的过程中推诿罪责，保全自己，意图逃避制裁；大包大揽，庇护同伙，意图包揽罪责；歪曲罪质，隐瞒情节，企图蒙混过关；掩盖真相，避重就轻，企图减轻罪责等，均属不如实供述自己的犯罪事实，不能成立自首。犯罪嫌疑人自动投案并如实供述自己的罪行后又翻供的，不能认定为自首；但在一审判决前又能如实供述的，应当认定为自首。

【自动投案】 是指犯罪分子在犯罪之后、归案之前，出于本人的意志而向有关机关或个人承认自己实施了犯罪，并自愿置于有关机关或个人的控制之下，等待进一步交代犯罪事实，并最终接受国家的审查和裁判的行为。根据1998年4月6日通过的《自首和立功司法解释》第一条的规定，自动投案是犯罪事实或者犯罪嫌疑人未被司法机关发觉，或者虽被发觉，但犯罪嫌疑人尚未受到讯问、未被采取强制措施时，主动、直接向公安机关、人民检察院或者人民法院投案。此外，犯罪嫌疑人因病、伤或者为了减轻犯罪后果，委托他人先代为投案，或者先以函电投案的；罪行尚未被司法机关发觉，仅因形迹可疑，被有关组织或者司法机关盘问、教育后，主动交代自己的罪行的；犯罪后逃跑，在被通缉、追捕过程中，主动投案的；经查实确已准备去投案，或者正在投案途中，被公安机关捕获的，应当视为自动投案。并非出于犯罪嫌疑人主动，而是经亲友规劝、陪同投案的；公安机关通知犯罪嫌疑人的亲友，或者亲友主动报案后，将犯罪嫌疑人送去投案的，也应视为自动投案。根据2009年3月12日《办理职务犯罪案件认定自首、立功等量刑情节意见》，对于职务犯罪案件，犯罪事实或者犯罪分子未被办案机关掌握，或者虽被掌握，但犯罪分子尚未受到调查谈话、讯问，或者未被宣布采取调查措施或者强制措施时，向办案机关投案的，是自动投案。没有自动投案，在办案机关调查谈话、讯问、采取调查措施或者强制措施期间，犯罪分子如实交代办案机关掌握的线索所针对的事实的，不能认定为自首。据此，对于职务犯罪而言，犯罪分子被采取了调查措施（如留置）的，不成立自动投案。

【特别自首】 又称准自首，是指被采取强制措施的犯罪嫌疑人、被告人和正在服刑的罪犯，如实供述司法机关还未掌握的本人其他罪行的行为。成立特别自首，应当具备以下两个条件：（1）成立特别自首的主体必须是被采取强制措施的犯罪嫌疑人、被告人和正在服刑的罪犯。这是成立特别自首的前提条件。强制措施，是指我国《刑事诉讼法》规定的拘传、拘留、取保候审、监视居住和逮捕。正在服刑的罪犯，是指已经过人民法院判决、正在执行所判刑罚的罪犯。（2）必须如实供述司法机关还未掌握的本人其他罪行。这是成立特别自首的关键性条件。行为人所供述的必须是司法机关还未掌握的罪行，即司法机关不了解的犯罪事实；所供述的必须是除司法机关已掌握的罪行以外的其他罪行，即必须供述与司法机关已经掌握的罪行在性质或者罪名上不同或者相同的一定罪行；所供述的必须是本人的罪行，即必须供述犯罪人本人实施的犯罪事实；所供述的罪行与司法机关已掌握的罪行在罪名上是否一致，其法律后果有所不同。被采取强制措施的犯罪嫌疑人、被告人和正在服刑的罪犯，如实供述司法机关还未掌握的本人其他罪行的法律后果，分为两种：（1）被采取强制措施的犯罪嫌疑人、被告人和已宣判的罪犯，如实供述司法机关尚未掌握的罪行，与司法机关已掌握的或者判决确定的罪行属不同种罪行的，以自首论；(2) 被采取强制措施的犯罪嫌疑人、被告人和已宣判的罪犯，如实供述司法机关尚未掌握的罪行，与司法机关已掌握的或者判决确定的罪行属同种罪行的，可以酌情从轻处罚；如实供述的同种罪行较重的，一般应当从轻处罚。

【单位自首】 是指在单位犯罪案件中，单位集体决定或者单位负责人决定而自动投案，如实交代单位犯罪事实的，或者单位直接负责的主管人员自动投案，如实交代单位犯罪事实的行为。单位自首的成立条件包括：(1) 范围的特定性，即必须发生在单位犯罪案件之中。如果某个犯罪没有规定单位可构成，则不存在单位自首问题。(2) 单位的意志性，即单位自首必须是能够代表单位意志的机构或者人作出，包括单位集体决定或者单位负责人决定。(3) 单位的代表性，即单位人员必须有自动投案、如实交代犯罪事实的行为，且该行为是代表单位。具体而言，代表单位投案的可以是单位内部直接负责的主管人员或者其他责任人员，也可以是没有参与单位犯罪行为的其他受单位委托的人员。根据2009年3月12日《办理职务犯罪案件认定自首、立功等量刑情节意见》，单位犯罪案件中，单位集体决定或者单位负责人决定而自动投案，如实交代单位犯罪事实的，或者单位直接负责的主管人员自动投案，如实交代单位犯罪事实的，应当认定为单位自首。单位自首的，直接负责的主管人员和直接责任人员未自动投案，但如实交代自己知道的犯罪事实的，可以视为自首；拒不交代自己知道的犯罪事实或者逃避法律追究的，不应当认定为自首。单位没有自首，直接责任人员自动投案并如实交代自己知道的犯罪事实的，对该直接责任人员应当认定为自首。

【坦白】 是指犯罪分子虽不具有自首情节，但是如实供述自己罪行的行为。成立坦白应当符合以下条件：(1) 主体为犯罪嫌疑人。《刑法》第六十七条第三款规定坦白的主体是“犯罪嫌疑人”，有别于第一款所称“犯罪分子”及第二款所称“被采取强制措施的犯罪嫌疑人、被告人和正在服刑的罪犯”。也就是说，坦白仅发生在侦查和审查起诉阶段。(2) 犯罪嫌疑人如实供述自己罪行。如实供述自己的罪行，是指犯罪嫌疑人到案后，如实交代自己的主要犯罪事实。犯有数罪的犯罪嫌疑人仅如实供述部分犯罪的，只对如实供述部分犯罪的行为，认定为坦白。共同犯罪案件的犯罪嫌疑人，除如实供述自己的罪行，还应当供述所了解的同案犯的情况和共同犯罪事实。犯罪嫌疑人如实供述自己罪行后又翻供的，不能认定为坦白，但在一审判决前又能如实供述的，应当认定为坦白。(3) 犯罪嫌疑人是被动归案。对犯罪嫌疑人而言，坦白和自首都要求如实供述自己罪行，但前者的到案方式必然排除自动投案。凡自动投案后如实供述自己罪行的，成立自首；被动归案后，如实供述司法机关尚未掌握的不同种罪行的，也成立自首；其余被动归案后，如实供述自己罪行的情况，成立坦白。《刑法》第六十七条第三款的规定：“犯罪嫌疑人虽不具有前两款规定的自首情节，但是如实供述自己罪行的，可以从轻处罚；因其如实供述自己罪行，避免特别严重后果发生的，可以减轻处罚。”

【立功】 是指犯罪分子揭发他人犯罪行为，经查证属实，或者提供重要线索，从而得以侦破其他案件等具有协助司法机关工作的属性，或者对国家、社会有利的行为。《刑法》设置的立功制度及其所确立的对立功犯从宽处罚的原则，有利于犯罪分子以积极的态度协助司法机关工作，提高司法机关办理刑事案件的效率，有利于国家、有利于社会。同时，它对于瓦解犯罪势力，促使其他犯罪分子主动归案，减少因犯罪而造成的社会不安定因素，起着积极的作用；有助于通过对犯罪分子立功从宽的处罚结果，激励犯罪分子悔过自新、改过从善，进而较好地协调、发挥刑罚的惩罚犯罪和教育改造罪犯的重要功能。依据《刑法》第六十八条的规定，我国《刑法》中的立功分为一般立功和重大立功两种。

【一般立功】 是指犯罪分子检举、揭发他人犯罪行为且经查证属实，提供侦破其他案件的重要线索且经查证属实，阻止他人犯罪活动，协助司法机关抓捕其他犯罪嫌疑人（包括同案犯），或者具有其他有利于国家和社会的突出表现的情形。根据1998年4月6日《最高人民法院关于处理自首和立功具体应用法律若干问题的解释》第五条和第六条的规定，犯罪分子检举、揭发他人犯罪行为，包括共同犯罪案件中的犯罪分子揭发同案犯共同犯罪以外的其他犯罪，经查证属实；提供侦破其他案件的重要线索，经查证属实；阻止他人犯罪活动；协助司法机关抓捕其他犯罪嫌疑人（包括同案犯）；具有其他有利于国家和社会的突出表现的，应当认定为有立功表现。这是一般立功的表现形式。共同犯罪案件中的犯罪分子到案后，揭发同案犯共同犯罪事实的，可以酌情予以从轻处罚。根据《刑法》第六十八条的规定，犯罪分子有一般立功表现的，可以从轻或者减轻处罚。

【重大立功】 是指犯罪分子检举、揭发他人重大犯罪行为且经查证属实，提供侦破其他重大案件的重要线索且经查证属实，阻止他人重大犯罪活动，协助司法机关抓捕其他重大犯罪嫌疑人（包括同案犯），或者对国家和社会有其他重大贡献等表现的情形。根据1998年4月6日《自首和立功司法解释》第七条的规定，犯罪分子检举、揭发他人重大犯罪行为，经查证属实；提供侦破其他重大案件的重要线索，经查证属实；阻止他人重大犯罪活动；协助司法机关抓捕其他重大犯罪嫌疑人（包括同案犯）；对国家和社会有其他重大贡献等表现的，应当认定为有重大立功表现。前述所称“重大犯罪”“重大案件”“重大犯罪嫌疑人”的标准，一般是指犯罪嫌疑人、被告人可能被判处无期徒刑以上刑罚或者案件在本省、自治区、直辖市或者全国范围内有较大影响等情形。根据《刑法》第六十八条的规定，犯罪分子有重大立功表现的，可以减轻或者免除处罚。

【数罪并罚】 是指人民法院对一行为人在法定时间界限内所犯数罪分别定罪量刑后，按照法定的并罚原则及刑期计算方法决定其应执行的刑罚的制度。我国《刑法》中数罪并罚具有以下特点：（1）必须是一行为人犯有数罪。就犯罪的罪过形式和故意犯罪的形态而言，一行为人所犯数罪，既可是故意犯罪，也可是过失犯罪；既可以单独犯形式为之，也可以共犯形式为之；既可表现为犯罪的完成形态（犯罪既遂），也可表现为犯罪的未完成形态（犯罪预备、犯罪未遂和犯罪中止)。(2)一行为人所犯的数罪必须发生于法定的时间界限之内。我国《刑法》以刑罚执行完毕以前所犯数罪作为适用并罚的最后时间界限，同时对于在不同的刑事法律关系发展阶段内所实施或被发现的数罪，采用不同的并罚方法，这是我国《刑法》中罪责刑相适应、惩罚与教育相结合原则和有关刑事政策在刑罚适用制度中的具体体现。(3)应在对数罪分别定罪量刑的基础上，依照法定并罚原则、并罚范围和并罚方法(刑期计算方式)，决定执行的刑罚。这是适用数罪并罚的程序规则和实际操作准则。倘若违反，轻者会给刑事诉讼造成困难，或者发生执行刑的计算错误等；重者会致使罪责刑相适应等刑法基本原则遭受破坏，或者数罪并罚制度形同虚设。

【并科原则】　又称相加原则，是指将一人所犯数罪分别宣告的各罪刑罚绝对相加、合并执行的合并处罚规则。并科原则既有其有利的一面，也有其不足的一面。并科原则的有利之处主要表现在：(1)体现刑罚公正，一罪一罚、数罪数罚是刑罚公正思想的集中体现，而绝对并科则是实现该种刑罚公正思想的主要方式；(2)符合刑法面前人人平等的原则；(3)适用范围较大。绝对并科原则的适用范围可能出现如下三种情况：一是判处死刑或无期自由刑与有期自由刑的并科，二是有期自由刑之间的并科，三是无期自由刑或有期自由刑与其他非自由刑的主刑或附加刑的并科。在这三种情况中，除第一种情况即判处死刑或无期自由刑与有期自由刑时不能够采用并科原则处罚外，其余两种情况均可适用绝对并科对犯数罪的犯罪者确定最后所要执行的刑罚。并科原则的不足主要集中在两个方面：(1)对有期自由刑采取绝对的并科原则，将可能导致最后的刑期超过人的生命极限而无实际意义；(2)并科原则对死刑和无期徒刑无法适用。

【吸收原则】　又称重刑吸收轻刑原则，是指对一人所犯数罪采用重罪之刑吸收轻罪之刑的合并处罚原则，即由最重宣告刑吸收其他较轻的宣告刑，仅以已宣告的最重刑罚作为执行刑罚，其余较轻的刑罚因被吸收而不再执行的合并处罚原则。这种重刑吸收轻刑的原则对死刑和无期徒刑来说是适宜的，但若普遍适用于其他刑种则有明显的弊端：(1)造成一人犯数罪与一人犯一罪所受的刑罚处罚相等的不合理现象，违背了罪责刑相适应的基本原则；(2)一个人无论犯了多少罪都只按一重罪处罚，会使犯罪分子钻法律的空子，在客观上可能会产生鼓励犯罪人实施一重罪之后再实施其他罪的副作用，不利于抑制和预防犯罪。

【限制加重原则】　又称限制并科原则，是指对数罪分别定罪量刑，以其中最重的刑罚为基础，兼顾其他罪所处之刑，酌情决定应当执行的刑期，并规定实际上应执行的刑罚不得超过一定的限度。限制加重原则可以克服并科原则和吸收原则的缺陷，使审判人员能够根据案件的具体情况，在一定范围内灵活地运用刑罚。对犯有数罪的犯罪人的处罚，既不失之过严，又不失之过宽，比较合理。但它也有一定的局限性，即只适用于有期徒刑、拘役和管制等有期限的自由刑的合并处罚，而无法适用于无期徒刑和死刑的合并处罚。但限制加重原则的限制高度，究竟以多少才符合刑罚公正的要求，这是很难加以数量化规定的。限制加重的上限，除了总和刑期外，还受有期自由刑本身抽象上限的限制。

【先并后减】 是指刑罚执行期间发现漏罪的合并处罚规则。《刑法》第七十条规定：“判决宣告以后，刑罚执行完毕以前，发现被判刑的犯罪分子在判决宣告以前还有其他罪没有判决的，应当对新发现的罪作出判决，把前后两个判决所判处的刑罚，依照本法第六十九条的规定，决定执行的刑罚。已经执行的刑期，应当计算在新判决决定的刑期以内。”根据该条规定，刑罚执行期间发现漏罪的合并处罚规则，具有如下特征：（1）必须在判决宣告以后，刑罚执行完毕以前发现漏罪。其中，“判决宣告以后”，确切而言，应指判决业已宣告并发生法律效力之后。若漏罪被发现的时间不是在判决宣告以后至刑罚执行完毕以前的期限内，而是在刑罚执行完毕之后；或者所发现的罪行并非在判决宣告之前实施的，而是在刑罚执行期间实施的，则均不得适用该条规定的合并处罚规则。（2）对于新发现的漏罪，无论其罪数如何（数罪应为异种数罪），或者与前罪之性质是否相同，都应当单独作出判决。这是此种法律条件下的合并处罚结果，可能重于判决宣告以前一人犯数罪的合并处罚结果的原因。（3）应当把前后两个判决所判处的刑罚，即前罪所判处的刑罚与漏罪所判处的刑罚，按照相应的数罪并罚原则，决定执行的刑罚。此种法律条件下的合并处罚与判决宣告以前一人犯数罪的合并处罚不同的是，后者是将同一判决中的数个宣告刑合并而决定执行的刑罚，前者是将两个判决所判处的刑罚合并而决定执行的刑罚。（4）在计算刑期时，应当将已经执行的刑期，计算在新判决决定的刑期之内。换言之，前一判决已经执行的刑期，应当从前后两个判决所判处的刑罚合并而决定执行的刑期中扣除。故该种计算刑期的方法，依特点可概括为“先并后减”。

【先减后并】 是指刑罚执行期间又犯新罪的合并处罚规则。《刑法》第七十一条规定：“判决宣告以后，刑罚执行完毕以前，被判刑的犯罪分子又犯罪的，应当对新犯的罪作出判决，把前罪没有执行的刑罚和后罪所判决的刑罚，依照本法第六十九条的规定，决定执行的刑罚。”根据该条规定，刑罚执行期间又犯新罪的合并处罚规则具有如下特点：（1）必须在判决宣告以后，刑罚执行完毕以前，被判刑的犯罪分子又犯新罪，即在刑罚执行期间犯罪分子又实施了新的犯罪。从严格意义或法条含义的逻辑关系上理解，判决宣告以后应指判决已经宣告并发生法律效力之后。（2）对于犯罪分子所实施的新罪，无论其罪数如何（数罪应为异种罪），或者与前罪之性质是否相同，都应当单独作出判决。（3）应当把前罪没有执行的刑罚和后罪所判处的刑罚，依照刑法规定的相应原则，决定执行的刑罚。即首先应从前罪判决决定执行的刑罚中减去已经执行的刑罚，然后将前罪未执行的刑罚与后罪所判处的刑罚并罚。故该种计算刑期的方法，依特点可概括为“先减后并”。《刑法》第七十一条规定的“先减后并”的刑期计算方法，较之《刑法》第七十条规定的“先并后减”的刑期计算方法，在一定条件下，可能给予犯罪分子程度更重的惩罚。“先减后并”的刑期计算方法的这一特点，主要体现于有期自由刑（特别是有期徒刑）的并罚之中。

【缓刑】 是指对原判刑罚附条件不执行的一种刑罚制度。缓刑是刑罚暂缓执行制度。缓刑不是刑种，而是刑罚具体运用的一种制度，是刑罚裁量制度的基本内容之一。宣告缓刑必须以判处刑罚为先决条件。缓刑不能脱离原判刑罚的基础而独立存在。若犯罪人未被判处拘役、有期徒刑，就不能宣告缓刑。缓刑的基本特征为：判处刑罚，同时宣告暂缓执行，但又在一定时期内保持执行所判刑罚的可能性。缓刑是附条件暂缓刑罚执行的制度，故其适用必须符合一定的条件。我国《刑法》规定的一般缓刑和战时缓刑的适用条件不尽相同。缓刑有助于避免短期自由刑的弊端，最优化地发挥刑罚的功能，是实现刑罚目的所不可忽视的途径之一，同时也是实现刑罚社会化的重要制度保障。

【一般缓刑】 是指人民法院对于被判处拘役、三年以下有期徒刑的犯罪分子，同时符合犯罪情节较轻、有悔罪表现、没有再犯罪的危险、宣告缓刑对所居住社区没有重大不良影响的条件的，为条件规定一定的考验期，暂缓其刑罚的执行，若犯罪分子在考验期内没有发生法定撤销缓刑的情形，原判刑罚就不再执行的制度。根据《刑法》第七十二条、第七十四条的规定，适用一般缓刑必须具备下列三个条件：（1）犯罪分子被判处拘役或者三年以下有期徒刑的刑罚。三年以下有期徒刑，是指宣告刑而不是指法定刑。犯罪分子所犯之罪的法定刑虽然是三年以上有期徒刑，但他具有减轻处罚的情节，宣告刑为三年以下有期徒刑，也可以适用缓刑。犯罪人实施数罪，被适用数罪并罚，决定执行的刑罚后，如果符合缓刑的条件，仍可宣告缓刑。（2）犯罪情节较轻、有悔罪表现、没有再犯罪的危险、宣告缓刑对所居住社区没有重大不良影响。这是适用缓刑的根本条件。（3）犯罪分子不是累犯和犯罪集团的首要分子。累犯屡教不改，主观恶性较深，有再犯之虞，适用缓刑难以防止其再犯新罪。犯罪集团的首要分子对犯罪集团的活动起组织、领导作用，其主观恶性极深、社会危害严重，需要依法严惩。所以，即使累犯和犯罪集团的首要分子被判处拘役或三年以下有期徒刑，也不能适用缓刑。根据《刑法》第七十二条第一款之规定，对其中不满18周岁的人、怀孕的妇女和已满75周岁的人，应当宣告缓刑。这三类主体适用缓刑也必须符合前述条件，否则不能宣告缓刑。

【缓刑考验应遵守规定】 是指被宣告适用缓刑的犯罪分子应当遵守的规定。根据《刑法》的规定，被宣告缓刑的犯罪分子应当遵守下列规定：（1）遵守法律、行政法规，服从监督；（2）按照考察机关的规定报告自己的活动情况；（3）遵守考察机关关于会客的规定；（4）离开所居住的市、县或者迁居，应当报经考察机关批准。对宣告缓刑的犯罪分子，在缓刑考验期限内，依法实行社区矫正。缓刑考察的内容是考察被宣告缓刑的犯罪分子在缓刑考验期限内，是否具有《刑法》第七十七条规定的情形，即是否再犯新罪或者发现漏罪，以及是否违反法律、行政法规或者国务院有关部门关于缓刑的监督管理规定，或者是否违反人民法院判决中的禁止令，情节严重的。

【缓刑的法律后果】 是指被宣告适用缓

刑的犯罪分子因缓刑适用可能产生的法律后果。根据《刑法》第七十六条、第七十七条的规定，一般缓刑的法律后果有以下三种：（1）被宣告缓刑的犯罪分子，在缓刑考验期限内，没有《刑法》第七十七条规定的情形，缓刑考验期满，原判的刑罚就不再执行，并公开予以宣告；（2）被宣告缓刑的犯罪分子，在缓刑考验期限内再犯新罪或者发现判决宣告以前还有其他罪没有判决的，应当撤销缓刑，对新犯的罪或者新发现的罪作出判决，把前罪和后罪所判处的刑罚，依照《刑法》第六十九条的规定，决定执行的刑罚；（3）被宣告缓刑的犯罪分子，在缓刑考验期限内，违反法律、行政法规或者国务院有关部门关于缓刑的监督管理规定，或者违反人民法院判决中的禁止令，情节严重的，应当撤销缓刑，执行原判刑罚。

【战时缓刑】 是指在战时，对被判处三年以下有期徒刑没有现实危险宣告缓刑的犯罪军人，允许其戴罪立功，确有立功表现时，可以撤销原判刑罚，不以犯罪论处。根据《刑法》第四百四十九条的规定，适用战时缓刑应当遵守以下三个条件：（1）适用的时间必须是在战时。在和平时期或非战时条件下，不能适用此种特殊缓刑。所谓战时，依据《刑法》第四百五十一条的规定，是指国家宣布进入战争状态，部队受领作战任务或者遭敌突然袭击时。部队执行戒严任务或者处置突发性暴力事件时，以战时论。（2）适用的对象只能是被判处三年以下有期徒刑（依立法精神应含被判处拘役）的犯罪军人。不是犯罪的军人，或者虽是犯罪的军人，但被判处的刑罚为三年以上有期徒刑，均不能适用战时缓刑。根据《刑法》第七十四条的规定，“对于累犯，不适用缓刑”的立法意图，应当同样适用于战时缓刑。（3）适用战时缓刑的基本根据，是在战争条件下宣告缓刑没有现实危险。这是战时缓刑最关键的适用条件。即使是被判处三年以下有期徒刑的犯罪军人，若被判断为适用缓刑具有现实危险，也不能宣告缓刑。至于宣告缓刑是否有现实危险，则应根据军人所犯罪行的性质、情节、危害程度，以及犯罪军人的悔罪表现和一贯表现作出综合评判。

【刑罚执行】 又称行刑，是指法定的司法机关将生效的刑事裁判所确定的刑罚付诸实施的刑事司法活动。刑罚执行具有以下基本特征：（1）刑罚执行的主体是法定的司法机关。根据我国《刑法》和《刑事诉讼法》的有关规定，死刑（立即执行）、罚金、没收财产的执行由人民法院负责（宣告被告人无罪或者免除刑事处罚的判决也由人民法院执行），死刑缓期二年执行、无期徒刑、有期徒刑的执行由监狱负责（其中，未成年犯被判无期徒刑、有期徒刑的执行由未成年犯管教所负责，交付执行前剩余刑期在三个月以下有期徒刑的执行由看守所负责），拘役、剥夺政治权利的执行由公安机关负责，对被判处管制、宣告缓刑、假释或者暂予监外执行的罪犯则依法实行社区矫正，由司法行政机关指导管理的社区矫正机构负责执行，人民检察院对执行机关执行刑罚的活动是否合法实行监督。（2）刑罚执行的依据是生效的刑事裁判。根据《刑事诉讼法》第二百五十九条的规定，刑事判决和裁定在发生法律效力后执行。发生法律效力的判决和裁定是指已过法定期限没有上诉、抗诉的判决和裁定，终审的判决和裁定，最高人民法院核准的死刑的判决和高级人民法院核准的死刑缓期二年执行的判决。只有上述刑事判决和裁定所确定的刑罚才能交付执行。未发生法律效力的刑事判决和裁定不得作为刑罚执行的依据，其中的刑罚内容不得交付执行。（3）刑罚执行的内容是将刑罚付诸实施。刑罚执行作为一种刑事司法活动，其主要内容就是将刑事裁判确定的刑罚，按照法定的执行程序、执行方法和执行制度付诸实施，并在实施中予以必要的、适当的修正和调整。

【减刑】 是指对于被判处管制、拘役、有期徒刑、无期徒刑的犯罪分子，根据其在刑罚执行期间的悔改或者立功表现，而适当减轻其原判刑罚的制度。减刑包含两方面的含义：（1）将较重的刑种减为较轻的刑种，如将原判无期徒刑减为有期徒刑；（2）将较长的刑期减为较短的刑期，如将原判有期徒刑八年减为有期徒刑五年，即减刑三年。根据《刑法》第七十八条的规定，对犯罪分子减刑，必须符合下列条件：（1）减刑的适用对象是被判处管制、拘役、有期徒刑、无期徒刑的犯罪分子；（2）犯罪分子在刑罚执行期间认真遵守监规，接受教育改造，确有悔改或立功表现；（3）减刑必须有一定的限度，即减刑后犯罪分子实际执行的刑期不能低于一定年限。根据《刑法》第七十九条的规定："对于犯罪分子的减刑，由执行机关向中级以上人民法院提出减刑建议书。人民法院应当组成合议庭进行审理，对确有悔改或者立功事实的，裁定予以减刑。非经法定程序不得减刑。"

【减刑限度】 是指减刑后犯罪分子实际执行的最低刑期限度。《刑法》第七十八条对减刑的幅度作了明确、严格的限制：减刑以后实际执行的刑期，被判处管制、拘役、有期徒刑的，不能少于原判刑期的二分之一；被判处无期徒刑的，不能少于十三年；被判处死刑缓期执行并被依照《刑法》第五十条第二款规定限制减刑的犯罪分子，缓期执行期满后依法减为无期徒刑的，不能少于二十五年，缓期执行期满后依法减为二十五年有期徒刑的，不能少于二十年。此外，被判处死刑缓期执行且未被限制减刑的犯罪分子，缓期执行期满依法减为无期徒刑或者二十五年有期徒刑的，经过一次或几次减刑后，其实际执行的刑期不能少于十五年。

【假释】 是指对被判处有期徒刑、无期徒刑的犯罪分子，在执行一定刑期以后，由于其确有悔改表现，没有再犯罪的危险，因而附条件地将其提前释放的一项刑罚制度。根据我国《刑法》第八十一条的规定，对犯罪分子适用假释，必须遵守下列条件：（1）假释的对象只能是被判处有期徒刑、无期徒刑的犯罪分子。被判处死刑缓期二年执行的犯罪分子，死缓期满后，依法被减为无期徒刑或者二十五年有期徒刑的犯罪分子（属于死缓限制减刑者除外），符合假释条件时，可以适用假释。（2）被假释的犯罪分子已经执行了一定期限的刑罚。根据《刑法》第八十一条规定，被判处有期徒刑的犯罪分子，执行原判刑期二分之一以上，被判处无期徒刑的犯罪分子，实际执行十三年以上，才能适用假释。（3）犯罪分子在刑罚执行期间认真遵守监规，接受教育改造，确有悔改表现，假释后没有再犯罪的危险。（4）犯罪分子不是累犯以及因故意杀人、强奸、抢劫、绑架、放火、爆炸、投放危险物质或者有组织的暴力性犯罪被判处十年以上有期徒刑、无期徒刑的犯罪分子。

有期徒刑的假释考验期限，为没有执行完毕的刑期；无期徒刑的假释考验期限为十年。假释考验期限，从假释之日起计算。根据有关司法解释的规定，除有特殊情形外，被假释的罪犯一般不得减刑，其假释考验期也不能缩短。对被假释的犯罪分子，在假释考验期限内，依法实行社区矫正，并由负责的社区矫正机构对其进行监督考察。被宣告假释的犯罪分子，应当遵守下列规定：（1）遵守法律、行政法规，服从监督；（2）按照监督机关的规定报告自己的活动情况；（3）遵守监督机关关于会客的规定；（4）离开所居住的市、县或者迁居，应当报经监督机关批准。

根据《刑法》第八十二条、第七十九条的规定，对于犯罪分子的假释，由执行机关向中级以上人民法院提出假释建议书。人民法院应当组成合议庭进行审理，对符合法定假释条件的，裁定予以假释。非经法定程序不得假释。

【假释的法律后果】 是指被裁定假释的犯罪分子适用假释后的法律效果。根据《刑法》第八十五条、第八十六条的规定，假释的法律后果表现为两种：（1）认为原判刑罚已经执行完毕。被假释的犯罪分子，在假释考验期限内没有《刑法》第八十六条规定的情形，即没有犯新罪或者发现漏罪，违反法律、行政法规或者国务院有关部门关于假释的监督管理规定，假释考验期满，就认为原判刑罚已经执行完毕，剩余刑罚不再执行，并公开予以宣告。（2）撤销假释。其包括三种情形：①被假释的犯罪分子，在假释考验期限内又犯新罪；②在假释考验期限内，发现被假释的犯罪分子在判决宣告以前还有其他罪没有判决；③被假释的犯罪分子，在假释考验期限内，有违反法律、行政法规或者国务院有关部门关于假释的监督管理规定的行为，尚未构成新的犯罪的。犯罪分子被假释后，原判有附加刑的，附加刑仍须继续执行。原判决附加剥夺政治权利的，剥夺政治权利的刑期从假释之日起计算。

【刑罚消灭】 是指由于一定的法定原因致使国家针对特定犯罪人的刑罚权归于消灭。不同的诉讼阶段有不同的法定原因可以导致刑罚消灭。从各国立法例来看，导致刑罚消灭的法定原因大致有以下几种情况：（1）刑罚执行完毕。刑罚执行完毕后，行刑权自然归于消灭。（2）缓刑考验期满。被宣告缓刑的犯罪分子，在缓刑考验期限内没有法定撤销缓刑的情形，缓刑考验期满后，原判刑罚不再执行，行刑权即告消灭。（3）假释考验期满。被假释的犯罪分子，在假释考验期限内没有法定撤销假释的情形，假释考验期满，即视为刑罚已经执行完毕，行刑权便归于消灭。（4）犯罪分子死亡。犯罪分子在被起诉前死亡的，追诉权归于消灭；犯罪分子在判决确定前死亡的，量刑权归于消灭；犯罪分子在刑罚执行过程中死亡的，则行刑权一般归于消灭。（5）超过时效期限。犯罪发生后，司法机关或自诉人超过追诉时效而未追诉，追诉权归于消灭；刑罚宣告后，超过行刑时效而未执行，行刑权归于消灭。（6）赦免。包括大赦和特赦。大赦时犯罪分子未被追诉的，追诉权归于消灭；大赦时判决未确定的，量刑权归于消灭；犯罪分子受罪刑宣告后被大赦、特赦的，行刑权归于消灭。

【时效】 是指经过一定的期限，对刑事犯罪不得再追诉或者对所判刑罚不得再执行的一项法律制度。时效制度具有以下主要意义：（1）有利于实现刑罚的目的。如果犯罪分子在犯罪后经过一定时期没有受到追诉并没有再犯罪，就说明他已经改恶从善，成为无害于社会的人。若这时再对他进行追诉，从特殊预防的角度来看，已无必要。从一般预防的角度来看，对犯罪惩办越快，警戒社会上不稳定分子的作用越大。如果在犯罪行为对社会的危害性已经消失的情况下，再对犯罪分子进行追诉，就很难收到适用刑罚的效果。（2）有利于司法机关集中打击现行犯罪。历史上的案件随着时间的推移和环境的变迁，各种证据可能散失，某些反映案件事实情况的材料不易搜集，一些了解案情的人也因死亡或下落不明或记忆不清，不能准确地提供案件的有关情况。所有这些都给侦查、起诉和审判工作带来很大困难。刑法规定时效制度，就可以使司法机关摆脱难以查清而又现实意义不大的陈年老案的拖累，集中力量办理现行案件。（3）有利于社会安定团结。在刑事案件中，有一部分是人民群众之间发生的轻微犯罪案件，其社会危害性较轻，而且经相当长时间没有提起诉讼，有的经过调解或因时过境迁，被害人和犯罪人之间的宿怨已经消释，重归于好，规定时效制度，就可以稳定这种社会关系。否则就可能使人民内部已经稳定的和睦关系再度陷入紧张，不利于人民内部的安定团结。时效，一般分为追诉时效和行刑时效两种。

【追诉时效】 是指对犯罪分子依法追究刑事责任的有效期限。在法律规定的期限内，司法机关有权追究犯罪人的刑事责任。超过法定期限，除法律有特别规定的以外，司法机关或有告诉权的人，都不得再追究或要求追究犯罪人的刑事责任。追诉时效是时效制度的主要类型。

【追诉时效的期限】 是指对犯罪分子追究其刑事责任的具体有效期限。我国《刑法》第八十七条把各种犯罪的追诉时效期限分别规定为四个不同的档次：（1）法定最高刑为不满五年有期徒刑的，追诉期限为五年；（2）法定最高刑为五年以上不满十年有期徒刑的，追诉期限为十年；（3）法定最高刑为十年以上有期徒刑的，追诉期限为十五年；（4）法定最高刑为无期徒刑、死刑的，追诉期限为二十年。如果二十年以后认为还必须追诉的，须报请最高人民检察院核准。根据《刑法》第八十九条的规定，追诉时效的起算应当分三种情况进行：（1）在通常情况下，追诉期限从犯罪之日起计算；（2）犯罪行为有连续或者继续状态的，追诉期限从犯罪行为终了之日起计算；（3）在时效中断的情况下，前罪追诉期限从犯后罪之日起计算；（4）在时效延长的情况下，追诉期限不受限制。

【行刑时效】 又称为刑罚执行时效，是指对被判处刑罚的犯罪人执行刑罚的有效期限。审判机关对犯罪人判处刑罚后，由于某种原因刑罚未予执行，只要在法定期限内，司法机关均有权对犯罪人执行所判刑罚；超过法定期限，刑罚就不得再执行。我国《刑法》从我国的实际情况出发，只规定了追诉时效，没有规定行刑时效。

【追诉时效的中断】 是指在追诉期限内，因犯罪分子又犯新罪而使已经过的时效期间归于无效，前罪追诉期限重新计算的制度。根据《刑法》第八十九条第二款的规定，在追诉期限以内又犯罪的，不论新罪的性质、轻重如何，前罪所经过的时效期间归于无效，对前罪的追诉期限应从犯新罪之日起重新计算。

【追诉时效的延长】 是指在追诉期限内，因发生法定事由而使追诉时效处于保持状态的制度。为了防止犯罪分子利用时效制度逃避法律制裁，《刑法》第八十八条规定了时效延长制度，即“在人民检察院、公安机关、国家安全机关立案侦查或者人民法院受理案件以后，逃避侦查或者审判的，不受追诉期限的限制”，“被害人在追诉期限内提出控告，人民法院、人民检察院、公安机关应当立案而不予立案的，不受追诉期限的限制”。

【赦免】 是指国家对于犯罪分子宣告免予追诉或者免除执行其刑罚的全部或者部分的法律制度。赦免分为大赦和特赦两种。赦免通常在国家举行重大庆典时实行，或者是根据政治、社会形势的需要实行。一般由国家元首或者最高权力机关以颁布赦免令的形式宣布。赦免令只在赦免期间内有效，赦免完毕，命令随之失效。

【大赦】 是指国家宣告对不特定多数的犯罪分子免予追诉或者免除执行其刑罚的全部或部分的制度。这种赦免的效力及于罪与刑两个方面，即对宣布大赦的犯罪，不再认为是犯罪，对实施这类犯罪行为的人，不再认为是犯罪人，因而也不再追究其刑事责任，已经追诉的应当终止或者宣告无效。其特点包括：大赦适用于不特定的多数犯罪分子；大赦可以在法院判决之前实行，也可以在法院判决之后实行；大赦既赦其罪，也赦其刑；被大赦后再犯罪不构成累犯。

【特赦】 是指国家宣告对特定的犯罪分子免除执行其刑罚的全部或者一部的制度。特赦一般只赦免犯罪分子的刑罚，而不赦免其罪行。其特点包括：特赦只适用于特定的犯罪分子；特赦只能在法院判决之后实行；特赦只能赦其刑而不能赦其罪；被特赦后再犯罪，符合累犯条件的，则构成累犯。

【客观归罪】 是指不问行为人的主观罪过如何，只要发生了危害结果，就认定行为人的行为构成犯罪，对于该结果承担刑事责任。从犯罪构成的角度来看，客观归罪忽视了犯罪的主观方面，没能做到主客观相统一，从而只根据行为的客观层面就认定行为构成犯罪。客观归罪不同于犯罪论上的客观主义，客观主义并不意味着只要有客观行为及其危害结果等客观要素就成立犯罪，而是将客观行为及其危害结果作为认定犯罪的根据。客观归罪也不同于刑法理论中的客观归责理论，后者处理的是因果关系与归责问题。

【主观归罪】 是指不问行为人的客观行为如何，也不考虑危害结果是否发生，只要行为人主观存在犯罪罪过，就认定行为人构成犯罪，并根据其所思所想认定其构成相应的犯罪。从犯罪构成的角度来看，主观归罪忽视了犯罪的客观方面，没能做到主客观相统一，从而只根据行为的主观层面就认定行为构成犯罪。“腹诽罪”“思想犯”均是这种观念的极端体现。主观归罪不同于犯罪论上的主观主义，主观主义并非意味着只要具备主观要素就成立犯罪，而是以行为人的危险性格作为认定犯罪的根据。

【刑事政策】 是指国家和社会以预防和惩治犯罪为目的而制定和采取的一切策略、方针、手段和方法的统称。刑事政策有广义与狭义之分。根据广义刑事政策概念，刑事政策并不限于直接的以预防和惩治犯罪为目的的各种刑罚制度，还包括间接的与预防犯罪有关的各种社会政策，例如居住政策、教育政策、就业政策以及其他公共福利保障政策等。德国刑法学家李斯特所谓“最好的社会政策，就是最好的刑事政策”的观点，即为广义刑事政策的见解。狭义的刑事政策是指国家以预防和惩治犯罪为目的，对于犯罪人和具有犯罪危险的人所采取的刑罚以及其他与刑罚具有类似作用的制度和措施。根据狭义刑事政策概念，刑事政策不包括各种与犯罪有关的社会政策，而仅限于直接的以预防和惩治犯罪为目的的刑事方面的对策，但其范围并不仅仅限于刑罚制度，而是还包括其他与刑罚具有类似作用的制度和措施，如保安处分、更生保护等。为了解决广义说与狭义说存在的问题，有学者提出折中说，既不主张将刑事政策的范围扩大至社会政策，也不赞同将刑事政策理解为仅限于刑法或者刑事措施。在刑事制度和措施之外，与犯罪预防和惩治具有密切关联的一些社会政策，也应当纳入刑事政策的视野。

【刑事立法政策】 是指在刑事立法中的策略、方针和原则。刑事立法政策所发挥作用的范围涵盖所有的刑事立法领域，包括刑事实体法、刑事程序法和刑事执行法。刑事立法政策主要体现在刑事立法的指导思想、策略和基本原则等方面。刑事立法的指导思想是方向性、根本性的指导原则。刑事立法策略是制定、修改、补充刑事法律的具体指导策略，如法条设置的粗疏或者细密，犯罪圈划到多大，犯罪量与刑罚量的配置与组合方式，刑事实体法与刑事程序诉讼法之间的衔接与协调，等等。刑事立法原则是制定、修改和实施刑事法律的具体指导原则。如，在刑事实体法的立法中，必须遵循罪刑法定这一基本原则；在刑事程序法的立法中，程序法定、无罪推定、控辩平等等原则应当被遵守和确立；在刑事执行法的立法中，刑事执行制度和措施的设置都应当遵守行刑人道主义原则等。

【刑事司法政策】 是指导刑事司法实践的具体指导思想和策略原则。主要包括刑事侦查政策、刑事起诉政策、刑事审判政策。刑事司法的指导思想是贯穿于刑事司法整个过程的方向性、根本性的指导原则。在不同的历史时期和社会阶段，刑事司法的指导思想会有不同。刑事司法的策略是指导刑事司法实践的具体策略、原则。如“坦白从宽、抗拒从严”对分化、瓦解犯罪分子，孤立和打击极少数严重犯罪分子，争取和改造大多数动摇分子、被胁从的犯罪分子以及受蒙蔽分子，起到了积极作用。具体个案处理中，定罪情节的斟酌，量刑上的从重或者从宽，是否适用缓刑等，都受到刑事司法政策的影响。刑事司法政策还体现在侦查、起诉和审判的各个环节。例如，在刑事侦查方面有公开举报和追逃奖励政策等；在刑事起诉方面有酌定不起诉、附条件不起诉等政策；在刑事审判中有少年司法审判、轻罪快审等政策。在刑事政策体系中，刑事司法政策具有更为突出的实践特性。我国的刑事司法政策基本上都是以刑事司法解释为逻辑起点的，是面向刑事司法实际，为了解决刑事司法难题而提出的。刑事司法政策指导刑事司法，并且在司法实践中得以不断地发展和完善。

【少年司法政策】 是指关于少年司法的指导方针和策略原则。犯罪学上多用未成年人犯罪，但在司法方面概念的使用上，一直存在着未成年人司法与少年司法之分歧。“少年”的范围小于“未成年人”，只是未成年人的一部分。从犯罪原因与犯罪预防的角度来说，较多用未成年人犯罪；从刑事司法的角度，则少年司法的提法更为常见。“少年法庭”“少年司法制度”目前渐已成为习惯用语。少年司法制度仅有100多年的历史。早期，各国对待少年犯罪的方式与对待成年人犯罪的方式基本相同。工业革命催生了儿童福利观念，在这种观念的指导下，未成年人被作为一个有着特殊需要的独特个体来进行对待。鉴于未成年人的年龄、心理和行为等方面的特殊性，现代各国对于未成年人犯罪在刑事司法上都采取与成年人不同的政策，刑事惩罚的力度比成年人相对宽缓，并且更多地强调对犯罪少年的教育和矫正。联合国历届预防犯罪和罪犯待遇大会均重点讨论了少年的特殊保护和少年司法问题，并制定了相应的法律文件。1989年《联合国儿童权利公约》规定了“儿童最大利益原则”。根据这项原则，各国应当在制定各项政策、处理儿童事务中，以保护儿童的最大利益为优先考虑。除此以外，还有其他一些重要的联合国文件，如《联合国少年司法最低限度标准规则》（即《北京规则》）、《联合国预防少年犯罪准则》（即《利雅得准则》）、《联合国非拘禁措施最低限度标准规则》（即《东京规则》）、《联合国保护被剥夺自由少年规则》等，这些文件建立了少年司法制度的国际标准。我国对于未成年人犯罪确立的刑事政策是“教育、感化、挽救，教育为主、惩罚为辅”。我国《未成年人保护法》中明确规定：“对违法犯罪的未成年人，实行教育、感化、挽救的方针，坚持教育为主、惩罚为辅的原则”。我国《预防未成年人犯罪法》规定，预防未成年人犯罪，立足于教育和保护未成年人相结合，坚持预防为主、提前干预，对未成年人的不良行为和严重不良行为及时进行分级预防、干预和矫治。

【刑事执行政策】 是指指导刑事执行的具体指导思想和策略原则。刑事执行的内容庞杂，包括生命刑、自由刑、财产刑、资格刑的执行，死刑的执行又包括死刑立即执行和死刑缓期执行，自由刑的执行分为监禁刑的执行和非监禁自由刑的执行。各种刑罚的执行主体不一，场所、方式也各不相同，相应的执行政策也不尽相同。如，监禁刑执行中的分类处遇、累进处遇、开放式处遇；财产刑执行中的个人财产与家庭共有财产的区分原则，等等。但是，有一些指导思想和策略原则是方向性、根本性的，贯穿于所有的刑事执行活动及其过程中，对于所有类型的刑事执行都具有指导意义和作用。如在所有的刑事执行活动中都应当遵守人道主义原则。但贯彻这一原则的具体方式则因刑事执行的具体内容不同而有所不同。在监禁刑执行中，人道主义原则主要体现在囚犯待遇上，禁止虐待囚犯或者给予其非人道的处遇等；在财产刑执行中，则体现在罚金缴纳方式的多样化，以及没收全部财产的，对犯罪人个人及其扶养的家属保留必需的生活费用等方面。

【犯罪化】 是指将过去不是犯罪的行为作为犯罪进行处理。在任何社会里，犯罪圈都不是一成不变的，而是会随着社会的发展、形势的变化出现扩张或者收缩。犯罪化与非犯罪化代表了定罪政策的两个方向。从世界各国的犯罪化实践来看，虽然不同国家在不同阶段犯罪化的内容互有差异，但总体而言，犯罪化的原因和动力均源自社会发展的现实需要。一般认为，犯罪化只是刑事立法上的犯罪化，因而只是刑事立法政策的选择问题。

为了防止过度的犯罪化对公民自由权利的侵害，在犯罪化问题上，特别强调谦抑原则。谦抑原则，是指对于具有危害属性的行为，在决定是否运用刑法予以干预时，以刑法作为最后手段法、补充法、保障法的属性出发而进行考量。根据谦抑原则，犯罪化应当遵循两方面的要求：（1）刑事干预的必要性。犯罪化必须为维持社会最低秩序所必须，正确区分和把握道德与刑法、犯罪与民事不法、行政不法之间的界限，以及将特定不法行为犯罪化是否符合刑事法理。在这个过程中，刑法的最后手段性以及必要性的要求应当被恪守。（2）刑事干预的可行性。刑法干预的可行性受到两方面因素的制约：①刑罚本身所具有的利害两面性以及刑罚功能的有限性；②刑罚成本的有限性。无视刑法干预的可行性而盲目进行犯罪化是非理性的。

【非犯罪化】 是指将原本规定为犯罪的行为从刑法干预范围中排除出去。日本学者森下忠认为，非犯罪化大体上包括三种类型：（1）立法上的非犯罪化，即在刑事立法中将一些原来规定为犯罪的行为如通奸罪予以删除，不再认为是犯罪；（2）司法上的非犯罪化，即由审判机关或者法官基于对某法律的理解、解释而不将某行为作为犯罪处罚；（3）事实上的非犯罪化，即虽然在立法上将某行为规定为犯罪并规定了一定的处罚，但司法机关在大多情况下都不予追诉。

20世纪50年代在欧洲大陆掀起了关于法律与道德界限的争论，很多欧洲国家以及美国纷纷将其刑法中原来所规定的一些“道德犯罪”如自杀、通奸、堕胎、同性恋、卖淫、吸毒、赌博等予以非犯罪化。20世纪80年代以后，欧洲非犯罪化的实践已经远远不限于“道德犯罪”的领域，基于刑法谦抑的思想，微罪的非犯罪化也提上了议事日程，成为非犯罪化运动的重要内容。我国刑法上的非犯罪化主要包括两个方面：（1）立法的非犯罪化，即在刑法立法上取消部分犯罪或者缩小部分犯罪的适用范围；（2）司法的非犯罪化，即利用扩大解释或者限制解释的方法，在司法适用中，限缩犯罪的范围。例如，我国司法实践中有从立法目的的角度对虚开增值税专用发票罪作限制解释，要求必须是出于骗取国家税款目的的虚开行为才是虚开增值税专用发票的犯罪行为。这相当于将不具有该特定目的的虚开增值税专用发票行为作了非犯罪化处理。

【非刑罚化】 关于非刑罚化的含义，有两种不同的观点：一种观点认为，非刑罚化是指对犯罪人科处刑罚之外的制裁以代替刑罚；另一种观点认为，非刑罚化就是指减轻、缓和刑罚。1980年欧洲委员会推出的指导欧洲各国刑事立法和刑事司法的《欧洲非犯罪化报告》中将非刑罚化界定为刑罚系统内部缩减惩罚范围或强度的所有形式，使特定罪行从法定的“犯罪”或“重罪”转化为法定的微罪，以较少负面作用的制裁，如罚金、缓刑，特别法庭命令替代监狱性刑罚等，都可以被认为是非刑罚化的可供选择的形式。20世纪70年代以来，非刑罚化运动的一个重要表现是广泛推广罚金刑以替代监禁刑。根据该报告，非刑罚化并不包括从刑罚制裁向行政处罚或其他制裁形式的转变。但是，在我国，很多学者将非刑罚化理解为用刑罚以外的其他较轻的制裁措施来替代刑罚，而将刑罚系统内部的减轻或者缓和刑罚称之为刑罚轻缓化。非刑罚化与非犯罪化是密切相关的两个概念，非犯罪化必然导致非刑罚化。非刑罚化包括立法上的非刑罚化与刑事司法中的非刑罚化。

【两极化刑事政策】 是指对重大犯罪采取严格对策，对轻微犯罪采取宽缓对策的刑事政策。自20世纪70年代以来，在报应与功利二元统一的综合刑论的主导下，欧美国家的刑罚政策选择呈现出明显地沿着所谓“宽松的刑事政策”和“严厉的刑事政策”两个不同的方向并行发展的趋势。日本学者森下忠在其论著中将这一趋势概括为“两极化”，我国学者储槐植教授把这种两极化趋势归纳为“轻轻重重”。

“轻轻”，是指对于那些对社会危害不大的犯罪和罪责程度较低的罪犯，如偶犯、初犯、过失犯、未成年犯等适用比以往更为轻缓和宽松的处遇。在实体法上主要表现为对轻微犯罪实行非犯罪化、非刑罚化以及非监禁刑化。在刑事诉讼中主要表现为对轻罪适用、转向处分或者恢复性司法方案等更为便捷、灵活、宽缓和较少强制性的方式予以追诉。在行刑处遇方面主要表现为对轻微犯罪的罪犯适用相对比较宽松的行刑处遇，广泛适用缓刑、假释、社区矫正等非监禁的行刑处遇方式，尽可能减少封闭式行刑对受刑人再社会化的不利影响。

“重重”，是指对于危害程度严重的重大犯罪以及主观恶性较深的累犯、惯犯等，适用比以往更为严厉和严格的处遇。在实体法上主要表现为对暴力犯罪、毒品犯罪、恐怖主义犯罪、腐败犯罪以及有组织犯罪等规定比以往更为严厉的刑事责任，更多地适用监禁刑或者判处更长期的监禁刑，甚至适用终身监禁乃至死刑。在刑事诉讼过程中表现为在某些情况下，规定更为灵活高效的诉讼程序和证据规则，以利于查证和打击犯罪。在量刑和行刑过程中，对于严重犯罪或者主观恶性较深的累犯、惯犯予以更为严厉的制裁，加大对严重犯罪以及累犯、惯犯的打击力度，并且严格限制法官的量刑裁量权以及行刑机构的假释裁量权，严格控制对严重犯罪的罪犯以及累犯、惯犯的减刑与假释。

“轻轻重重”的两极化刑事政策是对当代西方国家刑事政策趋向的一个总的概括。不同国家根据其国内的犯罪态势和社会整体状况，侧重点有所不同。

【惩办与宽大相结合】 是指对犯罪分子既要按照其犯罪的从严情况，该严惩的要严惩，也要按照犯罪的从宽情节，该宽大的要予以宽大处理。作为一项刑事政策，惩办与宽大相结合的刑事政策源自镇压与宽大相结合的刑事政策。两个政策的提法虽然有所不同，但实质精神是一致的，是对中国共产党在建立和巩固革命政权的不同时期的基本刑事政策的概括和总结。惩办与宽大相结合的政策虽然是被作为与反革命作斗争的策略而提出的，但是，随着大规模的反革命势力被消灭，在后来的发展过程中，这一政策逐渐发展为适用于所有犯罪的刑事政策。1979 年 7 月，第五届全国人民代表大会第二次会议通过了《中华人民共和国刑法》，其中第一条明确规定，“中华人民共和国刑法，……依照惩办与宽大相结合的政策，……制定。”从此，这一政策被法律化。这标志着作为基本刑事政策的惩办与宽大相结合政策的进一步完善。

【宽严相济刑事政策】 是指根据不同的社会形势、犯罪态势与犯罪的具体情况，对刑事犯罪在区别对待的基础上，科学、灵活地运用从宽和从严两种手段，打击和孤立极少数，教育、感化和挽救大多数，最大限度地实现法律效果和社会效果相统一的刑事政策。2004 年 12 月 22 日，时任中共中央政治局常委、政法委书记罗干在中央政法工作会议上明确提出，“正确运用宽严相济的刑事政策，对严重危害社会治安的犯罪活动，严厉打击，决不手软。同时，要坚持惩办与宽大相结合，才能取得更好的法律和社会效果。”这是官方正式场合第一次提出宽严相济的刑事政策，但只是和惩办与宽大相结合的政策并提，还没有将之作为独立的刑事政策提出。2005 年 12 月，罗干在全国政法工作会议上的讲话中再次提到宽严相济，指出：“宽严相济是我们在维护社会治安的长期实践中形成的基本刑事政策。”2010 年 2 月 8 日印发的《贯彻宽严相济刑事政策意见》指出：“宽严相济刑事政策是我国的基本刑事政策，贯穿于刑事立法、刑事司法和刑罚执行的全过程。”

宽严相济刑事政策的基本内容可概括为：当宽则宽，该严则严，轻中有严，重中有宽，宽严有度，宽严适时。具体包括三个方面：（1）宽严相济之“宽”。这是指对于犯罪施以宽松刑事政策，在刑事处理上侧重宽大、宽缓、宽容。进而言之，从刑事司法的角度讲，是指对于轻微的犯罪行为和偶犯、过失犯、中止犯、从犯、胁从犯、防卫过当犯、避险过当犯，以及未成年人、又聋又哑或者盲人、孕妇或哺乳期的妇女、严重疾病患者等犯罪人，予以轻缓化的合法合理合情的处理。（2）宽严相济之“严”。这是指对于犯罪施以严格刑事政策，在刑事处理上侧重严密、严厉、严肃。一方面是指对有组织犯罪、黑恶势力犯罪、严重暴力犯罪、跨国境犯罪、恐怖主义犯罪、严重影响群众安全的多发性犯罪以及对于人身危险性大的犯罪人采取从重的刑事政策，体现为适用普通程序和刑事诉讼化、刑罚化与监禁化，直至适用最严厉的刑罚——死刑；另一方面，宽严相济之“严”也体现为严密刑事法网、严肃刑罚执行。（3）宽严相济之“济”。这是指要协调运用宽松刑事政策与严格刑事政策，以实现二者的相互依存、相互配合、相互补充、相互协调、有机统一。事实上，宽严相济有着丰富的内涵，上文对体现宽严相济刑事政策之“宽”与“严”制度的阐明，从一定意义上也可以理解为宽严相济之“济”的一个方面，即该宽则宽，当严则严。

【矫正】 是指对罪犯或被矫正人员进行思想文化及素质教育训练、心理问题的疏导与治疗以及职业技能方面的培训，实现纠正罪犯原有的不良行为习惯，从而帮助其逐步适应、回归社会目的的司法活动。矫正一词的含义为匡正、纠正，于20世纪中叶被引入社会领域，并最先在西方国家被用作司法工作的专业用语。根据美国学者克莱门斯·巴特勒斯的观点，矫正是指法定有权对被判有罪者进行监禁或监控机构及其所实施的各种处遇措施。矫正包括在监狱等监禁机构中的矫正与社区矫正两个方面。当代的矫正活动主要采取以下几种方法：（1）教育矫正。通过对矫正对象进行思想道德与知识文化教育，认识到犯罪行为的严重危害性，提高其判断是非的能力。（2）劳动矫正。即通过适当的形式组织矫正对象参与社会劳动。（3）心理矫正。心理矫正有助于认知矫正对象的犯罪动机，帮助他们走出心理误区，培养健全的人格。一般包括对矫正对象的心理评估，选择矫正方法并制定具有针对性的矫正方案，实施矫正活动，追踪治疗效果等环节。（4）职业技能培训。为了帮助矫正对象回归社会，有必要开展职业技能培训，使其掌握一技之长，更好地适应社会。（5）医疗服务。负责矫正的国家机关为矫正对象提供一般的身体医疗服务及特殊治疗，特别是针对有毒瘾或严重疾病的矫正对象，这种方法在西方国家使用较广。

【社区矫正工作者】 是指依照相关法律规定参与社区矫正工作的专门人员。综合2004年司法部颁布的《司法行政机关社区矫正工作暂行办法》的规定与各地的实践，可将社区矫正工作者具体分为社区矫正官、矫正社会工作者与社区矫正志愿者。（1）社区矫正官，是指在社区矫正中承担主要职能的司法行政机关工作人员。具体包括省、市、县级司法行政机关设立的社区矫正机构中从事领导、管理工作的人员，以及从事社区矫正工作的司法所工作人员。（2）矫正社会工作者，是指经过公开招聘与培训后，协助社区矫正机构及社区矫正官对社区服刑人员进行监督管理与教育帮助的专业人员。社会工作者通过专门的组织与政府签订合同，从事合同约定的工作。（3）社区矫正志愿者，是指自愿参与和从事社区矫正的社会志愿者，包括专家学者、高校学生等。矫正社会工作者与志愿者的职责则主要是在矫正机构的指导下，参与组织矫正对象的学习、技能培训、辅导咨询等工作。

【监禁刑】 是指以剥夺犯罪人的人身自由为主要内容的刑罚方法，如拘役、有期徒刑、无期徒刑等不同的刑罚种类，都属于监禁刑的范畴。也有学者将其称为自由刑。目前，我国《刑法》根据刑期长短，主要把监禁刑划分为拘役、有期徒刑、无期徒刑三种。

监禁刑的特点包括：（1）监禁刑以剥夺犯罪人的人身自由为其主要内容。监禁刑是自由刑的一种，是其中的剥夺自由刑。监禁刑通过强制性手段将犯罪人隔离于社会，使其一切活动均处于司法机关的监控之下。这不但限制了犯罪人再次危害社会的可能性，同时也限制了他参与社会活动和社会交往的权利，从而对犯罪人造成痛苦，进而实现刑罚的惩罚功能。（2）监禁刑的执行场所一般是特定的。监禁刑的执行内容主要是剥夺犯罪人的人身自由，剥夺犯罪人人身自由就需要专门的隔离场所和设施协助来实现监禁刑的目的。因此，监禁刑的执行场所必须具有将其中关押的人员与外界隔离开来的功能。而其中监狱则是最典型的监禁刑执行场所，除此之外，我国的拘役所和未成年犯管教所也是监禁刑执行场所。（3）监禁刑执行的主体是具有刑罚权的特定国家机关。监禁刑的执行是国家刑罚权实现的过程。因此，监禁刑的执行主体一般是具有刑罚执行权的特定国家机关。目前，我国监禁刑包括拘役、有期徒刑和无期徒刑，其中，有期徒刑和无期徒刑是由监狱机关负责执行的，而拘役则由公安机关负责执行。此外，根据《刑事诉讼法》第二百六十四条的规定，对于未成年犯的监禁，应由未成年犯管教所负责执行。而对被判处有期徒刑的罪犯，在被交付执行刑罚前，剩余刑期在三个月以下的，由看守所代为执行。

【非监禁刑】 是指对犯罪人所适用的不在监狱等禁闭场所执行的不剥夺其人身自由和生命，并通过开放式执行处遇来促成犯罪人再社会化为目的，从而实现刑事责任承担的刑罚制度的总称。我国非监禁刑主要包括管制、罚金、剥夺政治权利、没收财产、驱逐出境、暂予监外执行、假释等。

非监禁刑的特点主要是：（1）非监禁性。即不在监狱等封闭场所执行的不剥夺犯罪人自由的刑罚。尽管在执行非监禁刑的过程中，可能对犯罪人的人身或多或少地进行一定的限制，但是这种限制的时间是很短的，人身限制的程度远远低于传统的监禁刑；同时，限制犯罪人人身的场所也并非通常所说的监狱等封闭场所。这也是非监禁刑与传统的、以剥夺犯罪人自由为主的监禁刑或者自由刑的主要区别之一。（2）非监禁刑惩罚程度较轻。这种主要表现在三个方面：①不剥夺犯罪人的自由和生命。与传统刑罚主要剥夺人身自由甚至剥夺犯罪人生命不同，非监禁刑并不剥夺犯罪人的人身自由，更不涉及剥夺犯罪人生命的问题。②包括了一些惩罚性轻微的制裁措施。非监禁刑的确立和适用，以最大限度地保护社会利益、公民个人利益和其他合法利益为最高目的。③比较符合世界刑罚发展甚至人类社会发展的根本趋势。人类社会发展的根本趋势，应当是越来越重视人道主义，中国古代思想家倡导的“仁爱”“和合”“和为贵”“宽厚”等思想，应当说代表了人类大同社会的终极理想。这种发展趋势在刑事法律和刑事政策领域中的体现，就是冲突性、惩罚性、情绪性的制裁方法会越来越少，体现理智、和解思想的制裁方法会越来越多。因此，可以说，惩罚性较轻的非监禁刑，比较符合人类社会发展的根本趋势，也符合我国宽严相济的刑事政策要求。（3）经济性。非监禁刑符合经济性原则，即执行非监禁刑花费的社会资源少，能够有效降低刑罚成本。与监禁刑相比，对人身危险性较小的犯罪人适用非监禁刑，更有利于对犯罪人的惩治和矫正，同时有效地提高刑罚的效益，实现刑罚经济原则。从刑罚的投入成本上看，非监禁刑并不需要监狱等建筑设施、设备、运行费用、维护费用，也不需要提供被监禁人员生活费用等，因而非监禁刑执行的成本远远低于监禁刑执行的成本。而且从惩罚、矫正和预防犯罪的角度上看，非监禁刑的执行也较好地实现了刑罚的效果。非监禁刑对于那些人身危险性较小的犯罪人的再社会化的提高和再犯率的降低以及一般预防的实现都有明显的效果。（4）行刑多样性。这突出地表现在下列方面：①从行刑主体来看，它既有可能是由审判机关直接执行的刑罚，也可能是由刑罚执行机关在社会上执行的刑罚方法（即一些国家所说的“社会矫正”），还有可能是经审判机关判决后由行政机关或者其他社会有关部门执行的刑罚方法。②从行刑地点来看，有的是在犯罪人居住的社区中执行的；有的除了在犯罪人居住的社区执行外，还可以在一定的限制自由的机构中执行一部分刑罚；还有的非监禁刑的效力可以延伸到主权国家或地区的所有管辖区；③从行刑时间来看，有的非监禁刑可以在短时间之内执行完毕，有些非监禁刑的执行时间较长，有的非监禁刑的执行时间甚至会延长到犯罪人的终身；④从行刑对象来看，有的非监禁刑的执行对象是犯罪人的财产，有的是犯罪人的权利，有的是犯罪人的人身，还有的是犯罪人的名誉或者资格等。（5）适用对象是犯罪人。尽管非监禁刑与一些传统的刑罚方法有所不同，但非监禁刑仍然是一类刑事制裁方法，它只能对犯罪人适用。只有在极少数情况下，一些非监禁刑措施可以适用于犯罪嫌疑人。例如，一些审前非监禁刑措施的适用。

【刑罚个别化】 又称个别化原则，指在制刑、量刑和行刑的过程中，审判机关根据犯罪人所犯罪行的社会危害程度和人身危险性的大小，在相应的法定刑范围内或以法定刑为基础，设定、宣告和执行相应的刑罚的一项原则。刑罚个别化的根据是人身危险性。人身危险性是指实施了严重危害社会行为的行为人再次实施危害社会行为的可能性。刑罚个别化原则主张综合犯罪的主观方面和客观方面，根据犯罪人的个人情况，从而考察犯罪人的人身危险性，根据犯罪人人身危险性的大小适用轻重不同的刑罚，以达到改造教育罪犯，实现刑罚特殊预防的目的，实现对犯罪惩罚主客观相统一，实现刑罚适用与执行的报应和预防的双重目的。

刑罚个别化的价值追求是个别公正。个别公正是相对于一般公正而言的。个别公正的理论基础就在于意志自由的相对性和犯罪原因的多元论。由于法律规则具有概括性，每个案件都有各自的特点，法律不可能把每一个案件与其他案件区别开来，法律只能根据有典型意义的、经常发生的情况，将案件进行分类。不同的犯罪人虽然实施的是相同性质的犯罪，但犯罪人本身是存在差别的。在适用刑罚时，在看到行为与行为之间相同点的同时，还应该具体分析其区别，排除个别因素对公正的影响。只有在实践中充分考虑了这些个人因素，把犯罪人作为具体的人来对待，才能保证个别公正的实现，这就是刑罚个别化的价值追求。

刑罚个别化的目的是个别预防。个别预防，又称特殊预防，就是通过对犯罪人适用一定的刑罚，剥夺他们继续犯罪的条件，并将其改造成为守法的公民，不再重新犯罪。刑罚个别化有利于实现刑罚的目的。要实现刑罚报应和预防的目的，就要将刑罚个别化原则贯穿到整个刑罚运行活动的始终。在立法上，不能单纯地以犯罪行为的状态作为犯罪分类的标准，而应合理地加入对犯罪人的分类，从而能够依犯罪人的反社会性的大小而决定其应承担的刑罚。在量刑上，没有对刑罚个别化的考量就不可能对犯罪人正确地定罪量刑。法官只有在考察犯罪的社会危害性的基础上，充分考虑犯罪人的具体情况、人格等刑罚才能奏效。在行刑上，通过对犯罪人详加考察，在确定犯罪人不同人格、人身危险性的基础上，加以分类改造可以收到良好的改造效果。刑罚个别化避免了罪与刑绝对的相适应，避免了单纯的报应、威慑主义。这样才能以犯罪的社会危害性为基础，以犯罪人的人身危险性作为量刑和行刑的调节因素，合理地确定犯罪人应判处和执行的刑罚，实现刑罚的目的。

刑罚个别化也有利于实现刑罚的功能。刑罚的个别化在实现刑罚的恢复性功能方面有重要的作用。刑罚个别化要求对犯罪甚至犯罪人的分类更加具体，对刑罚的配置和执行更加具有针对性使得整个刑罚体系更加紧凑，这些有利于刑罚恢复性功能的实现。因此要实现刑罚的恢复性功能，单靠罪刑相适应原则是不可能的，必须使刑罚个别化和罪刑相适应合理地结合，有机地协调，彼此独立，相互制约，彼此平衡，这样才能共同服务于刑罚公正适用。

【行刑社会化】 是指在刑罚执行过程中，通过放宽罪犯自由、拓宽罪犯与社会联系、促使罪犯掌握生活技能与相关社会知识、塑造罪犯符合社会正常生活的信念和人格，最终促成罪犯回归社会。在刑罚执行的过程中，要调动一切社会积极因素，合力救助、教育、改造犯罪分子并保证和巩固刑罚执行的效果，确保刑罚执行目的的实现。

行刑社会化的特征包括：（1）多样性。主要包括三个方面：①行刑社会化主体的多样性，监狱自然可以是行刑社会化的主体，但却不是唯一主体，司法行政机关也可以成为主体；②行刑社会化可以依靠的力量多样性，行刑社会化要求调动一切社会力量来帮助罪犯，公司、企业、个人都可以加入其中，在国外，吸收志愿者加入这一行列是一种普遍的做法，值得我们借鉴；③行刑社会化的方式可以多样性，国外很多国家对罪犯的危险性有评估机制，对于不同等级的罪犯适用不同的处遇，即便是危险程度相同的罪犯，也是可以根据罪犯的个人情况有针对性地进行改造，从而能够保证矫治工作有针对性、个别化，保证矫治工作取得理想的效果。（2）开放性。行刑社会化要求通过各种各样的方式改变传统的封闭式模式，使罪犯有更多的机会与社会上的自由人接触，能认识到社会的发展和变化，并且适应社会的变化。此外，传统的改造方式比较单一，主要是以思想政治教育为主，而行刑社会化要求调动一切社会力量，通过社会组织、企业、个人和罪犯亲友的感化和帮扶，进而减少罪犯的对抗情绪，使其能够真正认识到自己的错误，能够悔罪并积极、主动地接受改造。（3）目的性。在传统的监禁模式下，一些罪犯被动地完成了刑期，却没有真正被改造，甚至在这种模式下，罪犯间相互交流了不良思想和作案方法，可能使个别罪犯的危险性增大。另外，监狱通常处于较偏远的地方，加之安全上的考虑，使罪犯几乎断绝了与外界的联系，导致一些刑满释放的罪犯无法适应社会的变化。行刑社会化是为了使刑罚的执行取得一种最好的效果，既要实现对罪犯的教育和改造，又要使其服刑期满后能顺利回归社会。在行刑社会化的实践当中，要充分地考虑到这一目的。

行刑社会化的表现：（1）创造社会化的服刑环境。监狱和其他监禁刑执行场所要努力创造出与正常的社会相类似的监禁与改造环境，使罪犯在近似于外面社会的环境中服刑改造；（2）减小被监禁罪犯与社会的隔阂。刑事执行机关，要尽可能提供便利条件，维系、扩大对于罪犯来讲具有积极意义的社会联系，努力通过这类联系稳定罪犯的情绪，促进罪犯的改造；（3）利用社会资源去改造罪犯。刑事执行机关要努力运用各种社会资源来提高罪犯的管理水平，提高罪犯改造效果。

【社区服刑人员】 是指在实施犯罪行为后依法被判处非监禁刑并在社会上接受监管和矫正的罪犯。又称社区矫正对象、社区矫正人员，社区服刑人员是非监禁犯中的一部分。

目前我国法律规定的社区服刑人员根据所受刑罚的类型被分为四种，即被判处管制、宣告缓刑、假释或者暂予监外执行的罪犯，又可以根据这一标准将他们分为三类：第一类是指罪行比较轻微、被审判机关判处特定的非监禁刑的罪犯。缓刑犯、管制犯就属于这种类型。此类人员一般犯罪情节相对较轻，社会危害程度较低，其人身危险性也较小。第二类是指那些虽然罪行严重，但是经过改造之后社会危险性大大降低的罪犯。假释犯就属于这一类。这类人员经过监禁机构一段时期的矫正后，因为悔罪态度及行为表现趋向良好，其人身危险程度已相对较低。第三类是指那些有其他特殊情况的罪犯。这主要是指暂予监外执行的罪犯。上述三类罪犯之中的第一类和第二类属于社区矫正的主要对象，而第三类则属于社区矫正对象中的特殊情况。在不久的将来社区矫正的对象会随着社区矫正制度的完善而逐步扩大。除上述分类外，在实践中对社区服刑人员的分类标准，还有性别、刑期长短、身体状况及社会状况等分类。

【释放】 是指恢复被拘押者或服刑者的人身自由。刑事执行法领域里的释放是指依照相关法律规定解除对服刑人员的监禁并恢复其人身自由的刑罚执行活动。释放意味着行为人罪犯身份的消灭和回归社会的开始。

释放的种类：（1）刑满释放。刑满释放是指服刑人员原判刑期执行已届满释放或者被减刑而刑期届满的情况。刑满释放是释放的主要形式。（2）法院判决或者裁定释放。法院判决或者裁定释放包括法院依法确认被告人的行为不构成犯罪或者依法不追究和不能追究其刑事责任而判决或裁定释放，或者法院经过审判监督程序认为原判在认定事实或适用法律方面有错误误判无罪为有罪而依法撤销原判决裁定的释放的情形。（3）假释是指那些根据法律规定符合条件的被判处无期徒刑或者有期徒刑的罪犯附条件的提前释放的一种刑罚执行制度。被宣告假释的同时，还会附有假释考验期，只要假释犯在假释考验期内没有违法犯罪被撤销假释，就认为原判刑罚已经执行完毕。（4）特赦。一般是指国家对较为特定的犯罪人免除执行全部或者部分刑罚的制度。特赦的对象是较为特定的犯罪人；特赦的效果只是免除刑罚执行，而不免除有罪宣告。

【教育改造】 是指监狱在执行刑罚过程中，按照法律要求，对罪犯实施的以转变思想、矫正恶习为核心内容，以促进其再社会化为基本目标的系统性影响活动。思想基础教育改造、劳动改造和狱政管理并称为改造罪犯的三大手段。传统的监狱教育改造工作的内容一般称为三课教育，即思想教育、文化教育和技术教育三大方面。其中，对罪犯的思想教育是教育的主要目的，其中包括认罪悔罪教育、法律常识教育、公民道德教育和时事政治教育等内容。另外，针对罪犯在不同阶段的不同行为、心理特点，特别开展罪犯服刑初期的入监教育和释放前的出监教育。除上述传统的三大教育外，监狱教育改造工作的内容也有所拓展，越来越多内容和形式的教育改造方法被运用到监狱工作中。如心理教育也属于新型的教育改造内容，但随着罪犯心理教育的系统性发展，一般将心理教育作为罪犯心理矫治的组成部分。

在对罪犯的教育改造过程中，需要遵循一些基本原则，也要创造性地使用多种方法。在教育改造工作中，应当以人为本、因人施教，根据罪犯的实际情况、未来发展需要，采取相应的教育措施。在教育改造过程中，应当注意以理服人、循序渐进，有计划、分阶段地进行，对罪犯进行耐心地说服教育，使罪犯提高教育改造的积极性，心悦诚服地接受改造。同时在安排教育工作时，注重实效，不片面追求形式，保证罪犯接受到实实在在的教育。应当使用的教育改造方法包括集体教育与个别教育、课堂教育与辅助教育、常规教育与专题教育、狱内教育与社会教育相结合，以及利用信息技术服务监狱教育等新方法。

【未成年犯】 是指未满 18 周岁的罪犯，属于特殊类型罪犯的一种。我国《刑法》第十七条规定：已满 16 周岁的人犯罪，应当负刑事责任；已满 14 周岁不满 16 周岁的人，犯故意杀人、故意伤害致人重伤或者死亡、强奸、抢劫、贩卖毒品、放火、爆炸、投放危险物质罪的，应当负刑事责任。已满 12 周岁不满 14 周岁的人，犯故意杀人、故意伤害罪，致人死亡或者以特别残忍手段致人重伤造成严重残疾，情节恶劣，经最高人民检察院核准追诉的，应当负刑事责任。对依照前三款规定追究刑事责任的不满 18 周岁的人，应当从轻或者减轻处罚。未成年犯之所以是特殊类型罪犯的一种，原因在于未成年犯具有区别于其他罪犯的独特性。这种独特性主要表现在年龄小、辨别是非能力较差，可塑性强，容易改变其价值观、能力、习惯等；知识经验不足、自我控制能力弱、冲动性强等方面。因此，未成年犯具有一些独特的问题，需要给予特别的关注。因此，在监管改造未成年犯的过程中，需要一些特殊的管理制度。

特殊管理制度：（1）对未成年犯实行单独关押。未成年犯在监狱中与成年犯共处，更容易受到犯罪文化的交叉感染，因此为提高矫正的效果，各国均规定未成年犯与成年犯分开关押，将未成年犯关押在一个单独的监狱，或者关押在一个独立于成年犯的部分。我国的未成年犯在未成年犯管教所执行刑罚。（2）更加注重对未成年犯的教育。在未成年犯执行刑罚的过程中，注重对未成年犯的思想教育、文化教育、技能教育等，注重对未成年犯的教育、感化与挽救。（3）帮助未成年犯回归社会。促进未成年人回归社会在未成年犯的刑罚执行中也非常重要。在我国，对未成年犯进行技术教育、社会教育等也是促使未成年犯回归社会的重要内容之一。

【刑法分则体系】 是指《刑法》分则对不同的犯罪进行科学的分类，并且按照一定的次序排列而形成的体系。《刑法》分则对犯罪采用简明的分类方法，依次规定有十章即 10 类犯罪：危害国家安全罪；危害公共安全罪；破坏社会主义市场经济秩序罪；侵犯公民人身权利、民主权利罪；侵犯财产罪；妨害社会管理秩序罪；危害国防利益罪；贪污贿赂罪；渎职罪；军人违反职责罪。这 10 类犯罪的分类及排列构成了我国《刑法》分则的体系。《刑法》分则的体系体现出了以下三个特点：（1）各类犯罪的排列原则上按照每类犯罪所侵犯的同类客体为标准；（2）先后排列顺序原则上按照每类犯罪各自所侵犯的社会关系在社会生活中的重要程度为标准；（3）在每类犯罪中各种具体犯罪的先后排列顺序原则上也按照每种犯罪所侵犯的直接客体在社会生活中的重要程度为标准。例如，在各类犯罪的排列上，危害国家安全罪的社会危害性最为严重，因而列为各类犯罪之首。危害公共安全罪的社会危害程度仅次于危害国家安全罪，因此紧随其后排列在第二位。其他各类犯罪依次类推。在各类犯罪中具体犯罪的排列上，除了按照社会危害程度大小，由重到轻依次编排外，还适当考虑了一些具体犯罪的性质。例如，在危害公共安全一类犯罪中，放火、决水、爆炸、投放危险物质等犯罪的社会危害性最为严重，而且均属于故意以危险方法危害公共安全的犯罪，因此将它们排在该类犯罪的前面；而工程重大安全事故罪、教育设施重大安全事故罪、消防责任事故罪等犯罪属于过失危害公共安全罪，社会危害性相对较轻，因此将它们排在该类犯罪的后面。当然，各类犯罪中的每一种具体犯罪，并非绝对按照社会危害性的大小进行排列，有时也考虑到了各罪之间性质上的近似性，即罪与罪之间的逻辑联系。例如，故意杀人罪位居侵犯公民人身权利、民主权利罪之首，紧接其后的是过失致人死亡罪，而社会危害性明显大于过失致人死亡罪的强奸罪、绑架罪却在其后，就是因为前二者都是侵犯公民生命权利的犯罪。

【罪状】 是指《刑法》分则的罪刑式条文对具体犯罪基本构成特征的描述。根据具体条文对罪状描述的繁简程度与方式的不同，可以将《刑法》分则中的罪状分为简单罪状、叙明罪状、引证罪状与空白罪状。同时，根据条文对罪状描述方式的多少，可以将罪状分为单一罪状和混合罪状。

【简单罪状】 是指条文只简单地规定罪名或者简单描述具体犯罪的基本构成特征。例如《刑法》第二百三十二条规定："故意杀人的，处死刑、无期徒刑或者十年以上有期徒刑；情节较轻的，处三年以上十年以下有期徒刑。"第二百三十四条规定："故意伤害他人身体的，处三年以下有期徒刑、拘役或者管制。犯前款罪，致人重伤的，处三年以上十年以下有期徒刑；致人死亡或者以特别残忍手段致人重伤造成严重残疾的，处十年以上有期徒刑、无期徒刑或者死刑。本法另有规定的，依照规定。"在我国《刑法》中，简单罪状占有一定的比例。刑法中之所以采取简单罪状的方式，是因为这些犯罪多为常见犯罪，其特征易于被人理解和把握，因而无需在法律上作具体描述。

【叙明罪状】 是指在条文中较为详细地描述具体犯罪的构成特征。例如，《刑法》第二百七十六条规定："由于泄愤报复或者其他个人目的，毁坏机器设备、残害耕畜或者以其他方法破坏生产经营的，……"该条具体描述了此种犯罪的主观和客观特征，采用的是叙明罪状。《刑法》第三章规定的破坏社会主义市场经济秩序罪的相关条文，多为叙明罪状。

【引证罪状】 是指为了避免条款间文字上的重复，引用《刑法》分则的其他条款来说明和确定某一犯罪的构成特征。例如，《刑法》第一百二十四条第一款规定了破坏广播电视设施、公用电信设施罪的罪状和法定刑，第二款规定："过失犯前款罪的……"该款规定的过失损坏广播电视设施、公用电信设施罪就是引用第一款规定的罪状来说明和确定其构成特征。《刑法》分则条文中关于"犯前款罪"的规定，都属于引证罪状。

【空白罪状】 是指未在条文中直接表明

某一犯罪的构成特征，而是指出确定该罪需要参照的其他法律法规的构成特征。例如，《刑法》第三百二十二条规定："违反国（边）境管理法规，偷越国（边）境，情节严重的，……"该条仅指明在确定偷越国（边）境罪的构成特征时参照国（边）境管理法规，没有直接叙明该罪的特征，属于空白罪状。空白罪状往往是在某种犯罪违反了其他法规，而其特征又难以作出简洁表达时采用，多见于规定违反行政法规的犯罪的条文之中。

【单一罪状】 是指只采用上述简单罪状、叙明罪状、引证罪状与空白罪状中的一种方式对犯罪的基本构成特征进行描述。分则条文中的绝大多数罪状，属于简单罪状。采用单一罪状的情形，通常是罪状描述不复杂，使用简单罪状、叙明罪状、引证罪状与空白罪状中的一种方式即可将构成要件内容作相对完整的描述。

【混合罪状】 是指同时采用两种罪状方式对某一具体犯罪的构成特征进行描述。例如，《刑法》第三百四十一条第二款规定："违反狩猎法规，在禁猎区、禁猎期或者使用禁用的工具、方法进行狩猎，破坏野生动物资源，情节严重的……"该条的"违反狩猎法规"，属于空白罪状；其他的描述，详细描述了非法狩猎的行为方式、情节等，具有叙明罪状的典型特征。采用混合罪状的方式，是由某些犯罪的特殊性决定的。《刑法》分则中的混合罪状不多。

【罪名】 是指具体犯罪的名称或者称谓，是对具体犯罪本质特征或主要特征的高度概括。罪名将形形色色的犯罪及构成特征概括成一个简单的名称，便于人们了解和记忆刑法规定了哪些犯罪，明确国家对危害社会行为所给予的政治上和法律上的否定评价，并大致地区分罪与非罪、此罪与彼罪的界限。罪名的类型很多，根据罪名所涵盖社会关系的范围大小不同，罪名可分为类罪名与具体罪名；根据罪名的出处及效力的不同，罪名可分为立法罪名、司法罪名和学理罪名；根据罪名所包含的犯罪构成内容的不同，罪名可分为单一罪名、选择罪名与概括罪名。

【类罪名】 是指某一类犯罪的名称，也就是《刑法》分则所规定的各类犯罪的每一章（节）的名称，如危害国家安全罪，侵犯公民人身权利、民主权利罪，渎职罪等。《刑法》分则中的类罪名主要有两种：（1）章的类罪名，如《刑法》分则第一章的危害国家安全罪；（2）节的类罪名，如《刑法》分则第三章破坏社会主义市场经济秩序罪下第二节走私罪。类罪名下又包括许多具体罪名。

【具体罪名】 是指各种具体犯罪的名称，包含在规定有罪刑单位内容的《刑法》分则条文之中，如交通肇事罪、故意伤害罪、妨害公务罪等。每个类罪名都包含有若干种具体罪名，各种具体罪名排列组合形成各类罪名。类罪名与具体罪名之间是一种包容和被包容的关系。

【立法罪名】 是指立法机关在《刑法》分则中明确规定的罪名，包括以标题方式载明罪名，如我国《刑法》分则中的章节罪名；在分则条文中以定义的方式确定罪名，如《刑法》第三百八十二条、第三百八十四条、第三百八十五条、第三百八十九条分别规定的贪污罪、挪用公款罪、受贿罪、行贿罪；仅在条文中包含罪名，留待于适用时再分析、概括，如第一百零八条投敌叛变罪、第一百七十条伪造货币罪、第二百三十二条故意杀人罪、第二百九十五条传授犯罪方法罪等。

【司法罪名】 是指最高司法机关通过司法解释所确定的罪名。司法罪名既可以由最高人民法院通过司法解释的方式加以确定，如《执行〈中华人民共和国刑法〉确定罪名规定》；也可以由最高人民法院、最高人民检察院联合制定，如《执行〈中华人民共和国刑法〉确定罪名补充规定（六）》等。

【学理罪名】 是指理论上根据《刑法》分则有关规定对具体犯罪所概括出的罪名。学理罪名的确定，可以从理论上集中阐述这种犯罪的构成要件及其内容和形式，从而深刻揭示它们的社会危害性及其程度，但学理罪名没有任何法律效力。学理罪名对于立法和司法机关确定立法罪名和司法罪名来说，具有重要的参考价值，尤其是当立法罪名或司法罪名确定得不科学、理论上或司法实践部门对此产生异议时，则完全可以而且应该提出恰当的学理罪名来替代。

【单一罪名】 是指犯罪构成内容单一的罪名。单一罪名所指向的《刑法》分则条款规定的某种具体犯罪的罪状中包含的《刑法》犯罪构成的具体内容单一，单一罪名只能反映一个犯罪行为，不能分解拆开使用。例如故意杀人罪、抢劫罪等。它们所表现的是一个具体犯罪行为，不可能对它们进行分解。

【选择罪名】 是指犯罪构成的具体内容复杂，可以概括使用，也可以分解使用的罪名。例如，走私、贩卖、运输、制造毒品罪，出售、购买、运输假币罪等。在具体适用上，选择罪名一般都根据其行为方式、行为对象等涉及的罪名内容分解使用，如走私、贩卖、运输、制造毒品罪可被分解成走私毒品罪、贩卖毒品罪、运输毒品罪、制造毒品罪等多种不同的具体罪名。

【概括罪名】 是指《刑法》分则条文所包含的犯罪构成内容复杂，但是只能概括使用而不能分解使用的罪名，如合同诈骗罪。概括罪名具有单一罪名简明和选择罪名概括的特点，但不具有选择罪名可以分解使用的属性，是介于单一罪名和选择罪名之间的一种罪名形式。

【法定刑】 是指《刑法》分则罪刑式条文对具体犯罪所规定的适用刑罚的种类和幅度。法定刑是具体犯罪条文的组成部分，设在罪状之后，表明罪与罚之间的质的因果性联系和量的相适应关系，是国家审判机关对犯罪人适用刑罚的依据。法定刑是国家立法机关针对某种犯罪的性质和危害程度所确定的量刑标准，着眼于该罪的共性。法定刑一般可分为三种：绝对确定的法定刑、绝对不确定的法定刑和相对确定的法定刑。

【绝对确定的法定刑】 是指《刑法》分则之中，对某种犯罪或者具备某种情节的犯罪，只规定了单一的刑罚种类和量刑幅度，司法机关没有裁量的余地。这种立法方式过于机械和死板，不利于刑罚个别化及同犯罪作斗争，目前很少有国家采用。我国《刑法》分则中没有任何一个具体犯罪只规定一种绝对确定的法定刑，但有极个别条文针对某种犯罪的特定情节，规定了绝对确定的单一的死刑。例如，依据《刑法》第一百二十一条规定，劫持航空器，致人重伤、死亡或者使航空器遭受严重破坏的，处死刑。

【绝对不确定的法定刑】 是指在刑法条文中对某种犯罪只笼统地规定“依法制裁”“追究刑事责任”，却未具体规定刑罚的种类和量刑的幅度。这种立法方式，因为赋予了审判人员过于宽泛的刑罚裁量权，容易导致法官裁量刑罚的不平衡，不利于适用法律的统一，所以现在世界各国已基本不采用，我国刑法也没有采用这种法定刑形式。

【相对确定的法定刑】 是指在条文中对某种犯罪规定一定的刑种和量刑幅度。这种形式的法定刑既有刑罚的限度，又有一定的自由裁量余地，便于法官在保证司法统一的基础上，根据犯罪的危害程度和犯罪人的具体情况，在法定刑范围内选择适当的刑罚，有利于实现刑罚的目的，因而被世界各国刑法普遍采用。《刑法》分则绝大多数条文也是采用了相对确定的法定刑，其表现形式有以下几种：（1）分则条文仅规定法定刑的最高限度，其最低限度则取决于《刑法》总则的有关规定。例如，《刑法》第二百五十三条第一款规定：“邮政工作人员私自开拆或者隐匿、毁弃邮件、电报的，处二年以下有期徒刑或者拘役。”结合《刑法》总则关于拘役最低期限为一个月的规定，该罪的法定刑最高期限为二年有期徒刑，最低期限为一个月拘役。（2）分则条文仅规定法定刑的最低限度，其最高限度则取决于《刑法》总则的有关规定。例如，依据《刑法》第四百三十条规定，犯军人叛逃罪，情节严重的，处五年以上有期徒刑。结合总则关于有期徒刑最高期限为十五年的规定，该法定刑实为五年以上十五年以下有期徒刑。（3）分则条文同时规定法定刑的最高限度与最低限度。例如，《刑法》第一百一十六条规定，破坏交通工具，尚未造成严重后果的，处三年以上十年以下有期徒刑。（4）分则条文规定两种以上主刑或者规定两种以上主刑同时规定附加刑。如《刑法》第二百六十一条规定，犯遗弃罪的，处五年以下有期徒刑、拘役或者管制；《刑法》第三百五十四条规定，容留他人吸食、注射毒品的，处三年以下有期徒刑、拘役或者管制，并处罚金。这种形式的法定刑也称为选择性法定刑，法官可以根据具体情况从中选择应适用的刑种。（5）分则条文规定援引性的法定刑，即条文规定某些犯罪必须援引其他条款的法定刑处罚。例如，《刑法》第三百八十六条规定：“对犯受贿罪的，根据受贿所得数额及情节，依照本法第三百八十三条的规定处罚。索贿的从重处罚。”

【宣告刑】 是指国家审判机关对具体犯罪人依法判处并宣告的应当实际执行的刑罚。宣告刑是法定刑的实际运用，着眼于具体犯罪和犯罪人的特殊性。宣告刑以法定刑为基础，同时需要考虑案件中的各种从重、从轻、减轻、免除处罚等法定、酌定量刑情节。因此，宣告刑既可能在相应法定刑范围之内，也可能超出法定刑规定的范围。例如，适用减轻处罚或者免除处罚规定的，其宣告刑可能超出《刑法》分则关于具体犯罪规定的法定刑。

【执行刑】 是指犯罪分子实际执行的刑罚。由于宣告刑所宣告的是犯罪分子应当执行的刑罚，故宣告刑是执行刑的根据。执行刑既可能与宣告刑相等，也可能低于宣告刑。例如，在执行过程中，由于犯罪分子具有悔改或立功情节而依法减刑时，执行刑便少于宣告刑。执行刑与法定刑有明显区别：法定刑是刑法规定的刑种与刑度，执行刑是犯罪分子实际执行的刑罚。因此，执行刑可能低于法定刑。

【法条竞合】 是指一个犯罪行为同时触犯数个具有包容关系的具体犯罪条文，依法只适用其中一个法条定罪量刑的情况。出现法条竞合即一个犯罪行为同时触犯普通法条和特别法条时应依法采取以下适用原则：（1）在通常情况下，采取特别法优于普通法的原则，适用特别法条。因为立法者在普通法条之外设立特别法条，是为了对特定犯罪处以特定的刑罚或者因为某种犯罪特别突出而作出特别规定，所以，犯罪行为符合特别法条时，应当适用特别法条而排斥普通法条，否则就失去了设立特别法条的意义。（2）在特殊情况下，采取重法优于轻法的原则，适用法定刑重的法条。所谓特殊情况，一般是指法律明文规定按处刑较重的条款定罪处罚或者适用特别法条不能很好地体现罪责刑相适用原则的情况。例如，《刑法》第一百四十九条第二款规定：“生产、销售本节第一百四十一条至第一百四十八条所列产品，构成各该条规定的犯罪，同时又构成本节第一百四十条规定之罪的，依照处罚较重的规定定罪处罚。”《刑法》第一百四十条规定的是生产、销售伪劣产品罪，第一百四十一条至第一百四十八条规定的是生产、销售、提供假药、劣药、不符合安全标准的食品等特定伪劣产品的犯罪。因此，第一百四十条属于普通法条，而第一百四十一条至第一百四十八条属于特别法条。在生产、销售特定伪劣产品的行为既符合普通法条又符合特别法条的规定时，原则上依照特别法条的规定定罪量刑，但如果适用特别法条不能罚当其罪而适用普通法条处罚较重时，则应当依照普通法条的规定定罪量刑。

【危害国家安全罪】 是指故意危害中华人民共和国国家安全的行为。本类罪侵犯的客体是国家安全。国家安全是指中华人民共和国的主权、领土完整与安全，国家的统一，国家政权以及社会主义制度的安全。国家安全的主体是国家。当作为整体的国家安全受到侵害时，即构成对本类犯罪客体的侵害。但如果某一行为，如贪污、妨害公务、毁坏公共财物等，仅侵害了国家某一方面的局部利益和安全，未危害国家整体安全的，则不构成本类犯罪。本类罪的犯罪客观方面表现为各种危害中华人民共和国主权、领土完整与安全，分裂国家，颠覆国家政权及社会主义制度的行为。有无危害国家安全的行为，是区分危害国家安全罪之罪与非罪、此罪与彼罪的重要标志。本类犯罪属于行为犯，只要着手实施《刑法》第一百零二条至第一百一十二条规定的各种行为，无论是否造成严重后果，都构成犯罪既遂。同时，本类犯罪中，个别犯罪的成立对犯罪手段有特定要求，如武装叛乱、暴乱罪必须是采取武装的手段，煽动颠覆国家政权罪只能是采用造谣、诽谤或其他煽动的方法，但多数犯罪的成立对犯罪手段没有要求。本类罪的犯罪主体，多数为一般主体，少数是特殊主体。本类罪中多数犯罪的成立对主体没有特定要求，无论是中国公民还是外国人或者无国籍人，只要达到刑事责任年龄，具备刑事责任能力均可构成。但少数犯罪对主体有特殊要求，如背叛国家罪、投敌叛变罪、叛逃罪的主体只能是中国公民，叛逃罪的主体还必须是国家机关工作人员或者掌握国家秘密的国家工作人员，资助危害国家安全犯罪活动罪还可以由单位构成。本类罪的主观方面是出于故意心态。其中，多数犯罪为直接故意，但个别犯罪也可以由间接故意构成，如为境外窃取、刺探、收买、非法提供国家秘密、情报罪。《刑法》分则第一章“危害国家安全罪”共有12个条文，规定了12种罪名，即背叛国家罪，分裂国家罪，煽动分裂国家罪，武装叛乱、暴乱罪，颠覆国家政权罪，煽动颠覆国家政权罪，资助危害国家安全犯罪活动罪，投敌叛变罪，叛逃罪，间谍罪，为境外窃取、刺探、收买、非法提供国家秘密、情报罪，资敌罪。

【背叛国家罪】 是指勾结外国或者与境外的机构、组织、个人相勾结，危害中华人民共和国的国家主权、领土完整和安全的行为。本罪侵犯的客体是国家的主权、领土完整和安全。国家主权是一个国家独立自主地处理自己对内、对外事务和管理自己国家的权力，它包括对内的最高权、对外的独立自主权和防止外来侵犯的自卫权。领土完整是一个国家赖以存在和发展的物质基础，是国家主权的重要组成部分。领土完整强调国家领土的完整性，即凡属于国家领土，均不能丢失，不能被分裂、侵占。本罪的客观方面表现为勾结外国或者与境外机构、组织、个人相勾结，危害中华人民共和国国家主权、领土完整和安全的行为。具体包括以下两个方面：一是勾结外国或者与境外的机构、组织、个人相勾结。其中，“勾结”是指与外国或者境外的机构、组织、个人进行不正当的联系、结合。勾结并不限于秘密勾结，公开勾结的行为也可构成本罪。“外国”主要是指外国政府、外国政党以及敌视、破坏我国社会主义制度的外国敌对势力和他们的代表人物。“境外”既包括外国，也包括我国的香港、澳门特别行政区和台湾地区。二是勾结外国或者境外机构、组织、个人的行为必须危害中华人民共和国的主权、领土完整和安全。但它并不要求危害中华人民共和国的主权、领土完整和安全后果的实际发生，只要行为在性质上足以危害中华人民共和国的主权、领土完整和安全，即可构成本罪。本罪的主体只能是中国公民。外国人和无国籍人不能单独构成本罪，但可与中国公民构成本罪的共犯。本罪的主观方面只能是故意，并且具有危害中华人民共和国的主权、领土完整和安全的目的。

根据《刑法》第一百零二条、第一百一十三条和第五十六条的规定，犯本罪的，处无期徒刑或者十年以上有期徒刑；对国家和人民危害特别严重、情节特别恶劣的，可以判处死刑。犯本罪的，应当并处剥夺政治权利，还可以并处没收财产。

【分裂国家罪】 是指组织、策划、实施分裂国家、破坏国家统一的行为。本罪侵犯的客体是国家的统一。国家统一不仅包括一国政权的统一，也包括一国内部各民族的统一，民族的团结和统一是国家统一的具体表现形式，但非全部。因此，如果行为人只是单纯地制造民族矛盾、破坏民族团结而没有破坏国家统一的行为，不构成本罪。本罪的客观方面表现为组织、策划、实施分裂国家、破坏国家统一的行为。本罪的成立要求行为人在客观上具备以下两个条件：(1) 行为人实施了组织、策划、实施分裂国家、破坏国家统一的行为。其中，

"组织"是指行为人为了实施分裂国家、破坏国家统一的行为而勾结、纠集多人，聚合在一起，以进行分裂国家、破坏国家统一的非法活动，或者非法建立旨在分裂国家、破坏国家统一的组织；"策划"是指行为人为实施分裂国家、破坏国家统一的行为而进行秘密谋划；"实施"是指实际着手实行各种分裂国家、破坏国家统一的行为。（2）行为人的组织、策划、实施行为客观上具有分裂国家、破坏国家统一的性质。所谓"分裂国家、破坏国家统一"是指把统一的国家分裂成几个部分，或者使其中不可分割的一部分人为地分离出去。例如，行为人意图将我国领土的一部分分离出去，脱离中央人民政府的领导，另行组成政权机构；宣布某一地方的行政区域从中华人民共和国的行政管辖或行政区域中分离出去，与中央人民政府形成对立对抗局面；制造地方"独立"的割据状态，设置障碍、阻止中央人民政府对其行政区域行使主权；组织、指挥、实施所谓的"民族大迁徙"，企图投奔境外或者国外，利用民族问题制造民族矛盾、试图建立民族"独立王国"等等。本罪的主体是一般主体，无论中国公民、外国公民还是无国籍人，只要年满16周岁并具有刑事责任能力，均可成为本罪的主体。本罪的主观方面是直接故意，即行为人明知是分裂国家、破坏国家统一的行为仍然组织、策划、实施。至于行为人的犯罪动机如何，不影响本罪的成立。

根据《刑法》第一百零三条第一款、第一百零六条、第五十六条和第一百一十三条的规定，犯本罪的，对首要分子或者罪行重大的，处无期徒刑或者十年以上有期徒刑；对积极参加的，处三年以上十年以下有期徒刑；对其他参加的，处三年以下有期徒刑、拘役、管制或者剥夺政治权利；对国家和人民危害特别严重、情节特别恶劣的，可以判处死刑。与境外机构、组织、个人相勾结实施本罪的，从重处罚。犯本罪的，除了单处剥夺政治权利的以外，都应当并处剥夺政治权利；还可以并处没收财产。

【煽动分裂国家罪】 是指煽动分裂国家、破坏国家统一的行为。本罪侵犯的客体是中华人民共和国的国家统一、民族团结。本罪在客观方面表现为煽动分裂国家、破坏国家统一的行为，这里的"煽动"，是指以语言、文字等方式进行宣传、鼓动，意图使他人相信其煽动的内容或者去实施所煽动的行为。本罪是行为犯，只要行为人以分裂国家、破坏国家统一为内容，实施了煽动行为，即构成本罪既遂。本罪的主体是一般主体，但主要是具有较高社会地位、较大政治影响的人。本罪在主观方面必须是直接故意。根据《审理非法出版物刑事案件司法解释》第一条的规定，明知出版物中载有煽动分裂国家、破坏国家统一或者煽动颠覆国家政权、推翻社会主义制度的内容，而予以出版、印刷、复制、发行、传播的，以煽动分裂国家罪或者煽动颠覆国家政权罪定罪处罚。

根据《刑法》第一百零三条第二款、第一百零六条、第五十六条和第一百一十三条第二款的规定，犯本罪的，处五年以下有期徒刑、拘役、管制或者剥夺政治权利；首要分子或者罪行重大的，处五年以上有期徒刑。与境外机构、组织、个人相勾结实施本罪的，从重处罚。犯本罪的，除了单处剥夺政治权利的以外，都应当并处剥夺政治权利；还可以并处没收财产。

【武装叛乱、暴乱罪】 是指组织、策划、实施武装叛乱或者武装暴乱的行为。本罪侵犯的客体是我国人民民主专政政权和社会主义制度。由于在实施武装叛乱、暴乱的过程中，武装叛乱、暴乱分子往往又会实施杀人、抢劫、伤害、放火、爆炸、投放危险物质等行为，因此，本罪还会造成对社会秩序和公民人身、财产等权利的侵害。本罪的客观方面表现为组织、策划、实施武装叛乱或者武装暴乱的行为。“武装”，是指进行叛乱、暴乱的行为人配备有杀伤性、破坏性器械。“叛乱”，是指以投靠境外组织或境外敌对势力为背景，或者意图投靠境外组织或境外敌对势力，而反叛国家和政府的行为。“暴乱”，是指不以投靠境外敌对势力为目的，而是采取武力的形式，直接与国家或者政府进行对抗。例如，持械进行大规模杀人、放火，破坏道路桥梁，抢劫档案、军火或者其他物资等。构成武装叛乱、暴乱罪的行为，既可以是直接实施上述武装叛乱、暴乱的行为，也可以是组织、策划实施上述武装叛乱、暴乱的行为。其中，“策动”是指策使、鼓动他人进行武装叛乱或武装暴乱。“胁迫”是指以暴力或者其他内容相威胁，逼迫他人进行武装叛乱或者武装暴乱。“勾引”是指用名誉、地位、美色等引诱他人进行武装叛乱或者武装暴乱。“收买”是指用金钱、物资等物质利益作为代价换取他人进行武装叛乱或者武装暴乱。本罪的主体是一般主体，中国公民、外国公民和无国籍人均可成为本罪的主体。本罪的主观方面是故意，且行为人一般具有推翻人民民主专政政权和社会主义制度的目的。

根据《刑法》第一百零四条、第一百零六条、第一百一十三条和第五十六条的规定，犯本罪的，对首要分子或者罪行重大的，处无期徒刑或者十年以上有期徒刑；对积极参加的，处三年以上十年以下有期徒刑；对其他参加的，处三年以下有期徒刑、拘役、管制或者剥夺政治权利；对国家和人民危害特别严重、情节特别恶劣的，可以判处死刑。策动、胁迫、勾引、收买国家机关工作人员、武装部队人员、人民警察、民兵进行武装叛乱或者武装暴乱的，应当从重处罚。与境外机构、组织、个人相勾结实施本罪的，应当从重处罚。犯本罪的，除了单处剥夺政治权利的以外，都应当并处剥夺政治权利；还可以并处没收财产。

【颠覆国家政权罪】 是指组织、策划、实施颠覆国家政权、推翻社会主义制度的行为。本罪侵犯的客体是我国人民民主专政政权和社会主义制度。本罪在客观方面表现为组织、策划、实施颠覆国家政权、推翻社会主义制度的行为。本罪是行为犯，只要行为人以颠覆国家政权、推翻社会主义制度为内容，实行了组织、策划、实施三种行为之一，即构成本罪既遂。本罪的主体是一般主体，但实践中主要是身居要职或者具有较大政治影响的人。本罪在主观方面必须出于直接故意。

根据《刑法》第一百零五条第一款、第一百零六条、第五十六条和第一百一十三条第二款的规定，犯本罪的，对首要分子或者罪行重大的，处无期徒刑或者十年以上有期徒刑；对积极参加的，处三年以上十年以下有期徒刑；对其他参加的，处三年以下有期徒刑、拘役、管制或者剥夺政治权利。与境外机构、组织、个人相勾结实施本罪的，从重处罚。犯本罪的，除了单处剥夺政治权利的以外，都应当并处剥夺政治权利；还可以并处没收财产。

【煽动颠覆国家政权罪】 是指以造谣、诽谤或者其他方式煽动颠覆国家政权、推翻社会主义制度的行为。本罪侵犯的客体是我国国家政权和社会主义制度。本罪在客观方面表现为以造谣、诽谤或者其他方式煽动颠覆国家政权、推翻社会主义制度的行为。本罪是行为犯，只要行为人以颠覆国家政权、推翻社会主义制度为内容，实行了煽动行为，即构成本罪既遂。本罪的主体是一般主体。在主观方面必须是直接故意。

根据《刑法》第一百零五条第二款、第一百零六条、第五十六条和第一百一十三条第二款的规定，犯本罪的，处五年以下有期徒刑、拘役、管制或者剥夺政治权利；首要分子或者罪行重大的，处五年以上有期徒刑。与境外机构、组织、个人相勾结实施本罪的，从重处罚。犯本罪的，除了单处剥夺政治权利的以外，都应当并处剥夺政治权利；还可以并处没收财产。

【资助危害国家安全犯罪活动罪】 是指境内外机构、组织或者个人资助实施特定的危害国家安全犯罪活动的行为。本罪侵犯的客体是中华人民共和国国家安全。本罪在客观方面表现为资助实施特定的危害国家安全犯罪活动的行为。这里的“资助”，是指提供金钱、物品、设备等物质条件，以支持帮助实施特定的危害国家安全的犯罪行为。“特定的危害国家安全犯罪”包括：背叛国家罪，分裂国家罪，煽动分裂国家罪，武装叛乱、暴乱罪，颠覆国家政权罪，煽动颠覆国家政权罪。本罪的主体是一般主体，境内外机构、组织或者个人均可以构成本罪的主体，但境内外机构或者组织实施本罪的，处罚的是其直接责任人员。本罪在主观方面只能是故意，并且具有危害中华人民共和国国家安全的目的。

根据《刑法》第一百零七条、第五十六条和第一百一十三条第二款的规定，犯本罪的，处五年以下有期徒刑、拘役、管制或者剥夺政治权利；情节严重的，处五年以上有期徒刑。犯本罪的，除了单处剥夺政治权利的以外，都应当并处剥夺政治权利；还可以并处没收财产。

【投敌叛变罪】 是指投奔敌人营垒并为其效劳，或者在被捕、被俘后，投降敌人的行为。本罪侵犯的客体是中华人民共和国国家安全。本罪在客观方面表现为投敌叛变的行为。“投敌叛变”，是指背叛祖国、投奔敌人营垒；或者在被捕、被俘后变节，投降敌人，实施危害我国国家安全活动的行为。本罪的主体只能是中国公民。本罪在主观方面只能出于故意。行为人出于何种动机，不影响本罪的成立。

根据《刑法》第一百零八条、第一百一十三条和第五十六条的规定，犯本罪的，处三年以上十年以下有期徒刑；情节严重或者带领武装部队人员、人民警察、民兵投敌叛变的，处十年以上有期徒刑或者无期徒刑；对国家和人民危害特别严重、情节特别恶劣的，可以判处死刑。犯本罪的，应当并处剥夺政治权利；还可以并处没收财产。

【叛逃罪】 是指国家机关工作人员和掌握国家秘密的国家工作人员在履行公务期间，擅离岗位，叛逃境外或者在境外叛逃的行为。本罪侵犯的客体是国家的利益和安全。国家机关工作人员和掌握国家秘密的国家工作人员只要是在履行公务期间叛逃，就构成对国家利益和安全的侵犯，而不论行为人叛逃后是否有实施危害国家安全的行为。本罪的客观方面表现为国家机关工作人员和掌握国家秘密的国家工作人员在履行公务期间，擅离岗位，叛逃境外或者在境外叛逃的行为。具体包括两个方面的内容：（1）叛逃行为必须发生在履行公务期间。履行公务期间是指在职的国家机关工作人员或者掌握国家秘密的国家工作人员担任公职期间。其中，履行公务的内容应当是与其职务有关的一切公共事务，而不限于“自己职责范围内的事务”或者“某一具体事项”。例如，国家机关派出的代表团在国外访问期间，我国驻外使、领馆的外交人员在执行使、领馆职务期间等。（2）行为人在履行公务期间实施了擅离岗位，叛逃境外或者在境外叛逃的行为。擅离岗位，是指违反规定私自离开岗位，包括未按规定向有批准权的机关和人员汇报，或者虽向有权批准的机关和人员汇报但未获批准，或者未得到有权机关和人员的决定、命令，而私自脱离其所在的工作岗位等。叛逃境外，是指行为人同境外的机构、组织联络，由境内逃离到境外的行为。这里的境外包括外国在我国设立的使领馆。在境外叛逃，是指行为人在境外擅自不归国，投靠境外的机构、组织的行为。本罪属于行为犯，只要行为人实施了叛逃行为，就构成本罪。本罪的主体是特殊主体，即国家机关工作人员和掌握国家秘密的国家工作人员。国家机关工作人员，是指国家各级权力机关、各级行政机关、各级审判机关、各级检察机关中从事公务的人员。中国共产党和中国人民政治协商会议的各级机关中从事公务的人员，也属于国家机关工作人员的范围。但军人叛逃的，应按《刑法》第四百三十条的军人叛逃罪定罪处罚。本罪的主观方面是直接故意，即行为人明知自己是国家机关工作人员或者是掌握国家秘密的国家工作人员，应当忠诚于国家和人民，不得背叛，而仍决意实施叛逃行为，投靠境外机构、组织，并且希望叛逃结果的发生。至于叛逃的动机，无论是贪图享乐、逃避法律制裁还是甘当境外敌对势力的马前卒等，都不影响本罪的成立。

根据《刑法》第一百零九条、第五十六条和第一百一十三条第二款的规定，犯本罪的，处五年以下有期徒刑、拘役、管制或者剥夺政治权利；情节严重的，处五年以上十年以下有期徒刑。掌握国家秘密的国家工作人员犯本罪的，从重处罚。犯本罪的，除了单处剥夺政治权利的以外，都应当并处剥夺政治权利；还可以并处没收财产。

【间谍罪】 是指参加间谍组织或者接受间谍组织及其代理人的任务，或者为敌人指示轰击目标，危害国家安全的行为。本罪侵犯的客体是国家安全。本罪的客观方面表现为参加间谍组织或者接受间谍组织及其代理人的任务，或者为敌人指示轰击目标的行为。具体包括三种行为：（1）参加间谍组织。间谍组织，是指外国政府或者境外的敌对势力建立的旨在收集他国情报、进行颠覆破坏活动等，危害他国国家安全和利益的组织。参加间谍组织，是指行为人通过一定的程序和手续加入间谍组织，成为间谍组织的成员。参加间谍组织可以是行为人主动要求加入间谍组织并被其接纳，也可以是间谍组织主动邀请行为人加入并且同意其加入。（2）接受间谍组织及其代理人的任务。间谍组织的代理人，是指受间谍组织或者其成员的指使、委托、资助，进行或者授意、指使他人进行危害他国国家安全活动的组织和个人。代理人的范围是较为广泛的，可以是自然人，也可以是法人或者不具有法人资格的组织、团体。接受间谍组织及其代理人的任务，是指没有从组织上加入间谍组织，但接受间谍组织以及间谍组织的代理人的指令，完成他们交给的收集情报等任务。（3）为敌人指示轰击目标。为敌人指示轰击目标，是指行为人通过各种联络方式，向敌人指示其所要轰击的目标，以使敌人能够准确地击中我方目标。这里所说的敌人，主要是指战时或者宣布进入紧急状态时与我方交战的敌方，也包括平时采用轰击方式袭击我方目标的敌方。轰击包括各类武器爆炸、炮击、导弹袭击、轰炸等方式，不管行为人是否参加间谍组织或者接受间谍组织及其代理人的任务，只要为敌人指示轰击目标的，即构成本罪。本罪的主体是一般主体，只要年满16周岁具有刑事责任能力的人均可成为本罪的主体。本罪的主观方面是直接故意，即行为人明知是间谍组织而参加或者明知是间谍组织及其代理人派遣的任务而接受，或者明知是向敌人指示轰击目标，会发生危害国家安全和利益的结果，而希望这种结果发生。

根据《刑法》第一百一十条、第五十六条和第一百一十三条的规定，犯本罪的，处十年以上有期徒刑或者无期徒刑；情节较轻的，处三年以上十年以下有期徒刑；对国家和人民危害特别严重、情节特别恶劣的，可以判处死刑。犯本罪的，应当并处剥夺政治权利；还可以并处没收财产。

【为境外窃取、刺探、收买、非法提供国家秘密、情报罪】 是指为境外的机构、组织、人员窃取、刺探、收买、非法提供国家秘密或者情报的行为。本罪侵犯的客体是国家的利益和安全。国家秘密是国家安全和利益的重要体现。我国《保守国家秘密法》第五条明确规定："国家秘密受法律保护。一切国家机关和武装力量、各政党和各人民团体、企业事业组织和其他社会组织以及公民都有保密的义务。任何危害国家秘密安全的行为，都必须受到法律追究。"无论是为境外窃取、刺探、收买、非法提供国家秘密还是情报，都会对国家的安全和利益造成危害。本罪的客观方面表现为：为境外的机构、组织、人员窃取、刺探、收买、非法提供国家秘密或者情报的行为。具体包括以下三个方面：（1）为境外的机构、组织、人员而窃取、刺探、收买、非法提供国家秘密或者情报。境外机构，是指我国边境以外的国家和地区的官方机构，如国外的政府、军队以及其他由政府设置的机构。一般认为，境外机构包括外国驻我国的使领馆、代表机构等。境外组织，是指我国边境以外的国家和地区的政党、社会团体等，也包括企业等经济组织以及宣传组织。境外人员，是指不隶属于任何境外机构和组织的外国人、无国籍人等，也包括在境外不隶属于任何机构或组织的中国人。（2）窃取、刺探、收买、非法提供的行为对象是国家秘密或者情报。国家秘密是指关系国家安全和利益，依照法定程序确定，在一定时期内只限于一定范围的人知悉的事项。国家秘密分为绝密、机密、秘密三级，包括：国家事务重大决策中的秘密事项；国防建设和武装力量活动中的秘密事项；外交和外事活动中的秘密事项以及对外承担保密义务的秘密事项；国民经济和社会发展中的秘密事项；科学技术中的秘密事项；维护国家安全活动和追查刑事犯罪中的秘密事项；经国家保密行政管理部门确定的其他秘密事项。政党的秘密事项中符合上述规定的，也属于国家秘密。情报，是指关系国家安全和利益、尚未公开或者依照有关规定不应公开的事项，具体是指除国家秘密以外的涉及国家政治、经济、文化、科技、军事等方面尚未公开或者依照有关规定不应公开的事项。(3) 本罪的行为方式是窃取、刺探、收买、非法提供。窃取，是指行为人采取偷拍、偷录、盗窃等秘密手段取得国家秘密或情报的行为。刺探，是指行为人通过各种渠道、使用各种手段探知国家秘密或情报的行为。收买，是指行为人以给予财物、物质性利益或者其他非物质性利益（如性服务）的方法非法获取国家秘密或情报的行为。非法提供，是指国家秘密或情报的持有人、知悉人，将自己知悉、管理、持有的国家秘密或情报非法出售、交付、告知其他不应知悉该国家秘密或情报的人的行为。本罪的主体是一般主体。实践中具体又可分为两类：一类是合法掌握国家秘密或者情报的人；另一类是非法获取国家秘密或情报的人。本罪的主观方面是故意，即行为人明知是国家秘密或者情报而窃取、刺探、收买或者非法提供给境外的机构、组织、人员。本罪可以由间接故意构成。行为人知道或者应当知道没有标明密级的事项关系国家安全和利益，而为境外窃取、刺探、收买、非法提供的，应以本罪定罪处罚。

根据《刑法》第一百一十一条、第五十六条和第一百一十三条等规定，犯本罪，具有下列情形之一的，处五年以上十年以下有期徒刑或者无期徒刑：(1) 为境外窃取、刺探、收买、非法提供机密级国家秘密；(2) 为境外窃取、刺探、收买、非法提供三项以上秘密级国家秘密的；(3) 为境外窃取、刺探、收买、非法提供国家秘密或者情报，对国家安全和利益造成其他严重损害的。犯本罪，具有下列情形之一的，属于“情节特别严重”，处十年以上有期徒刑或者无期徒刑：(1) 为境外窃取、刺探、收买、非法提供绝密级国家秘密的；(2) 为境外窃取、刺探、收买、非法提供三项以上机密级国家秘密的；(3) 为境外窃取、刺探、收买、非法提供国家秘密或者情报，对国家安全和利益造成其他特别严重损害的。具有上述三种情形，对国家和人民危害特别严重、情节特别恶劣的，可以判处死刑。犯本罪，为境外窃取、刺探、收买、非法提供秘密级国家秘密或者情报，属于“情节较轻”，处五年以下有期徒刑、拘役、管制或者剥夺政治权利。犯本罪的，除了单处剥夺政治权利的以外，都应当并处剥夺政治权利；还可以并处没收财产。

【资敌罪】 是指在战时供给敌人武器装备、军用物资进行资敌的行为。本罪侵犯的客体是中华人民共和国国家安全。本罪在客观方面表现为供给敌人武器装备、军用物资进行资敌的行为。供给，是指非法出售或者无偿提供。构成本罪必须是在战时，即国家宣布进入战争状态，部队接受作战任务或者遭受敌人突然袭击时。如果在非战时资敌，不构成本罪。本罪的主体只能是中国公民，外国人、无国籍人可以构成本罪的共同犯罪。本罪在主观方面必须出于直接故意。

根据《刑法》第一百一十二条、第一百一十三条和第五十六条的规定，犯本罪的，处十年以上有期徒刑或者无期徒刑；情节较轻的，处三年以上十年以下有期徒刑；对国家和人民危害特别严重、情节特别恶劣的，可以判处死刑。犯本罪的，应当并处剥夺政治权利；还可以并处没收财产。

【危害公共安全罪】 是指单位或者个人

故意或者过失地实施危害不特定多数人的生命、健康、重大公私财产安全以及其他重大公共安全的行为。危害公共安全罪侵犯的客体是社会公共安全。公共安全指不特定多数人的生命、健康、重大公私财产安全以及其他重大公共安全。不特定，是指行为对象的不特定，即犯罪行为不是针对某一个或某几个特定的人或者某项特定具体财产，它的实际危害后果的严重性和广泛性，犯罪分子往往也难以预料和控制。犯罪对象的不特定性是危害公共安全区别于其他犯罪的根本所在。从犯罪后果的性质上看，侵犯人身权利罪、侵犯财产罪之中的一些犯罪和危害公共安全罪一样，往往造成人身伤亡或者公私财产的重大损失，但二者的性质有着重大区别：前者指向的客体通常是特定个人的人身权利及特定公私财产权利，其可能遭受的损害是有限度的；后者侵害的是不特定多数人的人身及重大公私财产的安全，其可能遭受损害的严重性和广泛性是难以预料和控制的。危害公共安全罪的客观要件表现为实施了危害公共安全的行为。危害公共安全行为的表现形式大多数是积极的作为，如放火、爆炸、投放危险物质、劫持航空器等；少数犯罪的行为形式也可以表现为消极的不作为，如失火罪等。由行为的危害性质所决定，危害公共安全的行为既包括已经造成实际损害结果的行为（实害犯），也包括虽然尚未造成实际损害结果，但却足以危害不特定多数人生命、健康、重大公私财产安全以及其他重大公共安全的行为（危险犯）。但过失危害公共安全的行为，则必须造成法定的实际损害结果，才能构成犯罪。危害公共安全罪的主体多数是一般主体，少数是特殊主体；多数是自然人犯罪主体，少数是单位犯罪主体。根据我国刑法的规定，凡年满16周岁具有刑事责任能力的自然人都可以成为本罪主体。但是，已满14周岁、不满16周岁的人犯放火、爆炸、投放危险物质罪，应当负刑事责任。有些犯罪只有特殊主体才能构成，行为人必须具有法定的特殊身份或者从事特定业务，如重大责任事故罪。本类罪主体一般是自然人，但少数犯罪的主体也可以是单位，如非法制造、买卖、运输、邮寄、储存枪支、弹药、爆炸物罪，自然人和单位都可以成为本罪的主体。个别犯罪的主体则只能是单位，如违规制造、销售枪支罪的主体必须是依法被指定、确定的枪支制造企业或销售企业。危害公共安全罪的主观方面有两种：（1）有的犯罪只能是故意，如爆炸罪、以危险方法危害公共安全罪等；（2）有的犯罪只能由过失构成，如失火罪、过失以危险方法危害公共安全罪。根据《刑法》分则的规定，危害公共安全罪共包括50多个罪名。

【放火罪】 是指故意放火焚烧公私财物，危害公共安全的行为。本罪侵犯的客体是公共安全，即不特定多数人的生命、健康、重大公私财产安全以及其他重大公共安全。本罪的对象是关系公共安全的公私财物。如果公私财物与公共安全无关，被焚烧不致危及不特定多数人的生命、健康或者重大公私财产的安全，则不能成为本罪侵犯的对象。关系公共安全的公私财物包括行为人本人拥有的财产。如果行为人放火焚烧自己或者家庭使用的房屋或者其他财物，足以危害公共安全的，也构成放火罪。本罪的客观方面表现为行为人实施了危害或者足以危害公共安全的放火焚烧公私财物的行为。放火既可以用作为的方式实施，如用引火物点燃公私财物，制造火灾；也可以用不作为的方式实施，但以不作为方式构成的放火罪必须以行为人负有防止火灾发生的特定义务为前提。本罪是危险犯，只要有故意使对象物燃烧、引起火灾的行为足以造成危害公共安全的后果的，就构成本罪。本罪的主体是一般主体。凡达到刑事责任年龄具有刑事责任能力的自然人都可以成为本罪的主体。此外，根据《刑法》第十七条第二款规定，已满14周岁不满16周岁的人犯本罪也应当负刑事责任。本罪的主观方面是故意，既可是直接故意，也可是间接故意，即明知自己的行为可能造成危害公共安全的严重后果，而希望或放任这种结果的发生。

根据《刑法》第一百一十四条和第一百一十五条第一款的规定，犯本罪尚未造成严重后果的，处三年以上十年以下有期徒刑；致人重伤、死亡或者使公私财产遭受重大损失的，处十年以上有期徒刑、无期徒刑或者死刑。

【决水罪】 是指故意以破坏水利设施等方法制造水患，危害公共安全的行为。本罪侵犯的客体是公共安全。在客观方面表现为危害公共安全的决水行为。决水，是指一切制造水患、酿成水灾的行为。既可以表现为作为，如破坏水闸、挖溃堤坝、堵塞水道等；也可以表现为不作为，如不关防水堤的水门、不开泄洪水闸等。本罪是危险犯，只要行为人的决水行为足以危及多数人的生命、健康或者重大公私财产的安全，就构成本罪。本罪的主体是一般主体。主观方面是出于故意，即行为人明知自己的行为会造成水患，危害公共安全，希望或者放任这种结果发生。

根据《刑法》第一百一十四条和第一百一十五条第一款的规定，犯本罪尚未造成严重后果的，处三年以上十年以下有期徒刑；致人重伤、死亡或者使公私财产遭受重大损失的，处十年以上有期徒刑、无期徒刑或者死刑。

【爆炸罪】 是指故意针对不特定的多数人或者重大公私财产实施爆炸行为，危害公共安全的犯罪。本罪侵犯的客体是社会公共安全。客观方面表现为实施了用爆炸的方法杀伤不特定的多数人、毁坏重大公私财产、危害公共安全的行为。具体地说，首先，行为人必须实施了故意引爆炸药、爆炸物以及其他易爆物品、引爆装置或者利用技术手段故意导致机器、锅炉爆炸的行为。这种行为可以是作为方式进行的，也可以是以不作为方式进行的。其次，爆炸行为必须针对不特定多数人或者重大公私财物进行，足以危害公共安全。犯罪主体是一般主体。已满14周岁不满16周岁的人实施爆炸行为构成本罪的，应当追究刑事责任。主观方面表现为故意，过失犯本罪的，构成过失爆炸罪，不构成本罪。

根据《刑法》第一百一十四条和第一百一十五条第一款的规定，犯本罪尚未造成严重后果的，处三年以上十年以下有期徒刑；致人重伤、死亡或者使公私财产遭受重大损失的，处十年以上有期徒刑、无期徒刑或者死刑。

【投放危险物质罪】 是指故意投放毒害性、放射性、传染病病原体等物质，危害公共安全的行为。本罪的客观要件表现为投放毒害性、放射性、传染病病原体等危险物质，危害公共安全的行为。所谓投放毒害性、放射性、传染病病原体等物质，表现为向公共饮用的水源、食品中投放能够致人死亡的，或者严重危害人体健康的毒害性、放射性、传染病病原体等危险物质，危害公共安全的行为。投放毒害性、放射性、传染病病原体等物质多发生在公用饮食的场所，如投放到公用水井、水池、出售的食品、饮料或牲畜、禽类的饮水池或饲料中等行为。危险物质包括含有对生物体有害物质的有机物或无机物，如砒霜、氰化钾、剧毒农药等有毒的物质、核材料等会对人体产生有害辐射的放射性物质以及会对公共卫生安全以及社会公众的健康造成重大危害的传染病病原体等物质。不论使用何种危险物质，也不论投放危险物质行为的具体表现是作为还是不作为，只要投放危险物质的行为足以危害公共安全，就可以构成本罪；是否已经造成多人的人身、牲畜及其他财产的严重损失，不影响犯罪成立。本罪主体是一般主体，年满 14 周岁具有刑事责任能力的自然人犯本罪，都应当负刑事责任。本罪的主观要件是故意，包括直接故意和间接故意。只要明知自己的行为会使不特定的多人受到犯罪行为的侵害，或使公私财产遭受重大损害，并且希望或放任这种结果发生，即可成立本罪的故意，动机如何不影响定罪。

根据《刑法》第一百一十四条和第一百一十五条第一款的规定，犯本罪尚未造成严重后果的，处三年以上十年以下有期徒刑；致人重伤、死亡或者使公私财产遭受重大损失的，处十年以上有期徒刑、无期徒刑或者死刑。

【以危险方法危害公共安全罪】 是指故意使用与放火、决水、爆炸、投放危险物质的危险性相当的其他方法，足以危害公共安全的行为。本罪侵犯的客体是公共安全，即不特定多数人的生命、健康和重大公私财产安全。本罪在客观方面表现为使用放火、决水、爆炸、投放危险物质以外的其他危险方法危害公共安全的行为。司法实践中，与放火、决水、爆炸、投放危险物质的危险性相当的危险方法有很多，刑法不可能、也没有必要将所有的危险方法全部列举出来，只能将其概括为其他危险方法。凡是使用与放火、决水、爆炸、投放危险物质的危险性相当的其他危险方法，如私设电网、驾驶机动车在人群中横冲直撞等，足以造成不特定多数人的伤亡或者重大公私财产损失的行为，都可以构成本罪。根据 2009 年 9 月 11 日公布施行的《醉酒驾车犯罪指导意见及相关典型案例》，行为人明知酒后驾车违法、醉酒驾车会危害公共安全，却无视法律醉酒驾车，特别是在肇事后继续驾车冲撞，造成重大伤亡的，说明行为人主观上对持续发生的危害结果持放任态度，具有危害公共安全的故意。对此类醉酒驾车造成重大伤亡的，应当依法以以危险方法危害公共安全罪定罪处罚。本罪是危险犯，只要行为足以危害不特定多数人的生命健康和重大公私财产安全，就构成本罪既遂，而不要求发生实际的危害结果。本罪的主体是一般主体，即已满 16 周岁、具有刑事责任能力的自然人。对于故意传播突发传染病病原体危害公共安全的，犯罪主体包括患有突发传染病或者疑似突发传染病病人本人。本罪在主观方面必须出于故意，包括直接故意和间接故意。

根据《刑法》第一百一十四条和第一百一十五条第一款的规定，犯本罪尚未造成严重后果的，处三年以上十年以下有期徒刑；致人重伤、死亡或者使公私财产遭受重大损失的，处十年以上有期徒刑、无期徒刑或者死刑。

【失火罪】 是指由于过失引起火灾，危害公共安全，造成严重后果的行为。本罪侵犯的客体是公共安全。在客观方面表现为行为人因不慎而引起火灾，危害公共安全，并且造成严重后果的行为。严重后果，是指造成了致人重伤、死亡或者重大公私财产损失的危害后果。如果没有造成严重后果或者造成的后果不严重，则不构成犯罪。本罪的主体是一般主体。主观方面是出于过失，可以是疏忽大意的过失也可以是过于自信的过失，即行为人应当预见自己的行为会引起火灾并造成危害公共安全的严重后果，由于疏忽大意而没有预见，或者虽然预见但轻信能够避免。

根据《刑法》第一百一十五条第二款的规定，犯本罪的，处三年以上七年以下有期徒刑；情节较轻的，处三年以下有期徒刑或者拘役。

【过失决水罪】 是指过失地造成水利设施等损坏，引起水灾，危害公共安全，造成严重后果的行为。本罪侵犯的客体是公共安全。在客观方面表现为过失引起水灾，造成致人重伤、死亡或者使公私财产遭受重大损失的严重后果的行为。如在引水浇地后忘记关闭水闸而引起水灾，造成了多人重伤、死亡或者公私财产的重大损失。如果没有造成严重后果或者造成的后果不严重，则不构成犯罪。本罪的主体是一般主体。主观方面是出于过失，可以是疏忽大意的过失也可以是过于自信的过失，即行为人应当预见自己的行为会引起水灾并造成危害公共安全的严重后果，因疏忽大意没有预见或者已经预见而轻信可以避免。

根据《刑法》第一百一十五条第二款的规定，犯本罪的，处三年以上七年以下有期徒刑；情节较轻的，处三年以下有期徒刑或者拘役。

【过失爆炸罪】 是指过失地引起爆炸，危害公共安全，造成严重后果的行为。本罪侵犯的客体是公共安全。在客观方面表现为行为人过失地引起爆炸，并造成多人伤亡和公私财产重大损失的行为。如果只引起爆炸，没有造成严重危害公共安全的后果或者造成的后果不严重，则不构成犯罪。本罪的主体是一般主体。主观方面是出于过失，可以是疏忽大意的过失也可以是过于自信的过失，即行为人应当预见自己的行为会引起爆炸、造成危害公共安全的严重后果，因疏忽大意没有预见或者已经预见而轻信可以避免。

根据《刑法》第一百一十五条第二款的规定，犯本罪的，处三年以上七年以下有期徒刑；情节较轻的，处三年以下有期徒刑或者拘役。

【过失投放危险物质罪】 是指过失地投放毒害性、放射性、传染病病原体等物质，危害公共安全，造成严重后果的行为。本罪侵犯的客体是公共安全。在客观方面表现为过失地投放毒害性、放射性、传染病病原体等物质，并造成了多数人伤亡或者公私财产重大损失的后果。本罪的主体是一般主体。主观方面表现为过失，包括疏忽大意的过失和过于自信的过失。

根据《刑法》第一百一十五条第二款的规定，犯本罪的，处三年以上七年以下有期徒刑；情节较轻的，处三年以下有期徒刑或者拘役。

【过失以危险方法危害公共安全罪】 是指行为人过失地实施与决水、爆炸、投毒的危险性相当的其他危险方法，危害公共安全，造成严重后果的行为。本罪侵犯的客体是公共安全。客观方面表现为过失地实施与决水、爆炸、投毒的危险性相当的方法，导致了多人伤亡或者公私财产遭受重大损失的严重后果。本罪的主体是一般主体。在主观方面表现为过失，包括疏忽大意的过失和过于自信的过失。

根据《刑法》第一百一十五条第二款的规定，犯本罪的，处三年以上七年以下有期徒刑；情节较轻的，处三年以下有期徒刑或者拘役。

【破坏交通工具罪】 是指破坏火车、汽车、电车、船只、航空器，足以使其发生倾覆、毁坏危险，尚未造成严重后果或者已经造成严重后果的行为。本罪侵犯的犯罪客体是交通运输安全。犯罪对象只限于正在使用中的火车、汽车、电车、船只或航空器。本罪的犯罪对象不包括三轮车、自行车、马车等非机动车和摩托车、拖拉机。颠覆、破坏这些交通工具虽然也会造成人员伤亡或公私财产损失，但不足以危害公共安全。但是，如果被破坏的拖拉机在某些偏远或者农村地区是被用作交通运输的工具，破坏拖拉机的行为足以危害交通运输安全的，则拖拉机也可以成为本罪的犯罪对象。破坏其他交通工具不足以危害公共安全的，如果造成人员伤亡或者财产损失，构成犯罪的，可以分别按照相关罪名论处。本罪的犯罪对象必须是正在使用中的交通工具，包括正在运行、航行中的交通工具，也包括临时停放在车库、路边、码头、机场上的已经投入交通运输，随时都可能开动的交通工具。如果破坏的是没有交付使用的正在制造、维修或者储存中的交通工具，则不能构成本罪。破坏没有投入运输的交通工具造成财产损失的，可以按故意毁坏财物罪论处。本罪的客观要件表现为破坏火车、汽车、电车、船只、航空器，足以使火车、汽车、电车、船只、航空器发生倾覆或毁坏危险，尚未造成严重后果或者已经造成严重后果的行为。倾覆，是指车辆倾倒、颠覆，船只翻沉，航空器坠毁等。毁坏，是指交通工具严重受损或者完全报废，不能继续安全运行。破坏行为只有足以使交通工具发生颠覆、毁坏危险的，才能构成犯罪，这是指就破坏行为的性质、破坏的方法、破坏的部位等因素加以综合判断，具有发生颠覆、毁坏的现实可能。通常只有破坏正在使用中的交通工具的重要部位和部件，如操作驾驶系统、制动刹车系统，才可能使交通工具发生颠覆、毁坏危险。虽然实施了破坏交通工具的行为，但不足以使交通工具发生颠覆、毁坏危险的，如破坏的只是交通工具的一般性辅助设施，不影响行驶安全，则不构成本罪。本罪的主体，是一般主体。凡年满16周岁具备刑事责任能力的自然人均可成立本罪。本罪的主观方要件是故意，即明知自己的行为可能会使交通工具发生颠覆、毁坏危险而希望或者放任这种结果发生。行为人的动机可能是多种多样的，如泄愤报复、嫁祸于人、贪财图利等，但不管行为人出于何种犯罪动机，均不影响本罪的成立。

根据《刑法》第一百一十六条和第一百一十九条第一款的规定，犯本罪尚未造成严重后果的，处三年以上十年以下有期徒刑；造成严重后果的，处十年以上有期徒刑、无期徒刑或者死刑。

【破坏交通设施罪】 是指故意破坏轨道、桥梁、隧道、公路、机场、航道、灯塔、标志或者进行其他破坏活动，足以使火车、汽车、电车、船只、航空器发生倾覆、毁坏危险，危害公共安全的行为。本罪侵犯的客体是交通运输安全。侵犯的对象是轨道、桥梁、隧道、公路、机场、航道、灯塔、标志或者其他与行车、行船及飞行安全有直接关系的交通设施，而且这些设施必须是正在使用过程中的，包括已经交付使用而处于待用状态的交通设施。本罪在客观方面表现为破坏上述交通设施或者进行其他破坏活动的行为。具体破坏交通设施的方法多种多样，只要足以使交通工具发生倾覆、毁坏危险的，就可以构成本罪。这里的其他破坏活动，是指虽未直接破坏上述交通设施，却足以使交通工具发生倾覆、毁坏危险的破坏活动，如乱发交通指示信号、干扰无线电通信、导航等。应当注意，这里的破坏，既包括使交通设施遭受到有形的损坏，也包括对交通设施正常功能的损害。本罪是危险犯，行为人的破坏行为只要足以使交通工具发生倾覆、毁坏危险的，即构成本罪既遂，而不要求危害结果实际发生。本罪的主体是一般主体。主观方面是出于故意，即行为人明知自己破坏交通设施的行为会造成火车、汽车、电车、船只、航空器倾覆、毁坏，并且希望或者放任这种结果的发生。

根据《刑法》第一百一十七条和第一百一十九条第一款的规定，犯本罪尚未造成严重后果的，处三年以上十年以下有期徒刑；造成严重后果的，处十年以上有期徒刑、无期徒刑或者死刑。

【破坏电力设备罪】 是指故意破坏电力设备，危害公共安全的行为。本罪侵犯的客体是公共安全。侵犯的对象是电力设备，是指正在使用中的或已交付使用的用来发电、供电、变电、输电的公用设备，如发电机、变电器、高压输电线路等。本罪在客观方面表现为破坏电力设备的行为，既可以表现为作为也可以表现为不作为。不论采用何种破坏的手段，必须足以危害公共安全，才能构成本罪。本罪是危险犯，只要破坏电力设备的行为足以造成不特定多数人伤亡或者大量公私财产损失，就构成本罪既遂，而不以实际发生严重后果为必要要件。本罪的主体是一般主体。主观方面表现为故意，包括直接故意和间接故意。

根据《刑法》第一百一十八条和第一百一十九条第一款的规定，犯本罪尚未造成严重后果的，处三年以上十年以下有期徒刑；造成严重后果的，处十年以上有期徒刑、无期徒刑或者死刑。

【破坏易燃易爆设备罪】 是指故意破坏燃气设备或者其他易燃易爆设备，危害公共安全的行为。本罪侵犯的客体是公共安全。侵犯的对象是正在使用中的或已交付使用的燃气设备或者其他易燃易爆设备。燃气设备，是指生产、贮存、输送各种燃气的设备，如煤气罐、天然气管道等。其他易燃易爆设备，是指燃气设备以外的生产、贮存、输送易燃易爆物品的设备，如汽车加油站、火药运输设备、烟花爆竹厂、油库、输油管道等。本罪在客观方面表现为破坏燃气设备或者其他易燃易爆设备，危害公共安全的行为，既可以表现为作为也可以表现为不作为。不论采用何种破坏的手段，必须足以危害公共安全，才能构成本罪。本罪是危险犯，只要破坏易燃易爆设备的行为足以造成不特定多数人伤亡或者大量公私财产损失，就构成本罪既遂，而不要求实际发生严重危害后果。本罪的主体是一般主体。主观方面表现为故意，包括直接故意和间接故意。

根据《刑法》第一百一十八条和第一百一十九条第一款的规定，犯本罪尚未造成严重后果的，处三年以上十年以下有期徒刑；造成严重后果的，处十年以上有期徒刑、无期徒刑或者死刑。

【过失损坏交通工具罪】 是指过失毁坏火车、汽车、电车、船只、航空器，危害公共安全，造成严重后果的行为。本罪侵犯的客体是交通运输安全。在客观方面表现为损坏火车、汽车、电车、船只、航空器，使之发生倾覆、毁坏的严重后果的行为。是否造成严重后果是区分本罪与非罪的标志。本罪的主体是一般主体。主观方面只能是过失。

根据《刑法》第一百一十九条第二款的规定，犯本罪的，处三年以上七年以下有期徒刑；情节较轻的，处三年以下有期徒刑或者拘役。

【过失损坏交通设施罪】 是指过失毁坏轨道、桥梁、隧道、公路、机场、航道、灯塔、标志等交通设施，危害公共交通运输安全，造成严重后果的行为。本罪侵害的客体是交通运输安全。在客观方面表现为损坏轨道、桥梁、隧道、公路、机场、航道、灯塔、标志等交通设施，造成火车、汽车、电车、船只、航空器倾覆、毁坏的严重后果的行为。是否造成严重后果是区分本罪与非罪的标志。本罪的主体是一般主体。主观方面只能是过失。

根据《刑法》第一百一十九条第二款的规定，犯本罪的，处三年以上七年以下有期徒刑；情节较轻的，处三年以下有期徒刑或者拘役。

【过失损坏电力设备罪】 是指过失毁坏电力设备，危害公共安全，造成严重后果的行为。本罪侵犯的客体是公共安全。在客观方面表现为损坏电力设备，造成危害公共安全的严重后果的行为。是否造成严重后果是区分本罪与非罪的标志。本罪的主体是一般主体。主观方面只能是过失。

根据《刑法》第一百一十九条第二款的规定，犯本罪的，处三年以上七年以下有期徒刑；情节较轻的，处三年以下有期徒刑或者拘役。

【过失损坏易燃易爆设备罪】 是指过失毁坏燃气设备或者其他易燃易爆设备，危害公共安全，造成严重后果的行为。本罪侵犯的客体是公共安全。本罪在客观方面表现为损坏燃气设备、油田输油管道或者其他易燃易爆设备，造成危害公共安全的严重后果的行为。是否造成严重后果是区分本罪与非罪的标志。本罪的主体是一般主体的行为。主观方面只能是过失。

根据《刑法》第一百一十九条第二款的规定，处三年以上七年以下有期徒刑；情节较轻的，处三年以下有期徒刑或者拘役。

【恐怖主义】 是指通过暴力、破坏、恐吓等手段，制造社会恐慌、危害公共安全、侵犯人身财产，或者胁迫国家机关、国际组织，以实现其政治、意识形态等目的的主张和行为。恐怖主义的特点包括：（1）目的的特定性。恐怖主义的主要目的是政治目的、意识形态目的，包括分裂国家、建立独立政权、民族独立等，但也不排除其他目的，如追求某种特殊的经济利益等。（2）对象的特定性。恐怖主义的行为对象主要包括两方面：①社会公众，包括社会上不特定多数人的人身和财产安全；②政治机关及其代表，包括国家机关、国际组织及其领导人。（3）手段的恐怖性。恐怖主义的核心旨在制造社会恐慌，并以此对政府及其领导人进行施压。因此，恐怖主义宣扬的手段是暴力、破坏、恐吓等。(4) 内容的专门性。作为一种主义，恐怖主义不限于实施专门的活动，而是包含了系列的主张和行为。

【恐怖活动】 是指以制造社会恐慌、危害公共安全或者胁迫国家机关、国际组织为目的，采取暴力、破坏、恐吓等手段，造成或者意图造成人员伤亡、重大财产损失、公共设施损坏、社会秩序混乱等严重危害社会的行为，以及煽动、资助或者以其他方式协助实施上述活动的行为。其基本特征包括两个方面：(1) 恐怖主义性质，即基于政治、意识形态等目的，采取暴力、破坏、恐吓等手段，制造社会恐慌；(2) 行为，即恐怖主义的外化。具体而言，恐怖活动包括具有恐怖主义性质的下列行为：①组织、策划、准备实施、实施造成或者意图造成人员伤亡、重大财产损失、公共设施损坏、社会秩序混乱等严重社会危害的活动的；②宣扬恐怖主义，煽动实施恐怖活动，或者非法持有宣扬恐怖主义的物品，强制他人在公共场所穿戴宣扬恐怖主义的服饰、标志的；③组织、领导、参加恐怖活动组织的；④为恐怖活动组织、恐怖活动人员、实施恐怖活动或者恐怖活动培训提供信息、资金、物资、劳务、技术、场所等支持、协助、便利的；⑤其他恐怖活动。

【组织、领导、参加恐怖组织罪】 是指组织、领导、参加恐怖活动组织的行为。本罪侵犯的客体是公共安全。恐怖活动组织是一种特殊的犯罪组织，专门以进行政治暗杀、绑架、劫持、爆炸等暴力犯罪为目标。本罪客观方面表现为组织、领导、积极参加恐怖组织的行为。恐怖组织，是指三人以上为实施恐怖活动而组成的犯罪组织。恐怖活动，是指有预谋、有组织地使用或威胁使用暴力或采用其他攻击性手段，制造社会恐慌，以实现特定的政治或社会目的的不法行为。行为人组织、领导、参加的必须是恐怖组织，如果组织、领导、参加的是恐怖组织以外的其他犯罪组织，则不构成本罪，应根据相应的犯罪处罚。此外，行为人必须实施了组织、领导、积极参加恐怖组织的行为。组织，是指通过策划、引诱、胁迫等方法勾结多人成立恐怖组织的行为。领导，是指在恐怖组织中起策划、指挥作用的行为。具体而言，组织、领导恐怖组织行为包括：(1) 发起、建立恐怖活动组织的；(2) 恐怖活动组织成立后，对组织及其日常运行负责决策、指挥、管理的；(3) 恐怖活动组织成立后，组织、策划、指挥该组织成员进行恐怖活动的；(4) 其他组织、领导恐怖活动组织的情形。积极参加，是指明知恐怖组织的性质，仍积极加入的行为。本罪的主体是一般主体。本罪在主观方面必须出于故意，即明知组织、领导、参加恐怖活动组织是危害公共安全的行为，仍然进行组织、领导、参加活动。

根据《刑法》第一百二十条的规定，组织、领导恐怖活动组织的，处十年以上有期徒刑或者无期徒刑，并处没收财产；积极参加的，处三年以上十年以下有期徒刑，并处罚金；其他参加的，处三年以下有期徒刑、拘役、管制或者剥夺政治权利，可以并处罚金。犯本罪并实施杀人、爆炸、绑架等犯罪的，依照数罪并罚的规定处罚。

【帮助恐怖活动罪】 是指故意资助恐怖活动组织、实施恐怖活动的个人，资助恐怖活动培训，或者为恐怖活动组织、实施恐怖活动或者恐怖活动培训招募、运送人员的行为。本罪侵犯的客体是公共安全。本罪的行为对象是恐怖活动组织、实施恐怖活动的个人或者恐怖活动培训。本罪在客观方面表现为资助恐怖活动组织、实施恐怖活动的个人，资助恐怖活动培训，或者为恐怖活动组织、实施恐怖活动或者恐怖活动培训招募、运送人员的行为。资助，是指通过提供资金、物资、设备、武器等物质条件，支持、帮助恐怖活动组织的组建、活动或者个人实施恐怖活动的行为。本罪是行为犯，具有下列情形之一的，以本罪定罪处罚：（1）以募捐、变卖房产、转移资金等方式为恐怖活动组织、实施恐怖活动的个人、恐怖活动培训筹集、提供经费，或者提供器材、设备、交通工具、武器装备等物资，或者提供其他物质便利的；（2）以宣传、招收、介绍、输送等方式为恐怖活动组织、实施恐怖活动、恐怖活动培训招募人员的；（3）以帮助非法出入境，或者为非法出入境提供中介服务、中转运送、停留住宿、伪造身份证明材料等便利，或者充当向导帮助探查偷越国（边）境路线等方式，为恐怖活动组织、实施恐怖活动、恐怖活动培训运送人员的；（4）其他资助恐怖活动组织、实施恐怖活动的个人、恐怖活动培训，或者为恐怖活动组织、实施恐怖活动、恐怖活动培训招募、运送人员的情形。本罪主体是一般主体，单位也可以构成本罪的主体。本罪在主观方面必须出于直接故意。

根据《刑法》第一百二十条之一的规定，犯本罪的，处五年以下有期徒刑、拘役、管制或者剥夺政治权利，并处罚金；情节严重的，处五年以上有期徒刑，并处罚金或者没收财产。单位犯本罪的，对单位判处罚金，并对其直接负责的主管人员和其他直接责任人员，依照上述规定处罚。

【准备实施恐怖活动罪】 是指故意为实施恐怖活动进行策划或者其他准备的行为。本罪侵犯的客体是公共安全。本罪在客观方面表现为：为实施恐怖活动进行策划或者其他准备的行为。其具体行为包括：（1）为实施恐怖活动准备凶器、危险物品或者其他工具的；（2）组织恐怖活动培训或者积极参加恐怖活动培训的；（3）为实施恐怖活动与境外恐怖活动组织或者人员联络的；（4）为实施恐怖活动进行策划或者其他准备的。本罪主体是一般主体。本罪在主观方面必须出于直接故意。

根据《刑法》第一百二十条之二的规定，犯本罪的，处五年以下有期徒刑、拘役、管制或者剥夺政治权利，并处罚金；情节严重的，处五年以上有期徒刑，并处罚金或者没收财产。有前款行为，同时构成其他犯罪的，依照处罚较重的规定定罪处罚。

【宣扬恐怖主义、极端主义、煽动实施恐怖活动罪】 是指故意以制作、散发宣扬恐怖主义、极端主义的图书、音频视频资料或者其他物品，或者通过讲授、发布信息等方式宣扬恐怖主义、极端主义的行为，或者煽动实施恐怖活动的行为。本罪侵犯的客体是公共安全。本罪在客观方面表现为以制作、散发宣扬恐怖主义、极端主义的图书、音频视频资料或者其他物品，或者通过讲授、发布信息等方式宣扬恐怖主义、极端主义的，或者煽动实施恐怖活动的行为。具体包括：（1）编写、出版、印刷、复制、发行、散发、播放载有宣扬恐怖主义、极端主义内容的图书、报刊、文稿、图片或者音频视频资料的；（2）设计、生产、制作、销售、租赁、运输、托运、寄递、散发、展示带有宣扬恐怖主义、极端主义内容的标识、标志、服饰、旗帜、徽章、器物、纪念品等物品的；（3）利用网站、网页、论坛、博客、微博客、网盘、即时通信、通讯群组、聊天室等网络平台、网络应用服务等登载、张贴、复制、发送、播放、演示载有恐怖主义、极端主义内容的图书、报刊、文稿、图片或者音频视频资料的；（4）网站、网页、论坛、博客、微博客、网盘、即时通信、通讯群组、聊天室等网络平台、网络应用服务的建立、开办、经营、管理者，明知他人利用网络平台、网络应用服务散布、宣扬恐怖主义、极端主义内容，经相关行政主管部门处罚后仍允许或者放任他人发布的；（5）利用教经、讲经、解经、学经、婚礼、葬礼、纪念、聚会和文体活动等宣扬恐怖主义、极端主义、煽动实施恐怖活动的；（6）其他宣扬恐怖主义、极端主义、煽动实施恐怖活动的行为。本罪主体是一般主体。本罪在主观方面必须出于直接故意。

根据《刑法》第一百二十条之三的规定，犯本罪的，处五年以下有期徒刑、拘役、管制或者剥夺政治权利，并处罚金；情节严重的，处五年以上有期徒刑，并处罚金或者没收财产。

【利用极端主义破坏法律实施罪】 是指故意利用极端主义煽动、胁迫群众破坏国家法律确立的婚姻、司法、教育、社会管理等制度实施的行为。本罪侵犯的客体是公共安全。本罪在客观方面表现为利用极端主义煽动、胁迫群众破坏国家法律确立的婚姻、司法、教育、社会管理等制度实施的行为。具体包括：（1）煽动、胁迫群众以宗教仪式取代结婚、离婚登记，或者干涉婚姻自由的；（2）煽动、胁迫群众破坏国家法律确立的司法制度实施的；（3）煽动、胁迫群众干涉未成年人接受义务教育，或者破坏学校教育制度、国家教育考试制度等国家法律规定的教育制度的；（4）煽动、胁迫群众抵制人民政府依法管理，或者阻碍国家机关工作人员依法执行职务的；（5）煽动、胁迫群众损毁居民身份证、居民户口簿等国家法定证件以及人民币的；（6）煽动、胁迫群众驱赶其他民族、有其他信仰的人员离开居住地，或者干涉他人生活和生产经营的；（7）其他煽动、胁迫群众破坏国家法律制度实施的行为。本罪主体是一般主体。本罪在主观方面必须出于直接故意。

根据《刑法》第一百二十条之四的规定，犯本罪的，处三年以下有期徒刑、拘役或者管制，并处罚金；情节严重的，处三年以上七年以下有期徒刑，并处罚金；情节特别严重的，处七年以上有期徒刑，并处罚金或者没收财产。

【强制穿戴宣扬恐怖主义、极端主义服饰、标志罪】 是指故意以暴力、胁迫等方式强制他人在公共场所穿着、佩戴宣扬恐怖主义、极端主义服饰、标志的行为。本罪侵犯的客体是公共安全。本罪在客观方面表现为以暴力、胁迫等方式强制他人在公共场所穿着、佩戴宣扬恐怖主义、极端主义服饰、标志的行为。具体包括：（1）以暴力、胁迫等方式强制他人在公共场所穿着、佩戴宣扬恐怖主义、极端主义服饰的；（2）以暴力、胁迫等方式强制他人在公共场所穿着、佩戴含有恐怖主义、极端主义的文字、符号、图形、口号、徽章的服饰、标志的；（3）其他强制他人穿戴宣扬恐怖主义、极端主义服饰、标志的情形。本罪主体是一般主体。本罪在主观方面必须出于直接故意。

根据《刑法》第一百二十条之五的规定，犯本罪的，处三年以下有期徒刑、拘役或者管制，并处罚金。

【非法持有宣扬恐怖主义、极端主义物品罪】 是指明知是宣扬恐怖主义、极端主义的图书、音频视频资料或者其他物品而非法持有，情节严重的行为。本罪侵犯的客体是公共安全。本罪在客观方面表现为非法持有宣扬恐怖主义、极端主义的图书、音频视频资料或者其他物品，情节严重的行为。根据《办理恐怖活动和极端主义犯罪案件意见》第一条第（七）项，这包括：(1) 图书、刊物二十册以上，或者电子图书、刊物五册以上的；(2) 报纸一百份（张）以上，或者电子报纸二十份（张）以上的；(3) 文稿、图片一百篇（张）以上，或者电子文稿、图片二十篇（张）以上，或者电子文档五十万字符以上的；(4) 录音带、录像带等音像制品二十个以上，或者电子音频视频资料五个以上，或者电子音频视频资料二十分钟以上的；(5) 服饰、标志二十件以上的。非法持有宣扬恐怖主义、极端主义的物品，虽未达到前款规定的数量标准，但具有多次持有，持有多类物品，造成严重后果或者恶劣社会影响，曾因实施恐怖活动、极端主义违法犯罪被追究刑事责任或者二年内受过行政处罚等情形之一的，也可以定罪处罚。多次非法持有宣扬恐怖主义、极端主义的物品，未经处理的，数量应当累计计算。非法持有宣扬恐怖主义、极端主义的物品，涉及不同种类或者形式的，可以根据本条规定的不同数量标准的相应比例折算后累计计算。本罪主体是一般主体。本罪在主观方面必须出于直接故意，而且必须明知是宣扬恐怖主义、极端主义的图书、音频视频资料或者其他物品。对本罪中的“明知”应当根据案件具体情况，以行为人实施的客观行为为基础，结合其一贯表现、具体行为、程度、手段、事后态度以及年龄、认知和受教育程度、所从事的职业等综合审查判断。具有下列情形之一，行为人不能作出合理解释的，可以认定其“明知”，但有证据证明确属被蒙骗的除外：(1) 曾因实施恐怖活动、极端主义违法犯罪被追究刑事责任，或者二年内受过行政处罚，或者被责令改正后又实施的；(2) 在执法人员检查时，有逃跑、丢弃携带物品或者逃避、抗拒检查等行为，在其携带、藏匿或者丢弃的物品中查获宣扬恐怖主义、极端主义的物品的；(3) 采用伪装、隐匿、暗语、手势、代号等隐蔽方式制作、散发、持有宣扬恐怖主义、极端主义的物品的；(4) 以虚假身份、地址或者其他虚假方式办理托运、寄递手续，在托运、寄递的物品中查获宣扬恐怖主义、极端主义的物品的；(5) 有其他证据足以证明行为人应当知道的情形。

根据《刑法》第一百二十条之六的规定，犯本罪的，处三年以下有期徒刑、拘役或者管制，并处或者单处罚金。

【“三股势力”犯罪】 是指暴力恐怖势力、民族分裂势力、宗教极端势力实施的犯罪。暴力恐怖势力是指通过使用暴力或其他毁灭性手段，制造恐怖，以达到某种政治目的的团体或组织。民族分裂势力是指从事对主权国家构成的世界政治框架的一种分裂或分离活动的团体或组织。民族分裂势力是反社会发展和人类进步的政治力量。宗教极端势力是一股在宗教名义掩盖下，传播极端主义思想主张、从事恐怖活动或分裂活动的社会政治势力。“三股势力”各自的表现形式虽有所不同，但本质并无根本差别，他们以宗教极端面目出现，以“民族独立”为目的。“三股势力”三位一体，打着民族、宗教的幌子，煽动民族仇视，制造宗教狂热，一方面制造舆论，蛊惑人心，另一方面大搞暴力恐怖活动，破坏社会安定，挑起暴乱骚乱。“三股势力”主要盘踞在中亚地区，对该地区各国的社会安定造成了极大威胁。2001 年上海合作组织成员方元首第十次会议签署的《打击恐怖主义、分裂主义和极端主义上海公约》，为维护本地区的安全与稳定、联合打击“三股势力”提供了重要的法律依据。

【劫持航空器罪】 是指以暴力、胁迫或者其他方法劫持航空器的行为。本罪侵犯客体是航空运输安全，即不特定的多数旅客、机组人员的生命健康以及航空器和其运载物品的安全。犯罪对象是正在使用中的民用航空器，如飞机、飞艇等，军用航空器不是本罪的犯罪对象。根据有关反劫机的国际公约规定，所谓“正在使用中”包括三种状态：（1）指从航空器装载完毕、机舱外部各门均已关闭时起，至打开任一机舱门为止的期间的任何时间；（2）指航空器被迫降落后，主管当局接受该机及所载人员和财产前的任何时间；（3）处于待飞状态的航空器。本罪客观方面表现为以暴力、胁迫或者其他方法劫持航空器的行为。暴力，是指行为人对机上人员特别是机组人员实施捆绑、殴打、伤害甚至是杀害，迫使航空器改变航向或者直接控制航空器。胁迫，是指行为人以爆炸航空器、杀害人质相威胁，迫使机组人员改变航向或者直接控制航空器。其他方法，是指以暴力、胁迫以外的其他任何方法迫使机组人员改变航向或者直接控制航空器。劫持，就是使用各种方法非法改变航向或者强行控制航空器的行为。根据刑法的规定，本罪属于行为犯。行为人只要实施完毕暴力、胁迫或者其他劫持航空器的行为，即构成犯罪既遂，是否造成严重后果不影响本罪的构成。本罪主体是一般主体。本罪主观方面表现为故意。

根据《刑法》第一百二十一条的规定，犯本罪的，处十年以上有期徒刑或者无期徒刑；致人重伤、死亡或者使航空器遭受严重破坏的，处死刑。

【劫持船只、汽车罪】 是指以暴力、胁迫或者其他方法劫持船只、汽车的行为。本罪侵犯的客体是公共安全。侵犯的对象只限于船只和汽车。本罪在客观方面表现为以暴力、胁迫或者其他方法劫持船只、汽车的行为。暴力是指杀人、伤害、禁闭等对人身实施的强制手段；胁迫是指恐吓、要挟、威逼等精神上的强制手段；其他方法是指暴力、胁迫以外的，能够使人不敢反抗或者不知反抗的一切方法。劫持，是指将船只、汽车置于行为人的控制之下，控制船只、汽车的行程和行驶方向等。本罪是行为犯，只要实施了劫持船只、汽车的行为，就构成本罪既遂。本罪的主体是一般主体。本罪在主观方面只能出于故意，并以控制船只、汽车的行程和行驶方向为目的。如果是以非法占有船只、汽车为目的，则不构成本罪，可能构成抢劫罪。

根据《刑法》第一百二十二条的规定，犯本罪的，处五年以上十年以下有期徒刑；造成严重后果的，处十年以上有期徒刑或者无期徒刑。

【暴力危及飞行安全罪】 是指对飞行中的航空器上的人员使用暴力，危及飞行安全的行为。本罪侵犯的客体是航空器的飞行安全。侵犯的对象是正在飞行中的航空器上的人。本罪在客观方面表现为对正在飞行中的航空器上的人员使用暴力，危及飞行安全的行为。本罪的行为方式只能是使用暴力。本罪是危险犯，行为人所使用的暴力行为，只要危及飞行安全，即使没有造成严重的后果，也构成本罪既遂。但是行为人实行的暴力行为不足以危及飞行安全的，则不构成本罪。本罪的犯罪地点是法定的，必须是正在飞行中的航空器上。本罪的主体是一般主体。在主观方面表现为故意，包括直接故意和间接故意。

根据《刑法》第一百二十三条的规定，犯本罪的，处五年以下有期徒刑；造成严重后果的，处五年以上有期徒刑。

【破坏广播电视设施、公用电信设施罪】 是指故意破坏广播电视设施、公用电信设施，危害公共安全的行为。本罪侵犯的客体是广播、电视及通讯方面的公共安全。侵犯的对象是正在使用中或已交付使用广播电视设施、公用电信设施。广播电视设施，是指发射无线电广播信号的发射台、站、光缆，发送、传播新闻等视听信息的电视发射台、转播台、光缆等设施。公用电信设施，主要是指用于各种公用事业的通信设施、设备。如无线电发报设施、设备，电话交换局、台、站，无线电通讯网络，用于航海、航空的无线电通讯、导航设施、设备等。本罪在客观方面表现为破坏广播电视设施、公用电信设施，危害公共安全的行为，既可以是作为也可以是不作为。本罪是行为犯，只要行为足以危害公共安全，就构成本罪，并不要求实际发生严重的危害后果。本罪的主体是一般主体。本罪在主观方面表现为故意，包括直接故意和间接故意。

根据《刑法》第一百二十四条第一款的规定，犯本罪的，处三年以上七年以下有期徒刑；造成严重后果的，处七年以上有期徒刑。

【过失损坏广播电视设施、公用电信设施罪】 是指过失毁坏广播电视设施、公用电信设施，危害公共安全，造成严重后果的行为。本罪侵犯的客体是广播、电视及通讯方面的公共安全。客观方面表现为损坏广播电视设施、公用电信设施，造成了多人伤亡或者重大公私财产损失的严重后果的行为。本罪的主体是一般主体。本罪是结果犯，行为只有造成了严重后果才构成本罪。主观方面只能是出于过失。

根据《刑法》第一百二十四条第二款的规定，犯本罪的，处三年以上七年以下有期徒刑；情节较轻的，处三年以下有期徒刑或者拘役。

【非法制造、买卖、运输、邮寄、储存枪支、弹药、爆炸物罪】 是指故意违反国家有关枪支、弹药、爆炸物的法律规定，非法制造、买卖、运输、邮寄、储存枪支、弹药、爆炸物，危害公共安全的行为。本罪侵犯的客体是社会公共安全和国家对枪支、弹药、爆炸物的管理制度。犯罪对象必须是枪支、弹药、爆炸物。枪支，是指以火药或者压缩气体等为动力，利用管状器具发射金属弹丸或者其他物质，足以致人伤亡或者丧失知觉的各种枪支。枪支可分为公务用枪和民用枪支两类。公务用枪指手枪、步枪、机枪、冲锋枪等；民用枪支是指射击运动使用的各种枪支，狩猎用的有膛线枪、霰弹枪、火药枪，麻醉动物用的注射枪、电击枪，以及能发射金属弹丸的气枪等。弹药，是指枪支发射专用的足以致人死亡或者丧失知觉的金属弹丸或者其他物质。对于爆炸物，法律没有明文规定其范围，指能引起爆炸的各种用于爆破、杀伤的物质，如炸弹、手榴弹、炸药包、地雷、火药、雷管以及其他固体、液体、气体爆炸物品。本罪客观方面表现为违反国家有关枪支、弹药、爆炸物的法律规定，非法制造、买卖、运输、邮寄、储存枪支、弹药、爆炸物的行为。我国对枪支、弹药、爆炸物一向管制极严，严格禁止非法制造、买卖、运输、邮寄、储存枪支、弹药、爆炸物。《枪支管理法》第三条规定："国家严格管制枪支。禁止任何单位或者个人违反法律规定持有、制造（包括变造、装配）、买卖、运输、出租、出借枪支。国家严厉惩处违反枪支管理的违法犯罪行为。"违反国家有关枪支、弹药、爆炸物的管理法规，指违反上述《枪支管理法》等法规。非法制造枪支、弹药、爆炸物，是指未经国家有关部门批准，私自制造枪支、弹药和爆炸物的行为。非法制造枪支的主要部件及装配、变造枪支的，应视为非法制造枪支。非法买卖枪支、弹药、爆炸物，是指未经国家有关部门批准，以金钱或实物作价，私自购买或者销售枪支、弹药、爆炸物的行为。至于从何处购买，销售给何人以及为何用途而进行买卖行为，不影响本罪的成立。非法运输枪支、弹药、爆炸物，是指未经国家有关部门批准，非法将枪支、弹药、爆炸物由一处运至他处，使其在空间位置上发生移动的行为，其形式可以是陆运、水运、空运，也可随身携带，但运输的空间范围只应限于国内。非法邮寄枪支、弹药、爆炸物，是指违反国家邮电部门的规定，逃避邮电人员检查，假冒一般物品或者夹在一般物品中，以包裹邮件形式邮运枪支、弹药、爆炸物的行为。非法储存枪支、弹药、爆炸物，是指未经国家有关部门批准，私自储藏、存放、保留枪支、弹药、爆炸物的行为。本罪是选择性罪名，行为人只要实施了非法制造、买卖、运输、邮寄、储存枪支、弹药、爆炸物的行为之一，即可构成本罪；如果行为人同时实施了其中两种以上的行为，也只构成一罪，不适用数罪并罚。此外，非法制造、买卖、运输、邮寄、储存枪支、弹药、爆炸物必须足以危害公共安全，如果确实不危害公共安全，如公民个人储存生产使用的少量爆炸物，就不应当按本罪处理。本罪的主体为一般主体，自然人和单位均可成为本罪的主体，即已满16周岁、具有刑事责任能力的自然人以及任何公司、企业、事业单位、机关、团体，均可以成为本罪的主体。本罪的主观方面是故意，即明知是枪支、弹药和爆炸物而非法制造、买卖、运输、邮寄或储存。如果被蒙骗、利用，不知是枪支、弹药、爆炸物而实施了上述行为，不能构成本罪。

根据《刑法》第一百二十五条第一款、第三款的规定，犯本罪的，处三年以上十年以下有期徒刑；情节严重的，处十年以上有期徒刑、无期徒刑或者死刑。单位犯本罪的，对单位判处罚金，并对其直接负责的主管人员和其他直接责任人员，依照上述规定处罚。

【非法制造、买卖、运输、储存危险物质罪】 是指违反国家相关管理制度，非法制造、买卖、运输、储存毒害性、放射性、传染病病原体等物质，危害公共安全的行为。本罪侵犯的客体是公共安全和国家关于毒害性、放射性、传染病病原体等物质的管理制度。侵犯的对象是毒害性、放射性、传染病病原体等物质。本罪在客观方面表现为非法制造、买卖、运输、储存毒害性、放射性、传染病病原体等物质的行为。本罪是选择性罪名，只要针对法定的犯罪对象之一，实施制造、买卖、运输、储存行为之一，就可以构成本罪；如果针对两个以上的法定犯罪对象，实施两个以上的上述行为，也只构成本罪一罪。本罪的主体是一般主体，单位也可以构成本罪主体。本罪在主观方面只能出于故意。

根据《刑法》第一百二十五条第二款、第三款的规定，犯本罪的，处三年以上十年以下有期徒刑；情节严重的，处十年以上有期徒刑、无期徒刑或者死刑。单位犯本罪的，对单位判处罚金，并对其直接负责的主管人员和其他直接责任人员，依照上述规定处罚。

【违规制造、销售枪支罪】 是指依法被指定、确定的枪支制造企业、销售企业，违反枪支管理规定，以非法销售为目的，违规制造枪支或者违规销售枪支的行为。本罪侵犯的客体是公共安全和国家枪支管理制度。犯罪对象仅限于枪支。本罪在客观方面表现为违反枪支管理规定，非法制造、销售枪支的行为。《刑法》将构成本罪的行为明确规定为三种：（1）以非法销售为目的，超过限额或者不按规定的品种制造、配售枪支；（2）以非法销售为目的，制造无号、重号、假号的枪支；（3）非法销售枪支或者在境内销售为出口制造的枪支。以上三种行为，只要实施其中之一，即构成本罪。本罪的主体只能是单位，而且必须是依法被指定、确定的枪支制造、销售企业。本罪在主观方面表现为直接故意，并必须具有非法销售的目的。

根据《刑法》第一百二十六条的规定，犯本罪的，对单位判处罚金，并对其直接负责的主管人员和其他直接责任人员，处五年以下有期徒刑；情节严重的，处五年以上十年以下有期徒刑；情节特别严重的，处十年以上有期徒刑或者无期徒刑。

【盗窃、抢夺枪支、弹药、爆炸物、危险物质罪】 是指以非法占有目的，盗窃、抢夺枪支、弹药、爆炸物，或者毒害性、放射性、传染病病原体等物质，危害公共安全的行为。本罪侵犯的客体是公共安全。犯罪的对象是枪支及其散件、弹药、爆炸物，或者毒害性、放射性、传染病病原体等危险物质。本罪在客观方面表现为盗窃、抢夺枪支、弹药、爆炸物，或者毒害性、放射性、传染病病原体等物质的行为。盗窃，是指以自认为不会被枪支、弹药等的所有人或者保管人、持有人发觉的方法，暗中拿走。抢夺，是指乘枪支、弹药等的所有人或者保管人、持有人不备，公然夺取。本罪是选择性罪名，只要针对上述犯罪对象之一，实施盗窃、抢夺行为之一，即构成本罪；如果针对上述两个以上的犯罪对象，实施盗窃或者抢夺行为的，也只构成本罪一罪。本罪的主体是一般主体，已满16周岁、具有刑事责任能力的自然人都可以成为本罪主体。本罪在主观方面必须出于直接故意，即明知是枪支、弹药、爆炸物而进行盗窃或者抢夺，并且行为人具有非法占有枪支、弹药、爆炸物的目的。如果行为人在实施盗窃、抢夺行为时，确实不知是枪支、弹药、爆炸物，则应以盗窃罪、抢夺罪论处。

根据《刑法》第一百二十七条的规定，犯本罪的，处三年以上十年以下有期徒刑；情节严重或者盗窃、抢夺国家机关、军警人员、民兵的枪支、弹药、爆炸物的，处十年以上有期徒刑、无期徒刑或者死刑。

【抢劫枪支、弹药、爆炸物、危险物质罪】 是指以暴力、胁迫或者其他方法强行劫取枪支、弹药、爆炸物、危险物质的行为。本罪侵犯的客体是公共安全和国家对枪支、弹药、爆炸物、危险物质的管理制度。侵犯的对象是枪支、弹药、爆炸物、危险物质。本罪是选择性罪名，行为人只要抢劫上述法定的犯罪对象之一，就构成本罪。本罪在客观方面表现为以暴力、胁迫或者其他方法强行劫取枪支、弹药、爆炸物、危险物质的行为。暴力，是指殴打、伤害、杀害、捆绑等对人身实施的袭击或者强制。胁迫，是指恐吓、要挟等精神强制。所谓其他方法，是指暴力、胁迫以外的，能够使人不知反抗或者不能反抗的一切方法。本罪的主体是一般主体。本罪在主观方面表现为直接故意，并且具有非法占有枪支的目的。

根据《刑法》第一百二十七条第二款的规定，犯本罪的，处十年以上有期徒刑、无期徒刑或者死刑。

【非法持有、私藏枪支、弹药罪】 是指违反枪支管理规定，非法持有、私藏枪支、弹药的行为。本罪侵犯的客体是公共安全和国家对枪支、弹药的管理制度。本罪对象是枪支、弹药。本罪在客观方面表现为违反枪支管理规定，非法持有、私藏枪支、弹药的行为。违反枪支管理规定，是指违反《枪支管理法》及国家有关主管部门对枪支、弹药的使用、管理等方面所作的规定。非法持有，是指不符合配备、配置枪支、弹药条件的人员，违反枪支管理法律、法规的规定，擅自持有枪支、弹药的行为。根据《将公务用枪用作借债质押的行为如何适用法律问题批复》，依法配备公务用枪的人员，违反法律规定，将公务用枪用作借债质押物，对接受枪支质押的行为，以非法持有论。私藏，是指依法配备、配置枪支、弹药条件的人员，在配备、配置枪支、弹药的条件消除后，违反枪支管理法律、法规的规定，私自藏匿所配备、配置的枪支、弹药且拒不交出的行为。本罪是选择性罪名。本罪的主体是一般主体。本罪在主观方面表现为直接故意。

根据《刑法》第一百二十八条第一款的规定，犯本罪的，处三年以下有期徒刑、拘役或者管制；情节严重的，处三年以上七年以下有期徒刑。

【非法出租、出借枪支罪】 是指依法配备公务用枪或者依法配置枪支的人员或者单位，违反枪支管理规定，非法出租、出借枪支的行为。本罪侵犯的客体是公共安全和国家枪支管理制度。犯罪的对象是枪支，包括公务用枪和民用枪支。本罪在客观方面表现为非法出租、出借枪支的行为。《枪支管理法》明确规定了对依法配备的公务用枪和依法配置的民用枪支的管理制度，严禁非法出租、出借。出租，是指以牟利为目的，将自己所配备、配置的枪支出租给他人。出借，是指无偿地将自己所配备、配置的枪支借给他人。构成本罪包括两种情形：(1) 依法配备公务用枪的人员或单位，只要有非法出租、出借枪支的行为，不论是否造成严重后果，都构成犯罪；(2) 依法配置枪支的人员或单位，非法出租、出借枪支，必须造成严重后果，才构成犯罪。严重后果，是指出借的枪支被他人用于犯罪，或者致人伤亡等情形。本罪是选择性罪名。本罪的主体是特殊主体，即依法配备公务用枪的人员、单位和依法配置枪支的人员、单位。依法配备公务用枪的人员和单位，是指公安机关、国家安全机关、监狱及其人民警察；人民检察院及其司法警察和担任侦查任务的检察人员；人民法院及其司法警察；海关缉私人员；国家重要的军工、金融、仓储科研等单位的执行守护、押运任务的人。这里的依法配置枪支的人员和单位，主要包括经省级人民政府体育行政主管部门批准可以配置射击运动枪支或者专门从事射击竞技体育运动的单位；经省级人民政府公安机关批准可以配置射击运动枪支的营业性射击场；经省级以上人民政府林业行政主管部门批准可以配置猎枪的狩猎场等等。本罪在主观主面只能是直接故意。

根据《刑法》第一百二十八条第二款、第三款和第四款的规定，犯本罪的，处三年以下有期徒刑、拘役或者管制；情节严重的，处三年以上七年以下有期徒刑。单位犯本罪的，对单位判处罚金，并对其直接负责的主管人员和其他责任人员，依照上述规定处罚。

【丢失枪支不报罪】 是指依法配备公务用枪的人员，丢失枪支不及时报告，造成严重后果的行为。本罪侵犯的客体是公共安全和国家枪支管理制度。犯罪对象是公务用枪。本罪在客观方面表现为丢失枪支不及时报告，并且造成严重后果的行为。丢失枪支，包括遗失、被抢、被盗等情况。不及时报告，是指行为人丢失枪支后不及时向本单位或者有关部门报告自己丢失枪支的情况。如果行为人及时、如实地报告了自己丢失枪支的情况，则不构成本罪。丢失枪支不及时报告必须造成严重后果，才能构成犯罪。所为严重后果，是指枪支丢失后被实施犯罪的行为人用于犯罪活动等情况。本罪的主体是特殊主体，即依法配备公务用枪的人员。本罪在主观方面是过失，这里的过失是指行为人对所发生的严重后果是过失的心理态度。但是，对于丢失枪支不报告的行为一般是故意的。

根据《刑法》第一百二十九条的规定，犯本罪的，处三年以下有期徒刑或者拘役。

【非法携带枪支、弹药、管制刀具、危险物品危及公共安全罪】 是指非法携带枪支、弹药、管制刀具或者爆炸性、易燃性、放射性、毒害性、腐蚀性物品，进入公共场所或者公共交通工具，危及公共安全，情节严重的行为。本罪侵犯的客体是公共安全。本罪的客观方面表现为非法携带枪支、弹药、管制刀具或者爆炸性、易燃性、放射性、毒害性、腐蚀性物品，进入公共场所或者公共交通工具，危及公共安全，情节严重的行为。这包括三个方面的含义：（1）必须实施了非法携带枪支、弹药、管制刀具或者危险物品的行为。非法携带，是指未经国家有关部门许可，私自携带。如果经过国家有关部门许可，或者虽未经许可，但携带进入公共场所或者公共交通工具后交有关部门保管、处理的，不构成本罪。（2）必须带进公共场所或者公共交通工具。根据相关法规的规定，公共场所，是指以下场所：公共活动的中心场所，如中心广场、会堂；商业服务场所，如商店、市场等；文化娱乐场所，如剧场、歌厅、舞厅等；体育场所，如体育馆、运动场等；风景游览场所，如公园、名胜古迹等；交通场所，如车站、码头、机场等。公共交通工具，是指航空器、火车、公共汽车、电车和轮船等供社会公众乘坐、用于公共交通运输的交通工具。(3) 必须危及公共安全，这主要是指具有危害不特定多人的生命、健康和重大公私财产安全的现实危险性。如果没有上述行为且不可能危及公共安全，那么就不构成本罪。本罪的主体是一般主体。本罪的主观方面是故意。动机不影响本罪的成立，但若根据证据认定是为劫持航空器、船只、汽车、抢劫、绑架等犯罪活动而非法携带，则应以相应的犯罪论处，不构成本罪。

根据《刑法》第一百三十条的规定，犯本罪的，处三年以下有期徒刑、拘役或者管制。

【重大飞行事故罪】 是指航空人员违反规章制度，致使发生重大飞行事故，造成严重后果的行为。本罪侵犯的客体是航空安全。客观方面表现为违反规章制度，致使发生重大飞行事故，造成严重后果的行为。违反规章制度，是指违反有关航空管理、安全飞行的规章制度。重大飞行事故，是指在航空飞行过程中发生的航空器严重损坏或者造成人员伤亡的事件。造成严重后果，是指造成航空器上的人员重伤、死亡或者航空器的毁损、承运货物的严重损坏等。本罪的主体是特殊主体，即航空人员。航空人员是指从事民用航空活动的空勤人员和地勤人员。本罪在主观方面表现为过失。这里的过失，是针对行为人对其行为所造成的严重后果的心理态度而言，但其对于违反相关规章制度的态度则可能是明知故犯。

根据《刑法》第一百三十一条的规定，犯本罪的，处三年以下有期徒刑或者拘役；造成飞机坠毁或者人员伤亡的，处三年以上七年以下有期徒刑。

【铁路运营安全事故罪】 是指铁路职工违反规章制度，致使发生铁路运营安全事故，造成严重后果的行为。本罪侵犯的客体是铁路运输安全。客观方面表现为违反规章制度，致使发生铁路运营安全事故，造成严重后果的行为。此处的规章制度，是指有关保证铁路运输安全的各种规章制度。铁路运营安全事故，是指在铁路运输过程中发生的火车出轨、倾覆、撞车、爆炸等造成人员伤亡、机车毁坏以及使公私财产遭受重大损失的严重事件。造成严重后果，是指造成人员伤亡和公私财产遭受重大损失等结果。本罪的主体是特殊主体，即铁路职工。铁路职工是指从事铁路运营业务、与保证铁路运输安全有直接关系的人员，如司机、扳道员、调度员、信号员等。本罪在主观方面表现为过失。

根据《刑法》第一百三十二条的规定，犯本罪的，处三年以下有期徒刑或者拘役；造成特别严重后果的，处三年以上七年以下有期徒刑。

【交通肇事罪】 是指违反交通运输管理法规，因而发生重大事故，致人重伤、死亡或者使公私财产遭受重大损失的行为。本罪侵犯的客体是交通运输安全。交通运输主要是指以电车、汽车、船只等交通工具进行公路和水路交通运输。破坏交通运输安全，一般就是指使用上述交通工具进行交通运输，发生重大事故，危害不特定的多数人的生命、健康或者重大公私财产的安全。但是，如果使用自行车、三轮车、人力车、畜力车、残疾人专用车等非机动车进行交通运输，发生重大事故，致人伤亡的，也可以构成本罪。本罪客观方面表现为违反交通运输管理法规，因而发生重大事故，致人重伤、死亡或者使公私财产遭受重大损失的行为。具体而言：（1）实施了违反交通运输管理法规的行为，如酒后开车、超速驾驶等。如果行为人的行为没有违反交通运输管理法规的规定，则不构成犯罪。（2）违反交通运输管理法规的行为发生在交通运输活动过程中，即发生在正在进行的交通运输活动中。如果违反交通运输管理法规的行为不是发生在交通运输活动过程中，不构成本罪。（3）发生重大事故，致人重伤、死亡或者使公私财产遭受重大损失。若尽管有违反交通运输管理法规的行为，但没有发生重大事故，没有致人重伤、死亡或者使公私财产遭受重大损失的，不能构成犯罪。（4）重大事故是违反交通运输管理法规的行为引起的，二者之间具有因果关系。本罪的主体为一般主体，主要是指从事交通运输的人员，具体包括驾驶汽车、电车和船只从事公路和水路运输的驾驶人员以及对上述交通工具的运输安全负有保障职责的其他人员。司法实践中，对偷开汽车过失撞死、撞伤他人或者撞坏车辆的，以及单位主管负责人或者车主强令本单位或所雇用人员违章驾车造成重大交通事故的，也以本罪论处。本罪主观要件为过失，即行为人明知自己的行为会发生危害社会的结果，因为疏忽大意而没有预见，或者虽然已经预见但轻信能够避免。尽管过失的具体表现形式不同，行为人对危害结果发生的心理态度却是一致的，即都不愿意危害结果发生。至于行为人对违反交通运输管理法规的行为则可能是出于故意，如明知酒后驾驶违反交通运输管理法规而故意酒后驾驶。

根据《刑法》第一百三十三条的规定，犯本罪的，处三年以下有期徒刑或者拘役；交通运输肇事后逃逸或者有其他特别恶劣情节的，处三年以上七年以下有期徒刑；因逃逸致人死亡的，处七年以上有期徒刑。交通运输肇事后逃逸，是指行为人在发生交通事故后，为了逃避法律追究而逃跑的行为。这是特别恶劣情节的一种表现。其他特别恶劣情节，是指交通肇事具有下列情形之一：（1）死亡2人以上或者重伤5人以上，负事故全部或者主要责任的；（2）死亡6人以上，负同等责任的；（3）造成公共财产或者他人财产直接损失，负事故全部或者主要责任，无能力赔偿数额在60万元以上的。因逃逸致人死亡，是指行为人在交通肇事后为逃避法律追究而逃跑，致使被害人因得不到救助而死亡的情形。

【危险驾驶罪】 是指在道路上驾驶机动车追逐竞驶情节恶劣，醉酒驾驶机动车，从事校车业务或者旅客运输严重超过额定乘员载客或者严重超过规定时速行驶，以及违反危险化学品安全管理规定运输危险化学品危及公共安全的行为。本罪的主体为一般主体，即已满16周岁，具有刑事责任能力的驾驶机动车的自然人。行为人是否具有合法的驾驶资格，不影响本罪的成立。机动车所有人、管理人对校车或者旅客运输严重超速超载和违规运输危险化学品行为负有直接责任的，亦可构成本罪。本罪在主观上是故意。本罪在客观上表现为在道路上危险驾驶机动车，危及公共安全的行为。具体而言，（1）行为人的行为必须发生在道路上。根据《道路交通安全法》第一百一十九条的规定，道路，是指公路、城市道路和虽在单位管辖范围但允许社会机动车通行的地方，包括广场、公共停车场等用于公众通行的场所。（2）行为人所驾驶的必须是机动车。机动车，是指以动力装置驱动或者牵引，上道路行驶的供人员乘用或者用于运送物品以及进行工程专项作业的轮式车辆。以人力或者畜力驱动，上道路行驶的交通工具，以及虽有动力装置驱动但设计最高时速、空车质量、外形尺寸符合有关国家标准的残疾人机动轮椅车、电动自行车等交通工具属于非机动车。驾驶非机动车的行为不构成本罪。（3）本罪有四种行为类型，即追逐竞驶，情节恶劣的；醉酒驾驶机动车的；从事校车业务或者旅客运输，严重超过额定乘员载客，或者严重超过规定时速行驶的；违反危险化学品安全管理规定运输危险化学品，危及公共安全的行为。追逐竞驶，是指行为人在道路上高速、超速行驶，随意追逐、超越其他车辆等危险驾驶行为。追逐竞驶的行为成立本罪必须符合情节恶劣的条件。是否情节恶劣，应结合追逐竞驶的时间、地点、车速、道路上车辆与行人的多少等因素综合判断。醉酒驾驶是行为人在醉酒状态下在道路上驾驶机动车的行为。行为人是否醉酒，应根据《车辆驾驶人员血液、呼吸酒精含量阈值与检验》规定加以确定。根据该规定，车辆驾驶人员血液中的酒精含量大于或者等于80mg/100ml的属于醉酒驾驶。醉酒驾驶型危险驾驶罪是抽象的危险犯，只要行为人血液中的酒精含量达到上述标准，一般即构成本罪，但这并不意味着对醉驾行为要一律入刑。对于醉酒驾驶机动车的被告人，应当综合考虑被告人的醉酒程度、机动车类型、车辆行驶道路、行车速度、是否造成实际损害以及认罪悔罪等情况，准确定罪量刑。对于情节显著轻微危害不大的，不予定罪处罚；犯罪情节轻微不需要判处刑罚的，可以免予刑事处罚。从事校车业务或者旅客运输中的严重超速是指超速50%以上，严重超载是指超载20%以上。违反危险化学品安全管理规定运输危险化学品是指违反我国《危险化学品安全管理条例》第五章“运输安全”对危险化学品的运输许可、从业人员、安全防护措施、核定载质量等规定的驾驶行为。（4）本罪侵犯的客体是道路的交通运输安全，不包括水上以及空中交通运输安全。

危险驾驶罪的认定应注意把握以下两点：（1）危险驾驶罪与非罪行为的界限。①危险驾驶罪在主观方面系出于故意。如果行为人并非出于故意，则不能构成本罪。②行为人所驾驶的必须是机动车。如果行为人驾驶的是非机动车，如自行车等人力车，则不能构成本罪。③就醉驾行为而言，行为人血液里的酒精含量必须达到法定标志即80mg/100ml。若未达该标准，则仍属于违反我国道路交通安全法的行为，通常只能给予相应的行政处罚。对于追逐竞驶行为来说，构成本罪以情节恶劣为必要，即结合行为发生的时间、地点、车速、能见度、道路状况等因素综合考虑。从事校车业务或者旅客运输的行为必须达到严重超载超速的要求，违规运输危险化学品必须违反国家规定并且危及公共安全。（2）危险驾驶罪与交通肇事罪的界限。两罪的主体都是一般主体，侵犯的客体都是交通运输安全，客观方面都要求行为人实施了违反交通运输管理法规的行为，具有诸多相似性。不过，两者的区别亦很明显：①主观方面不同。危险驾驶罪在主观上表现为故意，而交通肇事罪系出于过失。②客观行为表现不尽相同。危险驾驶罪只限于行为人醉酒驾驶或驾车追逐竞驶等四种情形，而交通肇事罪则包括任何违反交通运输管理法规的行为。同时，危险驾驶罪并不需要客观上出现危害结果，只需存在危险状态即可，而交通肇事罪则以发生法定的重大交通事故为必要。③犯罪客体不完全相同。危险驾驶罪侵犯的客体只能是道路交通运输安全，不包括水上等其他领域的交通运输安全。交通肇事罪侵犯的客体则包括道路和水路两类交通安全。

根据《刑法修正案（八）》所增设的《刑法》第一百三十三条之一的规定及《刑法修正案（九）》的修正，犯本罪的，处拘役，并处罚金。行为人的行为构成本罪，同时构成其他犯罪的，依照处罚较重的规定定罪处罚。

【妨害安全驾驶罪】 是指在行驶中的公共交通工具上实施的妨害安全驾驶，危及公共安全的犯罪。本罪侵犯的客体是交通运输安全。客观方面具体分为两类情形：一类是对行驶中的公共交通工具的驾驶人员使用暴力或者抢控驾驶操纵装置，干扰公共交通工具正常行驶，危及公共安全的行为；一类是行驶中的公共交通工具上的驾驶人员擅离职守与他人互殴或者殴打他人，危及公共安全的行为。犯罪主体根据客观方面表现情形不同对应分为两类：第一类是一般主体，即年满16周岁的自然人，通常是乘坐公共交通工具的乘客；第二类是行驶中的公共交通工具上的驾驶人员。主观方面表现为故意，过失不构成本罪。

根据《刑法》第一百三十三条之二规定，犯本罪的，处一年以下有期徒刑、拘役或者管制，并处或者单处罚金。

【重大责任事故罪】 是指在生产、作业中，违反有关安全管理的规定，因而发生重大伤亡事故或者造成其他严重后果的行为。本罪侵犯的客体是生产、作业安全。生产、作业活动中的重大事故往往会造成不特定多数人的伤亡和重大公私财产损失，因此生产、作业安全属于公共安全。本罪在客观方面表现为在生产、作业中，违反有关安全管理的规定，因而发生重大伤亡事故或者造成其他严重后果的行为。具体包含以下要素：（1）行为人必须有违反有关安全管理规定的行为。违反规章制度是造成事故的原因，也是构成本罪的前提。违反有关安全管理的规定，是指违反与保障生产、作业安全有关的规章制度，包括违反国家关于安全生产的法律法规和规章和主管部门、本行业为保障生产、作业安全而制定的一切劳动纪律、操作规程等，也包括违反本单位有关安全生产、作业的规定、要求和具体的工作安排等。（2）违反规章制度的行为必须发生在生产、作业过程中。如果事故发生在休息时间内，与生产、作业没有关系，则不构成本罪。（3）违反有关安全管理规定的行为造成了重大伤亡事故或者其他严重后果，而且违反有关安全管理规定的行为与重大伤亡事故或者其他严重后果之间存在因果关系。应当注意，行为人的行为只要发生了“重大伤亡事故”“造成其他严重后果”中的一个结果，就构成本罪。根据《办理危害生产安全刑事案件司法解释》第六条，“造成严重后果”或者“发生重大伤亡事故或者造成其他严重后果”是指：（1）造成死亡一人以上，或者重伤三人以上的；（2）造成直接经济损失100万元以上的；（3）其他造成严重后果或者重大安全事故的情形。本罪的主体是一般主体，即已满16周岁，具有辨认能力和控制能力的自然人。实践中，主要指直接从事生产、作业的人员和对生产、作业负有组织、指挥或者管理职责的人员，如工程师、技术员、车间主任、施工队长、主管生产的厂长、矿长以及企业实际控制人、投资人等。本罪在主观方面是过失，这种过失是指行为人对其行为所造成的重大事故后果的心理态度。至于行为人违反有关安全管理的规定，则可能是明知故犯。

根据《刑法》第一百三十四条的规定，犯本罪的，处三年以下有期徒刑或者拘役；情节特别恶劣的，处三年以上七年以下有期徒刑。情节特别恶劣，根据《办理危害生产安全刑事案件司法解释》第七条的规定，是指具有以下情形之一：（1）造成死亡3人以上，或者重伤10人以上，负事故主要责任的；（2）造成直接经济损失500万元以上，负事故主要责任的；（3）其他特别恶劣的情节。

【强令、组织他人违章冒险作业罪】 是指强令他人违章冒险作业，或者明知存在重大事故隐患而不排除，仍冒险组织作业，因而发生重大伤亡事故或者造成其他严重后果的行为。本罪侵犯的客体是生产、作业安全。客观方面表现为强令、组织他人违章冒险作业，因而发生重大伤亡事故或者造成其他严重后果的行为。本罪的行为方式表现为行为人利用其对他人的控制与支配地位，强行命令、组织他人违反有关生产、作业的法律法规及相关规章制度从事没有安全保障的生产、作业活动。本罪是结果犯，即必须发生重大伤亡事故或者造成其他严重后果才能构成犯罪。“重大伤亡事故”“其他严重后果”“情节特别恶劣”的认定与重大责任事故罪的认定相同。本罪的主体是一般主体。实践中，通常是对生产、作业负有组织、指挥或者管理职责并对直接从事生产、作业的人员具有一定控制力、支配力的人员，如企业负责人、管理人员、实际控制人、投资人等。本罪在主观方面是过失，这里的过失是指行为人对所发生的严重后果是过失的心理态度。但是，对于强令、组织他人违章冒险作业的行为一般是故意的。

根据《刑法》第一百三十四条第二款的规定，犯本罪的，处五年以下有期徒刑或者拘役；情节特别恶劣的，处五年以上有期徒刑。

【危险作业罪】 是指在生产、作业中具有违反有关安全管理规定的特定情形，造成具有发生重大伤亡事故或者其他严重后果的现实危险的犯罪。本罪侵犯的犯罪客体是生产、作业中有关安全生产的管理制度。客观方面表现为违反有关安全管理规定的特定情形，造成发生重大伤亡事故或者其他严重后果的现实危险，包括三种情形：（1）关闭、破坏直接关系生产安全的监控、报警、防护、救生设备、设施，或者篡改、隐瞒、销毁其相关数据、信息的；（2）因存在重大事故隐患被依法责令停产停业、停止施工、停止使用有关设备、设施、场所或者立即采取排除危险的整改措施，而拒不执行的；（3）涉及安全生产的事项未经依法批准或者许可，擅自从事矿山开采、金属冶炼、建筑施工，以及危险物品生产、经营、储存等高度危险的生产作业活动的。上述情形必须具有发生重大伤亡事故或者其他严重后果的现实危险。犯罪主体是一般主体，即年满16周岁的自然人，包括对生产、作业负有组织、管理或者指挥职责的直接负责人、管理人员、实际控制人、投资人等。犯罪主观方面，对违反有关安全管理的规定表现为直接故意，但不是希望和追求“重大伤亡事故或者其他严重后果发生的现实危险”。

根据《刑法》第一百三十四条之一规定，犯危险作业罪的，处一年以下有期徒刑、拘役或者管制。

刑事审判

【重大劳动安全事故罪】 是指安全生产设施或者安全生产条件不符合国家规定，因而发生重大伤亡事故或者造成其他严重后果的行为。本罪侵犯的客体是劳动安全，具体表现为劳动者生命、健康的安全和公私财产的安全。客观方面表现为安全生产设施或者安全生产条件不符合国家规定，因而发生重大伤亡事故或者造成其他严重后果。“重大伤亡事故”“其他严重后果”“情节特别恶劣”的认定与重大责任事故罪的认定相同。本罪的主体是特殊主体，即对安全生产设施或者安全生产条件直接负责的主管人员和其他直接责任人员。本罪在主观方面是过失。

根据《刑法》第一百三十五条的规定，犯本罪的，处三年以下有期徒刑或者拘役；情节特别恶劣的，处三年以上七年以下有期徒刑。

【大型群众性活动重大安全事故罪】 是指举办大型群众性活动违反安全管理规定，因而发生重大伤亡事故或者造成其他严重后果的行为。本罪侵犯的客体是大型群众性活动安全，即大型群众性活动中不特定多数人的生命、健康或者重大公私财产安全。本罪的客观方面表现为举办大型群众性活动违反安全管理规定，因而发生重大伤亡事故或者造成其他严重后果的行为。安全管理规定，是指国家有关部门为保证大型群众性活动安全、顺利举行制定的管理规定。本罪的主体是特殊主体，即对发生大型群众性活动重大安全事故直接负责的主管人员和其他直接责任人员。直接负责的主管人员，是指大型群众活动策划者、组织者、举办者；其他直接责任人员，是指对大型活动的安全举行、紧急预案负有具体落实、执行职责的人员。本罪的主观方面是过失。

根据《刑法》第一百三十五条之一的规定，犯本罪的，处三年以下有期徒刑或者拘役；情节特别恶劣的，处三年以上七年以下有期徒刑。

【危险物品肇事罪】 是指违反爆炸性、易燃性、放射性、毒害性、腐蚀性物品的管理规定，在生产、储存、运输、使用中发生重大事故，造成了严重后果的行为。本罪侵犯的客体是公共安全。客观方面表现为违反危险物品的管理规定，在生产、储存、运输、使用中发生重大事故，造成严重后果的行为。本罪的主体主要是从事生产、储存、运输、使用、保管危险物品的职工，但其他公民也可以成为本罪的主体。本罪在主观方面表现为过失。

根据《刑法》第一百三十六条的规定，犯本罪的，处三年以下有期徒刑或者拘役；后果特别严重的，处三年以上七年以下有期徒刑。

【工程重大安全事故罪】 是指建设单位、设计单位、施工单位、工程监理单位违反国家规定，降低工程质量标准，造成重大安全事故的行为。本罪侵犯的客体是公共安全。客观方面表现为违反国家规定，降低工程质量标准，造成重大安全事故的行为。违反国家规定，降低工程质量标准的行为，可以表现为多种方式，如提供、使用不合格的建筑材料；偷工减料；不按工程质量标准进行设计、施工；不按工程质量标准进行监理等等。“重大安全事故”，是指建筑工程在建设中及交付使用后，因达不到质量标准或者存在严重问题，导致楼房倒塌、桥梁断裂、铁路塌陷等，造成人员伤亡或者重大经济损失的事件。本罪的主体是特殊主体，即只能是建设单位，设计单位、施工单位和工程监理单位，但是刑法规定只处罚其直接责任人员。本罪在主观方面表现为过失。

根据《刑法》第一百三十七条的规定，犯本罪的，处五年以下有期徒刑或者拘役，并处罚金；后果特别严重的，处五年以上十年以下有期徒刑，并处罚金。

【教育设施重大安全事故罪】 是指明知校舍或者教育教学设施有危险，而不采取措施或者不及时报告，致使发生重大伤亡事故的行为。本罪侵犯的客体是公共安全。客观方面表现为对校舍、教育教学设施存在的危险不采取措施或者不及时报告，致使发生重大伤亡事故的行为。发生重大伤亡事故是本罪构成的必要条件，如果只造成财产损失的，不构成本罪。本罪的主体是特殊主体，即对校舍、教育教学设施的安全负有直接责任的人员。本罪在主观方面表现为过失。

根据《刑法》第一百三十八条的规定，犯本罪的，处三年以下有期徒刑或者拘役；后果特别严重的，处三年以上七年以下有期徒刑。

【消防责任事故罪】 是指违反消防管理法规，经消防监督机构通知采取改正措施而拒绝执行，造成严重后果的行为。本罪侵犯的客体是消防安全和国家消防管理秩序。客观方面表现为违反消防管理法规，经消防监督机构通知采取改正措施而拒绝执行，并导致严重后果的行为。消防管理法规，是指国家有关消防管理的法律、法规及有关主管部门为保障消防安全制定的各种规章制度，如《消防法》。应当注意，经消防监督机构通知改正措施而拒绝执行，是本罪成立的必要条件。本罪的主体是一般主体，但主要是负有防火安全职责的单位负责人员。本罪在主观方面表现为过失。

根据《刑法》第一百三十九条的规定，犯本罪的，处三年以下有期徒刑或者拘役；后果特别严重的，处三年以上七年以下有期徒刑。

【不报、谎报安全事故罪】 是指在安全事故发生后，负有报告职责的人员不报或者谎报事故情况，贻误事故抢救，情节严重的行为。本罪侵犯的客体是公共安全。客观方面表现为安全事故发生后，负有报告职责的人员不报或者谎报事故情况，贻误事故抢救，情节严重的行为。本罪的主体是特殊主体，即对安全事故负有报告职责的人员，包括对安全生产、作业负有组织、监管职责的部门的监督检查人员，地方政府负有安全生产监管职责的部门直接负责的主管人员，以及直接造成安全事故的责任人员。本罪的主观方面是故意，也有观点认为系过失。

根据《刑法》第一百三十九条之一的规定，犯本罪的，处三年以下有期徒刑或者拘役；情节特别严重的，处三年以上七年以下有期徒刑。

【破坏社会主义市场经济秩序罪】 是指违反国家经济管理法规，破坏国家经济管理活动，侵害社会主义市场经济秩序，严重危害国民经济发展的行为。本类犯罪侵犯的客体是社会主义市场经济秩序。社会主义市场经济是以公有制（包括国有制和集体所有制）为主体，个体经济、私营经济、外资经济为补充，多种经济成分长期共同发展的经济体制。市场经济是竞争经济，公平正当的自由竞争是市场经济的本质特征。竞争需要自由、平等、公正、诚实信用，没有自由、平等、公正、诚实信用，市场经济就缺乏活力和良好的市场秩序。破坏社会主义市场经济秩序的行为，就是对市场经济中的这种良好的市场秩序的破坏。本类犯罪的客观方面表现为违反国家经济管理法规，破坏国家经济管理活动，侵害社会主义市场经济秩序，严重危害国民经济发展的行为。市场经济是法治经济，规范市场经济秩序的是国家的经济管理法规，内容涉及社会经济的各个方面。行为人违反社会主义市场经济的管理法规，实施破坏社会主义市场经济秩序的行为，将严重危害国民经济的发展。为此，《刑法》设专章规定了破坏社会主义市场经济秩序罪来加以惩治。破坏社会主义市场经济罪客观方面主要表现为《刑法》分则第三章第一节至第八节规定的犯罪行为。本类犯罪的主体是个人或者单位。从我国《刑法》分则的规定看，破坏社会主义市场经济秩序罪的主体大多既可以是个人也可以是单位，部分犯罪还要求个人具有特定的身份，单位从事特定的生产经营。单纯的个人或者单位犯罪，在本章中所占的比例较小。本类犯罪的主观方面是故意或者过失。破坏社会主义市场经济秩序罪，在主观上，大多要求行为人是故意，并且部分犯罪还要求行为人必须出于非法占有的目的或者牟利的目的。只有少部分犯罪，刑法惩罚过失犯罪。

【生产、销售伪劣商品罪】 是指生产者、销售者在商品中掺杂、掺假，以假充真，以次充好，或者以其他方式生产、销售不合格的商品行为。本罪侵害的客体是商品质量管理秩序和消费者的合法权益。本罪的客观方面表现为生产、销售假药、劣药、不符合安全标准的食品、不符合标准的医用器材、不符合安全标准的产品等商品的行为。本罪的主体是伪劣商品的生产者、销售者。本罪的主观方面是故意。根据《刑法》分则第三章第一节的规定，本罪是一个类罪名，其之下包括生产、销售伪劣产品罪，生产、销售、提供假药罪，生产、销售、提供劣药罪，妨害药品管理罪，生产、销售不符合安全标准的食品罪，生产、销售有毒、有害食品罪，生产、销售不符合标准的医用器材罪，生产、销售不符合安全标准的产品罪，生产、销售伪劣农药、兽药、化肥、种子罪和生产、销售不符合卫生标准的化妆品罪等10个具体罪名。

【生产、销售伪劣产品罪】 是指生产者、销售者在产品中掺杂、掺假，以假充真，以次充好，或者以不合格产品冒充合格产品，销售金额在5万元以上的行为。本罪侵犯的客体是国家的产品质量管理秩序和消费者的合法权益。生产者、销售者在产品中掺杂、掺假，以假充真，以次充好或者以不合格产品冒充合格产品的行为，首先是破坏了国家对产品质量的监督管理制度；其次，伪劣产品充斥市场，对同类合格产品形成不正当竞争，损害其他企业的合法权益；最后，产品质量作为衡量商品使用价值的尺度，它的好坏直接关系到用户、消费者的切身利益。在现实生活中，伪劣产品致人死亡、伤残的恶性事件屡有发生，使广大消费者受到身体、精神和经济等方面的多重伤害。本罪的客观方面表现为违反国家产品质量管理法规，在生产、销售的产品中掺杂、掺假，以假充真，以次充好，或者以不合格产品冒充合格产品，销售金额在5万元以上的行为。其中，掺杂、掺假是指在产品中掺入杂质或者异物，致使产品质量不符合国家法律、法规或者产品明示质量标准规定的质量要求，降低、失去应有使用性能的行为，如在面粉中掺滑石粉等。以假充真是指以不具有某种使用性能的产品冒充具有该种使用性能的产品的行为，如以自来水冒充矿泉水、柴油假冒煤油出售等。以次充好是指以低等级、低档次产品冒充高等级、高档次产品，或者以残次、废旧零配件组合、拼装后冒充正品或者新产品的行为，如以二等品冒充一等品，以人工种植的人参冒充天然人参出售等。不合格产品是指不符合《产品质量法》规定的质量要求的产品。销售金额是指生产者、销售者出售伪劣产品后所得和应得的全部违法收入，它既不同于扣除了成本的获利数额，也不完全等同于经营数额，在行为人已将伪劣产品卖掉的情况下，销售金额就是经营数额，但在行为人生产了大量的伪劣产品，由于某种原因而未能卖出，或者刚生产或购进大量的伪劣产品就被工商等部门查获的情况下，则行为人并没有销售金额，但有经营数额，二者反映的社会危害性不尽相同。构成本罪，必须销售金额达到5万元以上。本罪的主体是一般主体，既包括自然人，也包括单位。本罪的主观方面是故意。

《刑法》第一百四十九条第一款规定："生产、销售本节第一百四十一条至第一百四十八条所列产品，不构成各该条规定的犯罪，但是销售金额在五万元以上的，依照本节第一百四十条的规定定罪处罚。"《刑法》第一百四十条规定的犯罪必须具备的一个条件，就是生产、销售伪劣产品销售金额必须达到5万元以上的，才构成该种犯罪；而第一百四十一条至第一百四十八条规定的关于特定种类伪劣产品的犯罪，大都要求把足以造成危害结果或者已经造成危害结果作为构成各该罪的条件。因此，如果生产、销售的是第一百四十一条至第一百四十八条所列的产品，却不具有各该条构成犯罪所要求的可能后果或者已然后果，而销售金额达到了5万元以上的，则应按照第一百四十条的规定以生产、销售伪劣产品罪定罪处罚。

根据《刑法》第一百四十条、第一百五十条的规定，犯本罪，销售金额5万元以上不满20万元的，处二年以下有期徒刑或者拘役，并处或者单处销售金额50%以上2倍以下罚金；销售金额20万元以上不满50万元的，处二年以上七年以下有期徒刑，并处销售金额50%以上2倍以下罚金；销售金额50万元以上不满200万元的，处七年以上有期徒刑，并处销售金额50%以上2倍以下罚金；销售金额200万元以上的，处十五年有期徒刑或者无期徒刑，并处销售金额50%以上2倍以下罚金或者没收财产。单位犯本罪的，对单位判处罚金，并对其直接负责的主管人员和其他直接责任人员，依照上述规定处罚。

【生产、销售、提供假药罪】 是指生产者、销售者生产、销售、提供假药的行为。本罪侵犯的客体是国家对药品的监督管理制度和公民的健康权利。本罪客观方面表现为行为人违反国家药品管理法规，生产、销售、提供假药的行为。"生产"，是指下列行为：（1）合成、精制、提取、储存、加工炮制药品原料的行为；（2）将药品原料、辅料、包装材料制成成品过程中，进行配料、混合、制剂、储存、包装的行为；（3）印制包装材料、标签、说明书的行为。"假药"是指依照药品管理法的规定，属于假药和按假药处理的药品、非药品。按照《药品管理法》第九十八条的规定，具有下列情形之一的，为假药：（1）药品所含成份与国家药品标准规定的成份不符；（2）以非药品冒充药品或者以他种药品冒充此种药品；（3）变质的药品；（4）药品所标明的适应症或者功能主治超出规定范围。本罪的主体是一般主体，包括自然人和单位。本罪的主观方面是故意。

根据《刑法》第一百四十一条、第一百五十条的规定，犯本罪的，处三年以下有期徒刑或者拘役，并处罚金；对人体健康造成严重危害或者有其他严重情节的，处三年以上十年以下有期徒刑，并处罚金；致人死亡或者有其他特别严重情节的，处十年以上有期徒刑、无期徒刑或者死刑，并处罚金或者没收财产。单位犯本罪的，对单位判处罚金，并对其直接负责的主管人员和其他直接责任人员，依照上述规定处罚。

【生产、销售、提供劣药罪】 是指生产、销售、提供劣药，对人体健康造成严重危害的行为。本罪侵犯的客体是国家对药品的管理制度和公民的健康权利。本罪的客观方面表现为违反国家药品管理法规，生产、销售劣药，对人体健康造成严重危害的行为，按照《药品管理法》第九十八条的规定，药品成份的含量不符合国家药品标准的，为劣药。有下列情形之一的药品，按劣药论处：（1）药品成份的含量不符合国家药品标准；（2）被污染的药品；（3）未标明或者更改有效期的药品；（4）未注明或者更改产品批号的药品；（5）超过有效期的药品；（6）擅自添加防腐剂、辅料的药品；（7）其他不符合药品标准的药品。“对人体健康造成严重危害”，是指对人体健康造成下列危害：（1）造成轻伤或者重伤的；（2）造成轻度残疾或者中度残疾的；（3）造成器官组织损伤导致一般功能障碍或者严重功能障碍的；（4）其他对人体健康造成严重危害的情形。本罪的主体是一般主体，包括自然人和单位。本罪的主观方面是故意。

根据《刑法》第一百四十二条、第一百五十条的规定，犯本罪的，处三年以上十年以下有期徒刑，并处罚金；后果特别严重的，处十年以上有期徒刑或者无期徒刑，并处罚金或者没收财产。单位犯本罪的，对单位判处罚金，并对其直接负责的主管人员和其他直接责任人员，依照上述规定处罚。

【妨害药品管理罪】 是指具有违反药品管理法规特定情形，造成足以严重危害人体健康的犯罪。本罪侵犯的客体是药品管理制度和人身健康安全。客观方面表现为违反药品管理法规特定情形，造成足以严重危害人体健康的行为。具体情形包括：（1）生产、销售国务院药品监督管理部门禁止使用的药品；（2）未取得药品相关批准证明文件生产、进口药品或者明知是上述药品而销售的；（3）药品申请注册中提供虚假的证明、数据、资料、样品或者采取其他欺骗手段的；（4）编造生产、检验记录的。上述情形必须造成足以严重危害人体健康的危险。本罪的犯罪主体是一般主体，既可以是自然人，也可以是单位。本罪的主观方面是故意，过失不可能构成本罪。

根据《刑法》第一百四十二条之一规定，犯本罪的，处三年以下有期徒刑或者拘役，并处或者单处罚金；对人体健康造成严重危害或者有其他严重情节的，处三年以上七年以下有期徒刑，并处罚金；同时又构成生产、销售、提供假药罪，生产销售、提供劣药罪或者其他犯罪的，依照处罚较重的规定定罪处罚。

【生产、销售不符合安全标准的食品罪】

是指生产、销售不符合安全标准的食品，足以造成严重食物中毒事故或者其他严重食源性疾病的行为。本罪侵犯的客体是国家对食品安全的管理制度和公民的生命及健康权利。食品是指各种供人食用或者饮用的成品和原料以及按照传统既是食品又是药品的物品，既包括一般食物，也包括食物添加剂、调味品、色素、保鲜剂，还包括油脂和饮料等，但是不包括以治疗为目的的物品。本罪的客观方面表现为违反国家食品安全管理法规，生产、销售不符合安全标准的食品，足以造成严重食物中毒事故或者其他严重食源性疾病的行为。按照《食品安全法》第三十四条的规定，禁止生产经营下列食品、食品添加剂、食品相关产品：(1) 用非食品原料生产的食品或者添加食品添加剂以外的化学物质和其他可能危害人体健康物质的食品，或者用回收食品作为原料生产的食品；(2) 致病性微生物、农药残留、兽药残留、生物毒素、重金属等污染物质以及其他危害人体健康的物质含量超过食品安全标准限量的食品、食品添加剂、食品相关产品；(3) 用超过保质期的食品原料、食品添加剂生产的食品、食品添加剂；(4) 超范围、超限量使用食品添加剂的食品；(5) 营养成分不符合食品安全标准的专供婴幼儿和其他特定人群的主辅食品；(6) 腐败变质、油脂酸败、霉变生虫、污秽不洁、混有异物、掺假掺杂或者感官性状异常的食品、食品添加剂；(7) 病死、毒死或者死因不明的禽、畜、兽、水产动物肉类及其制品；(8) 未按规定进行检疫或者检疫不合格的肉类，或者未经检验或者检验不合格的肉类制品；(9) 被包装材料、容器、运输工具等污染的食品、食品添加剂；(10) 标注虚假生产日期、保质期或者超过保质期的食品、食品添加剂；(11) 无标签的预包装食品、食品添加剂；(12) 国家为防病等特殊需要明令禁止生产经营的食品；(13) 其他不符合法律、法规或者食品安全标准的食品、食品添加剂、食品相关产品。生产、销售不符合安全标准的食品，必须足以造成严重食物中毒事故或者其他严重食源性疾病才构成本罪。食物中毒，是指食用了被有毒有害物质污染的食品或者食用了含有毒有害物质的食品后出现的急性、亚急性疾病。食源性疾病，是指食品中致病因素进入人体引起的感染性、中毒性等疾病。下列情形属于“足以造成严重食物中毒事故或者其他严重食源性疾病”：(1) 含有严重超出标准限量的致病性微生物、农药残留、兽药残留、生物毒素、重金属等污染物质以及其他严重危害人体健康的物质的；(2) 属于病死、死因不明或者检验检疫不合格的畜、禽、兽、水产动物肉类及其制品的；(3) 属于国家为防控疾病等特殊需要明令禁止生产、销售的；(4) 特殊医学用途配方食品、专供婴幼儿的主辅食品营养成分严重不符合食品安全标准的；(5) 其他足以造成严重食物中毒事故或者严重食源性疾病的情形。在食品生产、销售、运输、贮存等过程中，违反食品安全标准，超限量或者超范围滥用食品添加剂，足以造成严重食物中毒事故或者其他严重食源性疾病的，以本罪定罪处罚。在食用农产品种植、养殖、销售、运输、贮存等过程中，违反食品安全标准，超限量或者超范围滥用添加剂、农药、兽药等，足以造成严重食物中毒事故或者其他严重食源性疾病的，以本罪定罪处罚。本罪的主体是一般主体，既包括自然人，也包括单位。本罪的主观方面是故意。

根据《刑法》第一百四十三条、第一百五十条的规定，犯本罪的，处三年以下有期徒刑或者拘役，并处罚金；对人体健康造成严重危害或者有其他严重情节的，处三年以上七年以下有期徒刑，并处罚金；后果特别严重的，处七年以上有期徒刑或者无期徒刑，并处罚金或者没收财产。“对人体健康造成严重危害”是指生产、销售不符合安全标准的食品被食用后：（1）造成轻伤以上伤害的；（2）造成轻度残疾或者中度残疾的；（3）造成器官组织损伤导致一般功能障碍或者严重功能障碍的；（4）造成十人以上严重食物中毒或者其他严重食源性疾病的；（5）其他对人体健康造成严重危害的情形。“后果特别严重”是指生产、销售不符合安全标准的食品被食用后：（1）致人死亡的；（2）造成重度残疾以上的；（3）造成三人以上重伤、中度残疾或者器官组织损伤导致严重功能障碍的；（4）造成十人以上轻伤、五人以上轻度残疾或者器官组织损伤导致一般功能障碍的；（5）造成三十人以上严重食物中毒或者其他严重食源性疾病的；（6）其他特别严重的后果。单位犯本罪的，对单位判处罚金，并对其直接负责的主管人员和其他直接责任人员，依照上述规定处罚。

【生产、销售有毒、有害食品罪】 是指生产者、销售者故意在生产、销售的食品中掺入有毒、有害的非食品原料，或者销售明知掺有有毒、有害的非食品原料的食品的行为。本罪侵犯的客体是国家对食品安全的管理制度和公民的健康权利。本罪的客观方面表现为违反国家食品安全管理法规，在生产、销售的食品中掺入有毒、有害的非食品原料，或者销售明知掺有有毒、有害的非食品原料的食品的行为。具体表现为两种行为：一是行为人在生产、销售的食品中掺入有毒、有害的非食品原料的行为。所谓非食品原料，从营养学的角度看是根本不能食用的原料，如用工业酒精兑制白酒，用污水兑制酱油、用石灰水掺进牛奶、将国家严禁使用的非食用色素加入饮料等等。关于非食品原料是否有毒、有害，要经过有关机关鉴定。二是行为人明知是掺有有毒、有害的非食品原料的食品而予以销售，即行为人虽未实施掺入有毒、有害非食品原料的行为，但他明知是有毒、有害食品仍予以销售。行为人只要具有在生产、销售的食品中掺入有毒、有害的非食品原料或者明知是被掺入了有毒、有害的非食品原料的食品而仍然予以销售的行为，即使没有发生实际的危害结果，也构成犯罪；如果造成了危害结果，则构成生产、销售有毒、有害食品罪的加重结果犯。在食品生产、销售、运输、贮存等过程中，掺入有毒、有害的非食品原料，或者使用有毒、有害的非食品原料加工食品的，在食用农产品种植、养殖、销售、运输、贮存等过程中，使用禁用农药、兽药等禁用物质或者其他有毒、有害物质的，以及在保健食品或者其他食品中非法添加国家禁用药物等有毒、有害物质的，以本罪定罪处罚。本罪的主观方面是故意，过失不构成本罪。本罪的主体是一般主体，既包括自然人，也包括单位。本罪的成立要求行为人必须明知是有毒、有害的非食品原料而故意将其掺入所生产、销售的食品中，或者明知是掺有有毒、有害的非食品原料的食品而故意予以销售。

根据《刑法》第一百四十四条、第一百五十条的规定，犯本罪的，处五年以下有期徒刑，并处罚金；对人体健康造成严重危害或者有其他严重情节的，处五年以上十年以下有期徒刑，并处罚金；致人死亡或者有其他特别严重情节的，处十年以上有期徒刑、无期徒刑或者死刑，并处罚金或者没收财产。单位犯本罪的，对单位判处罚金，并对其直接负责的主管人员和其他直接责任人员，依照上述规定处罚。

【生产、销售不符合标准的医用器材罪】

是指生产不符合保障人体健康的国家标准、行业标准的医疗器械、医用卫生材料，或者销售明知是不符合保障人体健康的国家标准、行业标准的医疗器械、医用卫生材料，对人体健康造成严重危害的行为。本罪侵犯的客体既包括国家对生产、销售医疗器械、医用卫生材料质量的监督管理制度，又包括公民的健康权利。本罪的客观方面表现为生产不符合保障人体健康的国家标准、行业标准的医疗器械、医用卫生材料，或者销售明知是不符合保障人体健康的国家标准、行业标准的医疗器械、医用卫生材料，对人体健康造成严重危害的行为。其中，“医疗器械”，是指专用于治疗人体疾病的机器设备、仪器、用具等，包括诊断设备、治疗设备、辅助设备三大类。“医用卫生材料”，一般是指价格较低、使用时间较短、用于疾病治疗的卫生用品。“国家标准、行业标准”，是指国家卫生主管部门或者医疗器械、医用卫生材料生产行业制定的旨在保障人们使用安全，为危害人体健康的有关质量与卫生标准。没有国家标准、行业标准的医疗器械，注册产品标准可视为“保障人体健康的行业标准”。医疗机构或者个人，知道或者应当知道是不符合保障人体健康的国家标准、行业标准的医疗器械、医用卫生材料而购买、使用，对人体健康造成严重危害的，以销售不符合标准的医用器材罪定罪处罚。本罪的主体是一般主体，包括自然人和单位。本罪的主观方面是故意。

根据《刑法》第一百四十五条、第一百五十条的规定，犯本罪的，处三年以下有期徒刑或者拘役，并处销售金额50%以上2倍以下罚金；对人体健康造成严重危害的，处三年以上十年以下有期徒刑，并处销售金额50%以上2倍以下罚金，后果特别严重的，处十年以上有期徒刑或者无期徒刑，并处销售金额50%以上2倍以下罚金或者没收财产。单位犯本罪的，对单位判处罚金，并对其直接负责的主管人员和其他直接责任人员，依照上述规定处罚。

【生产、销售不符合安全标准的产品罪】

是生产不符合保障人身、财产安全的国家标准、行业标准的电器、压力容器、易燃易爆产品或者其他不符合保障人身、财产安全的国家标准、行业标准的产品，或者销售明知是以上不符合保障人身、财产安全的国家标准、行业标准的产品，造成严重后果的行为。本罪侵犯的客体既包括国家对电器、压力容器、易燃易爆产品以及其他产品质量的监管制度，又包括公民的健康权利。犯罪对象是不符合保障人身、财产安全的国家标准、行业标准的电器、压力容器、易燃易爆产品或者其他产品。电器包括家用电器，如电视机、电冰箱、电热器等各种电讯、电力器材及家电；压力容器是指盛装气体或者液体，承载一定压力的密闭设备，如高压锅、液化气罐、锅炉等；易燃易爆产品，是指容易燃烧和爆炸的物品，如烟花爆竹、雷管、民用炸药等；“其他产品”，是指除上述产品以外的，不符合安全标准的产品。本罪的客观方面表现为违反国家产品质量法规，生产不符合保障人身、财产安全的国家标准、行业标准的电器、压力容器、易燃易爆产品或者其他产品或者销售明知是上述不符合安全标准的产品，造成严重后果的行为。本罪的主体是一般主体，包括自然人和单位。本罪的主观方面是故意。

根据《刑法》第一百四十六条、第一百五十条的规定，犯本罪的，处五年以下有期徒刑，并处销售金额50%以上2倍以下罚金；后果特别严重的，处五年以上有期徒刑，并处销售金额50%以上2倍以下罚金。单位犯本罪的，对单位判处罚金，并对其直接负责的主管人员和其他责任人员，依照上述规定处罚。

【生产、销售伪劣农药、兽药、化肥、种子罪】 是指生产假农药、假兽药、假化肥，销售明知是假的或者失去使用效能的农药、兽药、化肥、种子，或者生产者、销售者以不合格的农药、兽药、化肥、种子冒充合格的农药、兽药、化肥、种子，使生产遭受较大损失的行为。本罪侵犯的客体是国家关于农药、兽药、化肥、种子的管理制度和生产安全。本罪的客观方面表现为生产假农药、假兽药、假化肥，销售明知是假的或者失去使用效能的农药、兽药、化肥、种子，或者生产者、销售者以不合格的农药、兽药、化肥、种子冒充合格的农药、兽药、化肥、种子，使生产遭受较大损失的行为。假农药、假兽药、假化肥，是指以非农药、兽药、化肥冒充真产品，或者产品所含成份的种类、名称等与国家、行业、地方标准不符的。失去使用效能，是指因过期、受潮、变质而丧失了原有功效和使用效能。不合格的农药、兽药、化肥、种子，是指农药、兽药、化肥、种子指标不符合有关标准，因而影响使用效能。本罪是结果犯，行为人生产、销售伪劣农药、兽药、化肥、种子的行为，只有使生产遭受较大损失的，才构成本罪。此处的较大损失，一般是指因使用伪劣农药、兽药、化肥、种子而使农作物歉收、减产或使牲畜死亡，造成较大经济损失的情形。本罪名属于选择性罪名，只要生产、销售了上述四种伪劣产品之一，即可构成本罪。本罪的主体是一般主体，包括自然人和单位。本罪的主观方面是故意。

根据《刑法》第一百四十七条、第一百五十条的规定，犯本罪的，处三年以下有期徒刑或者拘役，并处或者单处销售金额50%以上2倍以下罚金；使生产遭受重大损失的，处三年以上七年以下有期徒刑，并处销售金额50%以上2倍以下罚金；使生产遭受特别重大损失的，处七年以上有期徒刑或者无期徒刑，并处销售金额50%以上2倍以下罚金或者没收财产。单位犯本罪的，对单位判处罚金，并对其直接负责的主管人员和其他直接责任人员，依照上述规定处罚。

【生产、销售不符合卫生标准的化妆品罪】 是指生产不符合卫生标准的化妆品，或者销售明知是不符合卫生标准的化妆品，造成严重后果的行为。本罪侵犯的客体是国家关于化妆品的管理制度和人体健康权利。根据《化妆品监督管理条例》第三条的规定，化妆品是指以涂擦、喷洒或者其他类似方法，施用于皮肤、毛发、指甲、口唇等人体表面，以清洁、保护、美化、修饰为目的的日用化学工业产品。本罪的客观方面表现为生产不符合卫生标准的化妆品，或者销售明知是不符合卫生标准的化妆品，造成严重后果的行为。“不符合卫生标准的化妆品”，是指化妆品未达到《化妆品监督管理条例》和《化妆品卫生标准》等法规规定的化妆品卫生标准。“造成严重后果”，一般是指对人身造成严重伤害，如造成皮肤感染、烧伤、毁容、残疾等严重后果。本罪是结果犯，以造成严重伤害后果为要件，否则不以本罪论。实施本罪规定的行为，对他人人身虽未造成严重后果，但销售金额在5万元以上的，应以生产、销售伪劣产品罪论处。如果构成本罪同时触犯生产、销售伪劣产品罪的，则是法条竞合犯，依照处罚较重的罪名论处。本罪的主体是一般主体，包括自然人和单位。本罪的主观方面是故意。

根据《刑法》第一百四十八条、第一百五十条的规定，犯本罪的，处三年以下有期徒刑或者拘役，并处或者单处销售金额50%以上2倍以下罚金。单位犯本罪的，对单位判处罚金，并对其直接负责的主管人员和其他直接责任人员，依照上述规定处罚。

【走私罪】 是指个人或者单位故意违反海关法规，逃避海关监管，通过各种方式运送违禁品进出口或者运送普通货物、物品进出口，偷逃关税，情节严重的行为。本罪侵犯的客体是国家海关监管秩序，个别犯罪侵犯了国家的海关税收。本罪的客观方面表现为违反海关法规，逃避海关监管，通过各种方式运送违禁品进出口或者运送普通货物、物品进出口，偷逃关税，情节严重的行为。本罪的主体是一般主体，包括自然人和单位。本罪的主观方面是故意。本罪是一个类罪名，其包含的具体罪名有：走私武器、弹药罪，走私核材料罪，走私假币罪，走私文物罪，走私贵重金属罪，走私珍贵动物、珍贵动物制品罪，走私国家禁止进出口的货物、物品罪，走私淫秽物品罪，走私普通货物、物品罪，走私固体废物罪等。

【走私武器、弹药罪】 是指违反海关法规，逃避海关监管，非法携带、运输、邮寄武器、弹药进出国（边）境的行为。本罪侵犯的客体是国家对外贸易管理制度。本罪的客观方面表现为违反海关法规，逃避海关监管，非法携带、运输、邮寄武器、弹药进出国（边）境的行为。所谓逃避海关监管，一般是指在未设海关的边境线上非法运输货物、物品进出境，或者虽然经过海关，但以藏匿、伪装、瞒报等手段，欺骗海关检查人员，偷运、偷带或者偷寄货物、物品过关的行为。武器、弹药，是指具有杀伤力或者破坏力的器械、装置或其他物品。只要行为人具有走私武器、弹药的行为就构成犯罪。其中，走私各种弹药的弹头、弹壳，构成犯罪的，以走私弹药罪定罪处罚；但走私报废或者无法组装并使用的各种弹药的弹头、弹壳，构成犯罪的，以走私普通货物、物品罪定罪处罚。本罪的主体是一般主体，包括自然人和单位。本罪的主观方面是故意。如果行为人受他人之托走私普通货物、物品，但委托人在货物、物品中夹带了武器、弹药，而行为人并不知道的，对其只能以走私普通货物、物品罪定罪处罚而不能认定为走私武器、弹药罪。

根据《刑法》第一百五十一条第一款、第四款的规定，犯本罪的，处七年以上有期徒刑，并处罚金或者没收财产；情节特别严重的，处无期徒刑，并处没收财产；情节较轻的，处三年以上七年以下有期徒刑，并处罚金。单位犯本罪的，对单位判处罚金，并对其直接负责的主管人员和其他直接责任人员，依照上述规定处罚。

【走私核材料罪】 是指违反海关法规，逃避海关监管，非法携带、运输、邮寄核材料进出国（边）境的行为。本罪侵犯的客体是国家对核材料的进出口管理秩序。本罪的客观方面表现为违反海关法规，逃避海关监管，非法携带、运输、邮寄核材料进出国（边）境的行为。所谓核材料，是核燃料、核燃料产物和核聚变材料的通称，根据我国加入的《核材料实物保护公约》的规定，具体包括钚（但钚－238同位素含量超过80%的除外）、铀－233、同位素235或233浓缩铀、非矿石或矿渣形式的含天然存在的同位素混合物的铀以及任何含有上述一种或多种成份的材料。本罪的主体是一般主体，包括自然人和单位。本罪的主观方面是故意。

根据《刑法》第一百五十一条第一款、第四款的规定，犯本罪的，处七年以上有期徒刑，并处罚金或者没收财产；情节特别严重的，处无期徒刑，并处没收财产；情节较轻的，处三年以上七年以下有期徒刑，并处罚金。单位犯本罪的，对单位判处罚金，并对其直接负责的主管人员和其他直接责任人员，依照上述规定处罚。

【走私假币罪】 是指违反海关法规，逃避海关监管，非法携带、运输、邮寄伪造的货币进出国（边）境的行为。本罪侵犯的客体是国家进出口管理秩序。本罪在客观方面表现为违反海关法规，逃避海关监管，非法携带、运输、邮寄伪造的货币进出口国（边）境的行为。假币，是指仿照真货币的图案、形状、面额、颜色和质地制造的假货币，包括伪造的我国国家货币和特别行政区的货币，也包括伪造的其他任何国家和地区的货币。只有非法运输、携带伪造的货币的行为，且行为只发生在境内而没有逃避海关监管进出国（边）境的，不构成本罪；如果数额较大的，应按《刑法》第一百七十一条运输假币罪或第一百七十二条持有假币罪论处。本罪的主体是一般主体，包括自然人和单位。本罪的主观方面是故意。

根据《刑法》第一百五十一条第一款、第四款的规定，犯本罪的，处七年以上有期徒刑，并处罚金或者没收财产；情节特别严重的，处无期徒刑，并处没收财产；情节较轻的，处三年以上七年以下有期徒刑，并处罚金。单位犯本罪的，对单位判处罚金，并对其直接负责的主管人员和其他直接责任人员，依照上述规定处罚。

【走私文物罪】 是指违反海关法规，逃避海关监管，非法携带、运输、邮寄国家禁止出口的文物出国（边）境的行为。根据我国《文物保护法》第二条的规定，文物的范围包括：（1）具有历史、艺术、科学价值的古文化遗址、古墓葬、古建筑、石窟寺和石刻、壁画；（2）与重大历史事件、革命运动或者著名人物有关的以及具有重要纪念意义、教育意义或者史料价值的近代现代重要史迹、实物、代表性建筑；（3）历史上各时代珍贵的艺术品、工艺美术品；（4）历史上各时代重要的文献资料以及具有历史、艺术、科学价值的手稿和图书资料等；（5）反映历史上各时代、各民族社会制度、社会生产、社会生活的代表性实物。具有科学价值的古脊椎动物化石和古人类化石视同文物。只有具有重要历史、艺术、科学价值的文物才能成为国家禁止出口的文物；只有走私国家禁止出口的文物，才能构成本罪。如果走私的物品虽为文物，但不属国家禁止出口的文物，则应按走私普通货物、物品罪定罪处罚。本罪的主体是一般主体，包括自然人和单位。本罪主观方面是故意。

根据《刑法》第一百五十一条第二款、第四款的规定，犯本罪的，处五年以上十年以下有期徒刑，并处罚金；情节特别严重的，处十年以上有期徒刑或者无期徒刑，并处没收财产；情节较轻的，处五年以下有期徒刑，并处罚金。单位犯本罪的，对单位判处罚金，并对其直接负责的主管人员和其他直接责任人员，依照上述规定处罚。

【走私贵重金属罪】 是指违反海关规定，逃避海关监管，非法携带、运输、邮寄国家禁止出口的黄金、白银和其他贵重金属出国（边）境的行为。本罪侵犯的客体是国家进出口管理秩序。犯罪的对象特指贵重金属。贵重金属，是指黄金、白银以及与黄金、白银同等重要的铱、锇、铂、铑、钯、钌等国家禁止出口的贵重金属，并包括贵重金属原料和制造品、工艺品。本罪的客观方面表现为违反海关规定，逃避海关监管，非法携带、运输、邮寄国家禁止出口的黄金、白银和其他贵重金属出国（边）境的行为。非法携带、运输、邮寄上述贵重金属入境的，以走私普通货物、物品罪论处。走私由贵重金属制作的文物，一般按照走私文物罪处理。本罪的主体是一般主体，包括自然人和单位。本罪的主观方面是故意。

根据《刑法》第一百五十一条第二款、第四款的规定，犯本罪的，处五年以上十年以下有期徒刑，并处罚金；情节特别严重的，处十年以上有期徒刑或者无期徒刑，并处没收财产；情节较轻的，处五年以下有期徒刑，并处罚金。单位犯本罪的，对单位判处罚金，并对其直接负责的主管人员和其他直接责任人员，依照上述规定处罚。

【走私珍贵动物、珍贵动物制品罪】 是指违反海关法规，逃避海关监管，非法携带、运输、邮寄国家禁止进出口的珍贵动物及其制品进出国（边）境的行为。本罪侵犯的客体是国家进出口管理秩序。本罪的客观方面表现为违反海关法规，逃避海关监管，非法携带、运输、邮寄国家禁止进出口的珍贵动物及其制品进出国（边）境的行为。珍贵动物，是指国家重点保护的珍贵稀有的陆生、水生野生动物。根据《办理破坏野生动物资源刑事案件司法解释》第一条，珍贵动物包括列入《国家重点保护野生动物名录》中的野生动物和列入《濒危野生动植物国际贸易公约》附录一、附录二中的野生动物。珍贵动物制品，是指列入国家重点保护野生动物的皮、毛、骨等制成品。例如，标本、皮毛、饰品、食品等。违反国家海关法规，实施非法运输、携带或者邮寄上述物品进出境行为之一的，即构成本罪。走私非珍贵动物及其制品的，按走私普通货物、物品罪论处。本罪的主体是一般主体，包括自然人和单位。本罪的主观方面是故意。

根据《刑法》第一百五十一条第二款、第四款的规定，犯本罪的，处五年以上十年以下有期徒刑，并处罚金；情节特别严重的，处十年以上有期徒刑或者无期徒刑，并处没收财产；情节较轻的，处五年以下有期徒刑，并处罚金。单位犯本罪的，对单位判处处罚金，并对其直接负责的主管人员和其他直接责任人员，依照上述规定处罚。

【走私国家禁止进出口的货物、物品罪】 是指违反海关法规，逃避海关监管，非法携带、运输、邮寄国家禁止进出口的珍稀植物及其制品等货物、物品进出国（边）境的行为。本罪侵犯的客体是国家进出口管理秩序。本罪的对象包括珍稀植物、珍稀植物制品以及国家禁止进出口的其他货物、物品。其中，“珍稀植物”，是指国家重点保护的原生的天然生长的珍贵植物和原生的天然生长的并且有重要经济、科学研究、文化价值的濒危、稀有植物。国家重点保护的野生植物分为国家一级保护和二级保护的野生植物。国家重点保护的野生植物名录和国家禁止进出口的珍稀植物名录，由国务院有关主管部门制定公布。珍稀植物的具体种类、名称规定于《禁止进出境物品表》等法规中。植物制品，是指利用珍稀植物加工制作的标本、木材、药材、工艺品等。本罪的客观方面表现为违反海关法规，逃避海关监管，非法携带、运输、邮寄国家进出口的珍稀植物及其制品等货物、物品进出国（边）境的行为。本罪的主体是一般主体，包括自然人和单位。本罪的主观方面是故意。

根据《刑法》第一百五十一条第三款、第四款的规定，犯本罪的，处五年以下有期徒刑或者拘役，并处或者单处罚金；情节严重的，处五年以上有期徒刑，并处罚金。单位犯本罪的，对单位判处罚金，并对其直接负责的主管人员和其他直接责任人员，依照上述规定处罚。

【走私淫秽物品罪】 是指以牟利或者传播为目的，违反海关法规，逃避海关监管，非法运输、携带、邮寄淫秽的影片、录像带、录音带、图片、书刊或者其他淫秽物品进出国（边）境的行为。本罪侵犯的客体是国家进出口管理秩序和对淫秽物品的管理秩序。本罪的客观方面表现为违反海关法规，逃避海关监管，非法运输、携带、邮寄淫秽的影片、录像带、录音带、图片、书刊或者其他淫秽物品进出国（边）境的行为。“淫秽物品”，是指具体描绘性行为或者露骨宣扬色情的淫秽性书刊、影片、录像带、录音带、图片及其他淫秽物品。有关人体生理、医学知识的科学著作不是淫秽物品，包含有色情内容的有艺术价值的文学、艺术作品不视为淫秽物品。走私的物品不属于淫秽物品的，不构成本罪。本罪的主体是一般主体，包括自然人和单位。本罪的主观方面是故意。

根据《刑法》第一百五十二条第一款、第三款的规定，犯本罪的，处三年以上十年以下有期徒刑，并处罚金；情节严重的，处十年以上有期徒刑或者无期徒刑，并处罚金或者没收财产；情节较轻的，处三年以下有期徒刑、拘役或者管制，并处罚金。单位犯本罪的，对单位判处罚金，并对其直接负责的主管人员和其他直接责任人员，依照上述规定处罚。

【走私废物罪】 是指逃避海关监管将境外固体废物、液态废物和气态废物运输进境，情节严重的行为。本罪侵犯的客体是国家进出口管理秩序。本罪的客观方面表现为违反逃避海关监管，将境外固体废物、液态废物和气态废物运输进境，情节严重的行为。其中，“境外废物”范围包括：在生产建设、日常生活和活动中产生的污染环境的固态、液态、气态废弃物质；在工业、交通等生产活动中产生的固态、液态、气态废物；在城市日常生活提供服务的活动中产生的固态、液态、气态废物（即城市生活垃圾）；列入国家危险废物名目或者根据国家规定的危险废物鉴别标准和鉴别方法认定为具有危险特性的废物。固态、液态、气态废物中，有的为有害废物，国家予以严格禁止进口；有的虽可用作原料加工再利用，但国家也予以限制进口。盲目进口固态、液态、气态废物，必然危害我国环境、危害人民健康。即使是进出口固态、液态、气态废物用作原料的，也必须经国务院有关主管部门许可和申报海关检查。本罪的主体是一般主体，包括自然人和单位。本罪的主观方面是故意。

根据《刑法》第一百五十二条第二款、第三款的规定，犯本罪的，处五年以下有期徒刑，并处或者单处罚金；情节特别严重的，处五年以上有期徒刑，并处罚金。单位犯本罪的，对单位判处罚金，并对其直接负责的主管人员和其他直接责任人员，依照上述规定处罚。

【走私普通货物、物品罪】 是指违反海关法规，逃避海关监管，非法运输、携带、邮寄普通货物、物品进出国（边）境，偷逃应缴税额较大或者一年内曾因走私被二次行政处罚后又走私的行为。本罪侵犯的客体是国家对外贸易管理制度和国家关税税收制度。本罪的客观方面表现为违反海关法规，逃避海关监管，非法运输、携带、邮寄普通货物、物品进出国（边）境，偷逃应缴数额较大或者一年内曾因走私被二次行政处罚后又走私的行为。根据刑法以及海关法的有关规定，走私行为主要有以下几种形式：(1) 未经国务院或者国务院授权的机关批准，从未设立海关的地点运输、携带国家禁止进出境的物品、国家限制进出口或者依法应当缴纳关税的货物、物品进出国（边）境的；(2) 经过设立海关的地点，以隐匿、伪装、瞒报、伪报或者其他手段逃避海关监管，运输、携带、邮寄国家禁止进出境的物品、国家限制进出口或者依法应当缴纳关税的货物、物品进出国（边）境的；(3) 直接向走私人非法收购国家禁止进口物品的，或者直接向走私人非法收购走私进口的其他货物、物品，数额较大的。直接向走私人非法收购国家禁止进口物品（如伪造的货币、淫秽物品、毒品等）的，收购行为一经实施，就构成犯罪，并没有数额上的要求；而直接向走私人非法收购走私进口的其他货物、物品，必须达到数额较大的程度才能构成犯罪。需要注意的是，直接向走私人非法收购上述货物、物品，还必须明知上述货物、物品是走私人走私进口的，如果确实不知道是走私进口的货物、物品而购买的，不能构成此罪；(4) 在内海、领海、界河、界湖运输、收购、贩卖国家禁止进出口的物品的，或者运输、收购、贩卖国家限制进出口的货物、物品，数额较大，没有合法证明的。在内海、领海、界河、界湖运输、收购、贩卖国家禁止进出口的物品，如武器、弹药、伪造的货币、淫秽物品、毒品等，只要没有合法证明，不论数额大小都以走私论处；在内海、领海、界河、界湖运输、收购、贩卖国家限制进出口的货物、物品，如香烟、酒类、贵重中药材等，除了没有合法证明，还必须达到数额较大的程度，才能以走私论处。没有合法证明是指行为人在内海、领海、界河、界湖运输、收购、贩卖国家禁止或者限制进出口的物品而没有国家指定的机关出具的必要证明。上述四种走私行为均可成为本罪的行为方式。构成本罪的对象必须是除下列物品之外的普通货物、物品：武器、弹药、核材料，伪造的货币，禁止出口的文物、贵重金属，禁止进出口的珍贵动物及其制品、珍稀植物及其制品等货物、物品，淫秽物品，境外废物，毒品。对于走私武器、弹药、核材料、伪造的货币、文物、贵重金属、珍贵动物及其制品、珍稀植物及其制品、淫秽物品、境外废物以及毒品等特定的货物、物品的，应依照《刑法》的特别规定定罪处罚。本罪的主体是一般主体，既包括自然人，也包括单位。本罪的主观方面是故意。

根据《刑法》第一百五十四条的规定，下列行为按照走私普通货物、物品罪定罪处罚：第一，未经海关许可并且未补缴应缴税额，擅自将批准进口的来料加工、来件装配、补偿贸易的原材料、零件、制成品、设备等保税货物，在境内销售牟利的。所谓保税货物，是指经海关批准，未办理纳税手续进境，在境内储存、加工、装配后应予复运出境的货物。保税货物包括通过加工贸易、补偿贸易等方式进口的货物，以及在保税仓库、保税工厂、保税区或者免税商店内等储存、加工、寄售的货物。按照国际贸易惯例，保税货物必须在一国境内储存、加工、装配后再复运出境，如果确实需要在该国境内销售上述货物，则必须报海关许可并补缴应当缴纳的海关关税和工商税，否则，偷逃进口关税的行为实际就是一种变相的走私行为。第二，未经海关许可并且未补缴应缴税额，擅自将特定减税、免税进口的货物、物品，在境内销售牟利的。所谓特定减税、免税进口的货物、物品是指经海关许可进口并酌情减征、免征关税的下列货物、物品：（1）经济特区等特定地区进口的货物；（2）中外合资企业、中外合作企业、外资企业等特定企业进口的货物；（3）有特定用途的进口货物、物品；（4）用于公益事业的境外捐赠物品。凡是特定减税、免税进口的货物、物品，都只能用于特定地区、特定企业、特定用途，不得转为他用。如果确实需要在境内销售上述货物、物品，必须报经海关许可并补缴应当缴纳的海关关税和工商税，否则也属于偷逃进口关税的行为，是一种实质上的走私行为。

根据《刑法》第一百五十六条、第一百五十七条的规定，与走私罪犯事前通谋，为其提供贷款、资金、帐号、发票、证明，或者为其提供运输、保管、邮寄或者其他方便的行为，是走私罪共犯。对走私罪的共犯应根据具体情况的不同，分别按照第一百五十一条至第一百五十三条的规定处罚。武装掩护走私的，应当依照《刑法》第一百五十一条第一款的规定（即走私武器、弹药罪、走私核材料罪、走私假币罪的处罚）从重处罚。对以暴力、威胁方法抗拒缉私的行为，以走私罪和阻碍国家机关工作人员依法执行职务罪（即妨害公务罪），依照数罪并罚的规定处罚。

根据《刑法》第一百五十三条的规定，犯本罪的，根据情节轻重，分别依照下列规定处罚：走私货物、物品偷逃应缴税额较大或者一年内曾因走私被给予二次行政处罚后又走私的，处三年以下有期徒刑或者拘役，并处偷逃应缴税额1倍以上5倍以下罚金；走私货物、物品偷逃应缴税额巨大或者有其他严重情节的，处三年以上十年以下有期徒刑，并处偷逃应缴税额1倍以上5倍以下罚金；走私货物、物品偷逃应缴税额特别巨大或者有其他特别严重情节的，处十年以上有期徒刑或者无期徒刑，并处偷逃应缴税额1倍以上5倍以下罚金或者没收财产。单位犯本罪的，对单位判处罚金，并对其直接负责的主管人员和其他直接责任人员，处三年以下有期徒刑或者拘役；情节严重的，处三年以上十年以下有期徒刑；情节特别严重的，处十年以上有期徒刑。

【妨害对公司、企业的管理秩序罪】 是指违反公司、企业管理法规，在公司、企业的设立、经营、清算过程中妨害公司、企业的管理秩序并被刑法规定为犯罪的行为。本罪侵犯的客体是公司、企业的管理秩序。本罪的客观方面表现为违反公司、企业管理法规，在公司、企业的设立、经营、清算过程中妨害公司、企业的管理秩序并被刑法规定为犯罪的行为。本罪的主体是自然人，个别犯罪也可以由单位构成。本罪的主观方面是故意，个别犯罪，如签订、履行合同失职被骗罪属于过失犯罪。根据《刑法》分则第三章第三节的规定，本罪是一个类罪，具体犯罪包括虚报注册资本罪，虚假出资、抽逃出资罪，欺诈发行股票、债券罪，违规披露、不披露重要信息罪，妨害清算罪、隐匿、故意销毁会计凭证、会计账簿、财务会计报告罪，虚假破产罪，非国家工作人员受贿罪，对非国家工作人员行贿罪，对外国公职人员、国际公共组织官员行贿罪，非法经营同类营业罪，为亲友非法牟利罪，签订、履行合同失职被骗罪，国有公司、企业、事业单位人员失职罪，国有公司、企业、事业单位人员滥用职权罪，徇私舞弊低价折股、出售国有资产罪，背信损害上市公司利益罪。

【虚报注册资本罪】 是指申请公司登记使用虚假证明文件或者采取其他欺诈手段虚报注册资本，欺骗公司登记主管部门，取得公司登记，虚报注册资本数额巨大、后果严重或者有其他严重情节的行为。本罪侵犯的客体是国家对依法实行注册资本实缴登记制的公司的登记管理制度。根据全国人民代表大会常务委员会的立法解释，本罪只适用于依法实行注册资本实缴登记制的公司。本罪的客观方面表现为行为人使用虚假证明文件或者采用其他欺诈手段，虚报注册资本，欺骗公司登记主管部门取得公司登记，虚报注册资本数额巨大、后果严重或者有其他严重情节的行为。本罪的主体是特殊主体，即实行注册资本实缴登记制的公司登记的申请人，包括自然人和单位。本罪的主观方面是故意。

根据《刑法》第一百五十八条的规定，犯本罪的，处三年以下有期徒刑或拘役，并处或者单处虚报注册资本金额1%以上5%以下罚金。单位犯本罪的，对单位判处罚金，并对其直接负责的主管人员或者其他直接责任人员，处三年以下有期徒刑或者拘役。

【虚假出资、抽逃出资罪】 是指公司发起人、股东违反公司法的规定，未交付货币、实物或者未转移财产权，虚假出资，或者在公司成立后又抽逃其出资，数额巨大、后果严重或者有其他严重情节的行为。本罪侵犯的客体是国家对依法实行注册资本实缴登记制的公司注册资本的管理制度。根据全国人民代表大会常务委员会的立法解释，本罪只适用于依法实行注册资本实缴登记制的公司。本罪的客观方面表现为公司发起人、股东违反公司法的规定，未交付货币、实物或者未转移财产、虚假出资，或者在公司成立后又抽逃其出资，数额巨大、后果严重或者有其他严重情节的行为。本罪的主体是特殊主体，即实行注册资本实缴登记制的公司发起人和股东，包括自然人和单位。本罪的主观方面是故意。

根据《刑法》第一百五十九条的规定，犯本罪的，处五年以下有期徒刑或拘役，并处或者单处虚假出资金额或者抽逃出资金额2%以上10%以下罚金；单位犯本罪的，对单位判处罚金，并对其直责负责的主管人员和其他直接责任人员，处五年以下有期徒刑或者拘役。

【欺诈发行证券罪】 是指在招股说明书、认股书、公司、企业债券募集办法等发行文件中隐瞒重要事实或者编造重大虚假内容，发行股票或者公司、企业债券、存托凭证或者国务院依法认定的其他证券，数额巨大、后果严重或者有其他严重情节的行为。本罪侵犯的客体是国家对股票、债券等其他证券的发行制度。其中，股票，是指股份有限公司签发的证明股东按其所持股份享有权利和承担义务的凭证。公司、企业债券，是指公司、企业按照法定程序发行的，约定在一定期限还本付息的有价证券。本罪的客观方面表现为在招股说明书、认股书、公司、企业债券募集办法等发行文件中隐瞒重要事实或者编造重大虚假内容，发行股票或者公司、企业债券，数额巨大、后果严重或者有其他严重情节的行为。其中在招股说明书、认股书、公司、企业债券募集办法等发行文件中隐瞒重要事实或者编造虚假内容是指违反公司法及其有关法律、法规规定，制作的招股说明书、认股书、公司、企业债券募集办法等发行文件的内容全部都是虚构的，或者对其中重要的事项和部分内容作虚假的陈述或记载，或者对某些重要事实进行夸大或者隐瞒，或者故意遗漏有关的重要事项等。例如，虚构发起人认购股份数额；故意夸大公司、企业生产经营利润及公司、企业净资产额；对所筹资金的使用提出虚假的计划和虚假的经营生产项目；故意隐瞒公司、企业所负债务和正在进行的重大诉讼；故意遗漏公司、企业制订的重要合同等。发行股票或者公司、企业债券、存托凭证或其他证券是指实际已经发行了股票或者公司、企业债券等。如果制作了虚假的招股说明书、认股书、公司、企业债券募集办法，但未向社会发行，或者还未来得及发行就被阻止，未实施向社会发行股票或公司、企业债券的行为，不构成犯罪。实施上述行为，必须数额巨大、后果严重或者有其他严重情节，才构成犯罪。如果数额不大，且无其他严重后果或严重情节，虽然违法，但不构成犯罪。本罪的主体是一般主体，包括自然人和单位。本罪的主观方面是故意。

根据《刑法》第一百六十条的规定，犯本罪的，处五年以下有期徒刑或者拘役，并处或者单处罚金。控股股东、实际控制人组织、指使实施的，处五年以下有期徒刑或者拘役，并处罚金。数额特别巨大、后果特别严重或者有其他特别严重情节的，处五年以上有期徒刑，并处罚金。单位犯本罪的，对单位判处罚金，并对其直接负责的主管人员和其他直接责任人员，依照上述规定处罚。

【违规披露、不披露重要信息罪】 是指依法负有信息披露义务的公司、企业向股东和社会公众提供虚假的或者隐瞒重要事实的财务会计报告，或者对依法应当披露的其他重要信息不按照规定披露，严重损害股东或者其他人利益，或者有其他严重情节的行为。本罪侵犯的客体既包括国家对公司的财务管理制度，又包括股东和其他人的利益。本罪的客观方面表现为依法负有信息披露义务的公司、企业向股东和社会公众提供虚假的

或者隐瞒重要事实的财务会计报告，或者对依法应当披露的其他重要信息不按照规定披露，严重损害股东或者其他人利益，或者有其他严重情节的行为。本罪侵犯的客体既包括国家对公司的财务管理制度，又包括股东和其他人的利益。本罪的客观方面表现为依法负有信息披露义务的公司、企业向股东和社会公众提供虚假的或者隐瞒重要事实的财务会计报告，或者对依法应当披露的其他重要信息不按照规定披露，严重损害股东或者其他人利益，或者有其他严重情节的行为。其中，财务会计报告包括资产负债表、损益表、财务状况变动表、财务情况说明书、利润分配表等。虚假的或者隐瞒重要事实的财务会计报告，是指行为人对财务会计报告的重要事实进行虚构或者隐瞒。本罪的主体是特殊主体，即负有信息披露义务的公司、企业。本罪的主观方面是故意。

根据《刑法》第一百六十一条的规定，犯本罪的，对公司、企业中直接负责的主管人员和其他直接责任人员，处五年以下有期徒刑或者拘役，并处或者单处罚金。情节特别严重的，处五年以上十年以下有期徒刑，并处罚金。公司、企业的股东、实际控制人实施或者组织、指使实施前款行为的，或者隐瞒相关事项导致前款情形发生的，按照前述规定处罚。股东、实际控制人是单位的，对单位判处罚金，并对其直接负责的主管人员和其他直接责任人员，依前述规定处罚。

【妨害清算罪】 是指公司、企业进行清算时，隐匿财产，对资产负债表或者财产清单作虚伪记载或者在未清偿债务前分配公司、企业财产，严重损害债权人或者其他人利益的行为。本罪侵犯的客体是公司、企业的清算制度。本罪的客观方面表现为公司、企业在进行清算时，隐匿财产，对资产负债表或者财产清单作虚伪记载或者在未清偿债务前分配公司、企业财产，严重损害债权人或者其他人利益的行为。其中，隐匿财产是指转移、隐藏公司的动产或不动产。对资产负债表或者财产清单作虚伪记载是指不真实地记载财务报表和文件，通常是少列资产和财产总额，多列负债总额。在未清偿债务前分配公司财产，是指违反公司法规定的分配财产的顺序，在未清偿法定的各项债务之前就私分财产。构成本罪必须达到严重损害债权人或者其他人利益的程度。本罪的主体是特殊主体，即正在进行清算的公司、企业。本罪的主观方面是故意。

根据《刑法》第一百六十二条的规定，犯本罪的，实行单罚制，即对公司、企业中直接负责的主管人员和其他直接责任人员，处五年以下有期徒刑或者拘役，并处或者单处2万元以上20万元以下罚金。

【隐匿、故意销毁会计凭证、会计账簿、财务会计报告罪】 是指隐匿或者故意销毁依法应当保存的会计凭证、会计账簿、财务会计报告，情节严重的行为。本罪侵犯的客体是会计凭证、会计账簿、财务会计报告保管制度。其中，会计凭证是指会计核算中用以记录经济业务，明确经济责任并作为记账依据的书面证明，包括原始凭证和记账凭证；会计账簿是指全面、连续、系统地记录并反映会计要素变动和经营过程及其结果的重要工具；财务会计报告是指提供企业财务状况、经营状况及其他相关信息，并予以分析说明的书面报告，包括正规格式的会计报表和无正规格式的财务情况说明书等。会计凭证、会计账簿和财务会计报告都是记录反映企业财务状况的重要资料。对会计凭证、会计账簿、财务会计报告进行隐匿或者销毁，构成了对国家会计管理制度的侵害。本罪的主体是一般主体，包括自然人和单位。本罪在客观方面表现为隐匿或者故意销毁依法应当保存的会计凭证、会计账簿、财务会计报告，情节严重的行为。隐匿或者故意销毁依法应当保存的会计凭证、会计账簿、财务会计报告，具有下列情形之一的，属于情节严重：（1）隐匿、故意销毁的会计凭证、会计账簿、财务会计报告涉及金额在 50 万元以上的；（2）依法应当向司法机关、行政机关、有关主管部门等提供而隐匿、故意销毁或者拒不交出会计凭证、会计账簿、财务会计报告的；（3）其他情节严重的情形。本罪的主观方面是故意。

根据《刑法》第一百六十二条之一的规定，犯本罪的，处五年以下有期徒刑或者拘役，并处或者单处 2 万元以上 20 万元以下罚金。单位犯本罪的，对单位判处罚金，并对其直接负责的主管人员和其他直接责任人员，依照上述规定处罚。

【虚假破产罪】 是指公司、企业通过隐匿财产、承担虚构的债务或者以其他方法转移、处分财产，实施虚假破产，严重损害债权人或者其他人利益的行为。本罪侵犯的客体是公司、企业的破产制度和债权人等他人利益。本罪的客观方面表现为公司、企业通过隐匿财产、承担虚构的债务或者以其他方法转移、处分财产，实施虚假破产，严重损害债权人或者其他人利益的行为。其中，隐匿财产，是指行为人将财产转移到他处不被他人所知悉，如将重要生产资料悄悄地转移到朋友的仓库等。承担虚构的债务，是指本身不是债务人或者没有债务，但虚构并不存在的债务，以损害债权人或者其他人利益的行为，如谎报曾向他人借款等。以其他方法转移、处分财产，是指除上述手段外，所采取的转移、处分其拥有所有权或者处分权的标的物的行为，如将重要设备以不合理的低价卖给他人等。本罪的主体是特殊主体，仅限于公司、企业，包括国有公司、企业，私营公司、企业，中外合资企业，中外合作经营企业以及外商独资企业。本罪的主观方面是故意。

根据《刑法》第一百六十二条之二的规定，犯本罪的，实行单罚制，即对公司、企业中直接负责的主管人员和其他直接责任人员，处五年以下有期徒刑或者拘役，并处或者单处 2 万元以上 20 万元以下罚金。

【非国家工作人员受贿罪】 是指公司、企业或者其他单位的工作人员利用职务上的便利，索取他人财物或者非法收受他人财物，为他人谋取利益，数额较大的行为。本罪侵犯的客体是公司、企业或者其他单位的正常管理秩序和职务的廉洁性。本罪的对象是财物。从表现形态上看，财物的范围主要包括货币资产、物质财产和其他财产性利益。非财产性利益不能成为本罪的对象。根据《刑法》第一百六十三条第二款的规定，公司、企业或者其他单位的工作人员在经济往来中，利用职务上的便利，违反国家规定，收受各种名义的回扣、手续费，归个人所有的，也构成非国家工作人员受贿罪，故回扣、手续费也是本罪的犯罪对象。本罪的客观方面表现为利用职务上的便利，索取他人财物或者非法收受他人财物，为他人谋取利益，数额较大的行为。对本罪客观方面需要把握如下四个方面的要素：（1）行为人必须利用了职务上的便利。利用职务上的便利，是指公司、企业或者其他单位的工作人员利用自己主管、经管或者参与公司、企业或者其他单位某项业务的便利条件。如果行为人没有利用职务上的便利而收受他人钱财的，则不能构成本罪；（2）行为人必须实施了索取他人财物或者非法收受他人财物，为他人谋取利益的行为。索取他人财物是指利用职务上的便利，乘为请托人办事之机，以公开或者暗示的方式，主动向请托人索要财物。收受他人财物是指利用职务上的便利，乘为请托人办事之机，接受他人主动送予的财物；（3）行为人索取或者非法收受他人财物后还必须为他人谋取利益。所谓为他人谋取利益，包括为他人谋取合法利益，也包括为他人谋取非法利益。只要行为人承诺、着手或者完成了为他人谋利的行为，不论是否已经实际为他人谋取了利益，均可认定为具备了为他人谋取利益的要件。（4）行为人实施上述索取或者非法收受贿赂行为，还必须达到数额较大，才能构成犯罪。本罪的主体是特殊主体，即公司、企业或者其他单位的工作人员，但只能是不具有国家工作人员身份的人员。本罪的主观方面是故意。

根据《刑法》第一百六十三条的规定，犯本罪的，处三年以下有期徒刑或者拘役，并处罚金；数额巨大或者有其他严重情节的，处三年以上十年以下有期徒刑，并处罚金；数额特别巨大或者有其他特别严重情节的，处十年以上有期徒刑或者无期徒刑，并处罚金。

【对非国家工作人员行贿罪】 是指为谋取不正当利益，给予公司、企业或者其他单位的工作人员以财物，数额较大的行为。本罪侵犯的客体是国家对公司、企业或者其他单位的正常管理秩序和工作人员职务的廉洁性。本罪的客观方面表现为行为人给予公司、企业或者其他单位工作人员以财物，数额较大的行为。给予财物，既包括行为人主动给予公司、企业或者其他单位工作人员财物，也包括应公司、企业或者其他单位工作人员的明示或者暗示而被动给予财物。构成本罪，还必须是行贿“数额较大”的行为。本罪的主体是一般主体，既包括自然人，也包括单位。本罪的主观方面是故意，而且具有谋取不正当利益的目的。根据《办理商业贿赂刑事案件意见》第九条的规定，“谋取不正当利益”，是指行贿人谋取违反法律、法规、规章或者政策规定的利益，或者要求对方违反法律、法规、规章、政策、行业规范的规定提供帮助或者方便条件。在招标投标、政府采购等商业活动中，违背公平原则，给予相关人员财物以谋取竞争优势的，也属于“谋取不正当利益”。

根据《刑法》第一百六十四条的规定，犯本罪的，处三年以下有期徒刑或者拘役，并处罚金；数额巨大的，处三年以上十年以下有期徒刑，并处罚金。单位犯本罪的，对单位判处罚金，并对其直接负责的主管人员和其他直接责任人员，依照上述规定处罚。行贿人在被追诉前主动交待行贿行为的，可以减轻处罚或者免除处罚。

【对外国公职人员、国际公共组织官员行贿罪】 是指为谋取不正当商业利益，给予外国公职人员或者国际公共组织官员以财物，数额较大的行为。本罪侵犯的客体是外国公职人员、国际公共组织官员职务的廉洁性。本罪的客观方面表现为给予外国公职人员或者国际公共组织官员以财物，数额较大的行为。根据《联合国反腐败公约》第2条第2项、第3项规定，“外国公职人员”，是指外国无论是经任命还是经选举而担任立法、行政、行政管理或者司法职务的任何人员，以及为外国，包括为公共机构或者公营企业行使公共职能的任何人员。“国际公共组织官员”，是指国际公务员或者经此种组织授权代表该组织行事的任何人员。国际公共组织官员主要包括两类：一是受国际组织聘用的国际公务员；二是虽没有受国际组织聘用，但受国际组织授权代表该组织行事的人员。本罪的主体是一般主体，包括自然人和单位。本罪的主观方面是故意。本罪的成立要求行贿人主观上具有谋取不正当商业利益的动机，不具有此种动机的不构成本罪。

根据《刑法》第一百六十四条第二款的规定，犯本罪的，处三年以下有期徒刑或者拘役，并处罚金；数额巨大的，处三年以上十年以下有期徒刑，并处罚金。单位犯本罪的，对单位判处罚金，并对其直接负责的主管人员和其他直接责任人员，依照上述规定处罚。

【非法经营同类营业罪】 是指公司、企业的董事、监事、高级管理人员利用职务便利，自己经营或者为他人经营与其所任职公司、企业同类的营业，获取非法利益，数额巨大的行为。本罪侵犯的客体是公司、企业的管理秩序与经济利益。本罪的客观方面表现为利用职务便利，自己经营或者为他人经营与其所任职公司、企业同类的营业，获取非法利益，数额巨大的行为。它必须具备三个要件：（1）必须利用职务便利，即利用自己在公司、企业任董事、监事、高级管理人员之职掌管材料、物资、销售计划、人事等工作的便利条件。（2）必须有非法经营同类营业的活动，包括自己经营和为他人经营。自己经营，主要是指以私人名义另行注册公司或者以亲友名义注册公司，或者在他人经办的公司、企业中入股进行经营的行为。经营与其所任职公司、企业同类的营业，是指从事与其任职的公司、企业同种类的业务。（3）必须是获取非法利益，达到数额巨大的程度。本罪的主体是特殊主体，即公司、企业的董事、监事、高级管理人员。其中，这里的“高级管理人员”的范围，应以《公司法》第二百六十五条的规定为依据。本罪的主观方面是故意。

根据《刑法》第一百六十五条的规定，犯本罪的，处三年以下有期徒刑或者拘役，并处或者单处罚金；数额特别巨大的，处三年以上七年以下有期徒刑，并处罚金。

【为亲友非法牟利罪】 是指公司、企业、事业单位的工作人员，利用职务便利，违背任务，非法为亲友牟利，致使国家利益遭受重大损失的行为。本罪侵犯的客体是公司、企业、事业单位的管理制度和经济利益。本罪的客观方面表现为利用职务便利，为亲友非法牟利，致使国家利益遭受重大损失的行为。为亲友非法牟利是指具有下述三种情形之一：（1）将本单位的盈利业务交由自己的亲友进行经营的；（2）以明显高于市场的价格向自己的亲友经营管理的单位采购商品、接受服务或者以明显低于市场的价格向自己的亲友经营管理的单位销售商品、提供服务的；（3）向自己的亲友经营管理的单位采购、接受不合格商品、服务的。行为人除了要具有上述三种情形之一外，还必须是为亲友非法牟利使国家、公司、企业遭受重大损失的，才能构成本罪。本罪的主观方面是故意。

根据《刑法》第一百六十六条的规定，犯本罪的，处三年以下有期徒刑或者拘役；致使国家利益遭受特别重大损失的，处三年以上七年以下有期徒刑，并处罚金。

【签订、履行合同失职被骗罪】 是指国有公司、企业、事业单位直接负责的主管人员，在签订、履行合同过程中，因严重不负责任而被诈骗，致使国家利益遭受重大损失的行为。本罪侵犯的客体是国有公司、企业、事业单位的正常活动秩序和经济利益。本罪的客观方面表现为在签订、履行合同过程中，因严重不负责任而被诈骗，致使国家利益遭受重大损失的行为。具体体现为三个要件：(1) 行为必须发生在签订、履行合同的过程中；(2) 行为主体必须因严重不负责任被诈骗，即由于没有履行合同法规定的或惯例上所应遵循的最起码的责任而被骗，如行为人盲目轻信对方，不认真审查对方的合同主体资格、资信情况、履约能力、货源、合同标的的数量、质量等情况；(3) 必须使国家利益遭受重大损失，包括：造成巨额财产被骗走；受骗付款后，对方根本不能供货，造成企业停产；因受骗使公司、企业资不抵债，濒临破产；其他使国有公司、企业、事业单位的生产经营、科研活动受到严重影响的后果等。本罪的主体是特殊主体，即国有公司、企业、事业单位直接负责的主管人员。本罪的主观方面是过失。如果行为人是与对方当事人恶意串通，合伙诈骗国有公司、企业、事业单位的财产，则构成的是诈骗的共同犯罪而不是本罪。

根据《刑法》第一百六十七条的规定，犯本罪的，处三年以下有期徒刑或者拘役；致使国家利益遭受特别重大损失的，处三年以上七年以下有期徒刑。

【国有公司、企业、事业单位人员失职罪】 是指国有公司、企业的工作人员，由于严重不负责任，造成国有公司、企业破产或者严重损失，致使国家利益遭受重大损失的行为。本罪侵犯的客体是国有公司、企业、事业单位的正常活动秩序和经济利益。本罪在客观方面表现为国有公司、企业的工作人员，由于严重不负责任，造成国有公司、企业破产或者严重损失，致使国家利益遭受重大损失，或者国有事业单位的工作人员由于严重不负责任，致使国家利益遭受重大损失的行为。其中严重不负责任是指行为人不履行或者不正确履行其职责，致使国家利益遭受重大损失的行为。职责，是指法律、法规、规章对公司、企业、事业单位的工作人员给予明确规定的职责。破产，是指债务人资不抵债、无力清偿到期债务，人民法院根据债权人或者债务人的申请，由法定机构清算债务人的全部财产，将债务人的破产财产依法分配给债权人的特定程序。行为人的失职行为只有致使国家利益遭受重大损失才能构成本罪。本罪的主体是特殊主体，即国有公司、企业、事业单位的工作人员。非国有公司、企业或者其他单位的工作人员不能构成本罪。本罪的主观方面是过失。

根据《刑法》第一百六十八条的规定，犯本罪的，处三年以下有期徒刑或者拘役；致使国家利益遭受特别重大损失的，处三年以上七年以下有期徒刑。国有公司、企业、事业单位的工作人员，徇私舞弊犯本罪的，从重处罚。

【国有公司、企业、事业单位人员滥用职

权罪】 是指国有公司、企业的工作人员，由于滥用职权，造成国有公司、企业破产或者严重损失，致使国家利益遭受重大损失的行为。本罪侵犯的客体是国有公司、企业、事业单位的正常活动和经济利益。本罪的客观方面表现为国有公司、企业的工作人员滥用职权，造成国有公司、企业破产或者严重损失，致使国家利益遭受重大损失，或者国有事业单位的工作人员滥用职权，致使国家利益遭受重大损失的行为。滥用职权，是指超越职权，违法决定、处理其无权决定、处理的事项，或者违反行使职权所应遵守的程序。滥用职权的行为必须造成国有公司、企业破产或者国有公司、企业、事业单位严重损失，致使国家利益遭受重大损失，且破产或者损失结果的发生与滥用职权的行为之间必须具有因果关系才能构成本罪。本罪的主体是特殊主体，即国有公司、企业、事业单位的工作人员。本罪的主观方面是过失，这里的过失是针对国家利益遭受重大损失的结果而言的，行为人滥用职权的行为则一般是故意的。

根据《刑法》第一百六十八条的规定，犯本罪的，处三年以下有期徒刑或者拘役；致使国家利益遭受特别重大损失的，处三年以上七年以下有期徒刑。国有公司、企业、事业单位的工作人员，徇私舞弊犯本罪的，从重处罚。

【徇私舞弊低价折股、出售公司、企业资产罪】

是指公司、企业或者其上级主管部门直接负责的主管人员，徇私舞弊，将资产低价折股或者低价出售，致使国家利益或者公司、企业利益遭受重大损失的行为。本罪侵犯的客体是公司、企业资产的管理秩序和经济利益。本罪的客观方面表现为徇私舞弊，将公司、企业资产低价折股或者低价出售，致使公司、企业利益遭受重大损失的行为。徇私舞弊，是指行为人徇个人私情、私利，置公司、企业利益于不顾的行为。低价折股或者低价出售，主要是指对公司、企业资产不进行财产评估或者虽然进行了财产评估，但背离所评估资产的价值，低价折股或者低价出售的行为。徇私舞弊低价折股或者低价出售，如果犯罪主体是国有公司、企业或者其上级主管部门直接负责的主管人员，以致使国家利益遭受重大损失为条件；如果犯罪主体是其他公司、企业直接负责人主管人员，以致使公司、企业利益遭受重大损失为条件。

根据《刑法》第一百六十九条的规定，犯本罪的，处三年以下有期徒刑或者拘役；致使国家利益遭受特别重大损失的，处三年以上七年以下有期徒刑。

其他公司、企业直接负责的主管人员，徇私舞弊，将公司、企业资产低价折股或者低价出售，致使公司、企业利益遭受重大损失的，依照前款的规定处罚。

【背信损害上市公司利益罪】 是指上市公司的董事、监事、高级管理人员违背对公司的忠实义务，利用职务便利，操纵上市公司，或者上市公司的控股股东或者实际控制人，指使上市公司董事、监事、高级管理人员利用职务便利，操纵上市公司，致使上市公司利益遭受重大损失的行为。本罪侵犯的客体是上市公司的利益。本罪的客观方面表现为上市公司的董事、监事、高级管理人员违背对公司的忠实义务，利用职务便利，操纵上市公司从事下列行为之一，致使上市公司利益遭受重大损失的：（1）无偿向其他单位或者个人提供资金、商品、服务或者其他资产的；（2）以明显不公平的条件，提供或者接受资金、商品、服务或者其他资产的；（3）向明显不具有清偿能力的单位或者个人提供资金、商品、服务或者其他资产的；（4）为明显不具有清偿能力的单位或者个人提供担保，或者无正当理由为其他单位或者个人提供担保的；（5）无正当理由放弃债权、承担债务的；（6）采用其他方式损害上市公司利益的。本罪的主体是特殊主体，仅限于上市公司的董事、监事、高级管理人员和上市公司的控股股东或者实际控制人。上市公司的控股股东或者实际控制人是单位的，也可构成本罪，其他单位和个人则不能构成本罪。本罪的主观方面是故意。

根据《刑法》第一百六十九条之一的规定，犯本罪的，处三年以下有期徒刑或者拘役，并处或者单处罚金；致使上市公司利益遭受特别重大损失的，处三年以上七年以下有期徒刑，并处罚金。单位犯本罪的，对单位判处罚金，并对其直接负责的主管人员和其他直接责任人员，依照上述规定处罚。

【破坏金融管理秩序罪】 是指违反国家对金融市场监督管理的法律、法规，从事危害国家对货币、外汇、有价证券以及金融机构、证券交易和保险公司管理的活动，破坏金融市场秩序，情节严重的行为。本罪侵犯的客体是金融管理秩序，即破坏我国的货币、外汇、有价证券管理制度以及对金融机构、证券交易和保险公司组织和行为的监督管理制度。本罪的客观方面表现为违反国家对金融市场的监督管理的法律、法规，从事危害国家对货币、外汇、有价证券以及金融机构、证券交易和保险公司管理的活动，破坏金融市场秩序，情节严重的行为。本罪的主体是一般主体，包括自然人和单位。本罪的主观方面是故意。本罪是一个类罪，具体犯罪包括伪造货币罪，出售、购买、运输假币罪，金融工作人员购买假币、以假币换取货币罪，持有、使用假币罪，变造货币罪，擅自设立金融机构罪，伪造、变造、转让金融机构经营许可证、批准文件罪，高利转贷罪，骗取贷款、票据承兑、金融票证罪，非法吸收公众存款罪，伪造、变造金融票证罪，妨害信用卡管理罪，窃取、收买、非法提供信用卡信息罪，伪造、变造国家有价证券罪，伪造、变造股票、公司、企业债券罪，擅自发行股票、公司、企业债券罪，内幕交易、泄露内幕信息罪，利用未公开信息交易罪，编造并传播证券、期货交易虚假信息罪，诱骗投资者买卖证券、期货合约罪，操纵证券、期货市场罪，背信运用受托财产罪，违法运用资金罪，违法发放贷款罪，吸收客户资产不入账罪，违规出具金融票证罪，对违法票据承兑、付款、保证罪，逃汇罪，骗购外汇罪，洗钱罪。

【伪造货币罪】 是指违反货币管理法规，制造假货币冒充真货币的行为。本罪侵犯的客体是国家的货币管理制度。这里所说的货币既包括中国货币，也包括外国货币。外币是指各个国家和地区正在流通使用中的货币，如美元、欧元、英镑、日元等。本罪的客观方面表现为违反国家对货币的管理制度，依照货币的式样，制造假货币冒充真货币的行为。伪造货币，是指仿照真人民币或外币的样式、票面、图案、颜色、质地、防伪技术等，用描绘、复印、影印、石印、机器印刷等方法，制造假货币冒充真货币的行为。一般来说，伪造的货币应当在外观或形式上能够达到与真货币基本相似的程度，足以以假乱真，使普通人误以为是真货币。如果行为人不是非法制造与真货币相似的货币，而是采用其他方法，如从画册上剪下货币的图案，然后再冒充真货币骗取他人钱财，则不构成本罪，因该行为具有诈骗性质，可以以诈骗罪论处。本罪的主体是一般主体，但不包括单位。本罪的主观方面是故意。

根据《刑法》第一百七十条的规定，犯本罪的，处三年以上十年以下有期徒刑，并处罚金；有下列情形之一的，处十年以上有期徒刑或者无期徒刑，并处罚金或者没收财产：（1）伪造货币集团的首要分子；（2）伪造货币数额特别巨大的；(3) 有其他特别严重情节的。

【出售、购买、运输假币罪】 是指出售、购买伪造的货币，或者明知是伪造的货币而进行运输，数额较大的行为。本罪侵犯的客体是国家的货币管理制度。本罪的客观方面表现为出售、购买伪造的货币或者明知是伪造的货币而运输的行为。出售假币，是指有偿转让，有偿支付伪造的货币。出售正在流通使用的货币，不论是与其面值相等还是高于面值，都不可能构成本罪。购买假币，是指有偿取得假币。运输假币，是指以随身携带、委托他人携带或者以邮寄、借助运输工具等方法，将假币从甲地运往乙地的行为。本罪的主体是一般主体，单位不构成本罪。本罪的主观方面是故意。无论是出售、购买还是运输行为，都要求行为人明知其行为对象是伪造的货币，否则不构成本罪。

根据《刑法》第一百七十一条第一款的规定，犯本罪的，处三年以下有期徒刑或者拘役，并处 2 万元以上 20 万元以下罚金；数额巨大的，处三年以上十年以下有期徒刑，并处 5 万元以上 50 万元以下罚金；数额特别巨大的，处十年以上有期徒刑或者无期徒刑，并处 5 万元以上 50 万元以下罚金或者没收财产。

【金融工作人员购买假币、以假币换取货币罪】 是指银行或者其他金融机构的工作人员购买伪造的货币，或者利用职务上的便利，以伪造的货币换取货币的行为。本罪侵犯的客体是金融工作人员职务的正当性。本罪客观方面的行为包括两种：（1）金融机构工作人员购买伪造的货币。这种行为比一般人员购买假币的行为具有更为严重的社会危害性。（2）金融机构工作人员利用职务上的便利，以伪造的货币换取货币，即行为人利用自己管理、经手、保管货币等职务上的便利条件，按相同的面值、张数，以伪造的货币换取真币。利用职务上的便利是金融工作人员以假币换取货币的必要条件。如果金融机构工作人员虽然以假币获取了货币，但没有利用职务上的便利，则不构成本罪，可视其情节构成使用假币罪。本罪的主体是特殊主体，即金融机构的工作人员。本罪的主观方面是故意。

根据《刑法》第一百七十一条第二款的规定，犯本罪的，处三年以上十年以下有期徒刑，并处 2 万元以上 20 万元以下罚金；数额巨大或者有其他严重情节的，处十年以上有期徒刑或者无期徒刑，并处 2 万元以上 20 万元以下罚金或者没收财产；情节较轻的，处三年以下有期徒刑或者拘役，并处或者单处 1 万元以上 10 万元下罚金。

【持有、使用假币罪】 是指违反货币管理法规，明知是伪造的货币而持有、使用，数额较大的行为。本罪侵犯的客体是国家货币管理秩序。本罪在客观方面表现为违反货币管理法规，明知是伪造的货币而持有、使用，数额较大的行为。持有，是指将伪造的货币实际置于自己的支配、控制之下的一种持续状态，如携带在身上，放置于某一处所，委托他人代为保管等。使用，是指将伪造的货币投入流通领域，作为一种支付手段而购买商品、接受服务等。本罪的主体是一般主体，年满16周岁的人即可构成本罪主体。本罪的主观方面是故意，无论是持有还是使用假币，都要求行为人主观上必须明知其持有或者使用的货币是假币，否则不构成本罪。行为人购买假币后使用，构成犯罪的，以购买假币罪定罪，从重处罚。行为人出售、运输假币构成犯罪，同时有使用假币行为的，实行数罪并罚。

根据《刑法》第一百七十二条的规定，犯本罪的，处三年以下有期徒刑或者拘役，并处或者单处1万元以上10万元以下罚金；数额巨大的，处三年以上十年以下有期徒刑，并处2万元以上20万元以下罚金；数额特别巨大的，处十年以上有期徒刑，并处5万元以上50万元以下罚金或者没收财产。

【变造货币罪】 是指对真币采用挖补、剪贴、揭层、拼凑、涂改等方法进行加工处理，改变货币的真实形状、图案、面值或张数，改变票面面额或者增加票张数量，数额较大的行为。本罪侵犯的客体是国家货币管理制度。本罪在客观方面表现为采用挖补、剪贴、涂改、拼凑等方法，使原货币加大数量或者改变面额，数额较大的行为。变造货币与伪造货币的区别在于，变造货币是以原有货币为基础，以剪贴、挖补、揭层、拼凑等方法改变原有货币的形态，使原有货币面值增大，数量增加；而伪造货币则是仿照货币的图案、形状、色彩等，凭空制造假的货币以冒充真的货币。伪造货币，并不以真的货币为基础，伪造的数量可能会十分巨大，因此其社会危害性也大于变造货币。本罪的主体是一般主体，年满16周岁的人即可构成本罪主体。本罪的主观方面是故意。

根据《刑法》第一百七十三条的规定，犯本罪的，处三年以下有期徒刑或者拘役，并处或者单处1万元以上10万元以下罚金；数额巨大的，处三年以上十年以下有期徒刑，并处2万元以上20万元以下罚金。

【擅自设立金融机构罪】 是指未经国家有关主管部门批准，擅自设立商业银行、证券交易所、期货交易所、证券公司、期货经纪公司、保险公司或者其他金融机构的行为。本罪侵犯的客体是国家对金融机构的管理制度。本罪的客观方面表现为未经国家有关主管部门批准，擅自设立商业银行、证券交易所、期货交易所、证券公司、期货经纪公司、保险公司或者其他金融机构的行为。根据《银行法》《商业银行法》等法律的规定，中国人民银行按照规定审批金融机构的设立、变更、终止及其业务范围。设立商业银行，应当经中国人民银行批准，不依照法定的条件、程序提交申请的，或虽提交申请但未获批准的，均属于未经中国人民银行批准。擅自设立商业银行或其他金融机构，包括擅自设立各种商业银行及证券公司、信托公司、融资租赁公司、保险公司等金融机构，办理吸收存款、发放贷款、证券交易、资金结算等业务。本罪的主体是一般主体，既包括自然人，也包括单位。本罪的主观方面是故意。

根据《刑法》第一百七十四条第一款、第三款的规定，犯本罪的，处三年以下有期徒刑或者拘役，并处或者单处2万元以上20万元以下罚金；情节严重的，处三年以上十年以下有期徒刑，并处5万元以上50万元以下罚金。单位犯本罪的，对单位判处罚金，并对其直接负责的主管人员和其他直接责任人员，依照上述规定处罚。

【伪造、变造、转让金融机构经营许可证、批准文件罪】 是指伪造、变造、转让商业银行、证券交易所、期货交易所、证券公司、期货经纪公司、保险公司或者其他金融机构的经营许可证或者批准文件的行为。本罪侵犯的客体是国家对金融机构经营许可证、批准文件的管理制度。本罪的客观方面表现为伪造、变造、转让商业银行或者其他金融机构的经营许可证、批准文件，扰乱金融秩序的行为。“伪造”，是指以伪造的印章，私自印制、签署商业银行、证券交易所、期货交易所、证券公司、期货经纪公司、保险公司或者其他金融机构经营许可证或者批准文件的行为。“变造”，是指在有权机关颁发的许可证或者批准文件上，采取涂改、挖补的手段，改变许可证或者批准文件的原持有人姓名、颁发时间、经营项目等的行为。“转让”，是指将有权机关颁发给自己拥有的许可证或者批准文件，以牟利或者其他目的，转送给他人使用的行为。行为人只要实施了上述三种行为之一，即可构成本罪。本罪的主体是一般主体，包括自然人和单位。本罪的主观方面是故意。

根据《刑法》第一百七十四条第二款、第三款的规定，犯本罪的，处三年以下有期徒刑或者拘役，并处或者单处2万元以上20万元以下罚金；情节严重的，处三年以上十年以下有期徒刑，并处5万元以上50万元以下罚金。单位犯本罪的，对单位判处罚金，并对其直接负责的主管人员和其他直接责任人员，依照上述规定处罚。

【高利转贷罪】 是指以转贷牟利为目的，套取金融机构信贷资金高利转贷他人，违法所得数额较大的行为。本罪侵犯的客体是国家正常的金融管理秩序。本罪的客观方面表现为套取金融机构信贷资金高利转贷他人，违法所得数额较大的行为。构成本罪必须同时具备两方面的行为：（1）套取金融机构的信贷资金，如伪造虚假的贷款理由，提供虚假的担保单位或担保财产，从金融机构获得利率较低的信贷资金；（2）将其所套取的信贷资金高利转贷他人，从中获取非法利益。构成本罪，必须是高利转贷违法所得数额较大的行为。本罪的主体是一般主体，包括自然人和单位。本罪的主观方面是故意，而且具有高利转贷他人牟利的目的。

根据《刑法》第一百七十五条的规定，犯本罪的，处三年以下有期徒刑或者拘役，并处违法所得1倍以上5倍以下罚金；数额巨大的，处三年以上七年以下有期徒刑，并处违法所得1倍以上5倍以下罚金。单位犯本罪的，对单位判处罚金，并对其直接负责的主管人员和其他直接责任人员，处三年以下有期徒刑或者拘役。

【骗取贷款、票据承兑、金融票证罪】 是指以欺骗手段取得银行或者其他金融机构贷款、票据承兑、信用证、保函等，给银行或者其他金融机构造成重大损失的行为。本罪侵害的客体是国家关于金融机构贷款、票据承兑、信用证、保函等的管理秩序。本罪的客观方面表现为行为人以欺骗手段取得银行或者其他金融机构贷款、票据承兑、信用证、保函等，给银行或者其他金融机构造成重大损失或者有其他严重情节的行为。具体表现在两个方面：（1）行为人必须实施了以欺骗手段取得银行或者其他金融机构贷款、票据承兑、信用证、保函等的行为。欺骗行为包括伪造各种文件、签名等。（2）行为人的行为必须给银行或者其他金融机构造成重大损失，否则不构成本罪。本罪的主体是一般主体，包括自然人和单位。本罪的主观方面是故意，但并不具有非法占有的目的，只是单纯想以非法手段获取金融机构的贷款、票据承兑、信用证、保函等。如果行为人主观上具有非法占有的目的，则构成的是贷款诈骗、票据诈骗、信用证诈骗和金融凭证诈骗等犯罪。

根据《刑法》第一百七十五条之一的规定，犯本罪的，处三年以下有期徒刑或者拘役，并处或者单处罚金；给银行或者其他金融机构造成特别重大损失或者有其他特别严重情节的，处三年以上七年以下有期徒刑，并处罚金。单位犯本罪的，对单位判处罚金，并对其直接负责的主管人员和其他直接责任人员，依照上述规定处罚。

【非法吸收公众存款罪】 是指非法吸收公众存款或者变相吸收公众存款，扰乱金融秩序的行为。本罪侵犯的客体是国家的金融管理秩序。本罪的客观方面表现为非法吸收公众存款或者变相吸收公众存款的行为。所谓非法吸收公众存款，一般包括两种情形：（1）没有取得经营金融业务许可证的单位或者个人，在根本不具有吸收公众存款资格的情况下，面向社会，非法吸收公众存款；（2）取得经营金融业务许可证并具有吸收公众存款资格的银行或者其他金融机构，违反法律法规的规定，面向社会吸收公众存款，如以高于中国人民银行规定的同期利率为诱饵，吸收公众存款。变相吸收公众存款，是指不经中国人民银行或者其他有权批准的国家机关的批准，通过投资、集资入股、成立各种名目的基金会等形式或名义，面向社会吸收公众资金，从而达到吸收公众存款的目的。变相吸收公众存款尽管规避了吸收公众存款的形式，但同样是扰乱国家金融管理秩序的行为，与非法吸收公众存款具有同样的实质。因此，无论行为人是非法吸收公众存款，还是变相吸收公众存款，只要实施其中行为之一的，即构成本罪。在具体构成条件上，根据2022年修正的《审理非法集资刑事案件司法解释》的规定，违反国家金融管理法律规定，向社会公众（包括单位和个人）吸收资金的行为，同时具备下列四个条件的，除刑法另有规定的以外，应当认定为“非法吸收公众存款或者变相吸收公众存款”：（1）未经有关部门依法许可或者借用合法经营的形式吸收资金；（2）通过网络、媒体、推介会、传单、手机短信等途径向社会公开宣传；（3）承诺在一定期限内以货币、实物、股权等方式还本付息或者给付回报；（4）向社会公众即社会不特定对象吸收资金。未向社会公开宣传，在亲友或者单位内部针对特定对象吸收资金的，不属于非法吸收或者变相吸收公众存款。本罪的主体是一般主体，既包括自然人，也包括单位。本罪的主观方面是故意，但行为人主观上不能具有非法占有的目的，否则应成立集资诈骗罪。

根据《刑法》第一百七十六条的规定，犯本罪的，处三年以下有期徒刑或者拘役，并处或者单处罚金；数额巨大或者有其他严重情节的，处三年以上十年以下有期徒刑，并处罚金；数额特别巨大或者有其他特别严重情节的，处十年以上有期徒刑，并处罚金。单位犯本罪的，对单位判处罚金，并对其直接负责的主管人员和其他直接责任人员，依照上述规定处罚。根据《审理非法集资刑事案件司法解释》的规定，具有下列情形之一的，属于“数额巨大或者有其他严重情节”：（1）非法吸收或者变相吸收公众存款，数额在 500 万元以上的；（2）非法吸收或者变相吸收公众存款对象 500 人以上的；（3）非法吸收或者变相吸收公众存款，给存款人造成直接经济损失数额在 250 万元以上的；非法吸收或者变相吸收公众存款数额在 250 万元以上或者给存款人造成直接经济损失数额在 150 万元以上，同时造成恶劣社会影响或者其他严重后果的，应当认定为“其他严重情节”。具有下列情形之一的，属于“数额特别巨大或者有其他特别严重情节”：（1）非法吸收或者变相吸收公众存款数额在 5000 万元以上的；（2）非法吸收或者变相吸收公众存款对象 5000 人以上的；（3）非法吸收或者变相吸收公众存款，给存款人造成直接经济损失数额在 2500 万元以上的。非法吸收或者变相吸收公众存款数额在 2500 万元以上或者给存款人造成直接数额在 1500 万元以上，同时造成恶劣社会影响或者其他严重后果的，应当认定为“其他特别严重情节”。在提起公诉前积极退赃退赔，减少损害结果发生的，可以从轻或者减轻处罚。

【伪造、变造金融票证罪】 是指伪造、变造汇票、本票、支票、委托收款凭证、汇款凭证、银行存单等其他银行结算凭证、信用证或者附随的单据、文件或者伪造信用卡的行为。本罪侵犯的客体是国家的金融票证管理制度。本罪的客观方面表现为伪造、变造汇票、本票、支票、委托存款凭证、汇款凭证、银行存单等其他银行结算凭证、信用证或者附随的单据、文件或者伪造信用卡的行为。具体包括：（1）伪造、变造汇票、本票、支票；（2）伪造、变造委托收款凭证、汇款凭证、银行存单等其他银行结算凭证；（3）伪造、变造信用证或者附随的单据、文件；（4）伪造信用卡。行为人只要实施了上述四种行为中的一种，就构成本罪；实施了两种以上行为的，仍为一罪，不实行数罪并罚。本罪的主体是一般主体，既包括自然人，也包括单位。本罪的主观方面是故意，并且一般具有牟取非法利益的目的。

根据《刑法》第一百七十七条的规定，犯本罪的，处五年以下有期徒刑或者拘役，并处或者单处 2 万元以上 20 万元以下罚金；情节严重的，处五年以上十年以下有期徒刑，并处 5 万元以上 50 万元以下罚金；情节特别严重的，处十年以上有期徒刑或者无期徒刑，并处 5 万元以上 50 万元以下罚金或者没收财产。单位犯本罪的，对单位判处罚金，并对其直接负责的主管人员和其他直接责任人员，依照上述规定处罚。

【妨害信用卡管理罪】 是指行为人骗领信用卡或者非法持有、运输、出售、购买、提供伪造或者骗领的信用卡的行为。本罪侵犯的客体是信用卡的管理秩序。本罪的客观方面表现为骗领信用卡或者非法持有、运输、出售、购买、提供伪造或者骗领的信用卡的行为。具体表现为：（1）明知是伪造的信用卡而持有、运输的，或者明知是伪造的空白信用卡而持有、运输，数量较大的。持有是指行为人对伪造的信用卡或伪造的空白信用卡或他人的信用卡的事实上的支配。对伪造的信用卡、伪造的空白信用卡和他人的信用卡的来源并无特殊要求。运输是指采用携带、邮寄、利用他人或者使用交通工具等方法转移伪造的信用卡或伪造的空白信用卡。(2)非法持有他人信用卡,数量较大的。(3)使用虚假的身份证明骗领信用卡的。骗领是指行为人以虚假的身份证明,使金融机构的有关工作人员产生错误认识,为其办理信用卡的行为。(4)出售、购买、为他人提供伪造的信用卡或者以虚假的身份证明骗领的信用卡的。出售是指有偿地转让给他人。提供是指无偿地转让。本罪的主体是一般主体,但仅限于自然人。本罪的主观方面是故意。

根据《刑法》第一百七十七条之一的规定,犯本罪的,处三年以下有期徒刑或者拘役,并处或者单处1万元以上10万元以下罚金;数量巨大或者有其他严重情节的,处三年以上十年以下有期徒刑,并处2万元以上20万元以下罚金。

【窃取、收买、非法提供信用卡信息罪】 是指窃取、收买、非法提供信用卡信息资料的行为。本罪侵犯的客体是信用卡管理制度。本罪的客观方面表现为窃取、收买或者非法提供他人信用卡信息资料的行为。所谓信用卡信息资料,是指发卡银行在发卡时使用专用设备写入信用卡磁条或者芯片中的,作为POS机、ATM机等终端机识别合法用户的数据,是一组有发卡行代码、持卡人账户、账号、密码等内容的加密电子数据。这里的窃取不仅包括采取偷窥等秘密手段,在持卡人不知情的情况下秘密获取信用卡信息资料,也包括采取蒙蔽手段,让持卡人"自愿"透露有关信息资料。例如,在ATM机上安装吞卡装置,同时张贴假的客户求助电话,当客户信用卡被吞,拨打"求助"电话时,诱骗其说出有关信息资料的行为。本罪的主体是一般主体。本罪的主观方面是故意。

根据《刑法》第一百七十七条之一的规定,犯本罪的,处三年以下有期徒刑或者拘役,并处或者单处1万元以上10万元以下罚金;数量巨大或者有其他严重情节的,处三年以上十年以下有期徒刑,并处2万元以上20万元以下罚金。银行或者其他金融机构的工作人员利用职务上的便利,犯本罪的,从重处罚。

【伪造、变造国家有价证券罪】 是指伪造、变造国库券或者国家发行的其他有价证券,数额较大的行为。本罪侵犯的客体是国家有价证券管理制度。本罪的客观方面表现为伪造、变造国库券或国家发行的其他有价证券,数额较大的行为。国库券是有价证券的一种,是国家为解决财政资金、建设资金的不足,由国家发行并由国家财政负责偿还本息的债券。国家发行的其他债券如国家重点建设债券、国家建设债券、特种国家债券、保值的债券、政府债券等,这些债券利率较高且以国家信用作担保,因而具有较强的信用,是国家募集资金的重要手段。行为人伪造、变造国库券或者国家发行的其他有价证券,只有数额较大的,才可构成本罪。本罪主体是一般主体,包括自然人和单位。本罪的主观方面是故意。

根据《刑法》第一百七十八条第一款、第三款的规定,犯本罪的,处三年以下有期徒刑或者拘役,并处或者单处2万元以上20万元以下罚金;数额巨大的,处三年以上十年以下有期徒刑,并处5万元以上50万元以下罚金;数额特别巨大的，处十年以上有期徒刑或者无期徒刑，并处5万元以上50万元以下罚金或者没收财产。单位犯本罪的，对单位判处罚金，并对其直接负责的主管人员和其他直接责任人员，依照上述规定处罚。

【伪造、变造股票、公司、企业债券罪】

是指以使用为目的，仿照真实有效的股票、公司、企业债券制作的假的股票、公司、企业债券，以及对真实有效的股票、公司、企业债券采用涂改、挖补等方法，改变股票、公司、企业债券的日期和增加其面值的行为。本罪侵犯的客体是国家有价证券管理制度。本罪的客观方面表现为伪造、变造股票或者公司、企业债券，数额较大的行为。其中，股票是股份有限公司发给股东表明其入股股份并据以行使股权的凭证，是代表股权的有价证券。公司、企业债券是公司、企业为筹集资金而依法发行并承诺在规定日期，按规定利率还本付息而发给债权人的债权债务关系证明书，持有人有权在到期后请求公司、企业按债券规定还本付息。国家对股份有限公司发行股票及公司、企业发行债券均有严格的规定，伪造、变造股票或公司、企业债券的行为违反了这些规定，侵犯了国家的有关管理制度，数额较大的，可构成本罪。本罪主体是一般主体，包括自然人和单位。本罪的主观方面是故意。

根据《刑法》第一百七十八条第二款、第三款的规定，犯本罪的，处三年以下有期徒刑或者拘役，并处或者单处1万元以上10万元以下罚金；数额巨大的，处三年以上十年以下有期徒刑，并处2万元以上20万元以下罚金。单位犯本罪的，对单位判处罚金，并对其直接负责的主管人员和其他直接责任人员，依照上述规定处罚。

【擅自发行股票、公司、企业债券罪】

是指未经国家有关主管部门批准，擅自发行股票或者公司、企业债券，数额巨大、后果严重或者有其他严重情节的行为。本罪侵犯的客体是股票、公司、企业债券的发行制度。根据我国《公司法》的规定，股份有限公司的发起人不得私自向社会公开募集股份；已获准成立的公司发行新股，经股东大会作出决议后，董事会必须向国务院授权的部门或者省级人民政府申请批准；属于向社会公开募集的，须经国务院证券管理部门批准；公司债券的发行规模由国务院确定。本罪的客观方面表现为违反关于股票、公司、企业债券发行的这些规定而发行股票、公司、企业债券的行为。构成本罪，必须是数额巨大、后果严重或者有其他严重情节的行为。本罪的主体是一般主体，包括自然人和单位。本罪的主观方面是故意。

根据《刑法》第一百七十九条的规定，犯本罪的，处五年以下有期徒刑或者拘役，并处或者单处非法募集资金金额1%以上5%以下罚金。单位犯本罪的，对单位判处罚金，并对其直接负责的主管人员和其他直接责任人员，处五年以下有期徒刑或者拘役。

【内幕交易、泄露内幕信息罪】　是指证券、期货交易内幕信息的知情人员或者非法获取证券、期货交易内幕信息的人员，在涉及证券的发行，证券、期货交易或其他对证券、期货交易价格有重大影响的信息尚未公开前，买入或者卖出该证券，或者从事与该内幕信息有关的期货交易，或者泄露该信息，或者明示、暗示他人从事上述交易活动，情节严重的行为。本罪侵犯的客体是国家对证券、期货市场的管理秩序。本罪的客观方面表现为证券、期货交易内幕信息的知情人员或者非法获取证券、期货交易内幕信息的人员，在涉及证券的发行，证券、期货交易或其他对证券、期货交易价格有重大影响的信息尚未公开前，买入或者卖出该证券，或者从事与该内幕信息有关的期货交易，或者泄露该信息，或者明示、暗示他人从事上述交易活动，情节严重的行为。所谓内幕信息，按照法律、行政法规的规定，是指为知情人员所知悉的、尚未公开的和可能影响证券、期货交易价格的重大信息。例如，证券发行人、期货交易人订立的重要合同，该合同可能对公司的资产、负债、权益和经营成果中的一项或者多项产生显著影响；证券发行人、期货交易人的经营政策或者经营范围发生重大变化；证券发行人、期货交易人发生重大的投资行为或者购置金额较大的长期资产的行为；证券发行人、期货交易人发生重大债务；证券发行人、期货交易人未能归还到期重大债务的违约情况；证券发行人、期货交易人发生重大经营性或者非经营性亏损；证券发行人、期货交易人资产遭受重大损失；证券人、期货交易人的生产经营环境发生重大变化；可能对证券、期货交易价格有显著影响的国家政策变化；证券发行人、期货交易人的董事长、1/3以上的董事或者总经理发生变动等。本罪的行为方式有4种：（1）在内幕信息尚未公开前，买入或者卖出该证券；（2）在内幕信息尚未公开前，从事与该内幕信息有关的期货交易；（3）在内幕信息尚未公开前，泄露该信息；（4）在内幕信息尚未公开前，明示、暗示他人从事上述交易活动。行为人只要实施了这四种行为之一的，即可构成本罪，但必须达到情节严重的程度。本罪的主体是特殊主体，即证券、期货交易内幕信息知情人员或者非法获取证券、期货交易内幕信息的人员。知情人员，按照法律、行政法规的规定，是指下述5种人员：（1）证券发行人、期货交易人的董事、监事、高级管理人员、秘书、打字员，以及其他可以通过履行职务接触或者获得内幕信息的职员；（2）证券发行人、期货交易人聘请的律师、会计师、资产评估人员、投资顾问等专业人员，证券、期货经营机构的管理人员、业务人员，以及其他因其业务可能接触或者获得内幕信息的人员；（3）根据法律、法规的规定，对证券发行人、期货交易人可以行使一定的管理权或者监督权的人员，包括证券、期货监管部门和证券、期货交易场所的工作人员，证券发行人、期货交易人的主管部门和审批机关的工作人员，以及工商、税务等有关经济管理机关的工作人员等；（4）由于本人的职业地位、与证券发行人、期货交易人的合同关系或者工作联系，有可能接触或者获得内幕信息的人员，包括新闻记者、报刊编辑、电台主持人以及编排印刷人员等；（5）其他可能通过合法途径接触内幕信息的人员。本罪的主观方面是故意。

根据《刑法》第一百八十条的规定，犯本罪的，处五年以下有期徒刑或者拘役，并处或者单处违法所得1倍以上5倍以下罚金；情节特别严重的，处五年以上十年以下有期徒刑，并处违法所得1倍以上5倍以下罚金。单位犯本罪的，对单位判处罚金；并对其直接负责的主管人员和其他直接责任人员，处五年以下有期徒刑或者拘役。根据《办理内幕交易、泄露内幕信息刑事案件司法解释》第七条规定，“情节特别严重”，是指具有下列情形之一：（1）证券交易成交额在250万元以上的；（2）期货交易占用保证金数额在 150 万元以上的；（3）获利或者避免损失数额在 75 万元以上的；（4）具有其他特别严重情节的。

【利用未公开信息交易罪】 是指证券交易所、期货交易所、证券公司、期货经纪公司、基金管理公司、商业银行、保险公司等金融机构的从业人员以及有关监管部门或者行业协会的工作人员，利用因职务便利获取的内幕信息以外的其他未公开的信息，违反规定，从事与该信息相关的证券、期货交易活动，或者明示、暗示他人从事相关交易活动，情节严重的行为。本罪侵犯的客体是国家对证券、期货市场的管理秩序。本罪的客观方面表现为金融机构的从业人员以及有关监管部门或者行业协会的工作人员，利用因职务便利获取的内幕信息以外的其他未公开的信息，违反规定，从事与该信息相关的证券、期货交易活动，或者明示、暗示他人从事相关交易活动，情节严重的行为。内幕信息以外的其他未公开的信息，是指在证券、期货交易活动中，法定内幕信息以外的其他对证券、期货交易价格有重大影响的尚未公开的信息，如本机构受托管理资金的交易信息等。违反规定，既包括违反《证券投资基金法》等法律法规中关于禁止基金等资产管理机构的从业人员从事损害客户利益的交易等规定，也包括违反中国证监会发布的禁止资产管理机构从业人员从事违背受托义务的交易活动等规定。明示、暗示他人从事相关交易活动，是间接从事交易行为的表现，明示、暗示的对象一般是与行为人有密切关系的人。本罪的主体是特殊主体，即上述金融机构的从业人员及有关监管部门或者行业协会的工作人员。本罪的主观方面是故意。

根据《刑法》第一百八十条第四款的规定，犯本罪的，处五年以下有期徒刑或者拘役，并处或者单处违法所得 1 倍以上 5 倍以下罚金；情节特别严重的，处五年以上十年以下有期徒刑，并处违法所得 1 倍以上 5 倍以下罚金。

【编造并传播证券、期货交易虚假信息罪】 是指编造并且传播影响证券、期货的虚假信息，扰乱证券、期货交易市场，造成严重后果的行为。本罪侵犯的客体是证券、期货交易市场秩序。本罪的客观方面表现为编造并且传播影响证券、期货交易的虚假信息，扰乱证券、期货交易市场秩序，造成严重后果的行为。本罪的成立要求行为人同时实施了编造和传播影响证券、期货交易的虚假信息的行为。如果只是编造但未传播，或者只是传播但未编造，都不构成本罪。虚假信息，是指对证券、期货交易市场秩序具有重要影响的信息，它既可以是国内、国际的重大事件，影响不特定证券、期货的交易价格，扰乱证券、期货交易市场的正常秩序，也可以只是针对特定的公司、企业编造的虚假信息，影响某一特定证券、期货的交易价格，如谎称某公司发生重大亏损等信息。本罪是结果犯，要求行为人编造并传播影响证券、期货交易的虚假信息的行为客观上扰乱了证券、期货交易市场秩序，造成了严重后果。本罪的主体是一般主体。本罪主观方面是故意。

根据《刑法》第一百八十一条第一款、第三款的规定，犯本罪的，处五年以下有期徒刑或者拘役，并处或者单处 1 万元以上 10 万元以下罚金。单位犯本罪的，对单位判处罚金，并对其直接负责的主管人员和其他直接责任人员，处五年以下有期徒刑或者拘役。

【诱骗投资者买卖证券、期货合约罪】

是指证券交易所、期货交易所、证券公司、期货经纪公司的从业人员，证券业协会、期货业协会或者证券期货监管管理部门的工作人员，故意提供虚假信息或者伪造、变造、销毁交易记录，诱骗投资者买卖证券、期货合约，造成严重后果的行为。本罪侵犯的客体是证券、期货的交易秩序。本罪的客观方面表现为故意提供虚假信息，或者伪造、变造、销毁交易记录，诱骗投资者买卖证券、期货，造成严重后果的行为。这里的“提供”，既包括主动提供，也包括应投资者的要求而提供；既可以以口头的方式，也可以以书面的方式，有的还可以借助于新闻媒介；既可以提供给一个人，也可以提供给多数人。伪造、变造、销毁交易记录，是指伪造、变造、销毁客户填写的委托单，保存在电脑中的交易记录及与证券、期货发行、交易有关的记录等。提供虚假信息的行为与伪造、变造、销毁交易记录的行为，只要具备其一即可构成本罪，但无论是哪一种行为，只有在造成严重后果时才能构成本罪。根据《立案追诉标准规定(二)》第三十三条，构成本罪，一般是指获利或者避免损失数额累计在5万元以上；造成投资者直接经济损失数额在50万元以上；虽未达到上述数额标准，但多次诱骗投资者买卖证券、期货合约；致使交易价格和交易量异常波动；或者有其他造成严重后果的情形。本罪的主体是特殊主体，即证券交易所、期货交易所、证券公司、期货经纪公司的从业人员，证券业协会、期货业协会或者证券管理部门的工作人员，单位亦可构成本罪。本罪的主观方面是故意。

根据《刑法》第一百八十一条第二款、第三款的规定，犯本罪的，处五年以下有期徒刑或者拘役，并处或者单处1万元以上10万元以下罚金；情节特别恶劣的，处五年以上十年以下有期徒刑，并处2万元以上20万元以下罚金。单位犯本罪的，对单位判处罚金，并对其直接负责的主管人员和其他直接责任人员，处五年以下有期徒刑或者拘役。

【操纵证券、期货市场罪】 是指违反证券、期货交易管理法规，操纵证券、期货市场，影响证券、期货交易价格或者证券期货交易量，情节严重的行为。本罪侵犯的客体既包括国家对证券、期货交易市场的正常管理秩序，又包括其他投资者的财产权利。本罪的客观方面表现为违反证券、期货交易管理法规，操纵证券、期货交易价格，获取不正当利益或者转嫁风险，情节严重的行为。具体包括以下7种法定情形：（1）单独或者合谋，集中资金优势、持股或者持仓优势或者利用信息优势联合或者连续买卖的；（2）与他人串通，以事先约定的时间、价格和方式相互进行证券、期货交易的；（3）在自己实际控制的账户之间进行证券交易，或者以自己为交易对象，自买自卖期货合约的；（4）不以成交为目的，频繁或者大量申报买入、卖出证券、期货合约并撤销申报的；（5）利用虚假或者不确定的重大信息，诱导投资者进行证券、期货交易的；（6）对证券、证券发行人、期货交易标的公开作出评价、预测或者投资建议，同时进行反向证券交易或者相关期货交易的；（7）以其他方法操纵证券、期货市场的。以上操纵证券、期货交易价格的行为达到情节严重的程度，即可构成本罪。本罪的主体是一般主体，既包括自然人，也包括单位。本罪的主观方面是故意。

根据《刑法》第一百八十二条的规

定，犯本罪的，处五年以下有期徒刑或者拘役，并处或者单处罚金；情节特别严重的，处五年以上十年以下有期徒刑，并处罚金。单位犯本罪的，对单位判处罚金，并对其直接负责的主管人员和其他直接责任人员，依照上述规定处罚。

【背信运用受托财产罪】 是指商业银行、证券交易所、期货交易所、证券公司、期货经纪公司、保险公司或者其他金融机构，违背受托义务，擅自运用客户资金或者其他委托、信托的财产，情节严重的行为。本罪侵犯的客体是国家对金融机构的管理秩序和客户财产安全。本罪的客观方面表现为违背受托义务，擅自运用客户资金或者其他委托、信托的财产，情节严重的行为。其中，受托义务主要包括两方面：（1）合同约定的义务，即金融机构根据其签订的委托合同所应承担的义务；（2）法定义务，即有关法律、行政法规以及部门规章所规定的、金融机构应当承担的义务。擅自运用是指金融机构违反受托财产的使用用途或者程序而运用受托财产的行为。客户资金或者其他委托、信托的财产，主要是指客户按约定存放在金融机构或者委托金融机构经管的存款，证券、期货交易资金，以及证券公司受托投资管理、基金管理公司委托资产管理、信托投资公司资金信贷管理等委托理财业务中的资金、证券等财产。背信运用受托财产，必须达到情节严重的程度，才可构成本罪。本罪的主体是单位，且仅限于商业银行、证券交易所、期货交易所、证券公司、期货经纪公司、保险公司或者其他金融机构。本罪的主观方面是故意，即故意违背受托义务，擅自运用客户资金或者其他委托、信托的财产。

根据《刑法》第一百八十五条之一第一款的规定，犯本罪的，对单位判处罚金，并对其直接负责的主管人员和其他直接责任人员，处三年以下有期徒刑或者拘役，并处 3 万元以上 30 万元以下罚金；情节特别严重的，处三年以上十年以下有期徒刑，并处 5 万元以上 50 万元以下罚金。

【违法运用资金罪】 是指社会保障基金管理机构、住房公积金管理机构等公众资金管理机构，以及保险公司、保险资产管理公司、证券投资基金管理公司，违反国家规定运用资金的行为。本罪侵犯的客体是社会保障基金管理机构等单位的资金安全。本罪的客观方面表现为违反国家规定运用资金的行为。其中，国家规定，是指法律、行政法规以及国务院颁布的规范性文件。社会保障资金，是指在法律的强制规定下，通过向劳动者及其所在用人单位征缴社会保险费，或者由国家财政直接拨款而集中起来，用于社会保险、社会福利、社会救济和公费医疗事业等社会保障事业的一种专项基金，包括养老、失业、医疗、生育、工伤保险基金等。住房公积金，是指各种单位及其在职职工缴存的长期住房储金。本罪的主体是特殊主体，即社会保障基金管理机构、住房公积金管理机构等公众资金管理机构，以及保险公司、保险财产管理公司、证券投资基金管理公司。其他单位或者个人不能构成本罪。本罪的主观方面是故意。

根据《刑法》第一百八十五条之一第二款的规定，犯本罪的，实行单罚制，即对其直接负责的主管人员和其他直接责任人员，处三年以下有期徒刑或者拘役，并处 3 万元以上 30 万元以下罚金；情节特别严重的，处三年以上十年以下有期徒刑，并处 5 万元以上 50 万元以下罚金。

【违法发放贷款罪】 是指银行或者其他金融机构的工作人员违反国家规定发放贷款，数额巨大或者造成重大损失的行为。本罪侵犯的客体是国家的贷款管理制度。本罪的客观方面表现为银行或者其他金融机构的工作人员违反国家规定发放贷款，数额巨大或者造成重大损失的行为。具体包括两类行为：（1）银行或者其他金融机构的工作人员违反国家规定，向关系人发放贷款。如向关系人发放信用贷款或者发放担保贷款的条件优于其他借款人同类贷款的条件。（2）银行或者其他金融机构的工作人员违反国家规定，向关系人以外的人发放贷款。如不按规定的贷款程序或者条件向关系人以外的人发放贷款。本罪的主体是特殊主体，即银行或者其他金融机构的工作人员，单位也可以成为本罪的主体。本罪的主观方面是故意。

根据《刑法》第一百八十六条的规定，犯本罪的，处五年以下有期徒刑或者拘役，并处1万元以上10万元以下罚金；数额特别巨大或者造成特别重大损失的，处五年以上有期徒刑，并处2万元以上20万元以下罚金。银行或者其他金融机构的工作人员违反国家规定，向关系人发放贷款的，从重处罚。单位犯本罪的，对单位判处罚金，并对其直接负责的主管人员和其他直接责任人员，依照上述规定处罚。

【吸收客户资金不入账罪】 是指银行或者其他金融机构的工作人员吸收客户资金不入账，数额巨大或者造成重大损失的行为。本罪侵犯的客体是国家对金融机构的管理秩序和客户资金安全。本罪的客观方面表现为吸收客户资金不入账，数额巨大或者造成重大损失的行为。其中，吸收客户资金不入账，是指行为人违反国家金融法律、法规，对收受客户的存款不如实记入银行或其他金融机构存款账目，账目上反映不出该笔新增存款业务，或者账目上的记载与出具给储户的存单、存折上的记载不相符的行为。至于该资金是否计入法定账目以外设立的账目，不影响本罪的成立。数额巨大是指吸收客户资金不入账，数额在200万元以上。造成重大损失是指不入账的资金用于非法拆借、发放贷款等活动，造成资金本金未能收回或者本息全部未能收回，以及借贷利息损失等直接经济损失数额在50万元以上。本罪的主体是特殊主体，仅限于银行或者其他金融机构的工作人员。非金融机构的工作人员吸收他人资金后另作他用的，不能构成本罪，但可构成非法吸收公众存款罪。本罪的主观方面是故意。

根据《刑法》第一百八十七条的规定，犯本罪的，处五年以下有期徒刑或者拘役，并处2万元以上20万元以下罚金；数额特别巨大或者造成特别重大损失的，处五年以上有期徒刑，并处5万元以上50万元以下罚金。单位犯本罪的，对单位判处罚金，并对其直接负责的主管人员和其他直接责任人员，依照上述规定处罚。

【违规出具金融票证罪】 是指银行或者其他金融机构的工作人员违反规定，为他人出具信用证或者其他保函、票据、存单、资信证明，情节严重的行为。本罪侵犯的客体是国家对票据业务的管理秩序和金融机构的资金安全。本罪的客观方面表现为金融机构的工作人员在票据业务中，对违反《票据法》规定的票据予以承兑、付款或者保证，造成重大损失的行为。其中，信用证，是指银行或其他金融机构根据买方的申请，开给卖方的一种保证支付的书面凭证，金融机构开具信用证必须依照法律的规定。保函，是指银行以其自身的信用为用户承担保证责任的保证函件，是重要的银行资信文件。在我国，中国人民银行不得为任何单位或个人提供担保，商业银行可以依法提供担保服务，但商业银行的工作人员不得违反规定徇私向亲属或者朋友提供担保。票据，是以支付一定金额为目的的可以转让、流通的有价证券，包括汇票、本票、支票。存单，即储户存款以后银行开具的凭证，上面载有户名、账号、金额、存款利率、日期等事项。资信证明，是指各种证明个人或单位经济实力、信用情况的证明文件。非法出具金融票证的行为只有在情节严重时才构成犯罪。本罪的主体是特殊主体，即银行或者其他金融机构的工作人员。本罪的主观方面是故意。

根据《刑法》第一百八十八条的规定，犯本罪的，处五年以下有期徒刑或者拘役；情节特别严重的，处五年以上有期徒刑。单位犯本罪的，对单位判处罚金，并对其直接负责的主管人员和其他直接责任人员，依照上述规定处罚。

【对违法票据承兑、付款、保证罪】 是指银行或者其他金融机构的工作人员在票据业务中，对违反《票据法》规定的票据予以承兑、付款或者保证，造成重大损失的行为。本罪侵犯的客体是国家对票据业务的管理秩序和金融机构的资金安全。本罪的客观方面表现为金融机构的工作人员在票据业务中，对违反《票据法》规定的票据予以承兑、付款或者保证，造成重大损失的行为。其中，承兑，是指汇票付款人承诺在汇票到期日支付汇票金额的票据行为。付款，是指票据的付款人或者代理付款人支付票据金额以消灭票据关系的附属票据行为。保证，是指由票据债务人以外的人，因承担票据债务保证责任，在汇票到期后因持票人得不到付款，而须向持票人足额付款的票据行为。对违法票据予以承兑、付款、保证，是指对违反《票据法》规定的票据向票据持有人支付金额或者对票据的债务承担付款担保责任的行为，如对没有真实委托关系的票据予以承兑，对背书不连续等形式要件欠缺的票据予以付款，对没有财产担保的出票人签发的票据或者没有财产担保的承兑人承兑的汇票予以保证等。有以上行为之一，并且造成重大损失的，即可构成本罪。本罪的主体是特殊主体，仅限于银行或者其他金融机构的工作人员。本罪的主观方面是故意，过失不构成本罪。

根据《刑法》第一百八十九条的规定，犯本罪的，处五年以下有期徒刑或者拘役；造成特别重大损失的，处五年以上有期徒刑。单位犯本罪的，对单位判处罚金，并对其直接负责的主管人员和其他直接责任人员，依照上述规定处罚。

【逃汇罪】 是指公司、企业或者其他单位，违反国家规定，擅自将外汇存放境外，或者将境内的外汇非法转移到境外，数额较大的行为。本罪侵犯的客体是国家对外汇的管理制度。本罪的客观方面表现为违反国家规定，擅自将外汇存放境外，或者将境内外汇非法转移到境外，情节严重的行为。外汇，是指以外币表示的可以用作国际清偿的外国货币、外币支付凭证、外币有价证券、特别提款权、欧洲货币单位以及其他外汇资产。根据我国《外汇管理条例》第三十九条的规定，逃汇行为主要是指违反规定将境内外汇转移境外，或者以欺骗手段将境内资本转移境外。本罪的主体是特殊主体，即公司、企业或者其他单位。本罪的主观方面是故意。

根据《刑法》第一百九十条的规定，犯本罪的，对单位判处逃汇数额5%以上30%以下罚金，并对其直接负责的主管人员和其他直接责任人员，处五年以下有期徒刑或者拘役；数额巨大或者有其他严重情节的，对单位判处逃汇数额5%以上30%以下罚金，并对其直接负责的主管人员和其他直接责任人员，处五年以上有期徒刑。根据《惩治骗购外汇、逃汇和非法买卖外汇犯罪的决定》第五条的规定，海关、外汇管理部门以及金融机构、从事对外贸易经营活动的公司、企业或者其他单位的工作人员与骗购外汇或者逃汇的行为人通谋，为其提供购买外汇的有关凭证或者其他便利的，或者明知是伪造、变造的凭证和单据而售汇、付汇的，以共犯论，依照上述规定从重处罚。

【骗购外汇罪】 是指使用伪造、变造的海关签发的报关单、进口证明、外汇管理部门核准件等凭证和单据，或者重复使用海关签发的报关单、进口证明、外汇管理部门核准件等凭证和单据，或者以其他方式骗购外汇的行为。本罪侵犯的客体是国家对外汇的管理秩序。本罪的客观方面表现为骗购外汇的行为，具体包括：（1）使用伪造、变造的海关签发的报关单、进口证明、外汇管理部门核准件等凭证和单据的；（2）重复使用海关签发的报关单、进口证明、外汇管理部门核准件等凭证和单据的；（3）以其他方式骗购外汇的。本罪的主体既可以是自然人也可以是单位。本罪的主观方面是故意。行为人明知他人用于骗购外汇而为其提供人民币资金的，以共犯论处。

根据《惩治骗购外汇、逃汇和非法买卖外汇犯罪的决定》第一条、第五条的规定，犯本罪的，处五年以下有期徒刑或者拘役，并处骗购外汇数额5%以上30%以下罚金；数额巨大或者有其他严重情节的，处五年以上十年以下有期徒刑，并处骗购外汇数额5%以上30%以下罚金；数额特别巨大或者有其他特别严重情节的，处十年以上有期徒刑或者无期徒刑，并处骗购外汇数额5%以上30%以下罚金或者没收财产。单位犯本罪的，对单位判处罚金，并对其直接负责的主管人员和其他直接责任人员，处五年以下有期徒刑或者拘役；数额巨大或者有其他严重情节的，处五年以上十年以下有期徒刑；数额特别巨大或者有其他特别严重情节的，处十年以上有期徒刑或者无期徒刑。伪造、变造海关签发的报关单、进口证明、外汇管理部门核准件等凭证和单据，并用于骗购外汇的，从重处罚。海关、外汇管理部门以及金融机构、从事对外贸易经营活动的公司、企业或者其他单位的工作人员与骗购外汇的行为人通谋，为其提供购买外汇的有关凭证或者其他便利的，或者明知是伪造、变造的凭证和单据而售汇、付汇的，以共犯论，依照上述规定从重处罚。

【洗钱罪】 是指掩饰、隐瞒毒品犯罪、黑社会性质的组织犯罪、恐怖活动犯罪、走私犯罪、贪污贿赂犯罪、破坏金融管理秩序犯罪、金融诈骗犯罪的所得及其产生的收益的来源和性质的行为。本罪侵犯的客体是国家的金融管理秩序和司法机关的正常活动。其中，国家的金融管理秩序为主要客体，司法机关的正常活动为次要客体。本罪的对象是指法定的七类上游犯罪的所得及其产生的收益。本罪的客观方面表现为明知是毒品犯罪、黑社会性质的组织犯罪、恐怖活动犯罪、走私犯罪、贪污贿赂犯罪、破坏金融管理秩序犯罪、金融诈骗犯罪的所得及其产生的收益，而以各种方法掩饰、隐瞒该犯罪所得及其收益的来源和性质的行为。洗钱行为的具体表现有以下 5 种：(1) 提供资金账户，即将通过实施上述犯罪所得的现金、支票存入自己在银行或者其他金融机构开设的账户；(2) 将财产转换为现金、金融票据、有价证券，即将实施上述犯罪所得的动产、不动产等赃物转换为现金、债券、股票、汇票、本票、支票等金融票据或者有价证券；(3) 通过转账或者其他支付结算方式转移资金，即通过将实施上述犯罪的所得及其收益从一个账户转移到另一个账户，使犯罪收入混入合法收入；(4) 跨境转移资产，即为躲避国内有关机构对犯罪收入的监管，而通过在银行或者其他金融机构所开设的账户，将实施上述犯罪的个人或单位通过犯罪所得的资金汇往境外；(5) 以其他方法掩饰、隐瞒犯罪所得及其收益的来源和性质。根据《关于办理洗钱刑事案件司法解释》的规定，其他方法主要包括：(1) 通过典当、租赁、买卖、投资、拍卖、购买金融产品等方式，转移、转换犯罪所得及其收益的；(2) 通过与商场、饭店、娱乐场所等现金密集型场所的经营收入相混合的方式，转移、转换犯罪所得及其收益的；(3) 通过虚构交易、虚设债权债务、虚假担保、虚报收入等方式，转移、转换犯罪所得及其收益的；(4) 通过买卖彩票、奖券、储值卡、黄金等贵金属等方式，转换犯罪所得及其收益的；(5) 通过赌博方式，将犯罪所得及其收益转换为赌博收益的；(6) 通过“虚拟资产”交易、金融资产兑换方式，转移、转换犯罪所得及其收益的；(7) 以其他方式转移、转换犯罪所得及其收益的。总之，无论具体实施了何种形式的洗钱行为，只要其意图是使实施七类上游犯罪的所得及其收益改变其作为赃款、赃物的非法性质，而在表面上具有合法的性质，即构成本罪。值得特别注意的是，本罪是实行犯，犯罪的构成没有定量要求，行为人只要实施了刑法规定的上述任何一种洗钱行为，不论是否已经达到了掩饰、隐瞒犯罪收入的来源和性质的目的，均构成本罪。本罪的主体是一般主体，既包括自然人，也包括单位。本罪的主观方面是故意，即行为人知道或者应当知道是法律规定的七类上游犯罪的所得及其产生的收益，而故意采取各种方法掩饰、隐瞒其性质和来源。认定“知道或者应当知道”，应当根据行为人所接触、接收的信息，经手他人犯罪所得及其收益的情况，犯罪所得及其收益的种类、数额，犯罪所得及其收益的转移、转换方式，交易行为、资金账户等异常情况，结合行为人职业经历、与上游犯罪人员之间的关系以及其供述和辩解，同案人指证和证人证言等情况综合审查判断。有证据证明行为人确实不知道的除外。被告人将本罪某一上游犯罪的犯罪所得及其收益误认为本罪上游犯罪范围外的其他犯罪的所得及其收益的，不影响“知道或者应当知道”的认定。认定洗钱罪应当以上游犯罪事实成立为前提。有下列情形的，不影响洗钱罪的认定：(1) 上游犯罪尚未依法裁判，但有证据证明确实存在的；(2) 有证据证明上游犯罪确实存在，因行为人逃匿未到案的；(3) 有证据证明上游犯罪确实存在，因行为人死亡等原因依法不予追究刑事责任的；(4) 有证据证明上游犯罪确实存在，但同时构成其他犯罪而以其他罪名定罪处罚的。

根据《刑法》第一百九十一条的规定，犯本罪的，除没收实施毒品犯罪、黑社会性质的组织犯罪、恐怖活动犯罪、走私犯罪、贪污贿赂犯罪、破坏金融管理秩序犯罪、金融诈骗犯罪的所得及其产生的收益外，处五年以下有期徒刑或者拘役，并处或者单处1万元以上罚金；情节严重的，处五年以上十年以下有期徒刑，并处20万元以上罚金。洗钱数额在500万元以上的，且具有下列情形之一的，应当认定为“情节严重”：（1）多次实施洗钱行为的；（2）拒不配合财物追缴，致使赃款赃物无法追缴的；（3）造成损失250万元以上的；（4）造成其他严重后果的。二次以上实施洗钱犯罪行为，依法应予刑事处理而未经处理的，洗钱数额累计计算。单位犯本罪的，对单位判处罚金，并对其直接负责的主管人员和其他直接责任人员，依照上述规定处罚。

【自洗钱】 是指犯罪人员为了实施上游犯罪，而自行实施洗钱行为（提供资金账户，将财产转换为现金或者金融票据、有价证券，通过转账或者其他支付结算方式转移资金，跨境转移资产，或者以其他方法掩饰、隐瞒犯罪所得及其收益的来源和性质的行为）的犯罪，这是洗钱犯罪的一种特殊类型。2021年实施的《刑法修正案（十一）》在立法技术上通过删除第一百九十一条洗钱罪关于客观行为方式的“协助”与“明知”等术语，改变了原有洗钱罪的帮助型结构，突破了洗钱罪只能由他犯构成的限制性框架，为自己进行上游犯罪而实施洗钱行为的也成立洗钱罪，从而将自洗钱纳入洗钱罪的适用范围。至此，洗钱罪包括自洗钱和他洗钱两种类型。其中，自洗钱是犯罪分子为了进一步实施上游犯罪而自己实施的洗钱行为；他洗钱是通过提供资金账户等方式为他人的上游犯罪进行洗钱的行为。由于这两种类型在行为模式和犯罪主体上存在差异，会导致自洗钱与上游犯罪的竞合适用出现，究竟该数罪并罚还是应从一重罪处罚的问题，也将对过去关于洗钱罪的主观认识的规定造成冲击，并对洗钱罪的共犯认定产生影响，有待进一步研究。

【金融诈骗罪】 是指以非法占有为目的，采用虚构事实或者隐瞒事实真相的方法，骗取公私财物或者金融机构信用，破坏金融管理秩序的行为。本罪侵犯的客体是金融管理秩序和公私财产所有权。本罪的客观方面表现为采用虚构事实或者隐瞒事实真相的方法，骗取公私财物或者金融机构信用，破坏金融管理秩序的行为。本罪的主体是一般主体，包括自然人和单位。本罪的主观方面是故意，并且以非法占有为目的。根据《刑法》分则第三章第五节的规定，本罪是一个类罪，具体犯罪包括集资诈骗罪、贷款诈骗罪、票据诈骗罪、金融凭证诈骗罪、信用证诈骗罪、信用卡诈骗罪、有价证券诈骗罪、保险诈骗罪。

【集资诈骗罪】 是指以非法占有为目的，使用诈骗方法非法集资，数额较大的行为。本罪侵犯的客体既包括国家对金融活动的管理秩序，又包括公私财产的所有权。本罪的客观方面表现为采用虚构事实、隐瞒真相等诈骗方法，非法集资，数额较大的行为。集资，是指违反国家金融管理法律规定，向社会公众（包括单位和个人）吸收资金的行为。它必须同时具备下列4个条件：（1）未经有关部门依法批准或者借用合法经营的形式吸收资金；（2）通过媒体、推介会、传单、手机短信等途径向社会公开宣传；（3）承诺在一定期限内以货币、实物、股权等方式还本付息或者给付回报；（4）向社会公众即社会不特定对象吸收资金。未向社会公开宣传，在亲友或者单位内部针对特定对象吸收资金的，不属于非法吸收或者变相吸收公众存款。行为人的集资行为要构成集资诈骗罪，要求行为人客观上必须使用了虚构事实、隐瞒真相等诈骗方法。在实践中，这些方法主要包括：（1）不具有房产销售的真实内容或者不以房产销售为主要目的，以返本销售、售后包租、约定回购、销售房产份额等方式非法吸收资金的；（2）以转让林权并代为管护等方式非法吸收资金的；（3）以代种植（养殖）、租种植（养殖）、联合种植（养殖）等方式非法吸收资金的；（4）不具有销售商品、提供服务的真实内容或者不以销售商品、提供服务为主要目的，以商品回购、寄存代售等方式非法吸收资金的；（5）不具有发行股票、债券的真实内容，以虚假转让股权、发售虚构债券等方式非法吸收资金的；（6）不具有募集基金的真实内容，以假借境外基金、发售虚构基金等方式非法吸收资金的；（7）不具有销售保险的真实内容，以假冒保险公司、伪造保险单据等方式非法吸收资金的；（8）以投资入股的方式非法吸收资金的；（9）以委托理财的方式非法吸收资金的；（10）利用民间“会”“社”等组织非法吸收资金的；（11）其他非法吸收资金的行为。构成本罪还必须是数额较大。根据《非法集资刑事案件司法解释》的规定，集资诈骗数额在10万元以上，应当认定为“数额较大”。数额在100万元以上的，应当认定为“数额巨大”。本罪的主体是一般主体，既包括自然人，也包括单位。本罪的主观方面是故意，且具有非法占有的目的。非法集资具有下列情形之一的，可以认定为“以非法占有为目的”：（1）集资后不用于生产经营活动或者用于生产经营活动与筹集资金规模明显不成比例，致使集资款不能返还的；（2）肆意挥霍集资款，致使集资款不能返还的；（3）携带集资款逃匿的；（4）将集资款用于违法犯罪活动的；（5）抽逃、转移资金、隐匿财产，逃避返还资金的；（6）隐匿、销毁账目，或者搞假破产、假倒闭，逃避返还资金的；（7）拒不交代资金去向，逃避返还资金的；（8）其他可以认定非法占有目的的情形。集资诈骗罪中的非法占有目的，应当区分情形进行具体认定。行为人部分非法集资行为具有非法占有目的的，对该部分非法集资行为所涉集资款以集资诈骗罪定罪处罚；非法集资共同犯罪中部分行为人具有非法占有目的，其他行为人没有非法占有集资款的共同故意和行为的，对具有非法占有目的的行为人以集资诈骗罪定罪处罚。

根据《刑法》第一百九十二条的规定，犯本罪的，处三年以上七年以下有期徒刑，并处罚金；数额巨大或者有其他严重情节的，处七年以上有期徒刑，并处罚金或者没收财产。单位犯本罪的，对单位判处罚金，并对其直接负责的主管人员和其他直接责任人员，依照上述规定处罚。集资诈骗的数额以行为人实际骗取的数额计算，案发前已归还的数额应予扣除。行为人为实施集资诈骗活动而支付的广告费、中介费、手续费、回扣，或者用于行贿、赠与等费用，不予扣除。行为人为实施集资诈骗活动而支付的利息，除本金未归还可予折抵本金以外，应当计入诈骗数额。

【贷款诈骗罪】 是指以非法占有为目的，采用虚构事实、隐瞒真相的方法，诈骗银行或者其他金融机构的贷款，数额较大的行为。本罪侵犯的客体既包括国家对金融活动的管理秩序，又包括公共财产所有权。本罪的客观方面表现为采用虚构事实、隐瞒真相的方法，诈骗银行或者其他金融机构的贷款，数额较大的行为。根据《刑法》的规定，贷款诈骗的行为类型主要有：（1）编造引进资金、项目等虚假理由骗取贷款，包括编造投资效益良好的项目，直接向银行或者其他金融机构诈骗贷款，也包括先编造虚假的理由向某一金融机构骗取资金存入证明，然后再利用资金存入证明向另一金融机构申请贷款。（2）使用虚假的经济合同骗取贷款，是指使用伪造的或者无效的或者不可能履行的经济合同骗取贷款。（3）使用虚假的证明文件骗取贷款，是指使用伪造或者无效的存款证明、担保函、划款证明等向银行或者其他金融机构申请贷款。（4）使用虚假的产权证明作担保或者超出抵押物价值重复担保。产权证明，是指能够证明行为人对动产、不动产或者货币、可即时兑付的票据享有所有权的书面文件；超出抵押物价值重复担保，是指在申请担保贷款过程中，用同一抵押物进行重复抵押并且所抵押担保的贷款的价值超出抵押物的价值。（5）以其他方法诈骗贷款，主要是指伪造单位公章、印鉴骗取贷款；借贷后故意转移资金或资产拒不归还的等。只要行为人实施了上述任何一种诈骗贷款行为，并且数额较大的，即构成犯罪。根据《立案追诉标准规定（二）》的规定，数额较大，是指诈骗贷款5万元以上。本罪的主体是自然人，单位不构成本罪。对于单位实施的贷款诈骗行为，不能以贷款诈骗罪定罪处罚，也不能以贷款诈骗罪追究直接负责的主管人员和其他直接责任人员的刑事责任。但是，在司法实践中，对于单位十分明显地以非法占有为目的，利用签订、履行借款合同诈骗银行或其他金融机构贷款，符合《刑法》第二百二十四条合同诈骗罪构成要件的，应当以合同诈骗罪定罪处罚。本罪的主观方面是故意。

根据《刑法》第一百九十三条的规定，犯本罪的，处五年以下有期徒刑或者拘役，并处2万元以上20万元以下罚金；数额巨大或者有其他严重情节的，处五年以上十年以下有期徒刑，并处5万元以上50万元以下罚金；数额特别巨大或者有其他特别严重情节的，处十年以上有期徒刑或者无期徒刑，并处5万元以上50万元以下罚金或者没收财产。

【票据诈骗罪】 是指以非法占有为目的，采用虚构事实、隐瞒真相的方法，利用金融票据进行诈骗活动，数额较大的行为。本罪侵犯的客体既包括国家对金融的管理秩序，又包括公私财产所有权。本罪的客观方面表现为采用虚构事实、隐瞒真相的方法，利用金融票据进行诈骗活动，数额较大的行为。具体包括下述5种法定情形：（1）明知是伪造、变造的汇票、本票、支票而使用的；（2）明知是作废的汇票、本票、支票而使用的；（3）冒用他人的汇票、本票、支票的；（4）签发空头支票或者与其预留的印鉴不符的支票，骗取财物的；（5）汇票、本票的出票人签发无资金保证的汇票、本票或者在出票时作虚假记载，骗取财物的。本罪的主体是一般主体，既包括自然人，又包括单位。本罪的主观方面是故意，并且必须具有非法占有的目的。

根据《刑法》第一百九十四条第一款、第二百条的规定，犯本罪的，处五年以下有期徒刑或者拘役，并处2万元以上20万元以下罚金；数额巨大或者有其他严重情节的，处五年以上十年以下有期徒刑，并处5万元以上50万元以下罚金；数额特别巨大或者有其他特别严重情节的，处十年以上有期徒刑或者无期徒刑，并处5万元以上50万元以下罚金或者没收财产。单位犯本罪的，对单位判处罚金，并对其直接负责的主管人员和其他直接责任人员，处五年以下有期徒刑或者拘役，并处罚金；数额巨大或者有其他严重情节的，处五年以上十年以下有期徒刑，并处罚金；数额特别巨大或者有其他特别严重情节的，处十年以上有期徒刑或者无期徒刑，并处罚金。

【金融凭证诈骗罪】 是指以非法占有为目的，采用虚构事实、隐瞒真相的方法，使用伪造、变造的委托收款凭证、汇款凭证、银行存单等其他银行结算凭证进行诈骗活动的行为。本罪侵犯的客体既包括国家对金融的管理秩序，又包括公私财产所有权。本罪的客观方面表现为使用伪造、变造的委托收款凭证、汇款凭证、银行存单等其他银行结算凭证进行诈骗活动的行为。委托收款凭证，是指行为人在委托银行向付款人收取货款等款项时所填写和提供的凭据和证明。汇款凭证，是指汇款人委托银行将款项汇给收款人时所填写的凭证和证明。银行存单，是指储户向银行交付存款后由银行开具的载有户名、账号、存款金额、存期、存款时间和到期时间、利率等内容的凭证和证明。其他银行结算凭证，是指除票据及上述凭证以外的各种银行结算凭证。本罪的主体是一般主体，既包括自然人，又包括单位。本罪的主观方面是故意，并且必须具有非法占有的目的。

根据《刑法》第一百九十四条第二款、第二百条的规定，犯本罪的，处五年以下有期徒刑或者拘役，并处2万元以上20万元以下罚金；数额巨大或者有其他严重情节的，处五年以上十年以下有期徒刑，并处5万元以上50万元以下罚金；数额特别巨大或者有其他特别严重情节的，处十年以上有期徒刑或者无期徒刑，并处5万元以上50万元以下罚金或者没收财产。单位犯本罪的，对单位判处罚金，并对其直接负责的主管人员和其他直接责任人员，处五年以下有期徒刑或者拘役，并处罚金；数额巨大或者有其他严重情节的，处五年以上十年以下有期徒刑，并处罚金；数额特别巨大或者有其他特别严重情节的，处十年以上有期徒刑或者无期徒刑，并处罚金。

【信用证诈骗罪】 是指利用伪造、变造的信用证或者附随的单据、文件，或者使用作废的信用证，或者骗取信用证以及以其他方法进行信用证诈骗活动的行为。本罪侵犯的客体既包括国家对金融的管理秩序，又包括公私财产所有权。本罪的客观方面表现为利用信用证进行诈骗活动的行为。具体包括下述4种法定情形：（1）使用伪造、变造的信用证或者附随的单据、文件的。附随的单据、文件，是指使用信用证时必须附随的单据、文件，如运输单据、商业发票、合同、提单、保险单据等。（2）使用作废的信用证的。（3）骗取信用证的。（4）以其他方法进行信用证诈骗活动的。如与开证行、受益人合谋，在支付银行款项后宣布开证行破产，使支付行受到财产损失；利用软条款信用证，设置信用陷阱，即在开立信用证时故意附加设置一些隐瞒性条款，使开证行单方取得主动权，以便能够单方随时解除信用证，以达到限制信用证的使用效力、骗取财物的目的等。本罪的主体是一般主体，既包括自然人，也包括单位。本罪的主观方面是故意，并且必须具有非法占有的目的。

根据《刑法》第一百九十五条、第二百条的规定，犯本罪的，处五年以下有期徒刑或者拘役，并处2万元以上20

万元以下罚金；数额巨大或者有其他严重情节的，处五年以上十年以下有期徒刑，并处5万元以上50万元以下罚金；数额特别巨大或者有其他特别严重情节的，处十年以上有期徒刑或者无期徒刑，并处5万元以上50万元以下罚金或者没收财产。单位犯本罪的，对单位判处罚金，并对其直接负责的主管人员和其他直接责任人员，处五年以下有期徒刑或者拘役，并处罚金；数额巨大或者有其他严重情节的，处五年以上十年以下有期徒刑，并处罚金；数额特别巨大或者有其他特别严重情节的，处十年以上有期徒刑或者无期徒刑，并处罚金。

【信用卡诈骗罪】 是指使用伪造、作废的信用卡，或者冒用他人的信用卡，或者利用信用卡恶意透支进行诈骗活动，数额较大的行为。本罪侵犯的客体既包括国家对金融活动的管理秩序，又包括公私财产所有权。本罪的客观方面表现为使用信用卡进行诈骗活动，数额较大的行为。根据《刑法》的规定，信用卡诈骗的行为方式具体包括下述4种：（1）使用伪造的信用卡，或者使用以虚假的身份证明骗领的信用卡。使用伪造的信用卡，是指使用伪造的假信用卡购买商品、在银行或者自动取款机上支取现金以及接受用信用卡进行支付结算的各种服务。使用以虚假的身份证明骗领的信用卡，是指行为人持有、使用的信用卡是由发卡银行发行的，并非伪造的，但是行为人在领取该信用卡时，使用了虚假的居民身份证、军官证或者境外居民护照等身份证明，以欺骗手段领取信用卡。（2）使用作废的信用卡。所谓作废的信用卡，主要是指下列几种情况：①信用卡超过有效使用期限而自动失效。信用卡一般都有使用期限，超过使用期限的信用卡即自动失效。持卡人持有的信用卡超过使用期限时，如需继续使用，应当持卡到发卡银行或者发卡公司办理更换新卡手续。②持卡人在信用卡有效使用期限内办理退卡手续，并将信用卡退回发卡银行或公司。③因挂失而使信用卡无效。（3）冒用他人的信用卡，这是指非持卡人以持卡人的名义使用持卡人的信用卡进行购物、消费或者提取现金，骗取财物的行为。（4）恶意透支。所谓透支，是指持卡人在发卡银行或者发卡公司信用卡账户上资金不足或者已无资金的情况下，经过发卡银行或者公司的批准，允许其以超过信用卡上余留资金的额度使用信用卡进行消费。恶意透支，是指持卡人以非法占有为目的，超过规定限额或者规定期限透支，并且经发卡银行催收后仍不归还的行为。只要行为人实施了上述任何一种信用卡诈骗行为，并且数额较大的，即构成犯罪。本罪的主体是自然人。本罪的主观方面是故意。

根据《刑法》第一百九十六条的规定，犯本罪的，处五年以下有期徒刑或者拘役，并处2万元以上20万元以下罚金；数额巨大或者有其他严重情节的，处五年以上十年以下有期徒刑，并处5万元以上50万元以下罚金；数额特别巨大或者有其他特别严重情节的，处十年以上有期徒刑或者无期徒刑，并处5万元以上50万元以下罚金或者没收财产。

【有价证券诈骗罪】 是指使用伪造、变造的国库券或者国家发行的其他有价证券进行诈骗活动，数额较大的行为。本罪侵犯的客体既包括国家对有价证券的普通管辖秩序，又包括公私财产所有权。本罪的客观方面表现为使用伪造、变造的国库券或者国家发行的其他有价证券进行诈骗活动，其中，国库券，是指中央政府为调节国库短期收支差额，弥补政府正常财政收入不足，而由国家财政部门代表国家发行的一种短期或者中期的国家债券。国家发行的其他有价证券，是指国家发行的除国库券以外的其他国家有价证券以及国家银行金融债券。使用伪造、变造的有价证券，是指行为人以伪造、变造的国库券或者国家发行的其他有价证券用于兑换现金、抵销债务等获取资金或者财产性利益的活动。本罪的主体是一般主体，本罪的主观方面是故意，并且具有非法占有的目的。

根据《刑法》第一百九十七条的规定，犯本罪的，处五年以下有期徒刑或者拘役，并处2万元以上20万元以下罚金；数额巨大或者有其他严重情节的，处五年以上十年以下有期徒刑，并处5万元以上50万元以下罚金；数额特别巨大或者有其他特别严重情节的，处十年以上有期徒刑或者无期徒刑，并处5万元以上50万元以下罚金或者没收财产。

【保险诈骗罪】 是指投保人、被保险人或者受益人故意虚构保险标的，或者对发生的保险事故编造虚假的原因或者夸大损失程度，或者编造未曾发生的保险事故，或者故意造成被保险人死亡、伤残或者疾病，骗取保险金，数额较大的行为。本罪侵犯的客体是保险金的所有权。本罪的客观方面包括下述5种情形：(1）投保人故意虚构保险标的，骗取保险金。保险标的，是指作为保险对象的物质财富及其有关利益、人的生命或身体。故意虚构保险标的，是指违背诚实信用原则，故意虚构根本不存在的保险对象而与保险人订立保险合同，企图编造保险事故，骗取保险金。(2）投保人、被保险人或者受益人对发生的保险事故编造虚假的原因或者夸大损失的程度，骗取保险金。对发生的保险事故编造虚假的原因，是指投保人、被保险人或者受益人为了达到骗取保险金的目的，在发生保险事故后，对事故原因作虚假的陈述或者隐瞒事故发生的真实原因，企图把不符合赔偿责任范围的事故编造成赔偿责任范围内的事故的行为。夸大损失的程度，则是指投保人、被保险人或者受益人在保险事故发生后，故意夸大保险事故造成保险标的损失的程度，企图取得超过损失程度的保险金的行为。(3）投保人、被保险人或者受益人编造未曾发生的保险事故，骗取保险金。即为了达到骗取保险金的目的，在根本没有发生保险事故的情况下，编造谎言，声称发生了保险事故（如行为人故意转移财产然后谎称被盗），要求保险人予以理赔。(4）投保人、被保险人故意造成财产损失的保险事故，骗取保险金。即投保人、被保险人在保险合同的有效期限内，故意人为地制造保险标的出险的保险事故，造成财产损失，以骗取保险金。例如，行为人在房屋保险合同的有效期限内，故意将投保的房屋烧毁，然后假称失火，要求保险人予以理赔。(5）投保人、受益人故意造成被保险人死亡、伤残或者疾病，骗取保险金。即投保人或者受益人为了达到骗取保险金的目的，故意采用杀害、伤害、摧残、虐待、遗弃、传播传染病或者其他方法，致使被保险人死亡、伤残或者疾病的行为。这种诈保行为一般发生在人身保险中，因为人身保险是以被保险人的生命、身体和健康为保险标的的，并且一般是以被保险人发生死亡、伤残或者疾病为赔偿条件。投保人或者受益人为了达到骗取保险金的目的，就必须促成赔偿条件的发生。本罪的主体是特殊主体，即投保人、被保险人或者受益人。投保人，是指对保险标的具有保险利益，向保险人申请订立保险合同，并负有缴纳保险费义务的人。被保险人，是指在保险事故发生或者约定的保险期间届满时，依据保险合同，有权向保险人请求补偿损失或者领取保险金的人。受益人，是指投保人或者被保险人在保险合同中明确指定或者依照法律规定有权取得保险金的人。在一些保险合同中，投保人、被保险人和受益人可能是同一个人，而在其他合同中，也可能是不同的两个人或三个人。在保险事故发生或者约定的保险期限届满后，投保人、被保险人和受益人，都享有请求损害赔偿或取得保险金的权利。他们如果用欺骗方法骗取保险金的，即可构成本罪。单位作为投保人、被保险人或者受益人，用欺骗方法骗取保险金的，也构成本罪的主体。本罪的主观方面是故意。

根据《刑法》第一百九十八条的规定，犯本罪的，处五年以下有期徒刑或者拘役，并处1万元以上10万元以下罚金；数额巨大或者有其他严重情节的，处五年以上十年以下有期徒刑，并处2万元以上20万元以下罚金；数额特别巨大或者有其他特别严重情节的，处十年以上有期徒刑，并处2万元以上20万元以下罚金或者没收财产。单位犯本罪的，对单位判处罚金，并对其直接负责的主管人员和其他直接责任人员，处五年以下有期徒刑或者拘役；数额巨大或者有其他严重情节的，处五年以上十年以下有期徒刑；数额特别巨大或者有其他特别严重情节的，处十年以上有期徒刑。

【危害税收征管罪】 是指违反国家税收征管制度，妨害国家税收正常活动，情节严重的行为。本罪侵犯的客体是国家税收征管制度。本罪的客观方面表现为违反国家税收征管制度，妨害国家税收正常活动，情节严重的行为。本罪的主体是一般主体，多数犯罪均可由自然人和单位构成。本罪的主观方面是故意。根据《刑法》分则第三章第六节的规定，本罪是一个类罪，具体犯罪包括逃税罪，抗税罪，逃避追缴欠税罪，骗取出口退税罪，虚开增值税专用发票、用于骗取出口退税抵扣税款发票罪，虚开发票罪，伪造、出售伪造的增值税专用发票罪，非法出售增值税专用发票罪，非法购买增值税专用发票、购买伪造的增值税专用发票罪，非法制造、出售非法制造的用于骗取出口退税、抵扣税款发票罪，非法制造、出售非法制造的发票罪，非法出售用于骗取出口退税、抵扣税款发票罪，非法出售发票罪，持有伪造的发票罪。

【逃税罪】 是指纳税人、扣缴义务人采取欺骗、隐瞒手段进行虚假纳税申报或者不申报，逃避缴纳税款数额较大或者情节严重的行为。本罪侵犯的客体是国家的税收管理制度。本罪的客观方面表现为纳税人、扣缴义务人采取欺骗、隐瞒手段进行虚假纳税申报或者不申报，逃避缴纳税款数额较大或者情节严重的行为。具体体现在以下3个方面：（1）行为人采取了欺骗、隐瞒的手段。主要表现在：①伪造、变造、转移、隐匿、擅自销毁账簿、记账凭证或者其他涉税资料的。这种行为使征收税款失去了直接依据或真实依据。②新型隐匿财产型逃税。《关于办理危害税收征管刑事案件司法解释》新增以下两种逃税手段：一是以签订“阴阳合同”等形式隐匿或者以他人名义分解收入、财产。二是虚列支出、虚抵进项税额或者虚报专项附加扣除。③上述两种方式之外的其他方式。《关于办理危害税收征管刑事案件司法解释》将提供虚假材料，骗取税收优惠、编造虚假计税依据作为逃税手段予以规定。(2) 行为人进行虚假纳税申报或者不申报。虚假纳税申报，是指纳税人或扣缴义务人，以不缴或者少缴应纳税款为目的的纳税申报，即向税务机关报送虚假的纳税申请表、财务报表、代扣代缴、代收代缴税款报告表或者其他纳税申报资料，如提供虚假申请，编造减税、免税、抵税、先征收后退还税款等虚假资料等。不进行纳税申报，是指出于逃税之目的而一直不依法主动申报纳税。这属于一种不作为形式的逃税行为。(3) 逃避缴纳税款数额较大或者情节严重。依据法律的规定，逃税行为入罪的标准有两种：(1) 数额标准，(2) 情节标准。逃税行为入罪的数额标准是逃避缴纳税款数额较大并且占应纳税额10%以上；逃税行为入罪的情节标准则是五年内因逃避缴纳税款受过刑事处罚或者被税务机关给予二次以上行政处罚。数额要求与情节要求并列，只要符合其中一项，就可以认为符合本罪的入罪要求。对多次实施逃税行为，未经处理的，按照累计数额计算。数额较大，根据《关于办理危害税收征管刑事案件司法解释》的规定，是指逃缴税额在10万元以上。数额巨大，是指逃缴税额在50万元以上。本罪的主体是特殊主体，即纳税人、扣缴义务人。纳税人，又称纳税义务人，不仅包括负有纳税义务的普通公民，而且也包括负有纳税义务的企业、事业单位，以及企业、事业单位中对纳税负有直接责任的主管人员和其他直接责任人员。扣缴义务人，是指根据税法规定负有代扣代缴义务的单位和个人，包括代扣代缴义务人和代收代缴义务人。前者是指有义务从持有的纳税人收入中扣除其应纳税款并代为缴纳的单位或个人，后者是指有义务借助经济往来向纳税人收取应纳税款并代为缴纳的单位或个人。不具有纳税义务或代扣代缴、代收代缴义务的单位或者个人不能独立构成本罪的主体，但可以构成本罪的共犯。本罪的主观方面是故意。

根据《刑法》第二百零一条、第二百零四条第二款、第二百一十一条和第二百一十二条的规定，犯本罪的，处三年以下有期徒刑或者拘役，并处罚金；数额巨大并且占应纳税额30%以上的，处三年以上七年以下有期徒刑，并处罚金。单位犯本罪的，对单位判处罚金，并对其直接负责的主管人员和其他直接责任人员，依照上述规定处罚。判处罚金刑的，在执行前，应当先由税务机关追缴税款，实行“先追缴后处罚”原则。

【抗税罪】 是指纳税人、扣缴义务人违反国家税收征管法规，以暴力、威胁方法拒不缴纳税款的行为。本罪侵犯的客体既包括国家对税收的征管制度，又包括执行征税职务活动的税务人员的人身权利。本罪的客观方面表现为违反国家税收征管法规，以暴力、威胁方法拒不缴纳税款的行为。其中，暴力是指行为人对税务机关进行冲击、打砸、破坏，对税务人员实施袭击或者使用其他暴力手段，如殴打、捆绑、禁闭，损毁税务机关的账簿资料、办公设备等；威胁，是指行为人对税务人员实施精神上的强制，如以杀害、伤害或者毁坏名誉，毁坏财物等相要挟，企图使税务人员不能或者不敢正常履行税收征管职责，以达到其不缴纳或少缴纳税款的目的。本罪的行为方式仅限于暴力和威胁两种手段，行为人采取暴力、威胁以外的方法拒不缴纳税款的，不构成本罪，但可构成逃避追缴欠税罪。本罪的暴力程度仅限于致人轻伤以下的结果。抗税的暴力手段致人重伤以上结果的，应按照故意伤害罪或者故意杀人罪定罪处罚。本罪的主体是特殊主体，即纳税人、扣缴义务人。本罪的主观方面是故意。

根据《刑法》第二百零二条的规定，犯本罪的，处三年以下有期徒刑或者拘役，并处拒缴税款1倍以上5倍以下罚金；情节严重的，处三年以上七年以下有期徒刑，并处拒缴税款1倍以上5倍以下罚金。

【逃避追缴欠税罪】 是指纳税人违反税收征管法规，欠缴应纳税款，并采取转移或者隐匿财产的手段，致使税务机关无法追缴欠缴的税款，数额较大的行为。本罪侵犯的客体是国家对税收的管理制度。本罪的客观方面表现为违反税收征管法规，欠缴应缴税款，并采取转移或者隐匿财产的手段，致使税务机关无法追缴欠缴的税款，数额较大的行为。具体表现为：（1）必须具有欠税的事实前提。欠税，是指纳税人超过税务机关核定的纳税期限，没有按时缴纳，拖欠税款的行为。如果法定纳税期限尚未届满，欠税就不成立，当然不存在构成本罪问题，即使纳税人为未来拖欠税款而转移财产或隐匿财产，也不能定本罪。（2）必须实施了积极的逃避追缴欠税的行为，包括转移财产或隐匿财产。根据《关于办理危害税收征管刑事案件司法解释》的规定，转移或者隐匿财产的手段包括下列行为方式：①放弃到期债权；②无偿转让财产；③以明显不合理的价格进行交易；④隐匿财产；⑤不履行税收义务并脱离税务机关监管；⑥其他手段转移或者隐匿财产的。如果没有采取积极地逃避追缴欠税的方法，而仅是躲避起来，避免与税务人员接触，以此拖延缴纳欠税的，不构成本罪。（3）必须造成税务机关无法追缴欠税的结果。本罪属于结果犯，如果行为人虽然采取转移或隐匿财产的方法，但不足以致使税务机关无法追缴欠税，或者税务机关通过工作，还是将所转移、隐匿的财产追回，没有形成无法追缴的事实的，本罪也不成立。（4）导致无法追缴的欠税数额较大，达到1万元以上的。对于低于这一数额的，不以本罪论处。根据《关于办理危害税收征管刑事案件司法解释》，骗取国家出口退税10万元以上的，属于数额较大。本罪的主体是特殊主体，即纳税人，既包括自然人，也包括单位。本罪的主观方面是故意。

根据《刑法》第二百零三条、第二百一十一条的规定，犯本罪的，数额在1万元以上不满10万元的，处三年以下有期徒刑或者拘役，并处或者单处欠缴税款1倍以上5倍以下罚金；数额在10万元以上的，处三年以上七年以下有期徒刑，并处欠缴税款1倍以上5倍以下罚金。单位犯本罪的，对单位判处罚金，并对其直接负责的主管人员和其他直接责任人员，依照上述规定处罚。

【骗取出口退税罪】 是指纳税人以假报出口或者其他欺骗手段，骗取出口退税款，数额较大的行为。本罪侵犯的客体是国家的税收管理制度。本罪的客观方面表现为以假报出口或者其他欺骗手段，骗取国家出口退税款，数额较大的行为。出口退税，是指国家为了鼓励国内企业出口创汇，增强国内企业产品在国际市场上的竞争能力，当企业将已经征收了产品税、增值税、营业税、特别消费税的产品出口到国际市场时，国家把已征税款退还给企业的制度。根据《关于办理危害税收征管刑事案件司法解释》的规定，“假报出口或者其他欺骗手段”是指：（1）使用虚开、非法购买或者以其他非法手段取得的增值税专用发票或者其他可以用于出口退税的发票申报出口退税的；（2）将未负税或者免税的出口业务申报为已税的出口业务的；（3）冒用他人出口业务申报出口退税的；（4）虽有出口，但虚构应退税出口业务的品名、数量、单价等要素，以虚增出口退税额申报出口退税的；（5）伪造、签订虚假的销售合同，或者以伪造、变造等非法手段取得出口报关单、运输单据等出口业务相关单据、凭证，虚构出口事实申报出口退税的；（6）在货物出口后，又转入境内或者将境外同种货物转入境内循环进出口并申报出口退税的；（7）虚报出口产品的功能、用途等，将不享受退税政策的产品申报为退税产品的；（8）以其他欺骗手段骗取出口退税款的。根据《关于办理危害税收征管刑事案件司法解释》，骗取国家出口退税10万元以上的，属于“数额较大”；50万元以上的，属于“数额巨大”；500万元以上的，属于“数额特别巨大”。本罪的主体是特殊主体，即纳税人，既包括自然人，也包括单位。本罪的主观方面是故意。

根据《刑法》第二百零四条、第二百一十一条的规定，犯本罪的，处五年以下有期徒刑或者拘役，并处骗取税款1倍以上5倍以下罚金；数额巨大或者有其他严重情节的，处五年以上十年以下有期徒刑，并处骗取税款1倍以上5倍以下罚金；数额特别巨大或者有其他特别严重情节的，处十年以上有期徒刑或者无期徒刑，并处骗取税款1倍以上5倍以下罚金或者没收财产。单位犯本罪的，对单位判处罚金，并对其直接负责的主管人员和其他直接责任人员，依照上述规定处罚。

【虚开增值税专用发票、用于骗取出口退税、抵扣税款发票罪】 是指违反国家税收征管法规，为他人虚开、为自己虚开、让他人为自己虚开、介绍他人虚开增值税专用发票或者用于骗取出口退税、抵扣税款的其他发票的行为。本罪侵犯的客体是国家对税收和发票的管理制度。本罪的客观方面表现为行为人实施了虚开增值税专用发票或者用于骗取出口退税、抵扣税款的其他发票的行为。根据《关于办理危害税收征管刑事案件司法解释》的规定，具体包括以下4种表现形式：（1）没有实际业务，开具增值税专用发票、用于骗取出口退税、抵扣税款的其他发票；（2）有实际应抵扣业务，但开具超过实际应抵扣业务对应税款的增值税专用发票、用于骗取出口退税、抵扣税款的其他发票；（3）对依法不能抵扣税款的业务，通过虚构交易主体开具增值税专用发票、用于骗取出口退税、抵扣税款的其他发票；（4）非法篡改增值税专用发票或者用于骗取出口退税、抵扣税款的其他发票相关电子信息。增值税专用发票，是指以商品或者劳动增值额为征税对象，具有直接抵扣税款功能的专门用于增值税的发票。其他发票，是指具有与增值税专用发票相同功能的可以用于骗取出口退税、抵扣税款的其他非增值税发票。行为人具有上述行为之一的，即可构成本罪。在具体认定上，虚开的核心是票流、资金流和物流“三流不合一”。盗窃增值税专用发票或者可以用于骗取出口退税、抵扣税款的其他发票的，依照盗窃罪的规定定罪处罚。使用欺骗手段骗取增值税专用发票或者可以用于骗取出口退税、抵扣税款的其他发票的，依照诈骗罪的规定定罪处罚。本罪的主体是一般主体，既包括自然人，也包括单位。本罪的主观方面是故意，且要求行为人主观上具有骗取国家税收的目的。

根据《刑法》第二百零五条的规定，

犯本罪的，处三年以下有期徒刑或者拘役，并处2万元以下20万元以下罚金；虚开的税款数额较大或者有其他严重情节的，处三年以上十年以下有期徒刑，并处5万元以上50万元以下罚金；虚开的税款数额巨大或者有其他特别严重情节的，处十年以上有期徒刑或者无期徒刑，并处5万元以上50万元以下罚金或者没收财产。单位犯本罪的，对单位判处罚金，并对其直接负责的主管人员和其他直接责任人员，处三年以下有期徒刑或者拘役；虚开的税款数额较大或者有其他严重情节的，处三年以上十年以下有期徒刑；虚开的税款数额巨大或者有其他特别严重情节的，处十年以上有期徒刑或者无期徒刑。

【虚开发票罪】 是指有为他人虚开、为自己虚开、让他人为自己虚开、介绍他人虚开行为之一的，违反有关规范，使国家造成损失的行为。本罪侵犯的客体是国家的发票管理制度。本罪的客观方面表现为违反国家税收征管法规，虚开增值税专用发票或者用于骗取出口退税、抵扣税款的其他发票以外的发票，情节严重的行为。本罪虚开的对象仅限于增值税专用发票或者用于骗取出口退税、抵扣税款的其他发票以外的普通发票。其行为方式主要表现为没有实际业务而为他人、为自己、让他人为自己、介绍他人开具发；有实际业务，但为他人、为自己、让他人为自己、介绍他人开具与实际业务的货物品名、服务名称、货物数量、金额等不符的发票；非法篡改发票相关电子信息以及违反规定以其他手段虚开的。在行为方式上，虚开包括自己虚开、为他人虚开、介绍他人虚开让他人为自己虚开。本罪的主体是一般主体，包括自然人和单位。本罪的主观方面是故意。

根据《刑法》第二百零五条之一的规定，犯本罪的，处二年以下有期徒刑、拘役或者管制，并处罚金；情节特别严重的，处二年以上七年以下有期徒刑，并处罚金。单位犯本罪的，对单位判处罚金，并对其直接负责的主管人员和其他直接责任人员，依照上述规定处罚。

【伪造、出售伪造的增值税专用发票罪】

是指非法印制、复制或者使用其他方法伪造增值税专用发票或者非法销售、倒卖伪造的增值税发票的行为。本罪侵犯的客体是国家对增值税发票的管理制度。本罪的客观方面表现为违反国家对增值税专用发票的管理规定，伪造或者出售伪造的增值税专用发票的行为。伪造，是指仿照增值税专用发票的内容、专用纸、荧光油墨、形状、图案、色彩等，使用印刷、复印、描绘等手段制造假增值税专用发票的行为。一般包括3种情况：（1）不法分子利用地下印刷厂非法印刷增值税专用发票；（2）承印增值税专用发票的指定企业，未经税务机关批准私自加印增值税专用发票；（3）无权印制增值税专用发票的单位私自印制增值税专用发票。变造增值税专用发票的，按照伪造增值税专用发票行为处理。出售，是指以营利为目的，以各种方式，通过各种途径以一定的价格卖出伪造的增值税专用发票的行为。本罪的主体是一般主体，包括自然人和单位。本罪的主观方面是故意。

根据《刑法》第二百零六条的规定，犯本罪的，处三年以下有期徒刑、拘役或者管制，并处2万元以上20万元以下罚金；数量较大或者有其他严重情节的，处三年以上十年以下有期徒刑，并处5万元以上50万元以下罚金；数量巨大或者有其他特别严重情节的，处十年以上有期徒刑或者无期徒刑，并处5万元以上50万元以下罚金或者没收财产。单位犯本罪的，对单位判处罚金，并对其直接负责的主管人员和其他直接责任人员，处三年以下有期徒刑、拘役或者管制；数量较大或者有其他严重情节的，处三年以上十年以下有期徒刑；数量巨大或者有其他特别严重情节的，处十年以上有期徒刑或者无期徒刑。

【非法出售增值税专用发票罪】 是指违反国家对增值税专用发票的管理规定，非法出售增值税专用发票的行为。本罪侵犯的客体是国家对增值税专用发票的管理制度。犯罪对象必须是增值税专用发票。本罪的客观方面表现为违反国家发票管理法规，无权出售增值税专用发票而非法出售，或者有权出售增值税专用发票的税务人员违法出售增值税专用发票的行为。非法出售增值税专用发票，票面税额10万元以上的，非法出售10份以上且票面税额6万元以上的，非法获利数额在1万元以上的，应予追诉。本罪的主体是一般主体，包括自然人和单位。本罪的主观方面是故意，即明知自己出售增值税专用发票的行为违反国家法律而故意实施。

根据《刑法》第二百零七条、第二百一十一条的规定，犯本罪的，处三年以下有期徒刑、拘役或者管制，并处2万元以上20万元以下罚金；数量较大的，处三年以上十年以下有期徒刑，并处5万元以上50万元以下罚金；数量巨大的，处十年以上有期徒刑或者无期徒刑，并处5万元以上50万元以下罚金或者没收财产。单位犯本罪的，对单位判处罚金，并对其直接负责的主管人员和其他直接责任人员，依照上述规定处罚。

【非法购买增值税专用发票、购买伪造的增值税专用发票罪】 是指违反国家对增值税专用发票的管理规定，非法购买增值税专用发票或者购买伪造的增值税专用发票的行为。本罪侵犯的客体是国家对发票的管理制度。犯罪对象必须是增值税专用发票。本罪的客观方面表现为违反国家发票管理法规，向无权出售增值税专用发票的单位或个人购买这种发票或者明知是他人伪造的增值税专用发票而予以购买的行为。根据《关于办理危害税收征管刑事案件司法解释》的规定，购买伪造的增值税专用发票又出售的，以出售伪造的增值税专用发票罪定罪处罚；非法购买增值税专用发票用于骗取抵扣税款或者骗取出口退税款，同时构成非法购买增值税专用发票罪与虚开增值税专用发票罪、骗取出口退税罪的，依照处罚较重的规定定罪处罚。本罪的主体是一般主体，包括自然人和单位。本罪的主观方面是故意。

根据《刑法》第二百零八条、第二百一十一条的规定，犯本罪的，处五年以下有期徒刑或者拘役，并处或者单处2万元以上20万元以下罚金。单位犯本罪的，对单位判处罚金，并对其直接负责的主管人员和其他直接责任人员，依照上述规定处罚。

【非法制造、出售非法制造的用于骗取出口退税、抵扣税款发票罪】 是指违反国家发票管理法规，伪造、擅自制造或者出售伪造、擅自制造的可以用于骗取出口退税、抵扣税款的其他发票的行为。本罪侵犯的客体是国家对发票的管理制度。本罪的客观方面表现为违反国家发票管理法规，伪造、擅自制造或者出售伪造、擅自制造的可以用于骗取出口退税、抵扣税款的其他发票的行为。伪造，是指无权制造这种发票的单位或个人私自制造。擅自制造，是指由税务机关授权制造这些“其他发票”的单位或个人，未按照税务机关规定的数量和规模，擅自超额印制的行为。本罪的主体是一般主体，包括自然人和单位。本罪的主观方面是故意。

根据《刑法》第二百零九条第一款、第二百一十一条的规定，犯本罪的，处三年以下有期徒刑、拘役或者管制，并处2万元以上20万元以下罚金；数量巨大的，处三年以上七年以下有期徒刑，并处5万元以上50万元以下罚金；数量特别巨大的，处七年以上有期徒刑，并处5万元以上50万元以下罚金。单位犯本罪的，对单位判处罚金，并对其直接负责的主管人员和其他直接责任人员，依照上述规定处罚。

【非法制造、出售非法制造的发票罪】 是指违反国家发票管理法规，伪造、擅自制造或者出售伪造、擅自制造的用于骗取出口退税、抵扣税款的发票以外的其他发票的行为。本罪侵犯的客体是国家对发票的管理制度。本罪的客观方面表现为伪造、擅自制造除增值税专用发票、可以用于骗取出口退税、抵扣税款的发票以外的其他普通发票，或者明知是他人伪造、擅自制造的可以用于骗取出口退税、抵扣税款的发票以外的其他普通发票，而予以出售的行为。擅自制造，是指税务机关指定的印刷企业超出批准的范围私自加印发票的行为。其他单位和个人非法印制发票的，则属于伪造。本罪的主体是一般主体，包括自然人和单位。本罪的主观方面是故意。

根据《刑法》第二百零九条第二款、第二百一十一条的规定，犯本罪的，处二年以下有期徒刑、拘役或者管制，并处或者单处1万元以上5万元以下罚金；情节严重的，处二年以上七年以下有期徒刑，并处5万元以上50万元以下罚金。单位犯本罪的，对单位判处罚金，并对其直接负责的主管人员和其他直接责任人员，依照上述规定处罚。

【非法出售用于骗取出口退税、抵扣税款发票罪】 是指违反国家发票管理法规，非法出售可以用于骗取出口退税、抵扣税款的其他发票的行为。本罪侵犯的客体是国家对发票的管理制度。犯罪对象是增值税专用发票以外的可以用于骗取出口退税、抵扣税款的其他发票。本罪的客观方面表现为非法出售增值税专用发票以外的可以用于骗取出口退税、抵扣税款的其他发票的行为。非法出售，包括无权销售的单位或个人私自非法销售，也包括有权销售的税务机关违法越权销售。本罪的主体是一般主体，包括自然人和单位。本罪的主观方面是故意。

根据《刑法》第二百零九条第三款、第二百一十一条的规定，犯本罪的，处三年以下有期徒刑、拘役或者管制，并处2万元以上20万元以下罚金；数量巨大的，处三年以上七年以下有期徒刑，并处5万元以上50万元以下罚金；数量特别巨大的，处七年以上有期徒刑，并处5万元以上50万元以下罚金或者没收财产。单位犯本罪的，对单位判处罚金，并对直接负责的主管人员和其他直接责任人员，依照上述规定处罚。

【非法出售发票罪】 是指违反国家发票管理法规，非法出售用于骗取出口退税、抵扣税款的发票以外的其他发票的行为。本罪侵犯的客体是国家对发票的管理制度。犯罪对象是普通发票。普通发票虽然没有专用发票的功能，但如果被用于非法活动，其危害性也是很大的。本罪的客观方面表现为违反国家发票管理法规，非法出售除增值税专用发票、可以用于骗取出口退税、抵扣税款的非增值税专用发票以外的普通发票的行为。本罪的主体是一般主体，自然人和单位均可构成本罪的主体。本罪的主观方面是故意。

根据《刑法》第二百零九条第四款、第二百一十一条的规定，犯本罪的，处二年以下有期徒刑、拘役或者管制，并处或者单处1万元以上5万元以下罚金；情节严重的，处二年以上七年以下有期徒刑，并处5万元以上50万元以下罚金。单位犯本罪的，对单位判处罚金，并对其直接负责的主管人员和其他直接责任人员，依照上述规定处罚。

【持有伪造的发票罪】 是指明知是伪造的发票而非法持有且数量较大的行为。本罪侵犯的客体是国家对发票的管理制度。犯罪对象是伪造的发票。本罪的客观方面表现为行为人非法持有伪造的发票，且数量较大的行为。一般认为，伪造的发票是指仿照发票的内容、专用纸、荧光油墨、形状、图案、色彩等，使用印制、复印、描绘等手段制造的假发票。本罪的主体是一般主体，包括自然人和单位。本罪的主观方面是故意，即明知是伪造的发票而非法持有。

根据《刑法》第二百一十条之一的规定，犯本罪的，处二年以下有期徒刑、拘役或者管制，并处罚金；数量巨大的，处二年以上七年以下有期徒刑，并处罚金。单位犯本罪的，对单位判处罚金，并对其直接负责的主管人员和其他直接责任人员，依照上述的规定处罚。

【侵犯知识产权罪】 是指违反知识产权保护法规，未经知识产权所有人许可，非法利用其知识产权，侵犯国家对知识产权的管理秩序和知识产权所有人的合法权益，违法所得数额较大或者情节严重的行为。本罪侵犯的客体是知识产权管理秩序和知识产权利益。本罪的客观方面表现为违反知识产权保护法规，未经知识产权所有人许可，非法利用其知识产权，侵犯国家对知识产权的管理秩序和知识产权所有人的合法权益，违法所得数额较大或者情节严重的行为。本罪的主体是一般主体，包括自然人和单位。本罪的主观方面是故意。本罪是一个类罪，具体犯罪包括假冒注册商标罪，销售假冒注册商标的商品罪，非法制造、销售非法制造的注册商标标识罪，假冒专利罪，侵犯著作权罪，销售侵权复制品罪，侵犯商业秘密罪，为境外窃取、刺探、收买、非法提供商业秘密罪。

【假冒注册商标罪】 是指违反商标管理法规，未经注册商标所有人许可，在同一种商品、服务上使用与其注册商标相同的商标，情节严重的行为。本罪侵犯的客体既包括国家对商标的管理秩序，又包括注册商标所有人的注册商标专用权。商标是商品的标志，是商品生产者或经营者为了标明其商品并与他人商品相区别，而在自己的商品上附加的用文字、图形或其组合构成的显著标志。本罪的客观方面表现为违反商标管理法规，未经注册商标所有人许可，在同一种商品上使用与其注册商标相同的商标，情节严重的行为。在“同种商品”上使用“同种商标”是构成本罪的两个必须同时具备的要件。相同的商标是指与被假冒的注册商标完全相同，或者与被假冒的注册商标在视觉上基本无差别、足以对公众产生误导的商标。使用是指将注册商标或者假冒的注册商标用于商品、商品包装或者容器以及产品说明书、商品交易文书，或者将注册商标或者假冒的注册商标用于广告宣传、展览以及其他商业活动等行为。根据《办理侵犯知识产权刑事案件司法解释》规定，假冒注册商标的情节严重主要包括下列情形：(1) 非法经营数额在5万元以上或者违法所得数额在3万元以上的；(2) 假冒两种以上注册商标，非法经营数额在3万元以上或者违法所得数额在2万元以上的；(3) 其他情节严重的情形。本罪的主体是一般主体，既包括自然人，也包括单位。本罪的主观方面是故意。

根据《刑法》第二百一十三条、第二百二十条的规定，犯本罪的，处三年以下有期徒刑，并处或者单处罚金；情节特别严重的，处三年以上十年以下有期徒刑，并处罚金。单位犯本罪的，对单位判处罚金，并对其直接负责的主管人员和其他直接责任人员，依照上述规定处罚。

【销售假冒注册商标的商品罪】 是指违反商标管理法规，销售明知是假冒注册商标的商品，违法所得数额较大或者有其他严重情节的行为。本罪侵犯的客体既包括国家对商标的管理秩序，又包括注册商标所有人的注册商标专用权。本罪的客观方面表现为违反商标管理法规，销售明知是假冒注册商标的商品，违法所得数额较大或者有其他严重情节的行为。销售，包括批发、零售、代售、贩卖等各个销售环节。销售的对象必须是使用已被他人注册的商标的商品。构成本罪必须违法所得数额较大。数额较大，是指销售金额在5万元以上的。本罪的主体是一般主体，既包括自然人，也包括单位。本罪的主观方面是故意，并要求行为人主观上明知是假冒注册商标的商品。根据相关司法解释，具有下列情形之一的，应当认定为行为人明知：(1) 知道自己销售的商品上的注册商标被涂改、调换或者覆盖的；(2) 因销售假冒注册商标的商品受过行政处罚或者承担过民事责任、又销售同一种假冒注册商标的商品的；(3) 伪造、涂改商标注册人授权文件或者知道该文件被伪造、涂改的；(4) 其他知道或者应当知道是假冒注册商标的商品的情形。

根据《刑法》第二百一十四条、第二百二十条的规定，犯本罪的，处三年以下有期徒刑，并处或者单处罚金；违法所得数额巨大或者有其他特别严重情节的，处三年以上十年以下有期徒刑，并处罚金。单位犯本罪的，对单位判处罚金，并对其直接负责的主管人员和其他直接责任人员，依照上述规定处罚。

【非法制造、销售非法制造的注册商标标识罪】 是指违反商标管理法规，伪造、擅自制造他人注册商标标识或者销售伪造、擅自制造的注册商标标识，情节严重的行为。本罪侵犯的客体既包括国家对商标的管理秩序，又包括注册商标所有人的注册商标专用权。本罪的客观方面表现为违反商标管理法规，伪造、擅自制造他人注册商标标识或者销售伪造、擅自制造的注册商标标识，情节严重的行为。商标标识是指在商品或者商品包装、说明书及其附着物上标明注册商标的标记。本罪的主体是一般主体，既包括自然人，也包括单位。本罪的主观方面是故意。

根据《刑法》第二百一十五条、第二百二十条的规定，犯本罪的，处三年以下有期徒刑，并处或者单处罚金；情节特别严重的，处三年以上十年以下有期徒刑，并处罚金。单位犯本罪的，对单位判处罚金，并对其直接负责的主管人员和其他直接责任人员，依照上述规定处罚。

【假冒专利罪】 是指违反专利管理法规，未经专利权人许可，假冒他人专利，情节严重的行为。本罪侵犯的客体既包括国家对专利的管理秩序，又包括专利权人的专利专用权。专利权，是指专利权人（专利权的所有人和持有人）在法律规定的有效期限内，依法对于自己取得的发明创造（包括发明、实用新型和外观设计）所享有的专有权和独占权。发明，是指对产品、方法或者其改进所提出的新的技术方案；实用新型，是指对产品的形状、构造或者其结合所提出的适于实用的新的技术方案；外观设计，是指对产品的形状、图案或者其结合以及色彩与形状、图案的结合所作出的富有美感并适于工业应用的新设计。本罪的客观方面表现为违反专利管理法规，未经专利权人许可，假冒他人专利，情节严重的行为。其行为具体包括：(1) 未经许可，在其制造或者销售的产品、产品的包装上标注他人专利号的；(2) 未经许可，在广告或者其他宣传材料中使用他人的专利号，使人将所涉及的技术误认为是他人专利技术的；(3) 未经许可，在合同中使用他人的专利号，使人将合同涉及的技术误认为是他人专利技术的；(4) 伪造或者变造他人的专利证书、专利文件或者专利申请文件的。构成本罪，必须是情节严重的行为。本罪的主体是一般主体，既包括自然人，也包括单位。本罪的主观方面是故意。

根据《刑法》第二百一十六条、第二百二十条的规定，犯本罪的，处三年以下有期徒刑或者拘役，并处或者单处罚金。单位犯本罪的，对单位判处罚金，并对其直接负责的主管人员和其他直接责任人员，依照上述规定处罚。

【侵犯著作权罪】 是指以营利为目的，违反著作权管理法规，未经著作权人许可，侵犯他人的著作权，或者与著作权有关的权利，违法所得数额较大或者有其他严重情节的行为。本罪侵犯的客体既包括国家对文化市场的管理秩序，又包括著作权人对其作品依法享有的著作权和与著作权相关的权益。著作权是指作者或其他著作权人对所创作的文学、艺术和科学作品所享有的专有权利，其内容包括人身权和财产权。人身权包括发表权、署名权、修改权和保护作品完整权。财产权主要是指使用作品的权利和获得报酬权，即以复制、表演、播放、展览、发行、录音录像、摄制电影电视等方式使用作品，以及许可他人使用上述作品并获得报酬的权利。与著作权相关的权益，又称邻接权，是指传播作品的人对其赋予作品的传播形式所享有的权利，包括出版者、表演者、电台、电视台和录音录像者的权利。本罪的客观方面表现为以营利为目的，违反著作权管理法规，未经著作权人许可，侵犯他人著作权，或者与著作权有关的权利，违法所得数额较大或者有其他严重情节的行为。具体包括下述 6 种情形：(1) 未经著作权人许可，复制发行、通过信息网络向公众传播其文字作品、音乐、美术、视听作品、计算机软件及法律、行政法规规定的其他作品的。未经著作权人许可，是指没有得到著作权人授权或者伪造、涂改著作权人授权许可文件或者超出授权许可范围的情形。复制是指以印刷、临摹、拓印、录音、录像、翻拍等方式将作品制作一份或多份的行为。发行是指通过批发、零售、出租等方式将复制的作品向公众传播的行为。复制发行，包括复制、发行或者既复制又发行的行为。通过信息网络向公众传播他人文字作品、音乐、电影、电视、录像作品、计算机软件及其他作品的行为，应当视为此处的复制发行。侵权产品的持有人通过广告、征订等方式推销侵权产品的，属于此处的发行。未经著作权人许可，复制并发行其享有著作权的上述作品，就可以构成本罪。（2）出版他人享有专有出版权的图书。图书专有出版权，是指图书出版者对著作权人交付出版的作品在合同约定的期限和地区以原版、修订版方式以图书形式出版的独占权利，其产生依据是著作权人与出版者之间签订的图书出版专有合同。如果未经出版者许可而出版其享有专有出版权的图书，则可以构成本罪。（3）未经录音录像制作者许可，复制发行、通过信息网络向公众传播其制作的录音录像的。根据《著作权法》的规定，录音录像的制作者对其作品，享有许可他人复制发行并获得报酬的权利，该权利的保护期为50年。这就是录音录像制作者对其录音录像作品享有的专有出版权。行为人在这一法定保护期限内，未经录音录像制作者的同意，以翻录的形式大量复制并出售、出租其录音录像作品的，即构成对他人专有权的侵犯。（4）未经表演者许可，复制发行录有其表演的录音录像制品，或者通过信息网络向公众传播其表演的。（5）制作、出售假冒他人署名的美术作品的。具体包括下列3种形式：①以临摹的方法，临摹他人的美术作品，然后署上他人的姓名，假冒他人的画作出售，谋取非法利益；②在自己的美术作品上署上名家的姓名，然后假冒名家的作品出售，谋取非法利益；③在他人的美术作品上，署上名家的姓名，然后假冒名家的作品出售，谋取非法利益。不论采用何种方式，制作并销售假冒他人署名的美术作品的，即可以构成本罪。（6）未经著作权人或者与著作权有关的权利人许可，故意避开或者破坏权利人为其作品、录音录像制品等采取的保护著作权或者与著作权有关的权利的技术措施的。本罪的主体是一般主体，既包括自然人，也包括单位。本罪的主观方面是故意。不是出于营利目的而擅自复制、发行或出版他人作品的，不构成犯罪。以刊登收费广告等方式直接或者间接收取费用的情形，属于以营利为目的。

根据《刑法》第二百一十七条、第二百二十条的规定，犯本罪的，处三年以下有期徒刑，并处或者单处罚金；违法所得数额巨大或者有其他特别严重情节的，处三年以上十年以下有期徒刑，并处罚金。单位犯本罪的，对单位判处罚金，并对其直接负责的主管人员和其他直接责任人员，依照上述规定处罚。

【销售侵权复制品罪】 是指以营利为目的，违反著作权管理法规，明知是侵权复制品而故意销售，违法所得数额巨大或者有其他严重情节的行为。本罪侵犯的客体既包括国家对文化市场的管理秩序，又包括著作权人对其作品依法享有的著作权，还包括邻接人对其出版作品享有的权利。本罪的客观方面表现为违反著作权管理法规，明知是侵权复制品而故意销售，违法所得数额巨大或者有其他严重情节的行为。侵权复制品包括侵权复制的文字作品、音乐、电影、电视、录像作品、计算机软件及其他作品、他人享有专有出版权的图书、录音录像制品、美术作品等。本罪的主体是一般主体，既包括自然人，也包括单位。本罪的主观方面是故意，并且必须具有营利的目的。

根据《刑法》第二百一十八条、第二百二十条的规定，犯本罪的，处五年以下有期徒刑，并处或者单处罚金。单位犯本罪的，对单位判处罚金，并对其直接负责的主管人员和其他直接责任人员，依照上述规定处罚。

【侵犯商业秘密罪】 是指采取不正当手段，获取、使用、披露或者允许他人使用权利人的商业秘密，情节严重的行为。本罪侵犯的客体既包括国家对商业秘密的管理制度，又包括商业秘密的权利人享有的合法权利。商业秘密是指不为公众所知悉，能为权利人带来经济利益，具有实用性并经权利人采取保密措施的技术信息和经营信息。权利人是指商业秘密的所有人和经商业秘密所有人许可的商业秘密使用人。本罪的客观方面表现为采取不正当手段，获取、使用、披露或者允许他人使用权利人的商业秘密，情节严重的行为。具体包括下述 3 种情形：（1）以盗窃、贿赂、欺诈、胁迫、电子侵入或者其他不正当手段获取权利人的商业秘密的；（2）披露、使用或者允许他人使用以前项手段获取的权利人的商业秘密的；（3）违反保密义务或者违反权利人有关保守商业秘密的要求，披露、使用或者允许他人使用其所掌握的商业秘密的。明知前款所列行为，获取、披露、使用或者允许他人使用该商业秘密的，以侵犯商业秘密论。给商业秘密的权利人造成损失数额或者因侵犯商业秘密违法所得在 30 万元以上的，属于给权利人造成重大损失。本罪的主体是一般主体，既包括自然人，也包括单位。本罪的主观方面是故意。

根据《刑法》第二百一十九条、第二百二十条的规定，犯本罪的，处三年以下有期徒刑，并处或者单处罚金；情节特别严重的，处三年以上十年以下有期徒刑，并处罚金。造成特别严重后果，是指给商业秘密的权利人造成损失数额或者因侵犯商业秘密违法所得数额在 250 万元以上。单位犯本罪的，对单位判处罚金，并对其直接负责的主管人员和其他直接责任人员，依照上述规定处罚。

【为境外窃取、刺探、收买、非法提供商业秘密罪】 是指为境外的机构、组织、人员窃取、刺探、收买、非法提供商业秘密的犯罪。本罪侵犯的客体是市场的公平竞争秩序和商业秘密权利人的权利。客观方面表现是为境外的机构、组织、人员窃取、刺探、收买、非法提供商业秘密的行为。犯罪主体是一般主体，既可以是自然人，也可以是单位。犯罪主观方面是故意，且明知对方是境外机构、组织、人员而为其进行窃取、刺探、收买、非法提供商业秘密。

根据《刑法》第二百一十九条之一的规定，犯本罪的，处五年以下有期徒刑，并处或者单处罚金；情节严重的，处五年以上有期徒刑，并处罚金。

【扰乱市场秩序罪】 是指违反国家对市场监督管理的法律法规，进行不正当竞争，从事非法经营贸易或者中介服务活动，以及强行进行交易，扰乱和破坏等价有偿、公平竞争和平等交易的市场秩序，情节严重的行为。本罪侵害的客体是市场秩序。本罪的客观方面表现为：（1）违反了工商行政管理土地、商检、劳动等市场管理法规；（2）损害了国家利益、社会公益和他人合法权益；（3）情节严重或数额较大或给他人造成重大损失，有危害后果。本罪的主体是一般主体，包括自然人和单位。本罪的主观方面是故意，个别犯罪也可以由过失构成。

根据《刑法》分则第三章第八节的规定，本罪是一个类罪，具体犯罪包括损害商业信誉、商品声誉罪，虚假广告罪，串通投标罪，合同诈骗罪，组织、领导传销活动罪，非法经营罪，强迫交易罪，伪造、倒卖伪造的有价票证罪，倒卖车票、船票罪，非法转让、倒卖土地使用权罪，提供虚假证明文件罪，出具证明文件重大失实罪，逃避商检罪。

【损害商业信誉、商品声誉罪】 是指捏造并散布虚伪事实，损害他人的商业信誉、商品声誉，给他人造成重大损失或者有其他严重情节的行为。本罪侵犯的客体是同业竞争对手的商业信誉和商品声誉。商业信誉，是指经营者在商业活动中的信用程度和名誉，包括社会公众对该经营者的资信状况、商业道德、技术水平、经济实力等方面的评价。商品声誉，是指企业投放市场的商品在质量、品牌、风格等方面的可信赖程度和知名度。本罪的客观方面表现为捏造并散布虚伪事实，损害他人的商业信誉、商品声誉，给他人造成较大损失或者有其他严重情节的行为。捏造，是指无中生有、凭空捏造虚假事实的行为；散布，是指以各种方式在公众中宣传、扩散其捏造的虚假事实的行为。行为人只有同时实施了捏造和散布损害他人商业信誉、商品声誉的行为，并具有严重情节的，才可构成本罪。本罪的主体是一般主体，既包括自然人，也包括单位。本罪的主观方面是故意。

根据《刑法》第二百二十一条、第二百三十一条的规定，犯本罪的，处二年以下有期徒刑或者拘役，并处或者单处罚金。单位犯本罪的，对单位判处罚金，并对其直接负责的主管人员和其他直接责任人员，依照上述规定处罚。

【虚假广告罪】 是指广告主、广告经营者、广告发布者违反法律规定，利用广告对商品或者服务作虚假宣传，情节严重的行为。本罪侵犯的客体是国家对广告的管理秩序。广告，是指商品经营者或者服务提供者承担费用，通过一定媒介和形式直接或者间接地介绍自己所推销的商品或者提供的服务的商业广告。利用广告作虚假宣传，直接破坏了国家对广告市场的管理秩序，同时也会使听信广告而被误导的消费者的合法权益受到损害。本罪的客观方面表现为违反法律规定，利用广告对商品或者服务作虚假宣传，情节严重的行为。利用广告对商品或服务作虚假宣传，是指利用广告的形式，在广告中对商品的性能、产地、用途、质量、价格、生产者、生产日期、有效期、售后服务，以及对服务的内容、形式、质量、价格等作不真实的宣传，或无中生有、夸大事实，或隐瞒真相、以假充真，或移花接木、张冠李戴，即以不符合事实真相的虚假内容，通过广告形式进行宣扬或传播，使消费者受到严重欺骗或误导，以达到推销劣质商品或服务的目的。构成本罪，必须是情节严重的行为。本罪的主体是特殊主体，即广告主、广告经营者、广告发布者，既包括自然人，也包括单位。本罪的主观方面是故意。

根据《刑法》第二百二十二条、第二百三十一条的规定，犯本罪的，处二年以下有期徒刑或者拘役，并处或者单处罚金。单位犯本罪的，对单位判处罚金，并对其直接负责的主管人员和其他直接责任人员，依照上述规定处罚。

【串通投标罪】 是指在招标投标过程中，投标人相互串通投标报价，损害招标人或者其他投标人的利益，情节严重，或者投标人与招标人串通投标，损害国家、集体、公民的合法利益的行为。本罪侵犯的客体既包括国家对招标投标活动的管理秩序，又包括招标人或者其他投标人的合法权益。本罪的客观方面表现为在招标投标过程中，投标人相互串通投标报价，损害招标人或者是其他投标人的利益，情节严重，或者投标人与招标人串通投标，损害国家、集体、公民的合法权益的行为。相互串通投标报价，是指在投标过程中，暗中商量好抬高或者压低标价等行为；损害招标人或者其他投标人利益，是指由于投标人相互串通投标报价而使招标人无法达到最佳的竞标结果或者其他投标人无法在公平竞争的条件下参与投标而受到损害的情况。本罪的主体是特殊主体，即招标投标过程中的招标人和投标人。本罪的主观方面是故意。

根据《刑法》第二百二十三条、第二百三十一条的规定，犯本罪的，处三年以下有期徒刑或者拘役，并处或者单处罚金。单位犯本罪的，对单位判处罚金，并对其直接负责的主管人员和其他直接责任人员，依照上述规定处罚。

【合同诈骗罪】 是指以非法占有为目的，在签订、履行合同过程中，骗取对方当事人的财物，数额较大的行为。本罪侵犯的客体既包括国家对合同的管理制度，又包括合同对方当事人的财物所有权。本罪的客观方面表现为在签订、履行合同过程中，骗取对方当事人的财物，数额较大的行为。具体包括下述5种情形：（1）以虚构的单位或者冒用他人名义签订合同的；（2）以伪造、变造、作废的票据或者其他虚假的产权证明作担保的；（3）没有实际履行能力，以先履行小额合同或者部分履行合同的方法，诱骗对方当事人继续签订和履行合同的；（4）收受对方当事人给付的货物、货款、预付款或者担保财产后逃匿的；（5）以其他方法骗取对方当事人财物的。本罪的主体是一般主体，既包括自然人，也包括单位。本罪的主观方面是故意，而且具有非法占有的目的。即行为人明知自己无资格订立经济合同、无担保能力、无履行合同的能力而故意虚构事实或者隐瞒真相，诱骗对方当事人与之签订或履行经济合同，以达到骗取对方当事人财物的目的。

根据《刑法》第二百二十四条、第二百三十一条的规定，犯本罪的，处三年以下有期徒刑或者拘役，并处或者单处罚金；数额巨大或者有其他严重情节的，处三年以上十年以下有期徒刑，并处罚金；数额特别巨大或者有其他特别严重情节的，处十年以上有期徒刑或者无期徒刑，并处罚金或者没收财产。单位犯本罪的，对单位判处罚金，并对其直接负责的主管人员和其他直接责任人员，依照上述规定处罚。

【组织、领导传销活动罪】 是指组织、领导以推销商品、提供服务等经营活动为名，要求参加者以缴纳费用或者购买商品、服务等方式获得加入资格，并按照一定顺序组成层级，直接或者间接以发展人员的数量作为计酬或者返利依据，引诱、胁迫参加者继续发展他人参加，骗取财物，扰乱经济社会秩序的传销活动的行为。本罪侵犯的客体主要是经济社会秩序，同时也侵犯了参与传销活动者的人身权和财产权。本罪的客观方面表现为组织、领导传销活动的行为。传销活动，是指以推销商品、提供服务等经营活动为名，要求参加者以缴纳费用或者购买商品、服务等方式获得加入资格，并按照一定顺序组成层级，直接或者间接以发展人员的数量作为计酬或者返利依据，引诱、胁迫参加者继续发展他人参加，骗取财物，扰乱经济社会秩序的活动。根据《禁止传销条例》（国务院令第444号）的规定，下列行为，属于传销行为：（1）组织者或者经营者通过发展人员，要求被发展人员发展其他人员加入，对发展的人员以其直接或者间接滚动发展的人员数量为依据计算和给付报酬（包括物质奖励和其他经济利益，下同），牟取非法利益的，即“拉人头”；（2）组织者或者经营者通过发展人员，要求被发展人员缴纳费用或者以认购商品等方式变相缴纳费用，取得加入或者发展其他人员加入的资格，牟取非法利益的，即“骗取入门费”；（3）组织者或者经营者通过发展人员，要求被发展人员发展其他人员加入，形成上下线关系，并以下线的销售业绩为依据计算和给付上线报酬，牟取非法利益的，即“团队计酬”。根据《办理组织领导传销活动刑事案件意见》的规定，以销售商品为目的、以销售业绩为计酬依据的单纯的团队计酬式传销活动，不作为犯罪处理。组织，是指通过策划、指挥、招揽、引诱、拉拢、胁迫、安排、调配等行为倡导、发起传销活动的行为。领导，是指在传销活动中处于统率、支配地位的人对传销活动进行的策划、决策、指挥、协调等活动。根据上述《意见》的规定，传销组织内部参与传销活动人员在30人以上且层级在3级以上的，应当对组织者、领导者追究刑事责任。本罪的主体是传销活动的组织者和领导者。本罪的主观方面只能是故意，并且行为人主观上通常有通过传销活动骗取财物、非法集资或者其他方面的目的。

根据《刑法》第二百二十四条之一的规定，犯本罪的，处五年以下有期徒刑或者拘役，并处罚金；情节严重的，处五年以上有期徒刑，并处罚金。

【非法经营罪】 是指违反国家规定，进行非法经营活动，扰乱市场秩序，情节严重的行为。本罪侵犯的客体是市场管理秩序，即国家通过对市场进行依法管理所形成的稳定、协调、有序的市场运行状态。本罪的客观方面表现为违反国家规定，进行非法经营活动，扰乱市场秩序，情节严重的行为。具体包括下述4种情形：（1）未经许可经营法律、行政法规规定的专营、专卖物品或者其他限制买卖的物品的。（2）买卖进出口许可证、进出口原产地证明以及其他法律、行政法规规定的经营许可证或者批准文件。所谓进出口许可证是指国务院对外经济贸易主管部门及其授权机构签发的用来实施对进出口货物、技术管理的一种凭证。进出口产地证明，是指用来证明进出口货物、技术原产地的有效凭证。（3）未经国家有关主管部门批准非法经营证券、期货、保险业务的，或者非法从事资金支付结算业务的。（4）其他严重扰乱市场秩序的非法经营行为。无论具体实施哪一种行为，只要达到情节严重的程度，都构成本罪。本罪的主体是一般主体，既包括自然人，也包括单位。本罪的主观方面是故意。

根据《刑法》第二百二十五条、第二百三十一条的规定，犯本罪的，处五年以下有期徒刑或者拘役，并处或者单处违法所得1倍以上5倍以下罚金；情节特别严重的，处五年以上有期徒刑，并处违法所得1倍以上5倍以下罚金或者没收财产。单位犯本罪的，对单位判处罚金，并对其直接负责的主管人员和其他直接责任人员，依照上述规定处罚。

【强迫交易罪】 是指在商品交易中，以暴力、威胁手段强买强卖商品、强迫他人提供服务或者强迫他人接受服务，情节严重的行为。本罪侵犯的客体既包括正常的市场交易秩序，又包括强迫交易对象的人身权、财产权。本罪的犯罪客观方面表现为在商品交易中，以暴力、威胁手段强买强卖商品、强迫他人提供服务或者强迫他人接受服务，情节严重的行为。强迫交易客观方面的表现形式有以下几种：（1）强买、强卖商品；（2）强迫他人提供或者接受服务；（3）强迫他人参与或者退出投标、拍卖；（4）强迫他人转让或者收购公司、企业的股份、债券或者其他资产；（5）强迫他人参与或者退出特定的经营活动。暴力是指对他人的身体进行殴打。由于本罪的法定最高刑为3年有期徒刑，因此，这里所讲的暴力所造成的人身损害只能是轻微伤以下。暴力强迫交易造成他人轻伤以上后果的，按故意伤害罪定罪处罚。威胁，是指以使用暴力或者揭发隐私逼迫他人与自己发生交易。服务，是一方向另一方提供的任何一项活动或利益，例如，为他人洗车、理发、买菜、做饭、提供宾馆住宿等等。强迫交易中的强迫他人提供服务，是指强迫他人提供有偿服务或者强迫他人接受服务。强迫他人提供无偿服务或者接受无偿服务的，不能构成本罪，构成其他犯罪的，按其他犯罪处理。本罪的主体是一般主体，既包括自然人，也包括单位。本罪的主观方面是故意。

根据《刑法》第二百二十六条、第二百三十一条的规定，犯本罪的，处三年以下有期徒刑或者拘役，并处或者单处罚金；情节特别严重的，处三年以上七年以下有期徒刑，并处罚金。单位犯本罪的，对单位判处罚金，并对其直接负责的主管人员和其他直接责任人员，依照上述规定处罚。

【伪造、倒卖伪造的有价票证罪】 是指伪造或者倒卖伪造的车票、船票、邮票或者其他有价票证，数额较大的行为。本罪侵犯的客体是国家对有价票证的管理秩序。本罪的客观方面表现为伪造或者倒卖伪造的车票、船票、邮票或者其他有价票证的行为。伪造是指非法印制、制作、变造有价票证的行为；倒卖是指低价买入、高价卖出的行为。构成本罪，必须是数额较大的行为。本罪的主体是一般主体，包括自然人和单位。本罪的主观方面是故意。

根据《刑法》第二百二十七条第一款、第二百三十一条的规定，犯本罪的，处二年以下有期徒刑、拘役或者管制，并处或者单处票证价额1倍以上5倍以下罚金；数额巨大的，处二年以上七年以下有期徒刑，并处票证价额1倍以上5倍以下罚金。单位犯本罪的，对单位判处罚金，并对其直接负责的主管人员和其他直接责任人员，依照上述规定处罚。

【倒卖车票、船票罪】 是指非法倒卖车票、船票，情节严重的行为。本罪侵犯的客体是国家对车票、船票的管理秩序。本罪的客观方面表现为非法倒卖车票、船票，情节严重的行为。车票主要是指火车票、长途汽车票等。倒卖是指大量购入车票、船票后再高价出售的行为。构成本罪，必须是情节严重的行为。本罪的主体包括自然人和单位。本罪的主观方面是故意。

根据《刑法》第二百二十七条第二款、第二百三十一条的规定，犯本罪的，处三年以下有期徒刑、拘役或者管制，并处或者单处票证价额1倍以上5倍以下罚金。单位犯本罪的，对单位判处罚金，并对其直接负责的主管人员和其他直接责任人员，依照上述规定处罚。

【非法转让、倒卖土地使用权罪】 是指以牟利为目的，违反土地管理法规，非法转让、倒卖土地使用权，情节严重的行为。本罪侵犯的客体是国家对土地的使用管理秩序。本罪的客观方面表现为违反土地管理法规，非法转让、倒卖土地使用权，情节严重的行为。违反土地管理法规，是指违反《土地管理法》《森林法》《草原法》等法律法规中关于土地管理的规定。非法转让土地使用权，是指未经国家有关主管部门批准，私自将土地使用权转让给他人的行为。非法倒卖土地使用权，是指将自己使用的土地或者低价征收的土地转手卖给他人进行牟利的行为。构成本罪，必须是情节严重的行为。本罪的主体是一般主体，既包括自然人，也包括单位。本罪的主观方面是故意，并具有非法牟利的目的。

根据《刑法》第二百二十八条、第二百三十一条的规定，犯本罪，处三年以下有期徒刑或者拘役，并处或者单处非法转让、倒卖土地使用权价额5%以上20%以下罚金；情节特别严重的，处三年以上七年以下有期徒刑，并处非法转让、倒卖土地使用权价额5%以上20%以下罚金。单位犯本罪的，对单位判处罚金，并对其直接负责的主管人员和其他直接责任人员，依照上述规定处罚。

【提供虚假证明文件罪】 是指承担资产评估、验资、验证、会计、法律服务、保荐、安全评价、环境影响评价、环境监测等职责的中介组织的人员，故意提供虚假证明文件，情节严重的行为。本罪侵犯的客体是国家对中介市场的管理秩序。本罪的客观方面表现为提供虚假的资产评估、验资、验证、会计、法律服务、保荐等证明文件，情节严重的行为。提供虚假证明文件，是指提供伪造的或者内容不实的证明文件，包括有关资料、报表、数据和各种结果、结论方面的报告和材料等。本罪的主体是特殊主体，即承担资产评估、验资、验证、会计、法律服务、保荐等职责的中介组织的人员，也包括单位。本罪的主观方面是故意。

根据《刑法》第二百二十九条第一款、第二款，第二百三十一条的规定，犯本罪的，处五年以下有期徒刑或者拘役，并处罚金；有下列情形之一的，处五年以上十年以下有期徒刑，并处罚金：(1) 提供与证券发行相关的虚假的资产评估、会计、审计、法律服务、保荐等证明文件，情节特别严重的；(2) 提供与重大资产交易相关的虚假的资产评估、会计、审计等证明文件，情节特别严重的；(3) 在涉及公共安全的重大工程、项目中提供虚假的安全评价、环境影响评价等证明文件，致使公共财产、国家和人民利益遭受特别重大损失的。有前款行为，同时索取他人财物或者非法收受他人财物构成犯罪的，依照处罚较重的规定定罪处罚。单位犯本罪的，对单位判处罚金，并对其直接负责的主管人员和其他直接责任人员，依照上述规定处罚。

【出具证明文件重大失实罪】 是指承担资产评估、验资、验证、会计、法律服务、保荐、安全评价、环境影响评价、环境监测等职责的中介组织的人员，严重不负责任，出具的证明文件有重大失实，造成严重后果的行为。本罪侵犯的客体是国家对中介市场的管理秩序。本罪的客观方面表现为严重不负责任，出具的证明文件有重大失实，造成严重后果的行为。出具的文件有重大失实是指所出具的证明文件在内容上存在重大的不符合实际的错误或者内容虚假。构成本罪，必须要造成严重后果。本罪的主体是特殊主体，即承担资产评估、验资、验证、会计、法律服务、保荐等职责的中介组织的人员，也包括单位。本罪的主观方面只能是过失。

根据《刑法》第二百二十九条第三款、第二百三十一条的规定，犯本罪的，处三年以下有期徒刑或者拘役，并处或者单处罚金。单位犯本罪的，对单位判处罚金，并对其直接负责的主管人员和其他责任人员，依照上述规定处罚。

【逃避商检罪】 是指违反进出口商品检验法的规定，逃避商品检验，将必须经商检机构检验的进口商品未报经检验而擅自销售、使用，或者将必须经商检机构检验的出口商品未报经检验合格而擅自出口，情节严重的行为。本罪侵犯的客体是国家对进出口商品检验的管理秩序。本罪的客观方面表现为违反进出口商品检验法的规定，逃避商品检验，将必须经商检机构检验的进出口商品未报经检验而擅自销售、使用，或者将必须经商检机构检验的出口商品未报经检验合格而擅自出口，情节严重的行为。未报经检验而擅自销售、使用，是指将进口商品未报经商检机构检验就自行在境内销售、使用的行为。未报经检验合格而擅自出口，是指没有经商检机构检验合格而擅自出口的行为。本罪的主体是一般主体，包括自然人和单位。本罪的主观方面是故意。

根据《刑法》第二百三十条、第二百三十一条的规定，犯本罪的，处三年以下有期徒刑或者拘役，并处或者单处罚金。单位犯本罪的，对单位判处罚金，并对其直接负责的主管人员和其他直接责任人员，依照上述规定处罚。

【侵犯公民人身权利、民主权利罪】 是指故意或者过失地侵犯公民的人身权利、民主权利，以及与人身有关的其他权利的犯罪行为。本类犯罪侵害的客体是公民的人身权利、民主权利，以及与人身有关的其他权利。人身权利，是指法律赋予公民的人身不受非法侵犯的权利，此处主要包括生命权、健康权、性的自由权、人身自由权、人格权、名誉权、住宅不受侵犯权等。民主权利，是指法律赋予公民的参与国家管理、社会活动的权利以及其他民主权利，此处主要包括选举权与被选举权、批评权、控告权、申诉权、宗教信仰自由权、保持民族风俗习惯权等。与人身有关的其他权利，是指婚姻家庭权，亦即公民在婚姻、家庭关系等方面依法享有的与人身紧密相连、不具有经济内容的权利，此处主要包括婚姻自由权、受抚养权、一夫一妻制、儿童的受监护权等。严格说来，婚姻家庭权并不属于人身权利的范畴，但是，婚姻家庭权亦具有专属于一身的特性，因而也可以将其纳入广义上的人身权利的范围。本类犯罪中，虽然有些犯罪侵犯的是双重客体，如聚众阻碍解救被收买的妇女、儿童罪既侵犯了妇女、儿童的人身权利，又侵犯了国家机关的正常活动；诬告陷害罪、刑讯逼供罪、暴力逼取证人证言罪既侵犯了公民的人身权利，又侵犯了司法机关的正常活动等，但这些犯罪均以侵犯公民的人身权利为其主要内容，因此，《刑法》将它们划入本类犯罪中。本类犯罪的对象，一般可以是任何一个自然人，但对有的犯罪而言，其犯罪对象则是特定的，例如强奸罪，强制猥亵、侮辱妇女罪的对象，只能是妇女；拐卖妇女、儿童罪，收买被拐卖的妇女、儿童罪，聚众阻碍解救被收买的妇女、儿童罪的对象，只能是妇女、儿童；打击报复会计、统计人员罪的对象，只能是会计、统计人员等。本类犯罪在客观方面表现为非法侵犯他人人身权利、民主权利，以及与人身有关的其他权利的行为。就行为的表现形式而言，绝大多数犯罪，只能以作为的方式实施，例如强奸罪、绑架罪等；有的犯罪，如遗弃罪，只能以不作为的方式实施；还有的犯罪既可以以作为的方式实施，也可以以不作为的方式实施，例如故意杀人罪等。本类犯罪的主体绝大多数是自然人，也有少数可由单位构成，如强迫职工劳动罪。本类犯罪的主体，绝大多数是一般主体，任何具有刑事责任能力的自然人均可成为其犯罪主体，也有少数犯罪是特殊主体，比如强奸罪、奸淫幼女罪的主体只能是男性，刑讯逼供罪、暴力逼取证人证言罪的主体只能是司法工作人员，打击报复会计、统计人员罪的主体只能是公司、企业、事业单位、机关、团体的领导人等。从刑事责任年龄来看，本类犯罪主体的刑事责任年龄一般要求为已满16周岁，但是，部分罪名已满12周岁即可构成。本类犯罪的主观方面，除了过失致人死亡罪和过失致人重伤罪由过失构成外，其他罪均由故意构成。

根据《刑法》分则第四章规定的各种具体犯罪侵犯的直接客体、主要特征及相互关系等，侵犯公民人身权利、民主权利罪可分为10个方面的犯罪，共计40余个罪名。

【故意杀人罪】 是指故意非法剥夺他人生命的行为。本罪侵犯的客体是他人的生命权利。犯罪对象是有生命的自然人。人死亡后的尸体、尚未出生的胎儿以及动植物均不是本罪的对象。人的生命始于出生，终于死亡。对于人的出生、死亡的标志，包括我国在内的世界各国的刑法一般未作明文规定。在刑法理论上，关于这两个问题则存在各种各样的学说。关于人的出生标志，有阵痛说、一部露出说、全部露出说、断带说、发声说、独立呼吸说。其中，独立呼吸说，亦即以胎儿脱离母体，并能独立呼吸作为人生命开始的标志，现为我国多数刑法学者所主张。关于人的死亡标志，大致有心死说和脑死说。传统的观点是心死说，即将心脏停止跳动，呼吸或脉搏停止作为认定人死亡的标志。随着医学科学技术的发展，主张以人的大脑功能完全地不可逆转地丧失作为认定人死亡标志的脑死说获得了越来越多的认同。目前已有十多个国家明确宣布采取脑死说。在我国，脑死说尚未上升为法律，也没有获得司法机关的普遍认可。本罪在客观方面表现为非法剥夺他人生命的行为。（1）必须有剥夺他人生命的行为，即杀人行为。剥夺他人生命行为的方式，既可表现为作为，也可以表现为不作为。剥夺他人生命的手段包括利用各种工具、利用自然力或利用本人的身体，暴力或者非暴力等方式，但是，行为人明知或应知其行为会造成危害公共安全的结果，以放火、爆炸、投毒等危险方法杀人的，构成本罪与相关的危害公共安全罪的想象竞合犯。（2）剥夺他人生命的行为必须是非法的。合法的剥夺生命的行为，如因实行正当防卫而致不法侵害人死亡、法警依法对罪犯执行死刑等，不构成犯罪。需要注意的是，剥夺他人生命行为的合法与非法，只能依有关法律的规定判断。本罪是结果犯，死亡结果的发生是本罪既遂的必备要件。如果虽有杀人行为，但并未发生死亡的结果，或者虽有他人死亡的事实，但其与行为人的杀人行为之间并无刑法上的因果关系的，则只能以本罪未遂论处。(3) 杀人行为既可以直接进行，也可以间接进行。间接杀人的，如教唆、帮助、强迫、诱骗他人自杀的，也成立故意杀人罪。因此，被请求人结束病人生命的，仍成立故意杀人罪，不过，应从宽处理。根据《刑法》第二百三十八条、第二百四十七条、第二百八十九条、第二百九十二条的规定，对非法拘禁使用暴力致人死亡的，刑讯逼供或暴力逼取证人证言致人死亡的，虐待被监管人致人死亡的，聚众“打砸抢”致人死亡的，聚众斗殴致人死亡的，应以故意杀人罪论处。本罪的主体为自然人一般主体。凡年满 14 周岁的具有刑事责任能力的自然人即可构成。已满 12 周岁不满 14 周岁的人，经最高人民检察院核准追诉的，应当负刑事责任。

根据《刑法》第二百三十二条的规定，犯本罪的，处死刑、无期徒刑或者十年以上有期徒刑；情节较轻的，处三年以上十年以下有期徒刑。

【过失致人死亡罪】 是指因过失造成他人死亡的行为。本罪侵犯的客体，与故意杀人罪相同，为他人的生命权利。本罪客观方面表现为行为人实施了致人死亡的行为，并且实际上造成了他人死亡的结果。如果行为人的行为只是造成他人重伤的结果，则不构成本罪，而构成过失致人重伤罪。危害结果的差异正是两罪的区别所在。本罪主体是一般主体，即已年满 16 周岁且具有刑事责任能力的自然人。本罪主观方面是过失，包括过于自信的过失和疏忽大意的过失。这里的过失不是针对行为人的行为而是针对行为所造成的他人死亡的结果而言的。即行为人应当预见自己的行为可能造成他人死亡的结果，但是由于疏忽大意而没有预见，或者已经预见而轻信能够避免，以致造成他人死亡的结果发生。

根据《刑法》第二百三十三条的规定，犯本罪的，处三年以上七年以下有期徒刑；情节较轻的，处三年以下有期徒刑。刑法另有规定的，依照规定。

【故意伤害罪】 是指故意非法损害他人身体健康的行为。本罪侵害的客体是他人的身体健康权利。他人必须是有生命的自然人。伤害胎儿的，因其生命还未开始，显然不能构成对其故意伤害罪；但是，如果是为了伤害胎儿而伤害了母体，结果造成流产的，可构成对母亲的故意伤害罪。侵犯他人身体健康权利，包括两种情形：（1）对人体组织完整性的破坏，如割掉耳鼻、砍去手足、打断骨骼等；（2）对人体器官正常机能的损坏，如导致精神失常、打聋耳朵、打瞎眼睛等。本罪在客观方面表现为行为人实施了非法损害他人身体健康的行为。损害他人身体健康的行为，必须是非法的，并且实际上给他人身体组织的完整造成了一定程度的破坏或者影响了他人身体器官机能的正常活动（即达到轻伤以上的程度）。如果行为人的行为是合法的（如正当防卫人使非法侵害人损伤的行为、医生给病人切除坏损器官的行为等），或者其损害程度尚未达到犯罪程度的，均不能构成故意伤害罪。伤害行为的形式一般表现为积极的作为，个别情况下也可以表现为消极的不作为。伤害的方法、手段多种多样；有利用行为人自身身体的，也有利用工具器械的；有利用动植物的，也有利用自然现象的。

伤害的结果也有不同：有肉体伤害的，也有精神伤害的；有轻伤的，也有重伤的，还有致人死亡的。不论采取何种方法、手段，也不论伤害结果是轻是重，对于故意伤害罪的构成，都不发生影响。本罪主体一般情况下是一般主体，即只要是已满16周岁具有刑事责任能力的自然人就能构成。在构成故意伤害罪致人重伤或者死亡的情况下，也可以是已满14周岁不满16周岁的人。已满12周岁不满14周岁的人，犯故意伤害罪致人死亡或者以特别残忍手段致人重伤造成严重残疾，情节恶劣，经最高人民检察院核准追诉的，应当负刑事责任。本罪主观方面必须是故意，包括直接故意与间接故意。故意的内容只能是伤害，即行为人明知自己的行为会发生损害他人身体健康的结果，并且希望或者放任这种结果的发生。伤害的动机，不影响犯罪的成立。

根据《刑法》第二百三十四条的规定，犯本罪的，处三年以下有期徒刑、拘役或者管制；致人重伤的，处三年以上十年以下有期徒刑；致人死亡，或者以特别残忍手段致人重伤造成严重残疾的，处十年以上有期徒刑、无期徒刑或者死刑。刑法另有规定的，依照规定。重伤的认定应当以《刑法》第九十五条和2014年1月起施行的《人体损伤程度鉴定标准》的规定为根据。严重残疾的认定可以参照《残疾人残疾分类和分级》的规定。

【组织出卖人体器官罪】 是指通过引诱、招募、雇佣、容留等方式组织他人出卖人体器官的行为。本罪侵犯的客体是他人的生命健康权利和国家的医疗卫生制度。本罪在客观方面表现为通过引诱、招募、雇佣、容留等方式聚集并控制、指挥他人出卖人体器官的行为。本罪是行为犯。只要行为人实施了组织他人出卖人体器官的行为，即可构成本罪，前提是，被组织出卖人体器官者必须年满18周岁，且对出卖人体器官是“知情同意”的。如果在行为人组织下，实施了未经他人本人同意而摘取其器官，或者摘取不满18周岁的人的器官，或者强迫、欺骗他人捐献器官的行为，则不构成本罪，而应根据具体情形以故意伤害罪或者故意杀人罪论处。本罪的主体是一般主体。既可以是医务人员，也可以是其他人。本罪在主观方面表现为直接故意，通常还具有营利的目的。

根据《刑法》第二百三十四条之一第一款的规定，犯本罪的，处五年以下有期徒刑，并处罚金；情节严重的，处五年以上有期徒刑，并处罚金或者没收财产。

【过失致人重伤罪】 是指行为人过失致使他人受重伤的行为。本罪侵犯的客体是他人的身体权。本罪的主体为一般主体，凡年满16周岁且具有刑事责任能力的自然人均能构成本罪。本罪的客观方面表现为行为人的过失行为损害了他人的身体健康，并且实际上造成了重伤的结果。如果行为人的过失行为只给被害人造成轻伤，就不能构成本罪。如果被害人因重伤而死亡，则构成过失致人死亡罪。危害结果的差异，正是本罪与过失致人死亡罪的区别所在。本罪主观方面表现为行为人对重伤结果的发生具有过失，包括疏忽大意的过失和过于自信的过失。这也是过失致人重伤罪与故意伤害罪的根本区别。

根据《刑法》第二百三十五条的规定，犯本罪的，处三年以下有期徒刑或者拘役。刑法另有规定的，依照规定。

【强奸罪】 是指以暴力、胁迫或者其他方法，违背妇女意志，强行与妇女发生性行为或明知是不满 14 周岁的幼女而与其发生性行为。本罪侵害的客体是妇女的性的自由权利。具体说来，就是妇女按照自己的意志决定性行为的权利。对于不满 14 周岁的幼女，法律认为其不具有性的自我决定能力，因而无论幼女是否同意，都认为侵害了其性的自由权利。本罪的犯罪对象是所有年龄段的女性，包括不满 14 周岁的幼女、已满 14 周岁的少女和成年妇女。至于被害妇女的社会地位、作风品行、婚姻状况等均不影响本罪的成立。本罪在客观方面表现为，以暴力、胁迫或者其他方法，违背妇女意志，与妇女发生性行为，或者明知是不满 14 周岁的幼女而与其发生性行为。(1) 强奸是指男女之间的性行为。性行为以外的其他行为，如猥亵、侮辱行为，不构成强奸罪。(2) 强奸行为必须是以暴力、胁迫或者其他方法实施。这些方法的共同特征是使妇女处于不能反抗、不敢反抗、不知反抗的境地，或者是利用妇女处于不能反抗、不知反抗的状态。具体说来，暴力，是指对妇女的身体实行有形的打击或强制，使妇女不能反抗或不敢反抗，如殴打、捆绑、强拉硬拽等。胁迫，是指对妇女采取威胁、恫吓等精神上的强制，使妇女不敢反抗，如以杀害、伤害、散播隐私、毁坏名誉、加害亲属等相威胁；利用迷信进行恐吓、欺骗；利用与妇女之间的从属关系、教养关系以及妇女孤立无援的环境条件进行挟制和迫害等。其他方法，是指暴力、胁迫以外的其他致使或者利用妇女处于不能反抗、不知反抗的状态的方法，如用酒将妇女灌醉、用药物麻醉；利用妇女患重病、熟睡之机进行奸淫；利用或假冒治病进行奸淫；冒充妇女的丈夫、未婚夫、男友或情人进行奸淫等。(3) 强奸还必须是违背妇女意志的，亦即是在妇女不同意发生性行为的情况下，强行与之发生性行为。是否违背妇女意志，是强奸与通奸、婚前性行为等其他性行为区别的界限。是否违背妇女意志，不能仅从表面上看行为人有无使用暴力、胁迫等方法，也不能仅从表面上看妇女有无反抗、拒绝等表示，关键要看妇女是否准备反抗以及是否能够反抗、是否敢于反抗、是否知道反抗等情况。对于患精神病或严重痴呆的妇女，缺乏对性行为的认知（同意）能力或控制能力，如果行为人明知女方是正处于发病期的精神病患者或严重痴呆者而与其发生性行为的，不论使用何种手段，即便有该妇女的“同意”，均应以强奸罪论处。(4) 对于不满 14 周岁的幼女发行性行为的，无论是否采取强制手段、幼女是否同意，都构成强奸。强奸罪是行为犯，其犯罪既遂的成立标志有结合说（或曰插入说）、接触说、射精说几种不同的观点。目前，对于被害人为已满 14 周岁的妇女，结合说是我国刑法理论界通说，也为我国司法实践所接受。但对于被害人为不满 14 周岁的幼女，接触说（即主张以男女生殖器官的接触作为强奸罪既遂的认定标准）是我国刑法理论界通说。本罪的主体是一般自然人主体，但限于已满 14 周岁、具有刑事责任能力的男性。但是，已满 14 周岁不满 16 周岁的人偶尔与幼女发生性行为，情节轻微，未造成严重后果的不认为是犯罪。妇女不能单独构成本罪，但可成为本罪的教唆犯、帮助犯或间接正犯。本罪的主观方面，通说认为是出于直接故意，并且行为人具有强行奸淫目的。

根据《刑法》第二百三十六条的规定，犯本罪的，处三年以上十年以下有期徒刑；奸淫幼女的，从重处罚。有下列情形之一的，处十年以上有期徒刑、无期徒刑或者死刑：（1）强奸妇女、奸淫幼女情节恶劣的；（2）强奸妇女、奸淫幼女多人的；（3）在公共场所当众强奸妇女、奸淫幼女的；（4）二人以上轮奸的；（5）奸淫不满10周岁的幼女或者造成幼女伤害的；（6）致使被害人重伤、死亡或者造成其他严重后果的。情节恶劣，一般是指强奸妇女手段残酷的；强奸孕妇、病妇的；多次强奸同一被害人的；在社会上造成很坏影响的等。多人，一般是指3人以上。轮奸，是指二人以上出于共同的故意，在同次强奸行为中轮流与同一妇女发生性交行为。

【奸淫幼女型强奸罪】 是指奸淫不满十四周岁幼女的特殊类型强奸，对此以强奸罪论处，并从重处罚。之所以对幼女采取特殊保护，是由于幼女身心发育不成熟，缺乏辨别是非的能力，不能理解性行为的后果与意义，也没有抗拒能力，因此，不论行为人采用什么手段，也不问幼女是否同意，只要与幼女性交，就成立强奸罪。例如，以金钱财物等方式引诱幼女与自己发生性关系的，仍然成立强奸罪。但是，要认定成立奸淫幼女型强奸罪，需要行为人认识到对方一定是或可能是幼女，而被奸淫的对象又确实是幼女。根据2013年《最高人民法院、最高人民检察院、公安部、司法部关于依法惩治性侵害未成年人犯罪的意见》的规定，知道或者应当知道对方是不满14周岁的幼女，而实施奸淫等性侵害行为的，应当认定行为人“明知”对方是幼女；对于不满12周岁的被害人实施奸淫等性侵害行为的，应当认定行为人“明知”对方是幼女；对于已满12周岁不满14周岁的被害人，从其身体发育状况、言谈举止、衣着特征、生活作息规律等观察可能是幼女，而实施奸淫等性侵害行为的，应当认定行为人“明知”对方是幼女。该《意见》对办理性侵害未成年人犯罪案件的基本理念、程序保障、法律适用、配套制度措施等作出了较为全面的规定。

【负有照护职责人员性侵罪】 是指对已满14周岁不满16周岁的未成年女性负有监护、收养、看护、教育、医疗等特殊职责人员，与该未成年女性发生性关系的犯罪。本罪侵犯的客体是未成年女性的身心健康和性权利的不可侵犯性。客观方面表现为与已满14周岁不满16周岁的未成年女性发生性关系。这里发生性关系不论行为手段、该未成年人是否同意，都应追究刑事责任。犯罪主体为特殊主体，即对已满14周岁不满16周岁的未成年女性负有监护、收养、看护、教育、医疗等特殊职责的人员。犯罪主观方面是直接故意。因本罪的主体是特殊主体，与被害人熟识，通常情况下对未成年女性的年龄也是明知的。

根据《刑法》第二百三十六条之一第一款的规定，犯本罪的，处三年以下有期徒刑；情节恶劣的，处三年以上十年以下有期徒刑。同时又构成强奸罪的，依照处罚较重的规定定罪处罚。

【强制猥亵、侮辱罪】 是指违背他人意志，以暴力、胁迫或者其他方法强制猥亵他人或者侮辱妇女的行为。本罪侵犯的客体是他人或者妇女的人格、名誉权利。本罪的猥亵对象是他人，包括男性和女性，但本罪侮辱的对象仅限于妇女，而且是年满18周岁的成年妇女和已满14周岁不满18周岁的少女，不包括不满14周岁的幼女。猥亵不满14周岁的幼女的，应以猥亵儿童罪定罪处罚。本罪客观方面表现为行为人具有违背他人意志，以暴力、胁迫或者其他方法使他人处于不能抗拒、不敢抗拒或者不知抗拒的状态而强制猥亵他人，或者违背妇女意志，以暴力、胁迫或者其他方法使他人处于不能抗拒、不敢抗拒或者不知抗拒的状态而强制侮辱妇女的行为。暴力，是指对他人的人身施加外力打击或强制，如殴打、捆绑、强拉强拽等。胁迫，是指以实施杀害、伤害或揭发隐私等行为进行恫吓、威胁。其他方法，是指暴力、胁迫方法以外的使他人不能反抗或不知反抗的方法，如用酒灌醉、用药物麻醉、乘妇女熟睡或者患重病等。猥亵，是指对他人实施奸淫行为以外的、能够使行为人自己或同伴得到性欲上的刺激、兴奋或者满足的有伤风化的淫秽行为。对男性实施的奸淫行为也属于本罪猥亵的范畴。侮辱，是指对妇女实施使其备感难堪、羞辱的淫秽下流活动的行为。猥亵、侮辱妇女的行为方式多种多样，如强行搂抱、亲吻、舔吮、抠摸妇女；强行脱光妇女衣服；向妇女身上涂抹污物；向妇女显露生殖器等。本罪主体是一般主体，通常是男性。本罪主观方面必须是直接故意，但不是以奸淫为目的。其动机通常是寻求性刺激。

根据《刑法》第二百三十七条的规定，犯本罪的，处五年以下有期徒刑或者拘役；聚众或者在公共场所当众犯本罪的，处五年以上有期刑。

【猥亵儿童罪】 是指猥亵不满 14 周岁的男女儿童的行为。本罪侵犯的客体是儿童的身心健康权利。侵犯的对象仅限于不满 14 周岁的男、女儿童。这也正是本罪与强制猥亵、侮辱妇女罪的显著区别。本罪在客观方面表现为猥亵儿童的行为。既可以是强制行为，也可以是非强制行为。通常表现为对儿童进行抠摸、玩弄、鸡奸、指奸等。其中，对行为人为女性而被害人为男性儿童的，其行为方式包括性行为；但对于行为人为男性而被害人为女性儿童的，其行为方式则不包括性行为，因为这种情况下的性行为应定强奸罪。本罪的主体为一般主体。本罪的主观方面必须是直接故意。

根据《刑法》第二百三十七条的规定，犯本罪的，在五年以下有期徒刑；有下列情形之一的，处五年以上有期徒刑：(1) 猥亵儿童多人或者多次的；(2) 聚众猥亵儿童的，或者在公共场所当众猥亵儿童，情节恶劣的；(3) 造成儿童伤害或者其他严重后果的；(4) 猥亵手段恶劣或者有其他恶劣情节的。

【非法拘禁罪】 是指故意非法剥夺他人人身自由的行为。本罪侵犯的客体是他人的人身自由权利，即公民按照本人的意志自由支配自己身体活动的权利。本罪侵犯的对象，是所有依法享有人身自由权利的自然人。本罪的客观方面表现为非法剥夺他人的人身自由。《刑法》第二百三十八条表述为“非法拘禁他人或者以其他方法非法剥夺他人人身自由”的行为。非法拘禁与以其他方法非法剥夺他人人身自由并无本质区别，二者都是对他人人身自由的非法剥夺，分开规定只是表明本罪犯罪方式方法的多样性。本罪的客观方面具体可分为两个要素：(1) 必须有剥夺他人人身自由的行为。剥夺他人人身自由的行为，根据有关司法解释的规定，必须是以强制方法实施。(2) 必须是非法剥夺他人人身自由。无权剥夺他人人身自由的人剥夺他人人身自由的，固然是非法剥夺他人人身自由；依法有权剥夺特定人人身自由的人，超越法律赋予的职权或者不依法律规定的条件、程序剥夺他人人身自由的，也是非法剥夺他人人身自由。合法剥夺他人人身自由的行为，如合法的逮捕、拘留、扭送；为正当防卫、紧急避险而拘禁他人；监护人、监护单位对被监护人进行的正常管教、医护行为等，均不构成犯罪。本罪主体是一般主体。本罪主观方面是故意，即明知自己的行为会使他人失去人身自由而故意为之。至于行为人是否认识到自己的行为会构成犯罪则在所不问。非法拘禁他人的动机各种各样，有报复的，有要特权、逞威风的，有扣押人质催讨债务的等。动机如何，不影响本罪的成立。

根据《刑法》第二百三十八条的规定，犯本罪的，处三年以下有期徒刑、拘役、管制或者剥夺政治权利。具有殴打、侮辱情节的，从重处罚。犯本罪，致人重伤的，处三年以上十年以下有期徒刑；致人死亡的，处十年以上有期徒刑。使用暴力致人伤残、死亡的，应分别依照故意伤害罪、故意杀人罪定罪处罚。为索取债务非法扣押、拘禁他人的，应根据犯罪的具体情况依照非法拘禁罪、故意伤害罪、故意杀人罪定罪处罚。国家机关工作人员利用职权犯本罪的，从重处罚。

【绑架罪】 是指以勒索财物为目的绑架他人或者绑架他人作为人质，剥夺或者限制其人身自由的行为。本罪侵害的客体是复杂客体。犯罪行为主要侵犯了人身权利，还侵犯了他人的财产权利或人身、财产以外的其他权益。本罪在客观方面表现为绑架他人的行为。绑架，是指以暴力、胁迫、麻醉或者其他方法非法剥夺他人的人身自由，使他人处于自己的实力支配之下。偷盗婴幼儿，即秘密窃取不满6周岁的儿童的行为，是一种较特殊的绑架行为。绑架的方法多表现为暴力、胁迫、麻醉三种，但不以此为限，其他一切足以使被害人丧失行动自由的行为，如趁人在屋内，将门锁上，然后向其亲友索要财物等，也可成为绑架的方法；绑架多是将被害人劫往他人不易发觉、营救的异地，但不以此为必要，也存在一些原地绑架案件，特别是就地绑架他人做人质的案件。本罪的主体是一般主体，即任何已满16周岁、具有刑事责任能力的自然人均可构成本罪。根据《刑法》第十七条第二款的规定，绑架罪不在已满14周岁不满16周岁的人应负刑事责任的犯罪范围之内，因此，已满14周岁不满16周岁的人绑架并杀害被绑架人的，不能认定为绑架罪。但这种事实情况符合《刑法》第二百三十二条故意杀人罪的犯罪构成要件，应认定为故意杀人罪。本罪在主观方面出自直接故意，并且行为人具有向被害人的亲友或其他人（被害人除外）勒索财物或者其他不法利益（如要求停止抓捕或者释放某个犯罪人等）的目的。该犯罪目的是区别本罪与非法拘禁罪、抢劫罪的关键。至于这一目的是否实现，并不影响本罪既遂的成立。

根据《刑法》第二百三十九条的规定，犯本罪的，处十年以上有期徒刑或者无期徒刑，并处罚金或者没收财产；情节较轻的，处五年以上十年以下有期徒刑，并处罚金；杀害被绑架人的，或者故意伤害被绑架人，致人重伤、死亡的，处无期徒刑或者死刑，并处没收财产。

【拐卖妇女、儿童罪】 是指以出卖为目的，拐骗、绑架、收买、贩卖、接送、中转妇女、儿童的行为。本罪侵害的客体是妇女、儿童的人身自由权利和人格尊严。犯罪对象是妇女、儿童。妇女、儿童是本罪选择性的犯罪对象，在具体确定犯罪人的罪名时，应视其拐卖对象而定。拐卖妇女的，即定拐卖妇女罪；拐卖儿童的，即定拐卖儿童罪；既拐卖妇女又拐卖儿童的，定拐卖妇女、儿童罪。妇女，是已满14周岁的少女和成年妇女。儿童，显然应作广义理解，即既包括狭义的已满6周岁不满14周岁的儿童，也包括已满1周岁不满6周岁的幼儿和不满1周岁的婴儿。儿童的性别不限。已满14周岁的男性，不能成为本罪的对象。本罪在客观方面表现为拐骗、绑架、收买、贩卖、接送、中转妇女、儿童或者偷盗婴幼儿的行为。拐骗，是指以欺骗、利诱等非暴力方法将妇女、儿童拐走并置于自己的控制之下。绑架，是指以暴力、胁迫或者麻醉方法劫持、控制妇女、儿童。收买，指以金钱或其他财物作价购买妇女、儿童。贩卖，是指将妇女、儿童当作商品出售。接送，是指为拐卖妇女、儿童的罪犯接收、运送妇女、儿童。中转，是指为拐卖妇女、儿童的罪犯提供中转场所或者机会。偷盗婴幼儿，是指秘密窃取不满6周岁的儿童。对婴幼儿采取欺骗、利诱等手段使其脱离监护人的，视为偷盗婴幼儿。行为人只要实施拐骗、绑架、收买、贩卖、接送、中转妇女、儿童或者偷盗婴幼儿行为之一的，即构成本罪，同时实施其中两种或两种以上行为的，仍应以一罪论。通常认为，拐卖妇女、儿童罪是行为犯，只要实施上述行为之一的，就成立犯罪既遂，行为人是否谋取到经济利益在所不论。需要注意的是，拐卖妇女、儿童罪的成立，不以拐卖行为违背被害人意志为必要。不管被害人是否同意被拐卖，行为人买卖被害人的，都应该成立本罪。因为任何人对其人身自由权利和人格尊严的处分，都必须以不违背“人身不可买卖”这一国家和社会的公序良俗和尊重人的普遍尊严为前提。本罪的主体是一般主体，凡已满16周岁、具有刑事责任能力的自然人，均可成为本罪主体。与被拐卖妇女、儿童有血亲等密切关系的人，同样可以构成本罪。本罪在主观方面表现为直接故意，并且行为人有出卖妇女、儿童的目的。出卖目的是本罪区别于非法拘禁罪、绑架罪、拐骗儿童罪等其他犯罪的一个关键特点。但出卖目的是否实现，即是否已将被害人卖出，不影响本罪的构成。

根据《刑法》第二百四十条的规定，犯本罪的，处五年以上十年以下有期徒刑，并处罚金；有下列情形之一的，处十年以上有期徒刑或者无期徒刑，并处罚金或者没收财产：（1）拐卖妇女、儿童集团的首要分子；（2）拐卖妇女、儿童3人以上的；（3）奸淫被拐卖的妇女的（不论是否使用暴力、胁迫手段，也不论被害人是否有反抗行为）；（4）诱骗、强迫被拐卖的妇女卖淫或者将被拐卖的妇女卖给他人迫使其卖淫的；（5）以出卖为目的，使用暴力、胁迫或者麻醉方法绑架妇女、儿童的；（6）以出卖为目的，偷盗婴幼儿的；（7）造成被拐卖的妇女、儿童或者其亲属重伤、死亡或者其他严重后果的；（8）将妇女、儿童卖往境外的。有上述八种情形之一，情节特别严重的，处死刑，并处没收财产。

【收买被拐卖的妇女、儿童罪】 是指不以出卖为目的，收买被拐卖的妇女、儿童的行为。本罪的主体为一般主体，任何达到刑事责任年龄并具有刑事责任能力的自然人均能构成本罪。本罪侵犯的客体是被收买的妇女、儿童的人身自由权利。本罪侵犯的对象只能是被拐卖的妇女、儿童。本罪在客观方面表现为行为人以金钱财物收买被拐卖的妇女、儿童的行为。本罪属于结果犯，只有出现将被拐卖的妇女、儿童收买到手的结果，收买行为才能算作完成，才能被认定为收买被拐卖的妇女、儿童罪。没有发生妇女、儿童被收买的结果，应视为情节显著轻微，危害不大的行为，不应认定为犯罪。本罪的主观方面必须是直接故意，即明知是被拐卖的妇女、儿童而予以收买。行为人收买被害人的具体目的如何不影响本罪的成立，但不能包括出卖的目的。如果收买人将收买的妇女、儿童又出卖的，则应以拐卖妇女、儿童罪论处。这一点正是本罪与拐卖妇女、儿童罪相区别的关键。

根据《刑法》第二百四十一条的规定，犯本罪的，处三年以下有期徒刑、拘役或者管制。收买被拐卖的妇女，并强行与其发生性关系的，依照本罪与强奸罪数罪并罚。收买被拐卖的妇女、儿童，非法剥夺、限制其人身自由或者有伤害、侮辱等行为，构成犯罪的，应分别以非法拘禁罪、故意伤害罪、侮辱罪与本罪实行数罪并罚。收买被拐卖的妇女、儿童，又组织、教唆被收买的妇女、儿童进行犯罪或者组织、教唆被收买的未成年妇女、儿童进行盗窃、诈骗、抢夺、敲诈勒索等违反治安管理活动的，应当以本罪与其所组织、教唆的罪或者组织未成年人进行违反治安管理活动罪实行数罪并罚。收买被拐卖妇女、儿童又出卖的，依照拐卖妇女、儿童罪定罪处罚。收买被拐卖的妇女、儿童，对被买儿童没有虐待行为，不阻碍对其进行解救的，可以从轻处罚；按照被买妇女的意愿，不阻碍其返回原居住地的，可以从轻或者减轻处罚。

【聚众阻碍解救被收买的妇女、儿童罪】

是指组织、策划、指挥多人阻碍国家机关工作人员解救被收买的妇女、儿童的行为。本罪侵犯的客体是复杂客体，即被收买的妇女、儿童的人身自由权利和国家机关工作人员解救被收买的妇女、儿童的职务活动。本罪的客观方面表现为组织、策划、指挥多人阻碍国家机关工作人员解救被收买的妇女、儿童的行为。行为人只要实施组织、策划、指挥众人对解救被收买的妇女、儿童的国家机关工作人员进行阻碍的行为，就可以构成本罪。本罪的主体只限于聚众阻碍解救活动的首要分子。一般参与者不能构成本罪，但以暴力、威胁方法阻碍解救的，可以妨害公务罪论处。本罪主观方面是故意，即明知是国家机关工作人员正在依法解救被收买的妇女、儿童而故意聚众阻碍。如果行为人确实不知道或者没有证据表明其知道是国家机关工作人员正在执行解救活动，因而聚众加以阻碍的，不构成本罪。

根据《刑法》第二百四十二条第二款的规定，犯本罪的，处五年以下有期徒刑或者拘役。

【诬告陷害罪】 是指捏造事实诬告陷害他人，意图使他人受到刑事追究，情节严重的行为。本罪侵害的客体是复杂客体，主要侵犯了公民的人身权利、民主权利，其次也侵犯了有关办案机关的正常活动。本罪在客观方面表现为捏造他人犯罪事实，向有关机关、单位告发的行为。（1）必须有捏造他人犯罪事实的行为。捏造即无中生有、凭空杜撰。没有捏造，而是据实报告、检举、控告的，不构成犯罪。捏造的事实，必须是他人的犯罪事实。如果捏造的是他人的不道德行为的事实（如通奸等）或一般错误、违法违纪行为的事实（如数额较小的诈骗等），均不是本罪之捏造事实。（2）必须有将捏造的事实向司法机关或其他有关单位告发的行为。如果虽捏造了他人的犯罪事实，但未告发，即“只诬不告”的，不能构成本罪。至于告发的方式方法，口头的、书面的；署名的、匿名的；直接的、间接的；本人亲自实施的、通过他人实施的等，一切足以引起有关办案机关注意的方式方法均无不可。（3）诬告的对象必须是特定的，即诬告特定的对象犯了罪。如果没有特定的具体的对象而只是告知有犯罪发生，尽管有可能妨害有关办案机关的正常活动，但不致引起有关办案机关对特定的人追究刑事责任，不会侵犯到公民的人身权利和民主权利，因而不能构成本罪。需要指出，诬告需要有特定的具体的对象，并不要求指名道姓，而只要从诬告的内容中能推测出或明显地暗示了是谁即可。被诬告的对象的身份也没有限制，既可以是一般公民，也可以是犯有罪行的人。诬告单位的，也应该认定为本罪。本罪的主体是一般主体，即已满 16 周岁、具有刑事责任能力的自然人。单位不构成本罪，以单位名义、经单位决策诬告陷害他人的，应追究有关直接责任人员的责任。本罪在主观方面只能表现为直接故意，并且行为人具有使他人受到刑事追究的目的。刑事追究，是指监察、公安、检察、审判机关按照法律规定的程序，对某人的犯罪事实进行调查、侦查、起诉、审理、判决等活动。行为人的目的是否实现，对本罪成立没有影响。

根据《刑法》第二百四十三条的规定，犯本罪的，处三年以下有期徒刑、拘役或者管制；造成严重后果的，处三年以上十年以下有期徒刑。国家机关工作人员犯本罪的，从重处罚。

【强迫劳动罪】 是指以暴力、威胁或者限制人身自由的方法强迫他人劳动的行为。本罪侵犯的客体是公民的人身自由权利和劳动自由权利。侵犯的对象是从事劳动活动的他人。本罪在客观方面表现为以暴力、威胁或者限制人身自由的方法强迫他人劳动的行为。暴力，是指直接对他人身体施以捆绑、殴打、伤害等行为；威胁，是指以杀害、伤害他人及其近亲属等言语或行为对他人进行恐吓、胁迫；限制人身自由，是指使用暴力、威胁以外的方法手段迫使他人无法自由支配自己的人身活动，如派人监视、封锁或者收缴、扣押他人身份证件、钱物等。强迫他人劳动，是指违背他人意愿采取强制性手段迫使他人从事生产活动。本罪的主体是一般主体，包括自然人和单位。明知他人实施强迫他人劳动的行为而为其招募、运送人员或者有其他协助强迫他人劳动行为的，也可成为本罪主体。本罪在主观方面必须是直接故意，且往往是出于营利的目的而强迫他人劳动。

根据《刑法》第二百四十四条的规定，犯本罪的，处三年以下有期徒刑或者拘役，并处罚金；情节严重的，处三年以上十年以下有期徒刑，并处罚金。单位犯本罪的，对单位判处罚金，并对其直接负责的主管人员和其他直接责任人员，依照上述规定处罚。

【雇用童工从事危重劳动罪】 是指违反劳动管理法规，雇用未满 16 周岁的未成年人从事超强度体力劳动，或者从事高空、井下作业，或者在爆炸性、易燃性、放射性、毒害性等危险环境下从事劳动，情节严重的行为。本罪侵犯的客体是未满 16 周岁的未成年人的身心健康权利，这种未成年人正处在身心发育成长的时期，过早从事雇用劳动，不仅影响其受教育的权利，而且被雇用从事危重劳动，严重威胁其生命、健康的安全。本罪在客观上表现为违反劳动管理法规，雇用未满16周岁的未成年人从事超强体力劳动，或者高空、井下作业，或者在爆炸性、易燃性、放射性、毒害性等危险环境下从事劳动。（1）行为必须是违反劳动管理法规禁止性规定。这是构成本罪的前提条件，其中包括被雇用人的年龄必须是未满16周岁。（2）客观行为表现为未成年人从事危重劳动，即从事超强度体力劳动，或者从事高空、井下作业，或者是在爆炸性、易燃性、放射性、毒害性等环境下从事劳动。超强度体力劳动，应按照国家《体力劳动强度分级》有关规定标准认定。井下作业指矿山井下作业。爆炸性、易燃性、放射性、毒害性环境下从事劳动，是指在存在爆炸性、易燃性、放射性、毒害性物质，具有引起爆炸、燃烧、中毒等危险的环境中，从事生产、运输、保管或其他劳动。本罪的主体，《刑法》第二百四十四条之一只规定为直接责任人员，而未明确其具体范围。通常认为，本罪的犯罪主体是单位一般主体。本罪在主观上是故意，即明知是未满16周岁的未成年人，而雇用其从事危重劳动。

根据《刑法》第二百四十四条之一的规定，犯本罪的，处三年以下有期徒刑或者拘役，并处罚金；情节特别严重的，处三年以上七年以下有期徒刑，并处罚金。犯本罪，造成事故，又构成其他犯罪的，依照数罪并罚的规定处罚。

【非法搜查罪】 是指非法对他人的身体或者住宅进行搜查的行为。本罪侵犯的客体是他人的人身权利或住宅不受侵犯的权利。本罪在客观方面表现为行为人非法地对他人的身体或者住宅进行搜查的行为。搜查的非法性，是本罪的本质特征。主要表现为两种情况：一是无搜查权的人，对他人的人身或者住宅进行非法搜查；二是有搜查权的人不经合法批准，滥用权力，擅自进行非法搜查。构成本罪，一般应当是情节严重的行为。本罪的主体是一般主体，既包括普通公民，也包括国家机关工作人员。本罪在主观方面必须是故意，过失不可能构成本罪。

根据《刑法》第二百四十五条的规定，犯本罪的，处三年以下有期徒刑或者拘役。司法工作人员滥用职权犯本罪的，从重处罚。

【非法侵入住宅罪】 是指未经住宅主人同意或者未经司法机关批准，非法闯入他人住宅或者经住宅主人要求退出仍拒不退出的行为。本罪侵犯的客体是公民的住宅不受侵犯的权利。侵犯的对象是他人的住宅，即他人合法居住的建筑物或者其他场所，包括地面的、地下的和水上的。本罪在客观方面表现为行为人非法闯入他人住宅或者不顾住宅主人要求拒不退出的行为。一是没有经过住宅主人允许或者没有经过司法机关批准强行闯入他人住宅；二是经住宅主人同意进入，但被要求退出时无故拒不退出住宅。具有这两种情形之一，情节严重的，即构成非法侵入他人住宅罪。本罪在主观方面必须是故意。如果误入他人住宅，一经发觉即行退出的，不构成犯罪。如果非法侵入他人住宅是为了实施其他犯罪活动，一般应依处理牵连犯的原则从一重罪处断。

根据《刑法》第二百四十五条的规定，犯本罪的，处三年以下有期徒刑或者拘役。司法工作人员滥用职权犯本罪的，从重处罚。

【侮辱罪】 是指以暴力或者其他方法，公然贬低、损害他人人格尊严，情节严重的行为。本罪侵犯的客体是他人的人格尊严。我国《宪法》第三十八条明文规定："中华人民共和国公民的人格尊严不受侵犯。禁止用任何方法对公民进行侮辱、诽谤和诬告陷害"。因为损害他人的人格尊严，虽然不同于危害他人健康、生命的暴力行为，但是，也往往会给他人造成极大精神痛苦，甚至有的人不堪忍受侮辱而含愤自杀。因此，法律上保护公民的人格尊严不受非法侵犯。侮辱罪侵犯的对象是特定的自然人。法人不能成为本罪的对象，至于被害人的身份、职位、思想品德、健康状况等等的差异，都不影响本罪之构成。本罪在客观上表现为公然以暴力或其他方法，贬低、损害他人人格尊严的行为。这里所说的暴力，是指为贬低、损害他人人格尊严而对他人身体所施加的强力行动。例如，为了羞辱被害人，而当众强行剥光其衣服示众，或强使被害人作令人难堪的动作；为丑化被害人，用暴力强行往其脸上、身上涂抹污物或乱涂乱画。其他方法，是指以语言、文字等非暴力方法，贬低、损害他人的人格尊严，例如，当众用污言秽语对他人进行辱骂、嘲弄；在公共场所张贴侮辱他人人格的大字报、小字报、漫画等。侮辱行为必须是"公然"进行。公然侮辱，理论上一般认为，不是仅指当着被害人的面，而是指当众进行，或者采用其他能够使公众看到或听到的方式进行。例如，在公共场所张贴、散发侮辱他人的漫画、传单等。至于被害人是否在场，不影响本罪的构成。本罪的主体是一般主体，即年满16周岁、具有刑事责任能力的人。本罪在主观上是故意，即明知自己的行为会造成贬低、损害他人的人格尊严的危害结果，并且希望这种结果发生。如果行为人无意中做了有损他人人格尊严的事，主观上并无上述犯罪故意，不能构成侮辱罪。

根据《刑法》第二百四十六条的规定，犯本罪的，处三年以下有期徒刑、拘役、管制或者剥夺政治权利。犯本罪，告诉的才处理，但严重危害社会秩序和国家利益的除外。通过信息网络实施本罪，被害人向人民法院告诉，但提供证据确有困难的，人民法院可以要求公安机关提供协助。

【诽谤罪】 是指故意捏造并散布某种足以损害他人人格、名誉的虚假事实，情节严重的行为。本罪侵犯的客体是他人的人格和名誉权利。侵犯的对象必须是特定的个人。本罪客观方面表现为具有捏造并散布某种足以损害他人人格、名誉的虚假事实的行为。（1）行为人必须是无中生有，凭空捏造根本不存在的事实。如果行为人不是捏造事实而是以某种客观存在的事实损害他人人格、名誉，则不构成本罪。情节严重的，应按侮辱罪论处。（2）行为人捏造的事实必须是足以损害他人人格、名誉的事实。如果行为人捏造的只是一般的不足以损害他人人格、名誉的事实，就谈不上诽谤。但如果行为人捏造的是他人犯罪的事实，并向有关部门告发的，则应以诬告陷害罪论处，而不应作为诽谤罪处理。（3）行为人必须以口头的、文字的、音像的或者在信息网络上发布的方式散布所捏造的事实。只有将捏造的损害他人人格、名誉的事实散布出去，才可能对他人人格、名誉造成实际的损害。如果行为人捏造了事实，但并未散布，其社会危害性没有显现，就不能认定其构成诽谤罪。上述三方面内容必须全部具备，才能构成诽谤的事实，缺一不可。根据2013年9月10日起施行的《办理利用信息网络实施诽谤等刑事案件司法解释》第一条的规定，将信息网络上涉及他人的原始信息内容篡改为损害他人名誉的事实，在信息网络上散布，或者组织、指使人员在信息网络上散布的；或者明知是捏造的损害他人名誉的事实而在信息网络上散布，情节恶劣的，均属捏造事实诽谤他人。本罪主体是一般主体。本罪主观方面必须是直接故意，并且具有损害他人人格、破坏他人名誉的目的。

根据《刑法》第二百四十六条的规定，犯本罪的，处三年以下有期徒刑、拘役、管制或者剥夺政治权利。犯本罪，告诉的才处理，但严重危害社会秩序和国家利益的除外。根据《办理利用信息网络实施诽谤等刑事案件司法解释》规定，具有下列情形之一的，属于严重危害社会秩序和国家利益：（1）引发群体性事件的；（2）引发公共秩序混乱的；（3）引发民族、宗教冲突的；（4）诽谤多人，造成恶劣社会影响的；（5）损害国家形象，严重危害国家利益的；（6）造成恶劣国际影响的；（7）其他严重危害社会秩序和国家利益的情形。通过信息网络实施本罪，被害人向人民法院告诉，但提供证据确有困难的，人民法院可以要求公安机关提供协助。

【刑讯逼供罪】 是指司法工作人员对犯罪嫌疑人、被告人使用肉刑或者变相肉刑逼取口供的行为。本罪侵害的客体是公民的人身权利和司法机关的正常活动。本罪的对象是犯罪嫌疑人和被告人。犯罪嫌疑人，是指在公诉案件中，在侦查起诉阶段，被追诉的、被怀疑犯有某种罪行的人。被告人，是指在自诉案件中被公民个人指控犯有某种罪行的人，以及在公诉案件中被检察机关起诉到法院的人。正在服刑的罪犯，因涉嫌其他犯罪又被立案侦查、起诉和审判的，是再次处于犯罪嫌疑人、被告人的地位，也可以成为本罪的对象。本罪在客观方面表现为对犯罪嫌疑人、被告人使用肉刑或者变相肉刑，逼取口供的行为。肉刑，主要是指对被害人身体实行暴力打击、残害，为其制造难以忍受的皮肉之苦。例如，殴打、吊打、夹手指等等。变相肉刑，主要是指不直接对被害人的身体实施暴力打击、残害，但用其他方法给被害人造成难以忍受的肉体痛苦。只有用肉刑或者变相肉刑逼取口供，才能构成本罪。用其他违法方法，如欺骗、引诱等，获取口供的，不构成本罪。本罪的主体是特殊主体，即司法工作人员，也即有侦查、检察、审判、监管职责的工作人员。非司法工作人员，如其他国家机关工作人员、联防队员、企业事业单位的安全保卫人员、群众性自治组织的治保干部等，私设公堂，对他人施以肉刑或者变相肉刑的，可以构成非法拘禁罪或故意伤害罪等，但不构成本罪。本罪在主观方面出于直接故意，且行为人具有逼取口供的目的。如果行为人出于其他目的对犯罪嫌疑人、被告人使用肉刑或者变相肉刑的，不能以本罪论。行为人的目的是否实现，即有无逼到口供，以及犯罪嫌疑人、被告人的口供是真是假，均不影响本罪的构成。犯罪动机如何，非本罪构成所问，“为公”（如为迅速结案）、“为私”（如出于挟嫌报复)，均可以本罪论。

根据《刑法》第二百四十七条的规定，犯本罪的，处三年以下有期徒刑或者拘役。致人伤残的，以故意伤害罪定罪从重处罚。致人死亡的，以故意杀人罪定罪从重处罚。

【暴力取证罪】 是指司法工作人员使用暴力逼取证人证言的行为。本罪侵犯的客体是他人的人身权利和司法机关的正常活动。侵犯的对象只能是证人。这里的证人，不仅仅指知道案件情况而向司法机关作证的人，还包括知道案件情况而拒绝作证的人和不知道案件情况但司法工作人员认为其知道而被要求作证的人。本罪在客观方面表现为对证人使用暴力逼取证言的行为。暴力的表现方式主要是殴打、捆绑、违法使用械具等。本罪的主体是特殊主体，仅限于司法工作人员。本罪的主观方面必须是直接故意，并以逼取证言为目的。

根据《刑法》第二百四十七条的规定，犯本罪的，处三年以下有期徒刑或者拘役；致人伤残的，依照故意伤害罪从重处罚；致人死亡的，依照故意杀人罪从重处罚。

【虐待被监管人罪】 是指监狱、拘留所、看守所等监管机构的监管人员对被监管人进行殴打或者体罚虐待，情节严重的行为。本罪侵害的客体是被监管人的人身权利和司法机关的正常管理活动。侵犯的对象只能是被监管人，即被依法监禁、羁押、管教的人员，包括：服刑的罪犯，被羁押的犯罪嫌疑人、被告人，被关押执行行政处罚的人等。本罪在客观方面表现为违反监管法规的规定，对被监管人进行殴打或者体罚虐待的行为。犯罪手段包括殴打、捆绑、冻饿、曝晒、电击、火烫、禁食、无故禁闭、侮辱人格等等。构成本罪的行为，既包括监管人员亲自实施的，也包括其指使被监管人对其他被监管人实施的。构成本罪，必须是情节严重的行为。本罪的主体是特殊主体，只限于在监狱、拘留所、看守所等监管机构中的监管人员。本罪的主观方面只能是故意。

根据《刑法》第二百四十八条的规定，犯本罪的，处三年以下有期徒刑或者拘役；情节特别严重的，处三年以上十年以下有期徒刑。致人伤残、死亡的，依照故意伤害罪、故意杀人罪从重处罚。

【煽动民族仇恨、民族歧视罪】 是指煽动民族仇恨、民族歧视，情节严重的行为。本罪侵犯的客体是公民的民主权利和国家的民族政策。本罪在客观方面表现为煽动民族仇恨、民族歧视，情节严重的行为。本罪的主体是一般主体，仅限于自然人。本罪在主观方面必须是故意，过失行为不构成本罪。

根据《刑法》第二百四十九条的规定，犯本罪的，处三年以下有期徒刑、拘役、管制或者剥夺政治权利；情节特别严重的，处三年以上十年以下有期徒刑。

【出版歧视、侮辱少数民族作品罪】 是指在出版物中刊载歧视、侮辱少数民族的内容，情节恶劣，造成严重后果的行为。本罪侵犯的客体是少数民族公民的平等权利和民族团结。本罪在客观方面表现为在出版物中刊载歧视、侮辱少数民族的内容，情节恶劣，造成严重后果的行为。这里的出版物应当是指合法出版的报纸、杂志、图书、音像制品和电子出版物等。在非法出版物中刊载歧视、侮辱少数民族内容的，应以煽动民族仇恨、民族歧视罪论处。本罪的主体，是在出版物中刊载歧视、侮辱少数民族内容的直接责任人员。本罪在主观方面必须是故意。

根据《刑法》第二百五十条的规定，

犯本罪的，对直接责任人员，处三年以下有期徒刑、拘役或者管制。

【非法剥夺公民宗教信仰自由罪】 是指国家机关工作人员非法剥夺公民宗教信仰自由，情节严重的行为。本罪侵犯的客体是公民的宗教信仰自由权利。本罪在客观方面表现为非法剥夺公民宗教信仰自由的行为。通常表现为行为人以暴力、威胁等手段，强迫他人信仰某种宗教、参加宗教团体，或者放弃信仰某种宗教、退出宗教团体；或者破坏正常的宗教活动仪式；或者捣毁合法的宗教活动场所等。构成本罪，必须是情节严重的行为。本罪的主体是特殊主体，即只能是国家机关工作人员。本罪在主观方面必须是故意。

根据《刑法》第二百五十一条的规定，犯本罪的，处二年以下有期徒刑或者拘役。

【侵犯少数民族风俗习惯罪】 是指国家机关工作人员非法干涉、破坏少数民族风俗习惯，情节严重的行为。本罪侵犯的客体是少数民族保持自己本民族的风俗习惯的自由权利。本罪在客观方面表现为采取强制手段破坏少数民族风俗习惯的行为。通常表现为两种情况：(1) 干涉、破坏少数民族根据自己民族风俗习惯进行的各种正常活动，或者强迫少数民族改变自己的风俗习惯。(2) 压制、打击少数民族对自己的风俗习惯进行的改革活动。犯罪手段必须是带有强制性的，可以是暴力、威胁，也可以是非暴力的行政命令等。构成本罪，必须是情节严重的行为。本罪的主体是特殊主体，即只能是国家机关工作人员。本罪的主观方面必须是故意。无意中触犯少数民族风俗习惯的行为，不能视为犯罪。

根据《刑法》第二百五十一条的规定，犯本罪的，处二年以下有期徒刑或者拘役。

【侵犯通信自由罪】 是指故意隐匿、毁弃或者非法开拆他人信件，情节严重的行为。本罪侵犯的客体是公民的通信自由权利。侵犯的对象只能是他人的信件。本罪在客观方面表现为隐匿、毁弃或者非法开拆他人信件的行为。隐匿、毁弃是指将他人信件予以隐藏或者毁坏、丢弃，使他人无法得到信件。非法开拆，是指未经收信人同意或者司法机关批准，擅自打开他人信件，偷看信件内容。只要行为人实施上述行为之一，情节严重的，即可构成本罪。本罪的主体是一般主体，但不包括邮政工作人员。本罪的主观方面必须是故意。如果是误拆或者因保管不慎丢失，不能视为犯罪。

根据《刑法》第二百五十二条的规定，犯本罪的，处一年以下有期徒刑或者拘役。

【私自开拆、隐匿、毁弃邮件、电报罪】 是指邮政工作人员私自开拆或者隐匿、毁弃他人邮件、电报的行为。本罪侵犯的客体是公民的通信自由权利。犯罪对象是他人的邮件和电报。邮件是指邮政部门传递过程中的信函、明信片、印刷品、盲人读物、汇款通知、包件等邮寄品。本罪在客观方面表现为行为人利用从事受理、分拣、投递、押运邮件电报等邮政业务的便利条件，私自开拆、隐匿、毁弃他人的邮件、电报的行为。只要行为人实施了上述行为，即可构成本罪。本罪的主体是特殊主体，即只能是邮政工作人员，这是本罪与侵犯通信自由罪的区别关键。本罪的主观方面只能是故意。犯罪的动机如何不影响构成本罪，但是，如果行为人是为了窃取财物而实施上述行为，则应依照盗窃罪定罪，从重处罚。

根据《刑法》第二百五十三条的规定，犯本罪的，处二年以下有期徒刑或者拘役。

【公民个人信息】 是指以电子或者其他方式记录的能够单独或者与其他信息结合识别特定自然人身份或者反映特定自然人活动情况的各种信息，包括姓名、身份证件号码、通信通讯联系方式、住址、账号密码、财产状况、行踪轨迹等。其特点包括：一是公民个人信息仅限于自然人的个人信息，不包括单位。这是因为，在法律上，公民专指自然人，而不包括单位。二是公民个人信息仅限于与自然人身份、活动情况相关的各种信息。其中与身份相关的信息主要涉及姓名、身份证件号码、通信通讯联系方式、住址、账号密码等；与活动情况相关的信息主要涉及行踪轨迹等。三是公民个人信息的核心在于其识别功能，即能将特定的公民个人识别出来，进而能与相关事件相对应或者能查找到相关公民。

【侵犯公民个人信息罪】 是指违反国家规定，向他人出售或者提供给他人个人信息，情节严重的，以及窃取或者以其他方法非法获取公民个人信息，情节严重的行为。本罪侵犯的客体是公民个人信息的安全。侵犯的对象是公民个人信息。本罪在客观方面表现为违反国家规定，向他人出售或者提供给他人个人信息，情节严重的，以及窃取或以其他方法非法获取公民个人信息，情节严重的行为。根据《办理侵犯公民个人信息刑事案件司法解释》，情节严重，是指非法获取、出售或者提供公民个人信息，具有下列情形之一的：（1）出售或者提供行踪轨迹信息，被他人用于犯罪的；（2）知道或者应当知道他人利用公民个人信息实施犯罪，向其出售或者提供的；（3）非法获取、出售或者提供行踪轨迹信息、通信内容、征信信息、财产信息五十条以上的；（4）非法获取、出售或者提供住宿信息、通信记录、健康生理信息、交易信息等其他可能影响人身、财产安全的公民个人信息五百条以上的；（5）非法获取、出售或者提供第三项、第四项规定以外的公民个人信息5000条以上的；（6）数量未达到第三项至第五项规定标准，但是按相应比例合计达到有关数量标准的；（7）违法所得5000元以上的；（8）将在履行职责或者提供服务过程中获得的公民个人信息出售或者提供给他人，数量或者数额达到第三项至第七项规定标准一半以上的；（9）曾因侵犯公民个人信息受过刑事处罚或者二年内受过行政处罚，又非法获取、出售或者提供公民个人信息的；（10）其他情节严重的情形。本罪的主体是一般主体。在履行职责或者提供服务过程中获得公民个人信息的国家机关或者金融、电信、交通、教育、医疗等单位及其工作人员，以及其他在履行职责或者提供服务过程中获得公民个人信息的物业公司、房产中介、保险、快递等单位及其工作人员犯本罪的，从重处罚。本罪在主观方面表现为直接故意。

根据《刑法》第二百五十三条之一第一款、第三款的规定，犯本罪的，处三年以下有期徒刑或者拘役，并处或者单处罚金；情节特别严重的，处三年以上七年以下有期徒刑，并处罚金。单位犯本罪的，对单位判处罚金，并对其直接负责的主管人员和其他直接责任人员，依照上述规定处罚。违反国家有关规定，将在履行职责或者提供服务过程中获得的公民个人信息，出售或者提供给他人的，从重处罚。

【报复陷害罪】　是指国家机关工作人员滥用职权、假公济私，对控告人、申诉人、批评人、举报人实行打击报复、陷害的行为。本罪侵犯的客体是公民的控告权、申诉权、批评权、举报权等民主权利，同时也侵犯了国家机关的正常活动。侵犯的对象只能是控告人、申诉人、批评人、举报人。控告人，是指向国家机关或其他有关单位告发国家工作人员违法失职行为的人。申诉人，是指对自己或亲属所受到的判决、裁定、决定结果不服而向有关部门提出申诉意见的人。批评人，是指对国家机关及其工作人员的工作提出批评建议的人。举报人，是指向司法机关或其他有关国家机关检举、揭发违规违法犯罪行为的人。本罪在客观方面表现为滥用职权、假公济私，对控告人、申诉人、批评人、举报人实行打击报复、陷害的行为，如制造借口停止其工作、工资，或者进行栽赃陷害、政治迫害等。不论采取何种手段，行为人必须是利用职务、滥用职权加以实施。本罪的主体是特殊主体，即只能是国家机关工作人员。本罪在主观方面必须是直接故意，并且具有报复陷害的目的。

根据《刑法》第二百五十四条的规定，犯本罪的，处二年以下有期徒刑或者拘役；情节严重的，处二年以上七年以下有期徒刑。

【打击报复会计、统计人员罪】　是指公司、企业、事业单位、机关、团体的领导人，对依法履行职责、抵制违反会计法、统计法行为的会计、统计人员实行打击报复，情节恶劣的行为。本罪侵犯的客体是会计、统计人员的人身权利。侵害的对象仅限于会计人员、统计人员。本罪在客观方面表现为对依法履行职责、抵制违反会计法、统计法行为的会计、统计人员实行打击报复，情节恶劣的行为。本罪的主体是特殊主体，即只能是公司、企业、事业单位、机关、团体的领导人。本罪的主观方面必须是直接故意，并且具有打击报复的目的。

根据《刑法》第二百五十五条的规定，犯本罪的，处三年以下有期徒刑或者拘役。

【破坏选举罪】　是指在选举各级人民代表大会代表或者国家机关领导人员时，以暴力、威胁、欺骗、贿赂、伪造选举文件、虚报选举票数等手段破坏选举或者妨害选民或代表自由行使选举权和被选举权，情节严重的行为。本罪侵害的客体是公民的选举权和被选举权以及政权选举工作的正常秩序。除须具备上述要件外，构成本罪，还必须情节严重。本罪在客观方面表现为，在选举各级人民代表大会代表或者国家机关领导人员时，以暴力、威胁、欺骗、贿赂、伪造选举文件、虚报选举票数等手段破坏选举或者妨害选民或代表自由行使选举权或被选举权的行为。首先，破坏选举罪只能发生在特定时期，即选举时。根据有关选举的法律规定，选举活动包括选民登记、提出候选人、投票选举、补选、罢免等过程。其次，破坏的必须是各级人民代表大会代表或者国家机关领导人员的选举。破坏其他选举的，例如，破坏居委会、村委会、党团组织、企事业单位或者其他社会组织选举的，在一定程度上往往也会对公民的民主权利造成侵害，但并不构成本罪。最后，破坏选举的行为主要表现为两种：（1）破坏选举工作正常进行，如伪造选举文件、虚报选举票数、扰乱选举会场、强行宣布选举结果无效等；（2）妨害选民或代表自由行使选举权和被选举权，如诱使、迫使选民、代表违反自己的真实意志选举某人或不选某人等。破坏的方法，较典型的有暴力、威胁、欺骗、贿赂、伪造选举文件、虚报选举票数六种。暴力，是指对选民、代表、候选人、选举工作人员等进行殴打、捆绑等人身打击或强制；威胁，是指以杀害、伤害、破坏名誉等相要挟，对他人的精神实行强制；欺骗，是指捏造事实，颠倒是非，以虚假的事实扰乱选举的正常进行；贿赂，是指用金钱或者其他财产性利益收买选民、代表、候选人、选举工作人员等，以实现操纵、破坏选举或者进行其他舞弊活动的目的；伪造选举文件，是指伪造选民证、选票、选民名单、候选人名单、代表资格报告等选举文件；虚报选举票数，是指对选票数、赞成、反对或弃权票数作虚假报告。除此之外，其他一切足以破坏选举民主性、真实性的方法，如以暴力破坏选举场所或者选举设备，使选举无法正常进行的；强行宣布合法选举无效、非法选举有效的；聚众冲击选举场所或者故意扰乱选举会场秩序，使选举工作无法正常进行的等。本罪的主体是一般主体，即已满 16 周岁、具有刑事责任能力的自然人。既可以是有选举权的人，也可以是没有或被剥夺选举权的人；既可以是一般公民，也可以是选举工作人员。本罪在主观方面是出于故意，且只能表现为直接故意，具体表现为明知自己的行为会对选举工作造成破坏，仍有意为之。过失行为，如误计选票等，不能以本罪论。

根据《刑法》第二百五十六条的规定，犯本罪的，处三年以下有期徒刑、拘役或者剥夺政治权利。

【暴力干涉婚姻自由罪】 是指以暴力干涉他人结婚自由或者离婚自由的行为。本罪侵犯的客体是复杂客体，即不仅侵犯他人的婚姻自由权利，而且也侵犯他人的人身权利。本罪在客观方面表现为以暴力方法干涉他人婚姻自由的行为。直接使用暴力方法干涉，是构成本罪必备的客观特征。暴力方法，是指殴打、捆绑、扣押、禁闭、强抢等手段。本罪的主体是一般主体，但从实践看，主要还是被害人的父母、兄弟、族人以及所在地区的基层干部等。如果丈夫因不同意其妻的离婚要求而经常殴打其妻的，不构成本罪，可按虐待罪论处。本罪在主观方面是直接故意。

根据《刑法》第二百五十七条的规定，犯本罪的，处二年以下有期徒刑或者拘役，告诉的才处理。犯暴力干涉婚姻自由罪，致使被害人死亡的，处二年以上七年以下有期徒刑，此为公诉罪。

【重婚罪】 是指有配偶而又与他人结婚，或者明知他人有配偶而又与之结婚的行为。本罪侵害的客体是一夫一妻的婚姻制度和他人的婚姻家庭关系。本罪在客观方面表现为，有配偶而又与他人结婚，或者与有配偶者结婚的行为。本罪的主体为自然人一般主体。根据我国婚姻法的规定，还必须是达到法定结婚年龄的人：一是已有配偶而且尚未解除婚姻关系，又与他人结婚的人，即重婚者；二是本人无配偶，但明知对方有配偶而与之结婚的人，即相婚者。在后者的情况下，相婚人和结婚人成立重婚罪的共同犯罪。在重婚罪中存在着前后两个婚姻关系。大致有四种情形：法定婚+法定婚，法定婚+事实婚，事实婚+法定婚，事实婚+事实婚。前两种是重婚罪的典型常态，而后两种在实践中原则上不构成重婚罪。但如果前一次的事实婚成立于1994年2月1日以前且符合结婚的实质要件的，应受法律保护，此后又有法定婚或事实婚的，构成重婚罪。因遭受自然灾害而外出谋生、为了生存重婚的，因配偶长期外出下落不明、家庭生活严重困难而重婚的以及因强迫、包办婚姻或婚后受虐待外逃重婚的，被拐卖后被迫与他人保持婚姻关系的，都不认为成立重婚罪，确属违法的，应该予以批评教育或者行政处罚。本罪在主观方面只能是出于故意。如果重婚者因种种可以理解的客观原因误认为自己无配偶而与他人结婚，或者相婚者因受蒙蔽确实不知对方有配偶而与之结婚的，均不构成本罪（但蒙蔽相婚者的重婚者应单独构成重婚罪）。

根据《刑法》第二百五十八条的规定，犯本罪的，处二年以下有期徒刑或者拘役。

【破坏军婚罪】 是指明知是现役军人的配偶而与之同居或者结婚的行为。本罪侵犯的客体是现役军人的婚姻家庭关系。现役军人，是指中国人民解放军和人民武装警察部队的男女现役军官、文职干部、士兵及具有军籍的学员。复员军人、退伍军人、转业军人、预备役军人、人民警察以及在军事部门、人民武装警察部队中工作但没有军籍的人员，都不属于现役军人。本罪在客观方面表现为同现役军人的配偶同居或者结婚的行为。现役军人的配偶，是指与现役军人现存有合法婚姻关系的妻子或丈夫，不包括“前妻”“前夫”，也不包括“未婚妻”“未婚夫”。本罪的行为表现为两种情况：一是与现役军人的配偶结婚，包括骗取合法手续登记结婚，以及公开以夫妻关系共同生活而形成事实婚姻；二是与现役军人的配偶同居，即在较长时间内公开地或秘密地共同生活，但并未形成事实婚姻。本罪的主体是一般主体。现役军人与其他现役军人的配偶同居或结婚的，也构成本罪。本罪的主观方面只能是直接故意，即明知对方是现役军人的配偶，而与之同居或结婚。

根据《刑法》第二百五十九条的规定，犯本罪的，处三年以下有期徒刑或者拘役。

【虐待罪】 是指经常以打骂、冻饿等方法，对家庭成员进行肉体上或精神上的摧残、折磨，情节恶劣的行为。本罪侵犯的客体是被害人的人身权利和在家庭关系中应享有的平等权利。男女平等，尊老爱幼，是社会主义婚姻、家庭关系的重要特征，也是维护良好的婚姻、家庭关系所必须坚持的原则。因此，家庭成员之间不能虐待。犯罪对象，只能是与行为人共同生活的家庭中的成员，包括父母、祖父母、妻子、丈夫、兄弟、姐妹等。行为人自愿领养、扶养的原家庭成员以外的其他人，与行为人共同生活的，也应视为本罪的对象。本罪在客观上表现为经常用打骂、冻饿、有病不给治疗、强迫从事过度的体力劳动等方法，对家庭成员进行肉体、精神上的摧残、折磨，情节恶劣的行为。虐待行为的突出特点：一是残酷性，一般都会给被害人造成很大的肉体痛苦，尤其是对年高体弱的老人和幼小的儿童，实行虐待往往更痛苦，但他们没有反抗能力，只能含愤忍受。二是经常性，这是因为行为人与被害人生活在一个家庭之中，经常接触，虐待活动也会长期经常进行。本罪的主体是已满16周岁、具有责任能力的与被害人同属一个家庭的成员。家庭成员，通常是指按照婚姻法的规定，同在一个家庭中生活，有着相互扶养、相互帮助义务的人，例如父母（包括养父母、继父母）、夫妻、子女（包括养子女、继子女）、祖父母、外祖父母、兄弟姐妹等。任何一个家庭成员虐待另一个家庭成员，都可构成本罪。本罪在主观上是故意，即明知自己的行为是在虐待家庭成员，会给其造成肉体或精神痛苦，并且希望这一结果发生。出于何种犯罪动机，不影响本罪的构成。

根据《刑法》第二百六十条的规定，犯本罪的，处二年以下有期徒刑、拘役或者管制，告诉的才处理，但被害人没有能力告诉，或者因受到强制、威吓无法告诉的除外。犯虐待罪，致使被害人重伤、死亡的，处二年以上七年以下有期徒刑，此为公诉罪。

【虐待被监护人、看护人罪】 是指对未成年人、老年人、患病的人、残疾人等负有监护、看护职责的人虐待被监护、看护的人，情节恶劣的行为。本罪侵犯的客体是未成年人、老年人、患病的人、残疾人等的人身权利和监护、看护制度。本罪客观方面表现为对未成年人、老年人、患病的人、残疾人等负有监护、看护职责的人虐待被监护、看护的人，情节恶劣的行为。本罪主体是特殊主体，必须是对未成年人、老年人、患病的人、残疾人等负有监护、看护职责的人。本罪的主观方面是故意。

根据《刑法》第二百六十条之一的规定，犯本罪的，处三年以下有期徒刑或者拘役。单位犯本罪的，对单位判处罚金，并对其直接负责的主管人员和其他直接责任人员，依照前述规定处罚。

【遗弃罪】 是指对于年老、年幼、患病或者其他没有独立生活能力的人，负有扶养义务而拒绝扶养，情节恶劣的行为。本罪侵犯的客体是公民在家庭中受扶养的权利。侵犯的对象是没有独立生活能力的家庭成员，即指家庭成员中有下列情形之一的人：因年老、伤残、疾病丧失劳动能力，没有生活来源的；虽有生活来源（如工资、离退休金、养老金、工伤补助金等），但因病、老、伤残生活不能自理的；因年幼或者智能低下，没有独立生活能力的。本罪在客观方面表现为对没有独立生活能力的家庭成员，应当扶养、能够扶养而拒不扶养的行为。扶养，应作广义的理解，包括长辈对晚辈的抚养，晚辈对长辈的赡养，以及平辈之间的扶养。本罪的行为通常表现为不作为，即行为人对没有独立生活能力的家庭成员负有扶养义务而撒手不管、不履行自己的义务，致使被害人失去依靠而处于危险境遇。构成本罪，必须是情节恶劣的行为。本罪的主体必须是对年老、年幼、患病或者其他没有独立生活能力的人负有扶养义务而且有履行这种义务能力的人。负有扶养义务的人包括：被害人的长辈或晚辈、兄姐或弟妹、丈夫或妻子等等。负有扶养义务的人必须具有履行扶养义务的实际能力，否则不构成本罪的主体。本罪的主观方面是出于故意，即行为人明知自己应当履行也能够履行扶养的义务而拒绝履行。

根据《刑法》第二百六十一条的规

定，犯本罪的，处五年以下有期徒刑、拘役或者管制。

【拐骗儿童罪】 是指以欺骗、利诱或者其他方法，使不满14周岁的未成年人脱离家庭或者监护人的行为。本罪侵犯的客体是他人的家庭关系和儿童的人身权利。侵犯的对象是不满14周岁的未成年人。本罪的客观方面表现为拐骗不满14周岁的未成年人脱离家庭或者监护人的行为。拐骗，是指使用欺骗、利诱等方法使未成年人脱离家庭和监护人的行为。本罪的主观方面是出于直接故意。犯罪的目的大多是为了收养，有的也可能是供自己使唤、奴役。如果是以出卖为目的拐骗不满14周岁的未成年人的，则构成拐卖儿童罪。如果是以向被害人家长或监护人勒索财物为目的，拐骗儿童作为人质进行要挟的，则应定绑架罪。

根据《刑法》第二百六十二条的规定，犯本罪的，处五年以下有期徒刑或者拘役。

【组织残疾人、儿童乞讨罪】 是指以暴力、胁迫手段组织残疾人或者不满14周岁的未成年人乞讨的行为。本罪侵犯的客体是残疾人、儿童的人身自由权利和人格尊严权利。侵犯的对象是残疾人、儿童。本罪在客观方面表现为以暴力、胁迫手段组织残疾人或者不满14周岁的未成年人乞讨的行为。暴力，是指直接对残疾人、儿童的身体施以捆绑、殴打、伤害等行为；胁迫，是指以冻饿、遗弃、伤害等相威吓，迫使残疾人、儿童服从其控制和指挥；组织，是指收容、召集并控制、指挥残疾人、儿童多人次乞讨。乞讨，是指通过博取他人同情、怜悯而无偿求取他人施舍的行为。本罪的构成以行为人使用暴力、胁迫手段为必要条件。如果行为人组织残疾人、儿童乞讨的行为，未使用暴力、胁迫手段，则不构成本罪。本罪的主体是一般主体，既可以是身体健全的人，也可以是残疾人。本罪在主观方面表现为直接故意。

根据《刑法》第二百六十二条之一的规定，犯本罪的，处三年以下有期徒刑或者拘役，并处罚金；情节严重的，处三年以上七年以下有期徒刑，并处罚金。

【组织未成年人进行违反治安管理活动罪】 是指组织未成年人进行盗窃、诈骗、抢夺、敲诈勒索等违反治安管理活动的行为。本罪侵犯的客体是未成年人的身心健康权利和国家的社会管理秩序。侵犯的对象是未成年人，即不满18周岁的人。本罪在客观方面表现为组织未成年人进行盗窃、诈骗、抢夺、敲诈勒索等违反治安管理活动的行为。组织，是指召集、收容、笼络、管理并策划、指挥一定数量的未成年人进行违反治安管理的活动；进行违反治安管理活动，是指未成年人所实施的盗窃、诈骗、抢夺、敲诈勒索等行为只是违反《治安管理处罚法》的规定应当予以行政处罚的行为。如果行为人组织未成年人所进行的上述行为达到犯罪的程度，构成犯罪的，则对组织者不能以本罪论处，而应以教唆犯或者间接正犯追究其刑事责任。本罪的主体是一般主体。本罪在主观方面表现为直接故意，即明知他人不满18周岁而组织其进行违反治安管理的活动。

根据《刑法》第二百六十二条之二的规定，犯本罪的，处三年以下有期徒刑或者拘役，并处罚金；情节严重的，处三年以上七年以下有期徒刑，并处罚金。

【侵犯财产罪】 是指故意非法占有、挪用公私财物，或者故意毁坏公私财物，破坏生产经营，依法应受刑罚处罚的行为。本类罪侵犯的客体是公私财产所有权。财产所有权，是指所有人依法对自己的财产享有占有、使用、收益和处分的权利。依据我国《刑法》第九十一条规定，公共财产是指下列财产：（1）国有财产；（2）劳动群众集体所有的财产；（3）用于扶贫和其他公益事业的社会捐助或者专项基金的财产。依据我国《刑法》第九十二条规定，公民私人所有的财产是指下列财产：（1）公民的合法收入、储蓄、房屋和其他生活资料；（2）依法归个人、家庭所有的生产资料；（3）个体户和私营企业的合法财产；（4）依法归个人所有的股份、股票、债券和其他财产。侵犯财产的犯罪，多数情况下是对所有权全部权能的侵犯，但在有些情况下，可能仅仅侵犯到所有权的部分权能，如侵害到使用权，也属于对财产权利的侵犯。公私财产的具体种类多种多样，不仅包括具有经济价值的财物，也包括货币、有价证券、有价票证和其他各种财产凭证。从财产形态上看，既包括有形物，也包括无形物。本类罪的犯罪对象必须是依法归国家、集体或者公民个人所有的财产。这些财产的类别可以分为生产资料和生活资料，动产和不动产，还有资源类财产如电力、燃气等。不属于上述范围的财产，如无主物或被所有人自动放弃所有权的物品，就不能成为侵犯财产罪的对象。但是，遗忘物、埋藏物、漂流物不属于无主物，仍受法律保护。本类罪的客观方面表现为行为人实施了各种非法侵犯公私财产的行为。根据我国刑法的规定，侵犯公私财物的行为大致可分为3类：（1）占有，即非法占有公私财物的行为。对“非法占有”的理解，不应仅仅限于将公私财物非法据为己有，也包括转归第三者（包括个人和集体）非法占有。（2）挪用，即挪用公私财物的行为。（3）故意毁灭、损坏公私财物的行为。其中，前两类行为的特点是，只改变公私财物的占有关系，并不损坏公私财物的使用价值。而后一类行为的特点是，使公私财物的使用价值部分或全部丧失。本类罪的主体大多数是一般主体，少数是特殊主体。根据刑法的规定，除抢劫罪的主体是已满14周岁，具有辨认和控制能力的自然人以外，其他犯罪的主体必须是已满16周岁，具有辨认和控制能力的自然人。少数犯罪主体要求必须具有某种特定的身份或者职务，如挪用资金罪的主体，必须是公司、企业或者其他单位的工作人员。本类罪的主观方面只能是故意。其中大部分犯罪是以非法占有公私财物为目的的，因而只能由直接故意构成。侵犯财产罪中的故意毁坏财物罪，是以毁坏公私财物为目的的，而破坏生产经营罪则基于泄愤报复或者其他个人目的。

【抢劫罪】 是指以非法占有为目的，当场使用暴力、胁迫或其他方法，强行劫取公私财物的行为。本罪的侵犯客体包括公私财物的所有权和被害人的人身权利。其侵犯对象是国家、集体、个人所有的各种财物和被害人的人身。作为抢劫罪对象的财物，既包括被害人合法所有或保管的财物，也包括他人非法所得的赃款、赃物以及非法持有的违禁品，一般限于动产，即可以当场非法占有、便于携带移离的财物。被害人人身是抢劫罪的手段行为指向的对象，被害人的范围可以包括财物的所有人、保管人及当时在场的其他有关人员。本罪的客观方面表现为行为人对财物的所有人、保管人或者占有人当场使用暴力、胁迫或者其他对人身实施强制的方法，强行劫取公私财物的行为。要构成本罪，行为人在客观方面首先表现为使用暴力、胁迫或者其他强制方法。暴力、胁迫或者其他强制方法，是抢劫罪的手段行为，这种当场对被害人身体实施强制的犯罪手段，是抢劫罪的显著特点。暴力，是指为了排除财物的所有者、管理人员的反抗而对其身体实行打击或强制的行为。构成本罪，在暴力的程度上没有限制，无论是杀伤还是造成轻伤或微伤，对构成本罪没有影响。胁迫，是指以对被害人将实施暴力打击相威胁，对其实行精神强制，使其因恐惧不敢反抗而交出财物或不敢阻止行为人夺走其财物的行为。其他方法，是指对被害人采用暴力和胁迫之外的如用酒灌醉、用药物麻醉等方法，目的使被害人处于不知反抗或失去反抗能力的状态。其次，行为人必须是当场强行劫取财物。强行劫取财物，是指违反对方的意志将财物转移给自己或者第三者占有，包括行为人自己当场直接夺取、取走被害人占有的财物；行为人迫使被害人当场交付（处分）财物；行为人实施暴力、胁迫等强制行为，乘对方没有注意财物时当场取走其财物，以及行为人在使用暴力、胁迫等行为之际，被害人由于害怕而逃走，将身边财物遗留在现场，行为人当场取走该财物。抢劫罪是当场从被害人手中劫取财物的犯罪，实践中以暴力相威胁迫使被害人限期交出财物的行为，不应定为抢劫罪。鉴于我国《刑法》在第一百二十一条、第一百二十二条分别规定了以暴力、胁迫或者其他方法劫持航空器罪和劫持船只、汽车罪，因此，在认定抢劫罪时要同上述两罪严格区别开来。本罪的主体为一般主体。根据《刑法》第十七条规定，年满14周岁不满16周岁的人也可以成为本罪的主体。本罪主观方面表现为直接故意，并具有将公私财物非法占有的目的。如果行为人只抢回自己被骗走的财物或者为索取合法债务而使用暴力的，因其主观上不具有非法占有他人财物的目的，因而不构成抢劫罪。当然，其使用的手段是不合法的，可按有关法规使其承担行政法律责任；如已触犯其他刑法规定，则按他罪处罚，如故意伤害罪、非法拘禁罪、非法侵入住宅罪等。

根据《刑法》第二百六十三条的规定，犯本罪的，处三年以上十年以下有期徒刑，并处罚金。有下列情形之一的，处十年以上有期徒刑、无期徒刑或者死刑，并处罚金或者没收财产：（1）入户抢劫的；（2）在公共交通工具上抢劫的；（3）抢劫银行或者其他金融机构的；（4）多次抢劫或者抢劫数额巨大的；（5）抢劫致人重伤、死亡的；（5）冒充军警人员抢劫的；（6）持枪抢劫的；（7）抢劫军用物资或者抢险、救灾、救济物资的。

【入户抢劫】 是指为实施抢劫行为而进入他人生活的与外界相对隔离的住所，包括封闭的院落、牧民的帐篷、渔民作为家庭生活场所的渔船、为生活租用的房屋等进行抢劫的行为。对于入户盗窃，因被发现而当场使用暴力或者以暴力相威胁的行为，应当认定为入户抢劫。认定入户抢劫，要注重审查行为人入户的目的，将入户抢劫与在户内抢劫区别开来。以侵害户内人员的人身、财产为目的，入户后实施抢劫，包括入户实施盗窃、诈骗等犯罪而转化为抢劫的，应当认定为入户抢劫。因访友办事等原因经户内人员允许入户后，临时起意实施抢劫，或者临时起意实施盗窃、诈骗等犯罪而转化为抢劫的，不应认定为“入户抢劫”。

对于部分时间从事经营、部分时间用于生活起居的场所，行为人在非营业时间强行入内抢劫或者以购物等为名骗开房门入内抢劫的，应认定为入户抢劫。对于部分用于经营、部分用于生活且之间有明确隔离的场所，行为人进入生活场所实施抢劫的，应认定为入户抢劫；如场所之间没有明确隔离，行为人在营业时间入内实施抢劫的，不认定为入户抢劫，但在非营业时间入内实施抢劫的，应认定为入户抢劫。

【在公共交通工具上抢劫】 是指在从事旅客运输的各种公共汽车、大中型出租车、火车、船只、飞机等正在运营中的机动公共交通工具上对旅客、司售人员、乘务人员实施的抢劫，或者对运行途中的机动公共交通工具加以拦截后，对公共交通工具上的人员实施的抢劫。其中，公共交通工具，包括从事旅客运输的各种公共汽车，大中型出租车、火车、地铁、轻轨、轮船、飞机等，不含小型出租车。对于虽不具有商业营运执照，但实际从事旅客运输的大、中型交通工具，可认定为公共交通工具。接送职工的单位班车、接送师生的校车等大、中型交通工具，视为公共交通工具。在公共交通工具上抢劫，既包括在处于运营状态的公共交通工具上对旅客及司售、乘务人员实施抢劫，也包括拦截运营途中的公共交通工具对旅客及司售、乘务人员实施抢劫，但不包括在未运营的公共交通工具上针对司售、乘务人员实施抢劫。以暴力、胁迫或者麻醉等手段对公共交通工具上的特定人员实施抢劫的，一般应认定为在公共交通工具上抢劫。

【抢劫金融机构】 是指抢劫银行或者其他金融机构的经营资金、有价证券和客户的资金等。抢劫正在使用中的银行或者其他金融机构的运钞车的，视为抢劫银行或者其他金融机构。抢劫金融机构在对象上必须同时包含以下两个特征：(1) 抢劫的对象必须是金融机构。金融机构是指从事与金融服务业有关的金融中介机构，包括银行、证券公司、保险公司、信托投资公司和基金管理公司等。(2) 抢劫的对象必须是金融机构的经营资金、有价证券和客户的资金等财产。这是因为，这些财产才能体现金融机构的功能，其作为抢劫罪的对象能够反映出行为更大的危害性。如果以金融机构中的办公物品或者金融机构内工作人员个人财产作为抢劫的对象，则不属于抢劫金融机构。

【持枪抢劫】 是指行为人使用枪支或者向被害人显示持有、佩带的枪支进行抢劫的行为。持枪抢劫中的枪支必须是真枪，持假枪抢劫不能认定为持枪抢劫。这是因为，我国刑法之所以将持枪抢劫规定为抢劫罪的加重处罚情节，主要是考虑到枪支本身可能造成被害人更大的人身伤害或者威胁，进而反映出行为更大的危害性和行为人更大的主观恶性。相比之下，假枪则不具有这种特征，因而不宜将其纳入持枪抢劫的范围进行评价。

【冒充军警人员抢劫】 是指冒充军人或者人民警察抢劫。冒充军警人员抢劫，既侵害了他人的人身和财产权利，也损害了军人、人民警察的威信，较之一般抢劫具有更严重的社会危害性。认定冒充军警人员抢劫，要注重对行为人是否穿着军警制服、携带枪支、是否出示军警证件等情节进行综合审查，判断是否足以使他人误以为是军警人员。对于行为人仅穿着类似军警的服装或仅以言语宣称系军警人员但未携带枪支、也未出示军警证件而实施抢劫的，要结合抢劫地点、时间、暴力或威胁的具体情形，依照常人判断标准，确定是否认定为冒充军警人员抢劫。军警人员利用自身的真实身份实施抢劫的，不认定为冒充军警人员抢劫，应依法从重处罚。

【转化型抢劫】 是指行为人实施其他犯罪行为过程中，因具有某种法定事实特征而以抢劫罪论处的犯罪。《刑法》第二百六十九条和第二百六十七条第二款规定了两种不同条件的转化型抢劫，即由盗窃、诈骗、抢夺犯罪转化成立的转化型抢劫和因携带凶器抢夺而成立的转化型抢劫。

【盗窃、诈骗、抢夺转化抢劫】 是指犯盗窃、诈骗、抢夺罪，为窝藏赃物、抗拒抓捕或者毁灭罪证而当场使用暴力或以暴力相威胁的，以抢劫罪论处。根据《刑法》第二百六十九条的规定，构成此种转化型抢劫罪，必须具备以下 3 个条件：第一，必须先行实施了盗窃、诈骗、抢夺犯罪行为，这是构成此种转化型抢劫罪的前提条件。一般地，行为人实施的盗窃、诈骗、抢夺行为，并不必须构成相应的盗窃罪、诈骗罪、抢夺罪。第二，必须是当场使用暴力或者以暴力相威胁。这是构成此种转化型抢劫罪的客观条件。这里的当场，是指行为人实施盗窃、诈骗、抢夺行为的现场，或者虽然离开了现场但尚处在被追捕的过程中。当场是这种转化型抢劫罪成立在时间上和空间上的条件。如果行为人实行盗窃、诈骗、抢夺过程中，在尚未取得财物时被发觉而使用暴力或者以暴力威胁强行取财的，应直接适用《刑法》第二百六十三条。如果行为人实施的盗窃、诈骗、抢夺行为停止以后，在其他的时间和地点对被害人等实施暴力或者以暴力相威胁的，也不能按《刑法》第二百六十九条处理；构成犯罪的，应按相应的条文定罪处罚。使用暴力或者以暴力相威胁的对象不仅包括盗窃、诈骗、抢夺行为的被害人，还应当包括在当场实施抓捕行动的警察和其他人员。第三，当场使用暴力或者以暴力相威胁的目的是窝藏赃物、抗拒抓捕或者毁灭证据。这是构成转化型抢劫罪的主观条件。窝藏赃物，是指保护赃物不被追回；抗拒抓捕，是指抗拒公安机关的拘留、逮捕和任何公民的抓捕扭送；毁灭证据，是指销毁、消灭其实施盗窃、诈骗、抢夺行为遗留在作案现场的痕迹、物品，以掩盖其罪行。只要行为人出于上述任何一个目的，就具备了构成转化型抢劫罪的主观条件。但是，如果行为人盗窃、诈骗、抢夺犯罪后又出于灭口、报复等动机杀害、伤害被害人的，则应对杀人、伤害行为单独定罪，实行并罚。同时具备上述三个条件的，应当适用《刑法》第二百六十九条成立转化型的抢劫罪，按照抢劫罪定罪处罚。应当注意的是，根据《审理未成年人刑事案件司法解释》，已满 14 周岁不满 16 周岁的人盗窃、诈骗、抢夺他人财物，为窝藏赃物、抗拒抓捕或者毁灭证据，当场使用暴力，故意伤害致人重伤或者死亡，或者故意杀人的，应当分别以故意伤害罪或者故意杀人罪定罪处罚，不适用第二百六十九条的规定。已满16周岁不满18周岁的人犯盗窃、诈骗、抢夺罪，为窝藏赃物、抗拒抓捕或者毁灭罪证而当场使用暴力或者以暴力相威胁的，应当依照第二百六十九条的规定定罪处罚；情节轻微的，可不以抢劫罪定罪处罚。

根据《刑法》第二百六十九条的规定，“犯盗窃、诈骗、抢夺罪，为窝藏赃物、抗拒抓捕或者毁灭罪证而当场使用暴力或者以暴力相威胁的”，依照抢劫罪定罪处罚。犯盗窃、诈骗、抢夺罪，主要是指行为人已经着手实施盗窃、诈骗、抢夺行为，一般不考察盗窃、诈骗、抢夺行为是否既遂。但是所涉财物数额明显低于数额较大的标准，又不具有《审理抢劫、抢夺刑事案件意见》第五条所列五种情节之一的，不构成抢劫罪。当场是指在盗窃、诈骗、抢夺的现场以及行为人刚离开现场即被他人发现并抓捕的情形。

对于以摆脱的方式逃脱抓捕，暴力强度较小，未造成轻伤以上后果的，可不认定为使用暴力，不以抢劫罪论处。

【携带凶器抢夺】 是指行为人在抢夺的过程中携带凶器，进而对行为人以抢劫罪处罚的情形。根据《刑法》第二百六十七条第二款的规定，该种转化型抢劫罪的成立，应当具备以下条件：第一，必须实施了抢夺行为。这里的抢夺行为并不以已构成抢夺罪为必要条件。第二，必须携带凶器实施抢夺行为，即行为人在实施抢夺行为时携带了凶器。根据2000年11月17日《审理抢劫案件司法解释》第六条的规定，携带凶器抢夺，是指行为人随身携带枪支、爆炸物、管制刀具等国家禁止个人携带的器械进行抢夺或者为了实施犯罪而携带其他器械进行抢夺的行为。具体包括两种情形：（1）行为人随身携带枪支、爆炸物、管制刀具等国家管制的器械进行抢夺的，以抢劫罪定罪。因为携带国家管制的器械本身就是违法行为，携带进行抢夺不仅加强了犯罪的力度，而且携带行为本身也反映出行为人的犯罪意图和倾向。（2）行为人携带国家管制以外的其他器械进行抢夺的，不能一概而论。携带国家管制以外的其他器械，如砖头、棍棒、菜刀等，并不具有违法性。只有在确认了行为人携带这些器械是为了实施犯罪，从而认定这些器械具有凶器的属性，在此前提下，行为人携带这些器械进行抢夺的，就应当认定为抢劫罪。如果不能确认行为人携带这些器械是为了实施犯罪，则其抢夺行为不能认定为抢劫罪，构成犯罪的，应认定为抢夺罪。应当注意的是，这里的携带凶器是指暗中携带。只有在行为人实施抢夺时，携带了凶器并且没有使用的（包括未向被害人显示的），才能适用《刑法》第二百六十七条第二款的规定，构成转化型抢劫罪。如果行为人公然携带凶器或者向被害人显示所携带的凶器而夺取财物的，则属于使用胁迫方法夺取财物的行为，应当直接适用《刑法》第二百六十三条的规定，构成典型的抢劫罪。

【盗窃罪】 是指以非法占有为目的，窃取公私财物数额较大，或者多次盗窃、入户盗窃、携带凶器盗窃、扒窃的行为。本罪侵犯的客体是公私财产权利。公私财产主要包括国有财产、劳动群众集体所有财产和公民个人所有财产，也包括多种所有制经济成分混合组成的法人、非法人的社会组织和团体所有的财产。

本罪的对象是动产和不动产上分离出来的财物，如房屋上的门窗、砖瓦、木料等可以成为盗窃的对象，但不包括刑法已有特别规定的对象，如枪支、弹药、爆炸物、正在使用的变压器、公文、证件、印章等。本罪的对象必须是具有一定的经济价值，并且是有形的物品。不过，根据司法解释，电力、煤气、天然气等具有经济价值的物品也可成为本罪的对象。盗接他人长途电话号、电话账号造成损失，也可以构成本罪。此外，盗窃他人非法所得也可构成犯罪。本罪在客观方面表现为盗窃公私财物，数额较大的，或者多次盗窃、入户盗窃、携带凶器盗窃、扒窃的行为。具体包括两个要素：（1）实施了盗窃公私财物的行为。盗窃即秘密窃取，指行为人采取自以为不易被财物所有人、保管人发觉的方法，暗中取走财物的行为。其具有以下特征：一是秘密性，即是在暗中进行的。如果正在取财的过程中，就被他人发现阻止，而仍强行拿走的，则不是秘密窃取，构成犯罪的，应以抢夺罪或抢劫罪论处；如果取财时没有发觉，但财物窃到手后即被发觉，尔后公开携带财物逃跑的，仍属于秘密窃取，要以盗窃论处；如果施用骗术，转移被害人注意力，然后在其不知不觉的情况下取走财物的仍构成秘密窃取；如果事先乘人不备，潜入某一场所，在无人发现的过程中秘密取财的，也为秘密窃取。二是相对性，即秘密窃取是相对财物所有人、占有人而言的，即财物的所有人、占有人没有发觉。在窃取财物的过程中，只要财物的所有人、占有人没有发觉，即使被其他人发现的，也应是本罪的秘密窃取。三是主观性，即行为人自认为没有被财物所有人、占有人发觉。如果在取财过程中，事实上已为被害人发觉，但被害人由于种种原因未加阻止，行为人对此也不知道被发觉，把财物取走的，仍为秘密窃取。如果行为人已明知被他人发觉，即使被害人未阻止而仍取走的，行为带有公然性，这时就不再属于秘密窃取，构成犯罪的，根据其行为的性质以抢夺罪或抢劫罪论处。秘密窃取财物是本罪区别于其他侵犯财产罪的本质特征。另外，根据《刑法》第二百六十五条的规定，以牟利为目的，盗接他人通信线路、复制他人电信号码或者明知是盗接、复制电信设备、设施而使用的，按照盗窃行为认定。“将电信卡非法充值后使用，造成电信资费损失数额较大的”“盗用他人公共信息网络上网账号、密码上网，造成他人电信资费损失数额较大的”以盗窃行为认定。（2）盗窃行为必须达到法定具体要求，才构成盗窃罪。盗窃行为具有以下情形之一的，构成盗窃罪：第一，盗窃数额较大的。数额较大，是指盗窃公私财物价值 1000 元至 3000 元以上。第二，多次盗窃的。多次盗窃，是指 2 年内盗窃 3 次以上。第三，入户盗窃的。入户盗窃，是指非法进入供他人家庭生活，与外界相对隔离的住所盗窃。这里的“户”包括为家庭生活购置或租用的房屋及封闭的院落、牧民的帐篷、渔民作为家庭生活场所的渔船等，但集生活、经营于一体的处所，在经营时间内一般不视为“户”。第四，携带凶器盗窃的。携带凶器盗窃，是指携带枪支、爆炸物、管制刀具等国家禁止个人携带的器械盗窃，或者为了实施违法犯罪携带其他足以危害他人人身安全的器械盗窃。第五，扒窃的。“扒窃”，是指在公共场所或者公共交通工具上盗窃他人随身携带的财物。本罪的主体是一般主体。凡是已满 16 周岁、具有辨认能力和控制能力的自然人，都可以成为本罪的主体。单位不能构成本罪。即使以单位的名义、为单位的利益实施盗窃的，也只能是自然人成立本罪的主体。公司、企业、事业单位、机关、团体等单位实施刑法规定的危害社会的行为，《刑法》分则和其他法律未规定追究单位的刑事责任的，对组织、策划、实施该危害社会行为的人依法追究刑事责任。单位组织、指使盗窃，构成犯罪的，以盗窃罪追究组织者、指使者、直接实施者的刑事责任。本罪在主观方面只能出于直接故意，并具有非法占有公私财物的目的。这里的非法占有包括据为己有、赠送他人等处置方法。如果行为人没有非法占有的目的，如未经物主同意擅自使用，用完归还的；私自使用代人保存的钱物，用后偿还的；或者误将公私财物当作自己的财物而拿走的，都不能构成本罪。应当注意的是，根据《刑法》第二百六十五条的规定，盗接他人通信线路、复制他人电信号码或者明知是盗接、复制的电信设备、设施而使用的，必须以牟利为目的，才能按照盗窃罪定罪处罚。以牟利为目的，是指为了出售、出租、自用、转让等牟取经济利益的行为。

《刑法》第二百六十五条规定，以牟利为目的，盗接他人通信线路、复制他人电信号码或者明知是盗接、复制的电信设备、设施而使用的行为，按盗窃罪定罪处刑。《刑法》第一百九十六条第三款规定："盗窃信用卡并使用的，依照本法第二百六十四条的规定定罪处罚。"《刑法》第二百一十条第一款规定："盗窃增值税专用发票或者可以用于骗取出口退税、抵扣税款的其他发票的，依照本法第二百六十四条的规定定罪处罚。"

根据《刑法》第二百六十四条的规定，犯本罪的，处三年以下有期徒刑、拘役或者管制，并处或者单处罚金；数额巨大或者有其他严重情节的，处三年以上十年以下有期徒刑，并处罚金；数额特别巨大或者有其他特别严重情节的，处十年以上有期徒刑或者无期徒刑，并处罚金或者没收财产。数额巨大，是指盗窃公私财物价值人民币 3 万元至 10 万元以上；数额特别巨大，是指盗窃公私财物价值人民币 30 万元至 50 万元以上。盗窃国有馆藏一般文物、三级文物、二级以上文物的，应当分别认定为数额较大、数额巨大、数额特别巨大；盗窃多件不同等级国有馆藏文物的，3 件同级文物可以视为 1 件高一级文物。多次盗窃，是指 2 年内盗窃 3 次以上。根据《办理盗窃刑事案件司法解释》第六条规定，其他严重情节、其他特别严重情节，是指盗窃公私财物数额达到数额巨大、数额特别巨大的 50%，并具有下列情形之一：（1）组织、控制未成年人盗窃的；（2）自然灾害、事故灾害、社会安全事件等突发事件期间，在事件发生地盗窃的；（3）盗窃残疾人、孤寡老人、丧失劳动能力人的财物的；（4）在医院盗窃病人或者其亲友财物的；（5）盗窃救灾、抢险、防汛、优抚、扶贫、移民、救济款物的；（6）因盗窃造成严重后果的。另外，盗窃毒品等违禁品，应当按照盗窃罪处理的，根据情节轻重量刑。因犯本罪，依法判处罚金刑的，应当在 1000 元以上盗窃数额的 2 倍以下判处罚金；没有盗窃数额或者盗窃数额无法计算的，应当在 1000 元以上 10 万元以下判处罚金。

【诈骗罪】 是指以非法占有为目的，用虚构事实或者隐瞒真相的方法，骗取数额较大的公私财物的行为。本罪侵犯的客体是公私财产所有权。如果诈骗行为侵犯的主要客体不是公私财产所有权，而是其他社会关系，则不构成本罪。本罪的犯罪对象是公私财物和财产性利益。其中财物包括动产和不动产。如果骗取公私财物或者财产性利益以外的其他非财产性利益，不能以本罪论处。本罪在客观方面表现为骗取数额较大的公私财物的行为。骗取财物的手段多种多样，如假冒身份、涂改单据、伪造证件、冒领款物等。概括起来，就是虚构事实或者隐瞒真相。虚构事实，就是无中生有，捏造不存在的假事实，以骗取被害人的信任。这里的虚构事实可以是虚构全部事实，也可以是在已存在的事实基础上进行夸张和扩大。隐瞒真相，是指掩盖客观存在的事实，以蒙蔽被害人。骗取财物，就是使用上述欺骗方法，使被害人受骗上当，陷于错误的认识，从而"主动""自愿"地交出财物的行为。用欺骗的方法非法占有财物，是诈骗罪区别于其他侵犯财产罪的主要特征。构成本罪，必须是骗取公私财物达到数额较大的行为。诈骗数额较大，是指个人诈骗公私财物价值人民币3000元~1万元以上的情况。本罪主体是一般主体，即已满16周岁以上具有刑事责任能力的人，都可以成为本罪的主体。本罪在主观方面必须出于直接故意，并且具有非法占有公私财物的目的。如果没有非法占有的目的，如在债务纠纷中，债权人骗债务人的财物，目的是促使债务人还债，就不能构成本罪。

根据《刑法》第二百六十六条的规定，犯本罪的，处三年以下有期徒刑、拘役或者管制，并处或者单处罚金；数额巨大或者有其他严重情节的，处三年以上十年以下有期徒刑，并处罚金；数额特别巨大或者有其他特别严重情节的，处十年以上有期徒刑或者无期徒刑，并处罚金或者没收财产。根据《办理诈骗刑事案件司法解释》，数额巨大，是指诈骗公私财物价值人民币3万元至10万元以上的。数额特别巨大，一般是指个人诈骗公私财物价值人民币50万元以上的。如果诈骗公私财物达到上述数额标准，具有下列情形之一的，可以酌情从严惩处：（1）通过发送短信、拨打电话或者利用互联网、广播电视、报刊杂志等发布虚假信息，对不特定多数人实施诈骗的；（2）诈骗救灾、抢险、防汛、优抚、扶贫、移民、救济、医疗款物的；（3）以赈灾募捐名义实施诈骗的；（4）诈骗残疾人、老年人或者丧失劳动能力人的财物的；（5）造成被害人自杀、精神失常或者其他严重后果的。其他严重情节和其他特别严重情节，是指诈骗数额接近前述的"数额巨大""数额特别巨大"的标准，并具有前述的可以酌情从严惩处的情形之一或者属于诈骗集团的首要分子。

【电信诈骗】 是指以非法占有为目的，利用电信网络技术手段，通过远程、非接触等方式，诈骗公私财物的行为，是诈骗罪的一种特殊类型。作为传统诈骗犯罪与现代网络通信技术相结合的新型犯罪的电信诈骗，具有高科技、远程、非接触性、取证难、打击难、抓捕难、追赃难、定性难等特点。实践中高发的五类电信网络诈骗案件，分别是刷单返利、虚假投资理财、虚假网络贷款、冒充客服、冒充公检法。随着信息技术的快速发展，利用电信网络实施的诈骗犯罪现象日益突出，严重侵犯了公民和法人组织的财产权利，严重影响了人民群众的日常生活，严重干扰了正常电信网络秩序，已经成为社会一大公害。为此，

《刑法修正案（九）》专门增设第二百八十六条之一、第二百八十七条之一和第二百八十七条之二，对这种行为进行立法应对。2016 年颁布的《办理电信网络诈骗等刑事案件意见》，对电信诈骗的定罪量刑准、相关犯罪、共同犯罪、案件管辖、涉案财物的处理等问题，进行了规定。2021 年颁布的《办理电信网络诈骗等刑事案件意见（二）》，针对打击电信网络诈骗犯罪工作中存在的新的突出问题，对电信网络诈骗及其关联犯罪，特别是涉“两卡”犯罪，提出了更加明确具体的法律适用标准。2024 年颁布的《办理跨境电信网络诈骗等刑事案件适用法律若干问题的意见》，针对跨境电信诈骗犯罪手段升级、衍生犯罪呈现新特点、犯罪事实查证困难等新情况作出了规定。

【抢夺罪】 是指以非法占有为目的，公然夺取公私财物，数额较大或者多次抢夺的行为。本罪侵犯的客体是公私财产所有权。侵犯的对象是各种公私财物，并限于动产。本罪在客观方面表现为公然夺取公私财物，数额较大或者多次抢夺的行为。公然夺取，是指在财物所有人、保管人在场的情况下，乘人不备，突然公开地将财物夺走。公然夺取有两个特点：（1）当着财物所有人、保管人的面或者使其可以立即发现的情况下夺取财物；（2）行为人夺取财物时并不使用暴力和以暴力相威胁的手段。乘人不备公然夺取财物，是抢夺罪区别于其他侵犯财产罪的重要特征。抢夺公私财物数额较大，是构成抢夺罪的法定条件。根据《办理抢夺刑事案件司法解释》的规定，抢夺公私财物价值 1000 元至 3000 元以上的，应当认定为数额较大。本罪的主体是一般主体。在主观方面必须出于直接故意，并具有非法占有的目的。

根据《刑法》第二百六十七条的规定，犯本罪的，处三年以下有期徒刑、拘役或者管制，并处或者单处罚金；数额巨大或者有其他严重情节的，处三年以上十年以下有期徒刑，并处罚金；数额特别巨大或者有其他特别严重情节的，处十年以上有期徒刑或者无期徒刑，并处罚金或者没收财产。

【聚众哄抢罪】 是指以非法占有为目的，聚集多人，公然夺取公私财物，数额较大或者有其他严重情节的行为。本罪侵犯的客体是公私财产所有权。犯罪对象是公私财物，仅限于动产或者从不动产上分离的财物。本罪在客观方面表现为聚众哄抢公私财物的行为。聚众，就是纠集多人，一般为 3 人以上。哄抢，是指一哄而上，抢夺占有。聚众哄抢公私财物必须达到数额较大或者有其他严重情节，才能构成犯罪。这里的数额较大，可以参照抢夺罪的数额标准。其他严重情节，一般是指参与哄抢的人数较多，哄抢较重要的物资，多次哄抢或者哄抢行为造成恶劣的社会影响等。本罪的主体是一般主体，但是在聚众哄抢的行为人中只对首要分子和积极参加者追究刑事责任。本罪在主观方面必须是故意，并具有非法占有公私财物的目的。

根据《刑法》第二百六十八条的规定，犯本罪的，处三年以下有期徒刑、拘役或者管制，并处罚金；数额巨大或者有其他特别严重情节的，处三年以上十年以下有期徒刑，并处罚金。

【侵占罪】 是指以非法占有为目的，将代为保管的他人的财物或者他人的遗忘物或者埋藏物非法占为己有，数额较大并且拒不退还或者拒不交出的行为。本罪侵犯的客体是公私财物的所有权。本罪的犯罪对象只限于两类：（1）行为人代为保管的他人财物；（2）行为人持有的他人的遗忘物或者埋藏物。其他的财产不能成为本罪的犯罪对象。当然，这两类财产，从性质上看，既可以是私人财物，也可以是公共财物。本罪的客观要件表现为将代为保管的他人财物或者他人的遗忘物或者埋藏物非法占为已有，数额较大，拒不退还或者拒不交出的行为。这里包括三层意思：（1）非法占有代为保管的他人财物、他人的遗忘物或者埋藏物。代为保管的他人财物，是指基于他人的委托代为保管的财物或者根据事实上的管理而被认为是合法持有的财物。他人的遗忘物，是指所有人或持有人因一时疏忽遗忘于某特定地点或场合但知道其地点或场合的财物。埋藏物，是指个人埋藏于某一地点的财物或者归国家所有的所有人不明的埋藏物。（2）行为人所侵占财物的数额较大。由于侵占行为是以非暴力的手段将他人财物非法占为己有的行为，其社会危害程度一般较轻，必须是侵占财物的数额较大，社会危害性达到一定程度，才能构成犯罪，至于数额较大的具体标准，有待司法机关作出解释。（3）拒不退还或拒不交出。这是指行为人将财物非法占有后，当财物所有人发现并要求其退还或交出时，仍不退还或交出。对于拒不退还或拒不交出，实践中主要有两种情形：一是财物所有人向行为人明确提出退还或交出被侵占的财物，并有证据证明该财物为其合法所有或依据法律应属国家、集体所有，而行为人不予理睬或明确加以拒绝的；二是经财物所有人提出退还或交出被侵占财物后，行为人同意退还或交出，事后又背着财物所有人擅自处理了该财物，致使无法兑现的。本罪的主体为一般主体，凡年满16周岁具有刑事责任能力的自然人均可构成本罪。本罪的主观要件是故意，即明知是代为保管的他人的财物、遗忘物或者埋藏物而仍非法占为己有。构成本罪还必须具有非法占有的目的。仅有故意而无非法占有之目的，如故意毁坏所代管的他人财物、遗忘物或者埋藏物，或者要求他人偿付因代管等支出的费用而迟延交还的，就不能以本罪论处。

根据《刑法》第二百七十条的规定，犯本罪的，处二年以下有期徒刑、拘役或者罚金；数额巨大或者有其他严重情节的，处二年以上五年以下有期徒刑，并处罚金。犯本罪，告诉的才处理。

【职务侵占罪】 是指公司、企业或者其他单位的人员，利用职务上的便利，将本单位的财物非法占为己有，数额较大的行为。本罪侵犯的客体是公司、企业或者其他单位的财产所有权。侵犯的对象是行为人所属公司、企业或者其他单位的财物。本罪的客观方面表现为行为人利用职务上的便利，侵占公司、企业或者其他单位数额较大的公私财物的行为。具体而言，有3个特点：(1)行为人必须利用了职务上的便利。利用职务上的便利，是指利用自己职务范围内的职权和地位所形成的有利条件。如经理将应为本公司的财产收入，转到个人的账号；财会人员利用自己经手管理钱财、账目的便利，窃取钱财；仓库保管员利用保管本单位货物的便利，侵吞物资等。(2)行为人必须侵占了公司、企业或者其他单位的财物。侵占，是指行为人以侵吞、盗窃、欺骗或者其他非法手段占有本公司、企业或其他单位财物的行为。

(3) 行为人侵占公司、企业或者其他单位的财物，必须是数额较大。《办理贪污贿赂刑事案件司法解释》第十一条规定了数额较大的认定标准。2022 年《最高人民检察院、公安部关于公安机关管辖的刑事案件立案追诉标准的规定（二）》规定，数额在三万元以上的，应予立案追诉。侵占财物是否达到数额较大是本罪与非罪的重要界限。本罪的主体是特殊主体，即公司、企业或者其他单位的工作人员。应当注意的是，本罪的主体只能是公司、企业或者其他单位中的不具有国家工作人员身份的工作人员。如果是国有公司、企业或者其他国有单位中从事公务的人员和国有公司、企业或者其他国有单位委派到非国有公司、企业以及其他单位从事公务的人员利用职务便利实施前述侵占行为的，则应当以贪污罪定罪处罚。根据《村民小组组长利用职务便利非法占有公共财物行为如何定性问题批复》规定，村民小组组长利用职务上的便利，将村民小组集体财产非法占为己有，数额较大的行为，应当以职务侵占罪定罪处罚。在国有资本控股、参股的股份有限公司中从事管理工作的人员，除受国家机关、国有公司、企业、事业单位委派从事公务的以外，不属于国家工作人员，对其利用职务上的便利，将本单位财物非法占为己有，数额较大的，应当以职务侵占罪定罪处罚。本罪在主观方面表现为直接故意，并且具有非法占有本单位财物的目的。

根据《刑法》第二百七十一条第一款的规定，犯本罪的，处三年以下有期徒刑或者拘役，并处罚金；数额巨大的，处三年以上十年以下有期徒刑，并处罚金；数额特别巨大的，处十年以上有期徒刑或者无期徒刑，并处罚金。

【挪用资金罪】 是指公司、企业或者其他单位的工作人员，利用职务上的便利，挪用本单位资金归个人使用或者借贷给他人，数额较大，超过 3 个月未还的；或者虽未超过 3 个月，但数额较大，进行营利活动的；或者进行非法活动的行为。本罪侵犯的客体是公司、企业及其他单位资金的使用权。犯罪对象是行为人所在单位的资金。本罪的客观方面表现为利用职务上的便利，挪用本单位资金归个人使用或者借贷给他人，数额较大，超过 3 个月未还的；或者虽未超过 3 个月，但数额较大，进行营利活动的；或者进行非法活动的行为。根据《刑法》规定，挪用资金有 3 种情况：第一，挪用资金归个人使用或者借贷给他人，数额较大，超过 3 个月未还的。在这种情形下，行为人挪用本单位资金既非用于非法活动，也非用于营利活动，而是用于本人或他人的日常生活开支，私人购房购车，外出旅游等。由于这种情形的社会危害性较小，构成犯罪，法律上作了两条限制，即必须是数额较大且超过 3 个月未还的。第二，挪用本单位资金虽未超过 3 个月，但数额较大，进行营利活动的。这里的营利活动是指合法的营利活动。如挪用资金从事生产、经商、存入银行获得利息等，但不包括非法的营利活动。这种情形的社会危害性较第一种情形要大一些。构成犯罪，法律上只作了一条限制，即必须是数额较大，没有作时间限制。就是说，从事营利活动，只要挪用的数额较大，即使不到 3 个月全部归还的也要定罪。挪用资金获取的利息、收益等违法所得，应当追缴，但不计入挪用资金的数额。第三，挪用本单位资金进行非法活动的。非法活动包括一般违法活动和犯罪活动，如走私、非法经营、赌博、嫖娼等。因为这种情形社会危害性大，法律未作数额和时间上的限制，即只要是挪用资金进行非法活动，不论数额是否较大，挪用时间是长是短，都构成挪用资金罪。尽管法律上未作数额的限制，但挪用数额的多少与非法活动产生的社会危害性的大小是直接联系的。因挪用资金达到追究刑事责任的起点，而进行的非法活动又构成其他犯罪的，应当实行数罪并罚。本罪的主体是特殊主体，即公司、企业或者其他单位中的工作人员。本罪的主观方面是直接故意，具有非法使用本单位资金的目的，但没有将资金占为己有的目的。

根据《刑法》第二百七十二条第一款的规定，犯本罪的，处三年以下有期徒刑或者拘役；挪用本单位资金数额巨大的，处三年以上七年以下有期徒刑；数额特别巨大的，处七年以上有期徒刑。这里的“数额巨大”，依照《办理贪污贿赂刑事案件司法解释》第十一条规定认定。

【挪用特定款物罪】 是指违反国家专款专用的财经管理制度，挪用用于救灾、抢险、防汛、优抚、扶贫、移民、救济的款物，情节严重，致使国家和人民群众利益遭受重大损害的行为。本罪侵犯的客体是公私财产所有权和国家专款专用的财经管理制度。犯罪对象只限于用于救灾、抢险、防汛、优抚、扶贫、移民、救济的特定款物。本罪在客观方面表现为违反国家专款专用的财经管理制度，挪用上述特定款物，情节严重，致使国家和人民群众利益遭受重大损失的行为。这里的挪用，指未经合法批准，擅自将自己主管、经管的上述特定款物调拨，使用到其他方面的公用。挪用特定款物情节严重，致使国家和人民群众利益遭受重大损失，是构成挪用特定款物罪的法定条件。本罪的主体是掌管、经手上述特定款物的直接责任人员。本罪在主观方面必须出于故意，即明知是上述特定款物应当专款专用，仍然挪作他用。

根据《刑法》第二百七十三条的规定，犯本罪的，处三年以下有期徒刑或者拘役；情节特别严重的，处三年以上七年以下有期徒刑。

【敲诈勒索罪】 是指以非法占有为目的，对公私财物的所有人、保管人使用威胁或者要挟的方法，强行索取财物，数额较大，或者多次敲诈勒索的行为。本罪侵犯的客体为复杂客体。其中主要侵犯的是公私财产所有权，其次侵犯了他人的人身权利。犯罪对象是公私财物，包括动产、不动产以及财产性利益。本罪在客观方面表现为使用威胁或者要挟的方法，迫使他人交付财物数额较大，或者多次敲诈勒索的行为。本罪的手段行为是对被害人实施威胁或者要挟的行为，即通过对被害人施以精神强制，使其在心理上产生恐惧，形成压力，以致其不敢拒绝的方法。表现形式多种多样，通常以危害被害人本人、其亲属或者其他利害关系人的生命、健康、自由相威胁；以损害其人格、名誉，毁坏其财产相威胁；以张扬隐私、揭发检举违法犯罪行为相要挟；也有利用权势、利用被害人的弱点或者处于困境相要挟。威胁和要挟的方式可以是书面的，也可以是口头的；可以是当面直接向被害人提出的，也可以是通过第三人转达或者用书信的方式发出；可以是明示，也可以是暗示。威胁、要挟侵害的对象可以是财物的所有人、保管人本人，也可以是其亲属等有利害关系的其他人。威胁、要挟的内容不仅可以是以实施暴力相威胁，也可以是以揭发隐私等非暴力相要挟。但是行为人一般是扬言在以后的某个时间将威胁、要挟的内容付诸实现。而威胁、要挟内容的损害对象既可以是财物的所有人、保管人本人，也可以是他们的亲属等利害关系人。在取得财物的时间上，既可以是迫使对方当场交出财物，也可以限期交出。本罪的目的行为是迫使被害人交付财物的行为，即行为人通过实施威胁或者要挟的行为，使被害人产生恐惧并形成心理压力，从而被迫交出财物。敲诈勒索行为具体包括以下三种：（1）对财物所有人、保管人以日后施以侵害相威胁，迫使其当场或者日后交出财物；（2）对财物所有人、保管人以当场实施暴力相威胁或者以非暴力侵害相要挟，迫使其日后交出财物；（3）以当场实施非暴力侵害相要挟，迫使其当场交出财物。敲诈勒索公私财物必须达到数额较大的，或者多次敲诈勒索的，才能构成犯罪。数额较大是指敲诈勒索公私财物价值2000至5000以上的。多次敲诈勒索，是指在2年内3次以上敲诈勒索的。本罪的主体是一般主体，凡已满16周岁以上，具有刑事责任能力的自然人，都可以成为本罪的主体。本罪在主观方面必须出于直接故意，并以非法占有公私财物为目的。如果行为人不具有非法占有的目的，如以威胁方法逼迫债务人偿还债务的，则不构成敲诈勒索罪。

根据《刑法》第二百七十四条的规定，犯本罪的，处三年以下有期徒刑、拘役或者管制，并处或者单处罚金；数额巨大或者有其他严重情节的，处三年以上十年以下有期徒刑，并处罚金；数额特别巨大的或者有其他特别严重情节的，处十年以上有期徒刑，并处罚金。

【故意毁坏财物罪】 是指故意毁灭或者损坏公私财物，数额较大或者有其他严重情节的行为。本罪侵犯的客体是公私财产所有权。犯罪对象是各种公私财物。但不包括法律有特别规定的公私财物，如电力设备、公用电信设施等。本罪在客观方面表现为毁坏公私财物，数额较大或者有其他严重情节的行为。这里的毁坏，是指毁灭和损坏，也就是使公私财物遭到破坏，使其价值或者使用价值全部或者部分丧失。毁坏的方法多种多样，但如果使用放火、爆炸等危险方法，并足以危及公共安全的，则应以放火罪、爆炸罪等危害公共安全罪论处。另外，毁坏公私财物必须达到数额较大或者有其他严重情节的，才能构成犯罪。本罪的主体是一般主体。在主观方面必须是故意，犯罪目的是毁坏公私财物。犯罪动机可以是报复、泄愤等，但不影响犯罪的成立。

根据《刑法》第二百七十五条的规定，犯本罪的，处三年以下有期徒刑、拘役或者罚金；数额巨大或者有其他特别严重情节的，处三年以上七年以下有期徒刑。

【破坏生产经营罪】 是指由于泄愤报复或者其他个人目的，毁坏机器设备、残害耕畜或者以其他方法破坏生产经营的行为。本罪侵犯的客体是公私财产所有权和生产经营活动的正常秩序。生产经营活动，是指一切生产、流通、交换、分配环节中的正常生产和经营行为。犯罪对象是在生产经营中正在使用的，与生产经营活动直接相关的机器设备、牲畜和其他设备、用具。本罪在客观方面表现为毁坏机器、残害耕畜或者以其他方法破坏生产经营的行为。这里的其他方法是指毁坏机器、残害耕畜以外任何破坏生产经营的方法，如切断电源、毁坏庄稼、破坏水源等。本罪的主体是一般主体。在主观方面只能出于故意，并且具有泄愤报复或者其他个人目的。

根据《刑法》第二百七十六条的规定，犯本罪的，处三年以下有期徒刑、拘役或者管制；情节严重的，处三年以上七年以下有期徒刑。

【拒不支付劳动报酬罪】 是指以转移财产、逃匿等方法逃避支付劳动者的劳动报酬或者有能力支付而不支付劳动者的劳动报酬，数额较大，经政府有关部门责令支付仍不支付的行为。本罪侵犯的客体是复杂客体，包括劳动者的财产所有权和劳动者获得劳动报酬的权利。犯罪对象是劳动者的劳动报酬。劳动者的劳动报酬是指劳动者依照《劳动法》和《劳动合同法》等法律的规定应得的劳动报酬，包括工资、奖金、津贴、补贴、延长工作时间的工资报酬及特殊情况下支付的工资等。本罪在客观方面表现为以转移财产、逃匿等方法逃避支付劳动者的劳动报酬或者有能力支付而不支付劳动者的劳动报酬，数额较大，经政府有关部门责令支付仍不支付的行为。具体包括以下4个方面要素：(1) 实施了拒不支付劳动报酬的行为。《刑法》规定了两种行为方式：一是以转移财产、逃匿等方法逃避支付劳动者的劳动报酬。根据《审理拒不支付劳动报酬刑事案件司法解释》的规定，逃避支付表现为以下情形之一：①隐匿财产、恶意清偿、虚构债务、虚假破产、虚假倒闭或者以其他方法转移、处分财产的；②逃跑、藏匿的；③隐匿、销毁或者篡改账目、职工名册、工资支付记录、考勤记录等与劳动报酬相关的材料的；④以其他方法逃避支付劳动报酬的。(2) 有能力支付而不支付劳动者的劳动报酬。包括两种情形：①克扣劳动报酬。这里的克扣是指用人单位在劳动者已经提供劳动的前提下，无正当理由，扣减其按照劳动合同规定应当支付给劳动者报酬的全部或者部分。②无故拖欠劳动报酬。即用人单位无正当理由超过支付劳动报酬的规定时间未支付劳动报酬的全部或者部分。(3) 拒不支付劳动报酬数额较大具有下列情形之一的，应当认定为数额较大：①拒不支付1名劳动者3个月以上的劳动报酬且数额在5000至2万元以上的；②拒不支付10名以上劳动者的劳动报酬且数额累计在3万元至10万元以上的。各省、自治区、直辖市高级人民法院可以根据本地区经济社会发展状况，在该数额幅度内，研究确定本地区执行的具体数额标准，报最高人民法院备案。(4) 本罪的成立以经政府有关部门责令支付仍不支付为要件。经政府有关部门责令支付仍不支付，是指经人力资源社会保障部门或者政府其他有关部门依法以限期整改指令书、行政处理决定书等文书责令支付劳动者的劳动报酬后，在指定的期限内仍不支付的。但有证据证明行为人有正当理由未知悉责令支付或者未及时支付劳动报酬的除外。如果行为人逃匿，无法将责令支付文书送交其本人、同住成年家属或者所在单位的，上述有关部门已通过在行为人的住所地、生产经营场所等地张贴责令支付文书等方式责令支付，并采用拍照、录像等方式记录的，应当视为经政府有关部门责令支付。本罪的主体是一般主体，自然人和单位均可构成。实践中，本罪主体多为具有用工资格的单位或者自然人，但是本罪的成立并不以行为人具有用工资格或者是否为单位的工作人员为要件。违法用工的单位或者个人、用人单位的实际控制人都可以成为本罪的主体。本罪的主观方面是直接故意，并且具有不支付劳动者劳动报酬的目的。

根据《刑法》第二百七十六条之一的规定，犯本罪的，处三年以下有期徒刑或者拘役，并处或者单处罚金；造成严重后果的，处三年以上七年以下有期徒刑，并处罚金。单位犯本罪的，对单位判处罚金，并对其直接负责的主管人员和其他直接责任人员，依照上述规定处罚。有前两款行为，尚未造成严重后果，在提起公诉前支付劳动者的劳动报酬，并依法承担相应赔偿责任的，可以减轻或者免除处罚。

【妨害社会管理秩序罪】 是指妨害国家对社会的管理活动，破坏社会秩序，情节严重的行为。本类罪侵犯的客体是国家对社会的管理活动，亦称社会管理秩序。这里的社会管理秩序是狭义的，特指《刑法》分则其他各章规定之罪的同类客体以外的社会管理秩序，本章分别用九节将它们概括为：公共秩序，司法管理秩序，国（边）境管理秩序，文物管理秩序，公共卫生管理秩序，环境资源管理秩序，毒品管理秩序，社会治安管理秩序，社会风尚或他人的人身权利，社会风尚和国家对文化市场的管理秩序。本类罪在客观上表现为妨害国家对社会的管理活动或者破坏社会管理秩序的行为。国家对社会的管理活动是通过立法并授权一定国家机关及其工作人员来行使的。妨害国家机关及其工作人员依法进行社会管理活动，实施破坏社会管理秩序的行为，是本类犯罪在客观方面的共同特征。破坏社会管理秩序的行为，包括扰乱公共秩序，妨害司法活动，妨害国（边）境管理、文物管理和毒品管理活动，危害公共卫生，破坏环境资源保护和严重损害社会风尚等行为。但是，在本类一百多个具体犯罪中，各自在客观方面的构成要件也不一样，从基本构成上考察，有的是行为犯，有的是结果犯，有的是危险犯，有的是情节犯。有的犯罪要求行为必须违反国家规定或特定的法律、法规等有关规定，有的犯罪要求必须利用特定的方法、手段实施，有的犯罪还要求必须在特定的时间、地点实施，否则该种犯罪不能成立。因此，不能将一切妨害社会管理秩序行为一概视为犯罪。本类罪的主体多数是一般主体，少数是特殊主体；多数犯罪的主体只限于自然人，也有少数犯罪既可以由自然人构成也可以由单位构成；还有个别犯罪的主体只能是单位，例如非法出售、私赠文物藏品罪和采集、供应血液、制作、供应血液制品事故罪。本类罪在主观上绝大多数是故意，也有少数是过失。在故意犯罪中，有的还要求具有特定的犯罪目的，如赌博罪、倒卖文物罪等。

【扰乱公共秩序罪】 是指违反国家对社会秩序的正常管理，破坏公共秩序，情节严重的行为。本罪侵害的客体是公共秩序。本罪的客观方面表现为违反国家对社会秩序的正常管理，采取各种方式，破坏公共秩序，情节严重的行为。本罪的主体是一般主体，主要是自然人。本罪的主观方面是故意。本罪是一个类罪，具体犯罪包括妨害公务罪，袭警罪，煽动暴力抗拒法律实施罪，招摇撞骗罪，伪造、变造、买卖国家机关公文、证件、印章罪，盗窃、抢夺、毁灭国家机关公文、证件、印章罪，伪造公司、企业、事业单位、人民团体印章罪，伪造、变造居民身份证罪，使用虚假身份证件、盗用身份证件罪，冒名顶替罪，非法生产、买卖警用装备罪，非法获取国家秘密罪，非法持有国家绝密、机密文件、资料、物品罪，非法生产、销售专用间谍器材、窃听、窃照专用器材罪，非法使用窃听、窃照专用器材罪，组织考试作弊罪，非法出售、提供试题、答案罪，代替考试罪，非法侵入计算机信息系统罪，非法获取计算机信息系统数据、非法控制计算机信息系统罪，提供侵入、非法控制计算机信息系统程序、工具罪，破坏计算机信息系统罪，拒不履行信息网络安全管理义务罪，非法利用信息网络罪，帮助信息网络犯罪活动罪，扰乱无线电通讯管理秩序罪，聚众扰乱社会秩序罪，聚众冲击国家机关罪，扰乱国家机关工作秩序罪，组织、资助非法聚集罪，聚众扰乱公共场所秩序、交通秩序罪，投放虚假危险物质罪，编造、故意传播虚假信息罪，高空抛物罪，聚众斗殴罪，寻衅滋事罪，催收非法债务罪，组织、领导、参加黑社会性质组织罪，入境发展黑社会组织罪，包庇、纵容黑社会性质组织罪，传授犯罪方法罪，非法集会、游行、示威罪，非法携带武器、管制刀具、爆炸物参加集会、游行、示威罪，破坏集会、游行、示威罪，侮辱国旗、国徽国歌罪，侵害英雄烈士名誉、荣誉罪，组织、利用会道门、邪教组织、利用迷信破坏法律实施罪，组织、利用会道门、邪教组织利用迷信致人重伤、死亡罪，聚众淫乱罪，引诱未成年人聚众淫乱罪，盗窃、侮辱尸体罪，赌博罪，开设赌场罪，组织参与国（境）外赌博罪，故意延误投递邮件罪。

【妨害公务罪】 是指以暴力、威胁的方法，阻碍国家机关工作人员、人大代表、红十字会工作人员依法执行职务或履行职责，或者故意阻碍国家安全机关、公安机关依法执行国家安全工作任务，虽未使用暴力、威胁方法，但造成严重后果的行为。本罪侵犯的客体是公务活动。公务是指特定的公共事务，即国家机关工作人员、人大代表依法执行职务的活动，红十字会人员依法履行职责的活动，国家安全机关、公安机关工作人员依法执行国家安全工作任务的活动。行为对象是正在依法执行职务、履行职责的上述四类人员。上述人员超越职权范围的活动，或者滥用职权、以权谋私、违法乱纪、侵犯国家和群众利益的活动，受到他人制止或者阻止的，不能视为妨害公务。虽然是上述四类人员，但其所从事的活动不是依法正在执行职务或者职务范围内的活动，不能构成本罪。本罪在客观上表现为行为人以暴力、威胁的方法阻碍国家机关工作人员、人大代表依法执行职务；或者在自然灾害或突发事件中，以暴力、威胁方法阻碍红十字会人员依法履行职责；或者虽未使用暴力、威胁的方法，但故意阻碍国家安全机关、公安机关依法执行国家安全工作任务，造成严重后果的行为。暴力，是指对正在依法执行职务的国家机关工作人员、人大代表和正在依法履行职责的红十字会人员实行打击或者其他人身强制，致使其不能继续履行职务或者职责。威胁是指以杀害、伤害、毁坏财产、破坏名誉等相恐吓，迫使国家机关工作人员、人大代表、红十字会人员无法执行职务或者履行职责。国家机关工作人员，是指在中国各级立法机关、行政机关、司法机关中从事公务的人员。（从现实出发，还应包括中国共产党的各级机关、中国人民政治协商会议的各级机关中从事公务的人员。）根据《以暴力、威胁方法阻碍事业编制人员依法执行行政执法职务是否可对侵害人以妨害公务罪论处批复》，对于以暴力、威胁方法阻碍国有事业单位人员依照法律、行政法规的规定执行行政执法职务的，或者以暴力、威胁方法阻碍国家机关中受委托从事行政执法活动的事业编制人员执行行政执法职务的，可以对侵害人以妨害公务罪追究刑事责任。如果是以暴力、威胁方法阻碍红十字会工作人员依法履行职责，还要求必须是发生在自然灾害或突发事件中才能构成本罪。如果是故意阻碍国家安全机关、公安机关依法执行国家安全工作任务，则不以使用暴力、威胁方法作为特定的手段要件，即使没有使用这种手段，只要造成了严重的后果，也构成本罪。本罪的主体是已满16周岁且具有刑事责任能力的自然人。本罪在主观上是故意，即明知对方是正在依法执行职务或履行职责的国家机关工作人员、人大代表或红十字会工作人员，而有意对其实施暴力、威胁，使之不能或不敢正常执行职务或者履行职责，或者明知对方正在依法执行国家安全工作任务，而有意进行阻碍。

根据《刑法》第二百七十七条的规定，犯本罪的，处三年以下有期徒刑、拘役、管制或者罚金。

【袭警罪】 是指暴力袭击正在依法执行职务的人民警察的犯罪。本罪侵犯的客体是国家正常管理秩序和人民警察的人身权益。客观方面表现为暴力袭击正在依法执行职务的人民警察。行为方式上必须是实施了暴力袭击行为，但不要求造成伤害后果，暴力袭击的对象必须是正在依法执行职务的人民警察，不包括其他国家机关的工作人员。本罪的主体是一般主体，年满16周岁的自然人。犯罪主观方面是故意，且行为人明知对方是正在执行公务的人民警察。

根据《刑法》第二百七十七条第五款的规定，犯本罪的，处三年以下有期徒刑、拘役或者管制；使用枪支、管制刀具，或者以驾驶机动车撞击等手段，严重危及其人身安全的，处三年以上七年以下有期徒刑。

【煽动暴力抗拒法律实施罪】 是指煽动群众以暴力手段抗拒国家法律、行政法规实施的行为。本罪侵犯的客体是社会公共秩序和国家的法律秩序。客观方面表现为煽动群众以暴力手段抗拒国家法律、行政法规的实施，扰乱社会公共秩序的行为。煽动的行为方式可以多种多样，但煽动的内容则只能是以暴力手段抗拒国家法律、行政法规的实施。国家法律是指全国人民代表大会及其常务委员会依法定程序制定的规范性法律文件；行政法规是指国务院制定或者通过的规范性法律文件。暴力手段一般表现为杀伤执法人员或者抢、砸、损毁执法设施、交通工具等。本罪属于行为犯，即只要行为人实施了煽动的行为就可以构成本罪。本罪的主体是一般主体。主观方面是直接故意。

根据《刑法》第二百七十八条的规定，犯本罪的，处三年以下有期徒刑、拘役、管制或者剥夺政治权利；造成严重后果的，处三年以上七年以下有期徒刑。

【招摇撞骗罪】 是指为了牟取非法利益，假冒国家机关工作人员的身份或职称，进行招摇撞骗的行为。本罪侵犯的客体是国家机关的威信及正常活动。本罪在客观上表现为冒充国家机关工作人员进行招摇撞骗的行为。冒充，是指没有某种职级、职称的人，采取各种手段和方法，假冒并充当具有某种职级、职称的国家机关工作人员，包括3种情况：(1) 非国家机关工作人员冒充国家机关工作人员；(2) 国家机关的下级工作人员冒充上级工作人员；(3) 这种部门的国家机关工作人员冒充那种部门的国家机关工作人员。招摇撞骗，是指利用人们对国家机关工作人员的信任，以假冒国家机关工作人员的身份到处炫耀，寻找机会骗取非法利益，如骗取钱财、地位、荣誉、待遇或玩弄女性等。冒充国家机关工作人员与进行招摇撞骗这两种行为必须同时具备并且存在有机联系。如果行为人仅实施冒充国家机关工作人员的行为而未进行招摇撞骗，或者实施其他招摇撞骗行为而没有冒充国家机关工作人员，不构成本罪。本罪的主体是已满16周岁并具有刑事责任能力的人。本罪在主观上是故意，即明知自己不是国家机关工作人员或不具有国家机关工作人员的某种职级、职称而予以假冒，并且具有骗取某种非法利益的目的。招摇撞骗，同时构成诈骗罪的，适用处罚较重的罪名处罚。

根据《刑法》第二百七十九条的规定，犯本罪的，处三年以下有期徒刑、拘役、管制或者剥夺政治权利；情节严重的，处三年以上十年以下有期徒刑。冒充人民警察招摇撞骗的，从重处罚。

【伪造、变造、买卖国家机关公文、证件、印章罪】 是指伪造、变造、买卖国家机关的公文、证件、印章的行为。本罪侵犯的客体是国家机关信誉及正常活动，行为对象是国家机关的公文、证件或者印章。公文，是指用于联系公务、指导工作、处理问题的书面文件，包括指示、命令、决定等。证件，是指用于证明身份、资格、学历等事项的凭证，包括工作证、户口迁移证、结婚证、离婚证等。印章，是指刻有国家机关名称的公章和专用章。本罪在客观上表现为对国家机关的公文、证件或者印章，实施伪造、变造或者买卖的行为。这里的国家机关包括立法机关、行政机关与司法机关，以及中国共产党的各级机关和中国人民政治协商会议的各级机关。伪造，是指仿造真正的国家机关公文、证件、印章的图案、形状、大小、色彩等制造虚假的国家机关公文、证件、印章的行为。变造，是指采取涂改、抹擦、拼接等方法，对真实的公文、证件、印章进行加工，改变其内容的行为。买卖，包括购买和出售。行为人只要以其中一种行为方式侵犯一种犯罪对象，便可构成犯罪；实施两个以上行为的，也以一罪论处，而不定数罪。本罪的主体是已满16周岁且具有刑事责任能力的自然人。本罪在主观上是故意，即明知伪造、变造、买卖国家机关的公文、证件、印章，会妨害国家机关信誉及正常活动，仍有意而为的心理态度。

根据《刑法》第二百八十条第一款的规定，犯本罪的，处三年以下有期徒刑、拘役、管制或者剥夺政治权利，并处罚金；情节严重的，处三年以上十年以下有期徒刑，并处罚金。

【盗窃、抢夺、毁灭国家机关公文、证件、印章罪】 是指盗窃、抢夺、毁灭国家机关的公文、证件、印章的行为。本罪侵犯的客体和对象、犯罪主体以及犯罪的主观方面等与伪造、变造、买卖国家机关公文、证件、印章罪相同。本罪在客观方面表现为盗窃、抢夺、毁灭国家机关公文、证件、印章的行为。盗窃，是指秘密窃取。抢夺，是指乘人不备公然夺取。毁灭，是指以撕、烧、砸等方法将公文、证件、印章销毁，使其失去功能。本罪属于选择性罪名，行为人只要实施上述三种行为之一或者针对三种对象之一实施，即可构成本罪。

根据《刑法》第二百八十条第一款的规定，犯本罪的，处三年以下有期徒刑、拘役、管制或者剥夺政治权利，并处罚金；情节严重的，处三年以上十年以下有期徒刑，并处罚金。

【伪造公司、企业、事业单位、人民团体印章罪】 是指伪造公司、企业、事业单位、人民团体的印章的行为。本罪侵犯的客体，是公司、企业、事业单位、人民团体对印章的管理使用活动。犯罪对象仅限于依法设立的公司、企业、事业单位、人民团体刻制的以文字、图记形式表明与该主体具有同一性的公章和专用章，以及代表该主体的法定代表人的章。犯罪对象的不同是本罪与伪造国家机关公文、证件、印章罪的显著区别。本罪在客观方面表现为伪造公司、企业、事业单位、人民团体的印章的行为。本罪的主体是一般主体，主观方面只能是直接故意。

根据《刑法》第二百八十条第二款的规定，犯本罪的，处三年以下有期徒刑、拘役、管制或者剥夺政治权利，并处罚金。

【伪造、变造、买卖身份证件罪】 是指伪造、变造、买卖居民身份证、护照、社会保障卡、驾驶证等依法可以用于证明身份证件的行为。本罪侵犯的客体，是国家对身份证件的管理秩序。犯罪对象仅限于身份证件，包括居民身份证、护照、社会保障卡、驾驶证等依法可以用于证明身份的证件。本罪客观方面表现为伪造、变造、买卖身份证件的行为。伪造是指根据真身份证件的形状、大小、图案、色彩等制作假身份证件；变造是指在真的身份证件上做手脚改变原证内容而做成内容虚假的“真”身份证件。本罪的主体是一般主体。主观方面只能是故意。

根据《刑法》第二百八十条第三款的规定，犯本罪的，处三年以下有期徒刑、拘役、管制或者剥夺政治权利，并处罚金；情节严重的，处三年以上七年以下有期徒刑，并处罚金。

【使用虚假身份证件、盗用身份证件罪】

是指在依照国家规定应当提供身份证明的活动中，使用伪造、变造的或者盗用他人的居民身份证、护照、社会保障卡、驾驶证等依法可以用于证明身份的证件，情节严重的行为。本罪侵犯的客体，是国家对身份证件的管理秩序。本罪客观方面表现为在依照国家规定应当提供身份证明的活动中，使用伪造、变造的或者盗用他人的居民身份证、护照、社会保障卡、驾驶证等依法可以用于证明身份的证件，情节严重的行为。本罪的主体是一般主体。主观方面只能是故意。

根据《刑法》第二百八十条之一的规定，犯本罪的，处拘役或者管制，并处或者单处罚金。

【冒名顶替罪】 是指盗用、冒用他人身份，顶替他人取得的高等学历教育入学资格、公务员录用资格、就业安置待遇的以及组织、指使他人实施上述行为的犯罪。本罪侵犯的客体是关于高考招录、公务员招录以及就业安置待遇等方面制度公平性。客观方面表现为盗用、冒用他人身份，顶替他人取得的高等学历教育入学资格、公务员录用资格、就业安置待遇，以及组织、指使他人实施上述行为。盗用、冒用他人身份，是行为人通过使用他人证明身份材料核实或者验证后，以他人名义从事社会经济活动，并获取相应的法律地位。顶替他人的资格待遇限定为高等学历教育入学资格、公务员录用资格、就业安置待遇三类。犯罪主体为一般主体，即年满16周岁的自然人。犯罪主观方面是故意。

根据《刑法》第二百八十条之二的规定，犯本罪的，处三年以下有期徒刑、拘役或者管制，并处罚金。组织、指使他人实施冒名顶替行为的，从重处罚。国家工作人员有前两款行为，又构成其他犯罪的，依照数罪并罚的规定处罚。

【非法生产、买卖警用装备罪】 是指非法生产、买卖人民警察的制式服装、车辆号牌等专用标志或者警械，情节严重的行为。本罪侵犯的客体是国家对警用装备的管理秩序。犯罪对象只能是人民警察的制式服装、车辆号牌等专用标志、警械。客观方面表现为非法生产、买卖人民警察的制式服装、车辆号牌等专用标志或者警械，情节严重的行为。本罪的主体包括单位和个人。主观方面必须是故意。

根据《刑法》第二百八十一条的规定，犯本罪的，处三年以下有期徒刑、拘役或者管制，并处或者单处罚金。单位犯本罪的，对单位判处罚金，并对其直接负责的主管人员和其他直接责任人员，依照上述规定处罚。

【非法获取国家秘密罪】 是指以窃取、刺探、收买方法，非法获取国家秘密的行为。本罪侵犯的客体是国家的保密制度。本罪的行为对象是国家秘密。国家秘密，是指关系国家安全和利益，依照有关规定在一定时间内只限于一定范围的人员知悉的事项，分为绝密、机密和秘密三个等级。无论非法获取何种密级、何种形式的国家秘密，都构成本罪。本罪在客观上表现为：（1）采取窃取、刺探或者收买的方法。窃取是指背着他人盗窃国家秘密；刺探是指向他人暗中打探国家秘密；收买是指以金钱、物质、美色等换取国家秘密。如果不是采取这三种特定方法获取国家秘密，不构成本罪。（2）非法获取国家秘密。是指不该知悉该种国家秘密的人，以窃取、刺探、收买方法取得该种国家秘密。本罪的主体是已满16周岁且具有刑事责任能力的自然人。本罪在主观上是故意，即明知自己不该知悉该种国家秘密，为了达到利用国家秘密谋取非法利益或进行其他违法活动的目的，仍以窃取、刺探、收买方法，非法获取国家秘密。

根据《刑法》第二百八十二条第一款的规定，犯本罪的，处三年以下有期徒刑、拘役、管制或者剥夺政治权利；情节严重的，处三年以上七年以下有期徒刑。

【非法持有国家绝密、机密文件、资料、物品罪】 是指非法持有国家绝密、机密文件、资料或者其他物品，拒不说明来源与用途的行为。本罪侵犯的客体是国家对国家秘密的管理秩序。侵犯的对象是国家秘密中属于“绝密”“机密”等级的文件、资料或者其他物品，不包括“秘密”级的。本罪在客观方面表现为非法持有属于国家“绝密”“机密”等级的文件、资料或者其他物品，拒不说明来源与用途的行为。一方面，行为人非法携带、保存有属于国家绝密、机密等级的文件、资料或者其他物品；另一方面，在有权机关要求其说明来源与用途时，行为人拒不说明或者作无法证实的说明。只有两方面的行为同时具备，才能构成本罪。本罪的主体是一般主体，包括无权持有上述物品的人员和有权持有但违反规定私自持有上述物品的人员。主观方面必须是故意。

根据《刑法》第二百八十二条第二款的规定，犯本罪的，处三年以下有期徒刑、拘役或者管制。

【非法生产、销售专用间谍器材、窃听、窃照专用器材罪】 是指非法生产、销售专用间谍器材或者窃听、窃照专用器材的行为。本罪侵犯的客体是国家对专用间谍器材和窃听、窃照专用器材的管理秩序。犯罪对象是专用间谍器材和窃听、窃照专用器材，包括暗藏式窃听、窃照器材；突发式收发报机、一次性密码本、密写工具；用于获取情报的电子监听、截收器材及其他专用间谍器材。本罪在客观方面表现为非法生产、销售专用间谍器材或者窃听、窃照专用器材的行为。非法生产、销售，是指无权生产、销售专用间谍器材者违反国家规定擅自生产、销售，或者有权生产、销售者违反规定超量、超范围生产、销售。本罪主体是一般主体，主观方面必须是故意。

根据《刑法》第二百八十三条的规定，犯本罪的，处三年以下有期徒刑、拘役或者管制，并处或者单处罚金；情节严重的，处三年以上七年以下有期徒刑，并处罚金。

【非法使用窃听、窃照专用器材罪】 是指非法使用窃听、窃照专用器材，造成严重后果的行为。本罪侵犯的客体，是国家对窃听、窃照专用器材的管理秩序。犯罪对象是用于窃听、窃照的专用器材。本罪在客观方面表现为非法使用窃听、窃照专用器材，造成严重后果的行为。造成严重后果，是指造成被窃听、窃照单位或者个人的秘密、隐私被泄露、传播，工作、生产、经营、生活、声誉等受到严重损害。如果是造成国家秘密被泄露则不能以本罪论处，而应以关于侵犯国家秘密犯罪的有关规定处理。本罪主体是一般主体，本罪的主观方面必须是故意。

根据《刑法》第二百八十四条的规定，犯本罪的，处二年以下有期徒刑、拘役或者管制。

【组织考试作弊罪】 是指在法律规定的国家考试中，组织作弊的行为。本罪客体是国家考试制度。本罪客观方面表现为在法律规定的国家考试中，组织作弊的行为。这里的法律是指全国人民代表大会及其常务委员会通过的法律，不包括行政法规、部门规章等。国家考试是指国家统一考试，如高考、研究生入学考试、法律职业资格考试、注册会计师考试等。本罪的主体是一般主体。本罪的主观方面是故意。为他人实施组织考试作弊犯罪提供作弊器材或者其他帮助的，亦构成本罪。

根据《刑法》第二百八十四条之一第一款的规定，犯本罪的，处三年以下有期徒刑或者拘役，并处或者单处罚金；情节严重的，处三年以上七年以下有期徒刑，并处罚金。

【非法出售、提供试题、答案罪】 是指为实施考试作弊行为，向他人非法出售或者提供法律规定的国家考试的试题、答案的行为。本罪客体是国家考试制度。本罪客观方面表现为：为实施考试作弊行为，向他人非法出售或者提供法律规定的国家考试的试题、答案的行为。本罪的主体是一般主体。本罪的主观方面是故意，行为的目的是为实施考试作弊。

根据《刑法》第二百八十四条之一第三款的规定，犯本罪的，处三年以下有期徒刑或者拘役，并处或者单处罚金；情节严重的，处三年以上七年以下有期徒刑，并处罚金。

【代替考试罪】 是指代替他人或者让他人代替自己参加法律规定的国家考试的行为。具体包括两种行为：一是代替他人考试，其针对的是替考者；二是让他人代替自己考试，其针对的是被替考者。本罪客体是国家考试制度。本罪客观方面表现为代替他人或者让他人代替自己参加法律规定的国家考试的行为。本罪的主体是一般主体。本罪的主观方面是故意。

根据《刑法》第二百八十四条之一第四款的规定，犯本罪的，处拘役或者管制，并处或者单处罚金。

【非法侵入计算机信息系统罪】 是指违反国家规定，侵入国家事务、国防建设、尖端科学技术领域的计算机信息系统的行为。本罪侵犯的客体是国家重要计算机信息系统的安全。侵犯的对象是国家事务、国防建设、尖端科学技术领域的计算机信息系统。侵入其他领域的计算机信息系统的，不构成本罪。根据《办理危害计算机信息系统安全刑事案件司法解释》第十条的规定，对于是否属于“国家事务、国防建设、尖端科学技术领域的计算机信息系统”难以确定的，应当委托省级以上负责计算机信息系统安全保护管理工作的部门检验。司法机关根据检验结论，并结合案件具体情况认定。本罪在客观方面表现为违反国家规定，侵入国家事务、国防建设、尖端科学技术领域的计算机信息系统的行为。本罪属于行为犯，只要行为人非法侵入国家事务、国防建设、尖端科学技术领域的计算机信息系统，不论是否造成实际危害，都可构成本罪。本罪的主体是一般主体。主观方面必须是故意。操作计算机时无意间进入上述特定计算机信息系统后即行退出的，不构成本罪；但无意间进入后逗留其中不退出的，应视为故意，以本罪论处。

根据《刑法》第二百八十五条的规定，犯本罪的，处三年以下有期徒刑或者拘役。单位犯本罪的，对单位判处罚金，并对其直接负责的主管人员和其他直接责任人员，依照各该款的规定处罚。

【非法获取计算机信息系统数据、非法控制计算机信息系统罪】 是指违反国家规定，侵入国家事务、国防建设、尖端科学技术领域以外的计算机信息系统或者采用其他技术手段，获取该计算机信息系统中存储、处理或者传输的数据，或者对该计算机信息系统实施非法控制，情节严重的行为。本罪侵犯的客体是计算机信息系统安全和国家对计算机信息系统的管理秩序。侵犯的对象是国家事务、国防建设、尖端科学技术领域以外的计算机信息系统。计算机信息系统，是指由计算机及其相关的和配套的网络、通信、自动化控制设备、设施构成的，能够按照一定的应用目标和规则对信息数据进行采集、加工、存储、传输、检索等处理的人机系统。本罪在客观方面表现为违反国家规定，侵入国家事务、国防建设、尖端科学技术领域以外的计算机信息系统或者采用其他技术手段，获取该计算机信息系统中存储、处理或者传输的数据，或者对该计算机信息系统实施非法控制，情节严重的行为。本罪的行为方式由手段行为与目的行为两部分组成：（1）手段行为。表现为违反国家规定，采用侵入或者其他技术手段非法进入国家事务、国防建设、尖端科学技术领域以外的计算机信息系统。违反国家规定，主要是指违反《刑法》《关于维护互联网安全的决定》《计算机信息系统安全保护条例》等法律法规。侵入，是指未获合法授权或批准，擅自采取各种方法进入计算机信息系统。非法进入的方式方法多种多样，常见的有口令破解、特洛伊木马攻击、漏洞攻击、IP 地址欺骗、网络监听、拒绝服务（DOS）攻击、E－mail 炸弹、缓冲区溢出、病毒攻击、社会工程学攻击等等。（2）目的行为。表现为两种：一种是非法获取该计算机信息系统中存储、处理或者传输的数据，如窃取、骗取公民银行账户信息或者公司企业财务资料等；另一种是对该计算机信息系统实施非法控制，如植入木马使其成为“肉鸡”等。只要行为人以上述手段行为实施上述目的行为之一，且达到情节严重的程度，即可构成本罪。根据《办理危害计算机信息系统安全刑事案件司法解释》第一条的规定，明知是他人非法控制的计算机信息系统，而对该计算机信息系统的控制权加以利用实施上述行为的，也可构成本罪。本罪的主体是一般主体。本罪在主观方面表现为故意，即明知是受国家保护的计算机信息系统而采用非法手段获取其存储、处理或者传输的数据或者非法控制该信息系统。

根据《刑法》第二百八十五条的规定，犯本罪的，处三年以下有期徒刑或者拘役，并处或者单处罚金；情节特别严重的，处三年以上七年以下有期徒刑，并处罚金。单位犯本罪的，对单位判处罚金，并对其直接负责的主管人员和其他直接责任人员，依照上述规定处罚。

【提供侵入、非法控制计算机信息系统程序、工具罪】 是指提供专门用于侵入、非法控制计算机信息系统的程序、工具，或者明知他人实施侵入、非法控制计算机信息系统的违法犯罪行为而为其提供程序、工具，情节严重的行为。本罪侵犯的客体是计算机信息系统安全。客观方面表现为提供专门用于侵入、非法控制计算机信息系统的程序、工具，或者明知他人实施侵入、非法控制计算机信息系统的违法犯罪行为而为其提供程序、工具，情节严重的行为。根据《办理危害计算机信息系统安全刑事案件司法解释》第二条、第十条的规定，专门用于侵入、非法控制计算机信息系统的程序、工具，是指具有以下情形之一的程序、工具：（1）具有避开或者突破计算机信息系统安全保护措施，未经授权或者超越授权获取计算机信息系统数据的功能的；（2）具有避开或者突破计算机信息系统安全保护措施，未经授权或者超越授权对计算机信息系统实施控制的功能的；（3）其他专门设计用于侵入、非法控制计算机信息系统、非法获取计算机信息系统数据的程序、工具。对于是否属于专门用于侵入、非法控制计算机信息系统的程序、工具难以确定的，应当委托省级以上负责计算机信息系统安全保护管理工作的部门检验。司法机关根据检验结论，并结合案件具体情况认定。构成本罪，必须是情节严重的行为。所谓情节严重，上述《办理危害计算机信息系统安全刑事案件司法解释》第三条规定了六种具体情形，符合其中之一的，即可构成本罪。本罪的主体是一般主体。主观方面是故意。

根据《刑法》第二百八十五条第三款的规定，犯本罪的，处三年以下有期徒刑或者拘役，并处或者单处罚金；情节特别严重的，处三年以上七年以下有期徒刑，并处罚金。单位犯本罪的，对单位判处罚金，并对其直接负责的主管人员和其他直接责任人员，依照各该款的规定处罚。

【破坏计算机信息系统罪】 是指违反国家规定，对计算机信息系统功能进行删除、修改、增加、干扰，造成计算机信息系统不能正常运行，或者对计算机信息系统中存储、处理或者传输的数据和应用程序进行删除、修改、增加的操作，或者故意制作、传播计算机病毒等破坏性程序，影响计算机系统正常运行，后果严重的行为。本罪侵犯的客体是国家对计算机信息系统的安全管理秩序和国家机关、公司、企业、事业单位、人民团体和公民计算机信息系统的合法权益。本罪的行为对象是计算机信息系统的数据、应用程序和系统功能。数据，是指计算机处理的信息。程序，是指为了得到某种结果而可以由计算机等具有信息处理能力的装置执行的代码化指令序列，或者可被自动转换成代码化指令序列的符号化指令序列或者符号化语句序列。应用程序则是数据库使用的一种方式，即根据数据库的结构和编码，对数据进行操作的逻辑流程和运算程序。功能，是指按照一定的应用目的和规则对信息进行采集、加工、存储、检索、传输的功用和能力。本罪在客观上表现为：(1) 违反国家规定。指违反《计算机系统安全保护条例》《计算机信息网络国际联网安全保护管理办法》等规定。这是构成本罪的前提条件。(2) 实施了破坏计算机信息系统的下列行为之一：①破坏计算机信息系统功能，造成计算机系统不正常运行的行为。这是指违反国家规定，对计算机信息系统功能进行删除、修改、增加、干扰，造成计算机信息系统不能正常运行。②非法操作计算机信息系统的行为。这是指违反国家规定，对计算机信息系统中存储、处理或者传输的数据和应用程序进行删除、修改、增加的操作。③故意制作、传播计算机病毒等破坏性程序，影响计算机系统正常运行的行为。制作，是指运用计算机设计、编制破坏程序。传播，是指将自己或他人制作的计算机病毒等破坏程序，直接输入计算机信息系统使其感染扩散，或者将存储、感染病毒等破坏程序的软件派送、散发或销售。计算机破坏性程序，是指植入并隐藏在计算机可执行程序或数据文件中的，对系统功能进行干扰、破坏或损毁数据、硬件的攻击程序。而计算机病毒，则是以不特定的计算机信息系统为对象的破坏程序的总称。由于它具有可潜伏性、可激活性、可传播性、可繁殖性、可变异性和反跟踪性与适时性，所以人们借代生物“病毒”来对它进行比喻。(3) 造成严重后果。主要是指致使计算机信息系统功能部分或全部遭受破坏的；故意制作、传播计算机病毒等破坏性程序，致使被害单位或个人的计算机信息系统功能、数据、硬件遭到严重破坏的等。本罪的主体是已满 16 周岁且具有刑事责任能力的自然人。通常是具有高超软件编程技术和娴熟的计算机操作技能的人。本罪在主观上是故意，即行为人明知自己的行为会发生危害计算机信息系统的严重后果，希望或放任这种危害后果发生的心理态度。

根据《刑法》第二百八十六条的规定，犯本罪的，处五年以下有期徒刑或者拘役；后果特别严重的，处五年以上有期徒刑。单位犯本罪的，对单位判处罚金，对单位内部的直接负责的主管人员和其他直接责任人员，依照上述规定处罚。

【拒不履行信息网络安全管理义务罪】

是指网络服务提供者不履行法律、行政法规规定的信息网络安全管理义务，经监管部门责令采取改正措施而拒不改正，情节严重的行为。本罪客体是信息网络安全。本罪客观方面表现为网络服务提供者不履行法律、行政法规规定的信息网络安全管理义务，经监管部门责令采取改正措施而拒不改正，情节严重的行为。情节严重包括：（1）致使违法信息大量传播的；（2）致使用户信息泄露，造成严重后果的；（3）致使刑事案件证据灭失，情节严重的；（4）有其他严重情节的。本罪的主体是一般主体。本罪的主观方面是故意。

根据《刑法》第二百八十六条之一第一款的规定，犯本罪的，处三年以下有期徒刑、拘役或者管制，并处或者单处罚金。单位犯本罪的，对单位判处罚金，并对其直接负责的主管人员和其他直接责任人员，依照上述规定处罚。犯本罪同时构成其他犯罪的，依照处罚较重的规定定罪处罚。

【非法利用信息网络罪】 是指利用信息网络实施违法犯罪活动，情节严重的行为。本罪客体是信息网络安全。本罪客观方面表现为利用信息网络实施下列行为之一，情节严重的：（1）设立用于实施诈骗、传授犯罪方法、制作或者销售违禁物品、管制物品等违法犯罪活动的网站、通讯群组的；（2）发布有关制作或者销售毒品、枪支、淫秽物品等违禁物品、管制物品或者其他违法犯罪信息的；（3）为实施诈骗等违法犯罪活动发布信息的。本罪的主体是一般主体。本罪的主观方面是故意。

根据《刑法》第二百八十七条之一第一款的规定，犯本罪的，处三年以下有期徒刑或者拘役，并处或者单处罚金。单位犯本罪的，对单位判处罚金，并对其直接负责的主管人员和其他直接责任人员，依照上述规定处罚。犯本罪，同时构成其他犯罪的，依照处罚较重的规定定罪处罚。

【帮助信息网络犯罪活动罪】 是指明知他人利用信息网络实施犯罪，为其犯罪提供互联网接入、服务器托管、网络存储、通讯传输等技术支持，或者提供广告推广、支付结算等帮助，情节严重的行为。本罪客体是信息网络安全。本罪客观方面表现为明知他人利用信息网络实施犯罪，为其犯罪提供互联网接入、服务器托管、网络存储、通讯传输等技术支持，或者提供广告推广、支付结算等帮助，情节严重的行为。本罪的主体是一般主体。本罪的主观方面是故意，要求明知他人利用信息网络实施犯罪。

根据《刑法》第二百八十七条之二第一款的规定，犯本罪的，处三年以下有期徒刑或者拘役，并处或者单处罚金。单位犯本罪的，对单位判处罚金，并对其直接负责的主管人员和其他直接责任人员，依照上述规定处罚。犯本罪，同时构成其他犯罪的，依照处罚较重的规定定罪处罚。

【扰乱无线电通讯管理秩序罪】 是指违反国家规定，擅自设置、使用无线电台（站），或者擅自使用无线电频率，干扰无线电通讯秩序，情节严重的行为。本罪侵犯的客体是国家对无线电通讯的管理秩序。客观方面表现为违反国家规定，擅自设置、使用无线电台（站），或者擅自占用频率，干扰无线电通讯正常进行，情节严重的行为。擅自设置、使用无线电台（站），是指未经批准而自行设置、使用广播电台、电视台、寻呼台等无线电台（站）。擅自占用频率，是指未经批准而占用未分配频率或占用他人频率。上述行为达到情节严重的程度，即构成本罪。本罪的主体包括单位和个人。本罪的主观方面必须是故意。

根据《刑法》第二百八十八条的规定，犯本罪的，处三年以下有期徒刑、拘役或者管制，并处或者单处罚金；情节特别严重的，处三年以上七年以下有期徒刑，并处罚金。单位犯本罪的，对单位判处罚金，并对其直接负责的主管人员和其他直接责任人员，依照上述规定处罚。

【聚众扰乱社会秩序罪】 是指聚众扰乱社会秩序，情节严重，致使工作、生产、营业和教学、科研、医疗无法进行，造成严重损失的行为。本罪侵犯的客体是社会秩序。本罪在客观上表现为聚众扰乱社会秩序，情节严重，致使工作、生产、营业和教学、科研、医疗无法进行，造成严重损失的行为。这包括两个方面的内容：（1）实施了聚众扰乱行为。聚众，是指由首要分子故意发动、纠集特定或不特定的多数人，在一定时间聚集于同一地点。扰乱，是指对党政机关、企业、事业单位、人民团体的正常秩序进行干扰、破坏。扰乱的方式则没有限制，既可以是暴力性的扰乱，也可以是非暴力性的扰乱。如在机关、单位门前、院内哄闹，强占机关、单位的办公室、会议室、实验室、营业场所、生产车间，围攻甚至殴打有关人员等。构成本罪的行为是复杂危害行为，其中聚众是方法行为，扰乱是目的行为，而且两者之间存在着内在联系，如果仅实施其中一个行为，则不能构成本罪。（2）致使工作、生产、营业或教学、科研、医疗无法进行，造成严重损失。严重损失，主要是指捣毁、焚烧设备、产品和其他财物的；致使停工、停产、停学、停业的；严重影响被害单位社会形象和商业声誉的；致伤被害单位职工、学生的；造成严重经济损失的等等。本罪的主体是聚众扰乱社会秩序的首要分子和积极参加者，对一般参与者不以犯罪论处。本罪的主观方面是故意。

根据《刑法》第二百九十条第一款的规定，犯本罪的，对首要分子，处三年以上七年以下有期徒刑；对其他积极参加的，处三年以下有期徒刑、拘役、管制或者剥夺政治权利。

【聚众冲击国家机关罪】 是指聚众冲击国家机关，致使国家机关工作无法进行，造成严重损失的行为。本罪侵犯的客体是国家机关的正常工作秩序。侵犯的对象是国家机关，包括各级国家权力机关、行政机关、检察机关、审判机关、军事机关以及党政机关。本罪在客观方面表现为聚众冲击国家机关，致使国家机关工作无法进行，造成严重损失的行为。本罪的主体是聚众冲击国家机关的首要分子和积极参加者。本罪的主观方面必须是故意。

根据《刑法》第二百九十条第二款的规定，犯本罪的，对首要分子处五年以上十年以下有期徒刑；对其他积极参加的，处五年以下有期徒刑、拘役、管制或者剥夺政治权利。

【扰乱国家机关工作秩序罪】 是指多次扰乱国家机关工作秩序，经行政处罚后仍不改正，造成严重后果的行为。本罪侵犯的客体是国家机关的正常工作秩序。本罪在客观方面表现为多次扰乱国家机关工作秩序，经行政处罚后仍不改正，造成严重后果的行为。本罪主体是一般主体。本罪的主观方面是故意。

根据《刑法》第二百九十条第三款的规定，犯本罪的，处三年以下有期徒刑、拘役或者管制。

【组织、资助非法聚集罪】 是指多次组织、资助他人非法聚集，扰乱社会秩序，情节严重的行为。本罪侵犯的客体是国家机关的正常工作秩序。本罪在客观方面表现为多次组织、资助他人非法聚集，扰乱社会秩序，情节严重的行为。本罪主体是一般主体。本罪的主观方面是故意。

根据《刑法》第二百九十条第四款的规定，犯本罪的，处三年以下有期徒刑、拘役或者管制。

【聚众扰乱公共场所秩序、交通秩序罪】 是指聚众扰乱车站、码头、民用航空站、商场、公园、影剧院、展览会、运动场或者其他公共场所的秩序，聚众堵塞交通或者破坏交通秩序，抗拒、阻碍国家治安管理人员依法执行职务，情节严重的行为。本罪侵害的客体是公共场所秩序和交通秩序。客观方面表现为聚众扰乱公共场所秩序、交通秩序，抗拒、阻碍国家治安管理人员依法执行职务，情节严重的行为。本罪的主体是聚众扰乱公共场所秩序和交通秩序的首要分子，对一般参与者不以犯罪论处。本罪的主观方面是故意。

根据《刑法》第二百九十一条的规定，犯本罪的，处五年以下有期徒刑、拘役或者管制。

【投放虚假危险物质罪】 是指投放虚假的爆炸性、毒害性、放射性、传染病病原体等物质，严重扰乱社会秩序的行为。本罪侵犯的客体是社会公共秩序。行为对象是虚假的爆炸性、毒害性、放射性、传染病病原体等物质，即假冒爆炸性、毒害性、放射性、传染病病原体等物质的危险属性的其他物质。本罪在客观方面表现为投放虚假的爆炸性、毒害性、放射性、传染病病原体等物质，严重扰乱社会秩序的行为。具体包括两方面的内容：（1）行为人具有投放行为。投放，是指将上述虚假危险物质放进、投入、搁置、安放于一定的场所、地点或者物质中，并以明示或者暗示的方法表明其为爆炸性、毒害性、放射性、传染病病原体等物质。既可以是向公共场所、交通工具投放，也可以是向机关、团体、企业、事业单位或者个人投放。（2）严重扰乱了社会秩序。这里的严重扰乱社会秩序，主要是指引起社会恐慌，致使工作、生产、营业、教学、科研等活动受到严重影响无法正常进行，甚至造成严重损失。本罪的主体是一般主体。本罪在主观方面必须是故意的。行为人往往具有制造社会恐慌、满足某种个人需求的目的。

根据《刑法》第二百九十一条之一的规定，犯本罪的，处五年以下有期徒刑、拘役或者管制；造成严重后果的，处五年以上有期徒刑。

【编造、故意传播虚假恐怖信息罪】 是指编造爆炸威胁、生化威胁、放射威胁等恐怖信息，或者明知是编造的恐怖信息而故意传播，严重扰乱社会秩序的行为。本罪侵犯的客体是社会公共秩序。编造虚假恐怖信息或者明知是编造的恐怖信息而传播，势必在社会上造成一种恐怖气氛，引发群众的恐慌情绪，严重影响正常工作、生产、生活秩序，因而具有很大的社会危害性。本罪在客观方面表现为编造爆炸威胁、生化威胁、放射威胁等恐怖信息，或者传播他人编造的恐怖信息，严重扰乱社会秩序的行为。根据《审理编造、故意传播虚假恐怖信息刑事案件司法解释》，虚假恐怖信息，是指以发生爆炸威胁、生化威胁、放射威胁、劫持航空器威胁、重大灾情、重大疫情等严重威胁公共安全的事件为内容，可能引起社会恐慌或者公共安全危机的不真实信息。本罪的行为方式有两种：（1）编造恐怖信息。这里的编造，是指无中生有、凭空捏造某种恐怖信息并予以散布或者任其扩散。如果行为人编造了恐怖信息但并没有向他人或者社会散布，则不能构成本罪。（2）传播他人编造的恐怖信息。这里的传播，是指以口头、书信、通讯方式或者利用信息网络发布等手段将他人编造的恐怖信息向社会扩散的行为。本罪的构成以严重扰乱社会秩序为必要条件。如果编造或者传播恐怖信息的行为没有严重扰乱社会秩序，则不构成本罪。本罪的主体是一般主体。本罪在主观方面必须是出于故意，即明知恐怖信息会扰乱社会秩序而故意编造，或者明知是他人编造的恐怖信息而故意传播，希望或者放任扰乱社会秩序的危害结果发生。至于行为人基于何种动机，具有何种目的，不影响本罪的成立。但是，如果行为人是在得知恐怖信息或者接到恐怖威胁后，因难以分辨真伪而求证于他人或者报警，以致该恐怖信息被传播的，因其主观上并无扰乱社会秩序的故意，因而不能构成犯罪。

根据《刑法》第二百九十一条之一的规定，犯本罪的，处五年以下有期徒刑、拘役或者管制；造成严重后果的，处五年以上有期徒刑。根据相关司法解释规定，具有下列情形之一的，应当认定为造成严重后果：（1）造成3人以上轻伤或者1人以上重伤的；（2）造成直接经济损失50万元以上的；（3）造成县级以上区域范围居民生活秩序严重混乱的；（4）妨碍国家重大活动进行的；（5）造成其他严重后果的。

【编造、故意传播虚假信息罪】 是指编造虚假的险情、疫情、灾情、警情，在信息网络或者其他媒体上传播，或者明知是上述虚假信息，故意在信息网络或者其他媒体上传播，严重扰乱社会秩序的行为。本罪侵犯的客体是社会公共秩序。本罪客观方面表现为编造虚假的险情、疫情、灾情、警情，在信息网络或者其他媒体上传播，或者明知是上述虚假信息，故意在信息网络或者其他媒体上传播，严重扰乱社会秩序的行为。本罪的主体是一般主体。本罪的主观方面必须是故意。

根据《刑法》第二百九十一条第二款的规定，犯本罪的，处三年以下有期徒刑、拘役或者管制；造成严重后果的，处三年以上七年以下有期徒刑。

【高空抛物罪】 是指从建筑物或者其他高空抛掷物品情节严重的犯罪。本罪侵犯的客体是社会公共管理秩序。客观方面表现为从建筑物或者其他高空抛掷物品情节严重的行为。其中建筑物是人工建筑而成的东西，既包括居住建筑、公共建筑，也包括构筑物。具体如人类居住的房屋等建筑物以及生产、办公、学习、医疗、娱乐等各类公共建筑等。高空通俗意义上是一定高度空间的距离，可能是飞机、热气球、支柱、塔吊、脚手架等地上空间距离，也可能是从地面向地下停车场等地下空间距离。行为方式是抛掷物品，主动将物品投出、扔出，如果是因为管理不当等导致建筑物或者高空物品、悬挂物等脱落的，不属于本罪行为方式。犯罪主体为一般主体，即年满16周岁的自然人。犯罪主观方面是故意。

根据《刑法》第二百九十一条之二的规定，犯本罪的，处一年以下有期徒刑、拘役或者管制，并处或者单处罚金。同时构成其他犯罪的，依照处罚较重的规定定罪处罚。

【聚众斗殴罪】 是指聚集多人相互殴斗、扰乱社会公共秩序的行为。本罪侵犯的客体是社会公共秩序。犯罪对象是不特定的人和物。本罪在客观方面表现为聚集多人相互殴斗的行为。聚众斗殴俗称“打群架”，通常表现为不法团伙之间的相互殴打、搏杀。由于这种行为往往造成斗殴双方及无辜群众的人身伤亡和财产损失，严重扰乱社会秩序，所以社会危害性极大。本罪属行为犯，只要行为人实施了聚众斗殴的行为，即构成本罪。本罪的主体是特殊主体，即只有聚众斗殴的首要分子和积极参加者才能构成本罪。一般参加的，不构成犯罪，可以给予行政处罚。本罪的主观方面必须是故意。犯罪动机通常是为了寻求刺激、争夺势力范围或者实行报复等。

根据《刑法》第二百九十二条第二款的规定，聚众斗殴，致人重伤、死亡的，依照故意伤害罪、故意杀人罪定罪处罚。根据《刑法》第二百九十二条的规定，犯本罪的，处三年以下有期徒刑、拘役或者管制；有下列情形之一的，处三年以上十年以下有期徒刑：（1）多次聚众斗殴的；（2）聚众斗殴人数多，规模大，社会影响恶劣的；（3）在公共场所或者交通要道聚众斗殴，造成社会秩序严重混乱的；（4）持械聚众斗殴的。

【寻衅滋事罪】 是指在公共场所起哄闹事、滋生是非、横行霸道，或者肆意骚扰和伤害无辜，任意损毁、占用公私财物，严重破坏社会公共秩序的行为。本罪侵犯的客体是社会公共秩序及公民的人身、财产安全。犯罪对象是不特定的人和物。本罪在客观方面表现为寻衅滋事，严重破坏社会公共秩序的行为。寻衅滋事的行为方式多种多样，《刑法》明确规定的是以下几种：（1）随意殴打他人，情节恶劣的；（2）追逐、拦截、辱骂、恐吓他人，情节恶劣的；（3）强拿硬要或者任意损毁、占用公私财物，情节严重的；（4）在公共场所起哄闹事，造成公共场所秩序严重混乱的。行为人只要实施其中一种行为，即可构成本罪。本罪的主体是一般主体。本罪的主观方面必须是故意。犯罪动机主要是为了开心取乐、寻求刺激、发泄情绪或者逞强要横等。

根据《刑法》第二百九十三条的规定，犯本罪的，处五年以下有期徒刑、拘役或者管制。纠集他人多次实施本罪，严重破坏社会秩序的，处五年以上十年以下有期徒刑，可以并处罚金。根据《办理寻衅滋事刑事案件司法解释》的规定，多次是指3次以上。

【催收非法债务罪】 是指使用暴力、胁迫方法，限制他人人身自由或者侵入他人住宅，恐吓、跟踪、骚扰他人等方法，催收高利放贷等产生的非法债务，情节严重的犯罪。本罪侵犯的客体是社会公共管理秩序，具体表现为以侵犯人身、住宅、隐私等权益的方式，对非法债务固定、实现。客观方面为使用以下方式，催收高利放贷等产生的非法债务，情节严重的行为：（1）使用暴力、胁迫方法；（2）限制他人人身自由或者侵入他人住宅；（3）恐吓、跟踪、骚扰他人。催收的债务是法律不予保护的非法债务，常见的是因高利放贷、赌博、买卖违禁物品、嫖娼等产生的高利贷、赌债、毒赃、嫖资等非法债务。犯罪主体为一般主体，即年满16周岁的自然人。犯罪主观方面是故意。

根据《刑法》第二百九十三条之一的规定，犯本罪的，处三年以下有期徒刑、拘役或者管制，并处或者单处罚金。

【组织、领导、参加黑社会性质组织罪】 是指组织、领导或者参加黑社会性质的组织的行为。具体而言，就是指组织、领导或者参加由较多人员组成，具有一定经济实力，以暴力、威胁或者其他手段，有组织地进行违法犯罪活动，为非作恶，欺压、残害群众，称霸一方，在一定区域或者行业内形成非法控制或者重大影响，严重破坏经济、社会生活秩序的黑社会性质组织的行为。本罪侵犯的客体是复杂客体，主要是侵犯经济、社会生活秩序。同时也侵犯了国家行政管理秩序和公民的人身及财产权利。黑社会性质的有组织犯罪是有组织犯罪中社会危害性和危险性最为严重的一种。这种犯罪不但侵害面广，往往涉及社会生活的各个方面，而且造成的损害极为严重，总是破坏一定区域内的经济、社会生活秩序，甚至导致政府机构的瘫痪，危及国家政权的稳定。本罪在客观方面表现为组织、领导或者参加黑社会性质组织的行为。黑社会性质的组织，通称黑社会组织，是指由较多人员组成，具有一定经济实力，以暴力、威胁或者其他手段，有组织地进行违法犯罪活动，为非作恶，欺压、残害群众，称霸一方，在一定区域或者行业内形成非法控制或者重大影响，严重破坏经济、社会生活秩序的犯罪集团。根据《刑法》第二百九十四条第五款的规定，黑社会性质的组织应当同时具备以下特征：（1）形成较稳定的犯罪组织，人数较多，有明确的组织者、领导者，骨干成员基本固定；（2）有组织地通过违法犯罪活动或者其他手段获取经济利益，具有一定的经济实力，以支持该组织的活动；（3）以暴力、威胁或者其他手段，有组织地多次进行违法犯罪活动，为非作恶，欺压、残害群众；（4）通过实施违法犯罪活动，或者利用国家工作人员的包庇或者纵容，称霸一方，在一定区域或者行业内，形成非法控制或者重大影响，严重破坏经济、社会生活秩序。本罪属行为犯，只要行为人具有组织、领导或者参加黑社会性质组织的行为，不论其是否直接实施具体犯罪活动或者是否造成实际危害结果，均构成本罪。组织，是指倡导、发起、组建黑社会性质组织。领导，是指在已存在的黑社会性质组织中居于起率领、指挥、协调作用的领导地位。参加，是指自愿加入黑社会性质的组织，成为其成员。本罪是选择性罪名，行为人的具体罪名应依其在黑社会性质组织中的地位和分工确定。但如果行为人组织黑社会性质组织后又居于领导地位的，也只构成本罪一罪。本罪的主体是一般主体。本罪在主观方面必须是故意。至于行为人的犯罪动机、目的如何，不影响本罪的构成。对于因不了解情况而误入黑社会性质组织，知情后及时退出的，不应认定为本罪。

根据《刑法》第二百九十四条第一款、第四款的规定，犯本罪的，对组织者和领导者，处七年以上有期徒刑，并处没收财产；对积极参加者，处三年以上七年以下有期徒刑，可以并处罚金或者没收财产；对其他参加者，处三年以下有期徒刑、拘役、管制或者剥夺政治权利，可以并处罚金。犯本罪又有其他犯罪行为的，依照数罪并罚的规定处罚。根据《审理黑社会性质组织犯罪案件司法解释》第三条、第四条的规定，对于黑社会性质组织的组织者、领导者，应当按照其所组织、领导的黑社会性质组织所犯的全部罪行处罚；对于黑社会性质组织的参加者，应当按照其所参与的犯罪处罚。对于参加黑社会性质的组织，没有实施其他违法犯罪活动的，或者受蒙蔽、胁迫参加黑社会性质的组织，情节轻微的，可以不作为犯罪处理。国家机关工作人员组织、领导、参加黑社会性质组织的，从重处罚。另外，根据该《审理黑社会性质组织犯罪案件司法解释》第七条的规定，对黑社会性质组织和组织、领导、参加黑社会性质组织的犯罪分子聚敛的财物及其收益，以及用于犯罪的工具等，应当依法追缴、没收。

【扫黑除恶】 2018 年，中共中央、国务院联合发布了《关于开展扫黑除恶专项斗争的通知》，决定在全国开展为期三年的扫黑除恶专项斗争。该“通知”不仅延续了以往我国对黑恶势力采取的“打早打小”政策，而且科学地确立了“标本兼治、综合治理”的治理策略。扫黑除恶专项斗争改变了以往片面强调高压严打的势态，摒弃运动式执法方式，将重点从依法严惩逐渐向“以打促建”“扫建结合”渐进过渡，体现专项斗争各阶段的层次感和恢复性司法的理念与价值，注重对黑恶势力资金链的彻底斩断、“保护伞”的深挖彻查，根本上修复受损社会关系，从夯实党的执政根基、巩固执政基础、加强基层政权建设、维护国家长治久安的角度，在更大范围内，更全面、更深入地扫除黑恶势力。2021 年 3 月 29 日，全国扫黑除恶专项斗争总结表彰大会在北京举行。在为期三年的扫黑除恶专项斗争中，全国共打掉涉黑组织 3644 个，涉恶犯罪集团 11675 个，抓获犯罪嫌疑人 23.7 万人，缉拿目标逃犯 5768 人，境内目标逃犯全部缉拿归案，境外目标逃犯到案率达 88.7%，43144 名涉黑涉恶违法犯罪人员投案自首。通过扫黑除恶专项斗争，彻底打击了黑恶势力的嚣张气焰，黑恶犯罪得到了根本遏制。

【“一案三查”】 是指扫黑除恶专项斗争中的一项基本办案要求，具体要求是既要查办黑恶势力犯罪，又要追查黑恶势力背后的“关系网”和“保护伞”，还要倒查党委政府的主体责任和部门的监督管理责任。对每一起涉黑涉恶违法犯罪案件都要及时深挖其背后的腐败问题。对发生在群众身边的党员干部和其他行使公权力的公职人员涉黑涉恶腐败问题、党员干部和其他行使公权力的公职人员充当黑恶势力“保护伞”、与地方党委和政府、政法机关、相关职能部门及其工作人员推动扫黑除恶专项斗争工作不力等三类问题，要一案同查。

【“打伞破网”】 是指在惩处黑恶势力犯罪时，要打破背后的“保护伞”与“关系网”。“伞”是指黑恶势力的“保护伞”，“网”是指黑恶势力背后的“关系网”。打蛇要打七寸，要彻查黑恶犯罪背后的腐败问题，彻底铲除黑恶势力的存在根基，就要打掉各种“保护伞”和“关系网”，铲除庇护黑恶势力的“保护伞”，撕掉他们的“护身符”，剪破与黑恶势力交织在一起的各种关系网，让黑与恶无处遁形，才能消除黑恶势力滋生蔓延的土壤，还社会一片清朗，让人民安居乐业。

“打伞破网”同时也是防止黑恶势力“死灰复燃”的关键。自2018年为期三年的扫黑除恶专项斗争开展以来，“打伞破网”重拳出击，清除了孙小果案、呼兰“四大家族”涉黑涉恶案、湖南新晃“操场埋尸”案等背后的多名公职人员“保护伞”与“关系网”，取得了良好的法律效果和社会效果。

【“打财断血”】 是指惩处黑恶势力犯罪时，注重斩断黑恶势力的利益链条，彻底摧毁其经济基础。牟取不义之财、攫取非法利益，是黑恶势力犯罪的主要目的之一，也是其赖以生存和发展的经济基础。只有坚持在强力“打伞破网”的同时坚决“打财断血”，彻底斩断黑恶势力利益链条，彻底摧毁其经济基础和“造血”功能，才能真正打深打透打彻底，让黑恶势力永无可能卷土重来。对黑恶案件涉案财产的深挖细查、严厉处置、充分执行，是彻底铲除黑恶势力滋生土壤的重要环节和重点工作。2019年的《办理黑恶势力刑事案件中财产处置意见》，使“打财断血”的基本工作框架得到建立。根据该“规定”，公安机关、人民检察院、人民法院在办理黑恶势力犯罪案件时，在查明黑恶势力组织违法犯罪事实并对黑恶势力成员依法定罪量刑的同时，要全面调查黑恶势力组织及其成员的财产状况，依法对涉案财产采取查询、查封、扣押、冻结等措施，并根据查明的情况，依法作出处理。前款所称处理既包括对涉案财产中犯罪分子违法所得、违禁品、供犯罪所用的本人财物以及其他等值财产等依法追缴、没收，也包括对被害人的合法财产等依法返还。在为期三年扫黑除恶专项斗争中，全国共打掉涉黑组织3644个，抓获犯罪嫌疑人23.7万人，扫黑除恶取得整体战、歼灭战成效的重要经验在于以“打伞破网”断根、以“打财断血”绝后，从根本上消除黑恶势力滋生蔓延的土壤。

【套路贷】 是指以民间借贷为幌子引诱被害人签订借款合同，通过“虚增债务”“制造银行流水痕迹”“肆意认定违法”“软硬暴力胁迫逼债”“虚假诉讼”等方式非法占有公私财物的犯罪形式。实践中，套路贷常以以下几种套路出现：(1) 小额无抵押贷转成巨额借款后软硬暴力催债；(2) 大额贷后通过虚假诉讼等方式侵吞公司和实体资产；(3) 车贷后肆意认定违约进行敲诈勒索；(4) 房贷后追索虚高本金和违约金侵占房产或巨额财物；(5) 购物贷变相吸取高额利息或以构成犯罪相威胁敲诈财物；(6) 校园贷后多以平账垒高债务向学生家长追讨虚高债务。套路贷犯罪案件往往易被作为民事纠纷处理，犯罪嫌疑人以民间借贷为噱头，处处披着合法外衣，作案手法专业，被害人最初很难发现自己被骗。犯罪嫌疑人从诱骗被害人签订虚假合同，到制造银行流水，再到拍照固定被害人取得款项的场面等，在民事诉讼证据上能够做到“证据”足够充分，即使提起民事诉讼，法官也很难主动察觉案件背后的蹊跷；而公安机关看到合同等“证据”，如果没有暴力催收等违法犯罪行为，往往会认为是民事纠纷，认为不属刑事犯罪范畴而不予立案。套路贷正是钻了这种空子，游走在法律的灰色地带，隐蔽性极强。此外，套路贷犯罪多团伙作案、专业化操作，犯罪主体组织化、涉黑化，且侵犯客体多样化，容易诱发其他犯罪，引起严重社会问题。为持续深入开展扫黑除恶专项斗争，准确甄别和依法严厉惩处“套路贷”违法犯罪分子，2019 年 4 月 9 日，最高人民法院、最高人民检察院、公安部、司法部联合制发了《关于办理“套路贷”刑事案件若干问题的意见》，指导全国公安、司法机关依法准确认定和惩治“套路贷”刑事案件。根据该“意见”，司法实践中，对“套路贷”刑事案件，根据其不同的行为方式与具体案情，可依法分别认定为诈骗罪、敲诈勒索罪、非法拘禁罪、虚假诉讼罪、寻衅滋事罪、强迫交易罪、抢劫罪、绑架罪等。

【软暴力】 是指软性的暴力行为，区别于一般意义上的暴力行为。近年来，以实施恐吓、威胁、滋扰等“软暴力”为主要犯罪手段的黑恶犯罪案件呈现高发多发态势。2019 年实施的《办理实施“软暴力”的刑事案件意见》对于软暴力的概念进行了界定：“行为人为谋取不法利益或形成非法影响，对他人或者在有关场所进行滋扰、纠缠、哄闹、聚众造势等，足以使他人产生恐惧、恐慌进而形成心理强制，或者足以影响、限制人身自由、危及人身财产安全，影响正常生活、工作、生产、经营的违法犯罪手段。”根据采取行为性质的差异，可以将软暴力区分为胁迫型软暴力和滋扰型软暴力，前者指足以对一般人会形成心理强制的软暴力，后者指足以影响、限制人身自由、危及人身财产安全的软暴力。对于软暴力的认定，关键在于“两个足以”，对此，上述《意见》规定，有下列情形之一的，可以认定为足以使他人产生恐惧、恐慌进而形成心理强制，或者足以影响、限制人身自由、危及人身财产安全，影响正常生活、工作、生产、经营：（1）黑恶势力实施的；（2）以黑恶势力名义实施的；（3）曾因组织、领导、参加黑社会性质组织、恶势力犯罪集团、恶势力以及因强迫交易、非法拘禁、敲诈勒索、聚众斗殴、寻衅滋事等犯罪受过刑事处罚后又实施的；（4）携带凶器实施的；（5）有组织地实施的或者足以使他人认为暴力、威胁具有现实可能性的；（6）其他足以使他人产生恐惧、恐慌进而形成心理强制或者足以影响、限制人身自由、危及人身财产安全或者影响正常生活、工作、生产、经营的情形。

【入境发展黑社会组织罪】 是指境外黑社会组织的人员到中华人民共和国境内发展组织成员的行为。本罪侵犯的客体是社会公共秩序。客观方面表现为境外黑社会组织在我国境内发展组织成员的行为。发展组织成员，是指在我国境内通过各种方式纠集、吸收境内外人员参加该黑社会组织，或者在我国境内对其组织成员进行内部调整的行为。被发展对象是否参加该黑社会组织，不影响本罪的成立。本罪的主体是特殊主体，即只能是境外黑社会组织的成员。境外的黑社会组织，是指被境外国家或者地区确定为黑社会组织的犯罪组织。对于我国港澳台地区黑社会组织成员到内地发展组织成员的行为如何认定，理论上存有不同观点。根据《审理黑社会性质组织犯罪案件司法解释》第二条第二款的规定，港澳台黑社会组织到内地发展组织成员的，以本罪论处。本罪的主观方面必须是故意，其目的是发展、扩充境外黑社会组织。

根据《刑法》第二百九十四条第二款、第四款的规定，犯本罪的，处三年以上十年以下有期徒刑。犯本罪又有其他犯罪行为的，依照数罪并罚的规定处罚。

【包庇、纵容黑社会性质组织罪】 是指国家机关工作人员包庇黑社会性质的组织，或者纵容黑社会性质的组织进行违法犯罪活动的行为。本罪侵犯的客体是社会公共秩序。客观方面表现为包庇黑社会性质的组织或者纵容黑社会性质的组织进行违法犯罪活动的行为。包庇，是指行为人为使黑社会性质组织及其成员逃避查禁，而通风报信，隐匿、毁灭、伪造证据，阻止他人作证、检举揭发，指使他人作伪证，帮助逃匿，或者阻挠其他国家机关工作人员依法查禁等行为。纵容，是指行为人不依法履行职责，放纵黑社会性质组织进行违法犯罪活动的行为。行为人只要具有包庇或者纵容黑社会组织的行为，即构成本罪，不要求黑社会组织已造成严重危害结果。本罪的主体是特殊主体，即只能是国家机关工作人员。主观方面必须是故意。

根据《刑法》第二百九十四条第三款、第四款的规定，犯本罪的，处五年以下有期徒刑；情节严重的，处五年以上有期徒刑。情节严重，是指包庇、纵容黑社会性质组织跨境实施违法犯罪活动的；包庇、纵容境外黑社会组织在境内实施违法犯罪活动的；多次实施包庇、纵容行为的；致使某一区域或者行业的经济、社会生活秩序遭受黑社会性质组织特别严重破坏的；致使黑社会性质组织的组织者、领导者逃匿，或者致使对黑社会性质组织的查禁工作严重受阻的等。

【传授犯罪方法罪】 是指用语言、文字、音像或行动，故意向他人传授犯罪方法的行为。本罪的主体是一般主体，侵犯的客体是社会治安管理秩序。客观方面表现为用语言、文字、音像或行动向他人传授犯罪方法的行为。犯罪方法，是指犯罪经验和技能。传授，是指讲解、示范、表演，使他人学会犯罪方法。至于被传授者是否符合犯罪主体条件或者是否已接受传授，均不影响既遂罪的成立。主观方面是直接故意，即明知是犯罪方法而有意传授给他人。

根据《刑法》第二百九十五条的规定，犯本罪的，处五年以下有期徒刑、拘役或者管制；情节严重的，处五年以上十年以下有期徒刑；情节特别严重的，处十年以上有期徒刑或者无期徒刑。

【非法集会、游行、示威罪】 是指非法举行集会、游行、示威，拒不服从解散命令，严重破坏社会秩序的行为。本罪的主体是一般主体，侵犯的客体是社会管理秩序。客观方面表现为非法举行集会、游行、示威，未依照法律规定申请或者申请未获许可，或者未按照主管机关许可的起止时间、地点、路线进行，又拒不服从解散命令，严重破坏社会秩序的行为。如果非法举行集会、游行、示威，在被命令解散后即行解散，没有给社会秩序造成严重破坏的，可给予行政处罚，但不能构成本罪。本罪的主体是特殊主体，即集会、游行、示威的负责人和直接责任人员。主观方面是故意。

根据《刑法》第二百九十六条的规定，犯本罪的，处五年以下有期徒刑、拘役、管制或者剥夺政治权利。

【非法携带武器、管制刀具、爆炸物参加集会、游行、示威罪】 是指违反法律规定，携带武器、管制刀具或者爆炸物参加集会、游行、示威的行为。本罪的主体是一般主体，侵害的客体是社会治安管理秩序。客观方面表现为违反法律规定，携带武器、管制刀具和爆炸物参加集会、游行、示威的行为。如果所携带的是行为人非法持有的枪支、弹药的，则应当按照处理想象竞合犯的原则择一重罪论处。主观方面只能是故意。

根据《刑法》第二百九十七条的规定，犯本罪的，处三年以下有期徒刑、拘役、管制或者剥夺政治权利。

【破坏集会、游行、示威罪】 是指扰乱、冲击或者以其他方法破坏依法举行的集会、游行、示威，造成公共秩序混乱的行为。本罪的主体是一般主体，侵犯的客体是社会公共秩序。客观方面表现为破坏依法举行的集会、游行、示威，造成公共秩序混乱的行为。破坏的行为方式很多，不论采取何种方式实行，只要造成公共秩序的混乱，就可构成本罪。主观方面必须是故意。过失影响集会、游行、示威正常进行的，不构成本罪。

根据《刑法》第二百九十八条的规定，犯本罪的，处五年以下有期徒刑、拘役、管制或者剥夺政治权利。

【侮辱国旗、国徽、国歌罪】 是指在公众场合，故意以焚烧、毁损、涂划、玷污、践踏等方式侮辱中华人民共和国国旗、国徽的行为，以及在公共场合，故意篡改中华人民共和国国歌歌词、曲谱，以歪曲、贬损方式奏唱国歌，或者以其他方式侮辱国歌，情节严重的行为。本罪侵犯的客体是国家的尊严和对国旗、国徽、国歌的正常管理秩序。犯罪对象是中华人民共和国国旗、国徽和国歌。侮辱外国国旗、国徽和国歌的行为不构成本罪。本罪在客观方面表现为实施了在公众场合公然侮辱国旗、国徽的行为，以及在公共场合，故意篡改中华人民共和国国歌歌词、曲谱，以歪曲、贬损方式奏唱国歌，或者以其他方式侮辱国歌，情节严重的行为。侮辱的方式主要是对国旗、国徽进行焚烧、毁损、涂划、玷污、践踏等，且必须在公众场合进行。其中公众场合是指处在人群经常聚集、供公众使用或服务于人民大众的活动场所时产生的活动，其核心是指大家都有权进入的场合。本罪的主体是一般主体，仅限于自然人。本国人和外国人、无国籍人均可构成犯罪。本罪的主观方面只能是故意。

根据《刑法》第二百九十九条的规定，犯本罪的，处三年以下有期徒刑、拘役、管制或者剥夺政治权利。

【侵害英雄烈士名誉、荣誉罪】 是指侮辱、诽谤或者以其他方式侵害英雄烈士的名誉、荣誉，损害社会公共利益，情节严重的犯罪。本罪侵犯的客体是国家对英雄烈士的名誉、荣誉的保护秩序。英雄烈士的名誉、荣誉是社会主义核心价值观的重要内容。客观方面表现为侮辱、诽谤或者以其他方式侵害英雄烈士的名誉、荣誉，损害社会公共利益，情节严重的行为。侮辱，是指通过歪曲事实的方式贬损、降低英雄烈士的名誉、荣誉；诽谤，是指采取无中生有、捏造事实并予以散布的方式贬损、降低英雄的名誉、荣誉的行为；以其他方式是以学术探究、事实还原等名义否定、丑化、污蔑英雄烈士。本罪的侵犯的行为对象是英雄烈士的名誉、荣誉，英雄烈士的判断依照《英雄烈士保护法》的规定。犯罪主体是一般主体，年满16周岁的自然人。犯罪主观方面是故意。

根据《刑法》第二百九十九条之一的规定，犯本罪的，处三年以下有期徒刑、拘役、管制或者剥夺政治权利。

【邪教组织】 是指冒用宗教、气功或者以其他名义建立，神化、鼓吹首要分子，利用制造、散布迷信邪说等手段蛊惑、蒙骗他人，发展、控制成员，危害社会的非法组织。邪教组织的特征主要包括：(1) 非法性。邪教组织是未经国家有关组织批准设立，或者虽然经过国家有关组织批准设立，但系采取欺骗的方式设立的，如冒用宗教、气功或者以其他名义设立。(2) 欺骗性。邪教组织通常都会披着某种外衣，包括宗教、气功等，但其核心目的是蛊惑、蒙骗他人，重点是对“教徒”进行精神控制。(3) 危害性。邪教组织的设立与运行，其目的无外乎两个方面，即政治目的或者经济目的。前者以行为人意图实现某种政治诉求为目的，后者以行为人骗取“教徒”钱财为目的。无论是政治目的还是经济目的，其外显出来都会对社会造成危害，即具有明显的社会危害性。

【组织、利用会道门、邪教组织、利用迷信破坏法律实施罪】 是指组织、利用会道门、邪教组织或者利用迷信破坏国家法律、行政法规实施的行为。本罪侵犯的客体是社会管理秩序和国家的法律秩序。本罪的客观方面表现为组织、利用会道门、邪教组织或者利用迷信破坏国家法律、行政法规实施的行为。会道门，是指一切被明令取缔的封建迷信组织。邪教组织，是指冒用宗教、气功或者其他名义建立，神化首要分子，利用制造、散布迷信邪说等手段蛊惑、蒙骗他人，发展、控制成员，危害社会的非法组织。迷信，是指具有浓厚封建色彩，以信奉鬼神为主要特征的非科学活动。本罪的行为方式表现为两种：一种是组织会道门、邪教组织破坏国家法律、行政法规的实施，另一种是利用会道门、邪教组织、迷信破坏国家法律、行政法规的实施。破坏国家法律、行政法规实施的认定标准，依照《办理组织、利用邪教组织破坏法律实施等刑事案件司法解释》的规定。本罪的主体是一般主体，但通常是实施本罪行为的组织者、策划者、指挥者和屡教不改者。本罪的主观方面只能是故意。

根据《刑法》第三百条第一款的规定，犯本罪的，处三年以上七年以下有期徒刑，并处罚金；情节特别严重的，处七年以上有期徒刑或者无期徒刑，并处罚金或者没收财产；情节较轻的，处三年以下有期徒刑、拘役、管制或者剥夺政治权利，并处或者单处罚金。

【组织、利用会道门、邪教组织、利用迷信致人重伤、死亡罪】 是指组织、利用会道门、邪教组织或者利用迷信蒙骗他人，致人重伤、死亡的行为。本罪侵犯的客体是社会管理秩序和他人的生命权利。侵害的对象是不特定的人。客观方面表现为组织、利用会道门、邪教组织或者利用迷信蒙骗他人，致人重伤、死亡的行为。蒙骗他人，致人重伤、死亡，是指行为人故意制造、散布迷信邪说，蒙骗会道门、邪教组织成员或者其他人致人重伤或者实施绝食、自残、自虐等行为致人死亡，或者阻止病人进行正常治疗致人死亡，或者以迷信为被蒙骗人“治疗”致人死亡的情形。本罪为结果犯，即只有发生蒙骗他人致人重伤、死亡的结果，才构成本罪。本罪的主体是一般主体。主观方面只能是故意。

根据《刑法》第三百条第二款的规定，犯本罪的，处七年以上三年以下有期徒刑，并处罚金；情节特别严重的，处七年以上有期徒刑或者无期徒刑，并处罚金或者没收财产；情节较轻的，处三年以下有期徒刑、拘役、管制或者剥夺政治权利，并处或者单处罚金。

【聚众淫乱罪】 是指聚集多人进行淫乱活动或者多次参加聚众淫乱活动的行为。本罪侵犯的客体，是社会公共秩序和社会风尚。本罪的客观方面表现为聚集多人进行淫乱活动或者多次参加聚众淫乱活动的行为。聚众淫乱，是指在首要分子的聚集下，三名以上男女群奸群宿、轮流性交、举办裸体舞会或者进行各种变态性活动。本罪的主体是特殊主体，只有聚众进行淫乱活动的首要分子和多次参加聚众淫乱活动的人员才能成为本罪的主体。本罪的主观方面是故意，并且具有淫乱的目的。

根据《刑法》第三百零一条的规定，犯本罪的，处五年以下有期徒刑、拘役或者管制。

【引诱未成年人聚众淫乱罪】 是指引诱未成年人参加聚众淫乱活动的行为。本罪侵犯的客体是社会公共秩序和未成年人的身心健康。犯罪对象是未成年人，即不满18周岁的人。本罪的客观方面表现为以各种手段引诱未成年人参加聚众淫乱活动的行为。其中，聚众淫乱是三人以上相互发生性交或者进行裸体舞会等淫乱行为。本罪的主体是一般主体，引诱者可能参与聚众淫乱行为，也可能没有参与聚众淫乱行为。本罪的主观方面是故意。

根据《刑法》第三百零一条的规定，犯本罪的，在五年以下有期徒刑、拘役或者管制的量刑幅度内从重处罚。

【盗窃、侮辱、故意毁坏尸体、尸骨、骨灰罪】 是指行为人秘密窃取、公然侮辱、故意毁坏他人尸体、尸骨、骨灰的行为。本罪侵犯的客体是社会风化和死者及其亲属的名誉、尊严。侵犯的对象是他人的尸体、尸骨、骨灰。本罪在客观方面表现为盗窃、侮辱、故意毁坏尸体、尸骨、骨灰的行为。盗窃，是指以秘密方法将他人尸体从其停放地（如墓地、殡仪馆、医院太平间、死者家里等）取走置于行为人的控制之下。侮辱，是指以践踏、奸淫、肢解、玷污、暴尸等方式公然贬损死者尊严。本罪为选择性罪名，只要行为人具有盗窃或者侮辱他人尸体行为之一的，即构成本罪。本罪的主体是一般主体。本罪的主观方面是故意。

根据《刑法》第三百零二条的规定，犯本罪的，处三年以下有期徒刑、拘役或者管制。

【赌博罪】 是指以营利为目的，聚众赌博或者以赌博为业的行为。本罪侵犯的客体是社会管理秩序和社会风尚。本罪客观方面表现为聚众赌博或者以赌博为业的行为。本罪的行为表现形式包括二种，一种是聚众赌博，一种是以赌博为业。聚众赌博，是指行为人组织、邀集、招引或者容留多人进行赌博，本人从中抽头获利的行为。赌博，是指以钱物为赌注，按照约定的规则互搏输赢的行为。以赌博为业，是指在较长时间内，行为人以赌博为其生活的主要内容，并以赌博所得为其生活或者挥霍的主要来源。行为人只要实施上述两种行为的其中一种，即可构成赌博罪。本罪的主体是一般主体，通常只有聚众赌博的组织者或者首要分子以及以赌博为业的常业犯才能成为本罪主体。本罪的主观方面是直接故意，而且具有营利的目的。即行为人聚众赌博或者一贯参加赌博，其目的就是为了获取钱财。至于其是否实际获得钱财，不影响本罪的构成。如果行为人并不是为了营利，而仅仅是为了消遣娱乐、联络感情等，即使有一定的输赢，也不能成立本罪。行为人实施赌博犯罪行为，往往会伴随实施有其他犯罪行为，如为了筹资赌博而贪污、挪用公款或公司、企业资金，或者抢劫、盗窃、诈骗公私财物且构成相应的犯罪，或者因赌博引起打架斗殴，致人重伤、死亡甚至故意杀人的，即应以赌博罪与贪污罪、挪用公款罪、职务侵占罪、挪用资金罪、抢劫罪、盗窃罪、诈骗罪或者故意伤害罪、故意杀人罪等实行数罪并罚。

根据《刑法》第三百零三条第一款的规定，犯本罪的，处三年以下有期徒刑、拘役或者管制，并处罚金。

【开设赌场罪】 是指以营利为目的，设置并经营赌博场所，设定赌博规则，提供赌博用具与赌资结算服务，组织他人赌博的行为。本罪侵犯的客体是社会管理秩序和社会风尚。本罪客观方面表现为设置并经营赌博场所，设定赌博规则，提供赌博用具与赌资结算服务，组织他人赌博的行为。这里的赌博场所，是指较为固定的可供不特定多数人进行赌博的建筑、设施或者网络平台。这里的赌博规则，是指行为人事先设定的供不特定赌博人员共同遵循的规矩和守则。这里的赌资结算，是指通过筹码交换为赌博者提供资金收付并获取报酬的行为。本罪的主体是一般主体。本罪的主观方面表现为故意，并且是以营利为目的。

根据《刑法》第三百零三条第二款的规定，犯本罪的，处五年以下有期徒刑、拘役或者管制，并处罚金；情节严重的，处五年以上十年以下有期徒刑，并处罚金。

【网络赌博】 是指利用网络实施的赌博行为，是赌博这一古老行业在信息时代的全新形态。互联网代际演变带来的网络技术的普及和电子金融业务的发展，使赌博从现实社会蔓延到网络空间成为可能，网络赌博这一新生事物也应运而生。随着互联网的普及和上网用户的急剧增加，利用网络从事赌博活动愈发猖獗。与传统的赌场赌博相比，网络赌博更加快捷、方便，投注、资金交割只需轻点鼠标即可完成，赌资的数额往往很大，其社会危害性也更为严重。尤其是一些不法分子利用互联网大肆组织跨国赌博活动，导致大量资金非法外流，严重破坏经济秩序。网络赌博的出现对于《刑法》第三百零三条赌博罪、第三百零四条开设赌场罪、第三百零五条组织参与国（境）外赌博罪的认定产生了严重冲击。2010 年的《办理网络赌博犯罪案件意见》，针对网上开设赌场犯罪的定罪量刑标准、网上开设赌场共同犯罪的认定和处罚、网络赌博犯罪的参赌人数、赌资数额和网站代理的认定、网络赌博犯罪案件的管辖、电子证据的收集与保全等网络赌博犯罪案件的法律适用问题作了较为全面的规定。

【组织参与国（境）外赌博罪】 是指组织中华人民共和国公民参与国（境）外赌博，数额巨大或者有其他严重情节的犯罪。本罪的犯罪客体是社会管理制度、良好的社会风尚和国家外汇经济管理制度。客观方面是组织中华人民共和国公民前往国（境）外参与赌博，数额巨大或者具有其他严重情节的行为。国外是中华人民共和国以外的其他国家，境外是指我国的香港、澳门特别行政区和台湾地区。组织的对象必须是中华人民共和国公民。组织行为表现形式多样，可以通过纸质广告、口口相传、信息网络终端等形式的事先招募后再组织，也可能是临时招募。犯罪主体是一般主体，年满 16 周岁的自然人，常见的是境外开设赌场的投资人员、实际控制人员、经营人员、管理人员，也有受国（境）外赌场、赌博网站或者相关人员指派的代理人员。犯罪主观方面是故意。

根据《刑法》第三百零三条第三款的规定，犯本罪的，处五年以下有期徒刑、拘役或者管制，并处罚金；情节严重的，处五年以上十年以下有期徒刑，并处罚金。

【故意延误投递邮件罪】 是指邮政工作人员严重不负责任，故意延误投递邮件，致使公共财产、国家和人民利益遭受重大损失的行为。本罪侵犯的客体是国家的邮政管理秩序和公民的通信自由权利。侵犯的对象是邮件。本罪在客观方面表现为严重不负责任，故意延误投递邮件，致使公共财产、国家和人民利益遭受重大损失的行为。故意延误投递，是指有条件按规定时限投递而故意拖延投递或者不予投递。本罪属于结果犯，必须是“造成重大损失”的才构成本罪。本罪的主体是特殊主体，即只能是邮政工作人员。本罪的主观方面必须是故意。

根据《刑法》第三百零四条的规定，犯本罪的，处二年以下有期徒刑或者拘役。

【妨害司法罪】 是指违反法律规定，使用各种方法妨害国家司法机关正常诉讼活动，破坏国家司法权的行使，情节严重的行为。本罪侵害的客体是国家司法机关正常诉讼活动。本罪的客观方面表现为违反法律规定，使用各种方法妨害国家司法机关正常诉讼活动，破坏国家司法权的行使，情节严重的行为。本罪的主体是一般主体。本罪的主观方面是故意。根据《刑法》分则第六章第二节的规定，本罪是一个类罪，具体犯罪包括伪证罪，辩护人、诉讼代理人毁灭证据、伪造证据、妨害作证罪，妨害作证罪，帮助毁灭、伪造证据罪，打击报复证人罪，扰乱法庭秩序罪，窝藏、包庇罪，拒绝提供间谍犯罪证据罪，掩饰、隐瞒犯罪所得、犯罪所得收益罪，拒不执行判决、裁定罪，非法处置查封、扣押、冻结的财产罪，破坏监管秩序罪，脱逃罪，劫夺被押解人员罪，组织越狱罪，暴动越狱罪，聚众持械劫狱罪等。

【伪证罪】 是指在刑事诉讼中，证人、鉴定人、记录人、翻译人对与案件有重要关系的情节，故意作虚假证明、鉴定、记录、翻译，意图陷害他人或隐匿罪证的行为。本罪侵犯的客体是司法机关在刑事诉讼中的正常活动。本罪客观上表现为在刑事诉讼中，对与案件有重要关系的情节，作虚假证明、鉴定、记录、翻译。构成犯罪具有以下条件：（1）必须作虚假的证明、鉴定、记录、翻译。虚假一般包括两种情况：①无中生有，捏造或者夸大事实以陷人入罪；②将有说无，掩盖或者缩小事实以开脱罪责。伪证行为的方式没有限制，如在口头陈述中作虚假陈述，在文字鉴定中作虚假鉴定，不记录或者擅自增添重要事实，删除录音录像中记录的重要事实，在笔译或者口译中作虚假翻译等等。（2）必须是对与案件有重要关系的情节作虚假的证明、鉴定、记录、翻译。这里的案件只限于刑事案件，在民事案件中作伪证的，不成立本罪。与案件有重要关系的情节，是指对案件结论有影响的情节，即对是否构成犯罪、犯罪的性质、罪行的轻重、量刑的轻重具有重要关系的情节。伪证行为只要足以影响案件结论即可，不要求实际上影响了案件结论。（3）必须在刑事诉讼中作虚假的证明、鉴定、记录、翻译。即在立案侦查后、审判终结前的过程中作伪证。在诉讼前作假证明包庇犯罪人的，成立包庇罪；在诉讼前作虚假告发，意图使他人受刑事追究的，成立诬告陷害罪。本罪的主体是特殊主体，特指刑事诉讼中的证人、鉴定人、记录人、翻译人。证人是经司法机关要求或同意，陈述自己所知道的案件事实情况的人；鉴定人是指司法机关为了鉴别案件中某些情节的真伪和事实真相，而指派或者聘请的具有某种专门知识或特殊技能的人；记录人是指为案件的调查取证，询问证人、被告人或者审问犯罪嫌疑人、被害人而作记录的人；翻译人是指由司法机关指派或者聘请，为案件中的外国人、少数民族或者聋哑人等诉讼参与人充当翻译的人，以及为案件中的法律文书或证据材料等有关资料作翻译的人。本罪在主观上是故意，即行为人明知是与案件有重要关系的情节，作伪证会妨害司法机关的正常活动，影响案件的公正结论，但出于陷害他人或者隐匿罪证为他人开脱罪责的目的，仍故意作虚假的证明、鉴定、记录、翻译。

根据《刑法》第三百零五条的规定，犯本罪的，处三年以下有期徒刑或者拘役；情节严重的，处三年以上七年以下有期徒刑。

【辩护人、诉讼代理人毁灭证据、伪造证据、妨害作证罪】 是指在刑事诉讼中，辩护人、诉讼代理人毁灭、伪造证据，帮助当事人毁灭、伪造证据，威胁、引诱证人违背事实改变证言或者作伪证的行为。本罪侵犯的客体是司法机关的刑事诉讼活动。客观方面表现为毁灭、伪造证据，帮助当事人毁灭、伪造证据，威胁、引诱证人违背事实改变证言或者作伪证的行为。本罪属选择性罪名，只要行为人实施上述三种行为之一的，即构成本罪。本罪的主体是特殊主体，即只能是刑事诉讼中的辩护人、诉讼代理人。本罪的主观方面是故意。如果辩护人、诉讼代理人提供、出示、引用的证人证言或者其他证据失实，不是有意伪造的，不属于伪造证据，不能认定为犯罪。

根据《刑法》第三百零六条的规定，犯本罪的，处三年以下有期徒刑或者拘役；情节严重的，处三年以上七年以下有期徒刑。

【妨害作证罪】 是指以暴力、威胁、贿买等方法阻止证人作证或者指使他人作伪证的行为。本罪侵犯的客体是司法机关在诉讼中的正常活动和公民依法作证的权利；采用暴力或威胁手段的，还侵害了公民的人身权利。本罪在客观上表现为采用暴力、威胁、贿买或者其他方法阻止证人作证或者指使他人作伪证的行为。本罪通常发生于诉讼中，即在刑事诉讼、民事诉讼或行政诉讼等一切诉讼中。暴力，是指使用殴打、绑架等人身强制的方法，使证人无法作证或不敢作证；威胁，是指以杀害、伤害证人及其亲属，毁坏其财产，揭露其隐私等方法相威胁，迫使证人不敢作证；贿买，是指以金钱、财物或其他利益进行收买、利诱，使证人不愿作证。此外，还有使用暴力、威胁、贿买以外的其他方法阻止证人作证或指使他人作伪证，如用药物方法致使证人丧失作证能力等。本罪有两种行为方式：（1）阻止证人作证。这是指采用上述非法手段阻止证人依法作证。（2）指使他人作伪证。这里指采用上述非法手段使了解案件情况的人向司法机关作虚假的证明，或者使不了解案件情况的人谎称了解而向司法机关作虚假的证明。以上两种行为，只要实施其中一种，便可构成本罪。本罪的主体是已满16周岁且具有刑事责任能力的自然人，通常是案件的当事人或与案件有利害关系的人。本罪在主观上是故意且为直接授意，即行为人明知阻止证人作证或者指使他人作伪证，会妨害司法机关在诉讼中的正常活动，和他人的作证权利或人身权利，并且希望这种危害结果发生的心理态度。其动机、目的通常是使本人、有关当事人或与本人有利害关系的人，逃避、减轻法律责任或者在诉讼中处于有利地位从而获取非法利益。

根据《刑法》第三百零七条第一款、第三款的规定，犯本罪的，处三年以下有期徒刑或者拘役；情节严重的，处三年以上七年以下有期徒刑。司法工作人员犯本罪的，从重处罚。

【帮助毁灭、伪造证据罪】 是指帮助当事人毁灭、伪造证据，情节严重的行为。本罪侵犯的客体是司法机关的正常诉讼活动。本罪的客观方面表现为帮助当事人毁灭、伪造证据，情节严重的行为。这里的帮助，可以是协助当事人毁灭、伪造证据，也可以是指使、教唆当事人毁灭、伪造证据。该罪的行为对象仅限于证据，帮助撰写《起诉书》等法律文书的行为，不属于帮助当事人毁灭、伪造证据。本罪的主体是一般主体，但不包括刑事诉讼中的辩护人、诉讼代理人。主观方面是故意。

根据《刑法》第三百零七条第二款、第三款的规定，犯本罪的，处三年以下有期徒刑或者拘役。司法工作人员犯本罪的，从重处罚。

【虚假诉讼罪】 是指以捏造的事实提起

民事诉讼，妨害司法秩序或者严重侵害他人合法权益的行为。本罪侵犯的客体是司法机关的正常诉讼活动。本罪的客观方面表现为以捏造的事实提起民事诉讼，妨害司法秩序或者严重侵害他人合法权益的行为。这包括以下两个方面的内容：一是本罪的虚假诉讼行为仅限于发生在民事诉讼过程中，对于虚假提起行政诉讼的行为不构成本罪。二是本罪的行为方式仅限于以捏造的事实提起民事诉讼。本罪的主体是一般主体，单位可以是本罪主体，且一般限于民事诉讼的原告。在被告与原告串通的情况下进行虚假诉讼，民事诉讼的被告亦可构成本罪。本罪的主观方面是故意。

根据《刑法》第三百零七条之一的规定，犯本罪的，处三年以下有期徒刑、拘役或者管制，并处或者单处罚金；情节严重的，处三年以上七年以下有期徒刑，并处罚金。单位犯本罪的，对单位判处罚金，并对其直接负责的主管人员和其他直接责任人员，依照前述规定处罚。犯本罪，非法占有他人财产或者逃避合法债务，又构成其他犯罪的，依照处罚较重的规定定罪从重处罚。司法工作人员利用职权，与他人共同犯本罪的，从重处罚；同时构成其他犯罪的，依照处罚较重的规定定罪从重处罚。

【打击报复证人罪】 是指对证人进行打击报复的行为。本罪侵犯的客体是司法机关的正常诉讼活动和证人的人身财产权利。侵犯的对象是各种诉讼案件中的证人。客观方面表现为对证人进行打击报复的行为。打击报复的形式和手段多样，既可以是工作中的故意刁难等，也可以是生活中的故意刁难等。本罪的主体是一般主体。本罪的主观方面是故意。

根据《刑法》第三百零八条的规定，犯本罪的，处三年以下有期徒刑或者拘役；情节严重的，处三年以上七年以下有期徒刑。

【泄露不公开的案件信息罪】 是指司法工作人员、辩护人、诉讼代理人或者其他诉讼参与人，泄露依法不公开审理的案件中不应当公开的信息，造成信息公开传播或者其他严重后果的行为。本罪侵犯的客体是司法机关的正常诉讼活动。本罪客观方面表现为司法工作人员、辩护人、诉讼代理人或者其他诉讼参与人，泄露依法不公开审理的案件中不应当公开的信息，造成信息公开传播或者其他严重后果的行为。其特征包括：一是仅限于不公开审理的案件信息。根据我国相关法律的规定，不公开审理的案件通常限于涉及国家秘密、个人秘密和商业秘密的案件。这类案件不限于民事诉讼案件，也包括刑事诉讼案件、行政诉讼案件等。二是行为人实施了泄露案件中不应当公开的信息。由于无论何种案件，最终的宣判都应该公开进行，因此案件中不应当公开的信息主要是指裁判文书之外的涉及秘密、隐私的信息。三是泄露行为必须造成了信息公开传播或者其他严重后果。本罪的主体是特殊主体，即不公开审理案件的工作人员、司法工作人员、辩护人、诉讼代理人或者其他诉讼参与人。单位亦可构成本罪。本罪的主观方面是故意。

根据《刑法》第三百零八条之一第一款的规定，犯本罪的，处三年以下有期徒刑、拘役或者管制，并处或者单处罚金。单位犯本罪的，对单位判处罚金，并对其直接负责的主管人员和其他直接责任人员，依照前述规定处罚。

【披露、报道不应公开的案件信息罪】

是指公开披露、报道依法不公开审理的案件中不应当公开的信息，情节严重的行为。本罪侵犯的客体是司法机关的正常诉讼活动。本罪客观方面表现为公开披露、报道依法不公开审理的案件中不应当公开的信息，情节严重的行为。这包括三个方面的内容：（1）本罪的对象限于依法不公开审理的案件中不应当公开的信息。依法公开审理的案件信息和依法不公开审理案件中的应当公开信息，不属于本罪的对象。（2）行为方式包括公开披露和报道两种。其中，公开披露可以是参与诉讼的各方，也可以是通过特殊手段取得案件信息的人；报道则主要针对的是新闻媒体。（3）犯本罪必须达到给利益相关者带来严重损失的程度。本罪的主体是一般主体，单位亦可构成本罪。本罪的主观方面是故意。

根据《刑法》第三百零八条之一第三款的规定，犯本罪的，处三年以下有期徒刑、拘役或者管制，并处或者单处罚金。单位犯本罪的，对单位判处罚金，并对其直接负责的主管人员和其他直接责任人员，依照前述规定处罚。

【扰乱法庭秩序罪】 是指聚众哄闹、冲击法庭，或者在法庭上殴打司法工作人员等，严重扰乱法庭秩序的行为。本罪侵犯的客体是法庭的正常秩序和司法工作人员的人身安全。侵犯的对象是法庭和法庭上执行职务的司法工作人员。客观方面表现为严重扰乱法庭秩序的行为。具体行为方式包括四方面：（1）聚众哄闹、冲击法庭，即聚集多人在法庭内喧哗、吵闹或者强行进入法庭、损毁法庭设施等；（2）殴打司法工作人员或者诉讼参与人的；（3）侮辱、诽谤、威胁司法工作人员或者诉讼参与人，不听法庭制止，严重扰乱法庭秩序的；（4）有毁坏法庭设施，抢夺、损毁诉讼文书、证据等扰乱法庭秩序行为，情节严重的。本罪的主体是一般主体且仅限为自然人。主观方面是故意。

根据《刑法》第三百零九条的规定，犯本罪的，处三年以下有期徒刑、拘役、管制或者罚金。

【窝藏、包庇罪】 是指明知是犯罪的人而为其提供隐藏处所、财物，帮助其逃匿或者作假证明进行包庇的行为。本罪侵犯的客体是司法机关的正常活动。本罪的行为对象必须是根据刑法规定实施了犯罪行为的人，既包括犯罪之后潜逃在外，尚未被司法机关发觉的人或未缉拿归案的犯罪分子，也包括已被拘留、逮捕、判刑，而后越狱逃跑的犯罪分子。如果行为对象不是实施了犯罪行为的人，不构成本罪。本罪在客观上表现为窝藏或包庇犯罪分子两种行为：窝藏犯罪分子的行为主要包括：（1）为犯罪分子提供隐藏处所，如把犯罪分子藏于自己家中、亲友家中或深山老林、洞穴等处所，使其不易被发现；（2）为在逃的犯罪分子提供金钱、衣物、食品等财物，使其能够继续隐藏；（3）为犯罪分子提供交通工具、伪造通行证明、指示行动路线或逃匿方向等，帮助其逃匿。包庇犯罪分子的行为主要是指向司法机关作虚假证明，包括为使犯罪分子逃避法律制裁而伪造或变造证据、隐藏证据、毁灭证据等。上述两种行为，具备其中一种便可构成本罪。本罪的主体是已满16周岁且具有刑事责任能力的自然人。本罪在主观上是故意，即行为人明知是犯罪的人而予以窝藏、包庇。明知的内容仅以对象可能是犯罪的人为限，并不要求确知其犯罪的性质和危害程度等。在开始实施窝藏、包庇行为时明知是犯罪人的，当然成立本罪；在开始实施窝藏、包庇行为时不明知是犯罪人，但发现对方是犯罪人后仍然继续实施窝藏、包庇行为的，也成立本罪。事先通谋，对犯罪的人予以窝藏、包庇的，以共同犯罪论处。根据《刑法》第三百六十二条的规定，旅馆业、饮食服务业、文化娱乐业、出租汽车业等单位的人员，在公安机关查处卖淫、嫖娼活动时，为违法犯罪分子通风报信，情节严重的，以本罪论处。

根据《刑法》第三百一十条的规定，犯本罪的，处三年以下有期徒刑、拘役或者管制；情节严重的，处三年以上十年以下有期徒刑。

【拒绝提供间谍犯罪、恐怖主义犯罪、极端主义犯罪证据罪】 是指行为人明知他人有间谍犯罪或者恐怖主义、极端主义犯罪行为，在司法机关向其调查有关情况、收集有关证据时，拒绝提供，情节严重的行为。本罪侵犯的客体是国家安全机关对间谍等犯罪的侦查、取证活动。客观方面表现为拒绝向国家安全机关提供有关他人间谍犯罪、恐怖主义犯罪、极端主义犯罪行为的情况或者证据，情节严重的行为。本罪的发生有特定的时间要求，即只能发生在国家安全机关向行为人调查有关情况或者收集证据之时。构成本罪还必须是情节严重的行为。本罪的主体只能是明知他人有间谍犯罪、恐怖主义犯罪、极端主义犯罪行为的人。并不知情的人不能成为本罪主体。主观方面必须是故意。

根据《刑法》第三百一十一条的规定，犯本罪的，处三年以下有期徒刑、拘役或者管制。

【掩饰、隐瞒犯罪所得、犯罪所得收益罪】 是指行为人明知是犯罪所得及其产生的收益而予以窝藏、转移、收购、代为销售或者以其他方法掩饰、隐瞒的行为。本罪侵犯的客体是司法机关的正常活动。行为对象是犯罪所得及其产生的收益即赃款赃物，这是指犯罪分子通过实施犯罪而获得的财物和将犯罪所得用于投资经营而增值的利润，除货币资金外，还包括可以证明或记载财产性利益和权利的证件或文书，如存折、股票、债券、汇票、借据等等。本罪在客观上表现为窝藏、转移、收购或者代为销售赃款赃物或者以其他方法掩饰、隐瞒犯罪所得及其产生收益的行为。窝藏，是指为犯罪分子提供赃款赃物隐藏场所的行为，至于该处所是隐蔽的或公开的，不影响本罪的成立；转移，是指帮助犯罪分子将赃款赃物从此处移往彼处的行为，至于是秘密转移或公开转移以及转移的方法，不影响本罪的成立；收购，是指出于贪财图利而低价有偿取得赃款赃物的行为；代为销售，是指接受犯罪分子的委托而为其销售赃款赃物的行为；掩饰，是指虚构事实遮蔽赃款赃物真相的行为；隐瞒，是指掩盖赃款赃物性质及其来源的行为。掩饰或者隐瞒行为，只要实施其中一种，即可构成本罪。本罪的主体是已满16周岁且具有刑事责任能力的自然人。本罪在主观上是故意，即行为人明知是犯罪所得及其产生的收益，仍然予以窝藏、转移、收购、代为销售或者采取其他方法掩饰、隐瞒。

根据《刑法》第三百一十二条的规定，犯本罪的，处三年以下有期徒刑、拘役或者管制，并处或者单处罚金；情节严重的，处三年以上七年以下有期徒刑，并处罚金。单位犯本罪的，对单位判处罚金，并对其直接负责的主管人员和其他直接责任人员，依照上述规定处罚。

【拒不执行判决、裁定罪】 是指有能力执行人民法院已生效的判决、裁定而拒不执行，情节严重的行为。本罪侵犯的客体是法院判决、裁定的正常执行活动。本罪行为指向的对象是人民法院的判决、裁定。人民法院的判决、裁定，是指人民法院依法作出的具有执行内容并已发生法律效力的判决、裁定（包括人民法院为依法执行支付令、生效的调解书、仲裁裁决、公证债权文书等所作的裁定）。判决、裁定的范围包括刑事裁判、民事裁判、行政裁判等。发生法律效力的判决和裁定，是指已过法定期限没有上诉、抗诉的判决和裁定，终审的判决和裁定，最高人民法院的判决和裁定以及人民法院为依法执行支付令、生效的调解书、仲裁裁决、公证债权文书等所作的裁定。本罪在客观方面表现为对人民法院的判决、裁定有能力执行而拒不执行，情节严重的行为。有能力执行，是指根据查实的证据证明，负有执行人民法院判决、裁定义务的人有可供执行的财产或者具有履行特定行为义务的能力。如果行为人根本没有执行能力而不执行的，则不能认定为构成本罪。拒不执行，是指行为人采用各种手段拒绝履行判决、裁定确定的义务。拒不执行的行为，既可以是公开的，也可以是隐蔽的，既可以是作为形式的，也可以是不作为形式的，但必须是非暴力的。如果以暴力、威胁方法拒不执行判决、裁定，则可以另外构成妨害公务罪。构成本罪还应当是情节严重的行为。本罪的主体是特殊主体，即只能是负有执行判决、裁定义务的人，包括被执行人、担保人、协助执行义务人，单位亦可构成本罪主体。本罪在主观方面是故意，即明知应当执行法院的判决、裁定而拒不执行。如果确实不知道裁判已经生效，或者因不可抗力致使裁判无法执行的，不构成本罪。

根据《刑法》第三百一十三条的规定，犯本罪的，处三年以下有期徒刑、拘役或者罚金；情节特别严重的，处三年以上七年以下有期徒刑，并处罚金。单位犯本罪的，对单位判处罚金，并对其直接负责的主管人员和其他直接责任人员，依照前述规定处罚。

【非法处置查封、扣押、冻结的财产罪】

是指行为人隐藏、转移、变卖、故意毁损被司法机关查封、扣押、冻结的财产，情节严重的行为。本罪侵犯的客体是司法机关的正常活动。侵犯的对象是已被司法机关查封、扣押、冻结的财产。本罪的客观方面表现为隐藏、转移、变卖、故意毁损已被司法机关查封、扣押、冻结的财产，情节严重的行为。只要行为人具有隐藏、转移、变卖、故意毁损四种行为之一，情节严重的，即构成本罪。本罪的主体通常是被查封、扣押、冻结的财产的所有人、保管人，单位也可构成本罪主体。本罪的主观方面是故意。

根据《刑法》第三百一十四条的规定，犯本罪的，处三年以下有期徒刑、拘役或者罚金。

【破坏监管秩序罪】 是指依法被关押的罪犯，破坏监管秩序，情节严重的行为。本罪侵犯的客体是监狱等监管场所的正常监管秩序。本罪的客观方面表现为破坏监管秩序，情节严重的行为。破坏监管秩序的行为包括四种：殴打监管人员的；组织其他被监管人破坏监管秩序的；聚众闹事，扰乱正常监管秩序的；殴打、体罚或者指使他人殴打、体罚其他被监管人的。只要行为人实施上述四种行为之一，并且情节严重，即构成本罪。本罪的主体是特殊主体，即只能是依法被关押的罪犯。本罪的主观方面是故意。

根据《刑法》第三百一十五条的规定，犯本罪的，处三年以下有期徒刑。

【脱逃罪】 是指依法被关押的罪犯、被告人、犯罪嫌疑人，逃脱司法机关的羁押和监管的行为。本罪侵犯的客体是司法机关的正常监管秩序。本罪在客观方面表现为从监管场所（主要指监狱、看守所等羁押、改造场所）和押解途中逃走的行为。行为方式主要有：趁监管人看押不严秘密逃走，趁看押人员不备挣脱逃走，使用暴力手段强行逃脱等。行为方式如何，不影响犯罪的成立。本罪只能发生在监管场所或者押解途中。构成本罪既遂一般应当以行为人逃出监管场所为标准。对于在押解途中逃跑的行为人，则应当以逃离押解人员的控制范围为既遂标准。本罪的主体是特殊主体，即只能是依法被关押的罪犯、被告人、犯罪嫌疑人。被行政拘留、司法拘留的人，不是罪犯，也不是刑事案件被告人、犯罪嫌疑人，故不能成为本罪主体。被判处管制、缓刑或者适用假释的罪犯以及被拘传、取保候审、监视居住的未决犯未被剥夺人身自由，也不能成为本罪主体。确系被错捕、错关、错判的人从羁押场所或者押解途中逃跑的，因其本来就是无辜者，即使其行为影响了监管秩序，也不能以本罪论处。本罪在主观方面是故意，目的是逃避司法机关的羁押和监管，非法恢复其人身自由。

根据《刑法》第三百一十六条的规定，犯本罪的，处五年以下有期徒刑或者拘役。

【劫夺被押解人员罪】 是指劫夺押解途中的罪犯、被告人、犯罪嫌疑人的行为。本罪侵犯的客体是司法机关的正常活动。犯罪对象是被押解的罪犯、被告人、犯罪嫌疑人。本罪的客观方面表现为劫夺被押解人的行为。劫夺，是指以暴力、威胁或者其他手段从司法机关工作人员的押解途中夺取被押解人的行为。如果是在公民将犯罪嫌疑人扭送司法机关途中将犯罪嫌疑人劫走，不能构成本罪，应以窝藏罪定罪处罚。本罪属行为犯，只要行为人实施劫夺被押解人的行为，即构成本罪，而不论被押解人是否逃脱押解。本罪的主体是一般主体，已满16周岁的自然人可构成本罪。本罪的主观方面是故意，并以劫夺被押解人为目的。

根据《刑法》第三百一十六条第二款的规定，犯本罪的，处三年以上七年以下有期徒刑；情节严重的，处七年以上有期徒刑。

【组织越狱罪】 是指在押人员在首要分子的组织、策划、指挥下，有组织、有计划地集体从狱中或者押解途中逃走的行为。本罪侵犯的客体是监狱等监管机构的监管秩序。客观方面表现为在首要分子组织、策划、指挥下，有组织、有计划地越狱，逃避监管的行为。一般表现为以非暴力或轻微的暴力方式越狱。本罪的主体是特殊主体，即被关押人员，主要是罪犯，也包括被告人、犯罪嫌疑人，本罪为必要共同犯罪，通常是3人以上。本罪的主观方面是故意。

根据《刑法》第三百一十七条第一

款的规定，犯本罪的，对首要分子和积极参加者，处五年以上有期徒刑；对其他参加者，处五年以下有期徒刑或者拘役。

【暴动越狱罪】 是指依法被关押的罪犯、被告人、犯罪嫌疑人，在首要分子的带领下，采取暴力手段强行逃脱监管羁押的行为。本罪侵犯的客体是监狱等监管场所的正常监管秩序。客观上表现为暴动越狱的行为。暴动越狱，是指在押人员在首要分子的带领下，采取暴力手段强行逃脱监管的行为。常见的暴力手段有：殴打、杀伤监管警卫人员；捣毁、破坏监管设施；抢劫、抢夺枪支、弹药；劫持监管、警卫人员作为人质等等。本罪为行为犯，只要行为人有暴动越狱的行为，即构成本罪，而不论越狱是否成功。本罪的主体是特殊主体，即只能是被依法关押的罪犯、被告人、犯罪嫌疑人。本罪的主观方面是故意。

根据《刑法》第三百一十七条第二款的规定，犯本罪的，对首要分子和积极参加者，处十年以上有期徒刑或无期徒刑；情节特别严重的，处死刑；对其他参加者，处三年以上十年以下有期徒刑。

【聚众持械劫狱罪】 是指狱外的人结伙持械，劫夺狱中在押人员的行为。本罪侵犯的客体是监管机构的正常监管秩序。被劫夺的对象是被关押的人员，主要是罪犯，也包括被告人、犯罪嫌疑人。本罪在客观方面表现为聚众以暴力或暴力威胁等方法夺取被关押人员的行为。至于劫狱的场所，可以是在监狱、看守所，也可以是在押解途中。本罪的主体必须是狱外的人。本罪的主观方面是故意。

根据《刑法》第三百一十七条第二款的规定，犯本罪的，对首要分子和积极参加者，处十年以上有期徒刑或者无期徒刑；情节特别严重的，处死刑；对其他参加者，处三年以上十年以下有期徒刑。

【妨害国（边）境管理罪】 是指违反国家国（边）境管理法律法规，妨害国家对国（边）境管理秩序的行为。本罪侵犯的客体是国家国（边）境管理秩序。本罪的客观方面表现为违反国家国（边）境管理法律法规，妨害国家对国（边）境管理秩序的行为。本罪的主体是一般主体。本罪的主观方面一般是故意。根据《刑法》分则第六章第三节的规定，本罪是一个类罪，具体犯罪包括组织他人偷越国（边）境罪，骗取出境证件罪，提供伪造、变造的出入境证件罪，出售出入境证件罪，运送他人偷越国（边）境罪，偷越国（边）境罪，破坏界碑、界桩罪，破坏永久性测量标志罪。

【组织他人偷越国（边）境罪】 是指违反国（边）境管理法规，组织他人偷越国（边）境的行为。本罪侵犯的客体是国家对国（边）境的管理制度。本罪在客观方面表现为违反出入境管理法规，实施了组织他人偷越国（边）境的行为。组织，指策划指挥、劝说动员、串联拉拢他人偷越国（边）境。领导、策划、指挥他人偷越国（边）境或者在首要分子指挥下，实施拉拢、引诱、介绍他人偷越国（边）境等行为的，属于组织他人偷越国（边）境。组织者既可以只是组织他人偷越国（边）境而自己并不偷越，也可以组织他人与自己共同偷越国（边）境。本罪的主体是已满16周岁，具有辨认控制能力的自然人，既可以是一人组织，也可以多人共同组织。本罪在主观上必须出于故意。虽然行为人通常是为了营利，但刑法没有将营利目的规定为本罪的主观要件。

根据《刑法》第三百一十八条的规定，犯本罪的，处二年以上七年以下有期徒刑，并处罚金；有下列情形之一的，处七年以上有期徒刑或者无期徒刑，并处罚金或者没收财产：(1) 组织他人偷越国（边）境集团的首要分子；(2) 多次组织他人偷越国（边）境或者组织他人偷越国（边）境人数众多的；(3) 造成被组织人重伤、死亡的；(4) 剥夺或者限制被组织人人身自由的；(5) 以暴力、威胁方法抗拒检查的；(6) 违法所得数额巨大的；(7) 有其他特别严重情节的。犯本罪，对被组织人有杀害、伤害、强奸、拐卖等犯罪行为或者对检查人员有杀害、伤害等犯罪行为的，依照数罪并罚的规定处罚。

【骗取出境证件罪】 是指以组织他人偷越国（边）境为目的，弄虚作假，以劳务输出、经贸往来或者其他名义，骗取护照、签证等出入境证件的行为。本罪侵犯的客体是国家对出入境证件的管理活动。犯罪对象是护照、签证等出境证件。出境证件，是指护照或者代替护照使用的国际旅行证件，中华人民共和国海员证，中华人民共和国出入境通行证，中华人民共和国旅行证，中国公民往来香港、澳门特别行政区和台湾地区证件，边境地区出入境通行证，签证、签注，出国（境）证明、名单，以及其他出境时需要查验的资料。护照，是指一个主权国家发给本国公民出入国境和在国外居留、旅行的合法身份证明和国籍证明。签证，是指一个主权国家同意某国公民出入或者经过该国国境而签署的一种许可证明。本罪在客观方面表现为弄虚作假，以劳务输出、经贸往来或者其他名义骗取出入境证件的行为。弄虚作假，是指编造出入境事由、身份信息或者相关的境外关系证明的行为。本罪的主体包括单位和个人。本罪的主观方面是故意，并以骗取出入境证件为组织他人偷越国（边）境使用为目的。

根据《刑法》第三百一十九条的规定，犯本罪的，处三年以下有期徒刑，并处罚金；情节严重的，处三年以上十年以下有期徒刑，并处罚金。单位犯本罪的，对单位判处罚金，并对其直接负责的主管人员和其他直接责任人员，依照上述规定处罚。情节严重，是指骗取出入境证件5份以上的；非法收取费用30万元以上的；明知是国家规定的不准出境的人员而为其骗取出入境证件的，等等。

【提供伪造、变造的出入境证件罪】 是指为他人提供伪造、变造的护照、签证等出入境证件的行为。本罪侵犯的客体是国家对出入境的管理秩序。犯罪对象是伪造、变造的护照、签证等出入境证件。本罪的客观方面表现为向他人提供伪造、变造的护照、签证等出入境证件的行为。本罪的主体是一般主体。本罪的主观方面是故意，即明知是伪造、变造的出入境证件仍提供给他人。

根据《刑法》第三百二十条的规定，犯本罪的，处五年以下有期徒刑，并处罚金；情节严重的，处五年以上有期徒刑，并处罚金。情节严重，是指提供伪造、变造的出入境证件5份以上的；非法收取费用30万元以上的；明知是国家规定的不准出入境的人员而为其提供上述证件的，等等。

【出售出入境证件罪】 是指以营利为目的，向他人出售护照、签证等出入境证件的行为。本罪侵犯的客体是国家对出入境证件的管理活动。犯罪对象是护照、签证等出入境证件。本罪的客观方面表现为向他人出售护照、签证等出入境证件的行为。出售的出入境证件必须是真实的。如果是出售伪造、变造的出入境证件，则不构成本罪，而应以提供伪造、变造的出入境证件罪定罪处罚。本罪的主体是一般主体。本罪的主观方面是故意，并且以营利为目的。

根据《刑法》第三百二十条的规定，犯本罪的，处五年以下有期徒刑，并处罚金；情节严重的，处五年以上有期徒刑，并处罚金。情节严重，是指出售出入境证件5份以上的；非法收取费用30万元以上的；明知是国家规定的不准出入境的人员而向其出售出入境证件的，等等。

【运送他人偷越国（边）境罪】 是指运送他人偷越国（边）境的行为。本罪侵犯的客体、犯罪主体以及犯罪的主观方面与组织他人偷越国（边）境罪相同。本罪在客观方面表现为运送他人偷越国（边）境的行为。运送的方式既可以是以交通工具载运，也可以是徒步带引。

根据《刑法》第三百二十一条的规定，犯本罪的，处五年以下有期徒刑、拘役或者管制，并处罚金；有下列情形之一的，处五年以上十年以下有期徒刑，并处罚金：（1）多次实施运送行为或者运送人数众多的；（2）所使用的船只、车辆等交通工具不具备必要的安全条件足以造成严重后果的；（3）违法所得数额巨大的；（4）有其他特别严重情节的。“人数众多”，是指10人以上；“违法所得数额巨大”，是指20万元以上。在运送他人偷越国（边）境中造成被运送人重伤、死亡或者以暴力、威胁方法抗拒检查的，处七年以上有期徒刑，并处罚金。犯本罪，对被运送人有杀害、伤害、强奸、拐卖等犯罪行为，或者对检查人员有杀害、伤害等犯罪行为的，依照数罪并罚的规定处罚。

【偷越国（边）境罪】 是指违反国（边）境管理法规，偷越国（边）境，情节严重的行为。本罪侵犯的客体是国家对国（边）境的正常管理秩序。本罪在客观方面表现为违反国（边）境管理法规，偷越国（边）境，情节严重的行为。首先，必须具有偷越国（边）境的行为。其次，偷越国（边）境的行为必须达到情节严重的程度。“情节严重”，是指在境外实施损害国家利益行为的；偷越国（边）境3次以上或者3人以上结伙偷越国（边）境的；拉拢、引诱他人一起偷越国（边）境的；勾结境外组织、人员偷越国（边）境的；因偷越国（边）境被行政处罚后1年内又偷越国（边）境的，等等。本罪的主体是一般主体。本罪在主观方面是故意，即明知自己没有取得合法出入国（边）境的资格和合法证件而实施偷渡行为。

根据《刑法》第三百二十二条的规定，犯本罪的，处一年以下有期徒刑、拘役或者管制，并处罚金；为参加恐怖活动组织、接受恐怖活动培训或者实施恐怖活动，偷越国（边）境的，处1年以上三年以下有期徒刑，并处罚金。

【破坏界碑、界桩罪】 是指故意破坏国家边境界碑、界桩的行为。本罪侵犯的客体是国家对边境界碑、界桩的正常管理活动。犯罪对象是边境界碑、界桩，包括永久性的和临时性的。本罪的客观方面表现为盗走、毁坏、移动等破坏界碑、界桩的行为。本罪的主体是一般主体。本罪的主观方面是故意。

根据《刑法》第三百二十三条的规定，犯本罪的，处三年以下有期徒刑或者拘役。

【破坏永久性测量标志罪】 是指故意破坏国家设置的永久性测量标志的行为。本罪侵犯的客体是国家对永久性测量标志的正常管理活动。犯罪对象是国家测量机关在全国各地所建造设置的永久性测量标志，包括木标、钢标、三角点中心标石、天文点和基线点的中心标石、水准标志、地形测量图的固定标志等。本罪的客观方面表现为拔除、移动、毁坏、掩埋等破坏永久性测量标志的行为。本罪的主体是一般主体。本罪的主观方面是故意，过失不构成本罪。

根据《刑法》第三百二十三条的规定，犯本罪的，处三年以下有期徒刑或者拘役。

【妨害文物管理罪】 是指违反国家文物保护法规，故意或过失损毁、非法倒卖、出售、赠送、盗掘珍贵文物、名胜古迹的行为。本罪侵犯的客体是国家的文物管理制度。文物管理制度，是指由国家有关文物管理法规形成的关于文物保护秩序。其内容包括：文物的保管、出售、赠送、开掘与转让等一系列法律规范。本罪的客观方面表现为违反国家文物保护法规，故意或过失损毁、非法倒卖、出售、赠送、盗掘珍贵文物、名胜古迹的行为。本罪的主体是一般主体。本罪的主观方面既可能是故意也可能是过失。根据《刑法》分则第六章第四节的规定，本罪是一个类罪，具体犯罪包括故意损毁文物罪，故意损毁名胜古迹罪，过失损毁文物罪，非法向外国人出售、赠送珍贵文物罪，倒卖文物罪，非法出售、私赠文物藏品罪，盗掘古文化遗址、古墓葬罪，盗掘古人类化石、古脊椎动物化石罪，抢夺、窃取国有档案罪，擅自出卖、转让国有档案罪。

【故意损毁文物罪】 是指故意损毁国家保护的珍贵文物或者被确定为全国重点文物保护单位、省级文物保护单位的文物的行为。本罪侵犯的客体是国家对珍贵文物的管理秩序。行为对象是国家保护的珍贵文物或者被确定为全国重点文物保护单位、省级文物保护单位的文物。根据《文物保护法》第二条的规定，文物是指具有历史、艺术、科学价值的遗址或者遗物：（1）具有历史、艺术、科学价值的古文化遗址、古墓葬、古建筑、石窟寺和石刻、壁画；（2）与重大历史事件、革命运动或者著名人物有关的以及具有重要纪念意义、教育意义或者史料价值的近代现代重要史迹、实物、代表性建筑；（3）历史上各时代珍贵的艺术品、工艺美术品；（4）历史上各时代重要的文献资料以及具有历史、艺术、科学价值的手稿和图书资料等；（5）反映历史上各时代、各民族社会制度、社会生产、社会生活的代表性实物。全国重点文物保护单位，是指国家行政管理部门在各级文物保护单位中，选择出来的具有重大历史、艺术、科学价值并报国务院核定公布的单位以及国家文化行政管理部门在各级文物保护单位中，直接指定出来并报国务院核定公布的单位；省级文物保护单位，指由省、自治区、直辖市人民政府核定并报国务院备案的文物单位。具有科学价值的古脊椎动物化石和古人类化石同文物一样受国家保护，也可以成为本罪规定的行为对象。本罪在客观上表现为故意损毁珍贵文物的行为。损毁包括损坏和毁灭。前者是指文物的价值遭到部分破坏，后者是指文物的价值遭到全部破坏，甚至不复存在。只要故意造成珍贵文物改变原状，以致丧失或降低了其历史、艺术、科学价值，就应认定为损毁。本罪的主体是已满 16 周岁且具有刑事责任能力的自然人。本罪在主观上是故意，即明知自己的行为会损毁珍贵文物，而希望或放任这种危害结果发生的心理态度。

根据《刑法》第三百二十四条第一款的规定，犯本罪的，处三年以下有期徒刑或者拘役，并处或者单处罚金；情节严重的，处三年以上十年以下有期徒刑，并处罚金。

【故意损毁名胜古迹罪】 是指故意损毁国家保护的名胜古迹，情节严重的行为。本罪侵犯的客体是国家对名胜古迹的保护管理秩序。犯罪对象是国家保护的名胜古迹，即受国家保护的名胜风景区和文物古迹区。本罪的客观方面表现为污损、捣毁、拆除、挖掘、爆炸、焚烧等损毁名胜古迹，情节严重的行为。根据《办理妨害文物管理等刑事案件司法解释》，风景名胜区的核心景区以及未被确定为全国重点文物保护单位、省级文物保护单位的古文化遗址、古墓葬、古建筑、石窟寺、石刻、壁画、近代现代重要史迹和代表性建筑等不可移动文物的本体，应当认定为国家保护的名胜古迹。本罪的主体是一般主体。本罪的主观方面只能是故意。

根据《刑法》第三百二十四条第二款的规定，犯本罪的，处五年以下有期徒刑或者拘役，并处或者单处罚金。

【过失损毁文物罪】 是指过失损毁国家保护的珍贵文物或者被确定为全国重点文物保护单位、省级文物保护单位的文物，造成严重后果的行为。本罪侵犯的客体和对象与故意损毁文物罪相同。本罪的客观方面的表现也基本一致，但构成本罪必须是造成严重后果的行为。这里所称的后果严重，是指具有下列情形之一的：（1）造成 5 件以上三级文物损毁的；（2）造成二级以上文物损毁的；（3）致使全国重点文物保护单位、省级文物保护单位的本体严重损毁或者灭失的。本罪的主体是一般主体。本罪的主观方面是过失。

根据《刑法》第三百二十四条第三款的规定，犯本罪的，处三年以下有期徒刑或者拘役。

【非法向外国人出售、赠送珍贵文物罪】

是指违反文物保护法规，将收藏的国家禁止出口的珍贵文物私自出售或者私自赠送给外国人的行为。本罪侵犯的客体是国家对珍贵文物的保护管理秩序。犯罪对象是国家禁止出口的珍贵文物。本罪的客观方面表现为违反文物保护法规，将收藏的国家禁止出口的珍贵文物私自出售或者私自赠送给外国人的行为。这里所说的外国人包括无国籍人。本罪的主体是一般主体，包括单位和个人。主观方面是故意。

根据《刑法》第三百二十五条的规定，犯本罪的，处五年以下有期徒刑或者拘役，可以并处罚金。单位犯本罪的，对单位判处罚金，并对其直接负责的主管人员和其他直接责任人员，依照上述规定处罚。

【倒卖文物罪】 是指以牟利为目的，倒卖国家禁止经营的文物，情节严重的行为。本罪侵犯的客体是国家对文物的保护管理活动。犯罪对象是国家禁止经营的文物。国家禁止经营的文物，是指受国家保护的并由国家文化行政管理部门核定公布的属于禁止经营的文物，既有珍贵文物，也有一般文物。本罪在客观方面表现为倒卖国家禁止经营的文物，情节严重的行为。倒卖，是指非法收购、贩运、出售和转手买卖等活动。包括两种情况：（1）无权从事文物经营活动的单位或个人倒卖上述文物；（2）经批准从事文物经营活动的单位超范围经营上述文物。构成本罪，应当是情节严重的行为。本罪的主体是一般主体，包括单位和个人。本罪在主观方面必须是直接故意，并且以牟利为目的。如果行为人非法收购国家禁止经营的文物的目的是自己收藏而不是出卖牟利，则不能构成本罪。

根据《刑法》第三百二十六条的规定，犯本罪的，处五年以下有期徒刑或者拘役，并处罚金；情节特别严重的，处五年以上十年以下有期徒刑，并处罚金。单位犯本罪的，对单位判处罚金，并对其直接负责的主管人员和其他直接责任人员，依照上述规定处罚。

【非法出售、私赠文物藏品罪】 是指国有博物馆、图书馆等单位违反文物保护法规，将国家保护的文物藏品出售或者私自送给非国有单位或者个人的行为。本罪侵犯的客体是国家对国有文物藏品的保护、管理活动。犯罪对象是国有文物藏品。本罪的客观方面表现为违反文物保护法规，将国家保护的文物藏品出售或者私自送给非国有单位或者个人的行为。国有博物馆、图书馆以及其他国有单位，违反文物保护法规，将收藏或者管理的国家保护的文物藏品出售或者私自送给非国有单位或者个人的，依照本罪追究刑事责任。本罪的主体是特殊主体，即只能是国有博物馆、图书馆等单位。本罪的主观方面是故意。

根据《刑法》第三百二十七条的规定，犯本罪的，对单位判处罚金，并对其直接负责的主管人员和其他直接责任人员，处三年以下有期徒刑或者拘役。

【盗掘古文化遗址、古墓葬罪】 是指盗掘具有历史、艺术、科学价值的古文化遗址、古墓葬的行为。本罪侵犯的客体是国家对古文化遗址、古墓葬的管理制度和国家对古文化遗址、古墓葬的所有权。本罪的对象是具有历史、文化、科学价值的古文化遗址、古墓葬。它一般是指清代和清代以前的具有历史、文化、科学价值的古文化遗址、古墓葬以及辛亥革命后与著名历史事件有关的名人墓葬、遗址和纪念地。古文化遗址，包括古窟、地下城、古建筑等；古墓葬，包括皇帝陵墓、革命烈士墓地等等。本罪在客观上表现为实施了盗掘具有历史、艺术、科学价值的古文化遗址、古墓葬的行为。盗掘，是指未经国家文化主管部门批准而私自挖掘。其行为方式有秘密的也有公开的，有单人实施也有集团犯罪。其方法和手段多种多样，如开挖、爆炸、拆毁等等。不论采取何种方式和手段，都不影响本罪的成立。盗掘行为本身具有严重的毁坏性，不论是否挖到文物都构成犯罪。本罪的主体是已满16周岁且具有刑事责任能力的自然人，单位不能构成本罪。本罪在主观上是故意，即明知是古文化遗址、古墓葬而故意盗掘。至于盗掘的目的，通常是为了非法占有古文化遗址、古墓葬中的文物，但并不以此为要件，无论出于何种目的、动机，均不影响本罪的成立。

根据《刑法》第三百二十八条第一款的规定，犯本罪的，处三年以上十年以下有期徒刑，并处罚金；情节较轻的，处三年以下有期徒刑、拘役或者管制，并处罚金；有下列情形之一的，处十年以上有期徒刑或者无期徒刑，并处罚金或者没收财产：（1）盗掘确定为全国重点文物保护单位和省级文物保护单位的古文化遗址、古墓葬的；（2）盗掘古文化遗址、古墓葬集团的首要分子；（3）多次盗掘古文化遗址、古墓葬的；（4）盗掘古文化遗址、古墓葬，并盗窃珍贵文物或者造成珍贵文物严重破坏的。

【盗掘古人类化石、古脊椎动物化石罪】

是指盗掘国家保护的具有科学价值的古人类化石和古脊椎动物化石的行为。本罪侵犯的客体是国家对古人类化石、古脊椎动物化石的保护管理秩序。犯罪对象是古人类化石、古脊椎动物化石。本罪的客观方面表现为盗掘国家保护的具有科学价值的古人类化石、古脊椎动物化石的行为。盗掘，是指未经批准私自挖掘。主观方面必须是故意。本罪的主体为一般主体。

根据《刑法》第三百二十八条第二款的规定，犯本罪的，处三年以上十年以下有期徒刑，并处罚金；情节较轻的，处三年以下有期徒刑、拘役或者管制，并处罚金；有下列情形之一的，处十年以上有期徒刑或者无期徒刑，并处罚金或者没收财产：（1）盗掘确定为全国重点文物保护单位和省级文物保护单位的古人类化石、古脊椎动物化石的；（2）盗掘古人类化石、古脊椎动物化石集团的首要分子；（3）多次盗掘古人类化石、古脊椎动物化石的；（4）盗掘并盗窃古人类化石、古脊椎动物化石或者造成古人类化石、古脊椎动物化石严重破坏的。

【抢夺、窃取国有档案罪】 是指抢夺、窃取国有档案的行为。本罪侵犯的客体是国家对国有档案的管理活动和所有权。犯罪对象是国家所有的档案。档案，是指过去和现在的国家机构、社会组织以及个人从事政治、军事、经济、科学、技术、文化、宗教活动直接形成的对国家和社会具有保存价值的各种文字、图表、声像等不同形式的历史纪录。客观方面表现为抢夺、窃取国有档案的行为。主观方面必须是故意。本罪的主体为一般主体。

根据《刑法》第三百二十九条第一款、第三款的规定，犯本罪的，处五年以下有期徒刑或者拘役。犯本罪，同时又构成其他犯罪的，依照处罚较重的罪定罪处罚。

【擅自出卖、转让国有档案罪】 是指违反档案法的规定，擅自出卖、转让国家所有的档案，情节严重的行为。本罪侵犯的客体和对象与抢夺、窃取国有档案罪相同。本罪在客观方面表现为违反档案法的规定，擅自出卖、转让国家所有的档案，情节严重的行为。本罪的主体是一般主体，通常是国有档案的经手、管理人员。主观方面是故意。

根据《刑法》第三百二十九条第二款、第三款的规定，犯本罪的，处三年以下有期徒刑或者拘役。犯本罪，同时又构成其他犯罪的，依照处罚较重的罪定罪处罚。

【危害公共卫生罪】 是指违反国家有关卫生管理的法律规定，从事危害国家进行卫生管理的行为，已经或者可能损害公众的健康，依照我国刑法应该追究刑事责任的行为。本罪侵犯的客体是公共卫生管理秩序和公众健康。本罪的客观方面表现为违反国家有关卫生管理的法律规定，从事危害国家进行卫生管理的行为。本罪主体既有一般主体也有特殊主体。本罪的主观方面既有故意也有过失。根据《刑法》分则第六章第五节的规定，本罪是一个类罪，具体犯罪包括妨害传染病防治罪，传染病菌种、毒种扩散罪，妨害国境卫生检疫罪，非法组织卖血罪，强迫卖血罪，非法采集、供应血液、制作、供应血液制品罪，采集、供应血液、制作、供应血液制品事故罪，医疗事故罪，非法行医罪，非法进行节育手术罪，妨害动植物防疫、检疫罪。

【妨害传染病防治罪】 是指违反传染病防治法的规定，引起甲类传染病以及依法确定采取甲类传染病预防、控制措施的传染病传播或者有传播严重危险的行为。本罪侵害的客体是国家关于传染病防治的管理秩序。行为对象是甲类传染病以及依法确定采取甲类传染病预防、控制措施的传染病。根据《传染病防治法》规定，传染病分为甲类、乙类与丙类，其中甲类传染病是指鼠疫与霍乱；但国务院可以根据具体情况，增加或者减少甲类传染病病种，并予以公布。本罪在客观上表现为违反传染病防治法的规定，实施了下列情形之一的行为，并引起了甲类传染病传播或者有传播的严重危险：（1）供水单位供应的饮用水不符合国家规定的卫生标准的；（2）拒绝按照卫生防疫机构提出的卫生要求，对传染病病原体污染的污水、污物、粪便进行消毒处理的；（3）准许或者纵容传染病病人、病原携带者和疑似传染病病人从事国务院卫生行政部门规定禁止从事的易使该传染病扩散的工作的；（4）出售、运输疫区中被传染病病原体污染或者可能被传染病病原体污染的物品，未进行消毒处理的；（5）拒绝执行县级以上人民政府，疾病预防控制机构依照传染病防治法提出的预防、控制措施的。本罪的主体是个人或单位，但前者只能是已满16周岁并且具有刑事责任能力的自然人。本罪在主观上是过失，即应当预见自己违反传染病防治法规定的行为会引起甲类传染病传播或有传播的严重危险，因为疏忽大意而没有预见，或者已经预见而轻信能够避免。但是，行为人实施违反传染病防治法规定的行为可能是故意的。

根据《刑法》第三百三十条的规定，犯本罪的，处三年以下有期徒刑或者拘役；后果特别严重的，处三年以上七年以下有期徒刑。单位犯本罪的，对单位判处罚金，并对其直接负责的主管人员和其他直接责任人员，依照上述规定处罚。

【传染病菌种、毒种扩散罪】 是指从事实验、保藏、携带、运输传染病菌种、毒种的人员，违反国务院卫生行政部门的有关规定，造成传染病菌种、毒种扩散，后果严重的行为。本罪侵犯的客体是国家对传染病菌种、毒种的管理活动。犯罪对象是传染病菌种、毒种。本罪的客观方面表现为违反国务院卫生行政部门的有关规定，造成传染病菌种、毒种扩散，后果严重的行为。本罪的主体是特殊主体，即只能是从事传染病菌种、毒种的实验、保藏、携带、运输工作的人员。主观方面是过失。

根据《刑法》第三百三十一条的规定，犯本罪的，处三年以下有期徒刑或者拘役；后果特别严重的，处三年以上七年以下有期徒刑。

【妨害国境卫生检疫罪】 是指违反国境卫生检疫规定，引起检疫传染病传播或者有传播严重危险的行为。本罪侵犯的客体是国家对国境卫生检疫的管理秩序。本罪的客观方面表现为违反国境卫生检疫规定，逃避对人身或物品的卫生检查，已经引起检疫传染病传播或者有传播严重危险的行为。检疫传染病，是指鼠疫、霍乱、黄热病、天花、艾滋病等。本罪的主体包括单位和个人。本罪的主观方面是故意，即明知应当接受国境卫生检疫而故意逃避或者拒绝。

根据《刑法》第三百三十二条的规定，犯本罪的，处三年以下有期徒刑或者拘役，并处或者单处罚金。单位犯本罪的，对单位判处罚金，并对其直接负责的主管人员和其他直接责任人员，依照上述规定处罚。

【非法组织卖血罪】 是指违反国家规定，组织他人出卖血液的行为。本罪侵犯的客体是国家的采供血管理秩序。本罪在客观方面表现为非法组织他人出卖血液的行为。非法，是指违反国家有关规定（如《献血法》《血液制品管理条例》《血站管理办法》），未经有关主管部门批准或者委托，擅自组织他人向依法从事血液采集工作的机构提供血液。如果是非法组织他人向非法采集血液者出卖血液，则不构成本罪，而应以非法采集、供应血液罪定罪处罚。组织他人出卖血液，是指策划、指挥、招募、联络、动员他人出卖血液的行为。这里的他人，指自愿出卖血液的人，如果不是出于自愿，而是组织者采取暴力、威胁等方法迫使其出卖血液的，不构成本罪，应以强迫卖血罪论处。本罪为行为犯，只要行为人有非法组织他人出卖血液的行为，即构成本罪。本罪的主体是一般主体。本罪在主观方面必须是故意。通常是以牟利为目的，但犯罪目的如何并不影响本罪的成立。

根据《刑法》第三百三十三条的规定，犯本罪的，处五年以下有期徒刑，并处罚金。

【强迫卖血罪】 是指以暴力、威胁方法强迫他人出卖血液的行为。本罪的主体是一般主体，包括单位和个人。本罪侵犯的客体是国家对血液的管理秩序和被强迫卖血者的人身权利。本罪的犯罪对象是他人。本罪的客观方面表现为以暴力、威胁方法强迫他人出卖血液的行为。他人是否被迫出卖了血液，不影响本罪的成立。本罪的主观方面是故意。

根据《刑法》第三百三十三条的规定，犯本罪的，处五年以上十年以下有期徒刑，并处罚金。犯本罪，对他人造成伤害的，依照故意伤害罪定罪处罚。

【非法采集、供应血液、制作、供应血液制品罪】 是指违反国家有关血液管理的法律法规，未经国家主管部门批准或者超过批准的业务范围，采集、供应血液或者制作、供应血液制品，不符合国家规定的标准，足以危害人体健康的行为。本罪侵犯的客体是国家对血液及其制品的管理秩序和不特定多数人的生命健康权利。犯罪对象是血液与血液制品。血液，是指全血、成分血和特殊血液成分。血液制品，是指各种人血浆蛋白制品。本罪的客观方面表现为非法采集、供应血液或者制作、供应血液制品，不符合国家规定的标准，足以危害人体健康的行为。不符合国家规定的标准，足以危害人体健康，是指采集、供应的血液含有艾滋病病毒、乙型肝炎病毒、丙型肝炎病毒、梅毒螺旋体等病原微生物的；制作、供应的血液制品含有艾滋病病毒、乙型肝炎病毒、丙型肝炎病毒、梅毒螺旋体等病原微生物，或者将含有上述病原微生物的血液用于制作血液制品的；使用不符合国家规定的药品、诊断试剂、卫生器材，或者重复使用一次性采血器材采集血液，造成传染病传播危险的；违反规定对献血者、供血浆者超量、频繁采集血液、血浆，足以危害人体健康的，等等。本罪为危险犯。本罪主体是一般主体，单位不能构成本罪的主体。本罪的主观方面是故意。

根据《刑法》第三百三十四条第一款规定，犯本罪的，处五年以下有期徒刑或者拘役，并处罚金；对人体健康造成严重危害的，处五年以上十年以下有期徒刑，并处罚金；造成特别严重后果的，处十年以上有期徒刑或者无期徒刑，并处罚金或者没收财产。

【采集、供应血液、制作、供应血液制品事故罪】 是指经国家主管部门批准采集、供应血液或者制作、供应血液制品的部门，不依照规定进行检测或者违背其他操作规定，造成危害他人身体健康后果的行为。本罪侵犯的客体是国家对血液及其制品的管理秩序和不特定人员的生命健康权利。犯罪对象是血液及其制品。本罪的客观方面表现为在采集、供应血液或者制作、供应血液制品过程中，不依照规定进行检测或者违背其他操作规定，造成危害他人身体健康的后果的行为。本罪为结果犯，即行为人的违规行为造成了危害他人身体健康的后果才构成本罪。造成危害他人身体健康后果，是指造成献血者、供血浆者、受血者感染艾滋病病毒、乙型肝炎病毒、丙型肝炎病毒、梅毒螺旋体或者其他经血液传播的病原微生物的；造成献血者、供血浆者、受血者重度贫血、造血功能障碍或者其他器官组织损伤导致功能障碍等身体严重危害的，等等。本罪的主体是特殊主体，即只能是经国家主管部门批准的采集、供应血液或者制作、供应血液制品的部门（单位），如血液中心、中心血站、中心血库、脐带血造血干细胞库、单采血浆站等。主观方面只能是过失。

根据《刑法》第三百三十四条第二款的规定，犯本罪的，对单位判处罚金，并对其直接负责的主管人员和其他直接责任人员，处五年以下有期徒刑或者拘役。

【非法采集人类遗传资源、走私人类遗传资源材料罪】 指违反国家有关规定，非法采集我国人类遗传资源或者非法运送、邮寄、携带我国人类遗传资源材料出境，危害公众健康或者社会公共利益，情节严重的犯罪。本罪侵犯的客体是对我国人类遗传资源的管理制度。人类遗传资源是关于人类整体生物特征，关系到健康、疾病等信息，关系到社会公众的健康权益。客观方面表现为违反《生物安全法》《人类遗传资源管理条例》《人类遗传资源管理暂行办法》等国家有关规定，未经国家有关部门批准或者未按照法定条件、法定程序，采集我国人类遗传资源以及运送、邮寄、携带我国人类遗传资源材料出境，危害公众健康或者社会公共利益，情节严重的行为。犯罪主体为一般主体，年满16周岁的自然人。犯罪主观方面为故意。

根据《刑法》第三百三十四条之一的规定，犯本罪的，处三年以下有期徒刑、拘役或者管制，并处或者单处罚金；情节特别严重的，处三年以上七年以下有期徒刑，并处罚金。

【医疗事故罪】 是指医务人员在诊疗护理工作中由于严重不负责任，造成就诊人死亡或者严重损害就诊人身体健康的行为。本罪侵犯的客体是国家对医疗工作的管理秩序和就诊人的生命和健康权利。医疗单位的职责是治病救人，维护患者的健康和生命安全，国家为了保障医疗单位的正常工作秩序，制定了一系列法律法规和规章制度，对医疗工作实施严格的管理。患者到医疗单位就诊，有权获得与病情相适应的良好诊疗和护理服务。医务人员在诊疗护理工作中严重不负责任，造成医疗事故，不仅侵犯了医疗单位的正常工作秩序，同时还侵犯了就诊人的生命和健康权利。关于本罪在客观上表现。首先，医务人员在医疗护理工作中实施了严重不负责任的行为。严重不负责任，是指医务人员在诊疗护理过程中，违反诊疗护理规章制度和技术操作规程，不履行或者不正确履行诊疗护理职责，粗心大意，马虎草率。行为既可以是作为，也可以是不作为，前者如护理人员打错针、发错药，后者如值班医生擅离职守。其次，必须造成了就诊人死亡或者严重损害就诊人身体健康的危害后果。行为造成就诊人死亡或者严重损害就诊人身体健康的，才成立本罪。《医疗事故处理条例》第二条规定，医疗事故是指医疗机构及其医务人员在医疗活动中，违反医疗卫生管理法律、行政法规、部门规章和诊疗护理规范、常规，过失造成患者人身损害的事故。对严重损害就诊人身体健康的认定，可以参照这一规定。此外，对于在胸腔、腹腔、盆腔、颅内遗留纱布、器械等异物的，开错手术部位，造成较大创伤的，或者造成严重毁容以及其他严重后果的，可认定为医疗事故。但反应轻微，或体内遗留的异物微小，不需再行手术，或异物被及时发现、取出，无明显不良后果者，不能认定为医疗事故。应当注意的是，行为人严重不负责任的行为与特定危害结果之间，必须存在因果关系。如果病人死亡或身体严重受损的后果不是由医务人员的严重不负责任行为所导致的，不能认为是犯罪。本罪的主体是特殊主体即医务人员。医务人员，是指经过卫生行政机关批准、承认，或者经过各级机构、医药院校培养训练经考核合格，取得相应资格并从事医疗实践工作的各级各类医务人员，包括医疗人员、防疫人员、药剂人员、护理人员、医疗管理人员、医疗工程技术人员、医疗后勤服务人员以及其他医疗技术人员。本罪在主观上是过失。

根据《刑法》第三百三十五条的规定，犯本罪的，处三年以下有期徒刑或者拘役。

【非法行医罪】 是指未取得医生执业资格的人非法行医，情节严重的行为。本罪侵犯的客体是国家对医疗工作的管理秩序和就诊人的生命健康权利。犯罪对象是不特定的人。客观方面表现为未经国家有关主管部门批准或者许可擅自从事医疗活动，情节严重的行为。2016 年修正的《审理非法行医刑事案件司法解释》第一条规定："具有下列情形之一的，应认定为刑法第三百三十六条第一款规定的'未取得医生执业资格的人非法行医'：（一）未取得或者以非法手段取得医师资格从事医疗活动的；（二）被依法吊销医师执业证书期间从事医疗活动的；（三）未取得乡村医生执业证书，从事乡村医疗活动的；（四）家庭接生员实施家庭接生以外的医疗行为的。”情节严重，是指造成就诊人轻度残疾、器官组织损伤导致一般功能障碍的；造成甲类传染病传播、流行或者有传播、流行危险的；使用假药、劣药或不符合国家规定标准的卫生材料、医疗器械，足以严重危害人体健康的；非法行医被卫生行政部门行政处罚两次以后，再次非法行医的，等等。本罪主体只能是未取得医生执业资格的人员，包括未取得或者以非法手段取得医师资格从事医疗活动的，个人未取得《医疗机构执业许可证》开办医疗机构的，被依法吊销医师执业证书期间从事医疗活动的，未取得乡村医生执业证书，从事乡村医疗活动的，家庭接生员实施家庭接生以外的医疗行为的。主观方面是故意。

根据《刑法》第三百三十六条第一款的规定，犯本罪的，处三年以下有期徒刑、拘役或者管制，并处或者单处罚金；严重损害就诊人身体健康的，处三年以上十年以下有期徒刑，并处罚金；造成就诊人死亡的，处十年以上有期徒刑，并处罚金。

【非法进行节育手术罪】 是指未取得医生执业资格的人擅自为他人实施计划生育节育手术，情节严重的行为。本罪侵犯的客体是国家对计划生育工作的正常管理秩序和就诊人的身体健康权利。行为指向的对象是接受计划生育手术的男女公民。客观方面表现为未得到有关主管部门的授权或者委派，非法为他人实施节育复通手术、假节育手术、终止妊娠手术或者摘取宫内节育器，情节严重的行为。本罪的主体是一般主体，但不包括已取得医生执业资格的人员。主观方面是故意。

根据《刑法》第三百三十六条第二款的规定，犯本罪的，处三年以下有期徒刑、拘役或者管制，并处或者单处罚金，严重损害就诊人身体健康的，处三年以上十年以下有期徒刑，并处罚金；造成就诊人死亡的处十年以上有期徒刑，并处罚金。

【非法植入基因编辑、克隆胚胎罪】 是指将基因编辑、克隆的人类胚胎植入人体或者动物体内，或者将基因编辑、克隆的动物胚胎植入人体内，情节严重的犯罪。本罪侵犯的客体是关于基因编辑、克隆技术的管理秩序。客观方面表现为实施以下两类行为，情节严重的：一是将基因编辑、克隆的人类胚胎植入人体或者动物体内；二是将基因编辑、克隆的动物胚胎植入人体内。两类行为要求必须是已经“植入”，如果是前期的准备工作未植入的，不构成本罪。犯罪主体是一般主体，年满16周岁的自然人，一般是具备一定的专业知识和技能的人员。犯罪主观方面是故意。

根据《刑法》第三百三十六条之一的规定，犯本罪的，处三年以下有期徒刑或者拘役，并处罚金；情节特别严重的，处三年以上七年以下有期徒刑，并处罚金。

【妨害动植物防疫、检疫罪】 是指违反有关动植物防疫、检疫的国家规定，引起重大动植物疫情，或者有引起重大动植物疫情危险，情节严重的行为。本罪侵犯的客体是国家动植物防疫、检疫工作管理秩序。客观方面表现为违反有关动植物防疫、检疫的国家规定，引起重大动植物疫情，或者有引起重大动植物疫情危险，情节严重的行为。动植物疫情，是指引起动物疫病的爆发或流行，或者引起植物危险性病虫害的滋生、传播和蔓延的情况。本罪的主体包括单位和个人。主观方面只能是故意。

根据《刑法》第三百三十七条的规定，犯本罪的，处三年以下有期徒刑或者拘役，并处或者单处罚金。单位犯本罪的，对单位判处罚金，并对其直接负责的主管人员和其他直接责任人员，依照上述规定处罚。

【破坏环境资源保护罪】 是指个人或单位故意违反环境保护法律，污染或破坏环境资源，造成或可能造成公私财产重大损失或人身伤亡的严重后果，触犯刑法并应受刑事惩罚的行为。本罪侵犯的客体是环境资源保护秩序和环境资源利益。本罪的客观方面表现为违反环境保护法律，污染或破坏环境资源，造成或可能造成公私财产重大损失或人身伤亡的严重后果的行为。本罪的主体是一般主体。本罪的主观方面均为故意。本罪是一个类罪，具体犯罪包括污染环境罪，非法处置进口的固体废物罪，擅自进口固体废物罪，非法捕捞水产品罪，危害珍贵、濒危野生动物罪，非法收购、运输、出售珍贵、濒危野生动物、珍贵、濒危野生动物制品罪，非法狩猎罪，非法猎捕、收购、运输、出售陆生野生动物罪，非法占用农用地罪，破坏自然保护地罪，非法采矿罪，破坏性采矿罪，危害国家重点保护植物罪，非法采伐、毁坏国家重点保护植物罪，非法收购、运输、加工、出售国家重点保护植物、国家重点保护植物制品罪，非法引进、释放、丢弃外来入侵物种罪，盗伐林木罪，滥伐林木罪，非法收购、运输盗伐、滥伐林木罪。

【污染环境罪】 是指违反国家规定，排放、倾倒或者处置有放射性的废物、含传染病病原体的废物、有毒物质或者其他有害物质，严重污染环境的行为。本罪侵犯的客体，是国家对环境保护与污染防治的正常管理秩序。本罪在客观方面表现为违反国家规定，排放、倾倒或者处置有放射性的废物、含传染病病原体的废物、有毒物质或者其他有害物质，严重污染环境的行为。违反国家规定，是指违反国家有关环境保护和污染防治方面的法律、行政法规以及有关环境保护的标准等，如《环境保护法》《大气污染防治法》《水污染防治法》《固体废物污染环境防治法》等等。这是构成本罪的前提条件，即违法性的体现。本罪行为指向的对象是有放射性的废物、含传染病病原体的废物、有毒物质或者其他有害物质。根据有关规定，下列物质应当认定为有毒物质：（1）危险废物，包括列入国家危险废物名录的废物，以及根据国家规定的危险废物鉴别标准和鉴别方法认定的具有危险特性的废物；（2）剧毒化学品、列入重点环境管理危险化学品名录的化学品，以及含有上述化学品的物质；（3）含有铅、汞、镉、铬等重金属的物质；（4）《关于持久性有机污染物的斯德哥尔摩公约》附件所列物质；（5）其他具有毒性，可能污染环境的物质。本罪的行为方式包括三种，即排放、倾倒或者处置。排放，是指通过渗井、沟渠、管道、烟囱等途径将上述有害物质中的液态、气态物质排入土地、水体或者大气之中；倾倒，是指利用运载工具将上述有害物质中的固态物质运送至某处倾倒、堆放，弃置于土地、水体之中；处置，是指以不符合环境保护要求的物理、化学方法对上述有害物质进行处理。本罪为结果犯，严重污染环境是本罪的必备构成要件。只有行为人以上述三种行为方式或其中之一处理上述有害物质，造成了严重污染环境的后果，才构成本罪。没有造成严重污染环境的后果的，不以犯罪论处。本罪的主体是一般主体，包括单位和个人。本罪在主观方面是故意。

根据《刑法》第三百三十八条、第三百四十六条的规定，犯本罪的，处三年以下有期徒刑或者拘役，并处或者单处罚金；情节严重的，处三年以上七年以下有期徒刑，并处罚金。有下列情形之一的，处七年以上有期徒刑，并处罚金：（1）在饮用水水源保护区、自然保护地核心保护区等依法确定的重点保护区域排放、倾倒、处置有放射性的废物、含传染病病原体的废物、有毒物质，情节特别严重的；（2）向国家确定的重要江河、湖泊水域排放、倾倒、处置有放射性的废物、含传染病病原体的废物、有毒物质，情节特别严重的；（3）致使大量永久基本农田基本功能丧失或者遭受永久性破坏的；（4）致使多人重伤、严重疾病，或者致人严重残疾死亡的。单位犯本罪的，对单位判处罚金，并对其直接负责的主管人员和其他直接责任人员，依照上述规定处罚。

【非法处置进口的固体废物罪】 是指违反国家规定，将境外的固体废物进境倾倒、堆放、处置的行为。本罪侵犯的客体是国家对固体废物污染防治的管理秩序。固体废物，俗称“洋垃圾”，是指在生产建设、日常生活和其他活动中产生的污染环境的固态、半固态废弃物质。本罪在客观方面表现为违反国家规定，将境外的固体废物进境倾倒、堆放、处置的行为。本罪为行为犯。本罪的主体是一般主体，包括单位和个人。本罪的主观方面是故意。

根据《刑法》第三百三十九条第一款、第三百四十六条的规定，犯本罪的，处五年以下有期徒刑或者拘役，并处罚金；造成重大环境污染事故，致使公私财产遭受重大损失或者严重危害人体健康的，处五年以上十年以下有期徒刑，并处罚金；后果特别严重的，处十年以上有期徒刑，并处罚金。单位犯本罪的，对单位判处罚金，并对其直接负责的主管人员和其他直接责任人员，依照上述规定处罚。

【擅自进口固体废物罪】 是指未经国务院有关主管部门许可，擅自进口固体废物用作原料，造成重大环境污染事故，致使公私财产遭受重大损失或者严重危害人体健康的行为。本罪侵犯的客体是国家对固体废物污染防治的管理秩序。这里的固体废物是指国家限制进口的可以用作原料的固体废物。以原料利用为名，进口不能用作原料的、国家禁止进口的固体废物的，则不构成本罪，而应依照走私废物罪定罪处罚。本罪在客观方面表现为未经国务院有关主管部门许可，擅自进口固体废物用作原料，造成重大环境污染事故，致使公私财产遭受重大损失或者严重危害人体健康的行为。本罪为结果犯。对于致使公私财产遭受重大损失或者严重危害人体健康的认定，可参看污染环境罪中“严重污染环境”的第六项至第十三项的情形。本罪的主体包括单位和个人。本罪的主观方面只能是过失。

根据《刑法》第三百三十九条第二款、第三百四十六条的规定，犯本罪的，处五年以下有期徒刑或者拘役，并处罚金；后果特别严重的，处五年以上十年以下有期徒刑，并处罚金。单位犯本罪的，对单位判处罚金，并对其直接负责的主管人员和其他直接责任人员，依照上述规定处罚。

【非法捕捞水产品罪】　是指违反水产资源保护法规，在禁渔区、禁渔期或者使用禁用的工具、方法捕捞水产品，情节严重的行为。本罪侵犯的客体是国家对水产资源的保护和管理秩序。犯罪对象是自然生长繁殖的除珍贵、濒危水生野生动物以外的水产资源，如鱼、虾、贝类等水产品。本罪在客观方面表现为违反水产资源保护法规，在禁渔区、禁渔期或者使用禁用的工具、方法捕捞水产品，情节严重的行为。禁渔区，是指对某些重要鱼、虾、贝类的产卵场、越冬场和幼体索饵场，划定禁止全部作业或者限制作业的区域；禁渔期，是指根据某些重要鱼、虾、贝类幼体出现的不同时期，规定禁止全部作业或限制作业的一定期限；禁用的工具，是指超过国家按照不同捕捞对象分别规定的最小网目尺寸的渔具等；禁用的方法，是指严重损害水产资源正常繁殖、生长的方法，如爆炸、投毒、电击等。只要违反上述禁令之一进行捕捞，情节严重的，即可构成本罪。本罪的主体包括单位和个人。本罪主观方面必须出于故意。

根据《刑法》第三百四十条、第三百四十六条的规定，犯本罪的，处三年以下有期徒刑、拘役、管制或者罚金。单位犯本罪的，对单位判处罚金，并对其直接负责的主管人员和其他直接责任人员，依照上述规定处罚。

【危害珍贵、濒危野生动物罪】　是指违反野生动物保护法规，猎捕、杀害国家重点保护的珍贵、濒危野生动物的行为。本罪侵犯的客体是国家对珍贵、濒危野生动物资源的保护管理秩序。本罪侵犯的对象是国家重点保护的珍贵、濒危野生动物。这里的珍贵、濒危野生动物，包括列入国家重点保护野生动物名录的国家一、二级保护野生动物和列入《濒危野生动植物种国际贸易公约》附录一、附录二的野生动物以及驯养繁殖的上述物种。根据《野生动物保护法》的规定，一级保护野生动物，是指中国特产稀有或者濒于灭绝的野生动物，如大熊猫、金丝猴等；二级保护野生动物，是指数量稀少或者分布地域狭窄，若不采取保护措施将有灭绝危险的野生动物，如猕猴等。这里的野生动物包括陆生野生动物和水生野生动物。因此，非法捕杀珍贵、濒危水生野生动物（如中华鲟）的，应按本罪惩处，而不应以非法捕捞水产品罪论处。本罪在客观方面表现为违反野生动物保护法规，猎捕、杀害珍贵、濒危野生动物的行为。违反野生动物保护法规，是指违反《野生动物保护法》等有关法律法规，这是构成本罪的必要前提。因科学研究、驯养繁殖、展览或者其他特殊情况，需要捕捉、捕捞国家重点保护的野生动物的，必须依法向国家或省、自治区、直辖市野生动物行政主管部门申请特许猎捕证，并根据猎捕证规定的种类、数量、地点、方法和期限进行猎捕。凡未取得特许猎捕证或者违反特许猎捕证有关规定而进行猎捕的，即可构成本罪。猎捕，是指狩猎、捕捉、捕捞珍贵、濒危野生动物。杀害，是指猎杀、残害珍贵、濒危野生动物。实施上述行为之一的，就构成本罪。本罪的主体是一般主体，包括单位和个人。本罪在主观方面必须出于故意，即明知是国家重点保护的珍贵、濒危野生动物而故意捕杀。过失不构成本罪。

根据《刑法》第三百四十一条第一款、第三百四十六条的规定，犯本罪的，处五年以下有期徒刑或者拘役，并处罚金；情节严重的，处五年以上十年以下有期徒刑，并处罚金；情节特别严重的，处十年以上有期徒刑，并处罚金或者没收财产。单位犯本罪的，对单位判处罚金，并对其直接负责的主管人员和其他直接责任人员，依照上述规定处罚。

【非法狩猎罪】 是指违反狩猎法规，在禁猎区、禁猎期或者使用禁用的工具、方法进行狩猎，破坏野生动物资源，情节严重的行为。本罪侵犯的客体是国家对野生动物资源的保护管理秩序。侵犯的对象是非国家重点保护的陆生野生动物。本罪在客观方面表现为违反狩猎法规，在禁猎区、禁猎期或者使用禁用的工具、方法进行狩猎，破坏野生动物资源，情节严重的行为。禁猎区，是指国家对适宜野生动物栖息繁殖或者资源比较贫乏、破坏比较严重的地区，以及为保护自然环境而划定禁止狩猎的区域，如自然保护区、名胜古迹风景区等。禁猎期，是指根据不同野生动物的繁殖及肉食、皮毛成熟的季节所分别规定的禁止狩猎的期间。禁用的工具，是指足以破坏野生动物资源，危害人畜安全的工具，如地弓、地枪等。禁用的方法，是指禁止使用的损害野生动物正常繁殖、生长的方法，如烟熏、火攻、投毒、爆炸等。只要违反上述禁令之一进行狩猎，情节严重的，即可构成非法狩猎罪。使用爆炸、投毒、设置电网等危险方法破坏野生动物资源，构成非法狩猎罪，同时构成相应的危害公共安全罪的，依照处罚较重的规定定罪处罚。实施非法狩猎犯罪，又以暴力、威胁方法抗拒查处，构成其他犯罪的，依照数罪并罚的规定处罚。本罪的主体包括单位和个人。本罪在主观方面必须出于故意。

根据《刑法》第三百四十一条第二款、第三百四十六条的规定，犯本罪的，处三年以下有期徒刑、拘役、管制或者罚金。单位犯本罪的，对单位判处罚金，并对其直接负责的主管人员和其他直接责任人员，依照上述规定处罚。

【非法猎捕、收购、运输、出售陆生野生动物罪】 是指违反野生动物保护管理法规，以食用为目的非法猎捕、收购、运输、出售国家重点保护的珍贵、濒危野生动物以外的在野外环境自然生长繁殖的陆生野生动物，情节严重的行为。本罪侵犯的客体是国家对陆生野生动物资源的管理制度和公共卫生安全。客观方面表现为违反《全面禁止非法野生动物交易、革除滥食野生动物陋习、切实保障人民群众生命健康安全决定》《野生动物保护法》及其实施条例等野生动物保护管理法规，非法猎捕、收购、运输、出售国家重点保护的珍贵、濒危野生动物以外的在野外环境自然生长繁殖的陆生野生动物，情节严重的行为。本罪行为对象必须是在野外环境自然生长繁殖的，不属于国家重点保护的珍贵、濒危野生动物且是陆生野生动物，不包括驯养、人工繁殖的动物、家禽和水生野生动物。犯罪主体为一般主体，既可以是自然人，也可以是单位。本罪主观方面是故意，并要求以食用为犯罪目的，不以食用为目的的制衣、制作标本等，不构成本罪。

根据《刑法》第三百四十一条第三款规定，犯本罪的，处三年以下有期徒刑、拘役、管制或者罚金。

【非法占用农用地罪】 是指违反土地管理法规，非法占用耕地、林地等农用地，改变被占用土地用途，数量较大，造成耕地、林地等农用地大量毁坏的行为。本罪侵犯的客体是国家的土地管理秩序。犯罪对象是耕地、林地等农用地。本罪在客观方面表现为违反土地管理法规，非法占用耕地、林地等农用地，改变被占用土地用途，数量较大，造成耕地、林地等农用地大量毁坏的行为。本罪的行为表现形式包括以下三个方面：（1）违反土地管理法规，非法占用耕地、林地等农用地。违反土地管理法规，是指违反《土地管理法》《森林法》《草原法》等法律以及有关行政法规中关于土地管理的规定。违反土地管理法规是构成本罪的前提。（2）非法占用耕地、林地等农用地，改变被占用土地用途。这是本罪行为构成犯罪的必备要件。改变被占用土地用途，是指在非法占用的耕地、林地等农用地上建窑、建坟、建房、挖沙、采石、采矿、取土、堆放或者排放废弃物，或者进行其他非农业、非林业生产、建设。（3）非法占用农用地数量较大，造成耕地、林地等农用地大量毁坏。这是构成本罪必须具备的危害结果。一方面是非法占用农用地数量较大，另一方面是造成了耕地、林地等农用地的大量毁坏。如果行为人非法占用农用地数量不大或者虽然非法占用农用地数量较大但并未造成其大量毁坏的，则不构成本罪。本罪的主体是一般主体，包括单位和个人。本罪在主观方面必须出于故意，即行为人明知违反土地管理法规，明知是耕地、林地等农用地，而故意非法占用并改变被占用土地用途。至于基于何种动机并不影响本罪的成立。

根据《刑法》第三百四十二条、第三百四十六条的规定，犯本罪的，处五年以下有期徒刑或者拘役，并处或者单处罚金。单位犯本罪的，对单位判处罚金，并对其直接负责的主管人员和其他直接责任人员，依照上述规定处罚。

【破坏自然保护地罪】 是指违反自然保护地管理法规，在国家公园、国家级自然保护区进行开垦、开发活动或者修建建筑物，造成严重后果或者有其他恶劣情节的犯罪。本罪侵犯的客体是国家对自然保护地的管理秩序。本罪保护对象是国家公园和国家级自然保护区。依照中共中央办公厅、国务院办公厅《建立国家公园体制总体方案》（2017 年 9 月 26 日）规定，国家公园是指由国家批准设立并主导管理，边界清晰，以保护具有国家代表性的大面积自然生态系统为主要目的，实现自然资源科学保护和合理利用的特定陆地或海洋区域。《自然保护区条例》第二条规定，自然保护区是指对有代表性的自然生态系统、珍稀濒危野生动植物物种的天然集中分布区、有特殊意义的自然遗迹等保护对象所在的陆地、陆地水体或者海域，依法划出一定面积予以特殊保护和管理的区域。客观方面表现为违反自然保护地管理法规，在国家公园、国家级自然保护区进行开垦、开发活动或者修建建筑物，造成严重后果或者有其他恶劣情节的行为。具体而言，开垦表现为改变原土地生态状态后变为农田进行农业生产，种植粮食作物、经济作物、林木、放牧等行为；进行开发活动可能是进行生产经营活动，也可能是科学研究、科学试验等活动；修建建筑物，主要是建造进行生产、生活、经营或者其他活动的房屋或者场所。犯罪主体为一般主体，既可以是自然人，也可以是单位。本罪主观方面是故意。

根据《刑法》第三百四十二条之一规定，犯本罪的，处五年以下有期徒刑或者拘役，并处或者单处罚金；同时构成其他犯罪的，依照处罚较重的规定定罪处罚。

【非法采矿罪】 是指违反矿产资源法的规定，未取得采矿许可证擅自采矿，或者擅自进入国家规划矿区、对国民经济具有重要价值的矿区和他人矿区范围采矿，或者擅自开采国家规定实行保护性开采的特定矿种，情节严重的行为。本罪侵犯的客体是国家对矿产资源的保护和管理秩序。犯罪对象是矿产资源。客观方面表现为违反矿产资源法的规定，非法采矿，情节严重的行为。本罪的行为方式有三种：一是未取得采矿许可证擅自采矿；二是擅自进入国家规划矿区、对国民经济具有重要价值的矿区或者他人矿区范围采矿；三是擅自开采国家规定实行保护性开采的特定矿种。行为人具有上述三种行为之一，情节严重的，即构成本罪。本罪的主体包括单位和个人。主观方面是故意。

根据《刑法》第三百四十三条第一款、第三百四十六条的规定，犯本罪的，处三年以下有期徒刑、拘役或者管制，并处或者单处罚金；情节特别严重的，处三年以上七年以下有期徒刑，并处罚金。单位犯本罪的，对单位判处罚金，并对其直接负责的主管人员和其他直接责任人员，依照上述规定处罚。

【破坏性采矿罪】 是指违反矿产资源法的规定，采取破坏性的开采方法开采矿产资源，造成矿产资源严重破坏的行为。本罪侵犯的客体是国家对矿产资源的保护和管理秩序。犯罪对象是矿产资源。本罪的客观方面表现为违反矿产资源法的规定，采取破坏性的开采方法开采矿产资源，造成矿产资源严重破坏的行为。破坏性开采，是指违反矿产资源法及有关规定确定的开采规程和标准，乱采滥挖，采富弃贫，采易弃难，破坏共生矿、伴生矿资源的行为。本罪的主体包括单位和个人。主观方面是故意。

根据《刑法》第三百四十三条第二款、第三百四十六条的规定，犯本罪的，处五年以下有期徒刑或者拘役，并处罚金。单位犯本罪的，对单位判处罚金，并对其直接负责的主管人员和其他直接责任人员，依照上述规定处罚。

【危害国家重点保护植物罪】 是指违反国家规定，非法采伐、毁坏珍贵树木或者其他国家重点保护的植物的行为。本罪侵犯的客体是国家对珍贵树木以及其他国家重点保护植物的保护和管理秩序。侵犯的对象是珍贵树木或者其他国家重点保护的植物。珍贵树木，是指由省级以上林业主管部门或者其他部门确定的具有重大历史纪念意义、科学研究价值或者年代久远的古树名木，国家禁止、限制出口的珍贵树木以及列入国家重点保护野生植物名录的树木。其他植物，是指国家重点保护野生植物名录中除珍贵树木之外的其他具有重要经济和文化科学研究价值的珍贵植物。本罪的客观方面表现为违反国家规定，非法采伐、毁坏珍贵树木或者其他国家重点保护的植物的行为。国家规定，是指保护和管理珍贵树木和其他国家重点保护植物的法律、法规、规章，如《森林法》《草原法》《野生植物保护条例》《国家重点保护野生植物名录》等。本罪为行为犯，只要行为人实施了非法采伐、毁坏珍贵树木或者其他国家重点保护的植物的行为，即构成本罪。本罪的主体包括单位和个人。本罪的主观方面是故意。

根据《刑法》第三百四十四条、第

三百四十六条的规定，犯本罪的，处三年以下有期徒刑、拘役或者管制，并处罚金；情节严重的，处三年以上七年以下有期徒刑，并处罚金。单位犯本罪的，对单位判处罚金，并对其直接负责的主管人员和其他直接责任人员，依照上述规定处罚。

【非法引进、释放、丢弃外来入侵物种罪】 是指违反国家规定，非法引进、释放或者丢弃外来入侵物种，情节严重的犯罪。本罪侵犯的客体是生物多样性和生态安全。客观方面表现为违反《生物安全法》《环境保护法》《野生动物保护法》《陆生野生动物保护实施条例》等国家规定中关于外来入侵物种的相关内容，非法引进、释放或者丢弃外来入侵物种，情节严重的行为。对于外来入侵物种既可能是植物，也可能是动物，还可能是动物、植物的繁殖材料如种子、卵等，外来入侵物种具体种类依照《生物安全法》规定的名录认定。犯罪主体为一般主体，既可以是自然人，也可以是单位。主观方面表现为故意，对于过失行为，如在进口的木材等物品中无意夹带进来的外来入侵物种的，不应认定为本罪。

根据《刑法》第三百四十四条之一的规定，构成非法引进、释放、丢弃外来入侵物种罪的，处三年以下有期徒刑或者拘役，并处或者单处罚金。

【盗伐林木罪】 是指以非法占有为目的，擅自砍伐国家、集体、他人所有的森林或者其他林木，数量较大的行为。本罪侵犯的客体是复杂客体，即国家对林木资源的管理秩序和国家、集体或者他人对林木资源的所有权。本罪侵犯的对象是国家、集体、他人所有的森林或者其他林木，包括他人或者本单位、本人承包经营管理的森林或者其他林木。国家、集体、他人所有并已经伐倒的树木以及他人在房前屋后、自留地种植的零星树木，不是本罪的犯罪对象，将其窃为己有，数额较大的，应当依照盗窃罪定罪处罚。本单位或者本人所有的森林或者其他林木也不是本罪对象，擅自砍伐且数量较大的，可以构成滥伐林木罪，但不能构成本罪。本罪在客观方面表现为盗伐森林或者其他林木，数量较大的行为。盗伐，是指未经林木所有权人同意、未依法取得林木采伐许可证而擅自砍伐国家、集体、他人所有的森林或者其他林木的行为。根据《审理破坏森林资源刑事案件司法解释》第三条的规定，在采伐许可证规定的地点以外采伐国家、集体或者他人所有的林木的，也属于盗伐行为。擅自砍伐的行为通常是秘密进行，但并不以此为限，有些情况下也表现为公然砍伐。盗伐森林或者其他林木，数量较大的，才能构成犯罪。本罪的主体是一般主体，包括单位和个人。本罪在主观方面必须出于故意，并且具有非法占有的目的。

根据《刑法》第三百四十五条第一款、第四款和第三百四十六条的规定，犯本罪的，处三年以下有期徒刑、拘役或者管制，并处或者单处罚金；数量巨大的，处三年以上七年以下有期徒刑，并处罚金；数量特别巨大的，处七年以上有期徒刑，并处罚金。盗伐国家级自然保护区内的森林或者其他林木的，从重处罚。单位犯本罪的，对单位判处罚金，并对其直接负责的主管人员和其他直接责任人员，依照上述规定处罚。

【滥伐林木罪】 是指违反《森林法》的规定，滥伐森林或者其他林木，数量较大的行为。本罪侵犯的客体是国家对林木资源的管理秩序。侵犯的对象一般是本单位或者本人所有的森林或者其他林木。他人所有的和权属存在争议的森林或者其他林木，在一定的条件下也可以成为本罪的对象。本罪在客观方面表现为违反《森林法》的规定，滥伐森林或者其他林木，数量较大的行为。滥伐，是指违反《森林法》的规定，未经林业行政主管部门及法律规定的其他主管部门批准并核发采伐许可证，或者虽持有采伐许可证，但违反采伐许可证所规定的地点、数量、树种、方式而任意采伐本单位或者本人所有的森林或者其他林木。根据《审理破坏森林资源刑事案件司法解释》的规定，在采伐许可证规定的地点，超过规定的数量采伐国家、集体或者他人所有的林木的，或者林木权属存在争议，一方未取得采伐许可证擅自砍伐的，以滥伐林木罪论处。滥伐森林或者其他林木，数量较大的，才能构成犯罪。根据上述《司法解释》的规定，数量较大是以立木蓄积 20 立方米以上，或者幼树 1000 株以上为起点，或者价值 5 万元以上的。对于一年内多次滥伐少量林木未经处罚的，累计其滥伐林木的数量，构成犯罪的，依法追究刑事责任。本罪的主体包括单位和个人。本罪在主观方面必须出于故意。过失不能构成本罪。

根据《刑法》第三百四十五条第二款、第四款和第三百四十六条的规定，犯本罪的，处三年以下有期徒刑、拘役或者管制，并处或者单处罚金；数量巨大的，处三年以上七年以下有期徒刑，并处罚金。滥伐国家级自然保护区内的森林或者其他林木的，从重处罚。单位犯本罪的，对单位判处罚金，并对其直接负责的主管人员和其他直接责任人员，依照上述规定处罚。

【非法收购、运输盗伐、滥伐的林木罪】

是指非法收购、运输明知是盗伐、滥伐的林木，情节严重的行为。本罪侵犯的客体是国家对林业资源的管理秩序。犯罪对象是盗伐、滥伐的林木。本罪的客观方面表现非法收购、运输盗伐、滥伐的林木，情节严重的行为。根据《审理破坏森林资源刑事案件司法解释》第八条的规定，非法收购盗伐、滥伐的林木情节严重，指具有下列情形之一：（1）涉案林木立木蓄积 20 立方米以上的；（2）涉案幼树 1000 株以上的；（3）涉案林木数量虽未分别达到前两项规定标准，但按相应比例折算合计达到有关标准的；（4）涉案林木价值 5 万元以上的；（5）其他情节严重的情形。本罪的主体是一般主体，包括单位和个人。本罪的主观方面是故意，即明知是盗伐、滥伐的林木而予以收购、运输。根据上述解释第七条的规定，明知，应当根据涉案林木的销售价格、来源以及收购、运输行为违反有关规定等情节，结合行为人的职业要求、经历经验、前科情况等作出综合判断。具有下列情形之一的，可以认定行为人明知是盗伐、滥伐的林木，但有相反证据或者能够作出合理解释的除外：（1）收购明显低于市场价格出售的林木的；（2）木材经营加工企业伪造、涂改产品或者原料出入库台账的；（3）交易方式明显不符合正常习惯的；（4）逃避、抗拒执法检查的；（5）其他足以认定行为人明知的情形。

根据《刑法》第三百四十五条第三款和第三百四十六条的规定，犯本罪的，处三年以下有期徒刑、拘役或者管制，并处或者单处罚金；情节特别严重的，处三年以上七年以下有期徒刑，并处罚金。单位犯本罪的，对单位判处罚金，并对其直接负责的主管人员和其他直接责任人员，依照上述规定处罚。

【走私、贩卖、运输、制造毒品罪】 是指违反毒品管理法规，走私、贩卖、运输、制造毒品的行为。在司法实践中，走私、贩卖、运输、制造这四种行为往往包含在一个整体的犯罪行为中。有的犯罪分子在制造毒品后，又实施贩卖、走私、运输毒品的行为，几种行为相互联系，形成一个整体的犯罪过程。当然，有的犯罪人也可能只实施其中一种行为，因此本罪名又可以作为选择性罪名分解使用。本罪侵犯的客体是国家对毒品的管理制度。本罪犯罪对象必须是毒品。根据《刑法》第三百五十七条的规定，毒品，是指鸦片、海洛因、甲基苯丙胺（冰毒）、吗啡、大麻、可卡因以及国家规定管制的其他能够使人形成瘾癖的麻醉药品和精神药品。根据《麻醉药品和精神药品管理条例》规定，麻醉药品和精神药品，是指列入麻醉药品目录、精神药品目录的药品和其他物质。本罪客观方面表现为明知是毒品而故意实施走私、贩卖、运输、制造的行为。（1）走私毒品。走私毒品是指非法运输、携带、邮寄毒品进出国（边）境的行为。行为方式主要是输入毒品与输出毒品，此外对在领海、内海运输、收购、贩卖国家禁止进出口的毒品，以及直接向走私毒品的犯罪人购买毒品的，应视为走私毒品。（2）贩卖毒品。贩卖毒品是指有偿转让毒品或者以贩卖为目的而非法收购毒品。有偿转让毒品，即行为人将毒品交付给对方，并从对方获取物质利益。贩卖方式既可能是公开的，也可能是秘密的；既可能是行为人请求对方购买，也可能是对方请求行为人转让；既可能是直接交付给对方，也可能是间接交付给对方。（3）运输毒品。运输毒品是指采用携带、邮寄、利用他人或者使用交通工具等方法在我国领域内转移毒品。运输毒品必须限制在国内，而且不是在领海、内海运输国家禁止进出口的毒品，否则便是走私毒品。（4）制造毒品。制造毒品包括以下几种情况：一是将毒品以外的物质作为原料，提取或制作成毒品。如将罂粟制成鸦片。二是毒品的精制，即去掉毒品中的不纯物，使之成为纯毒品或纯度更高的毒品。如去除海洛因中所含的不纯物。三是使用化学方法使一种毒品变为另一种毒品。如使用化学方法将吗啡制作成海洛因。四是使用化学方法以外的方法使一种毒品变为另一种毒品。五是非法按照一定的处方针对特定人的特定情况调制毒品。本罪的主体既可以是自然人，也可以是单位。在自然人主体中，已满14周岁不满16周岁，具有辨认控制能力的人，可以成为贩卖毒品罪的主体；走私、运输、制造毒品罪的主体必须是已满16周岁，具有辨认控制能力的人。本罪主观方面只能由故意构成，过失不能构成本罪。

根据《刑法》第三百四十七条、第三百五十六条、第三百五十七条第二款的规定，犯本罪的，应当按照以下情况分别进行处罚：一是走私、贩卖、运输、制造毒品，有下列情形之一的，处十五年有期徒刑、无期徒刑或者死刑，并处没收财产：（1）走私、贩卖、运输、制造鸦片1000克以上、海洛因或者甲基苯丙胺五十克以上或者其他毒品数量大的；（2）走私、贩卖、运输、制造毒品集团的首要分子；（3）武装掩护走私、贩卖、运输、制造毒品的；（4）以暴力抗拒检查、拘留、逮捕，情节严重的；（5）参与有组织的国际贩毒活动的。二是走私、贩卖、运输、制造鸦片200克以上不满1000克、海洛因或者甲基苯丙胺十克以上不满五十克或者其他毒品数量较大的，处七年以上有期徒刑，并处罚金。三是走私、贩卖、运输、制造鸦片不满200克、海洛因或者甲基苯丙胺不满十克或者其他少量毒品的，处三年以下有期徒刑、拘役或者管制，并处罚金；情节严重的，处三年以上七年以下有期徒刑，并处罚金。

单位犯本罪的，对单位判处罚金，并对其直接负责的主管人员和其他直接责任人员，依照上述规定处罚。利用、教唆未成年人走私、贩卖、运输、制造毒品，或者向未成年人出售毒品的，从重处罚。因走私、贩卖、运输、制造、非法持有毒品罪被判过刑，又犯本罪的，从重处罚。对多次走私、贩卖、运输、制造毒品，未经处理的，毒品数量累计计算。毒品的数量以查证属实的走私、贩卖、运输、制造毒品的数量计算，不以纯度折算。

【非法持有毒品罪】 是指明知是毒品而非法持有，数量较大的行为。本罪侵犯的客体是国家对毒品的管制。犯罪对象是毒品。本罪在客观方面表现为非法持有较大数量毒品的行为。非法持有毒品，是指违反国家关于毒品管制的规定，未经有关部门批准和许可而持有毒品。持有，是指对毒品实际占有和控制、支配的状态，具体表现为占有、私藏、保存、携带毒品等行为。构成本罪，必须是非法持有毒品数量较大的行为。非法持有毒品数量较小的，不构成本罪，应由公安机关予以行政处罚。本罪的主体是一般主体。本罪在主观方面表现为明知是毒品而故意持有。不论毒品来源如何，只要行为人明知是毒品而非法持有，且不能确认其具有走私、贩卖、运输、窝藏意图的，即可以本罪论处。至于行为人是否了解毒品的种类、纯度、数量、成分等，不影响本罪的成立。如果行为人确实不知道是毒品而持有或代他人保管的，不构成本罪。如果行为人是为了走私、贩卖、运输、制造毒品而持有的，则不构成本罪，而应以走私、贩卖、运输、制造毒品罪论处。

根据《刑法》第三百四十八条、第三百五十六条、第三百五十七条第二款的规定，犯本罪的，非法持有鸦片1000克以上、海洛因或者甲基苯丙胺五十克以上或者其他毒品数量大的，处七年以上有期徒刑或者无期徒刑，并处罚金；非法持有鸦片200克以上不满1000克、海洛因或者甲基苯丙胺十克以上不满50克或者其他毒品数量较大的，处三年以下有期徒刑、拘役或者管制，并处罚金；情节严重的，处三年以上七年以下有期徒刑，并处罚金。因走私、贩卖、运输、制造、非法持有毒品罪被判过刑，又犯本罪的，从重处罚。毒品的数量以查证属实的非法持有毒品的数量计算，不以纯度折算。

【包庇毒品犯罪分子罪】 是指在事先没有通谋的情况下，明知是走私、贩卖、运输、制造毒品的犯罪分子而予以包庇，帮助其逃避法律制裁的行为。本罪侵犯的客体是司法机关惩治毒品犯罪的正常活动。包庇的对象是走私、贩卖、运输、制造毒品的犯罪分子。如果包庇的是这四种毒品犯罪分子以外的其他毒品犯罪分子，则不构成本罪，构成犯罪的，应以包庇罪论处。本罪的客观方面表现为在事先没有通谋的情况下，包庇走私、贩卖、运输、制造毒品的犯罪分子的行为。包庇毒品犯罪分子，事先通谋的，以走私、贩卖、运输、制造毒品罪的共犯论处。本罪的主观方面只能是故意。

根据《刑法》第三百四十九条、第三百五十六条的规定，犯本罪的，处三年以下有期徒刑、拘役或者管制；情节严重的，处三年以上十年以下有期徒刑。缉毒人员或者其他国家机关工作人员犯本罪的，从重处罚。因走私、贩卖、运输、制造、非法持有毒品罪被判过刑，又犯本罪的，从重处罚。

【窝藏、转移、隐瞒毒品、毒赃罪】 是指在事先无通谋的情况下，明知是走私、贩卖、运输、制造毒品的犯罪分子的毒品或者毒品犯罪所得的财物而予以窝藏、转移、隐瞒的行为。本罪侵犯的客体是司法机关惩治毒品犯罪的正常活动。犯罪对象是走私、贩卖、运输、制造毒品的犯罪分子的毒品或者毒品犯罪所得的财物。本罪的客观方面表现为在事先没有通谋的情况下，为走私、贩卖、运输、制造毒品的犯罪分子窝藏、转移、隐瞒毒品或者毒品犯罪所得的财物的行为。事先通谋的，则应当以走私、贩卖、运输、制造毒品的共犯论处。本罪的主观方面只能是故意。

根据《刑法》第三百四十九条、第三百五十六条的规定，犯本罪的，处三年以下有期徒刑、拘役或者管制；情节严重的，处三年以上十年以下有期徒刑。因走私、贩卖、运输、制造、非法持有毒品罪被判过刑，又犯本罪的，从重处罚。

【非法生产、买卖、运输制毒物品、走私制毒物品罪】 是指违反国家规定，非法生产、买卖、运输醋酸酐、乙醚、三氯甲烷或者其他用于制造毒品的原料、配剂，或者携带上述物品进出境，情节较重的行为。本罪侵犯的客体是国家对醋酸酐、乙醚、三氯甲烷等特殊化学品的管制。本罪的客观方面表现为违反国家规定，非法生产、买卖、运输醋酸酐、乙醚、三氯甲烷或者其他用于制造毒品的原料、配剂，或者携带上述物品进出境，情节较重的行为。本罪的主体是一般主体，包括单位和个人。本罪的主观方面是故意。行为人的动机一般不影响本罪的成立。但是如果行为人明知他人制造毒品而为其提供上述特殊化学品的，则应以制造毒品罪的共犯论处。

根据《刑法》第三百五十条、第三百五十六条的规定，犯本罪的，情节较重的，处三年以下有期徒刑、拘役或者管制，并处罚金；情节严重的，处三年以上七年以下有期徒刑，并处罚金；情节特别严重的，处七年以上有期徒刑，并处罚金或者没收财产。单位犯本罪的，对单位判处罚金，并对其直接负责的主管人员和其他直接责任人员，依照上述规定处罚。因走私、贩卖、运输、制造、非法持有毒品罪被判过刑，又犯本罪的，从重处罚。

【非法种植毒品原植物罪】 是指违反国家有关法律法规，非法种植罂粟、大麻毒品原植物，数量较大或者有其他严重情节的行为。本罪侵犯的客体是国家对毒品原植物的管制。犯罪对象是毒品原植物，即可用于提炼、加工、制造毒品的罂粟、大麻等植物。本罪的客观方面表现为非法种植毒品原植物，数量较大或者有其他严重情节的行为。非法，是指违反国家禁毒法规，未经国家主管部门批准，擅自种植。数量较大，是指种植罂粟五百株以上不满3000株或者其他相当数量的毒品原植物（如大麻5000株以上不满3万株）。其他严重情节，是指经公安机关处理后又种植或者抗拒铲除的行为。本罪的主观方面是故意，即明知是毒品原植物而故意种植。

根据《刑法》第三百五十一条、第三百五十六条的规定，犯本罪的，处五年以下有期徒刑、拘役或者管制，并处罚金；非法种植罂粟3000株以上或者其他毒品原植物数量大（如大麻三万株以上）的，处五年以上有期徒刑，并处罚金或者没收财产。因走私、贩卖、运输、制造、非法持有毒品罪被判过刑，又犯本罪的，从重处罚。非法种植毒品原植物，在收获前自动铲除的，可以免除处罚。

【非法买卖、运输、携带、持有毒品原植物种子、幼苗罪】 是指违反国家有关规定，非法买卖、运输、携带、持有未经灭活的罂粟等毒品原植物的种子或者幼苗，数量较大的行为。本罪侵犯的客体是国家对毒品原植物种子、幼苗的管制。犯罪对象是未经灭活的罂粟等毒品原植物种子或者幼苗。本罪的客观方面表现为非法买卖、运输、携带、持有数量较大的未经灭活的罂粟等毒品原植物种子或者幼苗的行为。本罪为选择性罪名，只要行为人具有买卖、运输、携带、持有四种行为之一，且毒品原植物种子或者幼苗的数量较大，即构成本罪。主观方面是故意。过失不构成本罪。

根据《刑法》第三百五十二条、第三百五十六条的规定，犯本罪的，处三年以下有期徒刑、拘役或者管制，并处或者单处罚金。因走私、贩卖、运输、制造、非法持有毒品罪被判过刑，又犯本罪的，从重处罚。

【引诱、教唆、欺骗他人吸毒罪】 是指违反国家毒品管制法规，故意引诱、教唆、欺骗他人吸食、注射毒品的行为。本罪侵犯的客体是社会治安管理秩序和他人的身体健康。犯罪对象是不特定的他人，包括未曾吸毒者、虽然吸毒但尚未成瘾者、已戒除毒瘾者。本罪在客观方面表现为违反国家毒品管制法规，引诱、教唆、欺骗他人吸食、注射毒品的行为。违反国家毒品管制法规，是指违反国家关于麻醉药品和精神药品的管理规定。如果没有违反有关规定，例如基于救治病人、缓解病痛的需要，由医生处方使用、注射麻醉药品、精神药品的，则不构成犯罪。引诱，是指勾引、诱惑、拉拢他人吸食、注射毒品。教唆，是指劝说、授意、怂恿、唆使他人吸食、注射毒品。欺骗，是指隐瞒事实真相使他人在受骗的情况下吸食、注射毒品。本罪属选择性罪名，行为人只要实施上述三种行为中的一种，即可构成犯罪；如果对同一个人兼有引诱、教唆、欺骗其吸食、注射毒品的多种行为的，应按一罪论处，不应数罪并罚。本罪的主体是一般主体。本罪在主观方面是故意，即明知是毒品而有意引诱、教唆、欺骗他人吸食或注射。

根据《刑法》第三百五十三条、第三百五十六条的规定，犯本罪的，处三年以下有期徒刑、拘役或者管制，并处罚金；情节严重的，处三年以上七年以下有期徒刑，并处罚金。引诱、教唆、欺骗未成年人吸食、注射毒品的，从重处罚。因走私、贩卖、运输、制造、非法持有毒品罪被判过刑，又犯本罪的，从重处罚。

【强迫他人吸毒罪】 是指违背他人意志，采用暴力、胁迫或者其他强制手段，迫使他人吸食、注射毒品的行为。本罪侵犯的客体是他人的身体健康和社会管理秩序。侵害的对象是行为发生时不愿吸食、注射毒品的人，而非仅指本不吸毒的人。本罪的客观方面表现为违背他人意志，采用暴力、胁迫或者其他强制手段，迫使他人吸食、注射毒品的行为。本罪的主观方面是故意。

根据《刑法》第三百五十三条第二款、第三款、第三百五十六条的规定，犯本罪的，处三年以上十年以下有期徒刑，并处罚金。强迫未成年人吸食、注射毒品的，从重处罚。因走私、贩卖、运输、制造、非法持有毒品罪被判过刑，又犯本罪的，从重处罚。

【容留他人吸毒罪】 是指为他人吸食、注射毒品提供场所的行为。本罪侵犯的客体是国家对毒品的管制。犯罪对象既包括吸食、注射毒品的人，也包括毒品。本罪的客观方面表现为容留他人吸食、注射毒品的行为，即为他人吸食、注射毒品提供场所。本罪的主体是一般主体。容留他人吸毒并向其贩卖毒品的，以贩卖毒品罪和容留他人吸毒罪数罪并罚。本罪的主观方面是故意。

根据《刑法》第三百五十四条、第三百五十六条的规定，犯本罪的，处三年以下有期徒刑、拘役或者管制，并处罚金。因走私、贩卖、运输、制造、非法持有毒品罪被判过刑，又犯本罪的，从重处罚。

【非法提供麻醉药品、精神药品罪】 是指依法从事生产、运输、管理、使用国家管制的麻醉药品、精神药品的人员和单位，违反国家规定，向吸食、注射毒品的人提供国家管制的麻醉药品或者精神药品的行为。本罪侵犯的客体是国家对麻醉药品、精神药品的管制。本罪的客观方面表现为违反国家规定，向吸食、注射毒品的人提供国家管制的麻醉药品或者精神药品的行为。提供的对象只能是吸食、注射毒品的人。如果向走私、贩卖毒品的犯罪分子提供麻醉药品或者精神药品，则应当按走私、贩卖毒品罪的共犯论处。本罪的主体是特殊主体，即只能是依法从事生产、运输、管理、使用国家管制的麻醉药品或者精神药品的人员或者单位。本罪的主观方面是故意，即明知是国家管制的麻醉药品或者精神药品，而以非牟利的目的向吸食、注射毒品者提供。如果提供这些药品是出于牟利的目的，则应当以贩卖毒品罪论处。

根据《刑法》第三百五十五条、第三百五十六条的规定，犯本罪的，处三年以下有期徒刑或者拘役，并处罚金；情节严重的，处三年以上七年以下有期徒刑，并处罚金。单位犯本罪的，对单位判处罚金，并对其直接负责的主管人员和其他直接责任人员，依照上述规定处罚。因走私、贩卖、运输、制造、非法持有毒品罪被判过刑，又犯本罪的，从重处罚。

【妨害兴奋剂管理罪】 是指违反法律规定情形违规使用兴奋剂参加国内、国际重大体育竞赛的犯罪。本罪侵犯的犯罪客体是兴奋剂使用的管理秩序。客观方面表现为三种情形：一是引诱、教唆、欺骗运动员使用兴奋剂参加国内、国际重大体育竞赛，情节严重的行为；二是明知运动员参加国内、国际重大体育竞赛而向其提供兴奋剂，情节严重的行为；三是组织、强迫运动员使用兴奋剂参加国内、国际重大体育竞赛的行为。对于兴奋剂种类以国家有关部门发布的兴奋剂目录公告规定为准。犯罪主体为一般主体，年满16周岁的自然人。运动员本人非法使用兴奋剂的，不构成本罪。犯罪主观方面是故意。

根据《刑法》第三百五十五条之一的规定，构成妨害兴奋剂管理罪的，处三年以下有期徒刑或者拘役，并处罚金。组织、强迫运动员使用兴奋剂参加国内、国际重大体育竞赛的，从重处罚。

【全国法院毒品犯罪审判工作座谈会纪要】 为了贯彻落实全国禁毒工作会议精神，依法惩治毒品犯罪，确保法律统一正确适用，最高人民法院十分重视通过及时组织毒品犯罪审判工作专题座谈会总结交流毒品犯罪案件审判工作经验并以会议纪要的形式固定会议成果。(1) 2000年1月5日~7日，最高人民法院在广西壮族自治区南宁市召开了“全国法院审理毒品犯罪案件工作座谈会”并形成会议纪要（即“南宁会议纪要”）；(2) 2008年9月23日~24日，最高人民法院在辽宁省大连市召开了全国部分法院审理毒品犯罪案件工作座谈会，这次座谈会根据最高人民法院统一行使死刑案件核准权后毒品犯罪法律适用出现的新情况，适应审理毒品案件尤其是毒品死刑案件的需要，对最高人民法院“关于全国法院审理毒品犯罪案件工作座谈会纪要”（即“南宁会议纪要”）、有关会议领导讲话和有关审理毒品犯罪案件规范性文件的相关内容进行了系统整理和归纳完善，同时认真总结了近年来全国法院审理毒品犯罪案件的经验，研究分析了审理毒品犯罪案件中遇到的新情况、新问题，对人民法院审理毒品犯罪案件尤其是毒品死刑案件具体应用法律的有关问题取得了共识，在此基础上形成全国部分法院审理毒品犯罪案件工作座谈会纪要（即大连会议纪要）。(3) 2014年12月11日~12日，最高人民法院在湖北省武汉市召开了全国法院毒品犯罪审判工作座谈会，传达学习了中央对禁毒工作的一系列重大决策部署，总结了近年来人民法院禁毒工作取得的成绩和存在的问题，分析了当前我国毒品犯罪的总体形势和主要特点，明确了继续依法从严惩处毒品犯罪的审判指导思想，研究了毒品犯罪审判中遇到的若干法律适用问题，并对当前和今后一个时期人民法院的禁毒工作作出具体安排部署。会议认为，2008年印发的《全国部分法院审理毒品犯罪案件工作座谈会纪要》（即“大连会议纪要”）较好地解决了办理毒品犯罪案件面临的一些突出法律适用问题，其中大部分规定在当前的审判实践中仍有指导意义，应当继续参照执行。同时，随着毒品犯罪形势的发展变化，近年来出现了一些新情况、新问题，需要加以研究解决。与会代表对审判实践中反映较为突出，但“大连会议纪要”没有作出规定，或者规定不尽完善的毒品犯罪法律适用问题进行了认真研究讨论，并形成新的《全国法院毒品犯罪审判工作座谈会纪要》（即“武汉会议纪要”）。(4) 2023年2月16日，全国法院毒品案件审判工作会议在云南省昆明市召开。根据我国当前毒品犯罪的总体态势和主要特点，会议对深入推进新时代人民法院禁毒工作高质量发展提出了四点具体要求：一是始终坚持党对禁毒工作的绝对领导；二是全面加强毒品案件审判工作；三是持续推进毒品案件审判规范化建设，促进实现毒品案件审判能力现代化；四是不断完善参与禁毒综治工作机制。最高人民法院于2023年6月26日印发《全国法院毒品案件审判工作会议纪要》（即“昆明会议纪要”），明确了推进人民法院禁毒工作持续高质量发展的各项举措，并对当前和今后一段时期人民法院禁毒工作作出部署。最高人民法院明确指出，《昆明会议纪要》印发后，此前印发的有关毒品案件审判工作的会议纪要，不再适用。因此，《昆明会议纪要》标志着我国毒品犯罪治理进入了一个新的时期，将在当前和今后一段时期的毒品治理刑事司法实践中发挥重要作用。

【组织、强迫、引诱、容留、介绍卖淫罪】 是指组织、强迫、引诱、容留、介绍他人从事卖淫的行为。本罪侵犯的客体是社会治安管理秩序和善良的社会风尚。本罪的客观方面表现为组织、强迫、引诱、容留、介绍他人从事卖淫的行为。本罪的主体是一般主体。本罪的主观方面是故意。本罪是一个类罪，具体犯罪包括组织卖淫罪，强迫卖淫罪，协助组织卖淫罪，引诱、容留、介绍卖淫罪，引诱幼女卖淫罪，传播性病罪。

【组织卖淫罪】 是指组织他人从事卖淫活动的行为。本罪侵犯的客体是社会治安管理秩序和善良的社会风尚。犯罪对象是愿意卖淫的人，既包括妇女，也包括男子；可以是成年人也可以是未成年人。本罪在客观上表现为组织他人卖淫的行为。组织他人卖淫，是指以招募、雇佣、引诱、容留等手段，策划、控制多人从事卖淫活动。策划，是指发起组织他人卖淫，制定组织他人卖淫的活动计划。控制，是指掌握一些卖淫人员，安排、布置或调度他们从事卖淫活动。组织他人卖淫的行为对象，通常是那些愿意出卖自己肉体的男女；但在被组织者中也有不明真相被诱骗或因其他原因被胁迫而来的，如果他们不愿意卖淫，组织者以强制的手段迫使其卖淫，则属于强迫他人卖淫的行为。本罪的主体是一般主体。实践中，只有卖淫、嫖娼活动的组织者才能成为本罪主体。单纯从事卖淫、嫖娼活动者不构成犯罪，可以由公安机关给予行政处罚。本罪在主观方面只能出于直接故意，并且一般具有营利的目的。但是本罪的成立并不以具有营利目的为必要要件。只要是故意实施组织他人卖淫行为的，就构成本罪。

根据《刑法》第三百五十八条、第三百六十一条的规定，犯本罪的，处五年以上十年以下有期徒刑，并处罚金；情节严重的，处十年以上有期徒刑或者无期徒刑，并处罚金或者没收财产。组织未成年人卖淫的，从重处罚。犯本罪，并有杀害、伤害、强奸、绑架等犯罪行为的，依照数罪并罚的规定处罚。旅馆业、饮食服务业、文化娱乐业、出租汽车业等单位的主要负责人，利用本单位的条件，犯本罪的，从重处罚。

【强迫卖淫罪】 是指以暴力、胁迫或者其他强制手段，迫使他人卖淫的行为。本罪侵犯的客体是社会治安管理秩序、善良的社会风尚和他人的人身权利。犯罪对象是他人，包括女性和男性，成年人和未成年人。本罪在客观方面表现为使用暴力、胁迫或者其他强制手段，迫使他人卖淫的行为。暴力、胁迫或者其他强制手段，是指直接对被害人进行殴打、伤害、禁闭等人身打击，或者以使用暴力、以损害被害人其他利益相威胁，或者以虐待、麻醉等手段使被害人处于不能反抗、不敢反抗的状态。迫使他人卖淫，是指强迫他人违背自己的意志从事卖淫活动。不论行为人使用何种具体手段，只要是迫使他人在不自愿情况下出卖肉体，为他人提供性服务的，即构成强迫卖淫罪。本罪的主体是一般主体。本罪在主观方面是直接故意，并且一般都具有营利的目的。但是本罪的成立并不以营利目的为必要要件。只要是故意实施强迫他人卖淫行为的，就构成本罪。

根据《刑法》第三百五十八条、第三百六十一条的规定，犯本罪的，处五年以上十年以下有期徒刑，并处罚金；情节严重的，处十年以上有期徒刑或者无期徒刑，并处罚金或者没收财产。强迫未成年人卖淫的，从重处罚。犯本罪，并有杀害、伤害、强奸、绑架等犯罪行为的，依照数罪并罚的规定处罚。旅馆业、饮食服务业、文化娱乐业、出租汽车业等单位的主要负责人，利用本单位的条件，犯本罪的，从重处罚。

【协助组织卖淫罪】 是指为组织卖淫的人招募、运送人员或者有其他协助组织他人卖淫的行为。本罪侵犯的客体是社会治安管理秩序和善良的社会风尚。本罪的客观方面表现为协助组织卖淫的行为，即为卖淫活动的组织者提供物质帮助和精神支持，为其组织卖淫提供便利条件，如充当保安、司机等。本罪的主观方面只能是故意。过失协助行为和被欺骗、被强制情况下的协助行为，均不构成犯罪。

根据《刑法》第三百五十八条第四款的规定，犯本罪的，处五年以下有期徒刑，并处罚金；情节严重的，处五年以上十年以下有期徒刑，并处罚金。

【引诱、容留、介绍卖淫罪】 是指勾引、诱使他人卖淫，或者为他人卖淫提供场所，或者为卖淫者与嫖客进行介绍的行为。本罪侵犯的客体是社会治安管理秩序和善良的社会风尚。本罪在客观上表现为引诱、容留、介绍他人卖淫的行为。这里的他人，既包括女性，也包括男性，但引诱行为的对象不包括幼女，引诱不满14周岁的幼女卖淫的，以引诱幼女卖淫罪处罚。引诱，是指行为人以金钱、物质或者其他利益为诱饵，勾引、拉拢、唆使他人从事卖淫活动。容留，是指为他人卖淫提供场所。介绍，是指在卖淫者和嫖客之间进行撮合，使得卖淫嫖娼行为得以顺利进行。这三种行为只要实施其中一种，便可构成本罪。同时实施上述行为的，也只认定为一罪，不实行数罪并罚。本罪为选择性罪名，只要行为人实行上述三种行为之一的，即可构成本罪。主观方面是故意。至于是否具有营利的目的，并不影响本罪的成立。

根据《刑法》第三百五十九条第一款、第三百六十一条的规定，犯本罪的，处五年以下有期徒刑、拘役或者管制，并处罚金；情节严重的，处五年以上有期徒刑，并处罚金。旅馆业、饮食服务业、文化娱乐业、出租汽车业等单位的主要负责人，利用本单位的条件，犯本罪的，从重处罚。

【引诱幼女卖淫罪】 是指引诱不满14周岁的幼女卖淫的行为。本罪侵犯的客体是社会治安管理秩序和幼女的身心健康。侵害的对象是不满14周岁的幼女。本罪的客观方面表现为引诱不满14周岁的幼女与他人发生性行为而收取钱财的行为。如果行为人引诱不满14周岁的幼女与自己发生性行为后又引诱其卖淫的，则应以强奸罪和本罪实行数罪并罚。主观方面是故意，即行为人明知是不满14周岁的幼女而引诱其卖淫。“明知”的内容包括已经知道、必然知道和有可能知道。确实不知也不可能知道是不满14周岁的幼女而引诱其卖淫的，不构成本罪，而应以引诱卖淫罪定罪处罚。

根据《刑法》第三百五十九条第二款、第三百六十一条的规定，犯本罪的，处五年以上有期徒刑，并处罚金。旅馆业、饮食服务业、文化娱乐业、出租汽车业等单位的主要负责人，利用本单位的条件，犯本罪的，从重处罚。

【传播性病罪】 是指行为人明知自己患有梅毒、淋病等严重性病而卖淫、嫖娼的行为。本罪侵犯的客体是社会管理秩序和他人的身体健康权利。本罪在客观方面表现为患有梅毒、淋病等严重性病而卖淫、嫖娼的行为。“嫖娼”，是与卖淫相对应的行为，是指以付出金钱或者其他利益为代价，让他人与自己发生性交行为或者提供其他性服务的行为。本罪是行为犯，只要行为人在患有严重性病的情况下卖淫或者嫖娼，不论是否已将性病传染给他人，即可构成本罪。本罪的主体是特殊主体，只能是患有梅毒、淋病等严重性病而卖淫、嫖娼的人。这里的“严重性病”主要是指梅毒、淋病、艾滋病等，其他性病是否认定为严重性病，应当根据《传染病防治法》《性病防治管理办法》的规定，在国家卫生健康委员会规定实行性病监测的性病范围内，依照其危害、特点与梅毒、淋病相当的原则，从严掌握。凡是患有上述性病而卖淫、嫖娼的人，均可成为本罪的犯罪主体。本罪在主观方面只能是故意，即明知自己患有严重性病而卖淫、嫖娼。但如果行为人明知自己患有严重性病，为了报复他人，故意与之发生性行为，致使他人感染性病，造成其身体健康重大伤害的，应以故意伤害罪论处。

根据《刑法》第三百六十条的规定，犯本罪的，处五年以下有期徒刑、拘役或者管制，并处罚金。

【制作、贩卖、传播淫秽物品罪】 是指制作、复制、出版、贩卖、传播、组织播放淫秽物品或者组织淫秽表演，妨害社会管理秩序，败坏社会风气的行为。本罪侵犯的客体是社会主义社会风尚和国家对文化市场的管理秩序。本罪的客观方面表现为制作、复制、出版、贩卖、传播、组织播放淫秽物品或者组织淫秽表演，妨害社会管理秩序，败坏社会风气的行为。本罪的主体是一般主体。本罪的主观方面是故意，个别犯罪还要求行为人主观上牟利的目的。本罪是一个类罪，具体犯罪包括制作、复制、出版、贩卖、传播淫秽物品牟利罪，为他人提供书号出版淫秽书刊罪，传播淫秽物品罪，组织播放淫秽音像物品罪，组织淫秽表演罪。

【制作、复制、出版、贩卖、传播淫秽物品牟利罪】 是指以牟利为目的，制作、复制、出版、贩卖、传播淫秽物品的行为。本罪侵犯的客体是社会主义社会风尚和国家对文化市场的管理秩序。本罪在客观上表现为实施了制作、复制、出版、贩卖或者传播淫秽物品的行为。制作，是指生产、录制、编写、译著、绘画、印刷、刻印、摄制、洗印等行为。复制，是指通过翻印、翻拍、复印、复写、复录等方式对已有的淫秽物品进行仿造的行为。出版，是指编辑、印刷淫秽书刊、图画等。贩卖，是指销售淫秽物品的行为，包括发行、批发、零售、倒卖等。传播，是指通过播放、出租、出借、承运、邮寄等方式致使淫秽物品流传的行为。制作、复制、出版、贩卖、传播五种行为方式可能结合在一起实施，也可能分别独立实施，但均不影响本罪的成立。根据《刑法》第三百六十七条第一款的规定，淫秽物品，“是指具体描绘性行为或者露骨宣扬色情的诲淫性的书刊、影片、录像带、录音带、图片及其他淫秽物品。”《认定淫秽及色情出版物暂行规定》第二条规定，淫秽出版物的具体内容包括以下 7 个方面：（1）淫亵性地具体描写性行为、性交及其心理感受；（2）公然宣扬色情淫荡形象；(3) 淫亵性地描述或传授性技巧；(4) 具体描写乱伦、强奸或者其他性犯罪的手段、过程或者细节，足以诱发犯罪的；（5）具体描写少年儿童的性行为；(6) 淫亵性地具体描写同性恋的性行为或者其他性变态行为，或者具体描写与性变态有关的暴力、虐待、侮辱行为；(7) 其他令普通人不能容忍的对性行为的淫亵性描写。本罪的主体既可以是已满 16 周岁且具有刑事责任能力的人，也可以是单位。本罪在主观上是故意，而且必须以牟利为目的。牟利，就是进行非法经营，牟取不义之财。只要行为人以牟利为目的经营淫秽物品，不论盈亏均能构成本罪。如果不是以牟利为目的不能构成本罪，但可能构成其他淫秽物品犯罪。

根据《刑法》第三百六十三条、第三百六十六条的规定，犯本罪的，处三年以下有期徒刑、拘役或者管制，并处罚金；情节严重的，处三年以上十年以下有期徒刑，并处罚金；情节特别严重的，处十年以上有期徒刑或者无期徒刑，并处罚金或者没收财产。单位犯本罪的，对单位判处罚金，并对其直接负责的主管人员和其他直接责任人员，依照上述规定处罚。

【为他人提供书号出版淫秽书刊罪】 是指违反国家规定，为他人提供书刊号，以致淫秽书刊得以出版的行为。本罪侵犯的客体是国家对出版活动的管理秩序。本罪的客观方面表现为违反国家规定，向他人提供书刊号，以致淫秽书刊得以出版的行为。根据《审理非法出版物刑事案件司法解释》第九条的规定，为他人提供版号，出版淫秽音像制品的，应当依照本罪定罪处罚。本罪的主体可以是自然人，也可以是单位。主观方面是过失。如果明知他人用于出版淫秽书刊而为其提供书刊号的，则应当以出版淫秽物品牟利罪论处。

根据《刑法》第三百六十三条第二款、第三百六十六条的规定，犯本罪的，处三年以下有期徒刑、拘役或者管制，并处或者单处罚金。单位犯本罪的，对单位判处罚金，并对其直接负责的主管人员和其他直接责任人员，依照上述规定处罚。

【传播淫秽物品罪】 是指不以牟利为目的，在社会上传播淫秽物品，情节严重的行为。本罪侵犯的客体是社会治安秩序和善良的社会风尚。客观方面表现为在社会上公开或秘密地传播淫秽物品，情节严重的行为。达到《审理非法出版物刑事案件司法解释》第十条规定的认定标准的，即可构成本罪。本罪的主体可以是自然人，也可以是单位。主观方面是故意，但不具有牟利的目的。以牟利为目的，传播淫秽物品的，应以传播淫秽物品牟利罪论处。

根据《刑法》第三百六十四条第一款、第三百六十六条的规定，犯本罪的，处二年以下有期徒刑、拘役或者管制。向不满 18 周岁的未成年人传播淫秽物品的，从重处罚。单位犯本罪的，对单位判处罚金，并对其直接负责的主管人员和其他直接责任人员，依照上述规定处罚。

【组织播放淫秽音像制品罪】 是指不以牟利为目的，组织播放淫秽的电影、录像、录音、光盘、幻灯片等音像制品的行为。本罪侵犯的客体是社会治安秩序和善良的社会风尚。客观方面表现为组织播放淫秽的音像制品的行为，即策划、纠集多人收听、观看淫秽的音像制品。达到《审理非法出版物刑事案件司法解释》第十条规定的认定标准的，即构成本罪。本罪的主体既可以是自然人，也可以是单位。本罪的主观方面是故意，但不具有牟利的目的。以牟利为目的，组织播放淫秽音像制品的，应以传播淫秽物品牟利罪论处。

根据《刑法》第三百六十四条第二款、第三款、第三百六十六条的规定，犯本罪的，处三年以下有期徒刑、拘役或者管制，并处罚金；情节严重的，处三年以上十年以下有期徒刑，并处罚金。制作、复制淫秽的电影、录像等音像制品组织播放的，从重处罚。单位犯本罪的，对单位判处罚金，并对其直接负责的主管人员和其他直接责任人员，依照上述规定处罚。

【组织淫秽表演罪】 是指组织进行淫秽表演的行为。本罪侵犯的客体是善良的社会风尚和表演者的人格尊严。本罪的客观方面表现为组织进行淫秽表演的行为。这里的“淫秽表演”，是指供他人观看的，以具体描绘性行为或者露骨宣扬色情为基本内容，有人参与的淫秽性现场演出活动。本罪的主体是一般主体，但只能是淫秽表演活动的组织者，包括单位和个人。本罪的主观方面是故意，通常是以非法牟利为目的。但不具有牟利目的的，也可以构成本罪。

根据《刑法》第三百六十五条、第三百六十六条的规定，犯本罪的，处三年以下有期徒刑、拘役或者管制，并处罚金；情节严重的，处三年以上十年以下有期徒刑，并处罚金。单位犯本罪的，对单位判处罚金，并对其直接负责的主管人员和其他直接责任人员，依照上述规定处罚。

【危害国防利益罪】 是指危害作战和军事行动，危害国防物质基础和国防建设活动，妨害国防管理秩序，拒绝或者逃避履行国防义务，损害部队声誉的行为。本类犯罪侵害的同类客体是国防利益。国防利益，是指国家为提高国防物质基础建设水平，加强国防管理，防备和抵御侵略与颠覆，捍卫国家主权、领土完整和安全，维护部队声誉而享有的进行军事及与军事有关的建设和斗争等活动的排他性的权利。具体包括作战利益与军事行动利益，国防自身安全，武装力量建设，国防物质基础，军事斗争，国防管理秩序等等。任何人（主要指非军人）实施的破坏武器装备、军事设施行为，冲击军事禁区行为，拒绝逃避服兵役的行为，都会危及国防利益。为维护国家利益，国家对情节严重或造成重大后果的上述行为均作为犯罪，予以刑事处罚。本类犯罪在客观上表现为，行为人实施了危害作战和军事行动，危害国防物质基础和国防建设活动，妨害国防管理秩序，拒绝或者逃避履行国防义务，损害部队声誉的行为。其中，危害作战和军事行动，是指以暴力、威胁方法阻碍军人依法执行职务，战时故意向武装部队提供虚假敌情，战时造谣惑众扰乱军心，战时拒绝或者故意延误军事订货，战时拒绝军事征用等具有严重危害性的行为。危害国防物质基础和国防建设活动，是指破坏武器装备、军事设施、军事通讯，向武装部队提供不合格武器装备、军事设施，伪造、买卖或者盗窃、抢夺武装部队公文、证件、印章以及非法生产、买卖武装部队制式服装、车辆牌照等专用标志等具有严重危害性的行为。妨害国防管理秩序，是指聚众冲击军事禁区或扰乱军事管理区，煽动军人逃离部队，或者明知是逃离部队的军人而雇用，在征兵工作中徇私舞弊，接送不合格兵员等具有严重危害性的行为。拒绝逃避履行国防义务，是指预备役人员战时拒绝、逃避征召或者军事训练以及公民战时拒绝、逃避服役等具有严重危害性的行为。损害部队声誉，是指冒充军人招摇撞骗等行为。本类犯罪的主体多为一般主体，即达到刑事责任年龄、具备刑事责任能力的自然人，且一般都是非军人。但也有少数罪，只能由特殊主体构成，如《刑法》第三百六十八条第二款规定的阻碍军事行动罪，第三百七十四条规定的接送不合格兵员罪等。此外，单位也可成为某些危害国防利益罪的犯罪主体，如第三百七十条规定的故意提供不合格武器装备、军事设施罪等。本类犯罪绝大多数为故意犯罪，即行为人明知自己的行为会对国防利益构成危害而故意实施。有的犯罪还要求行为人具有营利的目的，如《刑法》第三百七十五条第二款规定的非法生产、买卖武装部队制式服装罪。只有个别犯罪由过失构成，如《刑法》第三百七十条第二款规定的过失提供不合格武器装备、军事设施罪。

《刑法》分则第七章从第三百六十八条至第三百八十一条主要规定了危害国防利益的各种犯罪，包括危害作战和军事行动方面的犯罪，危害国防建设方面的犯罪，危害国防管理秩序方面的犯罪和拒不履行国防义务方面的犯罪。具体是：阻碍军人执行职务罪；阻碍军事行动罪；破坏武器装备、军事设施、军事通信罪；过失损坏武器装备、军事设施、军事通信罪；故意提供不合格武器装备、军事设施罪；过失提供不合格武器装备、军事设施罪；聚众冲击军事禁区罪；聚众扰乱军事管理区秩序罪；冒充军人招摇撞骗罪；煽动军人逃离部队罪；雇用逃离部队军人罪；接送不合格兵员罪；伪造、变造、买卖武装部队公文、证件、印章罪；盗窃、抢夺武装部队公文、证件、印章罪；非法生产、买卖武装部队制式服装罪；伪造、盗窃、买卖、非法提供、非法使用武装部队专用标志罪；战时拒绝、逃避征召、军事训练罪；战时拒绝、逃避服役罪；战时故意提供虚假敌情罪；战时造谣扰乱军心罪；战时窝藏逃离部队军人罪；战时拒绝、故意延误军事订货罪；战时拒绝军事征用罪。

【阻碍军人执行职务罪】 是指以暴力、威胁方法阻碍军人依法执行军事职务的行为。本罪侵害的直接客体是军人依法执行职务的活动。依法执行职务，是指军人依照上级合法军事命令而执行职务。本罪的客观方面表现为以暴力、威胁方法阻碍军人依法执行职务的行为。暴力，是指行为人对依法执行职务的军人的身体实施打击或强制，例如拳打脚踢、对行为人棍棒殴打、皮带捆绑，等等。威胁，是指行为人用伤害身体、毁坏财物、破坏名誉、揭穿隐私等手段相威胁，实行精神强制、心理压制，使军人产生恐惧心理，不能或无法履行职责，执行任务。至于威胁是直接还是间接，不影响本罪的成立。阻碍军人依法执行职务，是指对军人依法执行职务造成障碍，使其不能顺利地执行职务。值得注意的是，军人的职务行为是否合法，是本罪成立一个十分重要的前提。若行为人以暴力、威胁方法阻碍军人执行不合法的军事职务，不能论之以本罪。本罪的主体为一般主体。凡达到刑事责任年龄、具备刑事责任能力的自然人均可成为本罪主体。本罪的主观方面是故意，即明知是正在依法执行军事职务的军人而对其使用暴力、威胁，迫使其停止、放弃、变更执行职务或者无法正常执行职务。行为人阻碍军人执行职务的动机、目的如何，不影响定罪。过失不构成本罪。

根据《刑法》第三百六十八条第一款的规定，犯本罪的，处三年以下有期徒刑、拘役、管制或者罚金。

【阻碍军事行动罪】 是指故意阻碍武装部队军事行动，造成严重后果的行为。本罪侵害的直接客体是武装部队的军事行动。武装部队包括中国人民解放军现役部队、预备役部队、武装警察部队和民兵组织。军事行动，是指为达到一定政治目的而有组织地使用武装力量的活动。本罪的客观方面表现为行为人实施了阻碍军事行动，造成严重后果的行为。行为方式多表现为暴力或威胁方法，有时也体现为其他方法，如坐卧铁轨、设置路障、阻拦阻止军事行动车辆通过等。严重后果，一般是指造成重大政治影响或者重大经济损失；造成武装部队人员伤亡、装备较大损失；战时造成战役和战斗失利，军事任务完成受影响等情况。行为人虽然实施了阻碍武装部队军事行动的行为，但没有造成严重后果的，只能按阻碍军人依法执行职务罪定罪处罚。本罪的主体为一般主体。凡达到刑事责任年龄、具备刑事责任能力的自然人，均可成为本罪的主体。本罪的主观方面是故意，过失不构成本罪。

根据《刑法》第三百六十八条第二款的规定，犯本罪的，处五年以下有期徒刑或者拘役。

【破坏武器装备、军事设施、军事通信罪】 是指故意破坏武器装备、军事设施、军事通信的行为。本罪侵犯的直接客体，是军队战斗力的物质保障。侵害的对象是武器装备、军事设施、军事通信。本罪的客观方面表现为实施了破坏武器装备、军事设施、军事通信的行为。武器装备，是指直接用于武装部队实施和保障作战行动的武器、武器系统和军事技术器材，如各种军用武器、仪器、船舰、飞机等。军事设施，是指国家直接用于军事目的的建筑、场地和设备，如军需仓库、射击场、教练飞机、军事禁区的围墙等。军事通信，则是指军队运用各种通信手段，为实施指挥和武器控制而进行的信息传送。破坏，是指故意使前述武器装备、军事设施毁损，以及使军事信息传送不能正常进行。破坏的手段可分为公开的或秘密的、作为的或不作为的，具体包括以下几种：(1) 危险手段，如放火、爆炸、决水、投毒等；(2) 技术手段，如摧毁、砸压、撞击、挖掘等。本罪的主体是一般主体。凡达到刑事责任年龄、具备刑事责任能力的自然人，均能成为本罪主体。本罪的主观方面是故意，即明知是武器装备、军事设施、军事通信而破坏。犯罪动机则多种多样，如泄愤报复等，动机如何不影响定罪。过失不构成本罪。

根据《刑法》第三百六十九条第一款、第三款的规定，犯本罪的，处三年以下有期徒刑、拘役或者管制；破坏重要武器装备、军事设施、军事通信的，处三年以上十年以下有期徒刑；情节特别严重的，处十年以上有期徒刑、无期徒刑或者死刑。战时从重处罚。重要的武器装备、军事设施、军事通信，是指价值重大、用途重要的武器装备、军事设施，以及具有特别意义的军事通信。如军用飞机、舰艇、导弹基地、军用港口与机场、战时军事指挥通信等等。情节特别严重，是指破坏行为引起了重大军事损失，或者破坏了大量武器装备和军事设施、军事通信等情况。

【过失损坏武器装备、军事设施、军事通信罪】 是指过失损坏武器装备、军事设施、军事通信，造成严重后果的行为。本罪侵犯的直接客体是军队战斗力的物质保障。侵害的对象是武器装备、军事设施、军事通信。本罪的客观方面表现为实施了损坏武器装备、军事设施、军事通信并造成严重后果的行为。造成严重后果，通常是指造成武器装备、军事设施严重损坏、重要军事通信中断或者严重障碍；造成人员重伤、死亡；经济损失严重；严重影响部队完成任务，等等。本罪的主体是一般主体。凡达到刑事责任年龄、具备刑事责任能力的自然人，均可成为本罪主体。本罪的主观方面是过失。

根据《刑法》第三百六十九条第二款、第三款的规定，犯本罪的，处三年以下有期徒刑或者拘役；造成特别严重后果的，处三年以上七年以下有期徒刑。战时从重处罚。

【故意提供不合格武器装备、军事设施罪】 是指明知是不合格的武器装备、军事设施而故意提供给武装部队的行为。本罪侵犯的直接客体，是国家武器装备、军事设施的管理制度以及武装部队的战斗力。本罪的客观方面表现为将不合格的武器装备、军事设施提供给武装部队的行为。不合格，是指行为人提供的武器装备、军事设施不符合国家和军事主管部门关于武器装备、军事设施质量和性能等标准的规定。提供，包括为武装部队从事生产制造、修筑、装配、修理等过程。本罪的主体为特殊主体，即只有武器装备、军事设施的生产者和销售者才能构成本罪。根据《刑法》第三百七十条第三款的规定，单位也可成为本罪主体。本罪的主观方面是故意，即明知是不合格的武器装备、军事设施，仍然作为合格产品提供给武装部队。

根据《刑法》第三百七十条第一款、第三款的规定，犯本罪的，处五年以下有期徒刑或者拘役；情节严重的，处五年以上十年以下有期徒刑；情节特别严重的，处十年以上有期徒刑、无期徒刑或者死刑。单位犯本罪的，对单位判处罚金，并对其直接负责的主管人员和其他直接责任人员，依照上述规定处罚。“情节严重”，是指徇私舞弊谋取私利的；造成武器装备、军事设施严重毁损，经济损失严重的；因武器装备、军事设施严重毁损而造成人员伤亡的，等等。“情节特别严重”，是指因武器装备、军事设施质量问题，造成多人重伤、死亡的；严重影响部队完成重要作战任务的；造成重大经济损失的等等。

【过失提供不合格武器装备、军事设施罪】 是指由于过失而向武装部队提供了不合格的武器装备、军事设施，并且造成严重后果的行为。本罪侵犯的直接客体是国家武器装备、军事设施的管理制度以及武装部队的战斗力。本罪的客观方面表现为向武装部队提供了不合格的武器装备、军事设施，并且造成了严重后果。造成严重后果，是指造成人员重伤、死亡的；造成装备、设施严重毁损，经济损失严重的；严重影响部队完成任务的等等。本罪的主体是特殊主体，即只有武器装备、军事设施的生产者和销售者才能构成本罪。本罪主观方面是过失，即行为人对于提供给武装部队的不合格的武器装备及军事设施，主观上并不明知是不合格的。本罪是结果犯。故行为人虽过失向武装部队提供了不合格的武器装备、军事设施，但未造成严重后果的，不能成立本罪。本罪与故意提供不合格武器装备、军事设施罪在犯罪主体和客体方面相同，主要区别在于：（1）主观方面不同。本罪主观上是过失；后罪主观上是故意。（2）客观方面不尽相同。本罪要求提供不合格武器装备、军事设施造成严重后果；后罪只要求提供了不合格的武器装备、军事设施即为已足，是否造成严重后果于本罪的成立不发生影响。

根据《刑法》第三百七十条第二款的规定，犯本罪的，处三年以下有期徒刑或者拘役；造成特别严重后果的，处三年以上七年以下有期徒刑。“特别严重后果”，是指造成多人重伤、死亡的；严重影响部队完成重要作战任务的；造成巨大经济损失的；直接造成战斗、战役失利等等。

【聚众冲击军事禁区罪】 是指聚众冲击军事禁区，严重扰乱军事禁区秩序的行为。本罪侵犯的直接客体，是军事禁区的正常管理秩序。本罪的客观方面表现为聚众冲击军事禁区，严重扰乱军事禁区秩序的行为。军事禁区，根据《军事设施保护法》的规定，是指设有重要军事设施或者军事设施安全保密要求高、具有重大危险因素，需要国家采取特殊措施加以保护，依照法定程序和标准划定的军事区域，包括陆域、水域和空域。本罪的主体为一般主体。一般是由集体聚众进行的，具体只追究首要分子和其他积极参加者的刑事责任。本罪的主观方面是故意，即明知是军事禁区而聚众冲击。本罪的行为人聚众冲击军事禁区往往基于个人目的，如泄私愤等等。动机如何不影响定罪。根据《刑法》第三百七十一条的规定，聚众扰乱军事禁区秩序情节严重的，才构成犯罪。因此，情节是否严重，就成为区分本罪罪与非罪的界限。

根据《刑法》第三百七十一条第一款的规定，犯本罪的，对首要分子处五年以上十年以下有期徒刑；对其他积极参加的，处五年以下有期徒刑、拘役、管制或者剥夺政治权利。

【聚众扰乱军事管理区秩序罪】 是指聚众扰乱军事管理区秩序，情节严重，致使军事管理区工作无法正常进行，造成严重损失的行为。本罪侵犯的直接客体，是军事管理区的管理秩序。本罪的客观方面表现为聚众扰乱军事管理区秩序，情节严重，致使军事管理区工作无法正常进行，遭受严重损失的行为。此处所谓军事管理区，根据《军事设施保护法》第十五条的规定，指设有较重要军事设施或者军事设施安全保密要求较高、具有较大危险因素，需要国家采取特殊措施加以保护，依照法定程序和标准划定的军事区域。本罪的主体为一般主体。任何达到刑事责任年龄，具备刑事责任能力的自然人都可以成为本罪的主体。本罪由聚众进行，法律规定只追究首要分子和其他积极参加者的刑事责任。本罪的主观方面是故意，即行为人明知聚众扰乱军事管理区秩序会造成军事管理区工作无法正常进行的危害后果，却故意实施这种行为，希望或放任这种结果的发生。根据《刑法》第三百七十一条第二款的规定，聚众扰乱军事管理区秩序且情节严重的行为，才能构成本罪。

根据《刑法》第三百七十一条第二款的规定，犯本罪的，对首要分子，处三年以上七年以下有期徒刑；对其他积极参加的，处三年以下有期徒刑、拘役、管制或者剥夺政治权利。

【冒充军人招摇撞骗罪】 是指以谋取非法利益为目的，冒充军人招摇撞骗的行为。本罪侵犯的直接客体，是军队的良好威信及其正常活动。本罪的客观方面表现为实施了冒充军人招摇撞骗的行为。招摇撞骗，是指假冒军人名义进行炫耀，实施欺骗活动。本罪的主体为一般主体。任何达到刑事责任年龄、具备刑事责任能力的自然人，都可以成为本罪的主体。本罪的主观方面为故意，且具有谋取非法利益的目的。若行为人谋取的不是非法利益，不构成本罪。如果冒充军人诈骗公私财物同时构成诈骗罪的，按照处罚较重的犯罪定罪处罚。

根据《刑法》第三百七十二条的规定，犯本罪的，处三年以下有期徒刑、拘役、管制或者剥夺政治权利；情节严重的，处三年以上十年以下有期徒刑。

【煽动军人逃离部队罪】 是指以口头、书面等形式唆使、鼓动现役军人逃离部队，情节严重的行为。本罪侵害的客体，是我国的兵役制度和部队的正常管理秩序。本罪的客观方面表现为行为人实施了以口头、书面等形式煽动军人逃离部队，情节严重的行为。煽动，是指以鼓动、唆使、怂恿等方式促使军人离开部队。其具体形式可以是用言词来煽动，也可以用书信等来煽动。情节严重，是指战时煽动军人逃离部队的；用威胁、欺骗等各种卑劣手段，煽动军人逃离部队的；煽动军人逃离部队人数多、时间长，影响极坏的；煽动在重要的岗位或者指挥、值班、值勤人员逃离部队，影响部队正常工作和战备任务完成，后果严重的等等。应该注意的是，本罪是行为犯，故本罪的成立不要求实际发生被煽动军人逃离部队的结果，只要行为人实施了煽动的行为，且情节严重，即构成本罪。本罪的主体为一般主体。凡达到刑事责任年龄、具备刑事责任能力的自然人，均可成为本罪主体。本罪的主观方面是故意，即明知被煽动人是现役军人，明知军人逃离部队是违反军纪军法的行为，仍然煽动其逃离部队。犯罪动机可能多种多样，动机如何不影响定罪。

根据《刑法》第三百七十三条的规定，犯本罪的，处三年以下有期徒刑、拘役或者管制。

【雇用逃离部队军人罪】 是指明知是逃离部队的军人而雇用，情节严重的行为。本罪侵害的直接客体是我国的兵役制度和部队的正常管理秩序。本罪的客观方面表现为行为人实施了雇用逃离部队的军人，情节严重的行为。雇用，是指以付出一定劳务报酬给被雇用人，从而获得役使受雇用人的权利。此处的雇用，是指通过付给逃离部队的军人一定形式的劳务报酬，从而令其为自己劳动。情节严重，一般是指雇用多名逃离部队军人的；多次雇用的；雇用军队机要、保密和首脑机关的人员，造成严重后果的；对逃兵委以重用的；抗拒部队将其带走的等等。本罪的主体是一般主体。凡达到刑事责任年龄、具备刑事责任能力的自然人，均可成为本罪主体。本罪的主观方面是故意，即明知军人逃离部队是违反军纪军法的行为，仍然雇用的。至于犯罪动机可能多种多样，有为企业谋利，有出自私人感情等等。动机如何，不影响定罪。

根据《刑法》第三百七十三条的规定，犯本罪的，处三年以下有期徒刑、拘役或者管制。

【接送不合格兵员罪】 是指在征兵工作中徇私舞弊，接送不合格兵员入伍，情节严重的行为。本罪侵犯的直接客体是国家征兵工作的正常活动。本罪的客观方面表现为行为人在征兵工作中徇私舞弊，接送不合格兵员入伍，情节严重的行为。其中，征兵是指按照《兵役法》规定，征集应征公民入军队服现役。“徇私舞弊”，是指征兵工作中的工作人员以权谋私，渎职违法的行为。接送不合格兵员具体表现为：（1）接送不到入伍年龄的兵员；（2）接送学历不符合征兵要求的兵员；（3）接送健康状况不符合入伍条件的兵员；（4）接送政治审查不合格的兵员；（5）接送其他不合格兵员。情节严重，一般是指由于接送不合格兵员严重影响部队建设或造成其他严重后果的；多次实施接送不合格兵员以及接送多个不合格兵员的；接送不合格兵员在部队造成恶劣影响的等等。本罪的主体为特殊主体，即在征兵工作中负有征兵职责的征兵工作人员，包括地方武装部门负责征兵工作的人员和征兵部队的武装部队工作人员。本罪的主观方面是故意。

根据《刑法》第三百七十四条的规定，犯本罪的，处三年以下有期徒刑或者拘役；造成特别严重后果的，处三年以上七年以下有期徒刑。特别严重后果，是指不合格兵员到部队后，严重影响完成作战和其他重要军事任务的；实施严重刑事犯罪的；引起重大事故，造成多人重伤、死亡的等等。

【伪造、变造、买卖武装部队公文、证件、印章罪】 是指伪造、变造、买卖武装部队公文、证件、印章的行为。本罪侵犯的客体是武装部队公文、证件、印章的管理秩序及其信誉。犯罪对象是武装部队的公文、证件、印章。本罪的客观方面表现为行为人实施了伪造、变造、买卖武装部队公文、证件、印章的行为。伪造是指无权制作的自然人、单位非法制作；变造是指利用涂改、擦消、更换照片等方式改变其真实内容的方法制作；买卖是指购买和出卖。上述行为只要具备其中一种，即可构成犯罪。本罪的主体为一般主体。只要达到刑事责任年龄、具备刑事责任能力的自然人，无论军人还是非军人，均可成为本罪的主体。本罪的主观方面为故意。其中，买卖武装部队公文、证件、印章罪必须以非法获利为目的。

根据《刑法》第三百七十五条第一款的规定，犯本罪的，处三年以下有期徒刑、拘役、管制或者剥夺政治权利；情节严重的，处三年以上十年以下有期徒刑。情节严重通常是指伪造、变造、买卖武装部队公文、证件、印章数量较大的；因伪造、变造、买卖武装部队公文、证件、印章而成为他人犯罪条件的；造成严重经济损失的；引起军政、军民、军警纠纷等严重后果的；造成恶劣影响，严重损害武装部队声誉的等等。

【盗窃、抢夺武装部队公文、证件、印章罪】 是指盗窃、抢夺武装部队公文、证件、印章的行为。本罪侵犯的客体是武装部队公文、证件、印章的管理秩序及其信誉。犯罪对象是武装部队的公文、证件、印章。本罪客观方面表现为行为人实施了盗窃、抢夺武装部队公文、证件、印章的行为。盗窃是指秘密窃取；抢夺是指趁持有人不备公然夺取。上述行为只要具备其中一种，即可构成犯罪。本罪的主体为一般主体。只要达到刑事责任年龄、具备刑事责任能力的自然人，无论军人还是非军人，均可成为本罪的主体。本罪的主观方面为故意，而且必须具有非法占有之目的。

根据《刑法》第三百七十五条第一款的规定，犯本罪的，处三年以下有期徒刑、拘役、管制或者剥夺政治权利；情节严重的，处三年以上十年以下有期徒刑。

【非法生产、买卖武装部队制式服装罪】

是指非法生产、买卖武装部队制式服装，情节严重的行为。本罪侵犯的客体是武装部队制式服装的正常管理秩序。武装部队的制式服装，是指武装部队依法按统一制式订购的，仅供武装部队官兵使用的服装，包括武装部队人员统一穿着的服装，以及其他表明武装部队性质和人员身份的军衔标志、级别资历章、姓名牌、胸标、帽徽、肩章、袖章、领花、专业符号等标志服饰。本罪的客观方面表现为非法生产、买卖武装部队制式服装的行为。非法生产、买卖武装部队制式服装，是指没有经过合法批准，擅自生产、买卖武装部队制式服装，或者具有生产、买卖资格的单位或个人超过规定数量生产、买卖武装部队制式服装。成立本罪，还要求情节严重，对此需要从非法生产、买卖武装部队制式服装的数量、次数、危害以及社会影响等进行综合衡量。本罪的主体可以是自然人，也可以是单位。本罪的主观方面是故意。其中，非法买卖武装部队制式服装罪一般以营利为目的。明知他人实施非法生产、买卖武装部队制式服装的行为，而为其生产、提供专用材料或者提供资金、账号、技术、生产经营场所等帮助的，以非法生产、买卖武装部队制式服装罪的共犯论处。

根据《刑法》第三百七十五条第二款、第四款的规定，犯本罪的，处三年以下有期徒刑、拘役或者管制，并处或者单处罚金。单位犯本罪的，对单位判处罚金，并对其直接负责的主管人员和其他直接责任人员，依照上述规定处罚。

【伪造、盗窃、买卖、非法提供、非法使用武装部队专用标志罪】 是指伪造、盗窃、买卖、非法提供、非法使用武装部队车辆号牌等专用标志，情节严重的行为。本罪侵犯的客体是军用标志的管理秩序和武装部队的信誉。犯罪对象是武装部队车辆号牌等专用标志，具体包括武装部队统一悬挂的军车号牌以及其他表明武装部队性质和人员身份的军旗、军徽、胸徽、帽徽、肩徽、袖标、领花、专业符号等，但不包括武装部队的制式服装。本罪的客观方面表现为伪造、盗窃、买卖、非法提供、非法使用武装部队车辆号牌等专用标志的行为。伪造是指仿照武装部队专用标志的内容、材料、形状、图案、色彩等，加工制作假武装部队专用标志的行为。盗窃是指秘密窃取武装部队专用标志的行为。买卖是指违反法律规定私自购买或者出售武装部队专用标志的行为。非法提供是指违反法律和有关规定，擅自将武装部队专用标志提供给武装部队以外的单位和人员使用的行为。非法使用是指违反法律和有关规定，无权使用武装部队专用标志的单位和个人使用武装部队专用标志的行为。伪造、盗窃、买卖、非法提供、非法使用武装部队专用标志只有达到情节严重的程度，才构成本罪。本罪的主体可以是自然人，也可以是单位。本罪的主观方面是故意。

根据《刑法》第三百七十五条第三款、第四款的规定，犯本罪的，处三年以下有期徒刑、拘役或者管制，并处或者单处罚金；情节特别严重的，处三年以上七年以下有期徒刑，并处罚金。单位犯本罪的，对单位判处罚金，并对其直接负责的主管人员和其他直接责任人员，依照上述规定处罚。

【战时拒绝、逃避征召、军事训练罪】 是指预备役人员在战时拒绝、逃避征召或者军事训练，情节严重的行为。本罪侵犯的客体是国家兵役管理活动。本罪的客观方面表现为预备役人员在战时拒绝、逃避征召、军事训练，情节严重的行为。拒绝，是指行为人拒不接受国家征召或军事训练。逃避，是指行为人躲避征召或军事训练。情节严重，是指拒绝、逃避行为影响作战或重要军事任务的完成，煽动多人共同拒绝、逃避，以暴力抗拒征召或军事训练等等。应注意的是本罪构成中的时间因素，即本罪只能发生在战时。战时，是指国家宣布进入战争状态、部队领受作战任务或者遭敌突然袭击时。部队执行戒严任务或者处置突发性暴力事件时，以战时论。本罪的主体是特殊主体，即只能是预备役人员。预备役人员是指编入民兵组织或者经过登记服预备役的人员，包括预备役军官和预备役人员。本罪的主观方面是故意，且具有逃避履行军事义务的目的。犯罪动机多为贪生怕死、怕苦怕累。不过动机如何不影响定罪。

根据《刑法》第三百七十六条第一款的规定，犯本罪的，处三年以下有期徒刑或者拘役。

【战时拒绝、逃避服役罪】 是指公民战时拒绝、逃避服役，情节严重的行为。本罪侵犯的直接客体是国家的兵役制度和战时的军事利益。本罪的客观方面表现为战时拒绝、逃避服役，情节严重的行为。拒绝服役是指拒不接受服兵役，包括拒不服役和抗拒服役。逃避服役是指以某种行为或虚假理由躲避服兵役，包括以自伤身体、装病、装残等方式逃避服兵役，雇人或请他人冒名顶替自己服役等。情节严重是指拒绝、逃避服役义务的；拒绝、逃避服役影响作战或其他重要任务完成的；煽动他人拒绝、逃避服役的；以暴力手段拒绝服役的，等等。此外，本罪只能发生在战时，非战时实施上述行为，不成立本罪。本罪的主体是依法应服兵役的公民。本罪的主观方面是故意。

根据《刑法》第三百七十六条第二款的规定，犯本罪的，处二年以下有期徒刑或者拘役。

【战时故意提供虚假敌情罪】 是指战时故意向武装部队提供虚假敌情，造成严重后果的行为。本罪侵犯的直接客体是我军的作战利益。本罪的客观方面表现为行为人实施了在战时故意向武装部队提供虚假敌情，造成严重后果的行为。虚假敌情，即与事实不符的有关敌人的信息，可以是凭空捏造的，也可以是经过夸大或缩小的，具体包括虚假的敌方军情和与军事有关的政治、经济、科技、气象、地理等方面的情况。严重后果，是指因提供虚假敌情而扰乱了部队的作战部署，干扰了部队的军事行动，破坏了指挥人员的作战计划和安排等。此外，本罪只能发生在战时，这是本罪成立的时间前提。本罪的主体为现役军人外的普通公民。如果现役军人战时提供虚假敌情的，应按谎报军情罪处理。本罪的主观方面是故意，即明知是虚假敌情而向武装部队提供。战时过失向武装部队提供虚假敌情的，不构成本罪。动机、目的如何，不影响定罪。

根据《刑法》第三百七十七条的规定，犯本罪的，处三年以上十年以下有期徒刑；造成特别严重后果的，处十年以上有期徒刑或者无期徒刑。“特别严重后果”，是指因行为人提供的虚假敌情致使战斗、战役遭受重大损失，影响其他重大军事行动，人员、装备、物资损失惨重等。

【战时造谣扰乱军心罪】 是指战时造谣惑众、扰乱军心的行为。本罪侵犯的客体是部队的作战利益。本罪的客观方面表现为行为人实施了战时造谣惑众、扰乱军心的行为。造谣惑众，是指制造谣言并加以散布，蛊惑官兵，或煽动厌战、怯战、恐怖情绪，或夸大、吹捧敌方势力，极力贬低我军武器的杀伤力和我军的战斗力等等。扰乱军心，是指行为人的造谣惑众致使我军军心动摇或混乱。值得注意的是，扰乱军心是本罪成立的重要客观条件。这里的扰乱军心，既指事实上已扰乱了军心，又指可能扰乱军心，即具有扰乱军心的现实危险性。本罪的主体为军人以外的达到刑事责任年龄、具有刑事责任能力的一般公民。如果军人战时造谣扰乱军心的，应按军人违反职责罪一章中第四百三十三条规定的战时造谣惑众罪处理。本罪的主观方面是故意。战时过失扰乱军心的，不以本罪论处。

根据《刑法》第三百七十八条的规定，犯本罪的，处三年以下有期徒刑、拘役或者管制；情节严重的，处三年以上十年以下有期徒刑。

【战时窝藏逃离部队军人罪】 是指战时明知是逃离部队的军人而为其提供隐蔽处所、财物，情节严重的行为。本罪侵犯的客体是部队的正常管理秩序。本罪的客观方面表现为行为人实施了在战时为逃离部队的军人提供隐蔽处所、财物，情节严重的行为。战时是本罪成立的时间前提。本罪的主体是一般主体，即凡达到刑事责任年龄、具有刑事责任能力的自然人，均可成为本罪主体。其中，多为逃离部队军人的亲属、朋友、同学、同乡。本罪的主观方面是故意，即行为人明知是逃离部队的军人而故意为其提供隐蔽处所、财物。过失不构成本罪。

根据《刑法》第三百七十九条的规定，犯本罪的，处三年以下有期徒刑或者拘役。

【战时拒绝、故意延误军事订货罪】 是指战时拒绝或故意延误军事订货，情节严重的行为。本罪侵犯的客体是部队的作战利益。本罪的客观方面表现为行为人实施了在战时拒绝或者故意延误军事订货，情节严重的行为。拒绝军事订货，是指行为人有能力接受生产军品任务，以各种理由和借口，拒不接受生产军品任务。故意延误军事订货，是指行为人故意违反合同规定，延期交付或违约交货，影响部队战时使用。而军事订货，则是指军事单位依据国家法律、法规、行政命令规定，采用协议或合同方式向军工部门或者其他经济部门所订购的，直接用于实施和保障作战行动的武器装备、军事设施，以及供应部队作战、训练、施工、科研、后勤保障等方面的军需物资。本罪的主体是特殊主体，仅限于单位。具体承担刑事责任的是负有订货义务的生产、销售单位及其直接负责的主管人员和其他直接责任人员。本罪的主观方面是故意，过失不构成本罪。动机、目的如何，不影响定罪。战时拒绝、故意延误军事订货，情节严重的行为，才构成本罪。故虽然有拒绝、延误军事订货的行为，但不是发生在战时；或者虽然发生在战时，但尚未达到情节严重的程度，均不能成立本罪。此处情节严重一般是指：有能力履行但拒绝履行军品生产任务，手段恶劣，性质严重的；因拒绝签订军事订货合同而严重影响部队完成作战任务的；因拒绝接受军事订货任务，导致部队人员伤亡，武器装备损失惨重的；因延误交货日期而导致战斗、战役失利的等等。

根据《刑法》第三百八十条的规定，犯本罪的，对单位判处罚金，并对其直接负责的主管人员和其他直接责任人员，处五年以下有期徒刑或者拘役；造成严重后果的，处五年以上有期徒刑。“造成严重后果”，是指战时因拒绝军事订货或延误交货，严重贻误战机，直接造成战斗、战役严重失利，我方人员、装备、物资严重受损等。

【战时拒绝军事征收、征用罪】 是指战时拒绝军事征收、征用，情节严重的行为。本罪侵犯的客体是军事征用的管理制度。军事征收、征用，是指国家和武装部队在特殊情况下，对机关、团体、企业、事业单位及公民个人的物资、设施和设备等强行调用或征购，以用于军事行动之目的。本罪的客观方面表现为行为人实施了在战时拒绝军事征用的行为。拒绝军事征用，是指在战时，行为人有条件有能力提供调用或征购的物资车辆和设备、设施等而拒不提供。战时是本罪成立的前提条件。故非战时拒绝军事征用，尽管情节严重，亦不构成本罪。战时拒绝军事征用，须情节严重的才能构成本罪。情节严重是指煽动他人拒绝军事征用的；以暴力、威胁方法，拒绝提供战时急需的物资、设备、设施、运输工具的；因拒绝军事征用严重影响作战等军事任务完成的；造成其他严重后果的等等。本罪的主体为一般主体。凡达到刑事责任年龄，具备刑事责任能力的自然人，均可成为本罪主体。本罪的主观方面是故意，即明知是战时出于军队或作战需要的目的，征用公民房屋、运输工具、通信设施等，而予以拒绝。动机如何不影响定罪。

根据《刑法》第三百八十一条的规定，犯本罪的，处三年以下有期徒刑或者拘役。

【贪污贿赂罪】 是指国家工作人员利用职务上的便利，贪污、受贿、利用影响力受贿、挪用公款、拥有来源不明的巨额财产、隐瞒不报境外存款，或者国有单位私分国有资产或罚没财物，以及其他与贿赂相关的行为。贪污贿赂行为的共同特点，是侵犯国家工作人员的职务廉洁性，危害国家的廉政建设制度。本类犯罪侵犯的客体是复杂客体，即国家廉政制度和公私财产所有权。国家廉政制度，是指国家制定的关于国家工作人员应当廉洁奉公，不以权谋私，不滥用职权，不徇私枉法，杜绝各种腐败行为的法律制度。本类犯罪的客观方面表现为侵害国家廉政制度情节严重的行为。其中，多数为国家工作人员利用职务之便贪污、受贿、挪用公款，也有的是与国家工作人员职务密切相关，如拒不说明巨额财产来源、隐瞒境外存款，还有的是与国家工作人员受贿具有对向性的行贿、介绍贿赂的行为。行为方式除巨额财产来源不明罪、隐瞒境外存款罪表现为不作为之外，其他犯罪通常表现为作为。本类犯罪的主体，一类是自然人，一类是单位。就自然人来说，大多数是特殊主体，即国家工作人员。少数犯罪的主体为一般主体，如行贿罪、介绍贿赂罪、利用影响力受贿罪等。就单位来说，既有纯正的单位犯罪，如私分国有资产罪，私分罚没财物罪，也有不纯正的单位犯罪，如对单位行贿罪。本类犯罪的主观方面为故意，即行为人明知自己的行为会损害国家工作人员职务的廉洁性，并且希望或放任这种结果发生。过失不能构成本类犯罪。

根据《刑法》分则第八章和有关司法解释的规定，贪污贿赂罪共 13 个具体罪名，即贪污罪、挪用公款罪、受贿罪、单位受贿罪、利用影响力受贿罪、行贿罪、对单位行贿罪、介绍贿赂罪、单位行贿罪、巨额财产来源不明罪、隐瞒境外存款罪、私分国有资产罪、私分罚没财物罪。

【贪污罪】 是指国家工作人员利用职务上的便利，侵吞、窃取、骗取或者以其他手段，非法占有公共财物的行为。本罪侵犯的客体是复杂客体，即同时侵犯了国家工作人员公务行为的廉洁性和公共财产所有权。其中，国家工作人员公务行为的廉洁性是贪污罪的主要客体。本罪的犯罪对象是公共财物，包括《刑法》第九十一条规定的公共财产，即国有财产，劳动群众集体所有的财产，用于扶贫和其他公益事业的社会捐助或专项基金的财产，以及以公共财产论的在国家机关、国有公司、企业、集体企业和人民团体管理、使用或者运输中的私人财产等。本罪在客观方面表现为行为人利用职务上的便利，以侵吞、窃取、骗取或者以其他方法非法占有公共财物的行为。利用职务上的便利，是指利用职务上主管、管理、经手公共财物的权力及方便条件，既包括利用本人职务上主管、管理公共财物的职务便利，也包括利用职务上有隶属关系的其他国家工作人员的职务便利。侵吞，是指国家工作人员利用职务上的便利，将暂时由自己合法管理、支配、使用或者经手的公共财物非法据为己有。如将自己合法管理或使用的公共财物加以扣留，应交而隐匿不交，应支付而不支付，应入账而不入账。盗窃，是指国家工作人员利用职务上的便利，秘密窃取由本人暂时合法管理、支配、使用或者经手的公共财物，即通常所说的监守自盗，如保管员将自己管理的公共财物秘密拿回家中即是。骗取，是指国家工作人员利用职务上的便利，采用虚构事实、隐瞒真相的方法，非法占有公共财物。如采购人员谎报差旅费或者多报出差费骗取公款，例如《刑法》第一百八十三条第二款的规定，国有保险公司的工作人员和国有保险公司委派到非国有保险公司从事公务的人员利用职务上的便利，故意编造未曾发生的保险事故进行虚假理赔，骗取保险金归自己所有的，以贪污罪论处。其他手段，是指国家工作人员利用职务上的便利，使用侵吞、窃取、骗取以外的其他手段、方法占有公共财物。如利用职权，巧立名目，私分大量公款、公物；冒名借出公款，存入银行取息归己等。根据 2010 年《办理国家出资企业中职务犯罪案件意见》，国家工作人员利用职务上的便利，在国家出资企业改制过程中隐匿公司、企业财产，在其不再具有国家工作人员身份后将所隐匿财产据为己有的，以贪污罪定罪处罚。本罪的主体是特殊主体，只有国家工作人员和受国家机关、国有公司、企业、事业单位或者人民团体委托，管理、经营国有财产的人员才能构成本罪。根据《刑法》规定与相关解释，包括：（1）国家机关工作人员，包括在各级国家权力机关、行政机关、审判机关、检察机关和军事机关中从事公务的人员。中国共产党的各级机关、中国人民政治协商会议的各级机关中从事公务的人员，也属于国家机关工作人员。通过伪造国家机关公文、证件成为国家工作人员以后，实施贪污罪的，以伪造国家机关公文、证件罪与贪污罪合并处罚。（2）国有公司、企业、事业单位、人民团体中从事公务的人员。（3）国家机关、国有公司、企业、事业单位委派到非国有公司、企业、事业单位、社会团体中从事公务的人员。（4）其他依照法律从事公务的人员。这些人员应具备两个特征：其一，在特定条件下行使委托管理职能；其二，依照法律规定从事公务。例如人民陪审员、人大代表等；村民委员会等村基层组织人员协助人民政府从事下列行政管理工作时属于其他依照法律从事公务的人员：救灾、抢险、防汛、优抚、移民、救济款物的管理和发放；社会捐助公益事业款物的管理和发放；土地的经营、管理和宅基地的管理；土地征收、征用补偿费用的管理和发放；代征、代缴税款；有关计划生育、户籍、征兵工作；协助人民政府从事的其他行政管理工作。（5）受国家机关、国有公司、企业、事业单位、人民团体委托管理、经营国有财产的人员。受委托管理、经营，是指因承包、租赁、临时聘用等管理、经营国有财产。本罪的主观方面是故意，并且以非法占有公共财物为目的。

根据《刑法》第三百八十二条第三款规定，与国家工作人员或者受国家机关、国有公司、企业、事业单位、人民团体委托管理、经营国有财产的人员勾结，伙同贪污的，以共犯论处。同时，根据2000年6月30日公布的《审理贪污、职务侵占案件如何认定共同犯罪司法解释》的规定，行为人与国家工作人员勾结，利用国家工作人员的职务便利，共同侵吞、窃取、骗取或者以其他手段非法占有公共财产的，以贪污罪共犯论处。

根据《刑法》第三百八十三条的规定，犯本罪的，根据情节轻重，分别依照下列规定处罚：（1）贪污数额较大或者有其他较重情节的，处三年以下有期徒刑或者拘役，并处罚金。（2）贪污数额巨大或者有其他严重情节的，处三年以上十年以下有期徒刑，并处罚金或者没收财产。（3）贪污数额特别巨大或者有其他特别严重情节的，处十年以上有期徒刑或者无期徒刑，并处罚金或者没收财产；数额特别巨大，并使国家和人民利益遭受特别重大损失的，处无期徒刑或者死刑，并处没收财产。

犯贪污罪，在提起公诉前如实供述自己罪行、真诚悔罪、积极退赃，避免、减少损害结果的发生，有前述处罚第一项规定情形的，可以从轻、减轻或者免除处罚；有前述处罚第二项、第三项规定情形的，可以从轻处罚。

犯贪污罪，有前述处罚第三项规定情形被判处死刑缓期执行的，人民法院根据犯罪情节等情况可以同时决定在其死刑缓期执行二年期满依法减为无期徒刑后，终身监禁，不得减刑、假释。

对多次贪污未经处理的，按照累计贪污数额处罚。

【挪用公款罪】 是指国家工作人员利用职务上的便利，挪用公款归个人使用，进行非法活动，或者挪用公款数额较大、进行营利活动，或者挪用公款数额较大、超过3个月未还的行为。本罪侵犯的客体是复杂客体，即公共财产所有权和国家的廉政制度。财产的所有权包括占有权、使用权、收益权与处分权。挪用公款罪的挪用仅指改变公款用途，侵犯的并非所有权的全部权能，仅是占有、使用、收益的部分权能。本罪的犯罪对象限于公款，即公共财产中呈现为货币或者有价证券形态的部分。具体而言，根据《刑法》和有关司法解释的规定，公款包括：国家、集体所有的货币资金；客户置放国有金融机构的资金；用于扶贫和其他公益事业的社会捐助或者专项基金的货币资金；由国家机关、国有公司、企业、集体企业和人民团体管理、使用或者运输中的货币资金；支票、股票、国库券等直接代表一定数额货币财产的有价证券；救灾、抢险、防汛、优抚、扶贫、移民、救济的现款或者物资等特定公物。国家工作人员利用职务上的便利，挪用国家用于救灾、抢险、防汛、优抚、扶贫、移民、救济款物归个人使用的，构成挪用公款罪。本罪的客观方面表现为行为人利用职务上的便利，挪用公款归个人使用，进行非法活动，或者挪用公款数额较大、进行营利活动，或者挪用公款数额较大、超过3个月未还的行为。利用职务上的便利，是指行为人利用主管、经手、管理公款的便利条件。挪用公款归个人使用，是指挪用者本人使用或者给他人使用。本罪具体表现为三种行为：（1）挪用公款归个人使用，进行赌博、走私等非法活动，以挪用公款三万元以上为追究刑事责任的数额起点；（2）挪用公款数额较大，归个人进行营利活动，数额较大的起点为五万元以上；（3）挪用公款归个人使用，数额较大，超过三个月未还。有下列情形之一的，属于挪用公款归个人使用：（1）将公款供本人、亲友或者其他自然人使用的；（2）以个人名义将公款供其他单位使用的；（3）个人决定以单位名义将公款供其他单位使用，谋取个人利益的。本罪的主体是特殊主体，即只有国家工作人员才能构成本罪。国家工作人员的范围，《刑法》第九十三条作了明确规定。村民委员会等村基层组织人员在协助人民政府从事行政管理工作时，利用职务上的便利挪用公款的，构成挪用公款罪。根据《最高人民法院关于审理挪用公款案件具体应用法律若干问题的解释》，挪用公款给他人使用，使用人与挪用人共谋，指使或者参与策划取得挪用款的，以挪用公款罪的共犯定罪处罚。本罪的主观方面是故意，过失不构成本罪。挪用公款的目的与动机不影响本罪的成立。

根据《刑法》第三百八十四条的规定，犯本罪的，处五年以下有期徒刑或者拘役；情节严重的，处五年以上有期徒刑。挪用公款数额巨大不退还的，处十年以上有期徒刑或者无期徒刑。挪用用于救灾、抢险、防汛、优抚、扶贫、移民、救济款物归个人使用的，从重处罚。根据《审理挪用公款案件司法解释》的规定，挪用公款情节严重，是指挪用公款数额巨大，或者数额虽未达到巨大，但挪用公款手段恶劣；多次挪用公款；因挪用公款严重影响生产、经营，造成严重损失等情形。这里的数额巨大，指在500万元以上的，但只限于挪用公款归个人使用进行营利活动或者超过3个月未还的情形。挪用公款归个人使用，进行非法活动，数额在100万以上的，即属于情节严重的情形之一。挪用公款数额巨大不退还的，是指挪用公款数额巨大，因客观原因在一审宣判前不能退还的。挪用正在生息或者需要支付利息的公款归个人使用，数额较大，超过3个月但在案发前全部归还本金的，可以从轻处罚或者免除处罚。给国家、集体造成的利息损失应予追缴。挪用公款数额巨大，超过3个月，案发前全部归还的，可以酌情从轻处罚。挪用公款数额较大，归个人进行营利活动，案发前部分或者全部归还本息的，可以从轻处罚；情节轻微的，可以免除处罚。多次挪用公款不还，挪用公款数额累计计算；多次挪用公款，并以后次挪用的公款归还前次挪用的公款，挪用公款数额以案发时未还的实际数额认定。因挪用公款索取、收受贿赂构成犯罪的，或者挪用公款进行非法活动构成其他犯罪的，均应依照数罪并罚的规定处罚。

【受贿罪】 是指国家工作人员利用职务上的便利，索取他人财物，或者非法收受他人财物，为他人谋取利益的行为。本罪侵犯的客体是国家的廉政制度。就本罪的犯罪对象而言，虽然存在财产性利益说与利益说等观点，但通说认为本罪的犯罪对象为贿赂，即《刑法》条文中的财物。本罪的客观方面表现为利用职务上的便利，索取他人财物，或者非法收受他人财物，为他人谋取利益的行为。利用职务上的便利，根据最高人民法院《全国法院审理经济犯罪案件工作座谈会纪要》，既包括利用本人职务上主管、负责、承办某项公共事务的职权，也包括利用职务上有隶属、制约关系的其他国家工作人员的职权。担任单位领导职务的国家工作人员通过不属自己主管的下级部门的国家工作人员的职务为他人谋取利益的，也应当认定为利用职务上的便利。为他人谋取利益，包括承诺、实施和实现三个阶段的行为。只要具有其中一个阶段的行为，如国家工作人员收受他人财物时，根据他人提出的具体请托事项，承诺为他人谋取利益的，就具备了为他人谋取利益的要件。明知他人有具体请托事项而收受其财物的，视为承诺为他人谋取利益。除上述索取、收受贿赂行为外，《刑法》第三百八十五条第二款和第三百八十八条还分别规定了两种以受贿论处的行为：（1）国家工作人员在经济往来中，违反国家规定，收受各种名义的回扣、手续费，归个人所有的，以受贿论处。（2）国家工作人员利用本人职权或者地位形成的便利条件，通过其他国家工作人员职务上的行为，为请托人谋取不正当利益，索取请托人财物或者收受请托人财物的，以受贿论处。同时，根据2007年《办理受贿刑事案件意见》，国家工作人员利用职务上的便利为请托人谋取利益，授意请托人以该意见所列形式，将有关财物给予特定关系人的，以受贿论处。根据《第一批指导性案例通知》第3号指导案例，国家工作人员利用职务上的便利为请托人谋取利益，并与请托人以合办公司的名义获取利润，没有实际出资和参与经营管理的，以受贿论处；国家工作人员明知他人有请托事项而收受其财物，视为承诺为他人谋取利益，是否已实际为他人谋取利益或谋取到利益，不影响受贿的认定；国家工作人员利用职务上的便利为请托人谋取利益，以明显低于市场的价格向请托人购买房屋、汽车等物品或者以明显高于市场的价格向请托人出售房屋、汽车等物品的，以受贿论处，受贿数额按照交易时当地市场价格与实际支付价格的差额计算；国家工作人员收受财物后，因与其受贿有关联的人、事被查处，为掩饰犯罪而退还的，不影响认定受贿罪。本罪的主体是特殊主体，只有国家工作人员才能构成本罪。国家工作人员的范围，《刑法》第九十三条作了明确规定，只限于在职的国家工作人员。同时，根据2000年《国家工作人员利用职务上的便利为他人谋取利益离退休后收受财物行为如何处理问题批复》，在这种情况下，构成犯罪的，以受贿罪论处；根据上述《办理受贿刑事案件意见》，国家工作人员在利用职务上的便利为请托人谋取利益之前或之后，约定在离职后收受请托人财物并收受的，以受贿论处。本罪的主观方面是故意，并且具有非法获取财物的目的。

非国家工作人员与国家工作人员勾结，伙同受贿的，应当以受贿罪的共犯追究刑事责任。非国家工作人员是否构成受贿罪共犯，取决于双方有无共同受贿的故意和行为。国家工作人员的近亲属向国家工作人员代为转达请托事项，收受请托人财物并告知该国家工作人员，或者国家工作人员明知其近亲属收受了他人财物，仍按照近亲属的要求利用职权为他人谋取利益的，对该国家工作人员应认定为受贿罪，其近亲属以受贿罪共犯论处。近亲属以外的其他人与国家工作人员通谋，由国家工作人员利用职务上的便利为请托人谋取利益，收受请托人财物后双方共同占有的，构成受贿罪共犯。国家工作人员利用职务上的便利为他人谋取利益，并指定他人将财物送给其他人，构成犯罪的，应以受贿罪定罪处罚。

根据《刑法》第三百八十六条的规定，犯本罪的，根据受贿所得数额及情节，依照《刑法》第三百八十三条关于贪污罪的处罚规定处罚。具体处罚标准是：（1）受贿数额较大或者有其他较重情节的，处三年以下有期徒刑或者拘役，并处罚金。（2）受贿数额巨大或者有其他严重情节的，处三年以上十年以下有期徒刑，并处罚金或者没收财产。（3）受贿数额特别巨大或者有其他特别严重情节的，处十年以上有期徒刑或者无期徒刑，并处罚金或者没收财产；数额特别巨大，并使国家和人民利益遭受特别重大损失的，处无期徒刑或者死刑，并处没收财产。

犯受贿罪，在提起公诉前如实供述自己罪行、真诚悔罪、积极退赃，避免、减少损害结果的发生，有前述第一项规定情形的，可以从轻、减轻或者免除处罚；有前述第二项、第三项规定情形的，可以从轻处罚。

犯受贿罪，有前述第三项规定情形被判处死刑缓期执行的，人民法院根据犯罪情节等情况可以同时决定在其死刑缓期执行二年期满依法减为无期徒刑后，终身监禁，不得减刑、假释。

对多次受贿未经处理的，按照累计受贿数额处罚。索贿的从重处罚。

【事后受贿】 是指国家工作人员与请托人事前并无约定，在国家工作人员利用职务上的便利为请托人谋取利益之后，离职之前，收受请托人财物的行为。事后受贿中，行为人在为请托人谋取利益时并没有收受请托人财物的意图。因此，从主观上看，事后受贿行为人的故意实际上是一种事后故意。关于事后受贿是否构成受贿罪，我国最高人民法院的相关司法解释明确规定，对事后受贿行为应当以受贿罪进行追究。

【单位受贿罪】 是指国家机关、国有公司、企业、事业单位、人民团体索取、非法收受他人财物，为他人谋取利益，情节严重的行为。本罪侵犯的客体是国有单位的廉洁制度。犯罪对象是财物、回扣、手续费。本罪在客观方面表现为：(1) 索取、收受他人财物，为他人谋取利益，情节严重的行为。(2) 在经济往来中，在账外暗中收受各种名义的回扣、手续费，情节严重的行为。情节严重的界定，在《人民检察院直接受理立案侦查案件立案标准规定》中有明确规定。本罪的主体是特殊主体，即国家机关、国有公司、企业、事业单位、人民团体。集体经济组织、中外合资企业、中外合作企业、外商独资企业和私营企业等，不能成为本罪的主体。本罪在主观方面表现为直接故意。

根据《刑法》第三百八十七条的规定，犯本罪的，对单位判处罚金，并对其直接负责的主管人员和其他直接责任人员，处三年以下有期徒刑或者拘役；情节特别严重的，处三年以上十年以下有期徒刑。

【利用影响力受贿罪】 是指国家工作人员的近亲属或者其他与该国家工作人员关系密切的人，通过该国家工作人员职务上的行为，或者利用该国家工作人员职权或者地位形成的便利条件，通过其他国家工作人员职务上的行为，为请托人谋取不正当利益，索取请托人财物或者收受请托人财物，数额较大或者有其他严重情节的行为。本罪侵犯的客体是国家工作人员的廉政制度。本罪的客观方面表现为法定的利用影响力受贿的行为。首先，本罪的表现形式是国家工作人员的近亲属或者其他与该国家工作人员关系密切的人，通过该国家工作人员职务上的行为，或者利用该国家工作人员职权或者地位形成的便利条件，通过其他国家工作人员职务上的行为为请托人谋取不正当利益，索取或者收受请托人财物。其次，必须是为请托人谋取不正当利益。为请托人谋取正当利益的，不构成犯罪。根据最高人民法院、最高人民检察院关于印发《办理商业贿赂刑事案件意见》的通知，谋取不正当利益，是指行贿人谋取违反法律、法规、规章或者政策规定的利益，或者要求对方违反法律、法规、规章、政策、行业规范的规定提供帮助或者方便条件。最后，必须是数额较大或者有其他严重情节的，才构成犯罪。根据刑法第三百八十八条之一第二款的规定，离职的国家工作人员或者其近亲属以及其他与其关系密切的人，利用该离职的国家工作人员原职权或者地位形成的便利条件实施相关行为的，依照利用影响力受贿罪定罪处罚。本罪的主体是特殊主体，即与国家工作人员关系密切的人、离职的国家工作人员或与其关系密切的人。具体包括：(1) 国家工作人员的近亲属，主要指夫、妻、父、母、子、女、同胞兄弟姐妹、祖父母、外祖父母、孙子女、外孙子女；(2) 近亲属以外其他与国家工作人员关系密切的人；(3) 离职的国家工作人员；(4) 离职的国家工作人员的近亲属；(5) 近亲属以外的其他与离职的国家工作人员关系密切的人。本罪的主观方面是故意。

根据《刑法》第三百八十八条之一的规定，犯本罪的，处三年以下有期徒刑或者拘役，并处罚金；数额巨大或者有其他严重情节的，处三年以上七年以下有期徒刑，并处罚金；数额特别巨大或者有其他特别严重情节的，处七年以上有期徒刑，并处罚金或者没收财产。

【行贿罪】 是指为谋取不正当利益，给予国家工作人员以财物，或者在经济往来中，违反国家规定，给予国家工作人员以财物，数额较大，或者违反国家规定，给予国家工作人员以各种名义的回扣、手续费的行为。本罪侵犯的客体是国家工作人员的廉洁性。行贿对象是国家工作人员。本罪的客观方面表现为给予国家工作人员以财物的行为。具体表现为：（1）为谋取不正当利益而给予国家工作人员以财物的行为。（2）在经济往来中，违反国家规定，给予国家工作人员以财物，数额较大的行为。（3）在经济往来中，违反国家规定，给予国家工作人员以各种名义的回扣、手续费的行为。其中第一种是典型的行贿罪，后两种是特殊形式的行贿罪。本罪的主体是一般主体，凡是年满十六周岁具有刑事责任能力的自然人都可以构成本罪。本罪的主观方面是故意。典型的行贿罪具有谋取不正当利益的目的。如果为获得正当利益而给予国家工作人员以财物的，不能构成行贿罪。这里所说的不正当利益，是指依照法律、法规、规章、制度或政策不应当得到的利益。至于行为人是否实际获取了不正当利益，并不影响犯罪的成立。

根据《刑法》第三百九十条的规定，犯本罪的，处三年以下有期徒刑或者拘役，并处罚金；因行贿谋取不正当利益，情节严重的，或者使国家利益遭受重大损失的，处三年以上十年以下有期徒刑，并处罚金；情节特别严重的，或者使国家利益遭受特别重大损失的处十年以上有期徒刑或者无期徒刑，并处罚金或者没收财产。有下列情形之一的，从重处罚：（一）多次行贿或者向多人行贿的；（二）国家工作人员行贿的；（三）在国家重点工程、重大项目中行贿的；（四）为谋取职务、职级晋升、调整行贿的；（五）对监察、行政执法、司法工作人员行贿的；（六）在生态环境、财政金融、安全生产、食品药品、防灾救灾、社会保障、教育、医疗等领域行贿，实施违法犯罪活动的；（七）将违法所得用于行贿的。行贿人在被追诉前主动交待行贿行为的，可以从轻或者减轻处罚。其中，犯罪较轻的，对调查突破、侦破重大案件起关键作用的，或者有重大立功表现的，可以减轻或者免除处罚。

【对有影响力的人行贿罪】 是指为谋取不正当利益，向国家工作人员的近亲属或者其他与该国家工作人员关系密切的人，或者向离职的国家工作人员或者其近亲属以及其他与其关系密切的人行贿的行为。本罪侵犯的客体是国家工作人员的廉政制度。本罪客观方面表现为向有影响力的人行贿。犯罪对象包括国家工作人员的近亲属或者其他与该国家工作人员关系密切的人，离职的国家工作人员或者其近亲属以及其他与其关系密切的人。本罪主体是一般主体，凡是达到刑事责任年龄具有刑事责任能力的人，均可构成本罪。单位也可成为本罪主体。本罪主观方面是故意，并且具有谋取不正当利益的目的。

根据《刑法》第三百九十条之一的规定，犯本罪的，处三年以下有期徒刑或者拘役，并处罚金；情节严重的，或者使国家利益遭受重大损失的，处三年以上七年以下有期徒刑，并处罚金；情节特别严重的，或者使国家利益遭受特别重大损失的，处七年以上十年以下有期徒刑，并处罚金。单位犯前款罪的，对单位判处罚金，并对其直接负责的主管人员和其他直接责任人员，处三年以下有期徒刑或者拘役，并处罚金。

【对单位行贿罪】 是指为谋取不正当利益，给予国家机关、国有公司、企业、事业单位、人民团体以财物，或者在经济往来中，违反国家规定，给予各种名义的回扣、手续费的行为。本罪侵犯的客体是国家工作人员职务的廉洁性与国家经济管理的正常活动。犯罪对象是财物。本罪在客观方面表现为：（1）为谋取不正当利益，给予国家机关、国有公司、企业、事业单位、人民团体财物；（2）在经济往来中，违反国家规定，给予国家机关、国有公司、企业、事业单位、人民团体各种名义的回扣、手续费。至于行贿人所要谋取的不正当利益是否客观实现，不影响本罪的构成。本罪的主体包括自然人和单位。本罪主观方面表现为直接故意，且一般具有谋取不正当利益的目的。

根据《刑法》第三百九十一条的规定，犯本罪的，处三年以下有期徒刑或拘役，并处罚金；情节严重的，处三年以上七年以下有期徒刑，并处罚金。单位犯本罪的，对单位判处罚金，并对其直接负责的主管人员和其他直接责任人员，依照上述规定处罚。

【介绍贿赂罪】 是指向国家工作人员介绍贿赂，情节严重的行为。本罪侵犯的客体是国家工作人员职务行为的廉洁性和职务行为的不可收买性。在客观方面表现为行为人在行贿人和受贿人之间进行联系、沟通关系、引荐、撮合，促使行贿与受贿得以实现，而且情节严重。本罪的主体为一般主体。本罪的主观方面为故意。

根据《刑法》第三百九十二条的规定，犯本罪的，处三年以下有期徒刑或者拘役，并处罚金。介绍贿赂人在被追诉前主动交待介绍贿赂行为的，可以减轻处罚或者免除处罚。

【单位行贿罪】 是指单位为谋取不正当利益而行贿，或者违反国家规定，给予国家工作人员以回扣、手续费，情节严重的行为。本罪侵犯的客体是国家工作人员的职务廉洁性。犯罪对象是国家工作人员或者国有单位。本罪的客观方面表现为：（1）为谋取不正当利益而向国家工作人员或者国有单位行贿的行为；（2）违反国家规定，给予国家工作人员以回扣、手续费，情节严重的行为。情节严重的界定，在《人民检察院直接受理立案侦查案件立案标准规定》中有明确规定。本罪的主体只能是单位。本罪的主观方面是故意。这种故意表现为经单位决策机构授权和同意或者由单位主要负责人决定而行贿。

根据《刑法》第三百九十三条的规定，犯本罪的，对单位判处罚金，并对其直接负责的主管人员和其他直接责任人员，处五年以下有期徒刑或者拘役，并处罚金；情节特别严重的，处三年以上十年以下有期徒刑，并处罚金。因行贿取得的违法所得归个人所有的，依照行贿罪定罪处罚。

【巨额财产来源不明罪】 是指国家工作人员的财产、支出明显超过合法收入，差额巨大，且不能说明来源的行为。本罪侵犯的客体是国家工作人员的职务廉洁性。同时，既然是巨额财产来源不明，本罪也侵犯了社会主义的财产关系，侵犯了国有财产、集体财产和公民个人的财产所有权。本罪在客观方面表现为国家工作人员的财产或支出明显超过合法收入，且差额巨大，本人不能说明其合法来源。首先，行为人拥有的财产或者支出明显超过合法收入，而且差额巨大。

这里所说的财产，指行为人实际拥有的财产，包括住房、交通工具、存款等，名义上是属于别人，实质是行为人的财产，应当属于行为人拥有的财产。这里的支出，是指行为人已经对外支付的款物，包括赠与他人的款物。合法收入，指按法律规定应属于行为人合法占有的财产，如工资、奖金、继承的遗产、接受的馈赠、捐助等。根据1999年《人民检察院直接受理立案侦查案件立案标准规定》的规定，巨额财产来源不明，数额在三十万元以上的，应予立案。其次，行为人不能说明其拥有的财产或支出与合法收入之间巨大差额的来源及其合法性。根据2003年最高人民法院《全国法院审理经济犯罪案件工作座谈会纪要》，"不能说明"，包括以下情况：（1）行为人拒不说明财产来源；（2）行为人无法说明财产的具体来源；（3）行为人所说的财产来源经司法机关查证并不属实；（4）行为人所说的财产来源因线索不具体等原因，司法机关无法查实，但能排除存在来源合法的可能性和合理性的。本罪的主体是特殊主体，即国家工作人员。本罪的主观方面为故意。

根据《刑法》第三百九十五条的规定，犯本罪的，处五年以下有期徒刑或者拘役；差额特别巨大的，处五年以上十年以下有期徒刑。财产的差额部分予以追缴。

【隐瞒境外存款罪】 是指国家工作人员违反国家规定，故意隐瞒不报在境外的存款，数额较大的行为。本罪侵犯的客体是国家工作人员的财产申报制度。本罪的客观方面表现为具有申报义务，但拒不申报在中国国境、边境以外的地区或者国家的存款，数额较大的行为。根据1999年《人民检察院直接受理立案侦查案件立案标准规定》规定，"数额较大"，是指人民币30万元以上。本罪的主体是特殊主体，即国家工作人员。本罪的主观方面为故意。

根据《刑法》第三百九十五条第二款的规定，犯本罪的，处二年以下有期徒刑或者拘役。情节较轻的，由其所在单位或者上级主管机关酌情给予行政处分。"情节较轻"，是指在境外存款数额较小，案发后主动坦白交待、认罪，态度好等情节。

【私分国有资产罪】 是指国家机关、国有公司、企业、事业单位、人民团体，违反国家规定，以单位名义将国有资产集体私分给个人，数额较大的行为。本罪侵犯的客体是国有资产所有权和国家廉政制度。犯罪对象是国有资产。国有资产以外的公共财产和非公共财产不能成为本罪的对象。本罪的客观方面表现为违反国家规定，以单位名义将国有资产私分给个人，数额较大的行为。违反国家规定，主要是指违反国家有关管理、使用、保护国有资产的法律、行政法规规定。以单位名义将国有资产私分给个人，是指经单位领导集体研究决定或者由单位负责人决定将国有资产分给单位所有成员或者绝大多数成员。如果仅是单位内少数几个人暗中私分国有资产，不能构成本罪，而是属于贪污行为。本罪的主体是特殊主体，只能由国家机关，国有公司、企业、事业单位，人民团体构成。本罪的主观方面是故意。

根据《刑法》第三百九十六条的规定，犯本罪的，对其直接负责的主管人员和其他直接责任人员，处三年以下有期徒刑或者拘役，并处或者单处罚金；数额巨大的，处三年以上七年以下有期徒刑，并处罚金。

【私分罚没财物罪】 是指司法机关、行政执法机关违反国家规定，将应当上缴国家的罚没财物，以单位名义集体私分给个人的行为。本罪侵犯的客体是司法机关、行政执法机关职责的廉洁性和国家的财产所有权。客观方面表现为违反国家规定，将应当上缴国家的罚没财物，以单位名义集体私分给个人而且数额较大。根据上述《人民检察院直接受理立案侦查案件立案标准规定》，“数额较大”，是指累计数额在10万元以上。本罪的主体是特殊主体，限于司法机关、行政执法机关等单位。主观方面为直接故意。

根据《刑法》第三百九十六条第二款的规定，犯本罪的，对其直接负责的主管人员和其他直接责任人员，处三年以下有期徒刑或者拘役，并处或者单处罚金；数额巨大的，处三年以上七年以下有期徒刑，并处罚金。

【渎职罪】 是指国家机关工作人员滥用职权、玩忽职守或者徇私舞弊，妨害国家机关的正常活动，致使公共财产、国家和人民利益遭受重大损失的行为。本类犯罪侵犯的客体是国家机关的正常活动。“国家机关”，是指国家各级权力机关、行政机关、审判机关、检察机关、军事机关等。本类犯罪在客观方面表现为滥用职权、玩忽职守或者徇私舞弊，致使公共财产、国家和人民利益遭受重大损失的行为。本类罪的行为方式可以分为三种类型：第一类是国家机关工作人员滥用职权，积极实施违背职责的行为，如民事行政枉法裁判、私放在押人员等；第二类是国家机关工作人员玩忽职守，不履行或不认真履行职责的行为，如签订、履行合同失职被骗、环境监管失职等。渎职行为必须情节严重才能构成犯罪。情节严重主要表现在渎职行为给公共财产、国家和人民利益造成重大损失。第三类是徇私舞弊型的行为，如徇私枉法、徇私舞弊减刑等。本类犯罪的主体是特殊主体，即国家机关工作人员。“国家机关工作人员”，首先指权力机关、行政机关、审判机关、检察机关和军事机关的工作人员。其次，根据全国人民代表大会常务委员会的立法解释，在依照法律法规规定行使国家行政管理职权的组织中从事公务的人员，或者在受国家机关委托代表国家机关行使职权的组织中从事公务的人员，或者虽未列入国家机关人员编制但在国家机关中从事公务的人员在代表国家机关行使职权时有渎职行为，构成犯罪的，依照《刑法》关于渎职罪的规定追究刑事责任。同时，根据有关司法解释，在乡（镇）以上中国共产党机关、人民政协机关中从事公务的人员视为国家机关工作人员。国家机关负责人员违法决定，或者指使、授意、强令其他国家机关工作人员违法履行职务或者不履行职务，构成渎职犯罪的，应当依法追究刑事责任。以“集体研究”形式实施的渎职犯罪，应当依照《刑法》分则第九章的规定追究国家机关负有责任的人员的刑事责任。对于具体执行人员，应当在综合认定其行为性质、是否提出反对意见、危害结果大小等情节的基础上决定是否追究刑事责任和应当判处的刑罚。本类犯罪在主观方面，既有由故意构成的，也有由过失构成的。如徇私枉法罪、私放在押人员罪只能由故意构成。玩忽职守罪、传染病防治失职罪、商检失职罪只能由过失构成。

【滥用职权罪】 是指国家机关工作人员滥用职权，致使公共财产、国家和人民利益遭受重大损失的行为。本罪侵犯的客体是国家机关的正常活动，犯罪对象是公共财产、国家和人民利益或者公民的人身及其财产。本罪在客观方面表现为滥用职权，致使公共财产、国家和人民利益遭受重大损失的行为。实践中，滥用职权的行为主要表现为如下四种情形：（1）超越职权，即擅自决定或处理其没有决定、处理权限的事项；（2）玩弄职权，即随心所欲地对事项作出决定或者处理；（3）故意不履行应当履行的职责，或者说任意放弃职责；（4）以权谋私、假公济私，不正确地履行职责。构成本罪，必须是造成了重大损失的行为。“重大损失”，是指具有以下情形之一：（1）造成死亡一人以上，或者重伤三人以上，或者轻伤九人以上，或者重伤二人、轻伤三人以上，或者重伤一人、轻伤六人以上的；（2）造成经济损失三十万元以上的；（3）造成恶劣社会影响的；（4）其他致使公共财产、国家和人民利益遭受重大损失的情形。概括而言，是指给国家和人民造成的重大物质性损失和非物质性损失。物质性损失一般是指人身伤亡和公私财物的重大损失，是确认滥用职权犯罪行为的重要依据；非物质性损失是指严重损害国家机关的正常活动和声誉等。此外，根据《办理妨害预防、控制突发传染病疫情等灾害的刑事案件司法解释》的规定，在预防、控制突发传染病疫情等灾害的工作中，负有组织、协调、指挥、灾害调查、控制、医疗救治、信息传递、交通运输、物资保障等职责的国家机关工作人员，滥用职权致使公共财产、国家和人民利益遭受重大损失的，可以以本罪定罪处罚。本罪的主体是国家机关工作人员，即在各级人大及其常委会、各级人民政府和各级人民法院、人民检察院中依法从事公务的人员。本罪的主观方面包括故意和过失两种。至于行为人是为了自己的利益滥用职权，还是为了他人利益滥用职权，不影响本罪的成立。

根据《刑法》第三百九十七条的规定，犯本罪的，处三年以下有期徒刑或者拘役；情节特别严重的，处三年以上七年以下有期徒刑。徇私舞弊犯滥用职权罪的，处五年以下有期徒刑或者拘役；情节特别严重的，处五年以上十年以下有期徒刑。

【玩忽职守罪】 是指国家机关工作人员玩忽职守，致使公共财产、国家和人民利益遭受重大损失的行为。本罪侵犯的客体是国家机关的正常管理活动。本罪的客观方面表现为行为人玩忽职守，致使公共财产、国家和人民遭受重大损失的行为。具体包括两项内容：（1）行为人有玩忽职守行为，包括作为与不作为。玩忽职守，是指不履行或者不正确履行职责。不履行职责是指行为人应当履行并且能够履行职责，却不履行，如擅离职守、拒绝或放弃履行职责等。不正确履行职责是指行为人不认真对待职务，错误地履行职责，如不恪尽职守，而是草率从事、搪塞敷衍、严重不负责任等。（2）行为人玩忽职守的行为致使公共财产、国家和人民利益遭受了重大损失。重大损失的标准，是指具有以下情形之一：（1）造成死亡1人以上，或者重伤3人以上，或者轻伤9人以上，或者重伤2人、轻伤3人以上，或者重伤1人、轻伤6人以上的；（2）造成经济损失30万元以上的；（3）造成恶劣社会影响的；（4）其他致使公共财产、国家和人民利益遭受重大损失的情形。此外，根据《办理妨害预防、控制突发传染病疫情等灾害的刑事案件司法解释》，在预防、控制突发传染病疫情等灾害的工作中，负有组织、协调、指挥、灾害调查、控制、医疗救治、信息传递、交通运输、物资保障等职责的国家机关工作人员，玩忽职守致使公共财产、国家和人民利益遭受重大损失的，可以以本罪定罪处罚。本罪的主体是特殊主体，即只有国家机关工作人员才能构成本罪。本罪的主观方面是过失，即行为人应当预见自己玩忽职守的行为会使公共财产、国家和人民利益遭受重大损失，由于疏忽大意而没有预见或者已经预见但轻信能够避免，以致这种结果发生。

根据《刑法》第三百九十七条第一款的规定，犯本罪的，处三年以下有期徒刑或者拘役；情节特别严重的，处三年以上七年以下有期徒刑。

【故意泄露国家秘密罪】 是指国家机关工作人员违反保守国家秘密法的规定，故意泄露国家秘密，情节严重的行为。本罪侵犯的客体是国家的保密制度。犯罪对象是国家秘密。本罪的客观方面表现为违反《保守国家秘密法》的规定，泄露国家秘密，情节严重的行为。违反保守国家秘密法的规定，主要是指违反《保守国家秘密法》和《保守国家秘密法实施条例》的规定。泄露国家秘密，致使不应该知悉国家秘密的人知悉国家秘密的行为。泄露国家秘密的行为方式是多种多样的。既可以是口头泄露，也可以是书面泄露；既可以是私下告知，也可以是公开传播；既可以是向一人泄露，也可以是向数人泄露。情节严重，根据《渎职侵权犯罪案件立案标准规定》，是指泄露绝密级国家秘密 1 项（件）以上、泄露机密级国家秘密 2 项（件）以上、泄露秘密级国家秘密 3 项（件）以上的、向非境外机构、组织、人员泄露国家秘密，造成或可能造成危害社会稳定、经济发展、国防安全或者其他严重危害后果的行为等 8 种情况，在实践中，应该综合泄露秘密的等级、数量以及造成的后果来判断。本罪的主体一般是国家机关工作人员，非国家机关工作人员也可以构成本罪。本罪的主观方面是故意。故意泄露国家秘密的动机各有不同，有的是追求私利，有的是炫耀自己，有的碍于情面，还有的是出于其他动机。动机不同，不影响本罪的成立。

根据《刑法》第三百九十八条的规定，犯本罪的，处三年以下有期徒刑或者拘役；情节特别严重的，处三年以上七年以下有期徒刑。非国家机关工作人员犯本罪的，依照上述规定酌情处罚。“情节特别严重”，通常是指泄露国家秘密已经造成严重后果的；泄露国家重要机密的；泄露国家秘密的次数多或者数量大的；向多人泄露国家秘密，危害严重的，等等。

【过失泄露国家秘密罪】 是指过失泄露国家秘密，情节严重的行为。本罪侵犯的客体是国家保密制度，犯罪对象是国家秘密。本罪的客观方面表现为行为人违反《保守国家秘密法》的规定，泄露国家秘密，情节严重的行为。情节严重，主要是指泄露国家绝密的；多次泄露国家秘密的；泄露国家秘密给国家安全和利益造成严重危害后果的等等。本罪的主体一般是国家机关工作人员。非国家机关工作人员犯本罪的，酌情处罚。本罪的主观方面是过失。

根据《刑法》第三百九十八条的规定，犯本罪的，处三年以下有期徒刑或者拘役；情节特别严重的，处三年以上七年以下有期徒刑。非国家机关工作人员犯本罪的，依照上述规定酌情处罚。

【徇私枉法罪】 是指司法工作人员徇私

枉法、徇情枉法，对明知是无罪的人而使他受追诉、对明知是有罪的人而故意包庇不使他受追诉，或者在刑事审判活动中故意违背事实和法律作枉法裁判的行为。本罪侵犯的客体是国家司法机关的正常活动。这里的司法机关，是指行使国家赋予的侦查、检察、审判、监管权力的机关，包括人民法院、人民检察院和公安机关、国家安全机关、军队保卫部门以及刑罚执行机关。本罪在客观方面具体表现为如下三种方式：（1）对明知是无罪的人使之受追诉。无罪的人，包括根本上无违法犯罪事实的人、虽有违法行为但依法不构成犯罪的人、虽然构成犯罪但根据刑事诉讼法的规定不应被追究刑事责任的人。受追诉，是指对无罪人员立案侦查、起诉或审判。（2）对明知是有罪的人而故意包庇不使其受追诉。即明知是构成犯罪并且应当依法追究其刑事责任的人，故意包庇使其不受侦查（含采用强制性措施）、起诉或者审判。故意包庇不使其受追诉的犯罪事实，既可以是全部的犯罪事实，也可以是部分的犯罪事实和情节。（3）在刑事审判活动中故意违背事实和法律作枉法裁判，如有罪判无罪，多罪判少罪，无罪判有罪，少罪判多罪或者重罪轻判，轻罪重判等。这种情况只能发生在刑事审判过程中，只有刑事审判人员才能实施这种行为而构成该罪。本罪的具体立案标准，根据《渎职侵权犯罪案件立案标准规定》，是指具有下列情形之一的：（1）对明知是没有犯罪事实或者其他依法不应当追究刑事责任的人，采取伪造、隐匿、毁灭证据或者其他隐瞒事实、违反法律的手段，以追究刑事责任为目的立案、侦查、起诉、审判的；（2）对明知是有犯罪事实需要追究刑事责任的人，采取伪造、隐匿、毁灭证据或者其他隐瞒事实、违反法律的手段，故意包庇使其不受立案、侦查、起诉、审判的；（3）采取伪造、隐匿、毁灭证据或者其他隐瞒事实、违反法律的手段，故意使罪重的人受较轻的追诉，或者使罪轻的人受较重的追诉的；（4）在立案后，采取伪造、隐匿、毁灭证据或者其他隐瞒事实、违反法律的手段，应当采取强制措施而不采取强制措施，或者虽然采取强制措施，但中断侦查或者超过法定期限不采取任何措施，实际放任不管，以及违法撤销、变更强制措施，致使犯罪嫌疑人、被告人实际脱离司法机关侦控的；（5）在刑事审判活动中故意违背事实和法律，作出枉法判决、裁定，即有罪判无罪、无罪判有罪，或者重罪轻判、轻罪重判的；（6）其他徇私枉法应予追究刑事责任的情形。本罪的主体是特殊主体，即只能是从事侦查、检察、审判、监管工作的司法工作人员。本罪的主观方面是故意，犯罪的目的是放纵罪犯或者冤枉无罪的人。犯罪动机通常是徇私、徇情。

根据《刑法》第三百九十九条第一款、第四款的规定，犯本罪的，处五年以下有期徒刑或者拘役；情节严重的，处五年以上十年以下有期徒刑；情节特别严重的，处十年以上有期徒刑。收受贿赂犯本罪，同时又构成受贿罪的，依照处罚较重的规定定罪处罚。

【民事、行政枉法裁判罪】 是指审判人员在民事、行政审判活动中故意违背事实和法律作枉法裁判，情节严重的行为。本罪侵犯的客体是人民法院正常的民事、行政审判活动。本罪在客观方面表现为行为人在民事、行政审判活动中违背事实和法律作枉法裁判，情节严重的行为。枉法裁判的行为，必须达到情节严重的程度，才能构成犯罪。情节严重，根据

《渎职侵权犯罪案件立案标准规定》，是指致使公民财产损失或者法人或者其他组织财产损失重大的，引起当事人及其亲属自杀、伤残、精神失常的，伪造有关材料、证据，制造假案枉法裁判的，串通当事人制造伪证、毁灭证据或者篡改庭审笔录而枉法裁判的，或者其他情节严重的情形。本罪的主体是司法工作人员，具体是指审判人员。本罪的主观方面为故意。

根据《刑法》第三百九十九条第二款、第四款的规定，犯本罪的，处五年以下有期徒刑或者拘役；情节特别严重的，处五年以上十年以下有期徒刑。收受贿赂犯本罪，同时又构成受贿罪的，依照处罚较重的规定定罪处罚。

【执行判决、裁定失职罪】 是指在执行判决、裁定活动中，严重不负责任，不依法采取诉讼保全措施、不履行法定执行职责，致使当事人或者他人的利益遭受重大损失的行为。本罪侵犯的客体是司法机关的正常活动。本罪侵犯的客观方面表现为严重不负责任，不依法采取诉讼保全措施、不履行法定执行职责，致使当事人或者他人的利益遭受重大损失。本罪的主体为特殊主体，即执行判决、裁定的司法工作人员。本罪的主观方面为过失。

根据《刑法》第三百九十九条第三款、第四款的规定，犯本罪的，处五年以下有期徒刑或者拘役；致使当事人或者其他人的利益遭受特别重大损失的，处五年以上十年以下有期徒刑。收受贿赂犯本罪，同时又构成受贿罪的，依照处罚较重的规定定罪处罚。

【执行判决、裁定滥用职权罪】 是指在执行判决、裁定活动中，滥用职权，违法采取诉讼保全措施、强制执行措施，致使当事人或者他人的利益遭受重大损失的行为。本罪侵犯的客体是司法机关的正常活动。本罪的客观方面表现为滥用职权，违法采取诉讼保全措施、强制执行措施，致使当事人或者他人的利益遭受重大损失。重大损失，《渎职侵权犯罪案件立案标准规定》有明确规定，主要是指具有下列情形之一的：（1）致使当事人或者其近亲属自杀、自残造成重伤、死亡，或者精神失常的；（2）造成个人财产直接经济损失 15 万元以上，或者直接经济损失不满 15 万元，但间接经济损失 75 万元以上的；（3）造成法人或者其他组织财产直接经济损失 30 万元以上，或者直接经济损失不满 30 万元，但间接经济损失 150 万元以上的；（4）造成公司、企业等单位停业、停产 1 年以上，或者破产的；（5）其他致使当事人或者其他人的利益遭受重大损失的情形。本罪的主体为特殊主体，即执行判决、裁定的司法工作人员。本罪的主观方面为故意。

根据《刑法》第三百九十九条第三款、第四款的规定，犯本罪的，处五年以下有期徒刑或者拘役；致使当事人或者其他人的利益遭受特别重大损失的，处五年以上十年以下有期徒刑。收受贿赂犯本罪，同时又构成受贿罪的，依照处罚较重的规定定罪处罚。

【枉法仲裁罪】 是指依法承担仲裁职责的人员，在仲裁活动中故意违背事实和法律作枉法裁决，情节严重的行为。本罪侵犯的客体是正常的仲裁活动和仲裁当事人的合法权益。本罪的客观方面表现为违背事实和法律作枉法裁决，情节严重的行为，如在仲裁活动中索取、接受贿赂、徇私情、徇私利并且违背事实和法律作枉法仲裁，以迫使他人实施无义务实施的事项或者妨害他人行使应当行使的权利。情节严重，目前并无司法解释明确界定，可以参照民事、行政枉法裁判罪的相关规定认定。本罪的主体为特殊主体，即具备仲裁员身份并且在具体案件中承担仲裁责任的人。本罪的主观方面为故意。过失不构成本罪。犯罪动机通常是徇私利、徇私情。

根据《刑法》第三百九十九条之一的规定，犯本罪的，处三年以下有期徒刑或者拘役；情节特别严重的，处三年以上七年以下有期徒刑。

【私放在押人员罪】 是指司法工作人员私放在押的犯罪嫌疑人、被告人或者罪犯的行为。本罪侵犯的客体是国家司法机关的监管制度。犯罪对象是在押的犯罪嫌疑人、被告人或者罪犯。本罪的客观方面表现为行为人利用职务上的便利，私放在押人员的行为。利用职务上的便利，是指利用监管在押人员的职权或者与职务有关的便利条件。私放在押人员，是指擅自、非法释放在押的犯罪嫌疑人、被告人或者罪犯，使其逃离监管机关的监控范围。监控范围包括看守、关押场所，押解途中，监外劳动、作业场所。本罪的行为方式包括以作为方式私放在押人员与以不作为方式私放在押人员。本罪的主体是特殊主体，即负有监管职责的司法工作人员。在国家监管机关工作但不具有监管职责的司法工作人员不能成为本罪的主体。本罪的主观方面为故意。犯罪动机通常是徇私情。

根据《刑法》第四百条第一款的规定，犯本罪的，处五年以下有期徒刑或者拘役；情节严重的，处五年以上十年以下有期徒刑；情节特别严重的，处十年以上有期徒刑。

【失职致使在押人员脱逃罪】 是指司法工作人员由于严重不负责任，致使在押的犯罪嫌疑人、被告人或者罪犯脱逃，造成严重后果的行为。本罪侵犯的客体是国家司法机关的监管制度。犯罪对象是在押的犯罪嫌疑人、被告人或者罪犯。本罪的客观方面表现为行为人严重不负责任，致使在押的犯罪嫌疑人，被告人或者罪犯脱逃，造成严重后果的行为。具体表现为：（1）行为人严重不负责任，即不履行或者不正确履行职责。如对有脱逃危险的在押人员不严格执行不准单独活动、不准外出做工、不准上夜班、不准做零活、不准放在要害部位、不准随意调动的“六不准”制度或者不按规定采取床位、座位、岗位、站位固定的“四固定”措施；对于监管设施、设备方面出现的可能造成在押人员脱逃的问题不及时解决；在押解途中，监外劳动、作业场所可能发生的脱逃环节不采取相应的防范措施等。（2）由于严重不负责任，致使在押人员脱逃，即致使在押人员逃离监管机关及其监管工作人员的实际控制范围。（3）造成了严重后果。本罪的主体是特殊主体，即负有监管职责的司法工作人员。本罪的主观方面是过失。

根据《刑法》第四百条第二款的规定，犯本罪的，处三年以下有期徒刑或者拘役；造成特别严重后果的，处三年以上十年以下有期徒刑。

【徇私舞弊减刑、假释、暂予监外执行罪】 是指司法工作人员徇私舞弊，对不符合减刑、假释、暂予监外执行条件的罪犯，予以减刑、假释或者暂予监外执行的行为。本罪侵犯的客体是国家司法机关对罪犯的正常监管活动。犯罪对象是罪犯，即被人民法院依法判处刑罚，正在监狱或者其他场所服刑的人。本罪的客观方面表现为对不符合减刑、假释、暂予监外执行条件的罪犯，予以减刑、假释或者暂予监外执行的行为。如果行为人利用职权弄虚作假、欺上瞒下，虚构或夸大有利于罪犯的各种事实，伪造有关证明材料，将不符合法定条件的罪犯予以减刑、假释或者暂予监外执行，即构成本罪。本罪的主体是特殊主体，即司法机关中有权决定减刑、假释、暂予监外执行的司法工作人员。本罪的主观方面是故意，即行为人明知罪犯不符合减刑、假释、暂予监外执行的条件却故意予以减刑、假释、暂予监外执行。犯罪动机是徇私情。

根据《刑法》第四百零一条的规定，犯本罪的，处三年以下有期徒刑或者拘役；情节严重的，处三年以上七年以下有期徒刑。

【徇私舞弊不移交刑事案件罪】 是指行政执法人员徇私舞弊，对依法应当移交司法机关追究刑事责任的不移交，情节严重的行为。本罪侵犯的客体是国家行政机关和司法机关的正常活动。本罪的客观方面表现为行为人对依法应当移交司法机关追究刑事责任的案件不予移交，情节严重的行为。不移交，可以是单纯的不作为，也可以是采取弄虚作假，避重就轻等欺骗方法，以作为的方式将应当追究刑事责任的案件作为行政违法案件处理，即以罚代刑，致使触犯刑律的人逃避罪责。情节严重的具体情形，《渎职侵权犯罪案件立案标准规定》中有明确规定。本罪的主体是特殊主体，即行政执法人员。本罪的主观方面是故意，即行为人明知案件的性质属于犯罪，应当移交司法机关处理却不予移交。犯罪的动机是徇私情私利。

根据《刑法》第四百零二条的规定，犯本罪的，处三年以下有期徒刑或者拘役；造成严重后果的，处三年以上七年以下有期徒刑。

【滥用管理公司、证券职权罪】 是指国家有关主管部门的国家机关工作人员，徇私舞弊，滥用职权，对不符合法律规定条件的公司设立、登记申请或者股票、债券发行、上市申请，予以批准或者登记，致使公共财产、国家和人民利益遭受重大损失的行为。本罪侵犯的客体是国家对公司、证券的正常管理活动。本罪的客观方面表现为行为人滥用职权，对不符合法律规定条件的公司设立、登记申请或者股票、债券发行、上市申请，予以批准或者登记，使公共财产、国家和人民利益遭受重大损失的行为。行为人滥用对公司、证券的批准或者登记的权力，对依法不应批准、登记的而予以批准登记，必须同时造成公共财产、国家和人民利益的重大损失才能构成犯罪。重大损失的标准，《渎职侵权犯罪案件立案标准规定》中有明确规定。本罪的主体是特殊主体，即只能是国家有关主管部门中对公司设立、登记申请或者股票、债券发行、上市申请具有批准或者登记职权的国家机关工作人员。本罪的主观方面是故意，即行为人明知公司设立、登记申请或者股票、债券发行、上市申请不符合法律规定的条件却予以批准或者登记。犯罪的动机是徇私情私利。

根据《刑法》第四百零三条的规定，犯本罪的，处五年以下有期徒刑或者拘役。上级部门强令登记机关及其工作人员实施本罪的，对其直接负责的主管人员，依照上述规定处罚。

【徇私舞弊不征、少征税款罪】 是指税务机关的工作人员徇私舞弊，不征、少征应征税款，致使国家税收遭受重大损失的行为。本罪侵犯的客体是国家的税收管理制度。本罪的客观方面表现为行为人不征或者少征应征税款，致使国家税收遭受重大损失的行为。重大损失的标准，指具有下列情形之一的：（1）徇私舞弊不征、少征应征税款，致使国家税收损失累计达10万元以上的；（2）上级主管部门工作人员指使税务机关工作人员徇私舞弊不征、少征应征税款，致使国家税收损失累计达10万元以上的；（3）徇私舞弊不征、少征应征税款不满10万元，但具有索取或者收受贿赂或者其他恶劣情节的；（4）其他致使国家税收遭受重大损失的情形。本罪的主体是特殊主体，即只能是税务机关的工作人员。本罪的主观方面是故意。犯罪的动机是徇私情。

根据《刑法》第四百零四条的规定，犯本罪的，处五年以下有期徒刑或者拘役；造成特别重大损失的，处五年以上有期徒刑。

【徇私舞弊发售发票、抵扣税款、出口退税罪】 是指税务机关的工作人员违反法律、行政法规的规定，在办理发售发票、抵扣税款、出口退税工作中，徇私舞弊，致使国家利益遭受重大损失的行为。本罪侵犯的客体是国家的税收管理制度。本罪的客观方面表现为行为人违反法律、行政法规的规定，在办理发售发票、抵扣税款、出口退税工作中，徇私舞弊，致使国家利益遭受重大损失的行为。如采用弄虚作假的欺骗手段对不应发售发票的予以发售；对不应抵扣或者应少抵扣税款的，擅自抵扣或者多抵扣；帮助他人骗取出口退税等等。上述行为给国家利益造成重大损失的，才能构成犯罪。本罪的主体是特殊主体，即税务机关的工作人员。本罪的主观方面是故意。犯罪的动机是徇私情。

根据《刑法》第四百零五条第一款的规定，犯本罪的，处五年以下有期徒刑或者拘役；致使国家利益遭受特别重大损失的，处五年以上有期徒刑。

【违法提供出口退税凭证罪】 是指税务机关工作人员以外的其他国家机关工作人员违反国家规定，在提供出口货物报关单、出口收汇核销单等出口退税凭证的工作中，徇私舞弊，致使国家利益遭受重大损失的行为。本罪侵犯的客体是国家的出口退税制度。犯罪对象是出口退税凭证。本罪的客观方面表现为行为人违反国家规定，在提供出口货物报关单、出口收汇核销单等出口退税凭证工作中弄虚作假，致使国家利益遭受重大损失的行为。如为没有出口货物者提供报关单，为没有出口收汇者提供出口收汇凭证等。违法提供出口退税凭证的行为是否造成国家利益的重大损失是区分本罪与非罪的界限。本罪的主体是税务机关工作人员以外的其他国家机关工作人员，如海关、外贸主管机关、外汇管理机关的工作人员。本罪的主观方面是故意。犯罪的动机是徇私情。

根据《刑法》第四百零五条第二款的规定，犯本罪的，处五年以下有期徒刑或者拘役；致使国家利益遭受特别重大损失的，处五年以上有期徒刑。

【国家机关工作人员签订、履行合同失职被骗罪】 是指国家机关工作人员在签订、履行合同过程中，因严重不负责任被诈骗，致使国家利益遭受重大损失的行为。本罪侵犯的客体是国家机关的正常管理活动。本罪的客观方面表现为行为人在签订、履行合同过程中，因严重不负责任被诈骗，致使国家利益遭受重大损失的行为。在签订、履行合同过程中严重不负责任，指行为人不履行或者不正确履行签订、履行合同时应尽的职责。如不认真了解对方的资信情况、经营状况，不审查有关证件、证明，盲目与对方签订合同；对对方提供的货物，不按合同的要求验收、检查即支付货款；不了解对方情况，擅自作经济担保；发现违约问题不及时采取措施，致使延误索赔期限或者被对方索赔等等。行为人因上述严重不负责任的行为而受骗，致使国家利益遭受重大损失的，才能构成犯罪。本罪的主体是特殊主体，即国家机关中负有签订、履行合同职责的工作人员。本罪的主观方面是过失。

根据《刑法》第四百零六条的规定，犯本罪的，处三年以下有期徒刑或者拘役；致使国家利益遭受特别重大损失的，处三年以上七年以下有期徒刑。

【违法发放林木采伐许可证罪】 是指林业主管部门的工作人员违反森林法的规定，超过批准的年采伐限额发放林木采伐许可证或者违反规定滥发林木采伐许可证，情节严重，致使森林遭受严重破坏的行为。本罪侵犯的客体是国家对森林资源的管理制度。本罪的客观方面表现为：（1）行为人违反森林法的规定，擅自在年度木材生产计划之外给林木采伐申请人发放林木采伐许可证，或者违反规定超范围、超时间、超限额、超林种滥发林木采伐许可证。（2）情节严重的界定，在《渎职侵权犯罪案件立案标准规定》中有明确规定。（3）致使森林遭受严重破坏。森林遭受严重破坏通常是指森林面积大幅度减少，特有林种灭绝或者其他森林资源和生态环境严重毁坏的情形。本罪的主体是特殊主体，即林业主管部门中负有发放林木采伐许可证职责的工作人员。本罪的主观方面是故意。

根据《刑法》第四百零七条的规定，犯本罪的，处三年以下有期徒刑或者拘役。

【环境监管失职罪】 是指负有环境保护监督管理职责的国家机关工作人员严重不负责任，导致发生重大环境污染事故，致使公私财产遭受重大损失或者造成人身伤亡的严重后果的行为。本罪侵犯的客体是国家对环境保护的监管制度。本罪的客观方面表现为行为人对工作严重不负责任，导致发生重大环境污染事故，致使公私财产遭受重大损失或者造成人身伤亡的严重后果的行为。重大环境污染事故，是指大气、水源、海洋、土地等环境质量标准严重不符合国家规定标准，造成重大财产损失或人身伤亡的严重事件。关于具体标准，《办理环境污染刑事案件司法解释》有明确规定。本罪的主体是特殊主体，即负有环境保护监督管理职责的国家机关工作人员。本罪的主观方面是过失。

根据《刑法》第四百零八条的规定，犯本罪的，处三年以下有期徒刑或者拘役。

【食品、药品监管渎职罪】 是指负有食品药品安全监督管理职责的国家机关工作人员，滥用职权或者玩忽职守，造成严重后果或者有其他严重情节的行为。本罪侵犯的客体是国家机关的正常管理活动，具体而言，是食品安全监管机关的正常监管活动。本罪在客观方面表现为滥用职权或者玩忽职守，造成严重后果或者有其他严重情节。本罪的行为方式表现为两种：滥用职权即超越职权范围或者违背法律授权的宗旨，违反职权行使程序行使职权；或者玩忽职守即明明负有食品药品安全监管职责而不履行或者不正确履行监管义务。本罪属于结果犯，即要求行为人的行为导致发生重大食品安全事故或者造成其他严重后果。严重后果的认定，可以参照同章规定的其他犯罪确定，但是应满足如下两个条件：（1）相应渎职犯罪的刑罚等同或高于食品药品安全监管渎职罪的刑罚；（2）相应渎职罪的立案追究情节必须与食品药品安全事故有关。本罪的主体是特殊主体，即负有食品药品安全监督管理职责的国家机关工作人员。本罪的主观方面既可以是故意，也可以是过失。在故意的场合，通常是间接故意。如果滥用职权的行为人明知其渎职行为会造成重大安全事故或其他严重后果还持希望和追求的心态，则构成其他故意犯罪。

根据《刑法》第四百零八条之一的规定，犯本罪的，处五年以下有期徒刑或者拘役；造成特别严重后果或者有其他特别严重情节的，处五年以上十年以下有期徒刑。徇私舞弊犯本罪的，从重处罚。

【传染病防治失职罪】 是指从事传染病防治的政府卫生行政部门的工作人员严重不负责任，导致传染病传播或者流行，情节严重的行为。本罪侵犯的客体是国家对传染病防治的管理制度。本罪的客观方面表现为行为人对工作严重不负责任，导致传染病传播或者流行，情节严重的行为。“严重不负责任”，是指玩忽职守，如发现重大疫情不及时报告、对传染病人不按规定采取隔离治疗或控制传播措施等。所谓传染病传播或者流行，指传染病防治法中规定的甲类、乙类或者丙类传染病疫情在一定范围内广泛散布或者蔓延。情节严重，《渎职侵权犯罪案件立案标准规定》有明确规定。本罪的主体是特殊主体，即从事传染病防治的政府卫生行政部门的工作人员。本罪的主观方面是过失。

根据《刑法》第四百零九条的规定，犯本罪的，处三年以下有期徒刑或者拘役。

【非法批准征收、征用、占用土地罪】

是指国家机关工作人员徇私舞弊，违反土地管理法规，滥用职权，非法批准征收、征用、占用土地，情节严重的行为。本罪侵犯的客体是国家的土地管理制度。本罪的客观方面表现为行为人徇私舞弊，违反土地管理法规，滥用职权，非法批准征收、征用、占用土地，情节严重的行为。征用土地，是指国家为了公共利益的需要，依法将集体所有的土地收归国家所有、使用。占用土地，指占据、使用国家或集体所有的土地。非法批准征收、征用、占用土地，必须情节严重才能构成犯罪。关于情节严重的标准，指具有下列情形之一的：（1）非法批准征收、征用、占用基本农田十亩以上的；（2）非法批准征收、征用、占用基本农田以外的耕地三十亩以上的；（3）非法批准征收、征用、占用其他土地五十亩以上的；（4）虽未达到上述数量标准，但造成有关单位、个人直接经济损失三十万元以上，或者造成耕地大量毁坏或者植被遭到严重破坏的；（5）非法批准征收、征用、占用土地，影响群众生产、生活，引起纠纷，造成恶劣影响或者其他严重后果的；（6）非法批准征收、征用、占用防护林地、特种用途林地分别或者合计十亩以上的；（7）非法批准征收、征用、占用其他林地二十亩以上的；（8）非法批准征收、征用、占用林地造成直接经济损失三十万元以上，或者造成防护林地、特种用途林地分别或者合计五亩以上或者其他林地十亩以上毁坏的；（9）其他情节严重的情形。本罪的主体是特殊主体，即只能是国家机关工作人员。本罪的主观方面是故意，即行为人明知自己批准征收、征用、占用土地的行为是非法的，仍滥用职权而为之。

根据《刑法》第四百一十条的规定，犯本罪的，处三年以下有期徒刑或者拘役；致使国家或者集体利益遭受特别重大损失的，处三年以上七年以下有期徒刑。

【非法低价出让国有土地使用权罪】 是指国家机关工作人员徇私舞弊、违反土地管理法规，滥用职权，非法低价出让国有土地使用权，情节严重的行为。本罪侵犯的客体是国家土地管理制度。本罪的客观方面表现为行为人徇私舞弊，违反土地管理法规，滥用职权，非法低价出让国有土地使用权，情节严重的行为。关于情节严重的具体标准，《渎职侵权犯罪案件立案标准规定》有明确规定。本罪的主体是特殊主体，即只能由国家机关工作人员构成。本罪的主观方面是故意，即行为人明知自己低价出让国有土地使用权是非法的，仍滥用职权而为之。犯罪的动机是徇私情。

根据《刑法》第四百一十条的规定，犯本罪的，处三年以下有期徒刑或者拘役；致使国家或者集体利益遭受特别重大损失的，处三年以上七年以下有期徒刑。

【放纵走私罪】 是指海关工作人员徇私舞弊，放纵走私，情节严重的行为。本罪侵犯的客体是国家的海关监督管理制度。本罪的客观方面表现为行为人徇私舞弊，放纵走私，情节严重的行为。放纵走私，是指对应当查缉的走私行为放任不管，如对应当查缉的走私货物、物品和走私人不予查缉、对应当征收关税和其他税费的不予征收等行为。情节严重的认定，在《渎职侵权犯罪案件立案标准规定》中有明确规定。本罪的主体是特殊主体，即只能是海关工作人员。本罪的主观方面是故意，即行为人明知是走私而故意予以放纵。犯罪的动机是徇私情。如果海关人员对工作严重不负责任，验关时不认真履行职责，导致走私者逃避海关监管的，不构成本罪，情节严重的，应按玩忽职守罪论处。

根据《刑法》第四百一十一条的规定，犯本罪的，处五年以下有期徒刑或者拘役；情节特别严重的，处五年以上有期徒刑。

【商检徇私舞弊罪】 是指国家商检部门、商检机构的工作人员徇私舞弊，伪造检验结果的行为。本罪侵犯的客体是国家的商品检验制度。商品检验，是指依照法律、法规或者有关商品质量标准的规定，对商品的品质、规格、数量、重量、包装以及是否符合安全、卫生要求进行查验、鉴定和证明。本罪的客观方面表现为行为人徇私舞弊，伪造检验结果的行为。伪造检验结果，是指对没有经过检验或者经检验不合格的商品，作出虚假的检验证明或者出示不真实的结论。具体包括对商品的质量、规格、数量、重量、包装、安全和卫生指标等内容作不符合实际的记载，对未经检验或检验不合格的商品加施商检标志或者封识等。本罪的主体是特殊主体，即只能是国家商检部门、商检机构的工作人员。本罪的主观方面是故意，即行为人故意伪造商品检验结果。犯罪的动机是徇私情。

根据《刑法》第四百一十二条第一款的规定，犯本罪的，处五年以下有期徒刑或者拘役；造成严重后果的，处五年以上十年以下有期徒刑。

【商检失职罪】 是指国家商检部门、商检机构的工作人员严重不负责任，对应当检验的物品不检验，或者延误检验出证、错误出证，致使国家遭受重大损失的行为。本罪侵犯的客体是国家的进出口商品检验制度。本罪侵犯的客观方面表现为行为人对工作严重不负责任，对应当检验的商品不检验，或者延误检验出证、错误出证，致使国家利益遭受重大损失的行为。关于“重大损失”的具体标准，指具有下列情形之一的：(1) 致使不合格的食品、药品、医疗器械等商品出入境，严重危害生命健康的；(2) 造成个人财产直接经济损失15万元以上，或者直接经济损失不满15万元，但间接经济损失75万元以上的；(3) 造成公共财产、法人或者其他组织财产直接经济损失30万元以上，或者直接经济损失不满30万元，但间接经济损失150万元以上的；(4) 未经检验，出具合格检验结果，致使国家禁止进口的固体废物、液态废物和气态废物等进入境内的；(5) 不检验或者延误检验出证、错误出证，引起国际经济贸易纠纷，严重影响国家对外经贸关系，或者严重损害国家声誉的；(6) 其他致使国家利益遭受重大损失的情形。本罪的主体是特殊主体，即只能是国家商检部门、商检机构的工作人员。本罪主观方面是过失。

根据《刑法》第四百一十二条第二款的规定，犯本罪的，处三年以下有期徒刑或者拘役。

【动植物检疫徇私舞弊罪】 是指动植物检疫机关的检疫人员徇私舞弊，伪造检疫结果的行为。本罪侵犯的客体是国家的动植物检疫制度。动植物检疫，指对动植物、动植物产品和其他检疫物，装载动植物、动植物产品和其他检疫物的装载容器、包装物，以及来自动植物疫区的运输工具，依法进行检查、防疫的活动。本罪的客观方面表现为行为人徇私舞弊，伪造检疫结果的行为。伪造检疫结果，是指对未经检疫或者检疫不合格的动植物作出检疫合格的虚假证明或者不真实的结论。本罪的主体是特殊主体，即只能是国家动植物检疫机关的检疫人员。本罪的主观方面是故意，即行为人是故意伪造动植物检疫结果。犯罪的动机是徇私情。

根据《刑法》第四百一十三条第一款的规定，犯本罪的，处五年以下有期徒刑或者拘役；造成严重后果的，处五年以上十年以下有期徒刑。

【动植物检疫失职罪】 是指动植物检疫机关的检疫人员严重不负责任，对应当检疫的检疫物不检疫，或者延误检疫出证、错误出证，致使国家利益遭受重大损失的行为。本罪侵犯的客体是国家的动植物检疫制度。本罪的客观方面表现为行为人严重不负责任，对应当检疫的检疫物不检疫，或者延误检疫出证、错误出证，致使国家利益遭受重大损失的行为。关于“重大损失”的具体标准，《渎职侵权犯罪案件立案标准规定》有明确规定。本罪的主体是特殊主体，即只能是国家动植物检疫机构的检疫人员。本罪的主观方面是过失。

根据《刑法》第四百一十三条第二款的规定，犯本罪的，处三年以下有期徒刑或者拘役。

【放纵制售伪劣商品犯罪行为罪】 是指对生产、销售伪劣商品犯罪行为负有追究责任的国家机关工作人员，徇私舞弊，不履行法律规定的追究职责，情节严重的行为。本罪侵犯的客体是国家对商品生产、销售的正常管理和对犯罪行为的追诉活动。放纵的对象是生产、销售伪劣商品的犯罪行为。本罪的客观方面表现为行为人徇私舞弊，不履行法律规定的追究职责，情节严重的行为。徇私舞弊不履行法律规定的追究职责，是指行为人出于私情而弄虚作假，对依法应当追究法律责任的生产、销售伪劣商品的犯罪行为不予追究。就“情节严重”的认定，《渎职侵权犯罪案件立案标准规定》有明确规定。本罪的主体是特殊主体，即对生产、销售伪劣商品犯罪行为负有追究责任的国家机关工作人员。本罪的主观方面是故意，即行为人明知是生产、销售伪劣商品的犯罪行为而故意不予追究。犯罪的动机是徇私情。如果负有追究生产、销售伪劣商品犯罪行为职责的国家机关工作人员，不是出于故意而是由于对工作严重不负责任，导致有关犯罪行为没有受到应有的追究，给国家和人民利益造成重大损失的，不能构成本罪，应以玩忽职守罪论处。

根据《刑法》第四百一十四条的规定，犯本罪的，处五年以下有期徒刑或者拘役。

【办理偷越国（边）境人员出入境证件罪】 是指负责办理护照、签证以及其他出入境证件的国家机关工作人员，对明知是企图偷越国（边）境的人员，予以办理出入境证件的行为。本罪侵犯的客体是国家的出入境管理制度。本罪的客观方面表现为：为企图偷越国（边）境的人员办理护照、签证或其他出入境证件的行为。出入境证件，指护照、签证、边防证、海员证、过境证、探亲证、回乡证等出入境必须持有的证件。本罪是行为犯，只要行为人为企图偷越国（边）境的人办理了出入境证件，即构成犯罪既遂。本罪的主体是特殊主体，即只能是负责办理护照、签证等出入境证件的国家机关工作人员。本罪的主观方面是故意，即行为人明知是企图偷越国（边）境的人员而为其办理出入境证件。

根据《刑法》第四百一十五条的规定，犯本罪的，处三年以下有期徒刑或者拘役；情节严重的，处三年以上七年以下有期徒刑。

【放行偷越国（边）境人员罪】 是指边防、海关等国家机关工作人员，对明知是偷越国（边）境的人员，予以放行的行为。本罪侵犯的客体是国家的国（边）境管理制度。犯罪对象是偷越国（边）境的人员。本罪的客观方面表现为对偷越国（边）境的人员予以放行的行为。放行，是指放进或放出国（边）境。本罪的主体是特殊主体，即只能是边防、海关等国家机关工作人员。本罪的主观方面是故意，即行为人明知是偷越国（边）境人员而故意予以放行。过失放行偷越国（边）境人员的，不能构成本罪。

根据《刑法》第四百一十五条的规定，犯本罪的，处三年以下有期徒刑或者拘役；情节严重的，处三年以上七年以下有期徒刑。

【不解救被拐卖、绑架妇女、儿童罪】

是指对被拐卖、绑架的妇女、儿童负有解救职责的国家机关工作人员，接到被拐卖、绑架妇女、儿童及其家属的解救要求或者接到其他人的举报，而对被拐卖、绑架的妇女、儿童不进行解救，造成严重后果的行为。本罪侵犯的客体是国家机关的正常活动，具体是指国家机关解救被拐卖、绑架妇女、儿童的正常活动。本罪的客观方面表现为行为人在接到被拐卖、绑架妇女、儿童及其家属的解救要求或者接到其他人的举报后，对被拐卖、绑架的妇女、儿童不进行解救，造成严重后果的行为。关于严重后果，《渎职侵权犯罪案件立案标准规定》有明确规定。本罪的主体是特殊主体，即只能是对被拐卖、绑架妇女、儿童负有解救职责的国家机关工作人员。本罪的主观方面是故意，一般表现为间接故意，即行为人是故意不履行解救职责，并对因此可能产生的严重后果持放任态度。

根据《刑法》第四百一十六条第一款的规定，犯本罪的，处五年以下有期徒刑或者拘役。

【阻碍解救被拐卖、绑架妇女、儿童罪】

是指负有解救被拐卖、绑架妇女、儿童职责的国家机关工作人员利用职务阻碍解救的行为。本罪侵犯的客体是国家机关解救被拐卖、绑架妇女、儿童的正常活动。本罪的客观方面表现为行为人利用职务阻碍解救被拐卖、绑架的妇女、儿童的行为。利用职务，是指利用本人主管、负责、参与、协助解救被拐卖、绑架妇女、儿童工作的便利条件。“阻碍解救”，是指为解救工作设置障碍，如刁难外来的解救人员，向其提供虚假情报；对要求解救的被拐卖、绑架的妇女、儿童及其家属进行威胁、蒙骗；为拐卖、绑架、收买妇女、儿童者通风报信等等。本罪是行为犯。行为人只要有利用职务阻碍解救的行为，即构成犯罪。本罪的主体是特殊主体，即负有解救被拐卖、绑架妇女、儿童职责的国家机关工作人员。本罪的主观方面是故意。

根据《刑法》第四百一十六条第二款的规定，犯本罪的，处二年以上七年以下有期徒刑；情节较轻的，处二年以下有期徒刑或者拘役。

【帮助犯罪分子逃避处罚罪】 是指有查禁犯罪活动职责的国家机关工作人员，向犯罪分子通风报信、提供便利，帮助犯罪分子逃避处罚的行为。本罪侵犯的客体是国家机关查禁犯罪的正常活动。本罪的客观方面表现为向犯罪分子通风报信、提供便利，帮助犯罪分子逃避处罚的行为。通风报信，指向犯罪分子泄露、告知有关部门查禁犯罪活动的部署、措施、时间、地点等情况。提供便利，指为犯罪分子提供隐藏处所、交通或通讯工具、钱物等便利条件。本罪的主体是特殊主体，即负有查禁犯罪活动职责的国家机关工作人员。本罪的主观方面是故意。行为人过失泄露查禁犯罪活动的有关情况或者因不知情而为犯罪分子提供便利的，不能构成本罪。

根据《刑法》第四百一十七条的规定，犯本罪的，处三年以下有期徒刑或者拘役；情节严重的，处三年以上十年以下有期徒刑。

【招收公务员、学生徇私舞弊罪】 是指国家机关工作人员在招收公务员、学生工作中徇私舞弊，情节严重的行为。本罪侵犯的客体是国家机关招收公务员、学生的正常活动。本罪的客观方面表现为行为人在招收公务员、学生工作中徇私舞弊，情节严重的行为。这里所说的徇私舞弊，是指行为人出于私情，弄虚作假，招收不符合条件的人员。如伪造、篡改有关证明材料，捏造、夸大或者隐瞒、掩盖某种事实，使不合格的人员入选。就情节严重的具体认定，《渎职侵权犯罪案件立案标准规定》有明确规定。本罪的主体是特殊主体，即国家机关工作人员。本罪的主观方面是故意，即行为人故意违反有关规定招收不符合条件的公务员、学生。犯罪动机是徇私情。

根据《刑法》第四百一十八条的规定，犯本罪的，处三年以下有期徒刑或者拘役。

【失职造成珍贵文物损毁、流失罪】 是指国家机关工作人员严重不负责任，造成珍贵文物损毁或者流失，后果严重的行为。本罪侵犯的客体是国家的文物保护和管理制度。犯罪对象是珍贵文物。本罪的客观方面表现为行为人严重不负责任，造成珍贵文物损毁或者流失，后果严重的行为。“严重不负责任”，是指行为人在文物管理工作中不履行或者不正确履行职责。“损毁”，是指珍贵文物受到部分损坏或者全部毁坏。“流失”，是指珍贵文物丢失或者流落民间、流传到国外。关于后果严重的标准，《渎职侵权犯罪案件立案标准规定》有明确规定。本罪的主体是特殊主体，即国家机关工作人员，主要是指国家文物保护管理部门的工作人员。本罪的主观方面是过失。

根据《刑法》第四百一十九条的规定，犯本罪的，处三年以下有期徒刑或者拘役。

【军人违反职责罪】 是指军人违反职责，危害国家军事利益，依照法律应当受刑罚处罚的行为。本类犯罪侵犯的客体是国家的军事利益。“军事利益”，是指国家的军事设施、军事装备、国防建设、武装斗争、军事后勤供给、军事技术研究等方面的利益。本类犯罪客观方面表现为行为人实施了违反军人职责、危害国家军事利益的行为。“违反军人职责”，是指行为人不遵守国家有关军事法规命令、条例等所确定的具体职责。这些职责有些是针对每个军人的、普遍性的职责，如《兵役法》第八条规定“军人必须遵守军队的命令和条例，忠于职守，随时为保卫祖国而战斗。”有些是针对特定种类的军人作出的具体的规定，如《公安消防部队执勤战斗条令》等。“危害国家军事利益”，是指行为人违反军人职责的行为导致了对国家军事利益的侵害。军人违反职责的行为，既可以表现为作为，也可以表现为不作为。特定的时间、地点如“战时”“战场”是某些具体犯罪构成的必要客观条件。如果违反军事职责的行为，情节显著轻微危害不大的，不能认定为犯罪，只能按军纪处理。本类犯罪的主体是军人。本类犯罪的主观方面多数是故意、少数是过失。有的犯罪还要求具有特定的目的、动机才能成立，如战时自伤罪必须是以逃避军事义务为目的，而投降罪则是出于贪生怕死的动机等。

【军人】 是指中国人民解放军的现役军官、文职干部、士兵及具有军籍的学员和中国人民武装警察部队的现役警官、文职干部、士兵及具有军籍的学员以及执行军事任务的预备役人员和其他人员。刑法上的军人包括：（1）中国人民解放军和中国人民武装警察部队现役军人，包括中国人民解放军的现役军官、文职干部、士兵及具有军籍的学员和中国人民武装警察部队的现役警官、文职干部、士兵及具有军籍的学员。现役军人的资格从公民被兵役机关正式批准入伍之日起始，至其被部队批准退役、退休、离休或被除名、开除之日止。在军人服役期间犯军职罪而在退役、离役之后才发现的，在没有超过追诉时效的情况下，仍应按本类犯罪处理；（2）战时预备役人员，指执行军事任务的预备役人员。根据《兵役法》的规定，预备役人员在战时拒绝、逃避征召或者军事训练，情节严重的，也可成为本类犯罪的主体；

(3) 其他军内在编职工，主要是指执行军事任务的其他军内人员。

【战时违抗命令罪】 是指军职人员战时违抗命令，对作战造成危害的行为。本罪侵犯的客体是部队的作战秩序，即作战部队在上级的统一指挥下，有条不紊地各就各位，各司其职，相互配合，顺利完成战斗任务的状况。本罪的客观方面表现为在战时违抗命令，对作战造成危害的行为。战时违抗命令罪在客观上必须具备的三个条件是：(1) 军人违抗命令的行为必须发生在战时。“战时”，根据我国刑法的规定，是指国家宣布进入战争状态、部队受领作战任务或者遭敌突然袭击时；部队执行戒严任务或处置突发性暴力事件时，以战时论。如果军人平时违抗上级命令则不构成本罪。(2) 军人战时必须有违抗作战命令的行为。所谓违抗作战命令，指拒不执行上级命令，拖延执行命令，或故意实施与命令内容相反的行为等。(3) 战时违抗命令的行为必须对作战造成危害，即由于行为违抗命令而扰乱了作战部署，贻误了战机，或者使部队遭受较大人员伤亡、物质损失等情况。如果行为人的行为尚未对作战造成危害的，应按军纪论处，不构成犯罪。根据2013年2月26日《军人违反职责罪案件立案标准的规定》，具有下列情形之一的，构成本罪：扰乱作战部署或者贻误战机的；造成作战任务不能完成或者迟缓完成的；造成我方人员死亡一人以上，或者重伤二人以上，或者轻伤三人以上的；造成武器装备、军事设施、军用物资损毁，直接影响作战任务完成的；对作战造成其他危害的。本罪的主体是战时参加作战、接受作战命令的军职人员。本罪的主观方面是故意。犯罪的动机通常是贪生怕死、畏敌怯战，或者对上级不满、居功自傲、自以为是等。

根据《刑法》第四百二十一条的规定，犯本罪的，处三年以上十年以下有期徒刑；致使战斗、战役遭受重大损失的，处十年以上有期徒刑、无期徒刑或者死刑。

【隐瞒、谎报军情罪】 是指故意隐瞒、谎报军情，对作战造成危害的行为。本罪侵犯的客体是部队的作战指挥秩序。本罪的客观方面表现为行为人隐瞒、谎报军情的行为。根据2013年2月26日最高人民检察院、解放军总政治部《军人违反职责罪案件立案标准的规定》，有下述情形之一，应追究行为人的刑事责任：(1) 造成首长、上级决策失误的；(2) 造成作战任务不能完成或者迟缓完成的；(3) 造成我方人员死亡一人以上，或者重伤二人以上，或者轻伤三人以上的；(4) 造成武器装备、军事设施、军用物资损毁，直接影响作战任务完成的；(5) 对作战造成其他危害的。本罪的主体是军职人员，主要是负有报告军情责任的人员。本罪的主观方面是故意。因过失误报或错报军情的，不构成本罪。行为人只要实施故意隐瞒或者谎报军情的一种行为，即构成本罪，实施两种行为的，仍构成一罪。

根据《刑法》第四百二十二条的规定，犯本罪的，处三年以上十年以下有期徒刑；致使战斗、战役遭受重大损失的，处十年以上有期徒刑、无期徒刑或者死刑。

【拒传、假传军令罪】 是指负有传递军令职责的军人，明知是军令而故意拒绝传递或者拖延传递，或故意伪造、篡改军令，或者明知是伪造、篡改的军令而予以传达或者发布，对作战造成危害的行为。本罪侵犯的客体是部队的作战指挥秩序。本罪的客观方面表现为行为人拒传、假传军令的行为。拒传、假传军令行为必须是给作战造成危害的，才能构成犯罪。“危害”，是指造成首长、上级决策失误的；造成作战任务不能完成或者迟缓完成的；造成我方人员死亡一人以上，或者重伤二人以上，或者轻伤三人以上的；造成武器装备、军事设施、军用物资损毁，直接影响作战任务完成的，等等。本罪的主体是负有传递军令职责的人员。本罪的主观方面是故意，即行为人明知是军令而故意拒传或者假传。

根据《刑法》第四百二十二条的规定，犯本罪的，处三年以上十年以下有期徒刑；致使战斗、战役遭受重大损失的，处十年以上有期徒刑，无期徒刑或者死刑。

【投降罪】 是指在战场上贪生怕死，自动放下武器投降敌人的行为。本罪侵犯的客体是军人的作战义务和国家的军事利益。本罪的客观方面表现为行为人在战场上自动放下武器，向敌人投降的行为。本罪的行为限定在战场上，即敌我双方直接交战的场合。“自动放下武器”，指行为人有能力使用武器作战而不作战，并不是指扔下手中的武器。“投降敌人”，指向敌人屈服、让步。本罪的主体是军职人员，具体是指有能力使用武器打击敌人的参战军职人员。在战场上因弹药耗尽、武器毁损、严重伤病、极度疲惫丧失战斗能力而被俘的军职人员不能成为本罪的主体。本罪的主观方面是故意。行为人具有贪生怕死、畏惧战斗的动机。

根据《刑法》第四百二十三条的规定。犯本罪的，处三年以上十年以下有期徒刑；情节严重的，处十年以上有期徒刑或者无期徒刑。投降后为敌人效劳的，处十年以上有期徒刑、无期徒刑或者死刑。

【战时临阵脱逃罪】 是指军职人员面临战斗时贪生怕死，脱离战斗岗位，逃避参加战斗的行为。本罪侵犯的客体是军队的作战秩序和军人的作战义务。本罪的客观方面表现为行为人在面临作战时脱离战斗岗位，逃避参加战斗的行为。面临作战时包括正在作战时和正准备作战时两种情况。无论哪种情况下脱离战斗岗位、逃避参加战斗都构成本罪。本罪的主体是参战的军职人员。本罪的主观方面是故意。

根据《刑法》第四百二十四条的规定，犯本罪的，处三年以下有期徒刑；情节严重的，处三年以上十年以下有期徒刑；致使战斗、战役遭受重大损失的，处十年以上有期徒刑、无期徒刑或者死刑。

【擅离、玩忽军事职守罪】 是指指挥人员和值班、值勤人员擅自离开正在履行职责的岗位，或者在履行职责的岗位上，严重不负责任，不履行或者不正确履行职责，造成严重后果的行为。本罪的主体是军队的管理秩序。本罪侵犯的客观方面表现为行为人擅离职守或者玩忽职守，造成严重后果的行为。“严重后果”，最高人民检察院、解放军总政治部《军人违反职责罪案件立案标准的规定》中有具体规定。本罪的主体是军队中的指挥人员、值班、值勤人员。指挥人员，是指对部队或者部属负有组织、领导、管理职责的人员。专业主管人员在其业务管理范围内，被视为指挥人员；“值班人员”，是指军队各单位、各部门为保持指挥或者履行职责不间断而设立的、负责处理本单位、本部门特定事务的人员；“值勤人员”，是指正在担任警卫、巡逻、观察、纠察、押运等勤务，或者作战勤务工作的人员。本罪的主观方面是过失。

根据《刑法》第四百二十五条的规定，犯本罪的，处三年以下有期徒刑或者拘役；造成特别严重后果的，处三年以上七年以下有期徒刑；战时犯本罪的，处五年以上有期徒刑。

【阻碍执行军事职务罪】 是指以暴力、威胁方法，阻碍指挥人员或者值班、值勤人员执行职务的行为。本罪侵犯的客体是军队的正常活动。本罪的客观方面表现为行为人以暴力、威胁方法，阻碍指挥人员或者值班、值勤人员执行职务的行为。本罪的主体是军职人员。本罪的主观方面是故意，即行为人明知是正在执行职务的指挥人员或者值班、值勤人员而故意施以暴力、威胁，阻碍其正常地执行职务。

根据《刑法》第四百二十六条的规定，犯本罪的，处五年以下有期徒刑或者拘役；情节严重的，处五年以上十年以下有期徒刑；情节特别严重的，处十年以上有期徒刑或者无期徒刑。战时从重处罚。

【指使部属违反职责罪】 是指指挥人员滥用职权，指使部属进行违反职责的活动，造成严重后果的行为。本罪侵犯的客体是军队的正常活动。本罪的客观方面表现为行为人滥用职权，指使部属进行违反职责的活动，造成严重后果的行为。“严重后果”，根据最高人民检察院、解放军总政治部《军人违反职责罪案件立案标准的规定》，是指造成重大任务不能完成或者迟缓完成；造成死亡一人以上，或者重伤二人以上，或者重伤一人、轻伤三人以上，或者轻伤五人以上；造成武器装备、军事设施、军用物资或者其他财产损毁，直接经济损失二十万元以上，或者直接经济损失、间接经济损失合计一百万元以上；或者造成其他严重后果。本罪的主体是军队中的各级指挥人员，不包括普通士兵。本罪的主观方面是故意。

根据《刑法》第四百二十七条的规定，犯本罪的，处五年以下有期徒刑或者拘役；情节特别严重的，处五年以上十年以下有期徒刑。

【违令作战消极罪】 是指指挥人员违抗命令，临阵畏缩，作战消极，造成严重后果的行为。本罪的主体是军人的作战义务和国家的军事利益。本罪的客观方面表现为在作战中故意违背、抗拒执行首长、上级的命令，面临战斗任务而畏难怕险，怯战怠战，行动消极，造成严重后果的行为。“严重后果”，是指扰乱作战部署或者贻误战机，造成作战任务不能完成或者迟缓完成；造成我方人员死亡一人以上，或者重伤二人以上，或者轻伤三人以上；造成武器装备、军事设施、军用物资或者其他财产损毁，直接经济损失二十万元以上，或者直接经济损失、间接经济损失合计一百万元以上等情形。本罪的主体是参战部队的指挥人员。本罪的主观方面是故意。

根据《刑法》第四百二十八条的规定，犯本罪的，处五年以下有期徒刑；致使战斗、战役遭受重大损失或者有其他特别严重情节的，处五年以上有期徒刑。

【拒不救援友邻部队罪】 是指指挥人员

在战场上，明知友邻部队面临被敌人包围、追击或者阵地将被攻陷等危急情况请求救援，能救援而不救援，致使友邻部队遭受重大损失的行为。本罪侵犯的客体是军队的作战利益。本罪的客观方面表现为行为人在战场上明知友邻部队分段处境危急请求救援，能救援而不救援，致使友邻部队遭受重大损失的行为。拒不救援友邻部队罪客观方面可以由五个相互联系的要素组成：（1）行为发生的地点是特定的，即在战场上，也即敌我双方直接交战的地方。如果行为人的行为不是发生在战场上，而是在战场之外的其他场合，则不能构成拒不救援友邻部队罪。（2）行为发生的时间是特定的，即友邻部队处境危急请求救援的时刻。“处境危急”，是指遭到敌人的埋伏、伏击或者袭击等有可能遭受重大失利的紧急情形。比如，友邻部队被敌军包围、追击或者阵地将被攻陷等。（3）行为人有能力救援而不救援，即根据当时自己部队所处环境、作战能力及担负的任务，完全有条件组织支援却没有组织支援。如果客观上无救援条件和能力，比如自己已经处于危急境地，难以自保，或者为了整体战略的需要，而无法救援的，则不构成本罪。（4）使友邻部队遭受重大损失。这是本罪构成的结果要件。“重大损失”，是指造成战斗失利；造成阵地失陷；造成突围严重受挫；造成我方人员死亡 3 人以上，或者重伤 10 人以上，或者轻伤 15 人以上；造成武器装备、军事设施、军用物资损毁，直接经济损失 100 万元以上；或者造成其他重大损失的。（5）友邻部队遭受重大损失与行为人拒不救援之间具有因果关系。如果友邻部队遭受重大损失不是由于行为人的行为所致，而是其他的原因所导致的，则不能追究行为人的刑事责任。本罪的主体是部队的各级指挥人员。本罪的主观方面是故意。

根据《刑法》第四百二十九条的规定，犯本罪的，处五年以下有期徒刑。

【军人叛逃罪】 是指军人在履行公务期间，擅离岗位，叛逃境外或者在境外叛逃，危害国家军事利益的行为。本罪侵犯的客体是国家的军事利益及永不叛国的义务。本罪的客观方面表现为行为人在履行公务期间，擅离岗位，叛逃境外或者在境外叛逃，危害国家军事利益的行为。叛逃，是指逃向国外、境外不归，或者利用因公出境之机滞留国外、境外不归，以及逃往外国驻华使馆、领馆的行为。叛逃行为必须是发生在履行公务期间，并且给国家军事利益造成危害的，才能构成本罪。军人叛逃具有如下情形之一的，应当追究行为人的刑事责任：（1）因反对国家政权和社会主义制度而出逃的；（2）掌握、携带军事秘密出境后滞留不归的；（3）申请政治避难的；（4）公开发表叛国言论的；（5）投靠境外反动机构或者组织的；（6）出逃至交战对方区域的；（7）进行其他危害国家军事利益活动的。如果行为人是因私合法出境后与派出单位和有关部门脱离关系，并滞留境外不归的，属于出走，不应认定在境外叛逃，但其如在境外有投敌叛变的行为，则可以投敌叛变罪论处。本罪的主体是正在履行公务的军职人员。在非履行公务期间逃往境外的军职人员，不能成为本罪的主体。本罪的主观方面是故意，即行为人明知自己的行为是叛逃行为，将对国家安全造成危害结果，却希望或者放任这一危害结果的发生。行为人因贪图享受、求学、婚嫁和其他一些个人原因出逃，在境外没有实施背叛国家言行的，不应认定其有背叛国家的目的。

根据《刑法》第四百三十条的规定，犯本罪的，处五年以下有期徒刑或者拘役；情节严重的，处五年以上有期徒刑；驾驶航空器、舰船叛逃的，或者有其他特别严重情节的，处十年以上有期徒刑、无期徒刑或者死刑。情节严重，主要是指指挥人员或者其他担负重要职责的人员叛逃的；策动他人叛逃的；战时叛逃的；携带军事秘密叛逃的等等。其他特别严重情节，主要是指劫持航空器、舰船叛逃的；胁迫他人叛逃的；策动多人或负有重要职责人员叛逃的；携带重要或者大量军事秘密叛逃的；叛逃后积极从事危害国家利益的活动的等等。

【非法获取军事秘密罪】 是指违反国家和军队的保密规定，采取窃取、刺探、收买方法，非法获取军事秘密的行为。本罪侵犯的客体是国家军事秘密的保密制度和军事秘密的安全。本罪的客观方面表现为行为人以窃取、刺探、收买方法，非法获取军事秘密的行为。根据2013年最高人民检察院、解放军总政治部《军人违反职责罪案件立案标准的规定》，军事秘密，是关系国防安全和军事利益，依照规定的权限和程序确定，在一定时间内只限一定范围的人员知悉的事项。内容包括：（1）国防和武装力量建设规划及其实施情况；（2）军事部署，作战、训练以及处置突发事件等军事行动中需要控制知悉范围的事项；（3）军事情报及其来源，军事通信、信息对抗以及其他特种业务的手段、能力、密码以及有关资料；（4）武装力量的组织编制，部队的任务、实力、状态等情况中需要控制知悉范围的事项，特殊单位以及师级以下部队的番号；（5）国防动员计划及其实施情况；（6）武器装备的研制、生产、配备情况和补充、维修能力，特种军事装备的战术技术性能；（7）军事学术和国防科学技术研究的重要项目、成果及其应用情况中需要控制知悉范围的事项；（8）军队政治工作中不宜公开的事项；（9）国防费分配和使用的具体事项，军事物资的筹措、生产、供应和储备等情况中需要控制知悉范围的事项；（10）军事设施及其保护情况中不宜公开的事项；（11）对外军事交流与合作中不宜公开的事项；（12）其他需要保密的事项。本罪的主体是军职人员。本罪的主观方面是故意。

根据《刑法》第四百三十一条第一款的规定，犯本罪的，处五年以下有期徒刑；情节严重的，处五年以上十年以下有期徒刑；情节特别严重的，处十年以上有期徒刑。

【为境外窃取、刺探、收买、非法提供军事秘密罪】 是指违反国家和军队的保密规定，为境外的机构、组织、人员窃取、刺探、收买、非法提供军事秘密的行为。本罪侵犯的客体是国家军事秘密的保密制度和军事秘密的安全。本罪的客观方面表现为行为人为境外的机构、组织、人员窃取、刺探、收买、非法提供军事秘密的行为。本罪的主体是军职人员。本罪的主观方面是故意。

根据《刑法》第四百三十一条第二款的规定，犯本罪的，处五年以上十年以下有期徒刑；情节严重的，处十年以上有期徒刑、无期徒刑或者死刑。

【故意泄露军事秘密罪】 是指违反保守国家秘密法规，故意泄露军事秘密，情节严重的行为。本罪侵犯的客体是军事秘密的安全。本罪在客观方面表现为违反保密法规，故意泄露军事秘密，情节严重的行为。“违反保密法规”，是指违反国家颁布的《保守国家秘密法》及其实施条例，中央军委以及解放军各总部和各军、兵种制定的保密规章等。情节严重，是指具有以下情形之一：泄露绝密级或者机密级军事秘密一项（件）以上的；泄露秘密级军事秘密三项（件）以上的；向公众散布、传播军事秘密的；泄露军事秘密造成严重危害后果的；利用职权指使或者强迫他人泄露军事秘密的；负有特殊保密义务的人员泄密的；以牟取私利为目的泄露军事秘密的；执行重大任务时泄密的，等等。本罪的主体是军人。本罪的主观方面是故意，即行为人明知自己的行为违反保密法规，会造成泄露军事秘密的危害结果而为之。

根据《刑法》第四百三十二条的规定，犯本罪的，处五年以下有期徒刑或者拘役；情节特别严重的，处五年以上十年以下有期徒刑。战时犯前款罪的，处五年以上十年以下有期徒刑；情节特别严重的，处十年以上有期徒刑或者无期徒刑。

【过失泄露军事秘密罪】 是指违反国家和军队的保密规定，过失泄露军事秘密，致使军事秘密被不应知悉者知悉或者超出了限定的接触范围，情节严重的行为。本罪侵犯的客体是国家军事秘密的保密制度和军事秘密的安全。本罪的客观方面表现为行为人违反保守国家秘密法规，过失泄露军事秘密，情节严重的行为。本罪的主体是军职人员。本罪的主观方面是过失。

根据《刑法》第四百三十二条的规定，犯本罪的，处五年以下有期徒刑或者拘役；情节特别严重的，处五年以上十年以下有期徒刑。战时犯本罪的，处五年以上十年以下有期徒刑；情节特别严重的，处十年以上有期徒刑或者无期徒刑。

【战时造谣惑众罪】 是指战时造谣惑众，动摇军心的行为。本罪侵犯的客体是军队的作战秩序。本罪的客观方面表现为行为人在战时造谣惑众，动摇军心的行为。“造谣惑众、动摇军心”，是指故意编造、散布谣言，煽动怯战、厌战或者恐怖情绪，蛊惑官兵，造成或者足以造成部队情绪恐慌、士气不振、军心涣散。动摇军心可以是造谣惑众实际造成的危害后果，也可以是可能造成的危害后果。只要行为人造谣惑众的行为足以动摇军心，即构成本罪。本罪的主体是军职人员。本罪的主观方面是故意。

根据《刑法》第四百三十三条的规定，犯本罪的，处三年以下有期徒刑；情节严重的，处三年以上十年以下有期徒刑；情节特别严重的，处十年以上有期徒刑或者无期徒刑。

【战时自伤罪】 是指战时自伤身体，逃避军事义务的行为。本罪侵犯的客体是军人的作战义务和军队的作战利益。本罪的客观方面表现为行为人在战时自伤身体，逃避军事义务的行为。“逃避军事义务”，是指逃避临战准备、作战行动、战场勤务和其他作战保障任务等与作战有关的义务；“自伤身体”，是指行为人有意识地自行伤害自己的身体或者授意他人伤害自己的身体，包括加重已有的伤害。自伤身体的行为必须发生在战时才能构成本罪。本罪的主体是军职人员。本罪的主观方面是故意，并且具有逃避军事义务的目的。如果行为人自伤身体的目的不是为了逃避军事义务，而是为了骗取荣誉或者掩盖作战失误，不能构成本罪。

根据《刑法》第四百三十四条的规定，犯本罪的，处三年以下有期徒刑；情节严重的，处三年以上七年以下有期徒刑。

【逃离部队罪】 是指违反兵役法规，逃离部队，情节严重的行为。本罪侵犯的客体是国家的兵役制度。本罪的客观方面表现为行为人违反兵役法规，逃离部队，情节严重的行为。“违反兵役法规”，是指违反国防法、兵役法和军队条令条例以及其他有关兵役方面的法律规定。“逃离部队”，是指擅自离开部队或者经批准外出逾期拒不归队。“情节严重”，根据最高人民检察院、解放军总政治部《军人违反职责罪案件立案标准的规定》，指逃离部队持续时间达三个月以上或者三次以上或者累计时间达六个月以上的，担负重要职责的人员逃离部队的，策动三人以上或者胁迫他人逃离部队的，在执行重大任务期间逃离部队的，携带武器装备逃离部队的或者有其他情节严重行为的。本罪的主体是具有服兵役义务的现役军人，包括现役军官（警官）、文职干部、士兵和具有军籍的学员。鉴于《刑法》第三百七十六条第一款已专门规定了预备役人员战时拒绝、逃避征召或者军事训练的犯罪，因此预备役人员在战时拒绝、逃避征召或者军事训练的犯罪，在战时执行军事任务期间擅自离队，拒绝执行军事任务的，可直接根据《刑法》第三百七十六条第一款追究刑事责任，不必列为本罪的犯罪主体。本罪的主观方面是故意。

根据《刑法》第四百三十五条的规定，犯本罪的，处三年以下有期徒刑或者拘役。战时犯本罪的，处三年以上七年以下有期徒刑。

【武器装备肇事罪】 是指违反武器装备使用规定，情节严重，因而发生责任事故，致人重伤、死亡或者造成其他严重后果的行为。本罪侵犯的客体是军队武器装备管理制度。本罪的犯罪对象是武器装备。“武器装备”是指部队用于实施和保障作战行动的武器、武器系统和军事技术准备，通常包括冷兵器、枪械、火炮、导弹、弹药、爆破器材、坦克及其他装甲战斗车辆、侦察探测器材、军用测绘器材、气象保障器材、雷达、辅助飞机、勤务舰船、军用车辆等。本罪的客观方面表现为行为人违反武器装备使用规定，情节严重，因而发生责任事故，致人重伤、死亡或者造成其他严重后果的行为。武器装备使用规定，是指中央军委、各总部、各军兵种根据各种武器装备的用途和技术性能制定和颁发的，关于武器装备的日常维护保养、保管、检查及使用的规定，以及各种武器装备的操作规程和安全规范等。武器装备肇事在客观方面首先表现为行为人的行为违反了这些规章制度，即具有违章行为。“情节严重”，是指具有以下情形之一：影响重大任务完成的；造成死亡一人以上，或者重伤二人以上，或者轻伤三人以上的；造成武器装备、军事设施、军用物资或者其他财产损毁，直接经济损失三十万元以上，或者直接经济损失、间接经济损失合计一百五十万元以上的；严重损害国家和军队声誉，造成恶劣影响的；造成其他严重后果的，等等。本罪的主体是军人，主要是武器装备的使用管理人员。本罪的主观方面是过失，但行为人对违反武器装备使用规定可能是明知故犯。

根据《刑法》第四百三十六条的规定，犯本罪的，处三年以下有期徒刑或者拘役；后果特别严重的，处三年以上七年以下有期徒刑。“后果特别严重”，主要是指造成多人重伤、死亡的；造成重大火灾、爆炸、核污染或者使公私财产遭受特别重大损失的；毁损重要军事装备的；严重危害军事行动或者军事科学研究的，等等。

【擅自改变武器装备编配用途罪】 是指违反武器装备管理规定，擅自改变武器装备的编配用途，造成严重后果的行为。本罪侵犯的客体是军队武器装备的管理制度。本罪的客观方面表现为行为人违反武器装备管理规定，擅自改变武器装备的编配用途，造成严重后果的行为。擅自改变武器装备的编配用途，是指行为人未经上级批准，自作主张，将武器装备改作其他用途。“严重后果”，是指造成重大任务不能完成或者迟缓完成；造成死亡一人以上，或者重伤三人以上，或者重伤二人、轻伤四人以上，或者重伤一人、轻伤七人以上，或者轻伤十人以上；造成武器装备、军事设施、军用物资或者其他财产损毁，直接经济损失三十万元以上，或者直接经济损失、间接经济损失合计一百五十万元以上的，等等。本罪的主体是军职人员，主要是军队各级指挥人员或者武器装备的管理人员。本罪的主观方面是过失。

根据《刑法》第四百三十七条的规定，犯本罪的，处三年以下有期徒刑或者拘役；造成特别严重后果的，处三年以上七年以下有期徒刑。

【盗窃、抢夺武器装备、军用物资罪】

是指以非法占有为目的，秘密窃取或者公然夺取军队的武器装备、军用物资的行为。本罪侵犯的客体是军队对武器装备、军用物资的所有权和国家军事利益。本罪的客观方面表现为行为人盗窃、抢夺武器装备、军用物资的行为。这里所说的武器装备、军用物资，指部队在编的、正在使用的和储存备用的武器装备或者军用物资，不包括已经退役报废的武器装备、军用物资。军用物资，是指武器装备以外的供军事上使用的物质资料，如军用被服、粮秣、药品、油料、建筑材料等。根据最高人民检察院、解放军总政治部《军人违反职责罪案件立案标准的规定》的规定，盗窃武器装备罪是指以非法占有为目的，秘密窃取武器装备的行为；抢夺武器装备罪是指以非法占有为目的，乘人不备，公然夺取武器装备的行为；盗窃军用物资罪是指以非法占有为目的，秘密窃取军用物资的行为；抢夺军用物资罪是指以非法占有为目的，乘人不备，公然夺取军用物资的行为。凡涉嫌盗窃、抢夺武器装备的，即应予以立案；凡涉嫌盗窃、抢夺军用物资价值2000元以上，或者不满规定数额，但后果严重的，应予立案追究刑事责任。本罪为选择性罪名，行为人只要具有盗窃、抢夺武器装备、军用物资其中一种行为就构成本罪；具有两种行为的，仍为一罪，不实行并罚。本罪的主体是军职人员，非军职人员可以构成共犯。本罪的主观方面是直接故意，即行为人具有非法占有武器装备、军用物资的目的。

根据《刑法》第四百三十八条的规定，犯本罪的，处五年以下有期徒刑或者拘役；情节严重的，处五年以上十年以下有期徒刑；情节特别严重的，处十年以上有期徒刑、无期徒刑或者死刑。盗窃、抢夺枪支、弹药、爆炸物的，依照刑法关于盗窃、抢夺枪支、弹药、爆炸物罪的规定处罚。

【非法出卖、转让武器装备罪】 是指违反武器装备管理规定，非法出卖、转让军队武器装备的行为。本罪侵犯的客体是军队对武器装备的所有权和国家的军事利益。犯罪对象是部队在编的，正在使用的以及储存备用的武器装备。本罪的客观方面表现为行为人非法出卖、转让武器装备的行为。出卖、转让，是指违反武器装备管理规定，未经有权机关批准，擅自用武器装备换取金钱、财物或者其他利益，或者将武器装备馈赠他人的行为。非法出卖、转让武器装备具有下述情形之一的，应当追究行为人的刑事责任：（1）非法出卖、转让枪支、手榴弹、爆炸装置的；（2）非法出卖、转让子弹10发、雷管30枚、导火索或者导爆索30米、炸药1000克以上，或者不满规定数量，但后果严重的；（3）非法出卖、转让武器装备零部件或者维修器材、设备，致使武器装备报废或者直接经济损失30万元以上的；（4）非法出卖、转让其他重要武器装备的。本罪的主体是特殊主体，即军人。本罪的主观方面是故意，即行为人明知自己是非法出卖、转让武器装备却故意为之。本罪的目的一般是牟利。

根据《刑法》第四百三十九条的规定，犯本罪的，处三年以上十年以下有期徒刑；出卖、转让大量武器装备或者有其他特别严重情节的，处十年以上有期徒刑、无期徒刑或者死刑。

【遗弃武器装备罪】 是指违抗命令，遗弃武器装备的行为。本罪侵犯的客体是军队武器装备的管理制度。本罪的客观方面表现为行为人违抗命令，遗弃武器装备的行为。“违抗命令”，是指违背和抗拒执行上级命令。“遗弃”，是指抛弃、丢掉，弃之不顾。根据作战需要，经批准丢掉武器装备的行为，不能构成本罪。根据最高人民检察院、解放军总政治部《军人违反职责罪案件立案标准的规定》，具有下列情形之一的，构成本罪：遗弃枪支、手榴弹、爆炸装置的；遗弃子弹10发、雷管30枚、导火索或者导爆索30米、炸药1千克以上，或者不满规定数量，但后果严重的；遗弃武器装备零部件或者维修器材、设备，致使武器装备报废或者直接经济损失30万元以上的；遗弃其他重要武器装备的。本罪的主体是拥有武器装备的军职人员。本罪的主观方面是故意，即行为人故意违抗上级命令，遗弃武器装备。过失不能构成本罪。

根据《刑法》第四百四十条的规定，犯本罪的，处五年以下有期徒刑或者拘役；遗弃重要或者大量武器装备的，或者有其他严重情节的，处五年以上有期徒刑。

【遗失武器装备罪】 是指遗失武器装备，不及时报告或者有其他严重情节的行为。本罪侵犯的客体是军队武器装备的管理制度。本罪的客观方面表现为行为人遗失武器装备，不及时报告或者有其他严重情节的行为。“遗失武器装备”，是指武器装备在使用、保管过程中丢失。不及时报告，包括不报告和拖延报告两种情况。“其他严重情节”，是指遗失武器装备严重影响重大任务完成的；给人民群众生命财产安全造成严重危害的；遗失的武器装备被敌人或者境外的机构、组织和人员或者国内恐怖组织和人员利用，造成严重后果或者恶劣影响的；遗失的武器装备数量多、价值高的；战时遗失的等等。行为人虽然遗失了武器装备，但及时向上级作了报告或者没有其他严重情节的，不能构成本罪。本罪的主体是军职人员，主要是武器装备的使用、管理人员。本罪的主观方面是过失。

根据《刑法》第四百四十一条的规定，犯本罪的，处三年以下有期徒刑或者拘役。

【擅自出卖、转让军队房地产罪】 是指违反军队房地产管理和使用规定，未经有权机关批准，擅自出卖、转让军队房地产，情节严重的行为。本罪侵犯的客体是军队房地产所有权。犯罪对象是军队房地产，即依法由军队使用管理的土地及其地上地下用于营房保障的建筑物、构筑物、附属设施设备，以及其他附着物。本罪的客观方面表现为行为人违反规定，擅自出卖、转让军队房地产，情节严重的行为。违反规定，是指违反有关军队房地产管理和使用的规定。“情节严重”，是指擅自出卖、转让军队房地产价值三十万元以上的；擅自出卖、转让军队房地产给境外的机构、组织、人员的；擅自出卖、转让军队房地产严重影响部队正常战备、训练、工作、生活和完成军事任务的；擅自出卖、转让军队房地产给军事设施安全造成严重危害的，等等。本罪的主体一般是军队房地产管理人员或者主管人员。本罪的主观方面是故意。

根据《刑法》第四百四十二条的规定，犯本罪，对直接责任人员，处三年以下有期徒刑或者拘役；情节特别严重的，处三年以上十年以下有期徒刑。

【虐待部属罪】 是指滥用职权，虐待部属，情节恶劣，致人重伤、死亡或者造成其他严重后果的行为。本罪侵犯的客体是军队的官兵关系和部属的人身权利，犯罪对象是部属，即与行为人有隶属关系的下级军职人员或士兵。本罪的客观方面表现为行为人滥用职权，虐待部属，情节恶劣，致人重伤或者造成其他严重后果的行为。“虐待部属”，是指采取殴打、体罚、冻饿或者其他有损身心健康的手段，折磨、摧残部属的行为。“情节恶劣”，是指虐待手段残酷的；虐待三人以上的；虐待部属三次以上的；虐待伤病残部属的，等等。“其他严重后果”，是指部属不堪忍受虐待而自杀、自残造成重伤或者精神失常的；诱发其他案件、事故的；导致部属一人逃离部队三次以上，或者二人以上逃离部队的；造成恶劣影响的，等等。本罪的主体是军队的各级指挥人员。本罪的主观方面是故意。

根据《刑法》第四百四十三条的规定，犯本罪的，处五年以下有期徒刑或者拘役；致人死亡的，处五年以上有期徒刑。

【遗弃伤病军人罪】 是指在战场上故意遗弃伤病军人，情节恶劣的行为。本罪侵犯的客体是军队的作战利益和伤病军人获得救助的权利。本罪的客观方面表现为在战场上故意遗弃伤病军人，情节恶劣的行为。“遗弃伤病军人”，是指对有条件有能力救护的伤病军人弃之不顾，丢下不管。“情节恶劣”，是指为挟嫌报复而遗弃伤病军人，遗弃伤病军人三人以上，导致伤病军人死亡、失踪、被俘，或者有其他恶劣情节的。本罪的主体是战场上负有救护、输送伤病军人责任的军职人员。本罪的主观方面是故意。

根据《刑法》第四百四十四条的规定，犯本罪的，对直接责任人员，处五年以下有期徒刑。

【战时拒不救治伤病军人罪】 是指战时在救护治疗职位上，有条件救治而拒不救治危重伤病军人的行为。本罪侵犯的客体是军队的作战利益和伤病军人获得救治的权利。本罪的客观方面表现为战时在救护治疗职位上，有条件救治而拒不救治危重伤病军人的行为。有条件救治而拒不救治，是指根据伤病军人的伤情或者病情，结合救护人员的技术水平、医疗单位的医疗条件及当时的客观环境等因素，能够给予救治而拒绝抢救、治疗。本罪只能发生在战时。本罪的主体是在救护治疗职位上的军职人员，一般是医护人员。本罪的主观方面是故意。

根据《刑法》第四百四十五条的规定，犯本罪的，处五年以下有期徒刑或者拘役；造成伤病军人重残、死亡或者有其他严重情节的，处五年以上十年以下有期徒刑。

【战时残害居民、掠夺居民财物罪】 是指战时在军事行动区，残害无辜居民或者掠夺无辜居民财物的行为。本罪侵犯的客体是战时群众工作秩序和战区居民的人身权利和财产权利。本罪的客观方面表现为战时在军事行动地区，残害无辜居民或者掠夺无辜居民财物的行为。军事行动地区，是指战区。“无辜居民”，是指对我军无敌对行动的平民。根据最高人民检察院、解放军总政治部《军人违反职责罪案件立案标准的规定》，具有下述情形之一的，构成本罪：（1）故意造成无辜居民死亡、重伤或者轻伤3人以上；（2）强奸无辜居民；（3）故意损毁无辜居民财物价值5000元以上，或者不满规定数额，但手段恶劣、后果严重；（4）抢劫无辜居民财物；（5）抢夺无辜居民财物价值2000元以上，或者不满规定数额，但手段恶劣、后果严重。本罪的主体是军职人员。本罪的主观方面是故意。

根据《刑法》第四百四十六条的规定，犯本罪的，处五年以下有期徒刑；情节严重的，处五年以上十年以下有期徒刑；情节特别严重的，处十年以上有期徒刑、无期徒刑或者死刑。

【私放俘虏罪】 是指违反军事纪律，私自放走俘虏的行为。本罪侵犯的客体是军队的作战利益和俘虏管理秩序。犯罪对象是俘虏。俘虏，是指在战争中俘获的敌方人员。本罪的客观方面表现为未经批准，私自放走俘虏的行为。重要俘虏，是指敌军中的中、高级军官，掌握重要情况的人员，或者为了解敌情专门抓获的俘虏等。本罪的主体一般是负有看押、管理俘虏职责的军职人员。本罪的主观方面是故意。过失不能构成本罪。

根据《刑法》第四百四十七条的规定，犯本罪的，处五年以下有期徒刑；私放重要俘虏、私放俘虏多人或者有其他严重情节的，处五年以上有期徒刑。

【虐待俘虏罪】 是指虐待俘虏，情节恶劣的行为。本罪侵犯的客体是俘虏管理秩序和俘虏的人身权利。本罪在客观方面表现为虐待俘虏，情节恶劣的行为。虐待俘虏，是指采用肉体上折磨、精神上摧残的方法非人道地对待俘虏。情节恶劣，是指指挥人员虐待俘虏，虐待俘虏3人以上，或者虐待俘虏3次以上，虐待俘虏手段特别残忍，虐待伤病俘虏，导致俘虏自杀、逃跑等严重后果，造成恶劣影响，或者有其他恶劣情节的。本罪的主体是军职人员。本罪的主观方面是故意。

根据《刑法》第四百四十八条的规定，犯本罪的，处三年以下有期徒刑。

【国际刑法】 是指一门包含法律渊源并

行与交叠、国际法律制度和国家法律制度的综合性法律学科，是国际法的刑法规范、刑法的国际规范以及国际司法准则三个方面内容的汇集。

国际刑法具有以下特征：（1）多元性。国际刑法既是国际性与刑事性的有机结合，在各国国内刑法的国际方面与国际法的刑事方面的有机结合中逐步形成；也是刑事实体法和刑事程序法的结合，包括实体性规范和程序性规范；（2）发展性。同其他法律相比，国际刑法出现较晚，直到19世纪后期才在惩治战争罪犯方面真正发挥作用，并随着两次世界大战以及战后新的世界格局的影响发展壮大起来；（3）国际刑法以国家主权为前提，以国际合作为基础。国际刑法的产生不是任何一个国家单一国家意志的体现，而是各个主权国家意志一致的结果，反映了各主权国家在维护本国利益，制裁国际犯罪、跨国犯罪方面合作的共同要求。

国际刑法的渊源包括两个部分：（1）直接渊源，包括国际公约、国际习惯法和一般法律原则；（2）间接渊源，包括国际和区际人权法、国家间刑事合作的标准，国际犯罪学和刑罚学的内容，以及有关学者的理论学说。

国际刑法的适用分为直接适用模式和间接适用模式。前者是由国际社会设立国际刑事审判机构直接适用国际刑法。后者是通过各国国内刑法和国内司法系统适用国际刑法。

【国际犯罪】 是指严重危害国际社会共同利益，依照国际刑法应当承担刑事责任的行为。国际犯罪不同于国内犯罪和跨国犯罪，具有以下三个特征：（1）国际危害性。国际犯罪侵害的不仅是各个主权国家的利益，而是严重危害整个国际社会共同利益的行为。（2）国际刑事违法性。国际犯罪不仅为主权国家的法律所禁止，而且是国际刑法所明确禁止的行为。（3）应受国际谴责、国际惩罚性。国际犯罪严重危害了国际共同利益，应当承担国际社会的谴责与惩罚，承担国际刑事责任。

在构成要件上，国际犯罪侵犯的客体是不特定的人和财产，或特定的某种、某些人和财产安全，以及国际社会共同维系的和平与安全秩序。客观方面表现为，实施了违反国际公约、习惯国际法以及其他规范性的国际法律文件，造成严重后果的行为。主体是自然人，无论行为人是否具有官方身份，具有何种官方身份，都要承担个人刑事责任。主观特征表现为故意和明知，对于行为而言，行为人有意实施某种行为；对于结果而言，行为人有意造成某种结果，或者意识到事态的一般发展会产生某种结果。此外，有些国际犯罪的构成还需要具备一定的前提条件。

根据包含有刑事法内容的国际公约的规定，以下27种犯罪属于国际犯罪：（1）侵略罪；（2）灭绝种族罪；（3）危害人类罪；（4）战争罪；（5）危害联合国及相关人员罪；（6）非法持有、使用或放置武器罪；（7）盗窃核材料罪；（8）雇佣兵罪；（9）种族隔离罪；（10）奴役及与奴役相关习俗罪；（11）酷刑及其他残忍、不人道和有辱人格待遇罪；（12）非法人体实验罪；（13）海盗罪；（14）劫持航空器罪；（15）危害民用航海安全罪；（16）侵犯国际保护人员罪；（17）劫持人质罪；（18）破坏国际邮政罪；（19）核恐怖主义犯罪；（20）国际金融恐怖主义犯罪；（21）非法贩运毒品和精神药品罪；（22）破坏、盗窃国家文物和文化遗产罪；（23）危害环境犯罪；

(24)国际贩卖淫秽物品罪;(25)伪造、变造货币罪;(26)非法干扰海底电缆罪;(27)贿赂外国官员罪。

【混合式法庭】 是指国际社会和有关国家共同建立的对在该国发生的国际罪行或严重的国内罪行进行起诉和审判的刑事法庭。混合法庭具有以下特点:(1)由国际社会和有关国家共同建立。混合法庭是由联合国代表国际社会与有关国家合作建立,设立的依据是联合国在有关国家负责临时管理的机构颁布法令,或者联合国和有关国家签订的协议。也正因为如此,混合法庭在体现意志、法律依据、人员组成等各方面都具有国际和国内双重因素。(2)管辖罪行的特定性。混合法庭是针对发生在特定领域的特定犯罪进行管辖。一般是针对发生于有关国家的国际犯罪或者严重的国内罪行进行管辖和审判。事实上,也正是由于在有关国家发生了特定罪行,才设立了混合法庭,在国际社会的帮助下,对于在有关国家发生的严重罪行进行管辖和审判。(3)临时性。由于管辖权是针对特定时间发生在特定领域的犯罪,所以混合法庭具有临时性,一旦相关犯罪审判完毕,混合法庭的任务即告完成。

当前国际社会的混合法庭主要有东帝汶严重犯罪特别法庭(Special Panels for Serious Crimes in East Timor),塞拉利昂特别法庭(Special Court for Sierra Leone),柬埔寨非常法庭(Extraordinary Chamber for Crimes Committed during the Period of the Democratic Kampuchea)和黎巴嫩特别法庭(Special Tribunal for Lebanon)

【灭绝种族罪】 《联合国防止及惩治灭绝种族罪公约》第2条对于灭绝种族罪进行了规定:灭绝种族系指蓄意全部或局部消灭某一民族、人种、种族或宗教团体,犯有符合规定行为之一者:(1)杀害该团体的成员;(2)致使该团体的成员在身体上或精神上遭受严重伤害;(3)故意使该团体处于某种生活状况下,毁灭其全部或局部的生命;(4)强制施行办法,意图防止该团体内的生育;(5)强迫转移该团体的儿童至另一团体。该公约缔结后,凡是有关灭绝种族罪的国际法律文件对于灭绝种族的定义,都未对该定义作出实质性修改,包括《前南斯拉夫问题国际刑事法庭规约》《卢旺达问题国际刑事法庭规约》和《国际刑事法院罗马规约》。灭绝种族罪也是国际刑事法院所管辖的四种核心国际犯罪之一。

灭绝种族罪的主体要件是自然人,主要方面是故意,即蓄意全部或局部消灭某一民族、人种、种族或宗教团体。如果主观上没有此故意,不构成本罪。客观方面必须为了上述目的而实施或预谋、直接公然煽动、意图或共谋实施公约规定的上述五种行为,这种行为既可能发生在战时也可能发生在平时。行为侵害的对象是民族、种族、人种或宗教团体,是指稳定的、永久构成的群体,这个群体的成员是由其出生自动获得的,而且一旦成为其成员就会一直继续下去,一般不会改变。个人受侵害的原因也在于其属于该团体。构成本罪并不要求全部消灭某团体,部分即可成罪。我国《刑法》没有规定灭绝种族罪。我国如果根据普遍管辖原则对灭绝种族行为进行管辖,可根据其对象是否特定以及所采取的方法,适用故意杀人罪、放火罪、决水罪、投放危险物质罪等危害个人生命、公共安全犯罪。

【危害人类罪】 又称反人道罪、反人类罪或违反人道罪。《纽伦堡国际军事法庭宪章》（第6条第3款）和《远东国际军事法庭宪章》（第5条第3款）首次以国际法律文件的形式规定危害人类罪是应当受到惩罚的犯罪。后《前南斯拉夫问题国际刑事法庭规约》《卢旺达国际刑事法庭问题规约》《国际刑事法院罗马规约》也对该罪行进行了规定。

危害人类罪的犯罪主体是自然人。主观方面要求行为人是故意，并且知道或有意使其所实施的行为属于广泛或有系统地针对平民人口进行攻击的一部分。客观方面，是指在广泛或有系统地针对任何平民人口进行的攻击中，作为攻击的一部分而实施的符合规约规定的任何一种行为。该罪的构成既不要求危害人类罪与武装冲突存在联系（包括和平和战争时期），也不要求危害人类罪的所有行为必须具备歧视性理由。

具体来说，危害人类罪的客观方面具有以下特征：（1）必须是广泛地或有系统地实施的攻击。“广泛地”和“有系统地”只要具备其一即可。“广泛地”是指针对许多受害人的大批的、经常性的和大规模的行为，集体实施并具有相当的严重性。“有系统地”是指根据事先制定好的计划或政策，执行计划或政策将引起反复或持续的实施非人道行为。强调行为的高度组织性。也将那些孤立地实施的行为，也就是在集体行为之外的单独行为排除在危害人类罪的范围之外。（2）必须是针对任何平民人口实施的攻击。具体来说，是指根据国家或组织攻击平民人口的政策，或为了推行这种政策，任何平民人口多次实施第1款所述行为的行为过程。就攻击和政策的关系而言，广泛或有系统的攻击行为绝非孤立的事件，而是有国家或组织的政策作为支撑，或者攻击是政策推行的结果。“平民人口”是指没有积极参加任何敌对行动的人，包括放下武器以及因病、伤、拘禁或任何其他原因丧失战斗能力的人。平民包括一般居民和一切不实际参加战斗的人员，如战俘、医务人员甚至维持秩序的警察。（3）攻击包括以下行为：谋杀；灭绝；奴役；驱逐出境或强行迁移人口；违反国际法基本规则，监禁或以其他方式严重剥夺人身自由；酷刑；强奸、性奴役、强迫卖淫、强迫怀孕、强迫绝育或严重程度相当的任何其他形式的性暴力；基于政治、种族、民族、族裔、文化、宗教、性别、或根据公认的国际法不认的其他理由，对任何团体或集体进行迫害；强迫人员失踪；种族隔离罪；故意造成重大痛苦，或对人体或身心健康造成严重伤害的其他性质相同的不人道行为。我国《刑法》没有规定危害人类罪，我国如果根据普遍管辖原则对危害人类行为进行管辖，可根据对象是否特定以及所采取的方法，适用故意杀人、强奸等罪名。

【侵略罪】 是指能够有效控制或指挥一个国家的政治或军事行动的人策划、准备、发动或实施侵略的行为，此种侵略行为依其特点、严重程度和规模，须构成对《联合国宪章》的明显违反。

侵略罪的犯罪主体是自然人，犯罪主观方面是故意和明知，除了明知国家在实施对他国的武力侵略之外，行为人必须了解该行为违反《联合国宪章》的事实。侵略罪的客观方面是实施了法律规定的7种侵略行为，该侵略行为具有以下特点：（1）侵略行为可以表现为策划、准备、发动或实施等行为。策划、准备、发动侵略作为实际发动或者实施侵略行为的前提性步骤，实质上不是侵略的实行行为，最多只能算是预备行为。但是侵略罪不同于一般的国际犯罪，以国家名义实施，一般都需要长期的筹划、准备。所以，即使侵略行为尚未进入实行阶段，只要实施了前期的策划、准备或者发动等预备行为，都构成侵略罪。（2）行为人能够有效控制或指挥实施侵略行为的国家之政治或军事行动。由于侵略行为的特殊性，一般的自然人不可能单独实施。只有在以国家力量特别是军队行为为背景的情况下，具有一定背景和职务的人才可能实施。所以，《国际刑事法院罗马规约》修正案对侵略罪的个人刑事责任提出了明确要求，规定主体必须是“能够有效控制或指挥实施侵略行为的国家之政治或军事行动的人”，也就是一国的国家元首、政府首脑或者军队指挥官等具有一定官方身份的人。（3）侵略行为依其特点、严重程度和规模，构成了对《联合国宪章》的明显违反。侵略罪是最为严重的国际犯罪之一，侵略行为是非法使用武力最严重和最危险的形式。构成侵略罪不仅要求符合侵略行为的形式，而且国际社会危害性必须达到一定程度。对于国际社会危害性程度的判断，需依据《联合国宪章》考虑每一特定案件中的所有情况，从行为的“特点、严重程度和规模”上综合考量，认为该行为构成对于《联合国宪章》的“明显违反”，才能肯定其构成侵略罪，任何一个要素都不足以单独证明明显这一标准。但是如何判断“明显违反”，具有较大的主观性，这就赋予了司法机关较大的自由裁量权。我国《刑法》对此罪没有规定。

【战争罪】 是指在国际性武装冲突或非国际性武装冲突中，严重违反国际人道法，包括有关受《日内瓦公约》保护的任何财产的基本人道规则和使用于武装冲突的其他法规和惯例而实施的行为。

《国际刑事法院罗马规约》第 8 条对于战争罪进行了详细规定，既包括了国际武装冲突中的战争罪，也包括非国际武装冲突中的战争罪。根据该规约之规定，战争罪的犯罪主体是个人，主观方面是故意，客观方面表现为以下四类行为：（1）严重破坏 1949 年《日内瓦公约》的行为，即对有关的《日内瓦公约》规定保护的人或财产实施的行为；（2）严重违反国际法既定范围内适用于国际武装冲突的法规和惯例的其他行为；（3）在非国际性武装冲突中，严重违反《日内瓦公约》共同第 3 条的行为，即对不实际参加敌对行动的人，包括已经放下武器的武装部队人员，及因病、伤、拘留或任何其他原因而失去战斗力的人员实施的行为；（4）严重违反国际法既定范围内适用于非国际性武装冲突的法规和惯例的其他行为。我国《刑法》没有规定战争罪，我国如果根据普遍管辖原则对战争行为进行管辖，可根据其对象是否特定以及所采取的方法，适用军事犯罪相关罪名。

【酷刑罪】 是指公职人员或以官方身份行使职权的人或在其唆使、同意默许下的人，为了特定目的，蓄意使某人在纯因法律制裁原因之外，在肉体或精神上遭受剧烈疼痛或痛苦，因而构成犯罪的行为。

1948 年联合国通过的《世界人权宣言》第 5 条规定：“任何人不得加以酷刑，或施以残忍的、不人道的或侮辱性的待遇或刑罚。”该“宣言”是最早明确规定禁止酷刑的国际性文件，为酷刑罪的产生和在全世界范围内禁止酷刑奠定了坚实的法律基础。伴随人权内容的丰富和人权保护范围的扩展，将《世界人权宣言》的内容转化为具有法律约束力的条款，并加强某些方面人权保护的专门化要求得以出现。1975 年《联合国保护人人不受酷刑和其他残忍、不人道或有辱人格待遇或处罚宣言》（以下简称《禁止酷刑宣言》）和 1984 年《联合国禁止酷刑和其他残忍、不人道或有辱人格的待遇或处罚公约》(《禁止酷刑公约》)，该“公约”在总结以往关于禁止酷刑的诸多法律文献基础上，对酷刑的含义、酷刑的实质、各缔约国禁止酷刑的义务、禁止酷刑委员会的设立及其活动程序等作了较为详尽、系统的规定。此外，1953 年生效的《欧洲人权公约》，1978 年生效的《美洲人权公约》，1986 年生效的《非洲人权和民族权宪章》等国际公约在禁止酷刑、维护人权以及促进国家间反酷刑的区域合作方面也起到了十分重要的作用。上述国际公约特别是《禁止酷刑公约》的诞生，标志着人类反酷刑史上的重大进步，也为全世界的反酷刑运动提供了重要的法律依据，标志着酷刑罪作为国际刑法中一种独立的犯罪开始确立。

酷刑罪的犯罪构成是：(1) 犯罪主体。依据《禁止酷刑公约》，酷刑罪的犯罪主体包括公职人员、以官方身份行使职权的人员，在前两种人的唆使、同意默许下实施酷刑行为的人，以及与上述人员共同实施酷刑罪的任何人。(2) 犯罪主观方面。酷刑罪的犯罪主观方面要求故意，并要具有特定目的：①故意。即故意使某人在肉体或精神上遭受剧烈疼痛或痛苦的任何行为。并不强调对犯罪结果的心理状态，犯罪人对事后出现的危害结果有无认识、是否追求，不影响故意的构成。②具备特定目的。除故意之外，构成酷刑罪还要求行为人主观上具有特定的犯罪目的，包括为了向某人或第三者取得情报或供状，为了某人或第三者所作或涉嫌的行为而对某人加以处罚，为了恐吓或威胁某人或第三者，为了基于任何一种歧视的任何理由等等。(3) 犯罪客观方面。酷刑罪的客观方面表现为使某人在肉体或精神上遭受剧烈疼痛或痛苦的任何行为。具体包括：实施了使某人在肉体或精神上遭受剧烈疼痛或痛苦的任何行为，唆使、同意或默许了使某人在肉体或精神上遭受剧烈疼痛或痛苦的任何行为，意图施行酷刑的行为，合谋或参与酷刑的行为。(4) 犯罪客体。酷刑罪的犯罪客体是复杂客体，既侵犯了公民的生命健康权，也侵犯了国际社会的和平与安全。我国《刑法》没有规定酷刑罪。我国如果根据普遍管辖原则对实施酷刑的行为进行管辖，可根据其对象是否特定以及所采取的方法，适用刑讯逼供、故意伤害等罪名。

【海盗罪】 是指私人船舶或飞机的船员、机组人员或乘客为私人目的，在公海或无管辖区对另一船舶或飞机以及其上的人或财物实施的暴力、扣留或掠夺等行为。

海盗罪的犯罪主体是自然人，主要指私人船舶或飞机的船员、机组成员或乘客。但是如果已发生叛变的军舰、政府船舶或飞机的船员或机组成员，控制该船舶或飞机并从事海盗行为，可以成为海盗罪的主体。因为此时军用或者政府船舶、飞机的公用性质发生改变，成为服务于私人目的的工具。《海洋法公约》实际上只肯定了个人可以构成海盗罪，而否认了组织或者国家构成海盗罪的可能。

海盗罪的主观方面是故意，并且具有私人目的，即行为人意图对另一船舶或者飞机上的人或财物进行掠夺，或明知船舶或飞机成为海盗船舶或飞机的事实而自愿参与上述掠夺行为，或者教唆他人实施，或者故意促进上述行为的实施。行为人主观上必须具有私人目的，排除了出于政治目的的可能性。因为私人目的指向被劫船舶或者飞机上的财物，而政治目的则另有所指，犯罪的社会危害性也就不同。在军舰、政府船舶或飞机的船员或机组成员发生叛变而控制该船舶或飞机，对另一船舶或飞机或其上的人或财物实施非法暴力、劫取或掠夺的行为被视同海盗行为的情况下，其犯罪目的被拟制为私人目的。

海盗罪的客观方面表现为：（1）行为特征。本罪的实施行为表现为以船舶、飞机及其所载的人或财物为对象的任何非法暴力、扣留或掠夺行为。"非法"是指该行为没有任何法律依据。"暴力、扣留或掠夺"是指对船舶或飞机本身及船员、机组人员、乘客与财物进行攻击、威胁、掠夺、破坏、截留的各种暴力行为。本罪的参与行为即共犯行为，是指在明知船舶或飞机成为海盗船舶或飞机的事实，而自愿参加其活动的任何行为。教唆或帮助行为是指教唆他人实施或者故意促进海盗行为实施的行为。（2）空间特征。根据《联合国海洋法公约》，海盗行为必须发生于公海或者任何国家管辖范围之外的领域，发生于某国领海或者管辖范围之内不构成海盗罪。对于海盗罪实施空间的要求实际上是对"公海自由原则"的例外。按照该原则，公海上的船舶由船旗国管辖，他国不得干涉。但是如果严格坚持此原则，国际社会很可能无法有效打击公海上的海盗，所以作此例外规定。但是，对海盗罪空间特征的规定实际上缩小了海盗罪的成立范围。海盗行为实施于某国领域内还是在公海实施并无实质区别，仅将公海的海盗行为界定为海盗罪并不具有实质合理性。《联合国海洋法公约》对于海盗罪空间特征的界定是国际社会基于对国家司法管辖权的尊重而作出的妥协。（3）对象特征。海盗罪掠夺的对象是另一船舶或者飞机，或其上的人或物。也即，必须是加害船（飞机）对于被害船（飞机）的侵害才可能构成本罪，本船（飞机）内部的劫持、掠夺行为只能成立其他犯罪。我国《刑法》没有规定海盗罪。我国如果根据普遍管辖原则对海盗行为进行管辖，可根据其对象是否特定以及所采取的方法，适用抢劫等罪名。

【跨国有组织犯罪】 是指由三人或多人所组成的，在一定时期内存在的、为了实施一项或多项严重犯罪或根据《联合国打击跨国有组织犯罪公约》第 2 条和第 3 条所确立的犯罪，以直接或间接获得金钱或其他物质利益而一致行动的有组织结构的集团所实施的，有下列情形之一的犯罪：（a）在一个以上国家实施的犯罪；（b）虽在一国实施，但其准备、筹划、指挥或控制的实质性部分发生在另一国的犯罪；（c）犯罪在一国实施，但涉及在一个以上国家从事犯罪活动的有组织犯罪集团；（d）犯罪在一国实施，但对另一国有重大影响。

跨国有组织犯罪主要具有以下特征：（1）犯罪行为跨越两个或两个以上国家。犯罪行为的"跨国"主要包括以下三种情况：①犯罪行为跨越两个或者两个以上国家，而犯罪人只在一个国家；②犯罪人在一个国家实施犯罪行为，犯罪结果发生在另外的国家；③犯罪人和犯罪行为都跨越两个或者两个以上国家。（2）组织结构严密。一般来说，跨国有组织犯罪比一般有组织犯罪的组成人数

刑事审判

要多，实施规模也较大，所以为了达到特定的犯罪目的，其一般都要经过长时间、大规模地组织工作，有计划地实施各项犯罪活动。（3）犯罪的目的在于获取最大的经济利益。关于跨国有组织犯罪的目的，存在不同观点。有学者认为只能以获取经济利益为目的，有学者认为除此之外，还可能存在其他目的（比如政治利益）。但大多数跨国有组织犯罪，是为了获取最大的经济利益。（4）具有较大的社会危害性。首先，跨国有组织犯罪集团一步步向各国政权渗透和腐蚀，造成各国政治上的腐败和政权的混乱；其次，跨国有组织犯罪又与各种经济犯罪相伴而生，通过跨国洗钱和非法转移资金等经济犯罪对世界经济系统造成巨大威胁；最后，跨国贩卖人口、国际卖淫、跨国贩卖毒品等有组织犯罪本身就构成了对各国人民人身安全和健康的严重威胁。

跨国有组织犯罪的主要类型有：跨国洗钱犯罪、跨国贿赂犯罪、跨国制造假币犯罪、跨国贩运人口犯罪、偷运移民犯罪、跨国非法买卖人体器官、跨国非法贩运武器、跨国恐怖活动犯罪、跨国贩毒、网络犯罪、劫持航空器、跨国盗运艺术、文化遗产、珍稀动植物品种等。

【贩运人口罪】 是指为剥削目的而通过暴力威胁或使用暴力手段或通过其他形式的胁迫，通过诱拐、欺诈、欺骗、滥用权力或滥用脆弱境况，或通过授受酬金或利益取得对另一人有控制权的某人的同意等手段招募、运送、转移、窝藏或接收人员。剥削应至少包括利用他人卖淫进行剥削或其他形式的性剥削、强迫劳动或服务、奴役或类似奴役的做法、劳役或切除器官。该定义的依据为《联合国打击跨国有组织犯罪公约关于预防禁止和惩治贩运人口特别是妇女和儿童行为的补充议定书》（以下简称《议定书》）第3条。

贩运人口的概念主要包括三个要素：（1）移动，即必须存在招募、运送、转移、窝藏或接收等行为或之一，也就是包括了对被害人控制的转移。实施上述数行为或其中之一，均满足行为要素。此外，该种移动不要求跨越国边境，一国领土内的移动同样可以构成贩运人口。（2）手段，也是核心要素，即必须使用暴力威胁、或使用暴力手段、或通过其他形式的胁迫，通过诱拐、欺诈、欺骗、滥用权力或滥用脆弱境况，或通过授受酬金或利益取得对另一有控制权的某人的同意等手段。（3）预期剥削，即贩卖人口必须是为了利用他人卖淫进行剥削、或其他形式的性剥削、强迫劳动或服务、奴役或类似奴役的做法，劳役或切除器官。也有学者认为剥削是贩运人口犯罪的根本要素。关于“剥削目的”：①剥削不需要已经现实发生，只需要证明以剥削为预期、为目的即可。换言之，可以证明被害人到达目的地后还会被持续剥削即可；②剥削的形式不限于上述“性剥削”“强迫劳动”“类似奴役”“切除器官”，《议定书》鼓励各缔约国将更多的剥削形式纳入进来。例如非法收养、非法乞讨等。

通常贩运人口分为三个阶段：（1）招募受害人；（2）运送受害人；（3）剥削受害人。在招募阶段，罪犯使用许多方法强迫或欺骗人们落入被贩运境地。在有些情况下，人们遭到绑架、暴力掳劫成为被害人。而在另一些情况下，贩运者向人们描述一些好工作和诱人的机会，通过虚假的工作机会诱惑被害人上钩。在运送阶段，可能会使用公共或私人运输工具，公开或秘密地通过陆上、海上、或航空运输方式成群或单独运送受害人。运送人口时可能会穿越合法或非法过境点，但在一国境内贩运人口的，则无需过境。在剥削阶段，受害人可能会被迫：发生性行为或提供性服务；在工厂、餐馆、农场、矿场或家中（作为家政人员）工作，无权休息或离开；切除某个器官；乞讨、出售毒品或作为儿童兵去打仗；结婚等。

【偷运移民罪】 是指为直接或间接获取金钱或其他物质利益，安排非某一缔约国国民或永久居民的人非法进入该缔约国的行为。"非法进入"是指以不符合合法进入接受国的必要规定的方式越境。偷运移民罪有三个要素：（1）安排他人非法入境；（2）进入他国；（3）为了获取金钱或其他物质利益。该定义的依据为《联合国打击跨国有组织犯罪公约关于打击陆、海、空偷运移民的补充议定书》第3条。

偷运移民罪与贩运人口罪很容易混淆，实践中也很容易发生转化，其主要区别有：（1）是否同意。被偷运的移民通常同意被偷运；而贩运人口的被害人没有表示同意，或者由于贩运者采取了暴力、胁迫、欺诈或利用困厄处境而使得他（她）们的同意失去意义；（2）跨国性质。偷运移民涉及非法越界和进入另一国家；而贩运人口不一定涉及越界，即使在涉及跨越边界的情况下，也与越界的合法性或非法性不相干；（3）剥削行为。偷运者和移民之间的关系是一种商业交易，通常一旦越过边界，此种关系即行终止；贩运者与被害人之间的关系则涉及持续利用被害人来为贩运者生利；（4）罪犯利润的来源。偷运者从运送偷渡者的缴费获利；贩运者则通过对被害人的剥削来获取附加利润；（5）侵害的法益不同。偷运移民罪侵害的是所涉国家的国边境管理秩序；而贩运人口则侵害的是被贩运者的人身自由，有时甚至包括被贩运者的健康权或生命权。

偷运移民罪跟常用的"偷渡"概念密切相关。偷渡通常是指使用非法的方法进入他国国边境的行为，其并不是法律上的概念。偷渡的人可以是自行偷渡也可以是在"蛇头"组织下偷渡，既可以是亲戚间的非牟利的帮助越境，也可以是为了经济利益的犯罪行为。

偷运移民犯罪往往还跟难民逃离战争或灾害中的家园相关。难民在逃离家园去他国寻求庇护时，因途径和渠道的有限，会被迫寻求偷运移民的蛇头的帮助。偷运移民的犯罪分子在运送难民的过程中，赚取了高额利润，形成高利润产业链。在偷运难民的过程中，还可能因对难民的控制程度或奴役程度的加深而转变为贩运人口犯罪。

【贩运武器罪】 是指从一个国家的领土或经过一个国家的领土进口、出口、获取、销售、交付、移动或转让枪支及其零部件和弹药，而未经任何有关国家根据《联合国打击跨国有组织犯罪公约关于打击非法制造和贩运枪支及其零部件和弹药的补充议定书》（以下简称《议定书》）条款批准，或未根据《议定书》第8条规定打上标识。该定义依据为《议定书》第3条第e项。

枪支，是指其设计目的是通过爆炸物作用发射或可能方便转换成发射炮弹、子弹或抛射物的任何便携式的、含有枪管的武器，不包括古董枪支或其复制品。弹药，是指枪支中所用的整发子弹，且应包括插入弹壳、底火、发射火药、弹头或射弹等根据现有国家立法经授权或法律管制的组成部分。零部件是指专门为枪支设计且对其操作极其重要的任何元件或替代元件，包括枪管、枪身或机匣、套筒或弹筒、枪栓或枪闩，以及为枪支消音而设计或更改的任何机件。非法贩运，是指从一国领土或跨一国领土向另一国领土进口、出口、购置、出售、交付、调动或转让枪支及其零部件和弹药，且上述有关国家中有任何一个国家未予授权，或未根据《议定书》的规定予以标识。

为实现上述目的，该《议定书》就打击非法制造和贩运武器的刑法条款、预防措施、国际合作等方面对缔约国提出了强制性的要求。如凡制造枪支或弹药者、制造零部件者，均应根据主管当局依法签发有效执照行事。枪支制造时应当根据规定为其打上识别标识。要求缔约国将非法制造枪支、零部件、弹药，无合法执照的非法贩运，非法贩运无标识或标识不当的枪支，虚假标识，消除和改动枪支标识，非法停用等行为规定为犯罪。

【恐怖主义爆炸犯罪】 是指任何人非法和故意在公用场所、国家或政府设施，公共交通系统或基础设施投掷、放置、发射或引爆爆炸性或其他致死装置，故意致人死亡或重伤，或故意对这类场所设施或系统造成巨大毁损，从而带来或可能带来重大经济损失。显然，从其性质上来讲，恐怖主义爆炸犯罪是一种恐怖主义犯罪，是恐怖主义犯罪的一种特殊形式和特殊类型。该定义的依据为《制止恐怖主义爆炸事件的国际公约》第2条。

《制止恐怖主义爆炸事件的国际公约》力图涵盖20世纪70年代“公约”所未能涉及的恐怖主义犯罪领域，以扩大打击恐怖主义犯罪的范围，在更大范围内建立打击恐怖主义犯罪的法律基础。《制止恐怖主义爆炸事件的国际公约》规定了两项原则；第一项原则是缔约国应在国内法将恐怖主义爆炸行为规定为刑事犯罪。根据“公约”的规定，每一缔约国应酌情采取必要措施，在本国国内法将《制止恐怖主义爆炸事件的国际公约》第2条所述罪行规定为刑事犯罪，并使这些罪行受到适当惩罚，惩罚应考虑到罪行的严重性。第二项原则是不能以政治、宗教等理由为恐怖主义爆炸罪进行辩护。《制止恐怖主义爆炸事件的国际公约》第5条明确规定，每一缔约国应酌情采取必要措施，包括酌情制定国内法，以确保本“公约”范围内的犯罪行为，特别是当这些罪行是企图或蓄意在一般公众、某一群人或特定个人中引起恐怖状态时，在任何情况下都不可引用政治、种族、宗教或其他类似性质的考虑为之辩护，并受到与其严重性质相符的刑事处罚。

恐怖主义爆炸犯罪的重要特征是：(1)有组织性。综观国内外恐怖主义爆炸活动不难发现，尽管确实有某些爆炸活动是由个人发动的，但绝大部分的此类恐怖活动是由某些恐怖组织经过周密筹划实施的，带有显著的集团恐怖犯罪特点。(2)政治性。恐怖主义爆炸犯罪的目的不是为了获取经济利益或报复个人恩怨，而是通过制造爆炸，达到威胁或要挟政府的政治目的，以削弱政府在国际社会的形象或公众对政府的信心。(3)恐怖性。为达到政治目的，恐怖分子的爆炸目标都是有较多公众聚集的场所或设施，其选择的结果是导致整个社会或某一范围内民众的恐慌和对政府信心的削弱。

【劫持人质罪】 是指任何人如劫持或扣

押并以杀死、伤害或继续扣押另一个人（以下简称“人质”）为威胁，以强迫第三方，即某个国家、某个国际政府间组织、某个自然人或法人或某一群人，作或不作某种行为，作为释放人质的明示或暗示条件，即为劫持人质。任何人图谋劫持人质或与实行或图谋劫持人质者同谋而参与其事，也同样构成劫持人质。该定义的依据为联合国《联合国反对劫持人质国际公约》第1条。

劫持人质在20世纪70年代时迅速增多，进而推动了国际社会制定相关公约予以禁止。根据1979年12月18日联合国大会通过的《联合国反对劫持人质国际公约》，《联合国反对劫持人质国际公约》的序言声明“劫持人质是引起国际社会严重关切的罪行”，其目的是为确保《世界人权宣言》和《公民权利和政治权利国际公约》所规定的生命、自由和人身安全的权利。尽管序言部分还提到“作为国际恐怖主义的表现的一切劫持人质行为”，但第1条第1款关于罪行的定义已清楚阐明，即使胁迫是出于私人目的而非政治目的，也构成劫持人质。此外，《联合国反对劫持人质国际公约》仅适用于跨国性的劫持人质行为，而不适用于纯粹的国内行为，但构成劫持人质罪并不要求具有跨国性。

劫持人质罪的成立只需要以武力相威胁，而并不要求使用武力。“劫持”或“扣押”，即违背某人意图，扣留或禁锢他或她达到相当一段时间。扣押不仅限于人身拘禁，也可包括导致某人处于他人控制下的威胁、胁迫或欺骗。例如，一个外国人惧怕偷运她的人、目睹其他人遭受殴打、受到威胁并被关押在一个受看管的寓所。再比如一个外国人不熟悉新的国家，不能讲当地语言，并缺乏逃跑的资源。但如果拘禁的时间过短则不足以构成劫持人质行为。

【国际刑事司法协助】 国际刑事司法协助有广义和狭义之分。广义的刑事司法协助包括引渡、小司法协助、相互承认与执行刑事判决和刑事诉讼管辖。狭义的刑事司法协助在理论上也被称为小司法协助，主要包括刑事诉讼文书的送达、调查取证、解送被羁押者出庭作证、移交物证和书证、冻结或扣押财产、提供法律情报等。我国现行法律规范采纳的是狭义的刑事司法协助概念。根据《国际刑事司法协助法》的规定，国际刑事司法协助是指中华人民共和国和外国在刑事案件调查、侦查、起诉、审判和执行等活动中相互提供协助，包括送达文书，调查取证，安排证人作证或者协助调查，查封、扣押、冻结涉案财物，没收、返还违法所得及其他涉案财物，移管被判刑人以及其他协助。按照《国际刑事司法协助法》第四条的规定，中华人民共和国和外国按照平等互惠原则开展国际刑事司法协助。国际刑事司法协助不得损害中华人民共和国的主权、安全和社会公共利益，不得违反中华人民共和国法律的基本原则。非经中华人民共和国主管机关同意，外国机构、组织和个人不得在中华人民共和国境内进行本法规定的刑事诉讼活动，中华人民共和国境内的机构、组织和个人不得向外国提供证据材料和本法规定的协助。

【引渡法】 引渡法是开展国际司法合作的重要依据，也是国家有效行使管辖权和制裁犯罪的重要保障，目的在于保护个人和组织的合法权益，维护国家利益和社会秩序。2000年12月28日，第九届全国人民代表大会常务委员会第十九次会议通过了《引渡法》，吸收了国际社会普遍认同的引渡合作原则和惯常做法，规定了引渡的条件、引渡请求的提出、对引渡请求的审查、为引渡而采取的强制措施、引渡的执行、暂缓引渡和临时引渡、引渡的过境、向外国请求引渡等内容。

【被判刑人移交】 又称被判刑人移管，是指伴随着非本国刑事判决之承认与执行而产生的一种国际刑事司法合作的新方式，是一国将本国境内受到审判并被判处自由刑的犯罪人移交给另一国（一般是该被判刑人的国籍国或常住地国），旨在使被判刑人在其熟悉的环境中服刑，从而消除其在国外服刑可能遭遇的语言文化障碍和在生活习惯上所面临的诸多困难。

被判刑人移交这一司法协助形式，体现了互助互利的精神，不仅有助于被判刑人接受教育和改造，有助于其出狱后尽快重新适应社会生活，而且也符合现代刑事政策所倡导的刑罚目的和人道主义原则，因而已经为世界各国所普遍接受，并愈发受到国际社会的广泛关注与重视。随着国际刑事审判实践的发展，国际刑事特别法庭审判的罪犯也需要移交有关国家执行刑罚，尤其是《国际刑事法院罗马规约》明确规定了国际刑事法院被判刑人移交执行的情况，从而使得被判刑人移管的范围进一步扩大。

关于被判刑人移交，欧洲通过了《欧盟移交被判刑人公约》，1985 年 7 月 1 日生效。之后联合国通过了《联合国关于外国囚犯移管的模式协定》。《联合国打击跨国有组织犯罪公约》第 17 条也对被判刑人移交作出了规定。根据第 17 条，缔约国缔结双边或多边协定或安排，将因犯有《联合国打击跨国有组织犯罪公约》所涉犯罪而被判监禁或其他形式剥夺自由的人员移交其本国服满刑期。

【刑事诉讼移管】 是指对犯罪享有管辖权的国家，由于犯罪嫌疑人或主要证据在他国，或者由于其他原因，无法在本国对犯罪进行或完成刑事诉讼活动，通过协商取得一致，依据一定的原则委托一国对案件行使司法管辖权，或者请求他国出让管辖权由本国行使的制度。

刑事诉讼移管，属于国际刑事司法管辖中的一种变通形式。它有利于相关国家之间协调行动，合作进行诉讼，减少人力财力的投入，提高案件的审判质量，以最小的社会资源投入，获取最佳的社会效益，为建立和谐文明的社会秩序创造良好的国际环境。与引渡不同，刑事诉讼移管主要是由犯罪地国或受害国，将有关案件的证据以及其他诉讼材料转交给实际控制犯罪嫌疑人的非犯罪地国，或者非受害国之外的该犯国籍国立案处理的授权行为。刑事诉讼移管能够从客观上避开因引渡犯罪分子而产生的法律障碍、行政干预和外交阻滞的种种难题，使实际控制犯罪嫌疑人的国家可以按照“或引渡或起诉”的原则和国际法所确立的普遍管辖原则，在占有充足证据和诉讼材料的情况下，迅速将被告人送上法庭，把惩治犯罪的愿望变成现实。如果诉讼移管请求是享有管辖权的犯罪地国或者受害国提出的，这项移管请求便对请求国产生以下法律拘束力：不得再以诉讼移管请求中所列举的犯罪事实对犯罪嫌疑人提起诉讼程序，即采取诉讼活动中止的临时办法等待被请求国作出决定；不得将本国审判机关先前对犯罪嫌疑人的同一犯罪行为所作出的判决交付执行。

《联合国打击跨国有组织犯罪公约》第 21 条对刑事诉讼的移交作出了规定，

规定指出："缔约国如认为相互移交诉讼有利于正当司法，特别是在涉及数国管辖权时，为了使起诉集中，应考虑相互移交诉讼的可能性，以便对本公约所涵盖的某项犯罪进行刑事诉讼。"

【联合调查】 是指依据缔结的双边或多边协定或安排，或基于个案协商的基础，有关主管当局就涉及一国或多国刑事侦查、起诉或审判程序事由的事宜建立联合调查机构，开展侦查的行为，在其境内进行该项调查的缔约国的主权应受到充分尊重。

该定义的依据为《联合国打击跨国有组织犯罪公约》第19条。联合调查具有几个比较鲜明的特点：（1）内容综合性。在联合侦查中，由于有缔约国双方或多方的直接参与，因此一个国家侦查机关根据本国可以采取的措施基本可以直接采用。此外，除了刑事诉讼的活动外，联合侦查的内容也可以包括行政执法的内容。（2）主体的宽泛性。联合调查的主体并不限于各缔约国的司法机关，而是与执法合作主体一样具有宽泛性。除了负责刑事诉讼的司法机关之外，还可以包括公共安全机关、税务机关、经济和金融监管机关、海关、边防机关。（3）合作的主动性和直接性。在联合调查的过程中，缔约国的主管机关之间需要及时交流信息，并且应就遇到的任何问题直接进行协商，然后直接共同采取行动，合作具有很大的主动性和直接性。（4）组织形式的特定性。联合调查一般都有为此而建立的统一的联合调查机构。根据《联合国打击跨国有组织犯罪公约》第49条的规定，根据双边或多边协定或者安排，缔约国主管机关可以就涉及一国或多国侦查、起诉或者审判程序事由的事宜建立联合侦查机构，这类针对某一事项（如缉毒、反洗钱、反腐败）的联合调查机构具有相对常设的性质，但也可以在个案的基础上建立临时性的联合调查机构。

【没收事宜的国际合作】 是指依据缔结的双边或多边协定或安排，或基于个案协商的基础，有关主管当局应请求采取必要的措施，对另一缔约国法院发出的没收令予以执行，或对另一国请求的在其领域内的犯罪所得、财产、设备或其他工具等，根据正当程序予以辨认、追查、冻结或者扣押的一种国际刑事司法协助的形式，其目的是后续的资产返还。

没收事宜的国际合作主要规定在《联合国反腐败公约》第54～55条中。根据《联合国反腐败公约》第54条，各缔约国应当根据其本国法律：（1）采取必要的措施，使其主管机关能够执行另一缔约国法院发出的没收令；（2）采取必要的措施，使拥有管辖权的主管机关能够通过对洗钱犯罪或者对可能发生在其管辖范围内的其他犯罪作出判决，或者通过本国法律授权的其他程序，下令没收这类外国来源的财产；（3）考虑采取必要的措施，以便在因为犯罪人死亡、潜逃或者缺席而无法对其起诉的情形或者其他有关情形下，能够不经过刑事定罪而没收这类财产。被请求国应当根据本国法律：（1）采取必要措施，在收到请求缔约国的法院或者主管机关发出的冻结令或者扣押令时，使本国主管机关能够根据该冻结令或者扣押令对该财产实行冻结或者扣押，但条件是该冻结令或者扣押令须提供合理的根据，使被请求缔约国相信有充足理由采取这种行动，而且有关财产将依照本条第1款第（i）项按没收令处理；（2）采取必要的措施，在收到请求时使本国主管机关能够对该财产实行冻结或者扣押，条件是该请求须提供合理的根据，使被请求缔约国相信有充足理由采取这种行动，而且有关财产将依照本条第1款第（a）项按没收令处理；（3）考虑采取补充措施，使本国主管机关能够保全有关财产以便没收，例如基于与获取这种财产有关的、外国实行的逮捕或者提出的刑事指控。

【资产追回】 又称资产返还，是指位于被请求国（资产流入国）领域内的犯罪所得、财产、设备或者其他工具，应请求国（资产流出国或来源国）的请求予以归还的司法协助制度。资产，是指一切类型的财产，包括不动产和动产，有形财产和无形财产。追回，是指在案件和诉讼中通过正式的判决或有管辖权的法院令使某人享有的权利得以恢复或维护，或者通过这一判决使被他人侵犯或占有的权利或财产重新获得。

直接追回财产的措施，是指请求国（资产流出国）的资产因腐败犯罪被转移到被请求国（资产流入国），请求国通过本国民事诉讼程序主张对该资产的合法所有权或者被请求国通过司法程序确认犯罪人对请求国造成损害，通过司法协助的途径予以追回（返还）或赔偿（或补偿）的方式。《联合国反腐败公约》第53条对直接追回财产的措施作出了3项规定：（1）采取必要的措施，允许另一缔约国在本国法院提起民事诉讼，以确立对通过实施根据本公约确立的犯罪而获得的财产的产权或者所有权；（2）采取必要的措施，允许本国法院命令实施了根据本公约确立的犯罪的人向受到这种犯罪损害的另一缔约国支付补偿或者损害赔偿；（3）采取必要的措施，允许本国法院或者主管机关在必须就没收作出决定时，承认另一缔约国对通过实施公约所确立的犯罪而获得的财产所主张的合法所有权。

间接追回财产的措施，是指通过没收事宜的国际合作追回资产的机制，即当一缔约国依据本国法律或者执行另一缔约国法院发出的没收令，没收被转移到本国境内的腐败犯罪所得资产后，再返还给另一缔约国。《联合国反腐败公约》第54条为通过没收事宜的国际合作追回资产的机制作出了2款规定，每一款又都有3项规定：（1）没收事宜国际合作追回资产的司法协助措施，具体包括：①采取必要的措施，使其主管机关能够执行另一缔约国法院发出的没收令；②采取必要的措施，使拥有管辖权的主管机关能够通过对洗钱犯罪或者对可能发生在其管辖范围内的其他犯罪作出判决，或者通过本国法律授权的其他程序，下令没收这类外国来源的财产；③考虑采取必要的措施，以便在因为犯罪人死亡、潜逃或者缺席而无法对其起诉的情形或者其他有关情形下，能够不经过刑事定罪而没收这类财产；（2）通过冻结或扣押等方式的国际合作追回资产的司法协助措施：①采取必要的措施，在收到请求缔约国的法院或主管机关发出的冻结令或者扣押令时，使本国主管机关能够根据该冻结令或者扣押令对该财产实行冻结或者扣押，但条件是该冻结令或者扣押令须提供合理的根据，使被请求缔约国相信有充足理由采取这种行动，而且有关财产将依照本条第1款第1项按没收令处理；②采取必要的措施，在收到请求时使本国主管机关能够对该财产实行冻结或者扣押，条件是该请求须提供合理的根据，使被请求缔约国相信有充足理由采取这种行动，而且有关财产将依照本条第1款第1项按没收令处理；③考虑采取补充措施，使本国主管机关能够保全有关财产以便没收，例如基于与获取这种财产有关的、外国实行的逮捕或者提出的刑事指控。

【联合国反腐败公约】 是指联合国历史上通过的第一个用于指导国际反腐败斗争的法律文件，为世界各国政府执行对各种腐败行为的定罪、惩处、责任追究、预防、国际法律合作、资产追回以及履约监督机制提供了法律依据。该公约于2003年10月31日，由联合国大会第58/4号决议通过，自2005年12月14日起生效，截至2016年9月21日共有180个缔约国。中国于2003年12月10日签署该公约，于2006年1月13日批准该公约，并对公约第66条第2款作出了保留声明。

《联合国反腐败公约》除序言外，共分8个章节、71项条款，主要包括预防措施、刑事定罪、国际合作和资产追回四大部分内容，具体包括：总则，预防措施，定罪、制裁、救济及执法，国际合作，资产的追回，技术援助和信息交流，实施机制以及最后条款。具体而言，《联合国反腐败公约》明确了“公职人员”“财产”“犯罪所得”的概念和其他相关的概念，明确了缔约国应将贿赂本国公职人员、贿赂外国官员和国际组织官员、资产非法增加、私营部门内的贿赂、侵吞财产、对犯罪所得的洗钱等行为规定为犯罪的义务，明确了法人责任、“双重犯罪原则”的适用，在引渡合作中不将腐败犯罪视为“政治犯罪”的规则，被非法转移国外资产的追回机制，被追缴资产的返还或处置，被追缴资产的“分享”等机制。

《联合国反腐败公约》对各国加强国内的反腐行动，提高反腐成效，促进反腐国际合作具有重要意义，其立法宗旨是：(1) 促进和加强各项措施，以便更加高效而有力地预防和打击腐败；(2) 促进、便利和支持预防和打击腐败方面的国际合作和技术援助，包括在资产追回方面；(3) 提倡廉正、问责制和对公共事务和公共财产的妥善管理。《联合国反腐败公约》对缔约国的要求可以概述为：(1) 强制要求，采取立法措施或其他措施的义务。如《联合国反腐败公约》第15条规定各缔约国均应当采取必要的立法措施和其他措施，将下列故意实施的行为规定为犯罪：①直接或间接向公职人员许诺给予、提议给予或者实际给予该公职人员本人或者其他人员或实体不正当好处，以使该公职人员在执行公务时作为或者不作为；②公职人员为其本人或者其他人员或实体直接或间接索取或者收受不正当好处，以作为其在执行公务时作为或者不作为的条件；(2) 任择要求：需加以考虑的义务，如《联合国反腐败公约》第5条第2款要求缔约国努力制定和促进各种预防腐败的有效做法；(3) 任择措施：缔约国适宜考虑的措施，如《联合国反腐败公约》第5条第4款要求进行预防腐败的国际协作。

【联合国打击跨国有组织犯罪公约】 是指国际上打击跨国有组织犯罪最主要的国际法律文件。2000年11月15日，由联合国大会第55/25号决议通过，自2003年9月29日起生效，截至2016年10月共有189个缔约国。中国于2000年12月12日签署该公约，2003年9月23日批准加入该公约，并对公约第35条第2款关于争端一方可以请求交付仲裁或提交国际法院的规定作出了保留声明。

公约共有41个条文，其宗旨是促进合作，以便更有效地预防和打击跨国有组织犯罪。公约所确立的基本制度有：

（1）缔约国应致力于采取一系列措施来打击跨国有组织犯罪，增加新的国内法罪名（参加有组织犯罪集团罪，洗钱罪，腐败和妨害司法罪），包括确立上述犯罪的法人责任；（2）制定新的、全面的合作框架进行引渡、双边司法协助以及执法合作，包括一些制度和具体措施，如没收和扣押、没收事宜的国际合作、没收的犯罪所得或财产的处置、被判刑人员的移交、联合调查、特殊侦查手段和刑事诉讼的移交等；（3）促进培训和技术帮助以建立和提升各国相关机构的能力建设，鼓励缔约国努力预防跨国有组织犯罪。

公约下有3项议定书，分别为：《联合国打击跨国有组织犯罪公约关于预防、禁止和惩治贩运人口特别是妇女和儿童的补充议定书》《联合国打击跨国有组织犯罪公约关于打击陆、海、空偷运移民的补充议定书》以及《联合国打击跨国有组织犯罪公约关于打击非法制造和贩运枪支及其零部件和弹药的补充议定书》。议定书与公约的关系为：议定书是对公约的补充，应连同公约一并予以解释，除议定书另有规定外，公约的规定应经适当变通后适用于议定书。

刑事诉讼法

【诉讼】 是指司法机关以国家的名义在当事人及其他诉讼参与人的参加下，按照法定程序，运用法律审判案件、解决争议的一种专门活动。狭义的诉讼是指原告对被告提出告诉和主张，由审判机关解决双方争议的活动，具备四个基本要素：（1）存在双方当事人；（2）双方当事人之间存在需要加以解决的争议；（3）存在居中裁判的特定机关；（4）存在赖以解决纠纷的诉讼程序和规则。控方（原告）、承控方（被告）、听诉方（裁判者）是构成诉讼的最基本要件。这决定了诉讼是由原告方、被告方和裁判方组成的三方构造系统。诉讼是阶级社会特有的现象，是国家以强制性、权威性的法律手段处理社会冲突、解决各种争议或者纠纷的一种有效机制。作为解决纠纷的一种基本方式，诉讼同原始社会中的同态复仇、血亲复仇等救济方式不同，诉讼属于公力救济方式，具有较为系统的法定程序。相对于私力救济而言，诉讼基于其公力救济性质通常具有更好的纠纷解决效果。因为诉讼所解决的案件性质不同，诉讼的内容和形式也有所不同，所以根据不同的争议内容及其诉讼程序，可以将诉讼分为刑事诉讼、民事诉讼和行政诉讼三种。

【刑事诉讼】 是指国家专门机关在当事人及其他诉讼参与人的参加下，依照法律规定的程序，追诉犯罪，解决犯罪嫌疑人、被告人刑事责任问题的活动。刑事诉讼的中心问题是犯罪嫌疑人和刑事被告人的行为是否构成犯罪，构成何种犯罪，是否予以刑事处罚，以及处以何种刑事处罚。刑事诉讼在本质上就是国家为了实现刑罚权、维护公共秩序而进行的一种专门活动。刑事诉讼具有广义和狭义之分。狭义的刑事诉讼通常是指法院对刑事案件的审判活动。广义的刑事诉讼则是指侦查、起诉、审判和执行等活动的总称。现代社会一般从广义的角度来理解刑事诉讼。

我国刑事诉讼是指公安机关、人民检察院、人民法院等专门机关在当事人和其他诉讼参与人的参加下，按照法律规定的诉讼程序，查明犯罪事实，正确应用法律，惩罚犯罪分子，以及保障无罪的人不受刑事追究的活动。值得注意的是，我国刑事诉讼不仅包括广义说通常所指的侦查、起诉、审判和执行等诉讼程序，而且包括立案程序。一般认为刑事诉讼具备以下主要特征：（1）刑事诉讼是国家专门机关行使国家刑罚权的活动；（2）刑事诉讼是由国家专门机关主持进行的司法活动；（3）刑事诉讼是严格按照法定程序进行的活动；（4）刑事诉讼是在当事人和其他诉讼参与人的参加下进行的活动。

【刑事诉讼程序】 是指刑事诉讼主体在进行刑事诉讼活动时形成的权利义务关系以及所采取的方式、方法、步骤等的总称。刑事诉讼程序一般由刑事诉讼法加以明确规定。尽管各个国家在制定刑事诉讼程序时都需要遵循刑事诉讼的基本规律，但是世界各国的刑事诉讼程序因其国家性质、文化背景、法律传统、价值取向、诉讼观念等诸多因素的不同而存在较大差异。各个刑事诉讼主体在刑事诉讼活动中严格遵守刑事诉讼程序，对于全面依法治国、权力监督制约、惩罚犯罪、保障人权、司法公正、诉讼效率等具有非常重要的现实意义。从历史上看，刑事诉讼程序逐步由野蛮、落后走向文明、进步、科学和民主。

根据不同的适用对象，我国《刑事诉讼法》将刑事诉讼程序分为普通程序和特别程序两种。普通程序适用于所有刑事案件，由立案程序、侦查程序、审查起诉程序、审判程序、执行程序五部分组成。根据不同的内容，还可以将普通程序划分为更加具体的诉讼程序。例如，按照所处诉讼阶段和具体任务的不同，刑事审判程序可以分为第一审程序、第二审程序、死刑复核程序和审判监督程序四种。特别程序适用于五类特殊刑事案件，它包括未成年人刑事案件诉讼程序，当事人和解的公诉案件诉讼程序，缺席审判程序，犯罪嫌疑人、被告人逃匿、死亡案件违法所得的没收程序，以及依法不负刑事责任的精神病人的强制医疗程序。普通程序和特别程序共同构成我国刑事诉讼的程序体系，它们是相辅相成、互相补充、相互关联的动态关系。普通程序是特别程序的基础和前提，特别程序是对普通程序的补充和完善。

【刑事诉讼法】 是指国家制定或认可的，有关刑事诉讼的法律规范的总称。刑事诉讼法有狭义和广义之分。狭义的刑事诉讼法仅指国家立法机关制定的刑事诉讼法典，而广义的刑事诉讼法则是指一切有关刑事诉讼的法律规范。现代各国通常从广义角度来理解刑事诉讼法的概念。按照不同的角度，刑事诉讼法具有不同的法律属性。从法的内容来看，刑事诉讼法属于程序法。从法的调整关系来看，刑事诉讼法属于公法。从法的位阶来看，刑事诉讼法属于基本法。

在我国，刑事诉讼法是指国家制定或认可的，规范国家专门机关进行刑事诉讼、当事人和其他诉讼参与人参加刑事诉讼的法律总称。这意味着，我国刑事诉讼法既是规范审判机关、检察机关、侦查机关和执行机关进行诉讼的法律，也是规范当事人和其他诉讼参与人参加刑事诉讼的法律。其具体内容主要包括：（1）刑事诉讼中的专门机关及其权力和义务；（2）刑事诉讼中的当事人、其他诉讼参与人及其权利和义务；（3）刑事诉讼的基本原则、规则和制度；（4）刑事诉讼中收集和运用证据的规则和制度；（5）刑事诉讼的程序。

【刑事诉讼法典】 是指经过国家立法机

关系统编纂或者制定，全面集中规定如何进行刑事诉讼的规范性法律文件。由于刑事诉讼法典是刑事诉讼法的最主要表现形式，因此，刑事诉讼法典常常被称为狭义的刑事诉讼法。世界上最早的刑事诉讼法典是1808年12月颁布的《法国刑事审理法典》，即法国旧刑事诉讼法典。在资产阶级革命取得胜利之后，许多西方国家也纷纷制定了刑事诉讼法典，如1865年的《意大利刑事诉讼法典》、1877年的《德国刑事诉讼法典》、1890年的《日本刑事诉讼法典》等。苏联于1922年制定、1923年修改的《苏维埃刑事诉讼法典》是世界上第一部社会主义刑事诉讼法典。

在诸法不分的情况下，中国古代社会没有制定单独的刑事诉讼法典。在清朝末年，清政府虽然编制了“刑事诉讼法（草案）”，但并没有公布实施。直到1928年，当时的南京国民政府在借鉴德国、日本刑事诉讼法典的基础上才制定了中国历史上的第一部刑事诉讼法典。1979年7月1日，第五届全国人民代表大会第二次会议通过《中华人民共和国刑事诉讼法》（简称《刑事诉讼法》）。这是新中国的第一部《刑事诉讼法》。1996年3月17日，第八届全国人民代表大会第四次会议通过《关于修改〈中华人民共和国刑事诉讼法〉的决定》，对这部《刑事诉讼法》进行了第一次大规模修改。2012年3月14日，第十一届全国人民代表大会第五次会议通过《关于修改〈中华人民共和国刑事诉讼法〉的决定》，再次对我国《刑事诉讼法》进行了较大规模的修改。2018年10月26日，第十三届全国人民代表大会常务委员会第六次会议通过了《关于修改〈中华人民共和国刑事诉讼法〉的决定》，这是对我国《刑事诉讼法》的第三次修改。

【监察法】　《监察法》是为深化国家监察体制改革、推进全面依法治国、实现国家治理体系和治理能力现代化而制定的一部基础性法律。该法于2018年3月20日经第十三届全国人民代表大会第一次会议通过并同日公布实施，2024年12月25日第十四届全国人大常委会第十三次会议予以修订，修订后的《监察法》自2025年6月1日起施行。作为中国反腐败工作的法律保障，《监察法》确立了国家监察工作的基本原则、制度框架和具体程序，明确监察机关是行使国家监察职能的专门机关，与党的纪律检查机关合署办公，履行监督、调查和处置职责。《监察法》实现了对所有行使公权力的公职人员的监察全覆盖，监察对象涵盖：（1）中国共产党机关、人民代表大会及其常务委员会机关、人民政府、监察委员会、人民法院、人民检察院、中国人民政治协商会议各级委员会机关、民主党派机关和工商业联合会机关的公务员，以及参照《中华人民共和国公务员法》管理的人员；（2）法律、法规授权或者受国家机关依法委托管理公共事务的组织中从事公务的人员；（3）国有企业管理人员；（4）公办的教育、科研、文化、医疗卫生、体育等单位中从事管理的人员；（5）基层群众性自治组织中从事管理的人员；（6）其他依法履行公职的人员。通过法定程序和制度安排，监察机关可以依法采取谈话、讯问、查询、冻结、调取、扣押、搜查、留置、技术调查等调查措施，依法查处职务违法和职务犯罪。2024年的修订强化了对监察程序的规范性和权力运行的约束力，新增了强制到案、责令候查、管护等措施，并明确了监察机关的内部监督和外部监督机制，确保权力依法依规行使。修订后的《监察法》进一步巩固了全面从严治党和全面依法治国的法治基础，为构建清廉政治生态和推进国家治理能力现代化提供了强有力的法治保障。

【国家监察全覆盖】 是指国家监察机关对所有行使公权力的公职人员依法实施监察，确保监察无盲区、无例外。这一概念是《监察法》确立的重要原则，体现了党和国家全面从严治党、全面依法治国的要求。根据《监察法》的规定，国家监察全覆盖的对象包括：（1）中国共产党机关、人民代表大会及其常务委员会机关、人民政府、监察委员会、人民法院、人民检察院、中国人民政治协商会议各级委员会机关、民主党派机关和工商业联合会机关的公务员，以及参照《中华人民共和国公务员法》管理的人员；（2）法律、法规授权或者受国家机关依法委托管理公共事务的组织中从事公务的人员；（3）国有企业管理人员；（4）公办的教育、科研、文化、医疗卫生、体育等单位中从事管理的人员；（5）基层群众性自治组织中从事管理的人员；（6）其他依法履行公职的人员。实现国家监察全覆盖的核心在于通过构建集中统一、权威高效的监察体系，整合反腐败力量，强化监督功能。国家监察委员会作为最高监察机关，与地方各级监察委员会共同形成了垂直管理的监督体系。此外，监察机关依法赋予留置、调查、查询财产等权限，确保监察覆盖的有效性和针对性。这一制度设计的意义在于通过全面、系统的监察手段，及时发现和纠正滥用公权力的行为，有效预防和惩治腐败。同时，国家监察全覆盖也体现了对公权力的全面监督与制约，推动了清廉政治生态的建设，为实现依法治国、廉洁高效的国家治理目标奠定了基础。通过全面覆盖的监察体系，确保所有行使公权力的人员都在监督范围内，形成不敢腐、不能腐、不想腐的有效机制。

【法法衔接】 是指《监察法》与《刑事诉讼法》在职务犯罪案件的调查、起诉和审判过程中，实现程序、证据和职责的有效衔接与协调。这一机制确保监察机关与司法机关在反腐败工作中密切配合，形成完整的法律链条。法法衔接的主要内容包括四个方面：（1）监察机关与司法机关的职能分工与衔接。根据《监察法》的规定，监察机关负责对所有行使公权力的公职人员进行监察，主要处理职务违法行为，并对涉嫌职务犯罪的案件进行调查。若调查结果表明涉嫌犯罪，监察机关应将案件及相关证据移送检察机关。《刑事诉讼法》则规定，检察机关负责审查起诉职务犯罪案件，并依法提起公诉，法院负责对案件进行审判。通过此职能分工，确保了监察机关和司法机关的工作不重叠且衔接顺畅。（2）案件移送程序衔接。当监察机关调查发现公职人员涉嫌职务犯罪且收集相关证据后，监察机关应依《监察法》将案件材料移送检察机关处理，检察机关随后依《刑事诉讼法》审查起诉。此移送程序确保了监察机关调查与司法机关起诉之间的衔接，保证了案件处理的程序合法性和透明性。（3）证据标准的衔接。《监察法》第三十六条第二款规定，监察机关在收集、固定、审查、运用证据时，应当与刑事审判关于证据的要求和标准相一致。《刑事诉讼法》对证据的合法性、证明标准提出了较为明确的要求，确保只有合法、有效的证据才能被司法机关采纳。两部法律共同确保了证据的审查和使用符合法定程序。（4）强制措施的衔接。《监察法》规定的留置等强制措施是监察机关进行调查的重要手段，但在案件移送检察机关后，检察机关可以依法决定是否采取逮捕等进一步的强制措施。此时，强制措施的合法性与合理性由司法机关进行审查，保证了权力行使的合法性与合规性。被监察机关依法采取管护、留置措施的人员移送司法机关后，被依法判处管制、拘役或者有期徒刑的，管护、留置一日折抵管制二日，折抵拘役、有期徒刑一日。法法衔接的核心目的是确保监察机关与司法机关在处理职务犯罪案件时，能够依法相互配合、协作，形成无缝对接的机制。通过有效衔接，既加强了职务违法和职务犯罪的打击力度，也保障了被调查人及相关人员的合法权利，体现了全面依法治国和公正司法的原则。

【刑事诉讼法的渊源】 是指刑事诉讼法律规范的存在形式。刑事诉讼法具有历史性，它在不同的历史时期或者不同历史类型的国家具有不同的渊源。在不同的法律传统中，刑事诉讼法也具有不同的渊源。如在成文法国家，立法机关制定的刑事诉讼法典是刑事诉讼法的主要渊源。而在非成文法国家，判例则是刑事诉讼法的重要渊源。理解和熟悉刑事诉讼法的渊源是进行刑事诉讼活动的重要基础和要求。

我国刑事诉讼法的渊源包括我国《宪法》《刑事诉讼法》、有关法律、立法解释、司法解释等。我国《宪法》是我国制定《刑事诉讼法》的重要根据。《宪法》规定了许多与刑事诉讼直接有关的原则和制度，如被告人有权获得辩护原则、人民法院和人民检察院的设置等。这些原则和制度是《刑事诉讼法》的重要渊源。1979 年《刑事诉讼法》及经过全国人民代表大会及其常务委员会修改之后的《刑事诉讼法》是我国刑事诉讼法的主要法律渊源。有关法律规定是指全国人民代表大会及其常务委员会制定的有关刑事诉讼的法律规定，如《刑法》《人民法院组织法》《人民检察院组织法》《法官法》《检察官法》《律师法》等。立法解释是指由全国人民代表大会及其常务委员会对《刑事诉讼法》如何理解与适用所作出的解释，如《〈中华人民共和国刑事诉讼法〉第七十九条第三款解释》等。

【刑事诉讼法的制定目的】 又称刑事诉讼法的制定宗旨，是指国家在制定刑事诉讼法时所要体现的根本意图，以及所要达到的预期目标和实现的预期结果。立法机关在制定刑事诉讼法时，既可以在刑事诉讼法中直接规定其制定目的，也可以不在刑事诉讼法中直接规定其制定目的，而是通过刑事诉讼法的具体内容来间接地体现刑事诉讼法的制定目的。我国《刑事诉讼法》采用了第一种方式。根据我国《刑事诉讼法》第一条的规定，我国《刑事诉讼法》的制定目的包括以下内容：（1）保证刑法的正确实施；（2）惩罚犯罪，保护人民；（3）保障国家安全和社会公共安全，维护社会主义社会秩序。这三个方面互相联系，形成了统一的《刑事诉讼法》的制定宗旨。

【刑事诉讼法的根据】 是指刑事诉讼法的立法根据和法律渊源。基于刑事诉讼法与宪法之间的关系，刑事诉讼法的立法根据通常就是宪法。在一个国家的法律体系中，宪法因为是国家的根本大法而具有最高的法律地位和效力。宪法的根本大法地位决定了宪法和其他法律之间是“母法”与“子法”的关系。而基于“母法”与“子法”之间的关系，国家在制定其他各种法律即子法时必须以宪法为依据，既不能违背宪法的基本精神，也不能与宪法规定的内容相抵触。否则，其他各种法律就不能发生法律效力。作为部门法的刑事诉讼法是宪法的下位法，理所当然应当以宪法为制定根据。

根据我国《刑事诉讼法》第一条的规定，我国制定《刑事诉讼法》的根据是我国《宪法》。根据我国《宪法》的有关规定，《宪法》作为《刑事诉讼法》的根据主要体现在如下几个方面：（1）我国《宪法》关于“依法治国，建设社会主义法治国家”之治国方略的规定，是制定、修改和实施刑事诉讼法时应当遵循的基本指导思想和根本出发点；（2）我国《宪法》关于指导思想、基本原则、国家性质、社会制度、政治制度、国家机关的组织和活动原则以及“国家尊重和保障人权”的规定，是我国《刑事诉讼法》的性质、目的、任务和基本原则的主要依据；（3）我国《宪法》中关于公民基本权利的规定，是《刑事诉讼法》规定诉讼参与人的诉讼权利的直接根据；（4）我国《宪法》关于人民法院、人民检察院的基本职能、机构建制、组织体制的规定，以及诉讼活动应当遵循的基本原则的规定，是《刑事诉讼法》关于司法机关的职能、活动原则等相关规定的直接依据。

【刑事诉讼法的任务】 是指刑事诉讼法所要承担的实际职责以及所要达到的具体要求。刑事诉讼法的任务与制定目的之间既存在一定区别，又具有密切联系。从表述上看，刑事诉讼法的制定目的着眼于宏观，较为抽象和概括，而任务则着眼于微观，较为形象和具体。就内容上来看，刑事诉讼法的任务蕴含在制定目的之中，前者是后者的具体化和扩充。就相互关系而言，只有明确了刑事诉讼法的制定目的，才能进一步区分其具体任务，而只有在完成刑事诉讼法各项任务的情况下，才能实现其制定目的。

根据我国《刑事诉讼法》第二条的规定，我国《刑事诉讼法》的任务包括三个方面：（1）保证准确、及时地查明犯罪事实，正确应用法律，惩罚犯罪分子，保障无罪的人不受刑事追究；（2）教育公民自觉遵守法律，积极同犯罪行为作斗争；（3）维护社会主义法治，尊重和保障人权，保护公民的人身权利、财产权利、民主权利和其他权利，保障社会主义建设事业的顺利进行。在刑事诉讼理论中，前两项属于具体任务，第三项则属于根本任务。根本任务对具体任务具有重要指导作用，具体任务应当服务于根本任务。

【刑事诉讼法的效力】 即刑事诉讼法的适用范围，是指刑事诉讼法在什么地方、对什么人以及在什么时间内具有效力。刑事诉讼法的效力包括人的效力、时的效力和地的效力三个方面。关于人的效力是指刑事诉讼法对哪些人适用。一般而言，刑事诉讼法既适用于本国公民，也适用于外国人或者无国籍人。关于时的效力是指刑事诉讼法的有效时间。它既包括生效时间，也包括终止生效时间。刑事诉讼法开始生效的日期在该法颁布时通常由法律或者命令明文加以规定。关于刑事诉讼法终止生效的日期既可以由新法明文规定旧法的废止日期，也可以根据新法优于旧法原则，推定新法施行之日和旧法废止之日。关于地的效力是指刑事诉讼法适用的空间范围。关于地的效力一般实行属地主义原则，即一国刑事诉讼法的效力范围及于该国的全部领域之内，对于在本国领域内发生的一切刑事案件，本国司法机关均享有司法管辖权。根据国际法，一国的领域既包括领陆、领空和领水，也包括一国的航空器、船舶、驻外使领馆等特殊领域。需要注意的是，刑事诉讼法没有溯及力，即正在办理的刑事案件不管是在最新的刑事诉讼法生效前还是在生效后，都应当适用现行的刑事诉讼法。

根据《刑事诉讼法》第十七条规定，我国《刑事诉讼法》关于人的效力实行属地主义原则，即不论是中国公民，还是外国人或者无国籍人，只要他们在我国领域内涉嫌犯罪而应当受到刑事追究，就应当适用我国《刑事诉讼法》的规定。但是，享有外交特权和豁免权的外国人犯罪应当追究刑事责任的，通过外交途径解决。根据我国《刑事诉讼法》，对公安司法机关已经依旧法进行完毕的刑事诉讼活动，承认其效力，不再依照新法重新开始和进行；但对于未进行完毕的刑事诉讼活动，则不再适用旧法，而是适用修改后的《刑事诉讼法》。《刑事诉讼法司法解释》第七条至第十二条对在中华人民共和国领域外的犯罪并且由人民法院管辖的特殊领域作出了较为明确的规定（参见“特殊案件的管辖”词条）。

【刑事诉讼法的基本理念】 是指一个国家的刑事诉讼法所要表现出来的基本思想或者观念。刑事诉讼法的基本理念体现了一个国家对刑事诉讼的最基本看法，因而它意味着一个国家刑事诉讼的价值取向和基本模式。在以往的刑事诉讼立法与司法实践中，曾经存在为强调惩罚犯罪、追求实体结果正确，而对诉讼过程正当和诉讼效率重视不够的倾向。后来，我国通过三次大规模地修改《刑事诉讼法》，除了继续保障刑事诉讼惩罚犯罪，追求实体公正的目的实现外，也越来越强调保障人权、程序公正、诉讼效率。2012 年 3 月 14 日，在第十一届全国人民代表大会第五次会议通过《关于修改〈中华人民共和国刑事诉讼法〉的决定》之后，我国《刑事诉讼法》初步确立了惩罚犯罪与保障人权并重，实体公正与程序公正并重，以及公正优先、兼顾效率的基本理念。

【惩罚犯罪】 是指通过刑事诉讼活动，在准确、及时地查明案件事实真相的基础上，对构成犯罪的被告人准确适用刑法，使犯罪分子受到应有的刑事处罚。简而言之，惩罚犯罪就是国家专门机关通过刑事诉讼活动实现国家的刑罚权。惩罚犯罪是控制犯罪的重要途径。这不仅在于惩罚犯罪可以对犯罪分子直接起到制止犯罪的特殊预防功能，而且可以通过刑事诉讼活动实现刑罚的一般预防功能。

根据《刑事诉讼法》第二条规定，保证准确、及时地查明犯罪事实，正确应用法律，惩罚犯罪分子是我国《刑事诉讼法》的重要任务之一。这体现了我国《刑事诉讼法》惩罚犯罪的基本理念。我国《刑事诉讼法》之所以强调惩罚犯罪功能，主要是因为犯罪行为具有较强的社会危害性。在犯罪行为发生之后，如果不能通过刑事诉讼活动准确及时地查明犯罪事实，揭露犯罪活动，惩罚犯罪分子，那么不仅会给国家、社会和人民群众带来严重危害后果，而且有损于国家法律的权威性和严肃性。

【保障人权】 是指在刑事诉讼活动过程中，维护公民的基本人权，保障公民的合法权益不受侵犯。保障人权包括如下内容：（1）无辜的人不受追究；（2）有罪的人受到公正处罚；（3）保障诉讼参与人的诉讼权利；（4）尊重当事人人格，既要将犯罪嫌疑人、被告人作为人来对待，又要在诉讼中防止被害人受到二次伤害。在刑事诉讼中，基于其特殊地位和所处境况，犯罪嫌疑人、被告人和被害人的人权无疑更容易受到侵犯。有鉴于此，在刑事诉讼中保障人权，最主要的就是要保障犯罪嫌疑人、被告人和被害人的人权。

【程序公正】 又称程序正义或过程公正，是指通过诉讼程序所体现的公正。程序正义是法律程序本身内在优秀品质的价值。程序正义是一种过程价值，它主要体现在程序的运作过程中，是评价程序本身正义性的价值标准。评价一项程序的好坏优劣，除了要看它是否具有形成正确结果的能力以外，还要看它本身是否符合正义的要求。实现程序正义的目的，不仅是为了增强程序形成正确结论的能力，而且是为了使那些利益可能受到裁判结果直接影响的人受到公正的对待，确保其人格尊严受到应有的尊重。程序正义意味着裁判者必须通过公正的法律程序保障实体法的实施。强调程序公正，或者维护程序正义，既是现代法治的必然要求，也是充分尊重程序参与者人格尊严的客观需要。程序正义的核心要求在于程序的参与性。

我国《刑事诉讼法》在很多方面体现了程序公正的内在精神或者基本要求。例如，根据《刑事诉讼法》第二条规定，我国刑事诉讼法的任务不仅在于正确地惩罚犯罪，而且在于保障无罪的人不受刑事追究，尊重和保障人权，保护公民的人身权利、财产权利、民主权利和其他权利。再如，我国《刑事诉讼法》规定了一系列旨在促进程序公正的原则、程序和制度，如《刑事诉讼法》总则规定的职权原则、严格遵守法定程序原则、人民法院和人民检察院独立行使职权原则、审判公开原则、保障辩护原则、未经人民法院依法判决不得对任何人确定有罪原则、保障诉讼参与人诉讼权利原则、依照法定情形不予追究刑事责任原则等。

【实体公正】 又称实体正义或者结果公正，是指案件结局在实体结果方面所体现出来的公正。与程序公正不同的是，实体公正所要强调的是诉讼结局在查明事实和适用实体法上的正确性和公正性。就刑事案件而言，实体公正主要包括如下几个方面：（1）司法机关对犯罪事实的认定，应当达到法律明确规定的证明标准；（2）司法机关应当根据依法认定的犯罪事实正确适用刑法，准确地判断或者认定犯罪嫌疑人、被告人是否构成犯罪及其触犯的罪名；（3）司法机关应当正确适用刑法或者刑事诉讼法，准确地追究犯罪嫌疑人、被告人的刑事责任，或者对犯罪嫌疑人、被告人采取其他正确的处理结果；（4）对于错误处理的案件，司法机关应当依法采取相应的救济方法予以及时纠正和弥补。尽管实体公正与程序公正是两种不同性质的公正，具有各自的内涵和外延，但是它们具有内在的联系。这不仅在于实体公正和程序公正是解决纠纷、实现司法公正的两个基本要素，而且在于程序公正与实体公正具有相辅相成、相互促进的关系。一般而言，程序公正有助于推动实体公正，而顺利地实现实体公正必然要求程序公正。尽管程序公正具有独立价值，但是程序公正应当以实体问题的解决和实体公正的实现为取向和目标。实体公正既是程序运行的目标和指向，又需要以程序公正为支撑和保障。正是基于实体公正与程序公正之间的相互联系，司法机关在诉讼中应当坚持实体公正与程序公正并重，做到实体公正与程序公正的有机统一，既不能为了片面追求实体公正而忽略程序公正，也不能为了实现程序公正而置实体公正于不顾。

我国《刑事诉讼法》在很多方面都体现了实体公正的要求。例如，根据《刑事诉讼法》第二条规定，我国刑事诉讼法的任务不仅强调尊重和保障人权，保护公民的人身权利、财产权利、民主权利和其他权利，而且强调保证准确、及时地查明犯罪事实，正确应用法律，惩罚犯罪分子，保障无罪的人不受刑事追究。再如，根据《刑事诉讼法》第五十二条、第五十三条规定，审判人员、检察人员、侦查人员在刑事诉讼中既要忠实于事实真相，又要依法全面收集能够证实犯罪嫌疑人、被告人有罪或者无罪、犯罪情节轻重的各种证据。公安机关提请批准逮捕书、人民检察院起诉书、人民法院判决书，必须忠实于事实真相。

【诉讼公正】 又称“司法公正”，是指诉讼活动在诉讼过程和诉讼结果中应当遵循或者体现出来的公平与正义。狭义的司法公正常常又被称为审判公正或者公正审判。由于司法活动被认为是社会正义的最后一道防线，因此，司法公正被誉为司法程序的心脏，是现代司法活动的生命与灵魂。如果司法失去公正性，就会损害司法的公信力和权威性，进而瓦解司法的纠纷解决功能。司法机关在诉讼活动中适用的法律无外乎实体法和程序法两种，因此司法公正或者诉讼公正实际上既包括实体公正，又包括程序公正。实体公正强调诉讼结果的公正性，而程序公正强调诉讼过程的公正性。无论是实体公正，还是程序公正，都包含相应的判断标准。判断实体公正的标准主要包括准确认定案件事实和正确适用法律，进而依法保障当事人的合法实体权益，确保违法犯罪行为受到应有的惩罚和制裁。对于程序公正的具体标准，国内外存在较大分歧。按照古老的自然正义原则，程序公正包括两项标准，即任何人都不能成为自己案件的法官，以及应当听取双方当事人的陈述和意见。按照英美法系的程序正义理论，程序公正包括裁判者的中立性，程序的参与性、对等性、合理性、自治性、及时性、公开性、终结性、人道性等多重标准。司法公正是一套复杂的系统工程。要想实现司法公正的价值目标，需要满足一系列条件，如完善的司法制度、健全的法治环境、正确的诉讼观念、过硬的司法能力、严格依法办案与良好的职业操守等。

自20世纪90年代以来，为了促进司法公正，我国以刑事审判方式改革为突破口，掀起了一轮又一轮的刑事司法改革。经过30余年的艰苦努力，无论是在立法上还是在司法实践中，我国刑事诉讼在司法公正方面都取得了显著进步和举世瞩目的成就。例如，随着审判方式改革的不断推进，我国《刑事诉讼法》从总体上确立了控辩平等对抗、控审分离、法官居中裁判的现代刑事诉讼基本格局。再如，未经人民法院依法判决不得对任何人确定有罪原则、疑罪从无原则、不被强迫自证其罪原则、非法证据排除规则的确立等等，不仅切实提升了犯罪嫌疑人、被告人在刑事诉讼中的诉讼地位，而且对于防止国家公权力的滥用，促进公正审判，切实保障公民的合法权益具有重要促进作用。

【诉讼效率】 又称司法效率，是指案件处理数量与诉讼中所投入的司法资源的比例。诉讼效率最基本要求就是以更少的资源处理更多的案件。具体说来，实现诉讼效率，应当尽量节约司法资源，降低诉讼成本，提高工作效率，加速诉讼运作，减少诉讼拖延，清理案件积压。现代司法活动之所以追求诉讼效率，主要是因为国家投入到诉讼活动中的司法资源具有有限性。尽管从性质上讲，诉讼效率与诉讼公正是两种不同性质的价值目标，二者在诉讼活动中常常存在矛盾关系，但是不可否认的是，诉讼公正与诉讼效率之间又具有紧密的联系。这不仅在于诉讼公正通过减少错误成本的方式有助于提高诉讼效率和节约司法资源，而且在于诉讼效率是诉讼公正的内在要求。诉讼效率本来就是诉讼公正的重要组成部分。尽管诉讼公正与诉讼效率是司法活动追求的共同价值目标，但在处理诉讼公正与诉讼效率的关系时应当坚持公正优先兼顾效率的原则，即在确保诉讼公正的前提下追求诉讼效率。毕竟，司法活动是维护、实现社会正义的最后一道防线，司法公正是司法活动的生命和灵魂；如果没有司法公正，那么诉讼效率的价值就会大打折扣。

为了提高刑事司法的效率和节约司法资源，我国《刑事诉讼法》不仅规定了“保证准确、及时地查明犯罪事实”的诉讼任务，而且规定了一系列有助于提高司法效率的诉讼程序或者制度，如诉讼期限、不起诉制度、简易程序等。为了进一步提高诉讼效率、节约司法资源，我国2018年修改《刑事诉讼法》，增设刑事案件速裁程序和认罪认罚从宽制度。

【公正与效率】 最高人民法院提出的人民法院工作主题。其核心要义是司法审判要做到公正与效率兼顾。习近平总书记强调指出，“努力让人民群众在每一个司法案件中感受公平与正义。”2023年初，最高人民法院院长、党组书记张军强调，人民法院要履行好新时代赋予的职责使命，应当紧紧围绕“公正和效率”这一主题进行。人民法院践行公正与效率工作主题，是时代对公正司法的要求，是人民群众对公平正义的期盼，是以习近平同志为核心的党中央对司法工作的要求。公正是司法审判追求的最高价值，效率是司法公正的重要方面，公正与效率相统一是社会主义司法制度的应有之义。公正包括案件实体处理的公正和诉讼程序运行的公正，是实体公正与程序公正的统一。效率包括诉讼资源的节俭和诉讼时间的快捷，迟到的正义是打折扣的正义。2014年《中共中央关于全面推进依法治国若干重大问题的决定》指出，执法办案要“坚持以事实为根据、以法律为准绳，健全事实认定符合客观真相、办案结果符合实体公正、办案过程符合程序公正的法律制度。”这是党中央提出的新时期公正司法的新标准，也是在践行公正与效率工作主题的过程中，人民法院应当努力实现的工作目标。

【刑事诉讼结构】 又称“刑事诉讼构造”，是指刑事诉讼法确立的进行刑事诉讼的基本方式，以及专门机关、诉讼参与人在刑事诉讼中形成的法律关系的基本格局。在现代刑事诉讼中，控诉、辩护、裁判是最基本的诉讼职能。它们之间的分工和相互作用贯穿于整个刑事诉讼活动之中，对刑事诉讼的进程和结局具有决定性的影响和作用。控诉、辩护与裁判在刑事诉讼中的地位与法律关系直接决定了各种诉讼主体进行刑事诉讼的基本方式或者基本格局。正因如此，现代刑事诉讼结构的核心实际上就是控诉、辩护、裁判三方在刑事诉讼中的地位以及相互间的法律关系。

【侦查中心主义】 是指侦查阶段在整个刑事诉讼中居于中心地位的一种刑事诉讼构造形式。侦查中心主义主要体现在如下几个方面：（1）侦查机关收集的证据材料与认定的案件事实对起诉与审判具有至关重要的影响；（2）审查起诉和刑事法庭审理流于形式，难以对侦查结论形成实质性的审查，因而在一定程度上沦为对侦查结论的确认程序；（3）侦查机关对犯罪嫌疑人和涉案财物的处置对刑事案件最终结果的形成具有实质性的影响；（4）因为侦查结论在实质上对案件结果起到一定的预决效果，而导致侦查阶段对于被告人的最终命运具有决定性的影响。侦查中心主义背离现代刑事诉讼理论公认的审判中心主义或者以裁判为中心的刑事诉讼构造，具有较大负面影响。侦查中心主义不仅导致审查起诉和刑事审判流于形式，现代刑事证据规则失去用武之地，而且有损司法的公正性、法院的权威性以及犯罪嫌疑人、被告人的合法权益，甚至造成冤错案件的发生。

【审判中心主义】 又称“审判中心论”，是指刑事审判在整个刑事诉讼中处于中心地位的一种刑事诉讼构造形式。进一步而言，刑事审判程序是整个刑事诉讼程序的中心，侦查、起诉等刑事审判前程序都是刑事审判程序的准备程序；侦查、起诉关于事实认定、法律适用、证据材料等各方面的结论都应当受到刑事审判的审查和检验，不应当对刑事审判产生预决的效果。只有在刑事诉讼程序中，诉讼参与人的合法权益才能得到充分的维护，被告人的刑事责任问题才能得到最终的和权威的确定。尽管现代法治国家都采用从侦查到起诉、再从起诉到审判这样大致相同的诉讼流程，但是一般认为，科学的刑事诉讼结构应该以刑事审判程序为中心。一方面，基于无罪推定理念和法院解决纠纷的功能，刑事审判程序是决定被告人命运最终的和最重要的诉讼程序。另一方面，由于刑事法庭不仅是一个相对的能够排除各种外界因素随意侵入的“隔音空间”，而且采用控辩双方公平竞赛、各方主体共同参与、公开听证等符合程序正义的审判方式，因此，相对于追诉机关对犯罪嫌疑人或者被告人的单方面追诉而言，刑事裁判结果更具有权威性和可接受性。以刑事审判为中心的刑事诉讼构造体现了现代刑事诉讼的基本规律，是现代法治国家公认的一种刑事诉讼构造。审判中心主义理论为近年来以审判为中心的刑事诉讼制度改革提供了坚实的理论根据。

【以审判为中心】 是指在刑事诉讼的整个流程中，应当以司法审判标准为中心，按照法院在证据采信、事实认定、法律适用等方面的要求和标准开展刑事诉讼活动。以审判为中心，是对刑事诉讼基本规律的科学认识和准确把握，是确保刑事司法公正的现实需要，是正确惩罚犯罪，充分保障人权的必然要求。以审判为中心强调的是审判程序在整个刑事诉讼中的中心地位，它不仅要求刑事被告人的定罪量刑问题需要通过刑事审判程序加以最终的解决，而且强调侦查机关和检察机关认定的犯罪事实和收集的刑事证据都必须受到刑事审判程序的检验。在这种情况下，法院的裁判结果必须建立在彻底的法庭审理的基础之上，而控诉机关在审前程序中所形成的结论对于刑事裁判结果的形成不再具备预决的效果。正是基于审判在刑事诉讼中的中心地位，所以刑事审判程序对于侦查和起诉具有很强的指引作用。侦查机关和检察机关要想完成《刑事诉讼法》所确定的诉讼任务，应当参照法院在证据采信、事实认定、法律适用等方面的要求和标准，严格按照法定程序开展侦查和起诉工作。强调以审判为中心，既不意味着可以否定刑事审前程序的重要性和必要性，也不是对分工负责、互相配合、互相制约原则的否定。另外，尽管以审判为中心必然要求以庭审为中心或者庭审实质化，强调法院或者法官的审判权威，但是以审判为中心不等于以庭审为中心，也不是以法院为中心或以法官为中心。为了克服侦查中心主义的缺陷，强化刑事审判在刑事诉讼中的地位与作用，最高人民法院、最高人民检察院、公安部等部门根据中国共产党第十八届四中全会精神，推进了以审判为中心的刑事诉讼制度改革，于2016年7月20日公布了《推进以审判为中心的刑事诉讼制度改革意见》。为了贯彻落实该"意见"，全面推进改革工作，最高人民法院于2017年2月17日印发了《全面推进以审判为中心的刑事诉讼制度改革实施意见》。

【庭审实质化】 刑事庭审实质化是"以审判为中心"的诉讼制度改革的基本要求，其内核是被告人的刑事责任在审判阶段通过庭审方式解决。以审判为中心的刑事诉讼制度改革前，在刑事司法实践中，公检法三机关强调配合，有时监督制约不够，曾经出现过"侦查中心主义"的现象。改革后，法官主持庭审要恪守中立原则，通过主持庭审充分听取控辩双方意见，查明证据、事实，正确适用法律。法庭调查程序是刑事诉讼活动的关键环节，证据裁判、居中裁判、集中审理、诉权保障和程序公正是法庭调查的基本原则，规范开庭讯问、发问程序，严格落实证人、鉴定人、侦查人员出庭作证的相关规定，切实提高出庭作证率，推进司法证明实质化。对于辩方提出的一些问题，控方不正面回答的，法官要当庭告知检察官，检察机关依法要承担举证责任，如果不能提供确切证据证实指控事实的，或是对于案件存在的疑问不能作出合理解释的，将作出有利于被告人的裁判。庭审实质化要求完善各类证据的举证、质证、认证规则，充分发挥庭审的功能，让法庭成为以看得见的方式保障司法公正的"殿堂"，确保诉讼证据出示在法庭、案件事实查明在法庭、诉辩意见发表在法庭、裁判结果形成在法庭，充分发挥审判对侦查、起诉环节的制约和引导作用，防止事实不清、证据不足的案件进入审判程序，提高刑事诉讼整体水平。

【"三项规程"】 为认真贯彻中国共产党第十八届三中四中全会关于深化司法改革的要求，严格落实中央全面深化改革领导小组审议通过的《推进以审判为中心的刑事诉讼制度改革意见》《办理刑事案件严格排除非法证据规定》等文件精神，最高人民法院于2017年2月制定发布了《全面推进以审判为中心的刑事诉讼制度改革实施意见》，又于2017年底出台"三项规程"，即《人民法院办理刑事案件庭前会议规程（试行）》《人民法院办理刑事案件排除非法证据规程（试行）》和《人民法院办理刑事案件第一审普通程序法庭调查规程（试行）》，并于2018年1月1日起在全国试行，旨在全面深入推进以审判为中心的刑事诉讼制度改革。

"三项规程"立足现有法律规定，进

一步明确和细化了庭前会议、非法证据排除、法庭调查等关键环节、关键事项的基本规程，有助于解决证人出庭难，非法证据排除难、疑罪从无难等问题，提高刑事审判的质量、效率和公信力。“三项规程”的基本内容有：（1）关于庭前会议规程，重在落实中央改革文件关于进一步完善庭前会议程序的要求，确保法庭集中持续审理，提高庭审质量和效率。“规程”将庭前会议界定为庭审准备程序，不能弱化庭审，更不能取代庭审。人民法院在庭前会议中可以依法处理可能导致庭审中断的程序性事项，组织控辩双方展示证据，归纳控辩双方争议焦点，开展附带民事调解，但不得处理定罪量刑等实体性问题。（2）关于非法证据排除规程，重申了中央改革文件对非法证据范围的新规定，并重点针对实践中存在的启动难、证明难、认定难、排除难等问题，进一步明确庭前程序和庭审环节对证据合法性争议的处理程序，为司法实践提供了更为明确的指引。（3）关于法庭调查规程，在总结传统庭审经验基础上，将证据裁判、居中裁判、集中审理、诉权保障和程序公正确立为法庭调查的基本原则，规范开庭讯问、发问程序，落实证人、鉴定人出庭作证制度，完善各类证据的举证、质证、认证规则，确保诉讼证据出示在法庭、案件事实查明在法庭、诉辩意见发表在法庭、裁判结果形成在法庭。

【刑事诉讼模式】 是指理论界根据不同的刑事诉讼特征对各国刑事诉讼制度所作的类型划分。不同的刑事诉讼模式具有不同的刑事诉讼特征。刑事诉讼模式的核心内容是控诉、辩护与裁判三方诉讼主体在刑事诉讼中的诉讼地位及其相互之间的法律关系。不少学者将刑事诉讼模式与刑事诉讼构造或者刑事诉讼结构视为完全相同的概念。严格说来，刑事诉讼模式实际上是比刑事诉讼结构更为宽泛的概念。这是因为，不同的刑事诉讼模式除了具备不同的刑事诉讼结构以外，还具有其他不同的特征，如不同的诉讼理念、价值取向、审判方式等。考虑到审判程序在刑事诉讼中的中心地位，还有不少学者将刑事诉讼模式与刑事审判模式等同起来，认为刑事诉讼模式是指控诉、辩护、裁判三方在刑事审判程序中的诉讼地位和相互关系，以及与之相适应的审判程序组合方式。尽管不同的刑事审判方式是判断不同的刑事诉讼模式的一个重要标准或者因素，但是这并不意味着刑事审判模式与刑事诉讼模式是完全相同的概念。毕竟，刑事审判模式无法涵盖刑事诉讼模式的所有内涵与外延。主流观点认为，弹劾式诉讼和纠问式诉讼是古代社会实行的两种典型刑事诉讼模式，而近现代社会的刑事诉讼模式主要包括职权主义诉讼模式、当事人主义诉讼模式以及混合式诉讼模式三种。

【刑事诉讼职能】 是指国家专门机关和诉讼参与人在刑事诉讼中所担负的特定功能和应当发挥的特定作用。刑事诉讼职能是刑事诉讼的一个重要基础理论。在传统的刑事诉讼法学理论中，我国学者对刑事诉讼职能的划分存在“三职能说”“四职能说”“五职能说”“七职能说”等多种观点。“三职能说”认为，刑事诉讼职能包括控诉、辩护和审判三个方面。“四职能说”认为，刑事诉讼职能包括控诉、辩护、审判和法律监督四个方面。“五职能说”认为，刑事诉讼职能包括控诉、辩护、审判、诉讼监督、协助司法五个方面。“七职能说”认为，刑事诉讼职能包括侦查、控诉、辩护、审判、诉讼监督、协助司法、执行七个方面。控诉职能、辩护职能和审判职能是现代刑事诉讼的三大基本诉讼职能；控诉、辩护、审判三种基本职能互相联系、彼此制约，构成现代刑事诉讼的基本框架和主要内容。

【控诉职能】 是指控方为了追究犯罪人的刑事责任，向法院提出起诉控告，要求法院对被告人依法进行审判的一项诉讼职能。在现代法治社会，只有通过刑事诉讼的方式才能惩罚犯罪和打击犯罪。而刑事诉讼的正常运行离不开公诉人或者自诉人行使控诉的职能。在现代刑事诉讼中，控诉是进行辩护和审判的前提条件；没有控诉，也就无所谓辩护和审判。控诉职能的执行主体因为不同的起诉模式而存在明显差异。在实行国家追诉主义的情况下，对犯罪行为的起诉权通常由检察机关行使；在实行私人追诉主义的情况下，对犯罪行为的起诉权通常由被害人行使。就现代社会而言，大多数国家实行以公诉为主、自诉为辅的刑事起诉制度，只有少数几个国家实行国家追诉主义，不存在自诉制度，如美国、法国、日本等。

我国《刑事诉讼法》第五十一条明确规定：公诉案件中被告人有罪的举证责任由人民检察院承担，自诉案件中被告人有罪的举证责任由自诉人承担。这是人民检察院和自诉人承担控诉职能的直接法律依据。为了完成其控诉职能，检察机关和自诉人不仅需要启动刑事审判程序，而且需要在法庭审判过程中，与辩护方展开举证、质证、辩论活动，证明其刑事指控的成立。否则，人民检察院或者自诉人的控诉就会因为得不到人民法院的支持而失败。

【辩护职能】 是指为了维护被告人的合法权益，辩护方根据事实和法律，为被告人进行辩护，反驳控方的指控，提出证明被告人无罪、罪轻或者减轻、免除其刑事责任的主张及其依据的一项诉讼职能。辩护职能由被告人及其辩护人行使。对被告人来说，依法辩护是他享有的诉讼权利。对辩护人来说，依法为被告人进行辩护是他应当履行的职责。辩护职能是现代刑事诉讼的重要基石。如果犯罪嫌疑人、被告人及其辩护人无法在刑事诉讼中充分、有效地行使其辩护职能，现代刑事诉讼所追求的保障人权、司法公正、程序法治等价值目标都将无从谈起。

我国历来重视犯罪嫌疑人、被告人及其辩护人的辩护职能。我国不仅在《宪法》中明确规定了被告人的辩护权，而且通过《刑事诉讼法》《律师法》等相关法律或者司法解释、政策文件构建了较为完善的辩护制度，从而为犯罪嫌疑人、被告人及其辩护人充分行使辩护权提供了强有力的保障。

【审判职能】 是指对控诉的刑事案件进行审理，确认控诉是否成立，裁判被告人是否有罪、应否承担刑事责任以及刑事责任轻重的一项诉讼功能。在现代法治社会，审判职能通常由法院行使。在刑事审判程序中，法院通过法庭审理，在控诉与辩护双方互相举证、质证和辩论的基础上，对刑事案件居中做出最终的裁决结果。

我国《宪法》第一百二十八条、《人民法院组织法》第二条明确规定，人民法院是国家的审判机关。根据《法官法》第八条，法官的职责就是依法参加合议庭审判或者独任审判案件。为了确保人民法院的审判职能，《刑事诉讼法》第三条、第十二条明确规定，审判由人民法院负责，未经人民法院依法判决，对任何人都不得确定有罪。这些规定意味着，在我国刑事诉讼中，人民法院是行使审判职能的唯一主体，其他任何机关、团体和个人都无权行使审判权。

【阅核制】 为抓实审判管理，贯彻党的二十大精神，全面准确落实司法责任制，落实好院庭长监督管理责任，最高人民法院党组书记、院长张军2023年7月在全国大法官研讨班上指出，院庭长应当对独任审判员与合议庭审理的案件“阅核”。同年9月，在国家法官学院2023年秋季开学典礼暨“人民法院大讲堂”上，就如何加强审判管理，提升审判质效，提出要以“阅核制”为抓手，落实院庭长监督管理责任，严把案件裁判质量。为全面落实张军院长讲话精神，各地法院开始积极探索裁判文书“阅核”机制。最高人民法院于2023年12月制定发布《关于完善案件阅核工作机制全面准确落实司法责任制的指导意见》。所谓阅核制，就是依据法官职权清单对合议庭、独任制审判员作出的法律文书和工作文书，由业务部门负责人或分管院领导从实体、程序方面进行审查的内部监督管理机制。具体而言，院长、分管副院长要对分管领域范围内的“四类案件”全部阅核；庭长要对本庭室的案件全部阅核。阅核人要对裁判文书的事实认定、法律适用、裁判结果、文书质量全面阅核，并签批留痕终身负责。阅核制与过去的审批制的根本区别在于：在审批制下，院庭长不同意合议庭、独任法官意见的，可以直接调整、改变合议庭、独任法官裁判意见，容易导致审者不判、判者不审，司法责任不清、错案难以追责的问题；而在阅核制下，院庭长不同意合议庭、独任法官意见的，不能直接调整、改变，可以建议复议、提请专业法官会议讨论、报请院领导提交审委会讨论。这样可以做到职能明确、责任清晰。阅核制实现了放权与监督的有机统一，不仅能够保障提升案件裁判质量，更在科学界定司法责任制的前提下，为有效履责和全面准确落实司法责任制提供了遵循，为一体推进队伍建设和管理提供了新的着力点。

【刑事诉讼法律关系】 是指进行或者参加刑事诉讼的机关或者个人基于刑事诉讼法的规定而产生的相互间的权利义务关系。刑事诉讼法律关系是根据刑事诉讼法律规范所形成的关系。刑事诉讼法规定的产生、发展、变化和终止，同刑事诉讼活动具有不可分割的联系。刑事诉讼法律关系包含刑事诉讼主体、刑事诉讼客体、刑事诉讼行为三个主要环节。刑事诉讼法律关系以权利义务关系为实质内容。刑事诉讼法律关系的参与者即刑事诉讼主体，在刑事诉讼中既享有一定的诉讼权利，又承担一定的诉讼义务。不同的刑事诉讼主体之间，具有不同的法律关系。如法院与检察机关之间是审判与控诉的关系，法院与被告人之间是审判与被审判的关系，检察机关与被告人之间是控诉与辩护的关系。控诉主体、辩护主体、审判主体之间的法律关系构成了现代刑事诉讼的基本框架。

在我国刑事诉讼中，现行法律明确作出规定的刑事诉讼法律关系是人民法院、人民检察院和公安机关之间的法律关系。根据我国《宪法》第一百四十条、《刑事诉讼法》第七条规定，人民法院、人民检察院和公安机关在刑事诉讼活动中，应当遵循分工负责、互相配合、互相制约的法律关系。尽管我国《刑事诉讼法》没有对其他刑事诉讼主体之间的法律关系直接作出规定，但是在明确规定各个刑事诉讼主体所享有的诉讼权利和承担的诉讼义务的情况下，我国已经大致确立了控审分离、控辩平等对抗、法官居中裁判的刑事诉讼格局，而各个刑事诉讼主体之间的法律关系都应当建立在这个刑事诉讼格局的基础之上。

【刑事诉讼主体】 又称刑事诉讼法律关系主体，具有狭义和广义之分。狭义的刑事诉讼主体是指在刑事诉讼中具有独立诉讼地位，对刑事诉讼的产生、发展和结局具有决定性作用的机关和个人。广义的刑事诉讼主体是指在刑事诉讼中享有诉讼权利并承担诉讼义务的国家专门机关和个人。具体说来，刑事诉讼主体可以分为三类：(1) 代表国家行使侦查权、起诉权和审判权的侦查机关、检察机关、审判机关及其侦查人员、检察人员和审判人员；(2) 诉讼当事人；(3) 其他诉讼参与人。承认诉讼参与人与专门机关的代表处于同等诉讼主体的地位，是现代刑事诉讼的基本要求。根据各种诉讼主体在刑事诉讼中是否具有独立的诉讼地位，是否承担基本诉讼职能，对诉讼进程是否具有决定性的影响和作用，以及他们同案件处理结果之间的关系及其享有的诉讼权利和承担的诉讼义务，可以将刑事诉讼主体分为主要刑事诉讼主体和非主要刑事诉讼主体两类。主要刑事诉讼主体，又称主要刑事诉讼法律关系主体，是指在刑事诉讼中承担主要诉讼职能，对一定诉讼程序的产生、发展和结局起着决定性影响和作用的机关和个人。主要刑事诉讼主体包括刑事诉讼中的专门机关和诉讼当事人。非主要刑事诉讼主体，又称非主要刑事诉讼法律关系主体，是指在刑事诉讼中没有承担主要诉讼职能，对一定诉讼程序的产生、发展和结局不起决定性影响和作用的人，即其他诉讼参与人。

【刑事诉讼客体】 是指刑事诉讼主体实施一定诉讼行为、进行刑事诉讼活动所指向的对象。刑事诉讼客体是刑事诉讼法律关系得以产生和发展的直接依据。没有刑事诉讼客体的存在，刑事诉讼主体的诉讼行为就会失去应有的意义，刑事诉讼法律关系也就难以产生和发展。刑事诉讼客体不仅可以成为第一审法院级别管辖的根据，而且可以据此界定法院的审理范围，确保犯罪嫌疑人、被告人处于一事不再理原则或者禁止双重危险原则的保护之下。刑事诉讼客体实际上就是刑事案件，即因为触犯刑法而被侦查机关立案侦查或者被法院立案受理的案件。其核心内容就是特定人的特定犯罪事实。

国内外的学者通常用单一性和同一性来理解刑事案件的特征及其法律效果。在同一诉讼中，起诉的效力与审判的范围如何，应当根据刑事案件是否具有单一性来确定；而在不同诉讼中，该刑事案件是否已被起诉、是否已经被判决所确定，应当根据案件是否具有同一性来甄别。刑事案件的单一性是从静态的角度考察刑事诉讼是否是一个不可分割的整体。只有当被告人单一而且公诉事实单一时，才是单一的刑事案件。刑事案件的同一性是从动态的角度考察刑事诉讼是否是一个不可分割的整体。判断刑事案件是否同一的标准就是在不同的刑事诉讼中，被告人与公诉事实是否都一致。如果在不同的刑事诉讼中，被告人与公诉事实都前后一致，那么就具备刑事案件的同一性。

【刑事诉讼行为】 是指刑事诉讼主体在诉讼过程中为享有诉讼权利、承担诉讼义务所实施的法律行为。刑事诉讼行为既是刑事诉讼主体与刑事诉讼客体发生关系的桥梁和纽带，也是刑事诉讼法律关系得以发生、发展和消亡的推动者。不同的刑事诉讼主体因为诉讼权利和诉讼义务方面的差异而存在不同的刑事诉讼行为，如侦查机关的立案、侦查行为，检察机关的审查起诉、提起公诉行为，法院的审判行为，被告人的辩护行为，证人的作证行为等。一种行为要想成为有效的刑事诉讼行为，必须符合一定的条件。而有效的刑事诉讼行为一旦实施，就必然产生相应的法律后果。合法有效的刑事诉讼行为必须符合相应的构成要件或者构成要素。欠缺要素的行为不能成为合法有效的刑事诉讼行为，不能产生相应的法律后果。但是，不具有合法性的刑事诉讼行为或不属于刑事诉讼行为的行为，也会产生相应的法律后果，只不过这种后果的性质和内容与合法刑事诉讼行为之后果的性质和内容有所不同而已。一般认为，主体要件和行为要件是构成刑事诉讼行为必不可少的要素。刑事诉讼行为的主体要件不仅要求行为人具有诉讼权利能力，而且要求其具备刑事诉讼法规定的法律资格。刑事诉讼行为的行为要件是指行为人实施了刑事诉讼法规定的行为。除了这两个必不可少的要素之外，某些刑事诉讼行为还需要特定的构成要件。例如，按照不被强迫自证其罪原则的要求，被告人的陈述必须符合其自愿性。如果被告人的陈述不是出于自愿，而是侦查人员刑讯逼供的结果，那么被告人的陈述即使能够证明犯罪事实，也不能作为法院判决的依据。

【刑事诉讼阶段】 是指在刑事诉讼中，按照法定顺序进行的相对独立而又相互联系的各个组成部分。刑事诉讼阶段的特点是每一个诉讼阶段都是一个完整的独立程序，有其自身的直接任务和形式。某个诉讼过程是否构成一个独立的刑事诉讼阶段，主要看它是否具有自己的直接任务、参加诉讼活动的诉讼主体的独特构成、进行诉讼行为的特殊方式、诉讼法律关系的特性以及与其他诉讼过程不同的总结性文件。尤其是不同的总结性文件往往是区别不同诉讼阶段的重要标志。例如，侦查阶段与审查起诉阶段的一个重要区别就是，侦查阶段的总结性文件是侦查机关制作的移送起诉意见书，而审查起诉阶段的总结性文件是检察机关制作的起诉书。一般而言，刑事诉讼阶段是一系列刑事诉讼程序组成的单元，而刑事诉讼程序是刑事诉讼阶段的一个元素。刑事诉讼程序受刑事诉讼阶段的制约，不同的刑事诉讼阶段通常采取不同的刑事诉讼程序。现代刑事诉讼大体上可以分为侦查、起诉、审判、执行四个阶段。

在我国刑事诉讼中，除了侦查、起诉、审判、执行四个阶段，还包括立案阶段。立案阶段的任务是审查案件材料，决定是否立案。侦查阶段的任务是收集证据，证实犯罪，查获犯罪人。起诉阶段的任务是审查侦查机关移送的案件材料，决定是否提起公诉。审判阶段的任务是解决被告人是否有罪，以及被告人触犯的罪名，是否处以刑罚，判处什么刑罚。执行阶段的任务是实现生效判决和裁定的内容。尽管我国刑事诉讼可以分为五个诉讼阶段，但是并非所有刑事案件都必须经过这五个阶段。例如，自诉案件一般不经过侦查阶段。再如，检察机关作出不起诉决定的刑事案件，只经历了立案、侦查和审查起诉这三个阶段。

【刑事诉讼的基本原则】 是指由《刑事诉讼法》所规定的，贯穿于刑事诉讼的全过程或者主要诉讼阶段，对刑事诉讼的进行具有普遍指导意义，国家专门机关和诉讼参与人参与刑事诉讼必须遵循的基本行为准则。概括而言，刑事诉讼的基本原则具有以下特点：(1) 法定性。刑事诉讼的基本原则是刑事诉讼立法精神的直接体现，它应当是由《刑事诉讼法》明确加以规定的法律原则。(2) 规律性。刑事诉讼的基本原则蕴含了较为丰富的诉讼原理，反映了刑事诉讼的基本特征，体现了刑事诉讼活动的基本规律。(3) 基础性或者根本性。刑事诉讼的基本原则所调整的应当是对于刑事诉讼程序具有根本性或者基础性地位的内容。刑事诉讼的基本原则是制定刑事诉讼具体制度或者程序的基础，《刑事诉讼法》规定的具体制度或者程序应当与刑事诉讼的基本原则相吻合。刑事诉讼基本原则的基础性或者根本性决定了它比具体的刑事诉讼制度或者程序具有更高的法律效力。这意味着，对于具体刑事诉讼制度或者程序的解释，不能违背刑事诉讼的基本原则；在缺乏具体的刑事诉讼制度或者程序的情况下，司法机关应当按照刑事诉讼基本原则的内在要求进行处理，而不能随意滥用其自由裁量权。(4) 普遍性。刑事诉讼的基本原则一般贯穿于刑事诉讼全过程，对刑事诉讼立法和司法具有普遍指导意义。(5) 抽象性。刑事诉讼的基本原则是对刑事诉讼基本规律的高度概括和集中体现。相对于具体的刑事诉讼制度或者程序更加强调其可操作性和确定性而言，刑事诉讼的基本原则在语言表述、条文设置上更加抽象、概括，蕴含更加深刻的内涵与更加丰富的外延，更加强调其宏观指导意义。

根据《刑事诉讼法》的规定，我国刑事诉讼的基本原则包括侦查权、检察权、审判权由专门机关依法行使原则，人民法院、人民检察院依法独立行使职权原则，严格遵守法律程序原则，依靠群众原则，以事实为根据、以法律为准绳原则，适用法律一律平等原则，分工负责、互相配合、互相制约原则，人民检察院依法对刑事诉讼实行法律监督原则，使用本民族语言文字进行诉讼原则，审判公开原则，犯罪嫌疑人、被告人有权获得辩护原则，未经人民法院依法判决不得确定有罪原则，保障诉讼参与人的诉讼权利原则，依照法定情形不予追究刑事责任原则，追究外国人刑事责任适用我国《刑事诉讼法》等原则。

【侦查权、检察权、审判权由专门机关依法行使原则】 是指对刑事案件的侦查、拘留、执行逮捕、预审，由公安机关负责；检察、批准逮捕、检察机关直接受理的案件的侦查、提起公诉，由人民检察院负责；审判由人民法院负责。该原则是我国刑事诉讼的基本原则，不仅明确了我国刑事诉讼中专门机关的范围，而且对各专门机关的职权范围也进行了划分与限定。根据《刑事诉讼法》第三条第一款，该原则的具体含义包括：

（1）办理刑事案件的职权具有专属性和排他性，即只有公安机关、人民检察院、人民法院有权行使侦查权、检察权和审判权，其他任何机关、团体和个人都无权行使这些权力；（2）公安机关、人民检察院、人民法院依照法律行使职权，必须遵守法定的程序；（3）专门机关在办理刑事案件时有明确的职权分工，即公安机关、人民检察院、人民法院只能在法律规定的职责范围内进行诉讼活动和分别行使各自的职权，既不能超越职责，又不能相互混淆或者相互取代；（4）公安机关、人民检察院、人民法院分别行使侦查权、检察权、审判权，不受当事人及其他诉讼参与人意志的约束。侦查权、检察权、审判权由专门机关依法行使原则，不仅有助于实现刑事诉讼职能的分离和刑事司法机关的职权分工，而且有利于防止侦查权、检察权、审判权遭到滥用，保障公民的合法权益。

【侦查权】 是指侦查机关在刑事诉讼活动中依照法定程序进行专门调查工作和采取有关强制性措施的权力。侦查权是法律赋予侦查机关的一种带有强制性的国家权力。侦查权作为国家同犯罪行为作斗争的一种重要手段，其强制性是确保侦查机关收集证据，揭露、证实犯罪，查获犯罪嫌疑人的客观需要。根据《刑事诉讼法》第一百一十五条规定，侦查权的内容既包括侦查机关依照法律进行的专门调查工作，又包括有关强制性措施。专门调查工作，包括讯问犯罪嫌疑人，询问证人和被害人，勘验、检查，搜查，查封、扣押物证、书证，鉴定，辨认，技术侦查，秘密侦查等。有关强制性措施主要是指在专门调查工作中采取的强制性方法，如强制检查、强制查封、强制扣押等。为了防止侦查权遭到滥用，我国《刑事诉讼法》明确规定侦查权只能由法定的侦查机关来行使，其他任何机关、团体和个人都无权行使侦查权。根据《刑事诉讼法》第三条、第四条、第一百零九条、第三百零八条以及《海关法》第四条，我国侦查权的主体除了公安机关、人民检察院以外，还包括国家安全机关、军队保卫部门、中国海警局、监狱以及海关走私犯罪侦查部门等。尽管根据《刑事诉讼法》第一百九十六条，人民法院在法庭审理过程中有权通过勘验、检查、查封、鉴定、查询和冻结等措施调查核实证据，但是这些措施只是人民法院旨在核实证据的庭外调查活动，不属于侦查活动的范畴。也就是说，尽管人民法院有权采取某些与侦查措施相类似的调查措施，但是人民法院并不是侦查权的行使主体。

需要注意的是，尽管根据 2018 年 3 月 20 日第十三届全国人民代表大会第一次会议通过的《监察法》第十一条的规定，监察委员会享有调查职务违法和职务犯罪的权力，但是监察委员会根据《监察法》行使的调查权与侦查机关根据《刑事诉讼法》行使的侦查权是两种性质不同的权力。

【检察权】 又称法律监督权，是指人民检察院依法监督国家机关和国家机关工作人员、企事业单位、人民团体和全体公民遵守宪法和法律的权力。检察权是我国《宪法》规定的一种重要国家权力。根据《宪法》第一百三十四条和《人民检察院组织法》第二条，人民检察院是国家的法律监督机关，代表国家依法行使检察权。根据《刑事诉讼法》第三条、第八条及其相关司法解释的规定，在刑事诉讼中，检察权的内容包括侦查权、审查批准逮捕权、审查起诉权、提起公诉权、支持公诉权、侦查监督权、刑事审判监督权、刑事执行监督权等权力。

【审判权】 是指人民法院对各种案件进行审理和裁判的权力。审判权是国家权力的重要组成部分。审判权就是狭义上的司法权，是对案件事实和适用法律的判断权和裁决权，具有中立性、公开性、参与性、亲历性、终结性等特征。审判权的行使具有专属性和排他性，即审判权通常只能由法院来行使。审判权还是带有强制性的国家权力。法院代表国家行使审判权，依法作出的裁判结果具有法律效力，由国家强制力保证执行。法院行使审判权的主要目的是定分止争。审判权是审理权和裁判权的合称。审理权是指法院在当事人和其他诉讼参与人的参加下，调查核实证据，查明案件事实的权力。裁判权是指法院依据认定的证据和查明的案件事实，根据法律对案件的实体问题和程序问题作出处理决定的权力。根据不同的审判内容，通常可以将审判权分为民事审判权、行政审判权和刑事审判权三种。其中，刑事审判权的主要内容就是确定被告人是否构成犯罪、构成什么罪、是否应当进行刑事处罚、如何进行刑事处罚。

根据我国《宪法》第一百二十八条，《人民法院组织法》第二条、第四条，《刑事诉讼法》第三条、第十四条规定，人民法院是我国的审判机关，代表国家依法行使审判权；审判权是人民法院享有的一种国家权力，其他任何机关、团体和个人都无权行使审判权。人民法院代表国家行使审判权，必须依照法律规定的程序进行，坚持以事实为根据、以法律为准绳，充分保障诉讼参与人的诉讼权利。人民法院依照法律规定独立行使审判权，不受行政机关、社会团体和个人的干涉。根据我国《宪法》《刑事诉讼法》《人民法院组织法》等法律的有关规定，我国刑事审判权包括一系列权力，如直接受理和审判自诉案件的权力，对公诉案件进行审查和审判的权力，主持法庭审理的权力，法庭调查和庭外调查的权力，定罪权，量刑权，对犯罪嫌疑人、被告人采取强制措施的权力，执行部分生效裁判的权力等。

【严格遵守法律程序原则】 是指人民法院、人民检察院和公安机关进行刑事诉讼，必须严格遵守《刑事诉讼法》和其他法律的有关规定。该原则是我国刑事诉讼的基本原则。根据《刑事诉讼法》第三条第二款，该原则包括两层含义：（1）人民法院、人民检察院和公安机关在进行刑事诉讼活动时，必须严格遵守《刑事诉讼法》和其他有关法律的规定，不得违反法律规定的程序和规则，不得侵害诉讼当事人和其他诉讼参与人的合法权益。其他法律，是指所有与刑事诉讼程序有关的法律，如《刑法》《人民法院组织法》《法官法》《人民检察院组织法》《检察官法》《律师法》《人民警察法》等。（2）违反法律程序严重的，应当依法承担相应的法律后果。例如，第一审人民法院严重违反法律规定的诉讼程序，可能影响公正审判的，将会导致撤销原判、发回重审的法律后果。再如，非法收集的言词证据、物证、书证不能作为定案的根据。严格遵守法律程序既是法治国家和现代刑事诉讼的基本要求，也是区别野蛮与文明、专制与法治的基本标志之一。

【人民法院、人民检察院依法独立行使职权原则】 是指人民法院依照法律规定独立行使审判权，以及人民检察院依照法律规定独立行使检察权，不受行政机关、社会团体和个人的干涉。该原则既是我国《宪法》规定的一项原则，又是《刑事诉讼法》规定的一项基本原则。根据《刑事诉讼法》第五条，该原则包括如下三层含义：（1）人民法院、人民检察院在法律规定的职责范围内独立自主地行使职权，不受行政机关、社会团体和个人的干涉。但是，人民法院、人民检察院独立行使职权，不仅要坚持党的领导，而且要受到各级人民代表大会、人民群众、社会舆论、媒体舆论的监督。（2）人民法院、人民检察院在刑事诉讼中必须严格遵守《宪法》和法律的规定。这是人民法院、人民检察院独立行使审判权、检察权的前提。（3）人民法院、人民检察院作为一个组织整体，集体对审判权、检察权的行使负责。独立行使审判权、检察权的主体是人民法院、人民检察院，而不是法官或者检察官个人。而且人民法院、人民检察院必须坚决贯彻落实习近平法治思想，坚持党对司法工作的绝对领导，坚持走中国特色社会主义法治道路。这是与西方国家“司法独立”的根本区别。根据我国《宪法》《人民法院组织法》和《人民检察院组织法》的有关规定，上下级人民法院之间是监督与被监督的关系，上级人民法院只能通过上诉程序、审判监督程序等法定方式监督下级人民法院的审判，而不能直接干涉下级人民法院的审判；而人民检察院上下级之间则是领导与被领导的关系，上级人民检察院有权就具体案件对下级人民检察院作出命令、指示。确立人民法院、人民检察院在刑事诉讼活动中独立行使职权原则，既有助于防止和排除行政机关、社会团体和个人对审判、检察工作的干扰，维护司法行为的纯洁性，树立司法机关的权威性，又有利于保障人民法院、人民检察院在刑事诉讼中正确行使法律赋予的职权，充分发挥职能作用，实现司法公正，保障法律的正确、统一实施。为了确保人民法院、人民检察院依法公正独立行使审判权、检察权，按照中国共产党第十八届三中全会四中全会精神，我国通过全面深化司法体制改革，采取了一系列改革措施，如省级人财物统一管理、司法责任制、法官员额制、检察官员额制等。

【依靠群众原则】 是指人民法院、人民检察院和公安机关进行刑事诉讼，必须依靠群众。依靠群众原则是党的群众路线在刑事诉讼中的具体体现，是我国的一项优良司法传统，是我国刑事诉讼的特点之一。《刑事诉讼法》第六条规定了依靠群众原则。其具体含义为：人民法院、人民检察院和公安机关进行刑事诉讼，应当坚持群众路线，注意发动群众、组织群众与犯罪作斗争，要相信和依靠群众，发挥群众的智慧和力量，要深入群众进行调查研究，收集证据。依靠群众原则对于准确、及时地打击犯罪，查明案件事实真相，具有不可忽视的重要作用。贯彻依靠群众原则，应当正确处理国家专门机关的刑事诉讼活动与依靠群众的关系。一方面，群众是人民法院、人民检察院、公安机关的智慧和力量源泉，在刑事司法工作中应当相信群众，尊重群众，宣传发动群众，为群众参加诉讼提供方便，接受群众的监督，不能脱离群众。人民法院、人民检察院、公安机关应当成为群众同犯罪分子作斗争的组织者和主导者，指导群众依法同犯罪行为作斗争。另一方面，应当注重依靠群众与发挥人民法院、人民检察院、公安机关职能作用相结合。在刑事诉讼过程中，既要充分调动人民群众同犯罪行为作斗争的积极性，又要充分发挥国家专门机关的职能作用，加强国家专门机关的建设，提高国家专门机关的素质，使其成为人民群众同犯罪分子作斗争的坚强后盾。为了贯彻依靠群众原则，我国《刑事诉讼法》作出了一系列规定。例如，根据《刑事诉讼法》第五十七条、第一百一十条、第一百一十一条、第一百一十二条，人民群众的报案、举报、扭送、参与是侦查机关进行刑事立案、刑事侦查、协助调查、收集证据、查获犯罪嫌疑人的重要力量。再如，根据《刑事诉讼法》第十一条、第十三条、第一百八十八条，人民法院审判刑事案件，应当吸收公民参加陪审，允许公民旁听公开审判的案件。

【以事实为根据、以法律为准绳原则】

是指人民法院、人民检察院和公安机关进行刑事诉讼，必须以事实为根据、以法律为准绳。其法律依据是《刑事诉讼法》第六条的规定。以事实为根据、以法律为准绳既是我国司法工作长期经验的科学总结，又是中国特色社会主义法治的基本原则之一。在刑事诉讼中坚持以事实为根据、以法律为准绳原则，对于促进司法公正，保证办案质量，避免冤错案件具有重要作用。以事实为根据，是指坚持实事求是，重证据、重调查研究。刑事司法机关在进行刑事诉讼，认定被告人的行为性质是否属于犯罪及确定刑事责任时，要牢固树立证据观念，坚持证据裁判主义，忠实于案件事实真相，以客观存在的案情作为处理问题的根本依据。刑事司法机关据以定案的事实，必须以收集到的证据所证实的案件事实为根据，而不能以主观臆测、想象或查无实据的议论为根据，没有确实充分的证据来证明案件事实，就不能对被告人定罪量刑。以法律为准绳，是指刑事司法机关应当按照《刑事诉讼法》规定的原则、制度和程序办案，在查明案件事实的基础上，以法律为尺度来衡量案件的具体事实和情节，严格依法对案件作出正确处理，既不能凭着一己好恶或一时情绪来定案，也不能根据外界压力、自己利益等其他因素来定案。在刑事诉讼中，以事实为根据和以法律为准绳紧密联系、相辅相成，缺一不可。只有以事实为根据，才能查明案件真实情况，准确认定案件事实；只有在正确适用法律即以法律为准绳的基础上，才能对案件作出正确处理。如果无法做到以法律为准绳，即使能够查明案件事实真相，也无法确保司法的公正性。以事实为根据、以法律为准绳，在我国刑事诉讼基本原则中处于核心地位，是贯彻执行其他诉讼原则的根本保证。

【适用法律一律平等原则】 是指人民法院、人民检察院和公安机关进行刑事诉讼，对于一切公民，在适用法律上一律平等，在法律面前，不允许有任何特权。其法律依据是《刑事诉讼法》第六条的规定。适用法律一律平等原则既是建设中国特色社会主义法治体系的基本要求，又是我国“公民在法律面前一律平等”的宪法原则在刑事诉讼中的具体体现。

其具体含义为：人民法院、人民检察院和公安机关进行刑事诉讼，不受民族、种族、性别、职业、社会出身、宗教信仰、教育程度、财产状况、居住期限等因素的影响，对一切公民的合法权益都依法给予保护，对一切公民的违法犯罪行为都依法予以追究。公民在适用法律上一律平等原则强调的是法律适用上的平等。公民在适用法律上一律平等原则，要求法律不折不扣地适用于有关个人和单位，不能以种种借口剥夺法律赋予他们的权利。强调法律平等适用原则的意义，不仅在于防止国家权力被滥用，避免因特权干扰司法公正的实现，维护法治的统一，而且在于保护公民的合法权益，使公民免受国家权力的侵犯。

【分工负责、互相配合、互相制约原则】

是指人民法院、人民检察院和公安机关进行刑事诉讼，应当分工负责、互相配合、互相制约，以保证准确有效地执行法律。其法律依据是《刑事诉讼法》第七条的规定。分工负责、互相配合、互相制约原则是我国根据长期司法实践经验以及法治建设的需要不断总结而逐渐形成的一项具有中国特色的刑事诉讼基本原则。该原则不仅是刑事诉讼的基本原则，而且是《宪法》所确认的一项基本原则。分工负责、互相配合、互相制约原则是由人民法院、人民检察院和公安机关的共同诉讼任务所决定的，它既是辩证唯物主义原理在刑事诉讼中的重要体现，又是刑事司法权力分立与制衡的客观需要。实行分工负责、互相配合、互相制约原则，既能够充分发挥刑事司法机关的整体功能，防止主观片面和滥用权力，又有利于保证刑事案件的办案质量，准确地惩罚犯罪，保护公民的合法权益。分工负责、互相配合和互相制约原则之间具有辩证统一的关系，是国家专门机关共同顺利实现刑事诉讼任务必不可少的三个要素。分工负责是互相配合与互相制约的基础和前提。如果没有分工负责，互相配合和互相制约也就无从谈起。

尽管公检法三机关之间应当实行分工负责，但是这并不意味着公检法三机关之间不能互相配合和互相制约。互相配合不仅要求公检法三机关之间加强工作上的协调和衔接，以便共同完成代表国家揭露犯罪、惩治犯罪的诉讼任务，而且需要科学地实现公检法三机关之间的职权分工，要求公检法三机关将各自负责的工作做好，切实履行法律赋予各自的职责。实际上，公检法三机关在刑事诉讼中如果能够认真履行自己的职责，切实完成本机关的诉讼任务，在某种程度上就是对其他机关的最好支持和配合。公检法三机关应当在分工负责和互相配合的基础上进行互相制约。如果没有互相制约，公检法三机关之间的分工负责和互相配合就会大打折扣，甚至出现偏差。这是因为，实行互相制约，既可以加强公检法三机关之间的相互监督，保证各个机关正常履行各自的职责，又有助于公检法三机关及时发现和纠正各个环节存在的失误和偏差，进而保证它们准确、有效地执行法律。总而言之，为了顺利地实现《刑事诉讼法》的任务，确保准确、有效地适用法律，分工负责、互相配合、互相制约原则必须贯穿于刑事诉讼始终，不可偏废。另外，值得注意的是，为了确保监察权依法正确行使，提高办理职务犯罪案件的质量，《监察法》第四条第二款明确规定，监察机关办理职务违法和职务犯罪案件，应当与审判机关、检察机关等进行互相配合和互相制约。

【分工负责】 是指在刑事诉讼中，人民法院、人民检察院和公安机关分别按照法律的规定行使职权，各负其责、各尽其职，既不能包办替代、越权行事，也不能互相推诿、相互混淆，甚至不负责任。根据我国《刑事诉讼法》的有关规定，分工负责在刑事诉讼中主要体现在职责分工和案件管辖分工这两个方面：（1）根据《刑事诉讼法》第三条规定，公安机关承担侦查职能，负责侦查、拘留、执行逮捕、预审；人民检察院承担自侦案件的侦查职能和公诉案件的控诉职能，负责检察、批准逮捕、自侦案件的侦查、提起公诉；人民法院承担审判职能，负责审判工作。（2）根据《刑事诉讼法》第十九条规定，人民法院直接受理自诉案件，人民检察院负责侦查自侦案件，公安机关负责侦查人民法院直接受理和人民检察院自行侦查的案件以外的刑事案件。

【互相配合】 是指人民法院、人民检察院和公安机关在进行刑事诉讼时，应当在分工负责的基础上，相互支持，通力合作，使案件的处理能够上下衔接，协调一致，共同完成刑事诉讼法规定的各项任务。根据我国《刑事诉讼法》的有关规定，互相配合主要体现在如下几个方面：（1）公安机关的立案、侦查活动为人民检察院审查批准逮捕、提起公诉活动做好准备；（2）人民检察院对于公安机关提请逮捕而又符合逮捕条件的，应当及时批准逮捕；（3）在人民检察院直接受理的案件中，如果需要拘留、逮捕犯罪嫌疑人的，或者需要通缉被告人时，则由人民检察院决定，由公安机关执行；（4）人民检察院在审查批准逮捕和审查起诉的过程中，对于需要补充侦查的案件，可以将案件退回公安机关进行补充侦查；（5）人民检察院的审查起诉为人民法院的审判做好准备，人民法院对于检察院提起的公诉，只要符合《刑事诉讼法》规定的条件，就应当及时开庭审判；（6）人民法院审理公诉案件，人民检察院应当派员出席法庭支持公诉。

【互相制约】 是指人民法院、人民检察院和公安机关在进行刑事诉讼时，在分工负责、互相配合的基础上，对刑事案件分别把关、互相检验、互相制衡，及时发现、防止和纠正可能发生的错误，通过程序上的制约保证案件质量，正确运用法律惩罚犯罪、保护人民。根据我国《刑事诉讼法》的有关规定，互相制约主要体现在如下几个方面：（1）人民检察院认为公安机关应当立案侦查的案件或者被害人认为公安机关对应当立案侦查的案件而不立案侦查，向人民检察院提出的，人民检察院应当要求公安机关说明不立案的理由。人民检察院认为公安机关不立案理由不成立的，应当通知公安机关立案，公安机关接到通知后应当立案。（2）公安机关逮捕犯罪嫌疑人，要提请人民检察院批准。如果人民检察院不批准逮捕，而公安机关认为应当逮捕时，可以要求复议或者复核。（3）对于公安机关移送起诉的案件，人民检察院决定不起诉的，应当将不起诉决定书送交公安机关，公安机关认为应当起诉的，可以要求复议或者复核。（4）人民检察院对公安机关的立案和侦查活动实行监督，如果发现有违法情况，可以通知公安机关予以纠正。（5）侦查、审查起诉关于事实认定、证据材料、法律适用等各方面的结论都必须经过人民法院审判予以检验。（6）人民检察院对人民法院的审判活动进行监督，如果发现存在违法行为，可以通知人民法院予以纠正。（7）对人民法院的裁判认为有错误时，人民检察院可以按照第二审程序或者审判监督程序提出抗诉。

【人民检察院依法对刑事诉讼实行法律监督原则】 是指根据我国《宪法》《人民检察院组织法》《刑事诉讼法》规定，人民检察院作为国家的法律监督机关，依法对刑事诉讼活动是否合法进行法律监督。人民检察院的法律监督具有广义和狭义之分。狭义的法律监督就是诉讼监督，是指人民检察院对人民法院和公安机关等实施某种诉讼行为或不实施某种诉讼行为是否合法的监督。广义的法律监督不仅包括狭义的法律监督，还包括诸如审查批准逮捕、提起公诉及对直接受理的案件的侦查等依法应当由人民检察院负责的其他活动。人民检察院对刑事诉讼活动进行法律监督，是中国特色社会主义司法制度的重要组成部分。这种监督主要是一种事后性的、程序性的、专门性的法律监督，其重点是监督刑事诉讼专门机关是否存在违法行为。该原则对于保证准确及时惩罚犯罪、保障无罪的人不受刑事追究、防止国家权力滥用、尊重和保障人权、实现司法公正，都具有重要意义。在《刑事诉讼法》的第二次修改过程中，按照中央司法体制和工作机制改革中关于加强对权力监督制约的要求，进一步加强了人民检察院的法律监督。根据《人民检察院刑事诉讼规则》第十三章、第十四章的规定，人民检察院对刑事诉讼的法律监督贯穿刑事诉讼的全过程，内容主要包括刑事立案监督、侦查活动监督、审判活动监督、羁押必要性审查、刑事判决裁定监督、死刑复核监督、羁押期限和办案期限监督、交付执行监督、减刑假释暂予监外执行监督、社区矫正监督、刑事裁判涉财产部分执行监督、死刑执行监督、强制医疗执行监督、监管执法监督、事故检察等。值得注意的是，在2018年通过《监察法》之后，尽管监察委员会承担了调查职务犯罪的职责，但是由于监察委员会的调查活动不是侦查活动，监察委员会也不是刑事诉讼中的专门机关，因此，人民检察院无权对监察委员会的调查活动实行法律监督。不过，由于监察委员会在调查结束以后仍然需要向人民检察院移送审查起诉，人民检察院的审查起诉活动对监察委员会仍然具有一定的监督和制约作用。

【立案监督】 是指人民检察院依法对公安机关的刑事立案活动是否合法实行的监督。立案监督的范围包括三种情形：（1）公安机关应当立案而不立案；（2）公安机关不应当立案而立案；（3）人民检察院侦查部门应当立案侦查而不报请立案侦查。根据《刑事诉讼法》第一百一十三条，人民检察院认为公安机关对应当立案侦查的案件而不立案侦查的，或者被害人认为公安机关对应当立案侦查的案件而不立案侦查，向人民检察院提出的，人民检察院应当要求公安机关说明不立案的理由。人民检察院认为公安机关不立案理由不能成立的，应当通知公安机关立案，公安机关接到通知后应当立案。

【侦查监督】 又称侦查活动监督，是指人民检察院依法对公安机关的侦查活动是否合法实行的监督。根据我国《刑事诉讼法》第一百一十七条、《人民检察院刑事诉讼规则》第十三章第三节的有关规定，侦查监督主要是发现和纠正非法取证行为、非法采取强制措施、谋取非法利益等违法行为。人民检察院开展侦查活动监督的途径主要包括审查批准逮捕、审查起诉、监所检察、受理当事人等的申诉或者控告。人民检察院应当根据侦查机关或者侦查人员违法行为的情节轻重，分别采取口头通知纠正、书面提出纠正违法通知、追究刑事责任等方式实行侦查监督。侦查监督不仅有助于减少侦查机关或者侦查人员的违法行为，防止侦查权的滥用，促进正确惩罚犯罪，提高刑事追诉质量，而且有助于维护刑事诉讼程序的尊严和公正，保障当事人的合法权益。值得注意的是，在2018年通过《监察法》之后，由于监察机关对于职务犯罪案件的调查活动不属于侦查活动，因此，人民检察院无权对监察机关的调查活动开展侦查监督。但是，为了确保职务犯罪案件的证据质量，《监察法》第四十七条第三款明确规定，人民检察院经审查，认为需要补充核实的，应当退回监察机关补充调查，必要时可以自行补充侦查。这是检察机关对监察机关进行监督的重要体现和制度措施。

【审判监督】 是指人民检察院依法对人民法院的审判活动是否合法实行的监督。根据我国《刑事诉讼法》第二百零九条，《人民检察院刑事诉讼规则》第十三章第四节及第六节关于刑事审判监督的有关规定，审判活动监督主要是发现和纠正违法管辖、违反法定审理和送达期限、应当回避而不回避、法庭组成人员不符合法律规定、法庭审理案件违反法定程序、侵犯当事人和其他诉讼参与人的诉讼权利和其他合法权利、刑事裁判不正确不合法等违法行为。人民检察院可以通过调查、审阅案卷、受理申诉、控告等活动，监督审判活动是否合法。人民检察院检察长可以列席人民法院审判委员会会议，对审判委员会讨论的案件等议题发表意见，依法履行法律监督职责。人民检察院在审判监督活动中，如果发现人民法院或者审判人员审理案件违反法律规定的诉讼程序，应当向人民法院提出纠正意见。出席法庭的检察人员发现法庭审判违反法律规定的诉讼程序，应当在休庭后及时向检察长报告。针对违反程序的活动，人民检察院应当在庭审后提出纠正意见。人民检察院对人民法院审判活动中违法行为的监督，可以参照有关人民检察院对公安机关侦查活动中违法行为监督的规定办理。人民检察院依法对人民法院的判决、裁定是否正确实行监督，对人民法院确有错误的判决、裁定，应当依法提出抗诉。人民检察院认为人民法院已经发生法律效力的判决、裁定确有错误，应当按照审判监督程序向人民法院提出抗诉。

【执行监督】 是指人民检察院依法对刑事判决、裁定的执行活动是否合法实行的监督。执行监督的任务是保证刑罚和法律规定的监管和教育改造罪犯的方针、政策和制度得到正确执行和严格遵守，及时纠正违法行为，打击犯罪活动，维护监管改造秩序，促进文明管理和提高改造质量，将罪犯改造成为守法公民，以减少和预防犯罪。根据《人民检察院刑事诉讼规则》第六百二十二条，人民检察院根据工作需要，可以对监狱、看守所等场所采取巡回检察、派驻检察等方式进行监督。执行监督的具体内容因为不同的裁判种类和执行活动而有所不同。根据《人民检察院刑事诉讼规则》第十四章的有关规定，执行监督和监管执法监督主要包括交付执行监督、减刑假释及暂予监外执行监督、社区矫正监督、刑事裁判涉财产部分执行监督、死刑执行监督、强制医疗执行监督、监管执法监督及事故检察等。

【使用本民族语言文字进行诉讼原则】

是指各民族公民都有用本民族语言文字进行诉讼的权利，人民法院、人民检察院和公安机关对于不通晓当地通用的语言文字的诉讼参与人，应当为他们翻译。根据《刑事诉讼法》第九条，该原则的具体含义包括：(1）各民族公民，无论是当事人，还是辩护人、证人、鉴定人，都有权使用本民族的语言进行陈述、辩论，有权使用本民族文字书写有关诉讼文书；(2）公安机关、人民检察院、人民法院在少数民族聚居或多民族杂居的地区，要用当地通用的语言进行审讯，用当地通用的文字发布判决书、公告、布告和其他文件；(3）如果诉讼参与人不通晓当地的语言文字，公安机关、人民检察院、人民法院有义务为其指派或聘请翻译人员进行翻译。使用本民族语言文字进行诉讼原则既是宪法原则，又是刑事诉讼的基本原则，充分体现了民族平等和对各个民族文化的尊重。而且，各民族公民使用本民族语言文字进行诉讼，对于刑事诉讼的顺利进行具有重要促进作用。这是因为，各民族公民使用本民族语言文字进行诉讼，陈述案情、提供证据和进行辩论，有利于公检法机关准确、及时地查明案件真实情况，了解当事人及其委托的人对案件处理的意见，从而对案件作出正确处理，保证刑事诉讼的顺利进行和刑事诉讼目的的实现。如果不使用本民族语言文字进行诉讼，当事人等可能因为语言、文字交流、理解的困难，而难以及时、正确地了解案件的进展情况和其他有关信息，不能充分进行诉讼准备，也无法有效地行使诉讼权利。

【审判公开原则】 又称公开审判原则，是指法院审理案件和宣告判决应当向社会公开，允许人民群众旁听，允许新闻记者采访报道。审判公开原则是刑事诉讼的基本原则，也是我国《宪法》所确认的一项基本原则。确立审判公开原则，是民主政治的必然要求，是实现程序正义、确保公正审判、提升审判质量、方便公民监督、开展法治教育的重要途径。审判公开通常包括四个方面：(1）审判过程公开，即除了依法不公开审理的案件以及法庭评议秘密进行外，法庭审理的全过程都应当公开；(2）审理结果公开，即法庭应向社会公开宣告其判决的结果及其理由；(3）向当事人公开，即法庭的审判活动必须在当事人的参与下进行；(4）向社会公开，即除了依法不公开审理的案件外，允许公众旁听，允许新闻媒体采访和报道。

根据我国《宪法》第一百三十条、《人民法院组织法》第七条、《刑事诉讼法》第十一条、第一百八十八条、第二百零二条以及《刑事诉讼法司法解释》第八十一条、第二百八十七条、第五百五十七条、第五百七十八条，理解我国的审判公开原则应当注意以下几点：(1）人民法院在审理刑事案件时，除了法律规定的特别情况以外，一律公开进行。（2）有关国家秘密或者个人隐私的案件，不公开审理；涉及商业秘密的案件，当事人申请不公开审理的，可以不公开审理。（3）不公开审理的案件，应当当庭宣布不公开审理的理由。（4）公开审理案件时，公诉人、诉讼参与人提出涉及国家秘密、商业秘密或者个人隐私的证据的，法庭应当制止。有关证据确与本案有关的，可以根据具体情况，决定将案件转为不公开审理，或者对相关证据的法庭调查不公开进行。被告人最后陈述的内容涉及国家秘密、个人隐私或者商业秘密的，也应当制止。（5）人民法院在宣告判决时，一律公开进行。（6）开庭审理时被告人不满18周岁的案件，一律不公开审理。经未成年被告人及其法定代理人同意，未成年被告人所在学校和未成年人保护组织可以派代表到场。对未成年人刑事案件，宣告判决应当公开进行。对依法公开审理，但可能需要封存犯罪记录的案件，不得组织人员旁听；有旁听人员的，应当告知其不得传播案件信息。我国审判公开原则既适用于第一审程序，又适用于第二审程序和审判监督程序，但是死刑复核程序则有一些特殊规定。

【审判公开的例外】 是指法院对于符合条件的案件进行不公开审理，公民不得旁听，新闻记者也不得采访报道。尽管审判公开原则如此重要，但是为了确保裁判者能够没有顾虑地自由评议案件，或者为了保护某种特殊利益，现代各国普遍确立了审判公开的两种例外情形：一是禁止公开裁判者的评议过程；另一个是对于涉及国家秘密、商业秘密、个人隐私的案件，审判可以不公开进行。

根据《人民法院组织法》第七条，《刑事诉讼法》第一百八十八条、第二百八十五条，《刑事诉讼法司法解释》第二百一十四条、第二百二十二条、第二百三十六条、第五百五十七条、第五百五十九条，以及《严格执行公开审判制度规定》第二条，我国刑事案件公开审判的例外情形主要包括：（1）涉及国家秘密的刑事案件；（2）涉及个人隐私的刑事案件；（3）开庭审理时被告人不满18周岁的未成年人犯罪案件；（4）经当事人申请，人民法院决定不公开审理的涉及商业秘密的刑事案件。前三种情形属于绝对的例外，即人民法院只能不公开审判，没有任何自由裁量权；最后一种情形属于相对的例外，即是否公开审判，人民法院享有一定的自由裁量权。理解以上例外情形应当注意：（1）凡是不公开审理的刑事案件，公民不得旁听，新闻记者也不得采访报道。（2）不公开审理的案件，应当当庭宣布不公开审理的理由。（3）人民法院在宣告判决时，一律公开进行。（4）对于不公开审理的未成年人犯罪案件，经未成年被告人及其法定代理人同意，未成年被告人所在学校和未成年人保护组织可以派代表到场。到场代表的人数和范围，由法庭决定。到场代表经法庭同意，可以参与对未成年被告人的法庭教育工作。对依法公开审理，但可能需要封存犯罪记录的案件，不得组织人员旁听。（5）审理未成年人刑事案件，不得向外界披露未成年被告人和未成年被害人的姓名、住所、照片以及可能推断出其身份的其他资料。查阅、摘抄、复制的未成年人刑事案件的案卷材料，不得公开和传播。（6）合议庭评议情况应当保密。合议庭、审判委员会的讨论记录以及其他依法不公开的材料不得查阅、摘抄、复制。

【犯罪嫌疑人、被告人有权获得辩护原则】 简称辩护原则，是指犯罪嫌疑人、被告人有权获得辩护，国家有义务保证犯罪嫌疑人、被告人获得辩护。辩护原则既是被告人由诉讼客体演变成为诉讼主体的一个重要标志，也是近现代刑事司法制度走向科学、民主、法治的一个重要成果。辩护原则已经成为各国的诉讼原则和国际司法准则。辩护权是犯罪嫌疑人、被告人最基本的诉讼权利。赋予犯罪嫌疑人、被告人辩护权，既是现代法治的要求和诉讼民主的表现，也是查明案件客观真相和正确适用法律的必要条件。现代各国之所以普遍确立辩护原则，不仅在于它是民主政治的必然要求，而且在于它是实现程序正义、确保公正审判、促进控辩平等、提升审判质量的重要保障。

根据我国《宪法》第一百三十条、《刑事诉讼法》第十一条、第十四条、第三十三条，《刑事诉讼法司法解释》第四十条，《人民检察院刑事诉讼规则》第三十八条，以及《公安机关办理刑事案件程序规定》第九条，犯罪嫌疑人、被告人有权获得辩护原则主要包括如下内容：（1）犯罪嫌疑人、被告人在整个刑事诉讼中享有辩解和自我辩护的权利。我国法律赋予犯罪嫌疑人、被告人辩护权，并在制度和程序上充分保障犯罪嫌疑人、被告人行使辩护权。在任何情况下，对任何犯罪嫌疑人、被告人都不得以任何理由限制或剥夺其辩护权。（2）犯罪嫌疑人、被告人享有获得辩护人帮助的权利。基于法律素养、诉讼地位、举证能力等方面的限制，犯罪嫌疑人、被告人仅靠自行辩护往往无法充分保障自己的合法权益。在这种情况下，很有必要赋予犯罪嫌疑人、被告人聘请辩护人尤其是律师帮助其辩护的诉讼权利。（3）人民法院、人民检察院和公安机关有义务保证犯罪嫌疑人、被告人获得辩护并保障其行使辩护权。一是为了辩护权的行使，公安机关、人民检察院、人民法院应当承担告知义务，及时告知犯罪嫌疑人、被告人享有辩护权以及法律赋予的其他诉讼权利。二是为辩护权的行使提供便利条件，如为符合法定情形的被追诉人通知法律援助机构指派辩护律师、为辩护人阅卷提供便利、保障辩护人的诉讼权利、认真听取被告人及其辩护人的意见等。

【未经人民法院依法判决不得确定有罪原则】 是指只有人民法院依照法定程序才能确定被告人有罪，而在人民法院依法判决被告人有罪之前，不能从法律上确定任何人有罪。未经人民法院依法判决不得确定有罪原则是我国在1996年修改《刑事诉讼法》过程中所确立的一项基本原则。尽管该原则不能与无罪推定划等号，但是该原则体现了无罪推定的基本精神和合理内核，是我国刑事诉讼制度走向科学化、民主化的重要标志之一。该原则的确立，不仅有利于贯彻以事实为根据、以法律为准绳的原则，而且有助于克服办案人员先入为主、主观臆断，甚至有罪推定的错误做法，维护犯罪嫌疑人、被告人的合法权益，查明案件事实真相，准确运用法律惩罚犯罪，保障无罪的人不受刑事追究。该原则包括如下三层含义：（1）确定被告人有罪的权力由人民法院统一行使，其他任何机关、团体和个人都无权行使。虽然公安机关、人民检察院在审判前的程序中也可以从程序上认定犯罪嫌疑人构成犯罪，但不具有终局性。（2）人民法院必须严格依照法定程序，根据事实和法律判决被告人有罪或无罪。（3）在人民法院发生法律效力的判决宣告以前，不能在法律上确定任何人有罪，或者在法律上将任何人作为有罪的人或者罪犯对待。

为了贯彻未经人民法院依法判决不得确定有罪原则，我国《刑事诉讼法》及其司法解释规定了许多保障措施：（1）明确区分犯罪嫌疑人与被告人。在侦查、起诉阶段，被追诉者被称为犯罪嫌疑人，而在提起公诉或者提起自诉以后，被追诉者被称为被告人，而不是继续沿用以往“人犯”这个带有浓厚有罪推定思维而且容易与“罪犯”这个概念相混淆的称谓。（2）根据2015年2月10日印发的《刑事被告人或上诉人出庭受审时着装问题通知》、2016年4月13日印发的《人民法院法庭规则》第十三条第一款、《刑事诉讼法司法解释》第三百零五条第一款，刑事在押被告人或上诉人出庭受审时，着正装或便装，不再着带有有罪推定色彩的监管机构的识别服。（3）根据《刑事诉讼法》第五十一条规定，控方承担被告人有罪的证明责任，被告人不负证明自己无罪的义务，不得因被告人不能证明自己无罪便推定其有罪。（4）在证据不足的情况下（参见“证据不足不起诉”词条），人民检察院应当做不起诉处理，人民法院应当判决被告人无罪（参见“疑罪从无”词条）。

【疑罪从无原则】 是指法院在审理刑事案件时，当控方无法提出足够的证据证明被告人有罪时，应当判决被告人无罪。根据现代刑事证明责任的基本原理，如果控方的证明活动无法达到法律规定的有罪判决证明标准，即没有履行其证明被告人有罪的证明责任，那么法官合乎逻辑的做法只能是做出有利于被告人的解释，即坚持疑罪从无，做出被告人无罪的判决。疑罪从无体现了无罪推定的基本精神，是现代刑事诉讼的重要组成部分。疑罪从无原则既有助于防止国家权力滥用，保障被告人的合法权益，又有助于提高诉讼的效率，节约诉讼成本。

我国刑事诉讼司法实践体现了疑罪从无这一学理原则。1989年11月4日公布的《一审判决宣告无罪的公诉案件适用法律问题批复》[①] 明确指出，对于因主要事实不清、证据不足，经多次退查后，检察院仍未查清犯罪事实，法院自己调查也无法查证清楚，不能认定被告人有罪的，可在判决书中说明情况后，直接宣告无罪。根据1994年3月21日印发的《审理刑事案件程序规定》[②] 第一百二十七条规定，如果案件的主要事实不清、证据不充分，又确实无法查证清楚，不能证明被告人有罪的，人民法院应当判决宣告被告人无罪。在1996年修订《刑事诉讼法》的过程中，随着未经人民法院依法判决不得确定有罪原则的确立，我国《刑事诉讼法》从立法层面明确规定了疑罪从无原则。根据《刑事诉讼法》第二百条规定，人民法院判决被告人有罪应该达到案件事实清楚、证据确实充分的证明标准。如果证据不足，不能认

---

① 已失效，本篇法规已被：最高人民法院关于废止1980年1月1日至1997年6月30日期间发布的部分司法解释和司法解释性质文件（第九批）的决定（发布日期：2013年1月14日，实施日期：2013年1月18日）废止。

② 已失效，本篇法规已被：最高人民法院关于废止1980年1月1日至1997年6月30日期间发布的部分司法解释和司法解释性质文件（第九批）的决定（发布日期：2013年1月14日，实施日期：2013年1月18日）废止。

定被告人有罪，那么人民法院应当作出证据不足、指控的犯罪不能成立的无罪判决。为了依法准确惩治犯罪，尊重和保障人权，实现司法公正，防止冤错案件，2013 年中央政法委印发的《关于切实防止冤假错案的规定》第七条、2013 年 10 月 9 日最高人民法院印发的《关于建立健全防范刑事冤假错案工作机制的意见》第六条明确要求，定罪证据不足的案件，应当坚持疑罪从无原则，依法宣告被告人无罪，不得降格作出“留有余地”的判决。

【罪疑有利被告】 所谓“罪疑有利被告”，是指在刑事诉讼中，如果穷尽法律上的证据方法后，仍然不能排除对案件事实的合理怀疑，则应当作出有利于被告的选择与认定。该原则是现代刑法人权保障理念的具体体现，是我国《刑事诉讼法》第十二条“未经人民法院依法判决，对任何人都不得确定有罪”所确立的疑罪从无、无罪推定的扩展。在适用“罪疑有利被告”时，应当注意：(1)“罪疑有利被告”适用于所有定罪量刑事实的认定领域；(2)“存疑”是指对定罪量刑具有重要影响的事实存在合理的疑问，而不是对所有细节事实有疑问；(3) 法律适用上的疑问不适用此原则；(4) 只适用于对被告人不利的事实，不适用于对被告人有利的事实。确立和坚持“罪疑有利被告”原则彰显了现代刑事司法的文明与进步，能够有效减少和避免冤错案件的发生，在我国人权保障史上具有里程碑的意义。

【保障诉讼参与人的诉讼权利原则】 是指在刑事诉讼活动中，人民法院、人民检察院和公安机关应当保障犯罪嫌疑人、被告人和其他诉讼参与人依法享有的辩护权和其他诉讼权利。依法保障诉讼参与人的诉讼权利，是我国刑事诉讼一贯坚持的基本原则，是我国刑事诉讼民主、公正和文明的一个重要标志。该原则不仅有助于刑事诉讼顺利进行，而且有助于防止国家权力的滥用，维护公民的合法权益，保障无罪的人不受刑事追究，确保案件得到公正的处理。根据《刑事诉讼法》第十四条规定，保障诉讼参与人的诉讼权利原则的具体含义包括：(1) 诉讼权利是诉讼参与人所享有的法定权利，国家法律有义务加以保护。诉讼参与人的诉讼权利对于国家专门机关而言就是法定义务。国家专门机关在刑事诉讼活动中有义务保障诉讼参与人充分行使其诉讼权利，不得以任何方式加以剥夺。对于在刑事诉讼中妨碍诉讼参与人的各种行为，国家专门机关有责任采取措施予以制止。(2) 由于诉讼参与人在刑事诉讼活动中参与诉讼的目的和要求以及所处的诉讼地位不同，他们依法享有的诉讼权利也存在较大差异，国家专门机关所采用的保障方法也存在较大差异。例如，为了保障被告人的辩护权，我国《刑事诉讼法》规定了较为完善的辩护制度，而为了保障被害人的合法权益，《刑事诉讼法》则规定了诉讼代理制度。(3) 在刑事诉讼活动中，公安司法机关应当依法告知诉讼参与人所享有的诉讼权利。(4) 诉讼参与人的诉讼权利受到侵害的时候，有权使用法律手段维护自己的诉讼权利。诉讼参与人对于审判人员、检察人员和侦查人员侵犯公民诉讼权利和人身侮辱的行为，有权提出控告，或者请求司法机关予以制止，有关机关应当对侵犯诉讼权利的行为认真查处。(5) 诉讼参与人在享有诉讼权利的同时也应当依法承担法律规定的诉讼义务。

【依照法定情形不予追究刑事责任原则】 是指在符合法定情形的情况下，不追究刑事责任，已经追究的，应当撤销案件，或者不起诉，或者终止审理，或者宣告无罪。根据《刑事诉讼法》第十六条，依照法定情形不予追究刑事责任原则包括：（1）情节显著轻微、危害不大，不认为是犯罪的；（2）犯罪已过追诉时效期限的；（3）经特赦令免除刑罚的；（4）依照刑法告诉才处理的犯罪，没有告诉或者撤回告诉的；（5）犯罪嫌疑人、被告人死亡的；（6）其他法律规定免予追究刑事责任的。值得注意的是，根据《公安机关办理刑事案件程序规定》第一百七十八条、第一百八十条、《人民检察院刑事诉讼规则》第一百七十一条、第二百四十二条，对于下列两种情形，实际上也不应当追究刑事责任：（1）被指控的犯罪嫌疑人没有犯罪事实；（2）虽有犯罪事实，但不是犯罪嫌疑人所为。对于具有不应追究刑事责任法定情形的案件，应根据案件的不同情况及所处的诉讼阶段作出不同处理，即撤销案件、不起诉、终止审理或者宣告无罪。依照法定情形不予追究刑事责任原则既可以保证国家追诉权统一、正确地实施，防止对不应追究刑事责任的人错误地进行追究，从而保护公民的合法权益，也可以避免公安司法机关从事无效的刑事诉讼活动，节省司法资源，提高诉讼效率。

【情节显著轻微、危害不大，不认为是犯罪】 是指行为人虽然实施了刑法所禁止的行为，但是其情节显著轻微、危害不大，尚未达到刑法所规定的应当予以刑事处罚的程度，因而在刑法上不构成犯罪行为，在刑事诉讼中不应当受到刑事责任追究。根据《刑法》第十三条、《刑事诉讼法》第十六条规定，情节显著轻微、危害不大，不认为是犯罪的行为在实体法上不属于犯罪行为，在程序法上属于不追究刑事责任的情形，如果已经追究的，应当根据不同的诉讼阶段作出撤销案件、不起诉、终止审理或者宣告无罪的处理。根据《刑法》第十三条规定，我国对犯罪的概念采取了既定性又定量的立法模式。在这种情况下，就有可能存在如下情形：从客观表现来看，行为人的行为属于我国《刑法》分则所禁止的行为，但是从《刑法》的评价来看，由于行为人的情节显著轻微、危害不大，其社会危害性尚未达到构成犯罪进而需要追究刑事责任的程度。而这种属于《刑法》禁止行为而又不完全符合犯罪构成要件的行为就是我国《刑法》和《刑事诉讼法》所称的情节显著轻微、危害不大的行为。正是由于这种行为与犯罪有关而又无法构成犯罪，因此可以将这种行为界定为与犯罪行为紧密相关的一般违法行为。尽管这种行为与犯罪情节轻微不需要判处刑罚的行为具有相似之处，但是二者具有本质上的差异。因为这种行为终究是普通违法行为，不可能涉及刑事处罚的问题，而犯罪情节轻微不需要判处刑罚的行为则属于犯罪行为，只是由于其社会危害性相对较小而没有必要或者不需要判处刑罚，但是，没有必要或者不需要判处刑罚，并不等于不能判处刑罚。这里的不认为是犯罪，既可以指在刑法上不构成犯罪，又可以指在司法中不能将其评价为犯罪行为。

【犯罪已过追诉时效】 是指虽然行为人的行为已经构成犯罪，但是根据《刑法》的规定，已经过了追诉时效期限。追诉时效是现代法治国家普遍实行的一项法律制度，其基本含义就是刑法规定的追究行为人刑事责任的有效期限。一般而言，在法定的有效期限内，控方有权追究行为人的刑事责任。而在超过法定的期限后，控方就不得再行追诉；已经追诉的，应当撤销案件，或者不予立案，或者不起诉，或者宣告无罪。根据《刑事诉讼法》第十六条，犯罪已过追诉时效期限的，属于不予追究刑事责任的一种法定情形。值得注意的是，犯罪已过追诉时效的案件，并非不能再追究刑事责任。这是因为，根据《刑法》第八十七条第四项以及2012年8月21日通过的《办理核准追诉案件规定》第三条，对于法定最高刑为无期徒刑、死刑的，在经过20年的追诉时效期限以后，地方各级人民检察院有权报请最高人民检察院核准追诉。根据《办理核准追诉案件规定》第十一条规定，最高人民检察院决定核准追诉的案件，最初受理案件的人民检察院应当监督侦查机关及时开展侦查取证。最高人民检察院决定不予核准追诉，侦查机关未及时撤销案件的，同级人民检察院应当予以监督纠正。犯罪嫌疑人在押的，应当立即释放。

【经特赦令免除刑罚】 是指尽管行为人在客观上实施了犯罪行为，但是在国家发布特赦令的情况下，可以免除犯罪分子的刑罚。特赦是现代法治国家普遍实行的一项法律制度。特赦令是国家有关机关依法发布赦免罪犯全部刑罚或者部分刑罚的一种命令。特赦通常是对于已经被判处刑罚的特定犯罪人，免除其全部或部分刑罚的执行。根据《刑事诉讼法》第十六条、《刑法》第六十五条、第六十六条规定，我国的特赦既可以赦免刑罚又可以赦免犯罪，或者只赦免刑罚而不赦免犯罪。在赦免刑罚又赦免犯罪的情况下，实际上相当于国家放弃刑罚权，不再追究行为人的刑事责任。也就是说，在经特赦令免除刑罚的情况下，国家不能追究行为人的刑事责任；已经追究的，应当根据不同的情况和诉讼阶段作出免予刑罚的处理。《刑事诉讼法》第十六条第三项的规定就属于这种情况。根据《宪法》第六十七条、第八十条，在全国人民代表大会常务委员会决定特赦后，由国家主席发布特赦令。自1959年以来，我国共实行了9次特赦。但是，这9次特赦的对象都是正在服刑的罪犯，而不包括《刑事诉讼法》第十六条第三项所规定的情形。

【依照刑法告诉才处理的犯罪】 是指根据我国《刑法》规定，只有在被害人提出控告的情况下才能依法追究犯罪分子的犯罪。根据我国《刑法》规定，告诉才处理的犯罪包括如下几种：（1）《刑法》第二百四十六条第一款、第二款规定的侮辱罪和诽谤罪，但是严重危害社会秩序和国家利益的除外；（2）《刑法》第二百五十七条第一款规定的暴力干涉婚姻自由罪；（3）《刑法》第二百六十条第一款、第三款规定的虐待罪，但是被害人没有能力告诉，或者因受到强制、威吓无法告诉的除外；（4）《刑法》第二百七十条第一款规定的侵占罪。根据《刑法》第九十八条规定，所谓告诉才处理，是指被害人告诉才处理。但是根据我国《刑法》和《刑事诉讼法》的有关规定，在被害人无法告诉或者不能亲自告诉的情况下，也可以由其他主体代为告诉。

【没有告诉或者撤回告诉】 是指对于依照《刑法》告诉才处理的犯罪，被害人没有向国家专门机关告诉，或者在向国家专门机关告诉以后撤回告诉。根据《刑事诉讼法》第十六条，依照《刑法》告诉才处理的犯罪，如果被害人没有告诉或者撤回告诉，那么不能追究刑事责任；已经追究的，应当根据不同的情况和诉讼阶段作出撤销案件、不起诉、终止审理或者宣告无罪的处理。这意味着，对于依照《刑法》告诉才处理的犯罪而言，被害人没有告诉或者撤回告诉的法律后果就是犯罪行为不受刑事责任追究。值得注意的是，在被害人因为特殊原因无法告诉或者不能亲自告诉的情况下，也可以由其他主体代为告诉。根据《刑法》第九十八条、《刑事诉讼法》第一百一十四条，无法告诉包括两种情形：被害人因为受到强制、威吓而无法告诉，或者被害人因为死亡或者丧失行为能力而无法告诉。不能亲自告诉，是指根据《刑事诉讼法司法解释》第三百一十七条第一款，被害人因为是限制行为能力人或者因为年老、患病、盲、聋、哑等不能亲自告诉。代为告诉的主体，既包括人民检察院，也包括被害人的法定代理人或者近亲属。一是根据《刑法》第九十八条、《刑事诉讼法司法解释》第三百一十七条第一款，对于告诉才处理的案件，如果被害人因为受到强制、威吓而无法告诉，人民检察院和被害人的近亲属可以告诉。其法定代理人、近亲属告诉或者代为告诉的，人民法院应当依法受理。二是根据《刑事诉讼法》第一百一十四条、《刑事诉讼法司法解释》第三百一十七条第一款，对于告诉才处理的案件，如果被害人死亡、丧失行为能力，或者是限制行为能力人以及因年老、患病、盲、聋、哑等不能亲自告诉，其法定代理人、近亲属告诉或者代为告诉的，人民法院应当依法受理。根据《刑事诉讼法司法解释》第三百一十七条第二款的规定，被害人的法定代理人、近亲属告诉或者代为告诉，应当提供与被害人关系的证明和被害人不能亲自告诉的原因的证明。

【犯罪嫌疑人、被告人死亡】 是指在生效裁判作出以前，已经受到刑事责任追究的犯罪嫌疑人或者被告人突然死亡。罪责自负原则是现代法治国家普遍实行或者认可的一项原则，其基本含义是指刑事责任只能由犯罪者本人来承担，而不能殃及无辜。尽管我国法律没有明确规定罪责自负原则，但是在我国早已经废除株连制度的情况下，罪责自负原则在我国刑事法律中也得到了充分体现。罪责自负原则的一个衍生含义就是，刑罚只能由活着的犯罪人承担，或者说刑事责任随着犯罪人的死亡而消灭。这就意味着，在刑事诉讼活动中，当犯罪嫌疑人、被告人死亡时，既没有必要也不可能追究犯罪嫌疑人、被告人的所谓刑事责任。

根据《刑事诉讼法》第十六条规定，如果犯罪嫌疑人、被告人死亡，那么不应当追究刑事责任；已经追究的，应当撤销案件，或者不起诉，或者终止审理，或者宣告无罪。根据《公安机关办理刑事案件程序规定》第一百七十八条、第一百八十六条，《人民检察院刑事诉讼规则》第二百四十二条、第二百七十八条、第三百六十五条，《刑事诉讼法司法解释》第二百一十九条、第二百九十五条、第三百二十条、第三百九十条，国家专门机关应当根据不同的诉讼阶段加以处理：（1）如果潜在的犯罪嫌疑人死亡，侦查机关应当作出不予立案的决定。如果受到自诉人指控的被告人死亡，人民法院应当说服自诉人撤回起诉；自诉人不撤回起诉的，裁定不予受理。（2）在侦查阶段，如果犯罪嫌疑人死亡，侦查机关应当撤销案件。（3）在审查起诉阶段，如果犯罪嫌疑人死亡，人民检察院应当作出不起诉的决定。（4）在审判阶段，如果被告人死亡，人民法院应当裁定终止审理或者退回人民检察院。在审理第一审公诉案件时，被告人死亡的，应当裁定终止审理；根据已查明的案件事实和认定的证据，能够确认无罪的，应当判决宣告被告人无罪。在第二审程序中，如果共同犯罪案件中提出上诉的被告人死亡，其他被告人没有提出上诉，则第二审人民法院仍应当对全案进行审查。经审查，死亡的被告人不构成犯罪的，应当宣告无罪；审查后认为构成犯罪的，应当宣布终止审理。对其他同案被告人仍应当作出裁判。另外，根据《刑事诉讼法》第二百九十八条规定，对于贪污贿赂犯罪、恐怖活动犯罪等重大犯罪案件，如果犯罪嫌疑人、被告人死亡，依照《刑法》规定应当追缴其违法所得及其他涉案财产，虽然国家专门机关不能追究其刑事责任，但是可以启动违法所得没收程序。

【不追究刑事责任的处理方式】 是指在刑事诉讼中，如果存在刑事诉讼法规定的不应当追究刑事责任的法定情形，国家专门机关应当采取的处理措施。根据《刑事诉讼法》第十六条、第二百九十七条，《公安机关办理刑事案件程序规定》第一百七十六条、第一百七十八条、第一百八十六条，《人民检察院刑事诉讼规则》第二百四十二条、第二百七十八条、第三百六十五条，以及《刑事诉讼法司法解释》第二百一十九条、第二百九十五条、第三百二十条、第三百九十条，对于不应追究刑事责任的案件，国家专门机关应当根据案件的不同情况以及所处的诉讼阶段采用不同的处理方式：

（1）决定不立案或者裁定不予受理。公安机关接受案件后，经审查，认为没有犯罪事实，或者犯罪事实显著轻微不需要追究刑事责任，或者具有其他依法不追究刑事责任情形的，经县级以上公安机关负责人批准，不予立案。人民检察院侦查部门对举报线索初查后，如果认为具有不应当追究刑事责任的法定情形，或者认为没有犯罪事实的，或者事实和证据尚不符合立案条件的，应当向检察长提请批准不予立案。对自诉案件，如果犯罪已过追诉时效期限，或者被告人死亡，或者被告人下落不明，人民法院应当说服自诉人撤回起诉；自诉人不撤回起诉的，裁定不予受理。

（2）撤销案件或者终止侦查。在侦查以后，如果发现没有犯罪事实，或者存在不应当追究刑事责任的法定情形，应当撤销案件。对于经过侦查，发现有犯罪事实需要追究刑事责任，但不是被立案侦查的犯罪嫌疑人实施的，或者共同犯罪案件中部分犯罪嫌疑人不够刑事处罚的，应当对有关犯罪嫌疑人终止侦查，并对该案件继续侦查。在侦查过程中或者侦查终结后，发现没有犯罪事实的，或者依照《刑法》规定不负刑事责任或者不是犯罪的，或者虽有犯罪事实，但不是犯罪嫌疑人所为的，或者具有不应当追究刑事责任的法定情形的，人民检察院侦查部门应当制作拟撤销案件意见书，报请检察长或者检察委员会决定。对于共同犯罪的案件，如有符合相关规定情形的犯罪嫌疑人，应当撤销对该犯罪嫌疑人的立案。

（3）决定不起诉。人民检察院对于公安机关移送审查起诉的案件，发现犯罪嫌疑人没有犯罪事实，或者不应当追究刑事责任的法定情形，经检察长或者检察委员会决定，应当作出不起诉决定。对于犯罪事实并非犯罪嫌疑人所为，需要重新侦查的，应当在作出不起诉决定后书面说明理由，将案卷材料退回公安机关并建议公安机关重新侦查。

（4）终止审理或者宣告无罪。对于情节显著轻微、危害不大，不认为是犯罪的，人民法院应当宣告被告人无罪。如果存在其他五种法定情形，应当裁定终止审理或者退回人民检察院。在第二审程序中，如果共同犯罪案件中提出上诉的被告人死亡，其他被告人没有提出上诉，则第二审人民法院仍应当对全案进行审查。经审查，死亡的被告人不构成犯罪的，应当宣告无罪；审查后认为构成犯罪的，应当宣布终止审理。对其他同案被告人仍应当作出裁判。

【追究外国人刑事责任适用我国刑事诉讼法原则】 是指对于外国人犯罪应当追究刑事责任的，适用我国《刑事诉讼法》的规定，而对于享有外交特权和豁免权的外国人犯罪应当追究刑事责任的，通过外交途径解决。该项原则明确了我国《刑事诉讼法》对外国人犯罪的效力，是刑事诉讼适用范围的规则，体现了刑事诉讼中的国家主权原则。根据《刑事诉讼法》第十七条规定，该原则包括如下两层含义：（1）作为一般原则，外国人（包括无国籍人）犯罪，依照我国《刑法》规定应当追究刑事责任的，依照我国《刑事诉讼法》规定的诉讼程序进行追诉。（2）享有外交特权和豁免权的外国人犯罪应当追究刑事责任的，通过外交途径解决（参见“外交特权和豁免权”词条）。通过外交途径处理，一般包括建议派遣国依法处理、宣布为不受欢迎的人、责令限期出境以及宣布驱逐出境等。追究外国人刑事责任适用我国刑事诉讼法原则的确立，不仅有利于维护我国国家主权和民族尊严，符合我国人民的根本利益，而且采用外交途径来处理享有外交特权和豁免权的外国人的犯罪问题，符合国际惯例和国与国之间平等互惠原则，有利于开展和保持国家间的正常交往与和睦相处。

【刑事程序法定原则】 刑事程序法定原则是现代法治国家对刑事诉讼的基本要求，是现代法治国家普遍实行的一项刑事诉讼基本原则。现代法治国家之所以普遍确立刑事程序法定原则，主要是因为该原则有助于将刑事诉讼活动纳入法治的轨道，从而保证刑事诉讼的民主性、确定性、公正性，防止国家专门机关滥用职权，以顺利实现刑事诉讼的目的和任务。刑事程序法定原则包含以下具体要求：（1）国家应保证刑事诉讼程序法治化。国家应以法律的形式明确规定各个刑事诉讼原则、程序与制度，确保各个诉讼环节、各项诉讼活动都有法可依、有章可循；（2）国家专门机关和诉讼参与人要严格按照法律的规定进行或参与刑事诉讼。在刑事诉讼中要实体与程序并重，保障诉讼参与人的诉讼权利；（3）要确立程序违法的制裁性措施，明确违反法定程序法所要承担的法律后果；（4）要建立必要的诉讼监督制约机制。为保障法律程序的遵守，需要建立切实有效的诉讼监督制约机制。

虽然我国没有直接规定刑事程序法定原则，但是在秉承成文法传统的情况下，我国法律在很多方面体现了刑事程序法定原则。例如，根据我国《宪法》第三十七条，任何公民，非经人民检察院批准或者决定或者人民法院决定，并由公安机关执行，不受逮捕。禁止非法拘禁和以其他方法非法剥夺或者限制公民的人身自由，禁止非法搜查公民的身体。根据《刑事诉讼法》第三条第二款规定，人民法院、人民检察院和公安机关进行刑事诉讼，必须严格遵守本法和其他法律的有关规定。根据《刑事诉讼法》第六条规定，人民法院、人民检察院和公安机关进行刑事诉讼，必须以法律为准绳。根据《刑事诉讼法》第五十二条规定，审判人员、检察人员、侦查人员必须依照法定程序，收集能够证实犯罪嫌疑人、被告人有罪或者无罪、犯罪情节轻重的各种证据。

【无罪推定】 是指任何人只有法院经过法定的程序才能被确定为有罪，以及任何人在未被法院依法确定有罪之前，应当被视为或推定为无罪的人。无罪推定精神在本质上是一种可以反驳的推定。公民被推定为无罪只是法律上的一种假设，它既不等同于客观事物的真实描述，也不是对被告人作出无罪的判定或终结性结论。只要控方提供的证据能够达到有罪判决证明标准的程度，法院就应该判决被告人有罪，除非被告人能够提供新的证据或者主张来推翻控诉机关的指控。而在法院判决被告人有罪的情况下，被告人也因为控方推翻无罪的假设而失去无罪推定原则的保护。在刑事审判结束以后，如果控方的指控仍然达不到有罪判决证明标准的程度，那么法院就应该按照疑罪从无的精神判决被告人无罪。而在法院判决被告人无罪的情况下，基于无罪推定原则而假设的无罪就会在法律上转化为确定的无罪，被告人也因为法院判决其无罪而不再需要无罪推定原则的保护。从无罪推定所蕴含的逻辑来看，无罪推定可以引申出一系列规则：被告人不承担证明自己有罪或者无罪的责任；控方承担证明被告人有罪的义务；控方证明被告人有罪，必须达到法定的证明标准，否则就不能推翻无罪推定，原来的无罪推定也就会转化为无罪的判定；不得强迫被告人证明自己有罪；被告人享有辩护的权利，在其被指控罪行得不到证明的情况下，法院应当作出有利于被告人的解释；慎用羁押性强制措施；等等。随着无罪推定精神的制度化和现代刑事诉讼制度的发展，尤其是随着国际人权运动的兴起，无罪推定已经发展成为现代刑事诉讼的重要基石。无罪推定作为现代刑事诉讼的基石，深刻反映了现代刑事诉讼程序的基本规律与价值取向，贯穿于刑事诉讼的整个过程，对刑事诉讼立法与司法都具有重大指导意义。

1979 年我国制定的首部《刑事诉讼法》[①] 没有确立无罪推定原则。1996 年修订的《刑事诉讼法》[②] 明确规定了未经人民法院依法判决不得确定有罪原则。2012 年、2018 年的《刑事诉讼法》再次

① 已被修改
② 已被修改

确认了该原则。《刑事诉讼法》第十二条规定："未经人民法院依法判决，对任何人都不得确定有罪。"第五十一条规定："公诉案件中被告人有罪的举证责任由人民检察院承担，自诉案件中被告人有罪的举证责任由自诉人承担。"未经人民法院依法判决不得确定有罪原则吸收了无罪推定原则的一些合理成分，它既是我国刑事诉讼制度的重大改革，又是我国社会主义法治建设取得进步的重要标志。

【不被强迫自证其罪】 又称不受强迫自证其罪、不得强迫自证其罪、反对强迫自我归罪，是指在刑事诉讼活动中，国家专门机关不能强迫犯罪嫌疑人、被告人证明自己有罪。西方各国之所以普遍确立不被强迫自证其罪原则，主要是基于无罪推定和人格尊严这两方面的考虑。简而言之，在强迫犯罪嫌疑人、被告人证明自己有罪的情况下，犯罪嫌疑人、被告人就会成为证明自己有罪的工具。而这不仅在逻辑上违反无罪推定的基本精神，而且会损害犯罪嫌疑人、被告人的人格尊严。不被强迫自证其罪包括三层含义：（1）犯罪嫌疑人、被告人没有义务证明自己有罪，司法机关也无权通过任何强迫手段迫使他们证明自己有罪；（2）在确保自愿的情况下，犯罪嫌疑人、被告人既可以作出有利于自己的陈述，也可以作出不利于自己的陈述；（3）犯罪嫌疑人、被告人在受到讯问时有权保持沉默。当他们保持沉默时，司法机关不能因此而得出不利于他们的结论。不被强迫自证其罪实际上不是禁止犯罪嫌疑人、被告人向司法机关提供不利于自己的陈述，而是禁止司法机关强迫犯罪嫌疑人、被告人作出不利于自己的陈述。

我国《刑事诉讼法》一直禁止通过刑讯逼供等手段获取犯罪嫌疑人、被告人的有罪供述，在2012年《刑事诉讼法》修改以前，我国没有确立不被强迫自证其罪原则。2012年、2018年修正的《刑事诉讼法》明确规定不得强迫任何人证实自己有罪（《刑事诉讼法》第五十二条），甚至规定了非法证据排除规则，即对于通过刑讯逼供等非法方法收集的犯罪嫌疑人、被告人供述，以及通过暴力、威胁等非法方法收集的证人证言、被害人陈述，都应当予以排除，不得作为起诉意见、起诉决定和判决的依据（参见"非法证据排除规则"词条）。但是，我国现行《刑事诉讼法》根据我国国情没有进一步规定犯罪嫌疑人、被告人享有沉默权，而是根据我国国情，明确规定犯罪嫌疑人在接受讯问时承担如实回答的义务，以确保实现《刑事诉讼法》的目的（参见"如实回答义务"词条）。

【不告不理】 是指法院对未经起诉的事项不予审理的一项诉讼原则。早在古罗马共和国时期实行的弹劾式诉讼之中，就实行没有告诉就没有审判的不告不理原则。但是在封建专制时期纠问式诉讼中，不告不理原则遭到破坏。现代刑事诉讼中的不告不理原则主要体现在：（1）刑事指控是法院行使审判权的逻辑前提。如果检察机关或者自诉人没有提起控诉，那么法院不能自行启动审判程序，主动地追究被告人的刑事责任。（2）法院在审判过程中，必须受公诉人、自诉人的请求范围的限制，而不得就未被起诉的事项进行审理和判决。（3）凡是公诉人或者自诉人向法院起诉的事项，法院应当受理，不能随意拒绝。（4）起诉方有权撤回起诉。一旦撤诉，法院不得对案件继续审理和判决。不告不理原则，有助于确保控诉职能和审判职能的合理区分和互相制衡，使法院的审判活动受到起诉范围的严格限制，以确保审判的公正性。由于不告不理原则体现了控诉职能与审判职能分离的要求，因此，不告不理原则有时又被称为控审分离原则。

我国《刑事诉讼法》没有直接规定不告不理原则，但是不告不理原则的一些基本精神得到了一定的体现。例如，根据《刑事诉讼法》第一百一十四条、第一百六十九条、第二百一十条，《刑事诉讼法司法解释》第三百一十六条规定，人民法院启动刑事审判程序，必须建立在人民检察院提起公诉或者自诉人提起自诉的基础之上。

【控辩平等】 又称平等对抗，是指控辩双方在刑事诉讼活动中地位平等，诉讼权利义务相同，控辩双方以平等的姿态围绕案件事实和证据，展开诉讼攻防活动。控辩平等的理念起源于古代奴隶社会的弹劾式诉讼模式。而近现代意义的控辩平等是资产阶级反对封建专制统治、废除纠问式诉讼模式的产物。控辩平等包括平等武装和平等保护两项内容。平等武装是指控辩双方在刑事诉讼中具有平等的诉讼地位以及相同或对等的诉讼权利。考虑到控辩双方的实际力量对比，为了更好地实现平等武装，现代各国通常采取限制控方权利、强化辩方权利的办法。平等保护是指审判机关保持客观中立的态度，赋予控辩双方平等参与诉讼的机会，对控辩双方的证据和意见给予同等的关注和评价。控辩平等的理念起源于古代奴隶社会的弹劾式诉讼模式，它不仅有助于保障被追诉者的人权，而且有助于实现程序公正和实体公正。

在1996年修改《刑事诉讼法》以后，我国没有直接规定控辩平等原则，但是随着刑事审判方式改革的不断深入，控辩平等的基本精神在刑事诉讼中得到了进一步体现。例如，控审分离和检察机关举证责任的加强，为控辩平等对抗提供了重要保障；不断完善的辩护制度、律师制度、法律援助制度为辩护方同检察机关的平等对抗奠定了良好基础；被告人诉讼权利的不断加强，以及国家专门机关的权力受到越来越严格的限制，为控辩双方的平等对抗提供了良好司法环境。

【诉讼及时原则】 是指为了准确及时查明案件事实，惩罚犯罪，保障被追诉者的合法权益，提高诉讼效率，节约诉讼成本，刑事诉讼活动应当尽快进行，而不得随意拖延。确立诉讼及时原则不仅是因为司法资源的有限性，更是为了避免国家为了达到惩罚犯罪的目标造成诉讼拖延，将涉案人员拖入诉累之中，尤其将被告人的前途和命运置于长期不确定的状态之中。为了提高诉讼效率和节约有限的司法资源，防止不受节制的刑事诉讼活动给被告人带来过度的痛苦，现代法治国家采取的措施主要包括：（1）明确规定刑事诉讼活动应当遵循的诉讼期间；（2）赋予刑事被告人获得迅速审判的权利；（3）实行集中审理原则；（4）推行繁简分流，规定各种简易程序。

虽然我国《刑事诉讼法》没有明确规定诉讼及时原则，但是我国刑事诉讼在许多方面都体现了诉讼及时原则的基本精神。例如，我国《刑事诉讼法》规定的任务之一就是保证准确、及时地查明犯罪事实；为了防止犯罪嫌疑人的人身自由受到不必要的限制或者剥夺，我国《刑事诉讼法》对各种强制措施的适用期限作出了较为明确的规定；为了减轻过于冗长的羁押期限对犯罪嫌疑人、被告人带来的痛苦和伤害，提高诉讼效率和节约司法资源，我国《刑事诉讼法》对各个诉讼阶段的办案期限都作出了较为明确的规定；为了节约司法资源，提升司法效率，近年来我国进行了一系列司法改革，如简易程序的确立、普通程序简化审改革、刑事案件速裁程序改革、认罪认罚从宽制度改革等。

【调解优先、调判结合】 “调解优先、调判结合”系最高人民法院确立的一项工作原则。在总结人民司法实践经验、深刻分析现阶段形势任务的基础上，2010年6月7日颁布《进一步贯彻“调解优先、调判结合”工作原则意见》。“调解优先、调判结合”以“案结事了”为目标，因此要正确处理好调解与裁判这两种审判方式的关系。要求法官要根据每个案件的性质、具体情况和当事人的诉求，对于有调解可能的，要尽最大可能促成调解；对于没有调解可能的、法律规定不得调解的案件，要尽快裁判，充分发挥调解与裁判两种手段的作用。对于刑事案件，要在依法惩罚犯罪的同时，按照宽严相济刑事政策的要求，通过积极有效的调解工作，化解当事人恩怨和对抗情绪，促进社会和谐。对于刑事自诉案件，要根据《刑事诉讼法》有关规定，积极开展刑事自诉案件调解工作，促进双方自行和解。对刑事附带民事诉讼案件，要把握一切有利于附带民事诉讼调解结案的积极因素，争取达成民事赔偿调解协议，为正确适用法律和执行宽严相济刑事政策创造条件。

【刑事诉讼中的专门机关】 是指依照法定职权可以进行刑事诉讼活动的国家机关。刑事诉讼中的专门机关是国家机构的重要组成部分，它们在刑事诉讼中代表国家行使侦查、起诉、审判、执行等国家权力。相对于诉讼当事人和其他诉讼参与人而言，刑事诉讼中的专门机关在刑事诉讼活动中往往居于主导地位。根据我国《刑事诉讼法》的有关规定，人民法院、人民检察院和公安机关是刑事诉讼中最主要的国家专门机关。除了这些国家专门机关之外，国家安全部门、军队保卫部门、中国海警局、监狱、走私犯罪侦查部门等在办理特定的刑事案件时，承担重要的刑事诉讼职能，也属于刑事诉讼的专门机关。根据不同的诉讼职能，可以将刑事诉讼中的专门机关进行分类。公安机关、国家安全机关、人民检察院自侦部门、军队保卫部门、中国海警局、监狱、海关缉私部门履行侦查职能，属于侦查机关；人民检察院承担控诉职能，属于起诉机关或者公诉机关；人民法院履行审判职能，属于审判机关；公安机关、人民检察院、人民法院、监狱、看守所、未成年犯管教所、社区矫正机构根据法定的权限在各自范围内履行刑事执行职能，属于执行机关。在刑事诉讼理论与实务中，人们常常用公安司法机关或者公检法三机关来指代刑事诉讼中的专门机关。

【司法机关】 是指在诉讼活动中代表国家行使司法权的国家机关。由于对司法权的理解不同，国内外对司法机关的界定存在较大差异。西方国家的司法机关通常是指行使审判权的国家机关，即法院。但是，也有不少大陆法系国家将检察机关视为司法机关或者准司法机关。从注释法学的研究方法来看，将司法机关界定为人民法院和人民检察院更符合我国现行法律的有关规定。需要注意的是，尽管根据《监察法》设置的监察委员会因为享有调查职务犯罪的权力而与刑事诉讼存在紧密联系，但是根据《监察法》第三条的规定以及党中央关于深化国家监察体制改革的部署，监察委员会是行使国家监察职能、承担廉政建设和反腐败职能的监察机关、专责机关，既不是行政机关，也不是司法机关。

【司法工作人员】 是指具有侦查、检察、审判、监管职责的工作人员，是国家机关工作人员的一种。具体说来，司法工作人员包括：（1）承担侦查职责的人员，是指公安机关、国家安全机关、检察机关、监狱、海关缉私部门等享有侦查权的机构行使侦查职权的人员；（2）承担检察职责的人员，是指检察机关行使批捕、起诉和法律监督等职权的人员；（3）承担审判职责的人员，是指人民法院行使审判职权的人员；（4）承担监管职责的人员，是指在公安机关、国家安全机关以及司法行政部门所属的有关机关，如监狱、未成年犯管教所等，行使监管犯罪嫌疑人、被告人、罪犯职权的人员。在不同的文件或者语境中，司法工作人员有时与司法人员比较容易混淆，如有时司法人员就是指司法工作人员，而有时司法人员只是指审判人员和检察人员，或者是指审判人员、检察人员和侦查人员。

【人民法院】 是指在我国依法独立行使审判权的国家机关。审判权是指依法审判各种案件的权力，是国家权力的重要组成部分。根据我国《宪法》第一百二十八条、《人民法院组织法》第二条以及《刑事诉讼法》第三条、第五条、第十二条规定，只有人民法院才能代表国家行使审判权，其他任何机关、团体或个人都没有这种权力。根据《宪法》第三条、第一百三十三条和《人民法院组织法》第九条、第四十二条、第四十三条规定，人民法院由人民代表大会选举产生，向人民代表大会负责，受人民代表大会监督。

根据我国《宪法》《人民法院组织法》《刑事诉讼法》的有关规定，人民法院在刑事诉讼中具有不同于在民事诉讼的特点。例如，人民法院在刑事诉讼中的具体任务是确定被告人是否构成犯罪、构成什么犯罪、是否进行刑事处罚、如何进行刑事处罚，以及如何进行刑事附带民事赔偿。人民法院在刑事诉讼中的审判对象是刑事案件，即因为犯罪行为而被依法启动刑事诉讼程序的案件，既包括人民检察院提起的公诉案件，又包括自诉人提起的自诉案件。人民法院在刑事诉讼中采用的审判程序除了第一审程序、第二审程序、死刑复核程序和审判监督程序以外，还包括未成年人犯罪案件审理程序，当事人和解的公诉案件审判程序，犯罪嫌疑人、被告人逃匿、死亡案件违法所得的没收程序，依法不负刑事责任的精神病人的强制医疗程序，减刑假释案件审理程序，在法定刑以下判处刑罚和特殊假释的核准程序，以及涉外刑事案件的审理程序等特殊审判程序。在第一审程序中，还有普通程序、简易程序、刑事案件速裁程序、认罪认罚从宽程序，以及公诉案件第一审程序与自诉案件第一审程序之分。

【人民法院的性质】 是指我国人民法院作为国家机构所具有的本质属性。根据我国《宪法》和《人民法院组织法》的规定，人民法院的性质表现在如下几个方面：（1）从国体上看，人民法院属于重要的国家机构，是实现人民民主专政的重要力量。人民法院作为人民代表大会选举产生的一个国家机构，是国家权力不可分割的重要组成部分。我国实现人民民主专政，理所应当充分发挥人民法院的职能作用。（2）从政权组织形式来看，人民法院是由人民代表选举产生的一个国家机构。我国实行人民代表大会制的政权组织形式。根据《宪法》第三条、第六十二条和《人民法院组织法》第九条、第四十二条、第四十三条，人民法院由人民代表大会产生。（3）相对于其他国家机构而言，人民法院是国家的审判机关。根据《宪法》第一百二十八条，《人民法院组织法》第二条、第四条，《刑事诉讼法》第三条、第十二条，人民法院是我国的审判机关，代表国家依法行使审判权；审判权是人民法院独立行使的一种国家权力，其他任何机关、团体和个人都无权行使审判权。人民法院依法独立行使审判权，是指在党的绝对领导下，人民法院行使权力的方式，与西方的司法独立有本质的不同。按照我国《宪法》规定，人民法院必须接受国家权力机关的监督，向产生它的权力机关负责，并向其报告工作。（4）就审判权的性质而言，人民法院是司法机关。（5）在诉讼活动中，相对于其他国家专门机关而言，人民法院除了是审判机关以外，它还是执行机关。根据我国诉讼法的有关规定，人民法院对生效民事裁判或者行政裁判、部分生效刑事裁判享有执行的权力。

【人民法院的职权】 是指人民法院在行使审判权时依法所享有的权力。人民法院的职权是人民法院行使审判权的重要标志和保障。根据我国法律的规定，人民法院的职权具有如下三个显著特点：（1）不同级别的人民法院享有不同的职权。例如，根据《人民法院组织法》第十七条、第十八条，最高人民法院享有复核死刑立即执行、发布司法解释及指导性案例的权力，而其他各级人民法院都不享有这些权力。再如，根据《刑事诉讼法》第二十条、第二十一条，中级人民法院第一审刑事案件可以管辖危害国家安全、恐怖活动案件，以及可能判处无期徒刑、死刑的案件，而基层人民法院则无权管辖以上案件。（2）不同种类的人民法院享有不同的职权，即各种专门人民法院对特定案件具有专属管辖权，而相对应的普通人民法院则无权审理专门人民法院管辖的特定案件。例如，根据《在北京、上海、广州设立知识产权法院的决定》第二条，知识产权法院管辖有关专利、植物新品种、集成电路布图设计、技术秘密等专业技术性较强的第一审知识产权民事和行政案件。而其所对应区域、级别的普通人民法院只能审判普通的刑事、民事、行政案件。（3）在不同的诉讼活动中，基于不同的审判对象，人民法院享有不同的职权。例如，在刑事诉讼中，人民法院有权对被告人采取逮捕、取保候审、监视居住等强制措施，而在民事诉讼中，人民法院则无权对当事人采取逮捕等强制措施。再如，在民事诉讼中，人民法院享有广泛的调解权，而在刑事诉讼中，人民法院的调解范围非常有限。根据我国《刑事诉讼法》的有关规定，人民法院在刑事诉讼中的职权可以分为审判权以及为行使审判权而被赋予的其他职权。人民法院在刑事诉讼中的审判权主要包括：直接受理和审判自诉案件；受理和审判公诉案件；对适用特别程序的案件进行审理与裁判等。人民法院在刑事诉讼中的其他职权主要包括：采取逮捕等强制措施；庭外证据调查；强制证人出庭；处置涉案刑事诉讼财物；维持法庭秩序，处罚违反法庭秩序的人员；执行部分生效裁判；提出司法建议等。

【人民法院的内设机构】 是指人民法院在其职权范围内，根据特定目的或者特定职责所设立的内部组织或者内部机构。人民法院的内设机构既是司法管理的需要，也是保障人民法院更好地行使审判权的需要。人民法院的内设机构通常不能单独以本机构的名义对外行使职权，只能以人民法院的名义来行使所赋予的职权。人民法院的内设机构大体上分为两类：（1）审判业务机构，如刑事审判庭、民事审判庭、行政审判庭、审判监督庭、少年审判庭、立案庭、执行局、赔偿委员会办公室等；（2）除了业务机构以外的各种管理机构、辅助机构或者服务机构，如政治部、办公室、研究室、审判管理办公室、司法行政装备管理部门、离退休干部部门等。不同的内设机构具有不同的任务和权限。例如，立案庭主要负责本院各类案件的登记立案；刑事审判庭主要负责各类刑事案件的审理与裁判；审判监督庭主要负责审判不服生效裁判的各类审判监督案件等。人民法院的内设机构，常常随着社会生活的需要，法律的不断变化，以及司法改革的日益推进而发生一定的变化。在改革开放初期，人民法院内部普遍设立了刑事审判庭和民事审判庭，而只有少数中级人民法院和高级人民法院才设立经济审判庭。随着改革开放的逐渐深入和经济纠纷案件的急剧增加，全国各级人民法院在1986年以后普遍设立了经济审判庭。在1996年以后，最高人民法院和部分地方各级人民法院先后设立了知识产权审判庭。在2000年最高人民法院在推行以大民事格局为重要内容的机构改革以后，我国各级人民法院逐渐形成了以刑事审判庭、民事审判庭、行政审判庭为基础的内部业务机构体系。除了刑事审判庭、民事审判庭、行政审判庭这三大基本业务机构以外，我国人民法院在不同的时期根据不同的需要还设置了一些特殊的审判业务机构，如少年审判庭、审判监督庭等。

【人民法院的组织体系】 是指人民法院按照法律规定设置的组织结构形式。根据我国《人民法院组织法》第二章的规定，人民法院的组织体系由最高人民法院、地方各级人民法院和专门人民法院组成。地方各级人民法院包括高级人民法院、中级人民法院和基层人民法院。专门人民法院包括军事法院和海事法院、知识产权法院、金融法院等。上下级人民法院之间是监督关系。最高人民法院监督地方各级人民法院和专门人民法院的审判工作。上级法院通过第二审程序、审判监督程序、死刑复核程序和审判指导①来实现对下级人民法院的监督。各级人民法院和专门人民法院按照审判管辖的规定，审判不同的案件（参见“审判管辖”词条）。

① “审判指导”来自2010年《最高人民法院印发〈关于规范上下级人民法院审判业务关系的若干意见〉的通知》规定。

【最高人民法院】 是指我国的最高审判机关。最高人民法院根据审判工作需要，可以设必要的专业审判庭。最高人民法院审判下列案件：法律规定由其管辖的和其认为应当由自己管辖的第一审案件；对高级人民法院判决和裁定的上诉、抗诉案件；按照全国人民代表大会常务委员会的规定提起的上诉、抗诉案件；按照审判监督程序提起的再审案件；高级人民法院报请核准的死刑案件。最高人民法院所作的判决和裁定都是终审判决和裁定，一经宣告，即发生法律效力。对于被告人死刑案件除由最高人民法院判决的以外，应当报请最高人民法院核准。最高人民法院对全国的审判工作进行监督。最高人民法院对各级人民法院已经发生法律效力的判决和裁定，上级人民法院对下级人民法院已经发生法律效力的判决和裁定，如果发现确有错误，有权提审或者指令下级人民法院再审。最高人民法院对于在审判过程中如何具体应用法律法令，进行解释。这是其他各级人民法院都不享有的一项权力。最高人民法院院长由全国人民代表大会选举产生，对全国人民代表大会及其常务委员会负责并报告工作，全国人民代表大会及其常务委员会监督最高人民法院的工作。

【特别法庭】 是指为审判特别重大的案件而专门设立的审判庭。特别法庭是基于特殊任务而临时设立的审判机构。在审判任务结束之后，特别法庭通常会被撤销。1980年9月29日，第五届全国人民代表大会常务委员会第十六次会议根据最高人民法院的建议，决定成立最高人民法院特别法庭，专门审判“林彪、江青反革命集团”。最高人民法院特别法庭分设两个审判庭，以及庭长1人，副庭长3人，审判员31人。特别法庭按照第一审程序审判“林彪、江青反革命集团”，实行一审终审，所作判决一经作出，立即发生法律效力。特别法庭在审判案件时基本上按照《刑事诉讼法》的规定进行，但在某些细节上根据案件的特点以及特别法庭的使命作出了相应的特殊处理，如不实行回避制度、陪审制度，对被告人的诉讼权利进行了适当限制，不受两审终审的限制，实行一审终审等。1981年3月6日，第五届全国人民代表大会常务委员会第十七次会议在听取了最高人民法院院长、特别法庭庭长江华关于审判“林彪、江青反革命集团案”主犯的情况报告后，鉴于最高人民检察院特别检察厅和最高人民法院特别法庭的任务已经胜利完成，通过决议决定撤销最高人民法院特别法庭。

【巡回法庭】 是指定期或者不定期到一定地点开庭审理案件的司法组织形式。巡回法庭是根据实际需要设置的较为灵活的一种审判组织形式。早在中国新民主主义革命时期，中国共产党领导的革命根据地就创立了巡回法庭，以便在根据地就地进行审判。在抗日战争时期，被称为“马锡五审判方式”的一个重要内容就是到案发地组织巡回法庭。现在，巡回法庭一般指中华人民共和国最高人民法院巡回法庭。最高人民法院设立巡回法庭，是最高人民法院下属机构，主要审理跨行政区域重大行政和民商事案件。为了保障人民法院依法独立行使审判权，保证公正司法，党的十八届三中全会提出“探索建立与行政区划适当分离的司法管辖制度，保证国家法律统一正确实施”的要求；党的十八届四中全会进一步提出“最高人民法院设立巡回法庭，审理跨行政区域重大行政和民商事案件”的重大改革举措。2015 年 1 月至 2016 年底，最高人民法院先后分两批在深圳、沈阳、南京、郑州、重庆、西安设立了六个巡回法庭。《最高人民法院关于巡回法庭审理案件若干问题的规定》明确了六个巡回法庭的案件受理范围和审判权力运行机制。巡回法庭属于最高人民法院派出的常设审判机构，在审级上等同于最高人民法院。巡回法庭作出的判决、裁定和决定，是最高人民法院的判决、裁定和决定。最高人民法院设立巡回法庭，有利于审判机关重心下移、就地解决纠纷、方便当事人诉讼，有利于最高人民法院本部集中精力制定司法政策和司法解释、审理对统一法律适用有重大指导意义的案件。最高人民法院巡回法庭是中国司法改革的又一重大制度创新，对于坚持和完善中国特色社会主义司法制度，全面推进依法治国，努力形成高效完善的法治实施体系，促进国家治理体系和治理能力现代化，都具有重要而深远的意义。

【地方各级人民法院】 是指我国除最高人民法院和专门人民法院之外的所有地方审判机关。地方各级人民法院包括高级人民法院、中级人民法院和基层人民法院，分别设在省、地（市）、县三级。地方各级人民法院由本级人民代表大会产生，对本级人民代表大会及其常务委员会负责并报告工作，地方各级人民代表大会及其常务委员会监督本级人民法院的工作。地方各级人民法院按照级别管辖的规定审判第一审案件。地方各级人民法院第一审案件的判决和裁定，当事人可以按照法律规定的程序向上一级人民法院上诉，人民检察院可以按照法律规定的程序向上一级人民法院抗诉。地方各级人民法院第一审案件的判决和裁定，如果在上诉期限内当事人不上诉、人民检察院不抗诉，就是发生法律效力的判决和裁定。

【高级人民法院】 是指我国按照行政区划设在省一级的国家审判机关。高级人民法院设在省一级，包括省高级人民法院、自治区高级人民法院和直辖市高级人民法院。高级人民法院根据审判工作需要，可以设必要的专业审判庭。高级人民法院审判下列案件：法律规定由其管辖的第一审案件；下级人民法院报请审理的第一审案件；最高人民法院指定管辖的第一审案件；对中级人民法院判决和裁定的上诉、抗诉案件；按照审判监督程序提起的再审案件；中级人民法院报请复核的死刑案件。在 2007 年 1 月 1 日以前，高级人民法院可以对最高人民法院依法授权的部分死刑立即执行的案件行使核准权。但是在 2007 年 1 月 1 日以后，高级人民法院只能对死刑缓期二年执行的案件行使核准权。对于高级人民法院所作的第一审判决和裁定，当事人不服或者人民检察院认为确有错误，可依法向最高人民法院提起上诉或者抗诉。除死刑案件外，高级人民法院按照第二审程序所作的判决和裁定是终审判决和裁定，一经宣判，即发生法律效力。高级人民法院有权对辖区内的基层人民法院、中级人民法院和专门法院的审判工作予以监督，如果认为它们所作的生效裁判确有错误，有权按照审判监督程序提审或者指令下级法院再审。高级人民法院作为地方最高级别的人民法院，是联系最高人民法院与地方人民法院的纽带。

【中级人民法院】 是指我国按照行政区

划设在地区一级的国家审判机关。中级人民法院设在地市一级，包括在省、自治区内按地区设立的中级人民法院，在直辖市内设立的中级人民法院，省、自治区辖市的中级人民法院，以及自治州中级人民法院。中级人民法院根据审判工作需要，可以设必要的专业审判庭。法官员额较少的中级人民法院可以设综合审判庭或者不设审判庭。中级人民法院审判下列案件：法律规定由其管辖的第一审案件；基层人民法院报请审理的第一审案件；上级人民法院指定管辖的第一审案件；对基层人民法院判决和裁定的上诉、抗诉案件；按照审判监督程序提起的再审案件。中级人民法院有权对基层人民法院的审判工作予以监督，如果认为它们所作的生效裁判确有错误，有权按照审判监督程序提审或者指令下级法院再审。中级人民法院按照第一审程序所作的判决和裁定，如果当事人不服，或者人民检察院认为确有错误，可以向高级人民法院提起上诉或者抗诉。除死刑案件以外，中级人民法院按照第二审程序所作的判决和裁定是终审判决和裁定，一经作出，即发生法律效力。中级人民法院是联系高级人民法院和基层人民法院的桥梁，在地方各级人民法院中起到承上启下的作用。在刑事诉讼中，由于级别管辖方面的原因，中级人民法院既是绝大多数刑事案件的终审法院，又是绝大多数重大刑事案件的初审法院。

【基层人民法院】 是指我国按照行政区划设在县级的国家审判机关。基层人民法院设在县一级，包括县人民法院和不设区的市人民法院、自治县人民法院和市辖区人民法院。基层人民法院根据审判工作需要，可以设必要的专业审判庭。法官员额较少的基层人民法院可以设综合审判庭或者不设审判庭。根据地区、人口和案件情况可以设立若干人民法庭，行使部分审判权。人民法庭是基层人民法院的组成部分，它的判决和裁定就是基层人民法院的判决和裁定。基层人民法院审判第一审案件，但是法律另有规定的除外。基层人民法院对它所受理的案件，认为案情重大应当由上级人民法院审判的时候，可以请求移送上级人民法院审判。除审判案件外，基层人民法院还负责指导人民调解委员会的工作。基层人民法院按照第一审程序审判案件，对于其判决和裁定，当事人如果不服或者人民检察院如果认为确有错误，可以按照第二审程序向中级人民法院上诉或者抗诉。上级人民法院有权对基层人民法院的审判工作进行监督。我国绝大多数案件都是由基层人民法院审判的。

【跨行政区划人民法院】 是指我国打破传统的按照行政区划设置人民法院的方法，按照行政区划与司法管辖适当分离的方式，专门设立的管辖涉及多个行政区域案件的人民法院。跨行政区划人民法院是在党的十八大以后全面深化司法改革的成果。设立跨行政区划人民法院，既有利于优化司法权的职能配置，排除对审判工作的干扰，保障人民法院依法独立公正行使审判权，又有利于构建普通案件在行政区划人民法院审理、特殊案件在跨行政区划人民法院审理的诉讼格局。

2014 年年底，北京、上海分别设立的第四中级人民法院、第三中级人民法院是我国最早成立的两家跨行政区划人民法院。北京市第四中级人民法院与北京铁路运输中级法院合署办公，上海市第三中级人民法院与上海知识产权法院、上海铁路运输中级法院合署办公，相对于其他普通人民法院而言，跨行政区划人民法院的最大特色就是它管辖的案件范围不再是某个固定的行政区域，而是涉及多个行政区域（参见“跨行政区划法院管辖的刑事案件”词条）。

【人民法庭】 是指我国基层人民法院的派出机构和组成部分。在中国抗日战争和解放战争时期，革命根据地的司法部门创造了携卷下乡、巡回审判的办案方式，深受人民群众称赞。解放区和敌后革命根据地人民政权在巡回法庭的基础上，将巡回法庭发展为人民法庭。根据1950年7月20日颁布的《人民法庭组织通则》① 第一条规定，人民法庭是中华人民共和国成立初期人民政府为完成特定审判任务而临时设立的审判机构，在任务完成后即予撤销。在1954年9月21日公布《人民法院组织法》② 之后，人民法庭正式成为基层人民法院的重要组成部分和派出审判机构。根据《人民法院组织法》的规定，人民法庭由基层人民法院根据地区、人口和案件情况加以设立。人民法庭作为基层人民法院的派出机构和组成部分，代表国家依法行使审判权，它作出的裁判就是基层人民法院的裁判。当事人如果不服，可依法向中级人民法院提起上诉。人民法庭由庭长、副庭长、审判员、书记员等组成。其主要任务包括：（1）审理一般的民事案件和轻微刑事案件；（2）指导人民调解委员会的工作；（3）办理基层人民法院交办的其他事项。人民法庭是党通过司法途径保持同人民群众密切联系的桥梁和纽带，是展示国家司法权威和提高司法公信力的重要窗口。人民法庭处在维护社会稳定的第一线，对于化解和调处矛盾纠纷，促进经济和社会发展、维护社会稳定具有重大意义。

【专门人民法院】 又称专门法院，是指我国根据法律规定设置的专门审理特定案件的人民法院。专门人民法院与普通人民法院是相对应的两个概念。与普通人民法院的设置不同，专门人民法院不是按照行政区划设立，而是按照需要或者特定案件在特定的组织系统或者地区进行设立。专门人民法院管辖的案件，具有专门性、特殊性，通常是普通人民法院不便审理或不宜审理的案件。根据《人民法院组织法》第十条、第十五条的规定，专门人民法院包括军事法院和海事法院、知识产权法院、金融法院等。专门人民法院的设置、组织、职权和法官任免，由全国人民代表大会常务委员会规定。最高人民法院监督专门人民法院的审判工作。

【军事法院】 是指我国基于军队的体制和作战任务的特殊性而在军队系统设立的专门人民法院。早在新民主主义革命时期，中国共产党领导的革命根据地就曾经建立与军事法院相类似的审判机构。例如，根据1931年鄂豫皖苏维埃政府颁布的《革命军事法庭暂行条例》所设立的革命军事法庭，根据1932年中华苏维埃中央执行委员会颁布的《中华苏维埃

---

① 已失效，已被《全国人民代表大会常务委员会关于批准法制工作委员会关于对1978年底以前颁布的法律进行清理情况和意见报告的决定》（发布日期：1987年11月24日 实施日期：1987年11月24日）宣布失效。

② 已失效，已被《全国人民代表大会常务委员会关于批准法制工作委员会关于对1978年底以前颁布的法律进行清理情况和意见报告的决定》（发布日期：1987年11月24日，实施日期：1987年11月24日）宣布失效。

共和国军事裁判所暂行组织条例》所设立的军事裁判所，根据1938年八路军政治部颁布的《第八路军军法处工作条例草案》所设立的军法处。新中国成立以后，我国逐渐建立了三级军事法院体系：中国人民解放军军事法院；战区军事法院；基层军事法院。与普通法院相类似，不同级的军事法院，其管辖范围也存在较大区别。

在传统上，我国军事法院通常管辖特定的刑事案件，以及最高人民法院授权审判的刑事案件。但是，根据最高人民法院于2012年8月28日印发、2020年12月23日修正的《军事法院管辖民事案件规定》第一条规定，军事法院还管辖下列民事案件：双方当事人均为军人或者军队单位的案件，但法律另有规定的除外；涉及机密级以上军事秘密的案件；军队设立选举委员会的选民资格案件；认定营区内无主财产案件。最高人民法院于2020年12月29日公布的《民事诉讼法解释》第十一条规定，双方当事人均为军人或者军队单位的民事案件由军事法院管辖。

【海事法院】 是指我国为行使海事司法管辖权而在沿海港口城市设立的专门人民法院。为了适应我国海上运输和对外经济贸易事业发展的需要，有效地行使我国司法管辖权，及时地审理海事、海商案件，以维护我国和外国当事人的合法权益，第六届全国人民代表大会常务委员会第八次会议于1984年11月14日公布《在沿海港口城市设立海事法院的决定》，决定根据需要在沿海一定的港口城市设立海事法院。根据该决定，海事法院的设置或者变更、撤销，由最高人民法院决定。海事法院的审判机构和办事机构的设置，由最高人民法院规定。海事法院对所在地的市人民代表大会常务委员会负责。海事法院的审判工作受所在地的高级人民法院监督。海事法院管辖第一审海事案件和海商案件，不受理刑事案件和其他民事案件。各海事法院管辖区域的划分，由最高人民法院规定。对海事法院的判决和裁定的上诉案件，由海事法院所在地的高级人民法院管辖。海事法院院长由所在地的市人民代表大会常务委员会主任提请本级人民代表大会常务委员会任免。海事法院副院长、庭长、副庭长、审判员和审判委员会委员，由海事法院院长提请所在地的市人民代表大会常务委员会任免。2016年2月24日印发的《海事法院受理案件范围规定》将海事法院受理案件的范围规定如下：海事侵权纠纷案件；海商合同纠纷案件；海洋及通海可航水域开发利用与环境保护相关纠纷案件；其他海事海商纠纷案件；海事行政案件；海事特别程序案件；其他案件。

【知识产权法院】 是指我国为了加强知识产权司法保护而设立的专门审理知识产权民事和行政案件的专门人民法院。为推动实施国家创新驱动发展战略，进一步加强知识产权司法保护，切实依法保护权利人合法权益，维护社会公共利益，根据我国《宪法》《人民法院组织法》，第十二届全国人民代表大会常务委员会第十次会议于2014年8月31日通过的《在北京、上海、广州设立知识产权法的决定》，决定在北京、上海、广州设立知识产权法院。根据该决定，知识产权法院管辖有关专利、植物新品种、集成电路布图设计、技术秘密等专业技术性较强的第一审知识产权民事和行政案件。知识产权法院对这些案件实行跨区域管辖。在知识产权法院设立的三年内，可以先在所在省（直辖市）实行跨区域管辖。不服国务院行政部门裁定或者决定而提起的第一审知识产权授权确权行政案件，由北京知识产权法院管辖。知识产权法院所在市的基层人民法院第一审著作权、商标权等知识产权民事和行政判决、裁定的上诉案件，由知识产权法院审理。知识产权法院第一审判决、裁定的上诉案件，由知识产权法院所在地的高级人民法院审理。知识产权法院院长由所在地的市人民代表大会常务委员会主任会议提请本级人民代表大会常务委员会任免。知识产权法院副院长、庭长、审判员和审判委员会委员，由知识产权法院院长提请所在地的市人民代表大会常务委员会任免。知识产权法院对所在地的市人民代表大会常务委员会负责并报告工作。知识产权法院审判工作受最高人民法院和所在地的高级人民法院监督。知识产权法院依法接受人民检察院的法律监督。

【知识产权审判“三合一”】 知识产权审判“三合一”，是指由知识产权审判庭或者法院内的审判组织统一审理涉知识产权的民事、行政和刑事案件。为贯彻落实《国家知识产权战略纲要》精神，进一步完善知识产权审判体制，2016 年 7 月，发布《最高人民法院关于在全国法院推进知识产权民事、行政和刑事案件审判“三合一”工作的意见》（法发〔2016〕17 号），在全国法院推行知识产权审判“三合一”制度。2019 年 11 月，中共中央办公厅、国务院办公厅印发的《关于强化知识产权保护的意见》明确提出，要深入推进知识产权民事、行政、刑事案件“三合一”审判机制改革，完善知识产权案件上诉机制，统一审判标准。2020 年 4 月，《最高人民法院下关于全面加强知识产权司法保护的意见》（法发〔2020〕11 号）发布，提出要深入推行“三合一”审判机制，建立和完善与知识产权民事、行政、刑事诉讼“三合一”审判机制相适应的案件管辖制度和协调机制，提高知识产权司法保护的整体效能。知识产权审判“三合一”有利于进一步完善知识产权司法保护体制机制，优化审判资源配置，提高知识产权司法保护的整体效能，解决民事、行政、刑事案件的管辖交叉与冲突问题以及统一审理问题。

【互联网法院】 互联网法院是指案件的受理、送达、调解、证据交换、庭前准备、庭审、宣判等诉讼环节一般应当在互联网上完成，以全程在线为基本原则的法院。设立互联网法院，是司法主动适应互联网发展大趋势的一项重要举措。2017 年 6 月 26 日，中央全面深化改革领导小组第三十六次会议审议通过了《关于设立杭州互联网法院的方案》。2017 年 8 月 18 日，杭州互联网法院揭牌。这是我国，也是全世界第一个互联网法院。迄今为止我国已经设立了杭州、北京、广州三家互联网法院。互联网法院的实践特色主要体现为：一是管辖集中化，即集中管辖全市辖区内特定类型涉互联网第一审案件；二是案件类型化，即根据《最高人民法院关于互联网法院审理案件若干问题的规定》，互联网法院目前集中管辖 11 类互联网特性较为突出的互联网案件；三是审判专业化，即培养专业化复合型互联网审判人才队伍，组建专业化审判庭、合议庭或审判团队，建立健全互联网裁判规则体系。互联网法院作为新时代司法改革创新的一个重要样本，受到社会各界高度评价，实现了中国互联网司法的深层次创新和发展，助推了审判体系和审判能力现代化。

【金融法院】 金融法院是为更好地满足人民群众金融司法需求的又一大创新。改革开放以来，我国金融体系经历了从无到有，向市场化方向转变的全过程，金融市场化程度的不断提高、大量新型金融纠纷的出现对金融案件的专业化审判提出了更高的要求。设立专门的金融法院，是人民法院主动适应金融法治改革的重大举措，是有效处理金融纠纷，提升审判专业化的需要。2018 年 3 月 28 日，中央全面深化改革委员会第一次会议审议通过了《关于设立上海金融法院的方案》，4 月 27 日，十三届全国人民代表大会常务委员会第二次会议通过了关于设立上海金融法院的决定。迄今为止，我国已经设立了北京、上海和成渝 3 家金融法院，而且成渝金融法院是第一家跨省级行政区域设立的金融专门法院。设立金融法院，对金融案件实行集中管辖，不仅有利于依法保障金融改革顺利推进，更好地引导金融服务实体经济，也有利于全面健全金融审判体系，充分发挥金融审判职能作用，维护金融安全，更有利于增强我国金融司法的国际影响力，提升我国在国际金融交易规则制定过程中的地位和作用。

【人民法院的监督体系】 是指我国监督人民法院审判工作的各种方式、方法的总称。加强党的领导、人大监督、民主党派监督，强化对国家公权力的制约和监督是我国全面深化改革、全面推进依法治国的重要内容。审判权作为我国重要的国家权力，自然不能脱离外界的监督。为了保障人民法院依法独立公正行使审判权，实现司法公正，防止司法腐败，提升司法公信力，我国针对人民法院的审判工作构建了以国家权力制约审判权、以公民权利制约审判权、以道德制约审判权的多元化审判监督体系或者监督体制。根据不同的监督主体及其监督方式，可以将人民法院的监督体系分为外部监督和内部监督两种。人民法院的外部监督是人民法院以外的各种主体对审判工作的监督。人民法院的外部监督如政党监督、如加强党的领导、人大监督等，还有社会监督、舆论监督等。人民法院的内部监督既包括较为宏观的监督，如最高人民法院督导员对下级人民法院审判工作的检查、监督、指导等，也包括较为具体的监督，如通过审判监督程序纠正原审错误的裁判等；既包括带有弹性指导意义的软性监督，如最高人民法院的指导性文件等，也包括带有强制约束性质的刚性监督，如上级人民法院对下级法院的裁判的司法审查等；既包括正式的监督，如人民法院监察部门的监察监督，也包括非正式的监督，如司法大检查等。

【人民法院的内部监督】 是指最高人民法院对各级人民法院，上级人民法院对下级人民法院，以及各个人民法院内部所实施的一种监督体系。最高人民法院、上级人民法院主要是通过第二审程序、审判监督程序以及受理申诉、来访、来信等方式对下级人民法院的审判工作实施监督。除了这些监督方式以外，最高人民法院和高级人民法院还可以通过死刑复核程序对下级人民法院的审判工作进行监督。显而易见，这些监督方式是一种司法监督或者诉讼监督，即上级人民法院通过法定的诉讼程序对下级人民法院的审判活动进行的监督。另外，根据 1998 年 9 月 16 日印发的《督导员工作条例》，最高人民法院还建立了督导员制度，由设立的督导员代表最高人民法院对下级人民法院审判工作、队伍建设、行政管理工作进行检查、督促、指导。各个人民法院内部的监督主要包括两种情形：（1）人民法院监察部门的专门监督；（2）人民法院行政领导的监督。例如，根据2017年4月12日印发的《落实司法责任制完善审判监督管理机制意见（试行）》第二条，院庭长审判监督管理职责主要体现为对程序事项的审核批准、对审判工作的综合指导、对裁判标准的督促统一、对审判质效的全程监管和排除案外因素对审判活动的干扰等方面。院庭长可以根据职责权限，对审判流程运行情况进行查看、操作和监控，分析审判运行态势，提示纠正不当行为，督促案件审理进度，统筹安排整改措施。院庭长行使审判监督管理职责的时间、内容、节点、处理结果等，应当在办公办案平台上全程留痕、永久保存。除了以上比较正式的监督以外，最高人民法院和上级人民法院在司法实践中还采取了许多非正式的监督方式，如审判业务指导、司法大检查、专项整改活动等。

【人民法院的外部监督】 是指人民法院系统外部的各种主体对人民法院审判工作的监督。为了形成科学有效的权力运行制约和监督体系，增强监督合力和实效，党和国家针对国家公权力建立了包括党内监督、人大监督、民主监督、行政监督、司法监督、审计监督、社会监督、舆论监督在内的监督体系。审判权作为国家权力的重要组成部分，其行使主体人民法院自然也不能脱离这些监督。例如，中国共产党对审判工作的监督是加强党对政法工作领导的重要组成部分，是保证执法公正的重要措施。中国共产党对审判工作的监督主要是通过纪律检查委员会、政法委员会以及各级党组来实现的。各民主党派有权通过人民政治协商会议监督人民法院的审判工作，如向人民法院提出建议案、由政协委员参加人民法院的调查、检查工作等。人民代表大会及其常务委员会通过听取工作报告、执法大检查、质询等方式监督人民法院的审判工作。人民检察院通过抗诉等方式监督人民法院的审判活动是否存在违法行为。社会民众或者社会组织通过舆论的力量，对人民法院的审判工作发表意见和看法，或者对人民法院、法官提出批评或者建议，从而促使人民法院依法独立公正行使审判权。公民有权依法向有关国家机关控告、举报、申诉违法失职的审判人员。

【人民法院院长】 是指人民法院的机构负责人。根据我国《人民法院组织法》的有关规定，人民法院院长应当具有法学专业知识和法律职业经历。最高人民法院院长由全国人民代表大会选举。地方各级人民法院院长由地方各级人民代表大会选举。在民族自治地方设立的地方各级人民法院的院长，由民族自治地方各级人民代表大会选举。在省、自治区内按地区设立的和在直辖市内设立的中级人民法院院长，由省、自治区、直辖市的人民代表大会常务委员会任免。最高人民法院副院长由全国人民代表大会常务委员会任免。地方各级人民法院副院长由地方各级人民代表大会常务委员会任免。各级人民法院院长任期与本级人民代表大会每届任期相同。各级人民代表大会有权罢免由它选出的人民法院院长。在地方两次人民代表大会之间，如果本级人民代表大会常务委员会认为人民法院院长需要撤换，须报请上级人民法院报经上级人民代表大会常务委员会批准。各级人民法院院长有权向本级人民代表大会常务委员会提请任免审判委员会委员。各级人民法院院长负责领导该院审判工作，指定合议庭的审判长，但当自己参加审判案件时，亲自担任审判长；决定审判人员的回避；批准对妨碍诉讼活动或者违反法庭秩序的人员采取拘传、罚款、拘留等强制措施；对刑事被告人采取、撤销或者变更强制措施；应合议庭的请求，对重大、疑难、复杂的案件提交审判委员会讨论决定；将本院确有错误的生效判决和裁定提交审判委员会处理；主持本院审判委员会会议；负责人民法院的日常行政管理工作。各级人民法院的副院长协助院长从事这些工作。根据2018年12月4日公布的《落实司法责任制实施意见》及2020年7月31日公布的《深化司法责任制综合配套改革实施意见》的有关规定，法院院长应当承担审判管理监督职责。为全面贯彻落实司法责任制，优化审判资源配置，充分发挥各级人民法院院庭长对审判工作的示范、引领和指导作用，2017年4月10日印发的《加强各级人民法院院庭长办理案件工作意见（试行）》还对加强院庭长办理案件工作提出了原则性意见。

【人民法院庭长】 是指在人民法院内部领导审判庭的审判工作和日常活动的负责人。根据我国《人民法院组织法》的有关规定，人民法院设有必要的专业审判庭及综合审判庭。各个审判庭由庭长、副庭长、审判员、书记员等组成。副庭长协助庭长工作。最高人民法院庭长、副庭长由全国人民代表大会常务委员会任免。地方各级人民法院庭长、副庭长由本院院长提请本级人民代表大会常务委员会任免。在省、自治区内按地区设立的和在直辖市内设立的中级人民法院庭长、副庭长，由高级人民法院院长提请省、自治区、直辖市的人民代表大会常务委员会任免。在民族自治地方设立的地方各级人民法院庭长、副庭长由本院院长提请本级人民代表大会常务委员会任免。庭长在参加合议庭审判案件时，自己担任审判长。庭长是审判庭的行政领导，负责审判庭内部的日常管理工作。

根据2018年12月4日公布的《落实司法责任制实施意见》2020年7月31日公布的《深化司法责任制综合配套改革实施意见》的有关规定，庭长应当承担审判管理监督职责。例如，根据《落实司法责任制实施意见》第十三条规定，庭长审判监督管理职责一般包括：配置审判资源；部署综合工作；审批程序性事项；监管审判质效；监督“四类案件”；进行业务指导；作出综合评价；检查监督纪律作风等。副庭长协助庭长工作，受庭长委托行使前款规定的部分职权。

【法庭】 法庭在不同的语境中具有不同的含义：（1）指法院内部设置的审理各种案件的内设机构，如我国人民法院内部设置的刑事审判庭、民事审判庭、行政审判庭等；（2）指我国基层人民法院的派出机构，即人民法庭；（3）指国家为审理某种特殊案件而设立的临时性审判机构。如我国在1956年为审判日本战犯而设立的特别军事法庭、1980年为审判“林彪、江青反革命集团”而设立的最高人民法院特别法庭等；（4）指审判庭或者合议庭的别称，如法庭组成人员、法庭活动、法庭辩论、法庭笔录等；（5）指法院代表国家依法审判各类案件的专门场所。

根据最高人民法院于2016年4月13

日发布的《人民法院法庭规则》第二条至第八条规定，法庭是人民法院代表国家依法审判各类案件的专门场所。法庭正面上方应当悬挂国徽。法庭分设审判活动区和旁听区，两区以栏杆等进行隔离。有新闻媒体旁听或报道庭审活动时，旁听区可以设置专门的媒体记者席。刑事法庭可以配置同步视频作证室，供依法应当保护或其他确有保护必要的证人、鉴定人、被害人在庭审作证时使用。法庭应当设置残疾人无障碍设施；根据需要配备合议庭合议室，检察人员、律师及其他诉讼参与人休息室，被告人羁押室等附属场所。进入法庭的人员应当出示有效身份证件，并接受人身及携带物品的安全检查。持有效工作证件和出庭通知履行职务的检察人员、律师可以通过专门通道进入法庭。需要安全检查的，人民法院对检察人员和律师平等对待。除经人民法院许可，需要在法庭上出示的证据外，不得携带可能危害法庭安全或妨害法庭秩序的物品进入法庭。人民法院应当通过官方网站、电子显示屏、公告栏等向公众公开各法庭的编号、具体位置以及旁听席位数量等信息。

【法官】 是指依法行使国家审判权的审判人员。在不同的国家和历史时期，法官的称谓有所不同，如罗马法时期的裁判官、旧中国的推事等。尽管现代法官都被赋予解决纠纷的基本职能，但是在不同的国家，法官在职责、权利、义务、条件、任免、等级、考核、培训、奖励、惩戒、职业保障等各个方面存在较大差异。法官在诉讼活动中的基本任务就是以中立的第三者身份对双方当事人的争议居中作出权威的裁判，进而发挥定分止争的功能，并在需要的时候发挥司法解释、司法决策等功能。基于法官的特殊使命和地位，法官常常被视为正义的化身和社会正义的守护神。

根据2019年修订的《法官法》第二条规定，我国法官是指依法行使国家审判权的审判人员，包括最高人民法院、地方各级人民法院和军事法院等专门人民法院的院长、副院长、审判委员会委员、庭长、副庭长、审判员。在法官员额制改革完成以后，法官有时又特指进入员额的法官。根据我国《法官法》的有关规定，法官的基本职责是依法参加合议庭审判或者独任审判案件，依法办理引渡、司法协助等案件。而院长、副院长、审判委员会委员、庭长、副庭长除履行审判职责外，还应当履行与其职务相适应的职责。法官依法享有权利和履行义务。担任法官必须具备法定条件，如国籍条件、学历条件、资历条件、身体条件、品行条件、专业条件等。曾因犯罪受过刑事处罚或者曾被开除公职的人员，被吊销律师、公证员执业证书或者被仲裁委员会除名的人员，都不得担任法官。法官职务的任免，依照我国《宪法》和法律规定的任免权限和程序办理。初任法官采用考试、考核的办法，按照德才兼备的标准，从具备法官条件的人员中择优提出人选。法官的级别分为十二级。法官的等级设置、确定和晋升办法，由国家另行规定。在具备法定情形的情况下，可以免除法官的职务、予以辞退，或者对法官予以惩戒。人民法院设立法官考评委员会，负责对本院法官的考核工作。考核结果作为调整法官等级、工资以及法官奖惩、培训、免职、辞退的依据。对法官应当有计划地进行政治、理论和业务培训。法官在审判工作中有显著成绩和贡献的，或者有其他突出事迹的，应当给予奖励。法官的工资制度和退休制度，根据审判工作特点，由国家另行规定。

【承办法官】 是指承办案件的主办法官。承办法官是我国人民法院对负责审理某个案件的法官的习惯称呼。人民法院在立案以后，一般会指定一个法官负责审理已经被立案的案件。这个被指定的法官就是承办法官。根据2002年8月12日公布的《人民法院合议庭工作规定》第七条规定，合议庭接受案件后，应当根据有关规定确定案件承办法官，或者由审判长指定案件承办法官。根据2013年10月9日印发的《建立健全防范刑事冤假错案工作机制意见》第十六条规定，尽管合议庭成员共同对案件事实负责，但是承办法官为案件质量第一责任人。根据2015年9月21日公布的《完善人民法院司法责任制意见》2010年1月11日公布的《加强合议庭职责规定》的相关规定，承办法官应当履行以下审判职责：主持或者指导法官助理做好庭前准备及其他审判辅助工作；就当事人提出的保全、司法鉴定、非法证据排除申请等提请合议庭评议；对当事人提交的证据进行全面审核，提出审查意见，依法调取必要证据；制作阅卷笔录，拟订庭审提纲，撰写审理报告；自己担任审判长时，主持、指挥庭审活动；不担任审判长时，协助审判长开展庭审活动；参与案件评议，并先行提出处理意见；根据合议庭、赔偿委员会、审判委员会多数意见制作并签署裁判文书；指导审判辅助人员落实院党组关于网上办案、司法公开、电子卷宗、案卷归档等工作要求；依法行使其他审判权力。

【主审法官】 是指人民法院选任的政治素质好、办案能力强、专业水平高、司法经验丰富的，以及被赋予案件程序性事项主导权力、全面负责审判案件职责的资深法官。早在20世纪90年代，为了实现解决审理与裁判相分离的现象，地方人民法院就进行了主审法官制改革。其基本思路就是在法院内部挑选业务骨干作为主审法官，赋予主审法官更大的自主权，以实现审理权与裁判权的统一行使。2009年3月17日印发的《人民法院第三个五年改革纲要（2009－2013）》明确将加强主审法官的职责作为改革和完善审判组织的一项重要内容。2013年9月6日印发的《切实践行司法为民　大力加强公正司法　不断提高司法公信力的若干意见》进一步提出，在充分发挥合议庭整体职能的同时，探索推进主审法官负责制，提高合议庭审判绩效。党的十八届三中全会审议通过的《中共中央关于全面深化改革若干重大问题的决定》将完善主审法官、合议庭办案责任制作为健全司法权力运行机制的一项重要内容。2015年2月4日印发的《人民法院第四个五年改革纲要（2014—2018)》对主审法官办案机制、主审法官办案责任制提出了较为详细的要求。主审法官由政治素质好、办案能力强、专业水平高、司法经验丰富的审判人员担任。独任制审判以主审法官为中心，配备必要数量的审判辅助人员。合议制审判由主审法官担任审判长。合议庭成员都是主审法官的，原则上由承办案件的主审法官担任审判长。按照权责利相统一的原则，明确主审法官、合议庭及其成员的办案责任与免责条件，实现评价机制、问责机制、惩戒机制、退出机制与保障机制的有效衔接。主审法官作为审判长参与合议时，与其他合议庭成员权力平等，但负有主持庭审活动、控制审判流程、组织案件合议、避免程序瑕疵等岗位责任。在全面深化司法改革的背景下，设立主审法官办案机制、主审法官办案责任制的目标就是破除审判权运行的行政化，体现“让审理者裁判，由裁判者负责”，落实“谁办案谁负责”，突出主审法官在办案中的主体地位。

【员额法官】 是指人民法院根据法官员额制，按照特定标准、程序和比例遴选出来的承担审判案件职责的资深法官。员额法官是全面深化司法体制改革的成果。法官员额制是遵循司法审判规律，优化配置法院人力资源，推动建立分类科学、结构合理、分工明确的法院人员管理制度，实现法官正规化、专业化、职业化的一项重要制度。建立法官员额制，就是要通过严格考核，选拔最优秀的法官进入员额，成为员额法官，并为他们配备法官助理、书记员等审判辅助人员，确保法院85%的人力资源配置到办案一线。被遴选的员额法官都要直接参加案件审理，履行主审法官职责，对承办案件承担办案责任，对案件质量终身负责。同传统的法官相比，进入员额的法官更加职业化、专业化。各级人民法院推行司法人员分类管理，按照单独职务序列管理员额法官，建立员额法官办案绩效考核机制、员额法官惩戒制度、逐级遴选制度，健全员额制法官退出和流转机制。

【法官助理】 是指在法官的指导下从事辅助性审判业务的法院工作人员。法官助理制度是法官员额制改革的重要配套措施。在实行法官员额制度以后，一些不能继续担任员额法官但符合法官助理条件的人员可以担任法官助理。但是，法官助理在符合法官任职条件的情况下经过一定程序也可以转任员额法官。法官助理的所有工作均以员额法官的指导、委托、指派、要求、交办为前提。法官助理作为法官的重要来源，以中央政法专项编制人员为主，按照综合管理类公务员进行管理；通过加大法官助理招录力度、未入额的法官和符合条件的书记员转任法官助理等方式，加强法官助理配备工作，不足部分采取接收法律院校实习生担任实习法官助理等方式解决；符合条件的编制内书记员要逐步转任法官助理，书记员主要实行聘用制管理。根据《完善人民法院司法责任制意见》第19条以及《最高人民法院司法责任制实施意见（试行)》第13条规定，法官助理在法官指导下履行以下职责：（1）审查诉讼材料，协助法官组织庭前证据交换；（2）协助法官组织庭前调解，草拟调解文书；（3）受法官委托或协助法官依法办理财产保全、证据保全等；（4）受法官指派，协调司法技术辅助部门办理委托鉴定、评估、审计等工作；（5）受法官委托或协助法官依法调取必要证据；（6）根据法官要求，准备与案件审理相关的参考资料，研究案件涉及的法律问题；（7）在法官指导下草拟审理报告、裁判文书；（8）完成法官交办的其他审判辅助性工作。

【审判员】 是指在人民法院代表国家行使审判权、依法审判各种案件的人员。根据《人民法院组织法》第四十二条至第四十三条规定，最高人民法院审判员由院长提请全国人民代表大会常务委员会任免；地方各级人民法院审判员由院长提请本级人民代表大会常务委员会任免。在省、自治区内按地区设立的和在直辖市内设立的中级人民法院审判员由高级人民法院院长提请省、自治区、直辖市人民代表大会常务委员会任免。根据《人民法院组织法》第二十九条规定，审判员既可以独自审判案件，也可以参加合议庭审判案件。

【司法辅助人员】 是指在人民法院、人民检察院辅助法官、检察官从事审判业务、检察业务的专门人员。司法辅助人员是司法人员分类管理制度改革的产物。司法人员分类管理制度改革是贯彻《中共中央关于全面深化改革若干重大问题的决定》和《中共中央关于全面推进依法治国若干重大问题的决定》决策部署的重要举措。《人民法院第四个五年改革纲要（2014—2018）》明确要求，健全法官助理、书记员、执行员等审判辅助人员管理制度。《深化检察改革意见（2013—2017 年工作规划）》也明确提出，实行检察人员分类管理，将检察人员划分为检察官、检察辅助人员和司法行政人员三类，完善相应的管理制度。实行司法人员分类管理制度改革体现了现代司法制度的基本规律，使司法机关的人事管理更加科学、合理，有助于体现审判权和检察权的本质属性，合理配置司法人力资源，提高司法效率。司法辅助人员包括审判辅助人员和检察辅助人员两种。审判辅助人员主要包括法官助理和书记员。检察辅助人员主要包括检察官助理和书记员。不同的司法辅助人员，承担不同的职责，享有不同的权利和承担不同的义务。根据《人民法院组织法》第四十八条规定，人民法院的法官助理在法官指导下负责审查案件材料、草拟法律文书等审判辅助事务。符合法官任职条件的法官助理，经遴选后可以按照法官任免程序任命为法官。根据《法官法》第六十七条规定，人民法院的法官助理在法官指导下负责审查案件材料、草拟法律文书等审判辅助事务。人民法院应当加强法官助理队伍建设，为法官遴选储备人才。书记员的工作更侧重“事务性”，主要在程序性事务中承担记录、整理、装订、归档、校对等职能。书记员在法官的指导下，按照有关规定履行以下职责：负责庭前准备的事务性工作；检查开庭时诉讼参与人的出庭情况，宣布法庭纪律；负责案件审理中的记录工作；整理、装订、归档案卷材料；完成法官交办的其他事务性工作。

【司法行政人员】 是指在人民法院、人民检察院内部除了法官、检察官及其司法辅助人员之外，从事人事管理、调研宣传、司法警务、纪律监督、行政管理、后勤服务等各种非司法业务工作的人员。完善司法行政人员管理制度，是司法人员分类管理制度改革的重要内容。实现司法人员、司法辅助人员、司法行政人员的分类管理，体现了现代司法制度的基本规律，有助于推动司法事务与司法行政事务之间的分离，提升法官、检察官的正规化、职业化和专业化，促进合理配置司法人力资源，提高司法效率。司法行政人员是司法人员、司法辅助人员从事审判工作、检察工作的后勤保障。在人民法院或者人民检察院内部，司法行政人员是具有辅助性质的工作岗位，其工作要紧紧围绕人民法院的审判工作或者人民检察院的检察工作来展开。

【人民法院书记员】 是指人民法院依法设立的专门担任审判庭记录工作，并且协助审判人员办理有关审判事项的人员。书记员是在人民法院内部，在法官指导下专门从事审判工作的事务性辅助人员，实行单独序列管理。为了建立一支专业化的人民法院书记员队伍，实现对书记员的科学管理，2003 年 10 月 20 日联合印发《中共中央组织部、人事部、最高人民法院于关于人民法院书记员管理办法（试行)》，进一步明确了人民法院书记员的职责和条件，规范和完善了人民法院书记员的选拔任用、考核培训、工资职级等管理制度。书记员履行以下职责：办理庭前准备过程中的事务性工作；检查开庭时诉讼参与人的出庭情况，宣布法庭纪律；担任案件审理过程中的记录工作；整理、装订、归档案卷材料；完成法官交办的其他事务性工作。担任书记员必须具备下列条件：具有中华人民共和国国籍；拥护中华人民共和国宪法；身体健康，年满 18 周岁；有良好的政治、业务素质，具备从事书记员工作的专业技能；具有大学专科以上文化程度。曾因犯罪受过刑事处罚的，或者曾被开除公职的，或者涉嫌违法违纪正在接受审查，尚未作出结论的，不得担任书记员。人民法院对于新招收的书记员实行聘任制和合同管理。除法律法规和聘任合同另有规定外，人民法院书记员的权利义务及教育培训、考核奖惩、辞职辞退、申诉控告、职务升降等，参照执行国家公务员的有关规定。人民法院新招收书记员应当按照公开、平等、竞争的原则，通过考试、考核，择优聘任。人民法院聘任书记员应当签订聘任合同。符合法定条件的情况下，人民法院可以解除书记员的聘任合同。聘任制书记员对人民法院解除聘任关系有异议的，可以向当地人事主管部门提起仲裁。

【司法警察】 是指在我国人民法院和人民检察院内部设置的执行特定任务的警察。人民法院司法警察和人民检察院司法警察合称为法警。人民法院或者人民检察院的司法警察既是人民法院或者人民检察院的司法辅助人员，又是我国警察的一个警种。司法警察必须以我国宪法和法律为活动准则，全心全意为人民服务，忠于职守，清正廉洁，服从命令，严格执法，规范执法。司法警察依法执行职务，受法律保护。人民法院或者人民检察院录用司法警察，应当按照国家规定，公开考试，严格考核，择优选用。司法警察依法实行警衔制度和编队管理。司法警察实行国家公务员工资制度，并享受国家规定的警衔津贴和其他津贴、补贴、抚恤以及社会保险等福利待遇。司法警察应当经过司法警察专业培训，考试考核合格方可任职或者晋升职务、授予或者晋升警衔。司法警察应当按照规定着装，佩戴警用标志，保持警容严整，举止端庄。司法警察在执行职务时，应当携带人民警察证。司法警察的警用标志、制式服装、武器和警械，由公安部统一监制，最高人民法院或者最高人民检察院会同公安部管理，其他个人和组织不得非法制造、贩卖。司法警察的警用标志、制式服装、武器、警械、人民警察证为司法警察专用，其他个人和组织不得持有和使用。根据最高人民法院于 2012 年 10 月 29 日印发的《人民法院司法警察条例》，以及最高人民检察院于 2013 年 5 月 8 日、2015 年 6 月 1 日分别印发的《人民检察院司法警察条例》《人民检察院司法警察执行职务规则》，人民法院的司法警察和人民检察院的司法警察的最主要区别就是各自的任务和职责不同。例如，人民法院司法警察的任务是预防、制止和惩治妨碍审判活动的违法犯罪行为，维护审判秩序，保障审判工作顺利进行。而人民检察院司法警察的任务是通过行使职权，维护社会主义法治，维护检察工作秩序，预防、制止妨碍检察活动的违法犯罪行为，保障检察工作的顺利进行。

【人民检察院】 是指在我国代表国家行使检察权的司法机关。它是我国检察机关的统称。由于特定历史等方面的原因，人民检察院的设置比较曲折。在中华人民共和国成立初期，行使检察职能的国家机关被称为人民检察署。1954 年 9 月 21 日通过的《人民检察院组织法》①，将人民检察署改为人民检察院。1975 年的《宪法》② 第二十五条撤销人民检察院，将检察机关的职权交由各级公安机关行使。在 1978 年之后，我国逐渐恢复人民检察院建制。根据我国《宪法》第一百三十四条、《人民检察院组织法》第二条、《刑事诉讼法》第三条，人民检察院是国家的法律监督机关，承担法律监督的职责。只有人民检察院才能代表国家行使检察权，其他任何机关、团体或个人都没有这种权力。根据我国《宪法》第三条、第一百三十八条和《人民检察院组织法》第九条，人民检察院由人民代表大会选举产生，向人民代表大会负责，受人民代表大会的监督。根据《人民检察院组织法》第三十条、第三十五条、第三十六条规定，人民检察院的检察人员由检察长、副检察长、检察委员会委员和检察员等人员组成。人民检察院检察长领导本院检察工作，管理本院行政事务。人民检察院副检察长协助检察长工作。各级人民检察院设检察委员会。检察委员会由检察长、副检察长和若干资深检察官组成，成员应当为单数。根据《人民检察院组织法》第四条至第六条规定，人民检察院依照法律规定独立行使检察权，不受行政机关、社会团体和个人的干涉。人民检察院行使检察权在适用法律上一律平等，不允许任何组织和个人有超越法律的特权，禁止任何形式的歧视。人民检察院坚持司法公正，以事实为根据，以法律为准绳，遵守法定程序，尊重和保障人权。

【人民检察院的性质】 是指我国人民检察院作为国家机构所具有的本质属性。根据我国《宪法》和《人民检察院组织法》有关规定，人民检察院的性质表现在如下几个方面：（1）从国体上看，人民检察院属于重要的国家机构，是实现人民民主专政的重要力量。人民检察院作为人民代表大会选举产生的一个国家机构，是国家权力不可分割的重要组成部分。我国实现人民民主专政，理所应当充分发挥人民检察院的职能作用。（2）从政权组织形式来看，人民检察院是由人民代表选举产生的一个国家机构。我国实行人民代表大会制的政权组织形式。人民检察院由人民代表大会选举产生，向人民代表大会负责，受人民代表大会的监督。（3）相对于其他国家机构而言，人民检察院是国家的检察机关、专门法律监督机关，履行法律监督职能，行使检察权。法律监督和检察权是人民检察院独自享有的一种国家权力，其他任何机关、团体和个人都无权行使法律监督权和检察权。（4）就检察权的性质而言，人民检察院是司法机关。在我国国家机构中，人民法院和人民检察院都是代表国家行使司法权的司法机关。只不过人民法院行使司法权的内容是审判

① 已失效，已被《全国人民代表大会常务委员会关于批准法制工作委员会关于对 1978 年底以前颁布的法律进行清理情况和意见报告的决定》（发布日期：1987 年 11 月 24 日，实施日期：1987 年 11 月 24 日）宣布失效。

② 已失效，已被《中华人民共和国宪法（1978）》修正。

权，而人民检察院行使司法权的内容是检察权。（5）在刑事诉讼活动中，人民检察院既是检察机关，又是侦查机关、刑事执行监督机关。（6）从我国政治体制来说，人民检察院是受中国共产党中央委员会政法委员会指导和监督的一个政法机关。

【人民检察院的职权】 是指人民检察院在行使检察权的时候依法所享有的权力。人民检察院的职权是人民检察院行使检察权的重要标志和保障。根据《人民检察院组织法》第二十条及《刑事诉讼法》的有关规定，人民检察院行使下列职权：（1）依照法律规定对有关刑事案件行使侦查权；（2）对刑事案件进行审查、批准或者决定是否逮捕犯罪嫌疑人；（3）对刑事案件进行审查，决定是否提起公诉，对决定提起公诉的案件支持公诉；（4）依照法律规定提起公益诉讼；（5）对诉讼活动实行法律监督；（6）对判决、裁定等生效法律文书的执行工作实行法律监督；（7）对监狱、看守所的执法活动实行法律监督；（8）对于人民法院的民事审判活动实行法律监督，对人民法院已经发生效力的判决、裁定，发现违反法律法规规定的，依法提出抗诉；（9）对于行政诉讼实行法律监督，对人民法院已经发生效力的判决、裁定发现违反法律法规规定的，依法提出抗诉；（10）法律规定的其他职权。根据《加强法律解释工作决议》及《人民检察院组织法》的规定，检察工作中具体应用法律的问题，由最高人民检察院进行解释。

【人民检察院的组织体系】 是指人民检察院按照国家法律规定设置的组织结构形式。根据我国《人民检察院组织法》的有关规定，人民检察院的组织体系由最高人民检察院、地方各级人民检察院和专门人民检察院构成。根据《人民检察院组织法》第十三条规定，地方各级人民检察院分为：省级人民检察院，包括省、自治区、直辖市人民检察院；设区的市级人民检察院，包括省、自治区辖市人民检察院，自治州人民检察院，省、自治区、直辖市人民检察院分院；基层人民检察院，包括县、自治县、不设区的市、市辖区人民检察院。人民检察院系统内部实行垂直领导体制，最高人民检察院领导地方各级人民检察院和专门人民检察院的工作，上级人民检察院领导下级人民检察院的工作。人民检察院内部同样实行领导体制。根据《人民检察院组织法》第三十五条、第三十六条规定，人民检察院的检察人员由检察长、副检察长、检察委员会委员和检察员等人员组成。人民检察院检察长领导本院检察工作，管理本院行政事务。人民检察院副检察长协助检察长工作。根据《人民检察院组织法》第三十条规定，各级人民检察院设检察委员会。检察委员会由检察长、副检察长和若干资深检察官组成，成员应当为单数。

【最高人民检察院】 是指我国的最高检察机关。最高人民检察院是全国人民检察院的领导机关，领导地方各级人民检察院和专门人民检察院的工作。最高人民检察院根据需要，设立若干检察厅、其他业务机构以及检察委员会。最高人民检察院对全国人民代表大会负责并报告工作；在全国人民代表大会闭会期间，对全国人民代表大会常务委员会负责并报告工作。最高人民检察院对于国务院所属各部门、地方各级国家机关、国家机关工作人员和公民是否遵守法律，行使检察权。最高人民检察院发现国务院所属各部门和地方各级国家机关的决议、命令和措施违法的时候，有权提出抗议。最高人民检察院检察长列席最高人民法院审判委员会会议，如果对审判委员会的决议不同意，有权提请全国人民代表大会常务委员会审查处理。最高人民检察院对全国性的重大刑事案件行使检察权。最高人民检察院对各级人民法院已经发生法律效力的判决和裁定，上级人民检察院对下级人民法院已经发生法律效力的判决和裁定，如果发现确有错误，有权按照审判监督程序提出抗议。最高人民检察院依法对监管场所实行监督；依法对民事诉讼、行政诉讼实行监督；对于检察工作中如何具体应用法律的问题进行解释；制定检察工作条例、细则和办法；管理和规定各级人民检察院的人员编制。

【地方各级人民检察院】 是指在我国除了最高人民检察院和专门人民检察院之外的所有地方检察机关。地方各级人民检察院分为：省级人民检察院，包括省、自治区、直辖市人民检察院；设区的市级人民检察院，包括省、自治区辖市人民检察院，自治州人民检察院，省、自治区、直辖市人民检察院分院；基层人民检察院，包括县、自治县、不设区的市、市辖区人民检察院。省、自治区、直辖市人民检察院按照需要可以设立分院。直辖市和设区的市人民检察院按照需要可以设立市辖区人民检察院。根据《人民检察院组织法》第十六条规定，省级人民检察院和设区的市级人民检察院根据检察工作需要，经最高人民检察院和省级有关部门同意，并提请本级人民代表大会常务委员会批准，可以在辖区内特定区域设立人民检察院，作为派出机构。地方各级人民检察院对产生它的同级人民代表大会及其常务委员会负责，对其上级人民检察院负责，县级以上地方各级人民代表大会常务委员会监督本级人民检察院的工作。上级人民检察院领导下级人民检察院的工作。在人民检察院内部实行检察长负责制，各级人民检察院的检察长领导本院工作。检察院内部设立若干检察业务部门，在检察长的统一领导下，各个部门互相分工、互相配合，完成侦查、审查逮捕、起诉、控告申诉等检察业务。地方各级人民检察院的主要职责包括：对本辖区内的重大刑事案件行使检察权；对需要提起公诉的案件进行审查，并决定是否提起公诉；依法对刑事诉讼、民事诉讼和行政诉讼实行法律监督。

【人民检察院分院】 是指我国在省、自治区、直辖市内设立的与自治州、省辖市人民检察院同级的检察机关。人民检察院分院是介于省级人民检察院和县级人民检察院之间的一级地方人民检察院，其地位与该行政区域内的中级人民法院平行。由于地区一级不设国家权力机关，因此，《人民检察院组织法》第三十八条、《检察官法》第十八条规定，地方各级人民检察院检察长由本级人民代表大会选举和罢免，副检察长、检察委员会委员和检察员由检察长提请本级人民代表大会常务委员会任免。地方各级人民检察院检察长的任免，须报上一级人民检察院检察长提请本级人民代表大会常务委员会批准。省、自治区、直辖市人民检察院分院检察长、副检察长、检察委员会委员和检察员，由省、自治区、直辖市人民检察院检察长提请本级人民代表大会常务委员会任免。人民检察院的检察人员由检察长、副检察长、检察委员会委员和检察员等人员组成。人民检察院检察长领导本院检察工作，管理本院行政事务。人民检察院副检察长协助检察长工作。各级人民检察院设检察委员会。检察委员会由检察长、副检察长和若干资深检察官组成，成员应当为单数。人民检察院分院的主要职能是对可能判处无期徒刑、死刑的重大刑事犯罪案件的审查逮捕、提起公诉和抗诉工作，受理并查办不服人民法院生效裁判的民事、行政申诉案件。同时负责对辖区内的基层人民检察院进行业务指导。

【人民检察院派出机构】 是指人民检察院根据检察工作的需要，依法在特定区域、场所、行业或部门内设置的派出检察组织。人民检察院派出机构是检察权有效运行的组织载体之一，是中国特色社会主义检察制度的重要组成部分。人民检察院设立派出机构，既是适应我国地域辽阔、地区差异大这个基本国情的需要，又是更好地履行法律监督职能的要求。人民检察院派出机构分为两种：(1) 省级人民检察院和设区的市级人民检察院根据检察工作需要，经最高人民检察院和省级有关部门同意，并提请本级人民代表大会常务委员会批准，可以在辖区内特定区域设立人民检察院，作为派出机构；(2) 人民检察院根据检察工作需要，可以在监狱、看守所等场所设立检察室，行使派出它的人民检察院的部分职权，也可以对上述场所进行巡回检察。省级人民检察院设立检察室，应当经最高人民检察院和省级有关部门同意。设区的市级人民检察院、基层人民检察院设立检察室，应当经省级人民检察院和省级有关部门同意。尽管这两者都属于人民检察院的派出机构，但是它们在法律性质、设立依据、承担任务、职权范围等诸多方面都存在明显差异。例如，派出检察院属于一级检察机关，具有独立的法人资格，而派驻检察室不是一级检察机关，没有独立法人资格，而是人民检察院的内设机构。即使是派驻检察室，也因为不同的设置目标而履行不同的任务和职责。例如，根据最高人民检察院于 2008 年 3 月 23 日印发的《人民检察院监狱检察办法》第二条规定，驻监狱检察室的任务是保证国家法律法规在刑罚执行活动中的正确实施，维护罪犯合法权益，维护监狱监管秩序稳定，保障惩罚与改造罪犯工作的顺利进行。而根据最高人民检察院于 2008 年 3 月 23 日印发的《人民检察院看守所检察办法》第二条规定，驻看守所检察室的任务是保证国家法律法规在刑罚执行和监管活动中的正确实施，维护在押人员合法权益，维护看守所监管秩序稳定，保障刑事诉讼活动顺利进行。

【专门检察院】 又称专门人民检察院，是指在最高人民检察院的领导下，在特定的组织系统或行业内设立的检察机关。我国专门人民检察院包括军事检察院和铁路运输检察院。专门人民检察院的设置、组织和职权由全国人民代表大会常务委员会规定。专门人民检察院在上级专门人民检察院和最高人民检察院的领导下开展检察工作，与地方各级人民检察院之间没有隶属关系。专门人民检察院与专门人民法院同级建立，相互协调配合，对其专门管辖的案件行使检察权。专门人民检察院管辖的案件，具有较强的专业性，通常是普通人民检察院不便或不宜管辖的案件。专门人民检察院的主要职责是对其专门管辖的案件行使检察权。与普通人民检察院的设置不同，专门人民检察院不是按照行政区划设立，而是按照需要或者特定案件在特定的组织系统或者地区进行设立。根据《人民检察院组织法》第十五条的规定，专门人民检察院的设置、组织、职权和检察官任免，由全国人民代表大会常务委员会规定。

【军事检察院】 是指我国基于军队的体制和作战任务的特殊性而在军队系统设立的专门人民检察院。军事检察院是设立在中国人民解放军中的专门法律监督机关，对现役军人的违反职责罪和其他刑事案件依法行使检察权，如刑事侦查、决定是否逮捕、审查起诉、法律监督等。军事检察院分为三级：中国人民解放军军事检察院；战区军事检察院；基层军事检察院。在领导体制上，中国人民解放军军事检察院受中央军事委员会和最高人民检察院的双重领导，而其他各级军事检察院则在本级政治部和上级军事检察院的双重领导下进行工作。军事检察院的检察人员由现役军官担任。中国人民解放军军事检察院检察长由最高人民检察院检察长提请全国人民代表大会常务委员会任免，副检察长由最高人民检察院检察长审查同意，按军队干部任免权限任免；其他各级军事检察院检察长经上一级军事检察院检察长同意后，按军队干部任免权限任免。军事检察院检察员和工作人员，须经本级检察院检察长同意，按军队干部任免权限任免。

【跨行政区划人民检察院】 是指我国打破传统的按照行政区划设置人民检察院的方法，按照行政区划与司法管辖适当分离的方式专门设立的，可以管辖涉及多个行政区域的案件的人民检察院。跨行政区划人民检察院是我国在十八大以后全面深化司法改革的产物。设立跨行政区划人民检察院，有利于优化司法权的职能配置，排除外界对检察工作的干扰，促进人民检察院依法独立公正行使检察权。

2014 年年底，北京、上海分别设立的北京市人民检察院第四分院、上海市人民检察院第三分院是我国最早成立的两家跨行政区划人民检察院。相对于其他普通人民检察院而言，跨行政区划人民检察院的最大特色就是，它管辖的案件范围不再是某个固定的行政区域，而是涉及多个行政区域。例如，上海市人民检察院第三分院管辖范围包括：上海市第三中级人民法院审理的行政诉讼案件；上海市第三中级人民法院审理的跨地区重大民商事诉讼案件；上海知识产权法院审理的知识产权类诉讼案件；上海海事法院审理的海事诉讼案件；上级人民检察院指定管辖的跨地区重大职务犯罪案件；跨地区的重大环境资源保护和重大食品药品安全刑事案件；民航、水运所属公安机关侦查的重大刑事案件，海关所属公安机关侦查的刑事案件；上级人民检察院指定管辖的其他重大案件。

【检察委员会】 是指各级人民检察院设立的对检察工作实行集体领导的组织形式。检察委员会是人民检察院在检察长主持下的议事决策机构，主要任务是按照民主集中制的原则，讨论决定重大案件和其他重大问题。根据《人民检察院组织法》、1999 年 6 月 23 日印发的《改进和加强检察委员会工作通知》、2010 年 12 月 30 日印发的《检察委员会议题标准（试行）》、2020 年 7 月 31 日印发的《检察委员会工作规则》的有关规定，检察委员会的设置主要包括如下几个方面：(1) 人员构成。检察委员会由检察长、副检察长和若干资深检察官组成，成员应当为单数，并设专职委员应当为单数。

(2) 委员的任免。最高人民检察院检察委员会委员由最高人民检察院检察长提请全国人民代表大会常务委员会任免。地方各级人民检察院检察委员会委员由本院检察长提请本级人民代表大会常务委员会任免。省、自治区、直辖市人民检察院分院的检察委员会委员由省、自治区、直辖市人民检察院检察长提请本级人民代表大会常务委员会任免。派出人民检察院的检察委员会委员由派出的人民检察院检察长提请本级人民代表大会常务委员会任免。(3) 主要职责。检察委员会履行下列职能：讨论决定重大、疑难、复杂案件；总结检察工作经验；讨论决定有关检察工作的其他重大问题。(4) 工作方式。检察委员会实行例会制，定期开会。必要时，可以提前或者推迟召开。检察委员会会议由检察长主持召开。检察长因故不能出席时，应当委托一名副检察长主持。受委托主持会议的副检察长，应当在会后将会议讨论情况和表决结果报告检察长 (5) 工作原则。检察委员会实行民主集中制，遵循少数服从多数的原则。检察委员会会议必须有全体组成人员过半数出席，才能召开；必须有全体组成人员过半数同意，才能作出决定。地方各级人民检察院检察长不同意本院检察委员会全体委员过半数的意见，属于办理案件的，可以报请上一级人民检察院决定；属于重大事项的，可以报请上一级人民检察院或者本级人民代表大会常务委员会决定。

【人民检察院检察长】 是指人民检察院的机构负责人。根据《人民检察院组织法》第三十六条规定，人民检察院检察长领导本院检察工作，管理本院行政事务。这意味着，检察长是人民检察院的最高领导。根据《人民检察院组织法》第三十七条至第三十九条以及《检察官法》第十八条规定，最高人民检察院检察长由全国人民代表大会选举和罢免，副检察长、检察委员会委员和检察员由检察长提请全国人民代表大会常务委员会任免。地方各级人民检察院检察长由本级人民代表大会选举和罢免，副检察长、检察委员会委员和检察员由检察长提请本级人民代表大会常务委员会任免。地方各级人民检察院检察长的任免，须报上一级人民检察院检察长提请本级人民代表大会常务委员会批准。省、自治区、直辖市人民检察院分院检察长、副检察长、检察委员会委员和检察员，由省、自治区、直辖市人民检察院检察长提请本级人民代表大会常务委员会任免。人民检察院检察长任期与产生它的人民代表大会每届任期相同。全国人民代表大会常务委员会和省、自治区、直辖市人民代表大会常务委员会根据本级人民检察院检察长的建议，可以撤换下级人民检察院检察长、副检察长和检察委员会委员。检察长不仅全面负责和领导人民检察院的工作，而且依法享有一系列权力，如决定是否逮捕或是否批准逮捕犯罪嫌疑人，决定是否起诉，决定是否提出抗诉、检察建议、纠正违法意见或提请抗诉，决定终结审查、不支持监督申请；对人民检察院直接受理立案侦查的案件，决定立案、不立案、撤销案件以及复议、复核、复查；对人民检察院直接受理立案侦查的案件，决定采取强制措施，决定采取查封、扣押、冻结财产等重要侦查措施；决定将案件提请检察委员会讨论，主持检察委员会会议；决定检察人员的回避；主持检察官考评委员会对检察官进行考评；组织研究检察工作中的重大问题；法律规定应当由检察长履行的其他职责。

【检察官】 是指依法行使国家检察权的检察人员。检察官起源于欧洲中世纪的国王代理人，即受国王的委托而为其利益进行诉讼的代言人。随着诉讼制度的不断发展，国王代理人由非政府官员逐渐演变成为近现代意义上的专门履行公诉职能的国家公职人员。在现代法律制度中，检察官的最基本职能就是代表国家或者社会公共利益进行诉讼。但是基于不同的法律传统和国情，在不同的国家，检察官在定位、具体职责、权利和义务、条件、任免、等级、考核、培训、奖励、惩戒、职业保障等各个方面都存在较大差异。根据2019年修订的《检察官法》第二条、第七条、第八条、第十二条、第十三条规定，检察官是依法行使国家检察权的检察人员，包括最高人民检察院、地方各级人民检察院和军事检察院等专门人民检察院的检察长、副检察长、检察委员会委员和检察员。检察官的职责包括：对法律规定由人民检察院直接受理的刑事案件进行侦查；对刑事案件进行审查逮捕、审查起诉，代表国家进行公诉；开展公益诉讼工作；开展对刑事、民事、行政诉讼活动的监督工作；法律规定的其他职责。检察官对其职权范围内就案件作出的决定负责。人民检察院检察长、副检察长、检察委员会委员除履行检察职责外，还应当履行与其职务相适应的职责。担任检察官必须具备下列条件：（1）具有中华人民共和国国籍；（2）拥护中华人民共和国宪法，拥护中国共产党领导和社会主义制度；（3）具有良好的政治、业务素质和道德品行；（4）具有正常履行职责的身体条件；（5）具备普通高等学校法学类本科学历并获得学士及以上学位；或者普通高等学校非法学类本科及以上学历并获得法律硕士、法学硕士及以上学位；或者普通高等学校非法学类本科及以上学历，获得其他相应学位，并具有法律专业知识；（6）从事法律工作满五年。其中获得法律硕士、法学硕士学位，或者获得法学博士学位的，从事法律工作的年限可以分别放宽至四年、三年；（7）初任检察官应当通过国家统一法律职业资格考试取得法律职业资格。适用上述学历条件确有困难的地方，经最高人民检察院审核确定，在一定期限内，可以将担任检察官的学历条件放宽为高等学校本科毕业。曾因犯罪受过刑事处罚的；被开除公职的；被吊销律师、公证员执业证书或者被仲裁委员会除名的；有法律规定的其他情形的，不得担任检察官。检察官依法享有一系列权利和承担一系列义务。检察官职务的任免，依照宪法和法律规定的任免权限和程序办理。初任检察官采用考试、考核的办法，按照德才兼备的标准，从具备检察官条件的人员中择优提出人选。符合法定情形时，应当依法提请免除检察官职务。检察官的级别分为12级。最高人民检察院检察长为首席大检察官，2至12级检察官分为大检察官、高级检察官、检察官。检察官等级的确定，以检察官所任职务、德才表现、业务水平、审判工作实绩和工作年限为依据。检察官依法履行职责，受法律保护。为了确保检察官依法公正履行职责，我国检察官法还对任职回避、考核、培训、奖励、惩戒、工资保险福利、辞职辞退、退休等作出了明确规定。

【员额检察官】 是指人民检察院根据检察官员额制，按照特定标准、程序和比例遴选出来的承担办理案件职责的资深检察官。员额检察官是全面深化司法体制改革的产物。尽管2001年修订的《检察官法》[1] 第五十三条就曾经提到检察官员额问题，但是直到党的十八届三中全会、四中全会以后，全国各级人民检察院才逐渐推进检察官员额制改革。截至2017年7月，检察官员额制改革在全国范围内已经全部实施。检察官员额制是遵循司法规律，优化配置检察院人力资源，推动建立分类科学、结构合理、分工明确的检察院人员管理制度，实现检察官专业化、职业化、精英化的一项重要制度。检察官员额制改革的核心内容是建立以检察官为核心的人员分类管理制度，进一步提高检察官素质能力，优化司法人力资源配置。按照中央政法专项编制，员额检察官的比例不超过39%。各级人民检察院一般坚持以业绩考核为主、能力考试为辅的原则，通过公开透明的程序遴选员额检察官。被遴选的员额检察官按照权力清单，在授权范围内独立办案，履行主任检察官职责，对承办案件承担办案责任，对案件质量终身负责。同传统的检察官相比，进入员额的检察官更加职业化、专业化和精英化。各级检察机关推行司法人员分类管理，按照单独职务序列管理员额检察官，建立员额检察官办案绩效考核机制、员额检察官惩戒制度、逐级遴选制度，健全员额制检察官退出和流转机制。

【检察官助理】 是指在检察官的指导下履行辅助性检察业务的检察院工作人员。检察官助理是我国实行检察官员额制改革的重要配套措施。在实行检察官员额制以后，一些不能继续担任员额检察官但符合检察官助理条件的人员可以担任检察官助理。检察官助理在符合条件的情况下经过一定程序也可以转任员额检察官。检察官助理与员额检察官的最大区别在于，检察官助理不能独立承办案件，只能辅助员额检察官办理案件。根据2015年9月25日印发的《完善人民检察院司法责任制意见》第二十条，检察官助理在检察官的指导下履行以下职责：讯问犯罪嫌疑人、被告人，询问证人和其他诉讼参与人；接待律师及案件相关人员；现场勘验、检查，实施搜查，实施查封、扣押物证、书证；收集、调取、核实证据；草拟案件审查报告，草拟法律文书；协助检察官出席法庭；完成检察官交办的其他办案事项。根据中共中央组织部、最高人民检察院于2013年3月1日印发的相关规定，在中央政法专项编制限额内，综合考虑检察官助理的岗位职责、工作任务量等因素，确定其员额比例。检察官助理的任职资格条件、任免、考核、培训、奖惩等管理办法，根据其职位特点和管理需要，由最高人民检察院商中央公务员主管部门进行规范。2016年6月6日印发的《法官助理、检察官助理和书记员职务序列改革试点方案》对检察官助理职务序列改革提出了明确意见。例如，检察官助理作为检察官的重要来源，按照综合管理类公务员进行管理；通过加大检察官助理招录力度、未入额的检察官和符合条件的书记员转任检察官助理等方式，加强检察官助理配备工作，不足部分采取接收法律院校实习生担任实习法官助理等方式解决；符合条件的编制内书记员要逐步转任检察官助理。

【检察辅助人员】 是指在人民检察院协助检察官履行检察职责的工作人员。检察辅助人员是司法人员分类管理改革的

---

① 已失效，已被《中华人民共和国检察官法（2017年）》修正。

产物。根据中国共产党第十八届四中全会关于司法人员分类管理改革的部署，全国各级人民检察院将检察院工作人员分为检察官、检察辅助人员和司法行政人员三类。根据相关规定，检察辅助人员包括检察官助理、书记员、司法警察、检察技术人员等。司法警察按照《人民警察法》《人民检察院司法警察条例》进行管理；检察技术人员执行专业技术类公务员序列，其他检察辅助人员职务序列执行综合管理类公务员有关规定。检察官助理、书记员、检察技术人员等检察辅助人员的任职资格条件、任免、考核、培训、奖惩等管理办法，根据其职位特点和管理需要，由最高人民检察院商中央公务员主管部门进行规范。在中央政法专项编制限额内，综合考虑检察辅助人员的岗位职责、工作任务量等因素，确定其员额比例。检察辅助人员分别在各级人民检察院的中央政法专项编制中所占员额比例，由最高人民检察院商有关部门另行规定。

【检察行政人员】 是指在人民检察院履行司法行政职能的工作人员。检察行政人员的设置或者检察人员的分类管理，有助于实现检察院司法行政事务管理权和检察权相分离，确保检察行政事务管理活动服务于检察活动。根据相关规定，检察行政人员是在人民检察院内部从事行政管理事务的工作人员。其基本职责是负责各级人民检察院政工党务、行政事务、后勤管理等工作。检察行政人员按照《公务员法》及配套法规进行管理。检察行政人员职务序列和职数，按照综合管理类公务员的有关规定执行。在中央政法专项编制限额内，综合考虑检察行政人员的岗位职责、工作任务量等因素，确定其员额比例。检察行政人员既可以在其同类别中进行任职交流，也可以同检察官、检察辅助人员之间进行相互转任。

【人民检察院的书记员】 是指在人民检察院依法设立的专门担任办理案件的记录工作，协助检察人员办理有关检察事项的检察院工作人员。书记员是在人民检察院内部，在检察官指导下专门承担事务性检察工作的检察辅助人员，实行单独序列管理。根据相关规定，书记员承担案件的记录工作，负责案件的收转登记、归档和法律文书的收发转递以及检察官交办的其他事项。在司法实践中，人民检察院书记员的工作职责具体包括：（1）立案、立卷。书记员在收到立案材料后，应当尽快将案件材料装订成卷，并登记在检察官以及自己的收案登记表上。（2）通知当事人（询问或者开庭）。书记员收到案件材料后应当在法律规定的期限内，向被害人、证人等告知（口头、电话通知或者发传票）参加诉讼的时间、地点、办案人员和相关事项。（3）审查当事人提交的身份证明材料、委托书、律师参加诉讼活动的手续是否规范，如不规范应限期更正或限期重新提交。（4）协助检察官对当事人、辩护人提交的证据进行审查。（5）需要调查取证、审计、鉴定的，协助检察官和技术人员进行，做好记录工作，庭审阶段，书记员参与庭审的记录。（6）查找资料、草拟和校对法律文书。（7）记录检察官向科（室）负责人或者检察长汇报案件的情况，做好汇报笔录。（8）需报科长、检察长审批的决定书以及其他法律文书，应及时将所需报批的文书原件连同卷宗报送科长、检察长审批。（9）将检察官拟定好的法律文书付诸打印或复印、盖章。（10）送达法律文书。（11）结案后应及时报结，及时录入检察网络管理系统。(12) 结案后一个月应将卷宗整理完毕，按归档要求编写页码、装订卷宗、再办理档案检查盖章和归档。(13) 当事人提出上诉的案件，应整理好卷宗，并附上移送函、当事人上诉材料和答辩材料、一审法律文书按规定移交。(14) 上诉案件审结后，应在接到原审卷宗和二审有关法律文书之日起十五日内按要求进行归档。

【人民监督员】 是指代表公众专门监督检察工作的人员。为了加强外部监督，切实防止和纠正检察机关查办职务犯罪工作中执法不公的问题，最高人民检察院报告全国人民代表大会常务委员会并经中央同意，决定从2003年9月起开展人民监督员制度试点工作。人民监督员制度，是指由代表公众的人民监督员按照一定程序，对检察机关查办职务犯罪案件进行民主监督的制度。人民监督员制度既是检察机关在办案过程中倾听人民群众意见，接受人民群众监督的有效形式，也是检察机关自身强化法律监督职能的重要举措。随着一系列文件的颁布，如2004年8月26日发布的《实行人民监督员制度规定（试行）》①、2005年12月27日发布的《人民监督员监督"五种情形"实施规则（试行）》②、2010年10月29日发布的《实行人民监督员制度的规定》③、2015年12月21日发布的《人民监督员监督工作规定》④等，人民监督员制度逐渐受到社会各界的认可和重视，发展成为人民检察院依法独立公正行使检察权的外部监督制约机制和人民群众有序参与司法的一个重要途径。尤其是为贯彻落实中国共产党第十八届三中四中全会关于人民监督员制度的改革要求，最高人民检察院和司法部于2015年3月7日联合发布了《深化人民监督员制度改革方案》，对深化人民监督员制度改革的指导思想、总体目标、工作要求，以及如何改革人民监督员的选任机制、管理方式，拓展人民监督员监督案件范围，完善人民监督员监督程序，完善人民监督员知情权保障机制，推进人民监督员制度立法等一系列问题作出了较为明确的规定。

【公安机关】 是指在我国负责社会治安和国内安全保卫工作的政府机关。公安机关作为国家的治安保卫机关，是各级人民政府的组成部分。公安机关的主要任务是维护社会秩序、安全保卫和管理社会。为了完成维护社会治安、安全保卫、社会管理的重任，公安机关被赋予较为广泛的职权。例如，根据《人民警察法》(2012年修正) 的有关规定，对违反治安管理或者其他公安行政管理法律、法规的个人或者组织，公安机关依法可以实施行政强制措施、行政处罚；对严重危害社会治安秩序或者威胁公共安全的人员，公安机关可以强行带离现场、依法予以拘留或者采取法律规定的其他措施；对有违法犯罪嫌疑的人员，经出示相应证件，公安机关的人民警察可以当场盘问、检查；遇有拒捕、暴乱、越

---

① 已失效，已被《最高人民检察院关于印发〈最高人民检察院关于实行人民监督员制度的规定〉的通知》(发布日期：2010年10月26日，实施日期：2010年10月26日) 废止。

② 已失效，已被《最高人民检察院关于印发〈最高人民检察院关于实行人民监督员制度的规定〉的通知》(发布日期：2010年10月26日，实施日期：2010年10月26日) 废止。

③ 已失效，已被2015年12月21日发布的《最高人民检察院关于人民监督员监督工作的规定》所废止。

④ 已失效，已被2019年8月27日公布的《最高人民检察院关于印发〈人民检察院办案活动接受人民监督员监督的规定〉的通知》废止。

狱、抢夺枪支或者其他暴力行为的紧急情况，公安机关的人民警察依照国家有关规定可以使用武器；为制止严重违法犯罪活动的需要，公安机关的人民警察依照国家有关规定可以使用警械；遇到特定情况，公安机关可以进行交通管制或者现场管制等。再如，根据《刑事诉讼法》（2018 年修正），公安机关在刑事诉讼中享有下列一系列职权：决定立案侦查和撤销案件；采取讯问犯罪嫌疑人、询问证人和被害人、勘验、检查、搜查、扣押、鉴定、通缉、技术侦查等各种侦查活动；采用拘传、取保候审、监视居住、拘留等强制措施；执行逮捕犯罪嫌疑人，负责看管在押犯罪嫌疑人；对侦查终结的案件，提出起诉意见；对人民检察院不批准逮捕的决定和不起诉的决定，要求复议和提请复核等。

【公安机关的性质】 是指公安机关与其他国家机关相区别的根本属性。根据 2003 年 11 月 18 日印发的《中共中央关于进一步加强和改进公安工作的决定》和 2006 年 11 月 13 日印发的《公安机关组织管理条例》第二条，公安机关是人民民主专政的重要工具，是武装性质的国家治安行政力量和刑事司法力量。具体说来，公安机关的性质体现在如下几个方面：（1）从国体上看，公安机关属于重要的国家机构，是实现人民民主专政的重要依靠力量。公安机关作为负责社会治安和国内安全保卫工作的专门机关，理所应当成为我国实现人民民主专政的重要支撑。（2）从政权组织形式来看，公安机关是人民政府内部设置的重要职能部门，代表国家行使旨在维护社会治安秩序、进行社会管理、安全保卫的行政权。（3）相对于其他国家机构而言，公安机关属于行政机关，是带有武装性质的国家治安行政机关或者行政执法机关。其武装性质体现在公安机关实行军事化管理，配备武器、警械等武装设施。（4）在刑事诉讼活动中，公安机关既是侦查机关，又是刑事执行机关。公安机关作为侦查机关，既属于刑事司法机关，又可以被称为广义上的司法机关。（5）从我国政治体制来说，公安机关是受中国共产党中央委员会政法委员会指导和监督的一个政法机关。

【公安机关的职责】 公安机关人民警察的职务责任，是指国家依法确定的人民警察的管辖范围和责任义务。根据《人民警察法》第六条的规定，公安机关按照职责分工，依法履行下列职责：（1）预防、制止和侦查违法犯罪活动；（2）维护社会治安秩序，制止危害社会治安秩序的行为；（3）维护交通安全和交通秩序，处理交通事故；（4）组织、实施消防工作，实行消防监督；（5）管理枪支弹药、管制刀具和易燃易爆、剧毒、放射性等危险物品；（6）对法律法规规定的特种行业进行管理；（7）警卫国家规定的特定人员，守卫重要的场所和设施；（8）管理集会、游行、示威活动；（9）管理户政、国籍、入境出境事务和外国人在中国境内居留、旅行的有关事务；（10）维护国（边）境地区的治安秩序；（11）对被判处拘役、剥夺政治权利的罪犯执行刑罚；（12）监督管理计算机信息系统的安全保护工作；（13）指导和监督国家机关、社会团体、企业事业组织和重点建设工程的治安保卫工作，指导治安保卫委员会等群众性组织的治安防范工作；（14）法律法规规定的其他职责。

【公安机关的组织体系】 是指公安机关

按照国家法律规定设置的组织结构形式。根据《公安机关组织管理条例》等有关规定，我国公安机关由中央公安机关、地方公安机关与专门公安机关组成。中央公安机关是公安部。公安部在国务院领导下主管全国的公安工作，是全国公安工作的领导、指挥机关。地方公安机关分别设在省、市、县三级。其中，设在省、自治区的公安厅以及设在直辖市的公安局是地方最高公安机关。省会城市、自治区首府或者其他设区的城市，以及地区、自治州、盟设立公安局或者公安处。县、自治县、县级市、旗设立的公安局，以及市辖区设立的公安分局属于基层公安机关。各级公安机关在本行政区内经批准可以设立派出机构，如公安厅可以在地区行署设立公安处；县公安局、区公安分局可以设立公安派出所。在城镇、街道办事处、乡、港口、车站、码头、口岸、繁华地段等场所设置的公安派出所或者治安派出所是公安机关的基层组织。专门公安机关是指国家在铁道、海关、民航、交通、林业等专门行业领域设置的公安机关，负责行业领域治安、保卫、侦查等工作。其中海关公安机关、民航公安机关分别接受公安部和行业主管部门双重领导，以公安部领导为主。

【公安机关的管理体制】 是指公安机关与党和政府之间的关系及上下级公安机关之间的关系。我国公安机关实行的是统一领导、分级管理、条块结合、以块为主的管理体制。(1) 统一领导：全国的公安机关都必须接受党和政府的统一领导。同时，地方公安机关必须接受公安部的统一领导；(2) 分级管理：中央或地方公安机关分别接受中央或地方同级党委和政府领导的领导；(3) 条块结合：公安机关不仅接受上级公安机关的领导，同时接受同级党委和政府的领导；(4) 以块为主：公安机关在接受“条”和“块”的双重领导时，以接受“块”的领导为主，即以接受同级党委和政府的领导为主，主要体现在人事、经费等方面，由地方党委和政府领导与管理，公安部及上级公安机关主要对公安业务工作进行领导与指导。

【公安部】 是指设置在国务院主管全国公安工作的职能部门。公安部是全国公安工作的最高领导机关和指挥机关。目前，公安部内部设置办公厅、情报指挥、研究室、督察审计、人事训练、新闻宣传、经济犯罪侦查、治安管理、刑事侦查、反恐怖、食品药品犯罪侦查、特勤、铁路公安、网络安全保卫、监所管理、警务保障、交通管理、法制、国际合作、装备财务、禁毒、科技信息化等局级机构，分别承担有关业务工作。中国民用航空局公安局、海关总署缉私局列入公安部序列，分别接受公安部和中国民用航空局、公安部和海关总署双重领导，以公安部领导为主。公安部的主要职责包括：研究拟定公安工作的方针、政策，起草有关法律法规草案，指导、监督、检查全国公安工作；掌握影响稳定、危害国内安全和社会治安的情况；指导、监督地方公安机关依法查处危害社会治安秩序行为，依法管理户口、居民身份证、枪支弹药、危险物品和特种行业等工作；组织指导侦查工作，协调处置重大案件、治安事故和骚乱，指挥防范、打击恐怖活动；依法管理国籍、口岸边防检查工作；指导、监督道路交通安全、交通秩序以及机动车辆、驾驶员管理等工作；指导、监督地方公安机关对国家机关、社会团体、企事业单位和重点建设工程的治安保卫工作以及群众性治安保卫组织的治安防范工作和公共信息网络的安全监察工作；指导、监督地方公安机关依法承担的执行刑罚和监督、考察工作；指导对看守所、拘留所、强制戒毒所等机关的管理工作；组织实施对党和国家领导人以及重要外宾的安全警卫工作；组织实施公安科学技术工作；规划公安信息技术、刑事技术建设；制定公安机关装备、被装配备和经费等警务保障标准和制度；组织开展同外国、国际刑警组织和我国香港、澳门特别行政区及台湾地区警方的交往与业务合作，履行国际条约和合作协议；制定公安机关人员培训、教育及宣传的方针和措施；按规定权限管理干部；指导公安机关法制工作；制定公安队伍监督管理工作规章制度，指导公安机关督察工作；查处或督办公安队伍重大违纪事件，维护公安民警正常执法权益等。

【公安派出所】 是指县级公安机关在其辖区内的街道、乡镇等区域设置的派出公安组织。根据公安部于2007年5月17日发布的《公安派出所正规化建设规范》第一条，公安派出所是市、县公安机关直接领导的派出机构，是公安机关打击违法犯罪、维护社会治安、服务人民群众、保卫一方平安的基层综合性战斗实体。根据《公安派出所正规化建设规范》第五条至第十一条规定，公安机关应当综合考虑辖区面积、人口数量、治安状况和工作需要，原则上与乡、镇、街道行政区划相对应设立公安派出所。公安派出所的设立、撤销或者变更，由县（市、区、旗）公安机关提出申请，经同级人民政府机构编制主管部门审核同意后，逐级报请省、自治区、直辖市公安厅、局审批。公安派出所是公安机关的最基层单位，是密切联系群众的窗口和纽带。公安派出所作为基层公安机关的派出机关，履行基层公安机关的部分职责。公安派出所设所长、政治教导员各一名，副所长若干名。公安派出所实行所长负责制，政治教导员负责思想政治工作，副所长根据分工协助所长开展工作。公安派出所应当根据工作需要设立社区（农村）警务、巡逻防控、治安管理、案件办理、综合内勤等工作岗位。警力较多、治安情况复杂的城区派出所，可以建立社区警务队、巡逻防控队、案件办理队和综合内勤室。警力少、治安情况相对平稳的农村派出所，实行一人一岗或一人多岗。根据《公安派出所正规化建设规范》第二条规定，公安派出所的主要职责包括：收集、掌握、报告影响社会政治稳定和治安稳定的情报信息；管理辖区内的实有人口；管理辖区内的重点行业、公共娱乐场所和枪支、弹药、爆炸、剧毒等危险物品；指导、监督辖区内的机关、团体、企业、事业单位的内部治安保卫工作；宣传、发动、组织、指导群众开展安全防范工作；办理辖区内发生的因果关系明显、案情简单、一般无需专业侦查手段和跨县、市进行侦查的刑事案件，并协助侦查部门侦破其他案件；办理治安案件，调解治安纠纷；参与火灾、交通、爆炸、中毒等治安灾害事故的预防工作；接受群众报警、求助，为群众提供服务。

【公安机关负责人】 是指在各级公安机关中承担公安工作领导职责的行政官员。公安机关负责人主要就是公安部部长、副部长、部长助理，公安厅（局）长、副厅（局）长，公安局局长、副局长，公安分局局长、副局长等公安机关负责人是公安机关的行政首长，负责领导公安机关的全面工作，是公安机关公安工作的主要责任人。在刑事诉讼中，有许多事项必须经过公安机关负责人的批准或者决定。根据《公安机关办理刑事案件程序规定》，下列事项必须经过县级以上公安机关负责人的批准或者决定：决定回避；批准危害国家安全犯罪案件、恐怖活动犯罪案件辩护律师的会见申请；批准排除非法证据；批准拘传、取保候审、监视居住、拘留；批准提请批准逮捕犯罪嫌疑人，批准对人民检察院不批准逮捕决定的复议、复核意见；在人民检察院批准逮捕决定以后签发逮捕证；批准释放犯罪嫌疑人；批准侦查羁押期限延长意见；批准将案件移送有管辖权的机关处理；批准立案或者不立案；批准撤销案件或者终止侦查；批准解剖尸体；批准侦查实验；批准搜查；批准扣押、查封不动产或特定动产、文件；批准对不易保管的财物在拍照或者录像后委托有关部门变卖、拍卖；批准向金融机构等单位查询财产；批准金融机构等单位协助冻结财产；批准解除冻结财产；批准出售或者变现被冻结的财产；批准鉴定、补充鉴定或者重新鉴定；决定采取隐匿身份侦查措施；决定实施控制下交付；决定发布通缉令；决定羁押；审核边控对象通知书；批准发布悬赏通告；批准移送审查起诉；批准对不起诉决定或者附条件不起诉决定的复议、复核意见；批准对退回补充侦查案件的处理；批准对附条件不起诉决定提出的意见；批准可以依法作为当事人和解的公诉案件办理；批准对达成和解协议的案件提出从宽处理的建议；批准没收违法所得意见书；批准强制医疗意见书；批准保护性约束措施等。根据《公安机关办理刑事案件程序规定》第二百六十五条规定技术侦查措施应当报设区的市一级以上公安机关负责人批准。公安机关负责人对立案、侦查活动承担领导责任。如果公安机关负责人以侦查人员的身份参与立案侦查活动，那么《刑事诉讼法》对侦查人员的规定同样适用于公安机关负责人。

【侦查人员】 是指在公安机关、国家安全机关、人民检察院、军队保卫部门、监狱、海关缉私部门等侦查机关中依法享有侦查权，从事侦查工作的专门工作人员。在刑事诉讼中，侦查人员的主要职责是收集证据，查清案情，揭露与证实犯罪事实，查获犯罪嫌疑人。根据我国刑事诉讼法的有关规定，侦查人员有权进行专门调查工作和采取有关强制性措施。在侦查过程中，侦查人员必须依照法定程序，收集能够证实犯罪嫌疑人、被告人有罪或者无罪、犯罪情节轻重的各种证据。严禁刑讯逼供和以威胁、引诱、欺骗以及其他非法方法收集证据，不得强迫任何人证实自己有罪。必须保证一切与案件有关或者了解案情的公民，有客观地充分地提供证据的条件，除特殊情况外，可以吸收他们协助调查。侦查人员在侦查过程中应当保障犯罪嫌疑人、被告人和其他诉讼参与人依法享有的辩护权和其他诉讼权利。诉讼参与人对于侦查人员侵犯公民诉讼权利和人身侮辱的行为，有权提出控告。侦查人员还应当遵守《刑事诉讼法》规定的回避制度、出庭作证制度等诉讼制度。

【人民警察】 是指维护国家安全和社会治安秩序，保护公民合法权益，具有武装力量性质的国家工作人员。根据《人民警察法》第二条、第五条、第二十六条、第二十七条，人民警察包括公安机关、国家安全机关、监狱等人民警察和人民法院、人民检察院的司法警察。其任务是维护国家安全，维护社会治安秩序，保护公民的人身安全、人身自由和合法财产，保护公共财产，预防、制止和惩治违法犯罪活动。人民警察依法执行职务，受法律保护。担任人民警察应当具备法定条件，如年龄、政治素质、业务素质、良好品行、身体健康、高中毕业以上文化程度等。曾因犯罪受过刑事处罚或者曾被开除公职的，不得担任人民警察。录用人民警察，必须按照国家规定，公开考试，严格考核，择优选用。国家根据人民警察的工作性质、任务和特点，规定组织机构设置和职务序列。人民警察依法实行警衔制度。人民警察必须执行上级的决定和命令。人民警察提出的意见不被采纳时，必须服从决定和命令；执行决定和命令的后果由作出决定和命令的上级负责。人民警察对超越法律法规规定的人民警察职责范围的指令，有权拒绝执行，并同时向上级机关报告。人民警察的警用标志、制式服装和警械，由国务院公安部门统一监制，会同其他有关国家机关共同管理，其他个人和组织不得非法制造、贩卖。人民警察的警用标志、制式服装、警械、证件为人民警察专用，其他个人和组织不得持有和使用。国家保障人民警察的经费。人民警察的经费，按照事权划分的原则，分别列入中央和地方的财政预算。人民警察必须以我国宪法和法律为活动准则，忠于职守，清正廉洁，纪律严明，服从命令，严格执法。当人民警察在履行职责的活动中出现法律规定的情形时，应当受到行政处分或者刑事责任追究。公安机关的人民警察是我国警察的主体。根据不同的执行任务，公安机关的人民警察分别设有治安、户籍、刑事、交通、特勤、铁路、民航、林业、水上、外事等不同警种。

【刑事诉讼中的其他专门机关】 是指在刑事诉讼中除公安机关、人民检察院、人民法院以外的，依照法定职权进行刑事诉讼活动的国家机关。在刑事诉讼中，公安机关、人民检察院、人民法院是最主要的专门机关，起到主导作用。但是，在特殊情况下，刑事诉讼活动也离不开其他专门机关的职能作用。根据我国《刑事诉讼法》的有关规定，刑事诉讼中的其他专门机关包括国家安全机关、军队保卫部门、走私犯罪侦查机构、看守所、监狱、未成年犯管教所、社区矫正机构等。这些专门机关根据法律的规定享有不同的职权，承担不同的诉讼职能。另外，值得一提的是，尽管根据《监察法》设置的监察委员会因为享有调查职务犯罪的权力而与刑事诉讼存在紧密联系，但是基于监察委员会的特殊性质，监察委员会既不是刑事诉讼中的专门机关，也不属于刑事诉讼中的其他专门机关（参见“刑事诉讼中的专门机关”词条）。

【国家安全机关】 是指在人民政府中承担国家安全工作的行政机关。为了适应改革开放的形势，加强同危害国家安全的行为作斗争，1983 年第六届全国人民代表大会第一次会议通过决议，批准成立具有国家公安机关性质的国家安全机关，承担原来由公安机关主管的间谍、特务案件的侦查工作。1983 年第六届全国人民代表大会常务委员会第二次会议通过的《国家安全机关行使公安机关的侦查、拘留、预审和执行逮捕的职权决定》，批准国家安全机关可以行使宪法和法律规定的公安机关的侦查、拘留、预审和执行逮捕的职权。2015 年第十二届全国人民代表大会常务委员会第十五次会议通过的《国家安全法》第五十二条规定，国家安全机关、公安机关、有关军事机关根据职责分工，依法搜集涉及国家安全的情报信息。1996 年和 2018 年修订的《刑事诉讼法》都明确规定，国家安全机关依照法律规定，办理危害国家安全的刑事案件，行使与公安机关相同的职权。因此，国家安全机关在刑事诉讼中属于特殊的侦查机关，专门负责危害国家安全刑事案件的侦查工作。国家安全机关根据行政区划设置在人民政府，作为政府内部履行国家安全工作的职能部门。国务院设立国家安全部，作为中央国家安全机关；各省、自治区人民政府设立国家安全厅，直辖市人民政府设立国家安全局；省辖市人民政府或者大中城市人民政府根据实际需要可以设立国家安全局或者相应的机构。国家安全机关实行垂直管理。

【军队保卫部门】 是指在我国军队内部专门承担安全保卫工作的职能部门。军队保卫部门是军队各级政治机关的职能部门，肩负着军队内部的安全保卫工作。军队保卫部门承担的安全保卫工作是国家安全和公安保卫工作的重要组成部分。其中的一项重要内容就是对发生在军队内部的刑事案件进行刑事侦查。第八届全国人民代表大会常务委员会第五次会议通过的《中国人民解放军保卫部门对军队内部发生的刑事案件行使公安机关的侦查、拘留、预审和执行逮捕的职权决定》明确指出，中国人民解放军保卫部门对军队内部发生的刑事案件承担的侦查工作同公安机关对刑事案件的侦查工作性质相同，军队保卫部门对军队内部发生的刑事案件，可以行使宪法和法律规定的公安机关的侦查、拘留、预审和执行逮捕的职权。1996 年修订的《刑事诉讼法》[①] 第二百二十五条、2018 年修订的《刑事诉讼法》第三百零八条都明确规定，军队保卫部门依照刑事诉讼法的规定，对军队内发生的刑事案件行使侦查权。这决定了军队保卫部门在刑事诉讼中属于特殊的侦查机关。

【中国海警局】 为了贯彻落实党的十九大和十九届三中全会精神，按照党中央批准的《深化党和国家机构改革方案》和《武警部队改革实施方案》决策部署，海警队伍整体划归中国人民武装警察部队领导指挥，调整组建中国人民武装警察部队海警总队，称中国海警局，统一履行海上维权执法职责。中国海警局执行打击海上违法犯罪活动、维护海上治安和安全保卫等任务，行使法律规定的公安机关相应执法职权；执行海洋资源开发利用、海洋生态环境保护、海洋渔业管理、海上缉私等方面的执法任务，行使法律规定的有关行政机关相应执法职权。中国海警局与公安机关、有关行政机关建立执法协作机制。根据《刑事诉讼法》《海上刑事案件管辖有关问题通知》、2021 年 2 月 1 日起施行的《海警法》等法律的规定，中国海警局履行海上维权执法职责，对海上发生的刑事案件行使侦查权，有权采取刑事强制措施。海警机构办理海上刑事案件，需要提请批准逮捕或者移送起诉的，应当向所在地相应人民检察院提请或者移送。海警机构所在地的人民检察院依法对海警机构的刑事立案、侦查活动实行监督。

【走私犯罪侦查机构】 是指专门负责走

① 已失效，已被《中华人民共和国刑事诉讼法（2018年）》修正。

私犯罪案件侦查工作的职能机构。在中国指缉私局。缉私局是公安机关的重要组成部分。目前受公安部与海关总署双重领导，以公安部领导为主。根据《公安机关办理刑事案件程序规定》第二十八条规定，海关走私犯罪侦查机构管辖中华人民共和国海关关境内发生的涉税走私犯罪案件和发生在海关监管区内的非涉税走私犯罪案件。根据《走私犯罪侦查机关办理走私犯罪案件适用刑事诉讼程序问题通知》第三条规定，海关走私犯罪侦查分局、支局在查办走私犯罪案件过程中进行侦查、拘留、执行逮捕、预审等工作，按《公安机关办理刑事案件程序规定》办理。这意味着，海关走私犯罪侦查机构在刑事诉讼中属于特殊的侦查机关，同其他侦查机关享有相同的侦查权。另外，根据第十二届全国人民代表大会第一次会议通过的《关于国务院机构改革和职能转变方案的决定》，以及国务院办公厅印发的《国家海洋局主要职责内设机构和人员编制规定》，已经于2013年7月22日正式挂牌成立的中国海警局将会成为与海关缉私局相类似的犯罪侦查机构。

【看守所】 是指依法羁押被刑事拘留、逮捕的犯罪嫌疑人的专门场所。根据1990年公布的《看守所条例》第二条、第三条规定，在我国刑事诉讼中，看守所既是专门羁押未决犯罪嫌疑人的场所，也是特定的刑罚执行机关。根据《刑事诉讼法》第二百六十四条第二款规定，看守所代为执行的对象只能是被判处有期徒刑，而且在被交付执行刑罚前，剩余刑期在三个月以下的罪犯。根据2005年12月27日发布的《撤销拘役所有关工作通知》《刑事诉讼法》第二百六十四条第二款、《公安机关办理刑事案件程序规定》第三百零一条规定，公安部决定撤销拘役所，对被判处拘役的罪犯，由看守所执行。根据《看守所条例》第四条至第八条，看守所监管犯罪嫌疑人，必须坚持严密警戒看管与教育相结合的方针，坚持依法管理、严格管理、科学管理和文明管理，保障犯罪嫌疑人的合法权益。严禁打骂、体罚、虐待犯罪嫌疑人。看守所以县级以上的行政区域为单位设置，由本级公安机关管辖。省、自治区、直辖市国家安全厅（局）根据需要，可以设置看守所。铁道、交通、林业、民航等系统相当于县级以上的公安机关，也可以设置看守所。看守所设所长1人，副所长1～2人；根据工作需要，配备看守、管教、医务、财会、炊事等工作人员若干人。看守所应当配备女工作人员管理女性犯罪嫌疑人。看守所对人犯的武装警戒和押解由中国人民武装警察部队担任。看守所对执行任务的武警实行业务指导。看守所的监管活动受人民检察院的法律监督。为了保障刑事诉讼的顺利进行，我国《刑事诉讼法》还规定看守所承担下列职责：及时安排辩护律师会见在押犯罪嫌疑人、被告人；安排对犯罪嫌疑人、被告人的提讯；根据释放证明释放被拘留人或者被逮捕人；对收押的犯罪嫌疑人、被告人和罪犯进行健康和体表检查；对留所执行的罪犯提出减刑、假释或者暂予监外执行的书面意见；依法收监执行等。

【监狱】 是指对被判处剥夺人身自由的罪犯予以监禁服刑的专门场所。监狱随着阶级的出现和国家的产生而产生。监狱是阶级社会特有的现象，是国家暴力机器的重要组成部分。监狱既是执行刑罚、剥夺罪犯自由的场所，又是教育改造罪犯的场所；现代监狱不仅强调其惩罚功能，而且越来越强调其教育改造功能、社会防卫功能、犯罪预防功能。监狱功能的转换是人类社会不断走向法治、文明的一个重要标志。监狱具有广义和狭义之分。狭义的监狱仅仅是罪犯监禁服刑的场所。广义的监狱既包括狭义的监狱，又包括对未决犯的羁押场所（如看守所或者拘留所等）。根据不同的标准，可以将监狱分为不同的种类，如已决犯监狱与未决犯监狱，男子监狱与女子监狱，成年犯监狱与未成年犯监狱，重刑犯监狱与轻刑犯监狱，以及封闭式监狱与开放式监狱等。

我国监狱既包括普通的监狱，也包括未成年犯管教所等相对特殊的监狱。根据《监狱法》第二条至第四条规定，监狱是国家的刑罚执行机关，依法对被判处死刑缓期二年执行、无期徒刑、有期徒刑的罪犯执行刑罚，惩罚和改造罪犯，预防和减少犯罪。监狱对罪犯实行惩罚和改造相结合、教育和劳动相结合的原则，将罪犯改造成为守法公民；监狱对罪犯应当依法监管，根据改造罪犯的需要，组织罪犯从事生产劳动，对罪犯进行思想教育、文化教育与技术教育。根据《刑事诉讼法》第三百零八条，监狱既是刑事执行机关，又是特殊的侦查机关。根据《监狱法》第十一条、第十二条，监狱的设置、撤销、迁移，由国务院司法行政部门批准。监狱设监狱长一人、副监狱长若干人，并根据实际需要设置必要的工作机构和配备其他监狱管理人员。从领导管理体制来看，监狱隶属于司法行政机关。司法部设监狱管理局，作为司法部管理全国监狱的职能部门。地方监狱由省、自治区、直辖市根据需要设置，由省、自治区、直辖市司法厅或司法局下设的监狱管理局直接管理。

【未成年犯管教所】 是指专门对未成年罪犯执行刑罚、进行教育、挽救、改造的一种监狱。未成年犯管教所的前身是少年管教所或者少年犯管教所。根据司法部于1999年12月18日颁布的《未成年犯管教所管理规定》第二条，未成年犯管教所是监狱的一种类型，是国家的刑罚执行机关；由人民法院依法判处有期徒刑、无期徒刑未满十八周岁的罪犯应当在未成年犯管教所执行刑罚、接受教育改造。《监狱法》第七十四条、《刑事诉讼法》第二百六十四条第三款都明确规定，对未成年犯应当在未成年犯管教所执行刑罚。根据《未成年犯管教所管理规定》第八条至第十条规定，未成年犯管教所设在司法行政机关，由司法行政机关监狱管理部门负责领导、指导、监督未成年犯管教所的工作。各省、自治区、直辖市根据需要设置未成年犯管教所，由司法部批准。未成年犯管教所内部设置管理、教育、劳动、生活卫生、政治工作等机构。根据对未成年犯的管理需要，实行所、管区两级管理。管区押犯不超过150名。未成年犯管教所和管区的人民警察配备比例应当分别高于成年犯监狱和监区。我国法律之所以规定未成年罪犯必须在未成年犯管教所执行刑罚和接受教育改造，主要原因在于未成年罪犯在生理、心理上尚不成熟，由专门的未成年犯管教所对未成年人罪犯执行刑罚，有助于更好地教育、感化、挽救、改造未成年人罪犯，保障未成年人罪犯更好地健康成长和重返社会。

【社区矫正机构】 是指对社区矫正对象实行监督管理、教育帮扶等活动的组织。根据2020年7月1日起施行的《社区矫正法》的规定，国务院司法行政部门主管全国的社区矫正工作。县级以上地方人民政府司法行政部门主管本行政区域内的社区矫正工作。县级以上地方人民政府根据需要设置社区矫正机构，负责社区矫正工作的具体实施。司法所根据社区矫正机构的委托，承担社区矫正相关工作。社区矫正机构根据需要，组织具有法律、教育、心理、社会工作等专业知识或者实践经验的社会工作者开展社区矫正相关工作。社区矫正机构根据裁判内容和社区矫正对象的性别、年龄、心理特点、健康状况、犯罪原因、犯罪类型、犯罪情节、悔罪表现等情况，制定有针对性的矫正方案，确定矫正小组，实现分类管理、个别化矫正。矫正小组由司法所、居民委员会、村民委员会的人员，社区矫正对象的监护人、家庭成员，所在单位或者就读学校的人员以及社会工作者、志愿者等组成；如果社区矫正对象为女性的，矫正小组中应有女性成员。居民委员会、村民委员会依法协助社区矫正机构做好社区矫正工作。社区矫正对象的监护人、家庭成员，所在单位或者就读学校应当协助社区矫正机构做好社区矫正工作。国家鼓励、支持企业事业单位、社会组织、志愿者等社会力量依法参与社区矫正工作。

【刑事诉讼参与人】 是指在刑事诉讼中享有一定诉讼权利、承担一定诉讼义务的除国家专门机关工作人员以外的人员。刑事诉讼参与人通过行使诉讼权利，承担诉讼义务，对刑事诉讼的进程和结局发挥着不同程度的影响和作用，保证刑事诉讼活动得以顺利、有效地进行。没有刑事诉讼参与人的参与，刑事诉讼活动就会变成一种单纯的国家职权活动，而不再具有诉讼的性质，也不可能完成刑事诉讼的任务。刑事诉讼参与人可以分为当事人和其他诉讼参与人两大类。这两类诉讼参与人在诉讼地位、参与诉讼活动的范围和方式以及对刑事诉讼过程的影响程度等方面都存在较大差异。根据《刑事诉讼法》第一百零八条的规定，诉讼参与人包括当事人、法定代理人、诉讼代理人、辩护人、证人、鉴定人和翻译人员。

【当事人】 是指与案件的结局有着直接利害关系，对刑事诉讼进程发挥着较大影响作用的诉讼参与人。诉讼参与人要成为当事人须具备实体条件，即诉讼参与人与案件的最终结局有直接的利害关系，或者当事人的合法权益可能会受到刑事诉讼活动过程和结局的直接影响。当事人在刑事诉讼中要么处于原告的地位，要么处于被告的地位，他们的诉讼活动对诉讼的启动、进展和终结起着关键的推动作用。根据《刑事诉讼法》第一百零八条规定，当事人是指被害人、自诉人、犯罪嫌疑人、被告人、附带民事诉讼的原告人和被告人。当事人具有对称性。在刑事诉讼中，被害人、自诉人承担控诉职能，犯罪嫌疑人、被告人承担辩护职能。在刑事附带民事诉讼部分，附带民事诉讼原告人处于原告地位，附带民事诉讼被告人处于被告地位。值得注意的是，在公诉案件中，公诉人虽然处于控诉地位，承担控诉职能，但公诉人不是当事人。公诉人参加刑事诉讼，不仅在于追究犯罪，支持公诉，而且还在于监督司法，执行法律监督职能。而且，公诉人享有的诉讼权利与作为当事人的被告人是不平等的。如在法庭上，公诉人有权依法讯问被告人等，但作为一方当事人的被告人则不享有此类对等的诉讼权利。

【近亲属】 是指夫、妻、父、母、子、女、同胞兄弟姊妹。在刑事诉讼中，近亲属通常是指当事人的近亲属。一般而言，为了保障当事人的诉讼权利，《刑事诉讼法》规定当事人的近亲属可以协助其进行某些特定的诉讼行为。例如，在侦查阶段，如果犯罪嫌疑人、被告人在押，其近亲属可以代为委托辩护人；犯罪嫌疑人、被告人因经济困难或者其他原因没有委托辩护人时，其近亲属可以向法律援助机构提出申请；公诉案件被害人的近亲属有权委托诉讼代理人；犯罪嫌疑人、被告人的近亲属有权申请变更强制措施或者要求解除强制措施；被害人死亡或者丧失行为能力的，被害人的近亲属有权提起附带民事诉讼或者自诉；经被告人同意，被告人的近亲属可以提出上诉；当事人及其近亲属可以向人民法院或者人民检察院提出申诉；犯罪嫌疑人、被告人的近亲属有权申请参加没收违法所得的审理程序；对于没收违法所得审理的结果，犯罪嫌疑人、被告人的近亲属可以提出上诉；被决定强制医疗的人、被害人的近亲属对强制医疗决定不服的，可以向上一级人民法院申请复议；被强制医疗的人的近亲属有权申请解除强制医疗等。为了保证刑事诉讼活动的公正性，我国《刑事诉讼法》明确禁止与当事人有近亲属关系的人担任特定的诉讼角色或者进行特定的诉讼行为。例如，根据《刑事诉讼法》第二十九条规定，如果审判人员、检察人员、侦查人员是本案当事人的近亲属，或者他们的近亲属和本案有利害关系，他们应当自行回避，当事人及其法定代理人也有权要求他们回避。除了当事人的近亲属之外，《刑事诉讼法》还对某些其他诉讼参与人的近亲属的诉讼权利或者诉讼义务做出了规定。例如，人民法院、人民检察院和公安机关应当保障证人的近亲属的安全；对于危害国家安全犯罪、恐怖活动犯罪、黑社会性质的组织犯罪、毒品犯罪等案件，证人、鉴定人、被害人因在诉讼中作证，其近亲属的人身安全面临危险的，人民法院、人民检察院和公安机关应当采取相应的保护措施；公安机关、人民检察院或者人民法院应当保障报案人、控告人、举报人近亲属的安全等。

【犯罪嫌疑人】 是指公诉案件立案以后，在被人民检察院提起公诉以前，因涉嫌犯罪而受到刑事追究的诉讼参与人。犯罪嫌疑人和被告人可以统称为被追诉人。对于公诉案件而言，犯罪嫌疑人和被告人实际上是同一个人，只不过他们在不同诉讼阶段具有不同的称谓而已。被追诉人在人民检察院向人民法院提起公诉之前，也就是在立案、侦查和审查起诉阶段，被称为犯罪嫌疑人；在人民检察院正式向人民法院提起公诉后，也就是在审判阶段，他被称为被告人。在刑事诉讼中，犯罪嫌疑人的诉讼地位具有以下特点：（1）犯罪嫌疑人具有特定的人身属性和不可替代性。犯罪嫌疑人必须亲自参加诉讼，而不能由他人代替或者代理，可以委托具有独立诉讼地位的辩护人帮助其行使辩护权。（2）犯罪嫌疑人在刑事诉讼中处于当事人地位，享有广泛的诉讼权利，承担一定的诉讼义务。(3) 犯罪嫌疑人是被追诉的对象，在大多数情况下被采取强制措施，失去或者被限制人身自由，需要辩护律师为其提供法律帮助。（4）犯罪嫌疑人的供述和辩解可以成为一种重要的证据来源。(5) 犯罪嫌疑人的诉讼地位随着诉讼的进行，而发生一定的变化，如有的可能成为被告人，有的可能因为撤销案件或者不起诉而被释放和取消刑事追究，有的可能因为被诬告而成为诬告案件的被害人等。

【被不起诉人】 是指人民检察院在审查起诉之后，被人民检察院决定不予起诉的犯罪嫌疑人。人民检察院对侦查终结移送起诉的案件进行审查后，如果认为犯罪嫌疑人的行为不符合起诉条件或者不需要起诉，应当依法作出不将案件提交人民法院进行审判的决定。在人民检察院作出不起诉决定之后，犯罪嫌疑人转化为被不起诉人。被不起诉人享有一定的权利和义务，人民检察院应当对被不起诉人采取相应的处理措施。例如，根据《刑事诉讼法》第一百七十八条规定，人民检察院应当公开宣布不起诉的决定，将不起诉决定书送达被不起诉人和他的所在单位。如果被不起诉人在押，应当立即释放。根据《刑事诉讼法》第一百七十七条第三款规定，人民检察院决定不起诉的案件，应当同时对侦查中查封、扣押、冻结的财物解除查封、扣押、冻结；对被不起诉人需要给予行政处罚、行政处分或者需要没收其违法所得的，人民检察院应当提出检察意见，移送有关主管机关处理，有关主管机关应当将处理结果及时通知人民检察院。根据《刑事诉讼法》第一百八十一条规定，对于人民检察院依照《刑事诉讼法》第一百七十七条第二款作出的不起诉决定，被不起诉人如果不服，可以自收到决定书后七日以内向人民检察院申诉。人民检察院应当作出复查决定，通知被不起诉的人，同时抄送公安机关。

【被告人】 是指被人民检察院提起公诉或者自诉人提起自诉以后，在判决宣告以前，因受到刑事指控而参加法庭审判的诉讼参与人。构成被告人必须同时具备以下两个条件：（1）受到人民检察院或者自诉人的刑事指控；（2）人民检察院或者自诉人要求追究其刑事责任的控诉是向人民法院提出的。被告人的诉讼地位具有以下特点：（1）被告人的刑事责任问题是法庭审判的核心问题，没有被告人的参与，就没有法庭审判。这决定了被告人具有人身不可替代性，刑事诉讼的结果将对被告人产生重大影响。（2）被告人处于当事人的诉讼地位，是主要的刑事诉讼主体，是辩护职能的主要承担者，具有独立的诉讼地位。（3）被告人是被控诉和被审判的对象，往往受到羁押，失去人身自由，同行使控诉职能的起诉方相比，尤其是同公诉人相比，被告人处于不利的地位。（4）被告人的供述和辩解是证据的重要来源之一。（5）刑事被告人具有特定的人身属性，具有人身不可替代性。刑事被告人必须亲自参加诉讼，而不能由他人代替或者代理，只可以委托具有独立诉讼地位的辩护人帮助其行使辩护权。另外，被告人在法庭审判过程中享有广泛的诉讼权利，承担一定的诉讼义务。

【犯罪嫌疑人、被告人的诉讼地位】 是指犯罪嫌疑人、被告人在刑事诉讼中基于其作用或者权利义务关系而具有的法律地位。根据我国《刑事诉讼法》的有关规定，犯罪嫌疑人、被告人的诉讼地位主要体现在：（1）就他们的最终结局以及他们对刑事诉讼的影响而言，犯罪嫌疑人、被告人处于诉讼当事人的地位，比刑事诉讼其他诉讼参与人享有更加广泛的诉讼权利。（2）就他们与国家的关系来说，他们在刑事诉讼中处于被控诉、被审判的诉讼地位。作为被追诉者，犯罪嫌疑人、被告人在刑事诉讼中有义务接受国家专门机关采取的强制性措施，保障刑事诉讼的顺利进行。尽管犯罪嫌疑人、被告人因为涉嫌犯罪而居于被追诉和审判的诉讼地位，但是他们是享有广泛诉讼权利的刑事诉讼主体，通过积极主动地辩护或者防御同控诉方进行平等对抗，对诉讼结局施加积极的影响，而不是被动接受追诉和审判的刑事诉讼客体。犯罪嫌疑人、被告人作为刑事诉讼主体，享有人格尊严。国家专门机关不能基于惩罚犯罪的需要而强迫犯罪嫌疑人、被告人证明自己有罪，甚至将他们作为证明犯罪事实、惩罚犯罪、实现刑罚权的工具。（3）从他们与被害人的角度来说，犯罪嫌疑人、被告人被起诉为加害方和侵权人，损害了被害人的合法权益。这决定了犯罪嫌疑人、被告人不仅应当接受国家或者自诉人的刑事指控，而且在附带民事诉讼中居于被告人的地位，被请求承担民事赔偿责任。（4）就他们与犯罪事实的关系来说，他们既是国家查明或者证明犯罪事实的重要证据来源，又是证明自己无罪或者罪轻的证人。（5）在申请排除非法证据、提出上诉、申请再审的过程中，犯罪嫌疑人、被告人不再是实体上被动接受追诉和审判的当事人，而是非法证据排除程序、刑事上诉程序和刑事再审程序的启动者，实际上居于程序性原告的诉讼地位。

【犯罪嫌疑人、被告人的诉讼权利】 是指犯罪嫌疑人、被告人在刑事诉讼中依法享有的程序性权利。为了保障犯罪嫌疑人、被告人的合法权益，促进控辩平等对抗，防止国家权力遭到滥用，现代刑事诉讼法为犯罪嫌疑人、被告人确立了一系列诉讼权利。按照权利的性质和作用的不同，可以将它们分为防御性权利、救济性权利和推定性权利三种。对于这些诉讼权利，犯罪嫌疑人、被告人既有权行使，也可以放弃。在刑事诉讼中，国家专门机关既不能干涉或者侵犯犯罪嫌疑人、被告人的诉讼权利，同时还有义务为犯罪嫌疑人、被告人行使其诉讼权利提供便利和保障。

【犯罪嫌疑人、被告人的防御性权利】

是指犯罪嫌疑人、被告人在刑事诉讼中依法所享有的对抗刑事指控、抵消控诉效果的一种诉讼权利。根据我国《刑事诉讼法》的有关规定，犯罪嫌疑人、被告人所享有的防御性权利主要包括：（1）使用本民族语言文字进行诉讼。（2）及时获知被指控的内容和理由，获知所享有的诉讼权利。（3）自行或在辩护人协助下获得辩护；在公诉案件中自被侦查机关第一次讯问或者采取强制措施之日起，有权委托辩护律师；在自诉案件中有权随时委托辩护人；有权在法定条件下获得法律援助机构为其指派的辩护律师的法律帮助；有权拒绝辩护人继续为其辩护，也有权另行委托辩护人辩护。（4）拒绝回答侦查人员提出的与本案无关的问题。（5）在开庭前10日收到起诉书副本。（6）参加法庭调查，就指控事实发表陈述，对证人、鉴定人发问，辨认、鉴别物证，听取未到庭的证人的证言笔录、鉴定人的鉴定意见、勘验、检查笔录和其他证据文书，并就上述书面证据发表意见；有权申请通知新的证人到庭，调取新的物证，申请重新鉴定或者勘验。（7）参加法庭辩论，对证据和案件情况发表意见并且可以互相辩论。（8）向法庭作最后陈述。（9）自诉案件的被告人有权对自诉人提出反诉等。

【犯罪嫌疑人、被告人的救济性权利】 是指犯罪嫌疑人、被告人在刑事诉讼中对于国家专门机关所作的对其不利的行为、决定或裁判，依法所享有的要求另一专门机关予以审查并对其予以改变或撤销的一种诉讼权利。犯罪嫌疑人、被告人所享有的救济性权利主要包括：(1) 申请侦查人员、检察人员、审判人员、书记员、鉴定人、翻译人员回避；对驳回申请回避的决定，申请复议。(2) 对于审判人员、检察人员和侦查人员侵犯公民诉讼权利和进行人身侮辱的行为，有权提出控告。(3) 对于人民法院、人民检察院和公安机关采取强制措施超过法定期限的，有权要求解除强制措施。(4) 对于司法机关采取强制措施法定期限届满，不予以释放、解除或者变更的，应当退还取保候审保证金不退还的，对与案件无关的财物采取查封、扣押、冻结措施的，应当解除查封、扣押、冻结不解除的，或者贪污、挪用、私分、调换、违反规定使用查封、扣押、冻结的财物的，有权申诉或控告。(5) 对于酌定不起诉决定，有权向人民检察院申诉。(6) 对地方各级人民法院的第一审的判决、裁定，有权用书面或者口头方式向上一级人民法院上诉。(7) 对各级人民法院已经发生法律效力的判决、裁定，有权向人民法院、人民检察院提出申诉等。

【犯罪嫌疑人、被告人的推定性权利】 是指犯罪嫌疑人、被告人在刑事诉讼中依法享有的，虽然没有得到刑事诉讼法的明确规定，但是从国家专门机关承担的诉讼义务中推定出来的使其客观上受益的一种诉讼权利。犯罪嫌疑人、被告所享有的推定性权利往往以国家专门机关的法律义务的形式而存在。例如，犯罪嫌疑人、被告人享有的未经人民法院依法判决，不得被确定有罪的权利；犯罪嫌疑人、被告人不受非法采取强制措施的权利；犯罪嫌疑人、被告人不受刑讯逼供的权利；犯罪嫌疑人不受非法侦查的权利；被告人获得人民法院公开审判的权利；被告人获得人民法院公正审判的权利等。

【犯罪嫌疑人、被告人的诉讼义务】 是指犯罪嫌疑人、被告人在刑事诉讼中依法承担的程序性义务。刑事诉讼法在赋予犯罪嫌疑人、被告人一系列诉讼权利的同时，也规定了一些诉讼义务。这些诉讼义务主要是根据犯罪嫌疑人、被告人的特殊身份及刑事诉讼的特殊性质确定的，犯罪嫌疑人、被告人应当予以履行。否则，犯罪嫌疑人、被告人可能需要承担相应的法律后果或法律责任。犯罪嫌疑人、被告人承担的诉讼义务主要包括：(1) 在法定的条件下接受逮捕、拘留、监视居住、拘传等强制措施；(2) 接受侦查人员的讯问、搜查、扣押等侦查行为；(3) 对侦查人员的讯问，应当如实回答；(4) 人民检察院起诉后，依法按时出庭并接受法庭审判；(5) 对于生效的判决和裁定，有义务执行或协助执行等。

【被害人】 是指其人身、财产等合法权益遭受犯罪行为侵害的人。被害人在刑事诉讼中具有多种诉讼角色。根据《刑事诉讼法》第二百一十条规定，对于自诉案件，被害人可以向人民法院提起自诉，从而具有自诉人和当事人的身份和地位。被害人由于被告人的行为而遭受物质损失的，有权在刑事诉讼过程中提起附带民事诉讼，从而成为附带民事诉讼的原告人，具有当事人的地位。在公诉案件中，被害人是以个人身份参加刑事诉讼，承担部分控诉职能的当事人。在诉讼理论上，如果没有特别注明，被害人一般专指公诉案件中的被害人。被害人在刑事诉讼中具有以下特点：(1) 被害人作为遭受犯罪行为侵害的人，与案件结局有着直接的利害关系；(2) 基于报复加害人的欲望，被害人通常具有积极主动地参与诉讼过程、影响裁判结局的强烈愿望；(3) 被害人作为诉讼当事人，与犯罪嫌疑人、被告人大致居于相同的诉讼地位，拥有许多与犯罪嫌疑人、被告人相对应的诉讼权利；(4) 尽管被害人具有当事人的诉讼地位，但是被害人作为了解案件情况的人，其陈述本身也是法定的证据来源之一；(5) 被害人既可以是自然人，也可以是法人；(6) 由于被害人的身份是由犯罪行为决定的，因而被害人应当是特定的人，具有不可替代性；(7) 在公诉案件中，被害人与代表公共利益的人民检察院一起承担着控诉职能。但是提起公诉只能由人民检察院代表国家进行，被害人是否要求对犯罪人进行追诉不影响公诉的进行。

【被害人的诉讼权利】 是指被害人在刑事诉讼中依法享有的程序性权利。根据我国《刑事诉讼法》的有关规定，被害人的诉讼权利分为两种。一种是被害人与其他当事人所共同享有的诉讼权利：(1) 使用本民族语言文字进行诉讼；(2) 对于司法工作人员侵犯其诉讼权利和人身侮辱的行为提出控告；(3) 申请回避，对于驳回申请回避的决定申请复议一次；(4) 参加法庭调查，在法庭上就起诉书指控的犯罪进行陈述，向被告人发问，向证人发问和质证，辨认、鉴别物证，听取书面证言及其他证据文书，就各种证据向法庭陈述意见，申请通知新的证人到庭，调取新的物证，申请重新鉴定和勘验；(5) 参加法庭辩论，对证据和案件情况发表意见，与公诉人、其他当事人、辩护人等相互辩论；(6) 对已发生法律效力的判决、裁定，向人民法院或人民检察院提出申诉，人民法院认为其申诉符合法定情形的，应当重新审判等。另一种是被害人享有的特有诉讼权利：(1) 自案件移送审查起诉之日起委托诉讼代理人。(2) 对于侵犯其人身、财产权利的犯罪事实或者犯罪嫌疑人，向公安机关、人民法院或人民检察院报案或者控告，要求有关机关立案；对于不立案决定，有权获知原因和申请复议；对于公安机关应当立案侦查的案件而不立案侦查的，有权向人民检察院提出，由后者要求公安机关说明理由，并予以纠正。(3) 有权获得不起诉决定书，向上一级人民检察院申诉，要求提起公诉；对于人民检察院维持不起诉决定的，有权向人民法院起诉；也可以不经申诉，直接向人民法院起诉。(4) 被害人有证据证明对被告人侵犯自己人身、财产权利的行为应当依法追究刑事责任，而公安机关或者人民检察院不予追究被告人刑事责任的案件，有权向人民法院提起自诉。(5) 对地方各级人民法院第一审的判决不服的，有权请求人民检察院抗诉；人民检察院在收到这一请求后 5 日内，应作出是否抗诉的决定并答复请求人等。

【被害人的诉讼义务】 是指被害人在刑事诉讼中依法承担的程序性义务。被害人在享有诉讼权利的同时，还应当在刑事诉讼中承担一定的诉讼义务。根据我国《刑事诉讼法》的有关规定，被害人承担的诉讼义务主要包括：(1) 接受人民法院、人民检察院、公安机关的调查，有义务向人民法院、人民检察院、公安机关如实陈述案件事实；（2）有义务接受公安司法机关对其进行的人身检查；（3）接受公安司法机关传唤的义务；（4）在法庭上接受询问和回答问题的义务；（5）遵守法庭秩序的义务等。

【自诉人】 是指在自诉案件中，以个人名义直接向人民法院提起刑事诉讼，请求追究被告人刑事责任的诉讼参与人。根据我国《刑事诉讼法》的有关规定，自诉人是自诉案件的原告人，自诉案件原则上应当由被害人提起。但是，在被害人因为特殊原因无法告诉或者不能亲自告诉的情况下，也可以由其法定代理人、近亲属代为告诉（参见“没有告诉或者撤回告诉”词条）。自诉人是自诉案件的一方当事人，具有独立、完整的诉讼地位。他们在诉讼中执行的是控诉职能。自诉人的起诉、撤诉与被告人和解、上诉等行为，足以导致诉讼程序的开始、发展和终止。

【自诉人的诉讼权利和义务】 是指自诉人在刑事诉讼中依法享有的程序性权利和承担的程序性义务。根据我国《刑事诉讼法》的有关规定，自诉人享有以下诉讼权利：（1）向人民法院提起刑事诉讼；（2）在提起刑事诉讼的同时提起附带民事诉讼；（3）申请审判人员、书记员、鉴定人和翻译人员回避；（4）出席法庭审判，参加法庭调查和辩论，申请人民法院调取新的证据、传唤新的证人，申请重新鉴定和勘验；（5）委托诉讼代理人参加诉讼；（6）在案件审理过程中，请求调解或者与被告人自行和解；（7）在判决宣告之前撤诉；（8）阅读或听取审判笔录，并有权请求补充或改正；（9）如不服地方各级人民法院的第一审判决或裁定，可以提出上诉；（10）对已经发生法律效力的判决或裁定认为确有错误的，可以提出申诉。自诉人承担的诉讼义务主要包括：（1）按时出庭的义务。自诉人经2次合法传唤，无正当理由拒不到庭的，或者未经法庭许可中途退庭的，按撤诉处理。（2）如实提供案件真实情况的义务。如故意伪造证据陷害他人，必须承担法律责任。（3）承担举证责任的义务。自诉案件的证明责任由自诉人承担，如果自诉人提不出有力的证据来支持自己的主张，就要承担对自己不利的后果，或者被裁定驳回，或者败诉。（4）执行人民法院生效的调解协议、判决或裁定的义务。

【附带民事诉讼当事人】 是指在刑事诉讼中以自己的名义提起诉讼、请求经济物质赔偿的原告人，以及被原告人提起诉讼的被告人。附带民事诉讼当事人包括附带民事诉讼原告人和附带民事诉讼被告人。附带民事诉讼当事人依法享有一定的诉讼权利（参见“附带民事诉讼原告人的诉讼权利”“附带民事诉讼被告人的诉讼权利”词条），承担一定的诉讼义务。根据我国《刑事诉讼法》及其司法解释的有关规定，附带民事诉讼当事人承担下列诉讼义务：（1）附带民事诉讼当事人对自己提出的主张，有责任提供证据；（2）附带民事诉讼应当在刑事案件立案后及时提起，提起附带民事诉讼应当提交附带民事起诉状；（3）向国家专门机关如实陈述案件情况；（4）遵守法庭纪律，听从审判人员的指挥；（5）按时出席法庭，参加审判活动，接受人民法院的调查和审判；（6）执行已经发生法律效力的有关附带民事诉讼的裁判等。

【附带民事诉讼原告人】　是指在刑事诉讼过程中，向国家专门机关提起附带民事诉讼，要求被告人赔偿其因犯罪行为而造成的物质损失的一方附带民事诉讼当事人。附带民事诉讼原告人往往是被害人，在诉讼中具有双重诉讼地位。根据《刑事诉讼法》第一百零一条、《刑事诉讼法司法解释》第一百七十五条、第一百七十九条，附带民事诉讼原告人包括：(1)因人身权利受到犯罪侵犯或者财物被犯罪分子毁坏而遭受物质损失的被害人。这里的被害人既包括自然人，也包括单位被害人。也就是说，在单位受害的刑事案件中，单位可以作为附带民事诉讼的原告人请求被告人赔偿。(2)被害人的法定代理人。在被害人死亡或者丧失行为能力的情况下，被害人的法定代理人可以代为提起附带民事诉讼。被害人的法定代理人包括被代理人的父母、养父母、监护人和负有保护责任的机关、团体的代表。(3)被害人的近亲属，即夫、妻、父、母、子、女、同胞兄弟姊妹。在被害人死亡的情况下，其近亲属有权以原告人身份提起附带民事诉讼。(4)人民检察院。如果国家财产、集体财产遭受损失，受损失的单位未提起附带民事诉讼，人民检察院在提起公诉时可以附带民事诉讼原告人身份提起附带民事诉讼。

【附带民事诉讼原告人的诉讼权利】　是指附带民事诉讼原告人在提起附带民事诉讼和参加附带民事诉讼时依法享有的程序性权利。附带民事诉讼原告人的诉讼权利可以分为两种。一种是被害人享有的基本诉讼权利。另一种是附带民事诉讼原告人享有的相对特殊的诉讼权利：(1)在刑事诉讼过程中，以口头或者书面的方式提起附带民事诉讼；(2)申请财产保全；(3)委托诉讼代理人参加诉讼；(4)要求附带民事诉讼部分同刑事案件一并审判，及时处理；(5)参加附带民事诉讼部分的法庭调查和辩论；(6)请求人民法院主持调解或者与附带民事诉讼被告人自行和解；(7)撤诉；(8)就一审判决中的附带民事诉讼部分提起上诉等。

【附带民事诉讼被告人】　是指对犯罪行为造成的物质损失依法负有赔偿责任并被司法机关传唤应诉的一方附带民事诉讼当事人。附带民事诉讼被告人一般是刑事被告人本人，但有时也有可能是被告人的法定代理人，或者是对被告人的犯罪行为所造成的物质损失负有赔偿责任的其他主体。根据《刑事诉讼法司法的解释》第一百八十条规定，附带民事诉讼中依法负有赔偿责任的人（即可以列为附带民事诉讼被告人）包括：(1)刑事被告人以及未被追究刑事责任的其他共同侵害人。未被追究刑事责任的其他共同侵害人通常包括没有被提起公诉或者自诉的与刑事被告人共同实施了侵害行为的其他共同侵害人；公安机关或者人民检察院已经作出行政处罚或者不起诉处理的其他共同侵害人。在司法实践中，如果附带民事诉讼原告人没有对其他共同侵害人提起附带民事诉讼，人民法院应当告知其可以对其他共同侵害人，包括没有被追究刑事责任的共同侵害人，一并提起附带民事诉讼，但共同犯罪案件中同案犯在逃的除外。(2)刑事被告人的监护人。如果刑事被告人是未成年人、患精神病的无行为能力人或者限制行为能力人，刑事被告人的监护人承担侵权赔偿责任，可以成为附带民事诉讼被告人。值得注意的是，未成年被告人附带民事责任赔偿的责任年龄应当按照其犯罪时的年龄来确定。（3）死刑罪犯的遗产继承人以及在共同犯罪案件审结前死亡的被告人的遗产继承人。在这两种情况中，如果继承人声明放弃继承，那么不能将其列为附带民事诉讼被告人。但是，如果犯罪嫌疑人、被告人在刑事诉讼过程中死亡，而被害人已经对犯罪嫌疑人、被告人提起附带民事诉讼，那么应当具体问题具体分析。当犯罪嫌疑人、被告人在侦查、起诉阶段死亡时，附带民事诉讼随着刑事诉讼的终止而终止，被害人可以单独向人民法院提起民事诉讼。如果被告人在审判阶段死亡，应当分别加以处理：当被告人无罪时，人民法院应当在判决被告人无罪的同时对附带民事诉讼部分作出裁判；当被告人有罪时，人民法院应当终止刑事部分的审理，附带民事诉讼部分由原审判组织继续审理，附带民事诉讼被告人依法变更为遗产继承人，在其继承的遗产范围内承担民事赔偿责任。（4）对被害人的物质损失依法应当承担赔偿责任的其他单位和个人。比较典型的就是交通肇事犯罪案件。一般而言，保险公司可以作为交通肇事犯罪案件中的附带民事诉讼被告人，在强制保险责任范围内承担附带民事赔偿责任。对于不足部分，附带民事诉讼原告人可以请求机动车使用人赔偿。对于机动车所有人而言，如果对损害的发生存在过错，可以被列为附带民事诉讼被告人，承担相应的附带民事赔偿责任；如果对损害的发生不存在过错，则不能被列为附带民事诉讼被告人，不承担附带民事赔偿责任。另外，尽管附带民事诉讼被告人的亲友可以自愿代替刑事被告人向附带民事诉讼原告人赔偿，但是自愿代为赔偿的亲友既不是刑事被告人，也不是应当负有赔偿责任的人，因而不能被列为附带民事诉讼被告人。

【附带民事诉讼被告人的诉讼权利】 是指附带民事诉讼被告人在参加附带民事诉讼时依法享有的程序性权利。附带民事诉讼被告人的诉讼权利可以分为两种。一种是附带民事诉讼被告人与其他当事人都享有的诉讼权利，如使用本民族语言文字进行诉讼、控告权、申请回避权、申诉权等。另一种是附带民事诉讼被告人享有的相对特殊的诉讼权利：（1）委托诉讼代理人参加诉讼；（2）要求附带民事诉讼部分同刑事案件一并审判，及时处理；（3）参加附带民事诉讼部分的法庭调查和辩论；（4）请求人民法院主持调解或者与附带民事诉讼原告人自行和解；（5）提起反诉；（6）就一审判决中的附带民事诉讼部分提起上诉；（7）对生效裁判的附带民事诉讼部分提出申诉等。

【刑事诉讼其他诉讼参与人】 是指除当事人之外，参与刑事诉讼活动并在刑事诉讼中享有一定诉讼权利、承担一定诉讼义务的诉讼参与人。根据《刑事诉讼法》第一百零八条规定，其他诉讼参与人是指法定代理人、诉讼代理人、辩护人、证人、鉴定人和翻译人员。除法定代理人有些情况下可能承担附带民事诉讼赔偿责任外，这些诉讼参与人同案件结局没有直接的利害关系，其实体权益既没有因为诉讼的进行而处于待判定状态，也不会因为诉讼的结束而受到有利或不利的影响。他们参加刑事诉讼活动，要么旨在协助某一方当事人充分有效地承担诉讼职能或者行使诉讼权利，要么旨在为诉讼各方提供证据材料，或者为刑事诉讼的顺利进行提供服务和帮助。这些诉讼参与人既不承担独立的诉讼职能，也不会对诉讼的启动、进展和终结发挥较大的影响和推动作用。

【法定代理人】 是指根据法律的规定，对被代理人负有监督和保护义务而参加刑事诉讼的诉讼参与人。在刑事诉讼中，法定代理人是与诉讼代理人相对应的一个概念。与诉讼代理人相比，法定代理人具有如下特点：（1）被代理人一般是无诉讼行为能力或者限制诉讼行为能力的当事人。只有当被代理人是无诉讼行为能力人或者限制诉讼行为能力人时，才有可能出现法定代理人。在某些特殊情况下，被代理人也可以是其他诉讼参与人。例如，侦查人员在询问未成年的证人时，应当通知证人的法定代理人到场。（2）法定代理人产生的根据是法律的规定，而不是被代理人的意思表示。（3）根据《刑事诉讼法》第一百零八条规定，法定代理人的范围包括被代理人的父母、养父母、监护人和负有保护责任的机关、团体的代表。尽管这些人员都有资格成为法定代理人，但在一次诉讼中，只能由一种人员以法定代理人的身份参加刑事诉讼活动。（4）法定代理人的主要职责是代表被代理人行使诉讼权利，承担诉讼义务，进行诉讼行为，保护被代理人的合法权益。（5）法定代理人以被代理人的名义参加刑事诉讼活动，法定代理人在代理权限范围内实施的行为所产生的法律后果由被代理人来承担。（6）尽管法定代理人属于其他诉讼参与人范畴，但是法定代理人在刑事诉讼中具有独立的诉讼地位，在行使代理权限时不受被代理人意志的约束，无须征得被代理的人同意。（7）法定代理人在代理权限范围内进行的行为与被代理人的行为具有同等的法律效力。即使被代理人不同意法定代理人的行为，也不影响其法律效力。但是，法定代理人在参加刑事诉讼活动时不能损害被代理人的合法权益。

【监护人】 是指依法对被监护人的人身权利、财产权利以及其他合法权益负有保护责任从而参加刑事诉讼的人。根据2021年1月1日起施行的《民法典》的有关规定，无民事行为能力人、限制民事行为能力人的监护人是其法定代理人。父母是未成年子女的监护人。未成年人的父母已经死亡或者没有监护能力的，由下列有监护能力的人按顺序担任监护人：祖父母、外祖父母；兄、姐；其他愿意担任监护人的个人或者组织，但是须经未成年人住所地的居民委员会、村民委员会或者民政部门同意。无民事行为能力或者限制民事行为能力的成年人，由下列有监护能力的人按顺序担任监护人：配偶；父母、子女；其他近亲属；其他愿意担任监护人的个人或者组织，但是须经被监护人住所地的居民委员会、村民委员会或者民政部门同意。为了保护当事人的合法权益，我国刑事诉讼法明确规定当事人的监护人享有一定的诉讼权利或者承担一定的诉讼义务，或者通过特定的方式协助当事人行使诉讼权利或者承担诉讼义务。例如，根据《刑事诉讼法》第三十三条、第三十四条、第四十七条、第一百零八条、第二百八十三条规定，犯罪嫌疑人、被告人的监护人可以被委托为犯罪嫌疑人、被告人的辩护人；如果犯罪嫌疑人、被告人在押，可以由其监护人代为委托辩护人；公诉案件的被害人、自诉人以及附带民事诉讼的当事人可以委托其监护人作为他们的诉讼代理人；当事人的监护人作为其法定代理人参加刑事诉讼活动；未成年犯罪嫌疑人的监护人，应当对未成年犯罪嫌疑人加强管教，配合人民检察院做好监督考察工作。根据《刑事诉讼法司法解释》第一百八十条、第五百八十三条、第六百三十七条、第六百三十九条规定，刑事被告人的监护人可以被列为附带民事诉讼的被告人；人民法院认为必要时，可以督促被收监服刑的未成年罪犯的监护人及时探视；在强制医疗程序中，被申请人或者被告人已经造成危害结果的，人民法院应当责令其监护人严加看管和医疗。

【法定代理人的诉讼权利和义务】 是指法定代理人在刑事诉讼中依法享有的程序性权利和承担的程序性义务。法定代理人的诉讼地位和权利义务，由被代理人在刑事诉讼中的诉讼地位和权利义务决定。也就是说，法定代理人基于不同的被代理人而享有不同的诉讼权利和承担不同的诉讼义务。例如，被告人、自诉人的法定代理人享有上诉权，而被害人的法定代理人没有上诉权，只能请求人民检察院抗诉；附带民事诉讼当事人的法定代理人只能对第一审裁判中的附带民事诉讼部分提出上诉，无权对刑事部分提起上诉。法定代理人的诉讼权利和诉讼义务包括两个方面。一是直接由法律单独加以规定的诉讼权利和诉讼义务。例如，被害人的法定代理人在被害人死亡或者丧失行为能力的情况下有权提起自诉或者提起附带民事诉讼，未成年犯罪嫌疑人、被告人的法定代理人在讯问、审判时的到场义务。另一个是法定代理人与被代理人享有相同的诉讼权利和承担相同的诉讼义务。前者如法定代理人享有的申请回避权、委托诉讼代理人的权利、申请变更强制措施的权利、上诉权、申诉权等，后者如不得妨碍刑事诉讼的顺利进行、遵守法庭秩序等。尽管法定代理人可以代表被代理人行使诉讼权利和承担诉讼义务，但是法定代理人代表被代理人行使诉讼权利或者承担诉讼义务应当与被代理人的人身无关。例如，法定代理人不能代替被代理人接受侦查、审判或者承担刑事责任，不能代替被代理人进行供述或者辩解。

【诉讼代理人】 是指在刑事诉讼中接受当事人等人的委托，依法代表委托人进行诉讼行为的诉讼参与人。诉讼代理人是与法定代理人相对应的一个概念。根据我国刑事诉讼法的有关规定，诉讼代理人具有如下特点：（1）诉讼代理人具有特定性。有资格担任诉讼代理人的人员范围包括律师、人民团体或者当事人所在单位推荐的人、当事人的监护人或者亲友。正在被执行刑罚或者依法被剥夺、限制人身自由的人，不得担任诉讼代理人。委托诉讼代理人的人员主要是公诉案件的被害人及其法定代理人或者近亲属，附带民事诉讼的当事人及其法定代理人，以及自诉案件的自诉人及其法定代理人。在提起反诉的情况下，自诉案件的被告人及其法定代理人也可以委托诉讼代理人。诉讼代理人的被代理人是公诉案件的被害人，自诉案件的自诉人或者反诉人，以及附带民事诉讼当事人。（2）诉讼代理人的代理权限是根据被代理人的委托授权而产生。这决定了诉讼代理人在刑事诉讼中具有从属性，不具有独立的诉讼地位，只能以被代理人的名义进行诉讼活动，既不能超越代理权限，也不能违背被代理人的意志。而且，诉讼代理人不能进行法律要求只能由被代理人亲自实施的诉讼行为。（3）诉讼代理人在代理权限范围内的诉讼行为与被代理人的行为具有同等的法律效力。诉讼代理人在代理权限范围内进行诉讼行为的法律后果由被代理人来承担。(4) 诉讼代理人的主要职责是代表被代理人行使诉讼权利，承担诉讼义务，进行诉讼行为，保护被代理人的合法权益。(5) 诉讼代理人享有的诉讼权利和承担的诉讼义务主要是基于被代理人的授予。尤其是诉讼代理人对于实体权利的处分，必须有被代理人的特别授权。诉讼代理人与法定代理人在代理权限产生的根据、代理人的范围、代理的权限、诉讼地位、诉讼权利、被代理人等诸多方面都存在明显差异。

【刑事诉讼中的证人】 简称刑事证人，是指除当事人以外，向刑事诉讼专门机关提供自己所了解案件情况的诉讼参与人。刑事证人必须是自然人，自然人以外的单位或者组织不能作为证人。在刑事诉讼中，证人具有不可替代性（参见“证人的不可替代性”词条）和优先性（参见“证人的优先性”词条）。刑事证人作为独立的诉讼参与人，尽管同案件结果之间没有任何直接利害关系，但是证人证言的内容却存在有利于和不利于犯罪嫌疑人、被告人的区别。为了保障证人作证尤其是出庭作证，我国刑事诉讼法采取了一系列制度，如证人保护制度、证人作证补偿制度、证人拒绝作证制裁制度、强制证人作证制度等。

【证人的不可替代性】 又称证人的不可选择性，是指证人必须以本人所知道的案件情况对案件事实作证，而不能由办案人员随意指定和更换，也不能由任何不知道案件真实情况的人代替他作为证人。证人之所以具有不可替代性，主要是因为三个方面的原因。(1) 从证人证言的形成过程来看，证人对案件情况的了解，是在案件事实发生的过程中或发生之后形成的，然后在诉讼中证人把在此前形成的记忆通过语言文字再现出来，从而形成证人证言。这决定了只有亲自感知案件事实的人才能成为证人；就某个具体案件而言，证人都是特定的。(2) 从时间的不可逆转性来看，犯罪事实一旦发生，即成为历史，犯罪行为发生时的周围环境以及相关知情人都是客观的、固定的和不可再现的，人们不可能在案件发生以后，再重新去感知案件情况。这决定了只能由感知案件事实的知情人本人去作证，而不能由他人代替。(3) 从证人作证情况来看，证人只能就自己的各种感官所感知的案件信息向诉讼当事人、公安司法人员做客观陈述，而不能将自己的揣测、推理、判断情况作为证人证言向法庭提供。这是由证人在客观上与案件形成的特定证明关系所决定的。这也决定了证人的身份是不能替代的。

【证人的优先性】 是指在同一个刑事案件中，如果了解案件情况的人员以证人身份作证，那么该证人不能再以其他身份在刑事诉讼中承担其他职责。在我国刑事诉讼中，证人不仅是除了基于诉讼职责而了解案件情况的公安司法人员等以外的诉讼参与人，而且必须是与案件处理结果没有利害关系的诉讼参与人。如果允许与案件处理结果具有利害关系的诉讼当事人作为证人，或者允许了解案件情况的公安司法人员作为证人，那么很有可能妨碍案件的公正处理。有鉴于此，尽管证人是了解案件情况的诉讼参与人，但是知道案件情况的人未必都能够成为证人。这可从四个方面加以理解：(1) 刑事诉讼从古代纠问式、弹劾式发展到现代的当事人主义、职权主义以及混合主义，其职能分工也越来越细和越来越科学，控诉人、裁判者、辩护人、当事人以及证人、鉴定人等其他诉讼参与人在诉讼中承担的职能或发挥的作用各不相同，享受的诉讼权利、承担的诉讼义务亦各自有别，因而不能相互替代和相互混淆。(2) 尽管诉讼当事人也了解案件情况，但是我国刑事诉讼法明确将诉讼当事人的陈述作为一种独立的证据形式，而不是证人的证言。当事人陈述与证人证言在可信度高低、审查判断等诸多方面都存在明显差异。(3) 尽管公安司法人员等也了解案件情况，但是他们往往是基于特定职责在介入刑事诉讼活动以后才对案件情况有所了解。也就是说，他们都不是特定的，具有可选择性和可替代性；而证人的数量是有限的、不可替代的，对于查明案件事实更加宝贵和重要。(4) 如果允许诉讼当事人或者公安司法人员等人员同时兼任证人身份，那么就会与其所处的诉讼地位或者承担的诉讼职责发生冲突，不利于案件的公正处理。正是基于证人的优先性，《刑事诉讼法》第二十九条、第三十二条明确规定，凡是担任过本案证人的审判人员、检察人员、侦查人员、书记员、翻译人员、鉴定人，都属于应当回避的对象。基于同样的道理，在同一个刑事案件中，证人也不能兼任辩护人或者诉讼代理人的身份。

【证人资格】 又称证人能力，是指能够成为证人的资格，即哪些人可以成为证人，哪些人不能作为证人。没有证人资格的人提供的证言，不能作为证人证言使用。由于文化背景、法律传统、价值取向、诉讼观念、诉讼构造等因素的影响，各国对证人资格的规定存在一定差异。在现代刑事诉讼中，各国法律大都不过多地对证人资格予以限制，即几乎所有的人都被假定为具有作证能力，除非法律有特殊的例外规定。根据我国刑事诉讼法和刑事证据法学理论，我国刑事诉讼中的证人资格包括积极条件和消极条件这两个方面。根据《刑事诉讼法司法解释》第一百四十三条第二项规定，证人是否与诉讼当事人具有利害关系不影响证人的作证资格，但是会影响到证人证言的证明力，即对于与被告人有亲属关系或者其他密切关系的证人所作的有利被告人的证言，或者与被告人有利害冲突的证人所作的不利被告人的证言，审判人员应当慎重使用，有其他证据印证的，可以采信。

【证人的积极条件】 是指公民能够作为证人的最基本要求。根据《刑事诉讼法》第六十二条规定，证人的积极条件就是公民必须知道案件情况。案件情况应当做广义上的解释。也就是说，证人作证的案件情况既包括证明犯罪嫌疑人、被告人有罪或罪重的事实，也包括证明犯罪嫌疑人、被告人无罪或罪轻的事实；既包括对定罪量刑起直接证明作用的实体性事实，也包括影响案件公正处理的程序性事实；既包括发生在诉讼活动开始之前的事实，也包括发生在诉讼活动开始之后的事实；既包括原始的案件事实，也包括再生的案件事实。

【证人的消极条件】 是指公民不能成为证人的限制性条件。根据我国刑事证据的立法与实践，证人的消极条件主要体现在如下几个方面：(1) 证人必须是自然人。自然人以外的单位、组织不能作证人。(2) 证人必须具备一定的感知能力和正确的表达能力。这是因为，即使公民知道案件情况，也会因为缺乏这样的能力而无法作证。根据《刑事诉讼法》

第六十二条规定，生理上、精神上有缺陷或者年幼，不能辨别是非、不能正确表达的人，不能作为证人。对于在生理上、精神上有缺陷或者年幼到什么程度才算不能辨别是非或者不能正确表达，我国刑事诉讼法没有做出进一步规定，通常依靠办案人员酌情而定。但是，根据《最高人民法院关于适用〈中华人民共和国刑事诉讼法〉的解释》第一百四十三条第一项，对于生理上、精神上有缺陷，对案件事实的认知和表达存在一定困难，但尚未丧失正确认知、表达能力的被害人、证人和被告人所作的陈述、证言和供述，审判人员应当慎重使用，有其他证据印证的，可以采信。（3）基于证人的优先性，在同一个刑事案件中，诉讼当事人、审判人员、检察人员、侦查人员、书记员、翻译人员、鉴定人、辩护人、诉讼代理人、法定代理人都不能同时作为证人。

【证人的诉讼权利和义务】 是指证人在刑事诉讼中依法享有的程序性权利和承担的程序性义务。为了确保证人能够客观真实地提供证言，促进证人出庭作证，实现公正审判，我国《刑事诉讼法》对证人规定了一系列诉讼权利和诉讼义务。概括说来，证人在刑事诉讼中享有的诉讼权利主要包括：（1）使用本民族语言文字参加刑事诉讼活动；（2）查阅证言笔录，在发现笔录的内容与作证的内容不符时要求予以补充或者修改；（3）对于公安司法机关工作人员侵犯其诉讼权利或者人身侮辱的行为提出控告；（4）证人因履行作证义务而支出的交通、住宿、就餐等费用，应当给予补助；（5）有工作单位的证人作证，所在单位不得克扣或者变相克扣其工资、奖金及其他福利待遇；（6）有权要求公安司法机关保证其本人以及其近亲属的安全。证人在刑事诉讼中承担的诉讼义务主要包括：（1）如实提供证言，如果有意作伪证或者隐匿罪证，应当承担法律责任；（2）回答公安司法人员的询问；（3）出席法庭审判并接受控辩双方的询问和质证；（4）遵守法庭纪律，听从审判人员的指挥。

【证人隐蔽作证】 证人隐蔽作证，或称隐名作证、秘密作证等，主要是指在刑事诉讼过程中，为了保护特定证人的人身财产安全，在不暴露证人身份信息、面貌特征甚至声音的情况下，通过特定的法庭隐蔽设备，运用现代科技手段，如现场闭路电视、电脑等多媒体等，使证人接受控、辨、审三方的询问、质证，履行作证义务。广义上的证人隐蔽作证包括物理方式隐蔽作证和技术方式隐蔽作证两种，前者如隐藏在屏风后面或蒙面等方式，后者如通过技术手段屏蔽面部特征和改变声音等方式。狭义上的证人隐蔽作证仅指技术方式隐蔽作证。证人隐蔽作证制度实质上是将出庭作证与证人保护两者加以综合，调和了当前证人不愿出庭和证人保护的矛盾，最大程度地实现被告人和证人权利保护的平衡，符合我国的基本国情。2012 年修改的《刑事诉讼法》第 62 条（现行《刑事诉讼法》第 64 条）首次以立法形式规定了证人隐蔽作证制度。目前，证人隐蔽作证制度仅适用于危害国家安全犯罪、恐怖活动犯罪、黑社会性质的组织犯罪、毒品犯罪等案件。

【见证人】 是指与案件无关，被司法工作人员邀请，在勘验、检查、搜查、扣押和侦查实验等诉讼活动中进行现场观察，并为这些诉讼活动作证的人。见证人必须是与案件无关的人，因而具有可选择性和可替代性。从这个角度讲，见证人属于特殊的证人。见证人参与刑事诉讼活动的主要目的是对特定的侦查行为进行监督，就该侦查行为的合法性和真实性提供证明（参见“见证人出庭作证”词条）。根据《刑事诉讼法司法解释》第八十条规定，下列人员不得担任刑事诉讼活动的见证人：（1）生理上、精神上有缺陷或者年幼，不具有相应辨别能力或者不能正确表达的人；（2）与案件有利害关系，可能影响案件公正处理的人；（3）行使勘验、检查、搜查、扣押、组织辨认等监察调查、刑事诉讼职权的监察、公安、司法机关的工作人员或者其聘用的人员。由于客观原因无法由符合条件的人员担任见证人的，应当在笔录材料中注明情况，并对相关活动进行全程录音录像。根据《刑事诉讼司法的解释》第八十二条、第一百零二条、第一百一十二条规定，人民法院在审查与认定物证、书证、勘验、检查笔录、电子数据等证据时，需要审查是否具有见证人的签名。根据《刑事诉讼法司法解释》第六百五十二条第三款规定，宣告或者送达诉讼文书或者笔录材料时，如果当事人拒绝签名、盖章、捺指印，办案人员应当在诉讼文书或者笔录材料中注明情况，若有相关见证人见证或者有录音录像证明的，不影响相关诉讼文书或者笔录材料的效力。

【鉴定人】 是指接受刑事诉讼专门机关的聘请或者指派，运用专门知识和技能对案件中的某些专门性问题进行分析判断并提出书面鉴定意见的诉讼参与人。鉴定人是大陆法系国家常用的称谓，大致相当于英美法系国家的专家证人。在英美法中，鉴定意见是作为专家证人提供的证言，而不作为一种独立的证据种类。与普通证人不同之处在于，专家证人可以提供意见，而普通证人只能陈述事实。专家证人和普通证人一样要出庭接受控辩双方的询问。在大陆法系国家，鉴定是一种证据方法，鉴定人应当出庭，对鉴定作出报告和说明，并接受询问。

在我国刑事诉讼中，接受公安司法机关聘请或指派的鉴定人应当同时具备以下条件：（1）鉴定人必须是自然人；（2）鉴定人必须是具有某种专门知识的人；（3）鉴定人必须是被公安司法机关聘请或者指派的人，当事人及其代理人不得自行聘请鉴定人进行鉴定；（4）鉴定人必须是与案件或者案件当事人没有利害关系的人，不具有应当回避的情形。

【鉴定人的条件与资格】 是指公民申请成为鉴定人或者申请登记从事司法鉴定业务时所具备的条件和资格。根据2015年《全国人民代表大会常务委员会关于司法鉴定管理问题的决定》第四条第一款的规定，申请登记从事司法鉴定业务的人员应当具备下列条件之一：（1）具有与所申请从事的司法鉴定业务相关的高级专业技术职称；（2）具有与所申请从事的司法鉴定业务相关的专业执业资格或者高等院校相关专业本科以上学历，从事相关工作五年以上；（3）具有与所申请从事的司法鉴定业务相关工作十年以上经历，具有较强的专业技能。司法部、公安部和最高人民检察院就各自分管范围内的鉴定人资格与条件做出了进一步规定。例如，根据公安部于2019年11月22日颁布的《公安机关鉴定人登记管理办法》第九条规定，个人申请鉴定人资格，应当具备下列条件：（1）在职或者退休的具有专门技术知识和技能的人民警察；公安机关聘用的具有行政编制或者事业编制的专业技术人员；（2）遵守国家法律、法规，具有人民警察职业道德；（3）具有与所申请从事鉴定项目相关的高级警务技术职务任职资格或者高级专业技术职称，或者高等院校相关专业本科以上学历，从事相关工作或研究五年以上，或者具有与所申请从事鉴定项目相关工作十年以上经历和较强的专业技能；（4）所在机构已经取得或者正在申请《鉴定机构资格证书》；（5）身体状况良好，适应鉴定工作需要。再如，根据最高人民检察院于2006年11月30日颁布的《人民检察院鉴定人登记管理办法》第八条规定，遵守国家法律、法规和检察人员职业道德，身体状况良好，适应鉴定工作需要的检察技术人员具备下列条件之一的，可以申请鉴定人资格：（1）具有与所申请从事的鉴定业务相关的高级专业技术职称；（2）具有与所申请从事的鉴定业务相关的专业执业资格或者高等院校相关专业本科以上学历，从事相关工作5年以上；（3）具有与所申请从事的鉴定业务相关工作10年以上经历和较强的专业技能。

【鉴定人的消极条件】　是指不得申请从事司法鉴定业务或者不能登记为鉴定人的禁止性条件。根据2015年《全国人民代表大会常务委员会关于司法鉴定管理问题的决定》第四条第二款规定，因故意犯罪或者职务过失犯罪受过刑事处罚的，受过开除公职处分的，以及被撤销鉴定人登记的人员，不得从事司法鉴定业务，不能登记为鉴定人。司法部对鉴定人的消极条件做出了进一步规定，根据《司法鉴定人登记管理办法》第十三条规定，只要具备下列情形之一，就不得申请从事司法鉴定业务：（1）因故意犯罪或者职务过失犯罪受过刑事处罚的；（2）受过开除公职处分的；（3）被司法行政机关撤销司法鉴定人登记的；（4）所在的司法鉴定机构受到停业处罚，处罚期未满的；（5）无民事行为能力或者限制行为能力的；（6）法律、法规和规章规定的其他情形。

【司法鉴定机构和司法鉴定人的退出情形】　司法鉴定机构和司法鉴定人退出，是指经司法行政机关审核登记的司法鉴定机构和司法鉴定人因具有法定的退出情形，由原负责登记的司法行政机关依法办理注销登记手续。司法鉴定机构和司法鉴定人退出，应当按照法定权限、范围、条件和程序实施。根据司法部2021年12月28日印发的《司法鉴定机构和司法鉴定人退出管理办法（试行）》第五条的规定，司法鉴定机构或司法鉴定人有下列情形之一，情节严重的，由原负责登记的司法行政机关依法撤销登记：（1）因严重不负责任给当事人合法权益造成重大损失的；（2）提供虚假证明文件或采取其他欺诈手段，骗取登记的；（3）司法鉴定机构具有《司法鉴定机构登记管理办法》第三十九条规定的情形之一，并造成严重后果的；（4）司法鉴定人具有《司法鉴定人登记管理办法》第二十九条规定的情形之一，并造成严重后果的；（5）司法鉴定人经人民法院依法通知，非法定事由拒绝出庭作证的；（6）司法鉴定人故意作虚假鉴定的；（7）法律、行政法规规定的其他情形。根据《司法鉴定机构和司法鉴定人退出管理办法（试行）》第六条的规定，司法鉴定机构或司法鉴定人有下列情形之一的，原负责登记的司法行政机关应当依法办理注销登记手续：（1）依法申请终止司法鉴定活动的；（2）《司法鉴定许可证》《司法鉴定人执业证》使用期限届满未申请延续登记，或未延续的；(3) 司法鉴定机构自愿解散、停业，或登记事项发生变化，不符合设立条件的；(4) 司法鉴定人因丧失行为能力或者死亡等身体健康原因，导致无法继续从事司法鉴定业务的；(5) 司法鉴定人所在司法鉴定机构注销或者被撤销登记的；(6) 法律、法规规定的其他情形。司法行政机关撤销、注销登记的，应当作出书面决定，说明法律依据和理由。省级司法行政机关对司法鉴定机构、司法鉴定人依法办理注销登记手续的，应当将相关信息通过门户网站等方式，及时向社会公布，并通报监察机关、侦查机关、检察机关、审判机关等相关单位。

【鉴定人的诉讼权利和义务】 是指鉴定人在刑事诉讼中依法享有的程序性权利和承担的程序性义务。根据我国《刑事诉讼法》及其司法解释的有关规定，鉴定人享有以下诉讼权利：(1) 有权查阅与鉴定事项有关的案卷材料。必要时，经侦查人员、审判人员同意，可以参加勘验与检查。(2) 同一个专门性问题由两个以上鉴定人鉴定时，可以共同写出一个鉴定意见，也可以分别写出各自的鉴定意见。(3) 有权要求补充鉴定或者重新鉴定，也有权根据鉴定结果重新提供鉴定意见。鉴定人的诉讼义务主要包括：(1) 鉴定人有义务出席法庭，回答有关人员就鉴定意见依法提出的问题；(2) 鉴定人必须客观、全面地反映鉴定过程和结果，不得隐瞒或编造虚假情况，如果故意提供虚假鉴定意见，应当负法律责任。

最高人民检察院于 2006 年 11 月 30 日发布的《人民检察院鉴定规则（试行）》、公安部于 2017 年 2 月 16 日发布的《公安机关鉴定规则》以及司法部于 2016 年 3 月 2 日修订发布的《司法鉴定程序通则》对鉴定人的权利和义务作出更加详细的规定。

【具有专门知识的人】 又称专家辅助人，是指在某个领域具有专门知识，在刑事诉讼中以其专业知识协助公安司法机关进行特定诉讼活动的人员。根据《刑事诉讼法》第一百二十八条、第一百九十七条第二款规定，具有专门知识的人在刑事诉讼中的作用主要包括两个方面：一是接受侦查人员的指派或者聘请，在侦查人员的主持下进行勘验、检查；另一个是在法庭审理过程中，基于公诉人、当事人和辩护人、诉讼代理人的申请，让具有专门知识的人出庭就鉴定人作出的鉴定意见提出意见。公安部、最高人民检察院和最高人民法院就具有专门知识的人在不同诉讼阶段的作用作出了更加具体的规定。例如，根据《公安机关办理刑事案件程序规定》第二百五十三条规定，犯罪嫌疑人、被害人对鉴定意见有异议提出申请，以及办案部门或者侦查人员对鉴定意见有疑义的，公安机关可以将鉴定意见送交其他有专门知识的人员提出意见。再如，根据《人民检察院刑事诉讼规则》第三百三十四条、第三百三十五条、第四百零四条第四款、第四百零六条第七款、第四百二十条，人民检察院对鉴定意见等技术性证据材料需要进行专门审查的，按照有关规定交检察技术人员或者其他有专门知识的人进行审查并出具审查意见。对监察机关或者公安机关的勘验、检查自行复验、复查的，可以指派检察技术人员或者聘请其他有专门知识的人参加。必要时公诉人可以申请法庭通知有专门知识的人出庭，就鉴定人作出的鉴定意见提出意见；公诉人员在法庭调查过程中可以参照询问证人的方式询问具有专门知识的人；在法庭审判过程中，如果申请人民法院通知有专门知识的人出庭提出意见，公诉人可以建议法庭延期审理。

【翻译人员】 是指受公安司法机关的聘请或者指派，在刑事诉讼活动中从事语言或者文字翻译工作的诉讼参与人。翻译人员参加刑事诉讼的主要目的是为那些不通晓某种语言文字的诉讼参与人提供翻译帮助，确保他们知道刑事诉讼的进程和内容，保障刑事诉讼的顺利进行。翻译人员应当具备下列条件：（1）能够胜任语言文字翻译工作，有为当事人及其他诉讼参与人提供翻译的能力；（2）翻译人员应当与案件或者案件当事人没有利害关系，否则应当适用回避制度。翻译人员的职责是通过翻译活动传递准确的资料和信息，协助诉讼活动的顺利进行。这决定了翻译人员与案件或者案件当事人不能有利害关系。有鉴于此，我国《刑事诉讼法》明确规定翻译人员是回避制度的适用对象。

刑事诉讼中需要翻译的语言文字主要包括外国语言、少数民族语言、聋哑手势和盲文等。根据《刑事诉讼法》第九条，《公安机关办理刑事案件程序规定》第十一条、第二百零四条、第三百六十二条，《刑事诉讼法司法解释》第八十九条、第九十四条、第四百八十一条、第四百八十四条的规定，需要翻译人员提供翻译的情形主要包括：（1）人民法院、人民检察院和公安机关对于不通晓当地通用的语言文字的诉讼参与人，应当为他们提供翻译；（2）外国犯罪嫌疑人不通晓中国语言文字的，公安机关应当为其提供翻译；（3）讯问聋、哑的犯罪嫌疑人，或者询问聋、哑的证人，应当有通晓聋、哑手势的翻译人员参加；（4）人民法院受理涉外刑事案件后，应当告知在押的外国籍被告人享有请求人民法院提供翻译的权利；（5）人民法院审判涉外刑事案件，使用中华人民共和国通用的语言、文字，应当为外国籍当事人提供翻译；（6）人民法院的诉讼文书为中文本，外国籍当事人不通晓中文的，应当附有外文译本，译本不加盖人民法院印章，以中文本为准，但是如果外国籍当事人通晓中国语言、文字，拒绝他人翻译，或者不需要诉讼文书外文译本的，应当由其本人出具书面声明，拒绝出具书面声明的，应当记录在案，必要时应当录音录像。

【翻译人员的诉讼权利和义务】 是指翻译人员在刑事诉讼中依法享有的程序性权利和承担的程序性义务。根据我国《刑事诉讼法》及其司法解释的有关规定，翻译人员享有以下诉讼权利：（1）有权了解同翻译内容有关的案件情况；（2）要求公安司法机关提供与翻译内容有关的材料；（3）查阅记载其翻译内容的笔录，如果笔录同实际翻译内容不符，有权要求修正或者补充；（4）获得相应的报酬或者经济补偿。翻译人员承担的诉讼义务包括：（1）按语言文字的原意如实进行翻译，力求准确无误，不得隐瞒、歪曲或伪造；（2）如果故意弄虚作假，需要承担相应的法律责任；（3）对于在刑事诉讼活动中因为提供翻译活动而获知的案件情况和他人隐私，应当保密。

【辩护人】 是指依法接受犯罪嫌疑人、被告人的委托，或者经人民法院的指定，参加刑事诉讼，帮助犯罪嫌疑人、被告人行使辩护权，依法维护犯罪嫌疑人、被告人合法权益的诉讼参与人。在现代刑事诉讼中，尽管被追诉人享有自行辩护的权利，但是在绝大多数被追诉人不具备法律专业知识和掌握辩护技巧的情况下，被追诉人的辩护很难与强大的控诉机关相抗衡。为了充分保障被追诉人的辩护权，现代法治国家无不规定完善的辩护制度，赋予被追诉人聘请辩护人尤其是辩护律师的权利。实践证明，辩护人帮助被追诉人行使辩护权，不仅有助于维护被追诉人的合法利益，而且有助于实现程序公正和促进司法机关依法办案。根据《刑事诉讼法》第三十三条规定，犯罪嫌疑人、被告人不仅可以自行进行辩护，还可以委托1至2人作为辩护人，帮助其行使辩护权。但是，在共同犯罪案件中，由于犯罪嫌疑人、被告人之间存在着利害关系，因此，一名辩护人不得同时接受两名以上同案犯罪嫌疑人、被告人的委托，作为他们的共同辩护人。同样基于利害关系的考虑，一名辩护人也不得为两名以上的未同案处理但实施的犯罪存在关联的犯罪嫌疑人、被告人辩护。我国刑事诉讼法、律师法及相关司法解释对辩护人的范围做出了较为详细的规定。

【辩护人的诉讼权利和义务】 是指辩护人在刑事诉讼中依法享有的程序性权利和承担的程序性义务。根据我国《刑事诉讼法》、《律师法》及相关司法解释的规定，辩护人的诉讼权利主要有：独立进行辩护的权利；阅卷权；会见、通信权；调查取证权；申请解除期限届满的强制措施的权利；辩护律师人身权利不受侵犯的权利；获得通知权；参加法庭调查和辩论权；提出意见权；拒绝辩护权；救济权；辅助上诉权；获得法律文书的权利；控告权等。辩护人的诉讼义务主要包括：忠于职守的义务；保守秘密的义务；辩护律师和其他辩护人不得帮助犯罪嫌疑人、被告人隐匿、毁灭、伪造证据或者串供，不得威胁、引诱证人作伪证及进行其他干扰司法机关诉讼活动的行为；辩护人有义务遵守诉讼纪律；辩护律师不得违反规定会见法官、检察官；告知义务等。

【单位诉讼参与人】 是指在刑事诉讼中享有一定诉讼权利、承担一定诉讼义务的除刑事诉讼专门机关以外的有关单位。诉讼参与人在一般情况下属于自然人。但是，随着我国经济和社会的不断发展，我国刑法已经将单位犯罪正式纳入刑事犯罪体系中。在这种背景下，尽管刑事诉讼法没有规定单位诉讼参与人，但是应该将单位纳入到诉讼参与人的体系之中。而最高人民法院的司法解释对单位犯罪案件的审理问题也作出了专门规定。一般认为，单位犯罪嫌疑人、单位被告人、单位被害人、单位诉讼代表人、单位附带民事诉讼当事人等都是比较典型的单位诉讼参与人。

【单位犯罪嫌疑人、被告单位】 是指在单位犯罪案件诉讼程序中，被依法追究刑事责任的单位。在单位犯罪的被追究责任的对象中，有关单位的直接负责的主管人员和其他直接责任人员作为自然人参与刑事诉讼，其参与方式、诉讼权利、诉讼义务和普通的刑事犯罪嫌疑人、被告人相同。对于单位犯罪嫌疑人、被告单位如何参加刑事诉讼活动，我国《刑事诉讼法》并没有作出详细规定。从《刑事诉讼法司法解释》规定的单位犯罪案件的审理程序来看，在单位犯罪案件中，应当由被告单位派出的诉讼代表人参加法庭审判活动。《人民检察院刑事诉讼规则》第三百五十八条也作出了大致相同的规定。单位犯罪嫌疑人、被告人的诉讼权利和诉讼义务，与自然人犯罪嫌疑人、被告人大致相同。

【诉讼代表人】 是指在单位犯罪案件的审理程序中，由被告单位派出的代表单位参加法庭审判活动的人。由于单位不可能像自然人那样参与刑事诉讼，因此，在单位犯罪诉讼程序中只能由自然人作为单位犯罪嫌疑人、被告单位的代表参与刑事诉讼。根据《人民检察院刑事诉讼规则》第三百五十八条规定，对于单位犯罪，人民检察院在制作起诉书时，应当写明犯罪单位的名称和组织机构代码、所在地址、联系方式，法定代表人和诉讼代表人的姓名、职务、联系方式；如果还有应当负刑事责任的直接负责的主管人员或其他直接责任人员，应当按自然人被告人基本情况的内容叙写。根据《刑事诉讼法司法解释》第三百三十五条规定，人民法院受理单位犯罪案件，除依法进行常规审查外，还应当审查起诉书是否列明被告单位的名称、住所地、联系方式，法定代表人、实际控制人、主要负责人以及代表被告单位出庭的诉讼代表人的姓名、职务、联系方式。

【诉讼代表人的诉讼地位】 是指诉讼代表人在刑事诉讼中基于其作用或者权利义务关系而具有的法律地位。尽管诉讼代表人享有《刑事诉讼法》规定的有关犯罪嫌疑人、被告人的诉讼权利，但是诉讼代表人并不依附于犯罪嫌疑人、被告人，其具有独立的诉讼地位。这体现在以下几个方面：（1）诉讼代表人在单位授权委托的范围内从事的诉讼行为，应视为单位的诉讼行为。诉讼代表人向司法机关所作的陈述，在证据法上应视为单位的陈述，其所从事的诉讼行为对单位具有约束力。（2）尽管诉讼代表人不是犯罪嫌疑人、被告人，但是有权行使《刑事诉讼法》规定的犯罪嫌疑人、被告人所享有的诉讼权利。（3）为确保刑事诉讼的顺利进行，诉讼代表人无正当理由拒不出庭的，有义务承受拘传的强制措施。（4）如果诉讼代表人在违背单位的授权或授意的情况下提供了伪证，那么他应当承担作伪证的责任。正是基于诉讼代表人的特殊独立地位，诉讼代表人作为一种比较特殊的诉讼参与人，既不同于犯罪嫌疑人、被告人，也不同于证人。一方面，诉讼代表人不属于犯罪嫌疑人和被告人。从诉讼代表人的产生方式来看，诉讼代表人参加诉讼的权利来源于单位的正式授权。但是，诉讼代表人不是作为自然人犯罪嫌疑人或被告人，以及为维护其本人的利益而参加诉讼活动，而是以单位的名义，代表单位的利益并在单位授权范围内从事有关刑事诉讼活动，他本人一般也不承担诉讼的后果。另一方面，诉讼代表人不同于证人。从产生方式来看，诉讼代表人并不像证人那样具有不可替代性。证人陈述的只能是证人证言，而诉讼代表人的陈述则是犯罪嫌疑人、被告人供述和辩解。

【诉讼代表人的诉讼权利和义务】 是指诉讼代表人在刑事诉讼中依法享有的程序性权利和承担的程序性义务。尽管诉讼代表人是较为特殊的诉讼参与人，而不是犯罪嫌疑人、被告人，但是诉讼代表人的职责毕竟是代表受到刑事指控的单位参加刑事诉讼活动，因此诉讼代表人应当有权行使《刑事诉讼法》规定的犯罪嫌疑人、被告人所享有的诉讼权利，同时应当承担《刑事诉讼法》规定的犯罪嫌疑人、被告人应当履行的诉讼义务。为了更好地确保诉讼代表人代表单位出庭，最高人民法院还对诉讼代表人的出庭义务作出了专门规定。根据《刑事诉讼法司法解释》第三百三十七条第二款，在被告单位的诉讼代表人不出庭的情况下，如果诉讼代表人系被告单位的法定代表人、实际控制人或者主要负责人，无正当理由拒不出庭，人民法院可以拘传其到庭。

【单位被害人】 是指其合法权益受到犯罪行为侵害的单位。对于单位能否成为公诉案件的被害人参加刑事诉讼问题，学术界存在较大分歧。有的学者主张受到犯罪行为侵害的单位只能作为附带民事诉讼的原告人参加附带民事诉讼活动。而有的学者认为单位被害人符合诉讼主体资格，可以像自然人被害人一样参加刑事诉讼活动。我国现行《刑事诉讼法》也没有对这个问题作出明确规定。从理论上讲，犯罪行为的受害者不仅包括自然人，也包括单位。为了充分保护受害单位的合法权益，使受到犯罪行为侵害的单位充分参与到刑事诉讼中来，很有必要在刑事诉讼中规定单位被害人。单位作为被害人参与刑事诉讼，与自然人被害人在刑事诉讼中的诉讼地位、享有的诉讼权利和负担的诉讼义务基本相同。但由于单位本身的性质决定，单位被害人参与刑事诉讼的方式与自然人存在一定的区别。单位被害人应通过其法定代表人来行使诉讼权利、承担诉讼义务。单位的法定代表人事实上具有被害单位的诉讼代表人的身份，他的行为由其所在单位承担后果。另外，单位与自然人一样，作为被害人，在法律规定的情况下可以提起自诉，成为自诉人。

【刑事管辖】 是指刑事诉讼专门机关依法在受理刑事案件方面的职权范围上的分工。在我国刑事诉讼中，刑事管辖实际上就是公安机关、人民检察院和人民法院等机关依照法律规定立案受理刑事案件以及人民法院系统内审判第一审刑事案件的分工制度。刑事管辖是刑事诉讼活动中首先要解决的问题，其实质就是刑事诉讼专门机关在受理刑事案件方面的权限划分。在发现犯罪事实或者犯罪嫌疑人，需要追究刑事责任时，首先面临的程序问题就是应由哪个专门机关立案受理，以及由哪个人民法院进行第一审。公安司法机关受理刑事案件的范围，称为管辖范围。公安司法机关在一定范围内受理刑事案件的职权，称为管辖权。对于不属于自己管辖也就是无管辖权的刑事案件，刑事诉讼专门机关不能受理。刑事诉讼中的管辖，通常根据刑事案件的性质、情节的轻重、复杂程度、发生地点、影响大小等不同特点，以及刑事诉讼专门机关的职责等因素加以确定。刑事管辖可以分为立案管辖和审判管辖两类。审判管辖又分为级别管辖、地区管辖、指定管辖和专门管辖四种。

【监察管辖】 是指监察机关依照法律规定，对特定监察对象、监察事项的管辖范围以及基于公职人员管理权限与属地管辖相结合的管辖权限。监察对象主要是《监察法》第十五条规定的公职人员和有关人员，具体包括六类人员、体现了国家监察全覆盖：（1）中国共产党机关、人民代表大会及其常务委员会机关、人民政府、监察委员会、人民法院、人民检察院、中国人民政治协商会议各级委员会机关、民主党派机关和工商业联合会机关的公务员，以及参照《中华人民共和国公务员法》管理的人员；（2）法律、法规授权或者受国家机关依法委托管理公共事务的组织中从事公务的人员；（3）国有企业管理人员；（4）公办的教育、科研、文化、医疗卫生、体育等单位中从事管理的人员；（5）基层群众性自治组织中从事管理的人员；（6）其他依法履行公职的人员。监察事项主要涉及监察对象涉嫌的职务违法和职务犯罪行为。职务违法是指违反法律、法规但未构成犯罪的职务行为；职务犯罪则包括贪污贿赂、滥用职权、玩忽职守、徇私舞弊、行使公权力过程中涉及的重大责任事故以及其他犯罪等。监察机关开展监督、调查、处置，按照管理权限与属地管辖相结合的原则，实行分级负责制，各级监察机关按照管理权限管辖本辖区内所涉监察事项，社区的市级以上监察委员会依法管辖同级党委管理的公职人员涉嫌职务违法和职务犯罪案件。上级监察机关可以办理下一级监察机关管辖范围内的监察事项，必要时也可以办理所辖各级监察机关管辖范围内的监察事项。监察机关之间对监察事项的管辖有争议的，由其共同的上级监察机关确定。上级监察机关可以将其所管辖的监察事项指定下级监察机关管辖，也可以将下级监察机关有管辖权的监察事项指定给其他监察机关管辖。监察机关认为所管辖的监察事项重大、复杂，需要由上级监察机关管辖的，可以报请上级监察机关管辖。

【刑事立案管辖】 又称职能管辖或部门管辖，是指人民法院、人民检察院和公安机关各自直接受理刑事案件的职权范围，也就是人民法院、人民检察院和公安机关之间在直接受理刑事案件范围上的权限划分。立案管辖所要解决的是哪类刑事案件应当由哪个刑事诉讼专门机关立案受理的问题，即哪些案件应当由公安机关立案侦查，哪些案件应当由人民检察院立案侦查，哪些案件不需要经过侦查，由人民法院直接受理审判。划分立案管辖主要考虑两个因素：（1）人民法院、人民检察院和公安机关的性质与职能。尽管人民法院、人民检察院和公安机关都是刑事诉讼专门机关，但是它们在刑事诉讼中的职能分工存在明显差异。与它们的性质和职责相适应，绝大多数刑事案件应当由公安机关立案侦查，职务犯罪案件应当由人民检察院立案侦查，自诉案件则由人民法院直接受理。（2）案件的性质和复杂程度。一般而言，案件比较重大、复杂的，由公安机关立案侦查；不需要侦查的轻微刑事案件，由人民法院立案受理。值得注意的是，在 2018 年通过《监察法》之后，所有职务违法和职务犯罪案件均由监察委员会负责调查，而人民检察院在对诉讼活动实行法律监督中发现的司法工作人员利用职权实施的非法拘禁、刑讯逼供、非法搜查等侵犯公民权利、损害司法公正的犯罪，可以由人民检察院立案侦查。

【侦查管辖】 是指侦查机关对刑事案件行使侦查权的分工。侦查管辖可以分为职能管辖、级别管辖、地域管辖三类。职能管辖是指享有不同侦查权的机关在立案侦查管辖上的分工，如国家安全机关办理危害国家安全的刑事案件。贪污贿赂犯罪、国家工作人员的渎职犯罪，由国家监察机关立案侦查。军队保卫部门对军队内部发生的刑事案件行使侦查权。罪犯在监狱内犯罪的案件由监狱进行侦查。走私犯罪案件的侦查工作由走私犯罪侦查机构负责。除国家安全机关、国家监察机关、人民检察院、军队保卫部门、中国海警局、监狱、走私犯罪侦查机构管辖的案件以外，其他的刑事案件都由公安机关立案侦查。侦查中的级别管辖是指按照侦查机关的级别来确定立案侦查的分工。如公安部、国家安全部、国家监察委员会、最高人民检察院负责全国范围内重大刑事案件的立案侦查；省、自治区、直辖市的侦查机关负责各省、自治区、直辖市范围内的重大刑事案件的立案侦查，较大的市级侦查机关负责其辖区范围内的重大刑事案件的立案侦查；一般的刑事案件由基层（县、区级）侦查机关负责立案侦查。侦查中的地域管辖是指同级侦查机关之间按照其地域界限确定的管辖分工。以公安机关为例，刑事案件由犯罪地的公安机关管辖。如果由犯罪嫌疑人居住地的公安机关管辖更为适宜的，可以由犯罪嫌疑人居住地的公安机关管辖。几个公安机关都有权管辖的刑事案件，由最初受理的公安机关管辖。必要时，可以由主要犯罪地的公安机关管辖。对管辖不明确或者有争议的刑事案件，可以由有关公安机关协商。协商不成的，由共同的上级公安机关指定管辖。对情况特殊的刑事案件，可以由共同的上级公安机关指定管辖。

【公安机关直接受理的刑事案件】 是指应当由公安机关立案侦查的案件。根据《刑事诉讼法》第十九条规定，刑事案件的侦查由公安机关进行，法律另有规定的除外，即除法律另有规定外，刑事案件一般应当由公安机关立案侦查。根据《公安机关办理刑事案件程序规定》第十四条规定，法律另有规定的情形包括：（1）监察机关管辖的职务犯罪案件。（2）人民检察院管辖的在对诉讼活动实行法律监督中发现的司法工作人员利用职权实施的非法拘禁、刑讯逼供、非法搜查等侵犯公民权利、损害司法公正的犯罪，以及经省级以上人民检察院决定立案侦查的公安机关管辖的国家机关工作人员利用职权实施的重大犯罪案件。（3）人民法院管辖的自诉案件。对于人民法院直接受理的被害人有证据证明的轻微刑事案件，因证据不足驳回起诉，人民法院移送公安机关或者被害人向公安机关控告的，公安机关应当受理；被害人直接向公安机关控告的，公安机关应当受理。（4）军队保卫部门管辖的军人违反职责的犯罪和军队内部发生的刑事案件。（5）监狱管辖的罪犯在监狱内犯罪的刑事案件。（6）海警部门管辖的海（岛屿）岸线以外我国管辖海域内发生的刑事案件。对于发生在沿海港岙口、码头、滩涂、台轮停泊点等区域的，由公安机关管辖。（7）其他依照法律和规定应当由其他机关管辖的刑事案件。尽管这些例外情形的种类较多，但是由其他侦查机关管辖的案件数量实际上比较有限，绝大多数刑事案件的立案侦查还是由公安机关承担。毕竟，公安机关是国家的治安保卫机关，专门承担维护社会秩序、保卫社会治安的重任。而且，公安机关拥有严密的组织系统和充足的人员配备以及良好的技术装备，这为其担负绝大多数犯罪案件的立案侦查任务提供了坚实的基础。

【人民检察院直接受理的刑事案件】 是指应当由人民检察院立案侦查的案件。在《监察法》出台后，为做好人民检察院与监察委员会案件管辖范围的衔接，《刑事诉讼法》也做了相应调整。根据《刑事诉讼法》第十九条和《人民检察院刑事诉讼规则》第十三条的规定，人民检察院在对诉讼活动实行法律监督中发现的司法工作人员利用职权实施的非法拘禁、刑讯逼供、非法搜查等侵犯公民权利、损害司法公正的犯罪，可以由人民检察院立案侦查。对于公安机关管辖的国家机关工作人员利用职权实施的重大犯罪案件，需要由人民检察院直接受理的，经省级以上人民检察院决定，可以由人民检察院立案侦查。根据最高人民检察院 2018 年 11 月 24 日印发的《关于人民检察院立案侦查司法工作人员相关职务犯罪案件若干问题的规定》第一条的规定，人民检察院的自侦案件管辖范围有 14 类，包括：非法拘禁罪（非司法工作人员除外）；非法搜查罪（非司法工作人员除外）；刑讯逼供罪；暴力取证罪；虐待被监管人罪；滥用职权罪（非司法工作人员滥用职权侵犯公民权利、损害司法公正的情形除外）；玩忽职守罪（非司法工作人员玩忽职守侵犯公民权利、损害司法公正的情形除外）；徇私枉法罪；民事、行政枉法裁判罪；执行判决、裁定失职罪；执行判决、裁定滥用职权罪；私放在押人员罪；失职致使在押人员脱逃罪；徇私舞弊减刑、假释、暂予监外执行罪。同时，该规定还对级别管辖和侦查部门、案件线索的移送和互涉案件的处理、办案程序作出了规定。

【人民法院直接受理的刑事案件】 即自诉案件，是指应当由人民法院立案受理，而不需要公安机关或者人民检察院立案侦查，也不需要人民检察院提起公诉的刑事案件。与公诉案件相比，自诉案件具有如下几个特点：（1）从犯罪客体来看，自诉案件主要是侵犯公民个人权利方面的犯罪，如侵犯公民的人身权利、财产权利、名誉权、婚姻自主权等。（2）从案件的性质和轻重来看，自诉案件通常是性质不太严重，给社会造成的危害较小的案件。（3）从诉讼程序的启动来看，自诉案件的被害人自行决定是否启动诉讼程序，自行承担收集证据证明案件事实的举证责任，在未能履行举证责任时需要承担败诉的法律后果。（4）从诉讼程序来看，自诉案件一般具有明确的被告，案件事实比较清楚，犯罪情节比较简单，往往无须侦查机关采取专门的侦查手段和侦查措施，在审理过程中人民法院可以调解，自诉人与被告人也可以自行和解，自诉人可以撤诉，被告人可以提出反诉。根据《刑事诉讼法》第二百一十条和《刑事诉讼法司法解释》第一条规定，人民法院直接受理的案件包括告诉才处理的案件，被害人有证据证明的轻微刑事案件，以及公诉转自诉案件三种。

【告诉才处理的案件】 是指只有在被害人及其法定代理人提出控告和起诉的情况下，人民法院才予受理的刑事案件。我国《刑法》对告诉才处理的案件作出了明确规定，即侮辱、诽谤案，暴力干涉婚姻自由案，虐待案，以及侵占案。如果被害人及其法定代理人没有告诉或者告诉后又撤回告诉的，人民法院就不予追究。被害人不起诉必须是他本人真实意思的体现，如果被害人因为各种客观原因而无法告诉或者不能亲自告诉，那么也可以由其法定代理人、近亲属或者人民检察院代为告诉。告诉才处理的案件属于绝对的自诉案件。也就是说，对于告诉才处理的案件，只能提起自诉，不能启动公诉，即如果被害人及其法定代理人放弃刑事追诉权，司法机关不能主动追究被告人的刑事责任。但是，在处理这个问题时需要注意三点：（1）为了避免自诉与公诉发生混淆，在被害人因为客观原因而无法告诉，从而由人民检察院代为告诉的情况下，被害人仍然应当参与刑事审判，履行其举证责任。（2）考虑到举证能力方面的巨大差异，尽管公安机关对于告诉才处理的案件无需立案侦查，但是在接到报案时仍然有必要进行一定的调查工作。当公安机关经过初步调查，认为案件确实属于告诉才处理的案件而不予受理时，被害人就可以直接向人民法院提起自诉，而公安机关在初步调查时掌握的相关材料可以作为人民法院立案审查的重要依据。(3) 根据《刑事诉讼法司法解释》第二百一十九条第一款第二项，人民法院在受理公诉案件过程中，如果发现被指控事实属于告诉才处理的案件范围，那么应当将案件退回人民检察院，告知被害人有权提起自诉。

【被害人有证据证明的轻微刑事案件】 是指对于既不属于告诉才处理的，而人民检察院又没有提起公诉的某些轻微刑事案件，被害人在掌握相关犯罪证据的情况下向人民法院直接提起自诉。根据《刑事诉讼法司法解释》第一条第二项规定，人民检察院没有提起公诉，被害人有证据证明的轻微刑事案件包括：故意伤害案（《刑法》第二百三十四条第一款）；非法侵入住宅案（《刑法》第二百四十五条）；侵犯通信自由案（《刑法》第二百五十二条）；重婚案（《刑法》第二百五十八条）；遗弃案（《刑法》第二百六十一条）；生产、销售伪劣商品案（《刑法》分则第三章第一节，但严重危害社会秩序和国家利益的除外）；侵犯知识产权案（《刑法》分则第三章第七节，但严重危害社会秩序和国家利益的除外）；《刑法》分则第四章、第五章规定的，可能判处三年有期徒刑以下刑罚的案件。对于这些案件，被害人直接向人民法院起诉的，人民法院应当依法受理。对其中证据不足、可以由公安机关受理的，或者认为对被告人可能判处三年有期徒刑以上刑罚的，应当告知被害人向公安机关报案，或者移送公安机关立案侦查。在这种情况下，自诉案件实际上转化为公诉案件。有鉴于此，这类案件既可以由被害人提起自诉，由人民法院作为自诉案件直接受理，也可以由人民检察院提起公诉，按公诉程序处理。被害人对于这类案件提起自诉必须同时符合以下条件：必须是《刑事诉讼法司法解释》界定的轻微刑事案件；人民检察院没有提起公诉；被害人必须有相应的证据证明被告人有罪。

【公诉转自诉案件】 是指被害人有证据证明对被告人侵犯自己人身、财产权利的行为应当依法追究刑事责任，且有证据证明曾经提出控告，而公安机关或者人民检察院不予追究被告人刑事责任的案件。这类自诉案件必须具备以下条件：(1) 被告人的行为侵犯的是被害人的人身权利或财产权利。(2) 对被告人的行为应当依法追究刑事责任。(3) 被害人有证据证明被告人的行为构成犯罪。(4) 公安机关或者人民检察院没有追究被告人的刑事责任。但需要强调的是，被害人在提出自诉时，无需提出公安机关或者人民检察院作出的不予追究被告人刑事责任的书面决定，而只需要“有证据证明曾经提出控告，而公安机关或者人民检察院不予追究被告人刑事责任”即可。之所以将本来属于公诉的案件允许被害人提起自诉，主要目的在于维护被害人的诉讼权利，解决司法实践中被害人告状难的问题。

【交叉管辖】 是指公安机关、人民检察院、人民法院在受理刑事案件以后发现该案件还有其他管辖情况，从而对该案件进行重新管辖或者根据不同的情况进行相应处理。根据我国现行法律和司法实践，交叉管辖主要包括三种情形：（1）侦查机关之间的交叉管辖。根据《实施刑事诉讼法规定》第一条、《公安机关办理刑事案件程序规定》第三十条第一款、《人民检察院刑事诉讼规则》第十八条第一款，公安机关侦查的刑事案件涉及人民检察院管辖的案件时，原则上应当将属于人民检察院管辖的刑事案件移送人民检察院；人民检察院侦查直接受理的刑事案件涉及公安机关管辖的刑事案件，原则上应当将属于公安机关管辖的刑事案件移送公安机关。但是，如果涉嫌主罪属于公安机关管辖，由公安机关为主侦查，人民检察院予以配合；如果涉嫌主罪属于人民检察院管辖，由人民检察院为主侦查，公安机关予以配合。根据《公安机关办理刑事案件程序规定》第三十条第二款规定，公安机关侦查的刑事案件涉及其他侦查机关管辖的案件时，也应当参照上述规定办理。（2）侦查机关与人民法院之间的交叉管辖。公安机关、人民检察院在侦查过程中，如果发现还有属于告诉才处理的犯罪，可以告知被害人向人民法院直接提起诉讼；如果发现还有属于人民法院可以受理的其他类型自诉案件的，可以立案侦查，然后在人民检察院提起公诉时，随同原来侦查的公诉案件移送人民法院，由人民法院进行合并审理，而在侦查终结后人民检察院不提起公诉的情况下，应当直接将案件移送人民法院处理。（3）人民法院在审理自诉案件时发现没有提起公诉的案件时，应当将新发现的犯罪事实另案移送具有管辖权的公安机关或者人民检察院进行处理。另外，根据《监察法》第三十四条第二款的规定，被调查人既涉嫌严重职务违法或者职务犯罪，又涉嫌其他违法犯罪的，一般应当由监察机关为主调查，其他机关予以协助。

【并案处理】 又称并案管辖、合并管辖或者牵连管辖，是指公安机关、人民检察院、人民法院在办理刑事案件过程中，如果遇到一人犯数罪、共同犯罪等法定情形时，可以将相关案件进行合并处理或者合并管辖。根据《实施刑事诉讼法规定》第三条规定，具有下列情形之一的，人民法院、人民检察院、公安机关可以在其职责范围内并案处理：一人犯数罪的；共同犯罪的；共同犯罪的犯罪嫌疑人、被告人还实施其他犯罪的；多个犯罪嫌疑人、被告人实施的犯罪存在关联，并案处理有利于查明案件事实的。并案处理既有助于提高司法效率，又有助于查明案件事实。从理论上讲，并案管辖包括并案侦查、并案起诉和并案审理三种情形。根据《公安机关办理刑事案件程序规定》第二十一条第二款、《人民检察院刑事诉讼规则》第十八条第二款，公安机关、人民检察院在侦查过程中遇到以上情形，可以进行并案侦查。《公安机关办理刑事案件程序规定》第一百七十五条、第一百七十六条进一步规定，经立案侦查，认为有犯罪事实，但不属于自己管辖或者需要由其他公安机关并案侦查的案件，经县级以上公安机关负责人批准，制作移送案件通知书，移送有管辖权的机关或者并案侦查的公安机关，并告知扭送人、报案人、控告人、举报人。案件变更管辖或者移送其他公安机关并案侦查时，与案件有关的财物及其孳息、文件应当随案移交。公安司法机关在进行并案处理时，一般按照下列方式进行处理：在级别管辖上，实行就高不就低；在地域管辖上，遵循从犯随主犯；在罪行轻重上，遵循次罪随主罪。例如，根据《人民检察院刑事诉讼规则》第三百二十八条第四款，一人犯数罪、共同犯罪和其他需要并案审理的案件，只要其中一人或者一罪属于上级人民检察院管辖的，全案由上级人民检察院审查起诉。再如，根据《刑事诉讼法司法解释》第十五条规定，一人犯数罪、共同犯罪或其他需要并案审理的案件，其中一人或者一罪属于上级人民法院管辖的，全案由上级人民法院管辖。

【审判管辖】 是指人民法院审判第一审刑事案件的职权范围，包括各级人民法院之间、普通人民法院与专门人民法院之间，以及同级人民法院之间，在审判第一审刑事案件上的权限划分。从诉讼的角度讲，审判管辖所要解决的是某个刑事案件由哪个人民法院作为第一审进行审判的问题。根据《刑事诉讼法》第二十条至第二十八条规定，我国刑事审判管辖分为普通管辖和专门管辖；普通管辖又分为级别管辖、地区管辖和指定管辖。立案管辖和审判管辖的关系在公诉案件和自诉案件中有所不同。在自诉案件中，人民法院的立案管辖和审判管辖是重合的，都是具体落实到审判权。在公诉案件中，两者间的关系包括：(1) 公安机关、人民检察院等机关的立案管辖和人民法院的审判管辖是先后关系，发生在刑事诉讼程序的不同阶段。立案管辖是公安司法机关在受理刑事案件上的第一次分工，审判管辖则是刑事案件进入到审判阶段以后的第二次分工。(2) 立案管辖并不必然导致审判管辖。这是因为，有些案件在经过侦查或者经过审查起诉阶段后即告终结，没有进入审判程序，进而无需产生审判管辖问题。(3)《刑事诉讼法》规定的有关审判管辖中的级别管辖、地区管辖、专门管辖的原则和标准，基本上也适用于人民检察院，即人民检察院系统内部对刑事案件的立案侦查权限的划分，原则上也要与人民法院的级别管辖、地区管辖和专门管辖相对应。按照《刑事诉讼法》第一百七十六条规定，人民检察院决定起诉的案件，应当按照审判管辖的规定，向人民法院提起公诉。这决定了人民检察院提起公诉的案件必须与各级人民法院管辖审理的案件范围相适应。这意味着，如果明确了审判管辖，那么也就确定了相应的提起公诉的检察机关。

【级别管辖】 是指各级人民法院审判第一审刑事案件的职权范围。级别管辖所解决的是各级人民法院之间，在审判第一审刑事案件上的权限分工问题。国外一般是根据罪行轻重来确立刑事案件的级别管辖，而确定罪行轻重的依据则是对该案可能判处的刑罚。我国《刑事诉讼法》划分级别管辖的主要依据是：案件的性质；罪行的轻重程度和可能判处的刑罚；案件涉及面和社会影响的大小；各级人民法院在审判体系中的地位、职责和条件等。一般而言，《刑法》对犯罪所规定的刑期越长，表明犯罪行为的社会危害性越大；而犯罪行为的社会危害性越严重，受诉法院的级别就应当越高，审理刑事案件、揭示案件事实真相、保证案件公正审理的审判能力也应该越强。从这个角度而言，人民法院的级别管辖是保证案件公正审判的一项制度保证。我国《刑事诉讼法》及其司法解释对各级人民法院管辖的第一审刑事案件作出了明确规定。

【基层人民法院管辖的第一审刑事案件】

是指依法应当由基层人民法院审判的第一审刑事案件。根据《刑事诉讼法》第二十条规定，基层人民法院管辖第一审普通刑事案件，但是依照本法由上级人民法院管辖的除外。尽管我国基层人民法院只能管辖普通的刑事案件，但大部分刑事案件都是普通刑事案件。也就是说，在我国刑事诉讼中，绝大多数刑事案件实际上是由基层人民法院进行第一审。这样的制度安排不仅与我国基层人民法院的地域分布相适应，而且有助于及时、有效地处理刑事案件，有利于诉讼参与人参加诉讼，方便人民群众旁听刑事案件的审判。

【中级人民法院管辖的第一审刑事案件】

是指依法应当由中级人民法院审判的第一审刑事案件。根据《刑事诉讼法》第二十一条规定，中级人民法院管辖下列第一审刑事案件：危害国家安全案件、恐怖活动案件；可能判处无期徒刑、死刑的案件。根据《公安机关办理刑事案件程序规定》第三百八十五条规定，危害国家安全案件包括《刑法》分则第一章规定的危害国家安全罪案件以及危害国家安全的其他犯罪案件；恐怖活动案件包括以制造社会恐慌、危害公共安全或者胁迫国家机关、国际组织为目的，采取暴力、破坏、恐吓等手段，造成或者意图造成人员伤亡、重大财产损失、公共设施损坏、社会秩序混乱等严重社会危害的犯罪案件，以及煽动、资助或者以其他方式协助实施上述活动的犯罪案件。值得注意的是，这两类案件并非只能由中级人民法院进行第一审，而是最低应当由中级人民法院进行第一审，因而不排除由高级人民法院、最高人民法院对这些案件进行第一审。我国《刑事诉讼法》之所以明确规定应当由中级人民法院以上的人民法院来审理这两类案件，主要是因为这些案件性质严重，或者案情重大复杂、影响范围大，或者处刑较重。由较高级别的人民法院进行第一审，有利于保证办案质量。

【高级人民法院管辖的第一审刑事案件】

是指依法应当由高级人民法院审判的第一审刑事案件。根据《刑事诉讼法》第二十二条规定，高级人民法院管辖的第一审刑事案件，是全省（自治区、直辖市）性的重大刑事案件。现行法律并未对全省（自治区、直辖市）性的重大刑事案件规定明确的判断标准，而是由高级人民法院裁量。在司法实践中，由高级人民法院管辖的第一审刑事案件数量实际上很少。这是与高级人民法院在地方人民法院组织体系中居于最高级别的地位以及其繁重工作负担相适应的。

【最高人民法院管辖的第一审刑事案件】

是指依法应当由最高人民法院审判的第一审刑事案件。根据《刑事诉讼法》第二十三条规定，最高人民法院管辖的第一审刑事案件，是全国性的重大刑事案件。在我国刑事诉讼中，尽管最高人民法院有第一审刑事案件的管辖权，但是基于其特殊地位和繁重任务，最高人民法院实际上很少审判第一审刑事案件。

【级别管辖的变通】 是指本来应当由某一级别的人民法院管辖的第一审刑事案件，基于特殊情况的需要，在必要的时候依法由另外一个级别的人民法院进行审判。尽管我国《刑事诉讼法》规定的级别管辖被证明是行之有效的管辖制度，但是刑事案件的实际情况十分复杂，过于机械地适用级别管辖制度，反而不利于刑事案件的公正处理。有鉴于此，为了确保我国级别管辖制度能够充分满足司法实践的需要，我国《刑事诉讼法》对级别管辖作出了一些变通规定。根据我国《刑事诉讼法》及其相关司法解释的有关规定，级别管辖的变通包括管辖权的转移、管辖不倒流规则、全案管辖规则这三种情形。

【管辖权的转移】 是指经上级人民法院决定或者同意，将某个案件的管辖权由上级人民法院转交给下级人民法院，或者由下级人民法院转交给上级人民法院。管辖权转移是级别管辖的调节制度，是对级别管辖的一种变通和补充。管辖权的转移只能是上级人民法院审理本来应当由下级人民法院管辖的案件，上级人民法院不能将自己管辖的案件交给下级人民法院审判。根据《刑事诉讼法》第二十四条规定，管辖权的转移包括提审和报请这两种情况。

提审，是指上级人民法院在必要的时候，可以审判下级人民法院管辖的第一审刑事案件。在司法实践中，“必要的时候”主要是指案情重大、复杂或者影响巨大，以及下级人民法院遇到某种特殊情况而不宜行使管辖权。根据《刑事诉讼法司法解释》第十六条、第二十二条规定，上级人民法院决定审判下级人民法院管辖的第一审刑事案件的，应当向下级人民法院下达改变管辖决定书，原受理案件的人民法院在收到上级人民法院改变管辖决定书后，应当将案卷材料退回，书面通知同级人民检察院和当事人。根据《关于规范上下级人民法院审判业务关系意见》第五条规定，如果上级人民法院认为下级人民法院管辖的第一审案件属于重大、疑难、复杂案件；新类型案件；具有普遍法律适用意义的案件；或者有管辖权的人民法院不宜行使审判权的案件，有必要由自己审理的，也可以决定提级管辖。

报请，是指下级人民法院认为案情重大、复杂需要由上级人民法院审判的第一审刑事案件，可以请求移送上一级人民法院审判。这种管辖权的转移应当以案情重大、复杂为前提，而且必须得到上级人民法院的同意。根据《刑事诉讼法司法解释》第十七条第二款、《关于规范上下级人民法院审判业务关系意见》第三条规定，基层人民法院对下列第一审刑事案件，可以请求移送中级人民法院审判：重大、复杂案件；新类型的疑难案件；在法律适用上具有普遍指导意义的案件；有管辖权的人民法院不宜行使审判权的案件。需要将案件移送中级人民法院审判的，应当在报请院长决定后，至迟于案件审理期限届满15日前书面请求移送。中级人民法院应当在接到申请后10日内作出决定。不同意移送的，应当下达不同意移送决定书，由请求移送的人民法院依法审判；同意移送的，应当下达同意移送决定书，并书面通知同级人民检察院。根据《刑事诉讼法司法解释》第十八条规定，有管辖权的人民法院因案件涉及本院院长需要回避等原因，不宜行使管辖权的，可以请求移送上一级人民法院管辖。上一级人民法院可以管辖，也可以指定与提出请求的人民法院同级的其他人民法院管辖。

【管辖不倒流规则】 是指中级人民法院依法受理第一审刑事案件以后，虽然认为按照级别管辖的规定，该案应当由基层人民法院管辖，但是仍然继续审理该案的一种管辖规则。根据《刑事诉讼法司法解释》第十四条规定，人民检察院按照级别管辖的规定依法将可能判处无期徒刑、死刑的案件向中级人民法院提起公诉以后，如果中级人民法院在受理案件以后认为不需要判处无期徒刑、死刑，那么应当继续依法审判，而不再根据级别管辖的一般规则，将案件交给基层人民法院进行审判。

【全案管辖规则】 是指人民法院对于并案处理的案件，只要其中的一名被告人或者一起犯罪事实属于上级人民法院管辖，全案都应当由上级人民法院管辖的一种管辖规则。根据《刑事诉讼法司法解释》第十五条规定，一人犯数罪、共同犯罪和其他需要并案审理的案件，其中一人或者一罪属于上级人民法院管辖的，全案由上级人民法院管辖。这既是级别管辖的内在要求，又有助于维护被告人的诉讼权益，提高诉讼效率。上级人民法院可以向下兼容，审理应当由下级人民法院管辖的案件，而下级人民法院却无权向上兼容，审理应当由上级人民法院管辖的案件。值得注意的是，全案管辖规则是以并案起诉和并案审理为前提的。如果对于这类案件没有实行并案起诉和并案审理，而是实行分案起诉和分案审理，则没有必要遵循全案管辖规则。在实践中，对于共同犯罪案件，先归案的被告人可能已经被定罪量刑，而后归案的其他同案被告人因符合以上规定而由上级人民法院管辖以后，应当注意前后归案的各同案人的量刑均衡问题。

【地区管辖】 又称区域管辖或者地域管辖，是指同级人民法院之间在审判第一审刑事案件上的权限划分。级别管辖是从纵向上解决案件由哪一级人民法院管辖的问题，而地区管辖则是在明确案件的级别管辖的基础上，确定某一案件由该级人民法院中的哪一个人民法院管辖，是从横向上解决案件的管辖问题，即第一审刑事案件审判权的最终落脚点问题。只有级别管辖和地区管辖都解决了，案件的管辖权才能最终得以落实。确定地区管辖的原则有两个：一是以犯罪地人民法院管辖为主，被告人居住地人民法院管辖为辅原则。这是确定地域管辖的基本原则。二是以最初受理的人民法院审判为主，主要犯罪地人民法院审判为辅的原则。这是地域管辖冲突的处理原则。

【犯罪地法院管辖】 是指刑事案件原则上应当由犯罪地的人民法院管辖。根据《刑事诉讼法》第二十五条规定，刑事案件由犯罪地的人民法院管辖。我国《刑事诉讼法》之所以规定刑事案件原则上由犯罪地的人民法院管辖，主要是因为：（1）犯罪地一般是罪证最集中存在的地方，案件由犯罪地人民法院管辖，便于及时、全面地收集和审查核实证据，有利于迅速查明案情。（2）犯罪地是当事人、证人所在的地方，由犯罪地的人民法院审判，便于他们就近参加诉讼活动，有利于审判工作的顺利进行。（3）案件既然在犯罪地发生，当地群众自然关心案件的处理，由犯罪地人民法院审判，更能有效地发挥审判的法制教育作用，而且也有利于群众对法院审判工作的监督。（4）案件由犯罪地人民法院审判，便于人民法院系统地掌握和研究当地刑事案件发生的情况和规律，及时提出防范的建议，加强社会治安的综合治理，预防和减少犯罪的发生。

【犯罪地】 是指犯罪发生的具体地点。犯罪地是我国《刑事诉讼法》确立地区管辖的一个基本依据。从理论上讲，犯罪地有广义和狭义之分。狭义的犯罪地是指构成某一罪名的犯罪行为实施地或者完成地。不作为犯罪的犯罪地就是被告人应该作为的地点。广义的犯罪地则包括犯罪预备地、犯罪行为实施地、犯罪结果地以及销赃地等。根据《实施刑事诉讼法规定》第二条和《刑事诉讼法司法解释》第二条规定，犯罪地包括犯罪行为发生地和犯罪结果发生地。

【犯罪行为发生地】 是指实施犯罪行为的具体地点。尽管任何犯罪行为都存在犯罪行为发生地，但是基于犯罪行为的复杂性，不同的犯罪行为，其犯罪行为的发生地往往存在较大差异。尤其是对于行为比较复杂、涉及环节较多的犯罪，犯罪行为发生地可能存在多种情形。根据《公安机关办理刑事案件程序规定》第十六条第一款规定，犯罪行为发生地，包括犯罪行为的实施地以及预备地、开始地、途经地、结束地等与犯罪行为有关的地点；犯罪行为有连续、持续或者继续状态的，犯罪行为连续、持续或者继续实施的地方都属于犯罪行为发生地。根据《办理流动性团伙性跨区域性犯罪案件意见》第一条第二款规定，对于流动性、团伙性、跨区域性犯罪案件，犯罪行为发生地包括被害人接到诈骗、敲诈勒索电话、短信息、电子邮件、信件、传真等犯罪信息的地方，以及犯罪行为持续发生的开始地、流转地、结束地。根据《办理电信网络诈骗等刑事案件意见（二）》规定，电信网络诈骗犯罪地还包括用于犯罪活动的手机卡、流量卡、物联网卡的开立地、销售地、转移地、藏匿地；用于犯罪活动的信用卡的开立地、销售地、转移地、藏匿地、使用地以及资金交易对手资金交付和汇出地；用于犯罪活动的银行账户、非银行支付账户的开立地、销售地、使用地以及资金交易对手资金交付和汇出地；用于犯罪活动的即时通讯信息、广告推广信息的发送地、接受地、到达地；用于犯罪活动的“猫池”（Modem Pool）、GOIP设备、多卡宝等硬件设备的销售地、入网地、藏匿地；用于犯罪活动的互联网账号的销售地、登录地。根据《办理电信网络诈骗等刑事案件意见》规定，对于电信网络诈骗犯罪案件，犯罪行为发生地包括用于电信网络诈骗犯罪的网站服务器所在地，网站建立者、管理者所在地，被侵害的计算机信息系统或其管理者所在地，犯罪嫌疑人、被害人使用的计算机信息系统所在地，诈骗电话、短信息、电子邮件等的拨打地、发送地、到达地、接受地，以及诈骗行为持续发生的实施地、预备地、开始地、途经地、结束地。根据《办理走私刑事案件意见》规定，走私犯罪的行为发生地包括货物、物品的进口（境）地、出口（境）地、报关地、核销地等。走私犯罪案件复杂，环节多，其犯罪地可能涉及多个犯罪行为发生地，包括货物、物品的进口（境）地、出口（境）地、报关地、核销地等，如果发生《刑法》第一百五十四条、第一百五十五条规定的走私犯罪行为，走私货物、物品的销售地、运输地、收购地和贩卖地均属于犯罪行为的发生地。

【犯罪结果发生地】 是指犯罪行为造成损害的具体地点。同犯罪行为发生地相类似的是，犯罪结果发生地也比较复杂，也会因为不同的犯罪行为而存在一定差异。根据《公安机关办理刑事案件程序规定》第十六条第一款规定，犯罪结果发生地，包括犯罪对象被侵害地、犯罪所得的实际取得地、藏匿地、转移地、使用地、销售地。我国司法解释或者部门规范性文件对某些特殊犯罪的犯罪结果发生地作出了更加详细的规定。例如，根据《办理流动性团伙性跨区域性犯罪案件意见》第一条第二款规定，对于流动性、团伙性、跨区域性犯罪案件，犯罪结果发生地包括被害人向犯罪嫌疑人、被告人指定的账户转账或存款的地方，以及犯罪所得的实际取得地、藏匿地、转移地、使用地、销售地。再如，根据《办理电信网络诈骗等刑事案件意见》规定，对于电信网络诈骗犯罪案件，犯罪结果发生地包括被害人被骗时所在地，以及诈骗所得财物的实际取得地、藏匿地、转移地、使用地、销售地等。

【网络犯罪的犯罪地】 是指网络犯罪的行为发生地和结果发生地。与传统犯罪不同的是，网络犯罪是发生在网络虚拟空间的犯罪。传统犯罪发生在二维空间，在特定的而且是可以看得见的时空范围内留下痕迹。而网络犯罪的最大特征就是虚拟性，即来自网络时空的虚拟化、网络空间的无地域性。而且，网络犯罪具有智能化、隐秘性强的特点。这决定了无法完全按照传统犯罪地的理解来解决网络犯罪的地域管辖问题，从而给网络犯罪的管辖问题带来巨大挑战。在界定网络犯罪的管辖时，不仅需要考虑属地管辖的基本原则，而且必须把握网络犯罪时空虚拟性的基本特征。对于现阶段多发的网络诈骗、网络赌博、网络传播淫秽电子信息等犯罪，只有将与计算机网络直接关联的地点都视为犯罪地，如网站服务器所在地，网络接入地，网站建立者、管理者所在地，被侵害的计算机信息系统及其管理者所在地，被告人、被害人使用的计算机信息系统所在地等，才能有效解决实践中的网络犯罪管辖难题。有鉴于此，在总结实践经验的基础上，《刑事诉讼法司法解释》第二条第二款明确规定，针对或者利用计算机网络实施的犯罪，犯罪地包括用于实施犯罪行为的网络服务使用的服务器所在地，网络服务提供者所在地，被侵害的信息网络系统及其管理者所在地，犯罪过程中被告人、被害人使用的信息网络系统所在地，以及被害人被侵害时所在地和被害人财产遭受损失地等。

【被告人居住地法院管辖】 是指如果由被告人居住地的人民法院审判更为适宜的，可以由被告人居住地的人民法院管辖。根据《刑事诉讼法》第二十五条的规定，被告人居住地法院管辖是对犯罪地法院管辖的重要补充。其目的主要是为了方便诉讼。由被告人居住地的人民法院管辖更为适宜的情况，一般包括：被告人流窜作案，主要犯罪地难以确定，而其居住地的群众更了解案件的情况；被告人在居住地民愤极大，当地群众要求在当地审判的；可能对被告人适用缓刑、管制或者单独适用剥夺政治权利等刑罚，因而需要在其居住地执行的；临时外出的组织成员之间相互进行侵犯的等。被告人居住地法院管辖，既包括自然人被告人居住地，又包括被告单位居住地。

【被告人居住地】 是指作为自然人的被告人的实际住址所在地。根据《刑事诉讼法司法解释》第三条第一款规定，原则上应当以被告人的户籍所在地为被告人的居住地。但是，如果被告人的户籍地与被告人的经常居住地不一致时，应当以被告人的经常居住地为其居住地。经常居住地，是指被告人被追诉前已连续居住一年以上的地方，但住院就医的除外。

【被告单位居住地】 是指公司、企业、事业单位、机关、团体等单位作为被告人的实际住址所在地。与自然人被告人的户籍地相对应，被告单位的居住地通常根据其登记的住所地来界定。根据《刑事诉讼法司法解释》第三条第二款规定，原则上应当以被告单位登记的住所地为被告单位的居住地。但是，如果被告单位的主要营业地或者主要办事机构所在地与登记的住所地不一致，那么应当以主要营业地或者主要办事机构所在地为被告单位的居住地。在司法实践中，对于主要营业地或者主要办事机构所在地，可以参考营业规模、办事权限等因素加以确定。另外，如果单位的分支机构、内设机构或者部门构成单位犯罪，而且与单位居住地不一致，那么应当以分支机构、内设机构或者部门登记的住所地为其居住地，主要营业地或者主要办事机构所在地与住所地不一致的，应当以主要营业地或者主要办事机构所在地为其居住地。

【地区管辖冲突】 是指按照地区管辖的规定，两个以上的人民法院对同一个刑事案件都依法享有管辖权。尽管犯罪地是确定地区管辖的基本依据，但是犯罪行为的一个重要特点就是，犯罪地往往不止一个。在这种情况下，按照犯罪地管辖规则，就会产生几个人民法院同时具有管辖权的情况，从而形成刑事诉讼中的管辖冲突问题。为了解决这种管辖冲突，我国《刑事诉讼法》确立了以最初受理的人民法院管辖为主、以主要犯罪地人民法院审判为辅的原则，即根据《刑事诉讼法》第二十六条的规定，对于几个同级人民法院都有权管辖的案件，由最初受理的人民法院审判；在必要的时候，可以移送主要犯罪地的人民法院审判。

【指定管辖】 是指上级人民法院在管辖不明或者管辖存在争议等特殊情况下，将某一案件指定由下级人民法院进行审判的一种管辖制度。指定管辖的实质是法律赋予上级人民法院在一定情况下变更和确定案件管辖法院的权力，以弥补立法的不足和适应审判实践的需要。指定管辖是级别管辖和地域管辖的一种变通处理规则，一般适用于两种情况：一种情况是本来具有管辖权的人民法院出现了不能或不宜管辖的情形；另一种情况是管辖不明或管辖出现争议。正因如此，可以将指定管辖分为管辖权明确的指定管辖和管辖权不明的指定管辖两种。

【管辖权明确的指定管辖】 是指当下级人民法院出现特殊原因而不宜或者不能行使管辖权时，上级人民法院依照职权，或者基于下级人民法院的请求，通过指定的方式改变案件的管辖。这种管辖包括两种情形：（1）根据《刑事诉讼法》第二十七条、《刑事诉讼法司法解释》第二十条第二款规定，上级人民法院在必要时，可以依照职权指定下级人民法院将其管辖的案件移送其他下级人民法院审判。所谓必要时，是指下级人民法院可能面临管辖权异议或者案件审理工作存在某种阻力，从而导致无法确保审判的顺利进行；有关案件由犯罪地、被告人居住地以外的人民法院审判更为适宜的，上级人民法院可以指定下级人民法院管辖。（2）根据《刑事诉讼法司法解释》第十八条规定，有管辖权的人民法院因案件涉及本院院长需要回避或者其他原因，不宜行使管辖权，在请求上一级人民法院以后，由上一级人民法院指定与提出请求的人民法院同级的其他人民法院管辖。根据我国《刑事诉讼法》规定的回避制度，有管辖权的人民法院院长如果属于需要回避的人员范围，那么就会导致该法院的所有法官都需要回避，进而导致整个法院无法或者不宜再行使案件的管辖权。为了确保审判公正，解决有管辖权的人民法院因为回避而不宜行使管辖权的难题，《刑事诉讼法司法

刑事审判

解释》赋予该法院请求上一级人民法院管辖或者处理的权力。而在上一级人民法院接受请求以后，既可以直接提级管辖，也可以通过指定管辖的方式变更管辖，即指定与提出请求的人民法院同级的其他人民法院管辖。

【管辖权不明的指定管辖】 是指在无法确定管辖法院或者管辖出现争议的情况下，由上级人民法院指定下级人民法院进行管辖的一种管辖制度。这种指定管辖包括两种情形：（1）根据《刑事诉讼法》第二十七条、第二十条第一款规定，上级人民法院可以指定下级人民法院审判管辖不明的案件。（2）根据第十九条规定，管辖权发生争议的，应当在审理期限内协商解决；协商不成的，由争议的人民法院分别层报共同的上级人民法院指定管辖。基于诉讼效率等方面的考虑，当出现管辖争议时，应当尽量由发生争议的人民法院在审理期限内协商解决。只有在协商不成的情况，再报请共同的上级人民法院通过指定的方式确定管辖。

【指定管辖程序】 是指下级人民法院在请求指定管辖以及上级人民法院在指定管辖时应当遵循的诉讼程序。根据《刑事诉讼法司法解释》第二十一条至第二十三条规定，指定管辖应当遵循如下程序：（1）上级人民法院指定管辖，应当将指定管辖决定书送达被指定管辖的人民法院和其他有关的人民法院。（2）原受理案件的人民法院在收到上级人民法院改变管辖决定书、同意移送决定书或者指定其他人民法院管辖决定书后，对公诉案件，应当书面通知同级人民检察院，并将案卷材料退回，同时书面通知当事人；对自诉案件，应当将案卷材料移送被指定管辖的人民法院，并书面通知当事人。（3）第二审人民法院发回重新审判的案件，人民检察院撤回起诉后，又向原第一审人民法院的下级人民法院重新提起公诉的，下级人民法院应当将有关情况层报原第二审人民法院。原第二审人民法院根据具体情况，可以决定将案件移送原第一审人民法院或者其他人民法院审判。

【专门管辖】 又称特殊管辖，是指专门人民法院之间，以及专门人民法院与普通人民法院之间对第一审刑事案件在受理范围上的分工。专门管辖与普通管辖相对应，它进一步明确各专门人民法院审判刑事案件的职权范围，它所要解决的是哪些刑事案件应当由哪些专门人民法院审判的问题。确立专门管辖的主要依据是：（1）犯罪行为侵犯的客体涉及专门的业务领域；（2）犯罪主体是专业人员；（3）犯罪地在专业系统管辖区域之内。这些刑事案件与某些专门业务有联系，涉及专门性、技术性问题，由普通法院审判不便，因此，设置专门人民法院负责对此类案件的审判。根据《刑事诉讼法》第二十八条规定，专门人民法院案件的管辖另行规定。

【军事法院管辖的刑事案件】 是指违反军人职责罪案件及现役军人、在军队编制内服务的无军职人员、普通公民危害与破坏国防军事的犯罪案件。根据《办理军队和地方互涉刑事案件规定》第十九条规定，军人是指中国人民解放军的现役军官、文职干部、士兵及具有军籍的学员和中国人民武装警察部队的现役警官、文职干部、士兵及具有军籍的学员；军人身份自批准入伍之日获取，批准退出现役之日终止。根据《刑事诉讼法司法解释》第二十六条规定，军队和地方互涉刑事案件，按照有关规定确定管辖。这里的有关规定主要是指《办理军队和地方互涉刑事案件规定》。一般而言，军人和非军人共同犯罪的，分别由军事法院和地方人民法院或者其他专门法院管辖。根据《办理军队和地方互涉刑事案件规定》第六条规定，军队和地方共同使用的营房、营院、机场、码头等区域发生的案件，发生在军队管理区域的，按照本规定第五条第一款的规定办理；发生在地方管理区域的，按照本规定第五条第二款的规定办理。管理区域划分不明确的，由军队和地方主管机关协商办理。军队在地方国家机关和单位设立的办公场所、对外提供服务的场所、实行物业化管理的住宅小区，以及在地方执行警戒勤务任务的部位、住处发生的案件，按照本规定第五条第二款的规定办理。《办理军队和地方互涉刑事案件规定》第五条第一款规定，发生在营区的案件，由军队保卫部门或者军事检察院立案侦查；其中犯罪嫌疑人不明确且侵害非军事利益的，由军队保卫部门或者军事检察院与地方公安机关或者国家安全机关、人民检察院，按照管辖分工共同组织侦查，查明犯罪嫌疑人属于本规定第四条第二款规定管辖的，移交地方公安机关或者国家安全机关、人民检察院处理。第五条第二款规定，发生在营区外的案件，由地方公安机关或者国家安全机关、人民检察院立案侦查；查明犯罪嫌疑人属于本规定第四条第一款规定管辖的，移交军队保卫部门或者军事检察院处理。根据《办理军队和地方互涉刑事案件规定》第八条规定，军地互涉案件管辖不明确的，由军队军区级以上单位保卫部门、军事检察院、军事法院与地方省级公安机关、国家安全机关、人民检察院、人民法院协商确定管辖；管辖有争议或者情况特殊的案件，由总政治部保卫部与公安部、国家安全部协商确定，或者由解放军军事检察院、解放军军事法院报请最高人民检察院、最高人民法院指定管辖。

【跨行政区划法院管辖的刑事案件】 是指我国跨行政区划法院打破传统的行政区划限制，管辖多个指定行政区域内所发生的刑事案件。相对于其他普通人民法院而言，跨行政区划人民法院的最大特色就是，它管辖的案件范围不再是某个固定的行政区域，而是涉及多个行政区域。一般认为，这种做法有助于排除外界对审判工作的干扰，促进人民法院依法独立公正行使审判权。从已经设立的具有区行政区划人民法院性质的北京市第四中级人民法院和上海市第三中级人民法院承担的职能来看，跨行政区划人民法院管辖的刑事案件除了原铁路运输法院管辖的刑事案件以外，还包括如下几类案件：（1）指定管辖的跨地区重大职务犯罪案件。（2）跨地区的重大环境资源保护和重大食品药品安全刑事案件。（3）由民航、水运、公交或者海关所属公安机关侦查的刑事案件。（4）高级人民法院指定管辖的其他重大刑事案件。

【移送管辖】 是指没有管辖权的公安司法机关将案件移送至有管辖权的机关立案或者审判的一种管辖制度。管辖作为公安司法机关在受理刑事案件方面的职权分工，是一项十分严肃的诉讼制度，既不能越权行使管辖权，又不能相互混淆。在刑事诉讼中，公安司法机关如果发现自己对案件没有管辖权，理所应当将案件移送给有管辖权的专门机关加以处理。这实际上是公安司法机关对管辖发生错误所采用的一种纠正措施。无论是在立案管辖上还是在审判管辖中，移送管辖都有所体现。移送管辖与管辖权的转移具有本质差异。这是因为，移送管辖是已经受理案件的公安司法机关对该案件没有管辖权，而将案件移送给有管辖权的公安司法机关进行处理，转移的是案件。而管辖权的转移是有管辖权的法院将案件的管辖权转移给本来没有管辖权的法院，转移的是案件管辖权。

【特殊情况的管辖】 是指某些刑事案件不能完全适用地区管辖规定，而要适用特殊管辖的一种管辖制度。根据《刑事诉讼法司法解释》第六条至第十三条，这类案件包括如下几种情形：（1）对于中华人民共和国缔结或者参加的国际条约所规定的罪行，中华人民共和国在所承担条约义务的范围内行使刑事管辖权。这类案件，由被告人被抓获地、登陆地或者入境地的人民法院管辖。（2）在中华人民共和国领域外的中国船舶内的犯罪，由该船舶最初停泊的中国口岸所在地或者被告人登陆地、入境地的人民法院管辖。（3）在中华人民共和国领域外的中国航空器内的犯罪，由该航空器在中国最初降落地的人民法院管辖。（4）在国际列车上的犯罪，根据我国与相关国家签订的协定确定管辖；没有协定的，由该列车始发或者前方停靠的中国车站所在地负责审判铁路运输刑事案件的人民法院管辖。（5）中国公民在中国驻外使领馆内的犯罪，由其主管单位所在地或者原户籍地的人民法院管辖。（6）中国公民在中华人民共和国领域外的犯罪，由其登陆地、入境地、离境前居住地或者现居住地的人民法院管辖；被害人是中国公民的，也可以由被害人离境前居住地或者现居住地的人民法院管辖。（7）外国人在中华人民共和国领域外对中华人民共和国国家或者公民犯罪，根据《刑法》应受处罚的，由该外国人登陆地、入境地或者入境后居住地的人民法院管辖，也可以由被害人离境前居住地或者现居住地的人民法院管辖。（8）正在服刑的罪犯在判决宣告前还有其他罪没有判决的，由原审地人民法院管辖；由罪犯服刑地或者犯罪地的人民法院审判更为适宜的，可以由罪犯服刑地或者犯罪地的人民法院管辖。罪犯在服刑期间又犯罪的，由服刑地的人民法院管辖。罪犯在脱逃期间犯罪的，由服刑地人民法院管辖。但是，在犯罪地抓获罪犯并发现其在脱逃期间犯罪的，由犯罪地的人民法院管辖。

【在中国领域外中国船舶、航空器内犯罪的管辖】 在中华人民共和国领域外的中国船舶内的犯罪，由该船舶最初停泊的中国口岸所在地或者被告人登陆地、入境地的人民法院管辖。在中华人民共和国领域外的中国航空器内的犯罪，由该航空器在中国最初降落地的人民法院管辖。其依据是《刑事诉讼法司法解释》第七条、第八条的规定。根据国际条约和国际惯例，国家有权对处于本国领域外的本国船舶、航空器内的犯罪行为行使司法管辖权，对相关犯罪行为进行审判和处罚。认定是否属于我国的船舶、航空器，应当以船舶、航空器的登记地为准。也就是说，只要船舶、航空器登记在我国，就属于我国的船舶、航空器。在中国领域外对中国船舶、航空器内犯罪的管辖，既有助于维护我国主权，又有利于刑事诉讼的顺利进行，从而提高刑事诉讼的效率。

【国际列车上犯罪的管辖】 是指在国际列车上的犯罪，根据我国与相关国家签订的协定确定管辖；没有协定的，由该列车始发或者前方停靠的中国车站所在地负责审判铁路运输刑事案件的人民法院管辖。其依据是《刑事诉讼法司法解释》第六条的规定。近年来，随着我国与周边国家开通的国际列车越来越多，在国际列车上发生的犯罪行为也逐渐增多，从而引起刑事管辖问题。但是由于国际法没有规定国际列车的司法管辖权问题，因此，对于国际列车上的犯罪无法适用国际通行的国籍管辖原则。在这种情况下，对于国际列车上犯罪的管辖，只能根据我国与相关国家签订的协定来确定管辖。如果我国与国际列车行经的周边国家之间没有签订刑事管辖权协定，那么基于诉讼便利方面的考虑，应当由该列车始发或者前方停靠的中国车站所在地负责审判铁路运输刑事案件的人民法院管辖。

【中国公民在中国驻外使领馆内犯罪的管辖】 是指中国公民在中国驻外使领馆内的犯罪，由其主管单位所在地或者原户籍地的人民法院管辖。其依据是《刑事诉讼法司法解释》第九条的规定。根据国际法的管辖豁免理论或者国土的通行概念，一个国家的驻外使领馆属于国家领土的延伸，不受所在国的法律管辖。这决定了对于我国公民在我国驻外使领馆内的犯罪，只能由我国法院行使管辖权。而基于方便诉讼方面的考虑，对于我国公民在我国驻外使领馆内的犯罪，可以由其主管单位所在地的人民法院进行管辖。如果没有主管单位，则可以由其原户籍地的人民法院管辖。在司法实践中，如果其原主管单位发生变更，那么应当由最终确定的主管单位所在地人民法院管辖。

【中国领域外中国人犯罪的管辖】 是指我国公民在中华人民共和国领域外的犯罪，由其登陆地、入境地、离境前居住地或者现居住地的人民法院管辖；被害人是我国公民的，也可以由被害人离境前居住地或者现居住地的人民法院管辖。其依据是《刑事诉讼法司法解释》第十条的规定。根据《刑法》第七条规定的属人管辖权，如果我国公民在中国领域外实施了中国《刑法》规定的犯罪行为，那么适用我国《刑法》。值得注意的是，如果其犯罪行为按照我国《刑法》规定的最高刑为三年以下有期徒刑，那么可以不予追究。这意味着我国通常只对我国公民在我国领域外实施的严重犯罪行为行使管辖权。

【外国人在中国领域外对中国或者公民犯罪的管辖】 是指外国人在中华人民共和国领域外对中华人民共和国国家或者公民犯罪，根据《刑法》应当受处罚的，由该外国人登陆地、入境地或者入境后居住地的人民法院管辖，也可以由被害人离境前居住地或者现居住地的人民法院管辖。其依据是《刑事诉讼法司法解释》第十一条的规定。这类管辖是我国保护管辖权的重要体现，对这类犯罪行为明确我国的法院有管辖权，对于依法追究外国犯罪人的刑事责任，维护我国国家和公民的合法权益，都具有重要意义。值得注意的是，根据《刑法》第八条规定，如果外国人在中华人民共和国领域外对中国国家或者公民犯罪，而按本法规定的最高刑为三年以下有期徒刑，或者按照犯罪地的法律不受处罚的，我国人民法院可以放弃其管辖权。

【国际犯罪的管辖】 是指对中华人民共和国缔结或者参加的国际条约所规定的

罪行，中华人民共和国在所承担条约义务的范围内行使刑事管辖权的，由被告人被抓获地、登陆地或者入境地的人民法院管辖。其依据是《刑事诉讼法解释》第十二条的规定。国际犯罪的管辖是我国《刑法》第九条规定的普遍管辖权原则的重要体现。我国法院对这类犯罪行为行使管辖权应当符合以下条件：（1）我国行使普遍管辖权的犯罪应当是国际条约所规定的罪行。（2）我国必须是相关国际条约的缔约国或者参加国。（3）我国《刑法》也将相关行为规定为犯罪行为。有管辖权的人民法院在行使普遍管辖权时所适用的实体法应当是我国《刑法》，而不是国际条约。在司法实践中，只有当行为人在国外针对外国人实施了国际条约所规定的罪行，而且在我国领域内被抓获时，我国才会基于国际条约缔约国或者参加国的义务行使普遍管辖权。而基于便利诉讼方面的考虑，这类犯罪由被告人被抓获地、登陆地或者入境地的人民法院管辖。

【服刑期间发现漏罪的管辖】 是指正在服刑的罪犯在判决宣告前还有其他罪没有判决的，由原审地人民法院管辖；由罪犯服刑地或者犯罪地的人民法院审判更为适宜的，可以由罪犯服刑地或者犯罪地的人民法院管辖。其依据是《刑事诉讼法司法解释》第十三条第一款的规定。在司法实践中，罪犯在服刑期间被发现漏罪已经成为屡见不鲜的现象。在这种情况下，由原审地人民法院行使管辖权，有助于确保量刑的适当性。但是，基于方便羁押候审或者审判社会效果等方面的考虑，由罪犯服刑地或者犯罪地的人民法院审判更为适宜的，也可以由罪犯服刑地或者犯罪地的人民法院管辖。

【服刑期间犯新罪的管辖】 是指罪犯在服刑期间又犯罪的，由服刑地的人民法院管辖。其依据是《刑事诉讼法司法解释》第十三条第二款的规定。尽管我国采取了一系列措施尽可能地教育改造挽救罪犯，但是基于种种原因罪犯在服刑期间又犯新罪也时有发生。在这种情况下，基于犯罪地管辖原则和便于羁押候审等方面的考虑，应当由服刑地的人民法院行使管辖权。但是，在确定管辖权时应当遵守级别管辖的规定，即根据罪犯所犯新罪的具体情况，确定应当由哪一个级别的人民法院来行使管辖权。

【脱逃期间犯新罪的管辖】 是指罪犯在脱逃期间犯罪的，由服刑地的人民法院管辖，但是在犯罪地抓获罪犯并发现其在脱逃期间犯罪的，由犯罪地的人民法院管辖。其依据是《刑事诉讼法司法解释》第十三条第三款的规定。罪犯脱逃是一种较为严重的犯罪行为。而在脱逃期间再犯新罪，则是国家更加不能容忍的行为。对于罪犯脱逃期间再犯新罪，应当根据不同情形来确定管辖法院。如果罪犯在脱逃期间实施的新罪是在该罪犯被抓回服刑地之后才被发现，基于脱逃罪适用犯罪地管辖的原则以及便利羁押候审等方面的考虑，应当由服刑地的人民法院管辖，即由服刑地人民法院对脱逃罪以及罪犯在脱逃期间所犯的新罪一并审判，按照数罪并罚原则确定该罪犯应当执行的刑罚。如果罪犯在脱逃期间实施的新罪是在犯罪地被抓获时就已经被发现，基于犯罪地管辖的原则和便于羁押候审的考虑，应当由犯罪地的人民法院管辖，即由犯罪地的人民法院对脱逃罪以及罪犯在脱逃期间所犯的新罪一并审判，按照数罪并罚原则确定该罪犯应当执行的刑罚。值得注意的是，如果罪犯在脱逃期间实施的新罪属于共同犯罪，那么应当根据不同情况确定管辖法院。例如，如果脱逃罪犯和同案人都在犯罪地被抓获，可以一并由犯罪地的人民法院管辖；如果同案人在其他地点被抓获，可以采用分案审理的办法来确定管辖法院。

【法定管辖】 是指法律明文规定的公检法机关在直接受理刑事案件范围上的分工以及人民法院系统内在审判第一审刑事案件上的权限划分。法定管辖是与指定管辖相对应的一个概念。我国《刑事诉讼法》规定的立案管辖、级别管辖、地域管辖和专门管辖都属于法定管辖的范畴。区分法定管辖和指定管辖，是我国《刑事诉讼法》坚持原则性和灵活性原则相结合的一种重要体现，既有助于维护法律的严肃性，又可以充分满足司法实践的需要。

【共同管辖】 又称竞合管辖，是指按照法律的规定，两个以上的公安司法机关对同一个案件都有管辖权。在刑事诉讼中，共同管辖常常发生在以下场合：犯罪地不在同一个立案侦查或者审判管辖区域之内；同一个犯罪人在不同地区犯同一种罪行。共同管辖是产生管辖冲突的一个重要原因。根据《刑事诉讼法》第二十六条规定，处理共同管辖或者管辖冲突问题的一个规则就是：原则上由最初受理的人民法院审判；只有在必要的时候，才可以将案件移送主要犯罪地的人民法院审判。另外，当有管辖权的人民法院之间发生管辖争议时，还可以通过指定管辖的方式解决争议法院的管辖冲突问题。

【专属管辖】 是指法律强制规定某些特殊案件由特定的专门机关负责立案侦查或者审判的一种管辖制度。专属管辖具有排他性，即凡是法律规定专属管辖的案件只能由特定的专门机关负责管辖。专属管辖可以分为立案侦查中的专属管辖和审判中的专属管辖两种。立案侦查中的专属管辖，主要是指国家安全机关、军队保卫部门、中国海警局、监狱、海关走私犯罪侦查机构对各自管辖的刑事案件进行立案侦查。审判中的专属管辖是指专门管辖。

【回避】 是指侦查人员、检察人员和审判人员等人员因与案件或案件的当事人具有某种利害关系或其他特殊关系，可能影响刑事案件的公正处理，而不得参加该案诉讼活动的一项诉讼制度。根据我国《刑事诉讼法》及其司法解释的有关规定，我国回避制度适用于刑事诉讼的整个过程。回避制度的建立有助于促进刑事案件得到客观公正的处理，确保当事人在刑事诉讼中受到公正对待，确保法律制度和法律实施过程中得到当事人和社会公众的普遍尊重，增强社会民众对司法机关秉公执法的信任，进而减少当事人的上诉或者申诉，节约司法资源，提高诉讼效率。根据回避的不同实施方式，我国学者常常将回避分为自行回避、申请回避和指令回避三种。根据申请回避是否需要提出理由，回避在理论上又可以分为有因回避和无因回避两种。值得注意的是，监察人员在调查职务犯罪的过程中也适用回避制度。

【任职回避】 是指法官、检察官基于特定的亲情关系等原因而在任职职务、任职区域等方面受到一定限制的法律制度。任职回避是现代法治国家管理公职人员普遍实行的一项人事管理制度。我国现行法律对法官、检察官的任职回避作出了明确规定。《法官法》第二十三条、第二十四条规定，法官之间有夫妻关系、直系血亲关系、三代以内旁系血亲以及近姻亲关系的，不得同时担任下列职务：同一人民法院的院长、副院长、审判委员会委员、庭长、副庭长；同一人民法院的院长、副院长和审判员；同一审判庭的庭长、副庭长、审判员；上下相邻两级人民法院的院长、副院长。法官的配偶、父母、子女有下列情形之一的，法官应当实行任职回避：（1）担任该法官所任职人民法院辖区内律师事务所的合伙人或者设立人的；（2）在该法官所任职人民法院辖区内以律师身份担任诉讼代理人、辩护人，或者为诉讼案件当事人提供其他有偿法律服务的。法官从人民法院离任后2年内，不得以律师身份担任诉讼代理人或者辩护人。法官从人民法院离任后，不得担任原任职法院办理案件的诉讼代理人或者辩护人，但是作为当事人的监护人或者近亲属代理诉讼或者进行辩护的除外。法官被开除后，不得担任诉讼代理人或者辩护人，但是作为当事人的监护人或者近亲属代理诉讼或者进行辩护的除外。

《检察官法》第二十四条、第二十五条、第三十七条规定，检察官之间有夫妻关系、直系血亲关系、三代以内旁系血亲以及近姻亲关系的，不得同时担任下列职务：同一人民检察院的检察长、副检察长、检察委员会委员；同一人民检察院的检察长、副检察长和检察员；同一业务部门的检察员；上下相邻两级人民检察院的检察长、副检察长。检察官的配偶、父母、子女有下列情形之一的，检察官应当实行任职回避：（1）担任该检察官所任职人民检察院辖区内律师事务所的合伙人或者设立人的；（2）在该检察官所任职人民检察院辖区内以律师身份担任诉讼代理人、辩护人，或者为诉讼案件当事人提供其他有偿法律服务的。检察官从人民检察院离任后2年内，不得以律师身份担任诉讼代理人或者辩护人。检察官从人民检察院离任后，不得担任原任职检察院办理案件的诉讼代理人或者辩护人，但是作为当事人的监护人或者近亲属代理诉讼或者进行辩护的除外。检察官被开除后，不得担任诉讼代理人或者辩护人，但是作为当事人的监护人或者近亲属代理诉讼或者进行辩护的除外。

《检察人员任职回避和公务回避暂行办法》，以及《关于对配偶父母子女从事律师职业的法院领导干部和审判执行人员实行任职回避的规定》，分别对检察官、法官的任职回避作出了更加详细的规定。法官、检察官的任职回避与他们在诉讼活动中的回避具有本质差异。前者是人事管理制度，与具体的诉讼活动或者案件没有直接关系，后者却是诉讼制度，与具体的案件和诉讼活动密切相关。

【回避的人员范围】 又称回避的适用对象，是指在法律规定的情形下，应当适用回避的人员种类。根据《刑事诉讼法》第二十九条、第三十二条规定，回避适用于下列人员：（1）审判人员。根据《刑事诉讼法》第三十一条、第三十二条以及《刑事诉讼法司法解释》第三十七条的规定，适用回避的审判人员包括各级人民法院院长、副院长、审判委员会委员、庭长、副庭长、审判员。如果人民陪审员参加合议庭审判，那么人民陪审员也属于回避的适用对象。（2）检察人员，既包括直接负责办理案件的检察员，也包括对案件参与决策的检察长、副检察长、检察委员会委员。（3）侦查人员，既包括承办案件的侦查人员，又包括对案件参与决策的有关领导。（4）法官助理及书记员，即在侦查、起诉和审判阶段担任记录及其他辅助工作的人员。（5）翻译人员，即在刑事诉讼中担任翻译的人员。（6）鉴定人，即在刑事诉讼中就案件专门性问题进行鉴定、提供鉴定意见的人员。根据最高人民检察院的司法解释，回避的适用对象有所扩大。例如，根据《人民检察院刑事诉讼规则》第三十七条规定，人民检察院的司法警察也属于回避的适用对象；根据《讯问职务犯罪嫌疑人实行全程同步录音录像规定》第三条规定，《刑事诉讼法》有关回避的规定适用于在讯问中进行录音录像的录制人员。根据《监察法》第五十八条的规定，在办理职务违法犯罪案件的过程中，监察人员也属于回避的对象。

【自行回避】 是指审判人员、检察人员、侦查人员等人员在诉讼过程中遇有法定回避情形时，自行主动地要求退出刑事诉讼活动的诉讼制度。自行回避制度旨在通过司法人员的职业自律和自我约束意识，消除可能导致案件得到不公正处理的可能性，使符合法定回避情形的司法工作人员自觉退出诉讼活动。《刑事诉讼法》第二十九条确立了自行回避制度，即当遇到法定情形时，审判人员、检察人员、侦查人员等应当自行回避。

【申请回避】 是指案件当事人及其法定代理人、诉讼代理人或者辩护人认为审判人员、检察人员、侦查人员等具有法定回避情形，而向他们所在的机关提出申请，要求他们退出诉讼活动的诉讼制度。根据《刑事诉讼法》第二十九条、第三十条、第三十二条，当审判人员、检察人员、侦查人员等遇到法定情形时，当事人及其法定代理人也有权要求他们回避。为了保障回避制度能够更好地发挥效果，《刑事诉讼法》第三十二条还规定，辩护人、诉讼代理人也可以依照《刑事诉讼法》第三章回避的规定要求回避、申请复议。另外，根据《监察法》第五十八条的规定，在符合法定情形时，监察对象、检举人及其他有关人员有权要求办理监察事项的监察人员回避。

【指令回避】 是指审判人员、检察人员、侦查人员等人员遇有法定的回避情形而没有自行回避，当事人及其法定代理人也没有申请其回避，人民法院、人民检察院、公安机关等有关组织或行政负责人有权决定其退出案件诉讼活动的诉讼制度。指令回避是对自行回避和申请回避的必要补充。尽管我国《刑事诉讼法》没有规定指令回避，但是为了更好地适用回避，确保应当回避的人员退出刑事诉讼活动，进而维护诉讼程序的公正性，最高人民法院、最高人民检察院和公安部的解释对指令回避作出了明确规定。根据《刑事诉讼法司法解释》第三十四条、《人民检察院刑事诉讼规则》第二十四条、第三十一条和《公安机关办理刑事案件程序规定》第三十二条规定，指令回避的适用必须满足两个条件：一是审判人员、检察人员、侦查人员等符合回避的法定情形之一；二是应当回避的审判人员、检察人员、侦查人员等既没有自行回避，当事人及其法定代理人也没有申请其回避。

【有因回避】 又称附理由的回避，是指拥有回避申请权的当事人只有在回避对象具备法定回避理由的情况下才能提出回避申请的一种诉讼制度。我国《刑事诉讼法》规定的回避都属于有因回避。当事人及其法定代理人只有在提出证据证明司法人员符合法定情形时，司法人员才会适用回避，退出刑事诉讼活动。

【无因回避】 又称强制回避或不附理由的回避，是指有权提出回避申请的当事人只要提出回避申请，无须提出任何理由，有关人员就应当回避的一种诉讼制度。在刑事诉讼中，只要当事人提出无因回避申请，回避的适用对象就应当无条件退出刑事诉讼活动。相对于有因回避而言，无因回避在有些情况下有助于保障当事人的合法权益。但是，无因回避也会增加刑事诉讼的成本。目前，我国《刑事诉讼法》没有确立无因回避制度，当事人及其法定代理人提出回避申请时，应当提供证据证明司法人员具有法定的回避理由。

【回避理由】 是指在有因回避制度中，当事人提出回避申请时应当依法提出来的根据，或者审判人员、检察人员、侦查人员等自行回避时所具备的事由。根据《刑事诉讼法》第二十九条、第三十条及其司法解释的有关规定，我国刑事诉讼中的回避理由大致上可以分为三类：第一类是回避对象基于特定关系产生的回避。第二类是回避对象基于不当行为产生的回避。第三类是回避对象基于诉讼程序产生的回避。《监察法》第五十八条作出了与《刑事诉讼法》第二十九条相类似的规定，即办理监察事项的监察人员应当予以回避的理由包括：（1）办理监察事项的监察人员是监察对象或者检举人的近亲属；（2）办理监察事项的监察人员担任过本案的证人；（3）办理监察事项的监察人员或者其近亲属与办理的监察事项有利害关系；（4）有可能影响监察事项公正处理的其他情形。

【基于特定关系产生的回避】 是指在审判人员、检察人员、侦查人员等人员与案件或者当事人存在某种特殊关系而可能影响案件公正处理的情况下，他们应当进行回避。根据我国《刑事诉讼法》及其司法解释的有关规定，基于特定关系产生的回避包括两种情形：一种是因为与当事人存在特定关系而产生的回避；另一种是因为与案件存在特定关系而产生的回避。其中，因为与当事人存在特定关系而产生的回避包括两种情形，即因为是当事人而产生的回避和因为是当事人的近亲属而产生的回避。因为与案件存在特定关系而产生的回避包括三种情形：因为与案件有利害关系而产生的回避；因为多重诉讼身份而产生的回避；因为存在影响案件公正处理的其他关系而产生的回避。

【因为与当事人存在特定关系而产生的回避】 是指在审判人员、检察人员、侦查人员等人员与当事人存在某种特殊关系而可能影响案件公正处理的情况下，他们应当进行回避。根据《刑事诉讼法》第二十九条、第三十二条，《刑事诉讼法司法解释》第二十七条、《人民检察院刑事诉讼规则》第二十四条，以及《公安机关办理刑事案件程序规定》第三十二条，这种回避包括两种情形：（1）审判人员、检察人员、侦查人员等属于本案的当事人；（2）审判人员、检察人员、侦查人员等属于当事人的近亲属。根据《审判人员在诉讼活动中执行回避制度规定》第一条，这里的近亲属是与审判人员有夫妻、直系血亲、三代以内旁系血亲及近姻亲关系的亲属，而不仅仅是《刑事诉讼法》第一百零八条规定的夫、妻、父、母、子、女、同胞兄弟姊妹。在刑事诉讼中，审判人员、检察人员、侦查人员等人员无论是本案的当事人，还是与当事人存在某种亲属关系，案件的处理结果与其都会有着直接或者间接的利害关系。在这种情况下，他们很难确保各方当事人能够得到客观公正的对待。即使他们能够无偏私地处理案件，也会在形式上或者程序上缺乏公正性，使案件的处理结果和程序的公正性受到当事人甚至社会公众的合理怀疑。因此，只要审判人员、检察人员、侦查人员等人员属于本案当事人或者当事人的近亲属，他们就应当进行回避。值得注意的是，基于辩护人、诉讼代理人与当事人的利益一致关系，《刑事诉讼法司法解释》第二十七条、《审判人员在诉讼活动中执行回避制度规定》第一条还规定，如果审判人员与本案的辩护人、诉讼代理人有夫妻、父母、子女或者兄弟姐妹关系等近亲属关系，也属于回避的适用对象。

【因为与案件存在特定关系而产生的回避】 是指在审判人员、检察人员、侦查人员等人员与案件存在某种特殊关系而可能影响案件公正处理的情况下，他们应当进行回避。根据《刑事诉讼法》第二十九条、第三十二条，《刑事诉讼法司法解释》第二十七条，《人民检察院刑事诉讼规则》第二十四条，以及《公安机关办理刑事案件程序规定》第三十二条，这种回避包括三种情形：（1）因为与案件有利害关系而产生的回避。所谓利害关系，是指本案的处理结果会影响到审判人员、检察人员、侦查人员等人员或其近亲属的利益。在审判人员、检察人员、侦查人员等人员或者他们的近亲属与案件有利害关系的情况下，他们很难在刑事诉讼活动保持客观、冷静和中立的立场，从而影响到案件的公正处理，因而需要回避。（2）因为多重诉讼身份而产生的回避。在刑事诉讼中，如果审判人员、检察人员、侦查人员等曾经担任本案的证人、鉴定人，就会因为事先对案件情况有一定程度的了解而有可能对案件的处理结果产生先入为主的预断，无法客观全面地审查判断证据，从而容易导致误判，且也因为证人身份具有优先性。如果审判人员、检察人员、侦查人员等曾经担任过本案的辩护人或者诉讼代理人，那么不仅有可能形成先入为主的偏见，而且有可能与当事人存在利益一致性的关系，进而影响案件的公正处理。为了避免因为多重诉讼身份带来的不良影响，审判人员、检察人员、侦查人员等人员曾经担任本案的证人、鉴定人、辩护人、诉讼代理人，应当进行回避。基于类似道理，如果审判人员曾经担任过本案的翻译人员，也会或多或少地影响到案件的公正处理。因此，《刑事诉讼法司法的解释》第二十七条还规定，如果审判人员担任过本案的翻译人员，也应当进行回避。（3）因为存在影响公正处理的其他关系而产生的回避。在司法实践中，这里的其他关系大体上可以分为两种：一种是他们与当事人之间存在某种不睦关系，如他们与当事人之间有仇隙、纠纷等；另一种是他们与当事人之间存在某种友好关系，如朋友关系、同学关系、同乡关系、经济关系、工作关系等。具备以上关系不一定都应当适用回避制度。只有当这种关系可能影响到案件的公正处理时，才应当实行回避。

【基于不当行为产生的回避】 是指在审判人员、检察人员、侦查人员等违反禁止性规定从而可能影响案件公正处理的情况下，他们应当进行回避。根据《刑事诉讼法》第三十条规定，审判人员、检察人员、侦查人员等不得接受当事人及其委托的人的请客送礼，不得违反规定会见当事人及其委托的人。审判人员、检察人员、侦查人员违反前款规定的，应当依法追究法律责任。当事人及其法定代理人有权要求他们回避。根据《公安机关办理刑事案件程序规定》第三十三条规定，公安机关负责人、侦查人员不得有下列行为：违反规定会见本案当事人及其委托人；索取、接受本案当事人及其委托人的财物或者其他利益；接受本案当事人及其委托人的宴请，或者参加由其支付费用的活动；其他可能影响案件公正办理的不正当行为。违反前款规定的，应当责令其回避并依法追究法律责任。当事人及其法定代理人有权要求其回避。根据《刑事诉讼法司法解释》第二十八条、《审判人员在诉讼活动中执行回避制度规定》第二条，审判人员具有下列情形之一的，当事人及其法定代理人有权申请其回避：违反规定会见本案当事人、辩护人、诉讼代理人的；为本案当事人推荐、介绍辩护人、诉讼代理人，或者为律师、其他人员介绍办理本案的；索取、接受本案当事人及其委托的人的财物或者其他利益的；接受本案当事人及其委托的人的宴请，或者参加由其支付费用的活动的；向本案当事人及其委托的人借用款物的；有其他不正当行为，可能影响公正审判的。我国《刑事诉讼法》及其相关解释之所以将审判人员、检察人员、侦查人员等工作人员的不当行为也作为回避的理由，主要是因为这些不当行为违背了审判人员、检察人员、侦查人员等工作人员的行为规范和职业操守，进而可能影响到刑事案件的公正处理。即使这些不当行为不属于违法行为，或者未对案件的最终处理结果产生实质性的影响，也会让外界对其公正性产生合理怀疑。

【基于诉讼程序产生的回避】 是指在同一个刑事案件中，审判人员、检察人员、侦查人员在参加前一个诉讼程序之后，不能再参加该案件的后续诉讼程序。在刑事诉讼中，由于每个诉讼程序都有不同的参与主体，具备各自独立的诉讼任务，因此，即使它们先后衔接、相辅相成，也不能相互替代和相互混淆。如果允许审判人员、检察人员、侦查人员在相同的案件中担任不同的诉讼角色和参加不同的诉讼程序，不仅混淆了各个诉讼程序和诉讼角色的界限，而且容易形成先入为主的偏见，从而影响到他们在后续程序中的独立判断和对案件的公正处理。有鉴于此，我国《刑事诉讼法》及其相关司法解释明确规定了基于诉讼程序方面的原因所产生的特殊回避制度。根据《刑事诉讼法》第二百三十九条、第二百五十六条、《人民检察院刑事诉讼规则》第三十五条、《刑事诉讼法司法解释》第二十九条规定，基于诉讼程序产生的回避主要包括：（1）参与过本案调查、侦查工作的监察、侦查人员，不得承办本案的审查逮捕、起诉和诉讼监督工作；参与过本案调查、侦查、审查起诉工作的调查、侦查、检察人员，调至人民法院工作的，不得担任本案的审判人员。适用这种情形的回避应当注意两点：第一，参与过本案调查、侦查、审查起诉工作的监察、侦查、检察人员必须实际参加了该案的调查、侦查活动或者审查起诉活动；第二，参与过本案调查、侦查、审查起诉工作的监察、侦查、检察人员在调至人民检察院或者人民法院以后，只是不能担任本案的检察人员或者审判人员，以及不能参与本案的后续工作，而不是禁止他们担任其他职务和参加其他案件的相关工作。（2）在一个审判程序中参与过本案审判工作的合议庭组成人员或者独任审判员，不得再参与本案其他程序的审判。但是，发回重新审判的案件，在第一审人民法院作出裁判后又进入第二审程序或者死刑复核程序的，原第二审程序或者死刑复核程序中的合议庭组成人员不受这样的限制。（3）对于第二审人民法院或者再审人民法院发回原审人民法院重新审判的案件，原审人民法院应当另行组成合议庭进行。这意味着，在原审人民法院依法另行组成合议庭进行审判的情况下，原先参与审判的合议庭组成人员应当回避，无法再参与本案的重新审判。

【回避的适用阶段】 是指刑事诉讼中的哪一个阶段可以适用回避制度。由于我国《刑事诉讼法》明确规定审判人员、检察人员和监察、侦查人员都属于回避的适用对象，因此，在侦查、起诉和审判三个诉讼阶段都应当适用回避制度。而在审判阶段，无论是第一审程序，还是第二审程序、死刑复核程序和审判监督程序，均应当适用回避制度。值得注意的是，根据《审判人员在诉讼活动中执行回避制度规定》第十四条规定，由于人民法院的执行员也属于回避的适用对象，因此，就人民法院的刑事执行范围而言，最高人民法院实际上已经将回避的适用阶段扩大到刑事执行阶段。另外，在不同的诉讼阶段，回避的适用程序也有所区别。如在司法实践中，侦查、起诉阶段的回避往往以自行回避和指令回避为主，而在审判阶段则常常以申请回避为主。还需要注意的是，根据《刑事诉讼法》第一百九十条规定，对于公诉人员的回避申请，当事人并非只有在审查起诉阶段才可以提出回避申请，在审判阶段即在庭前会议程序中或者在审判长宣布开庭、告知权利以后，当事人也可以提出公诉人员回避的请求。根据《刑事诉讼法司法解释》第三十六条规定，当事人及其法定代理人申请出庭的检察人员（即出席法庭的公诉人员和随行书记员）回避的，属于《刑事诉讼法》第二十九条、第三十条规定情形的回避申请，人民法院应当决定休庭，并通知人民检察院尽快作出决定。

【回避程序】 是指处理回避问题时应当遵守的诉讼程序。根据我国《刑事诉讼法》及其司法解释的有关规定，在我国刑事诉讼中，回避程序包括回避的提起、回避的审查和决定、回避决定的效力以及相关救济程序。回避的提起应当由提起的主体按照规定的形式在恰当的时间提出。不同的回避种类，具有不同的提起主体、提起方式、提起时间。对于不同的回避对象和回避种类，回避的审查和决定程序也存在一定差异。在一般情况下，回避一经作出，立即生效。但是，在侦查阶段，回避决定作出前侦查人员不能停止侦查；在起诉、审判阶段，如果回避申请的理由符合法定情形，回避人员的诉讼活动应当中止。回避制度中的救济包括两个方面：一是对回避决定的复议；另一个是对回避对象没有回避的救济。

【回避权的告知】 是指刑事诉讼专门机关应当在刑事诉讼过程中告知当事人及其法定代理人所享有的依法申请回避的诉讼权利。尽管我国《刑事诉讼法》对当事人申请回避的诉讼权利作出了明确的规定，但是基于法律专业素养缺乏等方面的原因，很多当事人并不清楚自己所享有的申请回避权，尤其是不清楚该不该申请回避，也不知道究竟应该如何申请回避更加合适。为了保障当事人及其法定代理人依法有效地行使申请回避的诉讼权利，相关司法解释明确规定了人民检察院和人民法院的告知义务。根据《人民检察院刑事诉讼规则》第二十六条规定，人民检察院应当告知当事人及其法定代理人有依法申请回避的权利，并告知办理相关案件检察人员、书记员等的姓名、职务等有关情况。《刑事诉讼法司法解释》第三十一条也规定，人民法院应当依法告知当事人及其法定代理人有权申请回避，并告知其合议庭组成人员、独任审判员、法官助理、书记员等人员的名单。在司法实践中，人民检察院和人民法院在履行告知义务时应当注意如下几点：（1）应当自觉、主动、及时地告知当事人及其法定代理人具有申请回避的诉讼权利。（2）告知的对象是当事人及其法定代理人。（3）在告知过程中，不能只是简单地告诉当事人及其法定代理人享有申请回避的诉讼权利，而是应该告知其如何行使申请回避的诉讼权利，以及申请回避权的基本内容。（4）为了便于当事人及其法定代理人行使申请回避的诉讼权利，应当一并告知回避对象的名单。另外，尽管根据《刑事诉讼法》第一百九十条规定，审判长应当在开庭的时候告知申请回避的诉讼权利，但是在司法实践中，实际上不必等到开庭的时候才告知，而是在确定合议庭组成人员或者独任审判员以后，就可以及时告知申请回避的诉讼权利。

【回避申请的提出】 是指回避对象发现自己应当回避时自行提出回避的申请，或者由当事人及其法定代理人、辩护人、诉讼代理人按照法律规定提出回避的申请。除了指令回避以外，提出回避申请是适用自行回避或者申请回避的基础和前提。根据《公安机关办理刑事案件程序规定》第三十四条、第四十一条，《人民检察院刑事诉讼规则》第二十五条、第二十七条、第三十七条，以及《刑事诉讼法司法解释》第三十二条、第三十三条、第三十九条，回避申请的提出包括如下几个方面：（1）在不同的回避种类中，提出申请回避的主体不同。在自行回避中，由审判人员、检察人员、侦查人员等主动地提出回避的申请；在申请回避中，由享有申请回避权的当事人及其法定代理人、辩护人、诉讼代理人提出回避申请。（2）提出申请的方式，既可以是书面的，也可以是口头的。对于口头提出申请的，都应当记录在案。（3）无论是自行回避还是申请回避，在提出回避申请的时候，都应当说明回避的理由。如果当事人及其法定代理人、辩护人、诉讼代理人基于《刑事诉讼法》第三十条的规定提出回避申请，还应当提供有关证明材料。这样规定主要是为了防止申请回避权遭到滥用，使公安司法机关更好地查明是否存在应当回避的法定情形，进而准确地作出是否回避的决定。基于举证能力方面的限制，对于提供的证明材料不宜作过高的要求，即只要提供能够证明回避情形可能存在的依据或者线索即可，而不需要达到证明回避情形确实存在的程度。在司法实践中，为了更好地保护申请回避的诉讼权利，如果当事人及其法定代理人在表示不申请回避以后又提出回避，应当准许；如果当事人及其法定代理人开始申请回避时的理由不符合法律规定，但是后来又申请回避，理由符合法律规定，而且经审核能够成立的，也应当准许。对于提出回避申请的时间，现行法律没有作出硬性规定。一般而言，在审前程序中，通常在讯问犯罪嫌疑人或询问被害人时提出回避申请，而在审判程序中，通常在开庭前的庭前会议程序中或者宣布开庭和告知权利之后提出回避申请。

【回避的审查和决定】 是指公安司法机关对回避申请进行审查，以便是否作出回避决定的一种诉讼活动。根据不同的回避种类、回避申请以及不同的诉讼阶段，回避的审查和决定有所不同。一般而言，对于指令回避，一经发现，公安司法机关应立即直接作出回避决定；对于申请回避和自行回避，在提出回避申请后，由公安司法机关经过审查之后再作出回避的决定。根据《刑事诉讼法》第三十一条规定，审判人员、检察人员、侦查人员的回避，应当分别由院长、检察长、公安机关负责人决定；院长的回避，由本院审判委员会决定；检察长和公安机关负责人的回避，由同级人民检察院检察委员会决定。公安部的部门规章、最高人民检察院、最高人民法院的司法解释对回避的审查和决定作出了更加详细的规定。例如，根据《公安机关办理刑事案件程序规定》第三十五条，侦查人员的回避，由县级以上公安机关负责人决定；县级以上公安机关负责人的回避，由同级人民检察院检察委员会决定。根据《人民检察院刑事诉讼规则》第二十九条、第三十条规定，检察长的回避，由检察委员会讨论决定。检察委员会讨论检察长回避问题时，由副检察长主持，检察长不得参加。其他检察人员的回避，由检察长决定。当事人及其法定代理人要求公安机关负责人回避，向同级人民检察院提出，或者向公安机关提出后，公安机关移送同级人民检察院的由检察长提交检察委员会讨论决定。根据《刑事诉讼法司法解释》第三十二条规定，人民法院院长自行申请回避，或者当事人及其法定代理人申请院长回避的，由审判委员会讨论决定。审判委员会讨论时，由副院长主持，院长不得参加。根据我国《刑事诉讼法》及其司法解释的有关规定，在审查申请回避以后，公安司法机关既可以驳回回避申请，也可以作出回避的决定。回避决定既可以口头作出，也可以书面作出。采用口头方式决定回避的，应当将决定记录在案。在作出回避决定以后，公安司法机关应当及时将回避决定告知申请人。

【指令回避的程序】 是指在符合回避条件而又没有提出回避申请的情况下，由人民法院、人民检察院和公安机关依法主动决定审判人员、检察人员、侦查人员等回避时所遵循的程序。最高人民法院、最高人民检察院和公安部的解释对指令回避的程序作出了明确规定。根据《刑事诉讼法司法解释》第三十四条规定，应当回避的审判人员没有自行回避，当事人及其法定代理人也没有申请其回避的，院长或者审判委员会应当决定其回避。根据《人民检察院刑事诉讼规则》第三十一条规定，应当回避的人员，本人没有自行回避，当事人及其法定代理人也没有申请其回避的，检察长或者检察委员会应当决定其回避。根据《公安机关办理刑事案件程序规定》第三十二条规定，应当回避的公安机关负责人或者侦查人员，应当自行提出回避申请，没有自行提出回避申请的，应当责令其回避，当事人及其法定代理人也有权要求他们回避。

【回避前诉讼活动的效力】 是指被决定

回避的侦查人员、检察人员、审判人员等在回避决定作出以前所进行的诉讼活动的法律效力。从理论上讲，为了更好地实现回避制度在确保案件得到公正处理和维护程序的公正性方面的价值目标，不仅侦查人员、检察人员、审判人员等在回避决定作出以后一般不得再继续参加本案的刑事诉讼活动，而且他们在回避决定作出以前所进行的诉讼活动也应当无效。但是，这种过于简单、僵化的处理方式对刑事案件的最终处理并不见得有利。毕竟，案件的复杂程度、诉讼程序的进展情况、回避的具体情形等因素因人、因案而异。尤其是对于侦查工作而言，如果一概否定侦查人员在回避决定以前进行的侦查活动的法律效力，就很有可能导致有些证据永远无法重新收集。因此，公安部和最高人民检察院采取了较为务实的处理方式。根据《公安机关办理刑事案件程序规定》第三十九条规定，被决定回避的公安机关负责人、侦查人员在回避决定作出以前所进行的诉讼活动是否有效，由作出决定的机关根据案件情况决定。《人民检察院刑事诉讼规则》第三十六条也规定，在回避决定作出以前检察人员所取得的证据和进行的诉讼行为是否有效，由检察委员会或者检察长根据案件具体情况决定。在回避决定作出以前公安机关负责人所进行的诉讼行为是否有效，由作出决定的人民检察院检察委员会根据案件具体情况决定。在司法实践中，公安机关或者人民检察院在考虑是否有效时，需要结合以下因素进行综合考虑：侦查人员或者检察人员是在什么时候知道自己应当回避；是侦查人员或者检察人员主动提出回避，还是由当事人提出回避的申请；侦查人员或者检察人员属于哪种应当回避的情形，该情形是否已经影响到案件的公正处理；侦查人员或者检察人员已经取得的证据和进行的诉讼行为与案件的关系、紧密程度以及对案件的影响。如果公安机关或者人民检察院作出无效的决定，应当另行指派侦查人员或者检察人员重新调查取证和依法进行相应的诉讼行为。最高人民法院的司法解释没有对审判人员回避决定作出以前的诉讼活动的法律效力作出明确规定。各级人民法院也可以根据案件的具体情况，决定其是否有效。

【回避决定的效力】　是指公安司法机关作出回避决定以后所产生的法律效力。一般而言，回避决定一经作出，立即发生法律效力，被决定回避的人员应当立即退出刑事诉讼活动，不得继续参与案件的办理。但是，考虑到侦查工作的特殊性质，回避决定的效力应当区别对待。根据《公安机关办理刑事案件程序规定》第三十八条，在作出回避决定前，申请或者被申请回避的公安机关负责人、侦查人员不得停止对案件的侦查。作出回避决定后，申请或者被申请回避的公安机关负责人、侦查人员不得再参与本案的侦查工作。根据《人民检察院刑事诉讼规则》第三十四条规定，人民检察院直接受理案件的侦查人员或者进行补充侦查的人员在回避决定作出以前和复议期间，不得停止对案件的侦查。另外，尽管按照回避决定的效力，当公安司法机关的负责人被决定回避以后，他们不能参与或者过问案件的相关工作，但是在案件的处理过程中，如果需要他们履行行政管理职能以便促进案件的妥善处理，或者保证刑事诉讼活动的顺利推进，那么他们也可以进行一些行政管理性质的活动。

【不服驳回申请回避决定的复议申请】 是指当事人及其法定代理人、辩护人、诉讼代理人在公安司法机关作出驳回申请回避的决定后，依法向决定机关提出的复议申请。申请复议既是当事人及法定代理人的一项诉讼权利，也是在回避申请被驳回之后所采取的一种救济措施。根据《刑事诉讼法》第三十一条规定，对驳回申请回避的决定，当事人及其法定代理人可以申请复议一次。根据《公安机关办理刑事案件程序规定》第三十七条、第四十一条规定，当事人及其法定代理人、辩护人、诉讼代理人对驳回申请回避的决定不服的，可以在收到驳回申请回避决定书后5日以内向作出决定的公安机关申请复议。公安机关应当在收到复议申请后5日以内作出复议决定并书面通知申请人。根据《人民检察院刑事诉讼规则》第三十二条、第三十三条，人民检察院作出驳回申请回避的决定后，应当告知当事人及其法定代理人如不服本决定，有权在收到驳回申请回避的决定书后5日以内向原决定机关申请复议一次。当事人及其法定代理人对驳回申请回避的决定不服申请复议的，决定机关应当在3日以内作出复议决定并书面通知申请人。根据《刑事诉讼法司法解释》第三十五条第二款，当事人及其法定代理人、申请回避被驳回的，可以在接到决定时申请复议一次。但是，对于不属于《刑事诉讼法》第二十九条、第三十条规定情形的回避申请，由法庭当庭驳回，并不得申请复议。这主要基于两点考虑。一方面，申请复议的保护对象只能局限于《刑事诉讼法》第二十九条、第三十条所规定的法定回避情形，而不包括基于其他理由所提出来的回避申请。如果当事人等根据法定回避情形以外的理由提出回避申请，那么他们对驳回申请回避的决定没有申请复议的诉讼权利。另一方面，如果只要申请人提出回避申请，而不问申请理由是否属于法定回避的情形就提交院长或者审判委员会讨论，那么不仅有可能导致司法资源的浪费，而且有可能为申请人恶意拖延诉讼提供机会。为了防止无聊申请或者消耗不必要的司法资源，有必要禁止申请人在法定回避情形以外申请复议。

【违反回避规定的法律后果】 是指回避对象在应当回避而没有回避的情况下所承担的法律后果。对于应当回避的人员在违反回避规定的情况下所承担的法律后果，我国《刑事诉讼法》及其司法解释没有作出明确的规定。但是，在回避对象违反回避规定的情况下，人民检察院或者人民法院也可以采取一定挽救措施：(1) 人民法院在审理案件的过程中，如果发现有违反回避规定的情形，可以建议人民检察院撤回起诉，进行补充侦查。(2) 第二审人民法院在第二审过程中，如果发现第一审程序中存在应当回避而没有回避的情形时，应当裁定撤销原判，发回原审人民法院重新审判。(3) 人民检察院在审查批捕或者审查决定逮捕的过程中，或者在审查起诉时，发现负责本案侦查的人员应当回避而没有回避的，应当以程序违法为由要求负责侦查的机关或部门补充侦查。(4) 人民检察院在行使审判监督职能的过程中，发现人民法院的有关人员应当回避而没有回避的，应当及时向人民法院提出，要求其纠正违反程序法的行为。

【刑事辩护】 是指刑事案件的犯罪嫌疑人、被告人及其辩护人反驳追诉机关或者自诉人对犯罪嫌疑人、被告人的指控，提出有利于犯罪嫌疑人、被告人的事实和理由，以证明犯罪嫌疑人、被告人无罪、罪轻或者应当减轻、免除刑事处罚，维护犯罪嫌疑人、被告人合法权益的诉讼活动。在现代刑事诉讼中，辩护是与控诉相对应的一种诉讼职能，是决定刑事诉讼结构的一个基本因素，是刑事诉讼民主与公正最集中的体现。辩护贯穿于整个刑事诉讼程序，司法机关应当确保犯罪嫌疑人、被告人充分有效地进行辩护。根据不同的标准，可以将刑事辩护分为不同的种类。例如，根据现行法律，可以将刑事辩护分为自行辩护、委托辩护和法律援助辩护；根据辩护内容，可以将刑事辩护分为实体性辩护和程序性辩护；根据辩护人的身份，可以将刑事辩护分为律师辩护和非律师辩护；根据辩护人数，可以将刑事辩护分为一人辩护和两人辩护。

【刑事辩护制度】 是指《刑事诉讼法》规定的关于辩护权、辩护种类、辩护方式、辩护人的范围、辩护人的责任、辩护人的权利与义务等一系列规则的总称。刑事辩护制度是犯罪嫌疑人、被告人有权获得辩护这一宪法原则在刑事诉讼中的体现和保障，是现代法治国家法律制度和现代刑事诉讼制度的重要组成部分。刑事辩护制度的建立反映了人类对刑事诉讼认识规律的正确把握，是近现代刑事诉讼制度走向科学、文明、法治的重要标志。刑事辩护制度的建立、发展和完善，反映了人类社会对保障人权和加强法治的追求。正确理解、认真贯彻刑事辩护制度，对于发现案件事实真相，准确惩罚犯罪，防止冤枉无辜，维护程序公正，增强司法公信力，以及完成刑事诉讼教育任务等都具有重要意义。

【刑事案件律师辩护全覆盖】 刑事案件律师辩护全覆盖主要是指刑事案件审判阶段的律师辩护全覆盖，其对于促进社会公平正义和庭审实质化、加强人权司法保障意义重大。2017 年 10 月，最高人民法院、司法部印发《开展刑事案件律师辩护全覆盖试点工作办法》，在北京等 8 个省（直辖市）开展刑事案件审判阶段律师辩护全覆盖试点工作。2018 年 12 月，最高人民法院、司法部印发通知，将试点工作扩大至全国，对于审判阶段被告人没有委托辩护人的案件，由人民法院通知法律援助机构指派律师为其提供辩护或者由值班律师提供法律帮助，切实保障被告人合法权益。试点工作开展以来，各地加强统筹部署，理顺沟通衔接机制，加强法律援助质量监管，取得了积极成效。截至 2022 年 9 月底，全国共有 2594 个县（市、区）开展了审判阶段刑事案件律师辩护全覆盖试点工作，占县级行政区域总数的 90% 以上。2021 年，各地因开展试点增加法律援助案件 32 万余件，占审判阶段刑事法律援助案件总数的 63.6%，因开展试点值班律师提供法律帮助的案件 55 万余件，刑事案件律师辩护率大幅提高，刑事案件被告人人权司法保障进一步增强。但是，各地在工作中也暴露出律师资源不均、经费保障不足、工作衔接不畅等问题，需要通过深化试点加以解决。与此同时，认罪认罚从宽制度的广泛适用，也对审查起诉阶段律师辩护和值班律师法律帮助提出了更高要求。2022 年 1 月 1 日起，《法律援助法》正式施行，标志着我国法律援助事业进入了高质量发展的新阶段。《法律援助法》对扩大通知辩护范围、发挥值班律师法律帮助作用等作出明确规定，为深化刑事案件律师辩护全覆盖试点工作提供了依据。为贯彻落实《法律援助法》，进一步加强刑事案件犯罪嫌疑人、被告人人权司法保障，扩大刑事法律援助范围、不断健全完善法律援助制度的内在需求，2022 年 10 月 12 日，最高人民法院、最高人民检察院、公安部、司法部联合印发《进一步深化刑事案件律师辩护全覆盖试点工作意见》，将刑事案件律师辩护全覆盖的适用阶段向前延伸至审查起诉环节，进一步深化司法体制综合配套改革、促进社会公平正义、加强人权司法保障。

【辩护权】 是指犯罪嫌疑人、被告人针对指控进行辩解，以维护自己合法权益的一种诉讼权利。辩护权是犯罪嫌疑人、被告人所享有的最基本、最关键的一项诉讼权利。犯罪嫌疑人、被告人有权获得辩护，是举世公认的宪法原则、刑事诉讼原则和国际司法准则，是保障人权、维护程序公正的重要基础。犯罪嫌疑人、被告人既可以自行行使辩护权，也可以委托辩护人帮助其行使辩护权。辩护权具有以下特点：（1）全局性，即辩护权贯穿于整个刑事诉讼的过程，不受诉讼阶段的限制。（2）专属性，即辩护权是宪法和法律赋予犯罪嫌疑人、被告人的一项专属诉讼权利。（3）防御性，即辩护权针对控诉权而存在，没有控诉权的主动攻击，也就没有辩护权的被动防御，行使辩护权的基本目标就是要抵消或者弱化控诉权。（4）绝对性，即只要公民受到刑事追诉，就当然地享有辩护权，而不受犯罪嫌疑人、被告人是否有罪以及罪行轻重的限制，也不受是否认罪、是否坦白交代、案件调查情况、辩护理由等各种情况的限制。（5）宪法性，即辩护权属于宪法赋予的一项基本人权。（6）基础性，即在犯罪嫌疑人、被告人的各项诉讼权利中，辩护权居于核心地位，是维护其他权利的基础。

【自行辩护】 是指犯罪嫌疑人、被告人自己针对指控进行反驳、申辩和解释的诉讼行为。自行辩护是犯罪嫌疑人、被告人行使辩护权的重要方式，它贯穿于刑事诉讼的始终。无论是在侦查阶段，还是在起诉、审判阶段，犯罪嫌疑人、被告人都有权自行辩护。在我国以往的刑事诉讼立法中，犯罪嫌疑人在侦查阶段只能自行辩护，而不能委托辩护人进行辩护。为了更好地保障犯罪嫌疑人行使其辩护权，我国在 2018 年修正《刑事诉讼法》时提前了犯罪嫌疑人委托辩护人的时间，即根据《刑事诉讼法》第三十三条、第三十四条规定，在侦查阶段，犯罪嫌疑人既可以自行辩护，也可以自被侦查机关第一次讯问或者采取强制措施之日起，委托律师进行辩护。

【委托辩护】 是指犯罪嫌疑人、被告人依法委托律师或其他公民担任辩护人，协助其进行辩护。委托辩护是犯罪嫌疑人、被告人享有的一项诉讼权利。根据《刑事诉讼法》第三十三条第一款规定，犯罪嫌疑人、被告人既可以自行辩护，也可以委托 1 至 2 人作为辩护人。根据《刑事诉讼法》第三十四条第三款规定，犯罪嫌疑人、被告人在押的，也可以由其监护人、近亲属代为委托辩护人。根据《刑事诉讼法》第三十四条第一款规定，自第一次讯问或采取强制措施之日起，犯罪嫌疑人就可以委托辩护人。被告人有权随时委托辩护人。但是，在侦查阶段，犯罪嫌疑人只能委托律师担任辩护人。基于诉讼便利等方面的考虑，我国《刑事诉讼法》还对犯罪嫌疑人、被告人委托辩护人采取了必要的限制：（1）只能在法律规定的可以充当辩护人的人员范围内进行选择。（2）委托的人数最多为 2 人。（3）一名辩护人不得为 2

名以上的同案被告人，或者未同案处理但犯罪事实存在关联的被告人辩护。(4) 在侦查期间，只能委托律师作为辩护人。

【委托辩护权的告知】 是指公安司法机关在刑事诉讼中有义务告知犯罪嫌疑人、被告人享有委托辩护人的诉讼权利。公安司法机关的告知义务是保障犯罪嫌疑人、被告人行使辩护权的重要保障。根据《刑事诉讼法》第三十四条第二款、《公安机关办理刑事案件程序规定》第四十三条第一款、《人民检察院刑事诉讼规则》第四十条、《刑事诉讼法司法解释》第四十四条规定，公安司法机关在告知委托辩护权时应当分别遵守以下程序：(1) 公安机关在第一次讯问犯罪嫌疑人或者对犯罪嫌疑人采取强制措施的时候，应当告知犯罪嫌疑人有权委托律师作为辩护人，并告知其如果因经济困难或者其他原因没有委托辩护律师的，可以向法律援助机构申请法律援助。告知的情形应当记录在案。(2) 人民检察院侦查部门在第一次开始讯问犯罪嫌疑人或者对其采取强制措施的时候，应当告知犯罪嫌疑人有权委托辩护人，并告知其如果经济困难或者其他原因没有聘请辩护人的，可以申请法律援助。人民检察院自收到移送审查起诉的案件材料之日起3日以内，人民检察院应当告知犯罪嫌疑人有权委托辩护人，并告知其如果经济困难或者其他原因没有聘请辩护人的，可以申请法律援助。对于属于《刑事诉讼法》第三十五条规定情形的，应当告知犯罪嫌疑人有权获得法律援助。告知可以采取口头或者书面方式。口头告知的，应当记入笔录，由被告知人签名；书面告知的，应当将送达回执入卷。(3) 被告人没有委托辩护人的，人民法院自受理案件之日起3日内，应当告知其有权委托辩护人；被告人因经济困难或者其他原因没有委托辩护人的，应当告知其可以申请法律援助；被告人属于应当提供法律援助情形的，应当告知其将依法通知法律援助机构指派律师为其提供辩护。告知可以采取口头或者书面方式。

【转达委托辩护要求】 是指公安司法机关在刑事诉讼中依法将犯罪嫌疑人、被告人委托辩护人的要求转告有关人员或者机构。在犯罪嫌疑人、被告人受到羁押或者被监视居住从而不方便亲自委托辩护人的情况下，只能通过公安司法机关的办案人员向有关人员或者机构转达委托辩护人的要求。因此，转达委托辩护要求也是维护辩护权的一种重要措施。在不同的诉讼阶段，转达方式有所不同。首先，根据《公安机关办理刑事案件程序规定》第四十五条，在押的犯罪嫌疑人向看守所提出委托辩护律师要求的，看守所应当及时将其请求转达给办案部门，办案部门应当及时向犯罪嫌疑人委托的辩护律师或者律师事务所转达该项请求。在押的犯罪嫌疑人仅提出委托辩护律师的要求，但提不出具体对象的，办案部门应当及时通知犯罪嫌疑人的监护人、近亲属代为委托辩护律师。犯罪嫌疑人无监护人或者近亲属的，办案部门应当及时通知当地律师协会或者司法行政机关为其推荐辩护律师。其次，根据《人民检察院刑事诉讼规则》第四十一条规定，在押或者被指定居所监视居住的犯罪嫌疑人向人民检察院提出委托辩护人要求的，应当及时向其监护人、近亲属或者其指定的人员转达其要求，并记录在案。最后，根据《刑事诉讼法司法解释》第四十五条、第四十六条规定，审判期间，在押的被告人要求委托辩护人的，人民法院应当在3日内向其监护人、近亲属或者其指定的人员转达要求。被告人应当提供有关人员的联系方式。有关人员无法通知的，应当告知被告人。人民法院收到在押被告人提出的法律援助或者法律帮助申请，应当依照有关规定及时转交法律援助机构或者通知值班律师。

【代为委托辩护人】 是指在犯罪嫌疑人、被告人因为受到羁押而无法委托辩护人的情况下，由其监护人、近亲属代为委托辩护人。其法律依据是《刑事诉讼法》第三十四条的规定。《公安机关办理刑事案件程序规定》第四十五条第二款进一步规定，在押的犯罪嫌疑人仅提出委托辩护律师的要求，但提不出具体对象的，办案部门应当及时通知犯罪嫌疑人的监护人、近亲属代为委托辩护律师。尽管代为委托辩护人的出发点是为了帮助犯罪嫌疑人、被告人及时委托辩护人，但将代为委托辩护人的范围仅仅局限于监护人、近亲属的情况下，有时候反而不利于犯罪嫌疑人、被告人及时委托辩护人。例如，如果犯罪嫌疑人、被告人没有监护人和近亲属，或者监护人、近亲属不愿意委托辩护人，或者监护人、近亲属因为种种原因而无法代为委托辩护人，那么犯罪嫌疑人、被告人势必面临着无人代为委托辩护人的局面。正是基于这方面的考虑，《公安机关办理刑事案件程序规定》第四十五条第二款扩大了代为委托辩护人的范围，即犯罪嫌疑人无监护人或者近亲属时，办案部门应当及时通知当地律师协会或者司法行政机关为其推荐辩护律师。

【法律援助辩护】 是指犯罪嫌疑人、被告人及其近亲属因经济困难或者其他原因没有委托辩护人而向法律援助机构申请，或者具备法定情形时由公安司法机关直接通知法律援助机构，由法律援助机构指派承担法律援助义务的律师为其提供辩护。根据《刑事诉讼法》第三十五条规定，适用法律援助辩护具有以下几个特点：(1) 法律援助辩护必须以犯罪嫌疑人、被告人没有委托辩护人为前提。(2) 从侦查、审查起诉到审判，都适用于法律援助辩护。(3) 法律援助辩护只能由依法承担法律援助义务的律师担任，其他人不得担任。根据《刑事诉讼法》第三十五条和第二百七十八条规定，法律援助辩护分为申请法律援助和通知法律援助两种。为了确保犯罪嫌疑人、被告人更好地获得法律帮助，《实施刑事诉讼法的规定》第五条明确规定，对于人民法院、人民检察院、公安机关根据刑事诉讼法的规定，通知法律援助机构指派律师提供辩护或者法律帮助的，法律援助机构应当在接到通知后3日以内指派律师，并将律师的姓名、单位、联系方式书面通知人民法院、人民检察院、公安机关。

【申请法律援助辩护】 刑事案件的犯罪嫌疑人、被告人因经济困难或者其他原因没有委托辩护人的，本人及其近亲属可以向法律援助机构申请法律援助。根据《刑事诉讼法》第三十五条第一款规定，刑事案件的犯罪嫌疑人、被告人因经济困难或者其他原因没有委托辩护人的，本人及其近亲属可以向法律援助机构申请法律援助。根据《法律援助法》第二十九条、第三十二条、第三十三条、第三十四条、第四十一条、第四十二条规定，刑事公诉案件的被害人及其法定代理人或者近亲属，刑事自诉案件的自诉人及其法定代理人，刑事附带民事诉讼案件的原告人及其法定代理人，因经济困难没有委托诉讼代理人的，可以向法律援助机构申请法律援助。当事人不服司法机关生效裁判或者决定提出申诉或者申请再审，人民法院决定、裁定再审或者人民检察院提出抗诉，因经济困难没有委托辩护人或者诉讼代理人的，本人及其近亲属可以向法律援助机构申请法律援助。法律援助申请由申请人向办案机关所在地的法律援助机构提出。经济困难的标准，由省、自治区、直辖市人民政府根据本行政区域经济发展状况和法律援助工作需要确定，并实行动态调整。因经济困难申请法律援助的，申请人应当如实说明经济困难状况。法律援助机构核查申请人的经济困难状况，可以通过信息共享查询，或者由申请人进行个人诚信承诺。英雄烈士近亲属为维护英雄烈士的人格权益；因见义勇为行为主张相关民事权益；再审改判无罪请求国家赔偿；遭受虐待、遗弃或者家庭暴力的受害人主张相关权益以及法律、法规、规章规定的其他情形，当事人申请法律援助的，不受经济困难条件的限制。刑事案件的法律援助申请人有材料证明属于下列人员之一的，免予核查经济困难状况：无固定生活来源的未成年人、老年人、残疾人等特定群体；社会救助、司法救助或者优抚对象；申请支付劳动报酬或者请求工伤事故人身损害赔偿的进城务工人员；法律、法规、规章规定的其他人员。

【通知法律援助辩护】 是指在符合法定条件时，由侦查机关、检察机关和人民法院通知法律援助机构为犯罪嫌疑人、被告人提供辩护。根据《刑事诉讼法》第三十五条第二款、第三款以及《法律援助法》第二十五条、第二十八条的规定，刑事案件的犯罪嫌疑人、被告人属于下列人员之一，没有委托辩护人的，人民法院、人民检察院、公安机关应当通知法律援助机构指派律师担任辩护人：未成年人；视力、听力、言语残疾人；不能完全辨认或者控制自己行为的成年人；可能被判处无期徒刑、死刑的人；申请法律援助的死刑复核案件被告人；缺席审判案件的被告人；法律法规规定的其他人员。强制医疗案件的被申请人或者被告人没有委托诉讼代理人的，人民法院应当通知法律援助机构指派律师为其提供法律援助。人民法院、人民检察院、公安机关办理刑事案件，发现有上述情形的，应当在3日内通知法律援助机构指派律师。其他适用普通程序审理的刑事案件，被告人没有委托辩护人的，人民法院可以通知法律援助机构指派律师担任辩护人。法律援助机构收到通知后，应当在3日内指派律师并通知人民法院、人民检察院、公安机关。根据《法律援助法》第三十九条规定，被羁押的犯罪嫌疑人、被告人、服刑人员以及强制隔离戒毒人员等提出法律援助申请的，办案机关、监管场所、值班律师应当在24小时内将申请转交法律援助机构。根据《法律援助法》第二十六条规定，对可能被判处无期徒刑、死刑的人，以及死刑复核案件的被告人，应当指派具有3年以上相关执业经历的律师担任辩护人。

【辩护人的范围】 是指哪些人可以接受犯罪嫌疑人、被告人的委托或法律援助机构的指定，担任他们的辩护人。根据《刑事诉讼法》第三十三条规定，犯罪嫌疑人、被告人可以委托1至2人作为辩护人，而有资格担任辩护人的是律师，人民团体或者犯罪嫌疑人、被告人所在单位推荐的人，以及犯罪嫌疑人、被告人的监护人、亲友。但是，正在被执行刑罚或者依法被剥夺、限制人身自由的人，不得担任辩护人。我国《律师法》对不得作为辩护人的范围作出了进一步规定。

【禁止共同辩护】 是指依法禁止在同一个刑事案件中或者犯罪存在关联的几个刑事案件中由同一个辩护人为数个犯罪嫌疑人、被告人进行辩护。《律师法》第三十九条规定，律师不得在同一案件中为双方当事人担任代理人，不得代理与本人或者其近亲属有利益冲突的法律事务。根据《实施刑事诉讼法规定》第四条第二款、《刑事诉讼法司法解释》第四十三条第二款规定，1 名辩护人不得为 2 名以上的同案犯罪嫌疑人、被告人辩护，不得为 2 名以上的未同案处理但实施的犯罪存在关联的犯罪嫌疑人、被告人辩护。以上规定之所以禁止共同辩护，主要是因为，如果允许在同一个刑事案件中或者犯罪存在关联的几个刑事案件中由同一个辩护人为数个犯罪嫌疑人、被告人进行辩护，那么势必会形成利益冲突，进而损害犯罪嫌疑人、被告人的合法权益，影响案件的公正审理。同时，也容易导致犯罪嫌疑人、被告人之间相互串供。禁止共同辩护有助于保障同案犯罪嫌疑人、被告人以及犯罪事实有关联但是又分案处理的犯罪嫌疑人、被告人享有全面、充分的辩护权，有利于查清犯罪事实，进而促进案件的公正处理。

【律师】 是指依法取得律师执业证书，接受委托或者指定，为当事人提供法律服务的执业人员。律师最早起源于古代社会的辩论式诉讼。律师作为专门的法律工作者，是现代法治社会建设的重要力量。律师应当维护当事人合法权益，维护法律正确实施，维护社会公平和正义。律师执业必须遵守宪法和法律，恪守律师职业道德和执业纪律；必须以事实为根据，以法律为准绳；应当接受国家、社会和当事人的监督；受法律保护，任何组织和个人不得侵害律师的合法权益。司法行政部门依照《律师法》对律师、律师事务所和律师协会进行监督、指导。按照不同的分类标准，可以将律师分为不同的种类。例如，按照工作性质划分，律师可以分为专职律师与兼职律师；按照业务范围划分，律师可以分为民事律师、刑事律师和行政律师；按照服务对象和工作身份，律师可以分为社会律师、公司律师和公职律师；按照律师业务划分，可以将律师分为从事诉讼业务的律师与从事非诉讼业务的律师。

【律师的条件】 是指公民取得律师资格、从事法律服务业务所具备的条件。根据《律师法》第十三条规定，没有取得律师执业证书的人员，不得以律师名义从事法律服务业务；除法律另有规定外，不得从事诉讼代理或者辩护业务。根据《律师法》第五条、第六条、第七条、第十一条规定，申请律师执业，应当具备下列条件：拥护中华人民共和国宪法；通过国家统一法律职业资格考试取得法律职业资格；在律师事务所实习满 1 年；品行良好。实行国家统一法律职业资格考试前取得的国家统一司法考试合格证书、律师资格凭证，与国家统一法律职业资格证书具有同等效力。申请律师执业，应当向设区的市级或者直辖市的区人民政府司法行政部门提出申请。申请兼职律师执业的，还应当提交所在单位同意申请人兼职从事律师职业的证明。准予执业的，向申请人颁发律师执业证书；不准予执业的，向申请人书面说明理由。申请人有下列情形之一的，不予颁发律师执业证书：无民事行为能力或者限制民事行为能力的；受过刑事处罚的，但过失犯罪的除外；被开除公职或者被吊销律师、公证员执业证书的。公务员不得兼任执业律师。律师担任各级人民代表大会常务委员会组成人员的，任职期间不得从事诉讼代理或者辩护业务。

【律师的权利】 是指律师依法在诉讼活动中所享有的权利。律师作为专门的法律工作者，依法享有广泛的权利。根据《律师法》第三十一条到第三十七条规定，律师享有的权利包括：担任辩护人，提出犯罪嫌疑人、被告人无罪、罪轻或者减轻、免除其刑事责任的材料和意见，维护犯罪嫌疑人、被告人的诉讼权利和其他合法权益；在具备正当理由时，律师有权拒绝辩护或者代理；依法会见在押或者被监视居住的犯罪嫌疑人、被告人；自人民检察院对案件审查起诉之日起，有权查阅、摘抄、复制本案的案卷材料；申请人民检察院、人民法院收集、调取证据或申请人民法院通知证人出庭作证；调查取证；律师担任诉讼代理人或者辩护人的，其辩论或者辩护的权利依法受到保障；律师在执业活动中的人身权利不受侵犯；律师在法庭上发表的代理、辩护意见不受法律追究，但是，发表危害国家安全、恶意诽谤他人、严重扰乱法庭秩序的言论除外；律师在参与诉讼活动中涉嫌犯罪的，侦查机关应当及时通知其所在的律师事务所或者所属的律师协会；被依法拘留、逮捕的，侦查机关应当依照《刑事诉讼法》的规定通知该律师的家属。

【律师的义务】 是指律师依法在诉讼活动中所享有的义务。律师作为专门的法律工作者，既享有广泛的权利，又承担相应的义务。根据《律师法》第三十一条、第三十二条、第三十八条、第三十九条、第四十条、第四十二条，律师承担的义务包括如下五个方面：（1）维护犯罪嫌疑人、被告人合法权益的义务。例如，律师担任辩护人，应当根据事实和法律，提出材料和意见，维护犯罪嫌疑人、被告人的诉讼权利和其他合法权益；律师接受委托后，无正当理由的，不得拒绝辩护或者代理；律师不得在同一案件中为双方当事人担任代理人，不得代理与本人或者其近亲属有利益冲突的法律事务；按照国家规定履行法律援助义务，为受援人提供符合标准的法律服务，维护受援人的合法权益。（2）保密的义务。例如，律师应当保守在执业活动中知悉的国家秘密、商业秘密，不得泄露当事人的隐私；律师对在执业活动中知悉的委托人和其他人不愿泄露的有关情况和信息，应当予以保密，但是，委托人或者其他人准备或者正在实施危害国家安全、公共安全以及严重危害他人人身安全的犯罪事实和信息除外。（3）忠于事实和法律的义务。例如，律师在执业活动中不得故意提供虚假证据或者威胁、利诱他人提供虚假证据，妨碍对方当事人合法取得证据。（4）遵守诉讼程序的义务。例如，律师在执业活动中，不得扰乱法庭、仲裁庭秩序，干扰诉讼、仲裁活动的正常进行。（5）正当执业的义务。例如，律师在执业活动中不得有下列行为：私自接受委托、收取费用，接受委托人的财物或者其他利益；利用提供法律服务的便利牟取当事人争议的权益；接受对方当事人的财物或者其他利益，与对方当事人或者第三人恶意串通，侵害委托人的权益；违反规定会见法官、检察官、仲裁员以及其他有关工作人员；向法官、检察官、仲裁员以及其他有关工作人员行贿，介绍贿赂或者指使、诱导当事人行贿，或者以其他不正当方式影响法官、检察官、仲裁员以及其他有关工作人员依法办理案件；故意提供虚假证据或者威胁、利诱他人提供虚假证据，妨碍对方当事人合法取得证据；煽动、教唆当事人采取扰乱公共秩序、危害公共安全等非法手段解决争议。

【辩护律师】 是指依法接受犯罪嫌疑人、被告人的委托，或者经人民法院的指定，参加刑事诉讼，帮助犯罪嫌疑人、被告人行使辩护权，依法维护犯罪嫌疑人、被告人合法权益的律师。辩护律师是最重要的一种辩护人。尽管辩护律师与辩护人具有相同的诉讼职责、诉讼地位和诉讼职能，享有某些共同的诉讼权利，承担某些共同的诉讼义务，但是二者存在诸多差异。（1）辩护律师只能由律师来担任，而辩护人除了律师以外，还可以由其他人员来担任。（2）权利义务不同。辩护律师同其他辩护人相比享有更多的诉讼权利，承担更多的诉讼义务。辩护律师除了享有或者承担其他辩护人所享有或者承担的诉讼权利、诉讼义务以外，还依法享有或者承担相对独特的诉讼权利和诉讼义务。例如，犯罪嫌疑人在侦查期间只能委托律师作为辩护人，而不能委托其他辩护人；辩护律师通常可以直接同在押的犯罪嫌疑人、被告人会见和通信，其他辩护人则必须经过人民法院、人民检察院的许可；辩护律师自人民检察院对案件审查起诉之日起，可以直接查阅、摘抄、复制本案的案卷材料，而其他辩护人必须经过人民法院、人民检察院的许可；辩护律师享有调查取证的权利，而其他辩护人没有调查取证的权利。我国《律师法》也规定了辩护律师所享有的独特诉讼权利，如拒绝辩护权、庭审言论豁免权、人身保障权等。根据我国《刑事诉讼法》和《律师法》的有关规定，辩护律师承担了许多其他辩护人所没有承担的诉讼义务，如辩护律师的保密义务和告知义务等。（3）辩护律师作为专门从事法律服务的执业人员，具有组织上的保证和纪律上的约束，具备辩护所需要的专业知识，拥有丰富的辩护经验，享有更多的诉讼权利。因此，辩护律师在行使辩护职能方面通常比其他辩护人具有明显的优势。（4）辩护律师与犯罪嫌疑人、被告人之间一般不存在利益关系，因而辩护律师在履行辩护职责时相对超脱一些。而其他辩护人与犯罪嫌疑人、被告人之间往往具有亲属关系或者其他某种利益关系，因而可能与案件处理结果具有一定的利害关系。正因如此，其他辩护人在刑事诉讼中受到的限制更多一些。

【人民团体或者所在单位推荐的人担任辩护人】 是指由人民团体或者所在单位推荐的可以接受犯罪嫌疑人、被告人的委托成为辩护人的人员。根据《刑事诉讼法》第三十三条第一款第二项规定，犯罪嫌疑人、被告人除自己行使辩护权以外，还可以委托人民团体或者犯罪嫌疑人、被告人所在单位推荐的人作为辩护人。尽管从理论上讲，律师作为辩护人更有助于维护其合法权益，但是由于种种原因，我国当前的律师队伍仍然不能完全满足司法实践的实际需要。为了有效维护犯罪嫌疑人、被告人的合法权益，我国《刑事诉讼法》明确规定人民团体或者犯罪嫌疑人、被告人所在单位可以推荐公民担任犯罪嫌疑人、被告人的辩护人。所谓人民团体，是指工会、妇联、青联、学联、青年团、全国台联、工商联、侨联、科协、文联、记协、对外友好团体等。根据《刑事诉讼法司法解释》第四十二条规定，对接受委托担任辩护人的，人民法院应当核实其身份证明和授权委托书。

【犯罪嫌疑人、被告人的监护人、亲友担任辩护人】 是指接受委托担任辩护人的犯罪嫌疑人、被告人的监护人、亲友。根据《刑事诉讼法》第三十三条第一款第三项规定，犯罪嫌疑人、被告人除自己行使辩护权以外，还可以委托其监护人或者亲友作为辩护人。所谓监护人，是指依法对被监护人的人身权利、财产权利以及其他合法权益等负有保护责任的人或者单位。亲友，是指犯罪嫌疑人、被告人的亲戚朋友。允许犯罪嫌疑人、被告人的监护人、亲友担任辩护人，主要是考虑到他们同犯罪嫌疑人、被告人关系比较亲近，比较了解情况。由他们进行辩护，既可以缓解律师数量不足的问题，又可以维护犯罪嫌疑人、被告人的合法权益，甚至减轻犯罪嫌疑人、被告人的经济压力。根据《刑事诉讼法司法解释》第四十二条，如果被告人的监护人或者亲友被委托为辩护人，人民法院应当核实他们的身份证明，以及被告人的授权委托书。

【绝对禁止担任辩护人的人】 是指根据《刑事诉讼法》的规定绝对不能担任辩护人的人员。根据《刑事诉讼法》第三十三条第二款、《刑事诉讼法司法解释》第四十条第二款规定，下列人员不得担任辩护人：（1）正在被执行刑罚或者处于缓刑、假释考验期间的人。（2）依法被剥夺、限制人身自由的人。（3）无行为能力或者限制行为能力的人。我国法律之所以禁止这些人员担任辩护人，主要是因为这因为人员基本上没有行使辩护权的条件或者能力。另外，基于任职回避方面的原因，曾经担任审判人员和检察人员的律师在一定期限范围内也不能以律师身份担任辩护人。根据《律师法》第四十一条规定，曾经担任法官、检察官的律师，从人民法院、人民检察院离任后 2 年内，不得担任诉讼代理人或者辩护人。根据《刑事诉讼法司法解释》第四十一条第一款规定，审判人员和人民法院其他工作人员从人民法院离任后 2 年内，不得以律师身份担任辩护人。除了《刑事诉讼法》及其司法解释明确禁止的辩护人范围之外，本案的证人、鉴定人、翻译人员也不宜同时担任本案的辩护人，因为这些人与辩护人的诉讼地位、诉讼权利和诉讼义务存在矛盾。

【相对禁止担任辩护人的人】 是指根据《刑事诉讼法》的规定原则上不能担任辩护人，但是在特殊情况下可以担任辩护人的人员。根据相关的司法解释，相对禁止担任辩护人的人员包括如下几种情形：（1）根据《刑事诉讼法司法解释》第四十条第二款规定，下列人员不得担任辩护人：被开除公职或者被吊销律师、公证员执业证书的人；人民法院、人民检察院、监察机关、公安机关、国家安全机关、监狱的现职人员；人民陪审员；与本案审理结果有利害关系的人；外国人或者无国籍人。但是，如果这些人员是被告人的监护人、近亲属，那么被告人则可以委托他们担任辩护人。（2）根据《刑事诉讼法司法解释》第四十一条第三款规定，审判人员和人民法院其他工作人员的配偶、子女或者父母不得担任其任职法院所审理案件的辩护人，但系被告人的监护人、近亲属的除外。

【辩护人的诉讼地位】 是指辩护人在刑

事诉讼中基于其作用或者权利义务关系而具有的法律地位。在刑事诉讼中，辩护人与犯罪嫌疑人、被告人共同承担辩护职能。辩护职能是辩护人在刑事诉讼中的唯一职能。辩护人在刑事诉讼中的法律地位是独立的诉讼参与人，是犯罪嫌疑人、被告人合法权益的专门维护者。辩护人的独立诉讼地位主要体现在辩护人独立于犯罪嫌疑人、被告人。尽管辩护人的职责是维护犯罪嫌疑人、被告人的合法权益，但是辩护人具有独立的诉讼地位，不是犯罪嫌疑人、被告人的代言人。虽然在委托辩护中，辩护人要在犯罪嫌疑人、被告人委托以后才能取得辩护资格，但是辩护人在接受委托以后就取得了独立的诉讼地位。这就意味着，尽管辩护人需要接受犯罪嫌疑人、被告人的委托，但是辩护人因接受委托而参加刑事诉讼活动以后是履行法律规定的职责，而不是基于犯罪嫌疑人、被告人的授权。基于辩护人的独立地位，辩护人在刑事诉讼中以自己的名义和意志独立进行辩护，而不受犯罪嫌疑人、被告人意思表示的约束。而且，尽管辩护人应当维护犯罪嫌疑人、被告人的权益，但是这种权益只能是合法权益，而不是非法权益。辩护人只能依据事实和法律为犯罪嫌疑人、被告人履行职责，不受犯罪嫌疑人、被告人意志的左右。辩护人不仅独立于犯罪嫌疑人、被告人，而且独立于控诉机关和审判机关。辩护人与公诉人、法官之间遵循控辩平等对抗、法官居中裁判的原则。

【辩护人的责任】 是指辩护人根据事实和法律，提出犯罪嫌疑人、被告人无罪、罪轻或者减轻、免除其刑事责任的材料和意见，维护犯罪嫌疑人、被告人的诉讼权利和其他合法权益。《刑事诉讼法》第三十七条和《律师法》第三十一条对辩护人的责任作出了明确规定。理解辩护人的责任，应当注意如下四点：(1) 辩护人只能依据事实和法律进行辩护，不得捏造事实和歪曲法律。根据《刑事诉讼法》第四十四条规定，辩护人不得帮助犯罪嫌疑人、被告人隐匿、毁灭、伪造证据或者串供，不得威胁、引诱证人作伪证以及进行其他干扰司法机关诉讼活动的行为。(2) 帮助犯罪嫌疑人、被告人依法正确行使自己的诉讼权利，并在发现犯罪嫌疑人、被告人的诉讼权利受到侵犯或剥夺时，向公安司法机关提出意见，要求依法制止，或者向有关单位提出控告。(3) 为犯罪嫌疑人、被告人提供其他法律帮助。辩护人应当解答犯罪嫌疑人、被告人提出的有关法律问题，为犯罪嫌疑人、被告人代写有关文书，案件宣判后，应当征求被告人对判决的意见以及是否进行上诉等。(4) 辩护人只有辩护的职责，没有控诉的义务。辩护律师在履行辩护职责的过程中，如果获悉犯罪嫌疑人、被告人还犯有其他未被指控的犯罪行为，一般情况下辩护人有责任保密，而没有举报的义务。但是，根据《刑事诉讼法》第四十八条规定，辩护律师在执业活动中知悉委托人或者其他人，准备或者正在实施危害国家安全、公共安全以及严重危害他人人身安全的犯罪的，应当及时告知司法机关。这有助于保障国家、社会的整体利益，并维护辩护律师的职业形象，从长远来看更有利于辩护制度的健康发展。

【犯罪嫌疑人、被告人的合法权益】 是指犯罪嫌疑人、被告人在刑事诉讼中所享有的诉讼权利和其他合法利益。尽管在刑事诉讼中，犯罪嫌疑人、被告人是受到刑事责任追究的人，有义务接受国家的侦查、起诉和审判，保障刑事诉讼的顺利进行，但是基于刑事诉讼的特殊性质，犯罪嫌疑人、被告人享有一系列诉讼权利和其他合法利益，不受任何人的剥夺和侵犯。概括说来，犯罪嫌疑人、被告人的合法权益包括：（1）犯罪嫌疑人、被告人依法享有的一系列诉讼权利，如自行辩护权、委托辩护权、申请回避权、申请变更强制措施的权利、参与法庭调查的权利、辩论权、最后陈述权、上诉权、控告权、申诉权、获得法律帮助的权利、获得公正审判的权利、不受刑讯逼供的权利、不被强迫自证其罪的权利等。（2）犯罪嫌疑人、被告人的其他合法利益。例如，如果没有实施犯罪行为，或者检察机关的指控没有达到有罪判决的证明标准，犯罪嫌疑人、被告人应当被判决无罪；如果被国家专门机关冤枉，犯罪嫌疑人、被告人有权获得刑事司法赔偿；如果其犯罪行为具有法律规定的从轻、减轻或者免予刑事处罚的情形，犯罪嫌疑人、被告人应当被从轻、减轻或者免予刑事处罚；如果其人身权利、财产权利因为国家专门机关的违法行为而受到侵犯，犯罪嫌疑人、被告人有权获得赔偿等。

【辩护人与犯罪嫌疑人、被告人的关系】 是指辩护人与犯罪嫌疑人、被告人在刑事诉讼过程中的权利、义务关系。在刑事诉讼中，辩护人与犯罪嫌疑人、被告人的关系主要体现在如下几个方面：(1) 委托与被委托的关系。辩护人之所以能够成为辩护人，是因为辩护人接受了犯罪嫌疑人、被告人的委托。尽管辩护人依法享有一系列诉讼权利，但是辩护人对于犯罪嫌疑人、被告人仍然具有一定的依附性。如果没有犯罪嫌疑人、被告人的委托，辩护人的诉讼权利就会成为空中楼阁。（2）维护与被维护的关系。辩护制度是维护犯罪嫌疑人、被告人合法权益的根本措施。辩护人作为犯罪嫌疑人、被告人合法权益的维护者，在接受委托以后，有义务根据事实和法律，提出无罪、罪轻或者减轻、免除其刑事责任的材料和意见。正是基于辩护人维护犯罪嫌疑人、被告人的职责，辩护律师对在执业活动中知悉的委托人的有关情况和信息承担保密的义务。但是，辩护人的职责是有条件的、相对的。在刑事诉讼中，辩护人维护的必须是犯罪嫌疑人、被告人的诉讼权利和其他合法权益，而不是其非法利益或者不正当要求。这意味着，犯罪嫌疑人、被告人作为委托人，只能在法律规定的范围内要求辩护人为了自己的利益提供法律帮助，而不能向辩护人提出不正当要求，甚至要求辩护人为自己谋取非法利益。(3) 相互独立的关系。尽管辩护人在刑事诉讼中必须基于犯罪嫌疑人、被告人的委托，但是辩护人一旦接受委托以后，就具备独立的诉讼地位，享有法律规定的诉讼权利，根据事实和法律独立地履行其职责，而不受犯罪嫌疑人、被告人的意志左右。但是，辩护人的独立诉讼地位具备一定限度，即辩护人在履行辩护职责的过程中不仅需要忠实于事实和法律，而且应当忠实于犯罪嫌疑人、被告人的合法利益。（4）信任与被信任的关系。尽管辩护人与犯罪嫌疑人、被告人之间相互独立，但是他们之间基于委托与被委托的契约关系而相互信任。犯罪嫌疑人、被告人信任辩护人能够认真履行其辩护职责和维护自己的合法权益，而辩护人信任犯罪嫌疑人、被告人对案件事实的陈述和态度。

【辩护人的权利保障】 是指国家专门机

关在各自职责范围内依法保障辩护人依法享有的诉讼权利，确保辩护人充分有效地履行辩护职责，不得妨碍辩护人依法履行辩护职责，不得损害辩护人的合法权益。加强辩护人的权利保障，不仅是保障辩护人合法权益的客观需要，而且是提高刑事辩护效果的必然要求。我国在司法改革的大背景下采取了许多措施来强化辩护人尤其是辩护律师的权利保障，如2015年9月16日印发的《依法保障律师执业权利规定》，2014年12月23日印发的《最高人民检察院关于印发〈最高人民检察院关于依法保障律师执业权利的规定〉的通知》，2015年12月29日印发的《保障律师诉讼权利规定》，中共中央办公厅、国务院办公厅于2016年4月6日印发的《关于深化律师制度改革的意见》，2017年4月14日印发的《建立健全维护律师执业权利快速联动处置机制通知》，2018年4月21日印发的《依法保障律师诉讼权利和规范律师参与庭审活动通知》等。就辩护人的权利保障而言，以上规定或者意见、通知的核心内容就是公安司法机关建立权利保障机制、沟通协调机制、权利救济机制等，在各自职责范围内依法保障辩护律师的执业权利，不得阻碍律师依法履行辩护，不得侵害律师合法权利。

【辩护人的独立辩护权】 是指辩护人有权根据事实和法律独立地进行辩护，不受委托人和外界的非法限制和干预。辩护人独立地行使辩护权是有效辩护的重要保障。尽管我国《刑事诉讼法》《律师法》没有明确规定辩护人享有独立辩护的权利，但是现行法律实际上已经认可了辩护人的独立辩护权。（1）辩护人具有独立的诉讼地位，根据《刑事诉讼法》的规定享有诉讼权利和承担诉讼义务，既独立于其委托人，又独立于公安司法机关。（2）辩护人在履行职责的过程中，仅仅根据事实和法律，提出犯罪嫌疑人、被告人无罪、罪轻或者减轻、免除其刑事责任的材料和意见，而无需考虑外界因素的干扰。（3）辩护人依法履行辩护职责，受国家法律保护。对于外界干扰辩护人依法履行辩护职责的违法行为，辩护人有权提出申诉和控告。

尽管辩护人有权进行独立辩护，但是辩护人的独立辩护权是有限的，而不是绝对的。一方面，我国法律明确规定，辩护人在履行辩护职责的时候，必须忠实于事实和法律，而不能在事实和法律之外进行所谓的独立辩护。另一方面，基于辩护人与委托人之间的委托关系和信任关系，辩护人必须在忠实于事实和法律的基础上忠实于犯罪嫌疑人、被告人，依法维护犯罪嫌疑人、被告人的合法权益，而不能在不顾犯罪嫌疑人、被告人合法权益的情况下进行所谓的独立辩护。

【律师知情权】 是指律师接受委托担任辩护人以后，为履行辩护职责，通过会见、通信、阅卷、调查取证等手段，从国家专门机关那里掌握和了解案件事实、诉讼进程、处理结果等全部案情的权利。尽管我国《刑事诉讼法》没有明确规定辩护律师的知情权，但是通过《刑事诉讼法规定》的辩护人所享有的一系列诉讼权利，不难推导出辩护律师所享有的知情权。例如，根据《公安机关办理刑事案件程序规定》第五十条规定，辩护律师向公安机关了解案件有关情况的，公安机关应当依法将犯罪嫌疑人涉嫌的罪名以及当时已查明的该罪的主要事实，犯罪嫌疑人被采取、变更、解除强制措施，延长侦查羁押期限等案件有关情况，告知接受委托或者指派的辩护律师，并记录在案；根据《人民检察院刑事诉讼规则》第四十七条规定，在审查起诉阶段，辩护律师通过查阅、摘抄、复制本案的案卷材料，可以了解本案的诉讼文书和证据材料；根据《刑事诉讼法》第四十一条规定，辩护人有权申请人民检察院、人民法院调取在侦查、审查起诉期间公安机关、人民检察院收集的证明犯罪嫌疑人、被告人无罪或者罪轻的证据材料；根据《刑事诉讼法司法解释》第五十三条规定，辩护律师通过查阅、摘抄、复制案卷材料，可以了解案件的证据材料、诉讼文书、诉讼过程等；根据《刑事诉讼法》第一百八十七条规定，在开庭审理前，辩护人有权得到起诉书副本、获悉证人、鉴定人等出庭的通知等。为保障律师知情权，《保障律师诉讼权利规定》要求，人民法院要不断完善审判流程公开、裁判文书公开、执行信息公开“三大平台”建设，方便律师及时获取诉讼信息。对诉讼程序、诉权保障、调解和解、裁判文书等重要事项及相关进展情况，应当依法及时告知律师。

【辩护人的会见、通信权】 是指辩护人同在押或者受到监视居住的犯罪嫌疑人、被告人进行会见和通信的权利。在接受犯罪嫌疑人、被告人的委托以后，辩护人与犯罪嫌疑人、被告人的会见、通信是其开展辩护活动的重要基础。只有通过与犯罪嫌疑人、被告人的会见或者通信，辩护人才能够及时了解案件事实尤其是犯罪嫌疑人、被告人的思想状况，从而为如何开展辩护活动奠定基础。根据《刑事诉讼法》第三十九条以及《公安机关办理刑事案件程序规定》《人民检察院刑事诉讼规则》《依法保障律师执业权利规定》，我国的会见、通信权具有如下特点：（1）辩护人会见、通信的对象是在押或者被监视居住的犯罪嫌疑人、被告人。（2）基于身份上的差异，辩护律师与其他辩护人在会见、通信时采取区别对待的办法。最大的区别就是，除了特定案件以外，辩护律师可以同在押或者被监视居住的犯罪嫌疑人、被告人直接进行会见和通信，不需要经过人民法院、人民检察院的许可。而其他辩护人只有在经过人民法院、人民检察院许可的情况下，才可以同在押或者被监视居住的犯罪嫌疑人、被告人会见和通信。（3）在特定案件中，辩护律师的会见、通信权也受到一定限制。

【会见、通信的申请与审批】 是指在特殊情况下，辩护人要想同在押或者被监视居住的犯罪嫌疑人会见，必须事先提出申请，得到侦查机关许可的制度。根据《刑事诉讼法》第三十九条，在会见和通信中，需要申请和审批的特殊情况，包括两种情形：一种是律师以外的辩护人同在押或者被监视居住的犯罪嫌疑人、被告人会见或者通信时，必须经过人民法院或者人民检察院的许可；另一种情形是指，在侦查期间尽管辩护律师会见在押或者被监视居住的犯罪嫌疑人、被告人时不需要经过审批，但是对于危害国家安全犯罪、恐怖活动犯罪案件，辩护律师在侦查期间会见在押或者被监视居住的犯罪嫌疑人时，应当经侦查机关许可。

【解除委托关系时的会见】 是指在押犯罪嫌疑人、被告人解除委托关系的情况下，辩护律师如何同在押的犯罪嫌疑人、被告人会见。根据《依法保障律师执业权利规定》第八条规定，解除委托关系时的会见应当按照下列规定办理：（1）在押的犯罪嫌疑人、被告人提出解除委托关系的，办案机关应当要求其出具或签署书面文件，并在3日以内转交受委托的律师或者律师事务所。（2）辩护律师可以要求会见在押的犯罪嫌疑人、被告人，当面向其确认解除委托关系，看守所应当安排会见；但犯罪嫌疑人、被告人书面拒绝会见的，看守所应当将有关书面材料转交辩护律师，不予安排会见。（3）在押的犯罪嫌疑人、被告人的监护人、近亲属解除代为委托辩护律师关系的，经犯罪嫌疑人、被告人同意的，看守所应当允许新代为委托的辩护律师会见，由犯罪嫌疑人、被告人确认新的委托关系；犯罪嫌疑人、被告人不同意解除原辩护律师的委托关系的，看守所应当终止新代为委托的辩护律师会见。

【会见、通信权的保障】 是指为了保障辩护人充分行使会见、通信权，国家专门机关所采取的保护性措施。根据《刑事诉讼法》第三十九条以及《公安机关办理刑事案件程序规定》《人民检察院刑事诉讼规则》《依法保障律师执业权利规定》的有关规定，会见、通信权的保障主要包括：（1）在辩护律师提供执业证书、律所证明和委托书或者法律援助公函要求会见在押犯罪嫌疑人、被告人以后，看守所原则上应当及时安排；不能及时安排的，看守所应当向辩护律师说明情况，并保证辩护律师在48小时以内会见，同时通知办案部门。（2）看守所安排会见不得附加其他条件或者变相要求辩护律师提交法律规定以外的其他文件、材料，不得以未收到办案机关通知为由拒绝安排会见。（3）看守所应当设立会见预约平台，采取网上预约、电话预约等方式为辩护律师会见提供便利，但不得以未预约会见为由拒绝安排会见。（4）看守所应当采取必要措施，保障会见顺利和安全进行。辩护律师会见时，看守所应当保障其履行辩护职责需要的时间和次数，并与看守所工作安排和办案机关侦查工作相协调。（5）辩护律师会见时不被监听，办案机关不得派员在场。在会见室不足的情况下，看守所经辩护律师书面同意，可以安排在讯问室会见，但应当关闭录音、监听设备。（6）犯罪嫌疑人、被告人委托2名律师担任辩护人的，他们既可以共同会见，也可以单独会见。辩护律师可以带1名律师助理协助会见。（7）辩护律师会见时可以了解案件有关情况，提供法律咨询等；自案件移送审查起诉之日起，可以向犯罪嫌疑人、被告人核实有关证据。（8）辩护律师会见时可以根据需要制作会见笔录，要求犯罪嫌疑人、被告人确认无误后在笔录上签名。（9）看守所应当及时传递辩护律师同犯罪嫌疑人、被告人的往来信件。看守所可以对信件进行必要的检查，但不得截留、复制、删改信件，不得向办案机关提供信件内容，但信件内容涉及危害国家安全、公共安全、严重危害他人人身安全以及涉嫌串供、毁灭证据等情形的除外。人民检察院许可律师以外的辩护人同在押或者被监视居住的犯罪嫌疑人通信的，可以要求看守所或者公安机关将书信送交人民检察院进行检查。

【辩护人的阅卷权】 是指辩护人在审查起诉和审判阶段在人民检察院和人民法院查阅、摘抄、复制案卷材料的权利。阅卷权是辩护人享有的基本诉讼权利，是辩护人有效行使辩护权的重要基础。法律赋予辩护人阅卷权是为了保障辩护人更加全面地了解案件情况和控方证据，以便更好地准备辩护。根据我国《刑事诉讼法》及其司法解释的有关规定，辩护人的阅卷权具有如下特点：（1）辩护人只能在审查起诉和审判阶段享有阅卷权。自审查起诉之日起，辩护人可以到人民检察院进行阅卷。但是在人民检察院提起公诉以后，辩护人应当在人民法院进行阅卷。在侦查阶段，辩护律师只能依法了解有关情况，没有阅卷权。(2) 阅卷的基本内容包括查阅、摘抄、复制本案的案卷材料。(3) 辩护律师阅卷不需要许可，而律师以外的辩护人阅卷时必须经过人民检察院或者人民法院的许可。

【阅卷权的限制】 是指国家专门机关依法对辩护人的阅卷权所采取的限制性措施。根据《刑事诉讼法》第四十条以及《人民检察院刑事诉讼规则》《刑事诉讼法司法解释》《依法保障律师执业权利规定》的有关规定，现行法律对阅卷权的限制主要体现在如下几个方面：(1) 只有经过人民法院、人民检察院许可以后，律师以外的辩护人才能查阅、摘抄、复制案卷材料。根据《人民检察院刑事诉讼规则》第四十八条，自案件移送审查起诉之日起，律师以外的辩护人向人民检察院申请查阅、摘抄、复制本案的案卷材料，人民检察院负责捕诉的部门应当进行审查，作出是否许可的决定，并书面通知申请人。具有下列情形之一的，人民检察院可以不予许可：同案犯罪嫌疑人在逃的；案件事实不清，证据不足，或者遗漏罪行、遗漏同案犯罪嫌疑人需要补充侦查的；涉及国家秘密或者商业秘密的；有事实表明存在串供、毁灭、伪造证据或者危害证人人身安全可能的。(2) 辩护人阅卷的案卷材料包括案件的诉讼文书和证据材料。在阅卷时，辩护人不得查阅、摘抄、复制人民检察院检察委员会的讨论记录，以及人民法院合议庭、审判委员会的讨论记录以及其他依法不能公开的材料。(3) 辩护律师查阅、摘抄、复制的案卷材料属于国家秘密的，应当经过人民检察院、人民法院同意并遵守国家保密规定。(4) 律师不得违反规定，披露、散布案件重要信息和案卷材料，或者将其用于案件辩护、代理以外的其他用途。

【阅卷权的保障】 是指为了保障辩护人充分行使阅卷权，国家专门机关所采取的保护性措施。根据《人民检察院刑事诉讼规则》《刑事诉讼法司法解释》《依法保障律师执业权利规定》的有关规定，阅卷权的保障性措施主要包括：(1) 人民检察院、人民法院应当为辩护律师查阅、摘抄、复制案卷材料提供便利和场所，配备必要的设施，有条件的地方可以推行电子化阅卷，允许刻录、下载材料。(2) 辩护律师提出阅卷要求的，人民检察院、人民法院应当当时安排辩护律师阅卷，无法当时安排的，应当向辩护律师说明并安排其在 3 个工作日以内阅卷，不得限制辩护律师阅卷的次数和时间。有条件的地方可以设立阅卷预约平台。(3) 侦查机关应当在案件移送审查起诉后 3 日以内，人民检察院应当在提起公诉后 3 日以内，将案件移送情况告知辩护律师。案件提起公诉后，人民检察院对案卷所附证据材料有调整或者补充的，应当及时告知辩护律师。辩护律师对调整或者补充的证据材料，有权查阅、摘抄、复制。(4) 辩护律师办理申诉、抗诉案件，在人民检察院、人民法院经审查决定立案后，可以持律师执业证书、律师事务所证明和委托书或者法律援助公函到案卷档案管理部门、持有案卷档案的办案部门查阅、摘抄、复制已经审理终结案件的案卷材料。(5) 辩护律师可以采用复印、拍照、扫描、电子数据拷贝等方式复制案卷材料，可以根据需要带律师助理协助阅卷。办案机关应当核实律师助理的身份。

【辩护人申请调取证据的权利】 是指辩护人认为在侦查、审查起诉期间公安机关、人民检察院收集的证明犯罪嫌疑人、被告人无罪或者罪轻的证据材料未提交的，有权申请人民检察院、人民法院调取。根据《刑事诉讼法》第四十一条、《人民检察院刑事诉讼规则》第五十条、《刑事诉讼法司法解释》第五十七条、《依法保障律师执业权利规定》第十六条规定，辩护人申请调取证据时应当注意以下几点：（1）辩护人应当书面申请调取公安机关、人民检察院在侦查、审查起诉期间收集但未提交的证明犯罪嫌疑人、被告人无罪或者罪轻的证据材料。案件移送审查逮捕或者审查起诉后，辩护人认为在侦查期间公安机关或者人民检察院自侦部门收集的证明犯罪嫌疑人无罪或者罪轻的证据材料未提交，申请人民检察院向公安机关或者人民检察院自侦部门调取的，人民检察院负责捕诉的部门应当及时审查。辩护人向人民法院申请调取时，应当提供相关线索或者材料。（2）人民检察院、人民法院应当依法及时审查。（3）经审查，认为辩护人申请调取的证据已收集并且与案件事实有联系的，应当予以调取；认为辩护人申请调取的证据未收集或者与案件事实没有联系的，应当决定不予调取，并向辩护人说明理由。（4）公安机关或者人民检察院移送相关证据材料后，人民检察院或者人民法院应当依法告知辩护人。

【辩护人的调查取证权】 是指辩护人为了履行辩护职责而向有关单位、个人调查、收集证据，以及申请人民检察院或者人民法院收集、调取证据的权利。调查取证是辩护人履行辩护职责的基础和保障。如果不赋予辩护人调查取证的权利，辩护方就会因为力量过于薄弱而无法与强大的控诉机关进行平等对抗。根据我国《刑事诉讼法》及其司法解释的有关规定，辩护人的调查取证权具有如下特点：（1）调查取证权的主体既包括辩护律师，又包括律师以外的辩护人。承认律师以外的辩护人享有调查取证权的权利，不仅符合辩护人的职能定位，而且与《刑事诉讼法》第四十一条的规定相吻合。但是，基于身份和职业上的差异，在司法实践中，辩护人的调查取证权主要是指辩护律师的调查取证权。（2）辩护人的调查取证权没有强制性。（3）尽管辩护人调查取证在客观上有助于国家专门机关查明案件事实真相，但是其真正目的主要是为了维护犯罪嫌疑人、被告人的合法权益。（4）辩护人收集的有关犯罪嫌疑人不在犯罪现场、未达到刑事责任年龄、属于依法不负刑事责任的精神病人的证据，应当告知人民检察院，由人民检察院相关办案部门在审查逮捕或者审查起诉过程中及时进行审查。（5）辩护人收集的证据材料也必须经过法庭调查核实后才能作为证据使用。根据《刑事诉讼法》第四十三条规定，辩护律师的调查取证，既包括辩护律师自行调查取证，也包括申请人民检察院、人民法院收集、调取证据。

【辩护律师自行调查取证】 是指辩护律师依法独立地向有关单位或者个人调查、收集与本案有关的材料。根据《刑事诉讼法》第四十三条规定，辩护律师经证人或者其他有关单位和个人同意，可以向他们收集与本案有关的材料；辩护律师经人民检察院或者人民法院许可，并且经被害人或者其近亲属、被害人提供的证人同意，可以向他们收集与本案有关的材料。这是辩护律师自行调查取证的法律依据。《律师法》第三十五条第二款进一步规定，在刑事诉讼中，辩护律师凭借律师执业证书和律师事务所证明，就可以根据以上规定向有关单位或者个人调查取证。

【辩护律师申请调查取证】 是指辩护律师申请人民检察院、人民法院收集、调取证据的一种诉讼行为。根据《刑事诉讼法》第四十三条第一款、《律师法》第三十五条第一款，根据案情的需要，辩护律师可以申请人民检察院、人民法院收集、调取证据，或者申请人民法院通知证人出庭作证。根据《人民检察院刑事诉讼规则》第五十二条、第五十三条规定，辩护律师向人民检察院申请调查取证时应当遵守下列规定：（1）移送审查起诉后，辩护律师申请人民检察院收集、调取证据的，人民检察院负责捕诉的部门应当及时审查。（2）辩护律师申请人民检察院许可其向被害人或者其近亲属、被害人提供的证人收集与本案有关材料的，人民检察院应当在5日以内作出是否许可的决定，通知辩护律师。人民检察院认为需要收集、调取证据的，应当决定收集、调取，制作笔录附卷；决定不予收集、调取的，应当书面说明理由。（3）人民检察院收集、调取证据时，辩护律师可以在场。

根据《刑事诉讼法司法解释》第五十八条至第六十一条规定，辩护律师向人民法院申请调查取证应当遵守以下规定：（1）辩护律师申请向被害人及其近亲属、被害人提供的证人收集与本案有关的材料，人民法院认为确有必要的，应当签发准许调查书。辩护律师向证人或者有关单位、个人收集、调取与本案有关的证据材料，因证人或者有关单位、个人不同意，申请人民法院收集、调取，或者申请通知证人出庭作证，人民法院认为确有必要的，应当同意。辩护律师直接申请人民法院向证人或者有关单位、个人收集、调取证据材料，人民法院认为确有必要，且不宜或者不能由辩护律师收集、调取的，应当同意。（2）人民法院向个人、有关单位收集、调取的书面证据材料，分别由提供人签名，以及由提供人签名和加盖单位印章。对有关单位、个人提供的证据材料，人民法院应当出具收据，写明证据材料的名称、收到的时间、件数、页数以及是否为原件等，由书记员、法官助理或者审判人员签名。（3）收集、调取证据材料后，应当及时通知辩护律师查阅、摘抄、复制，告知人民检察院。（4）辩护律师应当以书面形式提出调查取证的申请，并说明理由，写明需要收集、调取证据材料的内容或者需要调查问题的提纲。（5）对辩护律师的申请，人民法院应当在5日以内作出是否准许、同意的决定，并通知申请人；决定不准许、不同意的，应当说明理由。

【调查取证权的限制】 是指辩护人在调查取证时按照法律的规定所承担的诉讼义务。根据《刑事诉讼法》第四十二条、第四十三条、第四十四条规定，调查取证权的限制主要体现在如下几个方面：（1）辩护人收集的有关犯罪嫌疑人不在犯罪现场、未达到刑事责任年龄、属于依法不负刑事责任的精神病人的证据，应当及时告知公安机关、人民检察院。（2）辩护律师在调查取证时应当经证人或者其他有关单位和个人同意。在向被害人或者其近亲属、被害人提供的证人调查取证时，不仅需要得到他们的同意，而且需要经过人民检察院或者人民法院的许可。（3）在调查取证过程中，辩护人不得帮助犯罪嫌疑人、被告人隐匿、毁灭、伪造证据或者串供，不得威胁、引诱证人作伪证以及进行其他干扰司法机关诉讼活动的行为。否则，应当依法追究法律责任，辩护人涉嫌犯罪的，应当由办理辩护人所承办案件的侦查机关以外的侦查机关办理。辩护人是律师的，应当及时通知其所在的律师事务所或者所属的律师协会。

【调查取证权的保障】 是指为了保障辩护人充分行使调查取证的权利，国家专门机关所采取的保护性措施。根据《依法保障律师执业权利规定》第十七条至第十九条规定，国家专门机关对调查取证权采取的保障性措施主要包括：(1) 辩护律师申请向被害人或者其近亲属、被害人提供的证人收集与本案有关的材料的，人民检察院、人民法院应当在7日以内作出是否许可的决定，并通知辩护律师。辩护律师书面提出有关申请时，办案机关不许可的，应当书面说明理由；辩护律师口头提出申请的，办案机关可以口头答复。（2）辩护律师申请人民检察院、人民法院收集、调取证据的，人民检察院、人民法院应当在3日以内作出是否同意的决定，并通知辩护律师。辩护律师书面提出有关申请时，办案机关不同意的，应当书面说明理由；辩护律师口头提出申请的，办案机关可以口头答复。（3）辩护律师申请向正在服刑的罪犯收集与案件有关的材料的，监狱和其他监管机关在查验律师执业证书、律师事务所证明和犯罪嫌疑人、被告人委托书或法律援助公函后，应当及时安排并提供合适的场所和便利。正在服刑的罪犯属于辩护律师所承办案件的被害人或者其近亲属、被害人提供的证人的，应当经人民检察院或者人民法院许可。

【辩护人提出意见的权利】 是指辩护人在刑事诉讼过程中就刑事案件的有关问题向办案机关提出意见的权利。辩护人提出意见的权利与办案机关听取辩护人意见的诉讼义务相对应。辩护人提出意见的权利贯穿整个刑事诉讼过程中，对于维护犯罪嫌疑人、被告人的合法权益以及监督公安司法机关的诉讼活动具有积极意义。根据我国《刑事诉讼法》的有关规定，辩护人的提出意见权具有如下特点：（1）根据办案机关履行义务的程度，大致上可以将辩护人提出意见的权利分为两种：一种是相对的提出意见权，即只有在辩护人提出要求的情况下，办案机关才有义务听取辩护人的意见；另一种是绝对的提出意见权，即无论辩护人是否提出要求，办案机关都必须听取辩护人的意见。（2）在辩护人提出意见后，办案机关需要承担一定的义务。例如，根据《依法保障律师执业权利规定》第二十一条第二款规定，辩护律师提出的书面意见和证据材料，办案机关应当附卷。办案机关在应当听取意见而未听取意见的情况下，属于程序违法行为，辩护人有权依法提出申诉或者控告。为了保障辩护律师的提出意见权，《依法保障律师执业权利规定》第四十二条明确规定，如果辩护律师认为办案机关及其工作人员依法应当听取其意见而未听取的，那么可以向同级或者上一级人民检察院申诉、控告。人民检察院应当在受理后10日以内进行审查，并将处理情况书面答复律师。情况属实的，通知有关机关予以纠正。情况不属实的，做好说明解释工作。

【听取辩护人意见】 是指不管辩护人是否提出要求，公安司法机关都应当主动听取辩护人的意见。根据我国《刑事诉讼法》及其司法解释的有关规定，公安司法机关必须听取辩护人或者辩护律师意见的情形包括：(1)《刑事诉讼法》第一百七十三条规定，人民检察院在审查起诉过程中，应当听取辩护人的意见，并记录在案。辩护人提出书面意见的，应当附卷。(2)《刑事诉讼法》第二百八十条第一款规定，人民检察院审查批准逮捕和人民法院决定逮捕，应当听取辩护律师的意见。(3)《刑事诉讼法》第一百九十二条、第一百九十八条第二款，《刑事诉讼法司法解释》第二百八十五条规定，在法庭调查和辩论过程中，审判人员应当听取辩护人对证据和案件情况所发表的意见。(4)《刑事诉讼法》第二百三十四条第二款的规定，第二审人民法院决定不开庭审理的，应当听取辩护人的意见。(5)根据《依法保障律师执业权利规定》第二十三条第三款规定，辩护律师申请排除非法证据的，办案机关应当听取辩护律师的意见，按照法定程序审查核实相关证据，并依法决定是否予以排除。

【辩护人要求听取意见】 是指在刑事诉讼过程中，在辩护人或者辩护律师提出要求的情况下，公安司法机关应当听取他们的意见。根据《刑事诉讼法》及其司法解释的有关规定，辩护人要求听取意见的情形包括：(1)根据《刑事诉讼法》第三十八条规定，在侦查期间，辩护律师有权向侦查机关提出意见。(2)根据《刑事诉讼法》第八十八条第二款规定，人民检察院审查批准逮捕，可以听取辩护律师的意见；但辩护律师提出要求的，应当听取辩护律师的意见。(3)根据《刑事诉讼法》第一百六十一条规定，在案件侦查终结前，辩护律师提出要求的，侦查机关应当听取辩护律师的意见，并记录在案。辩护律师提出书面意见的，应当附卷。(4)根据《刑事诉讼法》第二百五十一条第一款规定，最高人民法院复核死刑案件，辩护律师提出要求的，应当听取辩护律师的意见。(5)根据《依法保障律师执业权利规定》第二十一条规定，人民法院在决定逮捕期间，辩护律师提出要求的，应当听取辩护律师的意见。

【辩护人涉嫌犯罪的处理】 是指辩护人在履行辩护职责的过程中涉嫌毁灭、伪造证据、妨碍作证等犯罪行为时，公安司法机关依法追究其刑事责任时所采取的处理措施。根据《刑法》第三百零六条、《刑事诉讼法》第四十四条规定，辩护人在刑事诉讼中隐匿、毁灭、伪造证据，威胁、引诱证人违背事实改变证言或者作伪证，属于犯罪行为，应当由办理辩护人所承办案件的侦查机关以外的侦查机关办理。根据《公安机关办理刑事案件程序规定》第五十六条第二款规定，辩护人实施干扰诉讼活动行为，涉嫌犯罪，属于公安机关管辖的，应当由办理辩护人所承办案件的公安机关报请上一级公安机关指定其他公安机关立案侦查，或者由上一级公安机关立案侦查。不得指定原承办案件公安机关的下级公安机关立案侦查。辩护人是律师的，立案侦查的公安机关应当及时通知其所在的律师事务所、所属的律师协会以及司法行政机关。根据《人民检察院刑事诉讼规则》第六十条规定，人民检察院发现辩护人有帮助犯罪嫌疑人、被告人隐匿、毁灭、伪造证据或者串供，或者威胁、引诱证人作伪证以及其他干扰司法机关诉讼活动的行为，可能涉嫌犯罪的，应当将涉嫌犯罪的线索或者证据材料移送有管辖权的机关依法处理。人民检察院发现辩护律师在刑事诉讼中违反法律、法规或者执业纪律的，应当及时向其所在的律师事务所、所属的律师协会以及司法行政机关通报。

【辩护人申请变更或者解除强制措施的权利】 是指辩护人向公安司法机关提出申请，要求变更强制措施或者解除强制措施的权利。该权利实际上可以分解成为两项权利：（1）根据《刑事诉讼法》第九十七条，辩护人有权向人民法院、人民检察院和公安机关提出申请，要求变更犯罪嫌疑人、被告人的强制措施。（2）根据《刑事诉讼法》第九十九条规定，如果人民法院、人民检察院或者公安机关采取强制措施法定期限届满，辩护人有权要求人民法院、人民检察院或者公安机关解除犯罪嫌疑人、被告人的强制措施。根据《依法保障律师执业权利规定》第二十二条规定，辩护律师有权书面申请变更或者解除强制措施。对于辩护律师的变更或者解除申请，办案机关应当在3日以内作出处理决定。辩护律师的申请符合法律规定的，办案机关应当及时变更或者解除强制措施；经审查认为不应当变更或者解除强制措施的，应当告知辩护律师，并说明理由。

【辩护人申请回避的权利】 是指在回避对象符合法定情形时，辩护人依法向公安机关、人民检察院或者人民法院提出申请，要求其予以回避的一种诉讼权利。赋予辩护人申请回避的权利，不仅有助于维护犯罪嫌疑人、被告人的合法权益，而且有助于促进刑事诉讼活动的顺利进行。《刑事诉讼法》第三十二条，《公安机关办理刑事案件程序规定》第四十一条，《人民检察院刑事诉讼规则》第三十七条、《刑事诉讼法司法解释》第三十九条明确规定，辩护人有权按照《刑事诉讼法》关于回避的规定要求回避和申请复议。为了保障辩护律师的申请回避权，《依法保障律师执业权利规定》第二十四条、第二十七条、第三十八条规定了以下保障措施：（1）辩护律师在开庭以前提出回避申请的，人民法院应当及时审查作出处理决定，并告知辩护律师。（2）在法庭审理过程中，律师对审判人员、检察人员提出回避申请的，人民法院、人民检察院应当依法作出处理。（3）在法庭审理过程中，辩护律师就回避当庭提出申请，法庭原则上应当休庭进行审查，依照法定程序作出决定。法庭决定驳回申请，辩护律师可当庭提出复议。经复议后，辩护律师应当尊重法庭的决定，服从法庭的安排。但是，辩护律师不服法庭决定保留意见的内容应当详细记入法庭笔录，可以作为上诉理由，或者向同级或者上一级人民检察院申诉、控告。

【辩护人参加法庭调查和辩论的权利】 是指辩护人在法庭审理过程中，为了维护被告人的合法权益，依法进行举证、质证，同公诉人进行辩论，就证据和案件情况发表意见的权利。辩护人参加法庭调查和辩论的权利是辩护人履行辩护职责的表现，对于实现有效辩护、切实维护被告人的合法权益具有重要意义。为了保障辩护人充分有效地参加法庭调查和辩论，《刑事诉讼法》《刑事诉讼法司法解释》《依法保障律师执业权利规定》明确规定辩护人在参加法庭调查和辩论的过程中享有一系列诉讼权利。例如，经审判长准许，可以向当事人、证人、鉴定人和有专门知识的人发问；就证据的真实性、合法性、关联性，从证明目的、证明效果、证明标准、证明过程等方面，进行法庭质证和相关辩论；就案件事实、证据和适用法律等问题，进行法庭辩论；可以提出证据材料，申请通知新的证人、有专门知识的人出庭，申请调取新的证据，申请重新鉴定或者勘验、检查。除了这些诉讼权利以外，现行法律还明确要求，为了保障辩护人参加法庭调查和辩论，审判人员在法庭审理过程中应当承担一定的诉讼义务。例如，法官应当注重诉讼权利平等和控辩平衡。对于辩护人发问、质证、辩论的内容、方式、时间等，法庭应当依法公正保障，以便辩护人充分发表意见，查清案件事实；法官可以对辩护人的发问、辩论进行引导，除发言过于重复、相关问题已在庭前会议达成一致、与案件无关或者侮辱、诽谤、威胁他人、故意扰乱法庭秩序的情况外，法官不得随意打断或者制止辩护人按程序进行的发言；辩护人就回避，案件管辖，非法证据排除，申请通知证人、鉴定人、有专门知识的人出庭，申请通知新的证人到庭，调取新的证据，申请重新鉴定、勘验等问题当庭提出申请，或者对法庭审理程序提出异议的，法庭原则上应当休庭进行审查，依照法定程序作出决定。

【律师庭审言论豁免权】 是指律师在法庭上发表的代理、辩护意见不受法律追究。律师庭审言论豁免权是国际社会普遍认可的一项司法准则，如《联合国关于律师作用的基本原则》第 20 条规定，律师对于其书面或口头辩护时所发表的有关言论或作为职责任务出现于某一法院、法庭或其他法律或行政当局之前所发表的有关言论，应享有民事和刑事豁免权。赋予律师庭审言论豁免权，有助于律师没有顾虑地履行其代理、辩护职责，进而更好地维护委托人的合法权益。2007 年修订的《律师法》第三十七条首次规定了我国的律师庭审言论豁免权，即律师在法庭上发表的代理、辩护意见不受法律追究，但是发表危害国家安全、恶意诽谤他人、严重扰乱法庭秩序的言论除外。2017 年修正的《律师法》第三十七条完全重复了以上规定。另外，根据《律师法》第四十九条规定，如果律师在法庭上发表危害国家安全、恶意诽谤他人、严重扰乱法庭秩序的言论，那么根据情节轻重程度，律师应当承担一定的法律责任，如停止执业、没收违法所得、吊销律师执业证书、依法追究刑事责任等。

【辩护人拒绝辩护】 是指辩护人在具备正当理由的情况下有权拒绝为被告人继续进行辩护。根据《刑事诉讼法司法解释》第三百一十二条规定，法庭审理过程中，辩护人拒绝为被告人辩护的，有正当理由的，应当准许。《律师法》第三十二条第二款对辩护律师的拒绝辩护权作出了明确规定。一方面，辩护律师接受委托后，无正当理由的，不得拒绝辩护。另一方面，如果委托事项违法、委托人利用律师提供的服务从事违法活动或者委托人故意隐瞒与案件有关的重要事实的，辩护律师有权拒绝辩护。为了防止辩护律师随意拒绝辩护，《律师法》第四十八条明确规定，如果辩护律师在接受委托以后无正当理由拒绝辩护，设区的市级或者直辖市的区人民政府司法行政部门可以追究该辩护律师的法律责任，如给予警告、罚款、没收违法所得、停止执业等。根据《刑事诉讼法司法解释》第三百一十一条、第三百一十二条规定，法庭审理过程中，在辩护人拒绝为被告人辩护的情况下，如果被告人没有辩护人，应当宣布休庭；如果被告人仍有辩护人，庭审可以继续进行。另外，根据《依法保障律师执业权利规定》第三十四条规定，法庭审理过程中，辩护律师因法定情形拒绝为被告人辩护的，辩护律师可以向法庭申请休庭。

【被告人拒绝辩护】 是指被告人在审判过程中可以拒绝辩护人继续为他辩护。基于辩护人与被告人之间的委托关系，辩护人是受被告人委托而履行辩护职责的诉讼参与人。被告人作为委托方，理所当然享有终止委托的权利，拒绝辩护人继续为其辩护。被告人的拒绝辩护权属于绝对权利，不需要任何理由。这是尊重被告人意思自治的重要体现。不能因为被告人没有说明理由或者理由不成立，就否决被告人拒绝辩护的要求。在司法实践中，被告人拒绝辩护人继续辩护的原因常常包括：被告人认为辩护人的辩护对自己不利，或者辩护人违背了自己的意愿，或者被告人已经认罪，不需要辩护人再为自己辩护。在拒绝辩护人继续为其辩护以后，被告人有权另行委托辩护人。根据《刑事诉讼法》第四十五条、《律师法》第三十二条第一款规定，拒绝辩护是被告人享有的一项权利。根据《刑事诉讼法司法解释》第五十条规定，被告人拒绝法律援助机构指派的律师为其辩护，坚持自己行使辩护权的，人民法院应当准许。但是，如果属于应当提供法律援助的情形，被告人拒绝指派的律师为其辩护的，人民法院应当查明原因。理由正当的，应当准许，但被告人应当在5日以内另行委托辩护人；被告人未另行委托辩护人的，人民法院应当在3日内通知法律援助机构另行指派律师为其提供辩护。

【被告人拒绝辩护的处理】 是指被告人法庭审判过程中拒绝辩护人继续为他辩护以后，人民法院应当根据不同的情形所采取的处理措施。根据《依法保障律师执业权利规定》第三十三条、第三十四条规定，在法庭审理过程中，如果被告人拒绝辩护，经审判长许可，辩护律师可以与被告人进行交流；辩护律师也可以向法庭申请休庭。根据《刑事诉讼法司法解释》第三百一十一条规定，被告人在一个审判程序中更换辩护人一般不得超过2次。在被告人拒绝辩护人辩护以后，审判人员应当根据不同情况加以处理：（1）被告人拒绝辩护人辩护后，没有辩护人的，应当宣布休庭；仍有辩护人的，庭审可以继续进行。（2）有多名被告人的案件，部分被告人拒绝辩护人辩护后，没有辩护人的，根据案件情况，可以对该被告人另案处理，对其他被告人的庭审继续进行。（3）重新开庭后，被告人再次当庭拒绝辩护人辩护的，可以准许，但被告人不得再次另行委托辩护人或者要求另行指派律师，由其自行辩护。（4）被告人属于应当提供法律援助的情形，重新开庭后再次当庭拒绝辩护人辩护的，不予准许。值得注意的是，根据《刑事诉讼法司法解释》第五百七十二条规定，如果未成年被告人或者其法定代理人当庭拒绝辩护人辩护，在重新开庭后，他们再次当庭拒绝辩护人辩护的，不予准许。重新开庭时被告人已满18周岁的，可以准许，但不得再另行委托辩护人或者要求另行指派律师，由其自行辩护。另外，根据《刑事诉讼法司法解释》第四百八十五条规定，外国籍被告人拒绝辩护人辩护的，应当由其出具书面声明，或者将其口头声明记录在案；必要时，应当录音录像。被告人属于应当提供法律援助情形的，依照该解释第五十条规定处理。

【侦查阶段辩护律师的诉讼权利】 是指律师在侦查阶段接受犯罪嫌疑人的委托以后依法享有的程序性权利。根据《刑事诉讼法》第三十四条第一款规定，犯罪嫌疑人自被侦查机关第一次讯问或者采取强制措施之日起，有权委托辩护人；在侦查期间，只能委托律师作为辩护人。我国《刑事诉讼法》之所以限定犯罪嫌疑人在侦查阶段只能委托律师作为辩护人，主要是因为，如果过早地允许律师以外的辩护人参与刑事诉讼活动，有可能会给侦查活动带来不利的影响。毕竟，在立案以后、侦查终结以前，犯罪嫌疑人所涉嫌的犯罪行为尚未查清，证据尚未收集完备。根据《刑事诉讼法》第三十八条、《公安机关办理刑事案件程序规定》第四十二条规定，辩护律师在侦查阶段有权依法从事下列执业活动：向公安机关了解犯罪嫌疑人涉嫌的罪名和案件有关情况，提出意见；与犯罪嫌疑人会见和通信，向犯罪嫌疑人了解案件有关情况；为犯罪嫌疑人提供法律帮助、代理申诉、控告；为犯罪嫌疑人申请变更强制措施。根据《公安机关办理刑事案件程序规定》第五十条规定，辩护律师向公安机关了解案件有关情况的，公安机关应当依法将犯罪嫌疑人涉嫌的罪名以及当时已查明的该罪的主要事实，犯罪嫌疑人被采取、变更、解除强制措施，延长侦查羁押期限等案件有关情况，告知接受委托或者指派的辩护律师，并记录在案。根据《刑事诉讼法》第三十九条、《公安机关办理刑事案件程序规定》第五十五条、第五十八条规定，辩护律师会见犯罪嫌疑人时，公安机关不得监听，不得派员在场；案件侦查终结前，辩护律师提出要求的，公安机关应当听取辩护律师的意见，根据情况进行核实，并记录在案。辩护律师提出书面意见的，应当附卷。

【侦查阶段辩护律师的诉讼义务】 是指律师在侦查阶段接受犯罪嫌疑人的委托以后依法享有的程序性义务。根据《刑事诉讼法》《公安机关办理刑事案件程序规定》《人民检察院刑事诉讼规则》的有关规定，辩护律师在侦查阶段应当承担下列诉讼义务：（1）辩护律师接受犯罪嫌疑人委托后，应当及时告知公安机关或者人民检察院。（2）对于危害国家安全犯罪、恐怖活动犯罪、特别重大贿赂犯罪案件，在侦查期间辩护律师会见在押的犯罪嫌疑人，应当经侦查机关许可。（3）辩护律师会见在押或者被监视居住的犯罪嫌疑人需要聘请翻译人员的，应当经公安机关审查。（4）辩护律师会见在押或者被监视居住的犯罪嫌疑人时，不得违反法律规定或会见规定。（5）辩护律师对在执业活动中知悉的委托人的有关情况和信息，有权予以保密。但是，辩护律师在执业活动中知悉委托人或者其他人，准备或者正在实施危害国家安全、公共安全以及严重危害他人人身安全的犯罪的，应当及时告知司法机关。（6）辩护律师收集的犯罪嫌疑人不在犯罪现场、未达到刑事责任年龄、属于依法不负刑事责任的精神病人的证据，应当及时告知公安机关。（7）辩护律师不得帮助犯罪嫌疑人、被告人隐匿、毁灭、伪造证据或者串供，不得威胁、引诱证人作伪证以及进行其他干扰司法机关诉讼活动的行为等。

【辩护人、诉讼代理人的申诉、控告权】 是指在公安机关、人民检察院、人民法院及其工作人员阻碍辩护人依法行使诉讼权利时，辩护人向人民检察院提出申诉或者控告的权利。根据《刑事诉讼法》第十四条规定，保障诉讼参与人诉讼权利是我国刑事诉讼的一项基本原则，人民法院、人民检察院和公安机关有义务保障犯罪嫌疑人、被告人和其他诉讼参与人依法享有的辩护权和其他诉讼权利。诉讼参与人对于审判人员、检察人员和侦查人员侵犯公民诉讼权利和人身侮辱的行为，有权提出控告。《律师法》第三条第四款也规定，律师依法执业受法律保护，任何组织和个人不得侵害律师的合法权益。为了保障辩护人的合法权益，促进辩护人更好地履行其辩护职责，《刑事诉讼法》第四十九条明确规定，辩护人、诉讼代理人认为公安机关、人民检察院、人民法院及其工作人员阻碍其依法行使诉讼权利的，有权向同级或者上一级人民检察院申诉或者控告。人民检察院对申诉或者控告应当及时进行审查，情况属实的，通知有关机关予以纠正。根据《人民检察院刑事诉讼规则》第五十八条规定，辩护人、诉讼代理人认为其依法行使诉讼权利受到阻碍向人民检察院申诉或者控告的，人民检察院应当在受理后10日以内办结并书面答复。情况属实的，通知有关机关或者本院有关部门、下级人民检察院予以纠正。根据《依法保障律师执业权利规定》第四十三条也规定，办案机关或者其上一级机关、人民检察院对律师提出的投诉、申诉、控告，经调查核实后要求有关机关予以纠正，有关机关拒不纠正或者累纠累犯的，应当由相关机关的纪检监察部门依照有关规定调查处理，相关责任人构成违纪的，给予纪律处分。

【辩护人、诉讼代理人提出申诉、控告的情形】 是指辩护人、诉讼代理人认为公安机关、人民检察院、人民法院及其工作人员阻碍其依法行使诉讼权利，从而向人民检察院提出申诉或者控告的各种情形。根据《人民检察院刑事诉讼规则》第五十七条规定，如果辩护人、诉讼代理人认为公安机关、人民检察院、人民法院及其工作人员具有下列阻碍其依法行使诉讼权利的行为之一的，可以向同级或者上一级人民检察院申诉或者控告，控告检察部门应当接受并依法办理，其他办案部门应当予以配合：(1) 对辩护人、诉讼代理人提出的回避要求不予受理或者对不予回避决定不服的复议申请不予受理的。(2) 未依法告知犯罪嫌疑人、被告人有权委托辩护人的。(3) 未转达在押的或者被监视居住的犯罪嫌疑人、被告人委托辩护人的要求的。(4) 应当通知而不通知法律援助机构为符合条件的犯罪嫌疑人、被告人或者被申请强制医疗的人指派律师提供辩护或者法律援助的。(5) 在规定时间内不受理、不答复辩护人提出的变更强制措施申请或者解除强制措施要求的。(6) 未依法告知辩护律师犯罪嫌疑人涉嫌的罪名和案件有关情况的。(7) 违法限制辩护律师同在押、被监视居住的犯罪嫌疑人、被告人会见和通信的。(8) 违法不允许辩护律师查阅、摘抄、复制本案的案卷材料的。(9) 违法限制辩护律师收集、核实有关证据材料的。(10) 没有正当理由不同意辩护律师收集、调取证据或通知证人出庭作证的申请，或者不答复、不说明理由的。(11) 未依法提交证明犯罪嫌疑人、被告人无罪或者罪轻的证据材料的。(12) 未依法听取辩护人、诉讼代理人的意见的。(13) 未依法将开庭的时间、地点及时通知辩护人、诉讼代理人的。(14) 未依法向辩护人、诉讼代理人及时送达本案的法律文书或者及时告知案件移送情况的。（15）阻碍辩护人、诉讼代理人在法庭审理过程中依法行使诉讼权利的。（16）其他阻碍辩护人、诉讼代理人依法行使诉讼权利的。对于直接向上一级人民检察院申诉或者控告的，上一级人民检察院可以交下级人民检察院办理，也可以直接办理。辩护人、诉讼代理人认为看守所及其工作人员有阻碍其依法行使诉讼权利的行为，向人民检察院申诉或者控告的，由负责刑事执行检察的部门接受并依法办理；其他办案部门收到申诉或者控告的，应当及时移送负责刑事执行检察的部门。

【辩护律师申请维护执业的权利】 是指在办案机关及其工作人员阻碍其依法行使执业权利时，辩护律师向有关机构申请维护执业的权利。根据《依法保障律师执业权利规定》第四十四条、第四十五条规定，律师认为办案机关及其工作人员阻碍其依法行使执业权利的，可以向其所执业律师事务所所在地的市级司法行政机关、所属的律师协会申请维护执业权利。情况紧急的，可以向事发地的司法行政机关、律师协会申请维护执业权利。事发地的司法行政机关、律师协会应当给予协助。司法行政机关、律师协会应当建立维护律师执业权利快速处置机制和联动机制，及时安排专人负责协调处理。律师的维权申请合法有据的，司法行政机关、律师协会应当建议有关办案机关依法处理，有关办案机关应当将处理情况及时反馈司法行政机关、律师协会。司法行政机关、律师协会持有关证明调查核实律师权益保障或者违纪有关情况的，办案机关应当予以配合、协助，提供相关材料。人民法院、人民检察院、公安机关、国家安全机关、司法行政机关和律师协会应当建立联席会议制度，定期沟通保障律师执业权利工作情况，及时调查处理侵犯律师执业权利的突发事件。

【辩护人的受托告知义务】 是指辩护人在接受犯罪嫌疑人、被告人的委托以后，应当及时告知办理案件的机关。其法律依据是《刑事诉讼法》第三十四条第四款的规定。辩护人及时告知办案机关其辩护人身份，不仅有助于办案机关做好相应准备，而且有助于加强辩护人与办案机关之间的及时沟通，保障刑事诉讼的顺利进行。根据《公安机关办理刑事案件程序规定》第四十八条规定，辩护律师接受犯罪嫌疑人委托或者法律援助机构的指派后，应当及时告知公安机关并出示律师执业证书、律师事务所证明和委托书或者法律援助公函。根据《人民检察院刑事诉讼规则》第四十五条规定，辩护人接受委托后告知人民检察院，或者法律援助机构指派律师后通知人民检察院的，人民检察院案件管理部门应当及时登记辩护人的相关信息，并将有关情况和材料及时通知、移交相关办案部门。人民检察院案件管理部门对办理业务的辩护律师，应当查验其律师执业证书、律师事务所证明和授权委托书或者法律援助公函。对其他辩护人、诉讼代理人，应当查验其身份证明和授权委托书。《刑事诉讼法司法解释》第五十二条规定，审判期间，辩护人接受被告人委托的，应当在接受委托之日起3日内，将委托手续提交人民法院。接受法律援助机构指派为被告人提供辩护的，适用前款规定。

【辩护人的忠于职守义务】 是指辩护人在接受委托或被指定担任辩护人以后，应当恪尽职守，为犯罪嫌疑人、被告人进行辩护，尽力维护他们的合法权益，不能无故拖延，没有正当理由不得拒绝辩护。规定辩护人的忠于职守义务不仅有助于维护犯罪嫌疑人、被告人的合法权益，而且是由其辩护职责所决定的。在刑事诉讼中，尽管辩护人具有独立的诉讼地位，按照法律规定享有一系列诉讼权利，但是辩护人作为犯罪嫌疑人、被告人合法权益的维护者，理所应当忠于职守，而不能损害犯罪嫌疑人、被告人的合法权益。有鉴于此，辩护人在接受犯罪嫌疑人、被告人的委托或者被指定以后，应当时刻铭记辩护职责，切实履行诉讼权利，依法承担诉讼义务，根据事实和法律，提出犯罪嫌疑人、被告人无罪、罪轻或者减轻、免除其刑事责任的材料和意见，维护犯罪嫌疑人、被告人的诉讼权利和其他合法权益。除了犯罪嫌疑人、被告人拒绝辩护人继续为其辩护，或者出现委托事项违法、委托人利用辩护人从事违法活动或者委托人故意隐瞒与案件有关的重要事实等法定情形以外，辩护人都应当自始至终、尽心尽责地履行辩护职责，而不能拒绝辩护。

【辩护人的依法辩护义务】 是指辩护人在刑事诉讼过程中应当根据事实和法律，依法履行辩护职责，严格遵守法定诉讼程序，依法维护犯罪嫌疑人、被告人的合法权益。辩护人依法履行辩护职责不仅是现代法治的应有之义，而且是有效辩护、维护犯罪嫌疑人、被告人合法权益的重要保障。如果辩护人通过非法手段履行辩护职责，不仅有损于犯罪嫌疑人的合法权益，而且应当承担一定的法律责任。辩护人依法进行辩护，不仅需要严格遵守《刑事诉讼法》规定的诉讼程序，依照法律规定行使其诉讼权利，而且应当切实履行法律规定的诉讼义务。辩护人不能沦为犯罪嫌疑人、被告人的代言人，不能打着维护犯罪嫌疑人、被告人合法权益的旗号违背法律，干扰刑事诉讼活动，甚至谋取私利。尤其是，辩护人不得帮助犯罪嫌疑人、被告人隐匿、毁灭、伪造证据或者串供，不得威胁、引诱证人作伪证，不得以暴力、威胁、贿买等方法阻止证人作证或者指使他人作伪证，以及进行其他干扰司法机关诉讼活动的行为；不得违反规定会见法官、检察官、仲裁员以及其他有关工作人员，向法官、检察官、仲裁员以及其他有关工作人员行贿，介绍贿赂或者指使、诱导当事人行贿，或者以其他不正当方式影响法官、检察官、仲裁员以及其他有关工作人员依法办理案件。

【辩护人的证据展示义务】 是指辩护人依法向控诉机关展示有可能导致犯罪嫌疑人无罪结果的证据。为了防止证据突袭，提高诉讼效率，保障控辩双方的平等对抗，促进刑事诉讼的顺利进行，现代法治国家普遍实行证据展示制度。一般而言，控辩双方都负有证据展示的法律义务。但是，基于控辩双方的力量对比较为悬殊，辩护方只是承担部分证据展示义务，即辩护方仅仅向控方展示那些有可能导致无罪结果的证据。

根据《刑事诉讼法》第四十二条规定，辩护人收集的有关犯罪嫌疑人不在犯罪现场、未达到刑事责任年龄、属于依法不负刑事责任的精神病人的证据，应当及时告知公安机关、人民检察院。根据《公安机关办理刑事案件程序规定》第五十八条第二款规定，对辩护律师收集的犯罪嫌疑人不在犯罪现场、未达到刑事责任年龄、属于依法不负刑事责任的精神病人的证据，公安机关应当进行核实并将有关情况记录在案，有关证据应当附卷。根据《人民检察院刑事诉讼规则》第五十一条规定，在人民检察院侦查、审查逮捕、审查起诉过程中，辩护人收集到的有关犯罪嫌疑人不在犯罪现场、未达到刑事责任年龄、属于依法不负刑事责任的精神病人的证据，告知人民检察院的，人民检察院相关办案部门应当及时进行审查。

【辩护人的保密义务】 是指辩护人应当保守其因为履行辩护职责所知悉的秘密。基于辩护人与犯罪嫌疑人、被告人之间的信任关系，在辩护人履行辩护职责的过程中，被告人很有可能向辩护人透露有关秘密情况，如犯罪嫌疑人、被告人的商业秘密、个人隐私，或者由犯罪嫌疑人、被告人实施的但是尚未被公安司法机关掌握的犯罪行为。而且，辩护人在履行辩护职责的过程中也有可能自己发现诸如国家秘密、商业秘密或者犯罪嫌疑人、被告人的个人隐私、未被发现的犯罪行为等秘密情况。为了维护辩护人与犯罪嫌疑人、被告人之间的信任关系，保障辩护人的独立诉讼地位和辩护职责，消除犯罪嫌疑人、被告人的顾虑，现代法治国家普遍确立了辩护人的保密义务。

在我国刑事诉讼中，保守秘密既是辩护律师依法享有的一项权利，又是辩护律师应当遵守的一项义务。一方面，根据《刑事诉讼法》第四十八条规定，辩护律师对在执业活动中知悉的委托人的有关情况和信息，有权予以保密。这意味着，当国家专门机关向辩护律师调查犯罪嫌疑人、被告人的商业秘密、个人隐私尤其是尚未掌握的犯罪行为时，辩护律师有权予以保密。另一方面，根据《律师法》第三十八条规定，辩护律师应当保守在执业活动中知悉的国家秘密、商业秘密，不得泄露当事人的隐私。律师对在执业活动中知悉的委托人和其他人不愿泄露的有关情况和信息，应当予以保密。从以上规定不难看出，在我国刑事诉讼中，履行保密权利或者义务的主体是辩护律师，而不包括律师以外的辩护人。需要注意的是，辩护律师的保密权利或者义务不是绝对的，而是受到一定的限制，即辩护律师保密权利或者义务的例外。根据《刑事诉讼法》第四十八条、《律师法》第三十八条第二款规定，辩护律师在执业活动中知悉委托人或者其他人准备或者正在实施危害国家安全、公共安全以及严重危害他人人身安全的犯罪和信息的，应当及时告知司法机关。

【辩护人的遵守诉讼纪律义务】 是指辩护人在履行辩护职责的过程中应当遵守诉讼纪律。根据我国《刑事诉讼法》及其司法解释的有关规定，辩护人遵守诉讼纪律义务主要包括如下几个方面：(1) 辩护人在会见犯罪嫌疑人、被告人时必须遵守法律规定以及看守所、监视居住执行机关的规定。(2) 按照人民法院出庭通知中告知的开庭时间、地点准时出席法庭，履行辩护职责。但是，根据《依法保障律师执业权利规定》第二十五条第一款规定，辩护律师因开庭日期冲突等正当理由申请变更开庭日期的，人民法院应当在不影响案件审理期限的情况下，予以考虑并调整日期，决定调整日期的，应当及时通知辩护律师。(3) 在法庭审判过程中，辩护人应当遵守《人民法院法庭规则》，不得违反法庭秩序。根据《刑事诉讼法》第一百九十九条规定，在法庭审判过程中，如果辩护人违反法庭秩序，审判长应当警告制止。对不听制止的，可以强行带出法庭；情节严重的，处以1000元以下的罚款或者15日以下的拘留。罚款、拘留必须经院长批准。被处罚人对罚款、拘留的决定不服的，可以向上一级人民法院申请复议。复议期间不停止执行。如果辩护律师聚众哄闹、冲击法庭或者侮辱、诽谤、威胁、殴打司法工作人员或者诉讼参与人，严重扰乱法庭秩序，构成犯罪的，应当依法追究刑事责任。

【刑事代理】 即刑事诉讼中的代理，是指根据法律规定或者经过授权的代理人以被代理人的名义，在代理权限范围内进行刑事诉讼活动，由被代理人承担代理行为的法律后果的一种诉讼行为。根据代理权限的不同产生方式，可以将刑事诉讼代理分为法定代理和委托代理两种。法定代理和委托代理作为刑事代理的两种基本方式，都是代理人在代理权限范围内进行诉讼活动，代理人在代理权限范围内的诉讼行为与被代理人自己的诉讼行为具有同等的法律效力，代理人合法代理的法律后果都由被代理人来承担。但是，法定代理与委托代理具有不同的特征，即它们在代理产生的根据、代理人和被代理人的范围、代理人和被代理人之间的关系以及代理人的权限与诉讼地位等方面都存在明显差异。

【刑事代理制度】 是指法律关于刑事诉讼中的代理权、代理人的范围、代理的种类与方式、代理人职责、代理人的权利与义务等一系列法律规范的总称。刑事代理制度是刑事诉讼中的一项重要法律制度，具有重要意义。（1）可以为被代理人提供法律上的帮助。在刑事诉讼中，被代理人普遍缺乏法律专业知识，往往难以充分行使自己的诉讼权利和维护自己的合法权益。被代理人通过委托具有法律专业知识的代理人，可以帮助其行使诉讼权利和维护其合法权益。（2）可以代理那些不能亲自参加诉讼的被代理人参加诉讼。在刑事诉讼中，有些被代理人常常因为被犯罪行为致伤、致残等原因而不能参加诉讼。在这种情况下，被代理人可以委托诉讼代理人参加诉讼，以便维护自己的合法权益。（3）可以协助司法机关正确查明案件事实，公正处理案件。诉讼代理人尤其是代理律师参加诉讼，能够凭借其法律专业知识对证据认定、案件事实、法律适用等作出较为客观全面的分析，提出较为正确的意见，进而有助于司法机关正确查明案件事实和公正处理案件，保护被代理人的合法权益。

【刑事诉讼中的法定代理】 是指在刑事诉讼中，基于法律规定而产生的代理。在刑事诉讼中，对于无诉讼行为能力或者限制诉讼行为能力的当事人，一般需要对其负有监督和保护义务的法定代理人，即被代理人的父母、养父母、监护人和负有保护责任的机关、团体的代表参加刑事诉讼。相对于刑事诉讼中的委托代理而言，刑事诉讼中的法定代理具有如下特征：（1）法定代理是基于法律规定而产生的代理。（2）被代理人一般是无诉讼行为能力或者限制诉讼行为能力的当事人，代理人为被代理人的父母、养父母、监护人和负有保护责任的机关、团体的代表。（3）代理人与被代理人之间存在监督与被监督、保护与被保护的关系。（4）代理人的权限由法律直接规定，而且代理人享有与被代理人基本相同的诉讼权利，代理人在行使这些诉讼权利的时候具有独立性，不需要征得被代理人的同意。

【刑事诉讼中的委托代理】 又称刑事诉讼代理，是指在刑事诉讼中，基于被代理人的委托、授权而产生的一种代理。相对于法定代理而言，刑事诉讼中的委托代理具有如下主要特征：（1）从代理的产生根据来看，委托代理基于被代理人的委托、授权而产生。（2）诉讼代理人与被代理人或者诉讼代理人的委托主体都具有特定性。（3）被代理人与代理人之间是委托与被委托的关系，即契约关系。刑事诉讼代理人没有独立的诉讼地位，必须以被代理人的名义进行诉讼，根据被代理人的意志，为维护他们的合法权益而进行诉讼活动。（4）代理人必须在被代理人的委托范围内进行诉讼活动，其代理权限取决于被代理人的授权，其诉讼地位具有从属性。诉讼代理人超过授权范围进行诉讼活动所产生的结果，除非得到被代理人的追认，否则被代理人不予承担。而且，诉讼代理人不能进行法律要求只能由被代理人亲自实施的诉讼行为。根据我国《刑事诉讼法》的有关规定，刑事诉讼中的委托代理主要包括公诉案件被害人的代理，自诉案件的代理，附带民事诉讼当事人的代理，犯罪嫌疑人、被告人逃匿、死亡案件违法所得没收程序中的代理，依法不负刑事责任的精神病人的强制医疗程序中的代理，以及刑事申诉案件的代理。他们在委托诉讼代理人时应当同诉讼代理人签订委托合同，对代理事项、代理权限、代理时间等重大事项予以明确载明。

【刑事诉讼代理人的范围】 是指在刑事诉讼中可以接受被代理人的委托，担任诉讼代理人的人。根据《刑事诉讼法》第三十三条、第四十七条规定，可以担任刑事诉讼代理人的人员范围与辩护人的人员范围相同，即有资格担任诉讼代理人的是律师，人民团体或者犯罪嫌疑人、被告人所在单位推荐的人，以及犯罪嫌疑人、被告人的监护人、亲友。但是，正在被执行刑罚或者依法被剥夺、限制人身自由的人，不得担任诉讼代理人。而且，诉讼代理人的人数应当为1～2人。

【刑事诉讼代理人的委托主体】 是指在刑事诉讼中有资格委托诉讼代理人的人。根据《刑事诉讼法》第四十六条、第二百九十九条、第三百零四条规定，刑事诉讼代理人的委托主体包括：（1）公诉案件的被害人及其法定代理人或者近亲属；（2）附带民事诉讼的当事人及其法定代理人；（3）自诉案件的自诉人及其法定代理人；（4）没收违法所得案件中的犯罪嫌疑人、被告人的近亲属和其他利害关系人；（5）强制医疗案件中的被申请人或者被告人及其法定代理人。根据《刑事诉讼法》第二百五十二条、《刑事诉讼法司法解释》第四百五十一条以及《人民检察院刑事诉讼规则》第一百六十二条规定，人民检察院、人民法院在受理刑事申诉案件时，当事人及其法定代理人、近亲属可以委托律师代理申诉。《律师法》第二十八条也将接受委托、代理各类诉讼案件的申诉作为律师的一项业务。由此可见，在刑事申诉案件中，当事人及其法定代理人、近亲属都属于刑事诉讼代理人的委托主体。但是，他们只能委托律师代理申诉，而不能委托律师以外的其他主体。

【委托代理权的告知】 是指人民检察院或者人民法院在刑事诉讼中应当告知刑事诉讼代理人的委托主体享有委托诉讼代理人的诉讼权利。赋予人民检察院或者人民法院的告知义务有助于当事人及时、正确地行使其委托诉讼代理人的诉讼权利，从而更好地维护当事人的合法权益，促进刑事诉讼的顺利进行。根据

《刑事诉讼法》第四十六条、《人民检察院刑事诉讼规则》第五十五条规定，人民检察院自收到移送审查起诉的案件材料之日起3日以内，应当告知被害人及其法定代理人或者其近亲属、附带民事诉讼的当事人及其法定代理人有权委托诉讼代理人。被害人及其法定代理人、近亲属因经济困难没有委托诉讼代理人的，应当告知其可以申请法律援助。当面口头告知的，应当记入笔录，由被告知人签名；电话告知的，应当记录在案；书面告知的，应当将送达回执入卷。被害人众多或者不确定，无法以上述方式逐一告知的，可以公告告知。无法告知的，应当记录在案。被害人有法定代理人的，应当告知其法定代理人；没有法定代理人的，应当告知其近亲属。法定代理人或者近亲属为2人以上的，可以告知其中1人。告知时应当按照《刑事诉讼法》第一百零八条第三项、第六项列举的顺序择先进行。根据《刑事诉讼法》第四十六条第二款、《刑事诉讼法司法解释》第六十二条规定，人民法院自受理自诉案件之日起3日以内，应当告知自诉人及其法定代理人、附带民事诉讼当事人及其法定代理人，有权委托诉讼代理人，并告知如果经济困难的，可以申请法律援助。

【公诉案件中的代理】 是指诉讼代理人接受公诉案件的被害人及其法定代理人或者近亲属的委托，作为被害人的代理人参加诉讼，以维护被害人的合法权益。根据《刑事诉讼法》第四十六条第一款，公诉案件的被害人及其法定代理人或者近亲属，自案件移送审查起诉之日起，有权委托诉讼代理人。公诉案件中被害人的代理具有如下特点：（1）公诉案件被害人委托代理人，可以由被害人本人委托，也可以由其法定代理人或近亲属委托，其他人员无权为被害人委托代理人。（2）尽管被害人的法定代理人或者近亲属有权委托诉讼代理人，但是被代理人是被害人，而不是被害人的法定代理人或者近亲属。（3）公诉案件被害人在侦查阶段不能委托代理人，只能在案件移送审查起诉以后才能委托诉讼代理人。（4）被害人的诉讼代理人在刑事诉讼中只能代理行使法律赋予被害人的全部或部分诉讼权利。被害人的诉讼代理人的具体代理权限，取决于每个案件具体代理范围的授权，以委托代理协议中的规定为依据，可以全权代理，也可以部分代理。（5）尽管被害人的诉讼代理人与公诉人都应当履行控诉职能，但是基于公诉人的法律监督职能，他们有可能在法庭审理过程中发生一定的冲突。（6）在法庭审理过程中，被害人的诉讼代理人可以就证据和案件情况独立发言，甚至可以同辩护人、公诉人进行相互辩论。

【自诉案件中的代理】 是指诉讼代理人接受自诉人及其法定代理人的委托参加诉讼，作为自诉人的代理人参加诉讼，以维护自诉人的合法权益。根据《刑事诉讼法》第四十六条第一款，自诉案件的自诉人及其法定代理人，有权随时委托诉讼代理人。与公诉案件被害人不同的是，自诉人的近亲属无权委托诉讼代理人。由于自诉案件允许被告人提出反诉，因此，自诉案件中的代理具有鲜明特色。在自诉案件中，自诉人作为启动诉讼程序的一方当事人，履行其控诉职能。但是，当被告人对自诉人提起反诉以后，本诉中的自诉人就会成为反诉中的被告人，从而在反诉中享有辩护权。同时，本诉中的自诉人所委托的诉讼代理人也可以接受委托作为反诉中的辩护人，从而既行使控诉职能，又行使辩护职能。基于同样的道理，自诉案件的被告人在提起反诉以后成为反诉中的自诉人，原来委托的辩护人也可以接受委托，成为反诉中自诉人的诉讼代理人，进而既行使辩护职能，又行使控诉职能。需要注意的是，反诉案件的代理人，一般都具有双重身份，既是自诉中被告人的辩护人，又是反诉中自诉人的诉讼代理人。在这种情况下，诉讼代理人应当办理双重委托手续，明确代理权限。尤其是对于某些特殊事项，如和解、撤诉、承认变更放弃诉讼请求、提起反诉等，需要经过被代理人的明确授权后才能行使。

【附带民事诉讼中的代理】 是指诉讼代理人接受附带民事诉讼的当事人及其法定代理人的委托，在所受委托的权限范围内，代理参加诉讼，以维护附带民事诉讼当事人及其法定代理人的合法权益。根据《刑事诉讼法》第四十六条第一款规定，公诉案件的附带民事诉讼的当事人及其法定代理人，自案件移送审查起诉之日起，有权委托诉讼代理人；自诉案件的附带民事诉讼的当事人及其法定代理人，有权随时委托诉讼代理人。附带民事诉讼中的代理在本质上属于民事诉讼代理，但是二者又不完全相同。这是因为，附带民事诉讼代理人可能身兼数职。例如，在自诉刑事附带民事案件中，既担任刑事诉讼本诉中被告人的辩护人，又担任反诉人的诉讼代理人，以及附带民事诉讼当事人的诉讼代理人。有鉴于此，诉讼代理人接受委托的，应同附带民事诉讼当事人及其法定代理人签订委托代理合同，并由被代理人填写授权委托书，注明代理的权限。虽然我国法律未对附带民事诉讼当事人的诉讼代理人的权利作出明确规定，但由于附带民事诉讼本质上是民事诉讼，因此，双方当事人的诉讼代理人在附带民事诉讼中应当行使与其在一般民事诉讼中同样的权利。如果附带民事诉讼当事人授予了和解权、撤诉权、反诉权等诉讼权利，其诉讼代理人还可以行使这些诉讼权利。

【刑事申诉代理】 是指律师接受申诉人的委托，对于确有错误的刑事生效裁判，代为向人民法院或者人民检察院提出申诉，要求人民法院对案件予以重新审判，或者要求人民检察院提起审判监督程序。自1996年全国人民代表大会常务委员会制定《律师法》以来，代理各类诉讼案件的申诉成为律师的一项重要业务。根据《律师办理刑事案件规范》第二百三十七条至第二百四十条规定，律师认为申诉符合法定的申诉理由时，可以申请人民法院提起再审程序，或者提请人民检察院抗诉。律师代理申诉案件，应当向原审终审人民法院提出申诉；案件疑难、复杂、重大的，可以向终审人民法院的上一级人民法院提出申诉。人民法院决定再审复查的，律师可以申请异地复查、查阅案卷、召开听证会，及时提出律师意见。律师办理再审案件，应当按照本规范相关程序的规定进行辩护或代理，但应当另行办理委托手续。为对不服司法机关生效裁判和决定的申诉，逐步实行由律师代理制度，《逐步实行律师代理申诉制度意见》，明确要求探索建立律师驻点工作制度，规范律师代理申诉法律援助程序，扩大律师服务工作范围，完善申诉立案审查程序，尊重代理申诉律师意见，依法保障代理申诉律师的阅卷权、会见权，依法保障代理申诉律师人身安全，完善律师代理申诉公开机制，探索建立律师代理申诉网上工作平台，建立多层次经费保障机制，建立申诉案件代理质量监管机制，以及建立健全律师代理申诉激励机制等。

【违法所得没收程序中的代理】 是指在犯罪嫌疑人、被告人逃匿、死亡案件违法所得的没收程序中，律师接受犯罪嫌疑人、被告人的近亲属或其他利害关系人的委托担任诉讼代理人。根据《律师办理刑事案件规范》第二百二十六条至第二百三十条规定，违法所得没收程序中的代理应当遵守下列规定：（1）律师接受犯罪嫌疑人、被告人的近亲属委托的，应当协助其收集、整理、提交与犯罪嫌疑人、被告人关系的证明材料。律师接受利害关系人委托的，应当协助其收集、整理、提交没收的财产系其所有的证据材料。委托人在公告期满后申请参加诉讼的，律师应当协助其说明合理原因。（2）律师接受委托后，应当重点审查以下内容并提出相应的代理意见：犯罪嫌疑人、被告人是否实施了贪污贿赂犯罪、恐怖活动犯罪等重大犯罪后逃匿且在通缉1年后不能到案；犯罪嫌疑人、被告人是否死亡；是否属于依法应当追缴的违法所得及其他涉案财产；是否符合法律关于管辖的规定；违法所得及其他涉案财产的种类、数量、所在地及相关证据材料；查封、扣押、冻结违法所得及其他涉案财产的清单和相关法律手续；委托人是否在6个月公告期内提出申请等。（3）律师接受利害关系人委托的，可以依照《刑事诉讼法》第二百九十九条第三款的规定，要求人民法院开庭审理；律师接受犯罪嫌疑人、被告人近亲属委托的，可以申请人民法院开庭审理。（4）律师参加申请没收违法所得案件的开庭审理，在法庭主持下，按照下列程序进行：在检察员宣读申请书后，发表意见；对检察员出示的有关证据，发表质证意见，并可以出示相关证据；法庭辩论期间，在检察员发言后，发表代理意见并进行辩论。（5）对没收违法所得的裁定，律师可以接受犯罪嫌疑人、被告人的近亲属和其他利害关系人的委托，自收到裁定书之日起5日内提出上诉。

【强制医疗程序中的代理】 是指在强制医疗案件中，律师接受被申请人、被告人及其法定代理人、近亲属的委托担任诉讼代理人或接受法律援助机构的指派担任诉讼代理人。根据《律师办理刑事案件规范》第二百三十二条至第二百三十五条规定，强制医疗程序中的代理应当遵守下列规定：（1）律师接受委托后，应当重点审查以下内容并提出相应的代理意见：被申请人或者被告人是否实施了暴力行为，是否危害公共安全或者严重危害公民人身安全；被申请人或者被告人是否属于经法定程序鉴定依法不负刑事责任的精神病人；被申请人或者被告人是否有继续危害社会的可能等。（2）律师参加强制医疗案件的开庭审理，在法庭主持下，按照下列程序进行：在检察员宣读申请书后，发表意见；对检察员出示的有关证据，发表质证意见，并可以出示相关证据；法庭辩论期间，在检察员发言后，发表代理意见并进行辩论。（3）被决定强制医疗的人、被害人及其法定代理人、近亲属对强制医疗决定不服的，律师可以接受其委托，自收到决定书之日起5日内向上一级人民法院申请复议。（4）律师可以接受被强制医疗的人及其近亲属的委托，协助其向决定强制医疗的人民法院提出申请解除强制医疗。提出申请的，应当提交对被强制医疗的人的诊断评估报告或申请人民法院调取。必要时，可以申请人民法院委托鉴定机构对被强制医疗的人进行鉴定。

【拒绝诉讼代理】 是指委托人拒绝已委托的诉讼代理人为其继续代理，或者诉讼代理人在具备正当理由的情况下拒绝为委托人代理。根据《律师法》第三十二条规定，拒绝诉讼代理包括两种情形：（1）委托人拒绝诉讼代理人，即委托人可以拒绝已委托的律师为其继续代理，同时可以另行委托律师担任代理人。委托人拒绝诉讼代理是无条件的，不需要任何理由。这是尊重委托人意思自治的一种体现。（2）律师接受委托后，无正当理由的，不得拒绝代理。但是，委托事项违法、委托人利用律师提供的服务从事违法活动或者委托人故意隐瞒与案件有关的重要事实的，律师有权拒绝代理。这意味着，作为诉讼代理人的律师原则上不应当拒绝诉讼代理，只有在符合法定情形即具备正当理由的情况下，才可以拒绝诉讼代理。这既是维护法律尊严的重要体现，又有助于维护委托人的合法权益。

【刑事法律援助制度】 是指在刑事诉讼中，诉讼当事人因为经济困难或其他因素没有委托辩护人或者诉讼代理人的情况下，由国家通过法律援助机构给予法律帮助的一种法律保障制度。刑事法律援助制度是现代法治国家保护弱者、实现社会正义、维护司法公正、保证法律正确实施、保障公民基本权利的重要措施。刑事法律援助制度具有如下特点：（1）刑事法律援助是一种国家行为，它是由国家承担责任的体现，受国家强制力保证实施。（2）刑事法律援助的对象是较为特殊的弱势群体，即因经济困难或其他因素而难以委托辩护人或者诉讼代理人的诉讼当事人。（3）刑事法律援助制度的主要内容是诉讼当事人在刑事诉讼活动中获得法律帮助。刑事法律援助旨在维护司法公正，实现社会正义，体现了法律面前人人平等的精神。（4）刑事法律援助的形式是通过减免法律服务费、诉讼费等方式为诉讼当事人提供法律上的援助，使其享有的权利在现实生活中得以实现。《法律援助法》对法律援助作出了系统的规定。其中，有不少内容涉及刑事法律援助问题。我国《律师法》《刑事诉讼法》也对刑事法律援助问题作出了规定。

【刑事法律援助的范围】 是指适用刑事法律援助的对象及其条件。根据《刑事诉讼法》第三十五条、第二百七十八条、第三百零四条规定，刑事法律援助的范围包括：（1）犯罪嫌疑人、被告人因经济困难或者其他原因没有委托辩护人的，本人及其近亲属可以向法律援助机构提出申请。对符合法律援助条件的，法律援助机构应当指派律师为其提供辩护。（2）犯罪嫌疑人、被告人是盲、聋、哑人，或者是尚未完全丧失辨认或者控制自己行为能力的精神病人，没有委托辩护人的，人民法院、人民检察院和公安机关应当通知法律援助机构指派律师为其提供辩护。（3）犯罪嫌疑人、被告人可能被判处无期徒刑、死刑，没有委托辩护人的，人民法院、人民检察院和公安机关应当通知法律援助机构指派律师为其提供辩护。（4）未成年犯罪嫌疑人、被告人没有委托辩护人的，人民法院、人民检察院、公安机关应当通知法律援助机构指派律师为其提供辩护。（5）人民法院审理强制医疗案件，被申请人或者被告人没有委托诉讼代理人的，人民法院应当通知法律援助机构指派律师为其提供法律帮助。

《法律援助法》规定的刑事诉讼法律援助范围更加细致：刑事案件的犯罪嫌

疑人、被告人因经济困难或者其他原因没有委托辩护人的，本人及其近亲属可以向法律援助机构申请法律援助。刑事案件的犯罪嫌疑人、被告人属于下列人员之一，没有委托辩护人的，人民法院、人民检察院、公安机关应当通知法律援助机构指派律师担任辩护人：未成年人；视力、听力、言语残疾人；不能完全辨认自己行为的成年人；可能被判处无期徒刑、死刑的人；申请法律援助的死刑复核案件被告人；缺席审判案件的被告人；法律法规规定的其他人员。其他适用普通程序审理的刑事案件，被告人没有委托辩护人的，人民法院可以通知法律援助机构指派律师担任辩护人。刑事公诉案件的被害人及其法定代理人或者近亲属，刑事自诉案件的自诉人及其法定代理人，刑事附带民事诉讼案件的原告人及其法定代理人，因经济困难没有委托诉讼代理人的，可以向法律援助机构申请法律援助。但是，遭受虐待、遗弃或者家庭暴力的受害人主张相关权益、申请法律援助的，不受经济困难条件的限制。

【刑事法律援助的告知义务】 是指公安司法机关在刑事诉讼中应当告知诉讼当事人，如果符合法律规定的条件，可以向法律援助机构申请法律援助。根据《法律援助法》及《关于刑事诉讼法律援助工作的规定》第五条、第六条规定，公安机关、人民检察院在第一次讯问犯罪嫌疑人或者采取强制措施的时候，应当告知犯罪嫌疑人，如果符合法律援助条件，本人及其近亲属可以向法律援助机构申请法律援助；人民检察院自收到移送审查起诉的案件材料之日起3日内，应当告知犯罪嫌疑人，如果符合法律援助条件，本人及其近亲属可以向法律援助机构申请法律援助；应当告知被害人及其法定代理人或者近亲属，如果经济困难，可以向法律援助机构申请法律援助。人民法院自受理案件之日起3日内，应当告知被告人，如果符合法律援助条件，本人及其近亲属可以向法律援助机构申请法律援助；应当告知自诉人及其法定代理人，如果经济困难，可以向法律援助机构申请法律援助。人民法院决定再审的案件，应当自决定再审之日起3日内履行法律援助的告知职责。如果犯罪嫌疑人、被告人符合《关于刑事诉讼法律援助的规定》第九条规定，法律援助的情形，公安机关、人民检察院、人民法院应当告知犯罪嫌疑人、被告人，如果不委托辩护人，将依法通知法律援助机构指派律师为其提供辩护。告知可以采取口头或者书面方式，告知的内容应当易于被告知人理解。口头告知的，应当制作笔录，由被告知人签名；书面告知的，应当将送达回执入卷。对于被告知人当场表达申请法律援助意愿的，应当记录在案。为了保障公安司法机关能够履行其告知义务，《关于刑事诉讼法律援助工作的规定》第二十四条规定，犯罪嫌疑人、被告人及其近亲属、法定代理人，强制医疗案件中的被申请人、被告人的法定代理人认为公安机关、人民检察院、人民法院应当告知其可以向法律援助机构申请法律援助而没有告知，或者应当通知法律援助机构指派律师为其提供辩护或者诉讼代理而没有通知的，有权向同级或者上一级人民检察院申诉或者控告。人民检察院应当对申诉或者控告及时进行审查，情况属实的，通知有关机关予以纠正。

【法律援助机构】 是指专门负责受理、审查法律援助申请，指派、协调或办理法律援助事项，以及督促、检查和落实法律援助工作的机构。根据司法部先后颁布的《迅速建立法律援助机构开展法律援助工作通知》《加快法律援助机构建设步伐通知》《进一步明确部法律援助中心职能决定》《司法部法律援助中心依照国家公务员制度管理批复意见通知》，县级以上司法行政机关设立的法律援助机构叫法律援助中心（如北京市司法局设立的北京市法律援助中心、北京市东城区司法局设立的东城区法律援助中心等），是隶属于司法行政机关而且参照公务员管理的直属事业单位。根据《法律援助法》第二章的规定，县级以上人民政府司法行政部门应当设立法律援助机构。法律援助机构负责组织实施法律援助工作，受理、审查法律援助申请，指派律师、基层法律服务工作者、法律援助志愿者等法律援助人员提供法律援助，支付法律援助补贴。法律援助机构根据工作需要，可以安排本机构具有律师资格或者法律职业资格的工作人员提供法律援助；可以设置法律援助工作站或者联络点，就近受理法律援助申请。法律援助机构可以在人民法院、人民检察院和看守所等场所派驻值班律师，依法为没有辩护人的犯罪嫌疑人、被告人提供法律援助。律师事务所、基层法律服务所、律师、基层法律服务工作者负有依法提供法律援助的义务。法律援助人员应当依法履行职责，及时为受援人提供符合标准的法律援助服务，维护受援人的合法权益。司法行政部门负责对法律援助服务进行监督。

【刑事法律援助程序】 是指在刑事诉讼中当事人提出法律援助申请，以及法律援助机构进行审查、决定、实施、终止法律援助时所遵守的程序。根据《法律援助法》和《关于刑事诉讼法律援助工作的规定》，我国刑事法律援助程序主要包括如下五个步骤：（1）当事人提出法律援助申请。（2）法律援助机构审查法律援助申请。（3）法律援助机构作出是否给予法律援助的决定。（4）法律援助机构指派律师实施法律援助。（5）终止刑事法律援助。

【刑事法律援助申请】 是指符合刑事法律援助条件的人向法律援助机构提出申请。根据《法律援助法》规定，除前述“申请法律援助辩护”词条的内容以外，还包括以下内容：（1）强制医疗案件的被申请人或者被告人没有委托诉讼代理人的，人民法院应当通知法律援助机构指派律师为其提供法律援助。（2）刑事公诉案件的被害人及其法定代理人或者近亲属，刑事自诉案件的自诉人及其法定代理人，刑事附带民事诉讼案件的原告人及其法定代理人，因经济困难没有委托诉讼代理人的，可以向法律援助机构申请法律援助。（3）值班律师应当依法为没有辩护人的犯罪嫌疑人、被告人提供法律咨询、程序选择建议、申请变更强制措施、对案件处理提出意见等法律帮助。

【刑事法律援助申请的审查与决定】 是指法律援助机构对法律援助申请进行审查，以便作出是否进行刑事法律援助的决定。根据《法律援助法》的规定，因经济困难申请法律援助的，申请人应当如实说明经济困难状况。法律援助机构核查申请人的经济困难状况，可以通过信息共享查询，或者由申请人进行个人诚信承诺。法律援助机构开展核查工作，有关部门、单位、村民委员会、居民委员会和个人应当予以配合。法律援助机构应当自收到法律援助申请之日起7日内进行审查，作出是否给予法律援助的决定。决定给予法律援助的，应当自作出决定之日起3日内指派法律援助人员为受援人提供法律援助；决定不给予法律援助的，应当书面告知申请人，并说明理由。申请人提交的申请材料不齐全的，法律援助机构应当一次性告知申请人需要补充的材料或者要求申请人作出说明。申请人未按要求补充材料或者作出说明的，视为撤回申请。《关于刑事诉讼法律援助工作的规定》第八条也规定，法律援助机构收到申请后应当及时进行审查并于7日内作出决定。对符合法律援助条件的，应当决定给予法律援助，并制作给予法律援助决定书；对不符合法律援助条件的，应当决定不予法律援助，制作不予法律援助决定书。给予法律援助决定书和不予法律援助决定书应当及时发送申请人，并函告公安机关、人民检察院、人民法院。对于犯罪嫌疑人、被告人申请法律援助的案件，法律援助机构可以向公安机关、人民检察院、人民法院了解案件办理过程中掌握的犯罪嫌疑人、被告人是否具有申请法律援助的情形。为了更好地保障当事人申请法律援助的权利，《法律援助法》第四十九条确立了申请人的异议程序，即申请人、受援人对法律援助机构不予法律援助、终止法律援助的决定有异议的，可以向设立该法律援助机构的司法行政部门提出。司法行政部门应当自收到异议之日起5日内进行审查，作出维持法律援助机构决定或者责令法律援助机构改正的决定。申请人、受援人对司法行政部门维持法律援助机构决定不服的，可以依法申请行政复议或者提起行政诉讼。

【通知进行刑事法律援助】 是指公安机关、人民检察院、人民法院在刑事诉讼活动中发现应当进行法律援助的情形时，通知法律援助机构指派律师，为当事人提供法律援助。根据《法律援助法》的规定，第一种情形与前述“通知法律援助辩护”一致。另一种情形是强制医疗案件的被申请人或者被告人没有委托诉讼代理人的，人民法院应当通知法律援助机构指派律师为其提供法律援助。

【刑事法律援助的实施】 是指法律援助机构根据公安机关、人民检察院、人民法院的通知或者自己的决定，指派律师担任辩护人或者诉讼代理人，为当事人提供辩护或者诉讼代理服务。根据《法律援助法》《关于刑事诉讼法律援助工作的规定》第十二条至第十四条规定，刑事法律援助的实施包括如下几个环节：（1）确定承办律师，即法律援助机构应当自作出给予法律援助决定或者自收到通知辩护公函、通知代理公函之日起3日内，确定承办律师。对于可能被判处无期徒刑、死刑的案件，法律援助机构应当指派具有3年以上相关执业经历的律师担任辩护人。对于未成年人案件，应当指派熟悉未成年人身心特点的律师担任辩护人。法律援助机构可以指派律师事务所安排律师或者安排本机构的工作人员办理法律援助案件；也可以根据其他社会组织的要求，安排其所属人员办理法律援助案件。（2）函告，即法律援助机构出具法律援助公函，函告公安机关、人民检察院、人民法院，函告时应当载明承办律师的姓名、所属单位及联系方式。（3）承办律师接受法律援助机构指派后，应当按照有关规定及时办理委托手续。办理法律援助案件的人员，应当遵守职业道德和执业纪律，提供法律援助不得收取任何财物。承办律师应当在首次会见犯罪嫌疑人、被告人时，询问是否同意为其辩护，并制作笔录。犯罪嫌疑人、被告人不同意的，律师应当书面告知公安机关、人民检察院、人民法院和法律援助机构。（4）承办律师提交结案材料。法律援助事项办理结束后，法律援助人员应当及时向法律援助机构报告，提交有关法律文书的副本或者复印件、办理情况报告等材料。（5）支付法律援助办案补贴。法律援助机构应当依照有关规定及时向法律援助人员支付法律援助补贴。法律援助补贴的标准，由省、自治区、直辖市人民政府司法行政部门会同同级财政部门，根据当地经济发展水平和法律援助的服务类型、承办成本、基本劳务费用等确定，并实行动态调整。

【另行指派律师提供辩护】 是指在犯罪嫌疑人、被告人拒绝其指派的律师为其辩护的情况下，法律援助机构根据具体情况另行指派律师为其提供辩护。根据《刑事诉讼法》及其司法解释、《法律援助法》《关于刑事诉讼法律援助工作的规定》的有关规定，对于依申请提供法律援助的案件，犯罪嫌疑人、被告人坚持自己辩护，拒绝法律援助机构指派的律师为其辩护的，法律援助机构应当准许，并作出终止法律援助的决定；对于有正当理由要求更换律师的，法律援助机构应当另行指派律师为其提供辩护。对于应当通知辩护的案件，犯罪嫌疑人、被告人拒绝法律援助机构指派的律师为其辩护的，公安机关、人民检察院、人民法院应当查明拒绝的原因，有正当理由的，应当准许，同时告知犯罪嫌疑人、被告人需另行委托辩护人。犯罪嫌疑人、被告人未另行委托辩护人的，公安机关、人民检察院、人民法院应当及时通知法律援助机构另行指派律师为其提供辩护。

【刑事法律援助的终止】 是指在遇到法定情形时，经法律援助机构审查核实，作出终止刑事法律援助的决定。根据《法律援助法》第四十八条的规定，有下列情形之一的，法律援助机构应当作出终止法律援助的决定：受援人以欺骗或者其他不正当手段获得法律援助；受援人故意隐瞒与案件有关的重要事实或者提供虚假证据；受援人利用法律援助从事违法活动；受援人的经济状况发生变化，不再符合法律援助条件；案件终止审理或者已经被撤销；受援人自行委托律师或者其他代理人；受援人有正当理由要求终止法律援助；法律法规规定的其他情形。法律援助人员发现有前款规定情形的，应当及时向法律援助机构报告。根据《刑事诉讼法》及其司法解释、《关于刑事诉讼法律援助工作的规定》的相关规定，对于依申请提供法律援助的案件，犯罪嫌疑人、被告人坚持自己辩护，拒绝法律援助机构指派的律师为其辩护的，法律援助机构应当准许，并作出终止法律援助的决定。对于应当通知辩护的案件，犯罪嫌疑人、被告人拒绝法律援助机构指派的律师为其辩护的，公安机关、人民检察院、人民法院应当查明拒绝的原因，有正当理由的，应当准许，同时告知其需要另行委托辩护人。如果犯罪嫌疑人、被告人另行委托辩护人的，法律援助机构应当作出终止法律援助的决定。

为了防止律师擅自终止法律援助案件，《法律援助法》规定，申请人、受援人对法律援助机构不予法律援助、终止法律援助的决定有异议的，可以向设立该法律援助机构的司法行政部门提出。司法行政部门应当自收到异议之日起5日内进行审查，作出维持法律援助机构决定或者责令法律援助机构改正的决定。

申请人、受援人对司法行政部门维持法律援助机构决定不服的，可以依法申请行政复议或者提起行政诉讼。律师、基层法律服务工作者无正当理由拒绝履行法律援助义务或者怠于履行法律援助义务，或者擅自终止提供法律援助的，由司法行政部门依法给予处罚。

【法律援助值班律师制度】 是指法律援助机构在人民法院、看守所派驻值班律师，为没有辩护人的犯罪嫌疑人、刑事被告人提供法律帮助的一种制度。为充分发挥法律援助值班律师在以审判为中心的刑事诉讼制度改革和认罪认罚从宽制度改革试点中的职能作用，依法维护犯罪嫌疑人、刑事被告人诉讼权利，加强人权司法保障，促进司法公正，最高人民法院、最高人民检察院、公安部等于2020年8月20日联合印发了《法律援助值班律师工作办法》。根据该办法，值班律师是指法律援助机构在看守所、人民检察院、人民法院等场所设立法律援助工作站，通过派驻或安排的方式，为没有辩护人的犯罪嫌疑人、被告人提供法律帮助的律师。在看守所、人民检察院、人民法院设立的法律援助工作站，由同级司法行政机关所属的法律援助机构负责派驻并管理。看守所、人民检察院、人民法院等机关办公地点邻近的，法律援助机构可以设立联合法律援助工作站派驻值班律师。看守所、人民检察院、人民法院应当为法律援助工作站提供必要办公场所和设施。有条件的人民检察院、人民法院，可以设置认罪认罚等案件专门办公区域，为值班律师设立专门会见室。公安机关、人民检察院、人民法院应当在侦查、审查起诉和审判各阶段分别告知没有辩护人的犯罪嫌疑人、被告人有权约见值班律师获得法律帮助，并为其约见值班律师提供便利。犯罪嫌疑人、被告人没有委托辩护人并且不符合法律援助机构指派律师为其提供辩护的条件，要求约见值班律师的，公安机关、人民检察院、人民法院应当及时通知法律援助机构安排。看守所应当告知犯罪嫌疑人、被告人有权约见值班律师，并为其约见值班律师提供便利。值班律师会见犯罪嫌疑人、被告人时不被监听。司法行政机关会同公安机关、人民检察院、人民法院建立值班律师工作会商机制，明确专门联系人，及时沟通情况，协调解决相关问题。

【法律援助值班律师的职责】 是指承担法律援助义务的值班律师在值班期间为犯罪嫌疑人、刑事被告人提供法律帮助时所承担的职责。根据《法律援助值班律师工作办法》第六条规定，值班律师依法提供以下法律帮助：(1) 提供法律咨询；(2) 提供程序选择建议；(3) 帮助犯罪嫌疑人、被告人申请变更强制措施；(4) 对案件处理提出意见；(5) 帮助犯罪嫌疑人、被告人及其近亲属申请法律援助；(6) 法律法规规定的其他事项。值班律师在认罪认罚案件中，还应当提供以下法律帮助：(1) 向犯罪嫌疑人、被告人释明认罪认罚的性质和法律规定；(2) 对人民检察院指控罪名、量刑建议、诉讼程序适用等事项提出意见；(3) 犯罪嫌疑人签署认罪认罚具结书时在场。

【法律帮助工作程序】 是指犯罪嫌疑人、被告人约见值班律师获得法律帮助所遵循的程序。根据最高人民法院、最高人民检察院、公安部、国家安全部、司法部于2020年8月20日联合印发的《法律援助值班律师工作办法》第十二条至第二十五条规定，公安机关、人民检察院、人民法院、看守所应当分别告知没有辩护人的犯罪嫌疑人、被告人有权约见值班律师获得法律帮助，并为其约见值班律师提供便利。犯罪嫌疑人、被告人要求约见值班律师的，可以书面或者口头申请。书面申请的，看守所应当将其填写的法律帮助申请表及时转交值班律师。口头申请的，看守所应当安排代为填写法律帮助申请表。依法应当通知值班律师提供法律帮助而犯罪嫌疑人、被告人明确拒绝的，公安机关、人民检察院、人民法院应当记录在案。司法行政机关和法律援助机构应当根据当地律师资源状况、法律帮助需求，会同看守所、人民检察院、人民法院合理安排值班律师的值班方式、值班频次。值班方式可以采用现场值班、电话值班、网络值班相结合的方式。现场值班的，可以采取固定专人或轮流值班，也可以采取预约值班。值班律师在人民检察院、人民法院、看守所现场值班的，应当按照安排，及时提供法律帮助。值班律师提供法律帮助，进行会见、阅卷的，应当遵守刑事诉讼法及司法解释的相关规定。

【法律援助值班律师名册/库】 是指法律援助机构为确定法律援助值班律师人选而建立的名册或律师库。根据《法律援助值班律师工作办法》第十七条、第十八条、第二十三条的规定，法律援助机构应当综合律师政治素质、业务能力、执业年限等确定值班律师人选，建立值班律师名册或值班律师库。并将值班律师库或名册信息、值班律师工作安排，提前告知公安机关（看守所）、人民检察院、人民法院。司法行政机关和法律援助机构应当根据当地律师资源状况、法律帮助需求，会同看守所、人民检察院、人民法院合理安排值班律师的值班方式、值班频次。值班方式可以采用现场值班、电话值班、网络值班相结合的方式。现场值班的，可以采取固定专人或轮流值班，也可以采取预约值班。值班律师提供法律帮助时，应当出示律师执业证或者律师工作证或者相关法律文书，表明值班律师身份。

【法律援助值班律师的管理】 是指司法行政机关和法律援助机构为了确保值班律师能够正确履职而采取的管理措施。根据《法律援助值班律师工作办法》第三十一条、第三十二条、第三十四条的规定，法律援助机构应当建立值班律师准入和退出机制，建立值班律师服务质量考核评估制度，保障值班律师服务质量。法律援助机构应当建立值班律师培训制度，值班律师首次上岗前应当参加培训，公安机关、人民检察院、人民法院应当提供协助。司法行政机关和法律援助机构应当加强本行政区域值班律师工作的监督和指导。对律师资源短缺的地区，可采取在省、市范围内统筹调配律师资源，建立政府购买值班律师服务机制等方式，保障值班律师工作有序开展。司法行政机关应当加强对值班律师的监督管理，对表现突出的值班律师给予表彰；对违法违纪的值班律师，依职权或移送有权处理机关依法依规处理。法律援助机构应当向律师协会通报值班律师履行职责情况。律师协会应当将值班律师履行职责、获得表彰情况纳入律师年度考核及律师诚信服务记录，对违反职业道德和执业纪律的值班律师依法依规处理。

【律师辩护全覆盖】 是指通过对于没有委托辩护人的案件，通知法律援助机构指派律师提供辩护或者由值班律师提供法律帮助的制度。2017年10月，最高人民法院、司法部印发《关于开展刑事案件律师辩护全覆盖试点工作的办法》，在北京等8个省（直辖市）开展刑事案件审判阶段律师辩护全覆盖试点工作。2018年12月，最高人民法院、司法部印发通知，将试点工作扩大至全国，对于审判阶段被告人没有委托辩护人的案件，由人民法院通知法律援助机构指派律师为其提供辩护或者由值班律师提供法律帮助，切实保障被告人合法权益。截至2022年10月，全国共有2594个县（市、区）开展了审判阶段刑事案件律师辩护全覆盖试点工作，占县级行政区域总数的90%以上。2021年，各地因开展试点增加法律援助案件32万余件，占审判阶段刑事法律援助案件总数的63．6%，因开展试点值班律师提供法律帮助的案件55万余件，刑事案件律师辩护率大幅提高，刑事案件被告人人权司法保障进一步增强。2022年10月，最高人民法院、最高人民检察院、公安部、司法部印发《关于进一步深化刑事案件律师辩护全覆盖试点工作的意见》，研究部署深化刑事案件律师辩护全覆盖试点工作特别是审查起诉阶段试点工作。

【刑事强制措施】 简称强制措施，是指公安机关、人民检察院和人民法院为了保证刑事诉讼的顺利进行，依法对犯罪嫌疑人、被告人的人身自由进行限制或者剥夺的各种强制性方法。我国《刑事诉讼法》规定了5种强制措施，按照强制力度轻重的顺序排列，依次为拘传、取保候审、监视居住、拘留和逮捕。我国刑事强制措施具有以下几个特点：（1）适用主体的特定性，即有权适用强制措施的主体只能是公安机关、人民检察院和人民法院。（2）适用对象的特定性，即强制措施只能适用于犯罪嫌疑人、被告人。（3）实施内容的特定性，即限制或者剥夺犯罪嫌疑人、被告人的人身自由，不包括对物的强制处分。（4）适用目的的预防性，即强制措施作为预防性措施，主要是为了保证刑事诉讼的顺利进行，防止犯罪嫌疑人、被告人逃避侦查、起诉和审判，而不是为了惩罚犯罪嫌疑人、被告人。这是刑事强制措施与刑罚和行政处罚的本质区别。（5）适用程序的法定性，强制措施是一种法定措施，《刑事诉讼法》对各种强制措施的适用机关、适用条件和程序都必须进行严格的规定。（6）适用时间的暂时性，即强制措施是一种临时性措施，随着刑事诉讼的进行，可以对强制措施予以变更或者解除。（7）适用方式的强制性，即强制措施以国家强制力作为保障，强行限制或剥夺犯罪嫌疑人、被告人的人身自由。刑事强制措施的设立，既有助于防止犯罪嫌疑人、被告人逃避侦查、起诉和审判，保障刑事诉讼的顺利进行，又有助于防止犯罪嫌疑人、被告人发生自杀等意外事件；既有助于防止犯罪嫌疑人、被告人实施妨害查明案情的活动，又有助于防止犯罪嫌疑人、被告人继续进行犯罪活动；既有助于震慑犯罪分子，又有助于鼓励群众积极同犯罪行为作斗争。

【刑事强制措施的适用主体】 是指在刑事诉讼中有权采取强制措施的诉讼主体。根据我国《刑事诉讼法》的有关规定，我国刑事强制措施的适用主体具有特定性或者专属性，即只能由刑事诉讼专门机关采用，其他任何国家机关、团体或个人都无权采取强制措施。否则，就构成对公民人身权利的侵犯，甚至构成严重的犯罪行为。尽管刑事强制措施由刑事诉讼专门机关行使，但是不同的专门机关在采取强制措施的时候具有不同的权限。进一步而言，对于拘传、取保候审、监视居住这三种强制措施，公安机关、人民检察院和人民法院都有权采用；拘留只能由公安机关和人民检察院使用，人民法院则无权使用；人民检察院有享有审查批准逮捕或者决定逮捕的权力，人民法院享有决定逮捕的权力，公安机关享有执行逮捕的权力。在刑事诉讼中，公安司法机关只能依据各自权限按照法律规定的程序采取强制措施，而不能越权。

【刑事强制措施的适用对象】 是指公安司法机关在采取刑事强制措施时所指向的具体对象。根据我国《刑事诉讼法》的有关规定，我国刑事强制措施的适用对象具有特定性，即公安司法机关只能针对犯罪嫌疑人、被告人采取刑事强制措施，而不能对其他任何公民采取刑事强制措施。这是由犯罪嫌疑人、被告人在刑事诉讼中的诉讼地位以及刑事强制措施的性质所决定的。有鉴于此，公安司法机关在适用刑事强制措施时应当严格控制其适用对象，不能为了办理案件的需要而任意扩大刑事强制措施的适用范围。

【刑事强制措施的适用内容】 是指公安司法机关实施刑事强制措施的具体内涵。根据我国《刑事诉讼法》的有关规定，拘传、取保候审、监视居住、拘留和逮捕是我国刑事强制措施的外延。而这五种刑事强制措施的具体内涵就是由公安司法机关剥夺或者限制犯罪嫌疑人、被告人的人身自由，而不包括对物的强制处分。其中，相对较轻的拘传、取保候审、监视居住是限制人身自由的强制措施，属于非羁押性强制措施，而相对较重的拘留、逮捕则是剥夺人身自由的强制措施，属于羁押性强制措施。正是由于刑事强制措施的适用内容是限制或者剥夺犯罪嫌疑人、被告人的人身自由，因此，在执行刑罚的过程中，公安司法机关对犯罪嫌疑人、被告人采取的刑事强制措施可以折抵刑期。一是根据《刑事诉讼法》第七十六条规定，指定居所监视居住的期限应当折抵刑期。被判处管制的，监视居住1日折抵刑期1日；被判处拘役、有期徒刑的，监视居住2日折抵刑期1日。二是根据《刑法》第四十一条、第四十四条、第四十七条规定，被判处管制的，拘留或者逮捕前先羁押的，羁押1日折抵刑期2日；被判处拘役、有期徒刑前先行羁押的，羁押1日折抵刑期1日。

【刑事强制措施的体系】 是指公安司法机关采取各种具体强制措施的总称。自1979年首次制定《刑事诉讼法》以来，我国就确立了由拘传、取保候审、监视居住、拘留、逮捕等五大强制措施组成的刑事强制措施体系。我国刑事强制措施体系的核心在于限制或者剥夺犯罪嫌疑人、被告人的人身自由，因而与国外刑事强制措施的体系存在很大不同。这是因为，在国外尤其是大陆法系国家，刑事强制措施是一个比较宽泛的体系，它不仅包括对人采取的剥夺人身自由的强制措施，如拘留、逮捕等，而且包括对物的强制处分，如搜查、扣押、冻结等，以及对隐私权所采取的强制干预，如人身检查、窃听、采样等。而在我国刑事诉讼中，对物或者对隐私权所采取的强制性手段属于侦查措施的范畴，而不属于刑事强制措施的范畴。

【扭送】 是指公民将具有法定情形的人立即送交公安机关、人民检察院、人民法院进行处理的行为。根据《刑事诉讼法》第八十四条规定，对于有下列情形的人，任何公民都可以立即扭送公安机关、人民检察院或者人民法院处理：正在实行犯罪或者在犯罪后即时被发觉的；通缉在案的；越狱逃跑的；正在被追捕的。对于公民的扭送，公安司法机关应当按照管辖的规定进行处理。根据《公安机关办理刑事案件程序规定》第一百六十九条、第一百七十条、第一百七十三条规定，公安机关对于公民扭送、报案、控告、举报或者犯罪嫌疑人自动投案的，都应当立即接受，问明情况，并制作笔录，经核对无误后，由扭送人、报案人、控告人、举报人、投案人签名、捺指印。必要时，应当对接受过程录音录像。公安机关对扭送人、报案人、控告人、举报人、投案人提供的有关证据材料等应当登记，制作接受证据材料清单，由扭送人、报案人、控告人、举报人、投案人签名，并妥善保管。必要时，应当拍照或者录音录像。公安机关应当保障扭送人、报案人、控告人、举报人及其近亲属的安全。扭送人、报案人、控告人、举报人如果不愿意公开自己的身份，应当为其保守秘密，并在材料中注明。根据《人民检察院刑事诉讼规则》第一百二十七条规定，公民将正在实行犯罪或者在犯罪后即被发觉的、通缉在案的、越狱逃跑的、正在被追捕的犯罪嫌疑人或者犯罪人扭送到人民检察院的，人民检察院应当予以接受，并且根据具体情况决定是否采取相应的紧急措施。对于不属于自己管辖的，应当移送主管机关处理。尽管扭送在形式上具有一定的强制性，而且扭送往往带来公安司法机关采取强制措施的结果，但是扭送不是《刑事诉讼法》规定的一种强制措施，而是公民配合公安司法机关采取强制措施的一种辅助手段，或者是法律赋予公民同犯罪行为作斗争的一种手段。

【强制措施的适用原则】 是指公安司法机关在适用强制措施的过程中应当遵循的原则。尽管我国《刑事诉讼法》没有明确规定强制措施的适用原则，但是从各种强制措施的适用情况来看，我国《刑事诉讼法》对强制措施的适用大致上确立了以下原则：（1）合法性原则。刑事强制措施只能由公安机关、人民检察院、人民法院适用，且必须严格遵守法定的条件、程序和期限。（2）必要性原则。公安司法机关在适用强制措施时应当充分考虑犯罪嫌疑人、被告人的人身危险程度、犯罪行为性质、社会危害程度、妨碍刑事诉讼顺利进行的可能性等各种因素。只有在确实有必要的情况下公安司法机关才能采取强制措施，而不是盲目地通过强制措施限制或者剥夺犯罪嫌疑人、被告人的人身自由。（3）比例性原则（或相当性原则）。公安司法机关在采取强制措施时应当注意将强制措施的种类、力度与犯罪嫌疑人、被告人的人身危险程度等因素相适应，而不能对犯罪行为比较轻微或者人身危险程度较低的犯罪嫌疑人、被告人随意采取羁押性强制措施。（4）变更性原则。公安司法机关应当根据刑事诉讼的进展情况，根据不同的情况及时变更或者解除强制措施。

【强制措施的考虑因素】 是指公安司法机关在是否采取强制措施或者适用何种强制措施时所要考虑的各种因素。尽管强制措施的重要目的在于确保刑事诉讼的顺利进行，但是强制措施毕竟涉及公民的人身自由。如果适用强制措施不当，势必造成对公民合法权益的侵犯。有鉴于此，为了防止滥用强制措施，公安司法机关在适用强制措施的过程中应当尽可能地考虑各种因素，作出最为适宜的选择。一方面，根据无罪推定原则的精神，公安司法机关在采取强制措施的过程中应当保持谨慎，严格遵守强制措施的适用原则、条件、程序和期限，尽量避免采取羁押性强制措施。另一方面，公安司法机关在适用强制措施的过程中，应当结合案件情况，综合考虑以下各种因素：（1）犯罪嫌疑人、被告人涉嫌犯罪行为的社会危害性。一般而言，犯罪行为的社会危害性越大，越有必要采取强制措施，或者越有必要采取强度较大的强制措施。（2）犯罪嫌疑人、被告人是否具有逃避侦查、起诉和审判或者妨碍刑事诉讼顺利进行的可能性及其大小。通常来说，妨碍刑事诉讼顺利进行的可能性越大，采取强制措施的必要性、强度就越大。而对于没有妨碍刑事诉讼顺利进行可能性的犯罪嫌疑人、被告人，则不宜采取强制措施。（3）公安司法机关对案件事实的调查情况和对案件证据的掌握程度。每一种强制措施均有法定的适用条件。公安司法机关只有根据已经查明的案件事实和已经掌握的证据，才能确定对犯罪嫌疑人、被告人应该采用的强制措施种类。（4）犯罪嫌疑人、被告人的个人情况，如其身体健康状况，是否属于正在怀孕、哺乳自己婴儿的妇女，是否属于未成年人等，都是确定是否采用强制措施和采用何种强制措施的重要参考依据。

【拘传】 是指公安机关、人民检察院和人民法院对未被羁押的犯罪嫌疑人、被告人，依法强制其到案接受讯问的一种强制措施。拘传是我国刑事诉讼强制措施体系中最轻的一种。公安机关、人民检察院和人民法院在刑事诉讼过程中均有权决定适用。拘传的特点包括：（1）拘传的对象是未被羁押的犯罪嫌疑人、被告人，对于已经被拘留、逮捕的犯罪嫌疑人，可以直接进行讯问，不需要经过拘传程序。值得注意的是，根据《刑事诉讼法司法解释》第三百三十七条规定，在开庭审理单位犯罪案件时，诉讼代表人有出庭的法律义务。如果被告单位诉讼代表人系被告单位的法定代表人、实际控制人或者主要负责人，无正当理由拒不出庭的，人民法院有权通过拘传强制其到庭。（2）拘传的目的是强制犯罪嫌疑人到案接受讯问，即强制就讯，而不是强制待侦、强制待诉、强制待审。如果犯罪嫌疑人抗拒到案，办案人员有权使用戒具，强制其到案接受讯问。拘传只是暂时性限制人身自由的一种强制措施，没有羁押的效力。在讯问结束后，应当将被拘传人立即释放，而不得以连续拘传的方式变相拘禁犯罪嫌疑人。

【传唤】 是指人民法院、人民检察院和公安机关使用传票的形式通知当事人在指定的时间自行到指定的地点接受调查的一种诉讼活动。在刑事诉讼中，虽然传唤和拘传都是要求犯罪嫌疑人、被告人到案接受讯问，但是二者是性质不同的诉讼行为。传唤的性质等同于通知，不具有强制性，而拘传则具有一定的强制性，对不愿到案接受讯问的犯罪嫌疑人、被告人可以强制到案接受讯问，在其抗拒到案的情况下可以使用戒具。具体说来，传唤和拘传的区别主要表现在：（1）强制力不同。传唤是自动到案，拘传则是强制到案，拘传的强度要比传唤的强度大得多。正因如此，拘传是一种强制措施，而传唤则不是。（2）适用的对象不同。传唤适用于所有当事人，包括犯罪嫌疑人、被告人、自诉人、被害人、附带民事诉讼的原告人和被告人，而拘传只能适用于犯罪嫌疑人、被告人。另外，根据《刑事诉讼法》第六十六条规定，人民法院、人民检察和公安机关根据案件的具体情况，可以不经传唤，直接拘传犯罪嫌疑人、被告人。由此可见，尽管公安司法机关在采取拘传之前可以进行传唤，但是传唤不是拘传的必经程序。

【公安留置】 是指公安机关的人民警察对有违法犯罪嫌疑的人员依法进行当场盘问、检查后，经公安机关批准，将其带至公安机关，继续对其进行盘问。根据《人民警察法》第九条规定，留置具有如下特点：（1）留置是法律赋予公安机关采取的一种行政强制措施。公安机关采取留置的目的是基于维护社会治安秩序的需要，对有违法犯罪嫌疑的人员进行继续盘问。尽管留置在一定程度上能够限制公民的人身自由，甚至可以适用于实际上已经被指控有犯罪行为的犯罪嫌疑人，但是留置既不属于《刑事诉讼法》规定的侦查措施，也不属于刑事强制措施。（2）尽管留置是公安机关在刑事诉讼以外采取的一种行政措施，但是留置有可能带来公安机关采取刑事强制措施的后果。继续盘问期间发现犯罪嫌疑人需要拘留、逮捕、取保候审或者监视居住的，应当立即办理法律手续。（3）留置的前提是公安机关的人民警察对有违法犯罪嫌疑的人员，依法进行当场盘问、检查。只有经过当场盘问、检查，发现有如下情形之一时才能采取留置措施：被指控有犯罪行为的；有现场作案嫌疑的；有作案嫌疑身份不明的；携带的物品有可能是赃物的。（4）留置具有严格的时间限制，即对被盘问人的留置时间自带至公安机关之时起不超过24小时，在特殊情况下，经县级以上公安机关批准，可以延长至48小时，并应当留有盘问记录。经继续盘问，公安机关认为对被盘问人需要依法采取刑事强制措施的，应当在留置期间内作出决定。如果在留置期间内不能作出采取刑事强制措施的决定，应当立即释放被盘问人。（5）由于留置会限制公民的人身自由，因此，对于批准继续盘问的，公安机关应当立即通知其家属或者其所在单位。对于不批准继续盘问的，应当立即释放被盘问人。为了规范继续盘问工作，保证公安机关依法履行职责和行使权限，维护社会治安秩序，保护公民的合法权益，《公安机关适用继续盘问规定》对继续盘问的适用对象、时限、审批、执行、执法监督以及候问室的设置和管理等问题进行了全面系统的规定。

【监察留置】 在《监察法》中，也规定了留置措施，不同于公安机关的留置，监察留置属于限制人身自由的强制措施。被调查人涉嫌贪污贿赂、失职渎职等严重职务违法或者职务犯罪，监察机关已经掌握其部分违法犯罪事实及证据，仍有重要问题需要进一步调查，并有下列情形之一的，经监察机关依法审批，可以将其留置在特定场所：涉及案情重大、复杂的；可能逃跑、自杀的；可能串供或者伪造、隐匿、毁灭证据的；可能有其他妨碍调查行为的。调查人员采取留置措施，应当依照规定出示证件，出具书面通知，由 2 人以上进行，形成笔录、报告等书面材料，并由相关人员签名、盖章。留置措施应当由监察机关领导人员集体研究决定。设区的市级以下监察机关采取留置措施应当报上一级监察机关批准。省级监察机关采取留置措施应当报国家监察委员会备案。留置时间不得超过 3 个月。在特殊情况下，可以延长 1 次，延长时间不得超过 3 个月。监察机关采取留置措施，可以根据工作需要提请公安机关配合。因为监察留置的性质，被留置人员涉嫌犯罪移送司法机关后，被依法判处管制、拘役和有期徒刑的，可以折抵刑期，留置1日折抵管制2日，折抵拘役、有期徒刑1日。

【拘传的时间】 是指公安司法机关在采用拘传措施时应当遵守的法定期限。根据《刑事诉讼法》第一百一十九条第二款、《公安机关办理刑事案件程序规定》第八十条、《人民检察院刑事诉讼规则》第八十三条和第八十五条、《刑事诉讼法司法解释》第一百四十九条规定，拘传的时间应当遵守以下规定：（1）一次拘传持续的时间原则上不得超过12小时。拘传持续的时间从犯罪嫌疑人到案时开始计算，到拘传结束时间停止。到案时间，是指公安司法机关在拘传犯罪嫌疑人、被告人达到拘传地点以后，责令其在拘传证或者拘传票上填写的到案时间。结束时间，是指公安司法机关在讯问结束以后，责令犯罪嫌疑人、被告人在拘传证或者拘传票上所填写的拘传结束时间。（2）在案情特别重大、复杂且需要采取拘留或者逮捕措施的情况下，经县级以上公安机关负责人批准，拘传持续的时间不得超过24小时。（3）不得以连续拘传的形式变相拘禁犯罪嫌疑人、被告人，而且应当保证被拘传人的饮食和必要的休息时间。（4）在拘传期间内决定不采取其他强制措施的，拘传期限届满，应当结束拘传。

【拘传的地点】 是指公安司法机关在采用拘传措施时，强制犯罪嫌疑人、被告人到案接受讯问的场所。由于拘传的目的是强制就讯，因此，据传的地点实际上就是强制犯罪嫌疑人、被告人接受讯问的地点。我国《刑事诉讼法》并没有明确规定拘传的地点，但是根据《刑事诉讼法》第一百一十九条第一款规定，对不需要逮捕、拘留的犯罪嫌疑人，可以传唤到犯罪嫌疑人所在市、县内的指定地点或者到他的住处进行讯问。根据该条的立法精神，公安部、最高人民检察院在规定拘传的地点时参照了传唤的地点。根据《公安机关办理刑事案件程序规定》第七十八条第一款规定，公安机关可以拘传犯罪嫌疑人到其所在市、县公安机关执法办案场所进行讯问。但是，根据相关规定，在异地执行拘传时，也可以协助将犯罪嫌疑人拘传到犯罪嫌疑人的住处进行讯问。根据相关规定，在异地执行拘传时，还可以将犯罪嫌疑人拘传到本市、县公安机关办案场所进行讯问。根据《人民检察院刑事诉讼规则》第八十四条的规定，人民检察院拘传犯罪嫌疑人，应当在犯罪嫌疑人所在市、县内的地点进行。犯罪嫌疑人的工作单位与居住地不在同一市、县的，拘传应当在犯罪嫌疑人的工作单位所在的市、县进行；特殊情况下，也可以在犯罪嫌疑人居住地所在的市、县内进行。由于人民法院拘传被告人的目的是确保其到庭，因此，人民法院拘传被告人的地点通常是人民法院。

【被传唤人、拘传人的权益保障】 是指公安司法机关在传唤、拘传犯罪嫌疑人、被告人时应当维护其合法权益。尽管传唤、拘传是强度较轻的措施，但是传唤、拘传不当，仍然有可能侵犯被传唤人或者被拘传人的合法权益。为了维护被传唤人、拘传人的合法权益，《刑事诉讼法》第一百一十九条第三款明确规定，不得以连续传唤、拘传的形式变相拘禁犯罪嫌疑人；传唤、拘传犯罪嫌疑人，应当保证犯罪嫌疑人的饮食和必要的休息时间。连续传唤、拘传，通常是指对犯罪嫌疑人、被告人进行两次传唤、拘传时的时间间隔没有超过 12 个小时。在讯问期间，保证犯罪嫌疑人的饮食和必要的休息时间，不仅是为了保障犯罪嫌疑人作为公民所应当享有的基本权利，而且也是为了防止讯问人员采用疲劳审讯的办法进行讯问。

【异地拘传】 是指对于不在本地的被拘传人，由执行拘传的公安机关依法联系被拘传人所在地的公安机关，由该公安机关协助其将犯罪嫌疑人拘传到本市、县内的指定地点或者到犯罪嫌疑人的住处进行讯问。异地执行拘传是公安机关办案协作的一项重要内容。根据《公安机关办理刑事案件程序规定》第三百五十条以及相关规定，异地执行传唤、拘传，执行人员应当持《传唤通知书》《拘传证》《办案协作函》和工作证件，与协作地县级以上公安机关联系，协作地公安机关应当协助将犯罪嫌疑人拘传到本市、县内的指定地点，或者到犯罪嫌疑人的住处，或者本市、县公安机关办案场所进行讯问。对异地公安机关提出协助执行拘传请求，法律手续完备的，协作地公安机关应当及时无条件予以配合，不得收取任何形式的费用。

【取保候审】 是指在刑事诉讼过程中，公安机关、人民检察院、人民法院责令犯罪嫌疑人、被告人提出保证人或者交纳保证金并出具保证书，保证其不逃避或妨碍侦查、起诉和审判，并随传随到的一种强制措施。取保候审只是限制而不是剥夺犯罪嫌疑人、被告人的人身自由，它是一种强度较轻的强制措施。根据《刑事诉讼法》第六十八条、《公安机关办理刑事案件程序规定》第八十四条、《人民检察院刑事诉讼规则》第八十九条、《刑事诉讼法司法解释》第一百五十条规定，取保候审包括保证人保证和保证金保证这两种方式。但是对同一犯罪嫌疑人、被告人决定取保候审的，不能同时使用保证人保证和保证金保证。根据《刑事诉讼法》第六十七条规定，公安机关、人民检察院和人民法院都有权决定采用取保候审措施，但是取保候审只能由公安机关执行。

【取保候审的适用对象】 是指可以由公安司法机关采用取保候审措施的犯罪嫌疑人或者被告人。根据《刑事诉讼法》第六十七条第一款规定，人民法院、人民检察院和公安机关对有下列情形之一的犯罪嫌疑人、被告人，可以取保候审：(1) 可能判处管制、拘役或者独立适用附加刑的；(2) 可能判处有期徒刑以上刑罚，采取取保候审不致发生社会危险性的；(3) 患有严重疾病、生活不能自理，怀孕或者正在哺乳自己婴儿的妇女，采取取保候审不致发生社会危险性的；(4) 羁押期限届满，案件尚未办结，需要采取取保候审的。另外，根据《公安机关办理刑事案件程序规定》第八十一条第二款规定，对拘留的犯罪嫌疑人，证据不符合逮捕条件，以及提请逮捕后，人民检察院不批准逮捕，需要继续侦查，并且符合取保候审条件的，也可以依法取保候审。

【不得取保候审的情形】 是指公安司法机关不得采用取保候审措施的各种情形。根据《公安机关办理刑事案件程序规定》第八十一条、第八十二条规定，对累犯，犯罪集团的主犯，以自伤、自残办法逃避侦查的犯罪嫌疑人，严重暴力犯罪以及其他严重犯罪的犯罪嫌疑人不得取保候审。但是，如果犯罪嫌疑人具有如下情形，仍然可以采取取保候审：可能判处管制、拘役或者独立适用附加刑的；患有严重疾病、生活不能自理，怀孕或者正在哺乳自己婴儿的妇女，采取取保候审不致发生社会危险性的；羁押期限届满，案件尚未办结，需要继续侦查的。根据《人民检察院刑事诉讼规则》第八十七条规定，人民检察院对于严重危害社会治安的犯罪嫌疑人，以及其他犯罪性质恶劣、情节严重的犯罪嫌疑人不得取保候审。由此不难看出，取保候审通常适用于犯罪行为较轻或者人身危险性较低的犯罪嫌疑人、被告人，而对于犯罪行为比较严重或者人身危险性较高的犯罪嫌疑人、被告人则通常不能采用取保候审措施。

【保证人保证】 是指公安机关、人民检察院、人民法院责令犯罪嫌疑人、被告人提出保证人并出具保证书，保证被保证人在取保候审期间不逃避和妨碍侦查、起诉和审判，并随传随到的保证方式。其特点是以保证人的信誉来保证，不涉及金钱。一方面，可以通过保证人和犯罪嫌疑人、被告人之间的关系，对犯罪嫌疑人、被告人实行精神上和心理上的压力，使其不致逃避或妨碍侦查、起诉和审判。另一方面，可以利用保证人监督犯罪嫌疑人、被告人的活动，监督、教育犯罪嫌疑人、被告人遵纪守法，履行应当履行的诉讼义务。根据《公安机关办理刑事案件程序规定》第一百零六条、《人民检察院刑事诉讼规则》第九十六条、《刑事诉讼法司法解释》第一百五十五条规定，采取保证人形式取保候审的，如果保证人在取保候审期间不愿继续担保或者丧失担保条件或保证义务履行能力的，取保候审决定机关应当在收到保证人的申请或者公安机关的书面通知，或者发现其丧失担保条件后的3日以内，责令犯罪嫌疑人重新提出保证人或者交纳保证金，或者变更强制措施，并将变更情况通知公安机关。

【保证人保证的适用情形】 是指公安司法机关在刑事诉讼中可以通过保证人保证这种方式进行取保候审的情形。根据《人民检察院刑事诉讼规则》第八十九条第三款、《刑事诉讼法司法解释》第一百五十一条规定，对符合取保候审条件，具有下列情形之一的犯罪嫌疑人，人民检察院、人民法院决定取保候审时，可以决定采用保证人保证，责令其提供1至2名保证人：（1）无力交纳保证金的；（2）系未成年人或者已满75周岁的人；（3）其他不宜收取保证金的。

【保证人】 是指由犯罪嫌疑人、被告人提出的为其取保候审提供担保的人。保证人通常是犯罪嫌疑人、被告人的亲属或者朋友。根据《刑事诉讼法》第六十九条规定，保证人必须符合以下条件：（1）与本案无牵连；（2）有能力履行保证义务；（3）享有政治权利，人身自由未受限制；（4）有固定的住处和收入。公安司法机关对于保证人的四个条件应当进行严格审查，只有经审查合格而且同意以后，才能担任保证人。在刑事诉讼中，保证人应当依法承担刑事诉讼法规定的法律义务。

【保证人的义务】 是指保证人在犯罪嫌疑人、被告人被取保候审期间应当依法履行的法律义务。根据《刑事诉讼法》第七十条第一款，作为犯罪嫌疑人、被告人的保证人应当保证履行如下义务：

(1) 监督被保证人遵守《刑事诉讼法》第七十一条的规定。(2) 如果发现被保证人可能发生或者已经发生违反《刑事诉讼法》第七十一条规定的行为，应当及时向执行机关报告。公安司法机关应当告知保证人依法承担的法律义务，并由保证人填写保证书，在取保候审保证书上签名或者盖章，承诺履行以刑事诉讼法规定的义务。如果保证人未能履行保证义务，需要承担一定的法律后果。

【保证人未履行义务的法律后果】 是指保证人在没有依法履行其保证义务的情况下应当承担的法律后果。为了敦促保证人切实履行其保证义务，《刑事诉讼法》第七十条第二款规定，被保证人有违反《刑事诉讼法》第七十一条规定的行为，保证人未履行保证义务的，对保证人处以罚款，构成犯罪的，依法追究刑事责任。根据《实施刑事诉讼法规定》第 14 条规定，对取保候审保证人是否履行了保证义务，由公安机关认定；对保证人的罚款决定，由公安机关作出。根据《公安机关办理刑事案件程序规定》第一百零三条至第一百零五条规定，公安机关对保证人的处罚应当遵守下列规定：(1) 被保证人违反应当遵守的规定，保证人未履行保证义务的，查证属实后，经县级以上公安机关负责人批准，对保证人处 1000 元以上 20000 元以下罚款；构成犯罪的，依法追究刑事责任。(2) 决定对保证人罚款的，应当报经县级以上公安机关负责人批准，制作罚款决定书，在 3 日以内向保证人宣布，告知其可以在 5 日以内向作出决定的公安机关申请复议。公安机关应当在收到复议申请后 7 日以内作出决定。(3) 保证人在收到复议决定书后 5 日以内向上一级公安机关申请复核一次。上一级公安机关应当在收到复核申请后 7 日以内作出决定。对上级公安机关撤销或者变更罚款决定的，下级公安机关应当执行。(4) 对于保证人罚款的决定已过复议期限，或者经上级公安机关复核后维持原决定的，公安机关应当及时通知指定的银行将保证人罚款按照国家的有关规定上缴国库，并在 3 日以内通知决定取保候审的机关。根据《人民检察院刑事诉讼规则》第九十九条规定，人民检察院发现保证人没有履行规定义务，应当通知公安机关，要求公安机关对保证人作出罚款决定；构成犯罪的，依法追究保证人的刑事责任。

为了进一步明确如何追究保证人的责任，《刑事诉讼法司法解释》第一百五十七条规定了相应的条件：(1) 根据案件事实和法律规定，被取保候审人被认为已经构成犯罪。这里的构成犯罪既包括提起公诉、自诉或者人民法院已经受理案件并决定审理的情形，也包括被取保候审人在取保候审期间逃匿后被抓获并被判有罪的情形。(2) 被取保候审人在取保候审期间逃匿。(3) 有证据表明保证人实施了协助被取保候审人逃匿的行为，或者保证人明知被取保候审人藏匿地点但拒绝向司法机关提供。

【保证金保证】 是指公安机关、人民检察院、人民法院责令犯罪嫌疑人、被告人交纳保证金并出具保证书，保证被保证人在取保候审期间不逃避和妨碍侦查、起诉和审判，并随传随到的一种保证方式。财产保是我国在 1996 年修正《刑事诉讼法》时新增加的一种保证方式。财产保是与人保相应的一种保证方式，其基本特点就是以交纳保证金的形式提供担保，利用经济利益来督促犯罪嫌疑人、被告人遵守取保候审的规定。根据公安机关相关规定，对犯罪嫌疑人采取保证人方式取保候审的，办案部门应当在《呈请取保候审报告书》中写明对保证人资格审查的情况，报县级以上公安机关负责人批准。经县级以上公安机关负责人批准，保证人填写《取保候审保证书》，明确其保证义务及法律责任。

【保证金数额的确定】 是指取保候审的决定机关在采取财产保时确定被取保候审人应当缴纳的保证金的具体数额。根据《刑事诉讼法》第七十二条规定，取保候审的决定机关应当综合考虑保证诉讼活动正常进行的需要，被取保候审人的社会危险性，案件的性质、情节，可能判处刑罚的轻重，被取保候审人的经济状况等情况，确定保证金的数额。根据《公安机关办理刑事案件程序规定》第八十七条以及《人民检察院刑事诉讼规则》第九十二条规定，采取保证金形式取保候审的，保证金的起点数额为人民币1000元。但是考虑到未成年人犯罪的特殊情况，对于被取保候审的未成年犯罪嫌疑人，可以责令交纳500元以上的保证金。

【保证金的收取和管理】 是指县级以上公安机关在银行设立专门账户，委托银行统一收取和管理保证金。根据《公安机关办理刑事案件程序规定》第八十八条规定，县级以上公安机关应当在其指定的银行设立取保候审保证金专门账户，委托银行代为收取和保管保证金。提供保证金的人，应当一次性将保证金存入取保候审保证金专门账户。保证金应当以人民币交纳。保证金应当由办案部门以外的部门管理。严禁截留、坐支、挪用或者以其他任何形式侵吞保证金。保证金的收取、管理和没收应当严格按照本规定和国家的财经管理制度执行，任何单位和个人不得截留、坐支、私分、挪用或者以其他任何方式侵吞保证金。对违反规定的，应当依照有关规定给予行政处分；构成犯罪的，依法追究刑事责任。县级以上公安机关应当将指定银行的名称通知人民检察院、人民法院。

根据《取保候审问题规定》第十一条，《人民检察院刑事诉讼规则》第九十四条、第九十五条，《刑事诉讼法司法解释》第一百五十四条规定，决定机关作出取保候审收取保证金的决定后，应当及时将《取保候审决定书》送达被取保候审人和为其提供保证金的单位或者个人，责令其向公安机关指定的银行一次性交纳保证金。决定机关核实保证金已经交纳到执行机关指定银行的凭证后，应当将《取保候审决定书》《取保候审执行通知书》和银行出具的收款凭证及其他有关材料一并送交公安机关执行。

根据《取保候审问题规定》第三十五条规定，司法机关及其工作人员违反本规定，擅自收取取保候审保证金的，依照有关法律和规定，追究直接负责的主管人员和其他直接责任人员的责任。

【保证金的退还】 是指被取保候审人在取保候审期间没有违反应当遵守的规定时，由县级以上公安机关依法将保证金退还给被取保候审人。根据《取保候审问题规定》第二十五条规定，被取保候审人在取保候审期间没有违反应尽义务，也没有故意重新犯罪的，在解除取保候审、变更强制措施或者执行刑罚的同时，县级以上公安机关应当制作《退还保证金决定书》，通知银行如数退还保证金，并书面通知决定机关；执行机关应当及时向被取保候审人宣布退还保证金的决定，并书面通知其到银行领取退还的保证金。《公安机关办理刑事案件程序规定》第一百零一条也规定，被取保候审人在取保候审期间，没有违反其应尽义务，也没有重新故意犯罪的，或者具有应当撤销案件的情形之一的，在解除取保候审、变更强制措施的同时，公安机关应当制作退还保证金决定书，通知银行如数退还保证金。被取保候审人或者其法定代理人可以凭退还保证金决定书到银行领取退还的保证金。另外，根据《人民检察院刑事诉讼规则》第一百零六条规定，犯罪嫌疑人在取保候审期间没有违反《刑事诉讼法》第七十一条的规定，或者发现不应当追究犯罪嫌疑人刑事责任的，变更、解除或者撤销取保候审时，应当告知犯罪嫌疑人可以凭变更、解除或者撤销取保候审的通知或者有关法律文书到银行领取退还的保证金。根据《刑事诉讼法司法解释》第一百五十九条规定，对被取保候审的被告人的判决、裁定生效后，应当解除取保候审、退还保证金的，如果保证金属于其个人财产，且需要用以退赔被害人、履行附带民事赔偿义务或者执行财产刑的，人民法院可以书面通知公安机关移交全部保证金，由人民法院作出处理，剩余部分退还被告人。

根据《取保候审问题规定》第三十五条规定，司法机关及其工作人员违反本规定，擅自退还取保候审保证金的，依照有关法律和规定，追究直接负责的主管人员和其他直接责任人员的责任。

【保证金的没收】 是指被取保候审人在取保候审期间违反其应尽义务时，由县级以上公安机关依法没收被取保候审人交纳的保证金。根据《公安机关办理刑事案件程序规定》第九十六条、《人民检察院刑事诉讼规则》第一百条、《刑事诉讼法司法解释》第一百五十八条规定，已交纳保证金的被取保候审人在取保候审期间违反法定义务，公安机关应当根据其违反规定的情节，决定没收部分或者全部保证金；如果取保候审是由人民法院、人民检察院决定的，执行取保候审的县级公安机关应当及时告知决定机关；如果人民检察院发现已经交纳保证金的被取保候审人违反法定义务，应当提出没收部分或者全部保证金的书面意见，连同有关材料一并送交负责执行的公安机关处理。如果人民法院发现使用保证金保证的被取保候审人违反法定义务，应当书面通知公安机关依法处理。

根据《公安机关办理刑事案件程序规定》第九十七条至第一百条规定，公安机关在没收保证金时应当按照以下程序办理：（1）需要没收保证金的，应当报县级以上公安机关负责人批准，制作没收保证金决定书。决定没收50000元以上保证金的，应当经设区的市一级以上公安机关负责人批准。（2）没收保证金的决定，公安机关应当在3日以内向被取保候审人宣读，并责令其在没收保证金决定书上签名、捺指印；被取保候审人在逃或者具有其他情形不能到场的，应当向其成年家属、法定代理人、辩护人或者单位、居住地的居民委员会、村民委员会宣布，由其成年家属、法定代理人、辩护人或者单位、居住地的居民委员会或者村民委员会的负责人在没收保证金决定书上签名。拒绝签名的，公安机关应当在没收保证金决定书上注明。（3）公安机关在宣读没收保证金决定书时，应当告知被取保候审人或者其法定代理人可以在5日以内向作出决定的公安机关申请复议。公安机关应当在收到复议申请后7日以内作出决定。被取保候审人或者其法定代理人可以在收到复议决定书后5日以内向上一级公安机关申请复核一次。上一级公安机关应当在收到复核申请后7日以内作出决定。对上级公安机关撤销或者变更没收保证金决定的，下级公安机关应当执行。（4）没收保证金的决定已过复议期限，或者经上级公安机关复核后维持原决定的，公安机关应当及时通知指定的银行将没收的保证金按照国家的有关规定上缴国库，并在3日以内通知决定取保候审的机关。另外，根据《取保候审问题规定》第三十五条规定，司法机关及其工作人员违反本规定，擅自没收取保候审保证金的，依照有关法律和规定，追究直接负责的主管人员和其他直接责任人员的责任。

【取保候审的申请】 是指犯罪嫌疑人、被告人及其法定代理人、近亲属或者辩护人向公安司法机关申请对犯罪嫌疑人、被告人采取取保候审措施，或者申请将其他强制措施变更为取保候审措施。尽管我国刑事诉讼法并没有明确规定申请主体享有申请取保候审的权利，但是基于《刑事诉讼法》第九十七条关于申请变更强制措施的规定，实际上可以推定犯罪嫌疑人、被告人及其法定代理人、近亲属或者辩护人享有申请取保候审的权利。根据《人民检察院刑事诉讼规则》第八十八条，被羁押或者监视居住的犯罪嫌疑人及其法定代理人、近亲属或者辩护人向人民检察院申请取保候审，人民检察院应当在3日以内作出是否同意的答复。经审查符合该规则第八十六条规定情形之一的，可以对被羁押的犯罪嫌疑人依法办理取保候审手续；经审查不符合取保候审条件的，应当告知申请人，并说明不同意取保候审的理由。另外，根据公安机关相关规定，被羁押的犯罪嫌疑人及其法定代理人、近亲属、被逮捕的犯罪嫌疑人聘请的律师向公安机关书面申请取保候审的，需要对犯罪嫌疑人取保候审，办案部门应当制作《呈请取保候审报告书》，并附有关材料，报县级以上公安机关负责人批准；如果办案部门不同意的，应当制作《呈请不予取保候审报告书》，说明理由，并附有关材料，报县级以上公安机关负责人批准。

【取保候审的决定】 是指公安司法机关在对犯罪嫌疑人、被告人采取取保候审时依法作出的决定。根据《取保候审问题的规定》第二条第一款的规定，对犯罪嫌疑人、被告人取保候审的，由公安机关、国家安全机关、人民检察院、人民法院根据案件的具体情况依法作出决定。根据《公安机关办理刑事案件程序规定》第八十三条规定，公安机关作出取保候审决定时应当遵循下列程序：（1）呈批。需要对犯罪嫌疑人取保候审的，办案部门制作《呈请取保候审报告书》，并附有关材料，报县级以上公安机关负责人批准。《呈请取保候审报告书》内容包括：简要案情及立案情况；拟取保候审的犯罪嫌疑人基本情况；涉嫌犯罪的情况；拟取保候审的期限和理由；拟采取的保证方式，以保证人为保证方式的，应当注明对保证人资格审查的情况，以保证金为保证方式的，应当拟定保证金数额；决定取保候审的法律依据等。（2）批准。县级以上公安机关负责人批准对犯罪嫌疑人取保候审的，办案部门制作《取保候审决定书》和《取保候审执行通知书》。根据《人民检察院刑事诉讼规则》第九十三条规定，人民检察院决定对犯罪嫌疑人取保候审的，应当制作取保候审决定书，载明取保候审开始的时间、保证方式、被取保候审人应当履行的义务和应当遵守的规定。

【取保候审的交付执行】 是指公安司法机关决定取保候审以后，交由公安机关对犯罪嫌疑人、被告人实施取保候审的一种诉讼活动。根据《刑事诉讼法》第六十七条第二款的规定，取保候审由公安机关执行。这意味着，如果是人民检察院和人民法院决定的取保候审，应当将《取保候审决定书》和《执行取保候审通知书》送达公安机关，由公安机关负责执行。例如，根据《刑事诉讼法司法解释》第一百五十四条第一款规定，人民法院向被告人宣布取保候审决定后，应当将取保候审决定书等相关材料送交当地公安机关。值得注意的是，根据《取保候审问题规定》第二条第二款规定，国家安全机关决定取保候审的，以及人民检察院、人民法院在办理国家安全机关移送的犯罪案件时决定取保候审的，由国家安全机关执行。

【取保候审的执行程序】 是指公安机关在对犯罪嫌疑人、被告人依法执行取保候审时所遵循的程序。根据《公安机关办理刑事案件程序规定》第八十三条、第九十一条规定，公安机关应当按照下列程序执行取保候审：（1）宣布取保候审。宣布取保候审时，侦查人员应当表明执法身份，向犯罪嫌疑人宣读并送达《取保候审决定书》，责令其在副本上签名（盖章）、捺指印，副本存入诉讼卷。侦查人员应当向被取保候审的犯罪嫌疑人宣布应当履行的义务。（2）交付执行。决定取保候审的，应当及时通知被取保候审人居住地派出所执行。执行地在决定机关辖区的，侦查人员应当将被取保候审人带至执行的派出所，将《取保候审执行通知书》及副本和有关材料送达执行的派出所，副本由派出所签收后退回，侦查终结时存入诉讼卷。执行地不在决定机关辖区的，有条件的应当依照前项规定执行；条件不允许的，应当将《取保候审执行通知书》及副本和有关材料邮寄送达执行的派出所执行，副本由派出所签收后寄回，侦查终结时存入诉讼卷。人民检察院、人民法院决定取保候审的，应当由犯罪嫌疑人居住地的同级公安机关执行。公安机关收到有关法律文书和材料后，应当立即交由犯罪嫌疑人居住地的县级公安机关执行。负责执行的县级公安机关应当在24小时以内核实被取保候审人、保证人的身份以及相关材料，并报告县级公安机关负责人后，通知犯罪嫌疑人居住地派出所执行。（3）监督考察。执行取保候审的派出所应当指定民警具体负责取保候审对象的监督、考察工作。执行取保候审的派出所应当依照有关规定采集、录入有关信息。被取保候审的犯罪嫌疑人、被告人无正当理由不得离开所居住的市、县，有正当理由需要离开所居住的市、县的，应当报经执行取保候审的县级公安机关批准。人民法院、人民检察院决定取保候审的，公安机关在作出决定前，应当征得原决定机关同意。执行取保候审的派出所应当责令被取保候审的犯罪嫌疑人、被告人定期报告有关情况并制作笔录。执行取保候审的派出所应当将取保候审的执行情况报告所属县级公安机关通知决定取保候审的机关。取保候审的期限最长不得超过12个月。

【被取保候审人的义务】 是指被采取取保候审的犯罪嫌疑人、被告人应当按照法律规定所遵守的义务。根据《刑事诉讼法》第七十一条规定，被取保候审人在取保候审期间应当履行两种类型的义务。一是根据《刑事诉讼法》第七十一条第一款规定，所有被取保候审的犯罪嫌疑人、被告人都应当履行的共同义务：(1) 未经执行机关批准不得离开所居住的市、县；(2) 住址、工作单位和联系方式发生变动的，在24小时以内向执行机关报告；(3) 在传讯的时候及时到案；(4) 不得以任何形式干扰证人作证；(5) 不得毁灭、伪造证据或者串供。二是根据《刑事诉讼法》第七十一条第二款，被取保候审的犯罪嫌疑人、被告人应当履行的附加义务：(1) 不得进入特定的场所；(2) 不得与特定的人员会见或者通信；(3) 不得从事特定的活动；(4) 将护照等出入境证件、驾驶证件交执行机关保存。这些附加义务不是所有被取保候审的犯罪嫌疑人、被告人都必须履行的义务。被取保候审人究竟应当履行何种附加义务，具有不确定性，即由人民法院、人民检察院和公安机关根据案件情况，责令被取保候审的犯罪嫌疑人、被告人是遵守其中的一项附加义务还是多项附加义务。另外，根据《公安机关办理刑事案件程序规定》第九十条第二款规定，公安机关应当综合考虑案件的性质、情节、社会影响、犯罪嫌疑人的社会关系等因素，确定特定场所、特定人员和特定活动的具体范围。根据《公安机关办理刑事案件程序规定》第九十六条第二款规定，对于人民法院、人民检察院决定取保候审的，如果被取保候审人违反应当遵守的规定，执行取保候审的县级公安机关应当及时告知决定机关。

【被取保候审人未履行义务的法律后果】　是指被取保候审人在违反法律规定义务的情况下依法所承担的法律后果。为了促使被取保候审的犯罪嫌疑人、被告人切实履行《刑事诉讼法》第七十一条第一款、第二款规定的义务，《刑事诉讼法》第七十一条第三款、第四款明确规定了被取保候审人违反法律规定义务的情况下所承担的法律后果，即已交纳保证金的，应当没收部分或者全部保证金，并且区别情形，责令犯罪嫌疑人、被告人具结悔过，重新交纳保证金、提出保证人，或者监视居住、予以逮捕；对违反取保候审规定，需要予以逮捕的，可以对犯罪嫌疑人、被告人先行拘留。《公安机关办理刑事案件程序规定》第九十六条第一款进一步规定，被取保候审人在取保候审期间违反规定的义务，已交纳保证金的，公安机关应当根据其违反规定的情节，决定没收部分或者全部保证金，并且区别情形，责令其具结悔过、重新交纳保证金、提出保证人，变更强制措施或者给予治安管理处罚；需要予以逮捕的，可以对其先行拘留。另外，根据《人民检察院刑事诉讼规则》第一百零一条规定，犯罪嫌疑人在严重违反取保候审规定的情况下，应当逮捕或者可以逮捕(参见“转化逮捕的条件”词条)。

【取保候审的期限】　是指公安司法机关在采取取保候审措施时应当遵守的法定期限。尽管《刑事诉讼法》第七十九条明确规定人民法院、人民检察院和公安机关对犯罪嫌疑人、被告人取保候审最长不得超过12个月，但是该条文并没有明确限定这12个月的期限是公安机关、人民检察院、人民法院在整个刑事诉讼中对犯罪嫌疑人、被告人采取取保候审的期限合计不得超过12个月。目前，人民法院、人民检察院和公安机关都将这一期限理解为三机关分别采取取保候审各自不得超过12个月。例如，《公安机关办理刑事案件程序规定》第一百零七条规定，公安机关取保候审，最长不得超过12个月；《人民检察院刑事诉讼规则》第一百零二条规定，人民检察院决定对犯罪嫌疑人取保候审，最长不得超过12个月；《刑事诉讼法司法解释》第一百六十二条规定，人民检察院、公安机关已经对犯罪嫌疑人取保候审，案件起诉至人民法院后，人民法院决定继续取保候审的，应当重新办理手续，期限重新计算。

【取保候审的解除】 是指对于发现不应当追究刑事责任或者取保候审期限届满的，公安司法机关应当及时解除取保候审。根据《刑事诉讼法》第七十九条第二款规定，公安司法机关在解除取保候审时，应当及时通知被取保候审人和有关单位。根据《公安机关办理刑事案件程序规定》第一百零八条规定，需要解除取保候审的，由决定取保候审的机关制作解除取保候审决定书、通知书，并及时通知负责执行的派出所、被取保候审人、保证人和有关单位。《人民检察院刑事诉讼规则》第一百零五条、第一百零六条不仅规定了取保候审的解除，而且规定了取保候审的撤销，但是二者内容基本相同：（1）解除或者撤销取保候审的决定，应当及时通知执行机关，并将解除取保候审的决定书送达犯罪嫌疑人；有保证人的，应当通知保证人解除保证义务。（2）犯罪嫌疑人在取保候审期间没有违反《刑事诉讼法》第七十一条的规定，或者发现不应当追究犯罪嫌疑人刑事责任的，变更、解除或者撤销取保候审时，应当告知犯罪嫌疑人可以凭变更、解除或者撤销取保候审的通知或者有关法律文书到银行领取退还的保证金。

【监视居住】 是指公安机关、人民检察院、人民法院在刑事诉讼过程中，对于符合逮捕条件但具有法定情形的犯罪嫌疑人、被告人，责令其在一定期限内不得离开住处或者指定的居所，并对其活动予以监视和控制的一种强制措施。在2012年修正《刑事诉讼法》之后，监视居住被定位为逮捕的替代措施，但是监视居住仍然是限制人身自由最为严厉的一种强制措施。虽然与取保候审的决定主体和执行主体完全相同，但是它们在适用对象、适用条件、执行方式、法定期限、强制程度等诸多方面都存在较大区别。

【监视居住的适用对象】 是指可以由公安司法机关采用监视居住措施的犯罪嫌疑人或者被告人。由于监视居住属于逮捕的一种替代性措施，因此，监视居住的适用对象主要就是符合逮捕条件但是又不宜采用逮捕措施的犯罪嫌疑人、被告人。根据《刑事诉讼法》第七十四条第一款规定，对于符合逮捕条件，但是又具有下列情形之一的犯罪嫌疑人、被告人，可以适用监视居住：（1）患有严重疾病或者生活不能自理。对这两类犯罪嫌疑人、被告人采取监视居住措施，不仅不会影响刑事诉讼活动的顺利进行，防止发生社会危险性，而且体现了人道主义精神，有助于犯罪嫌疑人、被告人回归社会或者家庭，使其尽量获得良好的医疗和照顾。（2）怀孕或者正在哺乳自己婴儿的妇女。对这类犯罪嫌疑人、被告人采取监视居住措施，既体现了人道主义精神，又有助于使其和婴儿回到社会或者家庭，从而得到更好的医疗和照顾。（3）系生活不能自理的人的唯一扶养人。根据《人民检察院刑事诉讼规则》第一百零七条第二款规定，这里的抚养包括父母、祖父母、外祖父母对子女、孙子女、外孙子女的抚养和子女、孙子女、外孙子女对父母、祖父母、外祖父母的赡养以及配偶、兄弟姐妹之间的相互扶养。如果被扶养人丧失生活自理能力，无法照顾自己的饮食起居，而犯罪嫌疑人、被告人又是该生活不能自理人的唯一抚养人，那么对其采用监视居住措施，既体现了人道主义精神，又有助于维护基本的家庭伦理关系，进而促进社会的和谐稳定。（4）因为案件的特殊情况或者办理案件的需要，采取监视居住措施更为适宜的。案件的特殊情况，是指案件的性质、情节等表明犯罪嫌疑人、被告人虽然符合逮捕条件，但是采用监视居住措施不至于发生社会危险性，或者基于案件的特殊情况，对犯罪嫌疑人、被告人采取监视居住措施能够取得更好的社会效果。办理案件的需要，是指从保障刑事诉讼获得更好的社会效果出发，对本应该采取逮捕措施的犯罪嫌疑人、被告人采取监视居住措施。(5) 羁押期限届满，案件尚未办结，需要采取监视居住措施的。在羁押期限届满而案件又尚未办结的情况下，如果继续采用逮捕措施，就会违背无罪推定原则的基本精神，增加犯罪嫌疑人、被告人的负担和痛苦。

【监视居住的适用情形】 是指公安司法机关在刑事诉讼中可以采取监视居住措施的各种情形。根据我国《刑事诉讼法》及其司法解释的有关规定，不仅适用监视居住的情形比较多，而且每一种情形的适用条件又有所不同。因此，对于监视居住的适用情形应当具体分析。根据《刑事诉讼法》第七十四条、《公安机关办理刑事案件程序规定》第一百零九条、《人民检察院刑事诉讼规则》第一百零七条、《刑事诉讼法司法解释》第一百六十条规定，监视居住的适用情形包括：(1)《刑事诉讼法》第七十四条第一款规定的情形，即符合逮捕条件但是又具有五种特定情形之一的犯罪嫌疑人、被告人（参见“监视居住的适用对象”词条）；（2）符合取保候审条件，但犯罪嫌疑人、被告人既不能提出保证人，又不交纳保证金；（3）对人民检察院决定不批准逮捕的犯罪嫌疑人，需要继续侦查，并且符合监视居住条件；（4）被取保候审人违反取保候审期间应当遵守的义务。

【监视居住的决定】 是指公安司法机关在对犯罪嫌疑人、被告人采取监视居住时依法作出的决定。公安机关、人民检察院和人民法院对犯罪嫌疑人、被告人采取监视居住，一般应当先由办案人员提出《监视居住意见书》，经办案部门负责人审核后，由公安局局长、人民检察院检察长、人民法院院长批准，制作《监视居住决定书》和《执行监视居住通知书》。以公安机关的决定程序为例。根据《公安机关办理刑事案件程序规定》第一百一十条规定，公安机关决定监视居住包括如下两个环节：（1）呈批。对犯罪嫌疑人监视居住，办案部门应当制作《呈请监视居住报告书》，并附有关材料，报县级以上公安机关负责人批准。《呈请监视居住报告书》内容包括：简要案情及立案情况，拟监视居住的犯罪嫌疑人及其涉嫌犯罪的情况，拟监视居住的理由，拟监视居住的地点，决定监视居住的法律依据等。（2）批准。县级以上公安机关负责人批准监视居住的，办案部门制作《监视居住决定书》和《监视居住执行通知书》。

【监视居住的交付执行】 是指公安司法机关决定监视居住以后，交由公安机关对犯罪嫌疑人、被告人实施监视居住的一种诉讼活动。根据《刑事诉讼法》第七十四条第三款规定，监视居住由公安机关执行。人民法院和人民检察院决定监视居住以后，应当将《监视居住决定书》和《监视居住执行通知书》及时送达公安机关，由公安机关执行监视居住。例如，根据《人民检察院刑事诉讼规则》第一百零九条规定，人民检察院核实犯罪嫌疑人住处或者为其指定居所后，应当制作监视居住执行通知书，将有关法律文书和案由、犯罪嫌疑人基本情况材料，送交监视居住地的公安机关执行，必要时人民检察院可以协助公安机关执行。人民检察院应当告知公安机关在执行期间拟批准犯罪嫌疑人离开执行监视居住的处所、会见他人或者通信的，应当事先征得人民检察院同意。再如，根据《刑事诉讼法司法解释》第一百六十一条规定，人民法院向被告人宣布监视居住决定后，应当将监视居住决定书等相关材料送交被告人住处或者指定居所所在地的同级公安机关执行。

【监视居住的执行程序】 是指公安机关在对犯罪嫌疑人、被告人依法执行监视居住措施时所遵循的诉讼程序。根据《公安机关办理刑事案件程序规定》第一百一十条规定，公安机关按照下列程序执行监视居住：(1) 宣布监视居住。公安机关向犯罪嫌疑人宣布监视居住，应当表明执法身份，向犯罪嫌疑人宣读并送达《监视居住决定书》，责令其在《监视居住决定书》副本上签名（盖章）、捺指印，副本存入诉讼卷。侦查人员应当向被监视居住的犯罪嫌疑人宣布必须遵守的规定。被监视居住的犯罪嫌疑人在监视居住期间，公安机关根据案情需要，可以暂扣其身份证件、机动车（船）驾驶证件。(2) 交付执行。侦查人员应当将被监视居住人带至其住处或者指定的居所所在地的派出所执行，将《监视居住执行通知书》和有关材料送达执行的派出所，副本由派出所签收，侦查终结时存入诉讼卷。公安机关收到人民检察院、人民法院有关决定监视居住的法律文书和材料后，应当立即交由犯罪嫌疑人住处或者居所地的县级公安机关执行。负责执行的县级公安机关应当在24小时以内，核实被监视居住人的身份和住处或者居所，报告县级公安机关负责人后，通知被监视居住人住处或者居所地的派出所执行。(3) 备案。办案部门应当在监视居住实施后1小时内通过电话、传真、网上督察系统以及直接送达法律文书复印件等形式，将被监视居住人的姓名、年龄、性别、涉嫌犯罪的行为、实施时间、实施监视居住后涉案人员所在的地点及办案单位和主办民警等情况报本级公安机关警务督察部门备案。(4) 监督考察。执行监视居住的派出所应当指定民警具体负责监视居住对象的监督、考察工作。执行监视居住的派出所应当依照有关规定采集、录入有关信息。被监视居住人有正当理由要求离开住处或者指定的居所的，负责执行的派出所应当报经县级公安机关批准。人民法院、人民检察院决定监视居住的，公安机关在作出决定前，应当征得原决定机关同意。执行监视居住的派出所应当将监视居住的执行情况报告所属县级公安机关通知决定监视居住的机关。

【监视居住的场所】 是指对犯罪嫌疑人、被告人实施监视居住的具体地点。根据《刑事诉讼法》第七十五条第一款以及《公安机关办理刑事案件程序规定》第一百一十一条、《人民检察院刑事诉讼规则》第一百一十六条规定，监视居住场所的确定应当遵守以下规定：(1) 原则上应当在犯罪嫌疑人、被告人的固定住处执行监视居住。固定住处，是指被监视居住人在办案机关所在的市、县内生活的合法住处。（2）尽管犯罪嫌疑人、被告人有固定住处，但是在犯罪嫌疑人、被告人涉嫌危害国家安全犯罪、恐怖活动犯罪的情况下，如果在其固定住处执行监视居住有可能妨碍侦查（参见“在住处执行可能有碍侦查”词条），那么经上一级公安机关批准，也可以在指定的居所执行（参见“监视居住的指定居所”词条）。（3）如果犯罪嫌疑人、被告人没有固定住处，也可以在指定的居所执行监视居住（参见“监视居住的指定居所”词条）。

【监视居住的指定居所】 是指公安司法机关对没有固定住处的犯罪嫌疑人、被告人，或者是在危害国家安全犯罪、恐怖活动犯罪案件中，在办案机关所在的市、县内为被监视居住人指定的生活居所，作为监视居住的执行场所。根据《公安机关办理刑事案件程序规定》第一百一十二条第二款、《人民检察院刑事诉讼规则》第一百一十六条第三款规定，指定的居所必须符合下列条件：（1）具备正常的生活、休息条件；（2）便于监视、管理；（3）能够保证安全。根据《刑事诉讼法》第七十五条第一款以及《公安机关办理刑事案件程序规定》第一百一十二条第三款、《人民检察院刑事诉讼规则》第一百一十六条第四款规定，采取指定居所监视居住的，不得在看守所、拘留所、监狱等羁押、监管场所（参见“羁押场所”词条）以及留置室、讯问室等专门的办案场所、办公场所执行。最高人民检察院发布的《指定居所监视居住实行监督规定》第四条还规定，是指定的居所应当具备正常的生活、休息条件，与审讯场所分离；安装监控设备，便于监视、管理；具有安全防范措施，保证办案安全。

【在住处执行可能有碍侦查】 是指对于涉嫌危害国家安全犯罪、恐怖活动犯罪，在犯罪嫌疑人、被告人的住处执行监视居住有可能妨碍侦查。根据《刑事诉讼法》第七十五条第一款规定，对于涉嫌危害国家安全犯罪、恐怖活动犯罪，在住处执行可能有碍侦查的，经上一级公安机关批准，也可以在指定的居所执行。根据《公安机关办理刑事案件程序规定》第一百一十一条第二款规定，这里的有碍侦查，是指下列情形之一：（1）可能毁灭、伪造证据，干扰证人作证或者串供；（2）可能引起犯罪嫌疑人自残、自杀或者逃跑；（3）可能引起同案犯逃避、妨碍侦查；（4）犯罪嫌疑人、被告人在住处执行监视居住有人身危险的；（5）犯罪嫌疑人、被告人的家属或者所在单位人员与犯罪有牵连。

【指定居所的监视居住】 是指公安司法机关在临时指定的居所内执行监视居住的一种监所居住形式。根据《刑事诉讼法》第七十五条第一款、《公安机关办理刑事案件程序规定》第一百一十一条规定，指定居所的监视居住适用以下两种情形：一种是犯罪嫌疑人、被告人没有固定住处，公安司法机关在办案机关所在的市、县内为被监视居住人临时指定生活居所，作为监视居住的执行场所；另一种是在犯罪嫌疑人、被告人涉嫌危害国家安全犯罪、恐怖活动犯罪的情况下，经上一级公安机关批准，在办案机关所在的市、县内为被监视居住人指定的生活居所，作为监视居住的执行场所。根据《实施刑事诉讼法规定》第十五条规定，指定居所监视居住的，不得要求被监视居住人支付费用。与普通的监视居住相比，指定居所的监视居住更加严格，因而需要遵守一些特殊规定，如指定居所监视居住的通知、指定居住监视居住的法律监督等。

【指定居所监视居住的通知】 是指人民法院、人民检察院、公安机关在决定指定居所监视居住以后，应当在执行监视居住后通知被监视居住人的家属。根据《刑事诉讼法》第七十五条第二款以及《刑事诉讼法司法解释》第一百六十一条第二款、《人民检察院刑事诉讼规则》第一百一十七条第一款、《公安机关办理刑事案件程序规定》第一百一十三条第一款规定，指定居所监视居住的通知包括如下内容：（1）指定居所监视居住的通知主体是监视居住的决定机关；（2）通知对象是被监视居住人的家属；（3）通知内容包括监视居住的住所和原因；（4）通知时间是在执行监视居住后24小时以内；（5）无法通知的除外。根据《人民检察院刑事诉讼规则》第一百一十七条第二款、《公安机关办理刑事案件程序规定》第一百一十三条第二款规定，无法通知，是指下列情形之一：不讲真实姓名、住址、身份不明；被监视居住人无家属；提供的家属联系方式无法取得联系，或者与其家属无法取得联系；因自然灾害等不可抗力导致无法通知。在确实无法通知的情况下，决定机关应当采取相应措施。例如，根据《刑事诉讼法司法解释》第一百六十一条第二款，确实无法通知的，应当记录在案；根据《人民检察院刑事诉讼规则》第一百一十七条第一款规定，无法通知的，应当将原因写明附卷，无法通知的情形消除后，应当立即通知其家属；根据《公安机关办理刑事案件程序规定》第一百一十三条第三款、第四款规定，无法通知家属的，应当在监视居住通知书中注明原因；无法通知的情形消失以后，应当立即通知被监视居住人的家属。

【指定居所监视居住的批准程序】 是指公安机关和人民检察院在对涉嫌危害国家安全犯罪、恐怖活动犯罪的犯罪嫌疑人采取指定居所的监视居住时所遵循的审批程序。为了防止滥用指定居所的监视居住，我国刑事诉讼法对指定居所监视居住规定了严格的审批程序。这是因为，对于在住处执行的监视居住而言，只需要经过县级以上公安机关负责人、人民检察院检察长的批准即可。但是根据《刑事诉讼法》第七十五条第一款规定，对涉嫌危害国家安全犯罪、恐怖活动犯罪的犯罪嫌疑人采取指定居所的监视居住，还必须经过上一级公安机关的批准。

【指定居所监视居住的法律监督】 是指人民检察院对指定居所监视居住的决定和执行活动是否合法实行的法律监督。根据《刑事诉讼法》第七十五条第四款、最高人民检察院发布的《指定居所监视居住实行监督规定》第二条规定，公安机关、人民检察院、人民法院对犯罪嫌疑人、被告人适用指定居所监视居住的，人民检察院应当依法对指定居所监视居住的决定和执行是否合法实行监督。指定居所监视居住的法律监督既包括指定居所监视居住决定的监督，又包括指定居所监视居住执行的监督。二者在监督对象、监督主体、监督程序、监督内容、监督方式、处理结果等许多方面都存在明显区别。例如，就监督对象和监督主体而言，对指定居所监视居住执行的监督是指人民检察院刑事执行检察部门对其同级的公安机关执行指定居所监视居住是否合法进行的法律监督。而对指定居所监视居住决定的监督，是指人民检察院侦查监督部门、公诉部门对公安机关、人民检察院指定居所监视居住的决定是否合法进行的法律监督。再如，就监督方式来说，人民检察院对指定居所监视居住决定进行监督，可以采取以下方式：查阅相关案件材料；听取侦查机关（部门）作出指定居所监视居住决定的理由和事实依据；听取犯罪嫌疑人及其法定代理人、近亲属或者辩护人的意见。而人民检察院刑事执行检察部门对指定居所监视居住执行的监督，则采用下列方式：查阅相关法律文书和被监视居住人的会见、通讯、外出情况、身体健康检查记录等材料，实地检查指定的居所是否符合法律规定，查看有关监控录像等资料，必要时对被监视居住人进行体表检查，与被监视居住人、执行人员、办案人员或者其他有关人员谈话，调查了解有关情况。

【被监视居住人的义务】 是指被采取监视居住的犯罪嫌疑人、被告人应当按照法律规定所遵守的义务。根据《刑事诉讼法》第七十七条规定，被监视居住的犯罪嫌疑人、被告人应当遵守以下规定：(1) 未经执行机关批准不得离开执行监视居住的处所；(2) 未经执行机关批准不得会见他人或者通信；(3) 在传讯的时候及时到案；(4) 不得以任何形式干扰证人作证；(5) 不得毁灭、伪造证据或者串供；(6) 将护照等出入境证件、身份证件、驾驶证件交执行机关保存。《公安机关办理刑事案件程序规定》第一百二十条进一步规定，被监视居住人有正当理由要求离开住处或者指定的居所以及要求会见他人或者通信的，应当经负责执行的派出所或者办案部门负责人批准。人民法院、人民检察院决定监视居住的，负责执行的派出所在批准被监视居住人离开住处或者指定的居所以及与他人会见或者通信前，应当征得决定机关同意。在监视居住期间，如果被监视居住人违反以上规定，应当承担法律后果（参见“被监视居住人违反规定的处理”词条）。

【被监视居住人未履行义务的法律后果】

是指被采取监视居住的犯罪嫌疑人、被告人因违反法律规定义务依法承担的法律后果。为了促使被监视居住的犯罪嫌疑人、被告人切实履行《刑事诉讼法》第七十七条第一款所规定的义务，《刑事诉讼法》第七十七条第二款明确规定了被监视居住人违反应尽义务的情况下所承担的法律后果：被监视居住的犯罪嫌疑人、被告人违反应尽义务，情节严重的，可以予以逮捕；需要予以逮捕的，可以对犯罪嫌疑人、被告人先行拘留。根据《公安机关办理刑事案件程序规定》第一百二十一条第二款的规定，人民法院、人民检察院决定监视居住的，被监视居住人违反应当遵守的规定，负责执行的派出所应当及时通知决定机关。公安部和最高人民检察院将被监视居住人未履行义务的法律后果细化为如下几种情形：(1) 根据《公安机关办理刑事案件程序规定》第一百二十一条第一款规定，在情节不是很严重的情况下，由公安机关区分情形责令被监视居住人具结悔过或者给予治安管理处罚；(2) 根据《人民检察院刑事诉讼规则》第一百一十一条规定，犯罪嫌疑人在严重违反监视居住规定的情况下，应当逮捕或者可以逮捕（参见“转化逮捕的条件”词条）；(3) 根据《公安机关办理刑事案件程序规定》第一百二十一条第一款、《人民检察院刑事诉讼规则》第一百一十一条第三款规定，需要予以逮捕的，可以对被监视居住人先行拘留。

【监视居住的监控措施】 是指执行机关为了监督和监控被监视居住人遵守监视居住规定的情况所采取的各种措施。根据《刑事诉讼法》第七十八条、《公安机关办理刑事案件程序规定》第一百一十六条规定，公安机关对被监视居住的犯罪嫌疑人、被告人，可以采取电子监控、不定期检查等监视方法对其遵守监视居住规定的情况进行监督；在侦查期间，可以对被监视居住的犯罪嫌疑人的电话、传真、信函、邮件、网络等通信进行监控。根据《人民检察院刑事诉讼规则》第一百一十条规定，人民检察院可以根据案件的具体情况，商请公安机关对被监视居住的犯罪嫌疑人采取电子监控、不定期检查等监视方法，对其遵守监视居住规定的情况进行监督。人民检察院办理直接受理立案侦查的案件对犯罪嫌疑人采取监视居住的，在侦查期间可以商请公安机关对其通信进行监控。这里的电子监控是指，在被监视居住人身上或者住所内安装电子定位装置等电子科技设备，以便对其行踪进行监视；不定期检查，是指执行机关不定期地到指定的居所进行现场巡查和监督检查，以便发现被监视居住人是否履行法律规定的义务；通信监控是指，通过技术手段对被监视居住人的通信、电话、电子邮件、微信、网络等与外界的交流、沟通进行的监控。值得注意的是，这里的电子监控和通信监控只是实现监视居住的辅助性手段，而不是侦查措施。

【监视居住期间的会见、通信】 是指被监视居住人在受到监视居住期间不得擅自同他人会见或者通信，只有在具有正当理由而且经过执行机关批准和决定机关同意的情况下才能同他人会见、通信。根据《刑事诉讼法》第七十七条第一款规定，被监视居住人要想同他人会见或者通信，必须经过执行机关批准；如果未经执行机关批准，被监视居住人不得与他人会见或者通信。根据《公安机关办理刑事案件程序规定》第一百二十条规定，被监视居住人有正当理由要求会见他人或者通信的，应当经负责执行的派出所或者办案部门负责人批准。人民法院、人民检察院决定监视居住的，负责执行的派出所在批准被监视居住人与他人会见或者通信前，还应当征得决定机关同意。由此可见，在被监视居住期间，被监视居住人同他人的会见、通信受到执行机关和决定机关的双重制约。

根据《刑事诉讼法》第三十九条规定，除了特定案件以外，辩护律师可以同被监视居住人直接进行会见、通信，不需要经过人民法院、人民检察院的许可。但是，根据《刑事诉讼法》第七十七条规定，未经执行机关的批准，被监视居住人不得同他人会见、通信。这意味着，辩护律师在同被监视居住人会见、通信时，是否需要经过执行机关的批准，找不到直接的法律依据。为了更好地保护辩护律师的会见、通信权，既然辩护律师同被监视居住人会见、通信时不需要经过人民法院、人民检察院的许可，那么也没有必要经过执行机关的批准。基于同样的逻辑，就危害国家安全犯罪、恐怖活动犯罪案件而言，辩护律师在同被监视居住人会见、通信时，不仅需要经过侦查机关的许可，而且应当经过执行机关的批准。另外，根据《刑事诉讼法》第三十九条、第七十七条的立法精神，律师以外的辩护人在同被监视居住人会见、通信时，既需要经过人民法院、人民检察院的许可，又应当经过执行机关的批准。但是，无论是辩护律师还是辩护人，在同被监视居住人会见、通信时，都应当依法进行，遵守监视居住执行机关的相关管理和规范。

【监视居住的期限】 是指公安司法机关在采取监视居住措施时应当遵守的法定期限。尽管《刑事诉讼法》第七十九条明确规定人民法院、人民检察院和公安机关对犯罪嫌疑人、被告人监视居住最长不得超过6个月，但是该条文并没有明确限定这6个月的期限是公安机关、人民检察院、人民法院在整个刑事诉讼中对犯罪嫌疑人、被告人采取监视居住的期限合计不得超过6个月。目前，人民法院、人民检察院和公安机关都将这一期限理解为三机关分别采取监视居住各自不得超过6个月。例如，《公安机关办理刑事案件程序规定》第一百二十二条第二款规定，公安机关监视居住，最长不得超过6个月；《人民检察院刑事诉讼规则》第一百一十二条规定，人民检察院决定对犯罪嫌疑人监视居住，最长不得超过6个月；《刑事诉讼法司法解释》第一百六十二条规定，人民检察院、公安机关已经对犯罪嫌疑人监视居住，案件起诉至人民法院后，人民法院决定继续监视居住的，应当重新办理手续，期限重新计算。

【监视居住的解除】 是指对于发现不应当追究刑事责任或者监视居住期限届满的，公安司法机关应当及时解除监视居住。根据《刑事诉讼法》第七十九条第二款规定，公安司法机关在解除监视居住时，应当及时通知被监视居住人和有关单位。根据《公安机关办理刑事案件程序规定》第一百二十三条规定，公安机关决定解除监视居住，应当经县级以上公安机关负责人批准，制作解除监视居住决定书，并及时通知执行的派出所或者办案部门、被监视居住人和有关单位。人民法院、人民检察院作出解除、变更监视居住决定的，公安机关应当及时解除并通知被监视居住人和有关单位。《人民检察院刑事诉讼规则》第一百一十五条不仅规定了监视居住的解除，而且规定了监视居住的撤销，内容相同：解除或者撤销监视居住的决定应当通知执行机关，并将解除或者撤销监视居住的决定书送达犯罪嫌疑人。

【刑事拘留】 是指公安机关、人民检察院在侦查过程中或者在紧急情况下依法临时剥夺现行犯、重大嫌疑分子或者犯罪嫌疑人的人身自由的一种强制措施。拘留的特点包括：（1）适用主体特定。有权决定采用刑事拘留的机关只能是公安机关和人民检察院。但不管是公安机关决定的拘留，还是人民检察院决定的拘留，都一律由公安机关执行。（2）适用阶段特定。刑事拘留只能适用于侦查阶段，审查起诉阶段和审判阶段都不能适用刑事拘留。（3）适用条件特定。无论是公安机关决定的拘留还是人民检察院决定的拘留，都必须符合法定的条件。（4）拘留是一种临时性措施。拘留的期限较短，随着诉讼的进程，拘留一定要发生变更，或者转为逮捕，或者转为取保候审或监视居住，或者释放被拘留的人。（5）刑事拘留是剥夺公民自由的一种强制措施。刑事拘留同逮捕一样，都会带来羁押的后果。及时采用刑事拘留措施，既有助于防止犯罪嫌疑人或者现行犯逃跑、自杀、自残或继续犯罪，又有利于及时收集证据，防止犯罪嫌疑人或者现行犯藏匿、破坏、伪造证据。

【先行拘留】 是指公安机关或者人民检察院对于因为违反取保候审、监视居住的规定而需要逮捕被取保候审人或者监视居住的犯罪嫌疑人、被告人时，在逮捕之前先采取刑事拘留措施。根据《刑事诉讼法》第七十一条第四款规定，对违反取保候审规定，需要予以逮捕的，可以对犯罪嫌疑人、被告人先行拘留。根据《刑事诉讼法》第七十七条第二款规定，被监视居住的犯罪嫌疑人、被告人违反监视居住规定，情节严重的，可以予以逮捕；需要予以逮捕的，可以对犯罪嫌疑人、被告人先行拘留。我国《刑事诉讼法》之所以在这两种情况下允许进行先行拘留，主要是为了防止犯罪嫌疑人、被告人在审查批准逮捕期间发生逃跑等风险。另外，尽管《刑事诉讼法》第八十二条也采用了先行拘留这一称谓，但是普遍将该条文中的先行拘留称为刑事拘留或者拘留，而很少使用先行拘留这个概念。从立法精神来看，《刑事诉讼法》第八十二条中的先行拘留主要是针对立案程序而言的，即公安机关在遇到紧急情况时，在尚未进行刑事立案的情形下可以通过刑事拘留措施事先剥夺现行犯或者重大嫌疑分子的人身自由。

【公安机关刑事拘留的条件】 是指公安机关对于现行犯或者重大嫌疑分子采取刑事拘留措施时所要满足的条件。根据《刑事诉讼法》第八十二条规定，公安机关采取刑事拘留必须同时具备两个条件。一个条件是适用对象必须是现行犯或者重大嫌疑分子。现行犯，是指正在预备犯罪、实行犯罪或者在犯罪后即时被发觉的人。根据《刑事诉讼法》第八十二条、第八十四条，对于现行犯，公安机关可以进行刑事拘留，任何公民都可以将其扭送至公安司法机关处理。重大嫌疑分子，是指已有证据显示很有可能是实施犯罪行为的人，如被害人或者目击者指认实施犯罪的人，在身边或者住处被发现有犯罪证据的人等。另一个条件是，现行犯或者重大嫌疑分子必须具备下列情形之一：（1）正在预备犯罪、实行犯罪或者在犯罪后即时被发觉的；（2）被害人或者在场亲眼看见的人指认他犯罪的；（3）在身边或者住处发现有犯罪证据的；（4）犯罪后企图自杀、逃跑或者在逃的；（5）有毁灭、伪造证据或者串供可能的；（6）不讲真实姓名、住址，身份不明的；（7）有流窜作案、多次作案、结伙作案重大嫌疑的。如果公安机关是在尚未立案的情况下先行采取刑事拘留措施，那么公安机关应当在抓获现行犯或者重大嫌疑分子以后立即办理立案、拘留手续。

【人民检察院刑事拘留的条件】 是指人民检察院在侦查过程中对犯罪嫌疑人依法采取刑事拘留措施时所要达到的条件。根据《刑事诉讼法》第一百六十五条、《人民检察院刑事诉讼规则》第一百二十一条规定，被采取刑事拘留的犯罪嫌疑人必须具备下列情形之一：（1）犯罪后企图自杀、逃跑或者在逃的；（2）有毁灭、伪造证据或者串供可能的。根据2000年8月28日发布的《适用刑事强制措施规定》第二十条规定，人民检察院对于符合刑事拘留条件的犯罪嫌疑人，因情况紧急，来不及办理拘留手续的，可以先行将犯罪嫌疑人带至公安机关，同时立即办理拘留手续。

【公安机关决定拘留的程序】 是指公安机关在决定采取刑事拘留措施时所遵守的诉讼程序。根据《公安机关办理刑事案件程序规定》第一百二十五条的规定，公安机关决定拘留的程序包括：（1）呈批。需要拘留犯罪嫌疑人时，办案部门制作《呈请拘留报告书》，报县级以上公安机关负责人批准。《呈请拘留报告书》内容包括简要案情及立案情况、拟拘留的犯罪嫌疑人基本情况、涉嫌犯罪的情况、拟执行拘留的期限、执行拘留的法律依据等。（2）批准。经县级以上公安机关负责人批准，办案部门制作《拘留证》。县级以上公安机关负责人在作出批准拘留的决定时，应当在呈请报告书上同时注明1日至3日的拘留时间。需要延长1日至4日或者延长至30日的，应当办理延长拘留手续。（3）对符合拘留条件，因情况紧急来不及办理拘留手续的，应当在将犯罪嫌疑人带至公安机关后立即办理法律手续。

【人民检察院决定拘留的程序】 是指人民检察院在决定采取刑事拘留措施时所遵守的诉讼程序。根据《人民检察院刑事诉讼规则》第一百二十二条第一款、《适用刑事强制措施规定》第十八条规定，人民检察院作出拘留决定后，应当将有关法律文书和案由、犯罪嫌疑人基本情况的材料送交同级公安机关执行；必要时，人民检察院可以协助公安机关执行。

【刑事拘留的执行】 是指公安机关对被决定拘留的犯罪嫌疑人依法采取约束性措施，以便将其送往看守所进行羁押时所采取的一种诉讼活动。根据《公安机关办理刑事案件程序规定》第一百二十五条及相关规定，公安机关应当按照下列程序执行拘留：（1）执行拘留，应当由2名以上侦查人员进行。公安机关执行人民检察院对犯罪嫌疑人拘留决定的，必要时，可以请人民检察院协助执行。（2）执行拘留时，侦查人员应当向犯罪嫌疑人出示《拘留证》及工作证件，宣布拘留决定，将拘留的决定机关、法定羁押起止时间以及羁押处所告知犯罪嫌疑人，责令其在《拘留证》上签名（盖章）、捺指印，并填写向其宣布拘留的时间，拒绝签名（盖章）、捺指印的，侦查人员应当在《拘留证》上注明。（3）对犯罪嫌疑人执行拘留，可以根据现场情况依法使用武器、警械。（4）拘留后，应当依照有关规定，将被拘留的犯罪嫌疑人情况录入有关信息库。（5）公安机关执行人民检察院对犯罪嫌疑人拘留决定的，拘留后，应当立即将执行回执送达作出拘留决定的人民检察院。（6）办案部门应当在实施拘留后1小时内通过电话、传真、网上督察系统以及直接送达法律文书复印件等形式，将被拘留人的姓名、年龄、性别、涉嫌犯罪的行为、实施时间、实施拘留后涉案人员所在的地点及办案单位和主办民警等情况报本级公安机关警务督察部门备案。（7）未能抓获犯罪嫌疑人的，办案部门应当在24小时以内，将执行情况和未能抓获的原因书面报告作出批准拘留决定的县级以上公安机关负责人；执行人民检察院拘留决定的，公安机关应当在24小时以内将执行情况和未能抓获的原因通知作出拘留决定的人民检察院。对于犯罪嫌疑人在逃的，在撤销拘留决定之前，公安机关应当组织力量继续执行。

【拘留后的送押】 是指公安机关在实行拘留以后，立即将被拘留人送往看守所进行羁押。根据《刑事诉讼法》第八十五条第二款、《公安机关办理刑事案件程序规定》第一百二十六条规定，拘留后，应当立即将被拘留人送看守所羁押，至迟不得超过24小时；异地执行拘留，无法及时将犯罪嫌疑人押解回管辖地的，应当在宣布拘留后立即将其送抓获地看守所羁押，至迟不得超过24小时。到达管辖地后，应当立即将犯罪嫌疑人送看守所羁押。严禁在公安机关办案场所、办公场所或者其他场所羁押犯罪嫌疑人。看守所凭公安机关签发的《拘留证》收押被拘留的犯罪嫌疑人。侦查人员将《拘留证》副本交看守所，看守所接收民警在《拘留证》上签名，加盖看守所印章，填写收押时间。侦查终结时，《拘留证》存入诉讼卷。侦查人员送押被拘留的犯罪嫌疑人，应当制作《提讯证》，由看守所在《提讯证》上加盖公章，并注明法定办案起止日期。《提讯证》每次办理1份，可以多次使用，用完续办。侦查终结时，《提讯证》存入诉讼卷。

【拘留后的讯问】 是指作出决定拘留的公安机关或者人民检察院在拘留以后立即对被拘留人进行审讯。根据《刑事诉讼法》第八十六条、《公安机关办理刑事案件程序规定》第一百二十八条规定，公安机关对被拘留的人，应当在拘留后24小时以内进行讯问。发现不应当拘留的，应当经县级以上公安机关负责人批准，制作释放通知书，看守所凭释放通知书发给被拘留人释放证明书，将其立即释放。根据《适用刑事强制措施规定》第二十一条的规定，对于人民检察院决定拘留的犯罪嫌疑人，公安机关拘留犯罪嫌疑人后，应当立即将执行回执送达作出拘留决定的人民检察院，及时通知人民检察院进行讯问。根据《人民检察院刑事诉讼规则》第一百二十四条、第一百二十五条规定，人民检察院对被拘留的犯罪嫌疑人，应当在拘留后的24小时以内进行讯问。对被拘留的犯罪嫌疑人，发现不应当拘留的，应当立即释放；依法可以取保候审或者监视居住的，按照本规则的有关规定办理取保候审或者监视居住手续。对被拘留的犯罪嫌疑人，需要逮捕的，按照本规则的有关规定办理逮捕手续；决定不予逮捕的，应当及时变更强制措施。

【拘留后的通知】 是指公安机关实行拘留以后，由公安机关或者人民检察院立即将拘留情况通知被拘留人的家属。根据《刑事诉讼法》第八十五条第二款、《公安机关办理刑事案件程序规定》第一百二十七条规定，除无法通知或者涉嫌危害国家安全犯罪、恐怖活动犯罪通知可能有碍侦查的情形以外，应当在拘留后24小时以内制作拘留通知书，通知被拘留人的家属。拘留通知书应当写明拘留原因和羁押处所。这里的有碍侦查是指下列情形之一：可能毁灭、伪造证据，干扰证人作证或者串供的；可能引起同案犯逃避、妨碍侦查的；犯罪嫌疑人的家属与犯罪有牵连的。无法通知、有碍侦查的情形消失以后，应当立即通知被拘留人的家属。对于没有在24小时以内通知家属的，应当在拘留通知书中注明原因。对于人民检察院决定拘留的犯罪嫌疑人，由人民检察院通知被拘留人的家属。根据《人民检察院刑事诉讼规则》第一百二十三条规定，对于人民检察院决定的拘留，在公安机关对犯罪嫌疑人拘留后，除无法通知的以外，人民检察院应当在24小时以内，通知被拘留人的家属。无法通知的，应当将原因写明附卷。无法通知的情形消除后，应当立即通知其家属。根据《公安机关办理刑事案件程序规定》第一百一十三条第二款规定，无法通知是指下列情形之一：不讲真实姓名、住址、身份不明；被拘留人无家属；提供的家属联系方式无法取得联系，或者与其家属无法取得联系；因自然灾害等不可抗力导致无法通知。

【异地拘留】 是指对于不在本地的被拘留人，由执行拘留的公安机关依法联系被拘留人所在地的公安机关，由该公安机关协助其执行拘留。根据《刑事诉讼法》第八十三条规定，公安机关在异地执行拘留的时候，应当通知被拘留人所在地的公安机关，被拘留人所在地的公安机关应当予以配合。异地执行拘留是公安机关办案协作的一项重要内容。根据《公安机关办理刑事案件程序规定》第一百二十六条第二款、第三百四十六条到第三百五十一条的规定，公安机关应当按照下列程序办理异地拘留：(1) 县级以上公安机关办理刑事案件需要异地公安机关协作执行拘留的，应当制作办案协作函件，提供有关法律文书和人民警察证复印件。负责协作的县级以上公安机关接到异地公安机关请求协作的函件后，应当指定主管业务部门办理。只要法律手续完备，协作地公安机关应当及时无条件予以配合，不得收取任何形式的费用。(2) 异地执行拘留时，执行人员应当持拘留证、办案协作函件和工作证件，与协作地县级以上公安机关联系，协作地公安机关应当派员协助执行。(3) 委托异地公安机关代为执行拘留的，应当将拘留证、办案协作函件送达协作地公安机关。(4) 协作地公安机关抓获犯罪嫌疑人后，应当立即通知委托地公安机关。委托地公安机关应当立即携带法律文书及时提解，提解的侦查人员不得少于2人。(5) 异地执行拘留，无法及时将犯罪嫌疑人押解回管辖地的，应当在宣布拘留后立即将其送抓获地看守所羁押，至迟不得超过24小时；到达管辖地后，应当立即将犯罪嫌疑人送看守所羁押。(6) 已被决定拘留的犯罪嫌疑人在逃的，可以通过网上工作平台发布犯罪嫌疑人相关信息、拘留证。各地公安机关发现网上逃犯的，应当立即组织抓捕。另外，异地押解过程中需要住宿的，必须将犯罪嫌疑人交由当地看守所羁押，当地看守所应当凭《拘留证》或者临时寄押的证明文书收押，严禁让犯罪嫌疑人在宾馆、酒店、招待所等其他场所住宿。

【公安机关决定拘留的期限】 是指公安机关采取刑事拘留措施时应当遵守的法定期限。根据《刑事诉讼法》第九十一条规定，公安机关决定拘留的期限包括三种情形。在这三种情形中，除了人民检察院接到提请批准逮捕书后的7日内作出批捕或不批捕的决定以外，公安机关决定拘留的期限因为公安机关申请批准逮捕的不同时间而有所不同。进一步而言，在一般情况下，公安机关在拘留后3日内提请检察机关审查批准逮捕，公安机关决定拘留的期限为10天；在特殊情况下，公安机关在拘留后7日内提请检察机关审查批准逮捕，公安机关决定拘留的期限为14天；对于流窜作案、多次作案、结伙作案的重大嫌疑分子，公安机关在拘留后30日内提请检察机关审查批准逮捕，公安机关决定拘留的期限为37天。人民检察院不批准逮捕的，公安机关应当在接到通知后立即释放，并且将执行情况及时通知人民检察院。对于需要继续侦查，并且符合取保候审、监视居住条件的，依法取保候审或者监视居住。

根据《公安机关办理刑事案件程序规定》第一百二十九条第三款规定，这里的流窜作案是指跨市、县管辖范围连续作案，或者在居住地作案后逃跑到外市、县继续作案；多次作案是指3次以上作案；结伙作案是指2人以上共同作案。

【人民检察院决定拘留的期限】 是指人

民检察院采取刑事拘留措施时应当遵守的法定期限。根据《人民检察院刑事诉讼规则》第一百二十六条规定，人民检察院直接受理侦查的案件，拘留犯罪嫌疑人的羁押期限为14日，特殊情况下可以延长1日至3日。这意味着，在一般情况下，人民检察院决定拘留的期限为14日；在特殊情况下，人民检察院决定拘留的期限为17日。

【拘留人大代表的特别程序】 是指公安机关、人民检察院在拘留人民代表大会代表时应当遵守的特殊规定和要求。根据2021年3月21日修正的《全国人民代表大会组织法》第四十九条、2022年修正的《地方各级人民代表大会和地方各级人民政府组织法》第四十条规定，县级以上的各级人民代表大会代表，非经本级人民代表大会主席团许可，在大会闭会期间，非经本级人民代表大会常务委员会许可，不受逮捕或者刑事审判。如果因为是现行犯被拘留，执行拘留的公安机关应当立即向该级人民代表大会主席团或者常务委员会报告。

【公安机关拘留人大代表的程序】 是指公安机关在拘留人大代表时所遵循的特殊程序。根据《公安机关办理刑事案件程序规定》第一百六十四条至第一百六十六条规定，公安机关拘留人民代表大会代表时应当按照下列程序办理：（1）公安机关依法对县级以上各级人民代表大会代表拘留的，应当书面报请该代表所属的人民代表大会主席团或者常务委员会许可。（2）公安机关对现行犯拘留的时候，发现其是县级以上人民代表大会代表的，应当立即向其所属的人民代表大会主席团或者常务委员会报告。（3）公安机关在依法执行拘留中，发现被执行人是县级以上人民代表大会代表的，应当暂缓执行，并报告决定或者批准机关。如果在执行后发现被执行人是县级以上人民代表大会代表的，应当立即解除，并报告决定或者批准机关。（4）公安机关依法对乡、民族乡、镇的人民代表大会代表拘留的，应当在执行后立即报告其所属的人民代表大会。

【人民检察院拘留人大代表的程序】 是指人民检察院在拘留人大代表时所遵循的特殊程序。根据《人民检察院刑事诉讼规则》第一百四十八条规定，人民检察院拘留人民代表大会代表时应当按照下列程序办理：（1）人民检察院对担任县级以上各级人民代表大会代表的犯罪嫌疑人决定采取拘传、取保候审、监视居住、拘留、逮捕强制措施的，应当报请该代表所属的人民代表大会主席团或者常务委员会许可。（2）人民检察院拘留担任本级人民代表大会代表的犯罪嫌疑人，直接向本级人民代表大会主席团或常务委员会报请许可。（3）拘留担任上级人民代表大会代表的犯罪嫌疑人，应当立即层报该代表所属的人民代表大会同级的人民检察院报请许可。（4）拘留担任下级人民代表大会代表的犯罪嫌疑人，可以直接向该代表所属的人民代表大会主席团或者常务委员会报请许可，也可以委托该代表所属的人民代表大会同级的人民检察院报请许可。（5）拘留担任两级以上人民代表大会代表的犯罪嫌疑人，应当按照以上程序分别报请许可。（6）拘留担任办案单位所在省、市、县（区）以外的其他地区人民代表大会代表的犯罪嫌疑人，应当委托该代表所属的人民代表大会同级的人民检察院报请许可；担任两级以上人民代表大会代表的，应当分别委托该代表所属的人民代表大会同级的人民检察院报请许可。

【逮捕】 是指公安机关、人民检察院和人民法院，为防止犯罪嫌疑人或者被告人逃避侦查、起诉和审判，进行妨碍刑事诉讼的行为，或者发生社会危险性，而依法剥夺其人身自由，将其羁押的一种强制措施。逮捕是我国最严厉的一种刑事强制措施。逮捕不仅剥夺了犯罪嫌疑人、被告人的人身自由，而且逮捕后除发现不应当追究刑事责任和符合变更强制措施的条件的以外，对被逮捕人的羁押一般要延续到人民法院判决生效为止。在我国刑事诉讼中，逮捕是同犯罪作斗争的重要手段。正确、及时地适用逮捕措施，可以发挥打击犯罪、维护社会秩序的重要作用，有效地防止犯罪嫌疑人或者被告人串供、毁灭或者伪造证据、自杀、逃跑或继续犯罪，有助于全面收集证据、查明案情、证实犯罪，保证侦查、起诉、审判活动的顺利进行。但是，如果逮捕适用不当，也会伤害无辜，侵犯公民的合法权益，破坏社会主义法治的尊严和权威，损害公安司法机关的威信。有鉴于此，公安司法机关必须坚持少捕和慎捕的刑事政策，切实做到不枉不纵，既不能该捕不捕，也不能以捕代侦，任意逮捕。对无罪而错捕的，要依照国家赔偿法的规定对受害人予以赔偿。

【逮捕权限】 是指逮捕措施的权力分配，即哪些刑事诉讼专门机关有权适用逮捕措施，以及如何适用逮捕措施。在我国刑事诉讼理论与实务中，逮捕的权力分配是颇具争议的一个话题。其中的焦点问题就是，是否应该将人民检察院的审查批准逮捕权交给人民法院行使。但是，我国在两次修改《刑事诉讼法》的过程中，都保留了逮捕权的传统分配模式。根据《宪法》第三十七条第二款、《刑事诉讼法》第八十条规定，人民检察院有批准逮捕或决定逮捕的权力，人民法院只有决定逮捕的权力，而公安机关无逮捕的决定权，只有提请批准逮捕和执行逮捕的权力。根据《刑事诉讼法》第九十五条，犯罪嫌疑人、被告人被逮捕后，人民检察院还享有审查羁押必要性的权力。由此可见，在我国刑事诉讼中，逮捕权限实际上包括四种不同性质的权力，即提请批准逮捕的权力，逮捕的决定权或者批准权，逮捕的执行权以及逮捕的监督审查权。这四种权力之间的相互制约和监督，有助于保证逮捕的质量，防止出现错捕、滥捕等侵犯公民人身权利的现象。

【逮捕条件】 是指公安司法机关在适用逮捕措施时应该遵守的条件。在我国刑事诉讼中，对于不同的适用情形，逮捕具有不同的适用条件。根据《刑事诉讼法》及其司法解释的有关规定，逮捕措施共分为五种适用情形和适用条件，即逮捕的一般条件、径行逮捕的条件、转化逮捕的条件、附条件逮捕的条件以及不予逮捕的条件。《刑事诉讼法》明确将逮捕区分为五种适用情形和适用条件有助于公安司法机关正确适用逮捕措施，防止因为滥用逮捕措施而侵犯犯罪嫌疑人、被告人的合法权益。在刑事诉讼中，公安司法机关应当根据逮捕的不同适用情形及其适用条件，遵守不同的诉讼程序，而不能相互混淆。

【逮捕的一般条件】 又称一般逮捕条件，是指公安司法机关在适用逮捕措施时应当普遍遵守的条件。根据《刑事诉讼法》第八十一条第一款、《人民检察院刑事诉讼规则》第一百二十八条规定，在一般情况下，逮捕应当同时具备事实证据条件、刑罚条件和社会危害性条件。另外，根据《人民检察院刑事诉讼规则》第一百三十八条规定，对实施多个犯罪行为或者共同犯罪案件的犯罪嫌疑人，符合本规则第一百二十八条的规定，具有下列情形之一的，应当批准或者决定逮捕：（1）有证据证明犯有数罪中的一罪的；（2）有证据证明实施多次犯罪中的一次犯罪的；（3）共同犯罪中，已有证据证明有犯罪事实的犯罪嫌疑人。

【逮捕的事实证据条件】 是指在适用逮捕时必须有证据证明有犯罪事实。根据《人民检察院刑事诉讼规则》第一百二十八条第二款、第三款，有证据证明有犯罪事实是指同时具备下列情形：（1）有证据证明发生了犯罪事实；（2）有证据证明该犯罪事实是犯罪嫌疑人实施的；（3）证明犯罪嫌疑人实施犯罪行为的证据已经查证属实的。这里的犯罪事实既可以是单一犯罪行为的事实，也可以是数个犯罪行为中任何一个犯罪行为的事实。这里的查证属实是指侦查机关依法收集的旨在证明犯罪嫌疑人实施犯罪行为的证据能够得到其他证据的印证，而不是仅仅依靠孤证来确认犯罪事实的发生。在司法实践中，已经查证属实只需强调对犯罪事实起关键作用的证据查证属实即可，而不必达到确实、充分的程度，强求所有证据都要查证属实。

【逮捕的刑罚条件】 是指在适用逮捕时，犯罪嫌疑人、被告人可能被判处有期徒刑以上刑罚。这是逮捕在刑罚上的最低要求，是在符合逮捕事实证据条件前提下是否能够逮捕的刑罚尺度。如果在达不到刑罚条件的情况下就对犯罪嫌疑人采取逮捕措施，就会违反比例原则，侵犯犯罪嫌疑人的合法权益。有鉴于此，对于我国刑法的法定最高刑为管制或者拘役的危险驾驶罪、代替考试罪以及使用虚假身份证件、盗用身份证件罪，除非符合《刑事诉讼法司法解释》第一百六十六条规定的情形，否则绝对不能适用逮捕措施。另外，可能判处有期徒刑以上刑罚的适用，应当根据犯罪嫌疑人涉嫌犯罪行为的严重程度具体确定其可能适用的量刑幅度，而不是指犯罪嫌疑人涉嫌犯罪行为的法定量刑幅度。

【逮捕的社会危险条件】 是指在适用逮捕时犯罪嫌疑人、被告人应当具备采取取保候审措施尚不足以防止发生的社会危险性。根据《刑事诉讼法》第八十一条第一款、《人民检察院刑事诉讼规则》第一百二十八条第一款，逮捕的社会危险条件包括以下五种情形：（1）可能实施新的犯罪的，即案发前或者案发后正在策划、组织或者预备实施新的犯罪的；扬言实施新的犯罪的；多次作案、连续作案、流窜作案的；一年内曾因故意实施同类违法行为受到行政处罚的；以犯罪所得为主要生活来源的；有吸毒、赌博等恶习的；其他可能实施新的犯罪的情形。（2）有危害国家安全、公共安全或者社会秩序的现实危险的，即案发前或者案发后正在积极策划、组织或者预备实施危害国家安全、公共安全或者社会秩序的重大违法犯罪行为的；曾因危害国家安全、公共安全或者社会秩序受到刑事处罚或者行政处罚的；在危害国家安全、黑恶势力、恐怖活动、毒品犯罪中起组织、策划、指挥作用或者积极参加的；其他有危害国家安全、公共安全或者社会秩序的现实危险的情形。（3）可能毁灭、伪造证据，干扰证人作证或者串供的，即曾经或者企图毁灭、伪造、隐匿、转移证据的；曾经或者企图威逼、恐吓、利诱、收买证人，干扰证人作证的；有同案犯罪嫌疑人或者与其在事实上存在密切关联犯罪的犯罪嫌疑人在逃，重要证据尚未收集到位的；其他可能毁灭、伪造证据，干扰证人作证或者串供的情形。（4）可能对被害人、举报人、控告人实施打击报复的，即扬言或者准备、策划对被害人、举报人、控告人实施打击报复的；曾经对被害人、举报人、控告人实施打击、要挟、迫害等行为的；采取其他方式滋扰被害人、举报人、控告人的正常生活、工作的；其他可能对被害人、举报人、控告人实施打击报复的情形。（5）企图自杀或者逃跑的，即着手准备自杀、自残或者逃跑的；曾经自杀、自残或者逃跑的；有自杀、自残或者逃跑的意思表示的；曾经以暴力、威胁手段抗拒抓捕的；其他企图自杀或者逃跑的情形。其中，前两种情形是对犯罪嫌疑人造成社会危险可能性的规定，体现了强制措施的预防功能；后三种情形是对妨碍诉讼可能性的考虑，体现了强制措施的诉讼保障功能。

【径行逮捕的条件】 是指公安司法机关在必须实施逮捕措施的情况下所应当遵循的条件。根据《刑事诉讼法》第八十一条第二款、《人民检察院刑事诉讼规则》第一百三十六条规定，径行逮捕包括三种情形，分别适用不同的逮捕条件。第一种情形是有证据证明有犯罪事实，可能判处十年有期徒刑以上刑罚。可能判处十年有期徒刑以上刑罚是指，根据已有证据和犯罪嫌疑人的犯罪事实、各种情节进行综合判断，其宣告刑可能被判处十年有期徒刑以上重刑。刑罚轻重与其社会危害性、妨碍诉讼顺利进行的可能性存在正向关系。在司法实践中，被判处十年以上刑罚的罪犯一般具有较高的社会危险性以及较大的妨碍诉讼顺利进行的可能性。在这种情况下，针对这类犯罪嫌疑人，基本上没有必要再适用一般逮捕条件中的社会危险性条件。第二种情形是有证据证明有犯罪事实，可能判处徒刑以上刑罚，曾经故意犯罪。曾经故意犯罪，是指犯罪嫌疑人曾经被人民法院判决实施了故意犯罪的行为。这里只是单纯强调犯罪嫌疑人曾经实施了故意犯罪行为，而不用考虑犯罪嫌疑人曾经因为故意犯罪而被人民法院所判处的具体刑罚。而且，判断曾经故意犯罪的依据只能是人民法院已经作出的生效裁判，而不是人民检察院作出的不起诉决定或者公安机关作出的撤销案件决定。对于符合这种情形的犯罪嫌疑人，同样具有较高的社会危险性。第三种情形是有证据证明有犯罪事实，可能判处徒刑以上刑罚，不讲真实姓名、住址，身份不明。在司法实践中，不讲真实姓名、住址以及身份不明的犯罪嫌疑人不仅具有逃避侦查、起诉和审判的心理，而且会导致其不具备采取取保候审、监视居住等非羁押性强制措施的基本条件。在这三种情形中，由于犯罪嫌疑人通常具有较高的社会危险性，而且逃避侦查、起诉、审判或者妨碍刑事诉讼顺利进行的可能性也比较大，因此，只要犯罪嫌疑人符合其中的一种情形，人民检察院或者人民法院都应当批准或者决定逮捕，而不享有自由裁量权。

【转化逮捕的条件】 是指公安司法机关对于被取保候审、监视居住的犯罪嫌疑人、被告人适用逮捕措施时所遵守的条件。根据《刑事诉讼法》第八十一条第四款规定，转化逮捕的条件包括两个：

(1) 犯罪嫌疑人、被告人已经被采取取保候审或者监视居住措施;(2) 在取保候审或者监视居住期间,犯罪嫌疑人、被告人违反取保候审规定或者监视居住规定,情节严重。转化逮捕的条件又可以细分为应当逮捕和可以逮捕两种情形。根据《人民检察院刑事诉讼规则》第一百零一条第一款、第一百一十一条第一款规定,犯罪嫌疑人有下列违反取保候审规定或者监视居住规定的行为,人民检察院对犯罪嫌疑人应当予以逮捕:(1) 故意实施新的犯罪;(2) 企图自杀、逃跑;(3) 实施毁灭、伪造证据,串供或者干扰证人作证,足以影响侦查、审查起诉工作正常进行;(4) 对被害人、证人、鉴定人、举报人、控告人及其他人员实施打击报复。

根据《〈中华人民共和国刑事诉讼法〉第七十九条第三款解释》,对于被取保候审、监视居住的可能判处徒刑以下刑罚的犯罪嫌疑人、被告人,违反取保候审、监视居住规定,严重影响诉讼活动正常进行的,可以予以逮捕。根据《人民检察院刑事诉讼规则》第一百零一条第二款、第一百一十一条第二款规定,犯罪嫌疑人有下列违反取保候审规定或者监视居住规定的行为,人民检察院可以对犯罪嫌疑人予以逮捕:(1) 未经批准,擅自离开所居住的市、县,或者擅自离开执行监视居住的处所,造成严重后果;(2) 两次未经批准,擅自离开所居住的市、县,或者擅自离开执行监视居住的处所;(3) 经传讯不到案,造成严重后果;(4) 经两次传讯不到案。对于被取保候审的犯罪嫌疑人,可以逮捕的情形还包括:(1) 住址、工作单位和联系方式发生变动,未在24小时以内向公安机关报告,造成严重后果;(2) 违反规定进入特定场所、与特定人员会见或者通信、从事特定活动,严重妨碍诉讼程序正常进行。对于被监视居住的犯罪嫌疑人,可以逮捕的情形还可以包括:未经批准,擅自会见他人或者通信,造成严重后果,或者两次未经批准,擅自会见他人或者通信的。

【不予逮捕的条件】 是指公安司法机关不采取逮捕措施时所应遵守的条件。为了更好地理解和适用逮捕的条件,正确适用逮捕措施,维护犯罪嫌疑人、被告人的合法权益,最高人民检察院根据司法实践经验明确规定了不予逮捕的条件。不予逮捕的条件分为两种情形,即应当不予逮捕的条件和可以不予逮捕的条件。根据《人民检察院刑事诉讼规则》第一百三十九条规定,对具有下列情形之一的犯罪嫌疑人,人民检察院应当作出不批准逮捕的决定或者不予逮捕:(1) 不符合该规则规定的逮捕条件的(参见"逮捕的一般条件""径行逮捕的条件""转化逮捕的条件"词条);(2) 具有《刑事诉讼法》第十六条规定的情形之一的(参见"依照法定情形不予追究刑事责任原则"词条)。

可以不予逮捕的条件包括两种情形。一是因为没有社会危险性而不予逮捕的条件。根据《人民检察院刑事诉讼规则》第一百四十条规定,犯罪嫌疑人涉嫌的罪行较轻,且没有其他重大犯罪嫌疑,具有以下情形之一的,可以作出不批准逮捕或者不予逮捕的决定:(1) 属于预备犯、中止犯,或者防卫过当、避险过当的;(2) 主观恶性较小的初犯,共同犯罪中的从犯、胁从犯,犯罪后自首、有立功表现或者积极退赃、赔偿损失、确有悔罪表现的;(3) 过失犯罪的犯罪嫌疑人,犯罪后有悔罪表现,有效控制损失或者积极赔偿损失的;(4) 犯罪嫌疑人与被害人双方根据刑事诉讼法的有关规定达成和解协议，经审查，认为和解系自愿、合法且已经履行或者提供担保的；（5）犯罪嫌疑人认罪认罚的；（6）犯罪嫌疑人系已满14周岁未满18周岁的未成年人或者在校学生，本人有悔罪表现，其家庭、学校或者所在社区、居民委员会、村民委员会具备监护、帮教条件的；（7）犯罪嫌疑人系已满75周岁的人。二是因为符合监视居住条件而不予逮捕的条件。根据《人民检察院刑事诉讼规则》第一百四十一条，对符合《刑事诉讼法》第七十四条第一款规定的犯罪嫌疑人，人民检察院经审查认为不需要逮捕的，可以在作出不批准逮捕或者不予逮捕决定的同时，向公安机关提出采取监视居住措施的建议（参见“监视居住的适用对象”词条）。

【公安机关提请批捕的程序】 是指对于符合逮捕条件的犯罪嫌疑人，公安机关按照法定程序，请求人民检察院审查批准其逮捕请求。根据《公安机关办理刑事案件程序规定》第一百三十三条至第一百三十六条规定，公安机关在提请审查批准逮捕之前应当根据逮捕的各种条件，事先判断究竟是应当提请批准逮捕还是可以提请批准逮捕。根据《刑事诉讼法》第八十七条、《公安机关办理刑事案件程序规定》第一百三十七条的规定，公安机关提请批准逮捕应当按照下列程序办理：（1）呈批。需要逮捕犯罪嫌疑人的，办案部门制作《呈请提请批准逮捕报告书》，报县级以上公安机关负责人审批。《呈请提请批准逮捕报告书》内容包括简要案情及立案情况，拟提请批准逮捕的犯罪嫌疑人基本情况，对其目前采取的强制措施情况，现有证据证明其涉嫌犯罪的情况，有逮捕必要的依据，提请逮捕的法律依据等。（2）批准和报批。县级以上公安机关负责人批准提请逮捕的，办案部门制作《提请批准逮捕书》一式三份，连同案卷材料、证据，一并提请同级人民检察院审查批准。

【人民检察院审查批准逮捕程序】 是指人民检察院对于公安机关的提请逮捕申请予以审查，以便决定是否批准逮捕时所遵循的诉讼程序。根据《刑事诉讼法》第九十条、《人民检察院刑事诉讼规则》的有关规定以及人民检察院内部的办案流程，人民检察院审查批准逮捕程序主要包括：（1）对于公安机关的批准逮捕申请，应当由人民检察院捕诉部门负责审查。（2）审查批准逮捕案件的受理。人民检察院案件管理部门对接受的同级公安机关提请批准逮捕的案件以及人民检察院侦查部门报请或者移送审查决定逮捕的案件，对移送的案卷材料、证据、法律手续、应当移送的讯问犯罪嫌疑人录音录像资料等材料是否齐备，案件是否属于本院管辖等内容进行程序性审查。经过审查，认为具备受理条件的，案件管理部门应当及时登记，将案件移送捕诉部门；认为案卷材料不齐备的，应当及时要求移送单位补送材料。（3）捕诉部门的办案人员对案件材料和证据进行全面审查，对证据合法性存在疑问的，可以调取讯问犯罪嫌疑人录音录像资料进行审查。根据《刑事诉讼法》的规定依法讯问犯罪嫌疑人，询问诉讼参与人，听取辩护律师意见。（4）经过审查以后，办案人员制作审查逮捕意见书，提出批准逮捕或者不批准逮捕的审查意见，详细说明相应的理由。（5）捕诉部门负责人对办案人员的审查逮捕意见书进行审核，然后报请主管检察长批准或者决定。重大案件还有可能需要提交检察委员会进行讨论决定。（6）人民检察院对于公安机关提请批准逮捕的案件进行审查后，应当根据情况分别作出批准逮捕或者不批准逮捕的决定。

【审查批准逮捕中的讯问】 是指人民检察院在审查批准逮捕的过程中依法讯问犯罪嫌疑人。根据《刑事诉讼法》第八十八条第一款、《人民检察院刑事诉讼规则》第二百五十八条和第一百八十二条的规定，捕诉部门办理审查逮捕案件，讯问犯罪嫌疑人时，应当首先查明犯罪嫌疑人的基本情况，依法告知犯罪嫌疑人诉讼权利和义务以及认罪认罚的法律规定，听取其供述和辩解。犯罪嫌疑人翻供的，应当讯问其原因。犯罪嫌疑人申请排除非法证据的，应当告知其提供相关线索或者材料。犯罪嫌疑人检举揭发他人犯罪的，应当予以记录，并依照有关规定移送有关机关、部门处理。讯问犯罪嫌疑人应当制作讯问笔录，并交犯罪嫌疑人核对或者向其宣读。经核对无误后逐页签名或者盖章，并捺指印后附卷。犯罪嫌疑人请求自行书写供述的，应当准许，但不得以自行书写的供述代替讯问笔录。犯罪嫌疑人被羁押的，讯问应当在看守所讯问室进行。讯问犯罪嫌疑人应当由检察人员负责进行。检察人员或者检察人员和书记员不得少于二人。

【审查批准逮捕中的询问】 是指人民检察院在审查批准逮捕的过程中依法询问诉讼参与人。根据《刑事诉讼法》第八十八条第二款、《人民检察院刑事诉讼规则》第二百五十九条规定，侦查监督部门办理审查逮捕案件，必要时可以询问证人、被害人、鉴定人等诉讼参与人，并制作笔录附卷。询问时，应当告知其诉讼权利和义务。必要时，主要是指办案人员认为需要核实证据，及时发现和纠正侦查活动中的违法行为，依法排除以暴力、威胁等非法方法收集的证人证言、被害人陈述等非法证据，以便更加准确地适用逮捕措施，防止错捕漏捕。

【审查批准逮捕中的听取意见】 是指人民检察院在审查批准逮捕的过程中依法听取辩护律师的意见。根据《刑事诉讼法》第八十八条第二款、《人民检察院刑事诉讼规则》第二百六十一条规定，在审查逮捕过程中，犯罪嫌疑人已经委托辩护律师的，侦查监督部门可以听取辩护律师的意见。辩护律师提出要求的，应当听取辩护律师的意见。对辩护律师的意见应当制作笔录附卷。办理审查起诉案件，应当听取辩护人或者值班律师、被害人及其诉讼代理人的意见，并制作笔录。辩护人或者值班律师、被害人及其诉讼代理人提出书面意见的，应当附卷。对于辩护律师在审查逮捕、审查起诉阶段多次提出意见的，均应如实记录。辩护律师提出犯罪嫌疑人不构成犯罪、无社会危险性、不适宜羁押或者侦查活动有违法犯罪情形等书面意见的，检察人员应当审查，并在相关工作文书中说明是否采纳的情况和理由。

【审查逮捕中的讯问录音录像审查】 是指在审查批准逮捕的过程中依法对讯问录音录像资料进行调取和审查。根据《人民检察院刑事诉讼规则》第二百六十三条、第二百六十四条规定，对于公安机关提请批准逮捕、移送起诉的案件，检察人员审查时发现存在该规则第七十五条第一款规定情形的，可以调取公安机关讯问犯罪嫌疑人的录音、录像并审查相关的录音、录像。对于重大、疑难、复杂的案件，必要时可以审查全部录音、录像。对于监察机关移送起诉的案件，认为需要调取有关录音、录像的，可以向监察机关调取。对于人民检察院直接受理侦查的案件，审查时发现负责侦查的部门未按照该规则第七十五条第三款的规定移送录音、录像或者移送不全的，应当要求其补充移送。对取证合法性或者讯问笔录真实性等产生疑问的，应当有针对性地审查相关的录音、录像。对于重大、疑难、复杂的案件，可以审查全部录音、录像。经审查讯问犯罪嫌疑人录音、录像，发现公安机关、人民检察院负责侦查的部门讯问不规范，讯问过程存在违法行为，录音、录像内容与讯问笔录不一致等情形的，应当逐一列明并向公安机关、人民检察院负责侦查的部门书面提出，要求其予以纠正、补正或者书面作出合理解释。发现讯问笔录与讯问犯罪嫌疑人录音、录像内容有重大实质性差异的，或者公安机关、人民检察院负责侦查的部门不能补正或者作出合理解释的，该讯问笔录不能作为批准或者决定逮捕、提起公诉的依据。

【审查批准逮捕中的非法证据排除】 是指人民检察院在审查批准逮捕的过程中根据非法证据排除规则对侦查过程的合法性进行审查的过程。根据《人民检察院刑事诉讼规则》第六十六条至第七十五条的规定，人民检察院在审查批准逮捕过程中应当遵守如下规定：（1）对采用刑讯逼供等非法方法收集的犯罪嫌疑人供述和采用暴力、威胁等非法方法收集的证人证言、被害人陈述，应当依法排除，不得作为移送审查逮捕、批准或者决定逮捕、移送起诉以及提起公诉的依据。（2）人民检察院调取公安机关讯问犯罪嫌疑人的录音、录像，公安机关未提供，人民检察院经审查认为不能排除有刑讯逼供等非法取证行为的，相关供述不得作为批准逮捕、提起公诉的依据。人民检察院直接受理侦查的案件，负责侦查的部门移送审查逮捕、移送起诉时，应当将讯问录音、录像连同案卷材料一并移送审查。（3）对采用刑讯逼供方法使犯罪嫌疑人作出供述，之后犯罪嫌疑人受该刑讯逼供行为影响而作出的与该供述相同的重复性供述，应当一并排除，但更换侦查人员或检察人员后犯罪嫌疑人自愿供述的除外。（4）收集物证、书证不符合法定程序，可能严重影响司法公正的，人民检察院应当及时要求公安机关补正或者作出书面解释；不能补正或者无法作出合理解释的，对该证据应当予以排除。对公安机关的补正或者解释，人民检察院应当予以审查。（5）对重大案件，人民检察院驻看守所检察人员在侦查终结前应当对讯问合法性进行核查并全程同步录音、录像，核查情况应当及时通知本院负责捕诉的部门。负责捕诉的部门认为确有刑讯逼供等非法取证情形的，应当要求公安机关依法排除非法证据，不得作为提请批准逮捕、移送起诉的依据。（6）人民检察院发现侦查人员以非法方法收集证据的，应当及时进行调查核实。上一级人民检察院接到对侦查人员采用刑讯逼供等非法方法收集证据的报案、控告、举报，可以直接进行调查核实，也可以交由下级人民检察院调查核实。人民检察院决定调查核实的，应当及时通知公安机关。认为可能存在以刑讯逼供等非法方法收集证据情形的，可以书面要求监察机关或者公安机关对证据收集的合法性作出说明。说明应当加盖单位公章，并由调查人员或者侦查人员签名。（7）人民检察院经审查认定存在非法取证行为的，对该证据应当予以排除，其他证据不能证明犯罪嫌疑人实施犯罪行为的，应当不批准或者决定逮捕。已经移送起诉的，可以依法将案件退回监察机关补充调查或者退回公安机关补充侦查，或者作出不起诉决定。被排除的非法证据应当随案移送，并写明为依法排除的非法证据。（8）对于侦查人员的非法取证行为，尚未构成犯罪的，应当依法向其所在机关提出纠正意见。对于需要补正或者作出合理解释的，应当提出明确要求。对于非法取证行为涉嫌犯罪需要追究刑事责任的，应当依法立案侦查。

【不批准逮捕的决定】 是指人民检察院在审查批准逮捕以后依法作出不批准逮捕的决定。根据《人民检察院刑事诉讼规则》第二百八十五条，对公安机关提请批准逮捕的犯罪嫌疑人，具有该规则第一百三十九条至第一百四十一条规定情形，人民检察院作出不批准逮捕决定的，应当说明理由，连同案卷材料送达公安机关执行。需要补充侦查的，应当同时通知公安机关。根据《公安机关办理刑事案件程序规定》第一百三十九条规定，对于人民检察院不批准逮捕而未说明理由的，公安机关可以要求人民检察院说明理由。根据《人民检察院刑事诉讼规则》第二百八十九条第二款规定，对已作出的不批准逮捕决定发现确有错误，需要批准逮捕的，人民检察院应当撤销原不批准逮捕决定，并重新作出批准逮捕决定，送达公安机关执行。

【不批准逮捕决定的执行】 是指在人民检察院作出不批准逮捕的决定以后，公安机关应当依法释放被拘留人。根据《人民检察院刑事诉讼规则》第二百八十六条、《公安机关办理刑事案件程序规定》第一百四十条规定，对于人民检察院决定不批准逮捕的，公安机关在收到不批准逮捕决定书后，如果犯罪嫌疑人已被拘留的，应当立即释放，发给释放证明书，或者变更强制措施，并将执行回执在收到不批准逮捕决定书后的3日以内送达作出不批准逮捕决定的人民检察院。

【对不批准逮捕决定要求复议、提请复核】 是指对于人民检察院不批准逮捕的决定，公安机关认为有错误时，依法要求同级人民检察院和上级人民检察院分别进行复议和复核。根据《公安机关办理刑事案件程序规定》第一百四十一条第一款规定，对人民检察院不批准逮捕的决定，认为有错误需要复议的，应当在收到不批准逮捕决定书后5日以内制作要求复议意见书，报经县级以上公安机关负责人批准后，送交同级人民检察院复议。根据《人民检察院刑事诉讼规则》第二百九十条、第二百九十二条规定，对公安机关要求复议的不批准逮捕的案件，人民检察院应当按照下列程序办理：（1）人民检察院捕诉部门应当另行指派检察官或者检察官办案组进行审查，并在收到要求复议意见书和案卷材料后7日以内，经检察长批准，作出是否变更的决定，通知公安机关。（2）人民检察院作出不批准逮捕决定，并且通知公安机关补充侦查的案件，公安机关在补充侦查后又提请复议的，人民检察院应当告知公安机关重新提请批准逮捕。公安机关坚持复议的，人民检察院不予受理。（3）公安机关补充侦查后应当提请批准逮捕而不提请批准逮捕的，人民检察院应当经检察长批准，要求公安机关提请批准逮捕。如果公安机关仍不提请批准逮捕或者不提请批准逮捕的理由不能成立的，人民检察院也可以直接作出逮捕决定，送达公安机关执行。

根据《公安机关办理刑事案件程序规定》第一百四十一条第二款规定，如果公安机关不接受人民检察院的复议意见，认为需要复核的，应当在收到人民检察院的复议决定书后5日以内制作提请复核意见书，报经县级以上公安机关负责人批准后，连同人民检察院的复议决定书，一并提请上一级人民检察院复核。根据《人民检察院刑事诉讼规则》第二百九十一条规定，对公安机关提请上一级人民检察院复核的不批准逮捕的案件，上一级人民检察院应当在收到提请复核意见书和案卷材料后的15日以内由检察长或者检察委员会作出是否变更的决定，通知下级人民检察院和公安机关执行。如果需要改变原决定，应当通知作出不批准逮捕决定的人民检察院撤销原不批准逮捕决定，另行制作批准逮捕决定书。必要时，上级人民检察院也可以直接作出批准逮捕决定，通知下级人民检察院送达公安机关执行。对于经复议复核维持原不批准逮捕决定的，人民检察院向公安机关送达复议复核决定时应当说明理由。

【人民法院决定逮捕的情形】 是指人民法院在审判过程中，对被告人决定逮捕时所需要的条件。在司法实践中，对于符合逮捕条件的公诉案件，公安机关或者人民检察院一般在侦查或者审查起诉阶段就已经将被告人予以逮捕。但是，也不排除会出现审前阶段没有逮捕犯罪嫌疑人而在审判阶段却需要逮捕被告人的情形。首先，对具有《刑事诉讼法》第八十一条第一款规定情形的被告人（参见“逮捕的一般条件”词条），人民法院应当决定逮捕。其次，根据《刑事诉讼法司法解释》第一百六十四条规定，被取保候审的被告人具有下列情形之一的，人民法院应当决定逮捕：故意实施新的犯罪的；企图自杀或者逃跑的；毁灭、伪造证据，干扰证人作证或者串供的；打击报复、恐吓滋扰被害人、证人、鉴定人、举报人、控告人等的；经传唤，无正当理由不到案，影响审判活动正常进行的；擅自改变联系方式或者居住地，导致无法传唤，影响审判活动正常进行的；未经批准，擅自离开所居住的市、县，影响审判活动正常进行，或者两次未经批准，擅自离开所居住的市、县的；违反规定进入特定场所、与特定人员会见或者通信、从事特定活动，影响审判活动正常进行，或者两次违反有关规定的；依法应当决定逮捕的其他情形。最后，根据《刑事诉讼法司法解释》第一百六十五条规定，被监视居住的被告人具有下列情形之一的，人民法院应当决定逮捕：故意实施新的犯罪的；企图自杀、逃跑的；毁灭、伪造证据，干扰证人作证或者串供的；对被害人、举报人、控告人实施打击报复的；经传唤，无正当理由不到案，影响审判活动正常进行的；未经批准，擅自离开执行监视居住的处所，影响审判活动正常进行，或者两次未经批准，擅自离开执行监视居住的处所的；未经批准，擅自会见他人或者通信，影响审判活动正常进行，或者两次未经批准，擅自会见他人或者通信的；对因患有严重疾病、生活不能自理，或者因怀孕、正在哺乳自己婴儿而未予逮捕的被告人，疾病痊愈或者哺乳期已满的；依法应当决定逮捕的其他情形。对于直接受理的自诉案件，人民法院认为需要逮捕被告人时，也可以决定逮捕。

【人民法院决定逮捕的程序】 是指人民法院在审判过程中，对应当予以逮捕的被告人决定逮捕时所需要遵守的诉讼程序。根据《刑事诉讼法司法解释》第一百四十七条、第一百六十三条至第一百六十五条规定，在审判过程中，人民法院对于应当逮捕而没有逮捕的被告人，应当决定逮捕。根据《刑事诉讼法司法解释》第一百四十七条、第一百六十七条规定，对被告人采取逮捕措施，应当由院长决定；人民法院作出逮捕决定后，应当将逮捕决定书等相关材料送交公安机关执行，并将逮捕决定书抄送人民检察院。需要注意的是，根据《刑事诉讼法》第二百八十条第一款规定，对未成年被告人应当严格限制适用逮捕措施。人民法院在决定逮捕未成年被告人时，应当讯问未成年被告人，听取其辩护律师的意见。

【逮捕备案】 是指下级人民检察院对于某些特殊案件在办理审查逮捕的过程中应当向上级人民检察院备案的一种诉讼制度。逮捕备案制度体现了上级人民检察院对下级人民检察院审查逮捕工作的监督制约，有利于上级人民检察院及时发现和纠正下级人民检察院在审查逮捕工作中存在的错误。根据《人民检察院刑事诉讼规则》第二百九十四条、第二百九十五条规定，逮捕备案包括两种情形：（1）对于外国人、无国籍人实施了危害国家安全犯罪案件或者涉及国与国之间政治、外交关系案件以及在适用法律上确有疑难案件以外的其他犯罪案件，如果人民检察院对外国籍、无国籍犯罪嫌疑人决定批准逮捕，那么应当在作出批准逮捕决定后 48 小时以内报上一级人民检察院备案，同时向同级人民政府外事部门通报。上一级人民检察院对备案材料经审查发现错误的，应当依法及时纠正。（2）人民检察院办理审查逮捕的危害国家安全的案件，应当报上一级人民检察院备案。上一级人民检察院对报送的备案材料经审查发现错误的，应当依法及时纠正。

【羁押】 是指公安司法机关将被拘留或者被逮捕的犯罪嫌疑人、被告人关押在看守所进行严格监管，使其完全失去人身自由的一种措施。在西方国家，一般将逮捕和羁押作为两个独立的诉讼程序。在逮捕以后，并不必然带来羁押的结果。在逮捕以后，如果控诉机关对犯罪嫌疑人、被告人予以羁押，必须由法官召开听证程序予以审查，并由法官签发许可令状。而在我国刑事诉讼中，羁押既是执行拘留、逮捕的结果，又是拘留、逮捕的应有内容，而不是与拘留、逮捕相并列的一种独立的刑事强制措施。羁押也不是一种刑罚，但是在被告人被判处徒刑的情况下，犯罪嫌疑人、被告人的羁押时间可以折抵刑期。一般认为，在我国刑事诉讼中，羁押具有保障刑事诉讼顺利进行，以及防止犯罪嫌疑人、被告人再次危害社会、重新实施犯罪行为的功能。

【羁押场所】 是指羁押被拘留人、被逮捕人的专门场所。根据《看守所条例》第二条规定，在我国刑事诉讼中，羁押被刑事拘留或者逮捕的犯罪嫌疑人、被告人的专门场所是看守所（参见“看守所”词条）。《刑事诉讼法》第八十五条、第九十三条也明确规定，犯罪嫌疑人、被告人被拘留或者被逮捕以后，公安机关应当立即将被拘留人、被逮捕人送看守所羁押。而在看守所受公安机关管辖和领导的情况下，在我国刑事诉讼中形成了侦查与羁押合二为一的体制。

【羁押必要性审查】 是指人民检察院对

被逮捕的犯罪嫌疑人、被告人有无继续羁押的必要性进行审查，对不需要继续羁押的，建议办案机关予以释放或者变更强制措施的监督活动。羁押必要性审查是我国2012年修正《刑事诉讼法》时增加的一项重要诉讼制度。羁押必要性审查既有助于改变我国过高的羁押率，防止滥用羁押措施，进而节约司法资源，又有利于贯彻落实宽严相济刑事政策，保障犯罪嫌疑人、被告人的合法权益，尽量避免不应当被继续羁押的犯罪嫌疑人、被告人被剥夺人身自由。根据《最高人民检察院、公安部关于印发〈人民检察院、公安机关羁押必要性审查、评估工作规定〉的通知》，人民法院、人民检察院和公安机关依据《刑事诉讼法》第九十五条规定，对犯罪嫌疑人、被告人撤销或者变更逮捕强制措施的，以及犯罪嫌疑人、被告人及其法定代理人、近亲属或者辩护人依据《刑事诉讼法》第九十七条规定，申请变更逮捕强制措施的，不属于羁押必要性审查。但是，依据犯罪嫌疑人、被告人及其法定代理人、近亲属、辩护人依据《刑事诉讼法》第九十七条规定，向人民检察院刑事执行检察部门申请变更强制措施，或者援引该规定但申请事项表述为羁押必要性审查的，人民检察院刑事执行检察部门应当向其说明情况，并在其修改申请材料后依法受理。

【羁押必要性审查程序】 是指人民检察院对被逮捕人是否需要继续羁押进行审查时所遵循的诉讼程序。根据《最高人民检察院、公安部关于印发〈人民检察院、公安机关羁押必要性审查、评估工作规定〉的通知》，羁押必要性审查案件由办案机关对应的同级人民检察院刑事执行检察部门统一办理。没有设立刑事执行检察部门的，由负责刑事执行检察工作的专职人员办理。侦查监督、公诉、侦查、案件管理、检察技术等部门予以配合。异地羁押的，羁押地派驻看守所检察室应当提供必要的配合。必要时，上级人民检察院刑事执行检察部门可以将本部门办理的羁押必要性审查案件指定下级人民检察院刑事执行检察部门办理，经审查，需要向办案机关提出释放或者变更强制措施建议的，应当按照对等监督原则，由上级人民检察院刑事执行检察部门向办案机关发出建议书。羁押必要性审查案件的受理、立案、审查、结案、提出释放或者变更强制措施建议等应当依照有关规定在检察机关统一业务应用系统登记、流转、办理和审批，案件管理部门在案件立案后对办案期限、办案程序、办案质量等进行管理、监督、预警。办理羁押必要性审查案件过程中，涉及国家秘密、商业秘密、个人隐私的，应当保密。办案过程中所获悉的原案侦查进展、取证情况、证据内容，应当保密。人民检察院刑事执行检察部门进行羁押必要性审查，不得滥用建议权影响刑事诉讼依法进行。根据《最高人民检察院、公安部关于印发〈人民检察院、公安机关羁押必要性审查、评估工作规定〉的通知》，人民检察院进行羁押必要性审查的程序包括立案、审查、评估、制作报告、结案等环节。

【羁押必要性审查案件的立案】 是指人民检察院对于被逮捕的犯罪嫌疑人、被告人进行初步审查，以便确定是否立案进行羁押必要性审查的一种诉讼活动。根据《最高人民检察院、公安部关于印发〈人民检察院、公安机关羁押必要性审查、评估工作规定〉的通知》，羁押必要性审查案件的立案包括两种情形：

（1）基于辩护方的申请立案审查。犯罪嫌疑人、被告人被逮捕后，羁押地的派驻看守所检察室、巡回检察人员或派驻专职检察人员应当在5个工作日以内进行羁押必要性审查权利告知。犯罪嫌疑人、被告人及其法定代理人、近亲属、辩护人申请进行羁押必要性审查的，应当说明不需要继续羁押的理由。刑事执行检察部门收到申请材料后，经过初步审查，作出是否立案审查的决定。（2）依照职权立案审查。刑事执行检察部门对本院批准逮捕和同级人民法院决定逮捕的犯罪嫌疑人、被告人，应当依职权对羁押必要性进行初审。报请上一级人民检察院审查决定逮捕的案件，由该上一级人民检察院刑事执行检察部门依职权对羁押必要性进行初审，经初审认为可能需要立案的，应当交由办案机关对应的同级人民检察院刑事执行检察部门立案审查。

【羁押必要性的审查方式】 是指人民检察院进行羁押必要性审查时所采用的具体方法。根据《最高人民检察院、公安部关于印发〈人民检察院、公安机关羁押必要性审查、评估工作规定〉的通知》，人民检察院进行羁押必要性审查，可以采取以下方式：（1）审查犯罪嫌疑人、被告人不需要继续羁押的理由和证明材料；（2）听取犯罪嫌疑人、被告人及其法定代理人、近亲属、辩护人的意见；（3）听取被害人及其法定代理人、诉讼代理人、近亲属或者其他有关人员的意见，了解是否达成和解协议；（4）听取现阶段办案机关的意见；（5）听取侦查监督部门或者公诉部门的意见；（6）调查核实犯罪嫌疑人、被告人的身体健康状况；（7）向看守所调取有关犯罪嫌疑人、被告人羁押期间表现的材料；（8）查阅、复制原案卷宗中有关证据材料；（9）其他方式。

【羁押必要性的审查内容】 是指人民检察院进行羁押必要性审查时所要审查的具体内容。根据《最高人民检察院、公安部关于印发〈人民检察院、公安机关羁押必要性审查、评估工作规定〉的通知》，人民检察院刑事执行检察部门办理羁押必要性审查案件，应当审查以下内容：（1）犯罪嫌疑人、被告人的基本情况，原案涉嫌的罪名、犯罪的性质、情节，可能判处的刑罚；（2）原案所处的诉讼阶段，侦查取证的进展情况，犯罪事实是否基本查清，证据是否收集固定，犯罪嫌疑人、被告人是否认罪，供述是否稳定；（3）犯罪嫌疑人、被告人的羁押期限是否符合法律规定，是否有相应的审批手续，羁押期限是否即将届满，是否属于羁押超过5年的久押不决案件或者羁押期限已满4年的久押不决预警案件；（4）犯罪嫌疑人、被告人是否存在可能作不起诉处理、被判处管制、拘役、独立适用附加刑、免予刑事处罚、判决无罪或者宣告缓刑的情形；（5）犯罪嫌疑人、被告人是否有认罪、悔罪、坦白、自首、立功、积极退赃、与被害人达成和解协议并履行赔偿义务等从宽处理情节；（6）犯罪嫌疑人、被告人是否有前科、累犯等从严处理情节；（7）共同犯罪的，是否有不在案的共犯，是否存在串供可能；（8）犯罪嫌疑人、被告人的身体健康状况；（9）犯罪嫌疑人、被告人在本地有无固定住所、工作单位，是否具备取保候审、监视居住的条件；（10）犯罪嫌疑人、被告人的到案方式，是否被通缉到案，或者是否因违反取保候审、监视居住规定而被逮捕；（11）其他内容。

【羁押必要性的审查评估】 是指人民检察院在进行羁押必要性审查的过程中，根据各种因素综合评估有无必要继续羁押犯罪嫌疑人、被告人。根据《最高人民检察院、公安部关于印发〈人民检察院、公安机关羁押必要性审查、评估工作规定〉的通知》，人民检察院刑事执行检察部门应当根据犯罪嫌疑人、被告人涉嫌犯罪事实、主观恶性、悔罪表现、身体状况、案件进展情况、可能判处的刑罚和有无再危害社会的危险等因素，综合评估有无必要继续羁押犯罪嫌疑人、被告人。评估犯罪嫌疑人、被告人有无继续羁押必要性可以采取量化方式，设置加分项目、减分项目、否决项目等具体标准。犯罪嫌疑人、被告人的得分情况可以作为综合评估的参考。

【羁押必要性的公开审查】 是指在加害方和受害方在场的情况对是否继续羁押犯罪嫌疑人、被告人进行审查的一种诉讼活动。根据《最高人民检察院、公安部关于印发〈人民检察院、公安机关羁押必要性审查、评估工作规定〉的通知》，人民检察院刑事执行检察部门可以对羁押必要性审查案件进行公开审查。但是，涉及国家秘密、商业秘密、个人隐私的案件除外。公开审查应当在犯罪嫌疑人、被告人所羁押的看守所、人民检察院办案场所或者人民检察院确定的场所进行。有条件的地方，也可以通过远程视频方式进行。公开审查应当由检察官主持，一般可以包括以下程序：检察官宣布公开审查的目的和程序；犯罪嫌疑人、被告人及其法定代理人、近亲属、辩护人说明申请释放或者变更强制措施的理由；被害人及其法定代理人、诉讼代理人、近亲属或者其他有关人员发表意见；原案办案人员发表意见；看守所监管人员对犯罪嫌疑人、被告人在羁押期间的表现发表意见；犯罪嫌疑人、被告人所在单位、所居住社区和相关公安派出所发表意见；检察官宣布公开审查程序结束。有相关证据材料的，应当在发表意见时一并出示。公开审查过程中，检察官可以就有关证据或有关问题，向参加人员提问，或者请参加人员说明。参加人员经检察官许可，也可以互相提问或者作答。公开审查过程中，发现新的证据，可能影响犯罪嫌疑人、被告人羁押必要性综合评估的，可以中止公开审查，对新的证据进行调查核实。经调查核实，报检察长或者分管副检察长同意后，可以恢复或者终止公开审查。公开审查应当制作公开审查笔录，参加公开审查的人员应当对笔录进行核对，并在确认无误后签名或者盖章。拒绝签名或者盖章的，应当在笔录上注明情况。

【羁押必要性审查的结案】 是指在羁押必要性审查完毕以后，人民检察院根据不同的情形依法作出最终的处理结果，以便终结羁押必要性审查的一种诉讼活动。根据《最高人民检察院、公安部关于印发〈人民检察院、公安机关羁押必要性审查、评估工作规定〉的通知》，办理羁押必要性审查案件应当制作羁押必要性审查报告，报告中应当写明：犯罪嫌疑人或者被告人基本情况、原案简要情况和诉讼阶段、立案审查理由和证据、办理情况、审查意见等。进行公开审查的，应当在审查报告中写明公开审查的情况，重点写明各方的一致性意见或者存在的主要分歧。办理羁押必要性审查案件，应当在立案后 10 个工作日以内决定是否提出释放或者变更强制措施的建议。案件复杂或者情况特殊的，经检察长或者分管副检察长批准，可以延长 5 个工作日。但是，办案过程中涉及病情鉴定等专业知识，委托检察技术部门进行技术性证据审查的期间不计入办案期限。经审查认为无继续羁押必要的，检察官应当报经检察长或者分管副检察长批准，以本院名义向办案机关发出释放或者变更强制措施建议书，并要求办案机关在10日以内回复处理情况。释放或者变更强制措施建议书应当说明不需要继续羁押犯罪嫌疑人、被告人的理由和法律依据。人民检察院刑事执行检察部门应当跟踪办案机关对释放或者变更强制措施建议的处理情况。办案机关未在10日以内回复处理情况的，可以报经检察长或者分管副检察长批准，以本院名义向其发出纠正违法通知书，要求其及时回复。经审查认为有继续羁押必要的，由检察官决定结案，并通知办案机关。对于依申请立案审查的案件，人民检察院刑事执行检察部门办结后，应当将提出建议和办案机关处理情况，或者有继续羁押必要的审查意见和理由及时书面告知申请人。

【没有羁押必要性】 是指人民检察院经过羁押必要性审查以后，认为没有继续羁押犯罪嫌疑人、被告人的各种情形。根据《最高人民检察院、公安部关于印发〈人民检察院、公安机关羁押必要性审查、评估工作规定〉的通知》，没有羁押必要性包括三种情形：（1）发现犯罪嫌疑人、被告人具有下列情形之一的，应当向办案机关提出释放或者变更强制措施建议的情形：案件证据发生重大变化，没有证据证明有犯罪事实或者犯罪行为系犯罪嫌疑人、被告人所为的；案件事实或者情节发生变化，犯罪嫌疑人、被告人可能被判处拘役、管制、独立适用附加刑、免予刑事处罚或者判决无罪的；继续羁押犯罪嫌疑人、被告人，羁押期限将超过依法可能判处的刑期的；案件事实基本查清，证据已经收集固定，符合取保候审或者监视居住条件的。（2）发现犯罪嫌疑人、被告人具有下列情形之一，且具有悔罪表现，不予羁押不致发生社会危险性的，可以向办案机关提出释放或者变更强制措施的建议：预备犯或者中止犯；共同犯罪中的从犯或者胁从犯；过失犯罪的；防卫过当或者避险过当的；主观恶性较小的初犯；系未成年人或者年满75周岁的人；与被害方依法自愿达成和解协议，且已经履行或者提供担保的；患有严重疾病、生活不能自理的；系怀孕或者正在哺乳自己婴儿的妇女；系生活不能自理的人的唯一扶养人；可能被判处一年以下有期徒刑或者宣告缓刑的；其他不需要继续羁押犯罪嫌疑人、被告人的情形。（3）犯罪嫌疑人、被告人被羁押超过5年，案件仍然处于侦查、审查起诉、一审、二审阶段的久押不决案件，或者犯罪嫌疑人、被告人被羁押已满4年，可能形成久押不决的案件，可以向办案机关提出释放或者变更强制措施的建议。

【逮捕执行程序】 是指公安机关在执行逮捕时应当遵循的诉讼程序。逮捕犯罪嫌疑人、被告人，一律由公安机关执行。根据《公安机关办理刑事案件程序规定》第一百四十二条至第一百四十六条规定，公安机关执行逮捕的具体程序包括：（1）接到人民检察院批准逮捕决定书，应当由县级以上公安机关负责人签发逮捕证，立即执行。人民检察院、人民法院决定逮捕的，公安机关收到并核实有关法律文书和有关案由、犯罪嫌疑人、被告人基本情况的材料后，应当报请县级以上公安机关负责人签发逮捕证，并立即派员执行，人民检察院、人民法院可以协助公安机关执行。(2) 公安机关执行逮捕，应当由 2 名以上侦查人员进行。(3) 执行逮捕时，侦查人员应当向被逮捕人出示逮捕证和工作证件，宣布逮捕决定，将逮捕的决定机关、法定羁押起止时间以及羁押处所告知犯罪嫌疑人，责令其在逮捕证上填写日期、签名（盖章）、捺指印，拒绝签名（盖章）、捺指印的，应当在逮捕证上注明。(4) 对于抗拒逮捕的，逮捕执行人员可以依法使用武器、警械。(5) 对被逮捕的犯罪嫌疑人，应当立即送看守所羁押（参见“逮捕后的送押”词条）。(6) 逮捕后，应当依照有关规定，将被逮捕的犯罪嫌疑人情况录入有关信息库。(7) 备案。办案部门在实施逮捕后应当将被逮捕人、办案单位、主办民警等情况报本级公安机关警务督察部门备案。(8) 执行逮捕后，应当将执行情况填写回执，加盖公安机关印章，在执行后 3 日内送达作出批准逮捕决定的人民检察院。如果未能执行，也应当写明未能执行的原因，将回执送达人民检察院。公安机关执行人民检察院、人民法院对犯罪嫌疑人、被告人逮捕决定的，逮捕后，应当立即将执行回执送达作出逮捕决定的人民检察院、人民法院。(9) 未能抓获犯罪嫌疑人、被告人的，办案部门应当在 24 小时以内，将执行情况和未能抓获的原因书面报告县级以上公安机关负责人；执行人民检察院、人民法院逮捕决定的，公安机关应当在 24 小时以内，将执行情况和未能抓获的原因通知作出逮捕决定的人民检察院、人民法院。对于犯罪嫌疑人、被告人在逃的，在撤销逮捕决定之前，公安机关应当组织力量继续执行。

【逮捕证】 是指公安机关对被逮捕人执行逮捕时所制作和签发的一种诉讼文书。逮捕证由县级以上公安机关根据人民法院、人民检察院决定逮捕的法律文书制作和签发。逮捕证是公安机关执行人员逮捕犯罪嫌疑人、被告人的凭证。逮捕证以国家强制力作为保障。在逮捕过程中，如果被逮捕人抗拒逮捕，执行人员可以依法使用武器、警械。逮捕证为填空式三联文书。第一联是存根，由公安机关留存，内容包括：公安机关名称；标题（逮捕证），字号，案件名称，案件编号，犯罪嫌疑人基本情况（如姓名、性别、单位、职业、住址等），逮捕原因，逮捕时间，批准人，批准时间或者决定逮捕时间，决定机关，执行人，办案单位，填发时间，填发人。第二联为正本，在逮捕后附卷，内容包括：公安机关名称；标题（逮捕证）；字号；正文内容包括法律根据、批准或者决定逮捕机关的名称、执行逮捕的两名侦查人员姓名、被逮捕人的住址和姓名等，通常表述为“根据《刑事诉讼法》第多少条的规定，经某某人民检察院（或者某某人民法院）批准（或决定），兹派我局某某侦查人员对某某犯罪嫌疑人执行逮捕，送某某看守所羁押”；公安机关印章及年月日；被逮捕人的签字，填写逮捕证宣布的具体日期；接受民警的签字，填写某某逮捕证副本已收到，某某被逮捕人已由我所收押，看守所印章及年月日。第三联是副本，送交看守所，其正文内容与正本基本相同，只是没有被逮捕人和接受民警的签字，但是要在副本上注明执行逮捕的具体时间。

【逮捕后的通知】 是指公安机关执行逮捕以后，由公安机关或者人民检察院立即将逮捕情况通知被逮捕人的家属。根据《刑事诉讼法》第九十三条第二款规定，逮捕后，除无法通知的以外，应当在逮捕后24小时以内，通知被逮捕人的家属。公安机关、人民检察院和人民法院都负有通知逮捕的义务。根据《刑事诉讼法司法解释》第一百六十七条规定，对于人民法院决定逮捕的被告人，在公安机关逮捕被告人后，人民法院应当将逮捕的原因和羁押的处所，在24小时内通知其家属；确实无法通知的，应当记录在案。根据《人民检察院刑事诉讼规则》第三百零一条规定，人民检察院对于审查决定逮捕的自侦案件，在公安机关逮捕犯罪嫌疑人以后，除无法通知的以外，侦查部门应当把逮捕的原因和羁押的处所，在24小时以内通知被逮捕人的家属。对于无法通知的，在无法通知的情形消除后，应当立即通知其家属。根据《公安机关办理刑事案件程序规定》第一百四十五条规定，对犯罪嫌疑人执行逮捕后，除无法通知的情形以外，应当在逮捕后24小时以内，制作逮捕通知书，通知被逮捕人的家属。逮捕通知书应当写明逮捕原因和羁押处所。无法通知的情形消除后，应当立即通知被逮捕人的家属。对于没有在24小时以内通知家属的，应当在逮捕通知书中注明原因。在司法实践中，无法通知的情形通常包括：被逮捕人不讲真实姓名、住址、身份不明；被逮捕人没有家属；被逮捕人提供的家属联系方式无法取得联系，或者与其家属无法取得联系；因自然灾害等不可抗力导致无法通知。

【逮捕后的送押】 是指公安机关在执行逮捕以后，立即将被逮捕人送往看守所进行羁押。根据《刑事诉讼法》第九十三条第二款、《公安机关办理刑事案件程序规定》第一百四十三条规定，公安机关逮捕犯罪嫌疑人、被告人以后，应当立即将被逮捕人送看守所羁押。严禁在公安机关办案场所、办公场所或者其他场所羁押犯罪嫌疑人。看守所应当凭公安机关签发的《逮捕证》收押被逮捕的犯罪嫌疑人。侦查人员应当将《逮捕证》副本交看守所，看守所接收民警在《逮捕证》上签名，加盖看守所印章，填写收押时间。侦查终结时，《逮捕证》存入诉讼卷。办案部门送押被逮捕的犯罪嫌疑人，应当制作《提讯证》，由看守所在《提讯证》上加盖公章，并注明法定办案起止日期。《提讯证》每次办理一份，可以多次使用，用完续办。侦查终结时，《提讯证》存入诉讼卷。

【逮捕后的讯问】 是指公安司法机关在逮捕犯罪嫌疑人、被告人以后的24小时内对被逮捕人进行的讯问。根据《刑事诉讼法》第九十四条规定，人民法院、人民检察院对于各自决定逮捕的人，公安机关对于经人民检察院批准逮捕的人，都必须在逮捕后的24小时以内进行讯问。在发现不应当逮捕的时候，必须立即释放，发给释放证明。根据《刑事诉讼法司法解释》第一百六十八条规定，人民法院对决定逮捕的被告人，应当在逮捕后24小时内讯问。必要时，可以依法变更强制措施。根据《公安机关办理刑事案件程序规定》第一百四十四条规定，公安机关对被逮捕的人，必须在逮捕后的24小时以内进行讯问。发现不应当逮捕的，经县级以上公安机关负责人批准，制作释放通知书，送看守所和原批准逮捕的人民检察院。看守所凭释放通知书立即释放被逮捕人，并发给释放证明书。由此可见，我国《刑事诉讼法》之所以明确规定公安司法机关在逮捕后应当及时予以讯问，主要是为了确认逮捕是否恰当。当发现不应当逮捕时，公安司法机关应当根据具体情况释放被逮捕人，或者变更强制措施。

【异地逮捕】　是指对于不在本地的被逮捕人，由执行逮捕的公安机关依法联系被逮捕人所在地的公安机关，由该公安机关协助执行逮捕。根据《刑事诉讼法》第八十三条规定，公安机关在异地执行逮捕的时候，应当通知被逮捕人所在地的公安机关，被逮捕人所在地的公安机关应当予以配合。异地执行逮捕是公安机关办案协作的一项重要内容。根据《公安机关办理刑事案件程序规定》第三百四十六条到第三百五十一条，公安机关办理异地逮捕与办理异地拘留基本相同（参见“异地拘留”词条）。

【监察机关移送起诉案件的强制措施】

是指对于监察机关移送起诉的案件，人民检察院采取强制措施所应当遵循的程序。根据《人民检察院刑事诉讼规则》第一百四十二条至第一百四十七条规定，对于监察机关移送起诉的已采取留置措施的案件，人民检察院应当在受理案件后，及时对犯罪嫌疑人作出拘留决定，交公安机关执行。执行拘留后，留置措施自动解除。人民检察院应当在执行拘留后10日以内，作出是否逮捕、取保候审或者监视居住的决定。特殊情况下，决定的时间可以延长1日至4日。人民检察院应当自收到移送起诉的案卷材料之日起3日以内告知犯罪嫌疑人有权委托辩护人。对已经采取留置措施的，应当在执行拘留时告知。对于监察机关移送起诉的未采取留置措施的案件，人民检察院受理后，在审查起诉过程中根据案件情况，可以决定是否采取逮捕、取保候审或者监视居住措施。对于监察机关移送起诉案件的犯罪嫌疑人采取强制措施，适用《人民检察院刑事诉讼规则》的相关规定。

【强制措施的变更】　是指公安司法机关在采取强制措施后，因为出现法定事由而依法将原有强制措施变更为其他强制措施的一种诉讼制度。既包括将较重的强制措施变更为较轻的强制措施，如将逮捕变更为取保候审或者监视居住，又包括将较轻的强制措施变更为较重的强制措施，如将取保候审或者监视居住变更为逮捕、将取保候审变更为监视居住；既包括同种性质的强制措施之间的变更，如将刑事拘留变更为逮捕（即羁押性强制措施之间的变更）、将取保候审变更为监视居住（即非羁押性强制措施之间的变更），又包括不同性质的强制措施之间的变更（即羁押性强制措施与非羁押性强制措施之间的变更），如在违反法定义务的情况下对被取保候审人、被监视居住人采取先行拘留措施，再变更为逮捕措施。

根据《刑事诉讼法》及其司法解释的有关规定，变更强制措施的法定事由通常包括：（1）缺乏羁押必要性。如逮捕后不需要继续羁押的，应当建议予以释放或者变更强制措施。（2）采取强制措施不当。即公安司法机关如果发现对犯罪嫌疑人、被告人采取强制措施不当的，应当及时撤销或者变更。（3）强制措施法定期限届满。如公安司法机关对被采取强制措施法定期限届满的犯罪嫌疑人、被告人，应当予以释放、解除取保候审、监视居住或者依法变更强制措施。（4）被采取强制措施的犯罪嫌疑人、被告人违反法律。如被取保候审、监视居住的犯罪嫌疑人、被告人违反取保候审、监视居住规定，情节严重的，取保候审、监视居住可以变更为逮捕。（5）不能在办案期限内结案。如犯罪嫌疑人、被告人被羁押的案件，不能在本法规定的侦查羁押、审查起诉、一审、二审期限内办结的，对犯罪嫌疑人、被告人应当予以释放；需要继续查证、审理的，对犯罪嫌疑人、被告人可以取保候审或者监视居住。（6）不符合比例原则。如被告人被羁押的时间已到第一审人民法院对其判处的刑期期限的，人民法院应当变更强制措施或者予以释放。（7）人道主义考虑。如被逮捕的被告人患有严重疾病、生活不能自理，人民法院可以变更强制措施。（8）原有强制措施失去适用条件。如在取保候审期间，被取保候审人拒绝交纳保证金，公安司法机关可以变更取保候审措施。

【强制措施的撤销】 是指公安司法机关在采取强制措施后，发现对犯罪嫌疑人、被告人采取强制措施不当，依法及时撤销强制措施的一种诉讼制度。强制措施的撤销与强制措施的变更既有区别又有联系。一方面，根据《刑事诉讼法》第九十六条规定，在强制措施适用不当的情况下，公安司法机关既可以撤销强制措施，也可以变更强制措施。另一方面，撤销强制措施强调取消原有的强制措施，不再采用新的强制措施，而强制措施的变更则是在取消原有强制措施的同时实施新的强制措施。正因如此，二者的适用情形既有相同之处，又存在一定差异。前者如在逮捕出现错误或者不当的情况下，既可以撤销逮捕措施，又可以将逮捕措施依法变更为取保候审或者监视居住。后者如对于不应当追究刑事责任的而且被采取强制措施的犯罪嫌疑人、被告人，只能撤销或者解除强制措施，而不能再变更强制措施。根据我国《刑事诉讼法》及其司法解释的有关规定，撤销强制措施的法定事由常常包括：（1）采取强制措施不当。如《人民检察院刑事诉讼规则》第三百零二条规定，对被逮捕的犯罪嫌疑人，作出逮捕决定的人民检察院发现不应当逮捕的，应当经检察长批准，撤销逮捕决定或者变更为其他强制措施，并通知公安机关执行，同时通知负责捕诉的部门。（2）强制措施期限届满。如《人民检察院刑事诉讼规则》第一百零五条规定，取保候审期限届满，应当及时解除或者撤销取保候审。（3）不应当追究刑事责任。如《人民检察院刑事诉讼规则》第一百一十五规定，被采取监视居住的犯罪嫌疑人如果不应当被追究刑事责任，则应当解除或者撤销监视居住。（4）错误适用强制措施。如《人民检察院刑事诉讼规则》第二百八十九条规定，对已作出的批准逮捕决定发现确有错误的，人民检察院应当撤销原批准逮捕决定。

【强制措施的解除】 是指公安司法机关采取强制措施后，因为发生了法定事由，没有必要继续适用强制措施，从而依法解除强制措施的一种诉讼制度。强制措施的解除与强制措施的撤销都是公安司法机关取消已经采用的强制措施。因此，根据《人民检察院刑事诉讼规则》第一百零五条、第一百一十五条规定，取保候审期限届满，或者监视居住期限届满，或者发现不应当追究犯罪嫌疑人刑事责任的，应当及时解除或者撤销取保候审或者监视居住。但是，强制措施的解除与撤销并不完全相同。撤销强制措施的原因更加强调采取强制措施不当，而解除强制措施的原因更加侧重于发生了特定事由而没有必要继续适用强制措施。

根据《刑事诉讼法》第九十九条，《公安机关办理刑事案件程序规定》第一百零一条、第一百五十九条、第一百六十五条、第一百八十七条，《人民检察院刑事诉讼规则》第二百五十二条，以及

《刑事诉讼法司法解释》第三百三十条规定，可以适用解除强制措施但不能适用撤销强制措施的情形主要有：（1）对被采取强制措施法定期限届满的犯罪嫌疑人、被告人，应当解除取保候审、监视居住，或者释放被逮捕人，或者依法变更强制措施。（2）裁定准许撤诉的自诉案件，被告人被采取强制措施的，人民法院应当立即解除。（3）由于同案犯罪嫌疑人在逃，在案犯罪嫌疑人的犯罪事实无法查清的，应当根据不同情况分别报请变更强制措施或者解除强制措施。（4）被取保候审人既没有违反取保候审规定，也没有重新故意犯罪，或者具有不追究刑事责任的法定情形，可以解除取保候审或者变更强制措施。（5）公安机关在依法执行拘传、取保候审、监视居住、拘留或者逮捕以后，如果发现被执行人是县级以上人民代表大会代表的，应当立即解除，并报告决定或者批准机关。（6）公安机关决定撤销案件或者对犯罪嫌疑人终止侦查时，如果原犯罪嫌疑人被采取了逮捕以外的强制措施，应当立即解除强制措施。

【强制措施的自动解除】 是指公安司法机关采取强制措施后，因为发生了法定事由，原强制措施自动不再适用，而且无需办理解除法律手续的一种诉讼制度。强制措施的自动解除包括两种情形：（1）根据《人民检察院刑事诉讼规则》第一百五十四条、《公安机关办理刑事案件程序规定》第一百六十二条规定，取保候审变更为监视居住，或者取保候审、监视居住变更为拘留、逮捕的，在变更的同时原强制措施自动解除，不再办理解除法律手续。（2）根据《人民检察院刑事诉讼规则》第一百五十五条、《公安机关办理刑事案件程序规定》第一百六十三条规定，被取保候审或者监视居住的犯罪嫌疑人被移送审查起诉后，或者被起诉至人民法院后，如果人民检察院或者人民法院决定重新取保候审、监视居住或者变更强制措施，那么原强制措施自动解除，不再办理解除法律手续。

【申请变更、解除强制措施】 是指为了维护犯罪嫌疑人、被告人的合法权益，防止滥用强制措施，当出现法定事由时，由辩护方向公安司法机关提出变更或者解除强制措施的请求。强制措施是一柄双刃剑。正确适用强制措施，既可以保障刑事诉讼顺利进行，又能防止犯罪嫌疑人、被告人继续危害社会。但是，滥用强制措施，不仅损害国家权力的公信力和刑事诉讼的公正性，而且侵犯犯罪嫌疑人、被告人的合法权益。有鉴于此，当出现法定事由时，《刑事诉讼法》不仅规定公安司法机关应当依照职权依法变更或者解除强制措施，而且赋予辩护方寻求救济的权利，由辩护方提出申请，要求公安司法机关变更或者解除强制措施：（1）根据《刑事诉讼法》第三十八条规定，辩护律师在侦查期间可以为犯罪嫌疑人申请变更强制措施。（2）根据《刑事诉讼法》第九十七条规定，犯罪嫌疑人、被告人及其法定代理人、近亲属或者辩护人有权申请变更强制措施，人民法院、人民检察院和公安机关收到申请后，应当在3日以内作出决定，不同意变更强制措施的，应当告知申请人，并说明不同意的理由。（3）根据《刑事诉讼法》第九十九条规定，犯罪嫌疑人、被告人及其法定代理人、近亲属或者辩护人对于人民法院、人民检察院或者公安机关采取强制措施法定期限届满的，有权要求解除强制措施。为了保障申请变更、撤销或者解除强制措施的权利，《刑事诉讼法》第一百一十七条第一款第一项进一步规定，如果采取强制措施法定期限届满，不予以释放、解除或者变更，犯罪嫌疑人、被告人及其辩护人有权向公安司法机关申诉或者控告。另外，根据《最高人民检察院、公安部关于印发〈人民检察院、公安机关羁押必要性审查、评估工作规定〉的通知》，犯罪嫌疑人、被告人及其法定代理人、近亲属、辩护人还可以提出申请，要求人民检察院进行羁押必要性审查。

【逮捕人大代表的特别程序】 是指公安司法机关在逮捕人民代表大会代表时应当遵守的特殊规定和要求。根据《全国人民代表大会组织法》第四十九条、《地方各级人民代表大会和地方各级人民政府组织法》第四十条规定，县级以上的各级人民代表大会代表，非经本级人民代表大会主席团许可，在大会闭会期间，非经本级人民代表大会常务委员会许可，不受逮捕或者刑事审判。这决定了无论是公安机关报请批准逮捕人大代表，还是人民检察院审查批准逮捕或者审查决定逮捕，都应当实行特殊的程序，而无法按照传统的程序办理。

【报请批准逮捕人大代表的特别程序】

是指公安机关在提请批准逮捕人民代表大会代表时所遵循的特殊要求和规定。根据《公安机关办理刑事案件程序规定》第一百六十四条至第一百六十六条规定，公安机关提请批准逮捕人民代表大会代表时应当按照下列程序办理：(1) 公安机关依法对县级以上各级人民代表大会代表提请批准逮捕的，应当书面报请该代表所属的人民代表大会主席团或者常务委员会许可。(2) 公安机关在依法执行逮捕中，发现被执行人是县级以上人民代表大会代表的，应当暂缓执行，并报告决定或者批准机关。如果在执行后发现被执行人是县级以上人民代表大会代表的，应当立即解除，并报告决定或者批准机关。(3) 公安机关依法对乡、民族乡、镇的人民代表大会代表执行逮捕的，应当在执行后立即报告其所属的人民代表大会。

【审查批准逮捕人大代表的特别程序】

是指人民检察院审查批准逮捕或者审查决定逮捕人民代表大会代表时所遵循的特殊要求和规定。根据《人民检察院刑事诉讼规则》第一百四十八条规定，人民检察院审查批准逮捕或者审查决定逮捕人民代表大会代表时应当按照下列程序办理：（1）人民检察院对担任本级人民代表大会代表的犯罪嫌疑人批准或者决定逮捕，应当报请本级人民代表大会主席团或者常务委员会许可。报请许可手续的办理由侦查机关负责。（2）对担任上级人民代表大会代表的犯罪嫌疑人批准或者决定逮捕，应当层报该代表所属的人民代表大会同级的人民检察院报请许可。（3）对担任下级人民代表大会代表的犯罪嫌疑人批准或者决定逮捕，可以直接报请该代表所属的人民代表大会主席团或者常务委员会许可，也可以委托该代表所属的人民代表大会同级的人民检察院报请许可；对担任乡、民族乡、镇的人民代表大会代表的犯罪嫌疑人批准或者决定逮捕，由县级人民检察院报告乡、民族乡、镇的人民代表大会。(4) 对担任两级以上的人民代表大会代表的犯罪嫌疑人批准或者决定逮捕，应当按照以上程序分别报请许可。（5）对担任办案单位所在省、市、县（区）以外的其他地区人民代表大会代表的犯罪嫌疑人批准或者决定逮捕，应当委托该代表所属的人民代表大会同级的人民检察院报请许可；担任两级以上人民代表大会代表的，应当分别委托该代表所属的人民代表大会同级的人民检察院报请许可。担任县级以上人民代表大会代表的犯罪嫌疑人，经报请该代表所属人民代表大会主席团或者常务委员会许可后被刑事拘留的，适用逮捕措施时不需要再次报请许可。

【逮捕未成年人的特别规定】 是指公安司法机关在逮捕未成年犯罪嫌疑人、被告人时应当遵守的特殊规定。基于未成年犯罪嫌疑人、被告人在生理上、心理上尚未发育成熟的特点，《刑事诉讼法》第二百八十条明确规定，对未成年犯罪嫌疑人、被告人应当严格限制适用逮捕措施；人民检察院审查批准逮捕和人民法院决定逮捕，应当讯问未成年犯罪嫌疑人、被告人，听取辩护律师的意见；对被逮捕的未成年人与成年人应当分别关押、分别管理、分别教育。根据《公安机关办理刑事案件程序规定》第三百二十二条、第三百二十七条、第三百二十八条规定，公安机关在提请逮捕、执行逮捕未成年犯罪嫌疑人时应当遵守下列特殊规定：（1）公安机关在提请批准逮捕未成年犯罪嫌疑人时应当结合案情综合考虑，将调查报告与案卷材料一并移送人民检察院；（2）未成年犯罪嫌疑人被逮捕后服从管理、依法变更强制措施不致发生社会危险性，能够保证诉讼正常进行的，公安机关应当依法及时变更强制措施，并将变更强制措施情况及时通知人民检察院；（3）对被羁押的未成年人应当与成年人分别关押、分别管理、分别教育，并根据其生理和心理特点在生活和学习方面给予照顾。

根据《人民检察院刑事诉讼规则》第四百六十二条至第四百六十五条规定，人民检察院在办理未成年犯罪嫌疑人审查逮捕案件时应当遵守如下特殊规定：（1）应当根据未成年犯罪嫌疑人涉嫌犯罪的事实、主观恶性、有无监护与社会帮教条件、认罪认罚等情况，综合衡量其社会危险性，严格限制适用逮捕措施。（2）对于罪行较轻，具备有效监护条件或者社会帮教措施，没有社会危险性或者社会危险性较小的未成年犯罪嫌疑人，应当不批准逮捕。（3）对于罪行比较严重，但主观恶性不大，有悔罪表现，具备有效监护条件或者社会帮教措施，而且具有初次犯罪、过失犯罪、犯罪预备、中止、未遂、防卫过当、避险过当、自首、立功表现、获得被害人谅解、不属于共同犯罪的主犯或者集团犯罪中的首要分子或者属于已满 14 周岁不满 16 周岁的未成年人或者系在校学生等情形，不逮捕不致妨害诉讼正常进行的未成年犯罪嫌疑人，可以不批准逮捕。（4）审查逮捕未成年犯罪嫌疑人，应当重点查清其是否已满 14、16、18 周岁。对犯罪嫌疑人实际年龄难以判断，影响对该犯罪嫌疑人是否应当负刑事责任认定的，应当不批准逮捕。（5）在审查逮捕中，人民检察院应当讯问未成年犯罪嫌疑人，听取辩护人的意见，并制作笔录附卷。

【对政协委员采取强制措施的特别规定】

是指公安司法机关在对政协委员采取强制措施时应当遵守的特别规定。1996 年 7 月 18 日发布的《对政协委员采取刑事拘留、逮捕强制措施应向所在政协党组通报情况通知》曾经指出，为了保障政协组织充分发挥职能作用，维护各级政协委员的合法权益，调动他们参政议政的积极性，进一步做好统战工作，今后各级公安机关、国家安全机关、人民检察院、人民法院依法对有犯罪嫌疑的政协委员采取刑事拘留、逮捕强制措施前，应向该委员所在的政协党组通报情况；情况紧急的，可同时或事后及时通报，以利于政协党组及时掌握情况，采取相应的配合措施，保证案件的顺利查处。公安机关相关规定明确，公安机关依法对政治协商委员会委员采取拘传、取保候审、监视居住的，应当将有关情况通报给该委员所属的政协组织。公安机关依法对政治协商委员会委员执行拘留、逮捕前，应当向该委员所属的政协组织通报情况；情况紧急的，可在执行的同时或者执行以后及时通报。

【监察调查措施】 是指监察机关在履行监督、调查和处置职责过程中，为查明职务违法或职务犯罪事实，依法采取的调查手段和方法。这些措施是监察机关依法行使权力的重要组成部分，是实现全面从严治党、推进反腐败工作的重要制度保障。监察调查措施包括以下主要内容：谈话、讯问、询问、查询、冻结、调取、扣押、搜查、查封、鉴定、检查、强制到案、责令候查、留置、管护、技术调查和限制出境等。每种措施针对特定情形和对象，如谈话用于了解问题线索，讯问针对被调查人，查询和冻结则用于控制涉案财产，搜查、扣押、查封用于收集和固定证据，而留置是为防止串供、逃匿等情况对涉嫌严重职务违法或犯罪的公职人员采取的强制性措施。《监察法》规定，监察机关在实施调查措施时，必须严格按照法定程序，确保措施的合法性、必要性和比例性，禁止以非法手段获取证据，充分保障被调查人和相关人员的合法权益。同时，各项措施的实施需经过严格审批，特别是限制人身自由的措施如留置等，需履行规范化的审批程序，并在一定期限内告知被留置人员的家属。监察调查措施的设立，为查明案件事实、固定证据提供了制度保障，是实现国家监察全覆盖、推动廉洁政治建设和国家治理现代化的重要抓手。在严格规范的前提下，这些措施既有效增强了反腐败工作的震慑力，也充分体现了依法治国的原则。

【强制到案措施】 强制到案措施是2024年新修订的《监察法》增设的一种监察措施，是监察机关在调查涉嫌严重职务违法或职务犯罪案件中，根据案件情况，为确保被调查人配合调查并查明案件事实，经依法审批后采取的一种强制性手段。这一措施旨在应对被调查人拒不配合或试图逃避调查的情形，是监察机关履行调查职责的必要措施之一。采取强制到案措施的，应当按照规定的权限和程序，经监察机关主要负责人批准。强制到案持续的时间不得超过十二小时；需要采取管护或者留置措施的，强制到案持续的时间不得超过二十四小时。不得以连续强制到案的方式变相拘禁被调查人。监察机关在实施强制到案措施时，应当严格遵守《监察法》及相关法律的规定，保障被调查人的合法权益：确保被调查人得到必要的休息和饮食；禁止采取威胁、侮辱、虐待等违法行为；尊重人身权利和人格尊严，防止权力滥用。强制到案措施的设立，为监察机关在应对重大、复杂案件中提供了必要的监察措施，有助于确保调查工作的顺利开展。同时，通过严格的程序和人权保障要求，该措施体现了全面依法治国的原则，既强化了监察权威，又平衡了公权力行使与公民权利保护的关系，助力廉洁政治生态和依法治理体系建设。

【责令候查措施】 责令候查措施是2024年新修订的《监察法》增设的一种监察措施，是指监察机关在调查涉嫌严重职务违法或职务犯罪的被调查人时，依法责令其在特定条件下等待接受调查的一种限制性措施。此措施适用于以下情形：（1）不符合留置条件，即被调查人不具备《监察法》第二十四条第一款所列的留置情形。（2）特殊人群，即虽符合留置条件，但被调查人患有严重疾病、生活不能自理，或系怀孕、哺乳期妇女，或为生活不能自理者的唯一扶养人。（3）留置期限届满，即案件尚未办结，但留置期限已满或无需继续采取留置措施。（4）更适宜的措施，即符合留置条件，但因案件特殊情况或办理需要，采取责令候查措施更为适宜。被责令候查人员应遵守以下规定：（1）未经批准不得离开居住的城市市区或县辖区。（2）住址、工作单位和联系方式变动，应在二十四小时内报告。（3）接到通知时及时到案接受调查。（4）不得干扰证人作证。（5）不得串供或伪造、隐匿、毁灭证据。违反上述规定，情节严重的，可依法予以留置。责令候查措施最长不得超过十二个月。实施责令候查措施需严格遵守法定权限和程序，经监察机关主要负责人批准，确保合法性和必要性，保障被调查人的合法权益。

【管护措施】 管护措施是2024年新修订的《监察法》增设的一种监察措施，是指监察机关在调查职务违法犯罪过程中，对于未被留置的三类人员，发现存在逃跑、自杀等重大安全风险，经依法审批，对其采取短暂限制其人身自由的强制调查措施。这三类人员包括：（1）涉嫌严重职务违法或者职务犯罪的自动投案人员；（2）在接受谈话、函询、询问过程中，交代涉嫌严重职务违法或者职务犯罪问题的人员；（3）在接受讯问过程中，主动交代涉嫌重大职务犯罪问题的人员。监察机关在采取管护措施后，必须立即将被管护人员送留置场所，至迟不得超过二十四小时。需要注意的是强制到案、留置和管护措施之间的衔接问题，根据《监察法》的规定，强制到案持续的时间不得超过十二小时，如果需要采取管护或者留置措施的，强制到案持续的时间不得超过二十四小时，不得以连续强制到案的方式变相拘禁被调查人。如果采取管护措施的，应当在七日以内依法作出留置或者解除管护的决定，特殊情况下可以延长一日至三日。

【留置措施】 是指被调查人涉嫌贪污贿赂、失职渎职等严重职务违法或者职务犯罪，监察机关已经掌握其部分违法犯罪事实及证据，仍有重要问题需要进一步调查，并有下列情形之一的，经监察机关依法审批，可以将其留置在特定场所：（1）涉及案情重大、复杂的；（2）可能逃跑、自杀的；（3）可能串供或者伪造、隐匿、毁灭证据的；（4）可能有其他妨碍调查行为的。对涉嫌行贿犯罪或者共同职务犯罪的涉案人员，监察机关可以依照前款规定采取留置措施。留置场所的设置、管理和监督依照国家有关规定执行。《监察法》对留置措施的适用规定了严格规范的程序，其实施程序包括：（1）审批：采取留置措施须经严格的审批程序，报经监察机关领导人员集体研究决定。设区的市级以下监察机关采取留置措施的，应当报上一级监察机关批准；省级监察机关采取留置措施，应当报国家监察委员会备案。（2）通知：对被留置人员，应当在二十四小时以内，通知其所在单位和家属，但有可能有碍调查的情形除外。（3）期限：留置时间不得超过三个月；在特殊情况下，可以延长一次，延长时间不得超过三个月。对于涉嫌职务犯罪可能判处十年有期徒刑以上刑罚的案件，延长期限届满仍不能调查终结的，经国家监察委员会批准，可以再延长二个月。（4）解除：发现采取留置措施不当或者不需要继续采取的，应当及时解除。被采取留置措施的人在留置期间享有以下权利保障：（1）被留置人员的饮食、休息和安全，提供医疗服务得到保障。（2）谈话、讯问应合理安排时间和时长，禁止以威胁、引诱、欺骗及其他非法方式收集证据。（3）被留置人员及其近亲属有权申请变更留置措施，监察机关应在三日内作出决定。

【刑民交叉】 刑民交叉案件，是指刑事案件与民事案件在法律事实、法律主体等方面存在完全重合或者部分重合，从而导致案件的刑事、民事部分之间在程序处理、责任承担等方面相互交叉和渗透存在一定联系的案件。刑民交叉问题的根源不在于客观事实本身存在交叉，而是源于对客观事实进行评价的法律规范有刑法与民法之分。在司法实践中，刑民交叉案件的疑难问题主要表现为：一是刑民交叉案件的判断标准。从司法解释、最高人民法院民事案例裁判意见来看，区分刑民交叉案件的判断标准为是否涉及同一事实，对同一事实的认定，主要从行为主体、相对人以及行为本身三个方面进行判断。二是刑民交叉案件的处理模式。目前存在先刑后民、刑民并行、先民后刑三种处理模式。三是刑民交叉案件中在先判决的既判力问题。一般认为，在案件事实认定上，民事裁判原则上对刑事诉讼没有预决效力，但刑事裁判对民事诉讼具有预决效力；在行为性质认定上，刑、民裁判相互之间均有预决效力。

【刑事附带民事诉讼】 简称附带民事诉讼，是指公安司法机关在刑事诉讼过程中，在解决被告人刑事责任的同时，附带解决被告人的犯罪行为所造成的物质损失的赔偿问题而进行的诉讼活动。附带民事诉讼具有以下几个特点：（1）性质的特殊性。附带民事诉讼就其解决问题的性质而言，是平等主体之间的经济损害赔偿问题，因而和民事诉讼中的损害赔偿一样都属于民事诉讼性质。但是，附带民事诉讼中的赔偿又不同于一般意义上的民事诉讼损害赔偿。因为这种赔偿是由犯罪行为引起的，是在刑事诉讼过程中提起的，是刑事诉讼的一部分。因此，附带民事诉讼从本质上讲是民事诉讼，但又是一种依附于刑事诉讼的较为特殊的民事诉讼。（2）法律依据的复合性。在附带民事诉讼中，被告人的犯罪行为不同于普通的侵权行为，被告人需要承担刑事和民事的双重责任。在实体法上，对损害事实的认定，不仅要遵循刑法关于具体案件犯罪构成的规定，而且要受民事法律规范调整；在程序法上，除刑事诉讼法有特殊规定的以外，应当适用民事诉讼法的规定。（3）处理程序的附属性。附带民事诉讼在处理程序上依附于刑事诉讼，必须以刑事诉讼程序为依托，刑事诉讼程序不存在，附带民事诉讼也无从谈起。附带民事诉讼作为我国刑事诉讼制度的一项重要内容，既有助于维护国家和社会的公共利益，又有利于保护公民个人的合法权益；既有助于公安司法机关全面正确地处理案件，又有利于保证人民法院审判工作的统一性和严肃性；既有助于打击和制裁犯罪活动，又有利于节约诉讼成本，提高诉讼效率。

【附带民事诉讼的成立条件】 是指构成附带民事诉讼必不可少的条件。根据《刑事诉讼法》第一百零一条及其司法解释的有关规定，成立附带民事诉讼，必须同时具备以下四个条件：（1）附带民事诉讼的提起必须以刑事案件的成立为前提。附带民事诉讼是由刑事诉讼所派生的，是在追究被告人刑事责任的同时，附带追究被告人的损害赔偿责任。这决定了附带民事诉讼必须以刑事案件和刑事诉讼的成立为前提。如果被告人的行为本身不构成犯罪，或者刑事案件和刑事诉讼不成立，附带民事诉讼也就失去了存在的基础。值得注意的是，这是指以刑事案件和刑事诉讼的成立为前提，而不是以被告人是否实际受到刑事处罚为标准。（2）犯罪行为给被害人造成了物质损失。因人身权利受到犯罪行为的侵犯而遭受物质损失，或者财物被犯罪分子毁坏而遭受物质损失，是提起附带民事诉讼的前提要件。但是，因受到犯罪侵犯，提起附带民事诉讼或者单独提起民事诉讼要求赔偿精神损失的，人民法院一般不予受理。（3）被害人遭受的物质损失必须是由被告人的犯罪行为直接造成的。也就是说，被告人的犯罪行为与被害人所遭受的物质损失之间必须存在直接的因果关系。（4）附带民事诉讼必须在刑事诉讼过程中提起。从刑事案件立案开始，到刑事案件一审审结之前，在刑事诉讼进行的任何阶段都可以提起附带民事诉讼。如果刑事案件尚未立案，或者刑事案件已经审结，被害人就不能提起附带民事诉讼。这是因为，刑事案件尚未立案表示刑事诉讼尚未开始，根本谈不上附带民事诉讼的问题。而在刑事案件审结以后，如果再提起附带民事诉讼，不论对当事人，还是司法机关，都失去了附带民事诉讼的应有意义。在这种情况下，如果被害人仍然坚持要求被告人赔偿损失的，只能按照一般的民事诉讼解决，而不能提起附带民事诉讼。

【附带民事诉讼的赔偿范围】 是指附带民事诉讼原告人可以向人民法院要求附带民事诉讼被告人予以赔偿的范围。附带民事诉讼的赔偿范围是我国刑事诉讼中颇具争议的一个话题。争议的焦点是能否将精神损失纳入附带民事诉讼的赔偿范围。根据《刑事诉讼法》第一百零一条规定，刑事附带民事诉讼的赔偿范围仅仅局限于物质损失，而不包括精神损失。而且，根据《刑事诉讼法司法解释》第一百七十五条第二款规定，因受到犯罪侵犯，即使被害人单独提起民事诉讼要求赔偿精神损失，人民法院一般不予受理。2006 年，时任最高人民法院副院长姜兴长在第五次全国刑事审判工作会议上的总结讲话中明确指出，刑事附带民事诉讼的一个指导原则就是，附带民事诉讼的赔偿范围，只限于犯罪行为直接造成的物质损失。对于被害人因犯罪行为间接造成的损失或者遭受的精神损失，提起附带民事诉讼的，人民法院不予受理或者不予支持。犯罪行为直接造成的物质损失，既包括被害人因犯罪行为已经遭受的实际损失，也包括被害人因为犯罪行为而必然要遭受的损失（参见“附带民事诉讼中的物质损失”词条）。但是，从犯罪行为导致物质损失的方式来看，这种可以提起附带民事诉讼赔偿的物质损失只能是损害型犯罪行为造成的物质损失，而不包括占有型犯罪行为造成的物质损失。另外，在 2014 年 2 月 24 日作出的《交通肇事刑事案件附带民事赔偿范围问题答复》中，交通肇事刑事案件的附带民事诉讼当事人未能就民事赔偿问题达成调解、和解协议的，无论附带民事诉讼被告人是否投保机动车第三者强制责任保险，均可将死亡赔偿金、残疾赔偿金纳入判决赔偿的范围。

【附带民事诉讼中的物质损失】 是指被害人因为犯罪行为而遭受的而且可以提起附带民事诉讼赔偿的物质损失。被害人因犯罪行为遭受的物质损失并非都可以提起附带民事诉讼。一方面，可以提起附带民事诉讼的物质损失只能是犯罪行为直接造成的物质损失。这种直接损失既包括积极损失，即被害人因犯罪行为已经遭受的实际损失，又包括消极损失，即被害人因为犯罪行为而必然要遭受的损失。常见的积极损失包括遭到破坏的财物（如犯罪分子在实施犯罪行为时破坏的车辆等），以及因为治疗而用掉的医药费、住院费、营养费等。常见的消极损失包括因为伤残而产生的误工费，因为继续治疗而产生的费用，以及因为犯罪行为而必然减少的可以预见的合理利益（如被毁坏的庄稼等）。可以提起附带民事诉讼赔偿的消极损失不包括今后可能得到的或通过努力才能争取到的物质利益，如超产奖、发明奖、加班费等。另一方面，附带民事诉讼中的物质损失是损害型犯罪行为造成的物质损失，而不是占有型犯罪行为造成的物质损失。损害型犯罪所造成的物质损失包括两种情形：一是被害人因人身权利受到犯罪侵犯而遭受的物质损失，如伤害案件中被害人因身体被伤害进行医治和康复而花费的医疗费、护理费、交通费等合理费用，以及因误工减少的收入；另一种是被害人的财产权利因为遭到犯罪行为的毁坏而造成的物质损失，如因故意毁坏财物而被破坏的财物等。占有型犯罪行为造成的物质损失，是指犯罪分子非法占有、处置被害人财产而使其遭受的物质损失，如盗窃、抢劫、诈骗的财物等。根据《刑事诉讼法司法解释》第一百七十六条规定，被告人非法占有、处置被害人财产的，应当依法予以追缴或者责令退赔，不属于附带民事诉讼的提起范围。如果被害人提起附带民事诉讼的，人民法院不予受理。根据2013年10月21日最高人民法院公布的《适用刑法第六十四条有关问题批复》，被害人提起附带民事诉讼，或者另行提起民事诉讼请求返还被非法占有、处置的财产的，人民法院都不予受理。

【附带民事诉讼的起诉条件】 是指附带民事诉讼原告人提起附带民事诉讼时必须具备的条件。明确规定附带民事诉讼的起诉条件不仅有助于原告人依法提起附带民事诉讼，而且为人民法院审查受理案件提供了依据。根据《刑事诉讼法》第一百零一条以及《刑事诉讼法司法解释》第一百八十二条规定，附带民事诉讼的起诉条件是：（1）起诉人符合法定条件；（2）有明确的被告人；（3）有请求赔偿的具体要求和事实、理由；（4）属于人民法院受理附带民事诉讼的范围。

【起诉人符合法定条件】 是指依法可以提起刑事附带民事诉讼的诉讼主体。起诉人符合法定条件实际上就是刑事附带民事诉讼的原告人必须适格。根据《刑事诉讼法》第一百零一条、《刑事诉讼法司法解释》第一百七十五条、第一百七十九条规定，下列人员都可以作为附带民事诉讼的原告人提起刑事附带民事诉讼（参见“附带民事诉讼原告人”词条）：（1）因为犯罪行为而遭受物质损失的被害人；（2）已死亡被害人的法定代理人、近亲属；（3）无行为能力人或者限制行为能力被害人的法定代理人、近亲属；（4）人民检察院。

【具有明确的被告人】 是指刑事附带民事诉讼原告人向人民法院起诉时必须明确指出侵犯自己合法权益或者依法负有赔偿责任的对方当事人。起诉人只有在提起附带民事诉讼时标明与其发生争议的对方当事人，才能使具体案件的诉讼和审判有所指向，人民法院的审判活动才不会因为缺乏明确的被告人而无所适从。但是，这里的明确只是程序上的要求，并不要求被告人与被害人的损失之间具有因果关系。而且，在司法实践中，被害人往往并不知道哪些人对其损失承担赔偿责任，或者根本不知道被告人的信息。有鉴于此，国家专门机关应当承担告知的义务，告知起诉人可以列为附带民事诉讼被告人的人员范围（参见“附带民事诉讼被告人”词条）。

【有请求赔偿的具体要求和事实、理由】 是指附带民事诉讼原告人提起诉讼时，针对被告人提出的、请求人民法院予以裁判的实体性权利主张，以及提出具体诉讼请求所依据的事实和理由。附带民事诉讼原告人提出请求赔偿的具体要求不仅能够使附带民事诉讼被告人知晓原告人的诉讼主张，而且可以使审判的对象和内容得以明确和具体化。如果原告人没有具体的诉讼请求，没有要求保护的具体合法权益，起诉就难以成立。要求附带民事诉讼原告人提出相应的事实和理由，主要是为了表明原告人所提出来的诉讼请求具有正当性。但是，这种要求只是一种程序上的要求，并不要求原告人向人民法院提交足够的证据，以便证明其诉讼主张能够成立。否则，就有可能妨碍附带民事诉讼原告人行使其诉权。

【属于人民法院受理附带民事诉讼的范围】 是指附带民事诉讼原告人向人民法院提交的审判事项必须是人民法院有权管辖的事项。如果附带民事诉讼原告人提出来的诉讼请求不属于人民法院的管辖范围，那么附带民事诉讼就不能成立。根据《刑事诉讼法》第一百零一条规定，因人身权利受到犯罪侵犯而遭受物质损失或者财物被犯罪分子毁坏而遭受物质损失的，可以提起附带民事诉讼。但是，根据《刑事诉讼法司法解释》第一百七十五条第二款、第一百七十六条、第一百七十七条规定，以下情形都不属于人民法院受理附带民事诉讼的范围：（1）因受到犯罪侵犯，提起附带民事诉讼或者单独提起民事诉讼要求赔偿精神损失的，人民法院一般不予受理。（2）被告人非法占有、处置被害人财产的，应当依法予以追缴或者责令退赔。被害人提起附带民事诉讼的，人民法院不予受理。（3）国家机关工作人员在行使职权时，侵犯他人人身、财产权利构成犯罪，被害人或者其法定代理人、近亲属提起附带民事诉讼的，人民法院不予受理，但应当告知其可以依法申请国家赔偿。值得注意的是，根据2017年9月20日中华全国律师协会印发的《律师办理刑事案件规范》第一百六十六条规定，对人民法院决定不予立案的刑事附带民事诉讼，律师可以建议委托人另行提起民事诉讼，要求办案机关追缴或采取其他救济措施。

【附带民事诉讼程序】 是指人民法院、附带民事诉讼当事人在进行附带民事诉讼时应当遵守的诉讼程序。其主要内容就是附带民事诉讼的提起和审判。概括来说，附带民事诉讼程序包括如下几个环节：（1）附带民事诉讼原告人提起附带民事诉讼，必须符合法定条件。（2）附带民事诉讼原告人必须依法提起附带民事诉讼，如按照法定的方式，在法定期间内提起附带民事诉讼等。（3）人民法院对提起附带民事诉讼的审查和受理。根据《刑事诉讼法司法解释》第一百八十六条规定，被害人或者其法定代理人、近亲属提起附带民事诉讼的，人民法院应当在7日内决定是否立案。符合起诉条件的，应当受理；不符合的，裁定不予受理。（4）附带民事诉讼的审前准备。根据《刑事诉讼法司法解释》第一百八十七条规定，人民法院受理附带民事诉讼后，应当在5日内将附带民事起诉状副本送达附带民事诉讼被告人及其法定代理人，或者将口头起诉的内容及时通知附带民事诉讼被告人及其法定代理人，并制作笔录。人民法院送达附带民事起诉状副本时，应当根据刑事案件的审理期限，确定被告人及其法定代理人的答辩准备时间。（5）附带民事诉讼的审理，包括举证责任的承担、附带民事诉讼的财产保全、先予执行、当事人调解、撤诉、缺席判决、作出判决、上诉、抗诉等。

【提起附带民事诉讼的期间】 是指附带民事诉讼原告人提起附带民事诉讼时应当遵守的法定期限。附带民事诉讼的性质决定了原告人必须在刑事诉讼过程中提起附带民事诉讼。在刑事诉讼过程中提起附带民事诉讼，是指从刑事案件立案开始，到第二审终结前，根据被害人的申请或检察机关的提起，对由该犯罪行为所造成的直接物质损失的赔偿问题进行合并审理的诉讼活动。根据《公安机关办理刑事案件程序规定》第二百九十二条，《人民检察院刑事诉讼规则》第二百三十八条、第三百三十条、第三百三十九条、第三百五十八条规定，以及《刑事诉讼法司法解释》第一百八十四条、第一百八十五条、第一百九十八条规定，理解提起附带民事诉讼的期间，应当注意以下几点：（1）附带民事诉讼应当在刑事案件立案后及时提起。（2）被害人在侦查阶段提出附带民事诉讼的，公安机关应当记录在案；移送审查起诉时，公安机关应当在起诉意见书末页注明。（3）国家或者集体财产遭受损失的，人民检察院侦查部门在提出提起公诉意见的同时，可以提出提起附带民事诉讼的意见。（4）人民检察院审查移送起诉的案件，应当查明有无附带民事诉讼；对于国家财产、集体财产遭受损失的，是否需要由人民检察院提起附带民事诉讼。（5）人民检察院在询问被害人时应当告知其在审查起诉阶段享有提起附带民事诉讼的权利。（6）办案人员对案件进行审查后，应当制作案件审查报告，提出起诉或者不起诉以及是否需要提起附带民事诉讼的意见。（7）人民检察院在制作起诉书时应当附有附带民事诉讼情况。（8）侦查、审查起诉期间，有权提起附带民事诉讼的人提出赔偿要求，经公安机关、人民检察院调解，当事人双方已经达成协议并全部履行，被害人或者其法定代理人、近亲属又提起附带民事诉讼的，人民法院不予受理，但有证据证明调解违反自愿、合法原则的除外。（9）第一审期间未提起附带民事诉讼，在第二审期间提起的，第二审人民法院可以依法进行调解；调解不成的，告知当事人可以在刑事判决、裁定生效后另行提起民事诉讼。

【提起附带民事诉讼的方式】 是指附带民事诉讼原告人在提起附带民事诉讼时所采取的方式。根据《刑事诉讼法司法解释》第一百八十四条第二款、第一百八十七条规定，（1）被害人及其法定代理人、近亲属在提起附带民事诉讼时原则上应当采取书面的方式，向人民法院提交附带民事起诉状。（2）如果是在侦查阶段和审查起诉阶段，被害人及其法定代理人、近亲属可以分别向侦查机关、人民检察院提起附带民事诉讼。如果被害人等书写附带民事起诉状确有困难，也可以采用口头的方式提起附带民事诉讼。办案人员应当对被害人等的口头申请进行详细询问和记录，向提起人宣读，经其确认无误后签名或者盖章。不论以书面方式还是口头方式提出，提起人都应当说明附带民事诉讼原告人、被告人的姓名、年龄、职业、住址等个人基本情况，控告的犯罪事实，因犯罪行为而遭受物质损失的事实，具体的诉讼请求及其理由等内容。（3）人民检察院在提起公诉时如果提起附带民事诉讼，只能采用书面的方式，即应当向人民法院提交附带民事起诉状，写明被告人的基本情况，被告人的犯罪行为给国家、集体财产造成损失的情况，代表国家、集体要求被告人赔偿损失的诉讼请求和适用的法律根据等。

【附带民事起诉状】 是指被害人及其法定代理人、近亲属或者人民检察院提起附带民事诉讼时所提交的一种诉讼文书。一般而言，附带民事起诉状主要包括以下几个方面：（1）标题，即附带民事起诉状；（2）附带民事诉讼原告人、被告人基本情况；（3）具体的诉讼请求，如依法追究被告人的刑事责任，判决被告人赔偿原告人因其犯罪行为所遭受的损失等；（4）事实与理由，即阐述被告人的犯罪行为，以及被害人因为被告人的犯罪行为所遭受的物质损失及其理由；（5）列明证人的姓名和住址，以及其他证据和证据来源；（6）落款，写明提起附带民事诉讼的人民法院，以及附带民事诉讼原告人的签名或者盖章，提起附带民事诉讼的时间。

【经调解又提起附带民事诉讼的处理】

是指侦查、审查起诉期间，有权提起附带民事诉讼的人提出赔偿要求，经公安机关、人民检察院调解，当事人双方已经达成协议并全部履行，被害人或者其法定代理人、近亲属又提起附带民事诉讼的，人民法院不予受理，但有证据证明调解违反自愿、合法原则的除外。根据《刑事诉讼法司法解释》第一百八十五条规定，在侦查、审查起诉期间，如果被害人及其法定代理人、近亲属提起附带民事诉讼，公安机关和人民检察院在遵循自愿、合法原则的情况下主持双方当事人进行调解。如果双方当事人达成协议，而且全部履行协议，那么视为被害人及其法定代理人、近亲属放弃提起附带民事诉讼的权利。如果他们坚持向人民法院再次提起附带民事诉讼，人民法院可以不予受理，除非他们能够提供证据，证明公安机关或者人民检察院的调解违反了自愿、合法原则。以上规定既有利于充分发挥审前调解的作用，又有助于矛盾的及时化解，从而避免司法资源的浪费。

【附带民事诉讼的财产保全】 是指人民法院在附带民事诉讼提起前或者在附带民事诉讼提起后，对被告人的财产采取的一种临时性强制保护措施。人民法院在必要的时候采取财产保全措施，不仅有助于防止犯罪嫌疑人、被告人或者其亲属转移、隐匿或者以其他方式处分财产，确保实现附带民事诉讼原告人的实体权利，而且有利于保证附带民事诉讼生效裁判得到顺利执行。根据《刑事诉讼法》第一百零二条、《刑事诉讼法司法解释》第一百八十九条规定，（1）人民法院对可能因被告人的行为或者其他原因，使附带民事判决难以执行的案件，根据附带民事诉讼原告人的申请，可以裁定采取保全措施，查封、扣押或者冻结被告人的财产；附带民事诉讼原告人未提出申请的，人民法院在必要时也可以采取保全措施。（2）有权提起附带民事诉讼的人因情况紧急，不立即申请保全将会使其合法权益受到难以弥补的损害的，可以在提起附带民事诉讼前，向被保全财产所在地、被申请人居住地或者对案件有管辖权的人民法院申请采取保全措施。申请人在人民法院受理刑事案件后15日内未提起附带民事诉讼的，人民法院应当解除保全措施。（3）人民法院采取保全措施，适用《民事诉讼法》第一百零三条至第一百零八条的有关规定，但《民事诉讼法》第一百零四条第三款的规定除外。这是因为，该条款的规定是为了督促诉前财产保全申请人及时行使诉权，但是附带民事诉讼不同于普通的民事诉讼，它需要与刑事诉讼一并审理，而刑事案件何时进入人民法院审理阶段，无法由附带民事诉讼原告方决定。

适用附带民事诉讼的财产保全应当注意以下几点：（1）诉前财产保全申请人应当提供担保，不提供担保，人民法院驳回申请。人民法院接受申请后，应当在48小时内作出裁定；裁定采取保全措施的，应当立即开始执行。（2）财产保全采取查封、扣押、冻结或者法律规定的其他方法，但不得重复查封、冻结。人民法院保全财产后，应当立即通知财产保全的人。（3）被申请人提供担保的，人民法院应当裁定解除保全。（4）申请有错误的，申请人应当赔偿被申请人因保全所遭受的损失。

【附带民事诉讼的先予执行】 是指人民法院受理附带民事诉讼之后、作出判决之前，根据附带民事诉讼原告人的请求，决定附带民事诉讼被告人先行支付附带民事诉讼原告人一定款项或者特定物品并立即执行的措施。根据2000年12月1日发布的《审理刑事附带民事诉讼案件有关问题批复》①，对于附带民事诉讼当事人提出先予执行申请的，人民法院应当依照民事诉讼法的有关规定，裁定先予执行或者驳回申请。尽管该批复已经失效，但是人民法院在附带民事诉讼中仍然可以采取先予执行措施。一方面，在附带民事诉讼中，确实有很多被害人的生活因为被告人的犯罪行为而造成极大困难。如果不允许人民法院采取先予执行措施，很有可能给被害人的生活带来不便。例如，在伤害案件或者交通肇事案件中，不先予执行医药费，被害人可能无法住院治疗；在杀人或者伤害致人死亡案件中，不先予执行丧葬费，可能无法安排被害人丧葬事宜，不先予执行赔偿死者生前应付的赡养费、抚育费，权利人可能无法生活。因此，允许人民法院采取先予执行措施，不仅有助于解决被害人因为犯罪行为而遇到的困难，而且有助于安抚其受伤情绪，及时化解矛盾，保障诉讼顺利进行。另一方面，附带民事诉讼在本质上属于损害赔偿之诉，符合民事诉讼先予执行的适用范围。

---

① 已失效，已被《最高人民法院关于废止部分司法解释和司法解释性质文件（第十一批）的决定》所废止。

而且，《刑事诉讼法司法解释》第二百零一条明确规定，人民法院审理附带民事诉讼案件，除刑法、刑事诉讼法以及刑事司法解释已有规定的以外，可以适用民事法律的有关规定。值得注意的是，人民法院在决定先予执行时，既要考虑被害人的需要，又要兼顾附带民事诉讼的被告人的实际支付能力。先予执行的数额应当折抵附带民事判决中所确定的赔偿数额。

【附带民事诉讼的调解】 是指人民法院审理附带民事诉讼案件，根据自愿、合法的原则进行调解。司法实践证明，在附带民事诉讼中进行调解有助于化解当事人之间的矛盾，提高诉讼的效率。由于《刑事诉讼法》第一百零三条没有对附带民事诉讼调解的适用范围作出明确限制，因此，无论是第一审程序还是第二审程序，或者不论是公诉案件中的附带民事诉讼还是自诉案件中的附带民事诉讼，也不管是人民检察院提起的附带民事诉讼还是其他原告人提起的附带民事诉讼，人民法院在审理附带民事案件时都可以进行调解。根据《刑事诉讼法司法解释》规定，人民法院在进行附带民事诉讼调解时应当遵循以下规定：（1）人民法院在调解时应当遵循《民事诉讼法》第九十六条、第九十九条规定自愿原则和合法原则。（2）经人民法院调解，附带民事诉讼双方当事人达成协议的，应当制作调解书。调解书经双方当事人签收后，即具有法律效力。（3）调解达成协议并即时履行完毕的，可以不制作调解书，但应当制作笔录，经双方当事人、审判人员、书记员签名或者盖章后即发生法律效力。（4）调解未达成协议或者调解书签收前当事人反悔的，附带民事诉讼应当同刑事诉讼一并判决。（5）人民法院认定公诉案件被告人的行为不构成犯罪，对已经提起的附带民事诉讼，经调解不能达成协议的，可以一并作出刑事附带民事判决，也可以告知附带民事原告人另行提起民事诉讼。（6）人民法院准许人民检察院撤回起诉的公诉案件，对已经提起的附带民事诉讼，可以进行调解；不宜调解或者经调解不能达成协议的，应当裁定驳回起诉，并告知附带民事诉讼原告人可以另行提起民事诉讼。（7）第一审期间未提起附带民事诉讼，在第二审期间提起的，第二审人民法院可以依法进行调解；调解不成的，告知当事人可以在刑事判决、裁定生效后另行提起民事诉讼。

【附带民事诉讼同刑事案件合并审判】

是指人民法院同一个审判组织在审判刑事案件的同时，在同一个诉讼程序中一并审判该案件涉及的附带民事诉讼案件。根据《刑事诉讼法》第一百零四条规定，这是人民法院审判附带民事诉讼案件应当遵循的基本原则。附带民事诉讼之所以需要同刑事案件合并审判，不仅在于附带民事诉讼对于刑事诉讼具有依附性，而且在于合并审判有助于人民法院全面查清案件事实，正确解决因为同一个侵害行为所产生的刑事责任和民事责任，进而既有利于被害人及时得到经济赔偿，又有助于对被告人进行正确定罪量刑，既减少当事人的诉累，避免人民法院因为分别审判而有可能作出相互矛盾的裁判，又能够节省诉讼成本，提高诉讼效率。在司法实践中，人民法院应当尽可能地坚持合并审判，即使由于特殊原因需要分别审判，人民法院也应当尽量在刑事判决宣告以前，将附带民事诉讼审理完毕，以便人民法院在对被告人进行量刑时充分考虑附带民事诉讼的赔偿和履行情况，进而保证刑事判决取得良好的法律效果和社会效果。

【附带民事诉讼同刑事案件分别审判】 是指人民法院为了防止刑事案件审判的过分迟延，在刑事案件审判后，由同一审判组织继续审理该案件涉及的附带民事诉讼。尽管实行附带民事诉讼同刑事案件合并审判具有许多优点，但是基于刑事案件的审判期限限制，在某些案件中一味地坚持合并审判反而影响刑事案件在法定期限内审结案件。《刑事诉讼法》第一百零四条明确规定，为了防止刑事案件审判的过分迟延，人民法院在审判附带民事诉讼案件时，也可以同刑事案件分别进行审判。实行分别审判时，人民法院应当注意以下几点：（1）实行分别审判的理由必须是为了防止刑事审判的过分延迟。例如，被害人的范围或者被害人遭受的物质损失在短时间内难以确定，附带民事诉讼当事人因为正当理由而无法出席法庭。（2）只能先审理刑事部分，后审理附带民事部分，而不能先审理附带民事部分，后审理刑事部分。这是因为，人民法院对刑事案件中犯罪事实的认定往往是确定民事部分赔偿责任的依据。（3）为了贯彻直接言词原则和提高诉讼效率，确保对民事部分作出正确的处理，原则上应当由审理刑事案件的同一审判组织继续审理附带民事部分，不得另行组成合议庭。但是，如果同一审判组织的成员确实无法继续参加审判的（如工作调动、出国学习等），也可以更换审判组织的组成人员。（4）附带民事诉讼部分的判决对案件事实的认定不得同刑事判决相抵触。（5）附带民事诉讼部分的延期审理，一般不影响刑事判决的生效。

【附带民事诉讼的撤诉处理】 是指在附带民事诉讼原告人经传唤，无正当理由拒不到庭，或者未经法庭许可中途退庭的情况下，人民法院应当按撤诉处理。附带民事诉讼的撤诉处理作为人民法院针对附带民事诉讼原告人的消极行为而作出的强行终结诉讼程序的回应，不仅有助于维护审判权威，而且有利于保障诉讼的顺利进行。为了防止因为按照撤诉处理而侵犯附带民事诉讼原告人的诉权，根据《刑事诉讼法司法解释》第一百九十五条第一款规定，人民法院在按照撤诉方式处理附带民事诉讼时应当严格把握按照撤诉处理的适用条件：（1）必须在传唤附带民事诉讼原告人而且原告人确实没有正当理由拒不到庭的情况下，人民法院才能按照撤诉处理。如果人民法院没有依法在法定时间内用传票传唤附带民事诉讼原告人，从而导致该原告人未出席法庭，那么不能按照撤诉处理。（2）对无正当理由拒不到庭的情形，人民法院应当结合各种因素综合考虑和谨慎处理，尤其是需要考虑附带民事诉讼原告人的辩解及其理由，或者附带民事诉讼原告人能否提供证据证明其不到庭的客观原因。（3）在法庭审判过程中，如果附带民事诉讼原告人未经法庭的许可而擅自中途退庭，不再参加庭审活动，视为藐视法庭，人民法院应当按照撤诉处理。但是，如果附带民事诉讼原告人确有特殊情况，而且已经向法庭报告或者说明，并且记录在案的，人民法院则不能按照撤诉处理。值得注意的是，基于附带民事诉讼的性质，在附带民事诉讼审结以前，如果原告人主动要求撤诉，人民法院应当准许。但是，如果是国家、集体财产遭受损失，而且被告人又具有赔偿能力，人民检察院或者受损单位都不能向人民法院要求撤诉。因为，他们无权随意处置国家、集体的财产。

【附带民事诉讼的缺席审判】 是指在附带民事诉讼被告人经合法传唤无正当理由拒不到庭，或者未经法庭许可中途退庭的情况下，法庭在附带民事诉讼原告人和其他诉讼参与人的参加下，依法开庭审理，对附带民事部分作出缺席判决。人民法院依法作出的缺席判决对出庭的附带民事诉讼原告人和缺席审判的附带民事诉讼被告人具有同等的法律效力。附带民事诉讼的缺席审判作为人民法院针对附带民事诉讼被告人的消极行为而做出的一种处理方式，既是维护审判权威的需要，也是保障诉讼顺利进行的需要。根据《刑事诉讼法司法解释》第一百九十五条第二款规定，人民法院在进行缺席审判时应当注意以下几点：（1）缺席审判的对象只能是除了刑事案件被告人以外的附带民事诉讼被告人。因为，按照我国刑事诉讼法的规定，刑事案件的被告人不可能缺席审判。（2）人民法院只能针对附带民事部分进行缺席判决，而不能涉及刑事部分的内容。（3）缺席审判的适用情形只能是附带民事诉讼被告人经合法传唤无正当理由拒不到庭，或者附带民事诉讼被告人未经法庭许可中途退庭。（4）由于缺席判决与对席判决的形成过程在法律上没有实质性的差别，因此，缺席判决的法律效力和救济途径与对席判决相同。如果不服人民法院作出的附带民事诉讼缺席判决，无论是出席法庭的原告人，还是没有出席法庭的被告人，都可以通过上诉寻求救济。需要注意的是，刑事被告人以外的附带民事诉讼被告人下落不明，或者用公告送达以外的其他方式无法送达，可能导致刑事案件审判过分迟延的，可以不将其列为附带民事诉讼被告人，告知附带民事诉讼原告人另行提起民事诉讼。

【附带民事诉讼的赔偿标准】 是指人民法院在确定附带民事诉讼被告人应当赔偿的具体数额时所遵循的标准。尽管我国《刑事诉讼法》和最高人民法院的司法解释明确规定了附带民事诉讼的赔偿范围。《刑事诉讼法司法解释》第一百九十二条第一款规定，对附带民事诉讼作出判决，应当根据犯罪行为造成的物质损失，结合案件具体情况，确定被告人应当赔偿的数额。

人民法院在确定附带民事诉讼赔偿数额时应该注意以下几点：（1）死亡补偿费不能作为人民法院判决确定赔偿数额的根据，被告人出于真诚悔罪的表现愿意赔偿的，人民法院可以调解的方式达成赔偿协议。（2）对于被告人不具备充分赔偿能力的，被告人亲属或所在单位愿意代为赔偿的，应当允许，可视为被告人对被害人的赔偿。（3）被告人已经赔偿了被害人物质损失的，人民法院可以在量刑时予以考虑。对因婚姻家庭、邻里纠纷等民间矛盾激化引发的死刑案件，积极赔偿反映了被告人弥补犯罪损失、真诚悔罪的心态，如果取得被害人谅解，从轻处罚有助于减少社会对抗，促进社会和谐。但对于严重危害社会秩序、罪行极其严重、必须判处死刑立即执行的犯罪分子，也不能因为赔偿了被害人的物质损失，就不判处死刑，以避免造成负面社会影响。（4）依法赔偿被害人因犯罪行为遭受的物质损失，是被告人应负的法律责任，不能因判处被告人死刑而该赔不赔。对于被告人确无赔偿能力的，可通过建立国家救助制度等办法对被害人给予一定的救济。

【附带民事诉讼中人身伤害的赔偿范围】

是指在附带民事诉讼中，对于被害人的人身因为犯罪行为所遭受的损害，附带民事诉讼被告人应当予以赔偿的有关费用。《刑事诉讼法司法解释》第一百九十二条第二款对附带民事诉讼中的人身伤害赔偿范围作出了明确规定。但是，与《民法典》第一千一百七十九条、2022年5月1日起实施的《审理人身损害赔偿案件解释》第一条的规定有所区别。其关键区别在于残疾赔偿金和死亡赔偿金是否应当纳入附带民事诉讼中人身伤害的赔偿范围。尽管《刑事诉讼法司法解释》第一百九十二条第二款没有明确规定残疾赔偿金和死亡赔偿金问题，但是根据《交通肇事刑事案件附带民事赔偿范围问题答复》以及《刑事诉讼法司法解释》第一百九十二条第三款的规定，驾驶机动车致人伤亡或者造成公私财产重大损失，构成犯罪的，人民法院应当依照《道路交通安全法》第七十六条的规定确定赔偿责任。

概括说来，附带民事诉讼中人身伤害的赔偿范围主要包括：（1）被害人受到犯罪行为的人身损害，因就医治疗支出的各项费用以及因误工减少的收入，包括医疗费、误工费、护理费、交通费、住宿费、住院伙食补助费、必要的营养费，被告人应当予以赔偿。（2）被害人因为犯罪行为而造成残疾的，残疾辅助器具费以及因康复护理、继续治疗实际发生的必要的康复费、护理费、后续治疗费，被告人应当予以赔偿。（3）被害人因为犯罪行为而造成死亡，被告人除应当根据抢救治疗情况赔偿第一项相关费用外，还应当赔偿丧葬费。另外，根据《刑事诉讼法司法解释》第一百九十二条第四款的规定，如果附带民事诉讼当事人就民事赔偿问题达成调解、和解协议，赔偿范围、数额不受人身损害赔偿范围和数额的限制。

【机动车肇事案件赔偿责任的确定】 是指驾驶机动车致人伤亡或者造成公私财产重大损失，构成犯罪的，依照法律规定确定赔偿责任。在附带民事诉讼的司法实践中，机动车肇事案件是数量最多的一种附带民事诉讼案件。《刑事诉讼法司法解释》第一百九十二条第三款明确规定，如果驾驶机动车致人伤亡或者造成公私财产重大损失的行为构成犯罪，应当依照《道路交通安全法》第七十六条的规定确定赔偿责任。根据2021年修正的《道路交通安全法》第七十六条规定，机动车发生交通事故造成人身伤亡、财产损失的，由保险公司在机动车第三者责任强制保险责任限额范围内予以赔偿；不足的部分，按照下列规定承担赔偿责任：（1）机动车之间发生交通事故的，由有过错的一方承担赔偿责任；双方都有过错的，按照各自过错的比例分担责任。（2）机动车与非机动车驾驶人、行人之间发生交通事故，非机动车驾驶人、行人没有过错的，由机动车一方承担赔偿责任；有证据证明非机动车驾驶人、行人有过错的，根据过错程度适当减轻机动车一方的赔偿责任；机动车一方没有过错的，承担不超过10%的赔偿责任。交通事故的损失是由非机动车驾驶人、行人故意碰撞机动车造成的，机动车一方不承担赔偿责任。另外，根据《刑事诉讼法司法解释》第一百九十二条第四款，如果附带民事诉讼当事人就民事赔偿问题达成调解、和解协议，赔偿范围、数额不受该解释第一百九十二条第三款的限制。这意味着，只要调解协议或者和解协议是双方当事人的真实意思表示，不损害国家、社会以及案外人的利益，协议所确定的赔偿范围和赔偿数额就应当具有合法性和正当性。

《审判词典》丛书

刑事审判词典

Criminal Trial Dictionary

下册

主　编・胡云腾
执行主编・周加海　执行副主编・袁登明

人民法院出版社

目录
CONTENTS

下　册

目录

【将附带民事诉讼赔偿作为量刑情节考虑】 是指人民法院在审理附带民事诉讼案件时，如果被告人已经赔偿被害人因为犯罪行为而遭受的物质损失，人民法院应当将该赔偿作为量刑情节予以考虑。这不仅符合刑罚人道化、轻缓化的刑事政策，而且有助于化解双方当事人之间的矛盾，保障被害人的合法权益，恢复被犯罪行为破坏的社会秩序和关系。而且，2010 年 2 月 8 日印发的《贯彻宽严相济刑事政策意见》第二十三条明确规定，被告人案发后对被害人积极进行赔偿，并认罪、悔罪的，依法可以作为酌定量刑情节予以考虑。有鉴于此，《刑事诉讼法司法解释》第一百九十四条明确规定，审理刑事附带民事诉讼案件，人民法院应当结合被告人赔偿被害人物质损失的情况认定其悔罪表现，并在量刑时予以考虑。《刑事诉讼法司法解释》第一百七十六条也规定，对于被告人非法占有、处置被害人财产的，尽管被害人因为追缴或者责令退赔而不能提起附带民事诉讼，但是人民法院在审理时可以将追缴、退赔的情况作为量刑情节考虑。在司法实践中，人民法院在将附带民事诉讼赔偿作为量刑情节考虑时，应当结合案件性质、罪行轻重、被告人的赔偿意愿、赔偿结果、其他悔罪表现，以及被害人的态度、谅解程度等因素进行综合考虑，尽量避免有赔偿一律从轻或者有赔偿不敢从轻、没有赔偿则从重等比较简单化的处理方式。

【人民检察院提起附带民事诉讼的赔偿责任认定】 是指人民法院在审理人民检察院提起附带民事诉讼的案件以后，如何确定接受附带民事赔偿的责任主体。在刑事诉讼中，尽管人民检察院有权提起附带民事诉讼，但是人民检察院只是程序意义上的民事原告人，而不是实体意义上的民事原告人，更不是因为犯罪行为而遭受损失的被害人。在这种情况下，人民法院在审理人民检察院提起的附带民事诉讼案件时就需要考虑附带民事赔偿的责任主体问题。根据《刑事诉讼法司法解释》第一百九十三条规定，人民法院在审理人民检察院提起的附带民事诉讼案件时，应当按照下列情况分别加以处理：（1）人民法院经审理，认为附带民事诉讼被告人依法应当承担赔偿责任的，应当判令附带民事诉讼被告人直接向遭受损失的单位作出赔偿。（2）遭受损失的单位已经终止，有权利义务继受人的，应当判令其向继受人作出赔偿。（3）没有权利义务继受人的，应当判令其向人民检察院交付赔偿款，由人民检察院上缴国库。

【附带民事诉讼二审程序的特殊规定】 是指人民法院在第二审程序中审理附带民事诉讼案件时应当遵守的特殊规定。根据《刑事诉讼法》第二百二十七条、第二百三十一条规定，以及《刑事诉讼法司法解释》第一百九十八条、第三百七十八条、第三百八十条、第四百零八条、第四百零九条、第四百一十条，附带民事诉讼二审程序的特殊规定包括：（1）附带民事诉讼当事人及其法定代理人，可以对第一审裁判中的附带民事诉讼部分提出上诉。（2）第二审人民法院受理上诉、抗诉案件，应当在 2 个月以内审结。但是对于附带民事诉讼案件，经高级人民法院批准或者决定，可以延长 2 个月；因特殊情况还需要延长的，报请最高人民法院批准。（3）第一审期间未提起附带民事诉讼，在第二审期间提起的，第二审人民法院可以依法进行调解；调解不成的，告知当事人可以在刑事裁判生效后另行提起民事诉讼。（4）对附带民事裁判的上诉、抗诉期限，应当按照刑事部分的上诉、抗诉期限确定。附带民事部分另行审判的，上诉期限也应当按照刑事诉讼法规定的期限确定。（5）刑事附带民事诉讼案件，只有附带民事诉讼当事人及其法定代理人上诉的，第二审人民法院应当对全案进行审查。经审查，第一审判决的刑事部分并无不当的，第二审人民法院只需就附带民事部分作出处理；第一审判决的附带民事部分事实清楚，适用法律正确的，应当以刑事附带民事裁定维持原判，驳回上诉。（6）刑事附带民事诉讼案件，只有附带民事诉讼当事人及其法定代理人上诉的，第一审刑事部分的判决在上诉期满后即发生法律效力。应当送监执行的第一审刑事被告人是第二审附带民事诉讼被告人的，在第二审附带民事诉讼案件审结前，可以暂缓送监执行。（7）第二审人民法院审理对附带民事部分提出上诉，刑事部分已经发生法律效力的案件，发现第一审判决、裁定中的刑事部分确有错误的，应当依照审判监督程序对刑事部分进行再审，并将附带民事部分与刑事部分一并审理。（8）第二审期间，第一审附带民事诉讼原告人增加独立的诉讼请求或者第一审附带民事诉讼被告人提出反诉的，第二审人民法院可以根据自愿、合法的原则进行调解；调解不成的，告知当事人另行起诉。

【附带民事诉讼再审程序的特殊规定】 是指人民法院在再审程序中审理附带民事诉讼案件时应当遵守的特殊规定。（1）根据《刑事诉讼法司法解释》第四百零七条规定，第二审人民法院审理对刑事部分提出上诉、抗诉，附带民事部分已经发生法律效力的案件，发现第一审判决、裁定中的附带民事部分确有错误的，应当依照审判监督程序对附带民事部分予以纠正。（2）根据2002年9月10日印发的《规范人民法院再审立案意见》第十一条，人民法院对刑事附带民事案件中仅就民事部分提出申诉的，一般不予再审立案。但有证据证明民事部分明显失当且原审被告人有赔偿能力的除外。（3）根据最高人民法院审判监督庭于2003年10月15日印发的《刑事再审工作具体程序问题意见》，在刑事附带民事诉讼案件中，原审民事部分已调解结案，刑事部分提起再审后，附带民事诉讼原告人对调解反悔，要求对民事部分也进行再审时，如果原刑事部分判决以民事调解为基础，刑事部分再审结果可能对原民事部分处理有影响的，附带民事诉讼原告人要求重新对民事部分进行审理，可以在再审时一并重新审理。

【刑事附带民事公益诉讼】 是指人民法院在刑事诉讼过程中，在审理刑事犯罪案件的同时，附带审理被指控犯罪行为给社会公共利益所造成损害的赔偿责任，从而进行的诉讼活动。由于被告人的同一行为既侵犯了刑法所保护的法益，导致刑事诉讼，又损害了社会公共利益，导致公益诉讼，从而同时引起刑事和民事公益两种不同性质的法律责任。2020年《检察公益诉讼案件解释》首次规定了刑事附带民事公益诉讼制度。该《解释》第20条在民事公益诉讼制度中，增加了刑事附带民事公益诉讼这一新的诉讼类型。根据该《解释》第二十条的规定，刑事附带民事公益诉讼制度具有以下特点：其一，提起刑事附带民事公益诉讼的主体只能是人民检察院。其二，提起刑事附带民事公益诉讼的范围有限，仅“对破坏生态环境和资源保护，食品药品安全领域侵害众多消费者合法权益，侵害英雄烈士等的姓名、肖像、名誉、荣誉等损害社会公共利益的犯罪行为提起刑事公诉时”，可以向人民法院一并提起刑事附带民事公益诉讼。其三，审理刑事附带民事公益诉讼与审理刑事部分的主体一致，“由人民法院同一审判组织审理”。其四，人民检察院提起的刑事附带民事公益诉讼案件由审理刑事案件的人民法院管辖。其五，该《解释》将之规定在民事公益诉讼制度中，而不是在传统的刑事附带民事诉讼制度中。其六，人民检察院可以提出，而不是必须提出，检察院具有选择权。

【刑事被害人救助制度】 是指在刑事被害人遭受犯罪行为侵害而无法从犯罪嫌疑人、被告人处及时获得有效赔偿的情况下，由国家按照一定的条件和程序对被害人予以适当补偿的一种制度。刑事被害人救助制度，是指人民法院在再审程序中审理附带民事诉讼案件时应当遵守的特殊规定，是现代法治国家普遍实行的一项社会救助制度。刑事被害人救助在性质上不是国家赔偿，而是国家对被害人的补偿或者救助，是带有国家福利性质的社会救助。我国刑事被害人救助制度相对起步较晚。2009 年 3 月 9 日，中央政法委员会、最高人民法院、最高人民检察院、公安部、民政部、司法部、财政部、人力资源和社会保障部联合发布《开展刑事被害人救助工作意见》，对我国开展刑事被害人救助工作的主要意义、指导思想、总体要求、基本要求等提出了原则性的指导意见。根据全国人民代表大会于 2012 年 10 月 23 日发布的《全国人民代表大会内务司法委员会关于第十一届全国人民代表大会第五次会议主席团交付审议的代表提出的议案审议结果的报告》，刑事被害人救助制度已经被纳入到社会救助法的立法规划之中。我国之所以确立刑事被害人救助制度，主要是因为，就现行法律而言，刑事被害人因犯罪行为所遭受的经济损失，主要是通过提起刑事附带民事诉讼，由被告人及其他赔偿义务人依法赔偿。但是在司法实践中，被告人及其他赔偿义务人没有赔偿能力或赔偿能力不足的情况大量存在，导致刑事被害人或其近亲属依法要求赔偿经济损失的权益难以实现，生活陷入困境，甚至由此引发恶性报复事件或者久访不息，直接影响社会和谐稳定。根据《刑事被害人救助工作意见》，刑事被害人救助资金由地方各级政府财政部门统筹安排，根据当地经济社会发展状况自行确定具体救助对象范围、标准的同时，重点保障因遭受严重暴力犯罪侵害，导致严重伤残甚至死亡的刑事被害人或其近亲属的救助需求，救助以一次性为原则，救助数额以案件管辖地上一年度职工月平均工资为基准，一般在 36 个月的总额之内，特殊情况下可以适当提高。

【刑事诉讼期间】 是指公安司法机关和诉讼参与人完成某项刑事诉讼行为必须遵守的法定期限。刑事诉讼期间包括法定期间和指定期间两种。刑事诉讼期间一般由法律明确规定，称作法定期间；个别情况下可以由公安司法机关指定，称作指定期间。确定刑事诉讼期间的长短需要考虑以下因素：保证查明犯罪事实，正确处理案件；能够及时惩罚犯罪，尽快实现刑罚效应；保障公民依法行使诉讼权利；督促司法机关提高办案效率，保障公民的合法权利。由《刑事诉讼法》明确规定刑事诉讼期间，有助于防止诉讼拖延，保证诉讼活动的顺利进行；促使公安司法机关尽快办结案件，及时惩罚犯罪；有利于保障当事人等诉讼参与人的合法权益；有利于加强法制的统一正确实施。公安司法机关和诉讼参与人都要严格遵守刑事诉讼期间，违反法定期间是一种违法行为，将直接产生相应的法律后果。

【刑事诉讼期日】 是指公安司法人员和诉讼参与人共同进行刑事诉讼活动的特定时间。我国刑事诉讼法对期日没有作出具体规定。在诉讼实践中，期日通常由公安司法机关根据案件的具体情况和法定期间的规定予以指定。虽然期间和期日都是公安司法人员和诉讼参与人应当完成特定刑事诉讼行为的时间，但两者之间有很大区别：（1）期日是一个特定的单位时间，即往往是在法定期间内所确定的进行某一诉讼活动的具体日期，因而时间较短，而期间则是指一定期限内的时间，即从一个期日起至另一个期日止的一段时间，既含有时间的数量，又含有时间的限度，因而时间较长。（2）期日是公安司法机关和诉讼参与人共同进行某项刑事诉讼活动的时间，而期间则是公安司法机关和诉讼参与人各自单独进行某种刑事诉讼活动时间。（3）期日由公安司法机关指定，遇有重大理由时，可以变更、延展或者另行指定期日，而期间原则上由法律明确规定，不得任意超过或者变更。（4）期日只规定开始的时间，不规定终止的时间，以诉讼行为的开始为开始，以诉讼行为的实行完毕为结束，而期间则以规定的起止时间的到来为开始和终结。（5）期日开始后，必须实施某种诉讼行为或开始某项诉讼活动，而期间开始后不一定立即实施某种诉讼行为，只要是在期限内实施的法定行为，都是有效行为。

【期间的计算方法】 是指计算刑事诉讼期间时应当遵循的规则或者采取的方法。根据《刑事诉讼法》第一百零五条第一款规定，期间的计算单位为时、日、月。在我国刑事诉讼中，不同的计算单位，具有不同的计算方法。期间的计算方法主要涉及两个技术问题，一是期间从什么时候起算，二是期间到什么时候终止。根据《刑事诉讼法》第一百零五条第二款、《刑事诉讼法司法解释》第二百零二条规定，（1）以时为计算单位的期间，期间开始的时不计算在期间以内，期间的起算时间是开始时间的下一个小时，期间的届满时间是法定期间时数的最后一个小时结束。（2）以日为计算单位的期间，期间开始的日不计算在期间以内，期间的起算时间是开始时间的下一个日期，期间的届满时间是法定期间日数的最后一个日期（算在期间之内）。（3）以月计算的期限，自本月某日（受案日期）到下月同日为1个月；起算日为本月最后一日的，至下一个月最后一日为1个月；下月同日不存在的，自本月某日至下月最后一日为一个月；半个月一律按15日计算。（4）以年计算的刑期，自本年本月某日至次年同月同日的前一日为1年；次年同月同日不存在的，自本年本月某日至次年同月最后一日的前一日为1年。以月计算的刑期，自本月某日至下月同日的前一日为1个月；刑期起算日为本月最后一日的，至下月最后一日的前一日为1个月；下月同日不存在的，自本月某日至下月最后一日的前一日为1个月；半个月一律按15日计算。

【期间计算的特殊规定】 是指在计算期间遇到特殊情况时应当遵循的规定。根据《刑事诉讼法》第一百零五条第三款和第四款、第一百四十九条、第一百六十条以及相关司法解释的规定，期间的计算应当遵守如下特殊规定：（1）期间的最后一日为节假日的，以节假日结束后的第一个工作日为期间届满日。节假日包括公休日（星期六、星期日）和法定假日（元旦、春节、清明节、端午节、五一节、中秋节、国庆节等)。如果节假日不是期间的最后一日，而是在期间的开始或中间，则均应计算在期间以内。为了保障犯罪嫌疑人、被告人以及罪犯的人身权利，对于犯罪嫌疑人、被告人或者罪犯的在押期间，应当至期间届满之日为止，不得因节假日而延长在押期限至节假日后的第一日，即如果羁押期间最后一日为节假日的，那么应当以该节假日为期间届满日期。（2）法定期间的计算不包括路途上或者传递法律文书等材料的时间。（3）通过邮局邮递法律文书等材料时，只要在法定期间届满前交邮的，就不算超过法定期间。如上诉状或者其他文件在期满前已经交邮的，不算过期。上诉状或其他文件是否在法定期限内交邮以当地邮局所盖邮戳为准。(4）根据《刑事诉讼法司法解释》第二百零九条规定，是指定管辖案件的审理期限，自被指定管辖的人民法院收到指定管辖决定书和有关案卷、证据材料之日起计算。（5）在符合刑事诉讼法规定的情况下，公安司法机关在办案过程中可以进行重新计算期间（参见“重新计算期间的法定情形”词条)，或者不将某些期间计入办案期限（参见“不计入期间的法定情形”词条)。

【期间的耽误】 是指公安司法机关或诉讼参与人没有在法定期限内完成应当进行的某种诉讼行为。在刑事诉讼中，耽误期间是较为常见的现象。期间的耽误既有公安司法机关的耽误，也有诉讼参与人的耽误；既有正当理由的耽误，也有无正当理由的耽误。我国刑事诉讼法对公安司法机关耽误期间应承担什么责任和采取什么补救措施未作规定。一般而言，如果当事人耽误期间，那么通常需要承担一定的法律后果。例如，被告人耽误了上诉期，就失去了上诉权，就要承担判决、裁定生效的后果。为了保障当事人的合法权益，在当事人耽误期间确实具有正当理由的情况下，刑事诉讼法规定了相应的补救措施，即期间的恢复。

【期间的恢复】 是指当事人由于不能抗拒的原因或者有其他正当理由而耽误期限的，在障碍消除后5日以内，可以申请继续进行应当在期满以前完成的诉讼活动的一种补救措施。根据《刑事诉讼法》第一百零六条、《刑事诉讼法司法解释》第二百零三条规定，期间的恢复必须具备以下条件：（1）只有当事人才能提出恢复期间的申请。刑事诉讼法将提出期间恢复申请的主体限定为当事人，而不是所有的诉讼参与人。（2）期间的耽误是由于不能抗拒的原因，或者具有其他正当理由。例如，发生地震、洪水、台风、滑坡、泥石流、战争、大火等当事人本身无法抗拒的自然和社会现象，或者当事人发生车祸、突患严重疾病等情况，导致当事人无法进行诉讼行为。(3）当事人的申请应当在障碍消除后的5日以内提出。这是对当事人申请恢复期间的时间要求。（4）期间恢复的申请经人民法院裁定批准后才能恢复期间。当事人的申请是否准许，需经人民法院裁定。当事人由于不能抗拒的原因或者有其他正当理由而耽误期限，依法申请继续进行应当在期满前完成的诉讼活动的，人民法院查证属实后，应当裁定准许。

【期间的延长】 是指公安司法机关在规定的办案期限内不能完成应予完成的诉讼行为，而向后续展期限的办法。期间的延长只能适用于公安司法机关办案期限，而诉讼参与人的有关诉讼期限不能延长。我国《刑事诉讼法》对期间的延长规定了两个办法。一种方法是允许公安司法机关自动延长并明确规定延长时间的上限。例如，根据《刑事诉讼法》第一百七十二条规定，人民检察院对于公安机关移送起诉的案件，应当在1个月以内作出决定，重大、复杂的案件，可以延长半个月。另一种方法是经过申请之后，由一定机关批准或决定延长。例如，根据《刑事诉讼法》第一百五十六条规定，对犯罪嫌疑人逮捕后的侦查羁押期限不得超过2个月。案情复杂、期限届满不能终结的案件，可以经上一级人民检察院批准延长1个月。对于第二种方法，刑事诉讼法一般都明确规定了批准或决定的机关及其批准延长时间的权限。例如，根据《刑事诉讼法司法解释》第二百一十条规定，申请上级人民法院批准延长审理期限，应当在期限届满15日以前层报。有权决定的人民法院不同意延长的，应当在审理期限届满5日以前作出决定。因特殊情况报请最高人民法院批准延长审理期限，最高人民法院经审查，予以批准的，可以延长审理期限1至3个月。期限届满案件仍然不能审结的，可以再次提出申请。但也有例外情况。例如，根据《刑事诉讼法》第一百五十七条规定，因为特殊原因，在较长时间内不宜交付审判的特别重大复杂的案件，由最高人民检察院报请全国人民代表大会常务委员会批准延期审理。这里没有规定延长的具体期限。

【期间的重新计算】 是指在刑事诉讼中，由于发生了法定情况，原来已经进行的期间不予计算，而从发生新情况的时候开始重新计算期间。重新计算期间的规定只能适用于公安司法机关的办案期限。我国刑事诉讼法之所以规定期间的延长和重新计算，主要是为了确保公安司法机关有充足的办案时间，进而保证办案质量。

【重新计算期间的法定情形】 是指在刑事诉讼中，可以进行重新计算期间的各种情况。根据《刑事诉讼法》第一百六十条第一款、第一百七十一条第二款、第一百七十三条第三款、第二百零四条第二款和第三款、第二百四十一条规定，重新计算期间的法定情形包括：(1) 在侦查期间，发现犯罪嫌疑人另有重要罪行的，自发现之日起依照《刑事诉讼法》第一百六十条的规定重新计算侦查羁押期限。《公安机关办理刑事案件程序规定》第一百五十一条第一款进一步规定，在侦查期间，发现犯罪嫌疑人另有重要罪行的，应当自发现之日起5日以内报县级以上公安机关负责人批准后，重新计算侦查羁押期限，制作重新计算侦查羁押期限通知书，送达看守所，并报批准逮捕的人民检察院备案。《人民检察院刑事诉讼规则》第三百一十五条、第三百五十一条、第三百四十六条、第三百九十一条也规定，人民检察院在侦查期间发现犯罪嫌疑人另有重要罪行的，自发现之日起依照规定重新计算侦查羁押期限。所谓另有重要罪行，是指与逮捕时的罪行不同种的重大犯罪和同种的影响罪名认定、量刑档次的重大犯罪。(2) 人民检察院审查起诉的案件，改变管辖的，从改变后的人民检察院收到案件之日起计算审查起诉期限。(3) 人民检察院审查起诉中退回公安机关或者人民检察院侦查部门补充侦查的案件，补充侦查完毕移送人民检察院后，人民检察院重新计算审查起诉期限。（4）人民法院改变管辖的案件，从改变后的人民法院收到案件之日起计算审理期限。《刑事诉讼法司法解释》第二百零九条进一步规定，指定管辖案件的审理期限，自被指定管辖的人民法院收到指定管辖决定书和有关案卷、证据材料之日起计算。（5）人民检察院补充侦查的案件，补充侦查完毕移送人民法院后，人民法院重新计算审理期限。（6）第二审人民法院发回原审人民法院重新审判的案件，原审人民法院从收到发回的案件之日起，重新计算审理期限。根据《刑事诉讼法》第二百二十一条、《刑事诉讼法司法解释》第三百六十八条规定，适用简易程序审理的案件在转为普通程序审理的情况下，审理期限应当从决定转为普通程序之日起计算。

【取保候审、监视居住的期间计算】 是指公安机关、人民检察院、人民法院在采取取保候审、监视居住的时候，分别计算取保候审、监视居住的期限。根据《刑事诉讼法》第七十九条第一款规定，人民法院、人民检察院和公安机关对犯罪嫌疑人、被告人取保候审最长不得超过12个月，监视居住最长不得超过6个月。由于公安机关、人民检察院、人民法院在司法实践中对取保候审、监视居住的期限采取了分段计算的方式，即将《刑事诉讼法》第七十九条第一款理解为三机关分别采取取保候审、监视居住，各自不得超过12个月或者6个月，从而引起取保候审、监视居住的期限可以重新计算的问题。进一步而言，根据《人民检察院刑事诉讼规则》第一百零三条、第一百一十三条规定，公安机关已经对犯罪嫌疑人取保候审、监视居住，在案件移送人民检察院审查起诉后，如果人民检察院认为需要继续取保候审、监视居住的，应当依法重新作出取保候审或者监视居住的决定，对犯罪嫌疑人重新办理取保候审、监视居住手续，但是取保候审或者监视居住的期限应当重新计算，并告知犯罪嫌疑人。根据《刑事诉讼法司法解释》第一百六十二条的规定，人民检察院、公安机关已经对犯罪嫌疑人取保候审、监视居住，案件起诉至人民法院后，需要继续取保候审、监视居住的，人民法院可以决定继续取保候审、监视居住，并重新办理手续，通知人民检察院、公安机关，但是其期限应当重新计算。

【不计入期间的法定情形】 是指在刑事诉讼中，因为特殊原因而不将某些期间计入办案期限或者其他期限的各种情况。根据《刑事诉讼法》第一百四十九条、第一百六十条第二款、第二百零六条、第二百二十六条、第二百六十八条第三款，《实施刑事诉讼法规定》第四十条，《公安机关办理刑事案件程序规定》第二百五十七条，《人民检察院刑事诉讼规则》第二百二十二条、第五百二十三条，以及《刑事诉讼法司法解释》第二百一十一条、第三百九十六条、第五百一十八条、第六百二十七条规定，不计入期间的法定情形包括：（1）犯罪嫌疑人、被告人在押的案件，除对犯罪嫌疑人、被告人的精神病鉴定期间不计入办案期限外，其他鉴定期间都应当计入办案期限。对犯罪嫌疑人作精神病鉴定的期间，既不计入办案期限，也不计入羁押期限。（2）犯罪嫌疑人不讲真实姓名、住址，身份不明的，侦查羁押期限自查清其身份之日起计算，即在查清犯罪嫌疑人身份之前的羁押时间不计入侦查羁押期限。（3）在审判过程中，当人民法院发现致使案件在较长时间内无法继续审理时，可以依法中止审理，但是中止审理的期间不计入审理期限。（4）对于第二审人民法院开庭审理的公诉案件，第二审人民法院应当在决定开庭审理后及时通知人民检察院查阅案卷，人民检察院应当在1个月以内查阅完毕。自通知后的第2日起，人民检察院查阅案卷的时间不计入审理期限。（5）不符合暂予监外执行条件的罪犯通过贿赂等非法手段被暂予监外执行的，在监外执行的期间不计入执行刑期。罪犯在暂予监外执行期间脱逃的，脱逃的期间不计入执行刑期。被收监执行的罪犯有不计入执行刑期情形的，人民法院应当在作出收监决定时，确定不计入执行刑期的具体时间。（6）对于公安机关移送的没收违法所得案件，经审查认为不符合刑事诉讼法规定条件的，应当作出不提出没收违法所得申请的决定，并向公安机关书面说明理由；认为需要补充证据的，应当书面要求公安机关补充证据，必要时也可以自行调查。公安机关补充证据的时间不计入人民检察院办案期限。（7）审理申请没收违法所得案件的期限，参照公诉案件第一审普通程序和第二审程序的审理期限执行。但是公告期间和请求刑事司法协助的时间不计入审理期限。

【法定期间】 是指由刑事诉讼法明确加以规定的期限。法定期间是与指定期间相对称的一个概念。指定期间，是指由公安司法机关在个别情况下指定的期间。法定期间的开始通常是基于某种法律事实的发生。在法定期间内的任何时候都可以实施诉讼行为。而且，也只有在法定期间范围内进行的诉讼行为才是有效的行为。法定期间包括两种：（1）国家专门机关在执行刑事诉讼职能时应当遵守的期限，如强制措施期限、侦查羁押期限、审查起诉期限、第一审期限、第二审期限、再审期限、执行期限等。（2）当事人和其他诉讼参与人在一定期限内，应当或可以为某种诉讼行为的期间，如上诉期限、委托律师及其他辩护人、诉讼代理人的期限等。

【强制措施期限】 是指国家专门机关在采取强制措施时应当遵守的法定期限。严格规定强制措施的期限，是无罪推定原则的重要体现，不仅有助于保障犯罪嫌疑人、被告人的人身自由不遭受任意的限制或者剥夺，而且有利于规范国家专门机关的刑事诉讼活动，防止国家权力的滥用。不同的强制措施具有不同的期限。例如，一次拘传持续的时间不得超过12小时，案情特别重大复杂需要采取拘留逮捕措施的不得超过24小时，不得以连续拘传的形式进行变相拘禁；人民法院、人民检察院和公安机关对犯罪嫌疑人、被告人采取取保候审、监视居住最长分别不得超过12个月、6个月；刑事拘留的期限一般为10日，在特殊情况下可以延长到14日，最长可以延长到37日。

【侦查羁押期限】 是指犯罪嫌疑人在侦查阶段被逮捕以后到侦查终结的法定期限。根据我国《刑事诉讼法》及其司法解释的有关规定，侦查羁押期限包括一般侦查羁押期限、侦查羁押期限的延长和侦查羁押期限的重新计算三种情形。根据《刑事诉讼法》第一百五十六条规定，在一般情况下，对犯罪嫌疑人逮捕后的侦查羁押期限不得超过2个月。在符合法定条件的情况下，国家专门机关按照法定程序可以对侦查羁押期限进行延长或者重新计算。

【侦查羁押期限的延长】 是指在符合法定条件的情况下，按照法定程序延长侦查羁押的期限。根据《刑事诉讼法》第一百五十六条至第一百五十九条规定，侦查羁押期限的延长包括如下几种情形：(1) 案情复杂、期限届满不能终结的案件，可以经上一级人民检察院批准延长1个月。(2) 因为特殊原因，在较长时间内不宜交付审判的特别重大复杂的案件，由最高人民检察院报请全国人民代表大会常务委员会批准延期审理。(3) 下列案件在《刑事诉讼法》第一百五十六条规定的期限届满不能侦查终结的，经省、自治区、直辖市人民检察院批准或者决定，可以延长2个月：交通十分不便的边远地区的重大复杂案件；重大的犯罪集团案件；流窜作案的重大复杂案件；犯罪涉及面广，取证困难的重大复杂案件。(4) 对犯罪嫌疑人可能判处10年有期徒刑以上刑罚，依照《刑事诉讼法》第一百五十八条规定延长期限届满，仍不能侦查终结的，经省、自治区、直辖市人民检察院批准或者决定，可以再延长2个月。

【延长侦查羁押期限的程序】 是指侦查机关在延长侦查羁押期限时需要遵守的诉讼程序。尽管延长侦查羁押期限有助于侦查机关进一步收集证据，但是这种做法会增加犯罪嫌疑人的负担，不利于贯彻落实无罪推定原则。有鉴于此，我国刑事诉讼法对延长侦查羁押期限规定了严格的程序。根据《刑事诉讼法》第一百五十六条至第一百五十九条、《公安机关办理刑事案件程序规定》第一百四十八条至第一百五十条、《实施刑事诉讼法规定》第二十一条、《人民检察院刑事诉讼规则》第三百零九条规定，公安机关需要延长侦查羁押期限的，应当制作提请批准延长侦查羁押期限意见书，写明主要案情和延长理由，经县级以上公安机关负责人批准，并在原有侦查羁押期限届满7日以前，根据不同的延长情形，送请同级人民检察院转报上一级人民检察院批准延长1个月，或者送请同级人民检察院层报省级人民检察院批准延长2个月，或者送请同级人民检察院层报省级人民检察院批准再延长2个月。人民检察院应当在羁押期限届满前作出决定。

根据《人民检察院刑事诉讼规则》第三百零六条至第三百一十四条规定，人民检察院侦查部门延长侦查羁押期限应当按照下列程序办理：(1) 人民检察院审查批准或者决定延长侦查羁押期限，由捕诉部门办理。(2) 侦查部门认为需要延长侦查羁押期限的，应当向本院捕诉部门移送延长侦查羁押期限的意见及有关材料。(3) 人民检察院审查后，应当提出是否同意延长侦查羁押期限的意见，将公安机关延长侦查羁押期限的意见和本院的审查意见层报有决定权的人民检察院审查决定，并在侦查羁押期限届满前作出是否批准延长侦查羁押期限的决定，交由受理案件的人民检察院捕诉部门送达公安机关或者本院侦查部门。(4) 地方各级人民检察院直接受理立案侦查的案件，应当根据不同的延长情形，报请上一级人民检察院批准。最高人民检察院和省级人民检察院直接受理立案侦查的案件，可以依法直接决定延长侦查羁押期限。(5) 因为特殊原因，在较长时间内不宜交付审判的特别重大复杂的案件，由最高人民检察院报请全国人民代表大会常务委员会批准延期审理。

【审查起诉期限】 是指人民检察院在审查起诉时应当遵守的法定期限。根据《刑事诉讼法》第一百七十二条、《人民检察院刑事诉讼规则》第三百五十一条规定，人民检察院对于移送起诉的案件，应当在1个月以内作出决定；重大、复杂的案件，1个月以内不能作出决定的，可以延长15日。人民检察院审查起诉的案件，改变管辖的，从改变后的人民检察院收到案件之日起计算审查起诉期限。根据《刑事诉讼法》第一百七十五条第三款、《人民检察院刑事诉讼规则》第三百四十六条第三款规定，人民检察院审查起诉中退回公安机关或者人民检察院侦查部门补充侦查的案件，补充侦查完毕移送人民检察院后，人民检察院重新计算审查起诉期限。

【第一审期限】 是指人民法院在审判第一审案件时应当遵守的法定期限。根据《刑事诉讼法》第二百零八条、第二百一十二条、第二百二十条、第二百二十一条，以及《刑事诉讼法司法解释》第二百一十条、第三百六十八条规定，第一审程序的审理期限因为不同的案件类型而有所差异：（1）人民法院审理第一审公诉案件，应当在受理后2个月以内宣判，至迟不得超过3个月。对于可能判处死刑的案件或者附带民事诉讼的案件，以及有《刑事诉讼法》第一百五十八条规定情形之一的，经上一级人民法院批准，可以延长3个月；因特殊情况还需要延长的，报请最高人民法院批准。申请上级人民法院批准延长审理期限，应当在期限届满15日前层报。有权决定的人民法院不同意延长的，应当在审理期限届满5日前作出决定。因特殊情况申请最高人民法院批准延长审理期限，最高人民法院经审查，予以批准的，可以延长审理期限1至3个月。期限届满案件仍然不能审结的，可以再次提出申请。（2）人民法院审理自诉案件的期限，被告人被羁押的，应当在受理后2个月以内宣判，至迟不得超过3个月。如果被告人未被羁押，应当在受理后6个月以内宣判。（3）适用简易程序审理案件，人民法院应当在受理后20日以内审结；对可能判处的有期徒刑超过3年的，可以延长至一个半月。（4）在符合法定条件的情况下，第一审的审理期限进行重新计算。一是人民法院改变管辖的第一审公诉案件或者自诉案件，从改变后的人民法院收到案件之日起计算审理期限。二是人民检察院补充侦查的案件，补充侦查完毕移送人民法院后，人民法院重新计算审理期限。三是适用简易程序审理的案件在转为普通程序审理的情况下，审理期限应当从决定转为普通程序之日起计算。另外，对于第一审案件的审理期限，还应该注意不计入审理期限的各种情形，如对被告人作精神病鉴定的时间不计入审理期限，中止审理的期间不计入审理期限等（参见“不计入期间的法定情形”词条）。

【上诉期限】 是指上诉人不服人民法院作出的第一审裁判而向上一级人民法院提起上诉时必须遵守的法定有效期限。为了防止诉讼拖延，及时纠正错误的裁判，或者保证正确裁判能够得到及时执行，我国刑事诉讼法对刑事上诉的启动时间进行了明确的限制。上诉人必须在法定的上诉期限范围内提出上诉。如果超过法定的上诉期限，第一审裁判就会成为发生法律效力的裁判；即使原审裁判存在错误，上诉人也无法通过上诉程序寻求救济。根据《刑事诉讼法》第二百三十条、《刑事诉讼法司法解释》第三百八十条规定，上诉必须在法定期限内提出。不服判决的上诉期限为10日，不服裁定的上诉期限为5日。上诉的期限，从接到判决书、裁定书的第2日起计算。对附带民事判决、裁定的上诉期限，应当按照刑事部分的上诉期限确定。附带民事部分另行审判的，上诉期限也应当按照刑事诉讼法规定的期限确定。

【抗诉期限】 是指人民检察院在向人民法院提起抗诉的时候应当遵守的法定有效期限。人民检察院的抗诉期限因为不同的抗诉种类而存在较大差异。人民检察院按照第二审程序提起的抗诉，其期限与上诉期间完全相同。目前，我国刑事诉讼法并没有明确规定人民检察院按照再审程序提起抗诉时应当遵守的法定有效期限。这意味着，只要人民检察院发现生效裁判确有错误，不论是在裁判的执行中，还是在执行完毕之后，均可以按照再审程序提出抗诉。但是有观点认为，如果原审裁判是无罪裁判，人民检察院按照再审程序提起抗诉的目的是将无罪裁判改为有罪裁判，那么人民检察院在提起再审抗诉时应当遵守我国刑法关于追诉时效的规定。如果原审被告人的犯罪行为已经超过追诉时效，那么即使原审生效裁判存在错误，人民检察院也无法按照再审程序提起抗诉。

【第二审期限】 是指第二审人民法院在审理刑事上诉或者抗诉案件时所遵守的法定期限。根据《刑事诉讼法》第二百四十三条规定，第二审人民法院受理上诉、抗诉案件，应当在2个月以内审结。对于可能判处死刑的案件或者附带民事诉讼的案件，以及有《刑事诉讼法》第一百五十八条规定情形之一的，经省、自治区、直辖市高级人民法院批准或者决定，可以延长2个月；因特殊情况还需要延长的，报请最高人民法院批准。最高人民法院受理上诉、抗诉案件的审理期限，由最高人民法院决定。根据《刑事诉讼法》第二百三十九条规定，第二审人民法院发回原审人民法院重新审判的案件，原审人民法院从收到发回的案件之日起，重新计算审理期限。这意味着，如果上诉人或者人民检察院对于原审人民法院针对发回重审案件所作出的裁判仍然不服而提出上诉或者抗诉时，那么第二审人民法院再次审理此案时，其审理期限也应该重新计算。另外，对于第二审案件的审理期限，还应该注意各种不计入审理期限的各种情形，如对被告人作精神病鉴定的时间不计入审理期限，中止审理的期间不计入审理期限，人民检察院查阅案卷的时间不计入审理期限等（参见“不计入期间的法定情形”词条）。

【再审期限】 是指人民法院在审判再审案件时应当遵守的法定期限。根据《刑事诉讼法》第二百五十八条第一款规定，人民法院按照审判监督程序重新审判的案件，应当在作出提审、再审决定之日起3个月以内审结，需要延长期限的，不得超过6个月。根据《刑事诉讼法》第二百五十八条第二款规定，接受抗诉的人民法院按照审判监督程序审理抗诉的案件，审理期限适用前款规定；对需要指令下级人民法院再审的，应当自接受抗诉之日起1个月以内作出决定，下级人民法院审理案件的期限适用第一款规定。值得注意的是，由于在人民检察院按照审判监督程序提出抗诉的情况下，人民法院无须作出再审决定书，因此，对于人民法院基于再审抗诉审理的刑事再审案件的审理期限而言，《刑事诉讼法》第二百五十八条实际上只是规定了期限的长短，并没有明确规定期限的起算时间。但是，根据2011年10月14日印发的《审理人民检察院按照审判监督程序提出的刑事抗诉案件规定》第二条规定，就人民法院基于再审抗诉审理的刑事再审案件而言，应当将《刑事诉讼法》第二百五十八条第一款规定的“再审决定之日”理解为人民法院收到抗诉书以后的立案决定之日。而且，根据《刑事再审案件开庭审理程序规定（试行）》第二十五条第二款规定，自接到阅卷通知后的第2日起，人民检察院查阅案卷超过7日后的期限，不计入再审审理期限。

【执行期间】 是指刑事执行机关在执行各种生效裁判时应当遵守的法定期限。在我国刑事诉讼中，执行的期间因为不同的执行对象或者执行内容而存在明显差异。例如，第一审人民法院判决被告人无罪、免除刑事处罚的，如果被告人在押，在宣判后应当立即释放；最高人民法院的执行死刑命令，由高级人民法院交付第一审人民法院执行，第一审人民法院接到执行死刑命令后，应当在7日内执行；罪犯被交付执行刑罚的时候，应当由交付执行的人民法院在判决生效后10日以内将有关的法律文书送达公安机关、监狱或者其他执行机关等。

【刑事诉讼送达】 是指人民法院、人民检察院和公安机关依照法定程序和方式，将诉讼文件送交诉讼参与人、有关机关和单位的一种刑事诉讼活动。根据我国《刑事诉讼法》及其司法解释的有关规定，刑事诉讼送达具有以下特点：（1）刑事诉讼送达是公安机关、人民检察院和人民法院所进行的诉讼活动。诉讼参与人向公安司法机关送交自诉状、上诉状、答辩状等诉讼文件的行为，不属于法定的刑事诉讼送达。（2）刑事诉讼送达必须依照法定的程序和方式进行。刑事诉讼法对刑事诉讼送达的程序和方式一般都有明确的规定。国家专门机关违反法定程序和方式送达诉讼文件的，不能产生法律效力。（3）刑事诉讼送达的内容是各种诉讼文件，如传票、通知书、起诉书、不起诉决定书、裁定书、判决书等。（4）刑事诉讼送达的收件人可以是公民个人，也可以是机关、单位，如接受通知辩护公函的法律援助机构，接受开庭通知的人民检察院，接受判决书的被告人等。刑事送达是依法进行刑事诉讼不可缺少的诉讼活动，是刑事诉讼的有机组成部分。尽管从形式上看刑事诉讼送达是向收件人交付某种诉讼文件，但是刑事诉讼送达实际上是公安司法机关的告知行为。刑事送达作为一项有法律意义的诉讼活动，不仅能够保证刑事诉讼的顺利进行，而且能够保障公安司法机关和诉讼参与人履行职责或行使诉讼权利。在我国刑事诉讼中，常见的送达方式有直接送达、留置送达、委托送达、邮寄送达、转交送达、公告送达等。

【诉讼文书】 是指公安司法机关和诉讼当事人在诉讼过程中制作的标志诉讼程序发生、发展和结束，或者处分当事人一定权利的具有法律意义的各种书面材料。诉讼文书必须合法，内容必须完整，概念必须准确，文字力求简洁、明了，避免因含义不清而发生误解。诉讼文书具有以下特征：（1）诉讼文书的制作主体是公安司法机关和诉讼当事人。非当事人的一般诉讼参与人书写、出具的书面材料不是诉讼文书。（2）诉讼文书的形成时间是在诉讼过程中。诉讼尚未开始之前或者已经终结之后所制作的书面材料不属于诉讼文书范围。（3）诉讼文书的基本内容是具有法律意义的事项，包括两个方面：一是能够表明诉讼的开始、进行和结束；二是处理当事人的合法权益或诉讼权利。凡不涉及诉讼的进展又与权利的处分无关的书面材料，不属于诉讼文书的范畴。（4）诉讼文书的表现形式只能是书面的，其格式标准要符合相应的规定要求。根据不同标准，诉讼文书可以作以下分类：①以制作主体为标准，可以分为国家专门机关制作的诉讼文书和诉讼当事人制作的诉讼文书；②以制作内容为标准，可以分为只涉及诉讼进程或者处分权利的诉讼文书，以及二者兼而有之的诉讼文书；③以保密性为标准，可以分为公开的诉讼文书和秘密的诉讼文书；④以法律效力为标准，可以分为具有法律效力的诉讼文书和不具有法律效力的诉讼文书。

【诉讼文件】 是指公安司法机关依其职权范围，按照法定程序制作的，并具有相应法律效力的书面文件。诉讼文件是公安司法机关在刑事诉讼中办案活动的文字反映，是诉讼文书的一部分。诉讼文件的格式和内容一般是由法律、法规或公安司法机关的内部规定加以明确规定。诉讼文件分为原本、正本和副本。原本又称底本，在诉讼中是指司法人员依法制作的原始文件。原本由原制作人制作后签名或盖章，并交由有关负责人审查定稿。原本一般由制作单位随案存档，作为其他文本的原始凭证。原本是正本、副本的出处。正本是副本的对称，是指依法按照原本制作的发给主收件人的诉讼文书。正本来源于原本，效力与原本相同。正本必须直接发给主收件人。副本是正本的对称，是指依法按照原本制作发给主收件人以外的其他人员或者收件单位的诉讼文书。副本来源于原本，它和正本一样具有原本相同的内容和法律效力。副本必须发给主收件人以外的有关人员或者收件单位，以便使其知晓诉讼文书的内容和处理结果。

【送达回证】 是指公安司法机关依法将诉讼文件送达收件人的凭证。在司法实践中，送达回证印制有固定的格式。其内容通常包括送达诉讼文件的机关，收件人的姓名，送达诉讼文件的名称，送达的时间、地点、方式，送达人、收件人的签名、盖章，签收日期。送达回证的使用方法是，公安司法机关送达诉讼文件时，向收件人出示送达回证，由收件人、代收人在送达回证上记明收到日期，并且签名或者盖章；遇到拒收或拒绝签名、盖章等，在实施留置送达程序中，送达人应当在送达回证上记明拒绝的事由、送达的日期，并且签名或者盖章。送达回证是公安司法机关依法送达诉讼文件的证明文件，是送达人完成送达任务的标志，是认定诉讼参与人的诉讼行为是否有效的依据，是计算期间的根据，是送达程序的必要形式。因此，在送达诉讼文件时必须使用送达回证，并且将送达回证入卷归档。

【直接送达】 是指公安司法机关派员将诉讼文件直接交给收件人本人，或者交给其成年家属、所在单位负责人代收的一种送达方式。根据《刑事诉讼法》第一百零七条规定，对传票、通知书、判决书、裁定书、调解书等具有重要法律后果的诉讼文件，公安司法机关通常采用直接送达的方式。根据《刑事诉讼法司法解释》第二百零四条规定，送达诉讼文书，应当由收件人签收。收件人不在的，可以由其成年家属或者所在单位负责收件的人员代收。收件人或者代收人在送达回证上签收的日期为送达日期。收件人签收和代收人签收具有同等的法律效力。相对于直接送达而言，留置送达、委托送达、邮寄送达、转交送达、公告送达等属于间接送达。

【留置送达】 是指在收件人本人或者代收人拒绝接收诉讼文件，或者拒绝签名、盖章的情况下，送达人员依法将诉讼文件放置在收件人或代收人的住处的一种送达方式。根据《刑事诉讼法》第一百零七条第二款规定，收件人本人或者代收人拒绝接收或者拒绝签名、盖章的时候，送达人可以邀请他的邻居或者其他见证人到场，说明情况，把文件留在他的住处，在送达证上记明拒绝的事由、送达的日期，由送达人签名，即认为已经送达。《刑事诉讼法司法解释》第二百零四条第二款进一步规定，收件人或者代收人拒绝签收的，送达人可以邀请见证人到场，说明情况，在送达回证上注明拒收的事由和日期，由送达人、见证人签名或者盖章，将诉讼文书留在收件人、代收人的住处或者单位；也可以把诉讼文书留在受送达人的住处，并采用拍照、录像等方式记录送达过程，即视为送达。显而易见，留置送达的前提条件必须是，收件人本人或者代收人拒绝接收或者拒绝签名、盖章。找不到收件人和代收人时，不能采用留置送达。而且，某些需要收件人亲自签收的诉讼文件不能适用留置送达，如调解书等。

【委托送达】 是指在直接送达诉讼文书有困难的情况下，由承办案件的公安司法机关委托收件人所在地的公安司法机关代为送达的一种方式。委托送达一般是在收件人不住在承办案件的公安司法机关所在地，而且是在直接送达有困难的情况下所采用的一种送达方式。如果送达人与收件人的所在地相同，则不能适用委托送达。根据《刑事诉讼法司法解释》第二百零六条规定，委托送达的，应当将委托函、委托送达的诉讼文书及送达回证寄送受托法院。受托法院收到后，应当登记，在10日内送达收件人，并将送达回证寄送委托法院；无法送达的，应当告知委托法院，并将诉讼文书及送达回证退回。

【邮寄送达】 是指公安司法机关将诉讼文件以挂号邮件形式邮寄给收件人的一种送达方式。根据《刑事诉讼法司法解释》第二百零五条，在直接送达有困难的情况下，既可以采用委托送达的方式，也可以采用邮寄送达的方式。根据《刑事诉讼法司法解释》第二百零七条规定，邮寄送达的，应当将诉讼文书、送达回证邮寄给收件人。签收日期为送达日期。

【转交送达】 是指公安司法机关将诉讼文件通过特定部门代收后转交给收件人的一种送达方式。根据《刑事诉讼法司法解释》第二百零八条规定，适用转交送达的情形主要包括：（1）诉讼文书的收件人是军人的，可以通过其所在部队团级以上单位的政治部门转交；（2）收件人正在服刑的，可以通过执行机关转交；（3）收件人正在接受专门矫治教育等的，可以通过相关机构转交。在刑事诉讼中，采取转交送达的方式主要是考虑到收件人的特殊情况。例如，如果收件人是军人，通过转交送达既有利于维护部队的机密，又有助于部队政治机关及时了解情况，做好收件人的思想工作，保持部队的稳定。对服刑和正在接受专门矫治教育的人通过转交送达，有利于有关单位了解情况，及时掌握收件人的思想、情绪动向，防止发生意外情况。

【公告送达】 是指在采用直接送达、留置送达、委托送达、邮寄送达、转交送达等方式无法将诉讼文件送达收件人的情况下，人民法院通过公告将诉讼文件有关内容告知收件人的一种特殊送达方式。根据《刑事诉讼法》第二百九十九条规定，在犯罪嫌疑人、被告人逃匿、死亡案件违法所得没收程序中，人民法院受理没收违法所得的申请后，应当发出公告。公告期间为 6 个月。在公告期间，犯罪嫌疑人、被告人的近亲属和其他利害关系人有权申请参加诉讼，也可以委托诉讼代理人参加诉讼。人民法院在公告期满后对没收违法所得的申请进行审理。根据《刑事诉讼法司法解释》第六百一十四条规定，（1）人民法院决定受理没收违法所得的申请后，应当在 15 日内发出公告，公告期为 6 个月。（2）公告应当写明以下内容：案由；犯罪嫌疑人、被告人的基本情况；犯罪嫌疑人、被告人涉嫌犯罪的事实；犯罪嫌疑人、被告人逃匿、被通缉、脱逃、下落不明、死亡等情况；申请没收的财产的种类、数量、价值、所在地等以及已查封、扣押、冻结财产的清单和法律手续；申请没收的财产属于违法所得及其他涉案财产的相关事实；申请没收的理由和法律依据；利害关系人申请参加诉讼的期限、方式以及未按照该期限、方式申请参加诉讼可能承担的不利法律后果；应当公告的其他情况。（3）公告应当在全国公开发行的报纸、信息网络媒体、最高人民法院的官方网站发布，并在人民法院公告栏发布。必要时，公告可以在犯罪地、犯罪嫌疑人、被告人居住地或者被申请没收财产所在地发布。最后发布的公告的日期为公告日期。发布公告的，应当采取拍照、录像等方式记录发布过程。（4）人民法院已经掌握境内利害关系人联系方式的，应当直接送达含有公告内容的通知；直接送达有困难的，可以委托代为送达、邮寄送达。经受送达人同意的，可以采用传真、电子邮件等能够确认其收悉的方式告知公告内容，并记录在案。

【调解书的送达要求】 是指人民法院在调解书送达收件人时需要遵守的特殊要求。在刑事诉讼中，调解书是一种比较特殊的诉讼文书。其特殊性表现在，调解书只有经过双方当事人都签收的情况下才具有法律效力；在送达调解书时，一方当事人享有反悔的权利，而在这种情况下，人民法院应当及时作出判决。根据《刑事诉讼法》第一百零三条、第二百一十二条规定，人民法院在审理附带民事诉讼案件和自诉案件时，都可以进行调解，以调解的方式结案。而根据《刑事诉讼法司法解释》第一百九十条、第一百九十一条、第三百二十八条规定，人民法院在审理附带民事诉讼案件和自诉案件过程中，调解书只有经过双方当事人都签收，才具有法律效力；在签收调解书前如果当事人反悔，人民法院应当及时作出判决。显而易见，根据以上规定以及调解书的特殊性质，人民法院送达调解书时应当尽可能地采用直接送达的方式，而不宜采用其他送达方式，尤其是不能采用留置送达和公告送达的方式。这是因为，在直接送达的情况下，能够确保当事人在场亲自进行签收，进而产生调解书的法律效力。如果当事人没有亲自签收调解书，调解书就不能生效。而且，在送达调解书时，当事人享有反悔的权利。如果不采用直接送达的方式，就有可能侵犯当事人反悔的权利。

【刑事诉讼中止】 是指在刑事诉讼过程中，由于发生某种情况或出现某种障碍影响诉讼的正常进行而将诉讼暂时停止，待有关情况或障碍消失后，再恢复诉讼的一种诉讼制度。刑事诉讼法之所以规定刑事诉讼中止制度，主要是因为在刑事诉讼过程中可能会发生意外，从而使刑事诉讼无法继续进行下去，但又不能终结诉讼。刑事诉讼中止的基本特点是：(1) 刑事诉讼中止可以发生在诉讼的任何阶段，即侦查阶段、起诉阶段和审判阶段都有可能发生刑事诉讼中止。(2) 刑事诉讼中止后，既不能撤销案件，也不能终止诉讼，而只是将诉讼程序暂时地、不定期地停止，直到引起诉讼中止的原因消失以后，刑事诉讼才恢复进行。(3) 刑事诉讼中止前所进行的诉讼活动仍然有效，有关专门机关和诉讼参与人有权利也有义务继续完成法定的诉讼行为。(4) 刑事诉讼中止的期间不计入国家专门机关的办案期限，也不影响当事人行使其依法享有的诉讼权利。根据1996年修正的《刑事诉讼法》(已被修改) 及其司法解释规定了中止侦查、中止审查起诉、中止审理和中止执行。但是在2012年修改《刑事诉讼法》后，我国《刑事诉讼法》及其司法解释取消了中止侦查、中止审查起诉，只保留了中止审理和中止执行。从司法实践来看，刑事诉讼中止的主要原因包括犯罪嫌疑人、被告人、自诉人在诉讼过程中患重病或精神病发作，或者犯罪嫌疑人、被告人在刑事诉讼过程中潜逃，或者导致刑事诉讼无法正常进行而必须暂时停止的其他原因。

【中止审理】 是指人民法院在审判过程中，因出现使案件在较长时间内无法继续审理的情形，而决定暂停审理，等待该项原因消失以后，再行恢复审理。尽管刑事诉讼的中止审理与延期审理都是因为遇到法定事由而由人民法院决定暂停审理的一种诉讼制度，但是二者具有明显区别。一方面，中止审理和延期审理的理由不同。中止审理主要是因为与案件有直接利害关系的当事人不能到庭，尤其是被告人不能到庭受审，因而案件不能继续审理，而延期审理则是因故不能按照原定时间开庭审理，或者是在开庭后因故不能继续审理而决定顺延审判期日的一种诉讼处理，当影响开庭审理的事由消失后，诉讼恢复进行。另一方面，中止审理是中止诉讼程序，因而中止审理的期间不计入审判期限，而延期审理只是中断审判的具体时间，而不是诉讼活动的停止，因而延期的期间一般要计入审判期限。

根据《刑事诉讼法》第二百零六条规定，在审判过程中，有下列情形之一，致使案件在较长时间内无法继续审理的，可以中止审理：(1) 被告人患有严重疾病，无法出庭的；(2) 被告人脱逃的；(3) 自诉人患有严重疾病，无法出庭，未委托诉讼代理人出庭的；(4) 由于不能抗拒的原因。中止审理的原因消失后，应当恢复审理。中止审理的期间不计入审理期限。根据《刑事诉讼法司法解释》第三百一十四条规定，有多名被告人的案件，部分被告人具有《刑事诉讼法》第二百零六条第一款规定情形的，人民法院可以对全案中止审理；根据案件情况，也可以对该部分被告人中止审理，对其他被告人继续审理。对中止审理的部分被告人，可以根据案件情况另案处理。《刑事诉讼法司法解释》第三百三十二条也规定，被告人在自诉案件审判期间下落不明的，人民法院可以裁定中止审理；符合条件的，可以对被告人依法决定逮捕。

【中止执行】 是指刑事执行机关在执行过程中因为出现无法执行的情形，而决定暂停执行，等待该项原因消失以后，再行恢复执行。根据《刑事诉讼法》第二百五十七条第二款，人民法院按照审判监督程序审判的案件，可以决定中止原判决、裁定的执行。《刑事诉讼法司法解释》第四百六十四条进一步规定，再审期间不停止原判决、裁定的执行，但被告人可能经再审改判无罪，或者可能经再审减轻原判刑罚而致刑期届满的，可以决定中止原判决、裁定的执行。

【刑事诉讼终止】 是指在刑事诉讼过程中，因发生某种法定情形使得诉讼不必要或者不应当继续进行，从而结束诉讼的一种诉讼制度。刑事诉讼终止的基本特点是：一旦作出诉讼终止的决定，所有的诉讼活动都要立即停止进行，已经对犯罪嫌疑人、被告人采取的各种强制措施也因诉讼终止的决定而失效。刑事诉讼终止既有利于维护法律的严肃性，避免办案人员无效劳动，节省司法资源，集中力量惩罚犯罪，也可以使有关当事人及时从诉讼中解脱出来，免受诉累，保障其合法权益。尽管刑事诉讼终止与刑事诉讼中止都具有停止诉讼的效力，但是二者具有明显差异：（1）条件不同。前者适用于不必要或者不应当进行诉讼的各种法定情形，后者则适用于出现了致使诉讼无法继续进行的特殊情况或客观障碍。（2）结果不同。前者是终结案件，不再追究犯罪嫌疑人或被告人的刑事责任；后者则是暂停诉讼，待特殊情况或客观障碍消除后再恢复诉讼，继续对犯罪嫌疑人或被告人进行追诉活动。（3）程序不同。出现刑事诉讼终止的法定情形时，由公安机关、人民检察院和人民法院三机关分别作出撤销案件的决定、不起诉的决定或者终止审理的裁定，并应制作正式的法律文书，送达犯罪嫌疑人、被告人以及他们所在单位和家属，如果犯罪嫌疑人、被告人在押，应当立即释放，并且发给释放证明。而在刑事诉讼中止的情形时，相关刑事诉讼活动暂时停止。在导致中止诉讼的原因消失以后，相关刑事诉讼活动得以恢复，而且刑事诉讼中止前所进行的诉讼活动仍然有效。值得注意的是，刑事诉讼终止只是终止追究本案犯罪嫌疑人、被告人的刑事责任，既不排除依法追究该犯罪嫌疑人、被告人的刑事责任，也不能豁免其他行为人的刑事责任。

【刑事诉讼终止的情形】 是指在刑事诉讼过程中，导致刑事诉讼活动不必要或者不应当继续进行的具体原因。终止刑事诉讼必须满足两个条件：一是必须是在刑事诉讼过程中；二是必须具有不追究刑事责任的法定情形。所谓具有不追究刑事责任的法定情形，主要就是《刑事诉讼法》第十六条规定的几种情形（参见“依照法定情形不予追究刑事责任原则”词条）。除了《刑事诉讼法》第十六条规定的六种情形以外，在司法实践中，下列两种情形也应当终止刑事诉讼：没有犯罪事实，或者犯罪嫌疑人、被告人不构成犯罪；虽然存在犯罪事实，但是该犯罪事实不是犯罪嫌疑人、被告人所为。另外，根据《人民检察院刑事诉讼规则》第五百二十六条规定，在审查公安机关移送的没收违法所得意见书的过程中，在逃的犯罪嫌疑人、被告人自动投案或者被抓获的，人民检察院应当终止审查，并将案卷退回公安机关处理；根据《刑事诉讼法》第三百零一条规定，在犯罪嫌疑人、被告人逃匿、死亡案件违法所得的没收案件审理过程中，在逃的犯罪嫌疑人、被告人自动投案或者被抓获的，人民法院应当终止审理。

【终止侦查】 是指侦查机关经过侦查以后发现不应当继续侦查时而结束侦查程序的一种诉讼制度。根据《公安机关办理刑事案件程序规定》第一百八十六至第一百九十条规定，对于经过侦查，发现有犯罪事实需要追究刑事责任，但不是被立案侦查的犯罪嫌疑人实施的，或者共同犯罪案件中部分犯罪嫌疑人不够刑事处罚的，应当对有关犯罪嫌疑人终止侦查，并对该案件继续侦查。需要对犯罪嫌疑人终止侦查的，办案部门应当对犯罪嫌疑人制作终止侦查报告书，报县级以上公安机关负责人批准。公安机关决定对犯罪嫌疑人终止侦查时，原犯罪嫌疑人在押的，应当立即释放，发给释放证明书。原犯罪嫌疑人被逮捕的，应当通知原批准逮捕的人民检察院。对原犯罪嫌疑人采取其他强制措施的，应当立即解除强制措施；需要行政处理的，依法予以处理或者移交有关部门。对查封、扣押的财物及其孳息、文件，或者冻结的财产，除按照法律和有关规定另行处理的以外，应当解除查封、扣押、冻结。公安机关作出终止侦查决定后，应当在3日以内告知原犯罪嫌疑人。对于犯罪嫌疑人终止侦查后又发现新的事实或者证据，认为有犯罪事实需要追究刑事责任的，应当继续侦查。

【终止审理】 是指人民法院在审判案件过程中，遇到法律规定的情形而导致不应当进行审判或者不需要继续进行审判时终结案件的一种诉讼活动。根据《刑事诉讼法》第十六条、《刑事诉讼法司法解释》第二百九十五条第一款，人民法院对提起公诉的案件审查后，发现案件符合下列情形之一的，应当裁定终止审理或者退回人民检察院：（1）犯罪已过追诉时效期限的；（2）经特赦令免除刑罚的；(3) 依照刑法告诉才处理的犯罪，没有告诉或者撤回告诉的；(4)犯罪嫌疑人、被告人死亡的；(5) 其他法律规定免予追究刑事责任的。根据《刑事诉讼法》第三百零一条、《刑事诉讼法司法解释》第二百九十五条、第三百九十条、第六百二十五条规定，终止审理的情形还包括：（1）在审理申请没收违法所得的案件过程中，在逃的犯罪嫌疑人、被告人到案的，人民法院应当裁定终止审理。（2）人民法院审理第一审公诉案件后，如果发现犯罪已过追诉时效期限且不是必须追诉，或者经特赦令免除刑罚的，应当裁定终止审理。（3）对第一审公诉案件，人民法院审理后，如果被告人死亡的，应当裁定终止审理；根据已查明的案件事实和认定的证据，能够确认无罪的，应当判决宣告被告人无罪。（4）共同犯罪案件，上诉的被告人死亡，其他被告人未上诉的，第二审人民法院仍应对全案进行审查。经审查，死亡的被告人不构成犯罪的，应当宣告无罪；构成犯罪的，应当终止审理。对其他同案被告人仍应作出判决、裁定。

【刑事诉讼终止的程序】 是指在刑事诉

讼活动中，遇到符合刑事诉讼终止的情形时，公安机关、人民检察院和人民法院应当依法采取的处理程序。刑事诉讼终止的程序因为不同的情形和诉讼阶段而有所不同。一般而言，在某一个刑事诉讼阶段发现应当终止刑事诉讼的情形时，应当由主持该阶段刑事诉讼活动的国家专门机关作出终止刑事诉讼活动的决定。概括说来，根据《刑事诉讼法》第十六条规定，刑事诉讼终止的程序主要就是侦查阶段的不立案、撤销案件，审查起诉阶段的不起诉，以及审判阶段的终止审理、宣告无罪（参见“不追究刑事责任的处理方式”词条）。

【刑事证据】 是指在刑事诉讼中以法定形式表现出来的、能够对案件事实起到证明作用的材料。在以往的理论与实践中，我国对于刑事证据的理解多达十几种观点，如根据说、法律存在说、命题说、信息说、原因说、结果说、方法说、手段说、多重含义说、反映说、证明说、材料说等。根据《刑事诉讼法》第五十条规定，我国刑事证据采用了材料说，刑事证据必须符合以下基本条件：（1）刑事证据本身是一种客观存在的材料；（2）刑事证据是证明案件真实情况的根据和认定案件事实的手段；（3）刑事证据必须符合法律规定的八种表现形式，即物证，书证，证人证言，被害人陈述，犯罪嫌疑人、被告人供述和辩解，鉴定意见，勘验、检查、辨认、侦查实验等笔录，以及视听资料、电子数据。不管如何理解刑事证据的概念，刑事证据是整个刑事诉讼活动的基础和核心。

【查证属实】 是指公安司法机关依法收集的证据所承载的内容或者信息的真实性得到其他证据的验证，从而能够准确地反映和证明客观事实。查证属实是我国刑事证据立法和司法中极为重要的一个概念。就刑事证据的属性而言，查证属实是刑事证据客观性的必然要求。这也是长期以来我国刑事证据立法将证据界定为能够证明案件真实情况的一切事实的一个重要原因。从《刑事诉讼法》第五十条规定的证据概念与种类来看，证据必须经过查证属实，才能作为定案的根据。就刑事证据的运用来说，查证属实是公安司法机关审查判断证据、运用证据证明案件事实的基本要求。例如，《刑事诉讼法》第五十五条在界定证据确实、充分的条件时明确规定，据以定案的证据均经法定程序查证属实；根据《刑事诉讼法司法解释》第七十一条规定，证据未经当庭出示、辨认、质证等法庭调查程序查证属实，不得作为定案的根据；根据《刑事诉讼法司法解释》第一百四十条规定，运用间接证据认定被告人有罪时的首要标准就是证据已经查证属实；根据《人民检察院刑事诉讼规则》第一百二十八条第二款规定，逮捕的一个证据条件是必须证明犯罪嫌疑人实施犯罪行为的证据已经查证属实；根据《人民检察院刑事诉讼规则》第三百六十八规定，证据不足的一个构成要件是据以定罪的证据存在疑问，无法查证属实。查证，是指司法机关经过法定程序，对证据的客观性、关联性、合法性等情况进行审查，并将某个证据所提供的情况与其他证据进行相互验证，去伪存真，从而确定证据是否真实、可靠。属实，是指证据是真实的，能够用来证明案件事实。另外，查证属实须运用相互印证原理来判断，即一个证据之所以能够被评价为查证属实，是因为该证据得到其他真实的证据的印证。

【刑事证据的属性】　是指刑事证据的本质特征。在我国诉讼法学界，刑事证据的属性是一个众说纷纭的话题。国内对刑事证据属性的界定通常采取两种方法。(1) 用证据的客观性、关联性以及合法性来界定刑事证据的属性。(2) 用证据的证据能力和证明力来界定证据的属性。对于前一种方法，曾经存在极大争议。但是越来越多的人认为，刑事证据具有客观性、关联性和合法性三个基本特征，刑事证据是内容和形式的统一。客观性和关联性涉及的是刑事证据的内容，合法性涉及的是刑事证据的形式。刑事证据的客观性是刑事证据相关性和合法性的物质基础；刑事证据的关联性是刑事证据客观性和合法性的逻辑前提；刑事证据的合法性是刑事证据客观性和相关性的重要保障。对于后一种方法，理论界和实务界也基本上达成共识。

【刑事证据的客观性】　是指据以证明案件事实的刑事证据是真实反映案件事实的客观存在物。也就是说，无论是刑事证据所反映的内容，还是承载刑事证据内容的载体，都是客观存在的。刑事证据的客观性主要表现在如下三个方面：(1) 刑事证据是独立于人的意识之外的客观存在物；(2) 刑事证据与案件事实之间的关系不以人的意志为转移；(3) 刑事证据的内容是案件事实的客观反映。刑事证据的客观性是由犯罪事实本身的客观性所决定的。从辩证唯物主义认识论来看，尽管犯罪活动受到犯罪行为人的主观意识支配，但是犯罪行为是在特定时空范围内发生的物质运动，是独立于人的意识之外而存在的客观存在物。在犯罪行为发生以后，不管是否发现或者认识犯罪行为，犯罪事实都是客观存在的。而刑事证据只有客观反映犯罪行为的真实情况才能再现和证明犯罪事实。就物质交换原理而言，犯罪在本质上是一个物质交换的过程。犯罪行为人在实施犯罪的过程中因为需要接触周围环境与事物而必然发生物质交换，从而留下能够证明犯罪事实的而且不以人的意志为转移的各种客观物质或者痕迹。尽管办案人员在收集和运用刑事证据的过程中可能会夹杂着人的主观因素，尤其是言词证据不可避免地含有人的主观因素，但是这些主观因素并不能因此而改变刑事证据本身的客观性。在刑事诉讼活动中，承认和认识刑事证据的客观性具有重要意义。例如，办案人员在收集和运用刑事证据的过程中必须尊重客观事实，按照刑事证据的本来面目去再现和证明犯罪事实，而不能主观臆断，将主观想象、猜测甚至捏造、虚构的事实作为刑事证据使用。再如，犯罪事实是可以认识的，办案人员只要坚持一切从实际出发，做到主观符合客观，就能够发现和证明犯罪事实。长期以来，受辩证唯物主义认识论的影响，刑事证据具有客观性，而且将客观性作为刑事证据最基本或者最本质的特征。但是，随着对辩证唯物主义认识论的不断反思，越来越多的学者认为刑事证据不仅具有客观性，而且具有主观性，或者说刑事证据是主客观的统一体。

【刑事证据的关联性】　又称刑事证据的相关性，是指刑事证据因为与案件事实之间存在某种联系而对案件事实具有证明价值。由于刑事证据是犯罪行为的产物，因此，刑事证据与案件事实之间必然存在联系。刑事证据的关联性具有如下特征：(1) 刑事证据与案件事实之间的联系具有客观性，是不以人的意志为转移的客观存在。基于这种客观性，办案人员在分析和认识刑事证据与案件事实之间的联系时应当实事求是，坚持从实际出发，而不能主观臆断或者牵强附会，夹杂各种人为因素。（2）刑事证据与案件事实之间的联系具有多样性，如时间联系与空间联系，必然联系与偶然联系，直接联系与间接联系，肯定联系与否定联系等。不管刑事证据与案件事实之间存在何种联系，刑事证据都对案件事实起到一定的证明作用，能够从某个方面或者某些方面反映出一定的犯罪事实。（3）刑事证据与案件事实之间的联系具有可知性。只要办案人员能够遵循客观规律，掌握正确方法，充分发挥其主观能动性，就能够揭示刑事证据与案件事实之间的各种联系。检验刑事证据与待证事实之间是否具备关联性，通常需要考虑以下三个问题：（1）控辩双方所提出来的刑事证据所要证明的问题是什么；（2）控辩双方所要证明的问题是否属于争议中的事项；（3）控辩双方所提出来的刑事证据对于争议事项的证明是否具有帮助。

【刑事证据的合法性】 又称刑事证据的许可性、刑事证据的法律性，是指刑事证据必须被依法收集和运用。一般而言，刑事证据的合法性具体包括：（1）收集、运用证据的主体要合法，没有获得法律授权的主体不得收集和运用刑事证据；（2）收集、运用的刑事证据必须符合刑事诉讼法规定的各种形式和证据种类；（3）按照刑事诉讼法规定的程序和方法收集、运用刑事证据；（4）刑事证据必须经过法定程序查证属实才能作为定案根据。刑事证据的客观性和关联性反映了刑事证据的自然属性，而刑事证据的合法性反映了刑事证据的法律属性或者社会属性。刑事证据的合法性既是刑事证据具备法律效力的重要条件，也是刑事证据客观性和关联性的重要保障。在刑事诉讼活动中，办案人员不仅需要审查判断刑事证据的客观性和关联性，而且需要审查判断刑事证据的合法性。只有在刑事证据同时具备客观性、关联性与合法性的情况下，才有可能作为定案的根据。为了确保刑事证据的合法性，我国《刑事诉讼法》不仅对刑事证据的收集、固定、保全、审查判断、查证核实等都规定了严格的程序和制度，而且规定了非法证据排除规则（参见“非法证据排除规则”词条）。

【刑事证据的证据能力】 又称刑事证据的资格或者刑事证据的适格性，是指刑事证据资料在法律上允许其作为证据的资格。刑事证据的证据能力是大陆法系国家惯用的一个概念。我国学者常常用刑事证据的合法性来描述刑事证据的证据能力，即具备合法性的刑事证据就是具备刑事证据的证据能力。刑事证据的证据能力反映了刑事证据的社会属性和法律属性。证据能力是人类社会附加给刑事证据的一种属性，或者说是人类社会对刑事证据的一种法律评价。因此，刑事证据的证据能力属于法律问题，包含了人类社会的一系列价值判断与选择过程。这也决定了刑事证据法可以事先预设刑事证据的证据能力。

【刑事证据的证明力】 是指刑事证据对案件事实是否具有证明作用以及证明作用的程度如何。我国学者常常用刑事证据的关联性和刑事证据的客观性来说明刑事证据的证明力问题。一方面，刑事证据的证明力是刑事证据本身固有的一种自然属性，因而是客观存在的，不以人的意志为转移。另一方面，刑事证据对案件事实有无证明力以及证明力的大小，取决于刑事证据与案件事实之间有无联系以及联系的紧密、强弱程度。一般来说，刑事证据与案件事实之间的联系越紧密或者越强，刑事证据的证明力就越大。在现代刑事诉讼中，判断刑事证据的证明力往往是经验问题或者逻辑问题，而不是法律问题。刑事证据法不应当也无法事先预设证明力的表现形式、大小强弱，而只能交给办案人员凭着良心、逻辑、经验等进行自由心证或者自由裁量，或者由办案人员按照法定程序予以审查判断。

刑事证据的证明力与刑事证据的证据能力之间具有如下区别：（1）解决的问题不同。证据的证据能力解决的主要是某个证据能否提交到法庭予以裁判的问题。如果某个证据不具备证据能力，那么该证据就不应当出现在法庭之上。而证据的证明力解决的主要是某个证据对于案件事实有无证明作用及其证明作用大小的问题。（2）角度不同。证据的证据能力是从证据的形式方面去考察某个证据在法律上有无资格作为法庭裁判的对象。而证据的证明力是从证据的实质方面去考察某个证据对于待证事实的证明作用和证明价值。（3）性质不同。证据的证据能力属于法律问题，它必须由法律预先作出明确的规定，法律以什么标准、什么规则以及什么方式来设定证据的证据能力包含着人们的一系列价值判断与选择过程。而证据的证明力属于经验问题、逻辑问题，法律不应当也无法人为地预先设置它们的表现形式、大小强弱，而只能交给法官凭着良心、逻辑、经验等进行自由裁量。

【刑事证据制度】 是指法律规定或确认的关于刑事诉讼中的证据和种类、证明主体、证明对象、证明责任、证明标准以及如何收集、固定、保全、审查判断证据，如何运用证据认定案件事实的一整套规则体系。在现代刑事诉讼中，刑事证据制度要么来源于刑事诉讼法律规范，要么来源于单独的刑事证据法典，或者来源于统一的证据法典。刑事证据制度是国家司法制度和诉讼制度的重要组成部分，随着社会经济基础和政治制度的变化而变化，同人类认识客观世界的能力和水平密切相关。不同社会制度和诉讼制度，具有不同的刑事证据制度。在人类法制史上，主要出现过神示证据制度、法定证据制度、自由心证证据制度、内心确信证据制度等刑事证据制度。

【法定证据制度】 是指法律根据各种证据的不同形式，对于其证明力的大小以及如何审查判断和运用，都事先加以明文规定，法官审理案件必须据此作出判决，而不能自由评断和取舍的一种证据制度。法定证据制度流行于欧洲大陆中世纪，是封建君主专制政治体制与纠问式诉讼制度的产物。法定证据制度的特点主要包括：（1）法律预先规定各种证据的证明力和判断证据的规则。（2）法律对于证据证明力和判断证据规则的规定，主要是根据证据的形式，而不是根据证据的具体内容。（3）被告人供述是证据之王，刑讯逼供是取得被告人供述所普遍采用的合法形式。（4）法律对证据证明力和判断证据规则的规定是审查判断证据的绝对性依据。（5）法律关于证明力大小的规定体现了封建等级制度。尽管法定证据制度有力地限制了法官的司法专横，但它是建立在形而上学的理论基础之上的一种证据制度，导致刑讯逼供盛行，是反科学的，而且是具有浓厚封建性、残酷性和反动性的一种证据制度。在欧洲中世纪，之所以刑讯逼供比较盛行，与法定证据制度允许刑讯逼供存在直接关系。

【自由心证证据制度】 是指证据证明力的大小以及证据的取舍和运用，法律不预先作出明确规定，而是由法官根据自己的良心、理性进行自由判断，并根据其形成的内心确信，认定案件事实的一种证据制度。自由心证证据制度的主要特征包括：（1）审查判断证据是法官享有的权利，即法官凭借自己的良心和理性自由判断证据和运用证据。（2）法官必须根据自己的内心确信来认定案件事实。自由心证证据制度是资本主义国家建立的一种证据制度。自由心证证据制度作为资产阶级国家反封建斗争的产物，同法定证据制度相比具有明显的历史进步性。尽管自由心证证据制度推动了诉讼制度的科学化与民主化，但它具有主观唯心主义色彩，容易受司法者个人因素的影响，产生主观臆断。

【内心确信证据制度】 是指苏联以及东欧国家所采用的一种证据制度。内心确信，是指审判员心理上对案件所作结论的正确性和可靠性的信念。审判员的内心确信是主客观因素互相作用的结果。主观因素是指审判员的社会生活经验、业务能力、世界观、法律意识等。客观因素是指形成内心确信的根据和基础，即证据。内心确信证据制度是在废除法定证据制度之后，批判地继承自由心证证据制度基础上逐渐形成的。内心确信证据制度以辩证唯物主义为指导，以社会主义法律意识为依据，具有一定的进步性。

【"两个证据规定"】 "两个证据规定"是指 2010 年 5 月最高人民法院、最高人民检察院、公安部、国家安全部和司法部联合发布的《办理死刑案件审查判断证据规定》和《办理刑事案件排除非法证据规定》。《办理死刑案件审查判断证据规定》共 41 条，分为三个部分：第一部分主要规定了证据裁判原则、程序法定原则、证据质证原则及死刑案件的证明对象、证明标准等内容，特别强调了对死刑案件应当实行最为严格的证据要求；第二部分规定了证据的分类审查与认定，除了法定的七种证据，还规定了实践中存在的其他证据材料如电子证据、辨认笔录等的审查与认定；第三部分主要规定了对证据的综合认证，包括如何运用间接证据定案，如何补正和调查核实存疑证据以及如何严格把握死刑案件的量刑证据等。《办理死刑案件审查判断证据规定》共计 15 条，主要包括两个方面的内容：一是实体性规则，旨在对非法言词证据的内涵和外延进行界定，并规定相应的法律后果。二是程序性规则，旨在将有关非法取证的问题纳入诉讼中程序裁判的范畴予以解决。"两个证据规定"不仅全面规定了刑事诉讼证据的基本原则，细化了证明标准，还进一步具体规定了对各类证据的收集、固定、审查、判断和运用；不仅规定了非法证据的内涵和外延，还对审查和排除非法证据的程序、证明责任等问题进行了具体的规范。"两个证据规定"的出台与实施，标志着我国刑事证据规则体系初步形成。

【证据裁判原则】 又称证据裁判主义，

是指公安司法机关在诉讼活动中认定案件事实必须以证据为根据。也就是说没有证据，不能认定案件事实。在刑事诉讼中，其基本含义包括：刑事裁判的形成必须以证据为依据；没有证据，不得认定犯罪事实；据以作出裁判的证据必须达到相应的要求，就认定被告人犯罪事实根据的证据而言，必须达到确实、充分的程度。证据裁判原则是现代证据制度的一项基本原则。这是因为，在现代诉讼活动中，证据是再现案件事实的唯一手段，司法机关对案件事实的认定只能依赖于各种证据，而不可能像古代社会那样依赖于神灵的启示。也正是在这个意义上，现代证据制度被视为现代诉讼制度的基础和核心。尽管证据裁判原则是现代法治国家公认的一项原则，但是该原则也具有一定的例外，如司法认知、刑事推定等。证据裁判原则对于司法机关正确认定案件事实、避免冤枉无辜、保障人权以及增强裁判的权威性、正当性、可预见性、可接受性等都具有重大意义。

尽管我国《刑事诉讼法》没有直接规定证据裁判原则，但是有关条文体现了证据裁判原则的基本精神。尤其是许多司法解释明确规定了证据裁判原则，如《办理死刑案件审查判断证据规定》《严格依法办案确保办理死刑案件质量意见》《建立健全防范刑事冤假错案工作机制意见》《加强出庭公诉工作意见》《推进以审判为中心的刑事诉讼制度改革意见》《刑事诉讼法司法解释》等。根据最高人民法院公布的《人民法院办理刑事案件第一审普通程序法庭调查规程（试行)》第一条规定，我国证据裁判原则包括如下内容：(1) 法庭应当坚持证据裁判原则；(2) 认定案件事实，必须以证据为根据；(3) 法庭调查应当以证据调查为中心；(4) 证据未经当庭出示、宣读、辨认、质证等法庭调查程序查证属实，不得作为定案的根据。

【依法收集证据】 是指审判人员、检察人员、侦查人员必须依照法定程序收集证据。这既是现代法治国家程序法定原则的重要体现，又是我国严格遵守法律程序原则在刑事证据制度中的必然要求，更是我国非法证据排除规则的题中应有之义。审判人员、检察人员、侦查人员作为刑事诉讼活动中的主导者，能否依法收集证据，对于顺利实现我国《刑事诉讼法》的目的和任务，以及维护司法公正、保障人权等都具有至关重要的作用。根据《刑事诉讼法》第五十二条规定，依法收集证据原则的具体内涵包括：(1) 在刑事诉讼中，审判人员、检察人员、侦查人员是收集证据的法定主体。除了辩护人在履行辩护职责过程中可以依法调查取证以外，其他任何公民或者单位都不是收集刑事证据的主体。(2) 审判人员、检察人员、侦查人员在收集证据的过程中，必须按照法律规定的诉讼程序进行，如讯问程序、询问程序等。(3) 审判人员、检察人员、侦查人员必须通过合法的手段收集证据，而不能采用刑讯逼供等非法方法收集证据，也不能强迫任何人证实自己有罪。为了保障依法收集证据原则的贯彻落实，我国《刑事诉讼法》还规定了非法证据排除规则，明确规定违反法定程序收集证据的法律后果（参见“非法证据排除规则”词条）。

【全面收集证据原则】 是指审判人员、检察人员、侦查人员在收集证据的过程中，应当收集能够证实犯罪嫌疑人、被告人有罪或者无罪、犯罪情节轻重的各种证据。全面收集证据原则体现了我国实事求是的刑事诉讼指导思想，既是以事实为根据、以法律为准绳原则的内在要求，又是确保刑事诉讼活动客观公正的重要保障。审判人员、检察人员、侦查人员能否全面收集证据，不仅关系到能否准确查明案件事实真相，进而正确地惩罚犯罪，而且涉及公民的合法权益、基本人权和刑事诉讼专门机关的公信力。为了贯彻落实全面收集证据原则，《刑事诉讼法》第四十一条、第五十二条、第五十四条、第一百一十五条规定了以下保障措施：（1）审判人员、检察人员、侦查人员在收集证据的过程中必须保证一切与案件有关或者了解案情的公民，有客观地充分地提供证据的条件，除特殊情况外，可以吸收他们协助调查。(2) 辩护人认为在侦查、审查起诉期间公安机关、人民检察院收集的证明犯罪嫌疑人、被告人无罪或者罪轻的证据材料未提交的，有权申请人民检察院、人民法院调取。（3）人民法院、人民检察院和公安机关在收集证据的过程中，有关单位和个人应当如实提供证据，凡是伪造证据、隐匿证据或者毁灭证据的，无论属于何方，必须受法律追究。(4) 公安机关对已经立案的刑事案件，应当进行侦查，收集、调取犯罪嫌疑人有罪或者无罪、罪轻或者罪重的证据材料。对现行犯或者重大嫌疑分子可以依法先行拘留，对符合逮捕条件的犯罪嫌疑人，应当依法逮捕。

【忠于事实真相原则】 是指公安机关提请批准逮捕书、人民检察院起诉书、人民法院判决书，必须忠实于事实真相。以事实为根据既是中国特色社会主义法治的一项基本原则，也是指导公安司法机关进行刑事诉讼活动的一项基本原则。以事实为根据必然要求公安司法机关在刑事诉讼活动中忠于事实真相。尤其是作为公安司法机关刑事诉讼活动成果集中体现的起诉书、判决书等诉讼文书必须忠于事实真相。这既是公安司法机关对事实负责、对人民负责的重要表现，也是惩罚犯罪、保障人权、实现公正、维护法治的重要保障。在人民检察院审查批准逮捕的过程中，办案人员一般不对案件的事实、证据进行新的调查，只能提请批准逮捕书中所提供的事实、证据进行核实，进而作出是否批准逮捕的决定。如果公安机关的提请批准逮捕书无法做到忠于事实真相，就有可能带来错误羁押犯罪嫌疑人的恶果。而在遵循控审分离原则或者不告不理原则的情况下，起诉书的内容直接决定了审判的对象和范围。因此，起诉书能否做到忠于事实真相，既关系到人民检察院能否履行其指控犯罪的任务，也关系到刑事审判的公正与效率。判决书作为决定被告人命运的最终法律文书，能否做到忠于事实真相不仅关系到刑事审判的公正性，而且关系到被告人的合法权益。一旦判决书无法做到忠于事实真相，就有可能带来错误的判决结果，进而损害审判的公正性、权威性和公信力。所谓忠于事实真相，主要就是提请批准逮捕书、起诉书、判决书应当做到实事求是，符合客观实际，既不能主观臆断、任意夸大或者任意缩小，也不能歪曲事实、捏造事实或者隐瞒事实。为了保障忠于事实真相，《刑事诉讼法》第五十三条明确规定，如果办案人员在提请批准逮捕书、起诉书、判决书中弄虚作假，故意隐瞒事实真相，那么应当追究其法律责任。值得注意的是，基于依法收集证据原则和非法证据排除规则，办案人员不能以忠于事实真相为由将应当依法排除的非法证据作为提起批准逮捕书、起诉书、判决书的根据。

【行政机关收集的证据材料】 是指行政机关在行政执法和查办案件过程中所收集的物证、书证、视听资料、电子数据等证据材料。这里的行政执法是指执行行政管理方面的法律、法规所赋予的职责；查办案件是指依法调查，处理行政违法、违纪案件；行政机关是指依法行使行政权力的国家机关，包括行政监察机关。根据《刑事诉讼法司法解释》第七十五条第二款规定，根据法律、行政法规规定行使国家行政管理职权的组织，在行政执法和查办案件过程中收集的证据材料，视为行政机关收集的证据材料。从《刑事诉讼法》第五十四条规定来看，之所以将行政执法证据的范围局限于实物证据，主要是因为，言词证据具有较强的主观性和易变性，再加上行政机关收集言词证据的程序不如公安司法机关收集言词证据严格，如果直接允许在刑事诉讼中使用行政机关收集的言词证据，难以保障其真实性。而且，与实物证据在行政执法和查办案件过程中不及时收集容易发生灭失不同，由公安司法机关收集言词证据，在司法实践中并不困难。

【行政执法证据作为刑事证据使用】 是指行政机关在行政执法和查办案件过程中所收集的物证、书证、视听资料、电子数据等证据材料，在刑事诉讼中可以作为证据使用，而不需要侦查机关再次履行取证手续或者重新收集这些证据材料。在以往的司法实践中，侦查机关对于行政执法证据在刑事诉讼中的使用通常采取转化适用的方式，即侦查机关以行政执法证据为基础或者线索，通过重新收集证据或者补办取证手续的办法，在刑事诉讼中间接地使用行政执法机关移送而来的证据材料。尽管转化适用解决了如何在刑事诉讼中使用行政执法证据这个问题，但是这种做法不仅在法律上缺乏明确依据，而且在理论上存在各种争议。有鉴于此，2012 年修正的《刑事诉讼法》（已被修改）第五十四条规定行政执法证据在刑事诉讼可以作为证据使用。除了解决以往转化适用的法律依据之外，行政执法证据作为刑事证据使用，既是提高刑事司法效率的需要，又是由行政违法行为与犯罪行为的竞合现象所决定的：（1）没有足够理由认为侦查机关重新收集的证据一定比行政执法证据具有更高的证明价值。尤其是在行政管理涉及很强的专业技术问题的情况下，具有专业知识的行政执法人员甚至比侦查人员更懂得如何收集相应的证据。（2）行政机关收集的物证、书证、视听资料、电子证据等实物证据在刑事诉讼中往往具有不可复制性，从而导致刑事司法机关在刑事诉讼中根本没有办法重新收集这些实物证据。（3）在行政违法行为与犯罪行为发生竞合的情况下，行政执法证据对于行政违法事实和犯罪事实的证明价值，是由证据本身的真实性以及证据与案件事实之间的内在联系所决定的，而不会因为行政程序与刑事诉讼程序之间的分野与衔接而发生改变。允许行政执法证据在刑事诉讼中作为证据使用，是事实问题或者逻辑问题，没有理由因为行政程序与刑事诉讼程序之间的差异，而否定行政执法证据在刑事诉讼中的证据效力。

【监察证据】 是指监察机关在履行监督、调查、处置职责过程中依法收集的、能够证明职务违法或职务犯罪事实的各种材料和信息。根据《监察法》第三十六条第一款的规定，监察机关依法收集的证据材料，在刑事诉讼中可以作为证据使用。作为监察工作的重要组成部分，监察证据的收集、审查和运用，直接关系到案件调查的质量和处理结果的公正性。根据《监察法》及相关规定，监察证据具有以下特点：（1）法定性。监察证据的种类、收集程序和审查标准均由法律明确规定。常见的证据形式包括书证、物证、证人证言、被调查人供述和辩解、视听资料、电子数据、勘验检查记录等，确保证据形式具有权威性和可采性。（2）合法性。监察机关收集证据必须依法进行，严格遵守法定权限和程序，保障被调查人及相关人员的合法权益。《监察法》第三十六条第三款规定，以非法方法收集的证据应当依法予以排除，不得作为案件处置的依据。例如，在采取搜查、查询、冻结、留置等措施时，需严格履行审批程序，并依法告知相关权利。（3）关联性。监察证据必须与调查的职务违法或职务犯罪事实直接相关，能够证明案件的主要事实、情节以及责任归属，从而形成完整的证据链条，为案件认定提供充分支持。（4）真实性。监察机关需对证据的来源、内容和形式进行严格审查，确保证据真实可靠，防止出现伪造、篡改或虚假证据的情况。在职务违法和职务犯罪案件的处理过程中，监察证据的作用包括固定案件事实、揭示违法行为、支持监察报告、实施政务处分，并为司法机关的公诉和审判提供重要依据。同时，《监察法》明确要求监察证据的收集和使用受到多层次监督，包括检察机关的法律监督、被调查人的辩解权和申诉权，确保权力行使的规范性和公正性。通过严格规范监察证据的收集和运用，监察机关能够更高效地发挥反腐败职能，维护社会公平正义，推动依法治国和清廉政治建设的深入发展。

【监察证据作为刑事证据使用】 是指监察委员会在职务犯罪调查过程中所收集的物证、书证、证人证言、被调查人供述和辩解、视听资料、电子数据等证据材料，在刑事诉讼中可以作为证据使用，而不需要侦查机关再次履行取证手续或者重新收集这些证据材料。《监察法》第三十三条第一款对监察证据在刑事诉讼中的证据资格作出了明确规定。之所以允许在刑事诉讼中使用监察委员会所调查的证据，主要是基于提高反腐败效率方面的考虑。值得注意的是，尽管监察法赋予监察机关收集的证据材料在刑事诉讼中的法律效力，但是这并不意味着监察证据必然能够成为最终定案的根据。进一步而言，根据《监察法》第三十三条第二款规定，监察机关在收集、固定、审查、运用证据时，应当与刑事审判关于证据的要求和标准相一致。这不仅体现了以刑事审判为中心的理念，而且意味着在监察委员会将职务犯罪案件移送人民检察院审查起诉以后，监察委员会所调查的职务犯罪证据必须经过人民检察院和人民法院根据相关程序规则和证据规则进行审查和检验之后，才有可能最终转化为定罪量刑的根据。

【特定证据的保密】 是指对涉及国家秘密、商业秘密、个人隐私的证据，应当保密。所谓国家秘密，是指关系国家安全和利益，依照法律规定在一定时间内仅限一定范围的人员所知悉的事项；商业秘密是指不为公众所知悉，能为权利人带来经济利益，具有实用性并经权利人采取保密措施的技术信息和经营信息；个人隐私是指个人生活中不愿公开、不宜公开或者不愿为他人知悉的秘密。《刑事诉讼法》第五十四条之所以规定需要对涉及国家秘密、商业秘密、个人隐私的证据进行保密，主要是为了保护特定的利益和权利，即国家安全和社会公共利益，商业秘密权利人的经济利益，以及个人的重要人身权利。对特定证据进行保密要求刑事诉讼专门机关在刑事诉讼活动中接触到的涉及国家秘密、商业秘密、个人隐私的证据应当妥善保管，不得遗失、泄露，不得让不该知悉的人知悉。《公安机关办理刑事案件程序规定》第一百九十五条、第二百七十条进一步规定，公安机关侦查犯罪，涉及国家秘密、商业秘密、个人隐私的，应当保密；侦查人员对采取技术侦查措施过程中知悉的国家秘密、商业秘密和个人隐私，应当保密；公安机关依法采取技术侦查措施，有关单位和个人应当配合，并对有关情况予以保密。根据《人民检察院刑事诉讼规则》一百七十九条、第一百九十九条、第二百零九条、第二百三十一条规定，人民检察院办理直接受理立案侦查的案件，应当对侦查过程中知悉的国家秘密、商业秘密及个人隐私保密；在人身检查过程中知悉的被检查人的个人隐私，检察人员应当保密；调取物证应当调取原物，但因保密工作需要不能调取原物的，可以将原物封存，并拍照、录像；调取书证、视听资料应当调取原件，但是因保密需要不能调取原件的，可以调取副本或者复制件；检察人员对采取技术侦查措施过程中知悉的国家秘密、商业秘密和个人隐私，应当保密。

【刑事证据的种类】 是指法律按照证据事实的存在和表现形式，对刑事证据所作的具体分类。刑事证据的种类是刑事证据在法律上的分类，而不同于刑事证据在理论上的分类。根据《刑事诉讼法》第五十条，刑事证据包括如下 8 个种类：物证；书证；证人证言；被害人陈述；犯罪嫌疑人、被告人供述和辩解；鉴定意见；勘验、检查、辨认、侦查实验等笔录；视听资料、电子数据。相对于 1996 年修正的《刑事诉讼法》而言，2012 年修正的《刑事诉讼法》增加了电子数据以及辨认笔录、侦查实验笔录这几种证据种类，而且将鉴定结论改为鉴定意见。这些刑事证据必须经过查证属实，才能作为定案的根据。刑事诉讼法明确规定刑事证据种类的意义在于，用来证明案件事实的证据资料必须具备法定的证据表现形式。否则，既不能进入诉讼程序，也不能作为刑事证据使用，更不能作为定案根据。

【物证】 是指以其外部特征、存在场所、物质属性证明案件真实情况的物品和痕迹。这些物品和痕迹包括作案的工具、行为所侵害的客体物、行为过程中所遗留的痕迹和物品，以及其他能揭露和证明案件发生的物品和痕迹等。物证的外部特征，是指物证的形状、大小、数量、颜色、新旧、商标、图案、出厂日期等特殊的标志。物证的存在场所是指物证所处的位置、所占有的时间、空间范围等。物证的物质属性是指物证所具有的质量、重量、材料、成分、结构、性能等。物证具有以下特点：（1）物证以物质的存在方式来证明案件事实。（2）物证的存在具有独立性和稳定性。（3）物证具有较强的直观性、客观性、可靠性。（4）物证一般属于间接证据，其证明作用具有间接性。物证是检验言词证据是否真实的依据，是制服犯罪嫌疑人、被告人的有力武器，也是查明案件事实和促使当事人如实陈述的有力手段。

物证的主要表现形式就是各种物品和痕迹。在刑事诉讼中常见的物证包括：(1) 犯罪使用的工具，如杀人的凶器、盗窃时撬锁的工具等。(2) 犯罪行为直接侵犯的物质对象，如盗窃、抢劫、抢夺、诈骗、贪污所获取的赃款、赃物等。(3) 表现犯罪社会危害性后果的物品，如被毁坏的机器、仪器，被焚毁、炸毁的建筑物等。(4) 由犯罪行为所产生的非法物品，如非法制造的枪支、弹药、毒品，伪造的国家证券等。(5) 由犯罪行为产生的痕迹，如被害人身体上的伤痕、被破坏的门窗上遗留的撬压痕迹等。(6) 犯罪人在预备犯罪，实施犯罪的各种场所遗留的能反映该人特征的物品或痕迹，如犯罪人的衣物、指纹、脚印等。(7) 在犯罪过程中或者犯罪后，犯罪人为掩盖罪行，对抗侦查而伪造的各种物品和物质痕迹。(8) 能够表明犯罪嫌疑人、被告人无罪的各种物品或物质痕迹。(9) 其他可供查明案件真实情况的物品或物质痕迹。

【物证的收集程序】 是指侦查机关在收集物证的过程中应当遵守的诉讼程序。根据《公安机关办理刑事案件程序规定》第六十四条、第六十七条以及《人民检察院刑事诉讼规则》第二百零九条规定，侦查机关收集物证应当按照下列程序办理：(1) 收集、调取的物证应当是原物。(2) 只有在原物不便搬运、不易保存或者依法应当由有关部门保管、处理或者依法应当返还时，或者因保密工作需要不能调取原物的，才可以将原物封存，进行拍摄或者制作足以反映原物外形或者内容的照片、录像或者复制品。但是对原物拍照或者录像应当足以反映原物的外形、内容。(3) 物证的照片、录像或者复制品，应当附有关制作过程及原件、原物存放处的文字说明，并由制作人和物品持有人或者物品持有单位有关人员签名。(4) 调取物证的照片、录像的，应当书面记明不能调取原件、原物的原因，制作过程和原件、原物存放地点，并由制作人员和原物证持有人签名或者盖章。

【书证】 是指以文字、数字或者图形为主要形式，能够根据其记载内容和表达思想来证明案件事实的物品。在证据作用上，书证是一种以记载内容或者表达思想的方式来证明案件事实的证据；在表现形式上，书证有一定的物质载体，表现为某种材料。用来作为书证的物品常常包括以文字记载的内容来证明案情的书证，以符号表达的思想来证明案情的书证，以及用数字、图画、印章或其他方式表露的内容或意图来证明案情的书证。记载书证的物质包括纸张、布料、墙壁、碑石、石块、竹片、电脑等；记载书证的形式包括文字、图形、符号等；记载书证的方法包括书写、绘制、雕刻、印刷、剪贴、拼接、涂抹、复印等。根据不同的分类标准，可以将书证分为不同的种类。书证除了具备实物证据所具有的一般特征以外，还具有两个基本特征：(1) 书证是以文字、符号、图画等记载或者表达一定内容或者思想的物品，而且它所记载或表达的内容或者思想，能够被人们所认知和理解。(2) 书证所记载的内容或者表达的思想，必须同案件具有关联性，能够用来证明案件事实。

【文字书证、符号书证与图形书证】 是指以书证内容的表达方式为标准，将书证分为文字书证、图形书证和符号书证三种。文字书证是指以文字所记载的内容来证明案件事实的书证，如信函、电报、传单、票据、账册、合同、遗嘱等。文字书证所表达的思想内容通常较为明确、具体，普通人凭借正常的思维、理解便能知悉文字书证所要表达的思想内容。图形书证是指以图形、图案所表达的内容来证明案件事实的书证，如侮辱被告人人格的漫画、为实施犯罪而绘制的地形图等。图形书证所表达的内容一般比较形象、直观，通常能够准确地表达其思想内容。但是，如果图形涉及一些特殊专业技术领域的知识和经验，则需要借助专家来加以鉴定和认定。符号书证是指以符号所表达的特定思想内容来证明案件事实的书证，如路标、路牌、指示牌、音符、记号、标识、标记等。除了一般性的符号可以为常人所理解外，涉及特殊行业以及具有专业技术性的符号往往需要经过专业人员的识别和判断，以及结合其他具有关联性的证据来加以认定。

【公文性书证与非公文性书证】 是指以书证是否依职权制作为标准，将书证分为公文性书证与非公文性书证两种。凡是国家职能部门和单位在法定的权限范围内依职权所制作的文书而成为书证的，是公文性书证，如命令、决议、决定、通告、指示、公函、公证书、判决书、营业执照等。凡是机关、团体、企事业单位不是出于行使职权的需要而制作的文书或私人制作的文书而成为书证的，称非公文性书证，如单位出具的介绍信，公民个人书写的材料等。

【一般书证与特别书证】 是指以书证的形成是否需要特定的形式、格式和要件，将书证分为一般书证和特别书证。凡是法律不要求必须具备特定的形式、格式或要件，而只是具有明确的意思表示并由当事人签字、填写日期而形成的书证，就是一般书证，如收条、借据、合同等。凡是依照法律规定必须具备特定形式、格式或者要件，或者必须经过特定程序或者履行特定手续否则无效的书证，属于特别书证，如诉讼文书、公证文书、营业执照等。

【处分性书证与报道性书证】 是指以文书的内容和所产生的法律效果为标准，将书证分为处分性书证和报道性书证。处分性书证是记载一定意思表示或行为而能设定、变更或消灭某一特定法律关系的书证，如委托书、遗嘱、契约、合同等。报道性书证是指制作者仅用记录、报道或者记载已经发生的或者认知的具有法律意义的事实的书证，如日记、信件、账务账本、医院病历、旅馆登记簿等。

【书证的原本、正本、副本、节录本、影印本、译本】 是指以书证的制作方式为标准，将书证划分为原本书证、正本书证、副本书证、节录本书证、影印本书证和译本书证。原本是指文书制作人将有关的内容加以记载而形成的原始文本，即原件，如原始信函、电话记录原稿、原始合同等。原件能在客观上最大限度地反映书证所记载的内容，因而具有较高的证明价值。正本是指按照原本采用全文抄录、印制等方法而形成的内容与原本完全相同，对外与原本具有同等法律效力的文本。副本是指按照原本全文抄录、印制，但是不具有正本同等效力的文本。节录本是指从原本或者正本中摘抄其主要内容或者部分内容而形成的文本。影印本是指采用影印技术，将原本或正本通过摄影或者复制而形成的文本。译本是指采用原本或者正本语言文字以外的语言文字，翻译原本或者正本而形成的文本。

【书证的收集程序】 是指侦查机关在收集书证的过程中应当遵守的诉讼程序。根据《公安机关办理刑事案件程序规定》第六十五条、第六十七条以及《人民检察院刑事诉讼规则》第二百零九条规定，侦查机关收集书证应当按照下列程序办理：（1）收集、调取的书证应当是原件；（2）取得原件确有困难或者因保密需要不能调取原件的，可以调取副本或者复制件；（3）书证的副本、复制件，应当附有关制作过程及原件、原物存放处的文字说明，并由制作人和物品持有人或者物品持有单位有关人员签名；（4）调取书证的副本、复制件，应当书面记明不能调取原件、原物的原因，制作过程和原件、原物存放地点，并由制作人员和原书证持有人签名或者盖章。

【书证与物证的关系】 是指书证与物证之间的区别与联系。书证与物证的联系表现在：（1）书证和物证都属于实物证据，都具有实物证据的一般特征。（2）如果一个物品既能以记载的内容来证明案件事实，又能以外观形态来证明案件事实，那么该物品既可以作为书证使用，又可以作为物证使用。

书证与物证的区别主要表现在：（1）证明案件事实的方式不同。书证以客观物质材料作为其载体，借助文字、符号或图画等表达的思想内容来证明案件事实。而物证则以其存在方式、外部特征和物质属性来证明案件事实。（2）是否具有主观属性不同。书证是以其内容反映和表达人的主观思想及其行为的物质材料，而物证则并不反映人的主观思想。书证在内容上具有一定的主观属性，而物证则属于主观意识之外的客观范畴。（3）证明案件事实的难度不同。书证所表达、记载的内容和形式，一般都能为常人所理解，其反映的内容一般都较为明确、清楚。而物证在表现形式上则会受客观存在的特殊状态所决定，有些必须借助专门的技术手段进行鉴定，才能揭示其与案件事实的联系。（4）证明案件事实的大小不同。书证在许多情况下可以证明案件主要事实或案件中的某一部分事实，其证明的案件事实情节一般较为完整。而物证往往只能证明案件事实的个别片段。

【物证、书证的重点审查内容】 是指人民法院在审查与认定物证、书证时所要重点审查的事项。根据《刑事诉讼法司法解释》第八十二条，对物证、书证应当着重审查以下内容：（1）物证、书证是否为原物、原件，是否经过辨认、鉴定；物证的照片、录像、复制品或者书证的副本、复制件是否与原物、原件相符，是否由2人以上制作，有无制作人关于制作过程以及原物、原件存放于何处的文字说明和签名。（2）物证、书证的收集程序、方式是否符合法律、有关规定；经勘验、检查、搜查提取、扣押的物证、书证，是否附有相关笔录、清单，笔录、清单是否经调查人员或者侦查人员、物品持有人、见证人签名，没有物品持有人签名的，是否注明原因；物品的名称、特征、数量、质量等是否注明清楚。（3）物证、书证在收集、保管、鉴定过程中是否受损或者改变。(4)物证、书证与案件事实有无关联;对现场遗留与犯罪有关的具备鉴定条件的血迹、体液、毛发、指纹等生物样本、痕迹、物品,是否已作DNA鉴定、指纹鉴定等,并与被告人或者被害人的相应、生物特征、物品等比对。(5)与案件事实有关联的物证、书证是否全面收集。之所以需要对这些内容进行重点审查,不仅在于这些内容会影响到物证、书证能否作为定案的根据,而且影响到其证明力的大小与有无。

【可以作为定案根据的物证、书证】 是指人民法院审查物证、书证以后,认定能够作为定案根据使用的物证、书证。根据《刑事诉讼法司法解释》第八十三条第三款,第八十四条第三款,第八十六条第二款、第三款规定,可以作为定案证据的物证、书证包括如下几种情形:(1)物证的照片、录像、复制品,经与原物核对无误、经鉴定为真实或者以其他方式确认为真实的,可以作为定案的根据。(2)书证的副本、复制件,经与原件核对无误、经鉴定为真实或者以其他方式确认为真实的,可以作为定案的根据。(3)虽然物证、书证的收集程序、方式有瑕疵,但是经补正或者作出合理解释的,可以采用(参见"物证、书证的补正或合理解释"词条)。(4)对物证、书证的来源、收集程序有疑问,能够作出合理解释的,该物证、书证可以作为定案的根据。

【不得作为定案根据的物证、书证】 是指人民法院审查物证、书证以后,认定不得作为定案根据使用的物证、书证。根据《刑事诉讼法司法解释》第八十三条第二款,第八十四条第二款,第八十六条第二款、第三款规定,不得作为定案证据的物证、书证包括如下几种情形:(1)物证的照片、录像、复制品,不能反映原物的外形和特征的,不得作为定案的根据。(2)书证有更改或者更改迹象不能作出合理解释,或者书证的副本、复制件不能反映原件及其内容的,不得作为定案的根据。(3)对物证、书证的来源、收集程序有疑问,不能作出合理解释的,该物证、书证不得作为定案的根据。值得注意的是,对物证、书证的来源、收集程序有疑问,实际上是对物证、书证的真实性有疑问,而不是对其来源或者收集程序有疑问。如果控方能够对其来源及收集程序作出合理的解释,消除相应的疑问,就不影响其证明力,应该将其作为定案的根据;如果不能作出合理解释的,则因为不能确定其真实性而不能将其作为定案的根据使用。

【物证、书证的补正或合理解释】 是指在物证、书证的收集程序、方式存在瑕疵的情况下,应当由控方给予补正或者作出合理解释。根据《刑事诉讼法司法解释》第八十六条第二款,物证、书证的收集程序、方式有下列瑕疵,需要由控方给予补正或者作出合理解释:(1)勘验、检查、搜查、提取笔录或者扣押清单上没有调查人员、侦查人员、物品持有人、见证人签名,或者对物品的名称、特征、数量、质量等注明不详的。(2)物证的照片、录像、复制品,书证的副本、复制件未注明与原件核对无异,无复制时间,或者无被收集、调取人签名、盖章的。(3)物证的照片、录像、复制品,书证的副本、复制件没有制作人关于制作过程和原物、原件存放地点的说明,或者说明中无签名的。(4)有其他瑕疵的。如果控方能够对以上瑕疵进行补正或者作出合理解释，那么存在瑕疵的物证、书证可以作为定案根据。否则，则不能作为定案根据。

【**证人证言**】 是指知道案件真相的当事人以外的第三人，向办案人员所作的有关案件部分或全部事实真相的陈述。证人证言的内容包括能够用以查清案件真相的一切事实。与案件无关的内容，或者是证人的猜测、估计、想象等，不能作为证人证言的内容。证人陈述的情况，可以是亲自听到的或看到的，也可以是别人听到或看到而转告的。但转告的情况，必须说明来源，说不出来源的，或者道听途说的消息，不能作为证人证言使用。证人证言具有以下特点：证人证言是知道案件情况的当事人以外的自然人所作的陈述；证人证言应当是对案件情况的客观陈述，不包括证人的分析、评价和意见；证人证言是证人主观对客观的认识和反映，容易受人的主观影响。

【**被害人陈述**】 是指受犯罪行为直接侵害的人向司法机关就其遭受犯罪行为侵害的事实和有关犯罪嫌疑人、被告人的情况所作的陈述。在外国证据法中，被害人陈述一般被视为证人证言，不作为独立的证据种类。考虑到被害人特殊的诉讼地位与陈述的特殊性，我国刑事诉讼法将被害人陈述规定为一种独立的证据种类。被害人陈述具有以下特点：（1）证明案件事实的直接性。（2）陈述主体的不可替代性。（3）陈述的内容通常具有真实性，但在某些情况下，也具有虚假性和倾向性。（4）陈述的内容具有综合性和多面性。值得注意的是，由于被害人既包括自然人，又包括被害单位，因此被害人陈述也包含单位被害人的陈述在内。单位被害人的陈述是由单位的法定代表人以被害单位名义作出的，这种陈述具有综合性，间接性的特点。这是因为，它是由法定代表人因职务关系而了解本单位被犯罪侵害的情况，常常是经过单位大量调查研究并在汇总整理的基础上提供的。

【**证人证言的采信**】 是指经过法庭审理以后，人民法院将查证属实的证人证言作为定案的根据。对证人证言的采信实际上是审查判断证人证言的证明力。如果在法庭审理以后能够判断证人证言是真实的、可靠的，而且与案件事实具有关联性，能够用来证明案件事实，那么就可以采信证人证言，将证人证言作为定案的根据。根据《刑事诉讼法司法解释》第九十一条第一款、第二款规定，证人证言的采信包括如下三种情形：（1）证人当庭作出的证言，经控辩双方质证、法庭查证属实的，应当作为定案的根据。（2）证人当庭作出的证言与其庭前证言矛盾，证人能够作出合理解释，并有相关证据印证的，应当采信其庭审证言。（3）证人当庭作出的证言与其庭前证言矛盾，不能作出合理解释，而其庭前证言有相关证据印证的，可以采信其庭前证言。

【**庭审证言与庭前证言矛盾的采信规则**】 是指在法庭审理的过程中，当庭前证言与庭审证言出现矛盾时，人民法院应当如何采信证人证言时所遵循的证据规则。这里的庭审证言是指，出庭作证的证人以言词的方式在法庭上亲口陈述的案件事实；而庭前证言是指，公安机关或者人民检察院在侦查阶段或者审查起诉阶段在询问证人以后依法所制作的书面证人证言，即询问笔录。在我国没有规定传闻证据规则从而允许公诉人在法庭审理过程中宣读证人的询问笔录的情况下，就有可能出现证人的庭审证言与庭前证言不一致或者相矛盾的情形。在这种情况下，人民法院就面临着究竟是庭审证言真实还是庭前证言真实的问题。从司法实践来看，不能一概而论，即有时候庭审证言是真实的，而有的时候庭前证言是真实的。为了解决这个问题，最高人民法院确立了庭审证言与庭前证言矛盾的采信规则。根据《刑事诉讼法司法解释》第九十一条第二款规定，当庭审证言与庭前证言出现矛盾时，人民法院既可以采信庭审证言，也可以采信庭前证言。而其判断依据或者标准就是，出庭作证的证人能否对前后不一致的情况作出合理的解释，以及能否得到其他证据印证。进一步而言，当庭审证言与庭前证言出现矛盾时，如果出庭作证的证人能够当庭对其翻证作出合理的解释，而且庭审证言能够得到其他证据印证，那么人民法院应当采信庭审证言；虽然出庭作证的证人不能对翻证作出合理的解释，但是在庭前证言得到其他证据印证的情况下，人民法院可以采信其庭前证言。

【证人证言的重点审查内容】 是指人民法院在审查与认定证人证言时所要重点审查的事项。根据《刑事诉讼法司法解释》第八十七条规定，对证人证言应当着重审查以下内容：（1）证言的内容是否为证人直接感知。（2）证人作证时的年龄，认知、记忆和表达能力，生理和精神状态是否影响作证。（3）证人与案件当事人、案件处理结果有无利害关系。（4）询问证人是否个别进行。（5）询问笔录的制作、修改是否符合法律、有关规定，是否注明询问的起止时间和地点，首次询问时是否告知证人有关作证的权利义务和法律责任，证人对询问笔录是否核对确认。（6）询问未成年证人时，是否通知其法定代理人或者刑事诉讼法第二百八十一条第一款规定的合适成年人到场，有关人员是否到场。（7）有无以暴力、威胁等非法方法收集证人证言的情形。（8）证言之间以及与其他证据之间能否相互印证，有无矛盾；存在矛盾的，能否得到合理解释。之所以需要对这些内容进行重点审查，主要是因为这些内容是人民法院审查与认定证人证言的关键，直接影响到证人证言的证明力以及能否将证人证言作为定案根据。

【不得作为定案根据的证人证言】 是指人民法院审查证人证言以后，认定不得作为定案根据使用的证人证言。根据《刑事诉讼法司法解释》第八十八条至第九十一条规定，不得作为定案证据的证人证言包括如下几种情形：（1）处于明显醉酒、中毒或者麻醉等状态，不能正常感知或者正确表达的证人所提供的证言，不得作为证据使用。（2）证人的猜测性、评论性、推断性的证言，不得作为证据使用，但根据一般生活经验判断符合事实的除外。（3）询问证人没有个别进行的。（4）书面证言没有经证人核对确认的。（5）询问聋、哑人，应当提供通晓聋、哑手势的人员而未提供的。（6）询问不通晓当地通用语言、文字的证人，应当提供翻译人员而未提供的。（7）经人民法院通知，证人没有正当理由拒绝出庭或者出庭后拒绝作证，法庭对其证言的真实性无法确认的，该证人证言不得作为定案的根据。（8）证人证言的收集程序、方式存在瑕疵，不能补正或者作出合理解释的，不得作为定案的根据。

【猜测性、评论性、推断性的证言】 是指证人在作证时不是直接客观、如实地描述其亲身感知的案件情况，而是就其感知的案件情况发表猜测性、评论性、推断性的意见，或者是虽然没有亲身感知案件情况但是却对案件事实妄自进行猜测、评论和推断。证人作为其他诉讼参与人，在提供证言的过程中只能就其亲身感知的案件情况进行客观陈述，而不能发表猜测性、评论性、推断性的意见。这是意见证据规则的基本要求。如果允许证人在作证的过程中发表意见，不仅与其诉讼地位相违背，而且有可能对案件事实的认定产生误导。实际上，不仅绝大多数证人发表的意见对认定案件事实毫无益处，而且绝大多数证人缺乏发表意见所需要的专门性知识或者经验。有鉴于此，《刑事诉讼法司法解释》第八十八条第二款明确规定了我国的意见证据规则，即证人的猜测性、评论性、推断性的证言，不得作为证据使用，但是根据一般生活经验判断符合事实的除外。之所以规定意见证据规则的例外情形，主要是因为，在司法实践中，很多证人根据其生活经验或者常识，能够对其亲身感知的案件情况作出符合客观事实的判断，进而顺理成章或者不由自主地作出猜测性、评论性、推断性的证言。但是为了防止错误适用意见证据规则，办案人员在审查认定证人证言时应当严格掌握例外情形的适用条件。（1）证人必须亲自感知案件情况。这是允许证人发表适当意见的前提条件。（2）证人所发表的意见必须建立在亲身感知的案件情况的基础之上，而不是妄自发表意见。也就是说证人不能脱离其亲身感知的案件情况随意作出猜测性、评论性、推断性的证言。（3）只需要根据普通人的生活经验或者常识，就能够判断证人作出猜测性、评论性、推断性的证言符合事实。

【证人证言的补正或合理解释】 是指在证人证言的收集程序、方式存在瑕疵的情况下，应当由控方给予补正或者作出合理解释。根据《刑事诉讼法司法解释》第九十条规定，证人证言的收集程序、方式有下列瑕疵，需要由控方给予补正或者作出合理解释：（1）询问笔录没有填写询问人、记录人、法定代理人姓名以及询问的起止时间、地点的。（2）询问地点不符合规定的。（3）询问笔录没有记录告知证人有关作证的权利义务和法律责任的。（4）询问笔录反映出在同一时段，同一询问人员询问不同证人的。如果控方能够补正或者作出合理解释，可以将证人证言作为定案的根据；如果不能补正或者作出合理解释，不得作为定案的根据（参见“物证、书证的补正或合理解释”词条）。

【被害人陈述的重点审查内容】 是指人民法院在审查与认定被害人陈述时所要重点审查的事项。根据《刑事诉讼法司法解释》第八十七条、第九十二条规定，对被害人陈述应当着重审查以下内容：（1）被害人陈述的内容能否为被害人所感知。（2）被害人陈述时的年龄，认知、记忆和表达能力，生理和精神状态是否影响陈述。（3）被害人与案件当事人的关系。（4）询问证人是否个别进行。（5）询问笔录的制作、修改是否符合法律、有关规定，是否注明询问的起止时间和地点，首次询问时是否告知被害人有关权利义务和法律责任，被害人对询问笔录是否核对确认。(6)询问未成年被害人时，是否通知其法定代理人或者《刑事诉讼法》第二百八十一条第一款规定的合适成年人到场，有关人员是否到场。(7)被害人陈述有无以暴力、威胁等非法方法收集的情形。(8)被害人陈述之间以及与其他证据之间能否相互印证，有无矛盾，能否得到合理解释。之所以需要对这些内容进行重点审查，主要是因为这些内容是人民法院审查与认定被害人陈述的关键，直接影响到被害人陈述的证明力以及能否将被害人陈述作为定案根据。

【不得作为定案根据的被害人陈述】 是指人民法院审查被害人陈述以后，认定不得作为定案根据使用的被害人陈述。根据《刑事诉讼法司法解释》第八十八条至第九十二条规定，不得作为定案证据的被害人陈述包括如下几种情形：(1)处于明显醉酒、中毒或者麻醉等状态，不能正常感知或者正确表达的被害人所提供的陈述，不得作为证据使用。(2)被害人的猜测性、评论性、推断性的证言，不得作为证据使用，但根据一般生活经验判断符合事实的除外。(3)询问被害人没有个别进行的。(4)书面陈述没有经被害人核对确认的。(5)询问聋、哑被害人，应当提供通晓聋、哑手势的人员而未提供的。(6)询问不通晓当地通用语言、文字的被害人，应当提供翻译人员而未提供的。(7)经人民法院通知，被害人没有正当理由拒绝出庭或者出庭后拒绝陈述，法庭对其陈述的真实性无法确认的，该被害人陈述不得作为定案的根据。(8)被害人陈述的收集程序、方式存在瑕疵，不能补正或者作出合理解释的，不得作为定案的根据。

【被害人陈述的补正或合理解释】 是指在被害人陈述的收集程序、方式存在瑕疵的情况下，应当由控方给予补正或者作出合理解释。根据《刑事诉讼法司法解释》第九十条、第九十二条规定，被害人陈述的收集程序、方式有下列瑕疵，需要由控方给予补正或者作出合理解释：(1)询问笔录没有填写询问人、记录人、法定代理人姓名以及询问的起止时间、地点的。(2)询问地点不符合规定的。(3)询问笔录没有记录告知被害人有关作证的权利义务和法律责任的。(4)询问笔录反映出在同一时段，同一询问人员询问不同被害人的。(5)询问未成年人，其法定代理人或者合适成年人不在场的。如果控方能够补正或者作出合理解释，可以将被害人陈述作为定案的根据；如果不能补正或者作出合理解释，不得作为定案的根据（参见“物证、书证的补正或合理解释”词条）。

【犯罪嫌疑人、被告人的供述和辩解】 是指犯罪嫌疑人、被告人在刑事诉讼过程中就有关案件情况向公安司法机关所作的陈述，简称犯罪嫌疑人、被告人口供，或者口供。在刑事诉讼中，犯罪嫌疑人、被告人的供述和辩解不仅是一种证据，而且是办案人员收集其他证据的重要线索或者来源，甚至是其行使辩护权的一种重要方式。在公诉案件中，由于犯罪嫌疑人与被告人是同一诉讼主体在被起诉前和被起诉后的不同称谓，因此，犯罪嫌疑人、被告人的供述和辩解可以分为审判前阶段的犯罪嫌疑人的供述和辩解，以及审判阶段的被告人的供述和辩解。犯罪嫌疑人、被告人的供述和辩解既可以表现为口头形式，也可以表现为书面形式。口头形式主要是犯罪嫌疑人、被告人亲自向办案人员所作的陈述。而书面形式主要是犯罪嫌疑人、被告人自己就案件情况所书写的文字材料。由于我国没有实行缺席审判制度，因此，被告人在审判阶段只能在法庭上以口头的方式进行陈述。在司法实践中，犯罪嫌疑人、被告人的供述和辩解的内容通常包括三个部分，即犯罪嫌疑人、被告人的供述，犯罪嫌疑人、被告人的辩解，以及犯罪嫌疑人、被告人的检举揭发。在单位犯罪案件中，单位的法定代表人作为单位犯罪嫌疑人、被告人的诉讼代表人参加刑事诉讼时就与单位犯罪有关的事实所作的陈述，属于犯罪嫌疑人、被告人的供述和辩解。

犯罪嫌疑人、被告人的供述和辩解具有以下主要特点：（1）犯罪嫌疑人、被告人供述和辩解的直接性。如果犯罪嫌疑人、被告人是已经实施犯罪行为的犯罪分子，那么他作为犯罪行为的实施者，其陈述往往不需要结合其他证据就可以直接证明犯罪事实的发生。如果其供述和辩解是真实的话，不仅能够再现犯罪事实的全貌，而且可以成为办案人员收集其他证据的重要线索。（2）犯罪嫌疑人、被告人供述和辩解的复杂性。尽管犯罪嫌疑人、被告人的供述和辩解具有较高的证明价值，但是基于不同动机或者各种心态，犯罪嫌疑人、被告人在陈述的过程中往往在如实陈述犯罪事实的同时夹杂着各种虚假的陈述。（3）犯罪嫌疑人、被告人供述和辩解的不稳定性。在陈述的过程中，犯罪嫌疑人、被告人往往因为复杂的心理状态而作出前后不一致的供述和辩解，甚至时供时翻或者屡供屡翻。

【犯罪嫌疑人、被告人的供述】 是指犯罪嫌疑人、被告人向公安司法机关承认犯罪，并就犯罪事实的详细情况所作的陈述。在西方国家，犯罪嫌疑人、被告人作出的承认自己犯罪事实的供述，被称为自白。在我国立法与司法实践中，犯罪嫌疑人、被告人的供述往往以自首、坦白、供认等多种形式体现出来。在实行非法证据排除规则和不被强迫自证其罪原则的情况下，可以根据犯罪嫌疑人、被告人的供述是否具有自愿性，将其分为自愿供述（即任意自白）和非自愿供述（即非任意自白）。自愿供述，是指犯罪嫌疑人、被告人在自愿的情况下承认自己所犯的罪行。而非自愿供述是指犯罪嫌疑人、被告人在受到外界压力或者各种强制手段的情况下被迫承认自己所犯的罪行。区分自愿供述和非自愿供述的意义在于更好地适用非法证据排除规则（参见“非法证据排除规则”词条）。在我国刑事诉讼中，如果犯罪嫌疑人、被告人能够如实供述自己的罪行，通常被认为是悔罪的一种表现，可以作为酌定情节，进行从宽处理。而且，根据《刑事诉讼法》第一百二十条规定，犯罪嫌疑人在侦查人员的讯问过程中需要承担如实回答的义务。但是，侦查人员在讯问犯罪嫌疑人的时候，应当告知犯罪嫌疑人如实供述自己罪行可以从宽处理的法律规定。

【犯罪嫌疑人、被告人的辩解】 是指犯罪嫌疑人、被告人向公安司法机关否认自己有犯罪行为，或者在承认自己犯罪的情况下，就依法不应当追究刑事责任或者从轻、减轻、免除刑事处罚等情况所作的申辩和解释。犯罪嫌疑人、被告人的辩解既是一种重要的证据，又是犯罪嫌疑人、被告人自行辩护的基本方式。但是，基于犯罪嫌疑人、被告人的特殊诉讼地位或者复杂心态以及所处的特定环境，对于犯罪嫌疑人、被告人的辩解，办案人员应当认真对待和调查核实，以便确认其辩解的真实性。

【犯罪嫌疑人、被告人的检举揭发】 是指犯罪嫌疑人、被告人向公安司法机关检举或者揭发其他公民所实施的犯罪行为。在司法实践中，犯罪嫌疑人、被告人在接受办案人员的讯问过程中，不仅就自己的犯罪事实进行供述和辩解，而且往往会检举揭发其他公民的犯罪行为，甚至为了推卸罪责、陷害他人或者骗取宽大处理而故意凭空将与案件无关的公民牵涉其中。这就是侦查实践中常称的攀供行为。其中，犯罪嫌疑人、被告人的检举揭发，既是犯罪嫌疑人、被告人的一种权利，也是犯罪嫌疑人、被告人争取宽大处理的一种方式，更是我国刑事政策所鼓励的一种行为。对于犯罪嫌疑人、被告人的检举揭发，办案人员应当进行认真对待和调查核实，以便辨别其真伪，或者确认犯罪嫌疑人、被告人是否存在立功表现。对于犯罪嫌疑人、被告人的检举揭发是否属于其供述和辩解，需要具体问题具体分析。概括说来，如果犯罪嫌疑人、被告人对不同案犯罪嫌疑人、被告人进行检举揭发，那么其检举揭发的内容属于犯罪嫌疑人、被告人供述和辩解的组成部分，可以在本案中加以使用；如果犯罪嫌疑人、被告人对同案犯罪嫌疑人、被告人进行检举揭发，那么其检举揭发的内容因为与本案犯罪事实没有关系，因而不属于犯罪嫌疑人、被告人供述和辩解的范畴，不能在本案中加以使用，但是在其所检举揭发的案件中，犯罪嫌疑人、被告人的检举揭发可以作为证人证言使用。

【犯罪嫌疑人、被告人检举揭发的认定】 是指人民法院对于犯罪嫌疑人、被告人检举揭发他人犯罪的行为，经审查以后能否将其认定为有立功表现。根据《自首和立功具体应用司法解释》第五条、第七条规定，对于犯罪嫌疑人、被告人检举揭发的认定，人民法院应当分两种情况分别进行处理。（1）犯罪分子到案后有检举、揭发他人犯罪行为，包括共同犯罪案件中的犯罪分子揭发同案犯共同犯罪以外的其他犯罪，经查证属实，应当认定为有立功表现。（2）犯罪分子有检举、揭发他人重大犯罪行为，经查证属实，应当认定为有重大立功表现。这里的“重大犯罪”“重大案件”“重大犯罪嫌疑人”的标准，一般是指犯罪嫌疑人、被告人可能被判处无期徒刑以上刑罚或者案件在本省、自治区、直辖市或者全国范围内有较大影响等情形。另外，根据《自首和立功具体应用司法解释》第六条规定，共同犯罪案件的犯罪分子到案后，揭发同案犯共同犯罪事实的，可以酌情予以从轻处罚。

【同案犯罪嫌疑人、被告人的供述和辩解】 是指在共同犯罪案件中，共犯犯罪嫌疑人、被告人在刑事诉讼中所作的供述和辩解。在司法实践中，同案犯罪嫌疑人、被告人的供述和辩解常常被简称为共犯口供。对于同案犯罪嫌疑人、被告人的供述和辩解的性质，是我国刑事诉讼理论与实务颇具争议的一个话题，其争议的焦点是同案犯罪嫌疑人、被告人的供述和辩解是否可以作为证人证言使用。尽管从形式上看，同案犯罪嫌疑人、被告人所作的供述和辩解具有证人证言的某些特征，但是从性质上看，同案犯罪嫌疑人、被告人所作的供述和辩解应当属于犯罪嫌疑人、被告人的供述和辩解范畴，而不属于证人证言。首先，就同案犯罪嫌疑人、被告人与案件的关系来看，同案犯罪嫌疑人、被告人所作的供述和辩解在本质上仍然属于口供范畴，而不能因为同案犯罪嫌疑人、被告人之间可以相互印证就否认其本来的面目。其次，在我国刑事证据种类中，之所以将人证分为被害人陈述、证人证言、鉴定意见以及犯罪嫌疑人、被告人的供述和辩解，主要是因为他们在刑事诉讼中具有不同的诉讼地位。如果将同案犯罪嫌疑人、被告人的供述和辩解作为证人证言，就会混淆犯罪嫌疑人、被告人与证人之间的界限。最后，如果允许将同案犯罪嫌疑人、被告人的供述和辩解当作证人证言使用，就有可能使办案人员规避《刑事诉讼法》第五十五条关于只有被告人供述不能定罪的规定，即仅仅根据同案犯罪嫌疑人、被告人之间的相互印证，就可以判决被告人有罪，进而极易滋生冤错案件。

【串供】 是指犯罪嫌疑人、被告人与证人、被害人或者共同犯罪案件中的犯罪嫌疑人、被告人相互串通，约定在刑事诉讼中作内容一致的虚假口供或者陈述的行为。在司法实践中，犯罪嫌疑人、被告人进行串供的动机通常是为了逃避罪责，或者掩盖事实真相。《刑事案件程序规定》第五十二条、第一百一十一条、第一百二十四条明确规定，串供行为是有碍侦查的一种违法行为。为了防止串供，应当对共同犯罪案件中的犯罪嫌疑人、被告人予以分别羁押，禁止他们进行接触，或者在讯问时应当分别进行，禁止他们之间以及他们与证人、被害人等之间进行串通或者订立攻守同盟。办案人员在刑事诉讼中还应当对犯罪嫌疑人、被告人有无串供行为进行认真审查，以便辨别口供的真伪。

为了防止串供妨碍刑事诉讼的顺利进行，我国《刑事诉讼法》及其司法解释对串供规定了许多制约措施。根据《刑事诉讼法》第四十四条第一款、第七十一条第一款、第七十七条第一款、第八十一条第一款、第八十二条规定，辩护人或者其他任何人，不得帮助犯罪嫌疑人、被告人串供；犯罪嫌疑人、被告人在取保候审或者监视居住期间不得串供；对有证据证明有犯罪事实，可能判处徒刑以上刑罚的犯罪嫌疑人、被告人，采取取保候审尚不足以防止发生串供的，应当予以逮捕；公安机关对于现行犯或者重大嫌疑分子，如果存在串供可能的，可以先行拘留。《刑事诉讼法司法解释》第一百六十四条规定，如果被取保候审的被告人具有串供行为，人民法院应当决定逮捕。根据《刑事诉讼规则》第四十八条、第六十条、第一百一十一条、第六百五十八条规定，对于串供行为，人民检察院应当按照下列规定进行处理：(1) 如果有事实表明存在串供可能的，可以不允许律师以外的辩护人查阅、摘抄、复制案卷材料或者同在押、被监视居住的犯罪嫌疑人会见和通信。(2) 发现辩护人有帮助犯罪嫌疑人、被告人串供的行为，可能涉嫌犯罪的，可以依法采取追究其刑事责任的措施。(3) 犯罪嫌疑人在监视居住期间实施串供行为的，应当对其予以逮捕。(4) 发现犯罪嫌疑人、被告人串供时，人民检察院可以向有关机关提出变更强制措施的书面建议。(5) 人民检察院发现监管人员为在押人员帮助串供的，应当对看守所提出纠正意见。

【翻供】 是指犯罪嫌疑人、被告人部分或者全部推翻自己先前供述的行为。翻供的内容通常是犯罪嫌疑人、被告人否认之前所作的有罪供述。翻供是长期困扰我国公安司法机关的一个难题。因为，出于逃避惩罚、减轻罪责、掩盖罪行、包庇他人等各种各样的动机，犯罪嫌疑人、被告人既有可能在侦查阶段、起诉阶段翻供，也有可能在审判阶段翻供。甚至在讯问过程中，犯罪嫌疑人、被告人时供时翻，或者边供边翻。尽管办案人员常常对犯罪嫌疑人、被告人的翻供行为感到比较反感，甚至认为翻供是其抗拒狡辩、认罪态度不好、不能进行悔罪的一种表现，但是《刑事诉讼法》实际上并没有禁止犯罪嫌疑人、被告人进行翻供。对于犯罪嫌疑人、被告人的翻供，办案人员应当在分析翻供原因的基础上依法进行调查核实和慎重处理，既不能盲目轻信，也不能一概不信，或者置之不理。尤其是在法庭审理过程中，对于被告人的翻供，人民法院应当按照庭前供述与庭审供述矛盾的采信规则依法进行处理。

【口供的运用规则】 是指公安司法机关在运用犯罪嫌疑人、被告人的供述和辩解时所遵循的诉讼规则或者证据规则。基于犯罪嫌疑人、被告人供述和辩解的重要性、特殊性和复杂性，为了保障犯罪嫌疑人、被告人的合法权益，正确运用口供，增强口供运用的可操作性，我国《刑事诉讼法》及其相关司法解释围绕口供的运用规定了一系列诉讼规则或者证据规则：不轻信口供原则，口供补强规则，口供自愿性规则，非法证据排除规则，被告人供述和辩解的审查与认定规则，庭前供述与庭审供述矛盾的采信规则。

【不轻信口供原则】 是指对一切案件的判处都要重证据，重调查研究，不轻信口供。尽管在犯罪嫌疑人、被告人如实陈述的情况下，口供具有很高的证明价值，但是基于犯罪嫌疑人、被告人有可能是受到刑事处罚的人，口供又往往具有真假难辨、不稳定、复杂多变的特点。在这种情况下，如果过于依赖犯罪嫌疑人、被告人的口供就有可能滋生刑讯逼供，甚至酿成冤错案件的恶果。有鉴于此，基于实事求是的指导思想和以事实为根据、以法律为准绳的基本原则，长期以来我国一直坚持重证据、重调查研究、不轻信口供的原则，要求公安司法机关在办案过程中应当慎重对待、正确认识和适当运用犯罪嫌疑人、被告人的口供。重证据，是指要求公安司法机关要尊重客观事实，反对主观主义或者唯心主义的办案作风，重视全面收集证据，尤其是口供以外的实物证据的收集。重调查研究就是要求公安司法机关在刑事诉讼活动中不能脱离实际，要对案件事实进行系统地、周密地调查核实，客观、全面地收集证据和认真分析，实事求是地作出结论。不轻信口供就是要求公安司法机关在办案过程中不能不经过调查核实或者不经过与其他证据的相互印证，就盲目相信口供。作为该原则的细化，《刑事诉讼法》第五十五条确立了两种特殊情况的处理规则：（1）不能仅凭口供定罪，即人民法院在审判过程中，如果只有被告人的有罪供述，而没有其他证据加以印证，那么不能认定被告人有罪和处以刑罚。（2）反对“无供不录案”“罪从供定”，即人民法院在审判过程中，如果没有被告人的有罪供述，但是其他证据能够相互印证，形成完整的证据链条，达到确实、充分的程度，也可以认定被告人有罪和处以刑罚。

【庭前供述与庭审供述矛盾的采信规则】 是指在法庭审理的过程中，当庭前供述与庭审供述出现矛盾时，人民法院应当如何采信犯罪嫌疑人、被告人的供述和辩解时所遵循的证据规则。这里的庭审供述，是指被告人在法庭上亲口陈述的案件事实；而庭前供述是指，公安机关或者人民检察院在侦查阶段或者审查起诉阶段在讯问犯罪嫌疑人以后依法所制作的讯问笔录。在我国没有规定传闻证据规则从而允许公诉人在法庭审理过程中宣读讯问笔录的情况下，就有可能出现被告人的庭审供述与庭前供述不一致或者相矛盾的情形。在这种情况下，人民法院就面临着究竟是庭审供述真实还是庭前供述真实的问题。考虑到不同的翻供原因或者动机，这两种情形都有可能存在。为了解决这个问题，最高人民法院确立了庭前供述与庭审供述矛盾的采信规则。根据《刑事诉讼法司法解释》第九十六条第二款、第三款规定，当庭审供述与庭前供述出现矛盾时，人民法院既可以采信庭审供述，也可以采信庭前供述。其判断依据或者标准就是，翻供是否合理以及被告人供述与其他证据之间的关系。（1）被告人庭审中翻供，但不能合理说明翻供原因或者其辩解与全案证据矛盾，而其庭前供述与其他证据相互印证的，可以采信其庭前供述。（2）被告人庭前供述和辩解存在反复，但庭审中供认，且与其他证据相互印证的，可以采信其庭审供述。（3）被告人庭前供述和辩解存在反复，庭审中不供认，且无其他证据与庭前供述印证的，不得采信其庭前供述。

【被告人供述和辩解的重点审查内容】

是指人民法院在审查与认定被告人供述和辩解时所要重点审查的事项。根据《刑事诉讼法司法解释》第九十三条规定，对被告人供述和辩解应当着重审查以下内容：（1）讯问的时间、地点，讯问人的身份、人数以及讯问方式等是否符合法律、有关规定。（2）讯问笔录的制作、修改是否符合法律、有关规定，是否注明讯问的具体起止时间和地点，首次讯问时是否告知被告人相关权利和法律规定，被告人是否核对确认。（3）讯问未成年被告人时，是否通知其法定代理人或者合适成年人到场，有关人员是否到场。（4）讯问女性未成年被告人时，是否有女性工作人员在场。（5）有无以刑讯逼供等非法方法收集被告人供述的情形。（6）被告人的供述是否前后一致，有无反复以及出现反复的原因。（7）被告人的供述和辩解是否全部随案移送。（8）被告人的辩解内容是否符合案情和常理，有无矛盾。（9）被告人的供述和辩解与同案被告人的供述和辩解以及其他证据能否相互印证，有无矛盾；存在矛盾的，能否得到合理解释。必要时，可以结合现场执法音视频记录、讯问录音录像、被告人进出看守所的健康检查记录、笔录等，对被告人的供述和辩解进行审查。

【不得作为定案根据的被告人供述】 是指人民法院审查被告人供述以后，认定不得作为定案根据使用的被告人供述。根据《刑事诉讼法司法解释》第九十四条、第九十五条规定，不得作为定案证据的被告人供述包括如下几种情形：（1）讯问笔录没有经被告人核对确认的。（2）讯问聋、哑人，应当提供通晓聋、哑手势的人员而未提供的。（3）讯问不通晓当地通用语言、文字的被告人，应当提供翻译人员而未提供的。（4）讯问笔录存在瑕疵，不能补正或者作出合理解释，不得作为定案的根据（参见“物证、书证的补正或合理解释”词条）。

【讯问笔录的补正或合理解释】 是指在讯问笔录存在瑕疵的情况下，应当由控方给予补正或者作出合理解释。根据《刑事诉讼法司法解释》第九十五条规定，如果讯问笔录存在下列瑕疵，需要由控方给予补正或者作出合理解释：（1）讯问笔录填写的讯问时间、讯问地点、讯问人、记录人、法定代理人等有误或者存在矛盾的。（2）讯问人没有签名的。（3）首次讯问笔录没有记录告知被讯问人相关权利和法律规定的。如果控方能够补正或者作出合理解释，可以将讯问笔录作为定案的根据；如果不能补正或者作出合理解释，不得作为定案的根据（参见“物证、书证的补正或合理解释”词条）。

【鉴定意见】 是指受公安司法机关的聘请或指派，具有专门知识或技能的人，运用科学知识、技术或技能对刑事案件中某些专门性问题进行鉴别、分析和判断之后所得出的书面意见。鉴定意见具有如下特点：（1）鉴定意见具有特定的书面形式。（2）鉴定意见是鉴定人针对刑事案件中的专门性问题进行鉴定后所提出的书面意见。（3）鉴定意见是鉴定人对专门性问题从科学、技术的角度提出的分析判断意见。（4）鉴定意见仅限于解决案件所涉及的科学技术问题，而不是就法律问题提供意见。在刑事诉讼中，鉴定意见对于认定案件事实具有十分重要的作用。一方面，只有通过鉴定意见，刑事诉讼中的许多专门性问题才能够得到正确解决，进而帮助公安司法机关认定案件事实。另一方面，鉴定意见具有科学性和定量分析的特点，是审查和鉴别其他证据的重要手段。

【测谎结论】 又称测谎鉴定结论，是指专门测谎人员根据案情或者测谎对象的口供设计一套测试题目，按照法定的测谎程序，操作测谎仪，观察测谎对象在回答特定试题之时的生理反应，然后通过对这些生理参量进行专业分析而得出的一种结论。在刑事诉讼中尤其是在侦查活动中，测谎结论可以用来说明测谎对象在回答相关试题之时有无说谎行为，进而确定测谎对象是否涉嫌犯罪，其先前所作口供是否真实，从而起到排除无辜或者认定犯罪嫌疑人，明确办案方向的作用。虽然测谎技术在我国刑事诉讼中起步较晚，但是现在公安机关在侦查活动中对于测谎技术的运用已经比较普遍。在我国刑事诉讼中，测谎结论显然不属于法定的证据种类。1999 年 9 月 10 日作出的《CPS 多道心理测试鉴定结论能否作为诉讼证据使用问题批复》也明确指出，CPS 多道心理测试鉴定结论与刑事诉讼法规定的鉴定结论不同，不属于刑事诉讼法规定的证据种类；人民检察院办理案件，可以使用 CPS 多道心理测试鉴定结论帮助审查、判断证据，但不能将 CPS 多道心理测试鉴定结论作为证据使用。尽管随着测谎技术的不断完善，测谎结论的准确性也在不断提升，但是我国大多数学者仍然倾向于对测谎结论采取较为稳妥的做法，即可以允许公安司法机关将测谎技术作为办案的辅助性手段，尤其是将测谎结论作为侦查的线索，但是不能将测谎结论作为刑事证据来使用。毕竟，无论测谎仪有多先进，也不管测谎结论的正确率有多高，测谎结论只是可以用来证明测谎对象是否在说谎，但是无法正确回答测试对象是否真正实施了犯罪行为，更不能准确再现测谎对象如何实施犯罪行为。如果贸然允许将测谎结论作为刑事证据使用，就有可能导致测谎技术的滥用，进而对刑讯逼供或者冤错案件的发生起到推波助澜的作用。

【司法鉴定意见书】 是指司法鉴定机构和司法鉴定人对委托人提供的鉴定材料进行检验、鉴别后出具的记录司法鉴定人专业判断意见的文书。司法鉴定机构和司法鉴定人应当按照统一规定的文本格式制作司法鉴定意见书。根据2016年11月21日印发的《司法部关于印发司法鉴定文书格式的通知》，司法鉴定意见书的统一格式为：（1）司法鉴定机构的名称和司法鉴定意见书标题。（2）编号，司法鉴定专用章。（3）基本情况，简要说明委托人、委托事项、受理日期、鉴定材料等情况。（4）基本案情，简要介绍案件的基本情况。（5）资料摘要，摘录与鉴定事项有关的鉴定资料，如法医鉴定的病史摘要等。（6）鉴定过程，客观、翔实、有条理地描述鉴定活动发生的过程，包括人员、时间、地点、内容、方法，鉴定材料的选取、使用，采用的技术标准、技术规范或者技术方法，检查、检验、检测所使用的仪器设备、方法和主要结果等。（7）分析说明，详细阐明鉴定人根据有关科学理论知识，通过对鉴定材料，检查、检验、检测结果、鉴定标准、专家意见等进行鉴别、判断、综合分析、逻辑推理，得出鉴定意见的过程。要求有良好的科学性、逻辑性。（8）鉴定意见，写明鉴定人对案件中专门性问题所作的判断意见。（9）附件。（10）司法鉴定人签名（打印文本和亲笔签名）及《司法鉴定人执业证》证号（司法鉴定专用章），出具鉴定意见的具体时间。

【鉴定文书】 是指公安机关、人民检察院内设的鉴定机构及其鉴定人对刑事诉讼中的专门问题进行鉴别和判断之后出具的记录鉴定人专业判断意见的文书。鉴定书既是记录鉴定过程的法律文书，又是鉴定意见的表达载体。根据《人民检察院鉴定规则（试行）》第二十条、第二十一条以及《公安机关鉴定规则》第四十五条规定，鉴定后，鉴定机构应当出具鉴定文书，并由鉴定人及授权签字人在鉴定文书上签名，同时附上鉴定机构和鉴定人的资质证明或者其他证明文件；鉴定文书分为鉴定书和检验报告两种格式；客观反映鉴定的由来、鉴定过程，经过检验、论证得出鉴定意见的，出具鉴定书；客观反映鉴定的由来、鉴定过程，经过检验直接得出检验结果的，出具检验报告。

根据《公安机关鉴定规则》第四十七条、《人民检察院鉴定规则（试行）》第二十一条到第二十三条规定，鉴定文书的制作应当符合以下要求：（1）鉴定文书格式规范、文字简练、图片清晰、资料齐全、卷面整洁、论证充分、表述准确；使用规范的文字和计量单位。（2）鉴定文书正文使用打印文稿，并在首页唯一性编号和末页成文日期上加盖鉴定专用章。鉴定文书内页纸张两页以上的，应当在内页纸张正面右侧边缘中部骑缝加盖鉴定专用章。（3）鉴定文书制作正本、副本各一份。正本交委托鉴定单位，副本由鉴定机构存档。（4）鉴定文书存档文件包括：鉴定文书副本、审批稿、检材和样本照片或者检材和样本复制件、检验记录、检验图表、实验记录、鉴定委托书、鉴定事项确认书、鉴定文书审批表等资料。（5）补充鉴定或者重新鉴定的，应当单独制作鉴定文书。

根据《公安机关鉴定规则》第四十六条规定，鉴定文书的内容应当包括：

（1）标题。（2）鉴定文书的唯一性编号和每一页的标识。（3）委托鉴定单位名称、送检人姓名。（4）鉴定机构受理鉴定委托的日期。（5）案件名称或者与鉴定有关的案（事）件情况摘要。（6）检材和样本的描述。（7）鉴定要求。（8）鉴定开始日期和实施鉴定的地点。（9）鉴定使用的方法。（10）鉴定过程。（11）鉴定书中应当写明必要的论证和鉴定意见，检验报告中应当写明检验结果。（12）鉴定人的姓名、专业技术资格或者职称、签名。（13）完成鉴定文书的日期。（14）鉴定文书必要的附件。（15）鉴定机构必要的声明。

【鉴定意见的告知】 是指侦查机关应当将用作证据的鉴定意见告知犯罪嫌疑人、被害人。根据《刑事诉讼法》第一百四十八条、《人民检察院刑事诉讼规则》第二百二十一条第一款规定，用作证据的鉴定意见，人民检察院办案部门应当告知犯罪嫌疑人、被害人；被害人死亡或者没有诉讼行为能力的，应当告知其法定代理人、近亲属或诉讼代理人。这里的用作证据的鉴定意见，是指经过专门机构针对专门性问题进行鉴定后形成的，经侦查机关审查核实后，准备作为证据使用的鉴定意见。以上条款之所以规定侦查机关或者人民检察院的告知义务，主要是因为用作证据的鉴定意见直接关系到对案件事实的认定，对犯罪嫌疑人和被害人具有直接的利害关系。将用作证据的鉴定意见告知犯罪嫌疑人、被害人以后，能够确保犯罪嫌疑人、被害人有机会申请补充鉴定或者重新鉴定，从而更好地保护犯罪嫌疑人或者被害人的合法权益。

【鉴定意见的重点审查内容】 是指人民法院在审查与认定鉴定意见时所要重点审查的事项。根据《刑事诉讼法司法解释》第九十七条规定，对鉴定意见应当着重审查以下内容：（1）鉴定机构和鉴定人是否具有法定资质。（2）鉴定人是否存在应当回避的情形。（3）检材的来源、取得、保管、送检是否符合法律、有关规定，与相关提取笔录、扣押清单等记载的内容是否相符，检材是否可靠。（4）鉴定意见的形式要件是否完备，是否注明提起鉴定的事由、鉴定委托人、鉴定机构、鉴定要求、鉴定过程、鉴定方法、鉴定日期等相关内容，是否由鉴定机构盖章并由鉴定人签名。（5）鉴定程序是否符合法律、有关规定。（6）鉴定的过程和方法是否符合相关专业的规范要求。（7）鉴定意见是否明确。（8）鉴定意见与案件待证事实有无关联。（9）鉴定意见与勘验、检查笔录及相关照片等其他证据是否矛盾；存在矛盾的，能否得到合理解释。（10）鉴定意见是否依法及时告知相关人员，当事人对鉴定意见有无异议。

【不得作为定案根据的鉴定意见】 是指人民法院审查鉴定意见以后，认定不得作为定案根据使用的鉴定意见。根据《刑事诉讼法司法解释》第九十八条、第九十九条第一款规定，不得作为定案证据的鉴定意见包括如下几种情形：（1）鉴定机构不具备法定资质，或者鉴定事项超出该鉴定机构业务范围、技术条件的。（2）鉴定人不具备法定资质，不具有相关专业技术或者职称，或者违反回避规定的。（3）送检材料、样本来源不明，或者因污染不具备鉴定条件的。（4）鉴定对象与送检材料、样本不一致的。（5）鉴定程序违反规定的。（6）鉴定过程和方法不符合相关专业的规范要求的。

(7) 鉴定文书缺少签名、盖章的。(8) 鉴定意见与案件事实没有关联的。(9) 违反有关规定的其他情形。(10) 经人民法院通知，鉴定人拒不出庭作证的，鉴定意见不得作为定案的根据。

【就案件的专门性问题出具的报告】 是指受公安司法机关的聘请或指派，具有专门知识的检验人运用其专业技能或者技术对刑事案件中某些无法委托司法鉴定的专门性问题进行鉴别、测度、分析和判断之后所出具的书面报告。就案件的专门性问题出具的报告与司法鉴定意见书类似。但是，出具报告的对象只能局限于刑事诉讼中需要解决但是又因为缺乏具有资质的司法鉴定机构或者鉴定人，或者因不属于法定的鉴定种类而无法进行司法鉴定的专门性问题。根据《刑事诉讼法司法解释》第一百条第一款规定，因无鉴定机构，或者根据法律、司法解释的规定，指派、聘请有专门知识的人就案件的专门性问题出具的报告，可以作为证据使用。由于人民法院在审查与认定相关报告时应当参照鉴定意见的审查与认定方法，因此，《刑事诉讼法司法解释》第一百条第三款明确规定，经人民法院通知，出具报告的人拒不出庭作证的，有关报告不得作为定案的根据。以上规定表明，就案件的专门性问题出具的报告可以作为证据使用，审查方法可以参照适用鉴定意见的审查与认定规定。

【就案件的专门性问题出具的报告的审查与认定】 是指人民法院按照鉴定意见的审查与认定方法，对报告的真实性、合法性和关联性进行审查与认定。在我国实行司法鉴定体制改革以后，在我国刑事诉讼中出现了需要鉴定的专门性问题而缺乏具有资质的司法鉴定机构的现象，从而影响了对案件事实的认定和刑事诉讼的顺利进行。例如，根据 2011 年 8 月 1 日印发的《危害计算机信息系统安全刑事案件司法解释》第十条规定，对于是否属于刑法规定的“国家事务、国防建设、尖端科学技术领域的计算机信息系统”“专门用于侵入、非法控制计算机信息系统的程序、工具”“计算机病毒等破坏性程序”难以确定的，应当委托省级以上负责计算机信息系统安全保护管理工作的部门检验。司法机关根据检验结论，并结合案件具体情况认定。而这些部门由于不具备司法鉴定的资质，因此，由他们出具的意见不能成为鉴定意见，而只能是检验报告。为了满足司法实践的需要，《刑事诉讼法司法解释》第一百条对相关报告的审查与认定做出了明确规定，即人民法院对就案件的专门性问题出具的报告的审查与认定，参照对鉴定意见的审查与认定。

【笔录】 是指办案人员在刑事诉讼中依法对某些诉讼活动所作的文字记载。笔录是反映立案来源、侦查行为、开庭审判以及裁判的执行等各种诉讼活动的诉讼文书，对于证实诉讼活动的有关情况和犯罪的有关事实，都具有重要意义。某些笔录还可以作为证明案件事实或者办案人员的诉讼行为是否违法的证据使用。笔录应由法定的人员在场制作，制作完毕应交由被录者查看或宣读并由其在认定无误时签名盖章。笔录记载的内容要准确、清晰地反映情况，所使用的纸张、墨汁应符合长期保存的要求。刑事诉讼中的笔录主要有：接受口头控告、检举的笔录；讯问笔录；询问笔录；勘验、检查笔录；搜查、扣押笔录；辨认笔录；侦查实验笔录；公诉案件开庭审判活动情况的笔录；法庭笔录；评议笔录；检察人员对执行死刑临场监督笔录；人民法院执行死刑笔录等。

【讯问笔录】 是指侦查人员在讯问犯罪嫌疑人时对讯问情况所作的文字记载。讯问笔录是记载讯问情况、固定犯罪嫌疑人供述或者辩解的重要方式，是我国刑事诉讼中非常重要的一个法定证据种类。侦查人员讯问犯罪嫌疑人，应当制作讯问笔录。讯问笔录是制式法律文书，具有统一的格式。讯问笔录包括三个部分，即首部、正文和尾部。首部包括讯问笔录名称、讯问时间、讯问地点、讯问人的姓名（签名）和工作单位、记录人的姓名（签名）和工作单位、被讯问的犯罪嫌疑人的基本情况。首部具有统一格式，由侦查人员逐项填写清楚。如果犯罪嫌疑人是因为传唤、公民扭送或者自动投案而接受讯问，那么在讯问笔录首部还应当填写犯罪嫌疑人到案时间和离开时间，以及犯罪嫌疑人的签名。正文部分就是详细记载讯问人员的问话和犯罪嫌疑人的供述或者辩解。问话采用一问一答的形式，每次对话记载一项内容，不能同时提问或者记载几项内容。尾部就是由犯罪嫌疑人写明“以上笔录我看过（向我宣读过），和我说的相符”等字样，同时签名、盖章、捺指印，注明日期。如果讯问笔录不止一页，侦查人员应当责令犯罪嫌疑人逐页签名、捺指印。侦查人员、翻译人员、讯问时在场的其他人员也应当在讯问笔录末尾签名或者盖章。

【询问笔录】 是指侦查人员在询问证人、被害人时对询问情况所作的文字记载。询问笔录是记载询问情况、固定证人、被害人证言的重要方式，是我国刑事诉讼中非常重要的一个法定证据种类。侦查人员询问证人或者被害人，应当制作询问笔录。询问笔录是制式法律文书，具有统一的格式。询问笔录包括三个部分，即首部、正文和尾部。首部包括询问笔录名称、询问时间、询问地点、询问人的姓名（签名）和工作单位、记录人的姓名（签名）和工作单位、被询问的证人或者被害人的基本情况。首部具有统一格式，由侦查人员逐项填写清楚。正文部分就是详细记载侦查人员的问话和证人、被害人的证言。问话采用一问一答的形式，每次对话记载一项内容，不能同时提问或者记载几项内容。尾部就是由证人或者被害人写明“以上笔录我看过（向我宣读过），和我说的相符”等字样，同时签名、盖章、捺指印，注明日期。如果询问笔录不止一页，侦查人员应当责令证人或者被害人逐页签名、捺指印。侦查人员、翻译人员、讯问时在场的其他人员也应当在讯问笔录末尾签名或者盖章。

【勘验、检查笔录】 又称现场勘验检查笔录，是指办案人员对与案件有关的场所、物品、人身、尸体进行勘验、检查时所作的文字记载。勘验、检查笔录，是对两种侦查行为所做的记录，即勘验笔录和检查笔录。勘验笔录是指办案人员对与犯罪有关的场所、物品、尸体等进行勘查、检验后所做的记录。检查笔录是指办案人员为确定被害人、犯罪嫌疑人、被告人的某些特征、伤害情况和生理状态，对他们的人身进行检验和观察后所作的客观记载。勘验笔录的形式，包括文字记载、绘制的图样、照片、复制的模型材料和录像等。检查笔录以文字记载为主，也可以采取拍照、录像等其他有利于准确、客观记录的方法。勘验、检查笔录可以细分为现场勘验笔录、物体勘验笔录、尸体勘验笔录、人身检查笔录等。勘验、检查笔录实质上是一种固定、保全证据的方法和手段，其证明作用在于它固定和保全的内容同案件事实具有关联性。勘验检查笔录是独立的证据种类，既不是物证也不是书证。尽管勘验、检查笔录是一种书面形式的证据材料，但它在形成时间、制作主体以及内容等方面都有别于书证。从勘验检查笔录的内容看，记载的多是物证材料，但它并不是物证材料，而是保全这些证据的方法。

勘验、检查现场，应当拍摄现场照片，绘制现场图，制作笔录。勘验、检查笔录包括前言、正文和结尾三个部分。(1) 前言部分包括：笔录文号，接报案件时间和内容，现场地点，现场保护情况，勘验、检查的起止时间，天气情况，勘验、检查利用的光线，组织指挥人员，现场方位和周围环境等。(2) 正文部分包括：与犯罪有关的痕迹和物品的名称、部位、数量、性状、分布等情况，尸体的位置，衣着、姿势、损伤、血迹分布、形状和数量等。(3) 结尾部分包括：提取痕迹、物证情况，扣押物品情况，制图和照相的数量，录像、录音的时间。笔录人、制图人、照相人、录像人、录音人，执行现场勘验、检查任务人员的单位、职务及签名，见证人签名。勘验、检查笔录具有以下特点：记录主体的特殊性；记录对象的特定性；记录内容的客观性；记录内容的综合性；记录方法的多样性；勘验、检查笔录的证明具有间接性；勘验、检查笔录具有规范性。

【现场勘验笔录】 是指办案人员对现场勘验活动的过程和发现的情况进行的客观记录。在刑事案件中，现场勘验笔录又称现场勘查记录，由现场勘查笔录、现场绘图、现场照相、现场录像、现场录音等组成。现场勘查笔录只是记录中用文字记载的部分。现场勘验笔录的记载内容由导言、叙事和结尾三部分构成。(1) 导言部分主要记载：接到报案情况，侦查人员到达现场时间，保护现场人员、现场勘验人员、在场见证人情况，保护现场过程中发现的情况及其所采取的措施，勘验的范围和顺序，勘验开始和结束的时间，以及勘验当时的天气情况。(2) 叙事部分主要记载：现场的方位，即现场的具体地点及其周围环境情况；现场的全貌，即现场的具体范围和状态；现场的中心，即出事中心地点的状态；现场的细目，包括现场的遗留物和痕迹情况，即在现场各处发现的犯罪痕迹及其他物证的数量及其特征；现场勘验所见的一切反常现象。(3) 结尾部分主要记载：采取痕迹及其他物证的名称和数量；拍照现场照片的种类和数量；绘制现场图的种类和数量；一切在场人员的有关声明；现场勘验人员签名或盖章；见证人签名或盖章；笔录制作的日期；笔录制作人签名或盖章。现场勘验笔录只能由侦查人员制作，笔录的记载顺序应同实地勘验的顺序相一致，笔录的用语应当明确、肯定。在现场勘验中进行尸体检验、侦查实验、人身检查、现场访问等活动时还应单独制作相应的笔录，并由主持人、检验人、见证人、目击者等签名或盖章，但对上述有关检验应在现场勘验笔录中加以扼要记载。

【尸体检验笔录】 是指法医对尸体进行外表检验或解剖时所做的记录。尸体检验分为尸表检验和尸体解剖两个部分。尸体检验的目的在于确定死亡的原因，判断死亡的时间、致死的手段和方法，判断凶器的种类，以便分析案情，认定案件性质，为侦查破案提供证据或者线索。检验尸体应当在侦查人员的主持下，由法医或者侦查机关聘请的医师进行。检验结束后，由法医制作尸体检验笔录。尸体检验笔录包括前言、叙事和结尾三个部分。前言部分包括：尸体来源、名称、性别、保护情况等；检验目的；检验的时间、地点；参加检验的人员和见证人情况。叙述部分包括：尸体检验，包括衣着、身高、体格状况、皮肤颜色；尸斑、尸僵现象；腐败情况；损伤的具体位置、形状、大小、深浅和方向等；尸体解剖，如果通过尸表检验尚不能达到目的，应当进行尸体解剖，记录解剖的顺序，解剖的器官情况，包括腹腔剖检、胸腔剖检、颈部剖检、头部剖检等；尸检所用物品或手段；尸体检验照相或录像。结尾部分包括：尸体检验所得痕迹、物证照片的名称和数量；尸体检验的结论；参加人员、见证人签字或者盖章。尸表检验常常是在犯罪现场进行，所以还应该详细记载尸体的位置、姿态、尸体周围的环境和情况，特别是痕迹和物品的情况。犯罪现场的尸体检验笔录应当附加在现场勘验笔录之中。但是，非现场的尸体检验笔录则单独成为证据。

【物证检验笔录】 又称物品检验笔录，是指侦查人员对检验物品活动所做的记录。物品检验是指侦查人员对侦查过程中收集到的物品和痕迹进行检查和验证，以确定该物证与案件事实之间关系的一种侦查活动。物品检验笔录就是对检验活动所作的记载，主要内容是侦查人员在勘验时所见到的物品、痕迹的性质、形状、位置和其他特征。物证检验笔录包括前言、叙事和结尾三个部分。(1) 前言部分包括：物品的名称、来源、保护情况；检验的时间、地点；检验的目的；参加检验的人员和见证人情况。(2) 叙事部分包括：检验所用的方法、手段或仪器；物品的材料、体积、重量、颜色、商标、号码等；物品上的痕迹的位置、大小、形状、性质等；若是现场上的物品，还应当写明物品与周围环境的关系。(3) 结尾部分包括：检验结论，检验人、见证人的签名或者盖章。物品检验笔录包括现场物品和非现场物品检验笔录。现场物品检验笔录应当附加在现场勘验笔录上。非现场检验笔录则单独成为证据。

【人身检查笔录】 是指办案人员为确定被害人、犯罪嫌疑人、被告人的人身特征、伤害情况和生理状态，对他们的人身进行检验和观察后所作的客观记载。为了确定被害人、犯罪嫌疑人的某些特征、伤害情况或者生理状态等，以及了解犯罪手段、情节、危害情况，鉴别案件的真伪和性质，判断犯罪工具的类别，核对案件证据，侦查人员可以对被害人、犯罪嫌疑人、被告人的人身进行检查。如果指派或者聘请医师检查，医师应当写出诊断意见书，说明检查的情况和结果。在检查结束以后，应当制作人身检查笔录，写明检查过程和结果。人身检查笔录包括前言、叙事和结尾三个部分。(1) 前言部分包括：检查的时间、地点，检查的目的；参加检查的人员和见证人的情况；被检查人的姓名、性别等基本情况；被检查人是否同意检查。(2) 叙事部分包括：检查采用的方法、手段或者仪器；被检查人的身体某些特征、伤害情况或者生理状态等。(3) 结尾部分包括：检查的结论；参加检查的人员和见证人签名或者盖章。

【勘验、检查笔录的重点审查内容】 是指人民法院在审查与认定勘验、检查笔录时所要重点审查的事项。根据《刑事诉讼法司法解释》第一百零二条规定，对勘验、检查笔录应当着重审查以下内容：（1）勘验、检查是否依法进行，笔录的制作是否符合法律、有关规定，勘验、检查人员和见证人是否签名或者盖章。（2）勘验、检查笔录是否记录了提起勘验、检查的事由，勘验、检查的时间、地点，在场人员、现场方位、周围环境等，现场的物品、人身、尸体等的位置、特征等情况，以及勘验、检查的过程；文字记录与实物或者绘图、照片、录像是否相符；现场、物品、痕迹等是否伪造、有无破坏；人身特征、伤害情况、生理状态有无伪装或者变化等。（3）补充进行勘验、检查的，是否说明了再次勘验、检查的缘由，前后勘验、检查的情况是否矛盾。

【不得作为定案根据的勘验、检查笔录】 是指人民法院审查勘验、检查笔录以后，认定不得作为定案根据使用的勘验、检查笔录。根据《刑事诉讼法司法解释》第一百零三条规定，勘验、检查笔录存在明显不符合法律、有关规定的情形，不能作出合理解释的，不得作为定案的根据。由此可见不能作为定案根据的勘验、检查笔录必须同时具备两个条件：（1）勘验、检查笔录存在明显的违法情形，如没有勘验、检查人员或者见证人的签名或者盖章等。（2）公诉人员无法做出合理的解释或者说明，如说不清楚勘验、检查人员或者见证人为何没有签名等。

【辨认笔录】 是指侦查人员让被害人、犯罪嫌疑人或证人对犯罪有关的物品、文件、尸体、场所或犯罪嫌疑人进行辨认时所做的记录。辨认，是指侦查人员为了查明案情，在必要时让被害人、证人和犯罪嫌疑人对与犯罪有关的物品、文件、尸体进行辨认，或者让被害人、证人对犯罪嫌疑人进行辨认，或者让犯罪嫌疑人对其他犯罪嫌疑人进行辨认的一种侦查行为。辨认笔录是记录证人、被害人或犯罪嫌疑人、被告人辨认过程及辨认结果的书面载体。辨认笔录由首部、正文和尾部三个部分组成。（1）首部写明辨认笔录的名称，如某某人民检察院辨认笔录或者某某公安局辨认笔录等。（2）正文包括：进行辨认的时间、地点和条件；辨认人的姓名、性别、年龄、工作单位、职业和住址；辨认对象的具体情况，如被辨认人的姓名、性别、年龄、职业、住址；被辨认物品的种类、型号、形状、数量等；混杂辨认客体（人或物品）的具体情况；辨认结果及其根据，即认定同一、不同一或者相似，以及认定的根据。（3）尾部是参加辨认人员的签名或者盖章，包括主持辨认的侦查人员、辨认人、被辨认人、见证人等。

辨认笔录具有如下特点：（1）记录主体的特殊性，即辨认笔录只能由司法工作人员制作。（2）记载对象的特定性，即辨认笔录只能是针对辨认活动所做的记录。（3）笔录内容的客观性，即司法工作人员在制作辨认笔录时，必须如实进行记载，而不能故意歪曲。（4）笔录方法的多样性，即辨认笔录的形式不仅仅是用笔记载，或者说用文字记载，它还包括照相、录音、录像、绘图等方式。（5）证明作用的间接性，即辨认笔录反映的不是单一事实，而是反映各种证据资料之间存在或形成的具体环境条件和相互关系，往往体现了一种具有综合证明能力的证据形式和来源。

【辨认笔录的重点审查内容】 是指人民法院在审查与认定辨认笔录时所要重点审查的事项。根据《刑事诉讼法司法解释》第一百零四条规定，对辨认笔录应当着重审查辨认的过程、方法，以及辨认笔录的制作是否符合有关规定。之所以需要重点审查这些内容，主要是因为在司法实践中，辨认常常在辨认过程、辨认方法、辨认笔录制作等方面存在不规范甚至违法的情况。例如，辨认人事先见到辨认对象；辨认不独立；在辨认时进行暗示；辨认笔录不规范，不附相应照片等。

【不得作为定案根据的辨认笔录】 是指人民法院审查辨认笔录以后，认定不得作为定案根据使用的辨认笔录。根据《刑事诉讼法司法解释》第一百零五条规定，辨认笔录具有下列情形之一的，不得作为定案的根据：（1）辨认不是在调查人员、侦查人员主持下进行的。（2）辨认前使辨认人见到辨认对象的。（3）辨认活动没有个别进行的。（4）辨认对象没有混杂在具有类似特征的其他对象中，或者供辨认的对象数量不符合规定的。（5）辨认中给辨认人明显暗示或者明显有指认嫌疑的。（6）违反有关规定、不能确定辨认笔录真实性的其他情形。

【侦查实验笔录】 又称现场实验笔录，是指侦查人员在进行侦查实验时，对侦查实验的过程和结果所作的文字记录。侦查实验，是指在侦查过程中为了查明案件在某种条件下的某种情况或者某种行为能否发生，而参照原来的条件进行模拟实验的一种侦查行为。像辨认笔录一样，侦查实验笔录也具有记录主体的特殊性，记载对象的特定性，笔录内容的客观性，笔录方法的多样性，以及证明作用的间接性等特征。侦查人员对侦查实验的过程和结果，应当制作侦查（现场）实验笔录，参加实验的人员应当在侦查（现场）实验笔录上签名或者盖章，存入诉讼卷。侦查（现场）实验笔录包括以下主要内容：（1）序言部分：包括时间、地点，进行实验的人员及职务职称，侦查实验的目的。（2）实验过程：包括详细叙述实验内容、条件及实施过程情况，客观描述实验所获得的结果。（3）结论部分：包括实验的结论，参加人员签名及日期。如果侦查（现场）实验时有照相、录像、录音，在笔录中应予以说明，并作为笔录的附件。

【不得作为定案根据的侦查实验笔录】 是指人民法院审查侦查实验笔录以后，认定不得作为定案根据使用的侦查实验笔录。根据《刑事诉讼法司法解释》第一百零七条规定，侦查实验的条件与事件发生时的条件有明显差异，或者存在影响实验结论科学性的其他情形的，侦查实验笔录不得作为定案的根据。侦查实验的条件与事件发生时的条件是否相同或者相近，是影响侦查实验效果的决定性因素。因此，侦查人员在实验过程中，应当尽可能地确保侦查实验的条件与事件发生时的条件保持一致。如果二者相差悬殊，那么很难保证侦查实验结果的真实性和有效性。在这种情况下，如果将侦查实验笔录作为定案的根据，就会冒极大的错误风险。

【搜查笔录】 是指侦查人员在搜查活动结束以后对搜查情况所做的记录。搜查笔录是证明搜查活动的真实性和合法性的重要证据。根据《刑事诉讼法》第一百四十条规定，搜查的情况应当写成笔录，由侦查人员和被搜查人或者他的家属，邻居或者其他见证人签名或者盖章。如果被搜查人或者他的家属在逃或者拒绝签名、盖章，应当在笔录上注明。搜查笔录包括首部、正文、尾部三部分。（1）首部包括：文书名称、搜查的起始时间、地点、对象，执行搜查的公安机关名称及侦查人员的姓名等。（2）正文包括：记录搜查的简要情况，制作时应当根据搜查的顺序写明搜查范围，扣押赃物或者证据的名称、规格、数量以及位置等，搜查中有无损坏物品现象，被搜查人及其家属是否配合等。如在搜查中对查获的有关证据进行拍照或者录像，应当在笔录中注明。最后写明《扣押物品、文件清单》的交收情况。（3）尾部由侦查人员和被搜查人或者他的家属、邻居或者其他见证人签名（盖章）或者捺指印。如果被搜查人或者他的家属在逃或者拒绝签名（盖章）或者捺指印，应当在笔录上注明。

【扣押笔录】 是指侦查人员在扣押以后对扣押情况所做的记录。扣押笔录包括首部、正文和结尾三个部分。（1）首部包括标题和扣押的基本情况。标题为某某人民检察院扣押笔录、某某人民法院扣押笔录、某某公安局扣押笔录等。在标题以下，依次写明扣押物品的时间和地点，扣押人员的姓名，物品持有人的姓名，见证人的姓名、工作单位和职务等。对于无法确定持有人或者持有人拒绝签名的，侦查人员应当在笔录中注明。（2）正文部分要记录扣押人员宣读扣押物品的根据，记名扣押制作机关的名称，文书名称，文书编号；如实准确记名扣押物品的经过和结果。其中，扣押物品的，诉讼行为在笔录中进行简单记录，另行制作扣押物品清单一式两份，扣押物品清单要写明扣押的理由，被扣押物品的名称、规格、数量、特征，由办案人员和被扣押物品持有人、见证人签名后，一份交给被扣押物品的持有人，一份附卷。（3）扣押笔录的尾部由办案人员、见证人和持有人签名或者盖章。对可以作为证据使用的录音带、录像带、电子数据存储介质，在扣押时应当予以检查，记明案由、内容以及录取和复制的时间、地点等，并妥为保管。

【视听资料】 是指利用现代化技术手段，以录音、录像、电子计算机以及其他高科技设备储存的信息证明案件事实的资料。视听资料是随着近现代科学技术的发展而出现的一种新的证据种类。我国在1996年修改《刑事诉讼法》将视听资料规定为法定的证据种类。根据现代科技水平和视听资料的应用，按照不同的形式表现，可以把视听资料分为录音资料、录像资料、电子计算机储存资料、运用专门设备得到的信息资料等。以其获得的手段和存在的形式为标准，可以将视听资料分为录音资料和录像资料。视听资料具有以下特点：视听资料属于高科技证据，视听资料的物质信息载体具有高度的科学技术性；视听资料具有较强的直观性；视听资料具有高度的准确性和稳定性；视听资料具有便利、高效的特点；视听资料具有各种物证都不具备的动态连续性；视听资料具有综合性；视听资料占用空间少，传送和运输方便；视听资料容易被伪造、复制、篡改等；视听资料对科学技术和技术设备具有较强的依赖性，伴随科技的不断进步而不断更新和发展。

尽管视听资料属于实物证据，但是视听资料既不同于物证，又不同于书证。

视听资料虽然也是一种物体（磁带、录像带等），但它在刑事诉讼中的证明作用并非在于它的外部特征、存在状况、物质属性，而是以其内容，即它的录音、录像、信息和储存资料等，来对案件事实起到证明作用。书证是以文字、符号、图画所表示的内容和含义来证明案件事实的，而视听资料则是以它的声调、图像、储存资料、信息，来证明案件事实的。视听资料具有高度的直观性、动态性，就其表现形式和证明作用来说都是书证所无法比拟的。另外，尽管视听资料中常常含有人的活动和话语，但是视听资料不同于人证。这是因为视听资料形成于案件发生前或发生过程中，它客观地记录案件事实情况，不存在人的主观因素。而证人证言、被害人陈述、犯罪嫌疑人、被告人供述和辩解等形成于案件发生后的诉讼过程中，是在诉讼过程中向办案人员所作的语言叙述，因而包含有叙述人的主观因素。值得注意的是，侦查讯问中的录音录像资料如果是用来记录口供，那么它属于犯罪嫌疑人的供述和辩解，而不是视听资料；如果它是用来证明讯问过程，则属于视听资料。

【录音资料】 是指运用声学、电学、机械学等方面的科学技术，把正在进行的演说、唱歌、对话、爆炸、自然声响、机械摩擦等声音如实地记录下来，然后经过播放，再现原来的声音，以证明案件的真实情况的一种证据。由于录音可以弥补人的记忆能力不足以及记录速度慢于谈话速度的弱点，人们在日常生活中，有时会使用录音这种手段达到记录某个事件的目的，而一旦这些录音资料与诉讼中处理的案件事实有关，就成为一种重要的诉讼证据。录音资料对案件的证明方式有两种。一种是以录音资料的内容证明案件事实，如有关犯罪计划的谈话等。另一种则以录音中所反映出的语音、语调、音质、音素等特点对案件起证明作用。在这种情况下，其内容可能与案件事实毫无关系，但是其声音特点却可以说明发声人的某些特征，通过科学鉴定可以确定发声人的真实身份。

【录像资料】 是指运用光电效应和电磁转换的原理，将事物运动、发展、变化的客观真实情况原原本本地录制下来，再经过播放，重新显示原始的形象，来证明案件真实情况的证据。录像资料有时和录音资料有重叠现象，即录像中既有形象又有声音，且两者都对案件事实起证明作用，这种情况下应当认定为录像资料，因为声音同发声者是不可分的。录像资料具有生动形象的特点，有连续运动着的人物和运动着的背景，因此具有很高的证明价值，被广泛运用于诉讼过程中。录像资料对案件的证明方式也有2种：一种是以主图像对案件事实起证明作用，即录像中的主画面本身就属于案件事实的一部分或者与案件事实有直接的联系，如银行监控设备提供的有关抢劫过程的录像等。另一种则不是以主图像对案件事实起证明作用，而是以背景图像对案件事实起证明作用，如在摄制某一录像过程中无意中拍摄到的与犯罪有关的事实，主图像可能与案件事实毫无关系，背景图像则对证明案件事实具有重要意义。对于这样的视听资料，在实践中要通过定格、放大、剪辑等技术进行处理，然后作为证据使用。

【电子数据】 又称电子证据，是指储存在计算机、网络等各种电子设备中的以电子、数字、磁、光学、电磁等电子形式来证明案件真实情况的各种信息。电子数据既是现代科学技术发展的产物，也是应对犯罪手段日益科技化、组织化、智能化、专业化、隐蔽化的重要手段。《死刑案件审查判断证据问题规定》明确将电子证据列为单独的证据种类，即电子证据包括电子邮件、电子数据交换、网上聊天记录、网络博客、手机短信、电子签名、域名等电子证据。2012 年修正的《刑事诉讼法》第四十八条第二款首次以立法的形式将电子数据作为与视听资料并列的一个独立法定证据种类。

相对于其他证据种类而言，电子数据具有如下显著特点：（1）电子数据高度依赖于电子化的物质载体。无论是电子数据的记载，还是电子数据的收集、固定、保全、审查判断，都离不开相应的电子设备。（2）电子数据具有动态连续性。电子数据作为现代高科技的产物，它能够再现与案件有关的文字、图像、数据和信息，生动形象地展现案件事实。（3）电子数据具有高度的直观性和生动形象性。通过先进的科学技术手段，它可以将与案件有关的图像、声音、符号、文字、数据和其他信息，甚至案件发生的实际状况直观地再现在司法人员面前。（4）电子数据的科技含量高，蕴藏的信息量极为丰富。巨大的信息量为侦查破案提供了丰富的材料来源。

【视听资料的重点审查内容】 是指人民法院在审查与认定被告人视听资料时所要重点审查的事项。根据《刑事诉讼法司法解释》第一百零八条第一款规定，对视听资料应当着重审查以下内容：（1）是否附有提取过程的说明，来源是否合法。（2）是否为原件，有无复制及复制份数；是复制件的，是否附有无法调取原件的原因、复制件制作过程和原件存放地点的说明，制作人、原视听资料持有人是否签名。（3）制作过程中是否存在威胁、引诱当事人等违反法律、有关规定的情形。（4）是否写明制作人、持有人的身份，制作的时间、地点、条件和方法。（5）内容和制作过程是否真实，有无剪辑、增加、删改等情形。（6）内容与案件事实有无关联。

【电子数据的重点审查内容】 指人民法院在对电子数据的真实性、合法性、完整性进行审查时需要重点关注的内容。根据《刑事诉讼法司法解释》第一百一十条至第一百一十二条的规定，（1）对电子数据是否真实，应当着重审查以下内容：是否移送原始存储介质；在原始存储介质无法封存、不便移动时，有无说明原因，并注明收集、提取过程及原始存储介质的存放地点或者电子数据的来源等情况；是否具有数字签名、数字证书等特殊标识；收集、提取的过程是否可以重现；如有增加、删除、修改等情形的，是否附有说明；完整性是否可以保证。（2）对电子数据是否完整，应当根据保护电子数据完整性的相应方法进行审查、验证：审查原始存储介质的扣押、封存状态；审查电子数据的收集、提取过程，查看录像；比对电子数据完整性校验值；与备份的电子数据进行比较；审查冻结后的访问操作日志；其他方法。（3）对收集、提取电子数据是否合法，应当着重审查以下内容：收集、提取电子数据是否由 2 名以上调查人员、侦查人员进行，取证方法是否符合相关技术标准；收集、提取电子数据，是否附有笔录、清单，并经调查人员、侦查人员、电子数据持有人、提供人、见证人签名或者盖章；没有签名或者盖章的，是否注明原因；对电子数据的类别、文件格式等是否注明清楚；是否依照有关规定由符合条件的人员担任见证人，是否对相关活动进行录像；采用技术调查、侦查措施收集、提取电子数据的，是否依法经过严格的批准手续；进行电子数据检查的，检查程序是否符合有关规定。

【不得作为定案根据的视听资料、电子数据】 是指人民法院审查视听资料、电子数据以后，认定不得作为定案根据使用的视听资料、电子数据。根据《刑事诉讼法司法解释》第一百零九条、第一百一十四条规定，不得作为定案根据的视听资料、电子数据包括如下 2 种情形：(1) 系篡改、伪造或者无法确定真伪的。(2) 视听资料制作、取得的时间、地点、方式等有疑问，不能作出合理解释的；电子数据有增加、删除、修改等情形，影响其真实性的。被篡改以及无法确定真伪的视听资料、电子数据因为其真实性具有不确定性，而无法对案件事实起到证明作用，甚至会影响案件事实的准确认定或者导致案件事实认定错误，因而不能作为定案的根据。(3) 视听资料或者电子数据在制作和收集的过程中存在不规范或者违法的现象，从而导致无法判断其真伪，而控方又不能作出合理的解释，或者不能提供必要的证据证明视听资料、电子数据的合法来源或者其取证过程的合法性。《刑事诉讼法司法解释》第一百一十五条还规定，对视听资料、电子数据，还应当审查是否移送文字抄清材料以及对绰号、暗语、俗语、方言等不易理解内容的说明。未移送的，必要时，可以要求人民检察院移送。

【刑事证据的分类】 是指在理论上将刑事证据按照不同的标准划分为不同的类别。其目的在于研究不同类别刑事证据的特点及其运用规律，以便指导办案工作，提高收集和运用刑事证据的质量。在理论上，刑事证据通常包括以下 6 种分类方法：(1) 根据证据形成的方法、表现形式、存在状况、提供方式，可以将刑事证据分为言词证据与实物证据，也称人证与物证。(2) 根据证据的证明作用是肯定还是否定犯罪嫌疑人、被告人实施了犯罪行为，可以将刑事证据分为有罪证据与无罪证据。(3) 根据证据的来源、出处，可以将刑事证据分为原始证据与传来证据。(4) 根据证据与案件主要事实的证明关系，即能不能独立地证明案件的主要事实，可以将刑事证据分为直接证据与间接证据。(5) 根据证据对犯罪嫌疑人、被告人是否实施了犯罪、罪重还是罪轻等方面的证明作用，可以将刑事证据分为控诉证据与辩护证据。(6) 根据证据能否证明案件的主要事实，可以将刑事证据分为主要证据与补强证据。

【言词证据】 又称人证，是指以人的语言陈述形式表现证据事实的各种证据。在我国刑事诉讼中，证人证言、被害人陈述、犯罪嫌疑人、被告人供述和辩解、辨认笔录、鉴定意见都属于典型的言词证据。另外，讯问犯罪嫌疑人、被告人以及询问证人、被害人时所作的录音、录像属于收集、固定证据的方法，并没有形成新的证据，不属于刑事诉讼法规定的证据种类意义上的视听资料、电子数据，按陈述主体不同，分别属于犯罪嫌疑人、被告人供述和辩解、证人证言、被害人陈述。言词证据的特点是：言词证据通常能够比较全面地证明案件事实；言词证据容易受到提供证据的人自身主、客观因素的影响。鉴于这些特征，收集言词证据要依法、及时进行，尤其是要注意加强言词证据的固定，以便有效防止翻供或者翻证现象。对言词证据的运用和审查判断，必须仔细地审查鉴别其内容是否真实可靠，特别要注意以实物证据加以验证，运用实物证据客观性、稳定性强的优点，克服言词证据的弱点。

【实物证据】 是指以客观存在的物体作为证据事实表现形式的证据。这类证据，或以物体的外部特征、性质、位置等证明案情，或以实体物质作为其载体。在我国刑事诉讼中，常见的实物证据包括物证、书证、视听资料、电子数据等。实物证据具有以下特点：实物证据具有较强的客观性和稳定性；实物证据具有较强的被动性和依赖性；实物证据的证明范围通常比较狭窄。实物证据通常是在勘验、检查过程中发现和收取的，并以扣押的方法加以妥善保管或者封存。法庭调查实物证据的方式通常是出示和宣读。收集实物证据时，要灵活运用搜查、扣押、勘验、检查、照片、照相等多种方法，及时收集、固定和保全证据。对实物证据的审查判断，主要是甄别实物证据与案件之间的关系，查明实物证据是否遭到破坏，注意实物证据是否发生变化及其原因，以及实物证据的来源。在运用实物证据时，还可以运用言词证据来挖掘实物证据的证明力，如用鉴定、辨认的方式，揭示实物证据与案件事实的联系，用当事人的陈述说明现场的情况等。

【原始证据】 是指直接来源于案件事实的证据，也就是来自原始出处的证据，即通常所说的第一手材料。区别原始证据与传来证据的关键在于，刑事证据在取证主体接触之前是否处在原始状态，而没有经过传递。例如，证人根据他亲自看到、听到的事实所提供的证言，被害人对自己受害经过的陈述，犯罪嫌疑人、被告人对自己罪行的供认，文件的原本、物证的原物等，都是常见的原始证据。一般而言，原始证据是来源于第一手的事实材料，是对案件事实的直接反映；传来证据是来源于第二手或第二手以上的事实材料，是对案件事实的间接反映。传来证据在传递的过程中，由于技术设备、人的理解、转述能力等因素的影响，可能使经过转述、传抄、复制的内容发生差错。通常而言，传递的次数越多，证据的可靠程度越小。因此，原始证据的证明力一般优于传来证据。原始证据具有以下特点：原始证据与案件事实具有直接的关系；原始证据的证明价值一般大于传来证据；原始证据的证明价值不是固定不变的。鉴于原始证据往往是对案件事实的直接反映，因此，办案人员在收集证据的过程中应当尽量发现和收集原始证据。

【传来证据】 又称派生证据，是指不是直接产生于案件事实或者不是从第一来源直接获取，而是从第二手以上的来源获取的证据，也就是从原始出处以外的其他来源所获得的证据。例如，当事人、证人从其他人那里得知案件事实的陈述，勘验、检查笔录的复印件，物证、视听资料的复制品以及书证的副本、复印本等，都属于常见的传来证据。一般而言，证据转手和复制的次数越多，距离证明对象就越远，所含信息发生减损或者扭曲的可能性也就越大。值得注意的是，传来证据与传闻证据在形式上具有某些相似之处，如第二手以上的证据既是传来证据，也有可能是传闻证据，但是二者存在明显不同。例如，传来证据仅以证据是否是从第一来源直接获得的为标准。而传闻证据强调以法庭审判为中心，凡是来自法庭之外的证言，非证人当庭口头作证，或陈述之内容非本人耳闻目睹的证据，均属传闻证据。再如，传来证据不仅包括言词证据，而且包括实物证据。而传闻证据仅限于言词证据，不包括实物证据。二者在运用规则上也存在明显差异。

传来证据具有以下特点：传来证据与案件事实没有直接联系；传来证据必须有确切的出处或经过查证属实；传来证据在某些情况下的证明价值大于原始证据。传来证据虽然一般不如原始证据的证明价值高，但它往往对案件事实具有特殊的证明作用。尤其是在原始证据难以收集或者遭到破坏时，传来证据经过查证属实，也可以作为定案的根据。而且，传来证据还可以作为发现原始证据的线索，或者强化原始证据的证明作用。在特定情况下，传来证据甚至可以作为审查原始证据是否真实的手段。对于传来证据的运用，应当遵循以下规则：（1）没有正确的来源或者来源不明的传说、文字材料，不能作为定案的根据。（2）只有在原始证据不能取得或者确有困难时，才能用传来证据代替。（3）应当收集和运用距原始证据最近的传来证据。（4）如果某案件只有传来证据而没有原始证据，不能认定犯罪嫌疑人、被告人有罪。

【有罪证据】 是指能够证明犯罪事实存在，证明犯罪嫌疑人、被告人有罪的证据。有罪证据一般是由控诉人对犯罪嫌疑人、被告人进行指控时提出的，由人民检察院提起公诉和人民法院作出有罪判决的根据。在理论上，有罪证据有时又被称为控诉证据，或者不利于犯罪嫌疑人、被告人的证据。一般来说，大多数有罪证据属控诉证据，少数属辩护证据；大多数有罪证据属不利于被告人的证据，但也有少数属有利于被告人的证据。有罪证据与无罪证据相对。划分有罪证据与无罪证据，有利于司法工作人员注意全面收集犯罪嫌疑人、被告人有罪、罪重的证据和无罪或者从轻、减轻、免除处罚的证据，避免片面性；有利于在认定有罪时排除无罪的可能性，做到有罪证据确实、充分，防止造成冤错案件。

【无罪证据】 是指反驳控诉，即能够证明犯罪事实不存在，或者证明犯罪嫌疑人、被告人无罪的证据。无罪证据一般是由犯罪嫌疑人、被告人及其辩护人进行辩护时提出的，它是人民检察院作出不起诉决定和人民法院制作无罪判决的根据。尽管在理论上，无罪证据有时又被称为辩护证据，或者有利于犯罪嫌疑人、被告人的证据，但是严格说来，它们并不能完全画等号。例如，辩护证据不仅包括无罪证据，而且包括罪轻证据。但是，无罪证据都属于辩护证据或者有利于被告人的证据。在运用无罪证据和有罪证据时，除遵循运用证据的共同规则外，应当特别注意：既要注意收集有罪证据，也要注意收集无罪证据，要防止片面性；在对被告人作出有罪的确定性认定时，要做到有罪证据确实、充分，排除无罪的可能性。如果案内有的无罪证据尚未排除，不能得出有罪的确定性结论；如果经过最大努力，反复侦查和调查，仍然是有罪证据和无罪证据并存，即形成疑难案件时，应当作无罪处理。

【定罪证据】 是指能够证明对于某一行为是否构成犯罪、构成何种犯罪的确认与评判的根据。定罪证据所要证明的对象主要是犯罪构成要件事实。也就是说，凡是用来证明犯罪构成要件事实的证据都属于定罪证据。为了正确惩罚犯罪和认定案件事实，尊重和保障被告人的人权，防止冤枉无辜或者冤错案件，现代法治国家为定罪证据设定了较为严格的证据规则和证明规则，如证据确实、充分的有罪判决证明标准对定罪证据所要达到的证明程度的严格要求，各种证据排除规则对定罪证据在证据能力或者可采性等方面的严格要求等。在经过法庭调查和法庭辩论以后，人民法院应当按照法律规定的证据规则和证明规则，在对定罪证据进行全面审查与认定的基础之上，对被告人作出有罪或者无罪的判决。

【量刑证据】 是指构成犯罪的前提下，与犯罪行为或犯罪人有关的，体现行为社会危害性程度和行为人人身危险性程度，因而在从重、从轻或者免除刑罚时应当加以考虑的证据。尽管定罪与量刑是刑事审判需要解决的两个核心问题，但是直到量刑程序改革以后，才逐渐将刑事证据划分为定罪证据和量刑证据。将量刑证据从刑事证据分离出来，不仅有助于实现量刑的公正性，而且有利于增强量刑程序的独立性。量刑证据实际上就是用来证明量刑事实或者量刑情节的各种证据。所谓量刑事实，既包括刑法规定的法定量刑情节，如自首、坦白、立功等，又包括司法实践经验总结的各种酌定情节。根据《刑事诉讼法司法解释》第二百七十六条规定，人民法院除应当审查被告人是否具有法定量刑情节外，还应当根据案件情况审查以下影响量刑的情节：案件起因；被害人有无过错及过错程度，是否对矛盾激化负有责任及责任大小；被告人的近亲属是否协助抓获被告人；被告人平时表现，有无悔罪态度；退赃、退赔及赔偿情况；被告人是否取得被害人或者其近亲属谅解；影响量刑的其他情节。根据《刑事诉讼法司法解释》第二百七十七条规定，审判期间，合议庭发现被告人可能有自首、坦白、立功等法定量刑情节，而人民检察院移送的案卷中没有相关证据材料的，应当通知人民检察院在指定时间内移送；被告人提出新的立功线索的，人民法院可以建议人民检察院补充侦查。相对于定罪证据而言，量刑证据不仅在证明规则上更加简化灵活，而且在适用证据规则方面也更加宽松，如累犯、立功、赔偿等与定罪无关的证据都属于量刑证据，可以在量刑程序中使用。

【直接证据】 是指能够独立地证明案件主要事实的证据。所谓案件主要事实是指犯罪事实是否存在，该犯罪行为是否为犯罪嫌疑人、被告人所为。在我国刑事诉讼中，常见的直接证据有：犯罪嫌疑人、被告人承认实施某一犯罪行为的供述和否认实施某一犯罪行为的辩解；被害人指控犯罪嫌疑人、被告人实施犯罪行为的陈述；证人肯定或否定犯罪嫌疑人、被告人实施犯罪行为的证言；载明犯罪嫌疑人、被告人实施或者未实施犯罪行为的书证；详细记录犯罪过程的视听资料、电子数据等。直接证据的最大优点就是能单独证明犯罪是否为犯罪嫌疑人、被告人所为，而无须经过推理过程。当存在直接证据时，只要查证属实，就通常可以认定或排除犯罪嫌疑人、被告人有罪。但是，直接证据也具有不少缺点。一是在证据的收集上，直接证据来源较窄，数量少，不易取得，在一些案件中甚至根本无法取得。二是直接证据大多表现为言词证据，容易受主客观因素的影响而出现虚假或失真，其客观真实性较难确定，而且稳定性也较差，只靠直接证据定案，一旦翻供翻证，案件的质量就很难得到保证。尽管直接证据具有较强的证明作用，但是在运用直接证据时不仅应当坚持孤证不能定案，而且应当注意审查判断直接证据的真实性，区分肯定性与否定性的直接证据，切忌作出先入为主的判断。

【间接证据】 是指不能独立地直接证明案件的主要事实，而只能证明案件事实某种情况的证据。间接证据必须与案内的其他证据结合起来，构成一个证据体系，才能共同证明案件的主要事实，对案件的主要事实作出肯定或者否定的结论。在我国刑事诉讼中，常见的间接证据有物证、勘验检查笔录、鉴定意见，以及不反映案件主要事实的证人证言、被害人陈述、书证和视听资料等。间接证据具有如下特点：（1）间接证据的依赖性，即任何一个间接证据本身都没有单独的证明作用，它必须依赖其他证据，并且和其他证据结合起来才能具有证明作用。（2）间接证据的关联性，即任何一个间接证据的证据意义，都是由间接证据与案件事实之间的客观联系，以及与其他证据在证明过程中互相结合所决定的。（3）间接证据的证明过程复杂，必须有一个判断和推理的过程。（4）间接证据的排他性，即各个间接证据必须是互相一致的，不能是互相矛盾的，必须排除了其他的可能性。（5）间接证据多表现为实物证据，而且形式多样，种类繁多，比较容易获取。

长期以来，在我国刑事司法实践中，运用间接证据证明案件事实应当遵守如下规则：（1）各间接证据必须均具有客观性、关联性和合法性。（2）间接证据必须形成一个完整的证明体系。（3）证据与证据或案件事实之间必须协调一致，没有矛盾。（4）足以排除其他可能性，得出结论是唯一的、确凿无疑的。

【运用间接证据认定有罪的规则】 是指人民法院在没有直接证据的情况下，仅仅根据间接证据认定被告人有罪时应当遵循的规则。尽管直接证据能够对案件的主要事实起到直接的证明作用，但是由于种种原因很多案件实际上很难收集到直接证据，而只有间接证据。在这种情况下，人民法院不得不面临如何运用间接证据来认定被告人是否有罪的问题。为了解决这个问题，《刑事诉讼法司法解释》第一百四十条在完善《死刑案件审查判断证据问题规定》第三十三条的基础上，明确规定在完全依赖间接证据认定被告人有罪的情况下，间接证据必须同时符合以下条件：（1）证据已经查证属实。（2）证据之间相互印证，不存在无法排除的矛盾和无法解释的疑问。（3）全案证据形成完整的证据链。（4）根据证据认定案件事实足以排除合理怀疑，结论具有唯一性。（5）运用证据进行的推理符合逻辑和经验。而且，根据间接证据定案的，在判处死刑时应当特别慎重。这就是目前人民法院运用间接证据认定有罪时应当遵循的规则。

【到案经过、抓获经过的审查】 是指人民法院对于侦查机关出具的到案经过、抓获经过等材料进行的审查判断。尽管根据我国《刑事诉讼法》的规定，侦查机关出具的到案经过、抓获经过等材料不是法定的证据种类，但是由于这些材料往往能够反映出侦查机关在案发后所采取的侦查措施、被告人被抓获的详细过程，因此，这些材料对于人民法院准确认定案件事实，尤其是认定被告人是否存在自首、立功等量刑情节具有重要意义。有鉴于此，《刑事诉讼法司法解释》第一百四十二条明确规定，对监察机关、侦查机关出具的被告人到案经过、抓获经过等材料，应当审查是否有出具该说明材料的办案人、办案机关的签名、盖章。如果对到案经过、抓获经过或者确定被告人有重大嫌疑的根据有疑问的，应当通知人民检察院补充说明。

【特殊言词证据的采信规则】 是指人民法院在采信某些因为特殊原因而导致证明力较弱的言词证据时所遵循的规则。言词证据的一个重要特点是其主观性，其真实性程度往往受作证主体与案件之间的关系或者作证主体自身状况的影响。有鉴于此，人民法院在审查判断言词证据时应当重点审查言词证据是否受到作证主体的自身状况或者其他各种主客观因素的影响而存在虚假性。为了更好地审查与认定言词证据，《刑事诉讼法司法解释》第一百四十三条明确规定了特殊言词证据的采信规则，即对于下列言词证据应当慎重使用，只有在得到其他证据印证的情况下，人民法院才可以采信：(1) 生理上、精神上有缺陷，对案件事实的认知和表达存在一定困难，但尚未丧失正确认知、表达能力的被害人、证人和被告人所作的陈述、证言和供述。(2) 与被告人有亲属关系或者其他密切关系的证人所作的有利被告人的证言，或者与被告人有利害冲突的证人所作的不利被告人的证言。

【自首等量刑证据材料的审查】 是指人民法院对于证明被告人自首、坦白、立功等方面的量刑证据材料进行的审查判断。根据《刑事诉讼法司法解释》第一百四十四条、第一百四十五条规定，人民法院对自首等量刑证据材料的审查判断包括2种情形：（1）对于证明被告人自首、坦白、立功的证据材料，没有加盖接受被告人投案、坦白、检举揭发等的单位的印章，或者接受人员没有签名的，不得作为定案的根据。对被告人及其辩护人提出有自首、坦白、立功的事实和理由，有关机关未予认定，或者有关机关提出被告人有自首、坦白、立功表现，但证据材料不全的，人民法院应当要求有关机关提供证明材料，或者要求相关人员作证，并结合其他证据作出认定。（2）证明被告人具有累犯、毒品再犯情节等的证据材料，应当包括前罪的裁判文书、释放证明等材料；材料不全的，应当通知人民检察院提供。

【被告人年龄的审查】 是指人民法院对于被告人的年龄进行的审查判断。被告人的年龄是影响定罪量刑尤其是被告人刑事责任能力的一个重要因素。根据《刑事诉讼法司法解释》第一百四十六条规定，人民法院对被告人年龄的审查判断应当注意如下2点：（1）审查被告人年龄的方式，即审查被告人实施被指控的犯罪时或者审判时是否达到相应法定责任年龄，应当根据户籍证明、出生证明文件、学籍卡、人口普查登记、无利害关系人的证言等证据综合判断。(2) 审查被告人年龄的标准，即证明被告人已满12周岁、14周岁、16周岁、18周岁或者不满75周岁的证据不足的，应当作出有利于被告人的认定。

【刑事证据规则】 是指在刑事诉讼中，规范刑事证据的证据能力或者证明力的规则。考察两大法系刑事证据立法不难发现，现代刑事证据规则以调整证据的证据能力为主，而以调整证据的证明力为辅。这主要是因为，证据的证据能力属于法律问题，它必须由法律预先作出明确的规定，法律以什么标准、什么规则以及什么方式来设定证据的证据能力，包含着人们的一系列价值判断与选择过程。而证据的证明力属于经验问题、逻辑问题，法律不应当也无法人为地预先设置它们的表现形式、大小、强弱，而只能交给法官凭着良心、逻辑、经验等进行自由裁量。从两大法系刑事证据规则来看，规范证据能力方面的证据规则主要包括关联性规则、可采性规则、非法证据排除规则、自白规则、传闻证据规则、意见证据规则、最佳证据规则，而规范证明力方面的证据规则主要是补强证据规则。在我国刑事诉讼中，比较典型的刑事证据规则有非法证据排除规则、自白任意性规则、补强证据规则、意见证据规则、原始证据优先规则等。

【口供自愿性规则】 是指犯罪嫌疑人、被告人不是在自愿的情况下所作的有罪供述不能作为定案的根据。为了减少刑讯逼供和保障人权，2012 年修正的《刑事诉讼法》确立了有限的口供自愿性规则。首先，犯罪嫌疑人、被告人享有自由供述的权利。根据《刑事诉讼法》第五十二条规定，审判人员、检察人员、侦查人员在收集证据过程中，不得强迫任何人证实自己有罪。这里的任何人显然包括犯罪嫌疑人和被告人在内。而从不被强迫自证其罪原则的一般理论来看，该规定意味着犯罪嫌疑人和被告人享有自由供述的权利；在犯罪嫌疑人和被告人不愿意供述的情况下，审判人员、检察人员、侦查人员不得采取精神的或者肉体的手段强迫犯罪嫌疑人、被告人提供有罪的证据。其次，犯罪嫌疑人、被告人的供述自由受到一定限制。根据《刑事诉讼法》第一百二十条第一款规定，当侦查人员讯问犯罪嫌疑人时，只有在侦查人员提出的问题与案件无关的情况下，犯罪嫌疑人才享有拒绝回答的权利。也就是说，如果侦查人员提出的问题与案件有关，那么犯罪嫌疑人应当如实回答，而不能拒绝回答。为了鼓励犯罪嫌疑人如实供述自己的罪行，《刑事诉讼法》第一百二十条进一步规定，侦查人员在讯问犯罪嫌疑人的时候，应当告知犯罪嫌疑人如实供述自己罪行可以从宽处理的法律规定。最后，通过强迫手段获取的违背犯罪嫌疑人、被告人自愿性的有罪供述适用非法证据排除规则。根据《刑事诉讼法》第五十六条规定，采用刑讯逼供等非法方法收集的犯罪嫌疑人、被告人供述，应当予以排除；在侦查、审查起诉、审判时发现通过刑讯逼供等非法方法收集犯罪嫌疑人、被告人供述的，不得作为起诉意见、起诉决定和判决的依据。

【非法证据排除规则】 非法证据排除规则具有广义和狭义之分。广义上的非法证据排除规则既包括排除非法的言词证据，也包括排除非法的实物证据。前者主要是自白任意性规则，后者主要是指排除非法搜查、非法扣押所获取的证据。这里仅仅界定狭义的非法证据排除规则。非法证据排除规则，是指在刑事诉讼中，除了法律规定的情况以外，通过非法搜查、扣押手段获得的证据不具备可采性，应当依法予以排除。

在 1996 年修改《刑事诉讼法》以后，最高人民法院、最高人民检察院分别在 1998 年的《最高人民法院关于执行〈中华人民共和国刑事诉讼法〉若干问题的解释》[1] 第六十一条、1999年的《人民检察院刑事诉讼规则》[2] 第二百六十五条中规定了非法证据排除规则，即以刑讯逼供或者威胁、引诱、欺骗等非法方法收集的犯罪嫌疑人供述、被害人陈述、证人证言，应该被排除，既不能作为指控犯罪的根据，也不能作为刑事裁判的根据。为了增强非法证据排除规则的可操作性，最高人民法院、最高人民检察院、公安部等于2010年6月13日联合发布的《关于办理刑事案件排除非法证据若干问题的规定》对非法证据排除规则进行了大幅度修改。在充分吸收这个司法解释的基础之上，2012年修正的《刑事诉讼法》首次从立法层面对非法证据排除规则作出了较为系统的规定。根据《刑事诉讼法》第五十六条及其司法解释的有关规定，我国非法证据排除规则的主要特点包括：（1）适用范围既包括犯罪嫌疑人、被告人供述、证人证言、被害人陈述，又包括物证、书证。（2）适用阶段既包括审判阶段，也包括侦查阶段和审查起诉阶段。（3）排除的主体既包括人民法院，又包括公安机关和人民检察院。（4）在排除方式上，既包括强制排除，又包括裁量排除。（5）排除的后果既包括不得作为判决的依据，也包括不得作为起诉意见、起诉决定的依据。值得注意的是，尽管新成立的监察委员会调查职务犯罪的活动不受《刑事诉讼法》的调整，但是为了防止监察委员会滥用调查权，我国《监察法》借鉴了《刑事诉讼法》的做法，也规定了相应的非法证据排除规则，即根据《监察法》第三十三条第三款的规定，以非法方法收集的证据应当依法予以排除，不得作为案件处置的依据。这里的非法方法可以参照我国《刑事诉讼法》及其相关司法解释关于非法方法的界定，即监察委员会在调查过程中采用刑讯逼供、威胁、引诱、欺骗等非法方法来获取证据。

【非法言词证据】 是指在刑事诉讼中通过非法方法获取的犯罪嫌疑人、被告人供述以及证人证言、被害人陈述。根据《刑事诉讼法》第五十六条规定，非法方法是指对犯罪嫌疑人、被告人采用的刑讯逼供等非法方法，以及对证人、被害人采用的暴力、威胁等非法方法。尽管《刑事诉讼法司法解释》第一百二十三条、《人民检察院刑事诉讼规则》第六十六条对非法方法作出了进一步解释，但是在司法实践中如何认定非法方法仍然存在一定分歧。

为了消除分歧和正确适用非法证据排除规则，2017年6月20日联合印发的《最高人民法院、最高人民检察院、公安部、国家安全部、司法部关于办理刑事案件严格排除非法证据若干问题的规定》第二条至第六条，以及最高人民法院于2017年11月27日印发的《人民法院办理刑事案件排除非法证据规程（试行）》第一条、第二条对非法言词证据及其非法方法作出了系统规定：（1）采取殴打、违法使用戒具等暴力方法或者变相肉刑的恶劣手段，或者采用以暴力或者严重损害本人及其近亲属合法权益等进行威胁的方法，使被告人遭受难以忍受的痛苦而违背意愿作出的供述，应当予以排除。（2）采用非法拘禁等非法限制人身自由的方法收集的被告人供述，应当予以排除。（3）采用刑讯逼供方法使被告

---

① 已失效，已被《最高人民法院关于适用〈中华人民共和国刑事诉讼法〉的解释》（发布日期：2012年12月20日，实施日期：2013年1月1日）废止。

② 已失效，已被《人民检察院刑事诉讼规则（试行）》（2012年修订）（发布日期：2012年11月22日，实施日期：2013年1月1日）废止。

人作出供述，之后被告人受该刑讯逼供行为影响而作出的与该供述相同的重复性供述，应当一并排除，但下列情形除外：侦查期间，根据控告、举报或者自己发现等，侦查机关确认或者不能排除以非法方法收集证据而更换侦查人员，其他侦查人员再次讯问时告知诉讼权利和认罪的法律后果，被告人自愿供述的；审查逮捕、审查起诉和审判期间，检察人员、审判人员讯问时告知诉讼权利和认罪的法律后果，被告人自愿供述的。（4）采用暴力、威胁以及非法限制人身自由等非法方法收集的证人证言、被害人陈述，应当予以排除。《刑事诉讼法司法解释》第一百二十三条至第一百二十五条也作出了类似的规定。根据《建立健全防范刑事冤假错案工作机制意见》第八条第二款，除情况紧急必须现场讯问以外，在规定的办案场所外讯问取得的供述，未依法对讯问进行全程录音录像取得的供述，以及不能排除以非法方法取得的供述，应当排除。

【非法实物证据】 是指在刑事诉讼中通过非法方法获取的物证和书证。根据《刑事诉讼法》第五十六条规定，这里的非法方法是指通过不符合法定程序的方法收集物证、书证。不符合法定程序，是指办案人员在物证、书证的过程中违反了《刑事诉讼法》及其司法解释所规定的诉讼程序。根据2017年《办理刑事案件排除非法证据规程（试行）》第三条规定，不符合法定程序是指采用非法搜查、扣押等违反法定程序的方法收集物证、书证。《刑事诉讼法司法解释》第一百二十六条规定，收集物证、书证不符合法定程序，可能严重影响司法公正的，应当予以补正或者作出合理解释；不能补正或者作出合理解释的，对该证据应当予以排除。认定“可能严重影响司法公正”，应当综合考虑收集证据违反法定程序以及所造成后果的严重程度等情况。根据我国刑事证据法学理论与实践，不符合法定程序主要包括：（1）取证主体不合法，如刑事诉讼专门机关以外的组织或者公民私自扣留可以用来作为物证、书证的材料等；（2）取证手续不合法，如侦查人员在没有办理搜查证的情况下直接进行搜查等；（3）取证方法不合法，如侦查人员通过损毁或者损坏物证、书证的方式进行收集。

【物证与书证的排除条件】 是指排除物证或者书证，不得将其作为起诉意见、起诉决定和判决的依据时所要满足的条件。根据《刑事诉讼法》第五十六条第一款，《刑事诉讼法司法解释》第一百二十六条第二款，《人民检察院刑事诉讼规则》第七十条，《公安机关办理刑事案件程序规定》第七十一条第二款规定，排除非法物证或者书证必须同时达到3个条件：（1）收集物证、书证不符合法定程序。（2）可能严重影响司法公正的，应当予以补正或者作出合理解释。可能严重影响司法公正是指收集物证、书证不符合法定程序的行为明显违法或者情节严重，可能对司法机关办理案件的公正性造成严重损害；补正是指对取证程序上的非实质性瑕疵进行补救；合理解释是指对取证程序的瑕疵作出符合常理及逻辑的解释。认定可能严重影响司法公正时，应当综合考虑收集物证、书证违反法定程序以及所造成后果的严重程度等情况。（3）办案人员不能作出合理的解释，或者不能予以补正。在条件（2）中，公安司法机关对于可能严重影响司法公正的认定享有一定的裁量权。但是，在同时符合上述三个条件的情况下，公安司法机关没有裁量权，必须依法排除物证或者书证，不得将其作为起诉意见、起诉决定和判决的依据。

【瑕疵证据】 是指在刑事诉讼中收集程序存在一定瑕疵的刑事证据。尽管瑕疵证据不是我国《刑事诉讼法》规定的一个概念，但是在司法实践中的适用非常普遍。瑕疵，实际上是指办案人员在收集证据的过程中虽然违反了法律规定的诉讼程序，但是还没有达到非法证据排除规则对于非法取证行为所要求的程度，如缺乏签名或者盖章、询问证人的地点不符合规定等。尽管瑕疵证据在本质上也属于非法证据，但是这种非法证据不受非法证据排除规则的规范对象，而是审查判断规则或者审查认定规则的调整对象。根据《刑事诉讼法司法解释》对各个证据种类的审查与认定规则，瑕疵证据主要包括在取证程序上存在瑕疵的物证、书证、证人证言、被害人陈述和讯问笔录。而根据《刑事诉讼法司法解释》第八十六条、第九十条、第九十五条规定，人民法院对于瑕疵证据的适用采取裁量排除规则，即瑕疵证据能否作为定案根据的关键在于，控方能否对瑕疵证据进行补正，或者是否作出合理解释：凡是能够补正或者作出合理解释的，瑕疵证据可以采用，而不能补正或者作出合理解释的，瑕疵证据则不得作为定案的根据（参见“物证、书证的补正或合理解释等”词条）。考虑到瑕疵证据在本质上也是一种非法证据，实际上也可以将瑕疵证据补正规则界定为基于取证程序存在瑕疵（即相对轻微的非法取证行为）的一种非法证据排除规则。从这个角度讲，我国非法证据排除规则实际上可以分为两种类型：（1）基于严重程序违法行为而产生的非法证据排除规则，即《刑事诉讼法》第五十六条规定的非法证据排除规则。（2）基于轻微程序违法行为而产生的非法证据排除规则，即《刑事诉讼法司法解释》第八十六条、第九十条、第九十五条规定的瑕疵证据补正规则。

【主动排除非法证据的义务】 是指公安机关、人民检察院和人民法院在侦查、审查起诉、审判时发现有应当排除的证据的，应当依法予以排除，不得作为起诉意见、起诉决定和判决的依据。按照全国人民代表大会常务委员会法工委的解释，规定刑事诉讼每个阶段的办案机关都有排除非法证据的义务，有利于尽早发现和排除非法证据，提高办案质量，维护诉讼参与人合法权利。根据《刑事诉讼法》第五十八条，2017 年《办理刑事案件严格排除非法证据规定》第十五条、第十七条、第二十三条，《刑事诉讼法司法解释》第一百二十八条至第一百三十八条等规定，公安司法机关主动排除非法证据的义务主要表现在：（1）对侦查终结的案件，侦查机关应当全面审查证明证据收集合法性的证据材料，依法排除非法证据。排除非法证据后，证据不足的，不得移送审查起诉。（2）人民检察院、人民法院在办理案件过程中，应当告知犯罪嫌疑人、被告人有权申请排除非法证据。（3）人民检察院对审查认定的非法证据，应当予以排除，不得作为批准或者决定逮捕、提起公诉的根据。（4）法庭审理过程中，审判人员认为可能存在《刑事诉讼法》第五十六条规定的以非法方法收集证据情形的，应当对证据收集的合法性进行法庭调查。

【告知申请排除非法证据的权利】 是指人民检察院、人民法院在办案过程中应当依法告知犯罪嫌疑人、被告人申请排除非法证据的权利。根据《刑事诉讼法》第五十八条规定，当事人及其辩护人、诉讼代理人有权申请人民法院对以非法方法收集的证据依法予以排除。为了保障当事人申请排除非法证据的权利，人民检察院和人民法院承担权利告知的义务。(1) 根据《办理刑事案件严格排除非法证据规定》第十六条规定，人民检察院在审查逮捕、审查起诉期间讯问犯罪嫌疑人时应当告知其有权申请排除非法证据，并告知诉讼权利和认罪的法律后果。(2) 根据2017年《办理刑事案件严格排除非法证据规定》第二十三条、2017年《办理刑事案件排除非法证据规程（试行)》第八条以及《刑事诉讼法司法解释》第一百二十八条的规定，人民法院向被告人及其辩护人送达起诉书副本时，应当告知其有权在开庭审理前申请排除非法证据并同时提供相关线索或者材料。上述情况应当记录在案。被告人申请排除非法证据，但没有辩护人的，人民法院应当通知法律援助机构指派律师为其提供辩护。

【申请排除非法证据】 是指当事人及其辩护人、诉讼代理人依法向司法机关提出排除非法证据的申请，要求司法机关排除通过非法手段所获取的证据。申请排除非法证据是当事人及其辩护人、诉讼代理人的一项诉讼权利。根据《办理刑事案件严格排除非法证据规定》第十四条、第十七条、第二十条、第二十三条、第二十五条、第二十八条、第二十九条、第三十八条以及《刑事诉讼法司法解释》第一百二十九条至一百三十八条的规定，申请排除非法证据应当注意如下几点：(1) 在整个刑事诉讼过程中都可以提出排除非法证据的申请。在审前程序中，应当向人民检察院提出排除申请。被告人及其辩护人申请排除非法证据，原则上应当在开庭审理前提出，但在庭审期间发现相关线索或者材料等情形除外。被告人及其辩护人在开庭审理前未申请排除非法证据，在法庭审理过程中提出申请的，应当说明理由。被告人及其辩护人在第一审程序中未申请排除非法证据，在第二审程序中提出申请的，也应当说明理由。(2) 犯罪嫌疑人及其辩护人向人民检察院申请排除非法证据并且提供相关线索或者材料的，人民检察院应当调查核实，并将调查结论书面告知犯罪嫌疑人及其辩护人。被告人及其辩护人在开庭审理前申请排除非法证据，并且依法提供相关线索或者材料的，人民法院应当召开庭前会议。公诉人宣读起诉书后，法庭应当宣布开庭审理前对证据收集合法性的审查及处理情况。在法庭审理过程中提出申请的，法庭经审查，对证据收集的合法性有疑问的，应当进行调查；没有疑问的，应当驳回申请。(3) 被告人及其辩护人可以撤回排除非法证据的申请。撤回申请后，没有新的线索或者材料，不得再次对有关证据提出排除申请。在法庭审理过程中，法庭驳回排除申请后，被告人及其辩护人没有新的线索或者材料，以相同理由再次提出申请的，法庭不再审查。(4) 第一审人民法院对被告人及其辩护人排除非法证据的申请未予审查，并以有关证据作为定案根据，可能影响公正审判的，第二审人民法院可以裁定撤销原判，发回原审人民法院重新审判。另外，根据2017年《办理刑事案件排除非法证据规程（试行)》第五条第二款规定，被告人及其辩护人申请排除非法证据，应当向人民法院提交书面申请。被告人书写确有困难的，可以口头提出申请，但应当记录在案，并由被告人签名或者捺印。

【提供相关线索或者材料】 是指辩护方在提出排除非法证据的申请时应当提供旨在证明非法证据的相关线索或者材料。根据《刑事诉讼法》第五十八条和《刑事诉讼法司法解释》第一百二十七条，以及2017年《办理刑事案件严格排除非法证据规定》第十四条、第十七条、第二十条、第二十三条至第二十六条，提供相关线索或者材料是辩护方申请排除非法证据时应当履行的义务。这种义务实际上是辩护方在申请排除非法证据时应当承担的初步证明责任。辩护方在提出排除非法证据的申请时如果不能提供线索或者材料，不符合法律规定的申请条件的，人民检察院和人民法院对申请可以不予受理。由辩护方提供相关线索或者材料，既可以防止其毫无根据地滥用诉讼权利，又有助于使人民检察院的举证和法庭审理活动更具有针对性，进而保障诉讼活动的顺利进行。根据2017年《办理刑事案件排除非法证据规程（试行）》第五条第一款规定，相关线索，是指内容具体、指向明确的涉嫌非法取证的人员、时间、地点、方式等；相关材料是指能够反映非法取证的伤情照片、体检记录、医院病历、讯问笔录、讯问录音录像或者同监室人员的证言等。根据2017年《办理刑事案件严格排除非法证据规定》第二十二条规定，为了发现相关线索或者材料，犯罪嫌疑人、被告人及其辩护人向人民法院、人民检察院可以申请调取公安机关、国家安全机关、人民检察院收集但未提交的讯问录音录像、体检记录等证据材料，人民法院、人民检察院经审查认为犯罪嫌疑人、被告人及其辩护人申请调取的证据材料与证明证据收集的合法性有联系的，应当予以调取；认为与证明证据收集的合法性没有联系的，应当决定不予调取并向犯罪嫌疑人、被告人及其辩护人说明理由。

【人民检察院对非法证据的调查核实】 是指人民检察院依照职权或者根据非法证据排除申请，按照法定程序对是否存在非法证据进行调查核实。根据《人民检察院刑事诉讼规则》第七十一条至第七十三条规定，人民检察院调查核实非法证据按照下列程序办理：（1）对于非法证据的调查核实，由捕诉负责。必要时，渎职侵权检察部门可以派员参加。（2）人民检察院发现侦查人员以非法方法收集证据的，应当及时进行调查核实。对于当事人及其辩护人或者值班律师、诉讼代理人提出的排除申请，并且提供相关线索或者材料时，人民检察院应当受理并进行审查，根据现有证据无法证明证据收集合法性的，应当及时进行调查核实。上一级人民检察院接到对侦查人员采用刑讯逼供等非法方法收集证据的报案、控告、举报的，可以直接进行调查核实，也可以交由下级人民检察院调查核实。（3）人民检察院决定调查核实的，应当及时通知公安机关。（4）人民检察院经审查认定存在非法取证行为的，对该证据应当予以排除，其他证据不能证明犯罪嫌疑人实施犯罪行为的，应当不批准或者决定逮捕。已经移送起诉的，可以依法将案件退回监察机关补充调查或者退回公安机关补充侦查，或者作出不起诉决定。被排除的非法证据应当随案移送，并写明为依法排除的非法证据。（5）对于侦查人员的非法取证行为，尚未构成犯罪的，应当依法向其所在机关提出纠正意见。对于需要补正或者作出合理解释的，应当提出明确要求。对于非法取证行为涉嫌犯罪需要追究刑事责任的，应当依法立案侦查。人民检察院通过调查核实，一方面在证实侦查人员以非法方法收集证据的情况下，可以在提起公诉之前及时采取相应措施，如通知侦查人员予以纠正等，以免给公诉活动带来不利的影响，另一方面在证实侦查人员没有以非法方法收集证据的情况下，可以运用相应的证据在法庭审理过程中沉着应对当事人及其辩护人、诉讼代理人对证据合法性的质疑。

【非法证据排除申请的审查】 是指辩护方在刑事审判过程中提出排除非法证据的申请以后，人民法院依法予以审查，以便是否受理的一种诉讼活动。辩护方在开庭审判前或者庭审过程中都可以提出排除非法证据的申请。根据《办理刑事案件庭前会议规程（试行）》第一条第三款和2017年《办理刑事案件排除非法证据规程（试行）》第十条，以及《刑事诉讼法司法解释》第一百二十九条、一百三十条的规定，被告人及其辩护人在开庭审理前申请排除非法证据，并依照法律规定提供相关线索或者材料的，人民法院应当召开庭前会议，并在召开庭前会议前将申请书和相关线索或者材料的复制件送交人民检察院。根据2017年《办理刑事案件排除非法证据规程（试行）》第十七条以及《刑事诉讼法司法解释》第一百三十二条规定，被告人及其辩护人在开庭审理前未申请排除非法证据，在庭审过程中提出申请的，应当说明理由。人民法院经审查，对证据收集的合法性有疑问的，应当进行调查；没有疑问的，应当驳回申请。人民法院驳回排除非法证据的申请后，被告人及其辩护人没有新的线索或者材料，以相同理由再次提出申请的，人民法院不再审查。2017年《办理刑事案件排除非法证据规程（试行）》第十一条进一步规定，对于可能判处无期徒刑、死刑或者黑社会性质组织犯罪、严重毒品犯罪等重大案件，被告人在驻看守所检察人员对讯问的合法性进行核查询问时，明确表示侦查阶段没有刑讯逼供等非法取证情形，在审判阶段又提出排除非法证据申请的，应当说明理由。人民法院经审查对证据收集的合法性没有疑问的，可以驳回申请。驻看守所检察人员在重大案件侦查终结前未对讯问的合法性进行核查询问，或者未对核查询问过程全程同步录音录像，被告人及其辩护人在审判阶段提出排除非法证据申请，提供相关线索或者材料，人民法院对证据收集的合法性有疑问的，应当依法进行调查。

【证据收集合法性的庭前审查】 是指人民法院在开庭审理前，由承办法官通过阅卷的方式对证据收集的合法性进行主动审查。根据2017年《办理刑事案件排除非法证据规程（试行）》第七条及《刑事诉讼法司法解释》第一百二十九条的规定，开庭审理前，承办法官应当阅卷，并对证据收集的合法性进行审查：（1）被告人在侦查、审查起诉阶段是否提出排除非法证据申请；提出申请的，是否提供相关线索或者材料。（2）侦查机关、人民检察院是否对证据收集的合法性进行调查核实；调查核实的，是否作出调查结论。（3）对于重大案件，人民检察院驻看守所检察人员在侦查终结前是否核查讯问的合法性，是否对核查过程同步录音录像；进行核查的，是否作出核查结论。（4）对于人民检察院在审查逮捕、审查起诉阶段排除的非法证据，是否随案移送并写明为依法排除的非法证据。人民法院对证据收集的合法性进行审查后，认为需要补充证据材料的，应当通知人民检察院在 3 日内补送。

【证据收集合法性的庭前调查】 是指人民法院在庭前会议中对证据收集是否具有合法性进行初步的调查，以便促成控辩双方就证据收集的合法性达成一致意见。根据《办理刑事案件庭前会议规程（试行）》第十四条、2017 年《办理刑事案件排除非法证据规程（试行）》第十二条至第十五条及《刑事诉讼法司法解释》第一百三十条、第一百三十一条的规定，人民法院通过庭前会议调查证据收集的合法性时应当遵守下列规定：（1）调查步骤。人民法院对证据收集的合法性进行审查的，一般按照以下步骤进行：被告人及其辩护人说明排除非法证据的申请及相关线索或者材料；公诉人提供证明证据收集合法性的证据材料；控辩双方对证据收集的合法性发表意见；控辩双方对证据收集的合法性未达成一致意见的，审判人员归纳争议焦点。（2）控方说明。人民检察院应当在庭前会议中通过出示有关证据材料等方式，有针对性地对证据收集的合法性作出说明。（3）核实。人民法院可以对有关证据材料进行核实。经控辩双方申请，可以有针对性地播放讯问录音录像。（4）控方撤回证据。人民检察院可以撤回有关证据。撤回的证据，没有新的理由，不得在庭审中出示。（5）辩方撤回申请。被告人及其辩护人可以撤回排除非法证据的申请。撤回申请后，没有新的线索或者材料，不得再次对有关证据提出排除申请。（6）达成一致意见的处理。控辩双方在庭前会议中对证据收集的合法性达成一致意见的，法庭应当在庭审中向控辩双方核实并当庭予以确认。对于一方在庭审中反悔的，除有正当理由外，法庭一般不再进行审查。（7）未达成一致意见的处理。控辩双方在庭前会议中对证据收集的合法性未达成一致意见，人民法院应当在庭审中进行调查，但公诉人提供的相关证据材料确实、充分，能够排除非法取证情形，且没有新的线索或者材料表明可能存在非法取证的，庭审调查举证、质证可以简化。

【证据收集合法性的庭审调查】 是指人民法院在法庭审理过程中对证据收集是否具有合法性进行法庭调查，以便决定是否需要排除受到辩护方质疑的控方证据。根据 2017 年《办理刑事案件严格排除非法证据规定》第三十条至第三十四条、《办理刑事案件庭前会议规程（试行）》第十八条、第十九条以及《刑事诉讼法司法解释》第一百三十三条至第一百三十七条的规定，证据收集合法性的庭审调查应当遵守下列规定：（1）调查时间。人民法院决定对证据收集的合法性进行法庭调查的，应当先行当庭调查。但对于被申请排除的证据和其他犯罪事实没有关联等情形，为防止庭审过分迟延，可以先调查其他犯罪事实，再对证据收集的合法性进行调查。（2）调查步骤。法庭决定对证据收集的合法性进行调查的，一般按照以下步骤进行：①召开庭前会议的案件，法庭应当在宣读起诉书后，宣布庭前会议中对证据收集合法性的审查情况，以及控辩双方的争议焦点；②被告人及其辩护人说明排除非法证据的申请及相关线索或者材料；③公诉人出示证明证据收集合法性的证据材料，被告人及其辩护人可以对相关证据进行质证，经审判长准许，公诉人、辩护人可以向出庭的侦查人员或者其他人员发问；④控辩双方对证据收集的合法性进行辩论。（3）调查核实。法庭对控辩双方提供的证据有疑问的，可以宣布休庭，对证据进行调查核实。必要时，可以通知公诉人、辩护人到场。（4）作出是否排除的决定。法庭对证据收集的合法性进行调查后，应当当庭作出是否排除有关证据的决定。必要时，可以宣布休庭，由合议庭评议或者提交审判委员会讨论，再次开庭时宣布决定。对证据收集的合法性进行调查的，应当在法庭调查结束前进行。

【辩护方对非法证据排除申请的说明】
是指辩护方在证据收集合法性的庭审调查过程中对排除非法证据的申请及相关线索或者材料予以说明，以便法庭调查是否存在非法证据和排除非法证据。在我国非法证据排除规则中，尽管辩护方不需要对控方证据的非法性承担证明责任，但是辩护方在提出非法证据排除申请的时候有义务提供相关线索或者材料。否则，人民法院有权驳回辩护方的申请。在这种情况下，为了促使人民法院调查是否存在非法证据和排除非法证据，辩护方应当在证据收集合法性的庭审调查过程中对排除非法证据的申请及相关线索或者材料予以说明。根据2017年《办理刑事案件排除非法证据规程（试行）》第十二条、第十九条及《刑事诉讼法司法解释》第一百二十七条的规定，无论是在开庭审判之前还是在庭审过程中，只要被告人及其辩护人提出排除非法证据的申请，都应当向人民法院说明排除非法证据的申请及相关线索或者材料。根据2017年《办理刑事案件严格排除非法证据规定》第三十一条第二款、2017年《办理刑事案件排除非法证据规程（试行）》第二十一条规定，被告人及其辩护人在证据收集合法性的庭审调查过程中可以出示相关线索或者材料，并申请法庭播放特定讯问时段的讯问录音录像。被告人及其辩护人向人民法院申请调取侦查机关、人民检察院收集但未提交的讯问录音录像、体检记录等证据材料，人民法院经审查认为该证据材料与证据收集的合法性有关的，应当予以调取；认为与证据收集的合法性无关的，应当决定不予调取，并向被告人及其辩护人说明理由。被告人及其辩护人申请人民法院通知侦查人员或者其他人员出庭说明情况，人民法院认为确有必要的，可以通知上述人员出庭。

【证据收集合法性的证明责任】 是指人民检察院对证据收集的合法性承担证明责任。根据《刑事诉讼法》第五十九条以及2017年《办理刑事案件严格排除非法证据规定》第三十四条、2017年《办理刑事案件排除非法证据规程（试行）》第六条规定，证据收集合法性的举证责任由人民检察院承担。在对证据收集的合法性进行法庭调查的过程中，人民检察院应当对证据收集的合法性加以证明。人民检察院未提供证据，或者提供的证据不能证明证据收集的合法性，经过法庭审理，确认或者不能排除以非法方法收集证据情形的，对有关证据应当予以排除。法庭根据相关线索或者材料对证据收集的合法性有疑问，而人民检察院未提供证据或者提供的证据不能证明证据收集的合法性，不能排除存在本规定所规定的以非法方法收集证据情形的，对有关证据应当予以排除。由人民检察院对证据收集的合法性承担证明责任，既是维护无罪推定和程序法治的内在要求，又是维护控辩平等对抗的需要，也是保障非法证据排除程序顺利进行的需要。

【证据收集合法性的证明方式】 是指人民检察院在非法证据排除调查程序中反驳辩护方的非法证据排除申请，以及证明证据收集合法时所采取的各种途径。根据《刑事诉讼法》第五十九条规定，人民检察院可以根据现有证据材料来证明证据收集的合法性。在不能证明证据收集合法性的情况下，人民检察院可以提请人民法院通知有关侦查人员或者其他人员出庭说明情况；人民法院可以通知有关侦查人员或者其他人员出庭说明情况。有关侦查人员或者其他人员也可以要求出庭说明情况。经人民法院通知，有关人员应当出庭。《刑事诉讼法司法解释》第一百三十条第二款、第一百三十五条第一款，2017 年《办理刑事案件严格排除非法证据规定》第三十一条第一款、2017 年《办理刑事案件排除非法证据规程（试行)》第二十条进一步规定，法庭决定对证据收集的合法性进行调查的，公诉人应当对证据收集的合法性加以证明。在证明证据收集的合法性时，公诉人既可以出示讯问笔录、提讯登记、体检记录、采取强制措施或者侦查措施的法律文书、侦查终结前对讯问合法性的核查材料等证据材料，也可以针对被告人及其辩护人提出异议的讯问时段播放讯问录音录像，提请法庭通知侦查人员或者其他人员出庭说明情况。但是取证过程合法性的说明材料不能单独作为证明取证过程合法的根据。庭审中，公诉人当庭不能举证或者为提供新的证据需要补充侦查，建议延期审理的，法庭可以同意。根据《人民检察院刑事诉讼规则》第四百一十三条规定，对于搜查、查封、扣押、冻结、勘验、检查、辨认、侦查实验等活动中形成的笔录存在争议，需要调查人员、侦查人员及上述活动的见证人出庭陈述有关情况的，公诉人可以建议合议庭通知其出庭。

【侦查人员对证据收集过程的说明】 是指人民法院在调查证据收集合法性的过程中，由侦查人员或者其他人员出庭，向法庭说明证据收集的过程。根据 2017 年《办理刑事案件严格排除非法证据规定》第三十一条第三款、2017 年《办理刑事案件排除非法证据规程（试行)》第二十三条及《刑事诉讼法司法解释》第一百三十六条第三款的规定，侦查人员或者其他人员出庭的，应当向法庭说明证据收集过程，并就相关情况接受发问。对发问方式不当或者内容与证据收集的合法性无关的，法庭应当制止。经人民法院通知，侦查人员不出庭说明情况，不能排除以非法方法收集证据情形的，对有关证据应当予以排除。

【讯问程序合法性的证明】 是指在法庭调查是否存在非法证据的过程中，公诉人通过播放录音录像等方式来证明讯问过程的合法性。由于在司法实践中讯问程序的合法性是控辩双方的一个争议焦点，因此，《人民检察院刑事诉讼规则》第七十七条、第四百一十条对人民检察院如何证明讯问程序的合法性做出了专门规定：（1）在法庭审理过程中，被告人或者辩护人对讯问活动合法性提出异议，公诉人可以要求被告人及其辩护人提供相关线索或者材料。必要时，公诉人可以提请法庭当庭播放相关时段的讯问录音、录像，对有关异议或者事实进行质证。（2）需要播放的讯问录音、录像中涉及国家秘密、商业秘密、个人隐私或者含有其他不宜公开的内容的，公诉人应当建议在法庭组成人员、公诉人、侦查人员、被告人及其辩护人范围内播放。因涉及国家秘密、商业秘密、个人隐私或者其他犯罪线索等内容，人民检察院对讯问录音、录像的相关内容作技术处理的，公诉人应当向法庭作出说明。(3) 在法庭审理过程中，被告人及其辩护人提出被告人庭前供述系非法取得，审判人员认为需要进行法庭调查的，公诉人可以根据讯问笔录、羁押记录、出入看守所的健康检查记录、看守管教人员的谈话记录以及侦查机关对讯问过程合法性的说明等，对庭前讯问被告人的合法性进行证明，可以要求法庭播放讯问录音、录像，必要时可以申请法庭通知侦查人员、调查人员或者其他人员出庭说明情况。

【庭审中的讯问录音录像审查】 是指人民法院在法庭审判过程中调查是否存在非法取证行为的时候，对讯问录音录像进行审查，以便确定讯问过程是否存在违法行为。在刑事诉讼中，讯问录音录像不仅可以用来如实记录犯罪嫌疑人、被告人的供述和辩解，而且能够较为直观地再现讯问的过程和内容，进而证明讯问过程是否存在违法行为。有鉴于此，2017 年《办理刑事案件排除非法证据规程（试行）》第二十二条及《刑事诉讼法司法解释》第一百三十五条明确规定，法庭对证据收集的合法性进行调查的，应当重视对讯问录音录像的审查。其重点审查包括以下内容：(1) 讯问录音录像是否依法制作。对于可能判处无期徒刑、死刑的案件或者其他重大犯罪案件，是否对讯问过程进行录音录像。(2) 讯问录音录像是否完整。是否对每一次讯问过程录音录像，录音录像是否全程不间断进行，是否有选择性录制、剪接、删改等情形。(3) 讯问录音录像是否同步制作。录音录像是否自讯问开始时制作，至犯罪嫌疑人核对讯问笔录、签字确认后结束；讯问笔录记载的起止时间是否与讯问录音录像反映的起止时间一致。(4) 讯问录音录像与讯问笔录的内容是否存在差异。对与定罪量刑有关的内容，讯问笔录记载的内容与讯问录音录像是否存在实质性差异，存在实质性差异的，以讯问录音录像为准。讯问录音录像涉及国家秘密、商业秘密、个人隐私或者其他不宜公开内容的，法庭可以决定对讯问录音录像不公开播放、质证。

【庭外调查核实非法证据】 是指在公诉人员不能当庭证明证据收集合法性的情况下，在休庭以后由人民检察院或者人民法院进行调查核实。根据《人民检察院刑事诉讼规则》第四百一十条第三款、第四款规定，公诉人不能当庭证明证据收集的合法性，需要调查核实的，可以建议法庭休庭或者延期审理。在法庭审理期间，人民检察院可以要求监察机关或者公安机关对证据收集的合法性进行说明或者提供相关证明材料，必要时，可以自行调查核实。根据《人民检察院刑事诉讼规则》第四百一十一条规定，公诉人对证据收集的合法性进行证明后，法庭仍有疑问的，可以建议法庭休庭，由人民法院对相关证据进行调查核实。人民法院调查核实证据，通知人民检察院派员到场的，人民检察院可以派员到场。根据 2017 年《办理刑事案件排除非法证据规程（试行）》第二十四条规定，人民法院对控辩双方提供的证据来源、内容等有疑问的，可以告知控辩双方补充证据或者作出说明；必要时，可以宣布休庭，对证据进行调查核实。法庭调查核实证据，可以通知控辩双方到场，并将核实过程记录在案。对于控辩双方补充的和法庭庭外调查核实取得的证据，未经当庭出示、质证等法庭调查程序查证属实，不得作为证明证据收集合法性的根据。

【取证过程合法的说明材料】 是指公诉人员在非法证据排除调查程序中向法庭提交的旨在说明证据收集合法、没有非法取证行为的书面材料。在以往的审判实践中，当辩护方提出非法证据排除申请时，人民检察院常常向法庭提交旨在证明或者说明没有刑讯逼供等非法取证行为而且由侦查机关加盖公章。尽管司法实践中情况说明的应用十分广泛，但是从其基本特征来看，这些情况说明既不是证人证言，也不是书证，更不是物证。实际上，即使肯定其证据法地位，它在本质上也更接近于传闻证据。而传闻证据的性质决定了情况说明即便是由侦查机关盖章，也不能担保其具有天然的可采信或者无可辩驳的法律效力。为了规范情况说明的使用，加强情况说明的证据属性，《刑事诉讼法司法解释》第一百三十五条第三款明确规定，公诉人提交的取证过程合法的说明材料，应当经有关调查人员、侦查人员签名，并加盖单位印章。未经签名或者盖章的，不得作为证据使用。上述说明材料不能单独作为证明取证过程合法的依据。《人民检察院刑事诉讼规则》第七十四条也规定，人民检察院认为存在以非法方法收集证据情形的，可以书面要求监察机关或者公安机关对证据收集的合法性作出说明。说明应当加盖单位公章，并由调查人员或者侦查人员签名。

【证据收集合法性的证明标准】 是指人民检察院在证明证据收集合法时所要达到的证明程度。根据《刑事诉讼法》第六十条规定，人民检察院对证据收集合法性的证明应该达到已经排除存在法定情形的程度。如果人民检察院对证据收集合法性的证明，不能排除存在《刑事诉讼法》第五十六条规定的以非法方法收集证据的法定情形，或者法庭经过审理能够直接确认存在《刑事诉讼法》第五十六条规定的以非法方法收集证据的法定情形，那么法庭可以对以非法方法收集的控方证据依法加以排除。2017 年《办理刑事案件严格排除非法证据规定》第三十四条第一款进一步规定，经法庭审理，确认存在本规定所规定的以非法方法收集证据情形的，对有关证据应当予以排除。法庭根据相关线索或者材料对证据收集的合法性有疑问，而人民检察院未提供证据或者提供的证据不能证明证据收集的合法性，不能排除存在本规定所规定的以非法方法收集证据情形的，对有关证据应当予以排除。根据 2017 年《办理刑事案件排除非法证据规程（试行）》第二十六条规定，经法庭审理，具有下列情形之一的，人民法院对有关证据应当予以排除：（1）确认以非法方法收集证据的。（2）应当对讯问过程录音录像的案件没有提供讯问录音录像，或者讯问录音录像存在选择性录制、剪接、删改等情形，现有证据不能排除以非法方法收集证据的。（3）侦查机关除紧急情况外没有在规定的办案场所讯问，现有证据不能排除以非法方法收集证据的。（4）驻看守所检察人员在重大案件侦查终结前未对讯问合法性进行核查，或者未对核查过程同步录音录像，或者录音录像存在选择性录制、剪接、删改等情形，现有证据不能排除以非法方法收集证据的。（5）其他不能排除存在以非法方法收集证据的。

【排除非法证据的法律后果】 是指公安

司法机关依法排除非法证据以后所带来的法律后果。根据2017年《办理刑事案件排除非法证据规程（试行）》第二十五条规定，人民法院对证据收集的合法性进行调查后，应当当庭作出是否排除有关证据的决定。必要时，可以宣布休庭，由合议庭评议或者提交审判委员会讨论，再次开庭时宣布决定。根据《刑事诉讼法》第五十六条规定，被公安机关、人民检察院和人民法院依法排除的非法证据，既不能作为起诉意见、起诉决定的依据，也不能作为判决的依据。相关解释扩大了排除非法证据的法律后果：(1) 根据2017年《办理刑事案件严格排除非法证据规定》第十四条、《公安机关办理刑事案件程序规定》第七十一条第三款，被依法排除的非法证据不得作为提请批准逮捕、移送审查起诉的依据。(2) 根据2017年《办理刑事案件严格排除非法证据规定》第十七条、《人民检察院刑事诉讼规则》第六十六条第一款，被依法排除的非法证据不得作为移送审查逮捕、批准或者决定逮捕、移送审查起诉以及提起公诉的依据。(3) 根据2017年《办理刑事案件严格排除非法证据规定》第三十四条、2017年《办理刑事案件排除非法证据规程（试行）》第四条规定，在法庭审理过程中，对依法予以排除的证据，不得宣读、质证，不得作为判决的根据。

【第二审法院审查证据收集合法性的条件】 是指第二审人民法院启动非法证据排除调查程序或者审查证据收集是否合法所需要的事由。在我国刑事诉讼中，非法证据排除规则既适用于审前程序、第一审程序，又适用于第二审程序。根据2017年《办理刑事案件排除非法证据规程（试行）》第二十八条、第二十九条规定，人民法院对证据收集合法性的审查、调查结论，应当在裁判文书中写明，并说明理由。人民检察院、被告人及其法定代理人提出抗诉、上诉，对第一审人民法院有关证据收集合法性的审查、调查结论提出异议的，第二审人民法院应当审查。根据《刑事诉讼法司法解释》第一百三十八条规定，具有下列情形之一的，第二审人民法院应当对证据收集的合法性进行审查，并根据《刑事诉讼法》和本解释的有关规定作出处理：(1) 第一审人民法院对当事人及其辩护人、诉讼代理人排除非法证据的申请没有审查，且以该证据作为定案根据的。(2) 人民检察院或者被告人、自诉人及其法定代理人不服第一审人民法院作出的有关证据收集合法性的调查结论，提出抗诉、上诉的。(3) 当事人及其辩护人、诉讼代理人在第一审结束后才发现相关线索或者材料，申请人民法院排除非法证据的。根据2017年《办理刑事案件严格排除非法证据规定》第三十八条第二款、第三款规定，被告人及其辩护人在第一审程序中未申请排除非法证据，在第二审程序中提出申请的，能够说明理由的，第二审人民法院应当审查；人民检察院在第一审程序中未出示证据证明证据收集的合法性，第一审人民法院依法排除有关证据的，人民检察院在第二审程序中不得出示之前未出示的证据，但在第一审程序后发现的除外。2017年《办理刑事案件排除非法证据规程（试行）》第三十条进一步规定，被告人及其辩护人在第一审程序中未提出排除非法证据的申请，在第二审程序中提出申请，有下列情形之一的，第二审人民法院应当审查：(1) 第一审人民法院没有依法告知被告人申请排除非法证据的权利的。(2) 被告人及其辩护人在第一审庭审后发现涉嫌非法取证的相关线索或者材料的。

【原始证据优先规则】 是指在我国刑事诉讼中，有关人员应当尽量收集或者调取书证的原件或者物证的原物。原始证据优先原则是司法解释确立的一项刑事证据规则。根据《人民检察院刑事诉讼规则》第二百零九条、《公安机关办理刑事案件程序规定》第六十四条至第六十六条规定，侦查机关在收集物证、书证的过程中应当收集、调取物证或者书证的原物；只有在符合特殊情形的情况下，才能采用其他方式收集物证或者书证（参见“物证的收集程序”“书证的收集程序”词条）。根据《刑事诉讼法司法解释》第八十二至第八十四条规定，在法庭审理过程中，法庭应当对物证、书证是否属于原物、原件进行审查。而据已定案的物证、书证应当是原物、原件。除了特定情形以外，不是原物或者原件的物证或者书证不得作为定案的根据（参见“不得作为定案根据的物证和书证”词条）。这些规定表明，在我国刑事诉讼中，有关人员应当尽量收集或者调取书证的原件或者物证的原物。只有在取得原件或者原物确有困难的情况下，才可以采取变通措施。而书证的复制件或者物证的复制品也并非当然地获得与原件、原物同等的证明力，而必须经过核实无误或者经鉴定为真实，或者以其他方式确认为真实的，才可以作为定案的根据。正是由于原始的书证与其复制件或者物证与其复制品之间的差异，可以将这些规定称为原始证据优先规则。

【补强证据规则】 又称补强规则，是指为了防止误认事实或发生其他危险性，在运用某些证明力显然薄弱的证据认定案情时，必须有其他证据补强其证明力，才可以作为认定事实根据的规则。根据补强规则，对于某些特定证据，在没有其他证据支持其证明力的情况下，它不能单独作为认定案件事实的根据。补强证据规则规范的对象是言词证据。这是因为，相对于实物证据而言，尽管言词证据通常能够比较全面地证明案件事实，但是言词证据本身容易受到证据提供者自身的各种主客观因素的影响。为了避免过分信赖言词证据的证明价值而可能带来的误认风险，现代证据立法规定了补强证据规则，强调对于那些需要补强的言词证据来说，无论其证明价值有多高，法官也不能单独根据该证据认定相应的案件事实。在刑事审判过程中，需要补强的特定证据主要是犯罪嫌疑人、被告人的供述，以及证人证言、被害人陈述。补强规则是英美法系国家普遍适用的一项证据规则。我国《刑事诉讼法》也规定了补强规则，即仅凭口供不能定案原则。适用的对象为被告人的供述，不包括其他言词证据。

【补强证据】 又称“佐证”，是指对案件的主要事实不能起到主要证明作用，只能用来补充主要证据，增强主要证据的可靠性和证明力的证据。补强证据必须同时满足如下几个条件：补强证据必须具备证据能力；补强证据本身必须具有担保补强对象真实的能力；补强证据必须具有独立的来源，即独立于补强对象。补强证据具有如下特点：（1）补强证据在诉讼证明中有明确的作用，即增强或担保主证据的证明力。（2）补强证据与主证据一样，都是证明案件主要事实的证据。补强证据应当具有对主证据的客观性和主证据证明的案件主要事实的客观真实性的双重证明作用。（3）补强证据的证明对象与主证据具有一定程度的重叠性。只有二者证明对象具有一定程度的重叠性，才能够与主证据相互呼应，避免错误认定事实。（4）补强证据可以是具有独立证明价值的各种证据，可以是直接证据，也可以是间接证据。补强证据只能补强主证据的证明力，而不能补强主证据的证据能力。主要证据之所以需要补强是因为它具有某种弱点，且该弱点足以严重影响证据的证明力，造成该证据没有完全的证明力。而要克服该证据的弱点，必须补充一定数量的其他证据。补强证据的种类没有限制，但必须要有证据能力。补强证据的具体数量也没有要求，但应该满足法官的心证程度。在运用补强证据时，应当注意补强证据必须具备独立的来源，否则无法起到补强主证据的作用。补强证据应当与主证据具有共同的证明对象。补强证据只有与主证据具有共同的证明对象，才能起到印证、加强主证据证明力的作用。补强证据必须具有客观性、关联性和合法性，否则无法运用补强证据增强和担保主要证据的证明力。

【孤证不能定罪】 又称孤证不能定案，是指对于控辩双方存在争议的犯罪事实，不能依据单个证据作出认定。这里的犯罪事实，不仅包括刑事案件的全部事实，也包括刑事案件的部分事实或者某一项事实；这里的孤证，是指单个证据。而且，在我国没有实行自认规则的情况下，这里的孤证适用于包括口供在内的所有证据种类。孤证不能定罪是我国刑事诉讼理论与实务普遍公认的一项原则。主要是因为：（1）从运用证据证明案件事实的基本逻辑来看，任何证据的证明力都不可能仅仅依靠该证据本身得到证明，而只能通过该证据所要证明的事实与其他证据所要证明的事实之间是否存在矛盾、能否得到相互印证，以及该证据在全案证据链中的地位与作用进行全面的衡量，才能作出准确的判断。（2）由于单个证据的真实性、可靠性无法得到验证，因此，如果仅仅依靠孤证（即单个证据）来认定犯罪事实或者认定犯罪嫌疑人、被告人有罪，那么就会冒着极高的风险错误地认定犯罪事实或者错误地判决被告人有罪。而这种过高的错误风险显然与现代刑事诉讼追求司法公正的目标背道而驰。

【仅凭口供不能定罪】 是指只有被告人供述，没有其他证据的，不能认定被告人有罪和处以刑罚。仅凭口供不能定案意味着，在刑事审判中，法官不能仅仅根据被告人的供述对被告人进行定罪量刑。如果对被告人进行定罪量刑，还需要结合其他证据加以考量。也就是说，被告人供述只有在得到其他证据的补强或者相互印证，进而达到确实、充分的情况下，人民法院才能判决被告人有罪和判处刑罚。根据《刑事诉讼法》第五十五条规定，只有被告人供述，没有其他证据的，不能认定被告人有罪和处以刑罚；没有被告人供述，证据确实、充分的，可以认定被告人有罪和处以刑罚。《刑事诉讼法司法解释》第一百四十一条进一步规定，如果根据被告人的供述、指认提取到了隐蔽性很强的物证、书证，且被告人的供述与其他证明犯罪事实发生的证据相互印证，并排除串供、逼供、诱供等可能性的，可以认定被告人有罪。仅凭口供不能定罪不仅是孤证不能定罪的重要体现，而且在我国刑事诉讼中有助于正确认识口供在认定案件事实中的作用，进而克服以往过于依赖口供进行定案的习惯。为了贯彻落实孤证不能定罪或者仅凭口供不能定罪原则的要求，侦查机关在收集证据的过程中或者是人民法院在认定犯罪事实的过程中，应当分别进行全面收集证据、全面审查判断证据，只有在口供和其他证据相互印证，或者虽然没有口供但是其他证据也能够相互印证，进而达到确实、充分的情况下，才能判决被告人有罪和处以刑罚。

【旁证】 是指在证据体系中起印证、加强其他证据作用的证据。尽管旁证不是我国刑事诉讼法上的用语，但是公安司法机关常常在司法实践中使用这个概念。在司法实践中，旁证往往适用于下列情形：（1）相对于主要证据而言，补强证据可以称为旁证。（2）相对于直接证据而言，间接证据可以称为旁证。（3）对当事人的陈述而言，能够印证、加强当事人的陈述的其他证据可以成为旁证。

【关联性规则】 又称相关性规则，是指只有与诉讼中待定事实具有关联性的证据才可以采纳，凡是没有关联性的证据均不具有可采性。关联性规则是英美法系证据法规范证据可采性的一项规则。证据的关联性是证据可采性的前提条件，即证据是否具有可采性，首先取决于它与待证事实是否具有关联性。凡是具有可采性的证据，都必须具有关联性。但是，具有关联性的证据却不一定都具有可采性，仍有可能出于各种利益考虑，或者由于某种特殊规则，而不具备可采性。在英美法系中，检验一项证据是否具有关联性，应当依次考虑下列 3 个因素：（1）当事人提出的证据所要证明的问题是什么。（2）当事人所要证明的问题是否属于争议中的事项。（3）当事人提出的证据对争议事项的证明是否具有帮助。尽管证据的关联性已经为现代法治国家证据法所承认，但是现代各国证据法对于关联性的运用却存在明显差异。在英美法系证据法中，关联性侧重于规范证据的证据能力，它要求法官在采纳证据时应当考虑证据与待证事实之间的联系，既不能采纳没有关联性的证据，也不能排除有助于查明案件事实的相关证据，从而导致陪审团在认定事实时出现差错。而在大陆法系和我国证据法中，关联性侧重于评价证据的证明力，它要求法官在评价证据、形成心证时应当遵循证据与待证事实之间的客观联系，而不是随意认定证据的证明价值。

【品格证据规则】 是指一个人的品格或者品格特征方面的证据在证明这个人与特定环境实施了与该品格相一致的行为问题上不具有关联性。在英美法系证据法中，品格证据一般不具备可采性。这是因为，一个人的品格在大多数情况下与其涉嫌的犯罪没有关联性。但是，如果品格证据与争议事实有关联，或者品格证据是用来证明被告人或者证人的诚信度，那么品格证据通常具有可采性。品格证据规则的例外情形通常包括：（1）品格本身就是犯罪事实或者诉讼主张的要件之一。如被告人日常有无诚实的良好声誉是伪证罪的一个要件等。（2）刑事被告人的品格。在审判过程中，被告人可以提出自己品格良好的证据，以便证明自己没有实施犯罪行为。但是，一旦被告人提出品格证据，控方就可以提出被告人品格不佳的证据，进而证明被告人实施了犯罪行为。（3）被害人的品格。在审判过程中，被告人可以提出有关被害人品格的证据。如果被告人提出了被害人的品格证据，那么控方也可以提供用来反驳被告人所举关于被害人品格的证据。或者在杀人案件中，控方为了反驳被告人证明被害人先动手的证据，可以提供品格证据，以便证明被害人一贯性格温和。（4）证人的品格。当证人是否能够如实陈述成为争议事项时，当事人可以提出该证人能否如实陈述的品格证据。（5）其他犯罪、错误或者行为。一般而言，如果其他犯罪、错误或者行为的证据被用来证明某人的品格，以便说明其行为与该品格相符时，不具有可采性。但是，当该证据用来证明诸如动机、机会、意图、预备、计划、知识、身份、缺失过失、意外事件等其他目的时，具有可采性。另外，在量刑程序中，法官为了更好地判处刑罚，往往需要采用与被告人品格有关的证据。

【品格证据】 是指有关一个人品格优劣以及是否具有某种特定品格的证据。例如，用来证明一个人是否具有前科、声誉好坏、品行如何等方面的证据，就是品格证据。在刑事诉讼中，能否使用品格证据，往往取决于其使用目的。一般而言，如果使用品格证据的目的是证明被告人实施了与品格证据没有关联性的犯罪事实，不具有可采性；如果品格证据与犯罪事实或者诉讼主张具有关联性，则具有可采性。尤其是在量刑程序中，品格证据是正确适用刑罚的一个重要依据或者参考因素。尽管我国《刑事诉讼法》仍然没有规定品格证据的运用规则，但是在司法实践中办案人员经常面临如何使用品格证据方面的问题。尤其是随着社会调查报告的大量运用以及量刑程序的不断改革，如何使用品格证据已经成为我国刑事诉讼迫切需要解决的一个问题。就目前而言，根据《人民检察院刑事诉讼规则》第四百六十一条第一款、《刑事诉讼法司法解释》第五百七十五条规定，涉及未成年犯罪嫌疑人、被告人品格的社会调查报告只能作为人民检察院办案和教育的参考，或者人民法院办理案件和教育未成年人的参考，而无法直接作为证据使用。

【可采性规则】 是指证据能够在法律上被允许作为证明待证事实的依据。证据的可采性规则是英美法系证据法中最重要的一项证据规则，它贯穿于整个刑事审判过程之中。一般认为，英美法系证据法中的可采性与大陆法系证据法中的证据能力相类似，二者的基本功能均在于确定证据的准入资格，即哪些证据被容许进入诉讼程序，以便证明案件中的待证事实。根据证据的可采性规则，如果某项证据具备可采性，那么法官应当允许当事人在审判过程中提交该项证据，并作为陪审团认定案件事实的依据。在法庭审判过程中，对于一方当事人举出的不具备可采性的证据，如果对方当事人表示异议的，法官不仅应当禁止当事人向法庭提交该证据，而且不得将其作为陪审团认定案件事实的依据。可采性规则与关联性规则既有区别，又有联系。证据具备可采性的前提是该证据必须具备关联性，如果证据没有关联性，就不可能具备可采性。从这个角度讲，关联性规则也是规范证据可采性的一种证据规则。但是，具备关联性的证据不一定具备可采性。根据可采性规则，一些具备关联性的证据，如传闻证据、非法证据等，不被允许作为证据使用。因此，可采性规则的含义要比关联性规则更加宽泛。在英美证据法中，之所以规定证据的可采性，主要是为了防止时间的消耗，以及保护陪审团免受不当影响。根据可采性与关联性之间的关系，衡量某项证据是否具备可采性，应当同时考察下列 2 个因素：（1）该证据与案件事实是否具有关联性。（2）该证据是否具备法律的许可性。如果该证据与案件事实之间没有关联性，那么该证据显然不具备可采性；如果该证据具有关联性，但是该证据没有法律的许可性，那么该证据也不具有可采性；只有当该证据既具有关联性又符合法律的许可性时，该证据才具备可采性。

【传闻证据规则】 又称传闻法则，是指除非法律另有规定以外，传闻证据一般不具有可采性。从历史起源来看，传闻证据规则是英美证据法特有的概念。适用传闻证据规则的前提是法官能够判断某个证据是否属于传闻证据。一般认为，传闻证据的形成离不开三个必不可少的构成要素：（1）传闻证据至少包含两个主体，即原陈述人和转述人。（2）传闻证据至少涉及两个环节，即一个是原陈述人在转述人面前的陈述环节，另一个转述人在法庭上的陈述环节。（3）是当事人提出传闻证据的目的在于证明某项内容所反映的事实为真实的。如果行为人提供某一陈述的目的不在于此，而在于其他目的，如为了证明陈述者曾经作过该陈述、该陈述所述的事实具有重要性、陈述者本人或他人的意识状态如何、或者陈述客观上产生了什么样的效果等，则该陈述不是传闻。传闻证据通常有3种表现形式，即转述人在法庭上的口头陈述、书面材料以及能够构成一项主张并且用来证明事实的发生或者存在的非语言行为。在传统理论中，传闻证据规则的确立主要是基于传闻证据不是最佳证据、防止诱导陪审团、传闻证据未经交叉询问等方面的考虑。而在现代理论中，确立传闻证据规则的根据越来越强调传闻证据规则在维护公正审判、保障人权等方面的重要价值。尽管传闻证据规则在英美法系国家开始出现萎缩的发展趋势，但是传闻证据规则所体现出来的诉讼价值仍然不容抹杀。特别是随着世界人权保障运动的蓬勃发展和日新月异，在刑事诉讼中保留传闻证据规则仍然具有重要的实践意义。我国《刑事诉讼法》及其司法解释有关证人、鉴定人、被害人、侦查人员出庭作证及其保障措施的规定体现了传闻证据规则的一些基本内容。

【意见证据规则】 是指证人原则上只能就其直接感知的事实提供证言，而不能就其感知的事实发表意见或者推断。也就是说，证人对其感知的事实所发表的意见或者推断不具备可采性。意见证据规则是英美证据法规范证人证言的一项证据规则。英美法系之所以禁止证人在作证时就案件事实发表意见，主要是因为，证人发表意见不仅侵犯了事实审理者的职权，而且有可能对案件事实的认定产生误导。更何况，普通证人缺乏发表意见所需要的专门性知识或者基本的技能训练与经验；普通证人的意见证据对案件事实的认定没有价值。在英美法系证据法中，并非证人的所有意见证据都不具备可采性，即证人的意见证据在下列两种情况下具有可采性：（1）普通证人在某些特殊情况下（如有助于清楚地了解该证人证言或者决定争点事实等）发表的意见。（2）专家证人的意见证据具备可采性。值得注意的是，英美法系国家的专家证人并非仅仅局限于那些受过专门训练而具有专门知识或者特殊技能的专家。原则上，证人只要能够在某些特定的领域，凭借自己的知识、技能或者实践经验，帮助事实审理者发现案件事实的真相，就可以提供专家证言。《刑事诉讼法司法解释》第八十八条借鉴了意见证据规则（参见“猜测性、评论性、推断性的证言”词条）。

【最佳证据规则】　又称原始文书规则，是指当事人以文字材料的内容证明案件事实时，应当提交该文字材料的原件。该项规则要求书证的提供者尽量提供原件，如果提供副本、抄本、影印本等非原始材料，则必须提供充足理由加以说明，否则，该书证不具有可采性。最佳证据规则是英美法系比较古老的一项证据规则。在传统证据法和理论当中，最佳证据规则通常只适用于文字材料，如电信、信件、合同、地图等。但是，随着科技的发展，最佳证据规则也适用于照片、录音带、录像带、唱片、胶片等。而且记载文字的物质载体也不仅仅局限于纸张，还包括其他各种各样的材料，如带有编号的警徽、刻字的订婚戒指、刻有文字的墓碑等。值得注意的是，最佳证据规则不适用于那些仅具有附属或者表面意义的文字材料。也就是说，最佳证据规则仅仅适用与案件中重大问题相关的文字材料。一般认为，对于一份文字材料是否属于附属文书，法庭需要考虑如下几个因素：(1) 该文字材料看起来是否是案件中重大问题的核心。(2) 文字材料相关特征的复杂性。(3) 有关文字材料内容的真实性是否存在争议。英美法系确立最佳证据规则的主要根据就是18世纪、19世纪较为流行的最佳证据理论，即法官在认定案件事实时应当采用符合其本质属性的最佳证据。而非原始的文书通常被认为不是最佳的证据。随着现代科技的发展，不仅复制件的可靠性在不断提高，而且有时甚至难以确定哪个是原件哪个是复制件。在这种情况下，最佳证据规则越来越没有用武之地。在这种背景之下，英美法系对最佳证据规则规定了越来越多的例外情况。在大陆法系证据法中，与最佳证据规则相类似的是，直接言词原则一般也要求法官在诉讼活动中尽量采用原生证据或原始证据，如书证的原件和物证的原物。我国有关司法解释规定了与最佳证据规则基本相同的原始证据优先规则（参见“原始证据优先规则”词条）。

【刑事诉讼证明】　简称刑事证明，具有广义和狭义之分。我国传统证据法学理论坚持广义说，认为刑事诉讼证明，是指国家专门机关和当事人在刑事诉讼中依法收集和审查、判断证据，并运用证据证明争议案件事实的全部诉讼活动。按照这种理解，所有参与刑事诉讼的国家专门机关和当事人都是证明主体，证明活动贯穿于刑事诉讼始终。部分国内学者主张狭义说，认为刑事诉讼证明，是指特定的证明主体为避免证明不力时所应承担的不利后果责任，在法庭审理中依照法定程序和要求向审判机关提出证据，运用证据阐明争议事实，论证其诉讼主张的活动。这意味着，刑事诉讼证明的主体是国家公诉机关和诉讼当事人；刑事诉讼证明的目的是阐明诉讼中的争议事实，论证己方的诉讼主张；刑事诉讼证明只在审判阶段发生，法庭审理前的收集提取证据只是为在法庭上进行诉讼证明活动奠定基础。一般认为，现代刑事证明体系主要包括证明主体、证明对象、证明责任、证明标准。

【刑事证明主体】　是指在刑事诉讼中提供证据证明其诉讼主张，在证明不力时应当承担败诉或者不利后果的刑事诉讼主体。证明主体与诉讼主张、证明责任之间存在着极为密切的关系。简言之，证明主体的确定直接取决于证明责任的分担，而证明责任的承担又以诉讼主张的提出为前提。一个普通的诉讼主体要成为证明主体，至少要满足2个条件：（1）证明主体必须有自己的诉讼主张。（2）证明主体必须实际承担证明责任。也就是说，证明主体不仅应是提供证据行为的承担者，而且是未尽证明责任时诉讼不利后果的承担者。刑事诉讼证明主体的范围取决于如何理解刑事证明的概念。按照广义的刑事证明观，刑事证明的主体不仅包括公安司法机关，而且包括诉讼当事人，甚至其他诉讼参与人。而根据狭义的刑事证明观，刑事证明的主体主要是向法院起诉的检察机关和自诉人，而不包括其他诉讼主体。在附带民事诉讼中，附带民事诉讼当事人也属于证明主体。对于某些特殊事项，刑事被告人也属于刑事证明主体。

【刑事诉讼的证明对象】 简称刑事证明对象，是指在刑事诉讼中需要由证明主体运用证据加以证明的事实，即待证事实、证明客体或要证事实。只有明确刑事证明对象，才能确定举证责任承担的范围，明确控辩双方争议的焦点。刑事证明对象，不仅需要与案件有关，而且具有诉讼意义和证明的必要性。证明对象对于诉讼证明活动的作用主要体现在3个方面：（1）限定司法机关和当事人收集证据的范围。（2）限定诉讼各方举证、质证的范围。（3）限定法官认证的范围。

刑事证明对象具有以下特征：（1）刑事证明对象是实体法或程序法规定的要件事实。（2）刑事证明对象是诉讼各方主张或者争议并且应当提供证据加以证明的待证事实。（3）刑事证明对象是指诉讼中需要证据证明加以证明的事实。我国证据法学理论一般认为，刑事证明对象既包括实体法事实，又包括程序法事实，不包括证据事实。

【刑事诉讼证明对象的范围】 是指在刑事诉讼中需要运用证据加以证明的事实。如何界定刑事诉讼证明对象的范围，在刑事诉讼中具有重要意义。这是因为，刑事诉讼证明对象的范围不仅关系到刑事证据的收集范围，而且关系到控辩双方举证和质证的范围以及法官认证的范围。刑事证明对象的范围通常由法律作出明确的规定。在我国刑事证据法学理论中，刑事诉讼证明对象的范围是一个众说纷纭的话题。总体而言，得到公认的刑事诉讼证明对象只有实体法事实。在传统的刑事证据法学理论中，曾经有很多学者反对将程序法事实作为刑事诉讼的证明对象。毕竟，程序法事实是否得到证明，既关系到实体法事实是否存在及其真伪问题，又关系到裁判是否正确问题。相对于程序法事实而言，越来越多的学者反对将证据事实纳入刑事诉讼的证明对象之中。这主要是因为，证据事实与证明对象之间是手段与目的的关系，证据事实只是证明手段，而不可能成为诉讼证明的对象。如果将证据事实纳入刑事证明的对象之中，不仅引起逻辑上的混乱，而且会造成证明对象与证明手段之间的循环往复，而无法最终确定到底什么是证明对象的范围。

【证据事实】 是指证据本身记载和反映的一种事实。在传统的刑事证据法学理论中，对于证据事实能否成为诉讼证明的对象问题存在较大争议。有的学者认为，证据事实应当成为诉讼证明的对象，因为任何证据都需要其他证据证明其真实性、客观性和关联性，除非无须证明的事实。有的学者则认为，在一定条件下证据事实也可以成为诉讼证明的对象。

目前，通说认为，刑事证明对象只包括实体法事实和程序法事实，不包括证据事实。这主要是因为，证据事实与证明对象之间是手段与目的的关系，证据事实只是证明手段，而不可能成为诉讼证明的对象。

【实体法事实】 是指与犯罪嫌疑人、被告人定罪量刑有关的实体法方面的事实，即有关犯罪构成要件的事实，有关量刑情节的事实，排除行为违法性、可罚性的事实，以及免除刑事责任的事实。我国学者一般将待证实体法事实概括为5个方面：（1）有关犯罪构成要件的事实，即关于犯罪主体、犯罪客体、犯罪客观方面、犯罪主观方面的事实。（2）有关量刑情节的事实，包括法定量刑情节和酌定量刑情节两个方面。所谓法定量刑情节，主要是刑法规定的加重、从重、从轻、减轻、免予刑事处罚方面的事实。常见的酌定情节事实有犯罪动机、犯罪手段、犯罪时的环境和条件、犯罪造成的危害后果、犯罪侵害的对象情况、犯罪分子的一贯表现、犯罪后的态度。（3）有关排除行为违法性的事实，主要包括刑法规定的正当防卫行为、紧急避险行为、意外事件以及依法行使职权行为等。（4）有关排除行为可罚性的事实，尽管犯罪嫌疑人、被告人的行为构成犯罪，但是因为这类事实的发生而排除追究其刑事责任的可能，如《刑事诉讼法》第十六条规定的不应当追究刑事责任的几种情形等。（5）有关排除行为人刑事责任的事实。一是行为人没有刑事责任能力，即行为人不满14周岁。二是正处在依法不负刑事责任的时期，如精神病人在不能辨认或者不能控制自己行为的时候实施危害社会的行为。根据《刑事诉讼法司法解释》第七十二条规定，应当运用证据证明的实体法事实具体包括：被告人、被害人的身份；被指控的犯罪是否存在；被指控的犯罪是否为被告人所实施；被告人有无刑事责任能力，有无罪过，实施犯罪的动机、目的；实施犯罪的时间、地点、手段、后果以及案件起因等；是否系共同犯罪或者犯罪事实存在关联，以及被告人在共同犯罪中的地位、作用；被告人有无从重、从轻、减轻、免除处罚情节；有关附带民事诉讼、涉案财物处理的事实；与定罪量刑有关的其他事实。

【程序法事实】 是指在办理刑事案件过程中，在诉讼程序上具有法律意义的事实。程序法事实之所以成为证明的对象主要是因为，程序法上的事实关系到诉讼主体的诉讼行为是否正确、是否合法；程序法事实是否得到证明，不仅关系到实体法事实是否存在及其真伪问题，而且关系到裁判是否正确问题。在刑事诉讼中，需要加以证明的程序法事实主要包括：（1）对某些犯罪嫌疑人、被告人是否应当采取某种强制措施的事实。（2）有关管辖争议的事实。（3）有关回避方面的事实。（4）关于诉讼期限是否超越法律规定的事实。（5）有关证据收集程序合法性的事实。（6）侵犯犯罪嫌疑人、被告人的诉讼权利方面的事实，剥夺或限制当事人的法定诉讼权利，可能影响公正审判的事实。（7）有关延期审理的事实。（8）其他违反法定程序的事实。

【免证事实】 是指免除控辩双方证明责任，而由人民法院直接确认的事实。免证是通过人类长期实践被多次证明有效的法律规则。免证是对证据裁判主义的一种变通和补充。免证事实与待证事实相对，它不需要当事人提出申请和运用证据加以证明，一般可以由法官依职权直接作出。法官直接予以确认的依据是经验常识或逻辑推理。免证事实的确立，有利于司法机关提高诉讼效率，节约司法资源。从国外的立法及研究看，免证事实主要包括司法认知事实、推定的事实和自认的事实。尽管我国刑事诉讼法没有明确规定免证事实，但是根据《人民检察院刑事诉讼规则》第四百零一条规定，在法庭审理中，下列事实不必提出证据进行证明：为一般人共同知晓的常识性事实；人民法院生效裁判所确认的并且未依审判监督程序重新审理的事实；法律、法规的内容以及适用等属于审判人员履行职务所应当知晓的事实；在法庭审理中不存在异议的程序事实；法律规定的推定事实；自然规律或者定律。这些事实可以视为我国刑事诉讼中的免证事实。

【审判人员履行职务所应当知晓的事实】 是指审判人员基于其审判职务而在审判过程中应当获悉而不需要当事人运用证据加以证明的事实，即司法认知的事实。获悉司法认知的事实是审判人员正确履行审判职责的必然要求。如果审判人员在审判过程中没能知悉这些事实，实际上是一种失职行为。《人民检察院刑事诉讼规则》第四百零一条只是将审判人员履行职务所应当知晓的事实作为免证的事实，但是并没有对其具体内涵作进一步的规定。结合国外立法例和我国司法实践经验，审判人员履行职务所应当知晓的事实主要包括以下事实：（1）常识性的事实，即审判法院管辖区域内众所周知的事实，或者是借助某种其准确性不容置疑的来源而能够准确和易于确定的事实。（2）立法性的事实，即对于我国宪法、法律、行政法规、部门规章、司法解释和地方性法规，以及我国加入或者签署批准的国际公约的内容，不需要证明便可以采纳作为定案的证据。（3）预决性的事实，即已为人民法院生效裁判所确认的事实，已为仲裁机构裁决确认的事实，以及有效公证文书中确认的事实，对原诉讼当事人提起的其他诉讼不需要证明便可以采纳作为定案的证据。但已经被再审改判，被人民法院撤销或者不予执行，或者被相反证据推翻的除外。

【刑事证明责任】 是指控辩双方在刑事诉讼中为了避免对己不利的法律后果而承担的提出证据并证明其诉讼主张成立的一种法律负担。刑事证明责任是存在纠纷、提出主张、证明主张、承担风险4个要素的统一体：（1）控辩双方提出诉讼主张。这里的诉讼主张是指事实上的主张，而不是法律上的主张。因为，证明责任的设立宗旨就是为了解决要件事实真伪不明时法官无法裁判的问题。（2）为了证明其诉讼主张，控辩双方提出相应的证据。（3）控辩双方用各自提出来的证据证明其诉讼主张。（4）如果控辩双方不能证明其诉讼主张，那么承担对己不利的法律后果。刑事证明责任是与诉讼主张、诉讼证明以及法庭审判密切相关的一个概念。如果没有诉讼主张、诉讼证明以及法庭审判，刑事证明责任就没有用武之地。

综合两大法系刑事证明责任的理论与实践，刑事证明责任在刑事审判过程中的运用实际上是一个动态的过程。这个过程包含3个层次：（1）形成争点。这是指控辩双方为了获得对己有利的裁判结果，而促使法官将自己的诉讼主张列为法庭的裁判对象。（2）说服事实裁判者。这是指控辩双方说服事实裁判者对事实认定作出有利于自己的裁判。(3) 提供证据。这是指控辩双方在法庭审判过程中为了形成争点或者说服事实裁判者，而向法庭提供一定的证据，推进诉讼的前进。很显然，提供证据既是控辩双方形成争点的需要，也是控辩双方说服事实裁判者的必然要求。刑事证明责任的分配不仅影响到整个刑事诉讼的进程，是指导着刑事诉讼主体的诉讼活动，而且决定了控辩双方之间的利益分配，并对刑事诉讼的最终结局产生重大影响。

【提供证据责任】 又称提出证据推进诉讼的责任，是指当事人承担的提供证据，并且促使事实裁判者对某一争议事项加以考虑的责任。提供证据责任是英美法系证明责任双层次理论中的第一个层次，与大陆法系证明责任双层次理论中的行为责任相类似。在英美法系刑事诉讼中，提供证据责任的主要特点在于，控辩双方都需要承担提供证据责任，以便让各自主张在法庭审判过程中被确定为裁判的对象，法官通过提供证据责任在控辩双方之间的转移来推进刑事审判的前进。由于提供证据责任是控辩双方提出证据推进诉讼的责任，因此，提供证据责任的证明标准通常比较低，只需要达到表面成立即可。尽管我国刑事诉讼法没有明确规定提供证据责任，但是在控方需要承担被告人有罪的证明责任的情况下，由控方承担被告人有罪的提供证据责任也是理所应当的。这是因为，在法庭审判过程中，如果控方不承担提供证据责任，那么控方不可能完成其证明被告人有罪的说服责任；而为了达到指控犯罪的目的，或者为了避免对己不利的法律后果，控方只能提供相应的证据使法庭审判朝着有利于自己的方向发展。实际上，我国刑事诉讼法的有关规定已经体现了控方的提供证据责任。例如，根据《刑事诉讼法》第一百九十条至第一百九十五条、第一百九十七条规定，在法庭审理过程中，公诉机关应当根据起诉书所指控的每一个犯罪构成要件，通过讯问被告人，申请传唤证人、人民警察、鉴定人出庭作证，向被害人、证人、人民警察、鉴定人等发问，宣读笔录，以及出示实物证据等方式，承担其证明被告人有罪的提供证据责任。在法庭审判过程中，如果公诉机关无法承担这些提供证据的责任，那么公诉机关就有可能面临败诉的风险。同样道理，在自诉案件当中，自诉人也必须承担证明被告人有罪的提供证据责任。如果自诉人针对自己的控诉主张不承担提供证据的责任，那么在庭前审查阶段，其案件将不被法院受理，而在法庭审判阶段，自诉人将面临败诉的风险。

【说服责任】 是指控方承担以排除合理怀疑的程度说服陪审团裁决被告人有罪的责任。说服责任是英美法系证明责任双层次理论中的第二个层次，与大陆法系证明责任双层次理论中的结果责任相类似。在英美法系刑事诉讼中，说服责任的主要特点在于：(1) 说服责任只能由检察机关承担，而不能在控辩双方之间进行转移。(2) 检察机关履行说服责任的主要目的是说服陪审团相信被告人实施了被指控的犯罪，而且必须达到排除合理怀疑的程度。如果检察机关不能提供充分的证据，或者提供的证据不能使陪审团相信被告人犯了被指控的罪，将承担败诉的不利后果：(1) 要么是案件在控方举证结束后即被法官裁定“无辩可答”或直接判决被告人无罪。

(2)要么是控辩双方举证、辩论以后经过陪审团评议后裁决被告人无罪。在定罪之后的量刑程序中，如果对有关加重罪责的事实或情节存在争议，也由控方承担证明其存在的责任。尽管我国刑事诉讼法没有明确规定说服责任，但是在坚持无罪推定原则的情况下，由控方承担说服责任是不言而喻的。根据《刑事诉讼法》第二百条规定，控方对被告人的指控必须达到案件事实清楚、证据确实充分的程度，法官才能作出有罪的判决；如果控方对被告人的指控无法达到案件事实清楚、证据确实充分的程度，那么法官将做出证据不足、指控的犯罪不能成立的无罪判决。这表明刑事诉讼的最终结局与控诉主张产生了直接的联系。换句话说，在法庭审判结束以后，如果控方的犯罪指控仍然无法达到法定的证明标准——没有说服法官确信被告人构成犯罪，那么控方必须承担由此带来的对己不利的法律后果，那就是指控主张不能成立，法官应当判决被告人无罪。

【举证责任】 是指在法院审判过程中，由控辩双方承担的提出证据证明自己主张的责任，如果不能提出证据，或者虽然提出了证据但是达不到法律规定的要求而承担其主张不能成立的危险。近年来，学术界越来越倾向于认为证明责任与举证责任在本质上其实是一个概念，只是翻译或者用语习惯不同而已。

【刑事证明责任分配】 又称刑事证明责任承担或者刑事证明责任分担，是指在刑事诉讼证明过程中，根据什么标准或者原则，由谁来承担证明责任的一种证据制度。由于证明责任的分配既在程序法上决定了诉讼当事人的诉讼证明活动，又在实体法上影响到诉讼当事人实体利益的实现，因此，证明责任的分配是证明责任制度与理论的一个核心范畴。在刑事诉讼中，证明责任分配原则是无罪推定原则和谁主张、谁举证原则。根据无罪推定原则，公诉机关和自诉人应当承担被告人有罪的证明责任，而被告人不承担证明自己无罪的证明责任。而谁主张、谁举证原则不仅要求控诉方承担被告人有罪的证明责任，而且要求辩护方对积极主张承担证明责任。尽管无罪推定原则和谁主张、谁举证原则从总体上解决了刑事证明责任的分配问题，但在某些特殊情况下，基于程序正义、诉讼经济、政策、公平等方面的考虑，刑事证明责任的分配表现出与无罪推定原则以及谁主张、谁举证原则大不相同的规则，如刑事推定等。

【公诉案件证明责任的分配】 是指在公诉案件中应当由谁承担被告人有罪的证明责任。在公诉案件中，证明责任分配的一般规则是，公诉机关承担证明责任，被告人不承担证明责任。《刑事诉讼法》第五十一条，公诉案件中被告人有罪的举证责任由人民检察院承担。这意味着，人民检察院必须向人民法院提供充分的证据证明其指控的犯罪事实，而且其证明要达到法定的有罪判决证明标准。而被告人既没有义务向法庭证明自己有罪，也没有义务向法庭证明自己无罪。从根本上说，由人民检察院承担被告人有罪的证明责任是无罪推定原则所决定的。一方面，由于被告人在人民法院依照法律程序确定有罪之前被推定为无罪的人，因此，人民法院要想完成指控犯罪的目的，不得不承担证明被告人有罪的义务。换句话说，只有当人民检察院对被告人的有罪指控得到足够的证据加以证明时，无罪推定原则对于被告人的无罪保护才宣告结束，人民法院才能判决被告人有罪。另一方面，正因为被告人在法院根据法定程序判决其有罪之前已经事先被视为或者推定为无罪的人，所以被告人没有承担证明自己无罪的义务。进一步而言，证明无罪对被告人来说是一种权利。这意味着在刑事审判过程中，被告人既可以通过一定的证据证明自己无罪，也可以仅仅对人民检察院提出的证据或者主张进行反驳，以便达到控方指控不能成立的目的。当被告人放弃这种权利或者无法证明自己无罪时，人民法院也不能因此而推定被告人有罪，而只能根据追诉机关的指控是否达到有罪判决证明标准来确定被告人是否有罪。值得注意的是，尽管人民检察院承担被告人有罪的证明责任，但是人民检察院并不能因此而只提供被告人有罪的证据。因为，人民检察院既是公诉机关，又是法律监督机关，履行客观义务。无论是有罪、罪重的证据还是无罪、罪轻的证据，人民检察院都有义务向人民法院提出，由人民法院根据所有证据进行综合判断，进而更加准确地认定被告人是否有罪。

【自诉案件证明责任的分配】 是指在自诉案件中应当由谁承担被告人有罪的证明责任。根据《刑事诉讼法》第五十一条规定，自诉案件中被告人有罪的举证责任由自诉人承担，被告人不承担证明自己有罪或者无罪的责任。这既是无罪推定原则的必然要求，又是谁主张、谁举证原则的重要体现。一方面，在无罪推定原则的保护下，被告人既不需要证明自己有罪，也不需要证明自己无罪。而自诉人要想完成对被告人的刑事指控，必须提供足够证据来证明被告人有罪，以便推翻无罪推定原则对被告人的无罪保护。另一方面，自诉人作为刑事审判程序的启动者，理所应当按照谁主张、谁举证原则的要求，向人民法院提供足够的证据证明被告人有罪。否则，自诉人关于被告人有罪的诉讼主张就会因为得不到足够的证据加以证明而得不到人民法院的支持。根据《刑事诉讼法》第二百一十一条、《刑事诉讼法司法解释》第三百二十一条规定，如果自诉人无法提供足够证据证明其指控的犯罪事实，那么人民法院应当按照不同的情况进行处理：在受理审查阶段，人民法院应当说服其撤回起诉或者裁定驳回起诉；在法庭审理以后，人民法院应当判决被告人无罪。但是，在司法实践中需要注意两点：（1）自诉人撤回起诉或者被驳回起诉后，又提出了新的足以证明被告人有罪的证据，再次提起自诉的，人民法院应当受理。（2）在被告人提出反诉的情况下，被告人在反诉中处于原告的诉讼地位，应当对反诉事实承担证明责任，而原审的自诉人在反诉中处于被告的诉讼地位，因而不需要对反诉事实承担证明责任。

【被告人的刑事证明责任】 是指被告人按照法律的规定对于特定事项所承担的证明责任。尽管根据无罪推定原则，控方应当承担被告人有罪的证明责任，被告人不承担证明自己有罪或者无罪的证明责任，但是这并不意味着被告人在任何情况都不承担任何证明责任。从国外刑事证明责任分配的理论与实践来看，被告人主要对如下事项承担证明责任：阻却违法或阻却责任的事实，积极抗辩主张，程序性事实，被告人独知的事实。根据我国刑事诉讼法和刑法的有关规定，被告人在特殊情况下也应当承担一定的证明责任：（1）根据《刑法》第三百九

刑事审判

十五条规定，被告人应当承担巨额财产来源合法的证明责任。（2）对于刑法规定的某些持有型犯罪，被告人对于合法持有承担证明责任。例如，根据《刑法》第一百二十八条第一款、第二百八十二条第二款、第三百四十八条，被告人需要分别承担合法持有枪支、弹药的证明责任，合法持有国家绝密、机密文件、资料、物品的证明责任，以及合法持有毒品的证明责任。（3）被告人对于某些积极抗辩事由承担证明责任，如正当防卫、紧急避险、意外事件、不可抗力、不在犯罪现场等。（4）被告人应当对某些程序性的事实承担证明责任，如申请回避、管辖异议等。（5）对于减轻、从轻或者免除刑事处罚情节的事实承担证明责任，如自首、立功等。值得强调的是，尽管被告人在某些特殊情况下承担证明责任，但是辩护方承担证明责任的证明标准应当低于控方，如辩护方的证明责任通常只需要达到优势证明程度，而控方的证明责任则需要达到排除合理怀疑的程度。从承担责任的性质来说，被告人承担的证明责任只能是提供证据责任，而不是说服责任。

【证明职责】 是指公安司法机关基于其法定职责，负有收集、审查、判断证据，对刑事案件事实的证明达到法定证明标准的义务。赋予刑事诉讼专门机关在职务上的证明职责，有助于正确实现刑事诉讼法的目的和任务，保证严把事实关和证据关，确保刑事诉讼证明顺利进行，客观公正地处理案件。公安机关、人民检察院、人民法院作为刑事诉讼的主导者和推动者，分别代表国家行使侦查权、检察权和审判权，有责任认真履行法律赋予的职权，承担收集证据、审查判断证据、准确认定案件事实，进而确保在各个诉讼阶段作出正确处理结果的证明职责。尽管公安机关、人民检察院和人民法院在侦查、起诉和审判阶段因为不同的职责和任务而承担不同的证明职责，但是其核心都是为了查明案件事实或者认定案件事实。根据《刑事诉讼法》第五十一条、第五十二条、第一百六十二条、第一百七十五条、第一百九十七条等规定，公安司法机关的证明职责主要体现在如下几个方面：（1）审判人员、检察人员、侦查人员必须依照法定程序，收集能够证实犯罪嫌疑人、被告人有罪或者无罪、犯罪情节轻重的各种证据。（2）公安机关提请批准逮捕书、人民检察院起诉书、人民法院判决书，必须忠实于事实真相。故意隐瞒事实真相的，应当追究责任。（3）公安机关、人民检察院、人民法院在侦查、起诉和审判阶段分别按照法律的规定收集或者审查判断证据，在正确认定案件事实的基础上，依法对案件作出相应的处理。例如，经过侦查以后，对于符合逮捕条件的犯罪嫌疑人，由侦查机关报请人民检察院批准逮捕；公安机关侦查终结的案件，应当做到犯罪事实清楚，证据确实、充分，并且依法将案件移送人民检察院审查起诉；经过审查起诉以后，对于犯罪事实已经查清，证据确实、充分的案件，人民检察院应当依法提起公诉，对于不符合起诉条件的案件，应当依法作出不起诉的决定；人民法院作出的有罪判决必须建立在案件事实清楚、证据确实、充分的有罪判决证明标准之上。

【刑事推定】 是指在刑事诉讼中，依照法律规定或者由法院按照经验法则，从已知的基础事实推断未知的推定事实存在的一种证据规则。刑事推定包括几个基本要素：（1）推定涉及两种事实，即已知事实和未知事实，或者基础事实和推定事实。（2）推定的依据是法律的规定或者经验法则。（3）推定的救济方法是反证，即对于可反驳的推定，允许当事人提出反证，推翻推定事实，进而使推定规则失去作用。刑事推定在性质上可以看成是刑事证明责任分配的一种特殊规则。但是，刑事推定对于证明责任的分配不是基于无罪推定原则或者谁主张、谁举证原则方面的考虑，而是基于公共政策、诉讼公平、证明便利等方面的考虑。根据不同的标准，可以对刑事推定做出不同的分类。例如，根据推定的依据不同，可以将推定分为事实推定和法律推定；根据被推定的事实是否可以反驳为标准，可以将法律推定分为可反驳的推定和不可反驳的推定；根据推定事实是否有利于被告人，可以将推定分为有利于被告人的推定和不利于被告人的推定。在我国刑事诉讼中，比较典型的刑事推定是巨额财产来源不明罪和非法持有型犯罪。对于巨额财产来源不明罪，之所以由辩护方证明差额财产的合法性，一个重要的原因在于，即使被告人的差额财产的确是非法所得，由控方证明差额财产的非法性也比较困难，而如果被告人的差额财产确实有合法的来源，那么让辩护方进行证明还是比较方便的。在非法持有型犯罪当中，只要控方能够证明被告人持有国家明文禁止的物品，就可以推定被告人是非法持有这些物品，除非被告人能够证明他持有这些物品是合法的。如果被告人无法证明其合法地持有这些物品，那么他应当构成非法持有型犯罪。

【刑事证明标准】 又称刑事证明要求、刑事证明任务，是指在刑事诉讼中，负有证明责任的诉讼主体对案件事实的证明所要达到的程度。证明标准与证明对象、证明责任联系密切，证明对象解决的是哪些案件事实需要运用证据加以证明的问题，证明责任解决的是由谁来提供证据证明这些案件事实的问题，而证明标准解决的是对案件事实应当证明到何种程度的问题。证明对象、证明责任是证明标准产生的前提和基础，证明标准则是检验证明对象是否全部得到证明、证明责任是否完全履行的具体尺度。大陆法系的有罪判决证明标准可以概括为内心确信，而英美法系的有罪判决则采用排除合理怀疑的证明标准。二者虽然语言表述不同，但均属于高度盖然性标准，在理论上均被认为是刑事诉讼的最高证明标准。

【刑事证明标准的层次性】 是指在刑事诉讼中，不同的诉讼阶段、证明对象和证明主体、案件性质适用不同的证明标准。不同的诉讼阶段适用不同的证明标准包括立案的证明标准、批准逮捕的证明标准、移送审查起诉的证明标准、提起公诉的证明标准、有罪判决的证明标准等。在我国刑事诉讼中，立案的证明标准是认为有犯罪事实需要追究刑事责任；批准逮捕的证明标准是有证据证明有犯罪事实；移送审查起诉的证明标准、提起公诉的证明标准、有罪判决的证明标准都是案件事实清楚或者犯罪事实清楚，证据确实、充分。不同的证明对象适用不同的证明标准包括3个方面：（1）实体法事实的证明标准一般高于程序法事实的证明标准。（2）不同的实体事实适用不同的证明标准，如定罪事实的证明标准通常高于量刑事实的证明标准。（3）不同的程序事实适用不同的证明标准，如我国立法对立案、批捕和侦查终结的证明要求分别是认为有犯罪事实，有证据证明有犯罪事实以及犯罪事实清楚，证据确实、充分。不同的证明主体适用不同的证明标准主要是指控方的证明标准高于辩方的证明标准。不同的案件性质适用不同的证明标准是指不同的案件种类实行不同的证明标准。比较典型的就是，许多学者主张死刑案件的证明标准应当高于普通刑事案件的证明标准。现行法律对于死刑案件和普通刑事案件的有罪判决证明标准的规定实际上也略有区别。如《死刑案件审查判断证据问题规定》第五条在界定证据确实、充分时强调，根据证据认定案件事实的过程符合逻辑和经验规则，由证据得出的结论为唯一结论。而《刑事诉讼法》第五十五条在界定证据确实、充分时只是要求，综合全案证据，对所认定事实已排除合理怀疑。

【客观真实】 是指诉讼中对案件事实的证明，应当达到客观真实的程度。客观真实观是我国学者关于证明标准问题的一种传统观点。客观真实观认为，查明案件的客观真实，不但是必要的，而且是完全可能的。客观真实观的核心理念在于强调社会经验层面的案件事实在诉讼认识中的决定性地位和作用。在客观真实论者看来，刑事诉讼证明的目的是查明案件事实真相，当司法人员在确认被告有罪时，必须以符合客观事实的认识作为裁判的依据，达到客观真实的程度，即办案人员在诉讼中根据证据所认定的案件事实必须是符合客观存在的案件事实。客观真实论的立论基础主要来自辩证唯物主义认识论原理。具体说来，又可以细分为可知论、实践是检验真理的唯一标准理论、绝对真理与相对真理的辩证统一理论。

【法律真实】 是指运用证据对案件真实的认定应当符合刑事实体法和程序法的规定，应当达到从法律的角度认为是真实的程度。法律真实观是我国学者近年来针对证明标准问题提出来的与客观真实观相对应的一种理论。法律真实观的核心理念在于强调法律规范在诉讼认识中的地位与作用。在法律真实观论者看来，在法律视野中，纯粹的客观真实是不存在的，作为裁判依据的事实不是社会层面上的客观事实，而是经过法律程序重塑的事实；要求这种法律事实必须达到符合客观真实的程度才能作出裁判是不现实的。法律真实观的理论基础有人类认识能力的至上性与有限性的辩证统一理论、诉讼证明的相对性原理、诉讼证明的盖然性理论、程序正义理论等。

【法律真实与客观真实相统一】 是指诉讼过程中在尽量追求客观真实的同时，严格按照法定程序收集证据和审查判断证据，依照法律规定查明、证明和认定案件事实，做到客观真实和法律真实的有机统一。尽管法律真实观与客观真实观之间在裁判事实、认识论、认识能力、证明标准的具体设计和实践效果、诉讼证明活动的性质等诸多方面都存在一定分歧，但是两种观念实际上也存在不少相通之处。一方面，法律真实观其实也承认在诉讼活动中追求客观真实的价值，而这恰恰是客观真实观所极力主张的。另一方面，客观真实观也承认在每个案件中都或多或少地会有一些客观事实是无法查明的，而这正好是法律真实观所反复强调的。一般而言，法律真实观并不否认客观真实的存在，也不否认客观真实作为证明标准的良好愿望和良苦用心。而客观真实观在论辩过程中对传统理论进行修正、解释和补充之后，也看到了过分强调客观真实的缺陷，因而不再一味追求客观真实，而是肯定了法律真实的某些积极意义。在过于强调客观真实和过于强调法律真实都存在一定缺陷的情况下，我国学者逐渐认识到客观真实与法律真实不是非此即彼的排斥关系，而是相辅相成、相互促进的互补关系，在诉讼过程中具有高度统一性。在这种背景下，于2005年4月1日《增强司法能力提高司法水平意见》明确提出，各级人民法院要树立科学的司法理念，坚持法律真实与客观真实的统一。所谓法律真实与客观真实相统一，就是要求办案人员既要尽可能地追求案件事实真相，又要严格依法办案，而不能为了案件事实真相而不惜违反法律规定的诉讼程序；既要严格按照法律规定查明、证明和认定案件事实，又要忠于事实真相，而不能为了严格依法办案就不尊重和符合客观实际。

【立案的证明标准】 是指公安司法机关对其直接受理的案件决定立案时所要达到的证据条件。根据《刑事诉讼法》第一百一十二条规定，人民法院、人民检察院或者公安机关对其直接受理的案件决定立案的证据条件是，有犯罪事实需要追究刑事责任。所谓有犯罪事实，包括两层含义：（1）在刑事诉讼中，需要立案追究刑事责任的必须是依照刑法规定构成犯罪的行为（包括犯罪预备、犯罪未遂、犯罪中止和犯罪既遂等情况），而非一般的违法行为，或者违反党纪、政纪或者社会道德要求的行为。（2）犯罪事实必须有一定的证据予以证明，而非出于主观想象或者猜测。由于立案处于刑事诉讼程序的开始阶段，因此，这里的证据并不要求达到充分的程度。所谓需要追究刑事责任，是指现有证据证明行为人所实施的犯罪行为不具有无罪或者不予追究刑事责任的法律依据。

【逮捕的证明标准】 是指人民检察院、人民法院批准或者决定逮捕时所要达到的证据条件。根据《刑事诉讼法》第八十一条、《人民检察院刑事诉讼规则》第一百二十八条第一款，在一般情况下，逮捕的证明标准是有证据证明有犯罪事实。根据《人民检察院刑事诉讼规则》第一百二十八条第二款、第三款规定，有证据证明有犯罪事实是指同时具备下列情形：（1）有证据证明发生了犯罪事实，该犯罪事实可以是单一犯罪行为的事实，也可以是数个犯罪行为中任何一个犯罪行为的事实。（2）有证据证明犯罪事实是犯罪嫌疑人实施的。（3）证明犯罪嫌疑人实施犯罪行为的证明已有查证属实的。根据最高人民检察院于2010年8月25日印发的《人民检察院审查逮捕质量标准》第三条规定，具有以下情形之一的，不属于“有证据证明有犯罪事实”：证据所证明的事实不构成犯罪的；仅有犯罪嫌疑人的有罪供述，而无其他证据印证的；证明犯罪嫌疑人有罪和无罪的主要证据之间存在重大矛盾且难以排除的；共同犯罪案件中，同案犯的供述存在重大矛盾，且无其他证据证明犯罪嫌疑人实施了共同犯罪行为的；没有直接证据，而间接证据不能相互印证的；证明犯罪的证据中，对于采取刑讯逼供等非法手段取得的犯罪嫌疑人供述和采用暴力、威胁等非法手段取得的证人证言、被害人陈述依法予以排除后，其余的证据不足以证明有犯罪事实的；现有证据不足以证明犯罪主观方面要件的；虽有证据证明发生了犯罪事实，但无证据证明犯罪事实是该犯罪嫌疑人实施的；其他不能证明有犯罪事实的情形。

【案件事实清楚】 是指在刑事诉讼中，需要加以证明的实体法事实和程序法事实都已经查清楚。严格说来，案件事实清楚既包括实体法事实清楚（即犯罪事实清楚），又包括程序法事实清楚。但是，我国《刑事诉讼法》在界定刑事诉讼中的证明标准时所指的案件事实清楚，实际上就是指犯罪事实清楚。根据《刑事诉讼法》第一百六十二条、第一百七十五条、第一百九十七条以及《人民检察院刑事诉讼规则》第三百五十七条规定，侦查终结、提起公诉和判决被告人有罪都必须达到案件事实清楚和证据确实、充分的证明标准。所谓案件事实清楚或者犯罪事实清楚，是指与定罪量刑有关的事实和情节都必须查清。就一个刑事案件而言，其事实情节主要包括7个要素，即何人、何事、何时、何地、何方法、何因、何果。这七个基本事实情节都应当查清，其中何人犯罪是关键事实。至于那些不影响定罪量刑的细枝末节，则没有必要查清。根据《人民检察院刑事诉讼规则》第三百五十五条第二款规定，具有下列情形之一的，可以确认犯罪事实清楚或者案件事实清楚：（1）属于单一罪行的案件，查清的事实足以定罪量刑或者与定罪量刑有关的事实已经查清，不影响定罪量刑的事实无法查清的。（2）属于数个罪行的案件，部分罪行已经查清并符合起诉条件，其他罪行无法查清的。（3）无法查清作案工具、赃物去向，但有其他证据足以对被告人定罪量刑的。（4）证人证言、犯罪嫌疑人供述和辩解、被害人陈述的内容中主要情节一致，只有个别情节不一致，但不影响定罪的。

【证据确实、充分】 是指定罪量刑的事实都有证据证明，据以定案的证据均经法定程序查证属实，以及综合全案证据，对所认定事实已排除合理怀疑。《刑事诉讼法》第五十五条规定，认定被告人有罪和处以刑罚的事实必须达到证据确实、充分的程度。证据确实、充分是侦查终结、提起公诉和判决被告人有罪所要达到的证明标准的核心内容。在我国刑事证据法学理论与实践中，证据确实、充分是对作为定案根据的证据在质和量两个方面的要求。所谓确实，是对证据在质上的要求，即证据均经法定程序查证属实。证据确实包括2个方面的要求。（1）证据必须是真实的、客观存在的，而不是主观臆造出来的东西，也不是假设、估计、捏造、歪曲的事实。（2）证据必须与刑事案件有关联。如果证据是真实的，但是与刑事案件无客观、必然的联系，就不能作为证据，也就无所谓证据确实了。所谓充分，是对证据在量上的要求。证据的量因案件而异，在不同的案件中有不同的情况，不能以数量的多少为标准，而要以能够证明案件真实情况为标准。其基本要求是，证据的量必须充足，能够组成一个完整的证明体系，所有属于犯罪构成要件及量刑情节的事实均有相应证据加以证明，不存在任何遗漏，而且证据在总体上已足以对所要证明的案件事实得出确定无疑的结论，能够排除合理怀疑。证据的确实和充分是相互联系、密不可分的。确实是就每个证据而言的，充分是就全案证据而言的，充分又以确实为基础；证据的确实与充分，是相互促进、相互渗透和相互转化的。另外，根据《最高人民法院、最高人民检察院、公安部、国家安全部、司法部关于办理死刑案件审查判断证据若干问题的规定》第五条规定，达到证据确实、充分的证明标准，应当同时具备以下条件：（1）定罪量刑的事实都有证据证明。(2)每一个定案的证据均已经法定程序查证属实。(3)证据与证据之间、证据与案件事实之间不存在矛盾或者矛盾得以合理排除。(4)根据证据认定案件事实的过程符合逻辑和经验规则，由证据得出的结论为唯一结论。但在共同犯罪案件中，还必须要求被告人的地位、作用均已查清。

【排除合理怀疑】 是指英美法系采用的证明被告人有罪的一项证明标准。在通常情况下，法官指示陪审团时会对什么是合理怀疑作出必要的解释或者阐述，以便陪审团能够准确地按照排除合理怀疑的证明标准对被告人是否有罪作出判断。关于合理怀疑，在美国被引用最为广泛的定义是《加利福尼亚刑法典》中的表述：它不仅仅是一个可能的怀疑，而是指该案的状态，在经过对所有证据综合比较和考虑之后，陪审员的心理处于这种状态，他们不能说他们感到对指控罪行的真实性得出永久的裁决已达到内心确信的程度。还有一种比较通用的解释指出，合理怀疑是指“基于原因和常识的怀疑——那种将使一个理智正常的人犹豫不决地怀疑”，所以排除合理怀疑的证明必须是如此令人信服以至于“一个理智正常的人在处理他自己的十分重要的事实时将毫不犹豫地依靠它并据此来行事”。不管如何解释，排除合理怀疑都被认为是有罪判决的最高证明标准；合理怀疑是合情合理的可以说出理由来地怀疑，而不是无缘无故的怀疑。我国在2012年修正《刑事诉讼法》时，吸收了英美法系排除合理怀疑的有罪判决证明标准的部分精神，将排除合理怀疑作为认定确实、充分的一个条件。

【刑事证明过程】 是指公安司法机关为了完成其证明职责而进行收集证据、保全证据、审查判断证据，以及运用证据对案件事实作出认定结论的过程。根据广义刑事证明观，刑事证明过程主要包括刑事证据的收集、刑事证据的保全和刑事证据的审查判断这三个环节。还有不少学者认为，刑事证明过程包括取证、举证、质证和认证四个证明环节。从辩证唯物主义认识论来看，刑事证明过程是一个感性认识上升到理性认识的过程。公安司法机关在办案过程中首先要收集证据和保全证据，对收集和保全的证据进行初步审查，然后根据初步审查的结果进一步补充收集证据，从而越来越查明案件事实真相。通过对个别证据的审查和全案证据的综合审查，判断各个证据的真伪及其对案件事实的证明作用，进而运用逻辑推理对案件事实作出认定结论，从而查明案件事实真相，完成诉讼证明的任务。刑事证明过程是一个较为复杂的认识过程。办案人员在刑事证明过程中既要以辩证唯物主义认识论为基本指导思想，又要严格遵循刑事诉讼法规定的法定程序以及刑事证据法规定的证据规则。

【刑事证据的收集】 是指公安司法机关、当事人等按照法律规定权限和程序，发现、采集和提取与案件有关的各种证据的诉讼活动。收集刑事证据既是正确认定案件事实和适用法律的前提，也是公安司法机关、当事人等开展各种诉讼活动的重要基础。根据我国《刑事诉讼法》的有关规定，有权收集证据的主体主要包括侦查机关、人民检察院、人民法院，以及自诉人、附带民事诉讼当事人、担任辩护人或者诉讼代理人的律师。根据我国《刑事诉讼法》及其司法解释以及司法实践经验，收集刑事证据时应当遵循依法收集、全面客观、细致深入、依靠群众、充分利用现代科学技术等原则。为了正确收集证据，准确查明案件事实真相，我国《刑事诉讼法》及其相关解释对各个法定证据种类的收集程序以及各个证据收集主体的权限和程序都作出了全面而系统的规定。

【刑事证据的保全】 是指在刑事证据可能灭失、失真或者以后难以取得的情况下，公安司法机关采取一定措施对刑事证据加以固定和保护的诉讼活动。尽管我国刑事诉讼法没有像民事诉讼法或行政诉讼法那样明确规定证据的保全问题，但是为了确保刑事证据的真实性和证明力，收集证据的各种主体在收集证据的过程理所当然需要对证据采取必要的固定和保护措施。尤其是对于公安司法机关而言，为了顺利查明案件事实真相，为刑事诉讼活动奠定良好基础，对刑事证据采取适当的固定和保全措施是其履行证明职责的应尽义务。正因如此，在刑事证据可能灭失、失真或者以后难以取得的情况下，即使没有当事人申请证据保全，公安司法机关也应当对该证据主动地采取适当的措施进行固定和保护。例如，根据《公安机关办理刑事案件程序规定》第六十二条规定，公安机关在向有关单位和个人调取证据时，在必要的情况下应当采用录音或者录像等方式固定证据内容及取证过程。再如，根据《人民检察院刑事诉讼规则》第二百一十七条第二款规定，对于查封、扣押在人民检察院的物品、文件、邮件、电报，人民检察院应当妥善保管。

【刑事证据的审查判断】 是指公安司法机关在刑事诉讼中对收集的证据材料进行分析研究，鉴别真伪，确定其有无证据能力和证明力以及证明力大小，进而据此认定案件事实的一种诉讼活动。刑事证据的审查判断在本质上是一种贯穿整个刑事诉讼过程的思维活动和认识活动。有鉴于此，办案人员在审查判断证据的过程中既要以辩证唯物主义认识论为指导，又需要严格遵守《刑事诉讼法》规定的诉讼程序和证据规则，以及运用人类认识事物的各种逻辑思维、逻辑推理和经验知识。为了正确地审查判断证据，《刑事诉讼法司法解释》第四章对各类法定证据规定了较为详细的审查判断规则。

【全案证据的综合审查判断】 是指办案人员根据全案证据，按照经验法则和逻辑推理，对犯罪嫌疑人、被告人是否实施犯罪行为等案件事实进行综合审查、判断和认定的一种诉讼活动。为了完成各自的证明职责，公安司法机关在各自的诉讼阶段应当依据各自的诉讼职能对全案证据进行综合审查判断。就一般规律而言，办案人员在对全案证据进行综合审查判断时应当遵循如下原则：坚持客观真实与法律真实相统一；坚持证据的数量与质量相结合；符合逻辑原理和经验法则。根据《刑事诉讼法司法解释》第一百三十九条规定，对证据的真实性，应当综合全案证据进行审查；对证据的证明力，应当根据具体情况，从证据与案件事实的关联程度、证据之间的联系等方面进行审查判断。《刑事诉讼法司法解释》第一百四十条进一步规定，仅仅根据间接证据认定被告人有罪时必须同时符合下列条件：（1）证据已经查证属实。（2）证据之间相互印证，不存在无法排除的矛盾和无法解释的疑问。（3）全案证据形成完整的证据链。（4）根据证据认定案件事实足以排除合理怀疑，结论具有唯一性。(5) 运用证据进行的推理符合逻辑和经验。

【刑事立案】 是指公安司法机关对于报案、控告、举报、自首以及自诉人起诉等材料，按照各自的职能管辖范围进行审查后，认为有犯罪事实发生并且需要追究刑事责任时，决定将其作为刑事案件进行侦查或者审判的一种诉讼活动。在我国刑事诉讼中，立案具有3个显著特点：(1) 立案是法律赋予公安机关、人民检察院、人民法院特有的权力和职责，其他任何机关和个人都无权立案。(2) 立案是我国刑事诉讼的一个独立阶段。立案的独立性表现在：在《刑事诉讼法》中，立案与侦查、提起公诉相并列，独立成章；它有自己的特定任务；它有为完成任务而规定的特殊诉讼活动和方式；它有符合自身要求的报批制度、法律文书和处理程序。(3) 立案是刑事诉讼活动必经的诉讼阶段，是刑事诉讼活动开始的标志。就公诉案件而言，立案与否直接决定了刑事追诉活动是否继续进行；就自诉案件而言，立案阶段实质上是人民法院对自诉请求进行审查从而决定是否受理的过程，立案与否直接决定自诉案件能否进入刑事审判阶段。刑事立案阶段的诉讼程序主要包括对立案材料的接受、对立案材料的审查、审查后的处理以及对立案活动的监督等。立案作为刑事诉讼的开始和必经程序，在刑事诉讼中具有案件输入、案件过滤或者案件分流的功能，对于迅速揭露犯罪、证实犯罪和惩罚犯罪，保护公民的人身权利、民主权利和其他合法权益，以及加强社会治安综合治理等都具有重要意义。

【立案权】 是指人民法院、人民检察院和公安机关对于各自直接受理的刑事案件，依法决定予以立案侦查或者审判的一种权力。立案权是国家法律赋予刑事诉讼专门机关专门行使的一项重要职权。除了刑事诉讼专门机关以外，其他任何机关、团体、企事业单位或个人都无权进行立案。刑事诉讼专门机关在行使立案权的过程中，应当严格依照立案的法定条件和标准，严格遵守立案的法定程序，既不能应当立案而不立案，也不能不应该立案而立案。基于不同的管辖范围和职能分工，不同的刑事诉讼专门机关行使立案权的具体内容有所不同。简而言之，人民法院对不需要侦查的自诉案件行使立案权；公安机关对相对复杂、较重的非职务犯罪案件行使立案权；人民检察院对国家工作人员的职务犯罪案件行使立案权。对于公诉案件而言，只有在决定立案以后，侦查机关才能采取各种侦查措施；就自诉案件来说，人民法院在决定受理自诉案件以后，自诉案件正式进入刑事审判阶段。

【立案的材料来源】 是指公安机关、人民检察院或者人民法院获取有关犯罪事实、犯罪嫌疑人情况等犯罪线索、犯罪消息的渠道或途径。立案的材料来源是否可靠，直接关系到公安司法机关立案决定的正确与否。立案材料来源的广泛程度、有效程度，直接决定着刑事诉讼程序发现犯罪能力的高低，进而影响到通过刑事诉讼活动打击犯罪、惩罚犯罪目标的实现程度。立案的材料来源是公安司法机关进行审查，决定是否进行立案的重要根据。根据我国《刑事诉讼法》的规定和司法实践中的情况，除了公民扭送（参见“扭送”词条）、单位或者个人的报案或者举报、被害人的报案或者控告、犯罪嫌疑人的自动投案以外，立案的材料来源还包括：(1) 侦查机关自行获取的立案材料，即公安机关和人民检察院在日常工作中发现的犯罪事实与犯罪嫌疑人的有关材料。（2）上级侦查机关交办的案件，即上级侦查机关基于指定管辖等原因将有关案件交由下级侦查机关进行立案侦查。（3）其他刑事诉讼专门机关移送的立案材料，即刑事诉讼专门机关在日常工作中将不属于自己管辖的刑事案件移送具有管辖权的专门机关进行处理。（4）行政执法机关移送的立案材料，即行政执法机关在行政执法的过程中发现犯罪事实或者犯罪嫌疑人时将有关案件材料移送具有管辖权的公安司法机关进行处理。（5）纪检监察部门移送的立案材料，即纪检监察部门在查处违纪案件过程中发现犯罪事实或者犯罪嫌疑人时将有关案件材料移送具有管辖权的公安司法机关进行处理。

【报案】 是指有关单位或者个人当发现有犯罪事实发生但是还不知道具体的犯罪嫌疑人时向公安司法机关报告所知道的犯罪事实。报案人既可以是单位，也可以是个人或者被害人。根据《刑事诉讼法》第一百一十条第一款规定，任何单位和个人发现有犯罪事实或者犯罪嫌疑人，有权利也有义务向公安机关、人民检察院或者人民法院报案。报案作为单位或者公民同犯罪行为作斗争的一种手段，既是报案人享有的一种权利，也是报案人应尽的一种义务。报案与举报的主要区别在于，报案是报案人在尚不明确犯罪嫌疑人的情况下向公安司法机关报告有关犯罪事实，而举报人在举报时通常知道具体的犯罪嫌疑人。报案与控告的主要区别在于，报案是单位或者个人向公安司法机关报告有犯罪事实发生，而控告则是被害人在向公安司法机关揭露与告发犯罪事实的同时，还向公安司法机关提供犯罪嫌疑人的有关情况，要求依法追究犯罪嫌疑人的刑事责任。根据《刑事诉讼法》第一百一十一条第一款规定，报案可以用书面或者口头提出；接受口头报案的工作人员，应当写成笔录，经宣读无误后，由报案人签名或者盖章。

【举报】 是指被害人以外的单位和个人出于社会责任感，向公安司法机关告发、揭露其发现或者知晓的犯罪事实和犯罪嫌疑人。举报人既可以是单位，也可以是除了被害人以外的个人。举报既是举报人享有的一项权利，也是举报人应尽的一项义务。根据《刑事诉讼法》第一百一十条第一款规定，任何单位和个人发现有犯罪事实或者犯罪嫌疑人，有权利也有义务向公安机关、人民检察院或者人民法院举报。（1）举报与控告的主要区别在于，举报人是与案件没有直接利害关系的单位或者个人，而控告人则是与案件具有直接利害关系的被害人及其法定代理人、近亲属。（2）举报主要是基于举报人的社会责任感，而控告主要是控告人为了维护被害人的合法权益。根据《刑事诉讼法》第一百一十一条第一款规定，举报可以用书面或者口头提出；接受口头举报的工作人员，应当写成笔录，经宣读无误后，由举报人签名或者盖章。

【控告】 是指被害人或者被害人的法定代理人、近亲属向公安司法机关揭露与告发被害人遭受犯罪行为侵害的事实以及犯罪嫌疑人的有关情况，要求依法追究犯罪嫌疑人的刑事责任和维护被害人的合法权益。控告人主要是被害人。在被害人死亡或丧失行为能力时，被害人的法定代理人或者近亲属也可以进行控告。根据《刑事诉讼法》第一百一十条第二款，被害人对侵犯其人身、财产权利的犯罪事实或者犯罪嫌疑人，有权向公安机关、人民检察院或者人民法院报案或者控告。被害人对侵犯其人身、财产权利的犯罪事实究竟是报案还是控告，取决于被害人是否能够提供犯罪嫌疑人的具体情况。如果被害人能够提供犯罪嫌疑人的具体情况，则是控告；如果被害人无法提供犯罪嫌疑人的具体情况，则是报案。根据《刑事诉讼法》第一百一十一条第一款规定，控告可以用书面或者口头提出。接受口头控告的工作人员，应当写成笔录，经宣读无误后，由控告人签名或者盖章。

【犯罪人的自首】 是指犯罪人在实施犯罪行为以后自动投案，主动、如实地向公安司法机关供述自己的罪行，以及自愿接受国家的审查和裁判。根据1998年4月6日印发的《自首和立功具体应用司法解释》第一条规定，自动投案，是指犯罪事实或者犯罪嫌疑人未被司法机关发觉，或者虽被发觉，但犯罪嫌疑人尚未受到讯问、未被采取强制措施时，主动、直接向公安机关、人民检察院或者人民法院投案。根据《刑事诉讼法》第一百一十条规定，犯罪人的自首是立案材料的重要来源之一。为了鼓励犯罪人积极主动地投案自首，我国《刑法》及其司法解释不仅放宽了自首的认定条件，而且对自首的从宽处理做出了明确的规定。

【刑事案件】 又称犯罪案件，是指公安机关、人民检察院、人民法院等国家专门机关对触犯刑法的犯罪行为进行立案处理的案件。侦查机关的立案侦查和人民法院的立案审判是形成刑事案件的标志。如果没有侦查机关的立案或者人民法院的立案，即使犯罪行为非常严重，刑事案件也无从谈起。刑事案件具有很强的过程性，随着刑事诉讼进程的推进而不断发生变化。例如，公诉案件与自诉案件之间的转换；刑事案件因为法定的理由而被撤销或者被终结；从第一审案件到第二审案件或者再审案件的转变等。在刑事诉讼中，刑事案件种类繁多，按照不同的标准可以将刑事案件划分为不同的种类。例如，根据不同的起诉主体，可以将刑事案件分为公诉案件和自诉案件两种，其中公诉案件又可以细分为公安机关立案侦查的刑事案件和人民检察院立案侦查的自侦案件；按照案件的性质或者轻重，可以将刑事案件分为重大刑事案件、一般刑事案件、轻微刑事案件；按照刑法的规定，将刑事案件细分为各种不同犯罪种类或者不同罪名的刑事案件；按照诉讼的进程，将刑事案件分为侦查阶段的刑事案件、审查起诉阶段的刑事案件、第一审案件、第二审案件、死刑复核案件、刑事再审案件、刑事执行案件等；按照不同的诉讼程序，可以将刑事案件划分为适用普通程序的刑事案件和适用特别程序的刑事案件；按照特定的事由，将刑事案件细分为不同的类别，如死刑案件、附带民事诉讼案件、刑事和解案件、未成年人刑事案件、涉外刑事案件、速裁案件、认罪认罚从宽案件、强制医疗案件、没收违法所得案件、减刑案件、假释案件等。根据《刑事诉讼法》第三条规定，对刑事案件的侦查、拘留、执行逮捕、预审，由公安机关负责；检察、批准逮捕、检察机关直接受理的案件的侦查、提起公诉，由人民检察院负责；审判由人民法院负责。除法律特别规定的以外，其他任何机关、团体和个人都无权行使这些权力。人民法院、人民检察院和公安机关进行刑事诉讼和处理刑事案件时，必须严格遵守刑事诉讼法和其他法律的有关规定。

【公诉案件】 是指由人民检察院代表国家向人民法院提起诉讼的刑事案件。公诉案件与自诉案件相对。自诉案件由自诉人直接向人民法院起诉。而公诉案件必须事先经过侦查机关的立案侦查。侦查机关对于侦查终结的刑事案件，在符合法定条件的情况下将案件移送人民检察院审查起诉。人民检察院对于侦查机关移送审查起诉的刑事案件进行审查起诉以后，在符合法定条件的情况下将刑事案件提交人民法院和提起公诉。而在提起公诉以后，人民检察院需要派员出席法庭支持公诉。在人民法院审理公诉案件的过程中，可以根据不同的情况采用不同的审判程序。如果人民检察院认为人民法院所作的裁判确有错误，可以依法提起抗诉，派员参加第二审程序或者审判监督程序，出庭支持抗诉。相对于自诉案件而言，公诉案件具有案情重大复杂、社会危害性大、诉讼程序烦琐等特点。

【自诉案件】 是指由被害人或其法定代理人、近亲属为追究被告人的刑事责任，向人民法院提起刑事控诉，由人民法院直接受理和审判的刑事案件。根据《刑事诉讼法》第二百一十条和《刑事诉讼法司法解释》第一条规定，自诉案件包括告诉才处理的案件，被害人有证据证明的轻微刑事案件以及公诉转自诉案件三种。除了案件范围不同以外，自诉案件与公诉案件的最大区别就是，自诉案件事先不需要经过侦查机关的立案侦查和人民检察院的审查起诉，而由自诉人直接向人民法院提起刑事起诉，除了公诉案件转自诉案件以外。而《刑事诉讼法》之所以允许自诉人直接向人民法院提起刑事起诉，主要是因为相对于公诉案件而言，自诉案件具有案情简单、事实清楚、社会危害性较小等特点，没有必要由侦查机关和人民检察院介入其中。这也决定了人民法院审理自诉案件时具有不同于公诉案件审理程序的鲜明特点（参见“自诉案件第一审程序”词条）。

【受理报案、控告、举报时的义务】 是指公安司法机关及其工作人员在受理报案、控告、举报的过程中对报案人、控告人、举报人应尽的义务。根据《刑事诉讼法》第一百一十一条及其相关解释规定，公安司法机关及其工作人员在受理报案、控告、举报时应当履行下列义务：（1）说明义务，即接受控告、举报的工作人员，应当向控告人、举报人说明诬告应负的法律责任。但是，只要不是捏造事实，伪造证据，即使控告、举报的事实有出入，甚至是错告的，也要和诬告严格加以区别。（2）保护义务，即公安机关、人民检察院或者人民法院应当保障报案人、控告人、举报人及其近亲属的安全。（3）保密义务，即报案人、控告人、举报人如果不愿公开自己的姓名和报案、控告、举报的行为，应当为他保守秘密。这些义务既有利于有关单位或者个人正确进行报案、控告、举报，又有助于消除报案人、控告人、举报人的思想顾虑，维护报案人、控告人、举报人的合法权益，保护人民群众同犯罪作斗争的积极性。

【公诉案件的立案条件】 是指侦查机关在决定立案时应当具备的理由和根据。

根据《刑事诉讼法》第一百零九条、第一百一十条和第一百一十二条规定，公诉案件的立案必须同时具备以下3个条件：(1) 事实条件，即认为有犯罪事实发生。它包含两层含义：①在刑事诉讼中，需要立案追究刑事责任的必须是依照刑法规定构成犯罪的行为，而不是一般的违法行为，或者违反党纪、政纪或者社会道德要求的行为。②犯罪事实必须有一定的证据予以证明，既不是出于主观想象或者猜测，也不是道听途说、捕风捉影或者凭空捏造的事情。(2) 法律条件，即需要追究刑事责任。如果符合《刑事诉讼法》第十六条规定的不应当追究刑事责任的法定情形，那么即使具备刑事立案的事实条件，公安司法机关也不能进行立案。认为有犯罪事实需要追究刑事责任是刑事立案的两个实体性条件。(3) 程序条件，即符合管辖的规定。公安机关、人民检察院或者人民法院对于报案、控告、举报或自首，都应当接受。对于不属于自己管辖的，应当移送主管机关处理，并且通知报案人、控告人、举报人、自首人；对于不属于自己管辖而又必须采取紧急措施的，应当先采取紧急措施，然后移送主管机关。

【自诉案件的立案条件】 是指人民法院在决定受理自诉案件时应当具备的理由和根据。由于自诉案件没有经过侦查程序，而且自诉案件在人民法院决定受理以后直接进入审判程序，因此，自诉案件的立案条件应当高于公诉案件的立案条件。根据《刑事诉讼法》第二百一十一条第一款，自诉案件的立案条件是犯罪事实清楚，有足够证据。根据《刑事诉讼法司法解释》第三百二十条第二款、第三百二十六条规定，对于缺乏罪证的自诉案件，如果自诉人提不出补充证据，人民法院应当说服自诉人撤回自诉；自诉人不撤回起诉的，人民法院裁定不予受理；对犯罪事实清楚，有足够证据的自诉案件，人民法院应当开庭审理。

【立案材料的接受】 是指公安机关、人民检察院和人民法院对报案、举报、控告以及犯罪人自首的案件材料予以接受的行为。在司法实践中，侦查机关对立案材料的接受通常称为受案。根据《刑事诉讼法》第一百一十条第三款、第四款及其相关解释，立案材料的接受主要包括如下内容：(1) 对于报案、控告、举报或者自首，无论有没有管辖权，公安机关、人民检察院或者人民法院都应当接受，而不能推诿或者拒绝。(2) 公安司法机关在接受立案材料时，应当依法履行说明义务、保护义务和保密义务。(3) 办理相关手续。例如，根据《公安机关办理刑事案件程序规定》第一百六十九条至第一百七十一条规定，公安机关对扭送人、报案人、控告人、举报人、自动投案人提供的有关证据材料等应当登记，制作接受证据材料清单，由扭送人、报案人、控告人、举报人、投案人签名；必要时，应当对接受过程录音录像，并妥善保管；公安机关接受案件时，应当制作受案登记表，并出具回执。(4) 确定是否属于自己管辖。对于不属于自己管辖的，应当移送主管机关处理，并且通知报案人、控告人、举报人；对于不属于自己管辖而又必须采取紧急措施的，应当先采取紧急措施，然后移送主管机关。

【立案材料的审查】 是指人民法院、人民检察院或者公安机关应当按照管辖范围，对于报案、控告、举报和自首的材料迅速进行审查。对接受的立案材料进行审查核实，是公安司法机关正确、及时立案的关键环节。由于立案材料的审查结果直接关系到公安司法机关是否作出立案的决定和启动刑事诉讼程序，因此，公安司法机关对于立案材料的审查是较为严肃的职权活动，不得任意妄为。根据《刑事诉讼法》第一百一十二条规定，公安司法机关审查立案材料的主要内容包括：所涉案件是否属于自己的管辖范围；分析和调查核实立案材料，确定所涉案件是否符合立案条件。公安司法机关在审查过程中，应当对已经掌握的证据材料进行审查。如果根据现有证据材料怀疑确有犯罪事实发生，侦查机关根据需要可以开展进一步的调查活动，对已经掌握的证据材料进行初步的调查核实。对于经过审查认为证据不足，不能判明犯罪事实是否发生的，或者对立案材料尚有疑问的，可以要求报案人、控告人、举报人补充材料或作进一步说明。由于立案的条件相对较低，因此，侦查机关在审查立案材料的过程中，只要对犯罪事实及其相关证据进行初步的调查核实即可，并不要求详细查明具体的犯罪嫌疑人和犯罪事实。对于自诉案件，人民法院直接审查是否符合立案条件，一般不采取调查措施。

【侦查机关的初查】 是指公安机关和人民检察院在审查立案材料或者立案线索的过程中所采取的非强制性调查措施。初查在性质上是侦查机关在刑事立案以前对立案材料或者立案线索所采取的初步调查措施。这种初步调查措施不属于刑事诉讼法规定的侦查活动，而是与西方国家的任意性侦查相类似。根据《公安机关办理刑事案件程序规定》第一百七十四条第二款、《人民检察院刑事诉讼规则》第一百六十九条规定，侦查机关在初查过程中只能采取询问、查询、勘验、检查、鉴定、调取证据材料等不限制调查对象人身、财产权利的非强制性调查措施，而不得对调查对象采取带有强制性的调查措施，如不得剥夺或者限制调查对象的人身自由，不得查封、扣押、冻结调查对象的财产，不得采取技术侦查措施等。为了防止滥用初查措施，侦查机关在初查时必须遵循严格的程序。根据《人民检察院刑事诉讼规则》第一百六十六条至第一百六十八条规定，人民检察院侦查部门在初查时应当遵循下列程序：（1）人民检察院直接受理侦查案件的线索，由负责侦查的部门统一受理、登记和管理。负责控告申诉检察的部门接受的控告、举报，或者本院其他办案部门发现的案件线索，属于人民检察院直接受理侦查案件线索的，应当在7日以内移送负责侦查的部门。负责侦查的部门对案件线索进行审查后，认为属于本院管辖，需要进一步调查核实的，应当报检察长决定。（2）对于人民检察院直接受理侦查案件的线索，上级人民检察院在必要时，可以直接调查核实或者组织、指挥、参与下级人民检察院的调查核实，可以将下级人民检察院管辖的案件线索指定辖区内其他人民检察院调查核实，也可以将本院管辖的案件线索交由下级人民检察院调查核实；下级人民检察院认为案件线索重大、复杂，需要由上级人民检察院调查核实的，可以提请移送上级人民检察院调查核实。（3）调查核实一般不得接触被调查对象。必须接触被调查对象的，应当经检察长批准。

【立案材料的处理】 是指公安机关、人民检察院或者人民法院对报案、控告、举报和自首的材料进行审查后，根据事实、证据和法律所作出的立案或者不立案的决定。根据《刑事诉讼法》第一百一十二条规定，人民法院、人民检察院或者公安机关审查立案材料以后，应当根据不同的情况分别加以处理：（1）如果认为有犯罪事实需要追究刑事责任的时候，应当立案。（2）如果认为没有犯罪事实，或者犯罪事实显著轻微，不需要追究刑事责任的时候，不予立案，并且将不立案的原因通知控告人。

【立案登记制度】 是指公安机关、人民检察院或者人民法院在立案过程中对有关案件情况、证据材料等所作的登记。根据《公安机关办理刑事案件程序规定》第一百七十条、第一百七十一条规定，公安机关对扭送人、报案人、控告人、举报人、自动投案人提供的有关证据材料等应当登记，制作接受证据材料清单，由扭送人、报案人、控告人、举报人、投案人签名；公安机关接受案件时，应当制作受案登记表，并出具回执。根据《人民检察院刑事诉讼规则》第一百七十一条规定，人民检察院对于直接受理的案件，经审查认为有犯罪事实需要追究刑事责任的，应当制作立案报告书，经检察长批准后予以立案。

根据2015年4月15日印发的《人民法院登记立案规定》第一条至第十二条规定，人民法院对依法应该受理的刑事自诉，实行立案登记制。人民法院在接受自诉人提交的自诉状以后，应当出具书面凭证并注明收到日期。对符合法律规定的自诉，人民法院应当当场予以登记立案。对不符合法律规定的自诉，人民法院应当予以释明。人民法院应当提供诉状样本，为自诉人书写诉状提供示范和指引。自诉人书写诉状确有困难的，可以口头提出，由人民法院记入笔录。符合法律规定的，予以登记立案。自诉人提交的诉状和材料不符合要求的，人民法院应当一次性书面告知在指定期限内补正。自诉人在指定期限内补正的，人民法院决定是否立案的期间，自收到补正材料之日起计算。自诉人在指定期限内没有补正的，退回诉状并记录在册；坚持自诉的，裁定或者决定不予受理、不予立案。经补正仍不符合要求的，裁定或者决定不予受理、不予立案。对自诉人提出的自诉，人民法院当场不能判定是否符合法律规定的，应当在收到自诉状次日起15日内决定是否立案。人民法院对自诉不予受理或者不予立案的，应当出具书面裁定或者决定，并载明理由。登记立案后，人民法院立案庭应当及时将案件移送审判庭审理。

【立案决定】 是指公安机关、人民检察院、人民法院对立案材料进行审查后，认为符合立案条件，决定对案件进行立案的一种诉讼活动。在我国刑事诉讼中，立案决定具有重要的标志意义，即在公安司法机关决定立案以后，刑事案件开始进入侦查或者审判环节。尤其是公诉案件而言，侦查机关在立案以后可以采取所有的强制措施和侦查措施。立案决定应当严格遵守法定的程序。就公诉案件而言，公安机关、人民检察院决定立案的，应当先由承办人员制作立案报告书，载明立案材料来源和案由，案件发生时间、地点，犯罪事实，现有证据材料，立案的法律根据和初步意见，立案时间以及承办人姓名等内容。承办人员制作好立案报告书以后，连同案件有关证据材料报送本机关主管领导审批。经批准后，应当制作立案决定书。对于自诉案件来说，人民法院经审查认为符合受理条件的，应当决定立案，制作立案通知书，书面通知自诉人或者代为告诉人。

【立案的报备和审查】 是指下级人民检察院在作出立案决定以后，应当报请上级人民检察院进行备案和审查。根据《人民检察院刑事诉讼规则》第一百七十一条、第五百五十六条规定，人民检察院对于直接受理的案件，经审查认为有犯罪事实需要追究刑事责任的，应当制作立案报告书，经检察长批准后予以立案。负责捕诉的部门发现本院负责侦查的部门对应当立案侦查的案件不立案侦查或者对不应当立案侦查的案件立案侦查的，应当建议负责侦查的部门立案侦查或者撤销案件。建议不被采纳的，应当报请检察长决定。

【立案决定书】 是指公安机关或者人民检察院在决定立案时所制作的诉讼文书。立案决定书是侦查机关立案的标志。立案决定书由侦查机关负责人批准和签发。公安机关和人民检察院制作的立案决定书基本相同。立案决定书包括两联。第一联是存根，由侦查机关留存备查，主要包括案号、案由、犯罪嫌疑人基本情况、批准人、承办人、填发人、填发时间等信息。第二联是正本，归入诉讼卷，作为案件立案的依据和凭证。正本由首部、正文和尾部组成。首部包括制作机关名称、文书名称（即立案决定书）和发文字号。正文包括决定立案的法律依据，以及犯罪嫌疑人的姓名及其涉嫌的罪名。如果在立案时不能确定犯罪嫌疑人，也可以不填写犯罪嫌疑人的姓名。如果有明确被害人的，还应当填写被害人的姓名。在尾部应当填写批准人的姓名、批准立案的时间，加盖侦查机关的公章。

【立案通知书】 是指人民法院在决定受理自诉案件时所制作的诉讼文书。立案通知书是人民法院决定受理自诉案件的标志。人民法院决定立案以后，应当制作立案通知书，送达自诉人或者代为告诉人。立案通知书包括首部、正文和尾部三个组成部分。（1）首部包括人民法院的名称、标题（即立案通知书）和案号。（2）正文包括自诉人或者代为告诉人姓名，决定内容和告知事项。决定内容的基本格式为“你诉某某一案的自诉状已收到。经审查，起诉符合法定受理条件，本院决定立案审理”。告知事项主要包括：在诉讼过程中，当事人必须依法行使诉讼权利，履行诉讼义务，遵守诉讼秩序；自诉人经两次依法传唤，无正当理由拒不到庭的，或者未经法庭许可中途退庭的，按撤诉处理；在诉讼中，自诉人承担举证责任，对于缺乏证据，自诉人提不出补充证据的，自诉人应当撤回自诉，否则本院将裁定驳回起诉；自诉人有权随时委托诉讼代理人，并将由被代理人签名或者盖章的授权委托书递交本院。（3）尾部主要是作出决定的人民法院名称和公章，以及作出决定的时间。

【不立案决定】 是指公安机关、人民检察院、人民法院对立案材料进行审查后，认为不符合立案条件，决定对案件不予立案的一种诉讼活动。根据《公安机关办理刑事案件程序规定》第一百七十八条规定，公安机关接受案件后，经审查认为没有犯罪事实，或者犯罪事实显著轻微不需要追究刑事责任，或者具有其他依法不追究刑事责任情形的，经县级以上公安机关负责人批准，不予立案。对有控告人的案件，决定不予立案的，公安机关应当制作不予立案通知书，并在3日以内送达控告人。根据《人民检察院刑事诉讼规则》第一百七十三条规定，对于控告和实名举报，决定不予立案的，应当制作不立案通知书，写明案由和案件来源、决定不立案的原因和法律依据，由负责侦查的部门在15日以内送达控告人、举报人，同时告知本院负责控告申诉检察的部门。人民检察院认为被控告人、被举报人的行为未构成犯罪，决定不予立案，但需要追究其党纪、政纪责任的，应当移送有管辖权的主管机关处理。根据《刑事诉讼法司法解释》第三百二十条第二款规定，具有下列情形之一的，应当说服自诉人撤回起诉；自诉人不撤回起诉的，裁定不予受理：不属于该解释第一条规定的自诉案件范围；缺乏罪证；犯罪已过追诉时效期限；被告人死亡；被告人下落不明；除因证据不足而撤诉的以外，自诉人撤诉后，就同一事实又告诉的；经人民法院调解结案后，自诉人反悔，就同一事实再行告诉的；属于该解释第一条第二项规定的案件，公安机关正在立案侦查或者人民检察院正在审查起诉的；不服人民检察院对未成年犯罪嫌疑人作出的附条件不起诉决定或者附条件不起诉考验期满后作出的不起诉决定，向人民法院起诉的。

【不服不立案决定的复议申请】 是指控告人不服侦查机关作出的不予立案决定时向作出决定的侦查机关申请复议，以便侦查机关进一步审查是否需要立案。根据《公安机关办理刑事案件程序规定》第一百七十九条规定，控告人对不予立案决定不服的，可以在收到不予立案通知书后7日以内向作出决定的公安机关申请复议；公安机关应当在收到复议申请后30日以内作出决定，并书面通知控告人。控告人对不予立案的复议决定不服的，可以在收到复议决定书后7日以内向上一级公安机关申请复核；上一级公安机关应当在收到复核申请后30日以内作出决定。对上级公安机关撤销不予立案决定的，下级公安机关应当执行。根据《公安机关办理刑事案件程序规定》第一百八十一条规定，移送案件的行政执法机关对不予立案决定不服的，可以在收到不予立案通知书后3日以内向作出决定的公安机关申请复议；公安机关应当在收到行政执法机关的复议申请后3日以内作出决定，并书面通知移送案件的行政执法机关。根据《人民检察院刑事诉讼规则》第一百七十三条，人民检察院决定不予立案的，控告人如果不服，可以在收到不立案通知书后10日以内向上一级人民检察院申请复议。不立案的复议，由上一级人民检察院负责侦查的部门审查办理。

【对法院立案活动的投诉】 是指当事人对于人民法院在立案活动中的非法行为或者不当行为，向受诉人民法院或者上级人民法院反映情况、提出意见的一种行为。根据《人民法院登记立案规定》第十三条规定，对立案工作中存在的不接收诉状、接收诉状后不出具书面凭证，不一次性告知当事人补正诉状内容，以及有案不立、拖延立案、干扰立案、既不立案又不作出裁定或者决定等违法违纪情形，当事人可以向受诉人民法院或者上级人民法院投诉。人民法院应当在受理投诉之日起15日内，查明事实，并将情况反馈当事人。发现违法违纪行为的，依法依纪追究相关人员责任；构成犯罪的，依法追究刑事责任。

【刑事立案监督案件的受理和审查】 是指人民检察院对发现或者收到的刑事立案监督案件线索进行受理和审查，以便是否决定采取立案监督措施。根据《人民检察院刑事诉讼规则》第五百五十七条、第五百五十八条，被害人及其法定代理人、近亲属或者行政执法机关，认为公安机关对其控告或者移送的案件应当立案侦查而不立案侦查，或者当事人认为公安机关不应当立案而立案，向人民检察院提出的，人民检察院应当受理并进行审查。人民检察院发现公安机关可能存在应当立案侦查而不立案侦查情形的，应当依法进行审查。人民检察院负责控告申诉检察的部门受理对公安机关应当立案而不立案或者不应当立案而立案的控告、申诉，应当根据事实和法律进行审查，并可以要求控告人、申诉人提供有关材料，认为需要公安机关说明不立案或者立案理由的，应当及时将案件移送捕诉部门办理。

【刑事立案监督调查】 是指人民检察院受理刑事立案监督线索以后，经审查认为有必要时，对公安机关是否存在应当立案侦查而不立案侦查，或者不应当立案而立案侦查的事实和证据，以及对人民检察院侦查部门是否存在应当报请立案侦查而不报请立案侦查的事实和证据进行的调查核实活动。刑事立案监督调查，既可以在受理刑事立案监督案件线索后，要求公安机关说明不立案理由之前进行，也可以在审查公安机关说明的不立案理由时或者在通知公安机关立案前进行。

【要求公安机关说明理由】 是指人民检察院经过调查核实以后，认为公安机关应当立案而没有立案，或者不应当立案而立案，要求公安机关说明立案或者不立案的理由。根据《人民检察院刑事诉讼规则》第五百五十九条规定，人民检察院经过调查、核实有关证据材料，要求公安机关说明理由包括 2 种情形：（1）认为需要公安机关说明不立案理由的，应当要求公安机关书面说明不立案的理由。（2）认为有证据证明公安机关可能存在违法动用刑事手段插手民事、经济纠纷，或者利用立案实施报复陷害、敲诈勒索以及谋取其他非法利益等违法立案情形，尚未提请批准逮捕或者移送审查起诉的，应当要求公安机关书面说明立案理由。根据《人民检察院刑事诉讼规则》第五百六十条规定，人民检察院要求公安机关说明不立案或者立案理由，应当书面通知公安机关，并且告知公安机关在收到通知后 7 日以内，书面说明不立案或者立案的情况、依据和理由，连同有关证据材料回复人民检察院。根据《公安机关办理刑事案件程序规定》第一百八十二条规定、2010 年 7 月 26 日印发的《刑事立案监督规定（试行）》第七条第二款规定，公安机关应当在收到通知书后 7 日以内，对不立案的情况、依据和理由作出书面说明，回复人民检察院。公安机关作出立案决定的，应当将立案决定书复印件送达人民检察院。公安机关主动立案或者撤销案件的，应当将《立案决定书》或者《撤销案件决定书》复印件及时送达人民检察院。

【对公安机关执行情况的监督】 是指人民检察院在通知公安机关立案或者撤销案件以后，依法对执行情况进行监督。根据《人民检察院刑事诉讼规则》第五百六十四条规定，公安机关在收到通知立案书或者通知撤销案件书后超过15日不予立案或者未要求复议、提请复核也不撤销案件的，人民检察院应当发出纠正违法通知书。公安机关仍不纠正的，报上一级人民检察院协商同级公安机关处理。公安机关立案后3个月以内未侦查终结的，人民检察院可以向公安机关发出立案监督案件催办函，要求公安机关及时向人民检察院反馈侦查工作进展情况。

【人民检察院直接立案侦查】 是指对于由公安机关管辖的国家机关工作人员利用职权实施的重大犯罪案件，人民检察院需要直接立案侦查的，应当层报省级人民检察院决定。省级人民检察院应当在收到提请批准直接受理书后10日以内作出是否立案侦查的决定。省级人民检察院可以决定由设区的市级人民检察院立案侦查，也可以自行立案侦查。其法律依据是《人民检察院刑事诉讼规则》第十五条的规定。人民检察院在刑事立案监督工作中，对于本来属于公安机关管辖的国家机关工作人员利用职权实施的重大犯罪案件，经过法定程序，由人民检察院直接立案侦查，有助于充分发挥人民检察院的法律监督作用，强化刑事立案监督的效果，保障国家机关工作人员利用职权实施的重大犯罪行为依法受到惩处。

【对撤销案件通知要求复议提请复核】 是指公安机关认为人民检察院撤销案件通知有错误时要求同级人民检察院进行复议，以及就人民检察院的复议决定提请上一级人民检察院进行复核。根据《人民检察院刑事诉讼规则》第五百六十五条，公安机关认为人民检察院撤销案件通知有错误，要求同级人民检察院复议的，人民检察院应当重新审查。在收到要求复议意见书和案卷材料后7日以内作出是否变更的决定，并通知公安机关。公安机关不接受人民检察院复议决定，提请上一级人民检察院复核的，上级人民检察院应当在收到提请复核意见书和案卷材料后15日以内作出是否变更的决定，通知下级人民检察院和公安机关执行。上级人民检察院复核认为撤销案件通知有错误的，下级人民检察院应当立即纠正；上级人民检察院复核认为撤销案件通知正确的，应当作出复核决定并送达下级公安机关。

【人民检察院内部的立案监督】 是指人民检察院侦查监督部门或者公诉部门发现侦查部门有案不立或者无案而立时，建议侦查部门报请立案侦查或者撤销案件的一种活动。现行《刑事诉讼法》只是规定了人民检察院对公安机关的立案监督问题。为了保障人民检察院自侦部门依法进行立案侦查，《人民检察院刑事诉讼规则》第五百六十六条明确规定了人民检察院内部的立案监督程序，即人民检察院捕诉部门发现本院侦查部门对应当立案侦查的案件不报请立案侦查或者对不应当立案侦查的案件进行立案侦查的，应当建议侦查部门报请立案侦查或者撤销案件。建议不被采纳的，应当报请检察长决定。

【侦查】 侦查在不同的语境下具有不同的内涵。就我国《刑事诉讼法》而言，侦查具有二种不同的语境及其含义：（1）指侦查行为，或者侦查措施。根据《刑事诉讼法》第一百零八条规定，侦查是指公安机关、人民检察院在办理案件过程中，依照法律进行的专门调查工作和有关的强制性措施。专门调查工作，是指公安机关、人民检察院针对犯罪事件，为揭露和证实犯罪，查获犯罪分子所进行的一系列调查工作，如讯问犯罪嫌疑人，询问证人、被害人，勘验、检查、鉴定、辨认等方法。公安机关、人民检察院通过专门调查工作所收集的案件材料，具有诉讼证据的性质，经查证属实可以作为认定案情的根据。而有关的强制性措施，是指在专门调查工作中采取的强制性方法，如强制搜查、强制检查、查封、扣押物证或书证、通缉等方法。(2) 指侦查程序，或者侦查阶段，即侦查机关对已经立案的刑事案件，依法进行专门调查工作和有关的强制性措施，以收集、调取、核实案件证据材料，查明案情，确定是否移送审查起诉的诉讼程序或者诉讼阶段。侦查程序是公诉案件的必经程序。完整的侦查阶段，始于侦查机关作出立案决定之后，终于侦查终结。其结果是撤销案件，或者移送审查起诉。

【侦查机关】 是指在刑事诉讼活动中依照法律规定对刑事案件进行专门调查工作和采取有关强制性措施的刑事诉讼专门机关。根据《刑事诉讼法》第三条、第四条、第一百零八条、第二百九十一条以及《海关法》第四条规定，我国侦查机关包括公安机关、人民检察院侦查部门、国家安全机关、中国海警局、军队保卫部门、监狱以及海关走私犯罪侦查部门。公安机关、人民检察院侦查部门是最常见的侦查机关。国家安全机关、军队保卫部门、监狱以及海关走私犯罪侦查部门是相对特殊的侦查机关。这些侦查机关的最大区别就是它们管辖的案件范围。概括说来，公安机关负责普通犯罪案件的侦查，人民检察院侦查部门负责职务犯罪案件的侦查，国家安全机关负责危害国家安全犯罪案件的侦查，海警局负责海上犯罪案件的侦查，军队保卫部门负责军队内部刑事案件的侦查，监狱负责监狱内犯罪案件的侦查，海关缉私部门负责走私犯罪案件的侦查。值得注意的是，在2018年通过《监察法》之后，尽管监察委员会享有调查职务犯罪的权力，但是监察委员会根据《监察法》行使的调查权与侦查机关根据《刑事诉讼法》行使的侦查权是两种性质不同的权力。进一步而言，监察委员会既不是司法机关，也不是侦查机关（参见“侦查权、司法机关”词条）。

【人民检察院自侦部门】 是指在人民检察院内部履行侦查职能的机构。人民检察院自侦部门的设置随着刑事司法改革的不断改革而发生相应变化。在1978年全国恢复重建人民检察院之后，全国人民检察院相继设立了法纪检察部门和经济检察部门。法纪检察部门负责侦查刑讯逼供、诬告陷害等犯罪案件，而经济检察部门则负责侦查贪污、贿赂、挪用、偷税、抗税等犯罪案件。在1989年以后，人民检察院经济检察部门被陆续更改为反贪污贿赂局。而在2005年地方各级人民检察院将法纪检察部门统一更改为反渎职侵权局以后，人民检察院自侦部门固定为反贪污贿赂局和反渎职侵权局，分别负责对贪污贿赂犯罪案件、渎职犯罪案件的侦查工作。随着国家监察体制改革的不断推进，人民检察院自侦部门逐渐被取消，其相关职能被整合至新成立的监察委员会。在2018年通过《监察法》之后，人民检察院自侦部门受理的职务犯罪案件转由新成立的监察委员会负责调查。而为了配合国家监察体制改革，人民检察院自侦部门被转隶到新成立的监察委员会之中。

【侦查任务】　是指侦查机关在侦查活动中依法承担的具体工作或者所要达到的具体目标。根据我国《刑事诉讼法》规定的任务，侦查机关在刑事诉讼中的根本任务是保证准确、及时地查明犯罪事实，正确应用法律，惩罚犯罪分子，保障无罪的人不受刑事追究，教育公民自觉遵守法律，积极同犯罪行为作斗争，维护社会主义法制，尊重和保障人权，保护公民的人身权利、财产权利、民主权利和其他权利，保障社会主义建设事业的顺利进行。根据我国刑事诉讼法和侦查实践，侦查机关在刑事诉讼中的具体任务包括：（1）查明犯罪事实，即通过各种侦查活动确认犯罪事实的存在，查明犯罪原因、犯罪目的、犯罪动机、犯罪事件、犯罪地点、犯罪手段、犯罪工具、犯罪过程、犯罪后果等各种与犯罪行为有关的事实。（2）收集证据，即通过各种侦查措施客观全面地收集与犯罪事实有关的各种证据。这是侦查活动的中心环节。（3）确认和查获犯罪嫌疑人，即在收集证据的基础上确定具体的犯罪嫌疑人，对犯罪嫌疑人采取必要的强制措施，以便防止犯罪嫌疑人逃避侦查和妨碍刑事诉讼的顺利进行。（4）保障无罪的人不受刑事追究，即在侦查过程中如果发现不应当追究刑事责任的各种情形，应当立即采取相应措施进行补救，如停止侦查、撤销案件、释放犯罪嫌疑人等。

【侦查模式】　是指在侦查程序中不同主体之间的诉讼地位与相互关系。在现代侦查实践中，审问式与弹劾式是两种基本的侦查模式。审问式侦查模式又称为职权主义的侦查模式，主要为大陆法系国家所采用，注重发挥侦查机关在刑事诉讼中的职权作用，而不强调犯罪嫌疑人的积极性，不允许私人侦探、民间鉴定机构从事侦查活动。弹劾式侦查模式也称为当事人主义的侦查模式或者抗辩式的侦查模式，主要为英美法系国家所采用，强调侦查机关和犯罪嫌疑人在侦查中作为地位平等的双方当事人的对立、抗辩，主张法官以第三者身份介人侦查，监督制约侦查活动的进程，允许私人侦探、民间鉴定机构从事一定的侦查活动。我国刑事诉讼法规定的侦查程序具有审问式侦查模式的典型特征。但在我国侦查理论与实践中，人们常常将侦查模式分为由供到证和由证到供这两种模式。在由证到供侦查模式中，侦查活动往往以实物证据为核心，侦查机关在调查、收集实物证据以后再获取犯罪嫌疑人的供述。而在由供到证侦查模式中，侦查机关通常是以犯罪嫌疑人的供述为核心，在获取犯罪嫌疑人的供述以后，再根据其供述收集其他证据。

【侦查原则】　是指侦查人员在侦查活动中必须遵守的原则。侦查原则体现了侦查活动本身的特点，有助于保证侦查活动的正确进行。在我国侦查实践中，应当遵循的原则包括：专门机关与群众相结合原则，迅速、及时原则，客观公正、全面细致和实事求是原则，保守秘密原则。专门机关与群众相结合原则是指侦查机关进行刑事侦查时必须发挥群众的智慧和力量，把专门机关的业务工作与依靠群众的支持、帮助密切结合起来。迅速、及时原则是指侦查机关一旦发现刑事案件，就应当立即组织力量，抓紧时间展开立案、侦查，绝不能有丝毫的拖延。所谓客观，就是要准确地查明实际存在的案件情况，尊重客观实际，使主观符合客观，切忌先入为主，主观臆断。所谓公正，就是正确认识并且如实反映客观存在的案情，对案件的一切分析、判断，都要建立在牢固可靠的客观事实基础上。所谓全面，是指侦查工作必须防止片面性，做到全面周到，重点突出，不偏不漏。所谓细致，是指在侦查过程中，不但要深入群众，细致了解案情，细心收集证据，而且分析判断案情也要深刻、细致，不能粗枝大叶，或者为表面现象所迷惑。实事求是就是要求侦查人员一切从实际出发，按照案件的本来面目去认识和处理。保守秘密原则是指在侦查活动中严格禁止将案情、证据、当事人及诉讼参与人的有关情况向无关的人员泄露。

【令状主义】 令状主义是西方国家在刑事诉讼中普遍采用的一项原则，又称令状原则，是指侦查机关除了在紧急情况下以外，准备对犯罪嫌疑人采取逮捕、拘留、勘验、检查、搜查、扣押、窃听等带有强制性的措施时，必须取得法院或者法官的授权，侦查机关只有在获得法院或者法官颁发的令状之后才能实施上述各种带有强制性的措施。实行令状主义的基本目的是使作为第三方的审判机关就强制性措施的理由以及必要性进行审查，并作出公正的判断，以防止强制性措施的滥用。我国没有像西方国家那样确立令状主义，但是在我国刑事诉讼活动中，公安司法机关在采取强制措施或者带有强制性的侦查措施时也受到了严格限制。（1）公安司法机关内部的审批制度，即只有在经过公安司法机关负责人的批准以后，办案人员才能采取有关的强制措施或者强制性措施。（2）我国《刑事诉讼法》对逮捕措施规定了较为严格的审查逮捕制度。而且在逮捕以后，人民检察院应当对羁押的必要性进行审查。

【侦查阶段】 是指根据不同的侦查任务、工作重点或者工作目标对侦查程序所作的阶段划分。根据《刑事诉讼法》第一百一十五条、第一百一十六条以及侦查实践，我国侦查程序可以划分为破案和预审两个阶段。（1）破案阶段是指侦查机关的侦查部门对已经立案的案件通过各种专门调查工作和有关强制性措施，收集和调取各种证据材料，将犯罪嫌疑人查获归案的诉讼阶段。在破案阶段，侦查机关的主要工作就是通过各种侦查手段收集、调取证据，查获犯罪嫌疑人，依法对犯罪嫌疑人采取强制措施。破案应当具备下列条件：犯罪事实已有证据证明；有证据证明犯罪事实是犯罪嫌疑人实施的；犯罪嫌疑人或者主要犯罪嫌疑人已经归案。对于符合破案条件的案件，办案部门应当制作破案报告，报县级以上公安机关负责人批准。破案报告应当包括以下内容：案件侦查结果；破案的理由和根据；破案的组织分工和方法步骤；其他破案措施和下一步的工作意见。（2）预审阶段是指侦查机关的预审部门对经过侦查有证据证明有犯罪事实并已对犯罪嫌疑人适用某种强制措施的案件，通过讯问等专门调查方法进一步审查核实已收集的证据，全面收集证据深挖犯罪嫌疑人，并达到侦查终结条件的诉讼阶段。预审实际上就是侦查机关的预审部门在侦查部门侦查破案以后，对有证据证明有犯罪事实的案件，通过系统审讯犯罪嫌疑人，对侦查部门收集、调取的证据材料的真实性、合法性及证明力予以审查、核实，以便确认案件是否达到犯罪事实清楚、证据确实充分的程度。为了调查核实证据，或者证实新发现的犯罪事实，预审部门可以继续采取各种侦查措施，进一步收集、调取证据。侦查破案和预审是侦查程序中两个相对独立又互相联系的诉讼阶段。侦查破案阶段始于立案，终于将犯罪嫌疑人抓获归案。预审始于侦查破案，终于移送审查起诉或撤销案件。前者由侦查机关的侦查部门进行，后者由侦查机关的预审部门进行。破案是预审的前提和基础，预审是破案的继续和深入。

【侦诉结合】 是指侦查机关和公诉机关在刑事诉讼中紧密结合的一种侦诉关系模式。尽管长期以来我国公安机关与检察机关之间采用了侦诉分离的模式，但是随着司法改革的不断推进，为了提高侦查质量和公诉效果，我国也越来越强调人民检察院和侦查机关的紧密结合，即人民检察院在加强侦查监督的同时越来越强调提前介入侦查活动，对侦查机关的侦查活动进行引导和提供必要的帮助。尤其是对于自侦案件而言，在人民检察院同时承担公诉职能和侦查职能的情况下，公诉部门和侦查部门之间更容易建立紧密结合的侦诉关系。根据《人民检察院刑事诉讼规则》第二百五十六条规定，经公安机关商请或者人民检察院认为确有必要时，可以派员适时介入重大、疑难、复杂案件的侦查活动，参加公安机关对于重大案件的讨论，对案件性质、收集证据、适用法律等提出意见，监督侦查活动是否合法。经监察机关商请，人民检察院可以派员介入监察机关办理的职务犯罪案件。根据2015年6月15日最高人民检察院印发的《加强出庭公诉工作意见》，对重大、疑难、复杂案件，人民检察院积极介入侦查引导取证，坚持介入范围适当、介入时机适时、介入程度适度原则，通过出席现场勘查和案件讨论等方式，按照提起公诉的标准，对收集证据、适用法律提出意见，监督侦查活动是否合法，引导侦查机关（部门）完善证据链条和证明体系。最高人民检察院于2016年9月1日发布的《“十三五”时期检察工作发展规划纲要》也明确要求，完善介入侦查、引导取证机制，建立重大、疑难案件侦查机关听取检察机关意见和建议制度，从源头上提高报捕案件质量，推动建立新型良性互动检警关系。除了人民检察院主动派员介入侦查活动以外，侦查机关在侦查过程中，也可以主动邀请人民检察院派员介入侦查活动。

【侦诉分离】 是指侦查机关和公诉机关在刑事诉讼中相互独立、相对松散的一种侦诉关系模式。其主要特征是，侦查机关和公诉机关相互独立，各自履行法律赋予的职权，双方在侦查过程中不存在领导与被领导、指挥与被指挥的关系。长期以来，我国公安机关和人民检察院在刑事诉讼中常常处于分离的状态之中。其突出的表现就是，公安机关和人民检察院分别行使侦查职能与起诉职能。侦查与起诉都是独立的诉讼阶段，二者之间只有具体任务与作用的不同而无主次之分。在刑事诉讼中，公安机关的侦查活动不依附于人民检察院的起诉活动，人民检察院的起诉活动也不统摄公安机关的侦查活动。近年来，为了提高侦查成效，确保公诉质量，顺利完成惩罚犯罪的诉讼任务，我国通过加强人民检察院对侦查机关的侦查监督以及检察引导侦查制度改革，旨在改变以往侦诉分离的侦诉关系模式，逐渐强化人民检察院和侦查机关在刑事诉讼中的协作配合。

【侦查行为】　是指侦查人员为了完成侦查任务或者实现侦查目的而有意识采取的各种专门调查活动和有关强制性措施。侦查行为的主体是侦查机关指派的侦查人员，侦查行为的对象是证明待证事实的各种证据、案件事实和犯罪嫌疑人。侦查行为是侦查人员依法采取的专门调查活动和有关的强制性措施。合法的侦查行为受《刑事诉讼法》的保护。通过合法侦查行为所收集的证据具有证据能力。而非法的侦查行为通常不受《刑事诉讼法》的保护。通过非法侦查行为所收集的证据是否具备证据能力，需要根据具体情况进行具体分析（参见“非法证据排除规则”词条）。就维护司法公正、程序尊严、程序法治、保障人权或者防止权力滥用的角度而言，侦查人员有义务严格按照《刑事诉讼法》规定的条件和程序进行各种侦查行为，而不能为了满足侦破案件或者惩罚犯罪的需要而在侦查过程中不惜采取非法的侦查行为。

【侦查措施】　是指侦查机关为了查明案情、收集证据和查获犯罪嫌疑人而在侦查活动中采取的各种方法、手段或者措施。侦查措施与侦查行为、侦查手段、侦查方法等是基本相同的概念。侦查措施具有如下特点：侦查措施的主体只能是侦查机关和侦查人员，其他单位或者个人不得采用侦查措施；侦查机关或侦查人员采取侦查措施的目的主要是为了侦破案件和预防犯罪；侦查机关或侦查人员采取侦查措施时应当严格遵守国家法律或者侦查机关的各种内部文件；侦查措施的运用应当体现科学的侦查思维，遵循侦查的基本规律，掌握恰当的侦查策略。侦查措施种类繁多，而且侦破案件往往又是一个错综复杂的工作过程，因而侦查机关或侦查人员需要根据案件的具体情况，结合各个侦查措施的特点，综合运用各种侦查措施。根据不同的标准，可以将侦查措施划分为不同的种类：(1) 根据侦查措施的运用方式，侦查措施分为公开侦查措施和秘密侦查措施。公开侦查措施是指侦查人员通过公开身份或者意图所采取的各种侦查活动，如现场勘验、技术鉴定、调查访问、侦查讯问、摸底排队、侦查实验、搜查、扣押、查询、冻结、追缉、堵截、巡逻、盘查、通缉、通报等。(2) 根据侦查措施的运用场合，侦查措施分为常规的侦查措施和特殊的侦查措施。常规的侦查措施是指在所有刑事案件中都可以采用的侦查措施，如讯问、询问、辨认、现场勘查、搜查、扣押、查询、冻结、录音、录像、物证检验、鉴定、侦查实验、摸底排队、通缉、通报、追缉、堵截、跟踪（盯梢）、守候监视等。特殊的侦查措施，即在某些特殊案件中或者在某些特殊情况下加以使用的侦查措施。(3) 根据科学技术在侦查措施中的适用情况，侦查措施分为技术侦查措施，即依赖高科技的侦查措施，非技术侦查措施，即无须依赖科学技术的侦查措施，如大部分常规侦查措施等。

【讯问】　是指刑事诉讼专门机关的办案人员对犯罪嫌疑人、被告人进行发问，使其陈述案件情况的一种诉讼行为。办案人员讯问犯罪嫌疑人、被告人的目的在于收集、审查犯罪嫌疑人、被告人的供述和辩解，核实其他证据，查明案件的事实真相。在我国刑事诉讼中，讯问既包括侦查阶段的讯问犯罪嫌疑人，也包括审查起诉阶段检察人员对犯罪嫌疑人的讯问，还包括审判阶段公诉人和审判人员对被告人的讯问。

【讯问犯罪嫌疑人】 是指侦查人员依照法定程序以言词方式，就案件事实和其他与案件有关的问题向犯罪嫌疑人进行追查讯问的一种侦查行为。讯问犯罪嫌疑人是每一个刑事案件必须进行的一项重要侦查活动。通过讯问犯罪嫌疑人，不仅可以揭露和证实犯罪嫌疑人的犯罪行为，弄清其犯罪动机、目的、经过等具体情节，判明犯罪的性质，发现和追查新的犯罪事实及其他应当追究刑事责任的人，而且可以听取犯罪嫌疑人的申辩，保护犯罪嫌疑人的合法权益，保障无罪的人和其他依法不应追究刑事责任的人不受刑事追究。侦查人员在讯问犯罪嫌疑人时应当严格遵守刑事诉讼法规定的讯问程序，既不能通过刑讯逼供等非法方式获取犯罪嫌疑人、被告人供述，也不得通过其他强制性手段强迫犯罪嫌疑人证实自己有罪。在讯问过程中，讯问人员应当做到客观、全面、细致，认真听取犯罪嫌疑人的供述和辩解，既不过于依赖口供，也不轻信口供。

【传唤犯罪嫌疑人】 是指在侦查阶段，对不需要逮捕、拘留的犯罪嫌疑人，侦查人员使用传唤证，通知犯罪嫌疑人到指定地点或者其住处接受讯问的一种诉讼活动。根据《刑事诉讼法》第一百一十九条，《公安机关办理刑事案件程序规定》第一百九十八条至第二百零二条条，以及《人民检察院刑事诉讼规则》第一百八十三条至第一百八十五条规定，传唤犯罪嫌疑人应当按照下列程序办理：(1) 传唤的对象是不需要逮捕、拘留的犯罪嫌疑人。(2) 传唤应当经过公安机关办案部门负责人批准。对在现场发现的犯罪嫌疑人，经出示工作证件，侦查人员可以口头传唤，将传唤的原因和依据告知被传唤人。在讯问笔录中应当注明到案经过、到案时间和传唤结束时间。(3) 执行传唤的侦查人员不得少于2人。传唤时应当出示传唤通知书和侦查人员的工作证件，将传唤通知书送达犯罪嫌疑人，并责令其在传唤通知书副本上签名（盖章）、捺指印。不得以派人押解或者使用警械等强制方法进行传唤。犯罪嫌疑人到达讯问地点后，应当由其在传唤通知书副本上填写到案时间。讯问结束时，应当由其在传唤通知书副本上填写讯问结束时间。拒绝填写的，侦查人员应当在传唤通知书副本上注明。侦查终结时存入诉讼卷。(4) 传唤到犯罪嫌疑人所在市、县内的指定地点或者到他的住处进行讯问。其工作单位与居住地不在同一市、县的，传唤应当在其工作单位所在的市、县进行；特殊情况下，也可以在其居住地所在的市、县内进行。(5) 传唤持续的时间不得超过12小时；案情特别重大、复杂，需要采取拘留、逮捕措施的，传唤持续的时间不得超过24小时。(6) 传唤时应当保证犯罪嫌疑人的饮食和必要的休息时间。两次传唤间隔的时间一般不得少于12小时，不得以连续传唤的方式变相拘禁犯罪嫌疑人。(7) 传唤期限届满，未作出采取其他强制措施决定的，应当立即结束传唤。(8) 传唤时如果家属在场，应当当场将传唤的原因和处所口头告知其家属，并在讯问笔录中注明。其家属不在场的，侦查人员应当及时将传唤的原因和处所通知被传唤人家属。无法通知的，应当在讯问笔录中注明。

【侦查讯问的主体】 是指在侦查过程中有权对犯罪嫌疑人进行讯问的人员。根据《刑事诉讼法》第一百一十八条第一款规定，在侦查阶段，讯问犯罪嫌疑人必须由人民检察院或者公安机关的侦查人员负责进行，其他任何机关、单位和个人都无权讯问犯罪嫌疑人。而且在讯问的时候，侦查人员不得少于2人。侦查人员在讯问开始的时候，应当表明其执法身份。

【讯问时间】 是指侦查人员在讯问犯罪嫌疑人的过程中应当遵守的时间限制。我国刑事诉讼法对非羁押的犯罪嫌疑人的讯问时间进行了严格限制，即讯问持续的时间不得超过12小时；案情特别重大、复杂，需要采取拘留、逮捕措施的，讯问持续的时间不得超过24小时。而且，在讯问过程中应当保证犯罪嫌疑人获得必要的休息时间，不得以连续传唤的方式变相延长讯问时间，两次讯问间隔的时间一般不得少于12小时。对于在押犯罪嫌疑人的讯问时间，我国刑事诉讼法没有作出明确规定。但是，提讯在押犯罪嫌疑人的，应当保障犯罪嫌疑人每日有必要的睡眠、饮食时间和1至2小时的室外活动。

【讯问地点】 是指侦查人员讯问犯罪嫌疑人的具体场所。根据《刑事诉讼法》第一百一十八条第二款、第一百一十七条第一款规定，对于犯罪嫌疑人被送交看守所羁押以后，侦查人员只能在看守所内对犯罪嫌疑人进行讯问；对于没有羁押的犯罪嫌疑人，可以传唤到犯罪嫌疑人所在市、县内的指定地点或者到他的住处进行讯问。相关法律对公安机关讯问犯罪嫌疑人的地点作出了更加详细的规定：（1）讯问已被羁押的犯罪嫌疑人，应当在看守所讯问室进行。讯问完毕，立即交由看守所值班民警收押。在讯问犯罪嫌疑人过程中，不得将犯罪嫌疑人单独留在讯问场所；在犯罪嫌疑人吃饭、如厕、休息时，必须由办案人员看守，不得仅由协勤人员看守。（2）讯问不需要拘留、逮捕的犯罪嫌疑人，应当在其所在市、县公安机关的办案场所进行，不得在办公场所或者宾馆、酒店、招待所等其他营业性场所进行；对于患有严重疾病或者残疾、行动不便的，以及正在怀孕的犯罪嫌疑人，经县级以上公安机关负责人批准，可以到犯罪嫌疑人住处进行。（3）讯问室等办案场所不得设置在二楼以上，并与办公场所分离。办案场所内必须安装安全防范装置和报警、监控设备，不得放置可能被用来行凶、自杀、自伤的物品。相关的过道、窗户、楼梯、卫生间等必须安装防护栏、防护网等防护设施。在办公场所以外的其他地点进行讯问的，应当选择适宜的地点，将被讯问人安排在远离门窗的位置，并采取相应的安全防范措施。

【提讯】 是指侦查人员依法从看守所将犯罪嫌疑人提出来，以便对犯罪嫌疑人进行讯问的诉讼活动。在以往的司法实践中，公安机关、人民检察院、人民法院都有权提讯羁押的犯罪嫌疑人或者被告人。但是1996年修正的《刑事诉讼法》将实质性的庭前准备程序修改为程序性的庭前准备程序以后，人民法院通常不再提讯被告人。根据《刑事诉讼法》第一百一十八条第二款，《看守所条例》第十九条、第二十条，公安部于1991年10月5日印发的《看守所条例实施办法（试行）》第二十二条、第二十三条，《人民检察院刑事诉讼规则》第一百八十六条，2017年《办理刑事案件严格排除非法证据规定》第十三条规定，侦查人员应当按照下列程序提讯犯罪嫌疑人：（1）侦查人员提讯在押犯罪嫌疑人的目的只能是讯问，而且讯问只能在看守所讯问室内进行。（2）侦查人员凭加盖看守所公章并注明法定羁押起止日期的提讯证和有效身份证明提讯犯罪嫌疑人。提讯人员不得少于2人。(3)看守所凭借有效的提讯证向侦查人员提交犯罪嫌疑人。证明手续不全、不符合规定或者超过法定办案期限的，看守所应当拒绝提讯。(4)看守所建立提讯登记制度，对每次提讯的单位和人员、被提讯犯罪嫌疑人的姓名、提讯事由、提讯的起止时间等情况进行登记。(5)提讯在押犯罪嫌疑人的，应当保障犯罪嫌疑人每日有必要的睡眠、饮食时间和1至2小时的室外活动。(6)提讯完毕以后，侦查人员应当立即将犯罪嫌疑人送给看守所值班民警收押，看守所值班民警应当在提讯证上签名，注明回所时间，侦查人员收回提讯证。

【提押】 是指公安机关、人民检察院、人民法院的办案人员从看守所将犯罪嫌疑人或者被告人提出来，将犯罪嫌疑人押解到看守所以外地点，以便进行某些特定的诉讼活动。根据《看守所条例》第二十一条和《看守所条例实施办法(试行)》第二十三条、第二十四条规定，提押的主体既包括公安机关、人民检察院，也包括人民法院；提押的对象既包括在押的犯罪嫌疑人，也包括在押的被告人；办案人员提押在押犯罪嫌疑人或者被告人时应当履行相应手续，不符合提解程序要求的，看守所应当拒绝提出犯罪嫌疑人；有关诉讼活动结束以后，办案人员应当及时将提押的犯罪嫌疑人或者被告人交给看守所收押。公安机关、人民检察院、人民法院的提押目的存在明显差异。公安机关或者人民检察院提押犯罪嫌疑人的目的在于，辨认其他犯罪嫌疑人、罪证或者追缴犯罪有关财物，办案人员不得以讯问为目的将犯罪嫌疑人提押出所进行讯问。人民法院提押犯罪嫌疑人的目的是让被告人接受审理或者宣判。根据提押的不同主体和程序，可以将提押分为公安机关的提押、人民检察院的提押和人民法院的提押。

【公安机关的提押】 是指公安机关在提押犯罪嫌疑人时应当遵守的程序或者要求。根据《看守所条例》第二十一条，《看守所条例实施办法(试行)》第二十三条、第二十四条规定，公安机关提押在押犯罪嫌疑人时应当按照下列程序办理：(1)提解在押的犯罪嫌疑人出所对犯罪场所进行辨认的，应当制作呈请出所辨认报告书，由县级以上公安机关负责人批准，并凭提押证征得看守所的同意和配合，对犯罪嫌疑人必须加带械具，配备足够警力，防止逃跑和发生意外事故。(2)侦查人员或者其他办案人员凭加盖看守所公章并注明法定羁押起止日期的提解证和有效身份证明提解犯罪嫌疑人。提解人员不得少于2人。证明手续不全、不符合规定或者超过法定办案期限的，看守所应当拒绝提解。提解犯罪嫌疑人出所的，应当同时出具县级以上公安机关负责人批示的报告，并进行体表检查，制作在押人员体表检查表。(3)提解必须由2名以上办案人员负责，严密看管，并采取必要的安全防范措施，防止发生意外。对被押解的犯罪嫌疑人、被告人，可以使用械具。押解女性犯罪嫌疑人，应当由女工作人员负责途中的生活管理。(4)异地押解过程中需要住宿的，必须将犯罪嫌疑人交由当地看守所羁押，当地看守所应当凭拘留证、逮捕证或者临时寄押的证明文书收押，严禁让犯罪嫌疑人在宾馆、酒店、招待所等其他营业性场所住宿。(5)提解回所的，应当立即将被羁押人送给看守所值班民警收押，看守所值班民警应当在提解证上签名，注明回所时间，侦查人员或者其他办案人员收回提解证。

【人民检察院的提押】 是指人民检察院在提押犯罪嫌疑人时应当遵守的程序或者要求。根据《看守所条例》第二十一条，《看守所条例实施办法（试行）》第二十三条、第二十四条，以及《人民检察院刑事诉讼规则》第一百八十六条第二款，因辨认、鉴定、侦查实验或者追缴犯罪有关财物的需要，需要提押犯罪嫌疑人出所辨认或追缴犯罪有关财物的，经检察长批准，可以提押犯罪嫌疑人出所，并应当由2名以上司法警察押解。根据最高人民检察院于2015年6月1日印发的《人民检察院司法警察执行职务规则》第十六条规定，人民检察院提押犯罪嫌疑人，由司法警察按照下列规定执行：（1）凭提解证执行。（2）严格遵守看守所的有关规定，核实被提押人身份，防止错提、错押。（3）对被提押的犯罪嫌疑人应当使用警械具，对怀孕的妇女、有肢体残疾的人和未成年人等不适宜使用警械具的，可视情况处置。（4）提押女性犯罪嫌疑人应当有女性司法警察在场。（5）提押犯罪嫌疑人应当向其宣布有关法律规定，并责令其遵守；严密看管，严防被提押人脱逃、自杀、自伤、行凶、滋事或被劫持等；押解途中如果发生突发事件，应当保护犯罪嫌疑人的安全，迅速将其转移到安全地点看管，并及时向上级报告。（6）提押犯罪嫌疑人时，应当使用囚车押解；在距离较近、交通不便或车辆无法继续行进等特殊情况下，经分管院领导批准，可以执行徒步押解。（7）对男性和女性、成年人和未成年人、同案犯以及其他需要分别押解的犯罪嫌疑人，应当实行分车押解；对重特大案件的犯罪嫌疑人，应当实行一人一车押解。（8）长距离、跨省区乘坐公共交通工具提押犯罪嫌疑人，应当提前与相关部门及司乘人员取得联系，将犯罪嫌疑人安置在远离车窗、舱门等便于控制的位置或者相对封闭的空间，必要时可以使用约束性警械对其进行限制，防止犯罪嫌疑人脱逃、自伤、自杀、被劫持等事故发生。（9）辨认等侦查活动完毕后，应当及时将犯罪嫌疑人还押，并向看守人员反馈被提押人的动态，提讯证由看守人员签字盖章后带回，交由案件承办人。

【提讯、提解证】 是指公安机关、人民检察院、人民法院提讯或者提押在押犯罪嫌疑人或者被告人的凭证。公安机关、人民检察院、人民法院在提讯或者提押在押犯罪嫌疑人或者被告人时必须向看守所提交盖有看守所公章的提讯、提解证。否则，看守所有权拒绝提交羁押的犯罪嫌疑人或者被告人。提讯、提解证表格的标题注明某某公安局、人民检察院或者人民法院提讯、提解证。标题下方加盖看守所公章或者专用章。表格内填写犯罪嫌疑人的姓名，性别，出生日期，代号，提讯，提解证编号，发证日期，羁押期限，办案单位，以及提讯、提解时间，事由，办案人签名，收监或回所时间、看守员签名等信息。其中，事由包括讯问、出所辨认、出所起赃、出所接受审判等。表格下方注明提讯或者提押的次数。

办案人员应当按照下列要求办理和使用提讯、提解证：（1）送押被拘留或被逮捕的犯罪嫌疑人，应当制作提讯、提解证，由看守所在提讯、提解证上加盖专用公章，注明羁押起止时间。提讯、提解证每次办理1份，可以多次使用，用完续办。侦查终结时，提讯、提解证存入诉讼卷。（2）看守所在办理收押或换押手续时，应当在案件主管机关的提讯、提解证上加盖提讯专用章或者公章，注明羁押起止日期。（3）提讯完毕或提解回所的，应当立即将被羁押人送给看守所收押，看守所应当在提讯、提解证上签名，注明回所时间，侦查人员或者其他的办案人员收回提讯、提解证。根据2014年3月3日公布《最高人民法院、最高人民检察院、公安部关于羁押犯罪嫌疑人、被告人实行换押和羁押期限变更通知制度的通知》，办理和使用提讯、提解证还应当注意：（1）对羁押期限变更的，不需要重新办理提讯、提解证，但须在提讯、提解证上注明新的法定羁押起止时间和变更原因。（2）对死刑复核案件，最高人民法院凭第二审或第一审人民法院的提讯、提解证对被告人进行现场提讯或者远程视频提讯。（3）对超过提讯、提解证上注明的法定羁押起止时间，没有提讯、提解证，或者提讯、提解证中注明的提解出所情形不符合有关规定，办案机关要求提讯或者提解的，看守所应当拒绝提讯或者提解。

【侦查阶段的远程讯问】 是指侦查机关利用远程讯问系统或者远程网络视频系统，对羁押在看守所内的犯罪嫌疑人进行讯问的一种讯问方式。在远程讯问系统或者远程网络视频系统的帮助下，讯问人员无须亲自赶到看守所对犯罪嫌疑人展开面对面的讯问工作，因此远程讯问方式显然有助于提升讯问效率，节约刑事司法资源。侦查机关进行远程讯问应当满足一定的条件，即侦查机关和看守所都构建了专门的远程讯问工作室或者远程视频讯问室，运用远程讯问系统或者远程网络视频系统。我国《刑事诉讼法》尚未对远程讯问进行明确规定，但是不少公安司法机关在实践中已经采取了远程讯问的方式。而2014年5月4日印发的《最高人民法院、最高人民检察院、公安部关于办理网络犯罪案件适用刑事诉讼程序若干问题的意见》（已废止）也对网络犯罪案件中的远程讯问问题做出了初步的规定。根据该意见第十二条的规定，公安机关在办理网络犯罪案件的跨地域取证过程中，可以由办案地公安机关通过远程网络视频等方式对异地证人、被害人以及与案件有关联的犯罪嫌疑人进行讯问或者询问，并制作笔录。远程询（讯）问的，应当由协作地公安机关事先核实被询（讯）问人的身份。办案地公安机关应当将询（讯）问笔录传输至协作地公安机关。询（讯）问笔录经被询（讯）问人确认并逐页签名、捺指印后，由协作地公安机关协作人员签名或者盖章，并将原件提供给办案地公安机关。询（讯）问人员收到笔录后，应当在首页右上方写明“于某年某月某日收到”，并签名或者盖章。远程询（讯）问的，应当对询（讯）问过程进行录音录像，并随案移送。2022年8月26日颁布的《最高人民法院、最高人民检察院、公安部关于办理信息网络犯罪案件适用刑事诉讼程序若干问题的意见》第十五条沿用上述规定。公安部于2014年9月5日印发的《公安机关讯问犯罪嫌疑人录音录像工作规定》第五条也规定，在办理刑事案件过程中，通过网络视频等方式远程讯问犯罪嫌疑人的，应当对讯问过程进行录音录像。

【讯问准备】 是指侦查人员在讯问犯罪嫌疑人之前所做的必要准备工作。公安机关的讯问准备工作包括：（1）制订讯问计划。讯问前，侦查人员应当了解案件情况和证据材料，制订讯问计划，列出讯问提纲。（2）通知法定代理人到场。讯问未成年人，除有碍侦查或者无法通知的情形外，应当开具未成年犯罪嫌疑人法定代理人到场通知书，通知未成年犯罪嫌疑人的家长、监护人或者教师到场。未成年犯罪嫌疑人法定代理人到场通知书副本由法定代理人签名，侦查终结时存入诉讼卷。（3）翻译人员到场。讯问聋、哑犯罪嫌疑人，应当有通晓聋、哑手势的人参加，并在讯问笔录上注明犯罪嫌疑人的聋、哑情况，以及翻译人员的姓名、工作单位和职业。讯问不通晓当地语言文字的犯罪嫌疑人，应当配备翻译人员。（4）准备录音、录像设备。讯问犯罪嫌疑人，应当全程录音、录像。（5）进行安全检查。对传唤、拘传的犯罪嫌疑人，应当进行安全检查。

【讯问前的安全检查】 是指公安机关对传唤、拘传的犯罪嫌疑人，在讯问之前对犯罪嫌疑人采取的安全检查措施。公安机关在讯问被传唤、拘传的犯罪嫌疑人之前，应当进行安全检查。在安全检查过程中，办案人员发现管制刀具、武器、易燃易爆等危险品的，应当立即予以扣押或者暂时保管。安全检查不需要开具检查证。发现犯罪嫌疑人有伤的，应当在笔录中注明，并由犯罪嫌疑人签名确认。发现犯罪嫌疑人患有精神病，危害公共安全或者他人人身安全的，可以使用警绳、手铐等约束性警械，采取保护性约束措施。需要进行鉴定的，应当及时鉴定。需要送往指定的单位、场所加以监护的，应当报请县级以上公安机关负责人批准，并及时通知其监护人。

【讯问程序】 是指侦查人员在讯问犯罪嫌疑人时应当遵守的程序。根据《刑事诉讼法》第一百二十条规定，《公安机关办理刑事案件程序规定》第二百零二条、第二百零三条，《人民检察院刑事诉讼规则》第一百八十七条规定，侦查人员讯问犯罪嫌疑人，应当按照下列要求和程序进行：（1）讯问犯罪嫌疑人，必须由侦查人员进行。讯问的时候，侦查人员不得少于2人。讯问开始时，侦查人员应当表明其执法身份。（2）问明犯罪嫌疑人基本情况。第一次讯问，应当问明犯罪嫌疑人的姓名，别名，曾用名，绰号，性别，出生年月日，户籍所在地，暂住地，籍贯，出生地，民族，职业，文化程度，家庭情况，社会经历，是否受过刑事处罚、行政处罚或者其他行政处理，是否为人大代表、政协委员等情况。（3）告知权利义务。第一次讯问时，应当向犯罪嫌疑人宣读犯罪嫌疑人诉讼权利义务告知书或者交其阅读，告知其享有的权利和承担的义务，问明其是否申请回避、聘请律师，并在讯问笔录中注明。（4）讯问案件情况。讯问犯罪嫌疑人时，应当首先讯问犯罪嫌疑人是否有犯罪行为，让他陈述有罪的情节或者无罪的辩解，然后向他提出问题。对犯罪嫌疑人的犯罪事实、动机、目的、手段，与犯罪有关的时间、地点，涉及的人、事、物，都应当讯问清楚。（5）听取供述和辩解。讯问的时候，应当认真听取犯罪嫌疑人的供述和辩解。对犯罪嫌疑人供述的犯罪事实、申辩和反证，侦查人员都应当认真核查，依法处理。（6）分别讯问。讯问同案的犯罪嫌疑人，应当个别进行。

根据《公安机关办理刑事案件程序规定》第二百零一条，《人民检察院刑事诉讼规则》第一百八十五条、第一百八十七条，侦查人员在讯问犯罪嫌疑人时还应当注意如下几点：（1）在讯问过程中应当保证犯罪嫌疑人的饮食和必要的休息时间，并记录在案。（2）严禁刑讯逼供或者使用威胁、引诱、欺骗以及其他非法的方法获取供述。（3）在讯问中，需要运用证据证实犯罪嫌疑人的罪行时，应当防止泄露侦查工作秘密。对涉及国家秘密、商业秘密、个人隐私的，应当保密，并在讯问笔录中注明。

【如实回答义务】 是指犯罪嫌疑人在讯问过程中应当如实回答侦查人员的提问。根据《刑事诉讼法》第一百二十条第一款，侦查人员在讯问犯罪嫌疑人的时候，犯罪嫌疑人应当如实回答侦查人员的提问。但是对与本案无关的问题，有拒绝回答的权利。这意味着，对于讯问人员提出来的与案件有关的问题，犯罪嫌疑人承担如实回答的义务。只有在讯问人员提出来的问题与案件无关的情况下，犯罪嫌疑人才有权拒绝回答。有鉴于此，无论是如实回答的义务还是拒绝回答的权利，都以讯问人员的提问是否与案件有关为前提。但是，究竟应该如何判断、由谁来确定讯问人员的提问是否与案件有关，我国《刑事诉讼法》及其相关解释却没有作出进一步规定。为了鼓励犯罪嫌疑人如实交代自己的罪行，《刑事诉讼法》第一百二十条第二款明确规定，侦查人员在讯问犯罪嫌疑人的时候，应当告知犯罪嫌疑人如实供述自己罪行可以从宽处理的法律规定。

【坦白从宽】 是指在公安司法机关已经掌握犯罪事实而犯罪嫌疑人能够如实交代其罪行的情况下，由公安司法机关对其予以从宽处理的一种刑事司法政策。早在古代社会，我国就实行了与坦白从宽相类似的司法制度。新中国成立以后，坦白从宽逐渐成为党和国家一贯坚持的刑事司法政策。坦白从宽作为惩办与宽大相结合刑事政策以及宽严相济刑事政策的重要体现，对于分化瓦解犯罪、惩罚和教育改造犯罪分子、提升刑事司法的效率、节约刑事司法资源等都具有重要作用。为了更好地发挥坦白从宽刑事司法政策的积极作用，2011 年通过的《刑法修正案（八）》第八条对坦白从宽刑事司法政策予以立法化，明确规定犯罪嫌疑人虽不具有自首情节，但是如实供述自己罪行的，可以从轻处罚；因其如实供述自己罪行，避免特别严重后果发生的，可以减轻处罚。为了贯彻落实坦白从宽制度，2012 年修正的《刑事诉讼法》第一百二十条第二款明确规定，侦查人员在讯问犯罪嫌疑人的时候，应当告知犯罪嫌疑人如实供述自己罪行可以从宽处理的法律规定。根据《刑法修正案（八）》第八条，认定坦白应当注意如下几点：（1）犯罪嫌疑人必须在侦查阶段如实供述自己的罪行。如果在审查起诉或者审判阶段如实供述自己的罪行，不能认定为坦白，但是可以酌情给予从轻处罚。（2）犯罪嫌疑人如实供述的罪行必须是侦查机关已经掌握的罪行。否则，应当认定为自首。（3）犯罪嫌疑人如实供述的必须是其主要罪行。如果犯罪嫌疑人只供述次要的罪行，则不能认定为坦白。

【讯问录音录像】 是指侦查人员在讯问犯罪嫌疑人的过程中通过录音录像对讯问情况进行同步记录。录音、录像作为记载讯问情况的一种方式，实际上在司法实践中早就存在。公安部于 1987 年 3 月 18 日印发的《公安机关办理刑事案件程序规定》[①] 第五十七条第三款就曾经规定，讯问重大案件的被告人，在文字记录的同时，可以录音记录。最高人民检察院于 1991 年 4 月 8 日印发的《人民检察院侦查贪污贿赂犯罪案件工作细则（试行）》[②] 第七十二条也规定，讯问被告人，可以同时采用录音、录像的记录方式。但是，在刑讯逼供偶见的背景下，讯问过程中的录音录像被赋予了新的价值目标，而不再仅仅是记录讯问过程的一种方式。例如，根据公安部于 2014 年 9 月 5 日印发的《公安机关讯问犯罪嫌疑人录音录像工作规定》第一条规定，讯问录音录像的目的是保证公安机关依法讯问取证，保障犯罪嫌疑人的合法权益。再如，根据最高人民检察院于 2014 年 5 月 26 日印发的《讯问职务犯罪嫌疑人实行全程同步录音录像规定》第二条第二款规定，讯问录音、录像是人民检察院在直接受理侦查职务犯罪案件工作中规范讯问行为、保证讯问活动合法性的重要手段。

讯问录音录像具有再现讯问过程和证明犯罪事实的双重价值。这决定了在不同的语境或者场合中，讯问录音录像具有不同的证据属性。进一步而言，如果侦查机关或检察机关将讯问录音录像用来作为证明犯罪事实的根据，那么讯问录音录像就像讯问笔录一样，均是记载犯罪嫌疑人供述与辩解的一种方式。也就是说，在这种情况下，讯问录音录像和讯问笔录都属于法定证据种类中的犯罪嫌疑人供述与辩解的范畴。但是，如果侦查机关或检察机关将讯问录音录像用来证明讯问过程的合法性，而不是用来证明犯罪事实，那么讯问同步录音录像可以视为法定证据种类中的视听资料。

【讯问录音录像的适用范围】 是指侦查机关在讯问犯罪嫌疑人的过程中采取录音录像措施时所适用的案件范围。根据《刑事诉讼法》第一百二十三条规定，对于可能判处无期徒刑、死刑的案件或者其他重大犯罪案件，应当对讯问过程进行录音或者录像；而对于其他案件，侦查人员在讯问犯罪嫌疑人的时候，可以对讯问过程进行录音或者录像。为了更好地发挥讯问录音录像制度的积极作用，公安部和最高人民检察院都扩大了讯问录音录像的适用范围。根据《人民检察院刑事诉讼规则》第一百九十条，人民检察院办理直接受理侦查的案件，应当在每次讯问犯罪嫌疑人时，对讯问过程实行全程录音、录像，并在讯问笔录中注明。《公安机关讯问犯罪嫌疑人录音录像工作规定》第四条将公安机关应当对讯问过程进行录音录像的案件范围扩大到可能判处十年以上有期徒刑的重大故意犯罪案件。根据《公安机关讯问犯罪嫌疑人录音录像工作规定》第六条规定，对具有下列情形之一的案件，也应当对讯问过程进行录音录像：（1）犯罪嫌疑人是盲、聋、哑人，未成年人或者尚未完全丧失辨认或者控制自己行为能力的精神病人，以及不通晓当地通用的语言文字的。（2）犯罪嫌疑人反侦查能力较强或者供述不稳定，翻供可能性较大的。（3）犯罪嫌疑人作无罪辩解和辩护人可能作无罪辩护的。（4）犯罪嫌疑人、被害人、证人对案件事实、证据存在较大分歧的。（5）共同犯罪中难以区分犯罪

① 已失效，已被《公安机关办理刑事案件程序规定（98 修正）》（发布日期：1998 年 5 月 14 日；实施日期：1998 年 5 月 14 日）废止。

② 已失效，已被《最高人民检察院关于废止部分司法解释和司法解释性文件的决定》（发布日期：2010 年 11 月 19 日；实施日期：2010 年 11 月 19 日）废止。

嫌疑人相关责任的。(6)引发信访、舆论炒作风险较大的。(7)社会影响重大、舆论关注度高的。(8)其他重大、疑难、复杂情形。

【讯问录音录像的原则】 是指侦查机关在讯问过程中进行录音录像时所遵循的原则。根据《刑事诉讼法》第一百二十三条规定，录音或者录像应当全程进行，保持完整性。该原则是充分发挥讯问录音录像制度的重要保障。这是因为，如果不对讯问过程进行全程录音录像，或者无法保持全程录音录像资料的完整性，就无法再现讯问的全部过程和不能准确反映讯问的真实情况，进而难以对讯问的真实性和合法性作出正确的判断。《公安机关讯问犯罪嫌疑人录音录像工作规定》第三条、《讯问职务犯罪嫌疑人实行全程同步录音录像规定》第二条进一步规定，对讯问过程进行录音录像，应当对每一次讯问全程不间断进行，保持完整性，不得选择性地录制，不得剪接、删改。为了保持录制的中立性，《讯问职务犯罪嫌疑人实行全程同步录音录像规定》第三条还规定，讯问录音、录像，实行讯问人员和录制人员相分离的原则。讯问由检察人员负责，不得少于2人；录音、录像应当由检察技术人员负责。特别情况下，经检察长批准，也可以指定其他检察人员负责。

【讯问录音录像资料的管理】 是指侦查机关在讯问录音录像结束以后，对同步录音录像资料所采取的保管等措施。根据《公安机关讯问犯罪嫌疑人录音录像工作规定》第十六条至第十八条、第二十条、第二十一条，公安机关应当按照下列规定管理讯问录音录像资料：(1)办案部门应当指定办案人员以外的人员保管讯问录音录像资料，不得由办案人员自行保管。讯问录音录像资料的保管条件应当符合公安声像档案管理有关规定，保密要求应当与本案讯问笔录一致。有条件的地方，可以对讯问录音录像资料实行信息化管理，并与执法办案信息系统关联。案件侦查终结后，应当将讯问录音录像资料和案件卷宗一并移交档案管理部门保管。(2)讯问录音录像资料应当刻录光盘保存或者利用磁盘等存储设备存储。刻录光盘保存的，应当制作一式两份，在光盘标签或者封套上标明制作单位、制作人、制作时间、被讯问人、案件名称及案件编号，一份装袋密封作为正本，一份作为副本。对一起案件中的犯罪嫌疑人多次讯问的，可以将多次讯问的录音录像资料刻录在同一张光盘内。刻录完成后，办案人员应当在24小时内将光盘移交保管人员，保管人员应当登记入册并与办案人员共同签名。利用磁盘等存储设备存储的，应当在讯问结束后立即上传到专门的存储设备中，并制作数据备份；必要时，可以转录为光盘。(3)刑事诉讼过程中，除因副本光盘损坏、灭失需要重新复制，或者对副本光盘的真实性存在疑问需要查阅外，不得启封正本光盘。确需调取正本光盘的，应当经办案部门负责人批准，使用完毕后应当及时重新封存。(4)调取光盘时，保管人员应当在专门的登记册上登记调取人员等相关事项，并由调取人员和保管人员共同签字。对调取、使用的光盘，有关单位应当妥善保管，并在使用完毕后及时交还保管人员。调取人归还光盘时，保管人员应当进行检查、核对，有损毁、调换、灭失等情况的，应当如实记录，并报告办案部门负责人。(5)通过信息系统调阅讯问录音录像资料的，应当综合考虑部门职责、岗位性质、工作职权等因素，严格限定使用权限，严格落实管理制度。《讯问职务犯罪嫌疑人实行全程同步录音录像规定》第十一条、第十八条作出了与以上内容相类似的规定。

【讯问录音录像资料的内部审核】 是指在讯问录音录像结束以后，侦查机关内部有关部门基于案件审核、执法监督等工作需要对同步录音录像的真实性、合法性进行内部审查。根据《公安机关讯问犯罪嫌疑人录音录像工作规定》第十九条第一款，公安机关办案和案件审核、执法监督、核查信访投诉等工作需要使用讯问录音录像资料的，可以调取副本光盘，或者通过信息系统调阅。根据《讯问职务犯罪嫌疑人实行全程同步录音录像规定》第十三条，对于人民检察院直接受理侦查的案件，侦查部门移送审查决定逮捕、审查起诉时，应当注明讯问录音、录像资料存入讯问录音、录像数据管理系统，并将讯问录音、录像次数、起止时间等情况，随同案卷材料移送案件管理部门审查后，由案件管理部门移送侦查监督或者公诉部门审查。侦查监督或者公诉部门审查认为讯问活动可能涉嫌违法或者讯问笔录可能不真实，需要审查讯问录音、录像资料的，应当说明涉嫌违法讯问或者讯问笔录可能失实的时间节点并告知侦查部门。侦查部门应当及时予以授权，供侦查监督或者公诉部门对存入讯问录音、录像数据管理系统相应的讯问录音、录像资料进行审查。没有建立讯问录音、录像数据管理系统的，应当调取相应时段的讯问录音、录像资料并刻录光盘，及时移送侦查监督或者公诉部门审查。移送讯问录音、录像资料复制件的，侦查监督部门审查结束后，应当将移送审查的讯问录音、录像资料复制件连同案卷材料一并送还侦查部门。公诉部门对移送的讯问录音、录像资料复制件应当妥善保管，案件终结后随案归档保存。

【讯问录音录像资料的使用】 是指侦查机关在讯问录音录像结束以后，公安机关、人民检察院、人民法院基于办案的需要在移送审查起诉、提起公诉和刑事审判过程中使用讯问录音录像资料。根据《公安机关讯问犯罪嫌疑人录音录像工作规定》第十九条第二款规定，人民法院、人民检察院依法调取讯问录音录像资料的，公安机关办案部门应当在3日内将副本光盘移交人民法院、人民检察院；利用磁盘等存储设备存储的，应当转录为光盘后移交。根据《讯问职务犯罪嫌疑人实行全程同步录音录像规定》第十四条至第十六条、第十八条规定，讯问录音录像的使用应当按照下列规定办理：（1）案件提起公诉后在庭前会议或者法庭审理过程中，人民法院、被告人或者其辩护人对庭前讯问活动合法性提出异议的，或者被告人辩解因受刑讯逼供等非法方法而供述的，公诉人应当要求被告人及其辩护人提供相关线索或者材料。被告人及其辩护人提供相关线索或者材料的，公诉人可以将相关时段的讯问录音、录像资料提请法庭播放，对有关异议或者事实进行质证。（2）公诉人认为讯问录音、录像资料不宜在法庭上播放的，应当建议在审判人员、公诉人、被告人及其辩护人的范围内进行播放、质证，必要时可以建议法庭通知讯问人员、录制人员参加。（3）人民法院、被告人或者其辩护人对讯问录音、录像资料刻录光盘或者复制件提出异议的，公诉人应当将检察技术部门保存的相应原件当庭启封质证。案件审结后，经公诉人和被告人签字确认后对讯问录音、录像资料原件再行封存，并由公诉部门及时送还检察技术部门保存。（4）讯问录音、录像资料一般不公开使用。需要公开使用的，应当由检察长决定。非办案部门或者人员需要查阅讯问录音、录像资料的，应当报经检察长批准。案件在申诉、复查过程中，涉及讯问活动合法性或者办案人员责任认定等情形，需要启封讯问录音、录像资料原件的，应当由检察长决定。启封时，被告人或者其委托的辩护人、近亲属应当到场见证。

【讯问特殊主体的特别要求】 是指侦查人员在讯问特殊犯罪嫌疑人时应当遵守的特殊规定。根据《刑事诉讼法》第一百二十一条、第二百八十一条，《公安机关办理刑事案件程序规定》第二百零四条、第三百二十三条，以及《人民检察院刑事诉讼规则》第四百六十五条，讯问特殊主体的特别要求包括如下几种情形：（1）讯问聋、哑的犯罪嫌疑人，应当有通晓聋、哑手势的人参加，并在讯问笔录上注明犯罪嫌疑人的聋、哑情况，以及翻译人员的姓名、工作单位和职业。（2）讯问不通晓当地语言文字的犯罪嫌疑人，应当配备翻译人员。翻译人员的姓名、性别、工作单位和职业应当记录在案。翻译人员应当在讯问笔录上签字。（3）公安机关办理外国人犯罪案件使用中华人民共和国通用的语言文字，但是犯罪嫌疑人不通晓中国语言文字的，公安机关在讯问过程中应当为他翻译。（4）对于未成年人刑事案件，在讯问的时候，应当通知未成年犯罪嫌疑人的法定代理人到场。无法通知、法定代理人不能到场或者法定代理人是共犯的，也可以通知未成年犯罪嫌疑人的其他成年亲属，所在学校、单位、居住地基层组织或者未成年人保护组织的代表到场，并将有关情况记录在案。到场的法定代理人可以代为行使未成年犯罪嫌疑人的诉讼权利。到场的法定代理人或者其他人员认为办案人员在讯问中侵犯未成年人合法权益的，可以提出意见。讯问笔录应当交给到场的法定代理人或者其他人员阅读或者向他宣读。（5）讯问女性未成年犯罪嫌疑人，还应当有女工作人员在场。

【亲笔供词】 是指在侦查讯问过程中，犯罪嫌疑人亲自书写的供词。根据《刑事诉讼法》第一百二十二条，在讯问过程中，犯罪嫌疑人请求自行书写供述的，应当准许；必要的时候，侦查人员也可以要犯罪嫌疑人亲笔书写供词。根据《公安机关办理刑事案件程序规定》第二百零七条、《人民检察院刑事诉讼规则》第一百八十九条规定，犯罪嫌疑人应当在亲笔供词上逐页签名、捺指印，或者在亲笔供述的末页签名、捺指印，并注明书写日期；侦查人员收到后，应当在首页右上方写明“于某年某月某日收到”，并签名。侦查终结时，犯罪嫌疑人书写的亲笔供词应当存入诉讼卷。根据《人民检察院刑事诉讼规则》第二百五十八条第二款，讯问犯罪嫌疑人时应当制作讯问笔录；如果犯罪嫌疑人自行书写供述，不得以自行书写的供述代替讯问笔录。

【讯问笔录的制作】 是指侦查人员在讯问犯罪嫌疑人结束以后，按照刑事诉讼法规定的程序和要求制作讯问笔录。根据《刑事诉讼法》第一百二十二条，《公安机关办理刑事案件程序规定》第二百零五条、第二百零六条，以及《人民检察院刑事诉讼规则》第一百八十八条、二百五十八条第二款规定，侦查人员应当按照下列要求和程序制作讯问笔录：(1) 侦查人员应当将问话和犯罪嫌疑人的供述或者辩解如实地记录清楚，做到忠实于原话，字迹清楚，详细具体。(2) 讯问笔录应当交犯罪嫌疑人核对。犯罪嫌疑人没有阅读能力的，应当向他宣读。如果记载有遗漏或者差错，应当允许犯罪嫌疑人补充或者更正，并捺指印。(3) 犯罪嫌疑人认为讯问笔录没有错误的，由犯罪嫌疑人在笔录上逐页签名、盖章或者捺指印，并在末页写明“以上笔录我看过（向我宣读过），和我说的相符”，同时签名、盖章、捺指印并注明日期。拒绝签名、捺指印的，侦查人员应当在笔录上注明。(4) 讯问笔录上所列项目，应当按照规定填写齐全。侦查人员、翻译人员、讯问时在场的其他人员应当在讯问笔录末尾签名或者盖章，不得由他人替代。公安机关的侦查人员在制作讯问笔录时还应该注意如下几点：(1) 制作讯问笔录应当使用能够长期保持字迹的打印或者书写工具、墨水。(2) 记录时，对于提问和回答应当用“问”与“答”的方式表示。不得使用其他符号表示，每句问话和答话均应另起一行，独立记录为一段。(3) 侦查人员应当将问话和犯罪嫌疑人的供述、辩解，对讯问人出示、使用证据的过程，犯罪嫌疑人的态度、表情如实地记录清楚。(4) 讯问笔录应当使用第一人称记录，保持原意，抓住重点，详略得当，字迹清楚，易于辨认，准确、完整、客观地反映讯问的活动情况。对代称、隐语、黑话、简称等应当提问澄清，记明完整的意思。(5) 讯问笔录应当当场制作，不得事前、事后制作。(6) 讯问笔录按照讯问的时间顺序编号，侦查终结时存入诉讼卷。

【刑讯逼供】 是指审讯人员采用肉刑或者变相肉刑等方法强迫受审人承认和供述犯罪事实的一种审讯方式。刑讯逼供是封建社会刑事诉讼制度的基本特征。在现代刑事诉讼中，刑讯逼供是法律严厉禁止的一种严重非法取证方法。为了防止刑讯逼供，许多国家的法律明确规定，凡是通过刑讯逼供手段获得的供述，不能作为对犯罪嫌疑人或者被告人不利的定罪根据。根据我国《刑事诉讼法》第五十二条，审判人员、检察人员、侦查人员必须依照法定程序；严禁刑讯逼供和以威胁、引诱、欺骗以及其他非法方法收集证据，不得强迫任何人证实自己有罪。为了减少刑讯逼供，《刑事诉讼法》第五十六条进一步规定了非法证据排除规则，禁止将通过刑讯逼供获得的犯罪嫌疑人、被告人供述作为起诉意见、起诉决定和判决的依据；《刑法》第二百四十七条规定了刑讯逼供罪，以便追究刑讯逼供者的刑事责任。

【询问】 是指公安司法人员以言词方式向证人、被害人、鉴定人等进行调查了解案件情况的一种诉讼行为。询问是公安司法机关收集、审查判断证人证言、被害人陈述和审查鉴定结论的一种重要方法。在我国刑事诉讼中，询问既包括办案人员在刑事审判前程序中询问证人、询问被害人，又包括法官、检察官、当事人、辩护人、诉讼代理人等在法庭审理过程中对证人、被害人、鉴定人进行的发问。

【询问证人】 是指侦查人员依照法定程序以言词方式，向证人调查了解有关案件情况的一种侦查活动。询问证人是刑事诉讼中广泛使用的一项侦查活动。几乎所有的刑事案件都需要询问证人。侦查人员通过询问证人，可以收集到证人所了解的与案件有关的事实情况。询问证人对于发现侦查线索，查明案件事实，揭露和证实犯罪，保障无罪的人不受刑事追究，都具有重要意义。有鉴于此，根据《刑事诉讼法》第五十二条，侦查机关应当保证一切与案件有关或者了解案情的公民，有客观地充分地提供证据的条件，除特殊情况外，可以吸收他们协助调查。

【询问被害人】 是指侦查人员依照法定程序以言词方式，就被害人遭受侵害的事实和犯罪人的有关情况向被害人调查了解的一种侦查活动。由于被害人受到犯罪行为的直接侵害，与犯罪嫌疑人有过直接的接触，对犯罪事实有切身感受，因此，侦查人员及时、正确地询问被害人，对于收集证据，查明犯罪事实，查获犯罪人，进而惩罚犯罪和保护被害人的合法权益，都具有重要意义。根据《刑事诉讼法》第一百二十七条，询问被害人适用询问证人的程序。

【询问地点】 是指侦查人员询问证人或者被害人的具体场所。根据《刑事诉讼法》第一百二十四条第一款、第一百二十五条，询问证人或者被害人的地点包括：（1）在犯罪现场询问证人或者被害人。这是指侦查人员在现场勘验检查的过程中，在对被害人或者证人进行现场访问时所作的询问。在犯罪现场进行询问，既有助于及时了解案件情况和固定证据，又有助于消除证人不愿意到单位或者住处接受询问的顾虑。（2）到证人或者被害人所在单位、住处进行询问。这样做有助于节省证人或者被害人的时间，不影响其正常生活或者工作。而且，有利于及时得到证人或者被害人单位的支持，便于了解证人或者被害人的情况，从而更好地审查判断证言的真实性。（3）在证人或者被害人提出的地点进行询问。这有利于打消证人或者被害人的各种顾虑，从而充分调动证人或者被害人提供证言的积极性。（4）在必要的时候，可以通知证人到人民检察院或者公安机关提供证言。这有助于保障证人或者被害人的安全，避免证人或者被害人的所在单位、亲属或者其他人员的干扰，有助于证人或者被害人如实提供证言。所谓必要的时候，主要包括：案件涉及国家秘密，为了防止泄密；证人或者被害人的所在单位、家庭成员或者住处周围的人员与案件具有利害关系；证人或者被害人在侦查阶段不愿意公开自己的姓名和作证行为；在侦查机关询问更有助于证人或者被害人愿意作证、如实提供证言，或者方便证人、被害人作证。另外，在公安机关询问证人或者被害人时，应当确保询问室等办案场所不得设置在二楼以上，并与办公场所分离。办案场所内必须安装安全防范装置和报警、监控设备，不得放置可能被用来行凶、自杀、自伤的物品。相关的过道、窗户、楼梯、卫生间等必须安装防护栏、防护网等防护设施。在办公场所以外的其他地点进行询问的，应当选择适宜的房间或者地点，将证人或者被害人安排在远离门窗的位置，并采取相应的安全防范措施。

【询问主体】 是指在侦查过程中有权对犯罪嫌疑人进行讯问的人员。根据《刑事诉讼法》第一百二十四条、《公安机关办理刑事案件程序规定》第二百一十条、《人民检察院刑事诉讼规则》第一百九十二条，在侦查阶段，询问证人或者被害人必须由人民检察院或者公安机关的侦查人员负责进行，其他任何机关、单位和个人都无权询问。而且在询问的时候，侦查人员不得少于2人。在现场询问证人、被害人，侦查人员应当出示工作证件；到证人、被害人所在单位、住处或者证人、被害人提出的地点询问，应当出示人民检察院或者公安机关的证明文件。

【询问准备】 是指侦查人员在询问证人或者被害人以前所做的必要准备工作。根据相关规定，公安机关的询问准备工作包括：（1）询问前，应当了解证人、被害人的身份，证人、犯罪嫌疑人、被害人之间的关系。（2）通知法定代理人到场。询问未成年的证人、被害人，除无法通知或者有碍侦查的情形外（这一情形应当在询问笔录中注明），应当开具、送达未成年证人、被害人法定代理人到场通知书，通知未成年证人、被害人的法定代理人到场。未成年证人、被害人法定代理人到场通知书副本应由到场的监护人签名，侦查终结时存入诉讼卷。（3）翻译人员到场。询问聋、哑证人和被害人，应当有通晓聋、哑手势的人参加，并在询问笔录中注明证人、被害人的聋、哑情况，以及翻译人员的姓名、工作单位和职业。（4）询问不通晓当地语言文字的证人、被害人，应当配备翻译人员。（5）必要时，询问过程应当录音、录像。另外，根据《公安机关办理刑事案件程序规定》第二百一十条第三款，到证人、被害人所在单位、住处或者证人、被害人提出的地点询问证人、被害人，应当经办案部门负责人批准，制作询问通知书。询问前，侦查人员应当出示询问通知书和人民警察证。

【询问程序】 是指侦查人员在询问证人、被害人时应当遵守的程序。根据《刑事诉讼法》第一百二十四条、第一百二十五条，《公安机关办理刑事案件程序规定》第二百一十条第二款、第二百一十一条、第二百一十二条和《人民检察院刑事诉讼规则》第一百九十三条、第一百九十四条，侦查人员询问证人或者被害人，应当按照下列要求和程序进行：（1）问明证人、被害人的基本情况。询问、核实证人、被害人的身份，问明证人、被害人与犯罪嫌疑人之间的关系。（2）告知权利义务。侦查人员应当告知证人、被害人权利义务，以及必须如实地提供证据、证言的义务和有意作伪证或者隐匿罪证应负的法律责任，问明被害人是否申请回避，并在询问笔录中注明。（3）询问案件情况。询问时，应当首先让证人、被害人对了解的案件情况进行陈述，然后进行提问。（4）询问证人、被害人应当个别进行。（5）侦查人员不得向证人、被害人泄露案情或者表示对案件的看法，严禁使用羁押、暴力、威胁、引诱、欺骗以及其他非法方法询问证人、被害人。否则，以非法方法获取的证人证言、被害人陈述，不得作为定案的根据。（6）对涉及国家秘密、商业秘密、个人隐私的，应当保密，并在询问笔录中注明。（7）询问强奸案件的被害人或者询问妇女的隐私情节，尽量由女侦查人员进行，询问时应当避免刺激性和淫秽语言。（8）对正在抢救的证人、被害人，应当重点问清作案人姓名、特征、作案经过。询问时，可以请医生和证人、被害人的家属作为见证人。（9）询问重大或者有社会影响的案件的重要证人，应当对询问过程实行全程录音、录像，并在询问笔录中注明。

【询问笔录的制作】 是指侦查人员在询

问证人或者被害人结束以后，按照《刑事诉讼法》规定的程序和要求制作询问笔录。根据《刑事诉讼法》第一百二十二条、《公安机关办理刑事案件程序规定》第二百零六条、第二百零七条、第二百一十二条，以及《人民检察院刑事诉讼规则》第一百八十八条规定，侦查人员应当按照下列要求和程序制作询问笔录：(1) 侦查人员应当将问话和证人、被害人提供的证言如实地记录清楚，做到忠实于原话，字迹清楚，详细具体。(2) 询问笔录应当交证人或者被害人进行核对。证人、被害人没有阅读能力的，应当向他宣读。如果记载有遗漏或者差错，应当允许证人或者被害人补充或者更正，并捺指印。(3) 证人、被害人认为询问笔录没有错误的，由证人或者被害人在笔录上逐页签名、盖章或者捺指印，并在末页写明“以上笔录我看过(向我宣读过)，和我说的相符”，同时签名、盖章、捺指印并注明日期。拒绝签名、捺指印的，侦查人员应当在笔录上注明。(4) 询问笔录上所列项目，应当按照规定填写齐全。侦查人员、翻译人员、询问时在场的其他人员应当在询问笔录末尾签名或者盖章，不得由他人替代。

公安机关的侦查人员在制作询问笔录时还应该注意如下几点：(1) 制作询问笔录应当使用能够长期保持字迹的打印或者书写工具、墨水。(2) 记录时，对于提问和回答应当用“问:”“答:”表示，不得使用其他符号表示。每句问话和答话均应另起一行，独立记录为一段。(3) 侦查人员应当将问话和证人、被害人的证言，对询问人出示、使用证据的过程，以及证人、被害人的态度、表情如实地记录清楚。(4) 询问笔录应当使用第一人称记录，保持原意，抓住重点，详略得当，字迹清楚，易于辨认，准确、完整、客观地反映询问的活动情况。对代称、隐语、黑话、简称等应当提问澄清，记明完整的意思。(5) 询问笔录应当当场制作，不得事前、事后制作。(6) 询问笔录按照询问的时间顺序编号，侦查终结时存入诉讼卷。

【现场勘验、检查】 简称勘验、检查，是指侦查人员运用科学技术手段，对与犯罪有关的场所、物品、人身、尸体等进行勘验、检查的侦查活动。根据公安部于2015年10月22日印发的《公安机关刑事案件现场勘验检查规则》第三条、第五条，现场勘验、检查的任务，是发现、固定、提取与犯罪有关的痕迹、物证及其他信息，存储现场信息资料，判断案件性质，分析犯罪过程，确定侦查方向和范围，为侦查破案、刑事诉讼提供线索和证据；现场勘验、检查的内容，包括现场保护、现场实地勘验检查、现场访问、现场搜索与追踪、侦查实验、现场分析、现场处理、现场复验与复查等。根据《刑事诉讼法》第一百二十八条，侦查人员对于与犯罪有关的场所、物品、人身、尸体应当进行勘验或者检查。根据《公安机关刑事案件现场勘验检查规则》第六条至第八条，刑事案件现场勘验、检查由公安机关组织现场勘验、检查人员实施。必要时，可以指派或者聘请具有专门知识的人，在侦查人员的组织下进行勘验、检查。公安机关现场勘验、检查人员是指公安机关及其派出机构经过现场勘验、检查专业培训考试，取得现场勘验、检查资格的侦查人员。公安机关进行现场勘验、检查应当注意保护公民生命健康安全，尽量避免或者减少财产损失。刑事案件现场勘验、检查工作应当遵循依法、安全、及时、客观、全面、细致的原则。现场勘验、检查人员应当严格遵守保密规定，不得擅自发布刑事案件现场有关情况，泄露国家秘密、商业秘密、个人隐私。现场勘验、检查实际上包括勘验和检查两项基本内容。勘验的对象是现场、物品和尸体，而检查的对象是活人的身体。按照对象和内容的不同，现场勘验、检查可以细分为现场勘验、物品检验、尸体检验和人身检查4种。

【犯罪现场】 又称刑事案件现场，是指犯罪人实施犯罪的地点或其他遗留有与犯罪有关的痕迹和物品的场所。根据物质交换原理，犯罪分子实施犯罪行为后，必然引起周边环境变化（如物质的增减、物质形态的改变、物质结构的变化、空间位置的转移等），与犯罪现场之间进行物质交换，从而在犯罪现场留下各种痕迹、物品等与犯罪行为或者犯罪嫌疑人有关的各种信息，即犯罪证据。所有犯罪现场，都包括犯罪人、犯罪行为、犯罪的时空变化、现场物质变化等要素。尽管犯罪现场必然留下各种证据，但是受人为破坏、自然环境等各种因素的影响，犯罪现场很容易发生变化或者遭到破坏。犯罪现场作为犯罪人实施犯罪活动的场所，能否客观反映犯罪行为的过程和犯罪人的特点，是侦查人员获取与犯罪行为有关痕迹、物品的最重要场所，是侦查人员分析、研究案情的主要根据。侦查人员应当尽可能地保护好犯罪现场，及时、全面、客观、细致地对犯罪现场进行勘验、检查。根据不同的标准，犯罪现场分为不同的种类：根据犯罪现场形成后有无重大变化，犯罪现场分为原始现场和变动现场；根据犯罪分子的活动先后顺序，犯罪现场分为第一现场和第二现场；根据犯罪现场在犯罪行为中的地位与作用，犯罪现场分为主体现场（或中心现场）和关联现场（或外围现场）；根据犯罪现场所处的空间，犯罪现场分为露天现场和室内现场；根据犯罪现场有无伪装，犯罪现场分为伪装现场和非伪装现场；根据案件的性质，犯罪现场分为杀人现场、盗窃现场、放火现场、强奸现场等。

【现场保护】 是指犯罪行为发生以后，侦查人员或者其他有关人员通过各种措施，确保犯罪现场的痕迹、物证等避免遭到破坏或者变动的一种侦查活动。现场保护是现场勘验、检查的重要基础。根据《刑事诉讼法》第一百二十九条规定，任何单位和个人，都有义务保护犯罪现场，并且立即通知公安机关派员勘验。根据《公安机关刑事案件现场勘验检查规则》第十四条至第十九条，公安机关应当按照下列规定和要求进行现场保护：（1）发案地公安机关接到刑事案件报警后，对于有犯罪现场的，应当迅速派员赶赴现场，做好现场保护工作。（2）负责保护现场的人民警察应当根据案件具体情况，划定保护范围，设置警戒线和告示牌，禁止无关人员进入现场。（3）负责保护现场的人民警察除抢救伤员、紧急排险等情况外，不得进入现场，不得触动现场上的痕迹、物品和尸体；处理紧急情况时，应当尽可能避免破坏现场上的痕迹、物品和尸体，对现场保护情况应当予以记录，对现场原始情况应当拍照或者录像。（4）负责保护现场的人民警察对现场可能受到自然、人为因素破坏的，应当对现场上的痕迹、物品和尸体等采取相应的保护措施。（5）保护现场的时间，从发现刑事案件现场开始，至现场勘验、检查结束。需要继续勘验、检查或者需要保留现场的，应当对整个现场或者部分现场继续予以保护。(6) 负责现场保护的人民警察应当将现场保护情况及时报告现场勘验、检查指挥员。

【现场勘验】 是指侦查人员对犯罪分子实施犯罪的地点以及遗留有犯罪痕迹和物品的场所进行实地勘查、检验的一种侦查活动。现场勘验的对象是犯罪现场。现场勘验对于及时准确地侦破案件具有重要意义。现场勘验的目的，就是通过保护现场、实地勘验等活动，发现和收集与犯罪有关的痕迹和物品，查明与犯罪有关的情况，研究分析案情、判断案件性质，确定侦查方向与范围，为侦查破案提供线索和证据。根据《公安机关办理刑事案件程序规定》第二百一十四条至第二百一十六条、《人民检察院刑事诉讼规则》第一百九十七条以及《公安机关刑事案件现场勘验检查规则》第二十四条至第三十条，侦查人员应当按照下列要求和程序进行现场勘验：(1) 对刑事案件现场进行现场勘验不得少于2人。勘验现场时，应当邀请1至2名与案件无关的公民作为见证人。由于客观原因无法由符合条件的人员担任见证人的，应当在笔录材料中注明情况，并对相关活动进行录像。(2) 勘验现场，应当拍摄现场照片，绘制现场图，制作笔录，由参加勘验的人和见证人签名。对重大案件的现场，应当录像。(3) 现场勘验人员到达现场后，应当了解案件发生、发现和现场保护情况。需要采取搜索、追踪、堵截、鉴别、安全检查和控制销赃等紧急措施的，应当立即报告现场指挥员，并依照有关法律法规果断处置。具备使用警犬追踪或者鉴别条件的，在不破坏现场痕迹、物证的前提下，应当立即使用警犬搜索和追踪，提取有关物品、嗅源。(4) 侦查机关应当为现场勘验人员配备必要的安全防护设施和器具。现场勘验、检查人员应当增强安全意识，注意自身防护。对涉爆、涉枪、放火、制毒、涉危险物质、危险场所等可能危害勘验、检查人身安全的现场，应当先由专业人员排除险情，再进行现场勘验、检查。(5) 执行现场勘验任务的人员，应当持有刑事案件现场勘查证，使用相应的个人防护装置，防止个人指纹、足迹、DNA 等信息遗留现场造成污染。(6) 勘验现场时，非勘验人员不得进入现场。确需进入现场的，应当经指挥员同意，并按指定路线进出现场。

【物证检验】 是指侦查人员对已经收集到的物品及其痕迹进行检查和验证，以便确定其与案件有无联系的一种侦查活动。根据不同的检验对象，物证检验分为痕迹检验（如对血迹、指纹、掌纹、手印、脚印、鞋印、工具痕迹、车辆痕迹、射击痕迹等的检验）和物品检验（如对凶器、工具、体液、精斑、毛发、骨骼、毒物、烟头、纸张、墨水等的检验）；根据不同的检验方法，物证检验分为一般检验、物理检验、化学检验和生物学检验等。侦查人员在犯罪现场检验有关物品或者痕迹时应当注意：(1) 仔细查验物品或者痕迹的特征，对于在现场上收集的物品，要注意它与周围环境的关系，分析研究物品的特征和痕迹的变化情况。(2) 通过分析研究，要确定该物品及其痕迹与案件事实有无联系以及何种联系。(3) 对物品或者痕迹的特征，如果侦查人员不能判断时，应当指派或者聘请具有专门知识的人进行鉴定。(4) 检验物品或者痕迹时应当采用科学方法发现、固定、记录和提取有关物证或者痕迹，尽量避免破坏物品或者痕迹。提取现场痕迹、物品，应当分别提取，分开包装，统一编号，注明提取的地点、部位、日期，提取的数量、名称、方法和提取人。对特殊检材，应当采取相应的方法提取和包装，防止损坏或者污染。（5）检验物证，应制作检验笔录，参加检验的人员和见证人均应签名或者盖章。

【尸体检验】 是指在侦查人员的主持下，由法医或医生对非正常死亡者的尸体进行检验或者解剖的一种侦查活动。尸体检验是为了确定死亡的原因，判断死亡的时间，致死的工具、手段和方法，以便分析研究案情，认定案件的性质，为侦查破案提供线索和证据。为了防止尸体上的痕迹或现象因尸体的变化和腐烂而消失，尸体检验应当及时进行。尸体检验分为尸表检验和尸体解剖两个部分。尸表检验，就是对尸体外部的检验。经过尸表检验，如果还不能确定死因时，应当进行尸体解剖检验，即对尸体的内部器官进行解剖和检验。

【尸体检验的程序和要求】 是指侦查人员在进行尸体检验时应当依法遵守的诉讼程序和要求。根据《刑事诉讼法》第一百二十八条、《公安机关办理刑事案件程序规定》第二百一十八条、第二百一十九条、《人民检察院刑事诉讼规则》第一百九十八条以及《公安机关刑事案件现场勘验检查规则》第三十五条至第四十一条规定，侦查人员应当按照下列要求和程序进行尸体检验：（1）检验尸体，应当在侦查人员的主持下有法医参加。（2）对于死因不明的尸体，经县级以上公安机关负责人批准，可以解剖尸体。解剖尸体应当通知死者家属到场，并让死者家属在解剖尸体通知书上签名。死者家属无正当理由拒不到场或者拒绝签名的，也可以解剖尸体，但是应当在解剖尸体通知书上注明。对于身份不明的尸体，无法通知死者家属的，应当在笔录中注明。解剖外国人尸体应当通知死者家属或者其所属国家驻华使领馆有关官员到场，并请死者家属或者其所属国家驻华使领馆有关官员在解剖尸体通知书上签名。死者家属或者其所属国家驻华使领馆有关官员无正当理由拒不到场或者拒绝签名的，可以解剖尸体，但应当在解剖尸体通知书上注明。对于身份不明外国人的尸体，无法通知死者家属或者有关使领馆的，应当在笔录中注明。（3）移动现场尸体前，应当对尸体的原始状况及周围的痕迹、物品进行照相、录像，并提取有关痕迹、物证。（4）解剖尸体应当在尸体解剖室进行。确因情况紧急，或者受条件限制，需要在现场附近解剖的，应当采取隔离、遮挡措施。（5）检验、解剖尸体时，应当捺印尸体指纹和掌纹。必要时，提取血液、尿液、胃内容和有关组织、器官等。尸体指纹和掌纹因客观条件无法捺印时须在相关记录中注明。（6）检验、解剖尸体时，应当照相、录像。对尸体损伤痕迹和有关附着物等应当进行细目照相、录像。对无名尸体的面貌，生理、病理特征，以及衣着、携带物品和包裹尸体物品等，应当进行详细检查和记录，拍摄辨认照片。（7）尸体检验人员根据尸体检查情况，制作尸体检验报告书，反映尸体检查、提取检材情况和结果，存入诉讼卷。

【人身检查】 是指为了确定被害人、犯罪嫌疑人的某些特征、伤害情况或者生理状况，对其人身进行检验、查看的一种侦查活动。通过人身检查，可以查明犯罪嫌疑人是否实施了犯罪行为，了解犯罪的手段、情节和危害情况，判断犯罪工具的类别，查对犯罪证据，揭露犯罪，证实犯罪。根据《刑事诉讼法》第一百三十二条、《公安机关办理刑事案件程序规定》第二百一十七条、《人民检察院刑事诉讼规则》第一百九十九条以及《公安机关刑事案件现场勘验检查规则》第三十四条，侦查人员应当按照下列要求和程序进行人身检查：（1）为了确定被害人、犯罪嫌疑人的某些特征、伤害情况或者生理状态，可以对人身进行检查，可以提取指纹信息，采集血液、尿液等生物样本。被害人死亡的，应当通过被害人近亲属辨认、提取生物样本鉴定等方式确定被害人身份。（2）犯罪嫌疑人拒绝检查、提取、采集的，公安机关侦查人员认为必要的时候，经办案部门负责人批准，可以强制检查、提取、采集；检查人员认为必要的时候，可以强制检查。（3）检查妇女的身体，应当由女工作人员或者医师进行。（4）人身检查不得采用损害被检查人生命、健康或贬低其名誉或人格的方法。在人身检查过程中知悉的被检查人的个人隐私，检查人员应当保密。（5）检查的情况应当制作笔录，由参加检查的侦查人员、检查人员、被检查人员和见证人签名。被检查人员拒绝签名的，侦查人员应当在笔录中注明。另外，对个体特征、伤害情况或者生理状态等应当拍照，必要时录音录像。办理强奸案件，不准对被害人进行处女膜检查，也不准用检查处女膜的结论作为证据。

【侦查实验】 是指为了确定与案件有关的事件或者事实在某种条件下能否发生或者怎样发生，而按照原来的条件，将该事件或者事实加以重演或者进行实验的一种侦查活动。根据《刑事诉讼法》第一百三十五条、《公安机关刑事案件现场勘验检查规则》第六十九条第一款、第七十条规定，侦查实验的目的在于查明案情，证实现场某一具体情节的形成过程、条件和原因等有关案件情况。侦查实验的任务包括：（1）验证在现场条件下能否听到某种声音或者看到某种情形。（2）验证在一定时间内能否完成某一行为。（3）验证在现场条件下某种行为或者作用与遗留痕迹、物品的状态是否吻合。（4）确定某种条件下某种工具能否形成某种痕迹。（5）研究痕迹、物品在现场条件下的变化规律。（6）分析判断某一情节的发生过程和原因。（7）其他需要通过侦查实验作出进一步研究、分析、判断的情况。实践证明，侦查实验是审查证人证言、被害人陈述、犯罪嫌疑人供述和辩解是否符合实际情况，是否客观真实，能否作为定案根据的一种有效方法，可以为侦查人员判明案情，认定案件事实提供可靠的依据。

【侦查实验的程序】 是指侦查人员在进行侦查实验时应当依法遵守的诉讼程序。根据《刑事诉讼法》第一百三十五条、《公安机关办理刑事案件程序规定》第二百二十一条第一款、第二款，《人民检察院刑事诉讼规则》第二百条、第二百零一条以及《公安机关刑事案件现场勘验检查规则》第七十二条，侦查人员进行侦查实验应当遵守下列程序：（1）侦查人员进行侦查实验，应当制作呈请侦查实验报告书，经县级以上公安机关负责人批准。人民检察院侦查部门进行侦查实验时，也应当经过检察长的批准。（2）在侦查实验的过程中，应当邀请见证人予以见证。在必要的时候可以聘请有关专业人员参加，或者要求犯罪嫌疑人、被害人、证人参加。（3）必要时，可以对侦查实验过程进行录音或者录像。（4）对侦查实验的经过和结果，应当制作侦查实验笔录，记明侦查实验的条件、经过和结果，由参加侦查实验的人员签名，将侦查实验笔录存入诉讼卷。

【侦查实验的要求】 是指侦查人员在进行侦查实验时应当依法遵循的要求。根据《刑事诉讼法》第一百三十五条第三款、《公安机关办理刑事案件程序规定》第二百二十一条第三款、《人民检察院刑事诉讼规则》第二百条第二款以及《公安机关刑事案件现场勘验检查规则》第七十一条，侦查实验应当符合以下要求：(1) 侦查实验一般在发案地点进行，但是燃烧、爆炸等危险性实验，应当在其他能够确保安全的地点进行。(2) 侦查实验的时间、环境条件应当与发案时间、环境条件基本相同。(3) 侦查实验使用的工具、材料应当与发案现场一致或者基本一致；必要时，可以使用不同类型的工具或者材料进行对照实验。(4) 如条件许可，类似的侦查实验应当进行2次以上。(5) 评估实验结果应当考虑到客观环境、条件变化对实验的影响和可能出现的误差。(6) 侦查实验应当遵守法律规定，尊重民族风俗习惯，禁止一切足以造成危险、侮辱人格或者有伤风化的行为。

【复验、复查】 是指人民检察院在审查案件时，认为公安机关的勘验、检查可能有错误，要求公安机关重新进行的勘验、检查活动。根据《人民检察院刑事诉讼规则》第三百三十五条规定，人民检察院在审查案件的时候，既可以要求监察机关、公安机关进行复验、复查，人民检察院派员参加，也可以自行进行复验、复查，商请监察机关、公安机关派员参加，必要时也可以指派检察技术人员或者聘请其他有专门知识的人参加。根据《公安机关刑事案件现场勘验检查规则》第七十九条规定，公安机关也可以决定自行进行复验、复查。复验、复查的目的在于保证和提高勘验、检查的质量，防止和纠正可能出现的错误。根据《公安机关办理刑事案件程序规定》第二百二十条规定，公安机关进行勘验、检查后，人民检察院要求复验、复查的，公安机关应当进行复验、复查，并可以通知人民检察院派员参加。复验、复查时，应当研究原有勘验、检查的内容，看其根据是否充分、方法是否恰当、结论是否正确、程序是否合法。复验、复查可以多次进行。复验、复查的程序和要求与勘验、检查相同。根据《公安机关刑事案件现场勘验检查规则》第七十九条规定，遇有下列情形之一，应当对现场进行复验、复查：案情重大、现场情况复杂的；侦查工作需要从现场进一步收集信息、获取证据的；人民检察院审查案件时认为需要复验、复查的；当事人提出不同意见，公安机关认为有必要复验、复查的；其他需要复验、复查的。

【搜查】 是指侦查人员对犯罪嫌疑人以及可能隐藏罪犯或者犯罪证据的人的身体、物品、住处和其他有关的地方进行搜索检查的一种侦查活动。搜查是一种强制性的侦查措施，是侦查机关同犯罪作斗争的重要手段。搜查的任务是发现和收集犯罪证据，查获犯罪人。搜查对于及时收集犯罪证据，揭露和证实犯罪，防止犯罪分子自杀、逃跑以及继续犯罪，保证侦查和审判的顺利进行，都具有重要意义。根据不同的标准，搜查可以分为不同的种类：根据不同的搜查方式，搜查分为公开搜查和秘密搜查；根据不同的搜查目标和范围，搜查分为室内搜查、露天搜查和人身搜查；根据搜查时是否持有搜查证，搜查分为有证搜查和无证搜查。搜查的主体主要是侦查人员。搜查的客体是犯罪嫌疑人，以及有可能隐藏罪犯或者犯罪证据的人身、物品、住处以及其他有关地方。

【搜查主体】 是指在侦查过程中有权采取搜查措施的人员。根据《刑事诉讼法》第一百三十六条、第一百三十九条，搜查的主体是侦查人员；搜查妇女的身体，应当由女工作人员进行。根据《公安机关办理刑事案件程序规定》第二百二十二条、第二百二十三条和《人民检察院刑事诉讼规则》第二百零三条、第二百零四条，搜查应当经过县级以上公安机关负责人批准；执行搜查的侦查人员不得少于2人。另外，根据《人民检察院刑事诉讼规则》第二百零四条第一款，搜查应当在检察人员的主持下进行，可以有司法警察参加。必要的时候，可以指派检察技术人员参加或者邀请当地公安机关、有关单位协助进行。

【无证搜查】 是指侦查人员在紧急情况下没有出示搜查证而直接进行的搜查。根据《刑事诉讼法》第一百三十八条，侦查人员进行搜查，原则上应当向被搜查人出示搜查证。但是，在执行逮捕、拘留的时候，遇有紧急情况，不另用搜查证也可以进行搜查。根据《公安机关办理刑事案件程序规定》第二百二十四条、《人民检察院刑事诉讼规则》第二百零五条第二款规定，侦查人员在执行拘留、逮捕的时候，遇有下列紧急情况之一的，不用搜查证也可以进行搜查：（1）可能随身携带凶器的。（2）可能隐藏爆炸、剧毒等危险物品的。（3）可能隐匿、毁弃、转移犯罪证据的。（4）可能隐匿其他犯罪嫌疑人的。（5）其他突然发生的紧急情况。根据《人民检察院刑事诉讼规则》第二百零五条第三款，无证搜查结束后，搜查人员应当在24小时内补办有关手续。

【强制搜查】 是指侦查人员在搜查遇到障碍的情况下，采取必要措施排除障碍，强行予以搜查。根据《刑事诉讼法》第一百三十七条，任何单位和个人，有义务按照人民检察院和公安机关的要求，交出可以证明犯罪嫌疑人有罪或者无罪的物证、书证、视听资料等证据。《人民检察院刑事诉讼规则》第二百零二条进一步规定，人民检察院有权要求有关单位和个人，交出能够证明犯罪嫌疑人有罪或者无罪以及犯罪情节轻重的证据。《公安机关办理刑事案件程序规定》第二百二十五条第二款也规定，公安机关可以要求有关单位和个人交出可以证明犯罪嫌疑人有罪或者无罪的物证、书证、视听资料等证据。根据《人民检察院刑事诉讼规则》第二百零六条第一款，侦查人员在搜查过程中应当对被搜查人或者其家属说明阻碍搜查、妨碍公务应负的法律责任。如果有关单位或者个人不履行配合义务，甚至妨碍搜查，那么侦查人员就可以进行强制搜查。根据《人民检察院刑事诉讼规则》第二百零七条，侦查人员搜查时对以暴力、威胁方法阻碍搜查的，应当予以制止，或者由司法警察将其带离现场；阻碍搜查构成犯罪的，应当依法追究刑事责任。

【搜查证】 是指侦查人员开展搜查活动的凭证。除了刑事诉讼法规定的紧急情况以外，侦查人员在实施搜查的时候都应当向被搜查人出示搜查证。在搜查前，办案人员应当制作呈请搜查报告书，写明简要案情，拟搜查的范围、搜查的目的、搜查的法律依据等，报县级以上公安机关负责人、人民检察院检察长批准。批准后，由办案人员制作搜查证，准备好搜查笔录、扣押物品、文件清单等法律文书，准备实施搜查。搜查证是两联填充式法律文书。以公安机关搜查证为例，公安机关制作的搜查证包括存根和正本两联。存根联由公安机关留存备查，它包括首部和正文两部分。其中，首部包括制作机关的名称和文书名称（即搜查证）、文书编号。正文包括案件名称、案件编号、犯罪嫌疑人的基本情况（如性别、出生日期、住址、单位及职业）、搜查原因、搜查对象、批准人、批准时间、办案人、办案单位、填发时间、填发人等信息。搜查证的正本包括首部、正文和尾部三个组成部分，附在诉讼卷随案移送。首部与存根联首部相同。正文写明搜查的法律依据，由某某公安机关依法对某某搜查对象进行搜查。尾部包括公安机关的公章和批准时间，以及搜查证的宣布信息、被搜查人或其家属或其他见证人的签名。

【搜查的程序和要求】 是指侦查人员在进行搜查时应当依法遵守的诉讼程序和要求。根据《刑事诉讼法》第一百三十八条、第一百三十九条，《公安机关办理刑事案件程序规定》第二百二十条至第二百二十六条，以及《人民检察院刑事诉讼规则》第二百零二条至第二百零七条规定，侦查人员应当按照下列程序和要求进行搜查：（1）除了紧急情况不需要搜查证以外，侦查人员必须依法办理搜查手续。进行搜查时，侦查人员必须向被搜查人出示搜查证。（2）在搜查前，应当了解被搜查对象的基本情况、搜查现场及周围环境，确定搜查的范围和重点，明确搜查人员的分工和责任。（3）执行搜查的侦查人员不得少于2人。在搜查的时候，应当有被搜查人或者其家属、邻居或者其他见证人在场。搜查妇女的身体，应当由女侦查人员进行。如果是由人民检察院实施的搜查，那么应当在检察人员的主持下进行，而且可以有司法警察参加。必要的时候，可以指派检察技术人员参加或者邀请当地公安机关、有关单位协助进行。（4）搜查应当全面、细致、及时，是指派专人严密注视搜查现场的动向或者情况，控制、监视被搜查人及其家属的动向，必要时可以对搜查现场进行警戒、封锁。（5）搜查的情况应当写成笔录，由侦查人员和被搜查人或者他的家属，邻居或者其他见证人签名或者盖章。如果被搜查人拒绝签名，或者被搜查人在逃，他的家属拒绝签名或者不在场的，侦查人员应当在笔录中注明。根据《人民检察院刑事诉讼规则》第一百八十条规定，人民检察院到本辖区以外进行搜查，检察人员应当携带搜查证、工作证以及载有主要案情、搜查目的、要求等内容的公函，与当地人民检察院联系，当地人民检察院应当予以协助。

【调取证据】 是指侦查人员依法向有关单位和个人调取能够证明犯罪嫌疑人有罪或者无罪以及犯罪情节轻重的证据材料。根据《刑事诉讼法》第一百三十七条，任何单位和个人都有义务配合侦查机关的侦查活动，按照侦查机关的要求，交出可以证明犯罪嫌疑人有罪或者无罪的各种证据。而侦查机关也可以根据职权向任何单位或者个人调取能够证明犯罪嫌疑人有罪或者无罪的各种证据。《人民检察院刑事诉讼规则》第二百零八条、第二百零九条和《公安机关办理刑事案件程序规定》第六十一条至第六十四条对如何调取证据作出了进一步规定。

公安机关调取证据应当遵循下列程序：（1）批准调取。办案部门制作呈请调取证据报告书，报县级以上公安机关负责人批准。（2）执行主体。执行时侦查人员不得少于2人。（3）调取前告知。向被调取人出示有关法律文书、工作证件前，应告知其调取理由、依据以及如实提供证据、配合调取的义务和责任。（4）送达调取证据通知书。侦查人员向证据持有单位或者个人送达调取证据通知书，要求证据持有单位或者个人在通知书副本上签名或者盖章。拒绝签名或者盖章的，应当注明。（5）清点调取的物品、文件。对于调取的物品和文件，应当会同物品、文件的持有人查点清楚。调取的物证、书证、视听资料应当是原物、原件。原物不便搬运、保存或者依法应当返还被害人的，可以拍摄足以反映原物外形或者内容的照片、录像。书证取得原件困难的或者因保密工作需要的，可以是副本或者复制件。书证的副本、复制件，视听资料的复制件，物证的照片、录像，应当附有关制作过程的文字说明及原件、原物存放处的说明，并由制作人签名或者盖章。向有关单位收集、调取的书面证据材料，必须由提供人签名，并加盖单位印章；向个人收集、调取的书面证据材料，必须由本人确认无误后签名或者盖章。（6）制作笔录。侦查人员当场制作调取证据清单一式三份，写明物品或者文件的名称、编号、规格、数量、重量、质量、特征及其来源，由侦查人员和证据持有人签名或者盖章后，分别交证据持有人、公安机关证据保管人员和存入诉讼卷。侦查人员向有关人员问明证据的来源、内容、保存情况等，制作询问笔录。

【查封】 指侦查人员在侦查活动中对发现的可以用来证明犯罪嫌疑人有罪或者无罪的各种财物和文件，粘贴封条，就地封存，禁止所有人动用的一种侦查措施。查封是具有强制性的一种侦查措施。根据《刑事诉讼法》第一百四十一条、《公安机关办理刑事案件程序规定》第二百二十七条、《人民检察院刑事诉讼规则》第二百一十条规定，如果持有人拒绝交出应当查封的财物和文件的，侦查机关可以进行强制查封。查封的对象必须是可以用来证明犯罪嫌疑人有罪或者无罪的各种财物、文件，与案件无关的财物、文件，不得查封。但是，对于不能立即查明是否与案件有关的可疑的财物和文件，也可以查封，但应当及时审查。经查明确实与案件无关的，应当在3日以内解除查封。

【查封不动产】 是指侦查机关对涉案的不动产依法予以查封的一种侦查活动。根据最高人民法院、最高人民检察院、公安部等于2013年9月1日印发的《办理刑事案件适用查封、冻结措施规定》第八条至第二十一条规定，公安机关查封不动产时应当遵守下列特殊规定：（1）查封土地、房屋等涉案不动产，应当经县级以上公安机关负责人批准，制作协助查询财产通知书和协助查封通知书，送交国土资源、房地产管理等有关部门协助办理，协助查询不动产权属情况，明确涉案土地、房屋等不动产的详细地址、权属证书号、权利人姓名或者单位名称等事项。（2）查封土地、房屋等涉案不动产时，侦查人员应当通知有关当事人、见证人到场，制作查封笔录，并会同在场人员对被查封的财物查点清楚，当场开列查封清单一式三份，由侦查人员、见证人和不动产所有权人或者使用权人签名。必要时，可以张贴制式封条。查封清单中应当写明涉案不动产的详细地址等情况。对于无法确定不动产相关权利人或者权利人拒绝签名的，应当在查封笔录中注明情况。（3）国土资源、房地产管理等有关部门对被公安机关依法查封的土地、房屋等涉案不动产，在查封期间不予办理变更、转让或者抵押权、地役权登记。（4）对依照有关规定可以分割的土地、房屋等涉案不动产，应当只对与案件有关的部分进行查封，并在协助查封通知书中予以明确；对依照有关规定不可分割的土地、房屋等涉案不动产，可以进行整体查封。（5）国土资源、房地产管理等有关部门接到协助查封通知书时，已经受理该土地、房屋等涉案不动产的转让登记申请，但尚未记载于不动产登记簿的，应当协助公安机关办理查封登记。（6）查封土地、房屋等涉案不动产，可以在保证侦查活动正常进行的同时，允许有关当事人继续合理使用，并采取必要保值保管措施。（7）对以公益为目的的教育、医疗、卫生以及社会福利机构等场所、设施，保障性住房，原则上不得查封。确有必要查封的，应当经设区的市一级以上公安机关负责人批准。

【查封特定动产】 是指侦查机关对涉案的特定动产依法予以查封的一种侦查活动。根据《公安机关办理刑事案件程序规定》第二百二十八条第二款以及《办理刑事案件适用查封、冻结措施规定》第五条规定，这里的特定动产包括两种：（1）涉案的车辆、船舶、航空器和大型机器、设备等不宜移动的特定财物。（2）置于应当查封的不动产上的需要作为证据使用的而且不宜移动的设施、家具和其他相关财物。侦查人员查封特定动产，应当制作查封决定书，经过县级以上公安机关负责人批准。在必要的时候，侦查人员可以在查封的同时扣押证明特定动产的权利证书。《办理刑事案件适用查封、冻结措施规定》第十九条、第二十条都对查封特定动产的特殊程序作出了明确规定。例如，查封特定动产时应当遵守下列特殊规定：（1）查封车辆、船舶、航空器以及大型机器、设备等特定动产的，应当制作协助查封通知书，明确涉案财物的名称、型号、权属、地址等事项，送交有关登记管理部门协助办理。（2）执行查封时，应当将涉案财物拍照或者录像后封存，或者交持有人、近亲属保管，或者委托第三方保管。有关保管人应当妥善保管，不得转移、变卖、损毁。（3）查封车辆、船舶、航空器以及大型机器、设备等特定动产的，可以在保证侦查活动正常进行的同时，允许有关当事人继续合理使用，并采取必要保值保管措施。

【查封期限】 是指侦查人员在查封有关涉案财物时应当遵守的时间限制。根据《办理刑事案件适用查封、冻结措施规定》第七条，查封期限不得超过 2 年。期限届满可以续封 1 次，续封应当经作出原查封决定的县级以上公安机关负责人批准，在期限届满前 5 日以内重新制作查封决定书和协助查封通知书，送交有关部门协助办理，续封期限最长不得超过 1 年。案件重大复杂，确需再续封的，应当经设区的市一级以上公安机关负责人批准，在期限届满前 5 日以内重新制作查封决定书和协助查封通知书，且每次再续封的期限最长不得超过 1 年。查封期限届满，未办理续封手续的，查封自动解除。公安机关应当及时将续封决定告知有关当事人。

【扣押】 是指侦查人员在侦查活动中对发现的可以用来证明犯罪嫌疑人有罪或者无罪的各种财物和文件，依法予以扣留的一种侦查活动。扣押是具有强制性的一种侦查措施。扣押的主要目的是取得和保全有关物证、书证。扣押与查封的性质与程序基本相同。二者的最大区别在于，查封的对象既包括动产，也包括不动产，而扣押的对象只能是动产，而且是适合移动和扣留的涉案财物和文件。这决定了查封往往是就地封存，不是由侦查机关带走，而扣押则由侦查人员依法带走。根据《刑事诉讼法》第一百四十一条、《公安机关办理刑事案件程序规定》第二百二十七条、《人民检察院刑事诉讼规则》第二百一十条，如果持有人拒绝交出应当扣押的财物和文件的，侦查机关可以进行强制扣押。扣押的对象必须是可以用来证明犯罪嫌疑人有罪或者无罪的各种财物、文件，与案件无关的财物、文件，不得扣押。但是，对于不能立即查明是否与案件有关的可疑的财物和文件，也可以扣押，但应当及时审查，经查明确实与案件无关的，应当在3日以内予以退还。对于犯罪嫌疑人、被告人到案时随身携带的物品需要扣押的，也可以进行扣押。但是对于与案件无关的个人用品，应当逐件登记，并随案移交或者退还其家属。

【扣押邮件、电子邮件、电报】 是指侦查机关根据侦查的需要，依法扣押犯罪嫌疑人的邮件、电子邮件或者电报。由于扣押邮件、电子邮件、电报直接限制了公民的通信自由，我国《刑事诉讼法》对扣押邮件、电子邮件、电报进行了严格限制，规定了特殊的诉讼程序。根据《刑事诉讼法》第一百四十三条、《公安机关办理刑事案件程序规定》第二百三十二条、第二百三十三条以及《人民检察院刑事诉讼规则》第二百一十七条第二款条，侦查机关扣押邮件、电子邮件、电报应当遵守下列程序和要求：（1）侦查人员认为需要扣押犯罪嫌疑人的邮件、电子邮件、电报的时候，应当经县级以上公安机关负责人或者人民检察院检察长批准，制作扣押邮件、电报通知书，通知邮电部门或者网络服务单位将有关的邮件、电报或者电子邮件检交扣押。（2）不需要继续扣押的时候，应当经县级以上公安机关负责人或者人民检察院检察长批准，制作解除扣押邮件、电报通知书，立即通知邮电部门或者网络服务单位。（3）对扣押的邮件、电子邮件、电报，经查明确实与案件无关的，应当在3日以内解除扣押，退还原邮电部门、网络服务单位。

【查封、扣押程序】 是指侦查机关在实施查封、扣押措施时应当遵守的诉讼程序。根据《刑事诉讼法》第一百四十一条、《公安机关办理刑事案件程序规定》第二百二十八条、第二百二十九条、《人民检察院刑事诉讼规则》第二百零八条规定，侦查机关应当按照下列程序进行查封、扣押：（1）侦查人员查封、扣押涉案财物和文件，应当经过办案部门负责人批准，由2名以上侦查人员执行。（2）侦查人员在执行查封、扣押时应当出示身份证明和查封、扣押决定书。（3）对查封、扣押的财物、文件，要妥善保管或者封存，不得使用、调换或者损毁。（4）查封、扣押的情况应当制作笔录，由侦查人员、持有人和见证人签名。对于无法确定持有人或者持有人拒绝签名的，侦查人员应当在笔录中注明。

根据《公安机关办理刑事案件程序规定》第二百二十八条第一款规定，在侦查过程中需要扣押财物、文件的，应当经办案部门负责人批准，制作扣押决定书；在现场勘查或者搜查中需要扣押财物、文件的，由现场指挥人员决定；但扣押财物、文件价值较高或者可能严重影响正常生产经营的，应当经县级以上公安机关负责人批准，制作扣押决定书。根据《办理刑事案件适用查封、冻结措施规定》第三条、第四条规定，公安机关在查封的过程中还应当注意以下几点：（1）查封涉案财物，应当为犯罪嫌疑人及其所扶养的家属保留必要的生活费用和物品。（2）严禁在立案之前查封财物。对于境外司法、警察机关依据国际条约、协议或者互惠原则提出的查封请求，可以根据公安部的执行通知办理有关法律手续。（3）查封的涉案财物，除依法应当返还被害人或者经查明确实与案件无关的以外，不得在诉讼程序终结之前作出处理，法律和有关规定另有规定的除外。（4）查封的涉案财物涉及国家秘密、商业秘密、个人隐私的，应当保密。《人民检察院刑事诉讼规则》第一百八十条还对异地查封、扣押问题作出了专门规定。

【查封、扣押清单】 是指侦查人员在查封、扣押时对被查封、扣押的涉案财物、文件所制作的清单。根据《刑事诉讼法》第一百四十二条、《公安机关办理刑事案件程序规定》第二百三十条规定，侦查人员应当按照下列要求制作查封、扣押清单：（1）对查封、扣押的财物和文件，侦查人员应当会同在场见证人和被查封、扣押财物、文件的持有人查点清楚，当场开列查封、扣押清单。（2）侦查人员应当在清单上写明查封、扣押财物、文件的名称、编号、型号、规格、数量、质量、颜色、新旧程度、包装等主要特征及其来源等。（3）清单由侦查人员、持有人和见证人签名或者盖章。对于无法确定持有人的财物、文件的，或者持有人拒绝签名的，或者持有人不在场的，侦查人员应当在清单中注明。（4）根据需要，侦查人员应当开列清单一式三份，写明财物或者文件的名称、编号、数量、特征及其来源等，由侦查人员、持有人和见证人签名，一份交给持有人，一份交给公安机关保管人员，一份附卷备查。（5）依法扣押文物、金银、珠宝、名贵字画等贵重财物的，应当拍照或者录像，并及时鉴定、估价。

【查封、扣押财物、文件的保管】 是指侦查机关在查封、扣押以后，对查封、扣押的财物、文件依法予以妥善保管，以免影响其作为证据使用。根据《公安机关办理刑事案件程序规定》第二百三十一条、第二百三十五条、第二百三十六条规定，对查封、扣押的财物及其孳息、文件，公安机关应当妥善保管，以供核查。任何单位和个人不得违规使用、调换、损毁或者自行处理。对于易损毁、灭失、腐烂、变质而不宜长期保存，或者难以保管的物品，经县级以上公安机关主要负责人批准，可以在拍照或者录音录像后委托有关部门变卖、拍卖，变卖、拍卖的价款暂予保存，待诉讼终结后一并处理。对作为犯罪证据但不便提取或者没有必要提取的财物、文件，经登记、拍照或者录音录像、估价后，可以交财物、文件持有人保管或者封存，并且开具登记保存清单一式两份，由侦查人员、持有人和见证人签名，一份交给财物、文件持有人，另一份连同照片或者录音录像资料附卷备查。财物、文件持有人应当妥善保管，不得转移、变卖、毁损。

根据《人民检察院刑事诉讼规则》第二百一十七条规定，对于扣押的款项和物品，应当在3日以内将款项存入唯一合规账户，将物品送负责案件管理的部门保管。法律或者有关规定另有规定的除外。对于查封、扣押在人民检察院的物品、文件、邮件、电报，人民检察院应当妥善保管。经查明确实与案件无关的，应当在3日以内作出解除或者退还决定，并通知有关单位、当事人办理相关手续。

【查封、扣押物品的处理】 即侦查机关在查封、扣押物品以后依法采取的各种处理措施。根据《公安机关办理刑事案件程序规定》第二百三十三条至第二百三十六条的规定，有以下事项：（1）对查封、扣押的财物、文件、邮件、电子邮件、电报，经查明确实与案件无关的，应当在3日以内解除查封、扣押，退还原主或者原邮电部门、网络服务单位；原主不明确的，应当采取公告方式告知原主认领。在通知原主或者公告后6个月以内，无人认领的，按照无主财物处理，登记后上缴国库。（2）有关犯罪事实查证属实后，对于有证据证明权属明确且无争议的被害人合法财产及其孳息，且返还不损害其他被害人或者利害关系人的利益，不影响案件正常办理的，应当在登记、拍照或者录音录像和估价后，报经县级以上公安机关负责人批准，开具发还清单返还，并在案卷材料中注明返还的理由，将原物照片、发还清单和被害人的领取手续存卷备查。查找不到被害人，或者通知被害人后，无人领取的，应当将有关财产及其孳息随案移送。（3）在侦查期间，对于易损毁、灭失、腐烂、变质而不宜长期保存，或者难以保管的物品，经县级以上公安机关主要负责人批准，可以在拍照或者录音录像后委托有关部门变卖、拍卖，变卖、拍卖的价款暂予保存，待诉讼终结后一并处理。（4）对于违禁品，应当依照国家有关规定处理；需要作为证据使用的，应当在诉讼终结后处理。

【解除查封、扣押】 是指侦查机关对查封、扣押的财物、文件、邮件、电报，经查明确实与案件无关的，应当在3日以内解除查封、扣押，予以退还。根据《公安机关办理刑事案件程序规定》第二百三十三条，对查封、扣押的财物、文件、邮件、电子邮件、电报，经查明确实与案件无关的，应当在3日以内解除查封、扣押，退还原主或者原邮电部门、网络服务单位；原主不明确的，应当采取公告方式告知原主认领。在通知原主或者公告后6个月以内，无人认领的，按照无主财物处理，登记后上缴国库。根据《人民检察院刑事诉讼规则》第二百一十七条，对于扣押的款项和物品，应当在3日以内将款项存入唯一合规账户，将物品送负责案件管理的部门保管。法律或者有关规定另有规定的除外。对于查封、扣押在人民检察院的物品、文件、邮件、电报，应当妥善保管，不得使用、调换、损毁或者自行处理。经查明确实与案件无关的，应当在3日以内作出解除或者退还决定，并通知有关单位、当事人办理相关手续。

根据《办理刑事案件适用查封、冻结措施规定》第三十七条至第三十九条，公安机关在解除查封时还应当遵守程序和要求：（1）人民检察院决定不起诉并对涉案财物解除查封的案件，公安机关应当在接到人民检察院的不起诉决定和解除查封财物的通知之日起3日以内对不宜移送而未随案移送的财物解除查封。

对于人民检察院提出的对被不起诉人给予行政处罚、行政处分等检察意见中涉及查封涉案财物的，公安机关应当及时予以处理或者移送有关行政主管机关处理，并将处理结果通知人民检察院。(2) 公安机关决定撤销案件或者对犯罪嫌疑人终止侦查的，除依照法律和有关规定另行处理的以外，应当在作出决定之日起3日以内对侦查中查封的涉案财物解除查封。需要给予行政处理的，应当及时予以处理或者移交有关行政主管机关处理。(3) 解除查封的，应当在3日以内制作协助解除查封通知书，送交协助查封的有关部门办理，并通知所有权人或者使用权人。张贴制式封条的，启封时应当通知当事人到场；当事人经通知不到场，也未委托他人到场的，办案人员应当在见证人的见证下予以启封。提取的有关产权证照应当发还。必要时，可以予以公告。

【查询】 是指人民检察院、公安机关根据侦查犯罪的需要，要求有关单位和个人配合，依照规定查询犯罪嫌疑人的存款、汇款、债券、股票、基金份额等财产。查询犯罪嫌疑人的存款、汇款等财产，有助于查明或者证实犯罪嫌疑人的有关犯罪事实。根据《公安机关办理刑事案件程序规定》第二百三十七条和《人民检察院刑事诉讼规则》第二百一十二条，向金融机构等单位查询犯罪嫌疑人的存款、汇款、证券交易结算资金、期货保证金等资金，债券、股票、基金份额和其他证券，以及股权、保单权益和其他投资权益等财产，应当经县级以上公安机关负责人批准，制作协助查询财产通知书，通知金融机构等单位协助办理。根据《人民检察院刑事诉讼规则》第二百一十六条，人民检察院查询与案件有关的单位的存款、汇款、债券、股票、基金份额等财产时，也可以适用以上程序。

【冻结】 是指人民检察院、公安机关根据侦查犯罪的需要，要求有关单位和个人配合，依照规定不允许提取或者处分犯罪嫌疑人的存款、汇款、债券、股票、基金份额等财产的一种侦查措施。冻结犯罪嫌疑人的存款、汇款等财产，既有助于证实犯罪和惩罚犯罪，也可以维护国家、集体的经济利益和公民个人的财产利益。根据《公安机关办理刑事案件程序规定》第二百三十九条、第二百四十六条和《人民检察院刑事诉讼规则》第二百一十二条、第二百一十四条规定，需要冻结犯罪嫌疑人在金融机构等单位的存款、汇款、债券、股票、基金份额等财产的，应当经县级以上公安机关负责人批准或者人民检察院检察长批准，制作协助冻结财产通知书或者冻结财产通知书，通知金融机构等单位协助办理。有关单位应当在相关通知书回执中注明办理情况。对冻结的债券、股票、基金份额等财产，应当告知当事人或者其法定代理人、委托代理人有权申请出售。权利人书面申请出售被冻结的债券、股票、基金份额等财产，不损害国家利益、被害人、其他权利人利益的，不影响诉讼正常进行的，以及冻结的汇票、本票、支票的有效期即将届满的，经县级以上公安机关负责人批准或者人民检察院检察长批准，可以依法出售或者变现，所得价款应当继续冻结在其对应的银行账户中；没有对应的银行账户的，所得价款由公安机关或者人民检察院在银行指定专门账户保管，并及时告知当事人或者其近亲属。

根据《办理刑事案件适用查封、冻

结措施规定》第三条、第四条、第二十七条、第三十一条，公安机关在采取冻结措施时还应当注意如下几点：（1）冻结涉案财物，应当为犯罪嫌疑人及其所扶养的家属保留必要的生活费用和物品。（2）严禁在立案之前冻结财物。（3）冻结的涉案财物，除依法应当返还被害人或者经查明确实与案件无关的以外，不得在诉讼程序终结之前作出处理，但法律和有关规定另有规定的除外。（4）冻结的涉案财物涉及国家秘密、商业秘密、个人隐私的，应当保密。（5）冻结涉案账户的款项数额，应当与涉案金额相当，但不得超出涉案金额范围冻结款项。（6）对各类专门清算交收账户、保证金账户、清算基金账户、客户备付金账户，不得整体冻结，法律另有规定的除外。

【配合冻结的义务】 是指在侦查机关依法采取冻结措施的过程中，有关单位和个人应当予以配合，协助办理冻结措施。由于冻结措施往往涉及银行业金融机构、特定非金融机构、邮政部门、证券公司、证券登记结算机构、证券投资基金管理公司、保险公司、信托公司等较为特殊的单位或者行业，侦查机关在采取冻结措施离不开相关单位或者个人的配合。有鉴于此，《刑事诉讼法》第一百四十四条第一款明确规定，人民检察院、公安机关依法冻结财产时，有关单位和个人应当配合。根据《办理刑事案件适用查封、冻结措施规定》第二十五条，有关单位接到公安机关协助冻结财产通知书后，应当立即对涉案财物予以冻结，办理相关手续，不得推诿拖延，不得泄露有关信息。有关单位办理完毕冻结手续后，在当事人查询时可以予以告知。为了确保有关单位和个人顺利履行配合义务，《办理刑事案件适用查封、冻结措施规定》第五十四条、第五十五条规定了相应的保障措施：（1）依法应当协助办理查封、冻结措施的有关部门、单位和个人有下列行为之一的，公安机关应当向有关部门和单位通报情况，依法追究其相应责任：对应当查封、冻结的涉案财物不予查封、冻结，致使涉案财物转移的；在查封冻结前向当事人泄露信息的；帮助当事人转移、隐匿财产的；其他无正当理由拒绝协助配合的。（2）公安机关对以暴力、威胁等方法阻碍有关部门和单位协助办理查封、冻结措施的行为，应当及时制止，依法查处。

【特殊财产的冻结程序】 是指侦查机关对股权、保单权益等特殊财产采取冻结措施所遵守的诉讼程序。除了对犯罪嫌疑人的存款、汇款、债券、股票、基金份额等较为常见的财产采取冻结措施，侦查机关还可以对股权、保单权益等较为特殊的财产采取冻结措施，但是应当遵守特殊的诉讼程序。根据《办理刑事案件适用查封、冻结措施规定》第二十八条、第二十九条，冻结股权的，应当经设区的市一级以上公安机关负责人批准，冻结上市公司股权应当经省级以上公安机关负责人批准，并在协助冻结财产通知书中载明公司名称、股东姓名或者名称、冻结数额或者股份等与登记事项有关的内容。冻结股权期限为6个月。需要延长期限的，应当按照原批准权限和程序，在冻结期限届满前5日以内办理续冻手续。每次续冻期限最长不得超过6个月。冻结保单权益的，应当经设区的市一级以上公安机关负责人批准，冻结保单权益期限为6个月。需要延长期限的，应当按照原批准权限和程序，在冻结期限届满前5日以内办理续冻手续。每次续冻期限最长不得超过6个月。冻结保单权益没有直接对应本人账户的，可以冻结相关受益人的账户，并要求有关单位协助，但不得变更受益人账户，不得损害第三方利益。人寿险、养老险、交强险、机动车第三者责任险等提供基本保障的保单原则上不得冻结，确需冻结的，应当经省级以上公安机关负责人批准。

【不得冻结的财产】 是指禁止侦查机关采取冻结措施的有关账户和款项。根据《办理刑事案件适用查封、冻结措施规定》第三十条规定，对下列账户和款项，不得冻结：金融机构存款准备金和备付金；特定非金融机构备付金；封闭贷款专用账户（在封闭贷款未结清期间）；商业汇票保证金；证券投资者保障基金、保险保障基金、存款保险基金；党、团费账户和工会经费集中户；社会保险基金；国有企业下岗职工基本生活保障资金；住房公积金和职工集资建房账户资金；人民法院开立的执行账户；军队、武警部队一类保密单位开设的“特种预算存款”“特种其他存款”和连队账户的存款；金融机构质押给中国人民银行的债券、股票、贷款；证券登记结算机构、银行间市场交易组织机构、银行间市场集中清算机构、银行间市场登记托管结算机构、经国务院批准或者同意设立的黄金交易组织机构和结算机构等依法按照业务规则收取并存放于专门清算交收账户内的特定股票、债券、票据、贵金属等有价凭证、资产和资金，以及按照业务规则要求金融机构等登记托管结算参与人、清算参与人、投资者或者发行人提供的、在交收或清算结算完成之前的保证金、清算基金、回购质押券、价差担保物、履约担保物等担保物，支付机构客户备付金；其他法律、行政法规、司法解释、部门规章规定不得冻结的账户和款项。

【异地冻结】 是指办案地的侦查人员前往协作地，由协作地侦查机关协助其采取冻结措施。根据《办理刑事案件适用查封、冻结措施规定》第三十二条，办案地公安机关需要异地办理冻结的，应当由2名以上侦查人员持办案协作函、法律文书和工作证件前往协作地联系办理，协作地公安机关应当协助执行。在紧急情况下，可以将办案协作函、相关法律文书和工作证件复印件通过传真、电传等方式发至协作地县级以上公安机关委托执行，或者通过信息化应用系统传输加盖电子签章的办案协作函、相关法律文书和工作证件扫描件。协作地公安机关收到材料后，经审查确认，应当在传来法律文书上加盖本地公安机关印章，及时到有关银行业金融机构执行冻结，有关银行业金融机构应当予以协助。

【集中冻结】 是指公安机关根据侦查犯罪的需要，集中对涉案账户较多的犯罪嫌疑人采取冻结措施。根据《办理刑事案件适用查封、冻结措施规定》第三十三条规定，根据侦查犯罪的需要，对于涉案账户较多，办案地公安机关需要对其集中冻结的，可以分别按照以下程序办理：（1）涉案账户开户地属同一省、自治区、直辖市的，应当由办案地公安机关出具协助冻结财产通知书，填写冻结申请表，经该公安机关负责人审核，逐级上报省级公安机关批准后，由办案地公安机关指派2名以上侦查人员持工作证件，将冻结申请表、协助冻结财产通知书等法律文书送交有关银行业金融机构的省、区、市分行。该分行应当在24小时以内采取冻结措施，并将有关法律文书传至相关账户开户的分支机构。(2)涉案账户开户地分属不同省、自治区、直辖市的，应当由办案地公安机关出具协助冻结财产通知书，填写冻结申请表，经该公安机关负责人审核，逐级上报公安部按照规定程序批准后，由办案地公安机关指派2名以上侦查人员持工作证件，将冻结申请表、协助冻结财产通知书等法律文书送交有关银行业金融机构总部。该总部应当在24小时以内采取冻结措施，并将有关法律文书传至相关账户开户的分支机构。(3)有关银行业金融机构因技术条件等客观原因，无法按照前款要求及时采取冻结措施的，应当向公安机关书面说明原因，并立即向中国银行业监督管理委员会或者其派出机构报告。

【不得重复冻结】 是指侦查机关不得对已经被有关国家机关冻结的犯罪嫌疑人的存款、汇款、债券、股票、基金份额等财产再次采取冻结措施。根据《人民检察院刑事诉讼规则》第二百一十三条规定，犯罪嫌疑人的存款、汇款、债券、股票、基金份额等财产已冻结的，人民检察院不得重复冻结，可以轮候冻结，应当要求有关银行或者其他金融机构、邮电部门在解除冻结或者作出处理前通知人民检察院。另外，根据《公安机关办理刑事案件程序规定》第二百四十二条、《办理刑事案件适用查封、冻结措施规定》第四十三条、第四十四条，尽管公安机关不能重复冻结，但是可以轮候冻结。需要轮候查封、冻结的，应当依照有关部门共同发布的规定执行。查封、冻结依法解除或者到期解除后，按照时间顺序登记在先的轮候查封、冻结自动生效。不同国家机关之间，对同一涉案财物要求查封、冻结的，协助办理的有关部门和单位应当按照送达相关通知书的先后顺序予以登记，协助首先送达通知书的国家机关办理查封、冻结手续，对后送达通知书的国家机关作轮候查封、冻结登记，并书面告知该涉案财物已被查封、冻结的有关情况。但是，根据《办理刑事案件适用查封、冻结措施规定》第四十六条，公安机关根据侦查犯罪的需要，对其已经查封、冻结的涉案财物，继续办理续封、续冻手续的，或者公安机关移送审查起诉，人民检察院需要重新办理查封、冻结手续的，应当在原查封、冻结期限届满前办理续封、续冻手续。申请轮候查封、冻结的其他国家机关不得以送达通知书在先为由，对抗相关办理续封、续冻手续的效力。

【冻结期限】 是指侦查机关在冻结犯罪嫌疑人的存款、汇款、债券、股票、基金份额等财产时应当遵守的时间限制。根据《公安机关办理刑事案件程序规定》第二百四十三条至第二百四十五条、《办理刑事案件适用查封、冻结措施规定》第二十六条规定，冻结存款、汇款、证券交易结算资金、期货保证金等资金，或者投资权益等其他财产的期限为6个月。需要延长期限的，应当经作出原冻结决定的县级以上公安机关负责人批准，在冻结期限届满前5日以内办理续冻手续。每次续冻期限最长不得超过6个月。对重大、复杂案件，经设区的市一级以上公安机关负责人批准，冻结存款、汇款、证券交易结算资金、期货保证金等资金的期限可以为1年。需要延长期限的，应当按照原批准权限和程序，在冻结期限届满前5日以内办理续冻手续。每次续冻期限最长不得超过1年。冻结债券、股票、基金份额等证券的期限为2年。需要延长冻结期限的，应当经作出原冻结决定的县级以上公安机关负责人批准，在冻结期限届满前5日以内办理续冻手续。每次续冻期限最长不得超过2年。冻结期限届满，未办理续冻手续的，冻结自动解除。股权、保单权益或者投资权益的期限为6个月。每次续冻期限最长不得超过6个月。

【冻结财产的处理】 是指侦查机关采取冻结措施以后，根据不同情况对被冻结的涉案财物所采取的保管、管理、随案移送等各种处理措施。根据《办理刑事案件适用查封、冻结措施规定》第三条第三款、第三十六条、第三十七条、第五十条规定，公安机关对冻结财产的处理包括：（1）公安机关应当严格执行有关规定，建立健全涉案财物管理制度，指定专门部门，建立专门台账，对涉案财物加强管理、妥善保管。任何单位和个人不得贪污、侵占、挪用、私分、调换、抵押或者违反规定使用、处置查封、冻结的涉案财物，造成查封、冻结的涉案财物损毁或者灭失的，应当承担相应的法律责任。（2）对冻结的涉案财物及其孳息，应当制作清单，随案移送。对作为证据使用的实物应当随案移送，对不宜移送的，应当将其清单、照片或者其他证明文件随案移送。（3）对于人民检察院提出的对被不起诉人给予行政处罚、行政处分等检察意见中涉及查封、冻结涉案财物的，公安机关应当及时予以处理或者移送有关行政主管机关处理，并将处理结果通知人民检察院。（4）冻结的涉案财物，除依法应当返还被害人或者经查明确实与案件无关的以外，不得在诉讼程序终结之前作出处理。法律和有关规定另有规定的除外。公安机关对冻结财产的处理措施还包括：（1）对于冻结在银行、其他金融机构或者邮政部门的赃款，应当向人民法院随案移送该银行、其他金融机构或者邮政部门出具的证明文件，待人民法院作出生效判决后，由人民法院通知该银行、其他金融机构或者邮政部门上缴国库。（2）侦查过程中犯罪嫌疑人死亡的，公安机关认为犯罪嫌疑人的存款、汇款、证券和证券交易结算资金、投资权益、股权应当依法予以没收或者返还被害人的，可以申请人民法院裁定通知冻结犯罪嫌疑人存款、汇款、证券和证券交易结算资金、投资权益、股权的银行、其他金融机构或者邮政部门上缴国库或者返还被害人。

【冻结的救济】 是指在侦查机关的冻结措施存在错误的情况下，有关当事人等所采取的申诉、控告或者申请国家赔偿等救济性措施。根据《办理刑事案件适用查封、冻结措施规定》第五十一条、第五十二条规定，冻结的救济包括2种：（1）当事人和辩护人、诉讼代理人、利害关系人对于公安机关及其侦查人员有下列行为之一的，有权向该机关申诉或者控告：对与案件无关的财物采取查封、冻结措施的；明显超出涉案范围查封、冻结财物的；应当解除查封、冻结不解除的；贪污、侵占、挪用、私分、调换、抵押、质押以及违反规定使用、处置查封、冻结财物的。受理申诉或者控告的公安机关应当及时进行调查核实，并在收到申诉、控告之日起30日以内作出处理决定，书面回复申诉人、控告人。发现公安机关及其侦查人员有上述行为之一的，应当立即纠正。当事人及其辩护律师、诉讼代理人、利害关系人对处理决定不服的，可以向上级公安机关或者同级人民检察院申诉。上级公安机关发现下级公安机关存在前款规定的违法行为或者对申诉、控告事项不按照规定处理的，应当责令下级公安机关限期纠正，下级公安机关应当立即执行。必要时，上级公安机关可以就申诉、控告事项直接作出处理决定。人民检察院对申诉查证属实的，应当通知公安机关予以纠正。(2) 公安机关办理刑事案件适用查封、冻结措施，因违反有关规定导致国家赔偿的，应当承担相应的赔偿责任，并依照国家赔偿法的规定向有关责任人员追偿部分或者全部赔偿费用，协助执行的部门和单位不承担赔偿责任。

【解除冻结】 是指侦查机关对冻结的存款、汇款、债券、股票、基金份额等财产，经查明确实与案件无关的，应当解除冻结，予以退还。根据《公安机关办理刑事案件程序规定》第二百四十条、第二百四十一条、第二百四十七条和《人民检察院刑事诉讼规则》第二百一十五条规定，对冻结的存款、汇款、债券、股票、基金份额等财产，经查明确实与案件无关的，公安机关或者人民检察院应当在3日以内通知金融机构等单位解除冻结，并通知被冻结财产的所有人。对于不需要继续冻结犯罪嫌疑人存款、汇款、债券、股票、基金份额等财产时，应当经县级以上公安机关负责人批准，制作协助解除冻结财产通知书，通知金融机构等单位执行。如果公安机关逾期不办理继续冻结手续的，视为自动解除冻结。

根据《办理刑事案件适用查封、冻结措施规定》第三十六条至第四十一条规定，公安机关解除冻结时还应当遵守下列规定：(1) 对于随案移送的财物，人民检察院需要继续冻结的，应当及时书面通知公安机关解除原冻结措施，并同时依法重新作出冻结决定。(2) 人民检察院决定不起诉并对涉案财物解除冻结的案件，公安机关应当在接到人民检察院的不起诉决定和解除冻结财物的通知之日起3日以内对不宜移送而未随案移送的财物解除冻结。(3) 公安机关决定撤销案件或者对犯罪嫌疑人终止侦查的，除依照法律和有关规定另行处理的以外，应当在作出决定之日起3日以内对侦查中查封、冻结的涉案财物解除冻结。(4) 解除冻结的，应当在3日以内制作协助解除冻结财产通知书，送交协助办理冻结的有关单位，同时通知被冻结财产的所有人。有关单位接到协助解除冻结财产通知书后，应当及时解除冻结。(5) 需要解除集中冻结措施的，应当由作出冻结决定的公安机关出具协助解除冻结财产通知书，银行业金融机构应当协助解除冻结。上级公安机关认为应当解除集中冻结措施的，可以责令下级公安机关解除。

【鉴定】 是指侦查机关指派或者聘请具有专门知识的人，就案件中某些专门性问题进行鉴别判断并作出结论的一种侦查活动。鉴定是一种重要的侦查手段，它对审查判断其他证据，查明案件事实，认定案件性质，准确地揭露犯罪以及证实犯罪分子等都具有重要作用。在刑事诉讼中，需要鉴定的专门性问题非常广泛，其鉴定种类也比较繁多。在我国刑事诉讼中，当事人自己不能聘请鉴定人。对当事人要求自行委托鉴定机构、鉴定人鉴定的，应当告知当事人由公安机关委托鉴定。对当事人提交的鉴定意见可以参考，但不得作为定案的根据。另外，当事人有权申请鉴定人回避，或者申请补充鉴定或者重新鉴定。

【司法鉴定】 是指在诉讼活动中鉴定人

运用科学技术或者专门知识对诉讼涉及的专门性问题进行鉴别和判断并提供鉴定意见的活动。国家对从事司法鉴定业务的鉴定人和鉴定机构实行登记管理制度。只有获得鉴定资质的鉴定机构或者鉴定人才能从事司法鉴定业务。根据2015年修正的《司法鉴定管理问题决定》第二条、第十七条规定，常见的司法鉴定分为如下4类：（1）法医类鉴定，包括法医病理鉴定、法医临床鉴定、法医精神病鉴定、法医物证鉴定和法医毒物鉴定。（2）物证类鉴定，包括文书鉴定、痕迹鉴定和微量鉴定。（3）声像资料鉴定，包括对录音带、录像带、磁盘、光盘、图片等载体上记录的声音、图像信息的真实性、完整性及其所反映的情况过程进行的鉴定和对记录的声音、图像中的语言、人体、物体作出种类或者同一认定。（4）根据诉讼需要由国务院司法行政部门商最高人民法院、最高人民检察院确定的其他应当对鉴定人和鉴定机构实行登记管理的鉴定事项。根据司法部于2000年11月29日印发的《司法鉴定执业分类规定（试行）》，司法鉴定包括：法医病理鉴定、法医临床鉴定、法医精神病鉴定、法医物证鉴定、法医毒物鉴定、司法会计鉴定、文书司法鉴定、痕迹司法鉴定、微量物证鉴定、计算机司法鉴定、建筑工程司法鉴定、声像资料司法鉴定、知识产权司法鉴定。

【司法鉴定业务的登记管理制度】 是指国家对从事司法鉴定业务的鉴定人和鉴定机构实行登记管理制度。司法鉴定业务的登记管理制度是我国实行司法鉴定体制改革的产物。根据2015年修正的《司法鉴定管理问题决定》第二条规定，国家对从事下列司法鉴定业务的鉴定人和鉴定机构实行登记管理制度：（1）法医类鉴定。（2）物证类鉴定。（3）声像资料鉴定。（4）根据诉讼需要由国务院司法行政部门商最高人民法院、最高人民检察院确定的其他应当对鉴定人和鉴定机构实行登记管理的鉴定事项。根据《司法鉴定管理问题决定》的规定，只有经登记管理部门核准登记、取得鉴定资质的鉴定人或者鉴定机构，才能从事司法鉴定业务。国务院司法行政部门主管全国鉴定人和鉴定机构的登记管理工作。省级人民政府司法行政部门依照本决定的规定，负责对鉴定人和鉴定机构的登记、名册编制和公告。申请从事司法鉴定业务的个人、法人或者其他组织，由省级人民政府司法行政部门审核，对符合条件的予以登记，编入鉴定人和鉴定机构名册并公告。省级人民政府司法行政部门应当根据鉴定人或者鉴定机构的增加和撤销登记情况，定期更新所编制的鉴定人和鉴定机构名册并公告。侦查机关根据侦查工作的需要可以设立鉴定机构，但是不得面向社会接受委托从事司法鉴定业务。人民法院和司法行政部门不得设立鉴定机构。鉴定人从事司法鉴定业务，由所在的鉴定机构统一接受委托。鉴定人和鉴定机构应当在鉴定人和鉴定机构名册注明的业务范围内从事司法鉴定业务。各鉴定机构之间没有隶属关系；鉴定机构接受委托从事司法鉴定业务，不受地域范围的限制。鉴定人应当在一个鉴定机构中从事司法鉴定业务。为了规范鉴定人和司法鉴定机构登记管理工作，规范司法鉴定活动，建立统一的司法鉴定管理体制，司法部于2005年9月29日颁布了《司法鉴定人登记管理办法》和《司法鉴定机构登记管理办法》，公安部于2005年12月29日颁布了《公安机关鉴定人登记管理办法》①，最高人民检察院于2006年11月30日颁布了《人民检察院鉴定人登记管理办法》，分别对各自管辖范围内的鉴定人的登记管理办法做出了详细规定。

【鉴定机构】 是指经有关登记管理部门核准登记，取得鉴定机构资格证书并开展鉴定工作的机构。在实行司法鉴定业务登记管理制度以后，我国有3种类型的鉴定机构：（1）由司法部负责登记和管理的社会鉴定机构。根据《司法鉴定机构登记管理办法》第三条规定，社会上的司法鉴定机构是指从事《司法鉴定管理问题决定》第二条规定的司法鉴定业务的法人或者其他组织。司法鉴定机构是司法鉴定人的执业机构，应当具备本办法规定的条件，经省级司法行政机关审核登记，取得《司法鉴定许可证》，在登记的司法鉴定业务范围内，开展司法鉴定活动。（2）由公安机关设立的鉴定机构。根据《公安机关鉴定规则》第三条规定，公安机关设立的鉴定机构是指根据《公安机关鉴定机构登记管理办法》，经公安机关登记管理部门核准登记，取得鉴定机构资格证书并开展鉴定工作的机构。鉴定机构应当在公安机关登记管理部门核准的鉴定项目范围内受理鉴定事项。（3）由人民检察院设立的鉴定机构。根据《人民检察院鉴定机构登记管理办法》第二条规定，本规则所称鉴定机构，是指在人民检察院设立的，取得鉴定机构资格并开展鉴定工作的部门。人民检察院的鉴定机构可以受理人民检察院、人民法院和公安机关以及其他侦查机关委托的鉴定。人民检察院内部委托的鉴定实行逐级受理制度，对其他机关委托的鉴定实行同级受理制度。根据《司法鉴定管理问题决定》第七条规定，侦查机关根据侦查工作的需要设立的鉴定机构，不得面向社会接受委托从事司法鉴定业务。人民法院和司法行政部门不得设立鉴定机构。

【鉴定机构的确定】 是指公安司法机关从获得鉴定资格的鉴定机构中依法指派、聘请或者委托鉴定机构就案件的专门性问题进行鉴定。公安机关需要对案件涉及的专门性问题进行鉴定时，既可以指派本公安机关有专门鉴定资格的机构进行鉴定，也可以聘请本公安机关以外的具体鉴定资格的鉴定机构进行鉴定。各鉴定机构之间没有隶属关系；鉴定机构接受委托从事司法鉴定业务，不受地域范围的限制。公安机关应当根据不同的鉴定种类，确定不同的鉴定机构。例如，对于刑事技术鉴定，由县级以上公安机关的刑事技术部门负责进行，由具有鉴定员以上职称的专业技术人员担任，必要时还可聘请有专门知识的人协助鉴定；对人身伤情进行鉴定，应当由县级以上公安机关鉴定机构2名以上鉴定人负责实施，对于伤情鉴定比较疑难，对鉴定意见可能发生争议或者鉴定委托主体有明确要求的，伤情鉴定应当由3名以上主检法医师或4名以上法医官负责实施；对人身伤害的医学鉴定有争议需要重要鉴定的，由省级人民政府指定的医院进行；对犯罪嫌疑人、证人或者被害人、自诉人是否能辨认和控制自己的行为，是否具有刑事责任能力或作证能力、自我防卫能力、辨认能力、诉讼能力，应当进行精神病鉴定，由省级人民政府指定的医院进行；价格鉴定由价格部门设立的价格认证机构负责进行；文物鉴定由文

① 已被《公安机关鉴定人登记管理办法》（2019年11月22日公布，2020年5月1日施行）废止。

物部门或者有关鉴定机构负责进行，但涉及文物价格鉴定的，由价格部门设立的价格认证机构负责进行；对淫秽物品的鉴定，由县级以上公安机关治安管理部门进行；对毒品的鉴定，由县级以上公安机关禁毒、刑侦或者刑事技术部门进行；对枪支弹药的鉴定，由地（市）级以上公安机关进行；对电子数据的鉴定，由公安机关网络安全保卫部门设立的电子数据鉴定机构负责进行；对假币的鉴定，由中国人民银行分支机构和中国人民银行授权的鉴定机构负责进行；等等。

【鉴定人负责制度】 是指鉴定人在实施鉴定过程中，根据法律、法规和规章的规定，根据鉴定对象的条件，按照鉴定的科学规律和技术操作规范，对被鉴定的问题提出个人的鉴定意见，对自己的鉴定意见承担责任。根据2015年修正的《司法鉴定管理问题决定》第十条、2016年修订的《司法鉴定程序通则》第五条、2017年2月16日公安部发布的《公安机关鉴定规则》第三十一条规定，鉴定人负责制度包括如下基本内容：（1）鉴定人依法独立、客观、公正进行鉴定和出具鉴定意见，不受任何个人或者组织的非法干预。（2）鉴定人对自己作出的鉴定意见负责。（3）鉴定人应当在鉴定书上签名或者盖章，多人参加的鉴定，对鉴定意见有不同意见的，应当注明。为了体现鉴定人负责制度，鉴定人还应当依法出庭作证，回答与鉴定事项有关的问题（参见“鉴定人出庭作证”词条）。鉴定行为是鉴定人运用自己所掌握的专业知识对专门性问题进行检验、鉴别和判断的活动，属于个人行为。因此，实施鉴定的个人应该对自己的行为和出具的鉴定结论负责。

【鉴定人名册】 是指司法鉴定登记管理部门对核准登记、取得鉴定资质的鉴定人进行编制和公告的名册。鉴定人名册制度是我国鉴定体制改革的重要产物。根据《司法鉴定人登记管理办法》第五条规定，全国实行统一的司法鉴定机构及司法鉴定人审核登记、名册编制和名册公告制度。凡是经登记管理部门核准登记、取得鉴定资质的鉴定人，都应当统一编入司法鉴定人名册，向社会公告。鉴定人和鉴定机构应当在鉴定人和鉴定机构名册注明的业务范围内从事司法鉴定业务。而公安司法机关或者其他单位、组织和公民只能从鉴定人名册中委托鉴定人从事司法鉴定活动。司法行政部门、公安机关和人民检察院根据各自权限分别负责鉴定人名册的编制和公告。例如，根据2015年修正的《司法鉴定管理问题决定》第三条、第六条规定，司法部主管全国鉴定人和鉴定机构的登记管理工作。省级人民政府司法行政部门依照本决定的规定，负责对鉴定人和鉴定机构的登记、名册编制和公告。申请从事司法鉴定业务的个人、法人或者其他组织，由省级人民政府司法行政部门审核，对符合条件的予以登记，编入鉴定人和鉴定机构名册并公告。省级人民政府司法行政部门应当根据鉴定人或者鉴定机构的增加和撤销登记情况，定期更新所编制的鉴定人和鉴定机构名册并公告。再如，根据《公安机关鉴定人登记管理办法》第五条、第二十四条、第二十六条规定，公安部和各省、自治区、直辖市公安厅、局设立或者指定统一的登记管理部门，负责公安机关鉴定人鉴定资格的审核登记、年审、变更、注销、复议、名册编制与公告、监督管理与处罚等。公安部登记管理部门应当将授予鉴定资格的人员编入公安机关鉴定人名册。登记管理部门应当在公安部公报和人民公安报上对公安机关鉴定人名册和鉴定人资格变更、注销情况进行公告。必要时，还应当提供给其他全国范围内发行的报纸刊登。公安部登记管理部门应当及时向最高人民法院、最高人民检察院抄送公安机关鉴定人名册和鉴定人资格变更、注销情况。

【鉴定人的确定】 是指公安司法机关从获得鉴定资格的鉴定人名册中依法指派、聘请或者委托鉴定人就案件的专门性问题进行鉴定。根据《刑事诉讼法》第一百四十六条、第一百四十八条，《公安机关办理刑事案件程序规定》第二百四十八条、第二百五十三条至第二百五十五条，《人民检察院刑事诉讼规则》第二百一十八条、第二百二十一条，以及《刑事诉讼法司法解释》第二百七十三条规定，在刑事诉讼中的鉴定人具有如下显著特点：（1）鉴定人只能由公安机关、人民检察院依照职权进行指派、聘请，或者由人民法院在同意重新鉴定申请以后依照职权进行委托，而当事人无权委托鉴定人进行鉴定。（2）尽管当事人无权委托鉴定人，但是当事人可以向公安司法机关申请补充鉴定或者重新鉴定，公安机关和人民检察院在进行补充鉴定或者重新鉴定时应当另行指派、聘请鉴定人。对当事人要求自行委托鉴定机构、鉴定人鉴定的，应当告知当事人由公安机关委托鉴定。对当事人提交的鉴定意见，可以参考，但不得作为定案的根据。就公安机关而言，需要聘请有专门知识的人进行鉴定，应当经县级以上公安机关负责人批准后，制作鉴定聘请（或指派）书。就检察机关而言，鉴定由检察长批准，由人民检察院技术部门有鉴定资格的人员进行。必要的时候，也可以聘请其他有鉴定资格的人员进行，但是应当征得鉴定人所在单位的同意。根据《人民检察院鉴定规则（试行）》第十条、第十一条规定，人民检察院内部委托的鉴定实行逐级受理制度，对其他机关委托的鉴定实行同级受理制度。人民检察院各业务部门向上级人民检察院或者对外委托鉴定时，应当通过本院或者上级人民检察院检察技术部门统一协助办理。由于人民法院在实行司法鉴定体制改革以后不再设立鉴定机构，因此，人民法院只能向公安机关、人民检察院内设的鉴定机构或者社会鉴定机构委托鉴定人。

【检材】 是指专门用来进行物证技术检验或者鉴定的材料。根据《公安机关鉴定规则》第八条、第九条、第十九条、第二十条、第二十一条、第二十七条、第二十九条、第三十条、第三十四条、第三十七条、第四十九条、第五十一条、第五十九条规定，在鉴定过程中，公安机关、鉴定机构或者鉴定人应当按照下列规定使用检材：（1）送检。委托鉴定单位应当向鉴定机构提交委托鉴定的检材。委托鉴定单位应当指派熟悉案（事）件情况的两名办案人员送检。（2）检材要求。委托鉴定单位提供的检材，应当是原物、原件。无法提供原物、原件的，应当提供符合本专业鉴定要求的复印件、复制件。（3）受理、查验、保管检材。鉴定机构和委托鉴定单位应当在职责范围内妥善管理检材。鉴定人有权要求委托鉴定单位提供鉴定所需的检材。如果委托单位提供的检材虚假或者不具备鉴定条件，鉴定人可以向所在鉴定机构提出拒绝鉴定，或者向所在鉴定机构申请撤销鉴定意见。鉴定人有义务按规定妥善接收、保管、移交与鉴定有关的检材。鉴定机构受理鉴定时，查验可能具有爆炸性、毒害性、放射性、传染性等危险的检材，对确有危险的，应当采取措施排除或者控制危险。核对检材的名称、数量和状态，了解检材的来源、采集和包装方法等。确认是否需要补送检材。鉴定机构对检验鉴定可能造成检材损坏或者无法留存的，应当事先征得委托鉴定单位同意，并在鉴定事项确认书中注明。检材不具备鉴定条件的或危险性未排除的，鉴定机构有权不予受理。实施鉴定前，鉴定人应当查看鉴定事项确认书，核对受理鉴定的检材，明确鉴定任务和鉴定方法，做好鉴定的各项准备工作。（4）退还和领取检材。中止鉴定原因确实无法消除的，鉴定机构应当终止鉴定，将有关检材及时退还委托鉴定单位，并出具书面说明。鉴定文书制作完成后，鉴定机构应当及时通知委托鉴定单位领取鉴定文书和相关检材，对领取情况应当由领取人和鉴定机构经办人分别签字。（5）追究责任。如果送检人故意污染、损毁、调换检材的，或者因严重过失致使检材污染、减损、灭失，导致无法鉴定或者作出错误鉴定的，或者未按照规定对检材排除风险或者作出说明，危及鉴定人、鉴定机构安全的，依照有关规定追究相应责任。

【样本检材】 又称对比样本，是指在鉴定过程中用来与检材进行对比的且与原始的检材具有较大相似性的样本。样本检材通常与犯罪嫌疑人具有较大联系，如犯罪嫌疑人的指印、鞋印，反映作案工具的样本痕迹，嫌疑枪支的弹头、弹壳样本等。样本检材与检材的最大区别在于，检材具有不可选择性，而样本检材具有可选择性。但是，在鉴定过程中应当尽量选用比对条件最好、最具有代表性的样本检材。根据《公安机关鉴定规则》第八条、第九条、第十九条、第二十条、第二十一条、第二十七条、第二十九条、第三十条、第三十四条、第三十七条、第四十九条、第五十一条、第五十九条规定，在鉴定过程中，公安机关、鉴定机构或者鉴定人应当按照下列规定使用检材：（1）送检。委托鉴定单位应当向鉴定机构提交委托鉴定的样本检材。委托鉴定单位应当指派熟悉案（事）件情况的两名办案人员送检。（2）检材要求。送检的检材、样本应当使用规范包装，标识清楚。委托鉴定单位及其送检人向鉴定机构提供的样本应当客观真实，来源清楚可靠。委托鉴定单位应当保证鉴定材料的真实性、合法性。不能排除危险或者无法有效防护，可能危及鉴定人员和机构安全的，不得送检。（3）受理、查验、保管检材。鉴定机构和委托鉴定单位应当在职责范围内妥善管理样本。鉴定人有权要求委托鉴定单位提供鉴定所需的样本检材。鉴定人有义务按规定妥善接收、保管、移交与鉴定有关的样本检材。鉴定机构受理鉴定时，查验可能具有爆炸性、毒害性、放射性、传染性等危险的样本，对确有危险的，应当采取措施排除或者控制危险。确认是否需要补送样本。样本不具备鉴定条件的或危险性未排除的，鉴定机构有权不予受理。实施鉴定前，鉴定人应当查看鉴定事项确认书，核对受理鉴定的样本，明确鉴定任务和鉴定方法，做好鉴定的各项准备工作。（4）退还和领取样本检材。中止鉴定原因确实无法消除的，鉴定机构应当终止鉴定，将有关样本检材及时退还委托鉴定单位，并出具书面说明。鉴定文书制作完成后，鉴定机构应当及时通知委托鉴定单位领取鉴定文书和相关样本检材，对领取情况应当由领取人和鉴定机构经办人分别签字。

【鉴定范围】 是指在刑事诉讼中可以用来鉴定的各种专门性问题。在刑事诉讼中，凡是与案件有关的物品、文件、痕迹、人身、尸体等，原则上都可以进行鉴定。但是，只有当侦查机关遇到专门性较强的问题时才需要指派或者聘请鉴定人进行鉴定。而对于刑事诉讼中的一般问题或者法律问题，只要由侦查人员进行分析判断、作出结论即可，而没有必要进行鉴定。根据相关规定，鉴定的范围包括刑事技术鉴定（与查明案情有关的物品、文件、痕迹、人身、尸体的鉴定）、人身伤害医学鉴定、精神病鉴定、涉案物品价格鉴定、扣押物品的价格鉴定、文物鉴定、珍稀动植物及其制品鉴定、违禁品和危险品鉴定、电子数据鉴定等。

【鉴定程序】 是指侦查机关在组织实施鉴定活动时应当遵守的诉讼程序。根据《公安机关办理刑事案件程序规定》第二百四十八条至第二百五十五条、《人民检察院刑事诉讼规则》第二百一十八条至第二百二十一条规定，侦查机关应当按照下列程序进行鉴定：（1）呈批和批准鉴定。为了查明案情，解决案件中某些专门性问题，侦查机关应当指派、聘请有专门知识的人进行鉴定。鉴定必须经过县级以上公安机关负责人批准。侦查机关委托社会鉴定机构进行鉴定时应当制作鉴定聘请书，指派内设鉴定机构进行鉴定时则不需要制作鉴定聘请书，直接将检材送交鉴定。（2）送检。侦查机关应当为鉴定人进行鉴定提供必要的条件，及时向鉴定人送交有关检材和对比样本等原始材料，介绍与鉴定有关的情况，并且明确提出要求鉴定解决的问题。但是禁止暗示或者强迫鉴定人作出某种鉴定意见。侦查人员应当做好检材的保管和送检工作，并注明检材送检环节的责任人，确保检材在流转环节中的同一性和不被污染。（3）鉴定人进行鉴定。鉴定人应当按照鉴定规则，运用科学方法独立进行鉴定。鉴定后，应当出具鉴定意见，并在鉴定意见书上签名，同时附上鉴定机构和鉴定人的资质证明或者其他证明文件。多人参加鉴定，鉴定人有不同意见的，应当注明。（4）审查鉴定意见。对鉴定意见，侦查人员应当进行审查。必要的时候，可以提出补充鉴定或者重新鉴定的意见，报公安机关负责人批准后进行补充鉴定或者重新鉴定。（5）告知鉴定意见。对经审查作为证据使用的鉴定意见，侦查机关应当及时告知犯罪嫌疑人、被害人或者其法定代理人。告知时，可以只告知鉴定意见的结论部分，对鉴定过程等其他内容不予告知。（6）补充鉴定、重新鉴定。在符合条件的情况下，侦查机关应当进行补充鉴定或者重新鉴定。

【中止鉴定】 是指鉴定机构和鉴定人在鉴定过程中遇到特殊情况从而影响鉴定的正常进行时而暂时停止鉴定，等有关障碍消失以后再恢复鉴定的一种制度。根据《公安机关鉴定规则》第三十六条、第三十七条规定，具有下列情形之一的，鉴定机构及其鉴定人应当中止鉴定：（1）因存在技术障碍无法继续进行鉴定的。（2）需补充鉴定材料无法补充的。（3）委托鉴定单位书面要求中止鉴定的。（4）因不可抗力致使鉴定无法继续进行的。（5）委托鉴定单位拒不履行鉴定委托书规定的义务，被鉴定人拒不配合或者鉴定活动受到严重干扰，致使鉴定无法继续进行的。中止鉴定原因消除后，应当继续进行鉴定。鉴定时限从批准继续鉴定之日起重新计算。中止鉴定或者继续鉴定，由鉴定机构负责人批准。但是，如果确实无法消除中止鉴定原因，那么鉴定机构应当终止鉴定，将有关检材和样本等及时退还委托鉴定单位，并出具书面说明。终止鉴定，由鉴定机构负责人批准。

【补充鉴定】 是指侦查机关指派或者聘请原鉴定人或者其他鉴定人在原鉴定的基础上，对原鉴定存在的问题再次进行鉴定，以便补充或者部分更正原来的鉴定意见。根据《刑事诉讼法》第一百四十八条规定，在侦查机关告知应当用作证据的鉴定意见以后，犯罪嫌疑人、被害人有权提出补充鉴定的申请。根据《公安机关办理刑事案件程序规定》第二百五十四条，具备下列情形之一的，应当补充鉴定：（1）鉴定内容有明显遗漏的。(2) 发现新的有鉴定意义的证物的。(3) 对鉴定证物有新的鉴定要求的。(4) 鉴定意见不完整，委托事项无法确定的。（5）其他需要补充鉴定的情形。根据《人民检察院刑事诉讼规则》第二百二十一条，对于人民检察院告知用作证据的鉴定意见，犯罪嫌疑人、被害人或被害人的法定代理人、近亲属、诉讼代理人提出申请，可以补充鉴定。但是，补充鉴定以后，鉴定费用应当由请求方承担。如果原鉴定违反法定程序，则由人民检察院承担。根据《人民检察院刑事诉讼规则》第三百三十四条、第四百四十九条、第四百五十条，人民检察院在审查起诉或者办理第二审案件过程中审查证据时，如果对鉴定意见有疑问，可以指派检察技术人员或者聘请有鉴定资格的人对案件中的某些专门性问题进行补充鉴定。

根据《公安机关鉴定规则》第四十二条，补充鉴定可以由原鉴定人或者其他鉴定人进行。在接到补充鉴定申请后，公安机关办案部门应当制作呈请补充鉴定报告书或者呈请重新鉴定报告书，报县级以上公安机关负责人批准。县级以上公安机关负责人批准的，应当依照本章关于初次鉴定的规定办理。不批准补充鉴定的，应当在作出决定后3日以内告知申请的犯罪嫌疑人、被害人，并在鉴定结论通知书附卷联中注明申请人、申请事项和不同意或者不批准的理由。根据《人民检察院刑事诉讼规则》第二百二十条规定，对于鉴定意见，检察人员可以进行补充鉴定。

【重新鉴定】 是指在原鉴定存在严重问题的情况下，公安司法机关按照法定程序对原鉴定客体再次予以鉴定。在侦查、起诉和审判阶段，都可以适用重新鉴定。根据《刑事诉讼法》第一百四十八条，在侦查机关告知应当用作证据的鉴定意见以后，犯罪嫌疑人、被害人有权提出重新鉴定的申请。根据《公安机关办理刑事案件程序规定》第二百五十五条、《人民检察院鉴定规则（试行）》第十七条，具备下列情形之一的，公安机关或者人民检察院应当重新鉴定：（1）鉴定程序违法，可能影响鉴定意见正确性的。(2) 鉴定机构、鉴定人不具备鉴定资质和条件的。（3）鉴定机构、鉴定人违反相关专业技术要求的。（4）鉴定机构、鉴定人超出登记范围鉴定，可能导致鉴定意见不准确的。（5）鉴定人故意作虚假鉴定的。（6）鉴定人应当回避而没有回避的。(7) 鉴定意见依据明显不足的。(8) 鉴定意见与案件中其他证据相矛盾的。(9) 鉴定意见不准确的，或者有证据证明鉴定意见确有错误的。(10) 鉴定的检材虚假或者被损坏、被严重污染的。(11)其他可能影响鉴定客观、公正情形的。重新鉴定的批准程序与补充鉴定的批准程序完全相同。但是重新鉴定，应当由侦查机关另行指派或者聘请鉴定人。

根据《刑事诉讼法司法解释》第二百三十八条规定，审判长应当告知当事人及其法定代理人、辩护人、诉讼代理人在法庭审理过程中依法享有申请重新鉴定的诉讼权利。根据《刑事诉讼法司法解释》第九十九条第二款、第二百七十三条规定，审判阶段的重新鉴定按照下列程序办理：(1)鉴定人由于不能抗拒的原因或者有其他正当理由无法出庭的，人民法院可以根据情况决定重新鉴定。(2)法庭审理过程中，当事人及其辩护人、诉讼代理人申请重新鉴定的，应当提供要求重新鉴定的理由。法庭认为有必要的，应当同意，并宣布休庭；根据案件情况，可以决定延期审理。人民法院决定重新鉴定的，应当及时委托鉴定，并将鉴定意见告知人民检察院、当事人及其辩护人、诉讼代理人。

【鉴定期限】 是指侦查机关在组织实施鉴定活动时应当遵循的时间限制。根据《刑事诉讼法》第一百四十九条规定，对犯罪嫌疑人作精神病鉴定的期间不计入办案期限。公安机关受理伤害案件后，应当在24小时内开具伤情鉴定委托书，告知被害人到指定的鉴定机构进行伤情鉴定。根据国家有关部门颁布的人身伤情鉴定标准和被害人当时的伤情及医院诊断证明，具备即时进行伤情鉴定条件的，公安机关的鉴定机构应当在受委托之时起24小时内提出鉴定意见，并在3日内出具鉴定文书。对伤情比较复杂，不具备即时进行鉴定条件的，应当在受委托之日起7日内提出鉴定意见并出具鉴定文书。对影响组织、器官功能或者伤情复杂，一时难以进行鉴定的，待伤情稳定后及时提出鉴定意见，并出具鉴定文书。

【辨认】 是指侦查人员为了查明案情，在必要的时候让被害人、证人和犯罪嫌疑人对与犯罪有关的物品、文件、尸体进行辨认，或者让被害人、证人对犯罪嫌疑人进行辨认，或者让犯罪嫌疑人对其他犯罪嫌疑人进行辨认的一种侦查行为。侦查人员通过辨认活动，可以与犯罪有关的物品、文件、尸体、场所的真实性以及死者的身份情况和犯罪嫌疑人是否为作案人予以辨别确认，从而为侦查工作提供线索和证据，进而有利于查明案情，正确认定案件事实，迅速查获犯罪人，为侦查破案提供重要依据。根据不同的标准，可以将辨认分为不同的种类。例如，根据辨认活动是否公开，辨认分为公开辨认和秘密辨认；根据不同的辨认主体，辨认分为犯罪嫌疑人辨认、被害人辨认和证人辨认；根据不同的辨认对象，辨认分为人体辨认、物体辨认和场所辨认；根据不同的辨认方法，辨认分为直接辨认（主要是实人或者实物辨认）和间接辨认（主要是照片、录像或者录音辨认）。由于辨认是利用人的记忆和感知能力，因此，辨认人的记忆力、感知能力、分辨能力，以及各种主客观因素都会对辨认结果的真实程度或者准确性产生一定的影响。有鉴于此，在辨认之前，侦查人员应当做好充分准备；在辨认过程中，侦查人员应当严格遵守辨认的程序和要求。

【辨认准备】 是指侦查机关在实施辨认措施之前所进行的准备活动。公安机关在实施辨认措施之前应当做好以下准备工作：(1)辨认前，应当查明辨认人是否具备辨认条件，向辨认人详细询（讯）问辨认对象的具体特征，并制作询（讯）问笔录，告知辨认人有意作虚假辨认应负的法律责任，并在笔录中注明。(2) 辨认前应当避免辨认人见到辨认对象。(3) 通知见证人到场，对辨认过程和结果予以见证。(4) 根据辨认对象的情况选择符合规定的陪衬人（物、照片），陪衬人（物、照片）要与辨认对象相近并符合法律规定的数量，并按顺序编号。(5) 选择辨认陪衬人。对犯罪嫌疑人进行辨认的，应当挑选与犯罪嫌疑人性别相同，年龄、气质、身高相近似的人作为辨认陪衬人。对每一名犯罪嫌疑人进行辨认，被辨认的人数不得少于7人，办案人员以及在公安机关工作的其他人员不得替代，并在辨认笔录中写明被辨认人的姓名、编号、排列顺序。对本案犯罪嫌疑人进行多组辨认的，不得重复使用陪衬人。(6) 选择辨认陪衬照片。对犯罪嫌疑人照片进行辨认的，应当选择性别相同，年龄、发式相近似的照片作为辨认陪衬照片。对每一张犯罪嫌疑人照片进行辨认，被辨认的照片不得少于10张，并对所有被辨认照片按顺序编号、打印或者贴附在照片所附纸上，在辨认笔录中写明被辨认照片人的姓名、编号、排列顺序。照片中不得出现犯罪嫌疑人、陪衬人的姓名，辨认的所有照片应当入卷。对与本案有关照片进行多组辨认的，不得重复使用陪衬照片。(7) 选择辨认陪衬物。辨认每一件物品时，混杂的同类物品不得少于5件，按顺序编号并在辨认笔录中写明被辨认物品的名称、编号、排列顺序。(8) 选择辨认场所。辨认应当安排在与发案时间、环境相近似的条件下进行。(9) 对尸体、场所进行辨认的，陪衬物数量不受限制。

【公开辨认】 是指在被辨认人或被辨认物的持有人知晓的情况下，由侦查人员组织被害人、证人或者其他知情的人员等对辨认对象进行的辨认活动。对犯罪现场遗留物、无名尸体和犯罪场所的辨认，通常采用公开辨认方式。对犯罪嫌疑人的公开辨认应当在其被采取强制措施以后进行。对物品的公开辨认需要邀请见证人参加。公开辨认结束以后，公开辨认的经过和结果应当制作辨认笔录，进而作为刑事证据在诉讼中加以公开使用。

【秘密辨认】 是指在辨认对象没有觉察或者不惊动辨认对象的情况下，由侦查人员组织辨认人对辨认对象进行辨认的一种侦查措施。根据案情需要和辨认要求，侦查人员在侦查过程中可以选择公开或者秘密形式进行。根据《公安机关办理刑事案件程序规定》第二百六十一条、《人民检察院刑事诉讼规则》第二百二十六条第四款规定，对犯罪嫌疑人的辨认，辨认人不愿意公开进行时，可以在不暴露辨认人的情况下进行，并应当为其保守秘密。对犯罪嫌疑人的秘密辨认，应当把辨认人安排在既隐蔽又便于观察的地点。对犯罪场所的秘密辨认，应当在采取伪装或掩护措施的情况下进行。对嫌疑物的秘密辨认，应当事先把该物品从侦查对象或其持有人处秘密取来，等辨认结束后再秘密放回原处。

【单独辨认】 是指侦查人员在组织辨认活动时应当由辨认人个别进行辨认。单独辨认包括两个方面：一是在案件需要由两个以上的辨认人对同一个辨认对象进行辨认时，应当将辨认人分开、单独进行辨认，以免他们在辨认的时候相互影响而影响到辨认的客观性和准确性；

另一个是在案件需要由同一个辨认人对两个以上的辨认对象进行辨认时，应当由辨认人对这些辨认对象分别、逐一进行辨认，以免多个辨认对象之间相互干扰而影响到辨认的专一性。有鉴于此，《公安机关办理刑事案件程序规定》第二百五十九条第二款、《人民检察院刑事诉讼规则》第二百二十五条明确规定，几名辨认人对同一被辨认对象进行辨认时，应当由每名辨认人单独或者个别进行。

【混杂辨认】 是指侦查人员在组织辨认时，将辨认对象混杂在与辨认对象相类似的人或者事物之中，让辨认人从中进行辨认。例如，将犯罪嫌疑人混杂在若干个相似的人中间；把照片夹杂在其他照片中间；使辨认物品夹混合在若干个相似的物品中间；等等。混杂辨认只能适用于部分辨认对象，有的辨认对象不适合采用混杂辨认的方式，如对无名尸体或者场所的辨认等。对犯罪嫌疑人的秘密辨认也无法由侦查人员安排混杂客体。但是，由于辨认地点多为人们日常生活或工作的场所，因此，辨认客体往往实际上处于自然混杂的状态中。在适用混杂辨认时应当充分考虑辨认对象的特征。如果辨认对象是人，应当确保混杂客体的性别、年龄、身高、体态等特征与被辨认人相似；如果辨认对象是物体，应当保证混杂客体的种类、形状、型号、颜色等特征与被辨认物相同或相似。而且，侦查人员在组织混杂辨认时，混杂客体还应当满足一定的数量要求。根据《公安机关办理刑事案件程序规定》第二百六十条规定，辨认犯罪嫌疑人时，被辨认的人数不得少于7人；对犯罪嫌疑人照片进行辨认的，不得少于10人的照片；辨认物品时，混杂的同类物品不得少于5件；对物品的照片进行辨认的，不得少于10个物品的照片。但是，对场所、尸体等特定辨认对象进行辨认，或者辨认人能够准确描述物品独有特征的，陪衬物不受数量的限制。《人民检察院刑事诉讼规则》第二百二十六条也规定，辨认犯罪嫌疑人时，被辨认的人数不得少于7人，照片不得少于10张；辨认物品时，同类物品不得少于5件，照片不得少于5张。

【辨认的程序和要求】 是指侦查人员在实施辨认措施时应当依法遵守的诉讼程序和要求。根据《公安机关办理刑事案件程序规定》第二百五十八条至第二百六十二条、《人民检察院刑事诉讼规则》第二百二十三条至第二百二十六条规定，辨认的程序和要求包括：（1）公安机关、人民检察院在侦查各自管辖的案件中，需要辨认时，应当经公安机关办案部门负责人批准。（2）辨认应当在侦查人员主持下进行。主持辨认的侦查人员不得少于2人。（3）几名辨认人对同一辨认对象进行辨认时，应当由每名辨认人单独进行。必要时，可以有见证人在场。（4）辨认过程中，侦查人员不许用任何方式对辨认人进行暗示或诱使其按自己意图辨认。（5）在混杂辨认时，应当注意正确选择混杂客体，确定混杂客体的数量。（6）对犯罪嫌疑人的辨认，辨认人不愿意公开进行时，可以在不暴露辨认人的情况下进行，侦查人员应当为其保守秘密。（7）对于辨认的经过和结果等情况，应当制作笔录，由主持和参加辨认的侦查人员、辨认人、见证人签名或盖章。（8）人民检察院主持进行辨认，可以商请公安机关参加或者协助。

辨认还应当注意如下问题：（1）辨认犯罪嫌疑人的，应当当场对被辨认人照相，在辨认结束后，将照片附纸、编号。辨认人应当在辨认出的犯罪嫌疑人照片与附纸上骑缝捺指印，在附纸上注明实施某项犯罪行为的人是第几张照片上的人并签字。也可以对辨认过程照相、录像。（2）辨认照片的，侦查人员应当将所有照片附纸、编号后，由辨认人辨认。辨认结束后，依照上述规定进行。（3）辨认物品、尸体、场所的，应当照相，将照片附纸后由辨认人捺指印、签字确认。也可以对辨认过程录像。（4）组织对尸体辨认时，应当有法医协助，重点让辨认人辨认衣着、尸表特征、牙齿形状、头面部特征以及胎记、疤、痣、手术痕迹等。（5）提押在押的犯罪嫌疑人对犯罪场所进行辨认的，应当写出专门请示，征得县级以上公安机关负责人批准，对犯罪嫌疑人必须加带械具，配备足够警力，防止逃跑和发生意外事故。（6）可以反复进行辨认，排除偶然性。

【技术侦查措施】 是指侦查机关为了侦破特定的刑事案件，根据国家有关规定，经过严格审批程序，运用各种技术装备确定作案人和获取案件证据的一种侦查措施。根据《公安机关办理刑事案件程序规定》第二百六十四条第一款规定，技术侦查措施是指由设区的市一级以上公安机关负责技术侦查的部门实施的记录监控、行踪监控、通信监控、场所监控等措施。尽管我国侦查机关在侦查实践中早已经广泛应用技术侦查措施，而且1993年的《国家安全法》① 第十条、1995年的《人民警察法》② 第十六条也曾经明确规定国家安全机关或者公安机关"根据国家有关规定，经过严格的批准手续，可以采取技术侦察措施"，但是直到2012年我国才将技术侦查措施纳入《刑事诉讼法》的规范之中。技术侦查措施的应用既是侦查手段日益高科技化、高隐秘性的重要体现，也是应对犯罪活动日趋智能化、专业化、隐蔽化的客观需要。常见的技术侦查措施有监听、监视、监控、测谎、电子跟踪、技术追踪、秘密拍照、秘密摄像、秘密取证、邮件检查、网络取证、网络监听、网上追逃、网上摸排等。技术侦查措施通常属于秘密性较强的侦查措施。尽管我国《刑事诉讼法》将隐匿身份侦查、控制下交付规定在"技术侦查措施"这一章当中，但是严格说来这两种侦查措施只是秘密侦查措施，而不是技术侦查措施。为了防止技术侦查措施的滥用，保护公民的合法权益，我国《刑事诉讼法》及其相关解释对技术侦查措施的适用范围、条件、程序等都作出了较为明确的规定。

【技术侦查措施的适用范围】 是指侦查机关可以采用技术侦查措施收集证据、查获犯罪嫌疑人的案件范围。根据《刑事诉讼法》第一百五十条、《公安机关办理刑事案件程序规定》第二百六十三条、《人民检察院刑事诉讼规则》第二百二十七条、第二百二十八条规定，技术侦查措施的适用范围包括3种情形：一是公安机关可以对下列严重危害社会的犯罪案件采取技术侦查措施：（1）危害国家安全犯罪、恐怖活动犯罪、黑社会性质的组织犯罪、重大毒品犯罪案件。（2）故意杀人、故意伤害致人重伤或者死亡、强奸、抢劫、绑架、放火、爆炸、投放危险物质等严重暴力犯罪案件。（3）集团性、系列性、跨区域性重大犯罪案件。

---

① 已失效，本篇法规已被《全国人民代表大会常务委员会关于修改部分法律的决定》（发布日期：2009年8月27日 实施日期：2009年8月27日）修改。

② 已被《中华人民共和国人民警察法（2012年）》修正。

(4) 利用电信、计算机网络、寄递渠道等实施的重大犯罪案件，以及针对计算机网络实施的重大犯罪案件。(5) 其他严重危害社会的犯罪案件，依法可能判处七年以上有期徒刑的。二是人民检察院直接立案侦查的对于利用职权实施的严重侵犯公民人身权利的重大犯罪案件。三是侦查机关对需要追捕被通缉或者批准、决定逮捕的在逃的犯罪嫌疑人、被告人采取追捕所必需的技术侦查措施时不受案件范围的限制。

【技术侦查措施的适用对象】 是指侦查机关在采取技术侦查措施时所指向的具体对象。根据《刑事诉讼法》第一百五十条、《公安机关办理刑事案件程序规定》第二百六十三条、第二百六十四条第二款、《人民检察院刑事诉讼规则》第二百二十七条、第二百二十八条规定，技术侦查措施的适用对象具有如下特点：(1) 技术侦查措施的适用对象不仅包括犯罪嫌疑人、被告人，而且包括与犯罪活动直接关联的人员。(2) 并非所有犯罪嫌疑人、被告人都能适用技术侦查措施。一方面，侦查机关原则上只能针对特定案件的犯罪嫌疑人、被告人采用技术侦查措施。而且侦查机关在采用技术侦查措施的过程中还应当充分考虑其必要性，即只有在常规侦查措施无法达到侦查目的的情况下才能采用技术侦查措施。另一方面，对于特殊案件以外的犯罪嫌疑人或者被告人，只有在需要追捕被通缉或者批准、决定逮捕的在逃的犯罪嫌疑人、被告人的情况下才能采取技术侦查措施。

【技术侦查措施的批准】 是指侦查机关在采用技术侦查措施时必须经过严格的批准手续。技术侦查措施的运用是双刃剑。尽管技术侦查措施是侦查机关收集证据、查获犯罪嫌疑人的有效手段，但是技术侦查措施极易遭到滥用，从而损害国家、社会的公共利益或者公民的合法权益。有鉴于此，《刑事诉讼法》第一百五十条明确规定，侦查机关采用技术侦查措施应当经过严格的批准手续。《公安机关办理刑事案件程序规定》第二百六十五条第一款进一步规定，需要采取技术侦查措施的，应当制作呈请采取技术侦查措施报告书，报设区的市一级以上公安机关负责人批准，制作采取技术侦查措施决定书。根据《公安机关办理刑事案件程序规定》第二百六十七条第二款，在有效期限内，需要变更技术侦查措施种类或者适用对象的，应当依法重新办理批准手续。

【技术侦查措施的执行】 是指在公安机关根据技术侦查措施的有关决定具体布置和实施技术侦查措施。根据《刑事诉讼法》第一百五十条、《公安机关办理刑事案件程序规定》第二百六十五条、《人民检察院刑事诉讼规则》第二百二十七条，尽管公安机关和人民检察院都有权决定采取技术侦查措施，但是技术侦查措施只能由公安机关执行，其他机关不得执行技术侦查措施。人民检察院等部门决定采取技术侦查措施，应当交公安机关执行，即由设区的市一级以上公安机关按照规定办理相关手续后，交负责技术侦查的部门执行，并将执行情况通知人民检察院等部门。根据《刑事诉讼法》第一百五十二条、《公安机关办理刑事案件程序规定》第二百六十六条至第二百七十条，公安机关执行技术侦查措施时应当按照下列规定办理：(1) 公安机关在采取技术侦查措施时，必须严格按照批准的措施种类、适用对象和期限执行。（2）在不需要采取技术侦查措施或者采取技术侦查措施的有效期限届满的情况下，负责技术侦查的部门应当立即解除技术侦查措施，并及时通知办案部门。（3）使用技术侦查措施收集的材料作为证据时，可能危及有关人员的人身安全，或者可能产生其他严重后果的，应当采取不暴露有关人员身份和使用的技术设备、侦查方法等保护措施。(4) 采取技术侦查措施获取的证据、线索及其他有关材料，应当严格依照有关规定存放，只能用于对犯罪的侦查、起诉和审判，不得用于其他用途。采取技术侦查措施收集的与案件无关的材料，必须及时销毁，并制作销毁记录。(5) 在执行技术侦查措施时，侦查人员以及有关单位和个人应当对技术侦查措施的有关情况进行保密。

【技术侦查措施的保密义务】 是指侦查机关在采取技术侦查措施的过程中，侦查机关以及有关单位和个人对有关情况履行保密的义务。侦查机关在采取技术侦查措施时往往需要秘密进行。而且，侦查人员在实施技术侦查措施的过程中很容易知悉国家秘密、商业秘密或者个人隐私。为了维护国家安全和企业或者公民的合法权益，避免国家秘密、商业秘密或者个人隐私因为侦查机关的技术侦查措施而受到侵犯或者破坏，《刑事诉讼法》第一百五十二条第二款、第四款明确规定了技术侦查措施的保密义务：(1) 侦查人员对采取技术侦查措施过程中知悉的国家秘密、商业秘密和个人隐私，应当保密。（2）有关单位和个人在配合侦查人员实施技术侦查措施的过程中，应当对侦查人员实施技术侦查措施的过程及其具体手段严格保密，不得向外界泄露有关技术侦查措施的任何信息。

【技术侦查措施的有效期限】 是指侦查机关在采用技术侦查措施时应当遵守的时间限制。根据《刑事诉讼法》第一百五十一条、《公安机关办理刑事案件程序规定》第二百六十六条、《人民检察院刑事诉讼规则》第二百二十九条规定，批准采取技术侦查措施的决定自签发之日起 3 个月以内有效。在期限届满仍有必要继续采取技术侦查措施的情况下，经过批准，有效期可以延长，每次不得超过 3 个月。这就意味着，侦查机关每次采取技术侦查措施的时间限制都是 3 个月。但是，现行法律对侦查机关采取技术侦查措施的次数却没有限制。

【技术侦查措施的解除】 是指在不需要继续采取技术侦查措施的情况下，侦查机关按照法定程序停止使用技术侦查措施。根据《刑事诉讼法》第一百五十一条、《公安机关办理刑事案件程序规定》第二百六十六条第二款、第四款、《人民检察院刑事诉讼规则》第二百二十九条第一款，在有效期限内，对不需要继续采取技术侦查措施的，公安机关办案部门应当立即书面通知负责技术侦查的部门解除技术侦查措施；负责技术侦查的部门认为需要解除技术侦查措施的，报批准机关负责人批准，制作解除技术侦查措施决定书，并及时通知办案部门。有效期限届满，负责技术侦查的部门应当立即解除技术侦查措施。对于不需要继续采取技术侦查措施的，人民检察院应当及时解除。解除技术侦查措施以后，侦查机关不得再继续使用技术侦查措施。

【技术侦查期限的延长】 是指在期限届满而仍然有必要继续采取技术侦查措施的情况下，侦查机关按照法定程序批准延长技术侦查措施的使用期限。根据

《刑事诉讼法》第一百五十一条、《公安机关办理刑事案件程序规定》第二百六十六条第三款、《人民检察院刑事诉讼规则》第二百二十九条第一款，对于复杂、疑难案件，采取技术侦查措施的有效期限届满仍需要继续采取技术侦查措施的，经公安机关负责技术侦查的部门审核后，报批准机关负责人批准，制作延长技术侦查措施期限决定书，或者由人民检察院在期限届满前10日以内制作呈请延长技术侦查措施期限报告书，写明延长的期限及理由，经过原批准机关批准。批准延长技术侦查措施的期限，每次不得超过3个月。

【采取技术侦查措施收集的材料的使用规则】 是指侦查机关在刑事诉讼中使用通过技术侦查措施所收集的材料所遵循的规则。《刑事诉讼法》第一百五十二条第一款、第一百五十二条、《公安机关办理刑事案件程序规定》第二百六十八条、第二百六十九条以及《人民检察院刑事诉讼规则》第二百三十条、第二百三十一条，对于采取技术侦查措施收集的材料的使用，应当遵循下列规则：（1）采取技术侦查措施获取的材料，应当严格依照有关规定存放，只能用于对犯罪的侦查、起诉和审判，不得用于其他用途。（2）对采取技术侦查措施获取的与案件无关的材料，应当及时销毁，并对销毁情况制作记录。（3）采取技术侦查措施收集的材料在刑事诉讼中可以作为证据使用。但是，采取技术侦查措施收集的材料，侦查人员应当制作相应的说明材料，写明获取证据的时间、地点、数量、特征以及采取技术侦查措施的批准机关、种类等，并签名和盖章。采取技术侦查措施收集的材料作为证据使用的，采取技术侦查措施决定书应当附卷。（4）使用技术侦查措施收集的材料作为证据时，如果可能危及特定人员的人身安全、涉及国家秘密或者公开后可能暴露侦查秘密或者严重损害商业秘密、个人隐私的，或者可能产生其他严重后果的，应当采取不暴露有关人员身份和使用的技术设备、侦查方法等保护措施。在必要的时候，可以由审判人员在庭外对证据进行核实。最高人民法院于2017年6月6日印发的《人民法院办理刑事案件第一审普通程序法庭调查规程（试行）》第三十六条进一步规定，采用技术侦查措施收集的证据，应当当庭出示。当庭出示、辨认、质证可能危及有关人员的人身安全，或者可能产生其他严重后果的，应当采取不暴露有关人员身份，不公开技术侦查措施和方法等保护措施。法庭决定在庭外对技术侦查证据进行核实的，可以召集公诉人和辩护律师到场，在场人员应当在保密承诺书上签名，并履行保密义务。

【收集、提取电子数据】 是指侦查机关为了保护电子证据的完整性、真实性和原始性，在现场固定或封存作为证据使用的存储媒介、电子设备和电子数据。根据《办理刑事案件收集提取和审查判断电子数据规定》第七条至第十条，收集、提取电子数据，应当按照下列程序和规定办理：（1）收集、提取电子数据，能够扣押电子数据原始存储介质的，应当扣押、封存原始存储介质，并制作笔录，记录原始存储介质的封存状态。封存电子数据原始存储介质，应当保证在不解除封存状态的情况下，无法增加、删除、修改电子数据。封存前后应当拍摄被封存原始存储介质的照片，清晰反映封口或者张贴封条处的状况，封存手机等具有无线通信功能的存储介质，应当采取信号屏蔽、信号阻断或者切断电源等措施。（2）对于无法扣押原始存储介质的，如原始存储介质位于境外等，可以提取电子数据，但应当在笔录中注明不能扣押原始存储介质的原因、原始存储介质的存放地点或者电子数据的来源等情况，并计算电子数据的完整性校验值。（3）由于客观原因无法或者不宜依据以上规定收集、提取电子数据的，可以采取打印、拍照或者录像等方式固定相关证据，并在笔录中说明原因。

【冻结电子数据】 是指侦查机关在电子数据取证的过程中，按照规定禁止变动电子数据的一种侦查措施。根据《办理刑事案件收集提取和审查判断电子数据规定》第十条、第十一条，具有下列情形之一的，经县级以上公安机关负责人或者检察长批准，可以对电子数据进行冻结：（1）数据量大，无法或者不便提取的；（2）提取时间长，可能造成电子数据被篡改或者灭失的；（3）通过网络应用可以更为直观地展示电子数据的；（4）其他需要冻结的情形。冻结电子数据，应当制作协助冻结通知书，注明冻结电子数据的网络应用账号等信息，送交电子数据持有人、网络服务提供者或者有关部门协助办理。解除冻结的，应当在3日内制作协助解除冻结通知书，送交电子数据持有人、网络服务提供者或者有关部门协助办理。冻结电子数据，应当采取以下一种或者几种方法：计算电子数据的完整性校验值；锁定网络应用账号；其他防止增加、删除、修改电子数据的措施。

【远程勘验】 是指通过网络对远程计算机信息系统实施勘验，发现、提取与犯罪有关的电子数据，记录计算机信息系统状态，判断案件性质，分析犯罪过程，确定侦查方向和范围，为侦查破案、刑事诉讼提供线索和证据的侦查活动。根据《办理刑事案件收集提取和审查判断电子数据规定》第九条的规定，为进一步查明有关情况，必要时，可以对远程计算机信息系统进行网络远程勘验；进行网络远程勘验，需要采取技术侦查措施的，应当依法经过严格的批准手续。根据《办理刑事案件电子数据取证规则》的规定，网络在线提取时需要进一步查明下列情形之一的，应当对远程计算机信息系统进行网络远程勘验：（1）需要分析、判断提取的电子数据范围的；（2）需要展示或者描述电子数据内容或者状态的；（3）需要在远程计算机信息系统中安装新的应用程序的；（4）需要通过勘验行为让远程计算机信息系统生成新的除正常运行数据外电子数据的；（5）需要收集远程计算机信息系统状态信息、系统架构、内部系统关系、文件目录结构、系统工作方式等电子数据相关信息的；（6）其他网络在线提取时需要进一步查明有关情况的情形。网络远程勘验由办理案件的县级公安机关负责。上级公安机关对下级公安机关刑事案件网络远程勘验提供技术支援。对于案情重大、现场复杂的案件，上级公安机关认为有必要时，可以直接组织指挥网络远程勘验。网络远程勘验应当统一指挥，周密组织，明确分工，落实责任。网络远程勘验应当由符合条件的人员作为见证人。由于客观原因无法由符合条件的人员担任见证人的，应当在《远程勘验笔录》中注明情况，并按照本规则第二十五条的规定录像，录像可以采用屏幕录像或者录像机录像等方式，录像文件应当计算完整性校验值并记入笔录。远程勘验结束后，应当及时制作《远程勘验笔录》，详细记录远程勘验有关情况以及勘验照片、截获的屏幕截图等内容。由侦查人员和见证人签名或者盖章。远程勘验并且提取电子数据的，应当在《远程勘验笔录》注明有关情况，并附《电子数据提取固定清单》。《远程勘验笔录》应当客观、全面、详细、准确、规范，能够作为还原远程计算机信息系统原始情况的依据，符合法定的证据要求。对计算机信息系统进行多次远程勘验的，在制作首次《远程勘验笔录》后，逐次制作补充《远程勘验笔录》。

【电子数据检查】 是指侦查机关为了发现和提取与案件相关的线索和证据，对已扣押、封存、固定的电子证据进行恢复、破解、统计、关联、比对等。根据《办理刑事案件收集提取和审查判断电子数据规定》第十六条，电子数据检查应当按照下列程序和规定办理：（1）对扣押的原始存储介质或者提取的电子数据，可以通过恢复、破解、统计、关联、比对等方式进行检查。必要时，可以进行侦查实验。（2）电子数据检查，应当对电子数据存储介质拆封过程进行录像，并将电子数据存储介质通过写保护设备接入到检查设备进行检查；有条件的，应当制作电子数据备份，对备份进行检查；无法使用写保护设备且无法制作备份的，应当注明原因，并对相关活动进行录像。（3）电子数据检查应当制作笔录，注明检查方法、过程和结果，由有关人员签名或者盖章。进行侦查实验的，应当制作侦查实验笔录，注明侦查实验的条件、经过和结果，由参加实验的人员签名或者盖章。

【测谎检查】 又称测谎实验，是指专门测谎人员按照一定的规则，根据案情或者测谎对象的口供设计一套测试题目，按照法定的测谎程序，运用测谎仪器设备，观察测谎对象在回答特定试题之时的生理反应，然后通过对这些生理参量进行专业分析来判断测试对象是否说谎的一种技术侦查措施。测谎技术最早起源于美国。在1921年美国加利福尼亚州的伯克警察局首次把测谎技术用于审讯中以后，测谎检查逐渐被世界各国应用到刑事侦查领域。测谎技术的主要载体是测谎仪。测谎仪的全称为“多参量心理测试仪”，是综合心理学、生理学和现代电子学及其他应用科学技术设计而成的。其基本原理是：人在说谎时的生理变化或者人记忆中的一些事件再现时所产生的心理活动必然引起一系列生理（如血压、呼吸、脑电波、声音、瞳孔、皮肤电等）的变化，它们一般只受自主神经系统的制约，而不受大脑意识控制。通过仪器测试这些生理参量变化，可以分析其心理的变化，从而判断是“真实”还是“谎言”。20世纪80年代初，我国开始研究和引进测谎仪。在20世纪90年代初，由公安部科技情报所、中国科学自动化研究所、北京市公安局合作研制出了我国第一台测谎仪即PG－1型心理测试仪。公安部于2005年颁布《多道心理测试系统通用技术规范（GA544－2005)》，为测谎检查的运用提供了技术性的规范。目前，尽管我国公安司法机关在刑事诉讼中经常采用测谎技术，但是主流观点认为，测谎结论不能作为刑事证据加以使用，而只能作为刑事侦查或者其他刑事诉讼活动的辅助性手段。

【监听】 是指侦查机关利用技术手段或特殊方法、设备秘密听取侦查对象的口头通讯内容的一种侦查措施。常用的监听设备包括有线电侦听器、无线电侦听器、微波侦听器、激光侦听器等。根据监听对象的交流方式，可以将监听分为电话监听和口头监听。电话监听又分为有线电话监听和无线电话监听。口头监听分为有电子仪器的监听与无电子仪器的监听。有线电话监听一般采用对特定电话线路进行插入或连线的方法，而无线电话监听则是使用特殊的技术手段监听对象使用移动电话的通话内容。有电子仪器的口头监听是指，借助无线电波发射器，将监听对象的口头语音信号发射至无线电波接收器，以便听取监听对象的谈话内容，如安装室内窃听器、微型麦克风等；无电子仪器的监听则是指，利用某种掩护或者条件接近监听对象，直接利用自身的听觉器官直接偷听监听对象的谈话内容。在刑事侦查活动中，应用较为广泛的是电话监听。监听具有秘密性、强制性和技术性的特点。监听作为一种技术侦查措施，通常需要借助一定的电子设备才能获取监听对象的通讯内容。监听在本质上是侦查机关为了获取证据、查明案件事实而采用的一种违背当事人意愿或者当事人不知情的一种秘密侦查措施。侦查机关在采用监听措施的过程中，既不需要经过当事人同意，也不以当事人的意志为转移，甚至不需要当事人的自愿配合。为了防止监听措施的滥用，保护公民的合法权益，我国侦查机关在采用监听措施时应当严格遵循《刑事诉讼法》关于技术侦查措施的规定。

【监视】 是指侦查人员暗地里秘密观察有关人员或者场所的活动情况的一种秘密侦查措施。监视的主要目的是发现或者扩大侦查线索，证实或者否定犯罪嫌疑人，观察、监视犯罪嫌疑人的活动情况，获取犯罪证据，预防和制止犯罪，执行秘密逮捕任务，以及配合其他侦查措施。监视可以分为非技术性的监视和技术性的监视。普通的监视包括守候监视和跟踪监视。在侦查实践中，守候监视和跟踪监视往往需要结合使用，即跟中有守，或者守中有跟。守候监视是指侦查人员在犯罪嫌疑人的住处或者其他可能出现的场所附近，选择适当地点或者位置，暗中观察、控制其活动的一种秘密侦查措施。跟踪监视是指侦查人员秘密尾随在犯罪嫌疑人周围或者身后，暗中观察和控制其犯罪活动的一种秘密侦查措施。所谓技术性的监视，是指侦查人员利用闭路电视、微光夜视仪、红外夜视仪、光机扫描夜视仪、热释电夜视系统、微光电视、电子录像技术等现代科学技术设备，对侦查对象的活动场所、谈话内容、活动情况等进行秘密监视和控制的一种技术侦查措施。技术性的监视既可以主动地进行，也可以被动地进行。前者是指侦查人员主动地对特定目标采取技术性的监视措施，尤其是配合其他特殊侦查措施（如控制下交付、诱惑侦查等）加以使用。后者类似于守候监视，是由侦查人员在侦查对象可能出现的场所运用现代科学技术和设备进行暗中监视。技术性的监视作为技术性较强的一种侦查措施，应当经过严格的审批手续才能加以使用。

【网络监控】 又称网络监视或者网络侦控，是指侦查机关根据侦查犯罪的需要，经过严格的审批程序，利用互联网技术，对发现的网上犯罪线索或者对犯罪对象的网上犯罪活动采取跟踪、定位等行为的一种技术侦查措施。网络监控主要是针对网络违法犯罪活动，利用网络知识和网络技术，发现网上的违法犯罪线索，收集相关电子证据。尤其是对于利用电子邮件、聊天工具、语音工具等网络方式联系进行犯罪活动的，侦查机关可以通过对服务器端口、网络 IP 地址的检测，确定犯罪嫌疑人所在地，进而实现有效检测与控制。根据不同的监控地点，可以将网络监控分为本地监控和远程监控；根据不同的应用环境，可以将网络监控分为基于网络的监控和基于单机的监控；根据不同的实施主体，可以将网络监控分为侦查人员直接实施的网络监控和网络服务商根据侦查指令所实施的网络监控。网络监控具有很强的技术性、秘密性和实用性。在实施网络监控时需要经过严格审批程序，防止滥用网络监控措施，既要有效查找犯罪嫌疑人、收集犯罪线索或者证据，又要维护网络服务商、网民或者案外善意第三人的合法权益。为了进行网络监控，我国很多公安机关都成立了相应的网络安全机构或者网络监控部门。

【网上摸排】 是指侦查机关借助网络技术和网络信息资源，应用各类信息系统，将获取的各种可疑情况通过网络检索、搜寻、对比、分析等方式，找到更多相关联的信息，以便缩小侦查范围，发现侦查线索，排查犯罪嫌疑人及其关系人的一种侦查措施。网上摸排实际上是利用互联网技术对传统摸底排队进行信息化改造。由于网上摸排借助了准确可靠的数据信息系统，因而有助于提高摸底排队的效率。网上摸排的主要途径就是通过公安系统内网信息系统进行摸底排队工作。除此以外，侦查机关还可以利用其掌握的可疑人员的身份证信息或者各种网络身份，通过互联网信息搜索，发现可疑人员在网络空间的活动轨迹，从而获取对发现和查找犯罪嫌疑人及其关系人有用的信息。如果侦查机关能够确定涉案人员的网络虚拟身份或者涉案虚拟物品的标志特征，侦查机关可以对人或者物的网络环境、网络空间等采取主动出击的方式，直接查找涉案的网络痕迹与信息。如果侦查机关尚不明确涉案人员的网络虚拟身份或者涉案物品的存在情况，只是掌握人或者物的部分特征，那么侦查机关可以设置相应的摸排条件和虚拟信息，提供适合摸排对象的网络空间环境，在网络空间守候其网络踪迹。

【网上追逃】 是指侦查机关利用网络，通过公安机关内部的全国在逃人员信息系统或其他各种信息系统进行快速查询、比对，发现在逃犯罪嫌疑人的活动轨迹，进而抓获在逃犯罪嫌疑人员的一种侦查措施。其他各种信息系统既包括公安机关内部的报案人信息、常住人口信息、暂住人员信息、指纹识别系统、交通管理系统等，也包括各种社会信息资源，如医院就诊信息、购买飞机票信息、购买火车票信息、网络购物信息等。网上追逃与传统的通缉都是为了抓捕犯罪嫌疑人，但是网上追逃是一种秘密侦查措施，网上追逃信息只能在公安系统内部网络上进行发布，仅供公安机关内部查询对比，不向社会公开。采用网上追逃应当符合以下条件：（1）对犯罪嫌疑人已经办理了拘留或者逮捕的法律手续，缉捕时发现犯罪嫌疑人潜逃，在 1 个月内未能缉捕归案的，应当将收集到的准确信息通过同级公安机关刑侦部门上网发布。（2）羁押场所内正在服刑的罪犯和正在羁押的犯罪嫌疑人、被告人脱逃的，应当在 3 日内将准确的缉捕信息报同级公安机关刑侦部门上网发布。（3）在侦破重大、紧急案件过程中，对已确定的重大涉案犯罪嫌疑人在缉捕时已潜逃的，经地（市）级以上公安机关负责人批准，可先将收集到的有关信息由立案地公安机关通过同级公安机关刑侦部门立即上网发布，然后补办拘留、逮捕法律手续。

网上追逃的程序为：（1）上网发布。对公安机关立案侦查的在逃人员，由各立案单位负责填写在逃人员登记/撤销表一式两份，附上在逃人员近期照片，经县级以上公安机关侦查部门负责人审批，送同级公安刑侦部门录入上网发布。（2）抓捕。各地公安机关发现网上逃犯，应当立即组织抓捕。抓捕到案的，应当立即讯问并通知立案地公安机关带回。（3）移交。对于异地公安机关抓获网上逃犯的，立案地公安机关应当开具移交、接收证明，携带法律文书，及时到抓获地公安机关办理接收移交手续。（4）撤销。立案地公安机关对抓获的在逃人员应认真核对，并于押解回立案地之日起48小时内办理网上撤销手续。通缉令被撤销的，应当撤销网上该在逃人员信息。

【网上控赃】 是指侦查机关将侦查工作中查获的可疑物品信息，或者采用阵地控制手段搜集的相关物品信息，利用互联网和网络技术，进行网上查询和比对，发现损失物品情况以及与损失物品有关的犯罪嫌疑人线索，进而通过以物找人的方式侦破案件的一种侦查措施。随着互联网的迅速发展，越来越多的犯罪嫌疑人通过互联网销售赃物。在这种情况下，通过网上控赃措施，就有可能发现或者查获犯罪嫌疑人。与传统控赃不同的是，网上控赃的范围主要是网上销售赃物的虚拟空间，网络购物商店、网站BBS留言板、QQ聊天、网络直播室、电子邮件、聊天室、网络游戏等，而不再是犯罪嫌疑人销售、挥霍、使用、隐藏、转移和销毁赃物的处所。与传统控赃范围相比，网上控赃范围比较抽象，具有隐蔽性、智能性、便捷性、广泛性等特点。网上控赃的基本方法主要有，侦查机关通过内部信息查询系统发现损失物品，通过网上摸排查找犯罪嫌疑人线索，通过建立网上阵地控制系统实现相关信息的自动搜寻与对比，利用现代信息技术手段实现对损失物品的控制，通过通信技术搜索发现损失物品可能出现的位置，以及通过互联网技术对特定物品及其交易的信息进行网上监控等。

【网络取证】 是指侦查机关利用现代科学技术和网络技术来发现、收集、提取、分析、检查、存储电子数据的一种侦查措施。网络取证不同于传统的计算机取证，它主要侧重于对网络设施、网络数据流以及使用网络服务的电子终端中网络数据的检测、整理、收集与分析。网络取证的基本任务是通过互联网技术，获取与网络、计算机有关的电子数据。其主要内容包括：（1）来自网络环境用户身份认定方面的证据，如域名解析、IP地址、MAC地址、用户名密码与身份注册信息等。（2）来自网络服务器、网络应用主机方面的证据，如系统事件记录和系统应用记录，网络服务器各种日志记录，网络应用主机的网页浏览历史记录、储存在用户本地终端上的数据、收藏夹、浏览网页缓存等。（3）来自网络安全产品、网络设施的证据，如路由器，交换机，访问控制系统，防火墙，IDS系统等网络设备。（4）来自网络通信数据的证据，如电子邮件通信、在网络上下载或者上传的各种资料等。网络取证的主要技术包括IP地址、MAC地址识别和获取技术，电子邮件取证技术，网络入侵追踪技术，网络输入输出系统取证技术，以及人工智能和数据挖掘技术等。

由于电子数据具有多样性、易破坏性等特点，侦查人员使用的取证工具必须得到规范认证，而且在网络取证过程中应当按照计划与步骤及时采集证据，迅速按照数据源的稳定性从弱到强的顺序进行取证，防止电子证据的更改或破坏，不要在要被取证的网络或磁盘上直接进行数据采集。网络取证的要点在于，获得被调查网络的网络拓扑图；注意有关路由器、服务器、防火墙的品牌和型号；查明单机安装的程序和管理员的权限；记录调查对象的系统时间，并与网络标准时间比照，将管理员和用户的活动时间加以标注；查询物理安全日志、系统日志、防火墙日志和程序日志，提取有关网络入侵的时间、地点、方式等信息；准备网络取证所需的各种工具。

【秘密拍照、录像】 简称密拍密录，是指侦查人员以隐蔽的方式秘密拍摄或者录制犯罪嫌疑人的活动情况，以便获取犯罪线索和证据的一种技术侦查措施。秘密拍照、录像是外线侦查工作中获取犯罪证据的一种技术侦查手段，主要应用在有组织犯罪案件、重大或者特大犯罪案件的侦查工作之中。秘密拍照、录像常常与跟踪盯梢、守候监视、密搜密取等侦查措施配合使用，如在守候监视点秘密拍摄犯罪行为人预谋犯罪的踩点、联络或者作案时的活动，或者在跟踪盯梢过程中，秘密拍摄犯罪嫌疑人和同伙接头、销赃、隐藏、转移、变卖赃款赃物等活动。

【卧底侦查】 又称“潜入侦查”，是指经过挑选的侦查人员隐藏其原有身份，打入或者潜伏在某个犯罪集团或者犯罪组织内部，在法律规定的范围内暗中收集犯罪证据或者情报信息的一种侦查措施。卧底侦查是侦破团伙犯罪案件、集团犯罪案件或者有组织犯罪案件的一种重要手段。卧底侦查的任务主要是调查、掌握侦查对象的犯罪活动情况，获取有关的犯罪证据材料和鉴定比对样本，积极防范和控制侦查对象的现行犯罪活动，为其他侦查措施的顺利实施奠定基础。卧底侦查的成败往往取决于卧底人员的选择。侦查机关在选择卧底人员时要格外慎重，严格把关，优中选优。卧底人员在实施卧底侦查之前应当进行精心的准备工作，如了解侦查对象的背景，熟悉前往侦查的区域的各种情况，建立一套与卧底侦查要求相适应的档案材料，制定详细的卧底侦查计划等。卧底人员在实施卧底侦查的过程中要时刻牢记自己所扮演的角色；想方设法以恰当的、不易暴露身份的方式接近侦查对象；正确、恰当适用取证技术，获取相关的证据材料和情报信息；在保证安全的前提下与指挥人员保持联系；完成卧底侦查任务后或者遇到人身危险时，应当以合理的理由离开卧底的犯罪组织。卧底侦查具有高度的秘密性和危险性。侦查机关在运用卧底侦查时应当采取得力措施，保证卧底人员的身份不被暴露，以及保障卧底人员及其家属的人身安全。卧底侦查措施的选择应当遵循最后手段原则，即只有在其他常规侦查措施难以奏效时才采用卧底侦查措施。

【控制下交付】 是指侦查机关为了发现更多的犯罪嫌疑人，对已经发现的犯罪嫌疑人不是当场抓获，而是让其在侦查机关的严密监控下继续交易或者实施犯罪行为，再将其抓获的一种侦查措施。控制下交付与我国公安机关在侦查实践惯用的“放长线，钓大鱼”的侦查策略具有很大相似性，其实质就是侦查机关通过监控有关违禁物品的流转，试图将幕后主使或者整个犯罪团伙、犯罪集团一网打尽。在毒品犯罪、走私犯罪案件中，侦查机关经常采取控制下交付措施。我国批准加入的《联合国禁止非法贩运麻醉药品和精神药物公约》《联合国打击跨国有组织犯罪公约》《联合国反腐败公约》都对控制下交付做出了明确规定。根据《刑事诉讼法》第一百五十三条第二款、《公安机关办理刑事案件程序规定》第二百七十二条，公安机关在采取控制下交付措施应当注意如下几点：(1）严格掌握控制下交付的适用对象，即控制下交付只能适用于涉及给付毒品等违禁品或者财物的犯罪活动。(2）充分考虑侦查犯罪的需要，即只有在其他常规侦查措施难以侦破案件的情况下，才能采用控制下交付。(3）必须经过严格的审批程序，即只有经县级以上公安机关负责人决定，才可以实施控制下交付。(4）实施控制下交付的目的是彻底查明参与该项犯罪的人员和犯罪事实。(5）实施控制下交付的条件必须是侦查机关已经发现非法或者可以交易的物品，而且对该物品能够进行秘密监控。

【通过秘密侦查收集的证据】 是指侦查机关通过各种秘密侦查措施所获取的证据。根据《刑事诉讼法》第一百五十四条规定，通过秘密侦查收集的证据实际上就是公安机关通过隐匿身份侦查和控制下交付所获取的证据。对于通过秘密侦查收集的证据的运用，应当遵循采取技术侦查措施收集的材料的使用规则。根据《刑事诉讼法》第一百五十四条、《公安机关办理刑事案件程序规定》第二百七十三条规定，公安机关依法实施隐匿身份侦查和控制下交付收集的材料在刑事诉讼中可以作为证据使用。但是，在使用隐匿身份侦查和控制下交付收集的材料作为证据时，如果可能危及隐匿身份人员的人身安全，或者可能产生其他严重后果，应当采取不暴露有关人员身份等保护措施。这里的其他严重后果，主要是指使用该证据有可能造成泄密、提高罪犯的反侦查能力，妨碍其他案件的侦破。

【通缉】 是指侦查机关在侦查过程中通过发布通缉令，采取有效措施，将应当逮捕的在逃犯罪嫌疑人追捕归案的一种侦查活动。通缉对侦查机关通力协作动员和依靠广大人民群众的力量抓获在逃犯罪嫌疑人，打击和制止犯罪，以及保证侦查审判工作的顺利进行等都具有重要作用。在我国刑事诉讼中，只能由公安机关和人民检察院依法采用通缉措施，其他单位和个人都不能使用通缉的方法。需要通缉在逃犯罪嫌疑人时，侦查机关应当认真研究案件材料和被通缉人的情况，确定通缉令发布的范围，按照法定程序办理通缉手续，利用新闻媒体等途径发布通缉令。各地公安机关接到通缉令后，应当立即组织力量进行查缉。所有单位和个人都有义务配合公安机关追捕在逃犯罪嫌疑人。在逃犯罪嫌疑人归案或者死亡的情况下，发布通缉令的公安机关应当在原发布通缉令的范围内，及时通知撤销通缉令。

【通缉主体】 是指依法有权采取通缉措施的国家专门机关。在刑事诉讼中，采取通缉措施的主体既包括决定采取通缉措施的主体，也包括实施通缉的主体。根据我国《刑事诉讼法》及其相关解释的规定，决定采取通缉措施的主体是公安机关和人民检察院；实施通缉的主体主要是公安机关。除了公安机关和人民检察院之外，其他任何单位和个人不得采用通缉措施。根据相关规定，需要通缉犯罪嫌疑人的，办案部门制作，报县级以上公安机关负责人批准；需要采取边控措施的，应当根据有关规定制作边控对象通知书，经县级以上公安机关负责人审核后，层报省级公安机关批准，办理边控手续。需要在全国范围采取边控措施的，应当层报公安部批准。制作、发布通缉令以及布置查缉都只能由公安机关负责，人民检察院可以予以协助。根据《人民检察院刑事诉讼规则》第二百三十二条至第二百三十四条和《适用刑事强制措施规定》第三十三条规定，人民检察院办理直接受理立案侦查的案件，应当逮捕的犯罪嫌疑人如果在逃，或者已被逮捕的犯罪嫌疑人脱逃的，经检察长批准，可以决定通缉，将逮捕决定书、通缉通知书和犯罪嫌疑人的照片、身份、特征等情况及简要案情，送达同级公安机关，由公安机关按照规定发布通缉令。人民检察院应当予以协助。各级人民检察院需要在本辖区内通缉犯罪嫌疑人的，可以直接决定通缉；需要在本辖区外通缉犯罪嫌疑人的，由有决定权的上级人民检察院决定。

【通缉对象】 是指侦查机关发布通缉令需要缉拿归案的在逃犯罪嫌疑人。根据《刑事诉讼法》第一百五十五条规定，通缉对象只能是应当逮捕的在逃犯罪嫌疑人。对于有刑事违法行为尚不够逮捕条件的人和未经侦查机关决定拘捕的犯罪嫌疑人，即使其在逃跑，也不能采用通缉措施。应当逮捕的在逃犯罪嫌疑人，主要是指根据我国《刑事诉讼法》规定的逮捕条件应当依法逮捕而下落不明的犯罪嫌疑人。如果已经依法被执行逮捕的犯罪嫌疑人在羁押期间逃跑，也可以适用通缉。在侦查实践中，通缉对象通常包括如下几种情形：已依法决定逮捕而逃跑或下落不明的犯罪嫌疑人；已依法决定拘留而逃跑或下落不明的现行犯或者重大嫌疑人；已被依法拘、捕后从羁押场所逃跑的犯罪嫌疑人；在依法押解途中或讯问期间乘机逃跑的犯罪嫌疑人；在依法取保候审、监视居住期间逃跑的犯罪嫌疑人；已经判刑，在服刑、关押期间越狱逃跑的罪犯。

【通缉条件】 是指公安机关或者人民检察院在决定采取通缉措施时应当遵循的条件。根据《刑事诉讼法》第一百五十五条第一款、《人民检察院刑事诉讼规则》第二百三十二条、《公安机关办理刑事案件程序规定》第二百七十四条第一款规定，通缉应当具备以下2个条件：一是实质条件，即按照犯罪嫌疑人所犯罪行依法应当逮捕。二是形式条件，即有证据证明罪该逮捕的犯罪嫌疑人确已逃跑。根据相关规定，不同的通缉种类具有不同的通缉条件，即对于应当逮捕的犯罪嫌疑人如果在逃，或者犯罪嫌疑人、被告人、罪犯越狱逃跑的，可以发布通缉令；为发现重大犯罪线索，追缴涉案财物、证据，查获犯罪嫌疑人，可以发布悬赏通告；为防止犯罪嫌疑人逃往境外，可以发布边防对象通知，在边防口岸采取边控措施。

【通缉令】 是指公安机关为了抓获应当逮捕的在逃犯罪嫌疑人归案而依法制作的一种法律文书。通缉令具有法律强制力。通缉令是采取有效措施将被通缉人追捕归案的法律根据。对于被通缉的对象，各地公安机关都可以将其逮捕。任何公民也都有权将其扭送至公安司法机关处理。通缉令只能由公安机关发布，其他任何单位和个人都无权制作和发布通缉令。根据《公安机关办理刑事案件程序规定》第二百七十五条规定，通缉令中应当尽可能写明被通缉人的姓名、别名、曾用名、绰号、性别、年龄、民族、籍贯、出生地、户籍所在地、居住地、职业、身份证号码、衣着和体貌特征、口音、行为习惯，并附被通缉人近期照片，可以附指纹及其他物证的照片。除了必须保密的事项以外，应当写明发案的时间、地点和简要案情。通缉令制作后，应当将通缉令内容依照有关规定，录入有关数据库。通缉令包括存根和正本两个部分。在存根部分，应当依次写明制作单位名称、文书名称、文书编号，以及犯罪嫌疑人的基本情况、通缉原因、通缉时间、批准人、承办人、填写时间、填发人等情况。通缉令的正本包括首部、正文和尾部三个部分。其中，首部包括标题、编号和发布范围三项内容。在正文部分，应当写明简要案情、被通缉人基本情况、被通缉人体貌特征、携带物品、通缉令的工作要求、注意事项和附注等。通缉令的尾部是在正文右下方署上发布时间，加盖发布机关公章，并附上被通缉人近期照片，有条件的还可以附指纹及其他物证照片。公安部发布的面向全国通缉在逃人员的通缉令分为A级、B级两个等级。A级通缉令是在全国范围内发布的级别最高的通缉令，是为了缉捕公安部认为应重点通缉的在逃人员而发布的命令，主要适用于情况紧急、案情重大或突发恶性案件。B级通缉令是公安部应各省级公安机关的请求而发布的缉捕在逃人员的命令。

【发布通缉令】 是指制作通缉令的公安机关在一定范围内通过媒体、张贴等方式公开通缉令，以便让人民群众知晓的一种侦查活动。公安机关制作通缉令以后，应当立即发布。根据《人民检察院刑事诉讼规则》第二百三十四条规定，人民检察院应当将通缉通知书和通缉对象的照片、身份、特征、案情简况送达公安机关，由公安机关发布通缉令，追捕归案。通缉令的发布方式主要有3种：（1）将通缉令发给有关单位，包括相关的公安机关、有关保卫部门、居民委员会和治保会等。（2）通过广播、电视、报刊、网络等新闻媒体发布通缉令。（3）将通缉令张贴在有关场所，向全社会公开通缉。通缉令发布以后，如果发现新的重要情况，还可以补发通报。通缉令的发布范围，由签发通缉令的公安机关负责人根据案情决定。县级以上公安机关在自己管辖的地区以内，可以直接发布通缉令；超出自己管辖的地区，应当报请有权决定的上级公安机关发布。毗邻的和有固定协作任务的省、自治区、直辖市或者行署、市、县公安机关按照协作规定可以互相抄发通缉令，同时上报上级公安机关备案。为了防止犯罪嫌疑人逃往境外，需要在边境、出入境口岸采取控制措施的，经县级以上公安机关负责人审核后，报省级公安机关批准；需要在全国或者跨协作区通缉重要在逃犯罪嫌疑人时，由省级公安机关报公安部，由公安部发布通缉令。在必要时，经县级以上公安机关负责人批准，可以在发布通缉令的同时发布悬赏通告。

【补发通报】 是指已经发布通缉令的公安机关在发现新的重要情况以后，在一定范围内补充发布通缉的通报。公安机关在侦查过程中，为了适应侦查办案的需要，公安机关除了可以发布通缉令以外，还可以补发通报。根据《公安机关办理刑事案件程序规定》第二百七十六条规定，通缉令发出后，如果发现新的重要情况，原发布机关可以补发通报。通报必须注明原通缉令的编号和日期。在侦查实践中，新的重要情况通常包括，获知犯罪嫌疑人隐藏在新的地点，犯罪嫌疑人携带某种危险物品，犯罪嫌疑人的面貌特征有新的改变，或者犯罪嫌疑人进行了伪装等。由于是补充发布，因此，有些情况可以予以简化，没有必要按照原来的情况重写。而且，通报的发布范围既可以与原通缉令的发布范围一致，也可以根据新的情况适当变更范围。各地公安机关接到补发通报后，应当及时布置，落实协查工作，一旦查获犯罪嫌疑人或查清其他情况，应当及时回复。

【布置查缉】 是指公安机关根据通缉令组织专门的侦查力量，对犯罪嫌疑人可能的藏匿地方进行有效控制，以便缉拿在逃的犯罪嫌疑人。公安机关在接到通缉令以后，应当在充分调查研究的基础上，要组织公开或者秘密的力量对通缉人可能活动、隐藏或者销赃的地方，如车站、码头、集市、机场、旅店、交通要道等，进行有效的控制，并随时与打击现行犯罪、对特种行业进行治安管理结合起来，形成追捕缉拿犯罪嫌疑人的网络，对被通缉的人可能攻击的对象采取保护措施。根据《公安机关办理刑事案件程序规定》第二百七十七条，公安机关接到通缉令后，应当及时布置查缉，采取措施，围追堵截在逃的犯罪嫌疑人。抓获犯罪嫌疑人后，应当迅速通知通缉令发布机关和办案单位进行核实，并报经抓获地县级以上公安机关负责人批准后，凭通缉令或者相关法律文书羁押。办案单位应当在接到通知后7日内将犯罪嫌疑人解回。所有国家机关、企业、事业单位和公民，都有义务协助公安机关的追捕。

【边控措施】 是指边防检查部门根据公安机关的边控对象通知书依法在我国边防口岸采取边防控制的措施，以便阻止被控制的犯罪嫌疑人出入国（边）境。根据2012年发布的《出境入境管理法》第十二条、第二十八条规定，被判处刑罚尚未执行完毕或者属于刑事案件被告人、犯罪嫌疑人的中国公民或者外国人，不准出境，但是按照中国与外国签订的有关协议，移管被判刑人的外国人除外。根据《公安机关办理刑事案件程序规定》第二百七十八条规定，需要对犯罪嫌疑人在口岸采取边控措施的，应当按照有关规定制作边控对象通知书，经县级以上公安机关负责人审核后，层报省级公安机关批准，办理全国范围内的边控措施。需要限制犯罪嫌疑人人身自由的，应当附有关限制人身自由的法律文书。紧急情况下，需要采取边控措施的，县级以上公安机关可以出具公函，先向当地边防检查站交控，但应当在7日以内按照规定程序办理全国范围内的边控措施。《人民检察院刑事诉讼规则》第二百三十五条也规定，为防止犯罪嫌疑人等涉案人员逃往境外，需要在边防口岸采取边控措施的，人民检察院应当按照有关规定制作边控对象通知书，商请公安机关办理边控手续。犯罪嫌疑人可能跨省、自治区、直辖市出境的，由本省级公安机关通知有关省级公安机关实施边控。需要在全国范围采取边控措施的，应当层报公安部批准，由公安部有关主管部门通知全国边防口岸采取边控措施。根据最高人民法院、公安部于2016年1月31日联合印发的《建立快速查询信息共享及网络执行查控协作工作机制意见》，最高人民法院向公安部提供被决定限制出境的当事人（自然人）信息，提供执行法院信息、案件承办人姓名及联系电话、控制期限及边控要求；公安机关各边检总站、边防总队负责对本省法院系统边控对象进行布控，各地边检机关与当地法院建立相关的查控联络机制，及时有效处理相关问题。

【边控对象通知书】 是指侦查机关为了防止犯罪嫌疑人逃往境外，需要在边防口岸采取边控措施时经省级以上公安机关批准制作的要求边防检查部门阻止犯罪嫌疑人离境的通知书。需要采取边控措施的，应当制作边控对象通知书，经县级以上公安机关负责人审核后，层报省级公安机关批准，办理边控手续。需要在全国范围采取边控措施的，应当层报公安部批准。边控对象通知书应当依照有关规定制作。对需要边防检查站限制犯罪嫌疑人人身自由的，需同时出具拘留证、逮捕证等法律文书。紧急情况下，县级以上公安机关可以出具公函，先向当地边防检查站交控，但应当在7日内补办交控手续。省级公安机关批准边控对象通知书后，立即通知本省级有关边防口岸。有关边防检查部门根据边防对象通知书，依法阻止犯罪嫌疑人出境。

【悬赏通告】 是指侦查机关为了发现重大犯罪线索，追缴涉案财物、证据，查获犯罪嫌疑人，由县级以上侦查机关发布的对提供相关信息的人员给予一定赏金的通告。悬赏通告是依靠广大人民群众查获犯罪嫌疑人的一种重要侦查措施。根据《公安机关办理刑事案件程序规定》第二百七十九条至第二百八十一条规定，公安机关应当按照下列规定进行悬赏通告：（1）报请。需要悬赏通告犯罪嫌疑人的，办案部门制作呈请悬赏通告报告书，说明犯罪嫌疑人基本情况、简要案情及通缉的范围、种类、理由等内容，报请县级以上公安机关负责人批准。（2）批准和制作悬赏通告。经县级以上公安机关负责人批准以后，办案部门应当制作悬赏通告。签发通缉令的公安机关负责人可以在决定的同时发布悬赏通告。悬赏通告通常包括简要案情、犯罪嫌疑人基本情况、要求、赏金金额、联系方式等内容。悬赏通告应当写明赏金的具体数额，既不能简单地书写定有重赏，也不能扩大，承诺不符合实际的赏金。（3）发布悬赏通告。悬赏通告应当及时广泛张贴，或者通过广播、电视、报刊、计算机网络等方式发布。如果犯罪嫌疑人自首、被击毙或者被抓获，原发布机关应当及时撤销悬赏通告。

【境外追捕】 是指对于应当逮捕的犯罪嫌疑人如果潜逃出境，侦查机关可以通过国际刑事警察组织中国国家中心局，请求有关方面予以协助，或者通过其他法律规定的途径将其追捕归案的一种侦查措施。境外追捕是国际刑事司法合作和刑事司法协助的一项重要内容。追捕逃往境外的犯罪嫌疑人，除了与逃往国开展引渡合作以外，还可以通过中国警方与国际刑警组织合作。公安部是公安机关进行刑事司法协助、警务合作的中央主管机关，地方各级公安机关依照职责分工办理刑事司法协助事务和警务合作事务。其他司法机关在办理刑事案件中，需要外国警方协助的时候应当通过其中央主管机关与公安部联系办理。根据《人民检察院刑事诉讼规则》第二百三十六条规定，应当逮捕的犯罪嫌疑人潜逃出境的，可以按照有关规定层报最高人民检察院商请国际刑警组织中国国家中心局，请求有关方面协助，或者通过其他法律规定的途径进行追捕。

【撤销通缉令】　是指在被通缉的犯罪嫌疑人归案、死亡或者案件被撤销的情况下，由原发布机关应当在原通缉、通知、通告范围内撤销通缉令、边控通知和悬赏通告。根据《公安机关办理刑事案件程序规定》第二百八十一条规定，经核实，犯罪嫌疑人已经自动投案、被击毙或者被抓获，以及发现有其他不需要采取通缉、边控、悬赏通告的情形的，发布机关应当在原通缉、通知、通告范围内，撤销通缉令、边控通知、悬赏通告。

【海上犯罪侦查】　是指海警机构办理海上发生的刑事案件，依照《刑事诉讼法》和《海警法》的有关规定行使侦查权，采取侦查措施和刑事强制措施。海上犯罪侦查有一些特别程序，例如《海警法》第四十条、第四十二条规定，海警机构对犯罪嫌疑人发布通缉令的，可以商请公安机关协助追捕。海警机构、人民检察院、人民法院依法对海上刑事案件的犯罪嫌疑人、被告人决定取保候审的，由被取保候审人居住地的海警机构执行。被取保候审人居住地未设海警机构的，当地公安机关应当协助执行。该法第十八条、第四十一条规定，海警机构办理海上刑事案件，可以登临、检查、拦截、紧追相关船舶。海警机构登临、检查船舶，应当通过明确的指令要求被检查船舶停船接受检查。被检查船舶应当按照指令停船接受检查，并提供必要的便利；拒不配合检查的，海警机构可以强制检查；现场逃跑的，海警机构有权采取必要的措施进行拦截、紧追。海警机构检查船舶，有权依法查验船舶和生产作业许可有关的证书、资料以及人员身份信息，检查船舶及其所载货物、物品，对有关违法事实进行调查取证。对外国船舶登临、检查、拦截、紧追，遵守我国缔结、参加的国际条约的有关规定。

【办案协作】　是指某地侦查机关根据异地侦查机关的请求，依法进行某种侦查活动或者采取某种侦查措施的一种办案机制。根据《公安机关办理刑事案件程序规定》第三百四十六条至第三百五十六条规定，公安机关的办案协作包括如下内容：（1）协作条件。对异地公安机关提出的协作请求，只要法律手续完备，协作地公安机关就应当及时无条件予以配合。（2）协作内容。主要包括：转递犯罪线索；协助查询犯罪信息、资料；协助执行传唤、拘传、拘留、逮捕等强制措施；代为执行拘留、逮捕；协助查询犯罪嫌疑人的身份、年龄、违法犯罪经历等情况；协助办理查询、扣押或者冻结与犯罪有关的财物、文件等。（3）协作手续。县级以上公安机关办理刑事案件需要异地公安机关协作的，应当制作办案协作函件。负责协作的县级以上公安机关接到异地公安机关请求协作的函件后，应当指定主管业务部门办理。（4）工作要求。不同的协作事项具有不同的工作要求。例如，异地执行传唤、拘传，执行人员应当持传唤通知书、拘传证、办案协作函和工作证件，与协作地县级以上公安机关联系。协作地公安机关应当协助将犯罪嫌疑人传唤、拘传到本市、县公安机关办案场所进行讯问。再如，异地执行拘留、逮捕，执行人员应当持拘留证、逮捕证、办案协作函和工作证件，与协作地县级以上公安机关联系，协作地公安机关应当派员协助执行。委托异地公安机关代为执行拘留、逮捕的，应当将拘留证、逮捕证、办案协作函送达协作地公安机关。协作地公安机关抓获犯罪嫌疑人后，应当立即讯问并通知委托地公安机关。委托地公安机关应当立即携带法律文书及时提解，提解的侦查人员不得少于2人。（5）法律责任。对不履行办案协作职责造成严重后果的，对直接负责的主管人员和其他直接责任人员，应当给予行政处分；构成犯罪的，依法追究刑事责任。协作地公安机关依照请求协作的公安机关的要求，履行办案协作职责所产生的法律责任，由请求协作的公安机关承担。

【网上跨区域办案协作】 是指全国公安机关刑侦部门通过全国公安机关跨区域办案协作平台实行跨区域办案协作机制。根据相关规定，网上跨区域办案协作包括如下内容：（1）适用范围为跨区域系列案件，重点办理盗窃、抢劫、抢夺、诈骗等多发性侵财犯罪案件。（2）发出协作请求。办案地刑侦部门根据协查需要，报经领导审批后，由联络员通过全国公安机关跨区域办案协作平台直接向涉案地刑侦部门联络员发出办案协作请求。办案地刑侦部门应当按步骤完成以下工作：①录入基本案情、犯罪手段以及工作进展情况；②录入已抓获犯罪嫌疑人基本情况，以及是否需要协查户籍资料和违法犯罪前科记录；③录入涉案地案件的简要案情和协查请求，以及需调取的证据材料细目（受理案件材料、立案材料、现场勘查及物证材料、事主或被害人的证据材料、证人的证据材料等）；④填写办理期限及审批人等内容；⑤最后发布。（3）执行协作请求。涉案地联络员接到协查请求后，应当立即向本单位领导汇报，采取措施，布置开展协查工作。协查任务完成后，涉案地联络员应当将协查结果通过全国公安机关跨区域办案协作平台反馈给办案地联络员，同时传送相关证据材料和法律文书，由办案地公安机关对该犯罪嫌疑人的全部罪行向本地人民检察院移送起诉。办案地审核后网上确认、撤销任务。（4）办理时限。核实案件、调取证据材料的协作请求，应当在7日内办结并回复。交通十分不便的边远地区，应当在10日内办结并回复。调取犯罪嫌疑人户籍证明、前科证明的协作请求，应当在3日内办结并回复。办理时限以最后传递、邮寄的时间为准。

【结案】 是指公安机关、人民检察院、人民法院按照各自的职权，在各自的诉讼阶段对各自承办的刑事案件作出最终的处理结果，以便诉讼终结或者将刑事案件移送其他专门机关进行处理的一种活动。结案是公安机关、人民检察院、人民法院在各自诉讼阶段完成各自诉讼任务的重要标志。依法及时结案，对于刑事诉讼任务的实现、刑事诉讼的顺利进行、公民合法权益的保障等都具有重要意义。如果公安机关、人民检察院、人民法院在办理案件的过程中迟迟不能结案，不仅妨碍刑事诉讼的顺利进行，影响刑事诉讼任务的实现，浪费司法资源，降低司法效率，而且导致犯罪嫌疑人、被告人的命运始终处于待确定状态，而这种状态足以使他们在刑事诉讼过程中饱受煎熬之苦。结案的条件和方式因为不同的专门机关和诉讼阶段而存在较大差异。例如，在侦查终结以后，侦查机关应当按照移送审查起诉或者撤销案件的方式结案；在审查起诉终结以后，人民检察院应当按照不起诉或者提起公诉的方式结案；在审判程序终结以后，人民法院应当以刑事判决或者刑事裁定的方式结案。

【侦查终结】 是指侦查机关通过一系列的侦查活动，认为案件事实已经查清，证据确实、充分，足以认定犯罪嫌疑人是否构成犯罪和应否对其追究刑事责任而决定结束侦查，依法对案件作出处理或者提出处理意见的一项诉讼活动。侦查终结是侦查活动的结束程序。侦查机关作出侦查终结的决定必须满足法定的条件。在侦查终结时，侦查机关需要对整个案件作出事实上和法律上的认定，按照法定程序作出移送审查起诉或者撤销案件的决定，并依法对犯罪嫌疑人、案卷材料、涉案财物等采取相应的处理措施。侦查机关做好侦查终结的工作，对于保证检察机关准确、及时地提起公诉，进而确保犯罪嫌疑人及时受到应有的惩罚，以及保障无罪的或者不应当受到刑事责任追究的犯罪嫌疑人尽早地从刑事诉讼中解脱出来都具有重要意义。

【侦查终结的条件】 是指侦查机关认为可以决定结束侦查活动、对案件作出处理决定时所要达到的条件。根据《刑事诉讼法》第一百六十条、第一百六十二条和《公安机关办理刑事案件程序规定》第二百八十三条规定，侦查终结的案件，应当同时符合以下条件：（1）案件事实清楚。（2）证据确实、充分。（3）犯罪性质和罪名认定正确。（4）法律手续完备。（5）依法应当追究刑事责任。根据相关规定，犯罪事实清楚，是指以下事实清楚：犯罪嫌疑人的身份；立案侦查的犯罪行为是否存在；立案侦查的犯罪行为是否为犯罪嫌疑人实施；犯罪嫌疑人实施犯罪行为的动机、目的；实施犯罪行为的时间、地点、手续、后果以及其他情节；犯罪嫌疑人的责任以及与其他同案人的关系；犯罪嫌疑人有无法定从重、从轻、减轻处罚以及免除处罚的情节；其他与案件有关的事实。证据确实、充分是指定罪量刑的事实都有证据证明，据以定案的证据均经法定程序查证属实，以及综合全案证据，对所认定事实已排除合理怀疑。所谓犯罪性质和罪名认定正确，是指侦查机关认为现有证据能够准确地认定犯罪嫌疑人的犯罪事实及其罪名，不存在争议。依法应当追究刑事责任，是指犯罪嫌疑人的行为构成犯罪，而且不符合法律规定的不应当追究刑事责任的情形（参见“依照法定情形不予追究刑事责任原则”词条）。法律手续完备是侦查终结的程序条件。所谓法律手续完备，是指侦查机关进行专门调查工作和有关强制性措施的各种法律文书及其审批、签字、盖章等手续齐全、完整，符合法律规定。

【侦查结案报告】 又称侦查终结报告，是指侦查人员对于侦查终结的案件制作的由侦查机关负责人批准结束侦查的一种诉讼文书。根据《公安机关办理刑事案件程序规定》第二百八十五条第一款规定，侦查人员应当制作结案报告。根据《人民检察院刑事诉讼规则》第二百三十七条、第二百四十一条规定，人民检察院经过侦查，认为犯罪事实清楚，证据确实、充分，依法应当追究刑事责任的案件，或者对于犯罪情节轻微，依照《刑法》规定不需要判处刑罚或者免除刑罚的案件，都应当写出侦查终结报告，报请检察长批准。上级人民检察院侦查终结的案件，依照《刑事诉讼法》的规定应当由下级人民检察院提起公诉或者不起诉的，应当将有关决定、侦查终结报告连同案卷材料、证据移送下级人民检察院审查。

根据相关规定，侦查人员在制作结案报告时还应当注意如下几点：（1）经过侦查，案件事实已经清楚，但行为人行为不构成犯罪的，对行为人不应当追究刑事责任的，发现没有犯罪事实的，也应当写出结案报告，报县级以上公安机关负责人批准。（2）对提起附带民事诉讼的案件，在侦查终结后，应把附带民事诉讼的情况写入结案报告。根据《公安机关办理刑事案件程序规定》第二百七十五条第二款等规定，侦查终结报告主要包括以下内容：（1）犯罪嫌疑人的基本情况，包括姓名、性别、出生日期、籍贯、民族、文化程度、职业、住址、户籍所在地以及简要经历和违法犯罪经历，对犯罪嫌疑人是否采取强制措施和理由。（2）案件的来源情况，案件受理、立案和犯罪嫌疑人到案情况。（3）案件事实，包括犯罪的时间、地点、动机、目的、手段、后果以及其他情节。（4）案件证据情况。（5）侦查过程中存在的问题及不能认定的问题。（6）法律依据和处理意见，包括认定涉嫌犯罪的罪名和处理的法律依据。

【侦查终结的程序】 指侦查机关在依法结束侦查、对案件作出相应处理决定时应当遵守的诉讼程序。根据《公安机关办理刑事案件程序规定》第二百八十五条至第二百八十九条等规定，公安机关侦查终结的程序包括：（1）侦查终结的案件，首先应当由办案部门制作呈请侦查终结报告书，报县级以上公安机关负责人批准。（2）批准侦查终结。案件侦查终结，由县级以上公安机关负责人批准；重大、复杂、疑难的案件应当经过集体讨论决定。（3）装订立卷。侦查终结后，应当将全部案卷材料加以整理，按照要求装订立卷。根据相关规定，对于重大复杂、疑难的案件决定侦查终结的，应当经过集体讨论决定。人民检察院侦查终结的程序与以上程序大致相同。

【侦查终结案件的处理】 是指侦查机关对于侦查终结的案件根据不同的情形分别采取不同的处理措施。根据《刑事诉讼法》第一百六十二条、第一百六十三条、第一百六十七条，《公安机关办理刑事案件程序规定》第二百八十六条，以及《人民检察院刑事诉讼规则》第二百三十七条规定，侦查机关对于侦查终结案件的处理包括如下几个方面：（1）公安机关侦查终结案件的处理，由县级以上公安机关负责人批准；重大、复杂、疑难的案件应当经过集体讨论。（2）对于犯罪事实清楚，证据确实、充分而且依法应当追究犯罪嫌疑人刑事责任的案件，应当移送人民检察院审查起诉。（3）在侦查过程中，发现不应对犯罪嫌疑人追究刑事责任的，应当撤销案件；犯罪嫌疑人已被逮捕的，应当立即释放，发给释放证明，并且通知原批准逮捕的人民检察院。（4）人民检察院侦查部门对于犯罪情节轻微，依照《刑法》规定不需要判处刑罚或者免除刑罚的案件，应当写出侦查终结报告，并且制作不起诉意见书，报请检察长批准。

【侦查终结听取辩护律师的意见】 是指侦查机关在案件侦查终结前听取辩护律师对于案件的意见。根据《刑事诉讼法》第一百六十一条、《公安机关办理刑事案件程序规定》第五十四条、第二百八十九条以及《人民检察院刑事诉讼规则》第二百三十九条规定，在案件侦查终结前，如果辩护律师提出要求，侦查机关应当听取辩护律师的意见，根据情况进行核实，并记录在案，或者制作笔录附卷。辩护律师提出书面意见的，应当附卷，一并移送同级人民检察院审查决定。

对辩护律师收集的犯罪嫌疑人不在犯罪现场、未达到刑事责任年龄、属于依法不负刑事责任的精神病人的证据，公安机关应当进行核实并将有关情况记录在案，有关证据应当附卷。

【犯罪嫌疑人身份不明的处理】 是指侦查机关对于不讲真实身份的犯罪嫌疑人所采取的各种处理措施。根据《刑事诉讼法》第一百六十条第二款、《公安机关办理刑事案件程序规定》第一百三十条规定，在侦查过程中，如果犯罪嫌疑人不讲真实姓名、住址，身份不明，侦查机关应当按照下列方式进行处理：（1）侦查机关应当尽量调查犯罪嫌疑人的真实身份，而不能轻易放弃对其身份的调查。毕竟，查明犯罪嫌疑人的身份有助于查明其有无其他重要罪行和了解其前科情况，进而准确把握其所犯罪行的严重程度和人身危险性程度，为更好地定罪量刑甚至教育改造提供帮助。（2）为了惩戒犯罪嫌疑人故意不讲真实姓名、住址，从而给侦查机关的侦查活动形成障碍，法律明确规定对这种情况可以从查清其真实身份之日起计算侦查羁押期限。（3）为了防止侦查机关因为犯罪嫌疑人身份不明而将案件长期搁置，侦查机关不得停止对其犯罪行为的侦查取证。（4）对于犯罪事实清楚，证据确实、充分，确实无法查明其身份的，可以按其自报的姓名移送人民检察院审查起诉。这是指即使明知其所报姓名是虚假的，但是只要不影响对案件事实的认定，而且案件事实和证据达到起诉的标准，那么可以在侦查终结案件以后移送审查起诉，以及由人民法院进行审判。

【起诉意见书】 是指侦查机关将侦查终结的案件，依法移送同级人民检察院，要求对犯罪嫌疑人提起公诉而制作的一种诉讼文书。根据《刑事诉讼法》第一百六十二条、《公安机关办理刑事案件程序规定》第二百八十九条至第二百九十二条、《人民检察院刑事诉讼规则》第二百三十七条、第二百三十八条规定，对于侦查终结的案件，如果犯罪事实清楚，证据确实、充分，侦查机关的办案部门应当制作起诉意见书，报县级以上公安机关负责人或者人民检察院检察长批准，按照管辖的规定，连同案卷材料、证据一并移送同级人民检察院审查决定。共同犯罪案件的起诉意见书，应当写明每个犯罪嫌疑人在共同犯罪中的地位、作用、具体罪责和认罪态度，并分别提出处理意见。被害人提出附带民事诉讼的，应当记录在案；移送审查起诉时，应当在起诉意见书末页注明。国家或者集体财产遭受损失的，在提出提起公诉意见的同时，可以提出提起附带民事诉讼的意见。根据《人民检察院刑事诉讼规则》第二百四十一条第一款规定，上级人民检察院侦查终结的案件，依照刑事诉讼法的规定应当由下级人民检察院提起公诉的，应当将有关决定、侦查终结报告连同案卷材料、证据移送下级人民检察院审查。另外，根据《监察法》第四十五条第一款第四项的规定，监察机关在将涉嫌职务犯罪的被调查人移送人民检察院审查起诉时，也应当制作起诉意见书。

根据相关规定，起诉意见书包括以下内容：（1）首部，包括制作文书的公安机关名称和文书名称、文书字号、犯罪嫌疑人的基本情况及违法犯罪经历情况。（2）正文，包括案件办理情况、案件事实、能证明案件事实的证据、案件的有关情节、犯罪性质及移送审查起诉的法律依据。（3）尾部，包括送达部门、移送审查起诉时间并加盖制作文书的公安机关印章和公安局局长名章、附注事项。

【不起诉意见书】 是指人民检察院侦查部门在侦查终结以后，对于依照刑法规定不需要判处刑罚或者免除刑罚的案件，移送本院公诉部门审查，要求对犯罪嫌疑人不提起公诉而制作的一种诉讼文书。根据《刑事诉讼法》第一百六十八条、《人民检察院刑事诉讼规则》第二百三十七条、第二百三十八条、第二百四十一条规定，对于犯罪情节轻微，依照《刑法》规定不需要判处刑罚或者免除刑罚的案件，人民检察院侦查部门应当写出侦查终结报告，制作不起诉意见书，报请检察长批准。提出不起诉意见的，侦查部门应当将不起诉意见书，查封、扣押、冻结的犯罪嫌疑人的财物及其孳息、文件清单以及对查封、扣押、冻结的涉案款物的处理意见和其他案卷材料，一并移送本院公诉部门审查。上级人民检察院侦查终结的案件，依照《刑事诉讼法》的规定应当由下级人民检察院提起不起诉的，应当将有关决定、侦查终结报告连同案卷材料、证据移送下级人民检察院审查。不起诉意见书包括首部、正文、尾部三个部分。首部主要包括文书名称、文书编号，编号包括人民检察院的简称、自侦部门简称、年度和立案号。正文主要包括如下内容：（1）犯罪嫌疑人的基本情况。（2）立案和采取强制措施情况。（3）查明的案件事实和证据。（4）提请不起诉意见的理由、法律根据。尾部应当写明制作文书的自侦部门，并加盖部门公章，以及标明附项，如随案移送案卷数、犯罪嫌疑人所在处所、扣押物品、文件情况等。

【移送审查起诉】 指侦查机关在侦查终结以后，依法将应追究刑事责任的案件移送同级人民检察院审查决定起诉的一种诉讼活动。根据《刑事诉讼法》第一百六十二条，《公安机关办理刑事案件程序规定》第十条、第七十条、第七十一条、第七十五条、第二百八十九条至第二百九十二条、第三百二十二条，以及《人民检察院刑事诉讼规则》第六十六条、第二百三十七条至第二百四十一条规定，侦查机关应当按照下列程序和要求移送审查起诉：（1）移送审查起诉的案件，应当做到犯罪事实清楚，证据确实、充分。（2）公安机关办理刑事案件，应当向同级人民检察院移送审查起诉。人民检察院侦查部门应当向本院公诉部门移送审查起诉。（3）当案件符合移送审查起诉条件时，公安机关办案部门、人民检察院侦查部门应当制作起诉意见书，报县级以上公安机关负责人或者人民检察院检察长批准。在得到批准以后，公安机关办案部门、人民检察院侦查部门应当将起诉意见书连同案卷材料、证据，一并移送人民检察院审查起诉，并与人民检察院接收人员办理移交手续。上级人民检察院侦查终结的案件，依照刑事诉讼法的规定应当由下级人民检察院提起公诉的，应当将有关决定、侦查终结报告连同案卷材料、证据移送下级人民检察院，由下级人民检察院审查。（4）侦查机关应当将案件移送情况告知犯罪嫌疑人及其辩护律师。（5）对于侦查阶段发现的应当排除的非法证据，应当依法予以排除，不得作为移送审查起诉的依据。（6）案件移送审查起诉时，侦查机关应当将对证人、鉴定人、被害人采取保护措施的相关情况一并移交人民检察院。（7）被害人提出附带民事诉讼的，应当记录在案；移送审查起诉时，应当在起诉意见书末页注明。（8）公安机关办理未成年人刑事案件，作出调查报告的，在移送审查起诉时，应当结合案情综合考虑，并将调查报告与案卷材料一并移送人民检察院。另外，根据《监察法》第四十五条第一款第四项的规定，对涉嫌职务犯罪的，监察机关经调查认为犯罪事实清楚，证据确实、充分的，应当制作起诉意见书，连同案卷材料、证据一并移送人民检察院依法审查、提起公诉。

【分案移送审查起诉】 是指侦查机关对于侦查终结的共同犯罪案件或者犯罪嫌疑人多次犯罪的案件，对在案犯罪嫌疑人移送审查起诉，或者对已经查清的主要罪行或者某个罪行移送审查起诉，而不是等到同案犯都到案或者查清所有犯罪事实以后再移送审查起诉。根据《人民检察院刑事诉讼规则》第二百五十二条第一款规定，人民检察院直接受理立案侦查的共同犯罪案件，如果同案犯罪嫌疑人在逃，但在案犯罪嫌疑人犯罪事实清楚，证据确实、充分的，对在案犯罪嫌疑人应当按照规定分别移送审查起诉或者移送审查不起诉。根据相关规定，对以下羁押期限届满的案件，应当移送审查起诉：（1）流窜作案、多次作案的犯罪嫌疑人的主要罪行或者某一罪行事实清楚，证据确实充分，而其他罪行一时又难以查清的，应当对已查清的主要罪行或某一罪行移送审查起诉。（2）共同犯罪案件中主犯或者从犯在逃，在押犯罪嫌疑人的犯罪事实清楚，证据确实充分的，应当对在押犯罪嫌疑人移送审查起诉。

【移送起诉时间限制】 是指侦查机关在决定立案侦查以后，将案件移送人民检察院审查起诉时所遵守的诉讼期限。根据《人民检察院刑事诉讼规则》第二百五十三条规定，人民检察院直接受理立案侦查的案件，对犯罪嫌疑人没有采取取保候审、监视居住、拘留或者逮捕措施的，侦查部门应当在立案后二年以内提出移送审查起诉、移送审查不起诉或者撤销案件的意见；对犯罪嫌疑人采取取保候审、监视居住、拘留或者逮捕措施的，侦查部门应当在解除或者撤销强制措施后一年以内提出移送审查起诉、移送审查不起诉或者撤销案件的意见。

【移送起诉后涉案财物的处理】 是指侦查机关将案件移送人民检察院审查起诉以后依法对涉案财物采取的各种处理措施。根据《公安机关办理刑事案件程序规定》第二百八十八条规定，对查封、扣押的犯罪嫌疑人的财物及其孳息、文件或者冻结的财产，作为证据使用的，应当随案移送，并制作随案移送清单一式两份，一份留存，一份交人民检察院。制作清单时，应当根据已经查明的案情，写明对涉案财物的处理建议。对于实物不宜移送的，应当将其清单、照片或者其他证明文件随案移送。待人民法院作出生效判决后，按照人民法院送达的生效判决书、裁定书，上缴国库或者依法予以返还，并向人民法院送交回执。人民法院未作出处理的，应当征求人民法院意见，并根据人民法院的决定依法作出处理。根据《人民检察院刑事诉讼规则》第二百五十条、第二百五十一条规定，查封、扣押、冻结的款物，除依法应当返还被害人或者经查明确实与案件无关的以外，不得在诉讼程序终结之前处理，法律和有关规定另有规定的除外。处理查封、扣押、冻结的涉案款物，应当由检察长决定。另外，根据《监察法》

第四十六条的规定，对被调查人涉嫌犯罪取得的财物，监察机关应当在移送检察机关依法提起公诉时随案移送，以保证检察机关顺利开展审查起诉工作。对随案移送检察机关的财物，监察机关要制作移送登记表。与检察机关办理交接手续时，双方应当逐笔核对财物情况以及相对应的犯罪事实。

【撤销案件】 是指侦查机关在侦查过程中发现不应当追究犯罪嫌疑人刑事责任时将案件予以撤除、注销的一种诉讼活动。根据《刑事诉讼法》第一百六十三条规定，在侦查过程中，发现不应对犯罪嫌疑人追究刑事责任的，应当撤销案件。根据《公安机关办理刑事案件程序规定》第一百八十六条第一款等规定，公安机关经过侦查，发现具有下列情形之一的，应当撤销案件：（1）没有犯罪事实的。（2）情节显著轻微、危害不大，不认为是犯罪的。（3）犯罪已过追诉时效期限的。（4）经特赦令免除刑罚的。（5）犯罪嫌疑人死亡的。（6）其他依法不追究刑事责任的。《人民检察院刑事诉讼规则》第二百四十二条也规定，人民检察院在侦查过程中或者侦查终结后，发现具有下列情形之一的，可以依法作出撤销案件的决定：（1）具有《刑事诉讼法》第十六条规定情形之一的。（2）没有犯罪事实的，或者依照《刑法》规定不负刑事责任或者不是犯罪的。（3）虽有犯罪事实，但不是犯罪嫌疑人所为的。对于共同犯罪的案件，如有符合以上情形的犯罪嫌疑人，应当撤销对该犯罪嫌疑人的立案。值得注意的是，根据《公安机关办理刑事案件程序规定》第一百九十条第一款、《人民检察院刑事诉讼规则》第二百五十四条，撤销案件以后，如果侦查机关发现新的事实或者证据，认为有犯罪事实需要追究刑事责任的，应当重新立案侦查。另外，根据《监察法》第四十五条第二款的规定，监察机关经调查，对没有证据证明被调查人存在违法犯罪行为的，也应当撤销案件，并通知被调查人所在单位。

【撤销案件的程序】 是指侦查机关在作出撤销案件决定时所遵守的诉讼程序。根据《公安机关办理刑事案件程序规定》第一百八十七条第一款、第一百八十九条等规定，公安机关应当按照下列程序进行撤销案件：（1）呈批。发现应当撤销案件的，办案部门制作呈请撤销案件报告书，报县级以上公安机关负责人批准。（2）批准。经县级以上公安机关负责人批准，侦查人员制作撤销案件决定书。（3）送达和告知。公安机关作出撤销案件决定后，应当在三日以内告知原犯罪嫌疑人、被害人或者其近亲属、法定代理人以及案件移送机关。（4）撤销案件的所有材料应当立卷保存。

根据《人民检察院刑事诉讼规则》第二百四十二条至第二百四十六条规定，人民检察院应当按照下列程序进行撤销案件：（1）呈报。发现应当撤销案件的，侦查部门应当制作拟撤销案件意见书，报请检察长决定。（2）批准和审查。地方各级人民检察院决定撤销案件的，侦查部门应当将撤销案件意见书连同本案全部案卷材料，在法定期限届满七日前报上一级人民检察院审查；重大、复杂案件在法定期限届满十日前报上一级人民检察院审查。对于共同犯罪案件，应当将处理同案犯罪嫌疑人的有关法律文书以及案件事实、证据材料复印件等，一并报送上一级人民检察院。上一级人民检察院侦查部门应当对案件进行全面审查，必要时可以讯问犯罪嫌疑人，并在审查后提出是否同意撤销案件的意见，报请检察长决定。（3）批复。上一级人民检察院审查下级人民检察院报送的拟撤销案件，应当于收到案件后七日以内批复；重大、复杂案件，应当于收到案件后十日以内批复下级人民检察院。情况紧急或者因其他特殊原因不能按时送达的，可以先行通知下级人民检察院执行。上一级人民检察院同意撤销案件的，下级人民检察院应当作出撤销案件决定，并制作撤销案件决定书。上一级人民检察院不同意撤销案件的，下级人民检察院应当执行上一级人民检察院的决定。（4）送达。人民检察院决定撤销案件的，应当将撤销案件的决定送达犯罪嫌疑人所在单位和犯罪嫌疑人，告知控告人、举报人，听取其意见并记明笔录。犯罪嫌疑人死亡的，应当送达犯罪嫌疑人原所在单位。

【撤销案件后的处理】 是指侦查机关在作出撤销案件的决定以后对犯罪嫌疑人等所采取的各种处理措施。根据《刑事诉讼法》第一百六十三条、《公安机关办理刑事案件程序规定》第一百八十七条第二款、第三款规定，公安机关决定撤销案件或者对犯罪嫌疑人终止侦查时，原犯罪嫌疑人在押的，应当立即释放，发给释放证明书。原犯罪嫌疑人被逮捕的，应当通知原批准逮捕的人民检察院。对原犯罪嫌疑人采取其他强制措施的，应当立即解除强制措施；需要行政处理的，依法予以处理或者移交有关部门。对查封、扣押的财物及其孳息、文件或者冻结的财产，除按照法律和有关规定另行处理的以外，应当解除查封、扣押、冻结。

根据《人民检察院刑事诉讼规则》第二百四十六条至第二百四十九条规定，人民检察院撤销案件以后，应当按照下列规定采取相应的处理措施：（1）如果犯罪嫌疑人在押，应当制作决定释放通知书，通知公安机关依法释放。（2）应在三十日以内报经检察长批准，对犯罪嫌疑人的违法所得作出处理。情况特殊的，可以延长三十日。（3）对犯罪嫌疑人的违法所得应当区分不同情形，作出相应处理。因犯罪嫌疑人死亡而撤销案件，依照《刑法》规定应当追缴其违法所得及其他涉案财产的，按照违法所得没收程序办理。因其他原因撤销案件，对于查封、扣押、冻结的犯罪嫌疑人违法所得及其他涉案财产需要没收的，应当提出检察意见，移送有关主管机关处理。对于冻结的犯罪嫌疑人存款、汇款、债券、股票、基金份额等财产需要返还被害人的，可以通知金融机构、邮政部门返还被害人；对于查封、扣押的犯罪嫌疑人的违法所得及其他涉案财产需要返还被害人的，直接决定返还被害人。人民检察院申请人民法院裁定处理犯罪嫌疑人涉案财产的，应当向人民法院移送有关案件材料。（4）对查封、扣押、冻结的犯罪嫌疑人的涉案财产需要返还犯罪嫌疑人的，应当解除查封、扣押或者书面通知有关金融机构、邮政部门解除冻结，返还犯罪嫌疑人或者其合法继承人。

【装订立卷】 又称“案卷装订”，是指侦查机关在侦查终结以后，将全部案卷材料加以整理，按照移送审查起诉的要求或者侦查工作的要求将案卷材料装订成册。公安机关装订的案卷分为诉讼卷（正卷）和侦查卷；侦查卷又分为秘密侦查卷（绝密卷）和侦查工作卷（副卷）。根据《公安机关办理刑事案件程序规定》第二百八十七条规定，向人民检察院移送案件时，只移送诉讼卷，侦查卷由公安机关存档备查。对于人民检察院退回补充侦查的案件，在补充侦查完毕后，可另设补充侦查卷，连同原案卷一并移送审查起诉。根据相关规定，诉讼卷的分册编号排列顺序为诉讼文书卷在前，一册装订不下，分册装订；证据卷在后，一册装订不下，亦分册装订。全案卷宗按照顺序依次排列编号。卷宗封面的制作内容包括案件名称、犯罪嫌疑人姓名、立卷人、审核人、立卷日期。

【诉讼卷】 是指侦查机关移送同级人民检察院审查决定起诉的诉讼案卷。案件侦查中各种法律文书，获取的证据及其他诉讼文书材料都订入此卷。诉讼卷包括诉讼性文书、技术性材料鉴定卷和其他证据材料卷。视听资料作为证据，不能装订入卷的，放入资料袋中随案卷移送；实物证据不能装订入卷的，应拍成照片入卷。根据规定，案件侦查中各种法律文书，获取的证据及其他诉讼文书材料都订入此卷。为便于辩护律师及经人民检察院认可的其他辩护人查阅、摘抄、复制案卷材料，侦查机关又将诉讼卷分成诉讼文书卷和证据卷两个组成部分。

【诉讼文书卷】 是指侦查机关在侦查终结以后，将诉讼文书、技术性鉴定材料专门装订成册。根据相关规定，诉讼文书卷有关材料及排列顺序为：（1）卷内文件目录。（2）有关立案方面的诉讼文书，如移送案件通知书、指定管辖决定书、立案决定书等。（3）有关强制措施方面的诉讼文书，如拘传证、拘留证、提请批准逮捕书、批准或不批准逮捕决定书、逮捕证、逮捕通知书（副本）、取保候审决定书（副本）、监视居住决定书（副本）等。强制措施文书实践中可以按照采取强制措施的时间先后排序。（4）有关律师会见方面的诉讼文书，包括：安排律师会见非涉密案件在押犯罪嫌疑人通知书、涉密案件聘请律师决定书（副本）、准予会见涉密案件在押犯罪嫌疑人决定书（副本）、不准予会见涉密案件在押犯罪嫌疑人决定书（副本）。（5）有关鉴定方面的诉讼文书，包括：解剖尸体通知书（副本）；鉴定聘请书（副本）、各类技术性鉴定材料（包括法医和DNA检验鉴定、司法精神病鉴定、文件检验鉴定、痕迹检验鉴定、理化检验鉴定、伤情鉴定、估价鉴定、会计鉴定、审计报告以及其他专业技术鉴定等由有关鉴定资格的机构、人员对人身、物品及其他有关证据进行鉴定所形成的鉴定结论和文书）、鉴定结论通知书。（6）起诉意见书和附带民事诉讼材料。

【证据卷】 是指侦查机关在侦查终结以后，将有关证据方面的法律文书和材料装订成册。根据相关规定，对涉及多名犯罪嫌疑人或多起案件，材料较多的，可对每个犯罪嫌疑人的供述和辩解及相关文书，分别立卷；对其他材料，以每起案件为一个完整的组成部分，分别立卷，重罪在前、轻罪在后，同等罪的以时间先后排列。视听资料作为证据，不能装订入卷的，放入资料袋中随案卷移送；实物证据不能装订入卷的，应拍成照片入卷。证据卷（包括部分法律文书）有关材料排列顺序为：（1）卷内文件目录。（2）有关犯罪嫌疑人个人情况的证据材料，如犯罪嫌疑人基本情况、归案情况的说明等。（3）有关口供方面的证据材料，如讯问笔录、亲笔供词、辨认笔录等。（4）有关被害人、证人方面的证据材料，如询问笔录、亲笔陈词及辨认笔录等。(5) 有关犯罪现场方面的证据材料，如现场勘查笔录、检查笔录、复验复查笔录、侦查实验笔录等。(6) 有关物证、书证方面的证据材料，如搜查笔录、扣押物品、文件清单、调取证据清单、物证、书证等。(7) 通缉令、关于撤销通缉令的通知。(8) 犯罪嫌疑人身份证明，包括自然人主体的户籍及特殊身份的证明、单位主体的身份证明及法定代表人、直接负责的主管人员和其他直接责任人员在单位的任职、职责、负责权限的证明。(9) 有关量刑方面的证据材料，包括：证明犯罪嫌疑人有自首、立功、前科劣迹以及其他法定或酌定加重、从重、减轻、从轻或免除处罚情节的材料。(10) 同案犯罪嫌疑人作另案处理或其他处理，需移送起诉的相关文书；其他需要移送的证明材料。

【补充侦查卷】 是指公安机关对于人民检察院退回补充侦查的案件，在补充侦查完毕后，将有关案件材料单独装订成册，连同原案卷一并移送起诉。根据相关规定，补充侦查卷按下列顺序排列装订：(1) 卷内文件目录。(2)（人民检察院）补充侦查决定书。(3)（人民检察院）补充侦查事项或提纲。(4) 补充侦查报告书。(5) 补充侦查的证据材料。由此可见，补充侦查卷实际上也是诉讼卷的重要组成部分。

【侦查卷】 是指侦查机关在侦查终结以后，将有关不需要移送审查起诉的有关工作流程、办案手续等方面的案件材料专门装订成册，以便侦查机关存档备查。侦查卷分为秘密侦查卷（绝密卷）和侦查工作卷（副卷）两种。技术侦查获取的材料，需要作为证据公开使用时，按照规定采取相应的处理。根据相关规定，侦查工作卷主要是公安机关内部有关工作流程或者办案手续方面而且不需要移送人民检察院的案件材料，如呈请案件侦查终结报告书，呈请立案报告书，呈请撤销案件报告书，协查通报，呈请通缉报告书，呈请边控报告书，在逃人员信息登记，呈请破案报告书，呈请传唤报告书，呈请拘传报告书，呈请拘留报告书，呈请逮捕报告书，呈请重新计算侦查羁押期限报告书，呈请变更强制措施报告书，呈请取保候审报告书，呈请监视居住报告书，律师会见在押犯罪嫌疑人的函，呈请调取证据通知书，呈请侦查实验报告书，呈请检查报告书，呈请复验、复查报告书，呈请搜查报告书，呈请辨认报告书，呈请扣押邮件、电报报告书，呈请查询存款/汇款报告书，呈请鉴定报告，呈请回避/驳回回避报告书，换押证，讯问计划，案件汇报提纲，案件讨论记录，以及起诉意见书底稿等。

【补充侦查】 是指公安机关或者人民检察院依照法定程序，在原有侦查工作的基础上，就案件的部分事实、情节继续进行侦查的诉讼活动。补充侦查在本质上是原有侦查工作的继续，仍然属于侦查程序的范畴。但是补充侦查并不是每一个刑事案件都必须经过的程序，它是在原有侦查工作没有完成侦查任务的情况下才就案件的部分事实、情节继续进行的侦查活动。也就是说补充侦查是对原来没有完成任务的侦查工作的一项补救措施。根据《刑事诉讼法》第一百七十五条第三款规定，对于补充侦查的案件，应当在一个月以内补充侦查完毕；补充侦查以二次为限。根据不同的刑事诉讼阶段，补充侦查可以分为审查逮捕阶段的补充侦查、审查起诉阶段的补充侦查和法庭审判阶段的补充侦查三种。

根据补充侦查的方式，补充侦查可以分为退回补充侦查和自行补充侦查两种。除了退回补充侦查外，《监察法》还规定了与退回补充侦查相类似的退回补充调查。

【审查逮捕阶段的补充侦查】 是指人民检察院对于公安机关提出批准逮捕的案件进行审查以后，对于不批准逮捕的，如果认为需要补充侦查的，人民检察院在作出不批准逮捕决定的同时，通知公安机关对案件进行补充侦查。审查逮捕阶段的补充侦查只能是退回补充侦查，而不包括自行补充侦查。根据《人民检察院刑事诉讼规则》第二百九十二条规定，人民检察院作出不批准逮捕决定，并且通知公安机关补充侦查的案件，公安机关在补充侦查后又要求复议的，人民检察院应当告知公安机关重新提请批准逮捕。公安机关坚持复议的，人民检察院不予受理。公安机关补充侦查后应当提请批准逮捕而不提请批准逮捕的，按照该规则第二百八十八条的规定办理。上一级人民检察院在审查决定逮捕过程中，在作出不予逮捕决定时认为需要补充侦查的，应当制作补充侦查提纲，送达下级人民检察院侦查部门。

【审查起诉阶段的补充侦查、补充调查】 是指人民检察院在审查起诉时，对于需要补充侦查的案件，将案件退回侦查机关补充侦查，或者监察机关补充调查，或者自行侦查的一种补充侦查形式。审查起诉阶段的补充侦查既包括退回补充侦查，也包括自行补充侦查。根据《人民检察院刑事诉讼规则》第三百四十二条至第三百五十条、第三百六十七条规定，人民检察院认为犯罪事实不清、证据不足或者遗漏罪行、遗漏同案犯罪嫌疑人等情形需要补充侦查的，应当制作补充侦查提纲，连同案卷材料一并退回公安机关补充侦查；人民检察院也可以自行侦查，必要时可以要求公安机关提供协助。对于本院侦查部门以及监察机关移送起诉案件的审查与此基本相同。人民检察院决定退回补充调查的案件，犯罪嫌疑人已被监察机关采取强制措施的，应当将退回补充调查情况书面通知强制措施执行机关。监察机关需要讯问的，人民检察院应当予以配合。对于退回补充调查或补充侦查的案件，应当在一个月以内补充侦查完毕。补充侦查以二次为限。补充侦查完毕移送审查起诉后，人民检察院重新计算审查起诉期限。对于在审查起诉期间改变管辖的案件，改变后的人民检察院对于符合《刑事诉讼法》第一百七十五条第二款规定的案件，可以经原受理案件的人民检察院协助，退回原侦查的公安机关补充侦查，也可以自行侦查。改变管辖前后退回补充侦查的次数总共不得超过二次。人民检察院对于二次退回补充调查或者补充侦查的案件，仍然认为证据不足，不符合起诉条件的，经检察长批准，应当作出不起诉决定。人民检察院对于经过一次退回补充调查或者补充侦查的案件，认为证据不足，不符合起诉条件，且没有退回补充侦查必要的，可以作出不起诉决定。人民检察院对已经退回监察机关二次补充调查或者退回侦查机关二次补充侦查的案件，在审查起诉中又发现新的犯罪事实的，应当将线索移送监察机关或者公安机关；对已经查清的犯罪事实，应当依法提起公诉。

【法庭审判阶段的补充侦查】 是指在法庭审判过程中，对于需要补充提供法庭审判所必需的证据或者补充侦查的，人民检察院自行收集证据和进行侦查，或者书面要求侦查机关补充提供证据的一种补充侦查形式。根据《人民检察院刑事诉讼规则》第四百二十二条规定，在审判过程中，对于需要补充提供法庭审判所必需的证据或者补充侦查的，人民检察院只能自行执行补充侦查，而不能将案件退回监察机关或者公安机关进行补充侦查。但是，人民检察院在补充侦查过程中，可以要求监察机关或者公安机关提供协助，或者书面要求监察机关或者公安机关补充提供证据。但是，不管采取哪种方式，补充侦查不得超过一个月。根据《人民检察院刑事诉讼规则》第四百二十条、第四百二十一条、第四百二十五条以及《刑事诉讼法司法解释》第二百七十四条、第二百七十七条规定，法庭审判阶段的补充侦查包括两种情况：（1）人民检察院要求补充侦查。在法庭审判过程中，如果公诉人发现案件需要补充侦查，可以建议延期审理。对于公诉人的建议，合议庭可以同意。但是，公诉人在法庭审理过程中建议延期审理的次数不得超过两次，每次不得超过一个月。法庭宣布延期审理后，人民检察院应当在补充侦查的期限内提请人民法院恢复法庭审理或者撤回起诉。补充侦查期限届满后，人民检察院未将补充的证据材料移送人民法院的，人民法院可以根据在案证据作出判决、裁定。人民检察院将补充收集的证据移送人民法院的，人民法院应当通知辩护人、诉讼代理人查阅、摘抄、复制。（2）人民法院建议补充侦查。在审判期间，被告人提出新的立功线索的，人民法院可以建议人民检察院补充侦查。对于人民法院建议人民检察院补充侦查的建议，人民检察院应当审查有关理由，并作出是否补充侦查的决定。人民检察院不同意的，可以要求人民法院就起诉指控的犯罪事实依法作出裁判。

【自行补充侦查】 是指决定补充侦查的人民检察院不再将案件退回公安机关或者监察机关，而是由人民检察院自行对案件进行侦查的补充侦查。自行补充侦查的案件既可以是原来由公安机关立案侦查的案件，也可以是人民检察院直接受理侦查的案件。在2018年通过《监察法》之后，第二种情况已经变更为监察机关调查的职务犯罪案件。根据《刑事诉讼法》第一百七十五条和《人民检察院刑事诉讼规则》第三百四十二条、第三百四十三条、第四百二十二条规定，对原来由公安机关立案侦查的案件，如果是审查逮捕阶段的补充侦查，人民检察院必须退回公安机关补充侦查，而不能自行补充侦查；如果是审查起诉阶段的补充侦查，人民检察院既可以退回监察机关补充调查或者退回公安机关补充侦查，也可以自行补充侦查；如果是法庭审判阶段的补充侦查，人民检察院只能自行补充侦查，而不能将案件退回监察机关补充调查或者退回公安机关进行补充侦查。根据《人民检察院刑事诉讼规则》第三百四十二条至第三百五十条规定，人民检察院在审查起诉阶段决定自行侦查，包括以下两种情形：对于公安机关或者人民检察院侦查部门移送的案件，人民检察院公诉部门认为犯罪事实不清、证据不足或者遗漏罪行、遗漏同案犯罪嫌疑人等情形需要补充侦查的；对于在审查起诉期间改变管辖的案件，改变后的人民检察院对于符合《刑事诉讼法》第一百七十二条第二款规定的案件。对于改变管辖前后退回补充侦查的次数总共不得超过二次。人民检察院公诉部门在自行侦查过程中，必要时可以要求公安机关或者人民检察院侦查部门提供协助。人民检察院在审查起诉中决定自行侦查的，应当在审查起诉期限内侦查完毕。根据《监察法》第四十七条第三款的规定，人民检察院经审查，认为需要补充核实的，应当退回监察机关补充调查，必要时可以自行补充侦查。一般而言，检察机关认为监察机关移送的案件定罪量刑的基本犯罪事实已经查清，但具有下列情形之一的，可以自行补充侦查：（1）证人证言、犯罪嫌疑人供述和辩解、被害人陈述的内容中主要情节一致、个别情节不一致且不影响定罪量刑的。（2）书证、物证等证据材料需要补充鉴定的。（3）其他由检察机关查证更为便利、更有效率、更有利于查清案件事实的情形。

【退回补充侦查】 是指决定补充侦查的人民检察院将案件退回原侦查机关进行的补充侦查。根据我国刑事诉讼法的规定，退回补充侦查的案件既包括公安机关立案侦查的案件，也包括人民检察院立案侦查的案件。但是，人民检察院不能将自己直接受理的案件退回给公安机关补充侦查。退回补充侦查只能适用于审查批准逮捕阶段和审查起诉阶段，而不适用于法庭审判阶段。根据《刑事诉讼法》第一百七十五条第三款、第四款的规定，对于补充侦查的案件，应当在一个月以内补充侦查完毕。补充侦查以二次为限。补充侦查完毕移送人民检察院后，人民检察院重新计算审查起诉期限。对于二次补充侦查的案件，人民检察院仍然认为证据不足，不符合起诉条件的，应当作出不起诉的决定。根据《人民检察院刑事诉讼规则》第三百四十九条，人民检察院对已经退回监察机关二次补充调查或者退回侦查机关二次补充侦查的案件，在审查起诉中又发现新的犯罪事实的，应当将线索移送监察机关或者公安机关；对已经查清的犯罪事实，应当依法提起公诉。

根据《人民检察院刑事诉讼规则》第二百九十二条、第二百九十九条、第三百四十二条、第三百五十条规定，退回补充侦查的适用包括如下几种情形：（1）在审查批准逮捕阶段，当作出不批准逮捕决定时，如果人民检察院认为需要补充侦查，那么应当将案件退回公安机关进行补充侦查。（2）对犯罪嫌疑人决定不予逮捕的，负责捕诉的部门应当将不予逮捕的决定连同案卷材料、讯问犯罪嫌疑人录音、录像移交负责侦查的部门，并说明理由。需要补充侦查的，应当制作补充侦查提纲。犯罪嫌疑人已被拘留的，负责侦查的部门应当通知公安机关立即释放。（3）在审查起诉阶段，对于公安机关或者人民检察院侦查部门移送的案件，人民检察院捕诉部门认为犯罪事实不清、证据不足或者遗漏罪行、遗漏同案犯罪嫌疑人等情形需要补充侦查的，人民检察院公诉部门应当提出具体的书面意见，连同案卷材料一并退回公安机关或者人民检察院侦查部门进行补充侦查。（4）对于在审查起诉期间改变管辖的案件，改变后的人民检察院对于符合《刑事诉讼法》第一百七十五条第二款规定的案件，可以通过原受理案件的人民检察院退回原侦查的公安机关补充侦查。改变管辖前后退回补充侦查的次数总共不得超过二次。

【退回补充调查】 是指人民检察院在对监察机关移送审查起诉的职务犯罪案件经过审查之后，在需要补充核实的情况下，将案件退回监察机关予以补充调查。退回补充调查与退回补充侦查的目的都是旨在提高公诉案件的办案质量尤其是证据质量，二者具有大致相同的条件和程序。根据《监察法》第四十七条第三款的规定，人民检察院经审查，认为需要补充核实的，应当退回监察机关补充调查，必要时可以自行补充侦查。对于补充调查的案件，应当在一个月内补充调查完毕。补充调查以2次为限。这里的“认为需要补充核实”，主要是指人民检察院经过审查之后认为移送起诉的职务犯罪案件存在犯罪事实不清、证据不足的情形。尽管对于检察机关移送起诉的职务犯罪案件，究竟是退回补充调查还是自行补充侦查，人民检察院享有一定的自由裁量权，但是考虑到监察机关移送的案件政治性强、比较敏感，检察机关公诉部门审查后认为需要补充证据的，一般应当优先退回监察机关进行补充调查，只有在确有必要的情况下才由检察机关自行补充侦查（参见“退回补充侦查”词条）。

【补充侦查后的处理】 是指对人民检察院退回补充侦查的案件，原侦查部门应当对案件的事实、证据和定性处理意见进行认真、全面审查，分析研究人民检察院退回补充侦查意见，报县级以上公安机关负责人批准，根据不同情况所采取的各种处理措施。根据《公安机关办理刑事案件程序规定》第二百九十五条、第二百九十六条规定，对人民检察院退回补充侦查的案件，根据不同情况，报县级以上公安机关负责人批准，分别作如下处理：（1）原认定犯罪事实不清或者证据不够充分的，应当在查清事实、补充证据后，制作补充侦查报告书，移送人民检察院审查；对确实无法查明的事项或者无法补充的证据，应当书面向人民检察院说明情况。（2）在补充侦查过程中，发现新的同案犯或者新的罪行，需要追究刑事责任的，应当重新制作起诉意见书，移送人民检察院审查。（3）发现原认定的犯罪事实有重大变化，不应当追究刑事责任的，应当撤销案件或者对犯罪嫌疑人终止侦查，并将有关情况通知退查的人民检察院。（4）原认定犯罪事实清楚，证据确实、充分，人民检察院退回补充侦查不当的，应当说明理由，移送人民检察院审查。

【协助补充侦查】 是指人民检察院捕诉部门在自行补充侦查的过程中，由公安机关或者人民检察院侦查部门予以协助。根据《人民检察院刑事诉讼规则》第三百四十二条至第三百四十五条，人民检察院公诉部门对监察机关、公安机关或者本院侦查部门移送审查起诉的案件审查后决定自行侦查时，可以要求公安机关或者本院侦查部门提供协助。根据《公安机关办理刑事案件程序规定》第二百九十七条规定，对于人民检察院在审查起诉过程中以及在人民法院作出生效判决前，要求公安机关提供法庭审判所必需的证据材料的，应当及时收集和提供。

【侦查活动监督的主体】 是指有权对侦查机关或者侦查人员的侦查活动是否存在违法行为予以监督的主体。在我国刑事诉讼中，侦查活动监督的主体是人民检察院。人民检察院作为专门的法律监督机关，有权监督侦查机关或者侦查人员在侦查活动中是否存在违法行为。根据《人民检察院刑事诉讼规则》的有关规定，具体履行侦查活动监督职责的部门包括负责捕诉的部门和监所检察部门。负责捕诉的部门在审查批准逮捕过程中如果发现侦查机关或者侦查人员存在违法行为，有权通知公安机关予以纠正；在审查起诉过程中如果发现侦查机关或者侦查人员存在违法行为，有权通知公安机关予以纠正。监所检察部门发现侦查中违反法律规定的羁押和办案期限规定的，应当依法提出纠正违法意见，并通报捕诉部门。根据《人民检察院刑事诉讼规则》第五百五十六条规定，如果当事人等就侦查机关或者侦查人员的违法行为向人民检察院提出申诉或者控告，应当由人民检察院负责控告申诉检察的部门受理。负责控告申诉检察的部门在受理申诉或者控告以后，应当根据案件的具体情况，及时移送相关办案部门审查办理。

【侦查活动监督的内容】 是指需要人民检察院通过履行侦查监督职能予以发现和纠正的侦查机关或者侦查人员在侦查活动中所实施的各种违法行为。根据《人民检察院刑事诉讼规则》第五百六十七条，人民检察院应当对侦查活动中是否存在以下违法行为进行监督：（1）采用刑讯逼供以及其他非法方法收集犯罪嫌疑人供述的。（2）讯问犯罪嫌疑人依法应当录音或者录像而没有录音或者录像，或者未在法定羁押场所讯问犯罪嫌疑人的。（3）采用暴力、威胁以及非法限制人身自由等非法方法收集证人证言、被害人陈述，或者以暴力、威胁等方法阻止证人作证或者指使他人作伪证的。（4）伪造、隐匿、销毁、调换、私自涂改证据，或者帮助当事人毁灭、伪造证据的。（5）违反刑事诉讼法关于决定、执行、变更、撤销强制措施的规定，或者强制措施法定期限届满，不予释放、解除或者变更的。（6）应当退还取保候审保证金不退还的。（7）违反刑事诉讼法关于讯问、询问、勘验、检查、搜查、鉴定、采取技术侦查措施等规定的。（8）对与案件无关的财物采取查封、扣押、冻结措施，或者应当解除查封、扣押、冻结而不解除的。（9）贪污、挪用、私分、调换、违反规定使用查封、扣押、冻结的财物及其孳息的。（10）不应当撤案而撤案的。（11）侦查人员应当回避而不回避的。（12）依法应当告知犯罪嫌疑人诉讼权利而不告知，影响犯罪嫌疑人行使诉讼权利的。（13）对犯罪嫌疑人拘留、逮捕、指定居所监视居住后依法应当通知家属而未通知的。（14）阻碍当事人、辩护人、诉讼代理人、值班律师依法行使诉讼权利的。（15）应当对证据收集的合法性出具说明或者提供证明材料而不出具、不提供的。（16）侦查活动中的其他违反法律规定的行为。

【侦查活动监督的方法】 是指人民检察院在侦查监督过程中如果发现侦查机关或者侦查人员在侦查过程中存在违法行为，督促其予以纠正和处理的措施或者手段。根据《人民检察院刑事诉讼规则》第五百五十二条规定，人民检察院发现刑事诉讼活动中的违法行为，对于情节较轻的，由检察人员以口头方式提出纠正意见；对于情节较重的，经检察长决定，发出纠正违法通知书。对于带有普遍性的违法情形，经检察长决定，向相关机关提出检察建议。构成犯罪的，移送有关机关、部门依法追究刑事责任。根据《人民检察院刑事诉讼规则》第五百六十八条规定，人民检察院发现侦查活动中的违法情形已涉嫌犯罪，属于人民检察院管辖的，依法立案侦查；不属于人民检察院管辖的，依照有关规定移送有管辖权的机关。《人民检察院刑事诉讼规则》第五百六十九条规定，人民检察院负责捕诉的部门发现本院负责侦查的部门在侦查活动中有违法情形，应当提出纠正意见。需要追究相关人员违法违纪责任的，应当报告检察长。上级人民检察院发现下级人民检察院在侦查活动中有违法情形，应当通知其纠正。下级人民检察院应当及时纠正，并将纠正情况报告上级人民检察院。人民检察院应当根据违法行为的轻重，分别采取下列方法：（1）口头通知纠正。如果人民检察院发现公安机关侦查活动中的违法行为情节较轻，可以由检察人员以口头方式向侦查人员或者公安机关负责人提出纠正意见，并及时向本部门负责人汇报；必要的时候，由部门负责人提出。（2）书面通知纠正。如果人民检察院发现公安机关侦查活动中的违法行为情节较重，应当报请检察长批准后，向公安机关发出纠正违法通知书。（3）监督落实情况。如果人民检察院发出纠正违法通知书的，应当根据公安机关的回复，监督落实情况；没有回复的，应当督促公安机关回复。（4）直接提出纠正意见。如果人民检察院侦查监督部门或者公诉部门发现本院侦查部门侦查活动中的违法行为情节较轻，可以直接向侦查部门提出纠正意见。上级人民检察院发现下级人民检察院在侦查活动中有违法情形的，应当通知其纠正。下级人民检察院应当及时纠正，并将纠正情况报告上级人民检察院。（5）要求重新调查取证。人民检察院公诉部门在审查中发现侦查人员以非法方法收集犯罪嫌疑人供述、被害人陈述、证人证言等证据材料的，应当依法排除非法证据并提出纠正意见，同时可以要求侦查机关另行指派侦查人员重新调查取证。（6）追究刑事责任。人民检察院侦查监督部门、公诉部门发现侦查人员在侦查活动中的违法行为情节严重，构成犯罪的，应当移送本院侦查部门审查，并报告检察长。侦查部门审查后应当提出是否立案侦查的意见，报请检察长决定。对于不属于本院管辖的，应当移送有管辖权的人民检察院或者其他机关处理。人民检察院侦查监督部门或者公诉部门对本院侦查部门侦查活动中的违法行为，如果情节较重或者需要追究刑事责任的，应当报请检察长决定。

【复查纠正意见】 是指在公安机关不接受人民检察院在侦查活动监督中向其提出的纠正违法意见并要求复查的情况下，人民检察院对纠正违法意见是否正确进行审查的一种诉讼活动。根据《人民检察院刑事诉讼规则》第五百五十四条规定，被监督单位对纠正意见申请复查的，人民检察院应当在收到被监督单位的书面意见后七日以内进行复查，并将复查结果及时通知申请复查的单位。经过复查，认为纠正意见正确的，应当及时向上一级人民检察院报告；认为纠正意见错误的，应当及时予以撤销。上一级人民检察院经审查，认为下级人民检察院纠正意见正确的，应当及时通报被监督单位的上级机关或者主管机关，并建议其督促被监督单位予以纠正；认为下级人民检察院纠正意见错误的，应当书面通知下级人民检察院予以撤销，下级人民检察院应当执行，并及时向被监督单位说明情况。

【对非法侦查活动的救济】 是指当事人等就非法的侦查活动向侦查机关或者人民检察院提出的申诉或者控告。根据《刑事诉讼法》第一百一十七条第一款规定，当事人和辩护人、诉讼代理人、利害关系人对于侦查机关及其工作人员有下列行为之一的，有权提出申诉或者控告：（1）采取强制措施法定期限届满，不予以释放、解除或者变更的。(2) 应当退还取保候审保证金不退还的。(3) 对与案件无关的财物采取查封、扣押、冻结措施的。(4) 应当解除查封、扣押、冻结不解除的。(5) 贪污、挪用、私分、调换、违反规定使用查封、扣押、冻结的财物的。根据《刑事诉讼法》第一百一十七条第二款、《公安机关办理刑事案件程序规定》第一百九十六条、第一百九十七条规定，在当事人等就非法侦查活动提出申诉或者控告以后，受理申诉或者控告的公安机关应当及时进行调查核实，并在收到申诉、控告之日起 30 日以内作出处理决定，书面回复申诉人、控告人。发现公安机关及其侦查人员有该条款规定的非法侦查活动的，应当立即纠正。如果上级公安机关发现下级公安机关存在以上违法行为或者对申诉、控告事项不按照规定处理的，应当责令下级公安机关限期纠正，下级公安机关应当立即执行。必要时，上级公安机关可以就申诉、控告事项直接作出处理决定。

【人民检察院受理侦查救济的程序】 是指人民检察院在受理当事人等就非法侦查活动提出的申诉或者控告时所遵守的诉讼程序。受理当事人的申诉是人民检察院进行侦查活动监督的一项重要内容和方式。根据《刑事诉讼法》第一百一十七条、《人民检察院刑事诉讼规则》第五百五十四条规定，被监督单位对纠正意见申请复查的，人民检察院应当在收到被监督单位的书面意见后七日以内进行复查，并将复查结果及时通知申请复查的单位。经过复查，认为纠正意见正确的，应当及时向上一级人民检察院报告；认为纠正意见错误的，应当及时予以撤销。上一级人民检察院经审查，认为下级人民检察院纠正意见正确的，应当及时通报被监督单位的上级机关或者主管机关，并建议其督促被监督单位予以纠正；认为下级人民检察院纠正意见错误的，应当书面通知下级人民检察院予以撤销，下级人民检察院应当执行，并及时向被监督单位说明情况。如果当事人等不服侦查机关对其申诉或者控告的处理，或者该侦查机关未在规定时间内作出答复，那么可以向公安机关的同级人民检察院申诉。对于人民检察院直接受理的案件，当事人可以向上一级人民检察院申诉。如果当事人等直接向人民检察院提出申诉，人民检察院应当告知其先向办理案件的侦查机关申诉或者控告。对于当事人等提出的申诉，人民检察院应当及时受理。

根据《人民检察院刑事诉讼规则》第五百五十五条规定，当事人和辩护人、诉讼代理人、利害关系人对于办案机关及其工作人员有《刑事诉讼法》第一百一十七条规定的行为，向该机关申诉或者控告，对该机关作出的处理不服或者该机关未在规定时间内作出答复，而向人民检察院申诉的，办案机关的同级人民检察院应当受理。人民检察院直接受理侦查的案件，当事人和辩护人、诉讼代理人、利害关系人对办理案件的人民检察院的处理不服的，可以向上一级人民检察院申诉，上一级人民检察院应当受理。未向办案机关申诉或者控告，或者办案机关在规定时间内尚未作出处理决定，直接向人民检察院申诉的，人民检察院应当告知其向办案机关申诉或者控告。人民检察院在审查逮捕、审查起诉中发现有《刑事诉讼法》第一百一十七规定的违法情形的，可以直接监督纠正。当事人和辩护人、诉讼代理人、利害关系人对《刑事诉讼法》第一百一十七条规定情形之外的违法行为提出申诉或者控告的，人民检察院应当受理，并及时审查，依法处理。对人民检察院办理案件中的违法行为的控告、申诉，以及对其他司法机关对控告、申诉的处理不服向人民检察院提出的申诉，由人民检察院负责控告申诉检察的部门受理。负责控告申诉检察的部门对本院办理案件中的违法行为的控告，应当及时审查办理；对下级人民检察院和其他司法机关的处理不服向人民检察院提出的申诉，应当根据案件的具体情况，及时移送侦查监督部门、公诉部门或者监所检察部门审查办理。审查办理的部门应当在收到案件材料之日起十五日以内提出审查意见。人民检察院对《刑事诉讼法》第一百一十七条第一款第三至五项的申诉，经审查认为需要侦查机关说明理由的，应当要求侦查机关说明理由，并在收到理由说明以后十五日以内提出审查意见。认为本院办理案件中存在的违法情形属实的，应当报请检察长决定予以纠正。认为有关司法机关或者下级人民检察院对控告、申诉的处理不正确的，应当报请检察长批准后，通知有关司法机关或者下级人民检察院予以纠正。认为本院办理案件中不存在控告反映的违法行为，或者下级人民检察院和其他司法机关对控告、申诉的处理正确的，应当报请检察长批准后，书面提出答复意见及其理由，答复控告人、申诉人。控告检察部门应当在收到通知后五日以内答复。

【起诉】 是指法定的机关或者个人，依照法律规定向有管辖权的法院提出控告，要求法院对被指控的被告人进行审判并予以刑事制裁的一种诉讼活动。以起诉的主体为标准，它分为公诉和自诉两种。刑事起诉的主要目的是启动刑事审判程序和追究被告人的刑事责任。刑事起诉是刑事审判的前提和依据，没有刑事起诉就没有刑事审判。刑事起诉体现了控诉犯罪与审判犯罪在诉讼职能上的分工，限制了法院对案件的审判范围。就现代各国对刑事案件起诉权的行使情况看，主要有两种做法：（1）少数国家实行的起诉独占主义或起诉垄断主义，即起诉权只能由国家专设的专门机关和官员独占（通常是检察机关和检察官），不存在自诉形式，如美国、法国、日本等。（2）大多数国家所实行的公诉和自诉并存，但是以公诉为主、自诉为辅的做法。一般而言，对比较严重的犯罪应当以公诉方式起诉，而对较为轻微的犯罪交由自诉权人自主决定是否起诉。我国也实行公诉为主、自诉为辅的起诉模式。

【国家追诉主义】 是指对犯罪行为的起诉权应当由法定的国家机构垄断行使的一项起诉原则。在通常情况下，这种代表国家对涉嫌实施犯罪行为的人向法院提起刑事诉讼的机构是检察机关，它们提起的刑事诉讼称为公诉，代表检察机关提起并出庭支持公诉的检察官称为公诉人。从历史上看，国家追诉主义是在废除私人追诉主义的基础上才得以建立的。在实行国家追诉主义的国家，由于刑事起诉权由国家所垄断，因此，不存在自诉制度。

【私人追诉主义】 是指人类早期刑事诉讼实行的，对犯罪行为的追诉权由被害人、被害人的近亲属或者其他公民个人负责行使的一项诉讼原则。私人追诉主义强调，由于任何犯罪行为直接针对的对象是具体的个人，侵犯的是个人利益，因此，追究犯罪行为的责任应当由个人来承担。私人追诉主义的产生与人类早期较低的生产力发展水平，以及人们关于犯罪行为的私人侵权性质的认识密切相关。随着社会的不断进步和人类理性的逐渐提高，人们开始认识到犯罪行为不仅侵害了被害人个人的利益，而且对国家和社会的整体利益造成破坏和威胁，国家只有统一行使对犯罪行为的追诉权才能弥补由私人追诉犯罪行为带来的不足，使国家和公民个人的利益同时得到有效维护。为了维护统治阶级的利益和控制社会秩序，国家开始设立专门的机构和人员来承担这一职责，从而产生了刑事公诉制度。

【起诉法定主义】 又称起诉合法主义或者强制起诉原则，是指只要犯罪嫌疑人符合法律规定的起诉条件，公诉机关就必须提起公诉，不享有根据案件具体情况而对起诉与否进行自由裁量的权力。起诉法定主义是大陆法系国家刑事诉讼普遍采用的一项诉讼原则。实行起诉法定主义有助于强化检察机关追诉犯罪的责任，防止检察机关擅权专断，避免因检察机关不起诉而使那些符合法定起诉条件的犯罪行为得不到应有的惩罚。但实行绝对的起诉法定主义，对符合起诉条件的犯罪行为不分情节轻重以及影响大小而一律提起刑事诉讼，也会带来诉讼拖延等消极后果。

【起诉便宜主义】 又称起诉裁量原则，是指虽有足够的证据证明确有犯罪事实，并且具备起诉的条件，但公诉机关斟酌各种情形，认为不需要处刑时，可以裁量决定不起诉。起诉便宜主义，在日本刑事诉讼中称为起诉犹豫，即根据犯罪人的性格、年龄、境遇和犯罪的轻重、情节以及犯罪后的情况，公诉机关认为没有必要提起公诉时，可以不提起公诉。起诉便宜主义赋予公诉机关一定的自由裁量权，可以确保公诉机关根据犯罪人及犯罪的具体情况进行适当处理，从而有利于犯罪分子的更新改造。自20世纪初期刑罚的目的刑理论取代报应刑理论后，起诉便宜主义逐渐被国际社会所承认。目前，英国、美国、法国、意大利、俄罗斯、比利时、瑞典等许多国家都不同程度地确认公诉机关享有一定的自由裁量权。我国《刑事诉讼法》关于不起诉的规定也体现了起诉便宜主义。

【公诉】 是指由国家设立的人民检察院和检察官向法院提出诉讼请求，要求人民法院通过审判确定被告人刑事责任并给予相应制裁的一种诉讼活动。公诉是与自诉相对应的一种起诉方式：（1）从性质上看，公诉是代表国家行使追诉权的人民检察院和检察官向行使审判权的人民法院提出的一种诉讼请求，其内容是要求人民法院通过审判确定被告人犯有被指控罪行并给予相应的刑事制裁。（2）从诉讼职能上看，公诉活动属于现代刑事诉讼三大基本职能之一的控诉职能。（3）从权力上看，除自诉案件以外，向审判机关控告犯罪，要求惩罚犯罪是国家赋予检察机关专属行使的一种重要权力。（4）从程序上看，检察机关提起公诉是刑事诉讼中的一个独立诉讼阶段，是连接侦查与审判的纽带。

【自诉】 是指由被害人或其法定代理人以及其他法律规定享有起诉权的个人或团体直接向有管辖权的法院提出追究被告人刑事责任的一种诉讼活动。自诉人只能针对法律明确规定的案件即自诉案件向法院提起自诉。自诉是与公诉相对应的一种起诉方式。自诉人提出自诉必须符合法定的条件（参见“提起自诉的条件”词条）。一般而言，自诉案件应当由被害人提起。但是，在特殊情况下，也可以由被害人的法定代理人、近亲属告诉或者代为告诉（参见“自诉权”词条）。自诉人提起自诉时应当向人民法院提交自诉状。同时提起附带民事诉讼的，自诉人应当提交刑事附带民事自诉状。对于自诉案件，人民法院应当在15日内审查完毕。经审查，符合受理条件的，应当决定立案，并书面通知自诉人或者代为告诉人。

【审查起诉】 是指人民检察院对侦查机关侦查终结或者监察机关调查终结，移送起诉的案件进行全面审查，以便决定是否将犯罪嫌疑人交付人民法院审判的一种诉讼活动。根据《刑事诉讼法》第一百六十九条规定，凡需要提起公诉的案件，一律由人民检察院审查决定。由此可见，审查起诉不仅是人民检察院独有的一项权力，而且是需要提起公诉案件的必经程序。根据我国《刑事诉讼法》的规定，人民检察院审查起诉的案件既包括公安机关侦查终结需要提起公诉的案件，又包括检察院侦查部门侦查终结需要提起公诉的案件。在通过《监察法》之后，人民检察院侦查部门侦查终结的职务犯罪案件改为监察机关调查和移送人民检察院提起公诉。但是侦查终结或者调查终结之后，被依法撤销的案件不必经过审查起诉环节。审查起诉是刑事诉讼中承前启后的一个关键性阶段，具有监督侦查、案件过滤和启动审判的功能。

【移送起诉案件的初步审查】 是指人民检察院案件管理部门对侦查机关和监察机关移送起诉的案件进行初步的审查，以便确定是否具备受理案件的条件。根据《人民检察院刑事诉讼规则》第一百五十七条至第一百五十八条规定，人民检察院负责案件管理的部门受理案件时，应当接收案卷材料，并立即审查下列内容：（1）依据移送的法律文书载明的内容确定案件是否属于本院管辖。（2）案卷材料是否齐备、规范，符合有关规定的要求。（3）移送的款项或者物品与移送清单是否相符。（4）犯罪嫌疑人是否在案以及采取强制措施的情况。（5）是否在规定的期限内移送案件。人民检察院负责案件管理的部门对接收的案卷材料审查后，认为具备受理条件的，应当及时进行登记，并立即将案卷材料和案件受理登记表移送办案部门办理。经审查，认为案卷材料不齐备的，应当及时要求移送案件的单位补送相关材料。对于案卷装订不符合要求的，应当要求移送案件的单位重新装订后移送。对于移送起诉的案件，犯罪嫌疑人在逃的，应当要求公安机关采取措施保证犯罪嫌疑人到案后再移送起诉。共同犯罪案件中部分犯罪嫌疑人在逃的，对在案犯罪嫌疑人的移送起诉应当受理。

【移送起诉案件的管辖审查】 是指人民检察院对侦查机关和监察机关移送审查起诉的案件进行审查，以便确定案件是否属于本院管辖。根据我国刑事管辖制度，各级人民检察院提起公诉，应当与人民法院审判管辖相适应。这决定了移送起诉的案件是否属于人民检察院管辖，是人民检察院在审查起诉过程中必须解决的一个重要问题。尽管人民检察院案件管理部门在受理移送起诉案件的过程中也需要对案件是否属于本院管辖问题进行审查，但是由于其审查期限较短，往往很难对这个问题作出准确的判断。

有鉴于此，人民检察院公诉部门在收到案件材料以后仍然需要审查移送起诉案件的管辖问题。根据《人民检察院刑事诉讼规则》第三百二十八条规定，捕诉部门收到移送审查起诉的案件后，经审查认为不属于本院管辖的，应当自发现之日起五日以内经由案件管理部门移送有管辖权的人民检察院。认为属于上级人民法院管辖的第一审案件的，应当报送上一级人民检察院，同时通知移送起诉的公安机关；认为属于同级其他人民法院管辖的第一审案件的，应当移送有管辖权的人民检察院或者报送共同的上级人民检察院指定管辖，同时通知移送起诉的公安机关。上级人民检察院受理同级公安机关移送审查起诉案件，认为属于下级人民法院管辖的，可以交下级人民检察院审查，由下级人民检察院向同级人民法院提起公诉，同时通知移送审查起诉的公安机关。一人犯数罪、共同犯罪和其他需要并案审理的案件，只要其中一人或者一罪属于上级人民检察院管辖的，全案由上级人民检察院审查起诉。需要依照《刑事诉讼法》的规定指定审判管辖的，人民检察院应当在侦查机关移送审查起诉前协商同级人民法院办理指定管辖有关事宜。

【审查起诉的内容】 是指人民检察院公诉部门在审查起诉过程中必须予以查明的具体事项。根据《刑事诉讼法》第一百七十一条和《人民检察院刑事诉讼规则》第三百三十条规定，人民检察院审查移送起诉的案件，应当查明：(1) 犯罪嫌疑人身份状况是否清楚，包括姓名、性别、国籍、出生年月日、职业和单位等；单位犯罪的，单位的相关情况是否清楚。(2) 犯罪事实、情节是否清楚；实施犯罪的时间、地点、手段、危害后果是否明确。(3) 认定犯罪性质和罪名的意见是否正确；有无法定的从重、从轻、减轻或者免除处罚情节及酌定从重、从轻情节；共同犯罪案件的犯罪嫌疑人在犯罪活动中的责任认定是否恰当。(4) 犯罪嫌疑人是否认罪认罚。(5) 证明犯罪事实的证据材料是否随案移送；证明相关财产系违法所得的证据材料是否随案移送；不宜移送的证据的清单、复制件、照片或者其他证明文件是否随案移送。(6) 证据是否确实、充分，是否依法收集，有无应当排除非法证据的情形。(7) 采取侦查措施包括技术侦查措施的法律手续和诉讼文书是否完备。(8) 有无遗漏罪行和其他应当追究刑事责任的人。(9) 是否属于不应当追究刑事责任的。(10) 有无附带民事诉讼；对于国家财产、集体财产遭受损失的，是否需要由人民检察院提起附带民事诉讼；对于破坏生态环境和资源保护，食品药品安全领域侵害众多消费者合法权益，侵害英雄烈士的姓名、肖像、名誉、荣誉等损害社会公共利益的行为，是否需要由人民检察院提起附带民事公益诉讼。(11) 采取的强制措施是否适当，对于已经逮捕的犯罪嫌疑人，有无继续羁押的必要。(12) 侦查活动是否合法。(13) 涉案财物是否查封、扣押、冻结并妥善保管，清单是否齐备；对被害人合法财产的返还和对违禁品或者不宜长期保存的物品的处理是否妥当，移送的证明文件是否完备。

【审阅案件材料】 是指人民检察院受理移送审查起诉案件以后，由公诉部门办案人员对随案移送的案卷材料进行全面审阅。审阅案件材料既是人民检察院接触案件、掌握案件情况的开始，也是查清案件事实、核实证据的基础工作。办案人员应当首先认真审阅起诉意见书，了解案件的大致情况，然后详细审阅其他案卷材料以及随案移送的各种证据，按照《刑事诉讼法》第一百七十一条和《人民检察院刑事诉讼规则》第三百三十条规定的内容进行审查核实，认真制作阅卷笔录。根据《切实履行检察职能防止和纠正冤假错案意见》第十条规定，人民检察院在审查证据时要注重审查证据的客观性、真实性，尤其是证据的合法性。在审查起诉过程中，应当认真审查侦查机关是否移交证明犯罪嫌疑人有罪或者无罪、犯罪情节轻重的全部证据。对于命案等重大案件，应当强化对实物证据和刑事科学技术鉴定的审查，对于其中可能判处死刑的案件，必须坚持最严格的证据标准，确保定罪量刑的事实均有证据证明且查证属实，证据与证据之间、证据与案件事实之间不存在无法排除的矛盾和无法解释的疑问，全案证据已经形成完整的证明体系。

【审查起诉阶段讯问犯罪嫌疑人】 是指人民检察院公诉部门在审查起诉过程中应当讯问犯罪嫌疑人，听取犯罪嫌疑人的意见。根据《刑事诉讼法》第一百七十三条，讯问犯罪嫌疑人是审查起诉的必经程序和法定方法。审查起诉部门讯问犯罪嫌疑人的目的主要在于：（1）通过直接听取犯罪嫌疑人的供述和辩解，核实犯罪嫌疑人在侦查阶段所作供述的可靠性、真实性，分析口供与其他证据之间有无矛盾，查清犯罪事实和某些犯罪细节，以便正确地认定犯罪性质和罪名。（2）发现侦查人员在侦查活动中有无刑讯逼供、诱供、骗供等违法情况。（3）了解犯罪嫌疑人的思想动态、认罪悔罪态度和是否聘请辩护人等情况。（4）发现有无遗漏罪行和其他应当追究刑事责任的人。根据《人民检察院刑事诉讼规则》第一百八十二条规定，讯问犯罪嫌疑人，由检察人员负责进行。讯问时，检察人员或者检察人员和书记员不得少于二人。讯问同案的犯罪嫌疑人，应当个别进行。办案人员在讯问犯罪嫌疑人时应该遵守下列规定：（1）应当告知其在审查起诉阶段所享有的诉讼权利。（2）应当由二名以上办案人员进行。（3）应当个别进行。根据《切实履行检察职能防止和纠正冤假错案意见》第十一条，人民检察院在办理审查起诉案件时，应当依法讯问犯罪嫌疑人，认真听取犯罪嫌疑人供述和辩解，对无罪和罪轻的辩解应当认真调查核实，对前后供述出现反复的原因必须审查，必要时应当调取审查讯问犯罪嫌疑人的录音、录像。

【审查起诉阶段听取被害人意见】 是指人民检察院公诉部门在审查起诉过程中应当询问被害人，听取被害人的意见。被害人作为刑事诉讼的一方当事人，不仅对犯罪情况比较了解，而且对案件的处理具有自己的愿望和要求。因此，听取被害人的意见，不仅有助于进一步查清案件事实，核实其他证据，而且有助于了解被害人关于案件处理的意见以及对惩罚犯罪的要求，从而有利于调整提起公诉的思路和策略。有鉴于此，根据《刑事诉讼法》第一百七十三条、《人民检察院刑事诉讼规则》第五十四条规定，在人民检察院侦查、审查逮捕、审查起诉过程中，辩护人要求听取其意见的，办案部门应当及时安排。辩护人提出书面意见的，办案部门应当接收并登记。听取辩护人意见应当制作笔录或者记录在案，辩护人提出的书面意见应当附卷。辩护人提交案件相关材料的，办案部门应当将辩护人提交材料的目的、来源及内容等情况记录在案，一并附卷。人民检察院审查案件，应当听取被害人的意见，并制作笔录附卷；如果被害人提出书面意见，人民检察院应当附卷。《人民检察院刑事诉讼规则》第二百六十二条规定，直接听取辩护人、被害人及其诉讼代理人的意见有困难的，可以通过电话、视频等方式听取意见并记录在案，或者通知辩护人、被害人及其诉讼代理人提出书面意见。无法通知或者在指定期限内未提出意见的，应当记录在案。直接听取被害人的意见有困难的，可以通知被害人提出书面意见，在指定期限内未提出意见的，应当记录在案。《人民检察院刑事诉讼规则》第二百六十条规定，询问被害人，应当由检察人员负责进行。检察人员或者检察人员和书记员不得少于二人。办案人员询问被害人时应当个别进行，并且告知其在审查起诉阶段所享有的诉讼权利；听取被害人的意见时，应当由二名以上办案人员进行。

【听取辩护人和诉讼代理人的意见】 是指人民检察院公诉部门在审查起诉过程中应当听取辩护人和诉讼代理人的意见。辩护人和诉讼代理人在人民检察院审查起诉阶段介入刑事诉讼，既有助于保障犯罪嫌疑人和被害人的合法权益，又有利于保障人民检察院审查起诉活动的依法进行和审查后处理决定的质量。有鉴于此，《刑事诉讼法》第一百七十三条明确规定，人民检察院在审查起诉过程中，不仅需要讯问犯罪嫌疑人、听取被害人的意见，而且应该听取犯罪嫌疑人、被害人委托的辩护人、诉讼代理人的意见。根据《刑事诉讼法》第一百七十三条、根据《人民检察院刑事诉讼规则》第二百六十条、第二百六十一条、第二百六十二条规定，办理审查逮捕案件，犯罪嫌疑人已经委托辩护律师的，可以听取辩护律师的意见。辩护律师提出要求的，应当听取辩护律师的意见。对辩护律师的意见应当制作笔录，辩护律师提出的书面意见应当附卷。办理审查起诉案件，应当听取辩护人或者值班律师、被害人及其诉讼代理人的意见，并制作笔录。辩护人或者值班律师、被害人及其诉讼代理人提出书面意见的，应当附卷。对于辩护律师在审查逮捕、审查起诉阶段多次提出意见的，均应如实记录。辩护律师提出犯罪嫌疑人不构成犯罪、无社会危险性、不适宜羁押或者侦查活动有违法犯罪情形等书面意见的，检察人员应当审查，并在相关工作文书中说明是否采纳的情况和理由。人民检察院在听取辩护人、诉讼代理人的意见时应当制作笔录附卷；如果辩护人、诉讼代理人提出书面意见，人民检察院应当附卷；直接听取辩护人、诉讼代理人的意见有困难的，可以通知辩护人、诉讼代理人提出书面意见，在指定期限内未提出意见的，应当记录在案；听取辩护人、诉讼代理人的意见时应当由二名以上办案人员进行。根据《关于切实履行检察职能防止和纠正冤假错案的若干意见》第十二条的规定，在审查起诉中要高度重视、认真听取辩护律师的意见；辩护律师提出不构成犯罪、无社会危险性、不适宜羁押、侦查活动有违法犯罪情形等书面意见的，办案人员必须进行审查，在相关法律文书中叙明律师提出的意见并说明是否采纳的情况和理由。根据《切实履行检察职能防止和纠正冤假错案意见》第十条，如果辩护人认为侦查机关收集的证明犯罪嫌疑人无罪或者罪轻的证据材料未提交，申请人民检察院向侦查机关调取，经审查认为辩护人申请调取的证据已收集并且与案件事实有联系的，应当予以调取。

【审查起诉阶段的鉴定】 是指人民检察院公诉部门在审查起诉过程中根据需要对某些专门性问题或者犯罪嫌疑人依法进行鉴定。根据《人民检察院刑事诉讼规则》第三百三十二条规定，人民检察院认为需要对案件中某些专门性问题进行鉴定而监察机关或者公安机关没有鉴定的，应当要求监察机关或者公安机关进行鉴定。必要时，也可以由人民检察院进行鉴定，或者由人民检察院聘请有鉴定资格的人进行鉴定。人民检察院自行进行鉴定的，可以商请监察机关或者公安机关派员参加，必要时可以聘请有鉴定资格或者有专门知识的人参加。人民检察院认为需要对案件中某些专门性问题进行鉴定而侦查机关没有鉴定的，应当要求侦查机关进行鉴定；必要时也可以由人民检察院进行鉴定或者由人民检察院送交有鉴定资格的人进行鉴定。人民检察院自行进行鉴定的，可以商请侦查机关派员参加，必要时可以聘请有鉴定资格的人参加。根据《人民检察院刑事诉讼规则》第三百三十三条规定，在审查起诉中，发现犯罪嫌疑人可能患有精神病的，人民检察院应当依照本规则的有关规定对犯罪嫌疑人进行鉴定。犯罪嫌疑人的辩护人或者近亲属以犯罪嫌疑人可能患有精神病而申请对犯罪嫌疑人进行鉴定的，人民检察院也可以依照本规则的有关规定对犯罪嫌疑人进行鉴定。鉴定费用由申请方承担。

【审查起诉阶段的非法证据排除】 是指人民检察院在审查起诉阶段依法调查核实是否存在非法证据，以及是否需要依法排除非法证据。根据《办理刑事案件严格排除非法证据规定》第十六条至第十八条规定，审查起诉阶段的非法证据排除应当按照下列程序办理：（1）告知权利。审查起诉期间讯问犯罪嫌疑人，应当告知其有权申请排除非法证据，并告知诉讼权利和认罪的法律后果。（2）调查核实。审查起诉期间，犯罪嫌疑人及其辩护人申请排除非法证据，并提供相关线索或者材料的，人民检察院应当调查核实。调查结论应当书面告知犯罪嫌疑人及其辩护人。人民检察院在审查起诉期间发现侦查人员以刑讯逼供等非法方法收集证据的，应当依法排除相关证据并提出纠正意见，必要时人民检察院可以自行调查取证。（3）排除非法证据。人民检察院对审查认定的非法证据，应当予以排除，不得作为提起公诉的根据。被排除的非法证据应当随案移送，并写明为依法排除的非法证据。（4）排除非法证据之后的处理。人民检察院依法排除非法证据后，证据不足，不符合起诉条件的，不得提起公诉。对于人民检察院排除有关证据导致对涉嫌的重要犯罪事实未予认定，从而作出不起诉决定，或者对涉嫌的部分重要犯罪事实决定不起诉的，公安机关、国家安全机关可要求复议、提请复核。

【审查起诉阶段调查核实证据】 是指人民检察院在审查起诉过程中对有关证据进行审查和调查核实，以便确定其真实性和可靠性。根据《人民检察院刑事诉讼规则》第五十一条、第三百三十四条至第三百三十六条、第二百六十三条，人民检察院在审查起诉过程中调查核实证据的具体内容包括：（1）对鉴定意见的审查。人民检察院对鉴定意见有疑问的，可以询问鉴定人或者有专门知识的人并制作笔录附卷，也可以指派检察技术人员或者聘请有鉴定资格的人对案件中的某些专门性问题进行补充鉴定或者重新鉴定。人民检察院对鉴定意见等技术性证据材料需要进行专门审查的，按照有关规定交检察技术人员或者其他有专门知识的人进行审查并出具审查意见。（2）对勘验、检查的审查。人民检察院审查案件的时候，对监察机关或者公安机关的勘验、检查，认为需要复验、复查的，应当要求监察机关或者公安机关复验、复查，人民检察院可以派员参加；也可以自行复验、复查，商请监察机关或者公安机关派员参加，必要时也可以指派检察技术人员或者聘请其他有专门知识的人参加。（3）对物证、书证、视听资料、电子数据等证据材料的审查。人民检察院对物证、书证、视听资料、电子数据及勘验、检查、辨认、侦查实验等笔录存在疑问的，可以要求侦查人员提供获取、制作的有关情况。必要时也可以询问提供物证、书证、视听资料、电子数据及勘验、检查、辨认、侦查实验等笔录的人员和见证人并制作笔录附卷，对物证、书证、视听资料、电子数据进行鉴定。（4）对讯问录音录像的审查。对于随案移送的讯问犯罪嫌疑人录音、录像或者人民检察院调取的录音、录像，人民检察院应当审查相关的录音、录像；对于重大、疑难、复杂的案件，必要时可以审查全部录音、录像。（5）审查辩方证据。在人民检察院审查起诉过程中，辩护人收集到有关犯罪嫌疑人不在犯罪现场、未达到刑事责任年龄、属于依法不负刑事责任的精神病人的证据，告知人民检察院的，人民检察院公诉部门应当及时进行审查。

【人民检察院根据申请收集、调取证据】

是指人民检察院在审查起诉过程中根据辩护律师或者辩护人的申请，收集、调取有关证据。根据《人民检察院刑事诉讼规则》第五十二条的规定，案件移送起诉后，辩护律师依据《刑事诉讼法》第四十三条第一款的规定申请人民检察院收集、调取证据的，人民检察院负责捕诉的部门应当及时审查。经审查，认为需要收集、调取证据的，应当决定收集、调取并制作笔录附卷；决定不予收集、调取的，应当书面说明理由。人民检察院根据辩护律师的申请收集、调取证据时，辩护律师可以在场。

【对脱逃犯罪嫌疑人的审查起诉】 是指在犯罪嫌疑人脱逃的情况下，人民检察院在审查起诉过程中应当遵循的程序。根据《人民检察院刑事诉讼规则》第一百五十八条第三款规定，对于移送起诉的案件，犯罪嫌疑人在逃的，应当要求公安机关采取措施保证犯罪嫌疑人到案后再移送起诉。共同犯罪案件中部分犯罪嫌疑人在逃的，对在案犯罪嫌疑人的移送起诉应当受理。根据最高人民检察院 2013 年 12 月 27 公布的《审查起诉期间犯罪嫌疑人脱逃或者患有严重疾病应当如何处理批复》第二条、第三条、第五条规定，人民检察院对于侦查机关移送审查起诉的案件，如果犯罪嫌疑人脱逃，应当按照下列规定办理：（1）要求侦查机关采取措施保证犯罪嫌疑人到案后再移送审查起诉。（2）在审查起诉过程中发现犯罪嫌疑人脱逃的，应当及时通知侦查机关，要求侦查机关开展追捕活动。（3）应当及时全面审阅案卷材料。经审查，对于案件事实不清、证据不足的，可以根据《刑事诉讼法》第一百七十五条第二款、《人民检察院刑事诉讼规则》第三百四十二条的规定退回侦查机关补充侦查。侦查机关补充侦查完毕移送审查起诉的，人民检察院应当按照该批复第二条的规定进行审查。（4）共同犯罪中的部分犯罪嫌疑人脱逃的，对其他犯罪嫌疑人的审查起诉应当照常进行。（5）人民检察院在审查起诉期间，犯罪嫌疑人脱逃或者死亡，如果符合《刑事诉讼法》第二百九十八条第一款规定的条件，人民检察院可以向人民法院提出没收违法所得的申请。

【对患有严重疾病的犯罪嫌疑人的审查起诉】 是指在犯罪嫌疑人患有严重疾病的情况下，人民检察院在审查起诉过程中应当遵循的程序。根据《审查起诉期间犯罪嫌疑人脱逃或者患有严重疾病应当如何处理批复》第四条，人民检察院对于侦查机关移送审查起诉的案件，如果犯罪嫌疑人脱逃，应当按照下列规定办理：（1）犯罪嫌疑人患有精神病或者其他严重疾病丧失诉讼行为能力不能接受讯问的，人民检察院可以依法变更强制措施。对实施暴力行为的精神病人，人民检察院可以商请公安机关采取临时的保护性约束措施。（2）经鉴定系依法不负刑事责任的精神病人的，人民检察院应当作出不起诉决定。如果符合《刑事诉讼法》第三百零二条规定的条件，可以向人民法院提出强制医疗的申请。（3）有证据证明患有精神病的犯罪嫌疑人尚未完全丧失辨认或者控制自己行为的能力，或者患有间歇性精神病的犯罪嫌疑人实施犯罪行为时精神正常，符合起诉条件的，可以依法提起公诉。（4）案件事实不清、证据不足的，可以根据《刑事诉讼法》第一百七十五条第二款、《人民检察院刑事诉讼规则》第三百四十二条的规定退回公安机关补充侦查。

【审查起诉后的处理】 是指人民检察院在审查起诉结束以后，根据案件是否符合起诉条件依法采取的各种措施。《人民检察院刑事诉讼规则》第三百三十九条规定，人民检察院对案件进行审查后，应当依法作出起诉或者不起诉以及是否需要提起附带民事诉讼附带民事公益诉讼的决定。根据《人民检察院刑事诉讼规则》第七十三条、第三百五十六条、第三百五十七条、第三百六十五条、第三百六十六条规定，在审查起诉过程中，对于某些特殊情况，人民检察院应当按照下列办法加以处理：（1）人民检察院经审查发现存在《刑事诉讼法》第五十六条规定的非法取证行为，依法对该证据予以排除后，其他证据不能证明犯罪嫌疑人实施犯罪行为的，可以将案件退回监察机关补充调查或者退回侦查机关补充侦查，或者作出不起诉决定。（2）发现遗漏罪行或者依法应当移送审查起诉同案犯罪嫌疑人的，应当要求公安机关补充侦查或者补充移送审查起诉；对于犯罪事实清楚，证据确实、充分的，人民检察院也可以直接提起公诉。（3）人民检察院立案侦查时认为属于直接受理侦查的案件，在审查起诉阶段发现不属于人民检察院管辖，案件事实清楚、证据确实充分，符合起诉条件的，可以直接起诉；事实不清、证据不足的，应当及时移送有管辖权的机关办理。（4）对于犯罪事实并非犯罪嫌疑人所为，需要重新侦查的，应当在作出不起诉决定后书面说明理由，将案卷材料退回监察机关或者公安机关并建议重新调查或侦查。（5）捕诉部门对于本院侦查部门移送审查起诉的案件，发现犯罪嫌疑人没有犯罪事实，或者符合《刑事诉讼法》第十六条规定的情形之一的，应当退回本院侦查部门，建议撤销案件。

【提起公诉】 提起公诉具有广义和狭义之分。广义的提起公诉是指刑事侦查终结以后，人民法院审判以前的整个诉讼活动，即由人民检察院审查起诉案件和决定是否提起公诉所进行的一系列诉讼活动所构成的起诉阶段。狭义的提起公诉，指人民检察院经过审查起诉以后决定起诉，代表国家将犯罪嫌疑人、被调查人提交人民法院，要求人民法院通过审判追究其刑事责任的一项诉讼活动。根据《刑事诉讼法》第一百七十六条规定，人民检察院应当按照审判管辖的规定，向同级人民法院提起公诉，不允许越级起诉。如果人民检察院受理不属于同级人民法院管辖的案件，应当区分情况，报送相应的上级人民检察院，或者移送相应的下级人民检察院，由其他人民检察院向其同级人民法院提起公诉。根据《监察法》第四十七条第二款的规定，人民检察院经审查，认为犯罪事实已经查清，证据确实、充分，依法应当追究刑事责任的，应当作出起诉决定。人民检察院作出提起公诉的决定后，犯罪嫌疑人和被调查人的诉讼地位转变为刑事被告人。

【提起公诉的条件】 是指人民检察院将犯罪嫌疑人提交人民法院进行审判所要达到的条件。根据《刑事诉讼法》第一百七十六条，人民检察院提起公诉必须同时满足如下两个条件：一是认为犯罪嫌疑人的犯罪事实已经查清，证据确实、充分（参见“案件事实清楚和证据确实、充分”词条）；二是依法应当追究刑事责任。根据《人民检察院刑事诉讼规则》第三百五十五条第三款，对于具有数个罪行的案件，应当以已经查清的罪行起诉，没有被查清的罪行不得起诉。所谓依法应当追究刑事责任，指犯罪嫌疑人的行为构成犯罪，而且不属于法律规定的不应当追究刑事责任的情形（参见“依照法定情形不予追究刑事责任原则”词条）。如果犯罪嫌疑人没有实施犯罪行为，或者虽然已经实施犯罪行为但依照法律不应当追究刑事责任的，均不能作出提起公诉的决定。

【起诉书】 是指人民检察院代表国家正式向人民法院提出追究被告人刑事责任的一种司法文书。在人民检察院决定提起公诉以后，应当制作起诉书。起诉书是人民检察院代表国家提起公诉的书面依据，是人民法院对被告人行使审判权的前提，是法庭调查和辩论的基础。人民检察院制作的起诉书必须具有明确的指控犯罪事实。否则，人民法院有权通知人民检察院补充。人民检察院制作起诉书应当严格按照案件事实和法律要求进行，做到案件事实清楚，文字简练，表述准确、严谨，格式规范，引用法律全面、准确、恰当。起诉书应当包括首部、被告人的基本情况、案由和案件来源、案件事实、起诉的根据和理由、尾部、附项等几个组成部分。在首部当中，首先应当写明“××人民检察院起诉书”字样，然后在其右下方注明案号。被告人的基本情况、案由和案件来源、案件事实以及起诉的根据和理由是起诉书的主要内容。尾部要写明起诉书送达的人民法院名称，本案承办人的法律职务和姓名，制作起诉书的年月日，并加盖人民检察院公章。在附项中，起诉书应当附有被告人现在处所，证人、鉴定人、需要出庭的有专门知识的人的名单，需要保护的被害人、证人、鉴定人的名单，涉案款物情况，附带民事诉讼情况以及其他需要附注的情况。证人、鉴定人、有专门知识的人的名单应当列明姓名、性别、年龄、职业、住址、联系方式，并注明证人、鉴定人是否出庭。

【起诉书的主要内容】 是指起诉书所记载的被告人的基本情况、案由和案件来源、案件事实以及起诉的根据和理由。根据《人民检察院刑事诉讼规则》第三百五十八条规定，起诉书的主要内容包括：（1）被告人的基本情况，即被告人的姓名、性别、出生年月日、出生地和户籍地、身份证号码、民族、文化程度、职业、工作单位及职务、住址，是否受过刑事处分及处分的种类和时间，采取强制措施的情况等；如果是单位犯罪，应当写明犯罪单位的名称和组织机构代码、所在地址、联系方式，法定代表人和诉讼代表人的姓名、职务、联系方式；如果还有应当负刑事责任的直接负责的主管人员或其他直接责任人员，应当按上述被告人基本情况的内容叙写。被告人真实姓名、住址无法查清的，应当按其绰号或者自报的姓名、住址制作起诉书，并在起诉书中注明。被告人自报的姓名可能造成损害他人名誉、败坏道德风尚等不良影响的，可以对被告人编号并按编号制作起诉书，并附具被告人的照片，记明足以确定被告人面貌、体格、指纹以及其他反映被告人特征的事项。（2）案由和案件来源，即案件由哪个侦查机关或者哪个自侦部门侦查终结，并于何时以什么罪名移送人民检察院审查起诉，何时受理，何时审查终结等内容。（3）案件事实，主要包括犯罪的时间、地点、经过、手段、动机、目的、危害后果等与定罪量刑有关的事实要素。起诉书叙述的指控犯罪事实的必备要素应当明晰、准确。被告人被控有多项犯罪事实的，应当逐一列举，对于犯罪手段相同的同一犯罪可以概括叙写。（4）起诉的根据和理由，包括被告人触犯的《刑法》条款、犯罪的性质及认定的罪名、处罚条款、法定从轻、减轻或者从重处罚的情节，共同犯罪各被告人应负的罪责等。

【移送起诉的案件材料】 是指人民检察院在提起公诉时向人民法院移送的起诉书以及案卷材料和证据。根据《刑事诉讼法》第一百七十六条、《人民检察院刑事诉讼规则》第三百五十九条、第三百六十一条以及《刑事诉讼法司法解释》第二百一十八条、第二百一十九条规定，人民检察院在提起公诉以后，应当向有管辖权的人民法院移送起诉书、案卷材料和证据；人民法院对于人民检察院移送起诉的案件进行程序性的审查，如果人民检察院移送的案件材料不全，需要补充材料的，应当通知人民检察院在3日内补送。根据《实施刑事诉讼法规定》第二十四条、《人民检察院刑事诉讼规则》第三百五十九条至第三百六十三条规定，人民检察院移送案件材料时需要注意如下几点：（1）起诉书应当一式八份，每增加一名被告人增加起诉书五份。（2）关于被害人姓名、住址、联系方式、被告人被采取强制措施的种类、是否在案及羁押处所等问题，人民检察院应当在起诉书中列明，不再单独移送材料；对于涉及被害人隐私或者为保护证人、鉴定人、被害人人身安全，而不宜公开证人、鉴定人、被害人姓名、住址、工作单位和联系方式等个人信息，可以在起诉书中使用化名替代证人、鉴定人、被害人的个人信息，但是应当另行书面说明使用化名等情况，并标明密级。(3) 人民检察院向人民法院提起公诉时，应当遵循客观公正原则，将案卷材料和全部证据移送人民法院，包括犯罪嫌疑人、被告人翻供的材料，证人改变证言的材料，以及对犯罪嫌疑人、被告人有利的其他证据材料，而不能片面地移送罪重或者有罪的证据。(4) 人民法院向人民检察院提出书面意见要求补充移送材料，人民检察院认为有必要移送的，应当自收到通知之日起三日以内补送。(5) 对提起公诉后，在人民法院宣告判决前补充收集的证据材料，人民检察院应当及时移送人民法院。

【起诉书公开】 是指人民检察院在案件信息公开系统上公开发布人民法院所作判决、裁定已生效的刑事案件起诉书。为了保障人民群众对检察工作的知情权、参与权和监督权，进一步深化检务公开，增强检察机关执法办案的透明度，规范司法办案行为，促进公正执法，《人民检察院案件信息公开工作规定》，对如何公开人民检察院制作的法律文书做出了明确规定。根据《人民检察院案件信息公开工作规定》第十八条规定，人民检察院办理社会广泛关注的、具有一定社会影响的案件涉及的：(1) 刑事案件起诉书、抗诉书；(2) 不起诉决定书；(3) 刑事申诉结果通知书。可以向社会公开。人民检察院办理的具有示范引领效果、促进社会治安治理的案件涉及的：(1) 民事抗诉书、再审检察建议书、不支持监督申请决定书、复查决定书、终结审查决定书等民事检察法律文书；(2) 行政抗诉书、再审检察建议书、不支持监督申请决定书、终结审查决定书等行政检察文书；(3) 民事公益诉讼起诉书、行政公益诉讼起诉书可以向社会公开。但是，根据《人民检察院案件信息公开工作规定》第二十条至第二十二条规定，在互联网公开的法律文书应当根据本规定进行隐名处理及屏蔽处理。

【量刑建议】 是指人民检察院对提起公诉的被告人，依法就其适用的刑罚种类、幅度及执行方式等向人民法院提出的建议。量刑建议是检察机关公诉权的一项重要内容。人民检察院对提起公诉的案件，有权向人民法院提出量刑建议。根据2021年12月3日最高人民检察院印发的《人民检察院办理认罪认罚案件开展量刑建议工作的指导意见》第三条规定，人民检察院对认罪认罚案件提出量刑建议，应当符合以下条件：犯罪事实清楚，证据确实充分；提出量刑建议所依据的各种法定从重、从轻、减轻等量刑情节已查清；提出量刑建议所依据的酌定从重，从轻等量刑情节已查清。根据《人民检察院办理认罪认罚案件开展量刑建议工作的指导意见》第十七条、第十八条规定，人民检察院提出量刑建议时应当分别列明个罪量刑建议和数罪并罚后决定执行的刑罚的量刑建议。对于共同犯罪案件，人民检察院应当根据各犯罪嫌疑人在共同犯罪中的地位、作用以及应当承担的刑事责任分别提出量刑建议。提出量刑建议时应当注意各犯罪嫌疑人之间的量刑平衡。人民法院经审理，认为量刑建议明显不当或者认为被告人、辩护人对量刑建议的异议合理，建议人民检察院调整量刑建议的，人民检察院应当认真审查，认为人民法院建议合理的，应当调整量刑建议，认为人民法院建议不当的，应当说明理由和依据。庭审中调整量刑建议，被告人及其辩护人没有异议的，人民检察院可以当庭调整量刑建议并记录在案。当庭无法达成一致或者调整量刑建议需要履行相应报告、决定程序的，可以建议法庭休庭，按照规定组织听取意见，履行相应程序后决定是否调整。

【量刑建议原则】 是指人民检察院在开展量刑建议工作时所遵循的原则。根据《人民检察院办理认罪认罚案件开展量刑建议工作的指导意见》第二条规定，人民检察院提出量刑建议，应当遵循以下原则：（1）宽严相济。应当根据犯罪的具体情况，综合考虑从重、从轻、减轻或者免除处罚等各种量刑情节提出量刑建议，做到该宽则宽，当严则严，宽严相济，轻重有度。（2）依法建议。应当根据犯罪的事实、性质、情节和对于社会的危害程度等，依照《刑法》《刑事诉讼法》以及相关司法解释的规定提出量刑建议。（3）客观公正。应当全面收集、审查有罪、无罪、罪轻、罪重、从宽、从严等证据，依法听取犯罪嫌疑人、被告人、辩护人或者值班律师、被害人及其诉讼代理人的意见，客观公正提出量刑建议。（4）罪责刑相适应。提出量刑建议既要体现认罪认罚从宽，又要考虑犯罪嫌疑人、被告人所犯罪行的轻重、应负的刑事责任和社会危险性的大小，确保罚当其罪，避免罪责刑失衡。（5）量刑均衡。涉嫌犯罪的事实、情节基本相同的案件，提出的量刑建议应当保持基本均衡。

【量刑建议幅度】 是指人民检察院在向人民法院提出量刑建议时所考虑的幅度。根据《人民检察院刑事诉讼规则》第三百六十四条规定，除有减轻处罚或者免除处罚情节外，量刑建议应当在法定量刑幅度内提出；建议判处有期徒刑、管制、拘役的，可以具有一定的幅度，也可以提出具体确定的建议。根据《人民检察院办理认罪认罚案件开展量刑建议工作的指导意见》第十二条、第十三条，提出确定刑量刑建议应当明确主刑适用刑种、刑期和是否适用缓刑。建议判处拘役的，一般应当提出确定刑量刑建议。建议判处附加刑的，应当提出附加刑的类型。建议判处罚金刑的，应当以犯罪情节为根据，综合考虑犯罪嫌疑人缴纳罚金的能力提出确定的数额。建议适用缓刑的，应当明确提出。除有减轻处罚情节外，幅度刑量刑建议应当在法定量刑幅度内提出，不得兼跨两种以上主刑。建议判处有期徒刑的，一般应当提出相对明确的量刑幅度。建议判处六个月以上不满一年有期徒刑的，幅度一般不超过二个月；建议判处一年以上不满三年有期徒刑的，幅度一般不超过六个月；建议判处三年以上不满十年有期徒刑的，幅度一般不超过一年；建议判处十年以上有期徒刑的，幅度一般不超过二年。建议判处管制的，幅度一般不超过三个月。根据《人民检察院办理认罪认罚案件开展量刑建议工作的指导意见》第十五条规定，犯罪嫌疑人虽然认罪认罚，但所犯罪行具有下列情形之一的，提出量刑建议应当从严把握从宽幅度或者依法不予从宽：（1）危害国家安全犯罪、恐怖活动犯罪、黑社会性质组织犯罪的首要分子、主犯。（2）犯罪性质和危害后果特别严重、犯罪手段特别残忍、社会影响特别恶劣的。（3）虽然罪行较轻但具有累犯、惯犯等恶劣情节的。（4）性侵等严重侵害未成年人的。（5）其他应当从严把握从宽幅度或者不宜从宽的情形。

【量刑建议评估】 是指公诉部门承办人在审查案件时，应当对犯罪嫌疑人所犯罪行、承担的刑事责任和各种量刑情节进行综合评估，以便提出适当的量刑意见和提升量刑建议的质量。根据《人民检察院办理认罪认罚案件开展量刑建议工作的指导意见》第十六条、第二十一条规定，犯罪嫌疑人既有从重又有从轻、减轻处罚情节，应当全面考虑各情节的调节幅度，综合分析提出量刑建议，不能仅根据某一情节一律从轻或者从重。检察官应当全面审查事实证据，准确认定案件性质，根据量刑情节拟定初步的量刑建议，并组织听取意见。

【量刑建议书】 是指人民检察院在向人民法院提出量刑建议时所制作的一种诉讼文书。根据《人民检察院刑事诉讼规则》第三百六十四条、《人民检察院办理认罪认罚案件开展量刑建议工作的指导意见》第三十一条以及《规范量刑程序意见》第九条规定，对提起公诉的案件提出量刑建议的，可以制作量刑建议书，与起诉书一并移送人民法院；根据案件具体情况，人民检察院也可以在公诉意见书中提出量刑建议。量刑建议书中一般应当载明人民检察院建议对被告人处以刑罚的种类、刑罚幅度、刑罚执行方式及其理由和依据。根据《规范量刑程序意见》第九条第三款规定，人民检察院以量刑建议书方式提出量刑建议的，人民法院在送达起诉书副本时，将量刑建议书一并送达被告人。根据最高人民检察院印发的《人民检察院量刑建议书格式样本》，量刑建议书包括首部、正文和尾部三个部分。首部包括人民检察院的名称和标题（即量刑建议书）、被告人姓名、案由、起诉书文号。正文包括行为触犯的法律、涉嫌罪名、法定刑、量刑情节、建议的法律依据、建议的主刑种类及幅度、执行方式、附加刑种类等。尾部包括：量刑建议书应当署具体承办案件检察人员的法律职务和姓名；量刑建议书的年月日，为审批量刑建议书的日期。另外，对于被告人犯有数罪的，应分别指出触犯的法律、涉嫌罪名、法定刑、量刑情节、建议的内容，确有必要提出总的量刑建议的，再提出总的建议。一案中有多名被告人的，可分别制作量刑建议书。

【出庭支持公诉准备】 是指公诉人为了顺利完成出庭支持公诉的任务，在人民法院决定开庭审判以后、在出席法庭之前所作的准备活动。根据《人民检察院刑事诉讼规则》第三百九十二条，在人民法院决定开庭审判后，公诉人应当做好如下准备工作：（1）进一步熟悉案情，掌握证据情况；（2）深入研究与本案有关的法律政策问题；(3）充实审判中可能涉及的专业知识；（4）拟定讯问被告人、询问证人、鉴定人、有专门知识的人和宣读、出示、播放证据的计划并制定质证方案；（5）对可能出现证据合法性争议的，拟定证明证据合法性的提纲并准备相关材料；（6）拟定公诉意见，准备辩论提纲；（7）需要对出庭证人等的保护向人民法院提出建议或者配合做好工作的，做好相关准备。

【出庭支持公诉】 是指人民检察院在法院开庭审判公诉案件时，派员以国家公诉人的身份出席法庭，支持对被告人的刑事指控的一种诉讼活动。根据《刑事诉讼法》第一百八十九条、《人民检察院刑事诉讼规则》第三百九十条规定，提起公诉的案件，人民检察院应当派员以国家公诉人的身份出席第一审法庭，支持公诉。公诉人应当由检察官担任，检察官助理可以协助检察官出庭，根据需要可以配备书记员担任记录。根据《人民检察院刑事诉讼规则》第三百九十八条规定，公诉人在法庭上应当依法进行下列活动：（1）宣读起诉书，代表国家指控犯罪，提请人民法院对被告人依法审判；（2）讯问被告人；（3）询问证人、被害人、鉴定人；（4）申请法庭出示物证，宣读书证、未到庭证人的证言笔录、鉴定人的鉴定意见、勘验、检查、辨认、侦查实验等笔录和其他作为证据的文书，播放作为证据的视听资料、电子数据等；（5）对证据采信、法律适用和案件情况发表意见，提出量刑建议及理由，针对被告人、辩护人的辩护意见进行答辩，全面阐述公诉意见；（6）维护诉讼参与人的合法权利；（7）对法庭审理案件有无违反法律规定的诉讼程序的情况记明笔录；（8）依法从事其他诉讼活动。

【补充起诉】 是指在法庭审判过程中，人民检察院在发现新的犯罪事实影响定罪量刑以后，或者在发现遗漏罪行的情况下，对原诉予以补充的一种诉讼活动。根据《实施刑事诉讼法规定》第三十条，《刑事诉讼法司法解释》第二百九十七条、第三百四十条、第四百零三条，以及《人民检察院刑事诉讼规则》第四百二十三条、第四百二十五条、第四百二十四条、第四百二十六条规定，补充起诉包括如下内容：（1）补充起诉的事由。一是在法庭审理过程中，发现新的事实可能影响定罪量刑，或者需要补查补证。二是在人民法院宣告判决前，人民检察院发现遗漏的罪行可以一并起诉和审理。（2）补充起诉的时间。人民检察院在提起公诉以后、第一审判决宣告以前可以补充起诉。人民法院建议人民检察院补充起诉的，人民检察院应当在指定的时间内书面回复意见。第二审人民法院将案件发回重新审判以后，人民检察院可以就新的犯罪事实向原审人民法院补充起诉。（3）补充起诉的发起。既可以由人民检察院主动要求补充起诉，也可以由人民法院通知人民检察院决定是否补充、变更、追加起诉或者补充侦查。人民检察院不同意在指定时间内未回复书面意见的，人民法院应当就起诉指控的事实依法作出判决、裁定。对应当认定为单位犯罪的案件，人民检察院只作为自然人犯罪起诉的，人民法院应当建议人民检察院对犯罪单位追加起诉。（4）补充起诉的决定。人民法院建议人民检察院补充起诉的，人民检察院应当审查有关理由，并作出是否补充起诉的决定。（5）补充起诉的方式。人民检察院应当制作补充起诉决定书，以书面方式在人民法院宣告判决前向人民法院提出。（6）其他事项。在需要补充起诉的情况下，公诉人可以建议法庭延期审理。人民检察院在不同意人民法院的补充起诉建议的情况下，可以要求人民法院就起诉指控的犯罪事实依法作出裁判。对于人民法院关于犯罪单位追加起诉的建议，人民检察院仍以自然人犯罪起诉的，人民法院应当按照单位犯罪中的直接负责的主管人员或者其他直接责任人员追究刑事责任。

【追加起诉】 是指在法庭审判过程中，人民检察院在发现遗漏罪行或者遗漏同案犯罪嫌疑人的情况下，在原诉的基础上就遗漏的被告人或者罪行追加提起公诉的一种诉讼活动。根据《人民检察院刑事诉讼规则》第四百二十条、第四百二十五条规定，追加起诉包括如下内容：（1）追加起诉的事由。在法庭审判过程中，人民检察院发现遗漏同案犯罪嫌疑人，可以一并进行起诉和审理。（2）追加起诉的时间。人民检察院在提起公诉以后、第一审判决宣告以前可以追加起诉。（3）追加起诉的发起。既可以由人民检察院主动要求追加起诉，也可以由人民法院通知人民检察院，由人民检察院决定是否追加起诉。（4）追加起诉的决定。在法庭审理过程中，人民法院建议人民检察院追加起诉的，人民检察院应当审查有关理由，并作出是否追加起诉的决定。人民检察院不同意的，可以要求人民法院就起诉指控的事实依法作出裁判。（5）追加起诉的方式。人民检察院应当制作追加起诉决定书，以书面方式在人民法院宣告判决前向人民法院提出。（6）其他事项。在需要追加起诉的情况下，公诉人可以建议法庭延期审理。

【变更起诉】 是指在法庭审判过程中，人民检察院发现被告人的真实身份或者犯罪事实与起诉书中叙述的身份或者指控犯罪事实不符，或者发现事实、证据没有变化，但罪名、适用法律与起诉书不一致，从而对原诉中指控的被告人或者犯罪事实予以变更的一种诉讼活动。根据《实施刑事诉讼法规定》第三十条，《刑事诉讼法司法解释》第二百九十七条，以及《人民检察院刑事诉讼规则》第四百二十三条、第四百二十五条、第四百二十六条，变更起诉包括如下内容：（1）变更起诉的事由。一是在法庭审理过程中，发现新的事实，可能影响定罪量刑的，或者需要补查补证的。二是在人民法院宣告判决前，人民检察院发现被告人的真实身份或者犯罪事实与起诉书中叙述的身份或者指控犯罪事实不符的，或者事实、证据没有变化，但罪名、适用法律与起诉书不一致。（2）变更起诉的时间。人民检察院在提起公诉以后、第一审判决宣告以前可以变更起诉。人民法院建议人民检察院变更起诉的，人民检察院应当在指定时间内回复意见。（3）变更起诉的发起。既可以由人民检察院主动要求变更起诉，也可以由人民法院通知人民检察院，由其决定是否变更起诉。人民检察院不同意或者在指定时间内未回复书面意见的，人民法院应当就起诉指控的犯罪事实依法作出判决、裁定。（4）变更起诉的决定。人民法院建议人民检察院变更起诉的，人民检察院应当审查有关理由，并作出是否变更起诉的决定。（5）变更起诉的方式。人民检察院应当制作变更起诉决定书，以书面方式在人民法院宣告判决前向人民法院提出。（6）其他事项。在需要变更起诉的情况下，公诉人可以建议法庭延期审理。人民检察院在不同意人民法院的变更起诉建议的情况下，可以要求人民法院就起诉指控的事实依法作出裁判。

【撤回起诉】 是指在法庭审判过程中，人民检察院发现不存在犯罪事实或者犯罪事实并非被告人所为等情形时，将案件从人民法院撤回进行处理的一种诉讼活动。根据《刑事诉讼法司法解释》第二十三条、第二百一十九条、第二百九十六条，以及《人民检察院刑事诉讼规则》第四百二十一条、第四百二十四条、第四百二十六条规定，撤回起诉包括如下内容：（1）撤回起诉的事由。主要包括：不存在犯罪事实的；犯罪事实并非被告人所为的；情节显著轻微、危害不大，不认为是犯罪的；证据不足或证据发生变化，不符合起诉条件的；被告人因未达到刑事责任年龄，不负刑事责任的；法律、司法解释发生变化导致不应当追究被告人刑事责任的；其他不应当追究被告人刑事责任的。（2）撤回起诉的时间。人民检察院在提起公诉以后、第一审判决宣告以前可以撤回起诉。在第二审人民法院发回原审人民法院重新审判以后，人民检察院可以撤回起诉。（3）撤回起诉的启动。撤回起诉应当由人民检察院提出。法庭宣布延期审理后，人民检察院应当在补充侦查的期限内提请人民法院恢复法庭审理或者撤回起诉。（4）撤回起诉的决定。人民检察院决定撤回起诉的，应当制作撤回起诉决定书，以书面方式在人民法院宣告判决前向人民法院提出。（5）撤回起诉的裁定。在开庭后、宣告判决前，人民检察院要求撤回起诉的，人民法院应当审查撤回起诉的理由，作出是否准许的裁定。（6）后续处理。对于撤回起诉的案件，人民检察院应当在撤回起诉后三十日以内作出不起诉决定。需要重新调查或者重新侦查的，应当在作出不起诉决定后将案卷材料退回监察机关或者公安机关，建议监察机关或者公安机关重新侦查并书面说明理由。对于撤回起诉的案件，没有新的事实或者新的证据，人民检察院不得再行起诉。新的事实是指原起诉书中未指控的犯罪事实。该犯罪事实触犯的罪名既可以是原指控罪名的同一罪名，也可以是其他罪名。新的证据是指撤回起诉后收集、调取的足以证明原指控犯罪事实的证据。

【核准追诉】 是指对于法定最高刑为无期徒刑、死刑而且已经超过20年追诉期限的严重犯罪，地方各级人民检察院认为必须予以追诉时依法层报最高人民检察院予以核准。核准追诉作为追诉时效制度的例外，是依法打击严重犯罪，以及保障国家利益和社会公共利益以及公民合法权利的客观需要。根据《人民检察院刑事诉讼规则》第三百二十二条，报请核准追诉的案件应当同时符合下列条件：（1）有证据证明存在犯罪事实，且犯罪事实是犯罪嫌疑人实施的。（2）涉嫌犯罪的行为应当适用的法定量刑幅度的最高刑为无期徒刑或者死刑的。（3）涉嫌犯罪的性质、情节和后果特别严重，虽然已过二十年追诉期限，但社会危害性和影响依然存在，不追诉会严重影响社会稳定或者产生其他严重后果，而必须追诉的。（4）犯罪嫌疑人能够及时到案接受追诉的。根据《人民检察院刑事诉讼规则》第三百二十一条、第三百二十五条，未经最高人民检察院核准，不得对符合报请核准追诉条件的案件提起公诉。但是，须报请最高人民检察院核准追诉的案件，侦查机关在核准之前可以依法对犯罪嫌疑人采取强制措施；侦查机关报请核准追诉并提请逮捕犯罪嫌疑人，人民检察院经审查认为必须追诉而且符合法定逮捕条件的，可以依法批准逮捕，同时要求侦查机关在报请核准追诉期间不得停止对案件的侦查。

【核准追诉案件的报请】 是指侦查机关和人民检察院在报请核准追诉时所遵循的诉讼程序。根据《人民检察院刑事诉讼规则》第三百二十三条、第三百二十四条规定，公安机关报请核准追诉的案件，由同级人民检察院受理并层报最高人民检察院审查决定。地方各级人民检察院对公安机关报请核准追诉的案件，应当及时进行审查并开展必要的调查，经检察委员会审议提出是否同意核准追诉的意见，在受理案件后十日以内制作报请核准追诉案件报告书，连同案件材料一并层报最高人民检察院。根据《办理核准追诉案件规定》第七条规定，人民检察院对侦查机关移送的报请核准追诉的案件，应当审查是否移送下列材料：报请核准追诉案件意见书；证明犯罪事实的证据材料；关于发案、立案、侦查、采取强制措施和犯罪嫌疑人是否重新犯罪等有关情况的书面说明及相关法律文书；被害方、案发地群众、基层组织等的意见和反映。材料齐备的，应当受理案件；材料不齐备的，应当要求侦查机关补充移送。

【核准追诉案件的审核】 是指最高人民检察院对于省级人民检察院报送的报请核准追诉案件报告书及案件材料进行审查，以便是否作出核准起诉的决定。根据《人民检察院刑事诉讼规则》第三百二十五条，最高人民检察院收到省级人民检察院报送的报请核准追诉案件报告书及案件材料后，应当及时审查，必要时派人到案发地了解案件有关情况。经检察长批准，作出是否核准追诉的决定，特殊情况下可以延长十五日，并制作核准追诉决定书或者不予核准追诉决定书，逐级下达最初受理案件的人民检察院，送达报请核准追诉的侦查机关。根据《人民检察院刑事诉讼规则》第三百二十六条、第三百二十七条，最高人民检察院在核准追诉时应当注意如下问题：（1）对已经批准逮捕的案件，侦查羁押期限届满不能做出是否核准追诉决定的，应当对犯罪嫌疑人变更强制措施或者延长侦查羁押期限。（2）最高人民检察院决定核准追诉的案件，最初受理案件的人民检察院应当监督公安机关的侦查工作。（3）最高人民检察院决定不予核准追诉，公安机关未及时撤销案件的，同级人民检察院应当提出纠正意见。如果犯罪嫌疑人在押，还应当立即释放。

【起诉自由裁量权】 是指人民检察院在审查起诉过程中对于案件是否需要提起公诉所享有的一种自由裁量权。起诉自由裁量权是人民检察院依法享有的一种权力。起诉自由裁量权是公诉权的重要组成部分。起诉自由裁量权在我国司法实践中具有重要意义：（1）在实行控审分离的情况下，是否提起公诉是人民检察院履行控诉职能的一种重要体现，人民法院不能干预人民检察院是否作出提起公诉的决定。（2）提起公诉的条件或者起诉标准是一种主观性较强的证明标准。在审查起诉以后，案件是否达到提起公诉的条件，不可能完全脱离人民检察院的主观判断。也就是说，人民检察院在审查判断案件是否符合起诉标准的过程中不可避免地要进行自由裁量。（3）对于可诉或者不可诉的案件或者虽然符合起诉标准但是没有必要或者不宜提起公诉的案件，人民检察院做出不起诉的决定，既有助于犯罪嫌疑人早日退出刑事诉讼程序，确保犯罪嫌疑人以正常人的身份顺利回归社会，又有利于节约刑事司法资源，体现国家宽严相济的刑事政策和慎用国家追诉权的思想，还可以维护公共安全、公共道德、公共财产等方面的公共利益。尽管人民检察院享有起诉自由裁量权，但是这并不意味着人民检察院完全自由地作出起诉与否的决定，而不受任何限制。一方面，人民检察院在行使起诉自由裁量权时应当依法进行，严格遵守《刑事诉讼法》规定的起诉标准和不起诉制度。另一方面，人民检察院在行使起诉自由裁量权的过程中应当受到人民检察院内部或者外部因素的制约，前者如上级人民检察院对下级人民检察院的监督制约，后者如公安机关、当事人、人民监督员对起诉自由裁量权的监督制约。

【不起诉】　是指人民检察院对侦查终结移送起诉的案件进行审查后，认为犯罪嫌疑人的行为不符合起诉条件或者不需要起诉，而依法作出的不将案件提交人民法院进行审判的一种处理决定。不起诉既是人民检察院行使起诉自由裁量权的基本方式，又是现代社会轻缓化刑事政策的重要体现。对于不符合起诉条件或者虽然符合起诉条件但没有必要提起公诉的案件作出不起诉的决定，不仅有助于节约刑事司法资源，提高刑事司法效率，而且能够使犯罪嫌疑人早日脱离刑事诉讼的负累，使其以无罪身份回归社会。不起诉作为人民检察院对公诉案件审查后依法作出的处理结果之一，在性质上属于人民检察院对其认定的不应追究、不需要追究或者无法追究刑事责任的犯罪嫌疑人所作的一种程序性处分，而不是实体性处分。这是因为，人民检察院的不起诉决定只是在诉讼程序上不将案件交付人民法院审判，从而产生在审查起诉阶段终止刑事诉讼的法律效力，而不等同于人民法院对犯罪嫌疑人从实体上作出的无罪判决。而且，人民检察院的不起诉决定不具有终局的效力。在符合起诉条件的情况下，人民检察院可以再次提起公诉。在我国刑事诉讼中，不起诉包括法定不起诉、酌定不起诉、证据不足不起诉、附条件不起诉四种。为了防止冤假错案，《切实履行检察职能防止和纠正冤假错案意见》第十六条规定，对以下五种情形，不符合起诉条件的，不得提起公诉：（1）案件的关键性证据缺失的。（2）犯罪嫌疑人拒不认罪或者翻供，而物证、书证、勘验、检查笔录、鉴定意见等其他证据无法证明犯罪的。（3）只有犯罪嫌疑人供述没有其他证据印证的。（4）犯罪嫌疑人供述与被害人陈述、证人证言、物证、书证等证据存在关键性矛盾，不能排除的。（5）不能排除存在刑讯逼供、暴力取证等违法情形可能的。

【法定不起诉】　又称绝对不起诉，是指人民检察院在审查起诉过程中发现犯罪嫌疑人没有犯罪事实或者其具有法律规定的情形之一的，应当对犯罪嫌疑人作出不起诉的决定。对于符合法定不起诉的情形，人民检察院不享有作出起诉决定或者不起诉决定的自由裁量权，只能依法作出不起诉决定。根据《刑事诉讼法》第十六条、第一百七十七条第一款规定，法定不起诉适用于以下七种情形：（1）犯罪嫌疑人没有犯罪事实。（2）情节显著轻微、危害不大，不认为是犯罪的。（3）犯罪已过追诉时效期限的。（4）经特赦令免除刑罚的。（5）依照刑法告诉才处理的犯罪，没有告诉或者撤回告诉的。（6）犯罪嫌疑人、被告人死亡的。（7）其他法律规定免予追究刑事责任的。另外，根据《人民检察院刑事诉讼规则》第三百六十五条、第三百六十六条规定，对于犯罪事实并非犯罪嫌疑人所为，需要重新侦查的，人民检察院也应当作出不起诉决定。如果是公安机关移送审查起诉的案件，人民检察院应当书面说明理由，将案卷材料退回监察机关或公安机关并建议重新调查或者侦查。如果是本院自侦部门移送审查起诉的案件，人民检察院应当将案件退回本院侦查部门，建议作出撤销案件的处理。

【酌定不起诉】　又称相对不起诉，是指人民检察院认为犯罪嫌疑人的犯罪情节轻微，依照刑法规定不需要判处刑罚或者免除刑罚的案件，可以作出的不起诉决定。对于符合酌定不起诉条件的公诉案件，人民检察院享有起诉与否的自由裁量权，即既可以作出起诉决定，也可以作出不起诉决定。根据《刑事诉讼法》第一百七十七条第二款规定，酌定不起诉必须同时符合两个条件：一是犯罪嫌疑人实施的行为触犯了刑法，符合犯罪的构成要件，已经构成犯罪；二是犯罪行为情节轻微，依照刑法规定不需要判处刑罚或者免除刑罚。参照我国《刑法》的有关规定，可以适用酌定不起诉的常见情形包括：在我国领域外犯罪，依照我国《刑法》应当负刑事责任，但在外国已经受过刑事处罚的；又聋又哑的人或者盲人犯罪的；正当防卫超过必要限度，造成不应有的危害的；紧急避险超过必要限度，造成不应有危害的；预备犯；中止犯；共同犯罪中的从犯；被胁迫、被诱骗参加犯罪的；犯罪以后自首或者有重大立功表现的。在司法实践中，当犯罪嫌疑人出现上述情形之一时，是否需要作出不起诉的决定，应当充分考虑上述情形是否符合犯罪情节轻微这个条件。一般而言，人民检察院需要考虑的参考要素包括：犯罪嫌疑人的年龄、犯罪目的和动机、犯罪手段、危害后果、犯罪后的态度、平时表现等。在人民检察院综合考虑各种因素之后，只有在确信不起诉比提起公诉更为有利时，才能作出不起诉的决定。另外，根据《刑事诉讼法》第二百九十条规定，在犯罪嫌疑人与被害人之间达成和解协议的情况下，对于犯罪情节轻微、不需要判处刑罚的公诉案件，人民检察院可以作出不起诉决定。该不起诉是在当事人和解的基础上作出的酌定不起诉处理。

【证据不足不起诉】 又称存疑不起诉，是指人民检察院对于经过两次补充侦查的案件，仍然认为证据不足，不符合起诉条件的，应当作出不起诉的决定。根据《刑事诉讼法》第一百七十五条第四款规定，证据不足不起诉必须同时满足如下两个条件：（1）案件经过两次补充侦查。（2）人民检察院仍然认为证据不足，不符合起诉条件。这意味着，在案件经过一次补充侦查以后而且人民检察院仍然认为证据不足的，人民检察院不能按照上述规定适用证据不足不起诉，而其恰当做法应该是再次退回补充侦查或者自行侦查。而根据《人民检察院刑事诉讼规则》第三百六十七条第二款，人民检察院对于经过一次退回补充调查或者补充侦查的案件，认为证据不足，不符合起诉条件，且没有退回补充调查或者补充侦查必要的，经检察长批准可以作出不起诉决定。由此可见，对于经过两次补充侦查而且证据仍然不足的案件，人民检察院必须作出不起诉的决定，不享有自由裁量权，而对于经过一次退回补充侦查的案件，人民检察院对于是否作出不起诉决定享有一定的自由裁量权。值得注意的是，根据《人民检察院刑事诉讼规则》第三百六十七条，对于作出证据不足不起诉决定的案件，如果发现了新的证据，符合起诉条件时，人民检察院还可以提起公诉。

【起诉阶段的证据不足】 是指人民检察院在审查起诉过程中，认为证据不足，不能确定犯罪嫌疑人构成犯罪和需要追究刑事责任，从而不符合起诉条件。根据《人民检察院刑事诉讼规则》第三百六十八条，具有下列情形之一，不能确定犯罪嫌疑人构成犯罪和需要追究刑事责任的，属于证据不足，不符合起诉条件：（1）犯罪构成要件事实缺乏必要的证据予以证明的。(2)据以定罪的证据存在疑问，无法查证属实的。(3)据以定罪的证据之间、证据与案件事实之间的矛盾不能合理排除的。(4)根据证据得出的结论具有其他可能性，不能排除合理怀疑的。(5)根据证据认定案件事实不符合逻辑和经验法则，得出的结论明显不符合常理的。根据《人民检察院刑事诉讼规则》第三百六十九条以及《审查逮捕和公诉工作贯彻刑诉法意见》，人民检察院对于证据不足的案件作出不起诉决定后，又发现新的证据，符合起诉条件的，可以提起公诉。但是原不起诉决定不予撤销。

【附条件不起诉】 是指对于未成年人涉嫌的某些轻微刑事案件，人民检察院通过附加一定的条件和设置一定的考验期限，而暂时作出的一种不起诉决定。附条件不起诉是2012年修正的《刑事诉讼法》(已被修改)① 在总结近年来有关未成年人案件刑事司法改革经验的基础之上新增加的一种不起诉种类。相对于其他不起诉种类而言，附条件不起诉具有如下特点：(1)附条件不起诉只能适用于未成年人刑事案件。(2)未成年犯罪嫌疑人及其法定代理人对附条件不起诉决定享有异议权。如果未成年犯罪嫌疑人及其法定代理人对人民检察院决定附条件不起诉有异议，人民检察院应当作出起诉的决定。(3)附条件不起诉具有暂时性。附条件不起诉决定只是人民检察院暂时搁置提起公诉，并非人民检察院彻底放弃起诉。在人民检察院设置的考验期满以后，人民检察院是在撤销附条件不起诉决定之后提起公诉，还是最终放弃提起公诉而作出不起诉的决定，取决于被附条件不起诉的未成年犯罪嫌疑人是否存在应当撤销附条件不起诉的情形。(4)附条件不起诉具有附加性。人民检察院在作出附条件不起诉的同时，必须为被附条件不起诉的未成年犯罪嫌疑人附加一定的考验期和其在考验期内应当履行的义务。被附条件不起诉的未成年犯罪嫌疑人在考验期内是否履行人民检察院所附加的条件或者义务，将影响案件的最终处理结果。(5)人民检察院在附条件不起诉考验期内需要对未成年犯罪嫌疑人采取监督考察和帮教措施。(6)案件最终处理结果具有不确定性。在人民检察院作出附条件不起诉决定以后，并非审查起诉程序终结，而是使案件处理结果处于待定状态。只有在考验期结束以后，人民检察院才能对案件作出最终的处理。而其最终结果因为被附条件不起诉的未成年犯罪嫌疑人是否符合应当撤销附条件不起诉决定的情形而存在两种可能性：当具有法律规定的情形时，人民检察院作出提起公诉的决定；当不具备法律规定的情形时，人民检察院作出不起诉的决定。

【不起诉程序】 是指人民检察院在作出不起诉决定的过程中应当遵循的诉讼程序。根据我国《刑事诉讼法》及其司法解释的有关规定，不起诉程序主要包括不起诉的决定主体、不起诉决定书的制作、宣告、送达与公开等环节。根据《人民检察院刑事诉讼规则》第三百六十五条、第三百六十七条、第三百七十一条以及最高人民检察院于2013年12月27日修订的《办理未成年人刑事案件规定》第三十二条规定，对于《刑事诉讼法》规定的四种不起诉，都应当由检察长或者检察委员会决定。但是，根据

① 已被《中华人民共和国刑事诉讼法》(2018年)修正。

《人民检察院刑事诉讼规则》第三百七十一条规定，省级以下人民检察院办理直接受理立案侦查的案件，以及监察机关移送起诉的案件，拟作不起诉决定的，还应当报请上一级人民检察院批准。人民检察院在做出不起诉决定以后，还应当依法制作、宣告、送达与公开不起诉决定书。另外，根据《监察法》第四十七条第四款的规定，人民检察院对于有《刑事诉讼法》规定的不起诉的情形的，经上一级人民检察院批准，依法作出不起诉的决定。这意味着，相对于其他犯罪案件而言，职务犯罪案件的不起诉程序更加严格。如果没有经过上一级人民检察院的批准，人民检察院不得对监察机关移送起诉的职务犯罪案件作出不起诉的决定。之所以对职务犯罪案件的不起诉程序作出更加严格的程序，主要是因为职务犯罪案件比较特殊，职务犯罪案件的立案调查往往需要经过党委的批准，人民检察院在作出不起诉决定时应当更加慎重。

【不起诉决定书】 是指人民检察院在作出不起诉决定时所制作的一种诉讼文书。人民检察院在做出不起诉决定以后，必须制作不起诉决定书。不起诉决定书是人民检察院代表国家依法确认不追究犯罪嫌疑人刑事责任的决定性法律文书，具有终止刑事诉讼的法律效力。不起诉决定书的格式与起诉书的格式大致相同。根据《人民检察院刑事诉讼规则》第三百七十二条第二款规定，不起诉决定书的主要内容包括：（1）被不起诉人的基本情况，包括姓名、性别、出生年月日、出生地和户籍地、民族、文化程度、职业、工作单位及职务、住址、身份证号码，是否受过刑事处分，采取强制措施的情况以及羁押处所等；如果是单位犯罪，应当写明犯罪单位的名称和组织机构代码、所在地址、联系方式，法定代表人和诉讼代表人的姓名、职务、联系方式。（2）案由和案件来源。（3）案件事实，包括否定或者指控被不起诉人构成犯罪的事实以及作为不起诉决定根据的事实。（4）不起诉的法律根据和理由，写明作出不起诉决定适用的法律条款。（5）查封、扣押、冻结的涉案款物的处理情况。（6）有关告知事项。

【不起诉决定书的宣布与送达】 是指人民检察院在做出不起诉决定以后，公开宣布不起诉决定书，将不起诉决定书送达有关单位和人员。根据《刑事诉讼法》第一百七十八条、《人民检察院刑事诉讼规则》第三百七十七条至第三百八十二条规定，人民检察院应当按照下列规定宣布与送达不起诉决定书：（1）人民检察院公开宣布不起诉决定的活动应当记录在案。不起诉决定书自公开宣布之日起生效。（2）不起诉决定书应当送达被害人或者其近亲属及其诉讼代理人、被不起诉人及其辩护人以及被不起诉人的所在单位。送达时，应当告知被害人或者其近亲属及其诉讼代理人，如果对不起诉决定不服，可以自收到不起诉决定书后七日以内向上一级人民检察院申诉，也可以不经申诉，直接向人民法院起诉；依照《刑事诉讼法》第一百七十七条第二款作出不起诉决定的，应当告知被不起诉人，如果对不起诉决定不服，可以自收到不起诉决定书后七日以内向人民检察院申诉。（3）对于监察机关或者公安机关移送起诉的案件，人民检察院决定不起诉的，应当将不起诉决定书送达监察机关或者公安机关。

【不起诉决定书的公开】 是指人民检察

院在案件信息公开系统上公开发布其制作的不起诉决定书。根据2021年9月28日公布的《人民检察院案件信息公开工作规定》第十八条、第二十二条规定，人民检察院可以在“12309中国检察网”上公开发布其制作的不起诉决定书，但是应当对需要公开的不起诉决定书做出隐名处理和屏蔽处理。根据《人民检察院案件信息公开工作规定》二十条至第二十二条规定，人民检察院在公开不起诉决定书时应当按照下列规定进行适当的处理：（1）人民检察院应当对下列当事人及其他诉讼参与人的姓名作隐名处理：刑事案件的被害人及其法定代理人、附带民事诉讼原告人及其法定代理人、证人、鉴定人；不起诉决定书中的被不起诉人；公益诉讼案件中的企业当事人。但是，如果当事人或者其他诉讼参与人要求公开本人姓名，并提出书面申请的，经承办人核实、案件办理部门负责人审核、分管副检察长批准后，可以不做相应的匿名处理。（2）人民检察院应当屏蔽下列内容：与公众了解案情无关的自然人信息，如家庭住址、通讯方式、公民身份号码（身份证号码）、社交账号、银行账号、健康状况、车牌号码、动产或不动产权属证书编号、工作单位等；未成年人的相关信息；法人以及其他组织的银行账号、车牌号码、动产或不动产权属证书编号、地址；涉及国家秘密、商业秘密、个人隐私的信息；涉及技术侦查措施的信息；根据文书表述的内容可以直接推理或者符合逻辑地推理出属于需要屏蔽的信息的；其他不宜公开的内容。

【对被不起诉人的处理】 是指人民检察院在作出不起诉决定以后，依法释放被不起诉人，或者对被不起诉人采取的非刑罚措施。根据《人民检察院刑事诉讼规则》第三百七十六条、第三百七十三条规定，人民检察院在做出不起诉决定以后，应当依法采取如下措施：（1）被不起诉人在押的，应当立即释放；被采取其他强制措施的，应当通知执行机关解除。（2）可以根据案件的不同情况，对被不起诉人予以训诫或者责令具结悔过、赔礼道歉、赔偿损失。（3）对被不起诉人需要给予行政处罚、行政处分的，人民检察院应当提出检察意见，连同不起诉决定书一并移送有关主管机关处理，并要求有关主管机关及时通报处理情况。根据《公安机关办理刑事案件程序规定》第二百九十三条规定，人民检察院作出不起诉决定的，如果被不起诉人在押，公安机关应当立即办理释放手续。除依法转为行政案件办理外，应当根据人民检察院解除查封、扣押、冻结财物的书面通知，及时解除查封、扣押、冻结。人民检察院提出对被不起诉人给予行政处罚、处分或者没收其违法所得的检察意见，移送公安机关处理的，公安机关应当将处理结果及时通知人民检察院。

【对被不起诉人涉案财物的处理】 是指人民检察院在作出不起诉决定以后，依法释放被不起诉人的违法所得或者其他涉案财物所采取的各种处理措施。根据《人民检察院刑事诉讼规则》第二百四十八条、第三百七十五条规定，人民检察院决定不起诉的案件，对犯罪嫌疑人涉案财物应当区分不同情形，作出相应处理：（1）因犯罪嫌疑人死亡而被不起诉，依照《刑法》规定应当追缴其违法所得及其他涉案财产的，按照《刑事诉讼法》及其司法解释规定的违法所得没收程序办理。（2）因其他原因而被不起诉，对于查封、扣押、冻结的犯罪嫌疑人违法所得及其他涉案财产需要没收的，应当提出检察意见，移送有关主管机关处理。对于冻结的犯罪嫌疑人存款、汇款、债券、股票、基金份额等财产需要返还被害人的，可以通知金融机构、邮政部门返还被害人；对于查封、扣押的犯罪嫌疑人的违法所得及其他涉案财产需要返还被害人的，直接决定返还被害人。人民检察院申请人民法院裁定处理犯罪嫌疑人涉案财产的，应当向人民法院移送有关案件材料。根据《人民检察院刑事诉讼规则》第三百七十四条规定，人民检察院决定不起诉的案件，需要对侦查中查封、扣押、冻结的财物解除查封、扣押、冻结的，应当书面通知作出查封、扣押、冻结决定的机关或者执行查封、扣押、冻结决定的机关解除查封、扣押、冻结。根据《公安机关办理刑事案件程序规定》第二百九十三条规定，人民检察院作出不起诉决定的，公安机关应当根据人民检察院解除查封、扣押、冻结财物的书面通知，及时解除查封、扣押、冻结。

【被害人对不起诉决定的申诉】 是指被害人在人民检察院作出不起诉决定以后，向上一级人民法院申诉，请求提起公诉。根据《刑事诉讼法》第一百八十条、《人民检察院刑事诉讼规则》第三百七十七条至第三百八十四条规定，被害人对不起诉决定的申诉按照下列程序办理：（1）被害人不服不起诉决定的，在收到不起诉决定书后七日以内申诉的，由作出不起诉决定的人民检察院的上一级人民检察院刑事负责捕诉的部门立案复查。被害人向作出不起诉决定的人民检察院提出申诉的，作出决定的人民检察院应当将申诉材料连同案卷一并报送上一级人民检察院。（2）被害人不服不起诉决定，在收到不起诉决定书七日后提出申诉的，由作出不起诉决定的人民检察院负责控告申诉检察部门审查后决定是否立案复查。（3）刑事申诉检察部门复查后应当提出复查意见，报请检察长作出复查决定。复查决定书应当送达被害人、被不起诉人和作出不起诉决定的人民检察院。上级人民检察院经复查作出起诉决定的，应当撤销下级人民检察院的不起诉决定，交由下级人民检察院提起公诉，并将复查决定抄送移送审查起诉的公安机关。出庭支持公诉由公诉部门办理。（4）人民检察院收到人民法院受理被害人对被不起诉人起诉的通知后，人民检察院应当终止复查，将作出不起诉决定所依据的有关案件材料移送人民法院。值得注意的是，被害人也可以不经申诉，直接向人民法院起诉。人民法院受理案件后，人民检察院应当将有关案件材料移送人民法院。

【被不起诉人对不起诉决定的申诉】 是指被人民检察院决定酌定不起诉的犯罪嫌疑人在不服不起诉决定时向人民检察院提起的申诉。根据《刑事诉讼法》第一百八十一条、《人民检察院刑事诉讼规则》第三百八十五条、第三百八十六条规定，被不起诉人对不起诉决定的申诉按照下列程序办理：（1）被不起诉人对不起诉决定不服，在收到不起诉决定书后七日以内提出申诉的，应当由作出决定的人民检察院负责捕诉的部门立案复查。被不起诉人在收到不起诉决定书七日后提出申诉的，由负责控告申诉检察部门审查后决定是否立案复查。（2）经审查，认为不起诉决定书正确的，出具审查结论直接答复申诉人，并做好释法说理工作；认为不起诉决定可能存在错误的，移送负责捕诉的部分复查。复查决定书应当送达被不起诉人、被害人，撤销不起诉决定或者变更不起诉的事实或者法律根据的，应当同时将复查决定书移送起诉的监察机关或者公安机关。(3) 人民检察院作出撤销不起诉决定提起公诉的复查决定后，应当将案件交由公诉部门提起公诉。（4）人民检察院复查不服不起诉决定的申诉，应当在立案三个月以内作出复查决定，案情复杂的，不得超过六个月。

【对不起诉决定要求复议】 是指公安机关或者监察机关认为不起诉决定存在错误，依法要求作出不起诉决定的人民检察院进行复议。根据《刑事诉讼法》第一百七十九条、《公安机关办理刑事案件程序规定》第二百九十四条第一款规定，公安机关认为人民检察院作出的不起诉决定有错误的，应当在收到不起诉决定书后七日以内制作要求复议意见书，经县级以上公安机关负责人批准后，移送同级人民检察院复议。根据《人民检察院刑事诉讼规则》第三百七十九条规定，公安机关认为不起诉决定有错误，要求复议的，人民检察院负责捕诉的部门应当另行指派检察官或检察官办案组进行审查，经检察长批准，人民检察院应当在收到要求复议意见书后的三十日以内作出复议决定，通知公安机关。根据《监察法》第四十七条第四款的规定，如果监察机关认为人民检察院作出的不起诉决定存在错误，可以向其上一级人民检察院提请复议。

【对不起诉决定提请复核】 是指公安机关不接受人民检察院关于其针对不起诉决定的复议意见，向作出不起诉决定的人民检察院的上一级人民检察院提请复核。根据《刑事诉讼法》第一百七十九条、《公安机关办理刑事案件程序规定》第二百九十四条第二款规定，公安机关针对不起诉决定要求同级人民检察院复议以后，如果不接受其复议意见，可以在收到人民检察院的复议决定书后七日以内制作提请复核意见书，经县级以上公安机关负责人批准后，连同人民检察院的复议决定书，一并提请上一级人民检察院复核。根据《人民检察院刑事诉讼规则》第三百八十条规定，公安机关对不起诉决定提请复核的，上一级人民检察院应当在收到提请复核意见后三十日以内，经检察长批准，作出复核决定，通知提请复核的公安机关和下级人民检察院。经复核认为下级人民检察院不起诉决定错误的，应当指令下级人民检察院纠正，或者撤销、变更下级人民检察院作出的不起诉决定。

【对不批准不起诉决定的执行与提请复议】 是指上级人民检察院作出不批准不起诉决定以后，下级人民检察院应当执行上级人民检察院的决定，并且可以向上级人民检察院提请复议。根据《下级人民检察院对上级人民检察院不批准不起诉等决定能否提请复议批复》，对于上级人民检察院做出的不批准不起诉等决定，下级人民检察院应当按照下列规定进行处理：（1）对于上级人民检察院的决定，下级人民检察院应当执行。下级人民检察院认为上级人民检察院的决定有错误或者对上级人民检察院的决定有不同意见的，可以在执行的同时向上级人民检察院报告。（2）下级人民检察院对上级人民检察院的决定有不同意见，法律、司法解释设置复议程序或者重新审查程序的，可以向上级人民检察院提请复议或者报请重新审查；法律、司法解释未设置复议程序或者重新审查程序的，不能向上级人民检察院提请复议或者报请重新审查。

【提起自诉的条件】 是指自诉人为了追究被告人的刑事责任，向人民法院提起诉讼时所要达到的条件。提起自诉的条件同时也是人民法院受理自诉案件的条件。根据《刑事诉讼法司法解释》第三百一十六条规定，提起自诉的条件包括如下几个方面：（1）提起自诉的案件属于《刑事诉讼法》第二百一十条、该解释第一条规定的案件，即告诉才处理案件、被害人有证据证明的轻微刑事案件以及公诉转自诉案件（参见“人民法院直接受理的刑事案件”词条）。（2）受诉人民法院具有管辖权。自诉人应当依据刑事诉讼法关于管辖的规定，向有管辖权的人民法院提起自诉。案件只有属于受理人民法院管辖时，该法院才有权处理。（3）被害人告诉。一般而言，自诉案件应当由被害人提起。但是在特殊情况下，也可以由被害人的法定代理人、近亲属告诉或者代为告诉。（4）有明确的被告人、具体的诉讼请求和能证明被告人犯罪事实的证据。有明确的被告人，是指自诉人向人民法院提起自诉时必须明确指出对被害人实施犯罪行为的指控对象。自诉人只有指出明确的被告人，人民法院的刑事审判活动才不会因为缺乏明确的被告人而无所适从。具体的诉讼请求是指，自诉人提出控诉的具体罪名以及要求人民法院追究被告人何种刑事责任。如果提起刑事自诉附带民事诉讼，自诉人还应提出具体的赔偿请求。根据《刑事诉讼法》第五十一条规定，自诉人承担被告人有罪的证明责任。因此，自诉人在提起自诉时必须向人民法院提供能够证明被告人实施犯罪行为的证据。

【自诉权】 是指《刑事诉讼法》赋予自诉人追究被告人刑事责任的一种诉讼权利。自诉权是与国家公诉权相对应的一种权利。自诉权通常由被害人亲自行使。根据《刑事诉讼法司法解释》第三百一十七条规定，如果被害人死亡、丧失行为能力或者因受强制、威吓等无法告诉，或者是限制行为能力人以及因年老、患病、盲、聋、哑等不能亲自告诉的，其法定代理人、近亲属也可以行使自诉权或者代为行使自诉权。但是，被害人的法定代理人、近亲属在告诉或者代为告诉时应当提供与被害人关系的证明和被害人不能亲自告诉的原因的证明。自诉权的适用范围只能是刑事诉讼法所规定的自诉案件。除了刑事起诉权以外，自诉权还包括与被告人调解结案的权利、自行和解的权利以及撤回自诉的权利。《刑事诉讼法》赋予自诉人行使自诉的权利，既有助于维护被害人的合法权益和满足被害人追诉犯罪的愿望，又有利于节约国家的刑事司法资源。

【提起自诉的程序】 是指自诉人在向人民法院提起自诉时所遵守的诉讼程序。根据《刑事诉讼法司法解释》第三百一十八条、第三百一十九条规定，自诉人提起自诉时应当向人民法院提交刑事自诉状；同时提起附带民事诉讼的，应当提交刑事附带民事自诉状。这意味着，自诉人在提起自诉时必须采用书面的形式，而不能再像以往那样可以采取口头的方式。对2名以上被告人提出告诉的，应当按照被告人的人数提供自诉状副本。另外，根据人民法院受理自诉案件的条件和诉讼时效的规定，自诉人应当在法定的犯罪追诉期限内向有管辖权的人民法院提交自诉状或者刑事附带民事自诉状。在自诉人提起自诉以后，人民法院应当根据受理自诉案件的条件对自诉进行审查，以便决定是否受理自诉（参见“自诉案件的受理”词条）。

【刑事自诉状】 是指自诉人在向人民法院提起自诉，要求追究被告人的刑事责任时所递交的书面请求。根据《刑事诉讼法司法解释》第三百一十九条规定，自诉状应当包括以下主要内容：（1）自诉人（代为告诉人）、被告人的姓名、性别、年龄、民族、出生地、文化程度、职业、工作单位、住址、联系方式。(2) 被告人实施犯罪的时间、地点、手段、情节和危害后果等。（3）具体的诉讼请求。（4）人民法院的名称及具状时间。(5) 证据的名称、来源等。(6) 证人的姓名、住址、联系方式等。

【刑事附带民事自诉状】 是指自诉人在向人民法院提起自诉，要求追究被告人的刑事责任以及要求被告人赔偿其经济损失时所递交的书面请求。刑事附带民事自诉状的格式与刑事自诉状的格式基本相同，二者在具体内容上略有区别。概括而言，刑事附带民事自诉状的主要内容包括：（1）自诉人、附带民事诉讼原告人以及被告人暨附带民事诉讼被告人的基本情况，即他们的姓名、性别、年龄、民族、出生地、文化程度、职业、工作单位、住址、联系方式。（2）具体的诉讼请求，即依法追究被告人的刑事责任，以及要求附带民事诉讼被告人赔偿附带民事诉讼原告人的经济损失。(3) 事实与理由，即被告人实施犯罪的时间、地点、手段、情节和危害后果等，以及要求追究被告人刑事责任和要求被告人赔偿经济损失的法律依据。（4）人民法院的名称及具状时间。（5）证据的名称、来源等。(6) 证人的姓名、住址、联系方式等。

【审判】 是指原告、被告或控辩双方在法庭上各自提出自己的主张和证据并进行辩论，法官站在第三者的立场上，依法对双方当事人的争议进行审理和作出裁判的一种诉讼活动。审判应当具备以下四个要素：（1）双方当事人之间存在一定的冲突或纠纷。（2）利益主张不同的冲突双方将他们之间的争议交由中立的、权威的第三者（即法官）处理。(3) 中立的第三方在双方当事人的参与下，按照一定程序解决他们之间的纠纷。(4) 对冲突或行为的处理，第三者享有最终的独立决定权。按照不同的审理对象和审判内容，审判可以分为刑事审判、民事审判和行政审判三类基本形式。从审判的过程来看，审判是法官对案件进行审理和裁判的合称。审理是法官在双方当事人和其他诉讼参与人的共同参加下，围绕案件的事实、证据和法律进行举证、质证、辩论等活动。裁判是法院在审理的基础上，根据审理查明的事实和证据，经过评议，依法对案件的实体问题和某些程序问题作出处理决定。审理是裁判的前提和基础，裁判是审理的目的和结果，二者构成一个辩证统一的整体。

【刑事审判】 是指人民法院在控辩双方及其他诉讼参与人的参加下，依照法定的权限和程序，对于依法向其提出诉讼请求的刑事案件进行审理和裁判的诉讼活动。审理是指人民法院在控辩双方的参加下，对案件的事实、证据进行全面的调查，组织控辩双方进行辩论，听取控辩双方对案件事实和适用法律的意见。

裁判则是指人民法院以法庭审理查明的犯罪事实为根据，以法律的有关规定为准绳，依法就被告人的定罪量刑或某些程序问题作出公正的处理决定。刑事审理与刑事裁判构成完整的刑事审判活动。刑事审判与其他阶段的诉讼活动相比，具有以下三个基本特征：（1）人民法院是唯一行使审判权的机关。（2）审判活动必须在既有控诉又有辩护保障的条件下进行。（3）同侦查、起诉、执行等诉讼阶段相比，审判是刑事诉讼的中心环节和决定性阶段。在不同的语境下，刑事审判有时是指刑事审判程序，而有时则是指刑事审判制度。刑事审判程序是人民法院在审判刑事案件时所遵循的步骤、方式、方法的总称。按照不同的标准可以将我国刑事审判程序划分为不同的种类。刑事审判制度则是人民法院在审判刑事案件时应当遵循的规程和准则。在我国刑事诉讼中，刑事审判制度主要包括两审终审制、审判公开制度、人民陪审员制度、回避制度、刑事上诉制度、死刑复核制度等。

【刑事审判模式】 又称刑事审判方式，是指控诉方、辩护方和法官在审判程序中的诉讼地位和相互关系，以及与之相应的审判程序组合方式。现代刑事审判模式主要分为当事人主义审判模式和职权主义审判模式两种。当事人主义审判模式，是指刑事审判活动主要围绕控诉方的举证和辩护方的反驳而进行，法官和陪审团处于居中裁判地位。当事人主义审判模式是英美法系国家普遍采用的一种审判方式。当事人主义审判模式的特点可以概括为：（1）法庭审判活动以控、辩双方的积极活动为核心内容。（2）证明对象的设定以及证明活动都要诉诸当事人。（3）控、辩双方就诉讼主张以及证据展开攻防活动，程序展开的主动权归属于当事人。（4）法官的职权活动仅限于补充性事务，法官的主要任务是对控、辩双方的主张以及证据进行消极和中立的评断和取舍。当事人主义审判模式的特色可以大致描述为“沉默的法官，争斗的当事人”。职权主义审判模式主要为大陆法系国家所采用。职权主义审判模式，是指刑事审判活动以法官为中心，强调法官的主导地位，而不提倡控、辩双方在刑事审判中的积极争斗。其基本特征是以法官为中心，查明真相的责任归属于法庭，法官掌握诉讼的主动权，当事人处于受支配的地位。刑事庭审活动是以法官对案情的调查为主线而展开的，法官依职权主动讯问被告人，询问证人，积极调查证据，控、辩双方的法庭活动受到限制，作用比较消极。职权主义审判模式的特色可以大致描述为“主动的法官，消极的当事人”。一般认为，在1996年修改《刑事诉讼法》之前，我国实行超职权主义的审判方式；而在1996年修改《刑事诉讼法》之后，我国审判方式既具有当事人主义的某些因素，又保留了职权主义的某些特点。

【刑事审判程序】 是指人民法院在审判刑事案件时所遵循的步骤、方式、方法的总称。按照不同的标准可以将我国刑事审判程序划分为不同的种类。按照审判的对象，刑事审判程序分为公诉案件的审判程序、自诉案件的审判程序以及附带民事诉讼案件的审判程序；按照诉讼的进程，刑事审判程序分为第一审程序、第二审程序、死刑复核程序和审判监督程序。根据不同的审理对象和繁简程度，可以将第一审程序分为普通程序、简易程序和速裁程序三种。相对于第一审程序而言，第二审程序、审判监督程序属于救济程序；第二审程序属于普通救济程序，审判监督程序属于特殊救济程序。除了第一审程序、第二审程序、审判监督程序以外，我国《刑事诉讼法》及其司法解释还规定了只能在某些特殊案件中或者在某种特殊情况下采用的特殊审判程序：（1）专门针对死刑案件的死刑复核程序。（2）专门针对未成年人刑事案件、当事人和解的公诉案件、违法所得没收案件、强制医疗案件的特别审判程序。（3）专门针对减刑、假释案件的审判程序。（4）最高人民法院针对被告人不具备减轻处罚情节的案件所采用的核准程序以及针对因为罪犯具有特殊情况而不受执行刑期限制的假释案件所采用的核准程序。明确刑事审判程序的分类有助于理解和把握不同审判程序的特点，便于司法操作。

【刑事审判原则】 是指贯穿于整个刑事审判过程，对审判机关开展审判活动起指导作用的行为准则。刑事审判原则具有以下特征：（1）它贯穿于整个审判过程。无论是在第一审程序、第二审程序还是在再审程序中，都应当遵循刑事审判原则。（2）它是强制性规范。人民法院应当依照审判原则审判刑事案件。任何违反刑事审判原则的行为都是严重的程序违法行为。（3）它是抽象性规范。刑事审判原则虽以刑事诉讼法律规范形式表现出来，但它并不直接规定审判机关的权利、义务，也不规定审判人员应当如何进行具体的操作。它是审判行为的是非评判体系，蕴含着刑事诉讼立法的基本精神。在现代刑事诉讼中，得到公认的审判原则主要有审判公开原则、直接言词原则、辩论原则、参审或者陪审原则、集中审理原则等。这些原则在我国《刑事诉讼法》中均有所体现。除了我国《刑事诉讼法》总则规定的审判公开原则、人民陪审原则以外，最高人民法院于2017年12月11日公布的《人民法院办理刑事案件第一审普通程序法庭调查规程（试行）》第一条至第五条规定了证据裁判原则（参见“证据裁判原则”词条）、居中裁判原则、集中审理原则、诉权保障原则、程序公正原则等刑事审判原则。

【居中裁判原则】 是指法院在审判案件过程中应当保持一种超然和不偏不倚的态度和地位，而不得对任何一方诉讼主体存有偏见和歧视，确保各方诉讼主体受到裁判者平等的对待。居中裁判原则要求，与案件有牵连的人不得担任该案的裁判者；裁判者不得与案件结果或者各方当事人有任何利益上或其他方面的关系；裁判者不能存有支持一方或者反对另一方的预断或偏见。居中裁判原则是现代诉讼结构和司法制度的重要标志，是实现程序正义、维护公正审判的重要保障。根据最高人民法院于2017年12月11日公布的《人民法院办理刑事案件第一审普通程序法庭调查规程（试行）》第二条规定，在办理刑事案件第一审普通程序中，法庭应当坚持居中裁判原则，不偏不倚地审判案件，保障控辩双方诉讼地位平等。公诉案件中，人民检察院承担被告人有罪的举证责任，被告人不承担证明自己无罪的责任。人民检察院应当随案移送并当庭出示被告人有罪或无罪、罪轻或罪重的所有证据，以及证明取证合法性的证据材料，不得隐匿证据或者人为取舍证据。

【直接审理原则】 简称直接原则，它包括在场原则和直接采证原则两层含义。

在场原则，是指法庭开庭审判时，被告人、检察官以及其他诉讼参与人必须亲自到庭出席审判，而且在精神上和体力上均有参与审判活动的能力。直接采证原则，是指从事法庭审判的法官必须亲自从事法庭调查和采纳证据，直接接触和审查证据，非经法庭直接调查核实的证据不能作为裁判的根据。直接采证原则要求确保法官能够直接接触到最好的证据或者原始的证据，而通常不允许法官以传来的证据或者传闻证据作为裁判的根据。实行直接审理原则，可以切断庭外书面证据材料与法庭裁判结论之间的必然联系，尽量减少法庭与原始证据之间的隔阂和中介物，确保法官尽可能通过亲自接触和审查证据来获得对案件事实的直接印象，进而保证裁判结论的合理性和公正性。尽管直接审理原则具有重要意义，但是直接审理原则通常只能适用于第一审普通审判程序，而在简易程序或者上诉程序则不要求严格适用。而且，直接审理原则主要适用于对实体问题的审理活动，而程序方面的问题一般不需要严格遵循直接审理原则。在特殊情况下，甚至也可以采用庭外书面证据材料，或者允许中途更换法官，或者允许被告人缺席审判。

尽管我国《刑事诉讼法》没有明确规定直接审理原则，但是我国刑事审判程序在许多方面都体现了直接审理原则。例如证据未经当庭出示、辨认、质证等法庭调查程序查证属实，不得作为定案的根据，但法律和相关司法解释另有规定的除外；在法庭审理过程中，法庭应当对物证、书证是否是原物、原件进行审查，而据已定案的物证、书证原则上应当是原物、原件；等等。

【言词审理原则】 简称言词原则，又称口头原则或者言词辩论原则，是指法庭审判活动必须以言词陈述和言词辩论的方式进行的一项审判原则。言词审理原则不仅要求参加审判的各方应当以言词陈述的方式从事审理、攻击、防御等各种诉讼活动，所有没有在法庭审判过程中以言词方式或口头的方式进行的诉讼行为都没有程序上的法律效力，而且要求在法庭上提出的证据材料均应当以言词陈述的方式进行，诉讼各方对证据的调查和辩论也应当以口头方式进行，任何没有在法庭上以言词方式提出和调查的证据均不得作为法庭裁判的根据。实行言词审理原则，有助于确保法官在法庭上直接听取控辩双方以口头方式所作的陈述和辩论，听取证人、鉴定人、被告人等以口头方式所作的有关案件事实的陈述，使其裁判结论直接形成于法庭审判过程之中，从而切断追诉机关的卷宗笔录与法官、陪审员裁判结论之间的必然联系。

尽管我国《刑事诉讼法》没有明确规定言词审理原则，但是我国刑事审判程序在许多方面都体现了该原则。例如，除了生理上、精神上有缺陷或者年幼的，不能辨别是非、不能正确表达的之外，凡是知道案件情况的人，都有作证的义务，而证人证言必须在法庭上经过公诉人、被害人和被告人、辩护人双方质证并且查实以后，才能作为定案的根据；对于证人、鉴定人或者侦查人员，人民法院认为有必要出庭作证的，他们都应当出庭作证；在法庭调查和法庭辩论程序中，控辩双方必须当庭出示和辨认证据，以言词的方式对法庭上出示的各种证据展开质证和辩论，对出庭作证的证人、被害人、鉴定人、侦查人员等进行发问，凡是未经当庭出示、辨认、质证等法庭调查程序查证属实的证据都不得作为定案的根据；对于应当出庭作证的证人、被害人、鉴定人、侦查人员等，控辩双方有权提请传唤他们出庭作证；为了确保证人亲自以言词的方式在法庭上陈述案件情况，我国《刑事诉讼法》规定了一系列旨在保障证人出庭作证的措施，如证人保护、证人作证补偿、强制证人作证、拒绝作证制裁等；经人民法院通知，鉴定人拒不出庭作证的，鉴定意见不得作为定案的根据；等等。

【集中审理原则】 是指法庭在审理案件时应当不间断地进行，一直到案件审理完毕的一项审判原则。集中审理原则是直接言词原则的必然要求。这是因为，只有在连续不间断地审理的情况下，直接言词原则才有可能得到真正贯彻。如果审理时间过长，而且断断续续地进行，那么法官对庭审情况所形成的印象就会减弱甚至消失，从而导致直接言词原则失去应有意义。集中审理原则的基本要求包括：（1）每个案件自始至终都应当由同一个法庭进行审判。在案件审理开始后尚未结束前，不允许同一个法庭再审理其他任何案件。（2）法庭成员原则上不得更换。对于因故不能继续参加审理的，应由始终在场的候补法官或者候补陪审员替换。否则，应当重新审判案件。（3）集中进行法庭调查与法庭辩论。（4）庭审活动应当持续进行，不得随意中断。（5）在审理结束以后，应当迅速进行评议和作出裁判。集中审理原则是诉讼及时原则的重要体现。实行集中审理原则，不仅保证法庭审理顺利、迅速、公正进行，从而提高审判效率，而且有助于保障被告人的辩护权和迅速审判权，维护程序正义，贯彻直接言词原则，促进庭审实质化，实现公正审判。

根据最高人民法院于 2017 年 12 月 11 日公布的《人民法院办理刑事案件第一审普通程序法庭调查规程（试行）》第三条，法庭应当坚持集中审理原则，规范庭前准备程序，避免庭审出现不必要的迟延和中断。承办法官应当在开庭前阅卷，确定法庭审理方案，并向合议庭通报开庭准备情况。召开庭前会议的案件，法庭可以依法处理可能导致庭审中断的事项，组织控辩双方展示证据，归纳控辩双方争议焦点。根据《人民法院合议庭工作规定》第三条、第九条、第十四条规定，集中审理原则体现在如下几个方面：（1）合议庭组成人员确定后，除因回避或者其他特殊情况，不能继续参加案件审理的之外，不得在案件审理过程中更换。更换合议庭成员，应当报请院长或者庭长决定。合议庭成员的更换情况应当及时通知诉讼当事人。（2）合议庭一般应当在作出评议结论或者审判委员会作出决定后的五个工作日内制作出裁判文书。

【诉权保障原则】 是指人民法院在审判刑事案件的过程中依法保障当事人和其他诉讼参与人的各项诉讼权利。诉权保障原则是刑事诉讼法总则规定的保障诉讼参与人的诉讼权利原则在刑事审判程序中的贯彻落实和具体表现。在刑事审判程序中坚持诉权保障原则，不仅有利于保障诉讼当事人或者其他诉讼参与人的合法权益，而且有助于防止审判权的滥用，促进公正审判。《人民法院办理刑事案件第一审普通程序法庭调查规程（试行）》第四条明确规定，法庭应当坚持诉权保障原则，依法解决控辩双方争议，保障被告人及其辩护人的诉讼权利；为依法维护被告人质证权，准确查明案件事实，必要时应当通知证人、被害人、鉴定人、侦查人员或者有关人员出庭。该条强调，法庭应当坚持诉权保障原则；依法保障当事人和其他诉讼参与人的知情权、陈述权、辩护辩论权、申请权、申诉权，依法保障辩护人发问、质证、辩论辩护等权利，完善便利辩护人参与诉讼的工作机制。

【程序公正原则】 是指人民法院在审判刑事案件的过程中，应当坚持诉讼程序的公正性，维护公正审判。公正是审判程序的灵魂和生命。而公正的审判不仅包括裁判结果在适用实体法上的正确性和公正性，而且包括审判活动在适用程序上的正当性和合法性。在刑事审判程序中坚持程序公正原则，不仅在于程序公正具有促使诉讼结果正当的功效，而且在于程序公正本身具有独立的价值和良好的品质。如果人民法院在审判过程中过于追求裁判结果的正确性而忽略审判程序或者审判过程的公正性，刑事审判就会不可避免地沦为国家惩治犯罪的附庸和仪式，从而导致那些旨在保障人权、防止权力滥用的程序规则或者证据规则都将失去应有的意义。有鉴于此，《人民法院办理刑事案件第一审普通程序法庭调查规程（试行）》第二条明确规定，法庭应当坚持程序公正原则，严格执行法定的审判程序，通过法庭审理的程序公正实现案件裁判的实体公正。该文件第十一条规定，被告人不认罪的案件，对与定罪和量刑有关的事实、证据应当分别进行调查。被告人当庭认罪的案件，法庭调查可以主要围绕量刑和其他有争议的问题进行。上述《调查规程》第二条强调，人民检察院依法承担被告人有罪的举证责任，被告人不承担证明自己无罪的责任。法庭应当居中裁判，严格执行法定的审判程序，确保控辩双方在法庭调查环节平等对抗，通过法庭审判的程序公正实现案件裁判的实体公正。

【刑事审判组织】 是指法院审理刑事案件的法庭组织形式。现代刑事审判包括合议制和独任制两种基本形式。由于不同的法律传统、司法制度，现代各国的刑事审判组织也存在较大差异。例如，英美法系的陪审团审判与大陆法系的参审制就存在很大不同。根据《人民法院组织法》第二十九条、《刑事诉讼法》第一百八十三条，人民法院审判刑事案件的法庭组织形式分为独任庭和合议庭两种。根据《刑事诉讼法》第一百八十五条规定，对于疑难、复杂、重大的案件，合议庭认为难以作出决定的，由合议庭提请院长决定提交审判委员会讨论决定。审判委员会的决定，合议庭应当执行。从审判委员会对疑难、复杂、重大案件的处理具有最后决定权这个角度而言，审判委员会不仅具有审判组织的性质，而且是人民法院内部最高层次的审判组织。审判组织是人民法院正确行使审判权的组织保证。与人民法院内部根据工作需要设立的各种职能机构不同的是，职能机构是人民法院内部的常设工作机构，而合议庭、独任庭是审理具体案件的临时组织。

【独任庭】 是指由审判员一人独任审判案件的一种审判组织形式。审判员一人独任审判的制度，称为独任制。根据《人民法院组织法》第二十九条、《刑事诉讼法》第一百八十三条、《刑事诉讼法司法解释》第二百一十二条、第二百一十六条、第三百六十四条、第三百六十六条规定，在刑事诉讼中适用独任庭应当注意如下几点：（1）就法院级别而言，独任庭只限于基层人民法院，中级以上的人民法院不能适用独任庭。（2）就案件类别来说，独任庭只适用于简易程序、速裁程序的案件。（3）独任庭审判，只能由审判员进行，人民陪审员不能进行独任审判。（4）独任审判的案件，审判员认为有必要的，也可以提请院长决定提交审判委员会讨论决定。

【合议庭】 是指由3名以上审判人员组成的法庭集体审判案件的一种审判组织形式。合议庭是人民法院审判案件的基本组织形式。根据《人民法院组织法》第二十九条、《刑事诉讼法》第一百八十三条第一款规定，除了独任审判以外，人民法院审判第一审刑事案件，由审判员组成合议庭或者由审判员和人民陪审员组成合议庭进行。根据《刑事诉讼法》第一百八十三条第四款、第一百四十九条规定，下列案件都应当由合议庭进行审判：上诉案件；人民检察院按照第二审程序或者审判监督程序提起的抗诉案件；最高人民法院复核的死刑案件；高级人民法院复核的死刑缓期执行案件。

【另行组成合议庭】 是指原审合议庭不能再次审判需要重新审判的刑事案件，而必须另行组成合议庭进行审判。另行组成合议庭是回避制度的延伸，有助于防止法官的预断和偏见，促进司法公正。根据《刑事诉讼法》第二百三十九条、第二百五十六条，另行组成合议庭包括两种情形：（1）第二审人民法院将案件发回原审人民法院重新审判以后，原审人民法院应当另行组成合议庭，依照第一审程序进行审判。（2）人民法院按照审判监督程序重新审判的案件，由原审人民法院审理的，应当另行组成合议庭进行。

除了这两种情形以外，根据《刑事诉讼法司法解释》第四百三十二条、第四百二十一条、第五百三十九条、第五百四十一条、第六百四十八条规定，下列案件也应当另行组成合议庭：（1）最高人民法院裁定不予核准死刑，发回重新审判的案件，原审人民法院应当另行组成合议庭审理。但是，如果复核期间出现新的影响定罪量刑的事实、证据的，或者原判认定事实正确，但依法不应当判处死刑的，则不需要另行组成合议庭。（2）对下级人民法院报送的停止执行死刑的调查结果和意见，由最高人民法院原作出核准死刑判决、裁定的合议庭负责审查，必要时，另行组成合议庭进行审查。（3）人民法院作出减刑、假释裁定后，如果人民检察院认为减刑、假释裁定不当，在法定期限内提出书面纠正意见的，人民法院应当在收到意见后另行组成合议庭审理，并在一个月内作出裁定。（4）人民法院发现本院已经生效的减刑、假释裁定确有错误的，应当另行组成合议庭审理；发现下级人民法院已经生效的减刑、假释裁定确有错误的，可以指令下级人民法院另行组成合议庭审理。（5）人民检察院认为强制医疗决定或者解除强制医疗决定不当，在收到决定书后二十日内提出书面纠正意见的，人民法院应当另行组成合议庭审理，并在一个月内作出决定。

【合议庭的人员组成】 是指依法可以参加合议庭审判案件的审判人员。根据《刑事诉讼法》第一百八十三条第五款、第一百八十四条规定，因为合议庭进行评议的时候应当遵循少数服从多数原则，所以我国刑事诉讼法明确规定，合议庭的成员人数必须是单数。在我国刑事诉讼中，合议庭的人员组成的一个显著特点就是，合议庭的人员组成基于审判程序和法院级别方面的差异而有所不同。根据《人民法院组织法》第三十条、《刑事诉讼法》第一百八十三条、第二百四十九条、第二百五十六条规定，合议庭的人员组成包括如下几种情况：（1）基层人民法院、中级人民法院审判第一审案件，应当由审判员三人或者由审判员和人民陪审员共三人组成合议庭进行。（2）高级人民法院、最高人民法院审判第一审案件，应当由审判员三人至七人或者由审判员和人民陪审员共三人至七人组成合议庭进行。（3）人民法院审判上诉和抗诉案件，由审判员三人至五人组成合议庭进行。（4）最高人民法院复核死刑立即执行的案件，高级人民法院复核死刑缓期执行的案件，应当由审判员三人组成合议庭进行。（5）按照审判监督程序重新审判的案件的审判组织，应当分别依照第一审程序或第二审程序的有关规定另行组成相应的合议庭，原来参加审判的审判人员不能成为该合议庭的成员。人民陪审员只能参加第一审案件的审理，而不能参加其他案件的审理。尽管人民陪审员参加审理的案件范围比较有限，但是根据《人民法院组织法》第三十七条第二款、《刑事诉讼法》第一百八十三条第三款、《人民法院合议庭工作规定》第一条第二款规定，人民陪审员在人民法院执行职务期间，除不能担任审判长外，同法官有同等的权利义务。值得注意的是，尽管合议庭的人员组成有所不同，但是根据《人民法院合议庭工作规定》《加强合议庭职责规定》所确定的合议庭评议规则，合议庭评议时，每个成员都有平等的发言权和表决权，七人合议庭中的人民陪审员除外。

【审判长】 是指人民法院合议庭在审理案件时，负责组织、指挥法庭审判活动的审判人员。审判长不是固定的职务，而是人民法院在决定开庭审判之后，为组织合议庭而临时指定担任的审判人员。根据《人民法院组织法》第二十九条、《刑事诉讼法》第一百八十三条规定，合议庭由院长或者庭长指定审判员一人担任审判长。院长或者庭长参加审判案件的时候，自己担任审判长。尽管人民陪审员可以参与合议庭的审判，但是人民陪审员不能担任案件的审判长。根据《人民法院合议庭工作规定》第六条规定，审判长履行下列职责：指导和安排审判辅助人员做好庭前调解、庭前准备及其他审判业务辅助性工作；确定案件审理方案、庭审提纲、协调合议庭成员的庭审分工以及做好其他必要的庭审准备工作；主持庭审活动；主持合议庭对案件进行评议；依照有关规定，提请院长决定将案件提交审判委员会讨论决定；制作裁判文书，审核合议庭其他成员制作的裁判文书；依照规定权限签发法律文书；根据院长或者庭长的建议主持合议庭对案件复议；对合议庭遵守案件审理期限制度的情况负责；办理有关审判的其他事项。根据《刑事诉讼法》第一百九十九条规定，在法庭审判过程中，如果诉讼参与人或者旁听人员违反法庭秩序，审判长可以根据不同的情况分别采取警告制止、强行带出法庭、罚款、拘留、追究刑事责任等措施。根据我国《刑事诉讼法》的有关规定，在法庭审判过程中，审判长处于主导地位，其主要职责是主持、指挥合议庭的审判活动。但是，在合议庭进行评议时，审判长与其他合议庭成员权利平等，没有超越其他成员的表决权。

【人民陪审员制度】 是指由在公民中选举产生的人民陪审员参加合议庭，审理第一审案件的审判制度。早在第二次国内革命战争时期，中国共产党领导的革命根据地就确立了法院审判案件吸收人民群众代表参加陪审的制度。新中国成立后，人民陪审员制度成为中国特色社会主义司法制度的重要组成部分，是人民群众参与司法、监督司法的有效形式，是人民民主在司法领域的重要体现。尽管我国人民陪审员制度借鉴了西方国家的陪审团制度和参审制度，但是它们之间存在显明区别。例如，人民陪审员由选举产生，由人民法院通知参加具体案件的审理，而在陪审团制度中，陪审团成员需要经过民众随机初选，以及法官、检察官、被告及其律师的法庭挑选这两个程序。再如，在陪审团制度中，陪审员同法官存在明确的职能分工，即职业法官负责主持法庭审判和解决法律问题，陪审团负责事实认定问题，而在人民陪审员制度中，人民陪审员参与案件的整个审判过程，对案件的事实问题和法律问题都参加审判。人民陪审员除了不得担任合议庭审判长之外，他们和审判人员在评议和表决过程中享有完全平等的权利，但是人民陪审员参加7人合议庭审判案件，对事实认定，独立发表意见，并与法官共同表决；对法律适用，可以发表意见，但不参加表决。

【人民陪审员】 是指由公民依法选举产生的参加人民法院审判活动的人员。根据我国《人民法院组织法》《刑事诉讼法》、《人民陪审员法》的有关规定，人民陪审员通过选举产生。公民被选举为人民陪审员，应当具备法定条件。人民陪审员在人民法院执行职务期间，作为他所参加的审判庭的组成人员，同审判员有同等权利。但是，人民陪审员参加七人合议庭审判案件，对事实认定，独立发表意见，并与法官共同表决；对法律适用，可以发表意见，但不参加表决。人民陪审员在执行职务期间，由原工作单位照付工资；没有工资收入的，由人民法院给以适当的补助。尽管人民陪审员和审判员都是合议庭的组成人员，但是人民陪审员与审判员存在本质差异。例如，人民陪审员通常相对审判员，法律专业素养较弱，而审判员属于职业法官，必须具备良好的法律专业素养；人民陪审员是依法临时参与审判的社会人员，而审判员则是以审判案件为职业的国家工作人员和司法工作人员；人民陪审员和审判员在任职条件、任免程序、任职保障、权利义务等诸多方面都存在明显差异。

【人民陪审员的任职条件】 是指按照法律的规定，公民担任人民陪审员应当具备的条件。根据《人民陪审员法》第五条、第六条、第七条规定，人民陪审员的任职条件包括：（1）积极条件，即公民担任人民陪审员，应当具备下列条件：拥护《宪法》；年满28周岁；遵纪守法、品行良好、公道正派；具有正常履行职责的身体条件。（2）消极条件。一是指人民代表大会常务委员会的组成人员，监察委员会、人民法院、人民检察院、公安机关、国家安全机关、司法行政机关的工作人员，律师、公证员、仲裁员、基层法律服务工作者，其他因职务原因不适宜担任人民陪审员的人员，不得担任人民陪审员。另一个是指下列人员不得担任人民陪审员：受过刑事处罚的；被开除公职的；被吊销律师、公证员执业证书的；被纳入失信被执行人名单的；因受惩戒被免除人民陪审员职务的；其他有严重违法违纪行为，可能影响司法公信的。（3）倾向性条件。担任人民陪审员，一般应当具有高中以上文化程度。另外，根据《刑事诉讼法司法解释》第五百四十九条第二款规定，未成年人刑事案件的人民陪审员，可以从熟悉未成年人身心特点、关心未成年人保护工作的人民陪审员名单中随机抽取确定。

【人民陪审员的任免程序】 是指依照法律规定，选任人民陪审员和免除人民陪审员职务时应当遵守的程序。根据《人民陪审员法》第九条、第十条、第十一条规定，司法行政机关会同基层人民法院、公安机关，从辖区内的常住居民名单中随机抽选拟任命人民陪审员数5倍以上的人员作为人民陪审员候选人，对人民陪审员候选人进行资格审查，征求候选人意见。司法行政机关会同基层人民法院，从通过资格审查的人民陪审员候选人名单中随机抽选确定人民陪审员人选，由基层人民法院院长提请同级人民代表大会常务委员会任命。因审判活动需要，可以通过个人申请和所在单位、户籍所在地或者经常居住地的基层群众性自治组织、人民团体推荐的方式产生人民陪审员候选人，经司法行政机关会同基层人民法院、公安机关进行资格审查，确定人民陪审员人选，由基层人民法院院长提请同级人民代表大会常务委员会任命。

【人民陪审员审理案件的范围】 是指按照法律规定，人民陪审员能够参与法庭审判、履行陪审职责的案件范围。根据《人民陪审员法》第十五条规定，人民法院审判第一审刑事、民事、行政案件，有下列情形之一的，由人民陪审员和法官组成合议庭进行：（1）涉及群体利益、公共利益的。（2）人民群众广泛关注或者其他社会影响较大的。（3）案情复杂或者有其他情形，需要由人民陪审员参加审判的。人民法院审判前款规定的案件，法律规定由法官独任审理或者由法官组成合议庭审理的，从其规定。该法第十六条规定，人民法院审判下列第一审案件，由人民陪审员和法官组成七人合议庭进行：（1）可能判处十年以上有期徒刑、无期徒刑、死刑，社会影响重大的刑事案件。（2）根据《民事诉讼法》《行政诉讼法》提起的公益诉讼案件。（3）涉及征地拆迁、生态环境保护、食品药品安全，社会影响重大的案件。（4）其他社会影响重大的案件。

【人民陪审员的挑选】 是指人民法院在决定由人民陪审员参加合议庭审判以后，按照一定程序和规则挑选参加审判的人民陪审员。根据《人民陪审员法》第八条、第九条、第十条的规定，人民陪审员的名额，由基层人民法院根据审判案件的需要，提请同级人民代表大会常务委员会确定。人民陪审员的名额数不低于本院法官数的3倍。司法行政机关会同基层人民法院、公安机关，从辖区内的常住居民名单中随机抽选拟任命人民陪审员数5倍以上的人员作为人民陪审员候选人，对人民陪审员候选人进行资格审查，征求候选人意见。司法行政机关会同基层人民法院，从通过资格审查的人民陪审员候选人名单中随机抽选确定人民陪审员人选，由基层人民法院院长提请同级人民代表大会常务委员会任命。因审判活动需要，可以通过个人申请和所在单位、户籍所在地或者经常居住地的基层群众性自治组织、人民团体推荐的方式产生人民陪审员候选人，经司法行政机关会同基层人民法院、公安机关进行资格审查，确定人民陪审员人选，由基层人民法院院长提请同级人民代表大会常务委员会任命。依照前款规定产生的人民陪审员，不得超过人民陪审员名额数的五分之一。

《人民陪审员制度改革试点方案》《人民陪审员制度改革试点工作实施办法》就如何增加选任的广泛性和随机性，建立和完善人民陪审员随机抽选机制，提高选任工作透明度和公信度，作出了明确规定：（1）人民法院每五年从符合条件的选民或者常住居民名单中，随机抽选本院法官员额数五倍以上的人员作为人民陪审员候选人，建立人民陪审员候选人信息库。（2）人民法院会同同级司法行政机关对人民陪审员候选人进行资格审查，征求候选人意见。（3）人民法院会同同级司法行政机关，从通过资格审查的候选人名单中以随机抽选的方式确定人民陪审员人选，由院长提请人民代表大会常务委员会任命。（4）人民法院可以根据人民陪审员专业背景情况，结合本院审理案件的主要类型，建立专业人民陪审员信息库。（5）人民法院应当结合本辖区实际情况，合理确定人民陪审员每人每年参与审理案件的数量上限，并向社会公告。（6）参与合议庭审理案件的人民陪审员，应当在开庭前通过随机抽选的方式确定。人民法院可以根据案件审理需要，从人民陪审员名册中随机抽选一定数量的候补人民陪审员，并确定递补顺序。

【人民陪审员的权利和义务】 是指人民陪审员依法所享有的权利和承担的义务。人民陪审员的权利和义务既有可能是程序性的，也有可能是实体性的。根据《人民陪审员法》第三条规定，人民陪审员依法享有参加审判活动、独立发表意见、获得履职保障等权利。人民陪审员应当忠实履行审判职责，保守审判秘密，注重司法礼仪，维护司法形象。该法第四条规定，人民陪审员依法参加审判活动，受法律保护。人民法院应当依法保障人民陪审员履行审判职责。人民陪审员所在单位、户籍所在地或者经常居住地的基层群众性自治组织应当依法保障人民陪审员参加审判活动。

【人民陪审员的任职保障】 是指为了确保人民陪审员履行职务，依法对人民陪审员所采取的各种保障措施。根据《人民陪审员法》第二十五条至第二十六条、第二十八条至第三十条规定，（1）人民陪审员的培训、考核和奖惩等日常管理工作，由基层人民法院会同司法行政机关负责。对人民陪审员应当有计划地进行培训。人民陪审员应当按照要求参加培训。（2）对于在审判工作中有显著成绩或者有其他突出事迹的人民陪审员，依照有关规定给予表彰和奖励。（3）人民陪审员的人身和住所安全受法律保护。任何单位和个人不得对人民陪审员及其近亲属打击报复。对报复陷害、侮辱诽谤、暴力侵害人民陪审员及其近亲属的，依法追究法律责任。（4）人民陪审员参加审判活动期间，所在单位不得克扣或者变相克扣其工资、奖金及其他福利待遇。人民陪审员所在单位违反前款规定的，基层人民法院应当及时向人民陪审员所在单位或者所在单位的主管部门、上级部门提出纠正意见。（5）人民陪审员参加审判活动期间，由人民法院依照有关规定按实际工作日给予补助。（6）人民陪审员因参加审判活动而支出的交通、就餐等费用，由人民法院依照有关规定给予补助。

【合议庭评议笔录】 是指人民法院合议庭全体成员在庭审结束以后退庭对案件进行评议时，由书记员对评议过程和结果如实所做的记录。合议庭评议笔录包括如下几个部分：标题，即合议庭评议笔录；案号；合议庭评议的时间和地点；合议庭成员姓名和职务，包括审判长，审判员或者助理审判员，或者人民陪审员；书记员姓名；评议内容，详细记载合议庭评议的经过和结果；合议庭组成人员和书记员签名。合议庭评议笔录是撰写判决书的根据。书记员应当如实准确地记载评议的整个过程和内容，尤其是要抓住案件的事实、证据、定性、处理等重点问题。根据《刑事诉讼法》第一百八十四条、《刑事诉讼法司法解释》第二百一十四条规定，制作合议庭评议笔录时应当注意，合议庭评议案件，实行少数服从多数的原则；合议庭进行评议的时候，如果意见分歧，应当按多数人的意见作出决定，但是少数人的意见应当写入笔录；评议笔录由合议庭的组成人员在审阅确认无误后签名，评议情况应当保密。

【合议庭评议规则】 是指合议庭全体成员在评议案件时应当依法遵循的规则。根据《刑事诉讼法》第一百八十四条、第二百条，《刑事诉讼法司法解释》第五十三条、第二百一十四条、第二百九十一条、第二百九十四条，《加强合议庭职责规定》第六条、第七条，《人民法院合议庭工作规定》第九条至第十一条、第十六条、第十七条，以及《人民陪审员法》第二十三条规定，合议庭评议案件，实行少数服从多数的原则。人民陪审员同合议庭其他组成人员意见分歧的，应当将其意见写入笔录。合议庭组成人员意见有重大分歧的，人民陪审员或者法官可以要求合议庭将案件提请院长决定是否提交审判委员会讨论决定。合议庭评议时应当遵循如下规则：（1）少数服从多数规则。合议庭进行评议的时候，如果意见分歧，应当按多数人的意见作出决定，但是少数人的意见应当写入笔录。（2）独立评议规则。合议庭成员在评议案件时，应当独立表达意见和行使表决权。（3）充分说理规则。合议庭成员进行评议的时候，应当充分陈述意见，说明理由。（4）全面评议规则。评议案件时，合议庭成员应当针对案件的证据采信、事实认定、法律适用、裁判结果以及诉讼程序等问题全面、充分发表意见。（5）秘密评议规则。评议情况应当保密，不得被泄露。不得查阅、摘抄、复制合议庭的讨论记录。（6）合议庭成员不得变更规则。开庭审理和评议案件，应当由同一合议庭进行。（7）及时评议规则。庭审完毕后，审判长应当及时组织合议庭评议案件。（8）按序评议规则。合议庭评议案件时，先由承办法官对认定案件事实、证据是否确实、充分以及适用法律等发表意见，审判长最后发表意见；审判长作为承办法官的，由审判长最后发表意见。对案件的裁判结果进行评议时，由审判长最后发表意见。审判长应当根据评议情况总结合议庭评议的结论性意见。（9）禁止弃权规则。合议庭全体成员都应当参加案件评议，不能缺席和放弃评议。（10）责任豁免规则。合议庭成员评议时发表意见不受追究。（11）口头表决规则。合议庭成员对评议结果的表决，以口头表决的形式进行。（12）重新评议规则。院长、庭长在审核合议庭的评议意见和裁判文书过程中，对评议结论有异议的，可以建议合议庭复议。合议庭复议后，庭长仍有异议的，可以将案件提请院长审核，院长可以提交审判委员会讨论决定。

【混合式合议庭评议规则】 是指由审判员与人民陪审员共同组成的混合式合议庭全体成员在评议案件时应当依法遵循的规则。根据《人民陪审员法》第二十条至第二十二条规定：（1）审判长应当履行与案件审判相关的指引、提示义务，但不得妨碍人民陪审员对案件的独立判断。（2）合议庭评议案件，审判长应当对本案中涉及的事实认定、证据规则、法律规定等事项及应当注意的问题，向人民陪审员进行必要的解释和说明。（3）人民陪审员参加三人合议庭审判案件，对事实认定、法律适用，独立发表意见，行使表决权。（4）人民陪审员参加七人合议庭审判案件，对事实认定，独立发表意见，并与法官共同表决；对法律适用，可以发表意见，但不参加表决。

【审判委员会】 是指人民法院内部设立的对审判工作实行集体领导的组织形式。审判委员会制度起源于1932年中华苏维埃共和国中央执行委员会颁布的《裁判部暂行组织及裁判条例》所确立的裁判委员会制度。在新中国成立以后，1950年颁布的《人民法庭组织通则》①、1951年颁布的《人民法院暂行组织条例》② 将裁判委员会制度更改为审判委员会制度。人民法院审判委员会制度已经成为中国特色社会主义司法制度的重要组成部分。审判委员会作为人民法院的最高审判组织，在总结审判经验，审理疑难、复杂、重大案件中具有重要的作用。根据《人民法院组织法》第三十六条规定，中级以上人民法院根据审判工作需要，可以按照审判委员会委员专业和工作分工，召开刑事审判、民事行政审判等专业委员会会议。

根据《健全完善人民法院审判委员会工作机制意见》第七条规定，审判委员会的主要职能是：（1）总结审判工作经验。（2）讨论决定重大、疑难、复杂案件的法律适用。（3）讨论决定本院已经发生法律效力的判决、裁定、调解书是否应当再审。（4）讨论决定其他有关审判工作的重大问题。最高人民法院审判委员会通过制定司法解释、规范性文件及发布指导性案例等方式，统一法律适用。第二十七条规定，各级人民法院审判委员会工作部门负责处理审判委员会日常事务性工作，根据审判委员会授权，督促检查审判委员会决定执行情况，落实审判委员会交办的其他事项。

【审判委员会委员】 是指组成人民法院审判委员会的人员。各级人民法院的审判委员会由审判委员会委员组成。根据《人民法院组织法》第四十二条、第四十三条规定，地方各级人民法院院长由本级人民代表大会选举，副院长、审判委员会委员、庭长、副庭长和审判员由院长提请本级人民代表大会常务委员会任

---

① 已失效，已被《全国人民代表大会常务委员会关于批准法制工作委员会关于对1978年底以前颁布的法律进行清理情况和意见报告的决定》（发布日期：1987年11月24日；实施日期：1987年11月24日）宣布失效。

② 已失效，已被《全国人民代表大会常务委员会关于批准法制工作委员会关于对1978年底以前颁布的法律进行清理情况和意见报告的决定》（发布日期：1987年11月24日；实施日期：1987年11月24日）宣布失效

免。在省、自治区内按地区设立的和在直辖市内设立的中级人民法院院长，由省、自治区、直辖市人民代表大会常务委员会根据主任会议的提名决定任免，副院长、审判委员会委员、庭长、副庭长和审判员由高级人民法院院长提请省、自治区、直辖市人民代表大会常务委员会任免。最高人民法院审判委员会委员，由最高人民法院院长提请全国人民代表大会常务委员会任免。根据《健全完善人民法院审判委员会工作机制意见》第五条，各级人民法院审判委员会由院长、副院长和若干资深法官组成，成员应当为单数。审判委员会可以设专职委员。为了加强人民法院审判委员会建设，《中共中央关于进一步加强人民法院、人民检察院工作的决定》明确提出，各级人民法院可以设置专职委员两名左右，按照同级党政部门副职规格和条件，从具备良好政治业务素质、符合任职条件的法官中产生。

【审判委员会讨论决定的案件范围】 是指哪些案件可以由人民法院审判委员会讨论决定。根据《人民法院组织法》第三十七条、《刑事诉讼法》第一百八十五条，审判委员会讨论决定的案件范围是疑难、复杂、重大案件。根据《刑事诉讼法司法解释》第二百一十六条规定疑难、复杂、重大案件分为应当提交讨论的案件和可以提交讨论的案件两种。应当提交审判委员会讨论的案件包括：(1) 高级人民法院、中级人民法院拟判处死刑立即执行的案件，以及中级人民法院拟判处死刑缓期执行的案件。(2) 本院已经发生法律效力的判决、裁定确有错误需要再审的案件。(3) 人民检察院依照审判监督程序提出抗诉的案件。除此之外，对合议庭成员意见有重大分歧的案件、新类型案件、社会影响重大的案件以及其他疑难、复杂、重大的案件，合议庭认为难以作出决定的，可以提请院长决定提交审判委员会讨论决定。

【提交审判委员会讨论决定案件的程序】

是指合议庭在将案件提交审判委员会讨论决定时所遵循的诉讼程序。根据《刑事诉讼法》第一百八十五条、《健全完善人民法院审判委员会工作机制意见》第十条至第十二条规定，需要提交审判委员会讨论的案件，由合议庭或独任法官层报院长批准，应当有专业（主审）法官会议研究讨论的意见。院长、主管副院长或者庭长可以按照审判监督管理权限要求合议庭或者独任法官复议；经复议仍未采纳专业（主审）法官会议意见的，应当按程序报请审判委员会讨论决定。审判委员会讨论案件，合议庭应当提交案件审理报告。案件审理报告应当符合规范要求，客观、全面反映案件事实、证据以及双方当事人或控辩双方的意见，列明需要审判委员会讨论决定的法律适用问题、专业（主审）法官会议意见、类案与关联案件检索情况，有合议庭拟处理意见和理由。有分歧意见的，应归纳不同的意见和理由。案件审理报告应当提前发送审判委员会委员。根据《刑事诉讼法司法解释》第二百一十六条第五款，对提请院长决定提交审判委员会讨论决定的案件，院长认为不必要的，可以建议合议庭复议一次。

【审判委员会会议】 是指人民法院审判委员会为讨论决定疑难、复杂、重大案件所召开的会议。审判委员会以会议决议的方式履行对审判工作的监督、管理、指导职责。根据《健全完善人民法院审判委员会工作机制意见》的有关规定，审判委员会会议应当遵循如下规则：(1) 审判委员会召开全体会议和专业委员会会议，应当有其组成人员的过半数出席。(2) 审判委员会全体会议及专业委员会会议应当由院长或者院长委托的副院长主持。(3) 审判委员会讨论决定案件和事项，一般按照以下程序进行：合议庭、承办人汇报；委员就有关问题进行询问；委员按照法官等级和资历由低到高顺序发表意见，主持人最后发表意见；主持人作会议总结，会议作出决议。(4) 提交审判委员会讨论的案件，合议庭应当形成书面报告。书面报告应当客观全面反映案件事实、证据、当事人或者控辩双方的意见，列明需要审判委员会讨论决定的法律适用问题、专业（主审）法官会议意见、类案与关联案件检索情况，有合议庭拟处理意见和理由。有分歧意见的，应归纳不同的意见和理由。其他事项提交审判委员会讨论之前，承办部门应在认真调研并征求相关部门意见的基础上提出办理意见。审判委员会委员应当提前审阅会议材料，必要时可以调阅相关案卷、文件及庭审音频视频资料。(5) 下列人员应当列席审判委员会会议：承办案件的合议庭成员、独任法官或者事项承办人；承办案件、事项的审判庭或者部门负责人；其他有必要列席的人员。同级人民检察院检察长或者其委托的副检察长可以列席。

【审判委员会评议规则】 是指审判委员会在讨论决定案件时应当依法遵循的规则。根据《人民法院组织法》《健全完善人民法院审判委员会工作机制意见》的有关规定，审判委员会评议规则主要包括：(1) 民主集中制。审判委员会讨论案件实行民主集中制。(2) 保密规则。审判委员会委员、列席人员、秘书和书记员，应当遵守保密规定，不得泄露审判委员会讨论、决定的事项。审判委员会会议纪要，属机密文件，未经批准，任何人不得外传。(3) 按序发言规则。审判委员会委员发表意见的顺序，应按照法官等级和资历由低到高进行，主持人最后发表意见。(4) 充分全面讨论。审判委员会应当充分、全面地对案件进行讨论。审判委员会委员应当客观、公正、独立、平等地发表意见。(5) 责任豁免规则。审判委员会委员发表意见不受追究，并应当记录在卷。(6) 少数服从多数规则。审判委员会委员发表意见后，主持人应当归纳委员的意见，按多数意见拟出决议，付诸表决。审判委员会的决议应一般按照各自全体组成人员过半数的多数意见作出决定，少数委员的意见应当记录在卷。(7) 制作会议纪要。审判委员会讨论、决定事项，须作出会议纪要。纪要或者决定由院长审定后，发送审判委员会委员、相关审判庭或者部门。承办单位应将会议纪要附卷备查。

【民主集中制】 是指审判委员会在讨论决定案件时应当遵循的组织原则。民主集中制是马克思主义政党、社会主义国家机关和人民团体的组织和活动原则。民主集中制是民主基础上的集中和集中指导下的民主相结合的制度，强调民主和集中的辩证统一。民主就是要广泛征求意见，这是集中的基础。而集中则是在意见不统一、有分歧的情况下，由组织和领导通过一定工作和程序，最终作出决定或决策。《宪法》第三条第一款明确规定，中华人民共和国的国家机构实行民主集中制的原则。根据《人民法院组织法》第三十八条第二款规定，各级人民法院设立审判委员会，实行民主集中制。民主集中制是人民法院审判委员会讨论决定案件必须遵守的组织原则和决策方式。其具体表现是，在审判委员会委员对案件进行充分讨论的基础上，会议主持人根据少数服从多数原则，形成最终的决定，作为审判委员会整个集体对案件的最终处理结果，并由合议庭执行。

【审判委员会讨论案件笔录】 是指在人民法院审判委员会对院长提交的疑难、重大、复杂案件进行讨论、决定时，由记录人员对讨论决定的过程和结果如实所作的文字记录。提交审判委员会讨论案件，应当有书面报告。审判委员会讨论案件时应当制作笔录，由出席委员签名。审判委员会讨论案件笔录包括首部、正文和尾部三个部分。正文包括：标题，即审判委员会讨论案件笔录；会议次数，即在标题下面一行用括号注明第×次会议；会议基本情况，写明讨论案件的时间、地点，会议主持人和出席委员的姓名，列席人员的姓名、单位和职务，汇报案件人和记录人的姓名，以及讨论案件的名称、案由等。正文部分是对讨论案件的经过和结果的详细记录，既要如实记明审判委员会讨论的具体内容，又要如实记录审判委员会讨论的结论。案件汇报人在汇报案情时，如有书面审理报告的，可以只作摘要记录。对于讨论中有争议的问题和各种不同的意见，均应如实记录；对于列席人员的发言，也应当记录。尾部部分一般由参加讨论的审判委员会成员以及记录人签名。根据《刑事诉讼法司法解释》第五十三条规定，不得查阅、摘抄、复制审判委员会的讨论记录。

【审判团队】 是指人民法院以办案为目标任务，以法官为中心，配置一定数量的法官助理、书记员等司法辅助人员组建而成的相对独立、密切协作的办案单元和管理单元。审判团队制度改革是人民法院推进审判权运行机制改革，提高审判质量效率的重要举措。根据《完善人民法院司法责任制意见》第四条规定，基层、中级人民法院可以组建由一名法官与法官助理、书记员以及其他必要的辅助人员组成的审判团队，依法独任审理适用简易程序的案件和法律规定的其他案件。审判团队一般具有如下特点：（1）以公正高效审判为目标。（2）以法官为团队中心，辅之以法官助理、书记员等审判辅助人员。（3）作为一个团队，成员相对稳定；（4）以分工负责、互相配合、密切协作为运行基础。（5）以责任落实为根本保障，法官、法官助理、书记员根据自己的权力和职责承担相应的责任。通过为法官配备法官助理、书记员，能够减轻法官大量事务性工作负担，有效提高法官办案效率。通过建立审判团队模式，可以实现扁平化的管理运作模式，从而有利于减少管理成本，提高管理效能。需要注意的是，尽管审判团队以办案为目标，但是审判团队不等同于审判组织。

【专业法官会议】 是指人民法院向审判组织和院庭长（含审判委员会专职委员）履行法定职责提供咨询意见的内部工作机制，是全面落实司法责任制，充分发挥专业法官会议工作机制在辅助办案决策、统一法律适用、强化制约监督的重要机制。人民法院根据本院法官规模、内设机构设置、所涉议题类型、监督管理需要等，可以在审判专业领域、审判庭、审判团队内部组织召开专业法官会议，必要时可以跨审判专业领域、审判庭、审判团队召开。专业法官会议由法官组成。人民法院可以结合所涉议题和会议组织方式，兼顾人员代表性和专业性，明确不同类型会议的最低参加人数，确保讨论质量和效率。根据最高人民法院2021年1月6日印发的《完善人民法院专业法官会议工作机制指导意见》第四条规定，独任庭、合议庭办理案件时，存在下列情形之一的，应当建议院庭长提交专业法官会议讨论：（1）独任庭认为需要提交讨论的。（2）合议庭内部无法形成多数意见，或者持少数意见的法官认为需要提交讨论的。（3）有必要在审判团队、审判庭、审判专业领域之间或者辖区法院内统一法律适用的。（4）属于《最高人民法院关于完善人民法院司法责任制的若干意见》第二十四条规定的“四类案件”范围的。（5）其他需要提交专业法官会议讨论的。专业法官会议讨论形成的意见供审判组织和院庭长参考。拟提交审判委员会讨论决定的案件，一般应当由专业法官会议先行讨论。

【四类案件】 是指重大、疑难、复杂，可能引发冲突或者各类风险的案件的统称。党的十八大以来，人民法院全面落实司法责任制，坚持有序放权与有效监督相统一，不断健全完善与新型审判权力运行机制相适应的制约监督体系，取得一系列制度成果。《完善人民法院司法责任制意见》建立了对“四类案件”的个案监督管理模式，即对于“涉及群体性纠纷，可能影响社会稳定的；疑难、复杂且在社会上有重大影响的；与本院或者上级法院的类案判决可能发生冲突的；有关单位或者个人反映法官有违法审判行为的”四类案件，院庭长有权要求承办审判组织报告案件进展和评议结果，视情将案件提交专业法官会议、审判委员会讨论，且必须全程留痕。2021年11月4日，最高人民法院印发《完善“四类案件”监督管理工作机制指导意见》，对“四类案件”的范围作出更加具体的规定：一是重大、疑难、复杂、敏感的案件。主要包括下列案件：涉及国家利益、社会公共利益的；对事实认定或者法律适用存在较大争议的；具有首案效应的新类型案件；具有普遍法律适用指导意义的；涉及国家安全、外交、民族、宗教等敏感案件。二是涉及群体性纠纷或者引发社会广泛关注，可能影响社会稳定的案件。主要包括下列案件：当事人或者被害人人数众多，可能引发群体性事件的；可能或者已经引发社会广泛关注，存在激化社会矛盾风险的；具有示范效应、可能引发后续批量诉讼的；可能对特定行业产业发展、特定群体利益、社会和谐稳定产生较大影响的。三是与本院或者上级人民法院的类案裁判可能发生冲突的案件。主要包括下列案件：与本院或者上级人民法院近三年类案生效裁判可能发生冲突的；与本院正在审理的类案裁判结果可能发生冲突，有必要统一法律适用的；本院近三年类案生效裁判存在重大法律适用分歧，截至案件审理时仍未解决的。四是有关单位或者个人反映法官有违法审判行为的案件。主要包括下列案件：当事人、诉讼代理人、辩护人、利害关系人实名反映参与本案审理的法官有违法审判行为，并提供具体线索的；当事人、诉讼代理人、辩护人实名反映案件久拖不决，经初步核实确属违反审判执行期限管理规定的；有关部门通过审务督察、司法巡查、案件评查、信访接待或者受理举报、投诉等方式，发现法官可能存在违法审判行为的；承办审判组织在“三个规定”

记录报告平台反映存在违反规定干预过问案件情况，可能或者已经影响司法公正的。有关单位或者个人反映审判辅助人员有违纪违法行为，可能或者已经影响司法公正的，参照上述情形监督管理。此外，各级人民法院可以结合本院工作实际，对下列案件适用“四类案件”的措施进行监督管理：本院已经发生法律效力的判决、裁定、调解书等确有错误需要再审的，人民检察院提出抗诉的，拟判处死刑（包括死刑缓期执行）的，拟宣告被告人无罪或者拟在法定刑以下判处刑罚、免予刑事处罚的，指令再审或者发回重审的，诉讼标的额特别巨大的，其他有必要适用“四类案件”监督管理措施的案件。

【四类案件的监督管理】 指的是人民法院对“四类案件”所采取的更为严格的识别、分案、报批等监督管理措施。为更好推进司法责任制综合配套改革，提升司法质量、效率和公信力，《完善“四类案件”监督管理工作机制指导意见》要求人民法院结合实际，建立覆盖审判工作全过程的“四类案件”识别标注、及时报告、推送提醒、预警提示机制，明确各类审判组织、审判人员、职能部门的主体责任、报告义务、问责机制。对“四类案件”，应当通过依法公开审理、加强裁判文书说理，接受社会监督。案件进入审理阶段后被识别标注为“四类案件”的，院庭长可以根据案件所涉情形、进展情况，按权限决定由独任审理转为合议庭审理、调整承办法官、调整合议庭组成人员或者人数、决定由自己担任审判长。院庭长可以按照职务权限采取以下监督管理措施：按权限调整分案；要求合议庭报告案件进展及评议结果；要求合议庭提供类案裁判文书或者制作类案检索报告；审阅案件庭审提纲及审理报告；调阅卷宗及旁听庭审；要求合议庭复议并报告复议结果；决定将案件提交专业法官会议讨论；决定按照工作程序将案件提交审判委员会讨论；决定按程序报请上一级人民法院审理；其他与其职务相适应的必要监督管理措施。院庭长非经法定程序，不得直接改变合议庭意见。承办审判组织发现案件属于“四类案件”，故意隐瞒不报或者不服从监督管理的，院庭长可以按权限调整分案。承办审判组织因前述行为导致裁判错误并造成严重后果的，依法承担违法审判责任。

【专业法官会议的地位】 是指专业法官会议的效力，以及该制度与独任审判员或合议庭评议、审判委员会讨论之间的衔接关系。根据《完善人民法院专业法官会议工作机制指导意见》第一条、第十一条第一款规定，专业法官会议是提供咨询意见的内部工作机制，讨论形成的意见供审判组织和院庭长参考。因此，专业法官会议的结论并没有强制约束力，不能改变合议庭评议的结论，也不能直接作为裁判的依据。根据《完善人民法院专业法官会议工作机制指导意见》第十一条、第十二条、第十四条的规定，经专业法官会议讨论的“四类案件”，独任庭、合议庭应当及时复议；专业法官会议没有形成多数意见，独任庭、合议庭复议后的意见与专业法官会议多数意见不一致，或者独任庭、合议庭对法律适用问题难以作出决定的，应当层报院长提交审判委员会讨论决定。对于“四类案件”以外的其他案件，专业法官会议没有形成多数意见，或者独任庭、合议庭复议后的意见仍然与专业法官会议多数意见不一致的，可以层报院长提交审判委员会讨论决定。独任庭、合议庭复议情况，以及院庭长提交审判委员会讨论决定的情况，应当在办案平台或者案卷中留痕。专业法官会议是介于审判委员会讨论与合议庭评议之间的流程，拟提交审判委员会讨论决定的案件，应当由专业法官会议先行讨论。但存在下列情形之一的，可以直接提交审判委员会讨论决定：（1）依法应当由审判委员会讨论决定，但独任庭、合议庭与院庭长之间不存在分歧的。（2）专业法官会议组成人员与审判委员会委员重合度较高，先行讨论必要性不大的。（3）确因其他特殊事由无法或者不宜召开专业法官会议讨论，由院长决定提交审判委员会讨论决定的。

【专业法官会议规程】 根据《完善人民法院专业法官会议工作机制指导意见》第五条至第十四条的规定，专业法官会议根据领域、部门及参会人员不同，分别由院长或其委托的副院长、审判委员会专职委员、庭长或其委托的副庭长，以及资深法官主持。主持人应当在会前审查会议材料并决定是否召开专业法官会议。对于法律适用已经明确，专业法官会议已经讨论且没有出现新情况，或者其他不属于专业法官会议讨论范围的，主持人可以决定不召开会议。拟提交专业法官会议讨论的案件，承办案件的独任庭、合议庭应当在会议召开前就基本案情、争议焦点、评议意见及其他参考材料等简明扼要准备报告，并在报告中明确拟提交讨论的焦点问题。案件涉及统一法律适用问题的，应当说明类案检索情况，确有必要的应当制作类案检索报告。全体参加人员应当在会前认真阅读会议材料，掌握议题相关情况，针对提交讨论的问题做好发言准备。召开会议时，应当制作会议记录，准确记载发言内容和会议结论，由全体参加人员会后及时签字确认，并在办案平台或者案卷中留痕。专业法官会议按照下列规则组织讨论：独任庭或者合议庭作简要介绍；参加人员就有关问题进行询问；列席人员发言；参加人员按照法官等级等由低到高的顺序发表明确意见，法官等级相同的，由晋升现等级时间较短者先发表意见；主持人视情况组织后续轮次讨论；主持人最后发表意见；主持人总结归纳讨论情况，形成讨论意见。相关审判庭室应当定期总结专业法官会议工作情况，组织整理形成会议纪要、典型案例、裁判规则等统一法律适用成果，并报综合业务部门备案。

【判决】 是指人民法院在审理结束以后对案件实体问题依法作出的处理决定。判决是人民法院代表国家行使审判权，在案件中适用法律的具体表现。就程序而言，判决标志着审判活动的结束；从内容上看，判决标志着人民法院从法律上为诉讼双方的纠纷所提供的解决方案。发生法律效力的判决具有以下特点：（1）稳定性。除了人民法院依照法定程序予以撤销或者变更以外，其他任何机关、团体、单位、组织或者个人都无权撤销或者变更生效判决。（2）强制性。对于生效判决确定的内容和事项，当事人应当无条件执行。如果当事人拒绝执行，执行机关有权强制执行。（3）排他性。未经法定程序撤销或者变更，其他人民法院不得再就生效判决所解决的实体问题作出其他裁判结果。（4）权威性和确定性。生效判决所确定的内容和事项具有既判力、约束力和执行力。任何机关、团体、单位、组织或者个人都应当遵守生效判决所确定的内容和事项，不得与生效判决发生冲突。根据不同标准，可以将判决分为不同种类。例如，根据不同的案件性质，判决分为刑事判决、民事判决和行政判决；根据不同的法院或者审判程序，判决分为一审判决、二审判决和再审判决。

判决与裁定、决定既有联系，又存在较大区别。判决与裁定的性质和特点基本相同，但是二者存在以下差异：（1）适用对象。判决只解决案件的实体性问题，而裁定除了解决部分实体性问题外，主要解决程序性问题。（2）适用范围。裁定比判决的适用要广泛得多。判决只适用于审判程序终结时，而裁定则适用于整个审判程序和执行程序。（3）适用形式。判决必须采用书面形式，而裁定则可采用书面和口头两种形式。（4）上诉、抗诉期限。不服判决的上诉、抗诉期限为10日，而不服裁定的上诉、抗诉期限为5日。尽管判决与决定都是在诉讼过程中对有关问题所作出的具有约束力的处理决定，但是存在以下区别：（1）适用对象。判决只解决案件的实体性问题，而决定只解决案件的程序性问题。（2）适用阶段。判决只适用于审判程序终结时，而决定则适用于整个诉讼程序。（3）适用主体。判决只能由人民法院作出，而公安机关、人民检察院和人民法院在各自权限内都可以作出决定。（4）适用形式。判决必须采用书面形式，而决定则可采用书面和口头两种形式。（5）法律效力。按照第一审程序作出的判决的法律效力取决于是否依法提出上诉或者抗诉，按照第二审程序或者死刑复核程序所作出的判决是生效判决。而决定一经作出，立即生效，不允许上诉或者抗诉。但对于某些决定，可以允许当事人申请复议1次。

【刑事判决】 是指人民法院对于审理完毕的刑事案件，根据法庭审理所查明的事实、证据和有关法律规定，对被告人是否构成犯罪、构成什么犯罪、应否受到刑事处罚以及如何进行刑事处罚等实体问题所作的处理决定。根据《刑事诉讼法》第十二条规定，人民法院是作出刑事判决的唯一主体，刑事判决是人民法院代表国家行使审判权和执行法律的具体结果，其他任何单位、组织或者个人都无权作出刑事判决。根据我国《刑事诉讼法》的有关规定，地方各级人民法院作出的第一审刑事判决是否发生法律效力，取决于上诉人、人民检察院是否提出合法的上诉、抗诉；除了死刑判决需要死刑复核以及在法定刑以下判处刑罚需要层报最高人民法院核准的以外，中级人民法院、高级人民法院作出的第二审刑事判决都属于终审判决，在宣判以后发生法律效力；享有死刑核准权的高级人民法院或者最高人民法院在死刑复核以后，对死刑案件作出的变更判决属于终审判决。根据不同的标准，可以将刑事判决划分为不同的种类。例如，根据被告人是否构成犯罪，刑事判决分为有罪判决和无罪判决两种；（1）根据不同的案件性质，刑事判决分为公诉案件刑事判决和自诉案件刑事判决两种。（2）根据有无附带民事诉讼，刑事判决分为无附带民事诉讼的刑事判决和刑事附带民事判决两种。

【有罪判决】 是指人民法院对于审理完毕的刑事案件，根据法庭审理所查明的事实、证据和有关法律规定，确认被告人的行为构成犯罪，并对被告人科处刑罚或者免予刑事处罚的处理决定。有罪判决是人民法院代表国家从刑法上对被告人的行为所作的否定评价。这种否定评价不仅关系到惩罚犯罪、维护社会秩序的效果，而且事关被告人的前途命运甚至生命。人民法院应当从维护国家和社会的公共利益出发，本着对人民高度负责的精神，严格按照法定程序和标准，坚持以事实为根据和以法律为准绳，保证有罪判决的合法性和正当性，确保有罪判决经得起法律和历史的检验，既要保障正确惩罚犯罪，又要避免殃及无辜。根据《刑事诉讼法》第二百条第一项规定，人民法院作出有罪判决，必须达到案件事实清楚、证据确实、充分的证明标准。经过审理以后，如果控方证据无法达到有罪判决的证明标准，人民法院不得判决被告人有罪。根据量刑情况，可以将有罪判决分为定罪处刑判决和定罪免刑判决两种。

【定罪处刑判决】 是指人民法院对于审理完毕的刑事案件，根据法庭审理所查明的事实、证据和有关法律规定，确认被告人的行为构成犯罪，并对被告人给予适当刑事处罚的处理决定。定罪处刑判决包含两个必不可少的内容，即定罪和处刑。定罪所要解决的问题主要包括：确定被告人的行为是否构成犯罪；如果构成犯罪，被告人的行为构成什么犯罪；确定被告人的行为是构成一罪还是数罪；确定被告人的行为是否属于共同犯罪，如果属于共同犯罪，需要确定被告人在共同犯罪中的地位和作用；确定被告人的犯罪行为处于哪一种犯罪形态；确定被告人的犯罪行为是否超过追诉时效，或者是否具备其他排除社会危险性行为或依法不予追究刑事责任的情况。影响和决定定罪的因素有很多，但关键是被告人的行为是否符合刑法规定的犯罪构成要件。定罪是人民法院代表国家从法律上对被告人的行为所作的否定性评价，是处刑的前提和基础。如果定罪不准，那么处刑必然失当；如果被告人的行为不构成犯罪，那么处刑也就无从谈起，不能对被告人科处任何刑罚。处刑又称科刑或者量刑，是人民法院对于已经构成犯罪的被告人依法给予一定的刑事处罚。处刑与定罪密不可分，共同构成定罪处刑判决的主要内容，是实现刑事责任必不可少的环节。人民法院在对被告人处刑时应当根据犯罪的事实、性质、情节、影响、危害程度等各种因素依法综合考虑，遵循刑法规定的罪刑法定、罪责刑相适应等原则，做到法律效果与社会效果的有机统一，兼顾刑罚的惩罚功能和预防功能。值得注意的是，根据最高人民法院于2013年10月9日印发的《建立健全防范刑事冤假错案工作机制意见》第六条规定，如果定罪证据确实、充分，但影响量刑的证据存疑的，应当在量刑时作出有利于被告人的处理。

【定罪免刑判决】 是指人民法院对于审理完毕的刑事案件，根据法庭审理所查明的事实、证据和有关法律规定，虽然确认被告人的行为构成犯罪，但是因为具备法定的不需要判处刑罚或者可以免除刑罚的情节，因而不给予被告人刑事处罚的处理决定。处刑的前提是定罪，但是定罪之后并不必然带来处刑的结果。这是因为，如果犯罪情节比较轻微不需要判处刑罚，那么人民法院可以作出定罪免刑的判决。根据《刑法》第三十七条规定，对于犯罪情节轻微不需要判处刑罚的，可以免予刑事处罚，但是可以根据案件的不同情况，予以训诫或者责令具结悔过、赔礼道歉、赔偿损失，或者由主管部门予以行政处罚或者行政处分。根据《刑事诉讼法》第二百六十条规定，第一审人民法院判决被告人免除刑事处罚的，如果被告人在押，在宣判后应当立即释放。

【无罪判决】 是指人民法院对于审理完毕的刑事案件，根据法庭审理所查明的事实、证据和有关法律规定，确认被告人的行为不构成犯罪而作出的判决。根据《刑事诉讼法》第二百条规定，无罪判决分为两种：一种是案件事实清楚，证据确实、充分，依据法律认定被告人无罪的无罪判决；另一种是因证据不足，不能认定被告人有罪时作出的证据不足，是指控的犯罪不能成立的有罪判决。第二种无罪判决是人民法院坚持疑罪从无原则的一种具体表现，它对于贯彻落实无罪推定原则、保障被告人的合法权益、确保无罪的人不受刑事追究等都具有重要意义。根据《刑事诉讼法司法解释》第二百九十五条规定，人民法院应当作出无罪判决的具体情形包括：（1）案件事实清楚，证据确实、充分，依据法律认定被告人无罪的，应当判决宣告被告人无罪。（2）证据不足，不能认定被告人有罪的，应当以证据不足、指控的犯罪不能成立，判决宣告被告人无罪。（3）案件部分事实清楚，证据确实、充分的，应当作出有罪或者无罪的判决；对事实不清、证据不足部分，不予认定。（4）被告人死亡的，应当裁定终止审理；但有证据证明被告人无罪，经缺席审理确认无罪的，应当判决宣告被告人无罪。

【刑事附带民事判决】 是指人民法院对于审理完毕的刑事案件，根据法庭审理所查明的事实、证据和有关法律规定，在解决被告人的定罪量刑问题的同时，一并解决因为犯罪行为引起的民事赔偿问题时所作的判决。在刑事附带民事判决中，人民法院不仅需要解决被告人是否构成犯罪、构成什么犯罪、应否受到刑事处罚以及如何进行刑事处罚，而且在判处被告人构成犯罪的情况下需要对被告人的犯罪行为给被害人造成的物质损失的赔偿数额作出明确的判决。这意味着，刑事附带民事判决实际上是将因为犯罪行为所产生的刑事判决和民事判决合并在一起而形成的判决，即刑事附带民判决是以刑事判决为主、民事判决为辅的特殊刑事判决。人民法院在解决被告人刑事责任的同时判处被告人因为犯罪行为所承担的民事赔偿责任，不仅有助于打击和惩罚犯罪，维护国家和社会的公共利益，更好地实现刑罚的功能，而且能够保护公民的合法权益和经济利益，让被告人在承担刑事责任的同时为其严重侵权行为付出经济上的代价。

【刑事附带民事判决书】 是指人民法院对审理终结的刑事附带民事案件，在确认被告人的行为应否承担刑事责任的同时，对被害人的民事赔偿请求一并解决时所制作的一种判决文书。刑事附带民事判决书有两种，第一种是同时解决刑事及民事部分争议的判决书；第二种是刑事部分已经依照《刑事诉讼法》第一百零四条的规定先行作出刑事判决书，之后再由同一审判组织单独就附带民事部分作出的判决书。通常所说的刑事附带民事判决书是第一种。刑事附带民事判决书与普通刑事判决书的主要区别是，前者在解决定罪量刑问题的同时需要一并解决被告人的民事赔偿问题。以第一审公诉案件为例，刑事附带民事判决书包括首部、事实、理由、判决结果和尾部五个组成部分。首部包括如下内容：标题，写明“××××人民法院刑事附带民事判决书”；案号；公诉机关名称；附带民事诉讼原告人基本情况；诉讼代理人情况；被告人基本情况；辩护人情况；简要写明案件由来、审判组织、审判方式和审判过程。在事实部分，主要写明以下情况：（1）概述人民检察院指控被告人犯罪的事实、证据和适用法律的意见。（2）简述附带民事诉讼原告人起诉的民事内容，即要求附带民事诉讼被告人赔偿经济损失的诉讼请求。（3）写明被告人对人民检察院的指控和附带民事诉讼原告人的诉讼请求所作的供述、辩解、自行辩护的意见及其有关证据，以及辩护人的辩护意见和有关证据。（4）写明经法庭审理查明的全部事实，既要写明法庭审理认定的犯罪事实，又要写明由于被告人的犯罪行为使被害人遭受物质损失的事实。（5）写明据以定案的证据，对控辩双方、附带民事诉讼双方当事人有异议的事实、证据、意见进行分析、论证。在理由部分，主要是写明人民法院根据查明的事实、证据和有关法律规定，充分论证被告人是否犯罪、犯什么罪，应否追究刑事责任，以及被告人对被害人的物质损失应否负民事赔偿责任；对于诉讼双方关于事实认定和法律适用方面的意见和分歧，应当说明是否采纳及其相应理由。在判决结果部分，应当根据以下四种情况，分别写明判决的具体内容：（1）被告人构成犯罪并应赔偿经济损失。（2）被告人构成犯罪，但不赔偿经济损失。（3）被告人不构成犯罪但应赔偿经济损失。（4）被告人既不构成犯罪，又不赔偿经济损失。在判决书尾部，需要写明上诉期限、上诉方法；合议庭组成人员署名；作出判决的时间；加盖人民法院印章；法官助理及书记员署名。

【刑事判决书】 是指人民法院在审理刑事案件终结以后，根据法庭审理查明的事实、证据和有关法律规定，就被告人是否构成犯罪、构成什么犯罪、应否受到刑事处罚以及如何进行刑事处罚等实体问题所制作的一种法律文书。在我国刑事诉讼中，刑事判决书的种类比较繁多，在不同的刑事案件中，刑事判决书的格式和内容往往有所不同。根据最高人民法院于1999年4月30日印发的《法院刑事诉讼文书样式（样本）》，刑事判决书的适用情形包括：一审公诉案件普通程序适用的刑事判决书；一审公诉案件普通程序适用的刑事附带民事判决书；一审单位犯罪案件适用的刑事判决书；一审公诉案件简易程序适用的刑事判决书；一审自诉案件适用的刑事判决书；一审自诉案件适用的刑事附带民事判决书；一审自诉、反诉并案审理适用的刑事判决书；二审改判适用的刑事判决书；二审改判适用的刑事附带民事判决书；最高人民法院复核死刑改判适用的刑事判决书；高级人民法院复核死刑改判适用的刑事判决书；复核死刑缓期执行改判适用的刑事判决书；按照第一审程序再审改判适用的刑事判决书；按照第二审程序再审改判适用的刑事判决书；再审后的上诉、抗诉案件二审改判适用的刑事判决书。除了以上刑事判决书，还有以下增补的刑事判决书：死缓期间故意犯罪一审普通程序适用的刑事判决书；一审公诉案件适用简易程序审理被告人认罪案件适用的刑事判决书；一审未成年人刑事案件适用普通程序的刑事判决书；一审未成年人刑事公诉案件适用简易程序的刑事判决书。尽管这些刑事判决书的格式因为不同的审判程序和案件而有所区别，但是基本格式大致相同。以最典型的第一审公诉案件普通程序适用的刑事判决书为例，刑事判决书由首部、判决事实、判决理由、判决结果和尾部组成。

【刑事判决书首部】 是指刑事判决书中有关标题、案号、诉讼双方、案由、案件来源、审判经过等方面的内容。刑事判决书首部的制作要求和内容包括：(1) 标题，写明“×××人民法院刑事判决书”。法院名称一般应与院印的文字一致，但是基层人民法院的名称前应冠以省、自治区、直辖市的名称；判处涉外案件时，各级人民法院均应冠以中华人民共和国的国名。(2) 案号，由立案年度、制作法院、案件性质、审判程序的代字和案件的顺序号组成，其基本格式为“(××××)×刑初××号”。(3) 公诉机关名称，即“公诉机关×××人民检察院”。(4) 被害人和法定代理人、诉讼代理人的基本情况。(5) 被告人的基本情况，写明其姓名、性别、出生年月日、民族、出生地、文化程度、职业或者工作单位和职务、住址、因本案所受强制措施情况、现羁押处所等情况。被告人的基本情况有变化时，应在样式要求的基础上，根据不同情况作相应改动。(6) 被告人是未成年人的，应当在写明被告人基本情况之后，另行续写法定代理人的姓名、与被告人的关系、工作单位和职务以及住址。(7) 辩护人情况。辩护人是律师的，只写姓名、工作单位和职务，即“辩护人×××，×××律师事务所律师”。辩护人是人民团体或者被告人所在单位推荐的，只写姓名、工作单位和职务。辩护人是被告人的监护人、亲友的，还应写明其与被告人的关系。如果辩护人由法律援助机构指派的律师担任，应当注明由法律援助机构指派。同案被告人有2人以上并各有辩护人的，分别在各被告人项的下一行书写辩护人的情况。(8) 案由和审判经过。基本格式为“×××人民检察院以××号起诉书指控被告人×××犯××罪，于××××年××月××日向本院提起公诉。本院依法组成合议庭，公开（或者不公开）开庭审理了本案。×××人民检察院指派检察员×××出庭支持公诉，被害人×××及其法定代理人×××、诉讼代理人×××，被告人×××及其法定代理人×××、辩护人×××，证人×××，鉴定人×××，翻译人员×××等到庭参加诉讼。现已审理终结”。

【刑事判决事实及证据】 是指在刑事判决书中应当写明的控辩双方在法庭调查和法庭辩论中阐明的事实和证据，以及经过人民法院审理查明的作为判决结果根据的案件事实及其证据。在刑事判决书中应当依次写明的事实包括：人民检察院指控被告人犯罪的事实和证据，被告人的供述、辩护和辩护人的辩护意见，经法庭审理查明的事实，以及据以定案的证据。事实部分既是刑事判决的基础，又是刑事判决理由和刑事判决结果的根据。制作判决书，首先要把事实叙述清楚。书写刑事判决事实时，应当注意以下几点：(1) 叙述事实时，应当写明案件发生的时间、地点，被告人的动机、目的、手段，实施行为的过程、危害结果和被告人在案发后的表现等内容，并以是否具备犯罪构成要件为重点，兼叙影响定性处理的各种情节。(2) 叙述事实要层次清楚，重点突出。一般按时间先后顺序叙述；一人犯数罪的，应当按罪行主次的顺序叙述；一般共同犯罪案件，应当以主犯为主线进行叙述；集团犯罪案件，可以先综述集团的形成和共同的犯罪行为，再按首要分子、主犯、从犯、胁从犯或者罪重、罪轻的顺序分别叙述各个被告人的犯罪事实。(3) 认定事实的证据必须做到：①依法公开审理的案件，除无需举证的事实外，证明案件事实的证据必须经法庭公开举证、质证，才能认证；未经法庭公开举证、质证的，不能认证。②特别要注意通过对证据的具体分析、认证来证明判决所确认的犯罪事实。防止并杜绝用抽象、笼统的说法或者用简单地罗列证据的方法，来代替对证据的具体分析、认证。法官认证和采信证据的过程应当在判决书中充分体现出来。③证据要尽可能写得明确、具体。证据的写法，应当因案而异。案情简单或者控辩双方没有异议的，可以集中表述；案情复杂或者控辩双方有异议的，应当进行分析、认证；一人犯数罪或者共同犯罪案件，还可以分项或者逐人逐罪叙述证据或者对证据进行分析、认证。对控辩双方没有争议的证据，在控辩主张中可不予叙述，而只在"经审理查明"的证据部分具体表述，以避免不必要的重复。(4) 叙述证据时，应当注意保守国家秘密，保护报案人、控告人、举报人、被害人、证人的安全和名誉。

【刑事判决理由】 是指在刑事判决书中人民法院根据查证属实的事实、证据和有关法律规定，论证公诉机关指控的犯罪是否成立，被告人的行为是否构成犯罪，犯的什么罪，应否从轻、减轻、免除处罚或者从重处罚。对于控辩双方关于适用法律方面的意见，人民法院应当在刑事判决理由中有分析地表示是否予以采纳，并阐明理由。判决理由是刑事判决书的灵魂，是将犯罪事实和判决结果有机联系在一起的纽带。其核心内容是针对案情特点，运用法律规定、政策精神和犯罪构成理论，阐述公诉机关的指控是否成立，被告人的行为是否构成犯罪，犯的什么罪，依法应当如何处理，为判决结果打下基础。书写刑事判决理由时，应当注意以下几点：(1) 理由的论述一定要有针对性，有个性。要注意结合具体案情，充分摆事实、讲道理。说理力求透彻，逻辑严密，无懈可击，使理由具有较强的思想性和说服力。防止理由部分不说理或者说理不充分，只引用法律条文，不阐明适用法律的道理；切忌说空话、套话，理由千篇一律，只有共性，没有个性。尽量使用法律术语，并注意语言精练。(2) 确定罪名，应当以《刑法》和相关补充规定为依据。一人犯数罪的，一般先定重罪，后定轻罪；共同犯罪案件，应在分清各被告人在共同犯罪中的地位、作用和刑事责任的前提下，依次确定首要分子、主犯、从犯或者胁从犯、教唆犯的罪名。(3) 如果被告人具有从轻、减轻、免除处罚或者从重处罚等一种或者数种情节的，应当分别或者综合予以认定。(4) 对控辩双方适用法律方面的意见应当有分析地表明是否予以采纳，并阐明理由。(5) 判决的法律依据，根据《最高人民法院关于司法解释工作规定》，应当包括司法解释在内。在引用法律条文时，应当注意：要准确、完整、具体；要有一定的条理和顺序；引用的法律依据中，既有法律规定又有司法解释规定的，应当先引用法律规定，再引用相关的司法解释；同时适用修订前后刑法的，对修订前的刑法，称 1979 年《刑法》；对修订后的刑法，称《刑法》。

【刑事判决结果】 是指在刑事判决书中人民法院依照有关法律的具体规定，对被告人作出的定性处理的结论。判决结果分三种情况书写：(1) 定罪判刑的，表述为："一、被告人×××犯××罪，判处……（写明主刑、附加刑）。（刑期从判决执行之日起计算。判决执行以前先行羁押的，羁押一日折抵刑期一日，即自××××年××月××日起至××××年××月××日止）。二、被告人×××……（写明决定追缴、退赔或者发还被害人、没收财物的名称、种类和数额）。"（2）定罪免刑的，表述为："被告人×××犯××罪，免予刑事处罚（如有追缴、退赔或者没收财物的，续写第二项）。"（3）宣告无罪的，表述为"被告人×××无罪"。书写判决结果时，应当注意以下几点：（1）书写时应当字斟句酌、认真推敲，力求文字精练、表达清楚、准确无误。（2）判处的各种刑罚，应按法律规定写明全称。既不能随意简化，也不能画蛇添足。（3）有期徒刑的刑罚应当写明刑种、刑期和主刑的折抵办法以及起止时间。（4）关于对三类特殊案件判决结果的表述。对被告人因未达到刑事责任年龄不予刑事处罚和被告人是精神病人，在不能辨认或者不能控制自己行为的时候造成危害结果不予刑事处罚的，均应当在判决结果中宣告"被告人×××不负刑事责任"。对被告人死亡的案件，根据已查明的案件事实和认定的证据材料，能够确认被告人无罪的，应当在判决结果中宣告"被告人×××无罪"。（5）对于因为证据不足所作的无罪判决，应当将"证据不足，×××人民检察院指控的犯罪不能成立"作为判决的理由，而不应当作为判决的主文。（6）追缴、退赔和发还被害人、没收的财物，应当写明其名称、种类和数额。财物多、种类杂的，可以在判决结果中概括表述，另列清单，作为判决书的附件。（7）数罪并罚的，应当分别定罪量刑（包括主刑和附加刑），然后按照刑法关于数罪并罚的原则，决定执行的刑罚，切忌综合（即"估堆"）量刑。（8）一案多人的，应当以罪责的主次或者判处刑罚的轻重为顺序，逐人分项定罪判处。

【刑事判决书尾部】 是指刑事判决书中有关刑事上诉告知事项、审判人员和法官助理、书记员的署名、判决书的制作日期、人民法院的印章等方面的内容。刑事判决书尾部的基本格式包括：（1）告知事项，写明"如不服本判决，可在接到判决书的第二日起十日内，通过本院或者直接向×××人民法院提出上诉。书面上诉的，应当提交上诉状正本一份，副本×份"。（2）审判人员的署名。（3）人民法院的印章及其判决书的制作日期。（4）书记员的署名。

制作刑事判决书尾部时应当注意以下几点：（1）如果在法定刑以下判处刑罚的，应当在交代上诉权之后，另起一行写明"本判决依法报请最高人民法院核准后生效"。（2）判决书的尾部应当由参加审判案件的合议庭组成人员或者独任审判员署名。合议庭成员有陪审员的，署名为"人民陪审员"；院长（副院长）或者庭长（副庭长）参加合议庭的，应当担任审判长，均署名为"审判长"。（3）判决书尾部的年月日，为作出判决的日期。当庭宣判的，应当写当庭宣判的日期；定期或者委托宣判的，应当写签发判决书的日期（裁定书亦同）。当庭宣告判决的，其不服判决的上诉和抗诉的期限，应当从接到判决书的第2日起计算。（4）判决书原本上不写"本件与原本核对无异"。此句文字应制成专用印戳，由书记员将正本与原本核对无异之后，加盖在正本末页的年月日的左下方、书记员署名的左上方。

【刑事判决的既判力】 是指发生法律效力的刑事判决或者终局刑事判决在法律上所产生的确定力、拘束力、强制力和执行力。尽管既判力原则是大陆法系国家在继承古罗马法的基础上逐渐发展起来的一项诉讼原则，不仅大陆法系国家和英美法系国家分别确立了与既判力原则密切相关的一事不再理原则和禁止双重危险原则，而且既判力原则在一系列全球性的或者区域性的人权公约或者司法准则中都得到了充分体现。既判力原则既是法院解决纠纷、确保司法终结性、防止国家刑罚权滥用的必然要求，又有助于保障被告人的人权和节约司法资源。刑事判决的既判力主要包括以下含义：(1) 法院判决取得权威效力的前提是其具有终局性。(2) 终局判决取决于当事人是否提出上诉以及是否穷尽上诉途径。终审法院做出的判决因为当事人已经穷尽所有上诉途径而自动取得其终局性。而初审判决或者中间判决是否取得终局性取决于当事人是否依法提起上诉以及上诉期限是否届满。在当事人没有依法提出上诉而且上诉期期限已经届满的情况下，法院作出的判决具有终局性。(3) 终局判决所确定的事项属于既决事由，即已经被法院最终解决的事项，它因为被推定为对事实真相的表达而具有权威性和确定性。(4) 终局判决具有强制执行的效力，任何机关、组织和个人不得违背终局判决所确定的内容。(5) 终局判决使既决事由的起诉权和审判权消灭，检察机关和法院不能基于既决事由对原审被告人再次进行起诉和审判。

我国对与既判力原则密切相关的终审裁判及其执行效力作出了明确的规定（参见“终审裁判和发生法律效力的裁判”词条）。而在实事求是、有错必纠指导思想的影响下，我国没有因此而明确禁止对已决的相同事项进行重复追诉和审判。对于曾经作出不起诉决定或者被判决无罪的案件，人民检察院在发现新的事实和证据的情况下甚至可以重新起诉（参见“证据不足不起诉”词条），而人民法院也应当受理案件和作出新裁判（参见“公诉案件的庭前审查”词条）。而且，只要认为终局裁判确实存在错误，人民检察院和人民法院都可以通过审判监督程序促使人民法院对已经被终局裁判所确定的事项进行重新审理（参见“刑事审判监督程序”词条）。

【刑事裁定】 是指人民法院在案件审理过程中和判决执行过程中，对程序性问题和部分实体问题所作出的规定。根据不同的标准，可以将裁定划分为不同的种类。例如，根据裁定解决的问题划分，可以将刑事裁定分为程序性裁定和实体性裁定；根据诉讼阶段划分，可以将刑事裁定分为一审裁定、二审裁定、再审裁定和核准死刑裁定等；根据其适用方式划分，可以将刑事裁定分为口头裁定和书面裁定。根据我国《刑事诉讼法》及其司法解释的有关规定，适用于刑事裁定的程序性问题主要包括：中止审理，恢复审理，终止审理，是否恢复诉讼期限，维持原判，撤销原判并发回重审，驳回公诉或自诉，准许撤诉或者按撤诉处理，准许撤回上诉、抗诉，二审维持、撤销、变更一审裁定，核准死刑，核准死刑缓期二年执行，核准或者不核准有特殊情况的假释，核准或者不核准法定刑以下判处刑罚，维持或者撤销减刑、假释。适用于刑事裁定的实体性问题主要包括：减刑，死刑缓期二年执行减刑，假释，撤销缓刑，减免罚金。根据《刑事诉讼法司法解释》第三百七十八条的规定，被告人、自诉人及其法定代理人不服准许撤回起诉、终止审理等裁定的，有权提出上诉。

刑事裁定和刑事决定的共同点是，二者都可以适用解决刑事诉讼中的程序性问题，都既可以采用书面形式，也可以采取口头形式。刑事裁定和刑事决定的主要区别在于：（1）适用主体不同。刑事裁定只能由人民法院适用；而公安机关、人民检察院和人民法院都有权适用刑事决定。（2）适用阶段不同。刑事裁定通常适用于审判程序和执行程序之中；而在整个刑事诉讼过程中都可以适用刑事决定。（3）适用的对象不同。刑事决定只能适用于刑事诉讼中的程序性问题；而刑事裁定既可以适用于程序性问题，也可以适用于部分实体性问题。就程序性问题而言，在什么情况下适用刑事决定或者刑事裁定，其区别主要在于是否涉及上诉、抗诉问题。一般情况下，刑事决定一经作出，立即发生效力，不能上诉或者抗诉。对于某些刑事决定，如不起诉的决定、回避的决定等，为保护当事人的合法权益，纠正可能出现的错误，法律允许当事人或有关机关申请复议、复核。但刑事裁定则在法定期限内允许上诉或者抗诉。为保证诉讼的及时性，人民法院对刑事决定的适用，可以按照以上原则加以适用，即凡是不涉及上诉、抗诉的程序性问题，人民法院应当采用刑事决定加以解决。

【刑事裁定书】 是指人民法院在审理刑事案件过程中和刑事判决执行过程中，对诉讼程序问题和刑事案件的部分实体问题所作的书面决定。根据《法院刑事诉讼文书样式（样本）》，刑事裁定书的适用情形包括：驳回自诉用的刑事裁定书；准许撤诉或者按撤诉处理用的刑事裁定书；中止审理用的刑事裁定书；恢复审理用的刑事裁定书；终止审理用的刑事裁定书；准许撤回上诉、抗诉用的刑事裁定书；按照一审程序再审维持原判用的刑事裁定书；二审维持、撤销、变更一审裁定用的刑事裁定书；维持原判用的刑事裁定书；二审发回重审用的刑事裁定书；按二审程序再审维持原判用的刑事裁定书；二审维持原判用的刑事附带民事裁定书；再审后上诉、抗诉案件二审维持原判用的刑事裁定书；核准或者不核准法定刑以下判处刑罚用的刑事裁定书；核准或者不核准有特殊情况的假释用的刑事裁定书；死刑缓期二年执行减刑用的刑事裁定书；核准死刑缓期二年执行用的刑事裁定书；维持或者撤销减刑、假释用的刑事裁定书；补正裁判文书失误用的刑事裁定书；减免罚金用的刑事裁定书；将冻结的存款汇款上交国库或者发还被害人用的刑事裁定书；撤销缓刑用的刑事裁定书；假释用的刑事裁定书；减刑用的刑事裁定书。刑事裁定书是与刑事判决书同等重要的法律文书，其制作要求、格式与判决书基本相同。但由于刑事裁定解决的问题往往比较单一，因此，刑事裁定在内容上较刑事判决书通常简单一些。

【刑事决定】 是指公安机关、人民检察院、人民法院在刑事诉讼过程中，依法就有关诉讼程序问题所作的一种处理。同刑事判决、刑事裁定相比，刑事决定的显著特点就是，刑事决定一经作出，立即发生法律效力，不能上诉或者抗诉。但是对于某些决定，为保护当事人的合法权益，纠正可能出现的错误，法律允许当事人或有关机关申请复议、复核，如不起诉的决定、回避的决定、强制医疗的决定等。根据不同的表现形式，可以将刑事决定分为口头决定和书面决定两种。书面决定应制作决定书，写明处理结论及理由。口头决定应记入笔录，它与书面决定具有同等效力。根据我国《刑事诉讼法》及其司法解释的有关规定，决定主要适用于以下程序性问题：回避；管辖；立案；采取或者变更强制措施；实施各种侦查行为；撤销案件；延长侦查羁押期间；起诉；不起诉；抗诉；开庭审判；在刑事庭审中解决有关程序性的申请（如申请新的证人到庭、调取新的物证、申请重新鉴定或勘验等）；提起审判监督程序；等等。

【刑事决定书】 是指公安机关、人民检察院、人民法院在刑事诉讼过程中解决有关程序性问题时所制作的一种法律文书。在我国刑事诉讼中，刑事决定书的种类繁多。不同的刑事决定书由不同的司法机关制作，具有不同的格式和内容要求。一般而言，刑事决定书一经宣布，就发生法律效力。相对于刑事判决书和刑事裁定书而言，刑事决定书较为简单。刑事决定书大多数为表格式或者填充式法律文书，通常包括首部、正文和结尾三个组成部分。首部通常需要写明制作决定书的司法机关名称，案号或者编号，案由，当事人或者被决定人的基本情况。正文部分主要是写明决定的事项、事实、理由和根据。结尾部分通常包括制作机关或者制作人的署名、制作机关的印章、以及制作时间等。根据公安部于2012年12月19日印发的《公安机关刑事法律文书式样（2012版）》，最高人民检察院、国家档案局于2016年10月18日印发的《人民检察院诉讼文书材料立卷归档细则》和《人民检察院刑事诉讼规则》，以及《法院刑事诉讼文书样式（样本）》，常见的刑事决定书有：立案决定书；指定管辖决定书；改变管辖决定书；回避决定书；驳回申请回避决定书；回避复议决定书；（不）许可会见犯罪嫌疑人决定书；取保候审决定书；解除取保候审决定书；监视居住决定书；解除监视居住决定书；拘留决定书；逮捕决定书；（不）批准逮捕决定书；查封决定书；扣押决定书；查封、扣押、冻结令；解除查封、扣押、冻结令；（不）批准延长羁押期限决定书；重新计算侦查羁押期限决定书；复议决定书；复核决定书；撤销案件决定书；补充侦查决定书；撤回起诉决定书；不起诉决定书；附条件不起诉决定书；撤销不起诉决定书；追加起诉决定书；变更起诉决定书；按撤诉处理决定书；罚款决定书；延期审理决定书；审判委员会讨论案件决定书；同意或者不同意移送管辖决定书；再审决定书；暂予监外执行决定书；收监执行决定书等。

【刑事第一审程序】 是指人民法院对人民检察院提起公诉、自诉人提起自诉的案件进行初次审判时所适用的审判程序。也就是说，刑事第一审程序是第一审人民法院对第一审刑事案件进行审判时所遵循的程序。第一审刑事案件是指人民法院按照级别管辖的规定受理的公诉案件和自诉案件。审判第一审刑事案件的人民法院，称为第一审人民法院。第一审程序是刑事审判程序的第一个环节，是人民法院审判刑事案件的基本程序和必经程序。第一审程序是人民法院审判活动的基本程序，第一审程序中的许多规定是其他审判程序参照执行的标准，按照第一审程序作出的裁判是第二审程序、死刑复核程序或者审判监督程序的基础。对于人民法院按照第一审程序作出的裁判，当事人和检察机关有权在法定期限内提出上诉或者抗诉。第一审程序的任务是人民法院通过开庭审理，在公诉人、当事人及其他诉讼参与人等的参加下，客观、全面地审查证据，查明案件事实，并根据刑法规定，对被告人是否有罪、应否处刑以及处以何种刑罚，作出正确裁决，从而使犯罪分子受到应得的法律制裁，无罪的人不受刑事惩罚，并使到庭旁听的人受到法制教育。根据不同的标准，我国第一审程序可以分为不同的种类。例如，根据不同的案件范围，第一审程序分为公诉案件第一审程序、自诉案件第一审程序和附带民事诉讼第一审程序；根据审判程序的繁简程度，第一审程序分为普通程序、简易程序、速裁程序；按照不同的案件性质，第一审程序分为第一审普通程序和第一审特别程序。

【公诉案件第一审普通程序】 是指人民法院对人民检察院提起公诉的案件进行第一次审判时所必须遵循的普通审判程序。公诉案件第一审普通程序是最完整的刑事审判程序，是其他所有审判程序的参照。相对于其他审判程序而言，公诉案件第一审普通程序具有审判内容最全面、最彻底，审理方式最直接、最集中、最公开，审判程序最完整，审判过程最复杂、最繁琐，参与人员最齐全，各种诉讼主体的参与程度最充分，以及适用的证据规则最严格等一系列特征。有鉴于此，在公诉案件第一审普通程序中，第一审人民法院应当围绕案件事实、证据、法律适用、各方意见等进行最全面、最彻底的审理，以便为正确处理案件和后续审判程序奠定良好基础。根据我国《刑事诉讼法》及其司法解释的有关规定，公诉案件第一审普通程序主要包括审查受理、庭前准备、宣布开庭、法庭调查、法庭辩论、最后陈述、评议案件、宣告判决、法庭纪律等内容。

【公诉案件的庭前审查】 是指人民法院在人民检察院提起公诉之后、法庭开庭审判之前，对案件的有关内容依法进行审查，以便决定是否开庭审判、是否将被告人交付法庭审判的一种诉讼活动。人民法院对公诉案件的庭前审查有助于避免人民检察院将不应当受到审判的被告人交付法庭审判，从而保障被告人的合法权益，提高人民法院的审判质量。根据不同的审查内容和审查方法，庭前审查可以分为实体性审查和程序性审查两种。实体性审查是对案件进行的全面审查，而程序性审查紧紧围绕案件是否符合开庭审判的条件来展开。实体性审查是1979年的《刑事诉讼法》（已被修改）[①] 所规定的一种审查方式，而程序性审查是1996年和2012年以及2018年修正的《刑事诉讼法》规定的一种审查方式。人民法院对公诉案件的审查是公诉案件正式进入第一审程序的必经环节，是人民法院行使审判权的开始程序，其性质是公诉案件的接收和审查，其任务是确定是否将被告人交付法庭审判以及案件是否符合开庭审判的条件。这决定了公诉案件的庭前审查在本质上属于程序性的措施，而不能与法庭审判混为一谈。

根据2018年修正的《刑事诉讼法》第一百八十六条，人民法院对提起公诉的案件进行审查后，对于起诉书中有明确的指控犯罪事实的，应当决定开庭审判。这意味着现行刑事诉讼法规定的庭前审查仍然属于程序性审查。进一步而言，人民法院在庭前审查过程中，只是审查诸如是否移送案卷材料和证据、是

① 已被《中华人民共和国刑事诉讼法》（2018年）修正。

否属于本院管辖、起诉书是否具有明确的指控犯罪事实等之类的程序性问题，以便确定是否需要作出开庭审判的决定，而不能审查诸如指控犯罪事实是否成立、证据是否充分等之类的实体性问题。而根据2012年修正的《刑事诉讼法》① 第一百七十二条规定，人民法院审查的案件材料则是案卷材料和证据。

【全案移送制度】 是指人民检察院在提起公诉时将全部案卷材料向人民法院移送的一种诉讼制度。早在新民主主义革命时期，一些革命根据地就形成了案卷移送主义的司法传统。在新中国成立早期，人民法院和人民检察院在办案过程中延续案卷移送主义的做法。在我国制定第一部《刑事诉讼法》以后，案卷移送主义被视为职权主义审判方式的重要配套措施。而在刑事审判方式改革的过程中，为了加强控辩双方的平等对抗、1996年修正的《刑事诉讼法》（已被修改）② 取消了传统的案卷移送制度。

为了充分保障辩护律师的阅卷权，确保法官为开庭审判做好充分准备，2012年修正的《刑事诉讼法》（已被修改）。③ 从立法层面将案卷移送制度固定下来，实行全案移送制度。根据2018年修正的《刑事诉讼法》第一百七十六条规定，人民检察院提起公诉的案件，应当向人民法院移送起诉书、案卷材料和证据。但与以往案卷移送制度不同的是，现行全案移送制度不仅规定人民检察院应当向人民法院移送案卷材料，而且强调既要移送对被告人不利的控诉案卷材料，又应当移送对被告人有利的案卷材料。例如，根据《刑事诉讼法》第一百六十一条、第一百七十三条规定，移送的案卷中含有辩护人、被害人及其诉讼代理人针对案件所提出来的意见。再如，根据《人民检察院刑事诉讼规则》第三百六十条规定，人民检察院对于犯罪嫌疑人、被告人或者证人等翻供、翻证的材料以及对于犯罪嫌疑人、被告人有利的其他证据材料，应当移送人民法院。为了方便公诉人员的举证，《人民检察院刑事诉讼规则》第三百九十七条规定，人民检察院提起公诉向人民法院移送全部案卷材料、证据后，在法庭审理过程中，公诉人需要出示、宣读、播放有关证据的，可以申请法庭出示、宣读、播放。人民检察院基于出庭准备和庭审举证工作的需要，可以取回有关案卷材料和证据。取回案卷材料和证据后，辩护律师要求查阅案卷材料的，应当允许辩护律师在人民检察院查阅、摘抄、复制案卷材料。

【审查受理的内容】 是指在人民检察院向人民法院提起公诉以后，人民法院在决定是否受理案件时所要审查的具体事项。根据《刑事诉讼法司法解释》第二百一十八条规定，对提起公诉的案件，人民法院应当在收到起诉书（一式八份，每增加一名被告人，增加起诉书五份）和案卷、证据后，审查以下内容：（1）是否属于本院管辖。（2）起诉书是否写明被告人的身份，是否受过或者正在接受刑事处罚、行政处罚、处分，被采取留置措施的情况，被采取强制措施的种类、羁押地点，犯罪的时间、地点、手段、后果以及其他可能影响定罪量刑的情节；有多起犯罪事实的，是否在起诉书中将事实分别列明。（3）是否移送证明指控

① 已被《中华人民共和国刑事诉讼法》（2018年）修正。

② 已被《中华人民共和国刑事诉讼法》（2018年）修正。

③ 已被《中华人民共和国刑事诉讼法》（2018年）修正。

犯罪事实及影响量刑的证据材料，包括采取技术调查、侦查措施的法律文书和所收集的证据材料。（4）是否查封、扣押、冻结被告人的违法所得或者其他涉案财物，查封、扣押、冻结是否逾期；是否随案移送涉案财物、附涉案财物清单；是否列明涉案财物权属情况；是否就涉案财物处理提供相关证据材料。（5）是否列明被害人的姓名、住址、联系方式；是否附有证人、鉴定人名单；是否申请法庭通知证人、鉴定人、有专门知识的人出庭，并列明有关人员的姓名、性别、年龄、职业、住址、联系方式；是否附有需要保护的证人、鉴定人、被害人名单。（6）当事人已委托辩护人、诉讼代理人，或者已接受法律援助的，是否列明辩护人、诉讼代理人的姓名、住址、联系方式。（7）是否提起附带民事诉讼，提起附带民事诉讼的，是否列明附带民事诉讼当事人的姓名、住址、联系方式等，是否附有相关证据材料。（8）监察调查、侦查、审查起诉程序的各种法律手续和诉讼文书是否齐全。（9）被告人认罪认罚的，是否提出量刑建议、移送认罪认罚具结书等材料。（10）有无《刑事诉讼法》第十六条规定的不追究刑事责任的情形。

【庭前审查的方法】 是指在人民检察院向人民法院提起公诉以后，人民法院在决定是否受理案件时所采用的方法。根据《刑事诉讼法司法解释》第二百一十八条规定，在人民检察院向人民法院提起公诉以后，人民法院应当围绕案件是否具备开庭审判的条件进行审查。由于该审查属于程序性审查，因此，在进行庭前审查时应当采取书面审查的方法，即只能通过阅卷的方式审查人民检察院向人民法院移送的案卷材料，而不得提审被告人，询问证人、被害人、鉴定人和侦查人员，或者通过勘验、检查、查封、扣押、鉴定、查询、冻结等方法调查核实证据。通过书面审查的方式进行程序性审查，有助于维护人民法院的中立性，减少先定后审、庭前预断现象的发生。

【审查受理后的处理】 是指人民法院在对人民检察院提起公诉的案件审查完毕以后，根据审查的情况所作的各种处理措施。根据《刑事诉讼法司法解释》第二百一十九条第二款，人民法院对公诉案件是否受理，应当在七日内审查完毕。但是，根据《实施刑事诉讼法规定》第二十五条第二款，人民法院对提起公诉的案件进行审查的期限计入人民法院的审理期限。根据《刑事诉讼法》第一百八十六条规定，在审查受理完毕以后，人民法院应当根据案件是否符合开庭审判的条件而决定是否开庭审判。根据《刑事诉讼法司法解释》第二百一十九条第一款规定，人民法院对提起公诉的案件审查后，还应当按照下列情形分别处理：（1）不属于本院管辖的，应当退回人民检察院。（2）属于《刑事诉讼法》第十六条第二项至第六项规定情形的，应当退回人民检察院；属于告诉才处理的案件，应当同时告知被害人有权提起自诉。（3）被告人不在案的，应当退回人民检察院；但是，对人民检察院按照缺席审判程序提起公诉的，应当依照本解释第二十四章的规定作出处理。（4）依照《刑事诉讼法》第二百条第三项规定宣告被告人无罪后，人民检察院根据新的事实、证据重新起诉的，应当依法受理。（5）依照该解释第二百九十六条规定裁定准许撤诉的案件，没有新的影响定罪量刑的事实、证据，重新起诉的，应当退回人民检察院。(6)不符合该解释第二百一十八条第二项至第九项规定之一，需要补充材料的，应当通知人民检察院在三日以内补送。(7)被告人真实身份不明，但符合《刑事诉讼法》第一百六十条第二款规定的，应当依法受理。

【退回人民检察院】 是指人民法院受理人民检察院提起公诉或者其他申请的案件以后，经过审查发现案件符合法定情形时，将接收的案卷材料和案件退回人民检察院进行处理的一种诉讼活动。根据《刑事诉讼法司法解释》第二百一十九条第一款规定，人民法院对提起公诉的案件审查后，如果存在下列情形之一的，应当将案卷材料退回人民检察院进行处理：(1)属于《刑事诉讼法》第十六条第二项至第六项规定情形。(2)不属于本院管辖。(3)被告人不在案，但对人民检察院按照缺席审判程序提起公诉的，应当依照该解释第二十四章的规定作出处理。(4)依照该解释第二百九十六条规定裁定准许撤诉的案件，没有新的影响定罪量刑的事实、证据，重新起诉的。这里的被告人不在案，是指人民法院在庭前审查过程中，被告人因逃脱等原因而无法参与刑事审判程序，不具备刑事诉讼继续进行的诉讼条件。

退回人民检察院不仅发生在公诉案件第一审普通程序之中，而且发生在其他审判程序之中。根据《刑事诉讼法司法解释》第四百六十二条第一款、第六百一十三条第一款、第六百三十三条、第六百三十七条，人民法院在受理人民检察院提起的各类案件以后，如果符合下列情形之一的，应当将案件退回人民检察院进行处理：(1)对人民检察院依照审判监督程序提出抗诉的案件，有下列情形之一的，人民法院应当将案件退回人民检察院：①不属于本院管辖；②按照抗诉书提供的住址无法向被抗诉的原审被告人送达抗诉书，应当通知人民检察院在三日内重新提供原审被告人的住址，而逾期未提供的，将案件退回人民检察院；③以有新的证据为由提出抗诉，但未附相关证据材料或者有关证据不是指向原起诉事实的，应当通知人民检察院在三日内补送相关材料，而逾期未补送的，将案件退回人民检察院。(2)对于人民检察院提出的没收违法所得的申请，经审查认为不属于没收违法所得申请受案范围或者本院管辖的；或者材料不全且在七日以内不能补送的。(3)对于人民检察院提出的强制医疗的申请，人民法院经过审查后发现不属于本院管辖；或者材料不全且在三日以内不能补送的。(4)对申请强制医疗的案件，人民法院经过审理后，如果发现被申请人具有完全或者部分刑事责任能力，依法应当追究刑事责任的，应当作出驳回强制医疗申请的决定，并退回人民检察院依法处理。

【审判阶段补送材料】 是指人民法院在受理各种刑事案件的过程中，在发现案件材料不全而且需要补充材料的情况下，通知人民检察院等专门机关予以补送的一种诉讼活动。根据《刑事诉讼法司法解释》第二百一十九条第一款、第三百三十五条规定，人民法院对提起公诉的案件审查后，如果发现不符合规定，需要补充材料的，应当通知人民检察院在三日内补送。人民法院受理单位犯罪案件，除依照该解释第二百一十八条的有关规定进行审查外，还应当审查起诉书是否列明被告单位的名称、住所地、联系方式，法定代表人、实际控制人、主要负责人以及代表被告单位出庭的诉讼代表人的姓名、职务、联系方式。需要人民检察院补充材料的，也应当通知人民检察院在三日内补送。

补送材料不仅发生在公诉案件第一审普通程序之中，而且发生在其他审判程序之中。根据《刑事诉讼法司法解释》第三百八十七条、第四百六十二条第一款、第五百三十五条、第六百一十三条第一款、第六百三十三条规定，补送材料的情形还包括：（1）第二审人民法院在审查上诉、抗诉案卷、证据时，如果发现材料不全的，应当通知第一审人民法院及时补送。（2）对人民检察院依照审判监督程序提出抗诉的案件，以有新的证据为由提出抗诉，但未附相关证据材料或者有关证据不是指向原起诉事实的，应当通知人民检察院在三日内补送相关材料。（3）人民法院受理减刑、假释案件时，经审查如果发现执行机关移送的材料不全，应当通知提请减刑、假释的执行机关在三日以内补送。（4）对人民检察院提出的没收违法所得申请或者强制医疗申请，人民法院经审查材料不全的，应当通知人民检察院在七日内补送。

【决定开庭审判】 是指人民法院在对人民检察院提起公诉的案件审查完毕以后，认为案件符合开庭审判的法定条件时，决定将被告人交付法庭审判的一种诉讼活动。根据《刑事诉讼法》第一百八十六条、《实施刑事诉讼法规定》第二十五条第一款，对于人民检察院提起公诉的案件，人民法院都应当受理。人民法院对提起公诉的案件进行审查后，对于起诉书中有明确的指控犯罪事实并且附有案卷材料、证据的，应当决定开庭审判，不得以上述材料不充足为由而不开庭审判。如果人民检察院移送的材料中缺少上述材料的，人民法院可以通知人民检察院补充材料，人民检察院应当自收到通知之日起三日内补送。有明确的指控犯罪事实，是指人民检察院的起诉书中必须载明被告人的犯罪事实和提起公诉的具体罪名，这种犯罪事实必须是依据刑法规定应予刑事处罚的。从理论上讲，经过庭前审查以后，如果发现起诉书中没有明确的指控犯罪事实，或者人民检察院没有向人民法院移送案卷材料和证据，那么人民法院可以决定不开庭审判。

【开庭审理前的准备】 是指人民法院为了保障法庭审判的顺利进行，而在开庭审理之前采取的与开庭审判有关的各项准备工作。根据《刑事诉讼法》第一百九十条和《刑事诉讼法司法解释》第二百二十一条，人民法院应当在开庭审判前进行下列各项准备工作：（1）确定审判长及合议庭组成人员。（2）开庭十日前将起诉书副本送达被告人、辩护人。（3）通知当事人、法定代理人、辩护人、诉讼代理人在开庭五日前提供证人、鉴定人名单，以及拟当庭出示的证据；申请证人、鉴定人、有专门知识的人出庭的，应当列明有关人员的姓名、性别、年龄、职业、住址、联系方式。（4）开庭三日前将开庭的时间、地点通知人民检察院。（5）开庭三日前将传唤当事人的传票和通知辩护人、诉讼代理人、法定代理人、证人、鉴定人等出庭的通知书送达；通知有关人员出庭，也可以采取电话、短信、传真、电子邮件、即时通讯等能够确认对方收悉的方式；对被害人人数众多的涉众型犯罪案件，可以通过互联网公布相关文书，通知有关人员出庭。（6）公开审理的案件，在开庭三日前公布案由、被告人姓名、开庭时间和地点。上述工作情况应当记录在案。

根据《刑事诉讼法司法解释》第二百二十六条至第二百三十三条，开庭审理前的准备工作还包括召开庭前会议、听取意见和拟定审理提纲等工作。

【庭前会议】 是指人民法院在决定开庭审判以后、在开庭审理之前，由审判人员召集公诉人、当事人和辩护人、诉讼代理人，主持召开一个小型的会议，以便对回避、出庭证人名单、非法证据排除等与审判相关的程序性问题了解情况和听取意见。庭前会议是 2012 年修正的《刑事诉讼法》（已被修正）① 新增加的一项制度。之所以增加庭前会议制度，主要是为了确保法庭把握庭审重点和集中审理，提高庭审的质量及效率，整理控辩双方的争点，保障控辩双方诉权的行使。根据《刑事诉讼法司法解释》第二百二十六条至第二百三十三条规定，庭前会议制度应当遵循下列基本规定：（1）主持人员。庭前会议由审判长主持，合议庭其他审判员也可以主持庭前会议。（2）参会人员。公诉人、辩护人应当参加庭前会议。庭前会议准备就非法证据排除了解情况、听取意见，或者准备询问控辩双方对证据材料的意见的，应当通知被告人到场。有多名被告人的案件，可以根据情况确定参加庭前会议的被告人。（3）召开方式。庭前会议一般不公开进行。根据案件情况，庭前会议可以采用视频会议等方式进行。

【庭前会议的适用范围】 是指人民法院可以决定召开庭前会议的各种具体情形。根据《刑事诉讼法司法解释》第二百二十六条第一款规定，案件具有下列情形之一的，审判人员可以召开庭前会议：（1）证据材料较多、案情重大复杂的。（2）控辩双方对事实、证据存在较大争议的。（3）社会影响重大的。（4）需要召开庭前会议的其他情形。

【庭前会议的启动条件】 是指人民法院在什么情况下决定召开庭前会议。庭前会议不是刑事审判程序的必经程序。是否召开庭前会议，需要满足一定的条件。根据《刑事诉讼法司法解释》第二百二十七条的规定，控辩双方可以申请人民法院召开庭前会议，提出申请应当说明理由。人民法院经审查认为有必要的，应当召开庭前会议；决定不召开的，应当告知申请人。

【庭前会议的准备】 是指人民法院为了保障顺利召开庭前会议，而在召开庭前会议之前所进行的准备活动。根据《办理刑事案件庭前会议规程（试行）》第八条规定，人民法院应当根据案件情况，综合控辩双方意见，确定庭前会议需要处理的事项，并在召开庭前会议三日前，将会议的时间、地点、人员和事项等通知参会人员。通知情况应当记录在案。被告人及其辩护人在开庭审理前申请排除非法证据的，人民法院应当在召开庭前会议三日前，将申请书及相关线索或者材料的复制件送交人民检察院。

【庭前会议的任务】 是指人民法院通过庭前会议所要履行的职责和承担的工作。根据《办理刑事案件庭前会议规程（试行）》第二条规定，庭前会议的主要任务就是，人民法院就与审判相关的问题了解情况，听取意见，依法处理回避、出庭证人名单、非法证据排除等可能导致庭审中断的事项，组织控辩双方展示证

① 已被《中华人民共和国刑事诉讼法》（2018 年）修正。

据，归纳争议焦点，开展附带民事调解。根据《刑事诉讼法司法解释》第二百二十八款、《办理刑事案件庭前会议规程（试行）》第十条第一款规定，庭前会议可以就下列事项向控辩双方了解情况，听取意见：是否对案件管辖有异议；是否申请有关人员回避；是否申请不公开审理；是否申请排除非法证据；是否提供新的证据材料；是否申请重新鉴定或者勘验；是否申请收集、调取证明被告人无罪或者罪轻的证据材料；是否申请证人、鉴定人、有专门知识的人、调查人员、侦查人员或者其他人员出庭，是否对出庭人员名单有异议；是否对涉案财物的权属情况和人民检察院的处理建议有异议；与审判相关的其他问题。庭前会议中，人民法院可以开展附带民事调解。

根据《办理刑事案件庭前会议规程（试行）》第十九条至第二十二条规定，人民法院在庭前会议的任务还包括：（1）组织展示证据，梳理存在争议的证据。（2）归纳控辩双方的争议焦点。（3）人民法院可以组织控辩双方协商确定庭审的举证顺序、方式等事项，明确法庭调查的方式和重点。协商不成的事项，由人民法院确定。（4）对于被告人在庭前会议前不认罪，在庭前会议中又认罪的案件，人民法院核实被告人认罪的自愿性和真实性后，可以依法适用速裁程序或者简易程序审理。（5）人民法院在庭前会议中听取控辩双方对案件事实证据的意见后，对于明显事实不清、证据不足的案件，可以建议人民检察院补充材料或者撤回起诉。

【庭前会议事项的处理】 是指人民法院在召开庭前会议的过程中依法处理回避、出庭证人名单、非法证据排除等可能导致庭审中断的各种程序性事项。根据《办理刑事案件庭前会议规程（试行）》第十一条至第十七条规定，需要通过庭前会议处理的程序性事项包括：（1）被告人及其辩护人对案件管辖提出异议，应当说明理由。人民法院经审查认为异议成立的，应当依法将案件退回人民检察院或者移送有管辖权的人民法院；认为本院不宜行使管辖权的，可以请求上一级人民法院处理。人民法院经审查认为异议不成立的，应当依法驳回异议。（2）被告人及其辩护人申请审判人员、书记员、翻译人员、鉴定人回避，应当说明理由。人民法院经审查认为申请成立的，应当依法决定有关人员回避；认为申请不成立的，应当依法驳回申请。被告人及其辩护人申请回避被驳回的，可以在接到决定时申请复议一次。但对于不属于《刑事诉讼法》第二十九条、第三十条规定情形的，回避申请被驳回后，不得申请复议。被告人及其辩护人申请检察人员回避的，人民法院应当通知人民检察院。（3）被告人及其辩护人申请不公开审理，人民法院经审查认为案件涉及国家秘密或者个人隐私的，应当准许；认为案件涉及商业秘密的，可以准许。（4）解决非法证据排除问题（参见“证据收集合法性的庭前调查”词条）。在庭前会议中调查证据收集的合法性时，如果人民检察院撤回有关证据，那么对于被撤回的证据，若没有新的理由，不得在庭审中出示。（5）控辩双方申请重新鉴定或者勘验，应当说明理由。人民法院经审查认为理由成立，有关证据材料可能影响定罪量刑且不能补正的，应当准许。（6）被告人及其辩护人书面申请调取公安机关、人民检察院在侦查、审查起诉期间收集但未随案移送的证明被告人无罪或者罪轻的证据材料，并提供相关线索或者材料的，人民法院应当调取，并通知人民检察院在收到调取决定书后三日内移交。被告人及其辩护人申请向证人或有关单位、个人收集、调取证据材料，应当说明理由。人民法院经审查认为有关证据材料可能影响定罪量刑的，应当准许；认为有关证据材料与案件无关或者明显重复、没有必要的，可以不予准许。（7）控辩双方申请证人、鉴定人、侦查人员、有专门知识的人出庭，应当说明理由。人民法院经审查认为理由成立的，应当通知有关人员出庭。控辩双方对出庭证人、鉴定人、侦查人员、有专门知识的人的名单有异议，人民法院经审查认为异议成立的，应当依法作出处理；认为异议不成立的，应当依法驳回。人民法院通知证人、鉴定人、侦查人员、有专门知识的人等出庭后，应当告知控辩双方协助有关人员到庭。

【证据开示】 又称证据展示、证据交换等，是指在开庭审判之前，控辩双方将各自掌握的证据材料依法相互进行知悉、信息交换、查阅的一种诉讼制度。证据开示是确保诉讼一方从另一方获悉与案件事实有关的事实情况和证据情况，以便为法庭审判作充分准备的一种诉讼制度。刑事证据开示不仅有助于防止突袭审判，发现事实真相，而且有助于保障辩护权，确保控辩双方尽可能做到平等“武装”。刑事证据开示制度是当事人主义诉讼模式的产物，是对抗制所必不可少的配套制度。但是，就控辩双方对证据的知悉而言，职权主义诉讼模式中的阅卷制度与当事人主义诉讼模式中的证据开示制度具有相似之处。

我国《刑事诉讼法》及其司法解释基本上确立了刑事证据开示制度。首先，辩护人通过阅卷可以全面知悉控方证据。其次，根据《刑事诉讼法》第四十一条规定，辩护人有权向人民检察院、人民法院申请调取公安机关、人民检察院未提交的在侦查、审查起诉期间收集的证明犯罪嫌疑人、被告人无罪或者罪轻的证据材料。但是辩护人收集的有关犯罪嫌疑人不在犯罪现场、未达到刑事责任年龄、属于依法不负刑事责任的精神病人的证据，应当及时告知公安机关、人民检察院。最后，根据《刑事案件庭前会议规程（试行）》第二条、第十八条、第十九条第一款、第三款，人民法院可以在庭前会议中组织控辩双方展示证据。控辩双方可以通过庭前会议程序进行证据开示，即在召开庭前会议前，人民检察院应当将全部证据材料移送人民法院。被告人及其辩护人应当将收集的有关被告人不在犯罪现场、未达到刑事责任年龄、属于依法不负刑事责任的精神病人等证明被告人无罪或者依法不负刑事责任的全部证据材料提交人民法院。人民法院收到控辩双方移送或者提交的证据材料后，应当通知对方查阅、摘抄、复制。庭前会议中，对于控辩双方决定在庭审中出示的证据，人民法院可以组织展示有关证据，听取控辩双方对在案证据的意见，梳理存在争议的证据。人民法院组织展示证据的，一般应当通知被告人到场，听取被告人意见；被告人不到场的，辩护人应当在召开庭前会议前听取被告人意见。

【公诉人在庭前会议中的职责】 是指公诉人在参加庭前会议时所承担的具体任务。根据《人民检察院刑事诉讼规则》第三百九十四条，人民法院通知人民检察院派员参加庭前会议的，由出席法庭的公诉人参加，检察官助理可以协助。根据需要可以配备书记员担任记录。人民检察院认为有必要召开庭前会议的，可以建议人民法院召开庭前会议。根据《人民检察院刑事诉讼规则》第三百九十五条、第三百九十六条规定，公诉人在庭前会议中的职责包括：(1) 公诉人可以对案件管辖、回避、出庭证人、鉴定人、有专门知识的人的名单、辩护人提供的无罪证据、非法证据排除、不公开审理、延期审理、适用简易程序或速裁程序、庭审方案等与审判相关的问题提出和交换意见，了解辩护人收集的证据等情况。(2) 对辩护人收集的证据有异议的，应当提出，并简要说明理由。(3) 公诉人通过参加庭前会议，了解案件事实、证据和法律适用的争议和不同意见，解决有关程序问题，为参加法庭审理做好准备。(4) 当事人、辩护人、诉讼代理人在庭前会议中提出证据系非法取得，人民法院认为可能存在以非法方法收集证据情形的，人民检察院应当对证据收集的合法性进行证明。需要调查核实的，在开庭审理前进行。

【庭前会议笔录】 是指人民法院书记员对于庭前会议的召开情况所作的文字记录。根据《刑事诉讼法司法解释》第二百二十八条第四款规定，庭前会议情况应当制作笔录，由参会人员核对后签名。庭前会议笔录包括首部、正文和尾部三个部分。首部包括：标题（即“庭前会议笔录”）；案号；会议时间；会议地点；审判人员的姓名和职务；书记员的姓名。在正文部分，书记员应当详细记载庭前会议的具体情况，即人民法院在庭前会议中所了解到的与审判相关的问题、听取的意见和依法处理的各种事项，控辩双方展示证据的情况，归纳争议焦点的情况，以及开展附带民事调解的情况等。尾部包括控辩双方参加人员的签名，以及审判人员和书记员的签名。

【庭前会议报告】 是指人民法院在庭前会议结束以后，围绕庭前会议的基本情况、与审判相关问题的处理结果、控辩双方的争议焦点以及就相关事项达成的一致意见等所制作的报告。根据《刑事诉讼法司法解释》第二百三十三条及《刑事案件庭前会议规程（试行）》第二十三条第二款、第二十四条、第二十五条规定，庭前会议结束后应当制作庭前会议报告。对于召开庭前会议的案件，在宣读起诉书后，法庭应当宣布庭前会议报告的主要内容；有多起犯罪事实的案件，可以在有关犯罪事实的法庭调查开始前，分别宣布庭前会议报告的相关内容；对庭前会议处理管辖异议、申请回避、申请不公开审理等事项的，法庭可以在告知当事人诉讼权利后宣布庭前会议报告的相关内容。宣布庭前会议报告后，对于庭前会议中达成一致意见的事项，法庭向控辩双方核实后当庭予以确认；对于未达成一致意见的事项，法庭可以归纳控辩双方争议焦点，听取控辩双方意见，依法作出处理。控辩双方在庭前会议中就有关事项达成一致意见，在庭审中反悔的，除有正当理由外，法庭一般不再进行处理。另外，根据《人民法院办理刑事案件排除非法证据规程（试行）》第十六条，审判人员应当在庭前会议报告中说明证据收集合法性的审查情况，主要包括控辩双方的争议焦点以及就相关事项达成的一致意见等内容。

【法庭审判程序】 又称开庭审判程序或者庭审程序，是指人民法院的合议庭或独任庭通过开庭的方式，在公诉人、当事人和其他诉讼参与人的参加下，调查核实证据，查清案件事实，充分听取控辩双方对证据、案件事实和法律适用的意见，依法确定被告人的行为是否构成犯罪，应否受到刑事处罚以及给予何种处罚的一种诉讼程序。根据我国《刑事诉讼法》的有关规定，法庭审判程序分为开庭程序、法庭调查、法庭辩论、被告人最后陈述、评议和宣判五个阶段。与1979年已被修改的《刑事诉讼法》相比，2012年与2018年修正《刑事诉讼法》规定的法庭审判程序具有如下显著特征：（1）强化了控辩双方的举证和辩论；（2）在强化控辩职能的同时，重视、保留了审判职能的主导作用，法院享有对案件事实、证据的调查核实权。近年来，为了规范量刑活动，促进量刑公开和公正，增强量刑的公开性和透明度，改变以往重定罪、轻量刑的不良倾向，我国又进行了旨在构建相对独立的量刑程序改革，从而确保人民法院在法庭调查与法庭辩论两个阶段将量刑问题放在相对独立的程序加以处理（参见“量刑程序”词条）。

【开庭准备】 是指为了顺利进行开庭审判而由人民法院书记员在即将宣布开庭之前所作的各项准备工作。根据《刑事诉讼法司法解释》第二百三十四条规定，开庭审理前，书记员应当依次进行下列工作：（1）受审判长委托，查明公诉人、当事人、辩护人、诉讼代理人、证人及其他诉讼参与人是否到庭；（2）核实旁听人员中是否有证人、鉴定人、有专门知识的人；（3）请公诉人、辩护人、诉讼代理人及其他诉讼参与人入庭；（4）宣读法庭规则；（5）请审判长、审判员、人民陪审员入庭；（6）审判人员就座后，向审判长报告开庭前的准备工作已经就绪。根据《刑事诉讼法司法解释》第二百二十三条、第二百二十五条，在准备开庭时应当注意：（1）精神病人、醉酒的人、未经人民法院批准的未成年人以及其他不宜旁听的人不得旁听案件审理。（2）被害人、诉讼代理人经传唤或者通知未到庭，不影响开庭审理的，人民法院可以开庭审理。（3）辩护人经通知未到庭，被告人同意的，人民法院可以开庭审理，但被告人属于应当提供法律援助情形的除外。

【开庭程序】 是指人民法院在事先确定的审判日期宣布开庭，为法庭调查做好准备的诉讼程序。开庭程序是刑事法庭审判的开始程序，开始于审判长宣布开庭，结束于审判长宣布开始法庭调查。开庭程序的主要任务是为法庭的实体审理做好程序上的准备。根据《刑事诉讼法》第一百九十条、《刑事诉讼法司法解释》第二百三十五条至第二百三十九条规定，开庭程序主要包括如下内容：（1）审判长宣布开庭，传被告人到庭。（2）查明被告人的下列情况：姓名、出生日期、民族、出生地、文化程度、职业、住址，或者被告单位的名称、住所地、法定代表人、实际控制人以及诉讼代表人的姓名、职务；是否受过刑事处罚、行政处罚、处分及其种类、时间；是否被采取留置措施及留置的时间，是否被采取强制措施及强制措施的种类、时间；收到起诉书副本的日期；有附带民事诉讼的，附带民事诉讼被告人收到附带民事起诉状的日期。被告人较多的，可以在开庭前查明上述情况，但开庭时审判长应当作出说明。（3）审判长宣布案件的来源、起诉的案由、附带民事诉讼当事人的姓名及是否公开审理；不公开审理的，应当宣布理由。（4）审判长宣布合议庭组成人员、法官助理、书记员、公诉人的名单，以及辩护人、诉讼代理人、鉴定人、翻译人员等诉讼参与人的名单。（5）审判长应当告知当事人及其法定代理人、辩护人、诉讼代理人在法庭审理过程中依法享有下列诉讼权利：可以申请合议庭组成人员、法官助理、书记员、公诉人、鉴定人和翻译人员回避；可以提出证据，申请通知新的证人到庭、调取新的证据，申请重新鉴定或者勘验；被告人可以自行辩护；被告人可以在法庭辩论终结后作最后陈述。（6）审判长应当询问当事人及其法定代理人、辩护人、诉讼代理人是否申请回避、申请何人回避和申请回避的理由。当事人及其法定代理人、辩护人、诉讼代理人申请回避的，依照《刑事诉讼法》及本解释的有关规定处理。同意或者驳回回避申请的决定及复议决定，由审判长宣布，并说明理由。必要时，也可以由院长到庭宣布。根据《人民法院办理刑事案件第一审普通程序法庭调查规程（试行）》第五条第二款规定，对于召开庭前会议的案件，在庭前会议中处理诉讼权利事项的，可以在开庭后告知诉讼权利的环节，一并宣布庭前会议对有关事项的处理结果。

【远程视频开庭】 是指司法实践中人民法院利用远程网络视频系统，对人民检察院提起公诉的案件进行开庭审理的一种审理方式。尽管我国《刑事诉讼法》没有对远程视频开庭作出规定，但是随着现代科学技术在刑事诉讼中的广泛应用，人民法院为了提高审判效率，在司法实践中采取了远程视频开庭的审理方式。《减刑、假释案件审理程序规定》第八条曾经明确规定，对于开庭审理的减刑、假释案件，有条件的人民法院可以采取视频开庭的方式进行。为了满足远程讯问和远程视频开庭的需要，《看守所建设远程视频讯问室通知》，要求最高人民法院、公安部利用法院专网，在看守所内建设远程视频讯问室。2021 年 6 月 16 日，最高人民法院公布的《人民法院在线诉讼规则》规定，刑事速裁程序案件，减刑、假释案件，以及因其他特殊原因不宜线下审理的刑事案件可以适用在线诉讼。《人民法院在线诉讼规则》第二十二条规定，适用在线庭审的案件，应当按照法律和司法解释的相关规定开展庭前准备、法庭调查、法庭辩论等庭审活动，保障当事人申请回避、举证、质证、陈述、辩论等诉讼权利。《人民法院在线诉讼规则》第二十五条规定，出庭人员参加在线庭审应当尊重司法礼仪，遵守法庭纪律。人民法院根据在线庭审的特点，适用《人民法院法庭规则》相关规定。与传统的开庭审理方式相比，视频开庭审理的最大特点就是，被告人不在开庭现场，而是在看守所内设的远程视频讯问室中参与庭审，合议庭、检察人员等出庭人员与被告人之间主要是通过显示系统、视频系统、音频设备、网络等技术和装备进行同步的交流和开展各项庭审活动。远程视频开庭是顺应现代科学技术发展的产物，是对传统庭审方式的有益补充，在客观上有助于提高审判效率和节约诉讼成本，方便被告人参加庭审，缓解人民法院押解不足的矛盾，确保被告人的安全。

【法庭调查】 是指在审判长主持下，以及在控辩双方和其他诉讼参与人的参加下，当庭对案件事实和证据进行调查和核实的一种庭审活动。法庭调查的基本任务是查明案件事实、核实证据。由于证据只有在经过当庭出示、宣读、辨认、质证等法庭调查程序查证属实的情况下才能作为定案的根据。因此，法庭调查是法庭审判的核心环节。在法庭调查过程中，凡是与被告人定罪量刑有关的事实、证据都应当进行调查。法庭调查的成效，直接关系到刑事案件的审判质量。从刑事证明的环节来看，法庭调查主要包括举证和质证两个环节。法庭调查应当遵循一定的顺序。从调查流程来看，法庭调查大致上分为三个阶段，即宣读起诉书阶段，讯问、发问阶段，以及举证、质证阶段。根据《人民法院办理刑事案件第一审普通程序法庭调查规程（试行）》第十一条规定，法庭调查时应当根据犯罪事实和被告人认罪的情况采取不同的调查方式：（1）有多起犯罪事实的案件，对被告人不认罪的事实，法庭调查一般应当分别进行。（2）被告人不认罪或者认罪后又反悔的案件，法庭应当对与定罪和量刑有关的事实、证据进行全面调查。（3）被告人当庭认罪的案件，法庭核实被告人认罪的自愿性和真实性，确认被告人知悉认罪的法律后果后，可以重点围绕量刑事实和其他有争议的问题进行调查。

【法庭调查的顺序】 是指在审判长的主持下，以及在控辩双方和其他诉讼参与人的参加下，当庭对案件事实和证据进行调查和核实时所遵循的先后步骤和程序。法庭调查是最复杂、耗费时间最长的庭审阶段。尤其是对于犯罪事实比较繁多或者存在多名被告人的案件而言，法庭调查往往比较拖沓冗长。如果不遵循合理的顺序，法庭调查就会陷入杂乱无章的状态，从而影响审判效率。根据《刑事诉讼法》第一百九十一条至第一百九十八条、《刑事诉讼法司法解释》第二百四十条至第二百七十九条、《人民法院办理刑事案件第一审普通程序法庭调查规程（试行）》第六条至第四十四条规定，法庭调查的具体步骤和程序主要包括：（1）宣读法律文书，包括宣读起诉书和附带民事起诉状。（2）讯问程序，包括被告人、被害人就起诉书指控的犯罪事实陈述，核实被告人认罪的自愿性和真实性，以及讯问被告人。（3）发问程序，包括向被告人发问，以及向被害人和附带民事诉讼原告人发问。（4）询问证人、鉴定人、有专门知识的人等。（5）出示物证、宣读鉴定意见和有关笔录。（6）调取新的证据。（7）合议庭调查核实证据。（8）调查和排除非法证据；另外，在法庭调查过程中，还应当遵循举证、质证的一般规律和顺序。

【先行调查取证合法性】 是指在辩护方申请排除非法证据、人民法院同意启动非法证据排除调查程序的情况下，人民法院在控辩双方举证、质证之前就证据收集合法性进行专门的调查。根据《人民法院办理刑事案件第一审普通程序法庭调查规程（试行）》第三十条第二款规定，对于被告人及其辩护人申请排除非法证据，依法提供相关线索或者材料，法庭对证据收集的合法性有疑问，决定进行调查的，一般应当先行当庭调查。《刑事诉讼法司法解释》第一百三十四条规定，庭审期间，法庭决定对证据收集的合法性进行调查的，应当先行当庭调查。但为防止庭审过分迟延，也可以在法庭调查结束前调查。人民法院之所以先行调查取证合法性，主要是为了在审查与认定证据的证明力之前解决证据的证据能力问题。毕竟，按照证据能力或者证据可采性的要求，能够进入法庭调查环节成为控辩双方举证、质证对象的证据必须是具备证据能力或者可采性的证据。而不具备证据能力或者可采性的证据不仅不能作为定案的根据，而且不能作为控辩双方举证、质证的对象。之所以需要在审查与认定证据的证明力之前解决证据的证据能力问题，主要是为了防止不具备证据能力的证据成为控辩双方举证、质证的对象以后，可能会对法官排除非法证据和正确认定案件事实形成干扰。

【举证】 是指在审判长的主持下，控辩双方为了证明其诉讼主张或者反驳对方诉讼主张而在庭审过程中向法庭提供证据的一种诉讼活动。在法庭审判过程中，只要是控辩双方向法庭提交证据的行为，都可以视为举证，如讯问被告人，询问被害人、证人、鉴定人、侦查人员，宣读未到庭的证人证言、被害人陈述、鉴定意见，出示物证、书证，播放视听资料等。举证主要发生在法庭调查活动中，但是在其他活动中也有可能涉及举证问题，如在庭前会议程序中调查核实证据收集的合法性（参见“证据收集合法性的庭前调查”词条）等。根据《人民法院办理刑事案件第一审普通程序法庭调查规程（试行）》第三十一条第三款规定，召开庭前会议的案件，举证、质证可以按照庭前会议确定的方式进行。根据案件审理需要，法庭可以对控辩双方的举证、质证方式进行必要的提示。根据《人民法院办理刑事案件庭前会议规程（试行》）第二十条，人民法院可以在庭前会议中归纳控辩双方的争议焦点。对控辩双方没有争议或者达成一致意见的事项，可以在庭审中简化审理。人民法院可以组织控辩双方协商确定庭审的举证顺序、方式等事项，明确法庭调查的方式和重点；协商不成的事项，由人民法院确定。根据《刑事诉讼法司法解释》第二百四十八条规定，已经移送人民法院的案卷和证据材料，控辩双方需要出示的，可以向法庭提出申请，法庭可以准许。需要播放录音录像或者需要将证据材料交由法庭、公诉人或者诉讼参与人查看的，法庭可以指令值庭法警或者相关人员予以协助。

【举证主体】 是指为了证明其诉讼主张或者反驳对方诉讼主张而在庭审过程中向法庭提供证据的诉讼主体。就刑事诉讼而言，基于控审分离原则和法官居中裁判原则，举证的主体应当是控辩双方，即公诉人和诉讼当事人及其法定代理人、诉讼代理人或者辩护人。尽管人民法院依照职权可以进行庭外调查，但是人民法院所获取的证据，也应当由控辩双方进行举证和质证，而不能直接作为定案根据。值得注意的是，为了查明案件事实真相，人民法院在法庭调查过程中可以发挥其主持、指挥法庭调查的职能作用，对控辩双方的举证活动进行提示。根据《人民法院办理刑事案件第一审普通程序法庭调查规程（试行）》第二十九条第一款规定，控辩双方随案移送或者庭前提交，但没有当庭出示的证据，审判长可以进行必要的提示；对于其中可能影响定罪量刑的关键证据，审判长应当提示控辩双方出示。《人民法院办理刑事案件第一审普通程序法庭调查规程（试行）》第三十一条第三款进一步规定，根据案件审理需要，法庭可以对控辩双方的举证、质证方式进行必要的提示。

【举证客体】 又称举证对象，是指举证一方认为对本方有利的证据。根据《人民检察院刑事诉讼规则》第三百九十九条规定，在法庭审理中，公诉人应当客观、全面、公正地向法庭出示与定罪、量刑有关的证明被告人有罪、罪重或者罪轻的证据。尽管在法庭调查过程中控辩双方为了证明其诉讼主张而有权向法庭提交自认为对其有利的证据，但是控辩双方出示的证据不仅需要受到各种证据规则的限制，而且受到法庭调查程序的约束。例如，根据《人民法院办理刑事案件第一审普通程序法庭调查规程（试行）》第三十三条第一款、第三十四条第二款、第三十七条、第三十九条规定，控辩双方出示的证据至少应当符合下列要求：（1）控辩双方出示证据，应当重点围绕与案件事实相关的内容或者控辩双方存在争议的内容进行。（2）被告人当庭供述与庭前供述的实质性内容一致的，可以不再出示庭前供述；当庭供述与庭前供述存在实质性差异的，可以出示、宣读庭前供述中存在实质性差异的内容。（3）举证的证据范围通常局限于在庭前会议中已经进行证据开示的证据。控辩双方申请出示庭前未移送或提交人民法院的证据，对方提出异议的，申请方应当说明理由，法庭经审查认为理由成立并确有出示必要的，应当准许。对方提出需要对新的证据作辩护准备的，法庭可以宣布休庭，并确定准备的时间。（4）公开审理案件时，控辩双方提出涉及国家秘密、商业秘密或者个人隐私的证据的，法庭应当制止。有关证据确与本案有关的，可以根据具体情况，决定将案件转为不公开审理，或者对相关证据的法庭调查不公开进行。另外，根据《律师办理刑事案件规范》第一百一十三条，辩护律师向法庭出示的证据，可以是自行依法收集的证据，也可以是检察机关向法院移送但没有在法庭上出示的证据。

【举证内容】 是指控辩双方在向法庭提供证据时所要证明的诉讼主张或者具体内容。根据《人民检察院刑事诉讼规则》第四百条、第四百零一条规定，公诉人讯问被告人，询问证人、被害人、鉴定人，出示物证，宣读书证、未出庭证人的证言笔录等应当围绕下列事实进行：（1）被告人的身份。（2）指控的犯罪事实是否存在，是否为被告人所实施。（3）实施犯罪行为的时间、地点、方法、手段、结果，被告人犯罪后的表现等。（4）犯罪集团或者其他共同犯罪案件中参与犯罪人员的各自地位和应负的责任。（5）被告人有无刑事责任能力，有无故意或者过失，行为的动机、目的。（6）有无依法不应当追究刑事责任的情况，有无法定的从重或者从轻、减轻以及免除处罚的情节。（7）犯罪对象、作案工具的主要特征，与犯罪有关的财物的来源、数量以及去向。（8）被告人全部或者部分否认起诉书指控的犯罪事实的，否认的根据和理由能否成立。（9）与定罪、量刑有关的其他事实。在法庭审理中，对于下列事实，公诉人不必提出证据进行证明：（1）为一般人共同知晓的常识性事实。（2）人民法院生效裁判所确认并且未依审判监督程序重新审理的事实。（3）法律、法规的内容以及适用等属于审判人员履行职务所应当知晓的事实。（4）在法庭审理中不存在异议的程序事实。（5）法律规定的推定事实。（6）自然规律或者定律。

【举证顺序】 是指控辩双方在庭审过程中向法庭提供证据时所遵循的具体步骤。基于控诉与辩护之间的逻辑关系，在法庭调查过程中，应当由控诉方举证，然后再由辩护方举证。根据《人民法院办理刑事案件第一审普通程序法庭调查规程（试行）》第二十八条第一款规定，开庭讯问、发问结束后，公诉人先行举证。为了衔接开庭讯问、发问程序，举证通常按照先言词证据后实物证据的顺序进行。基于刑事诉讼的性质，显然先由公诉人举证。在公诉人举证完毕后，再由被告人及其辩护人举证。对于存在多起犯罪事实的案件，往往需要进行多轮举证。如《人民法院办理刑事案件第一审普通程序法庭调查规程（试行）》第二十八条第二款规定，控辩一方举证后，对方可以发表质证意见。必要时，控辩双方可以对争议证据进行多轮质证。而在每一轮举证过程中，都应当遵循控诉方先举证的原则。就附带民事诉讼而言，一般应当按照先刑事后民事的顺序分别就案件事实或者诉讼主张进行举证。

就案件事实来说，常见的举证顺序有：（1）按照事件发生的时间顺序进行举证。这种举证顺序常常适用于两类案件：一类是时间先后顺序比较清楚的犯罪案件；另一类是被告人被指控实施了多起同类犯罪行为的案件。按照时间先后顺序举证，可以比较清晰地向法庭展示犯罪发生、发展的整个过程，符合人们的认知规律。但是对于突发性的犯罪案件，或者时间先后顺序不是很明显的案件，不宜按照时间顺序进行举证。（2）按照事实要素在案件中的重要程度进行举证。一般而言，对于时间顺序不是很明显而且犯罪事实比较复杂、证据繁多的案件，可以采用这种举证顺序，以便突出重点和分清主次。按照这种顺序举证，通常先就案件的核心事实要素进行举证，然后再就案件的外围事实要素进行举证。（3）按照事实要素之间的因果关系进行举证。这类举证顺序主要适用于因果关系比较明确的犯罪案件。对于这类案件，通常应当按照先因后果的顺序进行举证，即先就案件中的原因进行举证，然后再就案件中的结果进行举证。（4）按照共同被告人在案件中的主次地位进行举证。这种举证顺序主要适用于共同犯罪案件。这种举证顺序通常包括两种情形：一种是按照先主犯后从犯的举证顺序；另一种是按照先实行犯后非实行犯的举证顺序。

【举证方法】 是指控辩双方在庭审过程中向法庭提供证据时所采用的具体措施。举证方法直接关系到举证的效果。如果举证方法不恰当，可能会影响证据的证明力。不同种类的证据往往需要采取不同的举证方法。即使对于相同种类的证据，在不同的案件中也可能会采取不同的举证方法。这意味着，控辩双方应当根据证据本身的特点、案件的具体情况以及证明的实际需要来确定不同的举证方法。就单个证据而言，举证方法的选择应当遵循以下规则：（1）对于言词证据，举证时应当尽可能地采取口头陈述的方式。这是直接言词原则的基本要求。但是在特殊情况下，也可以采取宣读笔录或者书面材料的方式。例如，根据《人民法院办理刑事案件第一审普通程序法庭调查规程（试行）》第三十四条第一款规定，控辩双方对证人证言、被害人陈述、鉴定意见无异议，有关人员不需要出庭的，或者有关人员因客观原因无法出庭且无法通过视频等方式作证的，可以出示、宣读庭前收集的书面证据材料或者作证过程录音录像。（2）对于实物证据，举证时应当以原始物为主，以复制物为辅。这是原始证据优先规则的重要体现。根据《人民法院办理刑事案件第一审普通程序法庭调查规程（试行）》第三十二条第一款规定，物证、书证、视听资料、电子数据等证据，应当出示原物、原件。取得原物、原件确有困难的，可以出示照片、录像、副本、复制件等足以反映原物、原件外形和特征以及真实内容的材料，并说明理由。(3) 出示证据时，需要对证据进行必要的说明，以便法庭更好地进行认证。一般而言，控辩双方在举证时应当向法庭说明出示的证据种类，证据的获得情况或者来源，证据的主要内容，证据所要证明的事实，证据与案件事实或者其他证据之间的关系等。

根据《人民检察院刑事诉讼规则》第三百九十九条规定，公诉人可以按照以下方式举证、质证：（1）对于可能影响定罪量刑的关键证据和控辩双方存在争议的证据，一般应当单独举证、质证。(2) 对于不影响定罪量刑且控辩双方无异议的证据，可以仅就证据的名称及其证明的事项、内容作出说明。(3) 对于证明方向一致、证明内容相近或者证据种类相同，存在内在逻辑关系的证据，可以归纳、分组示证、质证。公诉人出示证据时，可以借助多媒体设备等方式出示、播放或者演示证据内容。定罪证据与量刑证据需要分开的，应当分别出示。例如，《律师办理刑事案件规范》第一百一十四条规定，辩护律师举证时，应当向法庭说明证据的名称、内容、来源以及拟证明的事实。非言词证据应当出示原件、原物，不能出示原件、原物的应当说明理由。除了传统的举证方法以外，随着科学技术的不断应用以及司法实践的客观需要，司法实践中还出现了不少新型的举证方法，如多媒体示证、屏蔽作证、远程作证等。

【多媒体示证】 是指在法庭审理过程中，控辩双方运用计算机多媒体技术向法庭出示各种证据的一种举证方式。根据《人民法院办理刑事案件第一审普通程序法庭调查规程（试行）》第三十三条规定，控辩双方出示证据时，可以借助多媒体设备等方式出示、播放或者演示证据内容。在司法实践中，多媒体示证是人民检察院将现代科学技术应用到刑事司法领域的一个产物，即由公诉人员在法庭上利用多媒体法庭示证系统进行举证。多媒体法庭示证系统由软件系统和硬件系统组成。软件系统包括法庭示证系统软件、数据库、操作系统、应用软件等。硬件系统包括电脑、投影机、投影屏幕、数码相机、红外线扫描仪、摄像机、录像机、视频采集盒等。运用多媒体法庭示证系统举证的基本方法是，在出席法庭之前把需要在法庭上出示的各种证据材料通过扫描、照相、录像等方法形成数据信息，借助输入设备储存到电脑中，按照举证顺序，根据各个证据材料的特点，进行编辑制作，然后输入、储存在电脑中或刻制成光盘。在法庭调查过程中，公诉人员依据出庭预案操作多媒体投影机，出示电脑中储存的各种证据。相对于传统的示证方式，多媒体示证具有许多优点：（1）能够较为清晰、生动、形象、具体、直观地说明证据的内容或者特征。(2) 有助于提升法庭调查的效率，强化举证的效果。(3) 可以多角度、多层次、立体地展示证据尤其是实物证据。(4) 加强举证的便利性，提高质证的针对性；等等。尽管多媒体示证具有以上优点，但是这种举证方式只是公诉人员举证的辅助性手段，并不能完全替代传统的举证方法。例如，对于言词证据而言，公诉人员仍然应当坚持证人、被害人、鉴定人、侦查人员等以言词的方式当庭进行陈述，而不是利用多媒体示证的方式代替他们出庭作证。

【屏蔽作证】 是指在法庭调查过程中，证人、被害人、鉴定人、侦查人员在被采取特殊措施从而不暴露外貌、真实声音或者真实身份的情况下以言词的方式就有关案件情况进行陈述的一种举证方法。屏蔽作证的主要目的在于保护出庭作证人员的安全（参见“证人保护制度”词条）。对于技术侦查措施而言，不仅是为了保护有关人员的人身安全，而且是为了防止技术侦查措施或者方法泄露，不利于日后的技术侦查。根据《刑事诉讼法司法解释》第一百二十条、第二百五十六条、第二百五十七条的规定，证人、鉴定人、被害人因出庭作证，本人或者其近亲属的人身安全面临危险的，人民法院应当采取不公开其真实姓名、住址和工作单位等个人信息，或者不暴露其外貌、真实声音等保护措施。辩护律师经法庭许可，查阅对证人、鉴定人、被害人使用化名情况的，应当签署保密承诺书。审判期间，证人、鉴定人、被害人提出保护请求的，人民法院应当立即审查；认为确有保护必要的，应当及时决定采取相应保护措施。必要时，可以商请公安机关协助。决定对出庭作证的证人、鉴定人、被害人采取不公开个人信息的保护措施的，审判人员应当在开庭前核实其身份，对证人、鉴定人如实作证的保证书不得公开，在判决书、裁定书等法律文书中可以使用化名等代替其个人信息。当庭调查技术调查、侦查证据材料可能危及有关人员的人身安全，或者可能产生其他严重后果的，法庭应当采取不暴露有关人员身份和技术调查、侦查措施使用的技术设备、技术方法等保护措施。必要时，审判人员可以在庭外对证据进行核实。在司法实践中，屏蔽作证的方式包括物理性屏蔽和技术性屏蔽两种。物理性屏蔽作证，主要是利用屏风、假发、面具等设施或者工具来掩盖出庭作证人员的面貌或者身份。而技术性屏蔽作证，主要是指证人、被害人、鉴定人、侦查人员等在事先安排好的专门作证室内进行作证，在通过视频系统、音频系统、互联网等技术手段将作证情况实时同步传输到法庭显示屏的同时，通过科技手段对作证人员的相貌、声音等进行技术性的处理，从而确保他人无法辨别出庭作证人员的真实面貌、声音、身份。

【远程作证】 是指在法庭审理过程中，对于应当出庭作证而因为客观原因无法出席法庭的证人、被害人、鉴定人或者侦查人员，通过互联网视频技术，让审判人员和控辩双方直接向法庭之外的证人、被害人、鉴定人或者侦查人员发问，从而完成证据的举证和质证活动。远程作证是现代科学技术应用到刑事司法领域的重要产物。远程作证不仅满足了公正审判、公开举证、公开质证的需要，而且有效地解决了证人、被害人、鉴定人、侦查人员因为客观原因确实无法出庭作证但实际上又能够作证的难题。远程作证既有助于节约诉讼成本，又能够为不便出庭的证人、被害人、鉴定人、侦查人员作证提供了便利条件。根据《刑事诉讼法司法解释》第二百五十三条的规定，具有如下情形的证人，可以通过视频等方式作证：（1）庭审期间身患严重疾病或者行动极为不便的。（2）居所远离开庭地点且交通极为不便的。（3）身处国外短期无法回国的。（4）有其他客观原因，确实无法出庭的。

【质证】 是指在审判长的主持下，控辩双方为了反驳对方诉讼主张而在庭审过程中就对方向法庭提供的证据提出质疑或者质问的一种诉讼活动。质疑，是指一方对另一方的证据提出疑问，由对方予以回答；而质问则是一方对另一方提出的证据或者举出证据的人进行责问。质证表明一方对另一方所提证据持有不同的看法，进而通过提出疑问的方式攻击另一方证据的弱点，以便削弱其证明价值。举证是质证的前提。没有举证，质证无从谈起。质证是控辩双方的行为，认证是裁判者单方的行为。举证和质证是认证的基础和重要保障。认证是举证和质证的目标。根据《刑事诉讼法司法解释》第七十一条，除了法律和司法解释另有规定的以外，证据未经当庭出示、辨认、质证等法庭调查程序查证属实，不得作为定案的根据。就质证的具体内容而言，主要是控辩双方按照刑事证据规则的规定和要求，对刑事证据的证据能力和证明力进行质疑或者质问。就证据的基本特征来看，控辩双方质证的具体内容是质疑和质问对方证据的客观性、关联性和合法性。就全案证据而言，质证的内容就是控辩双方质疑和质问对方证据的充分性。根据《律师办理刑事案件规范》第九十五条第二款规定，辩护律师应当围绕证据的真实性、合法性、关联性，就证据资格、证明力以及证明目的、证明标准、证明体系等发表质证意见。《律师办理刑事案件规范》第九十七条至第一百一十条对辩护律师对刑事诉讼法规定的每一种法定证据的质证内容作出了较为系统而详细的规定。例如，根据《律师办理刑事案件规范》第九十七条规定，对证人证言，应当重点从以下方面进行质证：证人证言与待证事实的关系；证人与案件当事人、案件处理结果有无利害关系；证人证言之间以及与其他证据之间能否相互印证，有无矛盾；证人证言内容是否为证人直接感知；证人感知案件事实时的环境、条件和精神状态；证人的感知力、记忆力和表达力；证人作证是否受到外界的干扰或影响；证人的年龄以及生理上、精神上是否有缺陷；证人证言是否前后矛盾；证人证言是否以暴力、威胁等非法方法收集；证人证言的取得程序、方式是否符合法律及有关规定；证人不能出庭作证的原因及对本案的影响；需要质证的其他情形。

【质证主体】 是指在法庭调查过程中，有权对向法庭提交的证据提出质疑和进行质问的一方诉讼主体。就刑事诉讼职能而言，质证主体只能由控辩双方担任。根据《刑事诉讼法》第一百九十一条、第一百九十五条、第一百九十七条规定，公诉人、被告人、被害人、自诉人、附带民事诉讼的原告人和被告人、辩护人、诉讼代理人、当事人的法定代理人都有权对另一方向法庭提交的证据进行质证。值得注意的是，为了发挥法官的职能作用和查明案件事实真相，我国新修正的《刑事诉讼法》保留了传统职权主义诉讼模式的做法，明确规定审判人员在法庭审理过程中有权对控辩双方提交的证据进行发问和调查核实。尽管审判人员发问和调查核实的作用在于解决其对于证据的疑问，但是审判人员在发问和调查核实时侧重于从客观中立的立场上查明案件事实真相，而不是为了证明某一方诉讼主体的主张，或者为了维护某一方诉讼主体的利益。正是在这个意义上，审判人员的发问和调查核实是其履行审判职能以及主持和指挥庭审活动的重要组成部分，而不是质证活动。

【质证客体】 又称质证对象，是指在法庭审理过程中由控辩双方提出并由对方进行质疑或者质问的证据。根据《刑事诉讼法司法解释》第二百六十八条的规定，对可能影响定罪量刑的关键证据和控辩双方存在争议的证据，一般应当单独举证、质证，充分听取质证意见。这意味着，质证的对象通常是一方诉讼主体提出来的受到另一方诉讼主体质疑的证据。《人民法院办理刑事案件第一审普通程序法庭调查规程（试行）》第二十八条第二款也规定，公诉人出示证据后，经审判长准许，被告人及其辩护人可以有针对性地出示证据予以反驳。由于证据只有在经过质证查证属实的情况下才能作为定案的根据，因此，法官通过庭外调查所获取的证据通常也属于质证的对象。根据《刑事诉讼法司法解释》第二百七十一条的规定，法庭对证据有疑问的，可以告知公诉人、当事人及其法定代理人、辩护人、诉讼代理人补充证据或者作出说明；必要时，可以宣布休庭，对证据进行调查核实。对公诉人、当事人及其法定代理人、辩护人、诉讼代理人补充的和审判人员庭外调查核实取得的证据，应当经过当庭质证才能作为定案的根据。但是，对不影响定罪量刑的非关键证据、有利于被告人的量刑证据以及认定被告人有犯罪前科的裁判文书等证据，经庭外征求意见，控辩双方没有异议的除外。有关情况，应当记录在案。

需要强调的是，在法庭调查过程中，向法庭提交的证据并非一律进行质证。一般而言，为了节约司法资源，提高审判效率，得到对方诉讼主体认可的证据可以不用质证，或者对质证予以简化。如《人民法院办理刑事案件庭前会议规程（试行）》第十九条第二款规定，对于控辩双方在庭前会议中没有争议的证据材料，庭审时举证、质证可以简化。《人民法院办理刑事案件第一审普通程序法庭调查规程（试行）》第二十八条第四款、第三十一条第二款甚至规定，被告人及其辩护人认为公诉人出示的有关证据对本方诉讼主张有利的，可以在发表质证意见时予以认可，或者在发表辩护意见时直接援引有关证据。《刑事诉讼法司法解释》第二百六十八条第二款规定，对控辩双方无异议的非关键证据，举证方可以仅就证据的名称及拟证明的事实作出说明。

【质证顺序】 是指在法庭审理过程中，控辩双方在对另一方当庭提交的证据进行质疑和质问时所遵循的具体步骤。由于质证是举证的后续环节，因此，质证的顺序应当以举证的顺序为基础。总体而言，在法庭调查过程中，应当先对控方证据进行质证，然后再对辩方证据进行质证。也就是说，在控方举证以后，由辩护方对控方证据进行质证，控方可以进行回应；而在辩护方举证以后，由控方对辩方证据进行质证，辩方可以进行回应。但是，在具体案件中，质证顺序可能因为不同的案件事实而存在一定差异。

【质证方式】 是指在法庭审理过程中，控辩双方在对另一方当庭提交的证据进行质疑或者质问时所采用的具体形式。在司法实践中，常见的质证方式有单个质证、分段质证（或者一组一质）、单方质证（或者一方一质）、综合质证（或者全案一质）。根据《律师办理刑事案件规范》第九十五条第一款规定，辩护律师可以就质证方式与公诉人、审判人员进行协商，根据案件不同情况既可以对单个证据发表质证意见，也可以就一组证据、一类证据，或涉及某一待证事实的多份证据发表综合质证意见。单个质证，是指每一个证据在法庭上被一方主体举出之后，立即由另一方主体对该证据进行质证。单个质证是最基本的质证方式。尤其是对于重要的或者关键的证据或者存在较大分歧的证据，通常应当采用单个质证。如《人民法院办理刑事案件第一审普通程序法庭调查规程（试行）》第三十一条第一款规定，对于可能影响定罪量刑的关键证据和控辩双方存在争议的证据，一般应当单独举证、质证，充分听取质证意见。分段质证是指把相关证据按一定原则或标准分成若干组，一组一组地进行质证，在举证方出示一组证据后，质证方对该组证据进行质证；质证时可以针对其中一个证据发表意见，也可以针对几个证据或者一组证据一起发表意见。单方质证是在法庭调查过程中先由一方诉讼主体完成自己的全部举证，然后再由另一方诉讼主体对其所举全部证据进行质证。综合质证是指控辩双方都完成举证以后，由一方诉讼主体对另一方诉讼主体的全部证据进行质疑、质问或者辩驳，同时结合己方证据发表综合意见。四种质证方式各有优劣，在法庭审判过程中，应当按照案件的具体情况选择不同的质证方式，或者综合采用几种质证方式。

【质证方法】 是指控辩双方在法庭审理过程中对另一方诉讼主体所提交的证据进行质疑或者质问时所采用的具体方式。质证的基本方法就是一方诉讼主体对另一方诉讼主体提交的证据，从证据的真实性、合法性、关联性、充分性等角度提出疑问、进行责问。在现代刑事诉讼中，英美法系当事人主义诉讼模式中的交叉询问机制被公认为是最主要的质证方法。尽管我国《刑事诉讼法》及其司法解释没有明确规定交叉询问机制，但是我国在借鉴当事人主义诉讼模式的基础上进行刑事审判方式改革的过程中大致上也确立了交叉询问的质证方法。在司法实践中，交叉询问机制实际上也受到了实务界的广泛认可。

概括而言，交叉询问机制包括以下环节：（1）主询问或者直接询问，即举证方从有利于本方的角度对己方证人进行询问。（2）反询问，即在主询问结束以后，由另一方诉讼主体就对方证人陈述的内容进行询问，以便削弱对方证人的证明价值，或者使对方证人承认有利于本方的事实。（3）再主询问，即在反询问结束以后，由举证方对己方证人再次进行主询问，以便己方证人对其在反讯问过程中回答的问题进行解释和补充，以便抵消反询问带来的不利影响，维护或者修复己方证人证言的证明价值。（4）再反询问，即在再主询问结束以后，由另一方诉讼主体就对方证人在再主询问过程中陈述的内容再次进行询问，以便进一步削弱其证明价值。交叉询问机制的最大特点就是，通过控辩双方对证人的反复询问来确定证人证言的证明价值。尽管交叉询问机制只能适用于出庭作证的人员（即所有人证），而无法适用于实物证据，但是控辩双方针对实物证据的举证说明和质证意见实际上与询问、反询问具有较大的相似性。

【质证规则】 是指法庭调查过程中，控辩双方对另一方向法庭提交的证据进行质疑或者质问时所遵循的规则。在法庭调查过程中，为了保障控辩双方进行充分质证，以便查明案件事实真相，法庭审判除了应当遵循控审分离、控辩双方平等对抗和法官居中裁判的基本诉讼格局以外，还应当遵守一定的质证规则。确立质证规则既是保障法庭查明案件事实真相、贯彻落实公开审判原则的客观需要，也是保障当事人诉讼权利、维护公正审判的制度保障。从我国《刑事诉讼法》及其司法解释的有关规定来看，我国刑事诉讼中的质证规则主要包括当庭质证规则、全面质证规则、直接质证规则、公开质证规则、法官辅助质证规则。

【当庭质证规则】 是指控辩双方对证据的质疑和质问必须当庭进行，未经当庭质证的证据不得作为定案的根据。当庭质证规则既是公开审判原则的内在要求，又是维护公正审判、保障当事人诉讼权利、查明案件事实真相的重要保障。只有在实行当庭质证规则的情况下，才可以避免法官在认定证据时的恣意擅断。根据《刑事诉讼法》第六十一条规定，证人证言必须在法庭上经过公诉人、被害人和被告人、辩护人双方质证并且查实以后，才能作为定案的根据。《刑事诉讼法司法解释》第七十一条将当庭质证规则的适用对象扩大到所有法定证据种类，即除了法律和司法解释另有规定的，所有证据只要未经当庭质证，都不得作为定案的根据。这也决定了无论是人民检察院通过补充侦查的方式在庭外获取的证据还是人民法院通过庭外调查的方式所获得的证据，都必须经过控辩双方的当庭质证之后，才能作为定案的根据。例如，根据《刑事诉讼法司法解释》第二百七十一条第二款的规定，对公诉人、当事人及其法定代理人、辩护人、诉讼代理人补充的和审判人员庭外调查核实取得的证据，应当经过当庭质证才能作为定案的根据。但是，对不影响定罪量刑的非关键证据、有利于被告人的量刑证据以及认定被告人有犯罪前科的裁判文书等证据，经庭外征求意见，控辩双方没有异议的除外。再如，根据《人民法院办理刑事案件排除非法证据规程（试行）》第二十四条第二款规定，对于控辩双方补充的和法庭庭外调查核实取得的证据，未经当庭出示、质证等法庭调查程序查证属实，不得作为证明证据收集合法性的根据。

【全面质证规则】 是指控辩双方向法庭提交的所有证据，只有经过质证等法庭调查程序查证属实，才能作为定案的根据。根据《刑事诉讼法司法解释》第七十一条规定，除了法律和司法解释另有规定的，证据未经当庭出示、辨认、质证等法庭调查程序查证属实，不得作为定案的根据。也就是说，在法庭审理过程中，控辩双方收集、提交的证据；人民法院调查收集的证据；证人证言；其他种类的证据；在庭审前收集的证据；在庭审后收集的证据；以及当存在疑问时为调查核实而进一步收集的证据，原则上都应当进行质证。否则，即使证据的真实性、可靠性无可挑剔，也不得作为定案的根据。值得强调的是，全面质证规则并非一律要求有证必质。基于审判效率、诉讼成本等方面的考虑，对于已经受到双方认可的证据，则没有必要在法庭调查过程中进行质证，或者对质证过程进行简化。例如，根据《刑事诉讼法司法解释》第二百二十九条的规定，对于双方无异议的证据，庭审时举证、质证可以简化。

【直接质证规则】 是指向法庭提交的证据只有在经过控辩双方在法庭上的直接质疑和质问以后才能作为定案的根据。直接质证规则是直接言词原则在法庭调查过程中的重要体现。尽管我国《刑事诉讼法》没有明确规定直接质证规则，但是证人、被害人、鉴定人、侦查人员出庭作证制度体现了直接质证规则的精神。只不过在没有规定传闻证据规则的情况下，我国《刑事诉讼法》仍然允许当庭宣读各种书面证据或者笔录证据。但是，对于鉴定意见而言，在鉴定人应当出庭作证而没有出庭接受质证的情况下，鉴定意见不得作为定案的根据，即根据《刑事诉讼法》第一百九十二条规定，公诉人、当事人或者辩护人、诉讼代理人对鉴定意见有异议，人民法院认为鉴定人有必要出庭的，鉴定人应当出庭作证。经人民法院通知，鉴定人拒不出庭作证的，鉴定意见不得作为定案的根据。

【公开质证规则】 是指除了特殊情况可以实行书面审理或者秘密审理，控辩双方对证据的质证活动都应当在开庭审判时公开进行。公开质证规则是公开审判原则的必然要求。最高人民法院于1999年3月8日印发的《严格执行公开审判制度规定》第一条明确规定，人民法院进行审判活动，必须坚持依法公开审判制度，做到公开开庭，公开举证、质证，公开宣判。但是公开质证规则也有例外。例如，根据《刑事诉讼法司法解释》第八十一条的规定，公开审理案件时，公诉人、诉讼参与人提出涉及国家秘密、商业秘密或者个人隐私的证据的，法庭应当制止；确与本案有关的，可以根据具体情况，决定将案件转为不公开审理，或者对相关证据的法庭调查不公开进行。再如，根据《刑事诉讼法司法解释》第一百二十条的规定，当庭调查技术调查、侦查证据材料可能危及有关人员的人身安全，或者可能产生其他严重后果的，法庭应当采取不暴露有关人员身份和技术调查、侦查措施使用的技术设备、技术方法等保护措施。必要时，审判人员可以在庭外对证据进行核实。

【法官辅助质证规则】 是指控辩双方的质证活动应当在审判人员的主持和指挥之下进行，审判人员根据案件需要有权对控辩双方的质证活动进行必要的提示，或者对存在疑问的证据进行发问或者调查核实。尽管我国在吸收当事人主义诉讼模式的基础上进行了刑事审判方式改革，但是我国仍然保留了职权主义诉讼模式的某些特点。其中一个突出的表现就是，审判人员并不是完全消极的仲裁者，法庭调查也不是完全依赖于控辩双方的自觉推动。在法庭审判过程中，审判人员作为法庭审判的主持者和指挥者，可以根据案件的审理需要对控辩双方的举证、质证活动进行必要的干预。也正是在这个意义上，我国实际上确立了控辩双方举证、质证与法官辅助查证相结合的法庭调查模式。根据《人民法院办理刑事案件第一审普通程序法庭调查规程（试行）》第二十九条第二款、第三十一条第三款、第三十六条规定，法官辅助质证规则主要体现在如下几个方面：（1）根据案件审理需要，法庭可以对控辩双方的举证、质证方式进行必要的提示。（2）对于案件中可能影响定罪量刑的事实、证据存在疑问，控辩双方没有提及的，审判长应当引导控辩双方发表质证意见，并依法调查核实。（3）法庭对证据有疑问的，可以告知控辩双方补充证据或者作出说明；必要时，可以在其他证据调查完毕后宣布休庭，对证据进行调查核实。法庭调查核实证据，可以通知控辩双方到场，并将核实过程记录在案。值得强调的是，审判人员在法庭调查活动中的提示、引导、发问和调查核实等辅助性行为都是为了从客观公正的立场上更好地查明案件事实真相，既不是基于某一方诉讼主体的利益而帮助其进行举证或者质证，也不是来代替控辩双方的举证、质证活动。

【宣读起诉文书】 是指在审判长宣布法庭调查开始后，由公诉人宣读起诉书和附带民事诉讼原告方宣读附带民事起诉状。宣读起诉文书是法庭调查的起点。根据不告不理原则，起诉是审判的基础，没有起诉就没有辩护和审判。起诉的内容决定了刑事审判的内容和范围。宣读起诉文书具有重要标志意义。根据《刑事诉讼法》第一百九十一条、《刑事诉讼法司法解释》第二百四十条规定，审判长宣布法庭调查开始后，应当先由公诉人宣读起诉书；有附带民事诉讼的，再由附带民事诉讼原告人或者其法定代理人、诉讼代理人宣读附带民事起诉状。

【就指控的犯罪事实进行陈述】 是指在公诉人宣读起诉书以后，在审判长的主持下，由被告人和被害人分别就起诉书指控的犯罪事实进行陈述，表明各自态度和意见。就被告人而言，如果认罪，就是对自己的犯罪行为进行如实陈述，或者进行有针对性的辩解；如果否认指控犯罪事实，应当允许其陈述辩解意见。对于被害人来说，就是如实陈述其了解的案件事实情况，尤其是其受到犯罪行为侵害的详细经过，以便最大限度地维护其合法权益。在法庭调查过程中，由被告人和被害人对指控事实进行陈述，对于法庭查明案件事实具有重要意义。这是因为，犯罪行为发生以后，被告人和被害人往往是最清楚案件事实的人。通过听取被告人、被害人对指控事实的陈述，既有助于法庭了解案件事实，又为后续的法庭调查活动奠定基础。而且，从举证和质证的角度来看，被告人和被害人就指控事实所作的陈述本身就是极为重要的证据。根据《刑事诉讼法》第一百九十一条、《刑事诉讼法司法解释》第二百四十一条的规定，在宣读起诉书和附带民事起诉状之后，就应当由被告人、被害人就指控犯罪事实进行陈述。

【核实认罪自愿性和真实性】 是指在被告人承认起诉书指控犯罪事实的情况下，由审判长当庭核实被告人认罪的自愿性和真实性。被告人认罪不仅有助于法庭查明案件事实真相，而且具有重要的程序意义。这是因为，在被告人认罪的情况下，人民法院可以简化法庭调查，甚至适用速裁程序或者简易程序审理。但是，前提条件是被告人的认罪具有自愿性和真实性。否则，不仅不利于法庭查明案件事实，甚至带来冤错案件的恶果。有鉴于此，《刑事诉讼法司法解释》第三百五十一条规定，对认罪认罚案件，法庭审理时应当告知被告人享有的诉讼权利和认罪认罚的法律规定，审查认罪认罚的自愿性和认罪认罚具结书内容的真实性、合法性。只有在确认被告人知悉认罪的法律后果后，才可以重点围绕量刑事实和其他有争议的问题进行调查。

【讯问被告人】 是指在被告人就指控犯罪事实进行陈述以后，由公诉人或者审判人员就指控的犯罪事实向被告人发问的一种庭审活动。根据《刑事诉讼法》第一百九十一条、《刑事诉讼法司法解释》第二百四十二条、第二百四十三条、第二百四十五条以及《人民法院办理刑事案件第一审普通程序法庭调查规程（试行）》第七条第二款、第八条、第十条的规定，在法庭调查过程中讯问被告人应当注意以下几点：（1）讯问被告人的主体既包括公诉人，也包括审判人员。

公诉人讯问被告人的目的在于揭露和证实犯罪事实；而审判人员讯问被告人的目的在于解决被告人供述和辩解中的疑问，或者就被告人供述的实质性差异进行调查核实。(2) 公诉人就起诉书指控的犯罪事实讯问被告人，应当在审判长的主持下进行。(3) 根据案件情况，公诉人就证据问题向被告人的讯问可在举证、质证环节进行。(4) 有多名被告人的案件，对被告人的讯问应当分别进行。(5) 被告人供述之间存在实质性差异的，法庭可以传唤有关被告人到庭对质。审判长可以分别讯问被告人，就供述的实质性差异进行调查核实。(6) 审判长认为有必要的，可以准许被告人之间相互发问。(7) 根据案件审理需要，审判长还可以安排被告人与证人、被害人依照上述方式进行对质。

【发问程序】 是指在法庭调查过程中，在审判长的主持和许可下，由公诉人、当事人、法定代理人、辩护人、诉讼代理人等当庭向被告人、附带民事诉讼当事人口头提出问题的一种诉讼程序。在法庭调查过程中，发问程序包括两种：一种是向被告人发问，另一种是向被害人、附带民事诉讼当事人发问。根据《刑事诉讼法》第一百九十一条、《刑事诉讼法司法解释》第二百四十二条第二款、《人民法院办理刑事案件第一审普通程序法庭调查规程（试行）》第七条第二款的规定，向被告人发问应当遵守下列规定：(1) 向被告人发问的主体包括被害人及其法定代理人、诉讼代理人，附带民事诉讼的原告人及其法定代理人、诉讼代理人，被告人的法定代理人、辩护人，以及附带民事诉讼被告人及其法定代理人、诉讼代理人。他们在发问之前，应当得到审判长的许可。(2) 根据不同的诉讼地位，向被告人发问的内容有所不同。被害人及其法定代理人、诉讼代理人可以就公诉人讯问的犯罪事实补充发问。附带民事诉讼原告人及其法定代理人、诉讼代理人可以就附带民事部分的事实向被告人发问。被告人的法定代理人、辩护人，附带民事诉讼被告人及其法定代理人、诉讼代理人可以在控诉一方就某一问题讯问完毕后向被告人发问。有多名被告人的案件，辩护人对被告人的发问，应当在审判长主持下，先由被告人本人的辩护人进行，再由其他被告人的辩护人进行。根据《刑事诉讼法司法解释》第二百四十四条、第二百四十五条以及《人民法院办理刑事案件第一审普通程序法庭调查规程（试行）》第九条第二款、第十条规定，向被害人、附带民事诉讼当事人发问应当遵守下列规定：(1) 向被害人、附带民事诉讼当事人发问的主体是控辩双方以及审判人员。(2) 控辩双方向被害人、附带民事诉讼当事人发问时，应当事先得到审判长的许可。(3) 审判人员向被害人、附带民事诉讼当事人发问的目的在于解决被告人供述和辩解中的疑问。

【出庭作证人员名单】 是指控辩双方向人民法院提交的拟准备或者需要出庭作证的证人、鉴定人、侦查人员的名单。根据《刑事诉讼法》第一百八十七条、第一百九十条，《人民检察院刑事诉讼规则》第三百五十八条、第三百九十五条第一款，《刑事诉讼法司法解释》第二百一十八条、第二百二十一条、第二百二十八条，《办理刑事案件庭前会议规程（试行）》第二条、第十条第一款、第十七条，《人民法院办理刑事案件第一审普通程序法庭调查规程（试行）》第二十六条，以及《律师办理刑事案件规范》第八十一条、第九十八条的规定，出庭作证人员名单的制作与使用应当遵守以下规定：（1）人民检察院在制作起诉书时应当附有证人、鉴定人、需要出庭的有专门知识的人的名单，需要保护的被害人、证人、鉴定人的名单。证人、鉴定人、有专门知识的人的名单应当列明姓名、性别、年龄、职业、住址、联系方式，并注明证人、鉴定人是否出庭。辩护律师申请人民法院通知证人、鉴定人、有专门知识的人等出庭的，应当制作上述人员名单，注明身份、住址、通讯方式等，并说明出庭目的。申请有专门知识的人出庭，应当提供人员名单，并不得超过2人。有多种类鉴定意见的，可以相应增加人数。（2）人民法院受理公诉案件以后应当审查起诉书是否附有证人、鉴定人名单，是否申请法庭通知证人、鉴定人、有专门知识的人出庭，是否附有需要保护的证人、鉴定人、被害人名单。（3）开庭审理前，人民法院应当通知当事人、法定代理人、辩护人、诉讼代理人在开庭5日前提供证人、鉴定人名单。（4）在庭前会议中，审判人员可以召集公诉人、当事人和辩护人、诉讼代理人，就是否申请证人、鉴定人、侦查人员、有专门知识的人出庭，以及是否对出庭人员名单有异议向控辩双方了解情况，听取意见。控辩双方对出庭证人、鉴定人、侦查人员、有专门知识的人的名单有异议，人民法院经审查认为异议成立的，应当依法作出处理；认为异议不成立的，应当依法驳回。（5）开庭的时候，审判长应当宣布鉴定人的名单，告知当事人有权对鉴定人申请回避。（6）公诉人提出在案证据材料中证人名单以外的证人出庭作证的，辩护律师有权要求法庭延期审理。

【申请出庭作证】 是指控辩双方在刑事审判过程中向人民法院提出申请，要求证人、鉴定人、侦查人员等出庭就有关案件情况进行陈述、接受发问的一种诉讼活动。申请证人、鉴定人、侦查人员等出庭作证是控辩双方为了完成其举证、质证任务所享有的一项诉讼权利。《人民法院办理刑事案件第一审普通程序法庭调查规程（试行)》第十二条明确规定，公诉人、被告人及其辩护人，被害人及其法定代理人、诉讼代理人，以及附带民事诉讼原告人及其诉讼代理人都可以申请法庭通知证人、鉴定人、侦查人员和有专门知识的人等出庭。根据《刑事诉讼法司法解释》第二百五十条规定，公诉人、当事人及其辩护人、诉讼代理人申请法庭通知有专门知识的人出庭，就鉴定意见提出意见的，应当说明理由。法庭认为有必要的，应当通知有专门知识的人出庭。由于我国没有明确区分控方证人和辩方证人，因此，只要控辩双方认为证人出庭作证对本方有利，就可以向人民法院提出证人出庭作证的要求，而不必将申请出庭作证的对象仅仅局限于本方证人。例如，根据《刑事诉讼法司法解释》第一百三十六条的规定，法庭决定对证据收集的合法性进行调查时，控辩双方申请法庭通知调查人员、侦查人员或者其他人员出庭说明情况，法庭认为有必要的，应当通知有关人员出庭。对于控辩双方的申请，人民法院应当进行审查，人民法院只有在认为有必要的情况下才会通知证人、鉴定人、侦查人员、有专门知识的人出庭。

【通知出庭作证】 是指人民法院根据案件审理需要或者认为有必要的情况下通知证人、鉴定人、侦查人员等出庭进行陈述或者发问的一种诉讼活动。证人等出庭作证不仅是控辩双方进行举证、质证的需要，而且是人民法院公正审判、查明案件事实真相的要求。在这种情况下，控辩双方只有申请证人等出庭作证的权利，而通知证人等出庭作证则由人民法院负责。人民法院通知证人等出庭作证包括两种情形：（1）基于控辩双方的申请通知出庭作证。根据《人民法院办理刑事案件庭前会议规程（试行）》第十七条第一款规定，控辩双方申请证人、鉴定人、侦查人员、有专门知识的人出庭时应当说明理由。只有在经审查认为申请理由成立的情况下，人民法院才应当通知有关人员出庭。根据《刑事诉讼法司法解释》第二百四十九条规定，公诉人、当事人或者辩护人、诉讼代理人对证人证言有异议，且该证人证言对定罪量刑有重大影响，或者对鉴定意见有异议，人民法院认为证人、鉴定人有必要出庭作证的，应当通知证人、鉴定人出庭。控辩双方对侦破经过、证据来源、证据真实性或者合法性等有异议，申请调查人员、侦查人员或者有关人员出庭，人民法院认为有必要的，应当通知调查人员、侦查人员或者有关人员出庭。（2）依照职权通知出庭作证。根据《刑事诉讼法司法解释》第二百五十一条规定，为查明案件事实、调查核实证据，人民法院可以依职权通知证人、鉴定人、有专门知识的人、调查人员、侦查人员或者其他人员出庭。值得注意的是，根据《刑事诉讼法司法解释》第二百五十二条的规定，人民法院通知有关人员出庭的，可以要求控辩双方予以协助。

【证人出庭作证】 是指证人在法庭上以言词的方式就其知道的案件情况进行陈述和接受发问的一种诉讼活动。证人出庭作证是直接言词原则的重要体现，既有助于法庭查明案件事实真相，又有利于维护公正审判，以及保障被告人的辩护权和质证权。根据《刑事诉讼法》第六十二条、第六十三条的规定，凡是知道案件情况的人，都有作证的义务。证人证言必须在法庭上经过公诉人、被害人和被告人、辩护人双方质证并且查实以后，才能作为定案的根据。为了促进和保障证人出庭作证，我国《刑事诉讼法》及其司法解释不仅明确规定了证人应当出庭作证的情形和证人出庭作证的例外，而且规定了证人保护制度、证人作证补偿制度、强制证人作证制度、证人拒绝作证制裁制度。为了保障证人出庭作证的效果，我国《刑事诉讼法》及其司法解释还对证人出庭作证过程中的发问规则、审查与认定规则等作出了明确的规定（参见“庭审证言与庭前证言矛盾的采信规则”词条）。

【证人出庭作证的条件】 是指在法庭调查过程中，证人必须出庭以便接受控辩双方的发问以及审判人员的询问所具备的条件。根据《刑事诉讼法》第一百九十二条第一款、《刑事诉讼法司法解释》第二百四十九条规定，证人必须出庭作证应当同时符合以下条件：（1）公诉人、当事人或者辩护人、诉讼代理人对证人证言有异议。这里的异议既包括对证人证言的实体性异议，如证人不符合作证资格、证人的陈述不符合实际情况、证人陈述与其他证据之间存在矛盾等，也包括对证人证言的程序性异议，如证人在询问过程中受到暴力、威胁等。（2）证人证言对案件定罪量刑有重大影响。这意味着我国刑事诉讼法强调关键性的证人原则上应当出庭作证。对案件定罪量刑有重大影响，主要是指证人所陈述的内容直接影响到被告人是否构成犯罪，或者直接影响到量刑的轻重，如证人直接目击案件的发生，证人是案件主要的甚至唯一的证人，以及证人证言对于印证其他可能定案的证据具有重要意义等。(3) 人民法院认为证人有必要出庭作证。证人是否有必要出庭作证，应当由人民法院根据控辩双方的异议情况、证人证言本身对定罪量刑的影响，结合全案情况予以综合考虑。

【证人出庭作证的例外】 是指人民法院可以允许证人不出庭作证的各种情形。尽管证人出庭作证是直接言词原则的必然要求，是实现公正审判、维护被告人辩护权和质证权、确保法庭查明案件事实真相的客观需要，但是基于各种原因，在法庭审判过程中，实际上很难确保所有证人都必须出庭作证，甚至没有必要让所有证人都出庭作证。有鉴于此，《刑事诉讼法司法解释》第二百五十三条明确规定，证人具有下列情形之一，无法出庭作证的，人民法院可以准许其不出庭：(1) 庭审期间身患严重疾病或者行动极为不便的；(2) 居所远离开庭地点且交通极为不便的；(3) 身处国外短期无法回国的；(4) 有其他客观原因，确实无法出庭的。具有上述情形的，可以通过视频等方式作证。具有其他客观原因、确实无法出庭的情形应当由人民法院结合实际情况和案件情况进行综合考虑和自由裁量。但是，这里的客观原因必须达到确实无法出庭的程度，而不是证人的主观意愿。

【证人保护制度】 是指国家为了防止打击报复证人而对证人采取保护措施的一种诉讼制度。对证人的保护措施有助于消除证人因为出庭作证而害怕打击报复的思想顾虑。从这个角度讲，完善的证人保护制度对于证人出庭作证具有一定的促进作用。尽管我国 1996 年修正的《刑事诉讼法》明确规定了证人保护制度，2012 年修正的《刑事诉讼法》对证人保护制度进行了大幅度修改。根据现行《刑事诉讼法》第六十三条规定，人民法院、人民检察院和公安机关应当保障证人及其近亲属的安全。对证人及其近亲属进行威胁、侮辱、殴打或者打击报复，构成犯罪的，依法追究刑事责任；尚不构成刑事处罚的，依法给予治安管理处罚。根据《人民检察院刑事诉讼规则》第七十九条第三款、第五款规定，人民检察院依法决定不公开证人、鉴定人、被害人的真实姓名、住址和工作单位等个人信息的，可以在起诉书、询问笔录等法律文书、证据材料中使用化名代替证人、鉴定人、被害人的个人信息。但是应当另行书面说明使用化名的情况并标明密级。对证人及其近亲属进行威胁、侮辱、殴打或者打击报复，构成犯罪或者应当给予治安管理处罚的，人民检察院应当移送公安机关处理；情节轻微的，予以批评教育、训诫。根据《刑事诉讼法司法解释》第二百五十七条规定，决定对出庭作证的证人、鉴定人、被害人采取不公开个人信息的保护措施的，审判人员应当在开庭前核实其身份，对证人、鉴定人如实作证的保证书不得公开，在判决书、裁定书等法律文书中可以使用化名等代替其个人信息。

【证人、鉴定人与被害人的特殊保护】

是指在危害国家安全犯罪等案件中，为了保证证人、鉴定人、被害人及其近亲属的人身安全，人民法院、人民检察院和公安机关在刑事诉讼中所采取的特殊保护措施。根据《刑事诉讼法》第六十四条的规定，对于危害国家安全犯罪、恐怖活动犯罪、黑社会性质的组织犯罪、毒品犯罪等案件，证人、鉴定人、被害人因在诉讼中作证，本人或者其近亲属的人身安全面临危险的，人民法院、人民检察院和公安机关应当采取以下一项或者多项保护措施：（1）不公开真实姓名、住址和工作单位等个人信息。（2）采取不暴露外貌、真实声音等出庭作证措施。（3）禁止特定的人员接触证人、鉴定人、被害人及其近亲属。（4）对人身和住宅采取专门性保护措施。（5）其他必要的保护措施。证人、鉴定人、被害人认为因在诉讼中作证，本人或者其近亲属的人身安全面临危险的，可以向人民法院、人民检察院、公安机关请求予以保护。人民法院、人民检察院、公安机关依法采取保护措施，有关单位和个人应当配合。《人民检察院刑事诉讼规则》第七十九条第一款、第二款、第四款基本重申了以上规定。除了重申以上规定以外，《刑事诉讼法司法解释》第二百五十六条还规定，审判期间，证人、鉴定人、被害人提出保护请求的，人民法院应当立即审查；认为确有保护必要的，应当及时决定采取相应保护措施，必要时，可以商请公安机关协助。

【证人作证补偿制度】 是指国家为了避免证人因为作证带来的不必要损失而对证人予以适当补偿的一种诉讼制度。从理论上讲，如果证人因为出庭作证所遭受的经济损失无法得到补偿，那么这种制度安排不仅对证人而言有失公平，而且可能导致证人丧失出庭作证的积极性。正是在这个意义上，将证人作证补偿制度作为证人出庭作证的一个重要保障措施。根据《刑事诉讼法》第六十五条规定，证人因履行作证义务而支出的交通、住宿、就餐等费用，应当给予补助。证人作证的补助列入司法机关业务经费，由同级政府财政予以保障。有工作单位的证人作证，所在单位不得克扣或者变相克扣其工资、奖金及其他福利待遇。根据《刑事诉讼法司法解释》第二百五十四条规定，证人出庭作证所支出的交通、住宿、就餐等费用，人民法院应当给予补助。《人民法院办理刑事案件第一审普通程序法庭调查规程（试行）》第十七条规定，证人、鉴定人和有专门知识的人出庭作证所支出的交通、住宿、就餐等合理费用，除由控辩双方支付的以外，列入出庭作证补助专项经费，在出庭作证后由人民法院依照规定程序发放。《人民检察院刑事诉讼规则》第八十条也规定，证人在人民检察院侦查、审查起诉阶段因履行作证义务而支出的交通、住宿、就餐等费用，人民检察院应当给予补助。

【强制证人作证制度】 是指人民法院在证人应当作证而没有正当理由不出庭作证的情况下强制其到庭作证的一种诉讼制度。这是我国立法机关在2012年修改《刑事诉讼法》时增加的一项制度。根据现行《刑事诉讼法》第一百九十三条的规定，经人民法院通知，证人没有正当理由不出庭作证的，人民法院可以强制其到庭，但是被告人的配偶、父母、子女除外。根据《刑事诉讼法司法解释》第二百五十五条、《人民法院办理刑事案件第一审普通程序法庭调查规程（试行）》第十五条第二款规定，强制证人出庭的，应当由院长签发强制证人出庭令，并由法警执行。必要时，可以商请公安机关协助执行。根据《人民检察院刑事诉讼规则》第四百零五条规定，对于经人民法院通知而未到庭的证人的证言笔录存在疑问、确实需要证人出庭作证，且可以强制其到庭的，公诉人应当建议人民法院强制证人到庭作证和接受质证。

【证人拒绝作证制裁制度】 是指人民法院在证人应当作证而没有正当理由拒绝出庭或者出庭后拒绝作证的情况下对证人加以制裁的一种诉讼制度。这是我国立法机关在2012年修改《刑事诉讼法》时新增加的一项制度。通过制裁拒不出庭作证的证人，有助于改变证人出庭率过低的现象。根据现行《刑事诉讼法》第一百九十三条第二款规定，证人没有正当理由拒绝出庭或者出庭后拒绝作证的，予以训诫，情节严重的，经院长批准，处以10日以下的拘留。被处罚人对拘留决定不服的，可以向上一级人民法院申请复议。复议期间不停止执行。

【证人出庭作证程序】 是指在法庭调查过程中，证人进行当庭陈述以及审判人员、公诉人及当事人及其法定代理人、诉讼代理人、辩护人对出庭作证的证人进行发问时所遵循的一种诉讼程序。根据《刑事诉讼法》第一百九十四条，《刑事诉讼法司法解释》第二百五十八条、第二百五十九条，《人民法院办理刑事案件第一审普通程序法庭调查规程（试行)》第十七条至第十九条的规定，证人出庭作证程序主要包括：（1）核实身份和告知有关事项。证人、鉴定人到庭后，审判人员应当核实其身份、与当事人以及本案的关系，审查证人、鉴定人的作证能力、专业资质，告知其有关作证的权利义务，告知其要如实地提供证言和有意作伪证或者隐匿罪证要负的法律责任。（2）签署保证书。证人、鉴定人作证前，应当保证向法庭如实提供证言、说明鉴定意见，并在保证书上签名。（3）陈述证言。证人出庭后，先向法庭陈述其知道的案件情况。（4）举证方发问。在证人陈述完毕以后，经审判长许可，由申请通知证人出庭的一方发问。（5）对方发问。在申请方发问完毕以后，经审判长许可，对方也可以发问。（6）发表质证意见和再次发问。控辩双方向证人发问完毕后，可以发表本方对证人证言的质证意见。控辩双方如有新的问题，经审判长准许，可以再行向证人发问。（7）审判人员发问。审判人员认为必要时，可以询问证人。法庭依职权通知证人出庭的情形下，审判人员应当主导对证人的询问。经审判长准许，被告人可以向证人发问。根据《刑事诉讼法司法解释》第二百六十条，对被害人、鉴定人、侦查人员、有专门知识的人的发问，参照适用证人的作证程序。

【证人发问规则】 是指在法庭审理过程中，在对证人进行询问或者发问时应当遵循的规则。证人发问规则是法庭查明案件事实真相、提高法庭调查效率、避免证人受到发问的不当干扰的需要。根据《刑事诉讼法司法解释》第二百六十一条第一款、《人民法院办理刑事案件第一审普通程序法庭调查规程（试行)》第二十条的规定，向证人发问应当遵循发问应与案件相关规则、禁止诱导性规则、禁止误导证人规则、禁止威胁证人规则、禁止损害证人人格尊严规则和禁止泄露证人个人隐私规则。值得强调的是，根据《刑事诉讼法司法解释》第二百六十一条第二款规定，对被告人、被害人、附带民事诉讼当事人、鉴定人、有专门知识的人、调查人员、侦查人员或者其他人员的讯问、发问，适用上述规定。这意味着，证人发问规则实际上是审判人员、控辩双方向诉讼参与人发问时共同遵守的庭审规则。根据《刑事诉讼法司法解释》第二百六十二条规定，控辩双方的讯问、发问方式违反有关发问规则的，对方可以提出异议。对方当庭提出异议的，发问方应当说明发问理由，审判长判明情况予以支持或者驳回；对方未当庭提出异议的，审判长也可以根据情况予以制止。

【发问应与案件相关规则】 是指在法庭调查过程中，对被告人、被害人、证人、鉴定人等人证的发问内容必须与本案事实有关的一项庭审规则。判断发问内容与案件事实是否具有相关性的关键在于提出的问题应当与案件事实之间具有实质性的联系，所提问题包含的内容对案件事实具有证明价值。根据《刑事诉讼法司法解释》第二百六十二条、《人民法院办理刑事案件第一审普通程序法庭调查规程（试行）》第二十一条、第二十二条规定，控辩双方的讯问、发问方式不当或者内容与本案无关的，对方可以提出异议，申请审判长制止。审判长应当判明情况予以支持或者驳回；对方未提出异议的，审判长也可以根据情况予以制止。审判长认为证人当庭陈述的内容与案件事实无关或者明显重复的，还可以进行必要的提示。根据《刑事诉讼法》第一百九十四条第一款，在公诉人、当事人和辩护人、诉讼代理人向证人、鉴定人发问时，如果审判长认为发问的内容与案件无关，应当制止。根据《刑事诉讼法司法解释》第二百四十七条的规定，控辩双方申请证人出庭作证，出示证据，应当说明证据的名称、来源和拟证明的事实。对方提出异议，认为有关证据与案件无关或者明显重复、不必要，法庭经审查异议成立的，可以不予准许。根据《律师办理刑事案件规范》第九十一条，公诉人、其他辩护人、诉讼代理人、审判人员发问的问题与本案无关的，辩护律师可以提出异议并申请审判长予以制止。

【禁止诱导性规则】 是指在法庭调查过程中，在对证人等进行发问时不得提出带有诱导性质的问题。带有诱导性质的问题，是指直接或者间接暗示了特定答案的问题，或者假设了某待证事项存在的问题，即问题本身包含了答案的暗示性问题。根据《刑事诉讼法司法解释》第二百六十一条第一款第二项、《人民法院办理刑事案件第一审普通程序法庭调查规程（试行）》第二十条第二项规定，向证人发问，不得采用诱导方式发问。根据《人民检察院刑事诉讼规则》第四百零二条规定，讯问被告人、询问证人不得采取可能影响陈述或者证言客观真实的诱导性发问以及其他不当发问方式。辩护人向被告人或者证人进行诱导性发问以及其他不当发问可能影响陈述或者证言的客观真实的，公诉人可以要求审判长制止或者要求对该项陈述或者证言不予采纳。《律师办理刑事案件规范》第九十一条也规定，公诉人、其他辩护人、诉讼代理人、审判人员采用诱导方式发问的，辩护律师可以提出异议并申请审判长予以制止。

【禁止误导证人规则】 是指在法庭调查过程中，在对证人等进行发问时不得提出带有误导性质的问题。带有误导性质的问题，是指提出的问题具有迷惑性或者另有用意，容易使证人产生误解，进而导致证人难以如实地进行陈述。根据《人民法院办理刑事案件第一审普通程序法庭调查规程（试行）》第二十条第四项，向证人发问，不得误导证人。根据《律师办理刑事案件规范》第九十一条，如果公诉人、其他辩护人、诉讼代理人、审判人员在向证人发问时提出容易形成误导或者误解的问题，辩护律师可以以发问方式不当为由提出异议，并申请审判长予以制止。

【禁止威胁证人规则】 是指在法庭调查过程中，在对证人等进行发问时不得提出带有威胁性的问题。带有威胁性的问题，是指在发问时带有威胁性的语气或者内容，足以使证人在回答问题时产生一定的恐惧，从而导致证人无法就其知道的案件情况进行如实的陈述，甚至不得不歪曲事实，被迫迎合发问者。有鉴于此，在发问时如果威胁证人，不仅有可能损害证人的合法权益，而且有可能妨碍法庭查明案件事实真相。为了避免发问时威胁证人，《刑事诉讼法司法解释》第二百六十一条第一款第三项、《人民法院办理刑事案件第一审普通程序法庭调查规程（试行）》第二十条第三项规定，向证人发问，不得威胁证人。根据《律师办理刑事案件规范》第九十一条规定，公诉人、其他辩护人、诉讼代理人、审判人员以威胁方式发问的，辩护律师可以提出异议并申请审判长予以制止。

【禁止损害证人人格尊严规则】 是指在法庭调查过程中，在对证人等进行发问时不得采取侮辱、责骂等有损证人人格尊严的方式。尽管证人应当承担出庭作证的义务，但是作为重要的诉讼参与人，其权利应当受到应有的保障。根据《刑事诉讼法》第十四条第二款规定，诉讼参与人对于审判人员、检察人员等侵犯公民诉讼权利和人身侮辱的行为，有权提出控告。为了保障证人的人格尊严不受侵犯，《刑事诉讼法司法解释》第二百六十一条第一款第四项、《人民法院办理刑事案件第一审普通程序法庭调查规程（试行）》第二十条第四项规定，向证人发问，不得损害证人人格尊严。根据《律师办理刑事案件规范》第九十一条规定，公诉人、其他辩护人、诉讼代理人、审判人员发问的问题损害被告人人格尊严的，辩护律师可以提出异议并申请审判长予以制止。

【禁止泄露证人个人隐私规则】 是指在法庭调查过程中，在对证人等进行发问时不得采取泄露证人个人隐私的方式。个人隐私是公民享有的一项宪法权利和基本人权。尽管证人在刑事诉讼中承担出庭作证的义务，但是证人的个人隐私仍然应当得到充分保障。法庭审判不能基于查明案件事实真相的需要而置证人的个人隐私于不顾。为了保障证人的个人隐私，《人民法院办理刑事案件第一审普通程序法庭调查规程（试行）》第二十条第五项规定，向证人发问，不得泄露证人个人隐私。根据《律师办理刑事案件规范》第九十一条规定，如果公诉人、其他辩护人、诉讼代理人、审判人员在发问时泄露证人的个人隐私，辩护律师可以以发问方式不当为由提出异议，并申请审判长予以制止。

【分别发问规则】 是指在法庭审理过程中，在对多名被告人、被害人、证人等进行发问时应当分别进行或者个别进行，而不能同时进行发问。在法庭审判过程中，为了防止相互之间的干扰，在对多名被告人、被害人、证人等进行发问或者询问时应当分别进行。根据《刑事诉讼法司法解释》第二百四十三条、《人民法院办理刑事案件第一审普通程序法庭调查规程（试行）》第八条规定，讯问同案审理的被告人，应当分别进行。根据

《人民法院办理刑事案件第一审普通程序法庭调查规程（试行）》第二十三条规定，有多名证人出庭作证的案件，向证人发问应当分别进行。多名证人出庭作证的，应当在法庭指定的地点等候，不得谈论案情，必要时可以采取隔离等候措施。证人出庭作证后，审判长应当通知法警引导其退庭。证人不得旁听对案件的审理。被害人没有列为当事人参加法庭审理，仅出庭陈述案件事实的，参照适用以上规定。为了遵循分别发问规则，《刑事诉讼法司法解释》第二百六十四条、第二百六十五条规定，向证人、调查人员、侦查人员发问应当分别进行。证人、鉴定人、有专门知识的人、调查人员、侦查人员或者其他人员不得旁听对本案的审理。有关人员作证或者发表意见后，审判长应当告知其退庭。值得注意的是，根据《人民法院办理刑事案件第一审普通程序法庭调查规程（试行）》第二十七条第二款及《刑事诉讼法司法解释》第二百六十四条规定，同一鉴定意见由多名鉴定人作出，有关鉴定人以及对该鉴定意见进行质证的有专门知识的人，可以同时出庭，不受分别发问规则的限制。

【证人对质程序】　是指在法庭审理过程中，人民法院根据审理需要由证人同被告人或者其他证人进行当庭对质，以便调查核实证人证言同被告人供述与辩解或者其他证人证言之间的实质性差异。在法庭审判过程中，为了防止相互之间的干扰，在对证人进行发问或者询问时应当分别进行。但是，在证人证言之间或者证人证言同被告人供述与辩解之间存在实质性差异的情况下，人民法院根据案件审理需要，可以安排证人同被告人或者其他证人进行当庭对质，或者准许证人之间进行相互发问。证人对质程序包括两种情形：（1）证人之间的相互对质。根据《人民法院办理刑事案件第一审普通程序法庭调查规程（试行）》第二十四条规定，证人证言之间存在实质性差异的，法庭可以传唤有关证人到庭对质。审判长可以分别询问证人，就证言的实质性差异进行调查核实。经审判长准许，控辩双方可以向证人发问。审判长认为有必要的，可以准许证人之间相互发问。（2）证人、被害人同被告人之间的对质。根据《人民法院办理刑事案件第一审普通程序法庭调查规程（试行）》第八条规定，如果被告人供述与证人证言、被害人陈述之间存在实质性差异，审判长根据案件审理需要可以安排被告人与证人、被害人进行当庭对质。审判长可以讯问被告人或者询问证人、被害人，以便对被告人供述与证人证言、被害人陈述之间的实质性差异进行调查核实。经审判长准许，控辩双方也可以向被告人、证人、被害人讯问或者发问。审判长认为有必要的，可以准许被告人之间相互发问。根据《人民检察院刑事诉讼规则》第四百零二条规定，讯问共同犯罪案件的被告人、询问证人应当个别进行。如果被告人、证人对同一事实的陈述存在矛盾需要对质的，公诉人可以建议法庭传唤有关被告人、通知有关证人同时到庭对质，必要时可以建议法庭询问被告人。

【鉴定人出庭作证】　是指鉴定人在法庭上以言词的方式就鉴定意见进行陈述和接受发问的一种诉讼活动。鉴定人出庭作证是实现公正审判的重要保障，是直接言词原则的重要体现，是刑事庭审实质化的必然要求。根据《刑事诉讼法》第一百九十二条第三款规定，鉴定人在同时符合以下两个条件的情况下必须出庭作证：（1）公诉人、当事人或者辩护人、诉讼代理人对鉴定意见有异议。（2）人民法院认为鉴定人有必要出庭。在满足以上两个条件而且人民法院通知鉴定人出庭作证的情况下，如果鉴定人拒不出庭作证的，那么鉴定意见不得作为定案的根据。但是，根据《实施刑事诉讼法规定》第29条、《刑事诉讼法司法解释》第九十九条第二款、第三款规定，如果鉴定人由于不能抗拒的原因或者有其他正当理由无法出庭的，人民法院可以根据案件审理情况决定延期审理或者重新鉴定。鉴定人无正当理由拒不出庭作证的，人民法院应当通报司法行政机关或者有关部门。根据《刑事诉讼法司法解释》第二百四十九条规定，公诉人、当事人或者辩护人、诉讼代理人对证人证言有异议，且该证人证言对定罪量刑有重大影响，或者对鉴定意见有异议，人民法院认为证人、鉴定人有必要出庭作证的，应当通知证人、鉴定人出庭。控辩双方对侦破经过、证据来源、证据真实性或者合法性等有异议，申请调查人员、侦查人员或者有关人员出庭，人民法院认为有必要的，应当通知调查人员、侦查人员或者有关人员出庭。

【鉴定人拒不出庭作证的后果】 是指在应当出庭作证的鉴定人无正当理由拒不出庭作证的情况下，鉴定意见不得作为定案的根据。根据《刑事诉讼法》第一百九十二条、《刑事诉讼法司法解释》第九十九条、第二百四十九条以及《人民法院办理刑事案件第一审普通程序法庭调查规程（试行）》第四十九条规定，公诉人、当事人或者辩护人、诉讼代理人对鉴定意见有异议，人民法院认为鉴定人有必要出庭的，鉴定人应当出庭作证。经人民法院通知，如果鉴定人不出庭作证，应当根据不同的情形采取不同的处理措施：（1）如果鉴定人没有正当理由拒不出庭作证，鉴定意见不得作为定案的根据。（2）鉴定人由于不能抗拒的原因或者有其他正当理由无法出庭的，人民法院可以根据情况决定延期审理或者重新鉴定。（3）对鉴定人无正当理由拒不出庭作证的，人民法院应当通报司法行政机关或者有关部门。

【侦查人员出庭作证】 是指侦查人员在法庭审判过程中就侦破经过、证据来源、证据真实性、证据收集合法性或者执行职务时目击的犯罪情况进行说明、陈述或者接受发问的一种诉讼活动。侦查人员出庭作证是我国刑事审判方式改革不断深入和非法证据排除规则不断完善的产物。如《关于办理死刑案件审查判断证据若干问题的规定》第三十九条、2010年《办理刑事案件排除非法证据规定》第七条都对侦查人员出庭作证制度作出了初步的规定。2012年修正的《刑事诉讼法》从立法层面确立了侦查人员出庭作证制度。就我国《刑事诉讼法》及其司法解释的有关规定来看，侦查人员出庭作证具有如下特点：（1）侦查人员主要是就程序性事实出庭作证，但也可以就实体性事实出庭作证。（2）控辩双方都可以申请侦查人员出庭作证，法庭也可以根据审理需要传唤侦查人员出庭作证。（3）侦查人员应当以证人身份出庭作证，对侦查人员的发问、质证可以参照证人出庭作证的程序进行。为了贯彻落实直接言词原则，《刑事诉讼法司法解释》第一百三十五条规定，公诉人提交的取证过程合法的说明材料，应当经有关调查人员、侦查人员签名，并加盖单位印章。未经签名或者盖章的，不得作为证据使用。上述说明材料不能单独作为证明取证过程合法的根据。而在侦查人员应当出庭作证而没有出庭作证的情况下，可能会带来排除证据的法律后果。例如，根据2017年《办理刑事案件排除非法证据规程（试行）》第二十三条规定，侦查人员或者其他人员出庭的，应当向法庭说明证据收集过程，并就相关情况接受发问。经人民法院通知，侦查人员不出庭说明情况，不能排除以非法方法收集证据情形的，对有关证据应当予以排除。

【见证人出庭作证】 是指在法庭审理过程中，在辩护方对证据合法性以外的其他程序事实存在争议的情况下，公诉人建议合议庭通知见证人出庭予以陈述有关情况的一种诉讼制度。为了监督刑事侦查活动，我国《刑事诉讼法》明确规定侦查机关在搜查、查封、扣押、冻结、勘验、检查、辨认、侦查实验等侦查活动中应当邀请与案件无关的见证人在场。而当控辩双方对这些侦查活动的合法性存在争议时，就可以由目击这些侦查活动的见证人出庭就侦查活动的有关情况予以作证。根据《人民检察院刑事诉讼规则》第四百一十二条、第四百一十三条规定，在法庭审理过程中，对证据合法性以外的其他程序事实存在争议的，公诉人应当出示、宣读有关诉讼文书、侦查或者审查起诉活动笔录。如果对于搜查、查封、扣押、冻结、勘验、检查、辨认、侦查实验等侦查活动中形成的笔录存在争议，需要负责侦查的人员以及搜查、查封、扣押、冻结、勘验、检查、辨认、侦查实验等活动的见证人出庭陈述有关情况的，公诉人可以建议合议庭通知其出庭。对于见证人出庭作证，应当适用证人出庭作证程序。

【专家辅助人制度】 是指具有专门知识的人出庭就鉴定意见向鉴定人发问或者提出意见的一种诉讼制度。专家辅助人制度是2012年修正的《刑事诉讼法》新增加的一项诉讼制度。由具有专门知识的人（即专家辅助人）就鉴定意见当庭提出意见，有助于法庭审查鉴定意见的可靠性和准确性。根据《刑事诉讼法》第一百九十七条，《刑事诉讼法司法解释》第二百二十八条、第二百五十条、第二百六十一条、第二百六十三条、第二百六十五条，《人民检察院刑事诉讼规则》第四百零四条、第四百二十条，以及《人民法院办理刑事案件第一审普通程序法庭调查规程（试行）》第十三条、第十七条、第二十六条、第二十七条的规定，专家辅助人制度包括如下内容：(1) 庭前异议。在庭前会议中，审判人员可以就是否对有专门知识的人的名单有异议向控辩双方了解情况，听取意见。(2) 申请和审查。公诉人、当事人及其辩护人、诉讼代理人在庭审中可以申请法庭通知有专门知识的人出庭，就鉴定意见提出意见，或者协助本方就鉴定意见进行质证，但是应当说明理由。申请有专门知识的人出庭，应当提供人员名单，但是不得超过2人。有多种类鉴定意见的，可以相应增加人数。对于控辩双方的申请，法庭应当作出是否同意的决定。(3) 通知。法庭经审查认为有必要的，应当通知有专门知识的人出庭，控辩双方协助有专门知识的人到庭。为查明案件事实、调查核实证据，人民法院也可以依职权通知有专门知识的人到庭。(4) 作证补偿。有专门知识的人出庭作证所支出的交通、住宿、就餐等合理费用，除由控辩双方支付的以外，列入出庭作证补助专项经费，在出庭作证后由人民法院依照规定程序发放。(5) 出庭。

有专门知识的人可以与鉴定人同时出庭，在鉴定人作证后向鉴定人发问，并对案件中的专门性问题提出意见。有专门知识的人出庭，适用鉴定人出庭的有关规定。（6）发问。向证人发问应当遵循的规则适用于对具有专门知识的人的发问。同一鉴定意见由多名鉴定人作出，有关鉴定人以及对该鉴定意见进行质证的有专门知识的人，可以同时出庭，不受分别发问规则的限制。审判人员认为必要时，可以询问有专门知识的人。具有专门知识的人经控辩双方发问或者审判人员询问后，审判长应当告知其退庭，具有专门知识的人不得旁听对本案的审理。

【出具报告的人出庭作证】 是指接受指派、聘请的具有专门知识的人员在对案件中的专门性问题出具报告以后，出席法庭进行陈述和接受发问的一种诉讼活动。根据《刑事诉讼法司法解释》第一百条规定，因无鉴定机构，或者根据法律、司法解释的规定，指派、聘请有专门知识的人就案件的专门性问题出具的报告，可以作为证据使用。对报告的审查与认定，参照适用鉴定意见审查认定的有关规定。经人民法院通知，出具报告的人拒不出庭作证的，有关报告不得作为定案的根据。

【宣读书面证据材料】 是指在法庭审理过程中，控辩双方当庭宣读未到庭的证人的证言笔录、鉴定人的鉴定意见、勘验笔录和其他作为证据的文书。根据《刑事诉讼法》第一百九十五条规定，对未到庭的证人的证言笔录、鉴定人的鉴定意见、勘验笔录和其他作为证据的文书，公诉人、辩护人应当当庭宣读。审判人员应当听取公诉人、当事人和辩护人、诉讼代理人的意见。《人民法院办理刑事案件第一审普通程序法庭调查规程（试行）》第三十四条进一步规定，控辩双方对证人证言、被害人陈述、鉴定意见无异议，有关人员不需要出庭的，或者有关人员因客观原因无法出庭且无法通过视频等方式作证的，可以出示、宣读庭前收集的书面证据材料或者作证过程录音录像。被告人当庭供述与庭前供述的实质性内容一致的，可以不再出示庭前供述；当庭供述与庭前供述存在实质性差异的，可以出示、宣读庭前供述中存在实质性差异的内容。根据《人民法院办理刑事案件第一审普通程序法庭调查规程（试行）》第二十五条第一款的规定，证人出庭作证的，其庭前证言一般不再出示、宣读，但下列情形除外：（1）证人出庭作证时遗忘或者遗漏庭前证言的关键内容，需要向证人作出必要提示的。（2）证人的当庭证言与庭前证言存在矛盾，需要证人作出合理解释的。以上规定表明，在我国刑事诉讼法没有明确规定传闻证据规则的情况下，宣读具有传闻证据性质的各种笔录等书面证据材料仍然是一种重要的举证方式。

《人民检察院刑事诉讼规则》第三百九十七条、第三百九十八条、第四百零三条、第四百零五条、第四百零六条、第四百零八条、第四百零九条、第四百一十二条、第四百二十条对公诉人如何宣读笔录等各种书面材料作出了全面而系统的规定：（1）人民检察院提起公诉向人民法院移送全部案卷材料、证据后，在法庭审理过程中，公诉人需要宣读有关证据的，可以申请法庭宣读。（2）被告人在庭审中的陈述与在侦查、审查起诉中的供述一致或者不一致的内容不影响定罪量刑的，可以不宣读被告人供述笔录。被告人在庭审中的陈述与在侦查、审查起诉中的供述不一致，足以影响定罪量刑的，可以宣读被告人供述笔录，并针对笔录中被告人的供述内容对被告人进行讯问，或者提出其他证据进行证明。（3）对于经人民法院通知而未到庭的证人或者出庭后拒绝作证的证人的证言笔录，公诉人应当当庭宣读。证人进行虚假陈述的，应当通过发问澄清事实，必要时还应当宣读证人在侦查、审查起诉阶段提供的证言笔录或者出示、宣读其他证据对证人进行询问。（4）对于鉴定意见、勘验、检查、辨认、侦查实验等笔录和其他作为证据的文书以及经法院通知未到庭的被害人的陈述笔录，公诉人应当当庭宣读。（5）宣读书证应当对书证所要证明的内容、获取情况作概括的说明。对该书证进行鉴定的，应当宣读鉴定意见。（6）在法庭审理过程中，对证据合法性以外的其他程序事实存在争议的，公诉人应当出示、宣读有关诉讼文书、侦查或者审查起诉活动笔录。（7）在法庭审判过程中，公诉人宣读开庭前移送人民法院的证据以外的证据，需要给予被告人、辩护人必要时间进行辩护准备的，可以建议法庭延期审理。

【出示证据】 是指在法庭审理过程中，在有关言词证据的举证活动结束以后，由控辩双方申请法庭出示物证、书证，出示并播放作为证据的视听资料、电子数据等证据。根据《刑事诉讼法》第一百九十五条，《刑事诉讼法司法解释》第二百四十六条至第二百四十八条、第二百六十七条至第二百七十条，以及《人民法院办理刑事案件第一审普通程序法庭调查规程（试行）》第二十五条、第二十八条、第二十九条、第三十二条、第三十三条、第三十五条、第三十七条的规定，出示实物证据应当遵守下列规定：（1）在法庭审理过程中，控辩双方都可以向法庭申请出示物证、书证等实物证据。（2）控辩双方申请出示实物证据时应当说明证据的名称、来源和拟证明的事实。法庭认为有必要的，应当准许；对方提出异议，认为有关证据与案件无关或者明显重复、不必要，法庭经审查异议成立的，可以不予准许。（3）对于物证等实物证据应当出示原物、原件。取得原物、原件确有困难的，可以出示照片、录像、副本、复制件等足以反映原物、原件外形和特征以及真实内容的材料，并说明理由。对于鉴定意见和勘验、检查、辨认、侦查实验等笔录，应当出示原件。采用技术侦查措施收集的证据，也应当当庭出示。（4）控辩双方随案移送或者庭前提交，但没有当庭出示的证据，审判长可以进行必要的提示；对于其中可能影响定罪量刑的关键证据，审判长应当提示控辩双方出示。（5）已经移送人民法院的证据，控辩双方需要出示的，法庭同意后可以指令值庭法警或者相关人员予以协助。控辩双方申请出示庭前未移送或提交人民法院的证据，对方提出异议的，申请方应当说明理由，法庭经审查认为理由成立并确有出示必要的，应当准许。对方提出需要对新的证据作辩护准备的，法庭可以宣布休庭，并确定准备的时间。（6）控辩双方出示证据，应当重点围绕与案件事实相关的内容或者控辩双方存在争议的内容进行。出示证据时，可以借助多媒体设备等方式出示、播放或者演示证据内容。（7）在控方出示实物证据以后，辩护方也可以提请审判长出示实物证据，进行有针对性的反驳。举证方当庭出示证据后，由对方发表质证意见。（8）为核实证据来源、证据真实性等问题，或者帮助证人回忆，经审判长准许，控辩双方可以在询问证人时向其出示物证、书证等证据。

【申请出示开庭前未移送的证据】 是指在法庭审理过程中，控辩双方向人民法院提出申请，要求出示开庭前未移送人民法院的证据的一种诉讼活动。在法庭审理过程中，控辩双方仍然可以向人民法院申请出示开庭前尚未移送人民法院的证据。但是，为了保护被告人的辩护权，现行司法解释赋予辩护方提出异议和申请延期审理的权利。根据《刑事诉讼法司法解释》第二百七十二条、《人民法院办理刑事案件第一审普通程序法庭调查规程（试行）》第三十七条规定，根据控辩双方申请出示庭前未移送或提交人民法院的证据，对方提出异议的，申请方应当说明理由，法庭经审查认为理由成立并确有出示必要的，应当准许。对方提出需要对新的证据作辩护准备的，法庭可以宣布休庭，并确定准备的时间。根据《人民检察院刑事诉讼规则》第四百二十条、《律师办理刑事案件规范》第一百一十一条的规定，如果控辩双方在法庭审理过程中申请出示开庭前未移送人民法院的证据，对方都有权申请法庭延期审理。

【申请重新鉴定或勘验】 是指在法庭审理过程中，控辩双方依法向人民法院提出申请，要求对刑事诉讼中的有关问题进行重新鉴定或者勘验的一种诉讼活动。根据《刑事诉讼法》第一百九十七条、第二百零四条，《刑事诉讼法司法解释》第二百三十八条、第二百七十三条，《办理刑事案件庭前会议规程（试行）》第十条、第十五条，《人民法院办理刑事案件第一审普通程序法庭调查规程（试行）》第三十八条，以及《人民检察院刑事诉讼规则》第四百二十条第一款的规定，申请重新鉴定或勘验应当遵守下列规定：(1) 在法庭审理过程中，当事人及其法定代理人、辩护人、诉讼代理人享有申请重新鉴定或者勘验的诉讼权利。人民检察院也有权申请重新鉴定或者勘验。(2) 在庭前会议中，主持人可以就是否申请重新鉴定或者勘验向控辩双方了解情况，听取意见。(3) 审判长应当告知当事人及其法定代理人、辩护人、诉讼代理人在法庭审理过程中依法享有申请重新鉴定或者勘验、检查的诉讼权利。(4) 法庭审理过程中，控辩双方申请重新鉴定或者勘验的，都应当提供要求重新鉴定或者勘验的理由。法庭经审查认为有必要的，应当同意，并宣布延期审理；不同意的，应当说明理由并继续审理。人民法院经审查认为理由成立，有关证据材料可能影响定罪量刑且不能补正的，应当准许。另外，根据《刑事诉讼法司法解释》第九十九条第二款的规定，鉴定人由于不能抗拒的原因或者有其他正当理由无法出庭的，人民法院可以根据情况决定延期审理或者重新鉴定。

【申请调取新证据】 是指法庭审理过程中，控辩双方依法向人民法院提出申请，要求调取新证据的一种诉讼活动。根据《刑事诉讼法》第一百九十七条、第二百零四条，《刑事诉讼法司法解释》第二百三十八条、第二百七十三条第一款，《办理刑事案件庭前会议规程（试行）》第十条，《人民法院办理刑事案件第一审普通程序法庭调查规程（试行）》第三十八条，以及《人民检察院刑事诉讼规则》第四百零四条的规定，申请调取新证据应当遵守下列规定：(1) 在法庭审理过程中，当事人及其法定代理人、辩护人、诉讼代理人享有申请通知新的证人到庭、调取新的物证的诉讼权利。人民检察院也有权申请通知新的证人到庭、调取新的物证。(2) 在庭前会议中，主持人可以就是否申请提供新的证据材料向控辩双方了解情况，听取意见。（3）审判长应当告知当事人及其法定代理人、辩护人、诉讼代理人在法庭审理过程中依法享有申请通知新的证人到庭、调取新的证据的诉讼权利。（4）法庭审理过程中，控辩双方申请通知新的证人到庭、调取新的证据的，应当提供证人的基本信息、证据的存放地点，说明拟证明的事项。法庭经审查认为有必要的，应当同意，并宣布休庭；根据案件情况，可以决定延期审理。

【申请调取无罪或者罪轻的证据】 是指在法庭审理过程中，辩护方认为在侦查、审查起诉期间公安机关、人民检察院收集的证明被告人无罪或者罪轻的证据材料未随案移送，依法向人民法院提出书面申请，要求人民法院向人民检察院予以调取。根据《刑事诉讼法》第五十二条规定，检察人员、侦查人员在刑事诉讼过程中应当全面收集证据，而不能仅仅收集有罪或者罪重的证据（参见“全面收集证据原则”词条）。为了贯彻落实全面收集证据原则，充分保障辩护方的证据知悉权，以及防止控诉方故意隐藏对犯罪嫌疑人、被告人有利的证据，《刑事诉讼法》第四十一条明确规定，辩护人认为在侦查、审查起诉期间公安机关、人民检察院收集的证明犯罪嫌疑人、被告人无罪或者罪轻的证据材料未提交的，有权申请人民检察院、人民法院调取。根据《刑事诉讼法司法解释》第五十七条、《人民法院办理刑事案件第一审普通程序法庭调查规程（试行）》第四十一条规定，辩护人认为在调查、侦查、审查起诉期间监察机关、公安机关、人民检察院收集的证明被告人无罪或者罪轻的证据材料未随案移送，申请人民法院调取的，应当以书面形式提出，并提供相关线索或者材料。人民法院向人民检察院调取需要调查核实的证据材料，或者根据被告人及其辩护人的申请，向人民检察院调取在侦查、审查起诉期间收集的有关被告人无罪或者罪轻的证据材料，应当向人民检察院调取。人民检察院移送相关证据材料后，人民法院应当及时通知辩护人。

【庭外调查核实证据】 是指在法庭审理过程中，在对证据有疑问的情况下，合议庭宣布休庭，对证据进行调查核实的一种诉讼制度。之所以赋予人民法院庭外证据调查权，不仅在于更好地确保法庭查明案件事实真相，而且在控辩双方力量对比过于悬殊而辩护律师参与率又比较低的情况下，由法庭进行庭外证据调查可以更好地实现控辩双方的平等对抗和保护被告人的合法权益。根据《刑事诉讼法》第一百九十六条、《刑事诉讼法司法解释》第七十九条、第二百七十一条以及《人民法院办理刑事案件第一审普通程序法庭调查规程（试行）》第三十六条的规定，庭外调查核实证据应当遵守下列规定：（1）庭外调查的条件。法庭审理过程中，合议庭对证据有疑问的，可以告知控辩双方补充证据或者作出说明；必要时，可以在其他证据调查完毕后宣布休庭，对证据进行调查核实。（2）调查手段。人民法院调查核实证据，可以进行勘验、检查、查封、扣押、鉴定和查询、冻结。（3）通知控辩双方在场。人民法院在庭外调查核实证据时，在必要的情况下可以通知检察人员、辩护人、自诉人及其法定代理人到场，并将核实过程记录在案。上述人员未到场的，应当记录在案。根据《律师办理刑事案件规范》第一百一十二条规定，法庭进行庭外调查并通知控辩双方到场的，辩护律师应当到场。（4）提取证据。人民法院调查核实证据时，发现对定罪量刑有重大影响的新的证据材料的，应当告知检察人员、辩护人、自诉人及其法定代理人。必要时，也可以直接提取，并及时通知检察人员、辩护人、自诉人及其法定代理人查阅、摘抄、复制。（5）质证。对于控辩双方补充的和法庭庭外调查核实取得的证据，应当经过庭审质证才能作为定案的根据。但是，对于不影响定罪量刑的非关键性证据和有利于被告人的量刑证据，经庭外征求意见，控辩双方没有异议的除外。

【庭外调查活动监督】 是指人民检察院对人民法院的庭外调查活动是否合法进行的一种法律监督。根据《人民检察院刑事诉讼规则》第四百一十四条、第四百一十六条，在法庭审理过程中，合议庭对证据有疑问并在休庭后进行勘验、检查、查封、扣押、鉴定和查询、冻结的，人民检察院应当依法进行监督，发现上述活动有违法情况的，应当提出纠正意见。人民法院根据申请收集、调取的证据或者合议庭休庭后自行调查取得的证据，应当经过庭审出示、质证才能决定是否作为判决的依据。未经庭审出示、质证直接采纳为判决依据的，人民检察院应当提出纠正意见。

【恢复法庭调查】 是指在法庭辩论或者被告人最后陈述的过程中，合议庭发现与定罪量刑有关的新的事实需要调查时，由审判长宣布暂停辩论或者被告人最后陈述，对新的事实展开法庭调查，待调查结束以后，继续进行法庭辩论或者被告人最后陈述。根据《刑事诉讼法司法解释》第二百八十六条、第二百八十八条规定，恢复法庭调查具有如下特点：（1）既可以在法庭辩论过程中恢复法庭调查，也可以在被告人最后陈述阶段恢复法庭调查。（2）合议庭对于是否恢复法庭调查享有自由裁量权。根据《律师办理刑事案件规范》第一百二十四条规定，在第一审宣告判决前，辩护律师发现有新的或遗漏的事实、证据需要查证的，可以申请恢复法庭调查。（3）合议庭恢复法庭调查的原因在于，在法庭辩论或者被告人最后陈述过程中，合议庭发现了有必要调查的与定罪量刑有关的新的事实或证据。所谓新的事实，既包括在此前的法庭调查阶段控辩双方没有向法庭提交的证据所指向的案件事实，也包括控辩双方虽然在法庭调查阶段已经向法庭提交了部分证据予以证明的事实，而在法庭辩论阶段或者被告人最后陈述阶段又发现的事实。有必要调查，是指如果不恢复法庭调查，新的事实可能会影响到人民法院作出正确的裁判结果。

【法庭辩论阶段】 是指在法庭调查结束以后，在审判长的主持下，由控辩双方就案件事实、证据认定、法律适用等问题进行相互辩论和反驳的一个庭审阶段。根据《刑事诉讼法司法解释》第二百八十条规定，合议庭认为案件事实已经调查清楚的，应当由审判长宣布法庭调查结束，开始就定罪、量刑、涉案财物处理的事实、证据和适用法律等问题进行法庭辩论。在法庭辩论阶段，既是控方进一步揭露犯罪、证实犯罪的过程，也是辩方反驳控诉、维护被告人合法权益的过程。在法庭辩论阶段，合议庭应当引导控辩双方始终围绕与案件有关的问题进行辩论，而不能由控辩双方辩论与定罪量刑毫无关系的问题。在法庭辩论阶段，当出现法定情形时，应当暂停法庭辩论，恢复法庭调查，甚至需要延期审理。审判长在宣布法庭辩论结束前，应当征求控辩双方是否还有新的意见，在控辩双方表示没有新的意见后，应当宣布法庭辩论结束，从而使法庭审理进入被告人最后陈述阶段。

【法庭辩论】 是指在审判长的主持下，由控辩双方就案件事实、证据认定、法律适用等问题当庭发表意见，相互进行辩论和反驳的一种诉讼活动。根据《刑事诉讼法》第一百九十八条规定，法庭审理过程中，对与定罪、量刑有关的事实、证据都应当进行调查、辩论。经审判长许可，公诉人、当事人和辩护人、诉讼代理人可以对证据和案件情况发表意见并且可以互相辩论。这意味着，法庭辩论既可以在法庭调查阶段进行，也可以在法庭辩论阶段进行。在法庭调查阶段，经审判长许可，控辩双方可以根据案件的具体情况临时进行辩论。而在法庭辩论阶段，控辩双方的辩论比较集中，严格遵循辩论的顺序和程序。法庭辩论的主要目的不仅在于使控辩双方有充分机会表明己方观点，充分阐述理由和根据，从而从程序上保障当事人和诉讼参与人的合法权益，而且在于确保法庭兼听则明，在准确认定证据、查明案件事实的基础上作出公正的裁判。法庭辩论的内容是与定罪量刑有关的事实、证据和法律等各种问题。控辩双方在相互辩论和反驳的过程中应当坚持以事实为根据、以法律为准绳，做到有理有据有节，既不能无理取闹，过于纠缠对定罪量刑没有影响的细枝末节问题，也不能进行人身攻击，随意打断对方发言。否则，审判长有权进行制止。根据《刑事诉讼法司法解释》第二百八十五条，法庭辩论过程中，审判长应当充分听取控辩双方的意见，对控辩双方与案件无关、重复或者指责对方的发言应当提醒、制止。

【法庭辩论的顺序】 是指在法庭辩论阶段，在审判长的主持下，控辩双方在进行相互辩论和反驳时所遵循的先后步骤和程序。根据《刑事诉讼法司法解释》第二百八十一条规定，法庭辩论应当在审判长的主持下，按照下列顺序进行：(1) 公诉人发言。(2) 被害人及其诉讼代理人发言。(3) 被告人自行辩护。(4) 辩护人辩护。(5) 控辩双方进行辩论。前四项活动称为法庭辩论的第一个回合。在第一个回合结束以后，控辩双方可以反复进行辩论，即第二个回合或者多个回合的辩论，直到双方充分发表意见，审判长宣告法庭辩论结束为止。根据《刑事诉讼法司法解释》第二百八十三条、第二百八十四条规定，正确适用法庭辩论的顺序，还应当注意以下两点：(1) 对被告人认罪的案件，法庭辩论时，可以引导控辩双方主要围绕量刑和其他有争议的问题进行。对被告人不认罪或者辩护人做无罪辩护的案件，法庭辩论时，可以指引控辩双方先辩论定罪问题，后辩论量刑问题和其他问题。(2) 附带民事部分的辩论应当在刑事部分的辩论结束后进行，先由附带民事诉讼原告人及其诉讼代理人发言，后由附带民事诉讼被告人及其诉讼代理人答辩。另外，根据《人民检察院刑事诉讼规则》第四百一十七条规定，在法庭辩论中，公诉人与被害人、诉讼代理人意见不一致的，公诉人应当认真听取被害人、诉讼代理人的意见，阐明自己的意见和理由。

【公诉意见书】 又称公诉词，是指公诉人在法庭辩论阶段，以起诉书为基础，结合法庭调查情况，进一步揭露、指控、论证被告人的犯罪行为时当庭所作的综合性发言。公诉意见书是公诉人在法庭辩论阶段对案件发表的带有总结性的发言。公诉意见书以起诉书为基础，但不是起诉书的简单重复，而是对起诉书的补充和论证，在总结法庭调查的基础上，进一步在事实上、证据上、法律上等方面揭露被告人的犯罪行为。公诉意见书包括首部、正文和尾部三个组成部分。

首部包括：(1) 标题，写明××××人民检察院公诉意见书。(2) 被告人姓名，若有多个被告人，应当分别列明。(3) 案由，写明指控的罪名。(4) 起诉书的编号。这几项内容不必在法庭上进行宣读。

正文包括：(1) 抬头，根据合议庭组成人员情况书写，即审判长、审判员(人民陪审员)。(2) 出庭任务和法律依据，即"根据《刑事诉讼法》第一百八十九条、第二百零九条的规定，我(们)受××××人民检察院的指派，代表本院，以国家公诉人的身份，出席法庭支持公诉，并依法对刑事诉讼活动进行法律监督。现对本案证据和案件情况发表如下意见，请法庭注意"。(3) 具体的公诉意见，分别从三个方面进行论证。①根据法庭调查的情况，概述法庭质证的情况、各证据的证明作用，并运用各证据之间的逻辑关系，以证明被告人的犯罪事实清楚，证据确实充分。如果有多个被告人，还应当区别表述各个被告人的地位与作用。②根据被告人的犯罪事实，结合社会调查报告、取保候审、观护帮教情况报告、心理测评结论等，论证应适用的法律条款，以及法庭应当考虑的量刑情节，提出定罪及从重、从轻、减轻处罚等意见。③根据庭审情况，在揭露被告人犯罪行为的社会危害性的基础上，分析被告人的犯罪原因，应当吸取的教训，开展必要的法制宣传和教育挽救工作。关于法制宣传和教育的内容是否需要，要视具体情况而定。

尾部包括：(1) 结束语，即"综上所述，起诉书认定本案被告人×××的犯罪事实清楚，证据确实充分，依法应当认定被告人有罪，并建议……(提出量刑建议，或者从重、从轻、减轻处罚等意见)"。(2) 公诉人的姓名，以及当庭发表公诉意见书的时间。

【辩护词】 是指辩护人在法庭辩论阶段，以法庭调查情况为基础，为了履行辩护职责，维护被告人的合法权益，在法庭上就案件事实、证据认定、法律适用等问题所发表的综合性辩护意见。在法庭上发表辩护词，既是辩护人履行其辩护职责的重要体现，又有助于维护被告人的合法权益。辩护词分为序言、事实与理由、结论三个组成部分。在序言部分，辩护人首先应当说明其出庭辩护的合法性，然后明确表明对本案的基本看法。事实与理由部分是辩护词的中心内容。辩护人应当根据法庭对案件事实调查的情况，针对公诉人及其他诉讼参与人发表的辩论意见，结合案件争议焦点事实、证据、程序及法律适用问题，充分发表辩护意见。辩护人在发表辩护词时既要维护被告人的合法权益，提出被告人应当无罪、罪轻、从轻、减轻或者免除刑事处罚的理由和根据，又要坚持以事实为根据、以法律为准绳，不能故意歪曲和违反法律。在结论部分，辩护人应当简明扼要地概括、总结辩护意见，请求人民法院在评议裁判时予以考虑。根据中华全国律师协会于 2017 年 9 月 20 日印发的《律师办理刑事案件规范》第一百二十一条至第一百二十三条，辩护律师发表辩护意见所依据的证据，引用的法律要清楚、准确。辩护律师的辩护意见应当观点明确，重点突出，论据充分，论证有力，逻辑严谨，用词准确，语言简洁。辩护律师在与公诉人相互辩论中，重点针对控诉方的新问题、新观点，结合案件争议焦点发表意见。在司法实践中，辩护词或者辩护人的辩护意见主要分为无罪辩护和罪轻辩护两种。

【无罪辩护】 是指被告人及其辩护人在法庭辩论阶段，根据事实和法律进行的否认犯罪指控，论证被告人没有构成犯罪行为、不应当受到刑事责任追究的一种辩护。由于定罪是量刑的前提，因此，在无罪辩护中通常不需要涉及量刑问题。根据《律师办理刑事案件规范》第一百一十六条、第一百一十八条规定，辩护律师对于起诉书指控犯罪持有异议，提出无罪辩护或者依法不应当追究刑事责任的辩护，可以从以下方面发表辩论意见：（1）被告人没有犯罪事实的意见。（2）指控的事实不清，证据不足的意见。（3）指控被告人的行为依法不构成犯罪的意见。（4）被告人未达到法定刑事责任年龄的意见。（5）被告人属于依法不负刑事责任的精神病人的意见。（6）根据《刑事诉讼法》第十六条的规定，提出不应当追究刑事责任的意见。辩护律师做无罪辩护的案件，法庭辩论时，辩护律师可以先就定罪问题发表辩论意见，然后就量刑问题发表意见。值得注意的是，根据2020年11月5日公布的《规范量刑程序意见》第十五条规定，在法庭调查阶段，应当在查明定罪事实的基础上，查明有关量刑事实，被告人及其辩护人可以出示证明被告人无罪或者罪轻的证据，当庭发表质证意见。在法庭辩论阶段，审判人员引导控辩双方先辩论定罪问题。在定罪辩论结束后，审判人员告知控辩双方可以围绕量刑问题进行辩论，发表量刑建议或者意见，并说明依据和理由。被告人及其辩护人参加量刑问题的调查的，不影响作无罪辩解或者辩护。

【罪轻辩护】 是指被告人及其辩护人在法庭辩论阶段，在承认被告人构成犯罪的情况下，根据事实和法律进行的罪轻、从轻、减轻或者免除刑事处罚的一种辩护。基于刑事辩护的职责，在被告人构成犯罪的情况下，辩护人只能提出被告人应当从轻、减轻或者免除刑事处罚的辩护意见。罪轻辩护通常包括两种情形：（1）在指控罪名成立的情况下，辩护人就量刑问题发表辩护意见时，应当提出对被告人进行从轻、减轻或者免除刑事处罚的材料和意见，包括对刑罚执行方式提出意见。（2）在被告人虽然构成犯罪但是指控罪名存在错误的情况下，提出被告人构成其他处罚相对较轻的罪名的材料和意见。根据《律师办理刑事案件规范》第一百一十七条、第一百一十九条规定，辩护律师对于起诉书指控的罪名不持异议，可以从量刑方面发表辩论意见，包括针对检察机关提出的量刑建议及其理由发表意见。辩护律师认为起诉书指控的犯罪罪名不成立，但指控的犯罪事实构成其他处罚较轻的罪名，在事先征得被告人同意的情况下，可以提出改变罪名的辩护意见。

【恢复法庭辩论】 是指被告人在最后陈述过程中提出了新的辩解理由，合议庭认为可能影响正确裁判时，由审判长宣布暂停最后陈述，由控辩双方就新的辩解理由进行辩论，在辩论结束以后，再继续由被告人作最后陈述。根据《刑事诉讼法司法解释》第二百八十八条规定，审判长恢复法庭辩论应当满足下列条件：（1）被告人在作最后陈述时提出了新的辩解理由。（2）合议庭认为新的辩解理由可能影响正确裁判。合议庭对于是否恢复法庭辩论享有自由裁量权。尽管恢复法庭辩论有可能降低法庭审判的效率，但是恢复法庭辩论不仅有助于维护被告人的最后陈述权，而且有利于人民法院作出正确的裁判结果。

【量刑程序】 是指人民法院在法庭审理过程中就量刑问题进行相对独立处理时所遵循的一种诉讼程序。为了进一步规范量刑活动，促进量刑公开和公正，构建相对独立的量刑程序，最高人民法院、最高人民检察院等相关部门于 2009 年开始进行量刑程序改革。其改革目标主要是进一步规范法官审理刑事案件的刑罚裁量权，通过将量刑纳入法庭审理程序，增强量刑的公开性与透明度，统一法律适用标准，更好地贯彻落实宽严相济的刑事政策。2020 年 11 月 5 日公布的《规范量刑程序意见》第一条规定，人民法院审理刑事案件，在法庭审理中应当保障量刑程序的相对独立性。相对独立性，是指在法庭调查与法庭辩论这两个程序中将量刑问题放在相对独立的阶段单独进行处理，以便突出量刑程序在刑事审判中的应有意义与价值。其突出的表现就是，无论是法庭调查过程中还是在法庭辩论过程中，法庭都是就定罪事实和量刑事实分开进行调查和辩论。

【量刑事实】 是指除了犯罪构成要件事实以外的能够反映犯罪行为轻重、免除刑事处罚的各种事实。量刑事实实际上就是有关量刑情节的各种事实情况（参见“实体法事实”词条）。根据不同的标准，可以将量刑事实分为不同的种类。例如，根据事实是否由法律明确规定，量刑事实分为法定量刑事实和酌定量刑事实；根据事实是否有利于被告人，量刑事实分为有利于被告人的量刑事实和不利于被告人的量刑事实；根据不同的性质，量刑事实分为人身危险性事实和社会危害性事实；根据事实对量刑结果的不同影响，量刑事实分为罪重事实和罪轻事实；等等。根据《规范量刑程序意见》第二条规定，侦查机关、人民检察院应当依照法定程序，全面收集、审查、移送证明犯罪嫌疑人、被告人犯罪事实、量刑情节的证据。根据《刑事诉讼法司法解释》第二百七十条规定，审判期间，合议庭发现被告人可能有自首、坦白、立功等法定量刑情节，而人民检察院移送的案卷中没有相关证据材料的，应当通知人民检察院在指定时间内移送；被告人提出新的立功线索的，人民法院可以建议人民检察院补充侦查。根据《刑事诉讼法司法解释》第二百七十六条、《规范量刑程序意见》第十七条规定，法庭审理过程中，对与量刑有关的事实、证据，应当进行调查。人民法院除应当审查被告人是否具有法定量刑情节外，还应当根据案件情况审查各种影响量刑的酌定情节（参见“量刑证据”词条）。

【定罪事实】 是指被告人是否构成犯罪以及构成何种犯罪的事实。定罪与量刑是法庭审判中密切联系的两个环节。定罪是量刑的前提与基础，量刑是定罪的法律后果。定罪不准，量刑势必失当。而定罪正确与否的关键在于人民法院能否准确查明和认定定罪事实。考虑到人民法院在刑事审判过程中的定罪依据是《刑法》规定的犯罪构成要件，因此，定罪事实实际上就是证明被告人的行为是否符合犯罪构成要件的各种事实。进一步而言，定罪事实就是与犯罪主体、犯罪主观方面、犯罪客体、犯罪客观方面相联系的各种事实。从定罪所要解决的基本问题来看，定罪事实包括区分罪与非罪的事实，区分此罪与彼罪的事实，区分一罪与数罪的事实，区分故意犯罪阶段的事实，以及是否属于共同犯罪的事实。为了准确查明和认定定罪事实，人民法院在法庭审判过程中必须坚持以事实为根据、以法律为准绳的原则，做到事实清楚、证据确实充分。

【量刑意见】 是指在法庭审理过程中，控辩双方向人民法院提出来的对被告人如何判处刑罚的各种意见。根据《人民检察院刑事诉讼规则》第二百七十四条、《人民检察院办理认罪认罚案件开展量刑建议工作的指导意见》第三十一条、《规范量刑程序意见》第九条规定，人民检察院既可以在量刑建议书中提出量刑意见，也可以在公诉意见书或者公诉词中提出量刑意见。根据《规范量刑程序意见》第十条规定，在刑事诉讼中，自诉人、被告人及其辩护人、被害人及其诉讼代理人可以提出量刑意见，并说明理由，人民检察院、人民法院应当记录在案并附卷。量刑意见应当有相应证据和理由。

【量刑事实的调查】 是指人民法院在法庭审理过程中就量刑事实所进行的法庭调查活动。根据《刑事诉讼法司法解释》第二百七十八条、《人民法院办理刑事案件第一审普通程序法庭调查规程（试行）》第四十四条、《规范量刑程序意见》第十二条至第十四条规定，人民法院在法庭审理过程中应当根据不同的情形进行量刑事实的调查：（1）适用速裁程序审理的案件，在确认被告人认罪认罚的自愿性和认罪认罚具结书内容的真实性、合法性后，一般不再进行法庭调查、法庭辩论，但在判决宣告前应当听取辩护人的意见和被告人的最后陈述意见。适用速裁程序审理的案件，应当当庭宣判。（2）适用简易程序审理的案件，在确认被告人对起诉书指控的犯罪事实和罪名没有异议，自愿认罪且知悉认罪的法律后果后，法庭审理可以直接围绕量刑进行，不再区分法庭调查、法庭辩论，但在判决宣告前应当听取被告人的最后陈述意见。适用简易程序审理的案件，一般应当当庭宣判。（3）适用普通程序审理的被告人认罪案件，在确认被告人了解起诉书指控的犯罪事实和罪名，自愿认罪且知悉认罪的法律后果后，法庭审理主要围绕量刑和其他有争议的问题进行，可以适当简化法庭调查、法庭辩论程序。

根据《规范量刑程序意见》第十一条、第十七条、第十八条、第二十六条第二款，人民法院在调查量刑事实时还应当注意以下几点：（1）人民法院、人民检察院、侦查机关应当告知犯罪嫌疑人、被告人申请法律援助的权利，对符合法律援助条件的，依法通知法律援助机构指派律师为其提供辩护或者法律帮助。（2）在法庭调查中，人民法院应当查明对被告人适用具体法定刑幅度的犯罪事实以及法定或者酌定量刑情节。（3）人民法院、人民检察院、侦查机关或者辩护人委托有关方面制作涉及未成年人的社会调查报告的，调查报告应当在法庭上宣读，并进行质证。（4）对于不开庭审理的二审、再审案件，审判人员在阅卷、讯问被告人、听取自诉人、辩护人、被害人及其诉讼代理人的意见时，应当注意审查量刑事实和证据。

【量刑的程序规则】 是指人民法院在法庭审理过程中组织调查量刑事实、辩论量刑问题时所遵循的程序要求。根据《规范量刑程序的意见》第十五条、第十六条，量刑的程序规则包括：（1）在法庭调查阶段，定罪证据和量刑证据分开出示的，应当先出示定罪证据，后出示量刑证据。在法庭辩论阶段，审判人员引导控辩双方先辩论定罪问题。在定罪辩论结束后，审判人员告知控辩双方可以围绕量刑问题进行辩论，发表量刑建议或者意见。（2）对于被告人不认罪或者辩护人做无罪辩护的案件，法庭调查和法庭辩论分别进行。被告人及其辩护人参加量刑问题的调查的，不影响作无罪辩解或者辩护。（3）适用简易程序和普通程序审理的被告人认罪案件，在确认被告人了解起诉书指控的犯罪事实和罪名，自愿认罪且知悉认罪的法律后果后，法庭审理主要围绕量刑和其他有争议的问题进行，可以适当简化法庭调查、法庭辩论程序。

【调查核实量刑证据】 是指人民法院在调查量刑事实的过程中，对于有疑问的量刑证据，在宣布休庭之后对证据进行调查核实。根据《规范量刑程序意见》第十九条的规定，在法庭审理中，审判人员对量刑证据有疑问的，可以宣布休庭，对证据进行调查核实，必要时也可以要求人民检察院补充调查核实。人民检察院补充调查核实有关证据，必要时可以要求侦查机关提供协助。对于控辩双方补充的证据，应当经过庭审质证才能作为定案的根据。但是，对于有利于被告人的量刑证据，经庭外征求意见，控辩双方没有异议的除外。根据《刑事诉讼法司法解释》第二百七十七条的规定，审判期间，合议庭发现被告人可能有自首、坦白、立功等法定量刑情节，而人民检察院移送的案卷中没有相关证据材料的，应当通知人民检察院在指定时间内移送。审判期间，被告人提出新的立功线索的，人民法院可以建议人民检察院补充侦查。

【调取量刑证据】 是指人民法院根据被告人及其辩护人的申请，在认为确有必要的情况下依法调取辩护方因为客观原因未能收集到的量刑证据。根据《规范量刑程序意见》第二十条的规定，被告人及其辩护人、被害人及其诉讼代理人申请人民法院调取在侦查、审查起诉阶段收集的量刑证据材料，人民法院认为确有必要的，应当依法调取；人民法院认为不需要调取的，应当说明理由。

【量刑辩论】 是指人民法院在法庭审理过程中就如何判处刑罚所进行的法庭辩论活动。根据《刑事诉讼法司法解释》第二百八十三条，对被告人认罪的案件，法庭辩论时，应当指引控辩双方主要围绕量刑和其他有争议的问题进行。对被告人不认罪或者辩护人作无罪辩护的案件，法庭辩论时，可以指引控辩双方先辩论定罪问题，后辩论量刑问题。根据《规范量刑程序意见》第二十一条的规定，在法庭辩论中，量刑辩论按照以下顺序进行：（1）公诉人发表量刑建议，或者自诉人及其诉讼代理人发表量刑意见。（2）被害人及其诉讼代理人发表量刑意见。（3）被告人及其辩护人发表量刑意见。

【恢复量刑事实调查】 是指在法庭辩论或者被告人最后陈述阶段，在发现新的量刑事实从而需要进一步调查的情况下，合议庭宣布暂停辩论或者陈述，恢复法庭调查，待量刑事实调查清楚以后继续进行法庭辩论或者最后陈述。根据《规范量刑程序意见》第二十二条的规定，在法庭辩论中，出现新的量刑事实，需要进一步调查的，应当恢复法庭调查，待事实查清后继续法庭辩论。

【量刑的指导原则】 是指人民法院在法庭审理结束以后，在对被告人判处刑罚、落实刑事责任时所遵循的基本原则。根据《常见犯罪的量刑指导意见（试行）》《规范量刑程序意见》，量刑的指导原则包括：（1）量刑应当以事实为根据，以法律为准绳，根据犯罪的事实、性质、情节和对于社会的危害程度，决定判处的刑罚。（2）量刑既要考虑被告人所犯罪行的轻重，又要考虑被告人应负刑事责任的大小，做到罪责刑相适应，实现惩罚和预防犯罪的目的。（3）量刑应当贯彻宽严相济的刑事政策，做到该宽则宽，当严则严，宽严相济，罚当其罪，确保裁判政治效果、法律效果和社会效果的统一。（4）量刑要客观、全面把握不同时期不同地区的经济社会发展和治安形势的变化，确保刑法任务的实现；对于同一地区同一时期案情相似的案件，所判处的刑罚应当基本均衡。

【量刑步骤】 是指人民法院在法庭审理结束以后，在对被告人判处刑罚时所遵循的基本顺序。根据《常见犯罪的量刑指导意见（试行）》，人民法院量刑时应当以定性分析为主，定量分析为辅，依次确定量刑起点、基准刑和宣告刑。其基本步骤为：（1）确定量刑起点。量刑起点是指根据具体犯罪的基本犯罪构成事实的一般既遂状态在相应的法定刑幅度内所应判处的刑罚。人民法院在量刑时应当根据基本犯罪构成事实在相应的法定刑幅度内确定量刑起点。确定量刑起点时，既可以直接按照法定最低刑来确定，也可以在考虑被告人的主观恶性、人身危险性等因素的基础上在法定最低刑之上确定。（2）确定基准刑。基准刑是在不考虑各种法定和酌定量刑情节的前提下，根据基本犯罪事实的既遂状态所应判处的刑罚。基本犯罪事实包括基本犯罪构成事实和其他影响犯罪构成的犯罪数额、犯罪次数、犯罪后果等犯罪事实。人民法院在量刑时应当根据其他影响犯罪构成的犯罪数额、犯罪次数、犯罪后果等犯罪事实，在量刑起点的基础上增加刑罚量确定基准刑。（3）确定宣告刑。宣告刑是人民法院对构成犯罪的被告人依法判处和宣告应当实际执行的刑罚。人民法院在量刑时应当根据量刑情节调节基准刑，并综合考虑全案情况，依法确定宣告刑。

【量刑方法】 是指人民法院依法对构成犯罪的被告人判处刑罚、落实刑事责任时所采取的具体操作方法和技术。根据《常见犯罪的量刑指导意见（试行）》，人民法院在量刑的过程中应当坚持以定性分析为主、定量分析为辅的量刑方法，即在定性分析的基础上进行定量分析。量刑时要充分考虑各种法定和酌定量刑情节，根据案件的全部犯罪事实以及量刑情节的不同情形，依法确定量刑情节的适用及其调节比例。具体确定各个量刑情节的调节比例时，应当综合平衡调节幅度与实际增减刑罚量的关系，确保罪责刑相适应。具体而言，调节基准刑的方法包括：（1）具有单个量刑情节的，根据量刑情节的调节比例直接调节基准刑。(2)具有多个量刑情节的，一般根据各个量刑情节的调节比例，采用同向相加、逆向相减的方法调节基准刑；具有未成年人犯罪、老年人犯罪、限制行为能力的精神病人犯罪、又聋又哑的人或者盲人犯罪，防卫过当、避险过当、犯罪预备、犯罪未遂、犯罪中止，从犯、胁从犯和教唆犯等量刑情节的，先适用该量刑情节对基准刑进行调节，在此基础上，再适用其他量刑情节进行调节。(3)被告人犯数罪，同时具有适用于个罪的立功、累犯等量刑情节的，先适用该量刑情节调节个罪的基准刑，确定个罪所应判处的刑罚，再依法实行数罪并罚，决定执行的刑罚。

确定宣告刑的方法包括：(1)量刑情节对基准刑的调节结果在法定刑幅度内，且罪责刑相适应的，可以直接确定为宣告刑；如果具有应当减轻处罚情节的，应依法在法定最低刑以下确定宣告刑。(2)量刑情节对基准刑的调节结果在法定最低刑以下，具有法定减轻处罚情节，且罪责刑相适应的，可以直接确定为宣告刑；只有从轻处罚情节的，可以依法确定法定最低刑为宣告刑；但是根据案件的特殊情况，经最高人民法院核准，也可以在法定刑以下判处刑罚。(3)量刑情节对基准刑的调节结果在法定最高刑以上的，可以依法确定法定最高刑为宣告刑。(4)综合考虑全案情况，独任审判员或合议庭可以在20%的幅度内对调节结果进行调整，确定宣告刑。当调节后的结果仍不符合罪责刑相适应原则的，应提交审判委员会讨论，依法确定宣告刑。(5)综合全案犯罪事实和量刑情节，依法应当判处无期徒刑以上刑罚、拘役、管制或者单处附加刑、缓刑、免予刑事处罚的，应当依法适用。

【量刑说理】 是指人民法院在裁判文书中详细阐述如何判处刑罚、落实刑事责任的理由和根据。为了保证量刑程序与裁判文书的公开与透明，《规范量刑程序意见》第二十五条规定，人民法院应当在刑事裁判文书中说明量刑理由。量刑说理主要包括：(1)已经查明的量刑事实及其对量刑的影响。(2)是否采纳公诉人、自诉人、被告人及其辩护人、被害人及其诉讼代理人发表的量刑建议、意见及理由。(3)人民法院判处刑罚的理由和法律依据。

【量刑的证据规则】 是指人民法院在运用量刑证据判处刑罚、落实刑事责任时所遵循的证据规则。根据《规范量刑程序意见》，量刑的证据规则包括：(1)人民法院在审判过程中，应当分别查明对被告人从重、从轻、减轻或者免除处罚的法定或者酌定量刑情节。(2)在量刑事实的证明过程中，为了查明被告人的主观恶性和人身危险性，人民法院认为有必要时，允许使用能够反映被告人一贯表现或者特定品行、品质的证据。(3)公诉人和自诉人应当就其关于刑罚适用的意见提供证据予以证明。(4)被告人及其辩护人应当就其关于从轻、减轻或者免除处罚等量刑意见提供证据。被告人及其辩护人由于客观原因未能收集到相关证据的，人民法院可以根据被告人及其辩护人的申请，依法调取有关证据。(5)人民法院在案件审理过程中，发现被告人可能有自首、立功等法定或者酌定量刑情节，但是起诉或者移送的案卷材料中没有相关证据材料的，可以向人民检察院调取在侦查、审查起诉中收集的有关证据材料或者建议人民检察院进行补充侦查。人民检察院应当移送有关证据材料（或者作出说明）或者进行补充侦查。(6) 证明对被告人从重处罚的事实，应当达到事实清楚，证据确实、充分标准。证明对被告人从轻、减轻或者免除处罚的事实，达到较大可能性程度即可。(7) 被告人及其辩护人就量刑事实举证后，控诉方提出反对意见的，对反对意见的证明应当达到事实清楚，证据确实、充分标准。

【被告人最后陈述】 是指在法庭辩论终结以后，由被告人就有关案件事实和法律问题发表意见和提出要求的一种诉讼活动。根据《刑事诉讼法》第一百九十八条第三款规定，最后陈述是被告人享有的一项重要诉讼权利。在法庭调查和法庭辩论终结后，由被告人作最后陈述，既有利于被告人充分行使自己的辩护权，又有利于审判人员全面分析案情，作出正确的裁判结果。为了保障被告人的最后陈述权，《刑事诉讼法》第一百九十八条、《刑事诉讼法司法解释》第二百八十七条第一款规定，审判长宣布法庭辩论终结后，合议庭应当保证被告人充分行使最后陈述的权利。被告人最后陈述是人民法院开庭审理案件的法定必经程序，是法庭审判程序中的一个独立阶段。该程序应当在法庭辩论终结以后、合议庭评议之前进行。在最后陈述阶段，被告人既可以对法庭调查和法庭辩论过程中涉及的事实和证据、定罪量刑等问题进一步发表意见，充分行使自己的辩护权，也可以说明犯罪动机、犯罪原因，陈述对危害后果的认识，请求法庭给予自己改过自新的机会，或者提出其他合理的要求。审判人员应当认真听取和分析被告人的最后陈述，一般不应当限制被告人作最后陈述的时间，或者打断被告人的陈述。但是，根据《刑事诉讼法司法解释》第二百八十七条规定，被告人在最后陈述中多次重复自己意见的，法庭可以制止。陈述内容蔑视法庭、公诉人，损害他人及社会公共利益，或者与本案无关的，审判长应当制止。在公开审理的案件中，被告人最后陈述的内容涉及国家秘密、个人隐私或者商业秘密的，审判长应当制止。

【认证】 是指人民法院经过控辩双方的举证、质证和辩论以后，由人民法院确认控辩双方向法庭提交的证据是否作为定案根据的一种诉讼活动。在我国刑事审判程序中，认证具有如下特点：(1) 认证的性质是人民法院专门享有的一项司法权力，是人民法院行使审判权的重要组成部分，是具有特定法律效力的司法活动。(2) 认证的主体是人民法院，具体说来是各种审判组织。(3) 认证的对象是控辩双方向法庭提交的各种证据。(4) 认证是法庭审判活动中继控辩双方举证、质证之后的一个重要环节。(5) 认证的内容是证据能否作为定案根据。(6) 人民法院既可以当庭进行认证，也可以在庭后进行认证。

为了增强刑事审判的公开性和透明度，提高审判质量，促进司法公正，人民法院应当在刑事裁判文书中进行认证说理，详细阐述是否将证据作为定案根据的理由和根据。根据《人民法院办理刑事案件第一审普通程序法庭调查规程(试行)》第五十一条、第五十二条规定，对于控辩双方提出的事实证据争议，法庭应当当庭进行审查，经审查后作出处理的，应当当庭说明理由，并在裁判文书中写明；需要庭后评议作出处理的，应当在裁判文书中说明理由。法庭认定被告人有罪，必须达到犯罪事实清楚，证据确实、充分，对于定罪事实应当综合全案证据排除合理怀疑。定罪证据不足的案件，不能认定被告人有罪，应当作出证据不足、指控的犯罪不能成立的无罪判决。定罪证据确实、充分，量刑证据存疑的，应当作出有利于被告人的认定。

【认证规则】 是指人民法院在确认向法庭提交的各种证据能否作为定案根据时所遵循的规则。根据《人民法院办理刑事案件第一审普通程序法庭调查规程(试行)》第四十五条至第五十条以及《刑事诉讼法司法解释》的相关规定，认证规则包括：（1）经过控辩双方质证的证据，法庭应当结合控辩双方质证意见，从证据与待证事实的关联程度、证据之间的印证联系、证据自身的真实性程度等方面，综合判断证据能否作为定案的根据。（2）证据与待证事实没有关联，或者证据自身存在无法解释的疑问，或者证据与待证事实以及其他证据存在无法排除的矛盾的，不得作为定案的根据。(3）通过勘验、检查、搜查等方式收集的物证、书证等证据，未通过辨认、鉴定等方式确定其与案件事实的关联的，不得作为定案的根据。（4）收集证据的程序、方式不符合法律规定，严重影响证据真实性的，人民法院应当建议人民检察院予以补正或者作出合理解释；不能补正或者作出合理解释的，有关证据不得作为定案的根据。（5）证人没有出庭作证，其庭前证言真实性无法确认的，不得作为定案的根据。证人当庭作出的证言与其庭前证言矛盾，证人能够作出合理解释，并与相关证据印证的，应当采信其庭审证言；不能作出合理解释，而其庭前证言与相关证据印证的，可以采信其庭前证言。(6）经人民法院通知，鉴定人拒不出庭作证的，鉴定意见不得作为定案的根据。有专门知识的人当庭对鉴定意见提出质疑，鉴定人能够作出合理解释，并与相关证据印证的，应当采信鉴定意见；不能作出合理解释，无法确认鉴定意见可靠性的，有关鉴定意见不能作为定案的根据。（7）被告人的当庭供述与庭前供述、自书材料存在矛盾，被告人能够作出合理解释，并与相关证据印证的，应当采信其当庭供述；不能作出合理解释，而其庭前供述、自书材料与相关证据印证的，可以采信其庭前供述、自书材料。

【评议】 是指合议庭组成人员在法庭审理的基础上对案件事实、证据和法律适用进行讨论、分析、判断，依法对案件作出决议的诉讼活动。根据《刑事诉讼法》第二百条、《刑事诉讼法司法解释》第二百九十一条规定，在被告人最后陈述后，审判长应当宣布休庭，由合议庭进行评议。根据《刑事诉讼法司法解释》第二百九十四条规定，合议庭评议案件，应当根据已经查明的事实、证据和有关法律规定，在充分考虑控辩双方意见的基础上，确定被告人是否有罪、构成何罪，有无从重、从轻、减轻或者免除处罚情节，应否处以刑罚、判处何种刑罚，附带民事诉讼如何解决，查封、扣押、冻结的财物及其孳息如何处理等，并依法作出判决、裁定。合议庭评议由审判长主持，一律秘密进行。评议时，如果意见存在分歧，应当按多数人的意见作出决定，但是少数人的意见应当写入笔录，评议笔录由合议庭组成人员签名(参见“合议庭评议规则”词条)。一般情况下，合议庭经过开庭审理并且评议后，应当作出判决，但对于疑难、复杂、重大的案件，合议庭成员意见分歧较大，难以对案件作出决定的，由合议庭提请院长决定提交审判委员会讨论决定，对于审判委员会的决定，合议庭应当执行（参见“审判委员会”词条）。评议完毕，人民法院应当根据案件的具体情形，作出相应的裁判。

根据《司法责任制实施意见（试行）》第42条至第45条的规定，评议还应当遵守下列规定：（1）承办法官应当将所有案件材料上传办案平台，确保其他合议庭成员在评议前通过办案平台查阅有关卷宗材料。（2）承办法官对案件事实负主要责任，应当全面客观介绍案情，说明类案与关联案件检索情况，提出拟处理意见。（3）所有合议庭成员均应对事实认定、法律适用发表意见，重点说明证据采信情况及拟作出裁判结果的理由。合议庭成员发表最终处理意见时，应当按照法官资历由低到高的顺序进行。（4）合议时，书记员应当全面、准确记录合议过程，合议笔录应由合议庭成员审核确认后上传办案平台。

【评议笔录】 又称合议庭评议笔录，是指人民法院书记员对合议庭全体组成人员在案件庭审活动结束以后，就案件事实认定、法律适用等问题进行讨论时所作的文字记录。在法庭审理结束以后，案件进入裁判环节。而在裁判阶段，首先应当由合议庭全体组成人员就如何处理案件进行讨论。而书记员对于合议庭讨论的过程和结果所做的记录，就是评议笔录。对于由合议庭审判的刑事案件而言，合议庭笔录是必不可少的一种法律文书，它是人民法院制作裁判文书的重要依据。基于合议庭评议的秘密性质，评议笔录也具有保密性。诉讼参与人无权查阅、复制或者摘抄评议笔录。就刑事案件而言，合议庭评议笔录包括首部、正文和尾部三个组成部分。（1）首部包括：标题，写明合议庭评议笔录（第××次会议）；时间，写明评议的起止时间；地点，写明评议的具体地点；合议庭成员，写明审判长以及其他成员的姓名；书记员的姓名；评议对象，写明评议的被告人姓名及其案由。（2）正文部分是由书记员详细记载的评议过程、评议内容和评议结果。书记员应当如实记载评议过程，特别要抓住案件的事实、证据、定性、处理等重点问题，保持原意，力求语句通顺。应当详细记录合议庭成员提出问题、分析问题、得出结论的全过程，包括中间的辩论及观点转化过程。评议结果一定要记得明确、具体、完整，不得模棱两可，记明合议庭认定的事实、确定性质、适用法律和具体处理意见。评议中如有不同意见，必须如实记入笔录。（3）在评议笔录尾部，应当由合议庭全体成员和书记员签名。

【第一审公诉案件的裁判结果】 是指人民法院在审理第一审公诉案件结束以后根据不同的情形就案件的实体问题所作的各种处理结果。第一审公诉案件的裁判结果主要是人民法院对被告人的定罪量刑问题作出有罪或者无罪的刑事判决。根据《刑事诉讼法》第二百条、《刑事诉讼法司法解释》第二百九十五条第一款的规定，对第一审公诉案件，人民法院审理后，应当按照下列情形分别作出判决、裁定：（1）起诉指控的事实清楚，证据确实、充分，依据法律认定指控被告人的罪名成立的，应当作出有罪判决。（2）起诉指控的事实清楚，证据确实、充分，但指控的罪名不当的，应当依据法律和审理认定的事实作出有罪判决。（3）案件事实清楚，证据确实、充分，依据法律认定被告人无罪的，应当判决宣告被告人无罪。（4）证据不足，不能认定被告人有罪的，应当以证据不足、指控的犯罪不能成立，判决宣告被告人无罪。（5）案件部分事实清楚，证据确实、充分的，应当作出有罪或者无罪的判决；对事实不清、证据不足部分，不予认定。（6）被告人因未达到刑事责任年龄，不予刑事处罚的，应当判决宣告被告人不负刑事责任。（7）被告人是精神病人，在不能辨认或者不能控制自己行为时造成危害结果，不予刑事处罚的，应当判决宣告被告人不负刑事责任。（8）犯罪已过追诉时效期限且不是必须追诉，或者经特赦令免除刑罚的，应当裁定终止审理。（9）属于告诉才处理的案件，应当裁定终止审理，并告知被害人有权提起自诉。（10）被告人死亡的，应当裁定终止审理；但有证据证明被告人无罪，经缺席审理确认无罪的，应当判决宣告被告人无罪。

【变更罪名】 是指在案件事实清楚、证据确实充分的情况下，人民法院认为人民检察院指控罪名不当的，按照审理认定的罪名作出有罪判决。根据《刑事诉讼法司法解释》第二百九十五条第一款第二项规定，人民法院认为指控罪名不当的，享有变更罪名的权力。最高人民法院、最高人民检察院会同公安部、国家安全部、司法部联合制定的《适用认罪认罚从宽制度指导意见》第40条第二款规定，对于人民检察院起诉指控的事实清楚，量刑建议适当，但指控的罪名与审理认定的罪名不一致的，人民法院可以听取人民检察院、被告人及其辩护人对审理认定罪名的意见，依法作出裁判。变更罪名符合我国刑事诉讼中实事求是的指导思想，为了保护被告人的辩护权，《刑事诉讼法司法解释》第二百九十五条第三款规定，人民法院拟在改变罪名的情况下，应当在判决前听取控辩双方的意见，保障被告人、辩护人充分行使辩护权。必要时，可以再次开庭，组织控辩双方围绕被告人的行为构成何罪进行辩论。

【宣判】 又称宣告判决，是指人民法院将判决书的内容向当事人和社会公开宣告，以便当事人和广大群众知道人民法院对案件的处理结果的一种诉讼活动。宣判是人民法院审理案件的一项必经程序，它在评议完毕并作出判决以后进行。宣判分为当庭宣判和定期宣判两种。尽管当庭宣判和定期宣判都是公开宣判的表现形式，但是二者在宣判时间、宣判地点、宣判人员、送达判决书的期限等方面都存在明显区别。根据《刑事诉讼法》第二百零二条、《刑事诉讼法司法解释》第三百零二条至第三百零四条的规定，宣判应当遵守下列规定：（1）不管刑事案件是否公开审理，宣告判决都应当一律公开进行。宣告判决结果时，法庭内全体人员应当起立。（2）在宣判结果之前应当通知公诉人、辩护人、诉讼代理人、被害人、自诉人或者附带民事诉讼原告人到庭。在宣告判决结果时，如果他们不到庭，不影响宣判的进行。（3）在宣告判决以后，判决书应当送达人民检察院、当事人、法定代理人、辩护人、诉讼代理人，并可以送达被告人的近亲属。判决生效后，还应当送达被告人的所在单位或者户籍地的公安派出所，或者被告单位的注册登记机关。被告人系外国人，且在境内有居住地的，应当送达居住地的公安派出所。（4）宣判的主要内容就是宣读判决书。因此，对于第一审判决，宣判时应当告知上诉事项；对于第二审判决，应当告知本判决为终审判决，不能上诉，但是可以申诉。

【当庭宣判】 是指合议庭经过评议，对案件作出决定后继续开庭，由审判长或者独任审判员当庭口头宣告判决结果的一种诉讼活动。当庭宣判一般适用于案件相对简单，判处刑罚较轻的案件。对这类案件，合议庭经过评议，可以当庭宣判判决结果。根据《刑事诉讼法》第二百零二条、《刑事诉讼法司法解释》第三百零二条、第三百六十七条的规定，当庭宣告判决以后，应当在5日以内将判决书送达当事人和提起公诉的人民检察院。判决书还应当同时送达辩护人、诉讼代理人。适用简易程序审理案件，一般应当当庭宣判。审判长或者独任审判员当庭宣告判决时一般是宣读判决书。如果未制作判决书，那么应当宣布判决的主要内容，即宣布合议庭认定的案件事实、判决的理由要点以及如何适用法律等。如果是第一审程序，人民法院应告知当事人有权上诉的有关事宜。当庭宣判时允许公民旁听，允许新闻记者采访报道。当庭宣判符合刑事审判的集中审理原则，既有利于发挥法庭审判的法制教育作用，也有利于促进刑事庭审实质化，提高刑事审判的效率。

【定期宣判】 是指合议庭在经过休庭评议并作出决定以后，因为某种特殊原因而另行确定日期宣告判决结果的一种诉讼活动。定期宣判一般适用于比较重大、复杂的案件。尤其是对于疑难、复杂、重大的案件，往往需要经过审判委员会讨论决定以后才能作出最终的裁判结果，只能另行确定日期宣判，而难以进行当庭宣判。根据《刑事诉讼法》第二百零二条第二款、《刑事诉讼法司法解释》第三百零二条的规定，定期宣告判决的，应当在宣判前，先期公告宣判的时间和地点，传唤当事人并通知公诉人、法定代理人、辩护人和诉讼代理人。定期宣告判决后，应当立即将判决书送达当事人和提起公诉的人民检察院。判决书还应当同时送达辩护人、诉讼代理人。根据《刑事诉讼法司法解释》第五百七十九条规定，定期宣告判决的未成年人刑事案件，未成年被告人的法定代理人无法通知、不能到场或者是共犯的，法庭可以通知合适成年人到庭，并在宣判后向未成年被告人的成年亲属送达判决书。

【宣判笔录】 是指人民法院书记员对审判长或者独任审判员宣告裁判结果的活动所作的一种文字记录。当庭宣告判决的案件，应当在法庭笔录中记明，不必再制作宣判笔录。宣判笔录包括首部、正文和尾部三个组成部分。（1）首部包括：标题，即宣判笔录；写明法庭宣判的具体时间、地点；宣判的审判人员的姓名；法官助理或书记员的姓名；到庭公诉人的职务和姓名；到庭当事人和其他诉讼参与人的姓名。（2）在正文部分，书记员应当依次记明宣告判决或者裁定的结果、告知的有关事项和当事人的表示等内容。宣判后立即发给判决书或者裁定书的，应当在笔录中记明。（3）在笔录尾部，应当由宣判的审判人员、法官助理或书记员签名，由当事人签名或者盖章。当事人拒绝签名、盖章的，应当记明情况。

【法庭纪律】 是指庭审现场的全体人员在人民法院法庭审理过程中应当遵守的行为规则。根据《刑事诉讼法司法解释》第三百零六条规定，庭审期间，全体人员应当服从法庭指挥，遵守法庭纪律，尊重司法礼仪，不得实施下列行为：（1）鼓掌、喧哗、随意走动。（2）吸烟、进食。（3）拨打、接听电话，或者使用即时通讯工具。（4）对庭审活动进行录音、录像、拍照或者使用即时通讯工具等传播庭审活动。（5）其他危害法庭安全或者扰乱法庭秩序的行为。旁听人员不得进入审判活动区，不得随意站立、走动，不得发言和提问。记者经许可实施第四项规定的行为，应当在指定的时间及区域进行，不得干扰庭审活动。

【法庭秩序】 是指为了保障人民法院开庭审理案件的各种活动得以顺利进行，法律要求庭审现场的全体人员共同遵守和维护的秩序。法庭秩序的核心内容是法庭纪律。法庭审判是人民法院代表国家行使审判权的严肃法律行为，凡是出现在庭审现场的人员，都有义务维护法庭尊严，不得违反或者妨碍法庭秩序。法庭秩序是人民法院顺利审理案件，正确适用法律，实现审判职能的重要法律保障。违反法庭秩序不仅妨碍庭审活动的顺利进行，对公私财产或者在场人员的人身安全带来威胁和损害，而且是藐视国家权力、法庭审判、践踏法律的违法犯罪行为。根据《人民法院法庭规则》第二十一条规定，司法警察依照审判长或独任审判员的指令维持法庭秩序。对于违反或者妨碍法庭秩序的行为，司法警察可以采取必要的紧急处置措施，人民法院应当依照法律规定进行相应的处理。

【违反法庭秩序的处理】 是指人民法院对于违反法庭秩序的行为根据情节的轻重所采取的各种处理措施。根据《刑事诉讼法》第一百九十九条、《刑事诉讼法司法解释》第三百零七条至第三百零九条的规定，对于违反法庭秩序的行为，人民法院应当根据不同的情形分别采取不同的措施。（1）有关人员危害法庭安全或者扰乱法庭秩序的，审判长应当按照下列情形分别处理：①情节较轻的，应当警告制止；根据具体情况，也可以进行训诫；②训诫无效的，责令退出法庭；拒不退出的，指令法警强行带出法庭；③情节严重的，报经院长批准后，可以对行为人处1000元以下的罚款或者15日以下的拘留；④未经许可对庭审活动进行录音、录像、拍照或者使用即时通讯工具等传播庭审活动的，可以暂扣相关设备及存储介质，删除相关内容。（2）担任辩护人、诉讼代理人的律师严重扰乱法庭秩序，被强行带出法庭或者被处以罚款、拘留的，人民法院应当通报司法行政机关，并可以建议依法给予相应处罚。（3）实施下列行为之一，危害法庭安全或者扰乱法庭秩序，构成犯罪的，依法追究刑事责任：①非法携带枪支、弹药、管制刀具或者爆炸性、易燃性、毒害性、放射性以及传染病病原体等危险物质进入法庭；②哄闹、冲击法庭；③侮辱、诽谤、威胁、殴打司法工作人员或者诉讼参与人；④毁坏法庭设施，抢夺、损毁诉讼文书、证据；⑤其他危害法庭安全或者扰乱法庭秩序的行为。

根据《人民法院法庭规则》第二十一条第二款、第三款，出现危及法庭内人员人身安全或者严重扰乱法庭秩序等紧急情况时，司法警察可以直接采取必要的处置措施。人民法院依法对违反法庭纪律的人采取的扣押物品、强行带出法庭以及罚款、拘留等强制措施，由司法警察执行。

【不服罚款、拘留决定的复议申请】 是指诉讼参与人、旁听人员在不服罚款或者拘留决定的情况下向上一级人民法院申请复议。根据《刑事诉讼法》第一百九十九条、《刑事诉讼法司法解释》第三百零七条的规定，在违反法庭秩序的情况下，经院长批准，人民法院可以对诉讼参与人或者旁听人员予以罚款或者拘留。如果有关人员对罚款、拘留的决定不服，既可以直接向上一级人民法院申请复议，也可以通过决定罚款、拘留的人民法院向上一级人民法院申请复议。但是在复议期间，不停止决定的执行。通过决定罚款、拘留的人民法院申请复议的，该人民法院应当自收到复议申请之日起3日内，将复议申请、罚款或者拘留决定书和有关事实、证据材料一并报上一级人民法院。

【违反法庭规则的处理】 是指在审判人员、检察人员、律师违反人民法院法庭规则的情况下，人民检察院或者人民法院分别向有关机关或者部门提出处理建议。根据《人民法院法庭规则》第二十二条至第二十四条的规定，违反法庭规则的处理包括：（1）人民检察院认为审判人员违反法庭规则的，可以在庭审活动结束后向人民法院提出处理建议。（2）检察人员违反法庭规则的，人民法院可以向人民检察院通报情况并提出处理建议。（3）律师违反法庭规则的，人民法院可以向司法行政机关及律师协会通报情况并提出处理建议。根据《人民法院法庭规则》第二十二条第二款规定，诉讼参与人、旁听人员认为审判人员、书记员、司法警察违反法庭规则的，可以在庭审活动结束后向人民法院反映。

【延期审理】 是指在法庭审理过程中，由于遇到了影响审判继续进行的情况，法庭决定推迟案件的审理，待影响审理进行的原因消失后，再继续开庭审理。延期审理分四种类型。（1）人民法院遇到法定情形时依照职权决定延期审理。根据《刑事诉讼法》第二百零四条规定，在法庭审判过程中，遇有下列情形之一，影响审判进行的，人民法院可以决定延期审理：①需要通知新的证人到庭，调取新的物证，重新鉴定或者勘验的；②检察人员发现提起公诉的案件需要补充侦查，提出建议的；③由于申请回避而不能进行审判的。《刑事诉讼法司法解释》第二百七十三条第一款进一步规定，法庭审理过程中，控辩双方申请通知新的证人到庭，调取新的证据，申请重新鉴定或者勘验的，应当提供证人的基本信息、证据的存放地点，说明拟证明的事项，申请重新鉴定或者勘验的理由。法庭认为有必要的，应当同意，并宣布休庭；根据案件情况，可以决定延期审理。根据《刑事诉讼法司法解释》第九十九条第二款规定，鉴定人由于不能抗拒的原因或者有其他正当理由无法出庭的，人民法院可以根据情况决定延期审理或者重新鉴定。（2）辩护方申请延期审理。根据《依法保障律师执业权利规定》第三十四条规定，法庭审理过程中，有下列情形之一的，律师可以向法庭申请休庭：①辩护律师因法定情形拒绝为被告人辩护的；②被告人拒绝辩护律师为其辩护的；③需要对新的证据作辩护准备的；④其他严重影响庭审正常进行的情形。（3）人民检察院向人民法院建议延期审理。（4）人民检察院报请批准延期审理。

【建议延期审理】 是指公诉人在法庭审理过程中遇到某种特殊情形而需要在法庭之外进行处理时向人民法院提出建议，要求法庭进行延期审理。根据《人民检察院刑事诉讼规则》第四百二十条规定，法庭审判过程中遇有下列情形之一的，公诉人可以建议法庭延期审理：（1）发现事实不清、证据不足，或者遗漏罪行、遗漏同案犯罪嫌疑人，需要补充侦查或者补充提供证据的。（2）被告人揭发他人犯罪行为或者提供重要线索，需要补充侦查进行查证的。（3）发现遗漏罪行或者遗漏同案犯罪嫌疑人，虽不需要补充侦查和补充提供证据，但需要补充、追加或者变更起诉的。（4）申请人民法院通知证人、鉴定人出庭作证或者有专门知识的人出庭提出意见的。（5）需要调取新的证据，重新鉴定或者勘验的。（6）公诉人出示、宣读开庭前移送人民法院的证据以外的证据，或者补充、变更起诉，需要给予被告人、辩护人必要时间进行辩护准备的。（7）被告人、辩护人向法庭出示公诉人不掌握的与定罪量刑有关的证据，需要调查核实的。（8）公诉人对证据收集的合法性进行证明，需要调查核实的。在人民法院开庭审理前发现具有上述情形之一的，人民检察院也可以建议人民法院延期审理。根据《人民检察院刑事诉讼规则》第四百三十六条、第四百四十四条规定，适用简易程序或速裁程序之后转为普通程序审理的案件，公诉人需要为出席法庭进行准备的，也可以建议人民法院延期审理；人民检察院在接到第二审人民法院决定开庭、查阅案卷通知后，可以查阅或者调阅案卷材料，查阅或者调阅案卷材料应当在接到人民法院的通知之日起1个月以内完成。在1个月以内无法完成的，可以商请人民法院延期审理。根据《刑事诉讼法司法解释》第二百七十四条第一款规定，审判期间，公诉人发现案件需要补充侦查，建议延期审理的，合议庭可以同意，但建议延期审理不得超过两次。

【报请批准延期审理】 是指对于因为特殊原因在较长时间内不宜交付审判的特别重大复杂的案件，由最高人民检察院报请全国人民代表大会常务委员会批准延期审理。这里的“审理”不是指人民法院的审判活动，而是人民检察院对案件的审查。《刑事诉讼法》第一百五十七条、《人民检察院刑事诉讼规则》第三百一十四条对报请批准延期审理作出了明确规定。这里的特殊原因不是一般的因为案情复杂而在羁押期限内不能办结，而是因为在政治上或者外交等方面涉及国家、社会重大利益而在一定时期内不宜将犯罪嫌疑人交付审判，或者具有其他特殊的原因而在相当长的时期内不宜将犯罪嫌疑人交付审判。特别重大复杂的案件，是指案件涉及的是全国性的犯罪或者是在全国甚至国外将产生重大影响的案件。

【法庭笔录】 又称法庭审判笔录、庭审笔录，是指由人民法院书记员制作的记载全部法庭审判活动的一种诉讼文书。法庭笔录不仅是合议庭分析研究案情、讨论评议案件以及对案件作出处理决定的重要依据，而且是第二审人民法院和再审人民法院审查一审庭审活动是否合法的重要依据。法庭审判笔录必须认真、细致地制作，做到记载清楚、准确，能够如实反映审判活动的全部情况。法庭审判笔录一般按照庭审活动的顺序进行记录。法庭笔录包括首部、正文和尾部三个组成部分。（1）首部包括：标题，写明法庭笔录（第××次会议）；时间，写明法庭审判的起止时间；地点，写明开庭审理的具体地点；是否公开审理，写明是公开审理还是不公开审理；旁听人数；审判员，写明审判长以及合议庭其他成员的姓名；书记员的姓名；审判对象，写明审判长或者审判员宣布开庭审理的被告人姓名及其案由。(2) 正文部分是由书记员详细记载法庭审理的详细过程和内容。如果是当庭宣判，还应当记载宣判情况。(3) 在笔录尾部，应当由审判长或者独任审判员和书记员签名。

根据《刑事诉讼法》第二百零七条、《刑事诉讼法司法解释》第二百九十二条、第二百九十三条的规定，制作法庭审判笔录应当遵守下列规定：(1) 书记员将开庭审理的全部活动制作成笔录，交由审判长审阅后，由审判长和书记员签名；(2) 法庭笔录应当在庭审后交由当事人、法定代理人、辩护人、诉讼代理人阅读或者向其宣读。法庭笔录中的出庭证人、鉴定人、有专门知识的人、调查人员、侦查人员或者其他人员的证言、意见部分，应当在庭审后分别交由有关人员阅读或者向其宣读。前述所列人员认为记录有遗漏或者差错的，可以请求补充或者改正；确认无误后，应当签名；拒绝签名的，应当记录在案；要求改变庭审中陈述的，不予准许。

【自诉案件第一审程序】 是指人民法院对自诉人提起自诉的案件进行第一次审判时所遵循的审判程序。根据我国《刑事诉讼法》及其司法解释的有关规定，自诉案件第一审程序具有如下特点：(1) 自诉案件符合简易程序适用条件的，可以适用简易程序审理。不适用简易程序审理的自诉案件，参照适用公诉案件第一审普通程序的有关规定。(2) 人民法院对告诉才处理的案件和被害人有证据证明的轻微刑事案件，可以在查明事实、分清是非的基础上，根据自愿、合法的原则进行调解。(3) 判决宣告前，自诉案件的当事人可以自行和解，自诉人可以撤回自诉。(4) 告诉才处理和被害人有证据证明的轻微刑事案件的被告人或者其法定代理人在诉讼过程中，可以对自诉人提起反诉。(5) 人民法院审理自诉案件的期限取决于被告人是否受到羁押，即被告人被羁押的，适用公诉案件普通程序的审理期限的规定，未被羁押的，应当在受理后6个月以内宣判。

【自诉案件的审查】 是指人民法院对于自诉人提起的自诉案件进行审查，以便决定是否开庭审理案件的一种诉讼活动。自诉人提起自诉后，经过人民法院的审查，只有在自诉案件符合受理条件的情况下，人民法院才能进行受理和审判。对自诉案件的审查，不仅有助于保障自诉人正确行使其自诉权，而且有利于避免无辜之人被拖入审判程序。根据《刑事诉讼法》第二百一十一条、《刑事诉讼法司法解释》第三百二十条规定，对自诉案件，人民法院应当在15日内审查完毕。经审查，符合受理条件的，应当决定立案，并书面通知自诉人或者代为告诉人；对于不符合受理条件的，应当说服自诉人撤回自诉。如果自诉人坚持不撤回起诉，人民法院应当通过裁定不受理的方式驳回自诉。

【自诉案件的受理】 是指人民法院对于自诉人提起的自诉案件审查以后，认为自诉符合受理条件，从而决定立案，以便对案件进行开庭审判的一种诉讼活动。人民法院受理自诉的前提是自诉符合受理条件。人民法院决定受理自诉以后应当制作立案通知书，送达自诉人或者代为告诉人（参见“立案通知书”词条）。人民法院在受理自诉案件的过程中应当注意以下几点：(1) 根据《刑事诉讼法司法解释》第三百一十七条规定，对于符合条件的自诉案件，如果被害人死亡、丧失行为能力或者因受强制、威吓等无法告诉，或者是限制行为能力人以及因年老、患病、盲、聋、哑等不能亲自告诉，其法定代理人、近亲属告诉或者代为告诉的，人民法院应当依法受理。但是被害人的法定代理人、近亲属告诉或者代为告诉时应当提供与被害人关系的证明和被害人不能亲自告诉的原因的证明。（2）根据《刑事诉讼法司法解释》第三百二十一条，如果自诉人在撤回起诉或者被驳回起诉后又提出了新的足以证明被告人有罪的证据，再次提起自诉的，人民法院应当受理。（3）根据《刑事诉讼法司法解释》第三百二十三条第一款规定，自诉人明知有其他共同侵害人，但只对部分侵害人提起自诉的，人民法院应当受理，并告知其放弃告诉的法律后果。

【自诉案件的受理条件】 是指人民法院对自诉案件决定予以立案和开庭审判时所需要达到的条件。根据《刑事诉讼法司法解释》第三百一十六条规定，人民法院受理自诉案件必须同时符合下列条件：（1）符合《刑事诉讼法》规定的自诉案件范围（参见“人民法院直接受理的刑事案件”词条）。（2）属于本院管辖。（3）被害人告诉。（4）有明确的被告人、具体的诉讼请求和证明被告人犯罪事实的证据。自诉案件的受理条件和自诉案件的提起条件相同（参见“提起自诉的条件”词条），只不过受理条件是从人民法院的角度予以界定，而提起条件则是从自诉人的角度进行界定。

【说服自诉人撤回起诉】 是指人民法院审查自诉案件以后，在案件不符合受理条件的情况下，向自诉人说明和解释不符合立案的原因，以便自诉人自行撤回起诉的一种诉讼活动。根据《刑事诉讼法司法解释》第三百二十条第二款规定，人民法院审查自诉案件以后，如果具有下列情形之一，应当说服自诉人撤回起诉：（1）起诉的案件不属于法律规定的自诉案件范围。（2）缺乏罪证，即没有证明犯罪的证据，或者证明犯罪的证据不足或不充分。（3）犯罪已过追诉时效期限。（4）被告人死亡。（5）被告人下落不明。（6）除因证据不足而撤诉的以外，自诉人撤诉后，就同一事实又告诉。（7）经人民法院调解结案后，自诉人反悔，就同一事实再行告诉。（8）属于人民检察院没有提起公诉，被害人有证据证明的轻微刑事案件，公安机关正在立案侦查或者人民检察院正在审查起诉的。（9）不服人民检察院对未成年犯罪嫌疑人作出的附条件不起诉决定或者附条件不起诉考验期满后作出的不起诉决定，向人民法院起诉的。另外，根据《刑事诉讼法司法解释》第三百二十一条规定，对于已经立案但是经审查缺乏罪证的自诉案件，人民法院可以要求自诉人补充证据。如果自诉人提不出补充证据，人民法院也可以说服其撤回起诉。

【不予受理自诉】 是指人民法院审查自诉案件以后，在案件不符合受理条件的情况下，以裁定的方式拒绝接受自诉的一种诉讼活动。根据《刑事诉讼法司法解释》第三百二十条第二款规定，人民法院审查自诉案件以后，如果发现自诉存在不符合受理条件的情形，首先应当说服自诉人撤回起诉。只有在自诉人坚持不自行撤回起诉的情况下，人民法院才能以裁定的方式作出不予受理自诉的决定。人民法院在不予受理自诉时应当制作裁定书，告知自诉人案件不符合受理条件及不予受理的理由和根据。

【驳回自诉】 是指人民法院对于已经立案受理的自诉案件经过审查后认为案件缺乏罪证，依法以裁定的方式告知理由，驳回自诉人的起诉。根据《刑事诉讼法司法解释》第三百二十一条规定，对于已经立案但是经审查缺乏罪证的自诉案件，人民法院可以要求自诉人补充证据。如果自诉人提不出补充证据，人民法院既可以说服其撤回起诉，也可以直接裁定驳回起诉。尽管裁定不予受理自诉和裁定驳回起诉都是拒绝自诉人提出的自诉，即具有相同的程序效果，但是裁定不予受理是发生在人民法院立案之前，而裁定驳回起诉则是发生人民法院立案之后。尤其值得注意的是，驳回起诉只是人民法院从程序上解决自诉人的自诉问题，并不是针对自诉人的指控是否成立或者被告人是否构成犯罪所作出的判断。因此，驳回起诉对被告人是否构成犯罪没有既判力。在这种情况下，如果自诉人在撤回起诉或者被驳回起诉后，又提出了新的足以证明被告人有罪的证据，从而再次提起自诉，人民法院应当受理，而不能以“一案不二审”为由拒绝受理。

【自诉人的程序性上诉】 是指自诉人在不服不予受理或者驳回起诉裁定的情况下依法向上一级人民法院提出的上诉。在自诉人提出起诉以后，如果人民法院作出不予受理或者驳回起诉的裁定，那么这不仅意味着自诉案件终止，而且导致自诉人的刑事指控实际上得不到人民法院的支持。在这种情况下，为了保护自诉人的合法权益和维护公正审判，《刑事诉讼法司法解释》第三百二十二条明确规定，自诉人对不予受理或者驳回起诉的裁定不服的，可以提起上诉。第二审人民法院查明第一审人民法院作出的不予受理裁定有错误的，应当在撤销原裁定的同时，指令第一审人民法院立案受理；查明第一审人民法院驳回起诉裁定有错误的，应当在撤销原裁定的同时，指令第一审人民法院进行审理。

【自诉案件的可分性】 是指在自诉案件中，如果存在两个以上的侵害人或者被害人，或者被告人提出反诉，不影响其中一方的诉讼行为。根据我国《刑事诉讼法》及其司法解释的有关规定，自诉案件的可分性体现在如下几个方面：（1）侵害人的可分性。自诉人明知有其他共同侵害人，但只对部分侵害人提起自诉的，人民法院应当受理，但是应当告知其放弃告诉的法律后果。（2）被害人的可分性。共同被害人中只有部分人告诉的，人民法院应当通知其他被害人参加诉讼，并告知其不参加诉讼的法律后果。被通知人接到通知后表示不参加诉讼或者不出庭的，视为放弃告诉。（3）自诉人的可分性。对于自诉人不止一人的自诉案件，如果部分自诉人撤诉或者被裁定按撤诉处理的，不影响案件的继续审理。（4）自诉与反诉的可分性。在自诉案件的审理过程中，如果被告人提出反诉，在自诉人撤回自诉的情况下，不影响反诉案件的继续审理。

【放弃告诉】 是指自诉人在明知有其他共同侵害人的情况下仍然只对部分侵害人提起自诉的一种诉讼行为。尽管自诉人提起自诉的对象是犯罪行为，但是自诉是自诉人享有的一项诉讼权利。对于被告人的犯罪行为，自诉人享有是否提起自诉的处分权。如果自诉人放弃自己的起诉权，人民法院应当尊重自诉人的自由选择，而不应当干涉。但是，为了防止自诉人反悔，或者更好地保护自诉人的合法权益，人民法院有义务告知自诉人放弃告诉的法律后果。具体说来，根据《刑事诉讼法司法解释》第三百二十三条第一款规定，自诉人明知有其他共同侵害人，但只对部分侵害人提起自诉的，人民法院应当受理，并告知其放弃告诉的法律后果；自诉人放弃告诉，判决宣告后又对其他共同侵害人就同一事实提起自诉的，人民法院不予受理。这意味着，在自诉人放弃告诉的情况下，不得基于同一事实对之前尚未起诉的其他共同侵害人提起自诉。

【视为放弃告诉】 是指在自诉案件的审理过程中，在人民法院通知尚未行使自诉权的共同被害人参加诉讼并告知其法律后果的情况下，被通知人仍然表示不参加诉讼，或者不出席法庭审判。根据《刑事诉讼法司法解释》第三百二十三条第二款规定，共同被害人中只有部分人告诉的，人民法院应当通知其他被害人参加诉讼，并告知其不参加诉讼的法律后果。被通知人接到通知后表示不参加诉讼或者不出庭的，视为放弃告诉。视为放弃告诉与放弃告诉的法律后果相近，即在第一审宣判后，被通知人就同一事实又提起自诉的，人民法院不予受理。但是，当事人另行提起民事诉讼的，不受本解释限制。这意味着，尽管没有提起自诉的其他共同被害人无法就同一事实提起自诉，从而追究被告人的刑事责任，但是可以通过另行提起民事诉讼的方式获得民事赔偿。

【自诉案件与公诉案件的合并审理】 是指在被告人实施的数个犯罪行为中既有公诉案件又有自诉案件的情况下，由人民法院在审理公诉案件的同时一并审理自诉案件。在司法实践中，在被告人实施的数个犯罪行为中，有的属于公诉案件，而有的属于自诉案件。在这种情况下，如果分别机械地适用公诉案件审理程序和自诉案件审理程序，那么不仅不利于人民法院对案件作出正确的处理，而且增加了刑事诉讼的成本。有鉴于此，《刑事诉讼法司法解释》第三百二十四条明确规定，被告人实施两个以上犯罪行为，分别属于公诉案件和自诉案件，人民法院可以一并审理。但是对自诉部分的审理，适用自诉案件第一审程序的规定。这是因为，自诉案件具有自身特点，无法完全按照公诉案件审理程序解决自诉案件的所有问题，如自诉案件中的调解、反诉等。另外，考虑到公诉案件通常比自诉案件更严重，而且公诉案件审理程序比自诉案件审理程序更严格，这里的合并审理应当是人民法院在审理公诉案件的时候一并审理自诉案件，而不是在审理自诉案件时一并审理公诉案件。

【自诉案件当事人申请调取证据】 是指自诉案件当事人在因为客观原因而无法取得证据的情况下，向人民法院提出申请，要求其调取相应的证据材料。在我国刑事诉讼中，自诉人在提起自诉时有义务提供证明犯罪事实的证据。如果自诉缺乏罪证，人民法院应当裁定不予受理或者驳回起诉。但是，从司法实践来看，许多自诉人往往因为各种原因而无法收集足够的证据。在这种情况下，有必要借助于国家公权力，以便确保犯罪之人受到应有的惩罚。有鉴于此，相关司法解释明确规定自诉案件当事人享有申请人民法院调取证据的权利。根据《刑事诉讼法司法解释》第三百二十五条规定，自诉案件当事人申请调取证据时应当遵守下列规定：（1）自诉案件当事人确实因为客观原因不能取得证据。(2)自诉案件当事人在提出申请时应当说明理由，提供相关线索或者材料。(3)人民法院调取的证据材料只能局限于自诉案件当事人因为客观原因不能取得的证据。(4)对于自诉案件当事人的申请，人民法院应当进行审查，只有在认为有必要的情况下才应当及时调取。对通过信息网络实施的侮辱、诽谤行为，被害人向人民法院告诉，但提供证据确有困难的，人民法院可以要求公安机关提供协助。

【自诉案件的调解】 是指人民法院在审理自诉案件的过程中，在审判人员的主持下，由自诉人与被告人相互协商，促成双方达成调解协议、解决双方争议的一种诉讼活动。调解是自诉案件的一种重要结案方式。《刑事诉讼法》第二百一十二条明确规定，人民法院对自诉案件，可以进行调解。通过调解结案有助于彻底化解自诉人与被告人之间的纷争，修复他们之间的关系，提高刑事审判的效率。根据《刑事诉讼法司法解释》第三百二十八条规定，自诉案件的调解应当遵守下列规定：(1)自诉人与被告人之间进行调解时应当遵守自愿、合法原则。(2)人民法院可以在查明事实、分清是非的基础上组织调解。(3)调解达成协议的，应当制作刑事调解书，由审判人员和法官助理、书记员署名，并加盖人民法院印章。调解书经双方当事人签收后，即具有法律效力。调解没有达成协议，或者调解书签收前当事人反悔的，应当及时作出判决。这意味着，在自诉案件当事人达成调解协议的情况下，人民法院可以以调解的方式结案。(4)调解的范围只能局限于告诉才处理的案件或者被害人有证据证明的轻微刑事案件。对于被害人有证据证明对被告人侵犯自己人身、财产权利的行为应当依法追究刑事责任，而公安机关或者人民检察院不予追究被告人刑事责任的自诉案件，则不能适用调解。这是因为公诉转自诉案件在本质上属于公诉案件。而在我国刑事诉讼中，公诉案件不适用调解。

【刑事自诉案件调解书】 是指人民法院制作的确认自诉案件双方当事人调解协议内容的一种法律文书。刑事自诉案件调解书包括首部、事实、协议、尾部几个组成部分。首部包括：(1)标题，写明××××人民法院刑事调解书；(2)案号，写明（××××）×刑初字第××号；(3)自诉人、被告人的基本情况，分别写明姓名、性别、出生年月日、民族、籍贯、职业或工作单位和职务、住址等信息；(4)案件经过，写明“自诉人×××控诉被告人×××……（写明案由）一案，本院受理后，依法由审判员×××（或依法组成合议庭）进行了审理（已开庭的写为公开或不公开开庭进行了审理）”。在事实部分，应当概括写明人民法院认定的事实，以及双方当事人对事实没有异议或者基本上没有意见的情况。协议部分包括：(1)在本院主持调解下，……（写明被告人知罪认错和双方互相谅解的简要情况）；(2)双方当事人愿意达成如下协议：……（写明协议条款）；(3)上述协议符合有关法律规定，本院予以确认。在尾部，先要写明“本调解书经双方当事人签收后，即具有法律效力”，然后由审判员和书记员署名，加盖人民法院的印章，注明制作时间。

【自诉案件的和解】 是指在人民法院宣告判决以前，自诉案件双方当事人自行进行和解，以便化解双方矛盾和纠纷的一种活动。根据《刑事诉讼法》第二百一十二条、《刑事诉讼法司法解释》第三百二十九条的规定，自诉案件的和解应当遵守下列规定：（1）自诉案件双方当事人应当在人民法院宣告判决之前进行和解。如果人民法院已经宣告判决，双方当事人则不能进行和解。否则，就会影响人民法院的公信力和司法的权威。（2）双方当事人自行和解，人民法院不予干涉。（3）双方当事人的和解应当建立在自愿的基础之上。（4）人民法院应当审查双方当事人和解的自愿性。经过审查之后，如果认为和解确属自愿，那么应当裁定准许；如果认为和解因为受到强迫、威吓等而不具备自愿性，则不予准许。在不准许和解的情况下，人民法院应当依法对案件作出判决。

【撤回自诉】 是指在人民法院宣告判决以前，自诉人自愿放弃起诉的一种行为。自诉是自诉人的一种诉讼权利。自诉人有权在人民法院判决宣告以前处分自己的诉讼权利。在司法实践中，自诉人撤回自诉的原因因案而异，如案件不符合受理条件、缺乏罪证、达成和解等。根据《刑事诉讼法》第二百一十二条、《刑事诉讼法司法解释》第三百二十九条规定，撤回自诉应当遵守下列规定：（1）自诉人必须在人民法院宣告判决之前撤回自诉。（2）撤回自诉应当建立在自愿的基础之上。（3）人民法院应当审查撤回自诉的自愿性。经过审查之后，如果认为确属自愿，那么应当裁定准许；如果认为撤回自诉行为受到强迫、威吓等而不具备自愿性，则不予准许。在不准许和解的情况下，人民法院应当依法对案件作出判决。根据《刑事诉讼法司法解释》第三百三十条、第三百三十一条第二款规定，裁定准许撤诉的自诉案件，被告人被采取强制措施的，人民法院应当立即解除；部分自诉人撤诉或者被裁定按撤诉处理的，不影响案件的继续审理。

【按撤诉处理】 是指人民法院在依法两次传唤而自诉人无正当理由拒不到庭，或者自诉人未经法庭许可中途退庭的情况下，通过裁定的方式，按照自诉人撤回自诉的方式进行处理。无正当理由拒不到庭，是指不是出于客观上的原因，而是有意不出席法庭，致使案件无法正常审理。未经法庭许可中途退庭是指没有向法庭提出申请并经法庭同意，在庭审过程中擅自退出法庭审理的行为。在人民法院审理自诉案件的过程中，如果自诉人无故不到庭，或者未经允许中途退出法庭，都将导致刑事庭审无法继续进行。为了体现刑事审判的严肃性，人民法院在这种情况下有权按照自诉人撤回自诉的方式进行处理。《刑事诉讼法》第二百一十一条第三款、《刑事诉讼法司法解释》第三百三十一条明确规定，自诉人经两次传唤，无正当理由拒不到庭，或者未经法庭准许中途退庭的，人民法院应当裁定按撤诉处理；部分自诉人撤诉或者被裁定按撤诉处理的，不影响案件的继续审理。按撤诉处理，是指在自诉人经两次传唤，无正当理由拒不到庭，或者未经法庭准许中途退庭的情况下，产生自诉人撤回自诉的法律后果，如不追究被告人的刑事责任、解除被告人的强制措施等。

【反诉】 是指在自诉案件审理过程中，自诉案件的被告人作为被害人向受理自诉案件的人民法院控告自诉人犯有与本案有关联的犯罪行为，要求人民法院追究其刑事责任的一种诉讼行为。反诉以自诉存在为前提，但反诉本身不是对自诉的答辩，而是一个独立的诉讼。因此，《刑事诉讼法司法解释》第三百三十四条第二款规定，在被告人提出反诉以后，如果原自诉人撤诉，不影响反诉案件的继续审理。为了提高刑事审判的效率和节约司法资源，《刑事诉讼法司法解释》第三百三十四条第二款还规定，反诉案件应当与自诉案件一并审理。在合并审理的情况下，双方当事人具有双重身份，既是自诉人，又是被告人，在诉讼中享有同等诉讼权利。由于反诉与自诉具有本质上的一致性，因此，《刑事诉讼法司法解释》第三百三十四条第二款规定，反诉案件适用自诉案件的规定。

【反诉条件】 是指自诉案件的被告人作为被害人要求受理自诉案件的人民法院追究自诉人刑事责任时应当满足的条件。根据《刑事诉讼法》第二百一十三条、《刑事诉讼法司法解释》第三百三十四条规定，提出反诉应当同时具备下列条件：(1) 提出反诉的主体只能是自诉案件的被告人及其法定代理人。(2) 反诉的对象必须是本案自诉人。(3) 反诉的案件必须是告诉才处理的案件或者被害人有证据证明的轻微刑事案件。(4) 反诉的内容必须是与本案有关的行为。(5) 反诉的时间必须是在自诉案件的审理过程中，即在人民法院受理自诉案件以后，在宣告判决以前。

【单位犯罪案件审理程序】 是指人民法院在审判单位犯罪案件时所遵循的诉讼程序。尽管我国《刑事诉讼法》没有规定单位犯罪案件审理程序，但是考虑到单位犯罪案件具有不同于自然人犯罪案件的特点，最高人民法院的司法解释单独规定了“单位犯罪案件的审理”程序一章。根据《刑事诉讼法司法解释》第三百四十六条规定，人民法院审理单位犯罪案件，该章没有规定的，参照适用该解释的有关规定。这意味着，我国《刑事诉讼法》所规定的刑事诉讼基本原则、诉讼制度、基本程序等同样适用于人民法院审理单位犯罪案件。但是，相对于自然人犯罪案件而言，单位犯罪案件的审理程序具有自身特点。最突出的表现就是，在单位犯罪案件审理过程中，被告单位不可能像自然人那样参与刑事诉讼。在这种情况下，人民检察院需要确定合适的诉讼代表人，代表被告单位出席法庭审判。而基于不同的诉讼地位，诉讼代表人出席法庭审判的时候与自然人意义上的刑事被告人存在明显差异（参见“诉讼代表人出庭”词条）。

【单位犯罪案件的审查受理】 是指人民检察院就单位犯罪案件提起公诉以后，人民法院依法进行审查，以便确定是否受理案件的一种诉讼活动。根据《刑事诉讼法司法解释》第三百三十五条规定，人民法院受理单位犯罪案件以后，不仅需要按照公诉案件第一审普通程序的规定进行常规性的庭前审查（参见“审查受理的内容”词条），而且应当额外审查起诉书是否列明被告单位的名称、住所地、联系方式，法定代表人、实际控制人、主要负责人以及代表被告单位出庭的诉讼代表人的姓名、职务、联系方式。需要人民检察院补充材料的，应当通知人民检察院在3日内补送。审查结束以后，人民法院应当根据《刑事诉讼法司法解释》第二百一十九条的规定作出相应的处理（参见“审查受理后的处理”词条）。

【诉讼代表人出庭】 是指诉讼代表人代表被告单位出庭，参加法庭审判活动。根据《刑事诉讼法司法解释》第三百三十七条规定，诉讼代表人出庭需要注意如下几点：（1）开庭审理单位犯罪案件，应当由人民法院负责通知被告单位的诉讼代表人出庭。（2）由于人民检察院在提起公诉的时候必须具备明确的被告，因此，在单位犯罪案件审理过程中，诉讼代表人不符合规定的，人民法院应当要求人民检察院另行确定。（3）如果被告单位的诉讼代表人不出庭，人民法院应当根据不同的情况分别加以处理：①诉讼代表人系被告单位的法定代表人、实际控制人或者主要负责人，无正当理由拒不出庭的，可以拘传其到庭；因客观原因无法出庭，或者下落不明的，应当要求人民检察院另行确定诉讼代表人。②诉讼代表人系其他人员的，应当要求人民检察院另行确定诉讼代表人出庭，而不能采取拘传到庭的措施。另外，由于诉讼代表人只是代表被告单位出席法庭，与自然人被告人具有本质差异，因此，《刑事诉讼法司法解释》第三百三十八条规定，诉讼代表人席位置于审判台前左侧，与辩护人席并列，而不是在自然人被告人的席位上。

【单位犯罪以自然人起诉的处理】 是指对于人民法院认为属于单位犯罪而人民检察院却以自然人起诉的案件，人民法院建议人民检察院对犯罪单位补充起诉的一种诉讼活动。在司法实践中，由于人民法院与人民检察院之间有时会对是否属于单位犯罪存在不同的认识，因此，当人民检察院以自然人犯罪起诉而人民法院却认为是单位犯罪案件时，需要采取特殊措施加以处理。最高人民法院于2001年1月21日印发的《审理金融犯罪案件工作座谈会纪要》曾经就对未作为单位犯罪起诉的单位犯罪案件提出了明确的解决办法。《刑事诉讼法司法解释》第三百四十条在借鉴该办法的基础上，对单位犯罪以自然人起诉的案件规定了以下处理措施：（1）对应当认定为单位犯罪的案件，人民检察院只作为自然人犯罪起诉的，人民法院应当建议人民检察院对犯罪单位追加起诉。（2）如果人民检察院同意人民法院的意见，人民法院应当适用单位犯罪案件审理程序。（3）如果人民检察院不同意人民法院的意见而仍以自然人犯罪起诉的，人民法院应当依法审理，按照单位犯罪直接负责的主管人员或者其他直接责任人员追究刑事责任，并援引《刑法》分则关于追究单位犯罪中直接负责的主管人员和其他直接责任人员刑事责任的条款。以上处理措施既有助于正确适用单位犯罪案件审理程序，又体现了不告不理原则的基本精神。

【单位犯罪涉案财物处置】 是指人民法院对于单位犯罪案件中的涉案财物依法采取追缴或者查封、扣押、冻结等措施。根据《刑事诉讼法司法解释》第三百四十一条、第三百四十二条规定，单位犯罪涉案财物处置包括：（1）被告单位的违法所得及其他涉案财物，尚未被依法追缴或者查封、扣押、冻结的，人民法院应当决定追缴或者查封、扣押、冻结。（2）为保证判决的执行，人民法院可以先行查封、扣押、冻结被告单位的财产，或者由被告单位提出担保。

【被告单位终结的处理】 是指在单位犯罪案件审判过程中，人民法院在被告单位终结的情况下所采取的应对措施。根据《刑事诉讼法司法解释》第三百四十四条、第三百四十五条规定，被告单位终结的处理包括：（1）被告单位在审判期间被吊销营业执照、宣告破产但尚未完成清算、注销登记的，应当继续审理；被告单位被撤销、注销的，人民法院应当对单位犯罪直接负责的主管人员和其他直接责任人员继续进行审理。（2）被告单位在审判期间合并、分立的，人民法院应当将原单位列为被告单位，并注明合并、分立情况。对被告单位所判处的罚金以其在新单位的财产及收益为限。

【简易程序】 是指基层人民法院审理案件事实清楚、证据充分，以及被告人认罪、对指控的犯罪事实没有异议而且同意适用简易程序的案件时所采用的比普通程序简化的第一审程序。基于立法技术、立法经验等方面的原因，我国第一部《刑事诉讼法》并没有规定简易程序。直到1996年修正的《刑事诉讼法》才以专章的形式增设了简易程序。而为了更好地节约司法资源、提高诉讼效率，2012年修正的《刑事诉讼法》在充分吸收最高人民法院、最高人民检察院、司法部于2003年3月14日联合印发的《适用普通程序审理“被告人认罪案件”意见(试行)》① 和《关于适用简易程序审理公诉案件的若干意见》② 的基础上扩大了简易程序的适用范围。简易程序在性质上是比普通程序简化的第一审程序。相对于第一审普通程序而言，现行简易程序具有如下特点：（1）简易程序只适用于基层人民法院。（2）简易程序的审判组织相对简单，即基层人民法院在审理简易程序案件时可以实行独任审判。（3）简化法庭调查和法庭辩论程序。（4）人民法院一般应当当庭宣判审理结果。（5）在简易程序案件的审理过程中，如果发现不宜适用简易程序，人民法院应当按照第一审普通程序对案件进行重新审理。（6）简易程序的审理期限较短。

【简易程序的适用范围】 是指人民法院可以按照简易程序审理的案件范围。简易程序是1996年修正的《刑事诉讼法》新增加的一种审判程序。但是基于当时的条件和环境，新增加的简易程序的适用范围比较狭窄，即根据1996年修正的《刑事诉讼法》③ 第一百七十四条规定，简易程序的适用范围仅仅局限于较为轻微的刑事案件，如依法可能判处三年以下有期徒刑、拘役、管制、单处罚金的公诉案件，告诉才处理的案件，以及被害人起诉的有证据证明的轻微刑事案件。但是，随着刑事案件的不断增多，再加上案多人少的矛盾一直没有得到解决，过于狭窄的简易程序适用范围越来越难以满足司法实践的需要。在这种背景下，2012年修正的《刑事诉讼法》④ 大幅度扩大了简易程序的适用范围。根据现行《刑事诉讼法》第二百一十四条，凡是基层人民法院管辖的刑事案件，只要符合简易程序的适用条件，都可以适用简易程序审理。简易程序适用范围的扩大对于缓解我国案多人少的矛盾以及节约司法资源、提高审判效率无疑具有重要现实意义。

---

① 已失效，已被《最高人民法院、最高人民检察院关于废止1997年7月1日至2011年12月31日期间制发的部分司法解释和司法解释性质文件的决定》（发布日期：2013年3月1日，实施日期：2013年4月8日）废止。

② 已失效，已被《最高人民法院、最高人民检察院关于废止1997年7月1日至2011年12月31日期间制发的部分司法解释和司法解释性质文件的决定》（发布日期：2013年3月1日，实施日期：2013年4月8日）废止。

③ 已被《中华人民共和国刑事诉讼法（2018年）》修正。

④ 已被《中华人民共和国刑事诉讼法（2018年）》修正。

刑事审判

【简易程序的适用条件】 是指人民法院在按照简易程序审理刑事案件时应当遵循的条件。尽管基层人民法院管辖的刑事案件都属于简易程序的适用范围，但是这并不意味着基层人民法院在审理案件时都可以采用简易程序。这是因为，人民法院在适用简易程序审理刑事案件时，不仅需要符合《刑事诉讼法》规定的适用范围，而且必须满足《刑事诉讼法》规定的适用条件。概括说来，简易程序的适用条件包括积极条件和消极条件两个方面。积极条件，是指根据《刑事诉讼法》第二百一十四条规定，基层人民法院管辖的案件只有在同时符合下列条件的情况下才可以适用简易程序审判：（1）案件事实清楚、证据充分的。（2）被告人承认自己所犯罪行，对指控的犯罪事实没有异议的。（3）被告人对适用简易程序没有异议的。所谓消极条件，是指《刑事诉讼法》第二百一十五条、《刑事诉讼法司法解释》第三百六十条规定，具有下列情形之一的，不适用简易程序：（1）被告人是盲、聋、哑人。（2）被告人是尚未完全丧失辨认或者控制自己行为能力的精神病人。（3）案件有重大社会影响。（4）共同犯罪案件中部分被告人不认罪或者对适用简易程序有异议。（5）辩护人作无罪辩护。（6）被告人认罪但经审查认为可能不构成犯罪。（7）不宜适用简易程序审理的其他情形。

【简易程序的选择权】 是指犯罪嫌疑人、被告人对是否适用简易程序审理案件享有自主选择的权利。根据简易程序的适用条件，犯罪嫌疑人、被告人的同意是适用简易程序审判案件的前提。这意味着，犯罪嫌疑人、被告人对简易程序的适用享有自主选择以及提出异议的权利。现行刑事诉讼法之所以规定犯罪嫌疑人、被告人对是否适用简易程序享有选择的权利，不仅是为了防止滥用简易程序，而且是充分保障犯罪嫌疑人、被告人的合法权益以及充分尊重犯罪嫌疑人、被告人的需要。基于犯罪嫌疑人、被告人对简易程序的选择权，无论是在审查起诉阶段还是在审判阶段，只要犯罪嫌疑人、被告人对适用简易程序提出异议，不同意适用简易程序审理案件，人民检察院就不得向人民法院建议适用简易程序，人民法院也不得决定适用简易程序。为了保障犯罪嫌疑人、被告人对简易程序的选择权，《人民检察院刑事诉讼规则》第四百三十二条规定，基层人民检察院在审查起诉过程中应当在讯问犯罪嫌疑人时，了解其是否承认自己所犯罪行，对指控的犯罪事实有无异议，告知其适用简易程序的法律规定，确认其是否同意适用简易程序；《刑事诉讼法》第二百一十七条、《刑事诉讼法司法解释》第三百六十四条也规定，适用简易程序审理案件，审判长或者独任审判员应当当庭询问被告人对指控的犯罪事实的意见，告知被告人适用简易程序审理的法律规定，确认被告人是否同意适用简易程序。

【建议适用简易程序】 是指人民检察院在审查起诉以后如果认为案件符合简易程序的适用条件，可以建议人民法院适用简易程序审理公诉案件。根据《刑事诉讼法》第二百一十四条、《人民检察院刑事诉讼规则》第四百三十条规定，人民检察院在提起公诉的时候，有权建议人民法院适用简易程序；办案人员认为可以建议适用简易程序的，应当在审查报告中提出适用简易程序的意见，按照提起公诉的审批程序报请决定。人民检察院在建议适用简易程序时应当注意三点。（1）人民检察院建议适用简易程序的案件必须符合《刑事诉讼法》规定的简易程序的适用范围和适用条件。根据《人民检察院刑事诉讼规则》第四百三十一条规定，具有下列情形之一的，人民检察院不应当建议人民法院适用简易程序：犯罪嫌疑人是盲、聋、哑人，或者是尚未完全丧失辨认或者控制自己行为能力的精神病人的；有重大社会影响的；共同犯罪案件中部分犯罪嫌疑人不认罪或者对适用简易程序有异议的；比较复杂的共同犯罪案件；辩护人作无罪辩护或者对主要犯罪事实有异议的；其他不宜适用简易程序的。（2）人民法院决定适用简易程序审理的案件，人民检察院认为具有《刑事诉讼法》第二百一十五条规定情形之一的，应当向人民法院提出纠正意见；具有其他不宜适用简易程序情形的，人民检察院可以建议人民法院不适用简易程序。（3）根据《人民检察院刑事诉讼规则》第四百三十二条规定，人民检察院在建议适用简易程序之前应当充分尊重犯罪嫌疑人对简易程序的选择权，即基层人民检察院审查案件，认为案件事实清楚、证据充分的，应当在讯问犯罪嫌疑人时，了解其是否承认自己所犯罪行，对指控的犯罪事实有无异议，告知其适用简易程序的法律规定，确认其是否同意适用简易程序。

【决定适用简易程序】 是指人民法院在受理案件以后，依照职权或者根据人民检察院的建议，决定对符合适用范围和适用条件的刑事案件适用简易程序审判。根据《刑事诉讼法司法解释》第三百五十九条规定，基层人民法院受理公诉案件后，经审查认为案件事实清楚、证据充分的，在将起诉书副本送达被告人时，应当询问被告人对指控的犯罪事实的意见，告知其适用简易程序的法律规定。被告人对指控的犯罪事实没有异议并同意适用简易程序的，可以决定适用简易程序，并在开庭前通知人民检察院和辩护人。对人民检察院建议或者被告人及其辩护人申请适用简易程序审理的案件，依照前述规定处理；不符合简易程序适用条件的，应当通知人民检察院或者被告人及其辩护人。人民检察院有权对人民法院决定适用简易程序的活动进行法律监督。根据《人民检察院刑事诉讼规则》第四百三十一条，人民法院决定适用简易程序审理的案件，人民检察院认为具有《刑事诉讼法》规定的不适用简易程序情形之一的，应当向人民法院提出纠正意见。

【简易程序的审判组织】 是指人民法院按照简易程序审理刑事案件时所采取的法庭组织形式。根据《刑事诉讼法》第二百一十六条规定，简易程序的审判组织分两种情况：（1）对可能判处三年有期徒刑以下刑罚的简易程序案件，既可以组成合议庭进行审判，也可以由审判员一人独任审判。（2）对于可能判处有期徒刑超过三年的案件，只能组成合议庭进行审判。《刑事诉讼法司法解释》第三百六十六条进一步规定，适用简易程序独任审判过程中，发现对被告人可能判处的有期徒刑超过三年的，应当转由合议庭审理。现行刑事诉讼法之所以对简易程序的审判组织实行区别对待的做法，主要是考虑到在司法实践中，可能判处三年有期徒刑以下刑罚的案件属于较轻的刑事案件，而且其案情比较清楚、简单，证据也比较充分，通常没有必要采用合议庭的审判形式；而可能判处三年有期徒刑以上刑罚的案件属于较重的刑事案件，为了更好地保护被告人的合法权益，确保刑事审判的公正性和严肃性，则不宜采用独任审判的形式。根据《刑法》第四十五条、第六十九条第一款规定，可能判处有期徒刑超过三年的案件，是指可能判处三年以上（不包括三年）、二十五年以下（包括二十五）有期徒刑的案件。

【简易程序庭前准备】 是指人民法院决定适用简易程序审判案件以后，在开庭审判以前所做的各项准备工作。根据《刑事诉讼法司法解释》第三百六十一条至第三百六十三条规定，简易程序庭前准备包括：（1）适用简易程序审理的案件，符合《刑事诉讼法》第三十五条第一款规定的，人民法院应当告知被告人及其近亲属可以申请法律援助。（2）适用简易程序审理案件，人民法院应当在开庭3日前，将开庭的时间、地点通知人民检察院、自诉人、被告人、辩护人，也可以通知其他诉讼参与人。通知可以采用简便方式，但应当记录在案。（3）适用简易程序审理案件，被告人有辩护人的，应当通知其出庭。根据《刑事诉讼法》第二百一十九条规定，人民法院在进行简易程序庭前准备时可以不受《刑事诉讼法》第一百八十二条关于送达期限规定的限制。

【公诉人出席简易程序法庭】 是指在人民法院采用简易程序审理公诉案件的过程中，由人民检察院委派公诉人出席法庭支持公诉。根据《刑事诉讼法》第二百一十六条规定，适用简易程序审理公诉案件，人民检察院应当派员出席法庭。根据《人民检察院刑事诉讼规则》第四百三十四条、第四百三十五条规定，公诉人出席简易程序法庭时，应当主要围绕量刑以及其他有争议的问题进行法庭调查和法庭辩论。在确认被告人庭前收到起诉书并对起诉书指控的犯罪事实没有异议后，可以简化宣读起诉书，根据案件情况决定是否讯问被告人、询问证人、鉴定人和出示证据。根据案件情况，公诉人可以建议法庭简化法庭调查和法庭辩论程序。适用简易程序审理的公诉案件，公诉人发现不宜适用简易程序审理的，应当建议法庭按照第一审普通程序重新审理。转为普通程序审理的案件，公诉人需要为出席法庭进行准备的，可以建议人民法院延期审理。

【简易程序案件的审理程序】 是指人民法院在开庭审理简易程序案件时所遵循的诉讼程序。相对于公诉案件第一审普通程序而言，简易程序案件的审理程序的最大特点就是庭审程序可以简化，不必严格按照《刑事诉讼法》所规定的普通程序流程。根据《刑事诉讼法》第二百一十八条、第二百一十九条，适用简易程序审理案件，经审判人员许可，被告人及其辩护人可以同公诉人、自诉人及其诉讼代理人互相辩论。适用简易程序审理案件，不受公诉案件第一审普通程序关于讯问被告人、询问证人、鉴定人、出示证据、法庭辩论程序规定的限制。但在判决宣告前应当听取被告人的最后陈述意见。《刑事诉讼法司法解释》第三百六十五条明确规定，适用简易程序审理案件，可以对庭审作如下简化：（1）公诉人可以摘要宣读起诉书。（2）公诉人、辩护人、审判人员对被告人的讯问、发问可以简化或者省略。（3）对控辩双方无异议的证据，可以仅就证据的名称及所证明的事项作出说明；对控辩双方有异议，或者法庭认为有必要调查核实的证据，应当出示，并进行质证。（4）控辩双方对与定罪量刑有关的事实、证据没有异议的，法庭审理可以直接围绕罪名确定和量刑问题进行。以上规定表明，适用简易程序审理案件，主要是简化法庭调查和法庭辩论环节，而对于被告人享有的最后陈述权利而言，则不能简化，即人民法院在判决宣告前必须听取被告人的最后陈述。另外，根据《刑事诉讼法司法解释》第三百六十七条规定，适用简易程序审理案件，裁判文书可以简化，且一般应当当庭宣判。

【简易程序的审理期限】 是指人民法院按照简易程序审理刑事案件时所遵循的诉讼期限。根据《刑事诉讼法》第二百二十条规定，适用简易程序审理案件，人民法院应当在受理后20日以内审结；对可能判处的有期徒刑超过三年的，可以延长至一个半月。这意味着，对于可能判处有期徒刑三年以下刑罚的案件，人民法院适用简易程序审理的期限为20日；而对于可能判处有期徒刑三年以上的案件，人民法院适用简易程序审理的期限为一个半月。在受理后20日以内，是指从人民法院立案之日起20日以内。这里的审结，是指人民法院通过对案件的开庭审理，依法作出最终的处理结果。人民法院在适用简易程序审判案件时应当严格遵守《刑事诉讼法》规定的审理期限。否则，即使庭审程序简化了，而案件还是不能及时审结，简易程序也会失去实际意义。

【简易程序转为普通程序】 是指人民法院在按照简易程序审理案件的过程中，发现案件不宜适用简易程序时，按照普通程序对案件进行重新审理。根据《刑事诉讼法》第二百二十一条规定，人民法院在审理过程中，发现不宜适用简易程序的，应当按照第一审普通程序的规定重新审理。根据《刑事诉讼法司法解释》第三百六十八条第一款规定，不宜适用简易程序，是指人民法院在按照简易程序审理案件的过程中遇到的下列情形：（1）被告人的行为可能不构成犯罪的。（2）被告人可能不负刑事责任的。（3）被告人当庭对起诉指控的犯罪事实予以否认的。（4）案件事实不清、证据不足的。（5）不应当或者不宜适用简易程序的其他情形。根据《刑事诉讼法司法解释》第三百六十八条第二款，决定转为普通程序审理的案件，审理期限应当从作出决定之日起计算。这里的重新审理，是指人民法院应当停止适用简易程序，按照第一审公诉案件普通程序或者第一审自诉案件普通程序，对案件予以重新开庭审理。

【刑事案件速裁程序】 简称刑事速裁程序，是指公安机关、人民检察院和人民法院对于特定的轻微刑事案件简化办案流程，缩短办案期限，进行快速处理的一种刑事诉讼程序。为进一步完善刑事诉讼程序，合理配置司法资源，提高审理刑事案件的质量与效率，维护当事人的合法权益，第十二届全国人民代表大会常务委员会第九次会议于2014年6月27日通过决定，授权最高人民法院、最高人民检察院在北京等十八个城市开展刑事案件速裁程序试点工作。2018年修正的《刑事诉讼法》在“第一审程序”一章中正式增加了“速裁程序”一节。刑事案件速裁程序试点工作既是完善刑事诉讼中认罪认罚从宽制度的重大举措，也是构建多层次诉讼体系、实现诉讼程序与案件难易、刑罚轻重相适应的重要探索。速裁程序在本质上属于简易程序，但是相对于现行刑事诉讼法规定的简易程序而言，速裁程序更加简易。例如，对于刑事速裁案件，不受送达期限的限制，一般不进行法庭调查、法庭辩论，应当当庭宣判。从此以后，我国形成了普通程序、简易程序、速裁程序相互衔接的多层次、多元化诉讼体系，能够确保诉讼程序与案件难易、刑罚轻重相适应。

【刑事速裁程序的适用范围】 是指可以按照速裁程序办理的刑事案件范围。考虑到刑事速裁程序在本质上是比现行刑事诉讼法规定的简易程序更加简化的一种审判程序，因此，在刑事案件速裁程序试点工作中，刑事速裁程序的适用范围受到较为严格的限制。根据《刑事诉讼法》第二百二十二条规定，基层人民法院管辖的可能判处三年有期徒刑以下刑罚的案件，案件事实清楚，证据确实、充分，被告人认罪认罚并同意适用速裁程序的，可以适用速裁程序，由审判员一人独任审判。另外，根据《办理刑事案件庭前会议规程（试行）》第二十一条规定，对于被告人在庭前会议前不认罪，在庭前会议中又认罪的案件，人民法院核实被告人认罪的自愿性和真实性后，可以依法适用速裁程序审理。

【刑事速裁程序的适用条件】 指案件适用速裁程序时应当具备的条件。根据《刑事诉讼法》第二百二十二条的规定，基层人民法院管辖的可能判处三年有期徒刑以下刑罚的案件，案件事实清楚，证据确实、充分，被告人认罪认罚并同意适用速裁程序的，可以适用速裁程序，由审判员一人独任审判。根据《刑事诉讼法》第二百二十三条以及《刑事诉讼法司法解释》第三百七十条、第三百七十五条的规定，不适用速裁程序的情形包括：（1）被告人是盲、聋、哑人的；（2）被告人是尚未完全丧失辨认或者控制自己行为能力的精神病人的；（3）被告人是未成年人的；（4）案件有重大社会影响的；（5）共同犯罪案件中部分被告人对指控的犯罪事实、罪名、量刑建议或者适用速裁程序有异议的；（6）被告人与被害人或者其法定代理人没有就附带民事诉讼赔偿等事项达成调解、和解协议的；（7）辩护人作无罪辩护的；（8）其他不宜适用速裁程序的情形。在适用速裁程序审理案件的过程中，具有下列情形之一的，应当转为普通程序或者简易程序审理：（1）被告人的行为可能不构成犯罪或者不应当追究刑事责任的；（2）被告人违背意愿认罪认罚的；（3）被告人否认指控的犯罪事实的；（4）案件疑难、复杂或者对适用法律有重大争议的；（5）其他不宜适用速裁程序的情形。

【刑事速裁程序的启动】 是指在刑事诉讼过程中，对于符合速裁程序适用范围和适用条件的刑事案件，公安机关、人民检察院和人民法院决定按照刑事速裁程序办理案件的一种诉讼活动。启动刑事速裁程序，主要是基于人民检察院的建议。但是，公安机关、辩护人也可以提出适用速裁程序的建议。根据《刑事诉讼法》第二百二十二条第二款规定，人民检察院在提起公诉的时候，可以建议人民法院适用速裁程序。又根据《刑事诉讼法司法解释》第三百六十九条的规定，被告人及其辩护人可以向人民法院提出适用速裁程序的申请。即控辩双方都可以提议适用速裁程序。《人民检察院刑事诉讼规则》第四百三十九条还规定，公安机关、犯罪嫌疑人及其辩护人建议适用速裁程序，人民检察院经审查认为符合条件的，可以建议人民法院适用速裁程序审理。公安机关、辩护人未建议适用速裁程序，人民检察院经审查认为符合速裁程序适用条件，且犯罪嫌疑人同意适用的，可以建议人民法院适用速裁程序审理。

【建议适用刑事速裁程序】 是指人民检察院在审查起诉以后，如果认为案件符合刑事速裁程序的适用条件，可以建议人民法院适用速裁程序审理公诉案件。《刑事诉讼法》第二百二十二条第二款规定，人民检察院在提起公诉的时候，可以建议人民法院适用速裁程序。《人民检察院刑事诉讼规则》第四百三十九条、第四百四十条、第四百四十三条规定，公安机关、犯罪嫌疑人及其辩护人建议适用速裁程序，人民检察院经审查认为符合条件的，可以建议人民法院适用速裁程序审理。公安机关、辩护人未建议适用速裁程序，人民检察院经审查认为符合速裁程序适用条件，且犯罪嫌疑人同意适用的，可以建议人民法院适用速裁程序审理。人民检察院建议人民法院适用速裁程序的案件，起诉书内容可以适当简化，重点写明指控的事实和适用的法律。适用速裁程序审理的案件，人民检察院发现有不宜适用速裁程序审理情形的，应当建议人民法院转为普通程序或者简易程序重新审理。

【刑事速裁程序的选择权】 是指犯罪嫌疑人、被告人对是否适用刑事速裁程序审理案件享有自主选择的权利。根据《刑事诉讼法》第二百二十二条的规定，犯罪嫌疑人、被告人的同意及认罪认罚是适用刑事速裁程序的前提。这意味着，犯罪嫌疑人、被告人对刑事速裁程序的适用享有自主选择以及提出异议的权利。根据《人民检察院刑事诉讼规则》第四百三十九条的规定，公安机关、犯罪嫌疑人及其辩护人建议适用速裁程序，人民检察院经审查认为符合条件的，可以建议人民法院适用速裁程序审理。公安机关、辩护人未建议适用速裁程序，人民检察院经审查认为符合速裁程序适用条件，且犯罪嫌疑人同意适用的，可以建议人民法院适用速裁程序审理。

为了保障犯罪嫌疑人、被告人能够正确选择是否同意适用刑事速裁程序，根据《刑事诉讼法司法解释》第三百六十九条的规定，对人民检察院在提起公诉时建议适用速裁程序的案件，基层人民法院经审查认为案件事实清楚，证据确实、充分，可能判处三年有期徒刑以下刑罚的，在将起诉书副本送达被告人时，应当告知被告人适用速裁程序的法律规定，询问其是否同意适用速裁程序。被告人同意适用速裁程序的，可以决定适用速裁程序，并在开庭前通知人民检察院和辩护人。对人民检察院未建议适用速裁程序的案件，人民法院经审查认为符合速裁程序适用条件的，可以决定适用速裁程序，并在开庭前通知人民检察院和辩护人。最高人民法院、最高人民检察院、公安部、国家安全部、司法部于2020年联合制定的《法律援助值班律师工作办法》第六条、第七条、第八条规定，值班律师为犯罪嫌疑人、被告人提供程序选择建议，犯罪嫌疑人、被告人认罪认罚的，值班律师应当了解犯罪嫌疑人、被告人对被指控的犯罪事实和罪名是否有异议，告知被指控罪名的法定量刑幅度，释明从宽从重处罚的情节以及认罪认罚的从宽幅度，并结合案件情况提供程序选择建议。在审查起诉阶段，犯罪嫌疑人认罪认罚的，值班律师可以就案件审理适用的程序向人民检察院提出意见。

【刑事速裁案件的审理程序】 是指人民法院在适用速裁程序审理刑事案件时所遵循的诉讼程序。相对于普通程序和简易程序而言，刑事速裁程序的最大特点就是刑事速裁案件的审理程序更加简化，办案期限更短。根据《刑事诉讼法》第二百二十五条、《刑事诉讼法司法解释》第三百七十一条至第三百七十四条的规定，速裁案件的审理有以下要求：(1) 人民法院应当在受理后十日以内审结；对可能判处的有期徒刑超过一年的，可以延长至十五日。(2) 人民法院应当在开庭前将开庭的时间、地点通知人民检察院、被告人、辩护人，也可以通知其他诉讼参与人。通知可以采用简便方式，但应当记录在案。(3) 可以集中开庭，逐案审理。公诉人简要宣读起诉书后，审判人员应当当庭询问被告人对指控事实、证据、量刑建议以及适用速裁程序的意见，核实具结书签署的自愿性、真实性、合法性，并核实附带民事诉讼赔偿等情况。(4) 一般不进行法庭调查、法庭辩论，但在判决宣告前应当听取辩护人的意见和被告人的最后陈述。(5) 裁判文书可以简化，且应当当庭宣判。

【认罪认罚从宽制度】 是指人民法院对犯罪嫌疑人、被告人自愿如实供述自己的罪行，对指控的犯罪事实没有异议，同意人民检察院量刑建议并签署具结书的案件，可以依法从宽处理的一种诉讼制度。第十二届全国人民代表大会常务委员会第二十二次会议于 2016 年 9 月 3 日通过决定，授权最高人民法院、最高人民检察院在北京等十八个城市开展为期两年的刑事案件认罪认罚从宽制度试点工作，并最终在 2018 年修正的《刑事诉讼法》中形成制度。认罪认罚从宽制度具有如下基本特征：(1) 认罪认罚从宽制度是宽严相济刑事政策、坦白从宽刑事政策的一种重要体现。(2) 人民法院进行从宽处理的前提条件是，犯罪嫌疑人、刑事被告人自愿如实供述自己的罪行，对指控的犯罪事实没有异议，同意人民检察院量刑建议，并且签署具结书。(3) 尽管人民法院在进行从宽处理时具有一定的自由裁量权，但是必须在法律规定的限度范围内进行，而不能在法律规定的限度之外进行从宽处理。(4) 认罪认罚从宽制度体现了犯罪嫌疑人、被告人与人民检察院、人民法院之间的某种默契或者协商，即国家为了合理配置司法资源、提高司法效率，试图以从宽处理为代价或者筹码，鼓励犯罪嫌疑人、被告人自愿进行认罪。(5) 公安司法机关在按照认罪认罚从宽制度进行办案时必须充分尊重犯罪嫌疑人、被告人的意思自治，而不能为了提高司法效率而强迫犯罪嫌疑人、被告人认罪。

【认罪认罚从宽制度的适用条件】 是指人民法院、人民检察院、公安机关在刑事诉讼中可以按照认罪认罚从宽制度办理刑事案件所要达到的条件。根据《刑事诉讼法》第十五条规定，犯罪嫌疑人、被告人自愿如实供述自己的罪行，承认指控的犯罪事实，愿意接受处罚的，可以依法从宽处理。根据《适用认罪认罚从宽制度指导意见》第五条、第六条、第七条以及《刑事诉讼法司法解释》第三百四十七条的规定，认罪认罚从宽制度贯穿刑事诉讼全过程，适用于侦查、起诉、审判各个阶段。认罪认罚从宽制度没有适用罪名和可能判处刑罚的限定，所有刑事案件都可以适用，不能因罪轻、罪重或者罪名特殊等原因而剥夺犯罪嫌疑人、被告人自愿认罪认罚获得从宽处理的机会。但可以适用不是一律适用，犯罪嫌疑人、被告人认罪认罚后是否从宽，由司法机关根据案件具体情况决定。认罪认罚从宽制度中的认罪，是指犯罪嫌疑人、被告人自愿如实供述自己的罪行，对指控的犯罪事实没有异议。承认指控的主要犯罪事实，仅对个别事实情节提出异议，或者虽然对行为性质提出辩解但表示接受司法机关认定意见的，不影响认罪的认定。犯罪嫌疑人、被告人犯数罪，仅如实供述其中一罪或部分罪名事实的，全案不作认罪的认定，不适用认罪认罚从宽制度，但对如实供述的部分，人民检察院可以提出从宽处罚的建议，人民法院可以从宽处罚。认罪认罚从宽制度中的认罚，是指犯罪嫌疑人、被告人真诚悔罪，愿意接受处罚。认罚，在侦查阶段表现为表示愿意接受处罚；在审查起诉阶段表现为接受人民检察院拟作出的起诉或不起诉决定，认可人民检察院的量刑建议，签署认罪认罚具结书；在审判阶段表现为当庭确认自愿签署具结书，愿意接受刑罚处罚。认罚考察的重点是犯罪嫌疑人、被告人的悔罪态度和悔罪表现，应当结合退赃退赔、赔偿损失、赔礼道歉等因素来考量。犯罪嫌疑人、被告人虽然表示认罚，却暗中串供、干扰证人作证、毁灭、伪造证据或者隐匿、转移财产，有赔偿能力而不赔偿损失，则不能适用认罪认罚从宽制度。犯罪嫌疑人、被告人享有程序选择权，不同意适用速裁程序、简易程序的，不影响认罚的认定。

【办理认罪认罚案件的基本要求】 是指人民法院、人民检察院、公安机关在办理认罪认罚案件时应当遵循刑法、刑事诉讼法的基本原则，以事实为根据，以法律为准绳，保障犯罪嫌疑人、被告人依法享有的辩护权和其他诉讼权利，保障被害人的合法权益，维护社会公共利益，强化监督制约，确保无罪的人不受刑事追究，有罪的人受到公正惩罚，确保司法公正。有鉴于此，人民法院、人民检察院、公安机关在办理认罪认罚案件时应当严格把握认罪认罚从宽的范围和条件，正确理解认罪、认罚和从宽的内涵，确保犯罪嫌疑人、被告人能够在律师的帮助下基于真实的意思表示自愿认罪认罚。

认罪，是指犯罪嫌疑人在没有受到强迫的情况下自愿如实供述自己的罪行，对指控的犯罪事实没有异议。如果犯罪嫌疑人、被告人承认指控的主要犯罪事实，只是对个别细节提出异议，或者对犯罪事实没有异议，仅对适用的罪名提出异议，也符合认罪的要求。认罚，是指犯罪嫌疑人心甘情愿地同意量刑建议，签署具结书。如果犯罪嫌疑人、被告人只认罪不认罚，或者只认罚不认罪，或者表面上认罪认罚而在暗地里却实施妨碍刑事诉讼顺利进行的行为（如串供、毁灭证据、隐匿转移财产或者拒绝赔偿损失等），那么不能适用认罪认罚从宽制度。认罪认罚是从宽处理的原因，而从宽处理是认罪认罚的结果。一般而言，只要犯罪嫌疑人、被告人能够理解和认识认罪认罚的法律后果，而且能够自愿地认罪认罚，人民法院、人民检察院就应当进行从宽处理。但是人民法院、人民检察院应当在法律规定的范围内进行从宽处理，而不能无原则地从宽。为了保证正确适用认罪认罚从宽制度，根据《刑事诉讼法》第一百九十条规定，被告人认罪认罚的，审判长应当告知被告人享有的诉讼权利和认罪认罚的法律规定，审查认罪认罚的自愿性和认罪认罚具结书内容的真实性、合法性。《刑事诉讼法司法解释》第三百四十九条、第三百五十一条规定，对人民检察院提起公诉的认罪认罚案件，人民法院应当重点审查以下内容：（1）人民检察院讯问犯罪嫌疑人时，是否告知其诉讼权利和认罪认罚的法律规定。（2）是否随案移送听取犯罪嫌疑人、辩护人或者值班律师、被害人及其诉讼代理人意见的笔录。（3）被告人与被害人达成调解、和解协议或者取得被害人谅解的，是否随案移送调解、和解协议、被害人谅解书等相关材料。（4）需要签署认罪认罚具结书的，是否随案移送具结书。法庭审理时应当告知被告人享有的诉讼权利和认罪认罚的法律规定，审查认罪认罚的自愿性和认罪认罚具结书内容的真实性、合法性。

【办理认罪认罚案件的原则】 是指人民法院、人民检察院、公安机关在按照认罪认罚从宽制度办理刑事案件时所遵循的基本原则。根据《适用认罪认罚从宽制度指导意见》规定，适用认罪认罚从宽制度应坚持以下基本原则：（1）贯彻宽严相济刑事政策。落实认罪认罚从宽制度，应当根据犯罪的具体情况，区分案件性质、情节和对社会的危害程度，实行区别对待，做到该宽则宽，当严则严，宽严相济，罚当其罪。（2）坚持罪责刑相适应原则。办理认罪认罚案件，既要考虑体现认罪认罚从宽，又要考虑其所犯罪行的轻重、应负刑事责任和人身危险性的大小，依照法律规定提出量刑建议，准确裁量刑罚，确保罚当其罪，避免罪刑失衡。（3）坚持证据裁判原则。办理认罪认罚案件，应当以事实为根据，以法律为准绳，严格按照证据裁判要求，全面收集、固定、审查和认定证据。坚持法定证明标准，侦查终结、提起公诉、作出有罪裁判应当做到犯罪事实清楚，证据确实、充分，防止因犯罪嫌疑人、被告人认罪而降低证据要求和证明标准。（4）坚持公检法三机关配合制约原则。办理认罪认罚案件，公、检、法三机关应当分工负责、互相配合、互相制约，保证犯罪嫌疑人、被告人自愿认罪认罚，依法推进从宽落实。

【获得有效法律帮助】 是指人民法院、人民检察院、公安机关在办理认罪认罚案件时应当保障犯罪嫌疑人、被告人获得有效法律帮助，确保其了解认罪认罚的性质和法律后果，自愿认罪认罚。《刑事诉讼法》第三十六条规定，法律援助机构可以在人民法院、看守所等场所派驻值班律师。犯罪嫌疑人、被告人没有委托辩护人，法律援助机构没有指派律师为其提供辩护的，由值班律师为犯罪嫌疑人、被告人提供法律咨询、程序选择建议、申请变更强制措施、对案件处理提出意见等法律帮助。《适用认罪认罚从宽制度指导意见》第10条规定了获得法律帮助权。人民法院、人民检察院、公安机关办理认罪认罚案件，应当保障犯罪嫌疑人、被告人获得有效法律帮助，确保其了解认罪认罚的性质和法律后果，自愿认罪认罚。犯罪嫌疑人、被告人自愿认罪认罚，没有辩护人的，人民法院、人民检察院、公安机关（看守所）应当通知值班律师为其提供法律咨询、程序选择建议、申请变更强制措施等法律帮助。符合通知辩护条件的，应当依法通知法律援助机构指派律师为其提供辩护。

【侦查阶段的认罪认罚程序】 是指侦查机关在侦查过程中按照认罪认罚从宽制度的要求履行权利告知义务，在犯罪嫌疑人认罪认罚的情况下采取相应的措施。

根据《刑事诉讼法》第一百七十三条规定，人民检察院审查案件，应当讯问犯罪嫌疑人，听取辩护人或者值班律师、被害人及其诉讼代理人的意见，并记录在案。辩护人或者值班律师、被害人及其诉讼代理人提出书面意见的，应当附卷。犯罪嫌疑人认罪认罚的，人民检察院应当告知其享有的诉讼权利和认罪认罚的法律规定，听取犯罪嫌疑人、辩护人或者值班律师、被害人及其诉讼代理人对相关事项的意见，并记录在案。犯罪嫌疑人向看守所工作人员或辩护人、值班律师表示愿意认罪认罚的，有关人员应当及时书面告知办案单位。对拟移送审查起诉的案件，侦查机关应当在起诉意见中写明犯罪嫌疑人自愿认罪认罚情况。

【撤销案件的特别程序】 是指公安机关在侦查过程中，对于符合特殊条件的犯罪嫌疑人撤销案件，应当经最高人民检察院核准的程序。根据《刑事诉讼法》第一百八十二条规定，犯罪嫌疑人自愿如实供述涉嫌犯罪的事实，有重大立功或者案件涉及国家重大利益的，经最高人民检察院核准，公安机关可以撤销案件，人民检察院可以作出不起诉决定，也可以对涉嫌数罪中的一项或者多项不起诉。根据上述规定不起诉或者撤销案件的，人民检察院、公安机关应当及时对查封、扣押、冻结的财物及其孳息作出处理。

【审查起诉阶段的认罪认罚程序】 是指人民检察院在审查起诉过程中按照认罪认罚从宽制度的要求履行权利告知义务，在犯罪嫌疑人认罪认罚的情况下采取相应的措施。根据《刑事诉讼法》第一百二十条规定，侦查人员在讯问犯罪嫌疑人的时候，应当告知犯罪嫌疑人享有的诉讼权利，如实供述自己罪行可以从宽处理和认罪认罚的法律规定。

根据《刑事诉讼法》第一百七十三条规定，人民检察院审查案件，应当讯问犯罪嫌疑人，听取辩护人或者值班律师、被害人及其诉讼代理人的意见，并记录在案。辩护人或者值班律师、被害人及其诉讼代理人提出书面意见的，应当附卷。犯罪嫌疑人认罪认罚的，人民检察院应当告知其享有的诉讼权利和认罪认罚的法律规定，听取犯罪嫌疑人、辩护人或者值班律师、被害人及其诉讼代理人对相关事项的意见，并记录在案。《刑事诉讼法》第一百七十四条规定，犯罪嫌疑人自愿认罪，同意量刑建议和程序适用的，应当在辩护人或者值班律师在场的情况下签署认罪认罚具结书。人民检察院向人民法院提起公诉的，应当在起诉书中写明被告人认罪认罚情况，提出量刑建议，并同时移送被告人的认罪认罚具结书等材料。量刑建议一般应当包括主刑、附加刑，并明确刑罚执行方式。可以提出相对明确的量刑幅度，也可以根据案件具体情况，提出确定刑期的量刑建议。建议判处财产刑的，一般应当提出确定的数额。另外，根据《刑事诉讼法》第二百九十条规定，对于达成和解协议的案件，公安机关可以向人民检察院提出从宽处理的建议。人民检察院可以向人民法院提出从宽处罚的建议；对于犯罪情节轻微，不需要判处刑罚的，可以作出不起诉的决定。人民法院可以依法对被告人从宽处罚。

【不起诉的特别程序】 是指人民检察院在审查起诉过程中，对于符合特殊条件的犯罪嫌疑人作出不起诉决定，应当经最高人民检察院核准的程序。根据《刑事诉讼法》第一百八十二条规定，犯罪嫌疑人自愿如实供述涉嫌犯罪的事实，有重大立功或者案件涉及国家重大利益的，经最高人民检察院核准，公安机关可以撤销案件，人民检察院可以作出不起诉决定，也可以对涉嫌数罪中的一项或者多项不起诉。根据上述规定不起诉或者撤销案件的，人民检察院、公安机关应当及时对查封、扣押、冻结的财物及其孳息作出处理。

【认罪认罚案件的审理】 对认罪认罚案件，应当根据案件情况，依法适用速裁程序、简易程序或者普通程序审理，对证据、事实、法律适用，以及被告人的认罪自愿性、量刑建议合理性进行审查。根据《刑事诉讼法司法解释》第三百四十九条至第三百五十五条规定，对人民检察院提起公诉的认罪认罚案件，人民法院应当重点审查以下内容：（1）人民检察院讯问犯罪嫌疑人时，是否告知其诉讼权利和认罪认罚的法律规定。（2）是否随案移送听取犯罪嫌疑人、辩护人或者值班律师、被害人及其诉讼代理人意见的笔录。（3）被告人与被害人达成调解、和解协议或者取得被害人谅解的，是否随案移送调解、和解协议、被害人谅解书等相关材料。（4）需要签署认罪认罚具结书的，是否随案移送具结书。未随案移送上述材料的，应当要求人民检察院补充。对认罪认罚案件，人民检察院起诉指控的事实清楚，但指控的罪名与审理认定的罪名不一致的，人民法院应当听取人民检察院、被告人及其辩护人对审理认定罪名的意见，依法作出判决。经审理认为量刑建议明显不当，或者被告人、辩护人对量刑建议提出异议的，人民检察院可以调整量刑建议。人民检察院不调整或者调整后仍然明显不当的，人民法院应当依法作出判决。对认罪认罚案件，人民法院一般应当对被告人从轻处罚；符合非监禁刑适用条件的，应当适用非监禁刑；具有法定减轻处罚情节的，可以减轻处罚。对认罪认罚案件，应当根据被告人认罪认罚的阶段早晚以及认罪认罚的主动性、稳定性、彻底性等，在从宽幅度上体现差异。

【按照速裁程序审理认罪认罚案件】 是指在审查认罪认罚案件的过程中，如果被告人同意适用速裁程序，人民法院可以适用速裁程序审理。根据《刑事诉讼法》第二百二十二条规定，基层人民法院管辖的可能判处三年有期徒刑以下刑罚的案件，案件事实清楚，证据确实、充分，被告人认罪认罚并同意适用速裁程序的，可以适用速裁程序，由审判员一人独任审判。适用速裁程序审理案件，人民法院应当在受理后 10 日以内审结；对可能判处的有期徒刑超过一年的，可以延长至 15 日。《刑事诉讼法》第二百二十六条规定，人民法院在审理过程中，发现有被告人的行为不构成犯罪或者不应当追究其刑事责任、被告人违背意愿认罪认罚、被告人否认指控的犯罪事实或者其他不宜适用速裁程序审理的情形的，应当按照普通程序或简易程序的规定重新审理。

【按照简易程序审理认罪认罚案件】 是指对于基层人民法院管辖的可能判处三年有期徒刑以上刑罚的案件，如果被告人认罪认罚，可以依法适用简易程序审判。根据《刑事诉讼法》第一百七十二条规定，犯罪嫌疑人认罪认罚，符合速裁程序适用条件的，应当在 10 日以内作出决定，对可能判处的有期徒刑超过一年的，可以延长至 15 日。根据《刑事诉讼法》第二百二十六条规定，人民法院在审理过程中，发现有被告人的行为不构成犯罪或者不应当追究其刑事责任、被告人违背意愿认罪认罚、被告人否认指控的犯罪事实或者其他不宜适用速裁程序审理的情形的，应当按照公诉案件第一审普通程序或者简易程序的有关规定重新审理。

【认罪认罚案件的审理结果】 是指人民法院在审理认罪认罚案件以后所作的处理结果。根据《刑事诉讼法》第二百零一条规定，对于认罪认罚案件，人民法院依法作出判决时，一般应当采纳人民检察院指控的罪名和量刑建议，但有下列情形的除外：（1）被告人的行为不构成犯罪或者不应当追究其刑事责任的。（2）被告人违背意愿认罪认罚的。（3）被告人否认指控的犯罪事实的。（4）起诉指控的罪名与审理认定的罪名不一致的。（5）其他可能影响公正审判的情形。人民法院经审理认为量刑建议明显不当，或者被告人、辩护人对量刑建议提出异议的，人民检察院可以调整量刑建议。人民检察院不调整量刑建议或者调整量刑建议后仍然明显不当的，人民法院应当依法作出判决。对不具有法定减轻处罚情节的认罪认罚案件，应当在法定刑的限度以内从轻判处刑罚，犯罪情节轻微不需要判处刑罚的，可以依法免予刑事处罚，确实需要在法定刑以下判处刑罚的，应当层报最高人民法院核准。第二审人民法院对被告人不服适用速裁程序作出的第一审判决提起上诉的案件，可以不开庭审理。经审理认为原判认定事实和适用法律正确、量刑适当的，应当裁定驳回上诉，维持原判；原判认定事实没有错误，但适用法律有错误，或者量刑不当的，应当改判；原判事实不清或者证据不足的，应当裁定撤销原判，发回原审人民法院适用普通程序重新审判。

【刑事审级制度】 是指按照法律规定的审判机关在纵向组织体系上的层级划分，以及刑事案件最多经过几级审判机关的审判以后，其裁判才发生法律效力的法律制度。审级制度根据审级的不同可以分为单审主义和复审主义，前者是指案件经过一次审理、判决和裁定就发生法律效力，即一审终审，而后者是指案件经过两次或两次以上的审理、判决和裁定才发生法律效力。复审主义根据上诉次数的不同，又可以分为两审终审、三审终审等。现代法治国家普遍采用复审主义，或者采用复审主义与单审主义相结合的审级制度。在理论上，人们常用“几审终审”来概括某个国家的审级制度。例如，如果案件最多经过三级审判机关的审判以后，其裁判才发生法律效力，那么就属于三审终审制。就目前而言，两审终审和三审终审是现代法治国家最为常见的两种审级制度。就刑事审级制度与刑事审判程序而言，刑事审级制度实际上是由刑事初审程序、刑事上诉程序和刑事终审程序共同组成的审判体系。在两审终审制中，第二审程序既是唯一的上诉程序，也是终审程序；在三审终审制中，第二审程序是中间型的上诉程序，第三审程序是具有终审意义的上诉程序，即终审程序。根据我国《人民法院组织法》和《刑事诉讼法》的规定，我国实行两审终审制的刑事审级制度。由于我国人民法院共分为四个等级，因此，我国审级制度又常常被称为四级两审终审制。

【刑事上诉程序】 是指上级法院对上诉

权人因为不服下级法院作出的且尚未发生法律效力的裁判而依法提起的上诉案件，予以再次审理和裁判的刑事审判程序。刑事上诉程序具有救济性和监督性两大基本特征。从纠正错误裁判和保障诉讼当事人合法权益角度来说，刑事上诉程序属于普通救济程序，其审判对象是没有发生法律效力的裁判，它是在刑事审级制度的轨道范围内对诉讼当事人提供的常规性救济手段。刑事上诉程序的监督性质主要体现在，上级法院凭借其司法审查权和终审权来监督下级法院裁判的正确性以及审判活动的合法性。

同刑事初审程序相比，刑事上诉程序具有如下特点：（1）上诉审法院审理的案件来源于上诉权人依法提出的上诉，而初审法院审理的案件来源于公诉或者自诉。（2）上诉程序的审判对象主要是原审裁判是否正确以及上诉理由能否成立，而初审程序的审判对象主要是控方指控的犯罪事实和诉讼要求。（3）上诉程序的审判任务主要是审查原审裁判是否正确、合法，而初审程序的任务主要在于控方指控的犯罪事实能否成立，以及如何确定刑事责任。（4）上诉程序通常由职业法官组成的合议庭来负责审理，而初审程序大都采用职业法官与非职业法官相结合的审判组织形式和独任制。（5）上诉程序通常采用有限的开庭审理方式，侧重于控辩双方的口头辩论，而不在于彻底贯彻直接言词原则，而初审程序需要采取完整的开庭审理方式，充分贯彻直接言词原则。（6）上诉程序的审查范围通常局限于上诉理由，而不对案件的所有问题都进行审查，尤其是第三审程序通常只审查法律问题，但初审程序的审查范围彻底而全面。（7）按照上诉程序作出的裁判的法律效力取决于它是否属于终审程序，而初审裁判只有在法定的上诉期限内没有提出合法上诉的情况下才发生法律效力。（8）上诉程序并非每个刑事案件的必经程序，它是否发生取决于上诉权人是否提起合法的上诉，而初审程序是审判任何刑事案件的必经程序。

【两审终审制】 是指案件经过两级人民法院的审判即告终结，第二审人民法院作出的裁判是终审裁判，法律规定的上诉人不得再对其提出上诉，人民检察院也不能按照上诉程序对其提出抗诉。根据两审终审制的要求，地方各级人民法院按照第一审程序对案件审理后所作的裁判尚不能立即发生法律效力，只有在法定期限内，既没有上诉人提出上诉，又没有人民检察院提出抗诉，第一审人民法院所作出的裁判才发生法律效力。在法定期限内，如果上诉人依法提出上诉，或者人民检察院依法提出抗诉，那么第一审法院的上一级人民法院应该对案件进行再次审理和裁判。而上一级人民法院按照第二审程序所作出的裁判都是终审裁判，立即发生法律效力。

【两审终审制的特殊情况】 是指对于死刑案件而言，即使经过两级法院的审理，也不立即发生法律效力，而是需要遵循死刑复核程序。根据我国《刑事诉讼法》的有关规定，两审终审制只能适用于非死刑案件，对于死刑案件而言，不仅适用第一审程序、第二审程序，而且需要适用死刑复核程序。按照死刑复核程序的要求，除了享有死刑核准权的高级人民法院或者最高人民法院按照第二审程序裁判的死刑案件以外，其他死刑案件即使经过两级人民法院的审判，其裁判也不能产生法律效力，而必须经过死刑复核之后，其裁判才发生法律效力。这就意味着，对于那些必须经过死刑复核之后裁判才发生法律效力的死刑案件而言，终审程序实际上是死刑复核程序，而不是第二审程序。尽管如此，死刑复核程序只是特殊救济程序，不是独立的审级，因而不能与国外的第三审程序相混淆。

【两审终审制的例外情况】 是指在最高人民法院审判第一审刑事案件的情况下，实行一审终审，不遵循两审终审。由于最高人民法院是最高级别的法院，因此，最高人民法院所作出的裁判经宣判后立即发生法律效力，不存在对最高人民法院的裁判提出上诉或者按照第二审程序提出抗诉问题。这就意味着两审终审制只适用于地方各级人民法院审判的第一审案件，而不适用于最高人民法院审判的第一审案件。根据《刑事诉讼法》第二十三条规定，最高人民法院管辖的第一审刑事案件是全国性的重大刑事案件。但是自从 1980 年审判林彪、江青反革命集团以后，最高人民法院至今没有审判过第一审刑事案件（参见“特别法庭和最高人民法院管辖的第一审刑事案件”词条）。

【刑事审级监督】 是指上级法院通过对下级法院作出的未生效裁判的司法审查而对下级法院的审判活动形成一种监督制约机制。在现代刑事审级制度中，尽管初审法院与上诉法院之间分工明确，相互独立，上级法院不能因为其处于上级而对其下级法院发号施令，但是下级法院在审判过程中仍然受上级法院的影响与制约。这是因为，刑事审级制度的存在可以使上级法院对下级法院的审判活动形成一种监督机制。一方面，上级法院可以根据合法的上诉对下级法院作出的裁判进行司法审查，直接对错误的裁判给予纠正，以及对下级法院的程序违法行为进行程序性的制裁。另一方面，上级法院通过对具体案件的纠错以及对程序违法行为的制裁，不仅可以促使下级法院在未来的审判工作中遵守法律规定的诉讼程序，努力地提高审判质量，而且可以对下级法院的审判活动起到一定的导向作用与警示作用。刑事上诉程序的监督功能在现代司法等级结构中不仅有助于确保司法系统成为有机的统一整体，有效协调和解决下级法院之间的裁判冲突，确保相同或者相似的案件得到相同的对待，从而增强司法的统一性和稳定性，而且可以确保法律或者自己的政策意图在下级法院得到贯彻落实，有助于下级法院抵御外界因素的不当干扰。

在我国四级法院组织体系中，相邻的两级人民法院之间是一种监督与被监督的审级关系。在上级人民法院按照第二审程序对其下级人民法院的案件进行重新审判之后，不论是改判、发回重审，还是维持原判，都能够表明上级人民法院对下级人民法院的审判活动或者审判质量的态度或者意见，进而对下级人民法院的审判工作起到引导和警示作用。通过上级人民法院的引导和警示，下级人民法院就有可能在日后的审判工作总结经验教训，努力改进案件的审判质量。而在超过两个层级的情况下，如最高人民法院对中级人民法院和基层人民法院，或者高级人民法院对基层人民法院，在刑事案件中只能通过审判监督程序或者死刑复核程序这些特殊方式进行审判监督，而不能通过上诉程序进行审级监督。

【上级人民法院】 是指有权监督下级人

民法院审判工作的人民法院。上级人民法院是下级人民法院的对称。除了最高人民法院之外，其他上级人民法院都具有地域性，即地方行政区划中的上级人民法院只能是在各省、自治区、直辖市管辖范围内级别更高的人民法院。根据行政区划和我国《人民法院组织法》，上级人民法院有可能不止一个。具体说来，上级人民法院包括三种情形：（1）某个人民法院的所有更高级别的人民法院，如基层人民法院所在市的中级人民法院、所在省的高级人民法院以及最高人民法院。（2）某个人民法院的上一级人民法院，如某个基层人民法院所在市的中级人民法院，某个中级人民法院所在省的高级人民法院，高级人民法院的上一级人民法院——最高人民法院。（3）某几个人民法院的共同上级人民法院，如最高人民法院是所有地方人民法院的共同上级人民法院，两个省辖市的基层人民法院所在省的高级人民法院，两个中级人民法院所在省的高级人民法院。最高人民法院作为级别最高的法院，没有上级人民法院。

根据我国《人民法院组织法》和诉讼法的规定，上下级人民法院之间是审判监督关系（参见“人民法院的内部监督”词条）。对于上下相邻的两级人民法院来说，上一级人民法院是下一级人民法院的第二审人民法院或者上诉审人民法院，二者是审级关系。审级关系只是审判监督关系的一个方面。这是因为，上级人民法院对下级人民法院的审判监督，不仅可以通过上诉程序实现，还可以通过审判监督程序、死刑复核程序等方式加以实现。上级人民法院对下级人民法院不仅可以进行审判监督，还可以依法解决某些程序性的问题。例如，在几个人民法院出现管辖争议的情况下，可以由共同的上级人民法院行使指定管辖权。再如，上级人民法院对下级人民法院已经发生法律效力的判决和裁定，如果发现确有错误，有权提审或者指令下级人民法院再审。上级人民法院与下级人民法院对案件的第一审权限依级别管辖确定（参见“级别管辖”词条）。

【下级人民法院】 是指在特定的行政区划内，级别相对较低的人民法院。相对于最高人民法院而言，地方各级人民法院都属于下级人民法院。地方各级人民法院中的下级人民法院具有地域性，即基层人民法院只能是其所在市或者具有上诉审管辖权的中级人民法院以及所在省、自治区或者直辖市高级人民法院的下级人民法院，中级人民法院只能是所在省、自治区或者直辖市高级人民法院的下级人民法院。基层人民法院作为级别最低的人民法院，没有下级人民法院。下级人民法院与上级人民法院之间是审判监督关系；下级人民法院与其上一级人民法院之间是审级关系。

【第一审人民法院】 是指按照第一审程序审判案件的人民法院。第一审人民法院实际上是按照审判管辖的规定对案件行使初审管辖权或者对案件初次进行审判的人民法院。在我国人民法院组织体系中，基层人民法院只能作为第一审人民法院，中级人民法院、高级人民法院和最高人民法院则既可以成为第二审人民法院，也可以成为第一审人民法院。各级人民法院作为第一审人民法院审判案件时应当遵循级别管辖的规定。在确定了第一审人民法院以后，第二审人民法院也就随之而确定。第一审人民法院应当按照第一审程序审理案件。第一审人民法院的审理活动是后续各种审判程序的基础和前提。第一审人民法院的审判活动应当受到上级人民法院的监督。在当事人或者人民检察院不服第一审人民法院作出的判决或者裁定的情况下，可以按照法定程序向第二审人民法院提起上诉或者抗诉。

【第二审人民法院】 是指依法对第一审人民法院审判的案件具有上诉审管辖权的人民法院。在第一审人民法院作出判决或者裁定以后，如果当事人提出上诉或者人民检察院按照上诉程序提起抗诉，那么依法受理上诉或者抗诉的人民法院就是第二审人民法院。第二审人民法院与第一审人民法院之间既是审级关系，又是审判监督关系。最高人民法院、高级人民法院和中级人民法院分别是其下一级人民法院管辖的第一审案件的第二审人民法院。第二审人民法院审判案件的前提是当事人提出合法的上诉，或者人民检察院按照第二审程序提出合法的抗诉。在我国两审终审制中，第二审人民法院既是上诉审法院，又是终审法院。除了死刑案件以外，第二审人民法院作出的判决和裁定都属于终审的判决和裁定，一经作出，立即发生法律效力。第二审人民法院在审理上诉或者抗诉案件时，除了法律已有明确规定的以外，可以参照或者适用第一审程序。第二审人民法院与第一审人民法院的一个重要区别就是，第二审人民法院应当由审判员组成合议庭进行审理，而不能实行人民陪审员制度。

【原审人民法院】 是指在刑事第二审程序、死刑复核程序或者审判监督程序中，所作裁判应当受到司法审查以及所裁判的案件应当予以重新审判的人民法院。原审人民法院是一个相对的概念，即在不同的审判程序中，原审人民法院所指向的对象有所不同。在刑事第二审程序中，原审人民法院是指第一审人民法院；在死刑复核程序中，最高人民法院作出不核准裁定、将死刑立即执行案件发回重新审判时，原审人民法院既可以是第一审人民法院，也可以是第二审人民法院；高级人民法院作出不核准裁定、将死刑缓期两年执行案件发回重新审判时，原审人民法院是作出死缓判决的中级人民法院。在刑事审判监督程序中，原审人民法院既可以是第一审人民法院，也可以是第二审人民法院；但是在上级人民法院指令原审人民法院以外的下级人民法院再审的情况下，案件不是由原审人民法院进行重新审判。一般而言，原审人民法院在重新审判案件时，应当另行组成合议庭。原审人民法院重新审判案件时所采用的审判程序与原审人民法院先前采用的审判程序保持一致，即如果原审人民法院先前采用的审判程序是第一审程序，那么原审人民法院重新审判时仍然按照第一审程序进行；如果原审人民法院先前采用的审判程序是第二审程序，那么原审人民法院重新审判时则应当按照第二审程序进行。

【刑事第二审程序】 是指第二审人民法院根据上诉人的上诉或者人民检察院的抗诉，就第一审人民法院尚未发生法律效力的判决或裁定认定的事实和适用的法律进行审理时所应当遵循的步骤和方式、方法。它是刑事诉讼中一个独立的诉讼阶段。第二审程序的任务是：第二审人民法院对第一审人民法院作出的判决或裁定所认定的事实是否清楚，证据是否确实、充分，适用法律是否正确，诉讼程序是否合法，进行全面审查和审理，并依法作出判决或裁定，以维持正确的一审判决和裁定，或者纠正错误的一审判决和裁定。第二审程序并不是审理刑事案件的必经程序。一个案件是否经过第二审程序，关键在于上诉人或检察机关是否依法提起了上诉或抗诉。提起上诉或抗诉的，该案就应由上一级人民法院依第二审程序再次审理，否则就不产生第二审程序。值得注意的是，第二审程序不同于对同一案件进行第二次审理的程序。这是因为，对同一案件的第二次审理既可能是第二审程序，也有可能是第一审程序，甚至可能是审判监督程序。在我国两审终审制中，第二审程序既是唯一的上诉程序，也是终审程序。按照第二审程序所作出的裁判是终审裁判，不得再提出上诉或者按照上诉审程序提出抗诉。

【刑事上诉】 是指法定的诉讼参与人不服地方各级人民法院第一审刑事判决或裁定时，依照法定的程序要求上一级法院重新审判的一种诉讼行为。有权提起上诉的诉讼参与人，在法定的期限内依法提起上诉，能够引起上诉审程序。刑事上诉既是一项重要的审判制度，也是当事人享有的一项重要诉讼权利。按照不同的标准，刑事上诉可以分为不同的种类：以上诉的对象为标准，刑事上诉可以分为对判决的上诉和对裁定的上诉；以上诉的主体为标准，刑事上诉可以分为当事人的上诉和特定机关的抗诉；以上诉的动机为标准，刑事上诉可以分为不为被告人利益的上诉和为被告人利益的上诉；以上诉的审级为标准，刑事上诉可以分为一审上诉、二审上诉以及三审上诉。

【刑事上诉权】 是指法律赋予上诉人对原审法院作出的未生效刑事裁判不服，而请求上级法院予以重新审判的一种诉讼权利。刑事上诉权是联系刑事初审程序和刑事上诉程序的桥梁。这是因为，在现代刑事诉讼中，基于不告不理原则和司法的被动性，如果享有刑事上诉权的主体没有提出合法的刑事上诉，那么即使未生效裁判存在明显的或者严重的错误，上诉审法院也不可能主动地启动上诉程序。而在上诉程序无法启动的情况下，刑事上诉程序的功能就无从谈起。刑事上诉权不仅是国际社会普遍认可的一项基本人权，而且是衡量各国刑事审判是否公正的一项重要标准。为了避免不适当的未生效裁判对当事人合法权益造成侵犯，现代法治国家的刑事诉讼法一般都明确规定当事人对未生效裁判享有上诉的诉讼权利。

在我国刑事诉讼中，剥夺或者侵犯被告人上诉权的行为，被视为一种严重的程序违法行为，从而成为被告人及其近亲属提出申诉和控告的理由，甚至成为第二审法院撤销原判、发回重审的法律依据。《刑事诉讼法》第二百二十七条第三款明确强调，对于被告人的上诉权不得以任何借口加以剥夺。实际上，基于上诉权的重要性和基本人权性质，对于自诉人、附带民事诉讼的当事人和他们的法定代理人的上诉权也应予以保障，不得以任何借口加以剥夺。为了保障刑事上诉权，《刑事诉讼法司法解释》第三百七十八条第一款赋予了人民法院的告知义务，即地方各级人民法院在宣告第一审判决、裁定时，应当告知被告人、自诉人及其法定代理人不服判决和准许撤回起诉、终止审理等裁定的，有权在法定期限内以书面或者口头形式，通过本院或者直接向上一级人民法院提出上诉；被告人的辩护人、近亲属经被告人同意，也可以提出上诉；附带民事诉讼当事人及其法定代理人，可以对判决、裁定中的附带民事部分提出上诉。

【刑事上诉主体】 又称刑事上诉人，是指依法享有上诉权的主体。在现代刑事诉讼中，当事人是最主要的刑事上诉主体。但是，由于现代法治国家对于当事人的理解不同，现代法治国家的刑事上诉主体范围也有所不同。总的来说，现代法治国家的刑事诉讼法规定的刑事上诉主体一般包括公诉人、自诉人、被告人及其法定代理人。而对于辩护人、公诉案件中的被害人是否享有上诉权，现代法治国家的做法存在较大差异。有的国家规定辩护人享有上诉权，如根据《德国刑事诉讼法典》以及《日本刑事诉讼法》的规定，被告人的辩护人都可以为被告人的利益提起上诉，但是都不得违反被告人明确表示的意志；而有的国家则不允许辩护人提出上诉，如根据《法国刑事诉讼法典》，无论是轻罪案件、违警罪案件，还是重罪案件，辩护人都没有上诉的权利。在西方国家，被害人在公诉案件中通常也不享有上诉权。但根据《意大利刑事诉讼法典》被害人虽然不能直接提出上诉，却可以要求公诉人提出具有任何刑事效力的上诉。另外，根据 2001 年《俄罗斯联邦刑事诉讼法典》规定，被害人享有独立的上诉权。尽管现代法治国家的刑事上诉主体不同，但根据“没有利益，就没有上诉”原则，除了控方上诉主体以外，其他上诉主体通常不能提出对被告人不利的上诉。根据《刑事诉讼法》第二百二十七条规定，我国刑事上诉主体包括三种情况，即具有独立上诉权的主体、附条件行使上诉权的主体和享有部分上诉权的主体。

【具有独立上诉权的主体】 是指可以自己名义直接就第一审人民法院作出的判决或者裁定向上一级人民法院提出上诉的被告人、自诉人及其法定代理人。根据《刑事诉讼法》第二百二十七条第一款规定，被告人、自诉人和他们的法定代理人，不服地方各级人民法院第一审的判决、裁定，有权用书状或者口头向上一级人民法院上诉。被告人、自诉人在刑事诉讼中分别处于被告与原告的诉讼地位，人民法院的判决、裁定与他们有切身的利害关系。《刑事诉讼法》赋予他们享有独立的上诉权，有助于维护他们的合法利益。如果被告人、自诉人在案件发生时是未成年人或者精神上有缺陷而不能正常进行诉讼活动的人，其法定代理人也享有独立的上诉权。法定代理人在行使上诉权时，可以以自己名义直接行使，无需征得被告人、自诉人的同意。被告人、自诉人及其法定代理人只要在法定上诉期限内提出合法上诉，就可以引起第二审程序。

【附条件行使上诉权的主体】 是指只有在经过被告人同意的情况下才可以提起刑事上诉的被告人的辩护人和近亲属。根据《刑事诉讼法》第二百二十七条第一款规定，被告人的辩护人和近亲属，经被告人同意，可以提出上诉。从理论上讲，赋予被告人的辩护人和近亲属以上诉的诉讼权利具有一定的道理。毕竟，辩护人在刑事诉讼中具有独立的诉讼地位与作用，而且他们熟悉案情，能够以其专业的法律素养对案件及其裁判结果作出更加客观、理性的分析和判断；被告人的近亲属对被告人比较熟悉，甚至了解案情，不像被告人那样顾虑重重。但是，这不意味着被告人的辩护人和近亲属应该享有完全独立的上诉权利。一方面，被告人对自己是否犯罪和案件情况最为清楚，而且他直接承担案件处理结果，因而是否提起上诉有必要尊重他的意愿。另一方面，被告人的辩护人和近亲属毕竟不是诉讼当事人，案件处理结果与他们并没有直接利害关系，而且他们提出上诉的目的归根结底是为了维护被告人的合法利益。有鉴于此，《刑事诉讼法》明确规定被告人的辩护人和近亲属只享有有限的上诉权，即被告人的辩护人和近亲属只有在征得被告人同意的情况下，才能依法提起上诉。根据《最高人民法院关于适用〈中华人民共和国刑事诉讼法〉的解释》第三百七十九条第二款的规定，被告人的辩护人、近亲属经被告人同意提出上诉的，应当以被告人作为上诉人。

【享有部分上诉权的主体】 是指只能对第一审人民法院所作的判决或者裁定中的附带民事诉讼部分提出上诉的附带民事诉讼的当事人及其法定代理人。根据《刑事诉讼法》第二百二十七条第二款规定，附带民事诉讼的当事人和他们的法定代理人，可以对地方各级人民法院第一审的判决、裁定中的附带民事诉讼部分，提出上诉。这包括两层含义：(1) 附带民事诉讼的当事人及其法定代理人享有独立的上诉权。(2) 附带民事诉讼的当事人及其法定代理人在提出上诉时，其上诉内容只能局限于附带民事诉讼裁判中的附带民事诉讼部分，而无权涉及第一审人民法院所作裁判的刑事部分，即在附带民事诉讼当事人和法定代理人针对原审裁判的附带民事诉讼部分提出上诉的情况下，并不影响原审裁判的刑事部分在上诉期满后发生法律效力。但是，值得注意的是，如果附带民事诉讼的当事人同时也是刑事诉讼当事人中的被告人或者自诉人，那么附带民事诉讼的当事人和法定代理人则既可以就附带民事诉讼部分提出上诉，也可以对刑事部分提出上诉。

【抗诉权】 是指法律赋予人民检察院在认为同级人民法院或者下级人民法院的裁判确有错误时，依法提起抗诉的权力。我国《刑事诉讼法》规定的抗诉权是人民检察院依法行使法律监督权利的体现，包括第二审程序中的抗诉权和审判监督程序中的抗诉权。第二审程序的抗诉权是地方各级人民检察院认为同级人民法院的一审确有错误时，依法在法定期限内提请上一级人民法院重新审判的权力。审判监督程序中的抗诉权是最高人民检察院对各级人民法院已经发生法律效力的裁判，以及上级人民检察院对下级人民法院已经发生法律效力的裁判，在发现确有错误时，依法按照审判监督程序向同级人民法院提出抗诉的权力。抗诉权是人民检察院独有的一项权力，其他任何机关、团体和个人都无权享有。

抗诉作为人民检察院对人民法院的审判活动行使法律监督权的一种方式，与刑事上诉之间在法律后果、上诉理由、实施方式等方面都具有明显的不同。例如，对于上诉，第二审人民法院既可以采取书面的审理方式，也可以采用开庭审理的方式。而对于上诉审抗诉而言，第二审人民法院只能采用开庭审理的方式。针对被告人一方提出的上诉，第二审人民法院在作出新的裁判时，不得以任何理由加重被告人的刑罚。而对于人民检察院提出的上诉审抗诉，第二审人民法院在作出新的裁判时，则不受上诉不加刑原则的限制。上诉人提出上诉时可以不需要任何理由，即合格的上诉人只要在法定期限内提出上诉，不论是否有理由，或者其理由是否充分，都必然引起第二审程序。而人民检察院提起上诉审抗诉时，必须是有充分的根据认定原判决和裁定确有错误。上诉既可以书面形式提出，也可以口头方式提出。而上诉审抗诉只能以书面形式提出。而且，人民检察院在提起上诉审抗诉时受到上级人民检察院的制约，如果上级人民检察院不同意抗诉，可以向同级人民法院撤回抗诉。

【刑事抗诉】 是指人民检察院认为原审人民法院的判决、裁定确有错误，依照法定的程序提请上级人民法院或同级人民法院重新审判的诉讼活动。刑事抗诉是人民检察院行使检察权的一种方式，属于法律监督的性质。我国刑事诉讼中的抗诉有两种：（1）人民检察院按照第二审程序提起的抗诉，即地方各级人民检察院认为本级人民法院作出的第一审判决或裁定确有错误的时候，依法在法定期限内提请上一级人民法院重新审判的一种法律监督（简称二审抗诉）。（2）人民检察院按照审判监督程序提起的抗诉（简称再审抗诉），即最高人民检察院对各级人民法院已经发生法律效力的判决和裁定，上级人民检察院对下级人民法院已经发生法律效力的判决和裁定，如果发现确有错误，按照审判监督程序向同级人民法院提出抗诉的一种法律监督。

尽管这两种抗诉都是人民检察院对人民法院刑事判决、裁定的监督，但是它们存在明显差异：（1）再审抗诉的对象是已经发生法律效力的裁判，而二审抗诉的对象却是尚未发生法律效力的裁判。（2）二审抗诉是第一审人民法院同级的人民检察院的职责，但仅限于地方各级人民检察院。而在再审抗诉中，除最高人民检察院对各级人民法院的生效裁判有权提出抗诉外，上级人民检察院对下级人民法院的生效裁判也有权向同级人民法院提出抗诉。但是地方各级人民检察院对同级人民法院的生效裁判不能像第二审程序那样直接提出再审抗诉。（3）二审抗诉必须在法定期限内提出。而再审抗诉一般没有期限限制。但是，如果原裁判是无罪裁判，人民检察院的再审抗诉要求是改为有罪裁判，那么应当遵守追诉时效的规定。（4）接受再审抗诉的是提出抗诉的同级人民法院。依照审判监督程序审理案件的人民法院，不受两审终审制的限制，可以是原来的第一审法院或者第二审法院，也可以是任何上级人民法院。而接受二审抗诉的是提出抗诉的人民检察院的上一级人民法院，不能由原审人民法院审判。（5）再审抗诉主要是为了纠正已经执行或者正在执行的错误裁判，其抗诉结果是引起审判监督程序。而二审抗诉主要是为了阻止第一审人民法院的裁判生效，避免将人民检察院认为有错误的判决交付执行，其抗诉的结果是引起第二审程序。

【刑事二审抗诉的主体】 是指有权按照第二审程序提起抗诉的人民检察院。根据《刑事诉讼法》第二百二十八条规定，地方各级人民检察院认为本级人民法院第一审的判决、裁定确有错误的时候，应当向上一级人民法院提出抗诉。这意味着刑事二审抗诉的主体是与第一审人民法院同级的地方各级人民检察院。但是值得注意的是，根据《人民检察院刑事诉讼规则》第四百四十五条、第四百四十七条规定，地方各级人民检察院在提起刑事二审抗诉时应当受到上一级人民检察院的审查（参见“抗诉审查”词条）。而且，在地方各级人民检察院提起刑事二审抗诉以后，应当由其上一级人民检察院派员出庭支持抗诉，而不是由提起抗诉的人民检察院派员出庭支持抗诉。

【请求抗诉的权利】 是指被害人及其法定代理人在不服第一审人民法院所作判决的情况下，依法请求人民检察院按照第二审程序提出抗诉。尽管被害人在1996年修正的《刑事诉讼法》中获得了当事人的诉讼地位，但是被害人在公诉案件中并不享有上诉权。如果被害人不服公诉案件的一审判决，只能在法定的期限内请求人民检察院按照第二审程序提出抗诉。根据《刑事诉讼法》第二百二十九条规定，被害人及其法定代理人不服地方各级人民法院第一审的判决的，自收到判决书后5日以内，有权请求人民检察院提出抗诉。人民检察院自收到被害人及其法定代理人的请求后5日以内，应当作出是否抗诉的决定并且答复请求人。值得注意的是，被害人及其法定代理人只能就一审判决请求抗诉，而不能就一审裁定请求抗诉。这主要是因为一审裁定一般是解决程序方面的问题，通常不涉及认定事实和法律适用问题。这里所说的人民检察院是指与第一审人民法院同级的人民检察院。之所以明确限定被害人请求抗诉的时间，主要是方便人民检察院在法定抗诉期限内考虑是否同意被害人及其法定代理人的抗诉请求。人民检察院在收到被害人及其法定代理人要求抗诉的请求后，应当对请求抗诉的理由进行审查，主要是对犯罪事实的认定和适用法律是否正确，定罪量刑是否适当进行审查，作出是否抗诉的决定。我国《刑事诉讼法》赋予被害人请求抗诉权，既体现了对被害人合法权益的保障，又体现了法律面前人人平等原则。但是，被害人及其法定代理人请求人民检察院抗诉的诉讼权利明显不同于上诉人提起上诉的权利。这是因为，被害人及其法定代理人请求抗诉的权利能否引起第二审程序，只能取决于人民检察院是否答应按照第二审程序提起抗诉。而上诉人只要依法行使上诉权，就必然引起第二审程序。

【二审抗诉理由】 是指人民检察院按照第二审程序提起抗诉时应当具备的事由及其根据。与刑事上诉不同，刑事抗诉是人民检察院的法律监督行为，是严肃的刑事诉讼活动。有鉴于此，《刑事诉讼法》第二百二十八条明确规定，人民检察院提起二审抗诉的理由是认为第一审人民法院作出的判决或者裁定确有错误。根据《人民检察院刑事诉讼规则》第五百八十四条规定，人民检察院认为同级人民法院第一审判决、裁定有下列情形之一的，应当提出抗诉：（1）认定事实不清、证据不足的。（2）有确实、充分证据证明有罪而判无罪，或者无罪判有罪的。（3）重罪轻判，轻罪重判，适用刑罚明显不当的。（4）认定罪名不正确，一罪判数罪、数罪判一罪，影响量刑或者造成严重社会影响的。（5）免除刑事处罚或者适用缓刑、禁止令、限制减刑错误的。（6）人民法院在审理过程中严重违反法律规定的诉讼程序的。这六种情形可以视为第一审裁判确有错误。需要注意的是，这里的确有错误只是人民检察院的主观认识，并不意味着事实就是如此。而且，人民检察院的抗诉理由是否成立，并不影响抗诉引起第二审程序的法律后果。换而言之，只要人民检察院主观上认为一审裁判确有错误，并且按照法律规定的程序和期限提起抗诉，而不论这种主观认识是否正确，或者能否得到第二审人民法院的认可，都必然引起第二审程序。

【刑事上诉的方式】 是指刑事上诉主体提起上诉时所采用的方式。根据《刑事诉讼法》第二百二十七条规定，上诉人提出上诉，既可以采用书面的方式，也可以采用口头的方式。根据《刑事诉讼法司法解释》第三百七十九条第一款规定，上诉人在提起上诉时一般应当提交上诉状正本及副本。根据《刑事诉讼法司法解释》第六百五十一条规定，向人民法院提出上诉，应当以书面形式提出。书写有困难的，除另有规定的以外，可以口头提出，由人民法院工作人员制作笔录或者记录在案，并向口述人宣读或者交其阅读。由上诉人阅读或者向其宣读后，上诉人应当签名或者盖章。

【刑事上诉状】 又称刑事上诉书，是指刑事上诉人不服原审人民法院的判决或者裁定，在上诉期限内，请求上级人民法院撤销、变更原审裁判而提出的一种诉讼文书。根据《刑事诉讼法司法解释》第三百七十九条第二款规定，刑事上诉状内容一般包括：第一审判决书、裁定书的文号和上诉人收到的时间，第一审人民法院的名称，上诉的请求和理由，提出上诉的时间。被告人的辩护人、近亲属经被告人同意提出上诉的，还应当写明其与被告人的关系，并应当以被告人作为上诉人。

【刑事上诉的对象】 是指上诉人提出上诉时的受理对象。根据《刑事诉讼法》第二百三十一条规定，上诉人既可以通过原审人民法院提出上诉，也可以直接向第二审人民法院提出上诉。被告人、自诉人、附带民事诉讼的原告人和被告人通过原审人民法院提出上诉的，原审人民法院应当在3日以内将上诉状连同案卷、证据移送上一级人民法院，同时将上诉状副本送交同级人民检察院和对方当事人。被告人、自诉人、附带民事诉讼的原告人和被告人直接向第二审人民法院提出上诉的，第二审人民法院应当在3日以内将上诉状交原审人民法院送交同级人民检察院和对方当事人。

【提起上诉的程序】 是指刑事上诉人向人民法院提出上诉时应当遵守的诉讼程序。根据《刑事诉讼法司法解释》第三百八十一条、第三百八十二条规定，刑事上诉人提出上诉时应当按照下列程序进行：（1）上诉人通过第一审人民法院提出上诉的，第一审人民法院应当审查。上诉符合法律规定的，应当在上诉期满后3日内将上诉状连同案卷、证据移送上一级人民法院，并将上诉状副本送交同级人民检察院和对方当事人。（2）上诉人直接向第二审人民法院提出上诉的，第二审人民法院应当在收到上诉状后3日内将上诉状交第一审人民法院。第一审人民法院应当审查上诉是否符合法律规定。符合法律规定的，应当在接到上诉状后3日内将上诉状连同案卷、证据移送上一级人民法院，并将上诉状副本送交同级人民检察院和对方当事人。另外，根据《刑事诉讼法司法解释》第三百七十八条第二款规定，被告人、自诉人、附带民事诉讼当事人及其法定代理人是否提出上诉，以其在上诉期满前最后一次的意思表示为准。

【刑事上诉的审查】 是指在刑事上诉人提出上诉以后，由第一审人民法院对上诉进行审查，以便确定上诉是否符合法律规定的一种诉讼活动。根据《刑事诉讼法司法解释》第三百八十一条、第三百八十二条规定，无论上诉人是通过第一审人民法院提出上诉，还是直接向第二审人民法院提出上诉，在启动第二审程序之前都需要由第一审人民法院对上诉材料进行程序性的审查，以便确定上诉是否符合法律规定。之所以需要由第一审人民法院进行审查，主要是因为第一审人民法院对案件比较熟悉，由原审人民法院审查有助于避免不符合上诉条件的案件进入第二审程序，从而保障正确地启动第二审程序。一般而言，第一审人民法院审查的主要内容包括：上诉人是否属于法定的刑事上诉主体，第一审判决或者裁定的基本情况，上诉的理由和根据，提起上诉的日期等。在审查结束以后，第一审人民法院应当制作审查报告，提出处理意见，报第二审人民法院审定。经过审查以后，如果第一审人民法院发现上诉人不符合法定条件，或者上诉已经超过法定期限，或者存在其他不符合法律规定的情形，应当告知上诉人不能提起上诉，或者通过其他途径（如申诉等）实现权利的救济。如果第一审人民法院认为上诉符合法律规定，应当按照《刑事诉讼法司法解释》第三百八十一条、第三百八十二条的规定，依法向上一级人民法院移送相关材料、向同级人民检察院和对方当事人送达上诉状副本。

【刑事上诉的撤回】 是指刑事上诉人在提出上诉以后依法向人民法院放弃上诉的请求。上诉是刑事上诉人享有的一项诉讼权利。而刑事上诉权的行使，既包括积极地提出上诉，也包括放弃上诉的权利。撤回已经提出的上诉是刑事上诉人放弃上诉的一种表现。根据《刑事诉讼法司法解释》第三百八十三条第一款规定，如果在上诉期限届满之前撤回上诉，人民法院应当准许和尊重刑事上诉人的自愿选择，而不能干涉刑事上诉人的弃权行为。但是，如果刑事上诉人在上诉期满后要求撤回上诉，那么第二审人民法院应当进行审查。经审查，第二审人民法院认为原判认定事实和适用法律正确，量刑适当的，应当裁定准许撤回上诉；认为原判事实确有错误的，应当不予准许，继续按照上诉案件审理；被判处死刑立即执行的被告人提出上诉，在第二审开庭后宣告裁判前申请撤回上诉的，应当不予准许，继续按照上诉案件审理。这意味着，在上诉期限届满和第二审人民法院启动第二审程序以后，撤回上诉应当受到必要的限制。这种限制是确保第二审人民法院纠正错误裁判的客观需要。另外，根据《刑事诉讼法司法解释》第三百八十六条规定，在上诉期满前撤回上诉的，第一审判决、裁定在上诉期满之日起生效。在上诉期满后要求撤回上诉，第二审人民法院裁定准许的，第一审判决、裁定应当自第二审裁定书送达上诉人之日起生效。

【二审抗诉的程序】 是指地方各级人民检察院认为本级人民法院第一审的判决、裁定确有错误的时候，向上一级人民法院提出抗诉时应当遵循的诉讼程序。根据《刑事诉讼法》第二百三十二条、《人民检察院刑事诉讼规则》第五百八十五条至第五百八十九条的规定，二审抗诉的程序包括：（1）人民检察院在收到人民法院第一审判决书或者裁定书后，应当及时审查，对于需要提出抗诉的案件，应当报请检察长决定。（2）人民检察院对同级人民法院第一审判决的抗诉，应当在接到判决书的第2日起10日以内提出；对第一审裁定的抗诉，应当在接到裁定书后的第2日起5日以内提出。

(3) 人民检察院对同级人民法院第一审判决、裁定的抗诉，应当制作抗诉书通过原审人民法院向上一级人民法院提出，并将抗诉书副本连同案件材料报送上一级人民检察院。(4) 上一级人民检察院对下级人民检察院的抗诉进行审查。根据《刑事诉讼法司法解释》第三百八十四条规定，地方各级人民检察院对同级人民法院第一审判决、裁定的抗诉，应当通过第一审人民法院提交抗诉书。第一审人民法院应当在抗诉期满后3日内将抗诉书连同案卷、证据移送上一级人民法院，并将抗诉书副本送交当事人。之所以规定在抗诉期满后由第一审人民法院将抗诉材料移送上一级人民法院，主要是考虑在抗诉届满之前，人民检察院有可能撤回抗诉。

【抗诉审查】 是指在下级人民检察院认为同级人民法院第一审裁判确有错误从而决定提起抗诉的情况下，由上一级人民检察院对抗诉进行审查，以便决定是否支持抗诉的一种诉讼活动。根据《人民检察院刑事诉讼规则》第五百八十七条、第五百八十九条和2014年11月26日印发的《加强和改进刑事抗诉工作意见》第20条、第21条规定，上一级人民检察院对下级人民检察院的抗诉审查包括：(1) 人民检察院对同级人民法院第一审判决、裁定的抗诉，应当制作抗诉书通过原审人民法院向上一级人民法院提出，并将抗诉书副本连同案件材料报送上一级人民检察院。经本院检察委员会讨论决定的，应当一并报送本院检察委员会会议纪要。(2) 上一级人民检察院对下级人民检察院按照第二审程序提出抗诉的案件，认为抗诉正确的，应当支持抗诉。支持或者部分支持抗诉意见的，可以变更、补充抗诉理由，及时制作支持刑事抗诉意见书，并通知提出抗诉的人民检察院。(3) 上一级人民检察院认为抗诉不当的，应当听取下级人民检察院的意见。听取意见后，仍然认为抗诉不当的，应当向同级人民法院撤回抗诉，并且通知下级人民检察院。最高人民检察院的司法解释之所以规定上一级人民检察院对下级人民检察院的抗诉具有审查权，不仅在于我国上下级人民检察院之间具有领导与被领导的关系，而且是因为在上一级人民检察院支持抗诉的情况下，应当派员出庭支持抗诉，而不是由提出抗诉的人民检察院派员出庭支持抗诉。

【指令抗诉】 是指最高人民检察院或者上级人民检察院发现下级人民检察院应当提出抗诉而没有提出抗诉时，可以指令下级人民检察院依法提出抗诉。指令抗诉包括两种情形：(1) 按照第二审程序指令抗诉，即根据《人民检察院刑事诉讼规则》第五百八十九条第三款和《加强和改进刑事抗诉工作意见》第21条第二款，上一级人民检察院在抗诉期限内，发现下级人民检察院应当提出抗诉而没有提出抗诉的案件，可以指令下级人民检察院依法提出抗诉。(2) 按照审判监督程序指令抗诉，即根据《人民检察院刑事诉讼规则》第五百九十七条规定，最高人民检察院发现各级人民法院已经发生法律效力的判决或者裁定，上级人民检察院发现下级人民法院已经发生法律效力的判决或者裁定确有错误时，既可以直接向同级人民法院提出抗诉，也可以指令作出生效判决、裁定人民法院的上一级人民检察院向同级人民法院提出抗诉。最高人民检察院或者上级人民检察院决定指令抗诉时，应当制作指令抗诉决定书，由下级人民检察院依法提出抗诉。

【刑事抗诉书】 是指人民检察院对人民法院确有错误的刑事判决或裁定依法提出抗诉时所制作的一种诉讼文书。刑事抗诉书既适用于上诉审抗诉，又适用于再审抗诉。制作刑事抗诉书是人民检察院引起第二审程序或者审判监督程序的必经程序。刑事抗诉书包括首部、正文和尾部三个组成部分。（1）首部包括：标题（即×××人民检察院刑事抗诉书）；案号。（2）正文包括如下基本内容：①第一审判决情况，写明“×××人民法院以××号刑事判决书（裁定书）对被告人×××涉嫌一案作出判决（裁定）：……（第一审裁判结果）”；②人民检察院的审查情况，写明“本院依法审查后认为（如果是被害人及其法定代理人不服地方各级法院第一审的判决而请求人民检察院提出抗诉的，应当写明这一程序；如果是按审判监督程序提出抗诉的，应当写明生效的一审判决或二审判决情况、有关人民检察院提请抗诉的程序，然后再写本院依法审查后认为），该判决（裁定）确有错误（包括认定事实错误、适用法律不当、审判程序严重违法），理由如下”；③充分阐述抗诉理由，具体分析第一审判决、裁定的错误所在，论证人民检察院的正确意见（在这部分可以根据不同情况，从认定事实错误、适用法律不当和审判程序严重违法等几个方面进行阐述）；④结论，写明“综上所述……（总结抗诉理由）为维护司法公正，准确惩治犯罪，依照《刑事诉讼法》第二百二十八条的规定，特提出抗诉，请依法判处”。（3）尾部包括：受理的人民法院，写明“此致”“×××人民法院”；人民检察院的院印和制作时间；附项，写明被告人现在何处，以及其他有关材料（如新的证人名单或者证据目录等）。

【撤回抗诉】 是指上一级人民检察院在审查下级人民检察院提出的二审抗诉以后，认为抗诉不当的情况下，决定向同级人民法院撤回抗诉。根据《人民检察院刑事诉讼规则》第五百八十九条规定，上一级人民检察院在抗诉审查的过程中，对于不应当抗诉的案件应当向同级人民法院撤回下级人民检察院已经提出的抗诉。根据《刑事诉讼法司法解释》第三百八十五条规定，在人民检察院决定撤回抗诉以后，人民法院应当根据撤回抗诉的具体情形，结合案件的具体情况，采取相应的处理措施：（1）人民检察院在抗诉期限内要求撤回抗诉的，人民法院应当准许。（2）人民检察院在抗诉期满后要求撤回抗诉的，第二审人民法院可以裁定准许，但是认为原判存在将无罪判为有罪、轻罪重判等情形的，应当不予准许，继续审理。根据《刑事诉讼法司法解释》第三百九十七条第二款规定，对于人民检察院提起抗诉的案件，第二审人民法院决定开庭审理时，人民检察院接到开庭通知后，既没有派员出庭参加诉讼，而且不说明理由，也不撤回抗诉的，第二审人民法院应当按撤回抗诉处理。根据《刑事诉讼法司法解释》第三百八十六条规定，在抗诉期满前撤回抗诉的，第一审判决、裁定在抗诉期满之日起生效。在抗诉期满后要求撤回抗诉，第二审人民法院裁定准许的，第一审判决、裁定应当自第二审裁定书送达抗诉机关之日起生效。

【上诉、抗诉案件材料的审查】 是指第二审人民法院在上诉人、人民检察院提出上诉、抗诉以后，对第一审人民法院移送的上诉、抗诉案件材料进行审查，以便确保第二审程序顺利进行的一种诉讼活动。根据《刑事诉讼法》第二百三十一条、第二百三十二条规定，在上诉人通过第一审人民法院提出上诉或者地方各级人民检察院向同级的第一审人民法院提出抗诉以后，第一审人民法院应当将上诉状、抗诉书连同案卷、证据移送第二审人民法院。根据《刑事诉讼法司法解释》第三百八十七条规定，第二审人民法院对第一审人民法院移送的上诉、抗诉案卷、证据，应当审查是否包括下列内容：（1）移送上诉、抗诉案件函。（2）上诉状或者抗诉书。（3）第一审判决书、裁定书八份（每增加一名被告人增加一份）及其电子文本。（4）全部案卷、证据，包括案件审理报告和其他应当移送的材料。以上所列材料齐全的，第二审人民法院应当收案；材料不全的，应当通知第一审人民法院及时补送。由此可见，第二审人民法院对上诉、抗诉案件材料的审查是一种程序性的审查，主要解决案件材料是否齐全这个程序问题，不解决上诉理由或者抗诉理由是否成立这个实体问题。

【全面审查原则】 是指第二审人民法院在第二审程序中应当就第一审判决认定的事实和适用法律进行全面的审查，不受上诉或者抗诉范围的限制。在现代法治国家刑事审级制度中，基于不告不理原则，上级法院对下级法院的上诉审查通常受到上诉理由的限制。但是，在我国实行两审终审制的情况下，由于第二审程序属于唯一的上诉程序和终审程序，上诉人通过普通救济程序对一审错误裁判寻求司法救济的机会只有一次，而人民检察院就未生效裁判也只能提出一次抗诉，因此，我国《刑事诉讼法》不得不规定了全面审查原则，要求第二审法院对一审程序的事实认定有无错误、法律适用是否正确、诉讼程序是否违法等问题进行全面的审查。全面审查原则体现了我国社会主义法制一贯坚持的实事求是、有错必纠的指导思想以及以事实为根据、以法律为准绳的基本原则，在客观上有助于纠正一审错误裁判，充分发挥上级人民法院对下级人民法院的审判监督职能。

根据《刑事诉讼法》第二百三十三条和《刑事诉讼法司法解释》第三百八十八条至第三百九十一条、第四百零九条规定，全面审查原则主要体现在如下几个方面：（1）第二审人民法院审理上诉、抗诉案件，应当就第一审判决、裁定认定的事实和适用法律进行全面审查，不受上诉、抗诉范围的限制。（2）共同犯罪案件，只有部分被告人提出上诉，或者自诉人只对部分被告人的判决提出上诉，或者人民检察院只对部分被告人的判决提出抗诉的，第二审人民法院应当对全案进行审查，一并处理。（3）共同犯罪案件，上诉的被告人死亡，其他被告人未上诉的，第二审人民法院应当对死亡的被告人终止审理；但有证据证明被告人无罪，经缺席审理确认无罪的，应当判决宣告被告人无罪。（4）第二审人民法院审理对附带民事部分提出上诉，刑事部分已经发生法律效力的案件，应当对全案进行审查，并按照下列情形分别处理：第一审判决的刑事部分并无不当的，只需就附带民事部分作出处理；第一审判决的刑事部分确有错误的，依照审判监督程序对刑事部分进行再审，并将附带民事部分与刑事部分一并审理。

【第二审人民法院的重点审查】 是指第二审人民法院在审理上诉或者抗诉案件

的过程中着重对事实认定、法律适用等关键性的内容进行审查。尽管全面审查原则具有某种优点，但是第二审人民法院如果过于僵化地进行全面审查，反而浪费司法资源和降低司法效率。在这种情况下，《刑事诉讼法司法解释》第三百九十一条明确规定，对于上诉、抗诉案件，第二审人民法院应当着重审查下列内容：（1）第一审判决认定的事实是否清楚，证据是否确实、充分。（2）第一审判决适用法律是否正确，量刑是否适当。（3）在调查、侦查、审查起诉、第一审程序中，有无违反法定程序的情形。（4）上诉、抗诉是否提出新的事实、证据。（5）被告人的供述和辩解情况。（6）辩护人的辩护意见及采纳情况。（7）附带民事部分的判决、裁定是否合法、适当。（8）对涉案财物的处理是否正确。（9）第一审人民法院合议庭、审判委员会讨论的意见。第二审人民法院的重点审查有助于克服全面审查原则所带来的弊端，提高第二审人民法院的办案质量和效率。

【第二审刑事案件的审理方式】 是指第二审人民法院在审理第二审刑事案件时所采用的具体审理方法和审理形式。为了改变以往第二审人民法院普遍采用书面审理的方式，进而增强第二审程序的公开性和公正性，近年来我国对刑事第二审案件的审理方式进行了改革。例如，根据《刑事诉讼法司法解释》第三百九十三条的规定，被告人被判处死刑的上诉案件，根据《刑事诉讼法》第二百三十四条的规定，应当开庭审理。《刑事诉讼法》及其司法解释扩大了第二审开庭审理的适用范围，对开庭审理的案件范围作出了明确规定。但是，为了节约司法资源，提高诉讼效率，仍然保留了不开庭审理的方式。

【第二审案件的开庭审理】 是指第二审人民法院合议庭在检察人员、上诉人和其他诉讼参与人的参加下，通过开庭、法庭调查、法庭辩论、被告人最后陈述、评议和宣判的方式来审理案件。开庭审理的方式是审判公开原则的重要体现，它不仅有助于保障控辩双方积极地参与刑事审判，从而增强审判的公正性和裁判的正当性，而且有助于查明案件事实，纠正一审错误裁判，保障当事人的合法权益。根据《刑事诉讼法》第二百三十四条第一款、《刑事诉讼法司法解释》第三百九十三条第一款规定，第二审人民法院在审理下列案件时应当采用开庭审理的方式：（1）被告人、自诉人及其法定代理人对第一审认定的事实、证据提出异议，可能影响定罪量刑的上诉案件。（2）被告人被判处死刑的上诉案件。（3）人民检察院抗诉的案件。（4）应当开庭审理的其他案件。《刑事诉讼法司法解释》第三百九十三条第二款进一步规定，被判处死刑的被告人没有上诉，同案的其他被告人上诉的案件，第二审人民法院应当开庭审理。根据《刑事诉讼法》第二百三十四条规定，第二审人民法院开庭审理上诉、抗诉案件时既可以在本院进行，也可以到案件发生地或者原审人民法院所在地进行。第二审人民法院到案件发生地或者原审人民法院所在地进行开庭审理，不仅有助于促进法律效果和社会效果相统一，更好地开展法制宣传教育，而且有利于人民法院了解案情，方便当事人应诉，节省人力、物力资源。

【第二审案件的开庭审理程序】 是指第二审人民法院在按照开庭的方式审理上

诉、抗诉案件时所遵循的诉讼程序。根据《刑事诉讼法》第二百四十二条规定，第二审人民法院审判上诉或者抗诉案件的程序，除了特殊规定的以外，应当参照第一审程序的规定进行。这意味着，除了遵守某些特殊规定以外，第二审案件的开庭审理程序也包括开庭、法庭调查、法庭辩论、原审被告人最后陈述、评议和宣判等阶段。根据《刑事诉讼法》第一百八十七条、《刑事诉讼法司法解释》第三百九十八条、第三百九十九条规定，第二审案件的开庭审理程序的特殊性主要表现在：（1）第二审人民法院审判上诉和抗诉案件，只能由审判员3人至5人组成合议庭进行，而不能实行独任庭和人民陪审员制度。（2）在法庭调查阶段，审判人员宣读第一审判决书、裁定书后，上诉案件由上诉人或者辩护人先宣读上诉状或者陈述上诉理由，抗诉案件由检察员先宣读抗诉书；既有上诉又有抗诉的案件，先由检察员宣读抗诉书，再由上诉人或者辩护人宣读上诉状或者陈述上诉理由。（3）在法庭辩论阶段，对于上诉案件，先由上诉人、辩护人发言，后由检察员、诉讼代理人发言；对于抗诉案件，先由检察员、诉讼代理人发言，后由被告人、辩护人发言；对于既有上诉又有抗诉的案件，先由检察员、诉讼代理人发言，后由上诉人、辩护人发言。（4）开庭审理上诉、抗诉案件，可以重点围绕对第一审判决、裁定有争议的问题或者有疑问的部分进行。根据案件情况，可以按照下列方式审理：宣读第一审判决书，可以只宣读案由、主要事实、证据名称和判决主文等；法庭调查应当重点围绕对第一审判决提出异议的事实、证据以及新的证据等进行；对没有异议的事实、证据和情节，可以直接确认；对同案审理案件中未上诉的被告人，未被申请出庭或者人民法院认为没有必要到庭的，可以不再传唤到庭；被告人犯有数罪的案件，对其中事实清楚且无异议的犯罪，可以不在庭审时审理。（5）同案审理的案件，未提出上诉、人民检察院也未对其判决提出抗诉的被告人要求出庭的，应当准许。出庭的被告人可以参加法庭调查和辩论。

【提交新证据】 是指第二审人民法院在审理上诉或者抗诉案件的过程中，人民检察院或者被告人及其辩护人向第二审人民法院提交新证据。在实行两审终审制的情况下，由于上诉或者抗诉的机会只有一次，因此，为了更好地实现第二审程序的任务，我国刑事第二审程序并不排斥控辩双方向第二审人民法院提交新证据。为了保障刑事庭审的顺利进行，维护控辩双方对证据的知悉权，防止突袭审判，《刑事诉讼法司法解释》第三百九十五条明确规定，第二审期间，人民检察院或者被告人及其辩护人提交新证据的，人民法院应当及时通知对方查阅、摘抄或者复制。

【人民检察院阅卷】 是指人民检察院在接到第二审人民法院的通知以后，到第二审人民法院查阅案卷。根据《刑事诉讼法》第二百三十五条、《刑事诉讼法司法解释》第三百九十六条规定，人民检察院阅卷应当遵守下列规定：（1）人民检察院阅卷的案件范围是第二审人民法院决定开庭审理的公诉案件。（2）对于决定开庭审理的第二审公诉案件，第二审人民法院应当在决定开庭审理后及时通知人民检察院查阅案卷。及时通知，是指第二审人民法院在确定案件采取开庭方式审理以后，应当尽快通知人民检察院阅卷，以便保障第二审的审判效率。

(3) 同级人民检察院应当在1个月以内查阅完毕。自通知后的第2日起，人民检察院查阅案卷的时间不计入审理期限。以上规定既有助于保障人民检察院具有充足的时间阅卷，又避免人民检察院的阅卷占用第二审较为有限的审理期限。根据《人民检察院刑事诉讼规则》第四百四十七条规定，对抗诉和上诉案件，与第二审人民法院同级的人民检察院可以调取下级人民检察院与案件有关的材料。人民检察院在接到第二审人民法院决定开庭、查阅案卷通知后，可以查阅或者调阅案卷材料，查阅或者调阅案卷材料应当在接到人民法院的通知之日起1个月以内完成。在1个月以内无法完成的，可以商请人民法院延期审理。

【人民检察院审查案卷材料】 是指承办案件的检察人员为了履行其出席第二审法庭的任务，在阅卷期间对第一审案卷材料进行全面审查。根据《人民检察院刑事诉讼规则》第四百四十八条、第四百四十九条规定，检察人员应当客观全面地审查原审案卷材料，不受上诉或者抗诉范围的限制，审查原审判决认定案件事实、适用法律是否正确，证据是否确实、充分，量刑是否适当，审判活动是否合法，并应当审查下级人民检察院的抗诉书或者上诉人的上诉书，了解抗诉或者上诉的理由是否正确、充分，重点审查有争议的案件事实、证据和法律适用问题，有针对性地做好庭审准备工作。检察人员在审查第一审案卷材料时，应当复核主要证据，可以讯问原审被告人，必要时可以补充收集证据、重新鉴定或者补充鉴定。需要原侦查机关补充收集证据的，可以要求原侦查机关补充收集。被告人、辩护人提出被告人自首、立功等可能影响定罪量刑的材料和线索的，人民检察院可以依照管辖规定移交侦查机关调查核实，也可以自行调查核实。发现遗漏罪行或者同案犯罪嫌疑人的，应当建议侦查机关侦查。对于下列原审被告人，应当进行讯问：(1) 提出上诉的。(2) 人民检察院提出抗诉的。(3) 被判处无期徒刑以上刑罚的。

【人民检察院出席第二审法庭】 是指对于人民检察院按照第二审程序提出抗诉的案件，或者对于第二审人民法院决定开庭审理的上诉案件，由第二审人民法院的同级人民检察院派员出席第二审法庭。根据《刑事诉讼法》第二百三十五条、《刑事诉讼法司法解释》第三百九十七条第一款规定，对于人民检察院提出抗诉的案件或者第二审人民法院开庭审理的公诉案件，同级人民检察院承担派员出席法庭的义务。根据《人民检察院刑事诉讼规则》第四百四十六条规定，检察人员出席第二审法庭的任务是：(1) 支持抗诉或者听取上诉意见，对原审人民法院作出的错误判决或者裁定提出纠正意见。(2) 维护原审人民法院正确的判决或者裁定，建议法庭维持原判。(3) 维护诉讼参与人的合法权利。(4) 对法庭审理案件有无违反法律规定的诉讼程序的情况记明笔录。(5) 依法从事其他诉讼活动。

根据《人民检察院刑事诉讼规则》第四百四十八条、第四百四十九条规定，检察人员在出席第二审法庭之前应当做好如下准备工作：(1) 讯问原审被告人，听取原审被告人的上诉理由或者辩解。(2) 必要时听取辩护人的意见。(3) 复核主要证据，必要时询问证人。(4) 必要时补充收集证据。(5) 对鉴定意见有疑问的，可以重新鉴定或者补充鉴定。(6) 根据案件情况，可以听取被害人的意见。(7) 制作讯问被告人，询问被害人、证人、鉴定人和出示、宣读、播放证据计划，拟写答辩提纲，并制作出庭意见。根据《人民检察院刑事诉讼规则》第四百五十二条、第四百五十三条规定，在法庭审理中，检察人员应当针对原审判决或者裁定认定事实或适用法律、量刑等方面的问题，围绕抗诉或者上诉理由以及辩护人的辩护意见，讯问被告人，询问被害人、证人、鉴定人，出示和宣读证据，并提出意见和进行辩论。需要出示、宣读、播放第一审期间已移交人民法院的证据的，出庭的检察人员可以申请法庭出示、宣读、播放。在第二审法庭中需要移送证据材料的，参照该规则第四百二十八条的规定办理。

【第二审案件的不开庭审理】 是指第二审人民法院合议庭对上诉案件，经过书面审查案卷材料，庭外讯问被告人，在听取其他当事人、辩护人、诉讼代理人的意见之后，认为案件事实清楚的，不经过开庭直接对案件作出裁判。由于不开庭审理主要是通过阅卷、庭外讯问、听取意见等方式实现的，具有非诉讼化的特点，因此，不开庭的审理方式往往又称为书面的审理方式。从逻辑上讲，除了《刑事诉讼法》第二百三十四条、《刑事诉讼法司法解释》第三百九十三条规定的应当开庭审理的情形以外，第二审人民法院都可以采用不开庭的审理方式。为了进一步指导司法实践，《刑事诉讼法司法解释》第三百九十四条明确规定，对于上诉、抗诉案件，第二审人民法院经审查，以下两种情形可以采用不开庭的审理方式：(1) 认为原判事实不清、证据不足，需要发回重新审判。(2) 具有《刑事诉讼法》第二百三十八条规定的违反法定诉讼程序情形，需要发回重新审判。最高人民法院的司法解释之所以作出以上规定，主要是因为在这两种情形下，第二审人民法院即使没有开庭审理，也可以正确作出发回重新审判的决定。

【第二审案件的不开庭审理程序】 是指第二审人民法院在按照不开庭的方式审理上诉、抗诉案件时所遵循的诉讼程序。根据《刑事诉讼法》第二百三十四条、《刑事诉讼法司法解释》第四百条规定，第二审人民法院在依法决定不开庭审理的情况下，必须遵守以下程序：(1) 合议庭阅卷。这是指合议庭全体成员通过书面阅读案卷材料，全面了解案件情况，审查一审裁判认定的案件事实是否清楚，证据是否确实、充分，适用法律是否正确，是否存在程序违法行为。在必要的情况下，合议庭全体成员提交书面阅卷意见。(2) 讯问被告人。由于被告人不仅是裁判结果的直接承担者，而且对自己是否实施犯罪或者案件事实最为了解，因此，被告人在刑事诉讼中具有举足轻重的地位与作用。这意味着，无论是否采取开庭审理的方式，人民法院都不应该剥夺被告人参与审判的权利和机会。有鉴于此，合议庭很有必要在作出裁判之前直接讯问被告人，以便听取被告人对一审裁判的意见以及对案件事实的供述和辩解。(3) 听取其他当事人、辩护人、诉讼代理人的意见。由于被告人与裁判结果之间具有直接的利害关系，因此，合议庭不能片面地听取被告人的意见，还应该认真听取其他当事人、辩护人和诉讼代理人的意见，以便对案件作出更加准确的判断和恰当的处理。

【第二审刑事案件的审理结果】 是指第二审人民法院在审理上诉、抗诉案件以后根据不同的情形所作的处理结果。根据《刑事诉讼法》第二百三十六条、第二百三十八条，《刑事诉讼法司法解释》第三百九十条、第四百零五条、第四百零九条、第四百一十条、第四百一十一条规定，第二审刑事案件的审理结果包括以下几种具体情形：（1）裁定驳回上诉或者抗诉，维持原判。（2）直接改判。（3）裁定撤销原判，发回重审。（4）对共同犯罪案件，如果上诉的被告人死亡，其他被告人未上诉的，第二审人民法院应当对死亡的被告人终止审理；但有证据证明被告人无罪，经缺席审理确认无罪的，应当判决宣告被告人无罪。（5）以事实不清、证据不足为由发回重审，原审人民法院重新作出判决后，被告人上诉或者人民检察院抗诉的，第二审人民法院应当依法作出判决、裁定，不得再发回重新审判。（6）对于第二审附带民事诉讼案件和第二审自诉案件，第二审人民法院可以采取调解结案的方式。（7）对于第二审自诉案件，如果当事人自行和解，依照该解释第三百二十九条的规定处理；裁定准许撤回自诉的，应当撤销第一审判决、裁定。

【维持原判】　是指人民法院依照法定程序审理案件以后，认为原审人民法院所作的判决或者裁定正确，从而通过裁定予以维持的一种处理方式。在我国刑事诉讼中，正确理解和适用维持原判，需要注意以下几点：（1）维持原判的理由主要是原审人民法院作出的判决或者裁定认定事实和适用法律正确、量刑适当。（2）维持原判的对象既包括维持原审人民法院作出的判决，又包括维持原审人民法院作出的裁定。（3）维持原判既可以适用于第二审程序，也可以适用于审判监督程序和死刑复核程序（参见“死刑复核结果”和“刑事再审案件的审理结果”词条）。就第二审程序而言，根据《刑事诉讼法》第二百三十六条、第二百四十条规定，第二审人民法院对不服第一审判决的上诉、抗诉案件，经过审理后，如果认为原判决认定事实和适用法律正确、量刑适当，应当裁定驳回上诉或者抗诉，维持原审判决；对不服第一审裁定的上诉、抗诉案件，经过审查后，第二审人民法院如果认为原裁定认定事实和适用法律正确，应当裁定驳回上诉或者抗诉，维持原审裁定。同时，根据《刑事诉讼法司法解释》第四百零一条的规定及上诉不加刑原则，对于仅有被告人或者其法定代理人、辩护人、近亲属提出上诉的案件，不得对被告人的刑罚作出实质不利的改判。也即二审法院认为第一审判决认定事实清楚，证据确实、充分，适用法律正确，程序合法，仅是量刑过轻的，只能维持原判。

【撤销原判】　是指人民法院依照法定程序审理案件以后，认为原审人民法院所作的裁判存在错误，从而取消原审裁判的一种处理方式。在我国刑事诉讼中，适用撤销原判，需要注意以下几点：（1）撤销原判的理由包括原审裁判事实不清楚或者证据不足，或者原审人民法院严重违反诉讼程序，影响公正审判。（2）撤销原判的对象包括原审判决或者裁定。（3）撤销原判既可以适用于第二审程序，也可以适用于审判监督程序和死刑复核程序。（4）人民法院在撤销原判的同时往往需要结合其他处理措施，如将案件发回原审人民法院予以重新审判，或者指令其他人民法院对案件进行重新审判，或者在撤销原审判决、裁定以后依法进行改判。

根据《刑事诉讼法》第二百三十六

条、第二百四十条规定，第二审人民法院审理上诉或者抗诉案件后，如果认为原判决事实不清楚或者证据不足的，可以裁定撤销原判，发回原审人民法院重新审判；如果认为原审裁定存在事实不清楚或者证据不足，或者原审人民法院严重违反诉讼程序，影响公正审判，可以撤销原审裁定。根据《刑事诉讼法》第二百三十八条规定，第二审人民法院发现第一审人民法院的审理有下列情形之一的，应当裁定撤销原判，发回原审人民法院重新审判：（1）违反本法有关公开审判的规定的。（2）违反回避制度的。（3）剥夺或者限制了当事人的法定诉讼权利，可能影响公正审判的。（4）审判组织的组成不合法的。（5）其他违反法律规定的诉讼程序，可能影响公正审判的。根据《刑事诉讼法司法解释》第三百二十二条、第四百零六条、第四百零七条规定，第二审人民法院查明第一审人民法院作出的不予受理裁定有错误的，应当在撤销原裁定的同时，指令第一审人民法院立案受理；查明第一审人民法院驳回起诉裁定有错误的，应当在撤销原裁定的同时，指令第一审人民法院进行审理。第二审人民法院发现原审人民法院在重新审判过程中没有按照《刑事诉讼法》的规定另行组成合议庭依照第一审程序进行审判，应当裁定撤销原判，发回重新审判。对第二审自诉案件，调解结案的，第一审判决、裁定视为自动撤销；当事人自行和解的，应当裁定准许撤回自诉，并撤销第一审判决、裁定。

【改判】 是指人民法院依照法定程序审理案件以后，认为原审人民法院所作的判决或者裁定存在错误，对原审判决或者裁定予以变更的一种处理方式。在我国刑事诉讼中，正确理解和适用改判，需要注意以下几点：（1）改判的理由通常是原审人民法院作出的判决或者裁定认定事实没有错误，但适用法律有错误，或者量刑不当，或者原审裁判事实不清、证据不足。（2）改判的对象既包括变更原审人民法院作出的判决，又包括变更原审人民法院作出的裁定。（3）改判的内容既包括全部改判，也包括部分改判；在进行部分改判时，人民法院应当明确指出在原审裁判中需要维持的内容，应当撤销的内容，以及变更的内容。（4）人民法院在改判的同时，通常需要撤销原审裁判中存在错误的地方或者需要被变更的地方。（5）改判既可以适用于第二审程序，也可以适用于审判监督程序和死刑复核程序（参见“死刑复核结果”和“刑事再审案件的审理结果”词条）。就第二审程序而言，根据《刑事诉讼法》第二百三十六条规定，第二审人民法院对不服第一审判决的上诉、抗诉案件，经过审理后，如果认为原判决认定事实没有错误，但适用法律有错误，或者量刑不当的，应当改判；如果原判决事实不清楚或者证据不足的，可以在查清事实后改判。根据《刑事诉讼法》第二百四十条规定，第二审人民法院对不服第一审裁定的上诉或者抗诉，经过审查后，如果认为原审裁定存在事实不清楚或者证据不足，或者原审人民法院严重违反诉讼程序，影响公正审判，可以撤销和变更原审裁定。

【发回重审】 是指人民法院依照法定程序审理案件以后，认为原审人民法院所作的判决或者裁定存在错误，从而通过裁定的方式将案件发回原审人民法院或者其他人民法院予以重新审判的一种处理方式。在我国刑事诉讼中，正确理解和适用发回重审，需要注意以下几点：(1) 发回重审的理由通常是原审人民法院作出的裁判事实不清楚或者证据不足，或者原审人民法院严重违反诉讼程序，影响公正审判；(2) 人民法院在裁定发回重审的同时应当将原审人民法院作出的判决或者裁定予以撤销；(3) 发回重审既可以适用于第二审程序，也可以适用于审判监督程序和死刑复核程序（参见“死刑复核结果”和“刑事再审案件的审理结果”词条）。

根据《刑事诉讼法》第二百三十六条、第二百三十八条、《刑事诉讼法司法解释》第四百零五条、第四百零六条规定，在第二审程序中，第二审人民法院发回原审人民法院进行重新审判的情形包括：(1) 第二审人民法院对不服第一审判决的上诉、抗诉案件，经过审理后，如果认为原判决事实不清楚或者证据不足的，可以裁定撤销原判，发回原审人民法院重新审判。但是原审人民法院对于依照该规定发回重新审判的案件作出判决后，被告人提出上诉或者人民检察院提出抗诉的，第二审人民法院应当依法作出判决或者裁定，不得再发回原审人民法院重新审判。这意味着，第二审人民法院以事实不清楚或者证据不足为由发回重审，只有一次机会。对于以事实不清楚或者证据不足为由发回重审的情形，第二审人民法院具有一定自由裁量权，即既可以撤销原判、发回重审，也可以在查清事实后直接改判。(2) 第二审人民法院发现第一审人民法院的审理有违反法律规定的诉讼程序的五种情形之一的，应当裁定撤销原判，发回原审人民法院重新审判。对于以违反诉讼程序为由发回重审的情形，第二审人民法院没有自由裁量权。(3) 第二审人民法院发现原审人民法院在重新审判过程中没有按照《刑事诉讼法》的规定另行组成合议庭依照第一审程序进行审判，应当裁定撤销原判，发回重新审判。这实际上也是基于程序违法为由而发回重审的情形，因而第二审人民法院也没有自由裁量权。

【部分发回重审】 是指有多名被告人的案件，第二审人民法院认为第一审判决部分被告人的犯罪事实不清、证据不足或者有新的犯罪事实需要追诉，将该部分被告人分案处理，将该部分被告人发回原审人民法院重新审判的一种审理方式。这是 2021 年《刑事诉讼法司法解释》新增的审理方式。根据该司法解释第四百零四条第二款规定，有多名被告人的案件，部分被告人的犯罪事实不清、证据不足或者有新的犯罪事实需要追诉，且有关犯罪与其他同案被告人没有关联的，第二审人民法院根据案件情况，可以对该部分被告人分案处理，将该部分被告人发回原审人民法院重新审判。原审人民法院重新作出判决后，被告人上诉或者人民检察院抗诉，其他被告人的案件尚未作出第二审判决、裁定的，第二审人民法院可以并案审理。根据《刑事诉讼法》第二百三十六条的规定，第二审人民法院认为第一审判决事实不清、证据不足的，可以在查清事实后改判，也可以裁定撤销原判，发回原审人民法院重新审判。但是，对于涉及多名被告人的案件，如涉黑案件中的从犯，在二审时发现还有一个其单独实施的轻微犯罪，第二审人民法院将全案发回重审，费时费力。基于节约司法资源，保障审判顺利推进的考虑，依照《刑事诉讼法》的精神，规定了二审分案程序，即将部分被告人的案件发回，其余被告人的案件可以视情况继续审理，有必要的，也可以中止审理。如果发回被告人的案件重新进入二审的，可以与其他被告人的二审案件合并。如果部分被告人事实不清、证据不足，该部分事实可能同时影响对其他被告人的定罪量刑的，此时应根据情况决定将全案发回处理，以便更好地查明案件事实。

【发回重审之后的特殊规定】 是指第二审人民法院将案件发回原审人民法院进行重新审判以后，原审人民法院和第二审人民法院在对案件进行重新审判时所遵循的特殊规定或者要求。根据《刑事诉讼法》第二百三十九条规定，原审人民法院对于发回重新审判的案件，应当依照第一审程序进行审判。对于重新审判后的判决，上诉人可以上诉，人民检察院也可以按照第二审程序提起抗诉。根据《刑事诉讼法》第二百三十七条至第二百四十条、《刑事诉讼法司法解释》第四百零三条至第四百零五条规定，对于第二审人民法院发回原审人民法院进行重新审判的案件，原审人民法院在重新审判的过程中或者第二审人民法院再次进行第二审时应当遵守下列特殊规定：(1) 第二审人民法院发回原审人民法院重新审判的案件，除有新的犯罪事实，人民检察院补充起诉的以外，原审人民法院不得加重被告人的刑罚。但是人民检察院提出抗诉或者自诉人提出上诉的，不受该规定的限制。(2) 原审人民法院对于发回重新审判的案件，应当另行组成合议庭。(3) 第二审人民法院发回原审人民法院重新审判的案件，原审人民法院从收到发回的案件之日起，重新计算审理期限。(4) 对于原判事实不清、证据不足，第二审人民法院发回重新审判的案件，原审人民法院重新作出判决后，被告人上诉或者人民检察院抗诉的，第二审人民法院应当依法作出判决、裁定，不得再发回重新审判。

【适用法律错误】 是指公安司法机关没有正确运用实体法和程序法而在办理刑事案件的过程中所产生的各种错误。从立案侦查到审查起诉、刑事审判、刑事执行，刑事诉讼的各个阶段都有可能存在适用法律错误的各种情形。尤其是在刑事救济程序中，适用法律错误是较为重要的一个概念。它不仅是上诉人提出上诉、申诉人提出申诉、人民检察院提出抗诉的一个重要理由，而且是人民法院通过第二审程序、死刑复核程序、审判监督程序纠正原审错误裁判的一个重要根据。适用法律错误既包括适用实体法方面的错误，又包括适用程序法方面的错误。在我国刑事救济程序中，适用实体法方面的错误主要是指定罪错误和量刑错误。参考2014年11月26日印发的《加强和改进刑事抗诉工作意见》第5条规定，定罪错误是指人民法院对案件事实进行评判时发生错误。它主要包括：有罪判无罪，无罪判有罪；混淆此罪与彼罪、一罪与数罪的界限，造成罪刑不相适应，或者在司法实践中产生重大不良影响。适用程序法方面的错误主要是人民法院严重违反《刑事诉讼法》规定的诉讼程序，从而可能影响公正审判。如《刑事诉讼法》第二百三十八条规定的应当公开审判而没有公开审判的，违反回避制度的，剥夺或者限制当事人法定诉讼权利的，审判组织的组成不合法等。

【原判决量刑不当】 是指原审人民法院对被告人判处的刑罚存在错误。在我国刑事救济程序中，量刑不当既是上诉人提出上诉、申诉人提出申诉、人民检察院提出抗诉的一个重要理由，又是人民法院通过第二审程序、死刑复核程序、审判监督程序纠正原审错误判决的一个重要根据。量刑不当实际上是适用法律错误的一项重要内容。参考《加强和改进刑事抗诉工作意见》第5条规定，量刑不当是指人民法院适用刑罚与犯罪的事实、性质、情节和社会危害程度不相适应，重罪轻判或者轻罪重判，导致量刑出现明显错误。具体说来，量刑不当主要包括：不具有法定量刑情节而超出法定刑幅度量刑；认定或者适用法定量刑情节错误，导致未在法定刑幅度内量刑或者量刑明显不当；共同犯罪案件中各被告人量刑与其在共同犯罪中的地位、作用明显不相适应或者不均衡；适用主刑刑种错误；适用附加刑错误；适用免予刑事处罚、缓刑错误；适用刑事禁止令、限制减刑错误。

【原判决事实不清】 是指原审人民法院作出的判决所认定的事实模糊不清，存在模棱两可或者认定事实错误的情形。在我国刑事诉讼中，人民法院判决被告人有罪必须达到案件事实清楚和证据确实、充分的证明标准。原判决事实不清是第二审人民法院变更判决或者撤销原判、发回重审的一个重要根据。案件事实清楚或者犯罪事实清楚，是指与定罪量刑有关的事实和情节都应当查清楚。就人民法院的判决而言，人民法院应当对与定罪量刑有关的何人、何事、何时、何地、何方法、何因、何果等犯罪事实要素都予以查清。经过审理之后，如果原审人民法院没有查清楚这些事实要素，或者存在认定事实错误的情况，那么原审人民法院根据模糊不清的事实所作的判决就属于原判决事实不清。

【原判决证据不足】 是指原审人民法院据以判决的证据没有达到确实、充分的证明程度。在我国刑事诉讼中，人民法院判决被告人有罪必须达到证据确实、充分的程度。如果证据不足，不能认定被告人有罪的，人民法院应当作出证据不足、指控的犯罪不能成立的无罪判决。根据2007年3月9日印发的《严格依法办案确保办理死刑案件质量意见》第25条规定，证据不足是指下列情形：（1）据以定罪的证据存在疑问，无法查证属实的。（2）犯罪构成要件事实缺乏必要的证据予以证明的。（3）据以定罪的证据之间的矛盾不能合理排除的。（4）根据证据得出的结论具有其他可能性的。参照《人民检察院刑事诉讼规则》第三百六十八条规定，具有下列情形之一，原审人民法院作出的判决不能确定被告人构成犯罪和需要追究刑事责任的，属于证据不足：（1）犯罪构成要件事实缺乏必要的证据予以证明的。（2）据以定罪的证据存在疑问，无法查证属实的。（3）据以定罪的证据之间、证据与案件事实之间的矛盾不能合理排除的。（4）根据证据得出的结论具有其他可能性，不能排除合理怀疑的。（5）根据证据认定案件事实不符合逻辑和经验法则，得出的结论明显不符合常理的。

【委托代为宣判】 是指第二审人民法院经过审理作出裁判以后，委托第一审人民法院代为向当事人宣告判决或者裁定。在我国刑事诉讼中，人民法院既可以当庭宣判审理结果，也可以定期宣判审理结果。而在定期宣判的过程中，第二审人民法院可以委托第一审人民法院代为宣判。根据《刑事诉讼法司法解释》第四百一十三条规定，第二审人民法院可以委托第一审人民法院代为宣判，并向当事人送达第二审判决书、裁定书。第一审人民法院应当在代为宣判后5日内将宣判笔录送交第二审人民法院，并在送达完毕后及时将送达回证送交第二审人民法院。委托宣判的，第二审人民法院应当直接向同级人民检察院送达第二审判决书、裁定书。第二审判决、裁定是终审的判决、裁定的，自宣告之日起发生法律效力。根据《刑事诉讼法司法解释》第二百零六条规定，第二审人民法院在委托第一审人民法院代为宣判和送达裁判文书时，应当将委托函、委托送达的裁判文书以及送达回证寄送第一审人民法院。

【告知另行起诉】 是指第二审人民法院在审理上诉或者抗诉案件期间，在自诉案件的当事人提出反诉或者附带民事诉讼当事人调解不成的情况下，告知自诉案件或者附带民事诉讼的当事人另行起诉。根据《刑事诉讼法司法解释》第四百一十条、第四百一十二条规定，第二审人民法院告知另行起诉包括两种情形：(1) 在附带民事诉讼调解不成的情况下告知另行起诉，即在第二审期间，第一审附带民事诉讼原告人增加独立的诉讼请求或者第一审附带民事诉讼被告人提出反诉的，第二审人民法院可以根据自愿、合法的原则进行调解；调解不成的，告知当事人另行起诉。告知另行起诉，是指由第二审人民法院告知当事人另行向有管辖权的人民法院提起诉讼，由下级人民法院按照第一审程序进行审理。而当事人在另行起诉以后，如果不服第一审人民法院的审理结果，仍然可以向第二审人民法院提起上诉。(2) 在第二审期间，自诉案件的当事人提出反诉的，应当告知其另行起诉。第二审人民法院在审理自诉案件期间，如果当事人（实际上是自诉案件的被告人）提出反诉，那么基于第二审程序的终审性质，再加上被告人在第二审期间提出的反诉又没有经过第一审人民法院的审判，第二审人民法院不能在第二审程序中直接审理被告人的自诉，而是应当告知被告人另行向原审人民法院提起自诉。

【二审调解结案】 是指在审理上诉或者抗诉案件期间，在自诉案件或者附带民事诉讼的当事人依法达成调解的情况下，第二审人民法院制作调解书，以调解的方式审结第二审案件。根据《刑事诉讼法司法解释》第四百一十条、第四百一十一条规定，第二审人民法院以调解的方式结案包括两种情形：(1) 在第二审期间，第一审附带民事诉讼原告人增加独立的诉讼请求或者第一审附带民事诉讼被告人提出反诉的，第二审人民法院可以根据自愿、合法的原则进行调解；达成调解的，以调解方式结案。增加独立的诉讼请求，是指不同于原审中提出的诉讼请求类型的新诉讼请求，如在原审中原告人仅要求赔偿医疗费，在二审程序中又提出要求被告人赔偿误工费。这里的反诉，是指附带民事诉讼的被告人以原告为相对方，向人民法院提起的与本诉存在牵连关系的独立的反请求。无论是增加独立的诉讼请求还是反诉，第二审人民法院都应当受理。但是考虑到第二审人民法院作出的裁判是终审裁判，而增加独立的诉讼请求和反诉又没有经过第一审人民法院的审理，为了不侵犯当事人的上诉权，第二审人民法院不能直接审理增加的独立诉讼请求和反诉，而是由双方当事人进行调解。如果双方当事人能够依法达成调解，第二审人民法院可以依法制作调解书，以调解的方式结案，第一审中的附带民事判决部分自动失去法律效力。（2）对于第二审自诉案件，如果双方当事人达成调解，可以调解的方式结案。对于自诉案件，无论是在第一审程序中还是在第二审程序中，都可以适用调解。自诉案件的双方当事人如果能够达成调解，不仅能够有效化解他们之间的矛盾，而且有助于及时挽救或者弥补被害人的损失，减少由于适用刑罚或者犯罪记录对被告人带来的不良后果。在第二审期间，第二审人民法院认为必要时，即认为通过调解的方式结案能够取得更好的法律效果和社会效果，而且案件存在调解的可能性和符合调解的范围，可以组织双方当事人依法进行调解。如果双方当事人调解成功，第二审人民法院应当制作调解书，经双方当事人签收后发生法律效力。在调解书生效后，第一审判决、裁定视为自动撤销。

【终审裁判】 是指终审判决和终审裁定的合称。终审判决，是指法院对案件进行最后一级审判时就实体问题所作出的判决。而终审裁定是指法院对案件进行最后一级审判时就程序问题或者部分实体问题所作出的裁定。实行两审终审制的国家，第二审为终审，第二审法院所作的裁判就是终审裁判。而在实行三审终审制的国家，第三审才是终审，第三审法院所作出的裁判才是终审裁判。在我国刑事诉讼中，终审裁判主要是第二审人民法院作出的裁判。但是，我国终审裁判具有如下例外：（1）最高人民法院按照第一审程序所作的裁判也属于终审裁判，因为最高人民法院审理的第一审案件实行一审终审，不受两审终审制的限制。（2）在需要报请死刑复核的情况下，第二审人民法院作出的死刑裁判（即高级人民法院按照第二审程序所作的死刑立即执行判决或者裁定）不属于终审裁判。（3）在需要报请最高人民法院核准的情况下，第二审人民法院在法定刑以下判处刑罚的裁判不属于终审裁判。值得注意的是，终审裁判一定是发生法律效力的裁判，但是发生法律效力的裁判未必都是终审裁判。这是因为，发生法律效力的裁判不仅包括终审裁判，而且包括上诉、抗诉期限届满没有提出合法上诉、抗诉的第一审裁判，最高人民法院核准的死刑立即执行判决和裁定，高级人民法院核准的死刑缓期二年执行的判决和裁定，以及最高人民法院核准的在法定刑以下判处刑罚的判决和裁定。

【第二审裁判的效力】 是指第二审人民法院所作的判决或者裁定所确定的内容和事项在法律上的既判力、约束力和执行力。在通常情况下，第二审人民法院作出的判决或者裁定都属于终审判决或者终审裁定，一经宣告就产生法律效力。对于终审判决或者终审裁定，上诉人无权再次提起上诉，人民检察院也不能按照第二审程序再次提起抗诉。第二审裁判的效力具有以下两种例外：（1）对于死刑案件而言，如果判处死刑的第二审人民法院没有死刑核准权，那么第二审裁判并不能产生法律效力，而需要享有死刑核准权的人民法院进行死刑复核。进一步而言，高级人民法院按照第二审程序作出的死刑立即执行判决或者裁定不能产生执行死刑的法律效力，而必须报请最高人民法院进行核准。（2）如果第二审人民法院在法定刑以下判处刑罚，那么其裁判也不能产生法律效力，而必须逐级报请最高人民法院予以核准。

【上诉不加刑原则】 是指第二审人民法院审理被告人或者他的法定代理人、辩护人、近亲属上诉的案件，不得加重被告人的刑罚。在我国刑事诉讼中之所以需要坚持上诉不加刑原则，主要是基于以下考虑：(1) 上诉不加刑原则是保障被告人上诉权的需要。如果没有上诉不加刑原则的保护，即使被定罪的被告人具有充足的理由证明原审裁判存在错误，进而导致自己的合法权益遭到侵害，也会因为害怕上诉审法院的重新审理而使自己的处境进一步恶化，而不敢贸然地行使自己的上诉权。为了减轻被告人的思想顾虑，确保被告人不会因为提起上诉而遭到更加严重的法律后果，从而促使被告人能够大胆地行使上诉权，很有必要规定上诉不加刑原则。(2) 上诉不加刑原则是促进控辩平衡的需要。在刑事诉讼中，犯罪嫌疑人、被告人同强大的检察机关相比处于天然的弱势地位。为了实现控辩双方的平等对抗，不仅需要限制控诉方的权力，而且需要给予被告人更多的救济机会和权利保护。而上诉不加刑就是专门保护被告人上诉权的一项审判原则。只有第二审法院遵循上诉不加刑原则，才有可能使被告人获得更轻的刑罚或者无罪的判决，从而达到权利救济的目的。(3) 上诉不加刑原则是实现权利救济和司法监督的需要。如果上诉审法院在审理过程中能够严格遵守上诉不加刑原则，那么将在很大程度上对被告人的上诉起到鼓励作用，而被告人一旦积极地行使其上诉权，不仅有助于自己增加权利救济的机会，而且有助于下级法院的审判活动处于上级法院的监督之中。(4) 上诉不加刑原则是不告不理原则的重要体现。被告人提出上诉的主要目标在于希望上诉审法院能够改变对其不利的原审裁判结果，而判处更重的刑罚显然不是被告人提出上诉的初衷。当被告方提出上诉以后，如果上诉审法院违反被告人要求改变对其不利裁判的告诉标的，而随意加重被告人的刑罚，使被告人反而更加不利，那么就会违背不告不理原则的基本精神。

【上诉不加刑原则的适用对象】 是指第二审人民法院在适用上诉不加刑原则时所要保护的对象。上诉不加刑原则的主要价值在于保护被告人的上诉权。第二审人民法院并非不能加重被告人的刑罚，而是在上诉不加刑原则的约束下，不能随意加重被告人的刑罚。根据《刑事诉讼法》第二百三十七条规定，第二审人民法院审理被告人或者他的法定代理人、辩护人、近亲属上诉的案件，不得加重被告人的刑罚。但是在人民检察院提出抗诉或者自诉人提出上诉的情况下，第二审人民法院的裁判不受上诉不加刑原则的限制。这意味着上诉不加刑原则只是对被告人的有限保护。第二审人民法院能否加重被告人刑罚的关键在于，第二审人民法院审理的第二审案件是否只有被告人一方提出上诉。只有被告人一方提出上诉，是指第二审人民法院审理的第二审案件，既没有人民检察院按照第二审程序提起抗诉，也没有自诉人及其法定代理人提出上诉，而只有被告人提出上诉，或者只有被告人的法定代理人或者辩护人或者近亲属提出上诉。根据《刑事诉讼法》第二百三十七条第二款规定，在第二审人民法院审理的第二审案件中，只要有人民检察院提出抗诉，或者自诉人提出上诉，第二审人民法院就可以不受上诉不加刑原则的限制，而在第一审判决确属过轻的情况下，依法改判加重被告人的刑罚。这意味着，只要人民检察院提出抗诉，或者自诉人或者其法定代理人提出上诉，被告人的上诉权就会因为控诉方不利于被告人的立场而失去上诉不加刑原则的特殊保护。

【上诉不加刑原则的适用范围】 是指第二审人民法院在裁判过程中不得加重被告人刑罚的具体情形。最高人民法院对上诉不加刑原则的适用范围作出了较为细致的规定。根据《刑事诉讼法司法解释》第四百零一条、第四百零二条规定，上诉不加刑原则的适用范围包括：(1) 同案审理的案件，只有部分被告人上诉的，既不得加重上诉人的刑罚，也不得加重其他同案被告人的刑罚。(2) 原判认定的罪名不当的，可以改变罪名，但不得加重刑罚或者对刑罚执行产生不利影响。(3) 原判认定的罪数不当的，可以改变罪数，并调整刑罚，但不得加重决定执行的刑罚或者对刑罚执行产生不利影响。(4) 原判对被告人宣告缓刑的，不得撤销缓刑或者延长缓刑考验期。(5) 原判没有宣告职业禁止、禁止令的，不得增加宣告；原判宣告职业禁止、禁止令的，不得增加内容、延长期限。(6) 原判对被告人判处死刑缓期执行没有限制减刑、决定终身监禁的，不得限制减刑、决定终身监禁。(7) 原判判处的刑罚不当、应当适用附加刑而没有适用的，不得直接加重刑罚、适用附加刑。原判判处的刑罚畸轻，必须依法改判的，应当在第二审判决、裁定生效后，依照审判监督程序重新审判。(8) 在共同犯罪案件中，人民检察院只对部分被告人的判决提出抗诉，或者自诉人只对部分被告人的判决提出上诉的，第二审人民法院不得对其他同案被告人加重刑罚。

【上诉不加刑原则的延伸】 是指人民法院在审理再审案件过程中或者审理被第二审人民法院发回重审的案件中按照上诉不加刑原则的精神，不得加重被告人的刑罚。尽管上诉不加刑原则是第二审程序中的一项重要原则，但是这并不意味着上诉不加刑原则只能适用于第二审程序。实际上，为了贯彻落实上诉不加刑原则，避免出现变相加刑从而架空上诉不加刑原则的现象，上诉不加刑原则不仅适用于第二审程序之中，而且应当向后延伸到审判监督程序之中（参见“再审不加刑原则”词条），以及向前延伸到被第二审人民法院将案件发回重审的第一审程序之中。根据《刑事诉讼法》第二百三十七条、《刑事诉讼法司法解释》第四百零三条，对于第二审人民法院审理被告人或者他的法定代理人、辩护人、近亲属上诉的案件，如果人民检察院未提出抗诉，第二审人民法院发回重新审判后，除有新的犯罪事实且人民检察院补充起诉的以外，原审人民法院不得加重被告人的刑罚，且重新依法作出判决后，人民检察院抗诉的，第二审人民法院不得改判为重于原审人民法院第一次判处的刑罚。

【在法定刑以下判处刑罚的特殊程序】

是指在被告人不具备刑法规定的减轻处罚情节的情况下，由地方各级人民法院层报最高人民法院，经过最高人民法院核准可以在法定刑以下判处刑罚的一种特殊审判程序。人民法院在审判案件的过程中，如果发现被告人不具备《刑法》规定的减轻处罚情节，而且确实有必要在法定刑以下判处刑罚，只能层报最高人民法院予以核准，而不能直接在法定刑以下判处刑罚。根据 2012 年 5 月 30 日印发的《如何理解“在法定刑以下判处刑罚”问题答复》，这里所说的法定刑，是指根据被告人所犯罪行的轻重，应当分别适用的《刑法》规定的不同条款或者相应的量刑幅度。在同一法定刑幅度中适用较轻的刑种或者较低的刑期，是从轻处罚，不是减轻处罚。当法定刑有幅度时，在法定刑以下判处刑罚，是指在法定量刑幅度的最低刑以下判处刑罚。根据最高人民法院的司法解释，在法定刑以下判处刑罚的特殊程序包括报请、复核和核准三个具体的程序。

【在法定刑以下判处刑罚的适用条件】

是指在被告人不具备刑法规定的减轻处罚情节的情况下，地方各级人民法院层报最高人民法院核准在法定刑以下判处刑罚时所要具备的条件。根据《刑法》第六十三条第二款规定，地方各级人民法院层报最高人民法院核准在法定刑以下判处刑罚，必须同时具备以下两个条件：(1) 被告人不具有《刑法》规定的减轻处罚情节。(2) 案件具备特殊情况而需要对被告人在法定刑以下判处刑罚。

【在法定刑以下判处刑罚的特殊情况】

是指地方各级人民法院对于被告人不具有《刑法》规定的减轻处罚情节，而需要在法定刑以下判处刑罚，从而层报最高人民法院予以核准的各种情况。是否具备特殊情况，是最高人民法院核准在法定刑以下判处刑罚的必备要件和关键。而现行法律并没有对什么是特殊情况作出明确的界定。根据以往全国人民代表大会常务委员会法制工作委员会给最高人民法院的意见，在法定刑以下判处刑罚的特殊情况，主要是针对涉及国防、外交、民族、宗教等极个别特殊案件的需要，不是针对一般刑事案件的规定。从近年来最高人民法院核准的情况来看，再结合刑事司法理论与实务，在法定刑以下判处刑罚的特殊情况主要包括两种情形：(1) 因国防、外交、民族、宗教等涉及国家利益的案件。(2)《刑法》规定与个案罪刑相适应存在明显冲突的案件。在这类案件中，往往是从人们的普遍经验和认知来看，严格依照《刑法》的规定判处被告人过高的刑罚明显不合理，难以令大多数人所接受。

【在法定刑以下判处刑罚的报请程序】

是指在被告人不具备《刑法》规定的减轻处罚情节而需要在法定刑以下判处刑罚的情况下，由地方各级人民法院层报最高人民法院核准时所遵循的诉讼程序。根据《刑事诉讼法司法解释》第四百一十四条、第四百一十五条规定，报请最高人民法院核准在法定刑以下判处刑罚的案件，应当按照下列情形分别处理：(1) 被告人未上诉、人民检察院未抗诉的，在上诉、抗诉期满后3日内报请上一级人民法院复核。上一级人民法院同意原判的，应当书面层报最高人民法院核准；不同意的，应当裁定发回重新审判，或者按照第二审程序提审。(2) 被告人上诉或者人民检察院抗诉的，上一级法院维持原判，或者改判后仍在法定刑以下判处刑罚的，应当依照前项规定层报最高人民法院核准。第一审人民法院未在法定刑以下判处刑罚的，第二审人民法院可以在法定刑以下判处刑罚，并层报最高人民法院核准。从以上的规定不难看出，在法定刑以下判处刑罚的报请程序具有自动性和逐级层报的特点：(1) 只要人民法院对不具备法定减轻处罚情节的被告人在法定刑以下判处刑罚，不需要上诉人的上诉或者人民检察院的抗诉，也不论该判决是否属于终审判决，都应当自动报请至最高人民法院予以审核。(2) 地方各级人民法院应当逐级报请，不能越级报请。另外，根据《刑事诉讼法司法解释》第四百一十六条规定，报请最高人民法院核准在法定刑以下判处刑罚的案件，应当报送判决书、报请核准的报告各5份，以及全部案卷、证据。

【在法定刑以下判处刑罚的复核程序】

是指上级人民法院对于下级人民法院报请的在法定刑以下判处刑罚的案件进行审核时所遵循的诉讼程序。根据《刑事诉讼法司法解释》第四百一十四条规定报请的程序，地方各级人民法院在报请核准的过程中，任何上级人民法院对下级人民法院的报请都应当进行审核。在审核结束以后，上级人民法院既可以维持原判，也可以直接改判，或者将案件发回原审人民法院重新审判。上级人民法院经过审核以后，如果符合在法定刑以下判处刑罚的条件，那么需要进一步层报最高人民法院予以核准。根据2019年8月2日印发的《健全完善人民法院审判委员会工作机制意见》第八条，各级人民法院在办理拟在法定刑以下判处刑罚的案件时，应当将案件提交审判委员会讨论决定。根据《刑事诉讼法司法解释》第四百一十八条、第四百一十九条规定，依照本解释第四百一十四条、第四百一十七条规定发回第二审人民法院重新审判的案件，第二审人民法院可以直接改判；必须通过开庭查清事实、核实证据或者纠正原审程序违法的，应当开庭审理。上级人民法院复核在法定刑以下判处刑罚案件的审理期限，参照适用第二审程序的审理期限。

【在法定刑以下判处刑罚的核准程序】

是指在被告人不具备刑法规定的减轻处罚情节的情况下，由地方各级人民法院层报最高人民法院，最高人民法院根据案件的特殊情况，经过核准可以在法定刑以下判处刑罚的一种特殊程序。在高级人民法院报请最高人民法院核准在法定刑以下判处刑罚以后，最高人民法院应当对报请材料进行审查，作出是否核准的裁定。根据《刑事诉讼法司法解释》第四百一十七条、第四百一十九条规定，对在法定刑以下判处刑罚的案件，最高人民法院予以核准的，应当作出核准裁定书；不予核准的，应当作出不核准裁定书，并撤销原判决、裁定，发回原审人民法院重新审判或者指定其他下级人民法院重新审判。最高人民法院核准在法定刑以下判处刑罚案件的审理期限，参照适用第二审程序的审理期限。

【刑事诉讼涉案财物】 是指公安机关、人民检察院和人民法院在刑事诉讼过程中依法查封、扣押、冻结与案件有关的，犯罪嫌疑人、被告人犯罪所用、犯罪所得或作为犯罪对象的各种财物及其孳息。理解刑事诉讼涉案财物需要注意以下几点：（1）刑事诉讼涉案财物可以分为公安司法机关在刑事诉讼活动中通过查封、扣押措施获取的各种财物和文件，以及通过冻结措施所获取的犯罪嫌疑人、被告人的存款、汇款债券、股票、基金份额等财产。（2）刑事诉讼涉案财物既包括各种财物本身，又包括各种财物所产生的孳息。孳息，是指由各种涉案财物所产生的额外收益。从民法上而言，孳息既包括天然孳息（如树结的果实、母畜生的幼畜等），又包括法定孳息（如房屋租金、存款利息等）。（3）刑事诉讼涉案财物既包括犯罪嫌疑人、被告人的违法犯罪所得及其孳息和犯罪嫌疑人、被告人非法持有的淫秽物品、毒品等违禁品，又包括用于实施犯罪行为的各种工具或者供犯罪所用的各种财物，以及其他与犯罪有关的各种财物。

【刑事诉讼涉案财物处置】 是指公安机关、人民检察院和人民法院在刑事诉讼过程中按照法定程序查封、扣押、冻结刑事诉讼涉案财物以后，对涉案财物依法采取保存、管理、处理等措施。根据《刑事诉讼法》第二百四十五条第一款规定，公安机关、人民检察院和人民法院对查封、扣押、冻结的犯罪嫌疑人、被告人的财物及其孳息，应当妥善保管，以供核查，并制作清单，随案移送。任何单位和个人不得挪用或者自行处理。对被害人的合法财产，应当及时返还。对违禁品或者不宜长期保存的物品，应当依照国家有关规定处理。根据我国《刑事诉讼法》及其相关司法解释或者规范性文件，刑事诉讼涉案财物处置包括保管、移送、接收、处理、监督、救济等一系列措施或者流程。

【刑事诉讼涉案财物处置原则】 是指公安机关、人民检察院和人民法院在刑事诉讼过程中处置刑事诉讼涉案财物时所遵循的基本规则或者基本要求。根据《刑事诉讼法》第二百四十五条及其相关司法解释或者规范性文件规定，公安机关、人民检察院和人民法院在刑事诉讼过程中处置刑事诉讼涉案财物时应当遵循的原则主要包括依法处置涉案财物原则、办案与管理相分离原则、保障生活原则、保守涉案财物秘密原则、诉讼终结原则。

【依法处置涉案财物原则】 是指公安司法机关严格依法查封、扣押、冻结刑事诉讼涉案财物及其孳息，对涉案财物进行妥善保管和依法使用，不得挪用或者自行处理。根据《刑法》第六十四条规定，犯罪分子违法所得的一切财物，应当予以追缴或者责令退赔；对被害人的合法财产，应当及时返还；违禁品和供犯罪所用的本人财物，应当予以没收。没收的财物和罚金，一律上缴国库，不得挪用和自行处理。根据《刑事诉讼法》第二百四十五条第一款、第五款规定，公安机关、人民检察院和人民法院对查封、扣押、冻结的犯罪嫌疑人、被告人的财物及其孳息，应当妥善保管，以供核查，并制作清单，随案移送；任何单位和个人不得挪用或者自行处理。对被害人的合法财产，应当及时返还；对违禁品或者不宜长期保存的物品，应当依照国家有关规定处理。如果司法工作人员贪污、挪用或者私自处理查封、扣押、冻结的财物及其孳息，应当依法追究刑事责任；不构成犯罪的，给予处分。中共中央办公厅、国务院办公厅于2015年1月24日联合印发的《刑事诉讼涉案财物处置工作意见》第二条第一款、第三条、第十六条也规定，查封、扣押、冻结涉案财物，应当严格依照法定条件和程序进行。严禁在立案之前查封、扣押、冻结财物。办案部门、保管部门截留、坐支、私分或者擅自处理涉案财物的，对其直接负责的主管人员和其他直接责任人员，按滥用职权等依法依纪追究责任；办案人员、保管人员调换、侵吞、窃取、挪用涉案财物的，按贪污等依法依纪追究责任。违法违规查封、扣押、冻结和处置涉案财物的，应当依法依纪给予处分；构成犯罪的，应当依法追究刑事责任；导致国家赔偿的，应当依法向有关责任人员追偿。《刑事诉讼法司法解释》第四百三十七条规定，人民法院对查封、扣押、冻结的涉案财物及其孳息，应当妥善保管，并制作清单，附卷备查；对人民检察院随案移送的实物，应当根据清单核查后妥善保管。任何单位和个人不得挪用或者自行处理。《人民检察院刑事诉讼规则》第六百四十五条规定，人民检察院发现人民法院执行刑事裁判涉财产部分有违法情形的，应当依法提出纠正意见。公安部于2015年7月22日印发的《公安机关涉案财物管理若干规定》第四条规定，公安机关管理涉案财物，必须严格依法进行。任何单位和个人不得贪污、挪用、私分、调换、截留、坐支、损毁、擅自处理涉案财物。《公安机关办理刑事案件程序规定》第一百九十六条规定，当事人和辩护人、诉讼代理人、利害关系人对于公安机关及其侦查人员有贪污、挪用、私分、调换、违反规定使用查封、扣押、冻结财物的行为的，有权向该机关申诉或者控告。

【办案与管理相分离原则】 是指公安司法机关在处置刑事诉讼涉案财物时应当予以分工，由不同的内设机构分别负责查封、扣押、冻结、处理刑事诉讼涉案财物与管理刑事诉讼涉案财物，而不能由办案部门集查封、扣押、冻结、处理与管理等多种职责于一身。根据中共中央办公厅、国务院办公厅《刑事诉讼涉案财物处置工作意见》第三条，涉案财物应当由公安机关、国家安全机关、人民检察院、人民法院指定本机关的一个部门或者专职人员统一保管，严禁由办案部门、办案人员自行保管。《公安机关涉案财物管理若干规定》第三条明确规定，涉案财物管理实行办案与管理相分离的原则。根据《公安机关涉案财物管理若干规定》第八条，公安机关应当指定一个部门作为涉案财物管理部门，负责对涉案财物实行统一管理，并设立或者指定专门保管场所，对各办案部门经手的全部涉案财物或者价值较大、管理难度较高的涉案财物进行集中保管。办案部门应当指定不承担办案工作的民警负责本部门涉案财物的接收、保管、移交等管理工作；严禁由办案人员自行保管涉案财物。

根据《人民检察院刑事诉讼涉案财物管理规定》第七条规定，人民检察院实行查封、扣押、冻结、处理涉案财物与保管涉案财物相分离的原则，办案部门与案件管理、计划财务装备等部门分工负责、互相配合、互相制约。侦查监督、公诉、控告检察、刑事申诉检察等部门依照《刑事诉讼法》和其他相关规定对办案部门查封、扣押、冻结、保管、处理涉案财物等活动进行监督。办案部门负责对涉案财物依法进行查封、扣押、冻结、处理，并对不移送案件管理部门或者不存入唯一合规账户的涉案财物进行管理；案件管理部门负责对办案部门和其他办案机关移送的涉案物品进行保管，并依照有关规定对查封、扣押、冻结、处理涉案财物工作进行监督管理；计划财务装备部门负责对存入唯一合规账户的扣押款项进行管理。人民检察院监察部门依照有关规定对查封、扣押、冻结、保管、处理涉案财物工作进行监督。

【涉案财物与案件相关原则】 是指公安司法机关查封、扣押、冻结和处置的各种财物及其孳息必须与案件具有联系，能够用来证明案件事实。对于与刑事诉讼无关的合法财物及其孳息，应当及时返还当事人。根据中共中央办公厅、国务院办公厅《刑事诉讼涉案财物处置工作意见》第二条第一款、《人民检察院刑事诉讼涉案财物管理规定》第四条第一款规定，不得查封、扣押、冻结与案件无关的财物。凡查封、扣押、冻结的财物，都应当及时进行审查；经查明确实与案件无关的，应当在3日内予以解除、退还，并通知有关当事人。《人民检察院刑事诉讼涉案财物管理规定》第四条第二款进一步强调，对涉案单位违规的账外资金但与案件无关的，不得查封、扣押、冻结，可以通知有关主管机关或者其上级单位处理。根据《公安机关涉案财物管理若干规定》第六条第一款规定，公安机关对涉案财物采取措施后，应当及时进行审查。经查明确实与案件无关的，应当在3日以内予以解除、退还，并通知有关当事人。对与本案无关，但有证据证明涉及其他部门管辖的违纪、违法、犯罪行为的财物，应当依照相关法律规定，连同有关线索移送有管辖权的部门处理。

【保障生活原则】 是指公安司法机关在处置刑事诉讼涉案财物时不能影响当事人及其抚养亲属的基本生活。依据中共中央办公厅、国务院办公厅《刑事诉讼涉案财物处置工作意见》第二条第二款、《人民检察院刑事诉讼涉案财物管理规定》第四条第三款规定，查封、扣押、冻结和处置刑事诉讼涉案财物，应当为犯罪嫌疑人、被告人及其所扶养的亲属保留必需的生活费用和物品，减少对涉案单位正常办公、生产、经营等活动的影响。根据《公安机关涉案财物管理若干规定》第六条第二款，对涉案财物采取措施，应当为违法犯罪嫌疑人及其所扶养的亲属保留必需的生活费用和物品；根据案件具体情况，在保证侦查活动正常进行的同时，可以允许有关当事人继续合理使用有关涉案财物，并采取必要的保值保管措施，以减少侦查办案对正常办公和合法生产经营的影响。

【保守涉案财物秘密原则】 是指公安司法机关在查封、扣押、冻结、保存、管理、处理刑事诉讼涉案财物时应当保守国家秘密、商业秘密或者个人隐私。根据《公安机关涉案财物管理若干规定》第四条第二款规定，对于涉及国家秘密、商业秘密、个人隐私的涉案财物，应当保密。《人民检察院刑事诉讼涉案财物管理规定》第九条也规定，查封、扣押、冻结、保管、处理涉及国家秘密、商业秘密、个人隐私的财物，应当严格遵守有关保密规定。

【诉讼终结原则】 是指公安司法机关应当在诉讼终结的情况下处置刑事诉讼涉案财物，而不能在刑事案件尚未终结的情况下就处理涉案财物。但是，如果被查封、扣押、冻结的财物与案件无关，为了更好地保护当事人的合法权益，公安司法机关可以在案件尚未终结的情况下提前予以处置。《人民检察院刑事诉讼涉案财物管理规定》第二十二条第一款、第二十三条第一款明确规定，对于查封、扣押、冻结的涉案财物及其孳息，除按照有关规定返还被害人或者经查明确实与案件无关的以外，不得在诉讼程序终结之前上缴国库或者作其他处理。法律和有关规定另有规定的除外。人民检察院作出撤销案件决定、不起诉决定或者收到人民法院作出的生效判决、裁定后，应当在30日以内对涉案财物作出处理。情况特殊的，经检察长批准，可以延长30日。根据《公安机关涉案财物管理若干规定》第二十条的规定，对于刑事案件依法撤销、行政案件因违法事实不能成立而作出不予行政处罚决定的，除依照法律、行政法规有关规定另行处理的以外，公安机关应当解除对涉案财物采取的相关措施并返还当事人。人民检察院决定不起诉、人民法院作出无罪判决，涉案财物由公安机关管理的，公安机关应当根据人民检察院的书面通知或者人民法院的生效判决，解除对涉案财物采取的相关措施并返还当事人。人民法院作出有罪判决，涉案财物由公安机关管理的，公安机关应当根据人民法院的生效判决，对涉案财物作出处理。人民法院的判决没有明确涉案财物如何处理的，公安机关应当征求人民法院意见。

【刑事诉讼涉案财物的移送】 是指公安司法机关办案部门在查封、扣押、冻结涉案财物以后，将涉案财物移送管理部门予以保存和管理。这是办案与管理相分离原则的重要体现。根据《公安机关涉案财物管理若干规定》第九条第二款、第十二条、第十三条的规定，办案部门扣押涉案款项后，应当立即将其移交涉案财物管理部门。涉案财物管理部门应当对涉案款项逐案设立明细账，存入唯一合规账户，并将存款回执交办案部门附卷保存。但是，对于具有特定特征、能够证明某些案件事实而需要作为证据使用的现金，应当交由涉案财物管理部门或者办案部门涉案财物管理人员，作为涉案物品进行管理，不再存入唯一合规账户。办案人员依法提取涉案财物后，应当在24小时以内按照规定将其移交涉案财物管理部门或者本部门的涉案财物管理人员，并办理移交手续。对于采取查封、冻结、先行登记保存等措施后不在公安机关保管的涉案财物，办案人员应当在采取有关措施后的24小时以内，将相关法律文书和清单的复印件移交涉案财物管理人员予以登记。因情况紧急，需要在提取后的24小时以内开展鉴定、辨认、检验、检查等工作的，经办案部门负责人批准，可以在上述工作完成后的24小时以内将涉案财物移交涉案财物管理人员，并办理移交手续。异地办案或者在偏远、交通不便地区办案的，应当在返回办案单位后的24小时以内办理移交手续；行政案件在提取后的24小时以内已将涉案财物处理完毕的，可以不办理移交手续，但应当将处理涉案财物的相关手续附卷保存。根据《人民检察院刑事诉讼涉案财物管理规定》第十条第一款，人民检察院办案部门查封、扣押、冻结涉案财物及其孳息后，应当及时按照下列情形分别办理，至迟不得超过3日，法律和有关规定另有规定的除外：（1）将扣押的款项存入唯一合规账户。（2）将扣押的物品和相关权利证书、支付凭证以及具有一定特征能够证明案情的现金等，送案件管理部门入库保管。（3）将查封、扣押、冻结涉案财物的清单和扣押款项存入唯一合规账户的存款凭证等，送案件管理部门登记；案件管理部门应当对存款凭证复印保存，并将原件送计划财务装备部门。

【刑事诉讼涉案财物的接收】 是指公安司法机关管理部门从办案部门接收被查封、扣押、冻结的涉案财物，对涉案财物办理交接手续，以便对涉案财物予以保存和管理。根据《公安机关涉案财物管理若干规定》第十四条规定，涉案财物管理人员对办案人员移交的涉案财物，应当对照有关法律文书当场查验核对、登记入册，并与办案人员共同签名。对于缺少法律文书、法律文书对必要事项记载不全或者实物与法律文书记载严重不符的，涉案财物管理人员可以拒绝接收涉案财物，并应当要求办案人员补齐相关法律文书、信息或者财物。

根据《人民检察院刑事诉讼涉案财物管理规定》第十一条、第十二条、第十四条至第十六条规定，人民检察院刑事诉讼涉案财物的接收程序包括：（1）案件管理部门应当指定专门人员，负责有关涉案财物的接收、管理和相关信息录入工作。（2）案件管理部门接收人民检察院办案部门移送的涉案财物或者清单时，应当审查是否符合要求。（3）人民检察院办案部门查封、扣押的不宜移送或者无法移送的涉案财物（如查封的不动产和置于该不动产上不宜移动的设施等财物，涉案的车辆、船舶、航空器和大型机械、设备等财物，珍贵财物，危险品等）可以不移送案件管理部门保管，由办案部门拍照或者录像后妥善管理或者及时按照有关规定处理。人民检察院办案部门对于不将涉案财物移送案件管理部门保管的，应当将查封、扣押清单以及相关权利证书、支付凭证等依照规定送案件管理部门登记、保管。（4）案件管理部门接收密封的涉案财物，一般不进行拆封。移送部门或者案件管理部门认为有必要拆封的，由移送人员和接收人员共同启封、检查、重新密封，并对全过程进行录像。根据《人民检察院刑事诉讼规则》有关扣押的规定，应当予以密封的涉案财物，启封、检查、重新密封时应当依照规定有见证人、持有人或者单位负责人等在场并签名或者盖章。（5）案件管理部门对于接收的涉案财物、清单及其他相关材料，认为符合条件的，应当及时在移送清单上签字并制作入库清单，办理入库手续。认为不符合条件的，应当将原因告知移送单位，由移送单位及时补送相关材料，或者按照有关规定进行补正或者作出合理解释。

【刑事诉讼涉案财物的保管】 是指公安司法机关涉案财物管理部门对查封、扣押、冻结的刑事诉讼涉案财物采取的各种保管措施，以便防止涉案财物遭到破坏、丢失等。根据中共中央办公厅、国务院办公厅《刑事诉讼涉案财物处置工作意见》第四条、第五条规定，对查封、扣押、冻结的财物，均应当制作详细清单。对扣押款项应当逐案设立明细账，在扣押后立即存入扣押机关唯一合规账户。对赃物特别是贵重物品实行分类保管，做到一案一账、一物一卡、账实相符。对作为证据使用的实物一般应当随案移送，如实登记，妥善保管，健全交接手续，防止损毁、丢失等。公安机关、人民检察院和人民法院查封、扣押、冻结、处理涉案财物，应当依照相关规定将财物清单及时录入信息平台，实现信息共享，确保涉案财物管理规范、移送顺畅、处置及时。

《公安机关涉案财物管理若干规定》第八条至第十一条、《人民检察院刑事诉讼涉案财物管理规定》第十七条至第二十一条以及《刑事诉讼法司法解释》第四百三十七条对各个阶段的涉案财物保管程序作出了更加详细的规定。例如，人民法院对查封、扣押、冻结的被告人财物及其孳息，应当妥善保管，并制作清单，附卷备查；对人民检察院随案移送的实物，应当根据清单核查后妥善保管。查封不动产、车辆、船舶、航空器等财物，应当扣押其权利证书，经拍照或者录像后原地封存，或者交持有人、被告人的近亲属保管，登记并写明财物的名称、型号、权属、地址等详细情况，并通知有关财物的登记、管理部门办理查封登记手续。扣押物品，应当登记并写明物品名称、型号、规格、数量、重量、质量、成色、纯度、颜色、新旧程度、缺损特征和来源等。扣押货币、有价证券，应当登记并写明货币、有价证券的名称、数额、面额等，货币应当存入银行专门账户，并登记银行存款凭证的名称、内容。扣押文物、金银、珠宝、名贵字画等贵重物品以及违禁品，应当拍照，需要鉴定的，应当及时鉴定。对扣押的物品应当根据有关规定及时估价。冻结存款、汇款、债券、股票、基金份额等财产，应当登记并写明编号、种类、面值、张数、金额等。

【刑事诉讼涉案财物的临时调用】 是指公安司法机关办案部门在刑事诉讼活动因为办案工作需要依法向涉案财物管理人员调用涉案财物。根据《公安机关涉案财物管理若干规定》第十五条、第十六条规定，因讯问、询问、鉴定、辨认、检验、检查等办案工作需要，经办案部门负责人批准，办案人员可以向涉案财物管理人员调用涉案财物。调用结束后，应当在24小时以内将涉案财物归还涉案财物管理人员。因宣传教育等工作需要调用涉案财物的，应当经公安机关负责人批准。涉案财物管理人员应当详细登记调用人、审批人、时间、事由、期限、调用的涉案财物状况等事项。调用人应当妥善保管和使用涉案财物。调用人归还涉案财物时，涉案财物管理人员应当进行检查、核对。对于有损毁、短少、调换、灭失等情况的，涉案财物管理人员应当如实记录，并报告调用人所属部门负责人和涉案财物管理部门负责人。因鉴定取样等事由导致涉案财物出现合理损耗的，不需要报告，但调用人应当向涉案财物管理人员提供相应证明材料和书面说明。调用人未按照登记的调用时间归还涉案财物的，涉案财物管理人员应当报告调用人所属部门负责人；有关负责人应当责令调用人立即归还涉案财物。确需继续调用涉案财物的，调用人应当按照原批准程序办理延期手续，并交由涉案财物管理人员留存。根据《人民检察院刑事诉讼涉案财物管理规定》第二十一条规定，人民检察院办案部门人员需要查看、临时调用涉案财物的，应当经办案部门负责人批准；需要移送、处理涉案财物的，应当经检察长批准。案件管理部门对于审批手续齐全的，应当办理查看、出库手续并认真登记。对于密封的涉案财物，在查看、出库、归还时需要拆封的，应当遵守本规定第十五条的要求。

【随案移送涉案财物】 是指公安司法机关在刑事诉讼活动中将作为证据使用的涉案财物连同案卷材料一起移送下一个诉讼阶段的专门机关进行处理。根据《刑事诉讼法》第二百四十五条第二款规定，对作为证据使用的实物应当随案移送，对不宜移送的，应当将其清单、照片或者其他证明文件随案移送。中共中央办公厅、国务院办公厅《刑事诉讼涉案财物处置工作意见》第二条第四款也规定，在查封、扣押、冻结涉案财物时，应当收集固定依法应当追缴的证据材料并随案移送。根据《公安机关办理刑事案件程序规定》第十八条第二款、第二十七条，对刑事案件中作为证据使用的涉案财物，应当随案移送，制作随案移送清单一式两份，一份留存，一份交人民检察院。对于危险品、大宗大型物品以及容易腐烂变质等不宜随案移送的物品，应当移送相关清单、照片或者其他证明文件。根据《人民检察院刑事诉讼规则》第四百二十九条规定，人民检察院对查封、扣押、冻结的被告人财物及其孳息，应当根据不同情况进行随案移送：（1）对作为证据使用的实物，应当依法随案移送；对不宜移送的，应当将其清单、照片或者其他证明文件随案移送。（2）冻结在金融机构的违法所得及其他涉案财产，应当向人民法院随案移送该金融机构出具的证明文件，待人民法院作出生效判决、裁定后，由人民法院通知该金融机构上缴国库。(3) 查封、扣押的涉案财产，对依法不移送的，应当随案移送清单、照片或者其他证明文件，待人民法院作出生效判决、裁定后，由人民检察院根据人民法院的通知上缴国库，并向人民法院送交执行回单。

根据《刑事诉讼法司法解释》第四百四十条至第四百四十七条规定，对作为证据使用的实物，应当随案移送。第一审判决、裁定宣告后，被告人上诉或者人民检察院抗诉的，第一审人民法院应当将上述证据移送第二审人民法院。对实物未随案移送的，应当根据情况，分别审查以下内容：（1）大宗的、不便搬运的物品，查封、扣押机关应当随案移送查封、扣押清单，并附原物照片和封存手续，注明存放地点等。（2）易腐烂、霉变和不易保管的物品，查封、扣押机关变卖处理后，应当随案移送原物照片、清单、变价处理的凭证（复印件）等。（3）枪支弹药、剧毒物品、易燃易爆物品以及其他违禁品、危险物品，查封、扣押机关根据有关规定处理后，应当随案移送原物照片和清单等。上述未随案移送的实物，应当依法鉴定、估价的，还应当审查是否附有鉴定、估价意见。对查封、扣押的货币、有价证券等未移送实物的，应当审查是否附有原物照片、清单或者其他证明文件。对查封、扣押、冻结的财物及其孳息，应当在判决书中写明名称、金额、数量、存放地点及其处理方式等。涉案财物较多，不宜在判决主文中详细列明的，可以附清单。判决追缴违法所得或者责令退赔的，应当写明追缴、退赔的金额或者财物的名称、数量等情况；已经发还的，应当在判决书中写明。随案移送的或者人民法院查封、扣押的财物及其孳息，由第一审人民法院在判决生效后负责处理。实物未随案移送、由扣押机关保管的，人民法院应当在判决生效后 10 日以内，将判决书、裁定书送达扣押机关，并告知其在 1 个月以内将执行回单送回，确因客观原因无法按时完成的，应当说明原因。

【追缴】 是指公安司法机关以强制手段将犯罪嫌疑人、被告人通过违法犯罪所获得的财物予以追查和收缴的一种强制性措施。根据《刑法》第六十四条规定，对于犯罪分子违法所得的一切财物，公安司法机关在刑事诉讼活动应当予以追缴或者责令退赔。追缴不是刑罚方法，而是公安司法机关在刑事诉讼中通过强制性的手段对违法所得的财物所采取的暂时性措施。对于被追缴的财物，应当按照不同的情况采取不同的后续处理措施。根据《刑法》第六十四条、《实施刑事诉讼法规定》第 36 条第一款的规定，对于依照《刑法》规定应当追缴的违法所得及其他涉案财产，除依法返还被害人的财物以及依法销毁的违禁品外，必须一律上缴国库。《人民检察院刑事诉讼规则》第三百五十二条、第三百五十三条进一步规定，追缴的财物中，如果属于被害人的合法财产，不需要在法庭出示的，应当及时返还被害人，并由被害人在发还款物清单上签名或者盖章，注明返还的理由，并将清单、照片附卷；如果属于违禁品或者不宜长期保存的物品，应当依照国家有关规定处理，并将清单、照片、处理结果附卷。《刑事诉讼法司法解释》第四百四十五条第一款、第二款也规定，查封、扣押、冻结的财物及其孳息，经审查，确属违法所得或者依法应当追缴的其他涉案财物的，应当判决返还被害人，或者没收上缴国库，但法律另有规定的除外。对判决时尚未追缴到案或者尚未足额退赔的违法所得，应当判决继续追缴或者责令退赔。根据中共中央办公厅、国务院办公厅《刑事诉讼涉案财物处置工作意见》第九条规定，对审判时尚未追缴到案的违法所得，人民法院应当判决继续追缴，并由人民法院负责执行，人民检察院、公安机关、国家安全机关、司法行政机关等应当予以配合。根据《刑事诉讼法司法解释》第一百七十六条、第三百四十一条规定，被告人非法占有、处置被害人财产的，应当依法予以追缴或者责令退赔，而追缴的情况，可以作为量刑情节考虑；被告单位的违法所得及其他涉案财物，尚未被依法追缴或者查封、扣押、冻结的，人民法院应当决定追缴或者查封、扣押、冻结。

【责令退赔】 是指在犯罪嫌疑人、被告人违法所得的财物因为某种原因而无法被追缴的情况下，由人民法院、人民检察院、公安机关在刑事诉讼活动中责令犯罪嫌疑人、被告人将违法所得的财物退还给被害人，或者折价予以赔偿。责令退赔不是刑罚方法，而是公安司法机关对犯罪违法所得的财物所采取的强制性处理措施。责令退赔既有助于维护被害人的合法权益，又可以防止犯罪分子在经济上占便宜。根据《刑法》第六十四条的规定，犯罪分子违法所得的一切财物，既可以追缴，也可以责令退赔。根据最高人民法院于 1999 年 10 月 27 日印发的《全国法院维护农村稳定刑事审判工作座谈会纪要》的精神，在刑事诉讼活动中，如果违法所得的财物仍然存在，公安司法机关应当采取追缴措施。而在违法所得的财物已经被用掉、毁坏或者挥霍从而导致无法追缴的情况下，公安司法机关则应当采取责令退赔措施。公安司法机关在责令退赔时，如果有原物，则应当退还原物；如果没有原物，则应当按照原物的折价予以赔偿；如果犯罪嫌疑人、被告人确实没有赔偿能力，那么既不宜责令赔偿，也不宜责令其家属代为赔偿。对于退赔的财物，公安司法机关应当将其移交原主，并办理相应的移交手续。

根据中共中央办公厅、国务院办公厅《刑事诉讼涉案财物处置工作意见》第九条规定，对审判时尚未足额退赔的违法所得，人民法院应当判决继续责令退赔，并由人民法院负责执行，人民检察院、公安机关、国家安全机关、司法行政机关等应当予以配合。根据《刑事诉讼法司法解释》第一百七十六条，被告人退赃、退赔的情况，可以作为量刑情节加以考虑。根据《适用刑法第六十四条批复》规定，责令退赔的具体内容，应当在判决主文中加以写明。除了责令退赔以外，犯罪嫌疑人、被告人也可以积极主动地退赔，公安司法机关应当予以受理。根据《公安机关涉案财物管理若干规定》第二十三条规定，对于违法行为人、犯罪嫌疑人或者其家属、亲友给予被害人、被侵害人退、赔款物的，公安机关应当通知其向被害人、被侵害人或者其家属、委托的人直接交付，并将退、赔情况及时书面告知公安机关。公安机关不得将退、赔款物作为涉案财物扣押或者暂存，但需要作为证据使用的除外。被害人、被侵害人或者其家属、委托的人不愿意当面接收的，经其书面同意或者申请，公安机关可以记录其银行账号，通知违法行为人、犯罪嫌疑人或者其家属、亲友将退、赔款项汇入该账户。公安机关应当将双方的退赔协议或者交付手续复印附卷保存，并将退赔履行情况记录在案。

【返还被害人的合法财产】 是指公安司法机关在案件尚未审理的情况下依法将涉案财物中有关被害人的合法财产及时返还给被害人。根据《刑事诉讼法》第二百四十五条第一款规定，对被害人的合法财产，公安机关、人民检察院、人民法院应当及时返还。《刑事诉讼涉案财物处置工作意见》第六条进一步规定，对权属明确的被害人合法财产，凡返还不损害其他被害人或者利害关系人的利益、不影响诉讼正常进行的，公安机关、国家安全机关、人民检察院、人民法院都应当及时返还。权属有争议的，应当在人民法院判决时一并处理。

《公安机关涉案财物管理若干规定》第十九条、第二十三条，《人民检察院刑事诉讼涉案财物管理规定》第二十二条第二款、第二十五条第一款第四项，以及《刑事诉讼法司法解释》第四百三十八条分别对各个阶段的返还程序作出了详细规定。例如，根据《公安机关涉案财物管理若干规定》第十九条、第二十三条规定，对于有证据证明权属明确且无争议的被害人、被侵害人合法财产及其孳息，凡返还不损害其他被害人、被侵害人或者利害关系人的利益，不影响案件正常办理的，应当在登记、拍照或者录像和估价后，报经县级以上公安机关负责人批准，开具发还清单并返还被害人、被侵害人。办案人员应当在案卷材料中注明返还的理由，并将原物照片、发还清单和被害人、被侵害人的领取手续存卷备查。领取人应当是涉案财物的合法权利人或者其委托的人，办案人员或者公安机关其他工作人员不得代为领取。对于违法行为人、犯罪嫌疑人或者其家属、亲友给予被害人、被侵害人退、赔款物的，公安机关应当通知其向被害人、被侵害人或者其家属、委托的人直接交付，并将退、赔情况及时书面告知公安机关。公安机关不得将退、赔款物作为涉案财物扣押或者暂存，但需要作为证据使用的除外。被害人、被侵害人或者其家属、委托的人不愿意当面接收的，经其书面同意或者申请，公安机关可以记录其银行账号，通知违法行为人、犯罪嫌疑人或者其家属、亲友将退、赔款项汇入该账户。公安机关应当将双方的退赔协议或者交付手续复印附卷保存，并将退赔履行情况记录在案。

【被害人财物无人认领时的处置程序】 是指人民法院、人民检察院在决定返还被害人涉案财物之后无人认领时所采取的处理程序。被害人作为犯罪行为的侵犯对象，其合法权益显然应当受到保护。尽管我国《刑事诉讼法》及其司法解释已经明确规定了返还被害人合法财产的程序，但是在司法实践中常常遇到无人认领的问题。为了解决这个问题，最高人民检察院于2015年3月6日印发的《人民检察院刑事诉讼涉案财物管理规定》第二十六条曾经明确规定，对于应当返还被害人的查封、扣押、冻结涉案财物，无人认领的，应当公告通知。公告满6个月无人认领的，依法上缴国库。在上缴国库后有人认领，经查证属实的，人民检察院应当向人民政府财政部门申请退库或者返还。原物已经拍卖、变卖的，应当退回价款。《刑事诉讼法司法解释》第四百四十五条第三款也对被害人财物无人认领时的处置程序作出明确规定，即人民法院在判决返还被害人的涉案财物以后，应当尽量通过各种方式通知被害人予以认领。如果无人认领，人民法院应当发出公告，通知被害人认领。若在公告满 1 年之后仍然无人认领，那么人民法院应当将被害人的涉案财物上缴国库。如果在上缴国库之后又有人认领，那么人民法院在查证属实之后应当申请退库予以返还。如果原物已经拍卖、变卖，人民法院应当返还相应的价款。

【返还犯罪嫌疑人、被告人的涉案财物】

是指公安司法机关在涉案财物与案件无关或者不追究犯罪嫌疑人、被告人刑事责任的情况解除查封、扣押或者冻结措施，将其合法财物返还犯罪嫌疑人、被告人。根据中共中央办公厅、国务院办公厅《刑事诉讼涉案财物处置工作意见》第二条规定，凡查封、扣押、冻结的财物，都应当及时进行审查；经查明确实与案件无关的，应当在 3 日内予以解除、退还，并通知有关当事人。公安机关、国家安全机关决定撤销案件或者终止侦查、人民检察院决定撤销案件或者不起诉、人民法院作出无罪判决的，涉案财物除依法另行处理外，应当解除查封、扣押、冻结措施，需要返还当事人的应当及时返还。

《公安机关涉案财物管理若干规定》第二十条，《人民检察院刑事诉讼涉案财物管理规定》第二十五条、第二十七条，以及《刑事诉讼法司法解释》第四百四十九条，分别对各个阶段的返还程序作出了详细规定。例如，对于刑事案件依法撤销的，除依照法律另行处理的以外，公安机关应当解除对涉案财物采取的相关措施并返还当事人。人民检察院决定不起诉、人民法院作出无罪判决，涉案财物由公安机关管理的，公安机关应当根据人民检察院的书面通知或者人民法院的生效判决，解除对涉案财物采取的相关措施并返还当事人。再如，因犯罪嫌疑人死亡而撤销案件、决定不起诉，对于不需要追缴的涉案财物，应当依照规定及时返还犯罪嫌疑人、被不起诉人的合法继承人；因其他原因撤销案件、决定不起诉，对于未认定为需要没收并移送有关主管机关处理的涉案财物，人民检察院应当依照规定及时返还犯罪嫌疑人、被不起诉人。人民检察院侦查部门移送审查起诉的案件，起诉意见书中未认定为与犯罪有关的涉案财物；提起公诉的案件，起诉书中未认定或者起诉书认定但人民法院生效判决、裁定中未认定为与犯罪有关的涉案财物，应当依照规定移送有关主管机关处理或者及时返还犯罪嫌疑人、被不起诉人、被告人。对于贪污、挪用公款等侵犯国有资产犯罪案件中查封、扣押、冻结的涉案财物，除人民法院判决上缴国库的以外，应当归还原单位或者原单位的权利义务继受单位。犯罪金额已经作为损失核销或者原单位已不存在且无权利义务继受单位的，应当上缴国库。

【先行处置刑事诉讼涉案财物】 是指公安司法机关对于不宜长期保存、易贬值的涉案财物或者受市场价格波动大、有效期即将届满的财产采取依法出售、变现或者先行变卖、拍卖等措施。根据中共中央办公厅、国务院办公厅《刑事诉讼涉案财物处置工作意见》第七条规定，对易损毁、灭失、变质等不宜长期保存的物品，易贬值的汽车、船艇等物品，或者市场价格波动大的债券、股票、基金份额等财产，有效期即将届满的汇票、本票、支票等，经权利人同意或者申请，并经县级以上公安机关、国家安全机关、人民检察院或者人民法院主要负责人批准，可以依法出售、变现或者先行变卖、拍卖。所得款项统一存入各单位唯一合规账户。涉案财物先行处置应当做到公开、公平。

【出售、变现刑事诉讼涉案财物】 是指公安司法机关在刑事诉讼尚未终结的情况下先行对被扣押、冻结的债券、股票、基金等财产依法予以出售或者变现。根据《人民检察院刑事诉讼规则》第二百一十四条、《公安机关办理刑事案件程序规定》第二百三十七条规定，对于扣押、冻结的债券、股票、基金份额等财产，公安机关或者人民检察院应当书面告知当事人或者其法定代理人、委托代理人有权申请出售。权利人在扣押、冻结期间书面申请出售被冻结的债券、股票、基金份额等财产以后，如果公安机关或者人民检察院经审查认为不损害国家利益、被害人、其他权利人利益，不影响诉讼正常进行的，以及扣押、冻结的汇票、本票、支票的有效期即将届满，经县级以上公安机关负责人批准，或者经检察长批准，可以在案件办结前依法出售或者变现，所得价款应当继续冻结在其对应的银行账户中；没有对应的银行账户的，所得价款由公安机关或者人民检察院在银行指定专门账户保管，并及时告知当事人或者其近亲属。

【变卖、拍卖刑事诉讼涉案财物】 是指公安司法机关在刑事诉讼尚未终结的情况下先行对被查封、扣押、冻结的涉案财物依法予以变卖或者拍卖。根据《刑事诉讼法司法解释》第四百四十五条第三款、第六百二十八条第三款规定，人民法院判决返还被害人的涉案财物，应当通知被害人认领；原物已经拍卖、变卖的，应当返还价款。人民法院生效的没收违法所得的裁定确有错误的，除犯罪嫌疑人、被告人到案提出异议的情形外，应当依照审判监督程序予以纠正。根据《公安机关涉案财物管理若干规定》第二十一条第一款、第二款规定，对于因自身材质原因易损毁、灭失、腐烂、变质而不宜长期保存的食品、药品及其原材料等物品，长期不使用容易导致机械性能下降、价值贬损的车辆、船舶等物品，市场价格波动大的债券、股票、基金份额等财产和有效期即将届满的汇票、本票、支票等，权利人明确的，经其本人书面同意或者申请，并经县级以上公安机关主要负责人批准，可以依法变卖、拍卖，所得款项存入本单位唯一合规账户；其中，对于冻结的债券、股票、基金份额等财产，有对应的银行账户的，应当将变现后的款项继续冻结在对应账户中。对涉案财物的变卖、拍卖应当坚持公开、公平原则，由县级以上公安机关商本级人民政府财政部门统一组织实施，严禁暗箱操作。根据《人民检察院刑事诉讼涉案财物管理规定》第二十条第一款第五项规定，对于易损毁、灭失、变质等不宜长期保存的物品，易贬值的汽车、船艇等物品，经权利人同意或者申请，并经检察长批准，人民检察院办案部门可以及时委托有关部门先行变卖、拍卖，所得款项存入唯一合规账户。先行变卖、拍卖应当做到公开、公平。《人民检察院刑事诉讼规则》第二百一十一条进一步规定，对犯罪嫌疑人使用违法所得与合法收入共同购置的不可分割的财产，可以先行查封、扣押、冻结。对无法分割退还的财产，应当在结案后予以拍卖、变卖，对不属于违法所得的部分予以退还。

【上缴国库】 是指公安司法机关对于查封、扣押、冻结的涉案财物，除了依法采取返还等措施的以外，应当根据生效裁判将其上缴国库，不得挪用和自行处理。根据《刑事诉讼法》第二百四十五条第四款规定，对查封、扣押、冻结的赃款赃物及其孳息，除依法返还被害人的以外，一律上缴国库。《刑事诉讼法司法解释》第四百四十五条进一步规定，查封、扣押、冻结的财物及其孳息，经审查，确属违法所得或者依法应当追缴的其他涉案财物的，应当判决返还被害人，或者没收上缴国库，但法律另有规定的除外。对于判决返还被害人涉案财物，在依法经过公告（参见“被害人财物认领时的处置程序”词条）以后如果仍然无人认领应当上缴国库。对侵犯国有财产的案件，被害单位已经终止且没有权利义务继受人，或者损失已经被核销的，查封、扣押、冻结的财物及其孳息应当上缴国库。根据《刑事诉讼法司法解释》第四百四十八条规定，对冻结的存款、汇款、债券、股票、基金份额等财产判决没收的，第一审人民法院应当在判决生效后，将判决书、裁定书送达相关金融机构和财政部门，通知相关金融机构依法上缴国库并在接到执行通知书后15日内，将上缴国库的凭证、执行回单送回。根据《公安机关办理刑事案件程序规定》第二百二十九条、第二百七十八条，《人民检察院刑事诉讼规则》第四百二十九条第三项、《人民检察院刑事诉讼涉案财物管理规定》第二十五条第一款第三项、第二十六条、第二百二十八条规定，公安机关、人民检察院对于未随案移送的涉案财物，应当按照人民法院的生效判决和通知，根据具体的情形依法将其上缴国库。另外，根据中共中央办公厅、国务院办公厅《刑事诉讼涉案财物处置工作意见》第十条规定，凡由最高人民检察院、公安部立案或者由其指定地方异地查办的重特大案件，涉案财物应当纳入中央政法机关的涉案财物账户；判决生效后，涉案财物除依法返还被害人外，一律通过中央财政汇缴专户缴入中央国库。涉案财物上缴中央国库后，由中央政法委员会会同中央政法机关对承办案件单位办案经费提出安排意见，财政部通过转移支付及时核拨地方财政，并由地方财政部门将经费按实际支出拨付承办案件单位。

【涉案财物的权属审查】 是指人民法院在法庭审理过程中对涉案财物的权属予以调查，以便确认涉案财物是否属于违法所得或者依法应当追缴的其他涉案财物。人民法院在审判过程中审查和确定涉案财物的权属，不仅有助于保障定罪准确、量刑得当，而且有利于维护公民的合法权益，对涉案财物依法作出处理。人民法院只有经过调查确定涉案财物的权属以后，才能按照有关的法律规定作出正确的处理结果。根据《刑事诉讼法司法解释》第二百七十九条、第四百四十二条规定，法庭审理过程中，应当对查封、扣押、冻结财物及其孳息的权属、来源等情况，是否属于违法所得或者依法应当追缴的其他涉案财物进行调查。经审查，不能确认查封、扣押、冻结的财物及其孳息属于违法所得或者依法应当追缴的其他涉案财物的，不得没收。在司法实践中，为了调查涉案财物的权属，人民法院不仅需要认真审查涉案财物的来源及其相关证明材料，而且需要认真听取当事人和利害关系人等提出的意见，确保正确地认定涉案财物权属。

【涉案财物案外人的权利保障】 是指除了刑事诉讼当事人之外的与涉案财物具有利害关系的人员。尽管涉案财物案外人不属于刑事诉讼当事人，但是公安司法机关对涉案财物的处理结果往往与涉案财物案外人具有一定的利益关系。为了公正处理涉案财物，维护涉案财物案外人的合法权益，公安司法机关有必要在查封、扣押、冻结、保管、处理涉案财物过程中采取相应的保障措施：(1) 告知诉讼权利。根据中共中央办公厅、国务院办公厅《刑事诉讼涉案财物处置工作意见》第十二条规定，善意第三人等案外人与涉案财物处理存在利害关系的，公安机关、国家安全机关、人民检察院应当告知其相关诉讼权利，人民法院应当通知其参加诉讼并听取其意见。《公安机关涉案财物管理若干规定》第二十一条第三款也规定，善意第三人等案外人与涉案财物处理存在利害关系的，公安机关应当告知其相关诉讼权利。《人民检察院刑事诉讼涉案财物管理规定》第三十二条第一款进一步规定，人民检察院查封、扣押、冻结、保管、处理涉案财物，应当按照有关规定做好信息查询和公开工作，并为当事人和其他诉讼参与人行使权利提供保障和便利。善意第三人等案外人与涉案财物处理存在利害关系的，人民检察院办案部门应当告知其相关诉讼权利。(2) 赋予案外人对涉案财物提出权属异议的权利（参见“案外人提出权属异议的处理”词条）。

【案外人提出权属异议的处理】 是指公安司法机关在刑事诉讼过程中对案外人提出权属异议的被查封、扣押、冻结的财物及其孳息依法进行调查、审查和处理。根据《刑事诉讼法司法解释》第二百七十九条规定，法庭审理过程中，应当对查封、扣押、冻结财物及其孳息的权属、来源等情况，是否属于违法所得或者依法应当追缴的其他涉案财物进行调查，由公诉人说明情况、出示证据、提出处理建议，并听取被告人、辩护人等诉讼参与人的意见。案外人对查封、扣押、冻结的财物及其孳息提出权属异议的，人民法院应当听取案外人的意见；必要时，可以通知案外人出庭。经审查，不能确认查封、扣押、冻结的财物及其孳息属于违法所得或者依法应当追缴的其他涉案财物的，不得没收。根据《人民检察院刑事诉讼涉案财物管理规定》第二十二条第二款规定，在诉讼过程中，对权属有争议的被害人合法财产，应当在决定撤销案件、不起诉或者由人民法院判决时一并处理。

【追缴违法所得】 是指公安司法机关以强制手段将犯罪嫌疑人、被告人通过违法犯罪所获得的财物退还原主或者上缴国库。根据《刑法》第六十四条规定，对于犯罪分子违法所得的一切财物，公安司法机关在刑事诉讼活动中都应当予以追缴或者责令退赔。根据《刑事诉讼法》第二百九十八条规定，对于贪污贿赂犯罪、恐怖活动犯罪等重大犯罪案件，犯罪嫌疑人、被告人逃匿，在通缉1年后不能到案，或者犯罪嫌疑人、被告人死亡，依照《刑法》规定应当追缴其违法所得及其他涉案财产的，人民检察院还可以向人民法院提出没收违法所得的申请（参见“没收违法所得程序”词条）。

根据《刑事诉讼法司法解释》的有关规定，人民法院追缴违法所得时应当遵守下列规定：法庭审理过程中，对查封、扣押、冻结的财物及其孳息，应当调查其权属情况，是否属于违法所得或者依法应当追缴的其他涉案财物。案外人对查封、扣押、冻结的财物及其孳息提出权属异议的，人民法院应当审查并依法处理。经审查，不能确认查封、扣

刑事审判

押、冻结的财物及其孳息属于违法所得或者依法应当追缴的其他涉案财物的，不得没收。查封、扣押、冻结的财物及其孳息，经审查，确属违法所得或者依法应当追缴的其他涉案财物的，应当判决返还被害人，或者没收上缴国库，但法律另有规定的除外。对判决时尚未追缴到案或者尚未足额退赔的违法所得，应当判决继续追缴或者责令退赔。

【境外追赃】 是指公安司法机关依法通过刑事司法协助等途径核查和追缴被转移到境外的赃款赃物。根据中共中央办公厅、国务院办公厅《刑事诉讼涉案财物处置工作意见》第十一条规定，公安部确定专门机构统一负责到境外开展追逃追赃工作。我国缔结或者参加的国际条约指定履行司法协助职责的最高人民法院、最高人民检察院、公安部、司法部等，应当及时向有关国家（地区）提出司法协助请求，并将有关情况通报公安部专门负责境外追逃追赃的机构。在案件侦查、审查起诉环节，办案机关应当积极核查境外涉案财物去向；对犯罪嫌疑人、被告人逃匿的，应当继续开展侦查取证工作。需要到境外追逃追赃的，办案机关应当将案件基本情况及调查取证清单，按程序送公安部专门负责境外追逃追赃的机构，并配合公安部专门机构开展境外调查取证工作。

【刑事诉讼涉案财物的监督】 是指公安司法机关在处置刑事诉讼涉案财物的过程中进行的内部监督和相互监督，以及由人民检察院对刑事诉讼涉案财物处置活动是否合法进行专门的法律监督。根据中共中央办公厅、国务院办公厅《刑事诉讼涉案财物处置工作意见》第十五条规定，人民法院、人民检察院、公安机关、国家安全机关应当对涉案财物处置工作进行相互监督。人民检察院应当加强法律监督。上级政法机关发现下级政法机关涉案财物处置工作确有错误的，应当依照法定程序要求限期纠正。《公安机关涉案财物管理若干规定》第二十四条至第二十八条，以及《人民检察院刑事诉讼涉案财物管理规定》第二十九条至第三十一条、第三十三条、第三十五条，分别对公安机关、人民检察院对涉案财物管理工作的内部监督作出了详细规定。人民检察院监察部门应当对本院和下级人民检察院的涉案财物工作进行检查或者专项督察，每年至少一次，并将结果在本辖区范围内予以通报。发现违纪违法问题的，应当依照有关规定作出处理。

《人民检察院刑事诉讼规则》第六百四十五条、第六百四十六条规定，人民检察院发现人民法院执行刑事裁判涉财产部分具有违法情形的，应当依法提出纠正意见。人民检察院对人民法院执行刑事裁判涉财产部分进行监督，可以对公安机关查封、扣押、冻结涉案财物的情况，人民法院审判部门、立案部门、执行部门移送、立案、执行情况，被执行人的履行能力等情况向有关单位和个人进行调查核实。发现被执行人或者其他人员有隐匿、转移、变卖财产等妨碍执行情形的，可以建议人民法院及时查封、扣押、冻结。公安机关不依法向人民法院移送涉案财物、相关清单、照片和其他证明文件，或者对涉案财物的查封、扣押、冻结、返还、处置等活动存在违法情形的，人民检察院应当依法提出纠正意见。

在内部监察方面，人民检察院案件管理部门可以通过受案审查、流程监控、案件质量评查、检察业务考评等途径，对本院和下级人民检察院的涉案财物工作进行监督管理。发现违法违规问题的，应当依照有关规定督促相关部门依法及时处理。案件管理部门在涉案财物管理工作中，发现办案部门或者办案人员没有按照法律规定处置刑事诉讼涉案财物时，可以进行口头提示；对于违规情节较重的，应当发送案件流程监控通知书；认为需要追究纪律或者法律责任的，应当移送本院监察部门处理或者向检察长报告；认为有必要的，可以根据案件办理所处的诉讼环节，告知办案部门。人民检察院办案部门发现本院其他部门没有按照法律规定处置刑事诉讼涉案财物时，应当依照《刑事诉讼法》和其他相关规定履行监督职责。人民检察院及其工作人员在查封、扣押、冻结、保管、处理涉案财物工作中违反相关规定的，应当追究纪律责任；构成犯罪的，应当依法追究刑事责任；导致国家赔偿的，应当依法向有关责任人员追偿。

【不服涉案财物处理决定的救济】 是指在查封、扣押、冻结、保管、处理涉案财物过程中，当事人、利害关系人在不服相关处理决定时有权提出异议、复议申诉、投诉或者举报，人民法院、人民检察院、公安机关应当依法及时受理当事人、利害关系人提出的异议、复议、申诉、投诉或者举报，反馈处理结果。根据中共中央办公厅、国务院办公厅《刑事诉讼涉案财物处置工作意见》第十二条规定，被告人、自诉人、附带民事诉讼的原告和被告人对涉案财物处理决定不服的，可以就财物处理部分提出上诉，被害人或者其他利害关系人可以请求人民检察院抗诉。根据《公安机关涉案财物管理若干规定》第二十九条、第三十条规定，公安机关及其工作人员违反涉案财物管理规定，给当事人造成损失的，公安机关应当依法予以赔偿，并责令有故意或者重大过失的有关领导和直接责任人员承担部分或者全部赔偿费用。在对涉案财物采取措施、管理和处置过程中，公安机关及其工作人员存在违法违规行为，损害当事人合法财产权益的，当事人和辩护人、诉讼代理人、利害关系人有权向公安机关提出投诉、控告、举报、复议或者国家赔偿。公安机关应当依法及时受理，并依照有关规定进行处理；对于情况属实的，应当予以纠正。上级公安机关发现下级公安机关存在上述违法违规行为，或者对投诉、控告、举报或者复议事项不按照规定处理的，应当责令下级公安机关限期纠正，下级公安机关应当立即执行。根据《人民检察院刑事诉讼涉案财物管理规定》第三十二条第二款规定，当事人及其法定代理人和辩护人、诉讼代理人、利害关系人对人民检察院的查封、扣押、冻结不服或者对人民检察院撤销案件决定、不起诉决定中关于涉案财物的处理部分不服的，可以依照《刑事诉讼法》和《人民检察院刑事诉讼规则》的有关规定提出申诉或者控告；人民检察院控告检察部门对申诉或者控告应当依照有关规定及时受理和审查办理并反馈处理结果。人民检察院提起公诉的案件，被告人、自诉人、附带民事诉讼的原告人和被告人对涉案财物处理决定不服的，可以依照有关规定就财物处理部分提出上诉，被害人或者其他利害关系人可以依照有关规定请求人民检察院抗诉。

【死刑复核程序】 是指人民法院对判处死刑的案件进行复查和核准时所遵循的特别审判程序。它包括对判处死刑立即执行案件的复核程序和对判处死刑缓期执行案件的复核程序。死刑复核程序是死刑案件的必经程序。根据我国《刑事诉讼法》的有关规定，死刑复核程序的性质体现在如下几个方面：（1）相对于侦查程序、审查起诉程序而言，死刑复核程序由高级人民法院或者最高人民法院负责实施，属于审判程序范畴。（2）相对于第一审程序而言，死刑复核程序具有救济性，通过死刑复核，最高人民法院和高级人民法院有助于纠正错误的死刑裁判，确保死刑得到正确适用。（3）相对于第二审程序和刑事审判监督程序而言，死刑复核程序属于更加特殊的救济程序。死刑复核程序的适用范围仅仅局限于死刑案件，而不包括其他刑事案件。死刑复核程序的适用主体只能局限于最高人民法院和高级人民法院，而不包括其他人民法院。死刑复核程序的功能在于保证死刑案件的办案质量和正确适用死刑。在死刑复核程序中，人民法院应当主动报请，不需要上诉、抗诉或者申诉。尽管死刑复核程序具有救济的功能，但是它属于独立的审判程序，与第一审、第二审、再审之间都没有审级关系。（4）相对于第一审、第二审、再审程序而言，死刑复核程序在启动方式、审理方式、裁判方式等方面都具有一定的行政审批性质，而与其他诉讼化的审判程序存在较大区别。

【办理死刑案件的原则要求】 是指公安司法机关在办理死刑案件过程中应当遵循的基本原则和要求。根据2007年3月9日印发的《严格依法办案确保办理死刑案件质量意见》，办理死刑案件应当遵循下列原则要求：（1）坚持惩罚犯罪与保障人权相结合。我国国情决定了需要正确运用死刑同严重刑事犯罪作斗争，有效遏制犯罪活动猖獗和蔓延势头。但是，也要全面落实“国家尊重和保障人权”宪法原则，切实保障犯罪嫌疑人、被告人的合法权益，坚持依法惩罚犯罪和依法保障人权并重。（2）坚持保留死刑，严格控制和慎重适用死刑。既要保证根据证据正确认定案件事实，杜绝冤错案件的发生，又要保证定罪准确，量刑适当，做到少杀、慎杀。（3）坚持程序公正与实体公正并重，保障犯罪嫌疑人、被告人的合法权利。人民法院、人民检察院和公安机关进行刑事诉讼，既要保证案件实体处理的正确性，也要保证刑事诉讼程序本身的正当性和合法性；在各个阶段，必须始终坚持依法进行诉讼，坚决克服重实体、轻程序，重打击、轻保护的错误观念，尊重犯罪嫌疑人、被告人的诉讼地位，切实保障犯罪嫌疑人、被告人充分行使辩护权等诉讼权利，避免因剥夺或者限制犯罪嫌疑人、被告人的合法权利而导致冤错案件的发生。（4）坚持证据裁判原则，重证据、不轻信口供。办理死刑案件，要做到“事实清楚，证据确实、充分”，要坚持非法证据排除规则和疑罪从无原则。（5）坚持宽严相济的刑事政策。对死刑案件适用刑罚时，既要防止重罪轻判，也要防止轻罪重判，做到罪刑相当，罚当其罪，重罪重判，轻罪轻判，无罪不罚。对罪行极其严重的被告人必须依法惩处，严厉打击；对具有法律规定“应当”从轻、减轻或者免除处罚情节的被告人，依法从宽处理；对具有法律规定“可以”从轻、减轻或者免除处罚情节的被告人，如果没有其他特殊情节，原则上依法从宽处理；对具有酌定从宽处罚情节的也依法予以考虑。

【死刑第二审案件开庭审理】 是指为落实法律规定，在案件审判的全过程贯彻公开审判原则，充分保障被告人人权，确保死刑案件的办案质量，最高人民法院、最高人民检察院于2006年9月21日联合发布《死刑第二审案件开庭审理程序规定（试行）》，要求所有死刑第二审案件实行开庭审理的一项重要举措。根据该“规定”，第二审人民法院审理第一审判处死刑立即执行的被告人上诉、人民检察院抗诉的案件，应当依照法律和有关规定一律开庭审理；第二审人民法院审理第一审判处死刑缓期二年执行的被告人上诉的案件，有下列情形之一的，应当开庭审理：（1）被告人或者辩护人提出影响定罪量刑的新证据，需要开庭审理的；（2）具有《刑事诉讼法》第一百八十七条规定的开庭审理情形的；人民检察院对第一审人民法院判处死刑缓期二年执行提出抗诉的案件，第二审人民法院应当开庭审理。死刑第二审案件开庭审理，改变过去部分开庭部分书面审理的情况，对死刑复核程序起着承上启下的重要作用。死刑二审案件开庭质量的好坏，直接影响办理死刑核准案件的质量和效率。死刑二审案件开庭审理，是保证死刑判决公正和慎重的重要程序，是严格执行公开审判的原则要求、切实提高死刑案件办案质量的重要程序保障，对于进一步完善我国刑事诉讼制度，提高审判水平、公诉水平、辩护水平和侦查水平都具有十分重要的意义。上述“规定”基本内容已被2012年及2018年修订的《刑事诉讼法》及其相关司法解释所充分吸收。如现行《刑事诉讼法》第二百三十四条明确规定，对于被告人被判处死刑的上诉案件以及人民检察院抗诉的案件，第二审人民法院应当组成合议庭，开庭审理，至此，死刑第二审案件开庭审理已成为我国一项重要刑事诉讼制度。

【死刑核准权】 是指对判处死刑的案件依法享有的复核与批准的权力。死刑核准权既包括死刑立即执行案件的核准权，又包括死刑缓期二年执行案件的核准权。2007年最高人民法院统一收回死刑立即执行案件的核准权。在现行《刑事诉讼法》中，死刑缓期二年执行案件的核准权由高级人民法院享有和行使；死刑立即执行案件的核准权由最高人民法院享有和行使。

【死刑复核的报请原则】 是指判处被告人死刑的人民法院在将死刑案件报请复核时所遵循的基本准则。根据我国《刑事诉讼法》及其司法解释的有关规定，死刑复核的报请应当遵循如下三个原则：（1）主动报请原则。基于死刑案件的特殊性和重要性，死刑复核案件不遵守不告不理原则，而是实行不告也理原则。也就是说，在被告人没有上诉和人民检察院没有抗诉的情况下，判处被告人死刑立即执行或者死刑缓期二年执行的人民法院应当主动向高级人民法院或者最高人民法院报请复核。值得注意的是，在第一审人民法院作出死刑判决以后，如果被告人提出上诉或者人民检察院提出抗诉，那么第二审人民法院应当按照第二审程序对案件进行上诉审理，而不是按照死刑复核程序进行死刑复核。但是，如果第二审人民法院是高级人民法院，而且高级人民法院同意中级人民法院所作出的死刑立即执行判决，那么仍然应当主动向最高人民法院报请复核。（2）逐级报请原则。由于在我国人民法院组织体系中只有最高人民法院享有死刑立即执行案件的核准权，死刑缓期二年执行案件则由高级人民法院核准，而基层人民法院无权管辖死刑案件，因此，逐级报请复核原则实际上是指，在中级人民法院判决死刑立即执行的情况下，由中级人民法院报请高级人民法院进行死刑复核，而不能直接报请最高人民法院进行死刑复核。只有在高级人民法院同意死刑立即执行的情况下，才需要进一步向最高人民法院报请复核死刑。如果高级人民法院将案件发回中级人民法院重审，或者将死刑立即执行改为死刑缓期二年执行或者其他刑罚甚至无罪，则无需再将案件报请最高人民法院进行复核。（3）一案一报原则。人民法院在判处被告人死刑或者死缓，而且被告人没有上诉、人民检察院没有抗诉的情况下，依法将本案报请高级人民法院或者最高人民法院进行死刑复核，而不是将本案同其他死刑案件合并在一起之后再向高级人民法院或者最高人民法院报请死刑复核。《刑事诉讼法司法解释》第四百二十五条明确规定，报请复核的死刑、死刑缓期执行案件，应当一案一报。报送的材料包括报请复核的报告，第一、二审裁判文书，案件综合报告各5份以及全部案卷、证据。案件综合报告，第一、二审裁判文书和审理报告应当附送电子文本。同案审理的案件应当报送全案案卷、证据。曾经发回重新审判的案件，原第一、二审案卷应当一并报送。这意味着，同案审理的死刑案件应当报送全案案卷、证据，而不能仅仅报送涉及死刑部分的案卷材料。

【报请死刑复核报告】 是指中级人民法院或者高级人民法院将死刑案件报请上级人民法院复核时所制作的一种法律文书。根据《刑事诉讼法司法解释》第四百二十五条第一款规定，报请复核报告是中级人民法院或者高级人民法院报请死刑复核时必不可少的一种法律文书。根据《刑事诉讼法司法解释》第四百二十六条第一款规定，报请复核死刑、死刑缓期执行的报告，应当写明案由、简要案情、审理过程和判决结果。

【死刑案件综合报告】 是指中级人民法院或者高级人民法院在向上级人民法院报请死刑复核时就案件的详细情况所制作的一种法律文书。根据《刑事诉讼法司法解释》第四百二十五条第一款规定，案件综合报告是中级人民法院或者高级人民法院报请死刑复核时必不可少的一种法律文书。根据《刑事诉讼法司法解释》第四百二十六条第二款规定，死刑案件综合报告应当包括以下内容：（1）被告人、被害人的基本情况。被告人有前科或者曾受过行政处罚、处分的，应当写明。（2）案件的由来和审理经过。案件曾经发回重新审判的，应当写明发回重新审判的原因、时间、案号等。（3）案件侦破情况。通过技术调查、侦查措施抓获被告人、侦破案件，以及与自首、立功认定有关的情况，应当写明。（4）第一审审理情况。包括控辩双方意见，第一审认定的犯罪事实，合议庭和审判委员会意见。（5）第二审审理或者高级人民法院复核情况。包括上诉理由、人民检察院的意见，第二审审理或者高级人民法院复核认定的事实，证据采信情况及理由，控辩双方意见及采纳情况。（6）需要说明的问题。包括共同犯罪案件中另案处理的同案犯的处理情况，案件有无重大社会影响，以及当事人的反应等情况。（7）处理意见。写明合议庭和审判委员会的意见。

【死刑立即执行案件的报请复核】 是指中级人民法院或者高级人民法院将死刑立即执行案件报请上级人民法院复核时所遵守的诉讼程序。根据《刑事诉讼法》

第二百四十七条的规定，中级人民法院判处死刑的第一审案件，被告人不上诉的，应当由高级人民法院复核后，报请最高人民法院核准。高级人民法院不同意判处死刑的，可以提审或者发回重新审判。高级人民法院判处死刑的第一审案件被告人不上诉的，以及判处死刑的第二审案件，都应当报请最高人民法院核准。根据《刑事诉讼法司法解释》第四百二十三条第一款规定，报请最高人民法院核准死刑案件，应当按照下列情形分别处理：（1）中级人民法院判处死刑的第一审案件，被告人未上诉、人民检察院未抗诉的，在上诉、抗诉期满后10日内报请高级人民法院复核。高级人民法院同意判处死刑的，应当在作出裁定后10日内报请最高人民法院核准；认为原判认定的某一具体事实或者引用的法律条款等存在瑕疵，但判处被告人死刑并无不当的，可以在纠正后作出核准的判决、裁定；不同意判处死刑的，应当依照第二审程序提审或者发回重新审判。（2）中级人民法院判处死刑的第一审案件，被告人上诉或者人民检察院抗诉，高级人民法院裁定维持的，应当在作出裁定后10日内报请最高人民法院核准。（3）高级人民法院判处死刑的第一审案件，被告人未上诉、人民检察院未抗诉的，应当在上诉、抗诉期满后10日内报请最高人民法院核准。根据《刑事诉讼法司法解释》第四百二十五条的规定，报请复核的死刑立即执行案件，应当报送报请核准死刑案件报告，第一、二审裁判文书，案件综合报告，以及全部案卷、证据。其中，案件综合报告，第一、二审裁判文书和审理报告应当附送电子文本。

【死刑缓期二年执行案件的报请复核】 是指中级人民法院将死刑缓期二年执行案件报请高级人民法院复核时所遵守的诉讼程序。根据《刑事诉讼法》第二百四十八条规定，中级人民法院判处死刑缓期二年执行的案件，由高级人民法院核准。根据《刑事诉讼法司法解释》第四百二十四条第一款的规定，中级人民法院判处死刑缓期执行的第一审案件，被告人未上诉、人民检察院未抗诉的，应当报请高级人民法院核准。根据《刑事诉讼法司法解释》第四百二十五条规定，报请复核的死刑缓期二年执行案件，应当报送报请核准死刑缓期二年执行案件报告，第一、二审裁判文书，案件综合报告，以及全部案卷、证据。其中，案件综合报告，第一、二审裁判文书和审理报告应当附送电子文本。

【死刑复核合议庭】 是指最高人民法院和高级人民法院办理死刑复核案件的审判组织形式。根据《刑事诉讼法》第二百四十九条的规定，最高人民法院复核死刑案件，高级人民法院复核死刑缓期执行的案件，应当由审判员3人组成合议庭进行。这意味着，死刑复核案件的审判组织形式应当同时符合以下要求：（1）死刑复核案件只能由合议庭负责复核，不能由审判员单独进行复核。（2）死刑复核的合议庭只能由审判员组成，不能有人民陪审员参加合议庭。（3）组成死刑复核合议庭的审判员人数应当是3人。根据《严格依法办案确保办理死刑案件质量意见》第34条规定，最高人民法院复核死刑案件，高级人民法院复核死刑缓期二年执行的案件，对于疑难、复杂的案件，合议庭认为难以作出决定的，应当提请院长决定提交审判委员会讨论决定。审判委员会讨论案件，同级人民检察院检察长、受检察长委托的副检察长均可列席会议。

【死刑复核全面审查原则】 是指最高人民法院、高级人民法院在复核死刑案件时应当就犯罪事实、法律适用、诉讼程序、证据材料等进行全面审查的原则。根据《刑事诉讼法司法解释》第四百二十七条规定，复核死刑、死刑缓期执行案件，应当全面审查以下内容：（1）被告人的年龄，被告人有无刑事责任能力、是否系怀孕的妇女。（2）原判认定的事实是否清楚，证据是否确实、充分。（3）犯罪情节、后果及危害程度。（4）原判适用法律是否正确，是否必须判处死刑，是否必须立即执行。（5）有无法定、酌定从重、从轻或者减轻处罚情节。（6）诉讼程序是否合法。（7）应当审查的其他情况。复核死刑、死刑缓期执行案件，应当重视审查被告人及其辩护人的辩解、辩护意见。

【死刑复核方式】 是指最高人民法院、高级人民法院在复核死刑案件时所采取的方式或者方法。根据《严格依法办案确保办理死刑案件质量的意见》第41条规定，复核死刑案件，合议庭成员应当阅卷，并提出书面意见存查。对证据有疑问的，应当对证据进行调查核实，必要时到案发现场调查。

【在死刑复核期间讯问被告人】 根据《刑事诉讼法》第二百五十一条第一款、《刑事诉讼法司法解释》第四百二十三条第二款、第四百二十四条第二款，最高人民法院、高级人民法院复核死刑案件时，应当讯问被告人。讯问被告人、听取被告人的意见是复核死刑案件的必经程序，有助于最高人民法院或者高级人民法院对是否适用死刑作出准确的判断。

【死刑复核程序的律师参与】 是指为了保障死刑复核案件被告人的辩护律师依法行使辩护权，死刑复核法院通过法律援助、听取意见、安排阅卷等方式让辩护律师参与到死刑复核程序之中。为切实保障死刑复核案件被告人的辩护律师依法行使辩护权，确保死刑复核案件质量，最高人民法院于2014年12月29日印发了《办理死刑复核案件听取辩护律师意见的办法》，对最高人民法院、高级人民法院在办理死刑复核案件过程中如何听取辩护律师意见作出了较为详细的规定。除了安排和听取辩护律师的意见以外，根据最高人民法院《办理死刑复核案件听取辩护律师意见的办法》第一条至第四条、第九条，辩护律师参与死刑复核的程序和内容包括：（1）辩护律师可以向最高人民法院立案庭查询立案信息。最高人民法院立案庭能够立即答复的，应当立即答复，不能立即答复的，应当在2个工作日内答复，答复内容为案件是否立案及承办案件的审判庭。（2）律师接受被告人、被告人近亲属的委托或者法律援助机构的指派，担任辩护律师的，应当在接受委托或者指派之日起3个工作日内向最高人民法院相关审判庭提交有关手续。辩护律师应当在接受委托或者指派之日起一个半月内提交辩护意见。（3）辩护律师提交委托手续、法律援助手续及辩护意见、证据等书面材料的，可以经高级人民法院同意后代收并随案移送，也可以寄送至最高人民法院承办案件的审判庭或者在当面反映意见时提交；对尚未立案的案件，辩护律师可以寄送至最高人民法院立案庭，由立案庭在立案后随案移送。（4）辩护律师可以到最高人民法院办公场所查阅、摘抄、复制案卷材料。但依法不公开的材料不得查阅、摘抄、复制。（5）复核终结后，受委托进行宣判的人民法院应当在宣判后5个工作日内将最高人民法院裁判文书送达辩护律师。

【在死刑复核期间听取辩护律师的意见】 是指最高人民法院或者高级人民法院在复核死刑案件的过程中听取辩护律师的意见。由于最高人民法院或者高级人民法院在死刑复核时没有采取开庭审理的方式，因此，听取辩护律师的意见对于正确适用死刑具有重要意义。根据《刑事诉讼法》第二百五十一条第一款、《刑事诉讼法司法解释》第四百三十四条、《严格依法办案确保办理死刑案件质量意见》第40条、最高人民法院《办理死刑复核案件听取辩护律师意见办法》第五条至第八条的规定，在死刑复核期间，最高人民法院或者高级人民法院应当按照下列方式听取辩护人的意见：（1）当面听取辩护人的口头意见。在死刑复核期间，辩护人或者辩护律师提出听取意见要求的，或者要求当面反映意见的，应当听取辩护人或者辩护律师的意见，由案件承办法官及时予以安排。一般由案件承办法官与书记员当面听取辩护人的意见，但也可以由合议庭其他成员或者全体成员与书记员当面听取。当面听取辩护人意见，应当在最高人民法院或者地方人民法院办公场所进行。当面听取辩护人意见时，应当制作笔录，由辩护人签名后附卷。辩护人提交相关材料的，应当接收并开列收取清单一式二份，一份交给辩护人，另一份附卷。当面听取辩护人意见时，具备条件的人民法院应当指派工作人员全程录音、录像。其他在场人员不得自行录音、录像、拍照。（2）辩护人提出书面意见。在死刑复核期间，辩护人就死刑案件提出书面意见的，应当附卷。

【死刑复核审查报告】 是指最高人民法院、高级人民法院的合议庭在死刑复核完毕以后就死刑复核情况所制作的一种法律文书。死刑复核审查报告一般包括首部、正文和尾部三个部分。（1）首部包括：标题，如“关于被告人×××××（姓名和案由）死刑复核一案的审查报告”；案号。（2）正文包括：①被告人、被害人的基本情况，写明被告人的姓名、性别、民族、出生日期、籍贯、文化程度、职业或者工作单位、被刑事拘留、逮捕日期等基本信息。对于被害人的基本情况，应当写明姓名、性别、被害时年龄、与被告人关系、伤亡情况等。②案件的由来和审理经过。案件曾经发回重新审判的，应当写明发回重新审判的原因、时间、案号等。③案件侦破情况，写明案件的发生、揭发或者侦查、破案过程等情况。通过技术侦查措施抓获被告人、侦破案件，以及关系到被告人自首、立功认定等有关情节的，应当写具体、清楚。④第一审审理情况。包括控辩双方意见，第一审认定的犯罪事实，合议庭和审判委员会意见等。⑤第二审审理或者高级人民法院复核情况。包括上诉理由、检察机关意见，第二审审理或者高级人民法院复核认定的事实，证据采信情况及理由，控辩双方意见及采纳情况。⑥对事实和证据的审查意见，包括经复核确认的事实和证据，经审核不能确认的事实和证据，以及对事实证据的综合分析。⑦需要说明的问题。写明不宜在以上几项中表述但是有可能影响案件处理的问题。⑧对定罪量刑和审判程序的处理意见，包括合议庭和审判委员会的意见。（3）尾部包括承办人、协办人的签名和制作时间。

【死刑复核结果】 是指最高人民法院、

高级人民法院在死刑复核完毕以后，对死刑案件所作的处理结果。根据我国《刑事诉讼法》及其司法解释的有关规定，最高人民法院、高级人民法院对死刑案件的复核结果包括作出核准的裁定和作出不核准的裁定两种。对于不核准的裁定，最高人民法院、高级人民法院既可以将案件发回重新审判，也可以直接依法予以改判。基于死刑立即执行和死刑缓期二年执行之间的差异，尽管最高人民法院的死刑复核结果和高级人民法院的死刑复核结果在形式上完全相同，但是在内容和后续程序上都存在明显区别。

【最高人民法院的死刑复核结果】 是指最高人民法院在死刑复核完毕以后，对死刑立即执行案件所作的处理结果。根据《刑事诉讼法》第二百五十条规定，最高人民法院复核死刑案件，应当作出核准或者不核准死刑立即执行的裁定。对于不核准死刑的，最高人民法院可以发回重新审判或者予以改判。《刑事诉讼法司法解释》第四百二十九条进一步规定，最高人民法院复核死刑案件，应当按照下列情形分别处理：（1）原判认定事实和适用法律正确、量刑适当、诉讼程序合法的，应当裁定核准。（2）原判认定的某一具体事实或者引用的法律条款等存在瑕疵，但判处被告人死刑并无不当的，可以在纠正后作出核准的判决、裁定。（3）原判事实不清、证据不足的，应当裁定不予核准，并撤销原判，发回重新审判。（4）复核期间出现新的影响定罪量刑的事实、证据的，应当裁定不予核准，并撤销原判，发回重新审判。（5）原判认定事实正确、证据充分，但依法不应当判处死刑的，应当裁定不予核准，并撤销原判，发回重新审判；根据案件情况，必要时，也可以依法改判。（6）原审违反法定诉讼程序，可能影响公正审判的，应当裁定不予核准，并撤销原判，发回重新审判。

【高级人民法院的死刑复核结果】 是指高级人民法院在死刑复核完毕以后，对死刑缓期二年执行案件所作的处理结果。高级人民法院复核死刑案件以后，可以作出核准或者不核准死刑缓期二年执行的裁定。对于不核准的裁定，高级人民法院既可以撤销原判，发回重新审判，也可以直接依法改判。根据《刑事诉讼法司法解释》第三百四十九条规定，高级人民法院复核死刑缓期执行案件，应当按照下列情形分别处理：（1）原判认定事实和适用法律正确、量刑适当、诉讼程序合法的，应当裁定核准。（2）原判认定的某一具体事实或者引用的法律条款等存在瑕疵，但判处被告人死刑缓期执行并无不当的，可以在纠正后作出核准的判决、裁定。（3）原判认定事实正确，但适用法律有错误，或者量刑过重的，应当改判。（4）原判事实不清、证据不足的，可以裁定不予核准，并撤销原判，发回重新审判，或者依法改判。（5）复核期间出现新的影响定罪量刑的事实、证据的，可以裁定不予核准，并撤销原判，发回重新审判，或者依照该司法解释第二百七十一条规定审理后依法改判。（6）原审违反法定诉讼程序，可能影响公正审判的，应当裁定不予核准，并撤销原判，发回重新审判。（7）复核死刑缓期执行案件，不得加重被告人的刑罚。

【死刑复核的后续程序】 是指在最高人民法院、高级人民法院复核死刑案件完毕以后，有关人民法院根据死刑复核结果所采取的相应程序。死刑复核的后续程序包括两种情况，即核准死刑的后续程序和不核准死刑的后续程序。核准死刑的后续程序包括两种情形，即核准死刑立即执行的后续程序和核准死刑缓期二年执行的后续程序。最高人民法院核准死刑立即执行以后，应当由该院院长签发执行死刑的命令，由高级人民法院交付第一审人民法院执行（参见“死刑立即执行判决的执行”词条）。而高级人民法院核准死刑缓期二年执行以后，由第一审人民法院依法将罪犯交付公安机关，再由公安机关送交监狱机构执行（参见“死缓、无期徒刑、有期徒刑和拘役判决的执行”的词条）。根据《刑事诉讼法司法解释》第四百三十条至第四百三十三条规定，在最高人民法院不核准死刑立即执行以后，后续程序应当遵守下列规定：（1）最高人民法院裁定不予核准死刑的，根据案件情况，可以发回第二审人民法院或者第一审人民法院重新审判。对最高人民法院发回第二审人民法院重新审判的案件，第二审人民法院一般不得发回第一审人民法院重新审判。第一审人民法院重新审判的，应当开庭审理。第二审人民法院重新审判的，可以直接改判；必须通过开庭查清事实、核实证据或者纠正原审程序违法的，应当开庭审理。（2）高级人民法院依照复核程序审理后报请最高人民法院核准死刑，最高人民法院裁定不予核准，发回高级人民法院重新审判的，高级人民法院可以依照第二审程序提审或者发回重新审判。（3）最高人民法院裁定不予核准死刑，发回重新审判的案件，原审人民法院应当另行组成合议庭审理，但该司法解释第四百二十九条第四项、第五项规定的案件除外。依照该司法解释第四百三十条、第四百三十一条发回重新审判的案件，第一审人民法院判处死刑、死刑缓期执行的，上一级人民法院依照第二审程序或者复核程序审理后，应当依法作出判决或者裁定，不得再发回重新审判。但是，第一审人民法院有《刑事诉讼法》第二百三十八条规定的情形或者违反《刑事诉讼法》第二百三十九条规定的除外。根据《刑事诉讼法司法解释》第四百二十八条规定，在高级人民法院不核准死刑缓期二年执行以后，后续程序实际上包括两种情形：（1）由高级人民法院依法直接予以改判。（2）撤销原判，将案件发回中级人民法院重新审判。

【死刑复核法律监督】 是指对人民法院的死刑复核活动是否合法实行的法律监督。根据《刑事诉讼法》第二百五十一条第二款、《刑事诉讼法司法解释》第四百三十五条、第四百三十六条规定，死刑复核期间，最高人民检察院可以向最高人民法院提出意见；最高人民检察院提出意见的，最高人民法院应当审查，并将采纳情况及理由反馈最高人民检察院；最高人民法院应当根据有关规定向最高人民检察院通报死刑案件复核结果。根据《人民检察院刑事诉讼规则》第六百零二条至第六百一十一条的规定，死刑复核法律监督应当遵守下列规定：（1）承办主体。最高人民检察院死刑复核检察部门负责承办死刑复核法律监督工作。省级人民检察院依法对高级人民法院复核未上诉且未抗诉死刑立即执行案件和死刑缓期二年执行案件的活动实行法律监督。（2）监督方式。对于最高人民法院死刑复核的案件，最高人民检察院经审查认为确有必要的，应当向最高人民法院提出意见。对于省级人民检察院提请监督、报告重大情况的案件，最高人民检察院认为具有影响死刑适用情形的，应当及时将有关材料转送最高人民法院。(3) 省级人民检察院的义务。对于需要监督的死刑案件，省级人民检察院应当及时向最高人民检察院提请监督、报告或备案。(4) 审查方式，即审查人民法院移送的材料、下级人民检察院报送的相关案卷材料、当事人及其近亲属或者受委托的律师提交的材料；向下级人民检察院调取案件审查报告、公诉意见书、出庭意见书等，了解案件相关情况；向人民法院调阅或者查阅案卷材料；核实或者委托核实主要证据；讯问被告人、听取受委托的律师的意见；就有关技术性问题向专门机构或者有专门知识的人咨询，或者委托进行证据审查；需要采取的其他方式。(5) 监督流程。审查死刑复核监督案件，具有下列情形之一的，应当听取下级人民检察院的意见：对案件主要事实、证据有疑问的；对适用死刑存在较大争议的；可能引起司法办案重大风险的；其他应当听取意见的情形。认为符合《人民检察院刑事诉讼规则》第六百一十一条规定情形的，应当经检察长决定，依法向最高人民法院提出检察意见。同意最高人民法院核准或者不核准意见的，应当经检察长批准，书面回复最高人民法院。对于省级人民检察院提请监督、报告重大情况的案件，最高人民检察院认为具有影响死刑适用情形的，应当及时将有关材料转送最高人民法院。

【死刑复核法律监督的情形】 是指对于最高人民法院复核的死刑案件，最高人民检察院应当向最高人民法院提出意见的各种情形。根据《人民检察院刑事诉讼规则》第六百一十一条，最高人民检察院经审查发现死刑复核案件具有下列情形之一的，应当经检察长决定，依法向最高人民法院提出检察意见：(1) 认为适用死刑不当，或者案件事实不清、证据不足，依法不应当核准死刑的。(2) 认为不予核准死刑的理由不成立，依法应当核准死刑的。(3) 发现新的事实和证据，可能影响被告人定罪量刑的。(4) 严重违反法律规定的诉讼程序，可能影响公正审判的。(5) 司法工作人员在办理案件时，有贪污受贿，徇私舞弊，枉法裁判等行为的。(6) 其他需要提出检察意见的情形。同意最高人民法院核准或者不核准意见的，应当经检察长批准，书面回复最高人民法院。对于省级人民检察院提请监督、报告重大情况的案件，最高人民检察院认为具有影响死刑适用情形的，应当及时将有关材料转送最高人民法院。根据《人民检察院刑事诉讼规则》第六百零四条规定，省级人民检察院对于进入最高人民法院死刑复核程序的案件，发现具有下列情形之一的，应当及时向最高人民检察院提请监督：(1) 案件事实不清、证据不足，依法应当发回重新审判或者改判的。(2) 被告人具有从宽处罚情节，依法不应当判处死刑的。(3) 适用法律错误的。(4) 违反法律规定的诉讼程序，可能影响公正审判的。(5) 其他应当提请监督的情形。

【刑事审判监督程序】 是指在已经发生法律效力的刑事裁判确有错误的情况下，由人民法院依法对刑事案件进行重新审判的一种审判程序。理解刑事审判监督程序的含义，需要同审判监督这个概念区别开来。审判监督具有广义和狭义之分。广义的审判监督泛指人民群众、人民代表大会等有关机关、人民团体以及新闻媒体对人民法院的审判工作进行的监督。狭义的审判监督既包括人民法院系统内部的审判监督，又包括人民检察院的法律监督。人民法院系统内部的审判监督方式既包括最高人民法院通过司法解释、批复、总结审判经验与教训、指导审判等方式对各级人民法院进行的监督，又包括上级法院通过第二审程序、死刑复核程序、审判监督程序以及受理申诉、来访、来信等方式对下级法院实施的监督。人民检察院对人民法院的审判监督包括派员出席法庭，由公诉人对审判活动是否合法进行监督，二审抗诉，再审抗诉，派员监督死刑的执行，以及受理申诉等。审判监督程序只是审判监督的一种表现形式，二者在监督主体、监督方式、监督对象、法律后果等方面都存在明显区别。

刑事审判监督程序的任务是正确认定案件事实和适用法律，纠正确有错误的生效裁判，做到既准确有效地惩罚犯罪分子，又保障无罪的人不受刑事追究。审判监督程序既有助于纠正错误裁判，确保法律得到正确的实施，提高审判工作的质量，又有利于防止司法腐败，提升司法的廉洁性，保障当事人的合法权益。相对于第一审程序和第二审程序而言，刑事审判监督程序属于特殊救济程序，即专门针对生效裁判的救济程序。其基本特征为：（1）有权提起审判监督程序的主体是人民法院和人民检察院。（2）审判监督程序的审理对象是已经发生法律效力的刑事裁判。（3）提起审判监督程序必须具备法定理由，即生效裁判在认定事实或者适用法律上确有错误。（4）重新审判案件的人民法院以及具体程序，根据提起审判监督程序的主体和案件的不同而有所区别。这些特征决定了审判监督程序与刑事第二审程序以及死刑复核程序既有联系，又有区别。

【实事求是、有错必纠原则】 是指司法机关在办理案件的过程中只要发现案件的处理结果存在错误，就应当坚持从实际出发，依法对确有错误的案件予以纠正的一项原则。实事求是、有错必纠既是党和国家一贯坚持的基本方针和政策，又是我国社会主义法治的一项基本原则。审判监督程序是我国坚持实事求是、有错必纠原则的重要体现。我国《刑事诉讼法》规定的刑事审判程序在许多方面都体现了实事求是、有错必纠原则的基本精神。例如，对于确有错误的刑事生效裁判，不仅人民法院应当主动予以纠正，而且人民检察院有权提起审判监督程序，当事人也有权向人民法院或者人民检察院提出申诉。再如，我国并没有像某些西方国家那样禁止启动不利于被告人的刑事再审，而是本着实事求是的精神和对人民高度负责的态度，对错误的生效裁判进行全面的纠正，而不管这种错误是有利于被告人还是不利于被告人。

【生效裁判】 简称确定裁判，或者发生法律效力的裁判，是指已经超过法定期间而没有上诉、抗诉的判决、裁定以及终审的判决、裁定，即发生法律效力的裁判。发生法律效力，是指人民法院作出的判决或者裁判所确定的内容具有既判力、约束力和执行力。生效裁判具有强制性、稳定性和排他性，依靠国家的强制力保证执行。对于已经发生法律效力的裁判，其裁判事项应当得到实现或者执行。如果当事人没有自觉履行生效裁判所确定的义务，执行机关有权通过国家强制力量，强制当事人履行其承担的义务。根据《刑法》第三百一十三条，对人民法院的生效裁判有能力执行而拒不执行的公民，而且情节严重的，是一种犯罪行为，应当受到刑事责任追究。在我国刑事诉讼中，发生法律效力的裁判具体包括四种：（1）在法定期限内没有提出上诉或者抗诉的第一审裁判。（2）终审裁判，即第二审人民法院或者最高人民法院作出的裁判。（3）最高人民法院核准的死刑裁判和高级人民法院核准的死缓裁判。（4）最高人民法院核准的在法定刑以下判处刑罚的裁判。如果不服生效裁判，当事人只能通过审判监督程序寻求救济。

【未生效裁判】 是指人民法院已经作出的但是尚不具备强制执行力的判决或者裁定，即尚未发生法律效力的裁判。未发生法律效力的裁判与生效裁判相对。未发生法律效力的裁判具有暂时性，它在法定情况下可以转化为发生法律效力的裁判。人民法院作出的判决或者裁定之所以没有发生法律效力，是因为该裁判是允许上诉或者抗诉的裁判，而其上诉、抗诉期限又没有届满。也就是说，未发生法律效力的裁判实际上是人民法院作出的而且正处在上诉、抗诉期限内的判决或者裁定。未生效裁判既有可能被上级人民法院维持，也有可能被上级人民法院撤销或者改判。与生效裁判相比，未发生法律效力的裁判不具有强制执行力，其裁判事项具有不确定性。尽管未生效裁判没有强制执行力，但是它对人民法院却具有约束力，即人民法院不能因为裁判没有发生法律效力而自行加以改变或者撤销。如果未生效裁判确有错误，只能在上诉或者抗诉以后得以纠正，或者在发生法律效力以后通过审判监督程序加以纠正。在我国刑事诉讼中，除了最高人民法院作出的第一审裁判以外，其他各级人民法院作出的第一审判决或者裁定只要处在上诉、抗诉期限内，就属于未发生法律效力的裁判。但需要注意的是，由于死刑案件和在法定刑以下判处刑罚的案件实行强制复核制度，因此，不管上诉、抗诉期限是否届满，没有死刑核准权的人民法院所作出的死刑判决，以及地方各级人民法院在法定刑以下判处刑罚的判决都属于未发生法律效力的判决。

【提起审判监督程序的材料来源】 是指对发生法律效力的判决、裁定发现有错误而提出的有关证据及资料等渠道、来源。根据我国《刑事诉讼法》的有关规定和刑事司法实践，这些材料来源主要有：（1）申诉人的申诉。（2）司法机关对错案的发现；（3）有关党政机关、团体、单位以及新闻媒体等对生效裁判提出的意见。（4）人民代表提出的议案、监督建议、情况反映、个案监督等。（5）人民群众的来信、来访。申诉人的申诉是我国提起审判监督程序最主要的材料来源。这主要是因为，当事人及其法定代理人、近亲属不仅是这些判决、裁定的直接、间接利害关系人，而且又是最了解案件情况、最有条件提出申诉的人。

【纠正错案的议案】 是指地方各级人民代表大会代表向人民法院或者人民检察院提出的旨在要求其纠正错误案件的一种议案。根据我国人民代表大会制度，人民法院和人民检察院由人民代表大会选举产生，受人民代表大会的监督。而人民代表大会常务委员会或者人大代表在监督司法工作的过程中，有可能通过询问、质询、接待信访、特定问题调查等方式发现人民检察院或者人民法院办理的案件存在各种各样的错误。在这种情况下，地方各级人民代表大会代表就有可能向人民法院或者人民检察院提出专门的议案或者监督建议，要求人民法院或者人民检察院纠正错误的案件。而这种议案显然是人民检察院或者人民法院提起审判监督程序的一个重要案件材料来源。1998 年 12 月 24 日印发的《人民法院接受人民代表大会及其常务委员会监督意见》第七条明确要求，人大及其常委会对人民法院已审结的重大案件或者在当地有重大影响的案件，通过法定监督程序要求人民法院审查的，人民法院应当认真进行审查；对确属错判的案件，应当按照法定审判监督程序予以纠正；对裁判并无不当的，应当书面报告结果和理由。最高人民检察院于 1993 年 6 月 21 日印发的《检察机关接受人民代表大会及其常务委员会监督规定》第六条也明确规定，人民检察院对人大代表的议案和建议等应当积极负责地办理。一般应在 3 个月内办结，并答复人大代表。3 个月内未能办结的，应向人大常委会报告进展情况及不能按时办结的原因，并应在延长期限内办结。

【刑事申诉】 是指申诉人对已经发生法律效力的刑事裁判不服，以书面或口头的方式向人民法院或者人民检察院提出该裁判在认定事实或适用法律上的错误，要求人民法院重新审判的一种请求。根据《刑事诉讼法》第二百五十二条规定，当事人及其法定代理人、近亲属，对已经发生法律效力的判决、裁定，可以向人民法院或者人民检察院提出申诉，但是不能停止判决、裁定的执行。刑事申诉既是《刑事诉讼法》赋予申诉人的一项诉讼权利，也是公民行使宪法权利的一种体现，但是它不具有诉权的性质。申诉人既可以向人民法院提出申诉，也可向人民检察院提出申诉。对于申诉，人民法院和人民检察院都应当积极受理，认真对待，不能相互推诿。

申诉与上诉既有一定联系，又存在明显区别。上诉和申诉的共同点在于它们都是当事人为了保护自己的合法权益而向司法机关提出的救济方式。二者区别主要表现在：（1）行为性质不同。当事人提出上诉是一种重要的诉讼行为，是公民行使诉权的一种方式，而申诉人提出申诉不是一种诉讼行为，而是公民行使宪法权利的一种表现。上诉引起的上诉审程序是一种普通救济程序，而申诉引起的审判监督程序则属于一种特殊救济程序。（2）提起时间、对象、程序等不同。上诉是当事人在刑事诉讼过程中，针对一审法院尚未发生法律效力的判决和裁定，在法定的上诉期限内向上一级人民法院提起诉讼的活动。而申诉是申诉人在案件的诉讼程序已经结束、人民法院的裁判已经发生法律效力并正在执行或者已经执行完毕的情况下，向人民法院或人民检察院提出请求的活动。（3）法律效力与法律后果不同。只要当事人提出上诉，不管当事人提出的上诉理由是否充分，或者有无理由，上诉将必然引起上诉审程序，并使一审裁判不能发生法律效力和执行。因此，上诉既可以阻止一审裁判生效，又可以启动上诉审程序。申诉则不同，它仅仅是人民法院和人民检察院提起审判监督程序的材料来源，既不能直接和必然引起审判监督程序，也不能阻止生效裁判的执行。

【刑事申诉的效力】 是指在申诉人提出刑事申诉以后，是否对原生效裁判产生停止执行的效力。根据《刑事诉讼法》第二百五十二条规定，尽管当事人及其法定代理人、近亲属对已经发生法律效力的判决、裁定有权向人民法院或者人民检察院提出申诉，但是不能停止判决、裁定的执行。这是维护人民法院生效判决、裁定的严肃性、稳定性和权威性的客观需要。根据《刑事诉讼法》第二百五十七条第二款、《刑事诉讼法司法解释》第四百六十四条规定，即使是在刑事再审期间，人民法院通常也不会停止原判决、裁定的执行，只有人民法院才有可能在刑事再审期间作出中止原判决、裁定执行的决定。

【刑事申诉的理由】 是指申诉人认为生效裁判存在错误，依法向人民法院或者人民检察院提出申诉，促使人民法院启动刑事审判监督程序所提出来的各种根据。在我国刑事诉讼中，刑事申诉只是审判监督程序的一种材料来源，不能直接引起审判监督程序。只有在刑事申诉的理由符合法定情形时，人民法院才会启动审判监督程序。根据《刑事诉讼法》第二百五十三条、《刑事诉讼法司法解释》第四百五十七条第二款规定，申诉只有在满足下列条件之一的情况下，人民法院才应当启动审判监督程序：（1）有新的证据证明原判决、裁定认定的事实确有错误，可能影响定罪量刑的。（2）据以定罪量刑的证据不确实、不充分、依法应当排除的。（3）证明案件事实的主要证据之间存在矛盾的。（4）主要事实依据被依法变更或者撤销的。（5）认定罪名错误的。（6）量刑明显不当的。（7）对违法所得或者其他涉案财物的处理确有明显错误的。（8）违反法律关于溯及力规定的。（9）违反法定诉讼程序，可能影响公正裁判的。（10）审判人员在审理该案件时有贪污受贿、徇私舞弊、枉法裁判行为的。

【刑事申诉人】 是指有权以自己的名义对已经发生法律效力的刑事判决、裁判提出申诉，要求人民法院或者人民检察院提起审判监督程序，由人民法院对案件进行重新审判的人员。根据《刑事诉讼法》第二百五十二条规定，刑事申诉人包括当事人及其法定代理人、近亲属。这里的当事人是指被害人、自诉人、刑事被告人、附带民事诉讼的原告人和被告人；法定代理人是指当事人的父母、养父母、监护人和负有保护责任的机关、团体的代表；近亲属是指与当事人具有夫、妻、父、母、子、女、同胞兄弟姊妹关系的人员。我国《刑事诉讼法》之所以赋予当事人及其法定代理人、近亲属为申诉人，主要是因为他们与案件裁判结果具有直接利害关系。尤其是在当事人服刑不便行使申诉权的情况下，赋予当事人的法定代理人或者近亲属以申诉权，既能够切实维护当事人的合法权益，又有助于纠正错误的裁判。为了满足司法实践的需要，最高人民法院扩大解释《刑事诉讼法》规定的申诉人范围，将案外人也纳入申诉人的范围。案外人，是指认为已经发生法律效力的判决、裁定侵害其合法权益的人员。根据《刑事诉讼法司法解释》第四百五十一条第二款规定，案外人认为已经发生法律效力的判决、裁定侵害其合法权益，提出申诉的，人民法院应当审查处理。允许合法权益受到生效裁判侵害的案外人提出申诉，既有助于维护司法公正，又能够保护公民的合法权益免受错误裁判的侵犯。

【申诉代理人】 是指接受申诉人的委托，代申诉人提出申诉的律师。《刑事诉讼法司法解释》第四百五十一条第三款明确规定，申诉可以委托律师代为进行。

《复查刑事申诉案件规定》[1] 第十二条也规定，在符合刑事申诉条件的情况下，申诉人委托律师代理申诉，人民检察院应当受理。最高人民法院、最高人民检察院、司法部于2017年4月1日联合印发的《逐步实行律师代理申诉制度意见》提出，实行律师代理申诉制度，是保障当事人依法行使申诉权利，实现申诉法治化，促进司法公正，提高司法公信，维护司法权威的重要途径；对不服司法机关生效裁判和决定的申诉，逐步实行由律师代理制度；当事人对人民法院、人民检察院作出的生效裁判、决定不服，提出申诉的，可以自行委托律师；人民法院、人民检察院可以引导申诉人、被申诉人委托律师代为进行。申诉人因经济困难没有委托律师的，可以向法律援助机构提出申请。

【刑事申诉材料】 是指申诉人向人民法院或者人民检察院提出申诉时应当提交的材料。根据《刑事诉讼法司法解释》第四百五十二条、最高人民法院于2001年12月26日印发的《刑事再审案件开庭审理程序规定（试行）》第三条，向人民法院申诉，应当提交以下材料：（1）申诉状或者申诉书。应当写明当事人的基本情况、联系方式以及申诉的事实与理由。（2）原一、二审判决书、裁定书等法律文书。经过人民法院复查或者再审的，应当附有驳回申诉通知书、再审决定书、再审判决书、裁定书。（3）其他相关材料。以有新的证据证明原判决、裁定认定的事实确有错误为由提出申诉的，应当同时附有新的证据目录、证人名单和主要证据复印件或者照片等相关证据材料。需要申请人民法院调取证据的，应当附有相关线索或者材料。申诉符合上述规定的，人民法院应当出具收到申诉材料的回执。申诉不符合上述规定的，人民法院应当告知申诉人补充材料；申诉人拒绝补充必要材料且无正当理由的，不予审查。

根据《人民检察院刑事诉讼规则》第五百九十三条的规定，当事人及其法定代理人、近亲属认为人民法院已经发生法律效力的判决、裁定确有错误，向人民检察院申诉的，由作出生效判决、裁定的人民法院的同级人民检察院依法办理。根据最高人民检察院于2014年11月7日印发的《受理控告申诉依法导入法律程序实施办法》第十二条规定，控告、申诉材料不齐备的，控告检察部门可以采取当面、书面或者网络告知等形式，要求控告人、申诉人限期补齐，并一次性明确告知应当补齐的全部材料。人民检察院的接收时间从控告人、申诉人补齐相关材料之日起计算。

【刑事申诉书】 是指当事人及其法定代理人、近亲属或者案外人不服生效裁判时向人民法院或者人民检察院提出的要求重新审理案件的一种法律文书。申诉书一般包括标题（即申诉书）、正文和尾部三个组成部分。（1）正文主要包括：①申诉人（刑事案件的当事人及其法定代理人、近亲属）情况，写明姓名、性别、出生年月日、民族、籍贯、文化程度、职业或工作单位和职务、住址等信息。如果有代理律师的，写明代理律师姓名及其所在律师事务所名称。②写明“申诉人××对××人民法院××××年××月××日（××××）字第××号刑事判决（或裁定），提出申诉”。③请求事项，写明请求事项的要点。④事实

① 2014年，已失效，已被《人民检察院办理刑事申诉案件规定》废止。

与理由，写明基本的案情事实、审判结果以及具体的申诉理由和法律依据。（2）尾部包括受理申诉的人民法院或者人民检察院名称，以及申诉人的签名和申诉时间。

【人民法院对刑事申诉的受理】 是指人民法院在接受申诉人提交的申诉材料以后，对刑事申诉是否予以立案进行审查决定的一种诉讼活动。人民法院在受理刑事申诉时只是进行程序性的审查，不对申诉理由是否成立进行实质性的审查。根据2002年9月10日印发的《规范人民法院再审立案意见（试行）》第十条、第十三条、第十五条、第十六条规定，人民法院对刑事申诉的受理需要注意以下问题：（1）人民法院对不符合法定主体资格的再审申请或申诉，不予受理。（2）上级人民法院对经终审法院的上一级人民法院依照审判监督程序审理后维持原判或者经两级人民法院依照审判监督程序复查均驳回的申请再审或申诉案件，一般不予受理。但申诉人提出新的理由，且符合法定申诉情形的，以及刑事案件的原审被告人可能被宣告无罪的除外；最高人民法院再审裁判或者复查驳回的案件，再审申请人或申诉人仍不服提出再审申请或申诉的，不予受理。

【人民法院对刑事申诉的审查】 是指人民法院在受理刑事申诉以后对申诉是否具备法定理由进行审查，以便决定对案件是否进行重新审判的一种诉讼活动。根据《刑事诉讼法司法解释》第四百五十三条规定，申诉原则上应当由终审人民法院审查处理。这主要是因为刑事申诉的对象是由终审人民法院最终作出的生效裁判。由终审人民法院审查处理刑事申诉，有助于解决问题。但是，第二审人民法院裁定准许撤回上诉的案件，申诉人对第一审判决提出申诉的，可以由第一审人民法院审查处理。为了防止越级申诉或者贯彻终审人民法院审查处理原则，该条还规定，上一级人民法院对未经终审人民法院审查处理的申诉，可以告知申诉人向终审人民法院提出申诉，或者直接交终审人民法院审查处理，并告知申诉人；案件疑难、复杂、重大的，也可以直接审查处理；对未经终审人民法院及其上一级人民法院审查处理，直接向上级人民法院申诉的，上级人民法院可以告知申诉人向下级人民法院提出。另外，根据《刑事诉讼法司法解释》第四百五十四条、第四百五十五条规定，最高人民法院或者上级人民法院可以指定终审人民法院以外的人民法院对申诉进行审查。被指定的人民法院审查后，应当制作审查报告，提出处理意见，层报最高人民法院或者上级人民法院审查处理。对死刑案件的申诉，可以由原核准的人民法院直接审查处理，也可以交由原审人民法院审查。原审人民法院应当写出审查报告，提出处理意见，层报原核准的人民法院审查处理。这主要是考虑到：（1）核准的人民法院（即高级人民法院和最高人民法院）是处理死刑案件的最终审理法院，由其审查处理申诉有助于严格控制和慎重适用死刑。（2）为了提高诉讼效率，减轻核准人民法院的案件负担，核准人民法院也可以将刑事申诉交由原审人民法院进行审查。但是原审人民法院只是接受核准人民法院的委托进行审查，不对刑事申诉作出最终的处理意见，而是就审查情况写出审查报告和提出处理意见，层报原核准的人民法院作出最终的审查处理决定。

【人民法院对刑事申诉的处理】 是指人

民法院对立案审查的申诉案件审查完毕以后，就是否重新审判作出决定。刑事审判监督程序只是特殊救济程序，只有在原生效裁判确实存在错误的情况下才能启动。为了既能够维护生效裁判的稳定性和权威性，确保正确的生效裁判得到执行，又能够维护申诉人的合法权益，纠正错误的生效裁判，《刑事诉讼法司法解释》第四百五十七条第二款、第三款明确规定，经审查，符合法定重新审判情形的，人民法院应当决定重新审判；如果申诉不符合法定申诉理由，人民法院应当说服申诉人撤回申诉。如果申诉人仍然坚持申诉，人民法院应当书面通知驳回。

【申诉人对驳回申诉的救济】 是指在人民法院驳回申诉的情况下，申诉人向上一级人民法院进一步提出申诉。为了充分保障当事人的申诉权，《刑事诉讼法司法解释》第四百五十九条取消了对刑事申诉次数的限制，明确赋予申诉人对驳回申诉的救济权利，即申诉人对驳回申诉不服的，可以向上一级人民法院申诉；上一级人民法院经审查认为申诉不符合法定重新审判情形的，应当说服申诉人撤回申诉；如果申诉人仍然坚持申诉，上一级人民法院应当驳回或者通知不予重新审判。

【人民检察院对刑事申诉的受理】 是指人民检察院接受和受理申诉人提交的申诉材料以后，审查是否符合受理条件，以便对刑事申诉作出立案复查决定的一种诉讼活动。根据《人民检察院刑事诉讼规则》第五百九十三条规定，当事人及其法定代理人、近亲属认为人民法院已经发生法律效力的刑事判决、裁定确有错误，向人民检察院申诉的，由作出生效判决、裁定的人民法院的同级人民检察院依法办理。当事人及其法定代理人、近亲属直接向上级人民检察院申诉的，上级人民检察院可以交由作出生效判决、裁定的人民法院的同级人民检察院受理；案情重大、疑难、复杂的，上级人民检察院可以直接受理。

【人民检察院对服刑人员申诉的受理】

是指人民检察院监所检察部门及派出检察院对服刑人员及其法定代理人、近亲属提出的刑事申诉进行审查，并在需要立案复查的情况下，将申诉材料及审查意见移送作出原生效判决或者裁定的人民法院的同级人民检察院的刑事申诉检察部门依法予以办理。根据2007年9月5日印发的《办理服刑人员刑事申诉案件有关问题通知》第一条至第三条规定，人民检察院监所检察部门及派出检察院接到服刑人员及其法定代理人、近亲属提出的刑事申诉后，应当认真审查，提出审查意见，并分别情况予以处理：(1) 原审判决或者裁定正确，申诉理由不成立的，应当将审查结果答复申诉人，并做好息诉工作。(2) 原审判决或者裁定有错误可能，需要人民检察院立案复查的，应当将申诉材料及审查意见一并移送作出原生效判决或者裁定的人民法院的同级人民检察院，由刑事申诉检察部门办理。(3) 对于反映违法扣押当事人款物不还、刑期折抵有误以及不服刑罚执行变更决定的申诉，由监所检察部门依法处理。接受移送的人民检察院刑事申诉检察部门对于本院管辖的服刑人员申诉，应当受理和办理，并在结案后10日内将审查或者复查结果通知移送的人民检察院。因案情复杂，在3个月内未办结的，应将审查或者复查情况通知移送的人民检察院。在申诉案件办理过程中，接受移送的人民检察院刑事申诉检察部门需要进行提审服刑人员等调查活动的，移送的人民检察院应当予以协助配合。移送的人民检察院收到审查或者复查结果后，应当及时答复申诉人。

【人民检察院对刑事申诉的立案审查】

是指人民检察院在受理刑事申诉以后对于生效裁判是否有错误进行审查的一种诉讼活动。根据《人民检察院刑事诉讼规则》第五百九十三条、第五百九十四条的规定，当事人及其法定代理人、近亲属认为人民法院已经发生法律效力的判决、裁定确有错误，向人民检察院申诉的，由作出生效判决、裁定的人民法院的同级人民检察院依法办理。当事人及其法定代理人、近亲属直接向上级人民检察院申诉的，上级人民检察院可以交由作出生效判决、裁定的人民法院的同级人民检察院受理；案情重大、疑难、复杂的，上级人民检察院可以直接受理。当事人及其法定代理人、近亲属对人民法院已经发生法律效力的判决、裁定提出申诉，经人民检察院复查决定不予抗诉后继续提出申诉的，上一级人民检察院应当受理。对不服人民法院已经发生法律效力的判决、裁定的申诉，经两级人民检察院办理且省级人民检察院已经复查的，如果没有新的证据，人民检察院不再复查，但原审被告人可能被宣告无罪或者判决、裁定有其他重大错误可能的除外。

【人民检察院对刑事申诉的立案复查】

是指人民检察院在受理刑事申诉以后，对申诉理由进行复查，以便作出是否按照审判监督程序提出抗诉决定的一种诉讼活动。根据《人民检察院刑事诉讼规则》第五百九十五条、第五百九十六条的规定，人民检察院对已经发生法律效力的判决、裁定的申诉复查后，认为需要提请或者提出抗诉的，报请检察长决定。地方各级人民检察院对不服同级人民法院已经发生法律效力的判决、裁定的申诉复查后，认为需要提出抗诉的，应当提请上一级人民检察院抗诉。上级人民检察院对下一级人民检察院提请抗诉的申诉案件进行审查后，认为需要提出抗诉的，应当向同级人民法院提出抗诉。人民法院开庭审理时，同级人民检察院应当派员出席法庭。人民检察院对不服人民法院已经发生法律效力的判决、裁定的申诉案件复查终结后，应当制作刑事申诉复查通知书，在10日以内通知申诉人。经复查向上一级人民检察院提请抗诉的，应当在上一级人民检察院作出是否抗诉的决定后制作刑事申诉复查通知书。

【申诉人对复查决定不予抗诉的救济】

是指在人民检察院经过立案复查作出不予再审抗诉的决定以后，申诉人可向上一级人民检察院进一步提出申诉。为了更好地维护当事人的合法权益，在刑事申诉没有被人民检察院接受的情况下，很有必要赋予申诉人进一步寻求救济的权利。根据《人民检察院刑事诉讼规则》第五百九十三条第三款规定，当事人及其法定代理人、近亲属对人民法院已经发生法律效力的判决、裁定的申诉，经人民检察院复查决定不予抗诉后继续提出申诉的，上一级人民检察院应当受理。

【刑事申诉案件的办理期限】 是指人民法院在办理刑事申诉案件时应当遵守的期限。人民法院办理刑事申诉案件，开始于受理刑事申诉，终结于人民法院决定重新审判或者驳回申诉。根据《刑事诉讼法司法解释》第四百五十七条第一款规定，对立案审查的申诉案件，应当在3个月内作出决定，至迟不得超过6个月。但因案件疑难、复杂、重大或者其他特殊原因需要延长审查期限的，参照该解释第二百一十条的规定处理。

【提起审判监督程序的条件】 又称提起审判监督程序的理由，是指在什么条件下或者情况下，或者具备什么样的理由，应当依法提起审判监督程序。由于引起审判监督程序的方式不同，提起审判监督程序的条件略有差别。根据《刑事诉讼法》第二百五十四条规定，无论是人民法院主动提起审判监督程序，还是人民检察院以抗诉的方式引起审判监督程序，提起审判监督程序的条件都是生效裁判在认定事实上或者在适用法律上确有错误。但是根据《刑事诉讼法》第二百五十三条、《刑事诉讼法司法解释》第四百五十七条第二款、《人民检察院刑事诉讼规则》第五百九十一条规定，生效裁判确有错误又可以细分为三种情形：(1) 原裁判在认定事实方面的错误，包括有新的证据证明原判决、裁定认定的事实确有错误，可能影响定罪量刑，据以定罪量刑的证据不确实、不充分或者依法应当排除，证明案件事实的主要证据之间存在矛盾，以及主要事实依据被依法变更或者撤销。(2) 原裁判在适用实体法方面的错误，包括认定罪名错误，量刑明显不当，以及违反法律关于溯及力的规定或者关于追诉时效期限的规定。(3) 原裁判在适用程序法方面的错误，即原审人民法院违反法律规定的诉讼程序，可能影响公正裁判。

【新的证据】 是指可能改变原生效裁判据以定罪量刑的事实的各种证据。新的证据是人民法院、人民检察院提起审判监督程序或者人民法院决定重新审判的重要根据之一。根据《刑事诉讼法司法解释》第四百五十八条规定，具有下列情形之一，可能改变原判决、裁定据以定罪量刑的事实的证据，应当认定为新的证据：(1) 原判决、裁定生效后新发现的证据。(2) 原判决、裁定生效前已经发现，但由于客观原因未予收集的证据。(3) 原判决、裁定生效前已经收集，但在庭审中未经质证、认证的证据。(4) 原判决、裁定所依据的鉴定意见，勘验、检查等笔录被改变或者否定的。(5) 原判决、裁定所依据的被告人供述、证人证言等证据发生变化，影响定罪量刑，且有合理理由的。

【原裁判认定事实确有错误】 是指原审人民法院作出的生效裁判所认定的案件事实不清楚，或者没有达到证据确实、充分的程度。事实不清，是指生效裁判所认定的主要犯罪事实不清或者影响定罪量刑的重大情节不清楚，或者是一罪还是数罪不清，以及共同犯罪中各被告人的罪责相混淆等。证据不确实、充分，是指生效裁判认定案件事实的证据不客观真实，或者证据与案件事实之间无客观联系，或者证据之间有矛盾且矛盾不能得以合理排除，或者所得的结论显然不能排除其他可能等。根据《人民检察院刑事诉讼规则》第五百九十一条的规定，人民检察院认为人民法院已经发生法律效力的判决、裁定确有错误，具有下列情形之一的，应当按照审判监督程序向人民法院提出抗诉：(1) 有新的证据证明原判决、裁定认定的事实确有错误，可能影响定罪量刑的。(2) 据以定罪量刑的证据不确实、不充分的。

刑事审判

(3) 据以定罪量刑的证据依法应当予以排除的。(4) 据以定罪量刑的主要证据之间存在矛盾的。(5) 原判决、裁定的主要事实依据被依法变更或者撤销的。(6) 认定罪名错误且明显影响量刑的。(7) 违反法律关于追诉时效期限的规定的。(8) 量刑明显不当的。(9) 违反法律规定的诉讼程序，可能影响公正审判的。(10) 审判人员在审理案件的时候有贪污受贿，徇私舞弊，枉法裁判行为的。

【原裁判采信证据确有错误】 是指原审人民法院在将证据作为生效裁判根据时存在的各种错误。根据《加强和改进刑事抗诉工作意见》第 4 条规定，人民法院刑事判决、裁定在采信证据方面确有下列错误，导致定罪或者量刑明显不当的，人民检察院应当提出抗诉和支持抗诉：(1) 刑事判决、裁定据以认定案件事实的证据不确实的。(2) 据以定案的证据不足以认定案件事实，或者所证明的案件事实与裁判结论之间缺乏必然联系的。(3) 据以定案的证据依法应当予以排除而未被排除的。(4) 不应当排除的证据作为非法证据被排除或者不予采信的。(5) 据以定案的主要证据之间存在矛盾，无法排除合理怀疑的。(6) 因被告人翻供、证人改变证言而不采纳依法收集并经庭审质证为合法、有效的其他证据，判决无罪或者改变事实认定的。(7) 经审查犯罪事实清楚，证据确实、充分，人民法院以证据不足为由判决无罪或者改变事实认定的。

【原裁判适用法律确有错误】 是指原审人民法院作出的生效裁判在适用实体法或者程序法方面存在错误。生效裁判在适用实体法方面存在的错误主要包括定罪错误和量刑错误两个方面。生效裁判在适用程序法上的错误主要是指原审人民法院严重违反刑事诉讼程序，影响案件的正确裁判。根据《加强和改进刑事抗诉工作意见》第 5 条规定，人民法院刑事判决、裁定在适用法律方面确有下列错误的，人民检察院应当提出抗诉和支持抗诉：(1) 定罪错误，即对案件事实进行评判时发生错误。主要包括：有罪判无罪，无罪判有罪；混淆此罪与彼罪、一罪与数罪的界限，造成罪刑不相适应，或者在司法实践中产生重大不良影响的。(2) 量刑错误，即适用刑罚与犯罪的事实、性质、情节和社会危害程度不相适应，重罪轻判或者轻罪重判，导致量刑明显不当。主要包括：不具有法定量刑情节而超出法定刑幅度量刑；认定或者适用法定量刑情节错误，导致未在法定刑幅度内量刑或者量刑明显不当；共同犯罪案件中各被告人量刑与其在共同犯罪中的地位、作用明显不相适应或者不均衡；适用主刑刑种错误；适用附加刑错误；适用免予刑事处罚、缓刑错误；适用刑事禁止令、限制减刑错误的。另外，根据《加强和改进刑事抗诉工作意见》第 11 条规定，人民法院刑事判决、裁定在适用法律方面有下列情形之一的，一般不应当提出抗诉：(1) 法律规定不明确、存有争议，抗诉的法律依据不充分的。(2) 具有法定从轻或者减轻处罚情节，量刑偏轻的。(3) 被告人系患有严重疾病、生活不能自理的人，怀孕或者正在哺乳自己婴儿的妇女，生活不能自理的人的唯一扶养人，量刑偏轻的。(4) 被告人认罪并积极赔偿损失，取得被害方谅解，量刑偏轻的。

【原审法院严重违反法定诉讼程序】 是指原审人民法院在审判过程中严重违反法定诉讼程序，影响案件公正审判。根据《加强和改进刑事抗诉工作意见》第6条规定，人民法院在审判过程中有下列严重违反法定诉讼程序情形之一，可能影响公正裁判的，人民检察院应当提出抗诉和支持抗诉：（1）违反有关公开审判规定的。（2）违反有关回避规定的。（3）剥夺或者限制当事人法定诉讼权利的。（4）审判组织的组成不合法的。（5）除另有规定的以外，证据材料未经庭审质证直接采纳作为定案根据，或者人民法院依申请收集、调取的证据材料和合议庭休庭后自行调查取得的证据材料没有经过庭审质证而直接采纳作为定案根据的。（6）由合议庭进行审判的案件未经过合议庭评议直接宣判的。（7）其他严重违反法定诉讼程序情形的。另外，根据《加强和改进刑事抗诉工作意见》第12条规定，人民法院审判活动违反法定诉讼程序，其严重程度不足以影响公正裁判，或者判决书、裁定书存在技术性差错，不影响案件实质性结论的，一般不应当提出抗诉。必要时以纠正审理违法意见书监督人民法院纠正审判活动中的违法情形或者以检察建议书等形式要求人民法院更正法律文书中的差错。

【死缓案件的再审抗诉限制】 是指对于已经发生法律效力的死刑缓期二年执行判决、裁定，人民检察院一般不得以提出判处死刑立即执行为目的按照审判监督程序提起抗诉。根据《加强和改进刑事抗诉工作意见》第13条规定，人民法院判处被告人死刑缓期二年执行的案件，具有下列情形之一，除原判决认定事实、适用法律有严重错误或者社会反响强烈的以外，一般不应当提出判处死刑立即执行的抗诉：（1）被告人有自首、立功等法定从轻、减轻处罚情节的。（2）定罪的证据确实、充分，但影响量刑的主要证据存有疑问的。（3）因婚姻家庭、邻里纠纷等民间矛盾激化引发的案件，因被害方的过错行为引起的案件，案发后被告人真诚悔罪、积极赔偿被害方经济损失并取得被害方谅解的。（4）罪犯被送交监狱执行刑罚后，认罪服法，狱中表现较好，且死缓考验期限将满的。这意味着，对于已经发生法律效力的死刑缓期二年执行判决、裁定，除原判决认定事实、适用法律有严重错误或者社会反响强烈的以外，人民检察院在按照审判监督程序提起抗诉时不能以加重被告人的刑罚（即不能以提出判处死刑立即执行）为出发点。上述规定体现了慎用死刑的刑事政策，在一定程度上有助于减少和控制死刑的适用。

【提起审判监督程序的主体】 是指在法定情形下，能够引起人民法院启动审判监督程序的主体。根据《刑事诉讼法》第二百五十四条规定，各级人民法院院长对本院已经发生法律效力的判决和裁定，如果发现在认定事实上或者在适用法律上确有错误，必须提交审判委员会处理；最高人民法院对各级人民法院已经发生法律效力的判决和裁定，上级人民法院对下级人民法院已经发生法律效力的判决和裁定，如果发现确有错误，有权提审或者指令下级人民法院再审；最高人民检察院对各级人民法院已经发生法律效力的判决和裁定，上级人民检察院对下级人民法院已经发生法律效力的判决和裁定，如果发现确有错误，有权按照审判监督程序向同级人民法院提出抗诉；人民检察院抗诉的案件，接受抗诉的人民法院应当组成合议庭重新审理，对于原判决事实不清楚或者证据不足的，可以指令下级人民法院再审。

【各级人民法院自行启动审判监督程序】 是指作出生效裁判的人民法院在经过本院院长提交审判委员会讨论以后决定对案件予以重新审判。根据《刑事诉讼法》第二百五十四条、《刑事诉讼法司法解释》第四百六十条规定，如果各级人民法院发现本院作出的而且已经发生法律效力的判决和裁定在认定事实上或者在适用法律上确有错误，可以自行启动审判监督程序，对原审案件予以重新审判。但是，各级人民法院自行启动审判监督程序时应当注意如下几点：（1）对于本院已经发生法律效力的裁判提起审判监督程序的权力只能由各级人民法院院长和审判委员会共同行使，即各级人民法院院长负责将拟提起审判监督程序的本院生效裁判提交审判委员会进行讨论，是否对案件进行重新审判由审判委员会决定。（2）各级人民法院院长和审判委员会提起审判监督程序的对象只能是本院的生效裁判，而不能是上级或者其他法院的生效裁判。如果各级人民法院院长发现本院审理的第一审案件在被上诉或者二审抗诉以后，第二审人民法院作出的终审裁判确有错误，那么第一审人民法院院长只能向第二审人民法院提出意见，由第二审人民法院决定是否提起审判监督程序，而不能自行就上级人民法院作出的终审裁判提起审判监督程序。第二审人民法院决定提起再审的，既可以由本院重新审判，也可以发回第一审人民法院重新审判。（3）法律对各级人民法院对本院生效裁判提起审判监督程序的次数没有进行限制性规定。对于已经依照审判监督程序重新审结的案件，各级人民法院院长如果发现仍然确有错误，既可以提交审判委员会处理，也可以报请上一级人民法院依照审判监督程序处理。

【指令再审】 是指最高人民法院和上级人民法院依法指令原审人民法院或者原审人民法院以外的下级人民法院按照审判监督程序进行重新审理的一种诉讼活动。根据《刑事诉讼法》第二百五十五条、《刑事诉讼法司法解释》第四百六十一条第二款规定，上级人民法院指令下级人民法院再审的，一般应当指令原审人民法院以外的下级人民法院审理。但是，由原审人民法院审理更为适宜的，也可以指令原审人民法院审理。根据《刑事诉讼法司法解释》第四百六十一条第二款、第四百六十三条规定，由原审人民法院审理更有利于查明案件事实、纠正裁判错误的，可以指令原审人民法院审理；对原判事实不清、证据不足，包括有新的证据证明原判可能有错误，需要指令下级人民法院再审的，可以指令下级人民法院再审。

【再审提审】 是指最高人民法院或者上级人民法院认为确有错误的案件不需要或者不宜由原审人民法院重新审判而由自己审理的一种诉讼活动。再审提审是最高人民法院和其他上级人民法院对下级人民法院生效裁判行使审判监督权以及提起审判监督程序的一种方式。对于因为提审而引起的审判监督程序而言，重新审判的法院是最高人民法院或者原审人民法院的上级人民法院。根据《刑事诉讼法》第二百五十四条规定，对于是提审还是指令再审，最高人民法院或者上级人民法院具有一定的裁量权。根据《刑事诉讼法司法解释》第四百六十一条第一款规定，当上级人民法院发现下级人民法院已经发生法律效力的判决、裁定确有错误时，可以指令下级人民法院再审，但是如果原判决、裁定认定事实正确但适用法律错误，或者案件疑难、复杂、重大，或者有不宜由原审人民法院审理的情形时，上级人民法院可以提审。

【提起再审抗诉的主体】 是指发现已经发生法律效力的判决或裁定确有错误，依法按照审判监督程序提起抗诉的人民检察院。根据《刑事诉讼法》第二百五十四条、《人民检察院刑事诉讼规则》第五百九十七条规定，最高人民检察院发现各级人民法院已经发生法律效力的判决或者裁定确有错误，或者上级人民检察院发现下级人民法院已经发生法律效力的判决或者裁定确有错误时，可以直接按照审判监督程序向同级人民法院提出抗诉，或者指令作出生效判决、裁定人民法院的上一级人民检察院向同级人民法院提出抗诉。这意味着，按照审判监督程序提起抗诉的主体只能是最高人民检察院和原审人民法院的上级人民检察院。

【人民检察院提起再审抗诉的程序】 是指人民检察院按照审判监督程序提起抗诉时应当遵守的诉讼程序。根据《人民检察院刑事诉讼规则》第五百九十八条、《办理不服人民法院生效刑事裁判申诉案件规定》第四条规定，人民检察院对不服人民法院已经发生法律效力的刑事判决、裁定的申诉，经复查认为需要提出抗诉的，报请检察长或者检察委员会决定，提请上一级人民检察院抗诉；上一级人民检察院决定按照审判监督程序向人民法院提出抗诉后，应当制作刑事抗诉书，向同级人民法院提出抗诉，同时将抗诉书副本报送上一级人民检察院。根据《人民检察院刑事诉讼规则》第五百九十九条规定，对按照审判监督程序提出抗诉的案件，人民检察院认为人民法院作出的判决、裁定仍然确有错误的，如果案件是依照第一审程序审判的，同级人民检察院应当按照第二审程序向上一级人民法院提出抗诉；如果案件是依照第二审程序审判的，上一级人民检察院应当按照审判监督程序向同级人民法院提出抗诉。

【提请抗诉报告书】 是指下级人民检察院审查发现同级人民法院已经发生法律效力的判决、裁定确有错误，而提请上级人民检察院依法按照审判监督程序提出抗诉时所制作的一种法律文书。提请抗诉报告书包括首部、正文和尾部三个组成部分。(1) 首部包括：标题（即××人民检察院提请抗诉报告书），案号，受文的上一级人民检察院。(2) 正文主要包括：本院收到生效裁判文书的时间；本院审查认为生效裁判确有错误及其理由，依次写明原审被告人基本情况及审查认定后的犯罪事实、案件的审判情况、生效裁判的错误之处、提请抗诉的理由和法律根据、本院检察委员会讨论情况；写明为保证法律的统一正确实施，特提请你院通过审判监督程序对此案提出抗诉。(3) 尾部包括制作日期及院印。

【人民法院对再审抗诉的审查处理】 是指在人民检察院按照审判监督程序提起抗诉以后，人民法院对人民检察院的抗诉所进行的审查和处理活动。与刑事申诉不同的是，一旦人民检察院按照审判监督程序提起抗诉，就必然引起审判监督程序，人民法院有义务对案件进行重新审判。这决定了人民法院对人民检察院的再审抗诉只能进行程序性的审查，而不能对再审抗诉是否具备足够根据进行实质性的审查。根据《刑事诉讼法司法解释》第四百六十二条的规定，对人民检察院依照审判监督程序提出抗诉的案件，人民法院应当在收到抗诉书后1个月以内立案。但是，有下列情形之一的，应当区别情况予以处理：（1）不属于本院管辖的，应当将案件退回人民检察院。（2）按照抗诉书提供的住址无法向被抗诉的原审被告人送达抗诉书的，应当通知人民检察院在3日以内重新提供原审被告人的住址；逾期未提供的，将案件退回人民检察院。（3）以有新的证据为由提出抗诉，但未附相关证据材料或者有关证据不是指向原起诉事实的，应当通知人民检察院在3日以内补送相关材料；逾期未补送的，将案件退回人民检察院。决定退回的抗诉案件，人民检察院经补充相关材料后再次抗诉，经审查符合受理条件的，人民法院应当受理。

【再审决定书】 是指人民法院经过审查以后，对符合条件的刑事申诉决定启动刑事审判监督程序时所作的一种法律文书。刑事再审决定书是人民法院启动刑事审判监督程序的重要标志，供各级人民法院对刑事案件依法提起再审时使用。刑事再审决定书包括首部、正文和尾部三个组成部分。（1）首部包括：标题（即××人民法院再审决定书）；案号。（2）正文主要包括：写明原审生效裁判情况；简述提起再审的来由；写明再审的理由；写明再审决定的法律依据；写明再审决定；写明本案在再审期间不停止原判决（裁定）的执行。其中，再审决定分三种情况：本院决定再审的，写“本案由本院另行组成合议庭进行再审”；本院决定提审的，写“本案由本院进行提审”；指令下级人民法院再审的，写“指令××人民法院另行组成合议庭对本案件进行再审”。刑事再审决定书应当送达原审被告人、人民检察院或者原审自诉人，发送其他有关诉讼参与人。对于人民检察院按照审判监督程序提出的刑事抗诉案件，如果原判事实不清、证据不足，需要指令下级人民法院再审时，可以参照以上格式制作再审决定书，但是其首部应当改写为：抗诉机关（写明人民检察院的全称），并另行列项写明“原审被告人（姓名、性别、出生年月日、民族、出生地、文化程度、现服刑处所或者住址）”。包括有新的证据证明原判可能有错误，需要指令下级人民法院再审时，人民法院应当在立案之日起1个月内作出决定，并将指令再审决定书送达抗诉的人民检察院。（3）结尾部分包括院印和制作时间。

【刑事审判监督程序的启动】 是指对于生效裁判确有错误的案件，人民法院依法开始按照审判监督程序予以重新审判。基于不同的案件来源，刑事审判监督程序的启动分两种情况：（1）根据《刑事诉讼法司法解释》第四百六十四条规定，人民法院在自行决定提起审判监督程序或者在刑事申诉符合法定理由的情况下，通过制作再审决定书启动审判监督程序。根据《刑事再审案件开庭审理程序规定（试行）》第九条规定，人民法院根据再审决定书启动审判监督程序时应当将再审决定书副本至迟在开庭30日前，重大、疑难案件至迟在开庭60日前送达同级人民检察院。（2）人民法院在人民检察院按照审判监督程序提起抗诉的情况下启动审判监督程序。根据《刑事诉讼法司法解释》第四百六十三条规定，在人民检察院按照审判监督程序提起抗诉的情况下，人民法院应当组成合议庭对案件进行重新审理。这意味着，在人民检察院的再审抗诉必然引起审判监督程序的情况下，人民法院启动审判监督程序的标志实际上是人民检察院向人民法院提交的刑事抗诉书。对于人民检察院按照审判监督程序提出的刑事抗诉案件，如果原判事实不清、证据不足，包括有新的证据证明原判可能有错误，需要指令下级人民法院再审时，人民法院应当在立案之日起 1 个月内作出决定，并将指令再审决定书送达抗诉的人民检察院。

【刑事再审案件的审判组织】 是指人民法院按照刑事审判监督程序重新审判案件时所采取的法庭组织形式。根据《刑事诉讼法》第一百八十三条第四款规定，人民法院审判抗诉案件，应当由审判员 3 人至 5 人组成合议庭进行。根据《刑事诉讼法》第二百五十六条、《刑事诉讼法司法解释》第四百六十三条、第四百六十六条第一款规定，对人民检察院依照审判监督程序提出抗诉的案件，接受抗诉的人民法院应当组成合议庭审理；原审人民法院审理依照审判监督程序重新审判的案件，应当另行组成合议庭。

【刑事再审案件的审理范围】 是指人民法院在按照审判监督程序重新审判案件时应当予以审查和裁判的事项。根据《刑事诉讼法司法解释》第四百六十五条规定，依照审判监督程序重新审判的案件，人民法院应当重点针对申诉、抗诉和决定再审的理由进行审理。但是在必要时，应当对原判决、裁定认定的事实、证据和适用法律进行全面审查。这意味着，依照审判监督程序重新审判案件时，人民法院应当采取重点审查和全面审查相结合的原则。重点审查申诉、抗诉和决定再审的理由。人民法院的重点审查有助于提高刑事再审的效率和节约诉讼成本，而全面审查则有利于维护当事人的合法权益和纠正错误裁判。

【刑事再审案件的审理程序】 是指人民法院在按照审判监督程序重新审判案件时所采用的诉讼程序。尽管刑事审判监督程序属于独立的审判程序，但是现行法律并没有对刑事再审案件规定专门的审理程序。根据《刑事诉讼法》第二百五十六条第一款、《刑事诉讼法司法解释》第四百六十六条、《审理人民检察院按照审判监督程序提出的刑事抗诉案件规定》第五条规定，人民法院在按照审判监督程序重新审判案件时所采用的审理程序分三种情况：（1）在上级人民法院提审的情况下，应当按照第二审程序进行审判，所作的判决、裁定，是终审的判决、裁定。（2）在指令再审的情况下，如果原来是第一审案件，接受抗诉的人民法院应当指令第一审人民法院依照第一审程序进行审判，所作的判决、裁定，可以上诉、抗诉；如果原来是第二审案件，接受抗诉的人民法院应当指令第二审人民法院依照第二审程序进行审判，所作的判决、裁定，是终审的判决、裁定。（3）在原审人民法院审理再审案件的情况下，再审程序取决于原审生效裁判所采用的审理程序，即原来是第一审案件，应当依照第一审程序进行审判，所作的判决、裁定可以上诉、抗诉；原来是第二审案件，应当依照第二审程序进行审判，所作的判决、裁定是终审的判决、裁定。（4）符合《刑事诉讼法》关于缺席审理程序规定的，可以缺席审判。

【刑事再审案件的审理方式】 是指人民法院在按照审判监督程序重新审判案件时所采用的具体审理形式。由于审判监督程序要么按照第一审程序进行审理，要么按照第二审程序进行审理，而第一审程序必须实行开庭审理，第二审程序既可以实行开庭审理，也可以不实行开庭审理，因此，审判监督程序的审理方式包括开庭审理和不开庭审理两种。根据《刑事再审案件开庭审理程序规定（试行）》第五条，人民法院审理下列再审案件，应当依法开庭审理：（1）依照第一审程序审理的。（2）依照第二审程序需要对事实或者证据进行审理的。（3）人民检察院按照审判监督程序提出抗诉的。（4）可能对原审被告人（原审上诉人）加重刑罚的。（5）有其他应当开庭审理情形的。人民法院开庭审理刑事再审案件时，采用的审理程序与第一审开庭审理程序大致相同，也包括开庭、法庭调查、法庭辩论、最后陈述、评议和宣判等几个主要阶段。《刑事诉讼法司法解释》第四百六十七条规定，对依照审判监督程序重新审判的案件，人民法院在依照第一审程序进行审判的过程中，发现原审被告人还有其他犯罪的，一般应当并案审理，但分案审理更为适宜的，可以分案审理。

【刑事再审案件的开庭准备】 是指人民法院在开庭审理刑事再审案件之前所采取的各项准备活动。根据《刑事再审案件开庭审理程序规定（试行）》第九条规定，人民法院在开庭审理前，应当进行下列工作：（1）确定合议庭的组成人员。（2）将再审决定书，申诉书副本至迟在开庭30日前，重大、疑难案件至迟在开庭60日前送达同级人民检察院，并通知其查阅案卷和准备出庭。（3）将再审决定书或抗诉书副本至迟在开庭30日以前送达原审被告人（原审上诉人），告知其可以委托辩护人，或者依法为其指定承担法律援助义务的律师担任辩护人。（4）至迟在开庭15日前，重大、疑难案件至迟在开庭60日前，通知辩护人查阅案卷和准备出庭。（5）将开庭的时间、地点在开庭7日以前通知人民检察院。（6）传唤当事人，通知辩护人、诉讼代理人、证人、鉴定人和翻译人员，传票和通知书至迟在开庭7日以前送达。（7）公开审判的案件，在开庭7日以前先期公布案由、原审被告人（原审上诉人）姓名、开庭时间和地点。

根据《刑事再审案件开庭审理程序规定（试行）》第十三条、第十四条，人民法院在进行开庭准备时还应当遵守下列规定：（1）人民法院应当在开庭30日前通知人民检察院、当事人或者辩护人查阅、复制双方提交的新证据目录及新证据复印件、照片。人民法院应当在开庭15日前通知控辩双方查阅、复制人民法院调取的新证据目录及新证据复印件、照片等证据。（2）控辩双方收到再审决定书或抗诉书后，人民法院通知开庭之日前，可以提交新的证据。开庭后，除对原审被告人（原审上诉人）有利的外，人民法院不再接纳新证据。值得注意的是，根据《刑事诉讼法司法解释》第四百六十八条规定，在人民法院开庭审理的再审案件中，再审决定书或者抗诉书只针对部分原审被告人，其他同案原审被告人不出庭不影响审理的，可以不出庭参加诉讼。

【人民检察院派员出席再审法庭】 是指在人民法院开庭审理的情况下，人民检察院派员出席法庭支持抗诉。根据《人民检察院刑事诉讼规则》第四百五十四条、第五百九十五条第四款规定，无论是人民检察院按照审判监督程序提起抗诉的刑事再审案件，还是人民法院自行启动或者根据刑事申诉或者再审检察建议启动审判监督程序的刑事再审案件，只要人民法院采取开庭审理的方式，同级人民检察院刑事申诉检察部门都应当派员出席法庭，并对人民法院再审活动实施法律监督。根据《刑事再审案件开庭审理程序规定（试行）》第十条，人民法院审理人民检察院提出抗诉的再审案件，对人民检察院接到出庭通知后未出庭的，应当裁定按人民检察院撤回抗诉处理，并通知诉讼参与人。

【刑事再审案件的开庭审理】 是指人民法院在启动审判监督程序以后，以开庭的方式对刑事再审案件予以重新审判。根据《刑事再审案件开庭审理程序规定（试行）》第十五条、第十六条规定，开庭审理前，合议庭应当核实原审被告人（原审上诉人）何时因何案被人民法院依法裁判，在服刑中有无重新犯罪，有无减刑、假释，何时刑满释放等情形。原审被告人（原审上诉人）到达开庭地点后，合议庭应当查明原审被告人（原审上诉人）基本情况，告知原审被告人（原审上诉人）享有辩护权和最后陈述权，制作笔录后，分别由该合议庭成员和书记员签名。

根据《刑事诉讼法司法解释》第四百七十一条和《刑事再审案件开庭审理程序规定（试行）》第十七条至第二十四条规定，刑事再审案件的开庭审理应当遵守下列规定：（1）审判长宣布合议庭组成人员及书记员，公诉人、辩护人、鉴定人和翻译人员的名单，并告知当事人、法定代理人享有申请回避的权利。（2）在宣布开庭和告知权利以后，对于人民法院决定再审的案件，由合议庭组成人员宣读再审决定书；根据人民检察院提出抗诉进行再审的案件，由公诉人宣读抗诉书；当事人及其法定代理人、近亲属提出申诉的案件，由申诉人或者其辩护人、诉讼代理人陈述申诉理由。（3）在审判长主持下，控辩双方应就案件的事实、证据和适用法律等问题分别进行陈述。合议庭对控辩双方无争议和有争议的事实、证据及适用法律问题进行归纳，予以确认。在审判长主持下，控辩双方就双方有争议的问题，进行法庭调查和辩论。（4）在审判长主持下，控辩双方对提出的新证据或者有异议的原审据以定罪量刑的证据进行质证。（5）进入辩论阶段，原审被告人（原审上诉人）及其法定代理人、近亲属提出申诉的，先由原审被告人（原审上诉人）及其辩护人发表辩护意见，然后由公诉人发言，被害人及其代理人发言。被害人及其法定代理人、近亲属提出申诉的，先由被害人及其代理人发言，公诉人发言，然后由原审被告人（原审上诉人）及其辩护人发表辩护意见。人民检察院提出抗诉的，先由公诉人发言，被害人及其代理人发言，然后由原审被告人（原审上诉人）及其辩护人发表辩护意见。既有申诉又有抗诉的，先由公诉人发言，后由申诉方当事人及其代理人或者辩护人发言或者发表辩护意见，然后由对方当事人及其代理人或辩护人发言或者发表辩护意见。公诉人、当事人和辩护人、诉讼代理人经审判长许可，可以互相辩论。（6）合议庭根据控辩双方举证、质证和辩论情况，可以当庭宣布认证结果。（7）再审改判宣告无罪并依法享有申请国家赔偿权利的当事人，宣判时合议庭应当告知其该判决发生法律效力后即有申请国家赔偿的权利。

【刑事再审案件的不开庭审理】 是指人民法院在启动审判监督程序以后，通过

刑事审判

阅卷、讯问原审被告人、庭外听取意见等方式对刑事再审案件予以重新审判。由于刑事再审案件的不开庭审理只能适用于按照第二审程序审理的刑事再审案件，因此，刑事再审案件的不开庭审理实际上就是第二审程序的书面审理方式。也就是说，对于不需开庭审理的刑事再审案件，再审人民法院应当根据《刑事诉讼法司法解释》第四百条规定讯问被告人，听取其他当事人、辩护人、诉讼代理人的意见；合议庭全体成员应当阅卷，必要时应当提交书面阅卷意见。

【刑事再审案件的中止审理】 是指人民法院在审理刑事再审案件过程中因为出现无法继续审理的情况而暂停审理，等待原因消失以后，再行恢复审理。根据《刑事再审案件开庭审理程序规定（试行)》第十二条、《审理人民检察院按照审判监督程序提出的刑事抗诉案件规定》第七条，如果原审被告人（原审上诉人）收到再审决定书或者抗诉书后下落不明，或者收到抗诉书后未到庭，人民法院应当中止审理。在原审被告人（原审上诉人）到案后，人民法院应当恢复审理。

【刑事再审案件的终止审理】 是指人民法院在审理刑事再审案件过程中遇到没有必要或者不应当继续审理的情形时，裁定结束案件的审理。根据《刑事再审案件开庭审理程序规定（试行)》第十二条规定，原审被告人（原审上诉人）收到再审决定书或者抗诉书后下落不明或者收到抗诉书后未到庭的，人民法院应当中止审理。但是，如果超过2年仍查无下落的，人民法院应当裁定终止审理。根据《审理人民检察院按照审判监督程序提出的刑事抗诉案件规定》第八条规定，被提出抗诉的原审被告人已经死亡或者在审理过程中死亡的，人民法院应当裁定终止审理，但对能够查清事实，确认原审被告人无罪的案件，应当予以改判。

【刑事再审案件中强制措施的适用】 是指人民检察院在提起审判监督程序或者人民法院在办理刑事再审案件的过程中对原审被告人依法决定采取的强制措施。根据《刑事诉讼法》第二百五十七条规定，人民法院决定再审的案件，需要对被告人采取强制措施的，由人民法院依法决定；人民检察院提出抗诉的再审案件，需要对被告人采取强制措施的，由人民检察院依法决定。根据《刑事诉讼法司法解释》第四百六十四条规定，如果被告人可能经再审改判无罪，或者可能经再审减轻原判刑罚而致刑期届满，人民法院在再审期间可以决定中止原判决、裁定的执行，在必要时可以对被告人采取取保候审、监视居住措施。根据《人民检察院刑事诉讼规则》第六百条规定，人民检察院办理按照第二审程序、审判监督程序抗诉的案件，认为需要对被告人采取强制措施的，参照该规则相关规定。决定采取强制措施应当经检察长批准。

【抗诉和申诉的撤回】 是指人民法院在审理刑事再审案件的过程中依法裁定允许人民检察院撤回抗诉或者申诉人撤回申诉。根据《刑事诉讼法司法解释》第四百七十条规定，人民法院审理人民检察院抗诉的再审案件，人民检察院在开庭审理前撤回抗诉的，应当裁定准许；人民检察院接到出庭通知后不派员出庭，且未说明原因的，可以裁定按撤回抗诉处理，并通知诉讼参与人。人民法院审理申诉人申诉的再审案件，申诉人在再审期间撤回申诉的，可以裁定准许；但认为原判确有错误的，应当不予准许，继续按照再审案件审理。申诉人经依法通知无正当理由拒不到庭，或者未经法庭许可中途退庭的，可以裁定按撤回申诉处理，但申诉人不是原审当事人的除外。以上规定既有助于维护人民检察院的撤回抗诉权和申诉人的撤回申诉权，又有利于人民法院在人民检察院或者申诉人不按规定参加再审案件的审理活动时确保案件得到适当处理。

【刑事再审案件的审理结果】 是指刑事再审案件经过重新审理以后，人民法院根据不同的情形所作的处理结果。根据《刑事诉讼法司法解释》第四百七十二条规定，再审案件经过重新审理后，应当按照下列情形分别处理：（1）原判决、裁定认定事实和适用法律正确、量刑适当的，应当裁定驳回申诉或者抗诉，维持原判决、裁定。（2）原判决、裁定定罪准确、量刑适当，但在认定事实、适用法律等方面有瑕疵的，应当裁定纠正并维持原判决、裁定。（3）原判决、裁定认定事实没有错误，但适用法律错误，或者量刑不当的，应当撤销原判决、裁定，依法改判。（4）依照第二审程序审理的案件，原判决、裁定事实不清、证据不足的，可以在查清事实后改判，也可以裁定撤销原判，发回原审人民法院重新审判。原判决、裁定事实不清或者证据不足，经审理事实已经查清的，应当根据查清的事实依法裁判；事实仍无法查清，证据不足，不能认定被告人有罪的，应当撤销原判决、裁定，判决宣告被告人无罪。

根据《刑事诉讼法司法解释》第四百七十三条、第四百七十四条规定，原判决、裁定认定被告人姓名等身份信息有误，但认定事实和适用法律正确、量刑适当的，作出生效判决、裁定的人民法院可以通过裁定对有关信息予以更正。对再审改判宣告无罪并依法享有申请国家赔偿权利的当事人，人民法院宣判时，应当告知其在判决发生法律效力后可以依法申请国家赔偿。

【再审不加刑原则】 是指在只有被告方提出再审申请或者为了被告人利益而提出再审申请的情况下，再审法院在重新审判案件时，不得作出不利于被告人的变更。该原则有效保障被判刑人的利益，充分体现了审判监督程序的救济性。《刑事诉讼法司法解释》第四百六十九条规定，除人民检察院抗诉的以外，再审一般不得加重原审被告人的刑罚。再审决定书或者抗诉书只针对部分原审被告人的，不得加重其他同案原审被告人的刑罚。但是需要说明，《刑事诉讼法司法解释》第四百零一条第一款第七项规定，原判判处的刑罚畸轻，必须依法改判的，应当在第二审判决、裁定生效后，依照审判监督程序重新审判。也即，对于刑罚畸轻必须改判的，《刑事诉讼法》及司法解释并不禁止通过审判监督程序加重刑罚。

【刑事执行】 又称刑事诉讼中的执行，是指人民法院、人民检察院、公安机关等执行机关将已经发生法律效力的判决、裁定所确定的内容付诸实施，以及解决实施中出现的问题而进行的各种活动。刑事执行既是刑事诉讼的最后一个程序，也是确保刑罚权得以实现的关键程序。正确执行生效的判决和裁定，不仅可以使犯罪分子受到应有的法律制裁，有效地保护公民的合法权益，而且有利于对公民进行法治教育，增强公民的法治观念，提高公民自觉同犯罪分子作斗争的积极性。执行与侦查、起诉、审判等程序是互相联系和不可分割的整体。侦查、起诉和审判是执行的前提和基础，执行是侦查、起诉和审判的结果和实际体现。

刑事执行具有合法性、强制性、及时性等基本特征。执行的合法性体现在执行对象的合法性和执行活动的合法性两个方面。作为执行对象的只能是已经发生法律效力的判决和裁定；而执行活动则必须依照法律规定的程序进行。执行的强制性是指对于已经生效的判决和裁定，必须严格依照判决和裁定所确定的内容加以执行。对于当事人而言，不论其是否同意，都必须予以执行；如果抗拒执行，将依法被追究法律责任。执行的及时性是指人民法院的判决和裁定一经发生法律效力，就应当迅速执行，任何机关、团体和个人都无权阻止和拖延。在我国刑事诉讼中，根据生效裁判所确定的不同内容，执行可以分为：死刑立即执行判决的执行；死刑缓期执行判决的执行；无期徒刑、有期徒刑和拘役判决的执行；有期徒刑缓刑、拘役缓刑的执行；管制、剥夺政治权利判决的执行；刑事裁判涉财产部分和附带民事裁判的执行；无罪判决和免除刑罚判决的执行。

【刑事执行对象】 又称刑事执行客体，是指已经发生法律效力的刑事判决和裁定。根据《刑事诉讼法》第二百五十九条、《刑法》第六十三条第二款规定，发生法律效力的刑事判决和裁定包括以下几种：（1）已超过法定期限没有上诉、抗诉的一审判决和裁定。（2）终审的判决和裁定，即中级、高级人民法院第二审案件的判决和裁定（死刑案件和在法定刑以下判处刑罚的案件除外），以及最高人民法院第一审和第二审作出的判决和裁定。（3）最高人民法院核准的死刑判决和裁定、高级人民法院核准的死刑缓期二年执行的判决和裁定。（4）最高人民法院核准的在法定刑以下判处刑罚的判决和裁定。

【刑事交付执行】 是指交付执行机关将已经发生法律效力的判决和裁定交付有关刑罚执行机关予以执行的一种诉讼活动。从理论上讲，刑事诉讼中的交付执行包括三种情况：（1）《刑法》规定的各种主刑和附加刑的交付执行。（2）免予刑事处罚和非刑罚性处置措施的交付执行。（3）刑罚变更执行内容的交付执行。这里的刑事交付执行是指第一种情形，即狭义的刑事交付执行。刑事交付执行是刑事执行的起始环节。刑罚未交付执行、延迟交付执行或者交付执行不当，不仅导致罪犯不能得到及时惩罚和改造，而且有可能侵犯罪犯的合法权益。根据我国《刑事诉讼法》及其司法解释的有关规定，刑事交付执行包括两个环节：（1）由人民法院交付执行依据；（2）由公安机关、看守所交付罪犯。执行依据，是指交付给刑事执行机关据以执行的法律文书等各种书面材料。执行依据的范围因为不同的刑罚种类和执行方式而有所区别。具有共性的执行依据主要包括判决书、裁定书、人民检察院的起诉书副本、自诉状复印件、人民法院的执行通知书、结案登记表。除了这些法律文书以外，有的刑事执行还需要特殊的法律文书，如对于死刑立即执行判决的执行，不仅需要以上法律文书，而且需要最高人民法院院长签发的执行死刑命令。

根据《刑事诉讼法》第二百六十四条第一款规定，罪犯被交付执行刑罚的时候，应当由交付执行的人民法院在判决生效后10日以内将有关的法律文书送达公安机关、监狱或者其他执行机关。除了财产刑的执行以外，其他刑罚的执行都涉及罪犯的交付问题。一般而言，人民法院将执行依据交付给公安机关以后，公安机关、看守所应当将罪犯交付执行机关予以执行。

【人民法院的结案登记表】 是指人民法院在将生效刑事裁判交付执行时制作并送达公安机关、监狱或者其他执行机关的旨在记载罪犯的犯罪事实等有关情况的一种法律文书。结案登记表是执行机关执行刑罚的重要根据。罪犯被交付执行刑罚的时候，交付执行的人民法院应当在裁判生效后10日以内将结案登记表送达公安机关、监狱或者其他执行机关。人民法院在交付执行时附送结案登记表有利于执行机关掌握罪犯的犯罪动机、手段和结果等犯罪情况，进而提高刑事执行的质量。结案登记表的主要内容包括：标题（即结案登记表），罪犯姓名，人民法院名称，填表日期，罪犯的姓名、曾用名、性别、出生日期、民族、出生地、文化程度、特长、捕前政治面貌、捕前职业或工作单位和职务、家庭住址，罪名、主刑、剥夺政治权利期限，简历，过去违法犯罪和处理情况，本案犯罪事实（时间、地点、手段、动机、结果等），证据，罪犯的认罪态度和是否已经考虑从严或者从宽判处等，备考（填写其他需要说明的情况）。结案登记表由交付执行的人民法院填写，并加盖公章。

【人民法院的执行通知书】 是指人民法院在将生效刑事裁判交付执行时制作的旨在通知执行机关执行刑罚的一种法律文书。执行通知书是执行机关执行刑罚的重要根据。罪犯被交付执行刑罚的时候，交付执行的人民法院应当在裁判生效后10日以内将人民法院的执行通知书送达公安机关、监狱或者其他执行机关。人民法院的执行通知书包括四联。第一联是存根联，由人民法院留存备查。存根联主要包括：标题（制作法院的名称和执行通知书），案号，罪犯的姓名、性别、出生日期、民族、家庭住址，罪名，主刑，起刑日期，羁押抵刑，刑满日期，附加刑，执行根据，附件（包括刑事判决书、刑事裁定书、罪犯结案登记表），签发人和经办人及其填写日期。第二联送达公安机关、监狱或者其他执行机关，内容与存根联基本相同。第三联是执行通知书回执，载明收到执行通知书及其附件的日期，以及送交执行或者执行刑罚的日期。公安机关、监狱或者其他执行机关填好回执、加盖公章、注明日期后，将回执交回人民法院附卷。第四联交罪犯本人收执。第四联由公安机关、监狱或者其他执行机关向罪犯宣读，由执行机关留存，并将执行通知书附入罪犯档案材料内。第四联主要包括：标题（制作法院的名称和执行通知书），案号，罪犯姓名，所犯罪名，通知事项（即主刑起算日期，羁押抵刑，刑满日期，附加剥夺政治权利），宣读日期。

【罪犯的交付】 是指公安机关、看守所、人民法院将罪犯交付刑事执行机关以便其执行有关刑罚的一种刑事执行活动。根据《刑事诉讼法》第二百六十四条、《公安机关办理刑事案件程序规定》第二百九十八条至第三百零二条的规定，公安机关、看守所对于罪犯的交付应当遵守下列规定：（1）对被依法判处刑罚的罪犯，如果罪犯已被采取强制措施的，公安机关应当依据人民法院生效的判决书、裁定书以及执行通知书，将罪犯交付执行。对人民法院作出无罪或者免除刑事处罚的判决，如果被告人在押，公安机关在收到相应的法律文书后应当立即办理释放手续；对人民法院建议给予行政处理的，应当依照有关规定处理或者移送有关部门。（2）对被判处死刑的罪犯，公安机关应当依据人民法院执行死刑的命令，将罪犯交由人民法院执行。（3）公安机关接到人民法院生效的判处死刑缓期二年执行、无期徒刑、有期徒刑的判决书、裁定书以及执行通知书后，应当在1个月以内将罪犯送交监狱执行。对未成年犯应当送交未成年犯管教所执行刑罚。（4）对被判处管制、宣告缓刑、假释或者暂予监外执行的罪犯，已被羁押的，由看守所将其交付社区矫正机构执行。对被判处剥夺政治权利的罪犯，由罪犯居住地的派出所负责执行。

另外，根据《人民检察院刑事诉讼规则》第六百二十五条规定，对需要收押执行刑罚但下落不明的罪犯，在收到人民法院的判决书、裁定书、执行通知书等法律文书后，公安机关若没有及时进行抓捕、通缉，人民检察院应依法提出纠正意见。根据《刑事诉讼法司法解释》第五百一十一条、第五百一十二条规定，人民法院交付罪犯包括以下情形：（1）第一审人民法院应当在判决、裁定生效后10日以内，将判决书、裁定书、起诉书副本、自诉状复印件、执行通知书、结案登记表送达公安机关、监狱或者其他执行机关。（2）同案审理的案件中，部分被告人被判处死刑，对未被判处死刑的同案被告人需要羁押执行刑罚的，应当根据前一情形规定及时交付执行。但是，该同案被告人参与实施有关死刑之罪的，应当在复核讯问被判处死刑的被告人后交付执行。

【刑事执行机关】 又称刑事执行主体，是指将生效裁判所确定的刑罚付诸实施的机关。根据我国《刑事诉讼法》的规定，执行机关包括人民法院、公安机关、监狱、看守所、未成年犯管教所、社区矫正机构。根据《刑事诉讼法》第二百六十条、第二百六十二条、第二百六十四条、第二百六十九条、第二百七十条至第二百七十二条规定，不同的执行机关在刑事执行活动中具有不同的职权和执行方式：（1）人民法院。死刑、刑事裁判涉财产部分和附带民事裁判，以及无罪或免除刑罚的判决，均由人民法院执行。（2）监狱。对于判处死刑缓期二年执行、无期徒刑、有期徒刑的罪犯，由公安机关依法将该罪犯送交监狱执行刑罚。（3）看守所。在被交付执行刑罚前，剩余刑期在3个月以下的，由看守所代为执行。（4）对于未成年犯，应当在未成年犯管教所执行刑罚。但是，根据2013年修订的《看守所留所执行刑罚罪犯管理办法》第二条，对于被判处有期徒刑的未成年罪犯，在被交付执行前，剩余刑期在3个月以下的，以及对于被判处拘役的未成年罪犯，应当由看守所代为执行刑罚。（5）公安机关。对于被判处拘役的罪犯，以及剥夺政治权利的判决和裁定，由公安机关执行。（6）社区矫正机构。对于被判处管制、宣告缓刑、假释或者暂予监外执行的罪犯，依法实行社区矫正，由社区矫正机构负责执行。

【监禁矫正】 是指将罪犯监禁在监狱、未成年犯管教所、看守所等执行机构内，对罪犯进行惩罚、改造、教育、矫治的刑罚执行活动。根据我国《刑法》《刑事诉讼法》和《监狱法》等法律的有关规定，我国监禁矫正的主要内容包括：(1) 监禁矫正的根本目的是预防和减少犯罪。监禁矫正的具体目的是执行刑罚，惩罚和改造罪犯，将罪犯改造成为守法公民，促进其重返社会。(2) 监禁矫正的主体包括监狱、未成年犯管教所、看守所等执行机构及其工作人员。(3) 监禁矫正的对象是应当予以监禁的罪犯。(4) 监禁矫正的客体主要是罪犯的犯罪人格。(5) 监禁矫正的措施主要有管理措施、教育措施、劳动措施、心理矫治、职业技术培训等。

【行刑非监禁化】 是指不将罪犯监禁在监狱等执行机构内，而是通过非监禁方法取代传统监禁方法的行刑社会化趋势。行刑非监禁化实际上就是尽量避免采用自由刑，尽可能地采用非监禁刑罚。其主要表现包括三个方面：(1) 缩小自由刑的适用范围，扩大非监禁刑罚的适用范围。(2) 变更自由刑的传统执行方式(即监禁)，大量采用缓刑、假释、定期服役等措施。(3) 创造非监禁化的刑罚措施代替监禁措施，如社区矫正、劳动赔偿等。在我国刑事法律中，管制、财产刑、缓刑、减刑、假释、社区矫正等都属于行刑非监禁化的范畴。

【社区矫正】 是指将管制、缓刑、假释、暂予监外执行的罪犯置于社区内，由专门的国家机关在相关人民团体、社会组织和社会志愿者的协助下，在判决、裁定或决定确定的期限内，矫正其犯罪心理和行为恶习，帮助其顺利回归社会的非监禁刑罚执行活动。社区矫正是近年来以社区为基础矫正罪犯的一种非监禁刑罚执行方式，是行刑非监禁化、社会化的重要体现。其实质是积极利用各种社会资源、整合社会各方面力量，对罪行较轻、主观恶性较小、社会危害性不大的罪犯或者经过监管改造、确有悔改表现、不致再危害社会的罪犯，在社区中进行有针对性管理、教育和改造。尽管社区矫正与监禁矫正都是以国家强制力为保障的刑罚执行活动，都是为了预防和减少犯罪，都具有执行刑罚、改造罪犯的功能，但是二者在矫正环境、矫正主体、矫正对象、矫正方式等许多方面都存在明显差异。

在我国刑事诉讼中，社区矫正作为一项重要的非监禁刑罚执行制度，是宽严相济刑事政策在刑罚执行方面的重要体现，充分体现了社会主义法治教育人、改造人的优越性。2018 年修正的《刑事诉讼法》第二百六十九条明确规定，对被判处管制、宣告缓刑、假释或者暂予监外执行的罪犯，依法实行社区矫正，由社区矫正机构负责执行。为依法规范实施社区矫正，将社区矫正对象改造成为守法公民，2020 年 7 月 1 日起施行的《社区矫正法》对我国社区矫正制度作出了全面而系统的规定。在党的十八届三中、四中全会以后，社区矫正成为深化司法体制改革和社会体制改革的一项重要内容。

【死刑立即执行判决的执行】 是指对于最高人民法院判处和核准的死刑立即执行的判决，在最高人民法院院长签发执行死刑的命令以后，由第一审人民法院执行死刑的一种执行活动。根据《刑事诉讼法》第二百六十一条至第二百六十三条以及《刑事诉讼法司法解释》第四百九十七条至第五百一十条的规定，死刑立即执行判决的执行主要包括执行死刑命令的签发、执行死刑的机关、死刑执行的准备、死刑执行的场所、死刑执行的方法、死刑执行的善后处理、死刑执行的临场监督等内容。

【执行死刑命令】 是指最高人民法院在判处或者核准死刑立即执行的判决以后，由其院长签发的命令下级人民法院将罪犯交付执行死刑的一种法律文书。根据《刑事诉讼法》规定，最高人民法院判处和核准的死刑立即执行的判决，应当由最高人民法院院长签发执行死刑命令。执行死刑命令的主要内容包括：（1）首部，包括标题（即“中华人民共和国最高人民法院执行死刑命令”），案号，执行死刑的中级人民法院名称。（2）正文，包括死刑核准信息、命令事项、执行死刑的基本要求等。（3）尾部，包括最高人民法院院长的签名、最高人民法院印章及其签发日期。执行死刑的命令应当一人一号，并同生效的死刑立即执行的判决书或核准死刑立即执行的裁定书一并下达。

【死刑执行机关】 是指根据最高人民法院院长签发的执行死刑命令，将罪犯执行死刑的下级人民法院。根据《刑事诉讼法》第二百六十二条和《刑事诉讼法司法解释》第四百九十九条规定，最高人民法院的执行死刑命令，由高级人民法院交付第一审人民法院执行。第一审人民法院接到执行死刑命令后，应当在7日内执行。在死刑缓期执行期间故意犯罪，最高人民法院核准执行死刑的，由罪犯服刑地的中级人民法院执行。如果死刑执行机关在执行前发现应当停止执行的情形，下级人民法院应当停止执行死刑，立即报告最高人民法院，由最高人民法院作出裁定。但是在停止执行死刑的原因消失后，下级人民法院应当报请最高人民法院院长再次签发执行死刑命令。根据《刑事诉讼法》第二百六十三条第四款规定，执行死刑时应当由人民法院的审判人员负责指挥。

【死刑执行准备】 是指第一审人民法院在接到执行死刑命令以后、在执行死刑之前所作的各项准备活动。根据《刑事诉讼法》第二百六十三条第四款、《刑事诉讼法司法解释》第五百条第一款、第五百零五条、第五百零八条规定，下级人民法院在执行死刑之前应当做好下列准备活动：（1）发现应当停止执行的情形时应当暂停执行，并立即将请求停止执行死刑的报告和相关材料层报最高人民法院处理。（2）告知罪犯有权会见其近亲属和及时安排会见。（3）由指挥执行的审判人员对罪犯验明正身，即对被执行人的身份加以法律确认，保证不将非犯罪人当作被执行人，确保被执行人属于被执行死刑的罪犯，避免出现错杀的情形。（4）指挥执行的审判人员在交执行人员执行死刑之前应当讯问被执行人员有无遗言、信札，并制作笔录。

【验明正身】 是指人民法院在对死刑罪犯交付执行前，由指挥执行的审判人员对被执行人进行检查、验证，以便确定其是否确实属于受到死刑判决之本人的一种诉讼活动。根据《刑事诉讼法》第二百六十三条第四款、《刑事诉讼法司法解释》第五百零八条第一款规定，执行死刑前，指挥执行的审判人员只有在对被执行人验明正身进而确认无误、制作验明正身笔录以后，才能将被执行人交给执行人员执行死刑。如果审判人员在验明正身时发现可能有错误，应当暂停执行，报请最高人民法院裁定。审判人员不仅需要根据案卷材料尤其是裁判文书核对被执行人的姓名、性别、年龄、籍贯、民族、职业、文化程度、家庭住址、所犯罪名等情况，而且应当讯问被执行人有无遗言、信札。如果案卷材料中有罪犯照片，审判人员应当将照片与被执行人进行对照核实。验明正身制度体现了我国慎重适用死刑的精神，有助于防止冒名顶替和错杀。

【死刑罪犯的会见权】 是指死刑罪犯享有的在第一审人民法院执行死刑之前同其近亲属会见的权利。死刑罪犯的会见权体现了人道主义精神。最高人民法院的司法解释明确规定了死刑罪犯的近亲属会见权。根据《刑事诉讼法司法解释》第五百零五条规定，第一审人民法院在执行死刑前，应当告知罪犯有权会见其近亲属。罪犯申请会见并提供具体联系方式的，人民法院应当通知其近亲属。确实无法与罪犯近亲属取得联系，或者其近亲属拒绝会见的，应当告知罪犯。罪犯申请通过录音录像等方式留下遗言的，人民法院可以准许。罪犯近亲属申请会见的，人民法院应当准许并及时安排，但罪犯拒绝会见的除外。罪犯拒绝会见的，应当记录在案并及时告知其近亲属；必要时，应当录音录像。罪犯申请会见近亲属以外的亲友，经人民法院审查，确有正当理由的，在确保安全的情况下可以准许。罪犯申请会见未成年子女的，应当经未成年子女的监护人同意；会见可能影响未成年人身心健康的，人民法院可以通过视频方式安排会见，会见时监护人应当在场。会见一般在罪犯羁押场所进行。会见情况应当记录在案，附卷存档。

【死刑执行场所】 是指人民法院对核准死刑立即执行的罪犯执行死刑的场所。根据《刑事诉讼法》第二百六十三条第三款规定，死刑执行场所包括两种：（1）人民法院设置的刑场。（2）指定的羁押场所，即人民法院指定的监狱或看守所，通常是死刑罪犯被羁押的场所。

【执行死刑布告】 是指人民法院在对被判处死刑的罪犯执行死刑后依法向社会公布有关情况时使用的一种司法文书。执行死刑布告是树立法律权威、加强法制宣传教育的一种重要形式。根据《刑事诉讼法》第二百六十三条第五款的规定，执行死刑应当公布。执行死刑布告的基本格式包括：标题（制作法院的名称和布告），罪犯的姓名、罪名等基本情况，主要犯罪事实，案件审理经过和结果，执行死刑情况，院长署名，发布时间，法院印章。执行死刑布告只能适用于判处死刑立即执行的案件，由执行死刑的人民法院制作。一张布告只能公布一起案件和一名罪犯，不能将多名罪犯放在一起进行公布。执行死刑布告应当使用法言法语，内容符合法律规定，布告中不得泄露国家秘密、个人隐私、犯罪手段、侦查手段或者其他不宜公布的犯罪情节。尤其是对于涉及被害人个人隐私的案件，不得泄露被害人的姓名等信息，不得描述具体的犯罪情节，以免产生不良影响，侵犯被害人的合法权益。人民法院应当在罪犯的作案地、执行死刑的地点以及法院门口布告栏内张贴执行死刑布告，不得随意张贴。

【死刑执行后的报告程序】 是指人民法院在执行死刑以后，应当将有关执行情况上报最高人民法院。根据《刑事诉讼法》第二百六十三条第六款、《刑事诉讼法司法解释》第五百零九条规定，执行死刑后，应当由法医验明罪犯确实死亡，在场书记员制作执行死刑笔录。

【死刑执行的善后工作】 是指人民法院在执行死刑以后采取有关措施，对与被执行人有关的事项进行善后处理。该工作不仅体现了人道主义精神，而且有助于保障死刑犯及其家属的合法权益。根据《刑事诉讼法》第二百六十三条第七款的规定，执行死刑后，交付执行的高级人民法院应当通知罪犯家属。根据《刑事诉讼法司法解释》第五百一十条规定，执行死刑后，负责执行的人民法院应当办理以下事项：（1）对罪犯的遗书、遗言笔录，应当及时审查；涉及财产继承、债务清偿、家事嘱托等内容的，将遗书、遗言笔录交给家属，同时复制附卷备查；涉及案件线索等问题的，抄送有关机关。（2）通知罪犯家属在限期内领取罪犯骨灰；没有火化条件或者因民族、宗教等原因不宜火化的，通知领取尸体；过期不领取的，由人民法院通知有关单位处理，并要求有关单位出具处理情况的说明；对罪犯骨灰或者尸体的处理情况，应当记录在案。（3）对外国籍罪犯执行死刑后，通知外国驻华使、领馆的程序和时限，根据有关规定办理。

【死缓、无期徒刑、有期徒刑和拘役判决的执行】 是指有关执行机关执行死缓、无期徒刑、有期徒刑和拘役判决的一种执行活动。根据《刑事诉讼法》第二百六十四条、《刑事诉讼法司法解释》第五百一十一条至第五百一十八条以及《监狱法》的有关规定，死缓、无期徒刑、有期徒刑和拘役判决的执行主要包括交付执行的手续、交付执行的期限、交付执行的场所、刑罚的执行、狱政管理、对罪犯的教育改造、对未成年犯的教育改造等内容。

【死缓、无期徒刑、有期徒刑和拘役判决的交付执行】 是指人民法院将被判处死缓、无期徒刑、有期徒刑和拘役的罪犯交付执行机关予以执行的一种诉讼活动。根据《刑事诉讼法》第二百六十四条第一款、2012 年修正的《监狱法》第十五条、《刑事诉讼法司法解释》第五百一十一条至第五百一十三条的规定，人民法院应当按照下列规定办理死缓、无期徒刑、有期徒刑和拘役判决的交付执行：（1）被判处死刑缓期执行、无期徒刑、有期徒刑、拘役的罪犯，第一审人民法院应当在判决、裁定生效后 10 日内，将判决书、裁定书、起诉书副本、自诉状复印件、执行通知书、结案登记表送达公安机关、监狱或者其他执行机关。（2）同案审理的案件中，部分被告人被判处死刑，对未被判处死刑的同案被告人需要羁押执行刑罚的，应当在其判决、裁定生效后 10 日内交付执行。但是，该同案被告人参与实施有关死刑之罪的，应当在复核讯问被判处死刑的被告人后交付执行。（3）执行通知书回执经看守所盖章后，应当附卷备查。

【收监】 是指监狱、未成年犯管教所依法接收和关押公安机关交付执行的被判处死刑缓期执行、无期徒刑、有期徒刑的罪犯的一种刑事执行活动。根据 2012 年修正的《监狱法》第十六条至第二十条、《未成年犯管教所管理规定》第十三条、第十四条规定，监狱、未成年犯管教所收监罪犯时应当按照下列规定办理：（1）收监手续。罪犯被交付执行刑罚时，交付执行的人民法院应当将人民检察院的起诉书副本、人民法院的判决书、执行通知书、结案登记表同时送达监狱、未成年犯管教所。监狱、未成年犯管教所没有收到上述文件的，不得收监；上述文件不齐全或者记载有误的，作出生效判决的人民法院应当及时补充齐全或者作出更正；对其中可能导致错误收监的，不予收监。罪犯被交付执行刑罚，符合以上规定的，应当予以收监。未成年犯管教所对年满十八周岁的罪犯不予收监。（2）身体检查。罪犯收监后，监狱、未成年犯管教所应当对其进行身体检查。经检查，对于具有暂予监外执行情形的，监狱、未成年犯管教所可以提出书面意见，报省级以上监狱管理机关批准。（3）物品检查。罪犯收监，应当严格检查其人身和所携带的物品。非生活必需品，由监狱代为保管或者征得罪犯同意退回其家属，违禁品予以没收。女犯由女性人民警察检查。（4）罪犯不得携带子女在监内服刑。（5）通知。罪犯收监后，监狱、未成年犯管教所应当在5日内通知罪犯家属或者未成年犯的父母或者其他监护人。

【收押】 是指看守所依法接收和关押代为执行刑罚的罪犯的一种刑事执行活动。根据2013年修订的《看守所留所执行刑罚罪犯管理办法》第二条规定，对于被判处拘役的罪犯以及在被交付执行刑罚前剩余刑期在3个月以下的罪犯，均由看守所予以收押和代为执行刑罚。根据2013年修订的《看守所留所执行刑罚罪犯管理办法》第九条至第十三条，看守所在收押罪犯时应当遵守下列规定：（1）收押手续。看守所在收到交付执行的人民法院送达的起诉书副本和判决书、裁定书、执行通知书、结案登记表的当日，应当办理罪犯收押手续，填写收押登记表，载明罪犯基本情况、收押日期等，并由民警签字后，将罪犯转入罪犯监区或者监室。（2）采集指纹。对于判决前未被羁押，判决后需要羁押执行刑罚的罪犯，看守所应当凭以上文书收押，并采集罪犯十指指纹信息。（3）检查。收押罪犯时，看守所应当进行健康和人身、物品安全检查。对罪犯的非生活必需品，应当登记，通知其家属领回或者由看守所代为保管；对违禁品，应当予以没收。对女性罪犯的人身检查，由女性人民警察进行。（4）建档。办理罪犯收押手续时应当建立罪犯档案。羁押服刑过程中的法律文书和管理材料存入档案。罪犯档案一人一档，分为正档和副档。正档包括收押凭证、暂予监外执行决定书、减刑、假释裁定书、释放证明书等法律文书；副档包括收押登记、谈话教育、罪犯考核、奖惩、疾病治疗、财物保管登记等管理记录。（5）通知。收押罪犯后，看守所应当在5日内向罪犯家属或者监护人发出罪犯执行刑罚地点通知书。对收押的外国籍罪犯，应当在24小时内报告所属公安机关。

【罪犯申诉、控告、检举的处理程序】 是指公安司法机关在处理罪犯提出的申诉、控告、检举材料时所遵循的程序。罪犯在被执行刑罚的过程中享有申诉、控告和检举的权利。监狱和未成年犯管教所应当依法保障收监罪犯的申诉、控告、检举权利。根据2012年修正的《监狱法》第二十一条至第二十四条规定，对罪犯提出的申诉、控告、检举的处理，应当按照下列程序进行：（1）对于罪犯的申诉，人民检察院或者人民法院应当及时处理。（2）对罪犯提出的控告、检举材料，监狱应当及时处理或者转送公安机关或者人民检察院处理，公安机关或者人民检察院应当将处理结果通知监狱。（3）罪犯的申诉、控告、检举材料，监狱应当及时转递，不得扣压。（4）监狱在执行刑罚过程中，根据罪犯的申诉，认为判决可能有错误的，应当提请人民检察院或者人民法院处理，人民检察院或者人民法院应当自收到监狱提请处理意见书之日起6个月内将处理结果通知监狱。另外，根据2013年修订的《看守所留所执行刑罚罪犯管理办法》第十六条规定，对罪犯向看守所提交的控告、检举材料，看守所应当自收到材料之日起15日内作出处理；对罪犯向人民法院、人民检察院提交的控告、检举材料，看守所应当自收到材料之日起5日内予以转送。看守所对控告、检举作出处理或者转送有关部门处理的，应当及时将有关情况或者处理结果通知具名控告、检举的罪犯。

【分押分管】 是指监狱、未成年管教所、看守所依据服刑罪犯的具体情况，实行分别关押和采取不同方式管理的制度，包括对罪犯实行分别关押、分类管理和分级处理三个方面的内容。根据2012年修正的《监狱法》第三十九条、第四十条和《未成年犯管教所管理规定》第十五条、第十六条规定，分押分管应当遵守下列规定：（1）监狱对成年男犯、女犯和未成年犯实行分开关押和管理，对未成年犯和女犯的改造，应当照顾其生理、心理特点。女犯由女性人民警察直接管理。（2）监狱根据罪犯的犯罪类型、刑罚种类、刑期、改造表现等情况，对罪犯实行分别关押，采取不同方式管理。（3）对未成年男犯、女犯，应当分别编队关押和管理。未成年女犯由女性人民警察管理。少数民族未成年犯较多的，可单独编队关押和管理。（4）未成年犯管教所按照未成年犯的刑期、犯罪类型，实行分别关押和管理。根据未成年犯的改造表现，在活动范围、通信、会见、收受物品、离所探亲、考核奖惩等方面给予不同的处遇。

根据2013年修订的《看守所留所执行刑罚罪犯管理办法》第四十三条、第四十四条规定，看守所内的分押分管应当遵守下列规定：（1）看守所应当将男性和女性罪犯、成年和未成年罪犯分别关押和管理。有条件的看守所，可以根据罪犯的犯罪类型、刑罚种类、性格特征、心理状况、健康状况、改造表现等，对罪犯实行分别关押和管理。（2）看守所应当根据罪犯的改造表现，对罪犯实行宽严有别的分级处遇。对罪犯适用分级处遇，按照有关规定，依据对罪犯改造表现的考核结果确定，并应当根据情况变化适时调整。对不同处遇等级的罪犯，看守所应当在其活动范围、会见通讯、接收物品、文体活动、奖励等方面，分别实施相应的处遇。

【监狱警戒】 是指监狱为了看押罪犯、防止罪犯脱逃而采取的各种警戒措施。根据2012年修正的《监狱法》第四十一条至第四十四条的规定，监狱的武装警戒由人民武装警察部队负责，具体办法由国务院、中央军事委员会规定。监狱根据监管需要，设立警戒设施。监狱周围设警戒隔离带，未经准许，任何人不得进入。监区、作业区周围的机关、团体、企业事业单位和基层组织，应当协助监狱做好安全警戒工作。监狱发现在押罪犯脱逃，应当即时将其抓获，不能即时抓获的，应当立即通知公安机关，由公安机关负责追捕，监狱密切配合。与监狱相似的是，未成年犯管教所在关押未成年罪犯时也应当采取警戒措施。根据《未成年犯管教所管理规定》第十七条、第十八条的规定，未成年犯管教所建立警卫机构，负责警戒、看押工作。未成年犯管教所监管区的围墙，可以安装电网，在重要部位安装监控、报警装置。

【戒具和武器的使用】　是指监狱在遇到紧急情况或者危险情况时对罪犯使用戒具或者武器。根据2012年修正的《监狱法》第四十五条的规定，监狱遇有下列情形之一的，可以使用戒具：(1) 罪犯有脱逃行为的。(2) 罪犯有使用暴力行为的。(3) 罪犯正在押解途中的。(4) 罪犯有其他危险行为需要采取防范措施的。前款所列情形消失后，应当停止使用戒具。根据2012年修正的《监狱法》第四十六条规定，人民警察和人民武装警察部队的执勤人员遇有下列情形之一，非使用武器不能制止的，按照国家有关规定，可以使用武器：(1) 罪犯聚众骚乱、暴乱的。(2) 罪犯脱逃或者拒捕的。(3) 罪犯持有凶器或者其他危险物，正在行凶或者破坏，危及他人生命、财产安全的。(4) 劫夺罪犯的。(5) 罪犯抢夺武器的。使用武器的人员，应当按照国家有关规定报告情况。根据《未成年犯管教所管理规定》第二十条，对未成年犯原则上不使用戒具。但是，如果有以上情形之一时，可以使用手铐。

【服刑期间的通信、会见】　是指罪犯在监狱、未成年犯管教所服刑期间同他人之间的通信和会见。根据2012年修正的《监狱法》第四十七条至第四十九条规定，罪犯在服刑期间的通信、会见应当遵守下列规定：(1) 罪犯在服刑期间可以与他人通信，但是来往信件应当经过监狱检查。监狱发现有碍罪犯改造内容的信件，可以扣留。罪犯写给监狱的上级机关和司法机关的信件，不受检查。(2) 罪犯在监狱服刑期间，按照规定，可以会见亲属、监护人。(3) 罪犯收受物品和钱款，应当经监狱批准、检查。根据《未成年犯管教所管理规定》第二十二条规定，未成年犯会见的时间和次数，可以比照成年犯适当放宽。对改造表现突出的，可准许其与亲属一同用餐或者延长会见时间，但最长不超过24小时。

根据2013年修订的《看守所留所执行刑罚罪犯管理办法》第四十五条至第五十二条的规定，罪犯在看守所服刑期间的通信、会见应当遵守下列规定：(1) 罪犯可以与其亲属或者监护人每月会见1至2次，每次不超过1小时。每次前来会见罪犯的人员不超过3人。因特殊情况需要延长会见时间，增加会见人数，或者其亲属、监护人以外的人要求会见的，应当经看守所领导批准。(2) 罪犯与受委托的律师会见，由律师向看守所提出申请，看守所应当查验授权委托书、律师事务所介绍信和律师执业证，并在48小时内予以安排。(3) 依据我国参加的国际公约和缔结的领事条约的有关规定，外国驻华使（领）馆官员要求探视其本国籍罪犯，或者外国籍罪犯亲属、监护人首次要求会见的，应当向省级公安机关提出书面申请。看守所根据省级公安机关的书面通知予以安排。外国籍罪犯亲属或者监护人再次要求会见的，可以直接向看守所提出申请。外国籍罪犯拒绝其所属国驻华使（领）馆官员或者其亲属、监护人探视的，看守所不予安排，但罪犯应当出具本人签名的书面声明。(4) 经看守所领导批准，罪犯可以用指定的固定电话与其亲友、监护人通话；外国籍罪犯还可以与其所属国驻华使（领）馆通话。通话费用由罪犯本人承担。(5) 少数民族罪犯可以使用其本民族语言文字会见、通讯；外国籍罪犯可以使用其本国语言文字会见、通讯。(6) 会见应当在看守所会见室进行。罪犯近亲属、监护人不便到看守所会见，经其申请，看守所可以安排视频会见。

会见、通讯应当遵守看守所的有关规定。对违反规定的，看守所可以中止本次会见、通讯。（7）罪犯可以与其亲友或者监护人通信。看守所应当对罪犯的来往信件进行检查，发现有碍罪犯改造内容的信件可以扣留。罪犯写给看守所的上级机关和司法机关的信件，不受检查。（8）办案机关因办案需要向罪犯了解有关情况的，应当出具办案机关证明和办案人员工作证，并经看守所领导批准后在看守所内进行。

【临时出所】 是指罪犯在看守所服刑期间因为某种特殊原因在得到公安机关批准以后暂时离开看守所，然后返回看守所的一种刑事执行制度。根据2013年修订的《看守所留所执行刑罚罪犯管理办法》第五十三条至第五十九条规定，临时出所应当遵守下列规定：（1）因起赃、辨认、出庭作证、接受审判等需要将罪犯提出看守所的，办案机关应当出具公函，经看守所领导批准后提出，并当日送回。侦查机关因办理其他案件需要将罪犯临时寄押到异地看守所取证，并持有侦查机关所在的设区的市一级以上公安机关公函的，看守所应当允许提出，并办理相关手续。人民法院因再审开庭需要将罪犯提出看守所，并持有人民法院刑事再审决定书或者刑事裁定书，或者人民检察院抗诉书的，看守所应当允许提出，并办理相关手续。（2）被判处拘役的罪犯每月可以回家1至2日，由罪犯本人提出申请，管教民警签署意见，经看守所所长审核后，报所属公安机关批准。（3）被判处拘役的外国籍罪犯提出探亲申请的，看守所应当报设区的市一级以上公安机关审批。设区的市一级以上公安机关作出批准决定的，应当报上一级公安机关备案。被判处拘役的外国籍罪犯探亲时，不得出境。（4）对于准许回家的拘役罪犯，看守所应当发给回家证明，并告知应当遵守的相关规定。罪犯回家时间不能集中使用，不得将刑期末期作为回家时间，变相提前释放罪犯。（5）罪犯需要办理婚姻登记等必须由本人实施的民事法律行为的，应当向看守所提出书面申请，经看守所领导批准后出所办理，由2名以上民警押解，并于当日返回。（6）罪犯进行民事诉讼需要出庭时，应当委托诉讼代理人代为出庭。对于涉及人身关系的诉讼等必须由罪犯本人出庭的，凭人民法院出庭通知书办理临时离所手续，由人民法院司法警察负责押解看管，并于当日返回。罪犯因特殊情况不宜离所出庭的，看守所可以与人民法院协商，根据《民事诉讼法》的规定，由人民法院到看守所开庭审理。（7）罪犯遇有配偶、父母、子女病危或者死亡，确需本人回家处理的，由当地公安派出所出具证明，经看守所所属公安机关领导批准，可以暂时离所，由2名以上民警押解，并于当日返回。

【监狱内的生活、卫生管理】 是指监狱在罪犯服刑期间对其生活、卫生进行的各种管理工作。根据2012年修正的《监狱法》第五十条至第五十五条，监狱生活卫生管理工作包括：（1）罪犯的生活标准按实物量计算，由国家规定。（2）罪犯的被服由监狱统一配发。（3）对少数民族罪犯的特殊生活习惯，应当予以照顾。（4）罪犯居住的监舍应当坚固、通风、透光、清洁、保暖。（5）监狱应当设立医疗机构和生活、卫生设施，建立罪犯生活、卫生制度。罪犯的医疗保健列入监狱所在地区的卫生、防疫计划。（6）罪犯在服刑期间死亡的，监狱应当立即通知罪犯家属和人民检察院、人民法院。罪犯因病死亡的，由监狱作出医疗鉴定。人民检察院对监狱的医疗鉴定有疑义的，可以重新对死亡原因作出鉴定。罪犯家属有疑义的，可以向人民检察院提出。罪犯非正常死亡的，人民检察院应当立即检验，对死亡原因作出鉴定。为切实维护罪犯合法权益，严格公正文明执法，确保监狱安全稳定，司法部于2014年10月14日印发了《加强监狱生活卫生管理工作规定》，对罪犯服刑期间的生活卫生管理工作做出了较为详细的规定。

【未成年罪犯的生活、卫生管理】 是指未成年犯管教所在未成年罪犯服刑期间对其生活、卫生进行的各种管理工作。根据《未成年犯管教所管理规定》第四十七条至第五十六条规定，未成年罪犯的生活、卫生管理工作包括：（1）未成年犯的生活水平，应当以保证其身体健康发育为最低标准。（2）未成年犯管教所应当合理配膳，保证未成年犯吃饱、吃得卫生。对有特殊饮食习惯的少数民族罪犯，应当单独设灶配膳；对生病者，在伙食上给予照顾。（3）未成年犯的被服，须依照规定按时发放。（4）未成年犯以班组为单位住宿，不得睡通铺。人均居住面积不得少于3平方米。（5）未成年犯管教所应当合理安排作息时间，保证未成年犯每天的睡眠时间不少于8小时。（6）未成年犯管教所定期安排未成年犯洗澡、理发、洗晒被服。（7）禁止未成年犯吸烟、喝酒。（8）经检查批准，未成年犯可以收受学习、生活用品以及钱款，现金由未成年犯管教所登记保管。（9）对未成年犯的私人财物，未成年犯管教所应当登记、造册，并发给本人收据。（10）未成年犯管教所在当地卫生主管部门指导下开展医疗、防病工作，设立医疗机构，保证未成年犯有病得到及时治疗，按照“预防为主，防治结合”的要求，做好未成年犯的防疫保健工作，每年进行一次健康检查。（11）未成年犯管教所设立生活物资供应站，由人民警察负责管理，保证未成年犯日常生活用品的供应。供应站所得收入，用于改善未成年犯的生活。

【看守所内的生活、卫生管理】 是指看守所在罪犯服刑期间对其生活、卫生进行的各种管理工作。根据2013年修订的《看守所留所执行刑罚罪犯管理办法》第六十条至第六十五条规定，看守所内的生活、卫生管理工作包括：（1）罪犯伙食按照国务院财政部门、公安部门制定的实物量标准执行。（2）罪犯应当着囚服。（3）对少数民族罪犯，应当尊重其生活、饮食习惯。罪犯患病治疗期间，看守所应当适当提高伙食标准。（4）看守所对罪犯收受的物品应当进行检查，非日常生活用品由看守所登记保管。罪犯收受的钱款，由看守所代为保管，并开具记账卡交与罪犯。看守所检查、接收送给罪犯的物品、钱款后，应当开具回执交与送物人、送款人。罪犯可以依照有关规定使用物品和支出钱款。罪犯刑满释放时，钱款余额和本人物品由其本人领回。（5）对患病的罪犯，看守所应当及时治疗；对患有传染病需要隔离治疗的，应当及时隔离治疗。（6）罪犯在服刑期间死亡的，看守所应当立即报告所属公安机关，并通知罪犯家属和人民检察院、原判人民法院。外国籍罪犯死亡的，应当立即层报至省级公安机关。罪犯死亡的，由看守所所属公安机关或者医院对死亡原因作出鉴定。罪犯家属有异议的，可以向人民检察院提出。

【监狱内的考核奖惩】 是指监狱对罪犯在服刑期间的表现进行的日常考核、奖励和处罚。根据2012年修正的《监狱法》第五十六条至第五十八条规定，监狱应当建立罪犯的日常考核制度，考核的结果作为对罪犯奖励和处罚的依据。罪犯有下列情形之一的，监狱可以给予表扬、物质奖励或者记功：（1）遵守监规纪律，努力学习，积极劳动，有认罪服法表现的。（2）阻止违法犯罪活动的。（3）超额完成生产任务的。（4）节约原材料或者爱护公物，有成绩的。（5）进行技术革新或者传授生产技术，有一定成效的。（6）在防止或者消除灾害事故中作出一定贡献的。（7）对国家和社会有其他贡献的。被判处有期徒刑的罪犯有前款所列情形之一，执行原判刑期二分之一以上，在服刑期间一贯表现好，离开监狱不致再危害社会的，监狱可以根据情况准其离监探亲。罪犯有下列破坏监管秩序情形之一的，监狱可以给予警告、记过或者禁闭：（1）聚众哄闹监狱，扰乱正常秩序的。（2）辱骂或者殴打人民警察的。（3）欺压其他罪犯的。（4）偷窃、赌博、打架斗殴、寻衅滋事的。（5）有劳动能力拒不参加劳动或者消极怠工，经教育不改的。（6）以自伤、自残手段逃避劳动的。（7）在生产劳动中故意违反操作规程，或者有意损坏生产工具的。（8）有违反监规纪律的其他行为的。依照前款规定对罪犯实行禁闭的期限为7天至15天。罪犯在服刑期间有上述行为，构成犯罪的，依法追究刑事责任。

【未成年罪犯的考核奖惩】 是指未成年犯管教所对未成年罪犯在服刑期间的表现进行的日常考核、奖励和处罚。根据《未成年犯管教所管理规定》第五十七条至第六十三条规定，未成年罪犯的考核奖惩包括：（1）对未成年犯的减刑、假释，可以比照成年犯依法适度放宽。对被判处无期徒刑确有悔改表现的未成年犯，一般在执行1年6个月以上即可提出减刑建议。对被判处有期徒刑确有悔改表现的未成年犯，一般在执行1年以上即可提出减刑建议。未成年犯两次减刑的间隔时间应在6个月以上。对未成年犯有监狱法规定的重大立功表现情形之一的，可以不受前所述时间的限制，及时提出减刑建议。（2）对未成年犯的日常考核，采取日记载、周评议、月小结的方法，由人民警察直接考核。考核的结果应当作为对未成年犯奖惩的依据。（3）未成年犯有《监狱法》第五十七条情形之一的，未成年犯管教所应当给予表扬、物质奖励或者记功。（4）对被判处有期徒刑的未成年犯在执行原判刑期三分之一以上，服刑期间一贯表现良好，离所后不致再危害社会的，未成年犯管教所可以根据情况准其离所探亲。（5）未成年犯被批准离所探亲的时间为5至7天（不包括在途时间），两次探亲的间隔时间至少在6个月以上。离所探亲的未成年犯必须由其父母或者其他监护人接送。（6）未成年犯有《监狱法》第五十八条规定的破坏监管秩序情形之一的，未成年犯管教所可以给予警告、记过或者禁闭处分；构成犯罪的，依法追究刑事责任。（7）对未成年犯实行禁闭的期限为3至7天。未成年犯禁闭期间，每天放风两次，每次不少于1小时。

【看守所内的考核奖惩】 是指看守所对罪犯在服刑期间的表现进行的日常考核、奖励和处罚。根据2013年修订的《看守所留所执行刑罚罪犯管理办法》第六十六条、第六十七条、第七十条、第七十一条，看守所应当依照公开、公平、公正的原则，对罪犯改造表现实行量化考核。考核情况由管教民警填写。考核以罪犯认罪服法、遵守监规、接受教育、参加劳动等情况为主要内容。考核结果作为对罪犯分级处遇、奖惩和提请减刑、假释的依据。罪犯有下列情形之一的，看守所可以给予表扬、物质奖励或者记功：（1）遵守管理规定，努力学习，积极劳动，有认罪服法表现的。（2）阻止违法犯罪活动的。（3）爱护公物或者在劳动中节约原材料，有成绩的。（4）进行技术革新或者传授生产技术，有一定成效的。（5）在防止或者消除灾害事故中作出一定贡献的。（6）对国家和社会有其他贡献的。对罪犯的物质奖励或者记功意见由管教民警提出，物质奖励由看守所领导批准，记功由看守所所务会研究决定。

罪犯有下列破坏监管秩序情形之一，情节较轻的，予以警告；情节较重的，予以记过；情节严重的，予以禁闭；构成犯罪的，依法追究刑事责任：（1）聚众哄闹，扰乱正常监管秩序的。（2）辱骂或者殴打民警的。（3）欺压其他罪犯的。（4）盗窃、赌博、打架斗殴、寻衅滋事的。（5）有劳动能力拒不参加劳动或者消极怠工，经教育不改的。（6）以自伤、自残手段逃避劳动的。（7）在生产劳动中故意违反操作规程，或者有意损坏生产工具的。（8）有违反看守所管理规定的其他行为的。对罪犯的记过、禁闭由管教民警提出意见，报看守所领导批准。禁闭时间为5至10日，禁闭期间暂停会见、通讯。看守所对被禁闭的罪犯，应当指定专人进行教育帮助。对确已悔悟的，可以提前解除禁闭，由管教民警提出书面意见，报看守所领导批准；禁闭期满的，应当立即解除禁闭。

【罪犯离所探亲】 是指在符合条件的情况下，看守所依法允许留所执行刑罚的罪犯暂时离开看守所，回家探望亲属的一种执行制度。根据2013年修订的《看守所留所执行刑罚罪犯管理办法》第六十七条第二款、第六十八条、第六十九条规定，罪犯离所探亲制度包括如下内容：（1）准许离所探亲的条件。被判处有期徒刑的罪犯具有《看守所留所执行刑罚罪犯管理办法》第六十七条第一款规定的情形之一，而且在服刑期间一贯表现好，离开看守所不致再危害社会的，看守所可以根据情况批准其离所探亲。（2）申请和批准程序。罪犯申请离所探亲的，应当由其家属担保，经看守所所务会研究同意后，报所属公安机关领导批准。看守所所务会应当有书面记录，并由与会人员签名。对离所探亲的罪犯，看守所应当发给离所探亲证明书。看守所不得将罪犯离所探亲时间安排在罪犯刑期末期，变相提前释放罪犯。（3）探亲时间。探亲时间不含路途时间，为3至7日。（4）应尽义务。罪犯在探亲期间不得离开其亲属居住地，不得出境。罪犯应当在抵家的当日携带离所探亲证明书到当地公安派出所报到。（5）返所。罪犯返回看守所时，由该公安派出所将其离所探亲期间的表现在离所探亲证明书上注明。

【对罪犯服刑期间犯罪的处理】 是指监狱对罪犯服刑期间实施的犯罪行为进行侦查和移送审查起诉。根据《刑事诉讼法》第三百零八条、《监狱法》第六十条规定，对罪犯在监狱内犯罪的案件，由监狱进行侦查。根据《监狱法》第五十九条、第六十条规定，监狱侦查终结后，应当写出起诉意见书，连同案卷材料、证据一并移送人民检察院。罪犯在服刑期间故意犯罪的，应当依法从重处罚。值得注意的是，根据2013年修订的《看守所留所执行刑罚罪犯管理办法》第八十四条、第八十五条规定，罪犯在看守所内又犯新罪的，由所属公安机关侦查。看守所发现罪犯有判决前尚未发现的犯罪行为的，应当书面报告所属公安机关。

【监狱对罪犯的教育改造】 是指监狱在罪犯服刑期间对其采取的各种教育、矫治措施。根据《监狱法》第六十一条至第七十三条，监狱对罪犯的教育改造应当按照下列规定办理：（1）教育改造罪犯，实行因人施教、分类教育、以理服人的原则，采取集体教育与个别教育相结合、狱内教育与社会教育相结合的方法。（2）监狱应当对罪犯进行法制、道德、形势、政策、前途等内容的思想教育。（3）监狱应当根据不同情况，对罪犯进行扫盲教育、初等教育和初级中等教育，经考试合格的，由教育部门发给相应的学业证书。（4）监狱应当根据监狱生产和罪犯释放后就业的需要，对罪犯进行职业技术教育，经考核合格的，由劳动部门发给相应的技术等级证书。（5）监狱鼓励罪犯自学，经考试合格的，由有关部门发给相应的证书。（6）罪犯的文化和职业技术教育，应当列入所在地区教育规划。监狱应当设立教室、图书阅览室等必要的教育设施。（7）监狱应当组织罪犯开展适当的体育活动和文化娱乐活动。（8）国家机关、社会团体、部队、企业事业单位和社会各界人士以及罪犯的亲属，应当协助监狱做好对罪犯的教育改造工作。（9）有劳动能力的罪犯，必须参加劳动。（10）监狱根据罪犯的个人情况，合理组织劳动，使其矫正恶习，养成劳动习惯，学会生产技能，并为释放后就业创造条件。（11）监狱对罪犯的劳动时间，参照国家有关劳动工时的规定执行；在季节性生产等特殊情况下，可以调整劳动时间。罪犯有在法定节日和休息日休息的权利。（12）监狱对参加劳动的罪犯，应当按照有关规定给予报酬并执行国家有关劳动保护的规定。（13）罪犯在劳动中致伤、致残或者死亡的，由监狱参照国家劳动保险的有关规定处理。

【对未成年罪犯的教育改造】 是指未成年犯管教所在未成年罪犯服刑期间对其采取的各种教育、矫治措施。根据2012年修正的《监狱法》第七十五条、第七十六条规定，未成年犯管教所对未成年犯执行刑罚应当以教育改造为主。未成年犯的劳动，应当符合未成年人的特点，以学习文化和生产技能为主。监狱应当配合国家、社会、学校等教育机构，为未成年犯接受义务教育提供必要的条件。未成年犯年满18周岁时，剩余刑期不超过2年的，仍可以留在未成年犯管教所执行剩余刑期。根据未成年罪犯的生理、心理特点，《未成年犯管教所管理规定》第二十八条至第四十六条详细规定了针对未成年罪犯的特殊教育改造措施。例如，对未成年犯的教育采取集体教育与个别教育相结合，课堂教育与辅助教育相结合，所内教育与社会教育相结合的方法；未成年犯的文化教育列入当地教育发展的总体规划，未成年犯管教所应与当地教育行政部门联系，争取在教育经费、师资培训、业务指导、考试及颁发证书等方面得到支持；未成年犯管教所应当配备符合国家规定学历的人民警察担任教师，按押犯数4%的比例配备，教师实行专业技术职务制度，禁止罪犯担任教师；对未成年犯的文化教育应当根据其文化程度，分别进行扫盲教育、小学教育、初中教育，采取分年级编班施教，按规定的课程开课，使用经国务院教育行政部门审定的教材，有条件的可以进行高中教育，鼓励完成义务教育的未成年犯自学，组织参加各类自学考试；对未成年犯的技术教育应当根据其刑期、文化程度和刑满释放后的就业需要，重点进行职业技术教育和技能培训，其课程设置和教学要求可以参照社会同类学校；对参加文化、技术学习的未成年犯，经考试合格的，由当地教育、劳动行政部门发给相应的毕业或者结业证书及技术证书；根据未成年犯的案情、刑期、心理特点和改造表现进行有针对性的个别教育，实行教育转化责任制；未成年犯管教所应当建立心理矫治机构，对未成年犯进行生理、心理健康教育，进行心理测试、心理咨询和心理矫治。

【看守所对罪犯的教育改造】 是指看守所在罪犯服刑期间对其采取的各种教育、矫治措施。根据2013年修订的《看守所留所执行刑罚罪犯管理办法》第七十二条至第八十三条规定，看守所对罪犯的教育改造应当遵守下列规定：(1) 看守所应当建立对罪犯的教育改造制度，对罪犯进行法制、道德、文化、技能等教育。(2) 对罪犯的教育应当根据罪犯的犯罪类型、犯罪原因、恶性程度及其思想、行为、心理特征，坚持因人施教、以理服人、注重实效的原则，采取集体教育与个别教育相结合，所内教育与所外教育相结合的方法。(3) 有条件的看守所应当设立教室、谈话室、文体活动室、图书室、阅览室、电化教育室、心理咨询室等教育改造场所，并配备必要的设施。(4) 看守所应当结合时事、政治、重大事件等，适时对罪犯进行集体教育。(5) 看守所应当根据每一名罪犯的具体情况，适时进行有针对性的教育。(6) 看守所应当积极争取社会支持，配合看守所开展社会帮教活动。看守所可以组织罪犯到社会上参观学习，接受教育。(7) 看守所应当根据不同情况，对罪犯进行文化教育，鼓励罪犯自学。罪犯可以参加国家举办的高等教育自学考试，看守所应当为罪犯学习和考试提供方便。(8) 看守所应当加强监区文化建设，组织罪犯开展适当的文体活动，创造有益于罪犯身心健康和发展的改造环境。(9) 看守所应当组织罪犯参加劳动，培养劳动技能，积极创造条件，组织罪犯参加各类职业技术教育培训。(10) 看守所对罪犯的劳动时间，参照国家有关劳动工时的规定执行。罪犯有在法定节日和休息日休息的权利。(11) 看守所对于参加劳动的罪犯，可以酌量发给报酬并执行国家有关劳动保护的规定。(12) 罪犯在劳动中致伤、致残或者死亡的，由看守所参照国家劳动保险的有关规定处理。

【释放和安置罪犯】 是指罪犯服刑期满以后，监狱、未成年犯管教所应当按期释放并发给释放证明书，以及由当地人民政府帮助其安置生活。根据《监狱法》第三十五条至第三十八条规定，监狱释放和安置罪犯应当注意：(1) 罪犯服刑期满，监狱应当按期释放并发给释放证明书。(2) 罪犯释放后，公安机关凭释放证明书办理户籍登记。(3) 对刑满释放人员，当地人民政府帮助其安置生活。刑满释放人员丧失劳动能力又无法定赡养人、扶养人和基本生活来源的，由当地人民政府予以救济。(4) 刑满释放人员依法享有与其他公民平等的权利。根据《未成年犯管教所管理规定》第二十六条、第二十七条，未成年犯服刑期满，未成年犯管教所应当按期释放，发给释放证明书及路费，通知其亲属接回或者由人民警察送回。刑满释放的未成年人具备复学、就业条件的，未成年犯管教所应当积极向有关部门介绍情况，提出建议。根据2013年修订的《看守所留所执行刑罚罪犯管理办法》第四十一条，罪犯服刑期满，看守所应当按期释放，发给刑满释放证明书，并告知其在规定期限内，持刑满释放证明书到原户籍所在地的公安派出所办理户籍登记手续；有代管钱物的，看守所应当如数发还。刑满释放人员患有重病的，看守所应当通知其家属接回。

【刑满释放证明书】 是指监狱、未成年犯管教所、看守所在罪犯服刑期满以后，将被监禁的罪犯予以释放的一种凭证。根据《监狱法》第三十五条、《未成年犯管教所管理规定》第二十六条、《看守所留所执行刑罚罪犯管理办法》第四十一条规定，在罪犯服刑期满以后，监狱、未成年犯管教所、看守所应当制作刑满释放证明书，发给被监禁的罪犯。刑满释放证明书是填充式格式文书，包括三联，即第一联是存根联，第二联是副本，第三联是正本。第一联和第二联由执行机关留存，第三联交给被释放人员。

【有期徒刑缓刑、拘役缓刑的执行】 是指社区矫正机构执行有期徒刑缓刑、拘役缓刑判决的一种执行活动。根据《刑事诉讼法》第二百六十九条、《刑法》第七十六条规定，对宣告缓刑的罪犯，在缓刑考验期限内依法实行社区矫正，由社区矫正机构负责执行；如果没有出现应当予以撤销的情形，缓刑考验期满，原判的刑罚就不再执行，并公开予以宣告。根据《刑法》第七十二条第二款规定，宣告缓刑，可以根据犯罪情况，同时禁止犯罪分子在缓刑考验期限内从事特定活动，进入特定区域、场所，接触特定的人。被宣告缓刑的犯罪分子，如果被判处附加刑，附加刑仍须执行。根据《刑法》第七十五条规定，被宣告缓刑的犯罪分子，应当遵守下列规定：（1）遵守法律、行政法规，服从监督。（2）按照考察机关的规定报告自己的活动情况。（3）遵守考察机关关于会客的规定。（4）离开所居住的市、县或者迁居，应当报经考察机关批准。根据《刑法》第七十七条规定，对被宣告缓刑的犯罪分子，如果发现判决宣告以前还有其他罪没有判决的，或者在缓刑考验期限内犯新罪，或者违反监督管理规定，或者违反人民法院判决中的禁止令而且情节严重的，人民法院应当撤销缓刑，执行原判刑罚或者按照数罪并罚的规定决定执行的刑罚；如果没有再犯新罪，考验期满后，原判的刑罚就不再执行。根据《刑事诉讼法司法解释》第五百一十九条规定，对被判处管制、宣告缓刑的罪犯，人民法院应当依法确定社区矫正地。宣判时，应当告知罪犯自判决、裁定生效之日起10日以内到执行地社区矫正机构报到，以及不按期报到的后果。判决、裁定生效后5日以内通知执行地社区矫正机构，并在10日以内将判决书、裁定书、执行通知书等法律文书送达执行地社区矫正机构，同时抄送人民检察院和执行地公安机关。人民法院与社区矫正执行地不在同一地方的，由执行地社区矫正机构将法律文书转送所在地的人民检察院和公安机关。

【缓刑考验期】 是指法律规定的对宣告缓刑的犯罪分子在社会上对其进行考察的期限。被宣告缓刑的罪犯应当在缓刑考验期内接受监督，遵守法律规定的义务。根据《刑法》第七十三条规定，拘役的缓刑考验期限为原判刑期以上1年以下，但是不能少于2个月。有期徒刑的缓刑考验期限为原判刑期以上5年以下，但是不能少于1年。缓刑考验期限，从判决确定之日起计算。所谓确定之日，是指判决发生法律效力之日。如果第二审人民法院在上诉或者二审抗诉后维持原判的，缓刑考验期限应当从二审终审判决确定之日起计算。由于缓刑考验期与羁押期的性质不同，因此，判决前先行羁押的日期不能折抵缓刑考验期。根据最高人民法院于2016年11月14日印发的《办理减刑、假释案件规定》第十八条的规定，如果被宣告缓刑的罪犯在缓刑考验期内有重大立功表现的，可以参照《刑法》第七十八条的规定予以减刑，同时应当依法缩减其缓刑考验期。缩减后，拘役的缓刑考验期限不得少于2个月，有期徒刑的缓刑考验期限不得少于1年。

【管制的执行】 是指社区矫正机构对管制判决所采取的执行活动。根据《刑事诉讼法》第二百六十九条、《刑法》第三十八条第三款的规定，对被判处管制的罪犯，依法实行社区矫正，由社区矫正机构负责执行。根据《刑法》第三十八条至第四十一条、第六十九条第二款规定，管制的执行应当遵守下列规定：(1) 管制的刑期，从判决执行之日起计算；判决执行以前先行羁押的，羁押1日折抵刑期2日。(2) 数罪中有判处有期徒刑和管制，或者拘役和管制的，有期徒刑、拘役执行完毕后，管制仍须执行。(3) 人民法院判处管制，可以根据犯罪情况，同时禁止犯罪分子在执行期间从事特定活动，进入特定区域、场所，接触特定的人。违反以上禁止令的，由公安机关依照《治安管理处罚法》的规定处罚。(4) 被判处管制的犯罪分子，在执行期间，应当遵守下列规定：遵守法律、行政法规，服从监督；未经执行机关批准，不得行使言论、出版、集会、结社、游行、示威自由的权利；按照执行机关规定报告自己的活动情况；遵守执行机关关于会客的规定；离开所居住的市、县或者迁居，应当报经执行机关批准。(5) 对于被判处管制的犯罪分子，在劳动中应当同工同酬。(6) 被判处管制的犯罪分子，管制期满，执行机关应即向本人和其所在单位或者居住地的群众宣布解除管制。根据《刑事诉讼法司法解释》第五百一十九条的规定，对被判处管制的罪犯，人民法院应当依法确定社区矫正地。宣判时，应当告知罪犯到居住地县级司法行政机关报到的期限和不按期报到的后果。判决、裁定生效后5日以内通知执行地社区矫正机构，并在10日以内将判决书、裁定书、执行通知书等法律文书送达执行地社区矫正机构，同时抄送人民检察院和执行地公安机关。人民法院与社区矫正执行地不在同一地方的，由执行地社区矫正机构将法律文书转送所在地的人民检察院和公安机关。

【驱逐出境的执行】 是指公安机关对被判处驱逐出境的外国罪犯所采取的执行活动。对于犯罪的外国人，可以独立适用或者附加适用驱逐出境。根据《公安机关办理刑事案件程序规定》第三百七十一条第一款、第二款规定，驱逐出境的执行应当遵守下列规定：(1) 对判处独立适用驱逐出境刑罚的外国人，省级公安机关在收到人民法院的刑事判决书、执行通知书的副本后，应当通知该外国人所在地的设区的市一级公安机关执行。

（2）被判处徒刑的外国人，主刑执行期满后应当执行驱逐出境附加刑的，省级公安机关在收到执行监狱的上级主管部门转交的刑事判决书、执行通知书副本或者复印件后，应当通知该外国人所在地的设区的市一级公安机关或者指定有关公安机关执行。根据最高人民法院、最高人民检察院、公安部、外交部等于1992年7月31日印发的《强制外国人出境的执行办法规定》第六条，被判决独立适用驱逐出境的外国人，由公安机关看守所武警和外事民警共同押送；对主刑执行期满后再驱逐出境的外国人，由原羁押监狱的管教干警、看守武警和公安机关外事民警共同押送。对这两类人员押送途中确有必要时，可以使用手铐。对其他被责令出境的外国人，需要押送的，由执行机关派外事民警押送；不需要押送的，可以在离境时派出外事民警，临场监督。执行人员的数量视具体情况而定，原则上应不少于2人。押送人员应提高警惕，保障安全，防止发生逃逸、行凶、自杀、自伤等事故。边防检查站凭对外国人强制出境的执行通知书、决定书或者裁决书以及被强制出境人的护照、证件安排放行。执行人员要监督被强制出境的外国人登上交通工具并离境后方可离开。从边境通道出境的，要监督其离开我国国境后方可离开。对被驱逐出境的外国人入出境交通工具等具体情况，应拍照，有条件的也可录像存查。另外，根据《公安机关办理刑事案件程序规定》第三百六十一条第三款的规定，对实施犯罪但享有外交或者领事特权和豁免权的外国人宣布为不受欢迎的人，或者不可接受并拒绝承认其外交或者领事人员身份，责令限期出境的人，无正当理由逾期不自动出境的，由公安部凭外交部公文指定该外国人所在地的省级公安机关负责执行或者监督执行。

【剥夺政治权利的执行】 是指公安机关对被剥夺政治权利的罪犯所采取的执行活动。根据《刑事诉讼法》第二百七十条的规定，对被判处剥夺政治权利的罪犯，由公安机关执行。根据《刑事诉讼法司法解释》第五百二十条规定，对单处剥夺政治权利的罪犯，人民法院应当在判决、裁定生效后10日内，将判决书、裁定书、执行通知书等法律文书送达罪犯居住地的县级公安机关，并抄送罪犯居住地的县级人民检察院。根据《公安机关办理刑事案件程序规定》第三百零二条、第三百一十一条至第三百一十四条规定，负责执行剥夺政治权利的派出所应当按照人民法院的判决，向罪犯及其所在单位、居住地基层组织宣布其犯罪事实、被剥夺政治权利的期限，以及罪犯在执行期间应当遵守的规定。被剥夺政治权利的罪犯在执行期间应当遵守下列规定：遵守国家法律、行政法规和公安部制定的有关规定，服从监督管理；不得享有选举权和被选举权；不得组织或者参加集会、游行、示威、结社活动；不得出版、制作、发行书籍、音像制品；不得接受采访，发表演说；不得在境内外发表有损国家荣誉、利益或者其他具有社会危害性的言论；不得担任国家机关职务；不得担任国有公司、企业、事业单位和人民团体的领导职务。被剥夺政治权利的罪犯违反以上规定，尚未构成新的犯罪的，公安机关依法可以给予治安管理处罚。被剥夺政治权利的罪犯，执行期满，公安机关应当书面通知本人及其所在单位、居住地基层组织。

【刑事裁判涉财产部分的执行】 是指人民法院对刑事生效裁判所确定的各种财

产事项的执行活动。根据《刑事诉讼法司法解释》第五百二十一条、第五百二十二条、第五百三十条、第五百三十二条的规定，刑事裁判涉财产部分的执行，是指发生法律效力的刑事裁判中下列判项的执行：（1）罚金、没收财产。（2）追缴、责令退赔违法所得。（3）处置随案移送的赃款赃物。（4）没收随案移送的供犯罪所用本人财物。（5）其他应当由人民法院执行的相关涉财产的判项。《刑事诉讼法》及有关刑事司法解释没有规定的，参照适用民事执行的有关规定。刑事裁判涉财产部分，由第一审人民法院负责裁判执行的机构执行。第一审人民法院可以委托财产所在地的同级人民法院执行。由人民法院执行机构负责执行的刑事裁判涉财产部分，刑事审判部门应当及时移送立案部门审查立案。移送立案应当提交生效裁判文书及其附件和其他相关材料，并填写《移送执行表》。

《移送执行表》应当载明以下内容：被执行人、被害人的基本信息；已查明的财产状况或者财产线索；随案移送的财产和已经处置财产的情况；查封、扣押、冻结财产的情况；移送执行的时间；其他需要说明的情况。人民法院立案部门经审查，认为属于移送范围且移送材料齐全的，应当在7日内立案，并移送执行机构。刑事审判或者执行中，对于侦查机关已经采取的查封、扣押、冻结，人民法院应当在期限届满前及时续行查封、扣押、冻结。人民法院进行查封、扣押、冻结的顺位与侦查机关查封、扣押、冻结的顺位相同。对侦查机关查封、扣押、冻结的财产，人民法院执行中可以直接裁定处置，无需侦查机关出具解除手续，但裁定中应当指明侦查机关查封、扣押、冻结的事实。判处没收财产的，应当执行刑事裁判生效时被执行人合法所有的财产。执行没收财产或罚金刑，应当参照被扶养人住所地政府公布的上年度当地居民最低生活费标准，保留被执行人及其所扶养家属的生活必需费用。根据《刑事裁判涉财产部分执行规定》第三条规定，人民法院办理刑事裁判涉财产部分执行案件的期限为6个月。有特殊情况需要延长的，经本院院长批准，可以延长。除了以上内容之外，刑事裁判涉财产部分的执行还包括刑事裁判涉财产的调查、刑事裁判涉财产的追缴。

【刑事裁判涉财产部分的调查】 是指人民法院在刑事裁判涉财产部分的执行过程中调查被告人的财产或者依法调查被执行人的财产。人民法院既可以在刑事审判过程先行调查被告人的财产，也可以在执行过程中调查被执行人的财产。根据《刑事诉讼法司法解释》第二百七十九条、第三百四十一条的规定，法庭审理过程中，应当对查封、扣押、冻结财物及其孳息的权属、来源等情况，是否属于违法所得或者依法应当追缴的其他涉案财物进行调查，由公诉人说明情况、出示证据、提出处理建议，并听取被告人、辩护人等诉讼参与人的意见。被告单位的违法所得及其他涉案财物，尚未被依法追缴或者查封、扣押、冻结的，人民法院应当决定追缴或者查封、扣押、冻结。《刑事裁判涉财产部分执行规定》第四条、第八条规定，人民法院刑事审判中可能判处被告人财产刑、责令退赔的，刑事审判部门应当依法对被告人的财产状况进行调查；发现可能隐匿、转移财产的，应当及时查封、扣押、冻结其相应财产。人民法院可以向刑罚执行机关、社区矫正机构等有关单位调查被执行人的财产状况，并可以根据不同情形要求有关单位协助采取查封、扣押、冻结、划拨等执行措施。

【刑事裁判涉财产部分的追缴】 是指人民法院在刑事裁判涉财产部分的执行过程中依法追缴赃款赃物及其收益或者被执行人的有关财产。根据《刑事诉讼法司法解释》第四百四十三条的规定，被告人将依法应当追缴的涉案财物用于投资或者置业的，对因此形成的财产及其收益，应当追缴。被告人将依法应当追缴的涉案财物与其他合法财产共同用于投资或者置业的，对因此形成的财产中与涉案财物对应的份额及其收益，应当追缴。《刑事裁判涉财产部分执行规定》第十条、第十一条规定，对赃款赃物及其收益，人民法院应当一并追缴。被执行人将赃款赃物投资或者置业，对因此形成的财产及其收益，人民法院应予追缴。被执行人将赃款赃物与其他合法财产共同投资或者置业，对因此形成的财产中与赃款赃物对应的份额及其收益，人民法院应予追缴。对于被害人的损失，应当按照刑事裁判认定的实际损失予以发还或者赔偿。被执行人将刑事裁判认定为赃款赃物的涉案财物用于清偿债务、转让或者设置其他权利负担，具有下列情形之一的，人民法院应予追缴：（1）第三人明知是涉案财物而接受的。（2）第三人无偿或者以明显低于市场的价格取得涉案财物的。（3）第三人通过非法债务清偿或者违法犯罪活动取得涉案财物的。（4）第三人通过其他恶意方式取得涉案财物的。第三人善意取得涉案财物的，执行程序中不予追缴。作为原所有人的被害人对该涉案财物主张权利的，人民法院应当告知其通过诉讼程序处理。

【刑事裁判涉财产部分的变价】 是指人民法院在刑事裁判涉财产部分的执行过程中依法对被执行财产采取拍卖、变卖等变价措施。根据《刑事裁判涉财产部分执行规定》第十二条规定，被执行财产需要变价的，人民法院执行机构应当依法采取拍卖、变卖等变价措施。涉案财物最后一次拍卖未能成交，需要上缴国库的，人民法院应当通知有关财政机关以该次拍卖保留价予以接收；有关财政机关要求继续变价的，可以进行无保留价拍卖。需要退赔被害人的，以该次拍卖保留价以物退赔；被害人不同意以物退赔的，可以进行无保留价拍卖。

【刑事裁判涉财产部分的执行顺序】 是指在被执行人同时承担刑事责任、民事责任而其财产不足以支付的情况下，人民法院在刑事裁判涉财产部分的执行过程中应当遵循的顺序。根据《刑事裁判涉财产部分执行规定》第十三条规定，被执行人在执行中同时承担刑事责任、民事责任，其财产不足以支付的，按照下列顺序执行：（1）人身损害赔偿中的医疗费用。（2）退赔被害人的损失。（3）其他民事债务。（4）罚金。（5）没收财产。债权人对执行标的依法享有优先受偿权，其主张优先受偿的，人民法院应当在前款规定的医疗费用受偿后，予以支持。

【刑事裁判涉财产部分的执行异议】 是指人民法院在刑事裁判涉财产部分的执行过程中，当事人、利害关系人或者案外人对执行行为或者执行标的向人民法院提出异议的一种执行制度。根据《刑事裁判涉财产部分执行规定》第十四条、第十五条的规定，执行过程中，当事人、利害关系人认为执行行为违反法律规定，或者案外人对执行标的主张足以阻止执行的实体权利，向执行法院提出书面异议的，执行法院应当依照《民事诉讼法》第二百三十八的规定处理。人民法院审查案外人异议、复议，应当公开听证。如果案外人或被害人在执行过程中认为刑事裁判中对涉案财物是否属于赃款赃物认定错误或者应予认定而未认定，向执行法院提出书面异议，可以通过裁定补正的，执行机构应当将异议材料移送刑事审判部门处理；无法通过裁定补正的，应当告知异议人通过审判监督程序处理。

【罚金的执行】 是指人民法院对被判处罚金的罪犯所采取的执行活动。根据《刑事诉讼法》第二百七十一条、《刑法》第五十三条、《刑事诉讼法司法解释》第五百二十三条、第五百二十四条规定，罚金的执行应当遵守下列规定：（1）罚金应当在判决指定的期限内一次或者分期缴纳。（2）期满无故不缴纳或者未足额缴纳的，人民法院应当强制缴纳。（3）经强制缴纳仍不能全部缴纳的，人民法院在任何时候发现被执行人有可以执行的财产，应当随时追缴。（4）如果由于遭遇不能抗拒的灾祸等原因缴纳确实有困难的，经人民法院裁定，可以延期缴纳、酌情减少或者免除。被执行人提出申请的，应当提交相关证明材料。人民法院应当在收到申请后1个月内作出裁定。符合法定减免条件的，应当准许；不符合条件的，驳回申请。根据《刑事诉讼法司法解释》第五百二十六条规定，执行财产刑，应当参照被扶养人住所地政府公布的上年度当地居民最低生活费标准，保留被执行人及其所扶养人的生活必需费用。

【没收财产的执行】 是指人民法院对被判处没收财产的罪犯所采取的执行活动。根据《刑事诉讼法》第二百七十二条的规定，没收财产的判决，无论附加适用或者独立适用，都由人民法院执行；在必要的时候，可以会同公安机关执行。根据《刑事诉讼法司法解释》第五百二十五条、第五百二十七条至第五百三十一条规定，没收财产的执行应当遵守下列规定：（1）判处没收财产的，判决生效后，应当立即执行。（2）执行刑事裁判涉财产部分、附带民事裁判过程中，当事人、利害关系人认为执行行为违反法律规定，或者案外人对被执行标的书面提出异议的，人民法院应当参照《民事诉讼法》的有关规定处理。（3）被判处财产刑，同时又承担附带民事赔偿责任的被执行人，应当先履行民事赔偿责任。（4）被执行财产在外地的，第一审人民法院可以委托财产所在地的同级人民法院执行。（5）刑事裁判涉财产部分、附带民事裁判全部或者部分被撤销的，已经执行的财产应当全部或者部分返还被执行人；无法返还的，应当依法赔偿。根据《刑事诉讼法司法解释》第五百二十六条规定，执行财产刑，应当参照被扶养人住所地政府公布的上年度当地居民最低生活费标准，保留被执行人及其所扶养人的生活必需费用。另外，为了防止没收财产判决在执行前因罪犯或其他人转移财产影响执行，人民法院可以参照适用民事执行的有关规定，采取财产保全措施，先行查封、扣押和冻结被告人的财产。

【财产性判项的执行终止】 是指人民法院在执行刑事裁判涉财产部分、附带民事裁判的过程中遇到法定情形而无法执行或者不宜继续执行时，裁定终结执行的一种诉讼活动。根据《刑事诉讼法司法解释》第五百二十九条的规定，执行刑事裁判涉财产部分、附带民事裁判过程中，具有下列情形之一的，人民法院应当裁定终结执行：（1）据以执行的判决、裁定被撤销的。（2）被执行人死亡或者被执行死刑，且无财产可供执行的。（3）被判处罚金的单位终止，且无财产可供执行的。（4）依照《刑法》第五十三条规定免除罚金的。（5）应当终结执行的其他情形。裁定终结执行后，发现被执行人的财产有被隐匿、转移等情形的，应当追缴。

【刑事执行变更】 是指人民法院、监狱及其他执行机关对生效裁判在交付执行或执行过程中出现法定需要改变刑罚种类或者执行方法的情形后，依照法定程序予以改变的一种诉讼制度。依法对一些生效判决或裁定予以及时变更执行，有利于发挥刑罚对罪犯的惩罚和教育改造作用。根据我国《刑事诉讼法》的有关规定，刑事执行变更包括死刑执行的变更、死刑缓期执行的变更、暂予监外执行、减刑、假释、对新罪或漏罪的追究、对错判和申诉的处理等几种情形。

【停止执行死刑】 是指下级人民法院在交付执行死刑和执行死刑的过程中，发现具有某种不宜执行死刑的法定情形时，停止执行死刑，立即报告最高人民法院，由最高人民法院加以裁定的一种诉讼制度。停止执行死刑是死刑执行变更的一种方式。停止执行死刑体现了我国慎用死刑的刑事政策，有助于保证死刑的正确适用。根据《刑事诉讼法》第二百六十二条第一款的规定，下级人民法院接到最高人民法院执行死刑的命令后，应当在7日以内交付执行。但是发现有下列情形之一的，应当停止执行，并且立即报告最高人民法院，由最高人民法院作出裁定：（1）在执行前发现判决可能有错误的。（2）在执行前罪犯揭发重大犯罪事实或者有其他重大立功表现，可能需要改判的。（3）罪犯正在怀孕。根据《刑事诉讼法》第二百六十二条第二款的规定，第三种情形属于绝对停止执行死刑，即由于第三种原因停止执行的，应当报请最高人民法院依法改判。而第一种、第二种情形属于相对停止执行死刑，对于第一种、第二种停止执行的原因消失后，必须报请最高人民法院院长再签发执行死刑的命令才能执行。根据《刑事诉讼法司法解释》第五百条第一款的规定，所谓可能有错误，是指下列情形：（1）罪犯可能有其他犯罪的。（2）共同犯罪的其他犯罪嫌疑人到案，可能影响罪犯量刑的。（3）共同犯罪的其他罪犯被暂停或者停止执行死刑，可能影响罪犯量刑的。（4）判决、裁定可能有影响定罪量刑的其他错误的。

【停止执行死刑的程序】 是指下级人民法院在交付执行死刑和执行死刑的过程中依法停止执行死刑时应当遵守的诉讼程序。根据《刑事诉讼法》第二百六十二条第一款、《刑事诉讼法司法解释》第五百至五百零四条的规定，停止执行死刑的程序包括：（1）下级人民法院发现停止执行的情形时应当立即报告最高人民法院，由最高人民法院作出裁定。（2）最高人民法院经审查，认为可能影响罪犯定罪量刑的，应当裁定停止执行死刑；认为不影响的，应当决定继续执行死刑。（3）最高人民法院在执行死刑命令签发后、执行前，发现存在《刑事诉讼法》第二百六十二条第一款规定的情形，应当立即裁定停止执行死刑，并将有关材料移交下级人民法院。（4）下级人民法院接到最高人民法院停止执行死刑的裁定后，应当会同有关部门调查核实停止执行死刑的事由，并及时将调查结果和意见层报最高人民法院审核。(5) 对下级人民法院报送的停止执行死刑的调查结果和意见，由最高人民法院原作出核准死刑判决、裁定的合议庭负责审查，必要时，另行组成合议庭进行审查。(6) 最高人民法院对停止执行死刑的案件，应当按照下列情形分别处理：确认罪犯怀孕的，应当改判；确认罪犯有其他犯罪，依法应当追诉的，应当裁定不予核准死刑，撤销原判，发回重新审判；确认原判决、裁定有错误或者罪犯有重大立功表现，需要改判的，应当裁定不予核准死刑，撤销原判，发回重新审判；确认原判决、裁定没有错误，罪犯没有重大立功表现，或者重大立功表现不影响原判决、裁定执行的，应当裁定继续执行死刑，并由院长重新签发执行死刑的命令。

【暂停执行死刑】 是指人民法院在执行死刑前，发现可能有错误时应当暂停执行，报请最高人民法院加以裁定的一种诉讼制度。暂停执行死刑与停止执行死刑都是死刑执行变更的一种方式，都是附条件地停止对死刑命令的执行，都体现了我国慎用死刑的刑事政策，有助于保证死刑的正确适用。而且，在作出暂停执行死刑或者停止执行死刑的决定后，都应当立即报告最高人民法院，由最高人民法院加以裁定。但是，二者也存在一定区别：（1）停止执行死刑的原因有所不同。停止执行死刑必须符合《刑事诉讼法》第二百六十二条第一款规定的各种情形，而暂停执行死刑的原因却是指挥执行的审判人员或者执行人员发现可能有错误。（2）发现停止执行死刑的时间不同。停止执行死刑是接到执行死刑命令 7 日内在发现的，而暂停执行死刑则是在交付执行后即将实施执行前在刑场或者羁押场所发现的。（3）决定停止执行死刑的主体不同。有权决定停止执行死刑的是第一审人民法院，而有权决定暂停执行死刑的是临场指挥执行的审判人员。根据《刑事诉讼法》第二百六十三条第四款的规定，在执行死刑前，如果指挥执行的审判人员发现可能有错误，应当暂停执行，报请最高人民法院裁定。所谓执行死刑前，是指审判人员从验明正身到行刑前这段时间。也就是说，即将执行死刑的审判人员当发现可能有错误时有权暂停执行死刑。所谓可能有错误，既有可能是导致停止执行死刑的各种情形，也有可能是不宜执行死刑的各种错误。值得注意的是，尽管指挥执行的审判人员有权暂停执行死刑，但是事后必须报请最高人民法院裁定是否继续执行死刑。

【请求停止执行死刑报告】 是指第一审人民法院在执行死刑的过程中发现应当停止执行死刑时所制作的旨在请求最高人民法院签发停止执行死刑命令的一种报告类诉讼文书。根据《刑事诉讼法司法解释》第五百条第一款的规定，下级人民法院在接到执行死刑命令后、执行前，发现应当停止执行的情形时应当暂停执行，应当立即制作请求停止执行死刑的报告，并将该报告和相关材料层报最高人民法院处理。请求停止执行死刑报告的基本格式包括首部、正文和尾部。(1) 首部包括：标题，即“请求停止执行死刑报告”；案号；受文的人民法院。(2) 正文主要是写明第一审人民法院在接到执行死刑命令以后，在执行死刑之前发现存在应当停止执行的情形，阐明请求停止执行死刑的事实和理由，以及层报最高人民法院进行裁定的法律依据。(3) 尾部包括：人民法院的印章及其制作时间；注明所附材料，主要是应当停止执行死刑的各种证据材料，如医院出具的证明等。

【停止执行死刑命令】 是指最高人民法院在签发执行死刑命令后，收到负责执行死刑的人民法院发现死刑罪犯有应当停止执行或者暂停执行死刑的情况的报告，经审查属实，由本院院长签发停止执行死刑命令的书面决定。停止执行死刑命令体现了人民法院对执行死刑的严肃、审慎态度。停止执行死刑命令的格式包括标题（即“中华人民共和国最高人民法院停止执行死刑命令”），负责执行的第一审人民法院，已经核准死刑和签发执行死刑命令的情况，执行法院发现的应当停止执行或者暂停执行死刑的情形，关于停止执行或者暂停执行死刑的报告，审查结果，撤销已经签发的执行死刑命令，命令停止死刑，指令执行法院进一步查明核实所报情况，以及最高人民法院院长的签名及其签发时间、院印。

【死刑缓期执行】 又称死刑缓期二年执行，简称死缓，是指人民法院对于应当判处死刑但又不是必须立即执行的犯罪分子，在判处死刑的同时宣告缓期二年执行，强迫罪犯劳动改造、以观后效的一种刑罚执行制度。死刑缓刑期执行不是独立的一个刑种，而是执行死刑的一种制度。死刑缓期执行既保持了死刑的威慑功能，又给那些罪该处死但又不是必须立即执行的罪犯留了一条生路，有助于贯彻落实我国少杀、慎杀的刑事政策。缓期二年执行的期间就是死刑缓期执行的考验期限，从判决确定之日起计算。根据《刑法》第五十条第一款的规定，在死刑缓期执行考验期限内，只要被执行人没有故意犯罪，就不能对被执行人执行死刑，而应当根据不同的情况对被执行人进行减刑。

【死刑缓期执行变更】 是指死刑缓期执行期满以后，根据罪犯是否具有故意犯罪情况，对死刑缓期执行予以变更的一种诉讼制度。根据《刑法》第五十条的规定，死刑缓期执行变更包括如下几种情形：(1) 在死刑缓期执行期间，如果被执行人没有故意犯罪，二年期满以后，减为无期徒刑。(2) 在死刑缓期执行期间，如果被执行人确有重大立功表现，二年期满以后，减为二十五年有期徒刑。(3) 在死刑缓期执行期间，如果被执行人故意犯罪，情节恶劣的，报请最高人民法院核准后执行死刑。(4) 对于故意犯罪未执行死刑的，死刑缓期执行的期间重新计算，并报最高人民法院备案。另外，根据《刑法》第五十一条的规定，死刑缓期执行减为有期徒刑的刑期，从死刑缓期执行期满之日起计算。

【死刑缓期执行限制减刑案件审理程序】

是指人民法院对被判处死刑缓期执行的某些特殊罪犯，人民法院根据犯罪情节等情况可以同时决定对其限制减刑时所遵循的审理程序。根据《刑事诉讼法司法解释》以及最高人民法院于 2011 年 4 月 25 日印发的《死刑缓期执行限制减刑案件审理程序规定》第二条至第七条的规定，对于死刑缓期执行限制减刑案件的审理，人民法院应当遵守下列特殊程序：(1) 被告人对第一审人民法院作出的限制减刑判决不服的，可以提出上诉。被告人的辩护人和近亲属，经被告人同意，也可以提出上诉。（2）高级人民法院审理或者复核判处死刑缓期执行并限制减刑的案件，认为原判对被告人判处死刑缓期执行适当，但判决限制减刑不当的，应当改判，撤销限制减刑。（3）高级人民法院审理判处死刑缓期执行没有限制减刑的上诉案件，认为原判事实清楚、证据充分，但应当限制减刑的，不得直接改判，也不得发回重新审判。确有必要限制减刑的，应当在第二审判决、裁定生效后，按照审判监督程序重新审判。高级人民法院复核判处死刑缓期执行没有限制减刑的案件，认为应当限制减刑的，不得以提高审级等方式对被告人限制减刑。（4）高级人民法院审理判处死刑的第二审案件，对被告人改判死刑缓期执行的，如果符合死刑缓期执行限制减刑案件，可以同时决定对其限制减刑。高级人民法院复核判处死刑后没有上诉、抗诉的案件，认为应当改判死刑缓期执行并限制减刑的，可以提审或者发回重新审判。（5）最高人民法院复核死刑案件，认为对被告人可以判处死刑缓期执行并限制减刑的，应当裁定不予核准，并撤销原判，发回重新审判；根据案件情况，必要时，也可以依法改判。一案中两名以上被告人被判处死刑，最高人民法院复核后，对其中部分被告人改判死刑缓期执行的，如果符合死刑缓期执行限制减刑案件，可以同时决定对其限制减刑。（6）人民法院对被判处死刑缓期执行的被告人所作的限制减刑决定，应当在判决书主文部分单独作为一项予以宣告。

【暂予监外执行】 是指对判处无期徒刑、有期徒刑、拘役的罪犯由于符合法定情形，决定暂不收监或者收监以后又决定改为暂时监外服刑，由社区矫正机构负责执行的刑罚执行制度。根据《刑事诉讼法》第二百六十五条第五款、2012年修正的《监狱法》第二十六条第一款、《暂予监外执行规定》第二条、《社区矫正法实施办法》第五条、第八条的规定，暂予监外执行的做出包括两种情形：（1）在交付执行前，暂予监外执行由交付执行的人民法院决定。（2）在交付执行后，在监狱服刑的，由监狱审查同意后提请省级以上监狱管理机关批准，在看守所服刑的，由看守所审查同意后提请设区的市一级以上公安机关批准。对有关职务犯罪罪犯适用暂予监外执行，还应当依照有关规定逐案报请备案审查。根据《刑事诉讼法》第二百六十九条、《社区矫正法》第二条的规定，对暂予监外执行的罪犯，依法实行社区矫正，由其居住地的社区矫正机构负责执行。原关押监狱应当及时将罪犯在监内改造情况通报负责执行的社区矫正机构。根据《暂予监外执行规定》第四条的规定，罪犯在暂予监外执行期间的生活、医疗和护理等费用自理。但是罪犯在监狱、看守所服刑期间因参加劳动致伤、致残被暂予监外执行的，其出监、出所后的医疗补助、生活困难补助等费用，由其服刑所在的监狱、看守所按照国家有关规定办理。

【暂予监外执行的适用对象】 是指准许采用暂予监外执行措施的罪犯。根据《刑事诉讼法》第二百六十五条第一款、第二款的规定，暂予监外执行的适用对象包括两种情形。一种是对于被判处有期徒刑或者拘役的罪犯，如果具备下列情形之一，可以暂予监外执行：（1）有严重疾病需要保外就医的。（2）怀孕或者正在哺乳自己婴儿的妇女。（3）生活不能自理，适用暂予监外执行不致危害社会的。另一种是对于对被判处无期徒刑的罪犯，如果怀孕，或者正在哺乳自己婴儿的，可以暂予监外执行。根据《刑事诉讼法》第二百六十五条第三款、《暂予监外执行规定》第六条的规定，对需要保外就医或者属于生活不能自理，但适用暂予监外执行可能有社会危险性，或者自伤自残，或者不配合治疗的罪犯，不得暂予监外执行。对职务犯罪、破坏金融管理秩序和金融诈骗犯罪、组织（领导、参加、包庇、纵容）黑社会性质组织犯罪的罪犯适用保外就医应当从严审批，对患有高血压、糖尿病、心脏病等严重疾病，但经诊断短期内没有生命危险的，不得暂予监外执行。对在暂予监外执行期间因违法违规被收监执行或者因重新犯罪被判刑的罪犯，需要再次适用暂予监外执行的，应当从严审批。

另外，根据《暂予监外执行规定》第七条的规定，对需要保外就医或者属于生活不能自理的累犯以及故意杀人、强奸、抢劫、绑架、放火、爆炸、投放危险物质或者有组织的暴力性犯罪的罪犯，原被判处死刑缓期二年执行或者无期徒刑的，应当在减为有期徒刑后执行有期徒刑七年以上方可适用暂予监外执行；原被判处十年以上有期徒刑的，应当执行原判刑期三分之一以上方可适用暂予监外执行。对患有该规定所附《保外就医严重疾病范围》的严重疾病，短期内有生命危险的罪犯，可以不受以上关于执行刑期的限制。对未成年罪犯、65周岁以上的罪犯、残疾人罪犯，适用上述规定可以适度从宽。

【暂予监外执行的诊断、检查、鉴别程序】 是指在对服刑的罪犯需要暂予监外执行的情况下，由监狱等执行机关组织对罪犯进行病情诊断、妊娠检查或者生活不能自理的鉴别。根据司法部于2016年8月22日印发的《监狱暂予监外执行程序规定》第六条至第十条，暂予监外执行的诊断、检查、鉴别程序包括：（1）对罪犯的诊断、检查、鉴别，既可以由罪犯本人或者其亲属、监护人向监狱提出书面申请，也可以由监狱依照职权自行组织。（2）监狱组织诊断、检查或者鉴别，应当由监区提出意见，经监狱刑罚执行部门审查，报分管副监狱长批准后进行诊断、检查或者鉴别。（3）对于患有严重疾病或者怀孕需要暂予监外执行的罪犯，委托省级人民政府指定的医院进行病情诊断或者妊娠检查。对于生活不能自理需要暂予监外执行的罪犯，由监狱罪犯生活不能自理鉴别小组进行鉴别。（4）对罪犯的病情诊断或妊娠检查证明文件，应当由两名具有副高以上专业技术职称的医师共同作出，经主管业务院长审核签名，加盖公章，并附化验单、影像学资料和病历等有关医疗文书复印件。（5）对于生活不能自理的鉴别，应当由监狱罪犯生活不能自理鉴别小组就证明罪犯生活不能自理的相关材料进行审查。审查结束后，鉴别小组应当及时出具意见并填写《罪犯生活不能自理鉴别书》，经鉴别小组成员签名以后，报监狱长审核签名，加盖监狱公章。（6）监狱应当向人民检察院通报对罪犯进行病情诊断、妊娠检查和生活不能自理鉴别工作情况。人民检察院可以派员监督。

根据2013年修订的《看守所留所执行刑罚罪犯管理办法》第十九条、第二十条的规定，看守所接到暂予监外执行申请或者意见后，应当召开所务会研究，初审同意后根据不同情形对罪犯进行病情鉴定、生活不能自理鉴定或者妊娠检查。对暂予监外执行罪犯的病情鉴定，应当到省级人民政府指定的医院进行；妊娠检查，应当到医院进行；生活不能自理鉴定，由看守所分管所领导、管教民警、看守所医生、驻所检察人员等组成鉴定小组进行；对正在哺乳自己婴儿的妇女，看守所应当通知罪犯户籍所在地或者居住地的公安机关出具相关证明。所谓生活不能自理，是指因病、伤残或者年老体弱致使日常生活中起床、用餐、行走、如厕等不能自行进行，必须在他人协助下才能完成。

【释放暂予监外执行的罪犯】 是指监狱、看守所在暂予监外执行罪犯刑期届满后依法办理刑满释放手续。根据《暂予监外执行规定》第二十七条、《监狱暂予监外执行程序规定》第三十二条、《看守所留所执行刑罚罪犯管理办法》第三十条的规定，暂予监外执行罪犯刑期即将届满的，社区矫正机构应当在罪犯刑期届满前1个月以内，书面通知罪犯原服刑或者接收其档案的监狱、看守所按期办理刑满释放手续。人民法院决定暂予监外执行罪犯刑期届满的，社区矫正机构应当及时解除社区矫正，向其发放解除社区矫正证明书，并将有关情况通报原判人民法院。监狱收到县级司法行政机关社区矫正机构书面通知后，应当按期办理刑满释放手续。罪犯在暂予监外执行期间刑期届满的，看守所应当为其办理刑满释放手续。

【暂予监外执行的罪犯死亡时的处理】 是指对于罪犯在暂予监外执行期间死亡的，由社区矫正机构通知监狱或者看守所依法进行处理。根据《刑事诉讼法》第二百六十八条第四款的规定，罪犯在暂予监外执行期间死亡的，执行机关应当及时通知监狱或者看守所。根据《暂予监外执行规定》第二十八条、《监狱暂予监外执行程序规定》第三十三条的规定，罪犯在暂予监外执行期间死亡的，县级司法行政机关社区矫正机构应当自发现其死亡之日起5日以内，书面通知决定或者批准暂予监外执行的机关，并将有关死亡证明材料送达罪犯原服刑或者接收其档案的监狱、看守所，同时抄送罪犯居住地同级人民检察院。根据《看守所留所执行刑罚罪犯管理办法》第三十一条，罪犯暂予监外执行期间死亡的，看守所应当将执行机关的书面通知归入罪犯档案，并在登记表中注明。

【保外就医】 是指罪犯因患有严重疾病，根据国家相关法律和政策，经司法机关批准让其取保监外医治的执行方法。根据《刑事诉讼法》第二百六十五条的规定，保外就医是暂予监外执行的一种方式。对罪犯确有严重疾病，必须保外就医的，由省级人民政府指定的医院诊断、并开具证明文件。对罪犯适用保外就医，必须符合《暂予监外执行规定》附件所确定的保外就医严重疾病范围。根据《刑事诉讼法》第二百六十五条以及《暂予监外执行规定》《看守所留所执行刑罚罪犯管理办法》《监狱暂予监外执行程序规定》的有关规定，对患有严重疾病的罪犯实施保外就医，必须由罪犯本人或其亲属、监护人提出符合条件的保证人，签署保证书，已经经过严格的审批程序。根据《暂予监外执行规定》第二十一条的规定，社区矫正机构应当及时掌握暂予监外执行罪犯的身体状况以及疾病治疗等情况，每3个月审查保外就医罪犯的病情复查情况，并根据需要向批准、决定机关或者有关监狱、看守所反馈情况。

【保外就医严重疾病范围】 是指被判处有期徒刑或者拘役的罪犯患有需要保外就医的各种严重疾病。根据《暂予监外执行规定》的附件，罪犯有下列严重疾病之一，久治不愈，严重影响其身心健康的，属于适用保外就医的疾病范围：（1）严重传染病，如结核性脑膜炎、慢性重型病毒性肝炎等。（2）反复发作的、无服刑能力的各种精神病，如脑器质性精神障碍、精神分裂症、心境障碍、偏执性精神障碍等，但有严重暴力行为或倾向，对社会安全构成潜在威胁的除外。（3）严重器质性心血管疾病，如心脏功能不全、严重心律失常、急性冠状动脉综合征等。（4）严重呼吸系统疾病，如严重呼吸功能障碍等。（5）严重消化系统疾病，如肝硬化失代偿期、急性出血性坏死性胰腺炎等。（6）各种急、慢性肾脏疾病引起的肾功能不全失代偿期，如急性肾衰竭、肾结核、免疫性肾病等。（7）严重神经系统疾病及损伤，如严重脑血管疾病等。（8）严重内分泌代谢性疾病合并重要脏器功能障碍，经规范治疗未见好转，如糖尿病合并严重并发症等。（9）严重血液系统疾病，如再生障碍性贫血等。（10）严重脏器损伤和术后并发症，遗有严重功能障碍，经规范治疗未见好转。（11）各种严重骨、关节疾病及损伤。（12）五官伤、病后，出现严重的功能障碍，经规范治疗未见好转。（13）周围血管病经规范治疗未见好转，患肢有严重肌肉萎缩或干、湿性坏疽，如进展性脉管炎，高位深静脉栓塞等。（14）非临床治愈期的各种恶性肿瘤。（15）暂时难以确定性质的肿瘤，而且严重严重影响机体功能而不能进行彻底治疗，或者身体状况进行性恶化，或者有严重后遗症。（16）结缔组织疾病及其他风湿性疾病造成两个以上脏器严重功能障碍或单个脏器功能障碍失代偿，经规范治疗未见好转，如系统性红斑狼疮、硬皮病、皮肌炎、结节性多动脉炎等。（17）寄生虫侵犯脑、肝、肺等重要器官或组织，造成继发性损害，伴有严重功能障碍者，经规范治疗未见好转。（18）经职业病诊断机构确诊的以下职业病，如职业中毒等。（19）年龄在65周岁以上同时患有两种以上严重疾病，其中一种病情必须接近上述一项或几项疾病程度。

【不得保外就医】 是指禁止对于不适宜保外就医的罪犯采取保外就医的措施。根据《刑事诉讼法》第二百六十五条第三款的规定，对适用保外就医可能有社会危险性的罪犯，或者自伤自残的罪犯，不得保外就医。所谓可能有社会危险性，是指罪犯具有再次犯罪的可能性，或者可能有打击报复等行为，或者可能有其他严重违法行为。自伤自残，是指罪犯为逃避服刑而实施了吞食异物、故意伤残自己肢体等行为。尽管执行机关不得对这两类罪犯采取保外就医措施，但是也不能对他们放任不管，而是应当及时采取必要措施对罪犯的伤病进行治疗。另外，根据中共中央政法委于2014年1月21日印发的《严格规范减刑、假释、暂予监外执行切实防止司法腐败意见》第四条、《暂予监外执行规定》第六条的规定，对职务犯罪、破坏金融管理秩序和金融诈骗犯罪、组织（领导、参加、包庇、纵容）黑社会性质组织犯罪等罪犯适用保外就医时必须从严把握严重疾病范围和条件。以上罪犯虽然患有高血压、糖尿病、心脏病等严重疾病，但经诊断在短期内不致危及生命的，或者不积极配合刑罚执行机关安排的治疗的，或者适用保外就医可能有社会危险性的，或者自伤自残的，一律不得保外就医。

【保外就医的保证人】　是指由罪犯本人或者其亲属、监护人提出的为需要保外就医的罪犯提供保证的人员。根据《暂予监外执行规定》第十条的规定，罪犯需要保外就医的，应当由罪犯本人或者其亲属、监护人提出保证人，保证人由监狱、看守所审查确定。罪犯没有亲属、监护人的，可以由其居住地的村（居）民委员会、原所在单位或者社区矫正机构推荐保证人。保证人应当向监狱、看守所提交保证书。根据《暂予监外执行规定》第十一条的规定，保证人应当同时具备下列条件：（1）具有完全民事行为能力，愿意承担保证人义务。（2）人身自由未受到限制。（3）有固定的住处和收入。（4）能够与被保证人共同居住或者居住在同一市、县。根据《监狱暂予监外执行程序规定》第十一条的规定，监狱刑罚执行部门对保证人的资格进行审查，填写《保证人资格审查表》，并告知保证人在罪犯暂予监外执行期间应当履行的义务，由保证人签署《暂予监外执行保证书》。根据《暂予监外执行规定》第十二条的规定，罪犯在暂予监外执行期间，保证人应当履行下列义务：（1）协助社区矫正机构监督被保证人遵守法律和有关规定。（2）发现被保证人擅自离开居住的市、县或者变更居住地，或者有违法犯罪行为，或者需要保外就医情形消失，或者被保证人死亡的，立即向社区矫正机构报告。（3）为被保证人的治疗、护理、复查以及正常生活提供帮助。（4）督促和协助被保证人按照规定履行定期复查病情和向社区矫正机构报告的义务。

【看守所保外就医的审批程序】　是指公安机关对在看守所服刑而且患有严重疾病的罪犯进行审查，是否批准保外就医时所遵循的程序。保外就医的审批程序因为不同的服刑场所而存在一定差异。大致上可以将保外就医的审批程序分为看守所保外就医的审批程序和监狱保外就医的审批程序两种情形。根据《暂予监外执行规定》第十条、第十三条、《看守所留所执行刑罚罪犯管理办法》第二十条至第二十五条的规定，对在看守所服刑的罪犯应当按照下列程序审批保外就医：（1）对暂予监外执行罪犯的病情鉴定，应当到省级人民政府指定的医院进行。（2）罪犯需要保外就医的，应当由罪犯或者罪犯家属提出保证人。保证人由看守所审查确定。保证人应当具备法定条件，签署保外就医保证书，在罪犯保外就医期间履行法定义务，向看守所提交保证书。（3）看守所应当就是否对罪犯提请暂予监外执行进行审议。对病情严重必须立即保外就医的罪犯，看守所可以不公示审议暂予监外执行结果，但是在保外就医后 3 个工作日以内应当在看守所内公告。（4）如果没有异议或者经审查异议不成立的，看守所应当填写暂予监外执行审批表，连同省级人民政府指定的医院做出的病情鉴定和保外就医保证书等材料，报经所属公安机关审核同意后，提请设区的市一级以上公安机关批准。已委托进行核实、调查的，还应当附县级司法行政机关出具的调查评估意见书。（5）看守所在报送审批材料的同时，应当将暂予监外执行审批表副本、病情鉴定、保外就医保证书等有关材料的复印件抄送人民检察院驻所检察室。（6）批准暂予监外执行的公安机关接到人民检察院认为暂予监外执行不当的意见后，应当对暂予监外执行的决定进行重新核查。

【监狱保外就医的审批程序】　是指监狱

管理局对在监狱服刑而且患有严重疾病的罪犯进行审查，是否批准保外就医时所遵循的程序。根据《刑事诉讼法》第二百六十五条第四款、第五款，《暂予监外执行规定》第十条、第十三条，《监狱暂予监外执行程序规定》第十一条至第二十四条的规定，以及司法部于2001年10月12日印发的《在监狱系统推行狱务公开实施意见》，对在监狱服刑的罪犯应当按照下列程序审批保外就医：（1）罪犯需要保外就医的，应当由罪犯本人或者其亲属、监护人提出保证人。保证人由监狱审查确定。保证人应当向监狱提交保证书。（2）对需要作保外就医的罪犯，由所在分监区召开全体民警会议，根据法律规定条件，集体讨论提出，报经监区长办公会审核同意后，由刑罚执行部门形成前期审查意见，填写罪犯保外就医初审表，开具罪犯保外就医病残鉴定委托书，由省级人民政府指定的医院进行病残鉴定。（3）罪犯病残鉴定作出后，由刑罚执行部门和生活卫生部门审查病残鉴定结果，进行集体研究，对符合保外就医条件的，在罪犯保外就医审批表上签署明确意见后，由刑罚执行部门向监狱分管领导汇报，由监狱分管领导提请监狱长召开监狱暂予监外执行评审委员会，提出评审意见。（4）评审委员会同意保外就医的，由监狱长签署意见，加盖监狱公章，由刑罚执行部门将罪犯保外就医审批材料，报送省、自治区、直辖市监狱管理局审批。（5）监狱管理局收到监狱报送的提请暂予监外执行材料后，应当由刑罚执行部门、生活卫生部门审查，报经分管副局长审核后报局长决定，并在罪犯保外就医后3日内召开暂予监外执行评审委员会予以确认。（6）监狱管理局应当自收到监狱提请暂予监外执行材料之日起15个工作日内作出决定。监狱管理局批准同意保外就医后，由局长在暂予监外执行审批表上签署意见，加盖监狱管理局公章。刑罚执行部门应当在监狱内进行公示，同时应将准予保外就医的决定文书抄送人民检察院，通知保外就医罪犯所在地公安机关和原判人民法院。（7）准予保外就医的罪犯，应由保证人领回，或者由监狱人民警察送回，并及时到当地公安机关报到。保证人应认真履行保证义务。

【收监执行的情形】 是指人民法院或者执行机关决定将暂予监外执行的罪犯收监、继续执行刑罚时应当具备的法定事由。根据2012年修正的《监狱法》第二十八条的规定，暂予监外执行的罪犯具有刑事诉讼法规定的应当收监的情形的，社区矫正机构应当及时通知监狱收监；刑期届满的，由原关押监狱办理释放手续。罪犯在暂予监外执行期间死亡的，社区矫正机构应当及时通知原关押监狱。根据《刑事诉讼法》第二百六十八条第一款，对暂予监外执行的罪犯，有下列情形之一的，应当及时收监：（1）发现不符合暂予监外执行条件的。（2）严重违反有关暂予监外执行监督管理规定的。（3）暂予监外执行的情形消失后，罪犯刑期未满的。《刑事诉讼法司法解释》第五百一十六条将人民法院决定收监执行的事由进一步细化为：（1）不符合暂予监外执行条件的。（2）未经批准离开所居住的市、县，经警告拒不改正，或者拒不报告行踪，脱离监管的。（3）因违反监督管理规定受到治安管理处罚，仍不改正的。（4）受到执行机关两次警告，仍不改正的。（5）保外就医期间不按规定提交病情复查情况，经警告拒不改正的。（6）暂予监外执行的情形消失后，刑期未满的。（7）保证人丧失保证条件或者因不履行义务被取消保证人资格，不能在规定期限内提出新的保证人的。（8）违反法律、行政法规和监督管理规定，情节严重的其他情形。

【人民法院决定的收监执行】 是指原作出暂予监外执行决定的人民法院发现暂予监外执行的罪犯具备收监执行的情形时依法作出收监执行的决定，交由司法行政机关根据有关规定将罪犯交付执行。根据《刑事诉讼法》第二百六十八条第二款、《刑事诉讼法司法解释》第五百一十六条、第五百一十七条的规定，人民法院收到社区矫正机构的收监执行建议书后，经审查，确认暂予监外执行的罪犯具有法定情形的，应当作出收监执行的决定；人民法院应当在收到社区矫正机构的收监执行建议书后30日以内作出决定。收监执行决定书一经作出，立即生效。人民法院应当将收监执行决定书送达社区矫正机构和公安机关，并抄送人民检察院，由公安机关将罪犯交付执行。根据《刑事诉讼法》第二百六十八条第三款、《刑事诉讼法司法解释》第五百一十八条的规定，不符合暂予监外执行条件的罪犯通过贿赂等非法手段被暂予监外执行的，在监外执行的期间不计入执行刑期。罪犯在暂予监外执行期间脱逃的，脱逃的期间不计入执行刑期。被收监执行的罪犯有不计入执行刑期情形的，人民法院应当在作出收监决定时，确定不计入执行刑期的具体时间。

【监狱管理局决定的收监执行】 是指批准暂予监外执行的监狱管理局对社区矫正机构提出的收监建议进行审查，作出收监执行的决定，交由监狱将罪犯予以收监执行。根据《监狱法》第二十八条的规定，暂予监外执行的罪犯具有《刑事诉讼法》规定的应当收监的情形的，社区矫正机构应当及时通知监狱收监。根据《监狱暂予监外执行程序规定》第二十九条至第三十一条的规定，对经县级司法行政机关审核同意的社区矫正机构提出的收监建议，批准暂予监外执行的监狱管理局应当进行审查。决定收监执行的，将《暂予监外执行收监决定书》送达罪犯居住地县级司法行政机关和原服刑或接收其档案的监狱，并抄送同级人民检察院、公安机关和原判人民法院。监狱收到《暂予监外执行收监决定书》后，应当立即赴羁押地将罪犯收监执行，并将《暂予监外执行收监决定书》交予罪犯本人。罪犯收监后，监狱应当将收监执行的情况报告批准收监执行的监狱管理局，并告知罪犯居住地县级人民检察院和原判人民法院。被决定收监执行的罪犯在逃的，由罪犯居住地县级司法行政机关通知罪犯居住地县级公安机关负责追捕。被收监执行的罪犯有法律规定的不计入执行刑期情形的，县级司法行政机关社区矫正机构应当在收监执行建议书中说明情况，并附有关证明材料。监狱管理局应当对前款材料进行审核，对材料不齐全的，应当通知县级司法行政机关社区矫正机构在5个工作日内补送；对不符合法律规定的不计入执行刑期情形的或者逾期未补送材料的，应当将结果告知县级司法行政机关社区矫正机构；对材料齐全、符合法律规定的不计入执行刑期情形的，应当通知监狱向所在地中级人民法院提出不计入刑期的建议书。

【公安机关决定的收监执行】 是指批准暂予监外执行的公安机关发现暂予监外执行的罪犯具备收监执行的情形时依法

作出收监执行的决定，并交由看守所将罪犯收监执行。根据《公安机关办理刑事案件程序规定》第三百一十条的规定，如果暂予监外执行的罪犯具有《刑事诉讼法》规定的应当收监的情形，批准暂予监外执行的公安机关应当作出收监执行决定。对暂予监外执行的罪犯决定收监执行的，由暂予监外执行地看守所将罪犯收监执行。不符合暂予监外执行条件的罪犯通过贿赂等非法手段被暂予监外执行的，或者罪犯在暂予监外执行期间脱逃的，罪犯被收监执行后，所在看守所应当提出不计入执行刑期的建议，经设区的市一级以上公安机关审查同意后，报请所在地中级以上人民法院审核裁定。根据《看守所留所执行刑罚罪犯管理办法》第二十九条第二款，看守所对人民法院决定暂予监外执行罪犯收监执行的，应当是交付执行刑罚前剩余刑期在3个月以下的罪犯。

【减刑案件】 是指在服刑的罪犯符合减刑条件的情况下，由执行机关提出减刑建议，由人民法院予以审理和裁定的案件。减刑是对原判刑罚适当减少的一种刑事执行活动。减轻原判刑罚既包括将较重的刑种减为较轻的刑种，也包括将较长的刑期减为较短的刑期。减刑制度体现了我国惩办与宽大相结合、惩罚与教育改造相结合的刑事政策，既有助于避免对罪犯长期羁押带来的弊端，又可以鼓励和促进罪犯的改过自新。

【减刑条件】 是指对被判处管制、拘役、有期徒刑、无期徒刑的罪犯予以减刑时应当具备的条件。根据我国《刑法》及其司法解释的规定，减刑条件包括三个方面：（1）减刑的适用对象是已经被判处管制、拘役、有期徒刑、无期徒刑的罪犯。（2）拟被减刑的罪犯已经被执行一定刑期的刑罚。（3）拟被减刑的罪犯在执行期间确有悔改表现、立功表现或者重大立功表现。根据《刑法》第七十八条规定，被判处管制、拘役、有期徒刑、无期徒刑的犯罪分子，在执行期间，如果认真遵守监规，接受教育改造，确有悔改表现的，或者有立功表现的，可以减刑；具备重大立功表现的，应当减刑。减刑以后实际执行的刑期不能少于下列期限：（1）判处管制、拘役、有期徒刑的不能少于原判刑期的二分之一。（2）判处无期徒刑的不能少于十三年。（3）人民法院依照《刑法》第五十条第二款规定限制减刑的死刑缓期执行的犯罪分子，缓期执行期满后依法减为无期徒刑的，不能少于二十五年，缓期执行期满后依法减为二十五年有期徒刑的，不能少于二十年。根据2016年《办理减刑、假释案件规定》第二条，对于罪犯可以减刑条件的案件，人民法院在办理时应当综合考察罪犯犯罪的性质和具体情节、社会危害程度、原判刑罚及生效裁判中财产性判项的履行情况、交付执行后的一贯表现等因素。

【确有悔改表现】 是指被判处管制、拘役、有期徒刑、无期徒刑的罪犯在执行期间具有认罪悔罪、遵守监规等方面的表现。根据2016年《办理减刑、假释案件规定》第三条规定，“确有悔改表现”是指同时具备以下条件：（1）认罪悔罪。（2）遵守法律法规及监规，接受教育改造。（3）积极参加思想、文化、职业技术教育。（4）积极参加劳动，努力完成劳动任务。对职务犯罪、破坏金融管理秩序和金融诈骗犯罪、组织（领导、参加、包庇、纵容）黑社会性质组织犯罪等罪犯，不积极退赃、协助追缴赃款赃物、赔偿损失，或者服刑期间利用个人影响力和社会关系等不正当手段意图获得减刑、假释的，不认定其“确有悔改表现”。罪犯在刑罚执行期间的申诉权利应当依法保护，对其正当申诉不能不加分析地认为是不认罪悔罪。根据2016年《办理减刑、假释案件规定》第十九条第一款规定，对在报请减刑前的服刑期间不满18周岁，且所犯罪行不属于《刑法》第八十一条第二款规定情形的罪犯，认罪悔罪，遵守法律法规及监规，积极参加学习、劳动，应当视为确有悔改表现。根据《刑事诉讼法司法解释》第五百三十六条规定，审理减刑、假释案件，对罪犯积极履行刑事裁判涉财产部分、附带民事裁判确定的义务的，可以认定有悔改表现，在减刑、假释时从宽掌握；对确有履行能力而不履行或者不全部履行的，在减刑、假释时从严掌握。

【罪犯立功表现】 是指被判处管制、拘役、有期徒刑、无期徒刑的罪犯在执行期间具有阻止他人实施犯罪活动、检举揭发犯罪活动等行为。根据2016年《办理减刑、假释案件规定》第四条规定，具有下列情形之一的，可以认定为有“立功表现”：(1) 阻止他人实施犯罪活动的。(2) 检举、揭发监狱内外犯罪活动，或者提供重要的破案线索，经查证属实的。(3) 协助司法机关抓捕其他犯罪嫌疑人的。(4) 在生产、科研中进行技术革新，成绩突出的；(5) 在抗御自然灾害或者排除重大事故中，表现积极的。(6) 对国家和社会有其他较大贡献的。第四项、第六项中的技术革新或者其他较大贡献应当由罪犯在刑罚执行期间独立或者为主完成，并经省级主管部门确认。

【重大立功表现】 是指被判处管制、拘役、有期徒刑、无期徒刑的罪犯在执行期间具有阻止他人实施重大犯罪活动、在日常生产生活中舍己救人等行为。根据《刑法》第七十八条第一款、2016年《办理减刑、假释案件规定》第五条规定，具有下列情形之一的，应当认定为有“重大立功表现”：(1) 阻止他人实施重大犯罪活动的。(2) 检举监狱内外重大犯罪活动，经查证属实的。(3) 协助司法机关抓捕其他重大犯罪嫌疑人的。(4) 有发明创造或者重大技术革新的。(5) 在日常生产、生活中舍己救人的。(6) 在抗御自然灾害或者排除重大事故中，有突出表现的。(7) 对国家和社会有其他重大贡献的。第四项中的发明创造或者重大技术革新应当是罪犯在刑罚执行期间独立或者为主完成并经国家主管部门确认的发明专利，且不包括实用新型专利和外观设计专利；第七项中的其他重大贡献应当由罪犯在刑罚执行期间独立或者为主完成，并经国家主管部门确认。

【假释案件】 是指在被判处无期徒刑或者有期徒刑的罪犯符合假释条件的情况下，由执行机关提出假释建议，由人民法院予以审理和裁定的案件。假释是对正在服刑改造的罪犯附条件地予以提前释放。这种提前释放并不意味着刑罚已经执行完毕，而是在刑罚执行期间将罪犯放在社会上进行改造。附条件，是指被假释的罪犯在假释考验期限内没有发生撤销假释的法定事由。如果被假释的罪犯在假释考验期限内违反相应规定，就会被撤销假释和收监执行。假释制度体现了我国惩办与宽大相结合、惩罚与教育改造相结合的刑事政策，既有助于避免对罪犯长期羁押带来的弊端，体现了刑罚经济原则，又可以鼓励和促进罪犯的改造自新。根据《刑法》第八十一条第一款规定，假释案件具备三个特征：（1）假释案件只能适用于被判处无期徒刑或者有期徒刑的罪犯。（2）拟被假释的罪犯必须在服刑期间确有悔改表现，没有再犯罪的危险。（3）拟被假释的罪犯必须被执行了一定刑期，即被判处有期徒刑的犯罪分子，执行原判刑期二分之一以上，被判处无期徒刑的犯罪分子，实际执行十三年以上。

【假释条件】 是指对被判处有期徒刑、无期徒刑的罪犯予以假释时应当具备的条件。根据《刑法》第八十一条规定，对罪犯予以假释的基本条件包括：（1）被判处有期徒刑的犯罪分子，执行原判刑期二分之一以上，被判处无期徒刑的罪犯，实际执行十三年以上。但是，在特殊情况下，经最高人民法院核准，可以不受执行刑期的限制（参见“最高人民法院核准假释程序”词条）。根据2016年《办理减刑、假释案件规定》第二十三条的规定，被判处有期徒刑的罪犯假释时，执行原判刑期二分之一的时间，应当从判决执行之日起计算，判决执行以前先行羁押的，羁押一日折抵刑期一日。被判处无期徒刑的罪犯假释时，《刑法》中关于实际执行刑期不得少于十三年的时间，应当从判决生效之日起计算。判决生效以前先行羁押的时间不予折抵。被判处死刑缓期执行的罪犯减为无期徒刑或者有期徒刑后，实际执行十五年以上，方可假释，该实际执行时间应当从死刑缓期执行期满之日起计算。死刑缓期执行期间不包括在内，判决确定以前先行羁押的时间不予折抵。（2）拟被假释的罪犯在执行期间认真遵守监规，接受教育改造，确有悔改表现，没有再犯罪的危险的。根据2016年《办理减刑、假释案件规定》第二十二条规定，办理假释案件，认定“没有再犯罪的危险”，除符合《刑法》第八十一条规定的情形外，还应当根据犯罪的具体情节、原判刑罚情况，在刑罚执行中的一贯表现，罪犯的年龄、身体状况、性格特征，假释后生活来源以及监管条件等因素综合考虑。

【减刑、假释程序】 是指公安司法机关在办理减刑、假释案件时所遵循的诉讼程序。减刑和假释都是严肃的刑事执行活动，必须遵循严格的程序。《刑法》第七十九条、第八十二条明确规定，非经法定程序不得减刑或者假释。减刑、假释程序是刑事执行变更的重要组成部分。根据《刑事诉讼法》第二百七十三条第二款的规定，被判处管制、拘役、有期徒刑或者无期徒刑的罪犯，在执行期间确有悔改或者立功表现，应当依法予以减刑、假释的时候，由执行机关提出建议书，报请人民法院审核裁定，并将建议书副本抄送人民检察院。人民检察院可以向人民法院提出书面意见。由此可见，减刑、假释程序主要包括执行机关提请减刑、假释的程序，人民法院受理减刑、假释案件的程序，人民法院审理减刑、假释案件的程序，以及人民检察院对减刑、假释提请活动、审理活动的法律监督程序。

【提请减刑、假释程序】 是指在被判处管制、拘役、有期徒刑、无期徒刑的罪犯符合减刑、假释条件的情况下，执行机关制作减刑、假释建议书，依法报请人民法院予以裁定时所遵循的程序。提请减刑、假释程序是不告不理原则的重要体现。未经执行机关的提请，人民法院不得主动减轻原判刑罚，或者假释罪犯。根据不同的执行机关，提请减刑、假释程序可以细分为监狱提请减刑、假释的程序，看守所提请减刑、假释的程序，未成年犯管教所提请减刑、假释的程序和社区矫正机构提请减刑的程序。未成年犯管教所提请减刑、假释的程序与监狱提请减刑、假释的程序基本相同。

【监狱提请减刑、假释的程序】 是指在监狱服刑的罪犯符合减刑、假释条件的情况下，监狱制作减刑、假释建议书，依法报请人民法院予以裁定时所遵循的程序。根据司法部于2014年修订的《监狱提请减刑假释工作程序规定》第二条的规定，监狱提请减刑、假释，应当根据法律规定的条件和程序进行，遵循公开、公平、公正的原则，严格实行办案责任制。根据《监狱提请减刑假释工作程序规定》第三条至第十四条规定，监狱提请减刑、假释时应当按照下列程序办理：（1）提请的法院。被判处有期徒刑和被减刑为有期徒刑的罪犯的减刑、假释，提请罪犯服刑地的中级人民法院裁定。被判处死刑缓期二年执行的罪犯的减刑，被判处无期徒刑的罪犯的减刑、假释，经省、自治区、直辖市监狱管理局审核同意后，提请罪犯服刑地的高级人民法院裁定。（2）提出减刑、假释建议。分监区或者未设分监区的监区人民警察经过集体研究，提出提请减刑、假释建议，报经监区长办公会议审核同意后，由监区报送监狱刑罚执行部门审查。（3）监狱刑罚执行部门审查。监狱刑罚执行部门收到监区或者直属分监区对罪犯提请减刑、假释的材料后进行审查，对材料齐全、符合提请条件的，应当出具审查意见，连同送材料一并提交监狱减刑假释评审委员会评审。（4）评审和公示。监狱减刑假释评审委员会应当召开会议，对刑罚执行部门审查提交的提请减刑、假释建议进行评审，提出评审意见，将提请减刑、假释的罪犯名单以及减刑、假释意见在监狱内公示。（5）征求意见。完成评审和公示程序后，将提请减刑、假释建议送人民检察院征求意见。征求意见后，监狱减刑假释评审委员会应当将提请减刑、假释建议和评审意见连同人民检察院意见，一并报请监狱长办公会议审议决定。（6）提请裁定。监狱长办公会议决定提请减刑、假释的，由监狱长在罪犯减刑（假释）审核表上签署意见，由监狱刑罚执行部门制作提请减刑建议书或者提请假释建议书，连同有关材料一并提请人民法院裁定。（7）对被判处死缓或无期徒刑的罪犯的减刑或假释，监狱应当将罪犯减刑（假释）审核表连同有关材料报送省、自治区、直辖市监狱管理局审核。监狱管理局审核同意后，提请罪犯服刑地的高级人民法院裁定。

【看守所提请减刑、假释的程序】 是指在看守所服刑的罪犯符合减刑、假释条件的情况，看守所制作减刑、假释建议书，依法报请人民法院予以裁定时所遵循的程序。根据《公安机关办理刑事案件程序规定》第三百零五条、第三百零六条规定，对依法留看守所执行刑罚的罪犯，符合减刑、假释条件的，由看守所制作减刑、假释建议书，经设区的市一级以上公安机关审查同意后，报请所在地中级以上人民法院审核裁定。《看守所留所执行刑罚罪犯管理办法》第三十二条至第三十四条、第三十六条对看守所提请减刑、假释的程序作了更加细致的规定。

【社区矫正机构提请减刑程序】　是指在社区矫正对象符合减刑条件的情况，社区矫正机构制作减刑建议书，依法报请人民法院予以裁定时所遵循的程序。根据《社区矫正法》第三十三条规定，社区矫正对象符合《刑法》规定的减刑条件的，社区矫正机构应当向社区矫正执行地的中级以上人民法院提出减刑建议，并将减刑建议书抄送同级人民检察院。人民法院应当在收到社区矫正机构的减刑建议书后30日内作出裁定，并将裁定书送达社区矫正机构，同时抄送人民检察院、公安机关。

【减刑建议书】　是指在被判处管制、拘役、有期徒刑、无期徒刑的罪犯符合减刑条件的情况下，执行机关报请人民法院裁定予以减刑时所制作和使用的一种诉讼文书。提请减刑建议书包括首部、正文和尾部三个组成部分。（1）首部包括标题（写明制作机关名称和提请减刑建议书）和案号。（2）正文部分包括：①罪犯的基本情况，包括姓名、性别、年龄、民族、籍贯等；②罪犯被人民法院判处刑罚的时间、刑期及其起止时间，以及送交执行的时间；③服刑期间执行刑期变动情况，但没有变动时不用填写；④减刑的理由，即罪犯在服刑改造期间确有悔改表现、立功表现或者重大立功表现，写明具体的表现和事实；⑤提请减刑的法律依据和具体刑期。（3）尾部包括：有权予以裁定的人民法院，执行机关的公章，提请减刑的具体日期，以及附带的罪犯卷宗材料情况。

【假释建议书】　是指在被判处有期徒刑、无期徒刑的罪犯符合假释条件的情况下，执行机关报请人民法院裁定予以假释时所制作和使用的一种诉讼文书。提请假释建议书与提请减刑建议书基本相同。

【提请减刑、假释的材料】　是指刑事执行机关在提请减刑、假释时应当向人民法院提交的材料。根据《监狱提请减刑假释工作程序规定》第十五条规定，监狱提请人民法院裁定减刑、假释，应当提交下列材料：（1）《提请减刑建议书》或者《提请假释建议书》。（2）终审法院裁判文书、执行通知书、历次减刑裁定书的复印件。（3）罪犯计分考核明细表、评审鉴定表、奖惩审批表。（4）罪犯确有悔改或者立功、重大立功表现的具体事实的书面证明材料。（5）提请假释的，应当附有县级司法行政机关关于罪犯假释后对所居住社区影响的调查评估报告。（6）根据案件情况需要提交的其他材料。对于被判处死刑缓期二年执行的罪犯的减刑，以及被判处无期徒刑的罪犯的减刑、假释，应当同时提交省、自治区、直辖市监狱管理局签署意见的《罪犯减刑（假释）审核表》。根据《看守所留所执行刑罚罪犯管理办法》第三十五条的规定，看守所提请人民法院审理减刑、假释案件时，应当送交下列材料：（1）提请减刑、假释建议书。（2）终审人民法院的裁判文书、执行通知书、历次减刑裁定书的复制件。（3）证明罪犯确有悔改、立功或者重大立功表现具体事实的书面材料。（4）罪犯评审鉴定表、奖惩审批表等有关材料。（5）根据案件情况需要移送的其他材料。《减刑、假释案件审理程序规定》第二条第三款还规定，人民检察院对报请减刑、假释案件提出检察意见的，执行机关应当一并移送受理减刑、假释案件的人民法院。

【罪犯减刑（假释）审核表】　是指由罪犯服刑的监区或者直属分监区填写，逐级报请省、自治区、直辖市监狱管理局审批批准，连同提请减刑、假释建议书等报请人民法院予以裁定减刑、假释的狱政司法文书。罪犯减刑（假释）审核表是填充式表格文书。罪犯减刑审核表与罪犯假释审核表的内容和格式基本相同。罪犯减刑（假释）审核表主要包括：标题（即“罪犯减刑审核表或者罪犯假释审核表”），制作单位，罪犯编号，罪犯的基本情况（包括姓名、曾用名、性别、文化程度、籍贯、民族、出生日期、家庭住址等），罪名，刑种，原判刑期，刑期起止时间，附加刑，刑期变动情况（没有变动时不用填写），犯罪事实，改造表现（按照减刑条件或者假释条件进行客观描述），分监区意见（包括签名和日期），监区意见（包括签字和日期），科室审核意见（包括签字和日期），监狱意见（包括监狱公章和日期），监狱管理局意见（包括监狱局公章和日期），备注。

【罪犯评审鉴定表】 是指监狱用于记载罪犯年终评审、鉴定情况的狱政司法文书。根据我国《监狱法》的规定，监狱对服刑的罪犯建立考核制度，实行日常考核和年终考核相结合的办法，考核结果作为对罪犯奖励和处罚的依据。对罪犯进行的年终评审、鉴定，需要由监狱填写罪犯评审鉴定表。罪犯评审鉴定表是在罪犯自我总结全面改造情况的基础上，由分监区作出评鉴意见，由监区、监狱改造部门和监狱分别审定，反映罪犯全年改造情况表现的鉴定文书。罪犯评审鉴定表是填充式表格文书，主要包括三个部分。（1）罪犯基本情况栏，由管教干部填写，其内容包括罪犯姓名、性别、年龄、民族、籍贯、文化程度、健康状况、家庭住址、罪名、刑种、刑期起止日期、原判法院、刑种及刑期变动情况、主要犯罪事实（按罪犯入监登记表或判决书、裁定书所列的主要犯罪事实填写）、本年度奖惩情况（要写明何时何地因何故受何种奖励或处罚）等。（2）罪犯个人鉴定，由罪犯填写，由罪犯自我总结本年度内认罪服法情况、思想改造表现、遵守监规纪律表现、劳改生产表现、接受思想文化技术教育情况、今后努力方向。（3）鉴定意见，包括分监区意见、监区意见、教育改造科室意见和监狱意见，分别由分监区、监区、教育改造科室、监狱填写、签名或者盖章、注明日期。

【罪犯奖惩审批表】 是指监狱报请上级主管部门对罪犯给予奖励或者惩处时所制作的狱政司法文书。罪犯奖惩审批表是填充式表格文书，主要包括三个部分。（1）罪犯的基本情况，包括罪犯姓名、性别、出生日期、民族、文化程度、罪名、刑种、刑期起止日期等基本刑期。（2）奖惩依据，包括事实依据和法律依据。对罪犯的奖励和惩处包括行政奖惩和刑事奖惩两类。行政奖惩是指监狱根据监管改造法规直接实施的属于行政性质的奖励和处罚，包括表扬、物质奖励、记功、警告、记过、禁闭等。行政奖惩不改变原判刑罚，由于监狱批准即可实施。刑事奖惩是指根据罪犯在服刑改造期间的不同表现，监管单位根据刑事诉讼法报请人民法院裁定或者判决后实施的奖励与惩罚，包括减刑、假释、追究刑事责任等。刑事奖惩将实际改变罪犯在监狱内服刑的时间。在这部分要详细写明对罪犯的教育改造情况，应当给予的奖惩事项及其事实依据和法律依据。（3）意见，包括分监区意见、监区意见、狱政科室意见和监狱意见，分别由分监区、监区、狱政科室、监狱负责人签名或者盖章，注明日期，对意见内容负责。分监区意见应当做到内容真实、意见明确、程序合法，即对罪犯的奖惩要经过分监区民警会议讨论，形成集体意见。监区意见着重把握对奖惩事实的审查，明确是否同意奖惩的态度。狱政部门意见重点审查奖惩的条件。监狱意见是奖惩成立的最终决定意见。

【假释调查评估报告】 是指监狱在提请假释时向人民法院提交的委托县级司法行政机关对罪犯假释后对所居住社区的影响所作的调查评估报告。根据《刑法》第八十一条第三款的规定，罪犯对于其所居住社区的影响是人民法院是否假释的一个重要参考因素。对拟适用假释的罪犯开展调查评估，不仅能够正确适用假释，而且有利于提高风险预见性，防止被假释的罪犯脱管、漏管。有鉴于此，我国针对假释制定了调查评估制度。根据《监狱提请减刑假释工作程序规定》第九条第二款的规定，如果监狱对服刑的罪犯提请假释，应当委托县级司法行政机关罪犯假释后可能对其所居住社区的影响进行调查和评估，制作相应的报告。监狱在委托调查评估时应当出具调查评估委托函，附带起诉书、裁判文书、罪犯在服刑期间的表现等相关材料。受委托的县级司法行政机关应当根据监狱的要求，对罪犯的居所情况、家庭和社会关系、一贯表现、犯罪行为的后果和影响、居住地村（居）民委员会和被害人意见、拟禁止的事项等进行调查了解，形成评估意见，制作调查评估报告，及时提交委托机关。根据《刑事诉讼法司法解释》第五百三十五条、《减刑、假释案件审理程序规定》第二条的规定，人民法院受理减刑、假释案件，应当审查监狱移送的材料是否包括罪犯假释后对所居住社区影响的调查评估报告。如果缺乏调查评估报告，人民法院应当通知监狱补送。

【减刑、假释案件的管辖】 是指人民法院对执行机关提请减刑或者假释的建议予以审理和裁定的权限分工。根据《刑法》第七十九条、第八十二条、《刑事诉讼法司法解释》第五百三十四条、《减刑、假释案件审理程序规定》第一条的规定，减刑、假释案件由中级以上的人民法院进行审理和裁定。减刑、假释案件的具体管辖包括：（1）对被判处死刑缓期执行的罪犯的减刑，由罪犯服刑地的高级人民法院管辖。（2）对被判处无期徒刑的罪犯的减刑、假释，由罪犯服刑地的高级人民法院管辖。（3）对被判处有期徒刑和被减为有期徒刑的罪犯的减刑、假释，由罪犯服刑地的中级人民法院管辖。（4）对被判处拘役、管制的罪犯的减刑，由罪犯服刑地的中级人民法院管辖。（5）对暂予监外执行罪犯的减刑，应当根据情况，分别适用以上管辖的有关规定。

【减刑、假释案件的受理】 是指人民法院对执行机关提请的减刑或者假释的建议及其相关材料进行审查，以便决定是否立案的一种诉讼活动。根据《减刑、假释案件审理程序规定》第二条，人民法院受理减刑、假释案件，应当审查执行机关移送的下列材料：（1）减刑或者假释建议书。（2）终审法院裁判文书、执行通知书、历次减刑裁定书的复印件。（3）罪犯确有悔改或者立功、重大立功表现的具体事实的书面证明材料。（4）罪犯评审鉴定表、奖惩审批表等。（5）其他根据案件审理需要应予移送的材料。

报请假释的，应当附有社区矫正机构或者基层组织关于罪犯假释后对所居住社区影响的调查评估报告。人民检察院对报请减刑、假释案件提出检察意见的，执行机关应当一并移送受理减刑、假释案件的人民法院。经审查，材料齐备的，应当立案；材料不齐的，应当通知执行机关在3日内补送，逾期未补送的，不予立案。

【减刑、假释案件的审理准备】 是指人民法院对减刑案件或者假释案件立案以后，在审理之前所作的各项准备工作。根据《刑事诉讼法司法解释》第五百三十六条、第五百三十七条，以及《减刑、假释案件审理程序规定》第三条至第五条规定，人民法院审理减刑、假释案件，应当做好如下准备工作：（1）公示减刑、假释材料。在立案后5日内将执行机关报请减刑、假释的建议书等材料依法向社会公示。公示内容应当包括罪犯的个人基本情况、原判认定的罪名和刑期、罪犯历次减刑情况、执行机关的建议及依据。公示应当写明公示期限和提出意见的方式。公示期限为5日。（2）组成合议庭。人民法院审理减刑、假释案件，应当依法由审判员或者由审判员和人民陪审员组成合议庭进行。（3）审查材料。人民法院审理减刑、假释案件，除应当审查罪犯在执行期间的一贯表现外，还应当综合考虑犯罪的具体情节、原判刑罚情况、财产刑执行情况、附带民事裁判履行情况、罪犯退赃退赔等情况。对于假释案件，还应当综合考虑罪犯的年龄、身体状况、性格特征、假释后生活来源以及监管条件等影响再犯罪的因素。执行机关以罪犯有立功表现或重大立功表现为由提出减刑的，应当审查立功或重大立功表现是否属实。涉及发明创造、技术革新或者其他贡献的，应当审查该成果是否系罪犯在执行期间独立完成，并经有关主管机关确认。罪犯积极履行刑事裁判涉财产部分、附带民事裁判确定的义务的，可以认定有悔改表现，在减刑、假释时从宽掌握；对确有履行能力而不履行或者不全部履行的，在减刑、假释时从严掌握。

【减刑、假释案件的审理方式】 是指人民法院在审理减刑、假释案件时所采用的具体审理形式。根据《刑事诉讼法司法解释》第五百三十八条、《减刑、假释案件审理程序规定》第六条的规定，人民法院审理减刑、假释案件，可以采取开庭审理或者书面审理的方式。但是，对于下列减刑、假释案件，应当开庭审理：（1）因罪犯有重大立功表现报请减刑的。（2）报请减刑的起始时间、间隔时间或者减刑幅度不符合司法解释一般规定的。（3）公示期间收到不同意见的。（4）人民检察院有异议的。（5）被报请减刑、假释罪犯系职务犯罪罪犯，组织、领导、参加、包庇、纵容、黑社会性质组织犯罪罪犯，破坏金融管理秩序和金融诈骗犯罪罪犯及其他在社会上有重大影响或社会关注度高的。（6）人民法院认为其他应当开庭审理的。

【减刑、假释案件的开庭准备】 是指人民法院在开庭审理减刑、假释案件之前所作的各项准备活动。根据《减刑、假释案件审理程序规定》第七条至第九条的规定，减刑、假释案件的开庭准备包括：（1）通知人民检察院、执行机关及被报请减刑、假释罪犯参加庭审。人民法院根据需要，可以通知证明罪犯确有悔改表现或者立功、重大立功表现的证人，公示期间提出不同意见的人，以及鉴定人、翻译人员等其他人员参加庭审。(2) 开庭审理应当在罪犯刑罚执行场所或者人民法院确定的场所进行。有条件的人民法院可以采取视频开庭的方式进行。在社区执行刑罚的罪犯因重大立功被报请减刑的，可以在罪犯服刑地或者居住地开庭审理。(3) 人民法院对于决定开庭审理的减刑、假释案件，应当在开庭3日前将开庭的时间、地点通知人民检察院、执行机关、被报请减刑、假释罪犯和有必要参加庭审的其他人员，并于开庭3日前进行公告。

【减刑、假释案件的开庭审理】 是指人民法院合议庭在检察人员、执行机关代表、被报请减刑、假释的罪犯等相关人员的参加下，在法庭上依法调查核实罪犯是否符合减刑、假释条件，对案件作出裁定时所进行的审理活动。根据《减刑、假释案件审理程序规定》第十条，减刑、假释案件的开庭审理由审判长主持，应当按照以下程序进行：(1) 审判长宣布开庭，核实被报请减刑、假释罪犯的基本情况。(2) 审判长宣布合议庭组成人员、检察人员、执行机关代表及其他庭审参加人。(3) 执行机关代表宣读减刑、假释建议书，并说明主要理由。(4) 检察人员发表检察意见。(5) 法庭对被报请减刑、假释罪犯确有悔改表现或立功表现、重大立功表现的事实以及其他影响减刑、假释的情况进行调查核实。(6) 被报请减刑、假释罪犯作最后陈述。(7) 审判长对庭审情况进行总结并宣布休庭评议。根据《减刑、假释案件审理程序规定》第十一条至第十三条，庭审过程中，合议庭人员对报请理由有疑问的，可以向被报请减刑、假释罪犯、证人、执行机关代表、检察人员提问。检察人员对报请理由有疑问的，在经审判长许可后，可以出示证据，申请证人到庭，向被报请减刑、假释罪犯及证人提问并发表意见。被报请减刑、假释罪犯对报请理由有疑问的，在经审判长许可后，可以出示证据，申请证人到庭，向证人提问并发表意见。合议庭对证据有疑问需要进行调查核实，或者检察人员、执行机关代表提出申请的，可以宣布休庭。人民法院开庭审理减刑、假释案件，能够当庭宣判的应当当庭宣判；不能当庭宣判的，可以择期宣判。

根据《减刑、假释案件审理程序的规定》第八条以及《人民法院在线诉讼规则》第三条的规定，对于开庭审理的减刑、假释案件，有条件的人民法院可以适用在线诉讼的方式进行。

【减刑、假释案件的书面审理】 是指人民法院在不开庭的情况下，通过书面审查、调查核实、听取意见、提讯罪犯等方式审理减刑、假释案件的审理活动。根据《减刑、假释案件审理程序规定》第十四条、第十五条的规定，人民法院书面审理减刑、假释案件，可以就被报请减刑、假释罪犯是否符合减刑、假释条件进行调查核实或听取有关方面意见。人民法院书面审理减刑案件，可以提讯被报请减刑罪犯；书面审理假释案件，应当提讯被报请假释罪犯。

【提请撤回减刑、假释建议】 是指执行机关在人民法院作出减刑、假释裁定前书面提请撤回减刑、假释建议。2013年修订的《看守所留所执行刑罚罪犯管理办法》第三十六条规定，在人民法院作出减刑、假释裁定前，看守所发现罪犯不符合减刑、假释条件的，应当书面撤回提请减刑、假释建议书。根据《刑事诉讼法司法解释》第五百四十条、《减刑、假释案件审理程序规定》第十六条第二款的规定，在人民法院作出减刑、假释裁定前，执行机关书面申请撤回减刑、假释建议的，人民法院可以决定是否准许。

【减刑、假释案件的裁定】 是指人民法院在审理结束以后就罪犯是否应当予以减刑、假释所作的裁定。根据《监狱法》第三十四条第一款规定，对不符合法律规定的减刑、假释条件的罪犯，不得以任何理由将其减刑、假释。根据《减刑、假释案件审理程序规定》第十六条的规定，人民法院审理减刑、假释案件，应当按照下列情形分别处理：（1）被报请减刑、假释罪犯符合法律规定的减刑、假释条件的，作出予以减刑、假释的裁定；（2）被报请减刑的罪犯符合法律规定的减刑条件，但执行机关报请的减刑幅度不适当的，对减刑幅度作出相应调整后作出予以减刑的裁定；（3）被报请减刑、假释罪犯不符合法律规定的减刑、假释条件的，作出不予减刑、假释的裁定。在人民法院作出减刑、假释裁定前，执行机关书面申请撤回减刑、假释建议的，是否准许，由人民法院决定。根据《减刑、假释案件审理程序规定》第十七条至第十九条的规定，减刑、假释裁定书应当写明罪犯原判和历次减刑情况，确有悔改表现或者立功、重大立功表现的事实和理由，以及减刑、假释的法律依据。裁定减刑的，应当注明刑期的起止时间；裁定假释的，应当注明假释考验期的起止时间。裁定调整减刑幅度或者不予减刑、假释的，应当在裁定书中说明理由。人民法院作出减刑、假释裁定后，应当在7日内送达报请减刑、假释的执行机关、同级人民检察院以及罪犯本人。作出假释裁定的，还应当送达社区矫正机构或者基层组织。减刑、假释裁定书应当通过互联网依法向社会公布。

【假释考验期】 是指法律规定的对罪犯适用假释后对其进行监督考察的期限。假释是对正在服刑改造的罪犯附条件地予以提前释放的一种刑罚制度。附条件，主要就是为罪犯设定恰当的考验期限，规定被假释的罪犯在考验期内应当履行的义务。《减刑、假释案件审理程序规定》第十七条第二款明确规定，人民法院裁定假释的，应当注明假释考验期的起止时间。根据《刑法》第八十三条至第八十六条规定，有期徒刑的假释考验期限，为没有执行完毕的刑期；无期徒刑的假释考验期限为十年。假释考验期限，从假释之日起计算。被宣告假释的犯罪分子，应当遵守下列规定：遵守法律、行政法规，服从监督；按照监督机关的规定报告自己的活动情况；遵守监督机关关于会客的规定；离开所居住的市、县或者迁居，应当报经监督机关批准。对假释的罪犯，在假释考验期限内，依法实行社区矫正，如果没有应当予以撤销假释的情形，假释考验期满，就认为原判刑罚已经执行完毕，并公开予以宣告。如果被假释的罪犯在假释考验期限内犯新罪，或者发现其在判决宣告以前还有其他罪没有判决，应当撤销假释，依照规定实行数罪并罚。如果被假释的罪犯在假释考验期限内有违反法律、行政法规或者国务院有关部门关于假释的监督管理规定的行为，尚未构成新的犯罪的，应当依照法定程序撤销假释，收监执行未执行完毕的刑罚。

【减刑、假释案件中财产性判项的处理】 是指人民法院在办理减刑、假释案件过程中对于罪犯履行财产性判项情况的处理。根据2016年《办理减刑、假释案件规定》第四十一条规定，所谓财产性判项，是指判决罪犯承担的附带民事赔偿义务判项，以及追缴、责令退赔、罚金、没收财产等判项。根据该规定第三十八条，人民法院作出的刑事判决、裁定发生法律效力后，在依照《刑事诉讼法》第二百六十四条、第二百六十五条的规定，将罪犯交付执行刑罚时，如果生效裁判中有财产性判项，人民法院应当将反映财产性判项执行、履行情况的有关材料一并随案移送刑罚执行机关。罪犯在服刑期间本人履行或者其亲属代为履行生效裁判中财产性判项的，应当及时向刑罚执行机关报告。刑罚执行机关报请减刑时应随案移送以上材料。人民法院办理减刑、假释案件时，可以向原一审人民法院核实罪犯履行财产性判项的情况。原一审人民法院应当出具相关证明。刑罚执行期间，负责办理减刑、假释案件的人民法院可以协助原一审人民法院执行生效裁判中的财产性判项。

【减刑、假释案件的审理期限】 是指人民法院在审理减刑、假释案件时应当遵守的法定期限。根据《监狱法》第三十条、第三十二条以及《刑事诉讼法司法解释》第五百三十四条第一款规定，对被判处无期徒刑的罪犯的减刑、假释，由罪犯服刑地的高级人民法院在收到同级监狱管理机关审核同意的减刑、假释建议书后1个月内作出裁定，案情复杂或者情况特殊的，可以延长1个月；对被判处有期徒刑和被减为有期徒刑的罪犯的减刑、假释，由罪犯服刑地的中级人民法院在收到执行机关提出的减刑、假释建议书后1个月内作出裁定，案情复杂或者情况特殊的，可以延长1个月；对被判处管制、拘役的罪犯的减刑，由罪犯服刑地中级人民法院在收到同级执行机关审核同意的减刑建议书后1个月内作出裁定。

【减刑、假释案件的再审】 是指人民法院在发现减刑、假释裁定确有错误的情况下依法重新审理，纠正错误的减刑、假释裁定。根据《刑事诉讼法司法解释》第五百四十一条、《减刑、假释案件审理程序规定》第二十一条规定，人民法院发现本院已经生效的减刑、假释裁定确有错误的，应当依法重新组成合议庭进行审理并作出裁定；上级人民法院发现下级人民法院已经生效的减刑、假释裁定确有错误的，应当指令下级人民法院另行组成合议庭审理，也可以自行依法组成合议庭进行审理并作出裁定。根据2016年《办理减刑、假释案件规定》第三十二条，人民法院按照审判监督程序重新审理的减刑、假释案件，裁定维持原判决、裁定的，原减刑、假释裁定继续有效。再审裁判改变原判决、裁定的，原减刑、假释裁定自动失效，执行机关应当及时报请有管辖权的人民法院重新作出是否减刑、假释的裁定。重新作出减刑裁定时，不受本规定有关减刑起始时间、间隔时间和减刑幅度的限制。重新裁定时应综合考虑各方面因素，减刑幅度不得超过原裁定减去的刑期总和。再审改判为死刑缓期执行或者无期徒刑的，在新判决减为有期徒刑之时，原判决已经实际执行的刑期一并扣减。再审裁判宣告无罪的，原减刑、假释裁定自动失效。

【最高人民法院核准假释程序】 是指最高人民法院对因罪犯具有特殊情况而不受执行刑期限制的假释案件进行核准时所遵循的诉讼程序。根据《刑法》第八十一条第一款规定，被判处有期徒刑、无期徒刑的罪犯如果有特殊情况，经最高人民法院核准，可以不受执行刑期限制。根据2016年《办理减刑、假释案件规定》第二十四条规定，这里的特殊情况是指有国家政治、国防、外交等方面特殊需要的情况。根据《刑事诉讼法司法解释》第四百二十条至第四百二十二条规定，报请最高人民法院核准因罪犯具有特殊情况，不受执行刑期限制的假释案件，应当按照下列情形分别处理：（1）中级人民法院依法作出假释裁定后，应当报请高级人民法院复核。高级人民法院同意的，应当书面报请最高人民法院核准；不同意的，应当裁定撤销中级人民法院的假释裁定。（2）高级人民法院依法作出假释裁定的，应当报请最高人民法院核准。报请最高人民法院核准因罪犯具有特殊情况，不受执行刑期限制的假释案件，应当报送报请核准的报告、罪犯具有特殊情况的报告、假释裁定书各5份，以及全部案卷。对因罪犯具有特殊情况，不受执行刑期限制的假释案件，最高人民法院予以核准的，应当作出核准裁定书；不予核准的，应当作出不核准裁定书，并撤销原裁定。

【提出撤销减刑、假释、缓刑建议】 是指在人民法院作出减刑、假释、缓刑的判决、裁定以后，执行机关或者人民检察院在发现符合撤销减刑、假释、缓刑的情形时向人民法院提出撤销减刑、假释、缓刑的建议，由人民法院予以审核裁定。

【缓刑的撤销】 是指人民法院因为被宣告缓刑的犯罪分子在缓期考验期限内出现法定情形而作出取消缓刑的裁定。根据《刑法》第七十七条规定，被宣告缓刑的犯罪分子，在缓刑考验期限内犯新罪或者发现判决宣告以前还有其他罪没有判决的，应当撤销缓刑。被宣告缓刑的犯罪分子，在缓刑考验期限内，违反法律、行政法规或者国务院有关部门关于缓刑的监督管理规定，或者违反人民法院判决中的禁止令，情节严重的，应当撤销缓刑，执行原判刑罚。根据《刑事诉讼法司法解释》第五百四十二条至第五百四十五条规定，如果罪犯在缓刑考验期限内犯新罪或者被发现在判决宣告前还有其他罪没有判决，应当撤销缓刑的，由审判新罪的人民法院撤销原判决、裁定宣告的缓刑，并书面通知原审人民法院和执行机关。人民法院收到社区矫正机构的撤销缓刑建议书后，经审查，确认罪犯在缓刑考验期限内具有下列情形之一的，应当作出撤销缓刑的裁定：（1）违反禁止令，情节严重的。（2）无正当理由不按规定时间报到或者接受社区矫正期间脱离监管，超过1个月的。（3）因违反监督管理规定受到治安管理处罚，仍不改正的。（4）受到执行机关二次警告仍不改正的。（5）违反法律、行政法规和监督管理规定，情节严重的其他情形。被提请撤销缓刑、假释的罪犯可能逃跑或者可能发生社会危险，社区矫正机构在提出撤销缓刑、假释建议的同时，提请人民法院决定对其予以逮捕的，人民法院应当在48小时以内作出是否逮捕的决定。决定逮捕的，由公安机关执行。逮捕后的羁押期限不得超过30日。人民法院撤销缓刑的裁定，一经作出，立即生效。人民法院应当将撤销缓刑裁定书送达社区矫正机构和公安机关，并抄送人民检察院，由公安机关将罪犯送交执行。执行以前被逮捕的，羁押1日折抵刑期1日。

【假释的撤销】 是指人民法院因为被裁定假释的罪犯在假释考验期限内出现法定情形而作出撤销假释的裁定。根据《监狱法》第三十三条第二款的规定，被假释的罪犯在假释考验期限内有违反法律、行政法规或者国务院有关部门关于假释的监督管理规定的行为，尚未构成新的犯罪的，社区矫正机构应当向人民法院提出撤销假释的建议，人民法院应当自收到撤销假释建议书之日起 1 个月内予以审核裁定。人民法院裁定撤销假释的，由公安机关将罪犯送交监狱收监。根据《社区矫正法实施办法》第四十六条第二款的规定，社区矫正机构一般向原审人民法院提出建议。如果原审人民法院与执行地同级社区矫正机构不在同一省、自治区、直辖市的，可以向执行地人民法院提出建议。人民法院应当自收到撤销假释建议书之日起 1 个月内予以审核裁定。人民法院裁定撤销假释的，由公安机关将罪犯送交监狱收监。根据《刑事诉讼法司法解释》第五百四十二条、第五百四十三条规定，罪犯在假释考验期限内犯新罪或者被发现在判决宣告前还有其他罪没有判决，应当撤销假释的，由审判新罪的人民法院撤销原判决、裁定宣告的假释，并书面通知原审人民法院和执行机关。罪犯在假释考验期限内，有下列情形之一的，原作出假释判决、裁定的人民法院应当在收到执行机关的撤销假释建议书后 1 个月内，作出撤销假释的裁定：（1）无正当理由不按规定时间报到或者接受社区矫正期间脱离监管，超过 1 个月的；（2）受到执行机关二次警告仍不改正的；（3）其他违反监督管理规定的行为，尚未构成新的犯罪的。人民法院撤销假释的裁定，一经作出，立即生效。人民法院应当将撤销假释裁定书送达社区矫正机构和公安机关，并抄送人民检察院，由公安机关将罪犯送交执行。执行以前被逮捕的，羁押 1 日折抵刑期 1 日。根据 2016 年《办理减刑、假释案件规定》第二十九条第二款，罪犯在逃的，撤销假释裁定书可以作为对罪犯进行追捕的依据。

【减刑的撤销】 是指人民法院因为被裁定减刑的罪犯出现法定事由而作出撤销减刑的裁定。目前，我国《刑法》、《监狱法》及其司法解释对缓刑、假释的撤销问题做出了较为详细的规定，但是对减刑的撤销问题却没有作出明确的规定。但是从理论上讲，与缓刑、假释相类似的是，在人民法院的减刑裁定存在错误的情况下，人民法院理应通过裁定的方式加以撤销。而且，根据 2013 年修订《看守所留所执行刑罚罪犯管理办法》第三十六条规定，在减刑裁定生效后，看守所发现罪犯不符合减刑条件的，应当书面向作出裁定的人民法院提出撤销裁定建议；根据《刑事诉讼法司法解释》第五百四十一条、《减刑、假释案件审理程序规定》第二十一条规定，在发现已经生效的减刑裁定确有错误的情况下，人民法院应当通过审判监督程序审理重新审理减刑案件。

【新罪或漏罪的追诉程序】 是指侦查机关和人民检察院对于在刑事执行过程中发现具有新罪或者漏罪的罪犯予以侦查和审查起诉的一种诉讼程序。新罪，是指罪犯在服刑期间又犯的新罪行。漏罪则是指判决生效后、在执行的过程中发现的罪犯在判决宣告以前所犯的尚未判决的罪行。根据《刑事诉讼法》第二百七十三条的规定，罪犯在服刑期间又犯罪的，或者发现了判决的时候所没有发现的罪行，由执行机关移送人民检察院处理。所谓移送人民检察院处理，实际上就是先由具有管辖权的侦查机关予以侦查，在侦查终结后再由相应的人民检察院审查起诉。根据《刑事诉讼法》第三百零八条第三款、《监狱法》第六十条、《公安机关办理刑事案件程序规定》第三百一十五条、第三百一十六条和2013年修订的《看守所留所执行刑罚罪犯管理办法》第八十四条、第八十五条规定，对于在刑事执行过程中发现具有新罪或者漏罪的罪犯的追诉，除了遵循《刑事诉讼法》及其司法解释规定的侦查程序和审查起诉程序以外，还应当按照下列规定办理：（1）对罪犯在监狱内新犯的罪行，由监狱进行侦查。侦查终结后，写出起诉意见书，连同案卷材料、证据一并移送人民检察院。（2）对留看守所执行刑罚的罪犯，在暂予监外执行期间又犯新罪的，由犯罪地公安机关立案侦查，并通知批准机关。批准机关作出收监执行决定后，应当根据侦查、审判需要，由犯罪地看守所或者暂予监外执行地看守所收监执行。被剥夺政治权利、管制、宣告缓刑和假释的罪犯在执行期间又犯新罪的，由犯罪地公安机关立案侦查。对留看守所执行刑罚的罪犯，因犯新罪被撤销假释的，应当根据侦查、审判需要，由犯罪地看守所或者原执行看守所收监执行。（3）罪犯在看守所内又犯新罪的，由所属公安机关侦查。看守所发现罪犯有判决前尚未发现的犯罪行为的，应当书面报告所属公安机关。

【新罪或漏罪的审判程序】 是指人民法院对于在刑事执行过程中发现具有新罪或者漏罪的罪犯予以审理和裁判的一种诉讼程序。根据《刑法》第七十条、第七十一条规定，在判决宣告以后，刑罚执行完毕以前，无论是漏罪还是新罪，人民法院在审判过程中都应该按照数罪并罚的原理进行处理。根据《刑法》第八十六条规定，对于被假释的罪犯如果存在新罪或者漏罪，人民法院应当撤销假释，依照数罪并罚的规定进行处理。根据《刑事诉讼法司法解释》第五百三十三条规定，被判处死刑缓期执行的罪犯，在死刑缓期执行期间，没有故意犯罪的，死刑缓期执行期满后，应当裁定减刑；死刑缓期执行期满后，尚未裁定减刑前又犯罪的，应当依法减刑后对其所犯新罪另行审判。

根据2016年《办理减刑、假释案件规定》第三十三条至第三十七条，人民法院对于具有新罪或者漏罪的罪犯进行定罪量刑时应当遵守下列规定：（1）罪犯被裁定减刑后，刑罚执行期间因故意犯罪而数罪并罚时，经减刑裁定减去的刑期不计入已经执行的刑期。原判死刑缓期执行减为无期徒刑、有期徒刑，或者无期徒刑减为有期徒刑的裁定继续有效。（2）罪犯被裁定减刑后，刑罚执行期间因发现漏罪而数罪并罚的，原减刑裁定自动失效。如漏罪系罪犯主动交代的，对其原减去的刑期，由执行机关报请有管辖权的人民法院重新作出减刑裁定，予以确认；如漏罪系有关机关发现或者他人检举揭发的，由执行机关报请有管辖权的人民法院，在原减刑裁定减去的刑期总和之内，酌情重新裁定。（3）被判处死刑缓期执行的罪犯，在死刑缓期执行期内被发现漏罪，依法进行数罪并罚，决定执行死刑缓期执行的，死刑缓期执行期间自新判决确定之日起计算，已经执行的死刑缓期执行期间计入新判决的死刑缓期执行期间内，但漏罪被判处死刑缓期执行的除外。（4）被判处死刑缓期执行的罪犯，在死刑缓期执行期满后被发现漏罪，依法进行数罪并罚，决定执行死刑缓期执行的，交付执行时对罪犯实际执行无期徒刑，死缓考验期不再执行，但漏罪被判处死刑缓期执行的除外。在无期徒刑减为有期徒刑时，前罪死刑缓期执行减为无期徒刑之日起至新判决生效之日止已经实际执行的刑期，应当计算在减刑裁定决定执行的刑期以内。原减刑裁定减去的刑期依照本规定第三十四条处理。（5）被判处无期徒刑的罪犯在减为有期徒刑后因发现漏罪，依法进行数罪并罚，决定执行无期徒刑的，前罪无期徒刑生效之日起至新判决生效之日止已经实际执行的刑期，应当在新判决的无期徒刑减为有期徒刑时，在减刑裁定决定执行的刑期内扣减。无期徒刑罪犯减为有期徒刑后因发现漏罪判处三年有期徒刑以下刑罚，数罪并罚决定执行无期徒刑的，在新判决生效后执行 1 年以上，符合减刑条件的，可以减为有期徒刑，减刑幅度依照本规定第八条、第九条的规定执行。原减刑裁定减去的刑期依照本规定第三十四条处理。

【执行机关对错判和申诉的处理】 是指监狱和其他执行机关在刑罚执行中当发现判决有错误或者罪犯向其提出申诉时，将有关情况和申诉材料转请人民检察院或者原判人民法院处理。根据《刑事诉讼法》第二百七十五条的规定，监狱和其他执行机关在刑罚执行中，如果认为判决有错误或者罪犯向其提出申诉时，将有关情况和申诉材料转请人民检察院或者原判人民法院处理。根据《刑事诉讼法》第二百六十条的规定，监狱和其他执行机关在刑罚执行中，如果认为判决有错误或者罪犯提出申诉，应当转请人民检察院或者原判人民法院处理。一方面，刑事执行过程中，监狱和其他执行机关如果发现判决可能有错误，应当本着高度负责的精神，及时将有关情况及意见向人民检察院或原判人民法院反映。另一方面，如果罪犯本人认为生效裁判有错误，也有权向刑事执行机构或者人民检察院、人民法院提出申诉，要求撤销或者变更原判刑罚。对于罪犯的申诉材料，监狱和其他执行机关应当及时转递，不得扣留（参见“罪犯申诉、控告、检举的处理程序”词条）。人民检察院、人民法院接到执行机关认为有错误的材料和意见，或者罪犯的申诉后，应当及时进行审查。对于确有错误的，应依法提起审判监督程序，对案件进行再审；对于不符合再审条件的，可以驳回申诉，并将处理结果通知申诉人和有关执行机关。根据《监狱法》第二十四条的规定，人民检察院或人民法院应当自收到监狱提请处理意见书之日起 6 个月内将处理结果通知监狱等执行机关。

【社区矫正的适用对象】 是指司法行政机关采取社区矫正措施时所指向的具体对象。根据《刑事诉讼法》第二百六十九条、《刑法》第三十八条第三款、第七十六条、第八十五条，以及《社区矫正法》第二条，社区矫正的适用对象包括四种罪犯，即被判处管制的罪犯，以及被宣告缓刑、假释或者暂予监外执行的罪犯。

【社区矫正调查评估】 是指公安司法机关为了正确适用社区矫正措施而在社区矫正前对拟适用社区矫正的犯罪嫌疑人、被告人、罪犯所采取的调查评估措施。根据《刑法》第七十二条第一款、第八十一条第三款的规定，罪犯对于其所居住社区的影响是人民法院是否宣告缓刑或者假释的一个重要因素。为了正确适用社区矫正，我国确立了社区矫正调查评估制度。对拟适用社区矫正的被告人、罪犯开展调查评估，不仅能够有效地，提高风险预见性，真正严把社区矫正入口关，而且有利于确定社区矫正对象的居住地，进一步加强和规范司法行政机关同有关职能部门之间的有效衔接，从源头上避免社区矫正对象脱管、漏管情况的发生。

根据《社区矫正法》第十八条的规定，社区矫正决定机关根据需要，可以委托社区矫正机构或者有关社会组织对被告人或者罪犯的社会危险性和对所居住社区的影响，进行调查评估，提出意见，供决定社区矫正时参考。居民委员会、村民委员会等组织应当提供必要的协助。根据最高人民法院、最高人民检察院、公安部、司法部于2020年6月18日联合印发的《社区矫正法实施办法》第十三条、第十四条的规定，社区矫正决定机关对拟适用社区矫正的被告人、罪犯，需要调查其社会危险性和对所居住社区影响的，可以委托拟确定为执行地的社区矫正机构或者有关社会组织进行调查评估。社区矫正机构或者有关社会组织收到委托文书后应当及时通知执行地县级人民检察院。社区矫正机构、有关社会组织接受委托后，应当对被告人或者罪犯的居所情况、家庭和社会关系、犯罪行为的后果和影响、居住地村（居）民委员会和被害人意见、拟禁止的事项、社会危险性、对所居住社区的影响等情况进行调查了解，形成调查评估意见，与相关材料一起提交委托机关。调查评估时，相关单位、部门、村（居）民委员会等组织、个人应当依法为调查评估提供必要的协助。社区矫正机构、有关社会组织应当自收到调查评估委托函及所附材料之日起10个工作日内完成调查评估，提交评估意见。对于适用刑事案件速裁程序的，应当在5个工作日内完成调查评估，提交评估意见。评估意见同时抄送执行地县级人民检察院。

【社区矫正执行地】 是指司法行政机关对罪犯执行社区矫正的具体地点。根据《社区矫正法》第十七条规定，社区矫正执行地为社区矫正对象的居住地。社区矫正对象在多个地方居住的，可以确定经常居住地为执行地。社区矫正对象的居住地、经常居住地无法确定或者不适宜执行社区矫正的，社区矫正决定机关应当根据有利于社区矫正对象接受矫正、更好地融入社会的原则，确定执行地。根据《社区矫正法实施办法》第十二条规定，社区矫正对象的居住地是指其实际居住的县（市、区）。社区矫正对象的经常居住地是指其经常居住的，有固定住所、固定生活来源的县（市、区）。社区矫正对象应如实提供其居住、户籍等情况，并提供必要的证明材料。根据《社区矫正法实施办法》第十二条的规定，对拟适用社区矫正的，社区矫正决定机关应当核实社区矫正对象的居住地。这意味着，社区矫正对象居住地应当以人民法院等决定机关的裁判、决定文书确定的居住地为准。但是，在裁判前委托司法行政机关对适用社区矫正进行调查评估的，司法行政机关可以在调查评估时对居住地的条件一并考虑，向决定机关反馈意见。

【社区矫正对象执行地变更】 是指在社区矫正对象因工作、居所变化等原因需要变更执行地的情况下，由社区矫正对象提出申请，由县级社区矫正机构进行审批的一种制度。根据《社区矫正法实施办法》第三十条、第三十一条规定：

(1) 社区矫正对象因工作、居所变化等原因需要变更执行地的，一般应当提前1个月提出书面申请，并提供相应证明材料，由受委托的司法所签署意见后报执行地县级社区矫正机构审批。(2) 执行地县级社区矫正机构收到申请后，应当在5日内书面征求新执行地县级社区矫正机构的意见。新执行地县级社区矫正机构接到征求意见函后，应当在5日内核实有关情况，作出是否同意接收的意见并书面回复。执行地县级社区矫正机构根据回复意见，作出决定。执行地县级社区矫正机构对新执行地县级社区矫正机构的回复意见有异议的，可以报上一级社区矫正机构协调解决。(3) 经审核，执行地县级社区矫正机构不同意变更执行地的，应在决定作出之日起5日内告知社区矫正对象。同意变更执行地的，应对社区矫正对象进行教育，书面告知其到新执行地县级社区矫正机构报到的时间期限以及逾期报到或者未报到的后果，责令其按时报到。(4) 同意变更执行地的，原执行地县级社区矫正机构应当在作出决定之日起5日内，将有关法律文书和档案材料移交新执行地县级社区矫正机构，并将有关法律文书抄送社区矫正决定机关和原执行地县级人民检察院、公安机关。新执行地县级社区矫正机构收到法律文书和档案材料后，在5日内送达回执，并将有关法律文书抄送所在地县级人民检察院、公安机关。(5) 同意变更执行地的，社区矫正对象应当自收到变更执行地决定之日起7日内，到新执行地县级社区矫正机构报到。新执行地县级社区矫正机构应当核实身份、办理登记接收手续。发现社区矫正对象未按规定时间报到的，新执行地县级社区矫正机构应当立即通知原执行地县级社区矫正机构，由原执行地县级社区矫正机构组织查找。未及时办理交付接收，造成社区矫正对象脱管漏管的，原执行地社区矫正机构会同新执行地社区矫正机构妥善处置。(6) 对公安机关、监狱管理机关批准暂予监外执行的社区矫正对象变更执行地的，公安机关、监狱管理机关在收到社区矫正机构送达的法律文书后，应与新执行地同级公安机关、监狱管理机关办理交接。新执行地的公安机关、监狱管理机关应指定一所看守所、监狱接收社区矫正对象档案，负责办理其收监、刑满释放等手续。看守所、监狱在接收档案之日起5日内，应当将有关情况通报新执行地县级社区矫正机构。对公安机关批准暂予监外执行的社区矫正对象在同一省、自治区、直辖市变更执行地的，可以不移交档案。

【社区矫正交接程序】 是指作出社区矫正决定的人民法院、公安机关、监狱与社区矫正机构之间在办理社区矫正对象的交付接收工作时所遵循的程序。社区矫正对象的交付接收工作是社区矫正工作正式开始的标志，是确保社区矫正依法开始、避免漏管的一项基础性工作。根据《社区矫正法》第十七条、第二十条和《社区矫正法实施办法》第十六条、第三十四条至第三十八条规定，社区矫正交接程序包括：(1) 社区矫正决定机关判处管制、宣告缓刑、裁定假释、决定或者批准暂予监外执行时应当确定社区矫正执行地。(2) 社区矫正决定机关应当自判决、裁定或者决定生效之日起5日内通知执行地社区矫正机构，并在10日内送达有关法律文书，同时抄送人民检察院和执行地公安机关。社区矫正决定地与执行地不在同一地方的，由执行地社区矫正机构将法律文书转送所在地的人民检察院、公安机关。社区矫正机构应当在5日内送达回执。（3）人民法院判处管制、宣告缓刑、裁定假释的社区矫正对象，应当自判决、裁定生效之日起10日内到执行地社区矫正机构报到。人民法院决定暂予监外执行的社区矫正对象，由看守所或者执行取保候审、监视居住的公安机关自收到决定之日起10日内将社区矫正对象移送社区矫正机构。监狱管理机关、公安机关批准暂予监外执行的社区矫正对象，由监狱或者看守所自收到批准决定之日起10日内将社区矫正对象移送社区矫正机构。（4）社区矫正对象前来报到时，执行地县级社区矫正机构未收到法律文书或者法律文书不齐全，应当先记录在案，为其办理登记接收手续，并通知社区矫正决定机关在5日内送达或者补齐法律文书。（5）社区矫正对象不按规定时间报到的，社区矫正机构应当根据其脱离监管的情形给予相应处置。

【社区矫正对象漏管、脱管】 是指人民法院、公安机关、司法行政机关在社区服刑人员交付接收工作中衔接脱节，或者社区服刑人员逃避监管、未按规定时间期限报到，影响社区矫正执行的情形。根据《社区矫正法实施办法》第三十四条、第三十五条规定，社区矫正对象不按规定时间报到或者接受社区矫正期间脱离监管，执行地县级社区矫正机构应当给予训诫或警告。根据《社区矫正法实施办法》第三十八条规定，发现社区矫正对象失去联系的，社区矫正机构应当立即组织查找，可以采取通信联络、信息化核查、实地查访等方式查找，查找时要做好记录，固定证据。查找不到的，社区矫正机构应当及时通知公安机关，公安机关应当协助查找。社区矫正机构应当及时将组织查找的情况通报人民检察院。查找到社区矫正对象后，社区矫正机构应当根据其脱离监管的情形，给予相应处置。虽能查找到社区矫正对象下落但其拒绝接受监督管理的，社区矫正机构应当视情节依法提请公安机关予以治安管理处罚，或者依法提请撤销缓刑、撤销假释、对暂予监外执行的收监执行。

【入矫宣告】 是社区矫正机构在接收社区矫正对象时，对其进行法律教育，告知社区矫正权利义务及应知事项的程序。对强化社区服刑人员服刑意识，彰显社区矫正工作的严肃性、程序性和规范性具有重要意义。根据《社区矫正法实施办法》第二十条的规定，执行地县级社区矫正机构接收社区矫正对象后，应当组织或者委托司法所组织入矫宣告。入矫宣告包括以下内容：（1）判决书、裁定书、决定书、执行通知书等有关法律文书的主要内容。（2）社区矫正期限。（3）社区矫正对象应当遵守的规定、被剥夺或者限制行使的权利、被禁止的事项以及违反规定的法律后果。（4）社区矫正对象依法享有的权利。（5）矫正小组人员组成及职责。（6）其他有关事项。宣告由社区矫正机构或者司法所的工作人员主持，矫正小组成员及其他相关人员到场，按照规定程序进行。宣告后，社区矫正对象应当在书面材料上签字，确认已经了解所宣告的内容。

【社区矫正小组】 是指社区矫正机构为实施社区矫正而为社区矫正对象临时确定的专门小组。实行专群结合，坚持充分利用各种社会资源、广泛动员各种社会力量积极参与到社区矫正工作中来，既是社区矫正制度的特色，也是实践经验的总结。以矫正小组为依托，立足社区、依靠社区，动员各种社会力量，促进公众参与对社区矫正对象的监管教育帮助，是具有中国特色的社区矫正管理教育模式。通过社区矫正小组，利用社会力量参与社区矫正，可以减少矫正机构与社区矫正对象之间的对立面，消除社区矫正对象的抵触心理，进而提高社区矫正的效果。根据《社区矫正法》第二十五条、第五十二条规定，社区矫正机构应当根据社区矫正对象的情况，为其确定矫正小组，负责落实相应的矫正方案。根据需要，矫正小组可以由司法所、居民委员会、村民委员会的人员，社区矫正对象的监护人、家庭成员，所在单位或者就读学校的人员以及社会工作者、志愿者等组成。社区矫正对象为女性的，矫正小组中应有女性成员。为未成年社区矫正对象确定矫正小组，应当吸收熟悉未成年人身心特点的人员参加。根据《社区矫正法实施办法》第十九条规定，执行地县级社区矫正机构、受委托的司法所应当为社区矫正对象确定矫正小组，与矫正小组签订矫正责任书，明确矫正小组成员的责任和义务，负责落实矫正方案。矫正小组主要开展下列工作：（1）按照矫正方案，开展个案矫正工作。（2）督促社区矫正对象遵纪守法，遵守社区矫正规定。（3）参与对社区矫正对象的考核评议和教育活动。（4）对社区矫正对象走访谈话，了解其思想、工作和生活情况，及时向社区矫正机构或者司法所报告。（5）协助对社区矫正对象进行监督管理和教育帮扶。（6）协助社区矫正机构或者司法所开展其他工作。

【社区矫正方案】 是指社区矫正机构接收社区矫正对象后，根据其被判处的刑罚种类、犯罪情况、悔罪表现、个性特征和生活环境等情况进行综合评估分析，制定有针对性的监管、教育和帮助措施，并根据实施效果适时予以调整的方案。社区矫正机构应当指定专职人员负责社区矫正方案的拟定。对拟定的矫正方案，社区矫正机构应当及时予以审核，在确定以后由专职人员组织实施，社区矫正专职社工协助。专职人员在制定矫正方案时，应当查阅有关法律文书材料，与社区矫正对象进行谈话，了解其认罪悔罪情况和思想动态，走访社区矫正对象家属、邻居、村（居）委会、原单位（学校）的有关人员，了解社区矫正对象的犯罪事实、犯罪类别、主观恶性、心理行为特点、家庭状况、成长经历、社会关系等。专职人员根据走访了解到的情况，对社区矫正对象的危险程度、利益需求、心理行为、素质缺陷等进行综合分析，找出社区矫正对象犯罪的症结和可能影响矫正进行的问题所在，确定矫正工作的重点和方向。专职人员在综合分析评定的基础上，拟定矫正方案。社区矫正方案主要包括社区矫正对象的基本情况（个人自然情况、刑罚种类、矫正期限、居住地址等）、对其犯罪情况、悔罪表现、个性特征、生活环境等的综合评估情况、对其拟采用的监督管理、教育学习、帮困扶助的措施等。矫正方案开始实施后，要定期对实施情况进行评估。矫正措施针对性强、矫正效果明显的，可以继续使用原来的方案。原来拟定的矫正措施针对性不强、实施效果差的，要重新对矫正措施进行调整。制定时做到因人定案，因人施矫，切忌千篇一律、不讲效果。

【社区矫正档案】 是指社区矫正机构为社区矫正对象建立的社区矫正执行档案以及为记录社区矫正工作所制作的工作

档案。根据《社区矫正法实施办法》第十八条的规定，执行地县级社区矫正机构接收社区矫正对象后，应当建立社区矫正档案，包括以下内容：（1）适用社区矫正的法律文书。（2）接收、监管审批、奖惩、收监执行、解除矫正、终止矫正等有关社区矫正执行活动的法律文书。（3）进行社区矫正的工作记录。（4）社区矫正对象接受社区矫正的其他相关材料。接受委托对社区矫正对象进行日常管理的司法所应当建立工作档案。

【社区矫正对象义务】 是指社区矫正对象在社区服刑过程中应当遵守的各种特殊义务。社区矫正对象在开放的社区中服刑，存在着多种诱发犯罪的因素。对社区矫正对象依法实施严格监督管理，既是刑罚执行的必然要求，也是维护社区安全，预防社区矫正对象重新违法犯罪的前提和保障。根据我国《刑法》《刑事诉讼法》及其司法解释的有关规定，被判处管制或者宣告缓刑、假释、暂予监外执行的罪犯都应当遵守相应的义务。这些决定了社区矫正对象在社区服刑过程中必须遵守一定义务。根据《社区矫正法实施办法》第二十四条至第二十八条规定，社区矫正对象除遵守法律规定外，还有如下义务：（1）社区矫正对象应当按照有关规定和社区矫正机构的要求，定期报告遵纪守法、接受监督管理、参加教育学习、公益活动和社会活动等情况。发生居所变化、工作变动、家庭重大变故以及接触对其矫正可能产生不利影响人员等情况时，应当及时报告。被宣告禁止令的社区矫正对象应当定期报告遵守禁止令的情况。（2）暂予监外执行的社区矫正对象应当每个月报告本人身体情况。保外就医的，应当到省级人民政府指定的医院检查，每三个月向执行地县级社区矫正机构、受委托的司法所提交病情复查情况。（3）未经执行地县级社区矫正机构批准，社区矫正对象不得接触其犯罪案件中的被害人、控告人、举报人，不得接触同案犯等可能诱发其再犯罪的人。（4）社区矫正对象未经批准不得离开所居住市、县。确有正当理由需要离开的，应当经执行地县级社区矫正机构或者受委托的司法所批准。确需离开所居住的市、县的，一般应当提前3日提交书面申请，并如实提供诊断证明、单位证明、入学证明、法律文书等材料。应在外出期限届满前返回居住地，并向执行地县级社区矫正机构或者司法所报告，办理手续。

【社区矫正监督管理】 是指社区矫正机构为履行监管职责而对社区矫正对象采取的各种监督管理措施。在实践中，社区矫正监督管理主要包括：（1）加强日常管理。社区矫正机构通过实地检查、通讯联络、信息化核查、定期走访等措施及时掌握社区矫正对象的思想动态、活动情况、现实表现情况。重点时段、重大活动期间或者遇有特殊情况，可以要求社区矫正对象前来报告、说明情况。（2）加强禁止令的监督管理。社区矫正机构根据禁止令的具体内容，结合社区矫正对象的情况特点，制定切实可行的执行方案，明确具体的监督管理措施，落实监督管理责任人，并根据执行情况和效果及时调整执行方案。对于被禁止出入特定区域、场所，接触特定人的，社区矫正机构要加强调查走访，及时了解社区矫正对象的活动情况；对于人民法院禁止令确定需经批准才能进入的特定区域或者场所，社区矫正对象确需进入的，社区矫正机构应当根据具体情况进行审批，并告知人民检察院。（3）严格社区矫正对象的外出、居住地变更审批。认真核查社区矫正对象提交的外出、变更居住地的书面证明材料。社区矫正对象一次请假时间不得超过1个月。到期仍有外出需求的，需重新办理审批手续。居住地变更涉及到具体执行机关的变更，社区矫正机构还应当在征求新居住地社区矫正机构的意见后作出决定，并做好衔接工作。（4）加强检查考核。社区矫正机构要定期到社区矫正对象居住的社区、学校、单位、家庭等进行实地检查核查，加强对社区矫正对象日常表现的考核，根据考核结果实施分级管理，调动社区矫正对象改造的积极性。（5）创新监督管理方式。发挥基层组织、社区群众以及社区矫正对象家属在监督管理中的作用，推广应用手机定位等信息化技术实施监管，提高监管工作的便捷性和实效性。（6）健全应急处置机制。针对社区矫正对象脱离监管、参与群体性事件、实施犯罪、非正常死亡等情形，制定应急处置预案，与公安机关、检察机关等有关部门建立协调联动机制，确保对突发事件防范有力，处置迅速，应对有效。通过全面加强监督管理措施，促使社区矫正对象认罪悔罪、遵纪守法，防止重新违法犯罪的发生。

【宣告禁止令】 是指人民法院对判处管制或宣告缓刑的犯罪分子宣告禁止其在管制执行期间、缓刑考验期限内从事特定活动，进入特定区域、场所，接触特定人的指令。禁止令制度是我国刑罚制度的一个重要创新。正确适用禁止令对于切实保障和强化管制、缓刑的适用效果，进一步切实贯彻宽严相济刑事政策，充分发挥非监禁性刑罚的独特功能等，都具有十分重要的意义。根据最高人民法院、最高人民检察院、公安部、司法部于2011年4月28日联合印发的《对判处管制、宣告缓刑的犯罪分子适用禁止令规定（试行）》第一条、第二条、第七条、第八条规定，人民检察院在提起公诉时，对可能判处管制、宣告缓刑的被告人可以提出宣告禁止令的建议。当事人、辩护人、诉讼代理人可以就应否对被告人宣告禁止令提出意见，并说明理由。公安机关在移送审查起诉时，可以根据犯罪嫌疑人涉嫌犯罪的情况，就应否宣告禁止令及宣告何种禁止令，向人民检察院提出意见。对判处管制、宣告缓刑的犯罪分子，人民法院根据犯罪情况，认为从促进犯罪分子教育矫正、有效维护社会秩序的需要出发，确有必要禁止其在管制执行期间、缓刑考验期限内从事特定活动，进入特定区域、场所，接触特定人的，可以同时宣告禁止令。人民法院宣告禁止令，应当根据犯罪分子的犯罪原因、犯罪性质、犯罪手段、犯罪后的悔罪表现、个人一贯表现等情况，充分考虑与犯罪分子所犯罪行的关联程度，有针对性地决定禁止其在管制执行期间、缓刑考验期限内“从事特定活动，进入特定区域、场所，接触特定的人”的一项或者几项内容。人民法院对判处管制、宣告缓刑的被告人宣告禁止令的，应当在裁判文书主文部分单独作为一项予以宣告。根据《对判处管制、宣告缓刑的犯罪分子适用禁止令规定（试行）》第六条规定，禁止令的期限，既可以与管制执行、缓刑考验的期限相同，也可以短于管制执行、缓刑考验的期限，但判处管制的，禁止令的期限不得少于3个月，宣告缓刑的，禁止令的期限不得少于2个月。判处管制的犯罪分子在判决执行以前先行羁押以致管制执行的期限少于3个月的，禁止令的期限不受前款规定的最短期限的限制。禁止令的执行期限，从管制、缓刑执行之日起计算。

【禁止令内容】 是指人民法院对判处管制或宣告缓刑的犯罪分子禁止其在管制执行期间、缓刑考验期限内从事特定活动，进入特定区域、场所，接触特定人。根据《对判处管制、宣告缓刑的犯罪分子适用禁止令规定（试行）》第三条至第五条规定，禁止从事特定活动包括：（1）个人为进行违法犯罪活动而设立公司、企业、事业单位或者在设立公司、企业、事业单位后以实施犯罪为主要活动的，禁止设立公司、企业、事业单位。（2）实施证券犯罪、贷款犯罪、票据犯罪、信用卡犯罪等金融犯罪的，禁止从事证券交易、申领贷款、使用票据或者申领、使用信用卡等金融活动。（3）利用从事特定生产经营活动实施犯罪的，禁止从事相关生产经营活动。（4）附带民事赔偿义务未履行完毕，违法所得未追缴、退赔到位，或者罚金尚未足额缴纳的，禁止从事高消费活动。（5）其他确有必要禁止从事的活动。

禁止进入特定区域、场所包括：（1）禁止进入夜总会、酒吧、迪厅、网吧等娱乐场所。（2）未经执行机关批准，禁止进入举办大型群众性活动的场所。（3）禁止进入中小学校区、幼儿园园区及周边地区，确因本人就学、居住等原因，经执行机关批准的除外。（4）其他确有必要禁止进入的区域、场所。

禁止接触特定人员包括：（1）未经对方同意，禁止接触被害人及其法定代理人、近亲属。（2）未经对方同意，禁止接触证人及其法定代理人、近亲属。（3）未经对方同意，禁止接触控告人、批评人、举报人及其法定代理人、近亲属。（4）禁止接触同案犯。（5）禁止接触其他可能遭受其侵害、滋扰的人或者可能诱发其再次危害社会的人。

【禁止令执行】 是指由司法行政机关指导管理的社区矫正机构对被宣告禁止令的罪犯执行禁止令所禁止的各项内容。根据《社区矫正法》第二十九条、第三十一条，《社区矫正法实施办法》第三十五条、第三十六条和《对判处管制、宣告缓刑的犯罪分子适用禁止令规定（试行）》第十一条至第十三条规定，对于人民法院禁止令确定需经批准才能进入的特定区域或者场所，社区矫正对象确需进入的，应当经社区矫正机构批准，并告知人民检察院。发现社区矫正对象有违反监督管理规定或者人民法院禁止令情形的，社区矫正机构应当及时派员调查核实情况，收集有关证明材料，提出处理意见。社区矫正对象违反人民法院禁止令，情节轻微的，社区矫正机构应当给予警告，并出具书面决定。社区矫正对象违反监督管理规定或者人民法院禁止令，社区矫正机构应当立即制止；制止无效的，应当立即通知公安机关到场处置。依法应予治安管理处罚的，社区矫正机构应当及时提请同级公安机关依法给予处罚。公安机关应当将处理结果通知社区矫正机构。对于违反人民法院禁止令情节严重的社区矫正对象，由居住地同级社区矫正机构向原裁判人民法院提出撤销缓刑、假释建议书并附相关证明材料，人民法院应当自收到之日起1个月内依法作出裁定。人民法院撤销缓刑的裁定一经作出，立即生效。违反禁止令，具有下列情形之一的，应当认定为情节严重：（1）3次以上违反禁止令的。（2）因违反禁止令被治安管理处罚后，再次违反禁止令的。（3）违反禁止令，发生较为严重危害后果的。（4）其他情节严重的情形。被宣告禁止令的犯罪分子被依法减刑时，禁止令的期限可以相应缩短，由人民法院在减刑裁定中确定新的禁止令期限。

【社区矫正的教育帮扶】 社区矫正的目的是提高教育矫正质量，促进社区矫正对象顺利融入社会，预防和减少犯罪。因此，社区矫正工作不但要坚持监督管理，也要进行教育帮扶。《社区矫正法》第四条规定，社区矫正工作应当依法进行，尊重和保障人权。社区矫正对象依法享有的人身权利、财产权利和其他权利不受侵犯，在就业、就学和享受社会保障等方面不受歧视。根据《社区矫正法》第三十五条至第四十三条的规定，国家及有关单位、个人应当相互配合，从以下几方面对社区矫正对象开展教育帮扶：（1）社区矫正机构根据需要，对社区矫正对象进行法治、道德等教育，增强其法治观念，提高其道德素质和悔罪意识。（2）社区矫正机构可以协调有关部门和单位，依法对就业困难的社区矫正对象开展职业技能培训、就业指导，帮助社区矫正对象中的在校学生完成学业。（3）居民委员会、村民委员会可以引导志愿者和社区群众，利用社区资源，采取多种形式，对有特殊困难的社区矫正对象进行必要的教育帮扶。（4）社区矫正对象的监护人、家庭成员，所在单位或者就读学校应当协助社区矫正机构做好对社区矫正对象的教育。（5）社区矫正机构可以通过公开择优购买社区矫正社会工作服务或者其他社会服务，为社区矫正对象在教育、心理辅导、职业技能培训、社会关系改善等方面提供必要的帮扶。国家鼓励企业事业单位、社会组织为社区矫正对象提供就业岗位和职业技能培训。招用符合条件的社区矫正对象的企业，按照规定享受国家优惠政策。（6）社区矫正机构可以根据社区矫正对象的个人特长，组织其参加公益活动，修复社会关系，培养社会责任感。（7）社区矫正对象可以按照国家有关规定申请社会救助、参加社会保险、获得法律援助，社区矫正机构应当给予必要的协助。

【社区矫正考核制度】 是指社区矫正机构对社区矫正对象在接受矫正时的表现进行考核的一种制度。根据《社区矫正法》第二十八条的规定，社区矫正机构根据社区矫正对象的表现，依照有关规定对其实施考核奖惩。社区矫正对象认罪悔罪、遵守法律法规、服从监督管理、接受教育表现突出的，应当给予表扬。社区矫正对象违反法律法规或者监督管理规定的，应当视情节依法给予训诫、警告、提请公安机关予以治安管理处罚，或者依法提请撤销缓刑、撤销假释、对暂予监外执行的收监执行。对社区矫正对象的考核结果，可以作为认定其是否确有悔改表现或者是否严重违反监督管理规定的依据。

【社区矫正电子定位】 是指使用电子定位装置确定社区矫正对象的位置，协助进行社区矫正的方法。电子定位装置是指运用卫星等定位技术，能对社区矫正对象进行定位等监管，并具有防拆、防爆、防水等性能的专门的电子设备，如电子定位腕带等，但不包括手机等设备。根据《社区矫正法》第二十九条以及《社区矫正法实施办法》第三十七条规定，社区矫正对象有下列情形之一的，经县级司法行政部门负责人批准，可以使用电子定位装置，加强监督管理：（1）违反人民法院禁止令的。（2）无正当理由，未经批准离开所居住的市、县的。(3) 拒不按照规定报告自己的活动情况，被给予警告的。(4) 违反监督管理规定，被给予治安管理处罚的。(5) 拟提请撤销缓刑、假释或者暂予监外执行收监执行的。使用电子定位装置的期限不得超过 3 个月。对于不需要继续使用的，应当及时解除；对于期限届满后，经评估仍有必要继续使用的，经过批准，期限可以延长，每次不得超过 3 个月。社区矫正机构对通过电子定位装置获得的信息应当严格保密，有关信息只能用于社区矫正工作，不得用于其他用途。对社区矫正对象采取电子定位装置进行监督管理的，应当告知社区矫正对象监管的期限、要求以及违反监管规定的后果。

【收监执行社区矫正对象】 是指对于违反规定的被暂予监外执行的社区矫正对象，社区矫正机构向批准、决定暂予执行的机关提出收监执行建议，由批准、决定机关作出收监执行的裁定。根据《社区矫正法实施办法》第四十九条、第五十条的规定，暂予监外执行的社区矫正对象有下列情形之一的，由执行地县级社区矫正机构提出收监执行建议：(1) 不符合暂予监外执行条件的。(2) 未经社区矫正机构批准擅自离开居住的市、县，经警告拒不改正，或者拒不报告行踪，脱离监管的。(3) 因违反监督管理规定受到治安管理处罚，仍不改正的。(4) 受到社区矫正机构两次警告的。(5) 保外就医期间不按规定提交病情复查情况，经警告拒不改正的。(6) 暂予监外执行的情形消失后，刑期未满的。(7) 保证人丧失保证条件或者因不履行义务被取消保证人资格，不能在规定期限内提出新的保证人的。(8) 其他违反有关法律、行政法规和监督管理规定，情节严重的情形。社区矫正机构一般向执行地社区矫正决定机关提出收监执行建议。如果原社区矫正决定机关与执行地县级社区矫正机构在同一省、自治区、直辖市的，可以向原社区矫正决定机关提出建议。社区矫正机构的收监执行建议书和决定机关的决定书，应当同时抄送执行地县级人民检察院。人民法院裁定撤销缓刑、撤销假释或者决定暂予监外执行收监执行的，由执行地县级公安机关本着就近、便利、安全的原则，送交社区矫正对象执行地所属的省、自治区、直辖市管辖范围内的看守所或者监狱执行刑罚。公安机关决定暂予监外执行收监执行的，由执行地县级公安机关送交存放或者接收罪犯档案的看守所收监执行。监狱管理机关决定暂予监外执行收监执行的，由存放或者接收罪犯档案的监狱收监执行。

【社区矫正对象的减刑】 是指对于符合条件的社区矫正对象，社区矫正机构向中级人民法院提出减刑建议，由中级人民法院作出裁定。根据《社区矫正法实施办法》第四十二条规定，社区矫正对象符合法定减刑条件的，由执行地县级社区矫正机构提出减刑建议书并附相关证据材料，报经地（市）社区矫正机构审核同意后，由地（市）社区矫正机构提请执行地的中级人民法院裁定。依法应由高级人民法院裁定的减刑案件，由执行地县级社区矫正机构提出减刑建议书并附相关证据材料，逐级上报省级社区矫正机构审核同意后，由省级社区矫正机构提请执行地的高级人民法院裁定。人民法院应当自收到减刑建议书和相关证据材料之日起 30 日内依法裁定。社区矫正机构减刑建议书和人民法院减刑裁定书副本，应当同时抄送社区矫正执行地同级人民检察院、公安机关及罪犯原服刑或者接收其档案的监狱。

【解除社区矫正】 是指社区矫正对象矫正期满后，社区矫正机构依法解除社区矫正。解除社区矫正是社区矫正工作的最后环节，具有重要法律意义，标志着社区矫正对象身份的变化。根据《社区矫正法实施办法》第五十三条、第五十四条规定，社区矫正对象矫正期限届满，且在社区矫正期间没有应当撤销缓刑、撤销假释或者暂予监外执行收监执行情形的，社区矫正机构依法办理解除矫正手续。社区矫正对象一般应当在社区矫正期满30日前，作出个人总结，执行地县级社区矫正机构应当根据其在接受社区矫正期间的表现等情况作出书面鉴定，与安置帮教工作部门做好衔接工作。执行地县级社区矫正机构应当向社区矫正对象发放解除社区矫正证明书，并书面通知社区矫正决定机关，同时抄送执行地县级人民检察院和公安机关。公安机关、监狱管理机关决定暂予监外执行的社区矫正对象刑期届满的，由看守所、监狱依法为其办理刑满释放手续。社区矫正对象被赦免的，社区矫正机构应当向社区矫正对象发放解除社区矫正证明书，依法办理解除矫正手续。社区矫正对象矫正期满，执行地县级社区矫正机构或者受委托的司法所可以组织解除矫正宣告。解矫宣告包括以下内容：宣读对社区矫正对象的鉴定意见；宣布社区矫正期限届满，依法解除社区矫正；对判处管制的，宣布执行期满，解除管制；对宣告缓刑的，宣布缓刑考验期满，原判刑罚不再执行；对裁定假释的，宣布考验期满，原判刑罚执行完毕。宣告由社区矫正机构或者司法所工作人员主持，矫正小组成员及其他相关人员到场，按照规定程序进行。

【社区矫正终止】 是指在社区矫正对象死亡、被决定收监执行或者被判处监禁刑罚的情况下，社区矫正机构依法终止社区矫正。社区矫正终止包括两种情形：一种是社区矫正对象在矫正期间死亡，不可能再继续实施社区矫正；另一种是社区矫正对象被裁定撤销缓刑、假释，或者被决定收监执行，从而导致没有必要继续实施社区矫正。根据《社区矫正法》第五十一条规定，社区矫正对象在社区矫正期间死亡的，其监护人、家庭成员应当及时向社区矫正机构报告。社区矫正机构应当及时通知社区矫正决定机关、所在地的人民检察院、公安机关。

【未成年人社区矫正特殊程序】 是指社区矫正机构在对未成年社区矫正对象实施社区矫正时应当遵守的特殊规定和要求。根据《社区矫正法》第七章的规定，对于未成年人的社区矫正有如下特殊要求：（1）社区矫正机构应当根据未成年社区矫正对象的年龄、心理特点、发育需要、成长经历、犯罪原因、家庭监护教育条件等情况，采取针对性的矫正措施。社区矫正机构为未成年社区矫正对象确定矫正小组，应当吸收熟悉未成年人身心特点的人员参加。对未成年人的社区矫正，应当与成年人分别进行。（2）未成年社区矫正对象的监护人应当履行监护责任，承担抚养、管教等义务。监护人怠于履行监护职责的，社区矫正机构应当督促、教育其履行监护责任。监护人拒不履行监护职责的，通知有关部门依法作出处理。（3）社区矫正机构工作人员和其他依法参与社区矫正工作的人员对履行职责过程中获得的未成年人身份信息应当予以保密。除司法机关办案需要或者有关单位根据国家规定查询外，未成年社区矫正对象的档案信息不得提供给任何单位或者个人。依法进行查询的单位，应当对获得的信息予以保密。（4）对未完成义务教育的未成年社区矫正对象，社区矫正机构应当通知并配合教育部门为其完成义务教育提供条件。未成年社区矫正对象的监护人应当依法保证其按时入学接受并完成义务教育。年满16周岁的社区矫正对象有就业意愿的，社区矫正机构可以协调有关部门和单位为其提供职业技能培训，给予就业指导和帮助。（5）中国共产主义青年团、妇女联合会、未成年人保护组织应当依法协助社区矫正机构做好未成年人社区矫正工作。国家鼓励其他未成年人相关社会组织参与未成年人社区矫正工作，依法给予政策支持。（6）未成年社区矫正对象在复学、升学、就业等方面依法享有与其他未成年人同等的权利，任何单位和个人不得歧视。有歧视行为的，应当由教育、人力资源和社会保障等部门依法作出处理。（7）未成年社区矫正对象在社区矫正期间年满18周岁的，继续按照未成年人社区矫正有关规定执行。

【刑事特别程序】 又称刑事诉讼特别程序，是指《刑事诉讼法》规定的适用于特殊案件的特殊刑事诉讼程序以及在特殊案件中处理特殊事项所采用的非刑事诉讼程序的统称。根据2018年修正的《刑事诉讼法》第五编，刑事特别程序包括未成年人刑事案件诉讼程序，当事人和解的公诉案件诉讼程序，缺席审判程序，犯罪嫌疑人、被告人逃匿、死亡案件违法所得的没收程序，以及依法不负刑事责任的精神病人的强制医疗程序。相对于其他刑事案件和刑事诉讼程序而言，这5种刑事特别程序不仅在适用范围和适用条件方面比较特殊，而且在具体的程序、方式或者方法等方面也存在显著差异。刑事特别程序的设立标志着我国刑事诉讼立法更加科学化、精密化和系统化。

【未成年人刑事案件诉讼程序】 是指我国对未成年人刑事案件依法追究刑事责任时所适用的立案、侦查、起诉、审判、执行等一系列诉讼程序的统称。未成年人刑事案件诉讼程序是2012年修正的《刑事诉讼法》增加的一种特别程序。我国《刑事诉讼法》之所以将未成年人刑事案件规定为特别程序，主要是因为未成年人具有不同于成年人的生理、心理特征。为了更好地保护未成年犯罪嫌疑人、被告人的合法权益，促进未成年犯罪嫌疑人、被告人的健康成长，国家有必要针对未成年人犯罪案件实行不同的刑事诉讼程序。相对于成年人刑事案件而言，未成年人刑事案件诉讼程序具有不少独特的方针、原则、规则、制度，如教育、感化、挽救方针，教育为主、惩罚为辅原则，分案处理原则，附条件不起诉等。

【未成年人】 是指未满十八周岁的公民。在未成年人刑事案件诉讼程序中，未成年人特指实施犯罪行为时已满十二周岁、未满十八周岁的犯罪嫌疑人、被告人。根据《刑法》第十七条、2006年1月11日印发的《审理未成年人刑事案件司法解释》第一条至第四条规定，未成年人刑事案件的认定应当注意以下几点：（1）未成年人的年龄应当以犯罪嫌疑人或者被告人实施被指控的犯罪的时间节点来计算。（2）周岁应当按照公历的年、月、日计算，从周岁生日的第二天起算。（3）在未成年人犯罪案件中，应当严格区分完全刑事责任年龄、相对刑事责任年龄及其犯罪种类之间的界限。（4）对于没有充分证据证明犯罪嫌疑人、被告人实施被指控的犯罪时已经达到法定刑事责任年龄且确实无法查明的，应当推定其没有达到相应法定刑事责任年龄。相关证据足以证明犯罪嫌疑人、被告人实施被指控的犯罪时已经达到法定刑事责任年龄，但是无法准确查明被告人具体出生日期的，应当认定其达到相应法定刑事责任年龄。需要注意的是，根据《刑法修正案（十一）》新增加的规定，十二周岁也属于具有刑法意义的临界年龄。

【未成年人刑事案件】 是指犯罪嫌疑人实施涉嫌犯罪行为时不满十八周岁的刑事案件。在司法实践中，对于实施犯罪时未满十八周岁，但诉讼过程中已满十八周岁的刑事案件，通常由办案机关根据案件具体情况，参照未成年人刑事案件诉讼程序办理。根据《刑事诉讼法司法解释》第五百五十条的规定，未成年人案件审判组织审理的未成年人刑事案件包括：（1）人民法院立案时不满二十二周岁的在校学生犯罪案件；（2）强奸、猥亵、虐待、遗弃未成年人等侵害未成年人人身权利的犯罪案件；（3）由未成年人案件审判组织审理更为适宜的其他案件。共同犯罪案件有未成年被告人的或者其他涉及未成年人的刑事案件，是否由未成年人案件审判组织审理，由院长根据实际情况决定。

【未成年人刑事案件的办案组织和办案人员】 是指人民法院、人民检察院和公安机关内部设置的专门办理未成年人刑事案件的机构和人员。为了更好地适应未成年人刑事案件的特点，实现未成年人刑事司法工作的专业化，2024 年 4 月 26 日起通过并施行的《未成年人保护法》第一百零一条规定，公安机关、人民检察院、人民法院和司法行政部门应当确定专门机构或者指定专门人员，负责办理涉及未成年人案件。办理涉及未成年人案件的人员应当经过专门培训，熟悉未成年人身心特点。专门机构或者专门人员中，应当有女性工作人员。

【教育、感化、挽救方针】 是指公安司法机关在办理未成年人刑事案件过程中应当立足于教育、感化、挽救，通过教育、感化增强其法治观念，帮助其分清是非、认识错误、改过自新，进而得以重新回归社会。教育、感化、挽救是我国长期以来一直坚持的一项旨在促进未成年人健康成长、维护未成年人合法权益的基本方针。教育，是指办案人员对未成年犯罪嫌疑人、被告人进行法治、道德等方面的教育，使其正确认识到违法犯罪的社会危害性，促使其深刻反省，树立正确的人生观、价值观。感化是指办案人员从感情入手，通过各种精神的或者物质的帮助措施，从感情上教育、感染未成年犯罪嫌疑人、被告人，使其转化思想，痛改前非，决心重新做人。挽救是指办案人员以高度的责任感，按照党和国家的方针、政策和法律，有针对性对未成年犯罪嫌疑人、被告人采取各种扶助或者帮教措施，使其树立重新做人观念，尽快回归和融入社会。《刑事诉讼法》第二百七十七条第一款、《预防未成年人犯罪法》第五十条第二款、《未成年人保护法》第一百一十三条第一款对教育、感化、挽救方针都作出了明确规定。

【未成年人刑事案件诉讼程序特有原则】 是指公安司法机关在办理未成年人刑事案件过程中所遵循的只能适用于未成年人刑事案件的特殊原则。未成年人具有不同于成年人的生理、心理特征。为了更好地保护未成年人的健康成长，切实保护未成年人的合法权益，公安司法机关在办理未成年人刑事案件过程中，应当遵循一些特殊原则，在严格遵守法律规定的前提下，按照最有利于未成年人和最适合未成年人身心特点的方式进行。根据我国《刑事诉讼法》及其司法解释的有关规定，未成年人刑事案件诉讼程序特有原则主要包括教育为主、惩罚为辅原则，分案处理原则，充分保障未成年犯罪嫌疑人、被告人诉讼权利原则，审理不公开原则，以及迅速简易原则。

【教育为主、惩罚为辅原则】 是指公安司法机关在办理未成年人刑事案件过程中，不是以如何惩罚犯罪为主要目标，机械地强调处理结果与犯罪轻重相适应，而是尽可能地采用非刑罚化的处理方式，避免给未成年人贴上犯罪标签，通过教育来感化和挽救涉嫌犯罪的未成年人的原则。教育为主、惩罚为辅原则是《刑事诉讼法》第二百七十七条第一款、《未成年人保护法》第一百一十三条第一款明确规定的一项原则。教育为主，是指公安司法机关在办理未成年人刑事案件过程中，要充分考虑涉案未成年人的生理、心理特征，对涉案未成年人进行有针对性的教育，使其充分认识到犯罪行为的危害性，唤醒涉案未成年人的悔罪意识，以便涉案未成年人更好地重返社会和重新做人。惩罚为辅，是指公安司法机关在办理未成年人刑事案件过程中，不以如何惩罚犯罪作为刑事诉讼的主要价值目标，而是将追究刑事责任作为辅助性手段，通过适当或者轻微的惩罚教育、挽救涉案未成年人。坚持惩罚为辅，并非不要惩罚，而是尽可能地做到可罚可不罚的尽量不罚。尤其是在惩罚不可避免的情况下，不是过于看重国家刑罚权的实现，而是将必要的惩罚措施转化为教育、挽救涉案未成年人的手段，从而更好地保障未成年人的健康成长。在未成年人刑事案件诉讼程序中之所以坚持教育为主、惩罚为辅的原则，一方面是因为未成年人在生理和心理上尚未发育成熟，对自己的行为缺乏足够的认识能力和辨别能力。如果一味地强调惩罚犯罪，不仅无法起到惩罚应有的效果，而且有违人道主义精神，不利于未成年人的健康成长。另一方面是因为未成年人是国家和社会的未来和希望，国家和社会有责任将未成年人培养成为有用之人。而且，相对于成年人来说，未成年人具有很强的可塑性。因此，在刑事诉讼中，如果措施得当，对未成年人的教育比惩罚更有可能达到预期目的。

【分案处理原则】 是指公安司法机关在刑事诉讼过程中应当对未成年人案件与成年人案件实行诉讼程序分离、分案处理，对犯罪的未成年人与犯罪的成年人分别关押、分别执行。根据《刑事诉讼法》第二百八十条第二款和《预防未成年人犯罪法》第五十三条规定，对被拘留、逮捕以及在未成年犯管教所执行刑罚的未成年人，应当与成年人分别关押、管理和教育。对未成年人的社区矫正，应当与成年人分别进行。司法实践中，人民法院、人民检察院办理未成年人与成年人共同犯罪案件时，一般都将未成年人与成年人分案处理。不宜分案处理的，也会对未成年人采取特殊保护措施。

确立分案处理原则的目的主要是为了充分保护进入诉讼阶段的未成年人，使其免受来自成年犯罪人的不良影响。

【充分保障未成年人诉讼权利原则】 是指公安司法机关在处理未成年人刑事案件的过程中，应当充分保障未成年犯罪嫌疑人、被告人依法享有的各项诉讼权利。该项原则的目的是督促公安司法机关履行保护未成年犯罪嫌疑人、被告人诉讼权利的义务，尽职尽责地排除诉讼过程中阻碍未成年人行使诉讼权利的各种障碍，确保未成年人刑事案件得到公正处理。《刑事诉讼法》第二百七十七条第二款明确要求，人民法院、人民检察院和公安机关办理未成年人刑事案件，应当保障未成年人行使其诉讼权利，保障未成年人得到法律帮助，并由熟悉未成年人身心特点的审判人员、检察人员、侦查人员承办。为了充分保障未成年犯罪嫌疑人、被告人诉讼权利，我国《刑事诉讼法》还规定了未成年犯罪嫌疑人、被告人在刑事诉讼中所享有的特殊权利。例如，根据《刑事诉讼法》第二百七十八条的规定，未成年犯罪嫌疑人、被告人没有委托辩护人的，人民法院、人民检察院、公安机关应当通知法律援助机构指派律师为其提供辩护。再如，根据《刑事诉讼法》第二百八十一条，讯问和审判未成年犯罪嫌疑人、被告人时应当通知法定代理人到场。

【审理不公开原则】 是指人民法院在开庭审理未成年人刑事案件时，不允许群众旁听，不允许记者采访，报纸等印刷品不得刊登未成年被告人的姓名、年龄、职业、住址及照片等。审理不公开原则体现了教育、感化、挽救方针，有利于维护未成年被告人的名誉，防止公开审理对其造成精神创伤，进而导致不利于教育改造的不良后果。审理不公开原则只是强调审理过程不公开，对于不公开审理的案件，宣告判决仍将公开进行。根据《刑事诉讼法》第二百八十五条第一款的规定，审判的时候被告人不满18周岁的案件，不公开审理。但是，经未成年被告人及其法定代理人同意，未成年被告人所在学校和未成年人保护组织可以派代表到场。《刑事诉讼法司法解释》第五百五十九条规定，审理涉及未成年人的刑事案件，不得向外界披露未成年人的姓名、住所、照片以及可能推断出未成年人身份的其他资料。

另外，根据《刑事诉讼法司法解释》第五百五十七条第二款规定，对依法公开审理的未成年人刑事案件，但可能需要封存犯罪记录的案件，不得组织人员旁听；有旁听人员的，应当告知其不得传播案件信息。

【双向保护理念】 是指公安司法机关在办理未成年人刑事案件过程中既要注重保护未成年犯罪嫌疑人、被告人的合法权益，又要注重保护未成年被害人以及未成年证人的合法权益。尤其是在涉及个人隐私的未成年人犯罪案件中，保护未成年被害人的健康成长，避免未成年被害人因为刑事诉讼活动受到二次伤害具有重要现实意义。我国《未成年人保护法》、《刑事诉讼法》及相关司法解释规定的未成年人刑事案件诉讼程序均体现了双向保护理念的基本精神。这是因为，在未成年人刑事案件诉讼程序中，不仅有大量体现保护涉罪未成年人的内容，而且有不少内容体现了保护涉案被害人、证人的精神。例如，根据《刑事诉讼法》第二百八十一条，询问未成年被害人、证人也可以像讯问未成年犯罪嫌疑人、被告人一样适用未成年人法定代理人到场制度和合适成年人参与制度。

【未成年被害人、证人的特殊保护】 是指为了保障涉案未成年被害人、证人的健康成长，公安机关、人民检察院、人民法院在办理未成年人刑事案件过程中对他们采取专门的保护措施。《未成年人保护法》第一百一十条规定，公安机关、人民检察院、人民法院讯问未成年犯罪嫌疑人、被告人，询问未成年被害人、证人，应当依法通知其法定代理人或者其成年亲属、所在学校的代表等合适成年人到场，并采取适当方式，在适当场所进行，保障未成年人的名誉权、隐私权和其他合法权益。人民法院开庭审理涉及未成年人案件，未成年被害人、证人一般不出庭作证；必须出庭的，应当采取保护其隐私的技术手段和心理干预等保护措施。第一百一十一条规定，公安机关、人民检察院、人民法院应当与其他有关政府部门、人民团体、社会组织互相配合，对遭受性侵害或者暴力伤害的未成年被害人及其家庭实施必要的心理干预、经济救助、法律援助、转学安置等保护措施。第一百一十二条规定，公安机关、人民检察院、人民法院办理未成年人遭受性侵害或者暴力伤害案件，在询问未成年被害人、证人时，应当采取同步录音录像等措施，尽量一次完成；未成年被害人、证人是女性的，应当由女性工作人员进行。

【全面调查原则】 是指公安司法机关在办理未成年人刑事案件的过程中，不仅要调查案件事实，还要对未成年犯罪嫌疑人、被告人的生理与心理特征、性格特点及生活环境进行调查，必要时还要进行医疗检查和心理学、精神病学的调查分析。根据《刑事诉讼法》第二百七十九条的规定，公安机关、人民检察院、人民法院办理未成年人刑事案件，根据情况可以对未成年犯罪嫌疑人、被告人的成长经历、犯罪原因、监护教育等情况进行调查。全面调查原则的目的主要是为了找出诱发未成年人犯罪的主客观原因，以便为教育、改造未成年罪犯确定更好的改造方案和方法，消除引发未成年人犯罪的各种因素，进而更好地矫治未成年人罪犯，促使其认罪悔过和重新做人。

【社会调查制度】 是指公安机关、人民检察院、人民法院在办理未成年人刑事案件过程中对未成年犯罪嫌疑人、被告人的成长经历、犯罪原因、监护教育等情况进行调查，制作调查报告，作为办案和教育的参考。根据《公安机关办理刑事案件程序规定》第三百二十二条规定，公安机关办理未成年人刑事案件，根据情况可以对未成年犯罪嫌疑人的成长经历、犯罪原因、监护教育等情况进行调查并制作调查报告。根据《人民检察院刑事诉讼规则》第四百六十一条规定，人民检察院开展社会调查，可以委托有关组织和机构进行。开展社会调查应当尊重和保护未成年人隐私，不得向不知情人员泄露未成年犯罪嫌疑人的涉案信息。人民检察院应当对公安机关移送的社会调查报告进行审查，必要时，可以进行补充调查。人民检察院制作的社会调查报告应当随案移送人民法院。根据《刑事诉讼法司法解释》第五百六十八条、第五百七十五条、第五百八十条，对人民检察院移送的关于未成年被告人性格特点、家庭情况、社会交往、成长经历、犯罪原因、犯罪前后的表现、监护教育等情况的调查报告，以及辩护人提交的反映未成年被告人上述情况的书面材料，法庭应当接受。必要时，人民法院可以委托社区矫正机构、共青团、社会组织等对未成年被告人的上述情况进行调查，或者自行调查。对未成年被告人情况的调查报告，以及辩护人提交的有关未成年被告人情况的书面材料，法庭应当审查并听取控辩双方意见。调查报告和辩护人所提材料可以作为法庭教育和量刑的参考。人民法院可以通知作出调查报告的人员出庭说明情况，接受控辩双方和法庭的询问。将未成年罪犯送监执行刑罚或者送交社区矫正时，人民法院应当将有关未成年罪犯的调查报告及其在案件审理中的表现材料，连同有关法律文书，一并送达执行机关。

【涉罪未成年人社会帮教】 是指公安司法机关在办理未成年人刑事案件过程中为了帮助未成年犯罪嫌疑人、被告人认识错误、改过自新、健康成长和回归社会，利用各种社会力量，对他们开展的帮助和教育工作。社会帮教是我国在长期实践中创造出来的一种社会性管理措施，是既帮又教、帮教结合、以帮带教、寓教于帮的预防未成年人违法犯罪和社会治安综合治理的一种重要手段。公安司法机关参与涉罪未成年人社会帮教工作是实现教育、感化、挽救方针，落实教育为主、惩罚为辅原则，以及保障未成年犯罪嫌疑人、被告人健康成长的重要途径。2020 年修订的《预防未成年人犯罪法》第五十条、第五十三条、第五十四条、第五十七条明确规定，司法机关办理未成年人犯罪案件，应当根据未成年人的生理、心理特点和犯罪的情况，有针对性地进行法治教育；对被羁押或执行刑罚且没有完成义务教育的未成年人，公安机关、人民检察院、人民法院、司法行政部门应当与教育行政部门相互配合，保证其继续接受义务教育。未成年犯管教所、社区矫正机构应当对未成年犯、未成年社区矫正对象加强法治教育，并根据实际情况对其进行职业教育。未成年人的父母或者其他监护人和学校、居民委员会、村民委员会对接受社区矫正、刑满释放的未成年人，应当采取有效的帮教措施，协助司法机关以及有关部门做好安置帮教工作。在司法实践中，公安机关、人民检察院和人民法院采取了各具特色的社会帮教措施。

【人民检察院的社会帮教】 是指人民检察院在办理未成年人刑事案件过程中所采取的各种帮助和教育措施。根据《人民检察院刑事诉讼规则》第四百七十四条第二款规定，人民检察院可以会同未成年犯罪嫌疑人的监护人、所在学校、单位、居住地的村民委员会、居民委员会、未成年人保护组织等的有关人员，定期对未成年犯罪嫌疑人进行考察、教育，实施跟踪帮教。根据《人民检察院刑事诉讼规则》第四百六十二条、第四百七十四条至第四百七十七条，《未成年人刑事检察工作指引（试行）》第一百六十三条、第二百零三条规定，人民检察院的社会帮教主要包括两种：（1）不捕帮教。对于作出不批准逮捕决定的未成年犯罪嫌疑人，人民检察院应当进行帮教。必要时可以会同家庭、学校、公安机关或者社会组织等组成帮教小组，制定帮教计划，共同开展帮教。①对于犯罪情节轻微，无逮捕必要而不批准逮捕的，帮助其稳定思想和情绪，促使其认罪悔罪，保障刑事诉讼的顺利进行。②对于确有违法行为，且认知和行为偏差已达到一定程度，因证据不足而未被批准逮捕的，在敦促其配合侦查取证的同时，应加强教育矫治。③对于因未达刑事责任年龄而作出不批准逮捕决定的，责令其家长或者监护人加以管教。根据案件的不同情况，予以训诫或者责令赔礼道歉、赔偿损失、具结悔过等，并开展教育矫治工作。必要时，可以交由政府收容教养。④对于情节显著轻微，危害不大，不认为是犯罪的未成年人，应当对其加强法治教育，预防其违法犯罪。(2) 回访帮教。人民检察院对于经过附条件不起诉考察后作出不起诉决定的，可以与被不起诉的未成年人及其监护人、学校、单位等建立定期联系，在不起诉决定宣布后的6个月内，随时掌握未成年人的思想状态和行为表现，共同巩固帮教成果，并做好相关记录。经被不起诉的未成年人同意，可以在3年以内跟踪了解其回归社会情况，但应当注意避免对其造成负面影响。

【人民法院的社会帮教】 是指人民法院在办理未成年人刑事案件过程中所采取的各种帮助和教育措施。根据《刑事诉讼法司法解释》第五百四十七条、第五百八十二条至第五百八十六条规定，人民法院的社会帮教主要包括如下内容：(1) 人民法院应当加强同政府有关部门、人民团体、社会组织等的配合，推动未成年人刑事案件人民陪审、情况调查、安置帮教等工作的开展，充分保障未成年人的合法权益，积极参与社会治安综合治理。(2) 人民法院可以与未成年罪犯管教所等服刑场所建立联系，了解未成年罪犯的改造情况，协助做好帮教、改造工作，并可以对正在服刑的未成年罪犯进行回访考察。(3) 人民法院认为必要时，可以督促被收监服刑的未成年罪犯的父母或者其他监护人及时探视。(4) 对被判处管制、宣告缓刑、裁定假释、决定暂予监外执行的未成年罪犯，人民法院可以协助社区矫正机构制定帮教措施。(5) 人民法院可以适时走访被判处管制、宣告缓刑、免予刑事处罚、裁定假释、决定暂予监外执行等的未成年罪犯及其家庭，了解未成年罪犯的管理和教育情况，引导未成年罪犯的家庭承担管教责任，为未成年罪犯改过自新创造良好环境。(6) 被判处管制、宣告缓刑、免除刑事处罚、裁定假释、决定暂予监外执行等的未成年罪犯，具备就学、就业条件的，人民法院可以就其安置问题向有关部门提出司法建议，并附送必要的材料。

【隐私特别保护制度】 是指公安机关、人民检察院、人民法院在办理未成年人刑事案件过程中采取保护措施，以免向外界泄露涉案未成年人的个人隐私。根据2020年修订的《未成年人保护法》第一百零三条规定，公安机关、人民检察院、人民法院、司法行政部门以及其他组织和个人不得披露有关案件中未成年人的姓名、影响、住所、就读学校以及其他可能识别出其身份的信息，但查找失踪、被拐卖未成年人等情形除外。

【未成年人法定代理人到场制度】 是指公安机关、人民检察院、人民法院在讯问或者审判未成年犯罪嫌疑人、被告人时，未成年犯罪嫌疑人、被告人的法定代理人应当到场陪同的一种诉讼制度。未成年人法定代理人到场制度既有助于未成年犯罪嫌疑人、被告人的法定代理人对诉讼活动予以监督，又有利于保护未成年犯罪嫌疑人、被告人合法权益。根据《刑事诉讼法》第二百八十一条的规定，对于未成年人刑事案件，在讯问和审判的时候，公安机关、人民检察院或者人民法院应当通知未成年犯罪嫌疑人、被告人的法定代理人到场。到场的法定代理人可以代为行使未成年犯罪嫌疑人、被告人的诉讼权利，如使用本民族语言文字进行诉讼、申请办案人员回避、参与法庭审理、发表意见、控告申诉等。到场的法定代理人或者其他人员认为办案人员在讯问、审判中侵犯未成年人合法权益的，可以提出意见。讯问笔录、法庭笔录应当交给到场的法定代理人或者其他人员阅读或者向他宣读。询问未成年被害人、证人时，也应当按照以上规定保障其法定代理人到场。审判未成年人刑事案件，未成年被告人最后陈述后，其法定代理人可以进行补充陈述。根据《刑事诉讼法司法解释》第五百七十七条，未成年被告人最后陈述后，法庭应当询问其法定代理人是否补充陈述。

【合适成年人到场制度】 又称合适成年人在场制度、合适成年人参与制度，是指公安机关、人民检察院、人民法院在办理未成年人刑事案件过程中，在涉案未成年人的法定代理人没有到场或出庭的情况下，依法由合适成年人参加讯问或者审判的一种诉讼制度。合适成年人参与制度既有助于社会监督讯问或者审判活动，又有利于刑事诉讼的顺利进行，保障涉案未成年人的合法权益。根据《刑事诉讼法》第二百八十一条第一款的规定，合适成年人参与制度包括如下内容：（1）适用对象是涉案未成年人，即未成年人犯罪嫌疑人、被告人以及与未成年人刑事案件有关的未成年被害人、证人。（2）适用程序是讯问程序或者询问程序和审判程序。（3）合适成年人参与诉讼的前提是无法通知、法定代理人不能到场或者法定代理人是共犯。但是对于是否通知合适成年人参与诉讼，公安机关、人民检察院、人民法院享有裁量权。（4）合适成年人的范围是涉案未成年人的除了法定代理人以外的成年亲属，以及所在学校、单位、居住地基层组织或者未成年人保护组织的代表。（5）办案人员应当将合适成年人参与诉讼的有关情况记录在案。根据《刑事诉讼法司法解释》第五百五十五条至第五百五十七条规定，人民法院审理未成年人刑事案件，在讯问和开庭时，如果法定代理人无法通知、不能到场或者是共犯的，也可以通知合适成年人到场，并将有关情况记录在案。经法庭同意，到场的合适成年人，可以参与对未成年被告人的法庭教育等工作。人民法院不公开审理被告人不满 18 周岁的犯罪案件时，经未成年被告人及其法定代理人同意，未成年被告人所在学校和未成年人保护组织可以派代表到场。到场代表的人数和范围，由法庭决定。经法庭同意，到场代表可以参与对未成年被告人的法庭教育工作。

【讯问涉罪未成年人的特殊方式】 是指公安机关、人民检察院、人民法院在讯问未成年犯罪嫌疑人、被告人时应当采用适合未成年人身心特点的方式方法。根据《公安机关办理刑事案件程序规定》第三百二十四条规定，讯问未成年犯罪嫌疑人应当采取适合未成年人的方式，耐心细致地听取其供述或者辩解，认真审核、查证与案件有关的证据和线索，并针对其思想顾虑、恐惧心理、抵触情绪进行疏导和教育。讯问女性未成年犯罪嫌疑人，应当有女工作人员在场。根据《刑事诉讼法司法解释》第五百七十三条规定，法庭审理过程中，审判人员应当根据未成年被告人的智力发育程度和心理状态，使用适合未成年人的语言表达方式。发现有对未成年被告人威胁、训斥、诱供或者讽刺等情形的，审判长应当制止。《未成年人刑事检察工作指引（试行）》第九十四条至第一百零四条对人民检察院讯问未成年犯罪嫌疑人的要求作出了更加全面的规定。例如，应当充分照顾不同年龄段未成年人的身心特点，注意营造信任、宽松的沟通氛围，采用平和的讯问方式和通俗易懂的语言，做到耐心倾听、理性引导；应当深入了解未成年犯罪嫌疑人的成长经历、犯罪原因、监护教育等相关情况，适时对其进行教育引导；讯问未成年犯罪嫌疑人，应当由两名熟悉未成年人身心特点的检察人员进行，讯问女性未成年犯罪嫌疑人，应当有女性检察人员参加；讯问未被羁押的未成年犯罪嫌疑人，一般应当在检察机关专设的未成年人检察工作室进行；讯问被羁押的未成年犯罪嫌疑人，羁押场所设有专门讯问室的，应当在专门讯问室进行；应当以减少对其不利影响为前提。未成年人为在校学生的，应当避免在正常教学期间进行讯问；办案人员到未成年犯罪嫌疑人住所、学校或者工作单位进行讯问的，应当避免穿着制服、驾驶警车或者采取其他可能暴露未成年犯罪嫌疑人身份、隐私，影响其名誉的方式；讯问语言要符合未成年人的认知能力，能够被未成年人充分理解；应当采取非对抗的讯问方式，注意耐心倾听，让未成年犯罪嫌疑人有充分的机会表达自己观点；在遇到不认罪、前后供述不一致等情况下可以进行录音录像；等等。

【讯问涉罪未成年人时慎用戒具】 是指公安机关、人民检察院和人民法院在讯问未成年犯罪嫌疑人、被告人的刑事案件过程中原则上不得对其使用戒具。根据《进一步建立和完善办理未成年人刑事案件配套工作体系意见》，以及《人民检察院刑事诉讼规则》第四百六十六条、《刑事诉讼法司法解释》第三百零五条第二款的规定，讯问未成年犯罪嫌疑人、被告人一般不得使用戒具，对于确有人身危险性，必须使用戒具的，在现实危险消除后，应当立即停止使用。这是保障未成年犯罪嫌疑人、被告人健康成长，适合未成年人身心特点的重要体现。

【未成年人犯罪记录封存制度】 是指公安司法机关依法对未成年人犯罪的记录采取封存和保密措施的一种诉讼制度。未成年人犯罪记录封存制度是教育、感化、挽救方针的重要体现，有助于防止服刑期满、羁押释放的未成年人罪犯因为其犯罪记录而在就学、就业等方面遭到各种歧视。根据《刑事诉讼法》第二百八十六条的规定，犯罪的时候不满18周岁，被判处五年有期徒刑以下刑罚的，应当对相关犯罪记录予以封存。犯罪记录被封存的，不得向任何单位和个人提供，但司法机关为办案需要或者有关单位根据国家规定进行查询的除外。依法进行查询的单位，应当对被封存的犯罪记录的情况予以保密。最高人民法院、最高人民检察院、公安部、司法部2022年5月24日发布的《未成年人犯罪记录封存实施办法》对未成年人犯罪记录封存制度作出了全面的规定。根据《未成年人的犯罪记录封存实施办法》第三条、第四条、第七条的规定，不予刑事处罚、不追究刑事责任、不起诉、采取刑事强制措施的记录，以及对涉罪未成年人进行社会调查、帮教考察、心理疏导、司法救助等工作的记录，按照本办法规定的内容和程序进行封存。犯罪的时候不满18周岁，被判处五年有期徒刑以下刑罚以及免予刑事处罚的未成年人犯罪记录，应当依法予以封存。未成年人因事实不清、证据不足被宣告无罪的案件，应当对涉罪记录予以封存；但未成年被告人及其法定代理人申请不予封存或者解除封存的，经人民法院同意，可以不予封存或者解除封存。

【未成年人犯罪记录封存的适用范围】 是指人民法院、人民检察院、公安机关依法对未成年人犯罪的记录采取封存和保密措施时所适用的案件范围。

【出具无犯罪记录的证明】 是指公安司法机关在封存犯罪记录以后，基于未成年人罪犯或者其法定代理人的申请，为其出具的无犯罪记录的证明。公安司法机关为未成年人罪犯出具无犯罪记录的证明既是深入贯彻落实未成年人犯罪记录封存制度的重要表现，也是确保未成年人罪犯更好地回归社会和融入社会的重要措施。根据《未成年人犯罪记录封存实施办法》第十五条规定，被封存犯罪记录的未成年人本人或者其法定代理人申请为其出具无犯罪记录证明的，受理单位应当在三个工作日内出具无犯罪记录的证明。

【未成年人犯罪记录封存的效力】 是指依法被人民法院、人民检察院、公安机关采取封存和保密措施的未成年人犯罪记录所具有的法律效力。根据《刑事诉讼法》第二百八十六条的规定，犯罪记录被封存的，不得向任何单位和个人提供，但司法机关为办案需要或者有关单位根据国家规定进行查询的除外。这里的国家规定，是指全国人民代表大会及其常务委员会制定的法律和作出的决定，国务院制定的行政法规、规定的行政措施、发布的决定和命令。

【查询封存记录】 是指司法机关根据办案需要或者有关单位根据国家规定依法查询被封存的未成年人犯罪记录。根据《未成年人犯罪记录封存实施办法》第十六条、第十七条的规定，司法机关为办案需要或者有关单位根据国家规定查询犯罪记录的，应当向封存犯罪记录的司法机关提出书面申请，列明查询理由、依据和使用范围等，查询人员应当出示单位公函和身份证明等材料。经审核符合查询条件的，受理单位应当在三个工作日内开具有/无犯罪记录证明。许可查询的，查询后，档案管理部门应当登记相关查询情况，并按照档案管理规定将有关申请、审批材料、保密承诺书等一同存入卷宗归档保存。依法不许可查询的，应当在三个工作日内向查询单位出具不许可查询决定书，并说明理由。对司法机关为办理案件、开展重新犯罪预防工作需要申请查询的，封存机关可以依法允许其查阅、摘抄、复制相关案卷材料和电子信息。对司法机关以外的单位根据国家规定申请查询的，可以根据查询的用途、目的与实际需要告知被查询对象是否受过刑事处罚、被判处的罪名、刑期等信息，必要时，可以提供相关法律文书复印件。对于许可查询被封存的未成年人犯罪记录的，应当告知查询犯罪记录的单位及相关人员严格按照查询目的和使用范围使用有关信息，严格遵守保密义务，并要求其签署保密承诺书。不按规定使用所查询的犯罪记录或者违反规定泄露相关信息，情节严重或者造成严重后果的，应当依法追究相关人员的责任。因工作原因获知未成年人封存信息的司法机关、教育行政部门、未成年人所在学校、社区等单位组织及其工作人员、诉讼参与人、社会调查员、合适成年人等，应当做好保密工作，不得泄露被封存的犯罪记录，不得向外界披露该未成年人的姓名、住所、照片，以及可能推断出该未成年人身份的其他资料。违反法律规定披露被封存信息的单位或个人，应当依法追究其法律责任。

【解除封存记录】 是指对于被封存犯罪记录的未成年人，在发现漏罪或者新罪从而导致其不具备封存犯罪记录条件的情况下，公安司法机关采取措施解除曾经被封存的犯罪记录。根据《未成年人犯罪记录封存实施办法》第十八规定，对被封存犯罪记录的未成年人，符合下列条件之一的，封存机关应当对其犯罪记录解除封存：（1）在未成年时实施新的犯罪，且新罪与封存记录之罪数罪并罚后被决定执行刑罚超过五年有期徒刑的；（2）发现未成年时实施的漏罪，且漏罪与封存记录之罪数罪并罚后被决定执行刑罚超过五年有期徒刑的；（3）经审判监督程序改判五年有期徒刑以上刑罚的；被封存犯罪记录的未成年人，成年后又故意犯罪的，人民法院应当在裁判文书中载明其之前的犯罪记录。

【未成年人刑事案件立案程序】 是指公安机关在对未成年人犯罪案件进行立案时所遵循的诉讼程序。公安机关在审查未成年人刑事案件的立案材料时，要特别注意以下两个问题：（1）将其出生的年、月、日作为审查的重点。（2）注意审查未成年人是否为被教唆犯罪，未成年人的生活环境、经历以及心理、生理特征等材料。经过审查，对于不符合立案条件，如情节显著轻微、危害不大，不认为是犯罪的，可将案件材料转交有关部门，作出适当处理，或通知其监护人严加监护、教育，并且要协调各方，落实帮教措施；对于符合立案条件的，制作立案报告，除写明立案材料的来源、发案的时间与地点、犯罪事实、现有的证据材料、立案的法律依据和初步的意见外，应当着重写明犯罪嫌疑人、被告人的确切出生时间、生活、居住环境、心理、性格特征、走上犯罪道路的原因等有关情况。为了更好地保护未成年人的健康成长，对于某些情节轻微的未成年人犯罪，公安机关不宜按照刑事案件处理，采取立案措施。例如，根据《审理未成年人刑事案件司法解释》第六条、第七条、第九条规定，已满 14 周岁不满 16 周岁的人偶尔与幼女发生性行为，情节轻微、未造成严重后果的，不认为是犯罪。已满 14 周岁不满 16 周岁的人使用轻微暴力或者威胁，强行索要其他未成年人随身携带的生活、学习用品或者钱财数量不大，且未造成被害人轻微伤以上或者不敢正常到校学习、生活等危害后果的，不认为是犯罪。已满 16 周岁不满 18 周岁的人具有以上情形的，一般也不认为是犯罪。已满 16 周岁不满 18 周岁的人盗窃未遂或者中止的，可不认为是犯罪。已满 16 周岁不满 18 周岁的人盗窃自己家庭或者近亲属财物，或者盗窃其他亲属财物但其他亲属要求不予追究的，可不按犯罪处理。

【未成年人刑事案件侦查程序】 是指公安机关在侦查未成年人犯罪案件时所遵循的诉讼程序。尽管未成年人刑事案件侦查程序与成年人刑事案件侦查程序在侦查的目的、任务、原则、手段等诸多方面存在相同之处，但是未成年人刑事案件侦查程序也有许多自身特点。

（1）贯彻全面调查原则，扩大侦查范围。未成年人刑事案件的侦查除与成年人刑事案件一样要查明案情、收集证据和查获犯罪嫌疑人以外，还应当坚持全面调查原则，查明未成年人的准确年龄、生活教育条件、作案动机、走上犯罪道路的原因、生理心理素质，特别应注意查明那些能全面地说明未成年人违法者个性的材料，从而使起诉做到有的放矢。（2）慎重采取强制措施。（3）采取适当的传唤、讯问方法。传唤未成年犯罪嫌疑人、被告人，不宜采用直接传唤的方法，尽量采用较为缓和的方式，如通过其父母、监护人进行。讯问时，可以选择其较为熟悉的场所，通知其法定代理人到场，或者邀请其熟悉的亲友、教师参加。讯问时要使用符合未成年人的语言和方式，以减轻其心理负担，消除对立情绪。（4）依法保障未成年犯罪嫌疑人、被告人聘请律师的权利，实行强制辩护制度。

【未成年人刑事案件强制辩护制度】 是指在未成年犯罪嫌疑人、被告人没有委托辩护人的情况下，人民法院、人民检察院、公安机关应当通知法律援助机构指派律师为其提供辩护的一种诉讼制度。强制辩护制度意味着未成年犯罪嫌疑人、被告人在整个刑事诉讼过程中都应当有辩护人为其提供辩护和法律帮助。强制辩护制度的目的主要在于克服未成年犯罪嫌疑人、被告人因年龄限制而不能充分自行行使辩护权的缺陷，保障未成年人的合法权益。在刑事诉讼中，未成年犯罪嫌疑人、被告人可以自行委托辩护人。但是，如果未成年犯罪嫌疑人、被告人没有委托辩护人，人民法院、人民检察院、公安机关承担通知法律援助机构指派律师为其提供辩护的义务。法律援助机构接到人民法院、人民检察院、公安机关通知后，应当及时指派熟悉未成年人身心特点的律师为未成年犯罪嫌疑人、被告人提供法律援助服务，并对律师的法律援助活动进行业务指导和监督，以确保法律援助案件的办理质量。接受指派的辩护律师应当根据事实和法律，提出未成年犯罪嫌疑人、被告人无罪、罪轻或者减轻、免除刑事责任的材料和意见，维护犯罪嫌疑人、被告人的诉讼权利和其他合法权益。

【涉罪未成年人严格限制适用逮捕措施】

是指公安机关、人民检察院和人民法院在办理未成年人刑事案件过程中对未成年犯罪嫌疑人、被告人采取逮捕措施时应当慎重，受到严格的限制。《刑事诉讼法》第二百八十条第一款明确规定，对未成年人犯罪嫌疑人、被告人应当严格限制适用逮捕措施。人民检察院、人民法院在批准或者决定对未成年人适用逮捕措施时，应当准确把握适用逮捕措施的条件，根据未成年犯罪嫌疑人、被告人的实际情况，依法严格适用逮捕措施，防止错误逮捕。在确定是否有逮捕必要时，可捕可不捕的不捕。对于罪行较轻，具备有效监护条件或者社会帮教措施，没有社会危险性，不会妨害诉讼正常进行的未成年犯罪嫌疑人，不应适用逮捕措施。根据《刑事诉讼法》第二百八十条第一款的规定，人民检察院、人民法院在批准或者决定逮捕之前，应当讯问未成年犯罪嫌疑人、被告人，听取辩护律师的意见。为了在未成年人刑事案件中严格限制逮捕措施，《未成年人刑事检察工作指引（试行）》第一百五十八条至第一百六十条明确将不批准逮捕未成年犯罪嫌疑人的案件分为三种。第一种是应当不批准逮捕案件，即对具有下列情形之一的未成年犯罪嫌疑人，应当作出不批准逮捕决定：（1）未达刑事责任年龄的。(2) 不存在犯罪事实或者犯罪事实非其所为的。(3) 情节显著轻微、危害不大，不认为是犯罪的。(4) 犯罪已过追诉时效期限的。（5）经特赦令免除刑罚的。（6）依照刑法规定告诉才处理的犯罪，没有告诉或者撤回告诉的。（7）其他法律规定免予追究刑事责任的情形。第二种是证据不足不批准逮捕案件，即对于现有证据不足以证明有犯罪事实，或者不足以证明犯罪行为系未成年犯罪嫌疑人所为的，应当作出不批准逮捕决定。对犯罪嫌疑人实际年龄难以判断，影响对该犯罪嫌疑人是否应当负刑事责任认定的，应当不批准逮捕。需要补充侦查的，同时通知公安机关。第三种是无社会危险性不捕案件，即对于未成年犯罪嫌疑人可能被判处三年有期徒刑以下刑罚，具备有效监护条件或者社会帮教措施，不逮捕不致再危害社会和妨害诉讼正常进行的，人民检察院一般应当不批准逮捕。对于罪行较重，但主观恶性不大，有悔罪表现，具备有效监护条件或者社会帮教措施，具有初次犯罪、过失犯罪、犯罪预备、中止、未遂、防卫过当、避险过当、自首、立功表现、身体状况不适宜羁押等情形，不逮捕不致再危害社会和妨害诉讼正常进行的，可以不批准逮捕。对于罪行较轻，具备有效监护条件或者社会帮教措施，没有社会危险性或者社会危险性较小，不逮捕不致妨害诉讼正常进行的，应当不批准逮捕。依据在案证据不能认定未成年犯罪嫌疑人符合逮捕社会危险性条件的，应当要求公安机关补充相关证据，公安机关没有补充移送的，应当作出不批准逮捕的决定。

【未成年人刑事案件起诉程序】 是指人民检察院在审查起诉未成年人刑事案件时所遵循的诉讼程序。根据我国《刑事诉讼法》《人民检察院刑事诉讼规则》《未成年人刑事检察工作指引（试行)》《人民检察院办理未成年人刑事案件的规定》有关规定，未成年人刑事案件起诉程序具有以下个特点：（1）工作机构和工作人员的专门化。人民检察院一般应当设立专门工作机构或者专门工作小组办理未成年人刑事案件，不具备条件的，应当指定专人办理。未成年人刑事案件一般应当由熟悉未成年人身心发展特点，善于做未成年人思想教育工作的检察人员承办。（2）更加强调未成年犯罪嫌疑人的权利保障和诉讼参与，如强制辩护制度、法定代理人讯问在场制度等。(3) 更加人性化，如强化社会帮教，讯问时不使用戒具，安排犯罪嫌疑人与其法定代理人、近亲属进行会见、通话等。(4) 在适用不起诉制度时更加强调起诉必要性的考量，更加宽松地适用相对不起诉和酌定不起诉。对于相对不起诉，还应当实行不公开听证制度。（5）适用附条件不起诉。（6）在宣布不起诉决定的同时对被不起诉的未成年人通过正式的仪式进行专门的教育。（7）实行分案起诉制度。

【未成年人刑事案件的相对不起诉】 是指人民检察院在审查起诉未成年人刑事案件以后，对于犯罪情节轻微、依照刑法规定不需要判处刑罚或者免除刑罚的未成年犯罪嫌疑人所做出的一种不起诉形式。根据《未成年人刑事检察工作指引（试行)》第一百七十六条规定，对于犯罪情节轻微，具有下列情形之一，依照刑法规定不需要判处刑罚或者免除刑罚的未成年犯罪嫌疑人，一般应当依法作出不起诉决定：（1）被胁迫参与犯罪的。（2）犯罪预备、中止、未遂的。（3）在共同犯罪中起次要或者辅助作用的。（4）系又聋又哑的人或者盲人的。（5）因防卫过当或者紧急避险过当构成犯罪的。（6）有自首或者立功表现的。（7）其他依照刑法规定不需要判处刑罚或者免除刑罚的情形。对于未成年人轻伤害、初次犯罪、过失犯罪、犯罪未遂以及被诱骗或者被教唆实施犯罪等，情节轻微，确有悔罪表现，当事人双方自愿就民事赔偿达成协议并切实履行，或者经被害人同意并提供有效担保，符合《刑法》第三十七条规定的，人民检察院可以依照《刑事诉讼法》酌定不起诉的规定作出不起诉决定，并根据案件的不同情况，予以训诫或者责令具结悔过、赔礼道歉、赔偿损失，或者由主管部门予以行政处罚。

【未成年人刑事案件相对不起诉的不公开听证】 是指人民检察院在审查起诉未成年人刑事案件过程中，对于拟作相对不起诉处理的未成年犯罪嫌疑人，通过不公开的听证会听取各方意见。根据《未成年人刑事检察工作指引（试行）》第一百七十七条规定，人民检察院对于社会影响较大或者争议较大的案件，在作出相对不起诉决定前，可以邀请侦查人员、未成年犯罪嫌疑人及其法定代理人、合适成年人、辩护人、被害人及其法定代理人、诉讼代理人、社会调查员、帮教人员等，召开不起诉听证会，充分听取各方的意见和理由，并制作听证笔录，由参与人员签字确认。不起诉听证会应当不公开进行。人民检察院应当告知参与人员不得泄露涉案信息，注意保护未成年人的隐私。

【附条件不起诉的适用条件】 是指人民检察院对未成年人刑事案件决定适用附条件不起诉时应当遵循的条件。根据《刑事诉讼法》第二百八十二条第一款、《未成年人刑事检察工作指引（试行）》第一百八十一条的规定，对于同时符合以下条件的案件，人民检察院可以作出附条件不起诉的决定：（1）犯罪嫌疑人实施犯罪行为时系未成年人。（2）涉嫌《刑法》分则第四章、第五章、第六章规定的犯罪的，即涉嫌侵犯公民人身权利、民主权利罪、侵犯财产罪和妨害社会管理秩序罪。（3）可能被判处一年有期徒刑以下刑罚。（4）犯罪事实清楚，证据确实、充分，符合起诉条件。（5）犯罪嫌疑人具有悔罪表现。对于符合附条件不起诉条件，实施犯罪行为时未满 18 周岁，但诉讼时已成年的犯罪嫌疑人，人民检察院可以作出附条件不起诉决定。

【附条件不起诉的适用原则】 是指人民检察院在未成年人刑事案件中适用附条件不起诉时所遵循的原则。根据《未成年人刑事检察工作指引（试行）》第八十二条至第八十四条规定，附条件不起诉的适用原则包括：（1）积极适用原则。人民检察院对于符合条件的未成年人刑事案件，应当依法积极适用附条件不起诉，促使未成年犯罪嫌疑人积极自我改造，从而达到教育挽救的目的。对于不具备有效监护条件或者社会帮教措施的未成年犯罪嫌疑人，人民检察院应当积极为其创造条件，实现对未成年人的平等保护。（2）结合适用原则。人民检察院可以将附条件不起诉制度与当事人和解制度相结合，通过促使未成年犯罪嫌疑人认真悔罪、赔礼道歉或者赔偿损失等方式，化解矛盾纠纷，修复受损的社会关系，达到对被害人精神抚慰、物质补偿的同时，加速未成年犯罪嫌疑人回归社会的进程。（3）比较适用原则。人民检察院对于既可以附条件不起诉也可以起诉的未成年犯罪嫌疑人，应当优先适用附条件不起诉。对于既可以相对不起诉也可以附条件不起诉的未成年犯罪嫌疑人，应当优先适用相对不起诉。如果未成年犯罪嫌疑人存在一定的认知偏差等需要矫正，确有必要接受一定时期监督考察的，可以适用附条件不起诉。

【就附条件不起诉听取意见】 是指人民检察院在审查起诉未成年人刑事案件过程中，在做出附条件不起诉之前听取公安机关、被害人等对于该不起诉的看法。听取意见是人民检察院做出附条件不起诉决定的必经程序。根据《刑事诉讼法》第二百八十二条第一款的规定，人民检察院在作出附条件不起诉决定以前，应当听取公安机关、被害人的意见。根据《人民检察院刑事诉讼规则》第四百六十九条第二款、《未成年人刑事检察工作指引（试行）》第一百八十七条第一款的规定，人民检察院在作出附条件不起诉决定以前，不仅应当听取公安机关、被害人及其诉讼代理人的意见，而且应当听取未成年犯罪嫌疑人的法定代理人、辩护人的意见，并制作笔录附卷。根据《未成年人刑事检察工作指引（试行）》第一百八十七条，人民检察院在听取意见时应当遵守下列规定：（1）对公安机关应当采用书面征求意见的方式听取意见，并要求公安机关书面反馈意见。（2）对未成年犯罪嫌疑人的法定代理人、辩护人、未成年被害人及其法定代理人、诉讼代理人，应当当面听取意见，应当记录在案。如果他们提出书面意见，应当附卷。如果当面听取意见有困难，可以通知他们及时提出书面意见，或者电话联系听取意见，并制作电话记录附卷。电话联系听取意见的，应当有两名检察人员在场，并在电话记录上签字。(3) 对于被害人不同意附条件不起诉的，人民检察院可以作出附条件不起诉决定，但要做好释法说理和化解矛盾工作。(4) 对于审查起诉阶段无法联系到被害人，经审查符合附条件不起诉条件的，可以作出附条件不起诉决定。

【就附条件不起诉征求意见】 是指人民检察院在审查起诉未成年人刑事案件过程中，在做出附条件不起诉之前征求未成年犯罪嫌疑人及其法定代理人、辩护人对于该不起诉的看法。根据《刑事诉讼法》第二百八十二条第三款的规定，如果未成年犯罪嫌疑人及其法定代理人对人民检察院决定附条件不起诉有异议，人民检察院应当作出起诉的决定。鉴于未成年犯罪嫌疑人及其法定代理人的意见直接影响到人民检察院能否最终做出附条件不起诉决定，人民检察院在作出附条件不起诉决定之前很有必要征求未成年犯罪嫌疑人及其法定代理人、辩护人的意见。根据《未成年人刑事检察工作指引（试行）》第一百八十五条规定，征求意见时应当让其全面获知和理解拟附条件不起诉决定的基本内容，包括适用附条件不起诉的法律依据、适用程序、救济程序、考察程序、附加义务及附条件不起诉的法律后果等，并给予一定的时间保障。必要时，可以建议未成年犯罪嫌疑人及其法定代理人与其辩护人进行充分沟通，在准确理解和全面权衡的基础上，提出意见。未成年犯罪嫌疑人及其法定代理人应当在人民检察院书面征求意见书上签署意见，明确表明真实意愿，且一般应当由未成年犯罪嫌疑人及其法定代理人同时签署。确因特殊情况只能以口头方式提出的，人民检察院应当记录在案。对于未成年犯罪嫌疑人与其法定代理人意见存在分歧的，人民检察院可以综合案件情况，本着有利于对未成年犯罪嫌疑人教育挽救的原则作出决定。

【附条件不起诉的异议处理】 是指在未成年犯罪嫌疑人及其法定代理人对附条件不起诉决定提出异议的情况下，人民检察院根据不同的异议情况所作的处理措施。根据《未成年人刑事检察工作指引（试行）》第一百八十六条规定，对于未成年犯罪嫌疑人及其法定代理人对附条件不起诉决定提出异议的，应当区别对待：（1）未成年犯罪嫌疑人及其法定代理人对于犯罪事实认定、法律适用有异议并提出无罪意见或辩解的，人民检察院应当认真审查后依法提起公诉。（2）未成年犯罪嫌疑人及其法定代理人对案件作附条件不起诉处理没有异议，仅对所附条件及考验期有异议的，人民检察院可以依法采纳其合理的意见，对考察的内容、方式、时间等进行调整。但其意见不利于对未成年犯罪嫌疑人帮教的，应当进行耐心的释法说理工作。经说理解释后，若未成年犯罪嫌疑人及其法定代理人仍有异议坚持要起诉的，应当提起公诉。（3）未成年犯罪嫌疑人及其法定代理人对于适用附条件不起诉有异议的，应当审查后决定是否起诉。人民检察院作出起诉决定前，未成年犯罪嫌疑人及其法定代理人可以撤回异议。撤回异议的，应当制作笔录附卷，由未成年犯罪嫌疑人及其法定代理人签字确认。另外，根据《未成年人刑事检察工作指引（试行）》第一百八十八条，对于公安机关或者被害人对附条件不起诉有异议，或者案件本身争议、社会影响较大等，人民检察院可以举行不公开听证会。

【附条件不起诉的适用程序】 是指人民检察院在未成年人刑事案件中采取附条件不起诉时所遵守的诉讼程序。根据《人民检察院刑事诉讼规则》第四百七十一条、《未成年人刑事检察工作指引（试行）》第一百八十九条、第一百九十条、第一百九十三条规定，附条件不起诉的适用程序包括以下内容：（1）报批程序。适用附条件不起诉的审查意见，应当由办案人员在审查起诉期限届满 15 日前提出，并根据案件的具体情况拟定考验期限和考察方案，连同案件审查报告、社会调查报告等，报请检察长或者检察委员会决定。（2）送达程序。人民检察院作出附条件不起诉的决定后，应当制作附条件不起诉决定书，并在 3 日以内送达公安机关、被害人或者其近亲属及其诉讼代理人、未成年犯罪嫌疑人及其法定代理人、辩护人。（3）宣布程序。人民检察院应当当面向未成年犯罪嫌疑人及其法定代理人宣布附条件不起诉决定，告知考验期限、在考验期内应当遵守的规定和违反规定可能产生的法律后果，以及可以对附条件不起诉决定提出异议等，并制作宣布笔录。（4）告知程序。送达附条件不起诉决定时，应当告知被害人或者其近亲属及其诉讼代理人如果对附条件不起诉决定不服的，可以自收到附条件不起诉决定书后 7 日内向上一级人民检察院申诉，并进行必要的释法说理。（5）强制措施。未成年犯罪嫌疑人在押的，作出附条件不起诉决定后，人民检察院应当作出释放或者变更强制措施的决定。考验期未满、取保候审期限届满的，应当解除取保候审强制措施，继续进行监督考察。

【对附条件不起诉决定要求复议、提请复核】 是指人民检察院在作出附条件不起诉决定以后，公安机关分别向同级人民检察院、上一级人民检察院要求复议、复核。根据《公安机关办理刑事案件程序规定》第三百三十条、《未成年人刑事检察工作指引（试行）》第一百九十一条规定，附条件不起诉的复议复核包括：(1) 要求复议。公安机关认为人民检察院作出的附条件不起诉决定有错误的，应当在收到不起诉决定书后7日以内制作要求复议意见书，经县级以上公安机关负责人批准，移送同级人民检察院复议。(2) 复议审查。公安机关要求复议后，人民检察院应当另行指定检察人员进行审查并提出审查意见，报请检察长或者检察委员会决定。人民检察院应当在收到要求复议意见书后的30日内作出复议决定，并通知公安机关。(3) 提请复核。要求复议的意见不被接受的，可以在收到人民检察院的复议决定书后7日以内制作提请复核意见书，经县级以上公安机关负责人批准后，连同人民检察院的复议决定书，一并提请上一级人民检察院复核。(4) 复核审查。上一级人民检察院收到公安机关对附条件不起诉决定提请复核的意见书后，应当交由未成年人检察部门办理。未成年人检察部门应当指定检察人员进行审查并提出审查意见，报请检察长或者检察委员会决定。(5) 复核决定。上一级人民检察院应当在收到提请复核意见书后的30日内作出决定，制作复核决定书送交提请复核的公安机关和下级人民检察院。经复核改变下级人民检察院附条件不起诉决定的，应当撤销下级人民检察院作出的附条件不起诉决定，交由下级人民检察院执行。

【不服附条件不起诉决定的申诉】 是指被害人在不服附条件不起诉决定的情况下，向人民检察院提出申诉，要求作出附条件不起诉决定的人民检察院的上一级人民检察院对附条件不起诉决定进行立案复查。根据《未成年人刑事检察工作指引（试行）》第一百九十二条规定，被害人对附条件不起诉决定的申诉应当遵守下列规定：(1) 被害人不服附条件不起诉决定，在收到附条件不起诉决定书后7日以内申诉的，由作出附条件不起诉决定的人民检察院的上一级人民检察院立案复查。(2) 被害人向作出附条件不起诉决定的人民检察院提出申诉的，作出决定的人民检察院应当将申诉材料连同案卷一并报送上一级人民检察院受理。(3) 对申诉的审查由未成年人检察部门负责。承办人员审查后应当提出意见，报请检察长决定后制作复查决定书。(4) 复查决定书应当送达被害人、被附条件不起诉的未成年犯罪嫌疑人及其法定代理人和作出附条件不起诉决定的人民检察院。(5) 被害人不服附条件不起诉决定，在收到附条件不起诉决定书7日后提出申诉的，由作出附条件不起诉决定的人民检察院未成年人检察部门另行指定检察人员审查后决定是否立案复查。(6) 上级人民检察院经复查作出起诉决定的，应当撤销下级人民检察院的附条件不起诉决定，由下级人民检察院提起公诉，并将复查决定抄送移送审查起诉的公安机关。(7) 被害人不能向人民法院提起自诉。

【附条件不起诉的考验期】 是指人民检察院作出附条件不起诉决定和确定考验期以后，对被附条件不起诉的未成年犯罪嫌疑人进行监督考察时所遵循的诉讼程序。根据《刑事诉讼法》第二百八十三条第二款、《人民检察院刑事诉讼规则》第四百七十三条、第四百七十四条和《未成年人刑事检察工作指引（试行)》第一百九十四条规定，人民检察院作出附条件不起诉决定时应当确定考验期，其具体办法为：(1）附条件不起诉的考验期为六个月以上一年以下，从人民检察院作出附条件不起诉的决定之日起计算。考验期不计入审查起诉期限。(2）附条件不起诉考验期为六个月以上一年以下，考验期的长短应当与未成年犯罪嫌疑人所犯罪行的性质、情节和主观恶性的大小相适应。可能判处的刑罚在六个月以下的，一般应当将考验期限确定为六个月；可能判处的刑罚在六个月以上的，可以参考未成年犯罪嫌疑人可能判处的刑期确定具体考察期限。(3）在考验期的前两个月要密切关注被附条件不起诉的未成年犯罪嫌疑人的表现，帮助、督促其改正不良行为，形成良好习惯。根据未成年犯罪嫌疑人在考验期内的表现和教育挽救的需要，人民检察院作出决定后可以在法定期限范围内适当缩短或延长考验期。

【附条件不起诉的附加条件】 是指被附条件不起诉的未成年犯罪嫌疑人在考验期内应当遵守的义务。根据《刑事诉讼法》第二百八十三条第三款的规定，被附条件不起诉的未成年犯罪嫌疑人，应当履行下列义务：（1）遵守法律法规，服从监督。（2）按照考察机关的规定报告自己的活动情况。（3）离开所居住的市、县或者迁居，应当报经考察机关批准。（4）按照考察机关的要求接受矫治和教育。根据《人民检察院刑事诉讼规则》第四百七十六条、《未成年人刑事检察工作指引（试行)》第一百九十五条，人民检察院可以要求被附条件不起诉的未成年犯罪嫌疑人接受下列矫治和教育：(1）完成戒瘾治疗、心理辅导或者其他适当的处理措施。（2）向社区或者公益团体提供公益劳动。(3）不得进入特定场所，与特定的人员会见或者通信，从事特定的活动。(4）向被害人赔偿损失、赔礼道歉等。(5）接受相关教育。(6）遵守其他保护被害人安全以及预防再犯的禁止性规定。所附条件应当有针对性，注意考虑未成年犯罪嫌疑人的特殊需求，尤其避免对其就学、就业和正常生活造成负面影响。

【附条件不起诉的监督考察】 是指人民检察院在附条件不起诉的考验期内对被附条件不起诉的未成年犯罪嫌疑人进行监督考察。根据《刑事诉讼法》第二百八十三条、《人民检察院刑事诉讼规则》第四百七十四条、《未成年人刑事检察工作指引（试行)》第一百九十六条的规定，附条件不起诉的监督考察内容包括：(1）人民检察院应当监督未成年犯罪嫌疑人履行义务、接受帮教的情况，并督促未成年犯罪嫌疑人的监护人对未成年犯罪嫌疑人加强管教，配合人民检察院做好监督考察工作。（2）人民检察院可以会同司法社工、社会观护基地、公益组织或者未成年犯罪嫌疑人所在学校、单位、居住地的村民委员会、居民委员会、未成年人保护组织等相关机构成立考察帮教小组，明确分工及职责，定期进行考察、教育，实施跟踪帮教。(3）考察帮教小组应当为考察对象制作个人帮教档案，对考察帮教活动情况及时、如实、全面记录，并在考察期届满后三个工作日内对考察对象进行综合评定，出具书面报告。（4）未成年犯罪嫌疑人的监护人，应当对未成年人犯罪嫌疑人加强管教，配合人民检察院做好监督考察工作。

另外，根据《办理未成年人刑事案件规定》第四十四条的规定，未成年犯罪嫌疑人经批准离开所居住的市、县或者迁居，作出附条件不起诉决定的人民检察院可以要求迁入地的人民检察院协助进行考察，并将考察结果函告作出附条件不起诉决定的人民检察院。

【附条件不起诉考验期届满后的处理】 是指在附条件不起诉考验期届满后，人民检察院作出的起诉或者不起诉的决定。根据《未成年人刑事检察工作指引（试行）》第一百九十八条至第二百条规定，人民检察院在附条件不起诉考验期届满后采取的处理措施包括：（1）考验期届满，检察人员应当制作附条件不起诉考察意见书，提出起诉或者不起诉的意见，报请检察长决定。（2）人民检察院应当在审查起诉期限内作出起诉或者不起诉的决定。作出附条件不起诉决定的案件，审查起诉期限自人民检察院作出附条件不起诉的决定之日起中止计算，自考验期届满之日起或者撤销附条件不起诉决定之日起恢复计算。（3）如果被附条件不起诉的未成年犯罪嫌疑人在考验期内没有应当撤销附条件不起诉的情形，在考验期满后，承办人应当制作附条件不起诉考察意见书，报请检察长作出不起诉决定。作出不起诉决定之前，应当听取被害人意见。（4）人民检察院对于考验期满后决定不起诉的，应当制作不起诉决定书，并在三日内送达公安机关、被害人或者其近亲属及其诉讼代理人、被不起诉的未成年犯罪嫌疑人及其法定代理人、辩护人。（5）送达附条件不起诉决定书时，应当告知被送达人，检察机关将对未成年犯罪嫌疑人涉嫌犯罪的不起诉记录予以封存，被送达人不得泄露未成年犯罪嫌疑人的隐私；告知未成年犯罪嫌疑人及其法定代理人，如有单位或者个人泄露已被封存的不起诉记录，可以向检察机关投诉；告知被害人及其诉讼代理人或者其近亲属，如果对不起诉决定不服，可以自收到不起诉决定书后七日以内向上一级人民检察院申诉。上述告知情况应当记录在案。

【撤销附条件不起诉】 是指人民检察院在附条件不起诉考验期内发现未成年犯罪嫌疑人存在漏罪或者新罪等情形时，依法撤销附条件不起诉决定、提起公诉的一种诉讼活动。根据《刑事诉讼法》第二百八十四条、《未成年人刑事检察工作指引（试行）》第二百零四条的规定，在考验期内，发现被附条件不起诉的未成年犯罪嫌疑人有下列情形之一的，案件承办人应当制作附条件不起诉考察意见书，报请检察长或者检察委员会作出撤销附条件不起诉、提起公诉的决定：（1）实施新的犯罪并经人民检察院查证属实的。（2）发现决定附条件不起诉以前还有其他犯罪需要追诉并经人民检察院查证属实的。（3）违反治安管理规定，造成严重后果，或者多次违反治安管理规定的。（4）违反考察机关有关附条件不起诉的监督管理规定，造成严重后果，或者多次违反的。未成年犯罪嫌疑人如实供述其他犯罪行为，但因证据不足不予认定，在被作出附条件不起诉决定后查证属实的，可以不作出撤销附条件不起诉、提起公诉的决定。

【在附条件不起诉考验期内发现漏罪或新罪的处理】 是指人民检察院发现被附条件不起诉的未成年犯罪嫌疑人在考验期内实施新的犯罪或者在决定附条件不起诉以前还有其他犯罪需要追诉的，依法追究其刑事责任。根据《未成年人刑事检察工作指引（试行）》第二百零五条规定，人民检察院在考验期内发现漏罪或新罪时应当采取如下措施：（1）将案件线索依法移送有管辖权的公安机关立案侦查。（2）被附条件不起诉的未成年犯罪嫌疑人在考验期内实施新的犯罪或者在决定附条件不起诉以前还有其他犯罪，经查证属实的，人民检察院应当将案件退回公安机关补充侦查。（3）原移送审查起诉的公安机关对新罪或者漏罪无管辖权的，应当通知其与有管辖权的公安机关协商，依法确定管辖权，并案侦查。（4）对于被附条件不起诉的未成年犯罪嫌疑人在考验期内因实施新的犯罪或者因决定附条件不起诉以前实施的其他犯罪被公安机关立案侦查，能够在审查起诉期间内将新罪、漏罪查清的，人民检察院可以一并提起公诉；不能查清的，应当对前罪作出不起诉处理，新罪、漏罪查清后另行起诉。

【不起诉的宣布教育】 是指人民检察院在对未成年犯罪嫌疑人做出不起诉决定以后举行不起诉宣布教育仪式，对被不起诉的未成年人进行必要的教育。人民检察院在宣布不起诉决定的同时对被不起诉的未成年人进行必要的教育，既是贯彻落实教育、感化、挽救方针的重要措施，又有助于涉罪的未成年人认识错误、改过自新，顺利地回归社会，更好地融入社会。根据《未成年人刑事检察工作指引（试行）》第一百七十九条规定，对于决定不起诉的未成年人刑事案件，人民检察院应当举行不起诉宣布教育仪式，向被不起诉的未成年人及其法定代理人宣布不起诉决定书，阐明不起诉的理由和法律依据，并结合社会调查等情况，围绕犯罪行为对被害人、被不起诉的未成年人及其家庭、社会等造成的危害，导致犯罪行为发生的原因及应当吸取的教训等，对被不起诉的未成年人开展必要的教育。如果侦查人员、合适成年人、辩护人、帮教人员等参加有利于教育被不起诉的未成年人的，可以邀请他们参加，但要严格控制参与人员范围并告知其负有保密义务。人民检察院可以根据案件的不同情况，对被不起诉的未成年人予以训诫或者责令具结悔过、赔礼道歉、赔偿损失，必要时，可以责令家长严加管教。但是，未成年犯罪嫌疑人没有犯罪事实，或者证据不足以证实其存在违法犯罪事实或者不良行为的，不适用训诫等措施。

【分案起诉】 是指人民检察院审查未成年人与成年人共同犯罪案件时，除非具有特定情形，一般应当将未成年犯罪嫌疑人与成年犯罪嫌疑人分开进行起诉。分案起诉是未成年人刑事案件分案处理原则的重要体现。将未成年犯罪嫌疑人与成年犯罪嫌疑人分开予以起诉，有助于更好地保护未成年犯罪嫌疑人。根据《未成年人刑事检察工作指引（试行）》第二百零八条规定，人民检察院审查未成年人与成年人共同犯罪案件，一般应当将未成年人与成年人分案起诉，并由同一个公诉人出庭。但是，具有下列情形之一的，也可以不分案起诉：（1）未成年人系犯罪集团的组织者或者其他共同犯罪中的主犯的。（2）案件重大、疑难、复杂，分案起诉可能妨碍案件审理的。（3）涉及刑事附带民事诉讼，分案起诉妨碍附带民事诉讼部分审理的。（4）具有其他不宜分案起诉的情形。

根据《未成年人刑事检察工作指引（试行）》第二百零九条至第二百一十二条规定，人民检察院在进行分案起诉时应当注意如下几点：（1）分案审查。共同犯罪的未成年人与成年人分别由不同级别的人民检察院审查起诉的，未成年人犯罪部分的承办人应当及时了解案件整体情况；提出量刑建议时，应当注意全案的量刑平衡。（2）先予起诉。对于分案起诉的未成年人与成年人共同犯罪案件，一般应当同时移送人民法院。对于需要补充侦查的，如果补充侦查事项不涉及未成年犯罪嫌疑人所参与的犯罪事实，不影响对未成年犯罪嫌疑人提起公诉的，应当对未成年犯罪嫌疑人先予提起公诉。（3）文书制作。对于分案起诉的未成年人与成年人共同犯罪案件，在审查起诉过程中可以根据全案情况制作一份审查报告，起诉书以及量刑建议书等应当分别制作。（4）建议并案审理。人民检察院对未成年人与成年人共同犯罪案件分别提起公诉后，在诉讼过程中出现不宜分案起诉情形的，可以建议人民法院并案审理。根据《进一步加强少年法庭工作意见》第十四条的规定，对应当分案起诉而未分案起诉的案件，人民法院可以向检察机关提出建议。

【未成年人案件审判组织】 是指人民法院设立的专门审判未成年人刑事案件的未成年人案件审判庭和未成年人刑事案件合议庭。未成年人案件审判组织是构建未成年人刑事司法制度的重要标志。自1984年11月上海市长宁区法院率先在刑事审判庭内设立专门审理未成年人刑事案件的少年刑事案件合议庭以来，我国一直在探索和完善未成年人刑事案件的审判机构。如设在刑事审判庭内的少年案件合议庭以及独立建制的未成年人刑事案件审判庭、少年综合案件审判庭等。根据《刑事诉讼法司法解释》第五百四十九条规定，人民法院应当确定专门机构或者指定专门人员，负责审理未成年人刑事案件。其中，中级人民法院和基层人民法院可以设立独立建制的未成年人案件审判庭。尚不具备条件的，应当在刑事审判庭内设立未成年人刑事案件合议庭，或者由专人负责审理未成年人刑事案件。高级人民法院应当在刑事审判庭内设立未成年人刑事案件合议庭。具备条件的，可以设立独立建制的未成年人案件审判庭。

【分案审理】 是指人民法院在审理未成年人与成年人共同犯罪案件时，一般应当将未成年被告人与成年被告人分开进行审理。分案审理是保护未成年被告人的重要体现。根据《刑事诉讼法司法解释》第五百五十一条规定，对分案起诉至同一人民法院的未成年人与成年人共同犯罪案件，可以由同一个审判组织审理；不宜由同一个审判组织审理的，可以分别审理。未成年人与成年人共同犯罪案件，由不同人民法院或者不同审判组织分别审理的，有关人民法院或者审判组织应当互相了解共同犯罪被告人的审判情况，注意全案的量刑平衡。

【未成年人刑事案件的开庭准备】 是指人民法院在开庭审理未成年人刑事案件之前所作的各项准备事项。《刑事诉讼法司法解释》第五百六十三条至第五百七十条规定，未成年人刑事案件的开庭准备包括如下内容：（1）人民法院向未成年被告人送达起诉书副本时，应当向其讲明被指控的罪行和有关法律规定，并告知其审判程序和诉讼权利、义务。（2）审判时不满18周岁的未成年被告人没有委托辩护人的，人民法院应当通知法律援助机构指派熟悉未成年人身心特点的律师为其提供辩护。（3）未成年被害人及其法定代理人因经济困难或者其他原因没有委托诉讼代理人的，人民法院应当帮助其申请法律援助。（4）对未成年人刑事案件，人民法院决定适用简易程序审理的，应当征求未成年被告人及其法定代理人、辩护人的意见。上述人员提出异议的，不适用简易程序。（5）被告人实施被指控的犯罪时不满18周岁，开庭时已满18周岁、不满20周岁的，人民法院开庭时，一般应当通知其近亲属到庭。经法庭同意，近亲属可以发表意见。近亲属无法通知、不能到场或者是共犯的，应当记录在案。（6）对人民检察院移送的关于未成年被告人性格特点、家庭情况、社会交往、成长经历、犯罪原因、犯罪前后的表现、监护教育等情况的调查报告，以及辩护人提交的反映未成年被告人上述情况的书面材料，法庭应当接受。（7）必要时，人民法院可以委托社区矫正机构、共青团、社会组织等对未成年被告人的上述情况进行调查。（8）人民法院根据情况，可以对未成年被告人、被害人、证人进行心理疏导；根据实际需要并经未成年被告人及其法定代理人同意，可以对未成年被告人进行心理测评。心理测评报告可以作为办理案件和教育未成年人的参考。（9）开庭前和休庭时，法庭根据情况，可以安排未成年被告人与其法定代理人或者合适成年人会见。

【未成年人刑事案件的审判程序】 是指人民法院在审理未成年人刑事案件时所遵循的诉讼程序。尽管未成年人刑事案件的审判程序与成年人刑事案件的审判程序都分为开庭、法庭调查、法庭辩论、被告人陈述、评议和宣判等几个步骤，但是为了更好地保护未成年被告人，未成年人刑事案件审判程序具有许多独特之处。例如，审判组织和审判人员的专门化；在开庭时应当通知未成年被告人的法定代理人到场；合适成年人参与法庭审判；遵循不公开审理原则；未成年人刑事案件保密；通知法律援助机构指派律师为没有委托辩护人的未成年被告人提供辩护；帮助被害人申请法律援助；采取适合未成年人特点的法庭设置方式；注重法庭教育；在法庭上一般不对未成年被告人使用戒具；法庭审理过程中，审判人员应当根据未成年被告人的智力发育程度和心理状态，使用适合未成年人的语言表达方式；将对未成年被告人情况的调查报告，以及辩护人提交的有关未成年被告人情况的书面材料作为法庭教育和量刑的参考；进行犯罪记录封存等等。

根据《刑事诉讼法司法解释》第五百七十一条至第五百七十九条规定，未成年人刑事案件的法庭审判应当遵守下列规定：（1）法庭设置。人民法院应当在辩护台靠近旁听区一侧为未成年被告人的法定代理人或者合适成年人设置席位。审理可能判处五年有期徒刑以下刑罚或者过失犯罪的未成年人刑事案件，可以采取适合未成年人特点的方式设置法庭席位。（2）庭审语言。法庭审理过程中，审判人员应当根据未成年被告人的智力发育程度和心理状态，使用适合未成年人的语言表达方式。发现有对未成年被告人威胁、训斥、诱供或者讽刺等情形的，审判长应当制止。（3）慎用戒具（参见“讯问涉罪未成人时慎用戒具”词条）。（4）拒绝辩护。未成年被告人或者其法定代理人当庭拒绝辩护人辩护的，适用该解释第三百一十一条第二款、第三款的规定。重新开庭后，未成年被告人或者其法定代理人再次当庭拒绝辩护人辩护的，不予准许。重新开庭时被告人已满18周岁的，可以准许，但不得再另行委托辩护人或者要求另行指派律师，由其自行辩护。（5）量刑建议。控辩双方提出对未成年被告人判处管制、宣告缓刑等量刑建议的，应当向法庭提供有关未成年被告人能够获得监护、帮教以及对所居住社区无重大不良影响的书面材料。（6）调查报告的使用（参见“社会调查制度”词条）。（7）法庭教育。（8）最后陈述。未成年被告人最后陈述后，法庭应当询问其法定代理人是否补充陈述。（9）宣判。对未成年人刑事案件宣告判决应当公开进行。对依法应当封存犯罪记录的案件，宣判时，不得组织人员旁听；有旁听人员的，应当告知其不得传播案件信息。定期宣告判决的未成年人刑事案件，未成年被告人的法定代理人无法通知、不能到场或者是共犯的，法庭可以通知合适成年人到庭，并在宣判后向未成年被告人的成年亲属送达判决书。

【法庭教育】 是指在法庭辩论结束或者宣判未成年被告人有罪以后，法庭根据案件情况对未成年被告人进行的教育活动。法庭教育是贯彻落实教育、感化、挽救方针和教育为主、惩罚为辅原则的重要手段，有助于帮助未成年被告人树立法律意识和道德观念，矫正其不良行为习惯和错误心态，促使其认罪悔罪，重塑自我，预防重新犯罪。根据《刑事诉讼法司法解释》第五百七十六条规定，法庭辩论结束后，法庭可以根据未成年人的生理、心理特点和案件情况，对未成年被告人进行法治教育；判决未成年被告人有罪的，宣判后，应当对未成年被告人进行法治教育。对未成年被告人进行教育，其法定代理人以外的成年亲属或者教师、辅导员等参与有利于感化、挽救未成年人的，人民法院应当邀请其参加有关活动。适用简易程序审理的案件，对未成年被告人进行法庭教育，也适用以上规定。

法庭教育不仅是审判人员的职责，也是公诉人员的职责。根据《未成年人刑事检察工作指引（试行）》第二百一十七条、第二百二十一条规定，提起公诉的未成年人刑事案件，检察人员应当在开庭审判前拟定法庭教育词。根据具体情况，出庭检察人员可以提请法庭安排社会调查员、帮教人员、心理疏导人员等发言，对未成年被告人进行帮助教育。在法庭作出有罪判决后，出庭检察人员应当配合法庭对未成年被告人进行教育。在此阶段，可以依据庭审中所查明的犯罪事实，对未成年被告人进行认罪服法或悔过教育，使其认识到自己的犯罪性质、危害后果和应受处罚。重点是指明今后的出路，使未成年被告人感到司法机关不仅仅是对其进行审判，而且还对其进行教育和挽救，使其树立改过自新的信心和决心，实现惩教结合的目的。

【圆桌审判方式】 是指人民法院在审理未成年人刑事案件过程中用圆形或者椭圆形审判桌代替传统的法庭设置模式，合议庭组成人员或者独任审判员与公诉人、未成年被告人、法定代理人和其他诉讼参与人以及合适成年人同处一桌，进行开庭审理的一种审判方式。自1992年北京市海淀区人民法院少年法庭在国内率先采用圆桌审判方式以来，圆桌审判方式已经被广泛地应用到我国未成年人刑事案件的审判工作中。圆桌审判方式之所以备受青睐，主要是因为圆桌审判是适应未成年被告人生理、心理特点的一种刑事审判方式。根据《刑事诉讼法司法解释》第五百七十一条规定，审理可能判处五年有期徒刑以下刑罚或者过失犯罪的未成年人刑事案件，可以采取适合未成年人特点的方式设置法庭席位。

【未成年人刑事案件的简易程序】 是指人民法院按照简易程序审理未成年人刑事案件时所遵循的诉讼程序。为了尽可能地减少刑事诉讼对涉案的未成年犯罪嫌疑人、被告人、被害人造成不利的影响，《进一步建立和完善办理未成年人刑事案件配套工作体系意见》明确要求，办理未成年人刑事案件，应当在依照法定程序办案和保证办理案件质量的前提下，尽量迅速办理，减少刑事诉讼对未成年人的不利影响。在未成年人刑事案件中适用简易程序，除了应当遵循刑事诉讼法规定的简易程序之外，还应当遵守司法解释关于未成年人刑事案件诉讼程序的某些特殊规定。根据《刑事诉讼法司法解释》第五百五十五条、第五百六十六条、第五百七十六条规定，人民法院在人民法院按照简易程序审理未成年人刑事案件时应当注意：（1）适用简易程序审理未成年人刑事案件，应当坚持未成年人法定代理人到场制度或者合适成年人参与制度以及法庭教育。（2）对未成年人刑事案件，人民法院决定适用简易程序审理的，应当征求未成年被告人及其法定代理人、辩护人的意见。如果他们提出异议，不得适用简易程序。（3）在进行法庭教育时可以邀请法定代理人以外的成年亲属或者教师、辅导员等参加。

【未成年人刑事案件执行程序】 是指有关机关在执行未成年人犯罪案件生效裁判时所遵循的诉讼程序。根据《刑事诉讼法》第二百八十七条和《刑事诉讼法司法解释》第五百八十条至第五百八十六条、《进一步加强少年法庭工作意见》第十八条的规定，未成年人刑事案件执行程序具有如下特点和特殊规则：（1）交付执行。将未成年罪犯送监执行刑罚或者送交社区矫正时，人民法院应当将有关未成年罪犯的调查报告及其在案件审理中的表现材料，连同有关法律文书，一并送达执行机关。（2）实行犯罪记录封存。（3）实行社会帮教和回访考察制度（参见“人民法院的社会帮教”词条）。（4）人民法院应当对判后跟踪帮教和回访情况作出记录或者写出报告，记录或者报告存入卷宗。

根据《进一步建立和完善办理未成年人刑事案件配套工作体系意见》，未成年人刑事案件执行程序还包括如下一些特殊要求：（1）看守所、未成年犯管教所和司法行政机关社区矫正工作部门应当了解服刑未成年人的身心特点，加强心理辅导，开展有益未成年人身心健康的活动，进行个别化教育矫治，比照成年人适当放宽报请减刑、假释等条件。（2）将未成年罪犯赔偿被害人的经济损失、取得被害人谅解等情况作为酌情减刑、假释的依据。（3）执行机关在执行刑罚时应当根据社会调查报告、办案期间表现等材料，对未成年罪犯进行个别化教育矫治。（4）公安机关应当配合司法行政机关社区矫正工作部门开展社区矫正工作，建立协作机制，切实做好未成年社区服刑人员的监督。人民检察院依法对社区矫正活动实行监督。（5）未成年犯管教所可以进一步开展完善试工试学工作。（6）司法行政机关社区矫正工作部门应当在公安机关配合和支持下负责未成年社区服刑人员的监督管理与教育矫治，做好对未成年社区服刑人员的日常矫治、行为考核和帮困扶助、刑罚执行建议等工作。（7）各级司法行政机关应当加大安置帮教工作力度，加强与社区、劳动和社会保障、教育、民政、共青团等部门、组织的联系与协作，切实做好刑满释放、解除劳动教养未成年人的教育、培训、就业、戒除恶习、适应社会生活及生活保障等工作。

【未成年人刑事案件的法律监督】 是指人民检察院对公安司法机关办理未成年人刑事案件的诉讼活动是否存在违法行为所实行的监督。根据《办理未成年人刑事案件的规定》第六十七条至第七十四条规定，未成年人刑事案件的法律监督包括如下内容：（1）人民检察院审查批准逮捕、审查起诉未成年犯罪嫌疑人，应当同时依法监督侦查活动是否合法，发现有违法行为时应当提出纠正意见；构成犯罪的，依法追究刑事责任。（2）对依法不应当公开审理的未成年人刑事案件公开审理的，人民检察院应当在开庭前提出纠正意见。（3）公诉人出庭支持公诉时，发现法庭审判有违反法律规定的诉讼程序时应当在休庭后及时向本院检察长报告，由人民检察院向人民法院提出纠正意见。（4）人民检察院发现有关机关对未成年人犯罪记录应当封存而未封存的，不应当允许查询而允许查询的或者不应当提供犯罪记录而提供的，应当依法提出纠正意见。（5）发现关押成年罪犯的监狱收押未成年罪犯的，未成年犯管教所违法收押成年罪犯的，或者对年满18周岁时余刑在二年以上的罪犯留在未成年犯管教所执行剩余刑期的，应当依法提出纠正意见。（6）发现没有对未成年犯罪嫌疑人、被告人与成年犯罪嫌疑人、被告人分别关押、管理或者对未成年犯留所执行刑罚的，应当依法提出纠正意见。（7）人民检察院应当加强对未成年犯管教所、看守所监管未成年罪犯活动的监督，依法保障未成年罪犯的合法权益，维护监管改造秩序和教学、劳动、生活秩序。人民检察院配合未成年犯管教所、看守所加强对未成年罪犯的政治、法律、文化教育，促进依法、科学、文明监管。（8）人民检察院依法对未成年人的社区矫正进行监督，发现有违法情形时应当依法向公安机关、人民法院、监狱、社区矫正机构等有关部门提出纠正意见。（9）人民检察院依法对未成年犯的减刑、假释、暂予监外执行等活动实行监督。对符合减刑、假释、暂予监外执行法定条件的，应当建议执行机关向人民法院、监狱管理机关或者公安机关提请；发现提请或者裁定、决定不当的，应当依法提出纠正意见；对徇私舞弊减刑、假释、暂予监外执行等构成犯罪的，依法追究刑事责任。

【恢复性司法】 作为一项在20世纪70年代开始在西方兴起的刑事司法运动，恢复性司法是对犯罪行为作出的系统性反应，它着重于治疗犯罪给被害人、犯罪人以及社会所带来或引发的伤害。相对于传统的刑事司法而言，恢复性司法将重点放在对被害人的经济补偿、被害人与犯罪人关系的修复以及被害人重新回归社会等方面。对恢复性司法可以从五个方面加以理解：（1）恢复性司法鼓励充分地参与和协商；（2）恢复性司法寻求积极治愈因犯罪而造成的创伤；（3）恢复性司法寻求充分和直接的责任；（4）恢复性司法寻求整合已经造成的分裂；（5）恢复性司法强调社区对于预防犯罪的作用。恢复性司法十分强调被害人和社区对刑事纠纷解决的参与，常见的几种恢复性司法模式有被害人与加害人和解计划、社区修复委员会、家庭小组会议、量刑圈、社区矫正等，社区几乎都是参与主体。我国处理未成年人犯罪的各种刑事司法保护制度，如宽缓的刑罚处罚、圆桌审判、附随心理辅导等，就是恢复性司法理念的体现。刑事和解这一恢复性司法的核心制度在全国范围内得到推广，并纳入相关立法规定之中。我国《刑事诉讼法》第五编第二章第二百八十八条、第二百八十九条、第二百九十条明确规定了当事人和解的公诉案件诉讼程序。最高人民法院颁布的《关于常见犯罪的量刑指导意见（试行）》中，第三部分“常见量刑情节的适用”第十二项规定，对于当事人根据《刑事诉讼法》第二百八十八条达成刑事和解协议的，综合考虑犯罪性质、赔偿数额、赔礼道歉以及真诚悔罪等情况，可以减少基准刑的50%以下；犯罪较轻的，可以减少基准刑的50%以上或者依法免除处罚。

【当事人和解程序】 是指犯罪嫌疑人、被告人以真诚悔罪、赔偿损失、赔礼道歉等方式取得被害人谅解，而且双方达成和解协议以后，办案机关在审查和解的自愿性、合法性等内容的基础上，根据案件具体情况作出不起诉或者从轻、减轻或免予处罚等从宽处理的一种案件处理方式。当事人和解程序，是当事人和解的公诉案件诉讼程序的简称，当事人和解程序是2012年修正的《刑事诉讼法》[①] 在充分吸收刑事和解司法改革经验的基础上增加的一个特别程序。当事人和解程序与我国刑事诉讼中的刑事自诉案件和解、附带民事诉讼和解或者调解，以及西方国家的恢复性司法、辩诉交易等既有相同的地方，又存在较大差异。当事人和解程序具有以下特征：（1）当事人和解程序必须在公安司法机关的主导下进行。（2）当事人的意愿对于和解的进程和结果具有决定性的影响。（3）当事人和解以案件事实清楚、加害人认罪、悔罪以及当事人双方自愿和解等条件为前提。（4）当事人和解的过程要充分体现加害人与被害人之间的协商。（5）当事人和解的内容既包括民事部分，也包括刑事部分，而且当事人的和解会对案件的最终处理产生影响。根据我国《刑事诉讼法》及其相关解释，当事人和解程序主要包括当事人通过协商达成和解，公安司法机关听取当事人和其他有关人员的意见，公安司法机关审查和解的自愿性与合法性，公安司法机关主持制作和解协议书，审查和解协议的效力，公安司法机关对达成和解协议的案件的处理等环节。当事人和解程序既有助于切实保护被害人的合法权益，又有利于教育、挽救犯罪人；既有助于有效化解当事人之间的纠纷和矛盾，又有利于减轻当事人的诉累；既有助于减轻公安司法机关的办案压力和工作负担，又有利于对刑事案件进行繁简分流，降低诉讼成本，节约司法资源。

【刑事和解】 是指在刑事诉讼中由被害人与加害人自愿进行和解，公安司法机关对于双方达成和解协议的案件予以从宽处理的一种诉讼活动。近年来，我国司法机关在创新社会管理、创建和谐社会的实践中兴起了刑事和解制度改革。在这种背景下，立法机关在2018年修改《刑事诉讼法》的过程中，在充分吸收刑事和解制度改革经验的基础上增加了当事人和解的公诉案件诉讼程序。刑事和解之所以在较短时间之内从司法层面的

① 已被2018年10月26日第十三届全国人民代表大会常务委员会第六次会议《关于修改〈中华人民共和国刑事诉讼法〉的决定》修正。

改革上升到刑事诉讼立法的层面，主要是因为刑事和解作为一种新型的刑事纠纷解决方式，体现了社会和谐、恢复性司法、协商性司法的理念，契合了现代法治社会轻缓化刑事政策的发展趋势，能够充分尊重当事人的意愿，在一定程度上能够弥补传统刑事诉讼模式过于强调国家公权力、忽略当事人自主性的弊端。国家专门机关通过刑事和解的方式处理案件，不仅有助于维护被害人的合法权益和保障犯罪嫌疑人、被告人的合法权益，修复加害人与被害人之间的关系，进而增加社会的和谐和减少社会的不稳定因素，而且有利于保持国家刑罚权的谦抑性，减轻国家专门机关的案件负担和办案压力，从而节约国家司法资源，提高刑事诉讼的效率。

【当事人和解程序的适用条件】 是指公安司法机关通过当事人和解的方式处理刑事案件所必须遵守的条件。根据《刑事诉讼法》第二百八十八条、《公安机关办理刑事案件程序规定》第三百三十三条至第三百三十四条、《人民检察院刑事诉讼规则》第四百九十二条、《刑事诉讼法司法解释》第五百八十七条规定，当事人和解程序必须同时具备以下条件：（1）犯罪嫌疑人、被告人真诚悔罪。（2）案件事实清楚，证据确实、充分。（3）犯罪嫌疑人、被告人获得被害人谅解。（4）被害人自愿和解（参见“刑事和解的自愿性与合法性”词条）。（5）符合法定的案件范围。真诚悔罪，是指犯罪嫌疑人、被告人出于自己的意愿，发自内心地意识到自己的行为给被害人带来的伤害，对自己的犯罪行为深深地感到后悔，诚心诚意地希望得到被害人的谅解。当事人和解并非简单地以赔偿换取宽缓的处理，而是要充分关注和解对加害人回归社会，以及修复当事人之间的关系的影响。因此，当事人和解程序有必要以犯罪嫌疑人、被告人的真诚悔罪为必要条件。犯罪嫌疑人、被告人真诚悔罪，不仅需要从内心意识到这一点，而且应该通过具体的行为表现出来，如心甘情愿地向被害人真诚地赔礼道歉，通过各种方式向被害人赔偿损失，弥补被害人及其亲属因犯罪行为所遭受的伤害，使被害人走出被害的阴影，恢复之前的正常生活等。

获得被害人谅解，是指犯罪嫌疑人、被告人通过赔偿损失、赔礼道歉等方式弥补被害人因为犯罪行为而遭受的物质损失和精神伤害，从而得到被害人的理解和原谅。无论是民事诉讼中的和解还是刑事诉讼中的和解，和解双方的意愿决定了和解能否达成。刑事案件的特殊性质决定了和解双方表达意愿的特殊方式：犯罪嫌疑人、被告人通过真诚悔罪和赔礼道歉、赔偿损失等方式表达和解意愿，而被害人则通过是否谅解表达和解意愿。被害人作为犯罪行为的受害方，是和解过程中权利首先需要得到弥补和保障的一方，因此被害人对于和解的意愿必须得到充分的尊重。有鉴于此，犯罪嫌疑人、被告人的真诚悔罪是否获得被害人的谅解是双方和解能否成功不可或缺的条件。与犯罪嫌疑人、被告人的真诚悔罪一样，被害人对犯罪嫌疑人、被告人的谅解必须是心甘情愿的，要有谅解犯罪嫌疑人、被告人的明确意思表示，而不是基于外部压力而被动地原谅犯罪嫌疑人、被告人。

【当事人和解程序的适用范围】 是指公安司法机关通过当事人和解的方式处理刑事案件所适用的案件范围。根据《刑事诉讼法》第二百八十八条的规定，当事人和解程序只能适用于下列公诉案件：(1）因民间纠纷引起，涉嫌《刑法》分则第四章、第五章规定的犯罪案件，可能判处三年有期徒刑以下刑罚的；(2）除渎职犯罪以外的可能判处七年有期徒刑以下刑罚的过失犯罪案件。但是，如果犯罪嫌疑人、被告人在五年以内曾经故意犯罪的，不得作为当事人和解的公诉案件办理。因民间纠纷引起是指犯罪的起因是公民之间因财产、人身等问题而引发的纠纷，如因为婚姻家庭、邻里纠纷、口角、泄愤等引发的案件等。根据《公安机关办理刑事案件程序规定》第三百三十四条规定，有下列情形之一的，不属于因民间纠纷引起的犯罪案件：雇凶伤害他人的；涉及黑社会性质组织犯罪的；涉及寻衅滋事的；涉及聚众斗殴的；多次故意伤害他人身体的；其他不宜和解的。

【当事人和解的主体】 是指在刑事诉讼中参与加害人与被害人和解程序的人员。当事人和解的主体通常是犯罪嫌疑人、被告人与被害人。但是，在特殊情况下，当事人和解的主体并不局限于犯罪嫌疑人、被告人与被害人。根据《人民检察院刑事诉讼规则》第四百九十三条、第四百九十四条规定，被害人死亡的，其法定代理人、近亲属可以与犯罪嫌疑人和解。被害人系无行为能力或者限制行为能力人的，其法定代理人可以代为和解。犯罪嫌疑人系限制行为能力人的，其法定代理人可以代为和解。犯罪嫌疑人在押的，经犯罪嫌疑人同意，其法定代理人、近亲属可以代为和解。根据《人民检察院刑事诉讼规则》第四百九十六条第一款规定，双方当事人可以自行达成和解，也可以经人民调解委员会、村民委员会、居民委员会、当事人所在单位或者同事、亲友等组织或者个人调解后达成和解。根据《刑事诉讼法司法解释》第五百八十七条第二款、第五百八十八条、第五百八十九条规定，根据案件情况，人民法院可以邀请人民调解员、辩护人、诉讼代理人、当事人亲友等参与促成双方当事人和解。对于符合刑事和解适用范围的公诉案件，被害人死亡的，其近亲属可以与被告人和解。近亲属有多人的，达成和解协议，应当经处于最先继承顺序的所有近亲属同意。被害人系无行为能力或者限制行为能力人的，其法定代理人、近亲属可以代为和解。被告人的近亲属经被告人同意，可以代为和解。被告人系限制行为能力人的，其法定代理人可以代为和解。被告人的法定代理人、近亲属代为和解的，和解协议约定的赔礼道歉等事项，应当由被告人本人履行。

【当事人和解的审查】 是指公安机关、人民检察院、人民法院在刑事诉讼活动中对当事人之间的和解，应当听取当事人和其他有关人员的意见，对和解的自愿性、合法性进行审查。尽管当事人和解程序充分体现了当事人的自主性，但是该程序的适用范围毕竟是国家追诉犯罪的公诉案件。公安机关、人民检察院、人民法院在刑事诉讼中有义务履行代表国家追究犯罪嫌疑人、被告人刑事责任的职责，必须在整个刑事诉讼中起到主导作用，而不是完全迁就当事人的和解。根据《刑事诉讼法》第二百八十九条的规定，公安机关、人民检察院、人民法院有义务对当事人的和解进行审查，而当事人也不能自行制作和解协议书，只能在公安机关、人民检察院、人民法院的主持下制作和解协议书。公安机关、人民检察院、人民法院对当事人和解的审查，主要是听取当事人和其他有关人员的意见，重点审查当事人和解的自愿性和合法性。根据《公安机关办理刑事案件程序规定》第三百三十五条第二款规定，公安机关审查时，应当听取双方当事人的意见，并记录在案；必要时，可以听取双方当事人亲属、当地居民委员会或者村民委员会人员以及其他了解案件情况的相关人员的意见。根据《人民检察院刑事诉讼规则》第四百九十七条第二款规定，人民检察院审查时，应当听取双方当事人和其他有关人员对和解的意见，告知刑事案件可能从宽处理的法律后果和双方的权利义务，并制作笔录附卷。根据《刑事诉讼法司法解释》第五百九十一条规定，审判期间，双方当事人和解的，人民法院应当听取当事人及其法定代理人等有关人员的意见。经过听取意见和审查以后，如果公安机关、人民检察院、人民法院发现当事人的和解缺乏自愿性或者合法性，那么应当认定和解无效，不能按照当事人和解程序处理案件。

【和解协议书】 是指在犯罪嫌疑人、被告人与被害人达成和解的情况下，由公安机关、人民检察院、人民法院主持制作的协议书。和解协议书是当事人和解程序的核心，直接关系到当事人和解程序的顺利进行。根据《刑事诉讼法》第二百八十九条的规定，尽管双方当事人可以通过协商达成和解，但是和解协议书不能由双方当事人自行制作；在双方当事人达成和解以后，只有在公安机关、人民检察院、人民法院听取意见，对和解的自愿性、合法性进行审查的情况下，才能在公安机关、人民检察院、人民法院的主持下制作和解协议书。制作和解协议书的显著特点就是，在侦查、审查起诉和审判三个阶段，只要双方当事人能够达成和解，而且符合自愿性和合法性，公安机关、人民检察院、人民法院就应当主持制作和解协议书。有鉴于此，和解协议书可以细分为侦查阶段的和解协议书、审查起诉阶段的和解协议书、审判阶段的和解协议书。

【和解协议书的审查】 是指在当事人提出异议的情况下，人民法院对公安机关、人民检察院主持制作的和解协议书的自愿性和合法性进行审查的一种诉讼活动。根据《刑事诉讼法司法解释》第五百九十条规定，对公安机关、人民检察院主持制作的和解协议书，当事人提出异议的，人民法院应当审查。经审查，和解自愿、合法的，予以确认，无需重新制作和解协议书；和解违反自愿、合法原则的，应当认定无效。和解协议被认定无效后，双方当事人重新达成和解的，人民法院应当主持制作新的和解协议书。

【刑事和解协议的履行】 是指犯罪嫌疑人、被告人在刑事和解协议达成以后即时履行协议所约定的各项内容。《人民检察院刑事诉讼规则》第四百九十九条、第五百零三条、第五百零四条规定，和解协议书约定的赔偿损失内容，应当在双方签署协议后立即履行，至迟在人民检察院作出从宽处理决定前履行。确实难以一次性履行的，在被害人同意并提供有效担保的情况下，也可以分期履行。人民检察院拟对当事人达成和解的公诉案件作出不起诉决定的，应当查明犯罪嫌疑人是否已经切实履行和解协议、不能即时履行的是否已经提供有效担保，将其作为是否决定不起诉的因素予以考虑。犯罪嫌疑人或者其亲友等在协议履行完毕之后威胁、报复被害人的，应当认定和解协议无效。已经作出不批准逮捕或者不起诉决定的，人民检察院根据案件情况可以撤销原决定，对犯罪嫌疑人批准逮捕或者提起公诉。根据《刑事诉讼法司法解释》第五百八十九条、第五百九十三条至第五百九十五条，和解协议约定的赔偿损失内容，被告人应当在协议签署后即时履行。被告人的法定代理人、近亲属代为和解的，和解协议约定的赔礼道歉等人身性事项，应当由被告人本人履行。双方当事人在侦查、审查起诉期间已经达成和解协议并全部履行，被害人或者其法定代理人、近亲属又提起附带民事诉讼的，人民法院不予受理，但有证据证明和解违反自愿、合法原则的除外。被害人或者其法定代理人、近亲属提起附带民事诉讼后，双方愿意和解，但被告人不能即时履行全部赔偿义务的，人民法院应当制作附带民事调解书。

【刑事和解协议的反悔】 是指犯罪嫌疑人、被告人与被害人在达成刑事和解协议以后又后悔签订和解协议。根据《人民检察院刑事诉讼规则》第五百零三条规定，在审查起诉阶段当事人达成刑事和解协议以后，如果当事人在不起诉决定作出之前反悔的，人民检察院可以主持双方当事人另行达成和解。不能另行达成和解的，人民检察院应当依法作出起诉或者不起诉决定。当事人在不起诉决定作出之后反悔的，人民检察院不撤销原决定，但有证据证明和解违反自愿、合法原则的除外。根据《刑事诉讼法司法解释》第五百九十三条第二款规定，在审判阶段，如果和解协议已经全部履行，当事人反悔的，人民法院不予支持，但有证据证明和解违反自愿、合法原则的除外。

【刑事和解协议的无效】 是指犯罪嫌疑人、被告人与被害人在缺乏自愿性或者合法性的情况下达成的刑事和解协议应当被认定为无效。刑事和解协议是公安司法机关按照当事人和解程序对被告人进行从宽处理的关键。如果刑事和解协议被认定为无效，那么公安司法机关不能按照当事人和解程序采取从宽处理措施。根据《人民检察院刑事诉讼规则》第五百零四条规定，犯罪嫌疑人或者其亲友等以暴力、威胁、欺骗或者其他非法方法强迫、引诱被害人和解，或者在协议履行完毕之后威胁、报复被害人的，应当认定和解协议无效。已经作出不批准逮捕或者不起诉决定的，人民检察院根据案件情况可以撤销原决定，对犯罪嫌疑人批准逮捕或者提起公诉。《刑事诉讼法司法解释》第五百九十条也规定，对公安机关、人民检察院主持制作的和解协议书，当事人提出异议的，人民法院应当审查。经审查，和解自愿、合法的，予以确认，无需重新制作和解协议书；和解违反自愿、合法原则的，应当认定无效。和解协议被认定无效后，双方当事人重新达成和解的，人民法院应当主持制作新的和解协议书。

【刑事和解的法律后果】 是指犯罪嫌疑人、被告人与被害人达成刑事和解协议以后，公安机关、人民检察院、人民法院在刑事诉讼中可以分别采取相应的从宽处理措施。在犯罪嫌疑人、被告人与被害人达成刑事和解协议以后，对犯罪嫌疑人、被告人予以从宽处理是适用当事人和解程序的关键。根据《刑事诉讼法》第二百九十条的规定，尽管对达成刑事和解协议的犯罪嫌疑人、被告人的从宽处理应当贯穿于刑事诉讼全部过程，但是各个阶段的具体措施并不相同：

（1）根据《公安机关办理刑事案件程序规定》第三百三十八条规定，对达成和解协议的案件，经县级以上公安机关负责人批准，公安机关将案件移送人民检察院审查起诉时，可以提出从宽处理的建议，但是不能直接做出撤销案件的决定。这里的建议既可以是建议人民检察院做出不起诉处理，也可以是建议人民检察院向人民法院提出从宽处罚的建议。（2）根据《人民检察院刑事诉讼规则》第五百条、第五百零一条规定，双方当事人在侦查阶段达成和解协议，公安机关向人民检察院提出从宽处理建议的，人民检察院在审查逮捕和审查起诉时应当充分考虑公安机关的建议。人民检察院对于公安机关提请批准逮捕的案件，双方当事人达成和解协议的，可以作为有无社会危险性或者社会危险性大小的因素予以考虑。经审查认为不需要逮捕的，可以作出不批准逮捕的决定；在审查起诉阶段可以依法变更强制措施。根据《人民检察院刑事诉讼规则》第五百零二条规定，人民检察院对于公安机关移送审查起诉的案件，双方当事人达成和解协议的，可以作为是否需要判处刑罚或者免除刑罚的因素予以考虑，符合法律规定的不起诉条件的，可以决定不起诉。对于依法应当提起公诉的，人民检察院可以向人民法院提出从宽处罚的量刑建议。（3）根据《刑事诉讼法司法解释》第五百九十六条规定，对达成和解协议的案件，人民法院应当对被告人从轻处罚；符合非监禁刑适用条件的，应当适用非监禁刑；判处法定最低刑仍然过重的，可以减轻处罚；综合全案认为犯罪情节轻微不需要判处刑罚的，可以免予刑事处罚。共同犯罪案件，部分被告人与被害人达成和解协议的，可以依法对该部分被告人从宽处罚，但应当注意全案的量刑平衡。

【刑事缺席审判程序】 是指特定条件下，对不在案的犯罪嫌疑人、被告人进行审判所应遵守的程序。之前，在刑事案件审判中，为了保护被告人的权益，在审理、宣判中均要求被告人本人到场，不得在被告人缺席的情况下进行审理。如果被告人在审判过程中突发严重疾病或脱逃，无法出庭，则必须中止审理。但是，随着反腐败和国际追逃追赃工作的需要日益迫切，2018年《刑事诉讼法》修正时，主要为了加强境外追逃工作力度和手段，设立了刑事缺席审判制度，并在2021年《刑事诉讼法司法解释》用专章加以规定。程序内容主要包括：（1）建立犯罪嫌疑人、被告人潜逃境外的缺席审判程序，规定对于贪污贿赂等犯罪案件，犯罪嫌疑人、被告人潜逃境外，监察机关移送起诉，人民检察院认为犯罪事实已经查清，证据确实、充分，依法应当追究刑事责任的，可以向人民法院提起公诉。（2）规定犯罪嫌疑人、被告人潜逃境外的缺席审判的具体程序。一是明确由犯罪地或者被告人居住地的中级人民法院组成合议庭进行审理（必要时仍可以依照《刑事诉讼法》的规定指定管辖）。二是规定人民法院通过司法协助方式或者受送达人所在地法律允许的其他方式，将传票和起诉书副本送达被告人。三是规定被告人未按要求归案的，人民法院应当开庭审理，依法作出判决，并对违法所得及其他涉案财产作出处理。（3）充分保障被告人的诉讼权利。一是对委托辩护和提供法律援助作出规定。二是赋予被告人的近亲属上诉权。三是规定人民法院应当告知罪犯有权对判决、裁定提出异议。罪犯提出异议的，人民法院应当重新审理。这样规定，不违反刑事诉讼的公正审判和程序参与原则，也符合国际上通行的司法准则的要求。（4）根据司法实践情况和需求，增加对被告人患有严重疾病中止审理和被告人死亡案件可以缺席审判的规定。

【缺席审判程序的适用范围】 是指可以适用缺席审判程序的案件范围。根据《刑事诉讼法》第二百九十一条规定，对于贪污贿赂犯罪案件，以及需要及时进行审判，经最高人民检察院核准的严重危害国家安全犯罪、恐怖活动犯罪案件，犯罪嫌疑人、被告人在境外，监察机关、公安机关移送起诉，人民检察院认为犯罪事实已经查清，证据确实、充分，依法应当追究刑事责任的，可以向人民法院提起公诉。人民法院进行审查后，对于起诉书中有明确的指控犯罪事实，符合缺席审判程序适用条件的，应当决定开庭审判。也即，对于上述案件，适用本程序要求“犯罪嫌疑人、被告人在境外”。如果相关犯罪嫌疑人、被告人逃逸而未出境，则应当继续追逃，而不能径行缺席审判。根据《人民检察院刑事诉讼规则》第五百零五条第四款规定，人民检察院对此类案件提起公诉的，应当向人民法院提交被告人已出境的证据。此外，《刑事诉讼法》第二百九十六条、第二百九十七条规定，因被告人患有严重疾病无法出庭，中止审理超过六个月，被告人仍无法出庭，被告人及其法定代理人、近亲属申请或者同意恢复审理的，人民法院可以在被告人不出庭的情况下缺席审理，依法作出判决。被告人死亡的，人民法院应当裁定终止审理，但有证据证明被告人无罪，人民法院经缺席审理确认无罪的，应当依法作出判决。人民法院按照审判监督程序重新审判的案件，被告人死亡的，人民法院可以缺席审理，依法作出判决。缺席审判程序虽然主要是为了打击贪污贿赂犯罪案件而设立，但不仅仅适用于贪污贿赂犯罪案件。

【缺席审判案件的管辖】 是指人民法院审理缺席审判案件的职权范围。根据《刑事诉讼法》第二百九十一条第二款规定，该条第一款规定的案件，由犯罪地、被告人离境前居住地或者最高人民法院指定的中级人民法院组成合议庭进行审理。即对于符合条件的贪污贿赂、严重危害国家安全、恐怖活动犯罪案件，在级别上，由中级人民法院管辖，基层法院无权管辖；在地域上，由犯罪地、被告人离境前居住地法院管辖，最高人民法院也可以指定。而对于《刑事诉讼法》第二百九十六条、第二百九十七条规定的案件，则应当由原审理的法院继续适用缺席审判程序进行审理。

【人民检察院对于缺席审判案件的审核】 是指根据《刑事诉讼法》第二百九十一条规定，严重危害国家安全犯罪、恐怖活动犯罪案件需要及时进行审判，犯罪嫌疑人、被告人在境外的，以缺席审判程序提起公诉需要经过最高人民检察院核准。根据《人民检察院刑事诉讼规则》第五百零六条至第五百零九条规定，人民检察院对公安机关移送起诉的需要报请最高人民检察院核准的案件，经检察委员会讨论提出提起公诉意见的，应当层报最高人民检察院核准。报送材料包括起诉意见书、案件审查报告、报请核准的报告及案件证据材料。最高人民检察院收到下级人民检察院报请核准提起公诉的案卷材料后，应当及时指派检察官对案卷材料进行审查，提出核准或者不予核准的意见，报检察长决定。

报请核准的人民检察院收到最高人民检察院核准决定书后，应当提起公诉，起诉书中应当载明经最高人民检察院核准的内容。审查起诉期间，犯罪嫌疑人自动投案或者被抓获的，人民检察院应当重新审查。对严重危害国家安全犯罪、恐怖活动犯罪案件报请核准期间，犯罪嫌疑人自动投案或者被抓获的，报请核准的人民检察院应当及时撤回报请，重新审查案件。

【缺席审判案件的审查立案】 是指人民法院对于缺席审判案件立案时应当审查的内容，以及审查后的处理。根据《刑事诉讼法司法解释》第五百九十八条、第五百九十九条规定，对人民检察院依照《刑事诉讼法》第二百九十一条第一款的规定提起公诉的案件，人民法院应当重点审查以下内容：（1）是否属于可以适用缺席审判程序的案件范围。（2）是否属于本院管辖。（3）是否写明被告人的基本情况，包括明确的境外居住地、联系方式等。（4）是否写明被告人涉嫌有关犯罪的主要事实，并附证据材料。（5）是否写明被告人有无近亲属以及近亲属的姓名、身份、住址、联系方式等情况。（6）是否列明违法所得及其他涉案财产的种类、数量、价值、所在地等，并附证据材料。（7）是否附有查封、扣押、冻结违法所得及其他涉案财产的清单和相关法律手续。前款规定的材料需要翻译件的，人民法院应当要求人民检察院一并移送。审查后，应当按照下列情形分别处理：（1）符合缺席审判程序适用条件，属于本院管辖，且材料齐全的，应当受理。（2）不属于可以适用缺席审判程序的案件范围、不属于本院管辖或者不符合缺席审判程序的其他适用条件的，应当退回人民检察院。（3）材料不全的，应当通知人民检察院在三十日以内补送；三十日以内不能补送的，应当退回人民检察院。

【缺席审判案件的庭前准备】 是指缺席审判程序中，对于送达及通知、委托辩护、被告人的近亲属参加诉讼等有特殊规定。根据《刑事诉讼法》第二百九十二条、第二百九十三条以及《刑事诉讼法司法解释》第六百条至第六百零二条规定，对人民检察院依照《刑事诉讼法》第二百九十一条第一款的规定提起公诉的案件，人民法院立案后，应当通过有关国际条约规定的或者外交途径提出的司法协助方式，或者被告人所在地法律允许的其他方式，将传票和人民检察院的起诉书副本送达被告人，传票应当载明被告人到案期限以及不按要求到案的法律后果等事项；应当将起诉书副本送达被告人近亲属，告知其有权代为委托辩护人，并通知其敦促被告人归案。传票和起诉书副本送达后，被告人未按要求到案的，人民法院应当开庭审理，依法作出判决，并对违法所得及其他涉案财产作出处理。人民法院缺席审判案件，被告人有权委托或者由近亲属代为委托一至二名辩护人。委托律师担任辩护人的，应当委托具有中华人民共和国律师资格并依法取得执业证书的律师；在境外委托的，应当对授权委托进行公证、认证。被告人及其近亲属没有委托辩护人的，人民法院应当通知法律援助机构指派律师为其提供辩护。近亲属申请参加诉讼的，应当在收到起诉书副本后、第一审开庭前提出，并提供与被告人关系的证明材料。有多名近亲属的，应当推选一至二人参加诉讼。对被告人的近亲属提出申请的，人民法院应当及时审查决定。

【缺席审判案件的审理及裁判】 是指缺席审判程序中，由于被告人本人不亲自到庭行使权利、了解指控内容及依据、质证及发表意见，因此，《刑事诉讼法》对于缺席审判案件做了特别规定，既要保障被告人的权利，又要使审判能够及时、顺利进行。根据《刑事诉讼法司法解释》第六百零三条规定，人民法院审理人民检察院依照《刑事诉讼法》第二百九十一条第一款的规定提起公诉的案件，参照适用公诉案件第一审普通程序的有关规定。被告人的近亲属参加诉讼的，可以发表意见，出示证据，申请法庭通知证人、鉴定人等出庭，进行辩论。也即没有被告人的最后陈述程序。审理后应当参照该解释第二百九十五条的规定作出判决、裁定。作出有罪判决的，应当达到证据确实、充分的证明标准。经审理认定的罪名不属于《刑事诉讼法》第二百九十一条第一款规定的罪名的，应当终止审理。适用缺席审判程序审理案件，可以对违法所得及其他涉案财产一并作出处理。

【缺席审判案件的二审及复审程序】 是指缺席审判案件与第一审案件一样，也实行二审终审。根据《刑事诉讼法》第二百九十四条规定，人民法院应当将判决书送达被告人及其近亲属、辩护人。被告人或者其近亲属不服判决的，有权向上一级人民法院上诉。辩护人经被告人或者其近亲属同意，可以提出上诉。人民检察院认为人民法院的判决确有错误的，应当向上一级人民法院提出抗诉。这里需要注意的是，被告人的近亲属有独立而非附属的上诉权，而辩护人提出上诉需要经过被告人或者其近亲属同意。根据《刑事诉讼法》第二百九十五条规定，在审理过程中，被告人自动投案或者被抓获的，人民法院应当重新审理。罪犯在判决、裁定发生法律效力后到案的，人民法院应当将罪犯交付执行刑罚。交付执行刑罚前，人民法院应当告知罪犯有权对判决、裁定提出异议。罪犯对判决、裁定提出异议的，人民法院应当重新审理。依照生效判决、裁定对罪犯的财产进行的处理确有错误的，应当予以返还、赔偿。这里的“重新审理”是复审而非二审，即使被告人是在缺席审判案件的第二审程序中被抓获，也应当按照第一审程序重新进行审理。罪犯在判决、裁定发生法律效力后，无论何时到案，只要其提出异议，人民法院都应当重新审理。这里对罪犯提出异议没有做出时间限制，有待今后的司法解释进一步明确。根据《人民检察院刑事诉讼规则》第五百一十条规定，提起公诉后被告人到案，人民法院拟重新审理的，人民检察院应当商人民法院将案件撤回并重新审查。

【因被告人重病或因死亡缺席审判的程序】 是指除了依照《刑事诉讼法》第二百九十一条第一款缺席审判的案件之外，实践中还有在法院审理过程中，被告人因重病或死亡而无法受审的情况应适用缺席审判程序。对此，根据《刑事诉讼法》第二百九十六条和第二百九十七条、《刑事诉讼法司法解释》第六百零五条至第六百零七条、《人民检察院刑事诉讼规则》第五百一十一条规定，因被告人患有严重疾病导致缺乏受审能力，无法出庭受审，中止审理超过六个月，被告人仍无法出庭，被告人及其法定代理人、近亲属申请或者同意恢复审理的，人民检察院可以建议人民法院适用缺席审判程序审理，人民法院可以根据《刑事诉讼法》第二百九十六条规定缺席审判。符合前款规定的情形，被告人无法表达意愿的，其法定代理人、近亲属可以代为申请或者同意恢复审理。人民法院受理案件后被告人死亡的，应当裁定终止审理；但有证据证明被告人无罪，经缺席审理确认无罪的，应当判决宣告被告人无罪。应当判决无罪的情形，既包括案件事实清楚，证据确实、充分，依据法律认定被告人无罪的情形，也包括证据不足，不能认定被告人有罪的情形。人民法院按照审判监督程序重新审判的案件，被告人死亡的，可以缺席审理。有证据证明被告人无罪，经缺席审理确认被告人无罪的，应当判决宣告被告人无罪；虽然构成犯罪，但原判量刑畸重的，应当依法作出判决。

【没收违法所得程序】 又称违法所得没收程序，是指公安司法机关、监察机关依法将违法行为人取得的违法所得财物，运用国家法律、法规赋予的强制措施，对其违法所得财物予以强制性剥夺的一种诉讼程序。没收违法所得程序是2012年修正的《刑事诉讼法》① 增加的一个特别程序。2018年通过的《监察法》也规定监察机关在符合条件的情况下提请人民检察院依照法定程序，向人民法院提出没收违法所得的申请。我国之所以增加规定没收违法所得程序，主要是为了解决犯罪嫌疑人、被告人不到案，无法通过正常的刑事司法渠道追缴其违法所得的问题。没收违法所得实际上是在尚未定罪的情况下所采取的一种强制性手段。没收违法所得程序可以使犯罪嫌疑人、被告人试图通过逃匿或自杀而逃脱追缴，将财产留给包括近亲属在内的利害关系人的愿望落空，从而部分地实现惩罚功能和正义，而且可以使潜在的犯罪分子认识到，无论犯罪所得处于何处，均存在被没收的可能性，对有贪利动机的犯罪尤其是腐败犯罪，可以起到威慑和遏制的一般预防作用。

没收违法所得程序是我国刑事诉讼中具有司法性质的一种特别程序，而不是一种纯粹行政性的处理程序。没收违法所得程序的司法性质主要体现在如下几个方面：（1）该特别程序由人民检察院提出申请，由人民法院进行审理。这符合刑事审判程序的基本架构，体现了控审分离原则和司法职权的合理配置。（2）人民法院应当组成合议庭审理没收违法所得案件，严格遵守证据裁判原则，而不是按照行政性的程序没收犯罪嫌疑人、被告人的财产。（3）犯罪嫌疑人、被告人的近亲属和其他利害关系人有权申请参加诉讼，也可以委托诉讼代理人参加诉讼。利害关系人参加诉讼的，人民法院应当开庭审理。（4）对于没收违法所得的申请，人民法院以裁定的形式予以没收或者解除查封、扣押、冻结措施。（5）利害关系人或者人民检察院可以对人民法院作出的裁定提出上诉、抗诉。

【没收违法所得程序的适用范围和条件】

是指公安司法机关、监察机关通过没收违法所得程序追缴犯罪嫌疑人、被告人违法所得及其他涉案财产时所适用的案件范围。根据《刑事诉讼法》第二百九十八条第一款的规定，适用没收违法所得程序的案件包括两种情形：一是贪污贿赂犯罪、恐怖活动犯罪等重大犯罪案件。此类案件以犯罪嫌疑人逃匿，在通缉一年后不能到案为前提。《刑事诉

① 已被2018年10月26日第十三届全国人民代表大会常务委员会第六次会议《关于修改〈中华人民共和国刑事诉讼法〉的决定》修正。

讼法司法解释》第六百零九条、第六百一十条对违法所得没收程序的适用范围作出进一步明确："贪污贿赂犯罪、恐怖活动犯罪等"犯罪案件，是指下列案件：(1) 贪污贿赂、失职渎职等职务犯罪案件；(2)《刑法》分则第二章规定的相关恐怖活动犯罪案件，以及恐怖活动组织、恐怖活动人员实施的杀人、爆炸、绑架等犯罪案件；(3) 危害国家安全、走私、洗钱、金融诈骗、黑社会性质组织、毒品犯罪案件；(4) 电信诈骗、网络诈骗犯罪案件。"重大犯罪案件"是指在省、自治区、直辖市或者全国范围内具有较大影响的犯罪案件，或者犯罪嫌疑人、被告人逃匿境外的犯罪案件。二是犯罪嫌疑人、被告人死亡案件。在犯罪嫌疑人、被告人死亡的情况下，只要有依法应当追缴的违法所得，不论犯罪的嫌疑人、被告人涉嫌何种犯罪，均可启动违法所得没收程序。

【没收违法所得申请意见书】 是指公安机关、监察机关在办理没收违法所得案件时向人民检察院移送的一种诉讼文书。根据《刑事诉讼法》第二百九十八条第二款、《公安机关办理刑事案件程序规定》第三百三十九条第一款规定，对于符合没收违法所得适用范围的案件，依照《刑法》规定应当追缴其违法所得及其他涉案财产的，经县级以上公安机关负责人批准，公安机关应当写出没收违法所得意见书，连同相关证据材料一并移送同级人民检察院。根据《公安机关办理刑事案件程序规定》第三百四十条、第三百四十一条规定，没收违法所得意见书应当包括以下内容：(1) 犯罪嫌疑人的基本情况；(2) 犯罪事实和相关的证据材料；(3) 犯罪嫌疑人逃匿、被通缉或者死亡的情况；(4) 犯罪嫌疑人的违法所得及其他涉案财产的种类、数量、所在地；(5) 查封、扣押、冻结的情况等。公安机关将没收违法所得意见书移送人民检察院后，在逃的犯罪嫌疑人自动投案或者被抓获的，公安机关应当及时通知同级人民检察院。根据《监察法》第四十八条规定，对于符合条件的职务犯罪案件，由监察机关提请人民检察院按照法定程序，向人民法院提出没收违法所得的申请。

【没收违法所得案件的管辖】 是指公安司法机关、监察机关在办理没收违法所得案件时的职权分工。根据《刑事诉讼法》第二百九十八条第一款、第二款的规定，人民检察院享有没收违法所得程序的启动权；公安机关、监察机关对于符合没收违法所得程序的案件，只能向人民检察院移送没收违法所得意见书，而不能直接启动没收违法所得程序。根据《刑事诉讼法》第二百九十九条第一款的规定，没收违法所得案件的级别管辖是由中级人民法院进行第一审；就地域管辖而言，没收违法所得案件应当由犯罪地或者犯罪嫌疑人、被告人居住地的中级人民法院审理。

【没收违法所得意见书的审查】 是指人民检察院对侦查机关或者监察机关移送的没收违法所得申请意见书进行审查，以便确定是否作出提出没收违法所得申请的一种诉讼活动。根据《人民检察院刑事诉讼规则》第五百一十八条、第五百二十二条、第五百二十三条、第五百二十六条规定，人民检察院按照下列规定和要求进行没收违法所得意见书审查：(1) 人民检察院审查监察机关或者公安机关移送的没收违法所得意见书，由负责捕诉的部门办理。(2) 人民检察院审查没收违法所得意见书，应当审查以下内容：是否属于本院管辖；是否符合没收违法所得程序的适用条件；犯罪嫌疑人身份状况，包括姓名、性别、国籍、出生年月日、职业和单位等；犯罪嫌疑人涉嫌犯罪的事实和相关证据材料；犯罪嫌疑人逃匿、下落不明、被通缉或者死亡的情况，通缉令或者死亡证明是否随案移送；违法所得及其他涉案财产的种类、数量、所在地以及查封、扣押、冻结的情况，查封、扣押、冻结的财产清单和相关法律手续是否随案移送；违法所得及其他涉案财产的相关事实和证据材料；有无近亲属和其他利害关系人以及利害关系人的姓名、身份、住址、联系方式。(3) 审查决定。人民检察院应当在接到监察机关或者公安机关移送的没收违法所得意见书后三十日以内作出是否提出没收违法所得申请的决定。三十日以内不能作出决定的，经检察长批准，可以延长十五日。对于监察机关或者公安机关移送的没收违法所得案件，经审查认为不符合《刑事诉讼法》第二百九十八条第一款规定条件的，应当作出不提出没收违法所得申请的决定，并向监察机关或者公安机关书面说明理由；认为需要补充证据的，应当书面要求监察机关或者公安机关补充证据，必要时也可以自行调查。监察机关或者公安机关补充证据的时间不计入人民检察院办案期限。(4) 终止审查。在审查监察机关或者公安机关移送的没收违法所得意见书的过程中，在逃的犯罪嫌疑人、被告人自动投案或者被抓获的，人民检察院应当终止审查，并将案卷退回监察机关或者公安机关处理。

【没收违法所得程序启动的监督】 是指人民检察院在公安机关应当启动违法所得没收程序而没有启动的情况下所进行的法律监督。根据《人民检察院刑事诉讼规则》第五百一十八条、第五百二十四条、第五百二十五条规定，人民检察院对违法所得没收程序中调查活动的监督，由捕诉部门办理。人民检察院发现公安机关应当启动违法所得没收程序而不启动的，可以要求公安机关在七日以内书面说明不启动的理由。经审查，认为公安机关不启动理由不能成立的，应当通知公安机关启动程序。人民检察院发现公安机关在违法所得没收程序的调查活动中有违法情形的，应当向公安机关提出纠正意见。

【自侦案件的没收违法所得的启动程序】

是指在人民检察院直接受理立案侦查的案件中启动没收违法所得程序时所遵守的诉讼程序。根据《人民检察院刑事诉讼规则》第五百二十七条，自侦案件的没收违法所得程序启动包括如下内容：(1) 启动调查。人民检察院直接受理立案侦查的案件，犯罪嫌疑人逃匿或者犯罪嫌疑人死亡而撤销案件，符合《刑事诉讼法》第二百九十八条第一款规定条件的，侦查部门应当启动违法所得没收程序进行调查。(2) 调查内容。侦查部门进行调查应当查明犯罪嫌疑人涉嫌的犯罪事实，犯罪嫌疑人逃匿、被通缉或者死亡的情况，以及犯罪嫌疑人的违法所得及其他涉案财产的情况，并可以对违法所得及其他涉案财产依法进行查封、扣押、查询、冻结。(3) 移送没收违法所得意见书。侦查部门认为符合《刑事诉讼法》第二百九十八条第一款规定条件的，应当写出没收违法所得意见书，连同案卷材料一并移送有管辖权的人民检察院侦查部门，并由有管辖权的人民检察院侦查部门移送本院公诉部门。

(4) 审查没收违法所得意见书。捕诉部门按照《人民检察院刑事诉讼规则》第五百二十二条、第五百二十三条的规定对没收违法所得意见书进行审查，作出是否提出没收违法所得申请的决定。

【没收违法所得的申请】 是指人民检察院向人民法院提出的旨在启动没收违法所得程序的一种申请。根据《刑事诉讼法》第二百九十八条第一款规定，人民法院不能自行启动没收违法所得程序，只有在人民检察院提出申请之后才能启动没收违法所得程序。这是控审分离原则或者不告不理原则的内在要求。根据《刑事诉讼法》第二百九十八条第一款、第三款以及《人民检察院刑事诉讼规则》第五百一十八条、第五百二十条、第五百二十三条、第五百二十七条、第五百二十八条规定，人民检察院向人民法院提出没收违法所得申请，应当遵守下列规定：(1) 人民检察院向人民法院提出没收违法所得的申请由捕诉部门办理。(2) 没收违法所得的申请，应当由与有管辖权的中级人民法院同级的人民检察院提出。(3) 人民检察院捕诉部门对于监察机关、公安机关或者人民检察院侦查部门移送的没收违法所得意见书，经过审查以后如果认为符合没收违法所得程序的条件，应当作出提出没收违法所得申请的决定。(4) 在人民检察院审查起诉过程中，犯罪嫌疑人死亡，或者贪污贿赂犯罪、恐怖活动犯罪等重大犯罪案件的犯罪嫌疑人逃匿，在通缉一年后不能到案，依照《刑法》规定应当追缴其违法所得及其他涉案财产的，人民检察院可以直接提出没收违法所得的申请。(5) 人民检察院向人民法院提出没收违法所得的申请，应当制作没收违法所得申请书。(6) 没收违法所得的申请应当提供与犯罪事实、违法所得相关的证据材料，并列明财产的种类、数量、所在地及查封、扣押、冻结的情况。

【没收违法所得申请书】 是指人民检察院向人民法院提出没收违法所得申请时所提交的一种诉讼文书。根据《人民检察院刑事诉讼规则》第五百二十六条、《适用犯罪嫌疑人、被告人逃匿、死亡案件违法所得没收程序问题规定》第八条规定，人民检察院向人民法院提出没收违法所得的申请，应当制作没收违法所得申请书。没收违法所得申请书的主要内容包括：(1) 犯罪嫌疑人、被告人的基本情况，包括姓名、性别、出生年月日、出生地、户籍地、公民身份证号码、民族、文化程度、职业、工作单位及职务、住址等。(2) 案由及案件来源。(3) 犯罪嫌疑人、被告人的犯罪事实及相关证据材料。(4) 犯罪嫌疑人、被告人逃匿、被通缉、脱逃、下落不明、死亡的情况。(5) 申请没收的财产的种类、数量、价值、所在地以及已查封、扣押、冻结财产清单和相关法律手续。(6) 申请没收的财产属于违法所得及其他涉案财产的相关事实及证据材料。(7) 提出没收违法所得申请的理由和法律依据。(8) 有无利害关系人以及利害关系人的姓名、身份、住址、联系方式。(9) 其他应当载明的内容。上述材料需要翻译件的，人民检察院应当将翻译件随没收违法所得申请书一并移送人民法院。

【没收违法所得申请的审查】 是指人民法院对人民检察院的没收违法所得申请进行审查，以便决定是否作出受理决定的一种诉讼活动。根据《刑事诉讼法司法解释》第六百一十二条、第六百一十三条规定，对人民检察院提出的没收违法所得申请，人民法院应当审查以下内容：（1）是否属于可以适用违法所得没收程序的案件范围。（2）是否属于本院管辖。（3）是否写明犯罪嫌疑人、被告人基本情况，以及涉嫌有关犯罪的情况，并附证据材料。（4）是否写明犯罪嫌疑人、被告人逃匿、被通缉、脱逃、下落不明、死亡等情况，并附证据材料。（5）是否列明违法所得及其他涉案财产的种类、数量、价值、所在地等，并附证据材料。（6）是否附有查封、扣押、冻结违法所得及其他涉案财产的清单和法律手续。（7）是否写明犯罪嫌疑人、被告人有无利害关系人，利害关系人的姓名、身份、住址、联系方式及其要求等情况。（8）是否写明申请没收的理由和法律依据。（9）其他依法需要审查的内容和材料。上述材料需要翻译件的，人民法院应当要求人民检察院一并移送。对没收违法所得的申请，人民法院应当在三十日以内审查完毕，并按照下列情形分别处理：（1）属于没收违法所得申请受案范围和本院管辖，且材料齐全、有证据证明有犯罪事实的，应当受理。（2）不属于没收违法所得申请受案范围或者本院管辖的，应当退回人民检察院。（3）没收违法所得申请不符合“有证据证明有犯罪事实”标准要求的，应当通知人民检察院撤回申请。（4）材料不全的，应当通知人民检察院在七日以内补送；七日以内不能补送的，应当退回人民检察院。人民检察院尚未查封、扣押、冻结申请没收的财产或者查封、扣押、冻结期限即将届满，涉案财产有被隐匿、转移或者毁损、灭失危险的，人民法院可以查封、扣押、冻结申请没收的财产。根据《适用犯罪嫌疑人、被告人逃匿、死亡案件违法所得没收程序问题规定》第十条规定，有证据证明有犯罪事实标准，是指同时具备以下情形：（1）有证据证明发生了犯罪事实。（2）有证据证明该犯罪事实是犯罪嫌疑人、被告人实施的。（3）证明犯罪嫌疑人、被告人实施犯罪行为的证据真实、合法。

【没收违法所得案件的公告程序】 是指人民法院在决定受理人民检察院的没收违法所得申请以后依法发出公告的一种诉讼活动。根据《刑事诉讼法》第二百九十九条第二款、《刑事诉讼法司法解释》第六百一十四条至第六百一十九条规定，没收违法所得案件的公告程序包括如下内容：（1）人民法院决定受理没收违法所得的申请后，应当在十五日内发出公告，公告期为六个月。公告期间不适用中止、中断、延长的规定。（2）公告应当在全国公开发行的报纸、信息网络媒体、最高人民法院的官方网站发布，并在人民法院公告栏发布。必要时，公告可以在犯罪地、犯罪嫌疑人、被告人居住地或者被申请没收财产所在地发布。最后发布的公告的日期为公告日期。发布公告的，应当采取拍照、录像等方式记录发布过程。人民法院已经掌握境内利害关系人联系方式的，应当直接送达含有公告内容的通知；直接送达有困难的，可以委托代为送达、邮寄送达。经受送达人同意的，可以采用传真、电子邮件等能够确认其收悉的方式告知公告内容，并记录在案。人民法院已经掌握境外犯罪嫌疑人、被告人、利害关系人联系方式，经受送达人同意的，可以采用传真、电子邮件等能够确认其收悉的方式告知公告内容，并记录在案；受送达人未表示同意，或者人民法院未掌握境外犯罪嫌疑人、被告人、利害关系人联系方式，其所在国、地区的主管机关明确提出应当向受送达人送达含有公告内容的通知的，人民法院可以决定是否送达。决定送达的，应当依照规定请求所在国、地区提供司法协助。犯罪嫌疑人、被告人逃匿境外，委托诉讼代理人申请参加诉讼，且违法所得或者其他涉案财产所在国、地区主管机关明确提出意见予以支持的，人民法院可以准许。（3）公告期满后，人民法院应当组成合议庭对申请没收违法所得的案件进行审理。利害关系人申请参加或者委托诉讼代理人参加诉讼的，应当开庭审理。没有利害关系人申请参加诉讼的，或者利害关系人及其诉讼代理人无正当理由拒不到庭的，可以不开庭审理。

【没收违法所得案件公告内容】 是指人民法院在决定受理人民检察院的没收违法所得申请以后依法发出的公告应当载明的具体内容。根据《刑事诉讼法司法解释》第六百一十四条规定，人民法院在决定受理没收违法所得申请以后发布的公告内容包括：（1）案由、案件来源。（2）犯罪嫌疑人、被告人的基本情况。（3）犯罪嫌疑人、被告人涉嫌犯罪的事实。（4）犯罪嫌疑人、被告人逃匿、被通缉、脱逃、下落不明、死亡等情况。（5）申请没收的财产的种类、数量、价值、所在地等以及已查封、扣押、冻结财产的清单和法律手续。（6）申请没收的财产属于违法所得及其他涉案财产的相关事实。（7）申请没收的理由和法律依据。（8）利害关系人申请参加诉讼的期限、方式以及未按照该期限、方式申请参加诉讼可能承担的不利法律后果。（9）其他应当公告的情况。

【没收违法所得案件的利害关系人】 是指在违法所得没收程序中与诉讼结果具有直接利害关系的单位或者个人。根据《刑事诉讼法》第二百九十九条第二款的规定，在人民法院受理没收违法所得的申请以后，犯罪嫌疑人、被告人的近亲属和其他利害关系人有权申请参加诉讼，也可以委托诉讼代理人参加诉讼。根据《刑事诉讼法司法解释》第六百一十六条规定，所谓其他利害关系人，是指除犯罪嫌疑人、被告人的近亲属以外的，对申请没收的财产主张权利的自然人和单位。

【利害关系人申请参加诉讼】 是指在人民法院受理没收违法所得的申请、发出公告以后，没收违法所得案件的利害关系人依法申请参加诉讼。根据《刑事诉讼法司法解释》第六百一十七条规定，利害关系人申请参加诉讼时应当遵守下列规定：（1）利害关系人申请参加诉讼的，应当在公告期间内提出，并提供证明其对违法所得及其他涉案财产主张权利的证据材料。（2）利害关系人可以委托诉讼代理人参加诉讼。委托律师担任诉讼代理人的，应当委托具有中华人民共和国律师资格并依法取得执业证书的律师；在境外委托的，应当依照该解释第四百八十六条的规定对授权委托进行公证、认证。（3）利害关系人在公告期满后申请参加诉讼，能够合理说明理由的，人民法院应当准许。该解释第六百一十八条规定，犯罪嫌疑人、被告人逃匿境外，委托诉讼代理人申请参加诉讼，且违法所得或者其他涉案财产所在国、地区主管机关明确提出意见予以支持的，人民法院可以准许。人民法院准许参加诉讼的，犯罪嫌疑人、被告人的诉讼代理人依照本解释关于利害关系人的诉讼代理人的规定行使诉讼权利。

【没收违法所得案件的审理方式】 是指人民法院在审理没收违法所得案件时所

采取的具体审理形式。根据《刑事诉讼法》第二百九十九条第三款、《刑事诉讼法司法解释》第六百一十九条规定，公告期满后，人民法院应当组成合议庭对申请没收违法所得的案件进行审理。利害关系人申请参加或者委托诉讼代理人参加诉讼的，应当开庭审理。没有利害关系人申请参加诉讼的，或者利害关系人及其诉讼代理人无正当理由拒不到庭的，可以不开庭审理。人民法院确定开庭日期后，应当将开庭的时间、地点通知人民检察院、利害关系人及其诉讼代理人、证人、鉴定人、翻译人员。通知书应当依照该解释第六百一十五条第二款、第三款规定的方式，至迟在开庭审理三日以前送达；受送达人在境外的，至迟在开庭审理三十日以前送达。由此可见，利害关系人及其诉讼代理人是否参加诉讼，对于人民法院是否开庭审理没收违法所得案件具有直接的影响。

【没收违法所得案件的审理程序】 是指人民法院在第一审开庭审理没收违法所得案件时所遵循的诉讼程序。根据《刑事诉讼法》第三百条第一款，《刑事诉讼法司法解释》第六百二十条、第六百二十七条，《人民检察院刑事诉讼规则》第五百二十九条，以及《适用犯罪嫌疑人、被告人逃匿、死亡案件违法所得没收程序问题规定》第十五条规定，人民法院开庭审理申请没收违法所得的案件，按照下列程序进行：(1) 审判长宣布法庭调查开始后，先由检察员宣读申请书，后由利害关系人、诉讼代理人发表意见。(2) 法庭应当依次就犯罪嫌疑人、被告人是否实施了贪污贿赂犯罪、恐怖活动犯罪等重大犯罪并已经通缉一年不能到案，或者是否已经死亡，以及申请没收的财产是否依法应当追缴进行调查。但是对于确有必要出示但可能妨碍正在或者即将进行的刑事侦查的证据，针对该证据的法庭调查不公开进行。(3) 人民法院对没收违法所得的申请进行审理，人民检察院应当承担举证责任。检察人员在法庭调查阶段应当就申请没收的财产属于违法所得及其他涉案财产等相关事实出示、宣读证据。(4) 利害关系人及其诉讼代理人对申请没收的财产属于违法所得及其他涉案财产等相关事实及证据有异议的，可以提出意见；对申请没收的财产主张权利的，应当出示相关证据。(5) 法庭辩论阶段，先由检察员发言，后由利害关系人及其诉讼代理人发言，并进行辩论。(6) 审理期限。第一审审理申请没收违法所得案件的期限，参照公诉案件第一审普通程序的审理期限执行。但是公告期间和请求刑事司法协助的时间不计入审理期限。

【没收违法所得案件的审理结果】 是指人民法院在审理没收违法所得案件以后根据不同情形所作的处理结果。根据《刑事诉讼法司法解释》第六百二十一条规定，对申请没收违法所得的案件，人民法院审理后，应当按照下列情形分别处理：(1) 申请没收的财产属于违法所得及其他涉案财产的，除依法返还被害人的以外，应当裁定没收。(2) 不符合《刑事诉讼法》第二百九十八条第一款规定的条件的，应当裁定驳回申请，解除查封、扣押、冻结措施。申请没收的财产具有高度可能属于违法所得及其他涉案财产的，应当认定为前款规定的“申请没收的财产属于违法所得及其他涉案财产”。巨额财产来源不明犯罪案件中，没有利害关系人对违法所得及其他涉案财产主张权利，或者利害关系人对违法所得及其他涉案财产虽然主张权利但提

刑事审判

供的证据没有达到相应证明标准的，应当视为“申请没收的财产属于违法所得及其他涉案财产”。

【没收违法所得回转程序】 是指在人民法院审理没收违法所得案件过程中，遇到在逃的犯罪嫌疑人、被告人自动投案或者被抓获时裁定终止审理，由侦查机关和人民检察院按照正常的诉讼程序追究自动投案或者被抓获的犯罪嫌疑人、被告人的刑事责任。根据《刑事诉讼法》第三百零一条、《刑事诉讼法司法解释》第六百二十五条、《人民检察院刑事诉讼规则》第五百三十二条规定，在审理案件过程中，在逃的犯罪嫌疑人、被告人自动投案或者被抓获的，人民法院应当裁定终止审理。在人民法院裁定终止审理后，人民检察院应当将案卷退回监察机关或者公安机关处理。人民检察院将案卷退回不仅意味着没收违法所得程序终结，而且意味着监察机关或者公安机关和人民检察院应该按照正常的诉讼程序追究自动投案或者被抓获的犯罪嫌疑人、被告人的刑事责任。如果人民检察院向原受理申请的人民法院提起公诉，可以由同一审判组织审理，而不需要回避。我国《刑事诉讼法》之所以规定没收违法所得回转程序，主要是因为没收违法所得程序是在犯罪嫌疑人、被告人没有参与庭审的情况下进行的，缺乏本人的直接辩护，所以没收的裁定有可能是错误的。而在犯罪嫌疑人、被告人归案后，适用该特别程序的条件不再成立，人民法院理应终止没收违法所得程序，与对犯罪嫌疑人、被告人的刑事案件一并依据普通刑事诉讼程序审理，准确地认定案件的事实和作出公正的判决，妥善地处理违法所得问题，从而更好地保障犯罪嫌疑人、被告人的合法权益。

【没收违法所得案件的第二审程序】 是指人民法院按照第二审程序审理没收违法所得案件所遵循的诉讼程序。根据《刑事诉讼法》第三百条第二款，《刑事诉讼法司法解释》第六百二十二条、第六百二十三条、第六百二十七条，《人民检察院刑事诉讼规则》第五百二十九条规定，没收违法所得第二审程序包括如下内容：（1）对没收违法所得或者驳回申请的裁定，犯罪嫌疑人、被告人的近亲属和其他利害关系人或者人民检察院可以在五日内提出上诉、抗诉。（2）利害关系人非因故意或者重大过失在第一审期间未参加诉讼，在第二审期间申请参加诉讼的，人民法院应当准许，并撤销原裁定，发回原审人民法院重新审判。（3）人民检察院、利害关系人对第一审裁定认定的事实、证据没有争议的，第二审人民法院可以不开庭审理。第二审人民法院决定开庭审理的，应当将开庭的时间、地点书面通知同级人民检察院和利害关系人。（4）第二审人民法院应当就上诉、抗诉请求的有关事实和适用法律进行审查。（5）第二审人民法院对不服第一审裁定的上诉、抗诉案件，经审理，应当按照下列情形分别处理：第一审裁定认定事实清楚和适用法律正确的，应当驳回上诉或者抗诉，维持原裁定；第一审裁定认定事实清楚，但适用法律有错误的，应当改变原裁定；第一审裁定认定事实不清的，可以在查清事实后改变原裁定，也可以撤销原裁定，发回原审人民法院重新审判；第一审裁定违反法定诉讼程序，可能影响公正审判的，应当撤销原裁定，发回原审人民法院重新审判。第一审人民法院对发回重新审判的案件作出裁定后，第二审人民法院对不服第一审人民法院裁定的上诉、抗诉，应当依法作出裁定，不得再发回原审人民法院重新审判；但是，第一审人民法院在重新审判过程中违反法定诉讼程序，可能影响公正审判的除外。(6) 审理期限。第二审审理申请没收违法所得案件的期限，参照公诉案件第二审程序的审理期限执行。但是请求刑事司法协助的时间不计入审理期限。

【没收违法所得裁定确有错误的救济】 是指《刑事诉讼法司法解释》第六百二十八条的规定，在没收违法所得裁定生效后，如果犯罪嫌疑人、被告人到案，并且对没收裁定提出异议，人民检察院向原作出裁定的人民法院提起公诉。该人民法院审理该案件时可以由同一审判组织审理。人民法院经审理，应当按照下列情形分别处理：(1) 原裁定正确的，予以维持，不再对涉案财产作出判决。(2) 原裁定确有错误的，应当撤销原裁定，并在判决中对有关涉案财产一并作出处理。人民法院生效的没收裁定确有错误的，除前述情形外，应当依照审判监督程序予以纠正。

【没收违法所得案件的审判监督】 是指人民检察院对没收违法所得案件的审判活动是否合法进行的法律监督。根据《人民检察院刑事诉讼规则》第五百一十八条、第五百三十一条规定，人民检察院对违法所得没收程序中审判活动的监督，由捕诉部门办理。人民检察院发现人民法院或者审判人员审理没收违法所得案件违反法律规定的诉讼程序，应当向人民法院提出纠正意见。人民检察院认为同级人民法院按照违法所得没收程序所作的第一审裁定确有错误的，应当在五日以内向上一级人民法院提出抗诉。最高人民检察院、省级人民检察院认为下级人民法院按照违法所得没收程序所作的已经发生法律效力的裁定确有错误的，应当按照审判监督程序向同级人民法院提出抗诉。

【侦查机关就违法所得没收案件请求司法协助】 是指公安机关、人民检察院在立案侦查的违法所得没收案件中采取查封、扣押、冻结措施以后，依法层报公安部、最高人民检察院，由公安部、最高人民检察院向违法所得所在国（区）请求协助执行。根据《适用犯罪嫌疑人、被告人逃匿、死亡案件违法所得没收程序问题规定》第二十二条规定，违法所得或者其他涉案财产在境外的，负责立案侦查的公安机关、人民检察院等侦查机关应当制作查封、扣押、冻结的法律文书以及协助执行查封、扣押、冻结的请求函，层报公安、检察院等各系统最高上级机关后，由公安、检察院等各系统最高上级机关依照刑事司法协助条约、多边公约，或者按照对等互惠原则，向违法所得或者其他涉案财产所在地国（区）的主管机关请求协助执行。被请求国（区）的主管机关提出，查封、扣押、冻结法律文书的制发主体必须是法院的，负责立案侦查的公安机关、人民检察院等侦查机关可以向同级人民法院提出查封、扣押、冻结的申请，人民法院经审查同意后制作查封、扣押、冻结令以及协助执行查封、扣押、冻结令的请求函，层报最高人民法院后，由最高人民法院依照刑事司法协助条约、多边公约，或者按照对等互惠原则，向违法所得或者其他涉案财产所在地国（区）的主管机关请求协助执行。请求函应当载明以下内容：(1) 案由以及查封、扣押、冻结法律文书的发布主体是否具有管辖权。(2) 犯罪嫌疑人、被告人涉嫌犯罪的事实及相关证据，但可能妨碍正在或者即将进行的刑事侦查的证据除外。（3）已发布公告的，发布公告情况、通知利害关系人参加诉讼以及保障诉讼参与人依法行使诉讼权利等情况。（4）请求查封、扣押、冻结的财产的种类、数量、价值、所在地等情况以及相关法律手续。（5）请求查封、扣押、冻结的财产属于违法所得及其他涉案财产的相关事实及证据材料。（6）请求查封、扣押、冻结财产的理由和法律依据。（7）被请求国（区）要求载明的其他内容。

【人民法院就没收裁定请求司法协助】 是指人民法院裁定没收被告人违法所得以后，依法层报最高人民法院，由最高人民法院向违法所得所在国（区）请求协助执行。根据《适用犯罪嫌疑人、被告人逃匿、死亡案件违法所得没收程序问题规定》第二十三条规定，违法所得或者其他涉案财产在境外，受理没收违法所得申请案件的人民法院经审理裁定没收的，应当制作没收令以及协助执行没收令的请求函，层报最高人民法院后，由最高人民法院依照刑事司法协助条约、多边公约，或者按照对等互惠原则，向违法所得或者其他涉案财产所在地国（区）的主管机关请求协助执行。请求函应当载明以下内容：（1）案由以及没收令发布主体具有管辖权。（2）属于生效裁定。（3）犯罪嫌疑人、被告人涉嫌犯罪的事实及相关证据，但可能妨碍正在或者即将进行的刑事侦查的证据除外。（4）犯罪嫌疑人、被告人逃匿、被通缉、脱逃、死亡的基本情况。（5）发布公告情况、通知利害关系人参加诉讼以及保障诉讼参与人依法行使诉讼权利等情况。（6）请求没收违法所得及其他涉案财产的种类、数量、价值、所在地等情况以及查封、扣押、冻结相关法律手续。（7）请求没收的财产属于违法所得及其他涉案财产的相关事实及证据材料。（8）请求没收财产的理由和法律依据。（9）被请求国（区）要求载明的其他内容。

【强制医疗程序】 是指针对经法定程序鉴定依法不负刑事责任且有继续危害社会可能的精神病人，公安司法机关强制其进行医疗的一种诉讼程序。强制医疗程序是2012年修正的《刑事诉讼法》[①]增加的一种特别程序。《刑事诉讼法》之所以增设强制医疗程序，主要是基于两点考虑。一方面是为了保障公共安全、维护社会秩序。虽然经法定程序鉴定依法不负刑事责任且有继续危害社会可能的精神病人具备阻却犯罪成立的责任能力要件，不能适用通常意义的刑罚措施，但是也不能对其置之不管。在一定条件下对其实施强制医疗，可以防止其危害社会和自伤自残。国家提供必要的条件和环境对他们进行医疗，有助于他们回归社会。另一方面强制医疗程序涉及干预他人人身自由权等基本权利，需要依法予以严格规范。要防止对正常人错误地决定实施强制医疗，尽管强制医疗程序在客观上是对精神病人的人身自由进行特殊限制，但这不是一种刑罚措施，而是一种特殊的社会防卫措施，其目的是消除精神病人的人身危险性，防止再犯，进而保护社会。

【强制医疗程序的适用对象】 《刑事诉讼法》第三百零二条也规定，实施暴力行为，危害公共安全或者严重危害公民

① 已被2018年10月26日第十三届全国人民代表大会常务委员会第六次会议《关于修改〈中华人民共和国刑事诉讼法〉的决定》修正。

人身安全，经法定程序鉴定依法不负刑事责任的精神病人，有继续危害社会可能的，可以予以强制医疗。对于间歇性的精神病人在精神正常的时候犯罪，或者尚未完全丧失辨认或者控制自己行为能力的精神病人犯罪的，应当负刑事责任，不属于依法不负刑事责任的精神病人。

【强制医疗程序的适用条件】 是指公安司法机关适用强制医疗程序时应当具备的条件。根据《刑事诉讼法》第三百零二条、《刑事诉讼法司法解释》第六百三十条的规定，适用强制医疗程序必须同时具备以下几个条件：（1）行为事实要求。行为人必须实施了暴力行为，危害公共安全或者严重危害公民人身安全，而且社会危害性已经达到犯罪程度。（2）责任能力要求。行为人必须属于经法定程序鉴定依法不负刑事责任的精神病人。（3）社会危险性要求，即行为人必须有继续危害社会的可能性。虽然行为人实施了暴力行为，危害公共安全或者严重危害公民人身安全，但是如果行为不再具有继续危害社会的可能性，如行为人因为严重残疾而丧失继续危害社会的能力等，则不能对其适用强制医疗程序。但是在这种情况下，应当责令他的家属或者监护人严加看管和医疗，而不能放任不管。

【保护性约束措施】 是指公安机关借鉴医院精神科的医疗方法，对实施暴力行为的精神病人，在人民法院决定强制医疗前，临时采取的带有一定强制性的旨在限制其行为活动的医疗保护措施。根据《刑事诉讼法》第三百零三条第三款、《公安机关办理刑事案件程序规定》第三百四十四条的规定，对实施暴力行为的精神病人，在人民法院决定强制医疗前，经县级以上公安机关负责人批准，公安机关可以采取临时的保护性约束措施。必要时，可以将其送精神病医院接受治疗。根据以上规定不难看出，保护性约束措施原本是公安机关基于维护社会治安的需要所采取的行政措施，但是在现行《刑事诉讼法》规定强制医疗程序以后，保护性约束措施成为公安机关采取的一种刑事诉讼措施。尽管保护性约束措施具有一定的强制性，但是保护性约束措施不属于强制措施的范畴。根据《人民检察院刑事诉讼规则》第五百四十二条第二款规定，公安机关应当采取临时保护性约束措施而尚未采取的，人民检察院应当建议公安机关采取临时保护性约束措施。根据《公安机关办理刑事案件程序规定》第三百四十五条规定，公安机关采取临时的保护性约束措施时，应当对精神病人严加看管，并注意约束的方式、方法和力度，以避免和防止危害他人和精神病人的自身安全为限度。对于精神病人已没有继续危害社会可能，解除约束后不致发生社会危险性的，公安机关应当及时解除保护性约束措施。根据公安部于2002年2月22日作出的《〈人民警察法〉第十四条规定的“保护性约束措施”是否包括使用警械批复》，公安机关在采取保护性约束措施时可以使用警绳、手铐等约束性警械。为了防止公安机关滥用保护性约束措施，人民检察院可以进行法律监督，即根据《人民检察院刑事诉讼规则》第五百四十一条、第五百四十二条规定，人民检察院发现公安机关对涉案精神病人进行鉴定的程序违反法律或者采取临时保护性约束措施不当的，或者发现公安机关对涉案精神病人采取临时保护性约束措施时有违法情形的，应当提出纠正意见。

【法医精神病鉴定】 是指鉴定人运用司法精神病学的理论和方法，对涉及与法律有关的精神状态、法定能力（如刑事责任能力、受审能力、服刑能力、民事行为能力、监护能力、被害人自我防卫能力、作证能力等）、精神损伤程度、智能障碍等问题进行鉴定。由于强制医疗程序的适用对象是依法进行强制医疗的不负刑事责任的精神病人，因此，公安机关、人民检察院、人民法院在适用强制医疗程序时应当进行法医精神病鉴定，以便确认犯罪嫌疑人或者被告人属于依法不负刑事责任的精神病人。（1）根据《公安机关办理刑事案件程序规定》第三百四十二条规定，公安机关在侦查活动中如果发现实施暴力行为，危害公共安全或者严重危害公民人身安全的犯罪嫌疑人可能属于依法不负刑事责任的精神病人，应当对其进行精神病鉴定。(2) 根据《人民检察院刑事诉讼规则》第五百四十三条规定，在审查起诉中，如果犯罪嫌疑人经鉴定系依法不负刑事责任的精神病人的，而且符合强制医疗条件，人民检察院应当向人民法院提出强制医疗的申请。(3) 根据《刑事诉讼法司法解释》第六百三十八条规定，法医精神病鉴定是人民法院依照职权启动强制医疗程序的前置程序。换言之，第一审人民法院在审理刑事案件过程中发现被告人可能符合强制医疗条件时，应当依照法定程序对被告人进行法医精神病鉴定。只有在经过鉴定确认被告人属于依法不负刑事责任的精神病人的情况下，第一审人民法院才能依照职权适用强制医疗程序，对案件进行审理。否则，应当继续按照普通程序审理案件。

【强制医疗程序的启动】 是指公安机关、人民检察院、人民法院在刑事诉讼中发现精神病人符合强制医疗条件时依法启动强制医疗程序，以便人民法院是否作出强制医疗的决定。根据《刑事诉讼法》第三百零三条、《人民检察院刑事诉讼规则》第五百三十九条、第五百四十条、第五百四十三条以及《刑事诉讼法司法解释》第六百三十八条、第六百四十条规定，公安机关、人民检察院、人民法院在各自权限范围内启动强制医疗程序：（1）公安机关发现精神病人符合强制医疗条件的，应当写出强制医疗意见书，移送人民检察院。人民检察院发现公安机关应当启动强制医疗程序而不启动的，可以要求公安机关在七日以内书面说明不启动的理由。经审查，认为公安机关不启动理由不能成立的，应当通知公安机关启动强制医疗程序。(2) 人民检察院通过如下途径启动强制医疗程序：①对于公安机关移送的强制医疗案件，经审查认为符合强制医疗条件的，作出提出强制医疗申请的决定；②在审查起诉过程中发现符合强制医疗的条件时，在对依法不负刑事责任的精神病人作出不起诉决定后向人民法院提出强制医疗的申请。（3）对人民检察院提出的强制医疗申请，人民法院经审查，符合法定条件的，应当受理。人民法院还可以依照职权启动强制医疗程序：①第一审人民法院在审理刑事案件过程中发现被告人可能符合强制医疗条件的，在经过鉴定确认以后按照强制医疗程序对案件进行审理；②第二审人民法院在审理刑事案件过程中，发现被告人可能符合强制医疗条件的，可以依照强制医疗程序对案件作出处理，也可以裁定发回原审人民法院重新审判。

【强制医疗意见书】 是指公安机关发现精神病人符合强制医疗条件而移送人民

检察院处理的一种法律文书。根据《公安机关办理刑事案件程序规定》第三百四十三条规定，对经法定程序鉴定依法不负刑事责任的精神病人，有继续危害社会可能，符合强制医疗条件的，公安机关应当在七日以内写出强制医疗意见书，经县级以上公安机关负责人批准，连同相关证据材料和鉴定意见一并移送同级人民检察院。

【强制医疗意见书的审查】 是指人民检察院对公安机关移送的强制医疗意见书进行审查，以便是否作出提出强制医疗程序申请的一种诉讼活动。根据《人民检察院刑事诉讼规则》第五百三十七条、第五百三十九条规定，人民检察院审查公安机关移送的强制医疗意见书，应当查明：是否属于本院管辖；涉案精神病人身份状况是否清楚，包括姓名、性别、国籍、出生年月日、职业和单位等；涉案精神病人实施危害公共安全或者严重危害公民人身安全的暴力行为的事实；公安机关对涉案精神病人进行鉴定的程序是否合法，涉案精神病人是否依法不负刑事责任；涉案精神病人是否有继续危害社会的可能；证据材料是否随案移送，不宜移送的证据的清单、复制件、照片或者其他证明文件是否随案移送；证据是否确实、充分；采取的临时保护性约束措施是否适当。人民检察院应当在接到公安机关移送的强制医疗意见书后三十日以内作出是否提出强制医疗申请的决定。对于公安机关移送的强制医疗案件，经审查认为不符合《刑事诉讼法》第三百零二条规定条件的，应当作出不提出强制医疗申请的决定，并向公安机关书面说明理由；认为需要补充证据的，应当书面要求公安机关补充证据，必要时也可以自行调查。公安机关补充证据的时间不计入人民检察院办案期限。

【强制医疗申请书】 是指人民检察院向人民法院提出强制医疗申请时所提交的一种法律文书。根据《人民检察院刑事诉讼规则》第五百三十六条规定，人民检察院向人民法院提出强制医疗的申请，应当制作强制医疗申请书。强制医疗申请书的主要内容包括：（1）涉案精神病人的基本情况，包括姓名、性别、出生年月日、出生地、户籍地、公民身份号码、民族、文化程度、职业、工作单位及职务、住址，采取临时保护性约束措施的情况及处所等。（2）涉案精神病人的法定代理人的基本情况，包括姓名、住址、联系方式等。（3）案由及案件来源。（4）涉案精神病人实施危害公共安全或者严重危害公民人身安全的暴力行为的事实，包括实施暴力行为的时间、地点、手段、后果等及相关证据情况。（5）涉案精神病人不负刑事责任的依据，包括有关鉴定意见和其他证据材料。（6）涉案精神病人继续危害社会的可能。（7）提出强制医疗申请的理由和法律依据。

【强制医疗申请】 是指人民检察院向人民法院提出的旨在启动强制医疗程序的一种申请。根据《刑事诉讼法》第三百零三条第二款的规定，除了人民法院在审理案件过程中发现被告人符合强制医疗条件从而作出强制医疗决定以外，对于公安机关移送的或者在审查起诉过程中发现的精神病人符合强制医疗条件的，人民检察院应当向人民法院提出强制医疗的申请。根据《刑事诉讼法司法解释》第六百三十一条和《人民检察院刑事诉讼规则》第五百三十四条、第五百三十五条、第五百四十三条规定，人民检察院向人民法院提出强制医疗申请，应当遵守下列规定：（1）对于符合强制医疗条件的，人民检察院应当向人民法院提出强制医疗的申请。（2）应当向有管辖权的人民法院提出申请，即强制医疗的申请原则上应当由被申请人实施暴力行为所在地的基层人民检察院提出；由被申请人居住地的人民检察院提出更为适宜的，可以由被申请人居住地的基层人民检察院提出。

【强制医疗申请的审查】 是指人民法院对人民检察院的强制医疗申请进行审查，以便决定是否作出受理决定的一种诉讼活动。根据《刑事诉讼法司法解释》第六百三十二条、第六百三十三条规定，对人民检察院提出的强制医疗申请，人民法院应当审查以下内容：是否属于本院管辖；是否写明被申请人的身份，实施暴力行为的时间、地点、手段、所造成的损害等情况，并附证据材料；是否附有法医精神病鉴定意见和其他证明被申请人属于依法不负刑事责任的精神病人的证据材料；是否列明被申请人的法定代理人的姓名、住址、联系方式；需要审查的其他事项。对人民检察院提出的强制医疗申请，人民法院应当在七日内审查完毕，并按照下列情形分别处理：（1）属于强制医疗程序受案范围和本院管辖，且材料齐全的，应当受理。（2）不属于本院管辖的，应当退回人民检察院。（3）材料不全的，应当通知人民检察院在三日以内补送；三日以内不能补送的，应当退回人民检察院。

【强制医疗案件的告知程序】 是指人民法院在审理强制医疗案件时应当告知被申请人或者被告人的法定代理人或者诉讼代理人到场，或者通知律师担任其诉讼代理人。由于强制医疗程序的适用对象属于依法不负刑事责任的精神病人，缺乏行为能力和诉讼能力，因此，人民法院在审理强制医疗案件的过程中，不可能由被申请人或者被告人独自参与法庭审理。有鉴于此，《刑事诉讼法》第三百零四条第二款、《刑事诉讼法司法解释》第六百三十四条明确规定，人民法院审理强制医疗案件，应当通知被申请人或者被告人的法定代理人到场；被申请人或者被告人的法定代理人经通知未到场的，可以通知被申请人或者被告人的其他近亲属到场。法定代理人参与法庭审理，不仅能够代为行使被申请人或者被告人的诉讼权利，而且可以就强制医疗申请发表意见，以便维护被申请人或者被告人的合法权益。除了法定代理人以外，被申请人或者被告人还可以委托诉讼代理人参与法庭审理。如果被申请人或者被告人无法委托诉讼代理人，其法定代理人有权代为委托。人民法院在审理强制医疗案件的过程中如果发现被申请人或者被告人没有委托诉讼代理人，应当自受理强制医疗申请或者发现被告人符合强制医疗条件之日起三日以内，通知法律援助机构指派律师担任其诉讼代理人，为其提供法律帮助。

【强制医疗案件的审判组织】 是指人民法院审理强制医疗案件的法庭组织形式。根据《刑事诉讼法》第三百零四条第一款、《刑事诉讼法司法解释》第六百三十五条第一款的规定，人民法院受理强制医疗的申请后，应当组成合议庭进行审理。由合议庭审理强制医疗案件，有助于更好地维护被申请人的合法权益。在司法实践中，对于最初由独任审判员适用简易程序审理的案件，如果在审理过程中发现被告人符合强制医疗条件，独任审判员不能直接作出强制医疗的决定，人民法院应当将独任庭转为合议庭，按照强制医疗程序决定是否采取强制医疗措施。

【强制医疗案件的审理方式】 是指人民法院在审理强制医疗案件时所采取的具体审理形式。根据《刑事诉讼法》第三百零四条第一款、《刑事诉讼法司法解释》第六百三十五条规定，人民法院审理强制医疗案件原则上应当开庭审理。但是，在被申请人、被告人的法定代理人请求不开庭审理而且人民法院审查同意的情况下，也可以不开庭审理。以上规定之所以赋予被申请人或者被告人申请不开庭审理的权利，主要是为了保护其个人隐私。在强制医疗案件中采用以开庭审理为原则、以不开庭审理为补充的审理方式，既有助于切实维护被申请人、被告人的诉讼权益，又有利于保护被申请人、被告人隐私权。为了更好地保护被申请人的合法权益，人民法院审理人民检察院申请强制医疗的案件，还应当会见被申请人。另外，根据《人民检察院刑事诉讼规则》第五百四十四条规定，人民法院对强制医疗案件开庭审理的，人民检察院应当派员出席法庭。

【强制医疗案件的审理程序】 是指人民法院在第一审开庭审理人民检察院申请强制医疗的案件时所遵循的诉讼程序。根据《刑事诉讼法司法解释》第六百三十六条规定，人民法院开庭审理申请强制医疗的案件，按照下列程序进行：(1) 审判长宣布法庭调查开始后，先由检察员宣读申请书，后由被申请人的法定代理人、诉讼代理人发表意见。(2) 法庭依次就被申请人是否实施了危害公共安全或者严重危害公民人身安全的暴力行为、是否属于依法不负刑事责任的精神病人、是否有继续危害社会的可能进行调查。(3) 法庭调查时，先由检察员出示证据，后由被申请人的法定代理人、诉讼代理人出示证据，并进行质证；必要时，可以通知鉴定人出庭对鉴定意见作出说明。(4) 法庭辩论阶段，先由检察员发言，后由被申请人的法定代理人、诉讼代理人发言，并进行辩论。(5) 被申请人要求出庭，人民法院经审查其身体和精神状态，认为可以出庭的，应当准许。出庭的被申请人，在法庭调查、辩论阶段，可以发表意见。(6) 检察员宣读申请书后，被申请人的法定代理人、诉讼代理人无异议的，法庭调查可以简化。根据《刑事诉讼法司法解释》第六百四十九条规定，审理强制医疗案件，该章没有规定的，参照适用该解释有关规定。

【强制医疗案件的审理结果】 是指人民法院在审理申请强制医疗的案件以后根据不同情形所作的处理结果。根据《刑事诉讼法》第三百零五条第一款、《刑事诉讼法司法解释》第六百三十七条规定，人民法院经审理，对于被申请人或者被告人符合强制医疗条件的，应当在一个月以内作出强制医疗的决定。对申请强制医疗的案件，人民法院审理后，应当按照下列情形分别处理：(1) 符合强制医疗条件的，应当作出对被申请人强制医疗的决定。(2) 被申请人属于依法不负刑事责任的精神病人，但不符合强制医疗条件的，应当作出驳回强制医疗申请的决定；被申请人已经造成危害结果的，应当同时责令其家属或者监护人严加看管和医疗。(3) 被申请人具有完全或者部分刑事责任能力，依法应当追究刑事责任的，应当作出驳回强制医疗申请的决定，并退回人民检察院依法处理。

【依职权适用强制医疗程序】 是指人民法院在审理案件过程中发现被告人可能符合强制医疗条件时依法按照强制医疗程序对案件进行审理。根据《刑事诉讼法》第三百零三条第二款、《刑事诉讼法司法解释》第六百三十八条至第六百四十条规定，第一审人民法院和第二审人民法院都可以在审理案件过程中依法启动强制医疗程序。如果第一审人民法院在审理刑事案件过程中发现被告人可能符合强制医疗条件，而且经过法医精神病鉴定确认被告人属于依法不负刑事责任的精神病人以后，应当适用强制医疗程序，对案件进行审理。在开庭审理时，应当先由合议庭组成人员宣读对被告人的法医精神病鉴定意见，说明被告人可能符合强制医疗的条件，后依次由公诉人和被告人的法定代理人、诉讼代理人发表意见。经审判长许可，公诉人和被告人的法定代理人、诉讼代理人可以进行辩论。人民法院审理后，应当按照下列情形分别处理：(1) 被告人符合强制医疗条件的，应当判决宣告被告人不负刑事责任，同时作出对被告人强制医疗的决定。(2) 被告人属于依法不负刑事责任的精神病人，但不符合强制医疗条件的，应当判决宣告被告人无罪或者不负刑事责任；被告人已经造成危害结果的，应当同时责令其家属或者监护人严加看管和医疗。(3) 被告人具有完全或者部分刑事责任能力，依法应当追究刑事责任的，应当依照普通程序继续审理。第二审人民法院在审理刑事案件过程中如果发现被告人可能符合强制医疗条件的，可以依照强制医疗程序对案件作出处理，也可以将案件裁定发回原审人民法院重新审判。

【强制医疗决定的交付执行】 是指人民法院在作出强制医疗决定以后，依法由公安机关将被决定强制医疗的人送交执行机构进行强制医疗。根据《刑事诉讼法司法解释》第六百四十一条规定，人民法院决定强制医疗的，应当在作出决定后五日内，向公安机关送达强制医疗决定书和强制医疗执行通知书，由公安机关将被决定强制医疗的人送交强制医疗。

【强制医疗的执行机构】 是指对被人民法院决定强制医疗的人员负责进行强制医疗的机构。根据最高人民检察院于2016年6月2日印发的《强制医疗执行检察办法（试行）》第六条的规定，目前的强制医疗是由强制医疗所和受政府指定临时履行强制医疗职能的精神卫生医疗机构负责执行。而根据国务院法制办公室于2016年6月8日公开征求意见的《强制医疗所条例（送审稿）》第二条、第五条、第七条规定，强制医疗所是强制医疗决定的执行场所。强制医疗所由省、自治区、直辖市人民政府根据本行政区域强制医疗实际需要、国民经济和社会发展规划设置。设区的市、州、盟人民政府需要设置强制医疗所的，应当报所属省、自治区人民政府批准。国务院公安部门主管全国强制医疗所的管理工作。设区的市级以上地方人民政府公安机关主管本行政区域强制医疗所的管理工作。卫生计生部门负责强制医疗所的医疗业务指导和管理。民政部门负责对符合救助条件的被解除强制医疗的人员按照国家有关规定予以供养、救助。

【不服强制医疗决定的复议申请】 是指被决定强制医疗的人、被害人及其法定代理人、近亲属不服强制医疗决定时依法向上一级人民法院申请复议的一种诉讼活动。根据《刑事诉讼法》第三百零五条第二款、《刑事诉讼法司法解释》第六百四十二条至第六百四十四条规定，不服强制医疗决定向上一级人民法院申请复议时应当遵守下列规定：（1）申请复议的主体为被决定强制医疗的人、被害人及其法定代理人、近亲属。根据中华全国律师协会于2017年9月20日印发的《律师办理刑事案件规范》第二百三十四条规定，律师可以接受他们的委托申请复议。（2）自收到决定书第二日起五日内向上一级人民法院申请复议。但复议期间不停止执行强制医疗的决定。(3) 对不服强制医疗决定的复议申请，上一级人民法院应当组成合议庭审理，并在一个月内，按照下列情形分别作出复议决定：被决定强制医疗的人符合强制医疗条件的，应当驳回复议申请，维持原决定；被决定强制医疗的人不符合强制医疗条件的，应当撤销原决定；原审违反法定诉讼程序，可能影响公正审判的，应当撤销原决定，发回原审人民法院重新审判。（4）如果人民法院在依照职权启动强制医疗程序以后判决被告人不负刑事责任和对被告人作出强制医疗的决定，人民检察院提出抗诉，同时被决定强制医疗的人、被害人及其法定代理人、近亲属申请复议的，上一级人民法院应当依照第二审程序一并处理。

【强制医疗案件的法律援助】 是指在强制医疗审理过程中，在被申请人或者被告人没有委托诉讼代理人的情况下，人民法院应当通知法律援助机构指派律师担任其诉讼代理人，为其提供法律帮助。

【申请解除强制医疗】 是指在人民法院作出强制医疗的决定以后，被强制医疗的人及其近亲属向决定强制医疗的人民法院提出申请，要求其解除强制医疗。根据《刑事诉讼法》第三百零六条第二款、《刑事诉讼法司法解释》第六百四十五条规定，被强制医疗的人及其近亲属有权向决定强制医疗的人民法院申请解除强制医疗。如果被强制医疗的人及其近亲属提出的解除强制医疗申请被人民法院驳回，六个月后再次提出申请的，人民法院应当受理。

【提出解除强制医疗意见】 是指强制医疗执行机构对于已不具有人身危险性，不需要继续强制医疗的，应当及时提出解除意见，报决定强制医疗的人民法院批准。根据《刑事诉讼法》第三百零六条第一款、《刑事诉讼法司法解释》第六百四十六条、《强制医疗所条例（送审稿）》第三十七条、第三十八条的规定，强制医疗所应当按照下列规定提出解除强制医疗意见：（1）强制医疗所应当向决定强制医疗的人民法院提出解除强制医疗意见。（2）强制医疗所应当向人民法院提供诊断评估报告。（3）经诊断评估，具有下列情形之一的，强制医疗所应当提出解除强制医疗的意见，报作出强制医疗决定的人民法院批准，同时抄送同级人民检察院：被强制医疗人员病情稳定、已不具有人身危险性，不需要继续强制医疗的；被强制医疗人员因严重躯体疾病、伤残或者年老体弱致使日常生活中起床、用餐、行走、如厕等不能自理，已不具有人身危险性，不需要继续强制医疗的。（4）强制医疗所提出解除强制医疗意见时，该被强制医疗人员没有监护人、近亲属，或者其监护人、近亲属不明确的，应当提请作出强制医疗决定的人民法院依法确定监护人。

【强制医疗的解除程序】 是指人民法院对于强制医疗机构提出的解除强制医疗意见以及被强制医疗的人及其近亲属提出的解除强制医疗申请进行审查，以便是否作出解除强制医疗决定的一种诉讼程序。根据《刑事诉讼法》第三百零六条、《刑事诉讼法司法解释》第六百四十六条、第六百四十七条规定，在强制医疗机构提出解除强制医疗意见，或者被强制医疗的人及其近亲属申请解除强制医疗以后，人民法院应当按照下列程序办理：（1）人民法院应当审查是否附有对被强制医疗的人的诊断评估报告。（2）强制医疗机构提出解除强制医疗意见，未附诊断评估报告的，人民法院应当要求其提供。被强制医疗的人及其近亲属向人民法院申请解除强制医疗，强制医疗机构未提供诊断评估报告的，申请人可以申请人民法院调取。必要时，人民法院可以委托鉴定机构对被强制医疗的人进行鉴定。（3）人民法院应当组成合议庭进行审查，并在一个月内，按照下列情形分别处理：被强制医疗的人已不具有人身危险性，不需要继续强制医疗的，应当作出解除强制医疗的决定，并可责令被强制医疗的人的家属严加看管和医疗；被强制医疗的人仍具有人身危险性，需要继续强制医疗的，应当作出继续强制医疗的决定；对该类案件，必要时，人民法院可以开庭审理，通知人民检察院派员出庭。（4）人民法院应当在作出决定后五日内，将决定书送达强制医疗机构、申请解除强制医疗的人、被决定强制医疗的人和人民检察院。决定解除强制医疗的，应当通知强制医疗机构在收到决定书的当日解除强制医疗。

【诊断评估报告】 是指强制医疗机构定期对被强制医疗的人进行诊断评估以后所出具的报告。根据《刑事诉讼法司法解释》第六百四十六条、《强制医疗所条例（送审稿）》第三十九条规定，被强制医疗人员或者其监护人、近亲属向作出强制医疗决定的人民法院申请解除强制医疗的，强制医疗所应当向人民法院提供被强制医疗人员近期的诊断评估报告。强制医疗机构提出解除强制医疗意见，未附诊断评估报告的，人民法院应当要求其提供。被强制医疗的人及其近亲属向人民法院申请解除强制医疗，强制医疗机构未提供诊断评估报告的，申请人可以申请人民法院调取。被强制医疗人员及其监护人、近亲属对强制医疗所作出的诊断评估报告有异议的，可以向人民法院提出重新诊断评估的申请。人民法院要求强制医疗所重新诊断评估的，强制医疗所应当在十五日内进行诊断评估，并出具诊断评估报告。

【解除强制医疗】 是指强制医疗机构在收到人民法院的解除强制医疗决定书以后，依法停止对被强制医疗的人所采取的强制医疗措施。根据《刑事诉讼法·司法解释》第六百四十七条第二款，人民法院作出解除强制医疗的决定以后，应当通知强制医疗机构在收到决定书的当日解除强制医疗。

【强制医疗决定监督】 是指人民检察院对强制医疗的决定过程是否合法实行的法律监督。《刑事诉讼法》第三百零七条规定，人民检察院对强制医疗的决定实行监督。根据《刑事诉讼法司法解释》第六百四十八条、《人民检察院刑事诉讼规则》第五百四十一条、第五百四十七条、第五百五十条、第六百五十一条至第六百五十三条规定，强制医疗决定的监督主要包括如下内容：（1）人民检察院发现公安机关对涉案精神病人进行鉴定的程序违反法律或者采取临时保护性约束措施不当的，应当提出纠正意见。公安机关应当采取临时保护性约束措施而尚未采取的，人民检察院应当建议公安机关采取临时保护性约束措施。（2）人民检察院发现公安机关对涉案精神病人采取临时保护性约束措施时有违法情形的，应当提出纠正意见。（3）人民检察院发现人民法院、公安机关、强制医疗机构在对依法不负刑事责任的精神病人的强制医疗的交付执行、医疗、解除等活动中违反有关规定的，应当依法提出纠正意见。（4）人民检察院认为人民法院作出的强制医疗决定或者驳回强制医疗申请的决定不当，应当在收到决定书副本后二十日以内向人民法院提出书面纠正意见。（5）人民检察院对于人民法院批准解除强制医疗的决定实行监督，发现人民法院解除强制医疗的决定不当的，应当依法向人民法院提出纠正意见。

【涉外刑事诉讼程序】 是指公安司法机关办理具有涉外因素的刑事案件时所适用的诉讼程序。由于公安司法机关办理的涉外刑事案件既涉及国家主权，又涉及国家的对外关系，既要以我国国内立法为依据，又要承担我国缔结或者参加的国际条约所规定的义务，因此，涉外刑事诉讼程序属于特殊的诉讼程序，它除了遵循刑事诉讼法规定的原则和程序外，还必须遵循有关法律对如何办理涉外刑事案件作出的一些特殊规定。根据一般原则和国际惯例，当国内法同该国所缔结或者参加的国际条约的规定相冲突时，应当遵循国际条约优于国内法的原则，适用国际条约的有关规定。在涉外刑事诉讼过程中，我国的司法机关可以和外国司法机关相互请求司法协助，包括引渡、代为送达司法文书、法律情报交换和代为调查取证等。

【涉外刑事案件】 是指具有涉外因素的刑事案件。涉外因素，主要是指诉讼当事人涉及外国人，或者刑事案件发生在国外。根据《刑事诉讼法司法解释》第四百七十五条规定，涉外刑事案件具体包括：（1）在中华人民共和国领域内，外国人犯罪或者我国公民对外国、外国人犯罪的案件。（2）符合《刑法》第七条、第十条规定情形的我国公民在中华人民共和国领域外犯罪的案件。（3）符合《刑法》第八条、第十条规定情形的外国人犯罪的案件。（4）符合《刑法》第九条规定情形的中华人民共和国在所承担国际条约义务范围内行使管辖权的案件（参见“国际犯罪的管辖”词条）。外国人，是指不具有中国国籍的人，包括拥有外国国籍的人及无国籍人。外国人犯罪，既包括外国自然人犯罪，也包括外国法人或者组织的单位犯罪。但是享有外交特权和豁免权的外国人的刑事责任通过外交途径解决。这里的中华人民共和国领域内，是指在我国的领陆、领空、领水之内，以及根据国际条约和国际惯例视为领土延伸的具有我国国籍的船舶或者航空器。

【外国当事人的国籍确认】 是指我国公安司法机关在办理涉外刑事案件过程中依法确定外国犯罪嫌疑人、被告人、被害人的国籍。公安司法机关在办理涉外刑事案件过程中应当首先确认外国犯罪嫌疑人、被告人或者被害人的国籍，以便确定准确适用法律。根据《公安机关办理刑事案件程序规定》第三百五十九条、第三百六十条和《刑事诉讼法司法解释》第四百七十七条规定，外国籍犯罪嫌疑人、被告人的国籍，以其在入境时持用的有效证件予以确认；国籍不明的，由出入境管理部门协助予以查明，或者根据公安机关或者有关国家驻华使领馆出具的证明确认。国籍确实无法查明的，以无国籍人对待，在裁判文书中写明“国籍不明”。确认外国籍犯罪嫌疑人身份，可以依照有关国际条约或者通过国际刑事警察组织、警务合作渠道办理。确实无法查明的，可以按其自报的姓名移送人民检察院审查起诉。在司法实践中，在确认犯罪嫌疑人、被告人以及被害人的国籍以前，可以适用我国《刑事诉讼法》规定的一般诉讼程序。一旦外国当事人国籍得到确认，则必须采用涉外刑事诉讼程序。在确认外国人的国籍时还应当注意如下几点：（1）根据《国籍法》第三条、第九条至第十三条规定，我国不承认中国公民具有双重国籍。定居外国的中国公民，自愿加入或取得外国国籍的，即自动丧失中国国籍。国家工作人员和现役军人，不得退出中国国籍。（2）港澳居民如果具有中国国籍，同时持有英国、葡萄牙等国护照的，应当依据《〈中华人民共和国国籍法〉在香港特别行政区实施解释》和《〈中华人民共和国国籍法〉在澳门特别行政区实施解释》确认其国籍。（3）对外国籍被告人通过海关进入我国境内，但其拥有两国甚至多国护照的，应当以其通关时所持的护照确认其国籍。未经海关偷越国（边）境的，以其所持真实有效的证件确认其国籍，必要时需与外国使领馆联系，根据外国使领馆出具的证明确认其国籍。

【涉外刑事诉讼程序的特有原则】 是指公安司法机关在办理涉外刑事案件时应当遵循的特有准则。涉外刑事诉讼程序的特有原则既是刑事诉讼专门机关办案的基本准则，也是涉外刑事案件诉讼参与人进行诉讼活动的基本依据。涉外刑事案件所具有的涉外因素决定了公安司法机关和诉讼参与人在涉外刑事诉讼程序中除了必须遵循我国《刑事诉讼法》规定的普通刑事案件的基本原则外，还必须遵循涉外刑事诉讼的特有原则。一般认为，涉外刑事诉讼程序的特有原则包括国家主权原则、诉讼权利和义务平等原则、信守国际条约原则、使用中国通用的语言文字进行诉讼原则、委托中国律师参加诉讼原则等。

【国家主权原则】 是指公安司法机关办理涉外刑事案件适用中国法律的原则。根据《刑法》第六条至第十条的规定，在中华人民共和国领域内以及领域外犯罪，需要依照中国《刑法》追究刑事责任的，均适用中国《刑法》。《刑事诉讼法》第十七条规定，除享有外交特权和豁免权的外国人犯罪应当追究刑事责任的，适用我国《刑事诉讼法》。国家主权原则是涉外刑事诉讼程序的特有原则，主要表现包括：（1）外国人在我国境内进行刑事诉讼，一律适用我国的法律，依照我国法律规定的刑事诉讼程序进行刑事诉讼。（2）依法应由我国管辖的涉外刑事案件，一律由我国的专门机关受理，外国的警察机关和司法机关无权干涉。（3）未经我国人民法院承认的外国法院作出的刑事裁判，在我国境内不发生法律效力。只有经过我国人民法院按照我国《刑事诉讼法》以及我国缔结或者参加的有关国际条约、双边协定的规定予以承认的，方能在我国境内发生法律效力，进行委托办理或者协助执行。

【外交特权和豁免权】 是指一个国家为了保证和便利驻在本国的外交代表、外交代表机关以及外交人员执行职务，而给予他们的一种特殊权利和待遇。外交特权和豁免权实际上是外交特权与外交豁免权的合称，也可以简称为外交特权。所谓外交特权，是指一国派驻外国的外交代表在派驻国所享有的特殊权利和优待；而外交豁免权是指一国派驻外国的外交代表在派驻国所享有的司法管辖豁免、诉讼豁免、执行豁免等管辖豁免权。外交特权和豁免权是现代各国按照平等、相互尊重主权的原则，根据国际惯例和国际公约、协议和国家法律的有关规定，互相给予驻在本国的外交代表和外交官的各种特殊权利。根据全国人民代表大会常务委员会于1986年9月5日公布实施的《外交特权与豁免条例》第三条至第十八条规定，外国驻中国使馆和使馆人员所享有的外交特权和豁免权主要包括：使馆及其馆长有权在使馆馆舍和使馆馆长交通工具上，使用派遣国的国旗或者国徽；使馆馆舍不受侵犯；使馆馆舍免纳捐税；外交代表免纳捐税；使馆的档案和文件不受侵犯；使馆来往的公文不受侵犯；通讯自由；寓所不受侵犯，并受保护；外交代表的文书、信件、财产不受侵犯；外交代表免除一切个人和公共劳务以及军事义务；人身不受侵犯，不受逮捕或者拘留；没有以证人身份作证的义务；刑事管辖豁免；民事管辖豁免；行政管辖豁免。根据全国人民代表大会常务委员会于1990年10月30日公布实施的《领事特权与豁免条例》第三条至第十九条规定，领事官员享有的领事特权与豁免权与《外交特权与豁免条例》规定的外交特权和豁免权具有很大的相似性。但是，领事特权与豁免权的优待范围要比外交特权和豁免权的优待范围更狭窄一些。例如，根据《领事特权与豁免条例》第十二条、《外交特权与豁免条例》第十二条规定，尽管领事官员和外交代表都不受逮捕或者拘留，但是，如果领事官员存在严重犯罪情形，我国公安司法机关可以依法采取逮捕或者拘留措施。

【刑事管辖豁免】 是指根据国际公约、国际法习惯规则或者接受国国内法的规定，接受国给予派遣国外交代表及其他享有外交特权的人员不受接受国刑事管辖的特别权利。刑事管辖豁免是外交特权与豁免权的一项重要内容。刑事管辖豁免具有绝对性，即享有刑事管辖豁免权的人员在任何情况下都不能受到接受国的追诉和审判。刑事管辖豁免既是外交代表人身不可侵犯权利的必然结果，也是外交代表安全有效地执行其使馆职务的客观需要。根据《外交特权与豁免条例》第十四条第一款，外交代表享有刑事管辖豁免。为了实现外交代表的刑事管辖豁免权，《刑事诉讼法》第十七条第二款明确规定，对于享有外交特权和豁免权的外国人犯罪应当追究刑事责任的，通过外交途径解决。另外，根据《领事特权与豁免条例》第十二条第二款、第十四条第一款规定，尽管领事官员和领馆行政技术人员对于其执行职务的行为也享有刑事管辖豁免权，但是如果领事官员存在严重犯罪行为，我国公安司法机关则有权按照法律规定启动刑事诉讼程序。

【享有外交特权和豁免权的外国人】 是指不具有中国国籍、具有外国国籍而且享有外交特权和豁免权的人。根据《外交特权与豁免条例》第二十条至第二十四条规定，享有外交特权和豁免权的外国人主要包括如下几种人：（1）外国驻中国的外交代表以及与其共同生活的不是中国公民的配偶及未成年子女。(2) 来中国访问的外国国家元首、政府首脑、外交部长及其他具有同等身份的官员。(3) 途经中国的外国驻第三国的外交代表和与其共同生活的配偶及未成年子女，持有中国外交签证或者持有外交护照（仅限互免签证的国家）来中国的外国官员，以及经中国政府同意给予本条所规定的特权与豁免的其他来中国访问的外国人士。(4) 来中国参加联合国及其专门机构召开的国际会议的外国代表、临时来中国的联合国及其专门机构的官员和专家、联合国及其专门机构驻中国的代表机构和人员的待遇，按中国已加入的有关国际公约和中国与有关国际组织签订的协议办理。另外，根据《外交特权与豁免条例》第二十六条规定，如果外国给予中国驻该国使馆、使馆人员以及临时去该国的有关人员的外交特权与豁免，低于中国按本条例给予该国驻中国使馆、使馆人员以及临时来中国的有关人员的外交特权与豁免，中国政府根据对等原则，可以给予该国驻中国使馆、使馆人员以及临时来中国的有关人员以相应的外交特权与豁免。

【通过外交途径解决刑事责任】 是指在享有外交特权和豁免权的外国人犯罪而且应当追究刑事责任的情况下，我国通过外交途径解决其刑事责任。尽管享有外交特权和豁免权的外国人享有刑事管辖方面的特权，但是这并不意味着他们可以为所欲为而不受任何约束。根据国际惯例，对于享有外交特权和豁免权的外国人犯罪，虽然派驻国无法行使刑事管辖权，但是可以通过外交途径解决其刑事责任。《刑事诉讼法》第十七条也明确规定，对于享有外交特权和豁免权的外国人犯罪应当追究刑事责任的，应当通过外交途径解决。所谓通过外交途径解决，通常包括宣布其为不受欢迎的人，责令其限期出境，宣布驱逐出境，建议派遣国依照他们国家的法律进行处理，以及请求派遣国放弃刑事豁免权等。根据《公安机关办理刑事案件程序规定》第三百六十一条规定，犯罪嫌疑人为享有外交或者领事特权和豁免权的外国人的，应当层报公安部，同时通报同级人民政府外事办公室，由公安部商请外交部通过外交途径办理。

【诉讼权利和义务平等原则】 即国际上统称的国民待遇原则，是指外国人在我国参加刑事诉讼，与我国公民一样，享有我国法律规定的诉讼权利，以及承担我国法律规定的诉讼义务。在涉外刑事诉讼中遵循诉讼权利和义务平等原则，是国际法中国民待遇的一种体现。《刑事诉讼法》第十七条关于追究外国人刑事责任适用本法的规定以及《刑事诉讼法》第十四条关于公安司法机关应当保障诉讼参与人依法享有的诉讼权利的规定，体现了这个原则的基本含义。《公安机关办理刑事案件程序规定》第三百五十八条、《刑事诉讼法司法解释》第四百七十八条也明确规定，在刑事诉讼中，外国籍当事人享有我国法律规定的诉讼权利并承担相应义务。外国籍被告人是否享有中国法律所规定的所有诉讼权利，我国《刑事诉讼法》没有规定。一般而言，按照国际对等原则，如果某一国家对中国籍被告人在国内的刑事诉讼权利加以限制，则中国也应当相应限制具有该国国籍的被告人在中国刑事诉讼中的诉讼权利。除此之外，外国籍被告人应该享有中国《刑事诉讼法》所规定的所有诉讼权利。

【信守国际条约原则】 是指公安司法机关在办理涉外刑事案件时，凡是我国缔结或者参加的国际条约中有规定的，除我国声明保留的条款外，都必须遵守的原则。条约必须遵守原则是国际法通行的原则。恪守国际条约也是我国在涉外刑事诉讼中所应承担的国际义务。《处理涉外案件规定》第一条第三款明确要求，公安机关、国家安全机关、人民检察院、人民法院处理涉外案件，在对等互惠原则的基础上，严格履行我国所承担的国际条约义务。《公安机关办理刑事案件程序规定》第三百五十七条也明确规定，办理外国人犯罪案件，应当严格依照我国法律、法规、规章，维护国家主权和利益，并在对等互惠原则的基础上，履行我国所承担的国际条约义务。对于贯彻恪守国际条约原则，世界各国大致采用两种方式：（1）承认有关国际条约，即在国内立法中制定专门法律来实施国际条约的内容。（2）在国内法中规定承认国际条约的原则，将该国际条约的内容变通为国内法，在本国领域内实施。根据《处理涉外案件规定》第一条第三款规定，当国内法或我内部规定同我国所承担的国际条约义务发生冲突时，应当适用国际条约的有关规定，但是我国声明保留的条款除外。各主管部门不应当以国内法或内部规定为由拒绝履行我国所承担的国际条约规定的义务。

【使用中国通用的语言文字进行诉讼原则】 是指公安司法机关在办理涉外刑事案件的过程中，应当使用我国通用的语言及文字，对于不通晓我国语言文字的外国人犯罪嫌疑人、被告人以及其他外国人诉讼参与人应当为其提供翻译的原则。使用本国通用的语言文字进行涉外刑事诉讼，是国家司法主权独立和尊严的象征，是各国涉外刑事诉讼立法普遍采用的一项原则。尽管我国《刑事诉讼法》没有明确规定该项原则，但是最高人民法院关于《刑事诉讼法》的解释规定了这个原则。根据《刑事诉讼法司法解释》第四百八十四条规定，人民法院审判涉外刑事案件，使用中华人民共和国通用的语言、文字，应当为外国籍当事人提供翻译。翻译人员应当在翻译文件上签名。人民法院的诉讼文书为中文本。外国籍当事人不通晓中文的，应当附有外文译本，译本不加盖人民法院印章，以中文本为准。外国籍当事人通晓中国语言、文字，拒绝他人翻译，或者不需要诉讼文书外文译本的，应当由其本人出具书面声明。拒绝出具书面声明的，应当记录在案；必要时，应当录音录像。《公安机关办理刑事案件程序规定》第三百六十二条也规定，公安机关办理外国人犯罪案件使用中华人民共和国通用的语言文字。犯罪嫌疑人不通晓中国语言文字的，公安机关应当为他翻译；犯罪嫌疑人通晓我国语言文字，不需要他人翻译的，应当出具书面声明。

【指定或委托中国律师参加诉讼原则】 是指外国籍当事人委托律师进行辩护或代理刑事活动时只能委托中国律师，不允许委托外国律师，如果外国籍被告人没有委托辩护人，人民法院为其指定辩护人时也只能指定中国律师。不允许外国律师在本国执行律师职务和出庭参加诉讼活动，是国际社会的通例。根据国务院于2001年12月22日颁布的《外国律师事务所驻华代表机构管理条例》第十五条，外国律师事务所设立的驻华代表机构及其代表不能从事中国法律事务。这决定了外国律师在我国不得以律师身份参与刑事诉讼活动。《公安机关办理刑事案件程序规定》第三百六十九条明确规定，外国籍犯罪嫌疑人委托辩护人的，应当委托在中华人民共和国的律师事务所执业的律师。根据《刑事诉讼法司法解释》第四百八十五条、第四百八十六条规定，指定或委托中国律师参加诉讼原则包括如下内容：（1）外国籍被告人委托律师辩护，或者外国籍附带民事诉讼原告人、自诉人委托律师代理诉讼的，应当委托具有中华人民共和国律师资格并依法取得执业证书的律师。（2）外国籍被告人在押的，其监护人、近亲属或者其国籍国驻华使领馆可以代为委托辩护人。其监护人、近亲属代为委托的，应当提供与被告人关系的有效证明。（3）外国籍当事人委托其监护人、近亲属担任辩护人、诉讼代理人的，被委托人应当提供与当事人关系的有效证明。经审查，符合《刑事诉讼法》、有关司法解释规定的，人民法院应当准许。（4）外国籍被告人没有委托辩护人的，人民法院可以通知法律援助机构为其指派律师提供辩护。被告人拒绝辩护人辩护的，应当由其出具书面声明，或者将其口头声明记录在案；必要时，应当录音录像。被告人属于应当提供法律援助情形的，依照该解释第五十条规定处理。（5）外国籍当事人从中华人民共和国领域外寄交或者托交给中国律师或者中国公民的委托书，以及外国籍当事人的监护人、近亲属提供的与当事人关系的证明，必须经所在国公证机关证明，所在国中央外交主管机关或者其授权机关认证，并经中华人民共和国驻该国使领馆认证，或者履行中华人民共和国与该所在国订立的有关条约中规定的证明手续，但我国与该国之间有互免认证协定的除外。

【涉外刑事案件管辖权】 是指国家与国家之间对具体刑事案件的管辖权的归属。涉外刑事案件管辖权实际上是国家对具有涉外因素的刑事案件所拥有的追诉权和审判权。涉外刑事案件管辖权的确立和实施，既有利于尽快启动刑事诉讼程序维护国家主权，又有助于开展国际司法合作，履行国际义务，打击国际犯罪和跨国犯罪。《刑事诉讼法司法解释》第四百七十五条所规定的四类涉外刑事案件，分别体现了《刑法》第六条至第九条所规定的属地管辖原则、属人管辖原则、保护管辖原则、普遍管辖原则。在司法实践中，由我国司法机关管辖的最普遍的涉外刑事案件就是在中华人民共和国领域内，外国人犯罪的或者我国公民侵犯外国人合法权利的刑事案件。根据《刑法》第十条的规定，外国人在我国境外侵犯我国国家或者公民利益的犯罪行为依照《刑法》应当追究刑事责任的，虽然经过外国审判，我国仍然具有刑事管辖权，即仍然可以依照我国法律进行追究，但是在外国已经受过刑罚处罚的，可以免除或者减轻处罚。如果发生涉外刑事案件管辖权冲突，在坚持国家主权平等、公约优先、或起诉或引渡、普遍管辖、犯罪地管辖优先等原则的基础上，可以通过外交等途径加以协商解决。

【涉外刑事案件立案管辖】 是指侦查机关在对涉外刑事案件进行立案侦查时的权限划分。根据《公安机关办理刑事案件程序规定》第三百六十三条至第三百六十六条规定，对于外国人犯罪案件，我国公安机关应当按照下列规定进行立案侦查：（1）外国人犯罪案件，由犯罪地的县级以上公安机关立案侦查。（2）外国人犯中华人民共和国缔结或者参加的国际条约规定的罪行后进入我国领域内的，由该外国人被抓获地的设区的市一级以上公安机关立案侦查。（3）外国人在中华人民共和国领域外对中华人民共和国国家或者公民犯罪，应当受刑罚处罚的，由该外国人入境地或者入境后居住地的县级以上公安机关立案侦查；该外国人未入境的，由被害人居住地的县级以上公安机关立案侦查；没有被害人或者是对中华人民共和国国家犯罪的，由公安部指定管辖。（4）发生重大或者可能引起外交交涉的外国人犯罪案件的，有关省级公安机关应当及时将案件办理情况报告公安部，同时通报同级人民政府外事办公室。必要时，由公安部商外交部将案件情况通知我国驻外使馆、领事馆。

【涉外刑事案件审判管辖】 是指第一审人民法院在审判涉外刑事案件时的权限划分。根据《刑事诉讼法司法解释》第四百七十六条，第一审涉外刑事案件，除《刑事诉讼法》第二十一条至第二十三条规定的以外，由基层人民法院管辖。必要时，中级人民法院可以指定辖区内若干基层人民法院集中管辖第一审涉外刑事案件，也可以依照《刑事诉讼法》第二十四条的规定，审理基层人民法院管辖的第一审涉外刑事案件。

【涉外刑事诉讼强制措施的通报】 是指在对外国籍犯罪嫌疑人、被告人采取强制措施以后，我国公安机关应当依法将有关情况向有关机构予以通报。根据《公安机关办理刑事案件程序规定》第三百六十七条、第三百六十八条规定，涉外刑事诉讼强制措施的通报包括如下两种情况：（1）对内通报。对外国籍犯罪嫌疑人依法作出取保候审、监视居住决定或者执行拘留、逮捕后，应当在48小时以内层报省级公安机关，同时通报同级人民政府外事办公室。重大涉外案件应当在48小时以内层报公安部，同时通报同级人民政府外事办公室。（2）对外通报。对外国籍犯罪嫌疑人依法作出取保候审、监视居住决定或者执行拘留、逮捕后，由省级公安机关根据有关规定，将其外文姓名、性别、入境时间、护照或者证件号码、案件发生的时间、地点，涉嫌犯罪的主要事实，已采取的强制措施及其法律依据等，通知该外国人所属国家的驻华使馆、领事馆，同时报告公安部。经省级公安机关批准，领事通报任务较重的副省级城市公安局可以直接行使领事通报职能。

【逮捕外国人、无国籍人的特别程序】 是指人民检察院在审查逮捕外国籍、无国籍犯罪嫌疑人时应当遵守的特殊规定。根据《人民检察院刑事诉讼规则》第二百九十四条规定，人民检察院在审查逮捕外国籍、无国籍犯罪嫌疑人时应当遵守下列特殊规定：（1）外国人、无国籍人涉嫌危害国家安全犯罪的案件或者涉及国与国之间政治、外交关系的案件以及在适用法律上确有疑难的案件，认为需要逮捕犯罪嫌疑人的，按照《刑事诉讼法》关于管辖的规定，分别由基层人民检察院或者设区的市级人民检察院审查并提出意见，层报最高人民检察院审查。最高人民检察院经审查认为需要逮捕的，经征求外交部的意见后，作出批准逮捕的批复，认为不需要逮捕的，作出不批准逮捕的批复。基层人民检察院或者设区的市级人民检察院根据最高人民检察院的批复，依法作出批准或者不批准逮捕的决定。层报过程中，上级人民检察院经审查认为不需要逮捕的，应当作出不批准逮捕的批复，报送的人民检察院根据批复依法作出不批准逮捕的决定。（2）基层人民检察院或者设区的市级人民检察院经审查认为不需要逮捕的，可以直接依法作出不批准逮捕的决定。（3）外国人、无国籍人涉嫌该条第一款规定以外的其他犯罪案件，决定批准逮捕的人民检察院应当在作出批准逮捕决定后48小时以内报上一级人民检察院备案，同时向同级人民政府外事部门通报。上一级人民检察院对备案材料经审查发现错误的，应当依法及时纠正。

【探视外国籍犯罪嫌疑人、被告人】 是指外国驻华外交、领事官员依法探视被我国公安司法机关采取强制措施的外国籍犯罪嫌疑人、被告人。根据《公安机关办理刑事案件程序规定》第三百七十条第一款规定，公安机关侦查终结前，外国驻华外交、领事官员要求探视被监视居住、拘留、逮捕或者正在看守所服刑的本国公民的，应当及时安排有关探视事宜。犯罪嫌疑人拒绝其国籍国驻华外交、领事官员探视的，公安机关可以不予安排，但应当由其本人提出书面声明。根据《刑事诉讼法司法解释》第四百八十二条规定，涉外刑事案件审判期间，外国籍被告人在押，其国籍国驻华使、领馆官员要求探视的，可以向受理案件的人民法院所在地的高级人民法院提出。人民法院应当根据我国与被告人国籍国签订的双边领事条约规定的时限予以安排；没有条约规定的，应当尽快安排。必要时，可以请人民政府外事主管部门协助。探视被告人时应当遵守我国法律规定。被告人拒绝接受探视、会见的，应当由其本人出具书面声明。拒绝出具书面声明的，应当记录在案；必要时，应当录音录像。

【会见外国籍犯罪嫌疑人、被告人】 是指在我国公安司法机关对外国籍犯罪嫌疑人、被告人采取强制措施以后，其监护人、近亲属依法同他们进行会见。根据《公安机关办理刑事案件程序规定》第三百七十条第二款规定，在公安机关侦查羁押期间，经公安机关批准，外国籍犯罪嫌疑人可以与其近亲属、监护人会见、与外界通信。根据《刑事诉讼法司法解释》第四百八十二条规定，涉外刑事案件审判期间，外国籍被告人在押，其监护人、近亲属申请会见的，可以向受理案件的人民法院所在地的高级人民法院提出，并依照该解释第四百八十六条规定提供与被告人关系的证明。人民法院经审查认为不妨碍案件审判的，可以批准。会见被告人时应当遵守我国法律规定。

【外国驻华使、领馆索要案件材料】 是指我国公安司法机关在办理涉外刑事案件的过程中，外国驻华使、领馆向我国所要其本国公民受到追诉和审判的有关材料。根据《处理涉外案件规定》第四条第一款、第二款规定，如果外国驻华使、领馆向我国索要其公民被取保候审、拘留审查、监视居住、拘留或逮捕等有关材料，应当向省、自治区、直辖市高级人民法院、人民检察院、公安厅（局）、国家安全厅（局）或司法厅（局）提出。凡公开的材料或者法律规定可以提供的材料，我国应予提供。地方外事办公室或者外交部予以协助。如果外国驻华使、领馆要一审和终审判决书副本，可以向省、自治区、直辖市高级人民法院提出，我国可以提供。

【涉外刑事案件交涉】 是指我国公安司法机关在办理涉外刑事案件的过程中，

外国驻华使、领馆就涉外刑事案件处理的有关事项同我国主管机关进行联系、协商、讨论，以便涉外刑事案件的处理能够顺利进行。涉外刑事案件交涉既不是外交工作，也不是司法活动。但是，它可以对涉外刑事案件的顺利处理起到一定的辅助作用。根据《处理涉外案件规定》第四条第三款规定，外国驻华使馆就有关涉外刑事案件进行交涉，可请其向外交部或者省级外事办公室提出，或者向中央或者省级主管部门直接提出。外国驻华使馆向主管部门提出的重要交涉，主管部门商外交部后答复外国驻华使馆。外国驻华领馆只同其领区内省级主管部门联系。外事办公室与主管部门之间互通情况，共商对外表态口径及交涉事宜。

【人民法院通报、通知涉外刑事案件】 是指人民法院在审理涉外刑事案件的过程中应当将有关事项及时通报同级人民政府外事主管部门和通知有关国家驻华使、领馆。人民法院的通报、通知义务不仅有助于保障涉外刑事案件中的有关问题得到及时、妥善处理，而且是我国遵守《维也纳领事关系公约》以及我国与有关国家签订的双边领事条约的要求，以及维护我国与相关国家正常关系的需要。根据《刑事诉讼法司法解释》第四百七十九条规定，人民法院通报、通知涉外刑事案件时应当按照下列程序办理：(1) 通报、通知的事项。涉外刑事案件审判期间，人民法院应当将下列事项及时通报同级人民政府外事主管部门，并通知有关国家驻华使、领馆：人民法院决定对外国籍被告人采取强制措施的情况，包括外国籍当事人的姓名（包括译名）、性别、入境时间、护照或者证件号码、采取的强制措施及法律依据、羁押地点等；开庭的时间、地点、是否公开审理等事项；宣判的时间、地点。(2) 涉外刑事案件宣判后，应当及时将处理结果通报同级人民政府外事主管部门。(3) 对外国籍被告人执行死刑的，死刑裁决下达后执行前，应当通知其国籍国驻华使、领馆。(4) 外国籍被告人在案件审理中死亡的，应当及时通报同级人民政府外事主管部门，并通知有关国家驻华使、领馆。另外，根据《刑事诉讼法司法解释》第四百八十七条第一款的规定，人民法院应当将限制外国人出境的有关情况通报同级人民政府外事主管部门和当事人国籍国驻华使、领馆。根据《刑事诉讼法司法解释》第四百八十条规定，需要向有关国家驻华使、领馆通知有关事项的，应当层报高级人民法院，由高级人民法院按照下列规定通知：(1) 外国籍当事人国籍国与我国签订有双边领事条约的，根据条约规定办理；未与我国签订双边领事条约，但参加《维也纳领事关系公约》的，根据公约规定办理；未与我国签订领事条约，也未参加《维也纳领事关系公约》，但与我国有外交关系的，可以根据外事主管部门的意见，按照互惠原则，根据有关规定和国际惯例办理。(2) 在外国驻华领馆领区内发生的涉外刑事案件，通知有关外国驻该地区的领馆；在外国领馆领区外发生的涉外刑事案件，通知有关外国驻华使馆；与我国有外交关系，但未设使、领馆的国家，可以通知其代管国家驻华使、领馆；无代管国家或者代管国家不明的，可以不通知。(3) 双边领事条约规定通知时限的，应当在规定的期限内通知；没有规定的，应当根据或者参照《维也纳领事关系公约》和国际惯例尽快通知，至迟不得超过七日。(4) 双边领事条约没有规定必须通知，外国籍当事人要求不通知其国籍国驻华使、领馆的，可以不通知，但应当由其本人出具书面声明。（5）高级人民法院向外国驻华使、领馆通知有关事项，必要时，可以请人民政府外事主管部门协助。

【外国驻华使、领馆官员申请旁听的程序与处理】 是指外国籍当事人国籍国驻华使、领馆官员向人民法院提出申请，要求旁听人民法院审理的涉外刑事案件时应当遵循的程序，以及人民法院采取的相应措施。根据《刑事诉讼法司法解释》第四百八十三条第二款规定，公开审理的涉外刑事案件，外国籍当事人国籍国驻华使、领馆官员要求旁听的，可以向受理案件的人民法院所在地的高级人民法院提出申请，人民法院应当安排。

【限制外国人出境】 是指我国公安司法机关在办理涉外刑事案件的过程中限制已入境的外国犯罪嫌疑人、被告人出境。为了防止外国人在我国境内实施犯罪行为以后逃避侦查和审判，公安司法机关除了可以依法采取强制措施以外，还可以采取限制出境措施。根据《出境入境管理法》第二十八条规定，对于被判处刑罚尚未执行完毕或者属于刑事案件被告人、犯罪嫌疑人的外国人，不准出境，但是按照中国与外国签订的有关协议，移管被判刑人的除外。根据《刑事诉讼法司法解释》第四百八十七条第一款、第二款规定，对涉外刑事案件的被告人，可以决定限制出境；对开庭审理案件时必须到庭的证人，可以要求暂缓出境。限制外国人出境的，应当通报同级人民政府外事主管部门和当事人国籍国驻华使领馆。人民法院决定限制外国人和中国公民出境的，应当书面通知被限制出境的人在案件审理终结前不得离境，并可以采取扣留护照或者其他出入境证件的办法限制其出境；扣留证件的，应当履行必要手续，并发给本人扣留证件的证明。

【暂缓出境】 是指人民法院在开庭审理涉外刑事案件时可以要求必须到庭的证人暂时不要出境。根据《刑事诉讼法司法解释》第四百八十七条第一款规定，暂缓出境的适用应当注意如下几点：（1）人民法院应当在开庭审理涉外刑事案件的过程中适用暂缓出境措施。（2）暂缓出境的适用对象只能是必须到庭的证人，而不包括其他诉讼参与人。至于该证人是外国人还是中国公民，没有限制。（3）暂缓出境在本质上属于限制出境措施。人民法院可以参照限制外国人出境的程序依法要求必须到庭的证人暂时不要出境。但是，暂缓出境具有暂时性。人民法院不能通过暂缓出境措施而随意侵犯证人的出境权利。暂缓出境的目的主要是为了确保必须到庭的证人能够出庭作证，进而查明案件事实真相，维护公正审判。而在案件审理终结以后，暂缓出境的目的已经达到，人民法院不得继续限制该证人出境。

【境外证据材料的审查与认定】 是指人民法院对来自境外的证据材料进行审查，以便是否将其作为定案的根据。根据《刑事诉讼法司法解释》第七十七条规定，人民法院对境外证据材料的审查与认定应当遵守下列规定：（1）人民检察院应当随案移送有关材料来源、提供人、提取人、提取时间等情况的说明。（2）当事人及其辩护人、诉讼代理人提供来自境外的证据材料的，该证据材料应当经所在国公证机关证明，所在国中央外交主管机关或者其授权机关认证，并经中华人民共和国驻该国使领馆认证，或者履行中华人民共和国与该所在国订立的有关条约中规定的证明手续，但我国与该国之间有互免认证协定的除外。(3) 经人民法院审查，相关证据材料能够证明案件事实且符合《刑事诉讼法》规定的，可以作为证据使用，但提供人或者我国与有关国家签订的双边条约对材料的使用范围有明确限制的除外；材料来源不明或者其真实性无法确认的，不得作为定案的根据。

【涉外刑事诉讼文书的送达】 是指人民法院向在中华人民共和国领域外居住的当事人送达刑事诉讼文书。根据《刑事诉讼法司法解释》第四百九十五条规定，人民法院向在中华人民共和国领域外居住的当事人送达刑事诉讼文书，可以采用下列方式：(1) 根据受送达人所在国与中华人民共和国缔结或者共同参加的国际条约规定的方式送达。(2) 通过外交途径送达。(3) 对中国籍当事人，所在国法律允许或者经所在国同意的，可以委托我国驻受送达人所在国的使领馆代为送达。(4) 当事人是自诉案件的自诉人或者附带民事诉讼原告人的，可以向有权代其接受送达的诉讼代理人送达。(5) 当事人是外国单位的，可以向其在中华人民共和国领域内设立的代表机构或者有权接受送达的分支机构、业务代办人送达。(6) 受送达人所在国法律允许的，可以邮寄送达；自邮寄之日起满三个月，送达回证未退回，但根据各种情况足以认定已经送达的，视为送达。(7) 受送达人所在国法律允许的，可以采用传真、电子邮件等能够确认受送达人收悉的方式送达。《刑事诉讼法司法解释》第四百九十六条还规定，人民法院通过外交途径向在中华人民共和国领域外居住的受送达人送达刑事诉讼文书的，所送达的文书应当经高级人民法院审查后报最高人民法院审核。最高人民法院认为可以发出的，由最高人民法院交外交部主管部门转递。外国法院通过外交途径请求人民法院送达刑事诉讼文书的，由该国驻华使馆将法律文书交我国外交部主管部门转最高人民法院。最高人民法院审核后认为属于人民法院职权范围，且可以代为送达的，应当转有关人民法院办理。

【刑事司法协助制度】 是指不同国家的司法机关之间根据本国缔结或者参加的国际条约，或者按照互惠原则，彼此相互协助，代为或者协助实施某种刑事诉讼活动的一种诉讼制度。在我国刑事诉讼中，根据中华人民共和国缔结或者参加的国际条约，或者按照互惠原则，我国司法机关和外国司法机关可以相互请求刑事司法协助。刑事司法协助制度的确立既有利于有效打击跨国犯罪，又能够体现对他国司法主权的尊重。我国于2018年制定了《国际刑事司法协助法》。

【刑事司法协助的主体】 是指请求提供刑事司法协助和接受请求提供刑事司法协助的国家机关。根据《国际刑事司法协助法》第五条、第六条规定，中华人民共和国和外国之间开展刑事司法协助，通过对外联系机关联系。中华人民共和国司法部等对外联系机关负责提出、接收和转递刑事司法协助请求，处理其他与国际刑事司法协助相关的事务。中华人民共和国和外国之间没有刑事司法协助条约的，通过外交途径联系。国家监察委员会、最高人民法院、最高人民检察院、公安部、国家安全部等部门是开展国际刑事司法协助的主管机关，按照职责分工，审核向外国提出的刑事司法协助请求，审查处理对外联系机关转递的外国提出的刑事司法协助请求，承担其他与国际刑事司法协助相关的工作。在移管被判刑人案件中，司法部按照职责分工，承担相应的主管机关职责。办理刑事司法协助相关案件的机关是国际刑事司法协助的办案机关，负责向所属主管机关提交需要向外国提出的刑事司法协助请求、执行所属主管机关交办的外国提出的刑事司法协助请求。

【刑事司法协助的范围】 是指不同国家的司法机关之间在开展刑事司法协助时相互协助或者代为实施的具体事项。刑事司法协助的范围具有狭义、广义和最广义之分。狭义的刑事司法协助是指文书、证据方面的司法协助。广义的刑事司法协助既包括有关文书、证据方面的协助，也包括引渡。最广义的刑事司法协助既包括引渡和有关文书、证据方面的司法协助，又包括刑事诉讼移管以及外国刑事判决的承认和执行。国际公约或者双边条约通常将刑事司法协助限定在狭义的概念范围内，即国家间就刑事司法协助和引渡、移管被判刑人等各个具体事项分别签署刑事司法合作条约。最广义的刑事司法协助具体包括：（1）代为送达刑事诉讼文书。（2）委托调查取证，如询问证人、被害人、鉴定人，讯问犯罪嫌疑人，调查核实有关人员的基本情况，进行勘验、检查、鉴定，调取物证、书证、视听资料，委托搜查和查封财产等。（3）协助侦查案件和通缉通报。（4）移交赃款赃物或者扣押物品等。（5）引渡。（6）诉讼移转管辖。（7）对外国生效判决的承认和执行。（8）有条件判刑或有条件释放罪犯的转移监督。我国基本上采用了最广义的刑事司法协助。例如，根据《公安机关办理刑事案件程序规定》第三百七十五条规定，公安机关进行刑事司法协助和警务合作的范围，主要包括犯罪情报信息的交流与合作，调查取证，安排证人作证或者协助调查，查封、扣押、冻结涉案财物，没收、返还违法所得及其他涉案财物，送达刑事诉讼文书，引渡、缉捕和递解犯罪嫌疑人、被告人或者罪犯，以及国际条约、协议规定的其他刑事司法协助和警务合作事宜。再如，根据《人民检察院刑事诉讼规则》第六百七十二条规定，人民检察院司法协助的范围主要包括刑事诉讼文书送达，调查取证，安排证人作证或者协助调查，查封、扣押、冻结涉案财物，返还违法所得及其他涉案财物，移管被判刑人以及其他协助。《监察法》第五十一条也明确规定，国家监察委员会组织协调有关方面加强与有关国家、地区、国际组织在反腐败执法、引渡、司法协助、被判刑人的移管、资产追回和信息交流等领域的合作。

【刑事司法协助的依据】 是指国家间开展刑事司法协助事务的各种根据。刑事司法协助的依据通常包括国家间共同参加的国际公约、国家间签订的刑事司法协助条约、国家间临时达成的有关刑事司法协助方面的互惠协议、国内的法律规定等。根据《刑事诉讼法》第十八条的规定，我国司法机关开展刑事司法协助活动的依据包括中华人民共和国缔结或者参加的国际条约，或者国际公认的互惠原则。根据《公安机关办理刑事案件程序规定》第三百七十四条第一款，公安部是公安机关进行刑事司法协助和警务合作的中央主管机关，通过有关法律、国际条约、协议规定的联系途径、外交途径或者国际刑事警察组织渠道，接收或者向外国提出刑事司法协助或者警务合作请求。根据《人民检察院刑事诉讼规则》第六百七十一条规定，人民检察院依据国际刑事司法协助法等有关法律和有关刑事司法协助条约进行刑事司法协助。根据《刑事诉讼法司法解释》第四百九十一条规定，请求和提供司法协助，应当依照《国际刑事司法协助法》、我国与有关国家地区签订的刑事司法协助条约、移管被判刑人条约和有关法律规定进行。对请求书的签署机关、请求书及所附材料的语言文字、有关办理期限和具体程序等事项，在不违反中华人民共和国法律的基本原则的情况下，可以按照刑事司法协助条约规定或者双方协商办理。

【公安机关的刑事司法协助和警务合作】 是指公安机关通过有关国际条约、协议规定的联系途径、外交途径或者国际刑事警察组织渠道，接收或者向外国提出刑事司法协助或者警务合作请求。《公安机关办理刑事案件程序规定》第三百七十四条至第三百八十四条对公安机关的刑事司法协助和警务合作作出了系统规定：(1) 主管机关。公安部是公安机关进行刑事司法协助和警务合作的中央主管机关。地方各级公安机关依照职责分工办理刑事司法协助事务和警务合作事务。其他司法机关在办理刑事案件中，需要外国警方协助的，由其中央主管机关与公安部联系办理。(2) 范围。主要包括犯罪情报信息的交流与合作，调查取证，安排证人作证或者协助调查，查封、扣押、冻结涉案财物，没收、返还违法所得及其他涉案财物，送达刑事诉讼文书，引渡、缉捕和递解犯罪嫌疑人、被告人或者罪犯，以及国际条约、协议规定的其他刑事司法协助和警务合作事宜。(3) 审查。公安部收到外国的刑事司法协助或者警务合作请求后，应当依据我国法律和国际条约、协议的规定进行审查。对于符合规定的，交有关省级公安机关办理，或者移交其他有关中央主管机关；对于不符合条约或者协议规定的，通过接收请求的途径退回请求方。(4) 安排执行及其期限。执行刑事司法协助和警务合作，请求书中附有办理期限的，应当按期完成。未附办理期限的，调查取证应当在三个月以内完成；送达刑事诉讼文书，应当在十日以内完成。不能按期完成的，应当说明情况和理由，层报公安部。(5) 请求外国合作。需要请求外国警方提供刑事司法协助或者警务合作的，应当按照我国有关法律、国际条约、协议的规定提出刑事司法协助或者警务合作请求书，所附文件及相应译文，经省级公安机关审核后报送公安部。(6) 国际刑警组织。需要通过国际刑事警察组织缉捕犯罪嫌疑人、被告人或者罪犯，查询资料、调查取证的，应当提出申请层报国际刑事警察组织中国国家中心局。(7) 费用。公安机关提供或者请求外国提供刑事司法协助或者警务合作，应当收取或者支付费用的，根据有关国际条约、协议的规定，或者按照对等互惠的原则协商办理；等等。

【人民检察院提供司法协助】 是指外国提出的司法协助请求经过最高人民检察院的审查后，由人民检察院执行该司法协助请求的一种活动。《人民检察院刑事诉讼规则》第六百七十一条至第六百七十九条对人民检察院提供司法协助做出了系统规定：(1) 请求与接收。最高人民检察院是检察机关开展国际刑事司法协助的主管机关，负责审核地方各级人民检察院向外国提出的刑事司法协助请求，审查处理对外联系机关转递的外国提出的刑事司法协助请求，审查决定是否批准执行外国的刑事司法协助请求，承担其他与国际刑事司法协助相关的工作。(2) 审查。应当对请求书及所附材料进行审查。对于请求书形式和内容符合要求的，应当按照职责分工，将请求书及所附材料转交有关主管机关或者省级人民检察院处理；对于请求书形式和内容不符合要求的，可以要求请求方补充材料或者重新提出请求。有关省级人民检察院收到最高人民检察院交办的外国刑事司法协助请求后，应当依法执行，或者交由下级人民检察院执行。(3) 执行。负责执行的人民检察院收到司法协助请求书和所附材料后，应当立即安排执行，并将执行结果及有关材料报经省级人民检察院审查后，报送最高人民检察院；(4) 审查执行结果。最高人民检察院应当对执行结果进行审查。对于符合请求要求和有关规定的，通过对外联系机关转交或者转告请求方；等等。

【人民检察院向外国提出司法协助请求】 是指人民检察院需要向国外请求司法协助时，经过最高人民检察院的审查后，由最高人民检察院按照法定程序转递国外中央机关进行处理的一种活动。根据《人民检察院刑事诉讼规则》第六百七十四条、第六百七十五条规定，人民检察院向外国提出司法协助请求应当按照下列程序办理：(1) 地方各级人民检察院需要向外国请求刑事司法协助的，应当制作刑事司法协助请求书并附相关材料。经省级人民检察院审核同意后，报送最高人民检察院。刑事司法协助请求书应当依照相关刑事司法协助条约的规定制作；没有条约或者条约没有规定的，可以参照《国际刑事司法协助法》第十三条的规定制作。被请求方有特殊要求的，在不违反我国法律的基本原则的情况下，可以按照被请求方的特殊要求制作。(2) 最高人民检察院收到地方各级人民检察院刑事司法协助请求书及所附相关材料后，应当依照《国际刑事司法协助法》和有关条约进行审查。对符合规定、所附材料齐全的，最高人民检察院是对外联系机关的，应当及时向外国提出请求；不是对外联系机关的，应当通过对外联系机关向外国提出请求。对不符合规定或者材料不齐全的，应当退回提出请求的人民检察院或者要求其补充、修正。

【人民法院的刑事司法协助】 是指人民法院根据中华人民共和国缔结或者参加的国际条约，或者按照互惠原则，同外国法院相互请求刑事司法协助。根据《刑事诉讼法司法解释》第四百九十三条至第四百九十六条规定，人民法院开展刑事司法协助应当按照下列程序办理：(1) 人民法院请求外国提供司法协助的，应当层报最高人民法院，经最高人民法院审核同意后交由有关对外联系机关及时向外国提出请求。外国法院请求我国提供司法协助，有关对外联系机关认为属于人民法院职权范围的，经最高人民法院审核同意后转有关人民法院办理。(2) 请求司法协助的要求。人民法院请求外国提供司法协助的请求书，应当依照刑事司法协助条约的规定提出；没有条约或者条约没有规定的，应当载明法律规定的相关信息并附相关材料。请求书及其所附材料应当以中文制作，并附有被请求国官方文字的译本。外国请求我国法院提供司法协助的请求书，应当依照刑事司法协助条约的规定提出；没有条约或者条约没有规定的，应当载明我国法律规定的相关信息并附相关材料。请求书及所附材料应当附有中文译本。(3) 通过外交途径等各种方式向在中华人民共和国领域外居住的当事人或者受送达人送达刑事诉讼文书（参见“涉外刑事诉讼文书的送达”词条）。

【通过外交途径向外国提出刑事司法协助请求】 是指在我国同外国没有条约关系或者条约中对联系途径和办法未作明确规定的情况下，我国地方各级司法机关、监察机关应当将刑事司法协助请求书逐级上报业务主管部门审核，再由业务主管部门送交外交部通过外交办法向外国提出刑事司法协助请求。通过外交途径是我国司法机关、监察机关办理刑事司法协助案件的一种重要方式。其内容包括刑事司法文书的送达、刑事案件调查取证、引渡或遣返、被判刑人移管、刑事诉讼移管以及刑事诉讼中的各类其他协助。如果需要通过外交途径向外国提出刑事司法协助请求，各地司法机关、监察机关应当逐级上报中央司法机关进行审查和办理，而不能自行直接同国外联系、办理。

【通过外交途径向我国提出刑事司法协助请求】 是指在我国同外国没有条约关系或者条约中对联系途径和办法未作明确规定的情况下，外交部通过外交办法对外国司法机关向我国提出的刑事司法协助请求进行审查，再将该请求转交相应的业务主管部门进行处理。根据《通过外交途径办理刑事司法协助案件程序》，外国司法机关通过外交途径向我国提出刑事司法协助请求应当按照下列程序办理：（1）外交部收到外国通过外交途径向我国提出的刑事司法协助请求后，应进行初步审查。请求国未承诺互惠的，或请求明显不符合我国对请求书形式的基本要求的，可直接要求请求国补做互惠承诺或提供补充材料；从外交角度考虑认为不宜提供协助的，则商有关业务主管部门后拒绝有关请求。（2）对于不存在上述情形的请求，外交部应依下列方法作进一步处理：对于引渡或遣返请求，根据《外交部、最高人民法院、最高人民检察院、公安部、安全部、司法部关于办理引渡案件若干问题的规定》处理；对于被判刑人移管请求，转司法部处理；对于刑事诉讼移管请求，依我国刑事诉讼法规定的侦查权限，视情转公安部或最高人民检察院处理。对于其他请求，如果外国指明了被请求机关的，转该被请求机关的业务主管部门处理；该业务主管部门如认为请求的事项不属于本部门业务范围，应在收到请求书之日后十个工作日以内，直接转交负责有关事项的业务主管部门处理，并通报外交部。如果外国未指明被请求机关的，原则上转交与外国请求机关对口的业务主管部门处理；无法确定对口业务主管部门的，则视外国请求的性质及其所涉的诉讼阶段，转交相应的业务主管部门处理。（3）业务主管部门在处理外国请求时，如认为有可能涉及外交事务，应及时商外交部；外交部也可主动就此提出意见。（4）业务主管部门认为应拒绝该外国请求，或者应要求该外国提供补充材料的，应在收到请求书之日后十五个工作日以内通知外交部。如不存在上述情形，业务主管部门应及时安排执行请求，并尽快将执行结果送交外交部，以便答复请求国。业务主管部门的对口单位应对答复执行结果的文书负责把关，使其符合要求。（5）对外国通过外交途径提出的请求的答复（包括要求提供补充材料、通知执行结果等），应通过外交途径办理；在特殊情况下，确需业务主管部门直接答复的，应事先通报外交部。

【引渡】 是指某个国家的主管机关应有管辖权的他国主管机关的请求，根据国际刑法与国内法的有关规定，将本国境内被他国指控犯有罪行或者被判处刑罚的人送交请求国追诉或者执行刑罚的一种法律制度。引渡属于广义上的刑事司法协助。引渡已成为打击严重犯罪活动、尤其是打击某些国际性犯罪活动的重要手段。它使犯罪分子不因国家在地域管辖上的限制而逃脱法网，对维护国际社会的共同利益具有重要作用。我国不仅在2000年12月28日由第九届全国人民代表大会常务委员会第十九次会议通过《引渡法》，而且已经与50多个国家缔结了双边引渡条约。这些为我国进行引渡提供了法律依据。根据《引渡法》第三条至第五条的规定，中华人民共和国和外国在平等互惠的基础上进行引渡合作。引渡合作，不得损害中华人民共和国的主权、安全和社会公共利益。中华人民共和国和外国之间的引渡，通过外交途径联系。中华人民共和国外交部为指定的进行引渡的联系机关。引渡条约对联系机关有特别规定的，依照条约规定。办理引渡案件，可以根据情况，对被请求引渡人采取引渡拘留、引渡逮捕或者引渡监视居住的强制措施。

【向中国请求引渡的条件】 是指外国向中华人民共和国提出的引渡请求被我国准予引渡时所具备的条件。外国向中华人民共和国提出的引渡请求必须符合一定的条件，才能准予引渡。根据《引渡法》第七条的规定，外国向中华人民共和国提出的引渡请求必须同时符合下列条件，才能准予引渡：（1）双重犯罪条件。引渡请求所指的行为，依照中华人民共和国法律和请求国法律均构成犯罪。（2）刑期标准。为了提起刑事诉讼而请求引渡的，根据中华人民共和国法律和请求国法律，对于引渡请求所指的犯罪均可判处一年以上有期徒刑或者其他更重的刑罚；为了执行刑罚而请求引渡的，在提出引渡请求时，被请求引渡人尚未服完的刑期至少为六个月。对于引渡请求中符合第一个条件规定的多种犯罪，只要其中有一种犯罪符合刑期标准的规定，就可以对上述各种犯罪准予引渡。

【拒绝引渡的情形】 是指对于外国向中华人民共和国提出的引渡请求，我国拒绝引渡时应当具备的各种情形。拒绝引渡体现了一个国家的主权原则、政治主张和人道主义。根据《引渡法》第八条、第九条规定，拒绝引渡的情形包括应当拒绝引渡的情形和可以拒绝引渡的情形。外国向中华人民共和国提出的引渡请求，有下列情形之一的，我国应当拒绝引渡：（1）根据中华人民共和国法律，被请求引渡人具有中华人民共和国国籍的。（2）在收到引渡请求时，中华人民共和国的司法机关对于引渡请求所指的犯罪已经作出生效判决，或者已经终止刑事诉讼程序的。（3）因政治犯罪而请求引渡的，或者中华人民共和国已经给予被请求引渡人受庇护权利的。（4）被请求引渡人可能因其种族、宗教、国籍、性别、政治见解或者身份等方面的原因而被提起刑事诉讼或者执行刑罚，或者被请求引渡人在司法程序中可能由于上述原因受到不公正待遇的。（5）根据中华人民共和国或者请求国法律，引渡请求所指的犯罪纯属军事犯罪的。（6）根据中华人民共和国或者请求国法律，在收到引渡请求时，由于犯罪已过追诉时效期限或者被请求引渡人已被赦免等原因，不应当追究被请求引渡人的刑事责任的。（7）被请求引渡人在请求国曾经遭受或者可能遭受酷刑或者其他残忍、不人道或者有辱人格的待遇或者处罚的。（8）请求国根据缺席判决提出引渡请求的。但请求国承诺在引渡后对被请求引渡人给予在其出庭的情况下进行重新审判机会的除外。外国向中华人民共和国提出的引渡请求，有下列情形之一的，我国可以拒绝引渡：（1）中华人民共和国对于引渡请求所指的犯罪具有刑事管辖权，并且对被请求引渡人正在进行刑事诉讼或者准备提起刑事诉讼的。（2）由于被请求引渡人的年龄、健康等原因，根据人道主义原则不宜引渡的。

【向中国请求引渡的程序】 是指外国向中华人民共和国提出引渡请求时应当遵守的程序。根据《引渡法》第十条至第十五条规定，外国向中华人民共和国提出引渡请求，应当按照下列规定进行：（1）请求国的引渡请求应当向中华人民共和国外交部提出。（2）请求国请求引渡应当出具请求书，请求书应当载明：请求机关的名称；被请求引渡人的姓名、性别、年龄、国籍、身份证件的种类及号码、职业、外表特征、住所地和居住地以及其他有助于辨别其身份和查找该人的情况；犯罪事实，包括犯罪的时间、地点、行为、结果等；对犯罪的定罪量刑以及追诉时效方面的法律规定。（3）请求国请求引渡，应当在出具请求书的同时，提供以下材料：为了提起刑事诉讼而请求引渡的，应当附有逮捕证或者其他具有同等效力的文件的副本；为了执行刑罚而请求引渡的，应当附有发生法律效力的判决书或者裁定书的副本，对于已经执行部分刑罚的，还应当附有已经执行刑期的证明；必要的犯罪证据或者证据材料。请求国掌握被请求引渡人照片、指纹以及其他可供确认被请求引渡人的材料的，应当提供。（4）请求国根据本节提交的引渡请求书或者其他有关文件，应当由请求国的主管机关正式签署或者盖章，并应当附有中文译本或者经中华人民共和国外交部同意使用的其他文字的译本。（5）请求国请求引渡，应当作出如下保证：请求国不对被引渡人在引渡前实施的其他未准予引渡的犯罪追究刑事责任，也不将该人再引渡给第三国。但经中华人民共和国同意，或者被引渡人在其引渡罪行诉讼终结、服刑期满或者提前释放之日起三十日内没有离开请求国，或者离开后又自愿返回的除外；请求国提出请求后撤销、放弃引渡请求，或者提出引渡请求错误的，由请求国承担因请求引渡对被请求引渡人造成损害的责任。（6）在没有引渡条约的情况下，请求国应当作出互惠的承诺。

【中国对引渡请求的审查】 是指在收到请求国提出的引渡请求后，我国外交部和最高人民法院指定的高级人民法院依法对引渡请求是否符合引渡请求的提出程序、引渡条约的规定、引渡条件等内容进行的审查。对引渡请求的审查，有的国家侧重司法审查，而有的国家则侧重行政审查。根据《引渡法》第十六条规定，我国对引渡请求的审查采取了行政审查和司法审查相结合的模式，即由外交部进行行政性审查，由人民法院进行司法性审查。这种模式不仅体现了国与国之间的外交关系，而且体现了引渡的刑事司法性质。根据《引渡法》第十七条规定，对于两个以上国家就同一行为或者不同行为请求引渡同一人的，应当综合考虑中华人民共和国收到引渡请求的先后、中华人民共和国与请求国是否存在引渡条约关系等因素，确定接受引渡请求的优先顺序。

【外交部对引渡请求的审查】 外交部对引渡请求的审查，是指外交部收到请求国提出的引渡请求后，对引渡请求书及其所附文件、材料是否符合引渡请求的提出程序、引渡条约规定进行的审查。外交部对引渡请求的审查属于形式审查。根据《引渡法》第十八条、第十九条的规定，外交部对请求国提出的引渡请求的审查应当遵守下列规定：（1）认为不符合我国引渡法第二章第二节和引渡条约的规定的，可以要求请求国在三十日内提供补充材料。经请求国请求，上述期限可以延长十五日。请求国未在上述期限内提供补充材料的，外交部应当终止该引渡案件。请求国可以对同一犯罪再次提出引渡该人的请求。（2）外交部对请求国提出的引渡请求进行审查，认为符合我国引渡法第二章第二节和引渡条约的规定的，应当将引渡请求书及其所附文件和材料转交最高人民法院、最高人民检察院。

【最高人民法院对引渡请求的处理】 是指最高人民法院接到外国引渡请求书及其所附文件和材料后，根据不同情况依法采取各种处理措施。根据《引渡法》第二十条规定，最高人民法院接到外国引渡请求书及其所附文件和材料后，应当按照下列规定进行处理：（1）转交审查。外国提出正式引渡请求前被请求引渡人已经被引渡拘留的，最高人民法院应当将引渡请求书及其所附文件和材料及时转交其指定的高级人民法院进行审查。（2）通知公安部。外国提出正式引渡请求前被请求引渡人未被引渡拘留的，最高人民法院应当通知公安部查找被请求引渡人。公安机关查找到被请求引渡人后，应当根据情况对被请求引渡人予以引渡拘留或者引渡监视居住，由公安部通知最高人民法院。最高人民法院接到公安部的通知后，应当及时将引渡请求书及其所附文件和材料转交其指定的高级人民法院进行审查。（3）通知外交部。公安机关经查找后，确认被请求引渡人不在中华人民共和国境内或者查找不到被请求引渡人的，公安部应当及时通知最高人民法院。最高人民法院接到公安部的通知后，应当及时将查找情况通知外交部，由外交部通知请求国。

【最高人民检察院对引渡案件的审查】

是指最高人民检察院对于引渡请求中有可能涉及到我国具有司法管辖权的情况，依法进行审查，将准备提起刑事诉讼的意见分别告知最高人民法院和外交部。根据《引渡法》第九条规定，对于外国引渡的犯罪我国具有刑事管辖权，并决定追诉的，不得引渡给外国；对于被请求引渡人有其他犯罪，应当由我国司法机关追诉的，应当根据情况作出暂缓引渡或者临时引渡的决定。最高人民检察院作为我国最高等级的公诉机关，有必要对我国在引渡案件中是否具有司法管辖权进行审查。根据《引渡法》第二十一条规定，最高人民检察院经审查，认为对引渡请求所指的犯罪或者被请求引渡人的其他犯罪，应当由我国司法机关追诉，但尚未提起刑事诉讼的，应当自收到引渡请求书及其所附文件和材料之日起 1 个月内，将准备提起刑事诉讼的意见分别告知最高人民法院和外交部。

【高级人民法院对引渡请求的审查】 是指受最高人民法院指定的高级人民法院对外国提出的引渡请求是否符合引渡条件进行的审查。根据《引渡法》第二十二条至第二十五条、第二十七条规定，受最高人民法院指定的高级人民法院对引渡请求的审查包括如下内容：（1）高级人民法院根据本法和引渡条约关于引渡条件等有关规定，对请求国的引渡请求进行审查，应当由审判员三人组成合议庭进行。（2）高级人民法院审查引渡案件，应当听取被请求引渡人的陈述及其委托的中国律师的意见。高级人民法院应当在收到最高人民法院转来的引渡请求书之日起十日内将引渡请求书副本发送被请求引渡人。被请求引渡人应当在收到之日起三十日内提出意见。（3）高级人民法院经审查后，如果认为请求国的引渡请求符合本法和引渡条约规定，应当作出符合引渡条件的裁定。如果被请求引渡人符合暂缓引渡情形，在裁定中应当予以说明。如果认为请求国的引渡请求不符合本法和引渡条约规定，应当作出不引渡的裁定。（4）根据请求国的请求，在不影响中华人民共和国领域内正在进行的其他诉讼，不侵害中华人民共和国领域内任何第三人的合法权益的情况下，可以在作出符合引渡条件的裁定的同时，作出移交与案件有关财物的裁定。（5）高级人民法院作出符合引渡条件或者不引渡的裁定后，应当向被请求引渡人宣读，并在作出裁定之日起7日内将裁定书连同有关材料报请最高人民法院复核。（6）在审查过程中，在必要时，可以通过外交部要求请求国在三十日内提供补充材料。

【最高人民法院引渡裁定的复核】 是指最高人民法院对高级人民法院作出的符合引渡条件或者不引渡的裁定进行重新审查，以便确定该裁定是否符合我国引渡法和引渡条约的规定。根据《引渡法》第二十五条规定，高级人民法院作出符合引渡条件或者不引渡的裁定后，应当在向被请求引渡人宣读以后及时将裁定书连同有关材料报请最高人民法院复核。被请求引渡人对高级人民法院作出符合引渡条件的裁定不服的，被请求引渡人及其委托的中国律师可以在人民法院向被请求引渡人宣读裁定之日起十日内，向最高人民法院提出意见。根据《引渡法》第二十六条至第二十八条的规定，在审查过程中，最高人民法院在必要时可以通过外交部要求请求国在三十日内提供补充材料。最高人民法院复核高级人民法院的裁定，应当根据下列情形分别处理：（1）认为高级人民法院作出的裁定符合本法和引渡条约规定的，应当对高级人民法院的裁定予以核准。（2）认为高级人民法院作出的裁定不符合本法和引渡条约规定的，可以裁定撤销，发回原审人民法院重新审查，也可以直接作出变更的裁定。最高人民法院作出核准或者变更的裁定后，应当在作出裁定之日起七日内将裁定书送交外交部，并同时送达被请求引渡人。最高人民法院核准或者作出不引渡裁定的，应当立即通知公安机关解除对被请求引渡人采取的强制措施。

【外交部对引渡裁定的处理】 是指外交部接到最高人民法院作出的不引渡或者符合引渡条件的裁定后，根据不同的情况依法采取各种处理措施。根据《引渡法》第二十九条规定，外交部接到最高人民法院不引渡的裁定后，应当根据不同的情形分别采取下列处理措施：（1）外交部接到最高人民法院不引渡的裁定后，应当及时通知请求国。最高人民法院作出的不引渡裁定具有终局性。对于该裁定外交部应当直接通知请求国。（2）外交部接到最高人民法院符合引渡条件的裁定后，应当报送国务院决定是否引渡。最高人民法院作出的符合引渡条件的裁定没有终局性。外交部应当将该裁定报送国务院，由国务院最终决定是否应当引渡。（3）国务院决定不引渡的，外交部应当及时通知请求国。人民法院也应当立即通知公安机关解除对被请求引渡人采取的强制措施。

【为引渡而采取的强制措施】 是指公安司法机关在我国办理引渡案件的过程中依法对被请求引渡人所采取的各种强制措施。根据《引渡法》第三十条至第三十七条规定，我国公安司法机关为引渡而采取的强制措施应当遵守下列规定：（1）对于外国正式提出引渡请求前，因紧急情况申请对将被请求引渡的人采取羁押措施的，公安机关可以根据外国的申请采取引渡拘留措施。这里所指的申请应当通过外交途径或者向公安部书面提出。对于通过外交途径提出申请的，外交部应当及时将该申请转送公安部。对于向公安部提出申请的，公安部应当将申请的有关情况通知外交部。（2）公安机关依法对被请求人采取引渡拘留措施，对于向公安部提出申请的，公安部应当将执行情况及时通知对方，对于通过外交途径提出申请的，公安部将执行情况通知外交部，外交部应当及时通知请求国。对于被请求人已被引渡拘留的，应当同时告知提出正式引渡请求的期限。公安机关采取引渡拘留措施后三十日内外交部没有收到外国正式引渡请求的，应当撤销引渡拘留，经该外国请求，上述期限可以延长十五日。对依法撤销引渡拘留的，请求国可以在事后对同一犯罪正式提出引渡该人的请求。（3）高级人民法院收到引渡请求书及其所附文件和材料后，对于不采取引渡逮捕措施可能影响引渡正常进行的，应当及时作出引渡逮捕的决定。对被请求引渡人不采取引渡逮捕措施的，应当及时作出引渡监视居住的决定。（4）引渡拘留、引渡逮捕、引渡监视居住由公安机关执行。（5）采取引渡强制措施的机关应当在采取引渡强制措施后二十四小时内对被采取引渡强制措施的人进行讯问。被采取引渡强制措施的人自被采取引渡强制措施之日起，可以聘请中国律师为其提供法律帮助。公安机关在执行引渡强制措施时，应当告知被采取引渡强制措施的人享有上述权利。（6）对于应当引渡逮捕的被请求引渡人，如果患有严重疾病，或者是正在怀孕、哺乳自己婴儿的妇女，可以采取引渡监视居住措施。（7）国务院作出准予引渡决定后，应当及时通知最高人民法院。如果被请求引渡人尚未被引渡逮捕的，人民法院应当立即决定引渡逮捕。（8）外国撤销、放弃引渡请求的，应当立即解除对被请求引渡人采取的引渡强制措施。

【引渡的执行】 是指根据人民法院作出的符合引渡条件的裁定和国务院准予引渡的决定，将被请求引渡人以及涉案财物交给请求国。根据《引渡法》第三十八条至第四十一条规定，引渡的执行包括如下内容：（1）执行机关。引渡由公安机关执行。对于国务院决定准予引渡的，外交部应当及时通知公安部，并通知请求国与公安部约定移交被请求引渡人的时间、地点、方式以及执行引渡有关的其他事宜。（2）移交与案件有关的财物。公安机关应当根据人民法院的裁定，向请求国移交与案件有关的财物。因被请求引渡人死亡、逃脱或者其他原因而无法执行引渡时，也可以向请求国移交上述财物。(3) 引渡执行期限。请求国自约定的移交之日起十五日内不接收被请求引渡人的，应当视为自动放弃引渡请求。公安机关应当立即释放被请求引渡人，外交部可以不再受理该国对同一犯罪再次提出的引渡该人的请求。(4) 引渡执行期限延长和重新约定移交事宜。请求国在上述期限内因无法控制的原因不能接收被请求引渡人的，可以申请延长期限，但最长不得超过三十日，也可以根据本法第三十八条的规定重新约定移交事宜。(5) 重新引渡。被引渡人在请求国的刑事诉讼终结或者服刑完毕之前逃回中华人民共和国的，可以根据请求国再次提出的相同的引渡请求准予重新引渡，无需请求国提交本章第二节规定的文件和材料。

【暂缓引渡】 是指在人民法院作出引渡请求符合引渡条件的裁定后，国务院在决定是否引渡时，对正在因其他犯罪进行刑事诉讼或者执行刑罚的被请求引渡人，决定暂缓移交给请求国。根据《引渡法》第四十二条规定，国务院决定准予引渡时，对于中华人民共和国司法机关正在对被请求引渡人由于其他犯罪进行刑事诉讼或者执行刑罚的，可以同时决定暂缓引渡。暂缓引渡的原因包括两种情况：(1) 我国司法机关正在对被请求引渡人的其他犯罪进行刑事诉讼。(2) 我国司法机关正在执行被请求引渡人因其他犯罪而被判处的刑罚。这里的其他犯罪是指请求国引渡请求书指称的犯罪以外的犯罪。正在进行刑事诉讼包括对被请求引渡人进行侦查、审查起诉、审判等刑事诉讼各个环节。被请求引渡人在我国尚有民事诉讼没有完结的，不影响对其引渡。根据《引渡法》第二十四条第一款第一项规定，高级人民法院对引渡申请是否符合条件进行审查。如果认为请求国的引渡请求符合本法和引渡条约规定的，应当作出符合引渡条件的裁定；如果被请求引渡人具有暂缓引渡情形的，裁定中应当予以说明。

【临时引渡】 是指为了便利请求国的刑事诉讼活动，将本应在我国进行刑事诉讼或者执行刑罚的被请求引渡人暂时引渡给请求国，请求国在完成刑事诉讼活动后，再将被引渡人归还我国的一种国际司法协助活动。根据《引渡法》第四十三条第一款规定，决定临时引渡需要具备以下几个条件：(1) 请求国的引渡请求符合引渡条件，但是我国司法机关正在对被请求引渡人由于其他犯罪进行刑事诉讼或者执行刑罚。在请求临时引渡的情况下，请求国欲追究的犯罪与我国正在进行刑事诉讼或者执行刑罚的犯罪必须不是同一犯罪。(2) 必须是暂缓引渡可能给请求国的刑事诉讼造成严重障碍。所谓严重障碍，是指没有被请求引渡人的出席，请求国的刑事诉讼会遇到很大的困难甚至无法进行。(3) 适用临时引渡不妨碍中华人民共和国领域内正在进行的刑事诉讼。如果临时引渡会给我国正在进行的刑事诉讼活动造成妨碍，会损及我国刑事司法活动，则不能予以临时引渡，必须等被请求引渡人在我国的刑事诉讼程序终结以后再予以引渡。(4) 请求国保证在完成有关的刑事诉讼程序后立即无条件送回被请求引渡人。根据《引渡法》第四十三条第二款，临时引渡决定，应当遵守下列程序：(1) 请求国提出临时引渡的，是否准许，由国务院决定。(2) 国务院决定临时引渡必须征得最高人民法院或者最高人民检察院的同意。如果该诉讼活动尚处于侦查、审查起诉阶段，国务院应当征得最高人民检察院的同意；如果该诉讼活动已经进入审判阶段，则应征得最高人民法院的同意。

【引渡的过境】 是指外国之间进行引渡需要经过中华人民共和国领域的，应当按照我国引渡法的有关规定提出过境请求。根据国际惯例，当两个国家之间进行引渡需要路经第三国领域时，必须向该国提出过境的请求。只有经该国政府同意后，方能途经该国领域，这是对该国领域主权的尊重。根据《引渡法》第四十四条至第四十六条的规定，外国提出过境请求时应当遵守下列规定：（1）过境采用航空运输并且在中华人民共和国领域内没有着陆计划的，不需要向我国提出过境请求。但是发生计划外着陆的，应当依照规定提出过境请求。（2）对于外国提出的过境请求，由外交部根据本法的有关规定进行审查，作出准予过境或者拒绝过境的决定。（3）准予过境或者拒绝过境的决定应当由外交部通过与收到请求相同的途径通知请求国。（4）外交部作出准予过境的决定后，应当将该决定及时通知公安部。过境的时间、地点和方式等事宜由公安部决定。（5）引渡的过境由过境地的公安机关监督或者协助执行。（6）公安机关可以根据过境请求国的请求，提供临时羁押场所。

【向外国请求引渡】 是指我国政府对我国有刑事司法管辖权的在国外的犯罪人，依法请求外国准予引渡或者引渡过境。这些犯罪人既可能是我国公民在境内犯罪后逃离我国到国外的，又可能是正在我国被羁押或者正在服刑期间而脱逃到外国的；既包括在境外的我国公民实施了针对我国政府的犯罪需要引渡回我国追究其刑事责任的犯罪人，又包括根据我国同外国签订的有关国际引渡条约中规定的可以引渡到我国追究刑事责任的犯罪人。根据《引渡法》第四十七条、第四十九条规定，我国向外国请求引渡应当遵守下列规定：（1）请求外国准予引渡或者引渡过境的，应当由负责办理有关案件的省、自治区或者直辖市的审判、检察、公安、国家安全或者监狱管理机关分别向最高人民法院、最高人民检察院、公安部、国家安全部、司法部提出意见书，并附有关文件和材料及其经证明无误的译文。（2）最高人民法院、最高人民检察院、公安部、国家安全部、司法部分别会同外交部审核同意后，通过外交部向外国提出请求。（3）引渡、引渡过境或者采取强制措施的请求所需的文书、文件和材料，应当依照引渡条约的规定提出；没有引渡条约或者引渡条约没有规定的，可以参照本法的相关规定提出；被请求国有特殊要求的，在不违反中华人民共和国法律的基本原则的情况下，可以按照被请求国的特殊要求提出。

【请求外国先行采取强制措施】 是指在紧急情况下，我国可以在向外国正式提出引渡请求前，通过外交途径或者被请求国同意的其他途径，请求外国对有关人员先行采取强制措施。在通常情况下，国际上处理有关的引渡事宜，都要经过正常的外交途径和必经的法律程序。而且请求引渡的一个重要前提条件就是必须得知被请求引渡人的具体所在或者踪迹。但是在紧急情况下，如果不对被请求引渡人采取紧急和必要的强制措施，就会对该犯罪人失去控制，从而导致引渡失败。因此，按照国际上的通常做法，我国可以请求被引渡人所在的国家给予协助，采取紧急的强制措施，先将被请求引渡的人控制起来，以防止被请求引渡的人再次脱逃。所谓紧急情况，是指如果所在国不立即采取强制措施，被请求引渡人就有可能脱逃、藏匿、自杀等情况。这里的“可以在向外国正式提出引渡请求前”，是指正是由于在上述的紧急情况下，必须将被请求引渡人先行控制起来，才有使该被请求引渡的人被引渡回国的可能，所以有关部门在一旦得知被请求引渡人的消息，也无论我国政府是否已经通过正常的外交途径向被请求引渡人所在国提出引渡的请求，都可以“通过外交途径或者被请求国同意的其他途径”向被请求引渡人所在国提出对该被请求引渡人先行采取强制措施的司法协助的请求。“通过外交途径或者被请求国同意的其他途径”，是指虽然有关部门为了对付防止被请求引渡人脱逃的紧急情况，需要向被请求引渡人所在国提出对被请求引渡人采取紧急强制措施的，但是仍然需要通过外交途径向有关国家提出，即通过我国外交部门向有关国家政府的外交部门正式提出。“请求外国对有关人员先行采取强制措施”，则是指为了应对上述的紧急情况，我国有关部门向外国提出的要求对被请求引渡人先行采取的适当和必要的紧急强制措施。采取强制措施的基本要求是以不使被请求引渡人脱离有关司法部门的控制为原则。

【引渡承诺】 是指我国在向外国请求引渡时被请求国就准予引渡附加条件的，对于不损害中华人民共和国主权、国家利益、公共利益的，可以由外交部代表中华人民共和国政府向被请求国作出承诺。根据《引渡法》第五十条规定，引渡承诺包括以下主要内容：（1）对被请求国就准予引渡附加条件的，可由外交部代表中华人民共和国政府向被请求国作出承诺。（2）承诺的作出必须以不损害中华人民共和国主权、国家利益、公共利益为前提。（3）按照国际惯例，应当由外交部代表我国政府向被请求国作出承诺。（4）对于限制追诉的承诺，由最高人民检察院决定；对于量刑的承诺，由最高人民法院决定。（5）对于被请求国就准予引渡所附加的条件，一旦我国政府作出承诺，就会产生相应的约束力。

【接收被引渡人】 是指当我国向其他国家或地区提出引渡请求，对方决定同意引渡时，由公安机关负责接收外国准予引渡的人以及与案件有关的财物。经过引渡审查后，如果被请求国决定同意引渡，则需要被请求国主管当局将引渡的日期、地点及有关事项通知请求国，然后进入协商移交被请求引渡人的程序。移交决定是单方行为，但移交过程则是双方行为。在移交被请求引渡人的过程中，双方需要就有关事项进行协商，如移交方式、移交日期和地点、接收官员的到达、与案件有关财物的移交等。根据《引渡法》第五十一条规定，接收外国准予引渡的人以及与案件有关的财物由公安机关负责，任何其他机关无权进行接收。对于其他部门提出引渡请求的，公安机关在接收被引渡人以及与案件有关的财物后，应当及时转交提出引渡请求的部门；也可以会同有关部门共同接收被引渡人以及与案件有关的财物。所谓与案件有关的财物，是指所移交的财物本身是可用作证据的物品，以及该财物是被请求引渡人犯罪的违法所得。

【被请求引渡人的损害赔偿】 是指由于请求国提出引渡请求后又撤销、放弃引渡请求，或者由于提出引渡请求错误，给被请求引渡人造成一定的损害，从而由请求国予以赔偿的行为。现代引渡制度不再是将被请求引渡人作为国家之间政治交易的筹码，而是把他当作引渡诉讼中的一方当事人。在这种情况下，被请求引渡人的诉讼权利和正当利益理应受到法律保护。根据《引渡法》第五十三条规定，被请求引渡人的损害赔偿应当具备以下条件：（1）损害的发生是由于请求国提出请求后撤销、放弃引渡请求，或者提出引渡请求错误引起的。（2）由于请求国的行为给被请求引渡人造成了损害。请求国的引渡请求存在不当是被请求引渡人的损害赔偿权的前提条件，损害事实的客观存在是被请求引渡人的损害赔偿权的必要条件。如果只有前提条件，但没有客观损害事实的存在，被请求引渡人的损害赔偿权也不能成立。（3）被请求引渡人只能向请求国提出赔偿要求。根据《引渡法》第十四条规定，请求国请求引渡，应当保证：请求国提出请求后撤销、放弃引渡请求，或者提出引渡请求错误的，由请求国承担因请求引渡对被请求引渡人造成损害的责任。因此，请求国向我国提出引渡请求，就必须承担这种保证责任，以此维护被请求引渡人的合法权益。至于被请求引渡人的损害赔偿权能否实现，要根据请求国的相关法律规定的要求、条件、程序等来确定。

【引渡费用的承担】 是指办理引渡案件产生的费用，依照请求国和被请求国共同参加、签订的引渡条约或者协议办理。引渡作为一种具体的国家行为，必然会产生许多相关的费用，而费用的如何承担直接关系到国家之间引渡的长期合作。承担费用的方式通常有以下几种方式：（1）按照依照请求国和被请求国共同参加、签订的引渡条约办理。（2）按照双方签订的协议办理。这种情况主要是针对双方没有签订引渡条约的情况，由引渡行为所产生的费用按照协议办理。（3）按照双方共同参加的公约办理。这种情形主要是针对双方既没有签订引渡条约也没有签订引渡协议，但又是公约的参加者的情况。（4）按照国际惯例办理。这主要是针对双方既没有签订引渡条约、协议，也没有共同参加相关的公约的情况。如根据国际惯例，对于因办理引渡案件所产生的费用，请求国与被请求国应当各自承担己方境内的费用。

【刑事案例指导】 是指由最高人民法院发布的对刑事审判工作具有指导性作用的生效案例。根据《关于案例指导工作的规定》第二条规定："本规定所称指导性案例，是指裁判已经发生法律效力，并符合以下条件的案例：（一）社会广泛关注的；（二）法律规定比较原则的；（三）具有典型性的；（四）疑难复杂或者新类型的；（五）其他具有指导作用的案例。"2010年11月，《最高人民法院关于案例指导工作的规定》颁布，标志着我国案例指导制度的正式建立。自此，各类部门法指导性案例被分批次陆续发布，案例指导制度逐渐成为一项引人关注的司法创新制度。刑事案例指导制度的出台有其深刻原因。由于立法技术的阶段性局限限制，成文法抽象与滞后的固有属性，在司法实践中，不同法官基于不同层次的法律认知理解与逻辑经验能力，在自由裁量权机制的运行之下，对事实相似的案例可能出现结果截然不同的裁判。案例指导制度的建立是统一司法裁判、最大限度地实现司法实践中“同案同判”理念的必然要求。

【全国刑事审判工作会议】 是指最高人民法院组织召开的刑事审判方面的全国性专业工作会议，对于总结刑事审判工作经验、部署一定时期刑事审判工作重点任务、统一全国刑事审判裁判标准具有重要意义。新中国成立以来，截至目前，最高人民法院共组织召开了七次全国刑事审判工作会议。（1）第一次全国刑事审判工作会议于1963年12月16～31日在北京召开，会议明确提出刑事审判工作要执行法定制度和程序，体现了最高人民法院开始注意总结实践经验，并积极倡导诸如“实事求是”“依法办事”“重调查、重证据”等刑事审判理念。（2）1978年10月21日～11月2日，第二次全国刑事审判工作会议在上海召开。会议明确了当时刑事审判以揭批林彪、“四人帮”为纲，研究如何加强刑事审判工作，更好地完成第八次全国人民司法工作会议提出的新时期刑事审判工作的任务。会议同时强调要抓住复查纠正冤错案件这件大事，同时部署开展全面复查“三类案件”和平反纠正其他冤错案件工作，要求对刑事申诉案件坚持“有反必肃，有错必纠”原则，要求在审理案件时注意避免混淆两类不同性质的矛盾，防止错判错杀。本次会议之后，各级人民法院复查纠正冤假错案的工作逐步开展起来。（3）1981年11月9～20日，第三次全国刑事审判工作会议在河北省石家庄市召开，时任最高人民法院院长作了题为《振奋精神，扎扎实实地做好刑事审判工作》的重要讲话，强调善于运用法律武器与犯罪作斗争的问题；会议总结1978年第二次全国刑事审判工作会议以来的工作，检查总结人民法院执行《刑法》、《刑事诉讼法》的情况和经验，布置了今后一段时期刑事审判工作的任务。（4）1997年9月1～6日，第四次全国刑事审判工作会议在北京召开，会议回顾自1981年第三次全国刑事审判工作会议以来16年间人民法院刑事审判工作的前进历程和巨大成就，研究今后一个时期内刑事审判工作的任务和特点。（5）2006年11月6～8日，第五次全国刑事审判工作会议在北京召开。此次会议是在全党全国各族人民深入学习贯彻党的十六届六中全会精神，中央决定由最高人民法院统一行使死刑案件核准权的重要时刻召开的一次重要会议。时任最高人民法院院长肖扬作了《全面加强刑事审判工作 为经济社会和谐发展提供有力司法保障》的报告，报告中首次提出要深入开展社会主义法治理念教育，对影响刑事司法工作的各种观念进行系统梳理，“牢固树立符合刑事司法规律、适应我国国情的社会主义刑事司法理念”，提出要坚持惩罚犯罪与保障人权并重，切实重视和加强刑事司法领域中的人权保障；坚持实体公正与程序公正统一，坚持两者的有机统一；坚持司法公正优先，兼顾诉讼效率；坚持“事实清楚、证据确实充分”裁判原则，坚持疑罪从无；坚持罪责刑相适应，做到重罪重罚，轻罪轻罚，罪刑相当，罚当其罪。会议总结了第四次全国刑事审判工作会议以来刑事审判工作的经验，明确刑事审判工作面临的形势、任务和指导思想，对当前和今后一个时期的刑事审判工作提出基本要求，进行全面部署。（6）2013年10月14～15日，第六次全国刑事审判工作会议在北京召开。此次会议是在党的十八大胜利召开与习近平总书记作了关于法治建设重要论述的背景下召开的。会议指出，随着《刑法》、《刑事诉讼法》

相继修改，面对全面建成小康社会的新要求和人民群众的新期待，各级人民法院要坚持以社会主义法治理念为指导，以司法为民、公正司法为主线，牢固树立科学的刑事司法理念，严格贯彻《刑法》和《刑事诉讼法》，坚持以事实为依据、以法律为准绳，坚持罪刑法定和罪责刑相适应，坚持证据裁判和程序正义，实现惩罚犯罪与保护人民和保障人权相统一，全面贯彻宽严相济刑事政策，促进社会和谐稳定。（7）2019 年 10 月 17 ~18 日，第七次全国刑事审判工作会议在北京召开。此次会议是在贯彻落实习近平总书记全面依法治国新理念新思想新战略，建设平安中国、法治中国背景下召开的一次重要会议。会上提出要树立适应新时代新要求的刑事司法理念，落实宽严相济刑事政策，确保罪责刑相适应；兼顾天理国法人情，坚持严格公正司法；注重刑法的社会功能，主动服务经济社会发展，积极回应社会关切，保持刑法谦抑性；严格遵循证明标准，坚持疑罪从无，依法惩罚犯罪、保障人权；推进繁简分流，科学合理配置审判力量，推进庭审实质化建设；深化司法公开，拓展公开的广度和深度，主动接受当事人和社会各界监督，实行阳光司法等。

【努力让人民群众在每一个司法案件中感受到公平正义】 党的十八大以来，习近平总书记多次强调，要“努力让人民群众在每一个司法案件中感受到公平正义”。这一论断揭示了我国社会主义司法制度的内在价值追求，是法治中国建设的重要内容。最高人民法院明确把习近平总书记提出的“努力让人民群众在每一个司法案件中感受到公平正义”作为人民法院工作目标，一切工作都围绕这个目标开展。把“努力让人民群众在每一个司法案件中感受到公平正义”的工作目标要求体现在刑事审判中，就是要站稳人民立场，把准时代脉搏，坚持服务大局、司法为民、公正司法，精准发挥刑事审判职能作用，将体现人民利益、反映人民意愿、维护人民权益、增进人民福祉落实到审判工作全过程：首先，要树立正确的刑事司法理念，兼顾国法天理人情。刑事审判不能机械照搬照抄法条，而是要彰显司法对人民群众朴素正义感的尊重；其次，刑事审判既要惩处犯罪，又要引领社会风尚，惩恶扬善，激浊扬清，大力弘扬社会主义核心价值观，不断增强人民群众获得感、幸福感、安全感；第三，刑事审判既要惩治犯罪维护社会安定，也要加强民生司法保障，把群众急难愁盼问题作为审判工作的切入点和着力点，让人民群众对公平正义更加可感可触。判断人民群众是否在司法案件中感受到公平正义，关键在于裁判结果能否得到社会公众的普遍认同。

附 录 一

指导性案例

【潘玉梅、陈宁受贿案】 最高人民法院指导案例3号。2003年8、9月间，被告人潘玉梅、陈宁分别利用担任江苏省南京市栖霞区迈皋桥街道工委书记、迈皋桥办事处主任的职务便利，为南京某房地产开发有限公司总经理陈某在迈皋桥创业园区低价获取100亩土地等提供帮助，并于9月3日分别以其亲属名义与陈某共同注册成立南京多贺工贸有限责任公司（简称多贺公司），以“开发”上述土地。潘玉梅、陈宁既未实际出资，也未参与该公司经营管理。2004年6月，陈某以多贺公司的名义将该公司及其土地转让，潘玉梅、陈宁以参与利润分配名义，分别收受陈某给予的480万元。2004年2月至10月，被告人潘玉梅、陈宁为南京某置业发展有限公司在迈皋桥创业园购买土地提供帮助，并先后4次各收受该公司总经理吴某某给予的50万元。2004年上半年，潘玉梅为南京某发展有限公司受让金桥大厦项目减免100万元费用提供帮助，并在购买对方开发的一处房产时接受该公司总经理许某某为其支付的房屋差价款和相关税费61万余元。此外，2000年春节前至2006年12月，被告人潘玉梅利用职务便利，先后收受迈皋桥办事处一党支部书记兼南京某商贸有限责任公司总经理高某某人民币201万元和美元49万元、浙江某房地产集团南京置业有限公司范某某美元1万元。2002年至2005年间，陈宁利用职务便利，先后收受迈皋桥办事处一党支部书记高某某21万元、迈皋桥办事处副主任刘某8万元。综上，潘玉梅收受贿赂人民币792万余元、美元50万元，共计收受贿赂1190.2万余元；陈宁收受贿赂559万元。江苏省南京市中级人民法院于2009年2月25日以（2008）宁刑初字第49号刑事判决，认定被告人潘玉梅犯受贿罪，判处死刑，缓期二年执行，剥夺政治权利终身，并处没收个人全部财产；被告人陈宁犯受贿罪，判处无期徒刑，剥夺政治权利终身，并处没收个人全部财产。宣判后，潘玉梅、陈宁提出上诉。江苏省高级人民法院于2009年11月30日以同样的事实和理由作出（2009）苏刑二终字第0028号刑事裁定，驳回上诉，维持原判，并核准一审以受贿罪判处被告人潘玉梅死刑，缓期二年执行，剥夺政治权利终身，并处没收个人全部财产的刑事判决。该指导案例确立了以下裁判规则：（1）国家工作人员利用职务上的便利为请托人谋取利益，并与请托人以“合办”公司的名义获取“利润”，没有实际出资和参与经营管理的，以受贿论处。（2）国家工作人员明知他人有请托事项而收受其财物，视为承诺“为他人谋取利益”，是否已实际为他人谋取利益或谋取到利益，不影响受贿的认定。(3) 国家工作人员利用职务上的便利为请托人谋取利益，以明显低于市场的价格向请托人购买房屋等物品的，以受贿论处，受贿数额按照交易时当地市场价格与实际支付价格的差额计算。(4) 国家工作人员收受财物后，因与其受贿有关联的人、事被查处，为掩饰犯罪而退还的，不影响认定受贿罪。

【王志才故意杀人案】 最高人民法院指导案例4号。被告人王志才与被害人赵某某（女，殁年26岁）在山东省潍坊市科技职业学院同学期间建立恋爱关系。2005年，王志才毕业后参加工作，赵某某继续专升本学习。2007年赵某某毕业参加工作后，王志才与赵某某商议结婚事宜，因赵某某家人不同意，赵某某多次提出分手，但在王志才的坚持下二人继续保持联系。2008年10月9日中午，王志才在赵某某的集体宿舍再次谈及婚恋问题，因赵某某明确表示二人不可能在一起，王志才感到绝望，愤而产生杀死赵某某然后自杀的念头，即持赵某某宿舍内的一把单刃尖刀，朝赵的颈部、胸腹部、背部连续捅刺，致其失血性休克死亡。次日8时30分许，王志才服农药自杀未遂，被公安机关抓获归案。王志才平时表现较好，归案后如实供述自己罪行，并与其亲属积极赔偿，但未与被害人亲属达成赔偿协议。山东省潍坊市中级人民法院于2009年10月14日以（2009）潍刑一初字第35号刑事判决，认定被告人王志才犯故意杀人罪，判处死刑，剥夺政治权利终身。宣判后，王志才提出上诉。山东省高级人民法院于2010年6月18日以（2010）鲁刑四终字第2号刑事裁定，驳回上诉，维持原判，并依法报请最高人民法院核准。最高人民法院根据复核确认的事实，以（2010）刑三复22651920号刑事裁定，不核准被告人王志才死刑，发回山东省高级人民法院重新审判。山东省高级人民法院经依法重新审理，于2011年5月3日作出（2010）鲁刑四终字第2－1号刑事判决，以故意杀人罪改判被告人王志才死刑，缓期二年执行，剥夺政治权利终身，同时决定对其限制减刑。该指导案例确立了以下裁判规则：因恋爱、婚姻矛盾激化引发的故意杀人案件，被告人犯罪手段残忍，论罪应当判处死刑，但被告人具有坦白悔罪、积极赔偿等从轻处罚情节，同时被害人亲属要求严惩的，人民法院根据案件性质、犯罪情节、危害后果和被告人的主观恶性及人身危险性，可以依法判处被告人死刑，缓期二年执行，同时决定限制减刑，以有效化解社会矛盾，促进社会和谐。

【杨延虎等贪污案】 最高人民法院指导案例11号。被告人杨延虎1996年8月任浙江省义乌市委常委，2003年3月任义乌市人大常委会副主任，2000年8月兼任中国小商品城福田市场（2003年3月改称中国义乌国际商贸城，简称国际商贸城）建设领导小组副组长兼指挥部总指挥。2002年，杨延虎得知义乌市稠城街道共和村将列入拆迁和旧村改造范围后，决定在该村购买旧房，利用其职务便利，在拆迁安置时骗取非法利益。杨延虎遂与被告人王月芳（杨延虎的妻妹）、被告人郑新潮（王月芳之夫）共谋后，由王、郑二人出面，通过共和村王某某，以王月芳的名义在该村购买赵某某的3间旧房（房产证登记面积61.87平方米，发证日期1998年8月3日）。按当地拆迁和旧村改造政策，赵某某有无该旧房，其所得安置土地面积均相同，事实上赵某某也按无房户得到了土地安置。2003年3、4月份，为使3间旧房所占土地确权到王月芳名下，在杨延虎指使和安排下，郑新潮再次通过共和村王某某，让该村村民委员会及其成员出具了该3间旧房系王月芳1983年所建的虚假证明。杨延虎利用职务便利，要求国际商贸城建设指挥部分管土地确权工作的吴某某和指挥部确权报批科人员，对王月芳拆迁安置、土地确权予以关照。国际商贸城建设指挥部遂将王月芳所购房屋作为有村证明但无产权证的旧房进行确权审核，上报义乌市国土资源局确权，并按丈量结果认定其占地面积64.7平方米。此后，被告人杨延虎与郑新潮、王月芳等人共谋，在其岳父王某祥在共和村拆迁中可得25.5平方米土地确权的基础上，于2005年1月编造了由王月芳等人签名的申请报告，要求义乌市国土资源局更正。随后，杨延虎利用职务便利，指使国际商贸城建设指挥部工作人员以该部名义对该申请报告盖章确认，并使该申请报告得到义乌市国土资源局和义乌市政府认可，从而让王月芳、王某祥分别获得72和54平方米（共126平方米）的建设用地审批。按王某祥的土地确权面积仅应得36平方米建设用地审批，其余90平方米系非法所得。2005年5月，杨延虎等人在支付选位费24.552万元后，在国际商贸城拆迁安置区获得两间店面72平方米土地的拆迁安置补偿（案发后，该72平方米的土地使用权被依法冻结）。该处地块在用作安置前已被国家征用并转为建设用地，属国有划拨土地。经评估，该处每平方米的土地使用权价值35270元。杨延虎等人非法所得的建设用地90平方米，按照当地拆迁安置规定，折合拆迁安置区店面的土地面积为72平方米，价值253.944万元，扣除其支付的24.552万元后，实际非法所得229.392万元。此外，2001年至2007年间，被告人杨延虎利用职务便利，为他人承揽工程、拆迁安置、国有土地受让等谋取利益，先后非法收受或索取57万元，其中索贿5万元。浙江省金华市中级人民法院于2008年12月15日作出（2008）金中刑二初字第30号刑事判决：一、被告人杨延虎犯贪污罪，判处有期徒刑十五年，并处没收财产二十万元；犯受贿罪，判处有期徒刑十一年，并处没收财产十万元；决定执行有期徒刑十八年，并处没收财产三十万元。二、被告人郑新潮犯贪污罪，判处有期徒刑五年。三、被告人王月芳犯贪污罪，判处有期徒刑三年。宣判后，三被告人均提出上诉。浙江省高级人民法院于2009年3月16日作出（2009）浙刑二终字第34号刑事裁定，驳回上诉，维持原判。该指导案例确立了以下裁判规则：（1）贪污罪中的“利用职务上的便利”，是指利用职务上主管、管理、经手公共财物的权力及方便条件，既包括利用本人职务上主管、管理公共财物的职务便利，也包括利用职务上有隶属关系的其他国家工作人员的职务便利。（2）土地使用权具有财产性利益，属于刑法第三百八十二条第一款规定中的“公共财物”，可以成为贪污的对象。

【李飞故意杀人案】 最高人民法院指导案例12号。2006年4月14日，被告人李飞因犯盗窃罪被判处有期徒刑二年，2008年1月2日刑满释放。2008年4月，经他人介绍，李飞与被害人徐某某（女，殁年26岁）建立恋爱关系。同年8月，二人因经常吵架而分手。8月24日，当地公安机关到李飞的工作单位给李飞建立重点人档案时，其单位得知李飞曾因犯罪被判刑一事，并以此为由停止了李飞的工作。李飞认为其被停止工作与徐某某有关。同年9月12日23时许，李飞到哈尔滨市呼兰区徐某某开设的“小天使形象设计室”附近，再次拨打徐某某的手机，与徐某某在电话中发生吵骂。后李飞破门进入徐某某卧室，持室内的铁锤多次击打徐某某及其表妹王某某头部，致徐某某当场死亡、王某某轻伤。为防止在场的学徒工佟某报警，李飞将徐某某、王某某及佟某的手机带离现场抛弃，后潜逃。同月23日22时许，李飞到其姑母李某某家中，委托其姑母转告其母亲梁某某送钱。梁某某得知此情后，及时报告公安机关，并于次日晚协助公安机关将来姑母家取钱的李飞抓获。在本案审理期间，李飞的母亲梁某某代为赔偿被害人亲属4万元。黑龙江省哈尔滨市中级人民法院于2009年4月30日以（2009）哈刑二初字第51号刑事判决，认定被告人李飞犯故意杀人罪，判处死刑，剥夺政治权利终身。宣判后，李飞提出上诉。黑龙江省高级人民法院于2009年10月29日以（2009）黑刑三终字第70号刑事裁定，驳回上诉，维持原判，并依法报请最高人民法院核准。最高人民法院根据复核确认的事实和被告人母亲协助抓捕被告人的情况，以（2010）刑五复66820039号刑事裁定，不核准被告人李飞死刑，发回黑龙江省高级人民法院重新审判。黑龙江省高级人民法院经依法重新审理，于2011年5月3日作出（2011）黑刑三终字第63号刑事判决，以故意杀人罪改判被告人李飞死刑，缓期二年执行，剥夺政治权利终身，同时决定对其限制减刑。该指导案例确立了以下裁判规则：对于因民间矛盾引发的故意杀人案件，被告人犯罪手段残忍，且系累犯，论罪应当判处死刑，但被告人亲属主动协助公安机关将其抓捕归案，在归案后如实供述犯罪事实并积极赔偿的，人民法院根据案件具体情节，从尽量化解社会矛盾角度考虑，可以依法判处被告人死刑，缓期二年执行，同时决定限制减刑。

【王召成等非法买卖、储存危险物质案】

最高人民法院指导案例13号。被告人王召成、金国淼在未依法取得剧毒化学品购买、使用许可的情况下，约定由王召成出面购买氰化钠。2006年10月至2007年年底，王召成先后3次以每桶1000元的价格向倪荣华（另案处理）购买氰化钠，共支付给倪荣华40000元。2008年8月至2009年9月，王召成先后3次以每袋975元的价格向李光明（另案处理）购买氰化钠，共支付给李光明117000元。王召成、金国淼均将上述氰化钠储存在浙江省绍兴市南洋五金有限公司其二人各自承包车间的带锁仓库内，用于电镀生产。其中，王召成用总量的三分之一，金国淼用总量的三分之二。2008年5月和2009年7月，被告人孙永法先后共用2000元向王召成分别购买氰化钠1桶和1袋。2008年7、8月间，被告人钟伟东以每袋1000元的价格向王召成购买氰化钠5袋。2009年9月，被告人周智明以每袋1000元的价格向王召成购买氰化钠3袋。孙永法、钟伟东、周智明购得氰化钠后，均储存于各自车间的带锁仓库或水槽内，用于电镀生产。浙江省绍兴市越城区人民法院于2012年3月31日作出（2011）绍越刑初字第205号刑事判决，以非法买卖、储存危险物质罪，分别判处被告人王召成有期徒刑三年，缓刑五年；被告人金国淼有期徒刑三年，缓刑四年六个月；被告人钟伟东有期徒刑三年，缓刑四年；被告人周智明有期徒刑三年，缓刑三年六个月；被告人孙永法有期徒刑三年，缓刑三年。宣判后，五被告人均未提出上诉，判决已发生法律效力。该指导案例确立了以下裁判规则：（1）国家严格监督管理的氰化钠等剧毒化学品，易致人中毒或者死亡，对人体、环境具有极大的毒害性和危险性，属于刑法第一百二十五条第二款规定的“毒害性”物质。（2）“非法买卖”毒害性物质，是指违反法律和国家主管部门规定，未经有关主管部门批准许可，擅自购买或者出售毒害性物质的行为，并不需要兼有买进和卖出的行为。

【董某某、宋某某抢劫案】 最高人民法院指导案例14号。被告人董某某、宋某某（时年17周岁）迷恋网络游戏，平时经常结伴到网吧上网，时常彻夜不归。2010年7月27日11时许，因在网吧上网的网费用完，二被告人即伙同王某（作案时未达到刑事责任年龄）到河南省平顶山市红旗街社区健身器材处，持刀对被害人张某某和王某某实施抢劫，抢走张某某5元现金及手机一部。后将所抢的手机卖掉，所得赃款用于上网。河南省平顶山市新华区人民法院于2011年5月10日作出（2011）新刑未初字第29号刑事判决，认定被告人董某某、宋某某犯抢劫罪，分别判处有期徒刑二年六个月，缓刑三年，并处罚金人民币1000元。同时禁止董某某和宋某某在36个月内进入网吧、游戏机房等场所。宣判后，二被告人均未上诉，判决已发生法律效力。该指导案例确立了以下裁判规则：对判处管制或者宣告缓刑的未成年被告人，可以根据其犯罪的具体情况以及禁止事项与所犯罪行的关联程度，对其适用“禁止令”。对于未成年人因上网诱发犯罪的，可以禁止其在一定期限内进入网吧等特定场所。

【臧进泉等盗窃、诈骗案】 最高人民法院指导案例27号。（1）盗窃事实：2010年6月1日，被告人郑必玲骗取被害人金某195元后，获悉金某的建设银行网银账户内有305000余元存款且无每日支付限额，遂电话告知被告人臧进泉，预谋合伙作案。臧进泉赶至网吧后，以尚未看到金某付款成功的记录为由，发送给金某一个交易金额标注为1元而实际植入了支付305000元的计算机程序的虚假链接，谎称金某点击该1元支付链接后，其即可查看到付款成功的记录。金某在诱导下点击了该虚假链接，其建设银行网银账户中的305000元随即通过臧进泉预设的计算机程序，经上海快钱信息服务有限公司的平台支付到臧进泉提前在福州海都阳光信息科技有限公司注册的账户中。臧进泉使用其中的116863元购买大量游戏点卡，并在淘宝网店上出售套现。案发后，公安机关追回赃款187126.31元发还被害人。（2）诈骗事实：2010年5月至6月间，被告人臧进泉、郑必玲、刘涛分别以虚假身份开设无货可供的淘宝网店铺，并以低价吸引买家。三被告人事先在网游网站注册一账户，并对该账户预设充值程序，充值金额为买家欲支付的金额，后将该充值程序代码植入到一个虚假淘宝网链接中。与买家商谈好商品价格后，三被告人各自以方便买家购物为由，将该虚假淘宝网链接通过阿里旺旺聊天工具发送给买家。买家误以为是淘宝网链接而点击该链接进行购物、付款，并认为所付货款会汇入支付宝公司为担保交易而设立的公用账户，但该货款实际通过预设程序转入网游网站在支付宝公司的私人账户，再转入被告人事先在网游网站注册的充值账户中。三被告人获取买家货款后，在网游网站购买游戏点卡、腾讯Q币等，然后将其按事先约定统一放在臧进泉的淘宝网店铺上出售套现，所得款均汇入臧进泉的工商银行卡中，由臧进泉按照获利额以约定方式分配。被告人臧进泉、郑必玲、刘涛经预谋后，先后到江苏省苏州市、无锡市、昆山市等地网吧采用上述手段作案。臧进泉诈骗22000元，获利5000余元，郑必玲诈骗获利5000余元，刘涛诈骗获利12000余元。浙江省杭州市中级人民法院于2011年6月1日作出（2011）浙杭刑初字第91号刑事判决：一、被告人臧进泉犯盗窃罪，判处有期徒刑十三年，剥夺政治权利一年，并处罚金人民币三万元；犯诈骗罪，判处有期徒刑二年，并处罚金人民币五千元，决定执行有期徒刑十四年六个月，剥夺政治权利一年，并处罚金人民币三万五千元。二、被告人郑必玲犯盗窃罪，判处有期徒刑十年，剥夺政治权利一年，并处罚金人民币一万元；犯诈骗罪，判处有期徒刑六个月，并处罚金人民币二千元，决定执行有期徒刑十年三个月，剥夺政治权利一年，并处罚金人民币一万二千元。三、被告人刘涛犯诈骗罪，判处有期徒刑一年六个月，并处罚金人民币五千元。宣判后，臧进泉提出上诉。浙江省高级人民法院于2011年8月9日作出（2011）浙刑三终字第132号刑事裁定，驳回上诉，维持原判。该指导案例确立了以下裁判规则：行为人利用信息网络，诱骗他人点击虚假链接而实际通过预先植入的计算机程序窃取财物构成犯罪的，以盗窃罪定罪处罚；虚构可供交易的商品或者服务，欺骗他人点击付款链接而骗取财物构成犯罪的，以诈骗罪定罪处罚。

【胡克金拒不支付劳动报酬案】 最高人民法院指导案例28号。被告人胡克金于2010年12月分包了位于四川省双流县黄水镇的三盛翡俪山一期景观工程的部分施工工程，之后聘用多名民工入场施工。施工期间，胡克金累计收到发包人支付的工程款51万余元，已超过结算时确认的实际工程款。2011年6月5日工程完工后，胡克金以工程亏损为由拖欠李朝文等20余名民工工资12万余元。6月9日，双流县人力资源和社会保障局责令胡克金支付拖欠的民工工资，胡却于当晚订购机票并在次日早上乘飞机逃匿。6月30日，四川锦天下园林工程有限公司作为工程总承包商代胡克金垫付民工工资12万余元。7月4日，公安机关对胡克金拒不支付劳动报酬案立案侦查。7月12日，胡克金在浙江省慈溪市被抓获。四川省双流县人民法院于2011年12月29日作出（2011）双流刑初字第544号刑事判决，认定被告人胡克金犯拒不支付劳动报酬罪，判处有期徒刑一年，并处罚金人民币二万元。宣判后被告人未上诉，检察机关未抗诉，判决已发生法律效力。该指导案例确立了以下裁判规则：（1）不具备用工主体资格的单位或者个人（包工头），违法用工且拒不支付劳动者报酬，数额较大，经政府有关部门责令支付仍不支付的，应当以拒不支付劳动报酬罪追究刑事责任。（2）不具备用工主体资格的单位或者个人（包工头）拒不支付劳动报酬，即使其他单位或者个人在刑事立案前为其垫付了劳动报酬的，也不影响追究该用工单位或者个人（包工头）拒不支付劳动报酬罪的刑事责任。

【张某某、金某危险驾驶案】 最高人民法院指导案例32号。2012年2月3日20

时20分许，被告人张某某、金某相约驾驶摩托车出去享受大功率摩托车的刺激感，约定“陆家浜路、河南南路路口是目的地，谁先到谁就等谁”。随后，由张某某驾驶无牌的本田大功率二轮摩托车（经过改装），金某驾驶套牌的雅马哈大功率二轮摩托车（经过改装），从上海市浦东新区乐园路99号车行出发，行至杨高路、巨峰路路口掉头沿杨高路由北向南行驶，经南浦大桥到陆家浜路下桥，后沿河南南路经复兴东路隧道、张杨路回到张某某住所。全程28.5公里，沿途经过多个公交站点、居民小区、学校和大型超市。在行驶途中，二被告人驾车在密集车流中反复并线、曲折穿插、多次闯红灯、大幅度超速行驶。当行驶至陆家浜路、河南南路路口时，张某某、金某遇执勤民警检查，遂驾车沿河南南路经复兴东路隧道、张杨路逃离。其中，在杨高南路浦建路立交（限速60km/h）张某某行驶速度115km/h、金某行驶速度98km/h；在南浦大桥桥面（限速60km/h）张某某行驶速度108km/h、金某行驶速度108km/h；在南浦大桥陆家浜路引桥下匝道（限速40km/h）张某某行驶速度大于59km/h、金某行驶速度大于68km/h；在复兴东路隧道（限速60km/h）张某某行驶速度102km/h、金某行驶速度99km/h。2012年2月5日21时许，被告人张某某被抓获到案后，如实供述上述事实，并向公安机关提供被告人金某的手机号码。金某接公安机关电话通知后于2月6日21时许主动投案，并如实供述上述事实。上海市浦东新区人民法院于2013年1月21日作出（2012）浦刑初字第4245号刑事判决：被告人张某某犯危险驾驶罪，判处拘役四个月，缓刑四个月，并处罚金人民币四千元；被告人金某犯危险驾驶罪，判处拘役三个月，缓刑三个月，并处罚金人民币三千元。宣判后，二被告人均未上诉，检察机关亦未抗诉，判决已发生法律效力。该指导案例确立了以下裁判规则：（1）机动车驾驶人员出于竞技、追求刺激、斗气或者其他动机，在道路上曲折穿行、快速追赶行驶的，属于《中华人民共和国刑法》第一百三十三条之一规定的“追逐竞驶”。（2）追逐竞驶虽未造成人员伤亡或财产损失，但综合考虑超过限速、闯红灯、强行超车、抗拒交通执法等严重违反道路交通安全法的行为，足以威胁他人生命、财产安全的，属于危险驾驶罪中“情节恶劣”的情形。

【朱红蔚申请无罪逮捕赔偿案】 最高人民法院指导案例42号。赔偿请求人朱红蔚申请称：检察机关的错误羁押致使其遭受了极大的物质损失和精神损害，申请最高人民法院赔偿委员会维持广东省人民检察院支付侵犯人身自由的赔偿金的决定，并决定由广东省人民检察院登报赔礼道歉、消除影响、恢复名誉，赔偿精神损害抚慰金200万元，赔付被扣押车辆、被拍卖房产等损失。广东省人民检察院答辩称：朱红蔚被无罪羁押873天，广东省人民检察院依法决定支付侵犯人身自由的赔偿金124254.09元，已向朱红蔚当面道歉，并为帮助朱红蔚恢复经营走访了相关工商管理部门及向有关银行出具情况说明。广东省人民检察院未参与涉案车辆的扣押，不应对此承担赔偿责任。朱红蔚未能提供精神损害后果严重的证据，其要求支付精神损害抚慰金的请求不应予支持，其他请求不属于国家赔偿范围。法院经审理查明：因涉嫌犯合同诈骗罪，朱红蔚于2005年7月25日被刑事拘留，同年8月26日被取保候审。2006年5月26日，广东省人民检察院以粤检侦监核〔2006〕4号复核决定书批准逮捕朱红蔚。同年6月1日，朱红蔚被执行逮捕。2008年9月11日，广东省深圳市中级人民法院以指控依据不足为由，判决宣告朱红蔚无罪。同月19日，朱红蔚被释放。朱红蔚被羁押时间共计875天。2011年3月15日，朱红蔚以无罪逮捕为由向广东省人民检察院申请国家赔偿。同年7月19日，广东省人民检察院作出粤检赔决〔2011〕1号刑事赔偿决定：按照2010年度全国职工日平均工资标准支付侵犯人身自由的赔偿金124254.09元（142.33元×873天）；口头赔礼道歉并依法在职能范围内为朱红蔚恢复生产提供方便；对支付精神损害抚慰金的请求不予支持。另查明：（1）朱红蔚之女朱某某在朱红蔚被刑事拘留时未满18周岁，至2012年抑郁症仍未愈。（2）深圳一和实业有限公司自2004年由朱红蔚任董事长兼法定代表人，2005年以来未参加年检。（3）朱红蔚另案申请深圳市公安局赔偿被扣押车辆损失，广东省高级人民法院赔偿委员会以朱红蔚无证据证明其系车辆所有权人和受到实际损失为由，决定驳回朱红蔚赔偿申请。（4）2011年9月5日，广东省高级人民法院、广东省人民检察院、广东省公安厅联合发布粤高法〔2011〕382号《国家赔偿工作中适用精神损害抚慰金问题座谈会纪要》。该纪要发布后，广东省人民检察院表示可据此支付精神损害抚慰金。最高人民法院赔偿委员会于2012年6月18日作出（2011）法委赔字第4号国家赔偿决定：维持广东省人民检察院粤检赔决〔2011〕1号刑事赔偿决定第二项；撤销广东省人民检察院粤检赔决〔2011〕1号刑事赔偿决定第一、三项；广东省人民检察院向朱红蔚支付侵犯人身自由的赔偿金142318.75元；广东省人民检察院向朱红蔚支付精神损害抚慰金50000元；驳回朱红蔚的其他赔偿请求。该指导案例确立了以下裁判规则：（1）国家机关及其工作人员行使职权时侵犯公民人身自由权，严重影响受害人正常的工作、生活，导致其精神极度痛苦，属于造成精神损害严重后果。（2）赔偿义务机关支付精神损害抚慰金的数额，应当根据侵权行为的手段、场合、方式等具体情节，侵权行为造成的影响、后果，以及当地平均生活水平等综合因素确定。

【卜新光申请刑事违法追缴赔偿案】 最高人民法院指导案例44号。赔偿请求人卜新光以安徽省公安厅皖公刑赔字〔2011〕01号刑事赔偿决定、中华人民共和国公安部（以下简称公安部）公刑赔复字〔2011〕1号刑事赔偿复议决定与事实不符，适用法律不当为由，向最高人民法院赔偿委员会提出赔偿申请，称安徽省公安厅越权处置经济纠纷，以其购买的“深坑村土地”抵偿银行欠款违法，提出安徽省公安厅赔偿经济损失316.6万元等赔偿请求。法院经审理查明：赔偿请求人卜新光因涉嫌伪造公司印章罪、非法出具金融票证罪和挪用资金罪被安徽省公安厅立案侦查，于1999年9月5日被逮捕，捕前系深圳新晖实业发展有限责任公司（以下简称新晖公司）总经理。2001年11月20日，合肥市中级人民法院作出（2001）合刑初字第68号刑事判决，认定卜新光自1995年1月起承包经营安徽省信托投资公司深圳证券业务部（以下简称安信证券部）期间，未经安徽省信托投资公司（以下简称安信公司）授权，安排其聘用人员私自刻制、使用属于安信公司专有的公司印章，并用此假印章伪造安信公司法人授权委托书、法定代表人证明书及给深圳证券交易所的担保文书，获得了安信证券部的营业资格，其行为构成伪造印章罪；卜新光在承包经营安信证券部期间，违反金融管理法规，两次向他人开具虚假的资信证明，造成1032万元的重大经济损失，其行为又构成非法出具金融票证罪；在承包经营过程中，作为安信证券部总经理，利用职务之便，直接或间接将安信证券部资金9173.2286万元挪用，用于其个人所有的新晖公司投资及各项费用，与安信证券部经营业务没有关联，且造成的经济损失由安信证券部、安信公司承担法律责任，应视为卜新光挪用证券部资金归个人使用，其行为构成挪用资金罪。案发后，安徽省公安厅追回赃款1689.05万元，赃物、住房折合1627万元；查封新晖公司投资的价值2840万元房产和1950万元的土地使用权，共计价值8106.05万元。卜新光一人犯数罪，应数罪并罚，遂判决：一、卜新光犯伪造公司印章罪，判处有期徒刑二年；犯非法出具金融票证罪，判处有期徒刑八年；犯挪用资金罪，判处有期徒刑十年，决定执行有期徒刑十五年。二、赃款、赃物共计8106.05万元予以追缴。卜新光不服，提起上诉。安徽省高级人民法院于2002年2月22日作出（2002）皖刑终字第34号刑事裁定，驳回上诉，维持原判。上述刑事判决认定查封和判令追缴的土地使用权即指卜新光以新晖公司名义投资的“深坑村土地”使用权。2009年8月4日，卜新光刑满释放。又查明：在卜新光刑事犯罪案发后，深圳发展银行人民桥支行（原系深圳发展银行营业部，以下简称深发行）以与卜新光、安信证券部、安信公司存在拆借2500万元的债务纠纷为由，于1999年12月28日向深圳市中级人民法院提起民事诉讼，案号为（2000）深中法经调初字第72号；深发行还以与安信证券部、安信公司存在担保借款纠纷，拆借资金合同和保证金存款协议纠纷为由，于2000年3月10日，同时向深圳市罗湖区人民法院提起民事诉讼，该院立案审理，案号分别为（2000）深罗法经一初字第372号、（2000）深罗法经一初字第373号。2000年4月19日，安徽省公安厅致函深圳市中级人民法院、罗湖区人民法院，请法院根据最高人民法院《审理经济纠纷案件中涉及经济犯罪嫌疑规定》第十二条的规定，对民事案件中止审理并依法移送安徽省公安厅统一侦办。2000年7月15日，罗湖区人民法院将其受理的（2000）深罗法经一初字第372号、（2000）深罗法经一初字第373号民事案件移送安徽省公安厅。2000年8月24日，安徽省公安厅刑事警察总队对“深坑村土地”进行查封。对（2000）深中法经调初字第72号深发行诉安信证券部、安信公司的拆借金额2500万元债务纠纷案件，深圳市中级人民法院经审理认为，该案涉嫌刑事犯罪，于2001年9月21日将该案移送安徽省公安厅侦查处理，同时通知深发行、安信公司、安信证券部已将该民事案件移送安徽省公安厅。安徽省公安厅在合肥市中级人民法院（2001）合刑初字第68号刑事判决生效后，对“深坑村土地”予以解封并将追缴的土地使用权返还被害单位安信证券部，用于抵偿安徽省公安厅侦办的（2000）深中法经调初字第72号民事案件中卜新光以安信证券部名义拆借深发行2500万元的债务。再查明：在卜新光刑事犯罪案发后，深发行认为安信证券部向该行融资2000万元，只清偿1200万元，余款800万元逾期未付，以债券回购协议纠纷为由，向深圳市中级人民法院起诉卜新光及安信证券部、安信公司，要求连带清偿欠款800万元及利息300万元。深圳市中级人民法院1999年11月9日作出（1998）深中法经一初字第311号民事判决：卜新光返还给深发行2570016元及使用2000万元期间的利息；卜新光财产不足清偿债务时，由安信证券部和安信公司承担补充清偿责任。该民事判决在执行中已由深发行与安信公司达成和解，以其他财产抵偿。最高人民法院赔偿委员会于2011年11月24日作出（2011）法委赔字第1号赔偿委员会决定：维持安徽省公安厅皖公刑赔字〔2011〕01号刑事赔偿决定和中华人民共和国公安部公赔复字〔2011〕1号刑事赔偿复议决定。该指导案例确立了以下裁判规则：公安机关根据人民法院生效刑事判决将判令追缴的赃物发还被害单位，并未侵犯赔偿请求人的合法权益，不属于《中华人民共和国国家赔偿法》第十八条第一项规定的情形，不应承担国家赔偿责任。

【马乐利用未公开信息交易案】 最高人民法院指导案例61号。2011年3月9日至2013年5月30日期间，被告人马乐担任博时基金管理有限公司旗下的博时精选股票证券投资经理，全权负责投资基金投资股票市场，掌握了博时精选股票证券投资基金交易的标的股票、交易时间和交易数量等未公开信息。马乐在任职期间利用其掌控的上述未公开信息，从事与该信息相关的证券交易活动，操作自己控制的“金某”“严某甲”“严某乙”三个股票账户，通过临时购买的不记名神州行电话卡下单，先于（1～5个交易日）、同期或稍晚于（1～2个交易日）其管理的“博时精选”基金账户买卖相同股票76只，累计成交金额10.5亿余元，非法获利18833374.74元。2013年7月17日，马乐主动到深圳市公安局投案，且到案之后能如实供述其所犯罪行，属自首；马乐认罪态度良好，违法所得能从扣押、冻结的财产中全额返还，判处的罚金亦能全额缴纳。广东省深圳市中级人民法院作出（2014）深中法刑二初字第27号刑事判决认为，被告人马乐的行为已构成利用未公开信息交易罪。但刑法中并未对利用未公开信息交易罪规定“情节特别严重”的情形，因此只能认定马乐的行为属于“情节严重”。马乐自首，依法可以从轻处罚；马乐认罪态度良好，违法所得能全额返还，罚金亦能全额缴纳，确有悔罪表现；另经深圳市福田区司法局社区矫正和安置帮教科调查评估，对马乐宣告缓刑对其所居住的社区没有重大不良影响，符合适用缓刑的条件。遂以利用未公开信息交易罪判处马乐有期徒刑三年，缓刑五年，并处罚金人民币1884万元；违法所得人民币18833374.74元依法予以追缴，上缴国库。宣判后，深圳市人民检察院提出抗诉认为，被告人马乐的行为应认定为犯罪情节特别严重，依照“情节特别严重”的量刑档次处罚。一审判决适用法律错误，量刑明显不当，应当依法改判。广东省高级人民法院作出（2014）粤高法刑二终字第137号刑事裁定认为，《刑法》第一百八十条第四款规定，利用未公开信息交易，情节严重的，依照第一款的规定处罚，该条款并未对利用未公开信息交易罪规定有“情节特别严重”情形；而根据第一百八十条第一款的规定，情节严重的，处五年以下有期徒刑或者拘役，并处或者单处违法所得一倍以上五倍以下罚金，故马乐利用未公开信息交易，属于犯罪情节严重，应在该量刑幅度内判处刑罚。原审判决量刑适当，抗诉机关的抗诉理由不成立，不予采纳。遂裁定驳回抗诉，维持原判。二审裁定生效后，广东省人民检察院提请最高人民检察院按照审判监督程序向最高人民法院提出抗诉。最高人民检察院抗诉提出，《刑法》第一百八十条第四款属于援引法定刑的情形，应当引用第一款处罚的全部规定；利用未公开信息交易罪与内幕交易、泄露内幕信息罪的违法与责任程度相当，法定刑亦应相当；马乐的行为应当认定为犯罪情节特别严重，对其适用缓刑明显不当。本案终审裁定以《刑法》第一百八十条第四款未对利用未公开信息交易罪规定有“情节特别严重”为由，降格评价马乐的犯罪行为，属于适用法律确有错误，导致量刑不当，应当依法纠正。最高人民法院依法组成合议庭对该案直接进行再审，并公开开庭审理了本案。再审查明的事实与原审基本相同，原审认定被告人马乐非法获利数额为18833374.74元存在计算错误，实际为19120246.98元，依法应当予以更正。最高人民法院作出（2015）刑抗字第1号刑事判决认为，原审被告人马乐的行为已构成利用未公开信息交易罪。马乐利用未公开信息交易股票76只，累计成交额10.5亿余元，非法获利1912万余元，属于情节特别严重。鉴于马乐具有主动从境外回国投案自首法定从轻、减刑处罚情节；在未受控制的情况下，将股票兑成现金存在涉案三个账户中并主动向中国证券监督管理委员会说明情况，退还了全部违法所得，认罪悔罪态度好，赃款未挥霍，原判罚金刑得已全部履行等酌定从轻处罚情节，对马乐可予减轻处罚。第一审判决、第二审裁定认定事实清楚，证据确实、充分，定罪准确，但因对法律条文理解错误，导致量刑不当，应予纠正。依照《刑法》第一百八十条第四款、第一款、第六十七条第一款、第五十二条、第五十三条、第六十四条及《刑事诉讼法司法解释》①第三百八十九条第（三）项的规定，判决如下：一、维持广东省高级人民法院（2014）粤高法刑二终字第137号刑事裁定和深圳市中级人民法院（2014）深中法刑二初字第27号刑事判决书中对原审被告人马乐的定罪部分；二、撤销广东省高级人民法院（2014）粤高法刑二终字第137号刑事裁定和深圳市中级人民法院（2014）深中法刑二初字第27号刑事判决书中对原审被告人马乐的量刑及追缴违法所得部分；三、原审被告人马乐犯利用未公开信息交易罪，判处有期徒刑三年，并处罚金人民币1913万元；四、违法所得人民币19120246.98元依法予以追缴，上缴国库。该指导案例确立了以下裁判规则：《刑法》第一百八十条第四款规定的利用未公开信息交易罪援引法定刑的情形，应当是对第一款内幕交易、泄露内幕信息罪全部法定刑的引用，即利用未公开信息交易罪应有“情节严重”“情节特别严重”两种情形和两个量刑档次。

【王新明合同诈骗案】 最高人民法院指导案例62号。2012年7月29日，被告人王新明使用伪造的户口本、身份证，冒充房主即王新明之父的身份，在北京市石景山区链家房地产经纪有限公司古城公园店，以出售该区古城路28号楼一处房屋为由，与被害人徐某签订房屋买卖合同，约定购房款为100万元，并当场收取徐某定金1万元。同年8月12日，王新明又收取徐某支付的购房首付款29万元，并约定余款过户后给付。后双方

① 已被《最高人民法院关于适用〈中华人民共和国刑事诉讼的解释〉》（法释［2021］号）废止。

在办理房产过户手续时，王新明虚假身份被石景山区住建委工作人员发现，余款未取得。2013年4月23日，王新明被公安机关查获。次日，王新明的亲属将赃款退还被害人徐某，被害人徐某对王新明表示谅解。北京市石景山区人民法院经审理于2013年8月23日作出（2013）石刑初字第239号刑事判决，认为被告人王新明的行为已构成合同诈骗罪，数额巨大，同时鉴于其如实供述犯罪事实，在亲属帮助下退赔全部赃款，取得了被害人的谅解，依法对其从轻处罚。公诉机关北京市石景山区人民检察院指控罪名成立，但认为数额特别巨大且系犯罪未遂有误，予以更正。遂认定被告人王新明犯合同诈骗罪，判处有期徒刑六年，并处罚金人民币六千元。宣判后，公诉机关提出抗诉，认为犯罪数额应为100万元，数额特别巨大，而原判未评价70万元未遂，仅依据既遂30万元认定犯罪数额巨大，系适用法律错误。北京市人民检察院第一分院的支持抗诉意见与此一致。王新明以原判量刑过重为由提出上诉，在法院审理过程中又申请撤回上诉。北京市第一中级人民法院经审理于2013年12月2日作出（2013）一中刑终字第4134号刑事裁定：准许上诉人王新明撤回上诉，维持原判。该指导案例确立了以下裁判规则：在数额犯中，犯罪既遂部分与未遂部分分别对应不同法定刑幅度的，应当先决定对未遂部分是否减轻处罚，确定未遂部分对应的法定刑幅度，再与既遂部分对应的法定刑幅度进行比较，选择适用处罚较重的法定刑幅度，并酌情从重处罚；二者在同一量刑幅度的，以犯罪既遂酌情从重处罚。

【徐加富强制医疗案】 最高人民法院指导案例63号。被申请人徐加富在2007年下半年开始出现精神异常，表现为凭空闻声，认为别人在议论他，有人要杀他，紧张害怕，夜晚不睡，随时携带刀自卫，外出躲避。因未接受治疗，病情加重。2012年11月18日4时许，被申请人在其经常居住地听到有人开车来杀他，遂携带刀和榔头欲外出撞车自杀。其居住地的门卫张友发得知其出去要撞车自杀，未给其开门。被申请人见被害人手持一部手机，便认为被害人要叫人来对其加害。被申请人当即用携带的刀刺杀被害人身体，用榔头击打其的头部，致其当场死亡。经法医学鉴定，被害人系头部受到钝器打击，造成严重颅脑损伤死亡。2012年12月10日，被申请人被公安机关送往成都市第四人民医院住院治疗。2012年12月17日，成都精卫司法鉴定所接受成都市公安局武侯区分局的委托，对被申请人进行精神疾病及刑事责任能力鉴定，同月26日该所出具鉴定意见书，载明被鉴定人徐加富目前患有精神分裂症，幻觉妄想型；被鉴定人徐加富作案时无刑事责任能力。2013年1月成都市第四人民医院对被申请人的病情作出证明，证实徐加富需要继续治疗。四川省武侯区人民法院于2013年1月24日作出（2013）武侯刑强初字第1号强制医疗决定书：对被申请人徐加富实施强制医疗。该指导案例确立了以下裁判规则：审理强制医疗案件，对被申请人或者被告人是否“有继续危害社会可能”，应当综合被申请人或者被告人所患精神疾病的种类、症状，案件审理时其病情是否已经好转，以及其家属或者监护人有无严加看管和自行送医治疗的意愿和能力等情况予以判定。必要时，可以委托相关机构或者专家进行评估。

【北京阳光一佰生物技术开发有限公司、习文有等生产、销售有毒、有害食品案】

最高人民法院指导案例70号。被告人习文有于2001年注册成立了北京阳光一佰生物技术开发有限公司（以下简称阳光一佰公司），系公司的实际生产经营负责人。2010年以来，阳光一佰公司从谭国民处以600元/公斤的价格购进生产保健食品的原料，该原料系谭国民从尹立新处以2500元/公斤的价格购进后进行加工，阳光一佰公司购进原料后加工制作成用于辅助降血糖的保健食品阳光一佰牌山芪参胶囊，以每盒100元左右的价格销售至扬州市广陵区金福海保健品店及全国多个地区。杨立峰具体负责生产，被告人钟立檬、王海龙负责销售。盐酸丁二胍是丁二胍的盐酸盐。目前盐酸丁二胍未获得国务院药品监督管理部门批准生产或进口，不得作为药物在我国生产、销售和使用。扬州大学医学院葛晓群教授出具的专家意见和南京医科大学司法鉴定所的鉴定意见证明：盐酸丁二胍具有降低血糖的作用，很早就撤出我国市场，长期使用添加盐酸丁二胍的保健食品可能对机体产生不良影响，甚至危及生命。从2012年8月底至2013年1月案发，阳光一佰公司生产、销售金额达800余万元。其中，习文有、尹立新、谭国民参与生产、销售的含有盐酸丁二胍的山芪参胶囊金额达800余万元；杨立峰参与生产的含有盐酸丁二胍的山芪参胶囊金额达800余万元；钟立檬、王海龙参与销售的含有盐酸丁二胍的山芪参胶囊金额达40余万元。尹立新、谭国民与阳光一佰公司共同故意实施犯罪，系共同犯罪，尹立新、谭国民系提供有毒、有害原料用于生产、销售有毒、有害食品的帮助犯，其在共同犯罪中均系从犯。习文有与杨立峰、钟立檬、王海龙共同故意实施犯罪，系共同犯罪，杨立峰、钟立檬、王海龙系受习文有指使实施生产、销售有毒、有害食品的犯罪行为，均系从犯。习文有在共同犯罪中起主要作用，系主犯。杨立峰、谭国民犯罪后主动投案，并如实供述犯罪事实，系自首，当庭自愿认罪。习文有、尹立新、王海龙归案后如实供述犯罪事实，当庭自愿认罪。钟立檬归案后如实供述部分犯罪事实，当庭对部分犯罪事实自愿认罪。江苏省扬州市广陵区人民法院于2014年1月10日作出（2013）扬广刑初字第0330号刑事判决：被告单位北京阳光一佰生物技术开发有限公司犯生产、销售有毒、有害食品罪，判处罚金人民币一千五百万元；被告人习文有犯生产、销售有毒、有害食品罪，判处有期徒刑十五年，剥夺政治权利三年，并处罚金人民币九百万元；被告人尹立新犯生产、销售有毒、有害食品罪，判处有期徒刑十二年，剥夺政治权利二年，并处罚金人民币一百万元；被告人谭国民犯生产、销售有毒、有害食品罪，判处有期徒刑十一年，剥夺政治权利二年，并处罚金人民币一百万元；被告人杨立峰犯生产有毒、有害食品罪，判处有期徒刑五年，并处罚金人民币十万元；被告人钟立檬犯销售有毒、有害食品罪，判处有期徒刑四年，并处罚金人民币八万元；被告人王海龙犯销售有毒、有害食品罪，判处有期徒刑三年六个月，并处罚金人民币六万元；继续向被告单位北京阳光一佰生物技术开发有限公司追缴违法所得人民币八百万元，向被告人尹立新追缴违法所得人民币六十七万一千五百元，向被告人谭国民追缴违法所得人民币一百三十二万元；扣押的含有盐酸丁二胍的山芪参胶囊、颗粒，予以没收。宣判后，被告单位和各被告人均提出上诉。

江苏省扬州市中级人民法院于2014年6月13日作出（2014）扬刑二终字第0032号刑事裁定：驳回上诉、维持原判。该指导案例确立了以下裁判规则：行为人在食品生产经营中添加的虽然不是国务院有关部门公布的《食品中可能违法添加的非食用物质名单》（第二批）和《保健食品中可能非法添加的物质名单》中的物质，但如果该物质与上述名单中所列物质具有同等属性，并且根据检验报告和专家意见等相关材料能够确定该物质对人体具有同等危害的，应当认定为《中华人民共和国刑法》第一百四十四条规定的“有毒、有害的非食品原料”。

【毛建文拒不执行判决、裁定案】 最高人民法院指导案例71号。2012年12月11日，浙江省平阳县人民法院作出（2012）温平鳌商初字第595号民事判决，判令被告人毛建文于判决生效之日起15日内返还陈先银挂靠在其名下的温州宏源包装制品有限公司投资款20万元及利息。该判决于2013年1月6日生效。因毛建文未自觉履行生效法律文书确定的义务，陈先银于2013年2月16日向平阳县人民法院申请强制执行。立案后，平阳县人民法院在执行中查明，毛建文于2013年1月17日将其名下的浙CVU661小型普通客车以15万元的价格转卖，并将所得款项用于个人开销，拒不执行生效判决。毛建文于2013年11月30日被抓获归案后如实供述了上述事实。浙江省平阳县人民法院于2014年6月17日作出（2014）温平刑初字第314号刑事判决：被告人毛建文犯拒不执行判决罪，判处有期徒刑十个月。宣判后，毛建文未提起上诉，公诉机关未提出抗诉，判决已发生法律效力。该指导案例确立了以下裁判规则：有能力执行而拒不执行判决、裁定的时间从判决、裁定发生法律效力时起算。具有执行内容的判决、裁定发生法律效力后，负有执行义务的人有隐藏、转移、故意毁损财产等拒不执行行为，致使判决、裁定无法执行，情节严重的，应当以拒不执行判决、裁定罪定罪处罚。

【郭明升、郭明锋、孙淑标假冒注册商标案】 最高人民法院指导案例87号。公诉机关指控：2013年11月底至2014年6月期间，被告人郭明升为谋取非法利益，伙同被告人孙淑标、郭明锋在未经三星（中国）投资有限公司授权许可的情况下，从他人处批发假冒三星手机裸机及配件进行组装，利用其在淘宝网上开设的“三星数码专柜”网店进行“正品行货”宣传，并以明显低于市场价格公开对外销售，共计销售假冒的三星手机20000余部，销售金额2000余万元，非法获利200余万元，应当以假冒注册商标罪追究其刑事责任。被告人郭明升在共同犯罪中起主要作用，系主犯。被告人郭明锋、孙淑标在共同犯罪中起辅助作用，系从犯，应当从轻处罚。被告人郭明升、孙淑标、郭明锋及其辩护人对其未经“SAMSUNG”商标注册人授权许可，组装假冒的三星手机，并通过淘宝网店进行销售的犯罪事实无异议，但对非法经营额、非法获利提出异议，辩解称其淘宝网店存在请人刷信誉的行为，真实交易量只有10000多部。法院经审理查明：“SAMSUNG”是三星电子株式会社在中国注册的商标，该商标有效期至2021年7月27日；三星（中国）投资有限公司是三星电子株式会社在中国投资设立，并经三星电子株式会社特别授权负责三星电子株式会社名下商标、专利、著作权等知识产权管理和法律事务的公司。2013年11月，被告人郭明升通过网络中介购买店主为“汪亮”、账号为play2011－1985的淘宝店铺，并改名为“三星数码专柜”，在未经三星（中国）投资公司授权许可的情况下，从深圳市华强北远望数码城、深圳福田区通天地手机市场批发假冒的三星I8552手机裸机及配件进行组装，并通过“三星数码专柜”在淘宝网上以“正品行货”进行宣传、销售。被告人郭明锋负责该网店的客服工作及客服人员的管理，被告人孙淑标负责假冒的三星I8552手机裸机及配件的进货、包装及联系快递公司发货。至2014年6月，该网店共计组装、销售假冒三星I8552手机20000余部，非法经营额2000余万元，非法获利200余万元。江苏省宿迁市中级人民法院于2015年9月8日作出（2015）宿中知刑初字第0004号刑事判决，以被告人郭明升犯假冒注册商标罪，判处有期徒刑五年，并处罚金人民币160万元；被告人孙淑标犯假冒注册商标罪，判处有期徒刑三年，缓刑五年，并处罚金人民币20万元。被告人郭明锋犯假冒注册商标罪，判处有期徒刑三年，缓刑四年，并处罚金人民币20万元。宣判后，三被告人均没有提出上诉，该判决已经生效。该指导案例确立了以下裁判规则：假冒注册商标犯罪的非法经营数额、违法所得数额，应当综合被告人供述、证人证言、被害人陈述、网络销售电子数据、被告人银行账户往来记录、送货单、快递公司电脑系统记录、被告人等所作记账等证据认定。被告人辩解称网络销售记录存在刷信誉的不真实交易，但无证据证实的，对其辩解不予采纳。

【于欢故意伤害案】 最高人民法院指导案例93号。被告人于欢的母亲苏某在山东省冠县工业园区经营山东源大工贸有限公司（以下简称源大公司），于欢系该公司员工。2014年7月28日，苏某及其丈夫于某1向吴某、赵某1借款100万元，双方口头约定月息10%。至2015年10月20日，苏某共计还款154万元。其间，吴某、赵某1因苏某还款不及时，曾指使被害人郭某1等人采取在源大公司车棚内驻扎、在办公楼前支锅做饭等方式催债。2015年11月1日，苏某、于某1再向吴某、赵某1借款35万元。其中10万元，双方口头约定月息10%；另外25万元，通过签订房屋买卖合同，用于某1名下的一套住房作为抵押，双方约定如逾期还款，则将该住房过户给赵某1。2015年11月2日至2016年1月6日，苏某共计向赵某1还款29.8万元。吴某、赵某1认为该29.8万元属于偿还第一笔100万元借款的利息，而苏某夫妇认为是用于偿还第二笔借款。吴某、赵某1多次催促苏某夫妇继续还款或办理住房过户手续，但苏某夫妇未再还款，也未办理住房过户。2016年4月1日，赵某1与被害人杜某2、郭某1等人将于某1上述住房的门锁更换并强行入住，苏某报警。赵某1出示房屋买卖合同，民警调解后离去。同月13日上午，吴某、赵某1与杜某2、郭某1、杜某7等人将上述住房内的物品搬出，苏某报警。民警处警时，吴某称系房屋买卖纠纷，民警告知双方协商或通过诉讼解决。民警离开后，吴某责骂苏某，并将苏某头部按入座便器接近水面位置。当日下午，赵某1等人将上述住房内物品搬至源大公司门口。其间，苏某、于某1多次拨打市长热线求助。当晚，于某1通过他人调解，与吴某达成口头协议，约定次日将住房过户给赵某1，此后再付30万元，借款本金及利息即全部结清。4月14日，于某1、苏某未去办理住房过户手续。当日16时许，赵某1纠集郭某2、郭某1、苗某、张某3到源大公司讨债。为找到于某1、苏某，郭某1报警称源大公司私刻财务章。民警到达源大公司后，苏某与赵某1等人因还款纠纷发生争吵。民警告知双方协商解决或到法院起诉后离开。李某3接赵某1电话后，伙同么某、张某2和被害人严某、程某到达源大公司。赵某1等人先后在办公楼前呼喊，在财务室内、餐厅外盯守，在办公楼门厅外烧烤、饮酒，催促苏某还款。其间，赵某1、苗某离开。20时许，杜某2、杜某7赶到源大公司，与李某3等人一起饮酒。20时48分，苏某按郭某1要求到办公楼一楼接待室，于欢及公司员工张某1、马某陪同。21时53分，杜某2等人进入接待室讨债，将苏某、于欢的手机收走放在办公桌上。杜某2用污秽言语辱骂苏某、于欢及其家人，将烟头弹到苏某胸前衣服上，将裤子褪至大腿处裸露下体，朝坐在沙发上的苏某等人左右转动身体。在马某、李某3劝阻下，杜某2穿好裤子，又脱下于欢的鞋让苏某闻，被苏某打掉。杜某2还用手拍打于欢面颊，其他讨债人员实施了揪抓于欢头发或按压于欢肩部不准其起身等行为。22时07分，公司员工刘某打电话报警。22时17分，民警朱某带领辅警宋某、郭某3到达源大公司接待室了解情况，苏某和于欢指认杜某2殴打于欢，杜某2等人否认并称系讨债。22时22分，朱某警告双方不能打架，然后带领辅警到院内寻找报警人，并给值班民警徐某打电话通报警情。于欢、苏某想随民警离开接待室，杜某2等人阻拦，并强迫于欢坐下，于欢拒绝。杜某2等人卡于欢颈部，将于欢推拉至接待室东南角。于欢持刃长15.3厘米的单刃尖刀，警告杜某2等人不要靠近。杜某2出言挑衅并逼近于欢，于欢遂捅刺杜某2腹部一刀，又捅刺围逼在其身边的程某胸部、严某腹部、郭某1背部各一刀。22时26分，辅警闻声返回接待室。经辅警连续责令，于欢交出尖刀。杜某2等四人受伤后，被杜某7等人驾车送至冠县人民医院救治。次日2时18分，杜某2经抢救无效，因腹部损伤造成肝固有动脉裂伤及肝右叶创伤导致失血性休克死亡。严某、郭某1的损伤均构成重伤二级，程某的损伤构成轻伤二级。山东省聊城市中级人民法院于2017年2月17日作出（2016）鲁15刑初33号刑事附带民事判决，认定被告人于欢犯故意伤害罪，判处无期徒刑，剥夺政治权利终身，并赔偿附带民事原告人经济损失。宣判后，被告人于欢及部分原审附带民事诉讼原告人不服，分别提出上诉。山东省高级人民法院经审理于2017年6月23日作出（2017）鲁刑终151号刑事附带民事判决：驳回附带民事上诉，维持原判附带民事部分；撤销原判刑事部分，以故意伤害罪改判于欢有期徒刑五年。该指导案例确立了以下裁判规则：（1）对正在进行的非法限制他人人身自由的行为，应当认定为《刑法》第二十条第一款规定的“不法侵害”，可以进行正当防卫。（2）对非法限制他人人身自由并伴有侮辱、轻微殴打的行为，不应当认定为《刑法》第二十条第三款规定的“严重危及人身安全的暴力犯罪”。（3）判断防卫是否过当，应当综合考虑不法侵害的性质、手段、强度、危害程度，以及防卫行为的性质、时机、手段、强度、所处环境和损害后果等情节。对非法限制他人人身自由并伴有侮辱、轻微殴打，且并不十分紧迫的不法侵害，进行防卫致人死亡重伤的，应当认定为《刑法》第二十条第二款规定的“明显超过必要限度造成重大损害”。(4) 防卫过当案件，如系因被害人实施严重贬损他人人格尊严或者亵渎人伦的不法侵害引发的，量刑时对此应予充分考虑，以确保司法裁判既经得起法律检验，也符合社会公平正义观念。

【王力军非法经营再审改判无罪案】 最高人民法院指导案例 97 号。内蒙古自治区巴彦淖尔市临河区人民检察院指控被告人王力军犯非法经营罪一案，内蒙古自治区巴彦淖尔市临河区人民法院经审理认为，2014 年 11 月至 2015 年 1 月期间，被告人王力军未办理粮食收购许可证，未经工商行政管理机关核准登记并颁发营业执照，擅自在临河区白脑包镇附近村组无证照违法收购玉米，将所收购的玉米卖给巴彦淖尔市粮油公司杭锦后旗蛮会分库，非法经营数额 218288.6 元，非法获利 6000 元。案发后，被告人王力军主动退缴非法获利 6000 元。2015 年 3 月 27 日，被告人王力军主动到巴彦淖尔市临河区公安局经侦大队投案自首。原审法院认为，被告人王力军违反国家法律和行政法规规定，未经粮食主管部门许可及工商行政管理机关核准登记并颁发营业执照，非法收购玉米，非法经营数额 218288.6 元，数额较大，其行为构成非法经营罪。鉴于被告人王力军案发后主动到公安机关投案自首，主动退缴全部违法所得，有悔罪表现，对其适用缓刑确实不致再危害社会，决定对被告人王力军依法从轻处罚并适用缓刑。据此内蒙古自治区巴彦淖尔市临河区人民法院于 2016 年 4 月 15 日作出（2016）内 0802 刑初 54 号刑事判决，认定被告人王力军犯非法经营罪，判处有期徒刑一年，缓刑二年，并处罚金人民币二万元；被告人王力军退缴的非法获利款人民币六千元，由侦查机关上缴国库。宣判后，王力军未上诉，检察机关未抗诉，判决发生法律效力。最高人民法院于 2016 年 12 月 16 日作出（2016）最高法刑监 6 号再审决定，指令内蒙古自治区巴彦淖尔市中级人民法院对本案进行再审。再审中，原审被告人王力军及检辩双方对原审判决认定的事实无异议，再审查明的事实与原审判决认定的事实一致。内蒙古自治区巴彦淖尔市人民检察院提出了原审被告人王力军的行为虽具有行政违法性，但不具有与《刑法》第二百二十五条规定的非法经营行为相当的社会危害性和刑事处罚必要性，不构成非法经营罪，建议再审依法改判。原审被告人王力军在庭审中对原审认定的事实及证据无异议，但认为其行为不构成非法经营罪。辩护人提出了原审被告人王力军无证收购玉米的行为，不具有社会危害性、刑事违法性和应受惩罚性，不符合刑法规定的非法经营罪的构成要件，也不符合刑法谦抑性原则，应宣告原审被告人王力军无罪。内蒙古自治区巴彦淖尔市中级人民法院于 2017 年 2 月 14 日作出（2017）内 08 刑再 1 号刑事判决：一、撤销内蒙古自治区巴彦淖尔市临河区人民法院（2016）内 0802 刑初 54 号刑事判决；二、原审被告人王力军无罪。该指导案例确立了以下裁判规则：(1) 对于《刑法》第二百二十五条第四项规定的“其他严重扰乱市场秩序的非法经营行为”的适用，应当根据相关行为是否具有与《刑法》第二百二十五条前三项规定的非法经营行为相当的社会危害性、刑事违法性和刑事处罚必要性进行判断。(2) 判断违反行政管理有关规定的经营行为是否构成非法经营罪，应当考虑该经营行为是否属于严重扰乱市场秩序。对于虽然违反行政管理有关规定，但尚未严重扰乱市场秩序的经营行为，不应当认定为非法经营罪。

【付宣豪、黄子超破坏计算机信息系统案】 最高人民法院指导案例102号。2013年底至2014年10月，被告人付宣豪、黄子超等人租赁多台服务器，使用恶意代码修改互联网用户路由器的DNS设置，进而使用户登录“2345. com”等导航网站时跳转至其设置的“5w. com”导航网站，被告人付宣豪、黄子超等人再将获取的互联网用户流量出售给杭州久尚科技有限公司（系“5w. com”导航网站所有者），违法所得合计人民币754762. 34元。2014年11月17日，被告人付宣豪接民警电话通知后自动至公安机关，被告人黄子超主动投案，二被告人到案后均如实供述了上述犯罪事实。被告人及辩护人对罪名及事实均无异议。上海市浦东新区人民法院于2015年5月20日作出（2015）浦刑初字第1460号刑事判决：一、被告人付宣豪犯破坏计算机信息系统罪，判处有期徒刑三年，缓刑三年。二、被告人黄子超犯破坏计算机信息系统罪，判处有期徒刑三年，缓刑三年。三、扣押在案的作案工具以及退缴在案的违法所得予以没收，上缴国库。一审宣判后，二被告人均未上诉，公诉机关未抗诉，判决已发生法律效力。该指导案例确立了以下裁判规则：（1）通过修改路由器、浏览器设置、锁定主页或者弹出新窗口等技术手段，强制网络用户访问指定网站的“DNS劫持”行为，属于破坏计算机信息系统，后果严重的，构成破坏计算机信息系统罪。（2）对于“DNS劫持”，应当根据造成不能正常运行的计算机信息系统数量、相关计算机信息系统不能正常运行的时间，以及所造成的损失或者影响等，认定其是“后果严重”还是“后果特别严重”。

【徐强破坏计算机信息系统案】 最高人民法院指导案例103号。为了加强对分期付款的工程机械设备的管理，中联重科股份有限公司（以下简称中联重科）投入使用了中联重科物联网GPS信息服务系统，该套计算机信息系统由中联重科物联网远程监控平台、GPS终端、控制器和显示器等构成，该系统具备自动采集、处理、存储、回传、显示数据和自动控制设备的功能，其中，控制器、GPS终端和显示器由中联重科在工程机械设备的生产制造过程中安装到每台设备上。中联重科对“按揭销售”的泵车设备均安装了中联重科物联网GPS信息服务系统，并在产品买卖合同中明确约定“如买受人出现违反合同约定的行为，出卖人有权采取停机、锁机等措施”以及“在买受人付清全部货款前，产品所有权归出卖人所有。即使在买受人已经获得机动车辆登记文件的情况下，买受人未付清全部货款前，产品所有权仍归出卖人所有”的条款。然后由中联重科总部的远程监控维护平台对泵车进行监控，如发现客户有拖欠、赖账等情况，就会通过远程监控系统进行“锁机”，泵车接收到“锁机”指令后依然能发动，但不能作业。2014年5月间，被告人徐强使用“GPS干扰器”先后为钟某某、龚某某、张某某名下或管理的五台中联重科泵车解除锁定。具体事实如下：（1）2014年4月初，钟某某发现其购得的牌号为贵A77462的泵车即将被中联重科锁机后，安排徐关伦帮忙打听解锁人。徐某某遂联系龚某某告知钟某某泵车需解锁一事。龚某某表示同意后，即通过电话联系被告人徐强给泵车解锁。2014年5月18日，被告人徐强携带“GPS干扰器”与龚某某一起来到贵阳市清镇市，由被告人徐强将“GPS干扰器”上的信号线连接到泵车右侧电控柜，再将“GPS干扰器”通电后使用干扰器成功为牌号为贵A77462的泵车解锁。事后，钟某某向龚某某支付了解锁费用人民币40000元，龚某某亦按约定将其中人民币9600元支付给徐某某作为介绍费。当日及次日，龚某某还带着被告人徐强为其管理的其妹夫黄某从中联重科及长沙中联重科二手设备销售有限公司以分期付款方式购得的牌号分别为湘AB0375、湘AA6985、湘AA6987的三台泵车进行永久解锁。事后，龚某某向被告人徐强支付四台泵车的解锁费用共计人民币30000元。（2）2014年5月间，张某某从中联重科以按揭贷款的方式购买泵车一台，因拖欠货款被中联重科使用物联网系统将泵车锁定，无法正常作业。张某某遂通过电话联系到被告人徐强为其泵车解锁。2014年5月17日，被告人徐强携带“GPS干扰器”来到湖北襄阳市，采用上述同样的方式为张某某名下牌号为鄂FE7721的泵车解锁。事后，张某某向被告人徐强支付解锁费用人民币15000元。经鉴定，中联重科的上述牌号为贵A77462、湘AB0375、湘AA6985、湘AA6987泵车GPS终端被拆除及控制程序被修改后，中联重科物联网GPS信息服务系统无法对泵车进行实时监控和远程锁车。2014年11月7日，被告人徐强主动到公安机关投案。在本院审理过程中，被告人徐强退缴了违法所得人民币45000元。湖南省长沙市岳麓区人民法院于2015年12月17日作出（2015）岳刑初字第652号刑事判决：一、被告人徐强犯破坏计算机信息系统罪，判处有期徒刑二年六个月。二、追缴被告人徐强的违法所得人民币四万五千元，上缴国库。被告人徐强不服，提出上诉。湖南省长沙市中级人民法院于2016年8月9日作出（2016）湘01刑终58号刑事裁定：驳回上诉，维持原判。该裁定已发生法律效力。该指导案例确立了以下裁判规则：企业的机械远程监控系统属于计算机信息系统。违反国家规定，对企业的机械远程监控系统功能进行破坏，造成计算机信息系统不能正常运行，后果严重的，构成破坏计算机信息系统罪。

【李森、何利民、张锋勃等人破坏计算机信息系统案】 最高人民法院指导案例104号。西安市长安区环境空气自动监测站（以下简称长安子站）系国家环境保护部（以下简称环保部）确定的西安市13个国控空气站点之一，通过环境空气质量自动监测系统采集、处理监测数据，并将数据每小时传输发送至中国环境监测总站（以下简称监测总站），一方面通过网站实时向社会公布，另一方面用于编制全国环境空气质量状况月报、季报和年报，向全国发布。长安子站为全市两个国家直管监测子站之一，由监测总站委托武汉宇虹环保产业股份有限公司进行运行维护，不经允许，非运维方工作人员不得擅自进入。2016年2月4日，长安子站回迁至西安市长安区西安邮电大学南区动力大楼房顶。被告人李森利用协助子站搬迁之机私自截留子站钥匙并偷记子站监控电脑密码，此后至2016年3月6日间，被告人李森、张锋勃多次进入长安子站内，用棉纱堵塞采样器的方法，干扰子站内环境空气质量自动监测系统的数据采集功能。被告人何利民明知李森等人的行为而没有阻止，只是要求李森把空气污染数值降下来。被告人李森还多次指使被告人张楠、张肖采用上述方法对子站自动监测系统进行干扰，造成该站自动监测数据多次出现异常，多个时间段内监测数据严重失真，影响了国家环境空气质量自动监测系统正常运行。为防止罪行败露，2016 年 3 月 7 日、3 月 9 日，在被告人李森的指使下，被告人张楠、张肖两次进入长安子站将监控视频删除。2016 年 2、3 月间，长安子站每小时的监测数据已实时传输发送至监测总站，通过网站向社会公布，并用于环保部编制 2016 年 2 月、3 月和第一季度全国 74 个城市空气质量状况评价、排名。2016 年 3 月 5 日，监测总站在例行数据审核时发现长安子站数据明显偏低，检查时发现了长安子站监测数据弄虚作假问题，后公安机关将五被告人李森、何利民、张楠、张肖、张锋勃抓获到案。被告人李森、被告人张锋勃、被告人张楠、被告人张肖在庭审中均承认指控属实，被告人何利民在庭审中辩解称其对李森堵塞采样器的行为仅是默许、放任，请求宣告其无罪。陕西省西安市中级人民法院于 2017 年 6 月 15 日作出（2016）陕 01 刑初 233 号刑事判决：一、被告人李森犯破坏计算机信息系统罪，判处有期徒刑一年十个月。二、被告人何利民犯破坏计算机信息系统罪，判处有期徒刑一年七个月。三、被告人张锋勃犯破坏计算机信息系统罪，判处有期徒刑一年四个月。四、被告人张楠犯破坏计算机信息系统罪，判处有期徒刑一年三个月。五、被告人张肖犯破坏计算机信息系统罪，判处有期徒刑一年三个月。宣判后，各被告人均未上诉，判决已发生法律效力。该指导案例确立了以下裁判规则：环境质量监测系统属于计算机信息系统。用棉纱等物品堵塞环境质量监测采样设备，干扰采样，致使监测数据严重失真的，构成破坏计算机信息系统罪。

【洪小强、洪礼沃、洪清泉、李志荣开设赌场案】 最高人民法院指导案例 105 号。2016 年 2 月 14 日，被告人李志荣、洪礼沃、洪清泉伙同洪某 1、洪某 2（均在逃）以福建省南安市英都镇阀门基地旁一出租房为据点（后搬至福建省南安市英都镇环江路大众电器城五楼的套房），雇佣洪某 3 等人，运用智能手机、电脑等设备建立微信群（群昵称为“寻龙诀”，经多次更名后为“（新）九八届同学聊天”）拉拢赌客进行网络赌博。洪某 1、洪某 2 作为发起人和出资人，负责幕后管理整个团伙；被告人李志荣主要负责财务、维护赌博软件；被告人洪礼沃主要负责后勤；被告人洪清泉主要负责处理与赌客的纠纷；被告人洪小强为出资人，并介绍了陈某某等赌客加入微信群进行赌博。该微信赌博群将启动资金人民币 300000 元分成 100 份资金股，并另设 10 份技术股。其中，被告人洪小强占资金股 6 股，被告人洪礼沃、洪清泉各占技术股 4 股，被告人李志荣占技术股 2 股。参赌人员加入微信群，通过微信或支付宝将赌资转至庄家（昵称为“白龙账房”“青龙账房”）的微信或者支付宝账号计入分值（一元相当于一分）后，根据“PC 蛋蛋”等竞猜游戏网站的开奖结果，以押大小、单双等方式在群内投注赌博。该赌博群 24 小时运转，每局参赌人员数十人，每日赌注累计达数十万元。截至案发时，该团伙共接受赌资累计达 3237300 元。赌博群运行期间共分红 2 次，其中被告人洪小强分得人民币 36000 元，被告人李志荣分得人民币 6000 元，被告人洪礼沃分得人民币 12000 元，被告人洪清泉分得人民币 12000 元。江西省赣州市章贡区人民法院于 2017 年 3 月 27 日作出（2016）赣 0702 刑初 367 号刑事判决：一、被告人洪小强犯开设赌场罪，判处有期徒刑四年，并处罚金人民币五万元。二、被告人洪礼沃犯开设赌场罪，判处有期徒刑四年，并处罚金人民币五万元。三、被告人洪清泉犯开设赌场罪，判处有期徒刑四年，并处罚金人民币五万元。四、被告人李志荣犯开设赌场罪，判处有期徒刑四年，并处罚金人民币五万元。五、将四被告人所退缴的违法所得共计人民币66000元以及随案移送的6部手机、1台笔记本电脑、3台台式电脑主机等供犯罪所用的物品，依法予以没收，上缴国库。宣判后，四被告人均未提出上诉，判决已发生法律效力。该指导案例确立了以下裁判规则：以营利为目的，通过邀请人员加入微信群的方式招揽赌客，根据竞猜游戏网站的开奖结果等方式进行赌博，设定赌博规则，利用微信群进行控制管理，在一段时间内持续组织网络赌博活动的，属于《刑法》第三百零三条第二款规定的“开设赌场”。

【谢检军、高垒、高尔樵、杨泽彬开设赌场案】 最高人民法院指导案例106号。2015年9月至2015年11月，向某（已判决）在杭州市萧山区活动期间，分别伙同被告人谢检军、高垒、高尔樵、杨泽彬等人，以营利为目的，邀请他人加入其建立的微信群，组织他人在微信群里采用抢红包的方式进行赌博。期间，被告人谢检军、高垒、高尔樵、杨泽彬分别帮助向某在赌博红包群内代发红包，并根据发出赌博红包的个数，从抽头款中分得好处费。浙江省杭州市萧山区人民法院于2016年11月9日作出（2016）浙0109刑初1736号刑事判决：一、被告人谢检军犯开设赌场罪，判处有期徒刑三年六个月，并处罚金人民币25000元。二、被告人高垒犯开设赌场罪，判处有期徒刑三年三个月，并处罚金人民币20000元。三、被告人高尔樵犯开设赌场罪，判处有期徒刑三年三个月，并处罚金人民币15000元。四、被告人杨泽彬犯开设赌场罪，判处有期徒刑三年，并处罚金人民币10000元。五、随案移送的四被告人犯罪所用工具手机6只予以没收，上缴国库；尚未追回的四被告人犯罪所得赃款，继续予以追缴。宣判后，谢检军、高尔樵、杨泽彬不服，分别向浙江省杭州市中级人民法院提出上诉。浙江省杭州市中级人民法院于2016年12月29日作出（2016）浙01刑终1143号刑事判决：一、维持杭州市萧山区人民法院（2016）浙0109刑初1736号刑事判决第一项、第二项、第三项、第四项的定罪部分及第五项没收犯罪工具、追缴赃款部分。二、撤销杭州市萧山区人民法院（2016）浙0109刑初1736号刑事判决第一项、第二项、第三项、第四项的量刑部分。三、上诉人（原审被告人）谢检军犯开设赌场罪，判处有期徒刑三年，并处罚金人民币25000元。四、原审被告人高垒犯开设赌场罪，判处有期徒刑二年六个月，并处罚金人民币20000元。五、上诉人（原审被告人）高尔樵犯开设赌场罪，判处有期徒刑二年六个月，并处罚金人民币15000元。六、上诉人（原审被告人）杨泽彬犯开设赌场罪，判处有期徒刑一年六个月，并处罚金人民币10000元。该指导案例确立了以下裁判规则：以营利为目的，通过邀请人员加入微信群，利用微信群进行控制管理，以抢红包方式进行赌博，在一段时间内持续组织赌博活动的行为，属于刑法第三百零三条第二款规定的“开设赌场”。

【王振殿、马群凯污染环境暨山东省烟台市人民检察院诉王振殿、马群凯环境民事公益诉讼案】 最高人民法院指导案例133号。2014年2月至4月期间，王振殿、马群凯在未办理任何注册、安检、环评等手续的情况下，在莱州市柞村镇消水庄村沙场大院北侧车间从事盐酸清洗长石颗粒项目，王振殿提供场地、人员和部分资金，马群凯出资建设反应池、传授技术、提供设备、购进原料、出售成品。在作业过程中产生约60吨的废酸液，该废酸液被王振殿先储存于厂院北墙外的废水池内。废酸液储存于废水池期间存在明显的渗漏迹象，渗漏的废酸液对废水池周边土壤和地下水造成污染。废酸液又被通过厂院东墙和西墙外的排水沟排入村北的消水河，对消水河内水体造成污染。2014年4月底，王振殿、马群凯盐酸清洗长石颗粒作业被莱州市公安局查获关停后，盐酸清洗长石颗粒剩余的20余吨废酸液被王振殿填埋在反应池内。该废酸液经莱州市环境监测站监测和莱州市环境保护局认定，监测PH值小于2，根据国家危险废物名录及危险废物鉴定标准和鉴别方法，属于废物类别为“HW34废酸中代码为900－300－34”的危险废物。2016年6月1日，被告人马群凯因犯污染环境罪，被判处有期徒刑一年六个月，缓刑二年，并处罚金人民币二万元（所判罚金已缴纳）；被告人王振殿犯污染环境罪，被判处有期徒刑一年二个月，缓刑二年，并处罚金人民币二万元（所判罚金已缴纳）。莱州市公安局办理王振殿污染环境刑事一案中，莱州市公安局食药环侦大队《现场勘验检查工作记录》中记载“中心现场位于消水沙场院内北侧一废弃车间内。车间内西侧南北方向排列有两个长20m、宽6m、平均深1.5m的反应池，反应池底部为斜坡。车间北侧见一夹道，夹道内见三个长15m、宽2.6m、深2m的水泥池。”现车间内西侧的北池废酸液被沙土填埋，受污染沙土总重为223吨。2015年11月27日，莱州市公安局食品药品与环境犯罪侦查大队委托山东省环境保护科学研究设计院环境风险与污染损害鉴定评估中心对莱州市王振殿、马群凯污染环境案造成的环境损害程度及数额进行鉴定评估。该机构于2016年2月作出莱州市王振殿、马群凯污染环境案环境损害检验报告，认定：本次评估可量化的环境损害为应急处置费用和生态环境损害费用，应急处置费用为酸洗池内受污染沙土的处置费用5.6万元，生态环境损害费用为偷排酸洗废水造成的生态损害修复费用72万元，合计为77.6万元。2016年4月6日，莱州市人民检察院向莱州市环境保护局发出莱检民（行）行政违监〔2016〕37068300001号检察建议，“建议对消水河流域的其他企业、小车间等的排污情况进行全面摸排，看是否还存在向消水河流域排放污染物的行为”。莱州市环境保护局于同年5月3日回复称，“我局在收到莱州市人民检察院检察建议书后，立即组织执法人员对消水河流域的企业、小车间的排污情况进行全面排查，经严格执法，未发现有向消水河流域排放废酸等危险废物的环境违法行为”。2017年2月8日，山东省烟台市中级人民法院会同公益诉讼人及王振殿、马群凯、烟台市环保局、莱州市环保局、消水庄村委对王振殿、马群凯实施侵权行为造成的污染区域包括酸洗池内的沙土和周边居民区的部分居民家中水井地下水进行了现场勘验并取样监测，取证现场拍摄照片22张。环保部门向人民法院提交了2017年2月13日水质监测达标报告（8个监测点位水质监测结果均为达标）及其委托山东恒诚检测科技有限公司出具的2017年2月14日酸洗池固体废物检测报告（酸洗反应南池－40cm PH值＝9.02，－70cm PH值＝

9.18，北池 -40cm PH值=2.85，-70cm PH值=2.52)。公益诉讼人向人民法院提交的2017年3月3日由莱州市环境保护局委托山东恒诚检测科技有限公司对王振殿酸洗池废池的检测报告，载明：反应池南池 -1.2mPH值=9.7，北池 -1.2mPH值<2。公益诉讼人认为，《危险废物鉴别标准浸出毒性鉴别(GB5085.3-2007)》和《土壤环境监测技术规范》(HJ/t166-2004)规定，PH值≥12.5或者≤2.0时为具有腐蚀性的危险废物。《国家危险废物名录》[①] HW34废酸一项900-300-34类为“使用酸进行清洗产生的废酸液”；HW49其他废物一项900-041-49类为“含有或沾染毒性、感染性危险废物的废弃包装物、容器、过滤吸附介质”。涉案酸洗池内受污染沙土属于危险废物，酸洗池内的受污染沙土总量都应该按照危险废物进行处置。公益诉讼人提交的山东省地质环境监测总站水工环高级工程师刘炜金就地下水污染演变过程所做的咨询报告专家意见，载明：一、地下水环境的污染发展过程。1. 污染因子通过地表入渗进入饱和带（潜水含水层地下水水位以上至地表的地层），通过渗漏达到地下水水位进入含水层。2. 进入含水层，初始在水头压力作用下向四周扩散形成一个沿地下水流向展布的似圆状污染区。3. 当污染物持续入渗，在地下水水动力的作用下，污染因子随着地下水径流，向下游扩散，一般沿地下水流向以初始形成的污染区为起点呈扇形或椭圆形向下游拓展扩大。4. 随着地下水径流形成的污染区不断拓展，污染面积不断扩大，污染因子的浓度不断增大，造成对地下水环境的污染，在污染源没有切断的情况下，污染区将沿着地下水径流方向不断拓展。二、污染区域的演变过程、地下水污染的演变过程，主要受污染的持续性，包气带的渗漏性，含水层的渗透性，土壤及含水层岩土的吸附性，地下水径流条件等因素密切相关。1. 长期污染演变过程。在污染因子进入地表通过饱和带向下渗漏的过程中，部分被饱和带岩土吸附，污染包气带的岩土层；初始进入含水层的污染因子浓度较低，当经过一段时间渗漏途经吸附达到饱和后，进入含水层的污染因子浓度将逐渐接近或达到污水的浓度。进入含水层向下游拓展过程中，通过地下水的稀释和含水层的吸附，开始会逐渐降低。达到饱和后，随着污染因子的不断注入，达到一定浓度的污染区将不断向下游拓展，污染区域面积将不断扩大。2. 短期污染演变过程。短期污染是指污水进入地下水环境经过一定时期，消除污染源，已进入地下水环境的污染因子和污染区域的变化过程。(1) 污染因子的演变过程。在消除污染源阻断污染因子进入地下水环境的情况下，随着上游地下水径流和污染区地下水径流扩大区域的地下水的稀释，及含水层岩土的吸附作用，污染水域的地下水浓度将逐渐降低，水质逐渐好转。(2) 污染区域的变化。在消除污染源，污水阻止进入含水层后，地下水污染区域将随着时间的推移，在地下水径流水动力的作用下，整个污染区将逐渐向下游移动扩大，随着污染区扩大、岩土吸附作用的加强，含水层中地下水水质将逐渐好转，在经过一定时间后，污染因子将吸附于岩土层和稀释于地下水中，改善污染区地下水环境，最终使原污染区达到有关水质要求标准。山东省烟台市中级人民法院于2017年5月31日作出(2017)鲁06民初8号民事判决：一、

① 已被《国家危险废物名录》(2021年版) 替代。

被告王振殿、马群凯在本判决生效之日起三十日内在烟台市环境保护局的监督下按照危险废物的处置要求将酸洗池内受污染沙土223吨进行处置，消除危险；如不能自行处置，则由环境保护主管部门委托第三方进行处置，被告王振殿、马群凯赔偿酸洗危险废物处置费用5.6万元，支付至烟台市环境公益诉讼基金帐户。二、被告王振殿、马群凯在本判决生效之日起九十日内对莱州市柞村镇消水庄村沙场大院北侧车间周边地下水、土壤和消水河内水体的污染治理制定修复方案并进行修复，逾期不履行修复义务或者修复未达到保护生态环境社会公共利益标准的，赔偿因其偷排酸洗废水造成的生态损害修复费用72万元，支付至烟台市环境公益诉讼基金帐户。该案宣判后，双方均未提出上诉，判决已发生法律效力。该指导案例确立了以下裁判规则：污染者违反国家规定向水域排污造成生态环境损害，以被污染水域有自净功能、水质得到恢复为由主张免除或者减轻生态环境修复责任的，人民法院不予支持。

【苏州其安工艺品有限公司等污染环境暨江苏省徐州市人民检察院诉苏州其安工艺品有限公司等环境民事公益诉讼案】

最高人民法院指导案例第135号。2015年5、6月份，苏州其安工艺品有限公司（以下简称其安公司）将其工业生产活动中产生的83桶硫酸废液，以每桶1300－3600元不等的价格，交由黄克峰处置。黄克峰将上述硫酸废液运至苏州市区其租用的场院内，后以每桶2000元的价格委托何传义处置，何传义又以每桶1000元的价格委托王克义处置。王克义到物流园马路边等处随机联系外地牌号货车车主或司机，分多次将上述83桶硫酸废液直接从黄克峰存放处运出，要求他们带出苏州后随意处置，共支出运费43000元。其中，魏以东将15桶硫酸废液从苏州运至沛县经济开发区后，在农地里倾倒3桶，余下12桶被丢弃在某工地上。除以上15桶之外，其余68桶硫酸废液王克义无法说明去向。2015年12月，沛县环保部门巡查时发现12桶硫酸废液。经鉴定，确定该硫酸废液是危险废物。2016年10月，其安公司将12桶硫酸废液合法处置，支付费用116740.08元。2017年8月2日，江苏省沛县人民检察院对其安公司、江晓鸣、黄克峰、何传义、王克义、魏以东等向徐州铁路运输法院提起公诉，该案经江苏省徐州市中级人民法院二审后，终审判决认定其安公司、江晓鸣、黄克峰、何传义、王克义、魏以东等构成污染环境罪。江苏省徐州市人民检察院在履行职责中发现以上破坏生态环境的行为后，依法公告了准备提起本案诉讼的相关情况，公告期内未有法律规定的机关和有关组织提起诉讼。2018年5月，江苏省徐州市人民检察院向江苏省徐州市中级人民法院提起本案诉讼，请求判令其安公司、黄克峰、何传义、王克义、魏以东连带赔偿倾倒3桶硫酸废液和非法处置68桶硫酸废液造成的生态环境修复费用，并支付其为本案支付的专家辅助人咨询费、公告费，要求五被告共同在省级媒体上公开赔礼道歉。江苏省徐州市中级人民法院于2018年9月28日作出（2018）苏03民初256号民事判决：一、苏州其安工艺品有限公司、黄克峰、何传义、王克义、魏以东于判决生效后三十日内，连带赔偿因倾倒3桶硫酸废液所产生的生态环境修复费用204415元，支付至徐州市环境保护公益金专项资金账户；二、苏州其安工艺品有限公司、黄克峰、何传义、王克义于判决生效后三十日内，连带赔偿因非法处置68桶硫酸废液所产生的生态环境修复费用4630852元，支付至徐州市环境保护公益金专项资金账户；三、苏州其安工艺品有限公司、黄克峰、何传义、王克义、魏以东于判决生效后三十日内连带支付江苏省徐州市人民检察院为本案支付的合理费用3800元；四、苏州其安工艺品有限公司、黄克峰、何传义、王克义、魏以东于判决生效后三十日内共同在省级媒体上就非法处置硫酸废液行为公开赔礼道歉。一审宣判后，各当事人均未上诉，判决已发生法律效力。该指导案例确立了以下裁判规则：在环境民事公益诉讼中，原告有证据证明被告产生危险废物并实施了污染物处置行为，被告拒不提供其处置污染物情况等环境信息，导致无法查明污染物去向的，人民法院可以推定原告主张的环境污染事实成立。

【秦家学滥伐林木刑事附带民事公益诉讼案】 最高人民法院指导案例172号。湖南省保靖县人民检察院指控被告人秦家学犯滥伐林木罪向保靖县人民法院提起公诉，在诉讼过程中，保靖县人民检察院以社会公共利益受到损害为由，又向保靖县人民法院提起附带民事公益诉讼。保靖县人民检察院认为，应当以滥伐林木罪追究被告人秦家学刑事责任。同时，被告人行为严重破坏了生态环境，致使社会公共利益遭受到损害，根据侵权责任法的相关规定，应当补植复绿，向公众赔礼道歉。被告人秦家学对公诉机关的指控无异议。但辩称，其是林木的实际经营者和所有权人，且积极交纳补植复绿的保证金，请求从轻判处。保靖县人民法院经审理查明：湖南省保靖县以1958年成立的保靖县国营白云山林场为核心，于1998年成立白云山县级自然保护区。后该保护区于2005年评定为白云山省级自然保护区，并完成了公益林区划界定；又于2013年评定为湖南白云山国家级自然保护区。其间，被告人秦家学于1998年承包了位于该县毛沟镇卧当村白云山自然保护区核心区内“土地坳”（地名）的山林，次年起开始有计划地植造杉木林，该林地位于公益林范围内，属于公益林地。2016年9月至2017年1月，秦家学在没有办理《林木采伐许可证》情况下，违反森林法，擅自采伐其承包该林地上的杉木林并销售，所采伐区域位于该保护区核心区域内面积为117.5亩，核心区外面积为15.46亩。经鉴定，秦家学共砍伐林木1010株，林木蓄积为153.3675立方米。后保靖县林业勘测规划设计队出具补植补造作业设计说明证明，该受损公益林补植复绿的人工苗等费用为人民币66025元。人民法院审理期间，保靖县林业勘测规划设计队及保靖县林业局、白云山国家级自然保护区又对该受损公益林补植复绿提出了具体建议和专业要求。秦家学预交补植复绿保证金66025元，保证履行补植复绿义务。湖南省保靖县人民法院于2018年8月3日作出（2018）湘3125刑初5号刑事附带民事判决，认定被告人秦家学犯滥伐林木罪，判处有期徒刑三年，缓刑四年，并处罚金人民币1万元，并于判决生效后两年内在湖南白云山国家级自然保护区内“土地坳”栽植一年生杉树苗5050株，存活率达到90%以上。宣判后，没有上诉、抗诉，一审判决已发生法律效力。被告人依照判决，在原砍伐林地等处栽植一年生杉树苗5050株，且存活率达到100%。该指导案例确立了以下裁判规则：（1）人民法院确定被告人森林生态环境修复义务时，可以参考专家意见及林业规划设计单位、自然保护区主管部门等出具的专业意见，明确履行修复义务的树种、树龄、地点、数量、存活率及完成时间等具体要求。(2) 被告人自愿交纳保证金作为履行生态环境修复义务担保的，人民法院可以将该情形作为从轻量刑情节。

【张那木拉正当防卫案】 最高人民法院指导案例 144 号。张那木拉与其兄张某 1 二人均在天津市西青区打工。2016 年 1 月 11 日，张某 1 与案外人李某某驾驶机动车发生交通事故。事故发生后，李某某驾车逃逸。在处理事故过程中，张那木拉一方认为交警处置懈怠。此后，张那木拉听说周某强在交警队有人脉关系，遂通过鱼塘老板牛某找到周某强，请周某强向交警“打招呼”，周某强应允。3 月 10 日，张那木拉在交警队处理纠纷时与交警发生争吵，这时恰巧周某强给张那木拉打来电话，张那木拉以为周某强能够压制交警，就让交警直接接听周某强的电话，张那木拉此举引起周某强不满，周某强随即挂掉电话。次日，牛某在电话里提醒张那木拉小心点，周某强对此事没完。3 月 12 日早上 8 时许，张那木拉与其兄张某 1 及赵某在天津市西青区鱼塘旁的小屋内闲聊，周某强纠集丛某、张某 2、陈某 2 新，由丛某驾车，并携带了陈某 2 新事先准备好的两把砍刀，至天津市西青区张那木拉暂住处（分为里屋外屋）。四人首次进入张那木拉暂住处确认张那木拉在屋后，随即返回车内，取出事前准备好的两把砍刀。其中，周某强、陈某 2 新二人各持砍刀一把，丛某、张某 2 分别从鱼塘边操起铁锹、铁锤再次进入张那木拉暂住处。张某 1 见状上前将走在最后边的张某 2 截在外屋，二人发生厮打。周某强、陈某 2 新、丛某进入里屋内，三人共同向屋外拉拽张那木拉，张那木拉向后挣脱。此刻，周某强、陈某 2 新见张那木拉不肯出屋，持刀砍向张那木拉后脑部，张那木拉随手在茶几上抓起一把尖刀捅刺了陈某 2 新的胸部，陈某 2 新被捅后退到外屋，随后倒地。其间，丛某持铁锹击打张那木拉后脑处。周某强、丛某见陈某 2 新倒地后也跑出屋外。张那木拉将尖刀放回原处。此时，其发现张某 2 仍在屋外与其兄张某 1 相互厮打，为防止张某 1 被殴打，其到屋外，随手拿起门口处的铁锹将正挥舞砍刀的周某强打入鱼塘中，周某强爬上岸后张那木拉再次将其打落水中，最终致周某强左尺骨近段粉碎性骨折，其所持砍刀落入鱼塘中。此时，张某 1 已经将张某 2 手中的铁锤夺下，并将张某 2 打落鱼塘中。张那木拉随即拨打电话报警并在现场等待。陈某 2 新被送往医院后，因单刃锐器刺破心脏致失血性休克死亡；张那木拉头皮损伤程度构成轻微伤；周某强左尺骨损伤程度构成轻伤一级。天津市西青区人民法院于 2017 年 12 月 13 日作出（2016）津 0111 刑初 576 号刑事附带民事判决，以被告人张那木拉犯故意伤害罪，判处有期徒刑十二年六个月。被告人张那木拉以其系正当防卫、不构成犯罪为由提出上诉。天津市第一中级人民法院于 2018 年 12 月 14 日作出（2018）津 01 刑终 326 号刑事附带民事判决，撤销天津市西青区人民法院（2016）津 0111 刑初 576 号刑事附带民事判决，宣告张那木拉无罪。该指导案例确立以下裁判规则：（1）对于使用致命性凶器攻击他人要害部位，严重危及他人人身安全的行为，应当认定为刑法第二十条第三款规定的“行凶”，可以适用特殊防卫的有关规定。（2）对于多人共同实施不法侵害，部分不法侵害人已被制伏，但其他不法侵害人仍在继续实施侵害的，仍然可以进行防卫。

【张竣杰等非法控制计算机信息系统案】

最高人民法院指导案例145号。自2017年7月开始，被告人张竣杰、彭玲珑、祝东、姜宇豪经事先共谋，为赚取赌博网站广告费用，在马来西亚吉隆坡市租住的Trillion公寓B幢902室内，相互配合，对存在防护漏洞的目标服务器进行检索、筛查后，向目标服务器植入木马程序（后门程序）进行控制，再使用“菜刀”等软件链接该木马程序，获取目标服务器后台浏览、增加、删除、修改等操作权限，将添加了赌博关键字并设置自动跳转功能的静态网页，上传至目标服务器，提高赌博网站广告被搜索引擎命中几率。截至2017年9月底，被告人张竣杰、彭玲珑、祝东、姜宇豪链接被植入木马程序的目标服务器共计113台，其中部分网站服务器还被植入了含有赌博关键词的广告网页。后公安机关将被告人张竣杰、彭玲珑、祝东、姜宇豪抓获到案。公诉机关以破坏计算机信息系统罪对四人提起公诉。被告人张竣杰、彭玲珑、祝东、姜宇豪及其辩护人在庭审中均对指控的主要事实予以承认；被告人张竣杰、彭玲珑、祝东及其辩护人提出，各被告人的行为仅是对目标服务器的侵入或非法控制，非破坏，应定性为非法侵入计算机信息系统罪或非法控制计算机信息系统罪，不构成破坏计算机信息系统罪。江苏省南京市鼓楼区人民法院于2019年7月29日作出（2018）苏0106刑初487号刑事判决：一、被告人张竣杰犯非法控制计算机信息系统罪，判处有期徒刑四年，罚金人民币五万元。二、被告人彭玲珑犯非法控制计算机信息系统罪，判处有期徒刑三年九个月，罚金人民币五万元。三、被告人祝东犯非法控制计算机信息系统罪，判处有期徒刑三年六个月，罚金人民币四万元。四、被告人姜宇豪犯非法控制计算机信息系统罪，判处有期徒刑二年三个月，罚金人民币二万元。一审宣判后，被告人姜宇豪以一审量刑过重为由提出上诉，其辩护人请求对被告人姜宇豪宣告缓刑。江苏省南京市中级人民法院于2019年9月16日作出（2019）苏01刑终768号裁定：驳回上诉，维持原判。该指导案例确立以下裁判规则：（1）通过植入木马程序的方式，非法获取网站服务器的控制权限，进而通过修改、增加计算机信息系统数据，向相关计算机信息系统上传网页链接代码的，应当认定为《刑法》第二百八十五条第二款“采用其他技术手段”非法控制计算机信息系统的行为。（2）通过修改、增加计算机信息系统数据，对该计算机信息系统实施非法控制，但未造成系统功能实质性破坏或者不能正常运行的，不应当认定为破坏计算机信息系统罪，符合刑法第二百八十五条第二款规定的，应当认定为非法控制计算机信息系统罪。

【陈庆豪、陈淑娟、赵延海开设赌场案】

最高人民法院指导案例146号。2016年6月，北京龙汇联创教育科技有限公司（以下简称“龙汇公司”）设立，负责为龙汇网站的经营提供客户培训、客户维护、客户发展服务，幕后实际控制人周熙坤。周熙坤利用上海麦曦商务咨询有限公司聘请讲师、经理、客服等工作人员，并假冒上海哲荔网络科技有限公司等在智付电子支付有限公司的支付账户，接收全国各地会员注册交易资金。龙汇网站以经营“二元期权”交易为业，通过招揽会员以“买涨”或“买跌”的方式参与赌博。会员在龙汇网站注册充值后，下载安装市场行情接收软件和龙汇网站自制插件，选择某一外汇交易品种，并选择1M（分钟）到60M不等的到期时间，下单交易金额，并点击“买涨”或“买跌”按钮完成交易。买定离手之后，不可更改交易内容，不能止损止盈，若买对涨跌方向即可盈利交易金额的76%－78%，若买错涨跌方向则本金全亏，盈亏情况不与外汇实际涨跌幅度挂钩。龙汇网站建立了等级经纪人制度及对应的佣金制度，等级经纪人包括SB银级至PB铂金三星级六个等级。截至案发，龙汇网站在全国约有10万会员。2017年1月，陈庆豪受周熙坤聘请为顾问、市场总监，从事日常事务协调管理，维系龙汇网站与高级经纪人之间的关系，出席“培训会”“说明会”并进行宣传，发展会员，拓展市场。2016年1月，陈淑娟在龙汇网站注册账号，通过发展会员一度成为PB铂金一星级经纪人，下有17000余个会员账号。2016年2月，赵延海在龙汇网站注册账号，通过发展会员一度成为PB铂金级经纪人，下有8000余个会员账号。经江西大众司法鉴定中心司法会计鉴定，2017年1月1日至2017年7月5日，陈淑娟从龙汇网站提款180975.04美元，赵延海从龙汇网站提款11598.11美元。2017年7月5日，陈庆豪、陈淑娟和赵延海被抓获归案。陈庆豪归案后，于2017年8月8日退缴35万元违法所得。江西省吉安市中级人民法院于2019年3月22日作出（2018）赣08刑初21号刑事判决，以被告人陈庆豪犯开设赌场罪，判处有期徒刑三年，并处罚金人民币五十万元，驱逐出境；被告人陈淑娟犯赌博罪，判处有期徒刑二年，并处罚金人民币三十万元；被告人赵延海犯赌博罪，判处有期徒刑一年十个月，并处罚金人民币二十万元；继续追缴被告人陈淑娟和赵延海的违法所得。宣判后，陈庆豪、陈淑娟提出上诉。江西省高级人民法院于2019年9月26日作出（2019）赣刑终93号刑事判决，以上诉人陈庆豪犯开设赌场罪，改判有期徒刑二年六个月，并处罚金人民币五十万元，驱逐出境；上诉人陈淑娟犯开设赌场罪，判处有期徒刑二年，并处罚金人民币三十万元；被告人赵延海犯开设赌场罪，判处有期徒刑一年十个月，并处罚金人民币二十万元；继续追缴陈淑娟和赵延海的违法所得。该指导案例确立以下裁判规则：以“二元期权”交易的名义，在法定期货交易场所之外利用互联网招揽“投资者”，以未来某段时间外汇品种的价格走势为交易对象，按照“买涨”“买跌”确定盈亏，买对涨跌方向的“投资者”得利，买错的本金归网站（庄家）所有，盈亏结果不与价格实际涨跌幅度挂钩的，本质是“押大小、赌输赢”，是披着期权交易外衣的赌博行为。对相关网站应当认定为赌博网站。

【张永明、毛伟明、张鹭故意损毁名胜古迹暨江西省上饶市人民检察院诉张永明、张鹭、毛伟明生态破坏民事公益诉讼案】

最高人民法院指导案例147号、指导性案例208号。2017年4月份左右，被告人张永明、毛伟明、张鹭三人通过微信联系，约定前往三清山风景名胜区攀爬“巨蟒出山”岩柱体（又称巨蟒峰）。2017年4月15日凌晨4时左右，张永明、毛伟明、张鹭三人携带电钻、岩钉（即膨胀螺栓，不锈钢材质）、铁锤、绳索等工具到达巨蟒峰底部。被告人张永明首先攀爬，毛伟明、张鹭在下面拉住绳索保护张永明的安全。在攀爬过程中，张永明在有危险的地方打岩钉，使用电钻在巨蟒峰岩体上钻孔，再用铁锤将岩钉打入孔内，用扳手拧紧，然后在岩钉上布绳索。张永明通过这种方式于早上6时49分左右攀爬至巨蟒峰顶部。毛伟明一直跟在张永明后面为张永明拉绳索做保护，并沿着张永明布好的绳索于早上7时左右攀爬到巨蟒峰顶部。在巨蟒峰顶部，张永明将多余的工具给毛伟明，毛伟明顺着绳索下降，将多余的工具带回宾馆，随后又返回巨蟒峰，攀爬至巨蟒峰10多米处，被三清山管委会工作人员发现后劝下并被民警控制。在张永明、毛伟明攀爬开始时，张鹭为张永明拉绳索做保护，之后张鹭回宾馆拿无人机，再返回巨蟒峰，沿着张永明布好的绳索于早上7时30分左右攀爬至巨蟒峰顶部，在顶部使用无人机进行拍摄。在工作人员劝说下，张鹭、张永明先后于上午9时左右、9时40分左右下到巨蟒峰底部并被民警控制。经现场勘查，张永明在巨蟒峰上打入岩钉26个。2018年3月28日，受上饶市检察院委托，江西财经大学专家组针对张永明等三人攀爬巨蟒峰时打入的26枚岩钉对巨蟒峰乃至三清山风景名胜区造成的损毁进行价值评估。2018年5月3日，江西财经大学专家组出具了《三清山巨蟒峰受损价值评估报告》。该评估报告载明：专家组依据确定的价值类型，采用国际上通行的条件价值法对上述故意损毁行为及其后果进行价值评估，巨蟒峰价值受损评估结果为，“巨蟒峰案”三名当事人的行为虽未造成巨蟒峰山体坍塌，但对其造成了不可修复的严重损毁，对巨蟒峰作为世界自然遗产的存在造成了极大的负面影响，加速了山体崩塌的可能性。因此，专家组认为：此次“巨蟒峰案的价值损失评估值”不应低于该事件对巨蟒峰非使用价值造成的损失最低阈值，即1190万元。江西省上饶市中级人民法院于2019年12月26日作出（2018）赣11刑初34号刑事判决：一、被告人张永明犯故意损毁名胜古迹罪，判处有期徒刑一年，并处罚金人民币十万元。二、被告人毛伟明犯故意损毁名胜古迹罪，判处有期徒刑六个月，缓刑一年，并处罚金人民币五万元。三、被告人张鹭犯故意损毁名胜古迹罪，免予刑事处罚。四、对扣押在案的犯罪工具手机四部、无人机一台、对讲机二台、攀岩绳、铁锤、电钻、岩钉等予以没收。宣判后，张永明提出上诉。江西省高级人民法院于2020年5月18日作出（2020）赣刑终44号刑事裁定，驳回被告人张永明的上诉，维持原判。上饶市人民检察院另行提起公益诉讼诉称：张永明、张鹭、毛伟明三人以破坏性方式攀爬巨蟒峰，在世界自然遗产地、世界地质公园三清山风景名胜区的核心景区巨蟒峰上打入26个岩钉，造成严重损毁，构成对社会公共利益的严重损害。因此应判决确认三人连带赔偿对巨蟒峰非使用价值（根据环境资源价值理论，非使用价值是人们从旅游资源获得的并非来源于自己使用的效用，主要包括存在价值、遗产价值和选择价值）造成的损失最低阈值1190万元；在全国性知名媒体公开赔礼道歉；依法连带承担聘请专家所支出的评估费用15万元。被告张永明、张鹭、毛伟明辩称：本案不属于生态环境公益诉讼，检察院不能提起民事公益诉讼；张永明等人主观上没有过错，也没有造成巨蟒峰的严重损毁，风险不等于实际的损害结果，故不构成侵权；专家组出具的评估报告不能采信。江西省上饶市中级人民法院于2019年12月27日作出（2018）赣11民初303号民事判决：一、被告张永明、张鹭、毛伟明在判决生效后十日内在全国性媒体上刊登公告，向社会公众赔礼道歉，公告内容应由一审法院审定；二、被告张永明、张鹭、毛伟明连带赔偿环境资源损失计人民币6000000元，于判决生效后三十日内支付至一审法院指定的账户，用于公共生态环境保护和修复；三、被告张永明、张鹭、毛伟明在判决生效后十日内赔偿公益诉讼起诉人上饶市检察院支出的专家费150000元。宣判后，张永明、张鹭提起上诉。江西省高级人民法院于2020年5月18日作出（2020）赣民终317号民事判决：驳回上诉，维持原判。这两个指导性案例确立以下裁判规则：（1）风景名胜区的核心景区属于《刑法》第三百二十四条第二款规定的“国家保护的名胜古迹”。对核心景区内的世界自然遗产实施打岩钉等破坏活动，严重破坏自然遗产的自然性、原始性、完整性和稳定性的，综合考虑有关地质遗迹的特点、损坏程度等，可以认定为故意损毁国家保护的名胜古迹“情节严重”。（2）对刑事案件中的专门性问题需要鉴定，但没有鉴定机构的，可以指派、聘请有专门知识的人就案件的专门性问题出具报告，相关报告在刑事诉讼中可以作为证据使用。（3）破坏自然遗迹和风景名胜造成生态环境损害，国家规定的机关或者法律规定的组织请求侵权人依法承担修复和赔偿责任的，人民法院应予支持。（4）对于破坏自然遗迹和风景名胜造成的损失，在没有法定鉴定机构鉴定的情况下，人民法院可以参考专家采用条件价值法作出的评估意见，综合考虑评估方法的科学性及评估结果的不确定性，以及自然遗迹的珍稀性、损害的严重性等因素，合理确定生态环境损害赔偿金额。

【龚品文等组织、领导、参加黑社会性质组织案】 最高人民法院指导案例186号。2013年以来，被告人龚品文、刘海涛在江苏省常熟市从事开设赌场、高利放贷活动，并主动结识社会闲杂人员，逐渐积累经济实力。2014年7月起，被告人龚品文、刘海涛组织被告人马海波、赵杰、王海东、王德运、陈春雷等人，形成了以被告人龚品文、刘海涛为首的较为稳定的犯罪组织，并于2015年4月实施了首次有组织犯罪。2016年下半年、2017年8月梁立志、崔海华先后加入该组织。该组织人数众多，组织者、领导者明确，骨干成员固定。被告人龚品文为该组织的组织者、领导者，被告人刘海涛为该组织的领导者，被告人马海波、赵杰、王海东、王德运、陈春雷等人为积极参加者，被告人崔海华、梁立志等人为一般成员。该组织内部分工明确，龚品文、刘海涛负责决策和指挥整个组织的运转；被告人马海波、赵杰、王海东、王德运、陈春雷受被告人龚品文、刘海涛的指派开设赌场牟取利益，并在赌场内抽取“庄风款”“放水”、记账，按照被告人龚品文、刘海涛的指派为讨债而实施非法拘禁、寻衅滋事、敲诈勒索、强迫交易等违法犯罪行为，崔海华、梁立志参与寻衅滋事违法犯罪行为。该组织为规避侦查，强化管理，维护自身利益，逐步形成了“红钱按比例分配”“放贷本息如实上报，不得做手脚”等不成文的规约，对成员的行动进行约束。在借款时使用同伙名义，资金出借时留下痕迹，讨债时规避法律。建立奖惩制度，讨债积极者予以奖励，讨债不积极者予以训斥。该组织通过有组织地实施开设赌场、高利放贷等违法手段聚敛资产，具有较强的经济实力。其中，该组织通过开设赌场非法获利的金额仅查实的就达人民币300余万元。另，在上述被告人处搜查到放贷借条金额高达人民币4000余万元，资金流水人民币上亿元。该组织以非法聚敛的财产用于支持违法犯罪活动，或为违法犯罪活动“善后”，如购买GPS等装备、赔付因讨债而砸坏的物品，以及支付被刑事拘留后聘请律师的费用。该组织为维护其非法利益，以暴力、威胁等手段，有组织地实施了开设赌场、寻衅滋事、非法拘禁、强迫交易、敲诈勒索等违法犯罪活动，并长期实施多种“软暴力”行为，为非作恶，欺压、残害群众，严重破坏社会治安，妨害社会管理秩序，在江苏省常熟市及周边地区造成了恶劣的社会影响。该黑社会性质组织在形成、发展过程中，为寻求建立稳定犯罪组织，牟取高额非法利益而实施大量违法犯罪活动。主要犯罪事实如下：（1）开设赌场。2015年4月至2018年2月，被告人龚品文、刘海涛、马海波、王海东、赵杰、王德运、陈春雷多次伙同他人在江苏省常熟市海虞镇、辛庄镇等地开设赌场，仅查明的非法获利就达人民币300余万元。（2）寻衅滋事。2014年至2018年，被告人龚品文、刘海涛伙同其他被告人，在江苏省常熟市原虞山镇、梅李镇、辛庄镇等多地，发放年息84%－360%的高利贷，并为索要所谓“利息”，有组织地对被害人及其亲属采取拦截、辱骂、言语威胁、砸玻璃、在被害人住所喷漆、拉横幅等方式进行滋事，共计56起120余次。（3）非法拘禁。2015年至2016年，被告人龚品文、刘海涛、马海波、王海东、赵杰、王德运、陈春雷在江苏省常熟市等多地，为索要高利贷等目的非法拘禁他人10起，其中对部分被害人实施辱骂、泼水、打砸物品等行为。（4）强迫交易。2013年3月，被告人龚品文向胡某某发放高利贷，张某某担保。为索要高利贷本金及利息，在非法拘禁被害人后，被告人龚品文强迫被害人张某某到王某某家提供家政服务长达一年有余，被告人龚品文从中非法获利人民币25500元。2014年11月，被告人刘海涛、王海东向陈某某发放高利贷，陶某某担保。在多次进行滋事后，被告人王海东、刘海涛强迫被害人陶某某于2017年4月至2018年1月到被告人住处提供约定价值人民币6000余元的家政服务共计80余次。（5）敲诈勒索。2017年8月31日至2018年1月21日，被告人刘海涛、王海东、王德运、陈春雷实施敲诈勒索3起，以签订“车辆抵押合同”、安装GPS的方式，与被害人签订高出实际出借资金的借条并制造相应的资金走账流水，通过拖走车辆等方式对被害人进行要挟，并非法获利合计人民币5.83万元。江苏省常熟市人民法院于2018年10月19日作出（2018）苏0581刑初1121号刑事判决，认定被告人龚品文犯组织、领导黑社会性质组织罪，与其所犯开设赌场罪、寻衅滋事罪、非法拘禁罪等数罪并罚，决定执行有期徒刑二十年，剥夺政治权利二年，并处没收个人全部财产，罚金人民币十二万元；认定被告人刘海涛犯领导黑社会性质组织罪，与其所犯开设赌场罪、寻衅滋事罪、非法拘禁罪等数罪并罚，决定执行有期徒刑十八年，剥夺政治权利二年，并处没收个人全部财产，罚金人民币十一万元；对其他参加黑社会性质组织的成员亦判处了相应刑罚。一审宣判后，龚品文、刘海涛等人提出上诉。江苏省苏州市中级人民法院于2019年1月7日作出（2018）苏05刑终1055号刑事裁定：驳回上诉，维持原判。该指导案例确立以下裁判规则：犯罪组织以其势力、影响和暴力手段的现实可能性为依托，有组织地长期采用多种“软暴力”手段实施大量违法犯罪行为，同时辅之以“硬暴力”，“软暴力”有向“硬暴力”转化的现实可能性，足以使群众产生恐惧、恐慌进而形成心理强制，并已造成严重危害后果，严重破坏经济、社会生活秩序的，应认定该犯罪组织具有黑社会性质组织的行为特征。

【吴强等敲诈勒索、抢劫、故意伤害案】

最高人民法院指导案例 187 号。2017 年 2 月初，被告人吴强、季少廷为牟取不法利益，与被告人曹兵共同商定，通过约熟人吃饭时“劝酒”，诱使被害人酒后驾驶机动车，而后再制造交通事故，以被害人系酒后驾驶机动车欲报警相要挟，索要他人钱财。后被告人曹静怡、李颖明知被告人吴强等人欲实施上述违法犯罪活动而积极加入。并在被告人吴强、季少廷的组织、安排下，逐步形成相对稳定、分工明确的犯罪团伙，开始实施敲诈勒索犯罪。在实施违法犯罪的过程中，为了增加人手，被告人吴强又通过被告人邵添麒将季某某、徐某某（均系未成年人，另案处理）带入敲诈勒索犯罪团伙。2017 年 2 月底至 3 月初，季某某、徐某某随被告人吴强共同居住于江苏省南通市通州高新技术产业开发区的租住地，并由吴强负责二人的起居、生活及日常开销。在短时间内，快速形成以吴强为首的犯罪集团，其中吴强为该犯罪集团的首要分子，被告人季少廷及季某某、徐某某为该犯罪集团的骨干成员，被告人曹静怡、李颖、邵添麒等人为该集团的主要成员，被告人季凯文、曹立强、姜东东、曹兵以及应某某（未成年人，另案处理）、邱某某（另案处理）为该犯罪集团的积极参加者。期间，吴强纠集季少廷、曹静怡、李颖、邵添麒、曹兵以及季某某、徐某某等人，以威胁、恐吓等手段，先后五次实施敲诈勒索的犯罪行为。后吴强发现赌场内的流动资金较多，且参与赌博人员害怕处理一般不敢报警，遂又纠集季凯文、曹立强、姜东东及季某某、徐某某、应某某等人持气手枪、管制刀具、电棍等，采用暴力手段实施抢劫。2017 年 12 月，江苏省南通市通州区人民检察院以被告人吴强等人犯抢劫罪、敲诈勒索罪，向江苏省南通市通州区人民法院提起公诉。审理中，江苏省南通市通州区人民检察院追加起诉吴强犯故意伤害罪，同时追加认定本案是以吴强为首带有恶势力性质的犯罪集团。江苏省南通市通州区人民法院于 2018 年 6 月 28 日作出（2017）苏 0612 刑初 830 号刑事判决，认定被告人吴强犯抢劫罪，判处有期徒刑十二年，剥夺政治权利二年，并处罚金人民币四千元；犯敲诈勒索罪，判处有期徒刑二年，并处罚金人民币一万元；犯故意伤害罪，判处有期徒刑十个月，决定执行有期徒刑十三年六个月，剥夺政治权利二年，并处罚金人民币一万四千元。对本案其他被告人亦判处了相应刑罚。一审宣判后，被告人均未上诉，检察机关亦未抗诉。一审判决已发生法律效力。该指导案例确立以下裁判规则：恶势力犯罪集团是符合犯罪集团法定条件的恶势力犯罪组织。恶势力犯罪集团应当具备“为非作恶、欺压百姓”特征，其行为“造成较为恶劣的社会影响”，因而实施违法犯罪活动必然具有一定的公然性，且手段应具有较严重的强迫性、压制性。普通犯罪集团实施犯罪活动如仅为牟取不法经济利益，缺乏造成较为恶劣社会影响的意图，在行为方式的公然性、犯罪手段的强迫压制程度等方面与恶势力犯罪集团存在区别，可按犯罪集团处理，但不应认定为恶势力犯罪集团。

【史广振等组织、领导、参加黑社会性质组织案】 最高人民法院指导案例188号。被告人史广振2007年12月即开始进行违法犯罪活动。2014年以来，被告人史广振、赵振、付利刚等人先后实施组织、领导、参加黑社会性质组织，开设赌场，非法拘禁，聚众斗殴，寻衅滋事，妨害公务等违法犯罪行为。公安机关在侦查阶段查扣史广振前妻王某某房产一套及王某某出售其名下路虎越野车所得车款60万元，另查扣王某某工商银行卡一张，冻结存款2221元。河南省修武县人民检察院提起公诉后，王某某就扣押财物权属提出异议并向法院提供相关证据。审理期间，人民法院通知王某某出庭。法院经审理查明，被告人史广振与王某某2012年9月结婚。2013年7月，王某某在河南省焦作市购置房产一处，现由王某某及其父母、女儿居住；2014年2月，史广振、王某某以王某某名义购买路虎越野车一辆；另扣押王某某工商银行卡一张，冻结存款2221元。2014年12月，史广振与王某某协议离婚，案涉房产、路虎越野车归王某某所有。路虎越野车已被王某某处分，得款60万元，现已查扣在案。河南省修武县人民法院于2018年12月28日作出（2018）豫0821刑初331号刑事判决，认定被告人史广振犯组织、领导黑社会性质组织罪，聚众斗殴罪，寻衅滋事罪，开设赌场罪，非法拘禁罪，妨害公务罪，数罪并罚，决定执行有期徒刑十六年，剥夺政治权利四年，并处没收个人全部财产（含路虎越野车的全部卖车款60万元及王某某银行卡存款2221元）。本案其他被告人分别被判处有期徒刑七年零六个月至有期徒刑六个月不等的刑罚。宣判后，史广振、赵振、付利刚等被告人提出上诉，河南省焦作市中级人民法院于2019年4月19日作出（2019）豫08刑终68号刑事裁定：驳回上诉，维持原判。该指导案例确立以下裁判规则：在涉黑社会性质组织犯罪案件审理中，应当对查封、扣押、冻结财物及其孳息的权属进行调查，案外人对查封、扣押、冻结财物及其孳息提出权属异议的，人民法院应当听取其意见，确有必要的，人民法院可以通知其出庭，以查明相关财物权属。

【李开祥侵犯公民个人信息刑事附带民事公益诉讼案】 最高人民法院指导性案例192号。2020年6月至9月间，被告人李开祥制作一款具有非法窃取安装者相册照片功能的手机“黑客软件”，打包成安卓手机端的“APK安装包”，发布于暗网“茶马古道”论坛售卖，并伪装成“颜值检测”软件发布于“芥子论坛”（后更名为“快猫社区”）提供访客免费下载。用户下载安装“颜值检测”软件使用时，“颜值检测”软件会自动在后台获取手机相册里的照片，并自动上传到被告人搭建的腾讯云服务器后台，从而窃取安装者相册照片共计1751张，其中部分照片含有人脸信息、自然人姓名、身份号码、联系方式、家庭住址等公民个人信息100余条。2020年9月，被告人李开祥在暗网“茶马古道”论坛看到“黑客资料”帖子，后用其此前在暗网售卖“APK安装包”部分所得购买、下载标题为“社工库资料”数据转存于“MEGA”网盘，经其本人查看，确认含有个人真实信息。2021年2月，被告人李开祥明知“社工库资料”中含有户籍信息、QQ账号注册信息、京东账号注册信息、车主信息、借贷信息等，仍将网盘链接分享至其担任管理员的“翠湖庄园业主交流”QQ群，提供给群成员免费下载。经鉴定，“社工库资料”经去除无效数据并进行合并去重后，包含各类公民个人信息共计8100万余条。上海市奉贤区人民检察院以社会公共利益受到损害为由，向上海市奉贤区人民法院提起刑事附带民事公益诉讼。上海市奉贤区人民法院于2021年8月23日以（2021）沪0120刑初828号刑事判决，认定被告人李开祥犯侵犯公民个人信息罪，判处有期徒刑三年，宣告缓刑三年，并处罚金人民币一万元；扣押在案的犯罪工具予以没收。判决李开祥在国家级新闻媒体上对其侵犯公民个人信息的行为公开赔礼道歉、删除“颜值检测”软件及相关代码、删除腾讯云网盘上存储的涉案照片、删除存储在“MEGA”网盘上相关公民个人信息，并注销侵权所用QQ号码。一审判决后，没有抗诉、上诉，判决现已生效。该指导案例确立以下裁判规则：使用人脸识别技术处理的人脸信息以及基于人脸识别技术生成的人脸信息均具有高度的可识别性，能够单独或者与其他信息结合识别特定自然人身份或者反映特定自然人活动情况，属于刑法规定的公民个人信息。行为人未经公民本人同意，未具备获得法律、相关部门授权等个人信息保护法规定的处理个人信息的合法事由，利用软件程序等方式窃取或者以其他方法非法获取上述信息，情节严重的，应依照《办理侵犯公民个人信息刑事案件司法解释》第五条第一款第四项等规定定罪处罚。

【闻巍等侵犯公民个人信息案】 最高人民法院指导性案例193号。2019年6月至8月间，被告人闻巍（时任上海好体信息科技有限公司运营总监）经事先联系，与微信、QQ名为“发乐”“来立中”“我怕冷风吹”等人约定，以人民币6元/张的价格为上述人员批量注册激活该公司“爱球钱包”APP应用的“中银通·魔方元”联名预付费卡，并从上述人员处通过利用微信、QQ获得百度网盘分享链接的方式获取公民个人信息（居民身份证正反面照片），由被告人朱旭东从该网盘链接中下载至移动硬盘内，交由中银通工作人员用于批量注册激活。2019年9月至2020年2月间，被告人朱旭东在被告人闻巍离职后，负责上述联名预付费卡的批量注册激活工作，以人民币6元/张的价格以上述相同方式继续从“发乐”“来立中”“我怕冷风吹”等人处通过利用微信、QQ获得百度网盘分享链接的方式获取公民个人信息（居民身份证正反面照片）并存储于其百度网盘内，后下载至其电脑硬盘内，交由中银通工作人员用于批量注册激活。2019年10月，被告人朱旭东与张坤（另案处理）经事先用微信联系，朱旭东以人民币6元/张的价格以上述相同方式从张坤处通过利用QQ获得百度网盘分享链接的方式获取公民个人信息（居民身份证正反面照片）并存储于其百度网盘内，后下载至其电脑硬盘内，交由中银通工作人员用于批量注册激活。2019年12月，被告人张江涛通过其所在的QQ群向他人购买公民个人信息数据并转存在其百度网盘账号内，同时将数据分多次转卖给张坤，分多次收取费用共计人民币19600元。经核实，从被告人闻巍“ErnieGullit”网盘内清点公民个人信息（居民身份证正反面照片）10000余组，从被告人朱旭东“zhuxudn”网盘内清点公民个人信息（居民身份证正反面照片）3000余组，从张坤分享给朱旭东的网盘内清点公民个人信息（居民身份证正反面照片）41654

组，从被告人张江涛的网盘内清点公民个人信息60101组。上海市虹口区人民检察院指控被告人闻巍、朱旭东、张江涛犯侵犯公民个人信息罪，情节特别严重，其行为均应当以侵犯公民个人信息罪追究其刑事责任。上海市虹口区人民法院于2021年8月30日以（2020）沪0109刑初957号刑事判决，认定被告人闻巍犯侵犯公民个人信息罪，判处有期徒刑三年，并处罚金人民币一万元；被告人朱旭东犯侵犯公民个人信息罪，判处有期徒刑三年三个月，并处罚金人民币一万元；被告人张江涛犯侵犯公民个人信息罪，判处有期徒刑三年，并处罚金人民币二万元；违法所得及作案工具予以追缴没收。宣判后，被告人闻巍、朱旭东提起上诉。上海市第二中级人民法院于2021年11月11日以（2021）沪02刑终1055号刑事裁定，驳回上诉，维持原判。该指导案例确立以下裁判规则：居民身份证信息包含自然人姓名、人脸识别信息、身份号码、户籍地址等多种个人信息，属于《办理侵犯公民个人信息刑事案件司法解释》第五条第一款第四项规定的“其他可能影响人身、财产安全的公民个人信息”。非法获取、出售或者提供居民身份证信息，情节严重的，依照《刑法》第二百五十三条之一第一款规定，构成侵犯公民个人信息罪。

【熊昌恒等侵犯公民个人信息案】 最高人民法院指导性案例194号。2020年6月份，被告人熊昌恒邀集被告人熊昌林、熊恭浪、熊昌强一起从事贩卖载有公民个人信息可用于社交活动的成品微信号的经营活动，因缺乏经验，在此期间获利较少。为谋取更多利益，2020年9月底，被告人熊昌恒、熊昌林、熊恭浪、熊昌强共同出资在网上购买了一款名叫“微骑兵”的软件（一款基于电脑版微信运行拥有多开、多号智能群发、加人、拉群、退群、清粉的营销软件），用于非法添加微信好友，并制作成品微信号予以贩卖。2020年10月份，被告人熊昌恒的朋友秦英斌（在逃）投入5万元（占股40%），熊昌恒投入2万元（占股20%），被告人熊昌林、熊恭浪、熊昌强分别投入一定数量的电脑及手机（分别占股10%），被告人范佳聪未投资（占股5%），另5%的股份收益用于公司日常开支。后结伙共同购置办公桌、电脑、二手手机等物品，租赁江西省丰城市河洲街道物华路玲珑阁楼，挂牌成立了“丰城市昌文贸易公司”。由秦英斌负责对外采购空白微信号、销售成品微信号。被告人熊昌恒负责公司内部管理，并负责聘请公司员工。被告人熊昌林、熊恭浪、熊昌强、范佳聪与聘请的公司员工均直接参与，用“微骑兵”软件非法制作成品微信号。制作好的成品微信号通过秦英斌高价卖出，从中非法获取利益。2021年1月，被告人熊昌恒、熊昌林、熊恭浪、熊昌强、范佳聪与秦英斌结伙，在贩卖成品微信号的同时，通过网上购买的方式，非法获取他人求职信息（含姓名、性别、电话号码等公民个人基本身份信息）后，将求职人员的信息分发给公司工作人员。以员工每添加到一名求职人员的微信号，赚约10元不等佣金的奖励方法，让员工谎称自己是“公共科技传媒”的工作人员，并通过事先准备好的“话术”以刷单兼职为理由，让求职者添加“导师”的微信，招揽被害人进群，致使部分被害人上当受骗。经营期间，被告人熊昌恒、熊昌林、熊恭浪、熊昌强、范佳聪与秦英斌在支付工资及相关开支后，其获得的分红款共计人民币20余万元，按各自所占股份份额予以分配。具体获利数额如下：被告人熊昌恒5.8万余元，被告人熊昌林2.9万余元、被告人熊恭浪2.9万余元、被告人熊昌强2.9万余元、被告人范佳聪1.45万余元。江西省丰城市人民法院于2021年9月23日以（2021）赣0981刑初376号刑事判决，认定被告人熊昌恒犯侵犯公民个人信息罪，判处有期徒刑三年零二个月，并处罚金人民币十万元；被告人熊昌林犯侵犯公民个人信息罪，判处有期徒刑一年零十个月，并处罚金人民币六万元；被告人熊恭浪犯侵犯公民个人信息罪，判处有期徒刑一年零十个月，并处罚金人民币六万元；被告人熊昌强犯侵犯公民个人信息罪，判处有期徒刑一年零十个月，并处罚金人民币六万元；被告人范佳聪犯侵犯公民个人信息罪，判处有期徒刑十个月，并处罚金人民币三万元（已缴纳）；被告人范佳聪退缴的违法所得人民币1.45万元予以没收，依法上缴国库；继续追缴被告人熊昌恒的违法所得人民币5.8万元、被告人熊昌林的违法所得人民币2.9万元、被告人熊恭浪的违法所得人民币2.9万元、被告人熊昌强的违法所得人民币2.9万元予以没收，依法上缴国库；扣押的手机予以没收，由扣押机关依法处理。该指导案例确立以下裁判规则：（1）违反国家有关规定，购买已注册但未使用的微信账号等社交媒体账号，通过具有智能群发、添加好友、建立讨论群组等功能的营销软件，非法制作带有公民个人信息可用于社交活动的微信账号等社交媒体账号出售、提供给他人，情节严重的，属于《刑法》第二百五十三条之一第一款规定的“违反国家有关规定，向他人出售或者提供公民个人信息”行为，构成侵犯公民个人信息罪。（2）未经公民本人同意，或未具备具有法律授权等个人信息保护法规定的理由，通过购买、收受、交换等方式获取在一定范围内已公开的公民个人信息进行非法利用，改变了公民公开个人信息的范围、目的和用途，不属于法律规定的合理处理，属于《刑法》第二百五十三条之一第三款规定的“以其他方法非法获取公民个人信息”行为，情节严重的，构成侵犯公民个人信息罪。

【罗文君、瞿小珍侵犯公民个人信息刑事附带民事公益诉讼案】 最高人民法院指导性案例195号。2019年12月，被告人罗文君了解到通过获取他人手机号和随机验证码用以注册新的淘宝、京东等APP账号（简称“拉新”）可以赚钱，其便与微信昵称“悠悠141319”（身份不明）、“A我已成年爱谁睡”（身份不明）、“捷京淘”（身份不明）、“胖娥”（身份不明）、“河北黑志伟80后的见证”（身份不明）等专门从事“拉新”的人联系。“悠悠141319”等人在知道罗文君手里有许多学员为电信员工，学员可以直接获取客户的手机号码和随机验证码等资源时，利用罗文君担任电信公司培训老师的便利，约定由罗文君建立、管理、维护微信群，并在群内公布“拉新”的规则、需求和具体价格；学员则根据要求，将非法获取的客户手机号码和随机验证码发送至群内；“悠悠141319”等人根据发送的手机号及验证码注册淘宝、京东APP等新账号。罗文君可对每条成功“拉新”的手机号码信息，获取0.2～2元/条报酬；而学员以每条1至13元不等的价格获取报酬，该报酬由罗文君分发或者直接由“悠悠141319”等人按照群内公布的价格发送给学员。2019年12月至2021年7月期间，被告人罗文君利用株洲联盛通信有限责任公司渌口手机店、中国移动营业厅销售员瞿小珍和谢青、黄英、贺长青（三人均已被行政处罚）等人的职务之便，非法获取并且贩卖被害人彭某某、谭某某等个人信息手机号码和随机验证码给“悠悠 141319”等人。其中，被告人罗文君获利 13000 元，被告人瞿小珍获利 9266.5 元。案发后，被告人瞿小珍已退缴违法所得 9926.5 元，罗文君已退缴违法所得 13000 元。被告人罗文君、瞿小珍均如实供述自己的犯罪事实并自愿认罪认罚。另查明，株洲市渌口区人民检察院于 2021 年 7 月 22 日公告了案件情况，公告期内未有法律规定机关和有关组织提起民事公益诉讼，即株洲市渌口区人民检察院系提起附带民事公益诉讼的适格主体。湖南省株洲市渌口区人民法院于 2021 年 11 月 30 日以（2021）湘 0212 刑初 149 号刑事判决，认定被告人罗文君犯侵犯公民个人信息罪，判处有期徒刑八个月，并处罚金人民币二万元。被告人瞿小珍犯侵犯公民个人信息罪，判处有期徒刑六个月，并处罚金人民币一万五千元。作案工具 OPPORENO 手机 1 台、华为 P30Pro 手机 1 台，予以没收，依法处理。被告人罗文君的违法所得人民币 13000 元、瞿小珍违法所得人民币 9266.5 元，予以没收，上缴国库。该指导案例确立以下裁判规则：服务提供者专门发给特定手机号码的数字、字母等单独或者其组合构成的验证码具有独特性、隐秘性，能够单独或者与其他信息结合识别特定自然人身份或者反映特定自然人活动情况的，属于刑法规定的公民个人信息。行为人将提供服务过程中获得的验证码及对应手机号码出售给他人，情节严重的，依照侵犯公民个人信息罪定罪处罚。

【武汉卓航江海贸易有限公司、向阳等 12 人污染环境刑事附带民事公益诉讼案】

最高人民法院指导性案例 202 号。被告单位武汉卓航江海贸易有限公司（以下简称卓航公司）通过租赁船舶从事国内水上货物定线运输业务，其经营的国裕 1 号船的航线为从江苏省南京市经安徽省芜湖市至浙江省台州市以及宁波市北仑港返回南京市。依照法律法规，被告单位卓航公司制定《防止船舶造成污染管理须知》，该须知规定国裕 1 号船舱底含油污水可通过油水分离器处理达标后排放，也可由具备接收资质的第三方接收。被告单位卓航公司机务部常年不采购、不更换油水分离器滤芯，船舶油水分离器无法正常工作，分管机务部的副总经理等人指示工作人员用纯净水替代油水分离器出水口水样送检，纵容船舶逃避监管实施偷排；其亦未将含油污水交给有资质第三方处理，含油污水长期无合法处置去向。2017 年 8 月至 2019 年 3 月期间，先后担任国裕 1 号船船长的被告人向阳、担任轮机长的被告人殷江林、胡国政伙同同案其他被告人违反法律规定，先后五次偷排船舶含油污水。后又购买污水接收证明自行填写后附于油类记录簿应付检查。2019 年 3 月，经举报，国裕 1 号船将含油污水偷排入长江的行为及作案工具被查获。归案后，被告人向阳等各被告人供述了国裕 1 号船轮机长等为公司利益多次指使轮机部管轮、机工等人逃避监管，拒不执行法律法规规定的防污措施，于 2017 年 8 月至 2019 年 3 月五次将舱底含油污水不经油水分离器处理偷排至长江及近海自然水域的事实。各被告人供述能够相互印证，并有证人证言佐证，亦与涉案船舶常年定线运行，含油污水积累速度和偷排频率相对稳定的情形相符，足以认定案件相关事实。因排入外界的含油污水因客观原因已无法取样，鉴于案涉船舶常年定线运输、偷排频次稳定，设备及操作规程没有变化，舱底残留含油污水与排入外界的含油污水，来源相同且性质稳定，不存在本质变化，故就舱底残留含油污水取样送检。经鉴定，国裕1号船舱底含油污水属于“有毒物质”。生态环境损害的专家评估意见证实，以虚拟治理成本法计算得出五次偷排含油污水造成的生态环境损害数额为10000元至37500元。江苏省南京市鼓楼区人民检察院同时提起刑事附带民事公益诉讼，指控被告单位卓航公司及各被告人犯污染环境罪，并请求判令被告卓航公司承担本案环境损害赔偿费用23750元、专家评估费用9000元及公告费用700元。江苏省南京市玄武区人民法院于2020年7月16日以（2020）苏0102刑初24号刑事附带民事判决，认定被告单位卓航公司犯污染环境罪，判处罚金人民币4万元；以污染环境罪分别判处被告人向阳等十二名被告人有期徒刑一年六个月至八个月，并处罚金人民币3万元至1万元；判令附带民事公益诉讼被告卓航公司支付生态环境损害赔偿费用人民币23750元及专家评估费用人民币9000元、公告费用人民币700元，合计人民币33450元。宣判后，被告人向阳提出上诉。南京市中级人民法院于2020年12月23日以（2020）苏01刑终575号刑事附带民事裁定，驳回上诉，维持原判。该指导性案例确立了以下裁判规则：（1）船舶偷排含油污水案件中，人民法院可以根据船舶航行轨迹、污染防治设施运行状况、污染物处置去向，结合被告人供述、证人证言、专家意见等证据对违法排放污染物的行为及其造成的损害作出认定。（2）认定船舶偷排的含油污水是否属于有毒物质时，由于客观原因无法取样的，可以依据来源相同、性质稳定的舱底残留污水进行污染物性质鉴定。

【左勇、徐鹤污染环境刑事附带民事公益诉讼案】 最高人民法院指导性案例第203号。自2018年6月始，被告人左勇在江苏省淮安市淮安区车桥镇租赁厂房，未经审批生产铝锭，后被告人徐鹤等人明知左勇无危险废物经营许可证，仍在左勇上述厂房中筛选铝灰生产铝锭，共计产生约100吨废铝灰。2019年4月23日，左勇、徐鹤安排人员在淮安市淮安区车桥镇大兴村开挖坑塘倾倒上述废铝灰。在倾倒20余吨时，因废铝灰发热、冒烟被群众发现制止并报警。同年4月24日，淮安市淮安区原环境保护局委托江苏新锐环境监测有限公司司法鉴定所对坑塘内废铝灰进行取样鉴定、委托淮安翔宇环境检测技术有限公司对涉案坑塘下风向的空气与废气进行取样检测。4月28日，经淮安翔宇环境检测技术有限公司检测，涉案坑塘下风向氨超标。4月29日，经江苏新锐环境监测有限公司司法鉴定所鉴定，涉案倾倒的废铝灰13个样品中，有4个样品氟化物（浸出毒性）超出标准值，超标份样数超出了《危险废物鉴别技术规范》（HJ/T 298－2007）[①]中规定的相应下限值，该废铝灰为具有浸出毒性特性的危险废物。《国家危险废物名录》（2021年版）规定再生铝和铝材加工过程中，废铝及铝锭重熔、精炼、合金化、铸造熔体表面产生的铝灰渣及其回收铝过程产生的盐渣和二次铝灰属于危险废物。同年4月27日，淮安市淮安区车桥镇人民政府组织人员对上述燃烧的废铝灰用土壤搅拌熄灭，搅拌后的

① 已被《危险废物鉴别技术规范》（HJ/T 298－2019）代替。

废铝灰与土壤的混合物重 453.84 吨。2019 年 11 月，江苏省环境科学研究院受淮安市淮安区车桥镇人民政府委托，编制应急处置方案认为：涉案废铝灰与土壤的混合物因经费及时间问题未进行危险废物属性鉴别工作，根据《国家危险废物名录》① 豁免管理清单第 10 条规定，建议采用水泥窑协同处置方式进行处置。该院对此次事件生态环境损害评估认为：本次污染事件无人身损害，存在财产损害，费用主要包括财产损害费用、应急处置费用和生态环境损害费用。财产损害费用为清理过程中造成农户的小麦、油菜、蚕豆、蔬菜损失共计 3400 元；应急处置费用包括应急监测费用 7800 元（实收 7200 元）、废铝灰与土壤的混合物的清理费用 76161 元、处置费用因暂未处置暂按 1000 元/吨估算；生态环境损害费用 18000 元（坑塘回填恢复，即填土费用）。2020 年 3 月 18 日，淮安市淮安区车桥镇人民政府委托南京中联水泥有限公司对废铝灰与土壤的混合物按照危险废物进行处置，处置单价为 2800 元/吨，该价格含税、含运费。此外还产生江苏新锐环境监测有限公司鉴定费用 80000 元、江苏省环境科学研究院应急处置方案费用 70000 元及生态环境损害评估费用 250000 元，合计 400000 元。关于本案应急处置的相关问题，江苏省环境科学研究院出庭鉴定人明确，应急处置方案针对的是已经清挖出的废铝灰与土壤的混合物，该混合物不能直接判定为危险废物，按照豁免程序处理可提高经济性和实操性，本案受污染的土壤采用水泥窑协同处置的价格为 1000 元/吨。出庭有专门知识的人认为，铝灰不会大面积燃烧，只需用土壤将明火掩盖即可，20 吨废铝灰经土壤混合搅拌后，清理出的混合物应在 60 吨至 120 吨范围内，否则属于过度处置。淮安市淮安区人民检察院提起刑事附带民事环境公益诉讼，指控被告人左勇、徐鹤犯污染环境罪，请求判令被告左勇、徐鹤共同赔偿污染环境造成的财产损害费用 3400 元、应急处置费用 1431788 元、生态环境损害费用 18000 元以及检验、鉴定等其他合理费用 400000 元，合计 1853188 元；判令被告左勇、徐鹤在淮安市级媒体上向社会公众公开赔礼道歉。江苏省盱眙县人民法院于 2021 年 6 月 24 日以（2019）苏 0830 刑初 534 号刑事附带民事判决，认定被告人左勇犯污染环境罪，判处有期徒刑二年，并处罚金人民币 5 万元；被告人徐鹤犯污染环境罪，判处有期徒刑二年，并处罚金人民币 5 万元；责令被告人左勇退缴违法所得人民币 13000 元，上缴国库；被告人左勇、徐鹤连带赔偿财产损害费用人民币 3400 元、应急处置费用人民币 156489 元、生态环境损害费用人民币 18000 元、鉴定评估等事务性费用等人民币 400000 元，合计人民币 577889 元，于判决生效后十五日内履行；责令被告人左勇、徐鹤在淮安市级媒体上向社会公众公开赔礼道歉；驳回刑事附带民事公益诉讼起诉人淮安市淮安区人民检察院的其他诉讼请求。宣判后，没有上诉、抗诉，判决已生效。该指导性案例确立了以下裁判规则：对于必要、合理、适度的环境污染处置费用，人民法院应当认定为属于污染环境刑事附带民事公益诉讼案件中的公私财产损失及生态环境损害赔偿范围。对于明显超出必要合理范围的处置费用，不应当作为追究被告人刑事责任，以及附带民事公益诉讼被告承担生态环境损害赔偿责任的依据。

① 已被《国家危险废物名录》（2021 年版）代替。

【刘某桂非法采矿刑事附带民事公益诉讼案】 最高人民法院指导性案例212号。2021年9月5日，被告人刘某桂（住湖北省武穴市）将其所有的鄂银河518号运力船租赁给另案被告人刘某（已判刑，住江西省九江市浔阳区），后二人商定共同在长江盗采江砂。采砂前，刘某与另案被告人何某东（已判刑，住江西省九江市柴桑区）事前通谋，由何某东低价收购刘某盗采的江砂。2021年9月10日至9月26日期间，被告人刘某桂三次伙同另案被告人刘某、熊某、杨某（均已判刑）在位于湖北省的长江黄梅段横河口水域盗采江砂约4500吨，后运至江西省九江市柴桑区某码头出售给何某东，后何某东在江砂中掺杂机制砂后对外出售。采砂期间，熊某明知上述情况，仍为刘某提供驾驶车辆等帮助，一起参与盗采江砂活动，并从中获取非法利益约15000元。杨某受刘某雇请在鄂银河518号运力船上负责监督卸砂，获取非法利益约3000余元。2021年9月30日零时许，长江航运公安局水上分局九江派出所接群众举报后，在长江黄梅段横河口水域将正在进行盗采作业的鄂银河518号运力船查获。经过磅称重，鄂银河518号运力船装有盗采江砂1443.09吨。根据《湖北省人民政府关于加强河道采砂管理的通告》规定，湖北省长江中游干流段禁采期定为6月1日至9月30日以及相应河段河道水位超警戒水位时。本案非法采砂的作案地点长江黄梅段横河口水域位于长江中游干流湖北省新州水域。经江西省九江市发展和改革委员会认定，盗采的江砂市场交易价为80元/吨。被告人刘某桂与刘某、熊某、何某东、杨某非法采砂5943.09吨，价值475447.2元。经鉴定，刘某桂、刘某等人非法盗采长江江砂行为对非法采砂区域的生态环境造成的影响分为水环境质量受损、河床结构受损、水源涵养受损和水生生物资源受损。其中，造成的长江生态服务功能损失35823.41元，长江生态环境损害所需修复费用26767.48元，共计62590.89元。

另查明，刘某、熊某、何某东、杨某因非法采矿罪已被江西省瑞昌市人民法院先行判决。被告人刘某桂于2022年6月8日被抓获归案。

九江市中级人民法院指定江西省瑞昌市人民法院审理本案。经江西省瑞昌市人民检察院依法公告，公告期满未有法律规定的机关和有关组织提起民事公益诉讼。瑞昌市人民检察院遂依法向瑞昌市人民法院提起刑事附带民事公益诉讼。

江西省瑞昌市人民法院于2022年12月22日以（2022）赣0481刑初304号刑事附带民事判决，认定被告人刘某桂犯非法采矿罪，判处有期徒刑三年，并处罚金人民币110000元；责令被告人刘某桂在判决生效十日内与刘某、熊某、何某东等人共同退赔国家矿产资源损失135000元（已扣除其他被告人赔偿的金额）；被告人刘某桂已退赔的国家矿产资源损失50000元上缴国库；附带民事公益诉讼被告刘某桂在判决生效后十日内与刘某、熊某、杨某、何某东连带赔偿因非法采砂造成的长江生态服务功能损失35823.41元、长江生态环境损害修复费用26767.48元，共计62590.89元；附带民事公益诉讼被告刘某桂在判决生效后十日内在九江市市级新闻媒体上刊登公告，向社会公众赔礼道歉。宣判后，没有上诉、抗诉，判决已发生法律效力。该指导案例确立以下裁判规则：（1）跨行政区划的非法采砂刑事案件，可以由非法开采行为实施地、矿产品运输始发地、途经地、目的地等与犯罪行为相关的人民法院管辖。（2）对于采售一体的非法采砂共同犯罪，应当按照有利于查明犯罪事实、便于生态环境修复的原则，确定管辖法院。该共同犯罪中一人犯罪或一环节犯罪属于管辖法院审理的，则该采售一体非法采砂刑事案件均可由该法院审理。（3）非法采砂造成流域生态环境损害，检察机关在刑事案件中提起附带民事公益诉讼，请求被告人承担生态环境修复责任、赔偿损失和有关费用的，人民法院依法予以支持。

【黄某辉、陈某等8人非法捕捞水产品刑事附带民事公益诉讼案】 最高人民法院指导性案例213号。2020年9月，被告人黄某辉、陈某共谋后决定在长江流域重点水域禁捕区湖南省岳阳市东洞庭湖江豚自然保护区实验区和东洞庭湖鲤、鲫、黄颡国家级水产种质资源保护区捕鱼。两人先后邀请被告人李某忠、唐某崇、艾某云、丁某德、吴某峰（另案处理）、谢某兵以及丁某勇，在湖南省岳阳县东洞庭湖壕坝水域使用丝网、自制电网等工具捕鱼，其中黄某辉负责在岸上安排人员运送捕获的渔获物并予以销售，陈某、李某忠、唐某崇、艾某云、丁某德负责驾船下湖捕鱼，吴某峰、谢某兵、丁某勇负责使用三轮车运送捕获的渔获物。自2020年10月底至2021年4月13日，八被告人先后参与非法捕捞三、四十次，捕获渔获物一万余斤，非法获利十万元。

2021年8月20日，岳阳县人民检察院委托鉴定机构对八被告人非法捕捞水产品行为造成渔业生态资源、渔业资源造成的损害进行评估。鉴定机构于2021年10月21日作出《关于黄某辉等人在禁渔期非法捕捞导致的生态损失评估报告》，评估意见为：涉案非法捕捞行为中2000公斤为电捕渔获，3000公斤为网捕渔获。电捕造成鱼类损失约8000公斤，结合网捕共计11000公斤，间接减少5000000尾鱼种的补充；建议通过以补偿性鱼类放流的方式对破坏的鱼类资源进行生态修复。岳阳县价格认证中心认定，本案渔类资源损失价值为211 000元，建议向东洞庭湖水域放流草、鲤鱼等鱼苗的方式对渔业资源和水域生态环境进行修复。岳阳县人民检察院于2021年7月30日依法履行公告程序，公告期内无法律规定的机关和有关组织反馈情况或提起诉讼，该院遂以被告人黄某辉、陈某、唐某崇、艾某云、丁某德、李某忠、谢某兵、丁某勇八人涉嫌犯非法捕捞水产品罪向岳阳县人民法院提起公诉，并以其行为破坏长江流域渔业生态资源，影响自然保护区内各类水生动物的种群繁衍，损害社会公共利益为由，向岳阳县人民法院提起刑事附带民事公益诉讼，请求判令上述八被告在市级新闻媒体上赔礼道歉；判令上述八被告按照生态损失评估报告提出的生态修复建议确定的放流种类、规格和数量、以及物价鉴定意见，在各自参与非法捕捞渔获物范围内共同购置相应价值的成鱼和苗种，在洞庭湖水域进行放流，修复渔业资源与环境。被告逾期不履行生态修复义务时，应按照放流种类和数量对应的鱼类市场价格连带承担相应渔业资源和生态修复费用211000元；判令上述被告连带承担本案的生态评估费用3000元。

被告人黄某辉、陈某、唐某崇、艾某云、丁某德、李某忠、谢某兵、丁某勇对公诉机关指控的罪名及犯罪事实均无异议，自愿认罪；同时对刑事附带民事公益诉讼起诉人提出的诉讼请求和事实理由予以认可，并对向东洞庭湖投放规定品种内价值211000元成鱼或鱼苗的方式对渔业资源和水域生态环境进行修复的建议亦无异议，表示愿意承担修复生态环境的责任。在案件审理过程中，岳阳县人民法院组织附带民事公益诉讼起诉人和附带民事公益诉讼被告人黄某辉、陈某、唐某崇、艾某云、丁某德、李某忠、谢某兵、丁某勇调解，双方自愿达成了如下协议：1. 由被告人黄某辉、陈某、唐某崇、艾某云、丁某德、李某忠、谢某兵、丁某勇按照生态损失评估报告提出的生态修复建议确定的放流种类、规格和数量以及物价鉴定意见，在各自参与非法捕捞渔获物范围内共同购置符合增殖放流规定的成鱼或鱼苗（具体鱼种以渔政管理部门要求的标准为准），在洞庭湖水域进行放流，修复渔业资源与环境；2. 由八被告人共同承担本案的生态评估费用3000元，直接缴纳给湖南省岳阳县人民检察院；3. 八被告人在市级新闻媒体上赔礼道歉。调解达成后，湖南省岳阳县人民法院将调解协议内容依法公告，社会公众未提出异议，30日公告期满后，湖南省岳阳县人民法院经审查认为调解协议的内容不违反社会公共利益，出具了（2021）湘0621刑初244号刑事附带民事调解书，将调解书送达给八被告人及岳阳县人民检察院，并向社会公开。2021年12月21日，在岳阳县东洞庭湖渔政监察执法局监督执行下，根据专业评估意见，被告人李某忠、谢某兵、丁某勇及其他被告人家属在东洞庭湖鹿角码头投放3－5厘米鱼苗446万尾，其中鲢鱼150万尾、鳙鱼150万尾、草鱼100万尾、青鱼46万尾，符合增殖放流的规定。刑事附带民事调解书执行完毕后，岳阳县人民法院于2022年1月13日以（2021）湘0621刑初244号刑事附带民事判决，认定被告人黄某辉犯非法捕捞水产品罪，判处有期徒刑一年一个月；被告人陈某犯非法捕捞水产品罪，判处有期徒刑一年一个月；被告人唐某崇犯非法捕捞水产品罪，判处有期徒刑一年；被告人艾某云犯非法捕捞水产品罪，判处有期徒刑十一个月；被告人丁某德犯非法捕捞水产品罪，判处有期徒刑九个月；被告人李某忠犯非法捕捞水产品罪，判处拘役三个月，缓刑四个月；被告人谢某兵犯非法捕捞水产品罪，判处拘役三个月，缓刑四个月；被告人丁某勇犯非法捕捞水产品罪，判处拘役三个月，缓刑四个月；对被告人黄某辉、陈某、唐某崇、艾某云、丁某德、李某忠、谢某兵、丁某勇的非法获利十万元予以追缴，上缴国库，等等。

该指导案例确立以下裁判规则：（1）破坏环境资源刑事案件中，附带民事公益诉讼被告具有认罪认罚、主动修复受损生态环境等情节的，可以依法从轻处罚。（2）人民法院判决生态环境侵权人采取增殖放流方式恢复水生生物资源、修复水域生态环境的，应当遵循自然规律，遵守水生生物增殖放流管理规定，根据专业修复意见合理确定放流水域、物种、规格、种群结构、时间、方式等，并可以由渔业行政主管部门协助监督执行。

【昆明闽某纸业有限责任公司等污染环境刑事附带民事公益诉讼案】 最高人民法院指导性案例215号。被告单位昆明闽某纸业有限公司（以下简称闽某公司）于2005年11月16日成立，公司注册资本100万元。黄某海持股80%，黄某芬持股10%，黄某龙持股10%。李某城系闽某公司后勤厂长。闽某公司自成立起即在长江流域金沙江支流螳螂川河道一侧埋设暗管，接至公司生产车间的排污管道，用于排放生产废水。经鉴定，闽某公司偷排废水期间，螳螂川河道内水质指标超基线水平 13.0 倍 – 239.1 倍，上述行为对螳螂川地表水环境造成污染，共计减少废水污染治理设施运行支出 3009662 元，以虚拟治理成本法计算，造成环境污染损害数额为 10815021 元，并对螳螂川河道下游金沙江生态流域功能造成一定影响。闽某公司生产经营活动造成生态环境损害的同时，其股东黄某海、黄某芬、黄某龙还存在如下行为：1. 股东个人银行卡收公司应收资金共计 124642613.1 元，不作财务记载。2. 将属于公司财产的 9 套房产（市值 8920611 元）记载于股东及股东配偶名下，由股东无偿占有。3. 公司账簿与股东账簿不分，公司财产与股东财产、股东自身收益与公司盈利难以区分。闽某公司自案发后已全面停产，对公账户可用余额仅为 18261.05 元。

云南省昆明市西山区人民检察院于 2021 年 4 月 12 日公告了本案相关情况，公告期内未有法律规定的机关和有关组织提起民事公益诉讼。昆明市西山区人民检察院遂就上述行为对闽某公司、黄某海、李某城等提起公诉，并对该公司及其股东黄某海、黄某芬、黄某龙等人提起刑事附带民事公益诉讼，请求否认闽某公司独立地位，由股东黄某海、黄某芬、黄某龙对闽某公司生态环境损害赔偿承担连带责任。

云南省昆明市西山区人民法院于 2022 年 6 月 30 日以（2021）云 0112 刑初 752 号刑事附带民事公益诉讼判决，认定被告单位昆明闽某纸业有限公司犯污染环境罪，判处罚金人民币 2000000 元；被告人黄某海犯污染环境罪，判处有期徒刑三年六个月，并处罚金人民币 500000 元；被告人李某城犯污染环境罪，判处有期徒刑三年六个月，并处罚金人民币 500000 元；被告单位昆明闽某纸业有限公司在判决生效后十日内承担生态环境损害赔偿人民币 10815021 元，以上费用付至昆明市环境公益诉讼救济专项资金账户用于生态环境修复；附带民事公益诉讼被告昆明闽某纸业有限公司在判决生效后十日内支付昆明市西山区人民检察院鉴定检测费用合计人民币 129500 元。附带民事公益诉讼被告人黄某海、黄某芬、黄某龙对被告昆明闽某纸业有限公司负担的生态环境损害赔偿和鉴定检测费用承担连带责任。宣判后，没有上诉、抗诉，一审判决已发生法律效力。案件进入执行程序，目前可供执行财产价值已覆盖执行标的。

该指导案例确立以下裁判规则：公司股东滥用公司法人独立地位、股东有限责任，导致公司不能履行其应当承担的生态环境损害修复、赔偿义务，国家规定的机关或者法律规定的组织请求股东对此依照《中华人民共和国公司法》第二十条的规定承担连带责任的，人民法院依法应当予以支持。

【江某某正当防卫案】 最高人民法院指导性案例 225 号。被告人江某某（系化名，时年 14 周岁）系湖南省某中学初中二年级学生。因江某某在春游时与同班某女同学聊天，同级邻班同学胡某认为江某某招惹其女朋友，要求江某某买烟赔礼道歉，否则就打江某某。之后江某某给胡某买了一包香烟，但胡某嫌烟不好不要，遂产生殴打江某某的意图。2019 年 5 月 17 日上午早读课前，与被告人江某某不和的同班同学孙某某，伙同他人借故把江某某喊到厕所，扬言要殴打江某某。江某某有不甘示弱的言语回应（案发后其解释系找借口拖延，打算放学时跑掉）。当日早读下课后，江某某在上厕所时，孙某某、胡某等人又拉扯江某某，并踢了其一脚。后因上课时间到了，各自散去。第二节课下课后，孙某某邀约同学张某某、胡某等人帮忙殴打江某某，并向张某某指认正在厕所内的江某某。午饭后，孙某某又邀约被害人陈某甲、陈某乙、吴某等帮忙殴打江某某。随后，孙某某等7人前往教室寻找被告人江某某，其他8人在厕所里等候。江某某拒绝前往，孙某某称若不去将强行带走，江某某被迫跟随前往，并将同学用于开药瓶的多功能折叠刀（非管制刀具，刃长约4.5厘米）藏在右手衣袖内。到达厕所后，孙某某、胡某、张某某及被害人陈某甲、陈某乙、吴某等15人把江某某围住。陈某甲上前扼勒江某某的颈部，把江某某摔倒在地后，骑坐在其身上殴打，孙某某、胡某、张某某等人一拥而上进行踢打。在受到群殴之后，江某某掏出折叠刀乱挥，捅伤陈某甲腰背部，划伤吴某大腿。殴打持续约一分钟后，众人散开。江某某从地上爬了起来，背靠厕所蹲坑的矮墙坐在地上，站在江某某背后的陈某乙对其掌掴，江某某遂转身用折叠刀向陈某乙腹部捅刺一刀，张某某等人再次殴打江某某后离开。后陈某甲、陈某乙、吴某被送至学校医务室治疗。经鉴定，陈某甲、陈某乙的损伤程度为重伤二级，吴某的损伤程度为轻微伤。同年8月7日，江某某向公安机关投案。

湖南省吉首市人民检察院指控被告人江某某犯故意伤害罪，向湖南省吉首市人民法院提起公诉。被告人江某某及其辩护人认为：江某某在遭受学生霸凌时，实施防卫行为对不法侵害人造成损害，属于正当防卫，依法不负刑事责任。

湖南省吉首市人民法院于2020年7月6日作出刑事判决，认定被告人江某某的行为构成正当防卫，宣告江某某无罪。宣判后，湖南省吉首市人民检察院提出抗诉。二审期间，湖南省湘西土家族苗族自治州人民检察院申请撤回抗诉。湖南省湘西土家族苗族自治州中级人民法院于2022年11月9日作出刑事裁定，准许撤回抗诉。

该指导案例确立以下裁判规则：（1）对于因学生霸凌引发的防卫行为与相互斗殴的界分，应当坚持主客观相统一原则，通过综合考量案发起因、是否为主要过错方、是否纠集他人参与打斗等情节，结合同年龄段未成年人在类似情境下的可能反应，准确判断行为人的主观意图和行为性质。不能仅因行为人面对霸凌时不甘示弱、使用工具反击等情节，就影响对其防卫意图的认定。（2）对于防卫是否“明显超过必要限度”，应当立足防卫时的具体情境，从同年龄段未成年人一般认知的角度，综合学生霸凌中不法侵害的性质、手段、强度、危害后果和防卫的时机、手段、强度、损害后果等情节，考虑双方力量对比，作出合理判断。

【陈某某、刘某某故意伤害、虐待案】

最高人民法院指导性案例226号。被告人刘某某系被害人童某某（系化名，女，2014年3月出生）的母亲。刘某某离婚后，童某某由刘某某直接抚养。2019年11月，刘某某结识被告人陈某某，后恋爱并同居。2020年2月13日，被告人陈某某因童某某与父亲视频聊天而心生不满，遂对童某某实施打耳光、踢踹等行为，为此，刘某某将童某某带离陈某某住处，并向陈某某提出分手。2月17日晚，陈某某来到刘某某住处，因分手之事迁怒于童某某，进门后直接将童某某踹倒在地，又对童某某头部、身体、腿部猛踹数脚。次日，刘某某带童某某就医治疗。童某某被诊断为：额部挫伤、颏部挫裂伤。此后，为躲避陈某某，刘某某带着童某某到朋友家暂住。其间，陈某某多次向刘某某表示道歉并请求原谅。同年3月20日，刘某某与陈某某恢复交往，并带着童某某搬入陈某某住处生活。之后，在共同生活期间，被告人陈某某经常无故或者以管教孩子等各种借口，通过拳打脚踢、洗衣板殴打、烟头烫等方式伤害童某某，造成童某某身体多处受伤。陈某某还经常采取让童某某长时间跪洗衣板、吞烟头、冻饿、凌辱等方式体罚、虐待童某某。被告人刘某某作为童某某的母亲，未进行有效阻止，放任陈某某对童某某实施伤害和虐待，并时而参与，致童某某轻伤。2020年5月中旬，被告人陈某某为童某某洗澡，因童某某认为水温不适，陈某某遂故意将水温反复调至最高和最低档位浇淋童某某。被告人刘某某听到童某某喊叫，进入卫生间查看，陈某某谎称水不热，刘某某遂关门离开。洗完澡后，陈某某将童某某带出浴室罚跪，刘某某发现童某某身上被烫出大面积水泡，仅为其擦涂烫伤膏，未及时送医治疗。直至同月下旬，童某某伤口感染严重，二被告人才将其送往医院救治。后经他人报警，二被告人被抓获归案。经鉴定，童某某全身烧烫伤损伤程度达重伤二级（面部烫伤遗留浅表疤痕素改变，残疾等级为七级），另有五处损伤为轻伤一级（其中三处残疾等级为九级）和五处损伤为轻伤二级。另查明，被害人童某某治疗期间支出的医疗费、营养费等共计人民币202767.35元。本案案发后，人民法院依法撤销被害人母亲刘某某对童某某的监护人资格，将抚养权从刘某某变更至被害人父亲，并联系心理医生定期对童某某进行心理辅导，协调解决其入学、生活困难等问题。

辽宁省抚顺市新抚区人民法院于2021年10月13日作出刑事附带民事判决：一、被告人陈某某犯故意伤害罪，判处有期徒刑十五年；犯虐待罪，判处有期徒刑二年，决定执行有期徒刑十六年。二、被告人刘某某犯故意伤害罪，判处有期徒刑二年；犯虐待罪，判处有期徒刑一年六个月，决定执行有期徒刑三年。三、被告人陈某某赔偿附带民事诉讼原告人童某某人民币202767.35元。宣判后，没有上诉、抗诉，判决已发生法律效力。该指导案例确立以下裁判规则：（1）与父（母）的未婚同居者处于较为稳定的共同生活状态的未成年人，应当认定为刑法第二百六十条规定的“家庭成员”。（2）在经常性的虐待过程中，行为人对被害人实施严重暴力，主观上希望或者放任、客观上造成被害人轻伤以上后果的，应当认定为故意伤害罪；如果将该伤害行为独立评价后，其他虐待行为仍符合虐待罪构成要件的，应当以故意伤害罪与虐待罪数罪并罚。（3）对于故意伤害未成年人案件，认定是否符合刑法第二百三十四条第二款规定的以特别残忍手段致人重伤造成“严重残疾”，应当综合考量残疾等级、数量、所涉部位等情节，以及伤害后果对未成年人正在发育的身心所造成的严重影响等因素，依法准确作出判断。

附　录　二

涉刑事法律规范文件信息简表

1. 法律文件名称中的“中华人民共和国”省略，其余一般不省略，例如《中华人民共和国刑法》，简称《刑法》。

2. 《全国人民代表大会常务委员会关于严禁卖淫嫖娼的决定》（中华人民共和国主席令第51号），简称《严禁卖淫嫖娼的决定》，1991年9月4日公布，1991年9月4日施行，根据2009年8月27日第十一届全国人民代表大会常务委员会第十次会议《全国人民代表大会常务委员会关于修改部分法律的决定》修正，2019年12月28日第十三届全国人民代表大会常务委员会第十五次会议《全国人民代表大会常务委员会关于废止有关收容教育法律规定和制度的决定》部分废止。

3. 《全国人民代表大会常务委员会关于惩治骗购外汇、逃汇和非法买卖外汇犯罪的决定》（中华人民共和国主席令第14号），简称《惩治骗购外汇、逃汇和非法买卖外汇犯罪的决定》，1998年12月29日公布，1998年12月29日施行。

4. 《中华人民共和国刑法修正案》（中华人民共和国主席令第27号），简称《刑法修正案》，1999年12月25日公布，1999年12月25日施行。

5. 《中华人民共和国刑法修正案（二）》（中华人民共和国主席令第56号），简称《刑法修正案（二）》，2001年8月31日公布，2001年8月31日施行。

6. 《中华人民共和国刑法修正案（三）》（中华人民共和国主席令第64号），简称《刑法修正案（三）》，2001年12月29日公布，2001年12月29日施行。

7. 《中华人民共和国刑法修正案（四）》（中华人民共和国主席令第83号），简称《刑法修正案（四）》，2002年12月28日公布，2002年12月28日施行。

8. 《中华人民共和国刑法修正案（五）》（中华人民共和国主席令第32号），简称《刑法修正案（五）》，2005年2月28日公布，2005年2月28日施行。

9. 《中华人民共和国刑法修正案（六）》（中华人民共和国主席令第51号），简称《刑法修正案（六）》，2006年6月29日公布，2006年6月29日施行。

10. 《中华人民共和国刑法修正案（七）》（中华人民共和国主席令第10号），简称《刑法修正案（七）》，2009年2月28日公布，2009年2月28日施行。

11. 《中华人民共和国刑法修正案（八）》（中华人民共和国主席令第41号），简称《刑法修正案（八）》，2011年2月25日公布，2011年5月1日施行。

12. 《中华人民共和国刑法修正案（九）》（中华人民共和国主席令第30号），简称《刑法修正案（九）》，2015 年 8 月 29 日公布，2015 年 11 月 1 日施行。

13.《中华人民共和国刑法修正案（十）》（中华人民共和国主席令第 80 号），简称《刑法修正案（十）》，2017 年 11 月 4 日公布，2017 年 11 月 4 日施行。

14.《中华人民共和国刑法修正案（十一）》（中华人民共和国主席令第 66 号），简称《刑法修正案（十一）》，2020 年 12 月 26 日公布，2021 年 3 月 1 日施行。

15.《中华人民共和国刑法修正案（十二）》（中华人民共和国主席令第 18 号），简称《刑法修正案（十二）》，2023 年 12 月 29 日公布，2024 年 3 月 1 日施行。

16.《政务院关于严禁鸦片烟毒的通令》，简称《严禁鸦片烟毒的通令》，1950 年 2 月 24 日公布，1950 年 2 月 24 日施行。

17.《禁止珍贵文物图书出口暂行办法》（政文董字 16 号），1950 年 5 月 24 日公布，1950 年 5 月 24 日施行，已经被《国务院关于废止部分外事外经贸、工交城建、劳动人事和教科文卫法规的通知》（国发〔1987〕2 号）废止，1987 年 1 月 3 日公布，1987 年 1 月 3 日施行。

18.《中华人民共和国禁止国家货币出入国境办法》，简称《禁止国家货币出入国境办法》，1951 年 3 月 6 日公布，1951 年 3 月 6 日施行，已经被《国务院关于废止 1993 年底以前发布的部分行政法规的决定》（国务院令〔第 154 号〕）废止，1994 年 5 月 16 日公布，1994 年 5 月 16 日施行。

19.《妨害国家货币治罪暂行条例》（政财字第 69 号），1951 年 4 月 19 日公布，1951 年 4 月 19 日施行，已经被《国务院关于废止部分财贸法规的通知》（国发〔1986〕82 号）废止，1986 年 7 月 25 日公布，1986 年 7 月 25 日施行。

20.《保守国家机密暂行条例》，1951 年 6 月 8 日公布，1951 年 6 月 8 日施行，已经被《中华人民共和国保守国家秘密法》废止，1988 年 9 月 5 日公布，1989 年 5 月 1 日施行。

21.《中华人民共和国惩治贪污条例》，简称《惩治贪污条例》，1952 年 4 月 18 日公布，1952 年 4 月 21 日公布，1952 年 4 月 21 日施行，已经被《全国人民代表大会常务委员会关于批准法制工作委员会关于对 1978 年底以前颁布的法律进行清理情况和意见报告的决定》废止，1987 年 11 月 24 日公布，1987 年 11 月 24 日施行。

22.《全国人民代表大会常务委员会关于加强法律解释工作的决议》，简称《加强法律解释工作决议》，1981 年 6 月 10 日公布，1981 年 6 月 10 日施行。

23.《全国人民代表大会常务委员会关于〈中华人民共和国刑法〉第九十三条第二款的解释》，简称《〈中华人民共和国刑法〉第九十三条第二款解释》，2000 年 4 月 29 日公布，2000 年 4 月 29 日施行，已经被《全国人民代表大会常务委员会关于修改部分法律的决定》（中华人民共和国主席令第 18 号）修正，2009 年 8 月 27 日公布，2009 年 8 月 27 日施行。

24.《全国人民代表大会常务委员会关于〈中华人民共和国刑法〉有关信用卡规定的解释》，简称《〈中华人民共和国刑法〉有关信用卡规定解释》，2004 年 12 月 29 日公布，2004 年 12 月 29 日施行。

25.《全国人民代表大会常务委员会关于〈中华人民共和国刑法〉第九章渎职罪主体适用问题的解释》，简称《〈中华人民共和国刑法〉第九章渎职罪主体适用问题解释》，2002 年 12 月 28 日公布，2002 年 12 月 28 日施行。

26.《中华人民共和国人民法院组织法》（全国人大常委会委员长令第 3 号），简称《人民法院组织法》，1979 年 7 月 5 日公布，1980 年 1 月 1 日施行，根据 1983 年 9 月 2 日第六届全国人民代表大会常务委员会第二次会议《关于修改〈中华人民共和国人民法院组织法〉的决定》第一次修正，根据 1986 年 12 月 2 日第六届全国人民代表大会常务委员会第十八次会议《关于修改〈中华人民共和国地方各级人民代表大会和地方各级人民政府组织法〉的决定》第二次修正，根据 2006 年 10 月 31 日第十届全国人民代表大会常务委员会第二十四次会议《关于修改〈中华人民共和国人民法院组织法〉的决定》第三次修正，2018 年 10 月 26 日第十三届全国人民代表大会常务委员会第六次会议修订。

27.《最高人民法院关于司法解释工作的规定》（法发〔2007〕12 号），2007 年 3 月 9 日公布，2007 年 4 月 1 日施行，根据 2021 年 6 月 8 日最高人民法院审判委员会第 1841 次会议《最高人民法院关于修改〈最高人民法院关于司法解释工作的规定〉的决定》修正。

28.《最高人民检察院司法解释工作规定》（检发研字〔2006〕4 号），2006 年 5 月 10 日公布，2006 年 5 月 10 日施行，2015 年 12 月 16 日最高人民检察院第十二届检察委员会第四十五次会议第一次修订，2019 年 3 月 20 日最高人民检察院第十三届检察委员会第十六次会议第二次修订。

29.《中华人民共和国刑事诉讼法》（全国人大常务委员会委员长令第 6 号），简称《刑事诉讼法》，1979 年 7 月 7 日公布，1980 年 1 月 1 日施行，根据 1996 年 3 月 17 日第八届全国人民代表大会第四次会议《关于修改〈中华人民共和国刑事诉讼法〉的决定》第一次修正，根据 2012 年 3 月 14 日第十一届全国人民代表大会第五次会议《关于修改〈中华人民共和国刑事诉讼法〉的决定》第二次修正，根据 2018 年 10 月 26 日第十三届全国人民代表大会常务委员会第六次会议《关于修改〈中华人民共和国刑事诉讼法〉的决定》第三次修正。

30.《中华人民共和国民事诉讼法》（中华人民共和国主席令第 44 号），简称《民事诉讼法》，1991 年 4 月 9 日公布，1991 年 4 月 9 日施行，根据 2007 年 10 月 28 日第十届全国人民代表大会常务委员会第三十次会议《关于修改〈中华人民共和国民事诉讼法〉的决定》第一次修正，根据 2012 年 8 月 31 日第十一届全国人民代表大会常务委员会第二十八次会议《关于修改〈中华人民共和国民事诉讼法〉的决定》第二次修正，根据 2017 年 6 月 27 日第十二届全国人民代表大会常务委员会第二十八次会议《关于修改〈中华人民共和国民事诉讼法〉和〈中华人民共和国行政诉讼法〉的决定》第三次修正，根据 2021 年 12 月 24 日第十三届全国人民代表大会常务委员会第三十二次会议《关于修改〈中华人民共和国民事诉讼法〉的决定》第四次修正；根据 2023 年 9 月 1 日第十四届全国人民代表大会常务委员会第五次会议《关于修改〈中华人民共和国民事诉讼法〉的决定》第五次修正。

31.《最高人民法院关于审理发生在我国管辖海域相关案件若干问题的规定（一）》（法释〔2016〕16 号），简称《审理发生在我国管辖海域相关案件规定（一）》，2016 年 8 月 1 日公布，2016 年 8 月 2 日施行。

32.《中华人民共和国外交特权与豁免条例》(中华人民共和国主席令第44号),简称《外交特权与豁免条例》,1986年9月5日公布,1986年9月5日施行。

33.《最高人民法院、最高人民检察院关于适用刑事司法解释时间效力问题的规定》(高检发释字〔2001〕5号),简称《刑事司法解释时间效力问题规定》,2001年12月16日公布,2001年12月17日施行。

34.《最高人民法院关于适用刑法第十二条几个问题的解释》(法释〔1997〕12号),简称《刑法第十二条司法解释》,1997年12月31公布,1998年1月13日施行。

35.《最高人民检察院关于依法快速办理轻微刑事案件的意见》(高检发侦监字〔2007〕4号),简称《依法快速办理轻微刑事案件意见》,2007年1月30公布,2007年1月30施行,已经被《最高人民检察院关于废止1997年7月1日至2012年6月30日期间制发的部分司法解释性质文件的决定》废止,2013年3月1日公布,2013年4月8日施行。

36.《最高人民检察院关于办理当事人达成和解的轻微刑事案件的若干意见》(高检发研字〔2011〕2号),简称《办理当事人达成和解的轻微刑事案件意见》,2011年1月29日公布,2011年1月29日施行。

37.《中华人民共和国婚姻法》,简称《婚姻法》,1980年9月10日公布,1981年1月1日施行,根据2001年4月28日第九届全国人民代表大会常务委员会第二十一次会议《关于修改〈中华人民共和国婚姻法〉的决定》修正,已经被《中华人民共和国民法典》(中华人民共和国主席令第45号)废止,2020年5月28日公布,2021年1月1日施行。

38.《全国人民代表大会常务委员会法制工作委员会关于已满十四周岁不满十六周岁的人承担刑事责任范围问题的答复意见》(法工委复字〔2002〕12号),简称《已满十四周岁不满十六周岁的人承担刑事责任范围问题的答复意见》,2002年7月24日公布,2002年7月24日施行。

39.《最高人民法院、最高人民检察院、公安部和司法部关于依法办理家庭暴力犯罪案件的意见》(法发〔2015〕4号),简称《办理家庭暴力犯罪案件意见》,2015年3月2日公布,2015年3月2日施行。

40.《最高人民法院关于适用财产刑若干问题的规定》(法释〔2000〕45号),简称《适用财产刑规定》,2000年12月13日公布,2000年12月19日施行。

41.《最高人民法院、最高人民检察院、公安部、司法部关于对判处管制、宣告缓刑的犯罪分子适用禁止令有关问题的规定(试行)》(法发〔2011〕9号),简称《对判处管制、宣告缓刑的犯罪分子适用禁止令规定(试行)》,2011年4月28日公布,2011年5月1日施行。

42.《最高人民法院关于处理自首和立功具体应用法律若干问题的解释》(法释〔1998〕8号),简称《自首和立功司法解释》,1998年4月6日公布,1998年5月9日施行。

43.《最高人民法院、最高人民检察院关于办理职务犯罪案件认定自首、立功等量刑情节若干问题的意见》(法发〔2009〕13号),简称《办理职务犯罪案件认定自首、立功等量刑情节意见》,2009年3月12日公布,2009年3月12日施行。

44.《中华人民共和国未成年人保护法》（中华人民共和国主席令第50号），简称《未成年人保护法》，1991年9月4日公布，1992年1月1日施行，2006年12月29日第十届全国人民代表大会常务委员会第二十五次会议第一次修订，根据2012年10月26日第十一届全国人民代表大会常务委员会第二十九次会议《关于修改〈中华人民共和国未成年人保护法〉的决定》修正，2020年10月17日第十三届全国人民代表大会常务委员会第二十二次会议第二次修订，根据2024年4月26日第十四届全国人民代表大会常务委员会第九次会议《关于修改〈中华人民共和国农业技术推广法〉、〈中华人民共和国未成年人保护法〉、〈中华人民共和国生物安全法〉的决定》第二次修正。

45.《中华人民共和国预防未成年人犯罪法》（中华人民共和国主席令第17号），简称《预防未成年人犯罪法》，1999年6月28日公布，1999年11月1日施行，根据2012年10月26日第十一届全国人民代表大会常务委员会第二十九次会议《关于修改〈中华人民共和国预防未成年人犯罪法〉的决定》修正，2020年12月26日第十三届全国人民代表大会常务委员会第二十四次会议修订。

46.《最高人民法院关于贯彻宽严相济刑事政策的若干意见》（法发〔2010〕9号），简称《贯彻宽严相济刑事政策意见》，2010年2月8日公布，2010年2月8日施行。

47.《司法行政机关社区矫正工作暂行办法》（司发通〔2004〕88号），2004年5月9日公布，2004年7月1日施行。

48.《最高人民法院关于执行〈中华人民共和国刑法〉确定罪名的规定》（法释〔1997〕9号），简称《执行〈中华人民共和国刑法〉确定罪名规定》，1997年12月11日公布，1997年12月16日施行，已经被《最高人民法院、最高人民检察院关于执行〈中华人民共和国刑法〉确定罪名的补充规定》（法释〔2002〕7号，2002年3月15日公布，2002年3月26日施行）、《最高人民法院、最高人民检察院关于执行〈中华人民共和国刑法〉确定罪名的补充规定（二）》（法释〔2003〕12号，2003年8月15日公布，2003年8月21日施行）、《最高人民法院、最高人民检察院关于执行〈中华人民共和国刑法〉确定罪名的补充规定（三）》（法释〔2007〕16号，2007年10月25日公布，2007年11月6日施行）、《最高人民法院、最高人民检察院关于执行〈中华人民共和国刑法〉确定罪名的补充规定（四）》（法释〔2009〕13号，2009年10月14日公布，2009年10月16日施行）、《最高人民法院、最高人民检察院关于执行〈中华人民共和国刑法〉确定罪名的补充规定（五）》（法释〔2011〕10号，2011年4月27日公布，2011年5月1日施行）、《最高人民法院、最高人民检察院关于执行〈中华人民共和国刑法〉确定罪名的补充规定（六）》（法释〔2015〕20号，2015年10月30日公布，2015年11月1日施行）、《最高人民法院、最高人民检察院关于执行〈中华人民共和国刑法〉确定罪名的补充规定（七）》（法释〔2021〕2号，2021年2月26日公布，2021年3月1日施行）、《最高人民法院、最高人民检察院关于执行〈中华人民共和国刑法〉确定罪名的补充规定（八）》（法释〔2024〕3号，2024年1月30日公布，2024年3月1日施行）修改。

49.《最高人民法院、最高人民检察院关于执行〈中华人民共和国刑法〉确定罪名的补充规定（六）》（法释〔2015〕20号），简称《执行〈中华人民共和国刑法〉确定罪名补充规定（六）》，2015 年 10 月 30 日公布，2015 年 11 月 1 日施行。

50.《最高人民法院关于审理非法出版物刑事案件具体应用法律若干问题的解释》（法释〔1998〕30 号），简称《审理非法出版物刑事案件司法解释》，1998 年 12 月 17 日公布，1998 年 12 月 23 日施行。

51.《中华人民共和国保守国家秘密法》，简称《保守国家秘密法》，1988 年 9 月 5 日公布，1989 年 5 月 1 日施行，2010 年 4 月 29 日第十一届全国人民代表大会常务委员会第十四次会议第一次修订，2024 年 2 月 27 日第十四届全国人民代表大会常务委员会第八次会议第二次修订。

52.《最高人民法院、最高人民检察院关于办理妨害预防、控制突发传染病疫情等灾害的刑事案件具体应用法律若干问题的解释》（法释〔2003〕8 号），简称《办理妨害预防、控制突发传染病疫情等灾害的刑事案件司法解释》，2003 年 5 月 14 日公布，2003 年 5 月 15 日施行。

53.《最高人民法院关于印发醉酒驾车犯罪法律适用问题指导意见及相关典型案例的通知》（法发〔2009〕47 号），简称《醉酒驾车犯罪指导意见及相关典型案例》。2009 年 9 月 11 日公布，2009 年 9 月 11 日施行。

54.《中华人民共和国枪支管理法》（中华人民共和国主席令第 72 号），简称《枪支管理法》，1996 年 7 月 5 日公布，1996 年 10 月 1 日施行，根据 2009 年 8 月 27 日第十一届全国人民代表大会常务委员会第十次会议《关于修改部分法律的决定》第一次修正，根据 2015 年 4 月 24 日第十二届全国人民代表大会常务委员会第十四次会议《关于修改〈中华人民共和国港口法〉等七部法律的决定》第二次修正。

55.《最高人民检察院关于将公务用枪用作借债质押的行为如何适用法律问题的批复》（高检发释字〔1998〕4 号），简称《将公务用枪用作借债质押的行为如何适用法律问题批复》，1998 年 11 月 3 日公布，1998 年 11 月 3 日施行。

56.《中华人民共和国道路交通安全法》（中华人民共和国主席令第 8 号），简称《道路交通安全法》，2003 年 10 月 28 日公布，2004 年 5 月 1 日施行，根据 2007 年 12 月 29 日第十届全国人民代表大会常务委员会第三十一次会议《关于修改〈中华人民共和国道路交通安全法〉的决定》第一次修正，根据 2011 年 4 月 22 日第十一届全国人民代表大会常务委员会第二十次会议《关于修改〈中华人民共和国道路交通安全法〉的决定》第二次修正，根据 2021 年 4 月 29 日第十三届全国人民代表大会常务委员会第二十八次会议《关于修改〈中华人民共和国道路交通安全法〉等八部法律的决定》第三次修正。

57.《车辆驾驶人员血液、呼气酒精含量阈值与检验》（GB19522－2010），2011 年 1 月 27 日发布，2011 年 7 月 1 日施行。

58.《危险化学品安全管理条例》（国务院令第 344 号），2002 年 1 月 26 日公布，2002 年 3 月 15 日施行，2011 年 2 月 16 日国务院第 144 次常务会议修订，根据 2013 年 12 月 4 日国务院第 32 次常务会议《国务院关于修改部分行政法规的决定》修正。

59.《最高人民法院、最高人民检察院关于办理危害生产安全刑事案件适用法律若干问题的解释》（法释〔2015〕22 号），简称《办理危害生产安全刑事案件司法解释》，2015 年 12 月 14 日公布，2015 年 12 月 16 日施行。

60.《中华人民共和国消防法》（中华人民共和国主席令第4号），简称《消防法》，1998年4月29日公布，1998年9月1日施行，2008年10月28日第十一届全国人民代表大会常务委员会第五次会议修订，根据2019年4月23日第十三届全国人民代表大会常务委员会第十次会议《关于修改〈中华人民共和国建筑法〉等八部法律的决定》第一次修正，根据2021年4月29日第十三届全国人民代表大会常务委员会第二十八次会议《关于修改〈中华人民共和国道路交通安全法〉等八部法律的决定》第二次修正。

61.《中华人民共和国产品质量法》（中华人民共和国主席令第71号），简称《产品质量法》，1993年2月22日公布，1993年9月1日施行，根据2000年7月8日第九届全国人民代表大会常务委员会第十六次会议《关于修改〈中华人民共和国产品质量法〉的决定》第一次修正，根据2009年8月27日第十一届全国人民代表大会常务委员会第十次会议《关于修改部分法律的决定》第二次修正，根据2018年12月29日第十三届全国人民代表大会常务委员会第七次会议《关于修改〈中华人民共和国产品质量法〉等五部法律的决定》第三次修正。

62.《中华人民共和国药品管理法》（中华人民共和国主席令第18号），简称《药品管理法》，1984年9月20日公布，1985年7月1日施行，2001年2月28日第九届全国人民代表大会常务委员会第二十次会议第一次修订，根据2013年12月28日第十二届全国人民代表大会常务委员会第六次会议《关于修改〈中华人民共和国海洋环境保护法〉等七部法律的决定》第一次修正，根据2015年4月24日第十二届全国人民代表大会常务委员会第十四次会议《关于修改〈中华人民共和国药品管理法〉的决定》第二次修正，2019年8月26日第十三届全国人民代表大会常务委员会第十二次会议第二次修订。

63.《中华人民共和国食品安全法》（中华人民共和国主席令第9号），简称《食品安全法》，2009年2月28日公布，2009年6月1日施行，2015年4月24日第十二届全国人民代表大会常务委员会第十四次会议修订，根据2018年12月29日第十三届全国人民代表大会常务委员会第七次会议《关于修改〈中华人民共和国产品质量法〉等五部法律的决定》第一次修正，根据2021年4月29日第十三届全国人民代表大会常务委员会第二十八次会议《关于修改〈中华人民共和国道路交通安全法〉等八部法律的决定》第二次修正。

64.《化妆品监督管理条例》（中华人民共和国国务院令第727号），2020年6月16日公布，2021年1月1日施行。

65.《化妆品卫生标准》，标准号GB7916－1987，1987年5月28日公布，1987年10月1日实施。

66.《中华人民共和国文物保护法》（全国人大常务委员会令第11号），简称《文物保护法》，1982年11月19日公布，1982年11月19日施行，根据1991年6月29日第七届全国人民代表大会常务委员会第二十次会议《关于修改〈中华人民共和国文物保护法〉第三十条、第三十一条的决定》第一次修正，2002年10月28日第九届全国人民代表大会常务委员会第三十次会议修订，根据2007年12月29日第十届全国人民代表大会常务委员会第三十一次会议《关于修改〈中华人民共和国文物保护法〉的决定》第二次修正，根据2013年6月29日第十二届全国人民代表大会常务委员会第三次会议《关于修改〈中华人民共和国文物保护法〉等十二部法律的决定》第三次修正，根据2015年4月24日第十二届全国人民代表大会常务委员会第十四次会议《关于修改〈中华人民共和国文物保护法〉的决定》第四次修正，根据2017年11月4日第十二届全国人民代表大会常务委员会第三十次会议《关于修改〈中华人民共和国会计法〉等十一部法律的决定》第五次修正。

67.《最高人民法院、最高人民检察院关于办理破坏野生动物资源刑事案件适用法律若干问题的解释》（法释〔2022〕12号），简称《办理破坏野生动物资源刑事案件司法解释》，2022年4月6日公布，2022年4月9日施行。

68.《国家重点保护野生动物名录》（中华人民共和国林业部、中华人民共和国农业部令第1号），1989年1月14日公布，1989年1月14日施行，已经被《国家重点保护野生动物名录》（国家林业和草原局、农业农村部公告2021年第3号）修改，2021年2月1日公布，2021年2月1日施行。

69.《中华人民共和国禁止进出境物品表》，简称《禁止进出境物品表》，1993年2月26日公布，1993年2月26日施行。

70.《最高人民法院、最高人民检察院〈关于办理商业贿赂刑事案件适用法律若干问题的意见〉》（法发〔2008〕33号），简称《办理商业贿赂刑事案件意见》，2008年11月20日公布，2008年11月20日施行。

71.《中华人民共和国中国人民银行法》（中华人民共和国主席令第46号），简称《银行法》，1995年3月18日公布，1995年3月18日施行，根据2003年12月27日第十届全国人民代表大会常务委员会第六次会议《关于修改〈中华人民共和国中国人民银行法〉的决定》修正。

72.《中华人民共和国商业银行法》（中华人民共和国主席令第47号），简称《商业银行法》，1995年5月10日公布，1995年7月1日施行，根据2003年12月27日第十届全国人民代表大会常务委员会第六次会议《关于修改〈中华人民共和国商业银行法〉的决定》第一次修正，根据2015年8月29日第十二届全国人民代表大会常务委员会第十六次会议《关于修改〈中华人民共和国商业银行法〉的决定》第二次修正。

73.《最高人民法院关于审理非法集资刑事案件具体应用法律若干问题的解释》（法释〔2022〕5号），简称《审理非法集资刑事案件司法解释》，2022年2月23日公布，2022年3月1日施行。

74.《中华人民共和国公司法》（中华人民共和国主席令第16号），简称《公司法》，1993年12月29日公布，1994年7月1日施行，根据1999年12月25日第九届全国人民代表大会常务委员会第十三次会议《关于修改〈中华人民共和国公司法〉的决定》第一次修正，根据2004年8月28日第十届全国人民代表大会常务委员会第十一次会议《关于修改〈中华人民共和国公司法〉的决定》第二次修正，2005年10月27日第十届全国人民代表大会常务委员会第十八次会议第一次修订，根据2013年12月28日第十二届全国人民代表大会常务委员会第六次会议《关于修改〈中华人民共和国海洋环境保护法〉等七部法律的决定》第三次修正，根据2018年10月26日第十三届全国人民代表大会常务委员会第六次会议《关于修改〈中华人民共和国公司法〉的决定》第四次修正，根据2023年12月29日第十四届全国人民代表大会常务委员会第七次会议第二次修订。

75.《最高人民法院、最高人民检察院关于办理内幕交易、泄露内幕信息刑事案件具体应用法律若干问题的解释》（法释〔2012〕6号），简称《办理内幕交易、泄露内幕信息刑事案件司法解释》，2012年3月29日公布，2012年6月1日施行。

76.《中华人民共和国证券投资基金法》（中华人民共和国主席令第9号），简称《证券投资基金法》，2003年10月28日公布，2004年6月1日施行，2012年12月28日第十一届全国人民代表大会常务委员会第三十次会议修订，根据2015年4月24日第十二届全国人民代表大会常务委员会第十四次会议《关于修改〈中华人民共和国港口法〉等七部法律的决定》修正。

77.《最高人民检察院、公安部关于印发〈最高人民检察院、公安部关于公安机关管辖的刑事案件立案追诉标准的规定（二）〉的通知》（公通字〔2022〕12号），简称《立案追诉标准规定（二）》，2022年4月6日公布，2022年5月15日施行。

78.《中华人民共和国票据法》（中华人民共和国主席令第49号），简称《票据法》，1995年5月10日公布，1996年1月1日施行，根据2004年8月28日第十届全国人民代表大会常务委员会第十一次会议《关于修改〈中华人民共和国票据法〉的决定》修正。

79.《中华人民共和国外汇管理条例》（中华人民共和国国务院令第193号），简称《外汇管理条例》，1996年1月29日公布，1996年4月1日施行，根据1997年1月14日《国务院关于修改〈中华人民共和国外汇管理条例〉的决定》修正，2008年8月1日国务院第20次常务会议修订。

80.《最高人民法院、最高人民检察院关于办理洗钱刑事案件适用法律若干问题的解释》（法释〔2024〕10号），简称《关于办理洗钱刑事案件司法解释》，2024年8月19日公布，2024年8月20日施行。

81.《最高人民法院关于审理偷税抗税刑事案件具体应用法律若干问题的解释》（法释〔2002〕33号），简称《审理偷税抗税刑事案件司法解释》，2002年11月5日公布，2002年11月7日施行。已经被《最高人民法院、最高人民检察院关于办理危害税收征管刑事案件适用法律若干问题的解释》废止，简称《关于办理危害税收征管刑事案件司法解释》，2024年3月15日公布，2024年3月20日施行。

82.《最高人民法院关于审理骗取出口退税刑事案件具体应用法律若干问题的解释》（法释〔2002〕30号），简称《审理骗取出口退税刑事案件司法解释》，2002年9月17日公布，2002年9月23日施行。已经被《最高人民法院、最高人民检察院关于办理危害税收征管刑事案件适用法律若干问题的解释》废止，简称《关于办理危害税收征管刑事案件司法解释》，2024年3月15日公布，2024年3月20日施行。

83.《最高人民法院、最高人民检察院关于办理侵犯知识产权刑事案件具体应用法律若干问题的解释》（法释〔2004〕19号），简称《办理侵犯知识产权刑事案件司法解释》，2004年12月8日公布，2004年12月22日施行。

84.《中华人民共和国著作权法》（主席令第31号），简称《著作权法》，1990年9月7日公布，1991年6月1日施行，根据2001年10月27日第九届全国人民代表大会常务委员会第二十四次会议《关于修改〈中华人民共和国著作权法〉的决定》第一次修正，根据2010年2月26日第十一届全国人民代表大会常务委员会第十三次会议《关于修改〈中华人民共和国著作权法〉的决定》第二次修正，根据2020年11月11日第十三届全国人民代表大会常务委员会第二十三次会议《关于修改〈中华人民共和国著作权法〉的决定》第三次修正。

85.《最高人民法院、最高人民检察院、公安部关于办理组织领导传销活动刑事案件适用法律若干问题的意见》（公通字〔2013〕37号），简称《办理组织领导传销活动刑事案件意见》，2013年11月14日公布，2013年11月14日施行。

86.《中华人民共和国土地管理法》（中华人民共和国主席令第41号），简称《土地管理法》，1986年6月25日公布，1987年1月1日施行，根据1988年12月29日第七届全国人民代表大会常务委员会第五次会议《关于修改〈中华人民共和国土地管理法〉的决定》第一次修正，1998年8月29日第九届全国人民代表大会常务委员会第四次会议修订，根据2004年8月28日第十届全国人民代表大会常务委员会第十一次会议《关于修改〈中华人民共和国土地管理法〉的决定》第二次修正，根据2019年8月26日第十三届全国人民代表大会常务委员会第十二次会议《关于修改〈中华人民共和国土地管理法〉、〈中华人民共和国城市房地产管理法〉的决定》第三次修正。

87.《中华人民共和国森林法》（中华人民共和国主席令第17号），简称《森林法》，1984年9月20日公布，1985年1月1日施行，根据1998年4月29日第九届全国人民代表大会常务委员会第二次会议《关于修改〈中华人民共和国森林法〉的决定》第一次修正，根据2009年8月27日第十一届全国人民代表大会常务委员会第十次会议《关于修改部分法律的决定》第二次修正，2019年12月28日第十三届全国人民代表大会常务委员会第十五次会议修订。

88.《中华人民共和国草原法》（中华人民共和国主席令第26号），简称《草原法》，1985年6月18日公布，1985年10月1日施行，2002年12月28日第九届全国人民代表大会常务委员会第三十一次会议修订，根据2009年8月27日第十一届全国人民代表大会常务委员会第十次会议《关于修改部分法律的决定》第一次修正，根据2013年6月29日第十二届全国人民代表大会常务委员会第三次会议《关于修改〈中华人民共和国文物保护法〉等十二部法律的决定》第二次修正，根据2021年4月29日第十三届全国人民代表大会常务委员会第二十八次会议《关于修改〈中华人民共和国道路交通安全法〉等八部法律的决定》第三次修正。

89.《人体损伤程度鉴定标准》，2013年8月30日公布，2014年1月1日施行。

90.《残疾人残疾分类和分级》，标准号GB/T 26341－2010，2011年1月14日公布，2011年5月1日实施。

91.《最高人民法院、最高人民检察院关于办理利用信息网络实施诽谤等刑事案件适用法律若干问题的解释》（法释〔2013〕21号），简称《办理利用信息网络实施诽谤等刑事案件司法解释》，2013年9月6日公布，2013年9月10日施行。

92.《最高人民法院、最高人民检察院关于办理侵犯公民个人信息刑事案件适用法律若干问题的解释》（法释〔2017〕10号），简称《办理侵犯公民个人信息刑事案件司法解释》，2017年5月8日公布，2017年6月1日施行。

93.《中华人民共和国治安管理处罚法》（中华人民共和国主席令第38号），简称《治安管理处罚法》，2005年8月28日公布，2006年3月1日施行，根据2012年10月26日第十一届全国人民代表大会常务委员会第二十九次会议《关于修改〈中华人民共和国治安管理处罚法〉的决定》修正。

94.《最高人民法院关于审理未成年人刑事案件具体应用法律若干问题的解释》（法释〔2006〕1号），简称《审理未成年人刑事案件司法解释》，2006年1月11日公布，2006年1月23日施行。

95.《最高人民法院印发〈关于审理抢劫、抢夺刑事案件适用法律若干问题的意见〉》（法发〔2005〕8号），简称《审理抢劫、抢夺刑事案件意见》，2005年7月16日公布，2005年7月16日施行。

96.《最高人民法院关于审理抢劫案件具体应用法律若干问题的解释》（法释〔2000〕35号），简称《审理抢劫案件司法解释》，2000年11月22日公布，2000年11月28日施行。

97.《最高人民法院、最高人民检察院关于办理盗窃刑事案件适用法律若干问题的解释》（法释〔2013〕8号），简称《办理盗窃刑事案件司法解释》，2013年4月2日公布，2013年4月4日施行。

98.《最高人民法院、最高人民检察院关于办理诈骗刑事案件具体应用法律若干问题的解释》（法释〔2011〕7号），简称《办理诈骗刑事案件司法解释》，2011年3月1日公布，2011年4月8日施行。

99.《最高人民法院、最高人民检察院关于办理抢夺刑事案件适用法律若干问题的解释》（法释〔2013〕25号），简称《办理抢夺刑事案件司法解释》，2013年11月11日公布，2013年11月18日施行。

100.《最高人民法院、最高人民检察院关于办理贪污贿赂刑事案件适用法律若干问题的解释》（法释〔2016〕9号），简称《办理贪污贿赂刑事案件司法解释》，2016年4月18日公布，2016年4月18日施行。

101.《最高人民法院关于村民小组组长利用职务便利非法占有公共财物行为如何定性问题的批复》（法释字〔1999〕12号），简称《村民小组组长利用职务便利非法占有公共财物行为如何定性问题批复》，1999年6月25日公布，1999年7月3日施行。

102.《中华人民共和国劳动法》（中华人民共和国主席令第28号），简称《劳动法》，1994年7月5日公布，1995年1月1日施行，根据2009年8月27日第十一届全国人民代表大会常务委员会第十次会议《关于修改部分法律的决定》第一次修正，根据2018年12月29日第十三届全国人民代表大会常务委员会第七次会议《关于修改〈中华人民共和国劳动法〉等七部法律的决定》第二次修正。

103.《中华人民共和国劳动合同法》（中华人民共和国主席令第65号），简称《劳动合同法》，2007年6月29日公布，2008年1月1日施行，根据2012年12月28日第十一届全国人民代表大会常务委员会第三十次会议《关于修改〈中华人民共和国劳动合同法〉的决定》修正。

104.《最高人民法院、最高人民检察院关于办理危害计算机信息系统安全刑事案件应用法律若干问题的解释》（法释〔2011〕19号），简称《办理危害计算机信息系统安全刑事案件司法解释》，2011年8月1日公布，2011年9月1日施行。

105.《全国人民代表大会常务委员会关于维护互联网安全的决定》，简称《关于维护互联网安全的决定》，2000年12月28日公布，2000年12月28日施行，根据2009年8月27日第十一届全国人民代表大会常务委员会第十次会议《关于修改部分法律的决定》修正。

106.《最高人民法院、最高人民检察院关于办理寻衅滋事刑事案件适用法律若干问题的解释》（法释〔2013〕18号），简称《办理寻衅滋事刑事案件司法解释》，2013年7月15日公布，2013年7月22日施行。

107.《最高人民法院关于审理黑社会性质组织犯罪的案件具体应用法律若干问题的解释》（法释〔2000〕42号），简称《审理黑社会性质组织犯罪案件司法解释》，2000年12月5日公布，2000年12月10日施行。

108.《中华人民共和国英雄烈士保护法》（中华人民共和国主席令第5号），简称《英雄烈士保护法》，2018年4月27日公布，2018年5月1日施行。

109.《最高人民法院、最高人民检察院关于办理组织、利用邪教组织破坏法律实施等刑事案件适用法律若干问题的解释》（法释〔2017〕3号），简称《办理组织、利用邪教组织破坏法律实施等刑事案件司法解释》，2017年1月25日公布，2017年2月1日施行。

110.《最高人民法院、最高人民检察院关于办理妨害文物管理等刑事案件适用法律若干问题的解释》（法释〔2015〕23号），简称《办理妨害文物管理等刑事案件司法解释》，2015年12月30日公布，2016年1月1施行。

111.《中华人民共和国传染病防治法》（中华人民共和国主席令第15号），简称《传染病防治法》，1989年2月21日公布，1989年9月1日施行，2004年8月28日第十届全国人民代表大会常务委员会第十一次会议修订，根据2013年6月29日第十二届全国人民代表大会常务委员会第三次会议《关于修改〈中华人民共和国文物保护法〉等十二部法律的决定》修正。

112.《中华人民共和国献血法》（中华人民共和国主席令第93号），简称《献血法》，1997年12月29日公布，1998年10月1日施行。

113.《血液制品管理条例》（中华人民共和国国务院令第208号），1996年12月30日公布，1996年12月30日施行，根据2016年1月13日国务院第119次常务会议《国务院关于修改部分行政法规的决定》修正。

114.《血站管理办法》（卫生部令第44号），2005年11月17日公布，2006年3月1日施行，根据2009年3月27日《卫生部关于对〈血站管理办法〉第三十一条进行修订的通知》（卫医政发〔2009〕28号）第一次修订，根据2016年1月19日《国家卫生计生委关于修改〈外国医师来华短期行医暂行管理办法〉等8件部门规章的决定》第二次修订，根据2017年12月26日《国家卫生计生委关于修改〈新食品原料安全性审查管理办法〉等7件部门规章的决定》第三次修订。

115.《中华人民共和国生物安全法》（中华人民共和国主席令第56号），简称《生物安全法》，2020年10月17日公布，2021年4月15日施行。已被《全国人民代表大会常务委员会关于修改〈中华人民共和国农业技术推广法〉〈中华人民共和国未成年人保护法〉〈中华人民共和国生物安全法〉的决定》部分修改，2024年4月26日公布并施行。

116.《中华人民共和国人类遗传资源管理条例》（中华人民共和国国务院令第717号），简称《人类遗传资源管理条例》，2019年5月28日公布，2019年7月1日施行，已根据2024年3月10日《国务院关于修改和废止部分行政法规的决定》修订。

117.《人类遗传资源管理暂行办法》（国办发〔1998〕36号），1998年6月10日公布，1998年6月10日施行。

118.《医疗事故处理条例》（国务院令第351号），2002年4月4日公布，2002年9月1日施行。

119.《最高人民法院关于审理非法行医刑事案件具体应用法律若干问题的解释》（法释〔2008〕5号），简称《审理非法行医刑事案件司法解释》，2008年4月29日公布，2008年5月9日施行，根据2016年12月12日最高人民法院审判委员会第1703次会议通过的《最高人民法院关于修改〈关于审理非法行医刑事案件具体应用法律若干问题的解释〉的决定》修正。

120.《中华人民共和国环境保护法》（中华人民共和国主席令第22号），简称《环境保护法》，1989年12月26日公布，1989年12月26日施行，2014年4月24日第十二届全国人民代表大会常务委员会第八次会议修订。

121.《中华人民共和国大气污染防治法》（中华人民共和国主席令第57号），简称《大气污染防治法》，1987年9月5日公布，1988年6月1日施行，根据1995年8月29日第八届全国人民代表大会常务委员会第十五次会议《关于修改〈中华人民共和国大气污染防治法〉的决定》第一次修正，2000年4月29日第九届全国人民代表大会常务委员会第十五次会议第一次修订，2015年8月29日第十二届全国人民代表大会常务委员会第十六次会议第二次修订，根据2018年10月26日第十三届全国人民代表大会常务委员会第六次会议《关于修改〈中华人民共和国野生动物保护法〉等十五部法律的决定》第二次修正。

122.《中华人民共和国水污染防治法》（中华人民共和国主席令第12号），简称《水污染防治法》，1984年5月11日公布，1984年11月1日施行，根据1996年5月15日第八届全国人民代表大会常务委员会第十九次会议《关于修改〈中华人民共和国水污染防治法〉的决定》第一次修正，2008年2月28日第十届全国人民代表大会常务委员会第三十二次会议修订，根据2017年6月27日第十二届全国人民代表大会常务委员会第二十八次会议《关于修改〈中华人民共和国水污染防治法〉的决定》第二次修正。

123.《中华人民共和国固体废物污染环境防治法》（中华人民共和国主席令第58号），简称《固体废物污染环境防治法》，1995年10月30日公布，1996年4月1日施行，2004年12月29日第十届全国人民代表大会常务委员会第十三次会议第一次修订，根据2013年6月29日第十二届全国人民代表大会常务委员会第三次会议《关于修改〈中华人民共和国文物保护法〉等十二部法律的决定》第一次修正，根据2015年4月24日第十二届全国人民代表大会常务委员会第十四次会议《关于修改〈中华人民共和国港口法〉等七部法律的决定》第二次修正，根据2016年11月7日第十二届全国人民代表大会常务委员会第二十四次会议《关于修改〈中华人民共和国对外贸易法〉等十二部法律的决定》第三次修正，2020 年 4 月 29 日第十三届全国人民代表大会常务委员会第十七次会议第二次修订。

124.《中华人民共和国野生动物保护法》（中华人民共和国主席令第 9 号），简称《野生动物保护法》，1988 年 11 月 8 日公布，1989 年 3 月 1 日施行，根据 2004 年 8 月 28 日第十届全国人民代表大会常务委员会第十一次会议《关于修改〈中华人民共和国野生动物保护法〉的决定》第一次修正，根据 2009 年 8 月 27 日第十一届全国人民代表大会常务委员会第十次会议《关于修改部分法律的决定》第二次修正，2016 年 7 月 2 日第十二届全国人民代表大会常务委员会第二十一次会议第一次修订，根据 2018 年 10 月 26 日第十三届全国人民代表大会常务委员会第六次会议《关于修改〈中华人民共和国野生动物保护法〉等十五部法律的决定》第三次修正，2022 年 12 月 30 日第十三届全国人民代表大会常务委员会第三十八次会议第二次修订。

125.《全国人民代表大会常务委员会关于全面禁止非法野生动物交易、革除滥食野生动物陋习、切实保障人民群众生命健康安全的决定》，简称《关于全面禁止非法野生动物交易、革除滥食野生动物陋习、切实保障人民群众生命健康安全决定》，2020 年 2 月 24 日公布，2020 年 2 月 24 日施行。

126.《建立国家公园体制总体方案》，2017 年 9 月 26 日公布，2017 年 9 月 26 日施行。

127.《中华人民共和国自然保护区条例》（中华人民共和国国务院令第 167 号），简称《自然保护区条例》，1994 年 10 月 9 日公布，1994 年 12 月 1 日施行，2010 年 12 月 29 日国务院第 138 次常务会议《国务院关于废止和修改部分行政法规的决定》第一次修订，2017 年 10 月 7 日《国务院关于修改部分行政法规的决定》第二次修订。

128.《中华人民共和国陆生野生动物保护实施条例》（林策通字〔1992〕29 号），1992 年 3 月 1 日公布，1992 年 3 月 1 日施行，根据 2010 年 12 月 29 日国务院第 138 次常务会议《国务院关于废止和修改部分行政法规的决定》第一次修正，根据 2016 年 1 月 13 日国务院第 119 次常务会议《国务院关于修改部分行政法规的决定》第二次修正。

129.《最高人民法院关于审理破坏森林资源刑事案件具体应用法律若干问题的解释》（法释〔2000〕36 号），简称《审理破坏森林资源刑事案件司法解释》，2000 年 11 月 22 日公布，2000 年 12 月 11 日施行。已被《最高人民法院关于审理破坏森林资源刑事案件适用法律若干问题的解释》（法释〔2023〕8 号）废止，2023 年 8 月 13 日公布，2023 年 8 月 15 日施行。

130.《麻醉药品和精神药品管理条例》（中华人民共和国国务院令第 442 号），2005 年 8 月 3 日公布，2005 年 11 月 1 日施行，根据 2013 年 12 月 4 日国务院第 32 次常务会议《国务院关于修改部分行政法规的决定》第一次修正，根据 2016 年 1 月 13 日国务院第 119 次常务会议《国务院关于修改部分行政法规的决定》第二次修正。

131.《关于认定淫秽及色情出版物的暂行规定》（（88）新出办字第 1512 号），简称《认定淫秽及色情出版物暂行规定》，1988 年 12 月 27 日公布，1988 年 12 月 27 日施行。

132.《中华人民共和国军事设施保护法》（中华人民共和国主席令第 25 号），简称

《军事设施保护法》，1990年2月23日公布，1990年8月1日施行，根据2009年8月27日第十一届全国人民代表大会常务委员会第十次会议《关于修改部分法律的决定》第一次修正，根据2014年6月27日第十二届全国人民代表大会常务委员会第九次会议《关于修改〈中华人民共和国军事设施保护法〉的决定》第二次修正，2021年6月10日第十三届全国人民代表大会常务委员会第二十九次会议修订。

133.《中华人民共和国兵役法》（中华人民共和国主席令第14号），简称《兵役法》，1984年5月31日公布，1984年10月1日施行，根据1998年12月29日第九届全国人民代表大会常务委员会第六次会议《关于修改〈中华人民共和国兵役法〉的决定》第一次修正，根据2009年8月27日第十一届全国人民代表大会常务委员会第十次会议《关于修改部分法律的决定》第二次修正，根据2011年10月29日第十一届全国人民代表大会常务委员会第二十三次会议《关于修改〈中华人民共和国兵役法〉的决定》第三次修正，2021年8月20日第十三届全国人民代表大会常务委员会第三十次会议修订。

134.《最高人民法院、最高人民检察院关于办理国家出资企业中职务犯罪案件具体应用法律若干问题的意见》（法发〔2010〕49号），简称《办理国家出资企业中职务犯罪案件意见》，2010年11月26日公布，2010年11月26日施行。

135.《最高人民法院关于审理贪污、职务侵占案件如何认定共同犯罪几个问题的解释》（法释〔2000〕15号），简称《审理贪污、职务侵占案件如何认定共同犯罪司法解释》，2000年6月30日公布，2000年7月8日施行。

136.《全国法院审理经济犯罪案件工作座谈会纪要》（法发〔2003〕167号），2003年11月13日公布，2003年11月13日施行。

137.《最高人民法院、最高人民检察院关于办理受贿刑事案件适用法律若干问题的意见》（法发〔2007〕22号），简称《办理受贿刑事案件意见》，2007年7月8日公布，2007年7月8日施行。

138.《最高人民法院关于发布第一批指导性案例的通知》（法〔2011〕354号），简称《第一批指导性案例通知》，2011年12月20日公布，2011年12月20日施行。

139.《最高人民法院关于国家工作人员利用职务上的便利为他人谋取利益离退休后收受财物行为如何处理问题的批复》（法释〔2000〕21号），简称《国家工作人员利用职务上的便利为他人谋取利益离退休后收受财物行为如何处理问题批复》，2000年7月13日公布，2000年7月21日施行。

140.《最高人民检察院关于人民检察院直接受理立案侦查案件立案标准的规定》（试行）（高检发释字〔1999〕2号），简称《人民检察院直接受理立案侦查案件立案标准规定》，1999年9月16日公布，1999年9月16日施行。

141.《关于办理商业贿赂刑事案件适用法律若干问题的意见》（法发〔2008〕33号），简称《办理商业贿赂刑事案件意见》，2008年11月20日公布，2008年11月20日施行。

142.《中华人民共和国保守国家秘密法实施条例》（国务院令第646号），简称《保守国家秘密法实施条例》，2014年1月17日公布，2014年3月1日施行。

143.《最高人民检察院关于渎职侵权犯罪案件立案标准的规定》（高检发释字

〔2006〕2号），简称《渎职侵权犯罪案件立案标准规定》，2006年7月26日公布，2006年7月26日施行。

144.《最高人民法院、最高人民检察院关于办理环境污染刑事案件适用法律若干问题的解释》（法释〔2016〕29号），简称《办理环境污染刑事案件司法解释》，2016年12月23日公布，2017年1月1日施行。已被《最高人民法院、最高人民检察院关于办理环境污染刑事案件适用法律若干问题的解释（2023）》（法释〔2023〕7号）废止，2023年8月8日公布，2023年8月15日施行。

145.《公安消防部队执勤战斗条令》（公通字〔2009〕23号），2009年4月17日公布，2009年4月17日施行。

146.《军人违反职责罪案件立案标准的规定》（政检〔2013〕1号），2013年2月26日公布，2013年3月28日施行。

147.《全国人民代表大会关于修改〈中华人民共和国刑事诉讼法〉的决定（1996）》（中华人民共和国主席令第64号），简称1996年《关于修改〈中华人民共和国刑事诉讼法〉的决定》，1996年3月17日公布，1997年1月1日施行。

148.《全国人民代表大会关于修改〈中华人民共和国刑事诉讼法〉的决定（2012）》（中华人民共和国主席令第55号），简称2012年《关于修改〈中华人民共和国刑事诉讼法〉的决定》，2012年3月14日公布，2013年1月1日施行。

149.《全国人民代表大会常务委员会关于修改〈中华人民共和国刑事诉讼〉的决定》（中华人民共和国主席令第10号），简称2018年《关于修改〈中华人民共和国刑事诉讼〉的决定》，2018年10月26日公布，2018年10月26日施行。

150.《中华人民共和国人民检察院组织法》（全国人大常委会委员长令第4号），简称《人民检察院组织法》，1979年7月5日公布，1980年1月1日施行，根据1983年9月2日第六届全国人民代表大会常务委员会第二次会议《关于修改〈中华人民共和国人民检察院组织法〉的决定》第一次修正，根据1986年12月2日第六届全国人民代表大会常务委员会第十八次会议《关于修改〈中华人民共和国地方各级人民代表大会和地方各级人民政府组织法〉的决定》第二次修正，2018年10月26日第十三届全国人民代表大会常务委员会第六次会议修订。

151.《中华人民共和国法官法》（中华人民共和国主席令第38号），1995年2月28日公布，1995年7月1日施行，根据2001年6月30日第九届全国人民代表大会常务委员会第二十二次会议《关于修改〈中华人民共和国法官法〉的决定》第一次修正，根据2017年9月1日第十二届全国人民代表大会常务委员会第二十九次会议《关于修改〈中华人民共和国法官法〉等八部法律的决定》第二次修正，2019年4月23日第十三届全国人民代表大会常务委员会第十次会议修订。

152.《中华人民共和国检察官法》（中华人民共和国主席令第39号），简称《检察官法》，1995年2月28日公布，1995年7月1日施行，根据2001年6月30日第九届全国人民代表大会常务委员会第二十二次会议《关于修改〈中华人民共和国检察官法〉的决定》第一次修正，根据2017年9月1日第十二届全国人民代表大会常务委员会第二十九次会议《关于修改〈中华人民共和国检察官法〉等八部法律的决定》第二次修正，2019年4月23日第十三届全国人民代表大会常务委员会第十次会议修订。

153.《中华人民共和国律师法》（中华人民共和国主席令第67号），简称《律师法》，1996年5月15日公布，1997年1月1日施行，根据2001年12月29日第九届全国人民代表大会常务委员会第二十五次会议《关于修改〈中华人民共和国律师法〉的决定》第一次修正，2007年10月28日第十届全国人民代表大会常务委员会第三十次会议修订，根据2012年10月26日第十一届全国人民代表大会常务委员会第二十九次会议《关于修改〈中华人民共和国律师法〉的决定》第二次修正，根据2017年9月1日第十二届全国人民代表大会常务委员会第二十九次会议《关于修改〈中华人民共和国法官法〉等八部法律的决定》第三次修正。

154.《公安机关办理刑事案件程序规定》（中华人民共和国公安部令第127号），2012年12月13日公布，2013年1月1日施行，根据2020年7月4日第3次部务会议《公安部关于修改〈公安机关办理刑事案件程序规定〉的决定》修正。

155.《全国人民代表大会常务委员会关于〈中华人民共和国刑事诉讼法〉第七十九条第三款的解释》，简称《〈中华人民共和国刑事诉讼法〉第七十九条第三款解释》，2014年4月24日公布，2014年4月24日施行。

156.《最高人民法院关于适用〈中华人民共和国刑事诉讼法〉的解释》（法释〔2021〕1号），简称《刑事诉讼法司法解释》，2021年1月26日公布，2021年3月1日施行。

157.《最高人民法院、最高人民检察院、公安部、国家安全部、司法部关于推进以审判为中心的刑事诉讼制度改革的意见》（法发〔2016〕18号），简称《推进以审判为中心的刑事诉讼制度改革意见》，2016年7月20日公布，2016年7月20日施行。

158.《最高人民法院关于全面推进以审判为中心的刑事诉讼制度改革的实施意见》（法发〔2017〕5号）简称《全面推进以审判为中心的刑事诉讼制度改革实施意见》，2017年2月17日公布，2017年2月17日施行。

159.《中华人民共和国海关法》（中华人民共和国主席令第51号），简称《海关法》，1987年1月22日公布，1987年7月1日施行，根据2000年7月8日第九届全国人民代表大会常务委员会第十六次会议《关于修改〈中华人民共和国海关法〉的决定》第一次修正，根据2013年6月29日第十二届全国人民代表大会常务委员会第三次会议《关于修改〈中华人民共和国文物保护法〉等十二部法律的决定》第二次修正，根据2013年12月28日第十二届全国人民代表大会常务委员会第六次会议《关于修改〈中华人民共和国海洋环境保护法〉等七部法律的决定》第三次修正，根据2016年11月7日第十二届全国人民代表大会常务委员会第二十四次会议《关于修改〈中华人民共和国对外贸易法〉等十二部法律的决定》第四次修正，根据2017年11月4日第十二届全国人民代表大会常务委员会第三十次会议《关于修改〈中华人民共和国会计法〉等十一部法律的决定》第五次修正，根据2021年4月29日第十三届全国人民代表大会常务委员会第二十八次会议《关于修改〈中华人民共和国道路交通安全法〉等八部法律的决定》第六次修正。

160.《中华人民共和国监察法》（中华人民共和国主席令第3号），简称《监察法》，2018年3月20日公布，2018年3月20日施行，根据2024年12月25日第十四届全国人民代表大会常务委员会第十三次会议《关于修改〈中华人民共和国监察法〉

的决定》修正。

161.《中华人民共和国人民警察法》(中华人民共和国主席令第40号)，简称《人民警察法》，1995年2月28日公布，1995年2月28日施行，根据2012年10月26日第十一届全国人民代表大会常务委员会第二十九次会议《关于修改〈中华人民共和国人民警察法〉的决定》修正。

162.《人民检察院刑事诉讼规则》(高检发释字〔2019〕4号)，2019年12月30日公布，2019年12月30日施行。

163.《最高人民法院关于严格执行公开审判制度的若干规定》(法发〔1999〕3号)，简称《严格执行公开审判制度规定》，1999年3月8日公布，1999年3月8日施行。

164.《最高人民法院、公安部关于刑事被告人或上诉人出庭受审时着装问题的通知》(法〔2015〕45号)，简称《刑事被告人或上诉人出庭受审时着装问题通知》，2015年2月10日公布，2015年2月10日施行。

165.《中华人民共和国人民法院法庭规则》(法发〔1993〕40号)，简称《人民法院法庭规则》，1993年12月1日公布，1994年1月1日施行，根据2015年12月21日最高人民法院审判委员会第1673次会议《最高人民法院关于修改〈中华人民共和国人民法院法庭规则〉的决定》修正。

166.《最高人民法院关于一审判决宣告无罪的公诉案件如何适用法律问题的批复》(法［研］复〔1989〕9号)，简称《一审判决宣告无罪的公诉案件适用法律问题批复》，1989年11月4日公布，1989年11月4日实施，已经被《最高人民法院关于废止1980年1月1日至1997年6月30日期间发布的部分司法解释和司法解释性质文件(第九批)的决定》(法释〔2013〕2号)废止，2013年1月14日公布，2013年1月18日施行。

167.《最高人民法院关于审理刑事案件程序的具体规定》(法发〔1994〕4号)，简称《审理刑事案件程序规定》，1994年3月21日公布，1994年3月21日施行，已经被《最高人民法院关于废止1980年1月1日至1997年6月30日期间发布的部分司法解释和司法解释性质文件(第九批)的决定》(法释〔2013〕2号)废止，2013年1月14日公布，2013年1月18日施行。

168.《关于切实防止冤假错案的规定》(中政委〔2013〕27号)，简称《切实防止冤假错案规定》。

169.《关于建立健全防范刑事冤假错案工作机制的意见》(法发〔2013〕11号)，简称《建立健全防范刑事冤假错案工作机制意见》，2013年10月9日公布，2013年10月9日施行。

170.《最高人民检察院关于办理核准追诉案件若干问题的规定》(高检发侦监〔2012〕21号)，简称《办理核准追诉案件规定》，2012年10月9日公布，2012年10月9日施行。

171.《全国人民代表大会常务委员会关于在北京、上海、广州设立知识产权法院的决定》，简称《在北京、上海、广州设立知识产权法院的决定》，2014年8月31日公布，2014年8月31日施行。

172.《最高人民法院印发〈关于规范上下级人民法院审判业务关系的若干意见〉的通知》（法发〔2010〕61号），简称《关于规范上下级人民法院审判业务关系意见》，2010年12月28日公布，2010年12月28日施行。

173.《中华人民共和国人民法院暂行组织条例》，简称《人民法院暂行组织条例》，1951年9月4日公布，1951年9月4日施行，已经被《全国人民代表大会常务委员会关于批准法制工作委员会关于对1978年底以前颁布的法律进行清理情况和意见报告的决定》废止，1987年11月24日公布，1987年11月24日施行。

174.《最高人民法院关于巡回法庭审理案件若干问题的规定》（法释〔2015〕3号），简称《巡回法庭审理案件规定》，2015年1月28日公布，2015年2月1日施行，根据2016年12月19日最高人民法院审判委员会第1704次会议通过的《最高人民法院关于修改〈最高人民法院关于巡回法庭审理案件若干问题的规定〉的决定》修正。

175.《人民法庭组织通则》，1950年7月20日公布，1950年7月20日施行，已经被《全国人民代表大会常务委员会关于批准法制工作委员会关于对1978年底以前颁布的法律进行清理情况和意见报告的决定》废止，1987年11月24日公布，1987年11月24日施行。

176.《最高人民法院关于军事法院管辖民事案件若干问题的规定》（法释〔2012〕11号），简称《军事法院管辖民事案件规定》，2012年8月28日公布，2012年9月17日施行，根据2020年12月23日最高人民法院审判委员会第1823次会议通过的《最高人民法院关于修改〈最高人民法院关于人民法院民事调解工作若干问题的规定〉等十九件民事诉讼类司法解释的决定》修正。

177.《最高人民法院关于适用〈中华人民共和国民事诉讼法〉的解释》（法释〔2015〕5号），简称《民事诉讼法司法解释》，2015年1月30日公布，2015年2月4日施行，根据2020年12月23日最高人民法院审判委员会第1823次会议《最高人民法院关于修改〈最高人民法院关于人民法院民事调解工作若干问题的规定〉等十九件民事诉讼类司法解释的决定》第一次修正，根据2022年3月22日最高人民法院审判委员会第1866次会议《最高人民法院关于修改〈最高人民法院关于适用《中华人民共和国民事诉讼法》的解释〉的决定》第二次修正。

178.《全国人民代表大会常务委员会关于在沿海港口城市设立海事法院的决定》（中华人民共和国主席令第20号），简称《在沿海港口城市设立海事法院的决定》，1984年11月14日公布，1984年11月14日施行。

179.《最高人民法院关于海事法院受理案件范围的规定》（法释〔2016〕4号），简称《海事法院受理案件范围规定》，2016年2月24日公布，2016年3月1日施行。

180.《最高人民法院督导员工作条例》（法发〔1998〕17号），简称《督导员工作条例》，1998年9月16日公布，1998年9月16日施行。

181.《最高人民法院关于落实司法责任制完善审判监督管理机制的意见（试行）》（法发〔2017〕11号），简称《落实司法责任制完善审判监督管理机制意见（试行）》，2017年4月12日公布，2017年5月1日施行。

182.《最高人民法院关于进一步全面落实司法责任制的实施意见》（法发〔2018〕23号），简称《落实司法责任制实施意见》，2018年12月4日公布，2018年12月4日施行。

183.《最高人民法院关于深化司法责任制综合配套改革的实施意见》（法发〔2020〕26号），简称《深化司法责任制综合配套改革实施意见》，2020年7月31日公布，2020年8月4日施行。

184.《最高人民法院关于加强各级人民法院院庭长办理案件工作的意见（试行）》（法发〔2017〕10号），简称《加强各级人民法院院庭长办理案件工作意见（试行）》，2017年4月10日公布，2017年5月1日施行。

185.《最高人民法院关于人民法院合议庭工作的若干规定》（法释〔2002〕25号），简称《人民法院合议庭工作规定》，2002年8月12日公布，2002年8月17日施行。

186.《最高人民法院关于完善人民法院司法责任制的若干意见》（法发〔2015〕13号），简称《完善人民法院司法责任制意见》，2015年9月21日公布，2015年9月21日施行。

187.《最高人民法院关于进一步加强合议庭职责的若干规定》（法释〔2010〕1号），简称《加强合议庭职责规定》，2010年1月11日公布，2010年2月1日施行。

188.《人民法院第三个五年改革纲要（2009－2013）》（法发〔2009〕14号），2009年3月17日公布，2009年3月17日施行。

189.《最高人民法院关于切实践行司法为民大力加强公正司法不断提高司法公信力的若干意见》（法发〔2013〕9号），简称《切实践行司法为民大力加强公正司法不断提高司法公信力意见》，2013年9月6日公布，2013年9月6日施行。

190.《中共中央关于全面深化改革若干重大问题的决定》，2013年11月12日公布，2013年11月12日施行。

191.《最高人民法院关于全面深化人民法院改革的意见－－人民法院第四个五年改革纲要（2014－2018）》（法发〔2015〕3号），2015年2月4日公布，2015年2月4日施行。

192.《最高人民法院司法责任制实施意见（试行）》（法发〔2017〕20号），简称《司法责任制实施意见（试行）》，2017年7月25日公布，2017年8月1日施行。

193.《中共中央关于全面推进依法治国若干重大问题的决定》，2015年1月29日公布，2015年1月29日施行。

194.《最高人民检察院关于深化检察改革的意见（2013－2017年工作规划）》（高检发〔2015〕5号），简称《深化检察改革意见（2013－2017年工作规划）》，2015年2月15日公布，2015年2月15日施行。

195.《人民法院书记员管理办法（试行）》（法发〔2003〕18号），简称《书记员管理办法（试行）》，2003年10月20日公布，2003年10月20日施行。

196.《人民法院司法警察条例》（法发〔2012〕23号），2012年10月29日公布，2012年12月1日施行。

197.《人民检察院司法警察条例》，2013年5月8日公布，2013年5月8日施行。

198.《人民检察院司法警察执行职务规则》，2015年6月1日公布，2015年6月1日施行。

199. 《人民检察院监狱检察办法》（高检发监字〔2008〕1号），2008年3月23日公布，2008年3月23日施行，已经被《人民检察院巡回检察工作规定》修正，2021年12月8日公布，2021年12月8日施行。

200. 《人民检察院看守所检察办法》（高检发监字〔2008〕1号），2008年3月23日公布，2008年3月23日施行。

201. 《最高人民检察院关于改进和加强检察委员会工作的通知》（高检发〔1999〕17号），简称《改进和加强检察委员会工作通知》，1999年6月23日公布，1999年6月23日施行。

202. 《人民检察院检察委员会议题标准（试行）》（高检发研字〔2010〕11号），简称《检察委员会议题标准（试行）》，2010年12月30日公布，2010年12月30日施行。

203. 《人民检察院检察委员会工作规则》（高检发释字〔2020〕3号），简称《检察委员会工作规则》，2020年7月31日公布，2020年7月31日施行。

204. 《关于完善人民检察院司法责任制的若干意见》（高检发〔2015〕10号），简称《完善人民检察院司法责任制意见》，2015年9月25日公布，2015年9月25日施行。

205. 《中华人民共和国公务员法》（中华人民共和国主席令第35号），简称《公务员法》，2005年4月27日公布，2006年1月1日施行，根据2017年9月1日第十二届全国人民代表大会常务委员会第二十九次会议《关于修改〈中华人民共和国法官法〉等八部法律的决定》修正，2018年12月29日第十三届全国人民代表大会常务委员会第七次会议修订。

206. 《最高人民检察院关于加强检察法律文书说理工作的意见》（高检发研字〔2017〕7号），简称《加强检察法律文书说理工作意见》，2017年7月20日公布，2017年7月20日施行。

207. 《最高人民检察院关于实行人民监督员制度的规定（试行）》（高检发〔2004〕18号），简称《实行人民监督员制度规定（试行）》，2004年8月26日公布，2004年7月5日施行，已经被《最高人民检察院关于实行人民监督员制度的规定》（高检发〔2010〕21号）废止，2010年10月29日公布，2010年10月29日施行。

208. 《最高人民检察院关于人民监督员监督“五种情形”的实施规则（试行）》（高检发〔2005〕25号），简称《人民监督员监督“五种情形”的实施规则（试行）》，2005年12月27日公布，2005年12月27日施行，已经被《最高人民检察院关于实行人民监督员制度的规定》（高检发〔2010〕21号）废止，2010年10月29日公布，2010年10月29日施行。

209. 《最高人民检察院关于实行人民监督员制度的规定》（高检发〔2010〕21号），简称《实行人民监督员制度规定》，2010年10月29日公布，2010年10月29日施行，已经被《最高人民检察院关于人民监督员监督工作的规定》废止，2015年12月21日公布，2015年12月21日施行。

210. 《最高人民检察院关于人民监督员监督工作的规定》（高检发〔2016〕7号），简称《人民监督员监督工作规定》，2016年7月5日公布，2016年7月5日施行，已经被《人民检察院办案活动接受人民监督员监督的规定》废止，2019年8月27日公布，2019年8月27日施行。

211.《深化人民监督员制度改革方案》，2015年3月7日公布，2015年3月7日施行。

212.《公安机关组织管理条例》（中华人民共和国国务院令第479号），2006年11月13日公布，2007年1月1日施行。

213.《公安派出所正规化建设规范》（公通字〔2007〕29号），2007年5月17日公布，2007年5月17日施行。

214.《全国人民代表大会常务委员会关于国家安全机关行使公安机关的侦查、拘留、预审和执行逮捕的职权的决定》，简称《国家安全机关行使公安机关的侦查、拘留、预审和执行逮捕的职权决定》，1983年9月2日公布，1983年9月2日施行。

215.《全国人民代表大会常务委员会关于中国人民解放军保卫部门对军队内部发生的刑事案件行使公安机关的侦查、拘留、预审和执行逮捕的职权的决定》，简称《中国人民解放军保卫部门对军队内部发生的刑事案件行使公安机关的侦查、拘留、预审和执行逮捕的职权决定》，1993年12月29日公布，1993年12月29日施行。

216.《深化党和国家机构改革方案》，2018年3月21日公布，2018年3月21日施行。

217.《最高人民法院、最高人民检察院、中国海警局关于海上刑事案件管辖等有关问题的通知》（海警〔2020〕1号），简称《海上刑事案件管辖有关问题通知》，2020年2月20日公布，2020年2月20日施行。

218.《中华人民共和国海警法》（中华人民共和国主席令第71号），简称《海警法》，2021年1月22日公布，2021年2月1日施行。

219.《最高人民法院、最高人民检察院、公安部等关于走私犯罪侦查机关办理走私犯罪案件适用刑事诉讼程序若干问题的通知》（署侦〔1998〕742号），简称《走私犯罪侦查机关办理走私犯罪案件适用刑事诉讼程序问题通知》，1998年12月3日公布，1998年12月3日施行。

220.《关于国务院机构改革和职能转变方案的决定》，简称《国务院机构改革和职能转变方案决定》，2013年3月14日公布，2013年3月14日施行。

221.《国务院办公厅关于印发国家海洋局主要职责内设机构和人员编制规定的通知》（国办发〔2013〕52号），简称《国家海洋局主要职责内设机构和人员编制规定》，2013年6月9日公布，2013年6月9日施行。

222.《中华人民共和国看守所条例》（中华人民共和国国务院令第52号），简称《看守所条例》，1990年3月17日公布，1990年3月17日施行。

223.《公安部关于做好撤销拘役所有关工作的通知》（公通字〔2005〕96号），简称《撤销拘役所有关工作通知》，2005年12月27日公布，2005年12月27日施行。

224.《中华人民共和国监狱法》（中华人民共和国主席令第35号），简称《监狱法》，1994年12月29日公布，1994年12月29日施行，根据2012年10月26日第十一届全国人民代表大会常务委员会第二十九次会议《关于修改〈中华人民共和国监狱法〉的决定》修正。

225.《未成年犯管教所管理规定》（中华人民共和国司法部令第56号），1999年12月18日公布，1999年12月18日施行。

226.《中华人民共和国社区矫正法》（中华人民共和国主席令第40号），简称《社区矫正法》，2019年12月28日公布，2020年7月1日施行。

227.《中华人民共和国民法典》（中华人民共和国主席令第45号），简称《民法典》，2020年5月28日公布，2021年1月1日施行。

228.《公安机关鉴定人登记管理办法》（中华人民共和国公安部令第84号），2005年12月29日公布，2006年3月1日施行，已经被《公安机关鉴定人登记管理办法》（中华人民共和国公安部令第156号）修订，2019年11月22日公布，2020年5月1日施行。

229.《人民检察院鉴定人登记管理办法》（高检发办字〔2006〕33号），2006年11月30日公布，2007年1月1日施行。

230.《全国人民代表大会常务委员会关于司法鉴定管理问题的决定》，简称《司法鉴定管理问题决定》，2005年2月28日公布，2005年10月1日施行，根据2015年4月24日第十二届全国人民代表大会常务委员会第十四次会议全国人民代表大会常务委员会《关于修改〈中华人民共和国义务教育法〉等五部法律的决定》修正。

231.《司法鉴定人登记管理办法》（中华人民共和国司法部令第96号），2005年9月29日公布，2005年9月30日施行。

232.《司法鉴定机构和司法鉴定人退出管理办法（试行）》（司规〔2021〕5号），2021年12月28日公布，2021年12月28日施行。

233.《人民检察院鉴定规则（试行）》（高检发办字〔2006〕33号），2006年11月30日公布，2007年1月1日施行。

234.《关于人民检察院立案侦查司法工作人员相关职务犯罪案件若干问题的规定》，简称《人民检察院立案侦查司法工作人员相关职务犯罪案件规定》，2018年11月24日公布，2018年11月24日施行。

235.《最高人民法院、最高人民检察院、公安部、国家安全部、司法部、全国人大常委会法制工作委员会关于实施刑事诉讼法若干问题的规定》，简称《实施刑事诉讼法规定》，2012年12月26日公布，2013年1月1日施行。

236.《最高人民检察院关于人民检察院立案侦查的案件改变定性后可否直接提起公诉问题的批复》（高检发研字〔2006〕8号），简称《人民检察院立案侦查的案件改变定性后可否直接提起公诉问题批复》，2006年12月22日公布，2006年12月22日施行。

237.《最高人民法院关于规范上下级人民法院审判业务关系的若干意见》（法发〔2010〕61号），简称《规范上下级人民法院审判业务关系意见》，2010年12月28日公布，2010年12月28日施行。

238.《关于办理流动性团伙性跨区域性犯罪案件有关问题的意见》（公通字〔2011〕14号），简称《办理流动性团伙性跨区域性犯罪案件意见》，2011年5月1日施行。

239.《最高人民法院、最高人民检察院、公安部关于办理电信网络诈骗等刑事案件适用法律若干问题的意见（二）》（法发〔2021〕22号），简称《办理电信网络诈骗等刑事案件意见（二）》，2021年6月17日公布，2021年6月17日施行。

240.《最高人民法院、最高人民检察院、公安部关于办理电信网络诈骗等刑事案件适用法律若干问题的意见》（法发〔2016〕32号），简称《办理电信网络诈骗等刑事案件意见》，2016年12月19日公布，2016年12月19日施行。

241.《最高人民法院、最高人民检察院、海关总署办理走私刑事案件适用法律若干问题的意见》（法〔2002〕139号），简称《办理走私刑事案件意见》，2002年7月8日公布，2002年7月8日施行。

242.《办理军队和地方互涉刑事案件规定》（政保〔2009〕1号），2009年5月1日公布，2009年8月1日施行。

243.《全国部分法院审理毒品犯罪案件工作座谈会纪要》（法〔2008〕324号），2008年12月1日公布，2008年12月1日施行，已失效。

244.《人民法院办理刑事案件庭前会议规程（试行）》（法发〔2017〕31号），简称《办理刑事案件庭前会议规程（试行）》，2017年12月11日公布，2018年1月1日施行。

245.《检察人员任职回避和公务回避暂行办法》（高检发〔2000〕18号），2000年7月17日公布，2000年7月17日施行。

246.《关于对配偶父母子女从事律师职业的法院领导干部和审判执行人员实行任职回避的规定》（法发〔2020〕13号），2020年4月17日公布，2020年5月6日施行。

247.《人民检察院讯问职务犯罪嫌疑人实行全程同步录音录像的规定》，简称《讯问职务犯罪嫌疑人实行全程同步录音录像规定》，2014年5月26日公布，2005年12月15日公布，2005年12月15日施行，2014年3月17日最高人民检察院第十二届检察委员会第十八次会议修订。

248.《最高人民法院关于审判人员在诉讼活动中执行回避制度若干问题的规定》（法释〔2011〕12号），简称《审判人员在诉讼活动中执行回避制度规定》，2011年6月10日公布，2011年6月13日施行。

249.《中华人民共和国法律援助法》（中华人民共和国主席令第93号），简称《法律援助法》，2021年8月20日公布，2022年1月1日施行。

250.《关于审判人员严格执行回避制度的若干规定》（法发〔2000〕5号），简称《审判人员严格执行回避制度规定》，2000年1月31日公布，2000年1月31日施行，已经被《最高人民法院关于审判人员在诉讼活动中执行回避制度若干问题的规定》（法释〔2011〕12号）废止，2011年6月10日公布，2011年6月13日施行。

251.《最高人民法院、最高人民检察院、公安部、国家安全部、司法部关于依法保障律师执业权利的规定》（司发〔2015〕14号），简称《依法保障律师执业权利规定》，2015年9月16日公布，2015年9月16日施行。

252.《最高人民检察院关于印发〈最高人民检察院关于依法保障律师执业权利的规定〉的通知》（高检发〔2014〕21号），简称《最高人民检察院依法保障律师执业权利规定》，2014年12月23日公布，2014年12月23日施行。

253.《最高人民法院关于依法切实保障律师诉讼权利的规定》（法发〔2015〕16

号)，简称《保障律师诉讼权利规定》，2015 年 12 月 29 日公布，2015 年 12 月 29 日施行。

254.《最高人民法院、最高人民检察院、公安部、国家安全部、司法部、中华全国律师协会关于建立健全维护律师执业权利快速联动处置机制的通知》（司法通〔2017〕40 号)，简称《建立健全维护律师执业权利快速联动处置机制通知》，2017 年 4 月 14 日公布，2017 年 4 月 14 日施行。

255.《最高人民法院、司法部关于依法保障律师诉讼权利和规范律师参与庭审活动的通知》(司发通〔2018〕36 号)，简称《依法保障律师诉讼权利和规范律师参与庭审活动通知》，2018 年 4 月 21 日公布，2018 年 4 月 21 日施行。

256.《律师办理刑事案件规范》(律法通〔2017〕51 号)，2017 年 9 月 20 日公布，2017 年 8 月 27 日施行。

257.《最高人民法院、最高人民检察院、司法部关于逐步实行律师代理申诉制度的意见》（法发〔2017〕8 号)，简称《逐步实行律师代理申诉制度意见》，2017 年 4 月 1 日公布，2017 年 4 月 1 日施行。

258.《关于刑事诉讼法律援助工作的规定》(司发通〔2005〕78 号)，2005 年 9 月 28 日公布，2005 年 12 月 1 日施行，已经被《关于刑事诉讼法律援助工作的规定》(司发通〔2013〕18 号）修改，2013 年 2 月 4 日公布，2013 年 3 月 1 日施行。

259.《司法部关于迅速建立法律援助机构开展法律援助工作的通知》，简称《迅速建立法律援助机构开展法律援助工作通知》，1996 年 6 月 3 日公布，1996 年 6 月 3 日施行。

260.《司法部关于加快法律援助机构建设步伐的通知》，简称《加快法律援助机构建设步伐通知》，2000 年 6 月 19 日公布，2000 年 6 月 19 日施行。

261.《司法部关于进一步明确部法律援助中心职能的决定》（司发通〔2003〕30 号)，简称《进一步明确法律援助中心职能决定》，2003 年 4 月 11 日公布，2003 年 4 月 11 日施行。

262.《司法部关于司法部法律援助中心依照国家公务员制度管理批复意见的通知》(司发函〔2004〕267 号)，简称《司法部法律援助中心依照国家公务员制度管理批复意见通知》，2004 年 12 月 23 日公布，2004 年 12 月 23 日施行。

263.《最高人民法院、最高人民检察院、公安部、国家安全部、司法部关于开展法律援助值班律师工作的意见》(司发通〔2017〕84 号)，简称《开展法律援助值班律师工作意见》，2017 年 8 月 28 日公布，2017 年 8 月 28 日施行，已经被《法律援助值班律师工作办法》(司规〔2020〕6 号）废止，2020 年 8 月 20 日公布，2020 年 8 月 20 日实施。

264.《最高人民法院、最高人民检察院、公安部、司法部关于进一步深化刑事案件律师辩护全覆盖试点工作的意见》(司发通〔2022〕49 号)，简称《进一步深化刑事案件律师辩护全覆盖试点工作意见》，2022 年 10 月 12 日公布，2022 年 10 月 12 日施行。

265.《公安机关适用继续盘问规定》（中华人民共和国公安部令第 75 号)，2004 年 7 月 12 日公布，2004 年 10 月 1 日施行，根据 2020 年 7 月 25 日第 4 次公安部部务会议《公安部关于废止和修改部分规章的决定》修正。

266.《关于取保候审若干问题的规定》(公通字〔1999〕59号),简称《取保候审问题规定》,1999年8月4日公布,1999年8月4日施行,2022年9月5日《关于取保候审若干问题的规定》(公通字〔2022〕25号)修订。

267.《人民检察院对指定居所监视居住实行监督的规定》(高检发执检字〔2015〕18号),简称《指定居所监视居住实行监督规定》,2015年12月17日公布,2015年12月17日施行。

268.《最高人民检察院、公安部关于适用刑事强制措施有关问题的规定》(高检会〔2000〕2号),简称《适用刑事强制措施规定》,2000年8月28日公布,2000年8月28日施行。

269.《中华人民共和国全国人民代表大会组织法》,简称《全国人民代表大会组织法》,1982年12月10日公布,1982年12月10日施行,根据2021年3月11日第十三届全国人民代表大会第四次会议《关于修改〈中华人民共和国全国人民代表大会组织法〉的决定》修正。

270.《中华人民共和国地方各级人民代表大会和地方各级人民政府组织法》(全国人民代表大会常务委员会委员长令第1号),简称《地方各级人民代表大会和地方各级人民政府组织法》,1979年7月4日公布,1980年1月1日施行,根据1982年12月10日第五届全国人民代表大会第五次会议《关于修改〈中华人民共和国地方各级人民代表大会和地方各级人民政府组织法〉的若干规定的决议》第一次修正,根据1986年12月2日第六届全国人民代表大会常务委员会第十八次会议《关于修改〈中华人民共和国地方各级人民代表大会和地方各级人民政府组织法〉的决定》第二次修正,根据1995年2月28日第八届全国人民代表大会常务委员会第十二次会议《关于修改〈中华人民共和国地方各级人民代表大会和地方各级人民政府组织法〉的决定》第三次修正,根据2004年10月27日第十届全国人民代表大会常务委员会第十二次会议《关于修改〈中华人民共和国地方各级人民代表大会和地方各级人民政府组织法〉的决定》第四次修正,根据2015年8月29日第十二届全国人民代表大会常务委员会第十六次会议《关于修改〈中华人民共和国地方各级人民代表大会和地方各级人民政府组织法〉、〈中华人民共和国全国人民代表大会和地方各级人民代表大会选举法〉、〈中华人民共和国全国人民代表大会和地方各级人民代表大会代表法〉的决定》第五次修正,根据2022年3月11日第十三届全国人民代表大会第五次会议《关于修改〈中华人民共和国地方各级人民代表大会和地方各级人民政府组织法〉的决定》第六次修正。

271.《最高人民检察院刑事执行检察厅关于贯彻执行〈人民检察院办理羁押必要性审查案件规定(试行)〉的指导意见》,简称《贯彻执行〈人民检察院办理羁押必要性审查案件规定(试行)〉指导意见》,2016年7月11日公布,2016年7月11日施行。

272.《人民检察院办理羁押必要性审查案件规定(试行)》(高检发执检字〔2016〕1号),简称《办理羁押必要性审查案件规定(试行)》,2016年1月22日公布,2016年1月22日施行。已被《最高人民检察院、公安部关于印发〈人民检察院、公安机关羁押必要性审查、评估工作规定〉的通知》(高检发〔2023〕12号)废止,

2023 年 11 月 30 日公布并施行。

273.《最高人民法院研究室关于交通肇事刑事案件附带民事赔偿范围问题的答复》（法研〔2014〕30 号），简称《交通肇事刑事案件附带民事赔偿范围问题答复》，2014 年 2 月 24 日公布，2014 年 2 月 24 日施行。

274.《最高人民法院关于适用刑法第六十四条有关问题的批复》（法〔2013〕229 号），简称《适用刑法第六十四条批复》，2013 年 10 月 21 日公布，2013 年 10 月 21 日施行。

275.《最高人民法院关于审理人身损害赔偿案件适用法律若干问题的解释》（法释〔2003〕20 号），简称《审理人身损害赔偿案件解释》，2003 年 12 月 26 日公布，2004 年 5 月 1 日施行，根据 2020 年 12 月 23 日最高人民法院审判委员会第 1823 次会议通过的《最高人民法院关于修改〈最高人民法院关于在民事审判工作中适用《中华人民共和国工会法》若干问题的解释〉等二十七件民事类司法解释的决定》修正，根据 2022 年 2 月 15 日最高人民法院审判委员会第 1864 次会议通过的《最高人民法院关于修改〈最高人民法院关于审理人身损害赔偿案件适用法律若干问题的解释〉的决定》修正，该修正自 2022 年 5 月 1 日起施行。

276.《最高人民法院关于规范人民法院再审立案的若干意见（试行）》（法发〔2002〕13 号），简称《规范人民法院再审立案意见（试行）》，2002 年 9 月 10 日公布，2002 年 11 月 1 日施行。

277.《关于刑事再审工作几个具体程序问题的意见》（法审〔2003〕10 号），简称《刑事再审工作具体程序问题意见》，2003 年 10 月 15 日公布，2003 年 10 月 15 日施行。

278.《全国人民代表大会内务司法委员会关于第十一届全国人民代表大会第五次会议主席团交付审议的代表提出的议案审议结果的报告》，2012 年 10 月 23 日公布。

279.《最高人民法院关于审理人民检察院按照审判监督程序提出的刑事抗诉案件若干问题的规定》（法释〔2011〕23 号），简称《审理人民检察院按照审判监督程序提出的刑事抗诉案件规定》，2011 年 10 月 14 日公布，2012 年 1 月 1 日施行。

280.《最高人民法院关于刑事再审案件开庭审理程序的具体规定（试行）》（法释〔2001〕31 号），简称《刑事再审案件开庭审理程序规定（试行）》，2001 年 12 月 26 日公布，2002 年 1 月 1 日施行。

281.《关于办理死刑案件审查判断证据若干问题的规定》（法发〔2010〕20 号），2010 年 6 月 13 日公布，2010 年 7 月 1 日施行。

282.《关于进一步严格依法办案确保办理死刑案件质量的意见》（法发〔2007〕11 号），简称《严格依法办案确保办理死刑案件质量意见》，2007 年 3 月 9 日公布，2007 年 3 月 9 日施行。

283.《最高人民检察院关于加强出庭公诉工作的意见》（高检发诉字〔2015〕5 号），简称《加强出庭公诉工作意见》，2015 年 6 月 15 日公布，2015 年 6 月 15 日施行。

284.《人民法院办理刑事案件第一审普通程序法庭调查规程（试行）》（法发〔2017〕31 号），2017 年 12 月 11 日公布，2018 年 1 月 1 日施行。

285.《最高人民检察院关于 CPS 多道心理测试鉴定结论能否作为诉讼证据使用问

题的批复》（高检发研字〔1999〕12号），简称《CPS多道心理测试鉴定结论能否作为诉讼证据使用问题批复》，1999年9月10日公布，1999年9月10日施行。

286.《司法部关于印发司法鉴定文书格式的通知》（司发通〔2016〕112号），2016年11月21日公布，2017年3月1日施行。

287.《关于办理刑事案件排除非法证据若干问题的规定》（法发〔2010〕20号），简称2010年《办理刑事案件排除非法证据规定》，2010年6月13日公布，2010年7月1日施行。

288.《关于办理刑事案件严格排除非法证据若干问题的规定》（法发〔2017〕15号），简称2017年《办理刑事案件严格排除非法证据规定》，2017年6月20日公布，2017年6月27日施行。

289.《人民法院办理刑事案件排除非法证据规程（试行）》（法发〔2017〕31号），简称2017年《办理刑事案件排除非法证据规程（试行）》，2017年12月11日公布，2018年1月1日施行。

290.《最高人民法院关于增强司法能力提高司法水平的若干意见》（法发〔2005〕4号），简称《增强司法能力提高司法水平意见》，2005年4月1日公布，2005年4月1日施行。

291.《人民检察院审查逮捕质量标准》，简称《审查逮捕质量标准》，2010年8月25日公布，2010年8月25日施行。

292.《最高人民法院关于人民法院登记立案若干问题的规定》（法释〔2015〕8号），简称《人民法院登记立案规定》，2015年4月15日公布，2015年5月1日施行。

293.《最高人民检察院、公安部关于刑事立案监督有关问题的规定（试行）》（高检会〔2010〕5号），简称《刑事立案监督规定（试行）》，2010年7月26日公布，2010年10月1日施行。

294.《全国人民代表大会常务委员会关于在北京市、山西省、浙江省开展国家监察体制改革试点工作的决定》，简称《在北京市、山西省、浙江省开展国家监察体制改革试点工作决定》，2016年12月25日公布，2016年12月26日施行。

295.《中华人民共和国看守所条例实施办法（试行）》（公通字〔1991〕87号），简称《看守所条例实施办法（试行）》，1991年10月5日公布，1991年10月5日施行。

296.《最高人民法院、最高人民检察院、公安部关于办理网络犯罪案件适用刑事诉讼程序若干问题的意见》（公通字〔2014〕10号），简称《办理网络犯罪案件适用刑事诉讼程序意见》，2014年5月4日公布，2014年5月4日施行，已经被《最高人民法院、最高人民检察院、公安部关于办理信息网络犯罪案件适用刑事诉讼程序若干问题的意见》（法发〔2022〕23号）废止，2022年8月26日公布，2022年9月1日施行。

297.《公安机关讯问犯罪嫌疑人录音录像工作规定》（公通字〔2014〕33号），2014年9月5日公布，2014年10月1日施行。

298.《人民检察院侦查贪污贿赂犯罪案件工作细则（试行）》（高检发〔1991〕第23号），简称《侦查贪污贿赂犯罪案件工作细则（试行）》，1991年4月8日公布，1991年4月8日施行，已经被《最高人民检察院关于废止部分司法解释和司法解释性文件的决定》（高检发释字〔2010〕1号）废止，2010年11月19日公布，2010年11月19日施行。

299.《人民检察院讯问职务犯罪嫌疑人实行全程同步录音录像的规定》，简称《讯问职务犯罪嫌疑人实行全程同步录音录像规定》，2005年12月15日公布，2005年12月15日施行，2014年3月17日最高人民检察院第十二届检察委员会第十八次会议修订。

300.《公安机关刑事案件现场勘验检查规则》，2005年10月1日公布，2005年10月1日施行，已经被《公安机关刑事案件现场勘验检查规则》（公通字〔2015〕31号）修订，2015年10月22日公布，2015年10月22日施行。

301.《公安机关办理刑事案件适用查封、冻结措施有关规定》（公通字〔2013〕30号），简称《办理刑事案件适用查封、冻结措施规定》，2013年9月1日公布，2013年9月1日施行。

302.《司法鉴定执业分类规定（试行）》（司发通〔2000〕159号），2000年11月29日公布，2000年1月1日施行。

303.《司法鉴定机构登记管理办法》（司法部令第95号），2005年9月29日公布，2005年9月30日施行。

304.《公安机关鉴定规则》（公通字〔2017〕6号），2017年2月16日公布，2017年2月16日施行。

305.《公安机关鉴定机构登记管理办法》（中华人民共和国公安部令第155号），2019年11月22日公布，2020年5月1日施行。

306.《人民检察院鉴定机构登记管理办法》（高检发办字〔2006〕33号），2006年11月30日公布，2007年1月1日施行。

307.《司法鉴定程序通则》（中华人民共和国司法部令第107号），2007年8月7日公布，2007年10月1日施行，2015年12月24日司法部部务会议修订。

308.《中华人民共和国国家安全法》（中华人民共和国主席令第29号），简称《国家安全法》，2015年7月1日公布，2015年7月1日施行。

309.《多道心理测试系统通用技术规范》，标准号GA544－2005，2005年6月10日公布，2005年8月1日实施，已经被《多道心理测试系统通用技术规范》（标准号：GA/T 544－2021）替代，2021年10月14日发布，2022年5月1日施行。

310.《中华人民共和国出境入境管理法》（中华人民共和国主席令第57号），简称《出境入境管理法》，2012年6月30日公布，2013年7月1日施行。

311.《最高人民法院、公安部关于建立快速查询信息共享及网络执行查控协作工作机制的意见》（法〔2016〕41号），简称《建立快速查询信息共享及网络执行查控协作工作机制意见》，2016年1月31日公布，2016年1月31日施行。

312.《最高人民检察院关于切实履行检察职能防止和纠正冤假错案的若干意见》（高检发〔2013〕11号），简称《切实履行检察职能防止和纠正冤假错案意见》，2013年9月9日公布，2013年9月9日施行。

313.《关于审查起诉期间犯罪嫌疑人脱逃或者患有严重疾病的应当如何处理的批复》（高检发释字〔2013〕4号），简称《审查起诉期间犯罪嫌疑人脱逃或者患有严重疾病应当如何处理批复》，2013年12月27日公布，2014年1月1日施行。

314.《人民检察院案件信息公开工作规定（试行）》（高检发办字〔2014〕68号），2014年8月29日公布，2014年10月1日施行，已经被《人民检察院案件信息公开工作规定》废止，2021年9月28日公布，2021年9月28日施行。

315.《人民检察院办理认罪认罚案件开展量刑建议工作的指导意见》，2021年12月3日公布，2021年12月3日施行。

316.《关于规范量刑程序若干问题的意见》（法发〔2020〕38号），简称《规范量刑程序意见》，2020年11月5日公布，2020年11月6日施行。

317.《最高人民检察院关于审查逮捕和公诉工作贯彻刑诉法若干问题的意见》（高检发研字〔1997〕1号），简称《审查逮捕和公诉工作贯彻刑诉法意见》，1996年12月31日公布，1996年12月31日施行。

318.《最高人民检察院关于下级人民检察院对上级检察院不批准不起诉等决定能否提请复议的批复》（高检发释字〔2015〕5号），简称《下级人民检察院对上级检察院不批准不起诉等决定能否提请复议批复》，2015年12月15日公布，2015年12月25日施行。

319.《人民陪审员制度改革试点方案》（法〔2015〕100号），2015年4月24日公布，2015年4月24日施行。

320.《人民陪审员制度改革试点工作实施办法》（法〔2015〕132号），2015年5月20日公布，2015年5月20日施行。

321.《中华人民共和国人民陪审员法》（中华人民共和国主席令第4号），简称《人民陪审员法》，2018年4月27日公布，2018年4月27日施行。

322.《最高人民法院关于健全完善人民法院审判委员会工作机制的意见》（法发〔2019〕20号），简称《健全完善人民法院审判委员会工作机制意见》，2019年8月2日公布，2019年8月2日施行。

323.《中共中央关于进一步加强人民法院、人民检察院工作的决定》（中发〔2006〕11号），2006年5月3日公布，2006年5月3日施行。

324.《关于完善人民法院专业法官会议工作机制的指导意见》（法发〔2021〕2号），简称《完善人民法院专业法官会议工作机制指导意见》，2021年1月6日公布，2021年1月12日施行。

325.《关于进一步完善"四类案件"监督管理工作机制的指导意见》（法发〔2021〕30号），简称《完善"四类案件"监督管理工作机制指导意见》，2021年11月4日公布，2021年11月5日施行。

326.《法院刑事诉讼文书样式（样本）》（法发〔1999〕12号），1999年4月30日公布，1999年4月30日施行。

327.《公安机关刑事法律文书式样（2012版）》（公通字〔2012〕62号），2012年12月19日公布，2012年12月19日施行。

328.《最高人民法院关于减刑、假释案件审理程序的规定》（法释〔2014〕5号），简称《减刑、假释案件审理程序规定》，2014年4月23日公布，2014年6月1日施行。

329.《最高人民法院、公安部关于在看守所建设远程视频讯问室的通知》（法

〔2012〕240号)，简称《看守所建设远程视频讯问室通知》，2012年9月28日公布，2012年9月28日施行。

330.《人民法院在线诉讼规则》(法释〔2021〕12号)，2021年6月16日公布，2021年8月1施行。

331.《最高人民法院、最高人民检察院关于常见犯罪的量刑指导意见(试行)》(法发〔2021〕21号)，简称《常见犯罪的量刑指导意见(试行)》，2021年6月16日公布，2021年7月1日施行。

332.《最高人民法院、最高人民检察院、公安部、国家安全部、司法部关于适用认罪认罚从宽制度的指导意见》(高检发〔2019〕13号)，简称《适用认罪认罚从宽制度指导意见》，2019年10月11日公布，2019年10月11日施行。

333.《最高人民法院关于对第一审刑事自诉案件当事人提起附带民事诉讼，部分共同侵害人未参加诉讼的，人民法院是否应当通知其参加诉讼问题的答复》(法函〔2001〕71号)，简称《第一审刑事自诉案件当事人提起附带民事诉讼，部分共同侵害人未参加诉讼的，人民法院是否应当通知其参加诉讼问题答复》，2001年11月15日公布，2001年11月15日施行。

334.《全国法院审理金融犯罪案件工作座谈会纪要》(法〔2001〕8号)，简称《审理金融犯罪案件工作座谈会纪要》，2001年1月21日公布，2001年1月21日施行。

335.《最高人民法院、最高人民检察院、司法部关于适用普通程序审理“被告人认罪案件”的若干意见(试行)》，简称《适用普通程序审理“被告人认罪案件”意见(试行)》，根据《最高人民法院、最高人民检察院、司法部关于印发〈关于适用普通程序审理“被告人认罪案件”的若干意见(试行)〉和〈关于适用简易程序审理公诉案件的若干意见〉的通知》公布，(法发［2003］6号)，2003年3月14日公布，2003年3月14日施行，已经被《最高人民法院、最高人民检察院关于废止1997年7月1日至2011年12月31日期间制发的部分司法解释和司法解释性质文件的决定》(法释〔2013〕6号)废止，2013年3月1日公布，2013年4月8日施行。

336.《关于适用简易程序审理公诉案件的若干意见》根据《最高人民法院、最高人民检察院、司法部关于印发〈关于适用普通程序审理“被告人认罪案件”的若干意见(试行)〉和〈关于适用简易程序审理公诉案件的若干意见〉的通知》公布，(法发［2003］6号)，2003年3月14日公布，2003年3月14日施行，已经被《最高人民法院、最高人民检察院关于废止1997年7月1日至2011年12月31日期间制发的部分司法解释和司法解释性质文件的决定》(法释〔2013〕6号)废止，2013年3月1日公布，2013年4月8日施行。

337.《法律援助值班律师工作办法》(司规〔2020〕6号)，2020年8月20日公布，2020年8月20日施行。

338.《最高人民检察院关于加强和改进刑事抗诉工作的意见》(高检发诉字〔2014〕29号)，简称《加强和改进刑事抗诉工作意见》，2014年11月26日公布，2014年11月26日施行。

339.《最高人民法院研究室关于如何理解“在法定刑以下判处刑罚”问题的答复》(法研〔2012〕67号)，简称《如何理解“在法定刑以下判处刑罚”问题答复》，2012

年5月30日公布，2012年5月30日施行。

340.《关于进一步规范刑事诉讼涉案财物处置工作的意见》（中办发〔2015〕7号），简称《刑事诉讼涉案财物处置工作意见》，2015年1月24日公布，2015年1月24日施行。

341.《公安机关涉案财物管理若干规定》（公通字〔2010〕57号），2010年11月4日公布，2011年1月1日施行，已经被《公安机关涉案财物管理若干规定》（公通字〔2015〕21号）修订，2015年7月22日公布，2015年9月1日施行。

342.《人民检察院刑事诉讼涉案财物管理规定》（高检发〔2015〕6号），2015年3月6日公布，2015年3月6日施行。

343.《全国法院维护农村稳定刑事审判工作座谈会纪要》（法〔1999〕217号），1999年10月27日公布，1999年10月27日施行。

344.《人民检察院扣押、冻结涉案款物工作规定》（高检发〔2010〕9号），2010年5月9日公布，2010年5月9日施行，已经被《人民检察院刑事诉讼涉案财物管理规定》（高检发〔2015〕6号）废止，2015年3月6日公布，2015年3月6日施行。

345.《关于办理死刑复核案件听取辩护律师意见的办法》（法〔2014〕346号），简称《办理死刑复核案件听取辩护律师意见办法》，2014年12月29日公布，2015年2月1日施行。

346.《关于检察机关接受人民代表大会及其常务委员会监督若干问题的规定》（高检发〔1993〕17号），简称《检察机关接受人民代表大会及其常务委员会监督问题规定》，1993年6月21日公布，1993年6月21日施行。

347.《人民检察院复查刑事申诉案件规定》（高检发〔2014〕18号），简称《复查刑事申诉案件规定》，2014年10月27日公布，2014年10月27日施行，已经被《人民检察院办理刑事申诉案件规定》（高检发办字〔2020〕55号）废止，2020年9月22日公布，2020年9月22日施行。

348.《人民检察院受理控告申诉依法导入法律程序实施办法》（高检发办字〔2014〕78号），简称《受理控告申诉依法导入法律程序实施办法》，2014年11月7日公布，2014年11月7日施行。

349.《最高人民检察院关于办理服刑人员刑事申诉案件有关问题的通知》（高检发刑申字〔2007〕3号），简称《办理服刑人员刑事申诉案件有关问题通知》，2007年9月5日公布，2007年9月5日施行。

350.《最高人民检察院关于办理不服人民法院生效刑事裁判申诉案件若干问题的规定》（高检发〔2012〕1号），简称《办理不服人民法院生效刑事裁判申诉案件的规定》，2012年1月19日公布，2012年1月19日施行。

351.《看守所留所执行刑罚罪犯管理办法》（公安部令第98号），2008年2月29日公布，2008年7月1日施行，2013年8月20日公安部部长办公会议修订。

352.《关于加强监狱生活卫生管理工作的若干规定》（司发通〔2014〕114号），简称《加强监狱生活卫生管理工作规定》，2014年10月14日公布，2014年11月1日施行。

353.《最高人民法院、最高人民检察院、公安部、外交部、司法部、财政部关于强制外国人出境的执行办法的规定》（公发〔1992〕18号），简称《强制外国人出境的执行办法规定》，1992年7月31日公布，1992年7月31日施行。

354.《最高人民法院关于刑事裁判涉财产部分执行的若干规定》（法释〔2014〕13号），简称《刑事裁判涉财产部分执行规定》，2014年10月30日公布，2014年11月6日施行。

355.《最高人民法院关于死刑缓期执行限制减刑案件审理程序若干问题的规定》（法释〔2011〕8号），简称《死刑缓期执行限制减刑案件审理程序规定》，2011年4月25日公布，2011年5月1日施行。

356.《暂予监外执行规定》（司发通〔2014〕112号），2014年10月24日公布，2014年12月1日施行。

357.《保外就医严重疾病范围》，（司发通〔2014〕112号），2014年10月24日公布，2014年12月1日施行。

358.《监狱暂予监外执行程序规定》（司发通〔2016〕78号），2016年8月22日公布，2016年10月1日施行。

359.《中共中央政法委关于严格规范减刑、假释、暂予监外执行切实防止司法腐败的意见》（中政委〔2014〕5号），简称《严格规范减刑、假释、暂予监外执行切实防止司法腐败意见》，2014年1月21日公布，2014年1月21日施行。

360.《司法部关于在监狱系统推行狱务公开的实施意见》（司发通〔2001〕105号），简称《在监狱系统推行狱务公开实施意见》，2001年10月12日公布，2001年10月12日施行。

361.《最高人民法院关于办理减刑、假释案件具体应用法律若干问题的规定》（法释〔1997〕6号），简称1997年《办理减刑、假释案件规定》，1997年10月29日公布，1997年11月8日施行，已经被《关于废止1997年7月1日至2011年12月31日期间发布的部分司法解释和司法解释性质文件（第十批）的决定》（法释〔2013〕7号）废止，2013年2月26日公布，2013年4月8日施行。

362.《监狱提请减刑假释工作程序规定》（中华人民共和国司法部令第77号），2003年4月2日公布，2003年5月1日施行，2014年10月10日司法部部务会议修订。

363.《中央综治委预防青少年违法犯罪工作领导小组、最高人民法院、最高人民检察院、公安部、司法部、共青团中央关于进一步建立和完善办理未成年人刑事案件配套工作体系的若干意见》（综治委预青领联字〔2010〕1号），简称《进一步建立和完善办理未成年人刑事案件配套工作体系意见》，2010年8月28日公布，2010年8月28日施行。

364.《未成年人刑事检察工作指引（试行）》（高检发未检字〔2017〕1号），2017年3月2日公布，2017年3月2日施行。

365.《关于未成年人犯罪记录封存的实施办法》（高检发办字〔2022〕71号），简称《未成年人犯罪记录封存实施办法》，2022年5月24日公布，2022年5月30日施行。

366.《人民检察院办理未成年人刑事案件的规定》（高检发〔2002〕8号），简称《办理未成年人刑事案件规定》，2002年4月22日公布，2002年4月22日施行，2006

年12月28日最高人民检察院第十届检察委员会第六十八次会议第一次修订，2013年12月19日最高人民检察院第十二届检察委员会第十四次会议第二次修订。

367.《关于进一步加强少年法庭工作的意见》(法发〔2010〕32号)，简称《进一步加强少年法庭工作意见》，2010年7月23日公布，2010年7月23日施行。

368.《最高人民法院、最高人民检察院关于适用犯罪嫌疑人、被告人逃匿、死亡案件违法所得没收程序若干问题的规定》(法释〔2017〕1号)，简称《适用犯罪嫌疑人、被告人逃匿、死亡案件违法所得没收程序问题规定》，2017年1月4日公布，2017年1月5日施行。

369.《公安部关于〈人民警察法〉第十四条规定的“保护性约束措施”是否包括使用警械的批复》(公法〔2002〕32号)，简称《〈人民警察法〉第十四条规定的“保护性约束措施”是否包括使用警械批复》，2002年2月22日公布，2002年2月22日施行。

370.《人民检察院强制医疗执行检察办法（试行)》（高检发执检字〔2016〕9号)，简称《强制医疗执行检察办法（试行)》，2016年6月2日公布，2016年6月2日施行。

371.《中华人民共和国国籍法》(中华人民共和国全国人民代表大会常务委员会委员长令第8号)，简称《国籍法》，1980年9月10日公布，1980年9月10日施行。

372.《全国人民代表大会常务委员会关于〈中华人民共和国国籍法〉在香港特别行政区实施的几个问题的解释》，简称《〈中华人民共和国国籍法〉在香港特别行政区实施解释》，1996年5月15日公布，1996年5月15日施行。

373.《全国人民代表大会常务委员会关于〈中华人民共和国国籍法〉在澳门特别行政区实施的几个问题的解释》，简称《〈中华人民共和国国籍法〉在澳门特别行政区实施解释》，1998年12月29日公布，1998年12月29日施行。

374.《中华人民共和国领事特权与豁免条例》(中华人民共和国主席令第35号)，简称《领事特权与豁免条例》，1990年10月30日公布，1990年10月30日施行。

375.《外交部、最高人民法院、最高人民检察院等关于处理涉外案件若干问题的规定》(外发〔1995〕17号)，简称《处理涉外案件规定》，1995年6月20日公布，1995年6月20日施行。

376.《外国律师事务所驻华代表机构管理条例》(国务院令第338号)，2001年12月22日公布，2002年1月1日施行。

377.《中华人民共和国引渡法》(中华人民共和国主席令第42号)，简称《引渡法》，2000年12月28日公布，2000年12月28日施行。

378.《中华人民共和国国际刑事司法协助法》(中华人民共和国主席令第13号)，简称《国际刑事司法协助法》，2018年10月26日公布，2018年10月26日施行。

379.《通过外交途径办理刑事司法协助案件的若干程序》(公办〔1999〕1号)，简称《通过外交途径办理刑事司法协助案件程序》，1999年1月4日公布，1999年1月4日施行。

380.《最高人民法院、最高人民检察院、公安部、司法部关于办理实施“软暴力”的刑事案件若干问题的意见》，简称《办理实施“软暴力”的刑事案件意见》，2019年

4月9日公布，2019年4月9日施行。

381.《最高人民法院、最高人民检察院、公安部关于办理网络赌博犯罪案件适用法律若干问题的意见》（公通字〔2010〕40号），简称《办理网络赌博犯罪案件意见》，2010年8月31日公布，2010年8月31日施行。

382.《最高人民法院、最高人民检察院、公安部、司法部关于办理黑恶势力刑事案件中财产处置若干问题的意见》，简称《办理黑恶势力刑事案件中财产处置意见》，2019年4月9日公布，2019年4月9日施行。

383.《最高人民法院、最高人民检察院关于检察公益诉讼案件适用法律若干问题的解释》（法释〔2018〕6号），简称《检察公益诉讼案件解释》，2018年3月1日公布，2018年3月2日施行，根据2020年12月23日最高人民法院审判委员会第1823次会议、2020年12月28日最高人民检察院第十三届检察委员会第58次会议修正。

384.《中华人民共和国反有组织犯罪法》（中华人民共和国主席令第101号），简称《反有组织犯罪法》，2021年12月24日公布，2022年5月1日施行。

385.《关于办理黑恶势力犯罪案件若干问题的指导意见》（法发〔2018〕1号），简称《办理黑恶势力犯罪案件指导意见》，2018年1月16日公布，2018年1月16日施行。

386.《人民法院量刑指导意见（试行）》（法发〔2010〕36号），简称《量刑指导意见（试行）》，2010年9月13日公布，2010年10月1日施行，已经被《最高人民法院关于废止部分司法解释和司法解释性质文件（第十一批）的决定》（法释〔2015〕2号）废止，2015年1月12日公布，2015年1月19日施行。

387.《关于规范量刑程序若干问题的意见（试行）》（法发〔2010〕35号），简称《规范量刑程序问题意见（试行）》，2010年9月13日公布，2010年10月1日施行，已经被《关于规范量刑程序若干问题的意见》（法发〔2020〕38号）废止，2020年11月5日公布，2020年11月6日施行。

388.《关于死刑第二审案件开庭审理程序若干问题的规定（试行）》（法释〔2006〕8号），简称《死刑第二审案件开庭审理程序规定（试行）》，2006年9月21日公布，2006年9月25日施行，已经被《最高人民法院、最高人民检察院关于废止1997年7月1日至2011年12月31日期间制发的部分司法解释和司法解释性质文件的决定》（法释〔2013〕6号）废止，2013年3月1日公布，2013年4月8日施行。

389.《全面加强刑事审判工作为经济社会和谐发展提供有力司法保障》，2006年11月7日发布，2006年11月7日施行。

390.《关于开展刑事案件律师辩护全覆盖试点工作的办法》（司发通〔2017〕106号），简称《开展刑事案件律师辩护全覆盖试点工作办法》，2017年10月11日公布，2017年10月11日施行。

391.《国家知识产权战略纲要》（国发〔2008〕18号），2008年6月5日公布，2008年6月5日施行，

392.《关于在全国法院推进知识产权民事、行政和刑事案件审判“三合一”工作的意见》（法发〔2016〕17号），2016年7月5日公布，2016年7月5日施行。

393.《关于强化知识产权保护的意见》，2019年11月24日公布，2019年11月24

日施行。

394.《关于全面加强知识产权司法保护的意见》(法发〔2020〕11号),2020年4月15日公布,2020年4月15日施行。

395.《关于案例指导工作的规定》(法发〔2010〕51号),2010年11月26日公布,2010年11月26日施行。

396.《关于进一步贯彻"调解优先、调判结合"工作原则的若干意见》(法发〔2010〕16号),简称《进一步贯彻"调解优先、调判结合"工作原则意见》,2010年6月7日公布,2010年6月7日施行。

397.《最高人民法院关于深化人民法院司法体制综合配套改革的意见——人民法院第五个五年改革纲要(2019-2023)》(法发〔2019〕8号),简称《人民法院第五个五年改革纲要(2019-2023)》,2019年2月27日公布,2019年2月27日施行。

398.《关于在国家赔偿工作中适用精神损害抚慰金若干问题的座谈会纪要》(粤高法〔2011〕382号),简称《国家赔偿工作中适用精神损害抚慰金问题座谈会纪要》,2011年9月5日公布,2011年9月5日施行。

399.《最高人民法院关于在审理经济纠纷案件中涉及经济犯罪嫌疑若干问题的规定》(法释〔1998〕7号),简称《审理经济纠纷案件中涉及经济犯罪嫌疑规定》,1998年4月21日公布,1998年4月29日施行,根据2020年12月23日最高人民法院审判委员会第1823次会议通过的《最高人民法院关于修改〈最高人民法院关于在民事审判工作中适用《中华人民共和国工会法》若干问题的解释〉等二十七件民事类司法解释的决定》修正。

400.《食品中可能违法添加的非食用物质名单(第二批)》(食品整治办〔2009〕5号),2009年2月4日公布,2009年2月4日施行。

401.《保健食品中可能非法添加的物质名单(第一批)》(食药监办保化〔2012〕33号),2012年3月16日公布,2012年3月16日施行。

402.《危险废物鉴别标准浸出毒性鉴别》,标准号GB 5085.3-2007,2007年4月25日发布,2007年10月1日实施。

403.《土壤环境监测技术规范》,标准号HJ/T 166-2004,2004年12月9日发布,2004年12月9日实施。

404.《危险废物鉴别技术规范》(生态环境部公告2019年第47号),2019年11月12日公布,2020年1月1日施行。

405.《国家危险废物名录(2021年版)》,(中华人民共和国生态环境部、中华人民共和国国家发展和改革委员会、中华人民共和国公安部、中华人民共和国交通运输部、中华人民共和国国家卫生健康委员会令第15号),2020年11月25日公布,2021年1月1日施行。

406.《国家危险废物名录》(中华人民共和国环境保护部、中华人民共和国国家发展和改革委员会、中华人民共和国公安部令第39号),2016年6月14日公布,2016年8月1日施行,已经被《国家危险废物名录(2021年版)》(中华人民共和国生态环境部、中华人民共和国国家发展和改革委员会、中华人民共和国公安部、中华人民共和国交通运输部、中华人民共和国国家卫生健康委员会令第15号)废止,2020年11月

25日公布，2021年1月1日施行。

407.《最高人民法院、最高检察院、公安部关于办理刑事案件收集提取和审查判断电子数据若干问题的规定》(法发〔2016〕22号)，简称《办理刑事案件收集提取和审查判断电子数据规定》，2016年9月9日公布，2016年10月1日施行。

408.《公安机关办理刑事案件电子数据取证规则》(公通字〔2018〕41号)，简称《办理刑事案件电子数据取证规则》，2018年12月13日公布，2019年2月1日施行。

409.《关于办理"套路贷"刑事案件若干问题的意见》(法发〔2019〕11号)，简称《办理"套路贷"刑事案件意见》，2019年2月28日公布，2019年4月9日施行。

410.《最高人民法院关于审理挪用公款案件具体应用法律若干问题的解释》(法释〔1998〕9号)，简称《审理挪用公款案件司法解释》，1998年4月29日公布，1998年5月9日施行。

411.《最高人民法院关于人民法院接受人民代表大会及其常务委员会监督的若干意见》，简称《人民法院接受人民代表大会及其常务委员会监督意见》，1998年12月24日公布，1998年12月24日施行。

412.《最高人民法院关于办理减刑、假释案件具体应用法律的规定》(法释〔2016〕23号)，简称2016年《办理减刑、假释案件规定》，2016年11月14日公布，2017年1月1日施行。

413.《中华人民共和国社区矫正法实施办法》(司发通〔2020〕59号)，简称《社区矫正法实施办法》，2020年6月18日公布，2020年7月1日施行。

414.《中华人民共和国国家赔偿法》(中华人民共和国主席令第23号)，简称《国家赔偿法》，1994年5月12日公布，1995年1月1日施行，根据2010年4月29日第十一届全国人民代表大会常务委员会第十四次会议《关于修改〈中华人民共和国国家赔偿法〉的决定》第一次修正，2012年10月26日第十一届全国人民代表大会常务委员会第二十九次会议《关于修改〈中华人民共和国国家赔偿法〉的决定》第二次修正。

415.《最高人民法院关于审理编造、故意传播虚假恐怖信息刑事案件适用法律若干问题的解释》(法释〔2013〕24号)，简称《审理编造、故意传播虚假恐怖信息刑事案件司法解释》，2013年9月18日公布，2013年9月30日施行。

索引①

① 注：索引中不含案例。

H

刑事审判

K

L

R

S

W

X

Y